中外历史年表

【校订本】

（公元前 4500 年—公元 1918 年）

主编 翦伯赞

编者 齐思和 刘启戈 聂崇岐

校订者 张传玺 齐文颖

中華書局
ZHONGHUA BOOK COMPANY

图书在版编目(CIP)数据

中外历史年表:校订本/翦伯赞主编;齐思和,刘启戈,聂崇岐编;张传玺,齐文颖校订. —北京:中华书局,2008.4(2025.1 重印)
ISBN 978-7-101-06050-8

Ⅰ.中… Ⅱ.①翦…②齐…③刘…④聂…⑤张…⑥齐…
Ⅲ.世界史-历史年表 Ⅳ.K108

中国版本图书馆 CIP 数据核字(2008)第 021767 号

书　　名	中外历史年表(校订本)
主　　编	翦伯赞
编　　者	齐思和　刘启戈　聂崇岐
校 订 者	张传玺　齐文颖
责任编辑	王传龙
责任印制	管　斌
出版发行	中华书局 (北京市丰台区太平桥西里 38 号　100073) http://www.zhbc.com.cn E-mail:zhbc@zhbc.com.cn
印　　刷	三河市宏达印刷有限公司
版　　次	2008 年 4 月第 1 版 2025 年 1 月第 11 次印刷
规　　格	开本/700×1000 毫米　1/16 印张 44¼　插页 2　字数 1100 千字
印　　数	23501-25000 册
国际书号	ISBN 978-7-101-06050-8
定　　价	108.00 元

出版说明

翦伯赞主编，齐思和、刘启戈、聂崇岐合编的《中外历史年表》，1961年由我局出版。此书是一部内容丰富、观点稳妥、编辑科学、检索方便的历史工具书，至今仍为社会各界广泛应用。但由于出版年代已久，需要检校重排。1987年，我局委托北京大学张传玺教授和齐文颖教授开始对此书进行全面校订。此次校订历时一年，除立场、观点等重要问题外，主要还做了以下四个方面的工作：

（1）补正文字——原版存在一些错别字及纸型残损斑剥的情况，字体繁简不一，今据国家公布的简化汉字订正补齐。

（2）核对史事——凡史料不完整、不准确的，酌补或校订，重复的予以删除。

（3）校订译名——主要根据或参考图书有《世界地图册》（中国地图出版社1998年版）、《中国大百科全书·世界历史》（中国大百科全书出版社1992年版）、《世界历史辞典》（上海辞书出版社1985年版）、《泰晤士世界历史地图集》（中文版，三联书店1983年版）、《世界历史地图集》（中国地图出版社2002年版）等。同一译名前后不一致的，也据此统一。

（4）古代中国国界和跨国界民族事——主要参考谭其骧主编的《中国历史地图集》（中国地图出版社1998年版）等。

中华书局编辑部

2008年3月14日

编辑简例

中国史之部

(1) 年代以公元为主，下列各朝帝王年号。其分立时期的年号，如三国、南北朝，及分崩离析时期，如五胡十六国、五代十国，亦皆并列一格。

(2) 关于人民反抗运动，如确知其为起义者，则书“起义”；其不能确定者，则书“起事”。

(3) 凡大灾，如大水、大旱、大虫蝗、大地震等，对于人民生计影响大者皆予择录，大有年必书，人口数字择录。

(4) 汉族以外的国内诸部族或种族，其名称原则上皆用新改者，如瑶、壮、傈僳；若无新改者，暂仍其旧。

(5) 古史年代多有问题，今择取其见长者，而注异说于下，如战国纪年，或用史记，或用古本竹书纪年。

外国史之部

(1) 东西各国，排列次第，大致自东而西，如在同一年有若干国家的纪事，则首列朝鲜半岛国家（自蒙古国成立后，就将它排在第一位），次日本，次越南、暹罗、南洋诸国，次缅甸、印度、中亚、西亚及非欧诸国，最后为美洲诸国，凡国名皆另标出。

(2) 某些国家古史年代颇有问题，如日本初期十几代天皇，巴比仑第一王朝之类，其已有较可靠结论者则采用之；其尚无结论者，则诸说并存。

(3) 西洋历法曾有几度改变，而某些国家在改变后，并未使用，因之月日每生差别，这不能强合为一，只可仍照其旧。如俄国的十月革命，就 1582 年的格累戈里历来说已是十一月的，但沙俄所用的凯撒历则为十月下旬，现在纪念十月革命已改在十一月，但“十月革命”一词则依然不变。

(4) 西洋史译名，基本上依照商务印书馆出版的“标准汉译外国人地名表”，遇必要时，酌予改译。

(5) 西洋有些国家，习用上的称谓和其本国自称不同，如波斯自称伊朗，埃及自称弥撒尔，若拘于“名从主人”的办法，未免徒给读者增加麻烦，所以仍取其通用的名称。

序

历史年表是研究历史的一种必要的工具书，特别是我国历史悠久，年代遐长，史籍浩繁，事迹错杂，更需要把头绪纷纭的历史事件，提纲摘要，编次年月以备检阅。

恩格斯告诉我们：“所有存在的基本形式是空间和时间，离开时间的存在是和离开空间的存在同样是最大的荒唐。”历史过程就是“被各种事实所真正充实了的时间”。历史年表就是把在时间上并行发生的或相续发生的各种历史事件按照它们发生的时间顺序加以排列。这样的排列将有助于学习历史的人了解历史事件发展的过程和它们相互之间的关系，并从而帮助人们从历史事件的发生、发展和演变的过程中，寻找历史发展的线索，了解历史发展的规律。

年表的编制在中国出现最早，早在周代就有记载古代帝王年代的牒记。到了汉代，司马迁创造出比较完整的历史年表的体制，以后历代的史学家，都有年表的撰著。自宋以后，年表之类的著作更加发展。到了清代，年表的制作便以史学的附庸，蔚为大观。惟过去学者所编的年表，由于时代性和阶级性的限制，在今天看来，已经不大适用了。

为了满足史学界的迫切需要，我们分工合作编成了这部“中外历史年表”。上起传说中的远古时代，下迄1918年。在本书中我们是想运用历史唯物主义的观点方法，把几千年来中国的和外国的比较重要的历史事件，按照年代的顺序，简明地加以编纂。对于历史事件的选录，我们是注意了下列的事项：(1) 生产工具和生产技术的改进，(2) 经济制度、政治制度的改革和重要法令的颁行，(3) 敌对阶级间的矛盾斗争和统治阶级内部的矛盾，(4) 重要的科学技术的发明与发现，(5) 国际间和民族间的相互关系，(6) 著名历史人物的生卒年代。总之，我们在主观上是企图在这部年表上，通过年代的顺序和中外历史的对比，显示出历史事件自己的发展和它们彼此之间的交错关系，从而揭示出历史事件在其发展过程中的脉络。但由于年表体裁的限制，同一历史事件，分在数年或数十年，断续相间，前后隔越，很难达到上述的愿望。同时，由于本书牵涉的范围如此广阔，而我们的理论水平又很低，因而对于历史资料的选择，难免不有遗漏、错误和轻重不当、中外重复之处，希望读者批评和指正。

徐宗元同志帮助我们起草了殷商和西周部分的初稿，我们表示极大的感谢。在校对方面陈大松同志付出了很多劳动，我们也在这里表示感谢。

编者

1958 年 6 月

前 4500 年

中国 传说时代

外国 〔苏美尔人，亦译苏马连人〕 约于此时期（公元前 4500—4000 年）移居于西亚底格里斯与幼发拉底两河流域南部入海处。希腊人称此两河流域为美索不达米亚，意为两个河流之间。两河流域南部古称示拿平原，西亚最古文化即发生于此平原南部沿海一带之地。苏美尔人当移入示拿时，还过着氏族制度生活，已开始兴修水利系统，并有以灌溉为主之定居农业，农作物以大小麦为主。其地产枣，又产胡麻，可以制油。最早家畜则有绵羊、山羊、猪及各种家禽，以后又驯养牛与驴，家畜中之马出现较晚。

前 4241 年

中国 传说时代

外国 〔埃及〕 初有历法。埃及古历分一年为三季：曰泛滥，曰出禾，曰收获；每季四月，每月三十日，末月加五日，庆祝新年，年三百六十五日。历史家就此历法推算，埃及初有历法当在公元前 4241 年（又有公元前 4236、2781 年等说）。

前 3500 年

中国 传说时代

外国 〔苏美尔〕 各城邦约形成于此时期。在示拿区约有城邦数十，以基什、乌鲁克、乌马、乌尔、拉格什、尼普尔诸邦为最著名；诸邦统治者称拍达西。苏美尔在此时期已有图形文字，刻于石上，以木棒或骨针刻写于软泥版之上，然后用火烘干，以后发展为楔形文字。铜的冶金术已出现。

塞姆种之阿卡得人自阿拉伯侵入两河流域，占领示拿区北部。

〔埃及〕 上埃及王国及下埃及王国约形成于此时期（按关于上下埃及王国形成的年代，埃及学专家间之意见，犹未能完全一致。有公元前 3500 年、4000 年、5000 年诸说，多数专家主张前 3500 年的说法，兹亦采用此说。公元前 3500—3200 年称王朝前时期）。下埃及统治尼罗河下游三角洲一带之地，上埃及在下埃及之南，约统治自三角洲至第一险滩之地。考古学家曾于两地发现此时期所遗留之石器、陶器与少数铜器。大约于此时初有文字，埃及最初的文字是图形文字，写在纸草上边。以后又有音符与字母。1822 年，法国学者商伯良第一个读通古埃及文字。

前 3200 年

中国 传说时代

外国 〔腓尼基〕 乌加里特、格巴尔、西顿诸城邦约形成于此时。腓尼基系指叙利亚自推罗至乌加里特沿海一带之地。古时此地区有城邦十余，以工商业与航海活动驰名于世。

〔埃及〕 上埃及王美尼斯约于此时征服下埃及，将埃及统一，是为第一王朝之开始（公元前 3200—2930 年）。都西尼斯。在第一王朝时期，埃及采铜冶金之术大为提高，青铜器之使用较为广泛。埃及称王曰法老，意为大屋（埃及史家普遍将埃及第一至第二王朝称为原史时期〔公元前 3200—2780 年〕。关于古埃及年代，本书采用埃及史学家阿·费克里教授说）。

前 3000 年

中国 传说时代

外国 〔印度〕 摩享约·达罗文化与哈拉巴文化约形成于此时（按 1922 年考古学家在印度西北部印度河流域之摩享约·达罗与哈拉巴等地挖掘结果，发现相等于苏美尔、巴比伦和与古埃及同时之古代城市文化。印度史家认为此系在亚利安人来印度前，达罗毗荼人所创立的古印度文化。此时期已有图形文字，并有铜器）。

〔乌尔〕 第一乌尔王朝出现。乌尔国位于幼发拉底河入海之处，乌尔之拍达西们在示拿区第一个将一些零散之拍达西小国统一为较大的国家，他们自己采用卢加尔的称号，意为国王。此时期冶金术有相当发展。人们已经能够把锡与铜熔合为青铜，并且使用陨铁。乌尔渐变成一个大商业城市，与邻近诸国进行广泛贸易。出产品以武器、银制器皿、宝石等为大宗。

由于农业的显著发展，冶金术的出现，现物交换的普及，两河流域苏美尔与阿卡得各城邦开始由原始公社制过渡到奴隶制。

〔希腊〕 爱琴文化最初阶段的西克拉底斯文化时期（公元前 3000—2300 年）。此文化以爱琴海的西克拉底斯群岛为中心，包括东起小亚细亚西岸（特洛伊），中经克里特岛（古米诺斯文化层），西北至欧洲大陆的伯罗奔尼撒半岛（古希腊文化）以及中希腊（马利诺文化）。此文化已发展至金石并用时期，在新石器文化已完成的阶段之上，青铜与黄金已开始被用作兵器与装饰品。氏族社会已进至解体阶段。

前2930年

中国　传说时代

外国　〔埃及〕　埃及第二王朝开始（公元前2930—2780年），都西尼斯。

前2870年

中国　传说时代

外国　〔基什〕　王麦西林压服与其同在两河流域之拉格什、乌马两邦，并裁定两邦间疆界争执，树立界石，将自己的决定刻于其上，号称基什王麦西林之铭。

前2780年

中国　传说时代

外国　〔埃及〕　第三王朝约于此时开始（公元前2780—2680年）。第三王朝移国都于孟斐斯。埃及古王国时期开始（公元前2780—2280年）。第三王朝国王开始用石块建造高大王墓，称为金字塔。

第三及第四、五王朝，王权大为加强。中央集权之官僚机构形成。灌溉工程极发展，经济进步。

前2750年

中国　传说时代

外国　〔腓尼基〕　推罗城邦约形成于此时期。

前2680年

中国　传说时代

外国　〔埃及〕　第四王朝（公元前2680—2560年）。埃及最高大之金字塔系为第四王朝所建，尤以奇阿普斯王之金字塔为最，塔高一百四十六公尺，塔基每面长二百三十公尺，全塔用石叠成，共用石二百三十万块，每块重两吨半。当修建时，日役十万人，历三十年始成。墓祠石刻反映当时埃及社会生活状况。

前2560年

中国　传说时代

外国　〔埃及〕　第五王朝开始（公元前2560—2420年）。埃及舰队远至腓尼基、蓬得（红海索马利兰沿岸）等地进行贸易。赖神（太阳神）崇拜流行。

前2550年

中国　黄帝

黄帝者，少典之子，姓公孙，名轩辕，号有熊氏（史记五帝本纪）。轩辕之时，神农氏衰，诸侯相侵伐，暴虐百姓，而神农氏弗能征，轩辕乃习用干戈，以征不顺者，诸侯咸来宾从（史记五帝本纪）。炎帝侵陵诸侯，黄帝与之战于阪泉之野，三战然后得其志（史记五帝本纪）。蚩尤作乱，黄帝征师诸侯，与蚩尤战于涿鹿之野，擒杀蚩尤，而诸侯咸尊轩辕为天子，代神农氏，是为黄帝（史记五帝本纪）。黄帝东至于海，登丸山及岱宗；西至于空桐，登鸡头；南至于江，登熊、湘；北逐荤粥，合符于釜山；而邑于涿鹿之阿（史记五帝本纪）。黄帝之官以云纪，故为云师而云名（左传昭公十七年）。黄帝时（按照时节）播百谷草木，有土德之瑞，故号黄帝（史记五帝本纪）。黄帝见百物，始穿井（初学记卷七引世本）。黄帝造火食、旃冕（礼记冠礼正义引世本）。沮诵、仓颉造文字（并黄帝时史官，尚书正义序引世本）。黄帝令大挠作甲子（路史后纪注一引世本）。黄帝在位百年死（通鉴外纪），葬桥山（史记五帝本纪，又封禅书）。黄帝二十五子，其得姓者十四人。西陵氏女嫘祖为黄帝正妃，生二子，曰玄嚣、曰昌意（按五帝究系何指，各书所说不同，兹据史记五帝本纪，略举黄帝、颛顼、帝喾、尧、舜之事迹）。

前2540年

外国　〔拉格什〕——两河流域下游之城邦——达到极盛时代（公元前2540—2370年）。拉格什城邦之出现约与乌尔、乌鲁克诸邦同时，都在公元前3500年左右（一说在公元前3200年左右）。此时期领导拉格什的统治者安那吐姆将邻近地区征服吞并，国极强盛。安那吐姆又征服乌马城邦，并刻石纪念。

前2450年

中国

颛顼

颛顼，黄帝之孙，昌意之子（大戴礼五帝德）。颛顼亦号高阳。高阳，颛顼有天下之号也（王逸离骚注）。颛顼娶于腾隍氏女而生老童，是为楚之先祖（大戴礼帝系）。高阳都亳，今河南偃师。颛顼在位七十八年，年九十一岁（太平御览卷七十九引帝王世纪）。

前2420年

外国

〔埃及〕　第六王朝开始（公元前2420—2280年）。第六王朝后期法老珀辟，在位九十年。当其在位时期，王权开始衰微。珀辟晚年饥荒连年，被严重朘削之农民，无以为生，联合奴隶，各处起义。各州诸侯，乘机摆脱中央统治，第六王朝瓦解后，古王国终了。此后称骚乱时期，亦称第一个中间时期（公元前2280—2050年）。

前2400年

外国

〔拉格什〕　拍达西卢加尔安达之残暴行为引起人民起义，其统治地位遂被推翻。乌鲁卡基那代之为拍达西。乌鲁卡基那进行许多改革，以恢复拉格什以前之地位。但在其在位之后期，拉格什又发生扰乱。

前2373年

外国

〔乌马〕　城邦之拍达西卢加尔·萨吉西利用拉格什之扰乱，将它征服，合并于自己的领土之内，并将乌鲁克、乌尔、拉尔萨、阿达布诸邦，统一于自己政权之下。但其所建立之国家，维持并不长久，至其死后，国遂瓦解。

前2372年

中国

帝喾

帝喾高辛者，黄帝之曾孙，父曰蟜极，蟜极父曰玄嚣，玄嚣父曰黄帝。自玄嚣至蟜极皆不得在位（史记五帝本纪）。帝喾娶于陈锋氏女，生放勋（尧）。又娶于娵訾氏女，生挚。帝喾崩而挚代立，不善。挚死，弟放勋立，是为帝尧（史记五帝本纪）。帝喾在位七十五年，年一百五岁而死（太平御览卷八十引帝王世纪）。

前2369年

外国

〔阿卡得〕——两河流域下游之城邦——国王萨良一世即位（公元前2369—2314年）。萨良一世乃古代两河流域一杰出政治家，他征服基什、乌马、乌尔诸邦，统一美索不达米亚全域，并东侵伊拉姆，西侵叙利亚，将其统治范围，扩张到幼发拉底河以西。萨良一世并兴修灌溉系统，统一度量衡制度。阿卡得国存在凡一百八十年（公元前2369—2189年）。

前2313年

外国

〔阿卡得〕　萨良一世之子里姆什即位（公元前2313—2305年）。各属邦乘机纷纷起义，里姆什镇压各地起义运动，并出兵伊拉姆，直至波斯湾沿岸，再度将苏美尔与伊拉姆置于自己的统治之下。

前2305年

外国

〔阿卡得〕　发生政变，里姆什被杀，弟玛尼什吐苏即位（公元前2305—2291年）。玛尼什吐苏越过波斯湾侵入伊朗西南部，在那里击败三十二个城市的同盟军，并夺取丰富的银矿与石矿。

前2297年

中国

尧

尧名放勋，号陶唐氏（太平御览卷八十引帝王世纪）。尧命羲和观测天象，制定历法，以三百六十六日为一年，置闰月以正四时（尚书尧典篇）。尧时洪水为患，命鲧治之，九年功不就。四岳又举舜，舜流共工于幽陵，放驩兜于崇山，迁三苗于三危，殛鲧于羽山，四罪而天下咸服（史记五帝本纪）。尧立七十年得舜，二十年而老，令舜摄行天子之政，凡二十八年而死（史记五帝本纪）。尧有子丹朱不肖，禅位于舜（尚书尧典）。尧都唐（史记五帝本纪引帝王世纪。按古唐国在今山西太原）。

前2290年

外国

〔阿卡得〕　王纳兰姆辛即位（公元前2290—2254年），其在位时期为阿卡得极盛时期。镇压了各地起义运动，并侵入叙利亚与地中海区。又远征阿拉伯之玛干国和梅卢哈国。

前2280年

外国

〔埃及〕　第七王朝约于此时开始（公元前2280—2248年）。是时埃及分裂，法老号令不出都门。又有第八王朝与第七王朝同时并存，各据一方。第八王朝公元前2239年亡。

前2253年

外国

〔阿卡得〕 最后拍达西纳兰新即位。他死后不久，阿卡得因王位继承问题，发生扰乱。

前2239年

外国

〔埃及〕 空位时期，全国骚乱，数年无法老（公元前2239—2233年）。

前2233年

外国

〔埃及〕 第九、十、十一王朝时期（公元前2233—1991年），同时存在，年代交错，初期仍在骚乱时期。但是十一王朝（公元前2134—1991年）之法老开始统一运动。十一王朝建立者孟苏好代布原系埃及南部一个州长，后统一南部，都底比斯。最后又统一北部。但这统一仍不稳固，十一王朝末年，北部又发生骚动。埃及自十一王朝后期称中王国时期（前2050—1880年）。

前2228年

外国

〔古梯〕 侵入美索不达米亚，击败阿卡得，开始统治美索不达米亚（公元前2228—2104年）。古梯人原居伊拉姆以北之扎格罗斯山脉中，常事残杀掠夺，使当地人遭受到极大损失。古梯人统治美索不达米亚凡一百二十五年。到此时期之末年，强大起来的苏美尔人反抗外国人统治运动终于推翻古梯人统治，逐出古梯人及其国王提利坎。

前2189年

外国

〔古梯〕 灭阿卡得。

前2179年

中国

舜

舜名重华，号有虞氏。父曰瞽叟，瞽叟父曰桥牛，桥牛父曰句望，句望父曰敬康，敬康父曰穷蝉，穷蝉父曰帝颛顼，颛顼父曰昌意。自穷蝉以至帝舜皆微。舜年二十以孝闻，年三十尧举之，五十摄行天子事，年五十八尧死。年六十一代尧践帝位（史记五帝本纪）。舜践帝位三十九年，南巡死于苍梧之野，葬于江南九疑，是为零陵（史记五帝本纪）。舜子商均不肖，禅位于禹（史记五帝本纪）。一说尧之末年德衰，舜囚之于尧城（路史发挥注引古本竹书纪年。又史通疑古篇所引略同）。

前2150年

外国

〔拉格什〕 拍达西古地亚摆脱古梯人之统治而独立，并统一苏美尔的大部。当其在位时期，苏美尔雕刻与文学俱极发达。

前2140年

中国

禹

夏禹父曰鲧，黄帝之玄孙，帝颛顼之孙。鲧治水，功不成，舜杀之，举禹使续鲧之业。禹治水成功，受舜禅，遂即天子位，国号曰夏后氏，姓姒氏（史记夏本纪）。禹会诸侯于涂山（左传哀公七年）。禹在位十年，东巡狩于会稽而死（史记夏本纪）。禹葬于会稽之山（墨子节葬篇）。禹在位四十五年（太平御览卷八十二引古本竹书纪年。今本竹书纪年作八年。汉书律历志引刘歆世经曰：禹即位五十载）。

前2118年

外国

〔乌尔〕 第三王朝（公元前2118—2007年）。在此时期，古梯人被驱逐，阿卡得已亡，两河流域统治权遂落于乌尔第三王朝国王之手。由此时期之文献可以看出，属于国家之大片土地主要是由男女奴隶耕种，手工业亦相当发达。银币已广泛使用。考古学家在其废墟发现此时期所遗留之商业契约，数以千计，可见其商业之发达。乌尔第三王朝曾颁布两河流域之第一部法典。

前2100年

外国

〔乌尔〕 国王淑尔吉时期（公元前2100—2042年），乌尔达到极盛时期。他统一美索不达米亚，并曾九次出征东部山区居民，将统治势力伸张到伊拉姆。北侵底格里斯河上游地区。西征服叙利亚及小亚细亚东部。并修建庙宇，提倡艺术。

〔希腊〕 克里特文化或米诺斯文化时期（公元前2100—1400年）。此时冶金术已很发达，进至青铜时代。青铜兵器在此期文化中心的克里特岛则有精美的双面斧、短剑、长剑等。陶器的制造亦发展至新阶段，应用轮旋制法。绘画生动精美。约在公元前1700年左右，在克里特出现线形文字，最近已经捷克古代东方专家研究出读法。在克里特岛，氏族社会已瓦解，债务奴隶制出现，各小国渐为一个大霸国合并。

前 2095 年

中国

启

夏后帝启，禹之子，母涂山氏女。禹死，启为众望所归，遂嗣位（史记夏本纪）。有扈氏不服，启与有扈氏大战于甘，灭有扈氏（尚书甘誓）。启在位十年（史记夏本纪集解引皇甫谧帝王世纪。真诰引古本竹书纪年又作二十九年）。

前 2085 年

中国

太康

太康，启子。居斟鄩（水经注巨洋水注引古本竹书纪年）。太康无道失国，羿废太康因夏民以代夏政（左传襄公四年）。太康在位二十九年（太平御览卷八十二引帝王世纪。今本竹书纪年作四年）。

前 2056 年

中国

仲康

仲康，太康弟。仲康时，羲和湎淫废时乱日，胤往征之，作胤征（书序。按尚书胤征篇久佚，今书经中胤征篇系伪古文）。仲康在位十三年（通鉴外纪。路史作二十八年，今本竹书纪年作七年）。

前 2043 年

中国

相

相，仲康子，居帝邱（左传僖公三十一年）。帝相居商邱（按即帝邱），元年征淮夷，二年征风夷及黄夷（太平御览卷八十二引古本竹书纪年）。帝相一名相安。自太康以来，夏政凌乱，相徙商邱，又为有过氏浇所灭（左传哀公三年，太平御览卷八十二引帝王世纪）。相在位二十八年（通鉴外纪、通志、今本竹书纪年同）。相死后，夏祀中绝者四十年（帝王年表）。

前 2015 年

中国

少康

少康，帝相之子，灭有穷氏，恢复夏国（按少康复夏，为夏代一件大事。史记夏本纪只书帝相崩，子少康立，未记少康复国事。此事详见于左传襄公四年，其经过颇复杂。略言之：羿善射，乘夏之衰，因夏民以代夏政，太康以来，已成偏安之局，而帝相又迁于商邱。羿恃射，不修民事，信任寒浞，委以政事。浞杀羿，浞因羿室，生浇及豷，处浇于过，处豷于戈。浇又自过灭相，夏遂全亡。相妃后缗方娠，逃于有仍，生少康，又奔于虞，卒灭过、戈两国，恢复夏国）。少康在位二十一年（通鉴外纪、通志、今本竹书纪年同。路史又作四十六年）。

前 2007 年

外国

〔乌尔〕　王伊比一新为玛里和伊拉姆两国所败，伊比一新被俘，乌尔亡。乌尔的统治曾对西亚发生巨大影响，其文化遗产为西亚各族人民所接受。

前 2000 年

外国

〔巴比伦〕　天文家约于此时开始从恒星中划出金星、木星、火星、水星、土星五个行星，予以特殊名称并将星辰按星座分配，后来又从星座中划出十二个顺着黄道的星座，在此原始的天文观察上产生了历法。同时由于实际需要，引起数学知识之发展。巴比伦数学以六十进位，在此时期并知道四则、自乘、开方，以及一些从事测量面积时所必需之几何原理。巴比伦分圆周为三百六十度，以一日夜为十二时，后又分每时为六十分，每分为六十秒。至公元前一千年代中叶又以七日为一星期，每日以日月及五大星辰为名。

〔腓尼基〕　乌加里特文化约于此时开始繁荣。乌加里特之废墟，1929 年经考古家发掘，此项工作直延续至第二次世界大战以后。经此次发掘，世人对于腓尼基文化遂有新认识。考古家发现寺庙与王宫，艺术品与用具，图书与档案。此时腓尼基商业已很发达，并开始向爱琴海区移民，建立殖民地。约于此时，腓尼基人编出二十二个字母，较埃及与巴比伦文字简便，以后希腊文的字母即系根据腓尼基字母编成的。

前 1999 年

中国

杼

杼（国语鲁语作纾，史记作予，世本作佇），少康子。帝杼居原，五年自迁于老邱（太平御览卷八十二引帝王世纪）。在位十七年（太平御览卷八十二引帝王世纪。通鉴外纪、通志、今本竹书纪年同。路史作二十七年）。

前 1990 年

外国

〔埃及〕　第十二王朝开始（公元前 1990—1778 年），都李斯特（孟斐斯附近）。第十二王朝的开创者是法老阿门内姆哈特一世（公元前 1990—1980 年），征服各地，统一埃及，王权复振。在十二王朝时期，埃及的文学臻于极盛，除旧日相传之宗教文学外，又有小说。建筑、雕刻亦甚发达。

前 1980 年

外国

〔埃及〕　第十二王朝法老塞索斯特利斯一世即位（公元前1980—1934年）。继续统一工作，王权极盛。

前 1977 年

中国

槐

槐（世本作帝芬），杼子。三年，九夷来朝（后汉书东夷传引古本竹书纪年）。在位二十六年（太平御览卷八十二引帝王世纪。通鉴外纪、通志同。太平御览卷八十二又引古本竹书纪年作四十四年）。

前 1951 年

中国

芒

芒，槐子。在位十八年（通鉴外纪、通志、路史同。太平御览卷八十二引古本竹书纪年又作五十八年，今本竹书纪年同）。

前 1934 年

外国

〔埃及〕　第十二王朝法老阿门内姆哈特二世即位（公元前1934—1896年）。

前 1933 年

中国

泄

泄（帝王世纪曰亦名世，路史作泄），芒子。在位十六年（太平御览卷八十二引帝王世纪。路史后纪注引古本竹书纪年作二十一年。今本竹书纪年作二十五年）。

前 1917 年

中国

不降

不降（帝王世纪曰不降亦名降，或作北成），泄子。六年伐九苑（太平御览卷八十二引古本竹书纪年）。在位五十九年（通鉴外纪作五十九年，今本竹书纪年同。太平御览卷八十二引古本竹书纪年又作六十九年）。

前 1900 年

外国

〔赫梯〕　旧王国时期（约公元前1900—1650年）。卡帕多细亚国王阿尼达征服赫梯，建都哈图沙什。是时赫梯境内小国林立，犹未统一。哈图沙什城在小亚细亚的哈吕斯河中游以东七十五公里，在今土耳其首都安卡拉东，其遗址第一次世界大战前被发现。并发现数千片楔形文字泥板，其中有谱系，有文书，有法典。第一次世界大战后，捷克历史家赫罗兹尼发现其读法，于是赫梯历史始大明于世。

前 1896 年

外国

〔埃及〕　第十二王朝法老塞索斯特利斯二世即位（公元前1896—1887年）。

前 1894 年

外国

〔巴比伦〕　第一王朝开始（公元前1894—1595年）。巴比伦建立于公元前三千年代末，其人为塞姆人之一支，号称阿摩利人。至公元前1894年，巴比伦王苏木阿布侵入阿卡得旧地，建立巴比伦王国。自是以后，三百年间，巴比伦为两河流域最主要之国家，在经济文化上都达到极高度发展。

前 1887 年

外国

〔埃及〕　第十二王朝法老塞索斯特利斯三世即位（公元前1887—1849年）。塞索斯特利斯侵努比亚与巴勒斯坦。

前 1858 年

中国

扃

扃（帝王世纪作局，又名禺），不降弟。在位二十一年（太平御览卷八十二引帝王世纪。通鉴外纪、通志同。今本竹书纪年作十八年）。

前 1849 年

外国

〔埃及〕　第十二王朝法老阿门内姆哈特三世即位（公元前1849—1801年）。阿门内姆哈特三世整顿西奈矿业，兴水利，造宫殿。在此时期，埃及灌溉工程得到巨大的发展，文化艺术大为兴盛。

前 1837 年

中国

廑

廑（帝王世纪曰亦名项。古本竹书纪年又作胤甲），帝扃子，在位二十一年（通鉴外纪。太平御览引帝王世纪作二十年，通志同。今本竹书纪年又作八年）。

前 1816 年

中国

孔甲

孔甲，不降子（史记夏本纪）。孔甲立，好方术鬼神事，淫乱；夏又衰，诸侯叛之（史记夏本纪）。孔甲好豢龙（左传昭公二十九年)。孔甲田于东阳萯山,作破斧之歌,为东音之始(吕氏春秋音初篇)。孔甲有盘盂铭三十六篇(汉书艺文志)。在位三十一年(通鉴外纪、通志同。路史作四十年。今本竹书纪年作九年)。

前 1801 年

外 国

〔埃及〕 法老阿门内姆哈特四世即位(公元前 1801—1792 年)。

前 1792 年

外 国

〔巴比伦〕 第一王朝第六个王汉穆拉比统治的开始(公元前 1792—1750 年)(按汉穆拉比的统治年代旧说约在公元前 1948—1905 年。近年来因两河流域考古学的进展,特别是因玛里刻文的发现,证明旧说实误提早二百年左右。前苏联古代东方史家阿夫基耶夫推定汉穆拉比年代应为公元前 1792—1750 年,狄雅可夫与尼尔科斯基亦采其说,今从之)。汉穆拉比统治四十二年之久,他在位的年代里,为巴比伦的极盛时期。汉穆拉比完成统一两河流域工作,建立以巴比伦为中心的国家,于是南迄海滨,北包亚述,皆入版图。1902 年,法考古家德·莫干发现汉穆拉比法典,全碑文凡三千六百行,二百八十二条,为研究此时期社会史极重要的资料。在古巴比伦王国里,家内奴隶制占着统治地位。当汉穆拉比统治时期,债务奴隶制得到很大的发展。

前 1785 年

中 国

皋

皋(古本竹书纪年作后昊,帝王世纪曰又名皋苟),孔甲子。在位十一年(通鉴外纪、通志同。太平御览卷八十二引古本竹书纪年又作三年。路史作十一年)。皋墓在殽(左传僖公三十二年)。

前 1778 年

外 国

〔埃及〕 第十三王朝开始(公元前 1778—1625 年)。在此时期,王室篡夺相继,王权复衰,国又大乱。第十三至第十七王朝称第二个中间时期(公元前 1778—1570 年)。

前 1774 年

中 国

发

发(太平御览引古本竹书纪年曰一名后敬,又曰发惠),皋子。在位十一年(通鉴外纪、通志同。通鉴纲目前编作十九年,今本竹书纪年作七年)。

前 1763 年

中 国

桀

桀名履癸,发子(史记夏本纪。史记索隐引世本作发与桀为兄弟,俱是皋子)。夏自孔甲以来,诸侯多叛,夏桀不务修德而暴虐,百姓弗堪。汤修德,诸侯皆归汤,汤率诸侯伐夏,桀奔鸣条而死。桀死于亭山(荀子解蔽篇)。在位五十二年(通鉴外纪作五十二年,路史作四十三年。今本竹书纪年作三十一年)。夏自禹至桀十七君十四世(史记集解引徐广说)。夏自禹至桀亡国,凡四百七十一年(史记集解引古本竹书纪年。汉书律历志引刘歆世经曰:夏后氏继世十七王,四百三十二年)。

前 1750 年

外 国

〔埃及〕 农民奴隶大起义,攻入都城,捉到法老,将大臣逐出王宫。革命运动不久席卷全国。

前 1741 年

外 国

〔巴比伦〕 第一王朝亡。巴比伦末年,南边之塞姆人,东边之伊拉姆人,北边之赫梯人,东北之喀西特人,自各方侵入。尤其是喀西特人,使用马拉战车,巴比伦无法抵抗。公元前 1741 年喀西特王灭巴比伦,建立喀西特王朝,继续统治至公元前 1165 年。自此时期起,在西亚与埃及,马渐用于军事与交通方面。

前 1711 年

中 国

汤

汤又名成汤(尚书酒诰篇)。又名武汤(诗经玄鸟篇),一作武唐(叔尸镈),又名武王(诗经玄鸟篇),又名天乙(荀子成相篇,史记殷本纪),卜辞作大乙,又名履(论语尧曰篇、墨子兼爱篇)。汤征伐自葛、载始,十一征而无敌于天下(孟子)。汤灭韦、顾、昆吾诸国,最后灭夏(诗商颂)。伊尹相汤以王天下(孟子)。仲虺居薛以为汤左相(左传定公元年)。汤都亳(孟子。按古地以亳名者甚多,汤所都之亳,据王国维考证,当在今山东曹县。见王国维说亳)。汤即位十七年而灭夏,践天子位十三年而崩(史记集解引帝王世纪。太平御览卷八十三引韩诗内传同。今本竹书纪年作汤在位共二十九年)。

前 1700 年

外国

〔希腊〕 最后阶段之迈锡尼文化（公元前 1700—1100 年），亦即是希腊文化之最初阶段，以伯罗奔尼撒半岛为中心。此期迈锡尼人已使用青铜武器与日用品，用犁耕地，原始公社开始瓦解，上层军事贵族掌握财富，并拥有亲兵。

前 1698 年

中国

外丙

外丙（卜辞有卜丙），汤子，太丁弟。外丙胜居亳（太平御览卷八十三引古本竹书纪年）。在位二年（孟子、史记作三年。按史记殷本纪："汤崩，太子太丁未立而卒，于是乃立太丁之弟外丙。"其说与孟子、古本竹书纪年合。书序："成汤既没，太甲元年。"伪孔传谓汤没之岁，即太甲元年。通鉴纲目前编等书采其说，遂无外丙、仲壬两王。今卜辞中有卜丙，似即外丙。无仲壬而有南壬）。

前 1696 年

中国

仲壬

仲壬（卜辞未见，但有南壬），外丙弟，在位四年死（孟子）。仲壬居亳，以伊尹为卿士（杜预左传集解后序引古本竹书纪年）。

前 1692 年

中国

太甲

太甲（卜辞同），太丁之子，汤嫡长孙，又称太宗（史记殷本纪）。太甲元年，伊尹作伊训、肆命、徂后（尚书无逸篇）。太甲立三年，暴虐不明，伊尹放之于桐，伊尹摄行政事，以朝诸侯。太甲悔过，伊尹迎太甲而授之政（孟子公孙丑篇，史记殷本纪）。一说伊尹放太甲七年，太甲潜出自桐，杀伊尹（杜预左传集解后序引古本竹书纪年）。太甲修政，殷中兴，号曰太宗，一名祖甲，在位三十三年（太平御览卷八十三引帝王世纪。通鉴外纪、通志同。今本竹书纪年作十二年）。

前 1680 年

外国

〔埃及〕 喜克索斯人乘埃及内部紊乱，自亚洲侵入，不久征服埃及，统治埃及百余年（公元前 1680—1567 年）。喜克索斯人都阿发里斯（三角洲内）。

前 1659 年

中国

沃丁

沃丁（卜辞不见沃丁，有羌丁），太甲子，名绚，居亳（太平御览卷八十三引古本竹书纪年）。帝沃丁之时伊尹卒，葬之于亳（史记殷本纪）。在位二十九年（通鉴外纪、通志同。今本竹书纪年作十九年）。

前 1640 年

外国

〔赫梯〕 王拉巴那什（一曰塔巴尔那）统一赫梯，定都苦什沙。拉巴那什死后，子哈图什里什一世继承王位。

前 1630 年

中国

太庚

太庚（卜辞同），沃丁弟（史记殷本纪），古本竹书纪年又作小庚辨，居亳（太平御览卷八十三引）。在位二十五年（太平御览卷八十三引帝王世纪。通鉴外纪、通志同。今本竹书纪年作五年）。

前 1605 年

中国

小甲

小甲（卜辞同）名高，居亳（太平御览卷八十三引古本竹书纪年），太庚子（史记殷本纪）。在位三十六年（通鉴外纪、通志同。太平御览引史记曰在位十七年，不见今本史记。今本竹书纪年亦曰十七年）。

前 1595 年

外国

〔赫梯〕 穆尔舒尔一世侵入巴比伦，洗劫之，将大批俘虏带归国都哈图沙什，并远征叙利亚，自是赫梯成为大国。穆尔舒尔一世死后，王族争夺王位，内部骚乱，凡数十年。

前 1584 年

外国

〔埃及〕 第十八王朝开始（公元前 1584—1320 年）。自第十八王朝至第二十王朝统治时期，史学家称为新王国时期（公元前 1584—1071 年）。第十八王朝建立者阿赫摩斯一世（公元前 1584—1559 年）将喜克索斯人逐出埃及，征服地方贵族，将埃及统一于自己的政权之下。又克复努比亚北部，王权复振。

前 1569 年

中国

雍己

雍己（卜辞作邕己）名伷，居

亳（太平御览卷八十三引古本竹书纪年），小甲弟（史记殷本纪）。雍己之时，殷道衰，诸侯或不至（史记殷本纪）。在位十二年（通鉴外纪。通志作十三年。太平御览卷八十二引史记作十二年，不见今本史记。今本竹书纪年亦作十二年）。

前 1559 年

外 国

〔埃及〕 第十八王朝法老阿门诺斐斯一世即位（公元前 1559—1538 年）。

前 1557 年

中 国

太戊

太戊（卜辞同），雍己弟（史记殷本纪），亦称中宗，在位七十五年（尚书无逸篇）。太戊时，伊陟为相，殷复兴，诸侯归之（史记殷本纪）。

前 1538 年

外 国

〔埃及〕 第十八王朝法老图特摩斯一世即位（公元前 1538—1525 年）。图特摩斯一世远征巴勒斯坦、叙利亚，直抵幼发拉底河。此时期埃及由喜克索斯人学得车战之术，战争技术提高。

前 1535 年

外 国

〔赫梯〕 王德列平约于此时期即位，平定内乱，树立王位世袭制度，国势又趋于稳定。德列平并设立特殊法庭，以限制血亲复仇法。

前 1525 年

外 国

〔埃及〕 第十八王朝法老图特摩斯二世即位（公元前 1525—1503 年）。皇后哈特什普苏特实秉国政。

前 1503 年

外 国

〔埃及〕 第十八王朝法老图特摩斯三世即位（公元前 1503—1491 年，一作公元前 1525—1491 年）。图特摩斯三世是埃及最著名之法老和军事指挥者，既征服巴勒斯坦、叙利亚及利比亚之一部分，并扩张南方至尼罗河第四险滩。于是南起尼罗河第四险滩，北至幼发拉底河，皆入版图，形成一个庞大军事帝国。埃及由战争及统治中获得大量财富，呈现空前繁荣。

前 1491 年

外 国

〔埃及〕 第十八王朝法老阿门诺斐斯二世即位（公元前 1491—1465 年）。

前 1482 年

中 国

仲丁

仲丁（卜辞作中丁），太戊子（史记殷本纪）。元年自亳迁于嚣（太平御览卷八十三引古本竹书纪年，史记作隞）。在位十一年（通鉴外纪、通志同。太平御览引史记亦作十一年，不见今本。今本竹书纪年作九年）。

前 1471 年

中 国

外壬

外壬（卜辞同），仲丁弟（史记殷本纪），居嚣（太平御览卷八十三引古本竹书纪年）。在位十五年（通鉴外纪、通志同。太平御览卷八十三引史记作五年，不见今本史记。今本竹书纪年作十年）。

前 1465 年

外 国

〔埃及〕 第十八王朝法老图特摩斯四世即位（公元前 1465—1455 年）。

前 1456 年

中 国

河亶甲

河亶甲（卜辞有戋甲）名整，外壬弟，自嚣迁于相（太平御览卷八十三引古本竹书纪年）。河亶甲时，殷复衰（史记殷本纪）。河亶甲征蓝夷，再征班方（太平御览卷八十三引古本竹书纪年）。在位九年（通鉴外纪、通志同。太平御览卷八十三引史记亦作九年，但不见今本史记。今本竹书纪年亦作九年）。

前 1455 年

外 国

〔埃及〕 第十八王朝法老阿门诺斐斯三世即位（公元前 1455—1424 年）。在此时期埃及非常富庶，文化亦有发展，和亚述交涉频繁，由亚述方面的砖书记录，可以看出。

前 1447 年

中 国

祖乙

祖乙（卜辞作且乙），名胜，是为中宗（太平御览卷八十三引古本竹书纪年），河亶甲子（史记殷本纪）。祖乙时，巫贤任职，殷复兴（尚书君奭篇）。迁于耿（书序。史记作邢。在河南平皋县，见王国维说耿。今温县东）。在位十九年（通鉴外纪、通志、今本竹书纪年同。太平御览卷八十三引史记同，但不见今本史记）。

前 1430 年

外国

〔赫梯〕 新王国时期开始（公元前 1430—1200 年）。

前 1428 年

中国

祖辛

祖辛（卜辞作且辛），祖乙子（史记殷本纪），在位十六年（通鉴外纪、通志、太平御览卷八十三引史记同，但不见今本史记。今本竹书纪年作十四年）。

前 1424 年

外国

〔埃及〕 第十八王朝法老阿门诺斐斯四世（即埃赫那吞，公元前 1424—1388 年）拟实行宗教改革，建立一神教，遭到僧侣的强烈反对。埃赫那吞末年，僧侣贵族与王斗争，国内大乱，巴勒斯坦、腓尼基、叙利亚等属地相继失去。

前 1412 年

中国

沃甲

沃甲（卜辞作羌甲。于省吾谓“沃”是羌的讹字，世本与古本竹书纪年作开甲），名逾，居庇（太平御览卷八十三引古本竹书纪年），祖辛弟。在位二十年（通鉴外纪、通志同。太平御览卷八十三引史记作二十五年，不见今本史记。今本竹书纪年作五年）。

前 1400 年

外国

〔赫梯〕 王舒皮鲁琉母三世在位时，国势达到极盛时期。是时赫梯已征服小亚细亚与叙利亚北部，米太尼亦称属邦。赫梯成为西亚强大军事霸国。是时赫梯已领有全部小亚细亚地区。至公元前 14 世纪中叶并扩张至北部叙利亚，在其地建立许多强固城市，其中最大的一个，在现在的辛得则利地方附近被发掘出来。此时期埃及企图夺回北部叙利亚，但未能成功。

前 1392 年

中国

祖丁

祖丁（卜辞同），祖辛之子（史记殷本纪），居庇（太平御览卷八十三引古本竹书纪年）。在位三十二年（通鉴外纪、太平御览卷八十三引史记同，但不见今本史记。通志作三十三年。今本竹书纪年作九年）。

前 1360 年

中国

南庚

南庚（卜辞同），沃甲子（史记殷本纪），名庚，自庇迁于奄（太平御览卷八十三引古本竹书纪年）。在位二十九年（太平御览卷八十三引帝王世纪，通鉴外纪、通志同。皇极经世作二十五年，今本竹书纪年作六年）。

前 1331 年

中国

阳甲

阳甲（卜辞作象甲），亦曰和甲（山海经郭注引古本竹书纪年），祖丁子（史记殷本纪）。阳甲即位居奄（太平御览卷八十三引古本竹书纪年）。殷自仲丁以来，至于阳甲，殷衰，诸侯不至（史记殷本纪）。在位七年（通鉴外纪、通志同。太平御览卷八十三引古本竹书纪年作十七年。今本竹书纪年作四年）。

前 1324 年

中国

盘庚

盘庚（卜辞作般庚），名旬（太平御览卷八十三引古本竹书纪年），阳甲弟（史记殷本纪）。盘庚迁于殷（尚书盘庚篇上），商自是称殷（史记集解引郑玄说。按自史记殷本纪误以殷为亳，谓其地在大河之南，后人多沿其误。自清季在安阳小屯村殷墟发现大量卜辞，然后殷之地点始明。王国维更博稽群书，著“说殷”一文，证明安阳殷墟即是盘庚以来之殷都，其地在黄河之北，而不在黄河之南，其说已成定论）。盘庚将迁于殷，士民嗟怨，作盘庚三篇（书序）。盘庚时，殷复兴，诸侯来朝（史记殷本纪）。在位二十八年（通鉴外纪、通志、今本竹书纪年同）。

前 1320 年

外国

〔埃及〕 第十九王朝开始（公元前 1320—1200 年）。第十九王朝建立者哈里姆哈伯出身将军，夺取政权后，着手恢复内部秩序，并恢复原有宗教。第十九王朝共历一百二十年，在此时期，底比斯僧侣权势日张。

前 1317 年

外国

〔埃及〕 第十九王朝法老拉美西斯二世为埃及法老中最后之杰

出人物。他与赫梯人战，后又成立和约（公元前1296年），得回在西亚失土之一部分。

前1312年

外国

〔埃及〕 第十九王朝法老拉美西斯二世帅师与赫梯人大战于卡垒什城，埃及军败。

前1296年

中国

小辛

小辛（卜辞同），名颂，居殷（太平御览卷八十三引古本竹书纪年），盘庚弟（史记殷本纪）。小辛时，殷复衰（史记殷本纪）。在位二十一年（通鉴外纪、通志同。太平御览卷八十三引史记同，但不见今本史记。今本竹书纪年作三年）。

外国

〔赫梯〕 王哈吐舒尔三世与埃及法老拉美西斯二世订立条约，赫梯保持叙利亚北部。此后不久，赫梯即渐衰落，亚述勃兴，赫梯受其威胁。

〔埃及〕 第十九王朝法老拉美西斯二世与赫梯议和。

前1275年

中国

小乙

小乙（卜辞同），名敛，居殷（太平御览卷八十三引古本竹书纪年），小辛弟（史记殷本纪）。在位二十一年（通鉴外纪、通志作二十年。太平御览卷八十三引史记亦作二十年，但不见今本史记。皇极经世作二十八年，今本竹书纪年作十年）。

前1254年

中国

武丁

武丁（卜辞同），号高宗（尚书无逸篇），小乙子（史记殷本纪）。武丁即位，三年不言，政事决定于冢宰（论语宪问篇）。武丁举傅说于版筑之间，任以为相，国大治（孟子）。武丁对鬼方用兵凡三年，战胜鬼方（易既济卦辞）。武丁攻荆楚（诗商颂）。在位五十九年（尚书无逸篇）。

前1251年

外国

〔埃及〕 第十九王朝法老拉美西斯二世死，埃及王权益衰。

前1231年

外国

〔埃及〕 第十九王朝法老谢提二世即位（公元前1231—1225年）。

前1200年

外国

〔赫梯〕 约于此时期受到“海上民族”的袭击，不久瓦解。仅有些小王公国家从赫梯遗留下来。但至公元前8世纪时，这些小国都被亚述国王萨贡二世所消灭。赫梯当方形成时（参看公元前1900年条），居民以牧畜为基本职业，但农业发展很迅速。至公元前15世纪时，又有果园业与葡萄园业。在此时期，氏族公社转化为农村公社。自公元前15世纪至公元前13世纪时期，赫梯的奴隶制关系奠立起来。赫梯法典中，关于奴隶的条文，就有二十一条，其内容与汉穆拉比法典关于奴隶的条文，颇多相似之处。奴隶主包括僧侣、王族、大臣及城市中的商人与高利贷者。赫梯文字初为图形文字，后发展为楔形文字。其雕刻浮雕的风格，颇为粗糙质朴。

〔印度〕 亚利安人约于此时期由亚洲西部侵入印度，占据自喀布尔（今阿富汗地）至恒河上游的北印度广大地区。关于此时期最古的文献是梨俱吠陀，其书由一千多首对自然神祈祷赞美诗组成，印度史家因称印度最早时期为梨俱吠陀，或前吠陀时期（约公元前1200年至800年，亦有一部分学者以为亚利安人约于公元前2000年侵入印度，而以公元前2000年至1000年为吠陀时期者。但近来印度史家多采取较晚的说法，前苏联东方史家阿夫基耶夫也采取此说）。

〔埃及〕 法老塞纳赫图建立第二十王朝（公元前1200—1090年），都底比斯。

前1198年

外国

〔埃及〕 第二十王朝法老拉美西斯三世即位（公元前1198—1167年）。他是塞纳赫图的儿子，在位三十一年，这时埃及从无政府状态又恢复了繁荣。他击退了利比亚与来自地中海的“海上民族”对埃及的进攻。但到了他的晚年，政治腐败，宫廷阴谋时起，饥饿的人民又发生了起义运动。他最后被杀。

前1195年

中国

祖庚

祖庚（卜辞作且庚），名跃，武丁子，居殷（太平御览卷八十三引古本竹书纪年）。在位七年（太平御览卷八十三引帝王世纪。通鉴外纪、通志同。今本竹书纪年作十一年）。

前1187年

中国

祖甲

祖甲（卜辞作且甲），名载，祖庚弟（史记殷本纪）。居殷（太平御览卷八十三引古本竹书纪年）。帝甲淫乱，殷复衰（国语）。祖甲能保惠于庶民，不敢侮鳏寡，享国三十有三年（尚书无逸篇）。

前1154年

中国

廪辛

廪辛（卜辞作且辛，世本同。汉书古今人表作冯辛），名先，居殷（太平御览卷八十三引古本竹书纪年），祖甲子。在位六年（通鉴外纪、通志同。太平御览卷八十三引史记同，不见今本史记。今本竹书纪年作四年）。

前1148年

中国

庚丁

庚丁（卜辞作康且丁），廪辛弟（史记殷本纪）。在位六年（通鉴外纪、太平御览卷八十三引史记作三十一年，不见今本史记。皇极经世作二十一年，今本竹书纪年作八年）。

前1146年

外国

〔巴比伦〕　王尼布甲尼撒一世即位（公元前1146—1123年）。自公元前1165年，喀西特人在巴比伦的统治被推翻，继之者为巴比伦人所建立之巴式王朝（公元前1165—689年）。巴式王朝最著名之君主为尼布甲尼撒一世，曾东征伊拉姆，但后为亚述人所败。至尼布甲尼撒一世死后，巴比伦日渐衰落。

前1142年

中国

武乙

武乙（卜辞作武且乙），庚丁子（史记殷本纪）。居殷（太平御览卷八十三引古本竹书纪年）。武乙无道，猎于河渭之间，为暴雷震死（史记殷本纪）。在位四年（通鉴外纪、通志同。太平御览卷八十三引古本竹书纪年作三十四年，今本竹书纪年作三十五年）。

前1138年

中国

太丁

太丁（卜辞作文武丁），又号文丁（史通疑古篇引古本竹书纪年），武乙子（史记殷本纪）。文丁杀周王季历（晋书束皙传引古本竹书纪年）。三年，洹水一日三绝（太平御览卷八十三引古本竹书纪年）。太丁之时，季历复攻燕京之戎，戎人大败周师（后汉书西羌传）。在位三年（通鉴外纪、通志同。太平御览卷八十三引史记同，但不见今本史记。今本竹书纪年作十三年）。

前1135年

中国

帝乙

帝乙（卜辞作乙。近安阳出土𠨘卣作帝乙），太丁子。帝乙处殷二年，周人伐商（太平御览卷八十三引古本竹书纪年）。十年征夷方，征盂方（卜辞通纂）。帝乙之时，殷益衰。帝乙徙居朝歌，都之，其子纣仍都之（史记殷本纪）。在位三十七年（太平御览卷八十三引帝王世纪。通鉴外纪、通志同。今本竹书纪年作九年）。

前1125年

外国

〔亚述〕　击败巴比伦，夺得幼发拉底河上游之地。

前1115年

外国

〔亚述〕　王提格拉—帕拉萨一世即位（公元前1115—1077年）。

前1100年

外国

〔希腊〕　荷马时代（公元前1100—700年）。此期希腊文化反映于荷马的《伊里亚特》与《奥德赛》两部史诗中。在此时期开始时，希腊由青铜时代进入铁器时代。氏族制度在解体的过程中，氏族贵族领袖（巴西勒斯）拥有大量财富与奴隶，但仍在家长奴隶制阶段。氏族贵族虽掌握政权，但必须召集人民大会以通过重要决议，故后期荷马时期仍在军事民主制阶段。

前1098年

中国

纣

纣亦作受（太平御览卷八十三引古本竹书纪年），又名辛，号帝辛，帝乙子（史记殷本纪）。宠妲己，惟其言是听（尚书牧誓）。荒于酒色，不理政事（尚书酒诰篇）。废弃祭祀，收容四方之罪犯逃逋，以之为大夫卿士，暴虐百姓（尚书牧誓篇）。殷之贤人微子启（纣庶兄）去殷，箕子佯狂为奴，比干因谏纣被杀（论语微子篇）。周武王遂率诸侯伐纣，战于牧野。甲子日，纣兵败，走入鹿台，自焚死（史记殷本纪）。殷亡。纣在位三十三年国灭（太平御览卷八十三引帝王世纪。通鉴外纪、通志同。今本竹书纪年云五十二年）。凡殷继嗣三十一王，六百二十九年（汉书律历志引刘歆世经。史记集解引古本竹书纪年：殷凡二十九王，四百九十六年)。

前 1090 年

外国

〔埃及〕 第二十一王朝（公元前 1090—945 年)。底比斯阿蒙神祠的最高僧侣赫里霍儿推翻法老拉美西斯十二世，建立第二十一王朝。是时北部州官纷纷独立，埃及大乱。在本朝中，埃及在亚洲的属地完全丧失，除埃及本土外，仅努比亚尚受埃及统治。

前 1080 年

外国

〔以色列〕 王扫罗领导以色列人与菲利斯人进行斗争，屡败腓力斯人，但后以兵败自杀。11 世纪时，以色列各部族因外族侵入而形成统一，以抵抗菲利斯人。扫罗在位时期，约为公元前 1080—1028 年。

前 1066 年

中国

周武王十一年

周武王名发，姬姓，文王昌子。九年东观兵于孟津，诸侯至者八百，武王以为纣尚未可伐，乃还师（史记周本纪)。十一年武王伐殷，战于商郊之牧野，遂灭商（按武王克商之年，各书所载不一。史记鲁世家、齐世家俱称十一年克商，而周本纪又作十二年。史记集解引谯周说作十三年。西周年代，惟鲁世家所载较详，兹从之)。

前 1065 年

中国

周武王十二年

封弟叔鲜于管，叔度于蔡。立纣子武庚禄父为诸侯以治殷遗民，使管、蔡监之。又封弟叔旦于鲁而相周，是为周公。又封弟叔振铎于曹，封弟叔武于成（史记管蔡世家)。又封师尚父于齐（史记齐世家)。

前 1064 年

中国

周武王十三年

武王访于箕子，箕子为陈洪（大）范（道）(尚书序)。武王久病，不愈（尚书金縢篇)，遂死（史记封禅书曰：武王克殷后二年，天下未宁而崩。按武王克殷后在位年数，有五年〔尚书召诰〕、六年〔史记周本纪引帝王世纪〕、七年〔通鉴外纪〕、十一年〔汉书律历志〕等说。武王年寿有五十四〔路史发挥四引古本竹书纪年〕、九十三〔礼记文王世子篇〕、九十四〔今本竹书纪年〕诸说)。

前 1063 年

中国

周成王元年

成王名诵，武王子。武王死，成王幼，周公当国听政，七年反政于成王（按成王初年周公之地位，古书中有两说。(一）周公即天子位，七年后反政于成王。如荀子儒效篇："武王崩，周公屏成王而及〔兄终弟及之及〕武王，履天子之籍，负扆而坐，诸侯趋走堂下。"(二）周公为相，摄行政事〔史记鲁世家〕。封周公子伯禽于鲁，使继周公〔史记鲁世家〕。管叔、蔡叔与纣子武庚叛周，周公东征〔史记周本纪〕)。

前 1062 年

中国

周成王二年

周公东征，讨管、蔡、武庚。

前 1061 年

中国

周成王三年

周公平三监之乱，杀武庚、管叔，放蔡叔（史记周本纪)。周公讨平管、蔡后，又继续向东方用兵，灭奄（今山东曲阜）等五十余国，驱飞廉于海隅而戮之，周之势力遂东至于海（孟子)。

前 1060 年

中国

周成王四年

周公既杀武庚，乃封殷后微子启于宋，以治殷之遗民（史记宋世家)。又封康叔于卫，其地在黄河淇河间，是商都之废墟（史记卫世家)。周公广封亲戚，以为周室屏藩，立七十一国，姬姓居五十三（荀子儒效篇)。

前 1059 年

中国

周成王五年

周公营成周（洛邑）为周之东都（尚书大传。按成周在今河南洛阳)。

前 1058 年

中国

周成王六年

周公制礼作乐（尚书大传)。

前 1057 年

中国

周成王七年

周公以成王年已长，反政于成王（史记周本纪)。

前 1027 年

中国

周成王三十七年

四月甲子成王病笃，召太保奭、

芮伯、彤伯、毕公、卫侯、毛公等至御前，命立太子钊。乙丑成王死。太保命仲桓、南宫、毛俾、齐侯吕伋以二干戈、虎贲百人迎太子钊于南门之外，立以为王，是为康王（尚书顾命篇）（按史记周本纪无成王在位年数。汉书律历志引刘歆世经作周公在位七年，成王在位三十年，合三十七年。此系用三统历法推算而得）。

前 1026 年

中国　周康王元年

康王名钊，成王长子（史记周本纪）。康王元年，释丧冕作诰申戒诸侯（按尚书康王之诰篇，即记康王即位典礼及告诸侯之辞）。成康之际，天下安宁，刑错四十余年不用（错亦作措，即废置不用。史记周本纪）。

前 1021 年

中国　周康王六年

齐太公望死（太公吕望碑引古本竹书纪年）。

前 1018 年

中国　周康王九年

晋侯作宫而美，康王责之（北堂书钞卷十八引古本竹书纪年）。

前 1011 年

中国　周康王十六年

鲁侯伯禽卒（按史记鲁世家，伯禽无年数。汉书律历志引刘歆世经，据三统历所推算，康王十六年卒。帝王世纪、今本竹书纪年同）。子考公酋（鲁世家作酋，史记索隐引世本作就）立。

前 1010 年

中国　周康王十七年

鲁考公酋元年。

前 1007 年

中国　周康王二十年

鲁考公卒，弟炀公熙立。

前 1006 年

中国　周康王二十一年

鲁炀公熙元年。炀公徙鲁（史记鲁世家集解引世本。又宋忠曰：今鲁国）。

前 1001 年

中国　周康王二十六年

康王死，子瑕立，是为昭王（史记周本纪。按史记不载康王年数，是司马迁已不知其在位之年。太平御览卷八十五引帝王世纪作二十六年。各书多采其说，今姑从之）。

前 1000 年

中国　周昭王元年

（汉书律历志引刘歆世经云："自周昭王以下亡年数，故据周公伯禽为纪。"是各书所载周昭王以下各王年代，大抵皆据推算，不足为据。）

外国　〔腓尼基〕　推罗城邦在此时期达到最繁荣时期，此繁荣时期维持二百余年（公元前 1000—774 年）。当是时，埃及与赫梯俱衰，腓尼基遂得自由发展。其后亚述兴，腓尼基遂又臣服于亚述。

〔犹太〕　约于此时在大卫的领导下，彻底统一。大卫领导犹太人击溃腓力斯人，将他们赶走，定都于耶路撒冷，犹太王国遂以形成。大卫在位时期约为公元前 1000—950 年。

前 989 年

中国　周昭王十二年

鲁炀公卒，子幽公宰（史记作宰，世本作圉）立（史记鲁世家称炀公在位六年，与推算不合，疑有误）。

前 988 年

中国　周昭王十三年

鲁幽公宰元年。

前 985 年

中国　周昭王十六年

周涉汉攻楚（初学记七引古本竹书纪年）。

前 977 年

中国　周昭王二十四年

昭王之时，王道微缺，昭王南巡狩不返，卒于江上（史记周本纪。左传僖公四年亦曰："昭王南征不复，寡人是问。"昭王究如何死于江上，史无明文。史记正义引帝王世纪云："昭王德衰，南征，济于汉，船人恶之，以胶舟进。王御船至中流，胶液船解，王及祭公俱没于水中而崩。"此系晋人之说，不知何本。至于昭王在位年数，史亦无明文，刘歆谓昭王以下无年数。是汉人已不知昭王年数。太平御览卷八十五引帝王世纪曰：昭王在位五十一年。通鉴外纪引帝王世纪又作二年。通鉴外纪谓昭王在位五十一年。

今本竹书纪年又云十九年。今据鲁纪年推算，当为二十四年)，子穆王满立。

前 976 年

中国

周穆王元年

穆王作祇宫于南郑（穆天子传引古本竹书纪年)。穆王都西郑（汉书地理志注)。穆王攻犬戎（国语周语有此记载，但不知何年，姑系于此)。

前 975 年

中国

周穆王二年

鲁幽公弟濞（史记索隐引世本作弗）杀幽公而自立，是为魏公（史记集解引世本又作微公)。幽公在位十四年（史记鲁世家)。

前 974 年

中国

周穆王三年

鲁魏公濞元年。

前 964 年

中国

周穆王十三年

穆王好游，得名马，造父御车，乘以西游（左传昭公十二年，史记秦本纪)。

前 950 年

中国

周穆王二十七年

外国

〔犹太〕 王大卫约死于是年，子所罗门继位（公元前 950？—935？年)。在所罗门时期，犹太达到最繁盛时代。在此时期，犹太与埃及、腓尼基间的商业非常繁盛，所罗门娶埃及公主，模仿埃及宫廷奢侈生活，大事修建。在耶路撒冷用石头修建耶和华庙，招雇腓尼基匠人指导设计。又修建富丽壮观之宫殿。他增加人民捐税，驱使人民参加建筑工作，人民的负担日重，逐渐产生不满的情绪。

前 941 年

中国

周穆王三十六年

外国

〔埃及〕 第二十二王朝开始（公元前 945—745 年)，都卜巴斯提斯。本朝建立者为法老塞桑克一世，利比亚人，先据三角洲，后统一埃及。

前 940 年

中国

周穆王三十七年

穆王伐越（文选江赋注引古本竹书纪年)。

前 935 年

中国

周穆王四十二年

外国

〔犹太〕 王所罗门约死于是年，子罗波安继位。北部人民要求减轻负担，利荷普阿姆不听。北部独立，别立耶罗波安为王，成为独立的以色列王国。以色列国与犹太国之间常有战事发生。

前 927 年

中国

周穆王五十年

穆王命吕（亦作甫）侯作吕（亦作甫）刑（书序)。

前 925 年

中国

周穆王五十二年

鲁魏公卒，子厉公擢（史记作翟，世本作翟）立。魏公在位五十年（史记鲁世家)。

前 924 年

中国

周穆王五十三年

鲁厉公擢元年。

前 922 年

中国

周穆王五十五年

穆王死，子繄（世本作伊扈）立，是为共（一作恭）王（史记周本纪)。穆王在位五十五年（史记周本纪)。

前 921 年

中国

周共王元年

共王灭密。

前 910 年

中国

周共王十二年

共王死，子囏（世本作坚）立，是为懿王（史记周本纪）（史记不载共王在位年数，太平御览引帝王世纪作二十五年，通鉴外纪作十年，今本竹书纪年作十二年)。

前 909 年

中国

周懿王元年

懿王之时，王室遂衰，诗人作刺（史记周本纪)。懿王自镐徙都犬丘（史记集解引宋忠说)。

前 888 年

中国　周懿王二十二年

鲁厉公擢卒，弟献公具立。厉公在位三十七年（史记鲁世家）。

前 887 年

中国　周懿王二十三年

鲁献公具元年。

前 885 年

中国　周懿王二十五年

懿王囏死，共王弟辟方立，是为孝王。懿王在位二十五年（太平御览卷八十五引帝王世纪。通鉴外纪、今本竹书纪年同）。

前 884 年

中国　周孝王元年

孝王使蜚子牧马汧、渭之间，马蕃息，乃封之于秦（史记秦本纪。此事不知在何年，姑系之于此）。

外国　〔亚述〕　王亚述那西帕二世即位（公元前 884—859 年）。对东北方面和西北方面用兵，都取得胜利。改进武器与军事编制，亚述复兴。亚述军队用铁制武器，并有攻城战车等新武器。

前 876 年

中国　周孝王九年

外国　〔以色列〕　在国王俄姆赖时期（约公元前 876—869 年），国势强盛，建新都于撒马利亚。

前 870 年

中国　周孝王十五年

孝王死，诸侯立懿王子燮，是为夷王（史记周本纪。按史记无孝王在位年数。太平御览引帝王世纪作十五年。今本竹书纪年作九年）。

前 869 年

中国　周夷王元年

周夷王时，周益衰，天子下堂而见诸侯（礼记郊特牲篇）。

前 868 年

中国　周夷王二年

蜀人、吕人来献琼玉（北堂书钞卷三十一引古本竹书纪年）。

前 867 年

中国　周夷王三年

纪侯谮齐哀公，周夷王烹齐哀公，而立其弟静，是为胡公，胡公自营邱迁都薄姑（史记齐世家。年从太平御览卷八十五引古本竹书纪年）。

前 859 年

中国　周夷王十一年

王有疾，诸侯祈祷于山川（左传昭公二十六年。按此不知何年之事，姑系于此）。

外国　〔亚述〕　王萨玛那萨尔三世（公元前 859—825 年）与乌拉尔图、大马士革、以色列战，都取得胜利。以色列、腓尼基诸城都对亚述纳贡。

前 858 年

中国　周夷王十二年

周夷王死，子胡立，是为厉王（史记周本纪。史记无夷王在位年数，太平御览卷八十五引帝王世纪夷王在位十六年，通鉴外纪作十五年，今本竹书纪年又作八年。按依鲁世家推算，夷王在位年数当为十二年）。

前 856 年

中国　周厉王二年

鲁献公具卒，子真公濞立（按鲁献公在位年数，史记鲁世家作三十二年，刘歆世经作五十年，帝王世纪作三十六年。清宋翔凤过庭录已纠刘歆之失，兹从史记）。

前 855 年

中国　周厉王三年

鲁真公濞元年。

前 842 年

中国　周厉王十六年

鲁真公十四年（史记周本纪称周厉王三十七年奔彘。鲁世家又称鲁真公十四年周厉王奔彘。但依推算，鲁真公十四年实当厉王十六年，兹从鲁世家）。

前 841 年

中国　庚申　共和元年

鲁真公濞十五年。齐武公寿十年。晋靖侯宜臼十八年。秦秦仲四年。楚熊勇七年。卫釐侯十八年。宋釐公举十八年。陈幽公宁十四年。蔡武侯二十三年。曹夷伯喜二十四年。燕惠侯二十四年。周厉王贪财暴虐，又使卫巫监谤，国人流王于彘（今山西霍县）（史记十二诸侯年表始于是年，自是年起，中国历史始有准确年代。共和有两说：史记周本纪：以“召公、周公二相行政，号曰共和。”史记索隐引古本竹书纪年：“共伯和干王位”。吕氏春秋开春论：“共伯和修其行，好贤仁，而海内皆以来为稽矣，周厉之难，天子旷绝而天下皆来谓矣。”是又以共和为共伯和年号。古共国在今河南辉县）。

前 840 年

中国

辛酉　共和二年

晋釐（一作僖）侯司徒元年。厉王之子静匿于召公家中。

前 839 年

中国

壬戌　共和三年

前 838 年

中国

癸亥　共和四年

蔡武侯卒，子夷侯立。楚熊勇卒，弟熊严立。

前 837 年

中国

甲子　共和五年

蔡夷侯元年。楚熊严元年。

前 836 年

中国

乙丑　共和六年

前 835 年

中国

丙寅　共和七年

曹夷伯喜卒，弟幽伯强立。

外国

〔亚述〕　攻米堤。是时米堤分为许多部落，公元前 835 年，亚述王萨玛那萨尔三世征米堤，铭碑记其事，是为米堤见于记载之始。

前 834 年

中国

丁卯　共和八年

曹幽伯强元年。

前 833 年

中国

戊辰　共和九年

前 832 年

中国

己巳　共和十年

陈幽公卒，子釐公孝立。

前 831 年

中国

庚午　共和十一年

陈釐公孝元年。宋釐公卒，子惠公𩖗立。

前 830 年

中国

辛未　共和十二年

宋惠公𩖗元年。

前 829 年

中国

壬申　共和十三年

前 828 年

中国

癸酉　共和十四年

周厉王死于彘，太子静立，是为周宣王。宣王即位后，周、召二公辅政，“法文、武、成、康之遗风，诸侯复宗周”（史记周本纪）。是年大旱（古本竹书纪年）。楚熊严死，子伯霜立，是为熊霜。

前 827 年

中国

甲戌　周宣王元年

楚熊霜元年。燕惠侯死，子釐侯立。宣王即位后，命吉甫、南仲等对玁狁、西戎等族用兵，经略西北。又命申伯、韩侯、仲山甫等经略中原。复命方叔、皇父、程伯休父等经略东南，对荆蛮、淮夷、徐方作战，周势复振，号称中兴（以上诸战役究于何年发生，已不可考，统系于此）。宣王即位，“不藉千亩”，虢公谏曰：“不可。”王不听。“藉”是国王亲耕的礼节（国语周语）。有些学者认为“石鼓文”是周宣王时物，但尚没有一致意见。

前 826 年

中国

乙亥　周宣王二年

燕釐侯元年。鲁真公濞（世本作慎公挚）卒，弟敖立，是为武公。曹幽伯弟苏（年表作鲜）杀幽伯自立，是为戴伯。

前 825 年

中国

丙子　周宣王三年

鲁武公敖元年。曹戴伯苏元年。齐武公死，子厉公无忌立。

前824年

中国

丁丑　周宣王四年

齐厉公无忌元年。

前823年

中国

戊寅　周宣王五年

晋釐侯司徒死，子籍（史记索隐引世本作苏）嗣位，是为献侯。

前822年

中国

己卯　周宣王六年

晋献侯籍元年。楚熊霜卒，三弟争立，仲雪死，叔熊逃难于濮，国人立少弟季徇（史记年表作熊徇，楚世家作熊狥，国语郑语作季紃）。宣王命秦仲伐西戎，秦仲为西戎所杀（古本竹书纪年系此事于宣四年，此据史记秦本纪）。秦仲有子五人，宣王召五人，予兵七千，复伐西戎，破之。宣王乃立秦仲长子，予以大骆、犬丘之地，为西垂大夫，是为庄公。

前821年

中国

庚辰　周宣王七年

楚王熊徇元年。秦庄公元年。庄公居其犬丘故地。

前820年

中国

辛巳　周宣王八年

前819年

中国

壬午　周宣王九年

前818年

中国

癸未　周宣王十年

前817年

中国

甲申　周宣王十一年

春，鲁武公与长子括、少子戏西朝周宣王，周宣王立戏为鲁太子，周臣樊仲山父谏，宣王不听（史记鲁世家系此事于鲁武公九年，即周宣王十一年，周本纪系此事于十二年，而今本竹书纪年又系于八年，兹从鲁世家）。

前816年

中国

乙酉　周宣王十二年

鲁武公卒，公子戏立，是为懿公。齐厉公无忌暴虐，齐人杀厉公而立厉公子赤，是为文公。

前815年

中国

丙戌　周宣王十三年

鲁懿公戏元年。齐文公赤元年。诛杀厉公者七十人。

前814年

中国

丁亥　周宣王十四年

前813年

中国

戊子　周宣王十五年

卫釐公卒，太子共伯余立，其弟和初有宠于釐公，至是攻共伯余，共伯余自杀，和自立，是为武公。

前812年

中国

己丑　周宣王十六年

卫武公和元年。武公即位，修康叔之政，百姓和集。晋献侯卒，子穆侯弗生（晋世家作费王，此从年表）立。

前811年

中国

庚寅　周宣王十七年

晋穆侯弗生元年。

前810年

中国

辛卯　周宣王十八年

前809年

中国

壬辰　周宣王十九年

卫釐（左传作僖）侯所事元年。

前808年

中国

癸巳　周宣王二十年

晋穆侯娶齐女为夫人。

前807年

中国

甲午　周宣王二十一年

鲁懿公兄括之子伯御与鲁人攻杀懿公，而立伯御为君，伯御后为周宣王所杀，无谥。懿公卒，即以孝公称纪年（参见公元前796年条）。

前806年

中国

乙未　周宣王二十二年

周宣王封弟友于郑，是为郑桓公。

前805年

中国

丙申　周宣王二十三年

晋穆侯伐条，生太子名之曰仇。

前804年

中国

丁酉　周宣王二十四年

齐文公卒，子成公说（世家作脱，年表作说，史记索隐及古史考俱作说）立。

前803年

中国

戊戌　周宣王二十五年

齐成公说元年。

前802年

中国

己亥　周宣王二十六年

晋穆侯战于千亩，有功，生少子，名之曰成师。

前801年

中国

庚子　周宣王二十七年

前800年

中国

辛丑　周宣王二十八年

楚熊徇卒，子熊咢立。

外国

〔印度〕　从公元前800至550年是后吠陀时期（以前印度史家亦称此时期为诗史时期，以古印度《罗摩衍那》及《摩诃婆罗多》两篇长叙事诗得名，今从印度历史家麻儒达等所编《高级印度史》，1946年版）。

在此时期，亚利安人势力自北印度向东部、中部、南部扩张，占领北印、中印之大部，有些部落甚至伸入印度南部德干地区。

此时社会阶级出现，分为婆罗门（僧侣）、刹帝利（贵族、武士）、吠舍（农、工、商）、首陀罗（被压迫的贫民），号称四种姓，服饰各别，都是世袭。

〔希腊〕　拉哥尼亚地区约于此时有一些城邦兴起。科林斯城邦约于此时渐以商业著称。

前799年

中国

壬寅　周宣王二十九年

楚熊咢元年。宋戴公立元年。

前798年

中国

癸卯　周宣王三十年

前797年

中国

甲辰　周宣王三十一年

周宣王伐太原之戎，不克（古本竹书纪年）。

前796年

中国

乙巳　周宣王三十二年

周宣王伐鲁，杀伯御，立懿公弟称，是为孝公。陈釐公卒，子武公灵立。曹戴伯卒，子惠伯兕（年表作雉）立。

前795年

中国

丙午　周宣王三十三年

陈武公灵元年。曹惠公伯雉（世家作兕）元年。齐成公卒，子庄公赎（年表史记索隐引世本并作赎，世家作购）立。

前794年

中国

丁未　周宣王三十四年

齐庄公赎（世家及世本作购）元年。

前793年

中国

戊申　周宣王三十五年

前792年

中国

己酉　周宣王三十六年

周宣王攻条戎、奔戎，王师败绩（古本竹书纪年）。

前791年

中国

庚戌　周宣王三十七年

楚熊咢卒，子熊仪立，是为若敖。燕釐侯卒，子顷侯立。

前790年

中国

辛亥　周宣王三十八年

楚若敖熊仪元年。燕顷侯元年。晋人败北戎于汾隰（古本竹书纪年）。戎人灭姜侯之邑（古本竹书纪年）。

前789年

中国

壬子　周宣王三十九年

周宣王与姜氏之戎战于千亩，周师败绩。宣王为移民于太原。周宣王破申戎（古本竹书纪年）。

前 788 年

中国

癸丑　周宣王四十年

前 787 年

中国

甲寅　周宣王四十一年

前 786 年

中国

乙卯　周宣王四十二年

前 785 年

中国

丙辰　周宣王四十三年

晋穆侯卒，弟殇叔自立，太子仇出奔。周宣王杀大夫杜伯，死非其罪，时人冤之（年据墨子明鬼篇引周春秋）。

前 784 年

中国

丁巳　周宣王四十四年

晋殇叔元年。

前 783 年

中国

戊午　周宣王四十五年

前 782 年

中国

己未　周宣王四十六年

周宣王卒，太子宫涅立，是为幽王。

前 781 年

中国

庚申　周幽王元年

晋太子仇率其徒袭杀殇叔而自立，是为文侯。陈武公卒，子夷公说立。

前 780 年

中国

辛酉　周幽王二年

晋文侯仇元年。陈夷公说元年。镐京大地震，三川竭（三川指泾水、渭水、洛水），岐山崩。

前 779 年

中国

壬戌　周幽王三年

周幽王娶褒姒，嬖之。褒姒不好笑，幽王欲其笑，为举烽火，并击大鼓，召诸侯来援，诸侯兵至，乃无寇。其后幽王屡举烽火，诸侯不至。幽王用虢石父为卿，善谀好利，国人皆怨。

前 778 年

中国

癸亥　周幽王四年

周幽王废太子宜臼与其母申后，立褒姒子伯服为太子，宜臼奔申（古本竹书纪年）。秦庄公卒，子襄公立。先是，庄公有子三人，长名世父，世父曰："戎杀我大父仲，我非杀戎王，则不敢入邑。"遂将击戎，让其弟襄公为太子。至是襄公遂立。陈夷公卒，弟平公燮立。

前 777 年

中国

甲子　周幽王五年

秦襄公元年。陈平公燮元年。

前 776 年

中国

乙丑　周幽王六年

外国

〔希腊〕　奥林匹亚赛会相传始于是年，希腊人以是年为自己的历史年代之开始。奥林匹亚赛会每隔四年举行一次（即是到上次赛会后的第五年举行），希腊人即以此作为纪年单位。因为希腊城邦林立，各有纪年，只有奥林匹克是全希腊都承认的年代。

前 775 年

中国

丙寅　周幽王七年

前 774 年

中国

丁卯　周幽王八年

郑桓公为周司徒，知周将亡，言于王，迁其民于洛东，虢、桧献十邑以居之，号曰新郑（今河南新郑）。

前 773 年

中国

戊辰　周幽王九年

前 772 年

中国

己巳　周幽王十年

前 771 年

中国

庚午　周幽王十一年

申侯引西夷、缯人、犬戎攻幽王，幽王举烽火征诸侯兵，兵莫至，遂杀幽王于骊山之下，虏褒姒，并杀司徒郑桓公，尽取周财宝而去。诸侯共立太子宜臼，是为平王。西周积年，诸说不一。（一）史记周本纪集解引古本竹书纪年：自武王灭殷至幽王凡二百五十七年。（二）

史记匈奴列传谓自武王伐纣至犬戎杀幽王凡四百余年。(三)汉书律历志引刘歆世经谓伯禽至春秋凡三百八十六年。(四)刘恕通鉴外纪载西周凡三百五十二年。郑玄诗谱序曰:“夷厉以上,岁数不明;大史年表,自共和始。”是共和以前年数,迄无定论。

前770年

中国

辛未　周平王元年

郑武公元年(史记无武公名,史记索隐引谯周曰名滑突,一作掘突)。晋文侯、郑武公、卫武公、秦襄公帅兵护送平王,入于洛邑。自是年起史称东周。东周初年,王室衰微,依靠晋、郑两国支持。周平王赐秦襄公以岐山以西之地,秦始列于诸侯。虢公翰又立王子余臣于(木+㩁),是为(木+㩁)王。

前769年

中国

壬申　周平王二年

郑武公与王子多父灭郐而有其地,郑亦东迁。秦作西畤,祠白帝。鲁孝公卒,子惠公弗湟立(年表作弗生,史记索隐引世本作弗皇,兹从鲁世家)。

前768年

中国

癸酉　周平王三年

鲁惠公弗湟元年。王赐司徒郑伯命。

前767年

中国

甲戌　周平王四年

郑人灭虢(汉书地理志臣瓒注)。燕顷侯卒,子哀侯立。

前766年

中国

乙亥　周平王五年

燕哀侯元年。秦襄公攻戎,至岐而死,子文公立。宋戴公卒,子武公司空立。

前765年

中国

丙子　周平王六年

秦文公元年,居西垂宫。宋武公司空元年。燕哀侯卒,子郑侯立。

前764年

中国

丁丑　周平王七年

燕郑侯元年。

前763年

中国

戊寅　周平王八年

楚霄(年表作宁,此从楚世家)敖元年。秦文公率兵七百人东猎。

前762年

中国

己卯　周平王九年

秦文公至汧渭之会,曰:“昔周邑我先秦嬴于此,后卒获为诸侯。”乃卜居之,占曰吉,即营邑之(史记秦本纪作文公四年,正当周平王九年。今本竹书纪年系于平王十年。按司马迁亲见“秦记”,当不致误,兹从史记)。蔡釐侯卒,子共侯兴立。

前761年

中国

庚辰　周平王十年

蔡共侯兴元年。郑武公娶申侯女为夫人,曰武姜。

前760年

中国

辛巳　周平王十一年

晋杀(木+㩁)王余臣(今本竹书纪年系此事于平王二十一年,盖误以晋文侯二十一年为周平王之年,今从古本竹书纪年)。蔡共侯卒,子戴侯立。曹惠伯卒,子石甫立,其弟武杀之代立,是为穆(曹世家作缪)公。

外国

〔乌拉尔图〕——位于两河流域上游——达到其最兴盛时期。当公元前第二个千年中叶,乌拉尔图诸部落已组织成部落联盟。公元前第一个千年初叶,乌拉尔图统一为一个强大的奴隶制的王国,首都建立在凡湖岸(靠近今天的凡城)。当公元前9到8世纪时,乌拉尔图的领土大为扩张。公元前8世纪中叶,乌拉尔图仍极强盛,在战争中虏获大量奴隶与财富,建立庞大水利系统,种植谷物与葡萄。其手工业,以冶制青铜武器与青铜器称著。公元前8世纪末,其国为亚述国王萨贡二世所灭。

前759年

中国

壬午　周平王十二年

蔡戴侯元年。曹穆公元年。

前758年

中国

癸未　周平王十三年

楚霄敖卒,子熊眴立,是为蚡冒。卫武公卒,子庄公杨立。卫武公年九十五,犹箴儆于国曰:“勿谓我老耄而舍我,必恭恪于朝,朝夕以交戒我。”(国语楚语上)

前757年

中国

甲申 周平王十四年

楚蚡冒元年。卫庄公杨元年。郑庄公寤生生。曹穆公卒，子桓公终生立。

前756年

中国

乙酉 周平王十五年

曹桓公终生元年。秦初作鄜畤，用三牢。

前755年

中国

丙戌 周平王十六年

陈平公卒，子文公圉立。

前754年

中国

丁亥 周平王十七年

陈文公圉元年。娶蔡女，生子佗。郑太叔段生。

前753年

中国

戊子 周平王十八年

秦初有史以记事。

外国

〔罗马〕 相传罗慕路斯与勒莫兄弟二人于此年建立罗马城，罗马人以此年为罗马史之元年。相传罗慕路斯杀其弟勒莫而自立为王，其在位年代为公元前753—715年。

前752年

中国

己丑 周平王十九年

卫庄公娶夫人姜氏于齐。

前751年

中国

庚寅 周平王二十年

前750年

中国

辛卯 周平王二十一年

秦文公大败戎师于岐，收周之余民而有之。地至岐，岐以东献于周（今本竹书纪年系此事于平王十八年，兹从史记秦本纪）。蔡戴侯卒，子宣侯考父（史记作措夫，春秋作考父，兹从春秋）立。

前749年

中国

壬辰 周平王二十二年

蔡宣侯考父元年。

前748年

中国

癸巳 周平王二十三年

宋武公卒，子宣公力立。

前747年

中国

甲午 周平王二十四年

宋宣公力元年。秦作陈宝祠，祠宝鸡。

前746年

中国

乙未 周平王二十五年

晋文侯仇卒，子昭侯伯立。秦初用族刑。

前745年

中国

丙申 周平王二十六年

晋昭侯元年，晋昭侯封其叔父成师于曲沃，大于晋，晋由是分裂（按史记晋世家，成师是晋文侯之弟，昭侯之叔，与国语晋语合；而史记十二诸侯年表误作昭侯弟。兹从晋世家）。陈文公卒，子桓公鲍立。

外国

〔亚述〕 王梯格拉—帕拉萨三世即位（公元前745—727年）。他是亚述军事霸国的建立者，改组亚述的军队组织，其中包括三个组成部分，一为车兵部队，一为骑兵部队，一为步兵部队；又使用发石机、撞城机等武器。他征服全部叙利亚，包括大马士革国，并将巴比伦合并于亚述，自称巴比伦王。又击败乌拉尔图王国。

〔埃及〕 第二十三王朝，都底比斯。本朝建立者贝图巴斯提乃底比斯地方阿蒙神祠高级僧侣之子。此时埃及南北分裂，同时有两个法老，此外又有许多地方统治者（第二十三王朝至第二十五王朝公元前745—663年）。

前744年

中国

丁酉 周平王二十七年

陈桓公鲍元年。郑武公卒，子庄公寤生立。先是，武公娶于申，曰武姜，生庄公及太叔段，武姜恶寤生而爱段，欲立段为太子，武公弗许。是岁武公卒，寤生立。

前743年

中国

戊戌 周平王二十八年

郑庄公寤生元年。郑卿祭仲生。

前 742 年

中国

己亥　周平王二十九年

秦文公伐南山大梓丰大特（按南山大梓谓南山之大梓树。据传说，伐树后，有神牛从树中出，走入丰水。大特，大牛也）。

前 741 年

中国

庚子　周平王三十年

楚蚡冒卒，弟熊通杀蚡冒子而自立，是为武王。卫庄公爱妾之子州吁好兵，公弗禁。

前 740 年

中国

辛丑　周平王三十一年

楚武王熊通元年。

前 739 年

中国

壬寅　周平王三十二年

晋大夫潘父杀昭侯，而迎曲沃桓叔（成师）。桓叔欲入晋，晋人发兵攻桓叔，桓叔败归曲沃。晋大夫共立昭侯子平，是为孝侯。

前 738 年

中国

癸卯　周平王三十三年

前 737 年

中国

甲辰　周平王三十四年

前 736 年

中国

乙巳　周平王三十五年

外国

〔希腊〕　第一次米西尼亚战争约于此年开始，约至公元前 716 年终。米西尼亚人经过长期战争，终为斯巴达征服，斯巴达人将所有被征服居民变成希洛人，一部分米西尼亚人因不愿被奴役而离去故乡。

前 735 年

中国

丙午　周平王三十六年

卫庄公卒，太子完立，是为桓公。

前 734 年

中国

丁未　周平王三十七年

卫桓公完元年。

前 733 年

中国

戊申　周平王三十八年

卫桓公弟州吁骄奢逾制，桓公绌之，出奔。

前 732 年

中国

己酉　周平王三十九年

前 731 年

中国

庚戌　周平王四十年

晋曲沃桓叔成师卒，子鱓（史记晋世家作鱓，十二诸侯年表作代）立，是为曲沃庄伯。齐庄公卒，子釐公禄父立。

前 730 年

中国

辛亥　周平王四十一年

齐釐公禄父元年。

前 729 年

中国

壬子　周平王四十二年

宋宣公卒，舍其子与夷而立弟和，是为穆公。燕郑侯卒，子穆（燕世家作缪）立。

前 728 年

中国

癸丑　周平王四十三年

燕穆侯元年。宋穆公和元年。

前 727 年

中国

甲寅　周平王四十四年

外国

〔亚述〕　王萨玛那萨尔五世即位（公元前 727—722 年）。他曾围攻以色列国都萨马利亚，三年不下。

前 726 年

中国

乙卯　周平王四十五年

前 725 年

中国

丙辰　周平王四十六年

前 724 年

中国

丁巳　周平王四十七年

晋曲沃庄伯入翼杀晋孝侯；晋大夫逐曲沃庄伯，立孝侯子郄（史记十二诸侯年表作郤，此从晋世家），是为鄂侯。曲沃势日强，晋无力抵抗。

前 723 年

中国

戊午　周平王四十八年

晋鄂侯郗元年。鲁惠公卒，庶子隐公息姑立。

前 722 年

中国

己未　周平王四十九年

鲁国编年史“春秋”始于是年而终于公元前481年（“春秋”是现在最古之编年史，因有此书，后来历史家称这一时期为春秋时期）。鲁隐公息姑元年。五月，郑庄公之弟太叔段将自京袭郑，郑庄公使公子吕伐京，克之于鄢，太叔出奔共。九月，鲁与宋盟于宿。

外国

〔亚述〕　王萨贡二世（公元前722—705年），继承梯格拉—帕拉萨三世的侵略政策，灭以色列国，俘两万余人，并灭当时残存于卡赫眉什地区之赫梯公国。又彻底击败乌拉尔图，占领乌尔米湖滨之穆沙西尔城，并获得大量战利品。

前 721 年

中国

庚申　周平王五十年

春，鲁隐公会戎于潜。十二月，郑攻卫。夏五月，莒人入向（左传）。

前 720 年

中国

辛酉　周平王五十一年

二月，己巳，日蚀。三月，周平王卒，孙林嗣位，是为桓王。初，郑武公、庄公为平王卿士，但平王又欲登用虢公，郑伯怨，周、郑互相交换人质。平王死，周人当真要任用虢公为王室的卿士。四月，郑庄公派其臣祭足帅兵侵周，取温之麦，秋又取成周之禾，周郑遂成仇敌。秋，周因平王之丧，遣武氏子，赴鲁求赙。八月，宋穆公卒，出其子公子冯于郑，而立宣公子与夷，是为殇公。

前 719 年

中国

壬戌　周桓王元年

宋殇公与夷元年。春，卫州吁杀其君卫桓公而自立。九月卫臣石碏杀州吁。十二月，卫立桓公弟晋，是为宣公。

前 718 年

中国

癸亥　周桓王二年

卫宣公晋元年。秦文公太子卒，谥曰竫公。春，晋曲沃庄伯闻鄂侯死，与郑、邢伐翼，周桓王使尹氏、武氏助之，翼侯奔随。秋，曲沃叛王，王命虢公伐曲沃，而立鄂侯子光于翼，是为哀侯。

前 717 年

中国

甲子　周桓王三年

晋哀侯光元年。冬，周大饥。郑庄公如周朝桓王，桓王因旧嫌，不以礼接待之。

前 716 年

中国

乙丑　周桓王四年

秦文公卒，葬于西山。孙宁（宁，汉书人表作宪）公子立。宁公父竫公未立而卒。秋，鲁伐邾。冬，周桓王使凡伯聘鲁，凡伯在归途中被戎人擒俘。晋曲沃庄伯卒，子称立，是为曲沃武公。

前 715 年

中国

丙寅　周桓王五年

秦宁公元年。三月，郑庄公以其泰山附近之地祊，易鲁之许田。夏，周任用虢公忌父为卿士。六月己亥，蔡宣侯卒，子桓侯封人立。七月庚午，宋公、齐侯、卫侯盟于瓦屋。秋，鲁有螟灾。

外国

〔罗马〕　传说中的第二个王纽马庞庇力相传即位于此年（相传在位年代为公元前715—523年）。

前 714 年

中国

丁卯　周桓王六年

蔡桓侯封人元年。三月中，鲁大雨，震电。又大雨雪。冬，鲁隐公会齐侯于防。秦宁公徙都平阳，遣兵伐荡社（见史记秦本纪，不知在何月）。

前 713 年

中国

戊辰　周桓王七年

夏，鲁败宋师于菅，取宋之郜、防二地。秋，宋、卫攻入郑，宋、蔡、卫又侵戴，后戴又为郑所并。秦与亳战，亳王奔戎，遂灭荡社（此见史记秦本纪，不知在何月）。

前 712 年

中国

己巳　周桓王八年

春，滕侯、薛侯朝鲁。秋，郑灭许。周桓王将属于郑国之邬、刘、蒍、邘等地据为己有，而以温、原、絺、樊、隰、郕、欑、茅、向、盟、州、陉、隤、怀等地与郑，作为交换。此等领地早已不服从周之命令，因之郑亦不能立即占领。十一月，鲁隐公为大夫翚所杀。隐公弟允（史记集解引徐广曰一作轨）即位，是为桓公。

前 711 年

中国

庚午　周桓王九年

鲁桓公允元年。夏，鲁侯郑伯盟于越。秋，鲁国大水。

前 710 年

中国

辛未　周桓王十年

正月，宋大夫华督杀大司马孔父与宋殇公，立公子冯，是为宣公。滕侯朝鲁。三月，鲁侯、齐侯、陈侯、郑伯会于稷，以平宋乱。

外国

〔亚述〕　萨贡二世镇压巴比伦起义运动。

前 709 年

中国

壬申　周桓王十一年

春，晋曲沃武公虏哀侯，晋立哀侯子小子为君。秋，七月，壬辰，日蚀，蚀尽。冬，鲁国丰收（按周历以十月为岁首，故收获在冬）。

前 708 年

中国

癸酉　周桓王十二年

夏，周桓王使宰渠、伯纠聘鲁。

外国

〔米堤〕　王迪奥赛斯（约公元前 708—655 年）约于是时建立米堤的部落联合。

前 707 年

中国

甲戌　周桓王十三年

正月，陈桓公卒，桓公弟佗杀太子免而自立，陈乱。夏，王使仍叔之子聘鲁。蔡、卫、陈三国从周桓王伐郑，战于繻葛，周师败绩。郑人射王中肩。秋，鲁大雩（祈雨的祭祀）。鲁有螽灾。

前 706 年

中国

乙亥　周桓王十四年

春，楚侵随。夏，山戎攻齐，郑太子忽帅师救齐，大败戎师。秋，八月，鲁大阅，简车马。蔡人杀陈佗，而立陈桓公子跃，是为厉公元年（按史记以陈佗为厉公，又以跃为利公，与春秋、左传俱不合。兹从春秋左传）。

前 705 年

中国

丙子　周桓王十五年

春，谷伯、邓侯朝鲁。陈公子完（字敬仲）生（此见史记十二诸侯年表与陈世家，不知在何月）。秋，郑、齐、卫攻盟、向，周迁盟、向之民于郏。冬，曲沃武公杀晋小子侯（按此事史记十二诸侯年表系于桓王十四年，兹从左传）。

外国

〔夫利吉亚〕　——在小亚细亚——约于此年为奇梅里亚人所灭。

〔亚述〕　王萨贡二世死，其子西奈哈里布继位（公元前 705—681 年）。当其在位时，埃及、巴比伦、叙利亚、犹太等属国，纷纷脱离亚述统治而独立，西奈哈里布将之镇压下去，毁巴比伦城。于是古代东方国如巴比伦、腓尼基诸城邦，巴勒斯坦、叙利亚、埃及，以及小亚细亚方面诸国皆臣服于亚述，亚述成为西亚方面空前大国。大起宫殿于尼尼微城。在此时期，印度棉花开始传入西亚，成为一种新农作物。

前 704 年

中国

丁丑　周桓王十六年

春，晋曲沃武公灭翼。夏，楚侵随，未拔，结盟而还。秦宁公攻荡氏，取之。秦宁公卒，大庶长弗忌、威垒、三父废太子武公而以宁公幼子为君，是为出公。

前 703 年

中国

戊寅　周桓王十七年

秦出公元年。春，周桓王娶纪公主为后。楚、巴攻邓。秋，周命虢仲、芮伯、梁伯、荀侯、贾伯伐曲沃。立晋哀侯弟湣为晋侯（史记晋世家作缗，此从十二诸侯年表）。

前 702 年

中国

己卯　周桓王十八年

正月，曹桓公卒，子庄公射姑立。十二月，齐、卫、郑败鲁于郎。

前 701 年

中国

庚辰　周桓王十九年

曹庄公射姑元年。春，楚屈瑕、斗廉击败郧师于蒲骚。五月，郑庄公寤生卒，子太子忽立。九月，公子突自宋入郑，忽奔卫，突自立，是为厉公。

前 700 年

中 国

辛巳　周桓王二十年

郑厉公突元年。九月，陈厉公跃卒（史记误以佗为厉公，遂误以厉公为蔡人所杀，兹从春秋），弟庄公林立。十一月，卫宣公卒，子朔立，是为惠公。十二月，鲁与郑攻宋。

前 699 年

中 国

壬午　周桓王二十一年

卫惠公朔元年。陈庄公林元年。夏，鲁大水。鲁、纪、郑与齐、卫、燕战，齐、卫、燕败绩。

前 698 年

中 国

癸未　周桓王二十二年

秦三父杀出公（史记作出子），复立故太子，是为武公。十二月，齐釐公禄父卒，太子诸儿立，是为襄公。宋帅齐、蔡、卫、陈攻郑。

前 697 年

中 国

甲申　周桓王二十三年

齐襄公诸儿元年。秦武公元年，攻彭戏氏，至于华山下，居平阳封宫。春，周桓王使家父至鲁求车。三月，周桓王卒，子陀嗣位，是为庄王。五月，郑厉公突出奔蔡，太子忽复归于郑。九月，郑厉公又归郑，居栎。

前 696 年

中 国

乙酉　周庄王元年

郑昭公忽元年。冬，卫惠公朔出奔齐，卫臣立公子黔牟。

前 695 年

中 国

丙戌　周庄王二年

正月，鲁侯与齐侯、纪侯盟于黄。五月，齐败鲁于奚（亦作郎）。六月，蔡桓侯卒，弟哀侯献舞立。冬，郑高渠弥杀其君昭公忽，立公子亹。秦武公诛三父等，夷其三族，为出公报仇（此事不知在何月）。

前 694 年

中 国

丁亥　周庄王三年

蔡哀侯献舞元年。郑子亹元年，齐杀子亹与高渠弥，郑立子亹弟子婴（左传作子仪，此从史记）。春，正月，鲁桓公与夫人文姜如齐。夏四月，齐侯使公子彭生杀桓公。鲁大夫立太子同，是为庄公。冬，周公黑肩谋杀周庄王而立王子克，庄王杀周公，王子克奔燕（史记周本纪、十二诸侯年表俱系此事于庄王四年，兹从左传）。

前 693 年

中 国

戊子　周庄王四年

郑子婴元年。鲁庄公同元年。十月，陈庄公林卒，弟宣公杵臼立。周庄王使荣叔赐鲁桓公命。齐并纪国郱、鄑、郚三邑。

前 692 年

中 国

己丑　周庄王五年

陈宣公杵臼元年。夏，鲁公子庆父率师侵于余丘（于余丘，国名）。十二月，宋殇公卒，子湣公捷立。

前 691 年

中 国

庚寅　周庄王六年

宋湣公捷元年。秋，纪季以酅入于齐，纪遂分为两国。燕桓公卒，子庄公立（此事不见春秋左传，不知在何月）。

前 690 年

中 国

辛卯　周庄王七年

燕庄公元年。春，楚武王攻随，卒于军中，子熊赀立，是为文王。夏，齐灭纪，纪侯出奔以避齐兵，让位于弟季，季降于齐，为齐附庸。

外 国

〔亚述〕　王西奈哈里布围攻耶路撒冷，亚述人遭大疫，死亡枕藉，师无功，但不久犹太臣服于亚述。

前 689 年

中 国

壬辰　周庄王八年

楚文王熊赀元年，始迁都郢（今湖北江陵县）。秋，兒犁朝鲁。冬，鲁、齐、宋、陈、蔡攻卫。

外 国

〔亚述〕　灭巴比伦。巴比伦继承苏美尔文化遗产加以发展，其手工业及艺术形式都达相当高的水平。其文学多与宗教有关系，其《吉加美什史诗》是一篇具有文学价值的长篇叙事诗。在科学方面，其天文学成为后来希腊天文学之基础。在艺术方面，其浮雕与雕刻都有其特殊风格。

前 688 年

中 国

癸巳　周庄王九年

春，周使子突救卫，纳卫惠公

朔。秦攻邽、冀之戎，灭之以为县。冬，楚侵申、邓。

前 687 年

中国　甲午　周庄王十年

秦灭小虢，又以杜、郑为县。秋，鲁大水，无麦苗。

前 686 年

中国　乙未　周庄王十一年

春，鲁治兵（举行治兵礼）。冬，齐公孙无知杀其君齐襄公而自立。齐公子纠与管仲奔鲁。卫惠公朔复入卫。

前 685 年

中国　丙申　周庄王十二年

春，齐雍廪杀无知，公子小白自莒入齐即位，是为桓公。鲁侯谋纳公子纠于齐，为齐所败。九月，齐人杀公子纠，而以管仲为大夫，执国政。齐桓公任用管仲、鲍叔、隰朋、高傒，修齐国之政，连五家之兵，设轻重鱼盐之利，举贤任能，齐国日强。

外国　〔吕底亚〕　——位于小亚细亚——约于此年创立，吕底亚国大抵据夫利吉亚旧地。时常攻击附近希腊城邦。

前 684 年

中国　丁酉　周庄王十三年

春，齐侵鲁，鲁用曹刿谋，败齐师于长勺。九月，楚侵蔡，获蔡哀侯以归。冬，齐灭谭。

前 683 年

中国　戊戌　周庄王十四年

秋，宋大水，鲁侯遣使吊之。

前 682 年

中国　己亥　周庄王十五年

秋，宋万杀宋闵公与宋大夫仇牧、太宰华督。宋万奔陈，不久为宋人所杀。周庄王卒，太子胡齐嗣位，是为釐王（亦作僖）。

前 681 年

中国　庚子　周釐王元年

春，齐会宋、陈、蔡、邾于北杏，议攻宋。夏，齐灭遂。冬，齐桓公与鲁君会于柯，鲁大夫曹刿（史记作沫）劫齐桓公，反所亡地。

外国　〔亚述〕　王埃萨哈登即位（公元前 681—668 年），当他在位时期，埃及、巴比伦、腓尼基诸国又纷纷独立，埃萨哈登将这些独立运动镇压下去。

前 680 年

中国　辛丑　周釐王二年

春，齐桓公请周师，与陈、曹共攻宋。六月，郑厉公自栎入郑都，杀郑子婴而复位。七月，楚攻入蔡。

外国　〔希腊〕　阿尔戈斯城邦王费当统治开始。费当统治时期，阿尔戈斯邦国势盛强。据传说，费当始铸币，是为希腊用钱之始。

前 679 年

中国　壬寅　周釐王三年

春，齐桓公会宋公、陈侯、卫侯、郑伯于鄄，始霸诸侯。秋，郑攻宋。冬，曲沃武公灭晋侯湣，以宝献周，周釐王使虢公命曲沃武公以一军为晋侯，列为诸侯，于是尽并晋地而有之（左传系此事于釐王四年，兹从史记）。

前 678 年

中国　癸卯　周釐王四年

秦武公卒，葬于雍，初以人殉葬，死者六十六人。有子一人曰白，白不立，封于平阳，立武公弟德公。楚灭邓。诸侯攻郑。十二月，齐、鲁、宋、陈、卫、郑、许、滕之君同盟于幽。

前 677 年

中国　甲辰　周釐王五年

秦德公元年，徙都于雍（今陕西凤翔县），扩大郑宫，以牺三百牢祠鄜畤，后饮马于河。梁伯、芮伯朝秦。周釐王卒，子阆（世本作毋凉）立，是为惠王。楚文王熊赀卒，子能艱立，是为杜敖（史记十二诸侯年表作堵敖，兹从楚世家、汉书人表）。

前 676 年

中国　乙巳　周惠王元年

晋献公诡诸元年。楚杜敖熊艱元年。秦初作伏祠社，磔狗于邑四门以御蛊。周惠王娶陈妫为后。秦德公卒，长子宣公立。

前 675 年

中国　丙午　周惠王二年

秦宣公元年。六月，蔡哀侯卒。

子穆（一作缪）侯肸立。秋，周故大夫蒍国、边伯、子禽、祝、詹父、石速，奉釐王弟王子颓以伐王，惠王出奔温（从史记说，与左传异）。冬，立王子颓。

前674年

中国

丁未　周惠王三年

蔡穆侯肸元年。春，郑伯和王室未能成功，遂执燕伯（按此是南燕，故地在今河南卫辉县境内）仲父。夏，郑伯以王归于郑，处王于栎。秋，王及郑人成周，取其宝器而还。

前673年

中国

戊申　周惠王四年

夏，郑伯、虢公攻入周，杀王子颓，奉周惠王复归于王城，惠王赐郑伯虎牢以东之地。五月，郑厉公突卒，子文公捷立。

外国

〔罗马〕　传说中第三个王图力士·哈斯提力阿士（相传在位年代为公元前673—641年）。

前672年

中国

己酉　周惠王五年

郑文公捷元年。春，陈杀其太子御寇，公子完出奔齐，齐桓公任以为卿，是为齐田氏之祖。晋献公攻骊戎，获骊姬以归。楚杜敖弟恽杀杜敖自立，是为楚成王。秦作密畤。秦与晋战于河阳，胜之。

前671年

中国

庚戌　周惠王六年

楚成王恽元年，布德施惠，结旧好于诸侯，使人献于周惠王，惠王赐之胙。鲁庄公赴齐观社。曹庄公卒，子釐公夷立。

前670年

中国

辛亥　周惠王七年

曹釐（一作僖）公夷元年。鲁庄公娶齐女为夫人，是为哀姜。

前669年

中国

壬子　周惠王八年

秋，鲁国大水。冬，晋献公尽杀曲沃桓伯、庄伯之子，从此晋无公族。卫惠公卒，子懿公赤立。

外国

〔希腊〕　阿尔戈斯国王费当约于此年击败斯巴达。费当死后（史无确年），阿尔戈斯之势遂衰。

前668年

中国

癸丑　周惠王九年

卫懿公赤元年。晋始城绛，都之（今山西翼城县）。虢侵晋。

外国

〔亚述〕　王亚述巴尼拔即位（公元前668—625年）。他是亚述最后一个著名国王。他镇压埃及起义运动。巴比伦总督（他的弟弟）拥兵独立，引起亚述内战，继续四年（公元前652—648年）始平定之。亚述巴尼拔笃好学术，其所建立之图书馆，近年来被考古家在尼尼微之废墟中发现，包括两千二百块泥版，是研究古代西亚历史之宝库。亚述巴尼拔死后，亚述国不久瓦解。

前667年

中国

甲寅　周惠王十年

夏，齐桓公盟鲁侯、宋公、陈侯、郑伯于幽，陈、郑皆服齐。冬，周惠王使召伯廖赐命齐桓公为侯伯，且请齐伐卫。杞伯朝鲁。

前666年

中国

乙卯　周惠王十一年

三月，齐败卫。先是，晋献公嬖骊姬，生奚齐，其妹生卓子，欲立奚齐为太子。是年夏，使太子申生出居曲沃，公子重耳居蒲，公子夷吾居屈，惟奚齐、卓子在绛。秋，楚伐郑，齐桓公帅齐师、鲁师、宋师救郑。鲁麦与秋禾皆歉收，大饥，告籴于齐。

前665年

中国

丙辰　周惠王十二年

郑侵许。秋，鲁有蜚灾。

前664年

中国

丁巳　周惠王十三年

春，周大夫樊皮叛惠王，惠王命虢公讨樊皮。夏四月虢公入樊，执樊皮，送于王城。秋，楚申公斗班杀令尹子元，斗谷於菟继为令尹。冬，齐桓公攻山戎以救燕（史记十二诸侯年表系此事于十四年，兹从春秋）。秦宣公卒。有子九人莫立，立其弟成公（此事不知在何月）。

前663年

中国

戊午　周惠王十四年

秦成公元年。梁伯、芮伯朝秦。齐侯向鲁献戎捷（据左传解说：献捷礼包括献战俘）。

外国

〔埃及〕 第二十六王朝（公元前663—525年）。

前662年

中国

己未 周惠王十五年

八月，鲁庄公卒，子般（史记作斑）即位，庆父使人杀子般而立公子启（史记索隐引世本作启，史记避汉文帝讳作开。左传杜注又云名启方），是为闵（左传作闵，史记作湣）公；公子季友奔陈。狄人攻邢。

前661年

中国

庚申 周惠王十六年

鲁闵（左传作闵，史记作湣）公启元年。正月，齐桓公救邢。晋灭耿、霍与魏。晋献公以耿封赵夙，以魏封毕万，赵魏二族日渐强大。

外国

〔埃及〕 亚述征服埃及，埃及成为亚述一省。但亚述直接统治地区，并未超出三角洲，其他地方只对亚述纳贡而已。

前660年

中国

辛酉 周惠王十七年

春，虢公败犬戎于渭汭。秋，鲁庆父杀鲁闵公，公子季友立闵公弟（史记鲁世家作闵公弟，公羊传何休注、左传杜注又作闵公庶兄）公子申，是为僖（左传作僖，史记作釐）公，而杀庆父。卫懿公好鹤。冬，狄人攻卫，将战，国人受甲者拒绝作战，皆曰："使鹤。"卫师败绩，狄人灭卫，杀懿公。齐桓公与宋人收卫之遗民男女七百三十人，益之以共、滕之民，为五千人，立卫宣公之孙戴公以庐于曹。戴公不久卒，又立其弟毁，是为文公。齐侯赠卫文公乘马（四匹），祭服五称，牛、羊、豕、鸡、狗，皆三百，与门材；赠卫文公夫人鱼轩（小车），重锦三十匹。秦成公卒，有子七人莫立，立其弟穆（一作缪）公任好（此事不知在何月）。

外国

〔日本〕 神武天皇即位（一代），是为日本传统纪元之始（按日本传统说法，日本从一开始就由天皇统治，天皇是神的后裔，以后"万世一系"。这种荒诞的说法，是为了巩固皇权提出的，已经进步史学家彻底批判。在日本，这种说法自1945年后，也不公开在讲堂传播，但未完全根除）。

前659年

中国

壬戌 周惠王十八年

鲁僖（左传作僖，史记作釐）公申元年。秦穆公任好元年。卫文公毁元年。六月，齐桓公迁邢于夷仪，齐师、宋师、曹师为邢筑城。八月，楚人侵郑，齐侯、鲁公、宋公、郑伯、曹伯、邾人盟于圣（左传作荦，此从春秋），谋救郑。

前658年

中国

癸亥 周惠王十九年

齐桓公率诸侯为卫筑楚丘城，恢复卫国（楚丘在今河南滑县）。五月，晋灭下阳。九月，齐侯、宋公、江人、黄人盟于贯。十月，不雨。楚侵郑。

前657年

中国

甲子 周惠王二十年

鲁大旱，春不雨，至六月始雨。秋，齐桓公会宋、江、黄之大夫于阳谷，谋攻楚。楚侵郑。

前656年

中国

乙丑 周惠王二十一年

齐桓公帅鲁侯、宋公、陈侯、卫侯、郑伯、许男、曹伯谋侵楚。诸侯先侵蔡，蔡溃；师次于陉，遂侵楚。楚遣大夫屈完来与诸侯兵讲和，盟于召陵（召陵在今河南偃城县），遂服楚。秋，鲁与江、黄攻陈。

前655年

中国

丙寅 周惠王二十二年

春，晋献公杀其世子申生，公子重耳、夷吾皆出奔（按春秋系晋杀申生于是年春，左传作上年十二月，或由晋、鲁历法不同，故致参差）。八月，齐桓公与鲁、宋、陈、卫、郑、许、曹之君盟于首止，谋平王室之乱。楚灭弦。九月，戊申朔，日蚀。十二月，晋灭虢。

外国

〔米堤〕 王夫累德即位（公元前655—633年）。

前654年

中国

丁卯 周惠王二十三年

夏，齐率鲁、宋、陈、卫、曹诸国侵郑。秋，楚围许救郑，诸侯救许。冬，许君赴楚，肉袒谢罪，楚释之。

前 653 年

中国

戊辰　周惠王二十四年

春，齐伐郑。夏，小邾子朝鲁。秋，齐桓公会诸侯于宁母，与郑盟。

前 652 年

中国

己巳　周惠王二十五年

春，齐桓公会周大夫、宋公、鲁侯、卫侯、许男、曹伯、陈世子，盟于洮。十二月丁未，周惠王卒（按周惠王卒年，春秋明载在鲁僖公八年，即周惠王之二十五年。史记十二诸侯年表亦系于二十五年。而左传系于上年冬，似误。兹从春秋）。太子郑立，是为襄王。

外国

〔吕底亚〕　约于是年为奇梅里亚人所破，毁沙地斯城，杀吕底亚王该吉斯，自此以后，吕底亚国势大衰，不能再为诸希腊市邦患。

〔亚述〕　驻埃及总督萨木提克拥兵自立，推翻亚述统治，是时埃及文化复兴。

前 651 年

中国

庚午　周襄王元年

三月，宋桓公卒，子襄公兹父立。夏，齐桓公会宰周公、鲁侯、宋公、卫侯、郑侯、许男、曹伯于葵丘（今河南民权县）。此为齐桓公所主持最盛大之国际会议。襄王使宰孔赐齐侯胙。九月，诸侯同盟于葵丘，载书（即条约）曰："凡我同盟之人，既盟之后，言归于好。"九月，晋献公诡诸卒，荀息立奚齐，里克杀之；荀息立卓子，里克又杀之。齐隰朋帅师纳晋公子夷吾，是为惠公。

前 650 年

中国

辛未　周襄王二年

宋襄公兹父元年。晋惠公夷吾元年。春，狄灭温。夏，齐桓公攻北戎。晋杀里克。冬，鲁大雪。

外国

〔希腊〕　第二次米西尼亚战争约始于此年，约终于公元前 530 年。米西尼亚人起义，斯巴达经过极大困难及长期的战争，才重新征服米西尼亚人。

前 649 年

中国

壬申　周襄王三年

夏，周太叔带（襄王后母弟）召扬、拒、泉、皋、伊、洛之戎同攻周，入王城。秦、晋连兵击戎以救周，戎去，太叔带奔齐。冬，楚侵黄。

前 648 年

中国

癸酉　周襄王四年

三月庚午，日蚀。春，齐率诸侯为卫筑楚丘之郛，以御狄人。夏，楚灭黄。冬，齐桓公使隰朋击戎于晋，又使管仲击戎于周。周襄王以上卿之礼款待管仲，管仲辞，受下卿之礼。十二月，陈宣公卒，子款立，是为穆公。

前 647 年

中国

甲戌　周襄王五年

陈穆公款元年。春，狄侵卫。夏，齐桓公会诸侯于咸。冬，晋饥，请粟于秦，秦输晋粟，自雍及绛相继。

前 646 年

中国

乙亥　周襄王六年

春，齐率诸侯为杞筑缘陵城。楚灭六、英两小国。秋，狄侵郑。冬，秦饥，乞籴于晋，晋不与。蔡穆侯卒，子庄公甲午立。

前 645 年

中国

丙子　周襄王七年

蔡庄侯甲午元年。春，楚侵徐。三月，齐侯、鲁侯、宋公、陈侯、卫侯、郑伯、许男、曹伯盟于牡丘，遂次于匡，诸侯之大夫救徐。夏五月，日蚀。八月，鲁有螽灾。十一月，秦与晋战，获晋惠公，寻释之。是年齐大夫管仲、隰朋皆死。

前 644 年

中国

丁丑　周襄王八年

秋，戎侵周，周告急于齐，齐征调诸侯兵士防守周城。晋公子重耳奔齐，齐以女妻之。晋献黄河以西八城于秦，秦为置河东官司。冬，齐桓公会鲁、宋、陈、卫、郑、许、邢、曹国之君于淮。

前 643 年

中国

戊寅　周襄王九年

春，齐、徐侵英氏。夏，齐灭项。十二月乙亥（左传作冬十月，春秋作十二月），齐桓公卒。易牙与寺人貂立公子无亏，太子昭奔宋，齐大乱。

前 642 年

中国

己卯　周襄王十年

正月，宋襄公帅诸侯师伐齐，

齐杀无亏；五月，宋立齐太子昭，是为齐孝公。三月，郑伯始朝楚，楚王喜，赐之金，既而悔之，与之盟曰："无以铸兵。"故以铸三钟（杜注：古以铜为兵器）。冬，邢人、狄人攻卫。

前 641 年

中国

庚辰　周襄王十一年

六月，宋襄公盟曹、邾之大夫于曹南，鄫子会盟于邾，宋襄公使邾人杀鄫子以祭社。冬，鲁、陈、蔡、楚、郑盟于齐。秦灭梁。

外国

〔罗马〕　传说中的第四个国王安卡士·马休士即位（相传在位年代为公元前 641—616 年）。

前 640 年

中国

辛巳　周襄王十二年

夏，郜子朝鲁。秋，齐与狄盟于邢。冬，楚伐随。

外国

〔希腊〕　早期哲学家、天文家、数学家泰勒斯（约公元前 640—546 年）生于小亚细亚之米利都。他创立一元论自然哲学，认为宇宙之基本原素是水，水是全宇宙的生命之根源，永远运动着，但同时又是始终不变的。他又根据投影法以测量埃及金字塔高度，又预先推算出公元前 585 年之日蚀。

前 639 年

中国

壬午　周襄王十三年

春，狄攻卫。宋襄公盟齐、楚之大夫于鹿上，欲继齐桓公称霸。秋，宋襄公会楚王、陈侯、蔡侯、郑伯、许男、曹伯于盂（亦作霍），楚执宋襄公以伐宋。邾灭须句，须句子奔鲁求援。冬，鲁伐邾。冬，诸侯盟于薄，楚释宋襄公。

前 638 年

中国

癸未　周襄王十四年

春，鲁伐邾，取须句。三月，郑伯朝楚。夏，宋襄公帅卫师、许师、滕师攻郑。十一月，宋与楚战于泓，宋襄公"不鼓不成列"，以为君子"不重伤，不禽二毛"，宋师大败，宋襄公伤股。

前 637 年

中国

甲申　周襄王十五年

五月，宋襄公兹父卒，子成公王臣立。秋，楚攻陈。九月，晋惠公夷吾卒，公子圉立，是为怀公。周襄王召狄（史记作翟）师攻郑，以狄女为后。

前 636 年

中国

乙酉　周襄王十六年

宋成公王臣元年。正月，秦穆公以师纳晋公子重耳于晋，杀怀公；重耳即位，是为晋文公。周襄王绌狄后，狄人侵周，立王子带为王，襄王出居郑，告难于诸侯求救。

前 635 年

中国

丙戌　周襄王十七年

正月，卫灭邢。三月，晋发兵救周，围温，四月纳襄王于王城，杀王子带。平周乱。周赐晋河内、阳樊之地，晋遂有南阳。四月，卫文公卒，子成公郑立。

前 634 年

中国

丁亥　周襄王十八年

卫成公郑元年。秋，楚灭夔。冬，攻宋围缗。冬，鲁与楚攻齐，取谷。

前 633 年

中国

戊子　周襄王十九年

六月，齐孝公卒，开方杀孝公子而立桓公子潘，是为昭公。冬，楚与陈、蔡、郑、许围宋都，宋告急于晋。晋先轸谋曰："报施救患，取威定霸，于是乎在矣。"晋建立三军，阅兵于被庐，以郤縠为元帅。

前 632 年

中国

己丑　周襄王二十年

齐昭公潘元年。春，晋攻曹、卫以救宋，楚救卫。三月，晋师、齐师、宋师、秦师与楚师、陈师、蔡师战于城濮（今山东鄄城县西南），大败楚师，晋遂霸北方诸侯。六月，陈穆公卒，子共公朔立。冬，晋会齐侯、鲁侯、宋公、蔡侯、郑伯、莒子、卫伯于践土（今河南原阳县西南），结为同盟，号称践土之盟，周襄王亦赴会。周襄王使尹氏、王子虎、内史叔兴父策命晋侯为侯伯。晋于三军之外，又立三行，合为六军，此为当时各国中最强大之军事编制。

外国

〔希腊〕　西隆要使自己成为雅典的僭主之企图遭遇失败，同谋者多被杀害。

前 631 年

中国

庚寅　周襄王二十一年

陈共公朔元年。春，介君葛卢

朝鲁。六月，晋盟周与诸侯之大夫于翟泉，谋伐郑，因为郑亲楚。秋，鲁大雨雹成灾。

前 630 年

中国

辛卯　周襄王二十二年

夏，狄攻齐。晋、秦围郑。介攻萧。冬，周使宰周公聘鲁。

前 629 年

中国

壬辰　周襄王二十三年

秋，晋举行大蒐礼（检阅军队）于清原，改编军队为五军。赵衰将中军，为正卿。十二月，狄围卫，卫迁于帝丘。

前 628 年

中国

癸巳　周襄王二十四年

四月，郑文公卒，子兰立，是为穆（亦作缪）公。十二月，晋文公重耳卒，子襄公驩立。秦人袭郑。

前 627 年

中国

甲午　周襄王二十五年

晋襄公驩元年。郑穆公兰元年。春，秦师将袭郑，至滑，郑商人弦高将市于周，遇秦师，遂伪充郑国使者，犒秦师，秦以为郑有准备，不敢往，灭滑而还。晋师败秦袭郑之师于殽，获秦三帅。秋，晋败狄于箕。鲁冬暖，霜不杀草，李梅冬实（冬天结果）。十二月，鲁僖公卒，子兴立，是为文公。

前 626 年

中国

乙未　周襄王二十六年

鲁文公兴元年。二月，周使叔服赴鲁会僖公葬。四月，鲁葬僖公。周使毛伯赐鲁文公命。二月癸亥，日蚀。楚成王欲废太子商臣而立王子职。冬，商臣与其师潘崇杀王而自立，是为穆王。

外国

〔迦勒底〕　王那普勃来萨乘亚述衰乱，恢复巴比伦的独立，立国约九十年（公元前 626—538 年），是为迦勒底王国，亦曰新巴比伦王国。

前 625 年

中国

丙申　周襄王二十七年

楚穆王商臣元年。二月，秦攻晋以报殽之役，晋败秦于彭衙（史记十二诸侯年表作注）。六月，晋会鲁、宋、陈、郑之君于垂陇。鲁大旱，自上年十二月至本年七月无雨。

外国

〔米堤〕　——位于伊朗高原——在国王弗拉奥尔特的统治下，彻底统一各部落为一个国家。弗拉奥尔特屡征亚述。是年西徐亚侵米堤，弗拉奥尔特战败身死。子奇阿克萨即位，当他统治时期（公元前 625—593 年），米堤益强。奇阿克萨与迦勒底王那普勃来萨联合，侵攻亚述。

前 624 年

中国

丁酉　周襄王二十八年

正月，晋会诸侯攻沈，沈溃。四月，秦伐晋，渡黄河，取王官及郊，晋师不敢出，秦人封郩尸而去。秋，楚伐江。宋螽为灾，其多如雨。十二月，鲁文公朝晋，与晋结盟而还。

前 623 年

中国

戊戌　周襄王二十九年

夏，狄攻齐。秋，楚灭江。晋师攻秦，围取新城，以报王官之役。秦穆公用戎臣由余之谋，攻戎王，灭国十二，开地千里，遂霸西戎；周襄王使召公过贺以金鼓十二。

前 622 年

中国

己亥　周襄王三十年

夏，秦人攻鄀。秋，楚灭六、蓼。鲁大夫公孙敖如晋。

前 621 年

中国

庚子　周襄王三十一年

夏，秦穆公任好卒，杀一百七十人殉葬，其中有子车氏三子奄息、仲行、针虎，皆秦之贤大夫，号称三良。秦人哀之，为作“黄鸟”之诗。穆公子四十人，太子罃立，是为康公。八月，晋襄公卒，太子夷皋立，是为灵公。

外国

〔希腊〕　雅典执政官德累克约于是年公布法律，其法以严峻称著，死刑甚多，时人多称这立法是以鲜血写成的。色累西彪拉斯为小亚细亚之米利都城邦的僭主。

前 620 年

中国

辛丑　周襄王三十二年

秦康公罃元年。晋灵公夷皋元年，赵盾为政，为人刚烈，人称“夏日之日”。四月，宋成公卒，弟御自立，宋大夫共杀御而立成公少子杵臼，是为昭公。晋、秦战于令狐。晋盟齐、宋、卫、陈、郑、许、曹之大夫于扈。

前 619 年

中国 壬寅 周襄王三十三年

宋昭公杵臼元年。夏，秦伐晋，取武城，报令狐之役。八月，周襄王卒，太子壬臣立，是为顷王。

前 618 年

中国 癸卯 周顷王元年

春，周使毛伯赴鲁求金，鲁使叔孙得臣至周会葬襄王。三月，楚人攻郑，晋救郑。八月，曹共公卒，子文公寿立。九月，鲁地震。燕宣公卒，子桓公立（此事不知在何月）。

前 617 年

中国 甲辰 周顷王二年

燕桓公元年。曹文公寿元年。夏，晋攻秦，拔少梁，秦取晋北征。冬，狄攻宋。

前 616 年

中国 乙巳 周顷王三年

春，楚攻麇，秋，狄攻宋，宋败长狄于长丘。十月，鲁叔孙得臣败狄于咸（鲁地），获长狄侨如。

外国 〔罗马〕 传说中的罗马第五个国王塔奎尼阿士·朴利斯卡士即位（相传在位年代为公元前 616—578 年）。

前 615 年

中国 丙午 周顷王四年

正月，郕伯奔鲁。杞桓公朝鲁。秋，滕子朝鲁。十二月，晋人、秦人战于河曲，秦师败绩。

前 614 年

中国 丁未 周顷王五年

鲁自正月至七月不雨。五月，陈共公卒，子灵公平国立。邾迁都于绎（今山东邹县北）。晋大夫士会自秦归晋。楚穆王卒，子庄王侣立（此事不知在何月）。

前 613 年

中国 戊申 周顷王六年

楚庄王侣（史记作侣，左传作旅）元年。陈灵公平国元年。春，周顷王卒，子班立，是为匡王。周，周公阅与王孙苏争政，讼于晋，晋赵盾听讼，平周乱。五月，齐昭公卒，太子舍立。九月，公子商人杀舍自立，是为懿公。七月，彗星入于北斗。

前 612 年

中国 己酉 周匡王元年

齐懿公商人元年。六月辛丑，日蚀。十一月，晋侯会宋、卫、蔡、陈、郑、许、曹之君，盟于扈，谋攻齐。齐赂晋侯，不果攻。

外国 〔迦勒底〕 王那普勃来萨与米堤王奇阿克萨联合，攻亚述，陷尼尼微，将其城夷为平地。亚述地区由米堤统治。

前 611 年

中国 庚戌 周匡王二年

蔡文侯申元年。秋，楚大饥，戎攻之，庸人帅群蛮攻楚，麇人率百濮谋攻楚，申息之北门不启。楚与秦人、巴人击庸，遂灭庸。十一月，宋襄夫人使卫伯杀宋昭公，立昭公弟鲍，是为文公。

外国 〔埃及〕 第二十六王朝法老尼科即位（公元前 611—595 年）。尼科凿运河，企图沟通红海与尼罗河，但未成功。尼科时期埃及船完成环绕非洲之航行。

〔希腊〕 数理学家亚诺芝曼德生（公元前 611—545 年）。他是小亚细亚人，著《自然论》，以为宇宙的根源是无极，无极分裂为对立的二元，而化成一切物体。他在地理学、几何学方面亦有著述。

前 610 年

中国 辛亥 周匡王三年

宋文公鲍元年。春，晋大夫荀林父以诸侯之师攻宋，立宋文公而还。夏，齐侵鲁西鄙。

外国 〔希腊〕 斯巴达约于此年实行新法，加强国家军事化，以防止奴隶起义。男孩自七岁起即开始受军事训练，直至十八岁，以后即入伍，居军营中，过士兵生活。

前 609 年

中国 壬子 周匡王四年

二月，鲁文公卒。十月，鲁大夫襄仲杀太子恶（左传与史记作恶，公羊传作赤）而立文公庶子倭（亦作倭），是为宣公（按左传、史记俱以宣公为文公之子，而公羊、谷梁二家以宣公为文公之弟，此今古文说大不同之点。参看陈立：公羊义疏）。五月，齐邴歜父、阎职杀懿公，而立桓公之子元，是为惠公。冬，莒人杀其君庶其。秦康公卒，子共公和（史记十二诸侯年表作和，史记索隐曰名猳）立。

前608年

中国

癸丑 周匡王五年

鲁宣公倭元年。齐惠公元元年。秦共公和元年。秋，邾子朝鲁。楚师、郑师侵陈，遂侵宋，晋赵盾帅师救陈、宋，复与诸侯之师侵郑。

前607年

中国

甲寅 周匡王六年

二月，宋与郑战，郑获宋大夫华元。九月，晋赵穿杀灵公，迎公子黑臀于周而立之，是为成公。十月，周匡王卒，弟瑜立，是为定王。

前606年

中国

乙卯 周定王元年

晋成公黑臀元年。春，楚侵陆浑之戎，遂至洛，问九鼎之轻重，有灭周之意。夏，楚侵郑。秋，赤狄攻齐。宋华元自郑亡归，宋师围曹。十月，郑穆公卒，子夷立，是为灵公。

前605年

中国

丙辰 周定王二年

郑灵公夷元年。郑公子归生以鼋故杀郑灵公，郑大夫立灵公庶弟公子坚，是为襄公。七月，楚若敖氏为乱，楚王灭其族。冬，楚侵郑。

外国

〔亚述〕 残余势力在卡赫美士之役被消灭，亚述亡。亚述国都遗址近年被发现，犹可以看出其规模之宏伟。其雕刻浮雕艺术显受埃及影响，但有些方面，如关于狩猎及战争描写，实超过埃及。在文学方面，关于国王战功记述铭文有很大发展。

前604年

中国

丁巳 周定王三年

郑襄公坚元年。冬，楚攻郑，陈与楚和，晋荀林父帅师救郑攻陈。秦共公卒，子桓公立（此事不知在何月）。

外国

〔迦勒底〕 王尼布甲尼撒二世即位（公元前604—561年）。他从事军事侵略，远征叙利亚、巴勒斯坦及腓尼基。并远征埃及，但未成功。修建宫殿庙宇于巴比伦城，以建筑宏伟、雕刻富丽称著。其屋顶花园被称为“悬园”，为古代奇观之一。

前603年

中国

戊午 周定王四年

秦桓公元年。周定王求后于齐。晋、卫侵陈。秋，八月，鲁有螽灾。赤狄攻晋，围怀及邢丘。

前602年

中国

己未 周定王五年

黄河改道（汉书注引周谱）。按关于黄河改道之记载，以此为最古。齐、鲁侵莱。鲁大旱。燕桓公卒，宣公立（按桓公系宣公何人，史无明文）。

前601年

中国

庚申 周定王六年

燕宣公元年。春，晋与白狄攻秦。楚灭舒、蓼。七月，鲁日蚀。冬，陈与晋和，楚又攻陈，取成而还。

前600年

中国

辛酉 周定王七年

夏，齐攻莱。九月，楚侵郑，晋以诸侯之师侵陈救郑，郑败楚师于柳芬。晋成公卒，子景公据立。十月，卫成公卒，子穆公遬立。

外国

〔希腊〕 雅典与密提利尼城邦战于赫利斯滂特，密提利尼败绩。培利安德为科林斯僭主（公元前600—585年）。古代著名女抒情诗人萨芙约此时著作于列斯保岛城邦。

前599年

中国

壬戌 周定王八年

晋景公据元年。卫穆公遬元年。五月，陈夏征舒杀陈灵公，自立为陈侯，陈大乱。六月，晋、宋、卫、曹伐郑。秋，鲁大水，饥。冬，楚攻郑，晋士会救郑，败楚师。齐惠公卒，子顷公无野立（此事不知在何月）。

外国

〔印度〕 耆那教创始人摩诃毗罗相传生于此年（公元前599—527年）。

前598年

中国

癸亥 周定王九年

齐顷公无野元年。鲁、齐伐莒。十月，楚王乘陈乱入陈，杀夏征舒，灭陈以为县；旋又立陈太子午，是为成公。

前597年

中国

甲子　周定王十年

陈成公午元年。六月，楚围郑，晋荀林父帅师与楚战于邲（今河南荥阳），晋师败绩。郑伯、许男如楚。十二月，楚灭萧。

前596年

中国

乙丑　周定王十一年

夏，楚攻宋。秋，鲁有螽灾。冬，晋以邲之败，归罪于先縠。杀之，尽灭其族，晋政日紊。

前595年

中国

丙寅　周定王十二年

五月，曹文公卒，子宣公强立。晋攻郑。楚大夫申舟出使于齐，过宋不假道，宋杀之；九月，楚围宋。

前594年

中国

丁卯　周定王十三年

曹宣公强元年。春，楚与鲁围宋，宋人告急于晋，晋不能救。五月，宋与楚和。六月，晋灭赤狄潞氏，俘潞子婴儿（婴儿，潞子名）。周王子札杀召伯、毛伯（王子札春秋作王札子，从杜注改）。晋侯赏士伯以瓜衍之县。秋，鲁初税亩。冬，鲁蝝灾，饥。

外国

〔希腊〕　梭伦任雅典执政（公元前594—593年），实行改革。梭伦废除债务奴隶制，撤除田地中之债碑，取消以前缔结之债务，凡因债务而没收之土地，一概归还原主。一部分被卖到外国为奴隶之雅典市民，由国家出资赎回，解放之。将全体市民依财产多寡分为四级。创立四百人议会，由前三级市民选举，第四级的市民除得参加国会议会与法庭陪审外，无其他权利。颁布新法，以代替德累克法典。

前593年

中国

戊辰　周定王十四年

正月，晋灭赤狄甲氏及留吁。三月晋向鲁献狄俘。周室复乱，晋卿士会平王室。冬，鲁国丰收。

前592年

中国

己巳　周定王十五年

春，晋郤克聘齐，齐妇人笑之，归请伐齐（据公羊传：晋郤克眇，齐人戏之）。蔡文公卒，子景公固（左传与史记十二诸侯年表作固，蔡世家作同）立。六月癸卯，日蚀。晋会鲁、卫、曹、邾于断道。秋，晋郤克执晋政，谋攻齐益力。

前591年

中国

庚午　周定王十六年

蔡景公固元年。春，晋、卫攻齐，齐以公子强为质于晋，晋还师。七月，邾人杀鄫子于鄫。楚庄王卒，子共王审立。十月，鲁宣公卒，子黑肱立，是为成公。

前590年

中国

辛未　周定王十七年

楚共王审元年。鲁成公黑肱元年。三月，鲁制定“丘甲”制度。秋，周为茅戎所败（左传系于三月，兹从春秋）。

外国

〔希腊〕　雅典等城邦为保障德尔斐神谶所庙宇之独立，对要把这庙据为已有而加以统治之克里沙城邦进行战争，克里沙城邦败绩，城市被夷为平地，同盟城邦宣布此地为神所有，不得再加以耕种。此役历时将近一年（公元前590—589年），号称神圣战争。

前589年

中国

壬申　周定王十八年

六月，晋、鲁、卫、曹败齐于鞌，虏齐大夫逢丑父。楚大夫巫臣偕夏姬奔晋，晋以为邢大夫。八月，晋使齐归鲁汶阳之田。楚攻鲁，鲁赂楚执斲（木工）、执针（女缝工）、执纴（织工）各百人以求和。十一月，楚公子婴齐与鲁侯、蔡侯、许男、秦右大夫说、宋华元、陈公孙宁、卫孙良夫、郑公子去疾、齐大夫盟于蜀。八月，宋文公卒，子共公瑕立。卫穆公卒，子定公臧立。

前588年

中国

癸酉　周定王十九年

宋共公瑕元年。卫定公臧元年。正月，晋侯帅鲁侯、宋公、卫公、曹伯侵郑。夏，郑攻许。冬，晋作六军，韩厥、赵括、巩朔、韩穿、荀骓、赵旃皆为卿。

前587年

中国

甲戌　周定王二十年

夏，鲁成公如晋，晋侯接待不敬，鲁侯怒，归欲联楚，季文子谏止之。春，宋华元聘鲁。三月，郑襄公坚卒，子悼公费（左传与史记十二诸侯年表作费，郑世家作濆）立。杞伯朝鲁。燕宣公卒，昭公立（此事不知在何月，宣公与昭公关系，史无明文）。

前 586 年

中国

乙亥　周定王二十一年

郑悼公费元年。燕昭公元年。夏，晋梁山崩。秋，鲁大水。十一月，周定王卒，子夷立，是为简王。十二月，晋侯会鲁侯、齐侯、宋公、卫侯、郑伯、曹伯、邾子、杞伯，盟于虫牢。

前 585 年

中国

丙子　周简王元年

吴王寿梦（史记作寿梦，春秋、左传作乘）元年，吴始大。二月，鲁灭邿。六月，邾子朝鲁。郑悼公卒，弟成公睔立。秋，楚伐郑。冬，晋栾书帅师救郑。晋自绛迁都新田，号新绛（今山西绛县）。

外国

〔日本〕　神武天皇死于此年。

〔米堤、吕底亚〕　于五月交战，二十八日日蚀，战遂不终，米堤与吕底亚订立和约，以哈里斯河为两国的疆界。

前 584 年

中国

丁丑　周简王二年

郑成公睔元年。春，吴攻郯。秋，楚攻郑，晋以鲁、齐、宋、卫、曹、莒、邾、杞之师救郑。八月，诸侯同盟于马陵。晋遣巫臣使吴，教吴乘车战阵之法，教吴叛楚，吴始通于中原诸国。吴侵楚州来。

前 583 年

中国

戊寅　周简王三年

春，晋侯使鲁归还齐汶阳之田，鲁渐贰于晋。夏，晋侯杀其大夫赵同、赵括，晋政日紊。秋，周简王使召伯赐鲁成公命。

外国

〔希腊〕　达马喜阿斯任雅典执政（公元前 583—581 年）。

前 582 年

中国

己卯　周简王四年

春，晋盟诸侯于蒲。二月，郑伯、楚公子成会于邓。秋，郑伯如晋，晋执郑伯。晋栾书伐郑，楚子重侵陈以救郑。七月，齐顷公卒，子灵公环立。冬，秦人、白狄攻晋。十二月，楚使公子辰如晋请修好。

外国

〔希腊〕　科林斯城邦成为共和国。希腊举行第一次庇提阿斯赛会。比赛会亦每隔四年举行一次，在德尔斐神庙附近。

前 581 年

中国

庚辰　周简王五年

齐灵公环元年。五月，晋侯帅齐侯、鲁侯、宋公、卫侯、曹伯伐郑。五月，晋景公疾，秦伯使医缓诊之。医缓视其病在肓之上，膏之下，不治之症。晋侯曰：良医也，厚馈之。六月卒（医缓是中国古代的名医）。太子州蒲（史记作寿曼，春秋、左传作州蒲）立，是为厉公。

外国

〔日本〕　传说神武天皇死后，经三年空位，绥靖天皇始于是年即位（二代）。

前 580 年

中国

辛巳　周简王六年

晋厉公州蒲元年。宋华元善于楚令尹子重，又善于晋正卿栾武子。冬，华元赴楚，又赴晋，欲晋、楚合好，而使诸侯奉两国为盟主，以免除战争。

外国

〔希腊〕　哲学家毕达哥拉斯（公元前 580—500 年）。他认为“数”是一切存在的根本，因而研究数学和哲学乃是人生的最高自在的目的。他的哲学是属于唯心论的体系的，他的弟子们和继承者结成许多宗教性的神秘会社。他发现三角形各边的平方关系的定理。

前 579 年

中国

壬午　周简王七年

宋华元奔走晋、楚和好成功。夏五月，晋卿士燮与楚公子罢盟于宋西门之外。盟曰：“凡晋楚无相加戎，好恶同之，同恤灾危，备救灾患。若有害楚，则晋伐之；在晋，楚亦如之。交贽往来，道路无壅，谋其不协，而讨不庭。有渝此盟，明神殛之，俾坠其师。勿克胙国。”冬十月，晋郤至聘楚，楚公子罢赴晋报聘。十二月，晋侯与楚公子罢会于赤棘。

前 578 年

中国

癸未　周简王八年

四月，晋侯使吕相绝秦。五月，晋侯会鲁侯。齐侯（谷梁传无齐侯）、宋公、卫侯、郑伯、曹伯、邾人、滕人攻秦。败秦师于麻隧，获秦成差及不更女父。曹宣公卒于诸侯攻秦之师，弟成公负刍立。

外国

〔罗马〕　传说中的罗马第六个王塞维·图里乌即位（相传在位年

代为公元前 578—534 年)。相传他曾施行社会改革，将全体罗马居民，不分贵贱，依其财产的多寡，分为五个阶级，其完全无产者称为“普罗列塔里亚”，不列入阶级。每个阶级必须出一定数目的兵士，财产愈多，出兵愈多。富人在百人队会议中有多数票，因而能把持政权。

前 577 年

中国

甲申　周简王九年

曹成公负刍元年，秦桓公卒，子景公立（史记集解引世本云：景公名后伯车)。卫定公卒，子献公衎立。

前 576 年

中国

乙酉　周简王十年

卫献公衎元年。秦景公元年。三月，晋会诸侯于戚，谋攻曹。晋执曹成公，送之于周。六月，楚背盟攻郑。十一月、晋士燮率鲁、齐、宋、卫、郑、邾之大夫，与吴人会于钟离，吴开始参加中原诸侯的盟会。许畏郑，迁于叶。

前 575 年

中国

丙戌　周简王十一年

宋平公成元年。六月丙寅，日蚀。晋栾书帅师与楚人、郑人战于鄢陵，楚师、郑师败绩，晋霸业复兴。秋，晋侯、鲁侯、齐侯、卫侯、宋华元、邾人盟于随河。晋释曹伯，曹伯归。

前 574 年

中国

丁亥　周简王十二年

夏，晋侯会周大夫尹子、单子、齐侯、宋公、鲁侯、卫侯、曹伯、邾人攻郑。六月，诸侯同盟于柯陵。十二月，丁巳日蚀。晋厉公杀其大夫郤锜、郤犨、郤至，郤氏亡。楚灭舒、庸。燕昭公卒，武公立（此事不知在何月，昭公与武公关系，史无明文)。

前 573 年

中国

戊子　周简王十三年

燕武公元年。晋栾书杀其君厉公，立襄公孙周，是为悼公。鲁成公赴晋，贺晋新君。杞侯朝鲁。邾子朝鲁。八月，鲁成公卒，子午嗣即位，是为襄公。

前 572 年

中国

己丑　周简王十四年

鲁襄公午元年。晋悼公周元年。正月，晋、鲁、宋、卫、曹、莒、邾、滕、薛围彭城。五月，晋卿韩厥攻郑，兵次洧上，楚侵宋救郑。九月，周简王卒，子泄心立，是为灵王。

前 571 年

中国

庚寅　周灵王元年

春，齐侵莱。莱人赂齐牛、马百匹，齐还师。六月，郑成公卒，子恽立，是为釐公（一作僖公)。七月，晋会诸侯之大夫于戚。冬，又会于戚，遂城虎牢，谋攻郑，郑乞和。

前 570 年

中国

辛卯　周灵王二年

郑釐（一作僖）公髡顽元年。春，楚令尹子重帅师攻吴，所获不如所丧，楚人咎子重，子重旋卒。鲁襄公朝晋（即位后始朝盟主)，与晋侯盟。六月，晋盟诸侯于鸡泽。晋侯使荀会迎吴王于淮上，吴王不至。冬，晋侵许。

前 569 年

中国

壬辰　周灵王三年

三月，陈成公卒（春秋与史记陈世家俱系此事于是年，十二诸侯年表误系于明年)，子弱嗣位，是为哀侯。夏，鲁叔孙豹如晋报聘。冬，鲁襄公如晋听政（听受应纳贡赋的数目)。时襄公年仅七岁。鲁请使鄫助鲁出贡赋，晋许之。晋魏绛和诸戎，与诸戎盟。邾人、莒人攻鄫，鲁人救鄫，败绩。

外国

〔埃及〕　第二十六王朝法老阿玛西斯即位（公元前 569—525 年)。阿玛西斯时期埃及与希腊通商频繁，以那克那提斯为中心。

前 568 年

中国

癸巳　周灵王四年

鲁季文子卒。陈哀侯弱元年。春，周灵王使王叔陈生诉戎于晋，晋人执之，谓王叔贰于戎。夏，鲁穆叔如晋，请以鄫属鲁。吴王使寿越如晋。秋，晋侯盟鲁、宋、陈、卫、郑、曹、莒、邾、滕、薛之君、齐世子光、吴大夫、鄫大夫于戚。冬，楚伐陈，晋侯帅诸侯救陈。

前 567 年

中国

甲午　周灵王五年

秋，莒灭鄫。十二月，齐灭莱。

前 566 年

中国

乙未 周灵王六年

春，郯子朝鲁。夏，小邾子朝鲁。八月，鲁有螽灾。冬，楚公子贞帅师围陈，晋会诸侯于鄬以救陈。十二月，郑子驷杀郑釐公，立釐公子嘉，是为简公。

外国

〔印度〕 佛教的创始人释迦牟尼相传生于此年，释迦牟尼生卒年代诸说不一。最近印度学者据中国佛教书中记载，推定释迦牟尼的生卒年代是公元前 566—486 年。释迦生于尼泊尔南部一小国，名迦毗罗卫（桥萨罗的属国）。

前 565 年

中国

丙申 周灵王七年

郑简公嘉元年。郑群公子谋杀子驷，子驷杀之。正月，鲁襄公朝晋。晋士匄（范宁子）至鲁报聘。郑侵蔡，获蔡公子燮。晋悼公会诸侯之大夫于邢丘，规定诸侯朝聘数目，恢复文襄霸业。冬，楚攻郑，因郑侵蔡。

前 564 年

中国

丁酉 周灵王八年

春，宋都大火。夏，鲁季孙宿如晋，报士匄之聘。冬，晋帅诸侯攻郑，郑服。进十一月，同盟于戏。楚又攻郑。

前 563 年

中国

戊戌 周灵王九年

春，晋侯、宋公、卫侯、曹伯、莒子、邾子、滕子、薛伯、杞伯、小邾子、齐世子光、吴王寿梦会于柤。五月，晋灭逼阳。晋伐秦。秋，晋帅诸侯攻郑。诸侯戍虎牢，楚救郑，诸侯之师还。周王叔陈生与伯舆争政，晋侯使士匄平王室，以单靖公为周卿士，以相王室。

前 562 年

中国

己亥 周灵王十年

正月，鲁作三军。鲁三家三分公室，各有其一。四月，宋向戌侵郑，大获。后，郑子展又侵宋。诸侯又攻郑，郑惧，行成。七月，与诸侯同盟于亳。载书曰："凡我同盟，毋蕴年，毋壅利，毋保奸，毋留慝，救灾患，恤祸乱，同好恶，奖王室。"楚又乞师于秦以攻郑，郑迎之，共攻宋。九月，晋帅诸侯会于萧鱼，复攻郑，郑使大夫告急于楚，又求成于晋。十二月，郑厚贿晋，与晋行成。冬，秦师、晋师战于栎，晋师败绩。

前 561 年

中国

庚子 周灵王十一年

九月，吴王寿梦卒，长子诸樊立。冬，楚子囊、秦庶长无地伐宋。鲁襄公如晋。

前 560 年

中国

辛丑 周灵王十二年

吴王诸樊元年。夏，鲁灭邿。晋侯蒐于绵上以治兵，使荀偃将中军，赵武将上军，栾黡将下军；新军无帅，属于下军。三军将帅得人，晋势复盛。秋，楚共王卒，子康王招（史记作招，春秋三传俱作昭）立。

外国

〔希腊〕 斯巴达约于是年大破提吉阿军，以后提吉阿遂成为斯巴达的附庸。斯巴达渐称霸于拉科尼亚。伯罗奔尼撒同盟结成，以斯巴达为盟主。雅典城邦自梭伦去国后，阶级斗争日趋尖锐，参加斗争各集团有：（一）代表大地主利益之平原派，（二）代表商人及手工业者之海滨派，（三）代表山区农民利益之山居派。是年山居派领袖庇西特拉图取得政权，他的僭主政治，前后维持三十三年之久（公元前 560—527 年，中间曾两次被逐）。庇西特拉图约于此年领导雅典人征服沙拉米斯，声望日隆。

前 559 年

中国

壬寅 周灵王十三年

楚康王招元年。正月，晋士匄及齐、鲁、宋、郑、曹、莒、邾、滕、薛、杞、小邾会吴大夫于向，谋攻楚。二月乙未日蚀。四月，晋率诸侯之师伐秦，败于棫林。秋，楚公子贞帅师攻吴，败绩。卫献公遇大臣无礼，文子攻献公，献公出奔齐。卫大夫立穆公孙剽（史记十二诸侯年表作狄，卫世家作秋，春秋三传俱作剽，汉书人表作炎。史记以狄为献公弟，左传杜注以剽为穆公孙，献公从父昆弟）立，是为殇公。

前 558 年

中国

癸卯 周灵王十四年

卫殇公剽元年。夏，齐攻鲁，围成。秋八月，丁巳日蚀。邾伐鲁南鄙。十一月，晋悼公卒，子彪立，是为平公。

外国

〔波斯〕 国王居鲁士即位（公元前 558—529 年，一说公元前 550—529 年）。居鲁士统一伊朗高原诸部族，建立波斯帝国，领土东起印度河，西至地中海，北至高加索山，南至印度洋。

前 557 年

中 国

甲辰　周灵王十五年

晋平公彪元年。三月，晋侯会诸侯于湨梁。戊寅，诸侯之大夫盟。晋因莒、邾上年侵鲁，在会上执邾子、莒子归晋。五月甲子，鲁地震。晋帅鲁、郑、卫、宋攻许。秋，齐攻鲁，鲁告难于晋。

前 556 年

中 国

乙巳　周灵王十六年

春，宋攻陈。夏，卫攻曹。秋，齐攻鲁。冬，邾攻鲁。

外 国

〔希腊〕　雅典平原党与海滨党逐出僭主庇西特拉图，庇西特拉图出奔（公元前 556—555 年）。

前 555 年

中 国

丙午　周灵王十七年

春，白狄始通于鲁。秋，齐攻鲁。十月，晋会鲁侯、宋公、卫侯、郑伯、曹伯、莒子、邾子、滕子、薛伯、杞伯、小邾子同攻齐，讨其侵鲁。曹伯负刍卒于军，子武公胜立。楚乘诸侯攻齐，乃侵郑。燕武公卒，文公立（此事不知在何月，武公与文公关系，史无明文）。

外 国

〔迦勒底〕　王国末王那保尼德即位（公元前 555—538 年）。新巴比伦国自尼布甲尼撒二世以后，国势日衰。

〔希腊〕　雅典僭主庇西特拉图二次执政（公元前 555—550 年）。

前 554 年

中 国

丁未　周灵王十八年

曹武公胜元年。燕文公元年。诸侯攻齐，还于沂上，盟于督扬曰："大毋侵小。"晋以邾侵鲁，执邾悼公，命邾归鲁田。五月，齐灵公卒，废太子光与崔杼杀太子牙而自立，是为庄公。秋，子产为郑卿。

前 553 年

中 国

戊申　周灵王十九年

齐庄公光元年。齐服于晋。晋侯盟诸侯于澶渊。十月丙辰日蚀。

前 552 年

中 国

己酉　周灵王二十年

鲁襄公如晋，谢晋救鲁，并归邾田。秋，晋栾盈出奔楚。九月庚戌日蚀；十月庚辰朔日又蚀。十月，曹伯朝鲁。晋会诸侯于商任。

前 551 年

中 国

庚戌　周灵王二十一年

孔子生（按史记载孔子生于鲁襄公二十二年，公羊传、谷梁传载孔子生于鲁襄公二十一年）。冬，晋侯、齐侯、鲁侯、宋公、卫侯、郑伯、曹伯、莒子、邾子、薛伯、杞伯、小邾子会于沙随。晋栾盈先自晋奔楚（二十年），是年复自楚奔齐，齐侯纳之，晏婴谏，不听。楚杀令尹子南于朝。

前 550 年

中 国

辛亥　周灵王二十二年

二月，癸酉日蚀。夏，晋栾盈复入于晋，自曲沃攻绛，不克；冬，晋人杀栾盈，且尽灭栾氏之族。秋，齐伐卫伐晋袭莒。冬，鲁臧孙出奔邾。

外 国

〔波斯〕　王居鲁士战败米堤王亚斯提亚格，攻陷米堤都城爱克巴坦那，灭米堤亚国，并入波斯，波斯遂统一伊朗高原，建立帝国，居鲁士被称为大帝。

〔印度〕　自公元前 550 至 321 年为列国时期。在此时，亚利安人已征服印度全境，许多强大国家出现，佛书中载，在佛教兴起前，印度自卡布尔河（印度西北部）至葛达瓦利河（印度东南部）有十六个大国，其中桥萨罗、摩竭陀两国最为强大。桥萨罗位于印度东北部，领有尼泊尔至恒河一带之地。摩竭陀在桥萨罗之东，恒河以南一带之地，领域较桥萨罗略小。两国大抵在公元前 1000 年左右即已形成（阿夫基耶夫说），至公元前 6 世纪时，便到达繁盛时期。在此时期，古印度文化大盛，在宗教方面的佛教，在文学方面，古印度的两个长篇的叙事诗《摩诃婆罗多》和《罗摩衍拿》，都出现于此时期的初年。

〔希腊〕　雅典僭主庇西特拉图二次被逐。在外十年（公元前 550—540 年）。

前 549 年

中 国

壬子　周灵王二十三年

晋范宣子为政，诸侯之币重，二月，郑子产诤之，乃轻诸侯之币。夏，楚为舟师以伐吴，无功而还。七月甲子日蚀。蚀尽。八月癸巳朔日再蚀。七月，鲁大水。八月，晋侯会诸侯于夷仪，谋攻齐。冬，楚攻郑以救齐，诸侯救郑。齐人为周城郏（王城）。燕文公卒，懿公立

（此事不知在何月，文公与懿公关系，史无明文）。

外国 〔日本〕 绥靖天皇死，安宁天皇即位（三代）。

前548年

中国 癸丑 周灵王二十四年

燕懿公元年。五月，齐崔杼杀其君庄公，立庄公弟杵臼，是为景公。齐太史书曰："崔杼弑其君。"崔杼杀之；其弟仍书弑，又杀之；其弟又书弑，乃舍之。南史氏闻太史尽死，执简以往。闻已书，乃还。晋会诸侯于夷仪以伐齐，齐人归罪于庄公，重贿晋侯及其百官正长，晋师退。秋，晋赵文子（武）为政，薄诸侯之币而重其礼。八月，楚灭舒鸠。十二月，吴王诸樊攻楚，战死，弟余祭立。

前547年

中国 甲寅 周灵王二十五年

齐景公杵臼元年。吴王余祭元年。二月，卫宁喜杀其君剽，卫献公自齐归国复位（献公周灵王十三年，公元前559年奔齐）。秋，晋人执宁喜（左传系此事于六月，春秋作秋）。冬，楚以蔡、陈侵郑。

前546年

中国 乙卯 周灵王二十六年

卫献公衎复元元年。宋向戌善于晋卿赵文子，又善于楚令尹子木，欲弭诸侯之兵。如晋，晋许之；又如楚，楚亦许之。告于齐、秦亦许之；又告于小国。为会于宋。五月，晋、楚、鲁、蔡、卫、陈、郑、许、曹之大夫会于宋。卫杀宁喜。卫侯之弟鱄出奔晋。冬，齐庆封灭崔氏，尽俘其家，庆封当国。

外国 〔波斯〕 皇帝居鲁士大破吕底亚军，陷沙地士城，虏其王克罗伊斯，并其国。克罗伊斯嗜利聚敛，积金满堂，以富称著，民不堪命，卒致灭亡。

前545年

中国 丙辰 周灵王二十七年

夏，齐侯、陈侯、蔡侯、北燕伯、杞伯、胡子、沈子、白狄朝晋。九月，郑游吉如晋，告将朝楚，以从宋之盟。子产相郑伯如楚。冬，齐庆封奔鲁，齐召还崔氏之乱出亡诸公子而返其邑。十一月，鲁侯如楚。十二月，周灵王卒，子贵嗣立，是为景王。楚康王卒，子员（左传作麇）立，是为郏敖。燕懿公卒，子惠公立（此事不知在何月）。

前544年

中国 丁巳 周景王元年

楚郏敖（按郏敖又名熊郏，又名麇）元年。燕惠公元年。五月，卫献公卒，子襄公恶立。吴阍人杀吴王余祭（此据左传，史记书余祭卒于周景王十四年）。晋用鲁、齐、宋、卫、郑、曹、莒、滕、薛、小邾人为杞修城。吴使公子季札历聘诸国。

前543年

中国 戊午 周景王二年

卫襄公恶元年。正月，楚使薳罢（公羊传作颇）聘鲁，告楚新君即位。四月，蔡太子般（左传作般，史记十二诸侯年表作班）杀献公而自立，是为灵侯。五月，宋都大火。十月，晋、齐、鲁、卫、郑、曹、莒、邾、滕、薛、杞、小邾之大夫会于澶渊，谋恤宋灾。郑以子产为执政。

前542年

中国 己未 周景王三年

蔡灵侯般元年。六月，鲁襄公卒，子稠立，是为昭公，年十九而有童心。冬，吴使屈狐庸聘晋，以通吴、晋之路。卫侯朝楚（依宋盟所定）。楚王季父公子围为令尹。

前541年

中国 庚申 周景王四年

鲁昭公稠元年。正月，晋赵武、楚令尹子围会齐、鲁、宋、卫、陈、蔡、曹之大夫于虢。三月，鲁伐莒取郓。夏，秦后子奔晋，有车千乘。六月，晋荀吴帅师败狄于大卤（杜注：大卤，太原）。十一月，楚令尹子围杀其君郏敖而自立，是为灵王。

前540年

中国 辛酉 周景王五年

楚灵王子围（一名熊虔）元年。春，晋使韩起聘鲁，来告代赵武为政。韩厥观书于鲁太史氏，见易象与鲁春秋曰："周礼尽在鲁矣。"夏，鲁叔弓赴晋答聘。

外国 〔希腊〕 雅典僭主庇西特拉图第三次取得政权。此次统治直至其死时为止（公元前540—527年）。庇西特拉图执政时期，照顾农民利益，由国家给予农民贷款，加强农村政权，设置农村法庭。又加强雅典造船业，与爱琴海区诸希腊城邦缔结同盟，以扩大雅典商业活动。因市场扩大，雅典手工业也得到迅速发展。他又提倡兴修水利，修筑道路，修建庙宇，使市容大为改观。由于他的种种措施，旧氏族势力逐渐衰落，商人、手工业者与农民的地位，得到提高。哲学家赫拉克利特约于此年生于以弗所地方（约公元前540—480年）。他是古希腊唯物主义哲学、辩证法的奠基者之一。

前539年

中国

壬戌　周景王六年

齐晏婴使晋，见晋卿叔向曰："齐政归田氏。"叔向亦曰："晋公室卑。"小邾子朝鲁。北燕伯款出奔齐。

前538年

中国

癸亥　周景王七年

夏，楚王使椒举如晋，使合诸侯。夏，楚会蔡侯、陈侯、郑伯、许男、滕子、顿子、胡子、小邾子、宋世子佐、淮夷于申。楚人执徐子。秋，七月，楚王会蔡侯、陈侯、许男、顿子、胡子、沈子、淮夷攻吴；执齐庆封杀之；灭赖。冬，郑制定丘赋制度。冬，吴攻楚，入棘、栎、麻（皆楚地名）。

外国

〔波斯〕　皇帝居鲁士率军攻入巴比伦。在此时以前，波斯人已经夺取巴比伦在叙利亚和巴勒斯坦方面之领地，并切断巴比伦通往地中海之道路，巴比伦商业日趋衰落，巴比伦商人希望在波斯统治下重新发展其贸易，遂打开城门，欢迎波斯人入城，不战而降，迦勒底亡。巴比伦天文学在迦勒底时期得到新发展，此工作在迦勒底灭亡后犹未停止，因掌握大量观测天象资料，遂对于历法的推算更加精确。在公元前500年左右，巴比伦天文家已算出岁实为三百六十五日六小时十五分四十一秒，较现今天文学家所测者仅多二十六分五十五秒。

波斯人征服巴比伦，迦勒底人所建立之新巴比伦国亡。波斯人释放被囚禁在巴比伦之一部分犹太人返回犹太。

前537年

中国

甲子　周景王八年

正月，鲁舍（罢去）中军。左传："舍中军，卑公室也。初作中军，三分公室而各有其一，季氏尽征之，叔孙臣其子弟，孟氏取其半焉。及其舍之也，四分公室，季氏择二，二子各一，皆尽征之，而贡于公。"夏，鲁昭公如晋，冬又如楚。冬，楚王帅蔡、陈、许、顿、沈、徐、越人伐吴，败吴师。秦景公卒，子哀公立。

前536年

中国

乙丑　周景王九年

秦哀公元年。三月，郑人铸刑书。六月，郑都大火。秋，楚攻徐，吴人救之；楚又攻吴，吴败楚师于房钟。十一月，齐攻北燕。

前535年

中国

丙寅　周景王十年

正月，燕服齐，盟于濡上。楚王为章华之台，纳亡人以实之；召鲁侯往贺，鲁侯如楚。夏，四月甲辰日蚀。八月，卫襄公卒，子灵公元立。十一月，鲁季武子卒。

前534年

中国

丁卯　周景王十一年

卫灵公元元年。陈哀公宠公子留，三月，公子招杀太子偃师而立公子留。四月，哀公自缢死，公子招立公子留为君，楚人杀公子招，乘陈乱，灭陈。秋，鲁蒐（治兵）于红，革车千乘。

外国

〔罗马〕　传说中的第七个国王骄傲者塔克文尼阿士（相传在位年代为公元前534—510年）。相传塔克文尼阿士专横暴虐，为贵族推翻。贵族们从此废除国王制度，而将政权掌握在自己手中。每年在百人队选举会上，人民从贵族里选出两个执政官，任期一年。执政官只有在战争时期，才有无限的权力。

前533年

中国

戊辰　周景王十二年

陈惠公吴元年，是时陈君出亡在晋。春，鲁、宋、郑、卫之大夫会楚王于陈。许迁于夷。四月，陈都大火。

前532年

中国

己巳　周景王十三年

五月，齐陈氏、鲍氏攻栾氏、高氏，栾施、高强出奔鲁，陈、鲍分其室，陈氏始大。七月，季孙帅师伐莒，取郠（莒邑），献俘，用人于亳社（杜注："以人祭殷社"）。七月戊子，晋平公卒，鲁、齐、宋、卫、郑、许、曹、莒、邾、滕、薛、杞、小邾人如晋会葬。平公子昭公夷立。昭公时，晋六卿强，公室卑。十二月，宋平公卒，子元公佐立。

前531年

中国

庚午　周景王十四年

晋昭公夷元年。宋元公佐元年。夏，四月，楚王召蔡灵侯般至楚，杀之。楚公子弃疾围蔡。秋，晋会许侯之大夫于厥慭，谋救蔡。晋使狐父赴楚，请释蔡围，楚弗许。冬，楚师灭蔡，执蔡世子有（左传作有，谷梁传作友），杀之以为牺牲。吴王余祭卒，弟余昧（左传作夷未）立。

前530年

中国

辛未　周景王十五年

吴王余昧元年。春，齐高偃帅师纳北燕伯于阳（燕别邑）。夏，鲁昭公如晋朝嗣君，晋以鲁伐莒，违背盟约，拒之，至黄河而归。秋，楚伐徐，民疲于役，怨王。晋灭肥，伐鲜虞。

前529年

中国

壬申　周景王十六年

郑定公宁元年。楚公子比帅陈、蔡、许、叶之师，因四族之众以叛，攻入楚都，楚灵王自缢。公子弃疾杀公子比而自立，是为楚平王。平王许陈、蔡复国。秋，晋治兵于邾南，甲车四千乘，合诸侯于平丘。因鲁前伐邾、莒，不准与盟。冬，吴灭州来。燕悼公卒，共公立（此事不知在何月，悼公与共公关系，史无明文）。

外国

〔波斯〕　皇帝居鲁士死，子冈比西即位（公元前529—523年）。

前528年

中国

癸酉　周景王十七年

楚平王弃疾（一名居）元年。燕共公元年。春，鲁季孙氏家臣南蒯以费叛，费人逐之，南蒯奔齐。三月，曹武公卒，子平公须（史记曹世家作顷，史记十二诸侯年表、左传作须）立。秋，九月，楚平王灭楚养氏之族。

前527年

中国

甲戌　周景王十八年

曹平公须元年。吴王余昧卒，子僚嗣位，是为吴王僚。六月，丁巳日蚀。秋，晋荀吴攻鲜虞，取鼓。

外国

〔希腊〕　雅典僭主庇西特拉图死，其二子希庇亚斯及希帕库斯同时继之掌握政权（公元前527—510年）。

前526年

中国

乙亥　周景王十九年

吴王僚元年。春，齐侯伐徐；徐子、郯人、莒人与齐侯盟于蒲随。楚王诱杀戎蛮子嘉。八月，晋昭公卒，子顷公去（史记十二诸侯年表作弃，左传、史记晋世家作去）疾立。

外国

〔波斯〕　皇帝冈比西率领大批陆军与腓尼基、塞浦路斯、萨摩斯舰队大举攻埃及。

前525年

中国

丙子　周景王二十年

晋顷公去（一作弃）疾元年。春，郯子朝鲁。六月甲戌日蚀。九月，晋灭陆浑之戎，献俘于鲁。冬，鲁有星孛于大辰。吴与楚战于长岸，大败楚师。

外国

〔巴比伦〕　大败埃及于卡契米失（在犹太），埃及法老奈科克复犹太之企图完全失败。

〔波斯〕　皇帝冈比西大败埃及于匹鲁西安，遂征服埃及，冈比西并远征努比亚。

〔希腊〕　悲剧作家埃斯库罗斯生（公元前525—456年）。埃斯库罗斯之著名悲剧有《波斯人》、《普洛米修士》、《奥莱斯特》等。

前524年

中国

丁丑　周景王二十一年

三月，曹平公卒，子悼公武立。夏五月，宋、卫、陈、郑皆有火灾。郑子产以火灾故，大治社，祓禳于四方，振除火灾。六月，鄅人藉稻，邾人袭鄅，遂入鄅城，尽俘以归。楚迁许于白羽（左传作析，春秋作白羽）。周景王铸大钱（国语周语）。燕共公卒，平公立（不知在何月，共公与平公关系，史无明文）。

前523年

中国

戊寅　周景王二十二年

燕平公元年。曹悼公午元年。春，宋伐邾，尽归鄅俘。邾人、郳人、徐人与宋人会于虫。夏，五月己卯，鲁地震。秋，齐高发帅师伐莒，莒子奔纪。齐师攻纪。

外国

〔波斯〕　发生马格暴动，此暴动系由米堤马格（僧侣）高墨塔所领导，他伪称自己是冈比西之弟巴尔提亚，纠集僧侣与氏族贵族图谋夺取政权。此暴动引起一系列的暴动，波及帝国全境，帝国面临着瓦解的危险。皇帝冈比西死。

前522年

中国

己卯 周景王二十三年

楚平王信费无极谗言，欲诛太子建，三月，太子建奔宋，楚王杀其傅伍奢及奢子尚，伍奢少子员奔吴。十月，宋华亥、向宁、华定作乱，事败奔陈，华登奔吴。郑执政子产卒，子太叔继为政（按子产卒于是年，明见左传，史记误系于周敬王二十四年）。十一月，蔡平侯卒，灵侯之孙东国杀平侯子而自立，是为悼侯。

外国

〔希腊〕 抒情诗人平达生（公元前522—442年），他是希腊最后的一个抒情诗人，有“白羽的天鹅”之号。他以歌颂奥林匹克节、皮提翁节及尼弥亚节日的竞技胜利者的诗歌获得世界声誉。

前521年

中国

庚辰 周景王二十四年

蔡悼侯东国元年。春，周景王铸无射钟（左传系于此年，国语周语作二十三年）。夏，宋华亥、向宁、华定复入宋南里以叛。华登以吴师援之，宋师败。十一月，晋、齐、卫师救宋，大败华氏，围之于南里。秋，七月壬午朔，日蚀。

外国

〔波斯〕 皇帝冈比西死后，各地爆发起义运动。皇帝大流士一世（公元前521—486年）镇压起义暴动，进行一系列的改革，以保证帝国之稳定。大流士将帝国分为二三十省，每省区置行政长官一人，由皇帝任命；又各置驻防军长官一人，亦由皇帝任命。修建驰道，以利行军；统一货币，以便商旅；疏浚苏伊士运河，以利航行；推广埃及历法、医学，提倡教育。在此时期，西亚经济文化，呈现繁荣。波斯帝国达到最繁盛的时代。但此庞大帝国基础极不稳固，只是一个政治军事的联合，不久即衰亡。

前520年

中国

辛巳 周景王二十五年

春，齐攻莒。宋华亥、向宁、华定自南里出奔楚。四月，周景王卒；鲁叔鞅赴周会葬。周大夫刘狄、单旗立王子猛，是为悼王。王子朝杀悼王自立，周大乱。晋人攻王子朝，立王子匄，是为敬王。十二月癸酉日蚀。

外国

〔希腊〕 斯巴达王克利俄密尼斯约于是年扩张君权，抵制执政官，由于另外一王达马累托斯（斯巴达同时有二王）之反对而遭遇失败，克利俄密尼斯约于公元前489年自杀。

前519年

中国

壬午 周敬王元年

六月，蔡悼侯卒，弟昭侯立。周王子朝入于周大夫尹氏之邑，尹氏助王子朝攻王城，敬王出奔于刘（周邑）；尹氏立王子朝，敬王避居狄泉。七月，吴人攻州来，楚帅顿、胡、沈、陈、蔡、许之师攻吴，以救州来，战于鸡父，为吴所败。吴入郹（楚邑），取楚太子建母与其宝器以归。八月，鲁地震。

外国

〔希腊〕 普拉提城邦因不堪西布斯之压迫，退出俾俄喜阿同盟，要求雅典保护，雅典遂出来保护普拉提之独立，从此开始了这两个城邦间的长期友好关系。

前518年

中国

癸未 周敬王二年

蔡昭侯申元年。五月乙未日蚀。八月，鲁大旱。冬，吴灭巢与钟离。

前517年

中国

甲申 周敬王三年

春，鲁叔孙聘宋。夏，晋会诸侯之大夫于黄父，谋平周乱。鲁昭公用臧氏、郈氏之众以伐季氏，孟孙氏、仲孙氏救之。季氏败公徒，杀郈昭伯。九月，鲁昭公出奔齐。十一月，宋元公卒，子景公头曼立。十二月，齐为鲁昭公取郓（鲁邑）。

前516年

中国

乙酉 周敬王四年

宋景公头曼元年。三月，鲁昭公自齐居郓。九月，楚平王卒，子珍立，是为昭王。十一月，晋师克巩（周邑），王子朝及召氏之族、毛伯得、尹氏固、南宫嚚奉周之典籍以奔楚。周敬王入于成周，晋师使成公般帅师戍周而还。鲁彗星见。

外国

〔波斯〕 皇帝大流士扩地至印度河以东。

前515年

中国

丙戌 周敬王五年

楚昭王珍（史记作珍，左传作轸，又作壬）元年。春，吴师攻楚围潜。四月，吴公子光使武士专诸杀王僚而自立，是为吴王阖闾（史记十二诸侯年表作闾，吴世家、左传作庐）。楚杀费无极，尽灭其族。秋，晋士鞅会诸侯之大夫于扈。

前 514 年

中国

丁亥 周敬王六年

吴王阖闾元年。晋杀祁盈与羊舌食我，尽灭祁氏、羊舌氏。晋执政魏舒分祁氏之田为七县，分羊舌氏之田以为三县；六卿各命其子为县大夫，晋公室益弱，六卿皆大。四月，郑定公卒，子献公虿立。

外国

〔希腊〕 雅典僭主希帕库斯荒淫无度，残民以逞，激起群众反对。遭其侮辱之哈慕底斯及其朋友阿里斯托吉顿，纠合群众，杀希帕库斯。希庇阿斯大肆屠杀，国人愈不满。

前 513 年

中国

戊子 周敬王七年

郑献公虿元年。春，鲁昭公自乾侯居郓，欲如晋，不果，遂又居乾侯。冬十月，郓溃（杜注：民散叛公）。三月，周杀召伯盈、尹氏固及原伯鲁之子。

外国

〔波斯〕 皇帝大流士帅师渡赫勒斯滂海峡与多瑙河，征服色雷斯，是为大流士远征欧洲之始。

前 512 年

中国

己丑 周敬王八年

六月，晋顷公卒，子定公午立。吴公子掩余、公子钟吾奔楚，楚封之以间吴。十二月，吴灭徐，徐子章禹奔楚。吴遂谋攻楚，听伍员之谋，“亟肄以罢之，多方以误之”，楚始疲于奔命。

前 511 年

中国

庚寅 周敬王九年

晋定公午元年。春，晋将以师纳鲁昭公，昭公不肯与季氏同归。秋，吴人侵楚，楚出师，吴始还。十二月辛亥日蚀。

外国

〔日本〕 安宁天皇死。

前 510 年

中国

辛卯 周敬王十年

夏，吴攻越。吴攻楚潜、六。冬，晋征诸侯之师修成周城。十二月，鲁昭公卒于乾侯。季孙立昭公弟公子宋，是为定公。曹公子通（曹平公弟）杀其君声而自立，是为隐公（此事不知在何月）。

外国

〔日本〕 懿德天皇即位（四代）。

〔希腊〕 雅典政治家克利斯提尼领导国人对僭主希庇阿斯展开斗争，嗣又得到斯巴达的援助，终于击败希庇阿斯之雇佣军，希庇亚斯与其家族出奔西亚。

前 509 年

中国

壬辰 周敬王十一年

鲁定公宋元年。曹隐公通元年。蔡侯朝楚，楚留之。十月，鲁陨霜杀菽（杜注：周十月，今八月，陨霜杀菽，非常之象）。

外国

〔希腊〕 雅典执政克利斯提尼受权起草新宪法，进行改革，扩大民主权利，根除僭主专政。将雅典分为十个部落，建立以地区为基础的划分。又建立五百人议会，以扩大民主的基础，但妇女、外侨与奴隶都没有政治权利。

〔罗马〕 相传罗马共和国创立于此年，第一任的两个执政官相传是布卢塔斯与柯拉提纳斯。

前 508 年

中国

癸巳 周敬王十二年

五月，鲁都城雉门及两观毁于火，新建雉门及两观。秋，楚囊瓦攻吴，师于豫章，为吴所败；吴又败楚于居巢（史记系此事于敬王十一年，此从春秋）。

外国

〔罗马〕 罗马人与迦太基订立条约，罗马人承认迦太基在非洲之权利，迦太基人承认罗马人在拉丁姆之权利。

前 507 年

中国

甲午 周敬王十三年

邾庄公卒，以五人为殉。九月，鲜虞败晋师于平中。蔡昭侯留楚三年归。冬，蔡侯如晋，以其子为质，请攻楚。

前 506 年

中国

乙未 周敬王十四年

二月，陈惠公卒，子怀公柳立。三月，晋侯会周大夫刘子、鲁侯、宋公、蔡侯、卫侯、陈子、郑伯、许男、曹伯、莒子、邾子、顿子、胡子、滕子、薛伯、杞伯、小邾子、齐国夏于召陵，谋攻楚。四月，蔡灭沈。十一月，吴师、蔡师、唐师与楚师战于柏举，大败楚师，五战及郢，楚王奔随，楚臣申包胥赴秦乞援。曹声公弟露（史记十二诸侯年表作路，曹世家与左传作露）杀曹隐公而自立，是为曹靖公（此事不知在何月）。

前505年

中国

丙申　周敬王十五年

陈怀公柳元年。曹靖公露元年。春，周人杀王子朝于楚。三月辛亥朔，日蚀。夏，越侵入吴。六月，楚申包胥以秦师救楚，击败吴师，复郢。十月，楚昭王还都。六月，鲁季孙意如卒，家臣阳虎囚其子斯而专鲁政。冬，晋士鞅帅师围鲜虞。燕共公卒，简公立（此事不知在何月，共公与简公关系，史无明文）。

前504年

中国

丁酉　周敬王十六年

燕简公元年。正月，郑灭许。四月，吴败楚，楚惧，迁都于鄀（今湖北钟祥县西北）。秋，鲁季孙氏家臣阳虎盟鲁侯及三桓于周社，盟国人于亳社，诅于五父之衢。冬，周王子朝之徒作乱，周敬王避居姑莸（史记称奔晋，此从左传）。

前503年

中国

戊戌　周敬王十七年

二月，齐归郓、阳关于鲁，阳虎居之以为政。秋，齐师侵鲁西鄙。十一月，晋大夫籍秦送周敬王，王入王城。

外国

〔希腊〕　克利斯提尼之新宪法开始实行。

前502年

中国

己亥　周敬王十八年

二月，周大夫单子伐谷城、简城，刘子伐仪粟、盂等地，肃清叛党，以定王室。三月，曹靖公卒，子伯阳立。七月，陈怀公卒于吴，子越立，是为湣公。冬，鲁阳虎欲去三桓而以党于己者代其位，谋杀季氏，季氏入于孟氏，阳虎劫鲁侯及叔孙以攻孟氏，弗克，入于欢、阳关（史记作阳关）以叛。郑驷歂继子大叔为政。

前501年

中国

庚子　周敬王十九年

陈湣（一作闵）公越元年。曹伯阳元年。春，郑驷歂杀邓析而用其竹刑（以刑法书于竹简，故称竹刑）。四月，郑献公卒，子声公胜立。夏，阳虎自鲁奔齐，后又奔晋。秋，秦哀公卒，太子夷公早卒，不得立，立夷公子，是为惠公。

前500年

中国

辛丑　周敬王二十年

秦惠公元年。郑声公胜元年。夏，齐与鲁和，鲁定公与齐侯会于夹谷，孔丘相（相礼）。齐人归鲁郓、欢、龟阴之田。晋赵鞅围卫。秦彗星见。

外国

〔希腊〕　爱奥尼亚诸城邦反对波斯统治之斗争开始，米利都首先发难，并向希腊本土请求援助，雅典与厄勒特里亚应援，遣派战舰二十五艘前往。米利都人焚毁波斯总督驻扎的沙底斯城。小亚细亚诸希腊城邦纷纷独立（一说始于公元前499年），但不久即为波斯大军击败。希腊雕刻家菲迪亚斯生（公元前500—431年）。

前499年

中国

壬寅　周敬王二十一年

冬，鲁与郑和，始背晋。

前498年

中国

癸卯　周敬王二十二年

夏，卫攻曹。鲁仲由（孔子弟子，字子路）为季氏宰，将堕（拆毁）三都（三桓之都邑：费、郈、成）。叔孙帅师堕郈，季孙、仲孙帅师堕费。将堕成，孟孙氏臣公敛处父不堕，冬，定公围成，弗克。齐馈鲁女乐，孔子去鲁适卫（孔子去鲁，史记十二诸侯年表、鲁世家俱系敬王二十二年，仲尼世家又载此事于十四年）。

外国

〔希腊〕　米利都僭主阿利斯泰哥拉赴巴尔干半岛，游说各希腊城邦，共击波斯；雅典允助战舰二十艘，厄勒特里亚允助战舰五艘，斯巴达拒绝予以援助。

前497年

中国

甲辰　周敬王二十三年

春，齐、卫攻晋河内。秋，晋卿争权，范氏、中行氏攻赵氏，赵鞅奔晋阳。十一月，荀栎、韩不信又奉晋君攻范氏、中行氏。范氏、中行氏奔朝歌。十二月，赵鞅入绛，盟于公宫，赵鞅复位。孔子在卫，卫禄之如鲁。

外国

〔希腊〕　悲剧作家索福克里斯生（公元前497—406年）。其作品有《阿第普斯王》、《阿第普斯在科罗纳》、《安提歌尼》等等。据说索福克里斯曾写过一百二十三个悲剧，但流传下来的只有七个。

前 496 年

中国

乙巳　周敬王二十四年

二月，楚灭顿。夏，吴攻越，越王勾践败吴师于槜李，吴王阖闾负伤，还卒于陉，子夫差立。秋，周使石尚赴鲁，以脤（祭社之肉）赐鲁侯。卫太子蒯聩出奔宋。十二月，晋败范氏、中行氏之师于潞，范氏、中行氏奔齐。是年，孔子自卫适陈。

前 495 年

中国

丙午　周敬王二十五年

吴王夫差元年。正月，邾子朝鲁。二月，楚灭胡。五月，鲁定公卒，子蒋嗣，是为哀公。八月庚辰，日蚀。

前 494 年

中国

丁未　周敬王二十六年

鲁哀公蒋元年。春，楚王率陈侯、随侯、许男围蔡。吴王夫差败越于夫椒，遂入越，越王勾践以甲楯五千，保于会稽，使大夫文种求和。三月，吴与越和。秋，齐侯、卫侯攻晋，救范氏，取棘蒲。十月，晋赵鞅围朝歌，讨中行氏。是年孔子自陈适卫。

外国

〔希腊〕　波斯舰队（包括腓尼基战舰六百艘）围攻米利都城邦，城不久失陷，夷为平地，男子尽遭杀戮，妇孺被虏至苏萨。阿波罗神庙与古雕刻俱被摧毁。经过此次摧残，爱奥尼亚遂一蹶不振，失去希腊文化中心的地位，其地位为希腊本土所代替。希腊阿尔戈斯城邦奴隶起义。

〔罗马〕　平民反抗贵族压迫的斗争起。相传全体平民决定迁移到罗马附近的圣山（阿芬提诺山）以摆脱贵族的压榨。贵族大惧，因害怕平民离去后，军队便要削弱，贵族作了许多让步，设立了二个保民官（一说四个保民官）由平民自己选举，对执政官和其官吏任何措施，可实行否决权（军事命令除外）以保障平民的权利。保民官数目最初是二人，最后增至十人。

前 493 年

中国

戊申　周敬王二十七年

四月，卫灵公卒，太子蒯聩早出奔，卫大夫立蒯聩子辄，是为出公。晋赵鞅纳卫太子蒯聩于戚。八月，齐、郑以粟援晋卿范氏。赵鞅（简子）与齐、郑师战，败郑、齐师，获齐粟千乘。鲁伐邾。十一月，蔡迁于州来。是年孔子如蔡。燕简公卒，献公立（史记索隐引古本竹书纪年，简公后为孝公，无献公。史记作献公。此事不知在何月，简公献公关系，史无明文）。

外国

〔希腊〕　塞米斯托克里斯任雅典执政（公元前 493—492 年）。塞米斯托克里斯是雅典海洋党之创立人与领袖。

〔罗马〕　罗马与拉丁联盟订立协议，以后均分战利品，互相通商，共同耕种新获得之土地，并许罗马人与拉丁联盟各邦人互通婚姻。

前 492 年

中国

己酉　周敬王二十八年

卫出公辄元年。燕献公元年。四月，鲁地震。孔子在陈。六月，周人杀苌弘。十月，晋赵鞅围朝歌，荀寅奔邯郸。是年，孔子适宋，与弟子习礼于大树之下。

外国

〔波斯〕　准备大举征服希腊本土，遣派使节分赴希腊诸邦，要求诸邦对波斯投降，并献土与水，作为投降表示。雅典、斯巴达人不肯，雅典人将使者投入山谷，斯巴达人将波斯使者投于深井，使其自取水土。波斯皇帝大流士遂命其婿摩多牛斯征服色雷斯与马其顿，以为进攻二国之准备；色雷斯人予波斯人以坚强抵抗，但终被击败，马其顿王投降。但波斯人在亚陀斯海角遇飓风，舰多沉覆，摩多牛斯遂率残部返波斯。

前 491 年

中国

庚戌　周敬王二十九年

二月，蔡大夫杀蔡昭侯而立太子朔，是为成侯。夏，楚攻蛮，戎蛮子赤奔晋，晋人执戎蛮子赤归于楚，楚尽俘其民。九月，晋赵鞅围邯郸。十一月，邯郸降，荀寅奔鲜虞。十月，秦惠公卒，子悼公立。十二月，齐国夏伐晋，取八邑。会鲜虞，纳荀寅于柏人。

外国

〔罗马〕　相传罗马贵族马西阿士•柯里阿兰纳士企图贿赂平民放弃保民官，失败，逃至渥尔西族，率渥尔西人攻罗马，经其母与妻劝阻而还。

前 490 年

中国

辛亥　周敬王三十年

蔡成侯朔元年。秦悼公元年。春，晋围柏人，荀寅（中行氏）、士吉射（范氏）奔齐。夏，晋赵鞅攻卫。九月，齐景公卒，遗命立少子荼，是为晏孺子，景公未葬而群公子出奔。

外国

〔希腊〕　波斯皇帝大流士派遣希腊人达提斯与大流士的侄子阿

塔斐尼帅战舰六百艘，自海路攻击希腊本土，焚厄勒特里亚城，俘其居民，尽以为奴隶，自马拉松海湾登陆，希腊诸邦大震。雅典急遣长途赛跑优胜者斐力庇第斯赴斯巴达求援助，斯巴达拘于宗教节日，拒绝立刻应援。雅典军队在天才司令官米太亚得的指挥下，于是年8月10日大败波斯军于马拉松，杀波斯兵六千四百人，而雅典阵亡不过仅一百九十二人，波斯军遂退回西亚。

前489年

中国

壬子　周敬王三十一年

齐晏孺子荼元年。春，晋赵鞅帅师伐虞。吴伐陈，楚救陈。六月，齐陈乞、鲍牧与国夏、高张二族战，国、高二族战败奔鲁。七月，楚昭王卒，子章立，是为惠王。齐陈乞杀其君晏孺子荼，立公子阳生，是为悼公。

外国

〔希腊〕　雅典大将米太亚得征培罗斯岛，无功，受重伤而还。忌之者遂控以欺骗民众之罪，罚以巨金，米太亚得不久即卒。斯巴达王克利俄密尼斯畏罪自杀。

前488年

中国

癸丑　周敬王三十二年

齐悼公阳生元年。楚惠王章元年。夏，鲁会吴于鄫，吴欲霸中国，向鲁征百牢，鲁不敢抗命，与之。秋，鲁季康子攻邾。秋，宋人围曹。冬，郑人救曹。

外国

〔希腊〕　运动家基隆在奥林匹亚赛会中获得御战车的冠军。

前487年

中国

甲寅　周敬王三十三年

正月，宋人入曹，俘曹伯阳归，曹亡。三月，吴攻鲁。夏，齐人取鲁之讙、阳阐；冬，齐人还所侵鲁地。

外国

〔希腊〕　雅典宪法又得到进一步的改革。执政官由九人改为十人，由十部落中用抽阄法选出。军事司令员由一人增至十人，由选举产生，其中一人由市民大会选举为总司令。为防止野心政客篡夺政权，创立贝壳驱逐法，凡经六千市民通过（用贝壳或陶片投票）认为是篡夺政权，实施暴政之人，即驱逐出国，十年之内，不准返国。雅典与伊吉那城邦战，相持甚久，互有胜负。此战直延至483年。雅典人希巴尔卡斯因曾党于僭主希庇亚斯，为市民大会所逐。

前486年

中国

乙卯　周敬王三十四年

春，宋败郑于雍丘。秋，吴城邗，沟通江淮，以通粮道。

外国

〔埃及〕　发生反对波斯统治的起义运动，直至公元前483年，波斯才镇压了起义运动，重新恢复统治。

〔罗马〕　执政官凯西阿斯企图成为僭主，失败，被杀。

前485年

中国

丙辰　周敬王三十五年

春，鲁与吴、邾、郯攻齐，吴大夫徐承帅舟师，将自海入齐，为齐所败，吴师乃还。三月，齐大夫鲍牧杀齐悼公，齐大夫共立悼公子壬，是为简公。夏，晋赵鞅帅师侵齐。冬，楚攻陈，吴救陈。

外国

〔波斯〕　皇帝大流士死，子泽尔士一世继位（公元前485—465年）。

前484年

中国

丁巳　周敬王三十六年

齐简公壬元年。春，齐攻鲁，季氏宰冉求（孔子弟子）帅左师，管周父御，樊迟（孔子弟子）为右，季氏之甲七千，冉有以武城人三百，为己徒卒，与齐师战于鲁郊。五月，鲁会吴攻齐，大败齐师于艾陵。吴王夫差赐伍员以属镂之剑，使自尽。孔子自卫返鲁。鲁季孙氏欲以田赋，访于孔子，孔子止之，不听。

外国

〔希腊〕　历史家希罗多德生于小亚细亚的哈利卡纳苏城。据说他曾参加过故乡的政治活动，反对过僭主政治，因此不得不离开故乡，漫游各地，曾到过埃及、叙利亚、巴比伦等地。他曾留居雅典颇久，与雅典政治家伯里克利交颇密。当雅典人发动在意大利建立图里伊殖民地时，希罗多德便到那里去。他所著的《希波战争史》是希腊著名的历史著作之一。罗马人西塞禄称他为“历史之父”，实为西洋史学的奠基人。

前483年

中国

戊午　周敬王三十七年

正月，鲁用田赋。夏，鲁侯会吴于橐皋。秋，鲁侯会卫侯、宋公于郧。宋攻郑。冬十二月，鲁有螽灾。

外国

〔波斯〕　波斯人造亚陀斯运河，准备攻希腊。

〔希腊〕 雅典发现新银矿，国库增加。塞米斯托克里建议用此款扩张海军，制造战舰二百艘，以防波斯。

前 482 年

中国 己未 周敬王三十八年

春，郑败宋师于岩。夏，鲁哀公会单平公、晋定公、吴王夫差于黄池，吴与晋争先歃血，吴王先歃。越入吴，获吴太子友。冬，吴与越和。

外国 〔希腊〕 雅典海洋党领袖塞米斯托克里和依靠乡村农民支持的阿利斯泰底在建筑新战舰的问题上发生剧烈争执，是年阿利斯泰底依贝壳放逐法被逐出雅典。

前 481 年

中国 庚申 周敬王三十九年

鲁哀公十四年春，鲁猎人获麟。鲁国春秋，相传曾经孔子整理，即绝笔于是年，因此，春秋时代亦止于是年。五月，庚申鲁日蚀。六月，齐陈恒杀其君简公而立简公弟骜，是为平公，陈恒专国政。

外国 〔波斯〕 皇帝泽尔士至小亚细亚之沙底士，准备大举进攻希腊，命于赫勒斯滂海峡建造浮桥以利行军，又征集了四十六个属国的军队，步兵一百七十万，骑兵八万，战舰一千二百艘，小船三千艘，要征服希腊本土诸邦（一说，泽尔士所统帅的军队不过十八万人，传统说法过于夸大）。

〔希腊〕 诸邦开会于科林斯，参加会议的有近三十个城邦的代表，议决由斯巴达任全军统帅，准备抵抗波斯的进攻。

前 480 年

中国 辛酉 周敬王四十年

齐平公骜元年。卫庄公蒯聩元年。五月，郑伐宋。冬，卫蒯聩因卫浑良夫、孔伯姬以入于卫，劫孔悝以逐其子出公辄而自立，仲由（子路）死之。辄奔鲁，又奔齐。

外国 〔希腊〕 春，雅典招回被驱逐之政治家，其中有阿利斯泰底者，与塞米斯托克里解释旧嫌，协力筹办防守事宜。八月中，波斯大军由赫勒斯滂海峡进入希腊本土，斯巴达王列奥尼达帅精兵御之于德摩比利之天险地区。在众寡悬殊之困难条件下，斯巴达人英勇抵抗，连战三日，列奥尼达所帅精兵三百人，全部战殁，无一生还，但予波斯人以极大打击，波斯皇帝泽尔士之两个兄弟皆死于此役。在此抵抗期间，与希腊本土以准备机会。9 月中，波斯大军进抵雅典，大事焚掠。雅典人事先已将妇孺货财转移于萨拉米岛与爱琴海诸岛。9 月 20 日，雅典舰队大败波斯舰队于萨拉米海峡。10 月 2 日，希腊见日蚀。悲剧作家幼里庇底斯生（公元前 480—406 年）。其名著有《米底亚》、《希波里托斯》、《伊菲格尼亚在奥利斯》等剧。

前 479 年

中国 壬戌 周敬王四十一年

四月己丑，孔丘卒。七月，楚白公胜作乱，杀令尹子西与子期于朝。叶公子高帅国人攻白公胜，白公胜自缢死。

外国 〔波斯〕 皇帝泽尔士帅一部分军队退回西亚，留摩多牛斯继续与希腊人作战。摩多牛斯初欲分化希腊诸邦，遣马其顿王劝雅典与波斯言归于好，尽释前嫌，雅典人严辞拒绝。波斯军遂又进入阿提卡，大肆焚掠。八月中，希腊人在斯巴达王鲍萨尼亚斯的指挥下，大破波斯军于普拉提亚，摩多牛斯战殁。同时，驶至小亚细亚之雅典舰队大败波斯海军于米卡尔海角，悉毁波斯战舰。是年几次战役决定波、希间之胜负，确保希腊诸邦之独立，但双方战争并未停止。

〔希腊〕 爱奥尼亚诸希腊城邦乘机摆脱波斯统治，争取独立。

前 478 年

中国 癸亥 周敬王四十二年

三月，越败吴于笠泽。七月，楚灭陈。十月，晋攻卫，逐庄公而立公孙般师，卫与晋和，晋师还，庄公复入于卫，为己氏所杀。十二月，齐攻卫，执般师以归，而立灵公之子公子起。

外国 〔希腊〕 雅典围攻下赫勒斯滂附近之塞斯图斯，负责防守此城之波斯军于夜中逃出，多为当地人所杀。在雅典领导下，提洛同盟组织成功。小亚细亚诸市邦、爱琴海诸岛国，以及优卑亚诸国之代表会于提洛岛之阿波罗神庙，议定与会诸国依国力大小共输银造舰，抵抗波斯，雅典代表阿里斯泰德以公正廉明称著，任议长（公元前 478—477 年）。

前 477 年

中国 甲子 周敬王四十三年

卫君起元年。春，巴人攻楚，

围鄸，楚师败。卫石圃逐卫君起，起奔齐；卫侯辄自齐复归卫，逐石圃，齐陈恒杀鲍氏、晏氏及公族之强者，割安平以东为封邑。秦悼公卒，子厉共公立。周敬王卒，子仁（世本作赤）嗣位，是为元王（左传以敬王卒于四十四年，此从史记。司马光稽古录亦从史记）。

外国 〔日本〕 懿德天皇死。

前 476 年

中国 乙丑 周元王元年

卫出公辄复元元年。秦厉共公元年。春，越人攻楚。秋，楚人伐东夷。三夷男女（三族夷人）与楚盟于敖。

外国 〔希腊〕 雅典将赛蒙大败波斯驻防军于色雷斯。赛蒙乃雅典天才司令官米太亚得之子。斯巴达嫉雅典强盛，阻其建城的计划。雅典虚与斯巴达交涉，一面抢修，终完成新城，较旧城加广。

前 475 年

中国 丙寅 周元王二年

春，齐人赴鲁征会，夏，会于廪丘，谋攻晋。冬，吴公子庆忌请与越平，吴王不听，杀之。是年蜀人通使于秦。晋定公卒，子出公凿（世本与史记晋世家作凿，史记十二诸侯年表作错）立。

外国 〔日本〕 传说懿德天皇死后，空位一年，至是孝昭天皇即位（五代）。

前 474 年

中国 丁卯 周元王三年

晋出公凿元年。五月，越聘鲁，始通于中原诸国。秋，齐侯、鲁侯、邾子盟于顾。

外国 〔希腊〕 雅典将赛蒙征服赛鲁士岛，此岛原为海盗中心，赛蒙尽俘其民，变卖为奴。并发现希腊传说中古代英雄西修斯之遗骸。

前 473 年

中国 戊辰 周元王四年

十一月，越灭吴，吴王夫差自杀。越大夫范蠡去越，越杀其大夫文种。越王致贡于周，周元王使人赐勾践胙，命为伯（诸侯之长）。越以淮上地与楚，归吴所侵宋地于宋，以泗东地与鲁，越遂霸诸侯。

外国 〔希腊〕 雅典舰队在伯里克利帅领下远征黑海沿岸。

前 472 年

中国 己巳 周元王五年

六月，晋荀瑶（知伯）攻齐，败齐高元师于犁丘。八月，鲁侯使叔青聘越，越使诸鞅赴鲁报聘。是年蔡成侯卒（史记六国表误作景侯），子声侯产立。

外国 〔希腊〕 开利斯图岛距亚狄加甚近，而拒绝参加提洛同盟。赛蒙帅同盟舰队征服该岛，迫其参加同盟。

前 471 年

中国 庚午 周元王六年

蔡声侯产元年。夏，晋、鲁伐齐，取廪丘。鲁哀公以嬖妾为夫人，以其子荆为太子，国人恶之。冬，哀公朝于越。

外国 〔希腊〕 雅典塞米斯托克里斯因战胜波斯有功，渐骄横自恣，被弹劾，出奔波斯，竟死于外（公元前 460 年左右）。

前 470 年

中国 辛未 周元王七年

五月，卫褚师比及诸大夫逐卫侯辄，辄奔宋，使求救于越。六月，鲁哀公归自越，与三家相恶。

前 469 年

中国 壬申 周元王八年

越、鲁、宋攻卫，纳卫侯辄，不克。卫人立公子黚，辄死于越。宋景公卒，大尹立公子启。六卿逐启，而立公子得，是为昭公。周元王卒，子介嗣位，是为定王（世本作贞定王，皇甫谧帝王世纪、司马光稽古录俱从世本，今从史记。按史记周元王八年卒，稽古录、通鉴外纪俱从之。今本竹书纪年作七年，盖减去一年，而加于敬王，今从史记）。

外国 〔希腊〕 岛国那克索斯城邦声言欲退出同盟，以免缴纳造舰费。雅典遣舰队封锁该岛，毁其城垣，没收其船只，科以重罚，迫使重新入盟（一说在公元前 466 年）。唯心主义哲学家苏格拉底生（公元前 469—399 年）。他宣传宗教道德学说，反对唯物主义，反对自然科学知识及无神之主张。

前 468 年

中国

癸酉　周定王元年

宋昭公得元年。春，越后庸聘鲁，与鲁哀公盟于平阳。四月，鲁季康子卒。晋荀瑶帅师伐郑，齐陈恒帅师救之，晋师乃还。八月，鲁哀公为三桓所逼，出奔越。

前 467 年

中国

甲戌　周定王二年

秦庶长将兵拔魏城。彗星见。鲁哀公卒于越，国人立其子宁，是为悼公。时鲁三桓盛，鲁侯卑于三桓之家，如小侯。

前 466 年

中国

乙亥　周定王三年

鲁悼公宁元年。晋地震。

前 465 年

中国

丙子　周定王四年

燕献公卒，孝公立。越王勾践卒，子鹿郢立（史记越世家索隐引古本竹书纪年）。

外国

〔波斯〕　皇帝阿塔克泽尔士一世即位（公元前 465—424 年）。镇压埃及起义（公元前 456—454 年），征赛波拉斯岛，与希腊和（公元前 446 年）。

〔希腊〕　色雷斯附近岛国萨索斯因与雅典在商业上有冲突，又因争金矿与雅典失和，要求退盟。雅典将赛蒙帅同盟军围攻萨索斯二年，终下之。夺其舰，迫使重新入盟。自此诸小国怵于雅典之威，不敢言退盟事，纳贡赋如属国。

前 464 年

中国

丁丑　周定王五年

燕孝公元年。越王鹿郢元年。晋荀瑶、赵无恤帅师围郑；齐师救郑。荀瑶辱赵无恤，赵无恤怨之。

外国

〔希腊〕　希洛人乘斯巴达大地震所引起之混乱，发动大起义。最初大败斯巴达人，杀三百余人，后希洛人退据山中，相持数年，斯巴达求援于外国，方镇压下去。

前 463 年

中国

戊寅　周定王六年

晋人、楚人聘秦。黄河泛于扈（水经注河水注引古本竹纪年。扈，晋地）。郑声公卒，子易立，是为哀公。

前 462 年

中国

己卯　周定王七年

郑哀公易元年。晋荀瑶城高梁（水经注汾水注引古本竹书纪年）。

外国

〔希腊〕　雅典赛蒙因援斯巴达无功，为斯巴达人所辱。雅典人归咎于赛蒙，逐之。赛蒙之政敌厄菲阿尔特得到政权，领导国人与贵族派作斗争，取消由终身议员组成之贵族会议的一切权利，只保留了审判杀人犯的权利，将大权交予五百人议会与群众法庭，得到广大市民之欢迎。厄菲阿尔特不久为人暗杀。

前 461 年

中国

庚辰　周定王八年

杞哀公卒，滑公子敕（一作遬，又作速）立。秦灭大荔，取其王城，补修庞戏城。

前 460 年

中国

辛巳　周定王九年

杞出公敕元年。

外国

〔希腊〕　雅典执政伯里克利提倡改陪审员为薪给制，法官用抽阄法举出。此为伯里克利重要改革之一。薪金制实行后，非富有之人亦可担任政治工作，民主基础因而扩大。雅典与阿哥斯城邦缔结同盟。唯物主义哲学家德谟克利特约生于是年（公元前 460？—370 年？）。德谟克利特以原子的结合解释自然现象，为古代杰出的唯物论者与无神论者。杰出的医学家希坡克拉特约生于是年（公元前 460？—377 年）。历史家修昔的底斯生于希腊之色雷斯（公元前 460—395 年）。公元前 424 年伯罗奔尼撒战争中，修昔的底斯被选为将，奉命率领舰队保卫色雷斯海岸，以抗斯巴达军。当安菲波利斯城失守时，修昔的底斯未能及时援救，被控通敌，遂放逐至雅典，经二十年之放逐生涯，直至战争结束后，始得返国。撰写《伯罗奔尼撒战争史》，与希罗多德之《希波战争史》同为希腊最著名之史学著作。

前 459 年

中国

壬午　周定王十年

越王鹿郢卒，子不寿立（史记索隐引古本竹书纪年）。

外国

〔希腊〕　雅典派战舰二百艘，远征埃及，企图推翻波斯在埃及之统治。连战三年，无功而还（公元前 459—457 年）。雅典与美加拉缔结同盟，时美加拉正与科林斯交战，雅典对美加拉表示要给以援助，因而引起科林斯对雅典之愤怒。

前 458 年

中国

癸未　周定王十一年

越王不寿元年。晋荀瑶与赵氏、韩氏分范、中行氏之地以为己邑，晋出公怒，诉于齐、鲁欲伐之。四卿反攻出公，出公奔齐，道死。荀瑶立昭公曾孙骄（史记晋世家作骄，六国表又作忌），是为哀公，荀瑶专国政。晋赵简子卒（左传称简子卒于周元王二年，在位四十三年。史记六国表载简子卒于是年，在位六十年），子无恤立，是为襄子。

外国

〔希腊〕　雅典筑长城，自雅典至派利斯港，长凡四英里，如是在战期可确保雅典城与海口之联系，而雅典民众亦可躲在墙内避难。科林斯与依吉那城邦缔结同盟，共抗雅典，乘雅典舰队远征埃及，对雅典进行攻击，雅典两次击败科林斯、依吉那之联合舰队，沉敌舰七十余艘，雅典遂乘胜围依吉那。科林斯乘机袭击美加拉，雅典留在国内之老弱残军，又予科林斯人以歼灭性的打击，雅典声威大著。

〔罗马〕　伊奎族侵入罗马，罗马人推举辛辛西纳塔斯为独裁者，率罗马人击败伊奎族，战争胜利结束后，辛辛西纳塔斯仍回农村，从事耕种。

前 457 年

中国

甲申　周定王十二年

晋哀公骄元年（史记六国表系于定王十三年）。赵襄子无恤元年。秦侯帅师与绵诸战。晋荀瑶袭卫不克。晋荀瑶还自卫，戏韩康子（虎）而侮韩康子之臣段规，知国谏之，不听。晋荀瑶伐中山，取穷鱼之城（水经注涞水注引古本竹书纪年）。赵襄子灭代。蔡声侯卒，子元侯立。

外国

〔希腊〕　雅典人与斯巴达人战于塔那格那，败绩。

前 456 年

中国

乙酉　周定王十三年

蔡元侯元年。卫出公卒，出公季父黔（世本作虔，史记作黔）攻出公子而自立，是为悼公。齐平公卒，子积（史记齐世家作积，六国表作就匝）立，是为宣公。齐田成子卒，子盘立，是为襄子。秦初县频阳。

外国

〔希腊〕　雅典围依吉那凡九月，食尽而降，依吉那献出所有船只，并加入提洛同盟，向雅典纳岁贡。在陆地上，雅典的陆军攻入俾俄喜阿，败底比斯诸国。推翻各国寡头政治，树立民主政权。

前 455 年

中国

丙戌　周定王十四年

卫悼公黔元年，齐宣公积元年。晋荀瑶与魏驹、韩虎攻赵无恤，围晋阳。郑人杀哀公而立声公弟丑，是为共公。

前 454 年

中国

丁亥　周定王十五年

郑共公丑元年。晋荀瑶与魏驹、韩虎仍围晋阳。

外国

〔希腊〕　雅典借口提洛同盟存在提洛岛之款项不甚安全，移存于雅典，从此雅典任意动用此款，视同己有。

前 453 年

中国

戊子　周定王十六年

晋荀瑶（智伯）率韩、魏之师围晋阳，三年不能拔，乃决晋水灌之。赵无恤约魏驹、韩虎反攻荀瑶，灭之，杀荀瑶，三分其地。荀瑶臣豫让谋刺赵无恤不成，无恤杀之。

外国

〔希腊〕　雅典执政伯里克利帅师征科林斯海峡，无功而还。

前 452 年

中国

己丑　周定王十七年

晋大夫智伯之族智开奔秦。

前 451 年

中国

庚寅　周定王十八年

秦左庶长城南郑。十月，宋景公卒，宋公子特（左传作特，史记作得）攻杀太子而自立，是为昭公（此见史记宋世家。按左传哀公二十六年又载宋景公无子，取公孙周之子得与启，畜之于公宫，未有所立。景公卒，宋大尹立启。后宋大夫又逐启立特。与此不同）。卫悼公卒（史记作在位五年卒，史记索隐引古本竹书纪年作在位四年卒），子敬公弗（史记集解引世本作费）立。蔡元侯卒，子齐立。

外国

〔希腊〕　雅典修改关于市民资格之法律，限制市民人数，规定凡非父母俱系雅典市民合法结婚者，不得为市民。据此只有老住户方有市民资格，余人虽在雅典住居几代，依然不能取得市民权，被目为外侨。雅典开始重建庙宇，较旧制更恢宏而扩大之，兴修凡二十年（公元前451—430年），改变雅典面貌，成为希腊最伟大、最美丽之建筑，此为伯里克利伟大成就之一。雅典与斯巴达缔结五年休战条约。此时雅典已达极盛时代。

〔罗马〕 颁布《十二铜表法》。先是罗马司法权仍在贵族手中，当时只有习惯法，尚无成文法典，贵族得以上下其手，滥用职权。平民要求成文法典，贵族长期抵抗无效，推举十人，成立委员会，起草法典，工作未能完成。公元前450年举出新委员会，完成立法工作。将法典刻于十二个铜牌之上，树立在城市主要广场。《十二铜表法》对于平民地位并无多大改善，贵族平民之间仍不准通婚，残酷的债权仍未改变，只利率稍微降低。

前450年

中国

辛卯 周定王十九年

卫敬公弗元年。蔡侯齐元年。宋昭公特元年。燕孝公卒，成公载立（孝公与成公关系，史无明文）。

外国

〔希腊〕 著名喜剧作家阿里斯多芬生（公元前450—388年）。阿里斯多芬之喜剧系与当时雅典政治紧密结合，反映阿提卡自耕农阶级及城市平民中等阶层的利益。其名著有《骑士》、《和平》、《蛙》等。

前449年

中国

壬辰 周定王二十年

燕成公元年。越人迎女于秦。越王不寿被杀，子王翁立。

外国

〔希腊〕 雅典将赛蒙帅水师攻塞浦路斯之腓尼基城市，获得大胜，又给波斯帝国一个很大的打击，赛蒙本人死于是役。波斯与希腊缔结所谓《卡里阿斯》和约，波斯承认放弃在爱琴海、赫勒斯滂、博斯普鲁斯海峡之霸权，承认小亚细亚诸城市之政治独立。

前448年

中国

癸巳 周定王二十一年

晋大夫智宽率其邑人奔秦。

外国

〔希腊〕 雅典最重要艺术成就之一雅典守护神雅典娜铜像完成。此像为雕塑家菲狄亚斯所制，高五十英尺，安置在二十英尺之石座上，成为雅典最高的艺术品。女神头盔上之金羽，成为在依吉那海湾行船水手之目标。先是，佛西斯城邦于数年前据德尔斐，斯巴达派兵逐出佛西斯人，号称神圣战争。斯巴达人还师后，雅典又派兵帮助佛西斯恢复对德尔斐之统治，但佛西斯不久与雅典之关系断绝。

〔罗马〕 执政官瓦利利阿斯与荷累西阿斯为缓和平民反对，通过一些立法：（一）平民议会议决案，有法律的效力；（二）所有罗马官吏必须接受平民议会之申请；（三）保障保民官的安全。保民官又获得列席元老会议之权利。

前447年

中国

甲午 周定王二十二年

楚灭蔡，蔡侯齐出奔。

外国

〔希腊〕 俾俄喜阿各邦之贵族党卷土重来，推翻民主党，雅典派遣千人援之，败绩，雅典在此地区之势力逐渐失掉。

前446年

中国

乙未 周定王二十三年

魏文侯斯立（史记晋世家索隐引古本竹书纪年：“敬公十八年，魏文侯初立。”王国维曰：“案魏世家索隐引纪年：文侯五十年卒，武侯二十六年卒。由武侯卒年上推之，则文侯初立当在敬公六年。索隐作十八年，十八二字，乃六字误离为二也。”按：王说是，今从之。晋敬公六年当定王二十三年。又按史记魏世家索隐引世本，斯乃魏桓子之子，史记作孙亦误）。

外国

〔希腊〕 迈加拉、伊里特里亚等邦俱脱离对雅典之依附。斯巴达与雅典之休战条约将满期，斯巴达王帅师攻雅典，中途而返，当时传说，斯巴达王受雅典重贿，归后为国人所逐。攸俾阿各邦叛雅典，雅典克服之，全岛复听命于雅典。

前445年

中国

丙申 周定王二十四年

楚灭杞，与秦和。越灭吴后（越灭吴见公元前473年），未能征服江淮以北。楚东侵，广地至泗上，江淮以北之地遂为楚所有，楚复强。

外国

〔希腊〕 雅典与斯巴达缔结三十年休战条约，雅典放弃对于陆上其他国家之势力，美加拉、俾俄喜阿皆参加斯巴达的同盟。雅典撤退在大陆各地之驻防军，但斯巴达亦承认雅典在海上之霸权，不干涉提洛同盟。雅典又与波斯议和，停止两国间的战争，波斯累败之余，早放弃征服希腊的企图。

〔罗马〕 平民议会通过准许贵族与平民结婚

的立法，所生的子女继承其父亲之爵位。

前 444 年

中国 丁酉 周定王二十五年

秦伐义渠，执其君以归。晋韩、魏二家灭伊洛阴之戎。

外国 〔罗马〕 因平民要求充当执政官，遂创立六（一说四）个军事保民官，具有执政的权利，可由平民中举出。又创立贵族监察官二人，任期五年。

前 443 年

中国 戊戌 周定王二十六年

秦日蚀，昼晦，星见。秦厉共公卒，子躁立，是为躁公。

外国 〔希腊〕 伯里克利之政敌修昔的底斯（与历史家修昔的底斯为两人），为雅典市民驱逐出国。修昔的底斯攻击伯里克利大事修建之政策，以为，（一）当节省财力，以备战争，（二）不应滥支同盟款项。修昔的底斯党羽不多，号称“少数派”。自修昔的底斯被放逐之后，伯里克利即成为雅典之实际统治者，伯氏以“首席将军”之称号统治雅典，连任十五年（公元前 443—429 年）。伯里克利当权时号称雅典之“黄金时代”。雅典在南意大利建立图里伊殖民地。

前 442 年

中国 己亥 周定王二十七年

秦躁公元年。

前 441 年

中国 庚子 周定王二十八年

周定王卒，长子去疾立，是为哀王。立二月，为弟叔所杀，叔自立，是为思王。立五月，又为弟嵬所杀，嵬自立，是为考王。南郑叛秦（按水经注：郑桓公死于犬戎，其民南奔，故称南郑）。

前 440 年

中国 辛丑 周考王元年

周考王封弟揭于王城，是为西周桓公，亦称西周君。

外国 〔希腊〕 萨摩斯城邦起义，要求退出提洛同盟，雅典派兵镇压，被萨摩斯击败。后伯里克利亲去讨伐，用兵一年，方击败萨摩斯，逼迫萨摩斯拆毁城垣，交出舰队，赔偿巨款。

前 439 年

中国 壬寅 周考王二年

前 438 年

中国 癸卯 周考王三年

晋哀公骄卒，子柳嗣位，是为幽公。幽公之时，三家强大，公室仅有绛与曲沃之地，余尽归三家；晋侯反朝于三家。

外国 〔希腊〕 雅典完成女神庙（帕提侬庙）之建筑。此庙由希腊伟大建筑师伊克泰纳斯设计，加里克拉提斯指挥监督，为雅典最著名之建筑。

前 437 年

中国 甲辰 周考王四年

晋幽公柳元年。

前 436 年

中国 乙巳 周考王五年

外国 〔希腊〕 雅典雄辩术大家伊索克拉底生（公元前 436—338 年）。伊索克拉底主张希腊各邦在马其顿的领导下，与波斯进行战争，以解救爱琴海希腊城邦，且解决希腊各邦之内部问题。

前 435 年

中国 丙午 周考王六年

鲁季孙会晋幽公于楚邱，取葭密，遂城之（水经注济水注引古本竹书纪年。一引在晋幽公十三年）。六月，秦雨雪。日月蚀。

外国 〔希腊〕 科西拉城邦之移民地埃皮达木纳斯城邦市民因受被逐出贵族之威胁，求救于科西拉，科西拉拒绝，又求救于科林斯，科林斯派兵往援，科西拉人大愤，败科林斯舰队于埃皮达木纳斯海峡。

前 434 年

中国 丁未 周考王七年

燕成公卒，湣公立（成公与湣公关系，史无明文）。

外国 〔希腊〕 科林斯积极造舰，以雪被科西拉击败之耻，科西拉求援于雅典，两国缔结防御同盟，是为伯罗奔尼撒战争之导火线。

前 433 年

中国

戊申 周考王八年

燕湣（一作闵）公元年。

外国

〔希腊〕 科林斯与科西拉战，雅典派舰十艘援科西拉，迫使科林斯军撤退。

前 432 年

中国

己酉 周考王九年

卫敬公卒，子纠立，是为昭公。楚惠王卒，子简王中立。

外国

〔希腊〕 雅典与科林斯为争夺对波提狄亚邦之统治权，发生战争。雅典胜，科林斯乞援于斯巴达，遂掀起伯罗奔尼撒战争。雅典执政伯里克利知战争将起，因迈加拉在公元前 433 年战争中尝援科林斯，遂下令不准提洛同盟与之交贸，借以窒息其经济生活。斯巴达议会讨论对雅典和战问题，连开两次会议，主战派获胜；遣使往德尔斐求神谶，亦曰大吉，遂决定对雅典用兵。

前 431 年

中国

庚戌 周考王十年

楚简王中元年。楚灭莒。卫昭公纠元年。是时，三晋强，卫如小侯，属之。

外国

〔希腊〕 伯罗奔尼撒战争开始（公元前 431—404 年）。3 月，战争以底比斯人于是年 3 月中乘黑夜袭击普拉蒂亚城邦而开始。底比斯三百人，夜袭普拉蒂亚城邦，失败，一部分战死，其中一百八十人为当地人所俘，尽斩之。普拉蒂亚急求援于雅典，雅典资以食粮，遣出其妇孺，并遣八十人戍之，以备围攻。5 月，斯巴达王阿希达穆斯率重兵侵入阿提卡，雅典人移入城中、攸俾阿岛或长城内。雅典遣战舰百艘攻伯罗奔尼撒海岸。雅典逐依吉那人而并其地。冬，雅典人公祭国殇，伯里克利致追悼辞，历史家修昔的底斯将其辞记于其史书中，虽不免渲染，但总保存其基本思想，从是篇演说辞中，可以看出雅典人之精神与抱负。

〔罗马〕 独裁官图伯塔斯大败伊奎人，又击败渥尔西人。

前 430 年

中国

辛亥 周考王十一年

义渠攻秦，侵至渭阳。

外国

〔希腊〕 斯巴达人又侵入阿提卡。雅典大疫，死亡甚重。雅典由伯里克利亲自帅兵侵伯罗奔尼撒海岸。雅典围攻波提底亚，食尽而降，雅典尽逐其民，移雅典人居之。七月，雅典困于大疫，国人怨伯里克利，罢免之，科以罚金。但不久又恢复其职位。历史家色诺芬生（公元前 430—355 年）。色诺芬为雅典人，出身豪富，当受教于苏格拉底。著有《希腊史》七卷，叙公元前 411—362 年间事，目的在续修昔的底斯之书。又著《长征记》，叙其参加希腊雇佣军在波斯作战及回国经过。

前 429 年

中国

壬子 周考王十二年

鲁悼公卒，子嘉立，是为元公。秦躁公卒，弟怀公立。

外国

〔希腊〕 秋，雅典执政伯里克利卒。斯巴达人围攻普拉蒂亚三年，至公元前 427 年，普拉蒂亚降。斯巴达斩二百余人，夷其城为平地。

前 428 年

中国

癸丑 周考王十三年

鲁元公嘉元年。秦怀公元年。

外国

〔希腊〕 雅典自伯里克利死后，发生主战派与主和派之斗争。主战派以制革商之子克里昂为首领，为平民、商人和小手工业者所拥护；主和派则以大奴隶主尼西亚斯为首领，代表土地所有者，投向贵族。克里昂派得到胜利。列斯堡贵族推翻民主政府，叛雅典，雅典派舰队镇压叛乱，重新建立民主政权。斯巴达王阿奇达马斯第三次帅师攻阿提卡，无功而还。米提利尼城邦背叛雅典，雅典围之。雅典因军需浩繁，征收财产税。

前 427 年

中国

甲寅 周考王十四年

外国

〔希腊〕 米提利尼降于雅典。雅典议会最初决定残杀其男子，而以其妇孺为奴隶；议会嗣又改变决议，仅斩其为首者三十人，但没收其土地，分予雅典市民，而使当地人耕种，对雅典人纳租税。科西拉城邦发生内战，雅典派兵助民主党，斯巴达亦派舰来援助寡头政府，雅典以众寡悬殊撤退，斯巴达不久亦退兵。科西拉民主党杀贵族党五十人，其余贵族党人亦多自杀。唯心主义哲学家柏拉图生（公元前 427—347 年）。柏拉图为雅典人。少从苏格拉底游。苏格拉底死后，曾游埃及、意大利、西西里等地。回雅典后（公元前388年），创立阿卡德米学园，教育青年，亚里士多德即其弟子之一。著作甚富，有《共和国》、《法律论》等对话集。

前426年

中国

乙卯　周考王十五年

卫公子亹杀其君昭公而自立，是为怀（史记卫世家作怀，六国表作悼）公。周考王崩，子午立，是为威烈王。

外国

〔希腊〕　雅典将底摩斯西尼斯帅舰队远征伊托利亚，与斯巴达舰队战于奥尔皮，雅典大胜。底摩斯西尼斯又大败斯巴达舰队于派罗斯，斯巴达乞和，雅典不许。

前425年

中国

丙辰　周威烈王元年

卫悼公亹元年。秦庶长晁杀其君怀公，太子早死，大臣立太子之子，是为灵公。赵襄子无恤卒，弟嘉立，是为桓子。韩康子卒，子启章立，是为武子。

外国

〔希腊〕　雅典主战派首领克里昂大破斯巴达军于沙克提里提，斯巴达军全体投降，克里昂执百二十人以为人质。雅典将属国年贡，增加一倍。

〔罗马〕　独裁者伊米利阿斯与骑兵司令科苏斯大败维伊人，维伊人乞和，订二十年和约。

前424年

中国

丁巳　周威烈王二年

秦灵公元年。韩武子启章元年。赵桓子嘉元年。晋赵桓子立，不久即卒，国人曰，立桓子非襄子意，乃杀其子，而立襄子子浣，是为献侯。郑共公卒，子己立，是为幽公。

外国

〔波斯〕　皇帝阿塔克泽尔士一世死，子泽尔士二世即位，不久，其弟索底纳杀泽尔士二世自立为帝，后又为其弟大流士所杀。大流士即皇帝位，是为大流士二世诺休斯（公元前424—404年）。兄弟争立，波斯日衰。

〔埃及〕　第二十八至三十王朝（公元前404—332年），波斯统治渐衰，埃及本地统治者取得相当独立。

〔希腊〕　雅典将尼西亚斯占领拉哥尼亚海湾之西西拉岛国，予斯巴达以莫大威胁。希洛人酝酿起义，斯巴达大肆残杀，希洛人死者至两千人。斯巴达败雅典于德里阿木。自是年以后，雅典逐渐失利。

前423年

中国

戊午　周威烈王三年

赵献侯浣元年。郑幽公己元年。晋韩武子启章伐郑，杀幽公，国人立其弟骀，是为繻公。

外国

〔希腊〕　雅典与斯巴达缔结一年休战条约。斯巴达将布拉西达斯破色雷斯地区雅典诸盟邦，和议遂失败。

前422年

中国

己未　周威烈王四年

郑繻公骀元年。秦作上下畤，上畤祭黄帝，下畤祭炎帝。

外国

〔希腊〕　雅典政治首领克里昂战死于色雷斯，斯巴达将布拉西达斯亦战死，两国主战首领至是皆死。同时斯巴达方面，伯罗奔尼撒地区许多盟国，叛乱相继。国内希洛人酝酿起义，形势日危，雅典亦民穷财尽，主和派尼西亚斯当权，厌弃战争，渴望和平。

前421年

中国

庚申　周威烈王五年

外国

〔希腊〕　雅典与斯巴达订立五十年和约，但科林斯、美加利里、俾俄西俄诸国拒绝参加和议。斯巴达又与雅典订立同盟条约，定期五十年。斯巴达与阿哥斯战争开始。

前420年

中国

辛酉　周威烈王六年

晋幽公夜窃出，晋夫人秦嬴杀公于高寝之上（史记索隐引古本竹书纪年，今本纪年讹为晋大夫）。魏文侯以兵平晋乱，立幽公子（亦作弟）止，是为烈侯。

外国

〔希腊〕　斯巴达破坏盟约，与雅典之敌国俾俄西俄订立同盟条约。亚西比得成为雅典主战派首领，要求与斯巴达继续战争。雅典与斯巴达之敌人阿尔戈斯、伊里斯等国缔结百年同盟条约。

前419年

中国

壬戌　周威烈王七年

晋烈侯止元年。晋魏氏城少梁。晋赵氏城泫氏。晋韩武子都平阳（水经注汾水注引古本竹书纪年。史记系韩都平阳于韩贞子时）。

外国 〔希腊〕 马其顿之阿克劳斯王朝（公元前419—399年）开始，马其顿从此在巴尔干半岛希腊诸大国中占居重要地位。

前418年

中国 癸亥 周威烈王八年

秦与魏战于少梁（史记秦本纪：灵公六年，晋城少梁，秦击之。年表系于七年，或出师在六年，而战在七年）。

外国 〔希腊〕 斯巴达将军阿基斯侵阿哥斯，雅典援之，为斯巴达所败。

前417年

中国 甲子 周威烈王九年

秦初以君主妻河伯（史记索隐曰："谓初以此年，取他姓女为君主，君主犹公主也，妻河伯，谓嫁之河伯。"）。晋魏氏复城少梁。楚伐晋，攻魏氏南鄙，至于上洛（水经注丹水注引竹书纪年）。

外国 〔希腊〕 斯巴达所支持之阿尔戈斯贵族政府，不久为民众所推翻，雅典援助民主派，与阿尔戈斯订立五十年同盟条约。

前416年

中国 乙丑 周威烈王十年

越灭郯，执郯子鸪以归（水经注沂水注引古本竹书纪年。今本竹书纪年列于十二年，通鉴外纪又列于八年，今从古本竹书纪年）。晋赵氏城平邑（水经注河水注引古本竹书纪年）。

外国 〔希腊〕 雅典围密罗岛国，杀其男丁，俘其妇孺，变卖为奴隶。雅典主战派首领亚西比得主张援助雅典在西西里岛上之盟邦塞及斯德，借机夺取西西里岛，以扩张雅典的势力，然后收东西夹击斯巴达之效。市民大会支持亚西比得之远征计划。

前415年

中国 丙寅 周威烈王十一年

秦灵公卒，国人废其子师隰而立其季父悼子，是为简公。秦城籍姑，补庞城。卫敬公之孙颓杀怀公而自立，是为慎公。

外国 〔希腊〕 雅典将亚西比得帅战舰百余艘，远征西西里，是年5月，自雅典出发。舰队驶往科西拉岛，与同盟海军会合。及抵意大利南岸，诸希腊城市闭关不纳。西西里墨萨纳城亦对雅典军队不表示欢迎。至卡塔那，亦只能攻打进去，后即着手包围叙拉古城邦。至此时亚西比得忽被召回雅典受审。原来雅典政敌深怕亚西比得成功，乘其离去时，在深夜中，砍去黑尔美神像头部，诬为亚西比得所为。亚西比得归途中叛奔斯巴达。此后，雅典军由尼西亚斯帅领。

前414年

中国 丁卯 周威烈王十二年

秦简公悼子元年。卫慎公颓元年。中山武公初立。西周君桓公揭卒，子威公立。

外国 〔希腊〕 叙拉古城邦奴隶起义。雅典将尼西亚斯与叙拉古战。

前413年

中国 戊辰 周威烈王十三年

秦与晋战，秦败于郑下。齐田白帅师伐晋，毁黄城，围阳狐。晋河岸崩，壅龙门，至于底柱。

外国 〔希腊〕 雅典遣派底摩斯西尼斯援尼西亚斯。叙拉古得斯巴达援，两败雅典军于海上，雅典军企图由陆路退回，又为叙拉古人所劫击，全军覆没，将军被斩，军士被变卖为奴。雅典经此次挫败，元气大伤。斯巴达攻击阿提卡，取底西里亚，雅典在经济上遭受极大损失。雅典因属国纷纷脱离，拒付年贡，开始征进出口税，值百抽五。雅典帝国开始瓦解。

前412年

中国 己巳 周威烈王十四年

晋魏文侯使其子击围繁庞，出其民。齐田白攻鲁至安陵（史记六国表作安阳，陈田世家作安陵）。

外国 〔希腊〕 斯巴达与波斯订立条约，斯巴达接受波斯津贴。

前411年

中国 庚午 周威烈王十五年

齐田白伐鲁取一城（史记六国表作取都）。

外国 〔希腊〕 雅典贵族党逐渐得势，企图推翻民主制度，用恐怖手段，取消民众之政治权利，将政治权利限制到五千最富有之雅典人手中，从五千个富人中，选举四百人，实行专政。萨摩斯岛出征士兵们拒绝承认新政权，招回亚西比得为总司令，推翻富人之专政。

前 410 年

中国　辛未　周威烈王十六年

日蚀。

外国　〔希腊〕　雅典总司令亚西比得歼灭斯巴达的舰队，斯巴达乞和，雅典主战派不许。

前 409 年

中国　壬申　周威烈王十七年

鲁穆公显元年。穆公好贤，以公仪休为相（史记六国表列鲁穆公元年于十九年，此从鲁世家）。秦初令吏带剑。魏伐秦，筑临晋、元里。赵献侯卒，子烈侯籍立。韩武子卒，子景侯虔立。

外国　〔希腊〕　斯巴达克复派罗斯。梅加腊克复尼西亚。

前 408 年

中国　癸酉　周威烈王十八年

韩景侯虔元年。赵烈侯籍元年。秦堑洛水，城重泉，初租禾（史记秦本纪作十九年，六国表作十八年）。韩攻郑，取雍丘。郑城京。魏攻秦，至郑还，筑洛阳。魏文侯帅师攻宋，使乐羊子灭中山，命公子击守之。齐田和侵鲁取郕。楚简王卒，子声王当立。鲁元公卒，子穆公显立。

外国　〔希腊〕　雅典在亚西比得指挥下克复拜占廷。

前 407 年

中国　甲戌　周威烈王十九年

楚声王当元年。鲁穆公显元年。齐与郑会于西城，伐卫，取毋丘。

外国　〔希腊〕　雅典将亚西比得戴着胜利的桂冠回到雅典，有二百艘三层战舰护送，旋又被市民选举为总司令。

前 406 年

中国　乙亥　周威烈王二十年

魏文侯臣李悝作尽地力之教，行平籴之法，著《法经》六篇。

外国　〔希腊〕　雅典总司令亚西比得败于诺提阿木角，市民怨亚西比得，亚西比得奔赫勒斯滂，从此永远离开雅典，后在波斯被杀。雅典海军大败斯巴达舰队于阿吉纽西岛。但胜利的十将军又被控为不关心阵亡将士而受审，结果其中六个将军被判处死刑。阿吉纽西之役是雅典最后一次的胜利。

前 405 年

中国　丙子　周威烈王二十一年

魏文侯谋相于李克，卒以季成子（亦称魏成）为相。文侯少尝师卜子夏、田子方（子夏弟子），礼段干木。及即位，任用李克、翟璜，以吴起守西河，以西门豹治邺，以乐羊子伐中山，举贤任能，国大治，三晋之中，魏为最强。齐宣公卒，子康公贷立。齐大夫田会以廪丘叛，归赵氏。齐使田氏围廪丘，赵使孔青救之，大败齐师。晋烈侯以公仲连为相。

外国　〔希腊〕　雅典舰队与斯巴达舰队战于赫勒斯滂海峡之羊河。雅典舰队全军覆没，只船未归。三千士卒沦为俘虏，余被处死。此役实标志雅典民主的惨败。斯巴达将来山得乘机攻雅典属邦，纷纷投降，献出雅典戍军。由于斯巴达之支持，寡头政治在雅典属邦先后树立。

前 404 年

中国　丁丑　周威烈王二十二年

齐康公贷元年。宋昭公卒，子悼公购由立。

外国　〔波斯〕　皇帝阿塔克泽尔士二世即位（公元前 404—358 年）。在位时期，叛乱常起。弟安那托利亚总督居鲁士帅希腊雇佣军叛（公元前 401 年）。帝亲征之，居鲁士败走。小亚细亚方面卡巴多西亚总督达塔木斯又叛（公元前 366—360 年）。埃及自公元前 404 年亦渐独立，不听命令，波斯帝国濒于瓦解。

〔希腊〕　斯巴达王坡舍尼阿吉帅师围攻雅典城，雅典民主党主战，寡头党主和，展开激烈斗争。4 月，主战派领袖克里阿芬被杀。雅典以塞拉米尼为首之主和派向斯巴达乞和，条件为拆毁长城，交出舰队，与斯巴达缔结同盟。伯罗奔尼撒战争结束。在斯巴达的支持下，三十个巨头的寡头政府成立，只有三千个富民在名义上有选举权，事实上并无任何权力。三十巨头以克立替阿斯为首，其中又分为温和派与极端派两派，意见纷歧。其后温和派领袖塞拉米尼被杀，许多民主党派遭受迫害，或逃亡国外。

前 403 年

中国　戊寅　周威烈王二十三年

宋悼公购由元年。晋大夫韩虔、

魏斯、赵籍皆自立为诸侯；赵追尊献子为献侯。按秦自穆公霸西戎，势已渐强，但东有强晋，终春秋之世，不能东进。三家分晋，彼此争战，秦得以操纵其间，蚕食诸侯，故三家分晋，在当时政治上实一大变局。司马光《资治通鉴》即托始于是年，以此为战国时期之始。但战国初年，以魏为最强，至秦孝公、魏惠王时，魏始衰而秦渐强。楚围宋，十月罢。周九鼎震。燕湣公卒，釐公立（泯公与釐公关系，史无明文）。

外国 〔希腊〕 雅典三千以外之市民，以被逐于市外，请斯巴达戍兵来保护。斯巴达派七百人戍雅典，市民愤怨。雅典民主派首领色累西彪拉斯帅师与雅典“三十僭主”之师战于木尼吉亚，因群众不满日增，“三十僭主”大败，或死或逃。三千人会选出“十人委员会”，但仍系富人的寡头政治，因之不能与色累西彪拉斯议和，民主派声势日增，“十人委员会”又求援于斯巴达。斯巴达王保塞尼阿斯帅师临雅典，看出雅典人对十寡头不满，遂以武力推翻十寡头，另推举出较为和缓之十寡头，与色累西彪拉斯妥协，大赦以前政治犯，但三十寡头及其党羽除外。雅典内乱，暂告结束。

前402年

中国 己卯 周威烈王二十四年

燕釐公元年。周威烈王卒，太子骄嗣位，是为安王。楚声王被刺杀，国人立其子类（史记六国表作类，楚世家作疑），是为悼王。

前401年

中国 庚辰 周安王元年

楚悼王类元年。秦攻魏至阳狐（一作孤，水经注作阳壶）。

外国 〔希腊〕 波斯大流士之二子阿塔克泽尔士及居鲁士发生内讧。斯巴达驻拜占廷之军事长官克列阿斯科募集雇佣兵一万三千人，支援居鲁士，战于米索不达米亚之库那克萨村，居鲁士战死，希腊雇佣军由克列阿斯科率领撤退。克列阿斯科死，历史家色诺芬继统其众，率希腊军于翌年返希腊，归著《长征记》，述其经过。

前400年

中国 辛巳 周安王二年

魏太子击生子罃（即后来之惠王）。郑围韩阳翟。魏、赵、韩伐楚至桑邱。秦简公卒，子惠公立。韩景侯卒，子列侯取立。赵烈侯卒，弟武公立。

外国 〔希腊〕 小亚细亚诸希腊城邦乘波斯内乱，纷纷恢复独立。波斯派大将提萨斐尼斯为总督，镇压各邦独立活动。小亚细亚诸希腊城邦派使赴斯巴达乞援，斯巴达遣西伯隆帅师赴援。斯巴达监察委员埃庇塔丢斯倡议允许土地财产可以用赠送或遗嘱方式让与，打破份地不能让与之限制，引起了土地集中与寡头政权的巩固，是为埃庇塔丢斯法令。

前399年

中国 壬午 周安王三年

秦惠公元年（简公子，史无名）。韩列（世本作武）侯取元年。赵武公元年（史无名）。周王子定奔晋。魏虢山崩，雍河。楚归榆关于郑。

外国 〔希腊〕 波斯皇帝阿塔克泽尔士二世因斯巴达援居鲁士，极为不满。波斯之总督提萨斐尼斯企图恢复波斯在小亚细亚及爱琴海之霸权，两方冲突，日趋严重。是年波斯与斯巴达间的战争开始（公元前399—394年），双方互有胜负。雅典市民大会表决将苏格拉底判处死刑。斯巴达市民基那敦纠集贫穷不满的群众起义，失败被杀。

前398年

中国 癸未 周安王四年

楚攻郑，郑败，杀其相驷子阳以说楚。楚攻周。

外国 〔希腊〕 斯巴达遣使赴苏萨与波斯议和，波斯不许。

前397年

中国 甲申 周安王五年

聂政刺杀韩相侠累。魏文侯卒（按史记魏世家引古本竹书纪年文侯五十年卒。当在是年。史记载文侯卒于周安王十五年，于史事不合，今从纪年），子击立，是为武侯。

外国 〔希腊〕 雅典人科农被波斯任为一个舰队之司令官。

前396年

中国 乙酉 周安王六年

魏武侯击元年。郑相驷子阳之党杀郑缟公而立幽公之弟乙，是为康公。宋悼公卒，子田立，是为休公。魏武侯以商文为相，使吴起守西河。

外国

〔希腊〕 斯巴达王阿吉西劳率军征波斯，大败波斯军。

〔罗马〕 围攻维伊十年（公元前405—396年），克之，毁其城，并其地于罗马，分其民为四个部落。从此罗马声势超过拉丁联盟。

前395年

中国

丙戌 周安王七年

郑康公乙元年。宋休公田元年。秦攻诸縣。

外国

〔希腊〕 斯巴达人败波斯军于吕底亚，进攻萨底斯。科林斯、俾俄西阿、阿尔戈斯、梅加腊、攸比阿等邦缔结防守同盟。科林斯战争开始（公元前395—387年）。

前394年

中国

丁亥 周安王八年

齐攻鲁取最，韩救鲁。郑负黍叛，复归韩。

外国

〔希腊〕 7月，斯巴达败雅典、阿哥斯、科林斯联盟于科林斯，联军死者三千人，斯巴达死伤亦重，约当联军之半。8月14日，希腊日蚀。8月，雅典将科农为将于波斯，率波斯舰队大败斯巴达舰队于克尼达海角，斯巴达将皮山大战死，小亚细亚诸希腊城邦纷纷将斯巴达戍军逐出，重新尊奉波斯为宗主国，斯巴达霸权遂衰。8月，斯巴达王阿吉西劳帅师与雅典、西布斯、科林斯诸邦联军战于克罗尼亚，两军死伤相当。

前393年

中国

戊子 周安王九年

魏攻郑，城酸枣。楚攻韩，取负黍。魏败秦于注。晋烈公卒，子倾（一作颀）立，是为孝公。

外国

〔日本〕 孝昭天皇死。

〔希腊〕 科林斯筑长城，以阻斯巴达进攻之路，斯巴达遂被局限于伯罗奔尼撒半岛中。雅典重修长城成，势复振。

前392年

中国

己丑 周安王十年

晋孝公倾元年。

外国

〔日本〕 孝安天皇即位（六代）。

〔希腊〕 科林斯与阿尔戈斯合并为一联邦国家。

前391年

中国

庚寅 周安王十一年

齐田和迁其君齐康公于海上，食一城，田和遂有齐国（史记六国表系此事于安王十六年，此从史记田完世家）。三晋败楚师于大梁，又追败之于榆关。楚畏三晋，与秦和，厚赂秦。秦伐韩宜阳，取六邑。

前390年

中国

辛卯 周安王十二年

秦县陕。秦与晋战于武城。齐伐魏，取襄陵。鲁败齐于平陆。

外国

〔希腊〕 雅典将军伊斐克拉提斯使用盾牌战术，大败斯巴达军于科林斯附近，斯巴达一队（四百人）投降。斯巴达既丧失所有在小亚细亚沿岸属国，愿与波斯讲和，波斯不许，斯巴达派舰袭击小亚细亚沿岸。

〔罗马〕 高卢人攻陷罗马，大肆焚掠，据罗马凡七月，取得大量赎金后方去。许多拉丁城市与赫尼赛乘罗马削弱，脱离同盟。

前389年

中国

壬辰 周安王十三年

秦侵魏阴晋。齐田和会魏侯于浊泽，求为诸侯，魏武侯为之请于周安王及诸侯，周安王许之。

外国

〔希腊〕 雅典重新克复塞索斯、拜占廷等邦，派兵往戍，并课以值百抽五之关税，雅典海军又逐渐恢复。

前388年

中国

癸巳 周安王十四年

秦惠公太子出子生（史记六国表系于上年，此从史记秦本纪）。

前387年

中国

甲午 周安王十五年

蜀攻秦，取南郑。魏攻秦，秦败之武下，获其将识。秦惠公卒，子出子立。韩列侯卒，子文侯立。赵武公卒，赵人立烈侯太子章，是为敬侯。

外国

〔希腊〕 波斯总督召开和会于萨斯，希腊各交战城邦皆遣派代表赴会，议决：小亚细亚希腊城邦属于波斯，列木诺斯、伊卜罗斯、塞罗斯诸邦仍属于雅典，其余诸邦皆独立。此和约用波斯帝名义发布，号称“皇帝的和约”。科林斯战争结束。

前 386 年

中国

乙未　周安王十六年

秦出子元年。韩文侯元年。赵敬侯章元年。齐田和立为齐侯，是为太公和元年。赵始都邯郸（今河北省邯郸市）。赵武公子朝（亦作朔）作乱，奔魏，与魏袭邯郸，不克。魏城安邑、王垣及洛阳（史记六国表列于十七年，此从史记魏世家索隐引古本竹书纪年）。

外国

〔波斯〕　征塞浦路斯岛与埃及。

前 385 年

中国

丙申　周安王十七年

秦庶长改杀其君出子，迎立灵公太子师隰，是为献公。秦以数易国君，政治紊乱，故为魏所侵。韩攻郑，取阳城；又攻宋，至彭城，执宋君，已而释之。齐攻鲁，破之。赵败齐于灵丘。齐太公田和卒，子剡立（按史记漏去田剡一代，此据史记田完世家索隐引古本竹书纪年补）。

外国

〔希腊〕　斯巴达命令曼提尼亚城邦拆毁城垣，分为五个农村。斯巴达又开始凌虐希腊各小城邦。

前 384 年

中国

丁酉　周安王十八年

秦献公元年。齐侯田剡元年。秦废除用人殉葬。齐攻魏，赵救魏于廪丘，齐师败绩。

外国

〔希腊〕　马其顿区沿海城邦卡尔西提西联盟组成。雅典演说家在奥林匹亚赛会中攻击斯巴达勾结波斯，凌虐小国，扶植寡头，压制民主的各种罪行，群众耸动。希腊哲学家亚里士多德（公元前 384—322 年）生于马其顿邻近之斯达吉拉城。十七岁时赴雅典，受学于柏拉图。公元前 343 年被聘为马其顿王子亚历山大教师，居马其顿凡八年，后归雅典，从事教育研究工作，死于攸卑阿岛。亚里士多德的研究范围几包括西洋古代所有学术部门，而加以发展，著作极富，马克思称之为“古代极伟大的思想家”。

前 383 年

中国

戊戌　周安王十九年

秦城栎阳，都之（今陕西临潼县东北。史记秦本纪作历阳）。魏败赵人于兔台。赵筑刚平以侵卫。

前 382 年

中国

己亥　周安王二十年

魏相商文死，公叔为相，谮吴起，吴起出奔楚，楚悼王任为令尹。吴起教悼王裁抑贵族之权，厚赏选练之士，徙贵人于边境，以实广虚之地，楚贵族恨之。赵围卫，卫乞师于魏，魏、齐伐赵，取刚平。

外国

〔希腊〕　斯巴达征卡尔西提西联盟。斯巴达攻陷底比斯国都。斯巴达恢复普拉提阿国。

前 381 年

中国

庚子　周安王二十一年

楚悼王卒，贵族攻杀吴起，太子臧立，是为肃王。肃王杀为乱者七十余家。墨者巨子孟胜与楚阳城君善。吴起之乱，阳城君与焉。楚罪阳城君，阳城君死，楚收其城。孟胜传巨子于宋之田襄而死，弟子从死者百八十三人。赵人、楚人伐魏取棘蒲。

外国

〔希腊〕　斯巴达强迫福里阿斯城邦召回贵族党，派舰封锁其国，迫使改变宪法。

前 380 年

中国

辛丑　周安王二十二年

楚肃王臧元年。齐攻燕，取桑丘。魏、韩、赵攻齐至桑丘，击败齐师。郑背韩。

前 379 年

中国

壬寅　周安王二十三年

齐康公卒，太公望之后绝祀。秦初县蒲、蓝田、善、明氏。赵伐魏，拔黄城。赵袭卫，齐人救卫。越迁于吴（史记索隐引古本竹书纪年）。

外国

〔希腊〕　底比斯之寡头政府深为群众所不满，仅恃一千五百个斯巴达戍兵来支持自己。是年冬，底比斯民主派首领培罗庇达斯领导市民暴动，推翻寡头政府，斯巴达戍军投降。斯巴达将军斯福德里阿斯攻雅典。斯巴达破坏卡尔西提西联盟。

前 378 年

中国

癸卯　周安王二十四年

魏、赵、韩伐齐至灵丘。翟败魏。秦初为市。齐攻燕，赵救燕。晋孝公卒，子静公俱酒立。

外国

〔希腊〕 雅典利用新国际局势，组织新“雅典海上同盟”，参加同盟者有七十个岛屿与城邦。此第二次海上同盟维持二十三年之久。此联盟之纪念碑现仍存在。

前 377 年

中国

甲辰 周安王二十五年

晋静公俱酒元年。蜀伐楚，取兹方，楚为扞关以距蜀。赵与中山战于房子。鲁穆公卒，太子奋立，是为共公。韩文侯卒，子哀侯立。

外国

〔希腊〕 雅典征收财产税。斯巴达王阿吉西劳率师侵俾阿西俄，无功而还。

前 376 年

中国

乙巳 周安王二十六年

韩哀侯元年（史失其名）。鲁共公奋元年。周安王卒，子喜立，是为烈王。三晋共灭晋而分其地。赵攻中山。韩灭郑（史记韩世家索隐引古本竹书纪年：魏武侯二十一年，韩灭郑。史记六国表系于下年）。徙都于郑（今河南新郑县）。越太子诸咎杀其君翳，越人又杀诸咎，立孚错支为君（史记越世家索隐引古本竹书纪年）。齐田午杀其君剡自立，是为桓公（据史记田完世家索隐引古本竹书纪年。史记误将齐威王之年提前十八年，与孟子、战国策俱不合）。

外国

〔希腊〕 雅典大败斯巴达舰队于那克索斯，雅典声威大振，十七个小国参加雅典同盟。提洛岛谋脱离同盟，为雅典侦知，对鼓动者予以重罚。

前 375 年

中国

丙午 周烈王元年

齐桓公午元年。赵敬侯卒，子种立，是为成侯。秦为户籍相伍。越大夫寺区定越乱，立无余（史记越世家索隐引古本竹书纪年）。

前 374 年

中国

丁未 周烈王二年

赵成侯种元年。秦县栎阳（按史记秦本纪：献公二年城栎阳。徐广曰：“徙都之。”六国表又记献公十一年县栎阳，是以栎阳为县，非徙都）。赵公子胜作乱，不克。韩山坚杀韩哀侯，哀侯子若山立，是为懿侯（史记韩世家索隐引古本竹书纪年。史记韩世家明谓哀侯卒，而懿侯立，而六国表又于哀公之后，继以庄公，与世家不合，今从古本竹书纪年）。周太史儋见秦献公。

外国

〔希腊〕 斯巴达与雅典讲和。斯巴达围攻科西拉，为科西拉所破，斯巴达将那西普斯被杀。雅典援科西拉，和议又破裂。

前 373 年

中国

戊申 周烈王三年

韩懿侯若山元年。燕败齐师于林营。鲁攻齐至阳关。晋攻燕至鲋陵。赵六月雨雪。卫慎公卒，子声公训立。燕釐公卒，桓公立（釐公与桓公关系，史无明文）。宋休公卒，子辟公辟兵立。

前 372 年

中国

己酉 周烈王四年

卫声公训元年。燕桓公元年。宋辟公辟兵元年。赵以大戊午为相，攻魏（年表作卫），取乡邑七十三。魏败赵于北蔺。

外国

〔希腊〕 斐利城邦之僭主哲松组织塞萨利联盟，自为总司令。

前 371 年

中国

庚戌 周烈王五年

魏攻楚，取鲁阳。秦赵战于高安，秦师败绩。魏武侯卒，子䓨立，是为惠王。

外国

〔希腊〕 雅典与斯巴达议和，各自解除联盟，承认诸邦独立与自由。底比斯不参加和会，斯巴达征之。伊巴密农达斯领导底比斯军，大败斯巴达于留克特拉附近山谷，斯巴达王克里奥布鲁达士战死，斯巴达乞和。斯巴达霸权遂衰，西布斯代之称霸（公元前371—362 年）。阿尔戈斯城邦之穷人与奴隶起义，推翻寡头政府，用木棒击杀寡头党人一千五百，称棒杀事件。

前 370 年

中国

辛亥 周烈王六年

魏惠王䓨元年。魏封公子缓。赵、韩攻魏取葵，魏败韩、赵师于平阳。魏攻赵，围浊阳。赵攻齐，取漄。宋辟公卒，子剔成立。楚肃王卒，无子，立其弟熊良夫，是为宣王。

外国

〔希腊〕 伊巴密农达斯率底比斯军攻斯巴达。斯巴达希洛人起义，恢复美西尼亚国。伯罗奔尼撒同盟崩溃。伊巴密农达斯领导阿卡狄诸城邦与公社组织阿卡狄同盟，以墨加罗城为中心，以全盟万人大会为同盟之最高机关。斐利城邦的僭主哲松为人所杀。

前369年

中国

壬子　周烈王七年

楚宣王良夫元年。宋剔成元年。秦大疫。日蚀。魏败韩于马陵，败赵于怀。赵败魏于浊，围安邑。赵筑长城。中山筑长城。魏大夫出王错奔韩（史记魏世家集解引古本竹书纪年）。齐田寿帅师攻魏，围观，观降（水经注河水注引竹书纪年。史记六国表系于下年）。周烈王卒，弟扁嗣位，是为显王。

外国

〔希腊〕　雅典与斯巴达缔结同盟。

前368年

中国

癸丑　周显王元年

赵侵齐至长城，旋将侵地归还于齐。韩城邢邱（水经注河水注引古本竹书纪年）。魏惠王封秦子向为蓝田君（水经注渭水注）。

外国

〔希腊〕　诸城邦会于德尔斐，议和未成。色萨利诸邦因哲松死，继主残暴，纷纷起义，并召马其顿人入援，是为马其顿军侵入希腊之始。底比斯将军培罗庇达斯帅师侵色萨利，迫使解散色萨利同盟。底比斯侵入马其顿，马其顿乞和，以三十贵胄子弟为质。

前367年

中国

甲寅　周显王二年

赵与韩攻周，分周为二（史记周本纪：初考王封其弟于河南，是为桓公，以续周公之官。桓公卒，子威公立。威公卒，子惠公立，乃封其少子于巩，以奉王，号东周惠公。雷学淇竹书纪年义证云：谷城、缑氏与王城为西周，平阴、偃师与巩为东周。周显王虽为天子，止居于洛阳〔即成周〕，依东周以存身。自是王畿七城，始有“东周”“西周”之称。战国策所谓东、西周，即指此而言）。

外国

〔希腊〕　各邦代表赴波斯，请波斯皇帝裁夺希腊议和事，波斯皇帝支持底比斯，主张美西尼亚独立，希腊各国不服。

〔罗马〕　高卢人侵入意大利中部，罗马人与高卢人战，公元前367—349年前后四战，罗马人终败高卢人，公元前334年罗马与高卢和。

前366年

中国

乙卯　周显王三年

魏、韩会于宅阳，帅师城武都（史记魏世家作武堵），为秦师所败。齐与赵战（一作会）于河下。魏公子景贾帅师伐韩，与韩战于阳，魏师败绩（水经注济水注引古本竹书纪年）。秦败韩、魏于洛阳。

外国

〔希腊〕　底比斯攻斯巴达。底比斯吞并雅典之奥罗发斯地方。科林斯与底比斯和。雅典亲斯巴达派失势，与底比斯议和。

〔罗马〕　保民官来星尼阿斯与塞克斯提阿斯领导通过立法，改善平民景况：（一）予平民以相当的救济，（二）限制大土地所有者，每人掌握公共土地不得超过五百“犹格”（每“犹格”约合八分之五英亩），（三）废除军事保民官制度，以后的两个执政官中间必须有一人由平民充任，（四）平民可以任一切官职。从此官宦之家成为罗马有势力之阶层，而旧日贵族渐失去其重要性。来星尼阿斯与塞克斯提阿斯自公元前377年即开始提出以上要求，贵族拼命抗拒，但平民连续十年皆选举他二人作保民官，斗争继续十年，终获通过。塞克斯提阿斯当选第一任平民执政官。

前365年

中国

丙辰　周显王四年

魏攻宋，取仪云。赵攻卫，取甄。越寺区弟忠弑其君莽安（即无余），无颛立（史记越世家索隐引古本竹书纪年）。

前364年

中国

丁巳　周显王五年

越王无颛元年。秦（献公）攻魏，赵救之，秦败魏、赵之师于石门，斩首六万。周贺秦胜。

外国

〔希腊〕　底比斯大败斐利，但其将培罗庇达斯战死。

前363年

中国

戊午　周显王六年

魏攻赵，取列人与肥（水经注漳水注引古本竹书纪年）。

外国

〔希腊〕　伊巴密农达斯大败斐利城邦，斐利丧失对属邦之统治权。

前362年

中国

己未　周显王七年

韩昭侯元年，昭侯懿侯子（史记六国表系于显王十一年，今从古本竹书纪年）。秦败韩于西山。秦与魏战于少梁，虏魏将公孙痤（一作公叔痤）。四月甲寅，魏徙都大梁（水经注渠水注引古本竹书纪年，作魏惠王六年，史记魏世家集解，孟子正义引竹书纪年皆作九年，今从雷学淇说，系于魏惠王九年。大梁今河南开封）。魏败韩于浍。大雨三月。赵韩会于上党。秦献公卒，子渠梁立，是为孝公。燕桓公卒，文公立（桓公与文公关系，史无明文）。卫声公卒，子成侯不逝立（史记作遬，史记索隐引世本作不逝）。

外国

〔希腊〕　底比斯将军伊巴密农达斯在远征斯巴达之战争中战死，底比斯的霸权遂衰，底比斯与交战国议和，但斯巴达因反对米西尼亚独立，拒绝参加。

〔罗马〕　与附近诸部族战，败之（公元前362—345年）。赫尼赛人、拉丁城市被迫重新加入拉丁联盟。伊特卢利阿人亦附属于罗马。渥尔西人与奥罗西人亦被击败。

前361年

中国

庚申　周显王八年

秦孝公渠梁元年。卫成侯不逝（一作遬）元年。燕文公元年。秦孝公发愤强秦，下令国中求贤才。魏公叔痤中庶子（官名）卫鞅（公孙鞅）年少有才识，公叔痤荐于魏惠王，不肯用。鞅至秦，因景监见孝公。秦孝公攻魏围陕。秦攻戎，斩獂王。魏攻赵，取皮牢。

外国

〔希腊〕　斯巴达王阿吉西劳死于攻击埃及之战役中，年八十四。阿吉西劳为斯巴达最后的著名人物。

前360年

中国

辛酉　周显王九年

东周惠公杰卒（史记六国表集解引古本竹书纪年。世本又曰名班）。韩致魏平邱、户牖、首垣等邑。与郑驰道（水经注河水注引古本竹书纪年）。

前359年

中国

壬戌　周显王十年

秦以卫鞅为左庶长，开始变法（史记六国年表系卫鞅为左庶长于秦孝公六年，此据商君列传。史记商君列传又称：秦孝公以是年定变法之令云云。按史记所述变法之令，乃包括商君一生施政纲领，非将秦之制度，一旦完全改革，兹就其可考者，系之于以后有关各年）。魏使龙贾帅师筑长城于魏西陲（水经注济水注引古本竹书纪年）。楚伐魏。楚师决河水以灌长城之外（水经注河水注引古本竹书纪年）。魏陨星有声。

外国

〔希腊〕　腓力（公元前359—336年）为马其顿摄政。腓力幼尝为质于底比斯，因得观察希腊军事技术与政治制度，并习希腊文学、哲学。返国时，其长兄亚历山大二世为人所杀，其二兄继位，不久战殁于伊利利里安。其二兄之子年极幼，腓力任摄政。腓力刚毅有权略，负文武才，不久废其侄而自立为王（公元前356年），称腓力二世。腓力二世创立以步兵与骑兵组成的马其顿方阵，又改革币制，施行双金制，金银并用，以降低金币价格，锐意图治，马其顿的军队不久成为一支强的力量。

前358年

中国

癸亥　周显王十一年

魏与韩盟于巫沙以释宅阳之围（水经注济水注引古本竹书纪年）。齐桓公卒，威王立（史记魏世家索隐引古本竹书纪年）。秦败韩师于西山。赵侯与魏侯遇于葛孽。齐威王以邹忌为相。

外国

〔波斯〕　皇帝阿塔克泽尔士二世死，阿塔克泽尔士三世即位（公元前358—338年），努力恢复皇室权力，使总督听命。

〔希腊〕　马其顿摄政腓力与雅典讲和。雅典对于盟邦之苛征繁敛引起所谓同盟之战（公元前358—355年）。结果雅典第二次海上同盟瓦解，更不能与马其顿对抗。

前357年

中国

甲子　周显王十二年

魏与赵会于鄗。宋取韩黄池，魏取韩朱。赵大夫赵孟如齐。楚右尹黑迎女于秦。齐封邹忌为成侯。

外国

〔希腊〕　马其顿夺取阿穆菲波力斯及皮德那两城，自是马其顿遂有海口。

前356年

中国

乙丑　周显王十三年

鲁共公、宋桓公、卫成侯、韩昭侯朝魏，魏王觞诸侯于范台，鲁侯避席择言。赵侯、燕侯会于阿。齐威王、赵成侯、宋公会于平陆。越王无颛卒，弟无强立。韩筑长城自亥谷以南（水经注济水注引古本竹书纪年）。

外国 〔希腊〕 弗西斯人菲罗墨罗斯及奥诺马科斯兄弟二人占夺德尔斐神庙财富，招募雇佣兵，准备战争。

〔马其顿〕 太子亚历山大生。

前355年

中国 丙寅 周显王十四年

越王无强元年。无强时，越复兴，攻齐、楚，与诸国争强。秦孝公与魏惠王会于杜平，侵宋，取黄池，宋复取之。齐威王与魏惠王会猎于郊。魏公子壮帅师伐韩，围焦城，不克（水经注渠水注引古本竹书纪年）。齐与燕师战于泃水，齐师遁（水经注鲍邱水注引古本竹书纪年）。

外国 〔希腊〕 底比斯、罗克里亚等邦为保护德尔斐神庙，与弗西斯战，是为神圣战争（公元前355—346年）。

前354年

中国 丁卯 周显王十五年

齐师、卫师、宋师围魏襄陵（水经注淮水注引古本竹书纪年）。齐田期攻魏东鄙，战于桂阳（亦作陵），败魏师（水经注济水注引古本竹书纪年）。魏攻赵，围邯郸。韩朝魏于中阳（水经注渠水注引古本竹书纪年）。

外国 〔希腊〕 弗西斯大将菲罗墨罗斯战死。

前353年

中国 戊辰 周显王十六年

魏以韩师败诸侯于襄陵，齐使楚景舍来求成（水经注淮水注引古本竹书纪年）。魏拔邯郸，赵求救于齐，齐败魏于桂陵。楚以昭奚恤为相。韩攻东周，取陵观、廪丘（韩世家作邢丘）。鲁共公卒，子康公屯立。

外国 〔希腊〕 弗西斯战胜底比斯及其盟邦。诸国召马其顿入援，马其顿遂入希腊；弗西斯大败马其顿军。

前352年

中国 己巳 周显王十七年

鲁康公屯元年。秦拜卫鞅为大良造，攻魏安邑，降之。魏筑长城，塞固阳。魏取玄武，濩泽（水经注沁水注引古本竹书纪年）。

外国 〔希腊〕 马其顿王腓力二世大败弗西斯，杀其将奥诺马科斯；希腊各邦震动，雅典、斯巴达诸邦援弗西斯，腓力二世遂撤兵。

前351年

中国 庚午 周显王十八年

韩以申不害为相。秦卫鞅围魏固阳，降之。秦攻赵蔺。魏归赵邯郸，与赵盟于漳水之上。泗上十二诸侯皆朝魏。齐筑防以为长城（水经注汶水注引古本竹书纪年）。

外国 〔希腊〕 雅典政治家主战派首领提摩斯西尼斯发表演说，号召国人组织联盟，抵抗马其顿。

前350年

中国 辛未 周显王十九年

秦自雍徙都咸阳。赵成侯卒，子语立，是为肃侯。秦初以小邑为三十一县（六国表作三十一县，秦本纪又作四十一县），县官曰令。为田开阡陌。秦孝公与魏惠王遇于彤。

前349年

中国 壬申 周显王二十年

赵肃侯语元年。赵肃侯初年，大成午为相。秦初置秩史。商君之法，斩一首者爵一级（韩非子定法篇）；爵凡二十等（详见汉书百官表）。

前348年

中国 癸酉 周显王二十一年

秦初为赋。韩侯朝秦。赵肃侯与魏君遇于阴晋。

外国 〔希腊〕 马其顿战败卡尔客狄客诸邦，焚毁奥林休斯城，将其市民卖为奴隶。奥林休斯本为色雷斯—卡尔客狄克半岛诸城盟主，曾与雅典结盟。奥林休斯既被毁灭，其地遂尽落于马其顿之手。

前347年

中国 甲戌 周显王二十二年

赵公子范袭邯郸，不胜而死。楚伐徐州（史记越世家索隐引古本竹书纪年）。

前346年

中国 乙亥 周显王二十三年

赵肃侯朝周天子。齐杀大夫牟辛。

外国 〔希腊〕 马其顿战胜弗西斯，弗西斯投降，马其顿毁其城，禁其男丁持兵器，并科以罚款，使其赔偿掠夺神庙财富之损失。马其顿与雅典议和，根据此约，雅典丧失其北方之领地，但雅典人之殖民地则除外。

前 345 年

中国

丙子 周显王二十四年

魏败韩于马陵。

外国

〔波斯〕 恢复在埃及之统治。

前 344 年

中国

丁丑 周显王二十五年

魏惠王会诸侯于逢泽，率诸侯朝周天子；天子致伯，诸侯毕贺（逢泽之会乃魏惠王事，史记六国表误系于秦，又误分书于二十五，二十六，二十七年）。齐卿大夫聘秦（据商鞅量铭）。鲁康公卒，子景公匽（史记六国表作偃，鲁世家作匽）立。

前 343 年

中国

戊寅 周显王二十六年

鲁景公匽元年。齐田忌、田婴、孙膑大败魏师于马陵，杀庞涓，虏太子申（史记六国表列此事于显王二十八年，此从史记孙子吴起列传索隐引古本竹书纪年）。

外国

〔希腊〕 雅典和米哥拉城邦缔结同盟。

〔马其顿〕 腓力二世平定伊派拉斯城邦乱，立其妻弟为伊派拉斯王。亚里士多德赴马其顿，任王子亚历山大教师。

〔罗马〕 第一次与萨谟奈人战争（公元前343—341 年）。战争由争夺坎佩尼亚平原之肥美土地而起。战争初起时，对罗马不利，继续二年，无结果而止。

前 342 年

中国

己卯 周显王二十七年

魏以中山君为相。五月，齐田盼及宋人攻魏东鄙，围平阳（水经注泗水注引古本竹书纪年）。九月，赵伐魏北鄙（史记魏世家索隐引古本竹书纪年）。魏王攻卫鞅，魏师败绩（史记魏世家索隐引古本竹书纪年）。

外国

〔希腊〕 腓力二世攻侵色雷斯。

前 341 年

中国

庚辰 周显王二十八年

齐城济阳（水经注济水注引古本竹书纪年）。秦封卫鞅于邬，改名曰商（水经注漳水注引古本竹书纪年）。

外国

〔希腊〕 雅典在政治家提摩斯西尼斯之领导下与拜占廷等邦缔结同盟，共抗马其顿。

前 340 年

中国

辛巳 周显王二十九年

楚宣王卒，子熊商立，是为威王。魏为大沟于北郛，以行圃田之水（水经注渠水注引古本竹书纪年）。

外国

〔希腊〕 腓力二世率师围拜占廷等邦，波斯、雅典派兵援之。马其顿解围而去。

〔罗马〕 拉丁之战（公元前 340—338 年）。拉丁诸城不满意罗马人之压制，要求执政官一人和元老院与半数议员由拉丁人里举出。罗马不许，拉丁人起义，罗马人终压服之，拉丁同盟被解散，旧日盟邦皆被迫附属于罗马。在罗马之拉丁人无选举权。许多拉丁城市割让土地与罗马之移居者。有的城市成为罗马殖民地，有的成为罗马附属国。

前 339 年

中国

壬午 周显王三十年

楚威王熊商元年。秦与魏战于岸门，虏魏将魏错。赵攻魏。魏立公子赫为太子。

外国

〔希腊〕 雅典政治家提摩斯西尼斯改革雅典海军，以祭神之费用加强海军。

〔罗马〕 通过立法，承认平民议会通过之法案，如以后得到元老会议之同意，便可承认具有法律的效力。

前 338 年

中国

癸未 周显王三十一年

秦孝公卒，子驷立，是为惠文王。秦杀商鞅，灭其家。尸佼逃于蜀。

外国

〔波斯〕 皇帝阿塔克泽尔士三世死，阿西斯继位（公云前 338—336 年）。

〔希腊〕 马其顿王腓力二世率师与雅典、底比斯，战于喀罗尼亚，腓力二世之子亚历山大年十八，初次上阵，当底比斯军。联军大败，马其顿遂霸希腊。雅典、梅加腊、科林斯俱向马其顿投降；斯巴达独拒绝投降，战败。马其顿王腓力二世会希腊各邦于科林斯，命各国皆与马其顿缔结盟约，并规定缔约各国皆有义务制止奴隶解放，以免以后发生任何革命。马其顿军队戍底比斯、科林斯诸邦，腓力任朕军统帅。

前 337 年

中国

甲申 周显王三十二年

秦惠文王驷元年，楚、韩、赵、蜀赴秦朝新君。韩相申不害卒。

前 336 年

中国

乙酉 周显王三十三年

周天子贺秦新君。齐与魏会于阿南。秦初行钱。宋大丘社亡。

外国

〔波斯〕 皇帝大流士三世即位（公元前 336—330 年），屡为马其顿亚历山大所败。先败于格拉奈、卡斯（公元前 334 年），又败于伊索斯（公元前 333 年），最后又败于高加密拉（公元前 331 年）。大流士终为其臣下所杀（公元前 330 年），波斯亡。

〔马其顿〕 马其顿王腓力二世为其臣鲍萨尼亚斯所杀，年四十七。亚历山大即位（公元前 336—323 年）。

〔希腊〕 诸邦闻腓力二世死，大喜，底比斯、雅典、伊利斯皆恢复独立，亚历山大帅三万大军临希腊，诸国悚惧，选亚历山大为总司令。

前 335 年

中国

丙戌 周显王三十四年

秦惠文王举行冠礼。齐与魏会于甄。赵建寿陵（寿陵，赵肃侯墓。吕氏春秋："邯郸以寿陵困于万民。"可见工程之浩大）。秦拔韩宜阳。

外国

〔马其顿〕 亚历山大征服色雷斯、伊利利阿等地。

〔希腊〕 诸邦谣传亚历山大死，底比斯诸国又恢复独立。亚历山大帅兵征希腊，大败底比斯，毁其城，俘三万人变卖为奴，分其地以予俾阿西俄诸小国，灭底比斯（10 月）。马其顿人惩办希腊各国反对马其顿之首领。亚里士多德返回雅典设教。

前 334 年

中国

丁亥 周显王三十五年

魏惠王改元，后元一年（史记误以惠王后元为襄王之年，又误以襄王之年为哀王。今从杜预春秋经传集解后序引古本竹书纪年）。魏惠王与齐王会于徐以相王（即互相承认为王，盖魏已先称王，此时又承认齐亦称王。见吕氏春秋无类篇）。惠施相魏，蒙人庄周与惠施友善，尝适大梁与惠施论学。周天子致文武胙于秦。赵肃侯游大陵，出于鹿门，大成午谏之。楚灭越，杀越王无强，尽取吴故地，拓地东至浙江。越分散为无数小国，滨于海上，朝服于楚。

外国

〔马其顿〕 春，亚历山大将步兵三万二千人，骑兵四千五百人，战舰百六十艘，向亚洲挺进，攻波斯，大败波斯兵于哥拉尼库河滨（萨吉里昂国地，在小亚细亚西北部），波斯将多战死，各城望风而降，不久平李底亚，夫利吉亚亦落于亚历山大之手。小亚细亚诸希腊城邦纷纷推翻波斯的统治，恢复民主制度。

前 333 年

中国

戊子 周显王三十六年

秦以犀首（公孙衍）为大良造。秦败魏于雕阴。赵围魏黄，不克，筑长城。楚围齐徐州。燕文侯卒，子易王立（史失其名），齐攻燕，取十城，已而复之。韩昭侯卒，子宣惠王立（史失其名）。卫成侯卒，子平侯立（史失其名）。赵筑长城。

外国

〔马其顿〕 亚历山大帅师与波斯皇帝大流士三世军战于伊索斯城，波斯大败。大流士三世愿割幼发拉底河以西之地，并年纳贡一万台仑特（古希腊币名），亚历山大不许；亚历山大俘波斯王母，杀敌三万人。

前 332 年

中国

己丑 周显王三十七年

韩宣惠王元年。卫平侯元年。燕易王元年。魏致秦阴晋以和，名之曰宁秦（徐广曰：今之华阴）。魏攻赵。齐、魏攻赵，赵决黄河水灌之，齐、魏乃去。

外国

〔马其顿〕 1 月至 7 月，亚历山大围攻腓尼基的泰尔城，克之，斩杀万人，尽卖其民为奴。腓尼基之第二个要塞伽萨亦沦陷，叙利亚、犹太降。亚历山大转战而南，埃及望风而降；在埃及建立亚历山大城，该城后成为希腊化世界之经济、文化中心；自公元前 332 至 323 年埃及为马其顿帝国之一部分。

前 331 年

中国

庚寅 周显王三十八年

义渠内乱，秦庶长操将兵定之。秦公子卬与魏战，虏其将龙贾，斩首八万。

外国

〔马其顿〕 9 月中，亚历山大复返西亚。10 月，亚历山大入巴比伦，卡尔提亚人脱离波斯统治，恢复独立。亚历山大攻入波斯国都苏萨，尽获波斯藏帑，约五万台仑脱（约合一千一百万英磅）。亚历山大围攻波斯之波斯波利斯，五日而降，尽杀其民，波斯帝国瓦解。

前 330 年

中国 辛卯 周显王三十九年

秦攻魏围焦、曲沃，魏割河西之地与秦。

外国 〔马其顿〕 春，亚历山大追击大流士三世至密提阿。7 月，大流士三世为波斯人所杀。亚历山大杀马其顿宿将巴美尼奥与其子巴罗达斯。亚历山大征服里海附近。

前 329 年

中国 壬辰 周显王四十年

秦渡河取魏汾阴、皮氏。秦王与魏王会于应。楚威王卒，子熊槐立，是为怀王。宋公子偃攻袭其君剔成，剔成败奔齐，偃自立为宋君。

外国 〔马其顿〕 亚历山大征服巴克特里亚（大夏），进兵索格底亚纳（康居），过阿姆河，取道东北方，直达锡尔河上。索格底亚纳人起义，反抗马其顿人（公元前 329—328 年）。

前 328 年

中国 癸巳 周显王四十一年

楚怀王熊槐元年。宋君偃元年。秦以张仪为相。秦公子桑攻魏，围蒲阳，降之。魏纳上郡于秦。魏取楚陉山。秦败赵师于河西，杀其将赵疵，取蔺、离石。

外国 〔马其顿〕 亚历山大既灭波斯，欲成为波斯式的皇帝，遂着紫服，冠波斯冕，命群臣行波斯朝仪，以神自居。娶波斯女为后，征波斯卒为兵，从者怨望。骑兵司令克莱托斯谏以戒骄，亚历山大手刃之。

前 327 年

中国 甲午 周显王四十二年

义渠降于秦，秦以义渠为县。秦归魏焦与曲沃。秦更名少梁曰夏阳。

外国 〔马其顿〕 亚历山大从中亚细亚巴克特里亚东征，五月，越兴都库什山，先至今阿富汗之喀布尔，东侵印度。

〔罗马〕 第二次萨谟奈战争（公元前 327—304 年）。战争初期，罗马又遭惨败，执政官波斯杜马斯与委图里阿斯被围于科丁峡谷，全军投降。但以后罗马之敌人不能继续团结合作，战争逐渐对罗马有利，至公元前 305 年，罗马人大败萨谟奈人。

前 326 年

中国 乙未 周显王四十三年

秦初为腊祭。赵肃侯卒，子雍立，是为武灵王。秦、楚、燕、齐、魏各出锐师万人，如赵会葬。

外国 〔印度〕 2 月，遭亚历山大侵略，其兵先渡印度河（当时印度河为波斯东部边界），塔格锡来斯王来降，献牛三千头，羊万只，亚历山大厚酬之。在塔格锡来斯稍息，又继续东征，波鲁斯王不肯降，率步兵三万，战车三百乘，战象二百头来战，亚历山大大破之，虏其王。至喜发西斯，士卒不愿再进，遂于 10 月旋师，于公元前 324 年抵波斯之苏萨城。印度摩揭陀国旃陀罗笈多约于是年见亚历山大。

〔罗马〕 通过立法，废除债务奴隶制，禁止将公民变卖为奴隶。负债人如将全部财产交予债权人，即不得再将其监禁。

前 325 年

中国 丙申 周显王四十四年

赵武灵王雍元年。秦初称王。赵以赵豹为相，尊礼先王贵臣肥义，加其秩。魏败赵。卫平侯卒，子嗣君立。

外国 〔马其顿〕 亚历山大命波罗斯为总督，辖七国，遂取道印度河，乘战舰西返。至印度河口，转战而西。

前 324 年

中国 丁酉 周显王四十五年

秦惠文王改元称元年。卫嗣君元年。赵城鄗。秦张仪将兵取陕，出其人与魏；筑上郡塞。

外国 〔马其顿〕 5 月，亚历山大率师返回波斯国都苏萨。亚历山大鉴于疆域过于辽阔，必须得到本地统治者之支持，方能进行统治，遂鼓励部下与当地妇女结婚，使马其顿统治阶级与亚洲统治阶级混合起来。

前 323 年

中国 戊戌 周显王四十六年

秦相张仪与齐、楚会于啮桑。韩侯称王，楚君称王，燕君称王。楚败魏于襄陵，取八邑。魏会齐威王于甄（史记孟尝君传索隐引古本竹书纪年)。齐威王封田婴于薛,齐城薛(史记孟尝君传索隐引古本竹书纪年)。

外国 〔印度〕 摩揭陀国王族旃陀罗笈多学习希腊人战术,归举兵推翻摩揭陀国王难陀,自立为王,是为孔雀朝之始。笈多善于用兵,既逐亚历山大所留戍兵,又征服邻近诸国,统一北印度与阿富汗,为古印度史上一著名皇帝。

〔埃及〕 托勒密王朝统治开始(公元前323—30年)。

〔马其顿〕 6月13日,亚历山大死于巴比伦,年三十二岁。部下立其遗腹子亚历山大四世与其弟腓力三世为王,同时即位,宿将克拉特罗斯与波底卡斯摄政。

〔希腊〕 雅典人闻亚历山大死,联合希腊中部、南部起义,恢复希腊同盟,逐马其顿戍军。

前322年

中国 己亥 周显王四十七年

韩魏之太子朝秦。秦相张仪免,仪出相魏。秦取魏曲沃。韩、赵会于区鼠。齐田婴朝魏(史记孟尝君列传索隐引古本竹书纪年)。

外国 〔希腊〕 博学家亚里士多德死。马其顿毁灭雅典舰队,以后永未恢复。马其顿军又戍雅典,改变雅典宪法,在三万一千个市民中,仅九千个富人有选举权。雅典政治家提摩斯西尼斯自杀(生于公元前384年)。

〔马其顿〕 亚马山大继承人之战争开始。亚历山大死后,波底卡斯任摄政,诸将不服,旋为人所杀。

前321年

中国 庚子 周显王四十八年

张仪复相秦。周显王卒,子定立,是为慎靓王。燕文公卒,子哙立。赵娶韩女为夫人。韩公仲、公叔用事。

外国 〔马其顿〕 波底卡斯将官攸米尼斯杀亚历山大将官克拉特拉斯于小亚细亚。

前320年

中国 辛丑 周慎靓王元年

燕王哙元年。秦惠文王北游戎地,至河上。卫更贬号曰君,独有濮阳。齐威王卒,子辟疆立,是为宣王(按史记误将齐威王、宣王之年代移前二十二年,遂使与孟子、战国策所记皆不合。清儒依据古本竹书纪年,将齐魏战国年代,重加考订,然后先秦古书所言战国之事,始无不条贯。史记孟尝君传索隐引古本竹书纪年称齐威王卒于魏惠王后元十五年。参雷学淇竹书纪年义证卷三十九)。

外国 〔马其顿〕 亚历山大将军安提帕特任摄政,得托勒密之承认。安提帕特遣派安提哥纳斯击败攸米尼斯于小亚细亚。

前319年

中国 壬寅 周慎靓王二年

齐宣王辟疆元年。孟轲游梁,说魏惠王(孟子书中称梁惠王)行仁政(按孟轲游梁,当在魏惠王末年,史记因误以惠王后元为襄王元年,遂系此事于周显王三十三年,兹从崔述孟子事实录)。魏惠王卒,子嗣(史记索隐引世本云名嗣)即位,是为襄王。孟轲见魏襄王,退曰:"望之不似人君",遂去魏适齐,说齐宣王行仁政。

外国 〔马其顿〕 摄政安提帕特死,波来波康继任摄政,托勒密不服,率兵据叙利亚。

前318年

中国 癸卯 周慎靓王三年

魏襄王嗣元年。楚、魏、赵、韩、燕共击秦于函谷,不胜。宋称王。秦以乐池为相。

前317年

中国 甲辰 周慎靓王四年

韩、赵、魏、燕、齐与匈奴共攻秦,秦使庶长樗里疾御之于修鱼,虏韩将鲠申差,败赵公子渴、韩公子奂,斩首八万二千。齐败魏、赵于观泽。

外国 〔马其顿〕 摄政安提帕特之子卡山德推翻波来波康,取得马其顿政权,杀腓力三世,后又杀亚历山大四世(公元前310年)。

前316年

中国 乙巳 周慎靓王五年

秦司马错灭蜀。秦取赵中都、西阳、安邑。燕王哙让国于其相子之而为之臣。

外国 〔马其顿〕 将军安提哥纳斯击败攸米尼斯于小亚细亚,杀攸米尼斯。

前315年

中国

丙午　周慎靓王六年

周慎靓王卒，子延立，是为赧王。赧王徙都西周，时东西周分治。秦攻韩，取不章；伐赵，败赵将英。赵称王。鲁景公卒，子叔立，是为平公。

前314年

中国

丁未　周赧王元年

鲁平公叔元年。秦侵义渠，得二十五城。秦侵魏，取曲沃而迁其人。秦樗里疾攻魏，降焦。秦封公子通于蜀，以陈壮为相，置巴郡，以张若为蜀国守，移秦民万家实之（据华阳国志）。秦败韩师于岸门，韩太子仓人质于秦以和。齐宣王伐燕，燕王哙、子之皆被杀。太子平先为子之所杀（史记燕世家以昭王为公子平。按史记燕世家索隐引古本竹书纪年，太子平为子之所杀。且史记赵世家六国表谓赵立公子职为燕王，集解引古本竹书纪年，亦谓燕王为公子职，今从古本竹书纪年）。

前313年

中国

戊申　周赧王二年

秦王、魏王会于临晋，立魏公子政为魏太子。秦庶长疾攻赵，虏赵将赵庄，拔取蔺。楚王、魏王如赵。张仪去秦相楚。

外国

〔罗马〕　通过立法，禁止将交出全部财产之负债人加以监禁。

前312年

中国

己酉　周赧王三年

秦使魏章、樗里疾、甘茂破楚师于丹阳，虏其将屈匄及裨将逄侯丑等七十余人，斩首八万，取汉中地六百里，置汉中郡。楚怀王悉兵攻秦，秦败之于蓝田。韩、魏乘楚败袭楚，楚乃引兵归，割两城与秦和。韩惠王卒，子仓嗣位，是为襄王。魏击齐，虏声子于濮，与秦击燕。秦、韩攻楚，围景痤。赵攻魏。孟轲去齐。

外国

〔叙利亚〕　亚历山大将塞流西在叙利亚与巴比伦建立塞流西王朝，统治亚历山大帝国亚洲部分，建立塞流西亚城于泰西丰附近。

〔罗马〕　监察官克劳提阿斯通过立法，将被释放而无土地之奴隶分配于各部落。

前311年

中国

庚戌　周赧王四年

赵立燕公子职为燕王，使乐池送之，是为燕昭王职元年（史记作太子平，此从古本竹书纪年，说见公元前314年条）。韩襄王仓元年。燕昭王发愤谋齐，招纳贤士，优礼郭隗。魏围卫。蜀相庄杀蜀侯。秦伐楚，取召陵。秦惠文王卒，子荡立，是为武王。

前310年

中国

辛亥　周赧王五年

秦武王荡元年。张仪逐惠施于魏，而相魏，惠施适楚。秦诛蜀相庄（一作壮）。秦王、魏王会于临晋。赵吴广纳女于武灵王，有宠于王，立为王后，生子何。

外国

〔叙利亚〕　安提哥纳斯击塞流西，未胜。

〔罗马〕　北部伊特拉斯康人乘罗马与萨谟奈人战，进攻罗马，罗马人败之于瓦底姆湖。

前309年

中国

壬子　周赧王六年

秦初置丞相，以樗里疾为右丞相，甘茂为左丞相。张仪死于魏。魏十月大霖雨，疾风，河水溢于酸枣（水经注河水注引古本竹书纪年）。韩相南公揭卒，樗里疾相韩。秦王封子恽为蜀侯（华阳国志）。

前308年

中国

癸丑　周赧王七年

魏王与秦王会于应。秦相甘茂攻韩宜阳。

外国

〔罗马〕　中意大利之阿姆布利阿人、皮西提尼人、马西安人进攻罗马，罗马人利用其新建之海舰队与诸国对抗。

前307年

中国

甲寅　周赧王八年

秦攻破宜阳，斩首六万，又涉河取武遂，城之。赵武灵王略中山之地，北至代，西至黄河；初服胡服以朝，命大臣胡服，以便骑射。秦武王卒，无子，异母弟稷立，是为昭襄王，年少，太后听政，太后以魏冉为将，卫咸、严君疾为相。

外国

〔马其顿〕　将军托勒密、塞流西、安提哥纳斯、卡山得等皆称王，亚历山大帝国遂正式瓦解。

前 306 年

中国

乙卯 周赧王九年

秦昭襄王稷元年。秦击魏皮氏，未克而还。秦归韩武遂。赵武灵王略中山及胡地，林胡献马。

前 305 年

中国

丙辰 周赧王十年

赵武灵王攻中山，取四邑。秦庶长壮及诸公子作乱，魏冉杀群公子，逐太后，专国政。秦迎妇于楚。魏城皮氏（水经注汾水注引古本竹书纪年）。秦彗星见。楚背齐而和于秦。

外国

〔叙利亚〕 亚历山大之将军塞流西称王于西亚（公元前 305—280 年）。翌年塞流西将亚历山大所征服之印度让于北印度王旃陀罗笈多，易大象五百只。

〔埃及〕 亚历山大将埃及总督（自公元前 323 年）托勒密自立为埃及国王，是为托勒密一世（在位年代公元前 305—283 年）。托勒密复得叙利亚南部沿海之地（公元前 301 年），建博物馆于亚历山大城。

〔罗马〕 战胜萨谟奈人。

前 304 年

中国

丁巳 周赧王十一年

秦昭襄王冠。秦王与楚王盟于黄棘，归楚上庸。

外国

〔罗马〕 分配被释放之奴隶及小土地所有者于城市部落。又公布司法程序，以免富有者操纵司法，上下其手。与萨谟奈讲和，罗马获得坎佩尼亚地区之控制权。

前 303 年

中国

戊午 周赧王十二年

秦拔魏蒲坂、晋阳、封陵。秦取韩武遂。齐、韩、魏伐楚，楚使太子为质于秦，秦救楚。赵攻中山。

前 302 年

中国

己未 周赧王十三年

秦、魏、韩之君会于临晋，秦归魏蒲坂。楚太子横自秦亡归。

前 301 年

中国

庚申 周赧王十四年

秦蜀郡守煇反，秦使司马错诛之，定蜀。秦攻韩取穰。秦、韩、齐、魏攻楚，败楚于重丘，斩首二万，杀其将唐昧，取重丘。赵惠后卒（公子何母），赵王使周袑胡服傅少子何。赵伐中山，中山君奔齐。赵攘地北至燕代，西至云中、九原，置云中、雁门、代郡（史记赵世家，此当非一年之事）。赵自五原河曲筑长城，东至阴山（水经注）。齐宣王卒，子地（史记田完世家索隐引世本曰名遂）立，是为湣王（按史记六国表误系宣王卒于周显王四十五年。兹据古本竹书纪年，说见公元前 320 年条）。

外国

〔马其顿〕 卡山得、利西马丘、塞流西相联合，战胜安提哥纳斯于伊普萨斯（小亚细亚），杀安提哥纳斯。塞流西分得叙利亚，利西马丘分得小亚细亚中部、西部，卡山得分得马其顿。

前 300 年

中国

辛酉 周赧王十五年

齐湣（一作闵）王地元年。秦樗里疾卒，魏冉继为相。秦攻楚，取襄城，杀楚景缺，斩首三万。东周与西周战，韩救东周。

外国

〔希腊〕 末期数学家欧几里得约于此期著《几何学》此书集希腊几何学之大成，欧人直至近世，仍用之作几何学课本。

前 299 年

中国

壬戌 周赧王十六年

赵武灵王废其太子章而传国于少子何，自号主父。楚怀王入秦，秦留之。楚大夫立太子横，是为顷襄王。魏王与齐王会于韩。齐孟尝君入秦为相。

前 298 年

中国

癸亥 周赧王十七年

赵惠文王何元年。楚顷襄王横元年。孟尝君自秦亡归，仍相齐。魏与齐、韩共击秦于函谷，秦割河东三城讲和，三国之兵乃退。赵以公子胜为相，封平原君。秦伐楚，大破楚军，斩首五万，取十六城。

外国

〔马其顿〕 王卡山得死，子亚历山大五世与安提帕特分马其顿为二部，各统治一部。

〔罗马〕 与萨谟奈人第三次战争（公元前 298—290 年）。高卢人、伊特拉斯康人亦参加反对罗马人之战争。罗马人攻进萨谟奈都城鲍维阿纳木。

前 297 年

中国

甲子　周赧王十八年

楚怀王自秦亡之赵，赵弗纳，秦追及之，执之以归。

前 296 年

中国

乙丑　周赧王十九年

秦归魏封陵。楚怀王卒于秦，楚人怜之，楚南公曰："楚虽三户，亡秦必楚。"楚与秦绝。魏伐楚。赵主父与齐、燕共灭中山，迁其王于肤施。赵封公子章为大安阳君，使田不礼相之。韩与齐、魏击秦，秦与韩武遂以和。韩襄王卒，子釐王咎立。鲁平公卒，子贾立，是为文侯。魏襄王卒，子昭王遬立。

前 295 年

中国

丙寅　周赧王二十年

魏昭王遬元年。韩釐王咎元年。鲁文侯贾元年。秦楼缓免，穰侯魏冉为相。秦拔魏襄城。赵废太子章作乱，杀大臣肥义。公子成、李兑诛太子章，遂围主父宫，主父饿死。秦予楚粟五万石。燕昭王以乐毅为亚卿。

外国

〔罗马〕　大败萨谟奈与高卢人的联军于森太那姆，高卢人溃散。

前 294 年

中国

丁卯　周赧王二十一年

秦向寿伐韩取武始。秦左更白起攻韩新城。秦魏冉举任鄙为汉中守。赵与燕易鄚。秦五大夫吕礼出奔魏。

前 293 年

中国

戊辰　周赧王二十二年

韩、魏攻秦，秦白起败之于伊阙，斩首二十四万，拔五城，又涉河取安邑以东，至乾河。

前 292 年

中国

己巳　周赧王二十三年

秦魏冉免，客卿寿烛为相。秦攻楚取宛、叶。楚王迎妇于秦。

前 291 年

中国

庚午　周赧王二十四年

秦丞相寿烛免，复以魏冉为丞相，封于穰及陶，号穰侯。秦左更错攻楚取邓。秦攻韩拔宛。赵为南行唐筑城。

外国

〔日本〕　孝安天皇死。

前 290 年

中国

辛未　周赧王二十五年

东周君朝秦。秦丞相魏冉伐魏，魏与秦河东地四百里。韩与秦武遂地二百里。芒卯相魏。齐、赵攻韩。

外国

〔日本〕　孝灵天皇即位（七代）。

〔罗马〕　萨谟奈人向罗马求和，罗马人迫之成为罗马的同盟，但保留其自治权。萨宾人被并入罗马，与拉丁人享受同等待遇。

前 289 年

中国

壬申　周赧王二十六年

秦大良造白起、客卿错伐魏至轵，取六十一城。

外国

〔罗马〕　萨谟奈人占据西西里岛之玛萨纳，以后建立城邦，自号玛谟提尼人。

前 288 年

中国

癸酉　周赧王二十七年

十月，秦昭王自称西帝，遣魏冉立齐王为东帝；十二月复称王。秦拔赵桂阳。

前 287 年

中国

甲戌　周赧王二十八年

秦攻魏，拔新垣、曲阳。赵、魏攻齐。

外国

〔希腊〕　科学家阿基米得约生于此年，公元前 212 年为攻入之罗马人所杀。

〔罗马〕　独裁者荷尔顿喜阿斯领导通过立法，以后部落会议所通过之立法，不必经过元老会议批准，即成为正式法律，不再受贵族控制，于是平民的权利又得到进一步的提高，此次平民之胜利，亦系长期斗争之结果。

前 286 年

中国

乙亥　周赧王二十九年

齐孟尝君田文相魏。秦攻魏，魏割安邑、河内于秦。秦将安邑、河内原来居民赶走，募民徙居河东，并赦罪人迁入两地。赵攻齐。秦败韩师于夏山。齐与魏、楚灭宋，三分其地，宋王偃奔魏，死于温。齐取楚淮北。

前 285 年

中国 丙子 周赧王三十年

秦蒙武击齐，拔九城，以为九县。燕相乐毅说赵、楚、魏共攻齐。

外国 〔埃及〕 王托勒密二世立（公元前 285—246 年），袭埃及旧日法老制度，以其妹为后。托勒密二世扩地至尼罗河上游，又沿红海向阿拉伯扩张势力。

前 284 年

中国 丁丑 周赧王三十一年

燕上将军乐毅帅燕、秦、魏、韩、赵五国之师，攻齐入临淄，齐湣王走莒，为其相淖齿所杀。乐毅下齐七十余城，燕封毅为昌国君。秦昭王与魏王会于宜阳，又与韩王会于新城。

前 283 年

中国 戊寅 周赧王三十二年

齐襄王法章元年。秦拔魏安城，兵至大梁，燕、赵救之，秦军撤去。齐人诛淖齿，立湣王子法章，保莒城，是为襄王。赵蔺相如完璧归赵，赵以相如为上大夫，廉颇为上卿（通鉴系于此年）。卫嗣君卒，子怀君立。

前 282 年

中国 己卯 周赧王三十三年

卫怀君元年。秦伐赵，拔两城。魏大水。韩与秦会于两周间。

前 281 年

中国 庚辰 周赧王三十四年

秦攻赵，拔石城。魏冉相魏，不久复相秦。

外国 〔叙利亚〕 王塞流西杀利西马丘，并小亚细亚于叙利亚。

前 280 年

中国 辛巳 周赧王三十五年

秦白起攻赵，斩首二万，取代光狼城。司马错发陇西卒攻楚，拔黔中，楚献汉北上庸于秦。秦地震，坏城。赵与魏伯阳；赵奢攻齐麦丘，取之。

外国 〔叙利亚〕 王塞流西图袭取马其顿，遇刺而死，子安提俄古一世继位（公元前 280—261 年）。叙利亚与埃及战，败绩。

〔罗马〕 与皮洛士战争（公元前 280—272 年）。先是，意大利南部希腊城邦他林敦与罗马战（公元前 281 年），他林敦惧不敌，乞援于伊庇鲁斯（在巴尔干半岛西南部）王皮洛士。皮洛士善用兵，慕亚历山大之为人，有扩地至意大利之志。是年帅步兵二万，骑兵三千，象二十，援他林敦。军至罗马，萨谟奈诸族又与之会，大败罗马军于赫拉克里亚；遣使与罗马讲和，罗马不许。

前 279 年

中国 壬午 周赧王三十六年

赵王与秦王会于黾池，蔺相如从。秦白起攻楚，拔楚鄢、邓、西陵，赦罪人迁之。秦置陇西郡。燕昭王卒，子惠王立。是时乐毅已下齐七十余城，独即墨与莒未下。燕惠王使骑劫代乐毅，乐毅奔赵，赵封为望诸君。齐田单攻杀骑劫，燕师败退，齐国恢复。

外国 〔叙利亚〕 王安提俄古一世击败该雷喜阿人，埃及托勒密二世击败叙利亚。

〔罗马〕 伊庇鲁斯王皮洛士败罗马军于阿斯库伦，但皮洛士军损失亦大，得不偿失，愿与罗马讲和，罗马又不许。皮洛士惧全军消耗太大，遂离意大利，往侵西西里。罗马与迦太基订立和约。

前 278 年

中国 癸未 周赧王三十七年

燕惠王元年。秦白起攻楚，拔郢，烧夷陵，楚徙都陈；秦置南郡，封起为武安君。周君朝秦。中国古代伟大诗人楚人屈原卒（公元前 340—278 年）。赵徙漳水武平西。

前 277 年

中国 甲申 周赧王三十八年

秦蜀守张若攻楚，取巫郡及江南。白起定巫、黔中，置黔中郡。赵大疫。魏昭王卒，子安釐王圉立。

前 276 年

中国 乙酉 周赧王三十九年

魏安釐王圉元年。魏王封弟公子无忌为信陵君。秦白起攻魏，拔两城。

外国 〔埃及〕 托勒密二世与叙利亚战，是为第一次叙利亚战争（公元前 276—272 年）。叙利亚失迈里托、菲尼基与西里西亚之一部。

〔马其顿〕 王安提柯纳斯二世即位（公元前 276—239 年）。

前 275 年

中国

丙戌　周赧王四十年

秦魏冉攻魏，军至大梁。韩暴鸢（一作罩鸢）救魏，为秦所败，斩首四万，魏割温于秦以和。赵廉颇攻魏房子，拔之；又攻安阳，取之。

外国

〔罗马〕　伊庇鲁斯王皮洛士又侵罗马，罗马人大败之于具奈温顿，皮洛士遁归希腊。

前 274 年

中国

丁亥　周赧王四十一年

赵将燕周帅师攻齐取昌，与魏共击秦，为秦将白起所败。秦客卿胡伤攻魏卷城、蔡阳、长社取之；击魏芒卯于华阳破之，斩首十五万，魏入南阳以和（史记秦本纪系于此年，六国表系于翌年）。

外国

〔马其顿〕　皮洛士侵马其顿，逐马其顿王安提柯纳斯，自称马其顿王。

前 273 年

中国

戊子　周赧王四十二年

赵、魏攻韩华阳，秦救韩，大破赵、魏之师，魏割南阳以和。赵取东胡欧代地。韩釐王卒，子桓惠王立。鲁文公卒，子顷公雠立。

外国

〔印度〕　孔雀王朝阿育王（亦译无忧王）即位（公元前 273—232 年）。孔雀王朝达到极盛时期。阿育王统一印度绝大部分，除锡兰岛与印度半岛南端外，皆入版图，并包括阿富汗一部分。

前 272 年

中国

己丑　周赧王四十三年

韩桓惠王元年。鲁顷公雠元年。秦将使白起与韩、魏攻楚，楚使黄歇说秦昭王，乃止。楚太子完入质于秦。赵徙漳水武平南。黄河水出为灾。燕惠王卒，武成王立，韩、魏、楚乘机攻燕。

外国

〔罗马〕　皮洛士将军米罗以他林敦降于罗马，罗马毁其军事设施，而保留其自治权。自是南意大利诸部，先后附属于罗马，罗马势力既伸张于南意大利，遂与迦太基发生冲突。皮洛士攻斯巴达、阿尔戈斯，为斯巴达人所杀。

前 271 年

中国

庚寅　周赧王四十四年

燕武成王元年。赵蔺相如攻齐至平邑。

前 270 年

中国

辛卯　周赧王四十五年

秦攻赵，围阏与，赵将赵奢大破秦军。赵封奢为马服君。秦攻齐，取刚寿。秦灭义渠，于是秦有陇西、北地、上郡，筑长城以拒胡。秦以范雎为客卿，雎教秦以远交近攻之策。

前 269 年

中国

壬辰　周赧王四十六年

秦上郡大饥，山木尽死，人无所得食。秦攻赵阏与，不克而还。

前 268 年

中国

癸巳　周赧王四十七年

秦使五大夫（官名）绾伐魏，拔怀。

前 267 年

中国

甲午　周赧王四十八年

魏悼太子为质于秦，死于秦，归葬芷阳。

前 266 年

中国

乙未　周赧王四十九年

秦拔魏廪（或作邢）丘与怀。秦免魏冉相国，夺太后权，以范雎为丞相，封应侯。赵惠文王卒，太子丹立，是为孝成王。

外国

〔埃及〕　王托勒密二世煽动雅典、斯巴达起而反对安提哥纳斯。雅典、斯巴达俱为安提哥纳斯所败（公元前 262 年），以兵戍雅典，并在雅典建立寡头政权。

前 265 年

中国

丙申　周赧王五十年

赵孝成王元年。秦宣太后卒。秦王立安国君为太子。秦穰侯出之陶。平原君相赵。秦拔赵三城，赵使长安君为质于齐以求救，齐出师，秦师乃退。秦攻韩少曲、高平，拔之。齐襄王卒，子建立，国事皆决于母太史氏。齐田单拔燕中阳。

前 264 年

中国

丁酉　周赧王五十一年

齐王建元年。秦白起伐韩，拔

九城。赵以齐田单为相。

外国 〔罗马〕 与迦太基第一次布匿战争（公元前264—241年）开始于是年。迦太基城位于现今北非突尼斯，乃公元前9世纪初年腓尼基人所创立，至公元前5、6世纪时，称霸于地中海，国势甚盛。迦太基势力伸入西西里，领有该岛大部，与西西里岛东部之希腊城邦屡有战争发生。是年叙拉古僭主皮洛士出兵围米西纳，迦太基与罗马俱出兵援救米西纳。叙拉古又与罗马缔结同盟，共击迦太基，遂引起罗马与迦太基间之战争。因罗马人称迦太基人为布匿人，遂称此次战役为布匿战争。

前263年

中国 戊戌 周赧王五十二年

楚太子完自秦逃归。楚顷襄王卒，完立，是为考烈王。秦攻韩取南阳（一作南郡）。

外国 〔叙利亚〕 将军攸米尼斯据柏加马斯独立，是为攸米尼斯一世（公元前263—241年）。

前262年

中国 己亥 周赧王五十三年

楚考烈王元年。楚以黄歇为相，封为春申君。楚纳州（地名）于秦。秦白起攻韩，拔野王；韩上党降赵。

外国 〔罗马〕 击败迦太基，取阿格里琴托。

前261年

中国 庚子 周赧王五十四年

秦王如南郑。秦攻韩缑氏、蔺，拔之。赵使廉颇拒秦于长平。

外国 〔印度〕 阿育王征羯陵伽国，杀十万人，俘十五万人，感战败者之悲痛，遂下诏深自悔责，并皈依佛教，大力提倡，在其统治时期，佛教在印度达到极盛时期。阿育王兴建许多佛寺，并遣派僧人至缅甸、锡兰、西藏、叙利亚、马其顿等地传教，又尝招集佛教大会于华氏城。

〔叙利亚〕 王安提俄古二世联马其顿王安提柯纳斯二世击败埃及，是为第二次叙利亚战争（公元前261—255年）。叙利亚恢复迈里托、西里西亚以及叙利亚沿海之地。

前260年

中国 辛丑 周赧王五十五年

赵使赵括代廉颇，秦白起败之于长平，大破赵军，坑四十五万人。

外国 〔罗马〕 海军击败迦太基海军于米萨纳以西之美利，是为罗马人所取得第一次大胜利。

前259年

中国 壬寅 周赧王五十六年

秦攻赵，拔武安、皮牢，定太原、上党，韩赵割地以和。秦五大夫王陵攻赵邯郸。

前258年

中国 癸卯 周赧王五十七年

秦王陵围赵邯郸不克，王龁代之。十月，秦张唐攻魏。赵公子胜如楚乞师，楚黄歇帅师救赵。燕武成王卒，子孝王立。

前257年

中国 甲辰 周赧王五十八年

燕孝王元年。秦杀白起。魏公子无忌袭杀晋鄙，夺军救赵，大破秦军于邯郸城下，秦罢兵。秦太子之子异人（亦名子楚）自赵逃归。

外国 〔瓯貉〕 传说越南北部，于远古有文郎国、都峰州，至是年，有蜀王孙名泮者，灭文郎，据其地为君，号安阳王，都封溪。

〔罗马〕 用由三百三十艘战船组成之舰队企图将军队由西西里输送到北非，进攻迦太基。

前256年

中国 乙巳 周赧王五十九年

秦攻韩，取阳城、负黍，斩首四万；攻赵取二十余县，斩首虏九万。诸侯大震，西周君与诸侯联合攻秦，秦遂攻西周，西周君入秦，尽献其邑三十六，口三万；秦王受献，归其君于周。西周君周赧王卒。周民遂东亡。秦取九鼎宝器，迁西周君之子文公于𢠸狐。周不再称王，史家遂以秦王纪年。

外国 〔罗马〕 舰队击败迦太基舰队于西西里岛南，遂至北非迦太基城东登陆。罗马命迦太基接受苛刻讲和条件，迦太基不应。罗马大掠迦太基领地，俘二万余人，送归罗马。

前255年

中国

丙午 秦昭襄王五十二年

秦丞相范雎免，蔡泽代之。楚人迁鲁君于莒而取其地。燕孝王卒，子喜立。

外国

〔迦太基〕 败罗马军，虏罗马将格里拉及其军队之一部。罗马急遣舰营救其未遭俘虏之军队，但中途遇飓风，船悉沉没。

前254年

中国

丁未 秦昭襄王五十三年

燕王喜元年。韩王朝秦，魏亦委国听命于秦。

外国

〔罗马〕 败迦太基军于帕诺木斯。

前253年

中国

戊申 秦昭襄王五十四年

楚迁都于巨阳。卫怀君朝魏，魏杀卫怀君，而立卫嗣君之弟，是为卫元君。卫元君为魏婿，故魏立之。

前252年

中国

己酉 秦昭襄王五十五年

卫元君元年。

前251年

中国

庚戌 秦昭襄王五十六年

秋，秦昭襄王卒，子柱立，是为孝文王。赵平原君公子胜卒。赵封相国廉颇为信平君。燕栗复攻赵，赵使廉颇破栗复于鄗，逐之五百里，围燕都，燕请和。

外国

〔罗马〕 又败迦太基。

前250年

中国

辛亥 秦孝文王元年

冬，十月，秦孝文王卒，子楚立，是为庄襄王。赵封乐乘为武襄君。

外国

〔叙利亚〕 将军狄奥斗托据巴克特里亚自立，是为狄奥斗托一世（公元前250—230年）。

前249年

中国

壬子 秦庄襄王子楚元年

秦以吕不韦为相国，封为文信侯，食洛阳十万户。秦蒙骜攻韩，取成皋、荥阳，置三川郡。楚灭鲁。东周君与诸侯谋秦，秦相吕不韦灭之，迁东周君于阳人，周亡。

外国

〔帕提亚〕（安息） 酋长安息塞斯起兵，杀希腊总督培里克莱，推翻希腊人统治，建立帕提亚国，是为安息塞斯一世（公元前249—247年）。安息塞斯建都于利伊城，在今德黑兰城附近。帕提亚王国之建立，标志着叙利亚塞流西王朝统治势力之缩小，波斯史又进入了一个新阶段。帕提亚亦信奉琐罗亚斯德教（袄教，亦曰明教，即拜火教）。但在帕提亚人统治时期（公元前249年—公元226年），波斯本部之伊朗区，乃是被统治之地区。帕提亚人善骑射，其军队以骑兵为主。帕提亚王国最初领地仅有帕提亚与海尔克尼亚二地，介于塞流西王国与巴克特里亚王国之间。

〔迦太基〕 败罗马舰队于德里帕那。

前248年

中国

癸丑 秦庄襄王二年

秦蒙骜击赵榆次、新城、狼孟，得三十七城。楚春申君自其原封邑徙封于吴。四月，日蚀。

前247年

中国

甲寅 秦庄襄王三年

秦蒙骜攻魏，魏王兵数败，乃复召信陵君。信陵君帅五国兵，大破蒙骜兵于河外，追至函谷关而还。五月丙午，秦庄襄王卒，太子政立，年少，事皆决于吕不韦。

外国

〔帕提亚〕 安息塞斯二世嗣位（公元前247—212年）。

前246年

中国

乙卯 秦王政元年

魏罢信陵君公子无忌。郑国为秦凿泾水为渠，灌田四万余顷，收皆亩一钟，秦益富饶。

外国

〔叙利亚〕 王安提俄古二世死，子塞流西二世即位（公元前246—226年）。是年叙利亚与埃及之间第三次叙利亚战争开始（公元前246—241年）。

〔埃及〕 王托勒密三世即位（公元前246—221年）。

前245年

中国

丙辰 秦王政二年

赵以廉颇为假相，攻魏，取繁阳。赵孝成王卒，子偃立，是为悼襄王，使乐乘代廉颇，廉颇奔魏。

前244年

中国

丁巳 秦王政三年

赵悼襄王偃元年。赵以李牧为将。攻燕，拔武遂、方城。秦大饥。秦蒙骜击韩取十三城。秦将王龁死。

前243年

中国

戊午 秦王政四年

七月，秦蝗为灾，大疫，大饥；命百姓纳粟千石，拜爵一级。魏信陵君公子无忌卒。魏安釐王卒，子景湣王增立。

前242年

中国

己未 秦王政五年

魏景湣王增元年。秦蒙骜攻魏取酸枣、燕、虚、长平、雍丘、山阳城等二十城，初置东郡。赵相、魏相会于柯。剧辛死于赵。

外国

〔印度〕 阿育王即位已逾三十年，一生以宏宣佛教为帜志，晚乃将其一部分诏书刻于七个石柱之上，以垂久远，诏书中宣布慈悲之旨，力申杀生之戒，盖其一生好佛，老而弥笃。

前241年

中国

庚申 秦王政六年

楚、赵、魏、韩、卫五国合攻秦，楚为从长，至函谷，兵败于秦。楚东徙都于寿春，命曰郢。秦拔魏朝歌及卫濮阳，卫徙居野王。

外国

〔柏加马斯〕 国君攸米尼斯一世死，从侄阿塔拉即位，乘叙利亚乱，击败该雷喜阿人，扩地至小亚细亚西部。

〔罗马〕 在伊该特斯岛附近，歼灭迦太基舰队。迦太基放弃在西西里岛之属地，并赔款三千二百达仑（古币名），分十年偿清。罗马将西西里东部划归叙拉古，以西部并入罗马。此时，罗马历年发展结果，已由最初之两部落，增加到三十五部落，以后新入籍的市民，都安插到现有的部落之中，于是部落渐失去其原始意义。同时，百人队之数目亦有增加。

前240年

中国

辛酉 秦王政七年

秦攻魏取汲。彗星见东方、北方、西方。秦夏太后死；将军蒙骜死。

外国

〔印度〕 阿育王召集佛教大会于华氏城，解决宗教争论，将其对于宗教之诏书刻之于石柱，以垂久远。

前239年

中国

壬戌 秦王政八年

秦王弟长安君成蟜将兵击赵，至赵举兵反，死于屯留，军吏皆斩死。秦黄河之鱼，西上入渭水，渭水鱼大增，秦民争东上捕鱼。秦封嫪毐为长信侯，主国政。韩桓惠王卒，子安立。

外国

〔马其顿〕 王安提哥纳斯二世死，子底米特里斯二世嗣位（公元前239—229年）。

前238年

中国

癸亥 秦王政九年

韩王安元年。秦王政冠，带剑。秦长信侯嫪毐作乱，王杀嫪毐，夷毐三族。楚考烈王卒，子悍（一作悼）立，是为幽王，王舅李园杀春申君黄歇，灭其家。秦攻魏垣、蒲阳。

外国

〔叙利亚〕 塞流西二世击败帕提亚王安息塞斯二世，但帕提亚仍保持其独立。

〔罗马〕 撒丁尼亚与科西嘉二岛原皆属迦太基，是年乘撒丁尼亚雇佣军作乱，罗马征服其地，并征服科西嘉。

前237年

中国

甲子 秦王政十年

楚幽王悍（一作悼）元年。秦相国吕不韦免，就国。秦大索，逐客卿，客卿楚人李斯上书谏止之。赵王、燕王皆入秦置酒。

外国

〔叙利亚〕 塞流西二世与小亚细亚统帅海埃拉克斯战（公元前241年叙利亚承认海埃拉克斯父劳底斯为小亚细亚统帅）。海埃拉克斯得本都国王与该雷喜阿人之助，败叙利亚（公元前236年）。

前236年

中国

乙丑 秦王政十一年

秦将王翦、桓齮攻赵，拔阏与、邺，取九城。赵废太子嘉，以庶子迁为太子。赵悼襄王卒，迁立，是为幽缪王。

前235年

中国

丙寅 秦王政十二年

赵幽缪王迁元年。秦吕不韦迁蜀，自杀。秦六月至八月不雨，大旱。秦发四郡兵，助魏击楚。

前 234 年

中国

丁卯 秦王政十三年

秦将桓齮攻赵平阳，杀赵将扈辄，斩首十万。十月，桓齮复攻赵，赵以李牧为大将军，击秦军于宜安，大破秦军；赵封李牧为武安君（赵世家系李牧破秦军事于十四年）。

外国

〔罗马〕 政治家、散文家、农学家加图生（公元前 234—149 年）。加图散文以后成为拉丁文模范，所著《农学论》乃关于罗马农业之一部重要著作。

前 233 年

中国

戊辰 秦王政十四年

韩非入秦，秦杀韩非。韩王请为秦臣。秦拔赵宜安。

前 232 年

中国

己巳 秦王政十五年

秦攻赵，一军抵邺，一军自太原拔狼孟、番吾，李牧击却之。燕太子丹为质于秦，自秦亡归。秦地震。

外国

〔印度〕 阿育王死，孙达萨拉萨继承其国之东部，又一孙名萨普拉底继承其西部，国遂分裂，孔雀王朝亦急遽衰亡。

前 231 年

中国

庚午 秦王政十六年

韩献南阳地于秦。秦初令男子书年。魏献地于秦，秦置丽邑。赵地震，自乐徐以至平阴，台屋墙垣，大半颓坏。

前 230 年

中国

辛未 秦王政十七年

秦内史腾攻韩，获韩王安，尽取其地，以其地为颍川郡，韩亡。秦地震。华阳太后卒。民大饥。卫元君卒，子角立。

外国

〔柏加马斯〕 君主阿塔拉称王，是为阿塔拉一世（公元前 241—197 年）。

前 229 年

中国

壬申 秦王政十八年

卫君角元年。秦大兴兵攻赵，围邯郸，赵大将李牧击却之。赵王信谮，杀李牧。

外国

〔柏加马斯〕 王阿塔拉将小亚细亚统帅海埃拉克斯逐出小亚细亚（公元前 229—228 年），海埃拉克斯逃至色雷斯，旋死（公元前 226 年）。

〔马其顿〕 底米特里斯二世死，子安提哥纳斯三世嗣位（公元前 229—221 年）。

前 228 年

中国

癸酉 秦王政十九年

秦将王翦击赵，大破之，尽取赵地，获赵王迁。赵公子嘉自立为代王。秦王如邯郸。秦王翦屯中山以临燕。秦大饥。楚幽王卒，弟郝立，是为哀王；三月，负刍杀哀王而自立。魏景湣王卒，子假立。

前 227 年

中国

甲戌 秦王政二十年

魏王假元年。楚王负刍元年。代王嘉元年。燕太子丹患秦兵逼境，使荆轲刺秦王不中，秦杀荆轲。秦军破燕于易水之西。

外国

〔罗马〕 将西西里岛作为一省，是为罗马设置行省之始。以后又将科西嘉与撒丁尼亚合并为一省。

前 226 年

中国

乙亥 秦王政二十一年

秦将王翦破蓟，迫燕杀太子丹，燕王走保辽东。秦将王贲击楚，取十城。秦大雨雪，深二尺五寸。

前 225 年

中国

丙子 秦王政二十二年

秦将王贲攻魏，引河灌大梁，大梁城坏，虏魏王嘉，尽取其地，魏亡。

外国

〔罗马〕 大批凯尔特人自波河流域侵入伊达拉里亚，罗马进军围剿之，败之于特里蒙。

前 224 年

中国

丁丑 秦王政二十三年

秦将王翦、蒙武击破楚军。虏楚王负刍，秦王至郢。楚将项燕立昌平君于淮南。

前 223 年

中国

戊寅 秦王政二十四年

秦将王翦、蒙武攻破楚军。楚昌平君死，项燕自杀，楚亡（史记六国表列于二十三年，此从史记秦本纪）。

外国

〔叙利亚〕 王塞流西二世死，子塞流西三世立不久，死于对柏加马斯战争。弟安提俄古三世嗣位（公元前 223—187 年），败柏加马斯，收回失土。又败美索不达米亚总督木隆，收复美索不达米亚各省，武功甚盛，号曰大王。

前 222 年

中国

己卯　秦王政二十五年

秦将王贲击燕，虏燕王喜。燕亡。又击代，虏王嘉，赵亡。

外国

〔罗马〕　击败侵入伊达拉里亚之凯尔特人，杀其酋长。罗马人沿北边屯重兵，筑碉堡，以固边防。

前 221 年

中国

庚辰　秦始皇帝二十六年

秦兵入临淄，俘齐王田建，齐亡。秦王嬴政以统一之业成，更号为皇帝，命为制，令为诏，自称朕，并废谥法，自号始皇帝，后世依次第为二世皇帝、三世皇帝……。改以建亥月（十月）为岁首。更名民曰黔首。以全国为三十六郡，郡置守、尉、监；废分封诸侯之制。收民间兵器，销以为钟鐻、金人。划一度量衡制度。统一币制：黄金以镒为名，铜钱文曰半两。徙全国富豪十二万户于咸阳。大兴土木。令大畜牧主乌氏倮比封君；为丹矿主巴寡妇清筑女怀清台。

外国

〔叙利亚〕　与埃及之第四次叙利亚战争开始（公元前 221—217 年）。战争初期，叙利亚获胜，后失利，叙利亚在沿海之地，仅保存塞流西亚一港。

〔埃及〕　王托勒密四世即位（公元前 221—203 年）。

〔马其顿〕　王安提哥纳斯三世死，子腓力五世嗣位（公元前 221—178 年）。

前 220 年

中国

辛巳　秦始皇二十七年

始皇北巡。治驰道于全国。

前 219 年

中国

壬午　秦始皇二十八年

始皇东巡，封禅于泰山、梁父。遣方士徐市挈童男女数千人入海求仙人及不死之药。又南巡。

外国

〔迦太基〕　在西班牙驻军之统帅汉尼拔，围攻西班牙东岸之罗马盟邦萨贡托。围攻八月，克之。罗马人要求迦太基自萨贡托撤退，迦太基不听，罗马遂对迦太基宣战。

前 218 年

中国

癸未　秦始皇二十九年

始皇东巡，故韩贵族张良使人刺之于阳武博浪沙中，未中。

外国

〔罗马〕　通过立法，不准元老议员拥有过大船只，以防其从事工商业，自是罗马元老院议员多购置田产。罗马对迦太基第二次战争（第二次布匿战争，公元前 218—201 年）开始。迦太基将军汉尼拔赴比利牛斯山，向意大利推进。汉尼拔聚集步兵五万、骑兵九千、战象数十头，由高卢南部，越阿尔卑斯山，进入波河盆地。败罗马军于提西纳，又败之于特来比亚。

前 217 年

中国

甲申　秦始皇三十年

外国

〔迦太基〕　将军汉尼拔于特拉西米诺湖岸歼灭罗马大军，罗马执政官弗拉米尼阵亡，罗马大震，特命玛西玛斯为独裁者，筹备抵抗，玛西玛斯军迟迟不进，国人不满。

前 216 年

中国

乙酉　秦始皇三十一年

令民自行陈报土地占有情况。

外国

〔罗马〕　执政官包鲁斯与瓦罗率兵八万六千人御汉尼拔。罗马军败于坎尼（亚浦利亚地区），包鲁斯战死。萨谟奈诸族闻罗马兵败，阴谋独立。罗马人镇压暴动，抚辑流亡，拒与汉尼拔和。

〔迦太基〕　与马其顿、叙拉古缔结同盟。

前 215 年

中国

丙戌　秦始皇三十二年

始皇东巡。使方士卢生入海求仙人。秦发兵三十万，遣蒙恬北击匈奴。

外国

〔日本〕　孝灵天皇死。

〔罗马〕　败汉尼拔于尼拉，将汉尼拔逼入亚浦利亚地区。汉尼拔虽屡获胜利，但迦太基政府忌其声威日隆，不加支援，因之战争中之损失得不到补充，军队日渐削弱，故有此次之败。罗马第一次对马其顿战争（公元前 215—205 年）。罗马以少数兵扰马其顿，使不得援汉尼拔。此次战争直继续十年之久。

前214年

中国

丁亥 秦始皇三十三年

发尝逋亡人、赘婿、贾人，略取南越陆梁地，置三郡，徙民五十万人戍其地，与越人杂处。蒙恬败匈奴，略取河南地，置四十四县。增筑长城，西起临洮，东迄辽东，以防匈奴。

外国

〔日本〕 孝元天皇即位（八代）。

〔罗马〕 败迦太基军于西西里（公元前214—210年）。

前213年

中国

戊子 秦始皇三十四年

定挟书律，下令焚书，除医卜、种树之书外，凡秦记以外之列国史记，私藏之诗、书、百家语皆毁；敢偶语诗书者弃市；以古非今、妖言诽谤者族诛；吏见知不举者同罪；令下三十日，不焚者，黥为城旦；凡欲学法令者以吏为师。

外国

〔马其顿〕 与迦太基重新缔结同盟，共同反对罗马。

前212年

中国

己丑 秦始皇三十五年

使人由九原至云阳凿山平谷通直道。发隐宫徒刑者七十万人大治阿房等宫，计关中三百所，关外四百所。徙三万家于骊邑，五万家于云阳，免徙者十年征役。始皇自称真人，不称朕。侯生、卢生讥讪事觉，坑诸生四百六十余人。遣长子扶苏监蒙恬军。

外国

〔帕提亚〕 国王安息塞斯三世嗣位（公元前212—171年）。

〔迦太基〕 汉尼拔攻陷达伦图木，败罗马两军。迦太基人又败罗马军于西班牙，杀其将。

前211年

中国

庚寅 秦始皇三十六年

东郡人刻“始皇死而地分”于陨石；石旁居民皆被杀。徙三万家于河北榆中。

外国

〔迦太基〕 汉尼拔谋解加普亚之围（南意大利城邦，在战争中叛罗马，罗马人围之），不克。汉尼拔逼近罗马，距罗马仅一英里，罗马人守御不懈，汉尼拔知罗马不能下，率师而退。加普亚终降罗马。其他宣告独立之城市，亦复归附罗马。

〔罗马〕 击败叙拉古，叙拉古降罗马，西西里其余部分亦复属罗马。

前210年

中国

辛卯 秦始皇三十七年

始皇南巡，北还，七月，死于沙丘宫。李斯、赵高立始皇少子胡亥为二世皇帝。赐扶苏、蒙恬死。九月，葬始皇于骊山，尽闭治墓工匠于墓中。是岁，秦赵佗等伐瓯骆，安阳王败之。佗请和，且为其子求婚王女；许之。

外国

〔罗马〕 将军西庇阿攻西班牙。

前209年

中国

壬辰 秦二世皇帝胡亥元年

春，二世东巡。杀公子十二人、公主十人，牵连死者甚多。继作阿房宫。征材士五万人屯卫咸阳。教射狗马禽兽，令郡县转菽粟刍稿。七月，陈胜、吴广起义于蕲，称大楚；旋入陈，陈胜称王，号张楚。陈胜使武臣徇赵地，八月，武臣自立为赵王。陈胜使周市徇魏地，市立魏咎为魏王。陈胜使周文西击秦，至戏，为秦将章邯所败。九月，刘邦起兵于沛，称沛公。项梁与兄子籍起兵于吴。田儋起兵于齐，称齐王。韩广奉武臣命徇燕地，自立为燕王。是岁，二世废卫君角为庶人。周初诸侯，卫为最后亡者。

外国

〔叙利亚〕 王安提俄古三世连败帕提亚，恢复叙利亚失地（公元前209—204年）。

〔罗马〕 将军西庇阿攻陷新迦太基（在西班牙）。罗马人击败汉尼拔，攻陷达伦图木。

前208年

中国

癸巳 秦二世二年

章邯破周文军，又东下，连破以陈胜为首之农民军。陈胜御者庄贾杀陈胜，叛降于秦。赵王武臣为部下所杀，张耳等立赵歇为赵王。秦嘉立景驹为楚王，项梁渡江攻之，嘉、驹皆败死。项梁立楚怀王之孙名心者为楚王，仍号怀王；又立韩成为韩王。章邯大破齐、楚、魏军，杀齐王儋，魏王咎自焚死。齐人立田假为齐王。田荣攻逐田假，立田市为齐王。章邯大破楚军，项梁败死。楚立魏豹为魏王。章邯攻赵，赵求救于楚。楚怀王自将诸军，使刘邦西攻秦，命宋义、项籍等北救赵。二世杀李斯，夷三族。赵佗又侵瓯骆，安阳王败死，地遂入于佗。

外国

〔叙利亚〕 塞流西王朝承认巴克特里亚独立。

〔罗马〕 汉尼拔弟哈士多路巴自西班牙攻入

意大利波河流域。

前207年

中国 甲午 秦二世三年

十一月，项籍杀宋义，自为假上将军；渡河救赵，大破秦军；章邯引却，又为项籍所败，遂降。刘邦连下所过城邑，八月入武关。赵高杀二世，立二世兄子子婴，贬号为秦王。九月，秦王子婴杀赵高，夷三族。刘邦破秦兵于蓝田。

外国 〔罗马〕 击败哈士多路巴军，斩哈士多路巴。汉尼拔退守布鲁提阿木。

前206年

中国 乙未 汉王刘邦元年（此时刘邦为汉王，至前202年始称皇帝，是为汉太祖高皇帝）

十月，刘邦至霸上，秦王子婴降，秦亡。十一月，刘邦与秦人约法三章，悉除秦苛法。十二月，项籍率诸侯之军至鸿门。继入咸阳，杀子婴，焚宫室，收宝货妇女东还。正月，项籍尊楚怀王为义帝，徙之江南。二月，项籍自立为西楚霸王；并分封刘邦为汉王，章邯为雍王，司马欣为塞王，董翳为翟王，申阳为河南王，司马卬为殷王，英布为九江王，吴芮为长沙王，共敖为临江王，田安为济北王；又徙魏王魏豹为西魏王；徙赵王赵歇为代王，以张耳为常山王；徙燕王韩广为辽东王，以臧荼为燕王；徙齐王田市为胶东王，以田都为齐王；韩王韩成仍旧封。四月，罢征秦之兵，诸王各就国。五月，田荣拒齐王田都，杀胶东王田市，自立为齐王；七月又击杀济北王田安，并其地。项籍废韩王韩成，又杀之；以郑昌为韩王。八月，汉王刘邦袭定雍、塞、翟等地，遣兵出武关，东略地。燕王臧荼击杀辽东王韩广，并其地。赵佗自立为南越武王。

外国 〔朝鲜〕 时箕准为王（按：朝鲜传说，其国开创者为“檀君”，生当中国唐尧之世，至殷王武丁时，入山为神。其言不经。又中国记载谓周初，殷之王族箕子率国人至朝鲜君其地，传四十世至箕否。当战国之末，否死，子准立）。

〔罗马〕 将军西庇阿将迦太基人自西班牙退出，与努米底亚王、玛西尼萨王缔结密约。

前205年

中国 丙申 汉王刘邦二年

十月，项籍使人杀义帝于江。陈余约齐袭逐常山王张耳，耳奔汉；余迎代王赵歇复为赵王，歇以余为代王。汉王刘邦出关，河南王申阳降。邦使韩襄王孙信击降韩王郑昌，即以信为韩王。正月，项籍击齐王田荣，荣走死。籍复立田假为齐王，大掠齐地，齐人纷纷反抗。三月，刘邦迫降西魏王魏豹，俘殷王司马卬，进攻项籍。四月，田横逐齐王田假，立田广为齐王。刘邦率诸侯兵攻楚，大败于彭城，诸侯多背汉，魏豹托辞归，绝河津附于楚。五月，刘邦至荥阳，与楚相持。关中大饥，人相食。楚汉相距之际，田荒谷贵，宣曲任氏窖藏米粟，贵卖致巨富。九月，刘邦使韩信击虏魏豹；后九月，韩信击定代地。

外国 〔罗马〕 西庇阿当选为执政官，时年二十七。

前204年

中国 丁酉 汉王刘邦三年

十月，韩信大破赵兵，虏赵歇。十一月，九江王英布附于汉。四月，楚围刘邦于荥阳。五月，邦使韩王信等守荥阳，自与数十骑逃至成皋。六月，项籍陷荥阳，俘韩王信，进围成皋，拔之。刘邦逃，派兵扼击，使楚不得西。项籍分兵守成皋，自引大军东击彭越。九月，刘邦遣郦食其说齐，齐附于汉，撤守备。

外国 〔罗马〕 将军西庇阿帅师征迦太基，从征者三万人。

前203年

中国 戊戌 汉王刘邦四年

十月，韩信袭齐，陷临淄。齐王田广烹郦食其，东走。楚遣兵救齐，十一月，韩信大破齐楚军，俘田广。田横立为齐王，不久败逃，齐地尽为韩信所有。刘邦破楚军，复取成皋，屯广武，与楚相持。汉立张耳为赵王。二月，汉立韩信为齐王。七月，汉立英布为淮南王。八月，北貉、燕人以骑兵助汉。汉初定算赋。项羽与刘邦约中分天下，以鸿沟为界，东属楚，西属汉。九月，项籍引兵还。

外国 〔埃及〕 托勒密五世即王位（公元前203—181年）。

〔罗马〕 将军西庇阿败迦太基军。迦太基政府不得已招汉尼拔入援。

前 202 年

中国

己亥　汉高帝刘邦五年

十月，刘邦背约，追击项籍。十二月，项籍被围垓下，突围走乌江，自刎死。汉击并临江国。正月，徙齐王韩信为楚王，立彭越为梁王。二月，刘邦即皇帝位于氾水之阳，是为汉太祖高皇帝；西都洛阳。徙衡山王吴芮为长沙王，立故越王无诸为闽越王。五月，兵皆罢归家。诏民之保聚山泽者还乡复故爵田宅，爵及七大夫以上皆令食邑，以下皆免本身征役及户赋。用娄敬言，西都关中。七月，燕王臧荼起兵，九月，败，被俘。立卢绾为燕王。项籍故将利几起兵，不久败。定币制：黄金以斤为名；又铸荚钱（五分钱）。

外国

〔罗马〕　将军西庇阿与汉尼拔军战于迦太基以南之撒南城近郊，迦太基军败，汉尼拔仅以身免。

前 201 年

中国

庚子　汉高帝六年

十二月，黜楚王韩信为淮阴侯。大封功臣。正月，大封同姓。徙韩王信封地于太原。九月，韩王信降匈奴；匈奴冒顿单于侵太原，至晋阳。叔孙通定朝仪成。

外国

〔叙利亚〕　与埃及间之第五次叙利亚战争开始（公元前 201—195 年），叙利亚夺回沿海之地与小亚细亚南部。

〔埃及〕　三角洲人民起义，反抗托勒密王朝之残酷统治，经六年，被镇压下去。

〔迦太基〕　接受罗马之讲和条件：（一）将在西班牙与地中海之属地皆割让于罗马，（二）将西法克斯国改属于罗马之盟国米西尼萨，（三）迦太基每年向罗马交纳二百达伦之年贡，以五十年为期，（四）迦太基只准保留十只战舰，（五）不得罗马允许，迦太基不得对外宣战。二次布匿战争后，罗马惩罚不忠实之盟国，或撤销其独立，或割取其一部分土地。

前 200 年

中国

辛丑　汉高帝七年

十月，长乐宫成，始用朝仪。高帝自将击韩王信，信败走匈奴。曼丘臣等立赵利为王，结韩王信及匈奴攻汉。高帝追匈奴兵至平城，被围七日。十二月，匈奴攻代。二月，始迁都长安。

外国

〔罗马〕　第二次对马其顿战争（公元前 200—197 年）。希腊雅典、罗兹、波迦那木诸邦（伊托利亚联盟）受马其顿威胁，乞援于罗马，罗马亦患马其顿日益强大，且怨其曾助迦太基，遂对马其顿宣战，战争继续三年。

〔希腊〕　史家波里比阿生于是年左右（公元前 200？—120？年）。波里比阿乃希腊化时期希腊最著名之历史家，尝著公元前 220—146 年间希腊诸国史。

前 199 年

中国

壬寅　汉高帝八年

十月，高帝击韩王信残部于东垣。三月，令贾人不得衣锦绣绮縠絺纻罽、操兵、乘马。

前 198 年

中国

癸卯　汉高帝九年

冬，使人往匈奴结和亲。十一月，徙齐楚大族及豪杰于关中，凡十余万口。正月，黜赵王张敖为宣平侯。

前 197 年

中国

甲辰　汉高帝十年

九月，代相陈豨结匈奴自立为代王，高帝自将击之。

外国

〔罗马〕　联合伊托利亚同盟与阿基安同盟败马其顿于辛诺塞法里（在塞萨里）。

前 196 年

中国

乙巳　汉高帝十一年

冬，陈豨败。正月，杀韩信，夷三族。三月，杀彭越，夷三族。五月，立赵佗为南越王。七月，英布起兵反汉，高帝自将击之。

外国

〔马其顿〕　被迫与罗马讲和，（一）承认希腊各邦独立；（二）纳赔款一千达伦，十年偿清；（三）放弃在亚洲占领之城市与领土；（四）限制马其顿军队不得超过五千人，战舰不得超过五只；（五）不得罗马允许，不得对外宣战。

前 195 年

中国

丙午　汉高帝十二年

十月，英布败死。二月，使樊哙击卢绾，绾亡入匈奴。立越后南武侯织为南海王。四月，高帝死，皇太子盈嗣位，是为孝惠皇帝。

前 194 年

中国

丁未　汉孝惠皇帝刘盈元年

正月，始筑长安城。

外国

〔朝鲜〕　燕人卫满于是年左右入据朝鲜为王，旧王箕准奔马韩。于是箕氏朝鲜亡，卫氏朝鲜兴。

前 193 年

中国

戊申　汉惠帝二年

是岁萧何死。

前 192 年

中国

己酉　汉惠帝三年

春，发长安六百里内男女十四万六千人城长安，三十日罢。以宗室女为公主，嫁匈奴。五月，立闽越君摇为东海王，世号东瓯王。六月，发诸侯王、列侯徒隶二万人城长安。是岁，蜀湔氏起事，旋败。

外国

〔叙利亚〕　与罗马战（公元前 192—189 年）。罗马军入小亚细亚，败安提俄古三世。叙利亚舰队全部丧失，退出小亚细亚，向罗马赔偿巨款以和。从此叙利亚国势又衰，亚美尼亚与巴克特里亚乘机独立。

前 191 年

中国

庚戌　汉惠帝四年

正月，举民孝弟力田者免本身征役。三月，省法令妨吏民者；除秦挟书之律。

前 190 年

中国

辛亥　汉惠帝五年

正月，复发长安六百里内男女十四万五千人城长安，三十日罢。九月，长安城成。是岁曹参死。

外国

〔罗马〕　大败叙利亚军于希腊。埃及、罗兹、波迦那木、马其顿皆助罗马。罗马继又进军西亚，复败之于玛格尼西阿（小亚细亚斯美尔那附近）。叙利亚被迫承认以下条件，与罗马讲和：（一）叙利亚放弃一切在欧洲之领土，并放弃亚洲陶拉斯山以西之领土；（二）赔偿罗马一万五千达伦，十二年偿清；（三）交出汉尼拔（汉尼拔于公元前 185 年自迦太基逃出，至是又奔尼塞尼亚，公元前 183 年自杀）。

前 189 年

中国

壬子　汉惠帝六年

是岁张良死。

外国

〔罗马〕　将叙利亚在小亚细亚之属地分予波迦那木与罗兹二国。在希腊方面，罗马迫使伊托利亚同盟附属于罗马。

前 188 年

中国

癸丑　汉惠帝七年

八月，惠帝死。九月，皇太子恭嗣位，高皇后吕氏临朝称制。复弛高帝困辱商贾之律，然市井子孙仍不得仕宦为吏（按此禁不知确弛于何年，因史言在孝惠、高后时，故置于此）。

前 187 年

中国

甲寅　高皇后吕雉称制元年（少帝刘恭）

正月，除秦三族罪及妖言令。四月，封吕氏数人为王。

外国

〔印度〕　孔雀王朝末王卜里达拉达为权臣蒲胥亚米忒拉所杀，建立松喀王朝。蒲胥亚米忒拉在位凡三十六年（公元前 187—151 年）。

〔叙利亚〕　王塞流西四世嗣位（公元前 187—175 年），叙利亚国势又渐恢复。

前 186 年

中国

乙卯　高后二年（少帝刘恭）

七月，行八铢钱。

前 185 年

中国

丙辰　高后三年（少帝刘恭）

夏，江水、汉水溢，冲没四千余家。秋，伊水、洛水溢，冲没千六百余家；汝水溢，冲没八百余家。

前 184 年

中国

丁巳　高后四年（少帝刘恭、少帝刘弘）

四月，吕后杀少帝恭；五月，立恒山王刘义为帝，更名弘。是岁，禁铁器不得售于南越。

前 183 年

中国

戊午　高后五年（少帝刘弘）

春，南越王赵佗称南越武帝，发兵攻长沙边县。九月，初令戍卒岁更。

前 182 年

中国

己未　高后六年（少帝刘弘）

是岁，匈奴侵狄道，攻阿阳。行五分钱（即荚钱）。

前 181 年

中国

庚申　高后七年（少帝刘弘）

十二月，匈奴侵狄道，掳二千余人。九月，发兵攻南越。

外国

〔埃及〕　王托勒密六世即位（公元前 181—145 年），对内施行残酷之统治，对外又败于叙利亚，国人不满，遂改立其弟，兄弟争权，罗马乘机干涉，国渐衰乱。

前 180 年

中国

辛酉　高后八年（少帝刘弘）

夏，江水、汉水溢，冲没万余家。七月，吕后死。罢攻南越兵。南越王赵佗诱逼闽越、西瓯、骆越等役属之。九月，右丞相陈平、太尉周勃等大杀诸吕，迎高帝子代王恒为皇帝，是为太宗孝文皇帝；又杀少帝弘及惠帝诸子。

前 179 年

中国

壬戌　汉孝文皇帝刘恒元年

十二月，除收孥诸相坐令。文帝赐南越王赵佗书；佗去帝号，奉贡于汉。

前 178 年

中国

癸亥　汉文帝二年

十月，诏列侯之国，其有职事及特许留者遣太子。十一月，诏举贤良方正能直言极谏者。正月，始开藉田。五月，除诽谤妖言法。九月，免本年田租之半。是岁，陈平死。

前 177 年

中国

甲子　汉文帝三年

五月，匈奴右贤王入居河南地，掠上郡。八月，济北王刘兴居反，旋败死。

前 176 年

中国

乙丑　汉文帝四年

前 175 年

中国

丙寅　汉文帝五年

四月，更造四铢钱，文仍为半两；除盗铸钱令。赐邓通蜀严道铜山铸钱，吴王刘濞开豫章铜山铸钱，于是吴邓钱布天下。

外国

〔巴克特里亚〕　王尤梯代莫斯之子德米特里征服阿富汗及印度之旁遮普、信德等地。后德米特里之本土为攸克提底斯所夺，德米特里遂专统治阿富汗及印度西部，迁都奢羯罗城。在印度的希腊王朝，历八君，凡八十二年。

〔叙利亚〕　王安提俄克四世即位（公元前 175—163 年）。

前 174 年

中国

丁卯　汉文帝六年

十月，淮南王刘长结闽越、匈奴谋反，废死。匈奴冒顿单于致书文帝约和。未几，冒顿死，老上单于立，文帝复遣宗室女为公主入匈奴和亲。贾谊上治安策。

前 173 年

中国

戊辰　汉文帝七年

十月，令列侯太夫人、夫人、诸侯王子及吏二千石不得擅征捕。

前 172 年

中国

己巳　汉文帝八年

前 171 年

中国

庚午　汉文帝九年

外国

〔帕提亚〕　王米特拉达梯一世嗣位（公元前 171—138 年）。米特拉达梯屡败塞流西王朝，尽复失土，拓地东至印度，西至幼发拉底河、米堤、伊拉姆、波斯、亚美尼亚及巴克特里亚之一部悉入版图。帕提亚遂至极盛时期。帕提亚开始与罗马交换使节，发生联系。

〔罗马〕　对马其顿的第三次战争（公元前 171—168 年）。战争初期，罗马遭受挫败。

前 170 年

中国

辛未　汉文帝十年

前 169 年

中国

壬申　汉文帝十一年

匈奴掠狄道。晁错上书言制匈奴事。是岁周勃死。

前 168 年

中国

癸酉　汉文帝十二年

十二月，河决酸枣，溃金堤，大发卒塞之。三月，废出入函谷关用传（符证）制度。晁错陈农民疾苦、商人兼并之烈。令民入粟于边，拜爵依多少为差。免本年租税之半。是岁贾谊死。

外国　〔罗马〕　大败马其顿，虏马其顿王波西斯。罗马军饱掠而归，自是罗马政府免除市民直接税。罗马分马其顿为四国。罗兹与波迦那木因同情于马其顿而遭受惩罚。罗马又将阿基安同盟各邦著名市民千人，拘于罗马，以为人质。

〔埃及〕　承认自己为罗马之附属国。

前 167 年

中国　甲戌　汉文帝十三年

五月，除肉刑；改律当髡者为城旦、舂，当黥髡者钳为城旦、舂，当劓者笞三百，当斩左趾者笞五百，当斩右趾、杀人已自首、吏枉法受赇及监守自盗，已定谳又犯笞罪者，皆弃市。六月，免租税。

前 166 年

中国　乙亥　汉文帝十四年

冬，匈奴侵朝那、彭阳，候骑至甘泉宫，杀虏吏民、畜产，月余乃退；汉兵尾追，无所获。

前 165 年

中国　丙子　汉文帝十五年

九月，文帝亲策贤良方正能直言极谏者。晁错请削诸侯，更法令。

前 164 年

中国　丁丑　汉文帝十六年

四月，使博士诸生采六经文作王制；议封禅。分齐为六王国，淮南为三王国，以弱其力。九月，更以明年为元年。

前 163 年

中国　戊寅　汉文帝后元年

前 162 年

中国　己卯　汉文帝后二年

匈奴连岁侵扰，杀略人畜，云中、辽东最甚。文帝使人致书单于，匈奴亦遣人报聘，于是又和亲。

外国　〔叙利亚〕　得密特利阿斯一世即王位（公元前 162—150 年）。

前 161 年

中国　庚辰　汉文帝后三年

前 160 年

中国　辛巳　汉文帝后四年

夏，江水、汉水溢，冲没万余家。

外国　〔阿富汗〕　统治阿富汗及西印度之希腊国王米南德（亦称弥兰王或密林达）约于此年即位（约公元前 160—140 年）。佛教经典中有“弥兰王问经”，记弥兰王与那先比丘问答事。

前 159 年

中国　壬午　汉文帝后五年

前 158 年

中国　癸未　汉文帝后六年

冬，匈奴侵上郡，入云中，杀略甚众，月余始退。

外国　〔日本〕　孝元天皇死，开化天皇即位（九代）。

前 157 年

中国　甲申　汉文帝后七年

六月，文帝死，皇太子启嗣位，是为孝景皇帝。是岁，长沙王吴著死，无子，国除。

前 156 年

中国　乙酉　汉孝景皇帝刘启元年

四月，遣使与匈奴和。五月，复收民田半租，三十而税一。减笞刑。

前 155 年

中国　丙戌　汉景帝二年

十二月，令男子二十始傅。秋，与匈奴和亲。

前 154 年

中国　丁亥　汉景帝三年

正月，吴王刘濞与楚王刘戊、胶西王刘卬、胶东王刘雄渠、菑川王刘贤、济南王刘辟光、赵王刘遂，并南结闽、东越，北连匈奴，起兵反，史称“七国之乱”。二月，周亚夫大破吴楚军，吴王走死，楚王自杀，胶西等四王亦皆败死。

前 153 年

中国　戊子　汉景帝四年

春，复出入函谷关用传制度。

外国 〔罗马〕 因西班牙人起义，遂定制执政官自1月1日就职（以前为3月15日），自是1月1日为一年行政的开始。

前152年

中国 己丑 汉景帝五年

正月，作阳陵邑；夏，募民徙阳陵，赐钱二十万。遣公主嫁匈奴。是岁张苍死。

前151年

中国 庚寅 汉景帝六年

外国 〔印度〕 松喀王朝国王蒲胥亚米忒拉死，子阿格尼米特拉继位，在位年数不可考。

〔罗马〕 通过立法，执政官不得任职两次（依公元前342年旧法。十年后得再任）。

前150年

中国 辛卯 汉景帝七年

外国 〔叙利亚〕 王得密特利阿斯为一自称塞流西四世之子名亚历山大·巴拉者所杀。埃及王托勒密侵入叙利亚，杀亚历山大·巴拉，立得密特利阿斯一世之子，是为得密特利阿斯二世（公元前145—139年）。

前149年

中国 壬辰 汉景帝中元年

外国 〔罗马〕 第三次对迦太基战争（第三次布匿战争，公元前149—146年）。罗马人因迦太基迅速恢复而感觉威胁，一派元老议会议员如加图要求毁灭迦太基。罗马人借口迦太基未得罗马同意而对努米底亚王玛西尼亚宣战，遂出兵北非，向迦太基进攻。最初二年，罗马人进攻并未得逞。围攻三年卒陷迦太基。第四次对马其顿战争（公元前149—148年）。马其顿人安德里斯古，冒称马其顿王波西斯子，利用群众对罗马之不满情绪，举兵谋推翻罗马统治（公元前168年后，马其顿分裂为四部分，虽称自治，实由罗马代表指挥），群众急起响应，但不久为罗马所败。

前148年

中国 癸巳 汉景帝中二年

二月，匈奴侵燕地。

外国 〔罗马〕 对马其顿之第四次战争结束，马其顿败，成为罗马之一省。

前147年

中国 甲午 汉景帝中三年

十一月，罢诸王国御史大夫官。四月禁酤酒。

前146年

中国 乙未 汉景帝中四年

外国 〔罗马〕 与希腊之阿基安同盟战，不久即取得胜利，毁灭希腊商业中心之科林斯城，抢劫艺术品，送往罗马，将其居民皆变卖为奴隶。对于其余之城邦，虽仍保存其独立，但由罗马驻马其顿之总督监督。攻陷迦太基。迦太基人经三年之英勇抵抗，外无援兵，内缺食粮，财尽力竭，城终失陷。余民男五万，女二万五千向罗马投降，罗马将其变卖为奴隶，将其城夷为平地。以其地划为罗马之一省。

前145年

中国 丙申 汉景帝中五年

史记作者司马迁生（王国维之说。郭沫若考订迁生于武帝建元六年，后此十年）。

外国 〔埃及〕 王托勒密出兵参加叙利亚内争，战死。弟托勒密七世立（公元前145—116年），国益衰乱。

前144年

中国 丁酉 汉景帝中六年

十一月，大改官名。再减笞刑；又定箠令。六月，匈奴侵雁门，入上郡，取苑马，吏卒死者二千人。

前143年

中国 戊戌 汉景帝后元年

夏，弛酒酤禁。

外国 〔罗马〕 对卢西坦尼亚战争（公元前143—133年）。西班牙居民对罗马统治之不满情绪终于爆发为卢西坦尼亚（西班牙西北部）战争，延续十年之久；起义首领为维赖阿塔斯。

前142年

中国 己亥 汉景帝后二年

三月，匈奴侵雁门。四月，诏

二千石修职事。五月，旧制民赀一万纳钱一百二十七，是为一算，赀及十万即十算，乃得为吏，至是，减至四算即可得官。

前 141 年

中国　庚子　汉景帝后三年

正月，诏劝农桑；禁官吏发民采黄金、珠玉。景帝死，皇太子刘彻嗣位，是为世宗孝武皇帝。

前 140 年

中国　辛丑　汉世宗孝武皇帝刘彻建元元年

十月，武帝亲策贤良方正直言极谏之士，董仲舒对策，请黜刑名，崇儒术，兴太学，令郡国岁贡士。卫绾请黜所举贤良之为申、韩、苏、张之言者，报可（按：策试贤良方正，此后直至后汉曾举行多次，除重要者予以收录外，余皆不再录）。二月，行三铢钱。

前 139 年

中国　壬寅　汉建元二年

外国　〔叙利亚〕　帕提亚王米特达拉梯一世虏叙利亚王得密特利阿斯二世，尽俘其军。叙利亚大乱，国人立得密特利阿斯之弟为王，是为安提俄古七世（公元前 139—127 年）。

〔罗马〕　贿赂西班牙起义军中之叛徒，将起义首领维赖阿塔斯暗杀，起义运动失败。

前 138 年

中国　癸卯　汉建元三年

河水溢于平原。大饥，人相食。七月，闽越攻东瓯，东瓯请救。闽越兵退，徙东瓯人于江、淮间。九月，征购民田为上林苑。

外国　〔帕提亚〕　并印度西部塔格锡来斯国，自是波斯遣派总督，统治此地区者凡五百余年（直至公元 4 世纪末）。夫拉提斯二世嗣王位（公元前 138—124 年）。

〔柏加马斯〕　王阿塔拉三世死，遗嘱将国交与罗马，以免为邻国所并。

前 137 年

中国　甲辰　汉建元四年

外国　〔罗马〕　第一次西西里岛奴隶起义爆发（公元前 137—132 年）。西西里岛号称罗马谷仓，大批使用在大农场上工作的奴隶，受着残酷压迫，过着非人生活。起义运动由西西里之恩那城发生，首领是叙利亚人攸努斯，被推举为皇帝，彼设立议会，建立军队，击败被派来镇压起义者的罗马军队。不久，在西西里岛西南部又发生奴隶起义，为首者是小亚细亚人克利温。两个革命队伍合流，不久席卷西西里东部，参加起义者增至二十万人。罗马派大军前往镇压，屡被起义者击退。罗马遂实行长期围困，并利用奸细活动，才攻下恩那与托洛曼尼亚两城。罗马人实施残酷之报复，残杀奴隶至两万人。克利温战死，攸努斯则为罗马人虏获，死于狱中。

前 136 年

中国　乙巳　汉建元五年

春，罢三铢钱，行半两钱。置五经博士。

前 135 年

中国　丙午　汉建元六年

八月，以闽越侵南越，发兵击之。闽越王弟余善杀其王郢以谢汉，罢兵，立繇君丑为繇王奉闽越先祀。余善自立为王，汉封之为东越王，与繇王并处。匈奴请和亲。是年史记作者司马迁生（按王国维谓迁生于景帝中五年，前此十年。此据郭沫若考订）。

前 134 年

中国　丁未　汉元光元年

十一月，初令郡国举孝廉各一人。

前 133 年

中国　戊申　汉元光二年

十月，遣方士入海求神仙，并炼丹药。六月，以韩安国为护军将军，护李广等四将军兵，发车骑材官三十余万，诱击匈奴，无功。

外国　〔罗马〕　在镇压卢西坦尼亚起义运动之后，西班牙大部归罗马统治。小亚细亚拍加马王国亚里斯托尼哥领导奴隶与自由贫民起义（公元前 133—130 年）。亚里斯托尼哥解放奴隶，并允许成立一个凡公民皆能享受自由平等的“太阳国”，受到被压迫人民的支持，屡次击败罗马大军，但终为罗马所镇压，亚里斯托尼哥被擒杀。罗马贵族提比留·格拉古被选任保民官，提出土地改革法案，主张每一家族拥有之土地不得超过一千犹格，将羡余土地，分成小块，租与贫民，世袭耕种，以限制土地集中于少数大土地所有者之手。此议案被人民会议通过，人民并选举提比留·格拉古本人与其弟盖约·格拉古为土地分配委员会委员。但此种措施遭受多数贵族之反抗。

前 132 年

中国

己酉　汉元光三年

春，河水徙，从顿丘东南流入渤海。五月，复决濮阳瓠子，注巨野，通淮、泗，泛郡十六，发卒十万塞之，无成。

外国

〔罗马〕　提比留·格拉古进行连任保民官的活动，以推动土地改革。罗马法律不准保民官连任，贵族遂利用此事以打击格拉古。当选举进行时，格拉古及其拥护者三百人被贵族打死，尸体被抛入河中。贵族遂停止土地委员会之活动。

前 131 年

中国

庚戌　汉元光四年

前 130 年

中国

辛亥　汉元光五年

正月，使唐蒙通夜郎，置犍为郡，发巴蜀卒数万人治南夷道。使司马相如等通邛、筰、冉、駹、斯榆，置十余县，领以一都尉，属蜀郡。发卒万人治雁门道。七月，张汤等定律令，作见知法——凡知人犯法而不举告，谓之故纵，与犯者同罪。征吏民明世务、习儒术者，令与各郡国上计吏同诣京师。

外国

〔巴克特里亚〕　中亚细亚蛮族塞人、大月氏等族约于此时灭巴克特里亚，其末王希罗克里斯乃攸克提底斯的后裔。

前 129 年

中国

壬子　汉元光六年

冬，初算商车。春，令水工徐伯表督卒数万穿渭渠，起长安至河，三百余里，以漕关东粟；三岁而通。匈奴入上谷，遣卫青等四将军各将万骑分道击之，惟青至龙城有功。秋，以匈奴数入塞，遣韩安国屯渔阳备之。

外国

〔帕提亚〕　王夫拉提斯二世败叙利亚王安提俄古七世于米堤。叙利亚尽失幼发拉底河以东之地，永未再恢复。

〔罗马〕　拍加马起义运动被镇压后，划为行省，称亚细亚省。格拉古之姐夫阿米里阿纳因赞助土地改革，为反对党所杀。

前 128 年

中国

癸丑　汉元朔元年

十一月，诏议二千石不举孝廉者罪。秋，匈奴入辽西、渔阳、雁门，杀略吏民四千余人；遣卫青等击退之。东夷薉君南闾等二十八万人附汉，置为苍海郡。

前 127 年

中国

甲寅　汉元朔二年

正月，用主父偃策，分封诸侯王子弟为侯，以分其势。匈奴入上谷、渔阳，杀略吏民千余人；遣卫青等击之，俘获数千，牛羊百余万。逐匈奴之白羊、楼烦王，又取河南地，置朔方郡，发十余万人筑朔方城。又缮秦时所为塞，费数十百巨万。夏，募民徙朔方十万口。徙郡国豪杰及赀三百万以上于茂陵。

外国

〔帕提亚〕　王夫拉提斯二世为塞人战败身死，塞人原在中亚细亚，为大月氏人所逐，侵入帕提亚，遂与帕提亚人战。按塞人被大月氏人破走事见《汉书·西域传》，希腊人记载称塞人为塞卡人，为中亚细亚强族。塞人掠夺帕提亚，甚为惨烈。夫拉提斯死，阿塔巴那斯一世嗣位（公元前 127—124 年）。

〔叙利亚〕　王安提俄古七世与帕提亚战，败死。群公子争立，国益衰乱。

前 126 年

中国

乙卯　汉元朔三年

冬，匈奴太子於单降汉。春，罢苍海郡。张骞自月氏回。匈奴入代郡，杀略吏民千余人。秋，罢西夷，独置南夷夜郎两县，专力城朔方。匈奴入雁门，杀略千余人。

前 125 年

中国

丙辰　汉元朔四年

夏，匈奴入代郡、定襄、上郡，杀略数千人。

外国

〔罗马〕　执政官夫拉古征服高卢南部。

前 124 年

中国

丁巳　汉元朔五年

春，以匈奴右贤王数侵扰朔方，遣卫青将三万骑，护四将军兵，又别遣二将，凡十余万人击之，俘匈奴小王十余人，男女万五千人，畜数十百万；即军中拜青为大将军。六月，置博士弟子五十人，免本身征役；吏通一艺以上者补官。秋，匈奴入代郡，杀略吏民千余人。

外国 〔帕提亚〕 王阿塔巴那斯为塞人所败，战死。密斯利得提斯二世嗣位（公元前124—88年）。西败西徐亚人，又击败亚美尼亚人，与罗马缔订和约。帕提亚与中国初次通使，亦当密斯利得提斯二世在位之时。张骞第三次出使西域时，遣副使至安息，安息王令将以两万骑迎中国使官于其国之外界，并遣使随汉使来观汉地，以大鸟卵及犁靬（罗马）善眩人（幻术家）献于汉。

前123年

中国 戊午 汉元朔六年

二月，大将军卫青统六将军击匈奴，斩数千级而还。四月，青复统六将军击匈奴，俘斩数万人。剽姚校尉霍去病俘斩匈奴小王、相国、当户及骑士二千余人，功独多。六月，令民得买爵及赎禁锢免赃罪；并置武功爵级十七，买武功爵至千夫者得先除为吏。

外国 〔罗马〕 盖约·格拉古当选为保民官，锐意继其兄未竟之业，进行社会改革。在其领导下，恢复提比略所倡导之土地法，通过食粮条例，由国营商店以廉价售粮与人民。又施行诉讼法，由骑士充任法官，审判案件。又将小亚细亚捐税由罗马人承包。又提议在意大利与非洲创立殖民地以安插无地贫民。

前122年

中国 己未 汉元狩元年

春，淮南王安、衡山王赐谋反，事泄自杀，列侯、二千石、豪杰被二狱牵连死者数万人。五月，匈奴入上谷，杀数百人。以求通身毒道，复事西南夷，汉使至滇国。

外国 〔罗马〕 盖约·格拉古连任保民官，因有人民大众与商人支持，贵族不敢公开反对。彼又向人民会议提议赠与意大利各盟邦以全民权，遭受农民反对，格拉古被迫将议案收回。

前121年

中国 庚申 汉元狩二年

三月，骠骑将军霍去病将万骑击匈奴，深入千余里，杀小二王，俘王子、相国、都尉，获斩八千九百余人，并获休屠王祭天金人。夏，霍去病复与三将军将数万骑击匈奴，异道，惟去病有功，深入二千余里，俘小王十余，相国、都尉以众降者二千五百人，斩首三万二百级。匈奴入代郡、雁门，杀略数百人。江都王刘建谋反，发觉，自杀。秋，匈奴浑邪王杀休屠王并其众共四万余人降汉。旋分徙匈奴前后降者于陇西、北地、上郡、朔方、云中等五郡，故塞外为五属国，各以都尉监护之。

外国 〔罗马〕 盖约·格拉古未得当选保民官。贵族鉴于格拉古已渐失去人民支持，遂对其进攻。格拉古与其拥护者三千人，俱遭惨杀。盖约·格拉古既死，彼所倡导之土地法亦被废除。法官不久亦由元老议会指派。

前120年

中国 辛酉 汉元狩三年

秋，匈奴入右北平、定襄，杀略千余人。山东大水，民饥；徙其地贫民于关西及新秦中七十余万口。以陇西、北地、上郡受匈奴侵掠较少，减三郡戍卒之半。以将攻昆明，作昆明池习水战，罚枉法吏穿池伐棘。除千夫及五夫为吏，不欲者出马。立乐府。

前119年

中国 壬戌 汉元狩四年

冬，以白鹿皮造币，以银锡造为白金三品；又销半两钱改铸三铢钱，盗铸者死。以盐铁巨贾东郭咸阳、孔仅为大农丞，领盐铁事；以输财助边之卜式为关内侯；禁私铸铁器及煮盐。算贾人缗钱，又税民间车船。春，大发兵击匈奴，卫青、霍去病各将五万骑异道。卫青深入千余里，渡漠，斩首万九千级，至真颜山赵信城。霍去病深入二千余里，渡漠，俘小王三人，将军、相国等八十三人，获七万四百四十三级，封狼居胥山，禅于姑衍，登临瀚海。置大司马位，卫青为大司马大将军，霍去病为大司马骠骑将军。是后匈奴远徙，漠南无王庭。是岁李广自杀。

前118年

中国 癸亥 汉元狩五年

三月，罢三铢钱，更铸五铢钱。发数万人作褒斜道五百余里。是岁司马相如死。

前117年

中国 甲子 汉元狩六年

冬，令民告缗。六月，以私铸充斥，遣使分循郡国治之，并检举兼并之徒及守相为吏有罪者。大农令颜异坐腹诽死。自是有腹诽之法。是岁霍去病死。

前116年

中国

乙丑　汉元鼎元年

前115年

中国

丙寅　汉元鼎二年

春，起柏梁台，以铜作承露盘，高二十丈，大七围；自此大兴土木。用贾人子桑弘羊为大农中丞，置均输官于郡国以通货物。废白金。禁郡国铸钱，专令上林三官鼓铸。张骞使乌孙还，西域始通于汉。于匈奴浑邪王故地置酒泉郡，后又以匈奴休屠王故地置武威郡，徙民实之，以绝匈奴与羌之通路。

前114年

中国

丁卯　汉元鼎三年

关东郡、国十余饥，人相食。

前113年

中国

戊辰　汉元鼎四年

十月，武帝东巡，使人胁南越内属比内地诸侯王用汉法。此时前后，朔方、西河、酒泉、汝南、九江、泰山皆大兴水利，关中亦开龙首、灵轵、成国及沣渠以通运、溉田。渠大者溉万余顷，小渠不可胜数。

前112年

中国

己巳　汉元鼎五年

十月，武帝西巡。春，南越相吕嘉起事，杀南越王赵兴及太后与汉使者。四月，发罪人、楼船士及夜郎兵十余万，五道击南越。九月，列侯以酎金轻劣夺爵者百六人。西羌结匈奴攻故安，围枹罕；匈奴复入五原。

前111年

中国

庚午　汉元鼎六年

冬，发卒十万人击西羌，破之。南越相吕嘉败死，南越亡；以其地为南海、苍梧、郁林、合浦、交趾、九真、日南、珠厓、儋耳九郡。且兰杀汉使者及犍为太守；发巴蜀罪人击之，杀且兰君、邛君及莋侯，以其地置牂柯、越隽、沈黎三郡；又以冉駹地为汶山郡，白马氐地为武都郡。东越王余善杀汉三校尉，自立为武帝。汉遣二将军各将万余骑分路入匈奴境二千余里，未见匈奴一人。分武威、酒泉二郡置张掖、敦煌二郡，徙民实之。是岁于郑国渠旁穿六辅渠。

外国

〔罗马〕　对北非努米底亚王朱古达宣战，战争初期对罗马不利。

前110年

中国

辛未　汉元封元年

十月，武帝北巡，登单于台，遣使于匈奴单于挑战，单于不敢出。越繇王等杀东越王余善降汉，悉徙东越民于江淮之间。正月，武帝东巡，封禅于泰山、梁父，改元元封。复北巡，历北边而回。治粟都尉领大农桑弘羊，以作平准法使物价平稳、仓库充盈，赐爵及金。

前109年

中国

壬申　汉元封二年

正月，武帝东巡，求神仙。塞瓠子决河复旧道。大作台观以候神仙。秋，募死罪人为兵，遣二将军由水陆两路略地朝鲜。滇王降汉，以其地置益州郡。

外国

〔朝鲜〕　时卫满之孙右渠为王。汉以右渠招诱逃亡，阻真番、辰国通使之路，遣人谕之又不听，乃遣兵攻之。

前108年

中国

癸酉　汉元封三年

十二月，遣将破车师，俘楼兰王。夏，朝鲜尼谿相参杀朝鲜王卫右渠降汉，置为乐浪、临屯、玄菟、真番四郡。秋，武都氐起事，旋败，徙之酒泉。

外国

〔朝鲜〕　大臣杀国王卫右渠降汉，卫氏朝鲜亡，汉以其地置四郡；时南方为马韩、弁韩、辰韩三大部。

前107年

中国

甲戌　汉元封四年

十月，武帝北巡。秋，匈奴又数扰边，遣将屯朔方以备之。

外国

〔罗马〕　将军盖约·马略任执政，兼任非洲战争总司令，实行军事改革，战争开始对罗马有利。

前106年

中国

乙亥　汉元封五年

冬，武帝南巡，并海北还。三月，封泰山。置朔方、交趾及冀、幽、并、兖、徐、青、扬、荆、豫、益、凉等州，凡十三部，皆置刺史。诏州郡察举茂才异等。是岁卫青死。

前 105 年

中国

丙子　汉元封六年

三月，赦京师亡命，令从军攻昆明。秋，以江都王刘建女细君嫁乌孙；西域诸国多遣使于汉，葡萄、苜蓿等随以输入。

外国

〔罗马〕　擒获朱古达，努米底亚降服。马略当选连任执政官，以后又连任四届，公元前 151 年不准执政任职两次之立法遂被推翻。

前 104 年

中国

丁丑　汉太初元年

十月，武帝东巡，求神仙。春，作建章宫，千门万户。五月，造太初历，用夏正，以建寅月——正月——为岁首；易服色，定官名及宗庙百官仪。筑受降城于塞外以招匈奴降人。八月，发属国六千骑及郡国恶少年数万人，遣将率之击大宛。

外国

〔罗马〕　森布里人（高卢部落）与条顿人（日耳曼部落）自北方侵入意大利，罗马执政马略帅兵御之。西西里岛再度爆发奴隶起义。一罗马骑士之奴隶三十人，将主人杀掉，逃入附近山中，附近奴隶纷纷参加，不久增至六千人，推举萨维斯为皇帝，萨维斯分起义军为三队，每队置指挥官一人；起义人数不久增至两万人。西西里岛西部奴隶起义亦爆发，由雅典尼安领导。两部起义队伍不久合流，推举萨维斯为王，雅典尼安为总司令，以特利俄卡城为中心。

前 103 年

中国

戊寅　汉太初二年

五月，籍吏民马补车骑马。击大宛不利，兵还敦煌。遣将率二万骑入匈奴境二千里，全军败没，匈奴因入边杀略而去。

前 102 年

中国

己卯　汉太初三年

春，武帝东巡，求神仙；封禅泰山、石闾。于五原塞外数百里至千余里筑城障，西北至卢朐，并于居延泽上筑城屯兵。秋，匈奴入定襄、云中、酒泉、张掖，各杀略数千人。再击大宛，发囚徒、恶少年、边骑六万人，益以七科谪——吏有罪者、亡命者、赘婿、贾人、故有市籍、父母有市籍、大父母有市籍者，并发甲卒十八万屯酒泉、张掖；大宛杀其王毋寡降。

外国

〔罗马〕　执政官马略帅师与条顿人战于马赛利亚（即马赛）附近，经长期艰苦战斗，罗马人终获胜利，大多数条顿人被歼灭，余亦被虏为奴隶。

前 101 年

中国

庚辰　汉太初四年

春，以楼兰纳匈奴骑，欲遮汉使，捕楼兰王，寻释回，使为汉候司匈奴。自敦煌西至盐泽起亭，于轮台、渠犁置卒屯田以给卫汉使。冬，匈奴尽归所羁汉使，并使人聘于汉。

外国

〔罗马〕　执政官马略击败森布里人于北意大利，森布里大部分被歼灭或被俘为奴隶。

前 100 年

中国

辛巳　汉天汉元年

三月，遣中郎将苏武送匈奴使留在汉者，并厚馈单于；武以副使与匈奴中汉降人密谋事发，被留。

外国

〔罗马〕　马略第六次当选为罗马执政官，但元老议会因其声望日隆，渐对其畏忌。是年马略运动连任失败，离罗马，赴东方。西西里奴隶起义失败。

前 99 年

中国

壬午　汉天汉二年

春，武帝东巡。五月，遣将率三万骑击匈奴于天山，斩获万余级；还为匈奴所围，大败。别遣将入匈奴，至涿涂山，无所得。九月，骑都尉李陵击匈奴，至浚稽山被围，苦战力竭而降。太史令司马迁因言陵事，受腐刑；迁后乃作《史记》。年来以征调频繁，官吏酷暴，东方人民纷起反抗，大者至数千人，攻城邑，取库兵，释狱囚，杀守尉，道路时为之不通。乃使卿大夫等衣绣衣，持节，发兵以击之，大郡杀戮至万余人，仍不能止。于是作沈命法，凡二千石至小吏察捕不力者，皆处死刑。以匈奴降者介和王成娩将楼兰兵击车师，为匈奴右贤王救兵所败。

前 98 年

中国

癸未　汉天汉三年

二月，榷酒酤。三月，武帝东巡，求神仙；封泰山。秋，匈奴入雁门。

外国

〔日本〕　开化天皇死。

前 97 年

中国

甲申　汉天汉四年

正月，发七科谪、勇敢士及步

骑十四万余，遣三将军分路击匈奴。单于悉迁其累重于远方，而自将骑以待；汉兵无所得。诏死罪入赎，减一等。

外国 〔日本〕 崇神天皇即位（十代）。日本学者考证崇神天皇年代，那珂博士谓在公元三世纪前半，星野、吉田二博士谓在二世纪后半。二说相差半世纪，但皆晚于日本一般说法二百五十即两世纪半左右。

前 96 年

中国 乙酉 汉太始元年

春，徙郡国豪杰于茂陵。

前 95 年

中国 丙戌 汉太始二年

秋，赵国中大夫白公穿渠，引泾水，起谷口，入栎阳，注渭，长二百里，名曰白渠。

前 94 年

中国 丁亥 汉太始三年

二月，武帝东巡。

前 93 年

中国 戊子 汉太始四年

三月，武帝东巡，封禅泰山、石闾。十二月，武帝西巡。于孔子宅得古文尚书、礼记、论语、孝经（按孔子宅发现此批古书，汉书艺文志云在武帝末，又云以巫蛊事起，未列于学官，故置于此年）。

前 92 年

中国 己丑 汉征和元年

十一月，谣言宫廷及大臣中命巫者用诅咒谋杀人，于是巫蛊事起。司马迁大约死于是年前后。

前 91 年

中国 庚寅 汉征和二年

正月，以巫蛊事，族丞相公孙贺。闰四月，诸邑、阳石两公主及卫青子长平侯伉皆坐巫蛊死。七月、八月，皇后卫氏及皇太子据皆以巫蛊事相继自杀。九月，匈奴入上谷、五原，杀略吏民。

外国 〔罗马〕 德鲁苏当选为人民保民官，因其进行反对贵族之斗争，并提倡一些有利于人民之法案为人暗杀。

前 90 年

中国 辛卯 汉征和三年

正月，武帝西巡。匈奴入五原、酒泉。三月，遣李广利等三将军将步骑十三万人分道击匈奴；两道无所得，李广利降匈奴。遣成娩将楼兰、尉犁、危须等六国兵攻车师，俘其王及臣民。

外国 〔罗马〕 同盟之南意大利各邦居民，因无公民权，不能与罗马人享受平等待遇，对罗马不满，是年举行武装起义，不久席卷整个中部南部意大利，在罗马东成立一独立共和国号意大利亚，以科菲、尼厄斯为都城，政府组织依罗马方式，有执政官、元老议会与人民议会。罗马元老会议派马略与苏拉率兵去镇压，初期战不利。罗马执政朱理•恺撒提出议案，授予凡忠于罗马、未参加起义运动之一切意大利人以公民权，凡在六十日以内放下武器，申请公民权者，亦授予公民权，以分化起义运动。

前 89 年

中国 壬辰 汉征和四年

正月，武帝东巡，求神仙；三月，封禅泰山、石闾。武帝下轮台诏，深陈既往之悔。曰：当今务在禁苛暴，止擅赋，力本农，修马，复令以补缺，毋令武备而已。以赵过为搜粟都尉，改进农具，推行代田法。

前 88 年

中国 癸巳 汉后元元年

正月，武帝西巡。

外国 〔帕提亚〕 王密斯利得提斯二世死，亚美尼亚王提格累尼斯乘机入侵，国势又衰。

〔罗马〕 意大利同盟各邦起义运动被罗马粉碎，起义领袖之一维达西留斯自焚死。本都国王米特拉达悌进攻罗马在西亚的领地，并煽动当地部落，对抗罗马，罗马执政苏拉帅师抵御之。罗马发生内乱，贵族拥护苏拉，而中下阶层罗马人民则拥护马略。马略党徒乘苏拉出征之际，攻入罗马，取夺罗马政权。苏拉回师，马略逃入非洲。

前 87 年

中国 甲午 汉后元二年

二月，武帝死，皇太子弗陵嗣位，是为孝昭皇帝。大司马大将军霍光等受遗诏共领尚书事，辅政。冬，匈奴入朔方，杀略吏民。

外国 〔罗马〕 马略乘苏拉东征，自北非归罗马，与其党徒执政官辛纳夺取罗马政权，大杀反对者，或没收其财产。

前86年

中国 乙未 汉孝昭皇帝刘弗陵始元元年

夏，益州夷二十四邑三万余人起事，募吏民，发犍为、蜀郡奔命破之。闰九月，遣使行郡国，问民疾苦。

外国 〔罗马〕 马略与辛纳任罗马执政。马略旋死。罗马将军苏拉败米特拉达悌于希腊。

前85年

中国 丙申 汉始元二年

八月，以连年灾害，免所赈贷种食及今年田租。

外国 〔罗马〕 将军苏拉与米特拉达悌议和，米特拉达悌许之：(一)撤出一切侵地，(二)交出战船八十只，(三)赔款三千达仑。苏拉并向曾归附米特拉达悌之西亚各城市科罚款二万达仑。然后回罗马，谋逐马略余党辛纳等。辛纳旋为人所杀（公元前84年)。

前84年

中国 丁酉 汉始元三年

二月，募民徙云陵，赐钱及田宅。

前83年

中国 戊戌 汉始元四年

六月，徙三辅富人于云陵，户赐钱十万。冬，西南夷姑缯、叶榆复起事，杀太守；发益州兵击之。诏止民出马。

外国 〔罗马〕 将军苏拉与马略党徒战。罗马之西班牙总督塞多留乃民主派，为苏拉军队所逐。

前82年

中国 己亥 汉始元五年

六月，诏三辅、太常举贤良各二人，郡国举文学高第各一人。罢儋耳及真番郡。秋，破姑缯、叶榆兵，俘斩三万余人，获畜产五万余头。

外国 〔罗马〕 将军苏拉战胜马略党徒，夺取罗马政权。苏拉被宣布为终身狄克推多（独裁者)，大杀反对党，取消人民保民官之权力。将元老会议议员增至六百人，以位置私人，司法权仍由元老贵族执掌。

前81年

中国 庚子 汉始元六年

二月，郡国所举贤良、文学皆请罢盐铁、酒酤、均输官，于是盐铁议起。后桓宽据此作盐铁论。七月，罢榷酤官。匈奴谋与汉和，苏武等被释归。分张掖、酒泉各二县置金城郡。以钩町侯毋波助击叶榆，立为王。

外国 〔罗马〕 塞多留在西班牙募集一支大军，发动起义，对苏拉独裁进行斗争，屡败罗马军。

前80年

中国 辛丑 汉元凤元年

春，武都氐起事，遣三辅、太常免刑徒击之。八月，改元元凤。燕王刘旦与鄂邑长公主结上官桀等谋反，事觉，旦及公主皆自杀，桀等族诛。匈奴二万骑入边，大败，失九千人。

前79年

中国 壬寅 汉元凤二年

六月，令郡国勿敛今年马口钱。匈奴遣九千骑备汉，并于后方水上作桥以为退路。

外国 〔罗马〕 狄克推多苏拉因病自动退职。

前78年

中国 癸卯 汉元凤三年

春，罢中牟苑，赋贫民。诏止四年漕。冬，辽东乌桓侵边；发二万骑击之，斩六千余级，获三王首。

外国 〔罗马〕 前狄克推多苏拉死。罗马执政官雷比达企图推翻独裁制度，未能成功，后逃入伊达拉里亚，募集军队，进攻罗马，为另一执政官伽图拉斯所败。

前77年

中国 甲辰 汉元凤四年

正月，免四年、五年口赋及三年前逋更赋。傅介子诱杀楼兰王；改楼兰为鄯善，遣吏士屯田伊循。

外国 〔罗马〕 雷比达残部遁入北意大利，为罗马将庞培所败。

前76年

中国 乙巳 汉元凤五年

六月，发三辅及郡国恶少年及

吏有告劾亡者，屯辽东。秋，罢象郡分属郁林、牂柯。

前 75 年

中国 丙午 汉元凤六年

正月，募郡国徒筑辽东玄菟城。夏，乌桓复侵边，遣将击退之。

外国 〔印度〕 松喀王朝末王政权为宫相坎瓦斯所夺，建坎瓦斯王朝（公元前 75—30 年）。松喀末王仅食数邑，不问政事。

前 74 年

中国 丁未 汉元平元年

二月，减口赋钱什三。四月，昭帝死，霍光等迎昌邑王刘贺嗣位，立二十七日被废；又迎武帝曾孙病已，后更名询嗣位，是为中宗孝宣皇帝。

前 73 年

中国 戊申 汉孝宣皇帝刘询本始元年

正月，募郡国吏民赀百万以上徙平陵。四月，诏内郡国举文学高第各一人。五月，免今年租税。

外国 〔罗马〕 奴隶斯巴达克领导奴隶起义。斯巴达克原是色雷斯人，后被变卖为罗马奴隶，在加普亚城充当角斗士。是年斯巴达克纠集角斗士二百余人，密谋起义。谋划泄露，遂率其徒逃入维苏威山。奴隶、自由贫民纷纷参加，队伍日益壮大。屡败罗马进攻之大军。

前 72 年

中国 己酉 汉本始二年

秋，以乌孙请救，大发关东轻车锐卒、选郡国吏三百石勇健者从军，遣五将军，率十六万人分道西进，以校尉持节护乌孙兵，共击匈奴。

外国 〔罗马〕 两执政官亲自指挥对斯巴达克起义军进攻，俱为所败。西班牙起义领导者塞多留被叛徒刺杀。起义军大乱，渐不能抵抗罗马人之进攻。

前 71 年

中国 庚戌 汉本始三年

五月，攻匈奴军罢，五将军共俘斩七千余，乌孙兵俘斩匈奴名王都尉以下四万级，畜口七十余万头。常惠发乌孙兵七千、西域各国兵四万攻龟兹，索前杀汉校尉者斩之而还。

外国 〔罗马〕 富人兼投机家克拉苏任指挥官，出击斯巴达克起义军。时斯巴达克拟率其众往西西里岛，因木筏漂失，未能成功。克拉苏用濠堑切断斯巴达克军退路，但夜间斯巴达克又突破克拉苏防线。以后斯巴达克又企图率部由布伦迪辛港达到希腊，但革命队伍中意见纷歧，而长途跋涉，力量亦渐削弱。是年斯巴达克阵亡，革命队伍遂被击溃。残部逃往意大利南部，继续对罗马军队进行斗争。

前 70 年

中国 辛亥 汉本始四年

四月，令三辅、太常内郡国举贤良方正各一人。

外国 〔帕提亚〕 王夫拉提斯三世即位（公元前 70—57 年），平定内乱，国势稍振。罗马将庞培率师来侵，帕提亚不能敌。

〔罗马〕 克拉苏与庞培当选为执政官。

前 69 年

中国 壬子 汉地节元年

前 68 年

中国 癸丑 汉地节二年

四月，废上书言事者副封制度。罢塞外诸城防匈奴者。匈奴发两屯各万骑以备汉。匈奴属之嘐居种君长以下数千人降汉。是岁霍光死。

外国 〔罗马〕 将军美泰拉斯肃清地中海海盗。时地中海东部海盗充斥，威胁罗马粮道。是年美泰拉斯占领克里特岛，肃清海盗工作始渐得手。

前 67 年

中国 甲寅 汉地节三年

十一月，诏郡国举孝弟有行义闻于乡里者各一人。十二月，以武帝以来创为见知故纵、监临部主之法，律令烦苛，吏缘为奸，民受其害，诏置廷尉平四人，以慎刑狱。省文山郡并于蜀郡。郑吉发西域诸国兵万余人、屯田士千五百人，破车师，其王奔匈奴；吉使吏卒屯田车师。

外国 〔罗马〕 以克里特岛为一行省。罗马任命庞培为地中海总司令，负责肃清海盗。

前 66 年

中国 乙卯 汉地节四年

七月，霍氏谋反，族诛。九月，减盐价。令郡国岁上系囚因笞掠或瘐死者名数，以为考课殿最。

外国 〔罗马〕 授权庞培为罗马属亚细亚领土司令，与米特拉达悌进行战争。庞培败米特拉达悌，逐之至亚美尼亚，并科以六千达仑罚款。

前 65 年

中国 丙辰 汉元康元年

正月，龟兹王及其夫人朝汉。徙丞相、将军、列侯、吏二千石赀百万者于杜陵。冬，莎车杀汉使，结南道诸国，冯奉世发南北道兵万五千人击破之，莎车王自杀。

外国 〔罗马〕 将军庞培续败米特拉达悌，逐之至克里米亚岛，米特拉达悌自杀。庞培击败米特拉达悌后，在小亚细亚成立四个行省：（一）俾西尼亚——本都省，（二）亚细亚省，（三）西里西阿省，（四）叙利亚省。罗马喀提林企图罗马政权，未能成功。诗人贺拉西生（公元前 65—8 年）。贺拉西出身于罗马下层社会，青年时曾是一个共和主义者。后来参加米西那斯集团。彼曾写过许多诗篇描写当时之罗马社会，也曾著诗歌颂屋大维及其近臣。

前 64 年

中国 丁巳 汉元康二年

匈奴攻车师，郑吉被围；使迎吉等还，尽徙车师民于渠犁，以车师地予匈奴，命吉止护鄯善以西南道。

外国 〔罗马〕 将军庞培攻克耶路撒冷，将犹太并入叙利亚。

前 63 年

中国 戊午 汉元康三年

外国 〔罗马〕 喀提林再度提出自己为执政官的候补者，企图颠覆共和国。宣称一旦获得政权必取消一切债务，以吸引负债者之拥护。其主要支持者为没落贵族、退伍士兵以及无业游民。其阴谋为执政官西塞罗所揭发将其党羽处死，喀提林逃往伊达拉里亚。

前 62 年

中国 己未 汉元康四年

正月，遣使循行郡国，观风察吏，举茂才异伦者。以羌侯狼何结匈奴谋击鄯善、敦煌，绝汉道，遣使行视诸羌。是岁，以连年丰稔，谷石五钱。

外国 〔罗马〕 喀提林在伊达拉里亚与政府军对抗，被击溃，战死。罗马将军庞培在近东取得胜利，携带大量战利品回罗马。

前 61 年

中国 庚申 汉神爵元年

三月，改元神爵。四月，义渠安国杀先零羌豪三十余人，又击杀其种人千余，于是诸羌奋起，合兵反抗，驱逐安国。发三辅、中都官徒及应募佽飞射士、羽林孤儿、胡骑、越骑、三河等五郡材官、金城等六郡骑士，遣赵充国等三将军分将之以击西羌，斩获万余人，获畜口十余万头，降者数万。冬，罢两将军兵，独充国留屯田。

前 60 年

中国 辛酉 汉神爵二年

五月，赵充国以先零羌能军者死逾万，降逾三万，存不过四千，请罢屯兵还。秋，羌人被迫降汉，置金城属国以处之。匈奴日逐王将部众一万二千人降汉。郑吉为西域都护，治乌垒城。匈奴弱，罢昔所置之西域僮仆都尉。匈奴单于遣使献于汉，并贺明年正旦。是岁苏武死。

外国 〔罗马〕 政治领袖恺撒、庞培、克拉苏之间，缔结秘密同盟，企图共同把持罗马政治，号“三头同盟”，亦称前三雄。

前 59 年

中国 壬戌 汉神爵三年

八月，益吏百石以下俸什五。珠厓郡三县独立。

外国 〔罗马〕 在庞培与克拉苏之帮助下，恺撒当选为罗马执政官。依“三头同盟”商定之计划，将土地分配给庞培之旧部士兵，并批准庞培在东方之措施。恺撒之女嫁于庞培。历史家李维生（公元前 59—公元 17 年），尝著《罗马史》，起于罗马城邦的建立，终于公元 9 年，为关于罗马共和国时期极重要的著作。

前 58 年

中国 癸亥 汉神爵四年

五月，匈奴单于遣弟朝于汉。四月，令内郡举贤良可亲民者各一人。

外国 〔罗马〕 恺撒执政任满，获得高卢总督之地位，任期五年；如此长的任期乃前所未有。恺撒出征高卢，是年败亚里维斯塔所率领的日耳曼部落。罗马三雄指使党羽弹劾西塞罗，没收其财产，西塞罗出奔伊庇鲁斯。彼等又将大量谷物无价分配给三千贫民，以收买人心。

前 57 年

中国 甲子 汉五凤元年

七月，匈奴五单于争立，国内大乱。汉议者多请乘机灭匈奴，惟御史大夫萧望之异议。

外国 〔新罗〕 传说辰韩人朴赫居世于是年始为“居西干”（王或贵人之意），国号“徐罗伐”；是为新罗始祖。

〔帕提亚〕 王霍拉达（罗马人称他为奥罗底斯，此从其帕提亚本音）嗣位（公元前 57—39 年）。

〔罗马〕 征服比利时，平定高卢西北部。西塞罗回罗马，向三雄展开斗争。

前 56 年

中国 乙丑 汉五凤二年

八月，匈奴屠耆单于子右谷蠡王以相争兵败，亡归汉。十一月，匈奴左大将乌厉屈等率众五万人降汉。

外国 〔罗马〕 将军恺撒征服高卢之阿奎丹。罗马三雄因西塞罗等的反对派声势日大，会见于高卢南部之卢卡城，商讨应付策略。

前 55 年

中国 丙寅 汉五凤三年

三月，减口赋钱。六月，置河西、北地属国以处匈奴降者。

外国 〔罗马〕 庞培与克拉苏充任罗马执政官，将恺撒任期延长五年。又任命克拉苏为叙利亚总督，庞培为西班牙总督，俱任期五年。庞培不即赴西班牙，留于罗马附近，遥领西班牙总督。恺撒于莱因河上科布楞兹附近筑木桥，以便利向日耳曼人进攻。

前 54 年

中国 丁卯 汉五凤四年

正月，匈奴单于称臣，遣弟右谷蠡王入侍。减边戍什二。用耿寿昌言，置常平仓以给北边。

外国 〔罗马〕 将军恺撒侵攻不列颠，败不列颠王卡维拉纳斯于泰晤士河北。恺撒嫁庞培之女死，二人关系，日趋冷淡。

前 53 年

中国 戊辰 汉甘露元年

正月，匈奴呼韩邪单于及郅支单于各遣子入侍。四月，乌孙内哄，围汉使；西域都护郑吉发诸国兵救却之，继派兵屯赤谷以监护之。冬，匈奴单于遣弟贺汉明年正旦。珠厓郡九县独立。

外国 〔帕提亚〕 遭罗马将克拉苏攻击，其王霍拉达御之于幼发拉底河上游之卡利城近郊，大败罗马军，斩克拉苏，尽俘其众，凡六万人。帕提亚乘胜克复美索不达米亚。

〔罗马〕 将军克拉苏在美索不达米亚为安息人所败，战死。

前 52 年

中国 己巳 汉甘露二年

正月，减民算三十。四月，遣将击珠厓郡。冬，匈奴呼韩邪单于请明年来朝；令丞相以下议仪注，决待以客礼。是岁，赵充国死。

外国 〔罗马〕 高卢人在维森吉多里克斯领导下，起抗罗马人，包围恺撒，但终为恺撒所镇服。元老议会选举庞培为罗马执政官，事实是成为独裁者。

前 51 年

中国 庚午 汉甘露三年

正月，匈奴呼韩邪单于来朝，赞谒称藩臣不名，位在诸侯王上。二月，遣使将万六千骑送单于归国，允单于居漠南光禄塞下，有急得入保汉受降城。免今年田租。五月，诏诸儒讲五经异同，立梁丘易、大小夏侯尚书、谷梁春秋博士。

外国 〔埃及〕 王托勒密十一世死（公元前 80—51 年），传位于其女克娄巴特拉七世与子托勒密十二世（公元前 51—47

年）。托勒密十二世逐克娄巴特拉。

前50年

中国 辛未 汉甘露四年

冬，匈奴呼韩邪单于及郅支单于各遣使献于汉。

外国 〔新罗〕 倭人来扰，旋退。

前49年

中国 壬申 汉黄龙元年

正月，匈奴呼韩邪单于朝于汉，二月归国。十二月，宣帝死，皇太子奭嗣位，为孝元皇帝。

外国 〔罗马〕 元老议会受庞培指使，罢免恺撒一切职务，并迫令解散其军队，否则宣布他为叛国者。恺撒率领一个军团，直指罗马。庞培逃至希腊，多数元老议员亦随庞培逃走。恺撒征服西班牙方面庞培之军队。

前48年

中国 癸酉 汉孝元皇帝刘奭初元元年

三月，以三辅、太常、郡国公田及可省之苑囿振业贫民。八月，上郡属国降胡万余亡人匈奴。九月，关东郡国十一大水，民饥，人相食。匈奴呼韩邪单于困乏，诏云中、五原给以谷二万斛。是岁，初置戊己校尉，屯田车师故地。珠厓郡继续反抗。

外国 〔罗马〕 将军恺撒侵埃及，复立克娄巴特拉，托勒密败死（公元前47年）。恺撒立克娄巴特拉弟与克娄巴特拉共治，是为托勒密十三世（公元前47—44年）。将军恺撒大破庞培军于巴尔干半岛之法萨罗，庞培逃往埃及，后为埃及人所杀。是年冬，恺撒追逐庞培至埃及，支持克娄巴特拉，为埃及人所围。恺撒再度任罗马执政官，并任狄克推多。

前47年

中国 甲戌 汉初元二年

三月，诏举茂才异等直言极谏之士。夏，关东饥，齐地人相食。冬，以珠厓自置郡以来，土人起事已八次，诏丞相以下议存废。

外国 〔罗马〕 恺撒离埃及赴叙利亚，击败米特拉达悌之子法那西兹于西拉城。

前46年

中国 乙亥 汉初元三年

正月，罢珠厓郡。六月，诏丞相、御史举明阴阳灾异者各三人。

外国 〔罗马〕 庞培之子塞克都在非洲举兵，恺撒击败之。恺撒三度被选为罗马执政官。

前45年

中国 丙子 汉初元四年

外国 〔罗马〕 恺撒肃清西班牙方面庞培余党。九月，恺撒回罗马，为罗马唯一执政官，并连任十年。

前44年

中国 丁丑 汉初元五年

四月，罢齐三服官、北假田官、盐铁官、常平仓。博士弟子不限员；民有能通一经者，免本身征役。省减刑罚七十余事。匈奴郅支单于杀汉使谷吉等，徙于康居。

外国 〔埃及〕 女王克娄巴特拉杀其弟托勒密十三世，独专国政。

〔罗马〕 恺撒被任命为罗马终身狄克推多。恺撒将元老议员数目增至九百人，将其同党补入元老会议。又依据埃及历学，改订罗马历法，此历法在多数欧洲国家沿用至16世纪末年。是年3月15日恺撒为共和派元老会议议员布鲁图所刺杀。恺撒死后，大权落于另一执政官安东尼之手。恺撒死前已以其妹孙屋大维为继承人，屋大维赴罗马，抚辑恺撒旧部，声威日著。

前43年

中国 戊寅 汉永光元年

二月，诏丞相、御史举质朴、敦厚、逊让、有行者，光禄勋岁以此四科考校郎及从官。匈奴呼韩邪单于北归旧庭。

外国 〔罗马〕 安东尼、屋大维及恺撒旧部骑兵指挥官李比达三人组成“三头同盟”，号称“后三雄”，经人民会议批准，任以处理国事大权，任期五年。三巨头对异己分子大肆屠杀，并没收异己者财产。残杀骑士二千人，元老议员三百人，共和派首领西塞罗亦遇害。诗人奥维得生（公元前43—17年）。他出身于骑士家庭，其作品以《米他摩尔阜斯》叙事诗最有名。以忤屋大维，被放逐于黑海岸之托米城，死于流放。

前 42 年

中国　己卯　汉永光二年

三月，诏郡国举茂才异等贤良直言之士各一人。七月，陇西羌彡姐旁种反汉；发兵六万人，遣冯奉世等击破之。

外国　〔罗马〕　刺杀恺撒之布鲁图与卡西乌在马其顿被安东尼与屋大维击败，自杀。安东尼与屋大维议定，安东尼赴东方，屋大维则肃清西部反对余党。

前 41 年

中国　庚辰　汉永光三年

十一月，复盐铁官。置博士弟子员千人。

外国　〔罗马〕　将军安东尼是年夏赴埃及，与埃及女王克娄巴特拉欢好。

前 40 年

中国　辛巳　汉永光四年

十月，诏陵域勿置县邑，止徙郡国民奉园陵。

外国　〔大月氏〕　贵霜翖侯丘就却统一五翖侯国，约于此时自立为月氏王，以后更西破安息，南并高附，又破罽宾，国势甚强。丘就却寿至八十，约死于公元 45 年。

〔罗马〕　安东尼娶屋大维妹。李比达将高卢让与屋大维，李比达仅余非洲。

前 39 年

中国　壬午　汉永光五年

秋，颍水溢。河决灵县鸣犊口。

外国　〔新罗〕　弁韩来附。

〔罗马〕　庞培的儿子塞克斯都庞培占据西西里、撒丁尼亚、科西嘉等岛。

前 38 年

中国　癸未　汉建昭元年

外国　〔罗马〕　后三雄五年任期至是年 12 月 31 日期满，三头会于塔林敦，订立条约，将其权利延长五年。屋大维与安东尼约定，支持安东尼在东方之战争，安东尼帮助屋大维船只，支持其对庞培作战。自此年起，屋大维称“统帅”（一说始于公元前 40 年）。

前 37 年

中国　甲申　汉建昭二年

京房奏上考功课吏法。传说扶余王子朱蒙自沸流水上，据其地为王，国号高句丽，因姓高氏，是为高句丽始祖东明王。

外国　〔帕提亚〕　王夫拉提斯四世嗣位（公元前 37—32 年）。夫拉提斯四世时，帕提亚徙都于波斯故都泰西丰。

〔罗马〕　后三雄之第二届的五年任期开始。

前 36 年

中国　乙酉　汉建昭三年

夏，令三辅及大郡都尉秩皆二千石。秋，西域都护甘延寿、副校尉陈汤矫制发屯田吏卒及西域十五国兵，分两道入康居，攻杀匈奴郅支单于，斩阏氏、太子、名王以下千五百余人，俘降者千余人，匈奴随郅支单于西徙者几尽。

外国　〔帕提亚〕　遭罗马将军安东尼大举攻击，欲为克拉苏复仇。其王夫拉提斯四世大败之，罗马丧失三万人，自此以后，百年之中，罗马未敢再犯帕提亚。

〔罗马〕　屋大维击败庞培，庞培逃至迈里托岛，旋死。屋大维幽禁李比达而并其地。安东尼被帕提亚军击败，退至亚美尼亚，与埃及女王克娄巴特拉结婚。

前 35 年

中国　丙戌　汉建昭四年

四月，遣使循行郡国，举茂才特立之士。

前 34 年

中国　丁亥　汉建昭五年

罽宾系汉使，杀副使以下七十余人，遣使上书谢罪。元帝放其使还，诏绝之（按史未言何年，只言元帝时，姑置于此）。

外国　〔罗马〕　安东尼与克娄巴特拉据埃及之亚历山大城，独断独行，俨如专制君主，激起罗马社会的愤怒。

前 33 年

中国　戊子　汉竟宁元年

正月，匈奴呼韩邪单于来朝，愿婿于汉；以后宫女王嫱赐之，单于以为宁胡阏氏。单于请为汉保塞，不许。改元竟宁。五月，元帝死，皇太子骜嗣位，是为孝成皇帝；以元舅王凤为大司马大将军领尚书事，辅政。

外国 〔罗马〕 屋大维二次任罗马执政。

前32年

中国 己丑 汉孝成皇帝刘骜建始元年

外国 〔帕提亚〕 王夫拉提斯四世死，自此以后，帕提亚王室篡弑相继，国内紊乱者凡数十年。

〔罗马〕 屋大维发表安东尼遗嘱，内称彼拟将罗马东部的省份传给克娄巴特拉。罗马人大怒，褫夺安东尼一切职权，并宣誓支持屋大维。安东尼正式与屋大维妹离婚。

前31年

中国 庚寅 汉建始二年

正月，减赋钱算四十。三月，罢六厩技巧官。

外国 〔罗马〕 九月，屋大维与安东尼军队大战于希腊西海岸之亚克兴海角。战争初起，克娄巴特拉与安东尼逃往埃及，其军降于屋大维。自此年起，屋大维连任执政官凡九年（公元前31—23年）。

前30年

中国 辛卯 汉建始三年

是岁，傰宗等据南山攻掠。

外国 〔日本〕 崇神天皇死（日本记载有谓死于公元198年戊寅者）。

〔印度〕 坎瓦斯王朝亡。

〔罗马〕 安东尼与克娄巴特拉自杀，埃及为屋大维所占领。罗马大权落于屋大维一人之手，共和国灭亡，罗马帝国开始。

前29年

中国 壬辰 汉建始四年

正月，罢中书宦官，初置尚书员五人。秋，河决馆陶及东郡金堤，灌四郡三十二县。冬，傰宗等败散。乌孙兵围西域都护，不久解去。

外国 〔日本〕 垂仁天皇即位（十一代）。

〔罗马〕 两面神庙自公元前235年后，第一次闭门，象征罗马帝国境内之和平。按两面神是罗马门神。

前28年

中国 癸巳 汉河平元年

三月，王延世为河堤使者，塞东郡决河，三十六日而成；改元河平。六月，罢典属国。九月，诏简律令，减死刑。

外国 〔罗马〕 屋大维为树立元老议会之威信，重新审核元老议会之名单，汰除二百多名声恶劣之名字。彼在一切礼节上，虽甚尊重元老议会，但元老议会并无实权。

前27年

中国 甲午 汉河平二年

正月，匈奴单于遣使朝献。冬，夜郎王兴、钩町王禹、漏卧侯俞举兵相攻；牂柯太守陈立杀兴。兴妻父翁指举兵复仇，陈立破之，其部人杀翁指降。高句丽遣将灭北沃沮（一名置沟娄）。

外国 〔罗马〕 元老议会上屋大维尊号为“奥古斯都”，即“神圣”之意（中国的帝字最初的意思也是神）。屋大维取消三巨头时期违背罗马宪法之法令，极力保持共和国之形式，自称是罗马共和国之恢复者。铸币以为纪念，币上之文字称屋大维是“罗马人自由之卫护者”。自是以后，罗马人以每年1月13日为共和国恢复的纪念日。但是实际上罗马的军政大权都集中于“元首”一人之手。

前26年

中国 乙未 汉河平三年

八月，谒者陈农使求遗书。光禄大夫刘向等校中秘书，向奏上洪范五行传。河决平原，灌二郡；复遣王延世等治之，六月乃成。

前25年

中国 丙申 汉河平四年

正月，匈奴复株絫若鞮单于朝于汉；二月，遣归。罽宾遣使谢罪，汉仍不与通。罽宾利汉赏赐贾市，后仍数年一至。

外国 〔罗马〕 遣将提庇留入亚美尼亚，立阿塔西斯为王，受罗马保护。

前24年

中国 丁酉 汉阳朔元年

外国 〔罗马〕 元首屋大维归自西班牙，彼暂时敉平北西班牙山中居民对于罗马统治之坚决抵抗。山中居民运用游击战术，抵抗罗马人，屋大维疲惫不堪，遂回罗马。

前23年

中国　戊戌　汉阳朔二年
五月，除吏八百石、五百石秩。

前22年

中国　己亥　汉阳朔三年
六月，颍川铁官徒申屠圣等起义，杀官吏，劫仓库，攻掠九郡，不久败。八月，王凤死，荐从弟音自代；九月，以王音为大司马车骑将军辅政。

前21年

中国　庚子　汉阳朔四年
乌孙内哄，西域诸国请复命段会宗为都护。

前20年

中国　辛丑　汉鸿嘉元年
匈奴搜谐若鞮单于遣子入侍。

外国　〔新罗〕　遣归化倭人瓠公使马韩。

〔罗马〕　与帕提亚订立条约，迎回以前克拉苏、安东尼对帕提亚作战时被帕提亚人所俘虏的士兵。

前19年

中国　壬寅　汉鸿嘉二年
三月，诏举敦厚有行义能直言者。大作昌陵，规则壮侈，并徙郡国豪杰赀五百万以上者五千户以实之。高句丽东明王死，子类利立，是为琉璃王。

外国　〔罗马〕　屋大维自东方归罗马。因解决罗马对东方之问题受到罗马人欢迎。罗马诗人维吉尔死（公元前70—19年）。维吉尔为罗马之杰出诗人，是屋大维之崇拜者，从屋大维出征，归罗马不久即卒。

前18年

中国　癸卯　汉鸿嘉三年
四月，令吏民得买爵，价级千钱。十一月，广汉郑躬等起义，攻城邑，释狱囚；自称山君。

外国　〔百济〕　传说高句丽东明王子温祚，惧不为琉璃王所容，南走至汉山，据其地自主，国号百济（一作百残）。以家氏本出扶余，因姓扶余氏，并立高句丽东明王庙于境内。

〔罗马〕　元老议会重新授予屋大维创制宪法权力，并以阿格里巴同为执政。

前17年

中国　甲辰　汉鸿嘉四年
秋，渤海、清河、信都河溢，灌县邑三十一。冬，广汉郑躬聚众万人，攻历四县，为广汉、蜀郡兵所破，败散。

外国　〔罗马〕　盛大庆祝“黄金时代之归来”，昼夜不停，盛况空前。屋大维开始被称为“蒲林斯”，意为第一个公民。“元首制”即由此来。

前16年

中国　乙巳　汉永始元年
七月，罢昌陵，止徙吏民。

外国　〔百济〕　靺鞨来侵，大破之。

〔罗马〕　屋大维与阿格里巴俱离罗马。阿格里巴赴巴尔干处理东方问题，屋大维赴高卢，解决北部边疆问题。罗马扩地至多瑙河上游。

前15年

中国　丙午　汉永始二年
正月，王音死。三月，以王商为大司马卫将军辅政。吏民入谷物助赈贫民者，依所值赐爵、补吏、免租赋有差。

外国　〔百济〕　遣使通好于汉乐浪郡。

前14年

中国　丁未　汉永始三年
正月，遣使循行郡国，问民疾苦，并与部刺史举敦朴逊让有行义者各一人。十一月，尉氏人樊并等十三人杀陈留太守起义，旋败。十二月，山阳铁官徒苏令等二百二十八人起义，杀官吏，劫仓库，经郡国十九（汉书天文志及五行志均作四十余，此从成帝纪），旋败。

前13年

中国　戊申　汉永始四年

外国　〔罗马〕　屋大维收购土地，分与退伍军人。罗马元老议会通过起建和平神社，四年后完成，为罗马此时期最伟大之艺术成就。

前12年

中国

己酉 汉元延元年

七月，诏举贤良方正能直言极谏者各一人，边郡举勇猛知兵法者各一人。十二月，王商死。以王根为大司马骠骑将军辅政。匈奴搜谐若鞮单于入朝，未入塞，病死。

外国

〔罗马〕 将军提比留帅军平定多瑙河上游。提比留弟德鲁苏率军乘战舰自莱因河入北海，平定易北河流域。德鲁苏死于自易北河归途中。罗马名将阿格里巴死。

前11年

中国

庚戌 汉元延二年

乌孙内哄，汉将杀小昆弥太子番丘，以大昆弥翎侯难栖为坚守都尉。康居王遣子入侍。

外国

〔百济〕 靺鞨围国都慰礼城，旋以粮尽退。于边境筑城，汉乐浪太守使人来责问，因失和。

〔罗马〕 屋大维迫使提比留与阿格里巴之女离婚，而与其女尤丽亚（已经死去之阿格里巴的寡妇）结婚，以便在其死后，将元首之地位传给提比留。

前10年

中国

辛亥 汉元延三年

秋，命右扶风发民入南山，周数百里，捕熊罴送长杨宫。

前9年

中国

壬子 汉元延四年

四月，罢司隶校尉官。高句丽袭破鲜卑。

外国

〔百济〕 靺鞨来侵，互有胜负。

前8年

中国

癸丑 汉绥和元年

四月，置三公官，以大司马骠骑将军为大司马，罢将军官，御史大夫为大司空，皆增俸如丞相。十月，王根病免。以王莽为大司马。十二月，罢刺史，更置州牧。增博士弟子员三千人，岁余复如故。

外国

〔百济〕 汉乐浪郡以靺鞨人袭破边栅。

〔罗马〕 屋大维立提比留为摄政，襄理政事。屋大维举行第二次国计普查，在行政方面施行若干改革。分罗马城为十四区，以便管理。又分意大利为十一区。罗马改历，名六月为奥古斯都（今公历8月，犹沿是称）。各地立奥古斯都生祠，尊之为神。

前7年

中国

甲寅 汉绥和二年

三月，成帝死，皇太子前定陶王欣嗣位，是为孝哀皇帝。六月，罢乐府官。刘歆典领五经，奏上七略。孔光等奏请限诸侯王下至吏民名田及奴婢数；以贵戚近习皆不便，不果行。止齐三服官无作输。除任子令及诽谤诋欺法。放年三十以下宫人。令官奴婢五十以上免为庶人。益吏三百石以下俸。七月，王莽罢。贾让上治河策。

外国

〔罗马〕 提比留自莱因河区归罗马，行凯旋礼。

前6年

中国

乙卯 汉孝哀皇帝刘欣建平元年

二月，诏举孝弟、惇厚、能直言、通政事可亲民者各一人。是岁刘向死。向著新序、说苑等书，又尝校编天禄、石渠之书。扶余来侵高句丽，不利而退。

外国

〔百济〕 迁都汉山下，名汉城。

〔罗马〕 屋大维遣提比留赴亚美尼亚，处理东方问题。提比留认为屋大维意不可靠，不以其为继承人，隐居于罗兹岛。

前5年

中国

丙辰 汉建平二年

四月，罢大司空官，复置御史大夫，仍以大司马冠将军。罢州牧，复刺史。六月，改元太初；号“陈圣刘太平皇帝”，八月罢。使责匈奴单于令归乌孙质子。

外国

〔新罗〕 东沃沮人来献良马。

前4年

中国

丁巳 汉建平三年

前3年

中国

戊午 汉建平四年

春，关东民传行西王母筹，经郡国二十六至京师，迄秋乃止。鲍宣上书痛陈时政阙失，谓民有七亡、七死。匈奴单于请朝，继以病，展一年。

前2年

中国　己未　汉元寿元年

正月，诏举明习兵法者各一人，又诏举贤良方正能直言者各一人。

外国　〔百济〕　汉乐浪郡来侵。

前1年

中国　庚申　汉元寿二年

正月，匈奴乌珠留若鞮单于及乌孙大昆弥皆来朝。是时，西域凡五十国，自译长至侯王佩汉印者凡三百七十六人，康居、大月氏、安息、罽宾、乌弋山离尚不在数中。五月，正三公官，分职，大司马仍不以冠将军，丞相为大司徒，御史大夫为大司空；又正司直、司隶职，置司寇。六月，哀帝死。中山王箕子嗣位，更名衎，是为孝平皇帝；太皇太后王氏临朝。董贤免，自杀；籍其家，凡值四十三万万。王莽为大司马，百官总己以听。

外国　〔百济〕　靺鞨来侵，败还。

1年

中国　辛酉　汉孝平皇帝刘衎元始元年

正月，王莽风益州令塞外夷自称越裳氏献黑白雉。二月，以太师、太傅、太保、少傅为四辅；王莽为太傅，加号“安汉公”。置羲和官及外史、闾师。五月，诏举敦厚、能直言者各一人。扶风功曹申屠刚对策，直陈时政阙失，罢归田里。封孔子后为褒成侯，追谥孔子为褒成宣尼公。罢明光宫及三辅驰道。诏女徒已定罪并放归家，月出雇山钱三百。免贞妇乡征役一人。置大司农部丞十三人，人部一州，劝农桑。

外国　西洋历史家通以公元前1年后的第一年称为耶稣降生后一年，因此中间并无零年。

2年

中国　壬戌　汉元始二年

春，黄支国献犀牛。夏，郡国大旱、蝗，遣使督捕，民捕蝗诣吏以石斗受钱。罢呼池苑以为安民县，募徙贫民，赐田宅、什器，假与牛种。又起五里于长安城中，造宅以居贫民。九月，使人说降江湖劫扰者成重等，送还乡里。使人风匈奴单于遣王嫱女须卜居次入侍太皇太后。车师后王忏汉戊己校尉，亡入匈奴。婼羌去胡来王为赤水羌所逼，西城都护不救，将妻子人民亦亡入匈奴。王莽使人入匈奴索车师后王及去胡来王，杀之，以示威西域诸国。并立四条，凡汉人、乌孙人、西域诸国佩汉印绶者及乌桓人，匈奴皆不得受其降；又风匈奴单于改名为一字，以符汉制。冬，令举治狱平，岁一人。是岁，全国有户一千二百二十三万三千六十二，口五千九百五十九万四千九百七十八，垦田八百二十七万五百三十六顷。

外国　〔罗马〕　元老议会上屋大维“祖国之父”的尊号。屋大维发现其女尤丽亚（即提比留妻）私行不修，遂驱逐其许多男友，并将其中一人处死。提比留以私人资格被准许回到罗马。屋大维晚年，无子，曾拟指定有才能之人，为其继承者，但均先后死去，最后，不得已，遂决定以提比留为继子（一说在公元4年）。提比留是屋大维妻前夫之子。

3年

中国　癸亥　汉元始三年

夏，王莽奏车服及吏民养生、送死、嫁娶、奴婢、田宅、器械制度。立官稷。郡国、县邑、乡聚皆立学官。阳陵人任横等起义，攻城邑，劫狱囚，旋败。王莽子宇阴谋反莽，事觉，下狱死，牵连死者数百人。高句丽迁都尉那严城。

4年

中国　甲子　汉元始四年

正月，诏妇女非身犯法及男子年八十以上七岁以下、家非坐不道诏所名捕者，皆不得囚系。二月，王莽加号宰衡，位上公。王莽奏起明堂、辟雍、灵台；为学者立舍万区；立乐经；益博士员，经各五人；征通一经及逸礼、古书、天文、图谶、钟律、月令、兵法、史篇者，又征能治河者。升王莽位在诸侯王上。冬，使人诱赂羌人使献地以为西海郡。分京师置前辉光、后丞烈二郡，分天下为十二州；更公、卿、大夫、八十一元士官名位次，及十二州名，分界郡国所属。三官自铸五铢钱，至是时共成二百八十亿万。

外国　〔新罗〕　赫居世死，子南能立，号“次次雄”（或作“慈充”，巫之意）。汉乐浪郡兵来侵，旋退。

〔犹太〕　欧洲历史家多以为传说中之耶稣基督降生于是年，而非在公元1年。前苏联历史家早已指出，耶稣基督只是传说中之人物，在当时记载里，并无一书提到耶稣事迹。

〔罗马〕　派遣大军征易北河与多瑙河流域之

日耳曼人。

5 年

中国 乙丑 汉元始五年

正月，诏各郡国立宗师，以纠宗室子弟。五月，王莽加九锡。十二月，王莽毒死平帝，居摄践祚，称“假皇帝”，民臣称之“摄皇帝”。

6 年

中国 丙寅 王莽居摄元年（孺子刘婴）

三月，立广戚侯子婴为皇太子，号“孺子”。创左辅、右弼、前疑、后承之名，分别加于太师、太傅、太阿、太保四官之下；又置四少——少师、少傅、少阿、少保。四月，安众侯刘崇起兵反王莽，旋败。是岁，西羌攻逐西海太守，夺回其地。

外国 〔百济〕 马韩使来责于边境立栅。

〔罗马〕 屋大维筹拨巨款（一亿七千万罗马币），滋生利息，又使元老议会通过百分之五的继承税，百分之一的拍卖税，作为补助退伍军人生活费之用。屋大维又实行裁兵，将七十个军团裁到二十七八个军团，保留下之军队大约有三十万人。班诺尼亚与达尔美西阿起义，不久聚集二十万人，马九千匹，攻下马其顿，直指罗马。屋大维报告国会，如不抵御，十天内即可来到罗马。苦战三年，乱始平。

7 年

中国 丁卯 王莽居摄二年

春，护羌校尉窦况破西羌。五月，更造钱币，有错刀、契刀、大钱三品，与五铢钱并行。禁列侯以下不得挟黄金，输御府受直。九月，东郡太守翟义起兵反王莽，立严乡侯刘信为皇帝，自号大司马柱天大将军，众十余万；莽遣七将军击之，又遣三将军屯要隘。三辅二十三县豪族及人民纷纷起兵讨王莽，槐里赵朋、霍鸿等自称将军，攻城杀官，众亦十余万；王莽遣两将军击之。又遣三将屯京郊，以大将军统之。十二月，翟义败死。

8 年

中国 戊辰 王莽居摄三年 初始元年

二月，赵朋等败死。置五等爵，以公、侯、伯、子、男封击反者功臣；改关内侯为附城。十一月甲子，王莽改居摄三年为初始元年。期门郎张充等谋共杀王莽，立楚王，事觉，被杀。戊辰，王莽即真天子位，定国号曰“新”，以十一月朔癸酉为始建国元年。

外国 〔百济〕 袭马韩。

9 年

中国 己巳 新皇帝王莽始建国元年

正月，废孺子刘婴为定安公。封拜辅臣，有四辅、三公、四将之目。置大司马司允等官，大改内外官名及郡县宫室之名，贬诸侯王号皆为公，四裔诸王皆为侯。罢错刀、契刀及五铢钱，更作大小钱二品；防私铸，禁民不得挟铜炭。四月，徐乡侯刘快起兵反新，败死。更天下田曰“王田”，奴婢曰“私属”，皆不得买卖。男口不盈八而过一井者，分余田予九族、里党，其无田者受田如制。冬，置司命以司察上公以下；制五威将号。遣使五十人分赴郡国铸钱。

外国 〔百济〕 灭马韩。

〔罗马〕 日耳曼人大败罗马军于条托堡森林（在韦斯特腓力利亚），大将瓦拉斯战死，所将三军皆覆没，从此屋大维放弃征服莱因河以北之志。

10 年

中国 庚午 新始建国二年

二月，废汉诸侯王为民。制五均、六筦、赊贷之法，于长安等六都市立五均司市、钱府官，以平物价、惠贫民。凡生产作业以及巫医、卜祝与商贩贾人所得，皆税其利之什一；并榷酒酤。禁民不得挟弩铠。匈奴勒兵朔方塞下，又与车师后王攻西域都护屯兵。十二月，诏改匈奴单于为降奴服于，遣百八十人、甲卒三十万备攻匈奴，预分其地为十五国。作宝货——钱货六品、金货一品、银货二品、龟货四品、贝货五品、布货十品——凡六名，二十八品；重私铸之罚，禁挟五铢钱。禁吏民为符命。兴神仙事。

11 年

中国 辛未 新始建国三年

遣使诱赂匈奴呼韩邪单于诸子。匈奴乌珠留若鞮单于分告诸部入塞，大肆杀掠。以击匈奴，征发苛急，人民流亡，并州、平州尤甚。河决魏郡，注清河以东数郡，不塞。

12 年

中国 壬申 新始建国四年

春，以长安为西都，洛阳为东

都；并定九州之制、五等爵之员额。王田及奴婢许私买卖。高句丽、濊貊皆侵扰边塞，遣将击斩高句丽侯，更名高句丽为下句丽。句町起兵反新，西南夷皆动。

外国 〔罗马〕 提比留平定伊利利亚，归罗马，行凯旋礼。元老议会通过任提比留为终身保民官，并与屋大维同为罗马军统帅。4月3日，屋大维将其遗嘱置于维斯达处女祠（罗马的灶神），指定以提比留为其继承者。

13年

中国 癸酉 新始建国五年

春，乌孙大小昆弥皆遣使贡献。焉耆反新，杀西域都护但钦。除挟铜炭之禁。扶余来侵高句丽，大破之。

14年

中国 甲戌 新天凤元年

秋，置卒正、连率、大尹，职如太守；又置州牧、部监二十五人；分长安城旁六乡，置帅各一人；分三辅为六尉部、河内等六郡为六队郡，并改易官名、地名，分合郡县，总为万国。匈奴单于请和亲。缘边大饥，人相食。益州夷人纷起独立；发兵击之。复申下金、银、龟、贝之货增减价值，罢大小钱，改作货布、货泉二品，大钱尽六年收绝。高句丽灭濊貊。

外国 〔新罗〕 倭侵边，新之乐浪郡兵亦来扰，旋退。

〔罗马〕 8月19日，奥古斯都屋大维死。元老议会推选屋大维之继子提比留为奥古斯都（14—37年）。提比留即位后，南意大利布伦迪辛附近，奴隶牧民开始骚动，其密谋被揭露，为首者被逮至罗马处死。班诺尼亚罗马驻军叛变，提比留遣子德录苏敉平之。日耳曼人起义，提比留遣其侄日曼尼卡斯征之。日曼尼卡斯用兵凡二年（14—16年），击败日耳曼人。

15年

中国 乙亥 新天凤二年

春，改匈奴单于为恭奴善于。五原、代郡民纷纷起事，遣将击之。

16年

中国 丙子 新天凤三年

六月，始赋官吏禄俸，自六十六斛至万斛，凡十五等，岁有灾害则酌减。遣将击匈奴，止屯于边。冬，大发天水等郡骑士、巴蜀等郡吏民十万人击句町。越雟夷杀太守。五威将王骏至西域欲袭焉耆，为焉耆遮杀；戊己校尉屠焉耆老弱。

外国 〔百济〕 马韩旧将起兵反抗，旋败死。

17年

中国 丁丑 新天凤四年

郡置羲和命士数人，督五均、六筦，以富贾为之；申六筦之令，设科条以为防禁。调上公以下有奴婢者，率口出钱三千六百。从是年起，农民纷纷起义。临淮人瓜田仪起义于会稽长洲。琅邪吕母杀守令起义。荆州饥民推新市王匡等为首起义，据绿林山。南郡人张霸、江夏人羊牧皆聚众起义。

外国 〔罗马〕 卡巴多喜阿王与科马基尼王皆死，罗马将两地划为行省，派总督统治之。

18年

中国 戊寅 新天凤五年

没收始建国二年以来官吏以贪污致富者财产五分之四，以助边费；许吏士告其将，奴婢告其主。琅邪人樊崇起义于莒，与同郡逄安、东海徐宣等合数万人，游击青、徐间。东海刁子都亦起义，袭击徐、兖。匈奴呼都而尸道皋若鞮单于遣使奉献。胁匈奴大臣须卜当至长安，拜为须卜单于，以分匈奴之势。匈奴益怒，大入北边钞掠。是岁扬雄死。雄著有法言、太玄经等书。高句丽琉璃王死，子无恤立，是为大武神王。

19年

中国 己卯 新天凤六年

益州夷蚕若豆等、越雟夷人大牟皆起兵，攻略吏民。大募丁男及死罪囚、吏民奴，名曰“猪突”“豨勇”，以击匈奴；税吏民赀，三十取一以充军费；令公卿以至吏民保养军马，以秩为差；又广征有奇技可以攻匈奴者。青、徐民流亡日众，樊崇、刁子都部众增至六七万人。

外国 〔百济〕 大旱，饥民流入高句丽者甚多，浿带之间几无人烟。

〔罗马〕 日曼尼卡斯被罗马政府派往亚美尼亚，立为叙利亚王，死于叙利亚。波希米亚内乱，其王马罗保达斯逃入罗马。

20年

中国 庚辰 新地皇元年

正月，改元。置前、后、左、

右、中大司马之位，命诸州牧至县宰皆加大将军、偏裨校尉之号。九月，起九庙于长安城南，黄帝庙方四十丈、高十七丈，余庙半之；广征工匠，功费数百余万，卒徒死者万数。巨鹿马适求等谋举燕、赵兵讨莽，事觉被杀，牵连死者数千人。减轻私铸罪。

21 年

中国 辛巳 新地皇二年

遣兵分击青、徐农民军及句町；大转谷帛诣西河、五原、朔方、渔阳，每郡以百万数，备击匈奴。因犯私铸法传诣钟官者男女以十万数，到者易其夫妇。南郡秦丰聚众万人起义，平原女子迟昭平聚众数千起义。荆州发奔命击王匡等农民军，大败，匡等转拔竟陵，攻云杜、安陆，声势更大。

外国 〔罗马〕 高卢特里维里与阿伊德伊等部起抗罗马之统治，为罗马驻军所镇压。

22 年

中国 壬午 新地皇三年

二月，关东人相食。四月，遣将击青州樊崇及荆州王匡等。崇等恐其众与新兵乱，皆朱其眉，由是有“赤眉”之号。王匡等绿林兵分两支，入南郡者号下江兵，入南阳者号新市兵。遣使教民煮草木为酪。流民入关者数十万，使人廪食之，吏盗其粮，饥死者什七八。新市兵王匡等攻随，平林人陈收等聚数千人应之，号平林兵。冬，无盐索卢恢等举兵，不久败死。赤眉别校董宪等大败新兵，斩大将廉丹。刘縯、刘秀聚众七八千人起兵于宛，称柱天都部，与新市、平林兵合。下江兵大破王莽荆州之兵。高句丽大武神王袭杀扶余王。

外国 〔百济〕 靺鞨来袭，杀掠而去。

23 年

中国 癸未 新地皇四年 汉更始皇帝（淮阳王）刘玄元年

二月，新市平林共立刘玄为皇帝，建元更始。三月，刘秀等攻下昆阳等县。六月，刘秀等大破新兵于昆阳。七月，刘歆、董忠等谋劫新皇帝降汉，发觉，歆自杀，忠剉斩，族诛。成纪隗嚣起兵称大将军，徇下陇右诸郡。南阳宗成等起兵，略汉中入蜀。公孙述杀成等，称辅汉将军、蜀郡太守、益州牧。八月，前钟武侯刘望起兵汝南，称皇帝。更始帝遣将入关，所在迎降。九月戊申朔，更始兵入长安，巷战；庚戌，商人杜吴杀新皇帝于渐台，众脔割之，传首宛市。更始帝兵拔洛阳。十月，刘望败死。颍川李宪据庐江，称淮南王。更始帝封刘永为梁王；命刘秀行大司马事，徇河北。十二月，邯郸卜者王郎聚众起义，称皇帝，赵国以北、辽东以西皆响应。

外国 〔罗马〕 皇帝提比留听信禁卫军长塞哲那斯之言，广设告密之网，逮捕有反对皇帝嫌疑之人，凡有言行之间对皇帝不敬者，皆加以处分，统治日趋专制残酷。塞哲那斯企图为提比留的继承人，将提比留之子德鲁苏毒死。

24 年

中国 甲申 汉更始二年

二月，更始帝迁都长安，功臣封王者十余人。五月，刘秀破邯郸，杀王郎；更始帝封秀为萧王，征诣行在，秀受爵，不就征，刘秀发幽洲十郡突骑击败铜马、大彤、高湖、重连、铁胫、大抢、尤来、上江、青犊、五校、檀乡、五幡、五楼、富平、获索等农民军。冬，公孙述大破更始帝兵于绵竹，自立为蜀王，都成都。冬，更始帝遣使诣匈奴，单于示不再称臣。赤眉兵西下。刘秀遣邓禹将兵入关。梁王刘永下二十八城，结西防兵帅佼疆、东海兵帅董宪、琅邪兵帅张步等。秦丰据邔、宜城等十余县，自称楚黎王。汝南田戎据夷陵，自称扫地大将军。

外国 〔新罗〕 南解王死，子儒理立，号“尼师今”（齿理之意）。

25 年

中国 乙酉 汉更始三年 汉世祖光武皇帝刘秀建武元年

正月，方望等立前定安公刘婴（原孺子婴）为皇帝于临，更始帝遣兵破斩之。四月，公孙述称皇帝，号成家，建元龙兴；废铜钱，铸铁钱。六月己未，萧王刘秀称皇帝于鄗南，建元建武，是为汉世祖光武皇帝。邓禹大破更始帝兵于安邑。赤眉立刘盆子为皇帝。七月，刘茂聚众京、密间，称厌新将军，众十余万；光武帝击降之。九月，赤眉入长安，更始帝出奔，部下多降赤眉。光武帝封更始帝为淮阳王。十月，光武帝入洛阳，定都。更始帝降于赤眉，封畏威侯，继封长沙王。十一月，梁王刘永称帝于睢阳。赤眉杀更始帝。隗嚣称西州上将军。三水卢芳诈称武帝曾孙，称上将军、西平王，结西羌、匈奴；匈奴立为汉皇帝。张步徇下泰山等七郡。

26 年

中国　丙戌　汉建武二年

正月，檀乡兵攻魏郡、清河。光武帝大封功臣。始用孝廉为尚书郎。赤眉樊崇弃长安而西，邓禹入长安。真定王谋称帝，耿纯杀之。二月，渔阳太守彭宠反。延岑称武安王于汉中。三月，遣将击降更始帝诸将。四月，遣将围刘永于睢阳。八月，光武帝击溃五校。刘永大败，走堵乡。董䜣起兵于宛，邓奉与之合。九月，遣将破弘农、柏华、蛮中兵。赤眉败邓禹，复入长安。赤眉叠为延岑、王嘉所败，死亡三十万。王嘉降汉。十一月，铜马、青犊、尤来余部共立孙登为帝，登寻为部下所杀。遣冯异击赤眉及延岑于三辅。三辅大饥，人相食。赤眉东归。高句丽并盖马国。勾茶国降。

外国　〔罗马〕　皇帝提比留自罗马迁居于卡波里岛（在那不勒斯湾），以避罗马之烦嚣。

27 年

中国　丁亥　汉建武三年

闰正月，冯异大破赤眉于崤，刘盆子以下被迫降汉。二月，刘永立董宪、张步为王。青犊兵败降。涿郡太守张丰自称无上大将军，与彭宠合。宠自立为燕王，北结匈奴，南连张步及富平、获索诸兵。董䜣败降。四月，邓奉败降。关中豪帅十余部相争，民大饥，黄金一斤易豆五升，冯异渐击定之。七月，刘永败死。是岁，李宪称帝于淮南。

28 年

中国　戊子　汉建武四年

二月，延岑败奔公孙述。四月，吴汉破五校。五月，张丰败死。匈奴助彭宠，败。十一月，公孙述遣将徇三辅，冯异击破之。汉辽东郡兵来征高句丽，旋退。

外国　〔百济〕　温祚王死，子多娄立。

〔罗马〕　科学家老普林尼生（28—79 年），曾著《自然史》，搜罗宏富，为一科学名著。公元 79 年，维苏威火山爆发，普林尼前往观察，过于迫近，中毒而死。

29 年

中国　己丑　汉建武五年

二月，王霸大破苏茂。彭宠为其下所杀。吴汉大破富平、获索兵。庞萌结董宪，号东平王。岑彭定荆州。四月，窦融以河西附汉。六月，秦丰降。光武帝大破庞萌。七月，光武帝大破董宪。耿弇大破张步，步杀苏茂降，齐地悉定。起太学。十一月，五原李典等结匈奴，迎卢芳都九原，据五原等五郡。交趾部诸郡附汉。窦融承制立莎车王犀为汉莎车建功怀德王、西域大都尉，五十五国皆属之。

外国　〔罗马〕　禁卫军长塞哲那斯复谗害日曼尼卡斯之妻与子，皇帝流放其妻阿哥里平娜，复将其二子逮捕，母子三人，不久俱死。

30 年

中国　庚寅　汉建武六年

正月，吴汉等攻斩董宪、庞萌，江淮悉平。三月，公孙述攻荆州。五月，隗嚣据陇坻，败汉兵。六月，并省四百余县，吏职减损什九。秋，乐浪王调据郡抗汉，旋被杀。十一月，王莽时吏民沦为奴婢者皆免为庶人。十二月减田租，三十税一。冯异、吴汉破隗嚣兵，北地豪长皆附汉。冯异破匈奴卢芳兵，北地、上郡、安定皆平。窦融破先零羌。隗嚣称臣于公孙述。是岁，罢郡国都尉官；遣列侯就国。匈奴遣使奉献；使中郎将报命，赂以金币。

外国　〔百济〕　破靺鞨兵。

31 年

中国　辛卯　汉建武七年

二月，罢护漕都尉官。三月，罢郡国轻车、骑士、材官、楼船士及军假吏，令还复民伍。公孙述立隗嚣为朔宁王。四月，诏公卿、司隶、州牧举贤良方正各一人。秋，隗嚣攻安定等地，冯异等拒败之。冬，卢芳所置朔方、云中太守降汉。省长水、射声二校尉官。

外国　〔百济〕　破靺鞨。

〔罗马〕　禁卫军长塞哲那斯之阴谋终被揭露，被处死。

32 年

中国　壬辰　汉建武八年

正月，汉兵攻据略阳，隗嚣与公孙述兵围之。闰四月，光武帝自攻隗嚣，窦融率兵及羌、小月氏来会；嚣部溃降十余万。颍川、河东大乱，八月，光武帝驰归击之，九月皆定。张步逃归琅邪，败死。东郡、济阴乱，月余定。

十一月，汉兵围隗嚣，不利，天水、陇西、安定、北地等郡复附隗嚣。十二月，高句丽遣使奉献，复其王号。高句丽破乐浪郡城。遣使朝贡于汉。

外国 〔新罗〕 设官十七等，上五等为王族。

33 年

中国 癸巳 汉建武九年

正月，隗嚣病死，子纯嗣。公孙述遣将东塞水陆，以拒汉兵。徙雁门吏民于太原。三月，置青巾左校尉官。六月，匈奴败汉兵，大钞掠；遣将屯常山等四郡以备之。八月，遣来歙等攻隗纯。置护羌校尉于金城，持节领护诸羌。是岁，省函谷关都尉。

外国 〔百济〕 始作稻田。

〔犹太〕 相传是年耶稣基督以传播新教，被钉死于十字架上。

34 年

中国 甲午 汉建武十年

正月，吴汉破匈奴兵。十月，来歙等破降隗纯，陇右平。先零等羌掠金城、陇西，来歙等破之，斩首数千级。是岁，省定襄郡，徙其民于西河。

外国 〔百济〕 靺鞨破边城。

35 年

中国 乙未 汉建武十一年

二月，诏杀奴婢者不得减罪。闰三月，大发兵击公孙述。四月，省大司徒司直官。先零羌攻临洮。八月，岑彭等大破公孙述。诏灸灼奴婢者论如律，所灸灼者为庶民；十月，又除奴婢射伤人弃市律。马援等破先零羌，徙降羌于天水、陇西、扶风。援招抚塞外氐、羌，奏复其旧爵。十二月，吴汉溯江攻公孙述。是岁，省朔方牧并于并州。令州牧每岁尽不必自还奏事。

36 年

中国 丙申 汉建武十二年

正月，吴汉破公孙述兵于武阳。三月，陇蜀民被略为奴婢者免为庶人。七月，吴汉大破公孙述，九月，进逼成都。十一月，公孙述伤重死，延岑降。吴汉尽灭公孙氏，并族延岑，纵兵大掠。是岁，参狼等羌攻武都，马援败之，降者万余。九真徼外人张游率种人内属，封为归汉里君。省金城郡，并于陇西。匈奴与乌桓助卢芳扰边，遣将防遏之。窦融入朝，河西五郡由汉置吏。

外国 〔罗马〕 帕提亚与罗马讲和。罗马解除来自帕提亚之威胁。

37 年

中国 丁酉 汉建武十三年

二月，遣将屯滹沱河备匈奴。卢芳亡入匈奴。降王爵为公，省并西京及广平等十三郡国。三月，罢左右将军官。五月，匈奴掠河东。七月，广汉徼外白马羌内属。九月，日南徼外种人奉献。十二月，诏益州民八年来被略为奴婢者，免为庶人。复置金城郡。高句丽侵占乐浪，乐浪人与带方人多奔新罗。

外国 〔罗马〕 皇帝提比留死，遗命以其孙提比留·吉米卢与日曼尼卡斯王子盖伊斯·恺撒二人为嗣。恺撒杀吉米卢自立，恺撒时年二十五，绰号卡里古拉（小靴）。卡里古拉昏虐荒淫，奢侈无度，几如疯癫（37—41年）。

38 年

中国 戊戌 汉建武十四年

正月，匈奴遣使来献。四月，封孔子后孔志为褒城侯。邛谷王任贵遣使上计，授越巂太守。十二月，免益、凉二州奴为庶人。是岁莎车、鄯善皆遣使奉献。西域诸国苦匈奴重敛，请置都护；不许。

39 年

中国 己亥 汉建武十五年

二月，以匈奴攻掠日甚，遣吴汉等击之。徙雁门、代郡、上谷吏民六万余于居庸、常山关以东，以避匈奴，匈奴左部遂转居塞内。六月，复置屯骑、长水、射声三校尉官，改青巾左校尉为越骑校尉。诏州郡检核田数、户口、年纪，又考实二千石、长吏阿枉不平者。十一月，大司徒欧阳歙坐为太守时度田不实，赃千余万，下狱死。十二月，匈奴护卢芳人居高柳。

40 年

中国 庚子 汉建武十六年

二月，交趾麊冷县洛将女征侧与妹征贰起事，称王；九真、日南、合浦俚人皆应之，凡略六十五城。九月，郡国大姓纷起为乱，青、徐、幽、冀四州尤甚；遣使者分道收捕招抚，不久平。十二月，卢芳降，封代王。二十余年来民间杂用布、帛、金、粟相交易，至是复五铢钱。

41 年

中国　辛丑　汉建武十七年

七月，巫者李广等据皖城，遣马援往击之，九月，广败死。十月，复王爵。是岁，莎车遣使奉献，请置西域都护。光武帝即以西域都护印绶赐之，既而收还，更以大将军印绶赐之。莎车王怨，自称大都护以威诸国。匈奴、乌桓、鲜卑数连兵入塞。以马援为伏波将军击交趾。

外国　〔罗马〕　皇帝卡里古拉在宫廷内为官吏所杀，禁卫军拥立日曼尼卡斯之弟克劳狄。克劳狄时年五十，庸懦昏暗，为其妻子与亲近侍从所操纵，政治紊乱，左右阴谋，层出不穷（41—54 年）。

42 年

中国　壬寅　汉建武十八年

二月，蜀郡将史歆逐太守，宕渠杨伟等应之。三月，马援大破征贰。四月，除边郡盗谷五十斛死罪法。五月，卢芳复亡入匈奴，后十余年死。七月，史歆等败死，其党数百家徙南郡、长沙。是岁，罢州牧，置刺史。

外国　〔新罗〕　灭伊西国。

43 年

中国　癸卯　汉建武十九年

春，巫者单臣、傅镇等据原武，自称将军；四月，败死。马援击败征侧等，杀之；又破九真豪帅都阳等，岭南悉定。援与越人申明旧制，自后骆越奉行马将军故事。西南夷栋蚕攻益州郡，遣刘尚击之。越雋太守邛谷王任贵谋袭尚，事觉。十二月，尚袭杀贵。是岁，复置函谷关都尉。

外国　〔罗马〕　将军普劳塔斯侵不列颠，皇帝克劳狄亲赴不列颠受降。

44 年

中国　甲辰　汉建武二十年

五月，匈奴掠上党、天水，至扶风。十二月，匈奴掠天水、扶风、上党。刘尚连破栋蚕兵。东夷、韩人及廉斯人诣乐浪请内附。是岁，省五原郡，徙其吏民于河东。乐浪复为汉所取。高句丽大武神王死，弟解邑朱立，是为闵中王。

45 年

中国　乙巳　汉建武二十一年

正月，刘尚杀栋蚕帅，略定益州。四月，安定属胡据青山，遣将击平之。八月，马援击乌桓，无功。鲜卑侵扰辽东，太守祭肜大破之。冬，匈奴入上谷、中山。车师前王、鄯善、焉耆等十八国以苦莎车苛敛，请置都护，不许。

46 年

中国　丙午　汉建武二十二年

匈奴单于遣使求和亲。匈奴为乌桓所破，北徙。诏罢边郡亭侯、卒史以币帛招降乌桓。鄯善与车师皆附匈奴。高句丽蚕支落万余家因乐浪附于汉。

47 年

中国　丁未　汉建武二十三年

正月，南郡蛮起事，遣将破之，徙其种落于江夏。十月，高句丽蚕支落大加请附于汉。十二月，武陵蛮帅相单程等起事，遣将击之，全军败没。匈奴薁鞬日逐王遣使诣河西求内附。

外国　〔罗马〕　皇帝克劳狄恢复监察制度。

48 年

中国　戊申　汉建武二十四年

正月，匈奴薁鞬日逐王与其八部大人叩五原塞，请捍边，许之。七月，武陵蛮攻临沅，遣马援等击之。十月，匈奴薁鞬日逐王自立为单于，是为南单于；自是匈奴分为南北。高句丽闵中王死，大武神王子解忧立，是为慕本王，为有名暴君。

外国　〔罗马〕　授高卢贵族以公民权。皇后米沙林娜，以内行不修，伏诛。皇帝立阿格利平娜为后，以其前夫之子尼禄为嗣。

49 年

中国　己酉　建武二十五年

正月，高句丽扰右北平、渔阳、上谷、太原，辽东太守祭肜招抚之。肜又赂鲜卑攻匈奴，计首级受赏，匈奴益弱。南匈奴单于遣使称藩，三月，遣子入侍。马援卒于军，武陵蛮旋于十月败。扶余王遣使奉献。是岁，乌桓大人郝旦等内属，封其渠帅为侯、王、君长者八十一人，使居塞内，布于缘边诸郡，为汉侦候，置乌桓校尉于上谷宁城以监护之，并领鲜卑赏赐、质子、互市事。

50 年

中国

庚戌 汉建武二十六年

正月，增百官俸，千石以上减于西京旧制，六百石以下则稍增。遣使授南匈奴单于玺，听入居云中，置使匈奴中郎将，将兵监护之。夏，南匈奴单于部下内哄，左贤王自立为单于，月余死。令云中、五原、朔方、北地、定襄、雁门、上谷、代八郡民昔之避匈奴被迁者复归本土。冬，北匈奴攻南匈奴，诏南单于徙居西河美稷，令西河长史岁将骑二千、弛刑五百人助卫之，冬屯、夏罢，后以为常。自是北地、朔方、五原、云中、雁门、代郡皆有南单于部众，与汉人杂居，为郡县侦候。

外国

〔扶南〕 传说中之“混填”大致在此世纪中王扶南，印度文化此时当已流布于马来半岛一带。

51 年

中国

辛亥 汉建武二十七年

五月，诏司空、司徒并去“大”，改大司马为太尉。益州郡徼外夷内附。北匈奴单于遣使诣武威请和亲。臧宫、马武等请乘机灭北匈奴，不许。

外国

〔帕提亚〕 王倭罗吉苏一世即位（51—77 年），立其弟提利达斯为亚美尼亚王，是为亚美尼亚国安息王朝之开始。倭罗吉苏一世之时，内乱常起，国势已衰。

52 年

中国

壬子 汉建武二十八年

六月，以诸王宾客荡乱法纪，下郡县大收捕，死者数千人。十月，诏死罪囚皆募下蚕室。北匈奴遣使贡裘马，请和亲；赐以缯帛。

53 年

中国

癸丑 汉建武二十九年

高句丽慕本王以暴虐为其下所杀，国人立琉璃王孙宫，是为太祖王。

外国

〔罗马〕 皇帝使元老议会同意授税吏以司法权，审判财政案件，从此官吏之权日大，元老议会之权日小。

54 年

中国

甲寅 汉建武三十年

正月，鲜卑大人朝于汉。是岁，班彪死。

外国

〔罗马〕 皇帝克劳狄为其后妻所鸩死，义子尼禄年十七，即位（54—68 年）。即位之初，政治尚为修明。但数年后，即肆意淫虐，残酷无复人理，为罗马史中最残暴之皇帝。

55 年

中国

乙卯 汉建武三十一年

九月，诏死罪囚皆募下蚕室。北匈奴遣使奉献。

外国

〔罗马〕 将军考布娄奉命赴小亚细亚，整顿军队，抵御帕提亚。

56 年

中国

丙辰 汉建武中元元年

二月，封禅于泰山、梁父。四月，改元为建武中元。是岁，参狼羌攻武都、陇西，武都郡兵击败之。高句丽并东沃沮。是岁桓谭死。

57 年

中国

丁巳 汉建武中元二年

正月，倭奴国遣使奉献。二月，光武帝死，皇太子庄嗣位，是为显宗孝明皇帝。九月，烧当羌攻陇西，败郡兵，守塞诸羌皆应之；遣兵击之，败没；十一月复遣马武等将四万人增援。十二月，亡命殊死以下得以缣赎，并令有司检举选举不实权门把持者。是岁，全国有户四百二十七万九千六百三十四，口二千一百万七千八百二十。

外国

〔新罗〕 儒理王死，南解王之婿昔脱解立。

〔日本〕 倭奴国贡于汉，汉赐以“汉倭奴国王”之印（此印于公元 1784 年在日本九州北部出土）。时中国早知“乐浪海中有倭人，分为百余国”（汉书地理志）。

58 年

中国

戊午 汉显宗孝明皇帝刘庄永平元年

七月，马武等大破烧当羌；募士卒戍陇右，人赐钱三万。是岁，辽东太守祭彤使鲜卑帅偏何击赤山乌桓，塞外大定，悉罢缘边屯兵。越巂姑复夷起事，州郡压服之。

外国 〔罗马〕 将军考布娄进攻亚美尼亚，取阿塔克萨塔。

59 年

中国 己未 汉永平二年

正月，明堂大礼，乌桓、濊貊、南匈奴侍子皆助祭。十月，初行养老礼。

外国 〔罗马〕 皇帝尼禄鸩其母阿格利平娜。将军考布娄取亚美尼亚之提格兰诺塞塔城。

60 年

中国 庚申 汉永平三年

61 年

中国 辛酉 汉永平四年

外国 〔罗马〕 皇帝免考布娄职，代之以培陀斯，但培陀斯无战斗经验，屡遭挫败。不列颠伊森尼部女王保底卡起兵反抗罗马军，攻至伦敦近郊，为罗马驻军所败，战死。

62 年

中国 壬戌 汉永平五年

十一月，北匈奴扰五原，十二月，又扰云中；南匈奴击却之。是岁，发遣边民在内郡者，赐装钱，人二万。

外国 〔帕提亚〕 败小亚细亚罗马驻军于兰底阿。

63 年

中国 癸亥 汉永平六年

外国 〔百济〕 侵新罗。

〔帕提亚〕 与罗马战而胜，不久议和。

〔罗马〕 与帕提亚讲和。

64 年

中国 甲子 汉永平七年

北匈奴遣使求互市，许之。

外国 〔百济〕 侵新罗，无功。

〔罗马〕 城大火，延烧六天，全城焚毁殆尽。群众对尼禄不满，谣言孔炽，有谓系尼禄主使纵火者，贵族亦对尼禄不满。

65 年

中国 乙丑 汉永平八年

三月，越骑司马郑众使北匈奴还，得南匈奴交通北匈奴状，请置大将防禁，由是置度辽将军，将黎阳、虎牙营士屯五原曼柏。十月，募死罪囚诣度辽营，屯朔方边县，父母、同产、妻子随者听便占籍，徙者更赐弓弩、衣粮。楚王刘英奉缣帛赎罪，诏还之以助供养伊蒲塞、桑门；是为中国人崇信佛教见于记录之始。北匈奴扰西河诸郡。遣蔡愔使西域，求佛经。是岁包咸死，咸著有《论语章句》。

外国 〔新罗〕 传说脱解王得小儿阏智于林间金椟，鸡鸣其下，因命之姓金氏，并以鸡林为国号。

〔罗马〕 贵族欲谋杀尼禄，另立庇骚为帝，阴谋被发觉，辛尼加及许多元老议员被杀。

66 年

中国 丙寅 汉永平九年

二月，减郡国死罪囚，与妻子徙诣五原、朔方，听便占籍，死者免其妻之父兄一人征役；妻无父兄，赐其母钱六万，并免其口算。四月，诏郡国以公田赐贫民。诏司隶校尉、部刺史上墨绶长吏视事三岁以上治状尤异者一人，其治状劣者亦以闻。为外戚樊、郭、殷、马四姓小侯立学于南宫。南匈奴单于遣子入学。是岁，大丰收。

外国 〔百济〕 拔新罗一城，寻失之。

〔罗马〕 尼禄在罗马大肆杀戮。

〔犹太〕 起兵反抗罗马。

67 年

中国 丁卯 汉永平十年

蔡愔等取佛经回，浮屠迦叶摩腾、竺法兰同来。

外国 〔罗马〕 尼禄游希腊，参观古代艺术品。派将军韦帕廊镇压犹太的起义运动。

68 年

中国 戊辰 汉永平十一年

建白马寺以居迦叶摩腾等。

外国 〔罗马〕 大乱，高卢方面驻防军拥立司令官加尔巴为皇帝，罗马方面禁卫军长官亦承认之。元老议会宣布尼禄为公敌，尼禄自杀。罗马拥立加尔巴为帝（68—

69年），是为罗马城以外驻军拥立皇帝之始。朱理—克劳狄朝亡。

69年

中国

己巳　汉永平十二年

正月，益州徼外哀牢王柳貊内附；罢益州西部都尉，以所属六县并为哀牢、博南二县，置永昌郡以统之。四月，发卒数十万，遣乐浪王景等修河堤，自荥阳至千乘海口千余里，费计百亿。河自王莽时决于魏郡，至是已五十八年，方塞之，河所经由已非旧道。是岁，以比年丰收，粟斛三十钱。

外国

〔罗马〕　1月3日罗马莱因河区驻防军不承认加尔巴，另立维特提留为帝。1月15日，罗马军官鹗图杀加尔巴，自立为帝，元老议会不得已承认之。4月19日，维特留军与鹗图军战于北意大利之贝德利阿科木，鹗图兵败自杀。元老议会承认维特留为帝。7月1日，埃及、叙利亚与多瑙河区驻防军官皆拥护在犹太方面作战之韦斯巴芗。12月，维特留与韦斯巴芗之拥护者两军战于罗马城，维特留战死，国人拥立韦斯巴芗为帝（69—79年），是为弗拉维朝之始。

70年

中国

庚午　汉永平十三年

四月，汴渠成；河、汴分流，复其旧迹，六十年之河患至是方息。十月，楚王英以罪废，牵连死及徙者数千人。

外国

〔日本〕　重仁天皇死。

〔罗马〕　1月，新皇帝韦斯巴芗抵罗马。渠本一小税吏之子，以军功起家，即位时年六十。时罗马政治紊乱，府库空虚，各地驻军司令，拥兵自卫，渐不听命。韦斯巴芗勤俭谨慎，努力整顿，十年之中，纪律又渐恢复。韦斯巴芗命其子第度镇压犹太起义，围攻耶路撒冷，城遭破坏。韦斯巴芗命将小亚细亚卡巴多喜阿省由该雷喜阿省总督兼辖，将叙利亚驻军移至幼发拉底河上游，合并叙利亚与亚细亚省许多小国，以加强对帕提亚之防御力量。

71年

中国

辛未　汉永平十四年

外国

〔日本〕　景行天皇即位（十二代）。

〔罗马〕　皇帝韦斯巴芗任命子第度为总司令兼财政总长等要职，以准备传位于第度。

72年

中国

壬申　汉永平十五年

二月，诏亡命自殊死以下得以缣赎。三月，明帝至鲁访孔子旧宅，祠孔子及七十二弟子。十二月，遣耿秉、窦固等屯凉州备击北匈奴。

73年

中国

癸酉　汉永平十六年

二月，遣将四道击北匈奴，惟窦固至天山斩千余级，取伊吾庐地，置宜禾都尉；祭彤、耿秉、来苗皆无功。窦固遣假司马班超使西域，至鄯善，超杀北匈奴使者，鄯善震恐，纳子为质。超以功为军司马，复西定于寘等地。西域与汉绝六十五年，至是复通。五月，淮阳王延有罪案验，牵连死者甚众。九月，令郡国、中都官死罪囚减死，以妻子诣军营，屯朔方、敦煌，父母、同产欲从者听。是岁，北匈奴大入云中，太守廉范击破之。

外国

〔新罗〕　倭侵海岛，御之，败。

〔罗马〕　皇帝韦斯巴芗征服莱因河上游东岸之地，又加强多瑙河流域防御驻军。韦斯巴芗因斯多噶学派哲学家反对专制，逐其多人。

74年

中国

甲戌　汉永平十七年

三月，西南夷哀牢、僬侥、槃木、白狼、动黏等百余国皆遣使奉贡，白狼王并作诗三章歌颂汉德。西域诸国多遣子入侍。八月，令武威、张掖、酒泉、敦煌及张掖蜀国囚罪在断右趾以下任兵者，皆遣诣军营。十一月，遣窦固等出昆仑塞击定车师，奏复置西域都护及戊校尉、己校尉。

外国

〔百济〕　侵新罗。

〔罗马〕　授予西班牙人公民权。

75年

中国

乙亥　汉永平十八年

三月，令郡国亡命自殊死以下得以缣赎。北匈奴破车师后王，围金蒲城；耿恭击却之，恭旋引兵据疏勒城。六月，焉耆、龟兹攻没西域都护陈睦。七月，北匈奴兵复围耿恭，旋解去。八月，明帝死，皇太子炟嗣位，是为肃宗孝章皇帝。十一月，北匈奴围柳中城，攻耿恭于疏勒城；发张掖等二郡及鄯善兵救之。

外国 〔百济〕 拔新罗一城。

76 年

中国 丙子 汉肃宗孝章皇帝刘炟建初元年

正月，援耿恭军大胜，迎恭回；罢戊、己校尉及都护官，班超留西域未返。二月，武陵溇中蛮起事。三月，诏举孝廉方正能直言极谏之士各一人，并申儆州郡举茂才孝廉之弊。七月，以上林池籞田赋贫民。九月，哀牢王杀守令，攻博南。十月，武陵郡兵破溇中蛮。边郡兵与南匈奴及乌桓共破北匈奴之侵扰者。

外国 〔百济〕 去岁拔新罗之城复失。

77 年

中国 丁丑 汉建初二年

三月，罢伊吾庐屯兵，北匈奴复据其地。永昌、越巂、益州三郡及昆明夷兵破斩哀牢王。四月，诏齐国止作冰纨、方空縠、吹纶絮。六月，勒姐、吾良羌相结，杀汉吏；烧当羌率诸种起事，败金城太守，攻汉阳、陇西；八月，遣马防等将五校兵及诸郡射士三万人击之，斩四千余级，降其一部。

外国 〔新罗〕 大败加耶国兵于黄山津口。

〔百济〕 多娄王死，子己娄立。

〔帕提亚〕 王倭罗吉苏一世死，帕提亚分裂为数国，战争常起，国势益衰。倭罗吉苏二世仅统治国之一部分（77—148 年）。

〔罗马〕 驻不列颠总督阿格利科拉于此年起，至 84 年扩大对不列颠之征服，拓地至北苏格兰。

78 年

中国 戊寅 汉建初三年

四月，罢常山呼沲、石臼河漕运。马防等大破羌兵，勒姐等十三种羌皆降。闰四月，班超率疏勒、康居、于寘、拘弥兵破姑墨。十二月，武陵溇中蛮起事。

外国 〔大月氏〕 贵霜王阎膏珍立，灭罽宾，取印度西北部，建都干陀罗，为西域大国。其时遗留钱币甚多，在钱币上阎膏珍王之名为“魏谟”。

79 年

中国 己卯 汉建初四年

十一月，诏太常、将、大夫、博士、议郎、郎官及诸生、诸儒会于白虎观讲议五经同异，作《白虎议奏》（即今之白虎通）。

外国 〔新罗〕 并干尸山、居漆山二国。

〔罗马〕 6 月，皇帝韦斯巴芗死，子狄托嗣位，更进一步加强帝国统治（79—81 年）。那不勒斯海湾之维苏威火山爆发，庞贝城与赫鸠娄尼恩城陷入地中，19 世纪中经考古家挖掘，犹可见当时罗马生活情况。

80 年

中国 庚辰 汉建初五年

二月，荆、豫诸郡兵破溇中蛮。是岁，班超上书请经营西域。许之，命徐干将弛刑及义从千人往助超，先破疏勒之背汉者，进图龟兹。

外国 〔新罗〕 昔脱解王死，儒理王子婆娑立。

〔罗马〕 罗马城又发生火灾。

81 年

中国 辛巳 建初六年

庐江太守王景修复芍陂，径百里，溉田万顷（史仅言建初中，未确指何年，姑置于此）。

外国 〔罗马〕 皇帝狄托死，弟freeze密善嗣位（81—96 年）。畾密善御下甚严，又努力扩大皇帝权力，元老议员滋不满。

82 年

中国 壬午 汉建初七年

九月，诏郡国系囚减死一等，将妻子遣诣边戍，随所在占籍，父母、同产欲从者听；有不到者，以乏军兴论。

外国 〔日本〕 熊袭人起事，天皇亲镇服之。

83 年

中国 癸未 汉建初八年

六月，北匈奴三木楼訾大人等请降。十二月，令选高才生受学左氏、谷梁春秋、古文尚书、毛诗。是岁，交趾七郡贡道由东冶改由零陵、桂阳。

外国 〔罗马〕 皇帝畾密善自迈恩兹渡莱因河，攻查第人（日耳曼部落），沿途筑木墙以防蛮族侵入。图密善杀哲学家多人。

84年

中国 甲申 汉建初九年 元和元年

正月，日南徼外夷来献。二月，令郡国募人无田者徙他地，给公田以耕，免五年租。六月，以郡国贡举不实，诏公卿讨议。大鸿胪韦彪指陈选举应先才行，不应纯以阀阅，尚书之选不应多用郎官。七月，禁酷刑。八月，改元。十一月，禁盐、铁私煮、私铸。是年北匈奴请互市，许之。北匈奴大且渠等驱牛马万余头来，南匈奴遣骑钞掠。班超发疏勒、于寘兵击莎车，疏勒王背汉与莎车合，败奔康居。超更为疏勒立新王，使说康居执疏勒前王。

外国 〔新罗〕 大有年。

〔罗马〕 皇帝图密善增军俸三分之一，在罗马大事修建，费用浩繁，民滋不满。又鼓励告密，滥杀无辜。努力扩大皇帝之权力，削弱元老议会权限，贵族亦不满。上日耳曼驻军司令沙特尼纳起兵，为图密善所镇压。

85年

中国 乙酉 汉元和二年

正月，诏民有产子者免三岁算；怀妊者赐胎养谷，免其夫一岁算。北匈奴大人来降者七十三人。二月，以太初历讹差，诏颁新制四分历。三月，章帝至鲁，祠孔子及七十二弟子。五月，令郡国举明经，口十万以上者五人，不满十万者三人。七月，诏定律无以十一月、十二月报囚。冬，北匈奴以互市为南匈奴所掠，声言将南来攻扰；诏度辽将军及使匈奴中郎将偿北匈奴所失。

外国 〔罗马〕 达西亚人渡多瑙河侵入米西亚，皇帝图密善亲征之(85—89年)。

86年

中国 丙戌 汉元和三年

二月，诏常山等六郡国以闲田与贫民使垦辟。十月，烧当羌攻陇西，其酋帅被获，释之，羌罢兵。是岁，班超定疏勒。

87年

中国 丁亥 汉元和四年 章和元年

三月，护羌校尉激变诸羌，死丧吏士八百八十人。四月，诏郡国、中都官系囚减死一等，遣戍金城。七月，鲜卑大破北匈奴，杀优留单于。护羌校尉以毒酒飨来降羌，伏兵杀其酋豪八百余人，又击斩余众数千。诸羌解仇交质，据大小榆谷以抗汉兵。改元。九月，诏郡国、中都官系囚减死一等，遣戍金城。十月，北匈奴大乱，五十八部、二十八万口诣云中、五原、北地、朔方降。曹褒上《汉礼》一百五十篇。是岁，班超定莎车。大月氏遣使献扶拔、师子。

88年

中国 戊子 汉章和二年

正月，章帝死，皇太子肇嗣位，是为孝和皇帝。四月，罢盐铁禁。七月，北匈奴饥乱，自是降南匈奴者岁数千人，南单于请派兵助攻北匈奴。十月，以窦宪、耿秉等将五校、黎阳、雍营、边郡骑士及羌胡兵出塞。护羌校尉邓训厚结小月氏及湟中诸胡，并诱一部分羌人，击诸羌之反抗者。

外国 〔罗马〕 为防止驻防军司令叛变，罗马皇帝图密善缩小各地驻防军人数，每地只有一个军团。

89年

中国 己丑 汉孝和皇帝刘肇永元元年

春，邓训大破诸羌，略定陇右。六月，窦宪等大破北匈奴于稽落山，追至私渠比鞮海，斩名王以下万三千级，俘获甚众，又杂畜百余万头，裨小王降者八十一部、二十余万人，勒铭于燕然山。北单于遣弟奉献。九月，窦宪以功拜大将军，位三公上，于是窦氏权势炽盛。十月，令郡国弛刑徒输作军营。

外国 〔罗马〕 马科曼尼人、魁代人败罗马皇帝图密善于波希米亚。

90年

中国 庚寅 汉永元二年

二月，复置西河、上郡属国都尉官。五月，窦宪遣将攻取北匈奴伊吾卢地；车师前后王惧，遣子入侍。大月氏王求通婚被拒，怒攻班超，超大败之。九月，北单于称臣。十月，南匈奴兵与汉兵袭北匈奴，单于受伤遁，俘其阏氏子女五人，斩八千级，获生口数千，遣击至私渠海而还。

91年

中国 辛卯 汉永元三年

二月，窦宪图灭北匈奴，遣耿夔、任尚出居延，深入五千余里，大破北单于于金微山，获其母阏氏、名王以下五千余级，北单于遁，不知所之。十二月，龟兹、姑墨、温宿诸国皆降，复置西域都护骑都尉、戊己校尉官，以班超为都护。北单于弟於除鞬自立为单于，将数千人止于蒲类海，款塞请降；下公卿议。窦宪主受之；司徒袁安以供给南单于岁费一亿九十余万，西域岁费七千四百八十万，再增北匈奴劳费太甚，力主拒之。

92 年

中国

壬辰 汉永元四年

正月，从窦宪议，授北匈奴於除鞬单于玺，使中郎将持节监护，屯伊吾，如南单于故事。六月，和帝与宦官郑众定议，收窦宪大将军印绶，以侯就国，迫令自杀，并收捕罢黜窦氏党羽；班固下狱瘐死。固所著《汉书》未就，诏其妹昭续成之。郑众以功进秩，每参论议，是为宦官用权之始。十月，武陵、零陵、澧中蛮起事。烧当羌攻金城。

外国

〔罗马〕 与达西亚王得西巴留讲和。

93 年

中国

癸巳 汉永元五年

九月，北单于於除鞬以窦宪诛死，率众北遁，遣将追斩之。北匈奴既破，鲜卑徙据其地，后乃并匈奴余种十余万，势渐盛。武陵郡兵破降诸蛮。护羌校尉贯友破烧当羌，逐之远徙。

94 年

中国

甲午 汉永元六年

正月，南匈奴单于安国与右谷蠡王师子不和，汉将袒师子，安国疑惧举兵，汉将击之急，其部下杀安国，立师子为单于。永昌徼外夷遣使奉献。四月，蜀郡徼外羌内附。七月，班超大破焉耆、尉黎，杀其王，斩五千级，俘万五千人；西域五十余国皆纳质内属。十一月，北匈奴降者十五部、二十余万人，胁立南匈奴日逐王为单于，杀吏民，焚庐帐；发羽林、五校、郡国迹射及乌桓、鲜卑与南匈奴兵击之，斩万七千级。武陵溇中蛮起事，寻败。

外国

〔新罗〕 加耶国围边城，击走之。

95 年

中国

乙未 汉永元七年

96 年

中国

丙申 汉永元八年

五月，南匈奴右温禺犊王乌居战遁出塞；七月，遣将破斩之，徙其余众及降胡二万余人于安定、北地。八月，诏郡国及京畿系囚减死一等，遣戍敦煌。车师后王攻车师前王。十二月，护羌校尉史充发湟中羌胡出塞击烧当羌，败还，死者数百人。

外国

〔新罗〕 加耶国袭南边，败还。

〔罗马〕 9月，皇帝啚密善遇刺死，弗拉维朝亡。元老议会推选元老议员纳尔发为皇帝（96—98年）。即位时年六十一。自纳尔发起，连续五帝皆称厥职，号称“五个好皇帝”。

97 年

中国

丁酉 汉永元九年

正月，永昌徼外夷及掸国奉献。三月，西域长史击杀车师后王。八月，鲜卑侵肥如，杀略吏民。闰八月，烧当羌攻陇西，结塞内诸羌，杀长吏；发汉兵及羌胡击退之。是岁，班超遣甘英使大秦、条支，至安息西界而还。

外国

〔日本〕 熊袭人又起事，遣皇子攻服之。

〔罗马〕 皇帝纳尔发承军方意旨，立图拉真为嗣。

98 年

中国

戊戌 汉永元十年

十二月，烧当羌帅迷唐降，罢兵；迷唐率种人朝献。

外国

〔罗马〕 皇帝纳尔发死，图拉真立（98—117年）。图拉真为一个杰出军官，原在西班牙日耳曼等地驻防。即位后，努力恢复罗马经济，加强罗马国防。贷款给土地所有者以购买土地，改善农场。又将此贷款利息收入用以教育贫寒子女与孤儿。又颁布法律，规定元老议员须将三分之一以上资财投资于意大利农业。但结果，土地愈集中于大土地所有者之手，下层阶级生活益趋恶化。

99 年

中国

己亥 汉永元十一年

四月，复置右校尉官，驻西河鹄泽县。

100 年

中国

庚子　汉永元十二年

二月，旄牛徼外白狼、楼薄、蛮夷内附。四月，日南象林蛮起事，郡兵击平之。十一月，西域蒙奇、兜勒二国遣使内附。是岁，烧当羌帅迷唐结湟中诸胡钞掠出塞。许慎作《说文解字》成，凡十二万三千四百四十一字。

101 年

中国

辛丑　汉永元十三年

八月，护羌校尉周鲔等大破烧当羌，徙降者于汉阳、安定、陇西。十一月，安息国使献师子及条支大爵。诏缘边诸郡口十万以上，岁举孝廉一人；不满十万，二岁举一人；五万以下，三岁举一人。鲜卑攻右北平，入渔阳；郡兵击破之。十二月，巫蛮许圣以收税不均，起兵反抗。是岁，贾逵死。逵为古文经大师，著有古文尚书训、毛诗传、周礼解诂、春秋左氏传解诂、国语注等书。

外国

〔罗马〕　皇帝图拉真开始对达西亚进行战争，经过两度艰苦斗争（101—102 年，105—107 年），终征服达西亚，划为罗马行省。

102 年

中国

壬寅　汉永元十四年

二月，安定降羌烧何种起事，为郡兵所破。诏修西海郡故城，徙金城西部都尉戍之。四月，遣使者击破巫蛮，许圣降，悉徙置江夏。五月，初置象林将兵长史官。八月，班超自西域还洛阳；九月，死。十一月，从司空徐防言，太学试博士弟子务从家法。是岁，初复郡国上计吏补郎官。

外国

〔新罗〕　悉直、押督二国来附。

〔扶南〕　混填已死，其后人混盘渐事兼并旁近部落约在本世纪中。

103 年

中国

癸卯　汉永元十五年

七月，复置涿郡故安铁官。是岁初令郡国以夏至按薄刑。

104 年

中国

甲辰　汉永元十六年

十一月，北匈奴遣使称臣，愿和亲，修呼韩邪单于故约，不许。十二月，复置辽东西部都尉官。

105 年

中国

乙巳　汉永元十七年　元兴元年

春，高句丽王宫掠辽东六县。四月，改元。九月，辽东太守击破高句丽而及貊人。十二月，和帝死，少子隆生方百余日，立为皇太子，嗣位，是为孝殇皇帝；皇太后邓氏临朝称制。北匈奴遣使诣敦煌贡献，仍请修故约；不许。高句丽侵汉辽东，大败。

106 年

中国

丙午　汉孝殇皇帝刘隆延平元年

四月，鲜卑攻渔阳，太守追击，战死。六月，减宫廷用度，旧太官、汤官岁费二万万，至是裁数千万；又放掖庭宫人。八月，殇帝死，皇太后定策迎清河王子祜嗣位，是为恭宗孝安皇帝，邓太后仍临朝。九月，西域诸国攻都护任尚，遣副校尉梁慬驰救，慬大破之，追斩万余级，获生口数千。十二月，诏公卿、二千石各举隐士、大儒，备博士选。

107 年

中国

丁未　汉孝安皇帝刘祜永初元年

正月，蜀郡徼外羌内附。分犍为郡南部为属国都尉。三月，永昌徼外僬侥夷陆类等内附。五月，诏改以立秋日按薄刑。九真徼外夜郎夷内附。六月，以西域劳费，罢都护及伊吾庐、柳中屯田吏士。陇西诸郡羌以吏民豪右欺陵，连结起事，州郡兵不能制；诏赦诸羌连结者罪以散离之。十月，倭国王帅升等遣使献生口。十二月，遣邓骘等将五校及诸郡兵五万人屯汉阳，备羌。是岁，鲜卑大人燕荔阳来朝，赐以王印绶，令止乌桓校尉所居宁城下；鲜卑百二十部各遣子入质。

外国

〔日本〕　倭国五帅升等献生口百六十人于汉。

108 年

中国

戊申　汉永初二年

正月，邓骘为钟羌所败，丧千余人，梁慬破诸羌万余人，羌豪三百余人降。诏以公田赋贫民。七月，诏征明习天文、阴阳者。蜀郡徼外薄甲等八种羌内附。九月，诏诸王、公主官属，墨绶以下廉孝有才者，得与计偕，调令外补。十月，邓骘为先零羌豪滇零等所败，亡八千余人，羌势大盛。滇零称帝于北地，结武都参狼羌、上郡西河诸种羌攻掠三辅，东入赵、魏，南入益州，杀汉中太守；梁慬击破之，羌稍退。十二月，广汉塞外参狼羌降，分广汉北部为属国都尉。

外国　〔新罗〕　大水，民饥。并比只、多伐、单八三国。

109 年

中国　己酉　汉永初三年

正月，当煎、勒姐羌陷破羌县；钟羌陷临洮县，俘陇西南部都尉。高句丽遣使贡献。四月，令吏民入钱谷得为关内侯、虎贲、羽林郎、五官、大夫、官府吏、缇骑、营士，各有差。诏上林广成苑赋与贫民。六月，渔阳、右北平乌桓扰上谷、涿郡、代郡。七月，张伯路等起义，攻滨海九郡，杀二千石、令长；遣使督州郡兵破之。九月，雁门乌桓率众王无何允与鲜卑大人丘伦及南匈奴骨都连兵犯五原，大败汉兵，南单于围美稷。十一月，遣何熙等将五校及边郡兵，会耿夔所发鲜卑兵及梁慬度辽营兵，共击之，破南匈奴薁鞬日逐王。是岁，京师及并、凉二州大饥，人相食。高句丽遣使于汉。

外国　〔新罗〕　有年。

110 年

中国　庚戌　汉永初四年

正月，张伯路复结勃海、平原刘文河、周文光等攻杀厌次令；遣使发幽、冀诸郡兵与青州刺史并力击之。耿夔、梁慬破南单于。诏减百官及州郡县俸。二月，南匈奴攻常山。先零羌攻褒中。初置京兆虎牙都尉于长安，扶风都尉于雍，以卫园陵、护三辅。朝歌宁季等数千人攻杀长吏，屯聚连年，州郡不能禁，朝歌令计破散之。诏谒者刘珍等校定东观五经、诸子、传记、百家、艺术。三月，南单于降，还所虏汉人男女及羌所略卖入匈奴中者合万余人。先零羌复攻褒中，太守郑勤战死，丧三千余人。徙金城郡居襄武。张伯路等败走辽东，止海岛上。七月，护羌校尉移居张掖。

外国　〔日本〕　东夷起事，遣兵击服之。

〔大月氏〕　迦腻色迦嗣为王。是时大月氏领土已向东扩张到和阗，在印度领土至恒河流域，西起波斯，东至中国新疆及印度恒河，皆入版图，都配夏注，东、西、南三方文化，皆荟萃于此，一时称盛。迦腻色迦信奉佛教，尝于罽宾召集第四次佛教大会，高僧马鸣等赴者五百人，以梵文编订佛典，复以希腊雕刻方法雕刻佛像及庙寺建筑，对佛教发展有很大的影响。在此次大会时，南印度僧人不到，由是佛教分为二派，南派以师子国为中心，北派以北印度为中心。

111 年

中国　辛亥　汉永初五年

二月，先零羌攻河东，至河内；遣五校士屯孟津，诏魏郡、赵国、常山、中山缮作坞候六百一十六所以备羌。三月，诏陇西徙襄武，安定徙美阳，北地徙池阳，上郡徙衙，以避羌。任尚破羌于上党。扶余王攻乐浪。高句丽王宫遣使奉献。闰四月，诏举贤良方正能直言极谏之士。张伯路复攻东莱，败走辽东，被杀。七月，诏举列将子孙明兵法者。九月，汉阳杜琦及弟季贡与王信等结诸羌，攻陷上邽；琦被刺死，季贡、王信等据枟泉营。

外国　〔罗马〕　皇帝遣小普利尼赴俾西尼亚省整顿财政。是时东方各省市多以官吏贪污，用度无节，入不敷出，图拉真常派特使，加以监视整顿，于是地方之权，更形削弱。

112 年

中国　壬子　汉永初六年

正月，诏越巂置长利、高望、始昌三苑，益州置万岁苑，犍为置汉平苑。五月，诏中二千石下至黄绶一切复秩。六月，王信败死，杜季贡亡从先零羌为将军。先零羌帅滇零死，子零昌袭。

外国　〔新罗〕　婆娑王死，子祇摩立。

113 年

中国　癸丑　汉永初七年

秋，护羌校尉侯霸等破先零别部牢羌于安定，俘斩千人。

外国　〔罗马〕　向帕提亚王科斯罗埃斯宣战，直战至图拉真死（113—117 年）为止。

114 年

中国　甲寅　汉元初元年

正月，改元。四月，诏举敦厚质直者。五月，先零羌攻雍城。七月，蜀郡夷攻杀蚕陵令。九月，羌豪号多攻掠武都、汉中、巴郡，板楯蛮与郡中兵共击破之。号多与零昌合，侯霸败之于枹罕。十月，先零羌败凉州兵于狄道，杀八百余人。

外国 〔罗马〕 灭亚美尼亚。

115 年

中国 乙卯 汉元初二年

正月，蜀郡青衣道夷内属。修西门豹所分漳水为支渠以溉民田。二月，诏三辅、河东、上党、赵国、太原各修旧渠。三月，护羌校尉庞参招抚诸羌，号多等降。参还治令居，通河西道。零昌分兵攻益州；遣尹就击之。八月，辽东鲜卑围无虑县，九月，又攻扶梨营，杀县令。尹就击羌党吕叔都等，使人刺杀之。十月，庞参等分道击零昌，皆败，死三千余人。任尚破杜季贡。武都太守虞诩破羌于赤亭。十二月，武陵澧中蛮起事，州郡击平之。

外国 〔新罗〕 加耶侵南边，祇摩王亲御之，被围几败。

〔罗马〕 以美索不达米亚为行省。

116 年

中国 丙辰 汉元初三年

正月，苍梧、郁林、合浦夷起事，遣兵击之。五月，武陵蛮起事，州郡击破之。度辽营与南匈奴兵破零昌于灵州，斩八百余级。越雟徼外夷内附。六月，任尚破先零羌于丁奚城。七月，武陵蛮复起事，州郡击平之。九月，冯翊北界筑候坞五百所以备羌。十一月，苍梧、郁林、合浦夷降。十二月，任尚击零昌于北地，杀其妻子，斩七百余级。

外国 〔新罗〕 侵加耶，无功。

〔罗马〕 以亚西利亚为行省。罗马疆界扩至底格里斯河。

〔犹太〕 反抗罗马统治之运动爆发，图拉真亲征之，杀戮甚惨。

117 年

中国 丁巳 汉元初四年

二月，任尚遣当阗种羌榆鬼等杀杜季贡。四月，辽西鲜卑扰乱，郡兵与乌桓大人于秩居等共破之，斩千三百级。六月，益州之羌多受抚降散。九月，任尚募效功种羌号封刺杀零昌，以号封为羌王。十二月，越雟夷大牛种封离等攻杀遂久令。任尚等大破先零羌狼莫，斩五千余级。狼莫遁西河，虔人种羌万人降，陇右无事。

外国 〔罗马〕 6月（一作7月）皇帝图拉真死。图拉真在位时，罗马领土扩张至最大限度。其从侄哈德良嗣位（117—138年）。哈德良鉴于帝国过于庞大，统治困难，遂放弃对外扩张之企图，只思维持现有疆土，即位后，即放弃幼发拉底河以东新成立之省份。在帝国北部自莱因河以迄多瑙河修建长城，以抵御日耳曼人的侵入。

118 年

中国 戊午 汉元初五年

六月，高句丽与濊貊攻玄菟。永昌、益州、蜀郡夷皆起应封离，众十余万，破二十余县。八月，代郡鲜卑攻杀长吏；发兵屯上谷备之。十月，鲜卑入上谷，攻居庸关；复发兵遏之。度辽将军邓遵募上郡全无种羌雕何刺杀狼莫，诸羌瓦解。羌事耗军费二百四十余亿，兵士死者不可胜数。高句丽与濊貊袭汉玄菟郡。

119 年

中国 己未 汉元初六年

七月，鲜卑攻马城塞，度辽营与南匈奴兵大破之。是岁，益州刺史张奋遣兵至楪榆，大破封离，斩三万余级，俘千五百人，封离及其余三十六种皆被迫投降；治长吏侵凌夷人者九十人罪。北匈奴复役属西域诸国；敦煌太守遣长史索班屯伊吾，车师前王及鄯善复附汉。

120 年

中国 庚申 汉永宁元年

三月，北匈奴结车师后王共杀汉吏，逐车师前王。鄯善告急，复置西域副校尉居敦煌，遥控西域。沈氐羌攻张掖。四月，改元。六月，护羌校尉马贤破沈氐羌，俘斩三千余；当煎羌攻金城，贤又破之。烧当羌复攻张掖。十二月，永昌徼外掸国王雍调使献大秦幻人。辽西鲜卑大人乌伦、其至鞬等降。是岁，扶余王遣子奉献。

外国 〔罗马〕 皇帝哈德良始出巡各省（120—126年，129—134年）。

121 年

中国 辛酉 汉永宁二年 建光元年

二月，马贤杀当煎羌豪卢匆，俘二千余人，残部亡出塞。幽州刺史冯焕等击高句丽、濊貊不克，高句丽王宫袭辽东、玄菟，杀伤二千余人。三月，邓太后死，安帝始亲政。四月，高句丽、濊貊、鲜卑连兵侵辽东，太守战死。诏举有道之士。七月，改元。八月，烧当羌攻湟中、金城，败马贤于牧苑，败武威、张掖郡兵于令居；结先零、沈氐诸种攻武威。九月，鲜卑其至鞬攻居庸关，败云中太守，围乌桓校尉，以救至解去。十一月，鲜卑攻玄菟。初置渔阳营兵。十二月，高句丽、马韩、濊貊围玄菟；扶余王遣兵助州郡击退之。是岁，蔡伦死。伦曾发明造纸之术。汉幽州刺史冯焕等讨高句丽、濊貊，寻败，辽东太守蔡讽死之。高句丽与濊貊围玄菟，为扶余及汉兵所败。

外国　〔罗马〕　皇帝哈德良巡幸不列颠，在不列颠北部筑长城。

122 年

中国　壬戌　汉建光二年　延光元年

二月，扶余王遣使奉献。三月，改元延光。马贤击溃烧当羌于湟中。七月，高句丽诣玄菟降，还所虏汉人。虔人羌结上郡胡扰乱，度辽营兵击破之。十月，鲜卑攻雁门、定襄、太原。烧当羌以饥困降。十二月，九真徼外夷内附。虔人羌攻谷罗城，度辽营兵击破之。高句丽与濊貊侵辽东，扶余兵助汉。

123 年

中国　癸亥　汉延光二年

正月，旄牛夷攻杀灵关令，益州刺史、蜀郡西部都尉击破之。诏选三署郎及吏人通古文尚书、毛诗、谷梁春秋者各一人。四月，以北匈奴屡与车师攻扰河西，命班勇为西域长史，屯柳中以遏之。十一月，鲜卑攻南匈奴于曼柏，杀千余人。是岁，分蜀郡西部为属国都尉。

124 年

中国　甲子　汉延光三年

正月，班勇发鄯善、龟兹、姑墨、温宿兵击破北匈奴伊蠡王于车师前王庭，西域又通。三月，安帝至鲁，祠孔子及七十二弟子。五月，南匈奴大人阿族等以征调烦苦，率众北走；度辽营兵与胡追击之，斩获殆尽。日南徼外夷内附。六月，鲜卑攻玄菟。青、冀二州骚动，遣侍御史分行督捕。九月，诏郡国、中都官系囚减死一等，遣诣敦煌、陇西及度辽营。陇西郡还治狄道。

125 年

中国　乙丑　汉延光四年（北乡侯刘懿在位七个月）

三月，安帝死，皇后阎氏定策，以北乡侯刘懿嗣位。七月，班勇发敦煌、张掖、酒泉及鄯善、疏勒、车师前部兵击车师后王，俘八千余人，斩后王及驻车师后王国匈奴使。十月，北乡侯死。十一月，中常侍孙程等拥立废太子济阴王保，是为孝顺皇帝，孙程等皆封列侯，宦官权日炽。

外国　〔新罗〕　靺鞨侵北境，大杀掠。百济来援，靺鞨退。

126 年

中国　丙寅　汉孝顺皇帝刘保永建元年

二月，马贤大破钟羌于临洮。八月，鲜卑侵代郡，太守战死。九月，初令三公、尚书入奏事。十月，诏减死罪以下徙边。南单于请修缮朔方以西障塞，以防鲜卑。诏黎阳营兵屯中山北界，缘边增置步兵，调五校弩师，郡举五人教射。班勇使人斩东且弥王，略定西域东部。勇发诸国兵击北匈奴呼衍王，降其二万人，呼衍王徙居枯梧河上。北单于自将来援，勇使人逐走之，斩其骨都侯。

外国　〔日本〕　虾夷起事，遣兵击之。

127 年

中国　丁卯　汉永建二年

正月，汉兵与南匈奴兵击破鲜卑其至鞬。二月，辽东鲜卑攻玄菟，乌桓校尉耿晔发汉兵及乌桓骑破之，鲜卑三万人降。三月，疏勒国遣使奉献。六月，班勇等破降焉耆、危须、尉犁三国。

128 年

中国　戊辰　汉永建三年

九月，鲜卑侵渔阳。

外国　〔百济〕　已娄王死，子盖娄立。

129 年

中国　己巳　汉永建四年

九月，安定、北地、上郡还旧土。十一月，鲜卑侵朔方。于寘王杀拘弥王，以其子为拘弥王，遣使贡献。

130 年

中国　庚午　汉永建五年

正月，疏勒王遣子入侍，大宛、莎车皆遣使奉献。十月，诏郡国、中都官死罪系囚皆减罪一等，遣戍北地、安定、上郡。

外国 〔日本〕 景行天皇死。

131 年

中国 辛未 汉永建六年

三月，复开伊吾屯田，置司马一人。九月，缮起太学，凡二百四十房，千八百五十室。护乌桓校尉耿晔遣兵破鲜卑。于寘王遣使奉献。十二月，日南徼外叶调国、掸国皆遣使奉献。

外国 〔日本〕 成务天皇即位（十三代）。

132 年

中国 壬申 汉永建七年 阳嘉元年

二月，曾旌等起义，杀句章、鄞、鄮三县长，攻会稽东部都尉；诏缘海各县屯兵。三月，扬州六郡人民暴动，推章河等为首，分布四十九县，杀伤官吏。改元阳嘉。七月，太史令张衡作候风地动铜仪。太学成；试明经下第者补博士弟子，增甲乙科，员各十人；除郡国耆儒九十人补郎、舍人。冬，耿晔遣乌桓钞击鲜卑；鲜卑攻辽东属国。令郡国举孝廉，限年四十以上、诸生通章句、文吏能笺奏乃得应选；其有茂才异行不拘年齿。十二月复置玄菟郡。闰十二月，令凡以诏除为郎年四十以上课试如孝廉科者，得参廉选，岁举一人。申核实选举令。

外国 〔犹太〕 西蒙（绰号巴尔·科舍巴）领导起义。罗马人费三年工夫（132—135 年），动员庞大兵力，方击溃义军。罗马人大肆屠杀，犹太人大批逃亡于各地。

133 年

中国 癸酉 汉阳嘉二年

三月，使匈奴中郎将王稠遣从事将南匈奴兵击鲜卑破之。除京师耆儒年六十以上者四十八人补郎、舍人及王国郎。四月，复置陇西南部都尉官。五月，疏勒国献师子、封牛。诏举敦朴之士，马融、张衡皆与其选。马融为名经学家；张衡善属文，通六艺、天文、历算，作浑天仪，著《灵宪》。八月，鲜卑侵马城，败代郡太守。

134 年

中国 甲戌 汉阳嘉三年

三月，益州民变，劫令长，杀列侯。四月，车师后部司马率后王击北匈奴于闾吾隆谷，大破之，获单于季母。五月，张衡请禁图谶。七月，钟羌良封等攻陇西、汉阳，十月护羌校尉马续击破之。十一月，武都塞上屯羌及外羌侵屯田，掠人畜。

外国 〔新罗〕 祇席王死，儒理王子逸圣立。

135 年

中国 乙亥 汉阳嘉四年

春，北匈奴呼衍王攻车师后部。二月，初听宦官得以养子袭爵。马贤大破钟羌。十月，乌桓攻云中，度辽将军耿晔追之，被围；救兵至，始退。

136 年

中国 丙子 汉永和元年

正月，扶余王朝于汉。十二月，象林蛮起事。武陵澧中、溇中蛮以增租布，杀乡吏起事。

137 年

中国 丁丑 汉永和二年

正月，武陵蛮围充城，攻夷道。二月，广汉属国都尉击白马羌。武陵郡兵破武陵蛮。五月，日南象林蛮区怜等攻城杀官；交趾刺史发交趾、九真兵击之，士卒哗变。

外国 〔新罗〕 靺鞨来侵。

138 年

中国 戊寅 汉永和三年

四月，九江蔡伯流攻扰郡界及广陵，杀江都长；闰四月，徐州刺史应志诱降之。五月，吴郡丞羊珍反，太守王衡破杀之。六月，交趾刺史张乔、九真太守祝良抚慰日南象林蛮，降者数万。九月，令举堪任将帅者。十月，烧当羌那离等攻金城，马贤击破之。

外国 〔罗马〕 7 月，皇帝哈德良死，义子安东尼纳斯·派阿斯嗣位（138—161 年）。

139 年

中国 己卯 汉永和四年

四月，马贤大破烧当羌，斩那离。是岁，张衡死。衡为当时经学家，著有周官解诂；又为文学家，著有《二京赋》等；而其最著名者则为创造候风地动仪及浑天仪，故又为卓著之科学家。

外国 〔新罗〕 靺鞨来侵。

140 年

中国 庚辰 汉永和五年

四月，南匈奴句龙大人吾斯、车纽等攻西河，围美稷，扰朔方、代郡；五月，度辽将军马续击破之；使匈奴中郎将陈龟迫杀南单于。且冻傅难种羌以不堪苛扰起事，攻金城，结杂羌胡，大扰三辅；以马贤为征西将军，将十万人击之；令扶风、汉阳筑坞三百所，置屯兵。九月，且冻羌攻武都，烧陇关。南匈奴句龙大人吾斯等立车纽为单于，结乌桓、羌、胡，破京兆虎牙营，杀上郡都尉，掠并、凉、幽、冀四州。徙西河治离石、上郡治夏阳、朔方治五原。十二月，使匈奴中郎将张耽大破车纽等于马邑，斩三千级，车纽降。是岁，会稽太守马臻筑镜湖塘，溉田九千余顷。

141 年

中国 辛巳 汉永和六年

正月，马贤攻且冻羌，败死；东西羌会合，势大炽。闰正月，巩唐羌攻陇西、三辅，烧陵园，杀吏民。三月，武都太守赵冲破巩唐羌；诏以赵冲节度河西四郡兵。五月，使匈奴中郎将张耽等大破乌桓于通天山。巩唐羌攻北地。七月，诏假民有赀者，户钱一千。九月，诸种羌攻武威。十月，徙安定居扶风、北地居冯翊，以避羌。荆州人民扰动经年，刺史李固抚定之；泰山人民亦有扰动，徙固为泰山太守。

142 年

中国 壬午 汉汉安元年

八月，南匈奴句龙大人吾斯等复掠并州。遣使分行州郡，举贤黜奸。九月，广陵人张婴等游击扬、徐间十余年，太守张纲说降之。十月，罕羌降，惟烧何种未下，羌事缓；罢张乔屯军。十一月，诏选武猛任将校者。

外国 〔不列颠〕 北部发生起义运动，为罗马驻防军司令鹗比卡斯镇压。

143 年

中国 癸未 汉汉安二年

二月，鄯善国遣使奉献。四月，护羌校尉赵冲等破烧当羌于参栾。六月，立南匈奴守义王兜楼储为单于。十月，令系囚殊死以下出缣赎；不能入赎者遣诣临羌县居作二年。减百官俸。禁沽酒。贷王侯国租一岁。闰十月，赵冲等破烧当羌于阿阳。十一月，使匈奴中郎将马寔使人刺杀句龙大人吾斯。十二月，扬、徐等州民变，攻城杀官。尚书令黄琼奏请选举增孝悌及能从政为四科。

外国 〔罗马〕 驻军在不列颠旧长城之北修建长垣。

144 年

中国 甲申 汉汉安三年 建康元年

三月，护羌校尉从事马玄结诸羌亡出塞；校尉卫琚追斩之，杀八百余人。赵冲追羌人，战死。南郡、江夏民纷起暴动。四月，使匈奴中郎将马寔破降南匈奴左部，胡、羌、乌桓皆降。改元建康。八月，九江人范容、周生等起义，攻城邑，屯据历阳；遣御史中丞冯绲督州兵击之。顺帝死，皇太子炳嗣位，是为孝冲皇帝，皇太后梁氏临朝称制。九月，扬州刺史尹耀、九江太守邓显击范容等，败死。十月，日南蛮复起，攻烧县邑；交趾刺史夏方抚降之。十一月，九江人徐凤、马勉等起义，攻烧城邑，凤称无上将军，勉称皇帝，建年号，置百官。十二月，九江人黄虎等起义，攻合肥。是岁，全国有户九百九十四万六千九百九十，口四千九百七十三万五百五十，垦田六百八十九万六千二百七十一顷五十六亩一百九十四步。

外国 〔新罗〕 禁民用金银珠玉。

145 年

中国 乙酉 汉孝冲皇帝刘炳永嘉元年

正月，冲帝死。大将军梁冀定策立勃海王鸿子缵嗣位，是为孝质皇帝。广陵张婴复攻堂邑、江都，杀县长。九江徐凤等攻杀曲阳、东城长。诸羌离湳等五万余户诣左冯翊梁并降。三月，九江都尉滕抚等攻徐、扬农民军，马勉、范容、周生等败死。四月，丹阳人陆宫等起义，围城邑，烧官署，为郡兵所破。五月，下邳谢安率其宗亲击徐凤，凤败死。六月，鲜卑扰代郡。七月，庐江民变，攻寻阳、盱台，滕抚破之。十一月，滕抚破张婴，俘杀千余人。历阳人华孟起义，称黑帝，杀九江太守；滕抚击之，孟败死，被杀者三千八百人，被俘者七百余人。巴郡人服直起事，称天王；益州刺史与巴郡太守击之，不利。

146 年

中国 丙戌 汉孝质皇帝刘缵本初元年

四月，令郡国举明经，年五十以上、七十以下，诣太学；自大将军以下皆遣子受业，岁满课试，拜官有差。又千石、六百石、四府掾属、三署郎、四姓小侯能通经者，随家法第高下，奏名进赏。自是太学生增至三万余人。六月，梁冀鸩杀质帝，迎蠡吾侯志嗣位，是为孝桓皇帝；皇太后梁氏仍临朝。高句丽袭辽东；掠乐浪太守妻子。太祖王传位于弟遂成，是为次大王。

147 年

中国

丁亥　汉孝桓皇帝刘志建和元年

十一月，清河刘文与南郡刘鲔交通，欲立清河王蒜为皇帝、劫杀国相，事败，被杀；梁冀诬前太尉李固、杜乔与谋，皆下狱死。陈留人李坚起义，称皇帝，败死。大月氏僧支谦至洛阳。

外国

〔罗马〕　皇帝安东尼纳斯·派阿斯立其婿马克·奥勒略为嗣，授以统帅职权。

148 年

中国

戊子　汉建和二年

三月，白马羌攻广汉属国，益州刺史率板楯蛮击破之。十月，长平人陈景自号黄帝子，署置官属，南顿人管伯称真人；并图起义，皆败死。安息僧安世高至洛阳。

〔帕提亚〕　王倭罗吉苏二世死，年九十六，在位凡七十一年。子倭罗吉苏三世嗣位。当倭罗吉苏三世之时，罗马常侵帕提亚，国势益衰。

149 年

中国

己丑　汉建和三年

150 年

中国

庚寅　汉和平元年

正月，改元。二月，扶风人裴优起事，称皇帝，败死。十一月，减死罪人一等徙戍边。

151 年

中国

辛卯　汉元嘉元年

正月，改元。四月，任城、梁国饥，民相食。北匈奴呼衍王扰伊吾。七月，武陵蛮起事。十一月，诏举独行之士；涿郡崔寔不应征，作政论。

152 年

中国

壬辰　汉元嘉二年

正月，西域长史安杀于寘国王，为于寘人所杀。

153 年

中国

癸巳　汉元嘉三年　永兴元年

五月，改元。七月，郡国三十二大灾，民饥，流冗数十万户，冀州尤甚。冀州刺史朱穆忤宦官，免官，输作左校；太学生刘陶等数千人上书讼穆冤，赦之。十月，武陵太守应奉招降武陵蛮。车师后王阿罗多攻屯田，杀吏士，亡入北匈奴；汉立卑君为王，阿罗多还与卑君争。戊校尉严详请令阿罗多复位，迁卑君于敦煌，分与三百帐。

154 年

中国

甲午　汉永兴二年

闰九月，减死罪囚一等戍边。蜀郡人李伯祚起事，称太初皇帝，败死。十一月，泰山琅邪人公孙举、东郭窦等起事，杀官吏。

外国

〔新罗〕　逸圣王死，子阿达罗立。以百济纳叛臣，遣兵攻之，不克。

155 年

中国

乙未　汉永寿元年

正月，改元。二月，司隶、冀州饥，人相食。七月，初置泰山、琅邪都尉官。南匈奴左薁鞬台耆、且渠伯德等攻美稷，东羌应之；安定属国都尉张奂招抚东羌，共破薁鞬，伯德败降。

156 年

中国

丙申　汉永寿二年

三月，蜀郡属国夷起事。七月，鲜卑大人檀石槐尽有匈奴故地，南人云中。公孙举等攻青、兖、徐三州，为中郎将段颎所败，被屠杀者万余人，举败死。

157 年

中国

丁酉　汉永寿三年

四月，九真居风人朱达等结士夷杀县令，攻九真，太守战死；都尉魏郎击破之，退屯日南。十一月，长沙蛮攻益阳。是岁，全国有户一千六百七万九百六，口五千六万七千八百五十六。

158 年

中国 戊戌 汉永寿四年 延熹元年

六月，改元。十二月，南匈奴诸部结乌桓、鲜卑扰缘边九郡；北中郎将诱乌桓杀匈奴屠各渠帅，自引兵击南单于，破降之。

159 年

中国 己亥 汉延熹二年

二月，鲜卑攻雁门。蜀郡夷攻蚕陵。六月，鲜卑攻辽东。八月，收梁冀大将军印绶，冀与妻皆自杀，梁氏中外宗亲皆下狱死；赏定乱有功者，封宦官单超等五人为县侯，自是宦官益横。十二月，烧当、烧何等八种羌攻陇西、金城塞；护羌校尉段颎击破之，斩二千级，俘万余人。天竺国使来。

160 年

中国 庚子 汉延熹三年

闰正月，西羌与烧何羌攻张掖，段颎追击至积石山，大破之。七月，长沙蛮据益阳，零陵蛮攻长沙。九月，泰山琅邪人劳丙等起义，为州郡兵所败，诏无事之官，权停俸，候丰年复故。十一月，九真朱达余众扰日南，交趾刺史夏方抚降之。勒姐、零吾种羌围允街，段颎击破之。泰山人叔孙无忌起义，攻杀都尉，为郡兵所败。武陵蛮攻江陵，车骑将军冯绲击降之。荆州刺史度尚破长沙蛮。

161 年

中国 辛丑 汉延熹四年

六月，犍为属国夷攻掠益州，刺史山昱击破之。零吾、先零诸羌扰三辅。七月，减公卿以下俸，贷王侯半租，占卖关内侯、虎贲、羽林、缇骑、营士、五大夫，钱各有差。十月，天竺国来献。南阳黄武与襄城忍得、昆阳乐季谋起义，皆被害。十一月先零、沈氏诸羌入并、凉二州，中郎将皇甫规击破之，被迫降者十余万。十二月，扶余王遣使奉献。

外国 〔罗马〕 3 月，皇帝安东尼纳斯·派阿斯死，其婿马克·奥勒留即位（161—180 年）。马克·奥勒留在位时，罗马帝国情况急剧恶化。民众日趋贫困，国家经费亦日感困难。日耳曼等族从四周边疆侵入，使罗马人疲于奔命。奴隶制度之危机，日益显露。

162 年

中国 壬寅 汉延熹五年

三月，沈氏羌攻张掖、酒泉，皇甫规抚降十万口。四月，长沙民起义，攻桂阳、苍梧；零陵民亦起义，攻苍梧、桂阳、南海、交趾，遣使督州郡兵击之。七月，乌吾羌攻汉阳、陇西、金城，诸郡兵共破之。八月，减虎贲、羽林不任事者半俸，勿与冬衣，公卿以下给冬衣之半。艾县民起义，攻长沙郡县，杀益阳令。零陵蛮攻长沙。十月，武陵蛮攻江陵；以冯绲为车骑将军，将兵十余万击之；假公卿以下俸以助军饷。十一月，冯绲大破武陵蛮，屠四千人，降十余万口。长沙民起义失败。滇那羌攻武威、张掖、酒泉。

外国 〔罗马〕 帕提亚人侵入叙利亚，罗马皇帝马克·奥勒留遣维拉斯与帕提亚人战（162—165 年），败之，攻下阿塔克萨克、塞流西亚、泰西丰诸城。立一傀儡国王于亚美尼亚，并划美索不达米亚之一部为一行省。

163 年

中国 癸卯 汉延熹六年

五月，鲜卑攻辽东属国。七月，桂阳李研等起义。武陵蛮又起，太守陈举压服之。陇西太守孙羌击滇那羌破之。十一月，南海郡民暴动。

164 年

中国 甲辰 汉延熹七年

七月，荆州刺史度尚镇服零陵、桂阳暴动。十月，段颎击当煎羌，破之。

165 年

中国 乙巳 汉延熹八年

二月，段颎击罕姐羌，破之。五月，荆州兵朱盖与桂阳人胡兰等起义，攻桂阳、零陵；中郎将度尚击破之，兰、盖被害，余部南走苍梧，交趾刺史张磐截击之，复入荆州界。六月，段颎大破西羌于湟中，斩二万三千级，俘数万，降者万余落。八月，初令郡国有田者，亩敛税钱。十月，勃海人盖登起义，称太上皇帝，败死。高句丽太祖王死，未几，次大王为其下所杀，立其弟伯固，是为新大王。

166 年

中国 丙午 汉延熹九年

正月，诏举至孝。沛国戴异与广陵龙尚作符书，称太上皇，被杀。司隶、豫州饥，死者什四五，有绝户者。六月，鲜卑结南匈奴、乌桓攻扰缘边九郡。七月，鲜卑诱诸羌攻扰武威、张掖。以张奂为使匈奴中郎将，督幽、并、凉三州及度辽、乌桓二营击之。十二月，南匈奴、乌桓二十万口皆降，鲜卑出塞，在其酋长石槐统率之下仍攻扰不已。大秦王安敦遣使来献。司隶校尉李膺等二百余人被称为党人，下狱考治。是岁，马融死。融为当时经学大师，著有周易、尚书、毛诗、周礼、礼记、孝经、论语等注。

外国

〔百济〕 盖娄王死，子肖古立。

〔罗马〕 维拉斯之东征士兵自近东将鼠疫带回罗马，死亡极多（166—167 年）。多瑙河上游马克曼尼人自波希米亚渡河侵入罗马帝国边境，马克·奥勒留派其二子去抵挡。亚洲部族撒玛底人自黑海沿岸侵入罗马边境。

167 年

中国

丁未 汉延熹十年 永康元年

正月，先零羌攻略三辅，张奂破之。当煎羌攻武威，段颎大破之。扶余王攻玄菟，太守公孙域击破之。四月，先零羌攻没虎牙、雍营。五月，庐江暴动起。六月，改元，赦党人归田里，禁锢终身。十月，先零羌攻略三辅，张奂遣将大破之，斩其酋豪，俘斩万余人。十二月，桓帝死，皇太后窦氏定策迎解渎亭侯宏嗣位，是为孝灵皇帝，皇太后临朝称制。

外国

〔新罗〕 百济袭破二城，大掠而去；遣兵追截之，百济惧，还所掠以和。

〔日本〕 倭大乱，女王卑弥呼立（据后汉书，谓事在汉桓帝灵帝间，故置于此年。又，日本人谓卑弥呼所统之地，在今九州。中国史籍所记之倭，自后汉至晋末，率指居九州者；自南北朝初期以后，则指居本州者，其时所载诸倭王乃日本天皇之祖先）。

168 年

中国

戊申 汉孝灵皇帝刘宏建宁元年

二月，段颎大破先零羌于逢义山，斩八千余级。五月，诏举有道之士。七月，段颎连破先零羌，追至泾阳。九月，中常侍曹节等矫诏杀太傅陈蕃、大将军窦武等五人，皆夷族，迁皇太后窦氏于南宫。十二月，鲜卑、濊貊攻幽、并二州。是岁，乌桓大人上谷难楼、辽西丘力居、辽东苏仆延、右北平乌延皆称王。高句丽新大王请降，属玄菟。

169 年

中国

己酉 汉建宁二年

七月，段颎大破先零羌于射虎谷，斩渠帅以下万九千级，降者四千；分置安定、汉阳、陇西三郡，东羌悉平。九月，江夏蛮起事，州郡击定之。丹杨山越围郡城，太守陈夤击破之。十月，钩党狱起，公卿守相死者百余人，妻子徙边，附从者锢及五属；州郡豪杰名士陷党籍者甚多。十一月，鲜卑扰并州。高句丽王伯固攻辽东，玄菟太守耿临击降之。汉玄菟郡富山地方不安，高句丽遣兵助镇压之。

170 年

中国

庚戌 汉建宁三年

冬，济南民暴动，攻东平陵。郁林太守谷永招降乌浒人徐万，开置七县。凉州刺史孟佗遣从事与戊己校尉、西域长史将焉耆、龟兹、车师前后部兵击疏勒，无功。

171 年

中国

辛亥 汉建宁四年

冬，鲜卑侵并州。

172 年

中国

壬子 汉建宁五年 熹平元年

五月，改元。七月，以朱雀阙匿名书讥刺宦官、公卿，司隶校尉刘猛逐捕不力，以段颎代之；颎捕系太学生千余人。十一月，会稽人许生起义，称阳明皇帝，遣扬州刺史臧旻等击之。鲜卑攻并州。

173 年

中国

癸丑 汉熹平二年

十二月，日南徼外夷重译奉献。鲜卑侵幽、并二州。

174 年

中国

甲寅 汉熹平三年

正月，扶余国遣使奉献。十一月，许生败死。十二月，鲜卑扰北地，郡兵与屠各兵击破之。鲜卑又扰并州。

175 年

中国

乙卯 汉熹平四年

三月，诏诸儒正五经文字，命蔡邕以古文、篆、隶三体书之，刻石立于太学门外，是为熹平石经。钩党狱起，制婚姻之家及两州人士不得对相监临，是为三互法；蔡邕请除之，不从。五月，鲜卑侵幽州。六月，于寘攻杀拘弥王，戊己校尉、西域长史立拘弥侍子定兴为王，众裁千口。改平准为中准，使宦者为之，列于内署。自是诸署悉以宦官为令丞。

外国　〔罗马〕　叙利亚驻防军司令官卡西阿斯举兵反，不久被击败。

176 年

中国　丙辰　汉熹平五年

四月，益州郡夷起事，郡兵击平之。闰五月，永昌太守曹鸾请开党禁，掠死。于是诏州郡更考党人，门生、故吏、父子、兄弟在位者皆免官禁锢，爰及五属。十二月，试太学生年六十以上百余人除郎、舍人、王家郎、郡国文学史。是岁，鲜卑掠幽州。

177 年

中国　丁巳　汉熹平六年

四月，鲜卑扰三边。八月，破鲜卑中郎将田晏、使匈奴中郎将臧旻、护乌桓校尉夏育，共南匈奴兵，分道击鲜卑，大败，死者什七八。十二月，鲜卑攻掠辽西，太守赵苞击破之。是岁，司徒杨赐等请捕治太平道首领张角等，未行。

外国　〔罗马〕　皇帝马克·奥勒留立其长子科摩达斯为奥古斯都，共理国事。

178 年

中国　戊午　汉熹平七年　光和元年

正月，合浦、交趾乌浒蛮结九真、日南民攻没郡县。二月，置鸿都门学，待诸生优于太学。三月，改元。十二月，鲜卑侵酒泉。是岁，初开西邸，卖官入钱各有差，又私令左右卖公卿，公千万，卿五百万。

外国　〔罗马〕　马克曼尼人又犯罗马边境。罗马皇帝马克·奥勒留与其子科摩达斯帅师征之（178—180 年）。

179 年

中国　己未　汉光和二年

四月，诏诸党人禁锢者，小功以下皆免。七月，使匈奴中郎将张修以擅杀南单于下狱死。十月，司徒刘郃等谋诛宦官，事泄，下狱死。巴郡板楯蛮起事。十二月，鲜卑攻幽、并二州。高句丽新大王死，子男武立，是为故国川王。

180 年

中国　庚申　汉光和三年

四月，江夏蛮起事。六月，诏举通尚书、毛诗、左氏、谷梁春秋者，除议郎。冬，鲜卑攻幽、并二州。十二月，巴郡板楯蛮攻扰。苍梧、桂阳乱，零陵太守杨琁击平之。

外国　〔罗马〕　3 月，皇帝马克·奥勒留死，子科摩达斯嗣位（180—192 年）。科摩达斯即位不久即与马克曼尼人议和，以便回罗马享乐。科摩达斯荒淫无度，又好田猎，以大量财富赏赐嬖幸，杀害无辜，国人愤怨，罗马又乱。

181 年

中国　辛酉　汉光和四年

正月，置骐骥厩丞，领受郡国调马；豪右辜断，马一匹至二百万。二月，交趾梁龙与乌浒蛮共扰郡县，刺史朱儁击斩龙，降者数万。十月，鲜卑攻幽、并二州。灵帝作列肆于后宫，又于西园弄狗，著进贤冠，带绶；又驾四驴躬自操辔驰驱，京师仿效，驴价遂与马齐。又好私蓄郡国贡献，令先输中署，名为“导行费”。

182 年

中国　壬戌　汉光和五年

正月，诏公卿举劾刺史、二千石为民害者，太尉许馘等受取贿赂反纠清廉之官。七月，板楯蛮暴动，寻定。是岁何休死。休曾注论语、孝经，而最著名者则为春秋公羊解诂。

183 年

中国　癸亥　汉光和六年

正月，日南徼外夷重译奉献。冬，张角等密谋起义。

184 年

中国　甲子　汉光和七年　中平元年

正月，京师逮捕并屠杀张角党人千余人，令冀州缉捕张角。二月，以张角等为首之农民三十余万人大起义，皆著黄巾，角与弟宝、梁称天、地、人公将军。三月，以何进为大将军，将兵屯京师；置函谷等八关都尉。大赦党人。遣卢植、皇甫嵩、朱儁分击黄巾。南阳黄巾张曼成杀太守。四月，黄巾波才败朱儁。汝南黄巾败郡兵。广阳黄巾杀太守及幽州刺史。五月，皇甫嵩等大破波才。六月，南阳郡兵击张曼成，曼成败死。交趾兵民执刺史及合浦太守，其豪长称柱天将军；贾琮到刺史任，抚定之。皇甫嵩、朱儁分别击破南阳、陈国黄巾。卢植败张角。张修以五斗米道组织起义，攻据巴郡城邑。八月，皇甫嵩败黄巾于仓亭。十月，皇甫嵩击溃张梁于广宗，张梁被害；时张角已死，戮尸。十一月皇甫嵩击溃张宝于下曲阳，张宝被害。北地先零羌与湟中义从胡及枹罕人共拥边章、韩遂为帅，杀校尉、太守。朱儁破黄巾于宛。十二月，改元。高句丽与汉辽东兵战，御却之。

外国　〔新罗〕　阿达罗王死，脱解王孙伐休立。

185 年

中国　乙丑　汉中平二年

二月，税郡国田，亩十钱，以修宫室、铸铜人。令刺史、守相及茂才、孝廉迁除皆输助军、修宫钱，大郡至二三千万。各地农民纷纷起义，博陵张牛角、常山褚飞燕及黄龙左校、于氐根、张白骑、刘石、左髭丈八、平汉大计、司隶缘城、雷公、浮云、白雀、杨凤、于毒、五鹿、李大目、白绕、眭固、苦蝤等同时奋起。张牛角受伤死，褚飞燕代为帅，改姓张，众至百万，据黑山。张飞燕寻降，拜平难中郎将，领河北诸山谷事。边章等攻三辅，前锋入河东。十一月，张温败边章于美阳，遣将分击章及先零羌，皆无功。鲜卑侵幽、并二州。是岁，造万金堂于西园，储公私钱帛。

186 年

中国　丙寅　汉中平三年

二月，江夏兵赵慈等杀南阳太守。修南宫玉堂，铸铜人；又铸四钟，皆受二千斛；又铸天禄虾蟆，吐水转之八宫；又作翻车、渴乌，用洒南北郊路。五月，荆州兵攻杀赵慈。十月，武陵蛮起事，郡兵击破之。十二月，鲜卑侵幽、并二州。

187 年

中国　丁卯　汉中平四年

二月，荥阳人杀中牟令起事，三月，败。韩遂杀边章，围陇西，败凉州刺史兵，进攻汉阳，太守傅燮战死；扶风马腾、汉阳王国皆与遂合，共扰三辅。六月，渔阳张纯、张举及乌桓大人丘力居等劫略蓟中，杀校尉、太守，举称皇帝，纯称弥天将军安定王，攻青、徐、幽、冀四州。十月，长沙人区星、零陵人观鹄起义，称将军；以孙坚为长沙太守击平之。十二月，屠各胡起事。是岁，卖关内侯，假金印紫绶传世，值五百万。

188 年

中国　戊辰　汉中平五年

二月，黄巾余众郭大等起义于河西白波谷，攻太原、河东。三月，屠各胡攻杀并州刺史。初选列卿、尚书为州牧，各以本秩居任。诏发南匈奴兵助击张纯。匈奴内哄，与屠各胡合，攻杀南单于羌渠，立其子於扶罗为单于。四月，汝南葛陂黄巾攻占郡县。六月，益州黄巾马相等起义于绵竹，杀刺史，进击巴郡、犍为，相称皇帝；州从事贾龙击败之，马相被害。八月，初置西园八校尉，以小黄门蹇硕为上军校尉，虽大将军亦领属之。九月，南单于与白波黄巾合攻河东。遣公孙瓒等击张纯。十月，青、徐黄巾复起。十一月，王国围陈仓；遣皇甫嵩、董卓合击之。遣鲍鸿击葛陂黄巾。巴郡板楯蛮又起，遣将击定之。公孙瓒大破张纯于石门。瓒深入，被乌桓围于管子城二百余日，众溃，死者什五六。

外国　〔百济〕　侵新罗。

189 年

中国　己巳　汉中平六年（汉弘农王刘辩光熹元年）　昭宁元年（汉孝献皇帝刘协永汉元年）

二月，皇甫嵩大破王国于陈仓。三月，幽州牧刘虞使人刺杀张纯。四月，灵帝死，皇子辩嗣位，皇太后何氏临朝，改元光熹。上军校尉宦者蹇硕谋杀大将军何进，立陈留王协，事觉，被杀。八月，中常侍张让等杀大将军何进，司隶校尉袁绍收诸宦官皆诛之。张让等劫少帝走小平津，尚书卢植追及之，诛张让等。少帝还宫，改元昭宁。九月，董卓入洛阳，废少帝为弘农王，立陈留王协，是为孝献皇帝，改元永汉。董卓鸩杀何太后。十月，白波军攻河东，遣将击之。十一月，董卓自为相国。省扶风都尉，置汉安都护，总统西方。诏除光熹、昭宁、永汉三年号，还复中平六年。东郡太守桥瑁诈为京师三公移书与州郡，宣布董卓罪恶；袁绍、曹操等被迫出走，谋声讨董卓。

外国　〔百济〕　侵新罗，败。

190 年

中国　庚午　汉孝献皇帝刘协初平元年

正月，关东州郡起兵，推袁绍为盟主，讨董

卓。白波军攻东郡。二月，董卓胁献帝迁都长安，杀京师富室，没其财物，悉驱百姓西徙；又焚宫府民居，发诸陵、公卿墓。黄巾攻青州。六月，董卓毁五铢钱，又熔铜人、铜马、钟鐻之属，更铸小钱；谷价一斛万钱。是岁，董卓以公孙度为辽东太守。度至辽东，东西扩地，分立辽西、中辽郡，越海收东莱诸县，置营州刺史，自立为辽东侯、平州牧。

外国

〔百济〕 侵新罗。

〔日本〕 成务天皇死。

191 年

中国

辛未 汉初平二年

二月，董卓为太师，位在诸侯王上。孙坚大破董卓军，入洛阳。四月，董卓至长安。七月，曹操破于毒、白绕、眭固等黑山军于东郡。袁绍领冀州牧。南单于於扶罗附董卓。十月，青州黄巾攻泰山，太守应劭败之。十一月青州黄巾攻勃海，公孙瓒大败之于东光，杀三万余人，溺死数万，被俘者七万余。公孙瓒攻冀州，诸郡多背袁绍，瓒署置将帅，以刘备为平原相。益州牧刘焉使张鲁等攻据汉中。高句丽大臣作乱于土都，寻平。

192 年

中国

壬申 汉初平三年

正月，袁术遣孙坚攻荆州刺史刘表，坚战殁。袁绍大破公孙瓒于界桥。眭固结南单于於扶罗攻掠，曹操破之于内黄。四月，司徒王允等杀董卓，夷三族；左中郎将蔡邕以附卓下狱死。青州黄巾击杀兖州刺史刘岱，州豪迎曹操领兖州刺史，操破黄巾走之。六月，董卓部将李傕、郭汜等攻陷长安，杀王允等，灭其族。十二月，曹操击败黄巾于济北，俘士卒三十余万，男女百余万口，收其精锐，编为军队，号青州兵。

外国

〔日本〕 传说成务天皇死后，空位一年，至是仲哀天皇即位（十四代）。

〔罗马〕 十二月，皇帝科摩达斯为其嬖妾与禁衙长官所杀，安东尼朝绝。从此罗马帝国进入最混乱之时期。

193 年

中国

癸酉 汉初平四年

正月，黑山别部及南匈奴单于於扶罗附袁术，术屯封丘，为曹操所逐，走据淮南。三月，魏郡兵结黑山于毒等，杀太守。六月，下邳阙宣称皇帝，徐州牧陶谦攻杀之。黑山军于毒、左髭丈八等为袁术所败，被害，袁绍又破刘石、青牛角、黄龙左校、郭大贤、李大目、于氐根等。曹操进击黑山张飞燕及屠各胡、雁门乌桓等于常山，无功。秋，曹操因徐州兵杀其父嵩，引兵攻陶谦，坑男女数十万口，屠取虑、睢陵、夏丘，鸡犬无存。九月，试儒生四十余人，官上中第者；下第年逾六十者亦予官。十月，公孙瓒杀刘虞。

外国

〔日本〕 熊袭人起事，新罗人助之，仲哀天皇亲征，数年不定。

〔罗马〕 1月，元老议会选举柏提那克斯为皇帝。3月，罗马禁卫军长官杀柏提那克斯，国内大乱。禁卫军拥立朱立安那士为皇帝。不列颠驻防军又拥立阿尔俾那士为皇帝。班诺尼亚驻防军又拥立副总督塞维鲁。叙利亚驻防军又拥立朱士杜斯。5月，塞维鲁攻入罗马。6月1日，罗马人杀朱立安那士，塞维鲁立为皇帝（193—211年）。塞维鲁即位后，解散禁卫军，别调外省退伍驻军，以充其选；又立阿尔俾那士为嗣，以安其心。大量任用退伍军官，担任官吏，元老议会已成具文。又改善士兵生活，允许士兵结婚，与眷属同居于营房附近，并分以土地，增其俸给，使其安心防守边境。

194 年

中国

甲戌 汉兴平元年

正月，改元。二月，刘备援陶谦，曹操引还；谦表备为豫州刺史。马腾、韩遂与李傕等战于长平观，败还凉州。四月，曹操略地至琅邪、东海，所过残灭。陈留太守张邈迎吕布，拒曹操。六月，分凉州河西四郡为雍州。七月，三辅大旱，谷一斛钱五十万，长安中，人相食。八月，冯翊羌攻属县，郭汜等击破之。曹操攻吕布于濮阳，不利。十二月，益州牧刘焉死，子璋嗣。陶谦死，刘备代领徐州。高句丽立赈贷法，以济百姓贫者。

外国

〔罗马〕 皇帝塞维鲁败叙利亚副总督朱士杜斯于安提俄克，杀之。

195 年

中国

乙亥 汉兴平二年

正月，曹操败吕布于定陶。二月，李傕、郭汜互哄，傕胁献帝至其营，烧宫殿，掠宫人。五月，李傕自为大司马，位在三公上。曹操破吕布，布奔刘备。六月，李傕、郭汜和。

献帝东归，杨奉、董承等从。十月，曹操为兖州牧。十一月，李傕郭汜等围追献帝，还至弘农东涧，杨奉等引白波及南匈奴军拒破之。十二月，李傕等复来追，宫人、百官死者及被掠者甚多，献帝夜渡黄河，驻安邑。是岁，袁术部孙策袭破扬州刺史刘繇，据江东。刘虞从事鲜于辅等结乌桓、鲜卑与袁绍将麹义大破公孙瓒于鲍丘水。

196 年

中国

丙子 汉建安元年

正月，改元。汝南、颍川黄巾何仪等附袁术，曹操击破之。六月，袁术攻刘备，吕布结术袭备，布领徐州牧，以备为豫州刺史。七月，献帝至洛阳。八月，曹操诣洛阳，领司隶校尉录尚书事，迎献帝迁许。孙策取会稽。十一月，曹操为司空，行车骑将军事，百官总己以听。袁绍取青州。曹操以枣祗为屯田都尉，任峻为典农中郎将，募民屯田许下；又于州郡置田官，所在积谷。吕布逐刘备，备奔曹操，操以为豫州牧。

外国

〔新罗〕 伐休王死，孙奈解立。

197 年

中国

丁丑 汉建安二年

正月，曹操招降韩遂、马腾。袁术称帝于寿春，号仲家。三月，袁绍为大将军，督冀、幽、青、并四州。五月，袁术攻吕布，败还。陈王刘宠称辅汉大将军，袁术使人刺杀之。孙策并有吴郡。九月，曹操攻袁术，败之；术奔淮南。是岁，江淮饥，人相食。高句丽故国川王死。王后于氏立王次弟延优，是为山上王，何以于氏为后。山上王之兄发歧起兵讨之，不克，请救于汉辽东太守公孙度，度发兵助之，大败，发歧自杀。

外国

〔罗马〕 阿尔俾那士要求与罗马皇帝塞维鲁平权，塞维鲁败之于高卢南部之里昂，杀阿尔俾那士。罗马与帕提亚战（197—198 年），罗马军进至泰西丰。重新整理美索不达米亚省，以两军团驻守之。

198 年

中国

戊寅 汉建安三年

四月，关中兵击杀李傕，夷三族。时郭汜已为其下所杀，董卓之党至是垂尽。十月，曹操击吕布，围攻月余；十二月，布降，操杀之。袁绍围公孙瓒。高句丽筑丸都城。

外国

〔日本〕 日本学者有谓崇神天皇死于是年者（星野博士《本邦上世纪年私考》如此主张）。

199 年

中国

己卯 汉建安四年

三月，袁绍破公孙瓒，杀之。绍以乌桓相助，赐其大人蹋顿等单于印绶。四月，曹操派兵破眭固于射犬，固败死。六月，袁术死。八月，袁绍图攻许，曹操扼之于黎阳。遣谒者仆射监盐官。十二月，豫章太守华歆以郡迎孙策。刘备攻据徐州，东海昌豨及郡县多附之。

外国

〔日本〕 传说有中国功满王归化。

200 年

中国

庚辰 汉建安五年

正月，董承等谋诛曹操，事泄，被杀，夷三族。曹操破刘备，取徐州，备奔袁绍。二月，袁绍攻曹操，进军黎阳。四月，曹操败袁绍军，斩其大将。孙策死，弟权嗣。七月，汝南黄巾刘辟附袁绍，绍使刘备往助之，为曹操所败。绍又使刘备结刘表。九月，诏举至孝。十月，曹操大破袁绍于官渡。是岁，孙权屠皖城。刘表攻占长沙、零陵、桂阳。张鲁据汉中，又取巴郡，与刘璋相拒。刘璋部吏赵韪起兵攻璋。郑玄死。玄为当时经学大师，诗、书、易、周礼、仪礼、礼记、论语、孟子以及易纬、书纬、诗纬、礼纬、乐纬、孝经纬皆有其音注。

外国

〔日本〕 仲哀天皇攻新罗，死于军中，其后神功皇后秘不发丧，督兵继进，新罗败降；寻高丽、百济亦皆服，于是三韩皆朝贡于倭。

〔林邑〕 约于此时，汉交趾象林县功曹子区连杀县令，自立为林邑王。

201 年

中国

辛巳 汉建安六年

四月，曹操破袁绍仓亭军。九月，曹操遣将击昌豨于东海，降之。赵韪围城都，败死。是岁赵岐死。岐注孟子，甚有名。

外国

〔日本〕 神功皇后摄政。忍熊、熊坂二部起事。

〔扶南〕 混盘此时已死，其子盘盘约于此时在位，不久亦死，国人共举大将范蔓（或作范师蔓）为王。范蔓水陆用兵，大事兼并，辟地五六千里，自号扶南大王。

202 年

中国

壬午　汉建安七年

正月，曹操治睢阳渠。五月，袁绍死，子谭与尚争立。九月，曹操败袁谭、袁尚。曹操击降南单于。刘备败曹操兵于叶南。是岁，于寘遣使奉献。

203 年

中国

癸未　汉建安八年

二月，曹操败袁谭、袁尚于黎阳，袁谭攻袁尚，败走南皮。八月，袁尚破袁谭，谭求援于曹操。是岁，孙权遣将进攻山越豪宗。

204 年

中国

甲申　汉建安九年

正月，曹操遏淇水入白沟以通运。二月，曹操攻邺，下邯郸、易阳等县。四月，黑山帅张飞燕求助于曹操。八月，曹操大破袁尚，取邺城。十月，并州刺史高干降于曹操。袁谭攻袁尚于中山，尚败奔幽州依袁熙。十二月，曹操击袁谭，破之。曹操结公孙度断袁尚等退路；度寻死，子康嗣。曹操使人招慰乌桓。孙权部将妫览等杀丹阳太守孙翊，欲附曹操，览等寻为翊妻徐氏所杀。

外国

〔新罗　百济〕　二国构兵。

205 年

中国

乙酉　汉建安十年

正月，曹操击杀袁谭，渔阳王松据逐郡，至是以郡降曹操。袁熙为其将焦触、张南所逐，与袁尚奔辽西乌桓。四月，张飞燕降曹操。八月，故安赵犊等扰幽州涿郡，三郡乌桓攻犷平；曹操击斩犊等，逐乌桓，十一月，并州刺史高干反，河内张晟等攻淆、渑、弘农，张琰应之，皆与干通。操遣将击杀晟等。

外国

〔日本〕　新罗使至。

〔不列颠〕　卡里尼亚人起兵抗罗马。

206 年

中国

丙戌　汉建安十一年

正月，曹操自将击高干；三月，干败死，并州平。七月，武威太守张猛杀雍州刺史邯郸商，猛旋败死。八月，东海管承攻陷郡邑，曹操遣将击破之，承走海岛。袁熙、袁尚结辽西乌桓蹋顿频扰边塞，曹操谋击之，先凿平虏渠、泉州渠以通运。

207 年

中国

丁亥　汉建安十二年

八月，曹操大破乌桓于白狼山，斩蹋顿，胡汉降者二十余万。辽东乌桓单于速仆丸与袁熙、袁尚奔辽东太守公孙康。十月，黄巾杀济南王刘赟。十一月，代郡乌桓单于普富卢、上郡乌桓单于那楼谒曹操于易。公孙康杀袁熙、袁尚及速仆丸，函首送诣曹操。

208 年

中国

戊子　汉建安十三年

六月，罢三公官，置丞相、御史大夫，曹操自为丞相。八月，曹操杀孔融，夷其族。刘表死，子琮嗣。九月，曹操攻荆州，刘琮降。刘备遣诸葛亮东结孙权，以抗曹操。十月，曹操以舟师攻孙权，权将周瑜大破之于乌林赤壁，操败退南郡，留兵守江陵、襄阳而还。十二月，刘备攻占武陵、长沙、桂阳、零陵诸郡。孙权遣兵破丹阳郡黟、歙帅陈仆等。曹操杀名医华佗当在此前数年。

外国

〔新罗〕　倭来侵，遣兵拒之。

〔罗马〕　皇帝塞维鲁亲征不列颠，五万罗马兵死于疫。

209 年

中国

己丑　汉建安十四年

七月，曹操开芍陂屯田。十二月，庐江陈兰、梅成据灊、六，曹操遣将击杀之。周瑜破曹操兵，攻占江陵。高句丽迁都丸都。

外国

〔新罗〕　加罗国为八国所侵，遣兵救之。

210 年

中国

庚寅　汉建安十五年

春，曹操令荐人者唯才是举。冬，曹操作铜雀台于邺。周瑜图取蜀，未行，病死。孙权以步骘为交趾刺史，略定岭南。

外国

〔百济〕　靺鞨来侵。

211 年

中国

辛卯　汉建安十六年

正月，曹操以子丕为五官中郎将，置官属，为丞相副。三月，曹操遣将击张鲁。韩遂、马超结凉州吏豪，起兵拒曹操于潼关。七月，曹操自将击韩遂、马超等，九月，大破之，遂、超奔凉州。刘璋迎刘备入蜀，欲以击张鲁。

外国 〔罗马〕 二月，皇帝塞维鲁死于不列颠之约克城，子卡拉卡拉嗣位（211—217年）。卡拉卡拉为取悦于士兵，增其俸给，经费不足，铸造轻币，财政紊乱。

212年

中国 壬辰 汉建安十七年

正月，加曹操赞拜不名、入朝不趋、剑履上殿。河间田银、苏伯起事，曹丕遣将击平之。五月，曹操杀马腾，夷三族。七月，曹操遣夏侯渊破马超部将梁兴。九月，孙权作石头城于秣陵，徙居之，改名建业。十月，曹操自将击孙权。十二月，刘备据涪城，围攻刘璋。

外国 〔新罗〕 骨浦等三国来侵，大破之。加耶国送质子以和。

〔罗马〕 皇帝卡拉卡拉授予所有帝国境内自由人以公民权。

213年

中国 癸巳 汉建安十八年

正月，曹操攻孙权，无功。并十四州为九州，复禹贡旧称。曹操令淮南民北迁，民惊扰，十余万户皆东渡江。五月，曹操自为魏公，加九锡，以冀州十郡为魏公国。八月，马超杀凉州刺史韦康，称征西将军、领并州牧、督凉州军事；略阳青水氐王千万应超。九月，姜叙、杨阜等攻马超，超败奔张鲁。

外国 〔罗马〕 阿拉曼尼人侵入南日耳曼，哥特人侵入多瑙河下游，罗马皇帝卡拉卡拉帅师御之（213—214年）。

214年

中国 甲午 汉建安十九年

春，马超围祁山，夏侯渊击走之。渊进破长离诸羌及清水氐。三月，曹操位诸侯王上。五月，刘备逐刘璋，领益州牧。枹罕宋建乘凉州乱，称河首平汉王，建元，署置百官，专制一方三十余年；十月，夏侯渊击杀之，河西羌皆降。十一月，曹操杀皇后伏氏，灭其族及二皇子。

外国 〔百济〕 与靺鞨互侵掠。肖古王死，子仇首立。

215年

中国 乙未 汉建安二十年

三月，曹操自将击张鲁，四月。至河池，氐王窦茂拒战，操攻屠之。五月，刘备、孙权分荆州，以湘水为界，七月，曹操破汉中，张鲁遁；徙汉中民八万余口于洛、邺。八月，孙权围合肥，无功。九月，巴郡賨帅朴胡等附曹操。十一月，张鲁降于曹操。刘备遣将破朴胡等。曹操遣将攻略三巴，张飞大破之。

216年

中国 丙申 汉建安二十一年

四月，曹操进号为魏王。七月，南匈奴单于呼厨泉朝于魏，曹操留之，使右贤王去卑监其国，单于岁给如列侯，子孙传袭其号，分其众为五部，立其贵人为帅，选汉人为司马以督之。

外国 〔百济〕 与靺鞨构兵。

〔帕提亚〕 末王阿塔巴那大败罗马进攻之军，罗马承认年赔款五千万得那（罗马银币名），始订立和约。

〔罗马〕 将亚美尼亚并归于帝国之内。

217年

中国 丁酉 汉建安二十二年

正月，曹操自将击孙权；三月，孙权请降。四月，曹操设天子旌旗，出入称警跸。十月，曹操冕十有二旒。孙权使陆逊击破丹阳费栻及山越。少府耿纪等谋结关羽挟献帝以攻曹操。是岁王粲死。汉人夏瑶等千余家来投高句丽。

外国 〔罗马〕 皇帝卡拉卡拉准备攻帕提亚，4月，为部下所杀。禁卫军长官马克里纳斯称皇帝（217—218年）。

218年

中国 戊戌 汉建安二十三年

正月，耿纪等起兵攻曹操长史王必，必击杀之，皆夷三族。四月，代郡、上谷乌桓无臣氐等起事，曹操遣子彰击之。七月，曹操自将击刘备。九月，曹彰大破乌桓，鲜卑大帅轲比能惧，请服。十月，宛守将侯音起事，逐南阳太守。

外国 〔百济〕 侵新罗不利。

〔罗马〕 6月，皇帝马克里纳斯出征叙利亚驻军所立之皇帝，战死。罗马人立伊拉噶巴拉斯为皇帝，淫奢暴虐，民不堪命。

219年

中国 己亥 汉建安二十四年

正月，侯音败死，刘备破斩夏侯渊于定军山。三月，曹操至汉中，刘备与之相持。五月，操退，备遂有汉中。曹操徙武都氐五万余落居扶风、天水界。武威颜俊、张掖和鸾、酒泉黄华、西平麹演，各据郡称将军，互相攻战。刘备遣将攻下房陵、上庸。七月，刘备称汉中王。八月，关羽攻樊城，大破曹操军。九月，魏相国西曹掾魏讽谋袭邺，事泄被杀，连坐死者数千人。十月，陆浑民孙狼起兵应关羽，许以南人心震恐。十一月，孙权袭取荆州，十二月，关羽败死。孙权上书曹操称臣。是岁徐干死；干著中论。仲长统死，统著昌言。

220 年

中国　庚子　汉延康元年　魏文帝曹丕黄初元年

正月，曹操死，子丕袭爵，嗣为丞相。改元延康。二月，陈群奏立九品官人法，州郡皆置中正，司选举事。五月，西平麹演结旁郡抗曹丕，张掖、酒泉皆响应，武威三种胡亦起事；金城及护羌校尉兵击定之。七月，刘备将孟达降于曹丕。武都氐王杨仆附于曹丕。十月，曹丕称皇帝，废汉献帝为山阳公；改元黄初。十一月，魏复三公官。

221 年

中国　辛丑　魏黄初二年　汉昭烈帝刘备章武元年

正月，魏封孔羡为宗圣侯，奉祀孔子。三月，魏复五铢钱。四月，刘备称皇帝于成都，改元章武，是为汉昭烈皇帝，史称“蜀汉”，简称“蜀”，又称“季汉”。孙权徙都鄂，改名武昌。五月晦，日食，魏诏此后灾异勿劾三公。七月，汉昭烈帝自将攻孙权，前锋至秭归；孙权遣陆逊等拒之。八月，孙权称臣于魏；魏封之为吴王，加九锡。十月，魏罢五铢钱。魏凉州卢水胡治元多侵河西，旋败。是岁，魏置护鲜卑校尉及护乌桓校尉。

222 年

中国　壬寅　魏黄初三年　汉章武二年　吴王孙权黄武元年

正月，魏诏郡国举上计吏及孝廉勿再限年。二月，鄯善、龟兹、于阗各遣使奉献于魏，西域又通，复置戊己校尉。汉昭烈帝军夷道、猇亭。六月，吴将陆逊大破汉兵于猇亭，汉昭烈帝败遁白帝城。九月，魏诏以后群臣不得奏事太后，后族不得辅政。魏大举攻吴，吴王孙权临江拒守，改元黄武。魏复郢州为荆州。十一月，吴与汉复交。汉汉嘉太守黄元反，烧临邛城。

外国　〔百济〕　侵新罗。

〔罗马〕　3月，皇帝伊拉噶巴拉斯为禁卫军所杀，义子亚历山大立（222—235年）。

223 年

中国　癸卯　魏黄初四年　汉章武三年　汉后主刘禅建兴元年　吴黄武二年

二月，魏攻吴不利。三月，汉击斩黄元。四月，汉昭烈帝死，子刘禅嗣位，改元。汉益州郡耆帅雍闿附于吴，使孟获连结诸夷人，牂柯太守朱褒、越巂夷王高定皆响应雍闿。十月，汉使邓芝结吴，吴遂绝魏连汉。

224 年

中国　甲辰　魏黄初五年　汉建兴二年　吴黄武三年

四月，魏立太学，置博士。八月，魏文帝攻吴，临江而还。鲜卑大人步度根为轲比能所逼，南保太原、雁门塞，贡献于魏。鲜卑大人轲比能击其东部大人素利，护乌桓校尉田豫乘虚袭之，轲比能遂大扰幽、并。

外国　〔百济〕　为新罗所败。

225 年

中国　乙巳　魏黄初六年　汉建兴三年　吴黄武四年

三月，魏通讨虏渠以备攻吴。魏并州刺史梁习破走轲比能。汉诸葛亮攻雍闿。五月，魏利成郡兵蔡方等起义，杀太守，推郡人唐咨为帅，未几败。七月，诸葛亮破杀雍闿、高定等，七俘孟获七释之，南中四郡大定。八月，魏文帝侵吴，临江而还。十二月，吴番阳人彭绮聚众，攻没郡县，声言附魏。

外国　〔扶南〕　约在此时，范蔓已死，其甥范旃杀蔓太子金生自立为王。蔓别子长逃避民间图复仇。

226 年

中国　丙午　魏黄初七年　汉建兴四年　吴黄武五年

正月，魏文帝死，皇太子睿嗣位，是为明皇帝。八月，吴王围魏江夏，不克；诸葛瑾攻魏襄阳，败还。吴分丹阳、会稽、吴郡三郡立东安郡，以经营山越。吴分交趾部为交州、广州。交趾太守士燮死，子徽反，败死；吴复合交、广为一。徼外诸国皆奉献于吴。

外国 〔波斯〕 阿尔达希举兵独立，脱离帕提亚统治，建立萨珊王朝(226—251年)，是为新波斯帝国建立之始。阿尔达希自称出于波斯古贵族萨珊，故名其朝曰萨珊王朝。父名巴贝克，任帕提亚之波斯总督，阿尔达希袭其职，是年乘帕提亚衰乱，宣告独立。

227年

中国 丁未 魏明帝曹睿太和元年 汉建兴五年 吴黄武六年

春，吴彭绮败死。三月，诸葛亮上表出师驻汉中，筹备攻魏。四月，魏复五铢钱。十二月，魏孟达阴图归汉。高句丽山上王死，子优位居立，是为东川王。

外国 〔波斯〕 阿尔达希王击败帕提亚国王阿塔巴那斯，杀之，帕提亚亡。阿尔达希复征服麦尔夫、巴尔克、基发等地；库善、吐兰、马克兰诸国王皆称臣纳职，并东侵印度之旁遮普。

228年

中国 戊申 魏太和二年 汉建兴六年 吴黄武七年

正月，魏司马懿击杀孟达。汉诸葛亮出祁山攻魏；天水、南安、安定皆响应；魏遣张郃拒之，郃大败汉将马谡于街亭。三月，吴罢东安郡。六月，魏诏郡国贡士以经学为本。八月，吴陆逊败魏兵于石亭。九月，鲜卑大人轲比能围护乌桓校尉于马城，旋退。十二月，汉诸葛亮出散关，围魏陈仓，粮尽引还。辽东公孙康死，弟恭立，康子渊废恭自立。

229年

中国 己酉 魏太和三年 汉建兴七年 吴大帝孙权黄龙元年

春，汉诸葛亮拔魏武都、阴平二郡。四月，吴王孙权称皇帝，改元，是为吴大帝；五月，遣使于辽东。六月，汉遣使贺吴，汉吴盟，约中分天下。九月，吴大帝迁都建业。十月，魏诏刑律用郑玄章句，置律博士，令陈群等删订新律。十二月，大月氏王波调遣使献于魏，魏命为亲魏大月氏王。

外国 〔百济〕 与靺鞨构兵。

〔波斯〕 阿尔达希王与罗马战(229—232年)，罗马皇帝塞维拉斯战败，亚美尼亚臣服于波斯。阿尔达希的政权既已稳定，乃大力恢复琐罗亚斯德教，下令严禁帕提亚所崇拜之偶像，命僧侣首领阿达维拉夫将琐罗亚斯德教教义写成经文，是为阿维斯陀经，以供僧侣研习；提高僧侣地位。复提高中央政府权力，分全国为十八省，各省省长皆由王任命，听王指挥，军政大权遂集中于中央政府，与帕提亚时之任用当地世袭诸侯、听任各地享受高度自治者不同；只听任亚美尼亚保存土王，对波斯纳贡。

230年

中国 庚戌 魏太和四年 汉建兴八年 吴黄龙二年

正月，魏筑合肥新城以备吴。二月，魏立郎吏课试法，务通一经，黜华务实。吴使将军卫温等浮海求夷洲、亶洲。七月，魏遣曹真、司马懿分道攻汉，诸葛亮拒之于成固赤坂，九月，魏兵引退。十二月，魏诏举贤良。吴扰魏合肥。吴武陵五豀蛮起事。

外国 〔新罗〕 奈解王死，婿助贲立。助贲为伐休王之孙。

231年

中国 辛亥 魏太和五年 汉建兴九年 吴黄龙三年

二月，吴遣潘濬、吕岱攻五豀蛮。吴卫温等俘夷洲数千人还，未至亶洲。汉诸葛亮出祁山攻魏，以木牛运粮；魏遣司马懿拒战，数败，丧甲首数千。四月，鲜卑大人轲比能及丁零大人兒禅诣幽州贡马，魏复置护匈奴中郎将。六月，诸葛亮粮尽退兵。十月，吴败魏于阜陵。

外国 〔新罗〕 并甘文国。

〔罗马〕 波斯侵入罗马边境，罗马皇帝亚历山大帅师御之(231—233年)。

232年

中国 壬子 魏太和六年 汉建兴十年 吴嘉禾元年

三月，吴遣周贺等使辽东。九月，魏遣田豫等水陆两道攻公孙渊，皆无功，引还。田豫截杀吴周贺等于成山。十月，辽东公孙渊遣使称藩于吴，献貂、马。曹植死。植为著名建安体诗人。

233年

中国 癸丑 魏太和七年 青龙元年 汉建兴十一年 吴嘉禾二年

二月，魏改元青龙。三月，魏诏公卿举贤良笃行之士。吴遣使将兵万人册公孙渊为燕王，加九锡。六月，鲜卑大人轲比能诱保塞鲜卑步度根合侵魏边，魏遣将击退之。十二月，公孙渊杀吴使，函首献于魏；魏假渊大司马，封乐浪公。吴使者从吏秦旦等辗转逃至高句丽，高句丽王位宫遣送还吴，并称臣奉献。吴侵魏六安、新城。汉庲降都督张翼激变夷帅刘胄，诸葛亮以马忠代翼，杀胄等。诸葛亮以木牛运米集斜谷口，备攻魏。

外国 〔新罗〕 倭来侵，大败之，焚其战舰。

234 年

中国 甲寅 魏青龙二年 汉建兴十二年 吴嘉禾三年

二月魏减鞭扑法。汉诸葛亮由斜谷攻魏，始以流马运，约吴共举。四月，亮至郿，军于渭水南五丈原，魏遣司马懿拒之。五月，吴大发兵三道攻魏，七月，魏明帝亲御之，吴师退。八月，诸葛亮卒，汉兵退。吴以诸葛恪为抚越将军，领丹阳太守，镇压山越。十一月，吴潘浚、吕岱等征服武陵蛮。吴庐陵李桓、罗厉等起事。魏使来高句丽。

外国 〔百济〕 仇首王死，肖古王弟古尔立。

〔罗马〕 3 月，阿拉曼尼人侵入莱因河流域，罗马皇帝亚历山大帅师御之，战败。

235 年

中国 乙卯 魏青龙三年 汉建兴十三年 吴嘉禾四年

正月，魏复置朔方郡。四月，汉以蒋琬为大将军录尚书事。是岁，魏幽州刺史王雄使人刺杀鲜卑大人轲比能。八月，命博士马钧作司南车及水转百戏。

外国 〔罗马〕 3 月，皇帝亚历山大为部下所杀。莱因河驻防军拥立马克西马斯为帝，元老会议不承认，又选举两个元老议员为皇帝。非洲驻防军团又拥立总督哥尔提埃那斯与其子为帝（235—238 年），俱为人所杀。

236 年

中国 丙辰 魏青龙四年 汉建兴十四年 吴嘉禾五年

春，吴铸当五百大钱，颁盗铸法。三月，吴遣将击李桓、罗厉。四月，武都氐帅苻健附于汉，其弟降魏。五月，肃慎氏献楛矢于魏。七月，高句丽王位宫杀吴使者，献其首于魏。十月，吴鄱阳彭旦起事。十二月，魏诏举才德兼备者。

外国 〔新罗〕 并骨伐国。

237 年

中国 丁巳 魏青龙五年 景初元年 汉建兴十五年 吴嘉禾六年

二月，吴破彭旦。三月，魏改元景初，用丑正，以十二月为岁首，改是月为四月，更名太和历曰景初历。七月，吴侵魏江夏。魏遣幽州刺史毌丘俭率兵，并联合乌桓、鲜卑，屯辽东南界，征公孙渊入朝，渊逆战，俭不利，引还。渊乃自立为燕王，改元绍汉。遣使假鲜卑单于玺。十月，吴诸葛恪定山越，得甲士四万。魏数年来大兴土木，是岁又徙长安钟镰等于洛阳，大发铜铸铜人二，号曰翁仲。高句丽遣使于魏。

238 年

中国 戊午 魏景初二年 汉延熙元年 吴嘉禾七年 赤乌元年

正月，魏遣司马懿攻公孙渊。三月，吴铸当千大钱。八月，烧当羌王芒中、注诣等起事，魏凉州兵击杀之。公孙渊败死，辽东、带方、乐浪、玄菟四郡并入魏。九月，吴改元赤乌。是岁，倭女王卑弥呼遣大夫难升米、都市牛利等使魏，献男女生口及班布。高句丽遣兵助魏讨公孙渊。

外国 〔日本〕 倭女王卑弥呼遣难升米、都市牛利等至魏，献男女生口及班布。魏回赐绀地交龙锦、绀地句文锦、绛地绉粟罽、细班华罽及铜镜、真珠、铅丹等物，并封卑弥呼为“亲魏倭王”（此印图在宣和集古录中），授难升米等官号（按：此次及以后数次倭使之至中国，既获若干名贵回赐，又目睹中国文物之盛，对于倭之文化发展，颇有相当影响）。

〔罗马〕 皇帝哥尔提埃那斯三世即位（238—244 年），渠为哥尔提斯埃那斯之孙。

239 年

中国 己未 魏景初三年 汉延熙二年 吴赤乌二年

正月，魏明帝死，皇太子芳嗣位，曹爽、司马懿辅政。二月，西域重译来魏，献火浣布。四月，吴遣将由海道击魏辽东。十二月，吴将廖式杀临贺太守，自称平南将军，攻零陵、桂阳，摇动交州诸郡；吕岱等往击之，一年始定。十二月，魏复改寅正，以正月为岁首。

240 年

中国 庚申 魏齐王曹芳正始元年 汉延熙三年 吴赤乌三年

春，汉以张嶷为越嶲太守。越嶲夷人数起杀汉官吏，汉太守已多年寄治他所，至是嶷始再入越嶲。

外国 〔百济〕 侵新罗。

〔日本〕 魏人送倭使至。

〔扶南〕 约在此时，范蔓子长杀范旃，旃部将范寻攻杀长自立为王。旃在位时，尝遣使至天竺；使回，天竺赠以月氏马。

〔波斯〕 阿尔达希王死，子沙普尔一世嗣位（240—271 年），镇压亚美尼亚的独立运动，复征服哈特拉。

241 年

中国 辛酉 魏正始二年 汉延熙四年 吴赤乌四年

四月，吴四路攻魏，六月退。魏于淮南北大兴水利。

外国 〔波斯〕 王沙普尔一世侵美索不达米亚与叙利亚，攻陷安提俄克城，罗马皇帝哥尔提埃那斯败之于利萨那，哥尔提埃那斯旋为人所杀，两国议和。此后，沙普尔复侵图朗、巴克特里亚。

242 年

中国 壬戌 魏正始三年 汉延熙五年 吴赤乌五年

七月，吴遣聂友等击珠崖、儋耳。高句丽袭破魏辽东西安平。

243 年

中国 癸亥 魏正始四年 汉延熙六年 吴赤乌六年

正月，吴袭魏六安。十一月，汉蒋琬病甚；以费祎为大将军录尚书事。十二月，倭国女王卑弥呼复遣伊声耆、掖邪狗等八人使魏贡献。扶南王遣使献于吴。

外国 〔日本〕 倭女王卑弥呼复遣伊声耆、掖邪狗至魏，献生口、倭锦、绛青缣、绵衣、帛布、丹、木弣、短弓矢等物。

〔扶南〕 范旃遣使献乐人及方物于吴。此后不久，吴交州遣使至扶南。

244 年

中国 甲子 魏正始五年 汉延熙七年 吴赤乌七年

二月，魏曹爽攻汉，汉王平拒之于兴势，费祎督诸军应援，爽不利，引还。九月，鲜卑附魏，魏置辽东属国，立昌黎县以处之。

外国 〔罗马〕 皇帝哥尔提埃那斯为禁卫军长官腓力普斯（阿拉伯人）所杀，腓力普斯自立（244—249 年）。

245 年

中国 乙丑 魏正始六年 汉延熙八年 吴赤乌八年

七月，吴将军马茂等谋杀吴大帝及大臣以应魏，事泄，皆被杀。吴发屯田作士三万人凿句容道。十二月，魏令以王朗之易传课士。高句丽侵新罗。

外国 〔日本〕 魏人送倭使至，时以倭女王与狗奴国王卑弥弓不和并谕解之。

〔罗马〕 举行建城千年纪念大会。

246 年

中国 丙寅 魏正始七年 汉延熙九年 吴赤乌九年

二月，吴扰魏柤中，杀略数千人。魏幽州刺史毌丘俭攻高句丽，屠丸都；五月，复攻之，遣将追高句丽王宫，过沃沮千余里，至肃慎氏南界，刻石纪功而还，杀掳八千余口，徙一部于荥阳；濊貊破败，韩那奚等数十国皆降。吴罢大钱。汉以姜维与费祎并录尚书事。汉汶山平康夷起事，姜维镇服之。魏兵三道来攻高句丽，破丸都，东川王遁南沃沮，魏兵追之不及。

外国 〔百济〕 侵魏乐浪，旋惧被讨，还所掠。

〔日本〕 遣使至卓淳及百济。

247 年

中国 丁卯 魏正始八年 汉延熙十年 吴赤乌十年

是岁，雍、凉羌胡附汉反魏，汉姜维出陇右应之，与魏兵战于洮西，胡王白虎文、治无戴率部从姜维入蜀。

外国 〔新罗〕 助贲王死，弟沾解立。

〔日本〕 百济使始来，新罗夺其贡物，代献；倭遣人责新罗。

248 年

中国　戊辰　魏正始九年　汉延熙十一年　吴赤乌十一年

九月，汉涪陵属国民夷起事，邓芝破之。十二月，交趾、九真夷起事，吴交州刺史、安南校尉陆胤慰定之。高句丽东川王死，子然弗立，是为中川王。

249 年

中国　己巳　魏正始十年　嘉平元年　汉延熙十二年　吴赤乌十二年

正月，魏司马懿杀曹爽、何晏等，皆夷三族。何晏笃好老庄之书，与王弼等竞为清谈，后遂成为风气。四月，魏改元。秋，汉姜维攻魏雍州，无功而还。王弼死。弼著有周易、老子等注。

外国　〔新罗〕　灭沙梁伐国。倭来侵。

〔日本〕　遣兵攻新罗，镇服卓淳等七国。此时前后，卑弥呼死，男王立，不为国人所喜，改立女王壹兴。新女王又遣掖邪狗等送魏人回，并献男女生口、白珠、青大句珠、杂锦。

〔罗马〕　驻达西亚之将军得西阿斯杀皇帝腓力普斯而自立（249—251 年）。即位后，下令镇压基督教徒。

250 年

中国　庚午　魏嘉平二年　汉延熙十三年　吴赤乌十三年

十月，魏庐江太守文钦诈降诱吴。十一月，吴遣军十万作堂邑涂塘，淹北道以防魏。十二月，魏王昶等分道攻吴。汉姜维攻魏西平，不克。

251 年

中国　辛未　魏嘉平三年　汉延熙十四年　吴赤乌十四年　太元元年

正月，魏破吴江陵兵。四月，魏王凌谋立楚王彪，事泄，司马懿击之，凌降，旋自杀。懿穷治其事，相连者皆夷三族；赐彪死，尽置魏诸王公于邺，使人监守，不得与人交关。五月，吴改元太元。八月，司马懿死，子师为抚军大将军录尚书事。魏分南匈奴为二部以弱其势，又分出羌、胡之与民杂居者。十二月，吴命诸葛恪以大将军领太子太傅综军国大政。

外国　〔日本〕　百济使来，遣人伴之回。是后使节常通。

〔罗马〕　皇帝得西阿斯赴达西亚征哥特人，为哥特人所杀，米西亚副将伽鲁士被立为皇帝（251—253 年）。自是年起，罗马大疫，相继十五年。

252 年

中国　壬申　魏嘉平四年　汉延熙十五年　吴太元二年　神凤元年　吴会稽王孙亮建兴元年

正月，魏司马师为大将军。二月，吴改元神凤。四月，吴大帝死，子亮嗣，改元建兴，以诸葛恪为太傅。十月，吴诸葛恪筑东兴大堤，两端筑城以备魏。十一月，魏三道攻吴，东路之师为诸葛恪所败，死者数万，丧资器无算，他二道亦无功。

253 年

中国　癸酉　魏嘉平五年　汉延熙十六年　吴建兴二年

正月，魏降人郭修刺杀汉大将军费祎，魏追封修为列侯。三月，吴诸葛恪大发兵攻魏。四月，汉姜维围魏南安，粮尽而退。五月，诸葛恪围魏合肥新城，魏遣司马孚督军拒之，七月，恪无功而退。十月，吴孙峻等杀诸葛恪，夷三族，峻为丞相。是岁，魏新兴、雁门二郡胡骚动。十一月，吴改明年元为五凤。

外国　〔罗马〕　皇帝伽鲁士为部下所杀，驻日耳曼守将瓦利利阿那斯立（253—259 年）。

254 年

中国　甲戌　魏嘉平六年　魏高贵乡公曹髦正元元年　汉延熙十七年　吴五凤元年

二月，魏司马师杀中书令李丰，皇后父张缉、太常夏侯玄皆下狱死，夷三族，废皇后张氏。六月，汉姜维攻魏陇西。秋，吴吴侯孙英谋杀孙峻，事泄，被杀。九月，魏司马师废魏帝为齐王。十月，立高贵乡公髦，改元正元。汉姜维拔魏临洮等县民于绵竹、繁县。

255 年

中国　乙亥　魏正元二年　汉延熙十八年　吴五凤二年

正月魏扬州刺史文钦、镇东将军毌丘俭起兵寿春，讨司马师，兵败，钦奔吴，俭死，夷三族。司马师旋死，二月，弟昭为大将军录尚书事。吴孙峻乘魏乱，攻寿春，败还。八月，汉姜维攻魏，至枹罕，大败魏师于洮西，进围狄道；魏大发兵救援，维退驻钟提。

外国　〔百济〕　侵新罗。

256 年

中国　丙子　魏正元三年　甘露元年　汉延熙十九年　吴五凤三年　太平元年

正月，汉姜维为大将军。六月，魏改元甘露。七月，汉姜维出祁山，趋上邽，魏邓艾大破之于段谷。八月，司马昭加大都督，奏事不名，假黄钺。吴孙峻遣将攻魏，九月，峻死，军还。十月，吴内哄，孙綝杀滕胤等，夷三族，改元太平；十一月，綝为大将军。王肃死。肃为名经学家，著有周易、尚书、毛诗、周礼、仪礼、礼记、春秋左氏传、国语、孝经、论语等注。

外国　〔罗马〕　法兰克人渡莱因河，阿拉曼尼人侵入意大利，哥特人侵入罗马边境。

257 年

中国　丁丑　魏甘露二年　汉延熙二十年　吴太平二年

四月，魏玄菟高显县民起义，杀县长。五月，魏征东大将军诸葛诞称臣于吴，据寿春；司马昭奉魏帝及太后讨之，吴遣兵援诞。六月，吴夏口督孙壹奔魏。汉姜维出骆谷攻魏。七月，魏围诸葛诞于寿春，吴孙綝大发兵救之，屡为魏所败，引还。八月，吴会稽南部乱，杀都尉；鄱阳、新都民亦起义。

258 年

中国　戊寅　魏甘露三年　汉景耀元年　吴太平三年　景帝孙休永安元年

二月，魏司马昭破寿春，杀诸葛诞，吴援诞军被俘及死者数万。八月，魏行养老礼。九月，吴孙綝废吴帝为会稽王，十月，立琅邪王休，是为景皇帝，改元永安，以綝为丞相。吴令减轻吏役。十二月，吴景帝杀孙綝，夷三族。吴置学官，立五经博士，令将吏子弟受业。

外国　〔波斯〕　王沙普尔一世乘罗马乱，率师侵美索不达米亚与叙利亚，攻陷伊得萨、尼西俾斯、安提俄克等城，大败罗马军于伊得萨城近郊，罗马皇帝瓦利利阿斯与全军投降，后死于波斯，波斯将其皮剥下，以为战利品。

259 年

中国　己卯　魏甘露四年　汉景耀二年　吴永安二年

三月，吴备九卿官。吴以租税过重，吏民营兵多务商贾，令诸卿、尚书议兴农桑。

外国　〔罗马〕　皇帝瓦利利阿那斯为波斯人所执，罗马人立伽连纳斯为皇帝（259—269 年）。各地驻防军官，纷纷拥兵自立，号称“三十暴君”。自此时起，各省省长与驻防军司令皆以骑士充任，不复用元老议员。波士杜马斯在高卢称皇帝（259—268 年），高卢独立。

260 年

中国　庚辰　魏甘露五年　魏元帝曹奂景元元年　汉景耀三年　吴永安三年

三月，吴作浦里塘。五月，魏帝髦讨司马昭，不克，死，司马昭追废之为庶人；六月，立常道乡公璜，更名奂，改元景元。

外国　〔百济〕　定官制，正服色。

〔巴尔米拉〕　王奥得那特击败波斯王沙普尔一世，占领美索不达米亚、叙利亚等地。

261 年

中国　辛巳　魏景元二年　汉景耀四年　吴永安四年

七月，乐浪徼外韩、濊貊献于魏。是岁，鲜卑索头部大人拓跋力微遣其子沙漠汗献于魏，因留为质。

外国　〔新罗〕　沾解王死，助贲王婿金味邹立。

262 年

中国　壬午　魏景元三年　汉景耀五年　吴永安五年

四月，魏辽东郡言肃慎氏贡楛矢、石弩、弓铠、貂皮。十月，汉姜维攻魏洮阳，邓艾败之于侯和，维退沓中。魏司马昭杀嵇康。魏以钟会都督关中诸军事。

外国　〔日本〕　侵新罗。

263 年

中国　癸未　魏景元四年　汉景耀六年　炎兴元年　吴永安六年

五月，吴交趾民起事，郡吏吕兴杀太守孙谞，九真、日南皆响应。八月，魏钟会、邓艾率兵分道攻汉。汉改元炎兴。十月，吴以汉告急，遣将攻魏。司马昭为相国、晋公，加九锡。十一月，魏邓艾至成都，汉帝刘禅降，敕姜维降于钟会，汉亡。魏分益州为梁州。武陵蛮骚动，吴武陵太守钟离牧压服之。

264 年

中国　甲申　魏景元五年　咸熙元年　吴永安七年　吴乌程侯孙皓元兴元年

正月，魏钟会诬邓艾反，诏槛车征艾。会矫诏起兵废司马昭，兵乱，杀会及姜维。监军卫瓘使人杀邓艾于途。三月，司马昭为晋王。迁汉帝刘禅于洛阳，封为安乐公。四月，魏兵浮海入吴句章，略长吏及男女二百余而还。五月，司马昭奏复五等爵。改元咸熙。七月，司马昭奏订礼仪、法律、官制。吴分交州置广州。吴海盐民暴动，杀司盐校尉；庐陵、豫章民暴动。吴景帝死，群臣迎立乌程侯皓，改元元兴。八月，魏命中抚军司马炎副贰相国事。九月，魏以吕兴为安南将军，都督交州诸军事，霍弋为交趾太守，率兵助之；兵未至，兴为其部下所杀。魏遣使喻吴。十一月，吴帝杀其丞相濮阳兴等，夷三族。是岁，魏罢屯田官。

265 年

中国　乙酉　魏咸熙二年　晋武帝司马炎泰始元年　吴元兴二年　甘露元年

三月，吴报书于魏。四月，吴改元甘露。五月，魏加司马昭殊礼。八月，司马昭死，子炎袭爵嗣位。冬，吴迁都武昌。大宛、康居献马于魏。十二月，司马炎迫魏帝曹奂禅位，废为陈留王，易魏为晋，改元泰始，是为晋武帝。晋大封宗室，授以职位；除魏宗室禁锢，罢部曲将及长吏质任。晋初置谏官，以散骑常侍傅玄等为之。玄请崇礼教，退虚诞，以肃士风。

266 年

中国　丙戌　晋泰始二年　吴宝鼎元年

正月，吴遣使吊司马昭丧。二月，晋除汉宗室禁锢。十月，吴永安施但等起事，劫吴帝庶弟孙谦至建业，众万余人；但旋败死，谦自杀，吴帝杀谦母及弟。十一月，倭人献于晋。罢山阳公国督军，除禁制。十二月，吴帝还都建业，使黄门料取将吏女，大臣子女岁岁上名，年十五六简阅不中乃得出嫁。晋罢农官为郡县。

外国　〔百济〕　侵新罗。

〔日本〕　倭女王遣使贡于晋。

〔林邑〕　约于此时，区连子孙绝嗣，外甥范熊代立为王。

267 年

中国　丁亥　晋泰始三年　吴宝鼎二年

六月，吴作昭明宫，郡守以下皆入山督伐大木，费以亿万计。九月，晋增吏俸。十二月，晋改封孔子后宗圣侯为奉圣亭侯。晋禁星气、谶纬之学。是岁，晋遣鲜卑拓跋沙漠汗还。

外国　〔罗马〕　驻巴尔迈拉总督奥登那沙斯死，其妻塞诺俾阿宣布独立，拥有小亚细亚、叙利亚、埃及等地。

268 年

中国　戊子　晋泰始四年　吴宝鼎三年

正月，晋修律令成。十月，吴攻晋江夏、襄阳、芍陂，皆败还。吴遣刘俊、修则等争交州，为晋将毛炅所破，皆死。十一月，晋诏举贤良方正之士。扶南、林邑各奉献于晋。

外国　〔林邑　扶南〕　遣使奉献于晋。

〔罗马〕　皇帝伽连纳斯与自立为帝之奥理留战于米兰，伽连纳斯战死，奥理留为克劳狄所杀。克劳狄被立为帝（268—270 年），是为克劳狄二世。

269 年

中国　己丑　晋泰始五年　吴宝鼎四年　建衡元年

正月，晋申戒郡国，务尽地利，禁游食商贩。二月，晋以鲜卑降者数万居雍、凉间，特分雍、凉、梁三州置秦州，命刺史镇抚之。晋羊祜都督荆州，垦田八百余顷。晋申诸令史黜赏令。十月，吴改元建衡。十一月，吴遣虞汜、薛珝、陶璜督兵争交州。十二月，晋诏州郡举勇猛秀异之才。

外国　〔日本〕　神功皇后死。

〔罗马〕　皇帝克劳狄二世在巴尔干击败哥特人之进攻，并准许一部哥特人移居于多瑙流域空闲之地。

270 年

中国 庚寅 晋泰始六年 吴建衡二年

正月，吴扰晋涡口。四月，吴以陆抗都督西方诸军以备晋。六月，鲜卑秃发树机能侵陇右，秦州刺史胡烈与战于万斛堆败死。九月，大宛、焉耆各遣使奉献于晋。十二月，吴夏口督孙秀奔晋。谯周死。周著有古史考、蜀本纪、三巴记及论语注等书。高句丽中川王死，子药卢立，是为西川王。

外国 〔日本〕 传说应神天皇即位（十五代）（日本记述或谓此年为应神天皇之七十年。惟据日本学者考证，且为若干史学界人所认为近似者，应神天皇时代，大致在公元4世纪中叶或其后半。那珂博士谓在公元363至418年；星野、吉田两博士谓在公元303至394年。按二说虽不一致，但大体皆在4世纪，比日本一般说法约晚一世纪至半世纪，但一般说法实不甚可信）。

〔罗马〕 皇帝克劳狄二世染疫死，巴尔干半岛驻军立其副将奥利利安为帝（270—275年）。在此时期，巴格迪运动达到高潮。巴格迪是指3至5世纪高卢及西班牙北部隶农及奴隶的革命运动的参加者。此运动开始于3世纪罗马帝国危机时期。此时高卢统治者不得不乞援于罗马皇帝将运动镇压下去。

271 年

中国 辛卯 晋泰始七年 吴建衡三年

正月，匈奴右贤王刘猛逃出塞。吴帝孙皓大举兵图攻晋，晋遣将屯寿春拒之，吴师中道罢。吴孙秀部下五千人降晋。四月，吴交州刺史陶璜袭杀晋九真太守。北地胡结鲜卑树机能攻金城，晋凉州刺史牵弘拒之，败死。七月，吴陶璜等破交趾，俘晋将杨稷、毛炅等，炅不屈死，九真、日南皆还属于吴。八月，晋分益州南中四郡置宁州。十一月，刘猛攻并州，州兵败之。吴改明年元为凤凰。

外国 〔波斯〕 王沙普尔一世死，子荷米斯达斯一世立（271—272年）。沙普尔晚年大事修建，波斯艺术又得到新的发展。建立波斯波利城，宫殿宏伟，将其战胜罗马事迹，雕于岩石之上，图中沙普尔一世骑骏马，罗马皇帝跪于王前，罗马步卒被系于后，图中凡九十余人，高大雄伟，为古波斯之著名艺术品。

〔罗马〕 皇帝奥利利安击退阿拉曼尼人；修筑长城以防蛮族侵入。奥利利安败巴尔迈拉，擒其女王塞诺俾阿。

272 年

中国 壬辰 晋泰始八年 吴凤凰元年

正月，匈奴左部帅李恪杀刘猛降晋。夏，汶山白马夷侵掠诸种，晋益州刺史皇甫晖击之，牙门将张弘等杀晖，纵兵钞掠，广汉太守王濬击斩弘，夷三族；以濬为益州刺史。八月，吴西陵督步阐叛降晋，陆抗遣将围之，晋援阐之兵不得进，阐败被杀，夷三族。十月，晋敦煌功曹宋质拒州命，立令狐丰为太守，刺史杨颀讨之，败。

外国 〔日本〕 虾夷人贡献。遣使责百济无礼，百济谢罪。

〔波斯〕 王荷米斯达斯一世死，弟瓦拉兰一世即位（272—275年）。自是时起，至沙普尔二世即位（309年），四十余年间，波斯屡易君，国势紊乱。

273 年

中国 癸巳 晋泰始九年 吴凤凰二年

四月，吴帝杀侍中领左国史韦昭。昭撰有吴书、国语注、汉书音义等书。七月，吴围晋弋阳，败还。鲜卑攻晋广宁，杀略五千人。晋选公卿以下女备六宫，采择未毕，禁国内婚嫁。十月，晋诏女年十七，父母不遣嫁者，使长吏配之。

外国 〔波斯〕 王瓦拉兰一世杀摩尼教创立者摩尼。摩尼初为琐罗亚斯德僧侣，后痛恶琐罗亚斯德僧侣之腐朽生活，乃参稽佛教、基督教哲理，与琐罗亚斯德教相结合，创立新说，号召僧徒弃富就贫，独身禁欲，粗衣素食，赈济贫乏，与当时波斯统治阶级进行斗争，深得人民大众的欢迎，但遭统治阶级镇压，摩尼逃往印度，归后为波斯王所杀，徒众逃入中亚细亚、北非等地，将其教传至中亚与中国。

〔罗马〕 皇帝奥利利安败高卢统治者得特里克斯于沙龙。

274 年

中国 甲午 晋泰始十年 吴凤凰三年

正月，晋分幽州置平州。三月，晋诏取良家及小将吏女五千人入宫。夏，吴帝以谣言章安侯孙奋当为天子，杀之，并及其五子。临海太守奚熙非议国政，吴帝遣兵收之，熙发兵拒守，为部下所杀，夷三族。七月，吴大司马陆抗死，遗表请重视西防。吴将孟泰、王嗣降晋。八月，晋凉州羌胡攻金城，为晋兵所破，其帅乞文泥等败死。九月，晋攻拔吴枳里城。吴攻晋江夏，败还。十二月，吴将严聪等降晋。是岁，晋凿陕南山，决河东注以通运。

外国 〔罗马〕 皇帝奥利利安返罗马，庆祝凯旋。

275 年

中国 乙未 晋咸宁元年 吴天册元年

正月，晋改元咸宁；吴改元天册。二月，鲜卑树机能请降于晋。六月，鲜卑拓跋力微复遣子沙漠汗献于晋。吴攻晋江夏。晋西域戊己校尉马循破鲜卑，杀其渠帅。自十二月至明年春，晋洛阳大疫，死者万数，至废正旦朝贺。

外国 〔波斯〕 王瓦拉兰一世死，子瓦拉兰二世嗣位（275—282 年）。瓦拉兰二世时，东征塞人。

〔罗马〕 皇帝奥利利安为部下所杀，元老议会立元老议员塔西陀为皇帝（275—276 年），但军方不予承认。

276 年

中国 丙申 晋咸宁二年 吴天册二年 天玺元年

二月，东夷八国附于晋。并州鲜卑侵晋边，监并州诸军事胡奋击破之。令狐丰死，弟弘为敦煌太守，凉州刺史杨欣击杀之。五月，晋汝阴王司马骏败北胡，杀其帅吐敦。晋立国子学。六月，吴京下督孙楷奔晋。七月，吴改元天玺，东夷十七国附于晋。鲜卑阿罗多等扰晋边，西域戊己校尉马循击破之，杀鲜卑四千余人，获生口九千余人，阿罗多等请降。八月，吴预改明年元为天纪。十月，晋以羊祜为征南大将军，祜表请攻吴。

外国 〔日本〕 高丽、百济、新罗皆遣使至。

〔罗马〕 皇帝塔西陀与其弟俱为军士所杀。东方驻军团拥立普罗斯为皇帝（276—281 年）。普罗斯击败法兰克人、阿拉曼尼人，并逐之出高卢。

277 年

中国 丁酉 晋咸宁三年 吴天纪元年

三月，晋平虏护军文鸯击破树机能，降诸胡二十余万口。五月，吴将邵顗等帅七千余人降晋。七月，晋改封子弟宗室诸王，分封邑为三等，按等置军。十二月，吴攻晋江夏、汝南，略千余家。鲜卑拓跋沙漠汗为部人所杀，拓跋氏中衰。是岁，西北杂胡及匈奴、鲜卑、五谿蛮、东夷三国各率种人部落附于晋。

外国 〔日本〕 百济使至。

278 年

中国 戊戌 晋咸宁四年 吴天纪二年

三月，东夷六国奉献于晋。六月，晋凉州刺史杨欣击鲜卑于武威，败死。七月，晋司、豫等七州大水，以官牛四万五千头给民以任耕稼。十月，晋遣将攻吴皖城，杀五千人，焚积谷百八十余万斛，践稻田四千余顷，毁船六百余艘。十一月，羊祜病笃，举杜预代督荆州。是岁，东夷九国附于晋。

外国 〔百济〕 侵新罗。

279 年

中国 己亥 晋咸宁五年 吴天纪三年

正月，鲜卑树机能破凉州，晋使讨虏护军马隆击之。匈奴左部帅刘豹死，子刘渊嗣。四月，晋除部曲督以下质任。吴桂林太守修允死，部将郭马、何典、王族等起事，攻杀广州督、南海太守，逐刺史，郭马自号都督交广二州诸军事，使何典攻苍梧，王族攻始兴；八月，吴大发兵击之。十月，匈奴余渠都督杨雍等帅部降晋。汲郡人不准掘魏王冢，得竹简古书十余万言，藏于秘府。十一月，晋大发兵，遣王浑、王浚等水陆六路攻吴。十二月，晋马隆破鲜卑，杀树机能，鲜卑大人猝拔韩、且万能帅万余落降。晋司徒左长史傅咸上书，以公私贫困，由设官太多，请并官息役，上下务农。肃慎氏献楛矢、石弩。

280 年

中国 庚子 晋咸宁六年 太康元年 吴天纪四年

三月，晋王浚下建业，吴帝孙皓降，吴亡。四月，赐皓爵归命侯。改元太康。杜预还镇，引滍、淯水灌四万余顷，开扬口以通零陵、桂阳之漕。六月，东夷十国内附。七月，鲜卑轲成泥攻西平、浩亹，杀督将以下三百余人。东夷二十国来献。八月，车师前王遣子入侍。是岁，以司隶所统郡置司州。凡有州十九，郡国一百七十三，户二百四十五万九千八百四十。诏去州郡兵，大郡置武吏百人，小郡五十。侍御史郭钦以汉魏以来羌、胡、鲜卑降者多居塞内，与民杂处，习俗不同，屡生变乱，请徙之边地；不听。

281 年

中国 辛丑 晋太康二年

三月，以所俘吴人赐王公以下，选吴宫人五千人入宫。六月，东夷五国内附。十月，鲜卑大单于慕容涉归攻昌黎。十一月，鲜卑侵辽西，平州刺史鲜于婴击破之。是岁，以吴人未服者纷起反抗，命扬州刺史暂移秣陵以镇之。

外国 〔罗马〕 皇帝普罗斯为军士所杀，禁卫军长官卡卢斯即位（281—283年）。在此时期，巴格迪革命运动又起，士兵亦纷纷参加，巴格迪组织遂有自己的正规军队，直至286年后，才一度消灭，但至5世纪又发展为更大规模，与侵入罗马帝国的蛮族，打成一片。

282 年

中国 壬寅 晋太康三年

正月，罢秦州并雍州。三月，严询破慕容涉归于昌黎，斩获数万。九月，东夷二十九国归附，奉献方物。吴故将莞奉、帛恭举兵，杀建邺令，围扬州，徐州刺史稽喜击平之。皇甫谧死；谧著有帝王世纪等书。

外国 〔波斯〕 遭罗马皇帝卡卢斯侵略，失美索不达米亚，秦西封城亦陷。后卡卢斯死，战争结束（284年）。

283 年

中国 癸卯 晋太康四年

六月，增九卿礼秩。牂柯僚人二千余落内属。八月，鄯善国遣子入侍。是年，鲜卑慕容涉归死，弟刚立为大单于，将杀涉归子廆，廆亡匿辽东。

外国 〔日本〕 百济缝衣女工至。秦人“弓月王”等率众来居。

284 年

中国 甲辰 晋太康五年

六月，初置黄沙狱。闰十二月，杜预死；杜预撰有左传注等书。是岁毅上书陈九品中正法有八损，请废除之，改用土断；未行。塞外匈奴胡太阿厚帅部二万九千三百人来降，处之西河。罢宁州并益州，置南夷校尉。林邑、大秦各遣使奉献。

外国 〔新罗〕 味邹王死，助贲王子昔儒礼立。

〔日本〕 百济王子阿直岐贡马至，命皇子稚郎子师事之。

〔罗马〕 选举宫廷卫兵指挥官戴克里先为皇帝（284—305年）。戴克里先于245年生于伊利里亚，出身寒微，以军功起家。戴克里先为罗马帝国后期重要皇帝之一，努力加强皇帝独裁权力，镇压革命运动，自号多米奴斯，服富丽朝服，命臣下对之行跪拜礼，尊之为神，成为一个专制皇帝。戴克里先彻底废除元老议会参加帝国行政的权利，从此元老议会在罗马史上不占任何重要地位。为便于统治，并避免皇帝死后所引起之混乱，戴克里先创立两个皇帝同时统治的制度，皆称奥古斯都，一个皇帝统治东方，一个皇帝统治西方，一切诏命皆由两个皇帝共同署名。两个皇帝各有副皇帝一人称凯撒，与奥古斯都分区而治，奥古斯都死后，由凯撒继承。于是罗马分成四个行政区，有四个皇帝。戴克里先缩小省的面积，因而将省的数目由六十增加到一百一十六。将行省分为四大区：高卢、意大利、伊利里亚、东方。在皇帝之下，每大区各有行政首长，其下又有区、省等编制。省级行政，文武分权，省长单负责行政，各省设侯或伯一人，统戍军，后世封建时期之侯伯，实即起源于此。因机构复杂，组织庞大，政府官吏的数目大为增加。庞大行政机构与大批军队需要浩繁开支，因之人民的负担大为增加。为便于收税，并保证定额，戴克里先发布命令，禁止农民任意迁徙，不准手工业者、商人改业，于是农民被迫附着于土地，手工业者与商人亦失去改业或迁徙自由。

285 年

中国 乙巳 晋太康六年

四月，扶南等十国来献。参离四千余落内附。八月，减百姓丝绢三分之一。十月，焉耆遣子入侍。是岁，慕容删为部下所杀，部众迎廆立之。廆请击鲜卑宇文部，晋不许。廆怒，攻辽西，幽州军大破之于肥如。廆击扶余，扶余王依虑自杀，子弟走保沃沮，廆俘万余人而归。

外国 〔日本〕 百济王子荐王仁至，献论语、千字文。百济又送织工至。

〔林邑〕 范熊约于此时死，子逸立为王。

〔扶南〕 遣使献于晋。

〔罗马〕 皇帝戴克里先任命马克西米埃那斯为凯撒，后升任奥古斯都（286年）。戴克里先因对波斯作战关系，常驻尼孔米底亚（小亚细亚），而马克西米埃那斯则驻北意大利之米兰，以统治帝国西部。

286年

中国

丙午 晋太康七年

五月，慕容廆攻辽东，扶余王依虑子依罗求援于东夷校尉何龛，龛遣兵援之，击败慕容廆，遂复扶余。七月，东夷十一国内附。匈奴胡都大博及萎莎胡各帅种落十余万口诣雍州降。是岁，鲜卑拓跋悉鹿死，弟绰立。高句丽侵带方，带方请救于百济。

外国

〔百济〕 请和于新罗。古尔王死，子责稽立。遣兵助带方御高句丽。

〔扶南〕 遣使献于晋。

287年

中国

丁未 晋太康八年

八月，东夷二国内附。十月，南康平固县吏李丰起事攻郡县，称将军；十一月，海安令萧辅起事；十二月，吴兴人蒋迪起事，围阳羡：均先后为州郡兵所败。扶南、康居各遣使奉献。是岁，匈奴都督大豆得一育鞠等帅种落万一千五百口来降。

外国

〔扶南〕 遣使献于晋。

288年

中国

戊申 晋太康九年

九月，东夷九国内附。

289年

中国

己酉 晋太康十年

五月，东夷十一国内附。鲜卑慕容廆以数遭宇文氏、段氏侵扰，遣使请降，拜为鲜卑都督。廆以辽东僻远，徙居徒河青山。十一月，以刘渊为匈奴北部都尉。奚轲男女十万口来降。是岁，东夷绝远三十余国、西南夷二十余国来献。

外国

〔日本〕 汉裔“阿知使主”父子率部曲来居。

290年

中国

庚戌 晋太熙元年 晋孝惠皇帝司马衷永熙元年

正月，改元太熙。二月，东夷七国朝献。四月，晋武帝死，皇太子衷嗣位，是为孝惠皇帝，改元永熙，以妃贾氏为皇后，杨骏为太傅辅政。十月，以刘渊为建威将军、匈奴五部大都督。

291年

中国

辛亥 晋永平元年 元康元年

正月，改元永平。三月，贾后杀太傅杨骏等，夷三族，废皇太后杨氏为庶人，改元元康。六月，贾后杀太宰汝南王司马亮、太保卫瓘，又杀楚王司马玮。七月，分扬州、荆州十郡为江州。是岁，东夷十七国、南夷二十四部皆内附。

292年

中国

壬子 晋元康二年

高句丽西川王死，子相夫立，是为烽上王。

293年

中国

癸丑 晋元康三年

外国

〔波斯〕 王瓦拉兰三世立，4月卒。弟那西斯立（293—301年），平定亚美尼亚之乱。

〔罗马〕 君士坦都任高卢区行政首长，平定叛将卡拉休斯，并击败入侵之法兰克人。

294年

中国

甲寅 晋元康四年

五月，匈奴郝散攻上党，杀长吏；八月，降，被杀。是岁，大饥。慕容廆徙居大棘城。

外国

〔新罗〕 倭来侵。

〔罗马〕 阿齐里阿斯在埃及举兵，罗马皇帝戴克里先围之于亚历山大城，生擒之（295年）。

295年

中国

乙卯 晋元康五年

夏，荆、扬、兖、豫、青、徐六州大水。十月，武库火，焚二百万人器械及累代宝物。是岁，拓跋禄官分其国为三部，使兄子猗㐌、猗卢分统之，居上谷、定襄、代郡边境。

296年

中国

丙辰 晋元康六年

夏，匈奴郝散弟度元与冯翊、

北地、马兰羌、卢水胡俱起事，杀北地太守，攻陷郡县。八月，败雍州刺史兵。秦、雍二州氐、羌皆起响应，立氐帅齐万年为皇帝；十一月，命周处等击之。关中饥、疫。十二月，略阳清水氐杨茂搜还保仇池，关中人多往依之。鲜卑慕容廆来侵高句丽，发西川王冢。

外国　〔波斯〕　王那西斯与罗马人战于卡利，大败之。

〔罗马〕　波斯皇帝那西斯侵入罗马所属之美索不达米亚。

297 年

中国　丁巳　晋元康七年

正月，周处攻齐万年，败死。七月，雍、秦二州旱、疫，米斛万钱。是岁，拓跋猗㐌始经略西方，此后五年，附者三十余国。裴頠以时尚虚无，著《崇有论》以斥之。陈寿死；寿著有《三国志》。

外国　〔波斯〕　为罗马人所败，几于全军覆没，不得已，与罗马讲和，条件：（一）将底格里斯以西五省割于罗马；（二）罗马与波斯今后以底格里斯河为界（以前以幼发拉底河为界）；（三）将米堤的一部分割于亚美尼亚；（四）伊伯利亚附属于罗马。

〔罗马〕　败波斯帝那西斯，恢复美索不达米亚及亚美尼亚，亚美尼亚王皈依基督教。君士坦都赴不列颠，平定罗马驻防军之乱。

298 年

中国　戊午　晋元康八年

九月，荆、豫、徐、扬、冀五州大水，秦、雍六郡民以饥馑荒乱流入汉中者数万家。巴氐李特兄弟率流民入蜀就食。遣侍御史李苾慰劳汉川流民。

外国　〔新罗〕　儒礼王死，助贲王孙基临立。

〔百济〕　晋与貊人来侵，责稽王御之，战死，子汾西立。

299 年

中国　己未　晋元康九年

正月，孟观破氐，俘齐万年。江统著徙戎论，请乘孟观之胜，徙冯翊四郡诸羌于析支之地，徙扶风等三郡之氐于武都，又言并州六郡匈奴日渐强大，实为隐忧。四月，郚人张承基等聚众数千，谋起事，为郡县捕杀。

300 年

中国　庚申　晋永康元年

四月，赵王司马伦废贾后为庶人，寻杀之，并杀司空张华等，夷三族。伦为相国。八月，淮南王司马允攻赵王伦，败死。伦杀石崇、潘岳等。赵王伦加九锡。九月，改司徒为丞相。十二月，益州刺史赵廞据州反。高句丽大旱、饥，民相食。烽上王大修宫室，国相仓助利谏，不听，乃废之，迎立西川王孙乙弗，是为美川王，烽上王自缢死。

外国　〔新罗〕　与倭交聘。

〔日本〕　新罗献船工。

301 年

中国　辛酉　晋永康二年（赵王伦建始元年）　永宁元年

正月，以张轨为凉州刺史。赵王伦称皇帝，改元建始；以惠帝为太上皇，囚之金墉城。赵廞杀李庠，庠弟李特、李流等举兵杀廞，使人迎新刺史罗尚。三月，汶山羌起事，罗尚遣将击之，败。颍川处穆、离狐王盛，聚众于濁泽，败死。齐王司马冏起兵讨赵王伦，成都王司马颖、河间王司马颙等应之。四月，左卫将军王舆等杀伦党孙秀等，迎惠帝复辟，囚伦于金墉，旋赐死，改元永宁。六月，王舆谋废齐王冏，事泄，被杀，夷三族。八月，罗尚破汶山羌。十月，益州迫秦雍流民回故土，流民拥李特起事，攻据广汉。

外国　〔波斯〕　王那西斯禅位于其子荷米斯达斯二世（301—309 年），荷米斯达斯尝整顿波斯司法制度。

〔罗马〕　皇帝戴克里先下令限制物价、工资，但未能实行。此时物价飞腾，经济危机愈形严重。

302 年

中国　壬戌　晋永宁二年　太安元年

五月，李特称大将军、益州牧。八月，建宁李睿、朱提李猛等逐太守，应李特；南夷校尉李毅击杀之。十一月，复置宁州，以毅为刺史。十二月，河间王颙、成都王颖等讨齐王冏，长沙王司马乂杀冏，冏党皆夷三族，改元太安。是岁，鲜卑宇文单于遣将攻慕容廆，败绩。辽东孟光以众数千家降于廆。高句丽侵晋玄菟郡，虏八千人。

303 年

中国 癸亥　晋太安二年

正月，李特入成都少城，建元建初。二月，罗尚击李特，特弟流代领其众；流寻死，特子雄为帅。五月，义阳蛮张昌更姓名曰李辰，集流民起事，入据江夏，推山都县吏丘沈（更姓名曰刘尼）为皇帝，建号曰汉，建元神凤；江、沔间所在响应，杀新阳王司马歆等，占领荆、江、徐、扬、豫所属诸城邑；七月，陶侃等大破之，昌逃，众降散。八月，河间王颙、成都王颖讨长沙王乂，进兵洛阳。张昌部将石冰再起，攻陷郡县，江淮豪姓纷纷起兵击之。闰十二月，李雄入成都，罗尚遁。五苓夷帅等攻宁州。都督幽州诸军事王浚表请以辽西郡封鲜卑段务勿尘为辽西公。

外国 〔日本〕　星野、吉田两博士以为应神天皇在位当在此年至 394 年。

〔罗马〕　皇帝戴克里先下令严禁基督教，但基督教传播日盛，上至宫廷，下至民间，信徒日增，士兵亦多皈依基督教，禁令遂成具文。

304 年

中国 甲子　晋永安元年　永兴元年　成都王李雄建兴元年　汉王刘渊元熙元年

正月，东海王司马越囚长沙王乂，改元永安；乂旋为张方所杀。三月，石冰败死，成都王颖为皇太弟居邺；颖表刘渊为冠军将军监匈奴五部军事。七月，东海王越等奉惠帝讨太弟颖，败于荡阴，惠帝被迫入邺，改元建武，东海王越遁归国。王浚与鲜卑段务勿尘、乌桓羯朱及东瀛公司马腾声讨太弟颖，太弟颖杀东安王司马繇，繇兄子琅邪王睿遁归国。刘渊据离石称大单于。王浚入邺，惠帝及太弟颖奔洛阳。拓跋猗㐌以助司马腾为名，入西河，败刘渊。荆州擒张昌，夷三族。十月，李雄称成都王，建元建兴。刘渊迁左国城，称汉王，建元元熙，追尊刘禅为孝怀皇帝。十一月，张方逼惠帝迁长安，太弟颖、豫章王炽从，复改元永安。十二月，太弟颖仍为成都王，立豫章王炽为皇太弟，改元永兴。司马腾遣将讨刘渊，大败；渊攻略并州诸郡县。

外国 〔百济〕　袭晋乐浪西县。乐浪太守遣人刺杀汾西王，国人立仇首王子比流。

305 年

中国 乙丑　晋永兴二年　李雄建兴二年　汉元熙二年

六月，陇西太守韩稚杀秦州刺史张辅；凉州刺史李轨击降稚，轨又破鲜卑若罗拔能，俘十余万口。拓跋猗㐌与司马腾败刘渊；假猗㐌大单于；猗㐌寻死，子普根立。七月，东海王越檄州郡兵迎惠帝，被推为盟主。公师藩起事，汲桑及羯人石勒投之。八月，豫州刺史刘乔拒东海王越。河间王颙表成都王颖都督河北诸军，十月命颖督军，为刘乔后继。十二月，东海王越部将刘琨击溃刘乔。陈敏据江东，称大司马、楚公。

外国 〔罗马〕　皇帝戴克里先与马克西米埃那斯退位，加利利阿斯与君士坦都继任为奥古斯都，塞维拉斯与达伊阿为凯撒。

306 年

中国 丙寅　晋永兴二年　光熙元年　成李雄建兴三年　晏平元年　汉元熙三年

二月，东海王越遣将率鲜卑兵迎惠帝。三月。惤令刘柏根起事，称惤公，东莱王弥从之；刘柏根旋败死，王弥入长广。五苓夷屡败宁州兵，围州城，刺史李毅死，众推毅女李秀领州事，婴城固守。四月，东海王越遣迎惠帝之师入长安，所部鲜卑大掠，杀二万余人。六月，惠帝至洛阳，改元光熙。李雄称皇帝，改元晏平，国号大成，以丞相范长生为天地太师。八月，东海王越为太傅录尚书事。成都王颖被执，幽于邺，为刘舆所杀。公师藩败死。十一月，惠帝死，皇太弟炽嗣位，是为孝怀皇帝。十二月，南阳王司马模杀河间王颙。并州吏民万余人就谷于冀州，号为乞活。

外国 〔日本〕　遣人求缝衣女工于“吴”。

〔罗马〕　皇帝君士坦都死于不列颠，驻军选举其子君士坦丁为皇帝（306—337 年）。在罗马方面马克西米埃那斯之子马克森提为皇帝。诸皇帝争位，国内大乱。

307 年

中国 丁卯　晋孝怀皇帝司马炽永嘉元年　成晏平二年　汉元熙四年

正月，改元，除三族刑。二月，王弥扰青、徐二州。陈敏败死，夷三族。三月，西阳蛮攻江夏。五月，汲桑、石勒陷邺，杀万余人。秦州流民邓定訇氐等据成固，掠汉中，州郡击之，成兵来援，徙汉中民于蜀。七月，以琅邪王睿为都督扬州江南诸军事，镇建康。八月，分荆州八郡为湘州。九月，汲桑、石勒败溃，勒旋说胡部大张訇督等投刘渊，渊遣勒破乌桓张伏利度，降其众。十二月，乞活田甄等击杀汲桑。流民逼顿丘，太守魏植起兵应之，寻败死。王弥降于刘渊。慕容廆称大单于。拓跋禄官死，弟猗卢总摄三部事。

308 年

中国　戊辰　晋永嘉二年　成晏平三年　汉元熙五年　永凤元年

正月，刘渊遣刘聪、石勒略赵、魏，勒攻常山，为王浚所败。三月，王弥掠青、徐、兖、豫，五月，至洛阳，大败而东。七月，刘渊陷平阳，徙都蒲子；上郡鲜卑、氐人皆降于渊。十月，汉王刘渊称皇帝，改元永凤。并州刺史刘琨遣将率鲜卑兵败刘渊。石勒等攻魏郡、汲郡，百姓降者五十余垒。李雄兵屡侵汉中，汉中民多走荆沔。

309 年

中国　己巳　晋永嘉三年　成晏平四年　汉河瑞元年

正月，刘渊迁都平阳，改元河瑞。三月，刘渊遣将略黎阳、延津，杀男女三万余人。夏，石勒略巨鹿、常山，集衣冠人物，编为君子营。刘渊遣刘聪、王弥等攻壶关，连破晋兵。白部鲜卑附于刘渊。七月，平阳刘芒荡起于马兰山，称皇帝；支胡五斗叟、郝索屯新丰，与芒荡合，旋皆败死。八月，刘渊遣刘聪等攻洛阳，败还。王浚遣将与鲜卑兵大破石勒于飞龙山。十月，刘渊再遣刘聪等攻洛阳，数失利，退军。十一月，流民之在颍川等四郡者，纷起杀长吏附于王弥。

外国　〔波斯〕　王荷米斯达斯二世死，子沙普尔二世立（309—379年）。沙普尔二世生方数月，大臣辅政，至十六岁时始亲政。沙普尔二世在位七十余年，波斯复兴。但在沙普尔二世幼年时，阿拉伯人乘波斯乱，举兵来攻，陷泰西丰，美索不达米亚区域大遭蹂躏。

310 年

中国　庚午　晋永嘉四年　成晏平五年　汉河瑞二年　刘聪光兴元年

二月，石勒、王弥侵徐、豫、兖三州，攻冀州诸郡，民从者九万余口。吴兴钱琀起兵，旋败死。四月，李雄陷梓潼。七月，刘渊死，谥曰光文皇帝，庙号高祖；子和嗣。刘聪杀和自立，改元光兴。略阳临渭氐帅蒲洪称护氐校尉、秦州刺史、略阳公。九月，雍州流民之在南阳者推京兆王如为首起事，冯翊严嶷、京兆侯脱应之。十月，刘曜、石勒、王弥等攻洛阳。石勒击并王如等。并州刺史刘琨招鲜卑拓跋猗卢击铁弗及白部鲜卑，破之，表猗卢为大单于、代郡公。猗卢率部南徙雁门、云中诸地。十一月，东海王越出驻许昌。宁州刺史王逊败五苓夷。平阳李洪率流人据定陵。

外国　〔新罗〕　基临王死，群臣立角于千老之子讫解。

〔日本〕　应神天皇死。

〔罗马〕　皇帝加利利阿斯承认君士坦丁为奥古斯都。

311 年

中国　辛未　晋永嘉五年　成玉衡元年　汉光兴二年　嘉平元年

正月，石勒陷江夏。李雄陷巴西涪城，改元玉衡。蜀流民李骧据乐乡，败降被杀。流民杜畴等复起事，推杜韬为主，称梁益二州牧、湘州刺史。三月，东海王越死。四月，石勒追越丧及之苦县，晋兵死者十余万，杀从越诸王公及太尉王衍等，焚越尸。王寻、冷道等陷徐州，扰历阳。五月，杜韬陷湘州，掠零陵、桂阳。六月，刘曜、王弥入洛阳，官民死者三万余人；怀帝被俘，刘聪封帝为平阿公，改元嘉平。司空荀藩檄推琅邪王睿为盟主，藩等拥其甥秦王司马业奔许昌，征东大将军荀晞拥豫章王司马瑞为皇太子。七月，大司马王浚假立皇太子。八月，刘聪遣将犯长安。九月，石勒擒荀晞。十月，石勒杀王弥，略豫州，临江而还。十二月，冯翊太守索綝、安定太守贾疋等击刘聪兵，围长安，迎秦王业西上。慕容廆击并辽东附塞鲜卑。高句丽袭辽东西安平。

312 年

中国　壬申　晋永嘉六年　成玉衡二年　汉嘉平二年

正月，胡亢据竟陵，称楚公，掠荆州，以杜曾为竟陵太守。刘聪进封怀帝为会稽郡公。四月，贾疋等逐刘曜，迫秦王业如长安。七月，石勒据襄国。刘聪陷晋阳，并州刺史刘琨奔常山。九月，贾疋等立秦王邺为皇太子。十月，刘琨以拓跋猗卢之助，败刘聪，复晋阳。十二月，广平游纶等据苑乡附于王浚，石勒攻之，王浚遣将及辽西鲜卑兵攻勒于襄国，鲜卑中变，与勒盟而还。杜韬扩地荆州，征讨都督王敦遣武昌太守陶侃等击之。王如降于王敦。南安赤亭羌姚弋仲东徙榆眉，称护羌校尉、雍州刺史、扶风公。

外国　〔新罗〕　倭遣使请婚，以阿飡急利女许之。

〔罗马〕　君士坦丁侵入意大利，杀罗马皇帝马克森提。君士坦丁发布米兰敕令，承认基督教与其他宗教有同等权利，归还基督教徒被没收之财产。

313 年

中国　癸酉　晋永嘉孝愍皇帝司马业建兴元年　成玉衡三年　汉嘉平三年

正月，刘聪杀晋怀帝。四月，皇太子业即皇帝位，是为孝愍皇帝，改元建兴。王浚招拓跋猗卢、慕容廆攻辽西鲜卑段氏。五月，以琅邪王司马睿为左丞相，督陕东诸军；南阳王司马保为右丞相，督陕西诸军。七月，刘琨与拓跋猗卢连兵攻刘聪。琅邪王睿以祖逖为豫州刺史。八月，改建邺为建康。十月，刘曜攻长安，入外城，旋大败。十一月，流人杨武陷梁州，大掠，寻奔李雄。十二月，石勒伪奉表于王浚劝进。拓跋猗卢城盛乐以为北都，治故平城为南都。

外国　〔日本〕　传说应神天皇死后，以内哄，复空位二年，至是仁德天皇始即位（十六代）（星野、吉田二博士谓仁德天皇在位为公元 395 至 427 年，其即位之年比一般说法晚八十二年；其享国之期共三十三年，比一般说法之公元 399 年少五十三年。又那珂博士谓仁德天皇即位于 419 年，时间更晚，日本学者赞同之者甚少）。

〔罗马〕　奥古斯都达伊阿自小亚细亚率兵入欧洲，为奥古斯都李锡尼所杀。李锡尼与君士坦丁分国而治，李锡尼治帝国东部，君士坦丁治西部。

314 年

中国　甲戌　晋建兴二年　成玉衡四年　汉嘉平四年　前凉张寔元年

二月，以张轨为凉州牧、西平公。王浚为大司马都督幽冀，刘琨为大将军都督并州。石勒袭幽州，掳王浚杀之。幽州旋为鲜卑段匹磾所据。五月，张轨死，子寔嗣。六月，刘曜攻长安，不利。石勒定户出帛二匹、谷二斛。李雄定男丁岁谷三斛，女丁半之，疾病又半之；户调绢数丈，绵数两。

外国　〔罗马〕　十月，君士坦丁败李锡尼于西巴里，君士坦丁之势力遂扩张至巴尔干半岛。

315 年

中国　己亥　晋建兴三年　成玉衡五年　汉嘉平五年　建元元年　前凉张寔二年

正月，吴兴功曹徐馥杀太守起事，孙皓族人孙弼起兵于广德应之，旋皆败死。二月，以左丞相琅邪王睿为丞相、大都督。南阳王保为相国，刘琨都督并、冀、幽。进封拓跋猗卢为代王。杜弢降，寻又反。刘聪改元建元。八月，陶侃破杜弢，弢走死；以侃为广州刺史，时广州纷扰，侃至定之。九月，刘聪以石勒为陕东伯，得专征伐。刘曜略北地、冯翊。

316 年

中国　丙子　晋建兴四年　成玉衡六年　汉建元二年　麟嘉元年　前凉张寔三年

四月，代王拓跋猗卢为其子所杀，部下乌桓三万家归于刘琨。七月，刘曜陷北地，至泾阳。河东平阳饥，石勒招纳流民二十万户。八月，刘曜围长安，十一月，愍帝出降，刘聪封为怀安侯，改元麟嘉。刘琨为石勒所败，奔幽州依段匹磾。

317 年

中国　丁丑　晋建兴五年　晋王司马睿建武元年　成玉衡七年　汉麟嘉二年　前凉张寔四年

三月，琅邪王睿即晋王位，改元建武。以慕容廆都督辽左杂夷流民诸军事、大单于。六月，豫州刺史祖逖进据谯城，经营北伐。豫章太守周访大破杜曾。十一月，立太学。十二月，刘聪杀愍帝。晋王命课督农功，二千石长吏以人谷多少为殿最；诸军各自佃作。是岁，仇池氐王杨茂搜死，子难敌、坚头分领部曲，号左、右贤王。河南王吐谷浑死，子吐延嗣。

318 年

中国　戊寅　晋中宗孝元皇帝大兴元年　成玉衡八年　汉刘粲汉昌元年　刘曜光初元年　前凉张寔五年

三月，晋王睿称皇帝，是为中宗孝元皇帝，改元大兴。五月，段匹磾杀刘琨。七月，拓跋郁律破刘虎，拓地东至勿吉，西至乌孙。汉帝刘聪死，子粲嗣，改元汉昌；靳准杀之，自称大将军、汉天王，遣使告晋迎怀愍之丧。十月，刘曜称帝，改元光初。石勒攻靳准，徙羌羯降者十余万落于冀州。十一月，诏秀才、孝廉试经策，始署吏。

十二月，靳准被杀。成梁州刺史李凤起事，败死。

319 年

中国 己卯 晋大兴二年 成玉衡九年 赵（汉）光初二年 后赵石勒元年 前凉张寔六年

二月，泰山太守徐龛称兖州刺史，大掠济、岱。四月，刘曜迁都长安。南阳王保称晋王，改元建康。五月，祖逖败于石虎。石虎破鲜卑日六延，俘斩五万人。周访破斩杜曾。六月，汉帝刘曜改国曰赵，史称前赵。十一月，石勒称赵王，史称后赵；勒令采旧律作辛亥制，置律学祭酒官。十二月，平州刺史崔毖说高句丽、宇文、段氏合击慕容廆，大败。蒲洪附于刘曜。屠各胡路松多起兵附晋王保，秦、陇氐羌多应之。

320 年

中国 庚辰 晋大兴三年 成玉衡十年 赵（汉）光初三年 前凉张茂永元元年 后赵二年

正月，刘曜破路松多。二月，冀州刺史邵续为石虎所俘，晋北方藩镇皆尽。五月，晋王保为部下所杀。徐龛降。六月，凉州刺史张寔为部下所杀，弟茂嗣，建元永元，惟对外仍用建兴年号。巴人句渠知反刘曜，称大秦，建元平赵，氐、羌、巴羯三十余万应之，关中大乱，曜遣将击定之，又破氐酋秦王虚除权渠，徙其部落二十余万口于长安。刘曜立太学，选千五百人为弟子。祖逖破石勒别军于汴。八月，徐龛叛降石勒。石勒定选举五品制，又改九品制，命公卿州郡岁举秀才、孝廉、贤良直言、武勇之士各一人。十二月，高句丽攻辽东，大败。孔衍死；衍著有春秋公羊传集解、春秋谷梁传训注、春秋国语及汉魏春秋等书。高句丽侵辽东，为慕容廆之兵所败。

外国 〔印度〕 笈多王朝（320—495 年）始于此时，自此以后，印度历史方有明确年代。笈多王朝创立人旃陀罗笈多（同孔雀王朝创始人同名）原为摩揭陀王，起兵推翻大月氏的统治，统一北印度大部，在位凡十年（320—330 年）。

321 年

中国 辛巳 晋大兴四年 成玉衡十一年 赵（汉）光初四年 前凉永元二年 后赵三年

二月，徐龛又降。三月，幽州刺史段匹磾为石勒所执，后被杀，至是，石勒遂几有幽、冀、并三州。五月，免中原良民遭难为扬州僮客者，以备征役。九月，豫州刺史祖逖死。十一月，石勒禁酿酒。十二月，以慕容廆都督幽、平二州、东夷诸军事、平州牧、辽东公。

322 年

中国 壬午 晋永昌元年 成玉衡十二年 赵（汉）光初五年 前凉永元三年 后赵四年

正月，改元永昌。王敦反于武昌，沈充起于吴兴应之。二月，刘曜攻仇池杨难敌，迁陇西万余户于长安，难敌称藩，曜命为益、宁、秦三州牧、武都王。三月，以王导为前锋大都督御王敦。王敦入石头城，纵兵劫掠，杀周顗、戴渊，刘隗、刁协逃。四月，王敦还武昌。五月，王敦杀梁州刺史甘卓。七月，石虎杀徐龛，徐、兖郡县多陷于石勒。十月，罢司徒并丞相。闰十一月，晋元帝卒，皇太子绍嗣位，司空王导辅政。

323 年

中国 癸未 晋肃宗孝明皇帝司马绍太宁元年 成玉衡十三年 赵（汉）光初六年 前凉永元四年 后赵五年

三月，改元太宁。四月，王敦为扬州牧，加殊礼，移镇姑孰。六月，梁硕据交州叛，广州刺史陶侃讨斩之。七月，刘曜遣将击定陇上，徙秦州大姓二千余户于长安。石虎破青州，杀刺史曹嶷。张茂称藩于刘曜，曜封茂为凉王，加九锡。越巂夷斯叟攻李雄守将。

外国 〔日本〕 役新罗人作茨田堤。

324 年

中国 甲申 晋太宁二年 成玉衡十四年 赵（汉）光初七年 前凉张骏太元元年 后赵六年

正月，王敦杀周嵩等，灭周氏。石勒部将攻刘曜河南郡，掠五千余户而归。术士李脱造书聚众，被杀。五月，张茂死，子骏嗣，改元太元；晋拜骏为凉州牧、西平公。刘曜亦拜骏为凉州牧、凉王。王敦以子应为武卫将军，为己之副。六月，王敦再反，七月前锋及建康。下诏数王敦及谋士钱凤罪，以王导为大都督讨敦。七月，王敦死，军溃，钱凤等先后被杀。十二月，兴古等郡入于李雄。

外国 〔罗马〕 君士坦丁败李锡尼于亚德里亚堡，李锡尼为君士坦丁所擒，翌年被杀。君士坦丁为罗马帝国内战之胜利者，帝国唯一之皇帝，罗马帝国复定于一。

325 年

中国 乙酉　晋太宁三年　成玉衡十五年　赵（汉）光初八年　后赵七年　前凉太元二年

二月，复三族刑，惟不及妇人。慕容廆大破宇文乞得归，俘人及畜以百万计。四月，石勒破兖州。五月，石勒遣将破刘曜关东诸屯戍，于是司、豫、徐、兖皆入于勒，与晋以淮为界。以陶侃都督荆、湘、雍、梁四州诸军事，荆州刺史。六月，刘曜以刘胤为大司马大单于，置单于台，分以胡、羯、鲜卑、氐、羌豪帅为左右贤王等。闰七月，明帝死，皇太子衍嗣位，是为显宗成皇帝，皇太后庾氏临朝称制，以司徒王导录尚书事，与庾亮、卞壸参辅朝政。是岁，宁州刺史尹奉募徼外夷人刺杀梁水夷首领爨量，招降益州夷首领李逊，抚定宁州。

外国 〔日本〕　置茨田屯仓。

〔罗马〕　皇帝君士坦丁召集"全世界"基督教会大会于尼西亚（地在小亚细亚），解决基督教内阿里安派与阿塔内喜阿派之纠纷。

326 年

中国 丙戌　显宗成皇帝司马衍咸和元年　成玉衡十六年　赵（汉）光初九年　后赵八年　前凉太元三年

二月，改元咸和。六月，李雄破越嶲夷斯叟。十月，庾亮杀南顿王司马琮。十一月，石勒侵淮南，王导御退之。改定王侯国秩，九分食一。十二月，石勒立秀才、孝廉试经之制。张骏徙陇西、南安民二千余家于姑臧。

外国 〔日本〕　于猪甘津架桥。作京师至河内丹比邑大道。垦田四万余顷。

327 年

中国 丁亥　晋咸和二年　成玉衡十七年　赵（汉）光初十年　后赵九年　前凉太元四年

正月，宁州秀才庞遗起兵攻李雄。五月，刘曜攻仇池，掠三千余户。十月，张骏攻刘曜秦州，大败；曜兵进入令居，降斩数万，骏河南地皆失。十一月，历阳内史苏峻反；十二月，豫州刺史祖约亦反，与苏峻连兵，陷姑孰。

328 年

中国 戊子　晋咸和三年　成玉衡十八年　赵（汉）光初十一年　后赵太和元年　前凉太元五年

二月，苏峻至建康，尚书令卞壸等战死，庾亮遁寻阳。峻自为骠骑将军、录尚书事。石勒建元太和。五月，苏峻迁晋帝于石头城。陶侃、温峤、庾亮等起兵讨苏峻。六月，宣城太守桓彝与苏峻战，败死。七月，石勒渡淮，虏二万余户。八月，石虎攻刘曜，大败，曜围金墉。九月，苏峻败死，部下立其弟逸为主。十二月，石勒救金墉，擒刘曜，斩五万余级。

329 年

中国 己丑　晋咸和四年　成玉衡十九年　后赵太和二年　前凉太元六年

正月，祖约奔石勒。刘曜太子熙奔上邽，石勒取长安。二月，苏逸败死。八月，刘曜部将刘胤攻长安。九月，石虎败刘胤，破上邽，杀刘熙、刘胤及其王公卿校三千余人；徙九千余人于襄国；坑五郡屠各胡五千余人；俘河西羌数万；氐王蒲洪、羌酋姚弋仲皆降，氐羌十五万落随徙司、冀二州。前赵刘氏亡。十二月，右军将军郭默杀江州刺史刘胤。代王拓跋翳槐遣弟什翼犍质于石勒。河南王吐延被刺死，子叶延立，用祖父字，称其国曰吐谷浑。

外国 〔日本〕　新罗献绢及杂物八十船。

330 年

中国 庚寅　晋咸和五年　成玉衡二十年　后赵太和三年　建平元年　前凉太元七年

二月，石勒称大赵天王，行皇帝事；以祖约叛国来投，杀之。五月，陶侃、庾亮擒斩郭默。石勒部将浮海扰沿海诸县。六月，张骏复取河南地。初税田，亩三升。丁零翟斌朝于石勒，封句町王。九月，石勒称帝，改元建平。石勒兵入襄阳。休屠王羌起反石勒，败奔凉州。十月，李雄陷巴东。十二月，张骏称藩于石勒。高句丽遣使于后赵，献楛矢。

外国 〔印度〕　笈多王朝第二个皇帝撒墨陀罗笈多即位（330—380年），在其统治时期，笈多朝达到极盛时期。其领土，包括北印度、中印度之大部，为阿育王以后最大的版图。

〔罗马〕　皇帝君士坦丁在巴尔干半岛东部拜占廷建立君士坦丁堡城，以为国都。

331年

中国　辛卯　晋咸和六年　成玉衡二十一年　后赵建平二年　前凉太元八年

正月，石勒部浮海扰娄县、武进。三月，诏举贤良直言之士。石勒诏公卿岁举贤良方正，起明堂、辟雍于襄国。九月，石勒以洛阳为南都。高句丽美川王死，子斯由立，改名钊，是为故国原王。

332年

中国　壬辰　晋咸和七年　成玉衡二十二年　后赵建平三年　前凉太元九年

三月，石勒部浮海扰海虞。七月，陶侃复襄阳。十一月，诏举贤良。

333年

中国　癸巳　晋咸和八年　成玉衡二十三年　后赵建平四年　前凉太元十年

正月，石勒遣使修好于晋，拒之。三月，李雄陷宁州。五月，慕容廆死，子皝嗣。七月，石勒死，子弘嗣，石虎自为丞相、魏王、大单于，加九锡。十月，石生、石朗起兵攻石虎，皆败死。氐王蒲洪降于虎，徙秦、雍流民及氐、羌十余万户于关东。慕容皝兄弟内哄，皝庶兄翰奔辽西段氏，弟仁据辽东。

334年

中国　甲午　晋咸和九年　成玉衡二十四年　后赵石弘延熙元年　前凉太元十一年

正月，石弘改元延熙。仇池氐王杨难敌死，子毅立，遣使称藩于晋。辽西段氏攻慕容皝。三月，李雄分宁州置交州。石虎遣将击关中，徙秦州三万余户于青、并二州。长安陈良夫奔黑羌，与新羌王薄句大等攻北地、冯翊。慕容仁称平州刺史、辽东公。六月，陶侃死。成李雄死，子班嗣，以建宁王李寿录尚书事。十月，成李期杀李班自立。十一月，石虎废石弘，称居摄天王；寻杀弘及石勒妻子。慕容皝攻辽东，取襄平，徙辽东大姓于棘城。

335年

中国　乙未　晋咸康元年　成李期玉恒元年　后赵石虎建武元年　前凉太元十二年

正月，改元咸康。石虎改元建武。李期改元玉恒。夏，大旱，会稽尤甚，米斗五百，人相食。九月，石虎迁都于邺。石虎击平薄句大等。是岁，代王拓跋翳槐以内乱奔于石虎。西域焉耆、于寘、鄯善、龟兹皆遣使奉献于张骏。

336年

中国　丙申　晋咸康二年　成玉恒二年　后赵建武二年　前凉太元十三年

正月，慕容皝平辽东，杀慕容仁。二月，高句丽遣使献于晋。六月，辽西段辽、宇文逸豆归会攻慕容皝，大败。十月，广州刺史邓兵攻占夜郎、兴古。十一月，索头郁鞠以众三万降于石虎，虎徙其众于冀、青等州。石虎大兴土木。林邑王范文献于晋。高句丽遣使于晋。

外国　〔林邑〕　范逸死，大臣范文杀逸子，自立为王。继乃侵略旁近部落，势渐盛。遣使通表于晋。

337年

中国　丁酉　晋咸康三年　成玉恒三年　后赵建武三年　慕容皝燕元年　前凉太元十四年

正月，石虎称天王。立太学。七月，安定侯子光称佛太子，聚众杜县，称大黄帝，建元龙兴；石虎部将击杀之。十月，慕容皝称燕王，称藩于石虎。代王拓跋翳槐复国。仇池氐杨初杀其王毅，自立为仇池公，称臣于石虎。

外国　〔波斯〕　与罗马第一次战争起，此次战争直延续至350年。先是，罗马皇帝君士坦丁大帝已准许罗马人自由信奉基督教，并以保护基督教徒之责自任。因波斯犹镇压基督教徒，遂对波斯抗议。沙普尔二世以此为借口，与罗马展开战争。

〔罗马〕　皇帝君士坦丁死，三子俱称奥古斯都，分国而治：君士坦丁二世治意大利与高卢，君士坦都二世治东方，君士坦士治伊利利古木。与波斯战争开始（337—350年）。

338年

中国　戊戌　晋咸康四年　汉（成）李寿汉兴元年　后赵建武四年　燕二

年　代拓跋什翼犍建国元年　前凉太元十五年

正月，慕容皝与石虎夹攻辽西段辽。三月，辽败走，石虎徙段氏民二万余户于司、雍、兖、豫四州。四月，成李寿废李期自立，改国号曰汉，改元汉兴。石虎攻慕容皝，围棘城，大败，失五万余人。石虎子石宣击朔方鲜卑斛摩头，斩四万余级。六月，以王导为丞相，罢司徒官。八月，分宁州为安州。九月，汉李寿尽杀李雄诸子。十一月，代王翳槐死，弟什翼犍嗣，建元建国。

外国　〔波斯〕　王沙普尔二世率师攻美索不达米亚之尼西俾斯城，未克。

339 年

中国　己亥　晋咸康五年　汉（成）汉兴二年　后赵建武五年　燕三年　代建国二年　前凉太元十六年

三月，广州刺史邓岳复宁州。七月，丞相王导卒。八月，复改丞相为司徒。九月，石虎遣将侵沔南，迁汉东七千余户于幽、冀。张骏立辟雍、明堂。

外国　〔波斯〕　严禁基督教，基督教徒四出逃散。

340 年

中国　庚子　晋咸康六年　汉（成）汉兴三年　后赵建武六年　燕四年　代建国三年　前凉太元十七年

正月，庾亮死。三月，代王拓跋什翼犍始都云中盛乐宫。石虎徙辽西、北平、渔阳万余户于兖、豫、雍、洛四州，自幽州东兴屯田，括民马，大征兵，欲以击慕容皝。皝从间道趋蓟，掠三万余家而去。

外国　〔罗马〕　与波斯战。罗马皇帝君士坦丁二世征君士坦士，未克，被杀。

341 年

中国　辛丑　晋咸康七年　汉（成）汉兴四年　后赵建武七年　燕五年　代建国四年　前凉太元十八年

正月，慕容皝筑龙城。二月，以慕容皝为幽州牧、大单于、燕王。三月，诏王公庶人皆正土断、白籍。十月，匈奴刘虎攻代，什翼犍大破之。石虎将浮海攻慕容皝所属辽东安平。十二月，除乐府杂伎。

外国　〔波斯〕　与亚美尼亚缔约。

342 年

中国　壬寅　晋咸康八年　汉（成）汉兴五年　后赵建武八年　燕六年　代建国五年　前凉太元十九年

六月，成帝死，弟琅邪王岳嗣，是为康皇帝。十月，慕容皝迁都龙城。十一月，皝破高句丽，入丸都，高句丽王钊遁，虏五万余口而还。十二月，石虎大兴土木，百姓怨愁。贝丘李弘以图谶聚众，起义，署置百官，事泄，死。高句丽修丸都城，迁都之。前燕慕容皝来侵，陷丸都，俘王母、王妃，发美川王冢，载其柩，虏五万口以归。

343 年

中国　癸卯　晋康皇帝司马岳建元元年　汉（成）汉兴六年　后赵建武九年　燕七年　代建国六年　前凉太元二十年

二月，高句丽王钊称臣于慕容皝。宇文逸豆归击慕容皝大败。七月，下诏议经略中原。八月，慕容皝举兵击代王什翼犍，无功。汉李寿死，子势嗣。石虎子宣破鲜卑斛谷提，斩三万级。十二月，高句丽遣使奉献。高句丽遣王弟朝燕，称臣奉贡。燕还美川王柩，仍留王母不遣。暂都平壤东黄城。遣使于晋。

344 年

中国　甲辰　晋建元二年　汉（成）李势太和元年　后赵建武十年　燕八年　代建国七年　前凉太元二十一年

正月，汉李势改元太和。慕容皝击宇文逸豆归，大克之，逸豆归走死漠北，宇文部散亡。九月，晋康帝死，皇太子聃嗣，是为孝宗穆皇帝，皇太后褚氏临朝称制。

外国　〔新罗〕　倭遣使请婚，不报。

〔百济〕　比流王死，子契立。

345 年

中国　乙巳　晋孝宗穆皇帝司马聃永和元年　汉（成）太和二年　后赵建武十一年　燕九年　代建国八年　前凉太元二十二年

春，石虎发诸州民二十六万人修洛阳宫，征百姓牛二万头配牧官，征民女三万余人配东宫及公侯，荆、楚、扬、徐之民大骇。慕容皝开苑囿给贫民耕种，极贫者给耕牛。四月，以会稽王司马昱为抚军大将军、录尚书六条事。八月，以桓温持节都督荆、司、雍、梁、益、宁六州诸军事，领护南蛮校尉、荆州刺史。十月，慕容皝攻高句丽，取南苏。十二月，张骏击降焉耆。骏分部内为凉、河、沙三州，称大都督、大将军、假凉王，督摄三州。慕容皝去晋年号。

外国　〔新罗〕　倭移书绝交。

346年

中国　丙午　晋永和二年　汉（成）嘉宁元年　后赵建武十二年　燕十年　代建国九年　前凉张重华永乐元年

正月，慕容皝遣其子儁攻扶余，虏其王玄，迁其部落五万余口而还。五月，张骏死，子重华嗣，改元永乐。石虎立私论朝政之法，听吏告其长、奴告其主。六月，石虎部将掳张重华凉民七千余户徙于雍州，重华遣将谢艾迎击之，斩五千级。十月，汉李奕围成都，中流矢死。李势改元嘉宁。十一月，桓温伐汉。

外国　〔新罗〕　倭侵风岛，围金城，御却之。

〔百济〕　契王死，弟近肖古立。

〔波斯〕　王沙普尔二世再围攻美索不达米亚之尼西俾斯城，未克。

347年

中国　丁未　晋永和三年　汉（成）嘉宁二年　后赵建武十三年　燕十一年　代建国十年　前凉永乐二年

三月，桓温入成都，李势降，汉亡。林邑王范文攻杀日南太守夏侯览。汉李氏遗臣纷纷起兵，四月，隗文等入成都。石虎攻张重华之枹罕，大败。七月，林邑王范文陷日南。隗文等立范贲为皇帝。八月，石虎再攻枹罕，又大败。石虎发前代陵墓取珍宝，又发男女十六万人、车十万乘筑华林苑，然烛夜作，死者数万。石虎袭取枹罕，胁降河南诸氐羌。十月，武都仇池氐王杨初称藩于晋，命为雍州刺史、仇池公。十二月，振威护军萧敬文据涪城，称益州牧，后四年余方败死。

外国　〔林邑〕　范文乘晋日南太守贪虐失人心，举兵攻杀之，思据其地，自是数与晋交兵，尝侵晋九德郡，杀掠吏民。后文死，子佛立，为晋所败，始退出日南。

348年

中国　戊申　晋永和四年　后赵建武十四年　燕十二年　代建国十一年　前凉永乐三年

四月，林邑王范文攻九真，杀吏民什八九。九月，燕王慕容皝死，子儁嗣。十二月，豫章黄韬起事，称神孝皇帝，攻临川，未几败死。

外国　〔波斯〕　王沙普尔二世大败罗马皇帝君士坦都于美索不达米亚之辛卡拉城。

349年

中国　己酉　晋永和五年　后赵太宁元年　燕十三年　代建国十二年　前凉永乐四年

正月，赵天王石虎称皇帝，改元太宁。石虎部将梁犊叛虎自称晋征东大将军，掠荥阳、陈留诸郡，姚弋仲、蒲洪击平之。始平马勖聚众起事，称将军，石虎部将平之，杀三千余家。四月，范贲败死，益州平。遣使拜慕容儁为幽、平二州牧、大将军、大单于、燕王。桓温遣将击林邑王范文，败屯九真。石虎死，太子世嗣。五月，世兄石遵杀世自立。石冲自蓟起兵讨石遵，败死。七月，褚裒督师北伐，失利而还。九月，张重华自立为丞相、凉王、雍、秦、凉三州牧。十一月，赵武兴公石闵废杀石遵，立义阳王石鉴，闵为大将军，进封武德王，录尚书事。秦、雍流民十余万推蒲洪为主。十二月，石闵囚石鉴，大杀胡羯，死者二十余万。

350年

中国　庚戌　晋永和六年　卫李闵（石闵、冉闵）青龙元年　魏（冉）永兴元年　燕十四年　代建国十三年　前凉永乐五年

正月，石闵更国号曰卫，易姓李，改元青龙，国内大乱。闰正月，卫李闵杀石鉴，并杀石虎二十八孙，石氏几尽。闵自立为皇帝，改元永兴，国号魏。姚弋仲攻蒲洪，大败。洪自称大都督、大将军、大单于三秦王，改姓苻。二月，慕容儁南下，三月入蓟。魏李闵复姓冉氏。苻洪为人鸩死，子健代统其众。赵新兴王石祗即皇帝位于襄国，改元永宁。四月，遣将攻冉闵。七月，鲜卑段龛据广固，称齐王。八月，慕容儁徙上谷、广宁、代郡民于徐无、凡城。苻健自称晋征西大将军、都督关中诸军事、雍州刺史，拥众入关。九月，慕容儁取章武、河间。十一月，苻健入长安。冉闵攻石祗于襄国。

外国　〔波斯〕　沙普尔二世第三次围攻美索不达米亚之尼西俾斯城，未克。匈奴人、攸森尼人、吉菌尼人侵掠波斯东

境（350—357年）。

〔罗马〕 皇帝君士坦士为伪帝马格尼提阿斯所杀。

351年

中国 辛亥 晋永和七年 魏（冉）永兴二年 燕十五年 代建国十四年 秦苻健皇始元年 前凉永乐六年

正月，苻健自称天王、大单于，国号秦，建元皇始。二月，段龛附晋，封为齐公。赵石祗贬号称王，乞师于慕容儁、姚弋仲。三月，冉闵败还邺，襄国围解。石氏所徙各州民及氐、羌、胡、蛮数百万口纷还本土，路中互相杀掠，死者大半，中原饥，人相食。石祗遣将攻冉闵，大败。四月，石祗为部将刘显所杀；七月，显称皇帝于襄国。十月，姚弋仲请降于晋，命为使持节六夷大都督、督江北诸军事、大单于、高陵公。十二月，丁零帅翟鼠降于慕容儁。

外国 〔波斯〕 与亚美尼亚缔约未久，亚美尼亚即背约，与罗马联合。

〔罗马〕 皇帝君士坦都二世败马格尼提阿斯于摩尔萨，马格尼提阿斯自杀，罗马帝国复归于一。

352年

中国 壬子 晋永和八年 魏（冉）永兴三年 燕慕容儁元玺元年 代建国十五年 秦皇始二年 前凉永乐七年

正月，苻健称皇帝。张琚据宜秋，称秦王，建元建昌。冉闵破襄国，杀刘显。姚弋仲死，子襄代领其众；襄与苻健战败，奔于晋。赵故将段勤聚胡、羯万余人据绎幕，称赵帝。四月，慕容儁击段勤、冉闵，勤降，闵被俘，为慕容儁所杀。五月，苻健击杀张琚。邺中大饥，人相食，赵时宫人被食略尽。七月，苻健徙颍、洛、陈、许之民五万余户于关中。八月，周抚击斩萧敬文于涪，王午称安国王。慕容儁取邺。十月中山苏林称皇帝，闰十月慕容儁击斩之。王午为部下所杀，其将吕护复称安国王。十一月，燕慕容儁称皇帝，改元元玺，都蓟，建留台于龙都。

353年

中国 癸丑 晋永和九年 燕元玺二年 代建国十六年 秦皇始三年 前凉永乐八年

二月，张重华攻苻健，大败，丧万余人。三月，交州刺史大破林邑兵。燕常山李犊起兵。西域胡刘康据平阳，称晋王，旋败。五月，张重华攻苻健，陷上邽。慕容儁击降李犊。七月，关中人纷起反苻健，健遣将分击平之。十月，殷浩北伐；姚襄反，浩败回。十一月，张重华死，子曜灵嗣为凉州牧、西平公。十二月。张祚废张曜灵，自为凉州牧、凉公。

外国 〔日本〕 遣使至百济，记其疆里物产。

354年

中国 甲寅 晋永和十年 燕元玺三年 代建国十七年 秦皇始四年 前凉张祚和平元年

正月，张祚称凉王，改元和平，对外始不用建兴年号。桓温废殷浩为庶人。二月，桓温伐关中。慕容儁破吕护。姚襄降燕。四月，桓温破苻健兵，进驻灞上。五月，江西乞活执陈留内史降于姚襄。六月，桓温退师。是岁，关中大饥，米一升直布一匹。

355年

中国 乙卯 晋永和十一年 燕元玺四年 代建国十八年 秦苻生寿光元年 前凉张玄靓太始元年

正月，仇池氏内哄，杨初被杀，子国嗣。六月，秦苻健死，子生嗣，改元寿光。七月，河州刺史张瓘讨张祚；祚杀张曜灵；闰九月，祚部下杀祚，立其弟玄靓为凉州牧、西平公，改元太始，对外复称建兴四十三年。张瓘至，推玄靓为凉王，自为凉州牧、张掖公，境内大乱。十二月，高句丽王钊献于慕容儁，儁封为乐浪公、高句丽王。慕容儁遣将攻段龛。高句丽遣使于前燕，纳质修贡，迎王母还，受官爵为征东大将军、营州刺史、乐浪公，王如故。

外国 〔罗马〕 皇帝君士坦都二世以朱理安为凯撒，使征法兰克、阿拉曼尼。

356年

中国 丙辰 晋永和十二年 燕元玺五年 代建国十九年 秦寿光二年 前凉太始二年

二月，张玄靓称藩于苻生。以桓温为征讨大都督，伐姚襄。八月，温大破襄，襄奔襄陵；温入洛阳，修诸陵，留兵戍之，徙降民三千家于江、汉之间。十一月，慕容儁陷广固，段龛降，徙鲜卑、胡、羯三千余户于蓟，齐地入于燕。是岁，仇池内哄，杨俊杀杨国，自立为仇池公。

外国 〔新罗〕 讫解王死，味邹王弟之子金奈勿立。

357 年

中国 丁巳　晋升平元年　燕光寿元年　代建国二十年　秦苻坚永兴元年　前凉太始三年

二月，慕容儁改元光寿。五月，苻生遣将击斩姚襄，襄弟苌降。慕容儁遣弟垂等攻敕勒于塞北，俘斩十余万，获马十三万匹、牛羊亿万头。匈奴单于贺赖头帅部三万五千口降慕容儁，处之代郡平舒。六月，苻坚杀苻生自立，去帝号，称大秦天王，改元永兴，以王猛为中书侍郎，典机密。十一月，慕容儁迁都于邺。

外国 〔扶南〕 遣使献驯象于晋，晋不受。

358 年

中国 戊午　晋升平二年　燕光寿二年　代建国二十一年　秦永兴二年　前凉太始四年

三月，慕容儁略定并州。十月，慕容儁略地河南。十二月，北中郎将荀羡北伐，败还。

359 年

中国 己未　晋升平三年　燕光寿三年　代建国二十二年　秦甘露元年　前凉太始五年

三月，以粮运不继，王公以下部曲奴客十三人借一人助运。六月，苻坚改元甘露。张瓘以苛虐失众，宋混起兵攻之，瓘兵败自杀。混说张玄靓去凉王号，复称凉州牧。八月，诸葛攸击慕容儁，大败于东阿。十月，谢万等北伐，未遇敌而兵溃，慕容儁乘之，攻占许昌、颍川、谯、沛诸城。交州刺史温放之攻略林邑参黎、耽潦降之。

外国 〔波斯〕 第二次对罗马战争起（359—363 年），此次波斯获得胜利。是年波斯王率师攻入叙利亚，攻陷阿米达城。

360 年

中国 庚申　晋升平四年　燕慕容暐建熙元年　代建国二十三年　秦甘露二年　前凉太始六年

正月，燕慕容儁死，子暐嗣，改元建熙，以太原王慕容恪为太宰，专录朝政。三月，匈奴刘卫辰降苻坚，入居塞内。十月，乌桓独孤部、鲜卑没奕干各率众降苻坚。

外国 〔波斯〕 王沙普尔二世攻陷罗马人所据守之辛卡拉城，罗马皇帝君士坦都大举反攻，失败。

〔罗马〕 凯撒朱理安帅兵东上与君士坦都二世战，未至而君士坦都死。

361 年

中国 辛酉　晋升平五年　燕建熙二年　代建国二十四年　秦甘露三年　前凉升平元年

正月，匈奴刘卫辰附于代王什翼犍。四月，桓温取许昌，破燕将。五月，晋穆帝死，琅邪王丕嗣位，是为哀皇帝。十二月，张玄靓改元升平，复废建兴年号。苻坚命州郡举孝悌、廉直、文学、政事之士。

外国 〔罗马〕 朱理安即位为罗马皇帝（361—363 年）。朱理安亦系君士坦丁族人，企图扑灭基督教，恢复古罗马宗教未成功。

362 年

中国 壬戌　晋哀皇帝司马丕隆和元年　燕建熙三年　代建国二十五年　秦甘露四年　前凉升平二年

正月，减田租，亩收二升。二月，慕容暐攻洛阳，七月，退。五月，苻坚临太学，考第诸生。

363 年

中国 癸亥　晋兴宁元年　燕建熙四年　代建国二十六年　秦甘露五年　前凉张天锡太清元年

二月，改元兴宁。四月，慕容暐兵攻荥阳。八月，张天锡杀张玄靓，称凉州牧、西平公，改元太清。十月，慕容暐兵攻陈留。代王什翼犍大破高车，俘万余口，牛羊马百余万头。

外国 〔日本〕 那珂博士谓应神天皇即位于此年，在位五十六年。

〔波斯〕 为罗马皇帝朱理安所败，朱理安追至泰西丰，为波斯所败，又与波斯人大战于萨玛拉，战死。新皇帝朱维安那士不得已，接受波斯所提出之苛刻条件，与波斯人讲和：（一）归还那西斯所割的五省（参看 297 年条）；（二）将辛卡拉、尼西俾斯及其他一要塞割于波斯；（三）亚美尼亚退出罗马势力范围之外。沙普尔二世后又征服亚美尼亚。

〔罗马〕 皇帝朱理安与波斯战，归途中死，君士坦丁后裔绝。军队拥立朱维安那士为皇帝(331年生，在位一年)。

364年

中国　甲子　晋兴宁二年　燕建熙五年　代建国二十七年　秦甘露六年　前凉太清二年

二月，慕容暐兵略地河南。三月，庚戌朔，大阅户口，令所在土断，谓之庚戌制。四月，慕容暐兵略许昌、汝南、陈留，徙万余户于幽、冀二州，留兵戍许昌。八月，慕容暐兵屯盟津，窥洛阳。是岁，苻坚令去京师百里工商皂隶不得服金银锦绣，犯者弃市。

外国　〔新罗〕　倭大举来侵，大败而遁。

〔罗马〕　皇帝朱维安那士将美索不达米亚割于波斯，不久即死。军队拥立瓦拉泰那士为皇帝(在位十一年，364—375年)。瓦拉泰那士雄武善用兵，西败蛮族，以其弟瓦伦士为东部皇帝。

365年

中国　乙丑　晋兴宁三年　燕建熙六年　代建国二十八年　秦建元元年　前凉太清三年

正月，匈奴刘卫辰反代，败走。二月，晋哀帝卒，弟琅邪王奕嗣位，是为废帝海西公。苻坚改元建元。三月，慕容暐陷洛阳。七月，匈奴曹谷、刘卫辰攻杏城，苻坚击破之，谷降，卫辰被俘。十月，梁州刺史司马勋反，称成都王。

外国　〔日本〕　侵新罗，掠其人还。

366年

中国　丙寅　晋海西公司马奕太和元年　燕建熙六年　代建国二十九年　秦建元二年　前凉太清四年

五月，司马勋败死。代王什翼犍附于苻坚。七月，苻坚将王猛等攻南乡郡，掠万余户而还。十月，以琅邪王司马昱为丞相、录尚书事，加殊礼。十二月，陇西李俨自立，羌敛岐以略阳四千家附之。南阳赵亿等据宛城，逐太守，叛附慕容暐。

367年

中国　丁卯　晋太和二年　燕建熙七年　代建国三十年　秦建元三年　前凉太清五年

三月，苻坚将王猛等攻羌敛岐，擒之。四月，张天锡攻李俨；王猛救俨，败天锡军，遂入枹罕，诈虏俨。五月，燕太宰慕容恪死。桓豁攻下宛城，赵亿遁。苻坚分匈奴曹谷部为二，号东西曹。七月，慕容暐遣将破敕勒，获马牛数万头。十月，秦苻氏内哄。什翼犍破匈奴刘卫辰，掠其部落什六七。

外国　〔日本〕　虾夷起事，遣兵击之，败。

〔罗马〕　皇帝瓦拉泰那士以其子格拉喜安为罗马帝国西部皇帝。瓦拉泰那士旋死于征萨玛喜阿人与瓜底人之役。

368年

中国　戊辰　晋太和三年　燕建熙八年　代建国三十一年　秦建元四年　前凉太清六年

正月，苻坚遣兵分道平乱，至十二月始定。慕容暐以王公贵戚荫户多于国之户口，诏断诸荫户，尽属郡县。加大司马桓温殊礼，位诸侯王上。

369年

中国　己巳　晋太和四年　燕建熙九年　代建国三十二年　秦建元五年　前凉太清七年

四月，桓温督步骑五万北伐慕容暐。六月，桓温凿巨野三百里，引汶水会于清水，以济舟师，屡破慕容暐之众，师次枋头。九月，桓温粮尽退兵，慕容垂乘机追击，温大败，死三万余人。十月，豫州刺史袁真据寿春降于慕容暐。十一月，慕容垂奔于苻坚。十二月，王猛等攻洛阳。

370年

中国　庚午　晋太和五年　燕建熙十年　代建国三十三年　秦建元六年　前凉太清八年

正月，王猛入洛阳。四月，苻坚遣王猛等击慕容暐。八月，广汉人李弘、陇西人李高等起事，弘称圣王，年号凤凰，高破涪城，未几，皆败死。十一月，苻坚入邺，俘慕容暐，燕地皆入于秦，凡郡百五十七，县一千五百七十九，户二百四十五万八千九百六十九，口九百九十八万七千九百三十五，前燕亡。十二月，苻坚迁慕容暐以下及鲜卑四万余户于长安。是岁，仇池杨氏内哄。

371年

中国　辛未　晋太和六年　太宗简文皇帝司马昱咸安元年　代建国三十四年　秦建元七年　前凉太清九年

正月，苻坚徙关东豪杰及杂夷十五万户于关

中，处乌桓于冯翊、北地，丁零于新安、渑池。四月，苻坚遣将破仇池，留兵戍其地。凉州张天锡称臣于苻坚。五月，吐谷浑献于苻坚。十一月，桓温废晋帝为东海王，立丞相会稽王昱为帝，是为太宗简文皇帝，改元咸安。桓温杀东海王三子，废武陵王晞、新蔡王晃，杀庾涓等，夷其族。十二月，桓温降封东海王为海西县公。是岁，苻坚遣将攻陇西鲜卑乞伏司繁，降之。高句丽侵百济，败还。百济围平壤，故国原王战死，子立夫立，是为小兽林王。

外国　〔百济〕　移都汉山。

〔波斯〕　第三次对罗马战争起（371—376年），此次双方无显著胜负。

372年

中国　壬申　晋咸安二年　代建国三十五年　秦建元八年　前凉太清十年

正月，百济、林邑各遣使奉献。三月，苻坚令关东选送民之通一经一艺者，吏百石以上不通一经一艺者罢为民。六月，苻坚以王猛为丞相、中书监、尚书令。庾希等人京口，讨桓温，败死。七月，晋简文帝卒，皇太子曜嗣，是为烈宗孝武皇帝。十一月，彭城人卢悚称大道祭酒，遣弟子许龙诈称迎海西公，图夺取武库甲仗，败死。高句丽接受前秦送佛经、佛像及僧人，于是佛法传入。立太学。

外国　〔百济〕　遣使于晋。

373年

中国　癸酉　晋烈宗孝武皇帝司马曜宁康元年　代建国三十六年　秦建元九年　前凉太清十一年

三月，除丹阳竹格等四桁税。夏，代王什翼犍献于苻坚。七月，桓温死。十一月，苻坚遣将略定梁、益州，邛、莋、夜郎皆附于坚。是岁，苻坚击降鲜卑勃寒。高句丽始颁律令。

374年

中国　甲戌　晋宁康二年　代建国三十七年　秦建元十年　前凉太清十二年

五月，蜀人张育、杨光起兵攻苻坚戍军，育称蜀王，建元黑龙，巴獠帅张重、尹万等助之，围成都，请援于晋，九月，败亡。十一月，天门蜑人攻杀太守，未几败。长城人钱步射、钱弘起事，未几败。晋破苻坚兵于垫口。

外国　〔百济〕　以高兴为博士。自开国以来未有文字，至是始有书记。

〔日本〕　始作冰室。

〔匈奴〕　渡顿河，侵入东哥特国境，东哥特国王哈曼里克率国人与阿拉曼尼人竭力抵抗，兵败自杀。

375年

中国　乙亥　晋宁康三年　代建国三十八年　秦建元十一年　前凉太清十三年

七月，王猛死。十月，苻坚禁老庄、图谶之学，犯者弃市，又令公卿王侯子弟及将士皆执经受学。高句丽创寺以居僧人。侵百济，败还。

外国　〔百济〕　近肖古王死，子近仇首立。高句丽来侵，近仇首败之。

〔罗马〕　皇帝格拉喜安（375—383年）以其子瓦拉泰那士二世为罗马西部皇帝。

〔匈奴〕　侵入西哥特，西哥特王阿山那里克率师御之于德尼斯脱河，兵溃而遁。

376年

中国　丙子　晋太元元年　代建国三十九年　秦建元十二年　前凉太清十四年

三月，苻坚拔南乡，山蛮三万户降之。八月，苻坚击凉州，张天锡降，徙其豪右七千余户于关中，前凉亡。九月，除度田收租之制，王公以下，口税米三斛，蠲在身之役。十月，徙淮北流人于淮南。十一月，苻坚击什翼犍，破之。十二月，什翼犍为庶长子实君所杀，苻坚执实君杀之。匈奴刘库仁拥佑什翼犍子珪，击败库狄部，徙之桑乾川。高句丽侵新罗。

外国　〔新罗〕　有年。

〔西哥特〕　西哥特人渡多瑙河，入罗马帝国境。罗马帝国官吏乘人之危，欺诈百端，高抬物价，掠夺妇女，不一而足。哥特人愤怒，遂与罗马人战，歼灭罗马将吕皮西那士所帅领之罗马军。

377年

中国　丁丑　晋太元二年　秦建元十三年

春，高句丽、新罗、西南夷皆遣使献于苻坚。六月，林邑奉献。高句丽拒百济来侵，却之。使朝于前秦。

外国 〔罗马〕 罗马军与西哥特人战屡败，西哥特人四出焚掠。匈奴人、阿兰尼人亦闻讯而至，劫掠帝国东部诸省。

378 年

中国 戊寅 晋太元三年 秦建元十四年

二月，苻坚遣将侵沔中，四月，围襄阳，七月，又遣将侵淮北。九月，苻坚遣使入西域。十月，大宛遣使献汗血马，坚却之。巴西赵宝起兵凉州，称晋西蛮校尉、巴郡太守。契丹侵高句丽北边，陷八部。

外国 〔罗马〕 帝国东部皇帝瓦伦士亲征西哥特人，战于亚德里亚堡，罗马军大败，瓦伦士战死，罗马军士死者过三分之二，罗马大震。

379 年

中国 己卯 晋太元四年 秦建元十五年

二月，苻坚陷襄阳。掳梁州刺史朱序。三月，减百官俸之半。蜀人李乌聚众起兵围成都，苻坚使吕光击破之。五月，苻坚南犯，沿淮郡县多沦陷；六月，谢玄等连破之于三阿、盱眙、淮阴，又大破之于君川。

外国 〔波斯〕 王沙普尔二世死，阿达薛二世嗣位（379 — 383 年）。此后，波斯内乱迭起，国势复衰。

〔罗马〕 帝国皇帝格拉喜安任命狄奥多西为东部皇帝，使平定东部，己则归西部，抵御已经渡莱因河之法兰克人、汪达尔人。狄奥多西（379—395 年）即罗马皇帝位，通称大帝。

380 年

中国 庚辰 晋太元五年 秦建元十六年

三月，苻洛据和龙称秦王，苻坚遣吕光等击之，五月，洛败。七月，苻坚分三原、九嵕、武都、汧、雍诸氐十五万户隶于宗亲，散居方镇。十月，九真太守李逊据交州自立。

外国 〔印度〕 笈多朝皇帝旃陀罗笈多二世嗣位（380 — 413 年），克复原来塞人所统治之马尔瓦、古及拉等地。

381 年

中国 辛巳 晋太元六年 秦建元十七年

正月，晋孝武帝立精舍于殿内，引诸沙门居之。二月，东夷、西域六十二国献于秦。六月，改制度，减吏士员七百人。七月，李逊败死，交州平。十一月，会稽檀元之起事，号安东将军，未几败死。十二月，苻坚侵竟陵，桓石虔拒败之，斩二将，杀七千余人，俘万人。

外国 〔新罗〕 贡于前秦。

382 年

中国 壬午 晋太元七年 秦建元十八年

三月，林邑奉献。九月。东夷五国奉献。车师前王弥寘、鄯善王休密驼朝秦，苻坚以吕光为都督西域征讨诸军事，将兵十五万、骑五千略西域。

外国 〔百济〕 大饥。

〔罗马〕 皇帝狄奥多西与哥特人议和，哥特人与罗马人缔结同盟。

383 年

中国 癸未 晋太元八年 秦建元十九年

五月，晋遣将攻襄阳，别将拔蜀中五城，六月，拔筑阳，七月，败秦兵于武当，掠二千户以归。八月，秦王苻坚大发兵分道南侵，企图灭晋。十月，晋遣谢石、谢玄等拒秦军于淝水，大破之，是为淝水之战。十二月，开酒禁。增民税米，口五石。乞伏国仁据陇西反秦。慕容垂坑氐兵。丁零翟斌附于慕容垂。是岁，吕光征服焉耆等国，进攻龟兹。仇池公杨世背苻坚，奔陇西。

外国 〔波斯〕 王阿达薛二世死，沙普尔三世嗣位（383—388 年）。

〔罗马〕 驻不列颠戍军拥立马西木士为皇帝，马西木士帅师攻高卢，罗马皇帝格拉喜安来伐，败死。狄奥多西承认马西木士为西部皇帝。马西木士逐瓦拉泰那士二世，瓦拉泰那士奔特里尔。

384 年

中国 甲申 晋太元九年 秦建元二十年 后燕慕容垂元年 后秦姚苌白雀元年 西燕慕容泓燕兴元年

正月，慕容垂叛秦自立为燕王，攻秦长乐公丕于邺。三月，慕容泓据华阴，称济北王。慕容冲起兵于平阳，败奔慕容泓。四月，姚苌称秦王，建元白雀。慕容泓建元燕兴，六月，泓为部下所杀，立冲为皇太弟。七月，慕容垂杀丁零酋翟斌，斌部纷起。吕光大破龟兹等国兵七十余万，入龟兹，服西域三十余国。八月，晋谢玄等分道攻秦，连下河南诸县。九月，慕容冲攻长安。十月，姚苌攻新平，大败。十一月，苻坚迎道者王嘉、沙门道安于外殿备顾问。十二月，慕容暐谋杀苻坚，事觉，为坚所杀，暐宗族及鲜卑在长安者皆死。高句丽小兽林王死，弟伊连立，是为故国壤王。

外国　〔百济〕　近仇首王死，子枕流立。使朝于晋。胡僧摩罗难陀自晋至，于是始有佛法。

〔波斯〕　王沙普尔三世与罗马讲和，将亚美尼亚分为两部，波斯与罗马各有一部。

385年

中国　乙酉　晋太元十年　秦建元二十一年　苻丕大安元年　后燕二年　后秦白雀二年　西秦乞伏国仁建义元年　西燕慕容冲更始元年

正月，慕容冲称皇帝，改元更始。苻坚败于慕容冲，屯长安城西。二月，立国学。三月，吕光自龟兹还师，迎沙门鸠摩罗什俱东。四月，姚苌陷新城，尽坑居民。鲜于乞杀丁零酋翟真，自立为赵王，旋被杀，真子成立。五月，慕容冲破苻坚，坚奔五将山。六月，高句丽攻陷辽东、玄菟。慕容冲入长安，大掠。七月，姚苌部将俘苻坚，送新平。扶余王余岩反燕，据令支。丁零酋翟成为部下所杀。八月，谢安卒。姚苌杀苻坚，谥曰壮烈天王。苻坚子长乐公丕入晋城，即皇帝位，改元大安。九月，吕光还至姑臧，自立为凉州刺史。乞伏国仁称大都督、大将军、单于，领河、秦二州牧，建元建义，都勇士城。十月，慕容冲遣将攻姚苌，大败。十一月，仇池杨定自称仇池公。扶余王余岩败降被杀。高句丽袭后燕辽东、玄菟，虏万余口而还；后燕寻复二郡，并招抚燕地流民之来奔者。

外国　〔百济〕　创寺以居僧人。枕流王死，弟辰斯立。

386年

中国　丙戌　晋太元十一年　魏王拓跋珪登国元年　秦大安二年　苻登太初元年　后燕建兴元年　后秦建初元年　西秦建义二年　西燕慕容永中兴元年　后凉吕充大安元年

正月，拓跋珪即代王位，建元登国，徙居盛乐。燕王慕容垂称皇帝。丁零翟真弟辽据黎阳，执晋太守。二月，燕改元建兴。慕容冲为部下所杀，立段辽为燕王，改元昌平。魏安焦松等拥张天锡子大豫为王，称凉州牧，建元凤凰。四月，晋以百济世子余铎为镇东将军、百济王。段辽为慕容恒、慕容永等所杀，立慕容顗为燕王，改元建明，率鲜卑四十余万口去长安而东。顗至临晋，为恒弟韬所杀。恒立慕容瑶为帝，改元建平。慕容永杀瑶，立慕容忠为帝，改元建武，居燕熙城。卢水胡郝奴入长安，旋为姚苌击降。代王拓跋珪改国号曰魏。姚苌称皇帝于长安，改元建初，国号秦，史称后秦。晋兵下弘农，置湖、陕二戍。慕容忠为部下所杀，慕容永称河东王，称藩于后燕。七月，秦狄道长苻登为雍、河二州牧，请命于苻丕，丕封为南安王。十月，吕光改元大安。秦王苻丕与慕容永战败死。永据长子，称皇帝，改元中兴。苻登大败姚苌于秦州，旋称皇帝，改元太初。十二月，吕光称凉州牧、酒泉公。高句丽侵百济。

387年

中国　丁亥　晋太元十二年　魏登国二年　秦太初二年　后燕建兴二年　后秦建初二年　西秦建义三年　后凉大安二年　西燕中兴二年

正月，姚苌徙秦州豪杰三万户于安定。三月，苻登以乞伏国仁为大将军、大单于、苑川王。四月，慕容垂击降翟辽。丁零翟选攻中山，大败。七月，乞伏国仁击降鲜卑密贵等三部。燕魏合兵破刘显，悉收其部众。吕光遣将破斩张大豫。王穆据酒泉称凉州牧。慕容垂以刘显弟可泥为乌桓王，徙其徒众八千余落于中山。十月，丁零翟辽复肆攻掠。十二月，吕光西平太守康宁自立，称匈奴王，张掖太守彭晃自立与宁及王穆相结，吕光击杀晃，穆败死。是岁，凉州大饥，人相食。

388年

中国　戊子　晋太元十三年　魏登国三年　秦太初三年　后燕建兴三年　后秦建初三年　西秦乞伏乾归太初元年　后凉大安三年　西燕中兴三年

二月，丁零翟辽称魏天王，建元建光。三月，燕废代郡，徙其民于龙城。六月，乞伏国仁死，弟乾归嗣为河南王，改元太初。魏王拓跋珪破库莫奚于弱洛水南。九月，乞伏乾归迁都金城。

外国　〔波斯〕　王沙普尔三世死，瓦拉兰四世嗣位（388—399年）。瓦拉兰三世时，亚美尼亚总督科斯罗埃斯举兵反，瓦拉兰三世敉平之。别以其弟为亚美尼亚总督。

〔罗马〕 皇帝狄奥多西击杀马西木士于意大利，复瓦拉泰那士二世位。

389 年

中国 己丑 晋太元十四年 魏登国四年 秦太初四年 后燕建兴四年 后秦建初四年 西秦太初二年 后凉麟嘉元年 西燕中兴四年

正月，诏淮南所获俘虏付诸作部、没入军营者赎出之，以襄阳、淮南闲田各立一县以居之。彭城刘黎聚众起事，称皇帝，未几败死。苻登以乞伏乾归为金城王。拓跋珪袭破高车。二月，扶南遣使献于晋。吕光称三河王，改元麟嘉。拓跋珪破吐突邻部于女水，尽徙其部落而还。五月，乞伏乾归破侯年部，秦、凉两地鲜卑、羌、胡多附之。九月，仇池杨定称秦州牧、陇西王。十一月，晋左卫领营将军许营痛陈僧尼淫滥招摇，侵渔百姓。豫章太守范宁请中原流寓士民皆从土断，并请以二十为丁，十六为半丁。

外国 〔百济〕 侵高句丽。

390 年

中国 庚寅 晋太元十五年 魏登国五年 秦太初五年 后燕建兴五年 后秦建初五年 西秦太初三年 后凉麟嘉二年 西燕中兴五年

正月，慕容永攻洛阳，朱序击败之。四月，苻登将魏揭飞自称冲天王，帅氐胡攻姚苌之谷城，苌自将击斩之。吐谷浑视连遣使献于乞伏乾归，拜沙州牧、白兰王。拓跋珪会燕兵击降贺兰等三部。七月，冯翊郭质起兵附苻登，讨姚苌。八月，晋永嘉人李耽起兵，未几败死。九月，燕北平人吴柱等起事，立沙门法长为皇帝，入白狼城，未几败死。吐谷浑视连死，子视罴立，不受乞伏乾归封拜。百济侵高句丽，陷其边城，虏其民。

外国 〔罗马〕 皇帝狄奥多西残杀米兰参加暴动群众。先是，蛮族军官鲍塞里克滋扰米兰居民，群众痛恨，执而杀之。狄奥多西大怒，杀七千人。

〔西哥特〕 亚拉里克被举为西哥特人之统帅。亚拉里克出身西哥特贵族，是时年约二十，以勇敢善战著称，西哥特人称之为“勇敢的亚拉里克”。

391 年

中国 辛卯 晋太元十六年 魏登国六年 秦太初六年 后燕建兴六年 后秦建初六年 西秦太初四年 后凉麟嘉三年 西燕中兴六年

二月，燕遣将攻贺染干及讷。五月，后秦姚苌与秦苻登战，先败后胜。六月，燕兵前后破贺染干及讷，徙染干部于中山。西燕慕容永攻晋洛阳，败还。七月，乞伏乾归等破俘鲜卑大兜部众。十月，魏拓跋珪破柔然，徙其部众于云中。丁零翟辽死，子钊立，改元定鼎。十一月，魏拓跋珪大破匈奴刘卫辰部，卫辰为下所杀，子勃勃遁。珪杀卫辰宗党五千余人，河以南诸部皆降，获马三十万匹，牛羊四百万头。

外国 〔日本〕 侵新罗、百济，掠其民以还。

392 年

中国 壬辰 晋太元十七年 魏登国七年 秦太初七年 后燕建兴七年 后秦建初七年 西秦太初五年 后凉麟嘉四年 西燕中兴七年

四月，齐国内史蒋喆据青州，杀乐安太守，未几败死。六月，燕慕容垂大破丁零翟钊于黎阳，钊奔慕容永。八月，吕光遣将攻乞伏乾归，大败。十月，关中巴蜀人窦冲等据华阴起事，反姚苌，附于苻登。十二月，秦休官权干城据显亲（新），自称秦州牧。高句丽遣使聘于新罗，新罗遣质子来。兴佛法。故国壤王死，子谈德立，是为广开土王，又称好太王。侵百济，陷其汉水以北地。攻契丹，俘其民，又招还前陷契丹者万口。

外国 〔百济〕 辰斯王死，枕流王子阿华立。

〔罗马〕 驻高卢司令官阿保迦斯杀罗马西部皇帝瓦拉泰那士二世，别立由金尼阿士为皇帝。皇帝狄奥多西下令严禁异教，以基督教为国教，奉异教者有罚，自是展开对异教之迫害，继续三十年。

393 年

中国 癸巳 晋太元十八年 魏登国八年 秦太初八年 后燕建兴八年 后秦建初七年 西秦太初六年 后凉麟嘉五年 西燕中兴八年

正月，权干城降于乞伏乾归。六月，窦冲反苻登，称秦王，建元元光。七月，司马微聚众起事于马头山，未几败死。八月，洛阳氐帅杨佛嵩奔后秦。十一月，燕慕容垂大举攻西燕。十二月，后秦姚苌死，子兴称大将军。百济攻高句丽之城，不克。

外国 〔新罗〕 倭围金城，旋退，追败之。

394年

中国 甲午 晋太元十九年 魏登国九年 秦苻崇延初元年 后燕建兴九年 后秦姚兴皇初元年 西秦太初七年 后凉麟嘉六年 西燕中兴九年

正月，秦苻登大举攻后秦姚兴。吕光拜秃发乌孤为河西鲜卑大都统。四月，苻登败奔马毛山。五月，后秦姚兴即皇帝位，改元皇初。七月，姚兴杀苻登，徙阴密三万户于长安；登子崇奔湟中，即皇帝位，改元延初。姚兴破窦冲，冲奔汧川，氐人执之，送于姚兴。吕光以子复都督玉门以西诸军事、西域大都护，镇高昌。八月，燕兵入长子，杀慕容永。十月，乞伏乾归破苻崇及氐帅杨定杀之，斩首万七千级；崇子宣及定子盛固守仇池。燕兵攻占晋青、兖诸郡。柔然掠魏五原等郡，走漠北。十二月，乞伏乾归自称秦王，史称西秦。百济侵高句丽，败还。

外国 〔日本〕 日本古事记谓应神天皇死于是年，吉田、星野二博士皆同意此说。

〔罗马〕 皇帝狄奥多西杀僭伪皇帝由金尼阿士及高卢司令官阿保迦斯。

395年

中国 乙未 晋太元二十年 魏登国十年 后燕建兴十年 后秦皇初二年 西秦太初八年 后凉麟嘉七年

正月，后秦上郡以西鲜卑杂胡大扰。四月，天水姜乳据上邽，乞伏乾归遣兵攻之，大败。五月，燕慕容垂攻魏。六月，乞伏乾归迁于苑川西城。七月，秃发乌孤击降乙弗、折掘诸部，迁居廉川堡。十一月，魏拓跋珪大破燕兵于参合陂，坑降卒四万余人。高句丽大败百济来侵之兵于浿水上。

外国 〔日本〕 星野、吉田二博士谓仁德天皇即位于此年，在位三十三年。

〔罗马〕 皇帝狄奥多西死于米兰，遗命以其长子阿开底阿士为帝国东部皇帝（377年生，395—408年在位），次子荷诺利阿斯（384年生，395—423年在位）为西部皇帝，虽理论及名义上，帝国仍属完整统一，但随事实之进展，帝国从此分为东西两个，未再统一。

〔西哥特〕 选举亚拉里克为王。亚拉里克率部人侵入希腊。

396年

中国 丙申 晋太元二十一年 魏皇始元年 后燕慕容宝永康元年 后秦皇初二年 西秦太初九年 后凉龙飞元年

二月，燕将平规据鲁口，规弟翰起兵于辽西。三月，燕慕容垂自将击魏，入平城，四月，死，子宝嗣，改元永康。六月，魏取燕广宁，徙其部落于平城。燕定士族旧籍，分辨清浊，校阅户口，罢军营封荫之户悉属郡县。吕光称天王，国号凉，改元龙飞，史称后凉。光遣使拜秃发乌孤为益州牧、左贤王；乌孤不受。七月，燕遣将破斩平规。魏拓跋珪改元皇始；八月，珪大举击燕，九月，取并州，初建台省，置刺史、太守、尚书郎以下官，悉用儒生为之。晋孝武帝死，皇太子德宗嗣，是为安皇帝。十一月，魏拓跋珪围燕中山，河北诸郡多纳款。晋封仇池氐帅杨盛为仇池公，以苻宣为平北将军。十一月，后秦破降上邽姜乳及休官权干城。西燕遗臣河东太守柳恭等降于后秦。

397年

中国 丁酉 晋安帝司马德宗隆安元年 魏皇始二年 后燕永康二年 后秦皇初三年 西秦太初十年 后凉龙飞二年 南凉秃发乌孤太初元年 北凉段业神玺元年

正月，燕大破魏攻邺之师。后凉吕光攻乞伏乾归，不利。秃发乌孤自称大将军、西平王，建元太初；后凉遣兵攻之，大败。三月，燕将慕容麟谋杀慕容宝，败奔曲阳西山丁零。慕容宝弃中山，走龙城；四月，宝子会攻宝，败死。兖州刺史王恭、豫州刺史庾楷举兵，以讨尚书左仆射王国宝、建威将军王绪为名；晋杀国宝及绪，恭等乃罢兵。吕光杀匈奴沮渠罗仇；罗仇弟子蒙逊起兵，拔凉临松郡，屯据金山。五月，晋司徒左长史王廞举兵击王恭，败遁。慕容详据中山，称皇帝，改元建始。吕光遣将破沮渠蒙逊。蒙逊从兄沮渠男成起兵乐绾，推段业为主，称凉州牧、建康公，建元神玺。七月，慕容麟杀慕容详，称皇帝，改元延平。后凉郭黁起兵据东苑，继推略阳氐杨轨为凉州牧、西平公。九月，后秦兵攻洛阳，徙流民二万余户而还。武都氐屠飞、啖铁等据方山，后秦兵击平之。十月，魏克中山，慕容麟奔邺，去帝号。河南鲜卑十二部附于秃发乌孤。

外国 〔百济〕 与倭结好，遣太子腆支为质。

〔罗马〕 大将斯提利科（汪达尔人，娶狄奥多西大帝侄女，其女又嫁荷诺利阿斯），击败亚拉里克所帅领之西哥特人，逐之出希（406—407年）。亚拉里克率部入塞萨利。东罗马帝国命安抚亚拉里克为伊利利古木地区司令官。

398 年

中国 戊戌 晋隆安二年 魏皇始三年 天兴元年 后燕慕容盛建平元年 后秦皇初四年 西秦太初十一年 后凉龙飞三年 南凉太初二年 北凉神玺二年 南燕慕容德燕平元年

正月，魏入邺，燕慕容德南徙，称燕王，改元燕平。魏拓跋珪北还，发卒万人凿直道，由望都恒山至代，五百余里，徙山东六州民夷十余万口于代。三月，燕尚书兰汗等作乱，慕容宝南奔。离石胡帅呼延铁等起事，魏兵击平之。四月，燕兰汗杀慕容宝，称昌黎王，改元青龙。六月，后凉吕光遣子击降郭麐。七月，燕慕容盛杀兰汗及其党，改元建平，称长乐王。慕容奇攻慕容盛，败死。魏拓跋珪迁都平城，建宗庙、社稷。七月，王恭、庾楷、殷仲堪、桓玄、杨佺期等反，以讨王愉、司马尚之为名。八月，晋兵击燕慕容德，大败。九月，王恭败死。乌桓张超据南皮，称乌桓王。秃发乌孤破羌酋梁仇，降羌胡万余落。乞伏乾归败吐谷浑。十月，燕慕容盛称皇帝。殷仲堪等罢兵。十一月，魏拓跋珪命立官制、协音律、定律令；十二月，珪称皇帝，改元天兴，命朝野皆束发加帽。晋中领军司马元显杀五斗米道首领故新安太守孙泰，泰兄子恩逃入海。秃发乌孤自称武威王。

399 年

中国 己亥 晋隆安三年 魏天兴二年 后燕长乐元年 后秦弘始元年 西秦太初十二年 后凉吕纂咸宁元年 南燕太初三年 北凉段业天玺元年 南燕燕平二年

正月，后燕改元长乐。秃发乌孤称武威王，徙治乐都。二月，林邑陷日南、九真，扰交趾，败还。魏大破高车三十余部，获七万口，马三十余万匹，牛羊百四十余万头。魏破斩张超。段业称凉王，改元天玺。三月，魏置五经博士，增国子、太学生合三千人，大索郡县书籍送平城。苻广称秦王，攻慕容德，败。魏入滑台，陈、颍多附之。慕容德略青、兖。魏破库狄、宥连、侯莫陈三部。四月，鲜卑叠掘河内降于乞伏乾归。七月，燕革公侯以金帛赎罪法，有罪者令立功自赎。八月，后秦攻晋洛阳。秃发乌孤死，弟利鹿孤立，徙治西平。慕容德取广固，青、兖郡县多附之。十月，晋会稽世子元显发东土诸郡免奴为客者充兵，号曰乐属。会稽王司马道子及其子元显专政，毒害百姓，孙恩起义海上讨之，义军攻占会稽，沿海八郡纷起响应，推孙恩为征东将军，声势甚大。十二月，孙恩为谢琰、刘牢之所败，复入海。桓玄攻据荆州，杀杨佺期、殷仲堪。吕光自称太上皇帝，立子绍为天王。光旋死，子纂攻绍，绍自杀，纂即天王位，改元咸宁。僧人法显赴印度求佛经。

外国 〔新罗〕 倭人大至，残城邑，肆劫掠。

〔百济〕 民以苦于兵役，多奔新罗。

〔日本〕 仁德天皇死。攻新罗。

〔波斯〕 王瓦拉兰四世为乱兵所杀，子耶斯提泽德嗣位（399—420年）。

400 年

中国 庚子 晋隆安四年 魏天兴三年 后燕长乐二年 后秦弘始二年 西秦太初十三年 后凉咸宁二年 南燕秃发利鹿孤建和元年 北凉天玺二年 南燕建平元年 西凉李暠元年

正月，燕慕容盛自贬为庶人天王。乞伏乾归迁都苑川。秃发利鹿孤改元建和。二月，燕慕容盛击高句丽，开境七百余里，掠五千余户而还。吕纂攻秃发利鹿孤，败还。段业之效谷令李暠被众推为敦煌太守。五月，孙恩攻会稽、临海。六月，吕纂袭段业，无功。秃发利鹿孤乘虚袭纂，大掠而还。七月，后秦姚兴大破乞伏乾归，乾归走依秃发利鹿孤，旋降于后秦。十一月，孙恩为刘牢之所破，复入海。李暠为沙州刺史、凉公，改元庚子。燕王慕容德称皇帝，都广固，改元建平，更名备德，史称南燕。高句丽遣兵援新罗，破倭兵，追至任那。使朝于后燕。后燕慕容盛来侵，陷二城，俘五千余户而还。

外国 〔日本〕 履中天皇即位（十七世）。

〔拜占廷〕 哥特军官该那斯举兵反，迫东罗马皇帝阿开底阿士任其为总司令。该那斯统治君士坦丁堡，政由己出，与其部下横行霸道，激起当地群众之愤怒。该那斯引兵撤出，留者皆被群众杀死，其后该那斯亦被杀。

401年

中国

辛丑 晋隆安五年 魏天兴四年 后燕慕容熙光始元年 后秦弘始三年 后凉吕隆神鼎元年 南燕建和二年 北凉沮渠蒙逊永安元年 南燕建平二年 西凉李暠二年

正月，秃发利鹿孤改称河西王。二月，后秦姚兴使乞伏乾归还苑川。后凉将吕超杀吕纂，以吕隆为天王，改元神鼎。四月，段业杀沮渠男成。沮渠蒙逊起兵，五月，入张掖杀段业，自称凉州牧、张掖公，改元永安。孙恩陷沪渎，六月至丹徒，为刘裕所败，浮海走。后秦围后凉姑臧；李暠、秃发利鹿孤、沮渠蒙逊皆贡于后秦。八月，后燕慕容盛为段玑等所杀，盛叔父慕容熙即天王位，改元光始，夷段玑等三族。慕容提等谋立盛太子定，事觉，皆死。九月，后凉吕隆降于后秦。北凉二郡降于李暠。秃发利鹿孤攻北凉，大掠而还。十二月，秃发利鹿孤遣弟傉檀攻吕隆。桓玄移沮漳蛮二千户于江南，立武宁郡，又招流民立绥安郡。范宁死。宁著有尚书、春秋谷梁传及论语注。

外国

〔日本〕 苏我氏、物部氏等家执政。

〔印度〕 中国高僧法显来。法显于东晋安帝隆安三年与同学高僧慧景、道整、慧应、慧嵬等自长安出发，赴印度求佛法。取道西域，备尝艰苦，于是年至印度。留印度凡十年（401—410年），学梵语梵书，搜集释典，自北印度至锡兰岛，游历各地，访求佛教名胜，古德名师。于411年自锡兰乘商船，中途遭飓风，达耶婆提国，停五月，又附商船赴广州，中途又遭大风，漂泊至青州牢山（即今青岛崂山），时在东晋安帝义熙九年，明年（414年）抵建业，自出发至此时凡十六年。归著《佛国记》，述旅程经过，并印度各国风土，为关于笈多王朝一重要史料。法显是中国抵印度的第一个僧人（由法显的记载中可以看出在法显以前，中国商人去印度的已很多）。

〔西哥特〕 王亚拉里克率师侵入意大利，据威尼西亚，直指米兰（皇帝驻在地）。

〔汪达尔人、阿拉曼尼人〕 亦侵入罗马帝国境内，罗马政府将其安插在诺利科姆一带之地，赐以土地，要求其出壮丁参加罗马军队。此侵入之蛮族是后遂稳定下来。

402年

中国

壬寅 晋元兴元年（大亨元年） 魏天兴五年 后燕光始二年 后秦弘始四年 后凉神鼎二年 南凉秃发傉檀弘昌元年 北凉永安二年 西凉李暠三年 南燕建平三年

正月，晋下诏讨桓玄；桓玄举兵东下。魏破黜弗、素古延诸部，柔然社仑来救，败回；夺高车地居之。又破匈奴遗种日拔也鸡，并吞诸部，自号豆代可汗。二月，魏取秦高平，徙其民于代。沮渠蒙逊攻吕隆，败还。秃发利鹿孤陷魏安，徙其民于乐都。三月，桓玄入建康，复称隆安六年，自总百揆，发会稽王司马道子，杀其子元显等，未几，改元大亨。孙恩攻临海败死，余众推恩妹夫卢循为主。桓玄授循永嘉太守。秃发利鹿孤死，弟傉檀立，称凉王，改元弘昌，迁于乐都，史称南凉。五月，卢循攻东阳，刘裕败之。高句丽陷燕宿军城，后秦姚兴攻魏，大败。十月，后秦徙河西豪右万余户于长安。十一月，柔然可汗社仑侵魏至豺山而还。十二月，桓玄杀会稽王司马道子。是岁，三吴大饥，户口减半，会稽减什三四，临海、永嘉殆尽。高句丽侵后燕平州。

外国

〔新罗〕 奈勿王死，国人立金阏智裔孙金实圣。遣奈勿王子为质于倭。

〔罗马〕 大将斯提利科败西哥特王亚拉里克于波伦喜阿，但并未能予以重创，亚拉里克之妻与子女为罗马所获。罗马谋羁縻之，予以军衔，亚拉里克退出意大利。西罗马皇帝因罗马形势危急，避居于拉温那，自是拉温那为意大利政治中心（除罗马城以外）垂五百年。

403年

中国

癸卯 晋元兴二年大亨二年 桓玄永始元年 魏天兴六年 后燕光始三年 后秦弘始五年 后凉神鼎三年 南凉弘昌二年 北凉永安三年 西凉李暠四年 南燕建平四年

二月，卢循将徐道复攻东阳，为刘裕所败。四月，南燕慕容德使核冒荫，得户五万八千。南燕泰山人王始聚众数万起事，称太平皇帝，未几败死。五月，后燕慕容熙作龙腾苑，役徒二万人。七月，吕隆为沮渠蒙逊、秃发傉檀所逼，举国入后秦，后凉亡，徙其民万户于长安。沮渠蒙逊奉献于后秦。刘裕破卢循于永嘉，循浮海南走。九月，桓玄为相国、楚王，加九锡。新野庾仄起兵讨桓玄，败奔后秦。十月，魏袭破高车余种袁纥、乌顿。十二月，桓玄称皇帝，国号楚，改元永始，废晋帝为平固王，迁之寻阳。是岁，魏始制冠服之制。

外国 〔西哥特〕 王亚拉里克率部侵入希腊伊庇鲁斯。自403至408年西哥特人安居伊庇鲁斯。

404年

中国 甲辰 晋元兴三年（桓玄永始二年） 魏天赐元年 后燕光始四年 后秦弘始六年 北凉永安四年 西凉李暠五年 南燕建平五年

二月，刘裕等起兵讨桓玄。南凉秃发傉檀去年号。三月，桓玄西走，刘裕入建康。魏罢户不满百之县。四月，桓玄挟晋帝至江陵。玄兄子歆引氐帅杨秋扰历阳，秋败死。五月，桓玄舍江陵西遁，益州督护冯迁杀之，传首建康。闰五月，桓玄余党桓振等又入江陵，劫晋帝。九月，魏改官制。十月，卢循入广州。魏改元天赐，命宗室置宗师，八国立大师、小师，州郡各置师以举才行，如中正之职。十二月，高句丽侵后燕。是岁，晋民纷赴淮北避难。高句丽侵后燕。日本侵高句丽，不利。

405年

中国 乙巳 晋义熙元年 魏天赐二年 后燕光始五年 后秦弘始七年 北凉永安五年 西凉李暠建初元年 南燕慕容超太上元年

正月，晋将刘毅等入江陵，桓振等遁，改元义熙。燕慕容熙攻高句丽辽东城，不克。秦姚兴以鸠摩罗什为国师，命译经典，佛教大盛。乞伏乾归大破吐谷浑，俘万余口而还。李暠建元建初。二月，晋帝东还建康。巴西阳昧等拥谯纵为成都王，蜀中大乱。三月，桓振又入江陵，旋败死。四月，刘裕都督荆、司等十六州诸军事，领兖州刺史。以卢循为广州刺史。五月，桓玄余党桓亮等分扰荆、湘、江、豫诸州，刘毅等次第平之。六月，后秦兵击仇池杨盛，盛降，徙汉中流民三千余户于关中。七月，后秦以南乡等十二郡归于晋。九月，南燕慕容德死，兄子超嗣，改元太上。李暠迁都酒泉。十二月，后燕慕容熙袭契丹。后燕围辽东，不克。

外国 〔百济〕 阿华王死。长子腆支质于倭未归；次子训解摄政，季子碟礼杀训解，自立；腆支以倭兵还，国人杀碟礼，迎立之。

〔日本〕 履中天皇死。

〔林邑〕 范佛频年侵晋日南、九真、九德等郡，杀伤甚众。佛旋死，子范胡达立，传子须达、孙敌真。敌真舍位之天竺，禅于其甥，国内乱，大臣范诸农自立为王。

〔日耳曼人〕 拉达该萨斯率日耳曼蛮族侵入意大利。

406年

中国 丙午 晋义熙二年 魏天赐三年 后燕光始六年 后秦弘始八年 北凉永安六年 西凉建初二年 南燕太上二年

正月，魏诸州置三刺史，郡置三太守，县置三令长；太守虽置而未临民。二月，后燕慕容熙移袭契丹之兵袭高句丽，无功。六月，秃发傉檀攻沮渠蒙逊，无功。魏发八部五百里内男丁筑瀁南宫，三十日罢。八月，南燕内哄，诸将分奔后秦及魏。后燕袭高句丽木底城，不克。

外国 〔日本〕 反正天皇即位（十八代）。

〔西罗马帝国〕 以意大利形势危急，撤回莱因河上驻军，使之拱卫罗马。汪达尔人、阿拉曼尼人、斯维汇人、勃艮第人等日耳曼族纷纷渡莱因河，侵入高卢，西方形势又急。西罗马大将斯提利科败拉达该萨斯于飞亚索勒。

407年

中国 丁未 晋义熙三年 魏天赐四年 后燕建始元年 后秦弘始九年 北凉永安七年 西凉建初三年 南燕太上三年 北燕高云正始元年 夏赫连勃勃龙升元年

正月，燕改元建始。二月，刘裕杀殷仲文等，夷其族。四月，仇池氐王杨盛复通于晋。五月，柔然可汗社仑献马于秦，刘勃勃劫之。六月，勃勃称大夏天王、大单于，建元龙升，旋改姓赫连。七月，后燕冯跋等拥慕容云为天王，改元正始，杀慕容熙；云复姓高氏，史称北燕。南燕慕容超称藩于后秦，以求母妻。八月，刘裕弟道规为征蜀都督击谯纵，纵称藩于后秦。九月，秃发傉檀攻沮渠蒙逊，大败。十月，赫连勃勃破鲜卑薛干等三部，攻后秦北边。十一月，赫连勃勃攻秃发傉檀，大掠而还；傉檀追之，败绩。是岁，李暠遣沙门奉表诣建康。

外国 〔西罗马帝国〕 驻不列颠之戍军拥立君士坦丁为皇帝，君士坦丁尽撤罗马驻英戍军至高卢，谋与罗马皇帝争位。罗马驻英戍军既撤，不列颠人遂无法抵抗自北边苏格兰侵入之皮克特人与以后自海上侵入之盎格罗•萨克森人。

408 年

中国 戊申 晋义熙四年 魏天赐五年 后秦弘始十年 南凉嘉平元年 北凉永安八年 西凉建初四年 南燕太上四年 北燕正始二年 夏龙升二年

正月，刘裕录尚书事。三月，高句丽遣使北燕。五月，后秦击秃发傉檀及赫连勃勃，皆大败。七月，刘道规等讨谯纵，不利，引还。十一月，秃发傉檀复称凉王，改元嘉平。高句丽遣使于后燕高云，且叙宗族。

外国 〔西罗马帝国〕 皇帝荷诺利阿斯听信谗言，杀大将斯提利科并杀蛮族士兵三万人。从此西罗马更失掉了唯一能够抵抗蛮族之军事首领。

〔拜占廷〕 皇帝阿开底阿士死，子狄奥多西二世即位，年七岁（408—450 年），其姐卜雪理亚操政权。

〔西哥特〕 王亚拉里克率西哥特人围罗马，城中蛮族士兵投亚拉里克者数万人，又有四万奴隶（亦系蛮族）加入其行列。罗马付大量赎金，亚拉里克解围，解放大批奴隶。

〔匈奴〕 王乌尔丁率众侵东罗马帝国之色雷斯，大掠而归，归途中为东罗马所袭击，东罗马军大胜，乌尔丁仅以身免。

409 年

中国 己酉 晋义熙五年 魏天赐六年 永兴元年 后秦弘始十一年 西秦乞伏乾归更始元年 南凉嘉平二年 北凉永安九年 西凉建初五年 南燕太上五年 北燕正始三年 冯跋太平元年 夏龙升三年

正月，后秦以谯纵为蜀王，加九锡。二月，南燕遣兵扰晋边，大掠而还。乞伏炽磐克枹罕。后秦冯翊人刘厥聚众据万年起事，寻败死。三月，刘裕表请伐南燕。四月，乞伏乾归如枹罕，寻迁都度坚山。赫连勃勃掠后秦平凉杂胡七千余户。六月，刘裕围南燕广固。七月，乞伏乾归复称秦王，改元更始。八月，后秦姚兴自将击赫连勃勃，败还。十月，北燕高云为离班等所杀，冯跋杀班等，自立为天王，仍称燕，改元太平。魏拓跋珪为其子清河王绍所杀，太子嗣杀绍即位，改元永兴。

外国 〔波斯〕 王耶斯提泽德下诏准许基督教徒传教，但晚年又严禁基督教。

〔西哥特〕 王亚拉里克又攻罗马，与西罗马皇帝进行谈判，未得结果。

〔汪达尔〕 （分阿斯丁族与西零族两族）与阿兰人侵入西班牙。

〔北非〕 在此时期北非发生壮大的反抗统治阶级之亚哥尼思特运动。此运动发生于 3 世纪，最初，宣传返回原始基督教，努力建立社会平等、财产共有的社会，与居于统治地位之教会作斗争，在罗马的非洲领地，得到被压迫人民大众的欢迎。至 5 世纪初，又以新的力量燃烧起来，规模日渐扩大，以努米底亚为中心，蔓延至附近各省，农民与奴隶起来推翻统治阶级。至公元 420 年被残酷地镇压下去。

410 年

中国 庚戌 晋义熙六年 魏永兴二年 后秦弘始十二年 西秦更始二年 南凉嘉平三年 北凉永安十年西凉建初六年 南燕太上六年 北燕太平二年 夏龙升四年

正月，魏征郡县豪右，民大扰，旋定。二月，刘裕拔广固，俘慕容超，送建康斩之，南燕亡。裕杀南燕王公以下三千人，没人家口万余。三月，卢循攻下长沙等郡。赫连勃勃扰后秦平凉、陇右，大掠而还。秃发傉檀攻沮渠蒙逊，大败，迁乐都；姑臧附于蒙逊。五月，卢循败刘毅于桑落洲，进迫建康。魏击柔然，可汗社仑遁死，弟斛律立，号蔼豆盖可汗。七月，卢循败退寻阳。八月，乞伏乾归破降鲜卑越质、屈机等部，还都苑川。沮渠蒙逊攻李暠，结盟而还。后秦遣桓谦攻江陵，大败。九月，乞伏乾归陷后秦南安等郡，徙民二万五千户于苑川、枹罕。十月，鲜卑濮浑等部降于乞伏乾归。十一月，刘裕遣沈田子等攻下广州诸郡。十二月，刘裕连破卢循。北燕内哄，旋定。

外国 〔印度〕 大诗人与戏剧作家卡里达萨著述时期约在 410—450 年，其生卒确年已难详考。

〔西哥特〕 王亚拉里克借城内奴隶之助，攻陷罗马城（8 月 24 日，一说 14 日），纵兵大掠焚杀，历二三日，满载而出，虏西罗马皇帝妹加拉·普拉西提阿。欲南下攻那不勒斯，不克；又欲南下侵北非，遭风船碎。是年冬，亚拉里克死，西哥特人选举亚拉里克妹婿阿陶勒夫为王。

411 年

中国 辛亥 晋义熙七年 魏永兴三年 后秦弘始十三年 西秦更始三年 南凉嘉平四年 北凉永安十一年 西凉建初七年 北燕太平三年 夏龙升五年

正月，乞伏乾归又请降于后秦，拜河南王。二月，卢循将徐道覆败死。沮渠蒙逊入姑臧，攻秃发傉檀，取质而还。四月，卢循败奔交州，刺史杜慧度大破之，循赴水死。七月，柔然可汗斛律求婚于北燕。八月，乞伏乾归攻秃发傉檀，掠牛马十余万。沮渠蒙逊袭李暠，大败。十二月，西羌彭利发袭据枹罕。

外国 〔日本〕 反正天皇死。

〔西罗马帝国〕 将军君士坦都败僭帝君士坦丁于阿尔（在今法国南部）。

412 年

中国 壬子 晋义熙八年 魏永兴四年 后秦弘始十四年 西秦更始四年 乞伏炽磐永康元年 南凉嘉平五年 北凉永安十二年 玄始元年 西凉建初八年 北燕太平四年 夏龙升六年

正月，乞伏乾归击杀彭利发，收羌户一万余。二月，乞伏乾归徙都谭郊，击降吐谷浑于赤水。六月，乞伏公府杀乞伏乾归。乾归子炽磐迁枹罕，杀公府，八月，称河南王，改元永康。九月，刘裕攻刘毅，毅败自杀。仇池氐帅杨盛扰后秦，败。沮渠蒙逊迁于姑臧，十一月即河西王位，改元玄始。十二月，刘裕遣朱龄石等讨谯纵。

外国 〔新罗〕 遣奈勿王子卜好为质于高句丽。

〔日本〕 允恭天皇即位（十九代）。

〔西哥特〕 王阿陶勒夫自意大利焚掠而北，逾阿尔卑斯山入高卢，陷土鲁斯、波尔多等地。

413 年

中国 癸丑 晋义熙九年 魏永兴五年 后秦弘始十五年 西秦永康二年 南凉嘉平六年 北凉玄始二年 西凉建初九年 北燕太平五年 夏凤翔元年

三月，刘裕杀诸葛长民及其诸弟。刘裕请重申庚戌土断之制，其徐、兖、青三州居晋陵者除外，诸流寓郡县多所并省。林邑王范胡达侵九真，交州刺史杜慧度击杀之。乞伏炽磐击降陇右休官。赫连勃勃改元凤翔，发胡夏十万人筑统万城。四月，罢临沂、湖熟皇后脂泽田以与贫民。秃发傉檀攻沮渠蒙逊，败还。蒙逊进围傉檀，取质而还；又遣将破卑和、乌啼羌，俘二千余落。五月，魏西河胡张外等聚众攻扰。七月，朱龄石入成都，谯纵遁自杀，蜀平。魏河西胡曹龙入蒲子，与张外合，旋杀外降。十月，魏离石胡出以眷等起事。是岁，乞伏炽磐三度遣兵攻吐谷浑，虏其人数万落。高句丽广开土王死，子臣琏立，是为长寿王。遣使如晋献赭白马，晋封长寿王为乐浪郡公，王如故。

414 年

中国 甲寅 晋义熙十年 魏神瑞元年 后秦弘始十六年 西秦永康三年 南凉嘉平七年 北凉玄始三年 西凉建初十年 北燕太平六年 夏凤翔二年

正月，魏拓跋嗣改元神瑞。二月，赫连勃勃扰魏边。五月，李弘聚众与氐人仇常起兵于贰城，未几败。秃发傉檀袭乙弗部，获牛羊马四十余万；乞伏炽磐乘之，攻拔乐都。契丹、库莫奚皆附于北燕。柔然内哄，可汗斛律族人大檀自立为牟汗纥升盖可汗，献马于燕；可汗斛律送女北燕，归途被杀。六月，秃发傉檀降于乞伏炽磐，逾年被鸩死，南凉亡。九月，林邑献于晋。十月，乞伏炽磐复称秦王。北燕冯跋与夏赫连勃勃连和。十一月，魏拓跋嗣使校守宰资财，非家所赍皆簿为赃。十二月，柔然可汗大檀侵魏。魏河内人司马顺宰称晋王。

外国 〔日本〕 遣使求良医于新罗。

〔西哥特〕 王阿陶勒夫娶西罗马皇帝妹加拉·普拉西提阿为妻。

415 年

中国 乙卯 晋义熙十一年 魏神瑞二年 后秦弘始十七年 西秦永康四年 北凉玄始四年 西凉建初十一年 北燕太平七年 夏凤翔三年

正月，司马休之、鲁宗之起兵反刘裕；三月，休之、宗之等败奔后秦。赫连勃勃拔后秦杏城，坑士卒二万。沮渠蒙逊拔乞伏炽磐广武。魏河西饥胡聚上党，推白亚栗斯为单于，建元建平，以司马顺宰为谋主。五月，加刘裕殊礼。赫连勃勃与沮渠蒙逊结盟。乞伏炽磐袭湟河，沮渠汉平出降。十一月，乞伏炽磐击降南羌弥姐、康薄。十二月，林邑侵交州。

外国 〔印度〕 笈多王朝皇帝古木拉笈多一世即位（415—455 年）。

〔西哥特〕 王阿陶勒夫攻入西班牙之巴塞罗那，不久遇害（9 月）。西哥特人选举瓦里亚为王，与罗马议和，归加拉·普拉西提阿于西罗马皇帝。败西班牙境内之汪达尔人、阿兰人等蛮族，歼灭西零汪达尔人，擒其王，送之于罗马，斩阿兰王，阿兰残部归附阿斯丁·汪达尔人。

416年

中国 丙辰 晋义熙十二年 魏泰常元年 后秦姚泓永和元年 西秦永康五年 北凉玄始五年 西凉建初十二年 北燕太平八年 夏凤翔四年

正月，加刘裕都督二十二州。乞伏炽磐与沮渠蒙逊和亲。后秦姚兴死，太子泓嗣，改元永和，境内大哄，旋皆平。四月，魏改元泰常。乞伏炽磐攻后秦上邽，徙五千家于枹罕。六月，后秦并州胡数万落据平阳，推匈奴曹弘为大单于；弘败，被俘，徙其豪右万五千落于雍州。仇池氐王杨盛、夏赫连勃勃相继攻后秦。八月，刘裕督兵伐后秦。河西饥胡废白亚栗斯，立刘虎为率善王；九月，魏击破之，虎及司马顺宰皆死，俘十余万口。十月，晋兵入洛阳。十二月，乞伏炽磐使人请于晋击后秦。姚泓弟懿称皇帝，未几败。丁零翟猛雀起事，入白涧山，魏攻杀之。

外国 〔百济〕 晋册腆支王为镇东将军、百济王。

417年

中国 丁巳 晋义熙十三年 魏泰常二年 后秦永和二年 西秦永康六年 北凉玄始六年 西凉李歆嘉兴元年 北燕太平九年 夏凤翔五年

正月，后秦姚恢帅安定镇户起事，未几败死。二月，西凉李暠死，子歆嗣，改元嘉兴。西秦破吐谷浑，俘五十余户。沮渠蒙逊破乌啼部及卑和羌。四月，刘裕破魏兵于河上。沮渠蒙逊攻李歆，大败。五月，魏置天地四方六部大人。八月，晋将王镇恶入长安，姚泓降，后秦亡。九月，刘裕至长安，送姚泓于建康，弃市；后秦将士多奔于魏。徐道期陷广州，未几败死。十月，魏以晋降人刁雍屯河济间，侵扰徐、兖。十一月，魏平西山丁零翟蜀洛支等。十二月，刘裕东还，自洛入河，开汴渠。雍氏徐骇奴等附于魏。

外国 〔新罗〕 奈勿王子纳祇杀实圣王自立。

418年

中国 戊午 晋义熙十四年 魏泰常三年 西秦永康七年 北凉玄始七年 西凉嘉兴二年 北燕太平十年夏凤翔六年昌武元年

正月，魏遣将率丁零、高车之众北略至弱水。赫连勃勃兵至渭阳，晋兵大败之。晋将沈田子杀王镇恶于长安北；田子以专戮被杀。三月，晋使聘于魏。四月，魏徙冀、定、幽三州徒河人于代郡。五月，魏袭北燕，大掠而还。六月，刘裕为相国，封宋公，加九锡。九月，魏命诸州调民租户五十石，积于定、相、冀三州。十月，晋封李歆为酒泉公。晋兵留长安者大乱，赫连勃勃进据咸阳。十一月，晋兵弃长安东退，赫连勃勃兵追败之于青泥。赫连勃勃入长安，即皇帝位于灞上，改元昌武。十二月，乞伏炽磐徙上邽民于枹罕。刘裕杀晋安帝，以帝弟琅邪王德文嗣，是为恭皇帝。沮渠蒙逊称藩于晋。倭王赞遣使献于晋。

外国 〔日本〕 倭王赞遣使献于晋（吉田博士考订，此倭王赞即仁德天皇。按一般说法，此时正允恭天皇在位，与仁德天皇尚隔履中、反正二天皇。但据星野、吉田二博士考订，此时应为仁德天皇在位之二十四年；那珂博士谓此年为应神天皇之末一年）。

〔新罗〕 遣朴堤上迎王弟质于高句丽及倭者还，堤上以不屈，为倭所杀。

〔西罗马〕 皇帝酬西哥特人肃清西班牙境内蛮族之功，给予土鲁斯、波尔多等城，并有西班牙大部。西哥特土鲁斯征罗马人田产三分之二，而给罗马地主留下三分之一。

〔西哥特〕 王瓦里亚死，国人选亚拉里克孙狄奥多里克为王。

419年

中国 己未 晋恭帝司马德文元熙元年 魏泰常四年 西秦永康八年 北凉玄始八年 西凉嘉兴三年 北燕太平十一年 夏真兴元年

二月，夏赫连勃勃还统万，改元真兴。晋宗室司马楚之等攻金墉城，刘裕遣兵分击败之，诸司马氏多降于魏。四月，西秦将孔子破吐谷浑于弱水，降之。七月，刘裕晋爵宋王。九月，西秦破羌于㴩川，徙其豪三千户于枹罕。

外国 〔日本〕 那珂博士谓仁德天皇即位于此年，在位九年。

420年

中国 庚申 晋元熙二年 宋高祖武皇帝刘裕永初元年 魏泰常五年 西秦建弘元年 北凉玄始九年 西凉嘉兴四年 李恂永建元年 北燕太平十二年 夏真兴二年

正月，西秦乞伏炽磐改元建弘。司马氏在魏者多被害，平城豪姓牵连坐族诛者数十家。六月，刘裕称皇帝，建元永初，废晋帝为零陵王，晋亡。七月，交州刺史杜慧度破降林邑。李歆攻沮渠蒙逊，战死；蒙逊入酒泉，李恂自立于敦煌，改元永建。

外国 〔百济〕 腆支王死，子久尔辛立。

〔波斯〕 王耶斯提泽德死，子瓦拉兰五世嗣位（420—440年），下令严禁基督教。基督教徒逃入罗马，请求保护，瓦拉兰遂与罗马战（420—422年）。自是时起，哌哒人（拜占廷方面史料亦称哌哒人为白匈奴人）常侵扰波斯边境。

421年

中国 辛酉 宋永初二年 魏泰常六年 西秦建弘二年 北凉玄始十年 西凉永建二年 北燕太平十三年 夏真兴三年

正月，宋禁以金银涂饰器物，又禁丧车用铜钉。宋南康揭阳蛮起事，旋败。二月，宋帝亲试秀才、孝廉。三月，沮渠蒙逊破敦煌，李恂自杀，西凉亡，西域诸国皆附于蒙逊。四月，吐谷浑王阿柴降于西秦，拜白兰王。六月，沮渠蒙逊遣将攻乞伏炽磐，大败。九月，宋帝使人杀零陵王，谥曰恭皇帝，开"禅让"退位者被杀之端。十月，宋以沮渠蒙逊为凉州刺史。十二月，晋昌太守唐契据郡自主。是年，授倭王赞官爵。

外国 〔日本〕 宋授倭王赞官爵。

〔林邑〕 时范诸农已死，子阳迈在位，遣使贡于宋。阳迈旋死，子咄立，仍号阳迈。

422年

中国 壬戌 宋永初三年 魏泰常七年 西秦建弘三年 北凉玄始十一年 北燕太平十四年 夏真兴四年

正月，西秦乞伏炽磐破契汗秃真，掳二万口、牛羊五十余万头。宋整顿国子学。三月，秦雍流民入梁州，宋遣使并命州郡赈之。四月，宋封仇池氐王杨盛为武都王。五月，宋武帝死，皇太子义符嗣，是为少帝。六月，魏扰宋青州，败还。七月，沮渠蒙逊耀武于西秦，大败。九月，魏大发兵侵宋，十一月拔宋滑台，沿河诸郡多入于魏。

外国 〔波斯〕 王瓦拉兰五世与罗马讲和，听许基督教徒逃往罗马，而波斯亦弛严禁基督教之令。

〔匈奴〕 侵掠拜占廷之色雷斯与马其顿。

423年

中国 癸亥 宋少帝景平元年 魏泰常八年 西秦建弘四年 北凉玄始十三年 北燕太平十五年 夏真兴五年

正月，魏拔宋金墉城。二月，魏筑长城，自赤城至五原二千余里，以备柔然。沮渠蒙逊及吐谷浑阿柴并遣使奉献于宋，封蒙逊西河王，阿柴浇河公。宋富阳人孙法光起事攻山阴，未几败。三月，高丽献于宋。四月，蛮王梅安献于魏。沮渠蒙逊破唐契，契奔伊吾，臣于柔然，柔然以为伊吾王。西秦乞伏炽磐贡于魏。闰四月，魏拔宋虎牢，占领司、豫、兖郡县。八月，柔然攻河西，沮渠蒙逊遣世子政德御之，败死。十一月，魏攻许昌、汝阳，宋兵溃。魏太宗明元帝拓跋嗣死，子焘嗣，是为世祖太武皇帝。十二月，魏崇奉道士寇谦之，于平城起天师道场，于是道教大盛。

外国 〔西罗马〕 皇帝荷诺利阿斯死，一部分军人拥立约翰为皇帝（423—425年）。

424年

中国 甲子 宋少帝景平二年 宋太祖文皇帝刘义隆元嘉元年 魏世祖太武帝拓跋焘始光元年 西秦建弘五年 北凉玄始十三年 北燕太平十六年 夏真兴六年

正月，魏改元始光。高丽遣使献于宋。四月，西秦击降白苟、车孚、崔提、旁为四国。五月，徐羡之等废宋帝为营阳王，旋杀之，迎立宜都王义隆于江陵。七月，西秦攻河西临松，徙民二万余口而还。八月，宋宜都王义隆即皇帝位，改元元嘉，是为太祖文皇帝。柔然纥升盖可汗侵魏云中。十月，吐谷浑王阿柴死，弟慕璝嗣。十二月，魏攻柔然，大掠而还。林邑王范阳迈侵宋九德、日南诸郡。宕昌王梁弥忽遣子使于魏。高句丽大有年。新罗遣使聘于高句丽。

外国 〔林邑〕 范阳迈侵宋日南、九德诸郡。

425年

中国 乙丑 宋元嘉二年 魏始光二年 西秦建弘六年 北凉玄始十四年 北燕太平十七年 夏真兴七年 赫连昌承光元年

四月，西秦袭掠沮渠氏临松民五千户。魏遣使通好于宋。七月，西秦破黑水羌。八月，夏赫连勃勃死，子昌嗣，改元承光。十月，魏五道攻柔然。是年倭王赞遣司马曹达献于宋。

外国 〔日本〕 遣司马曹达使于刘宋。

〔拜占廷〕 皇帝狄奥多西二世遣兵杀西罗马

皇帝约翰，立加拉·普拉西提阿之子瓦伦丁尼安（年四岁）为帝，是为瓦伦丁尼安三世（425—455年）。太后加拉·普拉西提阿摄政，自是加拉·普拉西提阿执西罗马政柄凡十二年（425—437年）。

426 年

中国

丙寅　宋元嘉三年　魏始光三年　西秦建弘七年　北凉玄始十五年　北燕太平十八年　夏承光二年

正月，宋帝杀徐羡之、傅亮等；谢晦以清君侧为名，举兵于江陵，二月，晦败被杀。八月，宋遣使聘于魏。西秦乞伏炽磐攻沮渠蒙逊，夏赫连昌遣兵援之，拔西秦南安。吐谷浑别部二万落反西秦，附于吐谷浑王慕璝。九月，魏攻夏。十一月，夏围西秦枹罕，破数城，大杀掠。魏兵至夏统万，掠万余家而回。十二月，魏兵入夏长安，氐、羌皆降。河西王沮渠蒙逊、仇池氐王杨玄附于魏。宋前吴郡太守徐佩之聚众谋起事，发觉，被杀。魏罢细茧罗縠户以属郡县。

外国

〔匈奴〕　侵掠拜占廷帝国，拜占廷帝国将其逐出于多瑙河之外。拜占廷帝向匈奴王卢阿纳年贡黄金三百五十磅，使禁止其部扰边境。

427 年

中国

丁卯　宋元嘉四年　魏始光四年　西秦建弘八年　北凉玄始十六年　北燕太平十九年　夏承光三年

二月，西秦武始、洮阳诸山羌起事。四月，魏遣使聘于宋。魏大发兵攻夏，六月，拔统万，赫连昌奔上邽，公卿、将校、后妃、公主、宫人万数，马三十余万匹，牛羊数千万头，皆为魏所掳。八月，西秦乞伏炽磐奉献于魏。十一月，魏封仇池氐王杨玄为南秦王。是岁，名诗人陶潜死。

外国

〔高句丽〕　迁都平壤。

〔百济〕　久尔辛王死，子毗有立。

〔日本〕　日本古事记及那珂、星野、吉田三博士皆谓仁德天皇死于是年。

〔波斯〕　王瓦拉兰五世大败哌哒来侵之兵，杀戮甚众，哌哒王亦被擒杀，后数十年，哌哒不敢来犯。

〔西罗马〕　驻非洲司令保尼腓斯图谋独立，罗马政府召之回，不听，举兵反，罗马派兵征之，败绩，司令官三人被杀。

428 年

中国

戊辰　宋元嘉五年　魏神䴥元年　西秦乞伏暮末永弘元年　北凉承玄元年　北燕太平二十年　夏赫连定胜光元年

二月，魏改元神䴥。夏赫连昌攻魏于安定，兵败被擒；昌弟定奔平凉，称皇帝，改元胜光。三月，魏攻赫连定败绩，长安复入于夏。五月，西秦乞伏炽磐死，子暮末立，改元永弘。六月，沮渠蒙逊攻西秦无功，西秦与之约和，改元承玄。八月，柔然扰魏边。十月，宋攻魏济阳、陈留。魏定州丁零鲜于台阳等二千余家奔曲阳西山。十二月，沮渠蒙逊攻西秦。是岁，师子王刹利摩诃及天竺迦毗黎王遣使献于宋。

外国

〔日本〕　星野、那珂、吉田三博士皆谓履中天皇即位于此年，在位五年。

〔波斯〕　以亚美尼亚为一省。

〔汪达尔〕　王干德里克死，其弟该萨里克继立为王。

〔西罗马〕　政府又派兵征非洲司令官保尼腓斯，保尼腓斯惧不敌，招汪达尔人入非洲，汪达尔王欣然应允。北非为富庶地区，亚拉里克、瓦里亚皆尝欲往，苦无船只，未能实现。故当欧洲鼎沸之际，非洲犹安谧无事。保尼腓斯勾引汪达尔人入非，并为之备船只，助航运，蛮族始入非洲，非洲遂遭糜烂。

429 年

中国

己巳　宋元嘉六年　魏神䴥二年　西秦永弘二年　北凉承玄二年　北燕太平二十一年　夏胜光二年

正月，魏丁零鲜于台阳等出山降。沮渠蒙逊拔西秦西平。四月，魏崔浩等撰国书三十卷成。五月，魏大破柔然，杀其大人数百，降者三十余万落，获马百余万匹，杂畜无算。柔然纥升盖可汗愤悒死，子敕连可汗立。西秦败河西吐谷浑来侵之兵。七月，仇池氐王杨玄死，弟难当自称秦州刺史、武都王。八月，魏袭降高车数十万落，获杂畜百余万。十月，魏徙柔然、高车降人于漠南濡源与五原之间，使之耕牧。自是魏之马牛羊及毡皮价落。十二月，沮渠蒙逊及吐谷浑慕璝皆遣使献于宋。

外国

〔百济〕　遣使于宋。

〔汪达尔〕　王该撒里克率八万人入北非。登陆后，大肆焚掠残杀，凶残远过其他蛮族。

430 年

中国　庚午　宋元嘉七年　魏神䴥三年　西秦永弘三年　北凉承玄三年　北燕太平二十二年　夏胜光三年

三月，宋遣使于魏，告将收河南，随谋进攻，魏发兵备之。魏徙敕勒三万余于河西，敕勒北奔，王公死者枕藉。四月，敕勒复有万余落北走，魏兵追歼之。六月，宋以仇池氐王杨难当为秦州刺史、武都王。吐谷浑攻西秦，无功。七月，魏弃虎牢等城以诱宋军。林邑王范阳迈献于宋。九月，北燕冯跋死，弟弘立为天王，杀跋子几尽。夏赫连定约宋攻魏，魏发兵击之。十月，宋立钱署，铸四铢钱。魏攻陷宋洛阳。西秦乞伏暮末举国入魏，故地皆入于吐谷浑。十一月，魏兵大破夏赫连定于鹑觚原，定奔平凉，魏兵围之。宋遣檀道济攻魏。是年倭王遣使献于宋。

外国　〔百济〕　宋追封腆支王。

〔日本〕　遣使于宋（据日本古事记此年为履中天皇之三年）。

〔汪达尔〕　王该撒里克侵入努米底亚，败罗马司令官保尼腓斯，围之于希波。

431 年

中国　辛未　宋元嘉八年　魏神䴥四年　北凉义和元年　北燕冯弘太兴元年　夏胜光四年

正月，北燕改元太兴。宋复立珠崖郡。宋将檀道济大破魏兵于寿张。夏赫连定击降乞伏暮末，西秦亡。二月，宋将檀道济以粮尽退。六月，吐谷浑俘赫连定，夏亡。沮渠蒙逊改元义和。闰六月，柔然敕连可汗遣使于魏。八月，沮渠蒙逊遣子为质于魏。吐谷浑王慕璝送赫连定于魏，魏封慕璝为西秦王。九月，魏以沮渠蒙逊为凉州牧、凉王；史称北凉。魏征用各州名士。魏司徒崔浩大整流品，明辨姓族，得罪于众。十月，魏更定律令。十一月，魏北部敕勒莫弗库若干驱鹿数百万头诣魏，以备纵猎。是岁，北凉沮渠蒙逊改元义和。林邑王范阳迈侵宋九德。

外国　〔林邑〕　范阳迈侵宋九德，入四会浦口；宋遣将来，无功。

〔汪达尔〕　拜占廷与西罗马帝国俱遣兵援北非，皆为汪达尔人所败，汪达尔人遂攻陷希波。

432 年

中国　壬申　宋元嘉九年　魏延和元年　北凉义和二年　北燕太兴二年

正月，魏改元延和。五月，宋遣使于魏。六月，吐谷浑遣使以擒赫连定告捷于宋，宋封其王慕璝为陇西王。魏遣使聘于宋。七月，魏发幽州民及密云丁零攻北燕，围和龙。宋益州立官冶，禁私铸；铁器贵，流民许穆之因民怨，诈称为晋宗室司马飞龙，结仇池氐起事，杀逐守令，未几败死。五城人帛氏奴、赵广、巴西人唐频等皆聚兵陷郡县，蜀中侨旧俱反。九月，魏攻下北燕郡县甚多，徙乐浪、带方、玄菟等郡民三万家于幽州。赵广等围宋成都，拥道士枹罕程道养，诈称司马飞龙，立为蜀王，建元泰始。十二月，魏征罽宾沙门昙无谶于北凉，沮渠蒙逊不遣。北燕冯弘子崇等降魏。

外国　〔日本〕　日本古事记及星野、那珂、吉田三博士皆谓履中天皇死于是年。

〔西罗马帝国〕　北非司令官保尼腓斯逃归罗马。将军阿伊喜阿斯任西罗马执政官。

433 年

中国　癸酉　宋元嘉十年　魏延和二年　北凉沮渠牧犍永和元年　北燕太兴三年

二月，魏以冯崇为辽西王，录其国尚书事，承制假授尚书、刺史以下官。魏遣使如宋，且为太子求婚。宋发兵救成都。四月，北凉沮渠蒙逊死，子牧犍嗣，称河西王，改元永和。五月，林邑王范阳迈遣使献于宋，求领交州刺史，被拒。六月，阇婆、诃罗单国献于宋。九月，成都围解，程道养等遁入山谷，时出攻扰。魏以仇池氐杨难当为南秦王，难当攻占宋汉中。十二月，魏遣使聘于宋。

外国　〔日本〕　日本古事记及星野、那珂、吉田三博士皆谓反正天皇即位于是年，在位五年。

〔西罗马帝国〕　太后加拉·普拉西提阿患阿伊喜阿斯跋扈，免其军职，而以保尼腓斯代之；阿伊喜阿斯拒不受命，西罗马发生内战，阿伊喜阿斯败绩，逃入匈奴，保尼腓斯不久亦死。

434 年

中国　甲戌　宋元嘉十一年　魏延和三年　北凉永和二年　北燕太兴四年

正月，宋攻汉中，杨难当退。马大玄等扰宋泰安，寻败死。二月，魏与柔然和亲。闰三月，宋收复汉中。北燕称藩于魏。四月，休屠胡金当川起事，魏击之，败死。七月，魏击稽胡白龙于西河，九月，破之，白龙死；十月，杀其余众数千人。是岁，林邑、扶南、诃罗单遣使献于宋。

外国 〔林邑〕 遣使献于宋。

〔扶南〕 国王持梨跋摩（或作持梨陀跋摩）遣使献于宋。先是，有㤭陈如阇，自天竺来，国人奉以为君，其子孙遂继世为王。时佛法已传入扶南。

〔西罗马〕 将军阿伊喜阿斯率匈奴援兵归罗马，西罗马政府惧，复其官，阿伊喜阿斯复任西罗马帝国总司令。

〔拜占廷〕 遣使至匈奴王庭（在马格城），见其新王阿提拉与布里达（二王合治），阿提拉要求将年贡增加一倍，拜占廷帝国允之。

435 年

中国 乙亥 宋元嘉十二年 魏太延元年 北凉永和三年 北燕太兴五年

正月，北燕称藩于宋，宋封为燕王，称之为黄龙国。魏改元太延。三月，北燕献于魏。四月，北燕请援于宋。五月，龟兹、疏勒、乌孙、悦般、渴槃陀、鄯善、焉耆、车师、粟特等国献于魏，魏遣使者二十人入西域，为柔然所阻，折还。六月，高句丽王琏献于魏。魏攻北燕，大掠而还。师子国献于宋。七月，阇婆、娑达、扶南献于宋。九月，蜀郡张寻起事。十一月，北燕冯弘遣使请迎于高句丽。宋丹阳尹萧摹之请限制造塔寺及铸铜佛像。魏灭吐没骨。

外国 〔高句丽〕 遣使朝魏，受魏官爵。北燕冯弘遣使请迎。

〔扶南〕 国王持梨跋摩遣使献于宋。

〔西罗马〕 与汪达尔人缔约，承认汪达尔人在北非所占领地区（即努米底亚、东西毛利泰尼阿等省），汪达尔人则奉罗马为宗主国，向罗马纳年贡。

〔勃艮第〕 侵入上比利时，西哥特人侵入高卢。

〔高卢〕 伯高底因革命运动重新爆发（435—437年），较以前规模更大，具有高卢农民总起义性质。据当时编年史记载："差不多高卢所有的奴隶都拿起了武器，参加到伯高底因运动中。"侵入罗马的西哥特人支持这个运动，直到451年罗马才将这个运动镇压下去。

436 年

中国 丙子 宋元嘉十三年 魏太延二年 北凉永和四年 北燕太兴六年

二月，北燕献于魏。三月，宋檀道济无罪被杀。魏大举攻北燕。仇池氐王杨难当自称大秦王，建元建义。四月，高句丽遣兵迎北燕冯弘，五月，弘焚龙城东走；魏使人于高句丽索弘。六月，宋破程道养等于郪口，帛氏奴降，道养遁。高句丽献于宋。七月，魏以杨难当侵据上邽，遣兵攻之。八月，魏发兵通莎泉道。九月，杨难当退出上邽，魏兵罢。闰十一月，宋更铸浑仪，以水转之，昏明中星，与天相应。柔然扰魏边。

外国 〔高句丽〕 魏以伐北燕来告。遣将迎北燕冯弘；魏使来责问。

〔西罗马〕 将军阿伊喜阿斯以匈奴兵败勃艮第人，杀勃艮第人两万，勃艮第王干达哈亦死于是役。

437 年

中国 丁丑 宋元嘉十四年 魏太延三年 北凉永和五年 北燕太兴七年

三月，宋遣使于魏。四月，程道养为部下所杀，益州平。五月，魏令吏民得告守令。七月，魏灭稽胡白龙余党。九月，魏封吐谷浑王慕利延为西平王，十一月，魏遣使招诱西域乌孙、破落那、者舌等十六国，皆遣使奉献。北凉沮渠牧犍献于魏；又献于宋，献杂书及甲寅元历，并求杂书。诃罗单国献于宋。

外国 〔高句丽〕 使朝于魏。

〔日本〕 日本古事记及星野、那珂、吉田三博士皆谓反正天皇死于是年。

〔西罗马〕 阿伊喜阿斯复任西罗马执政官。皇帝瓦伦丁尼安三世娶东罗马帝狄奥多西二世女攸德西阿为后，自是瓦伦丁尼安亲政。瓦伦丁尼安荒淫庸懦，大权渐落于阿伊喜阿斯之手。

438 年

中国 戊寅 宋元嘉十五年 魏太延四年 北凉永和六年

二月，吐谷浑献于宋。三月，魏罢沙门年五十以下者俾从征役。北燕冯弘遣使请迎于宋，高句丽杀弘，北燕亡。宋使迎冯弘者擅杀高句丽将吏，高句丽执送于宋。四月，倭国王珍遣使献于宋，以为安东将军。七月，魏大举攻柔然，无功而还，人马多死。是岁，宋立玄、史、文、儒四学。扶南、林邑献于宋。

外国 〔高句丽〕 宋应冯弘之请，遣将迎之。高句丽不欲弘入宋，杀之；宋将迎弘者杀害冯弘者。

〔新罗〕 教民牛车之法。

〔日本〕 日本古事记及星野、那珂、吉田三博士皆谓允恭天皇于是年即位，在位十七年。倭王珍遣使至宋（日本学者考证谓此倭使乃反正天皇未死时所遣。所云“倭王珍”当系译名之讹，盖反正天皇名“瑞齿列”，“珍”为“瑞”之讹。又云，“珍”，梁书作“弥”，或因“瑞”字日本读作“ミツ”，译者取假名“ミ”之音作“弥”，而又讹为“珍”）。

〔林邑 扶南〕遣使献于宋。

439 年

中国 己卯 宋元嘉十六年 魏太延五年 北凉永和七年

三月，魏攻宋上洛。仇池氐杨保宗等奔魏，封武都王。六月，魏大发兵攻北凉。宋改封陇西王吐谷浑慕利延为河南王。柔然扰魏，败还。九月，魏兵至姑臧，沮渠牧犍降，北凉亡。支属沮渠无讳等据地大扰。十月，魏徙沮渠牧犍宗族及吏民三万户于平城。秃发保周率鲜卑据张掖。魏除田禁，以赋百姓。仇池氐王杨难当攻魏上邽，败还。宋蜀郡赵广等复谋起事，被杀。是岁，林邑、高句丽遣使献于宋。

外国 〔汪达尔〕 陷迦太基（10月19日）。以前罗马人从北非搜括之财富占西罗马政府收入之重要部分，自失北非，西罗马财政更困窘。

440 年

中国 庚辰 宋元嘉十七年 魏太平真君元年

二月，魏遣使聘于宋。三月，沮渠无讳陷魏酒泉。六月，魏改元太平真君。七月，秃发保周为魏兵所败，自杀。八月，沮渠无讳降魏，凉州平。是岁，仇池氐王杨难当去大秦王号，复称武都王。百济国献于宋。

外国 〔波斯〕 王瓦拉兰五世死，子耶斯提泽德二世嗣位（440—457年）。与罗马战，不久讲和。

〔汪达尔〕 国王该萨里克将水师攻西西里。

441 年

中国 辛巳 宋元嘉十八年 魏太平真君二年。

正月，魏以沮渠无讳为酒泉王，沮渠万年为张掖王。四月，魏遣使聘于宋。魏遣兵围酒泉，十一月拔之，沮渠无讳遁保鄯善东城。仇池氐王杨难当侵扰宋蜀地。十二月，宋晋宁太守爨松子起事，未几败。天门蛮田向求等起事，破溇中，宋兵败之。是岁，肃特、高丽、苏靡黎、林邑等国献于宋。

外国 〔拜占廷〕 舰队出现于西西里附近，汪达尔舰队遁回北非。伯高底因革命运动蔓延西班牙，不久席卷西班牙北部，以奴隶、隶农为基本核心，城市与乡村之贫苦自由居民亦纷纷参加，促成蛮族征服西班牙。

442 年

中国 壬午 宋元嘉十九年 魏太平真君三年

正月，宋诏兴国子学。魏帝始诣道坛受符箓，自是传为永制。四月，沮渠无讳据鄯善，鄯善王奔且末。李宝自伊吾据敦煌。五月，宋攻占仇池，杨难当奔魏，魏分道侵宋。九月，沮渠无讳屠高昌，阚爽奔柔然。无讳遣使于宋，拜凉州刺史、河西王。十月，柔然遣使于宋。十二月，宋修鲁郡孔子庙、孔子墓及学舍。李宝称藩于魏，拜沙州牧，敦煌公，四品以下听承制假授。雍州蛮大动，宋将沈庆之击之，杀虏万余人。是岁，婆黄国献于宋。

外国 〔西罗马〕 与汪达尔订约，修改435年的条约，将北非大部割于汪达尔。盎格鲁•萨克森、朱特等日耳曼族侵入不列颠。按盎格鲁•萨克森、朱特等族侵入不列颠究始于何年，众说不一，有410，428，430，442，448，450年诸说，大致在5世纪中叶。

443 年

中国 癸未 宋元嘉二十年 魏太平真君四年

正月，宋军屡败于魏。二月，宋失仇池。三月，乌洛侯国遣使通于魏。四月，氐帅杨文德起兵围仇池，自号秦、河、梁三州牧、仇池公；魏师攻之，文德请援于宋，宋拜文德北秦州刺史、武都王。九月，魏大发兵袭柔然，无功而还。十一月，宋救杨文德，败。是岁，河西、高丽、百济及倭国王济并遣使献于宋。

外国 〔日本〕 倭王济遣使于宋（日本学者考证，此时为允恭天皇六年，其名为“雄朝津间”，因“津”与“济”二字形义皆近，致讹“津”为“济”）。

〔波斯〕 王耶斯提泽德二世攻哌哒，获胜（443—451年）。

444 年

中国 甲申 宋元嘉二十一年 魏太平真君五年

正月，魏以上谷苑囿太半给贫民耕种。魏太子晃课民稼穑，垦田大增。魏禁王公庶人私养沙门、巫觋。魏诏王公卿士子弟入太学，工商子弟传世业，不得私立学校。六月，魏北部民五千余落杀官北走，遣兵遮回，徙于冀、相、定三州为营户。吐谷浑王慕利延杀兄子纬世，纬世弟叱力延等奔魏。沮渠无讳死，弟安周嗣。八月，魏遣使聘于宋。九月，宋以沮渠安周为凉州刺史、河西王。柔然敕连可汗死，子处罗可汗立。魏助叱力延击吐谷浑，斩五千余级，降万三千余落。是岁，李宝入朝于魏，被留。

外国 〔新罗〕 倭围金城，旋退。

445 年

中国 乙酉 宋元嘉二十二年 魏太平真君六年

正月朔，宋颁行何承天所上元嘉新历。魏遣使聘于宋。二月，魏分徙起事之胡人于各郡。四月，魏再攻吐谷浑，又发凉州兵击鄯善。七月，宋将沈庆之、柳元景大破襄、沔诸蛮，获十万余口，徙万余口于建康。八月，魏入鄯善，降其王。魏徙诸种杂民五千余家于北边。吐谷浑王慕利延为魏所逼，西走，杀于阗王据其地。九月，魏卢水胡盖吴起兵杏城，称天台王，通使于宋，关中大乱。十月，魏发兵及敕勒骑击盖吴。宋起胡熟废田千顷。十一月，河东蜀人薛永宗袭闻喜以应盖吴。魏掠宋淮、泗以北，徙青、徐民实河北。十二月，宋杀后汉书作者范晔。

外国 〔匈奴〕 两个王中之一的布里达死，阿提拉遂成为匈奴唯一的国王。阿提拉雄武有才略，其统治时期（445—453 年）为匈奴人在欧洲的极盛时期。

446 年

中国 丙戌 宋元嘉二十三年 魏太平真君七年

正月，薛永宗败死，其族人薛安都奔宋。二月，魏大破盖吴于杏城。盖吴复求援于宋，宋以盖吴为雍州刺史、北地公，屯兵北境以为声援。宋交州刺史檀和之部将宗悫破林邑兵。魏帝用崔浩言，毁佛寺，坑沙门，焚经像。魏攻宋青、冀、兖三州，大杀掠。魏金城边固、天水梁会等据上邽起事，氐、羌、屠各胡纷起应之，固寻败死。五月，梁会兵溃。略阳王元达起事，据松多川，不久亦败。盖吴复振，自号秦地王。檀和之、宗悫等入林邑，其王范阳迈遁走。六月，魏发兵十万人筑塞围，起上谷至河，广纵千里。八月，盖吴败死，余党悉散。魏安定卢水胡刘超等起事，寻败死。宋揭阳民起义，史称“赭贼”，攻建安郡，焚城府。九月，宋帝幸国子学，试诸生。是岁，吐谷浑王慕利延复还旧土。

外国 〔林邑〕 范阳迈虽于宋元嘉十二、十五、十六、十八年遣使贡于宋，但仍侵掠宋边不已。是年，宋遣将来攻，入国都，大获珍宝，又销金佛像得黄金数十万斤，阳迈父子逃而免。

447 年

中国 丁亥 宋元嘉二十四年 魏太平真君八年

正月，魏吐京胡及稽胡起事，未几败。三月，魏徙定州丁零三千家于平城。六月，宋以货贵，制大钱，一当二。十月，宋豫章胡诞世据城，杀太守，未几败死。是岁，何承天死。承天著有春秋前传、孝经注及皇览、元嘉历、漏刻经等书。

外国 〔匈奴〕 阿提拉率匈奴人大掠拜占廷，进入希腊中部，焚毁七十余城。

448 年

中国 戊子 宋元嘉二十五年 魏太平真君九年

正月，氐王杨文德为魏所破，奔宋汉中。二月，魏杀潞县民二十千余家，徙离石民五千余家于平城。五月，魏以韩拔为鄯善王，赋其民如郡县。宋罢当二大钱。八月，悦般约魏夹攻柔然。九月，魏破焉耆，其王鸠尸卑那奔龟兹。十二月，魏击龟兹，攻柔然，无所得而还。

外国 〔拜占廷〕 将纳给匈奴之年贡增至两千一百磅黄金，又付现金黄金六千两，东罗马帝国之经济濒于破产。

449 年

中国 己丑 宋元嘉二十六年 魏太平真君十年

正月，魏分道攻柔然，无功。二月，宋募民数千家实京口。五月，婆皇、婆达等国献于宋。九月，魏再分道攻柔然，处罗可汗远遁，丧人畜百余万，柔然大衰。宋沔北诸蛮扰雍州，沈庆之等大破之。

450 年

中国 庚寅 宋元嘉二十七年 魏太平真君十一年

正月，沈庆之再破沔北诸蛮，斩三千级，虏二万八千口，降二万五千户，又围大羊蛮降之，迁于建康为营户。二月，魏帝自将攻宋，河南诸郡多闻风溃。三月，宋以军兴，减内外官俸三分之一。四月，魏兵退。魏帝致书宋帝，声言来秋取扬州。六月，魏杀司徒崔浩及浩宗族、姻戚。沮渠安周与柔然连兵攻占车师前部，其王车伊洛奔焉耆，请救于魏。吐谷浑王慕利延惧魏逼，表请于宋求保越隽，宋许之，而不至。魏帝遗宋帝书，辞极轻侮。七月，宋分道攻魏，连下碻磝、乐安、长社。九月，魏帝自将御宋。十一月，宋西路大破魏兵，以东路败，退师。氐王杨文德以宋助复还故地。十二月，魏帝至瓜步，宋建康戒严。

外国 〔新罗〕 边将杀高句丽之边将，高句丽侵西鄙，卑辞请和。

〔拜占廷〕 皇帝狄奥多西二世死，马喜安继任为皇帝（450—467 年）。马喜安以输重金向匈奴纳贡，不如用以练兵，自是东罗马国势日强，匈奴不敢来侵，遂欲西下侵西罗马。

〔西罗马〕 皇帝瓦拉泰那斯妹荷诺里阿阴谋夺其兄权，私以书召匈奴王阿提拉入罗马，许嫁之，并寄戒指为信物，阿提拉遂率师而西。

451 年

中国 辛卯 宋元嘉二十八年 魏太平真君十二年 正平元年

正月，魏帝自瓜步北还，围宋盱眙不克。三月，魏置宋降民五万家于平城近畿。五月，宋青州民司马顺则起事，攻梁邹，自称齐王，沙门司马百年应之，称安定王。婆皇国献于宋。六月，魏改元正平。魏更定律令。七月，宋进倭王济号安东大将军。司马顺则等败死。九月，宋魏互遣使修聘。十二月，宋徙彭城流民于瓜步，江西流民于姑熟，合万余家。是岁，裴松之死。松之注三国志，甚有名。

外国 〔日本〕 倭王济遣使于宋。

〔匈奴〕 王阿提拉率匈奴及其所征服之日耳曼人号五十万人，侵入高卢北部，焚掠而前，势如破竹。罗马将阿伊喜阿斯纠合西哥特人、勃艮第人、阿兰人，御之于特尔瓦（在巴黎东南，旧说谓战于沙龙，在巴黎东北），战争极为剧烈，双方损失皆甚大，西哥特王（罗马的同盟）战死，匈奴方面亦损失惨重，遂率师退回东欧。

452 年

中国 壬辰 宋元嘉二十九年 魏正平二年（南安王余承平元年） 高宗文成皇帝拓跋浚兴安元年

正月，魏中山宋民五千余家谋起事，皆被杀。二月，魏中常侍宗爱杀魏帝，立南安王余，改元承平。四月，诃罗单献于宋。五月，宋分道攻魏。九月，吐谷浑王慕利延死，犹子拾寅立，献于宋、魏，宋封为河南王，魏封为西平王。十月，宋攻魏无功而还。魏宗爱杀其帝拓跋余。殿中尚书源贺等立皇孙浚，改元兴安，是为高宗文成皇帝，杀宗爱等，具五刑，夷三族。宋西阳五水蛮起事，攻淮、汝、江、沔。十一月，魏陇西屠各胡起事，未几败降，三千余家被徙赵、魏。十二月，魏弛佛教之禁。是岁，魏始废景初历，行赵（𢾺）玄始历。

外国 〔匈奴〕 王阿提拉又率师侵意大利，陷阿奎雷亚、米兰、未罗那诸城，罗马军不能御。西罗马皇帝遣教皇利俄与元老议员二人与阿提拉议和，赂以重金，阿提拉遂率师返回匈牙利。

453 年

中国 癸巳 宋元嘉三十年（刘劭太初元年） 魏兴安二年

正月，宋将萧道成帅氐羌攻魏武都，无功。宋大发兵击西阳蛮。二月，宋太子刘劭等杀其父自立，改元太初。宋武陵王刘骏起兵讨劭，四方响应；四月，骏至建康新亭，即皇帝位，是为世祖孝武皇帝；五月，骏入建康，杀刘劭等。九月，宋南海太守萧简据广州叛，未几败死。十一月，高丽遣使献于宋。

外国 〔日本〕 允恭天皇死。新罗献乐人。安康天皇即位（二十代）。

〔匈奴〕 王阿提拉死，诸子争立，内战起。

454 年

中国 甲午 宋世祖孝武皇帝刘骏孝建元年 魏兴安三年 兴光元年

正月，宋铸孝建四铢钱。二月，宋江州刺史臧质等推南郡王义宣起兵，六月，皆败死。七月，魏改元兴光。十月，宋建孔子庙，制同诸侯。是岁，宋始课南徐州侨民租。

外国 〔日本〕 日本古事记及星野、那珂、吉田三博士谓允恭天皇死于是年。

〔东哥特〕　东哥特人、哲彼提人乘匈奴内乱，争谋恢复独立，与匈奴人大战于匈牙利之尼德河畔，阿提拉长子伊拉克战死，被征服诸部族纷纷独立，匈奴各首领亦彼此争战不休，匈奴帝国遂瓦解，大部匈奴人退至喀尔巴阡山以东。

〔西罗马〕　皇帝瓦拉泰那斯杀罗马大将阿伊喜阿斯（9月21日）。

455年

中国　乙未　宋孝建二年　魏兴光元年　太安元年

二月，婆皇国献于宋。四月，吐谷浑遣使献于宋。六月，魏改元太安。七月，槃槃国献于宋。八月，斤陀利国献于宋。十月，宋贬损王侯车服器用制度。十一月，高丽国献于宋。

外国　〔高句丽〕　使朝于宋。

〔新罗〕　百济为高句丽所攻，遣兵救之。

〔百济〕　毗有王死，子庆司立，改名余庆，是为盖卤王。

〔日本〕　日本古事记及星野、那珂、吉田三博士皆谓安康天皇即位于是年。惟那珂博士谓在位二年，吉田博士谓在位十五年。

〔林邑〕　遣使献于宋。

〔印度〕　笈多王朝皇帝斯干达笈多即位（455—476？年）。其时，哌哒人自中亚细亚入侵，自是笈多王朝领土日削，国势衰弱。关于斯干达笈多最后的记载是476年，其卒年已不可考。

〔波斯〕　王耶斯提泽德二世迫使亚美尼亚人放弃基督教，改奉琐罗亚斯德。

〔西罗马〕　皇帝瓦拉泰那斯三世为阿伊喜阿斯亲兵所杀，狄奥多西朝亡（3月16日）。自是以后，西罗马政权落于军阀之手，以皇帝为傀儡，任意废立，十年之中，凡易十一帝；而西罗马的势力亦仅限于意大利本部。皇后攸德西阿（瓦拉泰那斯妻）嫁元老议员马克西姆，并立之为西罗马皇帝。马克西姆称帝七十天，为人所杀。将军阿维托称帝于高卢，以后入罗马，又得罗马议会与拜占廷帝国的承认。

〔汪达尔〕　王该萨里克利用罗马混乱软弱，率舰攻陷罗马城，大掠十四日（6月2日至16日），使古代文物遭到不可弥补的损失；又掳走皇后攸德西阿及其两个女儿，以及一些罗马大臣。

456年

中国　丙申　宋孝建三年　魏太安二年

二月，魏灭井陉山中丁零数千家。八月，魏破伊吾，大掠而还。

外国　〔日本〕　安康天皇为其下所杀。雄略天皇即位（二十一代）。

〔西罗马〕　皇帝阿维托为其将利西末推翻，利西末遂得到西罗马政权。利西末之父属斯威族（日耳曼族的一支），母为西哥特人，因此他是一个纯粹的日耳曼人。他的政权是建立在蛮族雇佣军之上，因此意大利的政权到此时事实上已入于蛮族之手。

457年

中国　丁酉　宋大明元年　魏太安三年

正月，宋改元大明。二月，宋复亲民官公田。魏扰宋兖州。三月，宋立怀汉郡，以统梁州獠民。七月，宋土断雍州诸侨郡县，并三郡十六县为一郡。十月，宋以百济王余庆为镇东大将军。

外国　〔波斯〕　王耶斯提泽德二世死，少子荷米斯达立（457—459年），长子腓鲁兹遁入哌哒。

〔西罗马〕　将军利西末立美佐利安为西罗马皇帝（457—461年），美佐利安出身罗马旧族，世任罗马官吏。

〔拜占廷〕　皇帝马喜安死，利俄一世即位（457—474年）。

458年

中国　戊戌　宋大明二年　魏太安四年

正月，魏设酒禁，又置内外候官以察百官，增律条。宋复郡县旧秩并禄俸。六月，宋于吏部置二尚书以分其权。七月，宋南彭城民高阇、沙门昙标谋起事，被杀，因汰沙门。八月，吐谷浑献于宋，十月，魏攻宋清口戍，败；十一月，魏侵扰宋青州，氐人辅国将军焦度御却之。魏攻柔然，降其数千落而还。

外国　〔新罗〕　纳祇王死，子慈悲立。

〔林邑〕　范阳迈时已死，子神成在位，遣使献金银器、香、布于宋。

459 年

中国　己亥　宋大明三年　魏太安五年

正月，婆皇国献于宋。四月，宋竟陵王诞据广陵抗命，遣兵击之；七月，克广陵，屠男口三千余，女子充军赏，诞被杀。十月，沮渠安周献于宋。十一月，高丽献于宋。肃慎献楛矢、石砮于宋。

外国　〔新罗〕　倭来侵，败之。

〔波斯〕　王子腓鲁兹由于哌哒之助，败杀其弟荷米斯达，自立为王（459—483 年）。

460 年

中国　庚子　宋大明四年　魏和平元年

正月，魏改元和平。魏遣使聘于宋。二月，魏击河西胡降之。三月，魏侵宋北阴平，败退。六月，魏分道击吐谷浑，大掠而归。七月，宋遣使聘于魏。八月，宕昌王献于宋。十月，宋击江、沔诸蛮。十一月，魏遣使聘于宋。柔然攻高昌，杀沮渠安周，灭沮渠氏，以阚伯周为高昌王。倭国遣使奉献于宋。

外国　〔日本〕　倭世子兴遣使于宋（日本学者考证谓世子兴当为安康天皇。其名“穴穗部”，“兴”字盖“穗”字之讹）。

〔西罗马〕　败西哥特人，并聚集船只三百，准备征汪达尔人，但以消息泄露，竟先为该撒里克所败。

461 年

中国　辛丑　宋大明五年　魏和平二年

正月，宋以宕昌王梁唐可为河州刺史。三月，宋遣使聘于魏。魏发并、肆州民治河西猎道。四月，宋海陵王休茂起兵，未几败死。七月，高丽献于宋。八月，宋诏方镇所委郡县食禄三分之一。十月，魏遣使聘于宋。十二月，宋制民户岁输布四匹。是岁，宋诏士族与工商杂户为婚者，皆补将吏，士族多避役逃亡为乱。

外国　〔西罗马〕　皇帝美佐利安死，利西末立塞维拉斯为皇帝，在位四年（461—465 年）。

〔汪达尔〕　攻西西里与意大利，自是以后，每年来侵。

462 年

中国　壬寅　宋大明六年　魏和平三年

正月，宋策秀才、孝廉于中堂。二月，宋复百官禄。三月，宋以倭世子兴遣使奉献，授官爵为安东将军倭国王。六月，魏吐京胡、长蛇镇氐前后起事，旋败。七月，宋制沙门致敬人主。十月，魏遣使聘于宋。宋南徐州从事范阳祖冲之造新历上之。冲之精历算，其计算圆周率之精密，在世界上为最早。

外国　〔日本〕　宋授倭世子兴安东将军、倭国王。日本记述谓此年“吴使来贡”，或宋曾遣人至倭有所赐，日本史作者遂反言“来贡”也；不然则系宋人有至倭廷，妄称使者。

463 年

中国　癸卯　宋大明七年　魏兴安四年

六月，柔然、高丽遣使献于宋。七月，宋检纠民之私占名山川为田者。十月，魏遣使聘于宋。

外国　〔高句丽〕　宋策长寿王为车骑大将军、开府仪同三司。

〔新罗〕　倭来侵，败之。以倭屡来，沿边筑二城以备之。

〔日本〕　以新罗诱任那“日本府”叛，遣兵击之。

464 年

中国　甲辰　宋大明八年　魏兴安五年

闰五月，宋孝武帝死，子业嗣，是为前废帝。七月，柔然处罗可汗死，子受罗部真可汗立，改元永康，率众扰魏，败还。是年，宋境凡有州二十二，郡二百七十四，县一千二百九十九，户九十四万有奇。宋东方诸郡连年旱、饥，米一升钱数百，民饿死十六七。

外国　〔日本〕　任那“日本府”与新罗共破高句丽兵。遣使于“吴”（按中国记载，此年无倭使来献事。据以后数年，数有遣使于“吴”且携吴织缝衣女工至之事，恐系私举，未尝通问于宋廷）。

〔波斯〕　王腓鲁兹攻哌哒，为哌哒伏兵所败（464—475 年）。

465 年

中国

乙巳 宋前废帝刘子业永光元年 景和元年 宋太宗明皇帝刘彧泰始元年 魏兴安六年

二月，宋铸二铢钱。五月，魏高宗文成皇帝死，子弘嗣，是为显祖献文皇帝。八月，宋尚书令柳元景谋立江夏王义恭，事泄，皆死。宋帝改元景和。九月，宋义阳王昶据徐州抗命，兵败，叛奔魏，魏封为丹阳王。宋听民铸钱，于是钱质益劣，有鹅眼、綖环之目，物价踊贵，斗米万钱。十一月，宋宁朔将军何迈谋立晋安王子勋，事泄，被杀。宋帝害太尉沈庆之。宋晋安王子勋起兵于江州。宋湘东王彧主衣阮佃夫等杀宋帝，十二月，拥彧即位，改元泰始，是为太宗明皇帝。罢二铢钱，禁鹅眼、綖环钱。晋安王子勋等拒新命。

外国

〔日本〕 攻新罗，不利。

〔西罗马〕 皇帝塞维拉斯死。此后两年中，西罗马无皇帝，政由利西末主持。

466 年

中国

丙午 宋泰始二年 魏显祖献文皇帝天安元年

正月，魏改元天安。宋晋安王子勋即皇帝位于寻阳，改元义嘉；徐州刺史薛安都、吴郡太守顾琛等纷起应之，四方贡计皆归寻阳。二月，魏杀丞相乙浑，冯太后临朝称制。三月，宋断新钱，专用古钱。五月，宋弋阳西山蛮田益之起兵围义阳，以应建康。七月，氐帅杨僧嗣附于建康，拜北秦州刺史、武都王。八月，宋将沈攸之入寻阳，杀晋安王子勋，大乱粗平。魏立郡学，置博士、助教、生员。十月，宋尽杀孝武帝诸子。宋将薛安都等降于魏，魏遣兵助之。十二月，宋益州大乱，成都被围逾月始解。

外国

〔高句丽〕 魏使人谕送女备六宫。

〔日本〕 使人还自"吴"。

467 年

中国

丁未 宋泰始三年 魏天安二年 皇兴元年

正月，宋将沈攸之等大为魏军及薛安都所败，由是淮北及豫州淮西之地遂陷于魏。魏东平王道符据长安，未几败死。二月，魏攻宋汝阴不克。三月，魏攻宋青州，连下四戍。七月，薛安都子令伯扰梁、雍，败死。八月，魏铸大佛，高四十三尺，用铜十万斤，黄金六百斤。魏改元皇兴。宋将沈攸之北攻魏，大败，下邳等郡陷于魏。十一月，高丽、百济献于宋。十二月，魏攻宋汝阴，无功。

外国

〔日本〕 "吴人"贵信自百济来居。

〔西罗马〕 安提米阿任西罗马皇帝（467—472年），安提米阿为拜占廷皇帝马喜安之女婿，在拜占廷曾任高官，故能得拜占廷的支持。安提米阿大举征汪达尔，败绩。

468 年

中国

戊申 宋泰始四年 魏皇兴二年

正月，魏攻宋武津、义阳，败还。宋东徐州、东兖州、兰陵、历城守将皆降于魏。三月，宋交州人李长仁据州起事，杀北来部曲，自称刺史。宋晋康太守刘思道攻俚人失利，还杀广州刺史，旋败死。四月，宋减郡县田租之半。柔然、吐谷浑奉献于宋。宋败魏兵于许昌。十一月，宋发诸州兵击魏。李长仁降。十二月，魏陷宋不其城。

外国

〔日本〕 遣使于"吴"。

469 年

中国

己酉 宋泰始五年 魏皇兴三年

正月，魏陷宋东阳，于是青、冀之地尽入于魏。二月，魏罢三等输租之法及杂调什五。宋柳欣慰等谋立庐江王祎，事泄，欣慰等被杀，祎旋亦死。三月，吐谷浑献于宋。魏攻宋汝阴，败还。五月，魏徙青、齐民于平城，置平齐郡以处之。魏用沙门统昙曜言，以民及奴分别为僧祇户及佛图户。十一月，魏遣使于宋修好，自是信使岁通。十二月，宋以三峡蛮抄掠，于白帝置三巴校尉以镇之。宋临海人田流起事，称东海王，掠海盐，杀鄞令。

外国

〔高句丽〕 遣使贡于魏。

〔百济〕 遣使奉表于魏，请兵伐高句丽，魏不从，自此绝朝贡。

〔日本〕 吉田博士谓安康天皇死于是年。

470 年

中国

庚戌 宋泰始六年 魏皇兴四年

四月，魏击吐谷浑，拾寅败走。九月，宋立总明观，置祭酒一人，儒、玄、文、史学士各十人。魏帝自将分道击柔然，大破之，斩五万余级，降万余。十一月，高丽献于宋。是岁田流败灭。

于阗为柔然所攻，请救于魏，魏以道远不发兵。

外国 〔日本〕 使人自“吴”以汉织、吴织、缝衣女工还。吉田博士谓雄略天皇即位于此年，在位二十年。

471 年

中国 辛亥 宋泰始七年 魏皇兴五年 高祖孝文皇帝拓跋宏延兴元年

三月，魏遣使聘于宋。柔然献于宋。魏简西部敕勒为殿中武士。四月，诸部敕勒皆起事。六月，柔然遣使献于宋。八月，魏献文帝传位于子宏，改元延兴，是为高祖孝文皇帝。十月，百济献于宋。魏沃野、统万敕勒起事，旋败，二千余落降，残部走枹罕、金城，被杀及俘虏几尽。宋攻魏，至蒙山，引还。是岁，魏青州封辩、齐州司马小君前后起事，均败死。

外国 〔日本〕 以秦人万八千余人赐“秦酒公”。纺织业兴。置大藏官。置秦酿酒官。

〔西罗马〕 皇帝安提米阿阴图推翻利西末，利西末聚兵于米兰。

472 年

中国 壬子 宋泰豫元年 魏延兴二年

正月，宋改元泰豫。宋大阳蛮帅桓诞以沔北八万余落附魏，拜东荆州刺史、襄阳王，听自选郡县吏。二月，柔然扰魏，东部敕勒奔附之。三月，林邑献于宋。四月，宋明帝死，皇太子昱嗣。七月，柔然扰魏敦煌、晋昌，皆败还。闰七月，宋荆州刺史苛虐，诸蛮群起，西溪蛮掠抄至武陵城下，宋兵击败之。十月，柔然攻魏五原。十一月，柔然、高丽献于宋。十二月，魏侵宋义阳，败退。是岁，魏有司奏诸祠祀千七十五所，岁用牲七万五千五百。

外国 〔日本〕 大植桑。多少年来，朝鲜半岛诸国屡构兵，百济以受新罗、高句丽之逼，对倭颇亲，是年，百济几为高句丽所灭，倭乃助之兴复。时高句丽、百济以及“秦人”来者日众，且多具技能者，天皇不愿其属于诸侯，乃命之各组织团体，赐之以氏。此种团体逐渐增多，于后来倭之改革甚有影响。

〔林邑〕 范神成遣使献于宋。

〔西罗马〕 利西末围攻罗马城五个月，是年7月城陷，杀安提米阿，立俄利布利阿斯为帝。俄利布利阿斯为罗马大贵族，娶瓦伦丁尼安三世之女，与汪达尔亦有亲戚关系（瓦伦丁尼安另一女嫁给汪达尔王该萨里克之子）。8月，将军利西末死。10月，皇帝俄利布利阿斯死。

473 年

中国 癸丑 宋苍梧王刘昱元徽元年 魏延兴三年

正月，宋改元元徽。魏遣使聘于宋。魏诏守令劝农，令贫富通借牛只；又定守令治盗升转之法。三月，婆利国献于宋。四月，吐谷浑攻魏浇河。魏以孔子后为崇圣大夫，给十户供洒扫。五月，吐谷浑献于宋。七月，宋顾长康、何翌之表上所撰谏林十二卷。魏诏河南六州民，户收绢一匹、绵一斤、租三十石。八月，宋王俭表上所撰七志三十卷。吐谷浑王拾寅降魏，遣子入侍，自是岁献于魏。九月，宋遣使聘于魏。十月，魏令州郡之民十丁取一，户收租五十石，以备攻宋。氐帅杨文度自立为武兴王，降于魏，拜武兴镇将。十二月，吐谷浑献于宋。柔然攻魏柔玄镇，二部敕勒附之。是岁，魏州镇十一水、旱，相州民饿，死者甚众。魏齐州人刘举起事，称皇帝，未几败死。

外国 〔西罗马〕 3月，西罗马将利西末之子干多巴德立格里西里阿斯为西罗马皇帝（473—474年）。东罗马皇帝不予承认，冬，另派尼波斯为西罗马皇帝（473—475年）。

474 年

中国 甲寅 宋元徽二年 魏延兴四年

三月，魏遣使聘于宋。五月，宋桂阳王休范以清君侧为名起兵寻阳，建康大震；用右卫将军萧道成议，坚守以待。道成使越骑校尉张敬儿诈降，杀休范，破其余党。柔然遣使聘于宋。六月，宋以萧道成为中领军，参决朝政。魏罢门房同诛之律。七月，柔然攻魏敦煌。

外国 〔拜占廷〕 以兵送尼波斯入西罗马，擒格里西里阿斯，迫之为主教。

475 年

中国 乙卯 宋元徽三年 魏延兴五年

三月，吐谷浑献于宋。五月，魏遣使聘于宋。六月，魏初禁杀牛马。十月，高丽献于宋。

外国 〔新罗〕 移都明活城。

〔百济〕 盖卤王以信高句丽

间谍僧人道琳言，大兴土木，财竭民怨，至是闻高句丽王大举来攻，知不易敌，遣子文周出走，婴城固守，城陷被杀。文周立，徙都熊津（按日本记述，置此事于472年）。

〔波斯〕 王腓鲁兹与哌哒讲和。

〔西罗马〕 总司令俄累斯提斯逐尼波斯，立己子罗穆路斯·奥古斯都为皇帝（475—476年），政由己出。东罗马帝国并未予以承认。

476年

中国 丙辰 宋元徽四年 魏延兴六年 承明元年

六月，魏冯太后鸩太上皇，改元承明，以太皇太后复临朝称制。七月，宋建平王景素据京口起兵，旋败死。

外国 〔新罗〕 倭来侵，败之。

〔百济〕 耽罗国献方物。

〔印度〕 笈多朝皇帝佛陀笈多约于此年即位（476？—495年）。在其统治时期内，哌哒人进攻益亟，西部省份先后丧失，至其死时，笈多朝的统治已彻底瓦解，笈多皇室仅为小国君主。直到7世纪中叶，尚有时碰到笈多皇帝的名字，至8世纪时始不见于记载。

〔西罗马〕 蛮族雇佣军要求在意大利分得三分之一的土地，愿作自由农民，俄累斯提斯拒绝此种要求。蛮族雇佣军另拥立蛮族军官奥多亚克为总司令（8月23日），不久擒杀俄累斯提斯（8月28日），废罗穆路斯·奥古斯都，亦未再另立皇帝，罗穆路斯·奥古斯都成了西罗马帝国最后的皇帝，此政变造成西罗马帝国之灭亡。

〔土鲁斯〕 西哥特人在其所建立之土鲁斯王国中没收罗马大地主土地三分之二进行分配，其余三分之一则留与原主，并仿照罗马旧例，每年召开包括高级官吏与大地主之会议一次，讨论国家大事。

477年

中国 丁巳 宋元徽五年 宋顺帝刘准升明元年 魏太和元年

正月，魏改元太和。魏略阳民王元寿聚众起义，称冲天王，旋败。四月，宋阮佃夫等谋废立，事泄，被杀。七月，萧道成使人杀宋帝，贬苍梧王，立安成王准，改元升明，道成录尚书事。八月，魏诏工商皂隶非有勋劳者叙官不得过本部丞。九月，魏更定律令。十月，氐帅杨文度陷魏仇池。十一月，倭国献于宋。魏怀州民伊祁苟自称尧后，聚众起义于重山，未几败死。十二月，宋荆州刺史沈攸之起兵反萧道成。宋司徒袁粲等据石头城反萧道成，败死。魏攻斩杨文度，以氐人杨广香为阴平公，杨文弘为武都王。

外国 〔百济〕 文周王为其大臣解仇所杀，子三斤立，解仇综国政。

〔拜占廷〕 皇帝散诺击溃僭位者巴西利斯卡斯。

〔非洲〕 汪达尔王该撒里克卒，长子匈勒利克嗣位，笃信亚利乌派之基督教（否认耶稣之神格及三位一体说者），对罗马天主教徒施以迫害。

〔英格兰〕 萨克森酋长伊拉率其族人在英格兰东南海岸（肯特之西）登陆，建苏塞克斯（即南萨克森）王国。此类日耳曼蛮族与进入大陆上罗马帝国之蛮族不同，盖从未与罗马文明接触。彼等进入英格兰时对被征服之布列吞人除留下一部分男丁作为奴隶，妇女作为侍妾外，其余概行杀戮。

478年

中国 戊午 宋升明二年 魏太和二年

正月，沈攸之败死。二月，宋进萧道成为太尉、都督南徐等十六州诸军事。三月，魏拜宕昌帅弥机为河南公、宕昌王。四月，萧道成杀南兖州刺史黄回。五月，倭国王武遣使献于宋，拜安东大将军。魏禁皇族、贵戚及士民与普通百姓为婚。六月，宋拜氐帅杨文弘为武都王。九月，宋以萧道成假黄钺、大都督中外诸军事、太傅、扬州牧。柔然遣使于宋。十月，魏遣使聘于宋。十二月，高丽献于宋。

外国 〔百济〕 杀解仇。

〔日本〕 倭王武遣使于宋（日本学者考证谓倭王武当即雄略天皇，其名为“大泊濑幼武”，中国记载只取最末之“武”字）。

〔拜占廷〕 散诺与东哥特人战（时统率哥特人者为斯特拉波之子狄奥多里克与阿美尔之狄奥多里克），战事延长至公元482年。

479年

中国 己未 宋升明三年 齐太祖高皇帝萧道成建元元年 魏太和三年

三月，宋以萧道成为相国，总百揆，封齐公，加九锡。四月，萧道成进爵齐王。萧道成称皇帝，改元建元，是为齐太祖高皇帝。以宋帝为汝阴王，继杀之，追谥顺帝，宋亡。魏罢候官。齐禁滥募部曲。七月，交州刺史李长仁死，弟叔献代领州事，拒新刺史，齐即以叔献为刺史。魏葭卢镇主氐帅杨广香附于齐，以为沙州刺史。十月，晋寿李乌奴引氐兵攻齐梁州，败遁。十一月，魏奉宋降王刘昶分道攻齐。柔然应齐约，攻魏边。契丹莫贺弗勿干率部万余口附魏，居白狼水东。是年，齐进倭王武为镇东大将军。

外国　〔新罗〕　慈悲王死，子炤智立。

〔百济〕　三斤王死，文周王弟之子牟大立，是为东城王。

〔日本〕　雄略天皇死。

480 年

中国　庚申　齐建元二年　魏太和四年

正月，魏陷齐马头戍，又攻钟离，败还。荆、湘、雍、郢、司五州蛮大动，襄城蛮攻潼阳，杀县令；上黄蛮攻汶阳，逐太守；齐兵击破之。二月，魏攻齐寿阳，失利。齐检定民籍。齐改三巴校尉为巴州刺史，以镇群蛮。齐屡破魏城戍；三月，魏兵退。四月，齐拜高丽王高琏为骠骑大将军、乐浪公。五月，李乌奴扰齐梁州，败保武兴。八月，魏数道攻齐。九月，柔然遣使于齐，齐遣使报聘。闰九月，魏攻齐朐山，大败。十月，齐以氐帅杨广香为西秦州刺史。淮北民纷起反魏。十一月，以氐王杨后起为北秦州刺史、武都王。

外国　〔高句丽〕　齐册使来，使余奴等报谢，魏截获之于海上，遣使来责。

〔日本〕　清宁天皇即位（二十二代）。

〔法兰克〕　禁止女子享有承继权之《色利哀律》（或称《撒利克法典》，即滨海法兰克族之法律）此际已盛行，因握有土地之人例须服兵役，女子不能服兵役，故不能承继。勃艮第人无特别禁止女子承继之法律。西哥特人则男女同样有承继权。

481 年

中国　辛酉　齐建元三年　魏太和五年

正月，魏攻齐淮阳，大败。二月，魏沙门法秀聚众，谋起事于平城，事泄，死。齐大破魏于淮北。四月，魏出兵镇压淮北民，掠三万余口归平城，南逃者数千家。五月，邓至羌帅像舒附于魏。七月，齐遣使于魏。柔然别部他稽帅众降魏。九月，柔然遣使于齐，约共攻魏。十月，齐以吐谷浑王度易侯为河南王。魏新律成，高车王可至罗杀高昌王阚首归，立张明为王；高昌人杀明，立马儒。

外国　〔高句丽〕　与靺鞨侵新罗，败还。使朝于齐。

〔新罗〕　高句丽与靺鞨来侵，与百济、加耶合败之。

〔波斯〕　贵霜败波斯于里海沿岸。瓦汉领导伊伯利亚（即乔治雅）人与亚美尼亚人起义，反抗波斯统治（481—483 年）。

〔法兰克〕　克洛维继其父契尔得利克为色利哀法兰克人（或海滨法兰克人，以其居莱因河下游，近海，故名）之王。克洛维自此逐渐向高卢发展。

〔西哥特〕　西哥特王攸利克继续向高卢与意大利发展，自奥多亚克手中取得普罗旺斯，其国土北起罗亚尔河，南抵卢昂河。起自公元 270 年左右之巴格迪暴动，在日耳曼各族侵入帝国时（特别是勃艮第人），皆曾加以协助。法兰克人与西哥特人此一时期之发展，得益于巴格迪者甚巨。

〔尼德兰〕　萨克森人开始进入尼德兰北部，征服当地之弗里新人而定居。

482 年

中国　壬戌　齐建元四年　魏太和六年

正月，齐置国子学生二百人。三月，齐高帝死，皇太子赜嗣，是为世祖武皇帝。七月，魏发五万人治灵丘道。九月，齐罢国子学。魏以氐王杨后起为武都王。十一月，魏依古制祠七庙。

外国　〔拜占廷〕　皇帝散诺公布《教义调和方案（Henoticon）》，引起与教会之决裂（按当时东方之教会已称为“正教”，而反正教者则称为“一性派”；前者主张“三位一体说”，后者主张耶稣仅有人格，并无神格，或虽有神格但已与其人格合并为一。散诺企图调和二者间之争执，使其融合为一，但两派共弃之）。

483 年

中国　癸亥　齐世祖武皇帝萧赜永明元年　魏太和七年

正月，齐改元永明。齐诏郡县丞尉普复旧秩。二月，齐以氐帅杨炅为沙州刺史、阴平王，宕昌帅梁弥机为河凉二州刺史，邓至羌帅像舒为西凉州刺史。三月，齐诏郡县官以满三年为限。七月，魏遣使聘于齐。十月，齐遣使聘于魏。十二月，魏始禁同姓为婚。魏秦州刺史酷暴，州民纷起反抗，魏斩刺史以谢州民。

外国 〔日本〕 虾夷隼人来附。

〔波斯〕 国王腓鲁兹攻哌哒，兵败被杀，弟沃拉卡西斯嗣位（483—485年），与哌哒和，向哌哒纳贡二年。准许亚美尼亚人信奉基督教，瓦汉起义取得胜利。

〔拜占廷〕 斯特拉波之子狄奥多里克卒，东帝散诺承认阿美尔之狄奥多里克为罗马元老及军队之统帅。东哥特人自此以非正规佣兵（foederati）之身份定居于米西亚（今多瑙河下游南岸）。

〔意大利〕 非利克斯三世为罗马教皇，君士坦丁堡主教阿开喜阿斯驱逐前者出教。

484年

中国 甲子 齐永明二年 魏太和八年

五月，魏遣使聘于齐。六月，魏始班禄，增户调帛三匹、谷二斛九斗、调外帛二匹，严赃污之罚。十月，高丽献于齐、魏。齐袭灭益州大度獠。十一月，魏遣使聘于齐。

外国 〔高句丽〕 侵新罗，不利。遣使朝魏。

〔新罗〕 高句丽来侵，与百济合败之。

〔百济〕 遣使于齐。

〔日本〕 清宁天皇死，皇女饭丰青听政旋亦死。

〔林邑〕 范文赞在此后十余年中，数遣使献于齐。

〔扶南〕 国王憍陈如阇邪跋摩遣使献于齐，并请助其攻林邑。时扶南佛教已大盛。

〔西哥特〕 攸利克卒，子阿拉列二世嗣位为西哥特王。阿拉列在位时曾编纂法典一部，并公布之。阿拉列法典之精神系以公元438年东罗马皇帝狄奥多修二世所公布之法典为依据。

〔汪达尔〕 匈勒利克卒，贡达蒙德嗣位为汪达尔王。

485年

中国 乙丑 齐永明三年 魏太和九年

正月，齐以交州刺史李叔献断割外国贡献，发兵讨之，叔献还朝。魏焚图谶、秘纬，私藏者死；又禁巫觋、卜筮之不经者。魏冯太后作皇诰颁之。齐复立国学，释奠孔子用上公礼。三月，魏令诸王入馆受学。四月，齐省总明观。六月，齐遣使诣吐谷浑，并送柔然使还。七月，魏以梁弥承为宕昌王。十月，魏行均田，有桑田、露田之别。魏遣使聘于齐。十二月，柔然攻魏边。魏梁州氐羌乱，旋定。齐富阳民唐寓之起义，陷富阳，众至三万，三吴大扰。是岁，柔然部真可汗死，子伏名敦可汗立，改元太平。

外国 〔日本〕 显宗天皇即位（二十三代）。

〔波斯〕 沃拉卡西斯王死，子库巴德嗣位（485—498年）。库巴德在位时，波斯社会阶级矛盾日趋尖锐，袄教僧马资达克创立新说，主张人类应当平等，不应有贫富之分，反对统治阶级骄奢淫逸，要求彼等将财富分给贫民。其学说得到各被剥削集团之支持，于是农村及城市中之少产者和无产者纷纷起义，夺取剥削阶级的财产，拒绝纳税，声势浩大。库巴德不敢镇压，进而思利用马资达克信徒以削弱封建贵族之势力，于是亦信奉新教。

486年

中国 丙寅 齐永明四年 魏太和十年

正月，魏帝朝会始服衮冕。柔然攻魏边。唐寓之下钱唐，称皇帝；又下东阳，杀太守，旋败死。闰正月，齐、魏皆以氐帅杨集为武都王。二月，魏清户籍，立乡党三长法。三月，柔然遣使于魏。柔然可汗追敕勒至西漠。四月，魏始制五等公服。齐湘州蛮起事，未几平。九月，魏作明堂辟雍。十一月，魏定亲民官依户给俸。是岁，魏改中书学曰国子学。魏整齐州郡，凡三十八州。

外国 〔日本〕 大有年，稻斛银钱一文。

〔法兰克〕 克洛维击溃高卢罗马将领西埃格利阿斯之军队于斯瓦松，罗马在高卢之势力自此一蹶不振。克洛维自此以斯瓦松为首都，在高卢北部开始建立其法兰克王国。法兰克人对被征服之土地亦划取一部分进行分配，凡获得分配地者，皆有绝对产权（与后来之封建领地不同），除兵役外不负担任何其他义务。此外，国王之侍从及一般酋长皆获得较多之土地，而全国各地另有大量专属于国王之土地，称为“度支地”，为王室一切费用取给之源。

487年

中国 丁卯 齐永明五年 魏太和十一年

正月，魏定乐章，除非雅者。桓天生诱动司雍二州蛮，据南阳故城，引魏兵扰齐，大败。胡丘生起兵悬瓠，附齐攻魏，败奔齐。五月，桓天生复结魏扰齐，败窜。八月，柔然攻魏边，大败。高车帅阿伏至罗背柔然西走，至车师前部西北，自立，号候娄匐勒，号从弟穷奇曰候倍。十二月，魏重修国书，改编年为纪传、表、志。

外国

〔新罗〕　修官道，置邮驿。

〔日本〕　显宗天皇死。任那乱。

488 年

中国

戊辰　齐永明六年　魏太和十二年

三月，魏袭齐角城戍，无功。四月，桓天生复引魏兵据齐隔城，大败。齐将攻魏沘阳，无功。十二月，柔然伊吾戍主高羔子附魏。是岁，魏攻百济，败还。

外国

〔新罗〕　徙都月城。

〔百济〕　魏兵来侵，败还。

〔日本〕　仁贤天王即位（二十四代）。

〔拜占廷〕　散诺惧东哥特人为患，诱使狄奥多里克向意大利发展，进攻奥多亚克。

489 年

中国

己巳　齐永明七年　魏太和十三年

八月，魏遣使聘于齐。十二月，齐遣使聘于魏。柔然别帅叱吕勤降魏。

外国

〔高句丽〕　侵新罗，陷边城。

〔新罗〕　高句丽来侵。

〔百济〕　大有年。

〔日本〕　吉田博士考订雄略天皇死于是年。

490 年

中国

庚午　齐永明八年　魏太和十四年

正月，齐放魏俘二千余人还。四月，地豆干扰魏边。魏遣使聘于齐。五月，库莫奚扰魏边。八月，吐谷浑世子伏连筹杀齐使。十二月，齐以百济王牟大为镇东大将军。高车候娄匐勒阿伏至罗等遣使如魏，请击柔然。

外国

〔新罗〕　初置市肆。

〔日本〕　星野、吉田二博士皆谓清宁天皇即位于在此年。

〔勃艮第〕　约在此时勃艮第王贡多班德（或称贡地巴尔德）集习惯法之大成，编为法典，称《贡多班德法典》。

491 年

中国

辛未　齐永明九年　魏太和十五年

二月，齐遣使如魏吊其太后之丧。三月，魏遣使报谢于齐。五月，魏攻吐谷浑，拔其二戍，俘三千余人。十一月，魏大定官品，考诸牧守。魏遣使聘于齐。是岁，齐新律成。林邑范当根纯遣使奉献，齐以为林邑王。

外国

〔高句丽〕　长寿王死，魏遣使吊赠予谥。孙罗云立，是为文咨王。

〔百济〕　大水，民饥，流入新罗者甚多。

〔拜占廷〕　散诺卒，安那斯泰喜阿斯一世继位为帝。前朝勋旧悉遭罢免，以此引起叛乱，历七年始平。居住于多瑙河下游北岸斯拉夫民族之吉弟人入侵东帝国，君士坦丁堡被迫筑城自守。

〔意大利〕　侵入意大利之狄奥多里克大败奥多亚克，后者退据拉温那设险固守。

492 年

中国

壬申　齐永明十年　魏太和十六年

正月，齐遣使聘于魏。魏罢租课（一作祖裸）。二月，魏改谥孔子为文圣尼父。三月，魏封高丽王云为辽东公。四月，魏班新律令。七月，吐谷浑王伏连筹遣子入朝于魏，魏遣使封为西海公。魏遣使聘于齐。八月，魏发兵分道击柔然，大破之。柔然人杀其伏名敦可汗，立候其伏代库者可汗，改元太安。魏行养三老五更礼。九月，氐王杨集扰齐汉中，大败，请降于魏，封汉中郡侯、武兴王。十二月，齐遣使聘于魏。齐令太子家令沈约撰宋书。林邑故王范阳迈之孙范诸农败范当根纯，复国；齐拜为林邑王。

外国

〔高句丽〕　魏册拜文咨王。使朝于魏。

〔意大利〕　基雷西阿斯一世嗣位为罗马教皇，公开宣称不受皇帝与宗教会议之束缚。并谓尘世上有两大权力并存，一为教会权力，一为帝王权力，但由于前者有使人类灵魂获得永生之作用，故应在俗世之帝王权力以上。

493 年

中国

癸酉　齐永明十一年　魏太和十七年

正月，魏遣使聘于齐。二月，魏帝初行耕藉礼。四月，宋光城蛮帅田益宗帅四千余户附魏。五月，襄阳蛮帅雷婆思等帅千余户附魏，迁沔北。

六月，齐建康僧法智与徐州民周盘龙聚众据州城起事，未几败死。七月，魏中外戒严，露布谓当攻齐，实将迁都。齐世祖武皇帝死，孙昭业嗣，后被废，是为郁林王。九月，魏遣使聘于齐。邓至王像舒彭遣子朝魏。魏迁都洛阳；十月，诏经营洛都，解严。

外国 〔日本〕 求革工于高句丽，至是始有熟皮术。

〔意大利〕 奥多亚克于拉温那被围二年后乞降。狄奥多里克背约，于受降后又复杀之，并尽屠其部众。狄奥多里克（大王）统一意大利半岛，建东哥特王国，但名义上仍隶属于东罗马之总督。

〔法兰克〕 克洛维娶勃艮第宗基督教之公主克罗提尔达为妃。起自高卢北部，延长两个多世纪之巴格迪暴动，随日耳曼诸蛮族之发展而衰落，至5世纪末大致趋于失败。罗马帝国后期所加于农民之种种束缚，在巴格迪曾经活动之区城，皆荡然无存，但不久劳动人民又落入日耳曼蛮族新压迫之下。

494 年

中国 甲戌 齐郁林王萧昭业隆昌元年 齐海陵王萧昭文延兴元年 齐高宗明皇帝萧鸾建武元年 魏太和十八年

正月，齐改元隆昌。二月，齐遣使聘于魏。六月，魏遣使聘于齐。七月，齐西昌侯萧鸾杀齐帝，贬号郁林王，立新安王昭文，改元延兴，鸾录尚书事，晋爵宣城公。九月，魏初行三载考绩法，魏帝亲临朝堂黜陟百官。萧鸾大杀齐诸王。十月，萧鸾晋爵为宣城王，旋废齐帝为海陵王，自为皇帝，改元建武，是为高宗明皇帝。魏禁荆、郢等州诸蛮扰齐。十二月，魏大举攻齐。魏禁士民胡服。

外国 〔高句丽〕 与新罗构兵。齐册文咨王官爵。扶余来附。

〔新罗〕 与高句丽构兵，百济来援。

495 年

中国 乙亥 齐建武二年 魏太和十九年

正月，齐遣将拒魏。二月，魏围齐义阳，不克；三月，魏师退。四月，魏别将围齐南郑，不克。魏帝如鲁，亲祠孔子，封孔子后为崇圣侯。魏别将围赭阳，不克。六月，魏禁鲜卑语于朝。魏求遗书。魏之代人南迁者皆着籍河南洛阳。魏改用长尺、大斗，依汉律历志。七月，齐以氐帅杨馥之为北秦州刺史、仇池公。八月，魏立国子、太学、四门、小学于洛阳。九月，魏六宫百官迁于洛阳。是岁，魏行太和五铢钱。魏以光城蛮帅田益光为南司州刺史，听选守令。

外国 〔高句丽〕 侵百济，新罗救之，乃退。

〔英格兰〕 萨克森人在其酋长刻尔地克与金利克之率领下，占领英格兰南部滨海之一部分地区（骚桑普吞一带），建韦塞克斯（即西萨克森）王国。

496 年

中国 丙子 齐建武三年 魏太和二十年

正月，齐以氐王杨崇祖为沙州刺史、阴平王。魏定族姓，清流品。四月，魏扰齐司州。八月，魏皇太子恂不乐南迁，谋北遁，被废。十月，魏吐京胡起事，旋平。魏置常平仓。魏恒州刺史穆泰等以不乐南迁，谋起兵，事泄，被杀。

外国 〔高句丽〕 使朝于齐。侵新罗，败还。

〔新罗〕 高句丽来侵，败之。

〔法兰克〕 克洛维率法兰克人皈依罗马基督教。同年击败阿拉曼尼人。

〔汪达尔〕 贡达蒙德卒，塞勒萨蒙德嗣位为汪达尔王。

497 年

中国 丁丑 齐建武四年 魏太和二十一年

八月，魏攻齐。武都氐内哄，魏遣将击定之。十一月，齐以氐帅杨灵珍为北秦州刺史、仇池公、武都王。齐令结课田宅，详减旧价。十二月，齐攻魏，大败。是岁，高昌杀其王马儒，立麴嘉为王，附于柔然。

外国 〔高句丽〕 侵新罗，取一城。

〔新罗〕 旱蝗。高句丽陷一城。

〔日本〕 吉田博士谓显宗天皇即位于此年。

498 年

中国 戊寅 齐建武五年 永泰元年 魏太和二十二年

正月，魏陷齐沔北诸郡。齐大杀高帝、武帝子孙。三月，齐大破魏兵于涡阳。四月，齐改元永泰。齐大司马王敬则起兵会稽，五月，败死。七月，齐高宗明皇帝死，皇太子宝卷嗣，后废，称东昏侯。高车人奉袁纥树者为主北走，魏发兵追击之，大败。九月，魏撤攻齐之兵以击高车。十二月，高车相率降魏。林邑王范诸农入朝于齐，溺死，以其子范文款为王。

外国 〔日本〕 仁贤天皇死，武烈天皇即位（二十五代）。

〔百济〕 攻耽罗，旋止。

〔波斯〕 库巴德王因信奉马资达克教被贵族与袄教僧侣废黜，另立其弟查马斯波为王（498—501年）。

499年

中国 己卯 齐东昏侯萧宝卷永元元年 魏太和二十三年

正月，齐改元永元。齐发兵攻魏，以收沔北诸郡。齐策孝廉、秀才。三月，魏大破齐兵。四月，魏孝文皇帝死，子恪嗣，是为世宗宣武皇帝。八月，齐始安王遥光起事，败死，齐帝因大杀大臣。九月，齐蜀人赵续伯等起兵，益州乱。十一月，齐太尉陈显达举兵寻阳，十二月，败死。魏厘定官品。

外国 〔百济〕 大旱，人相食，饥民群起求食，汉山人多亡入高句丽。

〔拜占廷〕 保加尔人（按保加尔人即后来之保加利亚人，为突厥之一支族，自南俄平原移居于比萨拉比亚）入侵色雷斯。

500年

中国 庚辰 齐永元二年 魏世宗宣武帝景明元年

正月，魏改元景明。齐豫州刺史裴叔业降魏，齐发兵击之。二月，巴西民雍道晞聚众围郡城，旋败死。三月，魏大破齐兵于寿阳。齐平西将军崔慧景起兵围建康，四月，败死。六月，齐大阳蛮田育丘等附魏。八月，魏大破齐兵于肥口，齐淮南多陷于魏。十月，齐害尚书令萧懿。十一月，齐雍州刺史萧衍起兵襄阳。十二月，齐西中郎长史萧颖胄起兵江陵，奉南康王宝融为主。是岁，氐王杨集始降魏。魏弛盐池之禁。魏于洛阳龙门山造佛龛。祖冲之死。冲之精算学，著缀术等书，其推算圆周率已极精确。

外国 〔新罗〕 炤智王死，再从第大路立，是为智证王。

〔百济〕 大兴土木。旱。

〔哌哒〕 陶拉纳王征服印度中部玛尔瓦及邻近地区。

〔法兰克〕 克洛维征服勃艮第人，强之入贡。墨洛温王朝（传克罗维之祖父名墨洛维格，故称墨洛温朝）之统治其王国，系按旧罗马城市（及其四郊）为单位，设一“伯”（罗马旧官职）于其上，以当地地主之协助，按当地之习惯治理之。数伯之上设一“公”（罗马时代各省驻军之最高将领）统治之。公爵为握有武力之职位。公与伯皆有定量土地，不支薪俸。

〔爱尔兰〕 相传基督教之输入爱尔兰，始于431与432年。自6世纪初至8世纪末，为寺院最盛行时代。但由于5世纪前半期罗马势力自英格兰撤退，爱尔兰与大陆隔离，因此其发展与正统之罗马教会不相同。

〔瑞士〕 勃艮第王贡多班德之法典推行及于今瑞士一带。

501年

中国 辛巳 永元三年 齐和帝萧宝融中兴元年 魏景明二年

正月，齐南康王宝融称相国，三月即皇帝位于江陵，改元中兴，是为和帝。五月，魏咸阳王禧谋举兵，事泄，死。六月，齐巴陵王昭胄谋自立，事泄，死。七月，雍州刺史张欣泰等谋立建康王宝寅，败死。柔然攻魏边。九月，魏发畿内民五万筑洛阳城坊，四旬而罢。萧衍督师至建康，十月，围宫城。十一月，魏东豫州刺史田益宗败齐于赤亭。十二月，齐雍州刺史王珍国杀齐帝，迎萧衍，以宣德太后令废齐帝为东昏侯，衍为中书监、大司马、录尚书事。

外国 〔百济〕 东城王为其下所杀，子期摩立，一名余隆，是为武宁王。

〔波斯〕 废王库巴德得哌哒之助复国，查马斯波让位，库巴德复立（501—531年）。严禁马资达克教。

502年

中国 壬午 齐中兴二年 梁高祖武皇帝萧衍天监元年 魏景明三年

正月，齐大司马萧衍都督中外诸军事，加殊礼；旋为相国，封梁公，加九锡。二月，萧衍进爵梁王，大杀齐明帝子弟，迎和帝于江陵。四月，萧衍称皇帝，改元天监，是为梁高祖武皇帝，以齐帝为巴陵王，翌日杀之，齐亡。梁诏议赎刑条格。梁土断南徐州诸郡县。魏鲁阳蛮鲁北燕等起兵攻颍州、湖阳，鲁北燕旋败死。魏徙蛮万余户于幽、并及六镇，诸蛮寻皆南走，沿途被杀殆尽。闰四月，梁封宕昌帅梁弥邕为宕昌王。五月，梁江州刺史陈伯之起兵，旋败奔魏。六月，梁封氐帅杨绍先为武都王。前益州刺史刘季连据成都反梁。八月，梁命删定律令。林邑、干陀利献于梁。十二月，梁攻淮南，无功。是岁，江东大旱，米斗五千，民多饿死。梁普进高句丽、百济、宕昌、吐谷浑、倭国王官爵。

外国 〔新罗〕 禁殉葬。始用牛耕。

〔哌哒〕 摩醯逻矩罗王即位，都彭甲伯之奢羯罗城，统治北印度大部，遗留钱币石刻铭文甚多。《大唐西域记》载其毁灭佛法，斥逐僧人事。

〔拜占廷〕 安那斯泰喜阿斯与波斯（萨珊王朝）进行第一次战争，至506年讲和，不分胜负。约自此时前后开始，在色雷斯半岛与巴尔干半岛等地爆发“斯卡马尔起义”，延至6世纪中叶始失败（按斯卡马尔为强盗之意，为拜占廷作家对起义奴隶与农民之诬蔑称呼）。

503年

中国 癸未 梁天监二年 魏景明四年

正月，魏梁州氐杨会起事。刘季连降，送建康。三月，魏取梁二戍。四月，梁颁新律。五月，魏大破杨会。七月，魏复盐池之禁。扶南、龟兹、中天竺献于梁。十月，魏攻梁，拔三城，围义阳。十一月，魏立氐王世子杨绍先为武兴王。魏东荆州蛮樊素安、季安等起事。

外国 〔新罗〕 初，自建国以来，国号未定，或称“斯罗”，或称“斯卢”，或称“新罗”，且又有“鸡林”之名，至是始定国号为“新罗”，其主为“王”。

〔百济〕 靺鞨来侵。

〔扶南〕 遣使献于梁。憍陈如阇邪跋摩受封为安南将军、扶南王。僧曼陀罗入梁，后于扶南馆与僧伽婆罗译经。

〔波斯〕 波斯进攻拜占廷帝国在西亚之领地亚美尼亚、阿米达、狄奥多西波里等地。

504年

中国 甲申 梁天监三年 魏正始元年

正月，魏大破东荆州蛮樊季安等。魏改元正始。二月，梁攻魏于寿阳，大败。三月，魏破梁援义阳之兵。五月，梁以扶南国王憍陈如阇耶跋摩为安南将军。七月，魏击虏东荆州蛮樊素安，诸蛮皆降。八月，梁义阳陷于魏。九月，梁以吐谷浑王伏连筹为河南王。柔然攻魏；魏于北边筑九城。北天竺献于梁。十一月，魏以地方学校大盛，修国学。梁除以金赎罪之科。十二月，魏修律令。

外国 〔高句丽〕 遣使于魏。

〔新罗〕 制丧服法。

〔日本〕 百济遣使来留之。

505年

中国 乙酉 梁天监四年 魏正始二年

正月，梁置五经博士各一人，弟子员通明者除吏；又于州郡立学。梁汉中太守夏侯道迁杀氐王杨灵珍降魏。二月，魏以宕昌世子梁弥博为宕昌王。梁交州刺史李凯据州起事，旋败死。魏攻梁汉中诸城戍。氐帅杨集起等攻魏。四月，梁以行宕昌王梁弥博为宕昌王。梁梁州十四郡皆陷于魏。梁益州民焦僧护起事，旋败。六月，梁立孔子庙。梁攻魏小岘，大败。七月，魏逼梁涪城。八月，魏攻梁雍州，大败梁兵；雍州蛮帅沔东太守田青喜降魏。九月，梁与魏战于马头，大败。十月，梁大举击魏，诏王公以下各上国租助军。氐帅杨集起等立杨绍先为皇帝。十一月，魏帅退离涪城，巴西复归于梁。是岁，江淹死。淹为当时名文学家。

外国 〔新罗〕 始藏冰。

〔日本〕 百济来献。吉田博士谓仁贤天皇即位于此年。

〔哌哒〕 侵波斯，波斯遂与拜占廷和。波斯与哌哒战争延续十年（505—513年），波斯最后取得胜利。

506年

中国 丙戌 梁天监五年 魏正始三年

正月，魏拔武兴，虏杨绍先，仇池杨氏亡。魏秦州屠各胡王法智推吕苟儿为主，建元建明；泾州民陈瞻自立为王，建元圣明；皆聚众攻扰。二月，梁魏战于梁城，梁败；梁围魏淮阳。三月，梁败魏于胶水。四月，魏罢盐池禁。魏大发兵拒梁。五月，梁克魏宿预、合肥等城。六月，魏败王法智。七月，吕苟儿降，陈瞻亦败死。邓至国献于梁。九月，梁大败于洛口。十月，魏围钟离，梁发兵赴援。柔然库者可汗死，子佗汗可汗立，请和于魏，被拒。十一月，獠王赵清荆引梁兵攻魏益州，败还。

外国 〔百济〕 靺鞨侵边，大杀掠。

〔日本〕 武烈天皇死。

〔扶南〕 僧伽婆罗，亦名僧铠赴齐已数年，至是梁帝召之译佛经。

507 年

中国 丁亥 梁天监六年 魏正始四年

正月，魏攻梁钟离。三月，梁大破魏兵于钟离，魏军死伤十余万，被俘五万。六月，梁冯翊等七侨郡降魏。九月，魏开斜谷旧道，以通梁、益。

外国 〔高句丽〕 与靺鞨侵百济。

〔百济〕 高句丽与靺鞨来侵，却之。

〔日本〕 继体天皇即位（二十六代）。

〔拜占廷〕 筑色雷斯长城以御哥特人。

〔法兰克〕 克洛维在伏龙镇（波亚叠之南）击败西哥特王阿拉列二世，获得阿揆坦，自此逐渐发展，淹有自罗亚尔河至比利牛斯山之间地区。西哥特人则退据比利牛斯山之南。

〔西哥特〕 阿拉列于伏龙一役阵亡后，其私生子该萨里克嗣位。东哥特王狄奥多里克（阿拉列之岳父）出兵援之，在阿尔战败克洛维，遏止法兰克人前进。该萨里克自此实际为西哥特王国之监护人，而高卢东南一带亦入于东哥特王国版图。

508 年

中国 戊子 梁天监七年 魏正始五年 永平元年

正月，梁定百官九品十八班之制；二月，又定将军十品二十四班、不登十品者八班、施于外国者二十四班，凡一百九号。梁置州望、郡宗、乡豪各一人，专掌搜荐。五月，梁增置列卿为十二。巴陵马营蛮扰掠渐平。八月，魏京兆王愉据冀州，称皇帝，改元建平；魏发兵及蛮兵击之，逾月平。魏改元永平。九月，魏尚书令高肇害彭城王勰。魏柔然降户被徙济州者群起攻掠。魏郢州司马彭珍引梁兵攻义阳，十月，魏悬瓠军主白早生杀豫州刺史附于梁，于是郢豫二州乱。十二月，魏次第平之，梁兵败还。蛮帅田益宗附于魏，太阳蛮降魏者万余户，置郡十六。是岁，柔然又请和于魏，仍被拒。高车攻杀柔然佗汗可汗于蒲类海北，可汗子立为豆罗伏跋豆伐可汗，改元建昌。是岁，任昉死。昉为当时名文学家。

外国 〔高句丽〕 梁加文咨王官爵。

〔法兰克〕 克洛维唆使奈普利恩（河滨）法兰克王子克罗德利克杀其父西哲伯特，然后又以弑父罪遣人杀克罗德利克。奈普利恩法兰克人遂亦推克洛维为王，法兰克族至此完全统一。

509 年

中国 己丑 梁天监八年 魏永平二年

三月，魏攻梁潺沟，大败。群蛮为魏所迫，悉渡汉水降于梁。五月，梁诏试通经之士，不限门第授官。十一月，魏帝为诸僧及朝臣讲佛经，于是佛教大盛，州郡共有一万三千余寺。

外国 〔新罗〕 置京都市典监。

〔日本〕 遣使至百济，检逃人。

510 年

中国 庚寅 梁天监九年 魏永平三年

正月，梁作缘淮塘。三月，梁帝亲临讲肄于国子学，令皇太子及王侯之子并入学受业。于阗国献于梁。四月，梁改用士流为尚书都令史。六月，宣城郡吏吴承伯聚众起事，杀太守，逾月败死。十月，梁行祖冲之大明历。是岁，魏铸五铢钱。

外国 〔林邑〕 范文赞子天凯遣使献于梁，受封为威南将军、林邑王。后天凯死，子弼毳跋摩亦奉献于梁。

〔法兰克〕 克洛维之都城自斯瓦松移至巴黎。当时之社会阶级可由《色利克法律》中之杀人赔偿金觇之。（一）国王之侍从——法兰克酋长——被杀者，赔偿金六百萨利得斯。（二）罗马贵族（有资格与国王同桌进膳者）三百萨利得斯。（三）普通法兰克人二百萨利得斯。（四）有土地之罗马人一百萨利得斯。（五）耕种他人土地者四十五萨利得斯。最末一级显系佃农或其他不能离开耕地之农民——农奴。

〔西哥特王国〕 在高卢失败后，至此完全退入西班牙。

511 年

中国 辛卯 梁天监十年 魏永平四年

正月，魏汾州山胡刘龙驹攻扰夏州。三月，梁琅邪民王万寿杀太守，据朐山降魏，魏发兵援之。四月，魏破刘龙驹。梁发兵攻朐山。五月，魏禁天文学。十二月，梁大破魏军，取朐山。魏以品官为河南六部尉，有勋品者为里正。是岁，梁有州二十三，郡三百五十，县千二十三。宕昌献于梁。

外国 〔法兰克〕 克洛维卒，四子分治其国：狄奥多里克一世领有北部（后称奥斯达拉西亚），以麦次为首府；契尔得伯特一世领有中部地区，以巴黎为首府；克罗多米尔领有高卢西部，罗亚尔河流域，以奥尔良为首府；克罗特尔领有故法兰克人发祥地（莱因河下游近海一带），以斯瓦松为首府。

〔西哥特〕 阿拉列二世卒，子阿玛拉里克嗣位。王国首都自托洛沙移至托利多。阿玛拉里克娶克洛维之女为妃，与法兰克人言归于好。

512年

中国 壬辰 梁天监十一年 魏永平五年 延昌元年

三月，高丽献于梁。四月，魏改元延昌。百济、扶南、林邑献于梁。九月，宕昌献于梁。十一月，梁修五礼成。

外国 〔高句丽〕 使朝于梁。侵百济二城，虏千余口，旋败还。

〔新罗〕 海中于山国降。

〔百济〕 高句丽来侵，破之。

〔日本〕 以四县与百济。

〔扶南〕 遣使献于梁。

513年

中国 癸巳 梁天监十二年 魏延昌二年

二月，梁郁洲民徐道角杀刺史附于魏，寻败死。闰三月，沈约死。约诗文均有名，著《宋书》。

外国 〔日本〕 百济送五经博士段杨尔来。

〔扶南〕 憍陈如阇邪跋摩死，庶子留陀跋摩杀其嫡弟自立为王。

514年

中国 甲午 梁天监十三年 魏延昌三年

二月，魏蛮帅田鲁生等附于梁，取光城以南诸戍；三月，魏破鲁生等，复取诸戍。十月，魏遣使慰喻柔然。魏大发兵攻梁益州。梁大发扬徐民作浮山堰。

外国 〔新罗〕 智证王死，子原宗立，是为法兴王。“智证”谥也，至是始谥法之制。

〔扶南〕 留陀跋摩为王，遣使献于梁。

515年

中国 乙未 梁天监十四年 魏延昌四年

正月，魏世宗宣武皇帝死，子诩嗣，是为肃宗孝明皇帝；召还攻梁益州之师。二月，魏杀司徒高肇。柔然遣使聘于魏。四月，魏梁州氐人起事，旋败。六月，魏冀州沙门法庆聚众，与渤海人李归伯起事，法庆自称大乘，以归伯为十住菩萨、平魔军司、定汉王，所至毁寺、杀僧、焚经、烧像，九月，败死。魏胡太后临朝称制。十二月，魏葭萌民任令宗杀太守降于梁，汉人、獠人多应之。狼牙修国献于梁。

516年

中国 丙申 梁天监十五年 魏肃宗孝明皇帝元诩熙平元年

正月，魏改元熙平。二月，魏攻拔梁峡石。四月，梁筑淮堰成。高丽献于梁。七月，魏攻梁，取东益州。九月，梁淮堰崩。十一月，阮宗孝掠交州，败死。魏修伊阙，作石窟寺。柔然伏跋可汗大破高车，杀其王，漆其头为饮器。

外国 〔日本〕 百济使来谢赐地，并送五经博士高安茂来，段杨尔还。

517年

中国 丁酉 梁天监十六年 魏熙平二年

正月，魏大乘法庆余党复起，旋平。魏禁鸡眼、镮凿诸小钱。三月，吐谷浑献于梁。四月，梁诏宗庙祭品以面代牲。八月，扶南、婆利献于梁。十月，魏诏代都士民未南迁者听留居为永业。十二月，柔然请和于魏，用敌国礼。

外国 〔扶南〕 遣使献于梁。

518年

中国 戊戌 梁天监十七年 魏熙平三年 神龟元年

正月，魏以氐帅杨定为阴平王。魏秦州羌起事。二月，魏改元神龟。魏东益州氐起事。三月，魏南秦州氐起事。五月，干陀利献于梁。七月，魏河州羌却铁忽起事，自称水池王，八月败降。魏补刻熹平石经。十月，魏遣宋云与惠生赴西域求佛经。魏复盐池之禁。

外国 〔扶南〕 献火齐珠、苏合等香于梁。

〔拜占廷〕 安那斯泰喜阿斯卒，查士丁一世继位为东帝（查士丁出身于伊利里亚之农民家庭，以军功起家）。查士丁一世下令取消《教义调和方案》（见公元 482 年条）。“三位一体说”获得胜利。

519 年

中国 己亥 梁天监十八年 魏神龟二年

二月，魏羽林虎贲士以不愜选格新法，群起鼓噪，为改，乃平。魏吏部尚书立选举停年格。十二月，魏沙汰郎官。扶南献于梁。

外国 〔高句丽〕 文咨王死，子兴安立，是为安藏王。魏使来吊赠。

〔扶南〕 遣使献于梁。

〔法兰克〕 法兰克人及其他日耳曼人进入帝国后所获得之土地，其耕种者大率皆为当地之贫苦农民（亦有旧时之隶农），由地主畀予一定面积之土地，责其按时贡纳定量之实物作为报酬（日耳曼蛮族未进入帝国前即以此法待其奴隶）。6 世纪初，由于军事行动之减少，逐渐发展亲自经营之习惯。地主划出一部分土地，命农民每星期以三日左右之时间为之耕种，并禁止其离开土地。农奴制度自此逐渐形成。

〔英格兰〕 萨克森酋长刻尔地克与金利克（见 495 年条）与英格兰土著布列吞人战，大胜后者。

520 年

中国 庚子 梁普通元年 魏神龟三年 正光元年

正月，梁改元普通。扶南、高丽献于梁。二月，梁遣使册高丽世子安为高丽王，中途为魏所执。三月，滑国献于梁。四月，吐谷浑献于梁。七月，魏侍中元乂杀清河王怿，幽胡太后。魏改元正光。魏中山王熙以讨元乂等为名，起兵于邺，旋败死。柔然内哄，伏跋可汗被杀，弟阿那瓌立，兵败奔魏，魏封为朔方公，蠕蠕王。阿那瓌从父兄弥偶可社句可汗自立。十二月，魏遣使聘于梁，两国始通好。

外国 〔高句丽〕 使朝于梁。梁使来，魏人截获之于海上。

〔新罗〕 颁律令，制百官服色。

〔扶南〕 遣使献于梁。

〔哌哒〕 中国赴印度求经者宋云与僧人惠生道经哌哒国，称其国：“土田庶衍，山泽弥望，居无城郭，游军而治，以毡为衣，随逐水草……南至牒罗，北尽敕勒，东被于阗，西及波斯，四十余国，皆来朝贡……四夷之中，最为强大。”（洛阳伽蓝记卷五）此时哌哒国势鼎盛，宋书所记，可见其富强之一斑。

〔英格兰〕 土著布列吞人大败萨克森人于巴顿山（在今多尔塞特郡），西萨克森人之发展自此遭受阻遏达半个世纪之久。

521 年

中国 辛丑 梁普通二年 魏正光二年

正月，梁置孤独园于建康，收养穷民。魏南秦氏起事。魏发兵送柔然可汗阿那瓌还国。五月，魏南荆州刺史蛮帅桓叔兴降梁。六月，梁义州刺史蛮帅文僧明、边城太守田守德降魏。七月，梁复取义州。柔然弥偶可社句可汗高车所破，请降于魏。其国人迎阿那瓌；十月，魏置阿那瓌于怀朔镇北，置弥偶可社句于西海郡，以旧日内附之柔然民付阿那瓌。十一月，魏发兵击东益州、南秦州氏，败。百济、新罗献于梁，拜百济王徐隆为宁东大将军。是岁，刘峻死。峻为当时名文学家。

外国 〔新罗〕 使朝于梁。

〔百济〕 蝗、饥。民亡入新罗者甚多。使朝于梁，梁拜武宁王官爵。

522 年

中国 壬寅 梁普通三年 魏正光三年

二月，宋云、惠生等自西域乾罗国取佛经一百七十部回洛阳。高车帅伊匐奉献于魏，拜镇西将军、西海郡公、高车王。五月，梁诏郡国举贤良方正直言之士。八月，婆利、白题献于梁。十二月，柔然弥偶可社句可汗附于哌哒，魏击擒之。

外国 〔日本〕 梁人司马达等至。

523 年

中国 癸卯 梁普通四年 魏正光四年

二月，柔然俟匿伐朝于魏。四月，柔然阿那瓌扰魏败还。魏尚书令李崇请免六镇府户为民，不报。魏怀荒、沃野等镇兵民暴动，推破六韩拔陵为首，建元真王。龙门山佛龛部分完成，共用十八万二千余工。七月，魏诏年七十致仕者给半禄。十二月，梁铸铁钱。狼牙修国献于梁。

外国 〔高句丽〕 侵百济。

〔新罗〕 更定官制服色。

〔百济〕 武宁王死，子明禯立，是为圣王。

〔波斯〕　统治阶级屠杀马资达克信徒，死者逾十万。

〔汪达尔〕　塞勒萨蒙德卒，希尔得里克嗣位为汪达尔王。希尔得里克崇信罗马天主教，北非教会因此复兴。

524 年

中国　　甲辰　梁普通五年　魏正光五年

四月，魏高平镇民赫连恩等推敕勒帅胡琛为高平王，响应破六韩拔陵。五月，破六韩拔陵败魏师于五原。六月，梁攻魏，半年中连克十余城。魏夏、东夏、豳、凉等州大乱。魏秦州民薛珍等起事，推莫折大提为首，称秦王；南秦州民韩祖香等起应大提。大提寻病死，子念生称皇帝，建元天建。七月，破六韩拔陵败魏师于白道。魏凉州幢主于菩提等起事。八月，莫折念生败魏师于陇口。东西部敕勒皆附于破六韩拔陵。魏改镇为州，诸镇贯之非以罪配隶者皆免为民。魏秀容乞伏莫于起事。魏南秀容牧子万于乞真起事，秀容帅尔朱荣击平之。吐谷浑王伏连筹击杀于菩提。魏营州民就德兴等起事，称燕王。魏朔方胡围夏州。十一月，莫折天生陷魏岐州。蜀人张映龙等攻魏雍州，旋败死。魏汾州胡起事。魏南秦州诸氐稍降附于魏。

外国　　〔新罗〕　又定官制。

〔百济〕　梁册圣王官爵。

〔波斯〕　与拜占廷帝国之战争又起，延续七年（524－531年）。

〔意大利〕　罗马哲学家波伊修斯为东哥特王狄奥多里克所杀。波伊修斯所著之哲学论文及其迻译之亚里士多德《逻辑学》，在中古时期有甚深之影响。

〔法兰克〕　克洛维第三子克洛多米尔卒，兄弟三人瓜分其领土（以奥尔良为首府之高卢西部）。

525 年

中国　　乙巳　梁普通六年　魏正光六年　孝昌元年

正月，魏徐州刺史元法僧称皇帝，国号宋，建元天启，旋为魏师所迫，降于梁。魏岐州刺史崔延伯大破莫折天生于马嵬、黑水。梁将裴邃大破魏师，斩首万余级，时梁已拔魏数城。三月，柔然阿那瓌自称敕连头兵豆伐可汗，助魏击破六韩拔陵。四月，魏杀尚书令元乂，胡太后复临朝摄政。胡琛将万俟丑奴破魏兵于安定。五月，梁攻魏益州，大败。梁修宿预堰。六月，梁豫章王综奔魏，封高平郡公、丹阳王，更名赞。魏改元孝昌。西部铁勒复降于魏。柔然阿那瓌败破六韩拔陵，拔陵南走，部下降魏者二十余万人，魏徙之冀、定、瀛三州。八月，魏柔玄镇民杜洛周起事于上谷，建元真王。吐谷浑助魏击定凉州。魏西荆、北荆、西郢等州“蛮”纷起，大者万家，小者千室，各称王侯，引梁兵攻魏襄城、汝水等地边戍。十二月，魏汾州稽胡刘蠡升称皇帝。是岁，魏巴州僚大扰，旋定。

外国　　〔埃塞俄比亚〕　攻占阿拉伯之也门。

526 年

中国　　丙午　梁普通七年　魏孝昌二年

正月，魏安州石离等三戍兵响应杜洛周。魏五原降户鲜于修礼帅北镇流民起事于定州左城，建元鲁兴。滑国献于梁。二月，魏西部敕勒斛律洛阳起事于桑乾西，与费也头牧子相结，旋皆为尔朱荣所败。吐谷浑献于梁。三月，高丽献于梁。四月，魏朔州民鲜于阿胡等起事。鲜于修礼败魏师于五鹿。六月，魏绛郡蜀人陈双炽起事，号始建王，旋降。林邑献于梁。七月，魏师破杜洛周于栗园。鲜于阿胡拥朔州流民攻魏恒州。八月，鲜于修礼为部下元洪业所杀，葛荣又杀元洪业自立。魏将尔朱荣袭执肆州刺史。九月，葛荣称皇帝，国号齐，建元广安。就德兴陷魏平州。破六韩拔陵杀胡琛，万俟丑奴尽并胡琛之众。十一月，梁将夏侯亶拔魏寿阳，凡降城五十二，获男女七万五千口。杜洛周陷魏范阳。魏齐州平原民刘树等起事，旋败。魏预征六年租调，罢百官所给酒肉，税邸店，入市者人纳一钱。

外国　　〔林邑〕　是时国王高戍胜铠在位，遣使献于梁，受封为绥南将军、林邑王。

〔意大利〕　东哥特王狄奥多里克卒，其孙阿色拉里克嗣位，以其母为摄政。时东哥特王国所包括之领土，除意大利半岛外，尚有利喜阿（今瑞士）、诺利卡姆（今奥地利与德意志之一部）、班诺尼亚（今奥地利与匈牙利之一部）、达尔马提亚及高卢南部之普罗旺斯与西西里岛等地。

〔西哥特〕　东哥特王狄奥多里克物故后，东西两哥特王国自此分离。

527 年

中 国 丁未 梁普通八年 大通元年 魏孝昌三年

正月，葛荣陷魏殷州，围冀州。莫折念生陷魏岐州，北华、豳州皆应之，关中大扰；念生旋战死，众溃。梁攻魏东豫州及琅邪郡，下穆陵等三关。魏东河郡山民群起，旋降。二月，魏东郡民赵显德杀太守，自号都督，旋败死。三月，梁帝舍身同泰寺，改元大通。林邑、师子国献于梁。魏齐州广川民刘钧自称大行台，清河民房项自称大都督。四月，柔然献于魏。五月，梁拔魏竹邑、萧城。六月，刘钧败死。七月，魏陈郡民刘获、郑辩起事于西华，改元天授，通款于梁，旋败。魏乐安王鉴据邺，附于葛荣；八月，魏破邺，斩乐安王鉴。九月，魏秦州民辛琛自行州事。十月，梁拔魏广陵，获四万余口。梁拔魏涡阳，获三万余口。魏尚书令萧宝寅据关中，杀御史中尉郦道元，自称齐帝，建元隆绪；正平民薛凤贤等据盐池响应宝寅。道元撰水经注，为有名之地理著作。十一月，葛荣陷冀州，十二月，大败魏师。秦州民骆超杀杜粲，降于魏。高丽献于梁。

外 国 〔日本〕 任那不靖，遣兵击之（日本古事记谓继体天皇死于是年）。

〔林邑〕 遣使献于梁。

〔拜占廷〕 东帝查士丁一世任命其侄查士丁尼为奥古斯都。同年查士丁一世卒。

528 年

中 国 戊申 梁大通二年 魏武泰元年 敬宗孝庄皇帝元攸建义元年 永安元年

正月，柔然遣使于梁。杜洛周陷魏定州、瀛州。魏改元武泰。萧宝寅败奔万俟丑奴。魏李洪结诸蛮起事，旋败。葛荣击杀杜洛周。魏讨虏大都督尔朱荣举兵南下。魏胡太后杀魏明帝，立故临洮王世子钊为帝。三月，葛荣陷魏沧州，屠州民什八九。四月，尔朱荣立魏长乐王子攸为帝，是为敬宗孝庄皇帝，沉胡太后及幼帝钊于河，杀王公、官民二千余人，改元建义。魏郢、北青、南荆州降于梁；北海王元颢等亦奔梁。魏诏柔然头兵可汗上书不称臣。五月，魏诏入粟赐爵秩。魏高敖曹等集流民起兵河济之间，旋败。六月，魏河间邢杲集流民十余万户起于北海，称汉王，建元天统。七月，魏光州民刘举起兵濮阳，号皇武大将军，旋败死。万俟丑奴称帝，劫波斯献魏之师子，建元神兽。八月，魏蕃郡民续灵珍起兵附梁，旋败死。九月，尔朱荣击虏葛荣，平冀、定等五州。魏改元永安。十月，梁以魏北海王颢为魏王，送之北还。十二月，葛荣余部韩楼据幽州，魏北边大扰。

外 国 〔新罗〕 讷祇王时，有沙门自高句丽至，民间渐有信佛者。至是圣王始皈依，佛法渐盛。

〔日本〕 初作石人石马于陵前。

〔林邑〕 行国王事高戍律陀罗跋摩献于梁，受封为绥南将军、林邑王。

〔波斯〕 战胜拜占廷帝国。但以后拜占廷军在贝利萨留之指挥下又击败波斯于达拉城。

〔拜占廷〕 查士丁尼一世就位为拜占廷唯一皇帝，任命贝利萨留为大将；进行第一次波斯战争；在宗教方面则取缔亚利安派（Arianism，以耶稣之地位次于上帝，否认三位一体说）、犹太教及异教。

529 年

中 国 己酉 梁大通三年 中大通元年 魏永安二年

正月，梁更定二百四十号将军为四十四班。二月，柔然遣使聘于梁。三月，梁以吐谷浑王阿罗真为宁西将军。四月，魏北海王颢称帝于睢阳，改元孝基。魏尔朱兆等击虏邢杲。五月，魏北海王颢入洛阳，改元建武；魏帝奔河北。六月，尔朱荣入洛阳，迎还魏帝，北海王颢走死。七月，魏听民与官铸永安五铢钱。魏东益州为氐人、蜀人所陷。巴州刺史严始欣以巴州附于梁。九月，梁帝舍身于同泰寺。尔朱荣遣将击虏韩楼，平幽州。万俟丑奴陷魏东秦州。十月，梁改元中大通。十一月，就德兴降魏，营州平。十二月，梁兖州刺史张景邕等叛降魏。梁北兖州僧强聚众起事，称皇帝，土豪蔡伯龙起兵应之，陷北徐州，旋败死。盘盘国献于梁。

外 国 〔高句丽〕 侵百济。

〔百济〕 高句丽来侵，御之不利。

〔拜占廷〕 查士丁尼公布第一次法典（自皇帝哈德良以来一切重要法律之汇编）。同年下令封闭雅典之学校。

〔意大利〕 诺尔细亚之本内地克在半岛南部之蒙泰卡细诺组织修道院，其手订戒律称《本内地克戒律》，为后来西方各修道院之楷模。本内地克派之修道院旋遍设于各地，蔚为天主教会内部之一大势力。千余年来此派共产生教王二十四人，红衣主教二百人，“圣徒”（有功教会者死后由教会封赠）五千人，各类宗教作家一万五千人。

530 年

中国 庚戌 梁中大通二年 魏永安三年（长广王晔建明元年）

正月，魏击斩严始欣。魏东徐州民吕文欣起事，杀刺史，旋败死。四月，魏尔朱天光等击虏万俟丑奴。梁以吐谷浑王佛辅为西秦河州刺史。六月，梁以魏汝南王悦为魏王，送之北还。万俟丑奴部将万俟道洛奔略阳帅王庆云，庆云称帝于水洛城，七月，尔朱天光击掳之，屠水洛。扶南、林邑献于梁。八月，梁山民攻会稽。九月，魏帝杀尔朱荣。十月，尔朱兆等立魏长广王元晔为帝，改元建明。十二月，尔朱兆入洛阳，囚魏孝庄帝，旋杀之，大肆杀掠。魏河西纥豆陵步蕃败尔朱兆于秀容，晋州刺史高欢击斩蕃。魏王悦改元更兴，旋还梁。是岁，梁南北司州刺史陈庆之屡破魏兵，开田六千顷。

外国 〔林邑〕 遣使献于梁。

〔扶南〕 遣使献于梁。

〔拜占廷〕 拜占廷大将贝利萨留败波斯军于达拉。

〔英格兰〕 朱特人占领英格兰南方海中之怀特岛。

〔埃塞俄比亚〕 拜占廷皇帝查士丁尼与埃塞俄比亚（阿比西尼亚）王阿克孙姆缔结同盟，企图通过红海维持与东方之商业（按当时东方商业操于波斯人手中，而波斯又与拜占廷不断战争），但波斯舰队控制阿拉伯海与红海甚严，以此未获结果。

531 年

中国 辛亥 梁中大通三年 魏节闵帝元羽普泰元年 废帝元朗中兴元年

二月，尔朱世隆等废魏长广王晔，立广陵王羽为帝，改元普泰，是为节闵帝。魏清河崔祖螭聚七郡人围东阳。魏幽、安、营、并四州行台刘灵助起兵，称燕王，未几败死。魏前河内太守封隆之等据信都，寻附于高欢。四月，梁昭明太子萧统死。统工诗文，编《文选》。五月，崔祖螭败死。六月，魏高欢起兵信都，讨尔朱氏。十月，欢立勃海太守元朗为帝，改元中兴。魏南兖州民王乞得劫刺史，降于梁。

外国 〔高句丽〕 安藏王死，弟宝延立，是为安原王。

〔日本〕 继体天皇死，安闲天皇即位（二十七代）。

〔波斯〕 国王库巴德死，子科斯洛埃斯嗣位（531—579年）。科斯洛埃斯在位达五十年，萨珊王朝达到极盛时期。他加强国家行政机构，分全国为四大区，每区设巡抚一人，以加强对地方行政的管理。又建公路，置驿站，以利交通。兴修水利，提倡商业，奖励外侨移入，以增加生产。延揽学者，翻译希腊、叙利亚、印度图书；在沙普尔城设立大学，聚集学人，传授生徒。在此时期，波斯建筑、文学，俱达到很高水平，封建制度更得到进一步之发展。马资达克信徒遭杀害甚众。

〔西哥特〕 阿玛拉里克又与法兰克人战，阵亡，修底斯嗣位。

〔汪达尔〕 希尔得里克为其从兄弟该利默废黜，且遭幽禁。该利默被拥立为王。

〔法兰克〕 法兰克人以萨克森人之助征服图林基亚人。

532 年

中国 壬子 梁中大通四年 魏普泰二年 中兴二年 孝武帝元修太昌元年 永熙元年

正月，梁送魏王悦还洛。高欢拔邺。二月，梁以元法僧为东魏王，拟遣北还。闰三月，高欢大破尔朱天光等于邺。四月，高欢前部至洛阳河桥，尽杀尔朱氏之党。高欢废元朗及节闵帝，立平阳王修为帝，是为孝武皇帝，改元太昌。盘盘献于梁。七月，高欢入晋阳，尔朱兆北走。魏夏州民被迁于青州者以郭迁为首起事，据青州，寻败奔梁。十一月，高丽献于梁。十二月，魏改元永兴，寻又改元永熙。

外国 〔高句丽〕 元魏册安原王官爵。

〔新罗〕 驾洛国来附。

〔印度〕 玛尔瓦王雅梭达玛纠集诸国之军（参加者有摩揭陀国王幻日，事见《大唐西域记》卷四），大破嚈哒，嚈哒王逃入喀什米尔，杀其王而自立，残民以逞，杀戮甚多。但自此嚈哒在北印度的统治已被推翻。雅梭达统一北印度的大部，至其死后，国又瓦解。

〔拜占廷〕 查士丁尼企图恢复罗马在西方之势力，与波斯人订立一“永久和平条约”，以结束起自公元 527 年之战争。同年，查士丁尼命大将贝利萨留镇压君士坦丁堡之“尼卡起义”，屠杀三万人，自此建立绝对专制权力（按君士坦丁堡亦袭罗马旧例按时举行马车竞赛，观众每对其拥护之竞赛人高呼“尼卡”〔胜利〕以鼓励之。其后野心家逐渐利用之以掩护其政争，因御者服色之不同而分为蓝绿二派。城中之小商人与劳动人民则因重税及其他压迫而分隶于两派，使起义具有社会性质）。

〔法兰克〕 征服勃艮第王国。

533年

中国 癸丑 梁中大通五年 魏永熙二年

正月，吐谷浑献于梁。魏高欢大破尔朱兆，尔朱兆自杀。梁劳州刺史蛮帅曹凤等附于魏。二月，高车阿至罗种十万户附于魏。四月，魏青州民耿翔聚众起事，扰三齐，陷胶州，降于梁。五月，魏东徐州民王早等杀刺史，降于梁。八月，波斯国遣使于梁。魏以贺拔岳都督雍、华等二十州诸军事，以牵制高欢。九月，盘盘国献于梁。十二月，魏攻梁雍州，扇动诸蛮，拔四城，沔北荡为丘墟。

外国 〔波斯〕 与拜占廷帝国议和，订永久和约，拜占廷向波斯纳黄金一万一千磅。

〔汪达尔〕 拜占廷大将贝利萨留远征北非，进入迦太基城，汪达尔国王该利默亡走，遣使向贝利萨留乞和。

〔拜占廷〕 皇帝查士丁尼下令公布其法典之第二部分——法理会要。此法典精审扼要，将以前罗马旧法典之二百万言缩减为十五万言。与波斯战争虽告结束，但商业仍不能畅通，至是查士丁尼被迫以黄金一万一千磅献波斯王以为恢复东西贸易之条件（传当时紫色之中国丝一磅价格最高涨至黄金十磅）。

534年

中国 甲寅 梁中大通六年 魏永熙三年 东魏孝静帝元善见天平元年

正月，魏高欢击虏河西流民帅纥豆陵伊利，迁其部众于河东。魏东梁州民夷起事，旋定。二月，魏贺拔岳为侯莫陈悦所杀，岳部拥宇文泰为帅。三月，梁以吐谷浑王可沓振为河南王。百济献于梁。四月，魏宇文泰大破侯莫陈悦，悦自杀。氐王杨绍先据武兴，附于宇文泰。六月，高欢督师南下。七月，魏帝奔宇文泰，入长安。高欢入洛阳，大杀魏之大臣。林邑献于梁。八月，梁以氐王杨绍先为秦、南秦二州刺史。十月，高欢立魏清河王世子善见为帝，改元天平，是为孝静帝，旋迁于邺，自是魏分东西。东魏始令常调租赋分别折绢籴粟以备国用。闰十二月，宇文泰鸩杀魏孝武帝。东魏蛮帅樊五能破淅阳，附于西魏。

外国 〔高句丽〕 东魏加安原王官爵。

〔日本〕 日本纪以继体天皇死及安闲天皇即位皆在是年。

〔林邑〕 遣使献于梁。

〔汪达尔〕 汪达尔王该利默向贝利萨留乞降，其所部之汪达尔人被遣送至君士坦丁堡，编入军中，与安息人作战。少数遁走者继续抵抗，三年后始敉平。萨地尼亚、科西嘉及地中海内属于汪达尔人之岛屿，皆传檄而定。汪达尔人自此从历史中消逝。

〔东哥特〕 阿色拉里克染疫卒，其从叔狄奥得都被选为王，因暗杀阿色拉里克之母，引起宫廷内乱。东帝查士丁尼垂涎东哥特王国已久，至是始获得进兵之口实。

〔法兰克〕 狄奥多里克一世卒，修得伯尔特嗣位于麦次（见511年条）。修得伯尔特令其侍臣巴西尼乌斯仿照罗马习惯征收捐税，反对之声四起。同年兼并勃艮第王国。

〔瑞士〕 法兰克人征服勃艮第后，领有今瑞士西部。

535年

中国 乙卯 梁大同元年 西魏文帝元宝炬大统元年 东魏天平二年

正月，梁改元大同。西魏宇文泰立南阳王宝炬为帝，是为文帝，改元大统。东魏高欢大破稽胡刘蠡升，蠡升旋为其部下所杀，胡汉五万余户皆降。二月，高丽、丹丹献于梁。三月，西魏定新制二十四条。滑国王安乐、萨丹王献于梁。四月，波斯国遣使于梁。东魏前青州刺史侯渊起事广川，旋败死。梁攻东魏城父等城。七月，扶南献于梁。梁围西魏晋寿。东西魏高欢宇文泰互相声讨。八月，东魏发民七万六千人作邺宫。十一月，梁克西魏北梁州。梁以氐帅阴平王杨法深为平北将军。十二月，东魏官始量事给禄。是岁，梁鄱阳鲜于琛聚众起事，建元上原，旋败死。东魏以宗室女为公主妻柔然头兵可汗。西魏与柔然约和。

外国 〔日本〕 置屯仓于各部。安闲天皇死，宣化天皇即位（第二十八代）。

〔扶南〕 遣使献于梁。

〔意大利〕 贝利萨留征服西西里岛，又自西西里岛渡海进攻意大利半岛本土。

〔阿尔巴尼亚〕 拜占廷皇帝查士丁尼重行征服伊利里亚中部(今阿尔巴尼亚)。

536 年

中国 丙辰 梁大同二年 西魏大统二年 东魏天平三年

正月,东魏高欢袭拔西魏夏州,迁五千户以归。西魏灵州刺史曹泥附于东魏,高欢遣高车阿至罗骑迎之,拔五千户以归。三月,梁陶弘景死。弘景修道,撰刀剑录等书。九月,东魏命侯景攻梁。十月,梁大举击东魏,侯景败走。十二月,梁与东魏和。东魏高欢督军攻西魏。是岁,西魏关中大饥,人相食。阮孝绪死。孝绪著有《七录》等书。

外国 〔高句丽〕 遣使朝于东魏。

〔新罗〕 初立年号为建元元年。

〔意大利〕 贝利萨留占领拿波里与罗马。同年法兰克人亦入侵意大利半岛北部,东哥特王威涤基斯被迫以高卢南部之普罗旺斯献之,法兰克人始退去。东帝查士丁尼欲见好于法兰克人,立予承认。

〔法兰克〕 契尔特伯特(巴黎王)约在此时颁布对谋杀与抢劫处以死刑之法律。此为与当时法兰克人私有财产发展相适应之措施。

537 年

中国 丁巳 梁大同三年 西魏大统三年 东魏天平四年

正月,西魏宇文泰大破高欢军,欢退。七月,东魏遣使聘于梁。八月,西魏宇文泰拔东魏恒农,河北城堡降附甚众。九月,柔然攻东魏。闰九月,高欢自将击西魏,十月,至沙苑,为宇文泰所败,丧甲士八万。蒲坂民敬珍聚众万余邀欢,斩获甚众,以河东六县归西魏。泰别将陷东魏洛阳,河南诸郡多降。十一月,梁遣使聘于东魏。东魏河间邢磨纳等起兵海隅,以应西魏。东魏濮阳民杜灵椿聚众起事,寻败。是岁,萧子显死。子显撰《南齐书》。

外国 〔日本〕 遣兵救任那,并留兵备三韩。

〔拜占廷〕 查士丁尼及其后狄奥多拉在君士坦丁堡建圣索菲亚教堂,落成。此堂至今犹存在。

〔意大利〕 东哥特王威涤基斯围攻贝利萨留于罗马;贝利萨留大败东哥特人,追奔逐北,淹有半岛全部。

538 年

中国 戊午 梁大同四年 西魏大统四年 东魏元象元年

正月,东魏改元元象。二月,东魏复河南四州。西魏以宗女为公主妻柔然可汗弟塔寒,西魏帝又纳阿那瓌女为后。三月,吐谷浑、柔然遣使聘于梁。五月,东魏遣使聘于梁。七月,东魏围洛阳。八月,西魏大破之。西魏关中大乱,逾月定。九月,东魏击平邢磨纳等。十月,梁遣使聘于东魏。十二月,梁皇侃上所撰礼记义疏。东魏以民多避役出家,禁擅立佛寺。东魏改崔亮选举依年劳之制。

外国 〔新罗〕 灭阿尸良国。

〔百济〕 移都泗沘,国号南扶余。

539 年

中国 己未 梁大同五年 西魏大统五年 东魏元象二年 兴和元年

八月,扶南国献于梁。九月,东魏发民十万城邺,四十日罢。十月,东魏改元兴和。十一月,东魏遣使聘于梁。东魏行兴光历。梁分州为五等。

外国 〔日本〕 宣化天皇死。

〔扶南〕 国王留陀跋摩遣使献于梁。

〔拜占廷〕 匈奴人再度蹂躏巴尔干半岛。

〔意大利〕 法兰克人复于本年进攻意大利,自东哥特人手中夺获北部威尼西亚等地区,至553年后始被拜占廷总督逐出。

540 年

中国 庚申 梁大同六年 西魏大统六年 东魏兴和二年

正月,西魏铸五铢钱。五月,吐谷浑献于梁。七月,东魏遣使聘于梁。八月,盘盘国献于梁。吐谷浑可汗夸吕遣使聘于东魏。

外国 〔新罗〕 法兴王死,弟之子彡麦宗立,是为真兴王,年七岁,太后摄政。

〔日本〕 钦明天皇即位(二十九代)。编留居"秦人"七千五十三户之户籍。

〔拜占廷〕 波斯人侵叙利亚,大掠安提阿喀(按安提阿喀在经济与人口方面俱为东帝国当时之第二大城),查士丁尼令贝利萨留东返,率帅御之。匈奴人、保加尔人及斯拉夫人(南支),渡多瑙河,侵巴尔干区,南下至哥林多地峡。

〔意大利〕 东哥特王威涤基斯于献其最后据点拉温那于贝利萨留后，被俘获，送至君士坦丁堡，后三年卒。东哥特人拥狄奥得巴得为王。

〔波斯〕 与拜占廷帝国间之战争又起，此次战争延续二十二年（540—562年）。

541年

中国 辛酉 梁大同七年 西魏大统七年 东魏兴和三年

二月，梁以宕昌王梁弥定为河、梁二州刺史。三月，宕昌、高丽、百济、滑各献于梁。西魏夏州刺史刘平伏据城自立，旋败。五月，梁遣使聘于东魏。九月，柔然遣使聘于梁。西魏颁六条诏书于牧守令长。十月，东魏颁行新法令，号麟趾格。东魏发民五万筑漳滨堰，三十五日罢。十二月，东魏遣使聘于梁。梁交州豪李贲结连郡县豪民起事，逐刺史。是岁，西魏增新法制十二条。东魏定调绢以四十尺为匹。东魏丰收，谷斛九钱。

外国 〔百济〕 遣使如梁求毛诗博士、涅槃经义、工匠、画师。

〔日本〕 命百济兴复任那，未成。

〔南越 万春〕 李贲，本北人，七世居交州。时梁刺史萧谘酷虐，贲率众起义，据龙编；萧谘遁。

〔意大利〕 东哥特王狄奥得巴得为其近卫军所杀，伊拉里克被选继位，但以其与查士丁尼进行谈判，又为部曲废黜，别选托提拉代之。

542年

中国 壬戌 梁大同八年 西魏大统八年 东魏兴和四年

正月，梁安城民刘敬躬聚众据郡起事，建元永汉，旋败死。二月，西魏初置六军。四月，东魏遣使聘于梁。十月，东魏高欢自将攻西魏玉壁，无功而还。十二月，东魏遣使聘于梁。梁遣将击交州，李贲溃退。

外国 〔南越 万春〕 梁兵来攻，溃退。

〔波斯〕 与拜占廷战不利，至是再媾和。

〔拜占廷〕 黑死疫流行于君士坦丁堡及帝国其他各地，达三月之久，仅君士坦丁堡一处，每日死者自五千至一万人不等。

〔意大利〕 托提拉占领拿波里。

〔西哥特〕 法兰克人侵西班牙，修底斯击退之。

543年

中国 癸亥 梁大同九年 西魏大统九年 东魏武定元年

正月，东魏改元武定。二月，梁诏江州民三十家出奴婢一户配司州。东魏北豫州刺史高仲密降西魏。三月，高欢、宇文泰战于洛阳，泰败退关中。四月，林邑攻李贲，败还。清水氏帅李鼠仁反西魏，寻降。西魏徙氐豪四千余人并部落于华州。八月，东魏遣使聘于梁。十一月，东魏筑长城于肆州北山，西自马陵，东至土墱，四十日罢。

外国 〔日本〕 百济献货财及奴。

〔南越 万春〕 林邑王扰日南，败于九德。

〔扶南〕 遣使献于梁。

544年

中国 甲子 梁大同十年 西魏大统十年 东魏武定二年

正月，李贲称帝，国号越，建元天德。五月，东魏遣使聘于梁。七月，西魏更度量衡制，又损益所颁律令三十六条为五卷行之。十月，东魏遣使诸州括户，得无籍者六十余万。十一月，东魏袭破汾州稽胡，俘万余户配诸州。东魏命魏收修国史。

外国 〔日本〕 百济陈兴复任那之策。肃慎船至。

〔新罗〕 初立佛寺，许度僧尼，广建佛刹。

〔南越 万春〕 李贲称南越帝，国号万春，建元天德，置百官。

〔意大利〕 贝利萨留奉命重赴意大利。

545年

中国 乙丑 梁大同十一年 西魏大统十一年 东魏武定三年

正月，东魏遣使聘于梁。东魏仪同尔朱文畅谋杀高欢，事泄，死。二月，东魏帝纳吐谷浑可汗从妹。西魏遣使通于突厥。六月，西魏诏令皆仿大诰体。梁将陈霸先大破李贲。柔然可汗阿那瓌以女妻高欢。十月，东魏遣使聘于梁。是岁，皇侃死。侃著有论语义疏等书。

外国 〔高句丽〕 安原王死，子平成立，是为阳原王。

〔新罗〕 命修国史。

〔百济〕 为日本天皇造丈六佛像。

〔日本〕 援百济。

〔南越 万春〕 梁将陈霸先等来攻，李贲败至嘉宁。

〔拜占廷〕 查士丁尼以黄金二千磅献波斯王克哈斯劳（亦作卡斯鲁，或科斯罗埃斯），订五年休战条约。

〔意大利〕 托提拉攻罗马，贝利萨留兵力单薄，无法御之。

546 年

中国 丙寅 梁大同十二年 中大同元年 西魏大统十二年 东魏武定四年

正月，李贲败奔新昌僚洞中，梁复交州。二月，西魏凉州、瓜州乱，旋平。四月，梁改元中大同。七月，东魏遣使聘于梁。梁禁用破陌钱。八月，东魏迁洛阳石经五十二碑于邺。九月，李贲复出，陈霸先再大破之，贲奔屈僚洞中。渴槃陀献于梁。东魏高欢围西魏玉壁，死伤七万人，无功而退。

外国 〔日本〕 赐百济马及战船。

〔南越 万春〕 陈霸先陷嘉宁，李贲入新昌，收兵反攻，又败，贲入屈僚地，命大将赵光复守国。

〔意大利〕 托提拉占领罗马，次年贝利萨留夺回之。

547 年

中国 丁卯 梁中大同二年 太清元年 西魏大统十三年 东魏武定五年

正月，东魏高欢死。河南大行台侯景降西魏，封上谷公；景又降梁，封河南王。三月，梁帝舍身于同泰寺。梁遣将援侯景。四月，梁改元太清。东魏遣使聘于梁。五月，西魏以援侯景为名，出兵东下。八月，梁大举击东魏。东魏帝谋除大将军高澄事泄，澄幽之，杀同谋者。十一月，东魏将慕容绍宗大败梁兵。十二月，侯景请梁立元氏一人为魏主，梁以元贞为咸阳王，令北还，待渡江即位。慕容绍宗攻侯景于涡阳，大败。

外国 〔日本〕 百济请兵救任那，继又遣使请停援兵。

〔南越 万春〕 赵光复退保夜泽。

〔英格兰〕 盎格罗酋长爱达建柏尼西亚王国。

〔法兰克〕 奥斯达拉西亚王修得柏尔特卒，人民因衔恨租税之故，杀巴西尼乌斯于特勒夫（见 534 年条）。

548 年

中国 戊辰 梁太清二年 西魏大统十四年 东魏武定六年

正月，东魏大败侯景，景奔寿阳，梁将之击东魏者皆溃退。二月，梁与东魏复通。三月，梁以高丽世子息为高丽王、乐浪公。屈僚洞僚人杀李贲，贲兄天宝入九真，率残部攻爱州，陈霸先击平之。五月，梁遣使聘于东魏。八月，侯景反，据寿阳。十月，侯景围建康，梁临贺王正德附之。十一月，正德称皇帝，改元正平。十二月，梁各方援军屡败于侯景。

外国 〔高句丽〕 侵百济，为新罗援兵所败。

〔百济〕 高句丽来侵，新罗援兵至败之。

〔南越 万春〕 李贲死于屈僚地。贲自起至败共七年，越史称为前李南帝。时赵光复仍在夜泽与梁相持，国人称之为夜泽王。

〔拜占廷〕 约在此时期设立皇家丝织场，并任命伯爵一人管理之。丝织场之工作为用中国丝织造绸缎，或伪造中国绸缎。数年后又在叙利亚之安提阿喀与贝鲁特等地增设此类工场。

〔意大利〕 贝利萨留奉命东返，托提拉再占罗马。

〔法兰克〕 修得巴得继修得伯尔特于麦次。

〔西哥特〕 宫廷变乱叠起，六年内凡三易主。

549 年

中国 己巳 梁太清三年 西魏大统十五年 东魏武定七年

二月，侯景伪请和，梁拜为大丞相。三月，侯景破台城。梁青、冀、东徐、北青等州皆陷于东魏。四月，东魏高澄为相国，封齐王。五月，梁武帝死，皇太子纲嗣，是为太宗简文皇帝。梁免北人为奴婢者以万计。西魏诏太和中代人改汉姓者皆复旧。六月，东魏陷西魏长社。梁湘东王绎为大都督中外诸军事、假黄钺，承制，嗣绎与河东王誉相攻。侯景杀梁临贺王正德。七月，梁广州刺史元景仲附侯景，陈霸先起兵攻之，景仲自杀。八月，东魏高澄为下所杀。九月，梁岳阳王詧攻湘东王绎，败还。詧寻附于西魏。陈霸先起兵讨侯景。东魏陷梁司州，于是尽有淮南地。

外国 〔新罗〕 梁使来送佛舍利，僧人前入梁求法者与俱还。

〔百济〕 遣使于梁，值侯景乱，被囚，景平始还。

〔拜占廷〕 查士丁尼遣兵援助黑海东岸反抗波斯之拉西人，以此再度引起与波斯之战争。

550 年

中国

庚午　梁太清四年　梁简文帝萧纲大宝元年　西魏大统十六年　东魏武定八年　齐显祖文宣皇帝高洋天保元年

正月，梁改元大宝。东魏高洋为丞相、齐郡王。梁邵陵王纶为都督中外诸军事、假黄钺、承制。西魏陷梁安陆，尽有汉东之地。二月，梁湘东王绎送质西魏，请为附庸。宕昌羌内哄，渭州民郑五丑与羌帅傍乞铁匆起事，西魏击定之。四月，梁湘东王绎攻杀河东王誉，下令讨侯景。五月，高洋称皇帝，改元天保，是为北齐显祖文宣皇帝。以东魏帝为中山王，寻杀之，东魏亡。齐复给百官禄。六月，西魏封梁岳阳王詧为梁王。梁高州刺史李迁仕起事，高凉太守冯宝妻冼氏袭败之。七月，梁益州沙门孙天英聚徒攻州城，败死。八月，齐重定律令，又立九等户法。九月，西魏攻齐。梁湘东王绎攻邵陵王纶，纶败，请附于齐。齐封为梁王。侯景为相国，封汉王。十月，氐帅杨法琛据黎州，附于西魏。侯景自称宇宙大将军、都督六合诸军事。十一月，西魏退师，洛阳以东皆入于齐。是岁西魏作府兵。齐行天保历。

外国

〔高句丽〕 与百济构兵，新罗乘机取利。北齐授阳原王官爵。

〔百济〕 与高句丽构兵。

〔日本〕 赐百济矢。百济遣使献高句丽俘。

〔南越〕 赵光复败梁兵，入龙编，称王，后迁武宁。时李贲兄天宝败奔哀牢境桃江源头野能洞，因称桃郎王，国号为野能。

〔突厥〕 开始迁徙。

551 年

中国

辛未　梁太清五年　梁大宝二年　西魏大统十七年　齐天保二年

二月，西魏陷汝南，杀梁邵陵王纶。齐遣使聘于梁湘东王绎，绎遣使报聘。梁击破氐帅杨法琛。三月，西魏文帝死，子钦嗣，是为废帝。齐以梁湘东王绎为梁相国。四月，侯景督师西上取郢州。六月，侯景败于巴陵，所取城戍皆失。突厥土门可汗破铁勒，请婚于柔然被拒；又请婚于西魏，西魏以公主妻之。八月，侯景废梁简文帝为晋安王，逾月杀之，又杀太子及诸王，立豫章王栋为帝，改元天正。九月，盘盘献于梁湘东王绎。十一月，侯景称帝，国号汉，建元太始，废栋为淮阴王，幽之。

外国

〔高句丽〕 突厥来侵。新罗侵取十郡。

〔新罗〕 改元开国。结百济侵高句丽取十郡。

〔日本〕 赐百济麦种千石。

552 年

中国

壬申　梁太清六年　梁大宝三年　梁世祖元皇帝承圣元年　西魏废帝元钦元年　齐天保三年

正月，齐破库莫奚，俘四千人。突厥土门可汗大破柔然，阿那瓌自杀，其子庵罗辰等奔齐，柔然余众立铁伐为主。二月，梁湘东王绎大发兵讨侯景。三月，大将王僧辩、陈霸先等破建康，侯景东走，寻为部下所杀。四月，梁武陵王纪称帝于成都。改元天正。五月，齐遣使聘于梁湘东王绎；绎以平侯景，遣使告于齐及西魏。齐攻梁秦郡，陈霸先大破之，斩万余级。西魏陷梁南郑，获二万口而还，于是梁剑以北皆失。六月，齐遣使聘于梁。七月，西魏安康人黄众宝起事，围东梁州，逾三月复降。十月，齐于黄栌岭起长城，北至社平戍，四百余里，置三十六戍。十一月，梁湘东王绎称帝于江陵，改元承圣，是为世祖元皇帝。梁湘州长史陆纳据长沙，攻衡州。梁武陵王纪自成都督师东下。

外国

〔日本〕 百济献佛像、经论。时权臣物部氏、苏我氏对佛像、佛经之拒受，意见不同；天皇乃以百济所献者赐主张接受者之苏我氏。不久，国内疫作，物部氏谓为神怒佛像所致，天皇乃取前与苏我氏之佛像投之江。

〔拜占廷〕 为减少拜占廷丝业对波斯之倚赖性，皇帝查士丁尼曾派遣熟悉东方情形之聂斯托里派（景教）僧侣二人潜赴中国，偷运蚕卵（实于挖空之竹杖中），至是返抵君士坦丁堡，是为西方世界有丝业之开始。

〔意大利〕 东帝查士丁尼派近侍（太监）纳西斯为西征统帅，率大队佣兵自意大利半岛北部南下。明年，大败东哥特人于泰吉拉。托提拉负重伤，旋卒。东哥特王国亡。东帝自此又恢复在意大利之统治。

〔法兰克〕 进攻日耳曼中部之巴伐利亚人。

〔罗马〕 修道僧代俄尼喜阿斯·埃克斯古阿斯约在此时倡议使用耶稣生年为年代记之开始，此为今公历纪元之滥觞。

553 年

中国 癸酉 梁承圣二年 西魏废帝二年 齐天保四年

正月，山胡围齐离石，旋退。齐铸常平五铢钱。二月，陆纳推营州刺史李洪雅为主，号大将军。柔然内哄，三易可汗。三月，突厥乙息记可汗献马于西魏。西魏攻梁益州。吐谷浑可汗夸吕通使于齐。六月，陆纳降，湘州平。七月，梁武陵王纪败死。八月，西魏陷益州。十月，齐大破契丹，虏十余万口，杂畜百万。闰十月，梁大破齐于东关。十一月，柔然为突厥所逼，举国奔齐；齐以庵罗辰为可汗，处之马邑川。齐败突厥。十二月，齐宿预民东方白额起事附于梁，江淮诸郡多响应。

外国 〔新罗〕 以王宫为佛寺。取百济东北边地。

〔日本〕 百济乞援兵。百济之医、易、历等学博士更番来往。

〔拜占廷〕 查士丁尼准许伦巴人入居诺利卡姆与班诺尼亚，并利用彼等共同敌对东哥特人。

〔希腊〕 6世纪后半期起，斯拉夫人开始进入希腊，至7世纪前半期，斯拉夫人已成为在希腊半岛定居之农业民族。至于各地城市则仍在希腊旧居民手中。

554 年

中国 甲戌 梁承圣三年 西魏废帝三年 恭帝元廓元年 齐天保十五年

正月，齐破石楼山胡。梁陈霸先等围齐广陵、泾州。西魏作九命之典以叙官，改流外品为九秩。西魏宇文泰废其主钦，立齐王廓，是为恭帝，去年号，称元年。三月，西魏及齐皆遣使聘于梁。柔然可汗庵罗辰反齐，齐大破之，虏三万余口。梁遣使聘于西魏。五月，西魏直州人乐炽、洋州人黄国起事，败降，巴濮民夷皆降。蛮帅向五子王陷白帝城，寻败。柔然乙旃达官扰西魏，败走。六月，齐发兵援泾州，梁解围走。柔然扰齐，败，失名王数十。邓至羌附于西魏。九月，西魏开回车路五百余里以通汉中。十月，西魏大发兵攻梁，十一月入江陵，梁元帝降，旋被杀。十二月，西魏以荆州之地予梁王詧，大掠江陵，虏数万口为奴婢，屠老弱。王僧辩、陈霸先等共奉梁晋安王方智为太宰，承制，还建康。

外国 〔新罗〕 百济王来侵，阵死。

〔百济〕 圣王以新罗与高句丽通好，督兵攻之，殁于阵，大溃。子昌立，是为威德王。

〔日本〕 百济五经博士王柳贵来。遣兵救百济。

〔波斯〕 与突厥共灭厌哒，分有其地，厌哒亡。

〔意大利〕 法兰克人侵意大利，为纳西斯所败。意大利半岛经数十年战祸，经济益趋衰落。罗马城原有人口五十余万，至此仅余五万人，教皇权力则乘机扩大。

〔西哥特〕 贝利萨留奉东帝命远征西班牙，占领半岛东南部，以之为东罗马一行省，建首府于科尔多瓦。阿塔那吉尔特继位为西哥特王。

555 年

中国 乙亥 梁承圣四年 梁敬皇帝萧方智绍泰元年 后梁中宗宣皇帝萧詧大定元年 西魏恭帝二年 齐天保六年

正月，梁王詧称帝于江陵，改元大定，称藩于西魏，史称后梁，是为中宗宣皇帝。齐立梁贞阳侯渊明为帝，遣兵卫送。二月，梁晋安王方智即梁王位于建康。三月，西魏免梁俘为奴婢者数千人。五月，王僧辩迎贞阳侯渊明入建康，即皇帝位，改元天成，以晋安王方智为皇太子，称藩于齐。六月，齐发民一百八十万人筑长城，自幽州夏口西至恒州，九百余里。齐悉遣梁民南还。七月，齐击柔然，俘二万余口。八月，齐令道士皆剃发为沙门。九月，陈霸先袭杀王僧辩，废贞阳侯渊明，十月，立晋安王方智为帝，改元绍泰，仍称藩于齐。霸先为尚书令、都督中外诸军事。梁震州刺史杜龛、吴郡太守王僧智等据地抗命。梁谯、泰二州刺史徐嗣徽附于齐，袭建康，据石头。十一月，齐遣兵援嗣徽，十二月，陈霸先大破之，因约和。是岁，西魏诸王降爵为公。突厥破柔然，又西败厌哒，东逐契丹，遂为北方大国。

外国 〔日本〕 百济王子惠来。

〔南越〕 李天宝死，族人李佛子统其众。

〔阿伐尔人〕 属于突厥族之阿伐尔人，约在此时，自南俄草原西迁至多瑙河下游流域，旋定居于德喜阿，但至8世纪末逐渐与斯拉夫人同化。

〔意大利〕 纳西斯奉命为意大利总督，以拉温那为首府。

〔法兰克〕 克洛特尔并修得巴得之王国，同年征服巴伐利亚。

〔拜占廷〕 约在此年，皇帝查士丁尼命人将育蚕、缫丝之方法自中国传入拜占廷。巴尔干半岛南部原富产桑树。

556年

中国　丙子　梁绍泰二年　梁太平元年　后梁大定二年　西魏恭帝三年　齐天保七年

正月，西魏仿周礼建六官。杜龛败死，王僧智等奔齐。二月，梁东扬州反陈霸先，寻败。梁江州刺史侯瑱据州抗陈霸先。三月，梁诏杂用古今钱。齐破鲁阳蛮。齐大发兵攻梁，五月至秣陵故治，六月至建康，陈霸先大破之，俘齐将帅四十六人。梁湘州刺史附于齐及西魏。齐发丁匠三十余万修宫殿。七月，侯瑱降。八月，西魏破陵州僚。九月，梁改元太平；陈霸先为丞相、录尚书事。突厥袭破吐谷浑，至青海。十月，齐发山东寡妇以配军。西魏太师宇文泰死，子觉嗣，封周公，泰犹子（侄）护总军国事。十一月，齐大并省州郡。十二月，齐自西河总秦戍筑长城，东至于海，前后所筑凡三千余里，十里一戍，要害处置州镇二十五。庚子晦，西魏恭帝"禅位"于宇文觉。

外国　〔日本〕　遣将守百济要害。于倭国高市郡置百济人、高句丽人屯仓。

557年

中国　丁丑　梁太平二年　陈高祖武皇帝陈霸先永定元年　后梁大定三年　齐天保八年　周孝闵帝宇文觉元年　世宗明皇帝宇文毓元年

正月，西魏周公宇文觉称天王，是为孝闵帝；以西魏恭帝为宋公，寻杀之，西魏亡。周除市门税。吐谷浑掠周凉、河等州。二月，梁广州刺史萧勃起兵，四月被杀。四月，梁铸四柱钱，一当二十，旋改为当十；禁细钱。齐请和于梁。五月，梁陈霸先遣将击王琳，大败。九月，梁进陈霸先为相国，总百揆，封陈公。周晋公护废天王觉为略阳公，寻杀之；立宁都公毓为天王，是为世宗明皇帝。十月，陈霸先进爵陈王，寻称皇帝，改元永定，是为高祖武皇帝；以梁帝为江阴王，寻杀之。十二月，陈遣使招降闽中土豪。齐于长城内筑重城，自库洛拔东至坞纥戍，凡四百余里。

外国　〔南越〕　李佛子与赵光复交兵，寻划界讲和。

558年

中国　戊寅　陈永定二年　后梁大定四年　齐天保九年　周明帝二年

正月，王琳请援于齐，请纳梁永嘉王庄主梁祀。三月，齐北豫州刺史司马消难奔周。齐送梁永嘉王庄还为帝，改元天启；以王琳为侍中、大将军、中书监。五月，陈武帝舍身于大庄严寺。六月，齐置大都督府，与尚书省分理众务，开府置佐。八月，陈罢击王琳之军。是岁，陈高凉太守冯宝死，妻冼氏代掌诸事。后梁略取长沙、武陵等郡。

外国　〔拜占廷〕　匈奴人与南支斯拉夫人于占领色雷斯后，进逼君士坦丁堡，贝利萨留率兵拒之，大败前者。黑死疫本年再流行。

〔法兰克〕　克洛特尔（克洛维四子中之独存者）重行统一法兰克全部土地，嗣位为"王"，称克洛特尔一世。此为色利克律在王位继承中之首次实行。

559年

中国　己卯　陈永定三年　后梁大定五年　齐天保十年　周武成元年

二月，齐取周文侯镇，立戍。三月，吐谷浑扰周边，周大破之，拔二城，立为洮州。五月，齐大杀元氏。六月，陈武帝死，犹子（侄）临川王茜嗣，是为世祖文皇帝。八月，周天王始称皇帝，建元武成。十月，齐文宣帝死，皇太子殷嗣，是为废帝。十一月，王琳攻陈大雷戍。

外国　〔高句丽〕　阳原王死，子阳成立，是为平原王。

560年

中国　庚辰　陈世祖文皇帝陈茜天嘉元年　后梁大定六年　齐废帝高殷乾明元年　齐肃宗孝昭皇帝高演皇建元年　周武成二年

正月，陈改元天嘉。齐改元乾明。二月，齐助王琳攻陈，至芜湖，大败；王琳及梁永嘉王庄皆奔齐。齐常山王演杀大臣，自为大丞相、录尚书事。三月，陈通好于周。四月，周晋公宇文护杀周明帝，立鲁公邕，是为高祖武皇帝。七月，陈令民不问侨旧，悉令着籍。八月，齐常山王演为帝，改元皇建，是为肃宗孝昭皇帝，以废帝为济南王。周略取陈武陵，陈遣将迎击之，十月，破周师于杨叶洲。十月，齐侵库莫奚，大掠而还。是岁，齐修石鳖等屯田，开督亢陂。

外国　〔高句丽〕　北齐授平原王官爵。

〔日本〕　新罗使来。

〔英格兰〕 盎格鲁人在英格兰东北（今约克郡一带）建提伊拉王国。

〔意大利〕 6世纪时之名史学家马格拉斯·奥理略·喀西阿多拉斯约在此时卒。

561年

中国 辛巳 陈天嘉二年 后梁大定七年 齐皇建二年 齐世祖武成皇帝高湛太宁元年 周高祖武皇帝宇文邕保定元年

正月，周改元保定。三月，周改八丁兵为十二丁兵，率岁一月而役。六月，周遣使聘于陈。七月，周铸布泉，一当五，与五铢并行。十月，霍州西山蛮附于陈。十一月，齐孝昭帝死，弟长广王湛嗣，改元太宁，是为世祖武成皇帝。周陈互遣使通聘。高句丽献于陈。十二月，陈榷盐酒。陈以缙州刺史留异抗征，遣兵击之。

外国 〔高句丽〕 使朝于陈。

〔法兰克〕 克洛特尔卒，其四子又第二次分割法兰克之统治权：查利伯尔特——巴黎；贡特拉姆——奥尔良；西哲柏特——麦次；契尔培利克——斯瓦松。

562年

中国 壬午 陈天嘉三年 后梁大定八年 后梁世宗孝明皇帝萧岿天保元年 齐太宁二年 河清元年 周保定二年

正月，周凿河渠于蒲州、龙首渠于同州。闰二月，陈以百济王余朗为抚东大将军，高句丽王高阳为宁东将军。陈江州刺史周迪起兵应留异。陈铸五铢钱，一当鹅眼钱十。齐遣使聘于陈。后梁宣帝死，皇太子岿立，改元天保，是为世宗孝明皇帝。三月，留异败奔晋安。四月，齐改元河清。周始令受封爵者户邑听寄食他县。八月，陈遣使聘于齐。十一月，齐遣使聘于陈。

外国 〔高句丽〕 陈授平原王官爵。

〔新罗〕 灭大加耶（任那日本府所在），以其地为郡。

〔日本〕 以任那为新罗所灭，遣兵攻之，破高句丽兵。

〔拜占廷〕 查士丁尼与波斯人缔结五十年和平条约。拜占廷帝国保有黑海东岸之拉西王国，但每年须向波斯人纳金币三万枚。查士丁尼因东方丝绸贸易之利益甚大，而又别无可通之道（查士丁尼曾厚结非洲东北之埃塞俄比亚王，企图取道红海，但困难甚巨，故作罢），故忍辱屈服。

〔阿伐尔人〕 入侵图林几亚，为法兰克人击败，因与伦巴人结同盟。565年共灭哲彼提人（居德喜阿，即多瑙河下游河曲）。

563年

中国 癸未 陈天嘉四年 后梁天保二年 齐河清二年 周保定三年

正月，干陀利国献于陈。周迪败奔晋安。二月，周造大律十五篇。三月，齐筑长城二百里，置十二戍。四月，周于太学行养老礼。六月，齐遣使聘于陈。九月，周迪复出攻扰，又败遁。十月，周与突厥共攻齐。十二月，陈以晋安陈宝应抗命，遣兵击之。

外国 〔高句丽〕 大旱。

〔拜占廷〕 查士丁尼令恢复贝利萨留之官职。

564年

中国 甲申 陈天嘉五年 后梁天保三年 齐河清三年 周保定四年

正月，齐败周兵，突厥大掠而北。三月，齐颁新修律令，更定民受田输租及征调之制。四月，齐周各遣使聘于陈。八月，周与突厥攻齐，无功。九月，突厥入齐幽州，大掠而还。十月，周与突厥大举攻齐。周迪复出攻扰，陷东兴，杀刺史。陈击虏陈宝应、留异，杀之。齐遣使聘于陈。十二月，齐大败周兵于洛阳。是岁，齐山东大水，民多饥死。周灭宕昌，置宕州。新罗、高句丽使朝于北齐。

565年

中国 乙酉 陈天嘉六年 后梁天保四年 齐河清四年 齐后主高纬天统元年 周保定五年

二月，周遣大臣如突厥，迎可汗女为后。四月，齐武成帝禅位于皇太子纬，改元天统。周遣使聘于陈。五月，突厥遣使通于齐。六月，齐遣使聘于后梁。周迪败死。

外国 〔新罗〕 北齐授真兴王官爵。

〔日本〕 处高句丽人来者于山城。

〔拜占廷〕 贝利萨留与查士丁尼本年先后卒，查士丁二世嗣位为皇帝。同年《查士丁尼法典》（共四部分）全部公布。

〔意大利〕 拉温那总督纳西斯以失宠于东后，被撤职，但拒绝东返，相传三年后入侵意大利之伦巴德人即彼所召。

〔伦巴德人〕 伦巴德人以阿伐尔人之助灭哲彼提人（亦为日耳曼蛮族之一支，与哥特人为近亲，居于今罗马尼亚与匈牙利之间）之王国。阿伐尔人自此定居于德喜阿（今罗马尼亚）。

〔苏格兰〕 公元1世纪末，罗马人曾到达苏格兰，但旋即退去。6世纪时，苏格兰居民共有四个不同之民族，其中以匹克特人最盛。至是有来自埃俄那岛之克勒特籍僧科拉姆巴来布教，匹克特王皈依之，自此与基督教文化发生接触。

566 年

中 国 丙戌 陈天康元年 后梁天保五年 齐天统二年 周天和元年

正月，周改元天和。周遣使聘于陈。二月，陈改元天康。四月，陈文帝死，皇太子伯宗嗣，是为废帝。五月，吐谷浑别部附于周，以其地为扶州。六月，齐遣使聘于陈。八月，周迫降信州蛮冉令贤、向五子王等。十一月，周遣使吊陈。是岁，齐始以士人为县令。

外 国 〔新罗〕 使朝于陈。

〔拜占廷〕 拜占廷名史家普罗科庇阿斯约在本年卒（普罗科庇阿斯著有《查士丁尼外史》——亦称《秘史》——等书）。

〔法兰克〕 西哲伯特与契尔培利克分别娶西哥特王之女布隆喜尔与高尔斯温莎二人为妃。

567 年

中 国 丁亥 陈临海王陈伯宗光大元年 后梁天保六年 齐天统三年 周天和二年

正月，陈改元光大。四月，齐遣使聘于陈。五月，陈湘州刺史华皎附于后梁，潜结周师。九月，陈败周师及华皎，皎奔后梁。十二月，陈以孔英哲为奉圣亭侯，奉孔子祀。

外 国 〔日本〕 大水，民饥。

〔法兰克〕 查利伯尔特（见561年条）卒，兄弟三人分割其土地，法兰克王国自此形成三部分：（一）奥斯达拉西亚（东王国），以利姆斯（朗期）为首府，居民之绝大多数为日耳曼人；（二）勃艮第，以奥尔良为首府；（三）纽斯特里亚（西方土地），以斯瓦松为首府。后两部分绝大多数居民为罗马克勒特人（或称高卢罗马人）。契尔培利克杀高尔斯温莎，娶其情妇夫累得贡达。布隆喜尔为其姐妹复仇，嗾使其夫兄弟相战，达十七年之久。勃艮第则依违二者之间。本内地克僧侣始入法兰克，迅速发展，建立寺院甚多。

568 年

中 国 戊子 陈光大二年 后梁天保七年 齐天统四年 周天和三年

正月，齐遣使聘于陈。三月。陈攻后梁江陵，败还。七月，新罗献于陈。八月，周齐通使修好。九月，林邑、狼牙修献于陈。十一月，齐遣使聘于陈。陈安成王顼废陈帝为临海王。周遣使聘于齐。齐武成帝死。周梁州恒稜獠起事，旋定。

外 国 〔拜占廷〕 查士丁二世以其殖蚕技术示突厥使臣。

〔意大利〕 伦巴德人在其酋长阿尔波因之统率下，侵意大利，逐渐征服台伯河迤北诸地。由于伦巴德人之入侵意大利半岛东北部，避居威尼斯海汊中各渔村之人民始有共同之政治组织，并与拜占廷帝国发生联系。

569 年

中 国 己丑 陈高宗宣皇帝陈顼太建元年 后梁天保八年 齐天统五年 周天和四年

正月，陈安成王顼称皇帝，改元太建，是为高宗宣皇帝。周遣使吊于齐。二月，齐遣使聘于周。五月，齐遣使聘于陈。九月，陈左卫将军欧阳纥据广州起事。十二月，周围齐宜阳。周齐互遣使通好。

外 国 〔意大利〕 伦巴德人自意大利进攻高卢，至571年无功而退。

570 年

中 国 庚寅 陈太建二年 后梁天保九年 齐武平元年 周天和五年

正月，齐改元武平。齐遣使聘于陈。齐破周围宜阳之师。二月，欧阳纥败死。五月，齐遣使吊陈太后丧。六月，新罗献于陈。八月，陈攻后梁江陵，不利。十一月，高句丽献于陈。十二月，周迫降越巂夷，置西宁州。齐攻周汾北地。

外 国 〔百济〕 北齐授威德王官爵。

〔叙利亚〕 史家伊发格利阿斯约在此时著《叙利亚教会史》，伊发格利阿斯约在公元594年逝世。

〔瑞士〕 伦巴德人入侵今瑞士南部。

571 年

中 国 辛卯 陈太建三年 后梁天保十年 齐武平二年 周天和六年

正月，齐遣使聘于陈。齐败周于汾北。四月，齐遣使聘于陈。周取齐宜阳等九城。五月，周遣使聘于陈。新罗、丹丹、天竺、盘盘等国献于陈。六月，齐取周汾州，又取周四戍。七月，齐琅邪王俨杀幸臣和士开；九月，齐帝杀俨。周齐互遣使通聘。十月，周遣使聘于陈。是岁，周以平都等州予后梁。

外国　〔日本〕　钦明天皇死。遗诏命兴复任那。

〔南越〕　李佛子败盟，攻赵光复，光复败死，佛子遂迁都峰州。光复自起至败凡二十三年，越史称之为赵越王。

〔阿拉伯〕　伊斯兰教创始人穆罕默德生于阿拉伯之麦加城。

〔意大利〕　巴维亚于固守三年之后，为阿尔波因所陷，阿尔波因建之为首府。东罗马在意大利半岛所保有者为威尼斯、热那亚、立古利亚、拿波里以及南大意利之大部分地区，仍以拉温那为首府。罗马城则在教皇统治之下，成为独立区域。此为6世纪末起意大利之三政治中心。

〔英格兰〕　西萨克森人向北发展，占领乌斯河（在约克郡）上游流域及塞弗恩河流域。东盎格鲁始建国。

572年

中国　壬辰　陈太建四年　后梁天保十一年　齐武平三年　周天和七年　建德元年

正月，周分遣使聘于突厥及齐。三月，扶南、林邑献于陈。周杀宇文护及其诸子，改元建德。四月，周遣使聘于齐。六月，齐杀丞相斛律光。七月，陈遣使聘于周。八月，周遣使聘于陈。十月，周免所虏江陵人充官口者为民。周遣使聘于陈。是岁，突厥木杆可汗死，国内渐呈分裂之象。魏收死。收著有《魏书》。

外国　〔新罗〕　改元鸿济。

〔百济〕　使朝于北齐。

〔日本〕　敏达天皇即位（三十代）。

〔拜占廷〕　又与波斯人发生战争，数获小胜。

〔西哥特〕　西哥特王琉维吉尔德自拜占廷控制下夺回数城。

573年

中国　癸巳　陈太建五年　后梁天保十二年　齐武平四年　周建德二年

正月，齐遣使聘于陈。二月，齐置文林馆，撰修文殿御览。周遣使聘于齐。三月，陈以吴明彻都督征讨诸军，大举攻齐，连克数十城、戍，十月，下寿阳，至十二月，几尽复江北及淮、泗诸地。

外国　〔意大利〕　伦巴德王阿尔波因为其妻所杀，克里甫继位。伦巴德人逐渐向意大利南部发展。伦巴德人于征服新土地以后，以之分配于本族人民，征取收获物三分之一，死者及逃亡者之土地则没收之，被分配之土地皆有充分产权。

574年

中国　甲午　陈太建六年　后梁天保十三年　齐武平五年　周建德三年

二月，齐朔州行台高思好以清君侧为名，举兵，未几败死。四月，齐遣使吊周太后之丧。五月，周禁佛道二教，毁经像，勒僧道还俗。六月，周铸五行大布钱，一当十，与布泉并行。七月，周卫王直率徒党攻宫城，败死。九月，周遣使聘于陈。

外国　〔新罗〕　铸丈六佛像成，用铜三万五千余斤。

〔日本〕　高句丽使来。新罗使来奉献。

〔拜占廷〕　查士丁二世任命禁卫军统帅提比留为凯撒，与之共理国政。

〔意大利〕　伦巴德人再入高卢，法兰克人大败之。

575年

中国　乙未　陈太建七年　后梁天保十四年　齐武平六年　周建德四年

三月，周遣使于齐以观衅。七月，周大举攻齐。八月，周遣使聘于陈。九月，周取齐三十余城。闰九月，陈大败齐于吕梁。

外国　〔日本〕　使人赴新罗、百济。增新罗献物。

〔拜占廷〕　与波斯媾和。

〔法兰克〕　奥斯达拉西亚王西哲伯特与纽斯特利亚王契尔培利克战。契尔培利克之妻夫累得贡达遣刺客杀西哲伯持。同年西哲伯特之子契尔德伯特二世嗣位为奥斯达拉西亚王，自此与纽斯特利亚之战事连绵不断。

〔意大利〕　伦巴德王克里甫遇刺殒命，自此十年无君。

576年

中国　丙申　陈太建八年　后梁天保十五年　齐武平七年　隆化元年　周建德五年

二月，周攻吐谷浑，无功而还。十月，周帝自将攻齐，取平阳；齐帝来救，大败。十二月，齐改元隆化。齐安德王延宗称帝于晋阳，改元德昌；周旋陷晋阳，俘延宗。

外国　〔新罗〕　真兴王信佛，末年披剃，自号法云，其妃亦为尼。真兴王至是死，子金轮立，是为真智王。

〔波斯〕　将埃塞俄比亚人从阿拉伯南部逐出，从此也门成为波斯的一省。

〔拜占廷〕　与波斯人战事再起，大战于美利地里，获得胜利。拜占廷势力自此扩充至里海滨。

〔意大利〕　由于伦巴德人之进攻，罗马元老向拜占廷乞援，皇帝查士丁二世命转向法兰克人求助。

577 年

中国　丁酉　陈太建九年　后梁天保十六年　齐承光元年　周建德六年

正月，齐帝传位太子恒，自为太上皇帝，改元承光。周陷邺，齐太上皇帝等奔青州，齐幼帝遣人持玺绂于瀛州禅位于任城王湝，尊太上皇帝为无上皇，幼帝为守国天王。周师追至青州，俘齐太上皇帝及幼帝等。二月，周陷齐瀛州，俘任城王湝。齐范阳王高绍义谋恢复，败奔突厥，齐亡。凡州五十、郡一百六十二、县三百八十、户三百三万二千五百，皆入于周。八月，陈颁新定度量衡制。周免齐之隶户为民。十月，陈出兵争徐、兖，败周师于吕梁。稽胡立刘没铎为圣武皇帝，建元石平；周击破之。周免东土及江陵所掠为奴婢者为民。周初行刑书要制。十二月，周徙并州军民四万户于关中。故齐营州刺史高宝宁拥高绍义为皇帝，改元武平，突厥助之。

外国　〔高句丽〕　使朝于北周，受封册。

〔百济〕　使朝于陈及北周。

〔日本〕　百济献佛经、僧人、寺工、塑工。

〔法兰克〕　纽斯特利亚王契尔培利克令制财产表向人民征取田赋与奴隶税。后此数年中，国内灾厉交侵，其子又染病，其妻夫累得贡达以为天罚，强之废除。

578 年

中国　戊戌　陈太建十年　后梁天保十七年　周建德七年　宣政元年

二月，陈将吴明彻等围周彭城，大败，明彻及将士三万皆被俘。三月，周改元宣政。四月，突厥入周幽州，大杀掠。六月，周武帝死，皇太子赟嗣，是为宣皇帝。闰六月，周幽州人卢昌期起事据范阳，迎齐范阳王绍义；昌期寻败死。七月，新罗国奉献于陈。十一月，突厥入周酒泉，大杀掠。十二月，陈合州庐江蛮田伯兴扰枞阳，寻败。

外国　〔百济〕　使朝于北周。

〔拜占廷〕　查士丁卒，提比留嗣位为皇帝。斯拉夫人（南支）约十万名于本年南迁，入色雷斯与伊黎利根（或作伊利利卡姆）一带定居，自是逐渐成为此数区域之主要居民。

579 年

中国　己亥　陈太建十一年　后梁天保十八年　周宣帝宇文赟大成元年　周静帝宇文阐大象元年

正月，周始服汉魏衣冠朝贺，改元大成。周以刑书要制太重，废之，寻又颁刑经圣制，益严酷。二月，周以洛阳为东京，发山东兵治宫室，常役者四万人。周与突厥和亲。周宣帝自称天元皇帝，传位太子阐，是为静皇帝，改元大象。五月，突厥掠周并州。六月，周发山东民修长城。七月，陈行大货六铢钱。九月，周遣将攻陈淮南，仍遣使聘于陈。十月，周弛造佛及尊像之禁。十一月，周拔陈寿阳。周铸永通万国钱，一当千，与五行大布并行。十二月，周取陈北徐州，于是江北、淮南之地皆入于周。

外国　〔新罗〕　真智王死。兄子伯净立，是为真平王。

〔日本〕　新罗献佛像。

〔波斯〕　与拜占廷帝国间发生战争（579—589年）。波斯王科斯洛埃斯死，子荷米斯达斯四世嗣位（579—589年）。

〔法兰克〕　利摩日人民起义，反对征收赋税。

580 年

中国　庚子　陈太建十二年　后梁天保十九年　周大象二年

正月，周税入市者人一钱。突厥遣使于周，迎千金公主。五月，周宣帝死，子静帝宇文阐年幼，杨坚为假黄钺、左大丞相，百官总己以听。六月，周复行佛道二教。周相州总管尉迟迥起兵讨杨坚，七月，迥弟子青州总管勤、郧州总管司马消难皆应迥。周赵王招等谋杀杨坚，事败死。周豫、荆、襄三州蛮起事。八月，司马消难请援于陈，陈遣将助之。周益州总管王谦起兵反杨坚，沙州氐帅杨永安附之。郧州巴蛮帅蛮洛州等起事。

尉迟迥及勤败死，司马消难奔陈。十月，王谦败死。十一月，杨永安败。十二月，周诏诸改代姓者皆复旧。周杨坚为相国总百揆，进爵为隋王。坚大杀周宗诸王。是岁，周有州二百一十一，郡五百八。

外国　〔日本〕　却新罗奉献。

〔意大利〕　约自此时前后，意大利人逐渐使用意大利语言以代替旧时之拉丁语。但在同时之西班牙则拉丁语逐渐代替哥特语。

581 年

中国　辛丑　陈太建十三年　周大象三年　隋高祖文皇帝杨坚开皇元年　后梁天保二十年

二月，周相国隋王杨坚为皇帝，改元开皇，是为隋高祖文皇帝；以周静帝为介公，周亡。隋除周六官，依汉魏之制，置尚书等五省、御史等二台、太常等十一寺、左右卫等十二府，又置勋官、散官。隋大杀宇文氏。白狼国献于隋。三月，隋减赋役。后梁遣使贺隋，四月，陈遣使聘于周，时周已亡，隋帝致之介公。隋发稽胡筑长城，二旬而罢。八月，吐谷浑扰隋凉州，大败，可汗夸吕远遁。突厥阿波可汗遣使于隋。九月，陈攻隋江北，隋发兵南下。隋铸五铢钱，悉禁古钱及私钱。突厥沙钵略可汗遣使于隋。十月，隋颁新律。百济献于陈。十一月，隋遣使聘于陈。丹丹国献于陈。十二月，高句丽献于隋。是岁，隋诏任民出家，听大造经像，于是民间佛书多于六经数十百倍。突厥四可汗分立。突厥沙钵略可汗与故齐营州刺史高宝宁扰隋边。是岁庾信死，信为当时名文学家。

外国　〔高句丽　百济〕　使朝于隋，受封册。

〔日本〕　虾夷起事，旋定。

〔拜占廷〕　罗马大将摩里士大败波斯人于君士坦提拉。

582 年

中国　壬寅　陈太建十四年　隋开皇二年　后梁天保二十一年

正月，陈宣帝死，始兴王叔陵谋杀皇太子叔宝，败死，叔宝即位，史称后主。陈请和于隋。四月，隋破突厥于鸡头山及河北山。五月，突厥大入长城，隋败之于马邑及可洛峐。六月，隋遣使吊于陈。隋作新都于龙首山，名大兴城。七月，陈帝设无碍大会，舍身。十一月，高丽献于隋。十二月，突厥入武威等郡大掠，六畜几尽。隋罢江陵总管，后梁帝始得专制其国。

外国　〔日本〕　再却新罗奉献。

〔拜占廷〕　提比留卒，摩里士嗣位为皇帝。

583 年

中国　癸卯　陈后主陈叔宝至德元年　隋开皇三年　后梁天保二十二年

正月，陈改元至德。二月，陈遣使聘于隋。突厥扰隋北边。三月，隋减丁役制，罢榷盐酒。隋购求遗书。隋迁新都。四月，吐谷浑扰隋远。隋大发兵分八道击突厥，大破之，故齐将高宝宁亦败，走死契丹。突厥遣使于隋。隋遣使聘于陈。五月，高句丽献于隋。六月，隋破吐谷浑。八月，隋再出兵击突厥。靺鞨献于隋。十一月，陈遣使聘于隋。隋罢郡为州。十二月，头和国献于陈。隋遣使聘于陈。隋更定新律，凡十二卷，五百条。隋诏自卫汴至蒲陕，水次十三州，募丁运米，于卫、陕、华三州分置黎阳等仓，转漕东方粟米以给长安。隋禁上元燃灯游戏。是岁徐陵死，陵为当时名文学家。

外国　〔拜占廷〕　阿伐尔人入侵，尽占多瑙河诸要塞。皇帝摩里士以五万金萨利地赠予奥斯达拉西亚王契尔德伯特，使之进攻意大利之伦巴德人，但契尔德伯特自伦巴德人手中获得巨额金钱后，乃撤兵北返。

584 年

中国　甲辰　陈至德二年　隋开皇四年　后梁天保二十三年

正月，后梁帝朝于隋。隋颁甲子元历。二月，突厥内哄，其苏尼部及达头可汗降于隋。靺鞨献于隋。四月，隋破吐谷浑，杀男女万余口。五月，契丹莫贺弗附于隋。六月，隋自大兴城至潼关，凿广通渠三百余里以通运。七月，陈遣使聘于隋。九月，突厥沙钵略可汗请和亲于隋。十一月，隋遣使聘于陈。盘盘、百济献于陈。陈增关市之征，军人士人皆令纳税。

外国　〔高句丽　百济〕　使朝于隋。

〔新罗〕　改元建福。

〔拜占廷〕　与阿伐尔人订约媾和。

〔西哥特〕　最后征服斯维汇人，以其地为西哥特王国之一行省。

〔意大利〕　克里甫之子奥色里被选为伦巴德王。

〔法兰克〕　纽斯特里亚之契尔培利克遇刺卒，其婴儿克洛特尔二世嗣位，其妻夫累得贡达为摄政。夫累得贡达尽杀契尔培利克前妻所生诸子。

〔英格兰〕 肯特王阿忒尔伯特娶法兰克王查利伯尔特之女柏塔（宗基督教者）为妃。麦西亚王国始建立。

585 年

中国 乙巳 陈至德三年 隋开皇五年 后梁天保二十四年

正月，隋颁行新修五礼。三月，陈丰州刺史章大宝举兵攻建安，旋败死。四月，契丹、多弥献于隋。五月，隋置义仓。隋检核户籍，得新附一百六十余万口，立输籍法下诸州。后梁孝明帝死，太子琮嗣。隋遣使通于西突厥阿波可汗。七月，陈遣使聘于隋。突厥沙钵略可汗称藩于隋。九月，隋遣使聘于陈。陈攻隋和州，败。十月，丹丹国献于陈。十二月，高句丽献于陈。是岁，后梁攻陈公安，不克。隋复置江陵总管，以监后梁。隋发丁三万筑长城，东至河，西至绥州，凡七百里。

外国 〔日本〕 敏达天皇死。用明天皇即位（三十一代）。时物部氏、苏我氏争权倾轧。数年来，百济虽再献佛像、佛经及僧徒，俱不为倭廷所礼，苏我氏则以私得佛像造寺供养。会疾疫又作，物部氏又借口神怒，劾苏我氏私信佛法、聚僧惑民，又取佛像投之江，拘禁僧徒。

〔法兰克〕 宗教会议举行于马空，决议凡拒缴什一税者，皆处以驱逐出教之处分。此令初公布时执行甚严，但逐渐松懈，7 世纪中叶后，什一税实际变成乐捐性质，至 8 世纪后期查理曼始定为教会之法定税收，强迫征收。

586 年

中国 丙午 陈至德四年 隋开皇六年 后梁萧琮广运元年

正月，后梁改元广运。党项羌附于隋。二月，隋发丁十五万于朔方东筑数十城。四月，隋遣使聘于陈。九月，百济献于陈。

外国 〔高句丽〕 移都长安城。

〔日本〕 用明天皇之母为苏我氏女，信佛。是年，天皇欲奉佛以祈长生，物部氏反对，苏我氏赞成之，因是两氏愈不和。

〔拜占廷〕 与波斯战，此后三年内互有胜负。

587 年

中国 丁未 陈祯明元年 隋开皇七年 后梁广运二年

正月，陈改元祯明。隋令诸州岁贡士三人。二月，陈遣使聘于隋。隋发丁男十余万人筑长城，二旬而罢。四月，隋于扬州开山阳渎以通运。突厥沙钵略可汗死，弟莫何可汗立，旋击擒阿波可汗。隋遣使聘于陈。八月，隋征后梁帝入朝，九月，废之，后梁亡。后梁安平王岩等驱男女十万口奔陈。

外国 〔日本〕 用明天皇死，物部氏欲立恶佛法者；苏我氏起兵灭物部氏，立信佛之崇峻天皇（三十二代）。于是苏我氏独执大权。

〔西哥特〕 国王李卡尔德一世号召西哥特人放弃亚利乌信仰，皈依罗马天主教。西哥特人入侵时为数原不甚多，至此，无论在语文或其他习俗方面，俱已拉丁化。

〔法兰克〕 约在此时以前不久（最早之记录见于此时），国王渐自其度支地中划出一部分赐予有军功或其他功勋之家臣。获有此类土地者必须继续向国王效忠并以兵役或其他工作为国王服务，但保有土地之绝对产权，墨洛温王室之土地以此日渐减少。

588 年

中国 戊申 陈祯明二年 隋开皇八年

正月，陈遣使聘于隋。陈侵隋峡州。三月，隋遣使聘于陈。六月，扶南献于陈。十月，陈遣使聘于隋。十一月，隋大发兵，以晋王广为元帅攻陈。十二月，突厥莫何可汗死，兄子颉伽施多那都蓝可汗立。

外国 〔日本〕 百济献佛舍利、寺工、瓦工、鑪盘工、画工。苏我氏建法兴寺。

〔英格兰〕 柏尼西亚王阿忒尔里克统一提伊拉王国，自此两北盎格鲁王国合并成为诺森伯里亚王国。

〔意大利〕 意大利总督斯马拉格都斯组织法兰克人、阿伐尔人与罗马人之同盟，企图消灭伦巴德人，但未获成功。伦巴德人开始接受罗马系统之基督教。

589 年

中国 己酉 陈祯明三年 隋开皇九年

正月，隋师入建康，俘陈后主，陈亡。二月，隋置乡正、里长治民。岭南共奉高凉冼夫人为主，号圣母，拒隋师。隋命陈后主与冼夫人书，始降。于是陈之州三十，郡一百，县四百，皆入于隋。

外国

〔新罗〕 大水漂没人户三万三百六十。

〔百济〕 使贺隋灭陈。

〔阿拉伯〕 与突厥人及喀萨尔人共攻波斯。拜占廷亦与波斯战。波斯人杀波斯王荷米斯达斯四世，而立其子科斯洛埃斯二世（589—628年）。科斯洛埃斯二世是萨珊王朝最后著名的国王。

590年

中国

庚戌 隋开皇十年

五月，诏罢军府，军人并籍于州县与民同。六月，诏民年五十免役收庸。十一月，婺、越、苏、乐安、饶、温、杭、泉、交等州豪民等先后起事，或称皇帝，或称大都督，攻陷州县，陈之故境大乱；遣杨素等击定之。番禺夷王仲宣起事，岭南俚僚多应之，围广州。高凉冼夫人助裴矩等击之，封冼夫人为谯国夫人，开府置官属。契丹献于隋。

外国

〔高句丽〕 平原王死，子元立，是为婴阳王。遣兵攻新罗以夺失地，不利。

〔波斯〕 国王科斯洛埃斯二世被将军巴拉木驱逐，逃往拜占廷帝国，巴拉木自立为王，是为巴拉木六世（590—591年）。

〔意大利〕 格列高利一世（教会史中谥之为“伟大的”）为罗马教皇。“教皇”（Pope——按此字拉丁文之原意为父亲，为基督教各地主教之通称）一名，约自此时起为罗马主教专用之称号。格列高利为教皇中扩充具体世俗权力之第一人。

〔英格兰〕 肯特王阿忒尔伯特为埃塞克斯、东盎格鲁及恒伯河迤南大多数萨克森人地区之共主。

〔法兰克〕 契尔德伯特商得东帝同意，以大军向伦巴德人进攻（以公爵二十二人统率），无功而退。

591年

中国

辛亥 隋开皇十一年

正月，高句丽遣使朝见。二月，吐谷浑遣使奉献。三月，遣使于吐谷浑。四月，突厥遣使朝见。五月，高句丽遣使奉献。十二月，靺鞨遣使奉献。

外国

〔高句丽〕 隋使授婴阳王官爵。使如隋报谢。

〔波斯〕 国王科斯洛埃斯二世得拜占廷帝国援助，回国复辟。将军巴拉木逃往突厥，以后遇害。波斯割让亚美尼亚大部地区予拜占廷帝国以为报。

〔拜占廷〕 阿伐尔人入侵，进至君士坦丁堡附近。

592年

中国

壬子 隋开皇十二年

八月，诏死罪移大理复案，诸州不得专决。十二月，置左藏院以储户调余帛。诏河北、河东田租三分减一，兵减半功，调全免。遣使均田。突厥遣使朝见。吐谷浑、靺鞨遣使奉献。

外国

〔日本〕 崇峻天皇恶苏我氏专横，欲除之，是年，苏我氏使其党杀之。敏达天皇之后丰御饭炊屋姬尊即位，是为推古女皇（三十三代）。

593年

中国

癸丑 隋开皇十三年

正月，契丹、奚、霫、室韦并遣使奉献。二月，作仁寿宫（今陕西麟游县西），丁夫死者万数。禁私藏纬候图谶。五月，禁私撰国史。七月，靺鞨遣使奉献。许以公主妻突厥突利可汗以离间突厥统治者之关系。修定雅乐，销毁前代金石乐器以息异议。

外国

〔日本〕 以厩户皇子为皇太子（圣德太子），摄政。

〔英格兰〕 阿忒尔弗里斯为诺森伯里亚之王。

〔意大利〕 伦巴德王阿基鲁夫扬言进攻罗马，教皇赂遗甚巨，遂中止。

〔法兰克〕 勃艮第之贡特拉姆卒，遗命将其国交其侄奥斯达拉西亚之契尔德伯特二世。

594年

中国

甲寅 隋开皇十四年

四月，诏行新乐，禁民间流行音乐。六月，诏废公廨钱制，公卿以下皆给职田。八月，关中大旱，民饥，文帝帅民就食洛阳。十一月，诏州县佐吏三年一代，不得重任。

外国

〔新罗〕 隋授真平王官爵。

〔日本〕 皇太子及大臣敕建佛寺，于是佛法大盛。

〔法兰克〕 都尔主教格勒戈里卒。格勒戈里约生于公元540年，著有《法兰克人史》，为今日法国古史资料之唯一来源。

595年

中国

乙卯 隋开皇十五年

正月，文帝东巡，祀于泰山。二月，诏除关中缘边外，禁私藏私造兵器。五月，吐谷浑遣使奉献。六月，凿底柱以畅河运。林邑遣使奉献。十二月，诏盗边粮一升以上者斩，仍籍没。诏文武官以四考受代。

外国

〔日本〕 高句丽、百济僧来，皇太子师事高句丽僧惠慈。

596年

中国

丙辰 隋开皇十六年

六月，诏工商不得仕进。诏九品以上妻、五品以上妾，夫亡不得改嫁。八月，诏决死罪者三奏然后行刑。十一月，党项羌扰会州，旋平。以光化公主妻吐谷浑世伏可汗。

外国

〔法兰克〕 契尔德伯特二世卒，二子分治奥斯达拉西亚与勃艮第，但同奉彼等之祖母布隆喜尔（西哲伯特之妻）为摄政。自此又与纽斯特里亚之夫累得贡达进行极残酷而激烈之内战。

597年

中国

丁巳 隋开皇十七年

二月，南宁州夷帅爨玩抗命，遣兵击降之，虏二万余口。桂州夷帅李光仕抗命，遣兵击杀之。四月，隋颁行张胄玄历。五月，高句丽遣使奉献。七月，桂州民李世贤起事，旋败。以宗女妻突厥突利可汗；都蓝可汗怨怒，渐扰边鄙。高句丽王汤死，子元嗣，拜开府仪同三司、辽东公。吐谷浑内哄。

外国

〔日本〕 百济王子阿佐来献方物。

〔英格兰〕 教皇格列高利遣奥古斯丁率僧侣多人入英格兰布道，阿忒尔伯特及其部众咸皈依之。奥古斯丁被任为英格兰第一任大主教，驻坎特伯雷（按英格兰于4世纪初即有基督教传入，盎格鲁、萨克森等蛮族入侵后消灭之，至是再兴）。

598年

中国

戊午 隋开皇十八年

正月，诏江南人有船三丈以上者尽括入官。二月，高句丽王元结靺鞨侵扰辽西，大发水陆兵分道击之。四月，诏流畜猫兔蛊毒厌媚野道之家于四裔。九月，击高丽之师无功而还。高句丽王元遣使谢罪。十二月，南宁夷帅爨玩复抗命。

外国

〔高句丽〕 侵隋辽西，隋发兵来攻，婴阳王遣使谢罪，乃罢。以百济欲引隋夹攻，屡侵掠之。

〔百济〕 遣使于隋，请助攻高句丽。威德王死，子季明立，是为惠王。

〔法兰克〕 夫累得贡达卒，布隆喜尔企图尽夺纽斯特里亚之土地，但法兰克诸侯（包括麦次主教与兰敦之丕平——即卡洛林王朝之始祖）合力御之，阻其实现。

〔意大利〕 教皇格列高利一世（590—604年）时，罗马城内及其四周属于教皇之土地共计约为四十平方英里。此外在意大利半岛其他各地之土地共计约为一千八百平方英里。每年自此项土地中之收入约为四十万英镑（按第一次世界大战前标准计算）。但伦巴德人入意后，意大利北部之教皇土地逐渐被夺，以是教皇与之不两立。

599年

中国

己未 隋开皇十九年

二月，突厥内哄，突利可汗奔隋，隋大破达头可汗。十月，以突利可汗为意利珍豆启民可汗，处之于边。突厥达头可汗扰边，大败。十二月，突厥都蓝可汗为部人所杀，余部多附启民可汗。

外国

〔百济〕 惠王死，子宣立，是为法王，下令禁杀生，放鹰鹞，焚渔猎之具。

〔日本〕 百济献驼、驴、羊、白雉。

600年

中国

庚申 隋开皇二十年

正月，高丽、契丹遣使奉献。二月，熙州民李英林起事，旋败。四月，遣将分道击西突厥，大破之。十二月，禁毁佛道神像。是年，倭国使来。

外国

〔高句丽〕 令修国史，删旧日记事曰“留记”者百卷为五卷。

〔百济〕 大旱。法王死，子璋立，是为武王。

〔日本〕 与新罗交兵。遣使于隋。

〔英格兰〕 肯特王阿尔忒伯特制英格兰第一部法典，按财富与地位之不同，分全国自由民为若干阶级与等级，赋予一定数额之金钱、身份，有人被杀害时，凶手即按此数额赔偿其家属，违犯国王法令时，即以此数额入官赎罪。

〔西班牙〕　伊西多拉斯（约560—636年）为塞维尔主教及7世纪初期之著名学者。其所著《字源学》，旁征博引，搜罗宏富，为古代知识得以流传中古之媒介。影响西欧达五百年之久。

〔西欧〕　6世纪末止，欧洲各地之日耳曼族俱已接受基督教，因之各种迷信亦逐渐发生，如“圣徒”遗物之搜求，“圣母”之崇拜及巫术之流行等等。

601年

中国

辛酉　隋仁寿元年

正月，改元仁寿。突厥步迦可汗扰边。五月，突厥男女九万口降。六月，废太学、四门及州县学，只留国子生七十人；七月，改国子学为太学。十一月，资州山獠起事，旋抚定之。潮、成等五州獠起事，旋平。遣将助突厥启民可汗击步迦可汗。

外国

〔拜占廷〕　拜占廷将领普利斯卡斯大败阿伐尔人。

〔西哥特〕　宫廷变乱迭起，三年内凡两易主。

602年

中国

壬戌　隋仁寿二年

三月，突厥步迦可汗败逃碛北。闰十月，定五礼。十二月，交州俚帅李佛子起事，攻据龙编等城，旋击降之。

外国

〔新罗〕　使朝于隋。

〔百济〕　侵新罗，败绩。

〔日本〕　遣兵攻新罗。百济僧来，献历本、天文、地理等书。

〔南越〕　隋兵来攻，李佛子降。李佛子自起至降凡三十二年，越史称之为后李南帝。自李贲起义以至李佛子降隋，前后共六十二年。

〔拜占廷〕　多瑙河戍军将领福克斯举兵反，旋向君士坦丁堡进攻；城内不满摩里士之党派响应之，摩里士遁。福卡继位为皇帝，遣人追获摩里士及其全家，一并杀之。

603年

中国

癸亥　隋仁寿三年

九月，置常平官。是岁，文中子王通献太平策。突厥大乱，步迦可汗奔吐谷浑，铁勒、仆骨等十余部皆降于启民可汗。

外国

〔高句丽〕　侵新罗，无功。

〔新罗〕　高句丽来侵，却之。

〔日本〕　始定百官位十二阶。

〔波斯〕　与拜占廷帝国间之战争又起，此次战争延续二十余年，波斯先胜后败，终致灭亡。是年波斯进攻拜占廷帝国之小亚细亚领地。

〔西哥特〕　西哥特人又自拜占廷统治下夺回数城。

〔英格兰〕　诺森伯里亚王阿忒尔弗里斯战败苏格兰人（即匹克特人）。

〔法兰克〕　起自573年之内战虽断续进行，但缠绵不休，至此已近四十年。各地人民类多困苦颠连，有力者乘机兼并彼等之土地，原耕农民则逐渐变成不能自由离开土地之农奴。

604年

中国

甲子　隋仁寿四年

七月，文帝为皇太子广所害，广即位，是为炀皇帝。八月，汉王谅起兵以讨杨素为名，旋败。十月，除妇人及奴婢部曲之课，男子二十二岁成丁。十一月，发丁男数十万掘堑，自龙门东接长平、汲郡，抵临清关，渡河至浚仪、襄城，达于上洛，以置关防。

外国

〔新罗〕　使朝于隋。

〔日本〕　始用历日。颁十七条法律，其中多采自中国，如云“天皇为一国之君，臣下不可复事他人”，实为明文规定天皇崇高地位之始。

〔拜占廷〕　与阿伐尔人缔结和约。

〔意大利〕　教皇格列高利一世卒。

〔英格兰〕　肯特王阿忒尔伯特开始劝化东萨克森人皈依基督教，并在伦敦建圣保罗教堂为主教驻锡地。

605年

中国

乙丑　隋炀帝杨广大业元年

正月，废诸州总管府。遣将攻林邑，图掠珍宝。三月，营建东京，月役二百万人，废二崤道，开菱册道；又营建显仁宫，征奇花、异石、珍禽、奇兽实园苑。发民百余万开通济渠；又发民十余万开邗沟；自长安至江都，置离宫四十余所。四月，破林邑国都，其王梵志逃入海。五月，筑西苑，周二百里，穷极壮丽。八月，炀帝赴江都，循水路，舳舻相接二百余里。契丹扰营州，遣将与突厥连兵击破之，俘男女四万，尽杀男口。是岁，西突厥大乱，铁勒各部群起攻处罗可汗，立契苾帅歌楞为莫何可汗，薛延陀俟斤字也咥为小可汗。

外国 〔日本〕 高句丽献黄金。

〔林邑〕 隋来侵，国王范梵志拒战而败；隋兵大掠，获其庙主十八枚，皆黄金铸成，又以其地为三郡。但隋兵退后，范梵志仍建国邑。

606年

中国 丙寅 隋大业二年

正月，东京成。并省州县。二月，定舆服仪卫制度，务为华盛，役工十余万人，费金帛巨亿。四月，炀帝自江都还东京，大赦，普免今年租税。七月，诏百官不得计考增级。十月，诏重定律令。置洛口仓，容二千余万石。十二月，置回洛仓，容二百余万石。括州郡乐工、杂技为乐户。

外国 〔印度〕 羯若鞠阇国戒日王即位（戒日王系王号，原音为尸罗阿迭多，据玄奘的解释，其义为戒日。戒日王名曷利沙伐弹那，有象兵六万，马军十万，用兵六年，统一北印度大部，以后三十年，“兵戈不起，政教和平”。王笃信佛教，建寺甚多）。

〔拜占廷〕 战事再起，波斯人长驱直入，占领美索不达米亚与叙利亚（608年），又通过安那托利亚半岛进逼卡尔西同（君士坦丁堡对面，在博斯普鲁斯海峡东岸）。

〔法兰克〕 克洛特尔二世约在此时铸造自己之钱币以代替帝国钱币，是为诸蛮族王国铸造货币之始（按在此以前西方流通货币仍为拜占廷之比赞特〔即萨利得斯〕。比赞特亦由西方各国王仿铸）。

607年

中国 丁卯 隋大业三年

正月，突厥启民可汗朝见。三月，遣羽骑尉朱宽使于流求国。四月，颁新律。改州为郡；改度量衡，依古式；改官制，有五省、三台、五监、十六府，废伯、子、男爵，唯留王、公、侯三等。炀帝北巡。五月，发河北十余郡丁男凿太行山，达于并州。六月，炀帝入突厥境，奚、霫、室韦等酋长皆来朝见。突厥于境内开御道，长三千里。吐谷浑、高昌遣使奉献。七月，发丁男百余万筑长城，西起榆林，东至紫河，二旬而毕，死者什五六。大臣高颎、贺若弼、宇文弢坐诽谤朝政被杀。九月，炀帝还东京。使裴矩驻张掖，招诱西域。铁勒扰敦煌，旋抚定之。

外国 〔高句丽〕 隋令婴阳王入朝，不从。侵百济，虏其民三千。

〔百济〕 遣使于隋，请攻高句丽。

〔日本〕 遣小野妹子等使隋。

〔赤土〕 隋使来，盛设接待。即遣使献金芙蓉冠、龙脑香于隋。

608年

中国 戊辰 隋大业四年

正月，发河北男女百余万凿永济渠。二月，遣使慰谕西突厥处罗可汗。三月，倭王多利思比孤遣使来，书辞不逊。百济、赤土、迦罗舍国遣使奉献；遣使于赤土。七月，发丁男二十万筑长城，自榆谷而东。吐谷浑可汗伏允为铁勒所败，遣使请救；发兵往，伏允惧，奔雪山，其故地皆空，因置郡县镇戍，徙轻罪徒居之。八月，炀帝祠恒山，西域十余国皆来助祭。九月，征郡县鹰师，至者万余人。十月，赤土王遣子随使者入贡。封孔子后为绍圣侯。遣将击降伊吾，置戍。

外国 〔日本〕 隋使裴世清与小野妹子偕来。再遣小野妹子等使隋，学生四人、僧八人从。

〔拜占廷〕 波斯人占领叙利亚、巴勒斯坦，蹂躏亚美尼亚、卡帕多细亚与该雷喜阿（加拉细亚）一带。

609年

中国 己巳 隋大业五年

正月，改东京为东都。突厥启民可汗朝见。均郡县田。禁民间铁叉、搭钩、钻刃之类。三月，炀帝西巡。五月，遣将四道围吐谷浑，降者男女十余万口，可汗伏允远遁。六月，炀帝至张掖，高昌王麹伯雅及伊吾吐屯设等以得厚赂，相率朝见，以吐屯设所献地为西海等四郡，遣罪人戍之。命将镇积石，开屯田，并御吐谷浑，以通西域之路。立吐谷浑可汗伏允质子顺为可汗。十一月，炀帝至东都。突厥启民可汗死，子始毕可汗立。是岁，凡有郡一百九十，县一千二百五十五，户八百九十万有奇，是为隋极盛时代。

外国 〔日本〕 小野妹子回，其学生、僧人等多留于中国，有至三十年之久者。此等学生、僧人归国后，于日本之日进于文明实有甚大影响。

610年

中国 庚午 隋大业六年

正月，有数十人素冠练衣，焚香持花，自称弥勒佛，入自建国门，图起事，皆被杀，连坐者千余家。于东都盛陈百戏以夸示诸蕃酋长。倭国遣使奉献。二月，陈棱、张镇州奉使流求，杀其王，俘万七千余人回。以所征乐工配太常，置博士弟子以相传授，乐工至三万余人。三月，炀帝至江都。六月，室韦、赤土遣使奉献。雁门尉文通聚众起事，寻败。十二月，穿江南河，自京口至余杭八百余里。朱崖王万昌起事，旋败。是岁，课富人买马备击高句丽，匹至十万钱。

外国

〔日本〕 高句丽僧来。新罗、任那奉献。

〔阿拉伯〕 击败波斯人于杜·卡。穆罕默德约自此时起在其戚友之间传教。

〔拜占廷〕 普利斯卡斯以非洲总督之助举兵反。后者以陆军占领埃及，以海军进逼君士坦丁堡。城中人民乘机暴动，杀福克斯，别选赫拉克来阿斯（亦译希拉克略，非洲总督之子）为皇帝。

〔德喜阿〕 德喜阿（多瑙河下游河曲）之阿伐尔人为东帝赫拉克来阿斯击溃。

〔瑞士〕 基督教始传入今瑞士。

611年

中国

辛未 隋大业七年

二月，征水陆兵击高句丽。百济遣使奉献。四月，炀帝至涿郡。十二月，西突厥处罗可汗为射匮所攻，败奔高昌，遂来朝。是岁，以击高句丽，调兵征粮，举国骚动，民不聊生，纷纷起义。邹平民王薄据长白山，号知世郎，作“无向辽东浪死歌”以相号召。平原民刘霸道据豆子䴚，号阿舅。漳南民孙安祖据高鸡泊，号将军。蓨人高士达据清河，号东海公，以漳南窦建德为司兵。又有鄃人张金称据河曲，河间格谦号燕王，勃海孙宣雅号齐王，东都法曹韦城翟让与单雄信、徐世勣等据瓦岗，外黄王当仁、济阳王伯当、雍丘李公逸、韦城周文举以及不知名号者纷纷起义。

外国

〔新罗〕 遣使于隋，请攻高句丽。百济来侵。

〔百济〕 侵新罗。

〔日本〕 定百官服色、冠色。

〔波斯〕 攻陷拜占廷帝国叙利亚首府安提俄克城。

612年

中国

壬申 隋大业八年

正月，分西突厥处罗可汗之众为三，分处于会宁、楼烦等地。击高句丽，大兵出动，左右各十二军，凡一百十三万三千八百人，号二百万。三月，炀帝至辽水。七月，宇文述等军大败于萨水，丧三十万人，资械不可胜计。炀帝诏班师，以所得高句丽地置辽东郡。九月，炀帝还至东都。十一月，以宗室女妻高昌王麹伯雅。

外国

〔高句丽〕 隋大举来侵，丧失甚重而退。

〔百济〕 顿兵境上，阳为隋之声援，实暗与高句丽通。

〔日本〕 百济人来，传“吴”伎舞。

613年

中国

癸酉 隋大业九年

正月，再征兵募民为骁果，置折冲等郎将以统之。平原民杜彦冰、王润等破郡城，李德逸等附于阿舅。灵武白瑜娑劫牧马，连突厥，人称之“奴贼”。二月，济北韩进洛聚众起义。三月，济阴孟海公起义，据周桥。发丁男十万城大兴。炀帝赴辽东督师，再击高句丽。北海郭方预聚众起义，号卢公。四月，炀帝至辽东，遣兵趣平壤。五月，济北甄宝车起义。六月，礼部尚书杨玄感起兵黎阳。炀帝班师。七月，诏所在发民城县府驿。余杭刘元进、梁郡韩相国皆起应杨玄感。八月，杨玄感败死，韩相国散溃被杀；遣官穷治杨玄感党与，死者三万余人。吴郡朱燮、晋陵管崇起义，号将军。信安陈瑱起义，破郡城。九月，东海彭孝才、济阴吴海流起义。苍梧梁慧尚起义，攻城。东阳李三儿、向但子起义。十月，东郡吕明星起义，旋败。刘元进与朱燮、管崇合，据吴郡称帝。十二月，唐县宋子贤自称弥勒佛，谋起兵袭炀帝，事泄，被杀。扶风沙门向海明自称弥勒佛，聚众起兵，称皇帝，建元白乌，寻败。章丘杜伏威、临济辅公祏起义，并下邳苗海潮、海陵赵破陈之众，号将军。

外国

〔高句丽〕 隋攻辽东，不克而退。

〔新罗〕 隋使来。

〔拜占廷〕 波斯人占领大马士革。

〔法兰克〕 布隆喜尔与克洛特尔二世及法兰克诸侯战，大败（布隆喜尔被俘获后，受酷刑死）。克洛特尔自此为法兰克唯一国王。起自577年之长期内战，至此始告一段落。

〔英格兰〕 诸森伯里亚王阿忒尔弗里斯大败布列吞人（威尔士人）于契斯特，占领彻喜尔与兰开夏等西海岸地区。

614 年

中国 甲戌 隋大业十年

二月，再征兵击高句丽。扶风唐弼起义，立李弘芝为皇帝，号唐王。四月，彭城张大虎起义，旋败。五月，延安刘迦论结稽胡起兵，称皇王，建元大世，旋败死。琅邪宋世谟陷郡城。六月，建安郑文雅、林宝护等陷郡城。七月，炀帝至怀远镇，高句丽请降，班师。曹国遣使奉献。八月，邯郸杨公卿率众袭炀帝后队。十月，炀帝还东都。十一月，长平司马长安起兵，破郡城。离石胡刘苗王称皇帝。汲郡王德仁起义，据林虑山。十二月，彭孝才败死。孟让扰盱眙，据都梁宫，寻为王世充所破。齐郡左孝友据蹲狗山，寻为张须陀所败，出降。涿郡卢明月攻祝阿，为张须陀部将罗士信、秦叔宝所破。

外国 〔高句丽〕 隋来侵，婴阳王请降，乃罢兵。

〔日本〕 遣犬上御田锹等使隋。大臣苏我马子疾，度男女千人出家。

〔拜占廷〕 波斯人占领耶路撒冷，于大事劫掠后，将城中居民及“圣十字架”（或真十字架，相传为耶稣钉死时所用者）送至泰西丰。

〔法兰克〕 克洛特尔明令废除一切对于土地之捐税。其后封建制度大盛时，始有“协助金”之征取（如领主长女出嫁，长子晋封武士，或领主本人被敌人俘获后须纳款取赎等），但货物通行各地所应纳之税则一仍旧贯。

615 年

中国 乙亥 隋大业十一年

正月，突厥、契丹、新罗、靺鞨、吐火罗、龟兹等二十余国并遣使朝见。齐郡颜宣政起义，旋败。二月，北平杨仲绪攻郡城，败死。诏郡、县、驿、亭、村、坞皆筑城。上谷人王须拔称漫天王，国号燕。魏刀儿起兵，北结突厥，号历山飞。五月，司马长安破西河郡。李渊为山西河东抚慰大使，承制黜陟。李渊击龙门毋端儿，破之。七月，淮南张起绪起义。八月，炀帝北巡，突厥始毕可汗围之于雁门，九月始解围去。十月，炀帝还东都。彭城魏骐驎起义，攻鲁郡。卢明月攻陈、汝。东海李子通据海陵，称将军。十一月，王须拔破高阳。城父朱粲起义，攻荆沔，自称迦楼王。十二月，绛郡敬盘陀、柴保昌等攻汾水左右，李渊击散之。

外国 〔日本〕 犬上御田锹等自隋回国。

〔拜占廷〕 波斯人入卡尔西同。赫拉克来阿斯计划迁都迦太基（617 年）。

616 年

中国 丙子 隋大业十二年

正月，起宫苑于毗陵，壮丽过于东都西苑。雁门翟松柏起义于灵丘。二月，真腊遣使奉献。东海卢公暹起义，保苍山。三月，张金称陷平恩、武安、巨鹿、清河等县。四月，历山飞别将甄翟儿攻太原。七月，炀帝幸江都。冯翊孙华起义，号总管。高凉通守冼珤彻起事，岭南溪洞多应之。八月，恒山赵万海攻高阳。九月，扬州沈觅敌等攻江淮。安定荔非世雄杀临泾令，号将军。十月，李密投翟让，破张须陀。十二月，鄱阳操师乞起义，号元兴王，建元始兴，陷豫章，旋败死；部将林士弘代统其众，称皇帝，国号楚，建元太平，取九江、临川、南康、宜春等郡。以李渊为太原留守。渊破甄翟儿。张金称、高士达败死，窦建德统其残部，号将军。格谦败死。勃海高开道统其残部，攻掠燕地。涿郡虎贲郎将罗艺据郡，号幽州总管。突厥侵扰北边，李渊拒却之。

外国 〔新罗〕 百济来侵。

〔百济〕 侵新罗。

〔日本〕 掖玖人归附。新罗献佛像。

〔拜占廷〕 在西班牙之领土大部分为西哥特人所夺。同年波斯人入侵拜占廷帝国之埃及。

〔英格兰〕 阿忒尔伯特卒，七王国时代肯特之优势终。

617 年

中国 丁丑 隋大业十三年 隋恭皇帝杨侑义宁元年

正月，杜伏威据历阳，称总管。窦建德据乐寿，称长乐王，建元丁丑。鲁郡徐圆朗陷东平。弘化刘企成起义。卢明月据淮北，号无上王，旋败死。二月，朔方鹰扬郎将梁师都起事，附于突厥。上谷王子英破郡城。马邑鹰扬校尉刘武周起事，附于突厥。李密、翟让陷兴洛仓，密号魏公，称元年，江淮、河南多附之。三月，蒲城郭子和起事，附于突厥。刘武周称皇帝，建元天兴。梁师都称梁帝，建元永隆。郭子和号永乐王，建元丑平。突厥以刘武周为定杨可汗，梁师都为大度毗伽可汗，郭子和为平杨可汗，旋改子和为屋利设。庐江张子路、李通德等起义，旋皆败。四月，金城府校尉薛举起事，号西秦霸王，旋称帝，建元秦兴。李密陷回洛东仓。汝阴房献伯陷郡城。

五月，李渊起兵于太原，卑辞求助于突厥。七月，武威鹰扬府司马李轨起事，号河西大凉王。九月，炀帝括江都室女、寡妇以配从兵。李密陷黎阳仓。十月，太原杨世洛起义。鄱阳董景珍起义，迎罗令萧铣为梁王，建元凤鸣。济北甄宝车起义，旋败。十一月，李密杀翟让。李渊入长安，立代王侑为皇帝，改元义宁，遥尊炀帝为太上皇，渊为大丞相，进封唐王。

外国

〔日本〕 大有年。

〔真腊〕 国王伊奢那先遣使献于隋。伊奢那先之父质多斯那已侵吞扶南之大部，扶南被迫南徙，后终被真腊所并。

〔波斯〕 攻向拜占廷帝国首都君士坦丁堡，距君士坦丁堡仅一英里。

〔英格兰〕 提伊拉之埃德文为诺森伯里亚王，逐渐扩充其权力于麦喜阿、东盎格鲁及东、南、西诸萨克森王国。此外又与肯特王之妹结为婚姻，成为此一时期七王国中势力最大之国。

618年

中国

戊寅 隋义宁二年 唐高祖神尧皇帝李渊武德元年

三月，宇文化及等杀炀帝于江都，立秦王浩为帝，化及为大丞相，拥兵北上。吴兴太守沈法兴起兵讨宇文化及，据丹阳，号江南道大总管，嗣称大司马、天门公。四月，稽胡掠富平、宜春，大败，丧男女二万口。萧铣称皇帝，九江以西抵三峡，汉水以南至交趾，皆附之。五月，唐王李渊称皇帝，建元武德，以隋恭帝为酅国公。罢郡为州。隋越王侗称皇帝于东都，改元皇泰。唐命官修定律令，置国子学、太学、四门学生三百余员，郡县学亦置生员。六月，唐废大业律令，颁新格。唐于边要之州置总管府。宇文化及趣黎阳与李密相攻。李密降于隋皇泰帝。七月，唐兵攻薛举，大败。郭子和降于唐。八月，西秦武帝薛举死，子仁果嗣。唐封李轨为凉王。隋皇泰帝封杜伏威为楚王。九月，李密为王世充所败，奔唐。宇文化及杀隋秦王浩，称帝于魏县，国号许，建元天泰。朱粲称帝于冠军，国号楚，建元昌达。十一月，凉王李轨称皇帝，建元安乐。薛仁果败降于唐。唐颁五十三条格。窦建德改国号曰夏，改元五凤。建德破斩魏刀儿。羌豪旁企地降唐复反。

外国

〔高句丽〕 婴阳王死，弟建武立，是为荣留王。

〔日本〕 高句丽献隋俘及鼓吹、大弩等物。

619年

中国

己卯 唐武德二年 隋皇泰二年 王世充开明元年 沈法兴延康元年 李子通明政元年

正月，唐兵围宇文化及于聊城，不克。淮安土豪杨士林等败朱粲，降于唐。二月，初定租庸调法，每丁租二石，绢二匹，绵三两；唐宗姓未仕者免徭役，州置宗师一人管理之。吐谷浑可汗伏允受唐命击凉帝李轨。闰二月，朱粲请降，唐命为楚王。窦建德破聊城，擒宇文化及等杀之，奉表于隋，皇泰帝封为夏王。王世充大将秦叔宝、程知节等降于唐。突厥始毕可汗死，弟处罗可汗立。三月，梁师都扰灵州，王世充扰谷州。王薄等降于唐。刘武周扰并州，王世充扰义州。四月，刘武周引突厥兵陷榆次。朱粲烹唐使，奔王世充。王世充废隋皇泰帝，幽之，自称皇帝，建元开明。窦建德建天子旌旗，下书称诏。刘武周围并州。王世充陷伊州，五月，又陷义州，攻西济州。唐使者安兴贵执李轨，河西平；轨至长安，被杀。离石胡刘龙儿据地称王，败死，子季真等结刘武周陷石州，称突利可汗。王世充杀裴仁基等，又杀隋皇泰帝，谥曰恭皇帝。六月，窦建德陷沧州。刘武周将宋金刚陷介州，大破唐兵。七月，唐置十二军，分关中诸府隶之，督耕战之务。徐圆朗降于唐。王世充大将罗士信等降于唐。王世充扰谷州，大败。西突厥统叶护可汗、高昌王麴伯雅遣使于唐。八月，唐杀隋废帝，亦谥为恭皇帝。窦建德陷洺州。梁师都与突厥兵攻延州，溃退。九月，萧铣扰峡州，大败。窦建德陷相州。沈法兴称梁王，都毗陵，建元延康。江都陈棱为李子通所攻，沈法兴遣兵救之，大败。李子通称皇帝，国号吴，建元明政；丹阳帅乐伯通降之。杜伏威降于唐。宋金刚破唐援兵，逼并州，齐王李元吉弃城遁归长安。窦建德陷赵州。梁师都再攻延州，又败。十月，幽州总管罗艺败窦建德于衡水。集州僚起事，旋败。宋金刚陷浍州，夏县人吕崇茂聚众称魏王，应之；时蒲坂王行本亦与之相结，关中大震，命秦王李世民击之。窦建德陷黎阳，徐圆朗等皆附之。汴、亳等州降于王世充。十一月，刘武周扰浩州。秦王世民屯柏壁，十二月，败刘武周将尉迟敬德。

外国

〔高句丽〕 遣使于唐。

〔拜占廷〕 波斯人征服埃及。阿伐尔人进逼君士坦丁堡。赫拉克来阿斯腹背受敌，亟欲迁都，以君士坦丁堡大主教之谏阻而罢。

〔保加尔人〕 保加尔人之酋长刻尔特（亦作

刻布拉特，584—642年）亲赴君士坦丁堡，企图组织一共同抵抗阿伐尔人之联盟。刻尔特同年在君士坦丁堡皈依基督教。

620年

中国 庚辰 唐武德三年 王世充开明二年 沈法兴延康二年 李子通明政二年

正月，王行本败降，被杀。孟津中潬帅李商胡袭窦建德部将破之，旋败死。二月，刘武周陷长子、壶关。开州“蛮”冉肇则陷通州。突厥处罗可汗立杨政道为隋王，居定襄。三月，刘武周扰浩州。刘季真降于唐，旋以谋叛，被杀。冉肇则扰信州，败死。四月，秦王世民大破刘武周军，尉迟敬德等降；刘武周走突厥，后为突厥所杀。王世充兵大败于西济州，旋陷邓州。五月，窦建德攻幽州，大败。突厥遣使结王世充。六月，杨士林为部下所杀，其地入于王世充。七月，秦王世民击王世充。梁师都引突厥，稽胡兵入边，败还。八月，南宁西爨“蛮”遣使贡于唐。九月，王世充州县多降于唐。岚州为胡所陷。突厥兵大掠凉州。十月，高开道降于唐。窦建德再攻幽州，不克。十一月，突厥处罗可汗死，颉利可汗立。窦建德攻孟海公。十二月，瓜州刺史贺拔行威据州反唐。是年，沈法兴为李子通所败，奔吴郡。杜伏威攻李子通，大败之，子通弃江都，保京口，又袭沈法兴，法兴败死。唐、新二州帅高法澄等附于林士弘，寻为冯盎所破。

外国 〔日本〕 令撰天皇记、国记。

〔阿伐尔人〕 攻扰巴尔干半岛北部之色雷斯。

〔拜占廷〕 再与阿伐尔人媾和。

621年

中国 辛巳 唐武德四年 王世充开明三年 李子通明政三年

正月，稽胡帅刘仚成扰边。二月，李靖为行军总管，击萧铣。真乡公李仲文以与僧志觉密谋反唐勾结突厥，被杀。窦建德俘孟海公。三月，以靺鞨帅突地稽为燕州总管。稽胡降，六千余人被诱杀，刘仚成奔梁师都。突厥扰汾阴、石州。唐兵围洛阳，城中乏食，死者什九。秦王世民大败窦建德援王世充之兵。四月，突厥颉利可汗扰雁门、并州。五月，窦建德为秦王世民所败被俘，王世充降于军前，唐兵入洛阳。突厥扰边。六月，营州人石世则反，奉靺鞨帅突地稽为主。海州帅臧君相降于唐。七月，高句丽王建武遣使入贡。大赦，百姓给复一年至二年。初行开元通宝钱，置钱监于洛、并、幽、益等州，严禁私铸。窦建德部众拥刘黑闼起事，据漳南。戴州刺史孟噉鬼谋反唐，被杀。八月，刘黑闼陷鄃县，称大将军。突厥扰代州、崞县。徐圆朗以兖州附于刘黑闼；附近诸州多应之。九月，文登帅淳于难来降。突厥分扰并州、原州。徐圆朗称鲁王。歙州帅汪华以五州来降。光州刺史卢祖尚来降。诏括天下户口。放太常乐工为民。灵州败突厥兵。发巴蜀兵大举击萧铣。刘黑闼大败唐兵于饶阳。十月，以秦王世民为天策上将军，开府置官属。刘黑闼陷瀛州；毛州民董灯明杀刺史赵元恺，附于刘黑闼。李靖等围江陵，萧铣降。十一月，杜伏威败李子通，执之，送于长安，伏威又迫降汪华，于是尽有淮南、江东。刘仚成部落皆降。刘黑闼陷定州。杞州人周文举杀刺史，附于徐圆朗。高开道复称燕王，与突厥及刘黑闼连和，恒、定、幽、易等州大受其害。十二月，刘黑闼陷冀州，又破唐兵于洺州，继陷相、黎、卫、邢、赵、魏诸州，北结突厥，势大震。昆弥遣使附于唐。

外国 〔新罗〕 遣使于唐；唐使来聘，馈画屏、锦彩。

〔百济〕 遣使于唐，献果下马。

〔日本〕 摄政厩户皇子死。

〔西哥特〕西哥特人夺回拜占廷在半岛上所占领之绝大部分土地。

622年

中国 壬午 唐武德五年

正月，刘黑闼称汉东王，都洺州，建元天造。同安帅殷恭邃来降。济州附徐圆朗，东盐州附刘黑闼。秦王世民击刘黑闼，屯洺上。岭南俚帅杨世略以循、潮二州来降。罗艺败刘黑闼于徐河。二月，豫章帅张善安以虔、吉等五州来降。刘黑闼陷洺水。延州道兵破梁师都。三月，遣使赂突厥颉利可汗。高开道、苑君璋结突厥抗雁门。秦王世民大破刘黑闼，刘黑闼奔突厥。高开道扰易州。四月，秦王世民击徐圆朗。突厥颉利可汗与刘黑闼攻代州，杀总管。广州帅邓文进等来降。五月，瓜州土豪王干来降。突厥扰忻州。六月，刘黑闼引突厥扰山东。吐谷浑扰洮、旭、叠三州。七月，杜伏威献地入朝。迁州人邓士政起事。冯盎帅所部来降，以其地分置八州，岭南悉平。八月，吐谷浑扰岷州。突厥颉利可汗分扰并州、原州、廉州，大发兵御之。吐谷浑扰洮州。九月，各路纷败突厥兵。十月，齐王元吉击刘黑闼无功，刘黑闼屡胜，几尽复故地。

契丹扰北平。林士弘众溃，旋死。十一月，太子建成击刘黑闼。灵州道兵破梁师都、突厥之兵。十二月，太子建成、齐王元吉合军大败刘黑闼。高句丽王建武遣还隋末被俘战士万余人。

外国

〔高句丽〕 遣使于唐。唐放隋所俘高句丽人回，高句丽亦释所俘华人。

〔新罗〕 置内省私臣一人。

〔日本〕 苏我马子执政。

〔阿拉伯〕 7月15日（正确日期应为7月2日）穆罕默德自麦加出奔麦地那。伊斯兰教徒以此日为“黑蚩拉节”（出奔之节），并以622年为伊斯兰历纪元。始建礼拜寺（清真寺）于麦地那。

〔拜占廷〕 赫拉克来阿斯以君士坦丁堡大主教之助，组“拜占廷十字军”，向波斯人反攻。赫拉克来阿斯亲率大军转战于卡巴多喜阿、蓬塔斯（旧译本都）、亚美尼亚、西利西亚与叙利亚一带，屡获胜利（622—626年）。

623 年

中国

癸未 唐武德六年

正月，刘黑闼为部下所执，送太子建成军，斩之。嶲州人王摩沙起事，称元帅，建元进通。二月，徐圆朗死。林邑王梵志遣使入贡。废十二军。三月，高开道掠文安等县。前洪州总管张善安起事，未几陷孙州。四月，吐谷浑扰芳、洮、岷等州。鄜州道兵击梁师都。南州刺史庞孝恭、南越州民宁道明、高州帅冯暄俱起事。五月，吐谷浑及党项扰河州。梁师都扰林州，苑君璋部扰代州，高开道引奚人扰幽州。靺鞨突地稽部徙昌平，败高开道。六月，高满政杀突厥戍卒，以马邑来降。梁师都、苑君璋分引突厥兵扰匡州、马邑。沙州人张护等起事，立窦伏明为主。唐兵大败吐谷浑。七月，高开道掠灵寿等县。岗州刺史冯士翙据新会起事，未几败降。突厥扰原、朔、真等州，遣兵御之。八月，辅公祏据丹阳，称皇帝，国号宋，建元天明，后改乾德，与张善安相结；四道发兵击之。吐谷浑来附。突厥扰原、渭等州。高开道引奚人扰幽州。九月，邛州獠起事。突厥扰幽州。窦伏明以沙州降。高昌王麹伯雅死，子文泰立。渝州人张大智起事，旋败降。高开道引突厥扰幽州。突厥颉利可汗围马邑，高满政为部下所杀。十一月，置屯田于并州。十二月，李大亮诱执张善安。突厥扰定州。白简、白狗羌并遣使入贡。

外国

〔日本〕 新罗、任那来献。留学于唐之僧惠齐等还。

〔波希米亚与摩拉维亚〕 居于法兰克王国迤东地区之波希米亚人（今捷克人）与摩拉维亚人（二者俱西斯夫人之部族）约在此时在一名萨摩之人领导下，击溃阿伐尔人，组织王国，是为斯拉夫民族在中欧所建立之第一个国家（按资产阶级史学家以萨摩为法兰克商人，不确）。

〔丹麦〕 丹麦之建国传在公元前4年。但各地氏族与部族领袖之权力仍甚强大。至公元1世纪时国王始渐受尊重。3世纪时曾与罗马发生关系，国势亦逐渐强盛。至是其国王伊伐尔·维德发德米征服瑞典，合并之于丹麦。

〔瑞典〕 相传瑞典之建国在公元前100年左右，但其王朝历史多不足信。至是并于丹麦。

624 年

中国

甲申 唐武德七年

正月，置大中正于各州，无品秩。邹州人邓同颖起事。以白狗等羌地置维、恭二州。二月，册高句丽王建武为辽东郡王，百济王扶余璋为带方郡王，新罗王金真平为乐浪郡王。始州僚起事。诏州、县、乡皆置学。改总管府为都督府。高开道为部下所攻，自杀。洋、集二州僚陷陆州、晋城。三月，厘定官制。突厥扰原州。唐兵围丹阳，辅公祏遁走，被执死，江南平。四月，颁新律令，定均田租庸调法。党项扰松州。万州僚起事，旋平。五月，突厥扰朔州。羌与吐谷浑扰松州。破始州僚于方山，俘二万余口。六月，泷州、扶州僚起事，旋平，吐谷浑扰扶州。庆州都督杨文干以太子建成煽结事泄，反，旋为部下所杀。突厥扰代州。七月，苑君璋与突厥扰朔、并等州。突厥扰原、陇等州。吐谷浑扰岷州，又结党项扰松州。八月，突厥分扰原、忻、并、绥等州，颉利、突利二可汗连营南下；秦王世民御之于豳州，与突利可汗结盟，遣人使于突厥。吐谷浑扰郑州。九月，日南人姜子路起事，旋败。突厥扰绥州，十月，又扰甘州。吐谷浑与羌扰叠州。

外国

〔高句丽〕 遣使如唐，请颁历；唐遣使来册封，并遣道士以天尊像及道法来。

〔新罗〕 唐朝遣使来册封。百济攻陷数城。

〔日本〕 置僧正、僧都、法头以检校僧尼。时有佛寺四十六，僧尼一千三百八十五。

〔阿拉伯〕 伊斯兰教教徒败麦加人于巴得尔。

〔西哥特〕 西哥特人收复拜占廷在半岛上所占领之最后要塞。此为西哥特人第一次统治整个爱俾利亚半岛。

625 年

中国 乙酉 唐武德八年

正月，吐谷浑扰叠州。突厥、吐谷浑请互市，许之，自是不乏耕牛。四月，党项扰渭州。西突厥统叶护可汗请婚，许之。复置十二军，备击突厥。凉州胡人睦伽陀引突厥袭都督府，败遁。六月，突厥颉利可汗扰灵州，遣将御之。七月，与突厥书改用诏敕，停用敌国体。八月，突厥扰并、潞、沁、韩等州，颉利可汗大掠朔州，唐兵数不利。九月，令检校权量。突厥扰幽州，大败；别部分扰蔺、鄯二州。十月，吐谷浑扰叠州。十一月，突厥扰彭州。吐谷浑扰岷州。眉州山僚起事。

外国 〔高句丽〕 遣使如唐，求学佛法。

〔新罗〕 遣使如唐，讼高句丽梗贡道，数侵掠。

〔日本〕 高句丽遣僧惠灌来。

〔阿拉伯〕 麦加人败穆罕默德于阿和德。

〔英格兰〕 教皇卜尼法五世命以坎特伯雷为都城主教区，管理英格兰教会事务。

626 年

中国 丙戌 唐武德九年

正月，更定雅乐。二月，突厥扰原州。三月，吐谷浑、党项扰岷州。压服眉州山僚。梁师都陷静难镇。突厥扰灵、凉二州。击洪雅二州僚，俘五千口。四月，突厥大扰朔、原、泾等州，李靖御退之。用傅奕言，沙汰僧、尼、道士、女冠，京师留三寺、二观，诸州各留一所；旋止不行。突厥扰西会州。五月，庆州胡人成郎杀长史，附梁师都，旋败死。党项扰廓州。突厥扰秦、兰二州。岭南越州人卢南起事。吐谷浑、党项扰河州。六月庚申，秦王世民杀太子建成、齐王元吉及其诸子；癸亥，立世民为皇太子。吐谷浑扰岷州。突厥扰陇、渭二州，旋败于秦州。幽州大都督李瑗以与太子建成有关系，疑惧谋反，未成，被杀。八月，突厥、吐谷浑皆遣使请和。高祖自称太上皇，传位太子世民，是为太宗。突厥颉利、突利二可汗至渭水便桥北，遣人入见；太宗诣渭上，责颉利负约；颉利请和，许之。九月，颉利献羊、马万余，不受。禁妄立妖祠及杂占之术。置弘文馆，选人充学士。十月，立皇子中山王承乾为皇太子；定功臣实封之制。新罗、百济、高句丽三国互构兵，遣使止之。

外国 〔高句丽〕 唐使来谕，与新罗、百济和。随遣使如唐谢。

〔新罗〕 遣使如唐。百济来侵。

〔百济〕 遣使如唐献明光铠，因讼高句丽梗贡道。

〔日本〕 苏我马子死，子虾夷继。

〔波斯〕 与阿伐尔联合攻击拜占廷帝国首都君士坦丁堡。

〔拜占廷〕 阿伐尔人又与斯拉夫人进攻君士坦丁堡，但城垣固若金汤，久不能下。同年，波斯人退出埃及。

627 年

中国 丁亥 唐太宗李世民贞观元年

正月，更定律令，宽绞刑五十条为加役流。罗艺据泾州反，为部下所杀。二月，大并省州县，分全国为十道。五月，苑君璋降。九月，岭南酋帅冯盎、谈殿等互相攻战，遣使谕之；盎遣子入朝。十二月，利州都督李孝常等谋反，事泄，死。定四时选法，并分人于洛州听选；又省并文武官六百四十三。西突厥统叶护可汗遣使迎公主，颉利可汗挠之。

外国 〔新罗〕 百济来侵，遣使告于唐。

〔百济〕 遣使如唐，唐谕以勿侵新罗。

〔波斯〕 拜占廷帝国击败波斯于尼尼微，波斯王科斯埃洛斯二世弃军而逃，拜占廷军直攻波斯首都泰西丰，波斯王科斯埃洛斯二世为部下所杀。

〔阿拉伯〕 麦加人乘胜围攻麦地那，但为伊斯兰教徒所败。

〔英格兰〕 诺森伯里亚王埃德文率其重要部属皈依基督教。

628 年

中国 戊子 唐贞观二年

正月，吐谷浑扰岷州。四月，突厥突利可汗因颉利可汗相攻，遣使求救。契丹首领来降。大发兵击梁师都，败其突厥援军，梁师都为部下所杀。六月，祖孝孙奏上唐雅乐。九月，放宫女三千余人。突厥扰边。是岁，西突厥统叶护可汗为其伯父所杀，国人立统叶护之子为乙毗钵罗肆叶护可汗，互相攻战。遣使册薛延陀俟斤夷男为真珠毗伽可汗。

外国 〔新罗〕 民饥，卖子而食。

〔日本〕 推古女皇死，苏我虾夷矫诏立田村皇子，是为舒明天皇。

〔波斯〕 库巴德二世（628—629年）嗣位，波斯人被迫媾和，将所征服之全部土地及“真十字架”退还东罗马。

〔阿拉伯〕 麦加人与穆罕默德缔结胡得彼雅条约，准后者按时返麦加朝拜卡巴。

〔法兰克〕 克洛特尔卒，其子达哥伯特嗣位。墨洛温王朝之权力以此时为最盛。

〔英格兰〕 麦西亚王彭达组织中英格兰诸国之同盟，以抗拒埃德文。

629年

中国 己丑 唐贞观三年

八月，薛延陀毗伽可汗遣使入贡，突厥颉利可汗惧，请称臣、尚主，不许，且命李靖等击之。九月，突厥俟斤九人来降。拔野古、仆骨、同罗、奚皆来降。十一月，突厥扰河西。十二月，突厥突利可汗来朝。靺鞨遣使入贡。突厥郁设帅部来降。闰十二月，东谢、南谢首领来朝。牂柯、充州“蛮”入贡。党项首领细封步赖来降。是岁中国人自塞外归及四夷降附者一百二十余万口。名僧玄奘赴印度求经。

外国 〔新罗〕 新罗攻高句丽，初不利，后胜。

〔日本〕 舒明天皇即位（三十四代）。

〔印度〕 中国高僧玄奘（姓陈名袆，601—664年）自长安取道西域，赴印度，访求高僧，学习佛法。在印度前后凡十三年（630—643年），为访求名师，游遍现今印度每一个省，在当时印度佛学中心那烂陀寺学习了五年，至最后几年，玄奘已经是全印驰名之佛学大师。645年返回中国。翻译经论凡一千三百三十五卷，又与弟子辩机共著《大唐西域记》，详记当时西域及印度一百三十八国之风土人情、名胜古迹，为关于7世纪印度历史最重要之史料。

〔波斯〕 国王库巴德二世屠杀其诸弟，旋死于疫。沙尔·巴拉斯自立为王，旋为部下所杀。库巴德之二女相继执政，政治紊乱（629—634年）。

630年

中国 庚寅 唐贞观四年

正月，李靖等败突厥，颉利可汗退碛口；二月，又大破之于阴山，斩万余级，俘男女十余万口、杂畜数十万，其大酋长皆降，颉利可汗奔苏尼失，三月被俘，突厥亡，漠南之地遂空。四裔君长上太宗号为天可汗。四月，分突厥故地为十州，置都督府，命突利可汗等为都督，分统降众；突厥人入居长安者近万家。八月，定品官服色。奚、霫、室韦等十余部皆来降。九月，移思结部落于代州。开“南蛮”地置二州。禁笞背之刑。十二月，高昌王麹文泰来朝。是岁大稔，米斗三四钱；断死刑才二十九人。西突厥内乱定，共推肆叶护为大可汗。杜如晦死。如晦为当时名相。

外国 〔高句丽〕 遣使如唐贺擒突厥颉利可汗，并上封域图。

〔日本〕 遣犬上御田锹等入唐，是为第一次遣唐使。

〔阿拉伯〕 麦加贵族信奉伊斯兰教，欢迎穆罕默德回到麦加。穆罕默德令，凡信奉新教者，皆脱离自己之部落，直接听从穆罕默德之命，不久整个阿拉伯之汉志区皆统一在穆罕默德旗帜之下。自是伊斯兰教复以麦加为圣地。

631年

中国 辛卯 唐贞观五年

四月，斛薛部北走，灵州兵击破之。五月，有司奏赎回没入突厥者八万口。十一月，林邑、新罗遣使奉献。倭国遣使入贡。是岁，开党项之地为十六州、四十七县。康国求内附，不受。高州总管冯盎入朝。罗、窦二州僚起事，冯盎破之。

外国 〔高句丽〕 筑长城，自扶余城至海千余里，凡十六年乃成。

〔新罗〕 遣使如唐献美女，被遣回。

〔日本〕 百济王子扶余丰来。

632年

中国 壬辰 唐贞观六年

正月，静州僚起事，旋败。三月，吐谷浑扰兰州。七月，焉耆王突骑支遣使入贡，高昌忌之，遣兵大掠焉耆。西突厥肆叶护可汗为部下所逐，走死康居，国人立奚利邲咄陆可汗，遣使来附。十一月，契苾首领何力来降，处其部众于甘、凉之间。是岁，党项内附者三十万口。纵死囚三百九十人归家，后皆如期回狱，皆赦之。

外国 〔新罗〕 真平王死，女德曼嗣，是为善德女主。遣使赈恤国内鳏寡孤独。

〔日本〕 唐使与遣唐使偕来。

〔阿拉伯〕 伊斯兰教创立人穆罕默德逝世。是时阿拉伯已大致统一于新信仰之下。穆罕默德死后，门徒辑其布道之辞为《古兰经》，凡七万七千九百三十四字，诗六千二百三十九首。穆罕默德既死，门徒公推阿布·伯克尔担任最高领导，是为第一任哈里发（哈里发意为继承者）。阿布·伯克尔在位二年（632—634 年），集宗教、军政大权于一身。各部落闻穆罕默德死，或谋恢复独立，阿布·伯克尔遣将平定之。

〔波希米亚〕 法兰克商人被杀于波希米亚，达哥伯特遣使前往质问，为萨摩（波希米亚公爵）所逐。达哥伯特以阿雷曼尼人、巴伐利亚人与伦巴德人共同组织之军队往兴问罪之师，被击败于窝盖斯梯堡。

633 年

中国 癸巳 唐贞观七年

三月，李淳风更造浑天、黄道仪成。五月，雅州僚起事，旋败。八月，龚州僚起事。十二月，嘉、陵二州僚起事，旋败。

外国 〔阿拉伯〕 卡里德·伊本·阿尔·瓦利德率兵攻伊拉克。同年向拜占廷帝国进攻，瓦利德自幼发拉底河下游被调赴叙利亚前线。

〔英格兰〕 诺森伯里亚王埃德文为彭达及其同盟大败于哈特非尔德。埃德文阵亡，嗣位者为俄斯瓦尔德。

634 年

中国 甲午 唐贞观八年

正月，压服袭州僚。以李靖等为黜陟大使，分赴诸道。六月，遣段志玄等统边兵及契苾、党项之众二道击吐谷浑，八月破之，追至去青海三十里，不及而还。十一月，吐蕃赞普弃宗弄赞遣使入贡，请婚。吐谷浑扰凉州。十二月，李靖为大总管，督五总管兵击吐谷浑。西突厥咄陆可汗死，弟沙钵罗咥利失可汗立。

外国 〔新罗〕 改元仁平。芬皇寺成。

〔百济〕 王兴寺成，国王时亲至行香。

〔波斯〕 国王耶斯提泽德三世即位（634—642 年），是为波斯萨珊朝末王。

〔阿拉伯〕 阿布·伯克尔卒，欧麦尔继位为哈里发。同年阿拉伯大将卡利德占领大马士革东南之巴斯特拉。伊斯兰教徒向外发展之初期无私有财产，例如欧麦尔时代皆以地位高下自国库中支取定额年俸。先知爱妻阿业莎最多，计每年一万二千银币，其他诸妻每人一万枚，哈里发五千枚，其余等而下之，直至三百枚（一普通也门人）为止。

635 年

中国 乙未 唐贞观九年

正月，党项降者皆附于吐谷浑。三月，洮州羌杀刺史，附于吐谷浑，旋平。四月，李靖等屡败吐谷浑，五月，又追破之，其可汗伏允欲走于阗，为部下所杀，国人立其子顺为主。靖奏平吐谷浑，诏复其国，以顺为趉故吕乌甘豆可汗。太上皇死。七月，党项扰叠州，其首领拓跋赤辞以唐将侵掠，率部反击，杀唐兵数万。十月，西突厥处月部遣使入贡。十一月，吐谷浑甘豆可汗为其下所杀，子诺曷钵立，国中大乱；十二月，命侯君集援之。

外国 〔新罗〕 唐遣使来册封。灵妙寺成。

〔日本〕 百济使来。

〔阿拉伯〕 攻陷大马士革。

〔拜占廷〕 与保加尔人之酋长库夫拉特结同盟，共御阿伐尔人。

636 年

中国 丙申 唐贞观十年

正月，突厥残部答布可汗社尔击薛延陀，大败，走保高昌，命处其部落于灵州之北。三月，以吐谷浑王诺曷钵为乌地也拔勤豆可汗。十二月，朱俱波、甘棠遣使入贡。是岁，更府兵制，改统军为折冲都尉，别将为果毅都尉；凡置府六百三十四。

外国 〔新罗〕 百济来袭边城，击却之。

〔波斯〕 聂斯托里派之基督教（景教），约在此时经波斯传入中国。

〔阿拉伯〕 雅尔牟克一役，瓦利德对拜占廷获得决定性之胜利，叙利亚全部次第入于阿拉伯人掌握。又大败波斯于科底塞亚，不久转战至波斯首都泰西丰。

〔意大利〕 伦巴德王罗得里自东罗马统治下夺得热那亚与立古利亚（半岛西北，高卢东南之地区）。

〔法兰克〕 约在此时期法兰西语与日耳曼语业已逐渐发生显著之分别。

637 年

中国 丁酉 唐贞观十一年

正月，房玄龄等更定律令成，除古死刑太半，变重为轻者甚多。三月，房玄龄等上所定新礼。六月，诏诸王二十一人、功臣十四人所任刺史，令子孙世袭。是岁，姚思廉死。

思廉撰梁陈二书。

外国 〔百济〕 遣使如唐，献金甲、雕斧。唐回赐锦袍、彩帛。

〔日本〕 虾夷起事。

〔阿拉伯〕 攻陷波斯首都泰西丰，征服波斯大部。欧麦尔连下耶路撒冷、阿勒颇与安条克诸地。

〔英格兰〕 大规模建筑物渐次出现，如坎特伯雷、格拉斯吞伯里、圣奥尔班斯、文彻斯特等地之大教堂与约克郡、得尔比郡等地之堡垒，皆为此时期之建筑，盖自基督教传入后，各日耳曼蛮族已渐发展其文化。

638 年

中国 戊戌 唐贞观十二年

正月，高士廉等撰上氏族志，以崔氏为第一；诏更订，以皇族为首，外戚次之，崔氏为第三，凡二百九十三姓，颁行之。二月，巫州僚起事，旋败，被俘者三千余口。七月，吐蕃赞普弃宗弄赞以唐拒请婚，起兵攻吐谷浑，破诸羌，进攻松州；遣侯君集等分道击之。八月，霸州山僚起事，杀刺史。九月，吐蕃败，谢罪，复请婚，许之。立薛延陀真珠可汗二子为小可汗，以分其势。十月，巴州僚起事。钧州僚起事，旋败。十一月，明州僚起事，旋败。十二月，大败巴州僚，俘万余口。是岁，西突厥内乱，西部立乙毗咄陆可汗，与咥利失可汗分治。突厥处月、处密二部与高昌共侵焉耆，掠千五百人。是岁，虞世南死。世南为名书家。

外国 〔高句丽〕 高句丽侵新罗北边，败还。

〔日本〕 百济、新罗、任那使来。

〔缅甸〕 蒲甘王布婆修罗汉令人修历书，后世称为缅历，亦曰小历，暹罗亦曾用之。

〔阿拉伯〕 征服美索不达米亚。

〔拜占廷〕 赫拉克来阿斯鉴于大敌当前，企图泯除宗教纠纷以共御外侮，颁新调和方案，承认“一性论”（不否认三位一体，但主张仅有一个意志，一个权力）。埃及与叙利亚教徒接受此说，而北非与意大利等地则大加反对。赫拉克来阿斯之子君士坦丁企图收复叙利亚，无功而返。

〔法兰克〕 达哥伯特卒，二子分治其国：克洛维二世得纽斯特里亚与勃艮第，西哲伯特三世得奥斯达拉西亚。法兰克王权自此日趋衰落，诸侯（统治一城之伯，及统治数伯之公）形同独立，土地日益集中于少数人之手，封建之割据形势自此逐渐形成。达哥伯特以后诸王皆被称为“懒王”。

639 年

中国 己亥 唐贞观十三年

二月，停诸王、功臣子孙世袭刺史之令。以高昌王麴文泰阻西域朝贡，掠伊吾、焉耆，遣使责之。三月，薛延陀可汗请击高昌，遣使与谋进取。四月，突厥突利可汗之弟结社率阴结旧部谋乱，被杀。迫降巴、壁、洋、集四州僚人，虏六千余口。六月，渝州人侯弘仁自牂柯开道经西赵出邕州以通交、桂，蛮、俚人降者二万八千余户。七月，令突厥、诸胡安置诸州者皆还漠南旧地，拜李思摩为乙弥泥孰俟利苾可汗以统之，并谕薛延陀不得逾漠侵陵。十二月，遣侯君集等击高昌。是岁，凡有州府三百五十八，县一千五百十一。西突厥咥利失可汗为部下所逐，走死钹汗，国人立其弟子为乙毗沙钵罗叶护可汗，与西部咄陆可汗分别建南庭、北庭，以伊列水为界。

外国 〔百济〕 遣使如唐献金甲、雕斧。

〔阿拉伯〕 阿姆鲁征埃及。

〔法兰克〕 原为经营王室“度支地”及其他宫廷事务之宫相，自达哥伯特以后逐渐获得重要权力，挟制国王，凌驾其他公爵、伯爵之上。

640 年

中国 庚子 唐贞观十四年

二月，以国子监生徒多至八千余人，高句丽等国且遣子弟来学，令孔颖达等撰定五经正义，以资讲习。诏求近世名儒子孙。三月，破罗、窦诸州僚，俘七千余口。流鬼国在靺鞨北，向未通中国，至是遣使重三译入贡。置宁朔大使以护突厥。八月，侯君集等至碛口，麴文泰忧惧死，子智盛立。兵至城下猛攻，智盛出降，得二十二城，分立西、庭二州，置安西都护府于交河城；焉耆土地人民前为高昌所掠夺者皆还之。十月，吐蕃赞普献金宝请婚；以宗女文成公主妻之。

外国 〔高句丽 新罗 百济〕 高句丽遣世子朝于唐。三国并遣子弟于唐，请入国子学。

〔日本〕 令入唐学问僧惠隐入宫唪经。

〔阿拉伯〕 攻亚美尼亚。

〔拜占廷〕 拜占廷军为阿拉伯人大败于希利俄波利斯（尼罗河三角洲南端）。

〔法兰克〕 约自7世纪中叶起，获得国王土地之家臣及其他大地主，开始将其广大面积之土地再划为若干份，分封其部属。其条件亦主要为效忠与服役，称为“分封制”。

〔挪威〕 居住于斯堪的纳维亚半岛西部之诺曼人（条顿族），由于土地贫瘠，多山而近海，故倚航海劫掠为生，组织若干海盗部落。至是始有较强之酋长出现，其权力为各部落所公认。

〔阿尔巴尼亚〕 斯拉夫族之塞尔维亚人与哥罗提人进入今阿尔巴尼亚北部。

641年

中国 辛丑 唐贞观十五年

正月，文成公主归于吐蕃，赞普喜，稍革旧俗，遣子弟至长安入国学。四月，吕才等上所刊定阴阳杂书。百济王扶余璋死，遣使册其子义慈为王。七月，西突厥乙毗咄陆可汗使石国吐屯击沙钵罗叶护可汗，擒杀之。十一月，薛延陀真珠可汗发诸部兵渡漠侵突厥，俟利苾可汗帅部退保朔州，遣使告急；遣将分道救之。十二月，大败薛延陀，斩三万余级，俘五万余人，溃至漠北者人畜冻死什八九。是岁，欧阳询死。询为名书家。

外国 〔高句丽〕 唐使来，遍悉其山川险易，归报唐帝。

〔百济〕 武王死，太子义慈嗣，是为义慈王。遣使告哀于唐，唐使人来吊故王，并册封新王。

〔日本〕 舒明天皇死。

〔阿拉伯〕 占领亚历山大里亚。

〔拜占廷〕 赫拉克来阿斯卒，宫廷乱事起，数月内凡三易主，最后始由君士坦斯（赫拉克来阿斯之孙）嗣位。

642年

中国 壬寅 唐贞观十六年

正月，魏王泰上括地志。徙死罪者实西州；敕括浮游无籍者。七月，禁罚为避赋役伤残肢体者。九月，薛延陀真珠可汗献马及貂皮以请婚。西突厥乙毗咄陆可汗灭吐火罗，拘留唐使，侵西域，扰伊州，又遣处月、处密部犯天山；安西都护郭孝恪击走之，乘胜攻处月，收降处密而归。乙毗咄陆可汗西击康居，道破米国，赏罚不平，其下逐之，立乙毗射匮可汗，乙毗咄陆可汗奔吐火罗。十月，凉州契苾部奔附薛延陀，劫左领军将军契苾何力同往，何力不屈；因遣使许薛延陀婚，何力得还。

外国 〔高句丽〕 东部大人泉盖苏文奉命筑长城。盖苏文残暴，诸大人与荣留王密议诛之。盖苏文诇知，勒兵杀诸大人及王，立王族臧为主，是为宝藏王，盖苏文自为莫离支、太大对卢，专朝政。唐遣使来吊。

〔百济〕 百济遣使如唐。百济王亲攻新罗，取四十余城，又与高句丽谋阻新罗贡道。

〔日本〕 皇极女皇即位（三十五代）。百济、新罗遣使来吊。苏我虾夷造双墓，称大陵、小陵。

〔昭武九姓〕 中亚细亚昭武诸国，因畏阿拉伯人之逼胁，求唐保护，唐太宗以鞭长莫及，不许。自是常遣使来聘，献狮子、金桃、银桃等物。

〔阿拉伯〕 由于亚历山大里亚主教居鲁士之斡旋，埃及向阿拉伯人投降。同年大举入侵波斯，在内海文德获得决定性胜利后分六路进军，侵入阿塞拜疆、呼罗珊及吐火罗等地。波斯王耶斯提泽德遁至边区，647年（唐太宗贞观二十一年）遣使向中国乞援。

〔意大利〕 伦巴德王罗得里大败拉温那之拜占廷总督。

〔西哥特〕 钦得斯文斯当选为国王，贵族七百人反对彼之专制权力者或被杀，或被夷为奴隶。

〔法兰克〕 宗教公议举行于沙隆，严禁贩卖基督教徒为奴隶，其他奴隶买卖则不予禁止。

〔英格兰〕 麦西亚王彭达及其同盟再败诺森伯里亚王俄斯瓦尔德于马塞尔非尔德，俄斯瓦尔德阵亡，诺森伯里亚复被分为两国（见公元588年条）。

643年

中国 癸卯 唐贞观十七年

二月，图功臣二十四人像于凌烟阁。三月，齐州都督齐王佑据州抗命，私署官职，遣李勣等讨之，未至，佑已为部下所擒，事平。四月，太子承乾谋反事发，废为庶人，同谋者侯君集等皆弃市；立晋王治为皇太子。六月，薛延陀真珠可汗遣使纳币，驼、马、牛、羊十余万，多道死；借口聘礼未备，停其婚。遣使册封高句丽王臧。九月，新罗为百济、高句丽所攻乞援，遣使谕高句丽止兵。是岁，魏征死。

外国 〔高句丽〕 遣使如唐，求道教，唐遣道士来，赐以道德经。唐使来册封。

〔新罗〕 以高句丽、百济谋连兵来侵，遣使乞师于唐。

〔保加尔人〕 刻尔特卒，其子（或孙）伊斯泊利克继位为保加尔人之酋长。

644 年

中国

甲辰　唐贞观十八年

七月，以高句丽不听谕告，决意兴兵击之，令洪、饶、江三州造船以运军米，并发幽、营二府兵及契丹、奚、靺鞨之众先攻辽东以试之。九月，焉耆王突骑支附西突厥，安西都护郭孝恪击之，俘突骑支，西突厥来救，亦败走。孝恪去，焉耆立薛婆阿那支为王。高句丽莫离支泉盖苏文贡白金，却之。十一月，命张亮、李勣统军分由海陆击高句丽，并诏新罗、百济、奚、契丹分道并举。十二月，突厥余部数为薛延陀所攻，渡河，处之于胜、夏之间，召其俟利苾可汗李思摩还朝为右武卫将军。

外国

〔高句丽〕　泉盖苏文囚唐使，唐大发水陆兵，并谕新罗、百济、奚、契丹分道来攻。

〔新罗〕　遣兵攻下百济七城。

〔百济〕　遣使如唐。

〔日本〕　苏我氏男女称王子。

〔阿拉伯〕　哈里发欧麦尔死，奥斯曼当选为哈里发（644—656 年）。奥斯曼出身麦加倭玛亚族，即位后，任其族人以重职，又多受四方赂赠，渐改初期哈里发质朴俭约作风，引起其他阿拉伯首领不满。奥斯曼在位时期，阿拉伯完全征服伊拉克及亚美尼亚之一部分。

〔意大利〕　罗得里制伦巴德人法典。

645 年

中国

乙巳　唐贞观十九年

二月，沧州刺史席辩坐赃污死。帝亲攻高句丽，发洛阳。四月，李勣等至玄菟，破高句丽兵于建安，寻拔盖牟城，获二万余口，以其地为盖州。五月，张亮等拔卑沙城，获八千口，耀兵于鸭绿水。李勣等进至辽东城，败高句丽救兵。帝至辽东，李勣等拔其城，杀获五万口，以其地为辽州。旋进至白岩，六月，城主开城降，获万余口，以其地为岩州。更进至安市，高句丽兵来救，大败，死二万余，其帅以所部三万六千余人降。九月，薛延陀真珠可汗死，子拔灼立为颉利俱利薛沙多弥可汗。以辽左早寒，安市城猝不能下，诏班师，拔辽、盖二州民凡七万口入内地。十二月，薛延陀多弥可汗数扰河南，派兵分道御之。停四时选，仍从旧制。是岁，裴行方击茂州起事之羌，大破之。颜师古死。师古注汉书甚有名，又著匡谬正俗等书。

外国

〔高句丽〕　唐帝亲征，拔盖牟、辽东、白岩等城，攻安市城久不下，乃班师。

〔新罗〕　遣使如唐。百济来侵，却之。

〔日本〕　皇子中大兄与中臣镰足讨苏我氏，虾夷自杀。皇极女皇让位于孝德天皇（三十六代），建元大化，以僧旻、高向玄理为国博士，从事改革。

〔林邑〕　范梵志于武德中曾遣使献于唐，不久死，范头黎立，于贞观中遣使献驯象、镠锁五色带、朝霞布、火珠于唐。头黎死，子镇龙立，又献通天犀杂宝于唐。至是镇龙为摩诃慢多伽独所杀，国人立头黎婿诸葛地为王，于是范氏系统遂绝。

〔阿拉伯〕　拜占廷帝国遣舰队赴亚历山大里亚，城中人民乘机叛变，经激战后，再占领之。埃及总督阿布杜拉建阿拉伯舰队。

646 年

中国

丙午　唐贞观二十年

正月，薛延陀多弥可汗扰夏州，大败，遁归。遣二十二官以六条巡察四方。三月，帝还至长安。闰三月，罢辽州及岩州。五月，高句丽遣使谢罪。六月，西突厥乙毗射匮可汗遣使入贡，且请婚，许之，命割龟兹等五国为聘礼。遣将分道击薛延陀，多弥可汗惊遁，回纥杀之，遂据其地。薛延陀余众共立咄摩支伊特勿失可汗，寻去可汗之号，遣使奉表，犹持两端。遣李勣与敕勒九姓共图之，李勣至，虏三万余口，以咄摩支至长安。八月，敕勒诸部回纥、拔野古、同罗、仆骨、多滥葛、思结、阿跌、契苾、跌结、浑、斛薛等各遣使入贡，帝如灵州会其俟斤。十二月，回纥、仆骨、多滥葛、拔野古、同罗、思结、浑、斛薛、跌结、阿跌、契苾、白霫首领皆来朝，寻以其地分别为府州，命其首领为都督、刺史有差；惟回纥首领已自称可汗，官号皆仿突厥。

外国

〔高句丽〕　遣使谢于唐。

〔日本〕　宣诏革新，改官制。

647 年

中国

丁未　唐贞观二十一年

三月，遣牛进达、李勣等分由海陆击高句丽。四月，置燕然都护府，统新立敕勒诸部府州。五月，李勣等至高句丽境，无功而还。七月，牛进达由海道入高句丽境，拔石城。八月，骨利干遣使入贡。命江南十二州造大船，欲以击高丽。十月，奴剌部来降。十一月，突厥余部乙注车鼻可汗遣使入贡。十二月，西赵首领赵磨来降。龟兹王伐叠死，弟诃黎布失毕立，侵渔邻境；诏郭孝恪等击之。高句丽王遣子谢罪。

外国

〔高句丽〕 唐复遣兵水陆来攻，拔石城。遣王子如唐谢。

〔新罗〕 大臣毗昙等举兵谋废立，败死。善德女主死，真平王侄女胜曼嗣，是为真德女主。唐使来赠赙并册封。改元太和。百济来侵，败绩。

〔日本〕 定冠服制度，七色，十三阶。

〔印度〕 戒日王死，无子，其臣那伏帝阿罗那顺自立，人心不服，国势衰微。当时唐太宗闻戒日王名，遣王玄策往聘。那伏帝阿罗那顺横加攻掠，王玄策借吐蕃、尼波罗兵，大破之，虏那伏帝阿罗那顺以归，后死于中国。印度自戒日王死以后，至12世纪末穆罕默德教徒攻入印度以前，五百五十年间，分裂为无数小国，此起彼伏，战争不停，但文学美术有相当发展。此时期在印度史中称为喇谛菩特时期。喇谛菩特者，意为王子，自居华族，其中一部系自外部侵入之部族，与土地贵族通婚，渐构成一新兴贵族，在北印度建立许多小国。

〔阿拉伯〕 阿拉伯人自埃及西征北非行省，企图逐出东罗马势力。

〔法兰克〕 由于封地与分封制之实施，庄园制逐渐出现。每一庄园土地约有三分之一系由农奴为领主耕种，其余三分之二则由农奴自己耕种。每一小领主有庄园一处，大领主可能有分散各地之领地多处，即在同一处之领地亦可能包括一处以上之庄园。领主轮流居住于各地之庄园中以消费当地之生产品。每一庄园设有负责管理之人。

648 年

中国

戊申 唐贞观二十二年

正月，遣薛万彻等由海道击高句丽。二月，结骨首领来朝，以其地为都督府。四月，梁建方破松外“蛮”，内附者七十部、十万余户，因通西洱道，降其诸部。契丹首领曲据来降，以其地为玄州。西突厥叶护阿史那贺鲁帅众来降，处之于庭州。五月，王玄策以吐蕃、泥婆罗兵破擒中天竺帝那伏帝王阿罗那顺，俘万二千人。六月，以白霫部为居延州。七月，令剑南道造大船。八月，令婺、洪等州造海船，备击高句丽。命执失思力击薛延陀余部。九月，命阿史那社尔击降处月、处密二部。雅、邛、眉三州僚以苦造船之役，群起反抗；发兵击之。十月，回纥内哄，杀其首领。阿史那社尔击焉耆破之，杀其王薛婆阿那支，立先那准为王，乘胜进击龟兹。十一月，契丹帅窟哥、奚帅可度者率部来降，分以其地为府州。置东夷校尉官于营州。十二月，阿史那社尔拔龟兹，其王布失毕走保拨换城，旋被擒。闰十二月，西突厥援龟兹，袭杀安西都护郭孝恪，旋为守兵击退。阿史那社尔平龟兹，立叶护为王。命阿史那贺鲁击西突厥之未服者。新罗相金春秋来朝。是岁，孔颖达、房玄龄、李百药死。颖达著有周易、尚书、毛诗、礼记、左传等书的正义。玄龄为名相，又领衔撰《隋书》。百药撰《北齐书》。

外国

〔高句丽〕 遣使如唐。唐又遣兵来攻，渡鸭绿江。

〔新罗〕 百济来攻，败之。因遣将反攻，拔百济十二城，俘斩三万余人。遣使如唐，请伐百济；又请改章服，从华制，唐帝许之。

〔日本〕 修磐石栅以防虾夷，以越及信浓之民为栅户，是为栅户之始。

649 年

中国

己酉 唐贞观二十三年

正月，徒莫祇等部来降，以其地置四州。遣高侃击突厥车鼻可汗。拔悉密部来降，以其地置新黎州。四月，太宗死，太子治嗣，是为高宗，罢辽东之役。七月，于阗王伏阇信来朝。十月，以突厥诸部置十一州，分隶云中、定襄二都督府。是岁李靖死。靖为名军事学家。

外国

〔新罗〕 改冠服，仿华制。百济来攻，不利，丧亡近万。

〔日本〕 定冠位十九阶，置八省百官。

〔阿拉伯〕 阿拉伯舰队进攻塞浦路斯岛（旧译塞浦洛斯或居比路）。

650 年

中国

庚戌 唐高宗李治永徽元年

五月，吐蕃赞普弃宗弄赞死，孙嗣，政事皆决于国相禄东赞。六月，高侃俘突厥车鼻可汗。八月，遣龟兹旧王布失毕归国，复其位。九月，置都督府，以统车鼻可汗残部，且置单于、瀚海二都护府分护突厥之众。十二月，琰州僚起事，遣兵击之。

外国

〔新罗〕 遣使如唐，告破百济。始用唐永徽年号。

〔日本〕 改元白雉。

〔阿拉伯〕 占领阿伐德（西顿北一重要海岛）。

〔巴尔干半岛〕 斯拉夫人之南支约在此时已完成巴尔干半岛之占领，其中向西发展者可分为三部分：(一）迁居于卡尼俄那与卡林西亚（在奥地利南）者称为斯罗文人，9世纪初为法兰克人征服，其土地并入法兰克帝国；（二）入居亚德里亚海东北岸之腹地者，称哥罗西亚人（或哥罗提人)；（三）入居匈牙利之南与保加利亚之西者为塞尔维亚人。

〔保加尔人〕 伊斯泊利克率其族人渡多瑙河南下。

651年

中国 辛亥 唐永徽二年

正月，西突厥阿史那贺鲁拥众西走，破乙毗射匮可汗，自号沙钵罗可汗，西域诸国多附之。四月，焉耆王婆伽利死，遣旧王突骑支归复其位。七月，西突厥沙钵罗可汗扰庭州；发兵及回纥骑击之。八月，郎州白水“蛮”起事，攻麻州。闰九月，长孙无忌等上删定律令。十一月，特浪、辟惠羌首领来降。窦州、义州“蛮”起事，旋败。唐兵大破白水“蛮”，乘胜西进。十二月，西突厥处月部首领朱邪孤注杀唐使者，附于沙钵罗可汗。

外国 〔新罗〕 国主始御殿行贺正之礼。遣大臣子弟如唐备宿卫。

〔百济〕 遣使如唐，唐帝谕与高句丽、新罗和解。

〔波斯〕 萨珊朝末王耶斯提泽德三世在中亚细亚谋夫城附近被杀（按唐书所记，“耶斯提泽德”作伊嗣侯，其死在654年，与此不同)。萨珊朝亡。

〔英格兰〕 俄斯瓦尔德之弟俄斯维乌（642年嗣位为柏尼西亚王）再合并提伊拉重建诺森布里亚王国。

652年

中国 壬子 唐永徽三年

正月，吐谷浑、新罗、高句丽、百济并遣使入贡。梁建方等大破处月，擒朱邪孤注。四月，赵孝祖擒杀大小勃弄首领，西南遂定。六月，置祁连州以处薛延陀余众。七月，立子忠为皇太子。是岁，户三百八十万。

外国 〔日本〕 班田讫。作户籍。

〔阿拉伯〕 攻下亚美尼亚全境。

653年

中国 癸丑 唐永徽四年

二月，高阳公主及驸马都尉房遗爱等谋反，事发，皆死。四月，林邑王诸葛地遣使入贡。十月，睦州女子陈硕真起事，称文佳皇帝，陷睦州、桐庐、于潜；发兵击之，十一月，硕真被俘死。是岁，西突厥乙毗咄陆可汗死，子真珠叶护立，击沙钵罗可汗破之。

外国 〔日本〕 遣吉士长丹等入唐，凡一百二十一人，又有僧人、留学生等十四人。复遣高田根磨等入唐，亦一百二十人，又有僧人二，在经萨摩国时船破溺死。是为第二次遣唐使。

〔意大利〕 教皇马丁一世反对“一性论”。皇帝君士坦斯二世命拉温那总督予以逮捕，械送君士坦丁堡，两年后卒于克里米亚。

654年

中国 甲寅 唐永徽五年

正月，特浪羌来降，以其地置剑州。四月，大食破波斯，杀其王伊嗣侯；王子卑路斯奔吐火罗，大食兵退，卑路斯还为王。闰五月，以处月部为金满州。十月，雇雍州四万一千人筑长安外郭。高句丽结靺鞨侵契丹，大败。

外国 〔高句丽〕 遣将与靺鞨攻契丹，败于新城。

〔新罗〕 真德女主死，真智王孙金春秋嗣，是为太宗武烈王。唐遣使赐赙并册封。命理方府参酌律令定为理方府格。

〔日本〕 孝德天皇死。遣高向玄理等入唐，是为第三次遣唐使。

〔阿拉伯〕 占领罗德岛。

〔法兰克〕 西哲伯特卒，克洛维二世又为全法兰克王国之统治者。

655年

中国 乙卯 唐永徽六年

正月，巂州道兵破胡丛等“蛮”。二月，新罗为高句丽、百济、靺鞨所侵，遣使求救；遣程名振等击高句丽。五月，程名振等败高句丽兵于贵端水。遣程知节击西突厥沙钵罗可汗。九月，帝欲立武昭仪为皇后，长孙无忌、褚遂良等力谏，不听。十月，废皇后王氏、淑妃萧氏，十一月，册立武昭仪武氏为皇后，王后、萧妃旋为武后所害。遣使册西突厥真珠叶护为可汗，沙钵罗可汗阻使者不得前。

外国 〔高句丽〕 遣将与百济、靺鞨攻新罗北境，取三十三城。唐遣兵来攻，以救新罗。

〔新罗〕 以高句丽等国来侵，请救于唐。遣将攻百济。

〔日本〕 皇极女皇再即位，改称齐明（三十七代），立中大兄为太子。

〔英格兰〕 俄斯维乌率诺森伯里亚人大败麦西亚王彭达，彭达阵亡。

〔西哥特〕 第九次宗教会议举行于托利多，禁止犹太人庆祝自己之宗教节日，此为对犹太人迫害之始。

656 年

中国 丙辰 唐显庆元年

正月，以太子忠为梁王，立代王弘为皇太子。四月，矩州“蛮”谢无灵起事，旋败。七月，西洱等部首领来降。八月，程知节大破西突厥歌逻禄、突骑施等部，斩三万级。龟兹王布失毕来朝。十一月，生羌首领浪我利波等来降，以其地为二州。十二月，程知节前军苏定方大败西突厥鼠尼施部，欲乘胜深入，知节不许，坐逗留免。

外国 〔新罗〕 遣王子如唐。

〔日本〕 遣使于高句丽。

〔阿拉伯〕 哈里发奥斯曼被杀，遂发生争夺哈里发地位之纠纷。穆罕默德之婿阿里于是年6月24日被宣布为哈里发。阿里乃穆罕默德叔父阿布·达里之子，为穆罕默德之最早之信徒之一，后又与穆罕默德之女费提玛结婚。穆罕默德无子，死后仅遗一女，即费提玛。阿里因此享有很高之威信。即位后，迁都于阿尔·库发（656—661年）。

〔拜占廷〕 阿拉伯人在利西阿（安那托利亚半岛之西南）海面大败君士坦斯二世亲自率领之罗马舰队。

〔法兰克〕 克洛维二世卒，二子再分治其国。宫相丕平（一世）之子格利摩尔德企图篡位，失败而死。

657 年

中国 丁巳 唐显庆二年

正月，分歌逻禄部，置二都督府。闰正月，命苏定方率师及回纥等兵击西突厥沙钵罗可汗。十二月，苏定方等大破西突厥，沙钵罗可汗奔石国，被擒。分其地为二都护府，以阿史那弥射为昆陵都护、兴昔亡可汗，押五咄陆部；阿史那步真为濛池都护、继往绝可汗，押五弩失毕部。以洛阳为东都。

外国 〔百济〕 是岁大旱。

〔日本〕 吐火罗人由南海漂至。

〔阿拉伯〕 叙利亚总督摩阿威雅起兵声讨哈里发阿里。摩阿威雅出身于麦加世族，与奥斯曼同属倭玛亚族，闻奥斯曼遇害，起兵为奥斯曼复仇，与阿里军遇于幼发拉底河西岸之西芬城（657年7月26日），胜负未决，遂决定用仲裁办法，解决纠纷。

658 年

中国 戊午 唐显庆三年

正月，长孙无忌等上所修新礼。龟兹将拒其王，派兵击定之。龟兹王布失毕死，立其子素稽为王，兼龟兹都督。五月，徙安西都护府于龟兹，以旧安西为西州都督，镇高昌故地。六月，程名振、薛仁贵等败高句丽兵，拔赤烽镇。八月，播罗哀僚来降。十月，吐蕃赞普来请婚。

外国 〔高句丽〕 唐兵来攻，无功。

〔日本〕 遣将攻虾夷、肃慎。

〔阿拉伯〕 摩阿威雅与拜占廷媾和。阿姆尔为摩阿维雅取得埃及。

〔拜占廷〕 君士坦斯二世与斯拉夫人战。

〔波希米亚与摩拉维亚〕 萨摩卒，两族之联合分裂（直至870年）。

659 年

中国 己未 唐显庆四年

三月，西突厥兴昔亡可汗击杀真珠叶护。四月，许敬宗希武后旨诬长孙无忌谋反，安置黔州，并削夺褚遂良等官爵。六月，改氏族志为姓氏录，升后族为第一，余悉以仕唐官品高下为准，凡九等，一时豫士流者甚多。七月，许敬宗希武后旨，遣人逼长孙无忌自缢，一时诛贬颇多，自是政归武后。九月，以石、米、史、大安、小安、曹、拔汗那、悒怛、疏勒、朱驹半等国置州、县、府百二十七。十月，令山东著姓崔、卢、李、郑、王不得自为婚姻。十一月，思结部结疏勒、朱俱波、喝盘陀三国抗唐，破于阗；苏定方击降之。薛仁贵破高句丽兵于横山。

外国 〔高句丽〕 唐将来攻，不胜。

〔新罗〕 请兵于唐，以攻百济。

〔百济〕 攻新罗，拔二城。

〔日本〕 遣坂合部石布等入唐，一船遭风，五人生还；一船使者以日本援百济，被扣于长安者十个月。是为第四次遣唐使。

〔阿拉伯〕 正月，哈里发阿里之代表及叙利亚总督摩阿威雅之代表会于阿得鲁（在麦地那与大马士革之间），双方各偕证人四百，议决废阿里。

660 年

中国

庚申　唐显庆五年

三月，新罗以百济侵扰，请救；遣苏定方等击之。四月，奚、契丹反唐，遣将击降之，俘契丹首领阿卜固。七月，废故太子梁王忠为庶人，徙黔州。八月，吐蕃以吐谷浑附于唐，攻之。苏定方等自海道至百济，击降之，以其地置五都督府，命各部首领为都督、刺史。思结、拔野古、仆骨、同罗四部骚动，遣将击定之。十月，帝苦风眩，政事委武后裁决。十二月，命契苾何力、苏定方等分四道击高句丽。

外国

〔高句丽〕　攻新罗边城。唐灭百济后遣兵分道来攻。

〔新罗〕　遣将会唐兵攻百济。

〔百济〕　唐遣兵水陆来攻，破都城，国王扶余义慈降，国亡。唐分其地置熊津等五都督府，各统州县，以其渠率为都督、刺史、县令。

〔日本〕　初造漏刻。百济人来迎其王子扶余丰回。

〔阿拉伯〕　摩阿维雅始以海上军力犯拜占廷，在小亚细亚海面战胜拜占廷皇帝君士坦斯二世。

661 年

中国

辛酉　唐显庆六年　龙朔元年

正月，募河南北，淮南六十七州兵击高句丽。二月晦，改元龙朔。三月，百济僧道琛等迎立故王子丰于倭，围唐守兵；遣刘仁轨会新罗兵击之。四月，增击高句丽之兵水陆凡三十五军。六月，以吐火罗、罽宾、波斯等十六国置都督府八，隶安西都护府。七月，苏定方围平壤。九月，契苾何力大破高句丽兵于鸭绿江。十月，铁勒、回纥、同罗、仆骨等部犯边，命郑仁泰、薛仁贵等击之。

外国

〔高句丽〕　与靺鞨共攻新罗，无功。唐兵攻平壤。

〔新罗〕　遣将会唐兵攻百济残部。太宗武烈王死，太子法敏立，是为文武王。武烈王在位时，连岁丰稔，国人谓其时为“圣代”。文武王督师会唐兵攻高句丽。

〔百济〕　扶余福信等迎王子扶余丰于日本，奉之为主，围唐戍军于熊津城。唐遣将会新罗兵攻之。

〔日本〕　耽罗始来献。齐明女皇死，太子中大兄守丧，监国。

〔波斯〕　萨珊朝末王耶斯提泽德三世之子卑路斯来唐求救，助其恢复波斯，唐高宗以鞭长莫及，不许。唐封卑路斯为左威卫将军，后死于中国。

〔阿拉伯〕　1月24日，哈里发阿里遇害，其子哈山嗣位。摩阿威雅即哈里发位于耶路撒冷（一说在660年），遣兵攻哈山，哈山退位。摩阿威雅遂为阿拉伯人所承认，迁都于大马士革，是为倭玛亚朝（661—750年）。阿里余党仍暗中活动，谋推翻倭玛亚族之统治，称什叶派。

662 年

中国

壬戌　唐龙朔二年

正月，立波斯都督卑路斯为波斯王。二月，大改官名。庞孝泰与高句丽兵战于蛇水上，兵败死之；苏定方围平壤不下，解围而还。三月，薛仁贵败铁勒于天山，追入碛北。郑仁泰纵兵大掠，至仙萼，粮尽而还，人马死者大半。诏以契苾何力为铁勒道安抚史，说降之。七月，刘仁轨等大破百济，拔真岘等城；百济遣使请援于倭及高句丽。十二月，苏海政奉命击龟兹，听西突厥继往绝可汗谮，诱杀兴昔亡可汗，诸部怨愤，有附于吐蕃者。西突厥别部扰庭州，刺史来济死之。

外国

〔高句丽〕　唐兵攻平壤者，以粮尽解去。

〔新罗〕　遣兵助唐攻高句丽平壤。耽罗国来降为属国。遣使如唐。遣兵助唐破百济残部。

〔百济〕　扶余福信等为唐兵所败，遣使请援于日本。

〔日本〕　高句丽遣使请救。遣将援百济。

〔阿拉伯〕　摩阿维雅大举向安那托利亚（小亚细亚）进攻。

〔意大利〕　伦巴德王格利姆瓦尔德率其族人放弃亚利乌信仰，改宗罗马天主教。

〔法兰克〕　再向伦巴德人进攻，次年败退。自此至查理曼就位前，法兰克人不复南犯。

663 年

中国

癸亥　唐龙朔三年

正月，发兵破铁勒叛者。二月，徙燕然都护府于回纥，改名瀚海；徙故瀚海都护于云中古城，改名云中，以碛为境，南属云中，北属瀚海。四月，右相李义府以卖官聚敛，阴有异图，下狱，除名，流巂州。置鸡林大都督府于新罗，以其王领之。五月，柳州“蛮”吴君解起事，发兵击之。吐谷浑为吐蕃所攻，可汗曷钵奔凉州，请内徙；发兵屯凉、鄯备吐蕃，继又发兵援吐谷浑。八月，罢三十六州造船之役。九月，刘仁轨等大破倭援百济之兵于白江口，焚其舟四百。百济王扶余丰奔高句丽，王子忠胜等降，百济尽平。仁轨屯田百济，以图高句丽。十二月，西突厥弓月部攻于阗；发兵救之。是岁，大食破波斯、拂菻，侵婆罗门吞灭诸胡。

外国

〔新罗〕 唐以新罗为鸡林大都督府，国王为大都督。助唐兵破百济残部。

〔百济〕 日本助百济者败没，扶余丰等奔高句丽，列郡反唐者皆降。

〔日本〕 遣兵攻新罗。援百济之师与唐兵战于白江，大败。日本侵略朝鲜半岛之野心，经此败后，未敢复萌者九百余年。

〔拜占廷〕 君士坦斯二世企图复兴西部以避强敌，迁其政府于罗马。7月入罗马，居住十余日又南下赴西西里岛，自此定居该地。

〔阿拉伯〕 摩阿维雅始以土地分赐其部众，年俸制此后逐渐废除。

664年

中国

甲子 唐麟德元年

正月，改云中都护为单于大都护。五月，于昆明之弄栋川置姚州都督府。十二月，杀宰相上官仪，赐废太子梁王忠死。自是政无大小皆归武后，天下称"二圣"。是岁，玄奘死。玄奘往印度取经归后，从事译经工作，且为佛教法相宗之创始者。

外国

〔新罗〕 初令女子效华装。遣人诣熊津学唐乐。禁人擅施货财土田于佛寺。攻取高句丽一城。

〔日本〕 定冠位二十六阶。置防烽。作水城。唐将刘仁轨遣郭务悰等来。

〔阿拉伯〕 阿拉伯人东侵阿富汗，占领喀布尔，自此入印度，征服信地及印度河下游流域。

〔苏格兰〕 由于惠特俾宗教会议之召开，英格兰教会倾向于罗马，以此苏格兰与之疏远，但苏格兰之匹克特教会约在公元700年左右亦归向罗马。

665年

中国

乙丑 唐麟德二年

正月，吐蕃请与吐谷浑和亲及赤水地，拒之。闰三月，疏勒引吐蕃侵于阗；发兵救之。五月，撰麟德历行之，以代戊寅历。十月，武后以将行封禅礼，表请参与奠献；诏禅社首以后为亚献。是岁，以比岁丰稔，斗米五钱，麦豆不列于市。是时，太仆有马七十万匹，分八坊、四十八监领之。

外国

〔新罗〕 唐以百济故王子扶余隆为熊津都督，谕新罗王与除宿憾。但隆以新罗方强，不敢居故国，寄治于高句丽故地而死。

〔日本〕 百济人多来投，役之筑城。唐使郭务悰等再来，遣守大石等送之回，因便入唐，是为第五次遣唐使。

666年

中国

丙寅 唐乾封元年

正月，行封禅礼于泰山、社首，东自高句丽、新罗、倭，西至波斯、乌苌诸国皆来助祭。还至曲阜，祀孔子，尊为太师。三月，至亳州，尊老子为太上玄元皇帝。五月，铸乾封元宝钱，一当十。高丽莫离支泉盖苏文死，子男生继之，为其弟男建所逐，遣使求救。六月，遣契苾何力、庞同善等击高句丽。九月，庞同善破高句丽兵，与泉男生合军。十二月，遣李勣为大总管攻高句丽。是岁，令狐德棻死。德棻著有后周书等。

外国

〔高句丽〕 遣太子福男如唐侍祠泰山。泉盖苏文死，子男生代为莫离支，以二弟相逼，降于唐。唐遣兵来攻。边将以十二城投新罗。

〔日本〕高句丽使来。僧智由作指南车。置百济人二千余于东方。

667年

中国

丁卯 唐乾封二年

正月，以乾封钱行，物价踊贵，罢之。二月，前于羌地所置诸州皆为吐蕃所破，悉罢之。九月，李勣拔高句丽新城，又连下十六城。高句丽袭别军，薛仁贵大破之于金山，拔三城。是岁，海南獠陷琼州。

外国

〔高句丽〕 唐兵攻下新城。

〔新罗〕 文武王督师会唐兵攻高句丽。

〔日本〕 耽罗奉献。唐将刘仁愿遣司马法聪等送日使回，因遣伊吉博德等送唐使，至百济。是为第六次遣唐使。

668年

中国

戊辰 唐乾封三年 总章元年

二月，薛仁贵拔高句丽扶余城，

扶余川中四十余城皆下；李勣又破高句丽兵于萨贺水，拔大行城。三月，改元总章。九月，李勣拔平壤，高句丽王臧降，俘泉男建及百济王丰。十二月，分高句丽五部、六十九万余户为九都督府、四十二州，置安东都护府于平壤，留兵二万戍其地。

外国 〔高句丽〕 唐兵南北夹攻，九月，拔平壤，宝藏王降，高句丽亡。分其地为九都督府、四十二州、百县，以渠率为都督、刺史、县令，与华人参理，置安东都护府以统之。

〔新罗〕 助唐灭高句丽。

〔日本〕 太子中大兄至是年始即位，是为天智天皇（三十八代）。

〔阿拉伯〕 进至卡尔西同。

〔拜占廷〕 君士坦斯在西西里之叙拉古遇刺死，其子嗣位，称君士坦丁四世。君士坦丁四世复迁其政府还君士坦丁堡。

〔英格兰〕 教皇任命塔萨斯之狄奥多为坎特伯雷大主教。英格兰教会自此完全倚附于罗马。

669 年

中国 己巳 唐总章二年

四月，徙高句丽户三万八千二百于江、淮之南及山南、京西诸州，留其贫弱者守安东。八月，改瀚海都护府为安北。是岁，裴行俭等定铨注法，后为永制。

外国 〔新罗〕 以僧信惠为政官大书省。唐遣僧来求磁石。以百济、高句丽灭，大赦。唐责擅取百济地；遣使谢罪，一使被留下，狱死。唐遣使征弩师。

〔日本〕 赐中臣镰足姓藤原。遣河内鲸等入唐，是为第七次遣唐使。唐使郭务悰等二千余人来。

〔阿拉伯〕 哈里发摩阿威雅派太子雅兹德率师侵拜占廷帝国，陷卡尔西同（在小亚细亚，与君士坦丁堡隔海相对），围君士坦丁堡；夏，解围。大举入侵西西里岛，于饱肆劫略后退去。阿里子哈山卒于麦地那。

670 年

中国 庚午 唐总章三年 咸亨元年

三月，改元咸亨。四月，以吐蕃陷西域十八州，又结于阗陷龟兹、拨换城，罢龟兹、于阗、焉耆、疏勒四镇。遣薛仁贵等击吐蕃，且援送吐谷浑还故地。高句丽剑牟岑起事，遣高侃击之。八月，薛仁贵等击吐蕃，大败于大非川，与吐蕃约和而还。十月，诏官名皆复旧。

外国 〔新罗〕 靺鞨侵北边，遣将击却之。高句丽遗臣立其王孙安胜为王，杀唐官吏，请为屏藩，寻为唐军所破，安胜来奔，册之为高句丽王。袭下百济八十余城，遂与唐冲突。

〔日本〕 定朝礼。造户籍，是为庚午年籍。

〔阿拉伯〕 阿拉伯人在迦太基之南建开汪城（今突尼斯之南约一百二十英里），作为统治北非之首府。

〔法兰克〕 纽斯特里亚与勃艮第之王克洛特尔三世卒，奥斯达拉西亚王契尔得利克再统一法兰克王国。

671 年

中国 辛未 唐咸亨二年

四月，以西突厥阿史那都支为匐延都督，安集五咄陆。七月，高侃破高句丽余众于安市城。

外国 〔新罗〕 遣兵践百济禾，败唐兵于石城。唐将薛仁贵以书责问，复书不屈。唐兵大集平壤，袭其漕船获胜。

〔日本〕 天智天皇死。唐使郭务悰等六百人来。

672 年

中国 壬申 唐咸亨三年

正月，姚州蛮起事，遣梁积寿击之。昆明蛮十四姓、二万三千户来降，置三州。二月，徙吐谷浑于鄯州，旋又徙灵州，以其部落置安乐州，可汗诺曷钵为刺史；吐谷浑故地皆入于吐蕃。四月，吐蕃贡使来，遣使报聘。十二月，高侃破高句丽余众于白水山，又败新罗援高句丽之师。

外国 〔新罗〕 遣将攻唐兵于平壤，败绩，遂送还前所俘唐吏卒，遣使谢罪，贡金、银、铜、针、牛黄、棕布。

〔日本〕 弘文天皇嗣统（三十九代），改元白凤。内乱起，大海人皇子举兵于吉野，是为壬申之乱。弘文天皇不久死（日本纪以本年为天武天皇元年）。

673 年

中国 癸酉 唐咸亨四年

闰五月，燕山道总管靺鞨人李谨行大破高句丽余众于瓠芦河，残部皆奔新罗。十二月，弓月、疏勒二王来降。是岁，名画家阎立本死。

外国 〔新罗〕 高句丽余众抗唐，兵败来奔。勋臣金庾信死。唐兵与靺鞨、契丹攻北边，御却之。授百济降人职。

〔日本〕 天武天皇嗣统（四十代）。始写佛经。

〔阿拉伯〕 阿拉伯人大举自海陆两面进攻君士坦丁堡，拜占廷人用“希腊火”（入水能燃之混合物，不易熄灭）御之，历时七年，无功而退。

〔法兰克〕 奥斯达拉西亚王契尔得利克及其妻、子皆被刺杀，其弟提埃利三世嗣位。

674 年

中国 甲戌 唐咸亨五年 上元元年

正月，以新罗王金法敏纳高句丽逃人，据百济故地，遣刘仁轨等击之。八月，帝称天皇，武后称天后，改元上元。改品官至庶人章服制。十二月，于阗王尉迟伏阇雄、波斯王卑路斯来朝。以武后请，诏王公以下习老子，举明经者加试老子，及父在为母服齐衰三年。

外国 〔新罗〕 行新历。唐削文武王官爵，遣兵来攻，屡胜。以僧义安为大书省。

〔法兰克〕 提埃利之从兄弟达哥伯特（西哲伯特之子）返自爱尔兰，夺还奥斯达拉西亚，称达哥伯特二世。内战自此起，绵延至687年始结束。

675 年

中国 乙亥 唐上元二年

正月，以于阗国为毗沙都督府，其王为都督。吐蕃遣使来请和，且与吐谷浑修好，拒之。二月，刘仁轨大破新罗于七重城，新罗遣使入贡谢罪。三月，帝苦风眩，议使武后摄知国事，宰相郝处俊谏止之。武后引文学之士撰列女传、臣轨、百僚新戒、乐书，凡千余卷；且密令参决疏奏，以分宰相之权，时号北门学士。四月，皇太子弘死，人以为武后所鸩，追谥孝敬皇帝。六月，立雍王贤为皇太子。是岁，王勃死。勃为初唐文学四家之一。

外国 〔新罗〕 颁百官铜印。遣使谢罪于唐，唐遂复文武王官爵。靺鞨攻边城。唐兵攻泉城，不利。遣使如唐。缘安北河设关城。唐兵与契丹、靺鞨来攻，无功。

〔日本〕 始立占星台。禁食牛、马、鸡、犬、猿，禁狩猎时于槛牢施机。

〔阿拉伯〕 北非洲阿拉伯人始自海上进攻西班牙，为西哥特人之舰队所败。

676 年

中国 丙子 唐上元三年 仪凤元年

正月，纳州僚起事，发黔州兵击之。二月，徙安东都护府于辽东故城，华人任东官者皆罢之；又徙熊津都督府于建安故城；其百济人先徙于徐、兖等州者皆还置于建安。三月，吐蕃扰鄯、廓、河、芳等州，遣十二总管督师击之。八月，吐蕃扰叠州。行南选法，凡桂、广、交、黔四府官铨选，遣京官往其地注拟。十一月，改元仪凤。十二月，遣官为大使，巡抚河北、河南、江南等道。

外国 〔新罗〕 唐兵来攻，遣将御之，败绩，嗣又获小胜。

〔日本〕 下放生诏。新罗使来，肃慎人随之至。

〔阿拉伯〕 哈里发摩阿威雅立其子雅兹德为嗣，从此阿拉伯废除选举哈里发制度，改为父子继承制。

〔塞尔维亚〕 移入巴尔干半岛西北之各南支斯拉夫族（见650年条），于定居后逐渐以农业为生。当时已有部落之联合，以其所居住之区域为“叔潘尼耶”（相当于法兰克人之伯国），有“叔潘”（或足潘，相当于伯）一人统治之。叔潘之间不断发生战争，有力者则为维利基叔潘（大叔潘），但不常有，有亦为时甚暂。此种情形继续至9世纪初。

677 年

中国 丁丑 唐仪凤二年

二月，遣还故高句丽王高臧，以为辽东州都督，封朝鲜王；高句丽人在内地者从之归；又遣还故百济王扶余隆，以为熊津都督，封带方王；移安东都护府于新城以统之。高臧还至辽东，潜结靺鞨谋起事，召还，散其众于河南、陇右。高句丽人没于新罗者多散入靺鞨、突厥。扶余隆亦不敢归，于是高氏、扶余氏皆亡。五月，吐蕃扰扶州。十二月，大发兵击吐蕃。

外国 〔新罗〕 唐以故高句丽王臧为辽东州都督，封朝鲜王，使安辑余众，并遣先所迁高句丽人回，移安东都护府于新城以统之。臧至辽东，暗与靺鞨通，谋反唐。

〔日本〕 耽罗王子来献。

678 年

中国 戊寅 唐仪凤三年

正月，百官及四裔诸部族首领

朝武后。遣官分往河南北募猛士。七月，李敬玄破吐蕃于龙支。九月，李敬玄大败于青海上，将士多为吐蕃所虏。

外国 〔日本〕 定百官考绩进阶之法。

〔阿拉伯〕 摩阿威雅与拜占廷皇帝君士坦丁四世结三十年和平条约。

〔法兰克〕 自埃及为伊斯兰势力占领后，纸草之输入日少。至是宫廷中正式停止纸草之使用，逐渐以羊皮代之。此事标志东西贸易开始受到阻碍。

679 年

中国 己卯 唐仪凤四年 调露元年

二月，吐蕃赞普死，子器弩悉弄立。六月，改元调露。西突厥阿史那都支结吐蕃侵安西，会波斯王卑路斯死，册其质子泥涅师为波斯王，遣裴行俭送之归国，便图都支。七月，行俭擒都支，遣波斯王自归其国。十月，单于大都护府突厥阿史德温傅、奉职二部拥阿史那泥熟匐为可汗起事，二十四州首领皆应之；遣萧嗣业等击之，大败。突厥扰定州，遣将备之。突厥诱奚、契丹共扰营州，败走。文成公主遣使来告丧，并为赞普器弩悉弄请婚。十一月，遣裴行俭等击突厥。

外国 〔日本〕 定僧尼服色。

〔保加尔人〕 在阿斯巴鲁赫统率下，大败拜占廷军，占领多瑙河与巴尔干丛山区之间地区，同时尚领有瓦拉几亚、摩尔达维亚与比萨拉比亚。保加利亚建国始（保加尔人自此逐渐与斯拉夫人同化）。

〔法兰克〕 达哥伯特二世遇刺死。法兰克诸王国之宫廷阴谋实即纽斯特里亚宫相埃布罗因与奥斯达拉西亚宫相赫利斯塔尔之丕平之斗争。自此内战又绵延十余年，至687年丕平胜利后始终止。

680 年

中国 庚辰 唐调露二年 永隆元年

三月，裴行俭等大破突厥于黑山，俘奉职可汗，泥熟匐为部下所杀，余众走保狼山。七月，吐蕃扰河源，守将黑齿常之击却之。时吐蕃已陷茂州安戎城，西洱诸部落皆降之。于是吐蕃尽据诸羌地，东接凉、松、茂、巂等州，西陷龟兹、疏勒四镇，南接天竺，北抵突厥，声势甚盛。突厥残众围云州，败遁。废太子贤为庶人，立英王哲为皇太子，改元永隆。

外国 〔日本〕 于宫中请佛经。新罗来献。

〔阿拉伯〕 摩阿威雅卒，雅兹德（680—682年）嗣位。阿里次子胡森首途赴库发另建哈里发，被截杀于刻尔比拉平原。伊斯兰世界自此分为两大派别：一为什叶派，以阿里为正统，其余为僭篡；一为逊尼派，主张凡有德者皆可为先知之继承人。什叶派盛行于波斯一带（按胡森为波斯末帝耶斯提泽德之婿）。

〔拜占廷〕 由于叙利亚与埃及为阿拉伯人征服，“一性论”（见638年条）已无维系之必要，君士坦丁遂下令取消之。自此与正统教派复和。

681 年

中国 辛巳 唐永隆二年 开耀元年

正月，突厥残部扰原、庆等州。突厥阿史那伏念自立为可汗，结阿史德温傅。遣裴行俭击之，别将曹怀舜大败，与伏念结盟而还。五月，黑齿常之破吐蕃于良非川。七月，夏州群牧使奏自调露元年九月以来丧马十八万匹，吏卒为胡所杀者八百余人。薛延陀达浑等五州来降。裴行俭击降伏念，俘温傅，尽平突厥残部。十月，改元开耀。

外国 〔新罗〕 文武王死，太子政明立，是为神文王。唐遣使来册封。唐召故高句丽王藏还。

〔日本〕 撰帝纪。定服色制度，立禁式九十二条。

〔阿拉伯〕 军官萨尔木自哥拉森侵入阿姆河、锡尔河流域，并在其地过冬，至683年始返哥拉森。以前阿拉伯人侵掠中亚细亚，至冬即返归哥拉森，是年为阿拉伯人在中亚细亚过冬之始。麦加与麦地那拥阿布杜拉·依本·祖拜尔为哈里发，雅兹德遣兵攻之。

〔拜占廷〕 宫廷内乱，君士坦丁四世本有兄弟二人与之共同秉政，至是废之。

〔法兰克〕 纽斯特里亚宫相埃布罗因遇刺死，丕平势益盛。

〔西哥特〕 国王尔维格斯命令地主应以十分之一之奴隶服军役（按当时西哥特人口已逐渐减少）。

682 年

中国 壬午 唐开耀二年 永淳元年

二月，改元永淳。西突厥阿史那车薄帅十姓起事，四月，围弓月城；王方翼破之于伊丽水，又破之于热海，擒其首领三百余人，事平。七月，吐蕃扰柘、松、翼等州。是岁，突厥阿史那骨笃禄、阿史德元珍等据黑沙城起事，扰并州，杀岚州刺史；薛仁贵大破之，俘二万余人。

外国 〔新罗〕 立国学，属礼部；又置工匠府监。故高句丽王臧死，唐又徙其民于河南、陇右，留者多为新罗所没，亦有散入靺鞨及突厥者。

〔日本〕 境部石积等撰新字四十四卷。定礼仪，废跪礼及匍匐礼。

683 年

中国 癸未 唐永淳二年 弘道元年

二月，突厥扰定州、妫州。三月，骨笃禄等围单于都护府，遣将御之。四月，绥州稽胡步落稽部白铁余诈称佛光见，聚众据城平县，自称光明圣皇帝，大攻掠；程务挺、王方翼等击平之。五月，骨笃禄扰蔚州，杀刺史，俘丰州都督。六月，突厥扰岚州。十一月，遣程务挺等击骨笃禄。十二月，改元弘道。高宗死，太子显嗣，是为中宗；遗诏大事取决武后。

外国 〔日本〕 用铜钱，禁银钱。定诸国疆界。

〔阿拉伯〕 将军乌克巴·伊本·那费战亡于阿尔及利亚之比斯克拉城。

〔英格兰〕 伊内（或作伊里、伊拉）为西萨克森（韦塞克斯）国王。

684 年

中国 甲申 唐中宗李显嗣圣元年 睿宗李旦文明元年 光宅元年

二月，武后废帝为庐陵王，立豫王旦为皇帝，改元文明，政事一决于武后，皇帝居别殿，不得有所预。告密之端起。三月，逼废太子贤自杀。四月，迁庐陵王于房州。七月，广州都督路元睿纵属侵商胡，为昆仑所杀。骨笃禄扰朔州。九月，改元光宅，易旗帜及八品以下服色，改东都为神都，又改官名。立武氏七庙。徐敬业等起兵扬州，移檄声讨武后，敬业自号匡复府上将、领扬州大都督；武后遣李孝逸等击之。宰相裴炎忤武后，被诬谋反，下狱死。十一月，徐敬业兵败，为部下所杀，事平。十二月，诬单于道安抚大使程务挺与徐敬业通谋，杀之；流夏州都督王方翼予崖州。

外国 〔新罗〕 先是高句丽降人数起事，徙之南方，立金马郡，至是又反，遣兵击破之。

〔日本〕 遣使于新罗。

〔阿拉伯〕 雅兹德卒，其子嗣位，称摩阿威雅二世，甫六月被废黜（旋卒）。雅兹德从兄弟马万当选为哈里发。伊斯兰政权在各地之统治颇为温和，举凡习惯、语言、生活方式乃至宗教皆可一仍旧贯，但须纳人头税，富者每人每年四十德罕姆（dirhem，银币名，约重三格兰姆），中产者二十，贫者十，妇女、儿童、老年、赤贫皆免缴。但凡皈依伊斯兰教者均免缴。

685 年

中国 乙酉 唐垂拱元年

二月，朝堂设登闻鼓及肺石，有挝鼓立石者，令御史受状以闻。四月，骨笃禄扰代州，杀五千人。五月，令内外九品以上及百姓咸自举。六月，同罗、仆骨等部起事，寻败散；令侨置安北都护府于删丹以纳降者。九月，广州僚起事，旋败。十一月，遣韦待价击吐蕃。以突厥兴昔亡可汗子元庆为昆陵都护，袭可汗号，押五咄陆部。以僧怀义为白马寺主；怀义幸于武后，纵横犯法，人莫敢言。

外国 〔日本〕 定爵位六十四阶。诸国每家立佛舍，置经、像。定诸姓为八等。遣使于耽罗。

〔阿拉伯〕 哈里发马万一世死，子阿布·阿尔·马利克（685—705 年）嗣位。阿布·阿尔·马利克长期统治，结束对拜占廷战争，整顿行政系统，国势日强。

〔拜占廷〕 君士坦丁四世卒，子查士丁尼二世嗣位。

686 年

中国 丙戌 唐垂拱二年

三月，武后命铸铜匦受密奏，告密之风大起。九月，命西突厥继往绝可汗子斛瑟罗袭可汗号，押五弩失毕部。

外国 〔新罗〕 置州郡于百济故地。遣使如唐，请礼典及词章。唐以故高句丽王臧孙宝元为朝鲜郡王；又以故百济王义慈孙敬为百济王。

〔日本〕 建元朱鸟。天武天皇死。

687 年

中国 丁亥 唐垂拱三年

二月，骨笃禄等扰昌平，遣黑齿常之等击之。七月，交趾都护刘延佑苛征，俚户起事杀之，旋平。骨笃禄等扰朔州，黑齿常之等大破之于黄花堆。九月，虢州人杨初成矫制募人迎庐陵王，事觉，死。十月，骨笃禄大败追兵；制改其名为"不卒禄"。十一月，罢御史监军之制。是岁大饥，山东、关内尤甚。

外国

〔新罗〕 赐百官田。

〔日本〕 新罗王子献方物。

〔法兰克〕 奥斯达拉西亚宫相丕平兼为纽斯特里亚宫相，统一法兰克王国之权力，国王自是形同虚设。当时各地封建诸侯权力甚大，几有分裂成为若干小独立王国之势，丕平用强力制止之。

〔意大利〕 威尼斯始选公爵。

688 年

中国

戊子 唐垂拱四年

四月，太子通事舍人被诬谋反，临刑极口骂武后，发其隐慝；自是终后世，刑人皆先以木丸塞口。武承嗣伪以白石为宝图，称得于洛水献之；武后加尊号为圣母神皇，作神皇玺，称宝图为天授圣图，洛水为永昌洛水，祭比四渎，改嵩山为神岳。八月，博州刺史琅玡王冲起兵，凡七日而败。豫州刺史越王贞亦起事，兵败自杀。于是武后大杀唐诸王、公主及与有连者。十二月，明堂成，号曰万象神宫。

外国

〔日本〕 免赋调之半。耽罗来献。

〔门的内哥罗〕 罗马时代为伊利里亚之一部分。7世纪时称杜克利亚（或戴奥克利亚），为塞尔维亚同盟。11世纪在塞尔维亚人与保加尔人之战争中，门的内哥罗人表现异常英勇。

〔英格兰〕 诺森伯里亚霸权渐衰落，代之而起者为西萨克森王伊内。

689 年

中国

己丑 唐永昌元年 载初元年

二月，武后追尊其父为太皇，母为太后。五月，遣韦待价击吐蕃。浪穹州"蛮"二十五部来降。遣僧怀义击突厥，至紫河，不见敌，刻石纪功而还。七月，韦待价大败于寅识迦河。九月，遣僧怀义击骨笃禄。闰九月，周兴等罗织故相魏玄同，赐死，内外大臣坐死及流贬者甚多。十一月，用周正，改此月为载初元年正月，十二月为腊月，明年正月为一月。宗秦客改造天地等十二字以献，颁行之，武后自名曌，改诏曰制。周兴嗣奏除唐亲属籍。

外国

〔日本〕 颁式令二十二卷于诸司。严禁双陆。

〔阿拉伯〕 夺取拜占廷帝国之迦太基。

〔拜占廷〕 查士丁尼二世在色雷斯击溃斯拉夫人与保加利亚人。次年徙斯拉夫人二万余至小亚细亚。

690 年

中国

庚寅 唐载初元年 周圣神皇帝武曌天授元年

二月，武后亲策贡士；殿试自此始。告密者纷纷，朝士人人自危，置制狱于丽景门，下狱者非死不出，因呼曰"例竟门"。僧法明等撰大云经上之，谓武后为弥勒佛下生，当代唐为主。八月，杀故太子贤二子，唐之宗王存者无几。九月，侍御史傅游艺帅关中百姓九百人上表请改国号曰周，赐皇帝姓武氏；百官、百姓、四裔首领、沙门、道士合六万人，俱上表如游艺所请。皇帝亦表请赐姓武氏。武后可其请，以唐为周，改元天授，后称圣神皇帝，以皇帝为皇嗣，赐姓武氏，立武氏七庙，追尊周文王曰始祖文皇帝，平王少子武曰睿祖康皇帝，封武氏多人为王，天下武氏皆免课役。十月，西突厥继往绝可汗斛瑟罗为东突厥所侵，率余众六七万人入居内地，改号竭忠事主可汗。

外国

〔日本〕 持统女皇即位（四十一代）。初行元嘉历、仪凤历。

〔阿拉伯〕 阿布杜马利克击溃阿布杜拉之弟伊拉克总督穆萨布于底格里斯河畔。

691 年

中国

辛卯 周天授二年

四月，升释教于道教之上。七月，徙关内数十万户实洛阳。

外国

〔日本〕 发布陵户令。

692 年

中国

壬辰 周天授三年 如意元年 长寿元年

腊月，立故于阗王尉迟伏阇雄子瑕为王。一月，武后引见举人，悉加擢用，由试凤阁舍人至试校书郎有差；试官自此始。二月，吐蕃、党项万余人来降，分置十州。四月，改元如意。五月，吐蕃首领曷苏请降，事泄，为国人所执，别部首领昝捶请降，置一州。七月，诸臣多言酷吏之害，自是制狱少衰，时唐宗室、贵戚及大臣被罗织死亡流徙者已数百家，刺史、郎将以下冤死者无数。九月，改元长寿。于并州置北都。十月，遣王孝杰等击吐蕃，大破之。复四镇，又置安西都护于龟兹。

外国 〔新罗〕 神文王死，太子理洪立，是为孝昭王。唐遣使来册封。置医学博士，以本草、素问、针经、脉经、明堂经、难经教授。又置律令典博士。

〔日本〕 僧观成始制铅粉。

〔阿拉伯〕 阿布杜马利克围攻麦加，阿布杜拉阵亡，奥美雅族之统治权力又重行恢复。同年遣兵进攻小亚细亚与亚美尼亚，明年大败，被迫与拜占廷媾和。

〔尼德兰〕 高卢东北之低地（尼德兰）在公元3世纪末即已由弗里新人（属于下日耳曼之条顿人种，与萨克森人及盎格鲁人相近）占领，至是为法兰克宫相赫利斯塔尔之丕平征服，其王奈得巴得降。

693年

中国 癸巳 周长寿二年

正月，令宰相撰时政记，月送史馆；时政记自此始。一月，罢举人习老子，更习武后所撰臣轨。二月，大杀诸道流人。九月，武后加尊号曰金轮圣神皇帝。

外国 〔日本〕 令百姓服黄衣，奴婢皂衣。令诸国植桑、苎、梨、栗、芜菁。

〔阿拉伯〕 始在大马士革与库发设厂铸造钱币。

〔西哥特〕 禁止各滨海城市之犹太人会聚于海滨。

〔法兰克〕 577—613年及674—687年，两次长期内战，使各地秩序紊乱。有势力之封建地主皆乘机侵占、攘夺，或用其他方法扩大自己之土地，使自由农民变成不能离开土地之农奴。中世纪初期农民农奴化之过程此时大规模开始。

694年

中国 甲午 周长寿三年 延载元年

正月，突厥可汗骨笃禄死，弟默啜立，腊月，扰灵州。室韦反唐，李多祚击破之。二月，王孝杰大破吐蕃、突厥于冷泉及大岭。遣僧怀义击默啜。五月，武后加尊号为越古金轮圣神皇帝，改元延载。六月，永昌"蛮"二十余万户来降。十月，岭南僚起事，遣张玄遇击之。

外国 〔拜占廷〕 国内混乱，几陷于无政府状态。明年皇帝查士丁尼二世被废黜。自此至716年凡六易主。

〔西哥特〕 西哥特王埃吉卡以犹太人勾结北非伊斯兰教徒，有再来侵犯之企图，下令予以迫害，一部分犹太人被迫在国王或教会之土地上担任奴隶之工作。

695年

中国 乙未 周证圣元年 天册万岁元年

正月，武后加尊号为慈氏越古金轮圣神皇帝，改元证圣。一月，遣王孝杰击突厥。二月，武后去"慈氏越古"之号。四月，铸天枢成，高五百尺，名曰"大周万国颂德天枢"。七月，吐蕃扰临洮，遣王孝杰击之。九月，武后加尊号天册金轮大圣皇帝，改元天册万岁。十月，默啜请降，封归国公。

外国 〔日本〕 新罗王子来。遣使于新罗。

〔阿拉伯〕 与拜占廷战事再起。伊斯兰钱币始流行于拜占廷帝国。

〔拜占廷〕 拜占廷人民不满查士丁尼二世之暴政与繁重之捐税，在其部将莱昂修斯领导下掀起暴动。查士丁尼二世于遭受割鼻之刑后，被放逐于克里米亚，莱昂修斯被拥为帝。

〔西哥特〕 继续大肆迫害犹太人。犹太人自此愈与北非之阿拉伯人相勾结。

696年

中国 丙申 周天册万岁二年 万岁登封元年 万岁通天元年

腊月，武后封禅神岳少室，普免一年租税。改元万岁登封。一月，遣娄师德击吐蕃。三月，王孝杰、娄师德与吐蕃战于素罗汗山，大败。新明堂成，名曰通天宫，改元万岁通天。五月，营州契丹李尽忠、孙万荣等起事，陷州城，杀都督，尽忠自称无上可汗；遣曹仁师等击之。自是营州都督徙治幽州渔阳。七月，改李尽忠为"李尽灭"，孙万荣为"孙万斩"。万荣围檀州，不克。八月，曹仁师等战契丹于硖石谷，大败，全军几尽。九月，发系囚及士庶家奴骁勇者，官给其值以击契丹，令山东近边诸州置武骑团兵。突厥扰凉州，执都督。吐蕃遣使请和亲，命郭元振往觇之。默啜请悉归河西降户，帅众击契丹，授为迁善可汗。十月，李尽忠死，孙万荣代领其众。默啜袭虏万荣妻子，进封颉跌利施大单于立功报国可汗。孙万荣陷冀州，杀刺史，屠吏民数千人，又扰瀛州。

697 年

中国 丁酉 周万岁通天二年 神功元年

正月，默啜扰灵州。武懿宗治刘思礼谋反事，诬引朝士三十六家皆族灭，流窜者千余人。张易之、张昌宗入侍武后。默啜扰胜州，败遁。三月，王孝杰等击契丹于东硖石谷，大败，孝杰死之；契丹乘胜陷幽州。默啜求丰、胜、灵、夏、朔、代六州突厥降户及单于都护府之地及谷帛缯铁农具，皆允之。四月，铸九鼎成，共用铜五十六万零七百余斤。五月，大发兵击契丹。六月，诛酷吏来俊臣，其肉尽为仇家所啖。契丹游兵屠赵州。默啜袭契丹新城，尽俘以归。奚人叛孙万荣相攻，唐兵乘之，万荣大败，逃至潞水东，为部下所杀；契丹余众及奚、霫皆降于突厥。七月，昆明来降。九月，改元神功。十月，始置员外官数千人。

外国 〔日本〕 持统女皇自称太上天皇，让位于文武天皇（四十二代）。新罗来献。

〔阿拉伯〕 伊斯兰将领哈森占领迦太基，但旋为拜占廷军夺回。

〔意大利〕 保禄·卢其阿当选为威尼斯公爵。此为公爵姓名始见于载籍者（按亦有以威尼斯公爵制至8世纪初方开始者）。

698 年

中国 戊戌 周圣历元年

三月，召卢陵王还。六月，命武延秀入突厥，纳默啜女。八月，延秀至黑沙，默啜拘之，不许婚，发兵攻静难、平狄、清夷等军，扰妫、檀等州，陷定州、赵州，声言将取河北辅李氏；遣武重规、沙吒忠义、张仁愿等击之，改默啜为“斩啜”。九月，立卢陵王为皇太子，更名显，命为元帅击突厥，狄仁杰副之。默啜尽杀所掠赵、定之人万余北归。

外国 〔新罗〕 日本遣使来聘。唐更封高宝元为忠诚王，统安东旧部，不行。

〔日本〕 定笞法。禁博戏。开对马金冶。

〔阿拉伯〕 哈森再占迦太基，并彻底征服之，拜占廷势力自此绝迹于地中海南岸。哈里发命穆萨为北非总督。

〔拜占廷〕 莱昂修斯被废黜，继位者称提比留三世。

〔北非〕 哈森令建突尼斯城，至703年始完成。

699 年

中国 己亥 周圣历二年

腊月，赐太子姓武氏。河南北置武骑团，以备突厥。四月，吐蕃内哄，其相谕钦陵自杀，大将赞婆、钦陵子弓仁以所统吐谷浑七千帐来降。七月，吐谷浑千四百帐来降。八月，突骑施乌质勒遣子来朝。是岁，默啜立其弟侄为左右厢察，子匐俱为拓西可汗。

外国 〔新罗〕 唐以故高句丽王臧孙德武为安东都督。

〔阿拉伯〕 攻略布尔（今阿富汗）。

700 年

中国 庚子 周圣历三年 久视元年

腊月，命西突厥竭忠事主可汗斛瑟罗镇碎叶。三月，以吐谷浑青海王宣超为乌地也拔勤忠可汗。五月，改元久视。武后去“天册金轮大圣”之号。六月，命张易之等修三教珠英。契丹将李楷固、骆务整来降，使之击平契丹余党。闰七月，吐蕃扰凉州，围昌松，唐休璟大破之。九月，西突厥弩失毕部阿悉结薄露反唐，旋平。十月，复以正月为十一月，一月为正月。十二月，突厥掠陇右诸监马万余匹。

外国 〔日本〕 僧人始行火葬。定牧地。撰律令。

〔英格兰〕 诺森伯里亚僧比德（约673—735年）约在此时著《英格兰人民宗教史》。比德为8世纪时英格兰最伟大之学者。

〔尼德兰〕 独立之公国于此时已逐渐兴起，其中以布拉班特为首要。

〔芬兰〕 芬人（属于蒙古种）约在此时前后进入今芬兰之地。在1157年为瑞典征服之前，与其余各地无甚往来。

〔斯堪的纳维亚〕 约在此时，盎格鲁萨克森传教士威尔波尔德前来斯堪的纳维亚布教，但成效甚微。

701 年

中国 辛丑 周大足元年 长安元年

八月，默啜扰边。十月，改元长安。十一月，以郭元振为凉州都督。元振到州，筑要垒，开屯田，在边十年，军粮充足，牛羊被野。

外国 〔日本〕 始行释奠礼。建元大宝。《大宝律令》成，遣明法博士赴六道讲解新令。《大宝律令》有律六卷，令十一卷，规定官阶、冠服、学校、田地、租税、兵、刑等制，系集大化以来制度，杂取唐之律令以成者。此后千余年，日本所行者大致皆以为准。遣粟田真人等入唐，是为第八次遣唐使。

〔保加尔人〕 忒非尔为保加尔人之王。

〔法兰克〕 由于墨洛温王朝后期诸王权力之衰落，约自7世纪末8世纪初起，各地封建领主逐渐在其自己之领地中行使司法与行政权力，形成独立状态（按封建兵役制系以土地为基础，土地多则兵力大，势亦愈甚，于是敢于抗拒国王命令）。

702 年

中国

壬寅 周长安二年

正月，初设武举。突厥扰盐州、夏州。三月，突厥破石岭，扰并州；遣将拒之。七月，突厥扰代州。九月，突厥扰忻州。吐蕃遣使请和。十月，吐蕃赞普扰茂州，败还。十二月，置北庭都护府于庭州。

外国

〔新罗〕 孝昭王死，弟隆基嗣，是为圣德王。赦，复诸州一年租税。

〔日本〕 颁度量制。萨摩隼人起事。颁律令。

703 年

中国

癸卯 周长安三年

四月，吐蕃献马求婚。闰四月，新罗王金理洪死，使册其弟崇基为王。六月，默啜请以女妻太子之子。七月，突骑施乌质勒与西突厥相攻，陷碎叶，可汗斛瑟罗归朝不敢还。十一月，默啜遣使谢许婚。始安僚欧阳倩为官吏侵陵起事，旋抚定之。是岁，分遣使者以六条察州、县。吐蕃南部乱，赞普器弩悉弄击之，死于军中，诸子争立，后以弃隶蹜赞为赞普。

外国

〔日本〕 遣使赴诸道，察政绩、理冤枉。

〔阿拉伯〕 北非柏柏尔人击败入侵之阿拉伯人，旋议和。

704 年

中国

甲辰 周长安四年

正月，以阿史那怀道为西突厥十姓可汗。十二月，敕大足以来新置官并停。

外国

〔日本〕 停百官跪伏礼。改元庆云。

705 年

中国

乙巳 唐中宗神龙元年

正月，张柬之等拥太子显，杀张易之、张昌宗等。武后寻传位太子，上武后尊号曰则天大圣皇帝。二月，复唐国号，以神都为东都，北都为并州。立妃韦氏为皇后。韦后与帝备尝艰危，及帝复位，每临朝，后即施帷幔坐殿上，预闻政事。五月，张柬之等劝帝诛诸武，不听，反亲武三思，继封柬之等为王，罢知政事。韦后表请百姓年二十三为丁，五十九免役，从之。六月，命右仆射豆卢钦望有军国重事可共平章。仆射本为正相，后多兼门下、中书之职，钦望专为仆射，不敢预政，故有是命；自是专拜仆射者不复为宰相。十一月，帝加尊号曰应天皇帝，韦后曰顺天皇后。武后死，遗制去帝号，称则天大圣皇后。是岁，户六百十五万，口三千七百一十四万有奇。

外国

〔新罗〕 国东州郡饥，遣使赈之。

〔日本〕 新罗来献。

〔阿拉伯〕 阿布杜马利克卒，其弟瓦利德一世嗣位为哈里发。伊拉克总督哈嘉智遣其副将屈底波（《册府元龟》旧译名）率兵渡阿克苏河（或称乌浒河，今阿姆河），入侵隶属于中国安西都护使之昭武九姓诸国。

〔拜占廷〕 查士丁尼二世（绰号“被割鼻者”）复辟。

〔法兰克〕 约自本世纪初起，西欧诸地与东方之直接商业交通完全断绝。

706 年

中国

丙午 唐神龙二年

闰正月，太平等七公主皆开府，置官属。二月，僧慧范等赐爵郡县公，道士史崇恩等为国子祭酒、同正。选官二十人为十道巡察使，委之察吏、抚人、荐贤、直狱，二年一代。三月，大置员外官，凡二千余人。五月，钦州“蛮”帅宁承基曾杀韦后兄弟四人，至是命广州都督讨之，杀其部众殆尽。七月，立卫王重俊为皇太子。武三思诬张柬之等五人谋大逆，皆流之恶地，柬之等二人寻死，三思矫制遣人杀余三人。十二月，默啜扰鸣沙，大败唐兵；寻扰原、会等州，掠牧马万余而去。突骑施乌质勒死，以其子娑葛袭嗢鹿州都督、怀德王。

外国

〔日本〕 定百官食封法。定田租法。遣使于新罗。

707 年

中国　丁未　唐神龙三年　景龙元年

三月，吐蕃遣使入贡；四月，以金城公主妻其赞普。六月，姚州“蛮”反唐，旋败。七月，太子重俊矫制发兵杀武三思等，攻宫城，败死。八月，帝加尊号曰应天神龙皇帝，韦后曰顺天翊圣皇后。九月，改元景龙。十月，张仁愿大破突厥。

外国　〔新罗〕　饥民多死，遣使赈之。

〔日本〕　文武天皇死，元明女皇即位（四十三代）。

708 年

中国　戊申　唐景龙二年

三月，张仁愿乘默啜击突骑施，筑三受降城于河上，自是减镇兵数万人，突厥不敢度山扰掠。四月，置修文馆大学士、直学士、学士等员，以善为文者充其选。安乐公主等依势卖官，墨敕斜封官之员外同正、试、摄、检校、判、知官凡数千人，率不由中书门下，东西京参选者岁数万人。十一月，突骑施娑葛愤宰相宗楚客受贿相图，自立为可汗，杀唐使者，遣兵分四道入，陷安西。

外国　〔日本〕　武藏献和铜，因改元为和铜；置催铸钱司，铸银及铜之和铜钱。

〔阿拉伯〕　将军穆萨·伊本·努萨尔征服北非西部之柏柏尔人（708—711 年）。

709 年

中国　己酉　唐景龙三年

七月，突骑施娑葛请降，拜钦化可汗，赐名守忠。十一月，河南巡察使请改食实封者收租之制，不从。时食实封者凡百四十余家，应出封户者凡五十四州，丁绢百二十余万匹，过于太府所征。

外国　〔日本〕　禁私铸银钱；不久废银钱，行铜钱。攻虾夷。

〔阿拉伯〕　阿拉伯大将屈底波征服布哈拉（旧译不花剌，即昭武九姓之安国）、撒马尔罕（亦作撒马尔干，即康国）。西域诸国纷纷向中国乞援。

〔西哥特〕　西哥特王威地萨被废黜，贵族罗德利克当选继位（威地萨之二子及弟皆被摈斥），内哄自此始。同年德乌塔（亦译作修塔，在非洲西北，西班牙对岸）要塞守将朱理安降于伊斯兰帝国之北非总督穆萨。

〔法兰克〕　巴黎迤北之圣得尼庙会始见于记载。

〔英格兰〕　阿尔德黑姆卒。彼为第一个盎格鲁·萨克森散文作家与诗人。

710 年

中国　庚戌　唐景龙四年　少帝唐隆元年　睿宗李旦景云元年

四月，定州人郎岌上书，言韦后、宗楚客将为逆乱；杀之。五月，许州司兵参军燕钦融上书，言韦后淫乱，宗楚客等图危宗社；楚客矫制杀之，韦后等惧。六月，帝食饼中毒死。立温王重茂为皇太子，寻即帝位，是为少帝；韦后临朝摄政，南北军诸要司皆命韦氏子弟。谋害相王旦，旦子临淄王隆基结禁军豪士起事，杀韦后及其徒党，诸韦死者甚多，武氏宗属亦流窜殆尽。寻迫少帝逊位，相王即位，是为睿宗，立隆基为皇太子。七月，改元景云。八月，谯王重福图入洛阳起事，未成，自溺死。停先朝斜封官凡数千人。十月，以幽州镇守经略节度大使薛讷为左武卫大将军兼幽州都督；节度使之名自讷始。十二月，奚、霫入渔阳、雍奴，大掠而去。置河西节度支度营田等使，领凉、甘、肃、伊、瓜、沙、西七州，治凉州。姚州“蛮”苦官吏侵暴，引吐蕃杀官。吐蕃赂请河西九曲地，与之。

外国　〔日本〕　置守山户，禁伐木。禁用银钱。定都奈良。在此以前，新天皇嗣位，率皆迁都，但规模皆极简陋。至此次乃变旧例，不再屡迁。

〔拜占廷〕　罗马教皇君士坦丁一世应皇帝查士丁尼二世召来君士坦丁堡。查士丁尼以前者谦逊驯顺，乃保证其既得之一切特权（传查士丁尼为吻教皇足之第一人）。

〔阿拉伯〕　北非总督穆萨以少数阿拉伯人渡海入西班牙作试探性之劫掠。

〔西哥特〕　托利多之西哥特王阿契拉为比梯加公爵罗德利哥废黜，阿契拉赴摩洛哥向阿拉伯人乞援。

711 年

中国　辛亥　唐景云二年

正月，突厥可汗默啜请和，许之。二月，斜封官停任者并量材叙用。以左右万骑、左右羽林为北门四军。五月，遣使按察十道；嗣分山南为东西道、陇右分置河西道。七月，减三受降城戍兵十万人。十一月，令百姓二十五入军，五十五免。十二月，以兴昔亡可汗阿史那献为招慰十姓使。

外国 〔日本〕 置都亭驿。推行织锦绫织法。定禄制。禁占有山野。定蓄钱叙位法。

〔阿拉伯〕 穆罕默德·伊本·阿尔·魁西木率师攻印度，至信地（711—712年）。

〔东突厥〕 可汗默啜，虏西突厥可汗，灭其国。

〔拜占廷〕 腓力比克斯杀查士丁尼二世后，自立为帝。

〔法兰克〕 达哥伯特继其父为有名无实之王。

〔西哥特〕 北非总督穆萨以西哥特贵族朱理安伯爵等之勾结，遣部将塔利克率兵一万二千人渡直布罗陀（以塔利克得名）海峡，入西班牙，与西哥特兵十万人大战于卡提斯（加的斯）附近之黑累斯（高达尔奎弗河下游），大败后者，西哥特国王罗德利克赴水死。塔利克连下埃西哈、科尔多瓦及西哥特首都托利多等地。

712年

中国 壬子 唐太极元年 延和元年 玄宗李隆基先天元年

五月，益州僚起事。改元延和。六月，幽州大都督孙佺拟复营州，袭奚、契丹，败于冷陉，奚俘之，献于突厥，默啜杀之。八月，睿宗传位太子隆基，自称太上皇；隆基即位，是为玄宗，改元先天。置渤海、恒阳、怀柔三军，屯兵五万。十月，西突厥处月别部、沙陀首领朱邪氏遣使入贡。十一月，奚、契丹扰渔阳，大掠而去。

外国 〔日本〕 太安麻吕上古事记。遣使于新罗。

〔康国〕 （即索格底亚纳，位于中亚细亚）召突厥人入援，反抗阿拉伯人。

〔阿拉伯〕 屈底波征服费尔干那（即拔汗那）、花剌子模（即火寻，旧译货利习弥）诸地，进至锡尔河（或作塞尔达雅，古药杀水）。

〔西哥特〕 北非总督穆萨亲率阿拉伯人与柏柏尔人（非洲北部土著）之混合军队一万八千人渡海入西班牙，继续征服半岛北部诸地。

〔拜占廷〕 保加尔人入侵色雷斯，进至君士坦丁堡附近。阿拉伯人入侵小亚细亚，蹂躏西里西亚一带。

〔意大利〕 利乌特普朗德为伦巴德王。斯波雷托与本内文托两公国企图独立，被击败。

713年

中国 癸丑 唐先天二年 开元元年

正月，令卫士二十五入军，五十免；羽林飞骑并以卫士简补。二月，以靺鞨大祚荣所部为忽汗州，以祚荣为都督，封渤海郡王。祚荣居东牟山，自称振国王。七月，太平公主结宰相等阴谋废帝，帝与郭元振等先发，杀助逆者，赐公主死；以宦官高力士有功，破格命为右监门将军、知内侍省事；宦官之盛自此始。八月，默啜求婚，许妻以南和县主。九月，置右御史台督诸州，罢诸道按察使。十一月，帝加尊号为开元神武皇帝。十二月，改元开元。改官名，雍、洛二州皆为府。吐蕃遣使请和。

外国 〔新罗〕 唐进授圣德王官。置典祀署属礼部。

〔日本〕 颁度量衡。令撰诸国风土记。

〔阿拉伯〕 将军库退拔（其名《册府元龟》卷九九九作异密屈底波。清洪钧元史译文证补卷三〇作库退拔，兹从之）将突厥人从阿姆河、锡尔河流域驱走。

〔西哥特〕 半岛上对阿拉伯人有组织之抵抗中止，少数西哥特人退处半岛西北部阿斯都里亚山地，西哥特王国亡。西班牙自此在阿拉伯人之统治下达七百八十一年之久，高度发展之伊斯兰文化，以此逐渐传入西欧。

〔拜占廷〕 腓力比克斯被废黜，安那斯泰喜阿斯二世继位。遣使赴大马士革向阿拉伯人乞和，但改组军队之企图遭遇失败。与保加尔人建立友好关系，并予以津贴（向保王特非尔纳贡）。

714年

中国 甲寅 唐开元二年

正月，令京官有才识者除都督、刺史，都督、刺史有政绩者除京官，出入常均，永为恒式。罢太常掌俗乐，置左右教坊以司之；又选乐工教法典于梨园，选伎女置宜春院。以中宗以来富户强丁多削发避徭役，诏沙汰僧尼，还俗者万二千人。并州长史、和戎、大武等军节度大使薛讷请击契丹，许之。二月，默啜遣子同俄特勤等攻北庭，都护郭虔瓘败之，斩同俄。闰二月，徙安北大都护府于中受降城，置兵屯田。复置十道按察使。三月，西突厥十姓首领都担起事，碛西节度使阿史那献击斩之，降其部落二万余帐。四月，默啜复遣使请婚，自称“乾和永清太驸马、天上得果报天男、突厥圣天骨咄禄可汗”。五月，罢员外、试、检校官。吐蕃请正二国封疆，然后结盟；六月，吐蕃使其宰相献盟书。七月，薛讷击契丹，大败于滦水山峡中。八月，吐蕃扰临洮军，至渭源掠牧马；遣薛讷等击之。九月，突厥、葛逻禄等部诣凉州降。十月，薛讷等大破吐蕃于武街，杀获万人。突厥十姓胡禄屋等部诣北庭降。吐蕃请和，用敌国体，不许，自是连岁扰边。十二月，沙陀首领来朝。置陇右节度大使，领鄯、奉、河、渭、兰、临、武、洮、岷、郭、叠、岩十二州。立郢王嗣谦为皇太子。是岁，置幽州节度经略镇守大使，领幽、易、平、檀、妫、燕六州。突骑施可汗守忠弟遮弩诱突厥攻其兄，默啜击虏忠，并遮弩杀之。徙安东都护府于平州。

外国

〔新罗〕 改详文司为通文博士，掌词命。遣王子守忠入唐宿卫。又遣使如唐。

〔日本〕 始给食封者以全部田租。撰国史。禁择钱。

〔法兰克〕 赫利斯塔尔之丕平（丕平二世）与意大利之伦巴德人缔结同盟。丕平卒，其私生子查理•马特（按马特为铁锤之意）几经周折后，始继任宫相，掌握大权。

715 年

中国

乙卯 唐开元三年

二月，突厥跌跌都督思太等帅众来降，并前十姓降者万余帐，皆以河南地处之。三月，西突厥胡禄屋首领等来朝。默啜侵葛逻禄，胡禄屋、鼠尼施等部救之。七月，九姓思结都督等来降。西南夷扰边，发巴梁等六州兵击之。遣薛讷等击突厥。十一月，命郭虔瓘兼安西大都护、四镇经略大使，募兵万人，赴安西。拔汗那为吐蕃与大食所侵，其王奔安西求救；张孝嵩等发兵援之，大捷，康居等国皆遣使请降。十二月，突骑施可汗苏禄遣使来朝，授金方道经略大使。

外国

〔日本〕 元明女皇让位于元正女皇（四十四代），改元灵龟。

〔阿拉伯〕 将军库退拔因哈里发苏拉曼新立，人心未服，举兵反，失败被杀。库退拔死后，锡尔河、阿姆河流域大部亦推翻阿拉伯人之统治。惟布哈拉、撒马尔罕仍臣属阿拉伯，但当地居民亦与阿拉伯人展开斗争。哈里发瓦利德一世死，弟苏拉曼（715—717年）嗣位。相传库退拔曾越帕米尔高原，进占喀什噶尔。

〔拜占廷〕 军队叛变，废安那斯泰喜阿斯，立狄奥多修三世为皇帝。

〔意大利〕 威尼斯人与伦巴德王利乌特普朗德订立商约，其所贩运之东方货物自此可以通过后者统治地区，越阿尔卑斯山，运赴日耳曼及法兰克人所统治之高卢一带。

716 年

中国

丙辰 唐开元四年

二月，吐蕃陷松州，旋为州兵所败。六月，睿宗死。默啜破拔曳固于独乐水，归途为拔曳固败兵所杀，于是拔曳固、回纥、同罗、霫、仆固等部来降。默啜子小可汗立，旋为骨笃禄之子阙特勤所杀，立默棘连为毗伽可汗。八月，契丹李失活、奚李大酺帅部来降；以失活为松漠都督，其八部首领为刺史，大酺为饶乐都督。吐蕃请和，许之。十月，突厥跌跌等部降者多遁归毗伽可汗，发兵追之，斩获三千级。十二月，罢十道按察使。

外国

〔日本〕 置和泉监。遣多治比县守等入唐，同行者有吉备真备等，共五百五十余人。是为第九次遣唐使。

〔东突厥〕 可汗默啜为人袭杀，西突厥别种突骑施族将军苏禄鸠集族人，自立为可汗，统一中亚细亚西部，国势甚强。

〔阿拉伯〕 阿拉伯人再进攻小亚细亚，围攻阿摩鲁姆，西进至柏加曼，拜占廷大将爱骚利亚之利奥御之。

〔拜占廷〕 利奥被拥为皇帝，称利奥三世。

〔希腊〕 约自此时起至1453年拜占廷帝国灭亡止，希腊全境为拜占廷帝国之一部分。

〔法兰克〕 高卢（法兰西）南部重要海港马赛，约自此时以后，日渐衰落，成为死港。

717 年

中国

丁巳 唐开元五年

三月，复置营州都督于柳城，兼平卢军使。七月，陇右节度使郭知运大破吐蕃于九曲。突骑施引大食、吐蕃围大石城，谋取四镇；发三姓葛逻禄及十姓可汗阿史那献兵击之。置天兵军使于太原北，镇抚突厥降户。十二月，以东平王外孙杨氏为永乐公主，妻契丹首领李失活。访求逸书，编校于乾元殿。

外国

〔新罗〕 王子守忠自唐回，携孔子及七十二弟子画像来，置于太学。

〔日本〕 定庸调斤两长短。禁滥恶僧徒。

〔阿拉伯〕 哈里发苏拉曼死，族弟奥玛尔二世（717—720年，奥玛尔为苏拉曼叔父阿布•得尔•阿塞兹之子）嗣位。遣大军分别围攻柏加曼与君士坦丁堡，为利奥三世击退。

〔拜占廷〕　伊苏里亚王朝始，至820年始绝。

〔法兰克〕　宫相查理击败纽斯特里亚人于文西，又击退萨克森人自莱因方面之进攻。自717年至720年查理废立国王共四次。

718年

中国

戊午　唐开元六年

正月，突厥毗伽可汗请和，许之。禁恶钱，重二铢四分以上乃得行，敛民间恶钱熔之更铸。二月，移蔚州横野军于山北，屯兵三万为九姓之援；以拔曳固等部首领为讨击大使，皆受天兵军节度。五月，以突骑施苏禄为金方道经略大使。契丹首领李失活死，弟娑固代之。十一月，吐蕃请和，乞帝亲署誓文，嗣又再请，帝不许。

外国

〔新罗〕　始造漏刻，置博士典之。

〔日本〕　修律令。

〔阿拉伯〕　君士坦丁之围攻遭受失败，为报复计，奥玛尔命将伊斯兰帝国各地政府中之基督教徒尽行逐出。奥玛尔二世着手整理帝国财政，令凡皈依伊斯兰教之人民，按照阿拉伯人之标准纳税。

〔西班牙〕　萨拉森人（原为阿拉伯之一族，此时西欧人渐以萨拉森人称一切阿拉伯人）越比利牛斯山，大掠高卢南部而还。但侵阿斯都里亚者则为培拉约所败。

〔西哥特〕　退居半岛西北部阿斯都里亚之丛山中，选举培拉约为王，建阿斯都里亚王国。

719年

中国

己未　唐开元七年

二月，俱密、康、安三国为大食所侵，请救。三月，渤海王大祚荣死，子武艺嗣。十月，册突骑施苏禄为忠顺可汗。是岁，置剑南节度使，领益、彭等二十五州。

外国

〔日本〕　置按察使。定妇女服制。

〔康国　安国　俱密国〕　二月，康国国王乌勒伽遣使来唐求援，表文中称与大食（阿拉伯）争战已三十五年。六年以来，与大食将异密·屈底波（即库退拔）战，因众寡悬殊，力不能敌，乞唐救助，献好马一、波斯骆驼一、骡二。二月，安国（布哈拉）国王笃萨波提也遣使来唐上表请求援助，抵抗大食。同时俱密国王那罗延遣使来唐，请求“处分大食”。以上三国使臣，似相偕来中国求援。

〔拜占廷〕　利奥三世即位初期，内政腐败已极，卖官鬻爵盛行，购买官职者不特可以传之子孙，且可自由转售。利奥三世锐意整顿，开始禁止。

720年

中国

庚申　唐开元八年

正月，弛恶钱禁。二月，敕减卫士应役年限。四月，以乌苌、骨咄、俱密三国不听大食之诱，遣使赐之册命。五月，复置十道按察使。六月，仆固都督勺磨及跌跌部落谋引突厥人掠朔方，大使王晙诱杀之于受降城，十一月，王晙结拔悉密等部袭突厥，拔悉密部尽为突厥所虏。突厥因扰甘、凉等州，败唐兵，掠契苾部而去。契丹牙将可突干杀其主李娑固及奚王李大酺，立郁干为主，遣使请罪；赦之，以郁干为松漠都督，李大酺弟鲁苏为饶乐都督。

外国

〔日本〕　渡岛津轻之津司等考察靺鞨风俗。隼人起事。舍人亲王上日本书纪。

〔阿拉伯〕　哈里发奥玛尔二世死，雅兹德二世（720—724年）即位。是时南部阿拉伯人与北部阿拉伯斗争激烈，遍于整个帝国。在哥拉森与阿姆河、锡尔河流域，斗争尤为尖锐。阿拔斯族酝酿推翻倭玛亚朝的统治。中亚细亚各附属国，乘机起义，恢复独立。

〔西班牙〕　阿拉伯人于戡定半岛之后，向法兰克南部进犯，夺那邦，包围土鲁斯。

〔法兰克〕　约在此时日耳曼南部士瓦比亚一带始有酒类之酿制。

721年

中国

辛酉　唐开元九年

正月，改蒲州为河中府，置中都。二月，突厥毗伽可汗请和，许之。遣使括逃户，凡得户八十余万，田称之。四月，兰池州胡康待宾诱诸降户反唐，陷六胡州；遣王晙等击之。六月，罢中都、河中府复为蒲州。七月，王晙等大破康待宾，擒斩之，杀胡万五千人。时诸胡又结党项谋攻银城、连谷，张说击破之；党项倒戈攻胡；说奏置麟州以抚党项余众。十一月，元行冲上群书四录，凡书四万八千六百六十九卷。十二月，置朔方节度使，领单于都护府、夏、盐等六州、定远、丰安二军、三受降城。是岁，刘知几死。知几为著名史学家，所著史通对中国旧史学界颇有影响。

外国

〔日本〕 令诸国举力田者。

〔康国〕 因反抗阿拉伯之统治，一部分移居发哈那，发哈那主不顾信义，将他们出卖给阿拉伯人，阿拉伯人残杀索格底亚纳人，遂恢复对于锡尔河、阿姆河流域一部分之统治。

〔阿拉伯〕 雅兹德·伊本·穆哈里卜在伊拉克举兵，将军马斯拉玛击败之于阿克拉。

〔法兰克〕 阿拉伯人进攻土鲁斯，为阿揆坦公爵厄德所败。西班牙总督萨马阵亡，赖其副将阿布德拉曼指挥有方，始得退去。

722 年

中国

壬戌 唐开元十年

正月，命收公廨钱，以税充百官俸；又收职田，亩给粟二斗。五月，以余姚县主女慕容氏为燕郡公主，妻契丹王郁干。八月，安南梅叔焉等起事，遣骠骑将军兼内侍杨思勗击败之。九月，左领军兵曹权楚璧等谋乱，立其兄子梁山为光帝，拥数百人入宫，败死。小勃律为吐蕃所攻，求救于北庭节度使；发兵救之，大破吐蕃。康待宾余党康愿子自称可汗，张说击擒之，因徙河曲六州胡五万余口于许、汝、唐、邓、仙、豫等州。缘边戍军六十余万，张说奏减三分之一使还农。时府兵多逃亡，说请召募壮士充宿卫，许之。兵农之分自此始。十二月，以十姓可汗阿史那怀道女为交河公主，嫁突骑施可汗苏禄。

外国

〔日本〕 赐学者二十三人田。置女医博士。

〔西班牙〕 阿斯都里亚王培拉约占领莱昂城(一作雷翁)。

723 年

中国

癸亥 唐开元十一年

正月，以并州为太原府，置北都。二月，罢天兵、大武等军，以大同军为太原以北节度使，领太原、辽、石、岚、汾、代、忻、朔、蔚、云十州。五月，置丽正书院，聚文学士，或修书，或侍讲。九月，吐谷浑去吐蕃，诣沙州降。十一月，选京兆、蒲、同、华、岐州府兵及白丁十二万，谓之长从宿卫，一年两番，州县不得役使。是岁，改政事堂曰中书门下，列五房于后，分掌庶政。

外国

〔新罗〕 遣使如唐献美女，唐帝遣归。

〔日本〕 定三世一身法以劝垦植。新罗来献。

724 年

中国

甲子 唐开元十二年

三月，命太史监于河南北平地测日晷及极星。五月，停诸道按察使。六月，遣官为劝农使巡行州县，议赋役。七月，突厥毗伽可汗遣使请婚，拒之。溪州蛮覃行璋起事，遣兵击败之，杀三万人。十月，谢飑国王遣使奏金城公主欲向之借兵拒吐蕃。是岁，契丹王李郁干死，弟吐干嗣。寻吐干与可突干不相能，携公主来奔，可突干立李尽忠弟邵固为主。

外国

〔新罗〕 遣使如唐。

〔日本〕 元正女皇让位于圣武天皇（四十五代），改元神龟。虾夷起事。

〔阿拉伯〕 哈里发雅兹德二世死，弟希沙木(724—743年)嗣位。南北两派大战于巴鲁干。将军默斯里穆攻侵阿姆河、锡尔河流域，军至发哈那，被突厥人击败，

〔保加利亚〕 西伐尔为保加利亚王，仍与拜占廷维持友善关系。

〔法兰克〕 夫利斯兰主教某始以酒类输入巴伐利亚等地。

725 年

中国

乙丑 唐开元十三年

二月，更长从宿卫士曰彍骑，分隶十二卫。三月，禁锢酷吏来俊臣等子孙。四月，更集仙殿为集贤殿，置学士、直学士等员。遣使于突厥，告以将行封禅；突厥遣使入贡，藉陪祠。五月，刘定高以迷信聚众，攻通洛门，败死。十月，作水运浑天仪及地平令仪成。十一月，帝封泰山，禅社首。十二月，以契丹王邵固为静折军经略大使。于阗王尉迟眺阴结突厥及诸国谋反唐，安西副大都护杀之，更为立王。是岁，青、齐斗米五钱，粟三钱。垂拱后，马耗太半，至是渐孳生至四十二万匹。

外国

〔日本〕 度三千人为僧。

〔阿拉伯〕 阿拔斯派在巴尔克（阿姆河与兴都库什山间之地区）掀起叛乱，虽旋经平定，但继续在各地蔓延（按当时有名摩哈美德者，利用阿拉伯各族相互间之矛盾，及被征服人民反抗压迫之情绪，掀起反对倭玛亚朝运动。摩哈美德渐受拥戴，成为什叶派之“亦玛姆”——意为教主。由于摩哈美德自称为先知之叔阿拔斯之曾孙，故称阿拔斯派）。

726 年

中国

丙寅 唐开元十四年

正月，以帝从甥陈氏为东华公主，妻契丹王李邵固；以成安公主女韦氏为东光公主，妻奚王鲁苏。二月，邕州封陵僚梁大海等据宾、横二州，遣内侍杨思勖击之。四月，分置北平、恒阳、唐兴、高阳、横海等军于定、恒、莫、易、沧等州，以备突厥。十二月，杨思勖擒梁大海等三千余人，杀万人。是岁，户七百六万九千五百六十五，口四千一百四十一万九千七百一十二。黑水靺鞨遣使来朝，以其国为黑水州。渤海王大武艺欲击黑水靺鞨，其弟门艺谏不从，惧而来奔。突骑施可汗苏禄以都护无礼，怒掠四镇，寻遣使入贡。吐蕃扰大斗谷，掠甘州。

外国

〔日本〕 新罗来献。大疫。

〔阿拉伯〕 阿拉伯人进攻卡巴多喜阿。

〔拜占廷〕 寺院主义渐盛，挂名寺籍者日众，严重影响生产力；土地亦多集中寺院，于是税收锐减。利奥三世倡毁坏圣像运动，以遏止之。自此与教会之斗争时作时辍，绵延百余年之久。希腊教会（拜占廷教会）与罗马教会之最后分裂亦肇端于此。

〔罗马〕 约在此时向英格兰征收“彼得辨士”（每家每年向教皇之捐款），后来逐渐成为强制性之捐税。

〔意大利〕 由于拜占廷之破坏圣像运动，教皇格列高利二世与伦巴德王利乌特普朗德结同盟，背弃拜占廷，建立罗马城之自治。

727 年

中国

丁卯 唐开元十五年

正月，王君㚟追破吐蕃于青海西，获羊马万计。二月，令括逃户，后复有逃来者输当年租庸，有征役先差。九月，吐蕃陷瓜州，执刺史及王君㚟之父，进攻玉门军常乐县。王君㚟言回纥、契苾、思结、浑等四部居甘、凉者潜有叛计，于是流四部都督等于江南岭外，以回纥伏帝难为瀚海大都督。突厥毗伽可汗遣使入贡，且献吐蕃勾结之书；因许于西受降城互市，以帛易马。闰月，吐蕃赞普与突骑施可汗围安西，败还。回纥护输袭杀王君㚟。十一月，瓜州刺史张守珪败吐蕃于城下，升州为都督府，即以守珪为都督。十二月，集陇右河西等道兵十五万防吐蕃。

外国

〔日本〕 渤海国使来。

〔阿拉伯〕 征服乔治雅（格鲁吉亚，727—733年）。

〔吐火罗〕 吐火罗王遣使至唐，请求援助，摆脱阿拉伯之统治。表文中有云：“大食重税，欺苦实深，若不得天可汗救活，奴身自活不得。”

〔拜占廷〕 毁坏圣像运动引起希腊半岛之反抗，希腊人另推皇帝，率舰队进攻君士坦丁堡，但为利奥之希腊火所败。

〔法兰克〕 法兰克王提埃利四世卒，宫相查理·马特尔不另立国王，独掌大权。

728 年

中国

戊辰 唐开元十六年

正月，安西兵败吐蕃于曲子城。春，泷州僚陈行范、冯璘、何游鲁起事，陷四十余城，行范称帝，游鲁称定国大将军，璘称南越王；遣内侍杨思勖击之。二月，改彍骑为左右羽林军飞骑。七月，吐蕃扰瓜州，张守珪败之；寻河西、陇右军大破吐蕃于渴波谷，拔大莫门城。八月，张说上新修开元大衍历。吐蕃复来扰，河西兵又大破之。十二月，令长征兵分五番，岁遣一番还家，五年酬勋五转。是岁，令户籍分九等，三岁一定。杨思勖擒斩陈行范、冯璘、何游鲁，斩获六万级。

外国

〔新罗〕 遣王弟嗣宗入唐宿卫，并请遣子弟入国子学。

〔日本〕 初试进士。

〔阿拉伯〕 哥拉森总督阿斯拉斯立意使阿姆河、锡尔河流域居民皆信奉伊斯兰教，许凡信奉伊斯兰教者，可以免征税赋，于是居民纷纷改奉伊斯兰教。此运动遭遇到阿拉伯收税官吏和当地贵族之强烈反对，且仍对原来纳税人进行征敛，遂激起当地人之反抗，全部索格底亚纳掀起起义运动，并召请突厥人援救。

〔意大利〕 罗马教皇格列高利二世反对毁坏圣像运动。拉温那人民甚至与伦巴德人缔结同盟，共同反抗拜占廷。赖有威尼斯之助，拜占廷总督始得保持据点数处。教皇虽与伦巴德人缔结同盟，但又惧伦巴德人势力强大于己不利，遂遣使吁请法兰克宫相查理·马特协助，但后者拒绝。

729 年

中国

己巳 唐开元十七年

二月，嶲州兵破西南夷，拔昆明、盐城，斩获一万人。三月，张守珪等击吐蕃，大破之。朔方兵拔石城堡，更名振武军。五月，复置十道及京都两畿按察使。八月，以盗铸钱者多，禁私卖铜、铅、锡及以铜为器皿。采铜、铅、锡者售于官。十一月，免百姓地税之半。

外国 〔日本〕 改元天平。

〔阿拉伯〕 恢复对布哈拉之统治，但阿姆河、锡尔河流域其他各地居民仍与突厥人联合，对阿拉伯继续进行斗争。

730年

中国 庚午 唐开元十八年

三月，复给京官职田。四月，兼吏部尚书裴光庭改选法，一循资格。五月，吐蕃遣使致书境上请和。契丹将可突干杀其王李邵固，并胁奚人附于突厥；奚王李鲁苏及东光、东华二公主皆来奔；六月，发十八总管兵击之。可突干扰平卢军，败于捺禄山。十月，吐蕃赞普遣使入贡。护密王罗真檀来朝。是岁，断死罪二十四人。

外国 〔新罗〕 遣王族志满入唐宿卫。

〔日本〕 禁杀生。

〔阿拉伯〕 突厥人、索格底亚纳人与阿拉伯驻哥拉森总督战于中亚细亚之土克哈里斯坦，双方各有胜负。

731年

中国 辛未 唐开元十九年

正月，宦官高力士谮死帝幸臣王毛仲，自是宦官势益盛。吐蕃求毛诗、礼记、春秋，与之。三月，令两京置太公庙，致祭如孔子礼。九月，吐蕃求于赤岭互市，许之。

外国 〔新罗〕 遣使如唐。日本以兵船三百艘侵太边，遣将破之。

〔日本〕 置畿内总管及诸道镇抚使。

〔意大利〕 利奥遣舰队西征，企图恢复拜占廷在意大利之势力，结果失败。

732年

中国 壬申 唐开元二十年

正月，遣信安王祎等击奚、契丹。三月，祎等大破之，契丹可突干远遁，奚首领李诗琐高帅五千余帐降，封归义王，徙其部落于幽州。九月，张说等上新修开元礼。渤海王大武艺遣将扰登州，杀刺史；发兵击之。是岁，以幽州节度使兼河北采访处置使，增领卫、相、洺、贝、冀、魏、深、赵、恒、定、邢、德、棣、博、营、莫十六州及安东都护府。是岁，户七百八十六万一千二百三十六，口四千五百四十三万一千二百六十五。

外国 〔日本〕 定新罗三年一来献。遣多治比广成等入唐，共五百九十余人，僧荣睿等四人同行，其一船漂流于昆仑，一船沉没。是为第十次遣唐使。

〔阿拉伯〕 将军拉曼帅师逾比利牛斯山，与法兰克宫相查理·马特军大战于都尔城近郊（其地在都尔与波亚迭之间），阿拉伯人战败，自此未再北进。举行穆罕默德逝世百年纪年。是时阿拉伯人建大礼拜寺于大马士革，为此时期最著名之阿拉伯建筑。

〔法兰克〕 阿拉伯人来犯，宫相查理·马特御之于都尔与波亚迭之间。阿拉伯人因主帅阵亡，引兵退去（至759年，因内部矛盾甚深，遂完全退出高卢）。

733年

中国 癸酉 唐开元二十一年

正月，命大门艺击大武艺，并使新罗夹攻，无功而还。二月，允金城公主请，立唐蕃界碑于赤岭。闰三月，幽州道副总管郭英杰与契丹、突厥战于都山，死之，所部六千人无一降者。六月，令有才业操行者，吏部临时擢用；惟有司仍踵裴光庭循资格法。时有官一万七千六百八十员，吏五万七千四百十六员。是岁，分全国为十五道，各置采访使，以六条察事；两畿领以御史中丞，余择刺史领之。

外国 〔新罗〕 承唐命遣兵会唐军攻渤海，无功。以唐赐绣袍、金银器物、锦、彩，遣使陈谢。

〔拜占廷〕 利奥三世为报复罗马教皇起见，命卡拉布里亚、西西里与伊里利亚等地之教会自罗马教皇之管辖下改隶君士坦丁堡大主教。

734年

中国 甲戌 唐开元二十二年

四月，关内道采访处置使，除朔方节度辖地外，增领泾、原等十二州。六月，幽州节度使张守珪大破契丹。七月，以裴耀卿为江淮、河南转运使，督运漕米，凿漕渠十八里以避三门之险，三岁凡运米七百万石，省僦车钱三十万缗。十二月，张守珪斩契丹王屈烈及可突干，余众皆降。突厥毗伽可汗被毒死，子伊然可汗立，寻死，弟登利可汗立，告丧于唐。禁京城丐，置病坊于诸寺以养之。

外国 〔新罗〕 遣使如唐。

〔日本〕 地大震，多人死。文人始于七夕赋诗。

〔阿拉伯〕 进攻小亚细亚。

〔法兰克〕 约在此时法兰克宫相查理·马特征用教会土地，分赐自己之部属及从军有功之人作为采地；教会虽激烈反对，但查理仍径自进行。自名义上言，此项土地仍归教会所有，但实际收益皆归世俗领主。领有此项采地之人必须宣誓效忠，按采地大小为比例出兵作战，马匹武器等皆须自备；抗不应征者与背叛者，土地追还。领有土地之人身故时，土地亦须交还。此为法兰克王国采邑制之开始（按采地之拉丁文名字为beneficium，字义直译应为恩赏地，但其内容则为采地。至9世纪采邑逐渐变成不交还国王之fief时，则译为世袭采地或领地）。

735年

中国

乙亥 唐开元二十三年

正月，封契丹降将李过折为北平王、松漠都督。七月，诸公主实封皆加至千户。十月，突骑施扰北庭及安西。是岁，契丹王李过折为其臣涅礼所杀；以涅礼为松漠都督。突厥侵奚、契丹，涅礼及奚王李归国败之。

外国

〔新罗〕 遣使如唐。唐赐以浿江以南地。

〔日本〕 吉备真备等还自唐。天花流行。

〔英格兰〕 “可敬的”比德卒（约673—735年）。比德为一修道僧，精通希腊文与希伯来文，著有《英格兰史》，叙述罗马占领初期直至731年止之情形。西欧各国当时正处于黑暗与无知之状况中，文化降落至最低潮。教会与寺院一方面集中大量土地，役使农奴为之耕作，另一方面则颇为各地握有实力者所尊重，故生活优裕而安定，能致力于一部分文化（与宗教教义不冲突者）之保存。

736年

中国

丙子 唐开元二十四年

正月，敕逃户听尽今年自首，逾限者搜配诸军。北庭都护盖嘉运破突骑施。三月，停考功员外郎知贡举，委礼部侍郎司之。张守珪使平卢讨击使安禄山击奚、契丹，败还，守珪执安禄山送京师，张九龄请杀之，不从，竟赦之。五月，醴泉刘至诚以迷信聚众起事，旋败死。六月，初分日给百官俸钱。八月，突骑施遣使请降，许之。十一月，张九龄为李林甫所谮，罢政事，自是林甫用事。

外国

〔新罗〕 遣使如唐谢赐地。

〔日本〕 遣使于新罗。唐僧传入华严宗。林邑僧佛彻、波斯人李密医、唐人袁晋卿等似在此时来。

737年

中国

丁丑 唐开元二十五年

正月，置玄学博士，岁举人依明经法。二月，令明经试大义、时务策，进士试大经十帖。张守珪破契丹于捺禄山。勃律为吐蕃所攻，来告急；帝令吐蕃罢兵，不从，因命河西兵击吐蕃，战于青海西，大破之，自是吐蕃复绝朝贡。四月，废太子瑛为庶人，寻赐死。五月，令于诸色征人及客户中募丁壮长充边军，给田宅，予优恤。七月，大理奏今岁断死刑五十八。九月，颁新修律令格式。行和籴法于东西畿，加时价什二三，自是关中蓄积足，不复因就粮往东都。是岁，初令租庸调租资课皆以土物输京师。

外国

〔新罗〕 圣德王死，太子承庆嗣，是为孝成王。

〔法兰克〕 狄奥多里克四世卒，查里·马特无意立新王。同年，查理·马特继续与萨克森人作战，企图征服后者。

〔西班牙〕 在高卢南部亚威农与尼姆两地之阿拉伯人，继续遭受法兰克人围攻，损失甚重。

738年

中国

戊寅 唐开元二十六年

正月，以边地长征兵召募已足，令勿再遣镇兵。令各州、县、里别置学。二月，令六州胡散隶诸州者听还故土，于盐、夏间置宥州以处之。三月，吐蕃扰河西，败还。唐兵拔吐蕃新城，置威武军。六月，立忠王玙为皇太子。三道经略吐蕃，毁赤岭界碑。突骑施莫贺达干袭杀其可汗苏禄，别部首领都摩度立苏禄子骨啜为吐火仙可汗，据碎叶城，与莫贺达干相攻，且与据怛逻斯之黑姓可汗尔微特勤连兵拒唐。七月，鄯州裨将王忠嗣大败吐蕃，置镇西军于盐泉城。八月，渤海王大武艺死，子钦茂嗣。九月，剑南兵战吐蕃于安戎城，大败。南诏首领皮罗阁曾助唐破西洱河“蛮”，求合附近五部为一，许之，且册为云南王，赐姓名蒙归义；自后遂胁邻部，破吐蕃，势日盛，徙都太和城。是岁，分左右羽林置龙武军，以万骑营隶之。从润州刺史齐澣之请，自京口埭至江穿伊娄河四十五里。

外国

〔新罗〕 唐遣使来册封，以新罗善棋，特遣弈道高手为副使。

〔日本〕 令诸国上地图。

〔阿拉伯〕 卡里吉特派（伊斯兰教之一派）

在伊拉克起兵，企图推翻倭玛亚朝之统治。索格底亚纳人与阿拉伯人在哥拉森起义，因阿拉伯将军阿沙得·阿尔·卡斯里之镇压而失败。

〔法兰克〕 查理·马特用强力使形同独立之大封建主（尤以勃艮第与阿雷曼尼一带之封建领主为甚）就范，封建割据形势暂时遭受挫折。

739 年

中国

己卯 唐开元二十七年

正月，命选募关内、河东壮士三五万人诣陇右防遏，秋末无警听还。四月，禁阴阳术数之书无干婚丧、卜择者。八月，碛西节度使擒突骑施吐火仙可汗，又遣将与拔汗那王擒黑姓可汗，唐在西陲威势复振。吐蕃扰白草、安人等军，败走。追谥孔子为文宣王，弟子皆赠公、侯、伯。九月，处木昆、鼠尼施、弓月等部之隶突骑施者皆来降，请徙安西管内。

外国

〔日本〕 遣唐使判官等遭风漂至昆仑，至是还。渤海使来。

〔突骑施〕 可汗古尔苏击败西突厥，杀其可汗，西突厥帝国瓦解。阿拉伯人乘西突厥瓦解，复与中亚细亚诸小国缔约，恢复其对诸小国之统治。古尔苏旋为阿拉伯人所执，被杀。

〔阿拉伯〕 为拜占廷皇帝利奥亲自统率之军队大败于安那托利亚省（在小亚细亚，为东罗马二十九行省之一）之阿克洛耶隆，阿拉伯统兵将领塞德阵亡。

〔拜占廷〕 阿克洛耶隆战役后，阿拉伯人不复为拜占廷之严重威胁。约在此时皇帝利奥三世颁布农业法，使大部分不自由之农业劳动者变为佃农，其义务仅为交付定量地租（通常为什一，但由地主供给生产资料者则较多）。此外，在一定条件下须服兵役。

〔保加利亚〕 西伐尔卒，柯密索施继起为国王，贵族相互间之斗争甚为激烈。

〔法兰克〕 由于伦巴德人之威胁，教皇格列高利三世遣使向查理·马特乞援，但查理与伦巴德人有联盟之谊，拒之。

〔西哥特〕 阿斯都里亚王阿尔封索一世嗣位。阿尔封索在位十八年，在半岛之西北与西部夺取城镇多处，并统治那伐尔。阿尔封索以其夺回之土地中一部分献与教会，借此厚结僧侣以平衡贵族势力。

740 年

中国

庚辰 唐开元二十八年

三月，剑南兵拔安戎城。立阿史那怀道之子昕为十姓可汗。六月，吐蕃攻安戎城。八月，幽州兵破奚、契丹。十月，吐蕃攻安戎城及维州；发关中彍骑救之，吐蕃退，改安戎曰平戎。十二月，以莫贺达干为突骑施可汗。金城公主死，吐蕃来告丧，且请和，不许。是岁，州三百二十一，县千五百七十三，户八百四十一万二千八百七十一，口四千八百一十四万三千六百九；两京米斛直钱不满二百。孟浩然死。浩然为当时名诗人。

外国

〔日本〕 令诸国写法华经十部。

〔阿拉伯〕 查伊德领导什叶派在伊拉克起兵，战败身死。

〔拜占廷〕 公布修订之民法与刑法法典（Ecloga）。

〔西哥特〕 阿斯都里亚王阿尔封索一世在国境东部所收复之土地上（即古罗马坎布里亚省）建筑一系列卡斯提拉（要塞或堡垒）以御阿拉伯人反攻，后之卡斯提尔（国）一名即由此而起。

〔瑞典〕 勒格那尔·腊德布腊克约在此时成为瑞典人与哥特人之王。

741 年

中国

辛巳 唐开元二十九年

六月，吐蕃四十万人边，至安人军浑崖峰，骑将臧希液以五千人破之。七月，突厥内哄，左杀攻杀登利可汗，立毗伽可汗子为可汗，寻为骨咄叶护所杀，更立其弟，旋又杀之，骨咄叶护自为可汗。八月，以平卢兵马使安禄山为营州都督，充平卢军使，两蕃、渤海、黑水四府经略使。十月，分北庭、安西为二节度。十二月，吐蕃屠达化县，陷石堡城。

外国

〔日本〕 禁屠牛马。

〔康国〕 原自锡尔河、阿姆河流域逃出求庇于突厥者，至是与阿拉伯总督订约，复归本土。

〔阿拉伯〕 北非柏柏尔人反抗阿拉伯人之统治，因阿拉伯驻北非总督汉查拉之镇压而失败。

〔拜占廷〕 皇帝利奥三世卒，子君士坦丁五世嗣位。

〔法兰克〕 查理·马特卒，遗嘱以法兰克王国之宫相职位（即王国实权）分畀二子，卡罗曼获得奥斯达拉西亚与日耳曼其他公国（公爵领地），丕平（外号矮子）则获得纽斯特里亚与勃艮第。

742 年

中国

壬午 唐天宝元年

正月，分平卢别为节度，以安禄山为节度使。是时有十节度以备边：安西抚宁西域，治龟兹，兵二万四千；北庭防制突骑施、坚昆，治北庭都护府，兵二万；河西断隔吐蕃、突厥，治凉州，兵七万三千；朔方捍卫突厥，治灵州，兵六万四千七百；河东与朔方犄角，治太原，兵五万五千；范阳临制奚、契丹，治幽州，兵九万一千四百；平卢镇抚室韦、靺鞨，治营州，兵三万七千五百；陇右备御吐蕃，治鄯州，兵七万五千；剑南御吐蕃、抚夷人，治益州，兵三万九百；岭南五府经略绥静俚夷，治广州，兵万五千四百；凡镇兵四十九万，马八万。穿三门运渠成。帝于尊号加“天宝”，改宰相名，称东都、北都皆为京，州为郡，刺史为太守。六月，十姓可汗阿史那昕为莫贺达干所杀，突骑施都摩度来降，命为三姓叶护。八月，拔悉密、回纥、葛逻禄三部攻杀突厥骨咄叶护，突厥余众立乌苏米施可汗，以其子为西杀。拔悉密等攻之，乌苏米施可汗远遁，西杀等帅残部千余帐来降，突厥遂微。九月，护密王颉吉里匐来降。十二月，陇右、河西大破吐蕃于大岭、渔海。是岁，县一千五百二十八，乡一万六千八百二十九，户八百五十二万五千七百六十三，口四千八百九十万九千八百。回纥叶护骨力裴罗遣使入贡，赐爵奉义王。

外国

〔新罗〕 孝成王死，弟宪英嗣，是为景德王。孝成王遗命于僧寺火葬，散骨东海。日本使来，不纳。

〔日本〕 遣七道巡察使。

〔拜占廷〕 阿塔发斯多（君士坦丁之戚）倡乱，反毁坏圣像派及军队之一部分皆助之，历两年始平。

〔法兰克〕 契尔得利克三世（绰号笨人）自宫相处获得称尊为国王之许可。自 727 年提埃利四世卒后，法兰克人已十六年无君。

743 年

中国

癸未 唐天宝二年

三月，追尊玄元皇帝父为先天太皇，皋陶为德明皇帝，凉武昭王为兴圣皇帝。四月，引浐水为潭以聚江淮运船成，赐名广运潭。陇右兵破吐蕃洪济城。是岁，徙安东都护府于辽西故城。

外国

〔新罗〕 唐遣使来册封，并赐御注孝经一部。遣使如唐。

〔日本〕 许垦田私有。铸大佛像，即所谓“奈良大佛”。

〔阿拉伯〕 阿拔斯派之领袖摩哈美德卒，其子伊布拉希姆继承其事业。

744 年

中国

甲申 唐天宝三载

正月，改年曰载。二月，吴令光等自海上掠台、明二州，旋败。三月，以平卢节度使安禄山兼范阳节度使。五月，河西节度使夫蒙灵詧击斩突骑施莫贺达干，立黑姓伊里底蜜施骨咄禄毗伽为十姓可汗。八月，拔悉密击斩突厥乌苏米施可汗，突厥立其弟鹘陇匐白眉特勤为白眉可汗。朔方节度使王忠嗣乘之破其左厢十一部。未几，回纥等部共攻杀拔悉可汗，回纥骨力裴罗自立为骨咄禄毗伽阙可汗，遣使来告，册为怀仁可汗。十二月，以宗女为和义公主嫁宁远奉化王阿悉烂达干。初令百姓十八为中，二十三为丁。

外国

〔日本〕 颁巡察使条例。

〔阿拉伯〕 哈里发瓦里德二世之族弟雅兹德起兵，败杀瓦里德二世于也门，自立为哈里发，是为雅兹德三世，立数月死，弟阿尔伊布拉希木嗣位，亦数月死，马万一世之孙马万二世立（744—750 年），是为倭玛亚末代哈里发。马万二世即位时，国内大乱，不久灭亡。

〔拜占廷〕 大疫起，至 747 年始渐戢，死者在百万以上（按此次大疫于利奥三世之农业法推行甚为有利）。

745 年

中国

乙酉 唐天宝四载

正月，回纥怀仁可汗击杀突厥白眉可汗，自是北边稍安，回纥尽有突厥故地。怀仁可汗旋死，子葛勒可汗立。三月，以外孙独孤氏为静乐公主，嫁契丹王李怀节，甥杨氏为宜芳公主，嫁奚王李延宠。七月，册杨太真为贵妃。九月，奚、契丹以安禄山数来侵掠，各杀公主反抗。吐蕃败陇右军于石堡城。十月，遣官为户口色役使。

外国

〔阿拉伯〕 卡里吉特派（伊斯兰教的一派）又起兵于伊拉克与阿拉伯，旋占领麦加、麦地那等重要城市。什叶派不久亦与卡里吉特派合流，声势大振。

〔拜占廷〕 君士坦丁对阿拉伯人反攻，战争推进至叙利亚。

746 年

中国

丙戌　唐天宝五载

正月，以王忠嗣为河西、陇右节度使兼知朔方、河东节度使。忠嗣数与吐蕃战于青海、积石，皆大捷，又击吐谷浑于墨离军，虏其全部而归。四月，封奚王娑固为昭信王，契丹王楷洛为恭仁王。十二月，宰相李林甫倾陷胜己者，数兴大狱，皆令酷吏吉温鞫之，杀北海太守李邕等，前后死流者甚多。

外国

〔新罗〕　赦，度僧百五十人。

〔日本〕　禁诸寺卖垦田园地。

〔阿拉伯〕　遣舰队侵塞浦路斯岛，为希腊人所败。

747 年

中国

丁亥　唐天宝六载

正月，令通一艺者皆送诣京师，以广求贤才，李林甫故艰其试，无一人及第，于是李林甫表贺野无遗贤。四月，王忠嗣言安禄山必反，忤李林甫，林甫诬忠嗣有逆言，贬汉阳太守。七月，小勃律王娶吐蕃王女，因附于吐蕃；安西副都护高仙芝击破之，俘其王及吐蕃公主。十二月，以仙芝为安西四镇节度使。

外国

〔新罗〕　置国学诸业博士。饥、疫。

〔阿拉伯〕　阿布·阿尔·阿拔斯·阿尔·沙发起兵于哥拉森。阿布·阿尔·阿拔斯·阿尔·沙发是伊斯兰教创立人穆罕默德之族人（穆罕默德之祖父乃其六世祖），击败倭玛亚朝驻哥拉森总督，遂据有其地，以为军事中心。

〔法兰克〕　卡罗曼自动放弃其所统治之王国（奥斯达拉西亚，斯瓦比亚图林基亚等），退居本内地克派修道院为僧，矮子丕平自此为唯一具有实权之统治者——宫相。

748 年

中国

戊子　唐天宝七载

四月，知内侍省事高力士加骠骑大将军。六月，赐安禄山铁券。十一月，杨妃三姊被封为国夫人，恃宠纳贿，门庭如市。十二月，陇右节度使哥舒翰筑神威军城于青海上，又筑应龙城于青海中龙驹岛，自是吐蕃不敢近青海。是岁，云南王皮罗阁死，子阁罗凤嗣。

外国

〔新罗〕　置贞察掌纠弹。

〔日本〕　改定释奠器服仪式。

749 年

中国

己丑　唐天宝八载

三月，朔方节度于中受降城西北五百余里木剌山筑横塞军城。五月，府兵制大坏，停折冲府上下鱼书。时彍骑亦窳腐，应募者多无赖子弟，未尝习兵；其精兵皆聚于西北二边。六月，上圣祖号曰大道玄元皇帝。闰六月，陇右节度使攻拔吐蕃石堡城，获四百人，唐士卒死者数万，以城为神武军。置保宁都护府于剑南西山索磨川。七月，以突骑施移拨为十姓可汗。八月，护密王罗真檀来朝。十一月，吐火罗叶护失里怛伽罗以朅师附吐蕃阻粮道，请发安西兵击之。

外国

〔新罗〕　置天文博士、漏刻博士。

〔日本〕　改元天平感宝。圣武天皇剃发，为太上天皇；孝谦女皇即位，改元天平胜宝。置紫微中台官。

〔阿拉伯〕　10 月 30 日，阿布·阿尔·阿拔斯即哈里发位于伊拉克首府库法城。

750 年

中国

庚寅　唐天宝九载

二月，安西兵破朅师，虏其王勃特没，立其兄素迦为王。五月，封安禄山为东平郡王。将帅封王自此始。七月，置广文馆于国子监，以教习进士者。八月，以安禄山兼河北道采访处置使。十月，安禄山入朝，献奚俘八千；前许安禄山于上谷置五炉铸钱，因献钱样千缗。十二月，关西游奕军攻吐蕃树敦城。安西兵袭虏石国王及其部众。是岁，云南王阁罗凤忿云南太守张虔陀迫辱，起兵杀之，取夷州三十二。

外国

〔日本〕　遣藤原清河等入唐，共二百二十余人，是为第十一次遣唐使。藤原清河留仕于唐。

〔阿拉伯〕　正月，哈里发马万二世与阿布·阿尔·阿拔斯军战于底格里斯河支流沙布河左岸，马万兵败。阿布·阿尔·阿拔斯进攻阿拉伯帝国首都大马士革，4 月 26 日，大马士革降，马万逃入埃及，是年 8 月 25 日，被获，遇害，倭玛亚朝亡。倭玛亚朝凡历十四哈里发，共八十九年。色尚白，中国史书中称白衣大食。倭玛亚族八十余人，尽遭杀戮，唯阿布杜·拉曼逃至西班牙，建立统治。阿拔斯所建立之朝代，史称阿拔斯朝，色尚黑，中国史书中称黑衣大食（750—1258 年）。

〔石国〕　唐安西节度使高仙芝攻石国，俘其王车鼻施，斩于长安，其王子走阿拉伯乞兵。

751 年

中国 辛卯 唐天宝十载

二月，命安禄山兼河东节度使。四月，剑南节度使鲜于仲通击南诏阁罗凤，大败于泸南，死者六万人；于是大募兵图再击南诏，以应募者少，分道捕人送诣军所。阁罗凤败唐兵后，臣于吐蕃。高仙芝击大食于怛罗斯城，大败，死者二万余人。八月，安禄山击契丹，大败，死者数万。

外国 〔日本〕 免天平胜宝元年以前公私租赋。

〔阿拉伯〕 与石国人击败唐将高仙芝于怛逻斯城，唐军被俘者两万人（阿拉伯方面记载谓杀五万人，俘两万人；旧唐书载高仙芝全军只三万人，阿拉伯记载不免夸大）。其中有制纸工人，遂将中国制纸之法传于撒马尔罕，从此撒马尔罕遂以造纸业称著。至10世纪时，阿拉伯帝国境内遂普遍用纸，埃及纸草逐渐绝迹。

〔拜占廷〕 乘机进攻伊斯兰帝国北部，小有胜利。

〔法兰克〕 宫相矮子丕平为勾结教会计，应后者请，将其父所征用之教会土地退还一部分。

〔意大利〕 伦巴德王爱斯图尔夫占领拉温那，拜占廷在意大利中部土地至是尽失。教皇再向法兰克人乞援，宫相丕平允予援助。

752 年

中国 壬辰 唐天宝十一载

二月，禁恶钱；旋以商贾不便，稍弛其禁。三月，突厥降将阿布思为安禄山所逼，率部大掠，走归漠北。五月，京兆尹杨国忠加御史大夫、京畿关内采访等使，领二十余使，越半年，遂继李林甫为相。六月，吐蕃兵援南诏，剑南兵破之于云南，克三城。九月，阿布思入边扰掠。十二月，以平卢兵马使史思明为卢龙军使。

外国 〔阿拉伯〕 阿拔斯朝因发祥于东方之故，与旧波斯望族有甚深之勾结，至是任巴密赛家族之巴玛克为维齐（首相）。巴密赛家族掌握阿拔斯朝大权达半世纪之久。

〔法兰克〕 矮子丕平获得教皇赞助，废黜国王“笨人”契尔得利克三世（强之入修道院为僧），以诸侯选举之形式出任国王。西方国王与教皇之同盟自此开始，两方面互相利用，各蒙其利。同年，丕平攻那旁，企图逐出萨拉森人，但未获成功。

753 年

中国 癸巳 唐天宝十二载

五月，阿布思为回纥所破，安禄山诱降其部众。发岭南五府兵击南诏。八月，陇右节度使哥舒翰击吐蕃，拔洪济等城，悉收九曲部落；命之兼河西节度使，封西平郡王。九月，以黑姓可汗登里伊罗密施为突骑施可汗。阿布思遁至葛逻禄，被执，送于北庭都护。是岁，安西节度使封常清破大勃律。

外国 〔日本〕 渤海使来。饭僧万人。

〔拜占廷〕 君士坦丁堡之宗教会议于本年召开，作出有利于毁坏圣像崇拜之决议。自此毁坏圣像之执行愈严，反抗亦愈烈，僧侣或被拘禁，或被放逐与杀戮，修道院多遭封闭，财产则入官。

〔意大利〕 法兰克王矮子丕平率兵入意大利，迫使伦巴德王爱斯图尔夫乞降。

〔法兰克〕 由于交换日益衰退，矮子丕平令铸小型银币以适合当时需要（按墨洛温王朝时仍仿照拜占廷式样铸造每枚值四十辨士之金比赞特，至是始铸每枚仅值十二辨士之银币）。同时杀人赔偿金之数额亦作相应调整。

754 年

中国 甲午 唐天宝十三载

正月，安禄山入朝，太子及杨国忠皆言禄山必反，不听。以禄山为闲厩、陇右群牧等使，兼知总监事；禄山选健马数千匹，别饲之。二月，上圣祖老君尊号曰大圣祖高尚大道金阙玄元大皇太帝。四月，安禄山击虏奚王李日越。六月，剑南留后李宓击南诏，全军皆没，宓被擒；再发兵击之，前后死者几二十万人。七月，于九曲地置洮阳、洮河二郡及神策军。是岁，郡三百二十一，县千五百三十八，乡万六千八百二十九，户九百六万九千一百五十四，口五千二百八十八万四百八十八。

外国 〔新罗〕 铸皇龙寺钟，长一丈三寸，厚九寸，重四十九万七千五百八十一斤。

〔日本〕 唐僧鉴真来。

〔阿拉伯〕 哈里发阿拔斯·阿尔·萨发死，弟阿尔·曼苏尔（754—775年）嗣位。阿尔·曼苏尔实是阿拔斯朝之真正建立者，阿拔斯之开国规制，多其所定，以后阿拔斯朝之历代哈里发，皆其子孙。其叔父阿布杜拉为开国元勋，与曼苏尔争立，曼苏尔遣大将阿布·穆斯林击平之，旋杀穆斯林。

叛乱起于非洲，虽经平定，但此后仅在名义上隶属于阿拔斯朝。

〔法兰克〕 教皇斯提芬二世亲临高卢，为丕平行抹油礼（古犹太俗，国王就位时，祭司常“秉神命”为之抹油于头）。同年丕平进兵意大利，击败伦巴德人，命将拉温那、彭塔波利斯等地交与教皇；伦巴德人应允，但未遵命履行。

755年

中国

乙未 唐天宝十四载

正月，苏毗王子悉诺逻去吐蕃来降，封怀义王，赐姓名李忠信。二月，安禄山请以蕃将三十二人代汉将，宰相韦见素极言不可，不听，竟许之。四月，安禄山破奚、契丹。六月，召安禄山来京，辞疾不至。八月，免本年租庸。十一月，安禄山发所部兵及同罗、奚、契丹、室韦十五万反于范阳，以讨杨国忠为名，河北郡县多望风迎降。事闻，遣人分诣东京、河东募兵，令封常清御之，置河南节度使，领陈留等十三郡，诸郡当冲途者置防御使。又命高仙芝副荣王琬统诸军东征，募兵于京畿十一万，号天武军。十二月，安禄山渡河，陈留降，又陷荥阳。封常清五战五败，遂陷东京，留守李憕、御史中丞卢奕等死之。安禄山遣将东略，东平太守嗣吴王祇、济南太守李随、平原太守颜真卿等起兵拒之。封常清与高仙芝退潼关，旋皆被诛，以哥舒翰为兵马副元帅，讨安禄山。朔方节度使郭子仪败安禄山大同军，乘胜拔静边军、马邑城。常山太守颜杲卿起兵杀安禄山将吏，河北十七郡皆应之，只六郡附禄山。是岁，吐蕃赞普乞黎苏笼猎赞死，子娑悉笼猎赞立。

外国

〔新罗〕 旌孝子。赦。赐鳏寡孤独老疾谷。

〔阿拉伯〕 将军穆斯林余党据哥拉森叛，哈里发阿尔·曼苏尔遣将平定之。

〔拜占廷〕 保加利亚人犯色雷斯。

〔意大利〕 伦巴德人违约犯罗马。

〔西班牙〕 西班牙之伊斯兰教徒于732年自高卢失败后，内部纠纷迭起，形成无政府状态。至是遣人自毛里塔尼亚（非洲西北部）迎倭玛亚族之阿布得拉曼（见750年条）。西班牙之伊斯兰势力自此再趋巩固。

756年

中国

丙申 唐天宝十五载 肃宗李亨至德元载

正月，安禄山称皇帝，国号燕，建元圣武。濮阳客民尚衡起兵杀安禄山将吏。颜杲卿兵败被执，死。命郭子仪进图东京，以李光弼为河东节度使规复河北。置南阳节度使，将岭南、黔中子弟备安禄山。二月，李光弼屡败安禄山将史思明于饶阳。真源令张巡起兵，屡败安禄山将令狐潮于雍丘。颜真卿拔魏郡。北海太守贺兰进明起兵拔信都。四月，郭子仪援李光弼，大败史思明。时河北民所在屯结以与安禄山抗。颍川太守来瑱数败安禄山兵。五月，安禄山遣将攻南阳。郭子仪、李光弼大败史思明于嘉山。六月，哥舒翰与安禄山将崔乾佑战于灵宝，大败，死者什八九。乾佑陷潼关，哥舒翰为部下迫降于禄山。帝闻潼关失，仓皇西走，至马嵬驿，军士杀杨国忠等，帝被迫缢杀杨贵妃。百姓请留太子，许之；遂至成都，太子北趋灵武。安禄山闻帝出走，遣将入长安。扶风民康景龙等聚众杀安禄山宣慰使；陈仓令薛景仙杀安禄山守将，拔扶风。七月，太子即位于灵武，尊帝为上皇天帝，改元至德，是为肃宗。置山南东道节度使，领襄阳等九郡；升五府经略使为岭南节度使，领南海等二十二郡，升五溪经略使为黔中节度使，领黔中诸郡；分江南为东西二道，东道领余杭，西道领豫章诸郡。同罗、突厥之从安禄山反屯长安者多来降。回纥可汗、吐蕃赞普皆遣使请助讨安禄山。张巡大破安禄山将李庭望于雍丘。九月，以广平王俶为天下兵马元帅。突厥阿史那从礼诱九姓六州胡图攻朔方；遣郭子仪击破之。南诏陷越嶲会同军，骠国等皆降之。十月，以第五琦为山南五道度支使。始榷盐佐军用。以宰相房琯为持节招讨西京兼防御蒲、潼两关兵马节度等使，击安禄山，大败于陈涛斜。令狐潮等攻雍丘，张巡击败之。十一月，史思明陷河间、景城等郡，攻平原，颜真卿败走，于是河北诸郡多陷。十二月，回纥援兵至，与郭子仪军合，大破同罗等胡于榆林河北，河曲皆平。永王璘领四道节度使镇江陵，渐有反谋。置淮南节度使，领广陵等十二郡，又置淮南西道节度使，领汝南等五郡，使与江东节度共防璘；璘旋反。安禄山遣将攻颍川几一年，陷之，太守薛愿等死之。于阗王胜将兵五千入援。张巡弃雍丘守宁陵，与睢阳太守许远会，大破安禄山之兵，斩首万余级。是岁，置北海节度使，领北海等四郡；上党节度使，领上党等三郡；兴平节度使，领上洛等四郡。吐蕃陷威戎等七军及石堡等三城。

外国

〔新罗〕 遣使朝唐帝于蜀。

〔阿拉伯〕 遣兵入侵小亚细亚，占领美利地尼，大败拜占廷军。次年与拜占廷订七年休战条约。

〔西班牙〕 阿卜杜勒·赖哈曼在西班牙建倭玛亚朝，自任国王，与东方之阿拔斯朝对立，以科尔多瓦为都城。

〔法兰克〕 丕平再度入意大利，击败伦巴德人，向教皇作有名之“捐赠”。其捐赠土地为腊万纳、埃密利阿、彭塔波利斯与罗马公爵领地。此项土地构成所谓“教皇国”，为后世教皇世俗权力之基础。

〔意大利〕 伦巴德王爱斯图尔夫卒，塔斯卡尼公爵得西提利乌斯继位，立即与南部希腊人缔结盟约，共同对抗教皇及斯波雷托与本内文托两公爵（后二者亦为旧伦巴德酋长之后嗣）。

757 年

中国

丁酉 唐至德二载

正月，安禄山为其子庆绪所杀；庆绪即位。剑南兵乱，旋定。河西兵马使盖庭伦与九姓商胡安门物等杀节度使反，旋平。史思明围太原，李光弼数败之。安庆绪遣将攻睢阳，张巡弃宁陵入睢阳，与太守许远合御退之。二月，郭子仪败崔乾佑，定河东。安西、北庭及拔汗那、大食诸国兵入援。安庆绪以史思明为范阳节度使，史思明渐不用命。永王璘败死。郭子仪遣兵击潼关，先小胜，后大败。三月，安庆绪再遣兵攻睢阳，败还。安庆绪兵攻河东，郭子仪击走之。命子仪为天下兵马副元帅，赴凤翔，为安庆绪兵所截，败于长安西。五月，山南东道节度使鲁炅守南阳一年，城中食尽，溃围走。安庆绪复遣兵攻睢阳，又败还。六月，南充土豪何滔起事，执本郡防御使，旋平。七月，蜀郡兵乱，旋定。安庆绪兵围睢阳，张巡求救于贺兰进明，不应。闰八月，御史大夫崔光远破安庆绪兵于骆谷。九月，回纥怀仁可汗遣子叶护等将兵至凤翔，随广平王俶、郭子仪东进，与安庆绪兵战于香积寺，大败之，遂复长安。十月，吐蕃陷西平郡。睢阳陷，张巡、许远被执，先后死。郭子仪等大败安庆绪兵于陕川，安庆绪杀所获唐将三十余人，仓皇走邺，改为安成府，改元天成。广平王俶遂复东京，河南诸郡纷杀安庆绪将吏降。十一月，以回纥叶护为忠义王，岁遗回纥绢二万匹。十二月，上皇还长安。改郡为州，以蜀郡为南京，凤翔为西京，西京为中京。史思明遣人请降，封归义王、范阳节度使。派人详理降安禄山诸臣狱，自斩市至流贬，分六等定罪。取元从子弟置左右神武军，与左右羽林、左右龙武统称北衙六军。又择善射者为殿前射生手，分左右厢，号英武军。升河中防御使为节度，领蒲等七州；分剑南为东西川节度，东川领梓等十二州；又置荆澧节度，领荆、澧等五州；夔峡节度，领夔、峡等五州。更安西曰镇西。

外国

〔新罗〕 置九州，改郡县名。

〔日本〕 改元天平宝字。

〔拜占廷〕 保加利亚人被击退，死伤甚巨。

〔英格兰〕 麦西亚王俄法即位。

〔西班牙〕 阿斯都里亚王弗鲁拉一世以俄维埃多为首都（自此以后亦有称阿斯都里亚王国为俄维埃多王国者）。其王位为科尔多瓦之萨拉森王所承认，但以弗鲁拉每年贡纳大批金银为条件。

758 年

中国

戊戌 唐至德三载 乾元元年

二月，改元乾元，普免一年租庸，复以载为年。三月，北庭兵马使王惟良谋乱，被杀。五月，停采访使，改黜陟使为观察使。六月，改行韩颖所造新历。李光弼谋图史思明，事泄，思明反。七月，铸乾元重宝钱，一当十。册回纥可汗曰英武威远毗伽阙可汗，以皇女宁国公主妻之。八月，回纥遣兵助讨安庆绪。党项首领拓跋戎德扰邠、宁二州，败死。遣郭子仪等七节度使讨安庆绪，以宦官鱼朝恩为观军容宣慰处置使以监护之；子仪等旋大破安庆绪，围之。大食、波斯大掠广州。十月，册立皇太子俶，更名豫。十一月，史思明大发兵援安庆绪。十二月，置浙江西道节度使，领苏、润等十州；浙江东道节度使，领越、睦等八州。平卢节度使王玄志死，裨将杀玄志子，推侯希逸为平卢军使，因命希逸为节度副使。节度使由军士废立自此始。是岁，置振武军节度使，领镇北大都护、麟、胜二州；又置陕、虢、华及豫、许、汝二节度使；升安南经略使为节度使，领交、陆等十一州。吐蕃陷河源军。

外国

〔日本〕 孝谦女皇让位于淳仁天皇（四十七代）。

〔林邑 环王 占城〕 林邑约在是时改称环王，因都于占，又号占城、占婆、占不劳。

〔拜占廷〕 斯拉夫人入侵色雷斯被击败。皇帝君士坦丁五世命将俘获之斯拉夫人送至小亚细亚为移民。

〔法兰克〕 丕平征服那旁（高卢境内萨拉森人主要根据地），又遣兵入阿揆坦。

759 年

中国

己亥 唐乾元二年

正月，史思明自称大圣燕王于魏州。三月，郭子仪等九节度之师六十万战史思明于相州，大溃。史思明杀安庆绪，留子朝义守相州，自还范阳。四月，泽潞兵破史思明兵于潞城东。置陈、郑、亳节度使。史思明自称皇帝，国号燕，建元顺天，改范阳为燕京，州为郡。回纥毗伽阙可汗死，子登里可汗立。六月，分朔方置邠、宁等九州节度使。七月，以李光弼代郭子仪为兵马元帅，寻以赵王系为天下兵马元帅，光弼副之。八月，襄州将康楚元等作乱，康楚元自称南楚霸王；遣人谕解之，不听。九月，楚元破荆州，澧、朗等州大扰，遣将讨之。令绛州铸乾元重宝大钱，加重轮，一当五十。史思明攻汴州下之，李光弼弃东京，退守河阳，思明攻之叠败，退走。邛、简、嘉、眉、泸、戎等州夷起事。十一月，康楚元被执，死。十二月，史思明兵攻陕州，败。

外国

〔新罗〕 改官名，有侍郎、郎中等号。

〔日本〕 渤海使来。置常平仓于诸国。遣人迎遣唐使藤源清河，共九十九人。是为第十二次遣唐使。

〔阿拉伯〕 占领今里海南岸之塔巴利斯坦(按塔巴利斯坦在今伊朗北部，马山德兰省东南，为当时中国赴西方商道所必经之地)。

〔西班牙〕 萨拉森人最后撤离高卢，退处比利牛斯山之南。法兰克人之势力自此及于整个高卢境内。

760 年

中国

庚子 唐乾元三年 上元元年

正月，以于阗王胜之弟曜同四镇节度副使，权知国事。分邠、宁等州节度为鄜、坊、丹、延节度，亦称渭北节度，以击党项等羌。二月，李光弼败史思明于沁上。三月，改蒲州为河中府。四月，李光弼破史思明于河阳西渚。襄州将张维瑾等作乱，杀节度使，旋降。闰四月，改元上元。追谥太公望为武成王。史思明入东京。以京兆尹刘晏为户部侍郎，充度支、铸钱、盐铁等使。六月，西原“蛮”黄乾曜等起事，旋败死。以私铸钱者多，物价贵，令京畿开元钱与乾元小钱皆一当十，重轮钱当三十，诸州另行规定。时史思明铸顺天得一钱，一当开元钱百，物价尤贵。凤翔兵破党项于普润。平卢兵马使田神功破史思明兵于郑州。七月，令诸州重轮钱皆一当三十。神策军地沦于吐蕃，其兵马留陕平乱者后遂改为禁军。九月，改荆州为江陵府，置南都，仍置永平军团练兵以扼要冲。十月，置青、沂五州节度使。十一月，淮西监军宦官邢延恩谋去节度副使刘展，刘展起兵，陷升、润、苏、常等州。李光弼拔怀州。史思明遣将徇淮西陈、许、兖、郓、曹等州。十二月，党项大掠美原、同官。田神功击刘展，大掠广陵、楚州，杀商胡千数。是岁，吐蕃陷廓州。

外国

〔日本〕 渤海使来。铸开基胜宝。

〔拜占廷〕 君士坦丁入侵保加利亚，历五年始罢兵。

761 年

中国

辛丑 唐上元二年

正月，史思明改元应天。田神功等击斩刘展，平卢兵大掠十余日。荆南节度加领潭、岳、郴、永、邵、道、连、涪八州。二月，奴剌、党项掠宝鸡，杀凤州刺史。新罗王金嶷入朝。鱼朝恩迫李光弼攻洛阳，光弼等与史思明战于邙山，大败，河阳、怀州皆陷。三月，史思明为其子史朝义部将所杀，史朝义即位，改元显圣。四月，长塞镇将朱融等谋立嗣岐王珍，事泄，珍废为庶人，朱融等死贬有差。青、密、兖、郓等兵破史朝义兵。梓州刺史段子璋反，自称梁王，建元黄龙，以绵州为龙安府，进陷剑州。五月，党项掠宝鸡。史朝义将令狐彰降，命为滑、卫六州节度使。平卢节度使侯希逸破史朝义兵。东西川兵破斩段子璋，事平。以李光弼为河南副元帅，都统河南等八道、行营节度，镇临淮。六月，青、密兵败史朝义兵。党项掠好畤。九月，去年号，但称元年，以建子月为岁首，月皆以所建为数；停京兆、河南、太原、凤翔四京及江陵南都之号。江淮大饥，人相食。建子月，神策军攻史朝义，拔永宁等县。建丑月，平卢节度使侯希逸破范阳，李怀仙引兵而南至兖州，会田神功等。

外国

〔日本〕 习新罗语。遣使渤海。遣仲石伴等入唐，并献牛角七千八百只，因船坏未行。是为第十三次遣唐使。

762 年

中国

壬寅 唐代宗李豫宝应元年

建寅月，吐蕃遣使请和。李光弼拔许州。租庸使元载征江淮各道八年逋负租调，民苦暴政，多聚山泽反抗。建卯月，复以京兆为上都，河南为东都，凤翔为西都，江陵为南都，太原为北都。奴剌掠成固。河东军乱，杀节度使邓景山，请以都知兵马使辛云京为节度使，许之。朔方诸道行营军乱，杀都统李国贞。镇西、北庭行营军乱，杀节度使荔非元礼。以乱事叠起，封郭子仪汾阳王，命知朔方、河中、北庭、潞泽节度行营兼兴平、定国等军副元帅以镇抚之。建辰月，割山南东道节度所领商、金、均、房四州别置观察使。奴剌掠梁州。党项掠奉天。建巳月，玄宗死。改元宝应，复以建寅月为正月，月数皆如旧。肃宗死，宦官李辅国杀皇后张氏等，引太子即位，是为代宗；尊李辅国为尚父。五月，郭子仪至军，诛作乱者。辛云京亦诛乱军数十人。党项掠同官、华原。以平卢节度使侯希逸为平卢、淄、青等六州节度使。令乾元大、小钱皆一当一，币制渐定。史朝义围宋州数月，城几陷；李光弼至军，命兖、郓节度使田神功击破之。六月，解李辅国兵柄，以宦官程元振代之。七月，剑南兵马使徐知道反，发兵拒新节度使严武；知道旋为其下所杀。八月，桂州兵破西原“蛮”帅吴功曹。台州人袁晁陷浙东诸州，建元宝胜，民苦赋敛者争归之；李光弼遣兵破晁于衢州。回纥登里可汗率兵助讨史朝义。袁晁陷信州，十月，又陷温州、明州。以雍王适为天下兵马元帅，会诸道及回纥兵于陕州，以讨史朝义，大破之，斩俘八万，朝义遁。回纥入东京，大杀掠，死者万数；朔方、神策军亦所至虏掠。十一月，史朝义将薛嵩以相、卫、洺、邢四州，张忠志以赵、恒、深、定、易五州降，寻赐张忠志姓名为李宝臣，以为恒、赵等五州节度使。以仆固怀恩为河北副元帅，代郭子仪。史朝义奔莫州，诸道兵围之。是岁，大诗人李白死。

外国

〔日本〕 孝谦上皇复亲决大事。调练军队备攻新罗。复遣中臣鹰主等入唐，又因故未行。是为第十四次遣唐使。

〔阿拉伯〕 哈里发命在巴格达修建宫殿，以为国都，四年而成。巴格达不久成为具有世界意义之都市，宫殿壮丽，市廛殷富，东西商人多于此进行交易，中国商人亦多聚集于此。什叶派起兵于麦地那与伊拉克，不久遭镇压。喀查尔人侵乔治亚，被击退。

763 年

中国

癸卯 唐宝应二年 广德元年

正月，史朝义自莫州突围走，其部将田承嗣降，范阳李怀仙亦降，史朝义自缢死。闰正月，以薛嵩为相、卫等六州节度使，田承嗣为魏、博等五州都防御使，李怀仙为幽州、卢龙节度使。三月，襄州右兵马使梁崇义等据州，即命梁崇义为山南东道节度留后。四月，李光弼俘袁晁，浙东平。五月，分河北诸州：以幽、莫、妫、檀、平、蓟为幽州管，恒、定、赵、深、易为成德军管，相、贝、邢、洺为相州管，魏、博、德为魏州管，沧、棣、冀、瀛为青淄管，怀、卫、河阳为泽潞管。六月，以魏博都防御使田承嗣为节度使。承嗣籍管内壮者皆为兵，又选骁健者为牙兵以之自卫。七月，改元广德。册回纥可汗为颉咄登蜜施合俱录英义建功毗伽可汗。吐蕃入大震关，陷兰、廓等九州，尽取河西、陇右地。十月，吐蕃掠泾州，攻邠州、武功、奉天，命雍王适为关内元帅，郭子仪为副元帅以御之，帝东走陕州。吐蕃入长安，立邠王之孙承宏为帝。越十二日，郭子仪兵至，吐蕃遁去。太常博士柳伉疏陈宦官程元振罪；十一月，削程元振官爵，逐之。广州市舶使宦官吕太一作乱，旋平。吐蕃攻凤翔，镇西节度兵经其地击却之。十二月，帝还长安。以鱼朝恩为天下观军容宣慰处置使，总禁兵。吐蕃陷松、维、保三州，于是剑南西山诸州皆入于吐蕃。

外国

〔日本〕 渤海使来。废仪凤历，行大衍历。

〔保加利亚〕 国王地勒特在安基阿拉斯为拜占廷人所击败，明年保加利亚人处之以死刑。

764 年

中国

甲辰 唐广德二年

正月，合剑南东西川为一道。立雍王适为皇太子。吐蕃之乱，长安逃卒及乡曲少年，群入南山子午等谷，频出钞掠，遣兵击之。仆固怀恩谋取太原，遣其子攻之，败还，围榆次。因命郭子仪为关内河东副元帅、河中节度等使、朔方节度大使，以瓦解怀恩之势。二月，怀恩走灵州，杀朔方将浑释之而收其军。子仪至汾州，怀恩之众皆归之。三月，以刘晏为河南、江淮以来转运使，开汴渠，均赋役，关中粟渐充。党项掠同州，郭子仪遣将大破之于澄城。五月，行五纪历。罢岁贡孝弟力田及童子科。六月，郭子仪请罢安史之乱以来所置节度以省民力，并请自河中为始，许之。解仆固怀恩河北副元帅、朔方节度使，余官爵如故。七月，税地头、青苗钱以给官俸。地头钱亩二十五文，青苗钱亩十五文。八月，仆固怀恩引回纥、吐蕃兵入犯，遣郭子仪镇奉天御之。河中兵乱，旋定。九月，剑南节度使严武破吐蕃，拔当狗城，不久，又拔盐川城。十月，仆固怀恩引回纥、吐蕃兵逼奉天，以郭子仪有备而退，攻邠州不克，北归。吐蕃围凉州；河西节度使杨志烈奔甘州，为沙陀所杀。十一月，南山五谷首领高玉被俘，事定。是岁，令酤户纳月税。户二百九十余万，口一千六百九十余万。于阗王胜不欲归国，封武都王。

外国 〔日本〕 淳仁天皇为僧道镜所谮被废，孝谦上皇复位，改号称德女皇（四十八代）。

〔保加利亚〕 三十年之间数易国王（766至773年之间完全无记录），与拜占廷战争时作时辍，几不成其为国。

765年

中国 乙巳 唐永泰元年

正月，以李抱真为泽潞节度副使。李抱真籍管内民三丁选一，于农隙习武，免其租徭。二月，党项掠富平。三月，吐蕃请和。四月，命御史大夫王翊充诸道税钱使。五月，畿内麦稔，行什一税法，百姓十亩收其一。平卢军乱，逐节度使侯希逸，奉兵马使李怀玉为帅。七月，以郑王邈为平卢、淄青节度大使，怀玉知留后，赐名正己。九月，仆固怀恩引回纥、吐蕃、吐谷浑、党项、奴剌分三道入边；怀恩寻死，部下互哄。吐蕃至奉天；命郭子仪等屯泾阳等处，下诏亲征。吐蕃攻醴泉、蒲，大掠男女数万而去。十月，吐蕃退至邠州，复与回纥合兵至奉天，围泾阳。郭子仪单骑说回纥使击吐蕃，回纥从之，合兵大破吐蕃于灵台西原，斩杀万计，得所掠男女四千人，旋又破之于泾州东。鱼朝恩自将神策军，扩充为左右二厢。郭子仪谕降党项。回纥都督等入见，赐缯帛十万匹，不足，分百官俸给之。闰十月，百官纳职田充军粮。剑南西川都知兵马使崔旰杀节度使郭英乂；邛、泸、剑三州起讨旰，蜀中大乱。

外国 〔新罗〕 景德王死，太子乾运嗣，是为惠恭王，年幼，母满月夫人金氏摄政。

〔日本〕 改元天平神护。禁垦田。以僧道镜为太政大臣禅师。道镜衣食与女皇相等，复谋令女皇让位，以卜者言不可，女皇乃止。

〔法兰克〕 矮子丕平遣使赴巴格达，聘问哈里发阿尔·曼苏尔。

766年

中国 丙午 唐永泰二年 大历元年

正月，令复补国子学生，修国子监。命刘晏、第五琦分理全国财赋。二月，遣使通好吐蕃。命杜鸿渐为山南西道、剑南东西川副元帅，以平蜀乱。五月，以凉州陷于吐蕃，徙河西节度使于沙州。八月，杜鸿渐至蜀，调停崔旰等，因命崔旰为成都尹、西川行军司马。十一月，改元大历。停什一税法。

外国 〔日本〕 百济王敬福死（百济亡后，流亡于日本之百济王子）。

767年

中国 丁未 唐大历二年

正月，同华节度使周智光横暴不法，杀监军；命郭子仪讨之，周智光旋为部下所杀。淮西兵大掠潼关，至赤水。分剑南置东川观察使，镇遂州。四月，命宰相及鱼朝恩盟吐蕃于兴唐寺。七月，以崔旰为西川节度使，杜济为东川节度使。九月，吐蕃扰灵州，旋败走。山僚陷桂州，逐刺史。是岁，复以镇西为安西。

外国 〔新罗〕 遣使如唐请册命。

〔日本〕改元神护景云。

768年

中国 戊申 唐大历三年

二月，商州军乱，杀防御使，寻定。四月，山南西道节度使张献诚病，举从父弟献恭自代，许之。六月，幽州兵马使朱希彩等杀节度使李怀仙，朱希彩自称留后。七月，崔旰入朝，赐名宁；泸州刺史杨子琳突入成都，宁妾任氏击走之。八月，吐蕃扰灵武，别将攻邠州，九月，皆败走。十一月，以幽州节度留后朱希彩为节度使。西川破吐蕃。平卢行军司马许杲大掠楚州，杲部将康自劝逐杲，循淮东走，为淮南兵所杀。

外国 〔新罗〕 唐遣使来册封。大臣一吉湌大参等反，围王宫月余，讨平之，夷九族。

〔日本〕 诏称孔子为文宣王。

〔法兰克〕 矮子丕平在阿奎丹接见西班牙科尔多瓦王之特使。同年丕平卒，二子分治其国，查理获得奥斯达拉西亚、纽斯特里亚与阿奎丹北部，卡罗曼则获得勃艮第、普罗旺斯、塞普提曼尼亚与阿奎丹南部。

〔西班牙〕 阿斯都里亚王弗鲁拉一世遇刺死。自此以后二十余年中，有篡位者四人相继立，皆按年向科尔多瓦王缴纳弗鲁拉所约之贡金。

〔瑞士〕 查理在今瑞士境内设立教会与学校。

769 年

中国 己酉 唐大历四年

二月，以好畤、麟游、普润三县隶神策军。杨子琳杀涪州守捉使，入夔州，杀别驾；命为峡州团练使。五月，册仆固怀恩女为崇徽公主，妻回纥可汗。九月，吐蕃扰灵州，又攻鸣沙，旋败走。

外国 〔新罗〕 是岁旱、蝗。

770 年

中国 庚戌 唐大历五年

正月，羌首领白对蓬等来降。二月，诛鱼朝恩。四月，湖南兵马使臧玠杀观察使。五月，令并地头钱于青苗钱，亩三十五文。九月，吐蕃扰永寿。是岁，大诗人杜甫死。

外国 〔日本〕 称德天皇死，光仁天皇即位（四十九代），改元宝龟。

771 年

中国 辛亥 唐大历六年

三月，岭南蛮首领梁崇牵自称平南十道大都统，据容州，结西原蛮张侯、夏永等攻陷城邑；容管经略使王翃等破之。番禺冯崇道及桂州将朱济时皆起事，陷十余州；翃等击斩之。四月，吐蕃请和，遣使答之。

外国 〔法兰克〕 卡罗曼卒，查理为法兰克王国之唯一统治者。其后查理以征服广大土地被称为查理曼（即查理大帝）。同年阿奎丹叛变，敉平之，封其子路易为阿奎丹王。黑斯之本内地克派修道院如富尔达与赫尔斯斐尔德等，始在其所属之庄园中行“三田制”（每年以土地三分之一休耕俾能恢复地力，较之以前之“二田制”可增加生产面积百分之十六）。此为三田制第一次见于记录。

〔意大利〕 伦巴德王得西提利阿斯纵兵劫掠罗马附近地区，教皇阿德利安遣人向法兰克王查理曼乞援（按查理曼为得西提利阿斯婿）。

772 年

中国 壬子 唐大历七年

正月，回纥使者掠人子女，所司禁之，被殴；又以三百骑犯金光、朱雀门，谕止之；七月，又逐长安令，夺其马。十月，卢龙节度使朱希彩为部下所杀，拥经略副使朱泚为留后，即命泚为节度使。十二月，置永平军于滑州。

外国 〔日本〕 渤海使来，以国书文不如式，却之。

〔拜占廷〕 与保加利亚人战事再起，续有胜利，774 年始媾和。

〔阿拉伯〕 阿拔斯朝初期诸哈里发大都注意发展经济与奖掖文学与艺术，巴格达城在此时已取得巨大发展。阿尔·曼苏尔在位二十一年（754—775 年），传其所累积之现金即达三千万镑之巨（以 20 世纪初之英币计算）。

〔法兰克〕 查理开始其对萨克森人之长期（三十年）征服战争。

773 年

中国 癸丑 唐大历八年

正月，昭义节度使薛嵩死，以其弟㟧知留后。二月，永平节度使令狐彰死，遗命令其子归东都，请朝命遣代。七月，回纥使者归，载赐遗及互市马价缣千余车。八月，吐蕃扰灵武，践禾稼而去。九月，循州刺史哥舒晃反，杀岭南节度使吕崇贲；遣兵讨之。十月，魏博节度使田承嗣求为相；加同平章事。吐蕃扰邠、泾，郭子仪遣朔方兵马使浑瑊击之，初大败于宜禄，泾原节度使马璘亦败于盐仓；嗣瑊、璘复分别击败之。

外国 〔日本〕 行常平法，定谷价。渤海使来，以无礼，却之。

〔法兰克〕 查理应教皇召入意大利，大败伦巴德人，在巴费亚俘获其王得西提阿利斯，废黜之，自取其铁冠，伦巴德亡。自此查理之统治权更扩大及于威尼西亚（威尼斯及半岛东北部之土地）、伊斯特里亚、达尔马提亚与科西嘉岛（774 年）。同年萨克森人掀起暴动，逐出法兰克戍军，查理出兵攻之，前后历时三十年始平。

〔意大利〕 罗马教皇在各地所征收之“什一税”，得查理曼之许可后征收益严。

774 年

中国 甲寅 唐大历九年

正月，汴宋节度使田神功死，以其弟神玉知留后。二月，徐州军乱，逐刺史。五月，胡僧不空死，赠司空、肃国公，予谥。九月，回纥于长安白昼杀人，有司擒之，释不问。

外国 〔日本〕 新罗使来，却之。虾夷起事，不久，败。

775 年

中国 乙卯 唐大历十年

正月，昭义兵马使裴志清逐留

后薛嵩，附田承嗣；承嗣袭昭义取之，继复取洺、卫二州，拒朝命。卢龙节度使朱泚请留长安，以其弟滔知卢龙留后。西川破吐蕃于西山。二月，河阳三城军乱，逐其使常休明，拥兵马使王惟恭为帅，大掠数日。三月，陕州军乱，逐兵马使赵令珍，大掠库物。四月，命河东等八道兵讨田承嗣，混战百余日；八月，承嗣表请归朝。九月，回纥白昼刺人于长安，有司系之狱，其首领入狱劫去，释不问。吐蕃扰临泾、陇州，大掠而去；又扰泾州，败于百里城。十月，成德军节度使李宝臣与卢龙军留后朱滔共攻沧州；宝臣为田承嗣所绐，袭滔，图取幽州，未成。十一月，岭南节度使路嗣恭击斩哥舒晃，岭南平。西原"蛮"帅覃问袭容州，被擒。十二月，回纥扰夏州，败走。

外国

〔日本〕 吉备真备死。遣小野石根等入唐，中途船坏，石根溺死。是为第十五次遣唐使。

〔阿拉伯〕 哈里发阿尔·曼苏尔死，子阿尔·麦海迪（775—785年）嗣位。阿尔·麦海迪在位时，整顿交通，加筑城堡，建立城市，兴修学校，奖励艺术，阿拉伯之国势与文化，皆有提高。

〔拜占廷〕 利奥四世继其父君士坦丁五世为帝。

〔英格兰〕 麦西亚王俄法征服肯特。

776年

中国

丙辰 唐大历十一年

正月，西川破吐蕃及突厥、吐谷浑、氐、羌二十万。二月，赦田承嗣。增朔方兵备回纥。三月，河阳军乱，逐监军，大掠三日。五月，汴宋留后田神玉死，都虞候李灵曜作乱；诏以灵曜为濮州刺史，不受，乃以为留后。七月，田承嗣扰滑州。吐蕃扰石门，入长泽川。八月，发五道兵讨李灵曜。灵曜屡败，十月，田承嗣遣将救之，败还。灵曜走韦城，被擒，死。十二月，昭义节度使李承昭病亟，以泽潞行军司马兼知留后。

外国

〔新罗〕 命百官皆从旧名。始立王庙。

〔日本〕 遣官检诸道税。渤海使来，其判官渡海溺死。

〔阿拉伯〕 中亚细亚发生大规模反抗阿拉伯统治之起义运动，起义者着白衫（农民平常所穿着衣服之颜色）。为首者哈希穆面蒙绿幕，众呼之为"穆康纳"（即蒙面人之意），谋夫城人，自称先知，布哈拉、基什一带之人，从者甚众。此起义运动继续六七年，方被镇压下去，起义者杀死好些本地领主与城市中阿拉伯之驻军。

〔法兰克〕 查理以其子丕平为意大利统治者。

777年

中国

丁巳 唐大历十二年

三月，凤翔、怀泽潞、秦陇节度使李抱玉死，以其弟李抱真领泽潞怀留后。以田承嗣反复，命讨之；田承嗣复谢罪，乃止。宰相元载贪横，赐自尽，妻子皆死。四月，吐蕃扰黎、雅二州，西川兵破之。加京官俸，岁约十五万六千余缗。五月，除都团练使外悉罢诸州团练、守捉使；又定诸州兵数，召募者曰官健，差点者曰团结。重定节度使至主簿县尉俸禄。六月，元载党卓英倩杖死，其弟卓英璘据险作乱，发禁兵及金州兵平之。九月，吐蕃破方渠，扰坊州。十月，西川兵破吐蕃于望汉城。吐蕃扰盐州、夏州、长武，郭子仪击却之。十一月，山南西道兵破吐蕃于岷州。十二月，西川兵破吐蕃兵十余万。

外国

〔新罗〕 京都地数震。

〔法兰克〕 查理征服萨克森人，接受其朝觐，迫使大批萨克森人皈依基督教。查理率大军入西班牙，所过诸市镇、堡垒皆望风请降，执封建臣属礼。但萨拉哥萨城坚守不能下，阻其前进。

〔英格兰〕 麦西亚王俄法大败西萨克森人于班辛吞。

778年

中国

戊午 唐大历十三年

正月，回纥扰太原，节度兵迎击大败，死万余人，回纥大掠；二月，代州兵破走之。吐蕃扰灵州，毁三渠水口以弊屯田；四月，再来扰，朔方兵击却之；七月，又扰盐、庆二州，复为朔方兵所败；八月，又扰银、麟二州，掠党项，又为朔方兵逐走；九月，又逼泾州，郭子仪等共破之。是岁财赋所入约一千二百万缗，盐利居大半。

外国

〔日本〕 遣布势清直等送唐使回。是为第十六次遣唐使。

〔拜占廷〕 与保加利亚人间之战事再起。

〔法兰克〕 查理自西班牙返，其殿军越过比利牛斯山时，在隆斯佛（或伦西瓦列士）为巴斯克人（山居民族）所袭击，全军覆没，主将布累同伯爵罗兰死难（法国史诗《罗兰之歌》即咏此事）。

〔西班牙〕 据阿斯都里亚之传说，谓罗兰之败于隆斯佛，系阿尔封索二世之侄卡匹阿之柏那多之功绩（柏那多为后世西班牙传奇中之英雄，一如罗兰之于法国）。

779 年

中国 己未 唐大历十四年

二月，魏博节度使田承嗣死，其侄悦为留后。三月，淮西将李希烈等逐节度使李忠臣，希烈为留后，旋为节度使。五月，代宗死，太子适即位，是为德宗。罢梨园使及乐工三百余人，留者隶太常。以郭子仪领职多，分其权，尊为尚父，以裨将李怀光、常谦光、浑瑊等为节度使。六月，禁宦官出使求赂遗，又夺宦官王驾鹤神策军都知兵马使职。七月，以回纥留京者及千，商胡倍之，多效华装，开肆牟利；因禁回纥不得效华人服饰。罢榷酒。八月，遣使吐蕃，归其俘五百。十月，南诏王阁罗凤死，孙异牟寻立，与吐蕃连兵扰蜀；遣李晟等率禁军及范阳、邠、陇诸道兵往，大破之，死者八九万。异牟寻惧，筑羊咀咩城徙居之。十二月，立宣王诵为皇太子。湖南牙将王国良以冤愤据邵州，结西原“蛮”四出钞掠；遣使招抚之。

外国 〔新罗〕 京都地震，死百余人。遣使于日本。

〔日本〕 渤海使来。唐使来。

〔陆真腊〕 副王婆弥朝于唐，献驯象，唐赐婆弥名宾汉。

〔法兰克〕 再征服萨克森人，但查理离去后，立即叛变。其后查理使用移殖方法，徙大批萨克森人至弗兰德斯（当时该地居民极稀），使其垦殖，此一部分萨克森人逐渐就范。查理下令使教会向人民所征收之什一税成为合法税收。查理复下令禁止奴隶贸易（按当时在凡尔登有繁盛之奴隶买卖，犹太商人将奴隶与阉割之儿童运往西班牙出售）。

780 年

中国 庚申 唐德宗李适建中元年

正月，用宰相杨炎议，约丁产定等，作两税法，罢一切新旧征科色目。罢转运、租庸、青苗、盐铁等使皆归户部；寻复故。二月，命黜陟使分巡各道。以李怀光为四镇、北庭行营等节度使，镇将刘文喜拒命，改任朱泚，亦不奉诏；四月，文喜据泾州求援于吐蕃，命朱泚等讨之；五月，文喜为部下所杀，事平。六月，回纥登里可汗欲犯唐边，其相顿莫贺达干以谏不从，杀登里，自为合骨咄禄毗伽可汗，遣使请命，册为武义成功可汗。七月，王国良受抚，赐名惟新。前宰相刘晏理财有盛名，为杨炎所谮，贬忠州刺史，又诬以欲反，杀之。八月，振武留后张光晟杀回纥使者等九百余人。十二月，吐蕃遣相入贡。是岁，税总户三百八万五千七十六，籍兵七十六万八千余，税一千八十九万八千余缗，谷二百一十五万七千余斛。

外国 〔新罗〕 惠恭王以荒淫失人心，大臣金良相杀之自立，是为宣德王。

〔日本〕 新罗使来。省冗官。兵农始分。

〔拜占廷〕 利奥卒，其十岁子君士坦丁六世嗣位，皇后爱利尼摄政。

〔意大利〕 拜占廷联合斯波雷托与本内文托两公爵进攻罗马。教皇阿德利安向查理乞援，但旋媾和。

781 年

中国 辛酉 唐建中二年

正月，成德节度使李宝臣死，其子惟岳自为留后，请授旌节，不许；李惟岳结魏博田悦、淄青李正己图反抗；因分永平军所领宋、亳、颍三州别置节度使，名其军曰宣武；又并怀、郑、汝、陕及河阳三城为一节度使，以备李正己等。二月，振武军乱，杀节度使及监军，旋定。三月，遣使于吐蕃。五月，以军兴，增商税为什一。田悦攻邢州、临洺。六月，名润州军曰镇海。山南东道节度使梁崇义拒征，命淮西李希烈讨之。以河阳、怀州置节度使。郭子仪死。七月，伊西、北庭节度使李元忠及四镇留后郭昕遣使迂道回纥中来，时为吐蕃隔绝已十余年，封元忠、昕为郡王。河东节度使马燧等大破田悦于临洺。八月，淄青节度使李正己死，子李纳请袭，不许。梁崇义败死，李希烈大掠襄州。十一月，宣武节度使刘洽等大破李纳于徐州。十二月，吐蕃赞普请不以臣礼见处，及以贺兰为界，皆许之。

外国 〔日本〕 改元天应。光仁天皇让位，桓武亲王即位（第五十代）。

〔法兰克〕 查理再度下令禁止奴隶贸易，但以大利所在，收效甚微。

〔意大利〕 查理为其子丕平加冕为“意大利王”，此为意大利王一名词之第一次使用。

782 年

中国 壬戌 唐建中三年

正月，马燧等再大破田悦于卫

州，斩二万余，俘三千，悦遁魏州。卢龙留后朱滔等大破李惟岳于束鹿，惟岳遁恒州；闰正月，李惟岳为部将王武俊所杀，遣使请命。复榷酒，惟西京不榷。二月，分成德军管地，以张孝忠为易、定、沧三州节度使，旋赐军名义武；王武俊为恒、冀都团练观察使，康日知为深、赵都团练观察使。王武俊以未得节度，朱滔以未并深州，皆反，与田悦合。沧州军乱，杀刺史，旋定。四月，吐蕃归俘掠兵民八百。以军费不给，括富商钱，长安大扰。五月，增诸道税钱什二，盐斗增百钱。命李怀光讨朱滔等。怀光与滔等战，大败，余军皆退屯相持。七月，演州司马李孟秋反，自称安南节度使，旋败死。九月，吐蕃使来。江上不靖，三千余人掠江南西道，旋定。十一月，朱滔等结盟称王，滔为盟主，王冀；田悦王魏，王武俊王赵，李纳王齐，各置官仿唐朝。十二月，李希烈反，结李纳、朱滔，自称天下都元帅、建兴王。

外国

〔新罗〕 遣使如唐。

〔日本〕 改元延历。

〔阿拉伯〕 与拜占廷战事再起，阿尔·麦海迪命其子哈伦·阿尔·赖世德统军，进至博斯普鲁斯海峡。拜占廷摄政爱利尼皇后被迫乞和，每年献哈里发金币六万枚。

〔法兰克〕 查理在凡尔登对萨克森人大事屠杀。

783 年

中国

癸亥 唐建中四年

正月，陇右节度使张镒与吐蕃尚结赞盟于清水。李希烈袭陷汝州。宰相卢杞恶颜真卿，请旨命宣慰希烈，为希烈所留，嗣乃杀之。遣左龙武大将军哥舒曜讨李希烈，曜至，克汝州。继以永平等军都统李勉为招讨使，曜副之。五月，行间架税、除陌钱，以赡军。七月，遣礼部尚书李揆为入蕃会盟使。九月，禁军与李希烈兵战于沪涧，大败。十月，泾原兵被命东征，过长安，以食劣无赏哗变，奉朱泚为主，帝出奔奉天。遣金吾将军吴溆入京宣慰，为泚所杀。泚谋称帝，司农卿段秀实死之。凤翔将李楚琳作乱，杀节度使张镒等，自为节度使，附于朱泚。泚于是称皇帝，国号秦，建元应天；杀唐宗室七十七人，旋攻奉天。十一月，各道兵讨朱泚，先后至长安，李怀光兵亦至奉天，泚乃奔回。剑南军乱，旋定。十二月，李怀光表言宰相卢杞等罪，为之贬降有差。朱滔结回纥为朱泚声援。李希烈陷汴州。淮南节度使陈少游送款于李希烈，又结李纳。

外国

〔新罗〕 立社稷坛。

〔日本〕 虾夷起事。禁私造佛寺及施舍田园。

〔法兰克〕 约自此时起，查理为巩固其胜利起见，先后建立马克（边疆诸侯国）多处：如丹马克（即后来之丹麦）；抵御文德人（斯拉夫人）之阿尔特马克（发展成为后来之布兰敦堡）；图林基亚马克；波希米亚马克；抵御阿伐尔人之奥斯特马克（东马克）；意大利北疆之夫利乌利马克；西班牙马克等。

784 年

中国

甲子 唐兴元元年

正月，诏除朱泚外，李希烈、田悦、王武俊、李纳、朱滔皆赦其罪，诸将赴难者概加“奉天定难功臣”之号，停罢垫陌钱、间架税及竹木茶漆榷铁之类。朱泚更国号曰汉，改元天皇，自号汉元天皇。王武俊、田悦、李纳皆去王号，谢罪；惟李希烈反称皇帝，国号大楚，建元武成，以汴州为大梁府，四出攻掠。朱滔怒田悦，攻之，围魏州，纵回纥大掠。以王武俊为恒、冀、深、赵节度使，李纳为平卢节度使。左右羽林、龙武、神武六军各置统军，以授勋臣。吐蕃请发兵助收复京城，遣使趣之。二月，李怀光以怨望反，与朱泚相结；帝走梁州。田绪杀田悦，遣使请命，以为魏博节度使。李怀光走河中，沿途钞掠。四月，吐蕃兵从浑瑊破朱泚兵于武亭川，大掠而去。泾原将杀节度使冯河清，以附朱泚。五月，王武俊与泽潞李抱真连兵救魏州，大败朱滔于贝州，滔遁归幽州。李晟等入长安，朱泚逃至彭原，为其下所杀。六月，改梁州为兴元府。七月，帝还京。李怀光谢罪，原之，遣给事中孔巢父赴河中慰谕；巢父轻躁，为军士所杀，怀光因又抗命，遣浑瑊等讨之。十月，复以宦官窦文场等监神策军。十一月，宋亳节度使刘洽等攻汴州，李希烈奔蔡州。

外国

〔日本〕 禁百官、寺院兼并山野。

785 年

中国

乙丑 唐贞元元年

三月，李希烈陷邓州。四月，李晟等叠破李怀光，逼河中。六月，朱滔死，诸将奉刘怦知幽州军事；旋命为卢龙节度使。陕虢将达奚抱晖鸩杀节度使，求旌节，且阴通李怀光；李泌单骑抚定其军，逐抱晖。八月，李怀光穷迫自缢死，部下断其首出降，河中平。九月，刘怦死，以其子刘济权知节度事。十二月，户部奏岁贡者凡百五十州。是岁，僧怀素死。怀素为名书家。

外国　〔新罗〕　唐遣使来册封。宣德王死，大臣金敬信为王，是为元圣王。宣德王遗命火葬，散骨东海。

〔阿拉伯〕　哈里发阿尔·麦海迪死，子阿尔·哈迪嗣位，不及一年死，弟哈伦·阿尔·赖士德（785—809年）继位。哈伦·阿尔·赖士德即天方夜谭中之哈里发（即旧唐书中之诃论）。

〔法兰克〕　萨克森酋长威泰金德皈依基督教。

〔尼德兰〕　夫利新人与自萨克森移来之萨克森人俱以不堪法兰克人之压迫，起而叛乱，但旋以查理之镇压而失败。

786年

中国　丙寅　唐贞元二年

正月，罢水陆运使度支巡院、江淮转运使，各道租赋委观察使、刺史部送，令宰相分判尚书六曹。二月，李泌自集津至三门，凿山开车道十八里，以避底柱之险。四月，淮西将陈仙奇毒杀李希烈；命为淮西节度使。升横海军使为节度使。七月，淮西将吴少诚杀陈仙奇，自为留后。八月，吐蕃大掠泾、陇、邠、宁。九月，十六卫各置上将军。改神策左右厢为神策左右军，殿前射生左右厢为殿前左右射生军，各置大将军、将军。十月，李晟等破吐蕃。十一月，吐蕃陷盐州；十二月，又陷夏、银、麟等州。迁河曲六胡州于云、朔之间。

外国　〔新罗〕　遣使如唐。京都民饥，前后出粟六万余石以赈之。大舍武乌献兵法十五卷、花铃图二卷。

〔日本〕　渤海使来，遭风漂至虾夷地。

〔意大利〕　查理在意大利之疆界南受于卡拉布里亚，但本内文托始终保持半独立地位。

787年

中国　丁卯　唐贞元三年

正月，淮西兵防秋京西者遁归，李泌等计截斩之殆尽。二月，遣使吐蕃。分浙江东、西道为三，浙西治润州，浙东治越州，宣歙池治宣州，各置观察使。三月，再遣使吐蕃；四月，又遣使吐蕃商和盟；五月，以浑瑊为与吐蕃会盟使。闰五月，大省州县官员，以其禄赡军；旋复之。以襄、邓、复、郢、安、随、唐七州隶山南东道。浑瑊与吐蕃盟于平凉，吐蕃背信劫盟，瑊遁归。六月，吐蕃弃盐、夏。七月，分振武军之绥、银二州，合夏州，置节度使。遣官为河南、江淮南句勘两税钱帛使。检括胡客留长安者四千，分隶神策军，自散兵马使至卒有差。用李泌策，令戍卒耕荒田，募人入粟补边地官，以纾防秋经费。八月，吐蕃遣使请和，拒之。九月，吐蕃大掠汧阳等县，杀老弱，掳丁壮；又围陇州，继陷华亭。用李泌策，和回纥、南诏以抗吐蕃；以咸安公主妻回纥可汗，可汗上书称儿、称臣。十月，吐蕃扰丰义城、长武城。僧人李软奴结北军将士谋反，事泄，死八百余人。是岁，丰收，米斗钱百五十，粟斗钱八十。

外国　〔阿拉伯〕　并喀布尔及桑哈尔。

〔拜占廷〕　爱利尼为巩固其地位计，企图与教会勾结。是年举行宗教会议于尼西亚，重行准许圣像崇拜。僧侣于是愈趋反动，主张教会对于本身各项事务有绝对权力，国王不得过问。

〔英格兰〕　丹人在得封夏（或得封郡）海岸登陆，是为丹人第一次侵入英格兰劫掠，自此以后半世纪内蹂躏整个英格兰。西欧用纸草所书写之文件止于本年（自此以后不复可见），大约由于阿拉伯人在地中海之活跃截断埃及供给所致。

788年

中国　戊辰　唐贞元四年

正月，令两税等第三年一定。增京官俸。四月，更殿前左右射生军为神威军，与左右羽林、龙武、神武、神策号曰十军。福建军乱，逐观察使吴诜，拥大将郝诚溢掌留务。南诏王异牟寻遣使入见。吐蕃挟所掳唐人大掠泾、邠、宁、庆、鄜等州。七月，邠宁军乱，旋定。奚、室韦大掠振武军。九月，吐蕃掠鄜、坊二州。十月，回纥绝吐蕃，请改称“回鹘”，许之，加可汗号为长寿天亲可汗。吐蕃扰西川铜山等地，节度使韦皋遣将破之，十一月再大破之。以徐、泗、濠州置节度使，用护运道。横海军节度使程日华死，子怀直自知留后；旋命为观察使，并分置景州为其支郡。

外国　〔新罗〕　始定读书出身科：通左传或礼记或文选且兼明论语孝经者为上，通曲礼、论语、孝经者为中，通曲礼、孝经者为下；若博通五经、三史、诸子百家者超擢之。西部旱蝗，社会不安，遣使安抚之。

〔日本〕　派官为征东大将军。

〔法兰克〕　查理曼以巴伐利亚并入法兰克版图，其公爵塔西格先被贬为藩属，后被废黜。同年颁布命令，一切修道院皆须遵奉本内地克派（见 529 年条）清规。

789 年

中国

己巳 唐贞元五年

十月，韦皋遣将与两林等部大破吐蕃于巂州台登谷，渐复吐蕃侵地。易定节度使张孝忠袭蔚州，大掠。琼州自乾封中为土人所陷，至是岭南兵攻下之。十二月，回鹘天亲可汗死；册其子为登里罗没密施俱录忠贞毗伽可汗。吐蕃结葛逻禄、白服突厥攻北庭，回鹘兵破之。

外国

〔喀查尔〕 侵亚美尼亚。

790 年

中国

庚午 唐贞元六年

三月，王武俊因李纳夺其棣州，攻之。四月，回鹘忠贞可汗为其弟所杀，部人杀其弟，立其子阿啜为可汗。五月，王武俊以田绪助李纳，夺其四县。北庭陷于吐蕃，回鹘兵败，节度使杨袭古奔西州，沙陀首领朱邪尽忠降于吐蕃，由是安西遂绝音问。葛逻禄取回鹘之浮图川，回鹘迁西北部落于南以避之。十二月，李纳归棣州于王武俊，武俊归四县于田绪，事定。

外国

〔日本〕 调征骏信以东诸国革甲二千领，粮十四万石。

〔阿拉伯〕 在哈伦·阿尔·拉什德之统治下，阿拉伯帝国之文艺与学术皆达到黄金时代，巴格达与西班牙之科尔多瓦为伊斯兰文化之东西两大中心。

〔拜占廷〕 反对僧侣之军人发动政变，黜退爱利尼，拥君士坦丁亲政，两派自此作激烈之斗争。

〔冰岛〕 爱尔兰僧侣乘舟四出，寻找可供布教之地，于本年发现冰岛（埃斯兰岛）。——按 7 世纪时，彼等已有人发现冰岛东南之腓罗岛（亦作发洛岛）。

791 年

中国

辛未 唐贞元七年

二月，册回鹘可汗为奉诚可汗。以神策等军侵暴百姓，陵忽府县，严诫之。易定节度使张孝忠死，以定州刺史张升云为留后，逾二年始命为节度使。四月，安南土人首领杜英翰等以赋敛苛重起事，都护高正平以忧死，寻定。五月，置柔远军于安南。八月，吐蕃攻灵州，回鹘败之，九月，遣使献俘。

外国

〔日本〕 删定律令。令坂东诸国备粮十二万余斛。

〔阿拉伯〕 与拜占廷帝国战（791－809 年），阿拉伯军攻拜占廷帝国在小亚细亚领地及地中海东部各岛。

〔拜占廷〕 保加利亚战事再起。

〔保加利亚〕 卡丹姆就位为王。

〔法兰克〕 自 791 年至 798 年之间，查理先后征服阿伐尔人、文德人（西斯拉夫人）、丹人、捷克人；本内文托（在意大利）公爵行蕃属礼。查理之国土北起易北河，南止于西西里，西起埃布罗河（在西班牙东北），东止于泰斯河（今匈牙利）。本年大饥，死者甚众。

〔西班牙〕 阿尔封索二世履位为阿斯都里亚王，相传向萨拉森人每年贡美女百名（传 788 年起）之例，由彼之战胜而取消（阿尔封索二世以此被称为“清洁的”）。

792 年

中国

壬申 唐贞元八年

二月，勿邓首领苴梦冲潜结吐蕃，韦皋遣兵擒斩之。三月，山南东道军乱，旋定。四月，宣武军节度使刘玄佐死，命吴凑往代；军乱，拥玄佐子士宁为留后，遂命为节度使。吐蕃扰灵州，毁营田。五月，平卢节度使李纳死，其子师古知留后，旋命为节度使。六月，吐蕃扰泾州，掳田卒。八月，韦皋攻维洲，败吐蕃。十一月，山南西道兵败吐蕃于芳州。王武俊发兵图夺平卢之三汊城，李师古遣将拒之；遣人谕止。卢龙节度使刘济击其弟瀛州刺史澭，破之。左神策监军窦文场谮统将柏良器去之，自是宦官始专军政。

外国

〔日本〕 禁富豪奢靡。渤海使来。颁弹令八十三条于弹正台。

〔拜占廷〕 爱利尼重握政权，与其子君士坦丁为共主。

〔保加利亚〕 卡丹姆利用拜占廷内部之紊乱，出兵进攻，在马塞里大败希腊人，重行奠定国家之基础。

793 年

中国

癸酉 唐贞元九年

正月，初税茶，估值取什一，岁入四十万缗。四月，王武俊袭取义武军之义丰，又掠安喜、无极民万余，徙之德、棣。五月，韦皋遣将拔吐蕃所侵堡寨五十余。南诏王异牟寻遣使上表归唐。七月，剑南西山诸羌女王汤立志等八部去吐蕃来附，处之维、保、霸州，授诸首领官。十二月，宣武军都知兵马使李万荣逐节度使刘士宁，自为留后；逾年，命为节度使。

794 年

中国

甲戌 唐贞元十年

正月，剑南西山羌夷二万余户来降；加韦皋押近界羌、蛮及西山八国使。南诏王异牟寻与唐使盟，绝吐蕃，继破吐蕃神川，取十六城，降众十余万，献捷于唐。四月，宣武军乱，寻定。钦州土人首领黄少卿攻陷州城，寻又陷横、寻、贵等州，攻邕州。六月，昭义节度使李抱真死，其子李缄请袭，不许；以军将王虔休为留后，嗣命为节度使。遣使册南诏王异牟寻。韦皋破吐蕃于峨和城。七月，昭义军将洺州刺史不服王虔休，请分磁、邢、洺三州别置节度，虔休攻之，逾年方定。

外国

〔日本〕 置大学寮，颁学田。迁都平安，此后直至明治维新以前未再迁都。

〔苏格兰〕 诺曼人始向苏格兰入侵，802 年焚埃俄那岛，并自此时起，在其他各地大肆劫掠破坏。

〔法兰克〕 巴伐利亚被并入法兰克王国，法兰克之世俗贵族与教会僧侣竞相前往，用各种方法掠取当地居民之土地。

795 年

中国

乙亥 唐贞元十一年

二月，渤海国王大钦茂死，国中几经争乱，嗣立钦茂少子嵩邻为王，改元正历；遣使册之。四月，幽州兵破奚王啜利等。回鹘奉诚可汗死，其相跌跌骨咄禄为可汗，冒姓药葛罗氏；五月，册为腾里逻羽录没密施合胡禄毗伽怀信可汗。七月，河东监军恣横，军将哗噪，监军堕城死。十月，横海军将程怀信逐节度使程怀直，以怀信为留后。南诏取吐蕃昆明城，虏施、顺二王。

外国

〔法兰克〕 查理设西班牙马克为预防萨拉森人自南部进攻之基地。查理与英格兰之麦西亚王俄发订立条约，允互相保护对方商人。

〔拜占廷〕 君士坦丁与其妻玛丽亚离婚，别娶狄奥多塔；僧侣借此反对之，而爱利尼实主其谋。

〔阿拉伯〕 以中国方式造纸之作坊始设于巴格达，未几，大马士革亦继之而起，“大马士革纸”流行欧洲数百年。

〔爱尔兰〕 诺曼人第一次入侵爱尔兰。自此以后爱尔兰始逐渐有市镇兴起，且逐渐有对外贸易发生。

796 年

中国

丙子 唐贞元十二年

正月，普加节度使检校官。三月，西南夷高万唐等二万余口来降。四月，魏博节度使田绪死，幼子季安为留后，寻命为节度使。六月，以宦官窦文场等为护军中尉监北军，于是宦官权势益大。七月，宣武军节度使李万荣将死，子迺谋旌节，部将邓惟恭与监军执迺，权军事；朝命以董晋为节度使，系惟恭，捕斩其党。

外国

〔新罗〕 京都饥、疫。

〔日本〕 铸隆平永宝。

〔法兰克〕 查理大败阿伐尔人，使之一蹶不振。阿伐尔人自公元 555 年入居德喜阿以来，至是历二百四十余年，逐渐与摩拉维亚之斯拉夫人同化。

797 年

中国

丁丑 唐贞元十三年

正月，吐蕃遣使请和，不许。四月，吐蕃赞普乞立赞死，子足之煎立。六月，吐蕃扰巂州，败还。

外国

〔日本〕 续日本纪成。命坂上田村麿为征夷大将军。

〔拜占廷〕 爱利尼获得一部分军人之协助，废黜其子（挖去双目卒）而自任女皇，是为拜占廷帝国第一个女皇（按中古初起，各地盛行挖目之刑达数百年之久）。

798 年

中国

戊寅 唐贞元十四年

二月，号淮西军曰彰义。闰五月，神策军屯长武者作乱，旋定。八月，置左右神策统军。九月，彰义军节度使吴少诚掠寿州霍山。十月，夏州兵破吐蕃于盐州西北。明州叛乱，杀刺史，结山越，掠浙东。

外国

〔新罗〕 元圣王死，太孙俊邕嗣，是为昭圣王。元圣王遗命火葬。

〔日本〕 遣使于渤海。禁吏民蓄钱。

〔拜占廷〕 与阿拉伯媾和。

〔法兰克〕 约在此时期查理提倡三田制之耕作方法以代替旧时之二田制或一田制（连续耕种，

待地力将尽则他徙）。

799 年

中国　己卯　唐贞元十五年

二月，宣武军节度使董晋死，以行军司马陆长源代之，军乱，脔食长源等；监军引宋州刺史刘逸准来乃定。旋以逸准为节度使，改名全谅。二月，栗锽败死。三月，吴少诚袭唐州，掠千余人；八月，又围许州，掠西华；诏削少诚官爵，讨之。宣武军节度使刘全谅死，军中推都知兵马使韩弘为留后，寻命为节度使。十一月，山南东道等处兵屡破吴少诚。十二月，六州党项奔河西。吐蕃击南诏及隽州，无功而还。

外国　〔日本〕　棉种传入。

〔阿拉伯〕　喀查尔人犯亚美尼亚，被击退。

〔意大利〕　罗马发生贵族党争，教皇利奥三世被逐，逃至巴得蓬（在威斯斐里亚）查理之行宫乞援，查理遣人护送之返罗马。著《伦巴史》之保罗（执事——或保拉斯·戴爱可拉斯）约在本年卒。《伦巴史》为后代研究伦巴人之重要史料。

800 年

中国　庚辰　唐贞元十六年

二月，以夏绥节度使韩全义为招讨使，节制诸道兵，讨吴少诚。四月，黔州将傅近逐观察使韦士宗。五月，徐泗濠节度使张建封死，军乱，拥建封子愔为留后，求旌节，不许；击之，不胜；乃以愔为徐州团练使，旋又命为留后。七月，卢龙节度使刘济以其弟源抗命，击擒之。十月，韩全义屡败，会吴少诚谢罪，乃罢兵，复少诚官爵。吐蕃大将马定德率部落来降。

外国　〔新罗〕　昭圣王死，太子清明嗣，是为哀庄王，年幼，王叔彦升摄政。

〔日本〕　禁输钱求爵。

〔法兰克〕　查理入意大利，圣诞节日前夕在圣彼得教堂由教皇利奥三世为之行加冕礼，上尊号为奥古斯都与罗马人之皇帝。利奥旋俯伏于其足前，行封建藩属礼。但东罗马皇帝以查理为僭篡，不予承认。

〔罗马〕　教皇自此与拜占廷帝国断绝往来，成为西方教会最高权威。先是西方世界颇有欲使查理与拜占廷皇后爱利尼结婚，使东西两基督教国家联合、共同遏止伊斯兰帝国之发展者，但教皇反对甚力。教皇深知非在西方树立一对抗之势力，无由摆脱拜占廷旧传统之束缚，至是如愿以偿。

801 年

中国　辛巳　唐贞元十七年

五月，邠宁庆节度使杨朝晟死，以李朝宷代之，刘南金为副；军乱，杀南金，拥兵马使高固为主，即命固知军事，寻以为节度使。成德节度使王武俊死，以其子王士真为节度使。七月，吐蕃掠盐州、麟州。九月，韦皋破吐蕃于雅州，围维州及昆明城。十月，盐州刺史杜彦先为吐蕃所逼，弃城走。

外国　〔新罗〕　改五庙之制。

〔日本〕　令各地造船及桥以便贡调之运送。征夷大将军坂上田村麿还。

〔俄罗斯〕　约自本世纪初期起，来自斯堪的纳维亚半岛之海盗维金人开始进入俄罗斯平原北部，并逐渐循河流系统南移，往来于黑海与波罗的海之间。土著东斯拉夫人称彼等为瓦利基亚人。瓦利基亚人中之有力酋长，常择冲要地区建立权力，向东斯拉夫拉什征取贡赋。

〔法兰克〕　哈里发哈伦·阿尔·拉什德自巴格达遣使来聘问，并贻以厚礼。哈伦当时正与拜占廷进行战争，思结欢查理，查理亦遣使报聘。

802 年

中国　壬午　唐贞元十八年

正月，骠王摩罗思那遣子入贡，献其乐。韦皋大败吐蕃于维州，俘其大相论莽热。十月，鄜坊军乱，旋定。

外国　〔日本〕　虾夷酋长降。

〔骠〕　国王雍羌献乐舞于唐。

〔阿拉伯〕　拜占廷皇帝奈塞弗拉斯拒付献金，哈伦遣大军蹂躏小亚细亚，奈塞弗拉斯乞和始退出。

〔拜占廷〕　内部乱事起，爱利尼被废黜，财政大臣奈塞弗拉斯嗣位。

〔英格兰〕　爱格伯为西萨克森（韦塞克斯）王。

〔法兰克〕　约自本世纪初期起，高卢一带（特别在北部）停止拉丁文之使用，民间所通行者为一种拉丁高卢与日耳曼混合语文——即近代法文之基础。同年查理公布有名之法令（802 年法令共四十条），将帝国一切事务皆作大致规定，虽从未切实履行，但不失为中世纪其他各国法令之蓝本。

803 年

中国 癸未 唐贞元十九年

正月，赐安、黄军名奉义。安南牙将王季元逐观察使，旋平。四月，吐蕃遣使入贡。六月，遣使于吐蕃。闰十月，盐州将李庭俊杀权知州事崔文先，脔食之；庭俊旋被杀，事平。

外国 〔日本〕 遣藤原葛野麿等入唐，僧空海、最澄等同行。是为第十七次遣唐使。

〔阿拉伯〕 权臣伯尔麦克族失势。

〔拜占廷〕 与查理媾和，拜占廷保有意大利半岛南部、威尼斯与达尔马提亚。

〔法兰克〕 查理下令禁止封建诸侯（俗世与教会）强迫农民作无偿劳动，以免农民逃亡，土地荒芜。查理征服阿伐尔人，在累根斯堡举行会议，建其地为奥斯特马克，使之成为北起易北河、南止于亚德里亚海之帝国东部防线中之一重要环节。后之奥地利公国即由此而起。

804 年

中国 甲申 唐贞元二十年

四月，赐陈、许军名忠武。六月，昭义节度使李长荣死，兵马使卢从史自荐句当军事，即命为节度使。

外国 〔日本〕 复命坂上田村麿为征夷大将军。遣使于新罗。

〔阿拉伯〕 卡拉查派（主张哈里发应通过自由选举而产生，且可被废黜）起事于哥拉森，历数年始平定。

〔拜占廷〕 阿拉伯人攻安那托利亚，另以水师劫掠塞浦路斯岛与罗德岛。

〔法兰克〕 萨克森人与丹麦人举兵反，萨克森旋被敉平，但丹麦王哥特夫利德率兵入侵法兰克。

805 年

中国 乙酉 唐贞元二十一年 顺宗李诵永贞元年

正月，德宗死；太子即位，是为顺宗，时已病不能言，王叔文等居中用事。二月，以京兆尹道王实残暴掊敛，贬之，市井欢呼。罢诸道进奉、宫市、五坊小儿，皆病民者；又罢盐铁使月进钱。三月，赐徐州军名武宁。立广陵王淳为皇太子，更名纯。五月，王叔文思夺宦官兵权，奏以宿将范希朝为左右神策京西诸城镇行营节度使，韩泰为行军司马专其事；军为宦官所持，希朝不能行其令，后数月，希朝还本任。七月，令太子句当军国政事。八月，帝自称太上皇，太子即位，是为宪宗，改元永贞，贬王叔文等。西川节度使韦皋死，支度副使刘辟自为留后，求旌节，不许；征为给事中，辟不受；寻命辟为节度副使知节度事。九月，始令史官撰日历。

外国 〔新罗〕 唐遣使来册封。颁公式二十余条。

〔日本〕 僧最澄自唐回，传入天台宗。

〔意大利〕 威尼斯人由于占领亚德里亚海东岸（达尔马提亚）某些城市，惧拜占廷责难，遣使向查理乞降，查理即以之并入意大利王国。次年拜占廷皇帝奈塞弗拉斯派舰队西来，威尼斯立向拜占廷屈服。

〔法兰克〕 查理下令停止各地铸币场，俾集中于巴黎，但未获成效（按当时封建诸侯已有自己铸造钱币者）。

806 年

中国 丙戌 唐宪宗李纯元和元年

正月，顺宗死。刘辟反，陷梓州，命神策军使高崇文等讨之。二月，奚王诲落入朝。三月，夏绥留后杨惠琳拒新节度使，命讨之，惠琳寻为其下所杀。闰六月，平卢节度使李师古死，幕僚奉其弟师道为副使，寻命为留后。九月，高崇文入成都，擒刘辟，送京师，杀之。十月，分西川资、简、陵、荣、昌、泸六州隶东川，以高崇文为西川节度使，严砺为东川节度使。复以濠、泗二州隶武宁军。是岁回鹘入贡，始以摩尼来。

外国 〔新罗〕 日本遣使来聘。禁创佛寺，并禁佛寺用金、银、锦绣为器服。

〔日本〕 桓武天皇死，平城天皇即位（五十一代），改元大同。置六道观察使。僧空海还自唐传入真言宗。

〔环王 占城〕 唐来侵，大杀掠。

〔阿拉伯〕 大举入侵小亚细亚，两年内连下重要城市多处，直逼博斯普鲁斯海峡，并占领黑海滨之赫拉克利阿蓬提克；拜占廷皇帝被迫乞和。

〔西班牙〕 查理之子丕平入西班牙北部之纳瓦尔，当地人民向之请降（土著为巴斯克人与加斯科尼人）。自此纳瓦尔属于法兰克帝国，以伯爵治之。

807 年

中国 丁亥 唐元和二年

二月，西原首领黄承庆等起事，邕州兵破擒之。四月，右金吾大将军范希朝为朔方、灵、盐节度使；自安史乱后，边将率即本军中任命，至是始革其弊。八月，卢龙刘济、成德王士真、义武张茂昭互哄，遣官为宣慰使和解之。十月，镇海节度使李锜反，遣将讨之；锜旋为部下执送长安，杀之。是岁，宰相李吉甫撰元和国计簿上之：计方镇四十八，管州、府二百九十五，县千四百五十三，户二百四十四万二百五十四，租税总入三千五百一十五万一千二百二十八贯石，除凤翔等十五道不申户口外，赋税倚办止于浙江等八道、四十九州、一百四十四万户，比天宝户减四分之三；兵八十三万余人，比天宝增三分之一。

外国 〔日本〕 颁法津十九条。

808 年

中国 戊子 唐元和三年

三月，回鹘腾里可汗死。四月，策试贤良方正直言极谏科举人，牛僧孺、皇甫湜、李宗闵等指陈时政阙失，直言无隐；宰相李吉甫恶之，泣诉于帝，为之贬试官，僧孺等亦久不得调。于是遂种后日牛李党争之因。五月，册回鹘新可汗为爱登里罗汨密施合毗伽保义可汗。六月，西原首领黄少卿降，以为归顺州刺史。沙陀首领葛勒阿波及朱邪执宜为吐蕃所逼，帅部诣灵州降，处之盐州，置阴山府，以葛勒阿波为都督，执宜为兵马使，自是灵、盐出兵常用之。十二月，南诏王异牟寻死，子寻阁劝立。

外国 〔新罗〕 遣使如唐，请追册王父昭圣王。

〔日本〕 古语拾遗、大同类聚方皆成。

〔阿拉伯〕 哈伦赴哥拉森亲征，明年卒于途。

〔保加利亚〕 克鲁姆就位为保加利亚王。此后五年之久不断与拜占廷进行战争，获得重要胜利。

〔法兰克〕 查理之子查理击败丹麦人。同年遣使（包括基督教徒二人犹太人一人）聘问巴格达之哈里发哈伦·阿尔·赖世德，携去礼品甚多，哈伦答礼中包括巨象及水钟一座（与中国铜壶滴露之原理相同），并承认查理为圣地之保护人（按耶路撒冷自 637 年阿拉伯人占领后即逐渐成为基督教徒与伊斯兰教徒共同巡礼之中心）。

809 年

中国 己丑 唐元和四年

正月，渤海国王大嵩璘死，子元瑜立，改元永德。三月，成德军节度使王士真死，子承宗自为留后。五月，吐蕃请和，许之。六月，徙范希朝为河东节度使，命沙陀随之往，处于定襄。八月，王承宗献德、棣二州于朝。九月，安南都护张舟奏破环王。以王承宗为节度使，领恒、冀、深、赵四州；置保信军，领德、棣二州，以薛昌朝为节度使。承宗听魏博田季安谗，执囚昌朝；遣使谕解之，承宗不听。十月，遣宦官吐突承璀讨之。吐蕃至拂梯泉、大石谷，掠回鹘贡使。十一月，彰义军节度使吴少诚死，部将吴少阳杀少诚子自为留后，逾年以为节度使。是岁，南诏王寻阁劝死，子劝龙晟立。

外国 〔新罗〕 王叔彦升杀哀庄王自立，是为宪德王。遣使如唐。唐遣使来册封。

〔日本〕 平城天皇让位，嵯峨天皇即位（五十二代）。渤海使来。

〔阿拉伯〕 哈里发哈伦·阿尔·赖世德死，子阿尔·艾敏嗣位（809—813 年）。艾敏之弟马蒙举兵反，自东方逐渐西进，战事延长五年之久。

〔拜占廷〕 与保加利亚王克鲁姆发生战争。以斯壬地盎为首之一部分僧侣，在与皇帝之斗争中，以承认教皇为最高权力之条件向罗马乞援；奈塞弗拉斯大怒，尽行放逐之。

810 年

中国 庚寅 唐元和五年

正月，刘济助讨王承宗，拔二县。吐突承璀与王承宗战，屡败。四月，以昭义节度使卢从史暗结王承宗，计擒之。五月，吐蕃使来。奚扰灵州。七月，王承宗请罪，原之，复与以德、棣二州，兵罢。刘济为其子总毒死，总又杀其兄，自领军务。九月，吐突承璀以出兵无功，贬，越三年复为神策中尉。十月，义武节度使张茂昭请举族入朝，许之；以任迪简代，军乱，旋定。

外国 〔日本〕 平城上皇图复位，未成，薙发。改元弘仁。入唐僧灵仙奉唐帝敕译经。

〔阿拉伯〕 北非萨拉森人占领地勒尼安海中之两大海岛——科西嘉与撒地尼亚（撒丁）。

〔意大利〕 查理子丕平遣舰队占领威尼斯，

但旋为拜占廷夺回。明年，查理与拜占廷订立和平条约，任威尼斯与拜占廷联合，并允许威尼斯在半岛大陆上有通商权利。

811 年

中国

辛卯　唐元和六年

九月，用宰相李吉甫言，并省内外官八百八员，诸司流外一千七百六十九人。黔州观察使窦群严急，辰、溆二州"蛮"首领张伯靖等率众起事，闰十二月攻播州、费州。是岁，大稔，米斗有值二钱者。

外国

〔日本〕　禁农民食鱼饮酒。

〔拜占廷〕　奈塞弗拉斯与保加利亚人战，大败，阵亡。其子嗣位，两月后即被废，迈克尔一世代之而起。

〔法兰克〕　查理在阿亨下令禁止俗世与教会地主强占农民土地。同年查理立遗嘱以其所累积财富三分之二赐予帝国各地大主教二十一人，并规定每一大主教本人可自其中获取三分之一，剩余者则分配给所属之下级僧侣。

812 年

中国

壬辰　唐元和七年

七月，以遂王宥为皇太子，更名恒。八月，魏博节度使田季安死，其妻元氏立子怀谏为副大使，知军务；九月军乱，拥步射都知兵马使田兴为留后，兴不从，请命于朝；十月，以兴为节度使，改名弘正，遣使宣慰，厚赏将士，六州百姓给复一年；弘正请有司注拟缺官，输赋税。十一月，宰相李绛请于振武、天德二军开置营田，后四年中，开田四千八百顷，收谷四千余万斛，岁省军费二十余万缗。是岁，吐蕃掠泾州。杜佑死。佑撰有通典。

外国

〔日本〕　诸国置浮囚长一人。

〔法兰克〕　拜占廷皇帝迈克尔一世承认查理曼之帝号，而查理曼则以伊斯特里亚与达尔马提亚交还迈克尔为报。

〔意大利〕　丕平卒，其子柏恩哈德嗣位为意大利王。

813 年

中国

癸巳　唐元和八年

正月，渤海国王大元瑜死，以其弟言义为王。七月，中受降城为河所毁，镇将请修复之，用李吉甫议罢修，移其军于振武。废并天威军于神策军。溆州"蛮"帅张伯靖降。十月，回鹘度碛自柳谷击吐蕃，振武节度使李进贤发兵备之，军乱，屠进贤家，进贤逃而免，旋定。发郑滑、魏博两镇兵凿黎阳古河十四里，以纾水患。

外国

〔日本〕　新罗使来。于对马置新罗语译者一人。

〔阿拉伯〕　哈里发阿尔·艾敏之弟马蒙攻下巴格达，杀阿尔·艾敏，自立为哈里发（813—833年），史称"伟大者"。当其在位时，阿拔斯朝达到极盛的时期。马蒙提倡文学、科学，在大马士革、巴格达两地建立天文台，在巴格达建立图书馆，更奖励翻译图书，从希腊文、梵文、波斯文、叙利亚文翻译文学、哲学、科学著作。将都城自谋夫城迁于巴格达。哈里发马蒙任命泰黑耳为美索不达米亚（阿拉伯人称阿尔·查西拉）总督、巴格达城司令、伊拉克财政长官。泰黑耳渺一目，勇武善用兵，能双手舞刀。

〔拜占廷〕　克鲁姆所统率之保加利亚人进攻君士坦丁堡，迈克尔抵御无方，被废黜，将军利奥代之，利奥为亚美尼亚人，即位后称利奥五世。

〔法兰克〕　查理为其子路易（仅存之子）加冕为皇帝。

814 年

中国

甲午　唐元和九年

五月，复置宥州，治经略军，遣神策军戍之。闰八月，彰义节度使吴少阳死，其子元济匿丧自为留后，四出焚掠。十月，党项扰振武。是岁孟郊死。郊为当时名诗人。

外国

〔新罗〕　西部大水。

〔日本〕　姓氏录成。渤海使来。

〔拜占廷〕　利奥大败保加利亚人于米山布里亚（今米西弗利——色雷斯一小镇），克鲁姆阵亡。817 年保加利亚人被迫接受三十年休战协定。

〔保加利亚〕　阿摩塔格继其父克鲁姆为保加利亚王，在色雷斯边界筑长城（土质）以御拜占廷人。

〔法兰克〕　查理卒，其子路易一世嗣位，除意大利由其侄柏恩哈特（丕平之子）统治外，领有帝国全境。查理在位四十六年，四出征服，疆土广袤，国势强盛，王权亦异常巩固。死后不久诸孙争位，内战绵延不绝，封建势力由此取得发展。

〔意大利〕　拜占廷皇帝利奥五世下令禁止与叙利亚及埃及之伊斯兰教徒通商，但威尼斯阳奉阴违，依旧进行其与东方之贸易，从未间断。

815年

中国 乙未 唐元和十年

正月，发十六道兵讨吴元济，数月，互有胜负。王承宗、李师道表请赦元济，不从。师道暗助元济，遣人焚各路军储；六月，又使人刺杀宰相武元衡。时疑王承宗所为，诏责之，绝其朝贡；嗣知为师道，未暇治之。十月，分山南东道为襄、复、郢、均、房及唐、随、邓两节度使。长行敕删定为三十卷，颁行之。十一月，王承宗纵兵四掠，幽州等军击之。吐蕃请互市，许之。

外国 〔新罗〕 西部大饥，社会不安。

〔日本〕 诸园植茶。

〔拜占廷〕 圣索菲亚宗教会议决重新恢复毁坏圣像运动。皇帝与僧侣斗争之第二阶段开始。

816年

中国 丙申 唐元和十一年

正月，发六道兵讨王承宗。二月，吐蕃赞普死，新赞普可黎可足立。南诏王劝龙晟淫虐不道，为其下所杀，立其弟劝利为王。四月，宥州军乱，逐刺史，旋平。十一月，黄洞"蛮"扰宾州，旋又攻岩州。是岁，渤海国王大言义死，弟明忠立，改元太始。李贺死。贺为当时名文学家。

外国 〔新罗〕 饥民百余入唐浙东求食。

〔日本〕 废铸钱司。新罗人百八十人来投。

〔阿拉伯〕 阿塞拜疆之库拉米派信徒（伊斯兰教的一派）在巴贝克领导下发动起义运动，与阿拉伯人相持至二十多年之久（816—838年）。东罗马出师援救巴贝克，哈里发马蒙击败之。

817年

中国 丁酉 唐元和十二年

五月，以诸道讨王承宗久无功，暂罢之。六月，吴元济以势日蹙，上表谢罪，诏许以不死；元济为部下所制，不得出。八月，讨吴元济几三年，无功，宰相裴度请督师，许之，以为淮西宣慰处置使，护诸将；度至军，以郾城为治所。十月，唐随邓节度使李愬入蔡州，擒吴元济，淮西平。是岁，渤海国王大明忠死，从父仁秀立，改元建兴。

外国 〔新罗〕 大饥，民多死。

〔法兰克〕 路易宣布其长子罗退尔为帝位继承人，以奥斯达拉西亚及日耳曼之大部分界之。其他二子，则丕平获得阿奎丹、塞鲁提美尼亚与勃艮第；路德维格（德语路易）获得巴伐利亚及东方诸马克。意大利之柏恩哈德不服，举兵反。

818年

中国 戊戌 唐元和十三年

正月，李师道献沂、密、海三州。二月，横海节度使程权请举族入朝，许之。四月，王承宗介田弘正谢罪，献德、棣二州；原之。七月，以李师道反复，发五道兵讨之。十月，吐蕃扰河曲、夏州，灵武兵破吐蕃长乐州。以山人柳泌为台州刺史，求长生药。十二月，遣中使迎凤翔法门寺佛指骨。

外国 〔日本〕 朝会礼常服制一准唐仪。铸富寿神宝钱。渤海使来。

〔塞尔维亚〕 为法兰克人所征服之哥罗提人，因不堪压迫而起义，但旋遭击败。

819年

中国 己亥 唐元和十四年

二月，李师道部将刘悟杀师道，事平，分其地为郓曹濮、淄青登莱、兖海沂密三道，各置节度使。四月，诏诸道节度、都团练、都防御、经略等使所统支郡兵马，并令刺史领之。七月，沂州卒王弁以兖海沂密观察使王遂酷虐，杀之，自称留后；嗣除弁开州刺史，于赴任途中执送长安，杀之。八月，吐蕃扰庆州。九月，兖海沂密观察使曹华到任，诈杀郓州降卒一千二百人。十月，安南牙将土人杨清以都护李象古苛暴，杀之；寻赦清以为琼州刺史，清不受。是岁，吐蕃、党项围盐州急，灵武牙将史奉敬率兵袭吐蕃后，大破之，围解。是年柳宗元死。宗元为著名古文家。

外国 〔新罗〕 应唐命，遣兵助讨李师道。

〔日本〕 登录畿内人之贫富。

〔阿拉伯〕 哈里发马蒙任命萨曼·阿萨德诸子为锡尔河、阿姆河流域撒马尔罕、费尔干纳、希拉等城总督，是为萨曼尼族统治锡尔河、阿姆河流域之始。萨曼尼族本波斯世族，系出萨珊王朝。始祖巴拉穆·楚宾6世纪末出奔突厥。裔孙萨曼·楷达受哥拉森总督保护，建立萨曼尼领地（在中亚细亚巴克省），此为萨曼尼族以萨曼为氏之始。子阿萨德尝任埃及亚历山大总督。至是年其诸子又被哈里发任命为锡尔河、阿姆河流域各城总督，遂世有其地。

820 年

中国

庚子　唐元和十五年

正月，宪宗暴死。宦官梁守谦等共拥太子即位，是为穆宗。二月，废并邕管于容管。吐蕃扰灵武，继又扰盐州。三月，杨清残虐，部下开城纳新都护桂仲武，仲武杀清，事平。七月，赐郓曹濮军名天平军。十月，成德军节度使王承宗死，诸将立其弟承元，遣使请命。党项引吐蕃入边，泾州告急，发神策军，以宦官梁守谦统之赴援，无济，邠宁兵至，吐蕃始退。吐蕃扰雅州。移王承元为义成军节度使，田弘正为成德军节度使，刘悟为昭义节度使，李愬为魏博节度使；成德诸将坚留承元，不可，乃行。十二月，吐蕃围乌白池。容管大破黄少卿。

外国

〔日本〕　撰弘仁格式。

〔拜占廷〕　利奥遇刺死，阿摩鲁姆之迈克尔二世继位，是为阿摩鲁姆王朝之始（传至867年）。

〔法兰克〕　意大利王柏恩哈特兵败被俘，路易命挖其双目，且兼并其土地。

〔瑞典〕　法兰克传教士赴瑞典，颇受欢迎。至831年，教皇令设汉堡大主教区后，此主教区立即变为向北方传教之中心。自此瑞典逐渐皈依基督教。

〔意大利〕　尼斯与土伦间之利维埃拉为萨拉森人侵入，大加蹂躏后退去。

821 年

中国

辛丑　唐穆宗李恒长庆元年

正月，令河北诸道均定两税。二月，回鹘保义可汗死。三月，卢龙节度使刘总请为僧，徙为天平节度使，以张弘靖代之；总削发遁，死于定州。翰林学士李德裕恶中书舍人李宗闵讥其父吉甫，借贡举事与元稹等倾之，自是朋党相轧垂四十年。四月，册回鹘新可汗为登啰羽录没密施句主毗伽崇德可汗。增茶税，每百钱加五十。五月，以太和长公主嫁回鹘可汗。六月，吐蕃扰盐州，击却之。回鹘请安西、北庭出兵击吐蕃。七月，卢龙军乱，囚张弘靖，拥朱克融为帅。成德军乱，都知兵马使王庭凑杀田弘正，自称留后；命裴度护诸道兵讨之。八月，瀛州军乱，执观察使卢士玫。九月，相州军乱，杀刺史邢濋。吐蕃请盟，遣官为会盟使，越月盟成。以钱重物轻，民输三倍其初，令两税皆输布丝纩；独盐、酒课仍用钱。十月，灵武兵破吐蕃于大石山。淄青将马廷崟作乱，寻平。十二月，赦朱克融，以为卢龙节度使。

外国

〔日本〕　定刑法断例十条。渤海使来。

〔阿拉伯〕　哈里发马蒙任泰黑耳为哥拉森总督。

〔拜占廷〕　安那托利亚将领托马斯（即督马，斯拉夫人）叛乱，各地不堪压迫之人民群起归之，遂日益变为具有社会性质之起义。托马斯旋称帝，并两次进攻君士坦丁堡。

〔保加利亚〕　阿摩塔格建大普勒斯拉夫（约在今保加利亚东北）为新都。

〔法兰克〕　夫利斯兰（今荷兰一带）农民因不堪法兰克征服者之压迫起而暴动，但旋即失败。

822 年

中国

壬寅　唐长庆二年

正月，魏博节度使田布为先锋兵马使史宪诚所逼自杀，以宪诚为节度使。二月，因诸军久无功，以王庭凑为成德节度使。自是河北又不受长安号令。昭义节度使刘悟嗾军士作乱，杀磁州刺史张汶，囚监军。三月，武宁节度副使王智兴逐节度使崔群，大掠，又袭濠州；以智兴为节度使。六月，吐蕃扰灵武、盐州。复置邕管经略使。七月，宣武军乱，节度使李愿遁，众推都押牙李㝏为留后，请命，不许；征之，㝏拒，其下杀之，事平。浙西将王国清作乱，旋平。十二月，立景王湛为皇太子。是岁，初行宣明历。

外国

〔新罗〕　熊川州都督金宪昌反，国号长安，建元庆云，后败死。

〔阿拉伯〕　哥拉森总督泰黑耳死，子达尔哈继位；以后子孙相继，俨然独立，史称泰黑耳王朝。

823 年

中国

癸卯　唐长庆三年

四月，安南奏陆州僚攻掠州县。五月，以晋、慈二州为保义军，置节度使。七月，黄洞“蛮”掠邕州，破左江镇，又破钦州千金镇。南诏王劝利死，立其弟丰佑。十月，安南奏黄洞“蛮”钞掠。

外国

〔日本〕　嵯峨天皇让位于淳和天皇（五十三代）。

〔阿拉伯〕　阿拉伯人自埃及进攻克里特岛，两年后征服之，自此为彼等在东地中海四出劫掠之中心，直至961年。

〔法兰克〕　约在此时大批西班牙基督教徒因不愿生活于伊斯兰统治之下，迁入法兰克王国，路易以大量土地予之，且在某种限度内准其保有自治权。

〔挪威〕 诺曼人约在此时征服爱尔兰，其中心分为三处，一为都伯林（终于1014年），一为瓦特尔福德，一为赖姆利克。

〔意大利〕 法兰克皇帝路易一世任其长子罗退尔一世兼为意大利王。

〔拜占廷〕 托马斯败，被杀于色雷斯。

824年

中国 甲辰 唐长庆四年

正月，黄洞"蛮"掠钦州。穆宗死，太子即位，是为敬宗。四月，卜者苏玄明与染坊人张韶结染工数百人入宫作乱，旋平。八月，安南奏黄洞"蛮"钞掠。十一月，安南奏黄洞"蛮"与环王陷陆州。是岁，回鹘崇德可汗死，弟曷萨特勤立。韩愈死。愈为著名文学家，为"古文运动"之倡导者。

外国 〔日本〕 改元天长。

825年

中国 乙巳 唐敬宗李湛宝历元年

三月，册回鹘新可汗为爱登里啰汨没蜜施合毗伽昭礼可汗。八月，昭义节度使刘悟死，十二月，以其子从谏为留后，越四月乃命为节度使。

外国 〔新罗〕 金宪昌子梵文谋反，死。遣使如唐，且遣子弟十二人入国学兼备宿卫。

〔日本〕 渤海使来。

〔缅甸〕 传说白古王他摩罗于是年在位。

〔英格兰〕 西萨克森王大败麦西亚人。

826年

中国 丙午 唐宝历二年

三月，横海节度使李全略死，其子副使同捷自为留后，赂邻道助请真除。五月，卢龙军乱，杀节度使朱克融，立其少子延嗣主军务；八月，都知兵马使李载义杀延嗣，权知留后；十月，以载义为节度使。十二月，宦官刘克明等杀帝，宦官王守澄等杀克明等，拥皇弟江王涵即位，是为文宗，更名昂。放宫女三千余人，省教坊、翰林总监冗食千二百余员。

外国 〔新罗〕 发民筑浿江长城三百里。宪德王死，弟秀宗嗣，是为兴德王。

〔英格兰〕 肯特、埃塞克斯、苏塞克斯与东盎格里亚皆归服于韦塞克斯王埃格伯特。

827年

中国 丁酉 唐宝历三年 文宗李昂大和元年

二月，改元大和。五月，以乌重胤为横海节度使，徙前横海副使李同捷为兖海节度使；同捷不受诏，八月，发七道兵讨之。王庭凑助同捷为乱。

外国 〔新罗〕 唐遣使来册封。

〔日本〕 撰经国集。

〔英格兰〕 诺森布里亚承认韦塞克斯王埃格伯特为最高权力。自此埃格伯特为泰晤士河迤南英格兰之王，而泰晤士河迤北至福尔斯河（苏格兰之南）之间亦承认其为宗主。

〔法兰克〕 敬虔的路易以铸币权赐予一主教，但所铸之币仍用路易年号；此外获得铸造钱币权利之封建诸侯甚多，货币成色渐趋紊乱。

828年

中国 戊申 唐大和二年

六月，峰州刺史王升朝反，安南都护兵讨斩之。九月，以王庭凑助李同捷，命诸军讨之。安南军乱，逐都护韩约。十二月，魏博将亓志绍作乱，命讨之。

外国 〔新罗〕 以唐人往往掠沿海民为奴婢，置清海镇，以张保皋为大使以防之，保皋曾仕唐为徐州将。遣使如唐，使者以茶子回，植之智异山。

〔日本〕 渤海使来。赐入唐僧灵仙黄金，托渤海僧贞素带交。

829年

中国 己酉 唐大和三年

正月，亓志绍降。四月，李同捷请降，宣慰使柏耆取同捷诣长安，中道杀之，攘为己功。六月，史宪诚请入朝，许之，以李听为魏博节度使；军乱，杀宪诚，拥牙将何进滔知留后，拒听；八月，以进滔为魏博节度使。王庭凑介邻道请服，赦之。征李德裕入朝，将大用，会李宗闵以宦官之助拜相，出德裕为义成节度使。十一月，南诏入边，陷巂、戎二州，大败西川兵于邛州，又陷之，十二月，更陷成都外郭，西川节度使杜元颖保牙城；南诏继又入东川，节度使郭钊责其将嵯颠，始退，俘男女百工数万以去。郭钊至成都，与南诏约和，嗣遣中使以国信赐嵯颠。

外国 〔日本〕 诸国作水车。

〔阿拉伯〕 阿拔斯朝驻突尼斯（当时称阿非利加要塞）总督阿格拉布应叙拉古之攸非米阿斯之请入侵西西里岛，三年后征服巴勒摩，但全岛之占领则在878年。

〔拜占廷〕 狄奥非拉斯继其父迈克尔为帝。832年又下令严厉执行毁坏圣像法。

〔法兰克〕 路易为其幼子查理（823年其继室所生）重行划分国土，其他三子不从，内战爆发。自此经831，833，834，836，837，839年屡次磋商，迄未能达成协议。

〔意大利〕 约在此时威尼斯与埃及法蒂玛系哈里发所统治之地区中有极旺盛之奴隶与武器贸易。传威尼斯人本年自亚历山大里亚运回所谓圣马可遗骨。

830年

中国 庚戌 唐大和四年

正月，李宗闵引牛僧孺为相，二人合排李德裕之党。二月，山南西道新军受监军杨叔元煽惑，杀节度使李绛。三月，以柳公绰为河东节度使，柳公绰奏以沙陀首领朱邪执宜为阴山都督、代北行营招抚使，居云朔塞下，以捍北边。新山南西道节度温造杀作乱新军八百余人，囚杨叔元，流之。四月，奚扰幽州，节度使李载义破之，擒其王茹羯。是岁，渤海国王大仁秀死，孙彝震立，改元咸和。

外国 〔波斯〕 哥拉森总督泰黑耳·阿布达拉统治时期（830—844年），泰黑耳王朝达到鼎盛，他尤其注意提倡教育，重视学术。

〔塞尔维亚〕 拉提斯劳斯为塞尔维亚之“大叔潘”（见676年条）。同年与保加利亚之争端开始。

〔摩拉维亚〕 约在此时再度建国。其第一任公爵为莫吉米尔（830—846年）。

831年

中国 辛亥 唐大和五年

正月，赐沧、齐、德军名义昌军。卢龙将杨志诚作乱，逐节度使李载义；二月，以志诚为留后，旋以为节度使。三月，帝与宰相宋申锡谋诛宦官，京兆尹王璠泄其事。宦官王守澄等诬奏申锡谋立漳王，欲杀之；群臣力争，降漳王为巢县公，申锡为开州司马，坐死及流窜者数十百人。五月，西川节度使李德裕使人索南诏所掳百姓，得四千人而还。九月，吐蕃维州副使悉怛谋来降，李德裕遣兵据其城，请遣生羌攻吐蕃以雪耻，牛僧孺力梗之，且令执悉怛谋送还，吐蕃尽杀之，德裕怨僧孺益深。十月，南诏陷嶲州三县。是岁，元稹死。稹为名诗人，又撰有《会真记》。

外国 〔日本〕 秘府略撰成。

〔拜占廷〕 阿拉伯人另一次长期侵扰小亚细亚之战争开始。

〔威尼斯〕 圣马可教堂约成于此时，专为供奉所藏圣马可遗骨用。

〔意大利〕 阿拉伯人经一年围攻后，至是占领西西里岛之巴勒摩，用之为进犯意大利之根据地。

〔法兰克〕 在汉堡设立大主教区。未几即开始向斯堪的纳维亚派遣传教士。

832年

中国 壬子 唐大和六年

三月，回鹘昭礼可汗为其下所杀，立其从子胡特勤。

外国 〔骠〕 南诏来侵，掠三千余人而去。

833年

中国 癸丑 唐大和七年

二月，加卢龙节度使杨志诚检校吏部尚书。志诚望加仆射，既不得，怒，留官告使，让官不受。李德裕拜相，渐排所恶者，出宰相李宗闵为山南西道节度使。四月，册回鹘新可汗为爱登里啰汨没蜜施合句禄毗伽彰信可汗。八月，用李德裕言，令进士试论议，停诗赋。加杨志诚检校右仆射，仍遣使慰谕之。

外国 〔日本〕 令义解撰成。淳和天皇让位于仁明天皇（五十四代）。

〔阿拉伯〕 马蒙卒，其弟阿尔·穆耳台绥木嗣位（833—842年）。阿拔斯朝诸哈里发多喜招募阿姆河北岸之突厥人（西突厥、突骑施、康国、石国诸地）为禁卫军，以阿拉伯人统之。至穆耳台绥木履位后，则并军官亦由突厥人充之，自此国家大权逐渐落于突厥军人掌握，哈里发成为傀儡。巴格达居民以突厥禁卫军横行骚扰，曾掀起暴动，836年哈里发建新都于萨马腊（在巴格达西北七十英里处）以避之。穆耳台绥木始建年号。

〔法兰克〕 路易被其诸子在冈比恩（巴黎东北四十余英里）俘获。

834 年

中国

甲寅 唐大和八年

十月，卢龙军乱，逐节度使杨志诚，拥兵马使史元忠主留务；志诚奔长安，以元忠献其所造衮衣，流之岭南，道杀之；遂命元忠为留后，后命为节度使。宦官王守澄等恶李德裕，排去之，引李宗闵复入为相；李德裕为兵部尚书，宗闵出之为镇海军节度使。德裕既去，令进士仍试诗赋。十一月，成德节度使王庭凑死，子元逵知留后，逾月命为节度使。莫州军乱，刺史不知所在。

外国

〔日本〕 改元承和。

〔阿拉伯〕 底格里斯河下游吉普赛人起义反抗阿拉伯统治。

〔法兰克〕 路易为其子路德维格所释，重行执政。

〔英格兰〕 诺曼人劫掠苏塞克斯与多塞特海岸诸地。

〔诺曼人〕 第一次向都尔斯底德（今荷兰南部，为9世纪前重要之商业中心）进攻，大施劫掠，烧毁其一部分。此后三年，按时来侵，自此该地区商业日趋凋零。

835 年

中国

乙卯 唐大和九年

三月，翰林侍讲学士李训、太仆卿郑注得帝宠信，皆憾李德裕，使人诬德裕阴结璋王，贬为太子宾客，继又以他事再贬袁州长史。六月，郑注憾李宗闵毁之，贬为明州刺史；继又以宗闵阴结宫妾，再贬处州长史，翩更贬为潮州司户。时训、注所恶朝士皆指为德裕、宗闵之党，贬逐多人。八月，增江淮、岭南茶税。九月，李训、郑注与帝谋除宦官，欲中外协势以图之，以注为凤翔节度使，又以虚名与王守澄而夺其权，因以守澄为左右神策观军容使兼十二卫统军，翩拜李训为相，未几鸩杀守澄。用郑注言榷茶。十一月，李训等诈称左金吾厅事后石榴有甘露降，请帝临视，就图杀宦官；事泄，宦官仇士良等族训、注及宰相王涯等，前后死者数千人。自是宦官之权益大，宰相但奉行文书。十二月，罢榷茶。

外国

〔日本〕 铸承和通宝钱。高岳亲王入唐。

〔英格兰〕 诺曼人与康瓦尔之布列吞人联合向东进攻韦塞克斯，但为埃格伯特大败于亨歧斯特高地。

836 年

中国

丙辰 唐开成元年

二月，昭义节度使刘从谏表问王涯等罪名，宦官微有忌惮。吐谷浑三千帐诣丰州降。

外国

〔新罗〕 兴德王死，无子，从弟均贞争位，被杀。从侄悌隆立，是为僖康王。

〔日本〕 遣藤原常嗣等入唐，共六百五十余人，僧圆仁等十一人同行，以遭风一再折回，直至838年始成行。是为第十八次遣唐使。

〔西班牙〕 桑绰·伊尼哥为纳瓦尔伯爵（亦有称之为王者）。自806年纳瓦尔隶属法兰克帝国后，此为见于史乘之第一个伯爵。

〔法兰克〕 诺曼人进攻安特卫普，加以焚毁后退去。

〔阿拉伯〕 迁都萨马腊。自此至894年，凡历哈里发七人，萨马腊为帝国首都。

837 年

中国

丁巳 唐开成二年

六月，河阳节度使李泳贪暴，其下逐之，杀其二子。七月，振武所领党项、突厥纷起钞掠。十月，国子监石经成。

外国

〔缅甸〕 传说白古王他摩罗为其弟毗摩罗所杀。

〔阿拉伯〕 与拜占廷帝国战，延续五年，初期，阿拉伯得胜利，后以水师大举攻君士坦丁堡，遇飓风，战舰沉没，阿拉伯人遂败（837—842年）。

〔西班牙〕 科尔多瓦王国之基督教徒与犹太人联合倡乱，虽经平息，但旋即再起，前后历时二十余年。

838 年

中国

戊午 唐开成三年

正月，宦官仇士良使人刺宰相李石未中，李石惧请辞，出为荆南节度使。三月，牂柯“蛮”扰涪州。九月，义武节度使张璠死，遗嘱其子元益归朝。军中欲奉元益为留后，杀异议者十余人。逾月，元益始得行。是岁，吐蕃赞普彝泰死，弟达磨立，荒淫无道，吐蕃遂衰。

外国

〔新罗〕 大臣金明逼死僖康王，自立。金阳拥均贞之子佑征起兵，请助于清海镇大使张保皋以讨之。

〔阿拉伯〕 巴贝克起义运动被镇压，巴贝克被杀。阿拉伯人占领阿摩利阿姆（当时拜占廷统治王朝发祥地），准备进攻君士坦丁堡，但舰队为飓风所毁。

〔法兰克〕 丕平卒，罗退尔与查理瓜分其土地，路德维格向隅，遂叛离彼等。

〔意大利〕 阿拉伯人以西西里岛为根据地，进犯意大利半岛南部，劫掠布林的西与他林敦（塔楞塔姆）。

839 年

中国

己未 唐开成四年

十月，立敬宗子陈王成美为皇太子。是岁，户四百九十九万六千七百五十二。回鹘内哄，其相掘罗勿引沙陀朱邪赤心兵攻彰信可汗，可汗自杀，国人立𠩾驱特勤为可汗。

外国

〔新罗〕 金阳攻杀金明，谥为闵哀王；立佑征，是为神武王；在位三月死，太子庆膺嗣，是为文圣王。

〔日本〕 畿内植荞麦。唐琵琶曲传入。

〔保加利亚〕 保加利亚人逐渐向马其顿与塞尔维亚发展。

〔英格兰〕 韦塞克斯王埃格伯特卒，子阿忒尔吴尔夫嗣位。

〔匈牙利人〕 始定居于东瓦拉几亚（今罗马尼亚南部）。

840 年

中国

庚申 唐开成五年

正月，帝病亟，宦官仇士良等矫诏立颍王瀍为皇太弟，废太子成美仍为陈王。帝旋死，皇太弟即位，是为武宗。八月，义武军乱，旋定。九月，召李德裕为相。十月，回鹘内哄，别将句录莫贺引黠戛斯攻杀𠩾驱可汗，诸部逃散；一支奔葛逻禄，一支奔吐蕃，一支奔安西，一支奔天德军求内附。自是回鹘遂不振，戛黠斯兴起。魏博节度使何进滔死，军中立其子重顺知留后，越半年命为节度使，改名弘敬。

外国

〔新罗〕 唐遣质子及学生一百零五人回。

〔法兰克〕 路易卒，罗退尔（一世）继承帝号，声称有统治整个帝国之权力，路德维格与查理联合反抗之。

〔挪威〕 埃施泰因在一次海外行劫之远征中丧命，其婴儿哈尔弗丹继位为酋长。挪威至此始渐有信史。

〔爱尔兰〕 诺曼人以都柏林等地作为与欧洲大陆贸易之中心。

〔意大利〕 拜占廷皇帝巴西尔以大舰队（共舰艇四百艘）进攻意大利半岛之东南，阿拉伯人占领达三十年之巴里城被重行夺回。

841 年

中国

辛酉 唐武宗李瀍会昌元年

二月，回鹘残部立乌希特勤为乌介可汗，保错子山。六月，命道士建道场于三殿，帝亲受法箓。九月，卢龙军将陈行泰杀节度使史元忠，自为留后；闰九月，牙将张绛杀行泰，自主军务，雄武军使张仲武击破绛；十月，以仲武为留后，逾二月命为节度使。李德裕恶山南东道节度使牛僧孺，罢为太子太师。十一月，黠戛斯自谓李陵之后，与唐同姓，破回鹘时得太和公主，遣使送归。回鹘乌介可汗邀劫之至天德军，求借一城以居。十二月，遣使赈之，并察虚实；拒借城事。

外国

〔新罗〕 唐遣使来册封。

〔日本〕 日本后纪撰成。渤海使来。僧惠萼、顺昌等入唐；后惠萼随唐商船回，顺昌随新罗人船回。

〔阿拉伯〕 穆耳台绥木卒，子瓦西格嗣位。封留守巴格达之突厥将领阿胥纳斯为"苏丹"，代哈里发管辖军民两政。苏丹一名由是始，而哈里发之权力亦自此日趋没落。

〔法兰克〕 罗退尔在丰特内为其兄弟二人所败。诺曼人进攻纽斯特里亚北部森河河口一带（即10世纪初之诺曼底）。此为诺曼人在法兰西大举骚扰之开始。萨克森人反法兰克统治之"斯特林加"（意为古法之子）起义爆发，明年失败。

〔拜占廷〕 利奥三世之《农业法》（见739年条）实施后，一世纪来不断为僧俗两界地主激烈反对，至此封建势力渐抬头，侵占农民土地，降农民于依附地位之举日益盛行。

842 年

中国

壬戌 唐会昌二年

二月，修河东烽垒及东、中二受降城以备回鹘。时回鹘分三枝：乌介可汗居大同军北，那颉啜东走，嗢没斯居天德军北。四月，嗢没斯来降，以其部为归义军，赐嗢没斯及其诸弟姓名为李思忠、思贞、思义、思礼。五月，那颉啜窥幽州，张仲武大破之，悉收降其众七千帐。那颉啜寻为乌介可汗所杀。七月，岚州人田满川据城起事，河东节度使刘沔击平之。八月，乌介可汗入大同川大掠。九月，以刘沔为振抚回鹘使，张仲武为东面招抚回鹘使，李思忠为西南面招讨使。十月，黠戛斯遣人至天德询送太和公主事。

十二月，吐蕃使来告达磨赞普之丧，遣使吊祭。吐蕃旋大乱。是岁，刘禹锡死。禹锡为名文学家。

外国

〔日本〕 禁新罗人入境，其商人及遭风漂至者除外。

〔拜占廷〕 狄奥非拉斯卒，其四龄子迈克尔（三世）嗣位，母狄奥多拉为摄政。相传当时国库所储现金达二千七百万元。

〔西班牙〕 诺曼人在半岛西北之科伦那登陆，大肆劫掠，但为阿斯都里亚王拉密洛所击退，焚其船七十艘。此为诺曼人第一次出现于西班牙。

〔波兰〕 属于斯拉夫族西支之波兰人（有六大部族联合于波兰民族之下，以是获得波兰之名）约出现于此时。关于其第一个国王庇阿斯特之传说虽近于神话，但至10世纪中叶时（见960年）已具有可信之历史。

〔法兰克〕 萨克森农民暴动，明年路德维格平定之，除大量屠杀外，并俘获一部分出卖为奴隶。同年诺曼人向高卢北部之重要商业城市昆托维格进攻，次年陷之，加以焚毁。

843年

中国

癸亥 唐会昌三年

正月，河东将石雄大破回鹘于杀胡山，降其部落二万；乌介可汗走保黑车子族；迎太和公主回。二月，罢回鹘归义军，分隶诸道为骑兵，嗣以不受命，皆杀之。回鹘降幽州者三万余皆散隶诸道。黠戛斯遣使来求册命，遣使报之。四月，昭义节度使刘从谏死，从子稹请为留后，不许。五月，李德裕谓宾客分司李宗闵交通刘从谏，命为湖州刺史。命各道讨刘稹。六月，黠戛斯使来，令速平回鹘乃行册命。吐蕃相论恐热击其鄯州节度使尚婢婢，尚婢婢卑辞却之；九月，尚婢婢遣将击论恐热，大破之。十一月，以党项降户隶于一使。安南军乱，旋定。是岁，贾岛死。岛为名诗人。

外国

〔拜占廷〕 狄奥多拉恢复圣像崇拜。长达一世纪之毁坏圣像斗争，自此终止。教会虽在此点上获得胜利，但皇帝权力高于教会之原则继续存在，教会土地被没收者亦无法收回。

〔法兰克〕 罗退尔与其弟缔结瓜分帝国之凡尔登条约。(一) 罗退尔一世保留皇帝称号，获得法兰克土地之中部，北起北海，经勃艮第之一部、普罗旺斯，南包意大利。(二) 日耳曼人路易（即路德维格）获得法兰克土地之东部，即莱因河与易北河之间地区。(三) 秃头查理获得西部，即纽斯特里亚、阿奎丹、勃艮第北部、塞普提曼尼亚与西班牙马克。法兰西历史自此逐渐有别于日耳曼。意大利半岛迤北，罗退尔所统治之土地被称为洛林（一作罗朗），亦称中王国。

〔尼德兰〕 由于凡尔登条约之规定，尼德兰大部分隶属于罗退尔之中王国。但后来由于尼德兰经济之繁荣（尼德兰为中古西欧纺织业之中心），各地公爵与伯爵遂能乘国王权力之衰落而形成独立地位。如布拉班特、佛兰德斯、该尔德兰、荷兰、西兰、黑诺与攸特累克特等，皆于13世纪以前陆续形成。

〔瑞士〕 凡尔登条约后，瑞士被分成两部。西部属罗退尔，东部属路德维格。封建制度逐渐建立，教会拥有大量土地。圣加尔、黎塞留等地寺院获得巨大发展。

〔意大利〕 阿拉伯人以拿波里人之助占领西西里岛之墨西拿城。

844年

中国

甲子 唐会昌四年

正月，河东都将杨弁作乱，结刘稹，逾月平。三月，黠戛斯使来请师期以击回鹘。吐蕃相论恐热击尚婢婢，大败。六月，减州县佐官一千二百一十四员。削宦官仇士良爵，籍没家赀。八月，昭义将郭谊等杀刘稹，降，事平。十月，李德裕借昭义事罗织东都留守牛僧孺、湖州刺史李宗闵罪，三贬之，僧孺为循州长史，宗闵长流封州。

外国

〔波斯〕 哥拉森总督泰黑耳·阿布达死。

〔苏格兰〕 苏格兰各部族始在肯内斯一世时代（844—860年）作第一次联合。

〔意大利〕 皇帝罗退尔一世为其子路易二世加冕为意大利国王。

〔法兰克〕 843年瓜分后，各国国王皆以土地分封其党羽及有功人员，于是又出现大批新封建贵族。

845年

中国

乙丑 唐会昌五年

正月，筑望仙台于南郊。四月，遣使册黠戛斯可汗为宗英雄武诚明可汗。七月，敕毁山野招提、兰若，西都两街各留二寺，寺僧三十人；东都留两寺，各僧十人；节度观察治所及同、华、商、汝四州各留一寺，僧十人、七人有差；余僧尼及大秦、穆护、祆僧皆勒归俗，寺非应留者毁撤，田产没官，铜像、钟磬以铸钱。凡毁寺四千六百余，僧尼归俗二十六万五百，大秦穆护、袄僧三千余，毁招提、兰若四万余所，收上田数千万顷，奴婢十五万人。昭义步骑二千人遣赴振武，惮远戍，噪变，旋定。十二月，吐蕃论恐热攻尚婢婢，又大败。是岁，户四百九十五万五千一百五十一。

外国　〔新罗〕　文圣王欲纳张保皋女为次妃、大臣以保皋海岛人，以为不可，亟谏止之。

〔阿拉伯〕　瓦西格与拜占廷皇后狄奥多拉结休战条约。

〔法兰克〕　诺曼人在丹麦王荷利克率领下，大举向法兰克帝国海岸各地进攻。东舰队有船六百艘，溯易北河而上，蹂躏汉堡等地；另一舰队则溯森河而上，直捣巴黎。秃头查理于巴黎被焚劫屠杀后，始以大批金钱赂之退去。

〔哥罗西亚〕　各部族始有共同之大叔潘。

846 年

中国　丙寅　唐会昌六年

正月，以党项钞掠不已，遣将击之。三月，帝病亟，宦官拥宪宗子光王怡为皇太叔，更名忱。帝死，太叔即位，是为宣宗。四月，宰相李德裕罢，渐逐其党。五月，令各道增置八寺。七月，回鹘乌介可汗为其下所杀，立其弟特勤遏捻为可汗。量移牛僧孺等于内地。是岁，白居易死。居易为著名诗人。

外国　〔新罗〕　张保皋怨文圣王不纳其女，据清海镇以叛，寻被刺死。

〔意大利〕　阿拉伯人溯台伯河而上，进攻罗马。数年后，教皇利奥四世命构筑城垣以为防御。

〔法兰克〕　至 9 世纪中叶前后时，由于诺曼人在北方之侵略频仍，阿拉伯人之封锁地中海，各地滨海城市之遭受破坏，故对外商业实际上已陷于停滞。

847 年

中国　丁卯　唐宣宗李忱大中元年

闰四月，令会昌五年所废寺听僧尼修复。五月，张仲武大破诸奚。吐蕃论恐热结党项、回鹘扰河西，沙陀朱邪赤心击走之。八月，突厥内属者钞掠，振武兵破之。是岁，会昌四年所减州县官，内复增三百八十三员。

外国　〔日本〕　僧圆仁乘唐商船回。神井御等船至唐明州。

〔阿拉伯〕　瓦西格卒，其弟穆台瓦基勒嗣位（847—861 年），企图重振正统伊斯兰教，对犹太人、基督教徒与什叶派，皆加以迫害。

〔哈札尔〕　哈札尔人皈依基督教。

〔西法兰克〕　查理及其兄弟二人缔结攻守同盟于默森。诺曼人再来侵，沿法兰西海岸线四处劫掠，远至西南部之波尔多。同年秃头查理颁布《默森法令》，命令每一自由人皆须各觅一“主”，不得自由离去，且须随其主在战事中出征。正在形成中之封建关系，至此更获得法律之承认。

848 年

中国　戊辰　唐大中二年

正月，回鹘遏捻可汗依室韦，张仲武令室韦献之；遏捻可汗与妻九骑西奔，余部附于室韦。黠戛斯破室韦，取回鹘残部还。其别部庞勒先在安西者亦称可汗，居甘州碛西，自是回鹘遂散。九月，贬李德裕为崖州司户，至是德裕已四贬。十二月，凤翔军破吐蕃，克清水。吐蕃论恐热遣兵西略，为尚婢婢所败。

外国　〔日本〕　改元嘉祥。铸长年大宝钱。

〔意大利〕　教皇利奥四世在梵蒂冈四周建筑城垣，防御阿拉伯人来攻，此城被称为“利奥城垣”。

〔法兰西〕　封建附庸在接受采邑时必须向领主宣誓效忠，此种仪节久已通行各地。至 9 世纪中叶时大致包括下列三部分：(一) 觐见礼；(二) 宣誓效忠；(三) 册封。册封时，领主可能携带附庸同赴采邑，但有时亦仅用自采邑取来之树枝一根或草皮一块或其他物品作为表征者。较大采邑则用旗帜等。根据估计，此类表征物品多至九十余种。

849 年

中国　己巳　唐大中三年

二月，吐蕃秦、原、安乐等州来降。四月，卢龙节度使张仲武死，其子直方为留后，逾月命为节度使。五月，武宁军乱，逐节度使李廓。十月，西川兵收复维州。闰十一月，卢龙军乱，推牙将周綝为留后，节度使张直方奔长安，寻命綝为节度使。山南西道兵收复扶州。李德裕死于崖州，由是朋党之争渐平。

外国　〔日本〕　改定谷价。渤海使来。唐商船来。

〔拜占廷〕　居住于伯罗奔尼撒之斯拉夫人暴动，被敉平，不久皆皈依基督教。

〔意大利〕　本内地克派修道僧始倡“宿命论”，谓人死后升天堂或入地狱皆预先注定，与人之行为善恶无关。阿马尔非、加埃塔与拿波里三城，在教皇利奥四世之倡导下，组成反抗阿拉伯人之同盟，在俄斯提阿集合一舰队，战胜阿拉伯人一次。诸城以俘获之阿拉伯人献教皇为兴筑梵蒂冈城之劳力。

850 年

中国

庚午　唐大中四年

八月，卢龙节度使周綝死，军中推张允伸为留后，寻命为节度使。九月，吐蕃论恐热败尚婢婢兵，大焚掠河西八州。十一月，以党项钞掠不已，再遣兵击之。

外国

〔日本〕　京师"盗"炽，捕治之。仁明天皇死，文德天皇即位。建学馆院。

〔法兰克〕　一部分侵入夫利斯兰之丹人，即定居该处。

〔西法兰克〕　阿奎丹之丕平勾结一部分萨拉森人与诸曼人，共同进攻秃头查理。

〔西班牙〕　阿斯都里亚王阿尔多洛一世即位。阿尔多洛在位十六年中数次大败摩尔人，在边境诸地设防，并曾击退诸曼人之侵扰一次（按摩尔人系指阿拉伯人与非洲西北毛里塔尼亚人之混合种。当时北方诸地称科尔多瓦之伊斯兰教徒为摩尔人）。

851 年

中国

辛未　唐大中五年

正月，沙州人张义潮逐吐蕃，摄州事，奉表来报，命为沙州防御使。四月，党项粗定，诏绥抚之，灵、夏、邠、鄜四道百姓给复三年。五月，吐蕃论恐热穷蹙来朝，求为河渭节度使，不许，放还，奔廓州。十月，令大县远于州者置一寺，乡村不得更置佛舍。蓬、果诸州人苦苛政，假神道聚众据鸡山，扰三川，寻败散。张义潮略定瓜、伊、西、甘、肃、兰、鄯、河、岷、廓十州，遣使入献图籍，于是吐蕃所侵河、湟之地尽复；十一月，置归义军于沙州，以义潮为节度使、十一州观察使；其判官曹义金为长史。

外国

〔新罗〕　罗清海镇，徙其人于内郡。

〔日本〕　改元仁寿。

〔英格兰〕　诸曼人第一次在英格兰度过冬季。彼等劫掠伦敦与坎特伯雷，最后为阿忒吴尔夫在萨利之俄克利击败。

〔西法兰克〕　查理击败丕平，俘获后者，加以幽禁，并取得阿奎丹。

〔意大利〕　约自此时起，威尼斯商人开始将欧洲人（基督教徒）贩运至阿拉伯帝国各地为奴隶。

852 年

中国

壬申　唐大中六年

四月，衡州民邓裴等起事，寻败。八月，僚掠昌、资二州。是岁，杜牧死。牧为名文学家。

外国

〔日本〕　唐商来。

〔缅甸〕　传说印度人攻白古，前王他摩罗之子阿他混摩败之，毗摩罗因立为王储。

〔阿拉伯〕　不堪阿拉伯人压迫之亚美尼亚人民掀起暴动，将军博哈率大军前往镇压，屠杀三万人。

〔保加利亚〕　波利斯为国王，继续向西发展，但853年为日耳曼人击败，860年又为塞尔维亚人所败。

〔西法兰克〕　查理与西班牙之萨拉森人媾和。

〔法兰克〕　自查理死后，帝国一再分裂，各地统治者相互间之混战及外族之侵凌，使封建制度获得迅速发展。大封建领主厉行"分封制"以扩充军力，小地主及少数自由人朝不保夕，则纷纷向大领主"投托"，成为大领主之"人"。教会亦同时卷入旋涡，毫无例外。西法兰克在此时所形成之大封建领地甚多，如阿奎丹、土鲁斯、翁古雷姆、塞普提曼尼亚、波亚叠与加斯科尼等皆是。东法兰克则较迟。封建等级制在此时开始形成。

853 年

中国

癸酉　唐大中七年

四月，定行刑折杖法。十二月，度支奏岁入租税五百五十万余缗，榷酤八十二万余缗，盐利二百七十八万余缗，共九百二十五万余缗。

外国

〔日本〕　僧圆珍入唐。

〔西法兰克〕　诸曼人占领南特与都尔，秃头查理命各地公爵、伯爵及一切封建领主修复或建造堡垒进行抵抗。

〔阿拉伯〕　博哈进军梯弗利斯，焚毁该城，传死者达五万人，亚美尼亚人民起义失败。

854 年

中国

甲戌　唐大中八年

十月，雪甘露之变王涯等冤。

宰相令狐绹密陈黜宦官权之策，为宦官所知，由是益恶朝士。

外国

〔拜占廷〕 狄奥多拉被迫退隐。

〔西法兰克〕 丕平脱逃，重行夺回阿奎丹。

855年

中国

乙亥 唐大中九年

正月，成德节度使王元逵死，子绍鼎为留后，旋命为节度使。闰四月，令每县据人贫富及役轻重作差科簿，每有役事据簿定差。七月，浙东军乱，逐观察使李讷。

外国

〔日本〕 修国史。

〔法兰克〕 中王国之王罗退尔一世卒，其三子又瓜分其土地：长子路易二世获得意大利，同时继承"皇帝"称号；次子查理获得高卢南部之普罗旺斯王位；三子罗退尔继承洛林，称罗退尔二世。

856年

中国

丙子 唐大中十年

三月，诏招徕回鹘庞勒可汗；十一月，可汗遣使入贡，册为嗢禄登里罗日没密施合俱录毗伽怀建可汗。

外国

〔拜占廷〕 狄奥多拉之兄弟巴尔达斯为凯撒，但握有帝国实际权力。

857年

中国

丁丑 唐大中十一年

四月，以岭南溪洞屡出钞掠，遣使宣慰之。五月，容管军乱，逐经略使王球。八月，成德节度使王绍鼎死，军中奉其弟绍懿为留后，嗣命为节度使。

外国

〔新罗〕 文圣王死，王叔谊嗣，是为宪安王。

〔日本〕 废大衍历，行五纪历。改元天安。藤原良房为太政大臣。自中臣镰足因助灭苏我氏有功，进为内臣，赐姓藤原，其子不比继之，亦甚得信任，文武天皇且纳其女为妃，是为外姓得为外戚之始。文德天皇母、妃皆藤原氏女，于是藤原氏渐握实权。太政大臣向惟皇族亲王为之，至良房始以外姓膺此职，因是遂开藤原氏此后二百余年摄政之端。

858年

中国

戊寅 唐大中十二年

二月，渤海国王大彝震死，其弟虔晃嗣。四月，岭南军乱，囚节度使杨发，旋定。五月，湖南军乱，逐观察使韩悰，旋定。六月，江西军乱，逐观察使郑宪，越半载平。"蛮"扰安南。七月，宣州军乱，逐观察使郑薰，旋定。是岁，著名诗人李商隐死。

外国

〔日本〕 文德天皇死，清和天皇即位（五十六代），年九岁，太政大臣藤原良房摄政（直至贞观十四年）。藤原氏既握实权，天皇乃等于傀儡，此后之出家、让位而为法皇，多属于不得已者。

〔阿拉伯〕 与拜占廷大战于小亚细亚，俘其大将利奥。

〔拜占廷〕 福喜阿斯当选代替伊格内喜阿斯为君士坦丁堡总主教（或称大教长）。

〔法兰克〕 日耳曼人路易（路德维格）侵入秃头查理之土地，但被迫退回。

〔英格兰〕 阿忒吴尔夫卒，二子先后继承，但为时仅八年。

859年

中国

己卯 唐大中十三年

正月，分河东云、蔚、朔三州隶大同军。四月，武宁军乱，逐节度使康季荣，旋定。六月，宣宗死，宦官王宗实等立郓王温为皇太子，更名漼，旋即位，是为懿宗。十二月，裘甫以百人起事，陷象山，逼剡，屡败官军；浙东观察使派兵合台州兵击之。南诏王丰佑死，子酋龙立，称皇帝，国号大礼，建元建极，遣兵陷播州。

外国

〔日本〕 改元贞观。渤海使来。

860年

中国

庚辰 唐大中十四年 懿宗李漼咸通元年

正月，裘甫败浙东台州兵，陷剡县，众至数千；二月，又大败浙东兵，众至三万，自称天下都知兵马使，建元罗平，铸印曰天平；三月，又陷余姚、慈溪、奉化、宁海；中原大震，遣前安南都护王式统忠武等道兵击之，六月，式擒裘甫，七月破降甫残部，浙东平。十月，安南都护李鄠收复播州。十一月，改元咸通。十二月，安南土人引南诏兵乘虚陷交趾。是岁，柳公权死。公权为著名书法家。

外国

〔拜占廷〕 俄罗斯人（瓦利基亚人）第一次出现于君士坦丁堡。

〔俄罗斯〕 约在本世纪60年代，有瓦利基亚人之酋长罗里克，在伏尔荷夫河中游之诺夫哥罗德（由此溯河而上，可抵第聂伯河发源地，顺流入黑海）建立王国。瓦利基亚人文化低于斯拉夫人，且人数亦少，故不久即与斯拉夫人同化。

〔意大利〕　诺曼人入比萨，大事劫略后退去。

〔西班牙〕　阿斯都里亚王阿多诺一世任罗得利哥为卡斯提尔伯爵。卡斯提尔自此成为伯国。

861 年

中国　辛巳　唐咸通二年

正月，发兵救安南。比兵至，都护李鄠已收复交趾。七月，南诏陷邕州，二十余日乃去。

外国　〔新罗〕　宪安王死，女夫金膺廉嗣，是为景文王。

〔日本〕　渤海使来。行宣明历（直至贞亨元年〔1684 年〕未再改）。

〔阿拉伯〕　穆达瓦吉尔为其子牟塔锡尔所收买之突厥禁卫军所杀，牟塔锡尔嗣位。自此至 870 年凡五易哈里发，其进退死生皆取决于突厥禁卫军之好恶。

〔阿尔巴尼亚〕　保加利亚人征服阿尔巴尼亚南部及伊派拉斯。

862 年

中国　壬午　唐咸通三年

二月，南诏又扰安南，旋退。五月，分广南为两道，东道治广州，西道治邕州，各置节度使。七月，徐州军乱，逐节度使温璋。以王式代璋，式至，杀骄悍者数千人。八月，岭南西道节度使蔡京以残虐为军士所逐。十一月，南诏扰安南，围交趾。是岁，吐蕃嗢末入贡。

外国　〔日本〕　追捕山阳南海“海盗”。真如法亲王及从僧等乘唐商船入唐。

〔西法兰克〕　秃头查理下令命各地之贵族地主建筑堡垒以御诺曼人袭击，令中自承无力保护人民。此举虽在抵抗外力侵略中发生一定效果，但使一切有力之人皆可拥兵自卫，封建割据以此获得充分发展。

863 年

中国　癸未　唐咸通四年

正月，南诏陷交趾，都护蔡袭死。南诏两陷交趾，前后杀虏十五万。二月，置天雄军于秦州，以成、河、渭三州隶之。三月，归义节度使张义潮逐吐蕃，复凉州。南蛮扰邕州。四月，徐州多人入州城杀官吏，旋定。五月，废容管，隶岭南西道。六月，废安南都护府，置行交州于海门，旋又置安南都护于行交州。八月，黠戛斯遣使求经籍。十二月，南诏扰西川。

外国　〔阿拉伯〕　拜占廷军大胜，阿拉伯大将奥玛尔卒，战事暂停。

〔拜占廷〕　帖撒罗尼迦（今希腊萨罗尼加）僧侣西利尔及其弟美多德（迈索底阿斯）入摩拉维亚与波希米亚一带，向斯拉夫人宣扬基督教，并创造斯拉夫文字母。由于此希腊文系统之斯拉夫文用于教会仪式，使后来斯拉夫教会与君士坦丁堡发生联系。西利尔兄弟在斯拉夫人中布教达二十二年之久。

〔法兰克〕　普罗旺斯之查理卒，其兄弟路易与罗退尔二人分割其土地。秃头查理颁布法令，准许奴隶与农奴纳定量赎身费后，获得自由（按封建关系仍必须维持，自由人仅可不作农奴工作，有择主之自由）。

864 年

中国　甲申　唐咸通五年

正月，西川破南诏兵。三月，岭南西道节度康承训击南诏扰邕之师大败，嗣小胜，捏报大捷。七月，两林鬼主败南诏扰西川之师。复置容管。以骁卫将军高骈为安南都护、经略招讨使。

外国　〔日本〕　唐商来。

〔西法兰克〕　各地封建诸侯乘机兼并土地，奴役农民，甚至劫掠行旅，人民怨声载道。至是秃头查理下令彼等拆除其两年以前令建之堡垒，但贵族皆置若罔闻。

865 年

中国　乙酉　唐咸通六年

五月，置镇南军于洪州，以应接岭南军事。南诏陷嶲州。九月，高骈大破峰州“蛮”。

外国　〔新罗〕　唐遣使来册封。

〔日本〕　以贡赋违期，当职者夺禄有差。僧宗睿等乘唐商船回。

〔拜占廷〕　俄罗斯人进攻君士坦丁堡，不克而退。

〔保加利亚〕　保加利亚国王波利斯（852—889 年）皈依基督教。

866 年

中国

丙戌　唐咸通七年

二月，张义潮奏逐吐蕃，克西州、北庭、轮台、清镇等城。三月，南诏使至成都，诏送诣长安。成德节度使王绍懿死，兄子景崇为留后，寻命为节度使。闰三月，吐蕃扰邠州。六月，魏博节度使何弘敬死，子全皞为留后，寻以为节度使。南诏大发兵援安南，高骈大破之，围交趾。十月，吐番论恐热被杀，其部众奔秦州，悉迁之于岭南，吐蕃自是大衰。高骈克交趾，南诏溃退；十一月，置静海军于安南，以骈为节度使。十二月，黠戛斯入贡。

外国

〔日本〕　唐商等至太宰府。

〔阿拉伯〕　哈里发阿尔•穆斯塔因不堪突厥禁卫军压制，逃至巴格达，不久遇害。禁卫军官另立阿尔•穆塔兹为哈里发（866—869 年）。穆塔兹在位时，埃及总督阿穆德•伊本•土伦拥兵独立。

〔拜占廷〕　巴尔达斯为迈克尔宠臣巴西尔所杀。

〔英格兰〕　阿忒吴尔夫之第三子阿忒尔累德继位。当时丹人已侵入东盎格鲁、麦西亚与诺森伯里亚等地，且有定居之势（修建堡垒等防御工事），阿忒尔累德与之积极作战。

〔西班牙〕　阿尔封索大王（三世）嗣位。

867 年

中国

丁亥　唐咸通八年

二月，张义潮入朝，命其族子张惟深知归义军事。高骈募工凿安南至邕广海路潜石。西川以六姓部落持两端，击破之。七月，怀州民以刺史刘仁规禁诉旱，逐之，久之乃定。

外国

〔日本〕　令各乡结保督察“奸盗”。置东西京常平仓。置检非违使，以掌纠察。

〔波斯〕　中亚细亚耶古布•阿尔伊本•里斯•阿尔•萨法尔起兵破哥拉森以后，灭泰黑耳王朝，西攻波斯，创立萨法尔王朝。萨法尔原系铜匠，后聚众起兵，为斯吉斯坦总督招抚，授以兵权；总督死，萨法尔遂统其众，拥兵叛哈里发而自立。其后占有波斯之大部，东拓地至印度，国势极盛，威胁巴格达。传世至 903 年，国亡。

〔拜占廷〕　巴西尔又使人杀迈克尔，自任皇帝，由此开始所谓马其顿王朝（巴西尔为亚美尼亚人，生于马其顿）。巴西尔扶助工商业之发展，改革海陆军，订定适合当时需要之法律，确立嫡子继承法，与此并行者则为封建制度之逐渐出现。君士坦丁堡宗教会议指斥教皇对东方之干涉，否认罗马教皇权力高于君士坦丁堡大主教并将教皇驱逐出教。东西教会裂痕自此趋于明显。

〔西法兰克〕　865 年查理再占领阿奎丹，至是命其子路易为阿奎丹王。

868 年

中国

戊子　唐咸通九年

六月，置定边军节度使，以邛、眉、蜀、雅、嘉、黎、巂七州隶之，以制南诏。七月，徐泗兵赴援安南驻桂州者，以六年不得代，怒杀都将，拥粮料判官庞勋为主，北还，十月，陷宿州，勋称兵马留后，继入徐州，囚观察使崔彦曾，表请旌节，一时归附者甚多。十一月，发诸道兵及沙陀、吐谷浑、达靼、契苾诸部兵，遣康承训等击勋。勋分兵破鱼台，围宋州、泗州，攻舒、庐，扰沂、海，陷滁州，掠和州，屡败官兵。

外国

〔日本〕　颁内外交替式。

869 年

中国

己丑　唐咸通十年

四月，庞勋兵数败于沙陀骑，乃杀崔彦曾等，称天册将军以系众心。六月，陕州民以诉旱不为观察使崔荛所听，逐之。八月，康承训破徐州，大屠杀。庞勋率部西走，为沙陀骑所逼，溺死。十月，勋别将守濠州者始败死，事定。以沙陀首领朱邪赤心有功，命为大同军节度使，赐姓名李国昌。十月，南诏大举攻西川，十二月陷嘉、黎、雅等州。

外国

〔新罗〕　遣使如唐。又遣学生三人入唐国学，赐买书银三百两。

〔日本〕　贞观格及续日本后纪修成。

〔阿拉伯〕　奴隶起义爆发于阿拉伯，因最初参加者多为来自非洲东部桑西巴群岛之奴隶，故亦称“桑给起义”。各地奴隶及贫苦人民多响应之，逐渐发展至三十万人，历时十五年始失败（按桑给起义之领导人自称为阿里之裔。阿拉伯史则称之为阿尔卡必斯，其意为可咒诅者）。

〔法兰克〕　洛林王罗退尔二世卒（见 855 年条）。其土地本应由其兄路易二世（皇帝）继承，但其叔西法兰克王秃头查理立予占领，并自行加冕为洛林王。

870 年

中国

庚寅　唐咸通十一年

正月，遣使通和于南诏。废定边军。南诏围成都，二月，以援军至解围去。四月，庞勋余部攻钞于兖、郓、青、齐之间，遣使招谕之。五月，光州民逐刺史李弱翁。八月，魏博军乱，杀节度使何全皞，拥韩君雄为留后，逾半年以为节度使，改名允中。十一月，以徐州为感化军，置节度使。十二月，以李国昌为振武节度使。

外国

〔日本〕　铸贞观永宝钱。

〔阿拉伯〕　哈里发阿尔·穆克达底被突厥禁卫军官逼迫禅位，另立阿尔·穆达米德为哈里发（870—892 年）。穆达米德迁都巴格达，以摆脱突厥禁卫军之压制。穆达米德在位时，波斯与中亚细亚皆丧失，统治范围日渐缩小。

〔保加利亚〕　自 866 年起保加利亚即承认罗马教皇为教会最高权力，但由教皇拒绝派遣大主教，故于本年转而皈依君士坦丁堡教会。

〔摩拉维亚〕　摩拉维亚亲王斯维雅托普拉克统一波希米亚与斯洛伐克于其权力之下。在位二十四年，整军经武，使日耳曼人无法进攻。

〔法兰克〕　东法兰克（日耳曼）王路易迫使西法兰克王秃头查理订立默森条约，共同瓜分洛林，划分原则严格以双方收入相等为标准。

〔意大利〕　拿波里城与萨拉森人缔结同盟，共同与阿马尔非城对敌。

〔冰岛〕　挪威人英高尔夫始至冰岛。（按爱尔兰僧侣于 790 年即已到达冰岛。）

〔英格兰〕　丹人征服东盎格鲁，杀其国王。同年麦西亚亦被迫向丹人纳贡。

871 年

中国

辛卯　唐咸通十二年

正月，帝女同昌公主死，葬时，凡服玩每种皆百二十舆，以锦绣珠玉为仪卫、明器，辉焕三十余里；用四十骆驼负饼饺及酒百斛以赐舁柩者。

外国

〔日本〕　撰诸司式，颁贞观式。

〔阿拉伯〕　桑给起义之奴隶占领波斯湾北端当时极富庶之商业城市巴士拉。

〔拜占廷〕　镇压国内反抗皇帝权力之保罗派（基督教一宗派，善恶二神论者），在边境上又开始与阿拉伯帝国冲突。

〔英格兰〕　阿忒吴尔夫之第四子阿尔弗烈德及其兄阿忒尔累德为王。由于丹人之征服，仅保有韦塞克斯、肯特与苏塞克斯。丹人此时已开始分配所征服之土地。

872 年

中国

壬辰　唐咸通十三年

正月，卢龙节度使张允伸死，其子张简会知留后；二月，平州刺史张公素帅兵奔允伸丧，简会惧，奔长安；遂以公素为留后，寻为节度使。八月，归义节度使张义潮死，长史曹义金代领军府，寻命为节度使。是后，回鹘陷甘州，声问遂绝。十二月，以振武节度使李国昌恣横专杀，徙为大同军防御使，国昌不受。

外国

〔日本〕　渤海使来。藤原良房死，天皇始亲政。

〔阿拉伯〕　阿姆河迤北，属于泰黑耳朝所统治之土地，为塔吉克人建立之萨马尼王朝所据。

〔拜占廷〕　巴西尔开始与伊斯兰帝国之战争。

〔挪威〕　“美发者”哈罗德征服挪威境内诸部落之酋长，建立统一之国家。哈罗德在位二十八年。诺曼人在西欧活动以此时为最盛，冰岛、苏格兰与爱尔兰等地俱曾在此时期中被征服。

873 年

中国

癸巳　唐咸通十四年

五月，南诏扰西川、黔南。七月，帝病亟，宦官刘行深等立普王俨为皇太子；帝死，太子即位，是为僖宗，改名儇。

外国

〔新罗〕　饥、疫，遣使赈济。

〔日本〕　渤海人遭风漂至萨摩。

〔波斯〕　哥拉森泰黑耳朝亡。

〔拜占廷〕　巴西尔军进至幼发拉底河上游，占领萨摩萨塔。

〔西班牙〕　阿斯都里亚王阿尔封索三世大败摩尔人，一时将其边界推进至半岛南部瓜提阿那河迤北。

〔摩拉维亚〕　摩拉维亚亲王波利弗基皈依基督教。

874 年

中国

甲午　唐咸通十五年　僖宗李儇乾符元年

十一月，改元乾符。魏博节度使韩允中死，子韩简为留后，寻命为节度使。南诏扰西川，十二月，陷黎州，焚掠新津而退。党项、回鹘扰天德军。庞勋残部掠感化军境，命兖、郓等道助击之。商州民李叔汶等以刺史减折籴钱殴之，官吏二人死，新刺史杀叔汶等三十余人。回鹘为吐谷浑及吐蕃嗢末所破，西走。是岁，以关东连年水旱，百姓流殍，所在起事，官军多败，濮州人王仙芝起义于长垣。

外国

〔日本〕 唐商来。遣人入唐求香药。

〔冰岛〕 挪威人英高尔夫于870年发现冰岛后，至是始前往定居。其定居之处即今日冰岛首府雷克雅未克（在该岛西南部）。自此以后移居者渐众，包括挪威人、英格兰人、苏格兰人与爱尔兰人。至公元930年前，一切可居住之土地大致皆被占用。

875年

中国

乙未 唐乾符二年

正月，用宦官田令孜言，籍长安东西市宝货输内库。西川节度使高骈大破南诏于大渡河。四月，西川军将作乱，旋定，高骈皆杀之。浙西将王郢等起事，陷苏、常，掠二浙、福建。六月，王仙芝陷曹、濮，败天平兵；冤句人黄巢起应之。卢龙军乱，大将李茂勋逐节度使张公素，自为留后，寻以为节度使。十月，昭义军乱，大将刘广逐节度使高湜，自为留后。十一月，回鹘还至罗川，遣使入贡。淮南等五道大乱，命击抚之。十二月，王仙芝攻沂州。

外国

〔新罗〕 景文王死，太子晸嗣，是为宪康王。

〔日本〕 俘囚起事，不久败。出羽渡岛荒狄起事。

〔阿拉伯〕 哈里发穆达米德任命萨曼族之那萨为全锡尔河、阿姆河流域总督，从此萨曼族对于此地区的统治更加巩固，号称萨曼王朝。伊斯兰教最后征服锡尔河、阿姆河流域，实完成于此时期，本地人民大致皆皈依伊斯兰教。

〔拜占廷〕 巴西尔在西里西亚获得胜利，阿拉伯帝国正在多事之秋，抵抗力甚微弱。

〔法兰克〕 路易二世卒，其叔西法兰克王秃头查理继位为皇帝；同年侵入意大利，夺获意大利王位，教皇亦为之加皇帝冕。

〔意大利〕 威尼斯战胜科马克基阿，自此独占意大利北部市场，巴费亚、克利摩那与米兰俱仰赖之。同时威尼斯亦致力于海军之发展，俾能控制亚德里亚海，维持与东方各地之交通与贸易。

876年

中国

丙申 唐乾符三年

正月，命福建、江西、湖南练士卒，全国乡村置弓刀鼓板。赐兖海军号泰宁。三月，卢龙节度使李茂勋请致仕，以子可举知留后，寻以可举为节度使。四月，原州军乱，逐刺史。密诏汴、徐、泗等州于管内巡奕，卫纲船，五日一具上供钱米平安状。七月，以高杰为沿海水军都知兵马使，击王郢。王仙芝败于沂州，还陷阳翟等地，九月，陷汝州、阳武。命招谕王仙芝等。十一月，王仙芝陷郢、复二州。王郢请降。十二月，青、沧军士戍安南者，还至桂州，逐观察使李瓒。王仙芝等攻申、光、庐、寿等州至蕲州，刺史裴偓延仙芝、黄巢等入城，置酒，赐金帛，表请赦之，宰相王铎亦为之固请，因授仙芝为左神策军押牙。黄巢以官不及己，怒，仙芝不敢受命。

外国

〔日本〕 清和天皇让位于阳成天皇（五十七代），年九岁，藤原基经摄政（直至宽平二年）。唐商来。

〔东法兰克〕 日耳曼王路德维格（路易）卒，其三子又瓜分其土地：(一)卡罗曼获得巴伐利亚、波希米亚及东方诸行省；(二)路德维格（路易三世）获得萨克森、弗兰科尼亚、夫利斯兰与洛林之北部；(三)胖子查理获得其余。皇帝秃头查理企图夺取路德维格之土地，不成，意大利反而为卡罗曼所夺。

〔西法兰克〕 诺曼人来侵，蹂躏纽斯特里亚一带。

877年

中国

丁酉 唐乾符四年

正月，王郢以所求不遂，复起事，二月，掠明州，陷台州；命二浙、福建出舟师击之。王仙芝陷鄂州；黄巢陷郓州，杀节度使薛崇。南诏王酋龙死，谥景庄皇帝；子法立，改元贞明承智大同，国号鹤拓，亦号大封人；闰二月，遣使于岭南西道请和，许之。王郢败死。三月，黄巢陷沂州，四月，与尚让合保查牙山。陕州军乱，逐观察使崔碣。柳彦璋掠江西，六月，陷江州，请降，许之；令赴京，不从，后败死。七月，王仙芝、黄巢攻宋州，败；八月，仙芝陷安州、随州。盐州军乱，逐刺史王承颜，请以王宗诚为刺史，不许，遣兵击之，逾月定。十月，河中军乱，逐节度使刘侔。黄巢攻蕲、黄，败。十一月，王仙芝遣尚君长请降，官军劫之，以擒获闻；十二月，君长被杀。黄巢陷匡城、濮州。

外国

〔日本〕 改元元庆。渤海使来。唐商来。

〔法兰克〕 皇帝秃头查理颁布有名之基尔西法令，准许诸侯之爵位世袭相传。又重申帝国人民皆必须有“主”之命令，但自由人则准许其有择“主”之自由（按封建采邑于受者逝世时有交回皇帝之规定，但皇权衰落后久已世袭相传，至是准许爵位世袭不啻公开废除交还采邑之规定）。同年皇帝秃头查理卒，帝位之争甚烈，虚位四年，但西法兰克则由其子“结舌者”路易二世继承。

〔意大利〕 阿马尔非复与萨拉森人缔结同盟，经教皇约翰八世威胁利诱后始被离间。

878 年

中国

戊戌 唐乾符五年

正月，王仙芝陷荆南罗城；襄阳援兵以沙陀骑至，仙芝去，至申州，大败，走黄梅，二月又败，死。尚让帅余部归黄巢于亳，推巢为主，号冲天大将军，建元王霸。巢数败，请降，许之；令解甲，巢不从。云州沙陀李尽忠等囚大同防御使段文楚，迎李国昌之子克用，克用杀文楚，请敕命，不许。三月，朗州、岳州乱，城皆陷。湖南将高杰逐观察使崔瑾。王仙芝余部王重隐陷洪州，入湖南，别将掠宣、润、湖州。黄巢略宋、汴而南，陷虔、吉、饶、信等州。四月，诏贷商旅、富人钱谷以赡军。南诏请和亲。五月，沙陀李国昌反，陷遮虏军。河东土团乱，杀军将，旋定。六月，以王仙芝余部掠浙西，徙高骈为镇海节度使经营之。沙陀入忻州，八月，攻岢岚军。黄巢攻宣州、浙东，入福建。九月，昭义兵掠晋阳，坊民击溃之。十月，发昭义、卢龙两道及吐谷浑等部兵讨李国昌父子。十一月，沙陀陷岢岚军，攻石州。十二月，李克用败河东、昭义兵；昭义溃卒掠代州，民截杀之殆尽。是岁，王仙芝余部攻二浙，杭州募乡兵，以董昌等领之，号杭州八都。高安人钟传据抚州，嗣命为刺史。

外国

〔新罗〕 唐遣使来封册。遣使如唐，以黄巢起义，道阻，乃止。

〔日本〕 虾夷起事。

〔阿拉伯〕 桑给起义之奴隶数次击溃哈里发之弟牟威发克之大军，占领波斯湾顶端之三角洲，与伊拉克、库西斯坦等城，威胁巴格达。

〔英格兰〕 阿尔弗烈德击败丹王古斯卢姆（东盎格鲁之王），迫使后者不敢再谋发展。

〔意大利〕 阿拉伯人占领西西里岛之叙拉古城。向意大利半岛西部罗马附近各地进犯，教皇被迫每年向之纳贡二万五千曼苦斯（mancus，每枚约重黄金七十格林）。

879 年

中国

己亥 唐乾符六年

正月，黄巢屡败于高骈，部将多降，遂趋岭南。二月，岭南西道使人赴南诏约和，南诏不肯奉表称贡。河东军乱，杀节度使崔季康。三月，天平节度使张裼死，牙将崔君裕自知军事，旋被杀。五月，河东军乱，焚掠二十余日始定。六月，黄巢求为节度使，不许，命为府率；九月，命至，巢怒，陷广州，杀节度使李迢。十月，巢弃广州而北，陷潭州，逼荆南，官军大焚掠江陵而遁。十一月，巢败于荆门，攻历鄂、饶等十五州。是岁，桂阳人陈彦谦起事，陷柳州。

外国

〔日本〕 文德实录成。

〔波斯〕 萨法尔王朝建立者耶古布死，弟阿姆耳继位（879—900 年），国势益强，领有波斯全境。是时阿姆耳企图侵入锡尔河、阿姆河流域推翻萨曼族在该地之统治。900 年阿姆耳兵败被虏，萨法尔朝亡。

〔拜占廷〕 编订查士丁尼法典之重要部分，加以公布。

〔法兰西（以普罗旺斯为基础之法兰克帝国西部）〕 结舌者路易卒，二子分割其国，路易三世统治法兰西北部，卡罗曼统治勃艮第与阿奎丹等地。

〔英格兰〕 阿尔弗烈德与丹人订魏德摩尔条约，划英格兰为东西二部，以东部畀丹人。丹人自是一变而为英格兰之移民。

〔东法兰克〕 胖子查理为东法兰克人之王。

880 年

中国

庚子 唐广明元年

正月，沙陀扰忻、代，二月，陷太谷，旋去。河东军乱，杀节度使康传珪；遣使慰定之。改杨子院为发运使。三月，宦官田令孜之兄陈敬瑄以赌球第一，命为西川节度使。以高骈屡败黄巢，命为诸道行营都统。安南军乱，节度使逃。四月，荆南戍将段彦暮杀安抚使宋浩。五月，军将刘汉宏攻掠宋、兖，征兵讨之。黄巢败高骈之兵，势复振，六月，巢陷睦、婺、宣等州。蔚、朔等州招讨都统李琢、卢龙节度使李可举等讨李克用，沙陀二千来降。刘汉宏掠申、光二州。许南诏和亲、不称臣。七月，黄巢渡江，高骈不敢阻，遣河南诸道兵防堵。刘汉宏降。李国昌、克用败奔达靼。八月，忠武军将周岌逐节度使薛能，自为留后。九月，汝州兵自代州还，过东都，大焚掠。黄巢渡淮，禁所部虏掠；十月，陷申州，至颍、宋、徐、兖之地。澧州乱，杀刺使李询。十一月，河中将王重荣作乱，大剽掠，命权知留后。黄巢至汝州，称天补大将军，牒诸军勿逆战，将问罪长安；旋入东都，城市晏然，急发神策军守潼关，十二月，黄巢入潼关，下华州。长安大震，田令孜拥帝奔成都。巢随入长安，称皇帝，国号齐，改元金统。凤翔节度使郑畋盟将士，修守备，以抗黄巢。河中留后王重荣初降黄巢，继又叛，与义武节度使王处存连兵抗巢，败巢将朱温。

外国　〔日本〕　高岳亲王于赴天竺途中死。

〔阿拉伯〕　桑给起义之奴隶因牟威发克之大军进攻，退出库西斯坦。牟威发克负伤，起义之奴隶则凭借三角洲上纵横遍地之港汊据守，最后转入主要堡垒，犹坚守三年。

〔俄罗斯〕　罗里克约在此时卒，其子伊戈尔嗣位，但事实上则一切由摄政亲王奥列格统治。

〔东法兰克〕　卡罗曼卒，除极小部分土地归其私生子阿尔那夫外，其余概为路德维格所得。

〔勃艮第〕　公爵波森自称为王，东西法兰克王联合进攻之。

881 年

中国　辛丑　唐广明二年　中和元年

二月，命萨葛、吐谷浑诸部入援。三月，黄巢将朱温下邓州。命郑畋为京城四面诸军行营都统；畋旋败黄巢兵于龙尾陂。赦李克用，命帅达靼诸部入援。党项首领拓跋思恭纠合蕃汉与鄜延兵合抗黄巢，因命权夏绥节度使。四月，黄巢以大兵四合，率部东行；嗣知官兵不整，复归长安，旋加尊号为承天应运启圣睿文宣武皇帝。五月，李克用至晋阳，大掠而归，陷忻、代。忠武监军杨复光败朱温，入邓州。六月，黄巢将王播围兴平。七月，改元中和。西川将郭琪作乱，败奔高骈。八月，武宁将时溥等逐节度使支详，溥称留后。赐蔡州军号奉国军，以刺史秦宗权为防御使。寿州屠者王绪聚众据本州，陷光州，自称将军，附于宗权，为光州刺史。南诏上表款附。杭州将董昌自为都押牙，知州事。临海杜雄陷台州。昭义将成麟杀节度使高浔，麟旋为戍将孟方立所杀。永嘉朱褒陷温州。十月，凤翔将李昌言逼走节度使都统郑畋，自为留后，寻命为节度使。天平节度使曹全政战死，军中立其兄子存实为留后。遂昌卢约陷处州。十二月，江西将闵勖逐湖南观察使李裕，自为留后。赐夏州号定难军。武陵“蛮”雷满袭杀朗州刺史崔翥，即命满为留后。陬溪周岳袭逐衡州刺史徐颢，即命岳为刺史。石门“蛮”向瓌陷澧州，杀刺史吕自牧，自为刺史。

外国　〔日本〕　追捕南海等地“海盗”。禁男女服浅黄及丹色衣服。唐商来。

〔拜占廷〕　计划向西西里与意大利之阿拉伯人进攻。同年收复塞浦路斯岛，并保持达十一年之久。

〔法兰克〕　教皇约翰八世为胖子查理加冕为皇帝。

882 年

中国　壬寅　唐中和二年

正月，命宰相王铎为诸道行营都都统，以攻黄巢。二月，朱温据同州。李克用掠蔚州。三月，邛州牙官阡能起事，罗浑擎、句胡僧、罗夫子、韩求等相继响应，屡败官军。赐鄜坊军号保大。四月，关中农事俱废，斗米钱三十缗，诸军多掠人贩鬻。抚州刺史钟传逐江西观察使高茂卿，据洪州，旋以传为观察使。五月，黄巢攻兴平。六月，荆南监军朱敬玫杀节度使段彦谟。七月，南城人危全讽据抚州、信州。八月，浙东观察使刘汉宏遣兵窥伺浙西，杭州刺史董昌遣将钱镠击败之。魏博节度使韩简攻据河阳。九月，朱温叛黄巢降于王重荣，以为同华节度使，继赐名全忠。桂州军乱，逐节度使张从训。平卢将王敬武逐节度使安师儒，自为留后，附于黄巢，寻又叛巢。十月，岚州刺史汤群叛附于李克用，旋被杀。蜀人韩秀升、屈行从等起事，断峡江路。韩简攻郓州，天平节度使曹存实战死，都将朱瑄却韩简兵，命瑄知留后，寻为节度使。十一月，王铎以墨敕招李克用，克用以沙陀骑来，旋以为雁门节度使。黄巢华州军乱，推王遇为主，举州降，以遇为刺史。阡能等败死。十二月，孟方立迁昭义军于邢州，自称留后。和州刺史秦彦袭逐宣州观察使窦潏而代之。

外国　〔日本〕　渤海使来。禁畿内捕鱼。

〔俄罗斯〕　诺夫哥罗德之奥列格征服基辅，并以基辅城为首都。自此迅速征服邻近之德列夫利安人、塞维里安人、拉底米奇人。第聂伯河流域之王公皆向之执藩属礼，奥列格遂成为“罗斯大公”（东斯拉夫人居住于俄罗斯平原南部者称罗斯，彼等与伊尔孟斯拉夫人统一于基辅公之治下，此一统一亦称罗斯)。

〔东法兰克〕 路德维格卒,无嗣,整个日耳曼土地皆归于胖子查理,勃艮第亦被迫承认查理为宗主。

〔法兰西〕 路易三世卒,卡罗曼获得全部法兰西统治权。

883 年

中国

癸卯 唐中和三年

正月,罢王铎诸道行营都都统职。以田令孜为十军兼十二卫观军容使。成德军节度使王景崇死,其子镕知留后,寻命为节度使。二月,李克用大败黄巢兵于梁田陂。魏博节度使韩简为部下所杀,拥乐行达为留后,寻命为节度使,赐名彦祯。三月,以朱全忠为宣武节度使。韩秀升等屡败官军,至是败死。四月,李克用等入长安,大掠,黄巢东走。五月,赐延州号保塞军。蔡州节度使秦宗权降于黄巢。六月,黄巢围陈州,立宫室,为司于州北。七月,加朱全忠东北面都招讨使,以攻黄巢。以李克用为河东节度使。八月,赐潭州号钦化军。十月,李克用遣将攻取潞州。以宗女为安化长公主,妻南诏王。十二月,兴元军乱,逐节度使牛勖,忠武军将鹿晏弘适至,因自称留后。赐浙东号义胜军。

外国

〔日本〕 俘囚起事。渤海使来。

〔阿拉伯〕 牟威发克用威胁利诱等方法,倾其全力进攻桑给起义者之最后据点。起义者终遭失败,其领袖被捕后遭杀害,其余死者甚众。

〔丹麦〕 丹麦王戈尔姆(号老人)以强力禁止基督教之传布,同时征服国内各形同独立之部族领袖,至935年逊位。

884 年

中国

甲辰 唐中和四年

二月,李克用攻黄巢。东川节度使杨师立以西川节度使陈敬瑄相逼甚,举兵攻之。三月,武昌牙将杜洪逐岳州刺史而代之。四月,李克用至陈州,黄巢解围;五月巢趋汴州,朱全忠告急,李克用追巢,数破之,巢走兖州。朱全忠图害李克用未成,自是结怨。六月,杨师立为部下所杀。感化节度使时溥遣兵追黄巢,巢至泰山狼虎谷,为其甥林言所杀。七月,李克用表讼朱全忠,请命诛讨;慰谕之,而未许其请。八月,李克用请割麟州属河东,又请以其弟为泽潞节度使,又请以云、蔚属河东,皆许之,仍封为陇西郡王。十一月,鹿晏弘部将王建等奔赴田令孜,令孜遣兵攻晏弘,晏弘弃兴元走据许州,因命为节度使。十二月,以建州九龙军帅陈岩为福建观察使。赐邠宁号静难军。是岁,余杭镇使陈晟逐睦州刺史,颍州将王敬荛逐刺史,皆命为刺史。秦宗权遣兵侵淮南,扰江南,陷襄、唐,攻东都,下汝、郑,掠汴、宋,所至焚杀,以盐尸为粮。

外国

〔日本〕 阳成天王被藤原基经所迫,出家,让位于光孝天皇(五十八代),凡事皆先谘禀基经,然后奏闻。

〔法兰克〕 法兰西王卡罗曼卒,法兰西贵族选举皇帝胖子查理继承其土地。查理曼所缔造之帝国至是又重归统一,但为时甚暂。

885 年

中国

乙巳 唐中和五年 光启元年

正月,荆南乱,行军司马张瓌囚节度使陈儒,杀监军朱敬玫;牙将成汭袭据归州,自为刺史。南康卢光稠陷虔州,自为刺史。秦宗权将王绪帅部掠江、洪、虔三州,入汀、漳。三月,改元光启。秦宗权称皇帝。卢龙节度使李可举、成德节度使王镕连兵攻义武节度使王处存,李克用遣将救之,败成德兵,卢龙兵初胜后败。六月,卢龙将李全忠攻义武败还,袭幽州,李可举自焚死,李全忠自为留后。秦宗权兵陷东都,焚掠而去。七月,沧州军乱,逐节度使杨全玫,立牙将卢彦威为留后。八月,王绪为部下所囚,奉王潮为主;泉州人以刺史贪暴,留潮主州事。十二月,田令孜恶河中节度使王重荣,徙之他镇,重荣不从,令孜遣将攻之。重荣求援于李克用,克用与重荣合,败令孜之兵,进逼长安;令孜胁帝出奔兴元,诸道兵入城,大焚掠。是岁,赐河中号护国军。

外国

〔新罗〕 国人崔致远年十二入唐求学,登第,任溧水县尉,迁侍御史,为高骈从事,掌书记,留唐几三十年,至是以唐帝诏回。致远有四六集、桂苑笔耕等书行于唐土;又有文集行于世;特遣使如唐贺破黄巢。

〔日本〕 改元仁和。禁服貂裘。禁太宰府私买唐物。

〔拜占廷〕 阿拉伯人自意大利被逐出。

〔诺曼人〕 在酋长腊罗之统率下围攻巴黎,巴黎伯厄德尽力抵御之。

〔西班牙〕 纳瓦尔伯爵加尔西阿一世履位。

886 年

中国 丙午 唐光启二年

正月，镇海牙将张郁作乱，陷常州，寻败逃。置威义军于兴、凤二州。三月，西川节度使陈敬瑄攻杀东川节度使高仁厚。四月，邠宁节度使朱玫奉襄王煴权监军国事，还长安，自兼神策，十军使，寻加侍中；六月，李克用等共讨朱玫，衡州刺史周岳攻潭州，钦化节度使闵勖为客将所杀，周岳入城；七月，改钦化为武安军，以周岳为节度使。八月，卢龙节度使李全忠死，其子李匡威为留后。十月，襄王煴即皇帝位，改元建贞，遥尊帝为太上元皇圣帝。感化军牙将张雄等袭据苏州，自为刺史，号其军曰天成。河阳节度使诸葛爽死，部下立其子仲方为留后。十一月，董昌将钱镠陷越州，节度使刘汉宏遁，旋被杀。朱全忠袭并义成军，自是全忠有两镇。十二月，朱玫部将王行瑜杀朱玫；襄王煴奔河中，为王重荣所杀。董昌徙越州，称知浙东军府事，以钱镠为杭州刺史；旋以昌为浙东观察使。是岁，天平军将朱瑾袭据泰宁军，逐节度使齐克让，因命瑾为节度使。安隆人周通攻鄂州，路审中遁，岳州刺史杜洪乘虚入鄂，因命为留后，湘阴人邓进思复乘虚陷岳州。

外国 〔新罗〕 宪康王死，弟晃嗣，是为定康王。

〔拜占廷〕 巴西尔卒，子利奥六世（号称哲学家）嗣位。巴西尔逝世前命综合习惯法，编为法典，至是公布。

〔法兰西〕 巴黎伯厄德向皇帝胖子查理乞援。查理虽率兵至，但用贿赂方法（黄金七百磅）使诸曼人撤退，以此引起不满。

〔英格兰〕 东盎格鲁之丹王古斯卢姆以伦敦及其四周地区予阿尔弗烈德。

887 年

中国 丁未 唐光启三年

三月，镇海军乱，逐节度使周宝，拥薛朗为留后。利州刺史王建袭据阆州，自称防御使。四月，六合镇将徐约攻逐苏州刺史张雄。淮南乱，大将毕师铎囚节度使高骈，迎宣州观察使秦彦为帅，彦寻杀骈。五月，庐州刺史杨行密讨毕师铎，围扬州。六月，天威军将杨守立与凤翔节度使李昌符互斗，昌符烧行宫败走陇州，逾月，为部下所杀。河中牙将常行儒杀节度使王重荣，行儒寻为新节度使王重盈所杀。亳州将谢殷逐刺史宋衮，旋为朱全忠所袭斩。八月，朱全忠攻天平军，谋夺据之。十月，杨行密入扬州，自称淮南留后；毕师铎等遁，为孙儒所杀。扬州被围几半年，斗米钱五十缗，军卒掠人卖于屠肆，死者大半。孙儒叛秦宗权，至高邮，屠之。十二月，饶州刺史陈儒陷衢州。上蔡冯敬章陷蕲州。钱镠陷润州，擒薛朗，旋杀之。

外国 〔新罗〕 定康王死，女弟曼嗣，是为真圣女主。赦，免州郡一年租税。

〔日本〕 光孝天皇死，宇多天皇即位（五十九代），令政事概关白太政大臣藤原基经，是为“关白”之始。

〔拜占廷〕 拜占廷皇帝巴西尔卒后，阿拉伯人又采取攻势，向小亚细亚进攻，并企图重行入侵意大利。

〔法兰克〕 法兰克诸侯大会于特累部尔，投草废黜胖子查理（按当时习惯，每人用折断之草一根，掷于查理足前）。

888 年

中国 戊申 唐光启四年 文德元年

正月，以朱全忠为蔡州四面行营都统，讨秦宗权。二月，改元文德。魏博节度使乐彦祯畏部下乱，为僧；众推都将赵文玣知留后，旋杀之；牙将罗弘信自荐，因立为留后，嗣命为节度使。河阳节度使李罕之专事剽掠，以人为粮，东都留守张全义袭逐之。三月，懿宗病亟，宦官杨复恭立寿王杰为皇太弟；懿宗死，太弟即位，改名敏，后又改名晔，是为昭宗。乐彦祯之子从训请援于朱全忠，全忠遣将赴之；罗弘信旋杀彦祯、从训，与朱全忠和。李罕之请援于李克用，克用遣将赴之，共攻张全义于河阳。全义请援于朱全忠，全忠遣将却克用兵，遂兼有河阳。四月，孙儒袭陷扬州，自称淮南节度使；杨行密奔庐州。归州刺史成汭逐荆南节度使王建肇，自为留后，寻命为节度使。时江陵只余十七户。五月，秦宗权将赵德諲以山南东道附于朱全忠，全忠以为己副，攻秦宗权，大破之，遂围蔡州。六月，王建攻西川节度使陈敬瑄，绵竹等处土豪多附之，建表讼敬瑄罪，内召之，敬瑄拒命。置佑国军于河南府。八月，杨行密取池州。十一月，朱全忠取宿州。十二月，蔡州将申丛执秦宗权降于朱全忠，于是全忠兼有淮西。以韦昭度为行营招讨使讨陈敬瑄，分西川邛、蜀、黎、雅四州置永平军，以王建为节度使，充行营都指挥使。

外国 〔拜占廷〕 保加利亚商人遭受虐待，以此引起两国战争。保加利亚人数获胜利，至893年利奥被迫与之媾和。

〔法兰克〕 胖子查理卒。帝国又重行分裂：东法兰克（日耳曼）以阿尔那夫为国王（见880年条）；西法兰克（法兰西）以厄德为国王。此外尚有五个独立之政治单位，即：(一) 纳瓦尔——西班牙北部；(二) 外儒拉勃艮第（儒拉为法国东部山脉，在勃艮第境内，自西南向东北行，山脉之东为外儒拉勃艮第）；(三) 内儒拉勃艮第；(四) 洛林；(五) 意大利。同年萨拉森人又侵普罗旺斯，占领未拉克息累特。自此至972年不断在高卢南部各地骚扰。

〔意大利〕 除教皇与拜占廷所统治之地区外，半岛其余各地分为两部分，以路易一世之两孙分治之，归多获得斯波雷托，培隆热获得伦巴德。同年教皇为培隆热加冕为皇帝。

889年

中国 己酉 唐昭宗李晔龙纪元年

三月，封朱全忠为东平郡王。钱镠取苏州。四月，赐陕虢号保义军。六月，李克用攻孟方立，围邢州；孟方立自杀，众推其弟迁为留后，求援于朱全忠，全忠遣将赴之。杨行密取宣州，因命为宣歙观察使。孙儒取庐州。十月，平卢节度使王敬武死，子师范为留后。十一月，杨行密取常州，寻为孙儒所夺，儒又取润州。

外国 〔新罗〕 以府库虚竭，遣使督州郡贡赋，因之所在人民纷起反抗，有元宗哀奴据沙伐州，声势甚大，数败官兵。遣崔承佑入唐国学，复登进士第。

〔日本〕 改元宽平。

〔意大利〕 归多以武力逐培隆热，并有其土地（伦巴德）。同年萨拉森人入侵伦巴德。

〔西法兰克〕 厄德与诸曼人进行激烈战争。

〔瑞士〕 今瑞士西部为外儒拉勃艮第王统治，东部则为阿雷曼尼公爵统治。

890年

中国 庚戌 唐大顺元年

正月，李克用下邢州，孟迁降。二月，杨行密袭取润州。徐州帅时溥以朱全忠来侵，求援于李克用，克用遣将赴之。三月，赐宣歙号宁国军，以杨行密为节度使。四月，宿州将张筠逐刺史，附于时溥，朱全忠帅兵击之。五月，以朱全忠、李匡威等请，命宰相张浚为河东行营都招讨制置宣慰使，督诸道兵讨李克用。李克用昭义军乱，朱全忠遣河阳留后朱崇节入昭义权知留后，克用寻遣将围之。六月，更义成军曰宣义，以朱全忠兼领节度使。八月，新昭义节度使孙揆赴任，为李克用将李存孝所执，送克用，锯杀之。杨行密取苏州。九月，朱全忠攻昭义之师皆为李存孝所败，遁还。李匡威等攻蔚州、遮虏军，皆为李克用将李嗣源等所败，遁还。十一月，李存孝屡破张浚，浚遁走，师丧殆尽。十二月，孙儒取苏、润。朱全忠以魏博罗弘信不允假道，攻之。是岁，置升州于上元县。

外国 〔日本〕 藤原基经辞关白。

〔英格兰〕 约在此时期韦塞克斯王阿尔弗烈德建立常备民军与舰队，推广国王法庭之权力，并创立各种庙会与市集。

〔意大利〕 教皇斯提芬五世为归多及其子拉姆伯特分别加冕为皇帝与意大利王。

891年

中国 辛亥 唐大顺二年

正月，罗弘信请和于朱全忠。贬张浚等，复李克用官爵。孙儒大举攻杨行密，无功而还。三月，诏罢讨陈敬瑄，复其官爵；王建不奉命，胁韦昭度使之去，自兼行营招讨使，仍围成都。四月，李克用围云州防御使赫连铎，七月，铎遁。朱全忠与杨行密约攻孙儒，儒去扬州，驱丁壮妇女渡江，杀老弱以充食。八月，王建入成都，陈敬暄迎之；建自为西川留后，寻以为节度使；废永平军。十月，诏神策军攻宦官杨复恭，复恭奔兴元，依其假子山南西道节度使杨守亮等，举兵相拒。李克用攻成德节度使王镕，李匡威来救，克用大掠，还邢州。十二月，孙儒逼宣州。钱镠取苏州，以兵食助杨行密。杨守亮攻东川节度使顾彦晖，王建助彦晖却之。是岁，赐泾原号彰义军，增领渭、武二州。福建观察使陈岩死，妻弟范晖自为留后。

外国 〔新罗〕 宪安王庶子金弓裔，以女主淫昏，政荒民怨，思起事。时义民领袖，竹州有箕宣，北原有梁吉。弓裔初投箕宣，不得意，乃投梁吉，遂击下旁近郡县。

〔日本〕 名论要抄撰成。

〔阿拉伯〕 卡马西安信徒起义，不久得到阿拉伯、叙利亚、伊拉克，攻陷麦加（891—906年）。

〔东法兰克〕 阿尔那夫大败诺曼人于勒温（在布累斯劳之西约六十英里）。

〔西法兰克〕 犹太商人以阉割之奴隶贩运至西班牙出售（按本年为见于记录之最早一年，其开始更在以前）。

892 年

中国

壬子　唐景福元年

正月，凤翔节度使李茂贞等请讨杨复恭、杨守亮，未奉朝命即进兵。王镕等与李克用战于尧山，大败。杨守亮等攻王建，二月，大败于梓州。朱全忠攻朱瑄，大败。杨行密又取常、润。三月，李克用等与王镕战于新市，大败。置武胜军于杭州，以钱镠为防御使。时溥遣将攻楚州，败。六月，孙儒败死，部将刘建锋、马殷等走江西。杨行密归扬州，旋为淮南节度使。七月，李茂贞取兴、凤、洋州，八月下兴元，皆以子弟镇之。李匡威等攻云州，李克用大败之。十月，李存孝叛李克用，据邢州，命为邢洺磁节度使。十一月，时溥所领濠州、泗州皆降于朱全忠。朱全忠取濮州。十二月，行景福崇玄历。

外国

〔新罗〕　甄萱据武珍州，自称新罗西南都统指挥兵马制置持节都督全武公等州军事行全州刺史、汉南郡公，遥授北原渠率梁吉为裨将。

〔日本〕　修类聚国史。僧昌住撰字镜。致渤海国书。

〔阿拉伯〕　穆达米德卒，其侄穆塔迪德嗣位(892—902 年)。卡马西安派（以先知之婿阿里为正宗，以其五世孙伊斯马伊尔为第七任教主，故亦称伊斯马伊尔派）兴起于阿拉伯半岛东北部，以废除奴隶制为号召，从者甚众，遂逐渐向东、北发展，与哈里发之军队战（按卡马西安为矮子之意，其真名不传）。穆塔迪德在埃及重建哈里发权力，并修改继承法。

〔法兰西〕　厄德在蒙蓬西埃（法国中部）大败诺曼人。

893 年

中国

癸丑　唐景福二年

二月，李克用围邢州。朱瑾救时溥，朱全忠大败之。二月，卢龙节度使李匡威之弟匡筹自为留后，匡威奔王镕，寻被杀。四月，王建杀陈敬瑄、田令孜。朱全忠自将攻徐州，时溥自焚死，于是朱全忠又并一镇。卢龙将刘仁恭攻李匡筹，败奔李克用。五月，王潮陷福州，自称留后，寻命为观察使，范晖走死。闰五月，以钱镠为苏、杭观察使。七月，钱镠发民夫二十万及军士筑杭州罗城，周七十里。九月，以钱镠为镇海节度使。以嗣覃王嗣周为京西招讨使，讨李茂贞；茂贞与静难节度使王行瑜连兵相拒，进至长安。帝为杀宰相杜让能等始已，且命茂贞为凤翔兼山南西道节度使，于是茂贞有十五州。十一月，王行瑜求为尚书令，不许，命为太师，赐号尚父。十二月，邵州刺史邓处讷结朗州刺史雷满攻陷潭州，杀武安节度使周岳，旋以处讷为节度使。

外国

〔新罗〕　遣使如唐，以道阻不行。

〔日本〕　新罗扰肥前。万叶集撰成。唐商来。

〔保加利亚〕　波利斯逊位（退隐于修道院），子西密翁嗣位，改称号为“沙皇”。西密翁幼时就学于君士坦丁堡，登位后鼓励迻译希腊文书籍，以此保加利亚受希腊文化影响颇深。

〔日耳曼〕　阿尔那夫与南俄平原之马札尔人（匈牙利人）缔结同盟，共同进攻摩拉维亚（西斯拉夫人），小有胜利，但从此亦为马札尔人开辟向西发展之途径（见 896 年条）。

〔法兰西〕　反对厄德之诸侯会于利姆斯（朗斯），另选查理三世（路易二世之私生子，外号“简单的”）为国王。厄德败查理，迫使后者逃亡至阿尔那夫（日耳曼王）处。

〔英格兰〕　诺曼人在法兰西之发展受到阻遏后，开始在英格兰南海岸一带剽劫。

〔北非〕　自本年起，至 911 年止，北非各地纷纷脱离埃及统治，成立若干独立小国，自东徂西有巴尔卡、的黎波里、突尼斯（开汪）与马格里布（今阿尔及利亚与摩洛哥）。

894 年

中国

甲寅　唐乾宁元年

二月，朱全忠自将攻朱瑄，大败之于鱼山。三月，李克用下邢州，囚李存孝，车裂之。五月，刘建锋等袭取潭州，杀武安节度使邓处讷，自称留后，嗣以为节度使。王建取彭州。李克用遣兵援朱瑄。六月，李克用破吐谷浑部，杀赫连铎。七月，李茂贞取阆州。八月，镇国军节度使韩建获杨复恭，送长安，杀之。十一月，杨行密令人运茶万余斤至汴贸易，朱全忠夺之。李克用大举攻幽州，连拔武、新、妫等州，十二月入幽州；李匡筹遁沧州，为义昌节度使卢彦威所杀。是岁，汀州黄连洞蛮围州城，王潮遣将击却之。

外国

〔新罗〕　弓裔自称将军。

〔日本〕　渤海使来。新罗扰对马。遣菅原道真等入唐，是为第十九次遣唐使，嗣以闻唐土大乱，未行。

〔阿拉伯〕　卡马西安派入麦加，大肆劫掠后退去。

〔保加利亚〕 与拜占廷战争。在普鲁特河流域居住之马札尔人受拜占廷皇帝之勾结，向比萨拉比亚进攻（895年）。西密翁先后击败两方面敌人，于897年与拜占廷媾和，后者纳以贡金。

〔意大利〕 归多卒，其子拉姆伯特为意大利王与皇帝。

〔德喜阿（今罗马尼亚）〕 佩彻涅格人与库曼人始定居于今罗马尼亚。

895年

中国

乙卯 唐乾宁二年

正月，护国军节度使王重盈死，兄子珂知留后；重盈子珙等攻珂，珂求援于李克用。二月，义胜军节度使董昌称帝，国号大越罗平，建元顺天；钱镠以兵谏。李克用表刘仁恭为卢龙军留后。三月，杨行密取濠州，四月，又取寿州、涟水。五月，李茂贞、王行瑜、韩建等引兵至长安，杀前宰相韦昭度及宦官数人，并请分别安置王珂、王珙。六月，李克用以讨李茂贞等为名，大举进兵，长安大乱；七月，帝出奔南山。克用至渭桥，奉表问起居；帝命克用为行营都统，讨王行瑜。九月，朱全忠自将攻朱瑄。董昌为钱镠所攻，求援于杨行密；行密攻苏州、杭州以救之。十一月，朱全忠攻兖州，不克。义武节度使王处存死，子郜为留后。十一月，李克用入邠州，王行瑜遁，为部下所杀；晋封克用为晋王。湖南将蒋勋等结飞山、梅山“蛮”攻湘、潭，据邵州，逾年败死。十二月，王建攻东川节度使顾彦晖。李克用遣兵援朱瑄、朱瑾。安州防御使家晟袭桂州，杀经略使周元静。晟旋为部将陈可璠所杀，奉大将刘士政知军府事，旋命士政为经略使。

外国

〔新罗〕 弓裔声势日盛，设内外官职。汉州松岳郡人王建来投，弓裔授为铁圆郡太守。

〔日本〕 渤海使来。

〔日耳曼〕 阿尔那夫夺取洛林，建立一小王国，命其私生子斯文梯波尔德为王。

896年

中国

丙辰 唐乾宁三年

闰正月，罗弘信劫李克用援朱瑄之师，四月，克用攻弘信，至魏州。滑州黄河涨，朱全忠命决为二河，夹城而东，害益大。武安兵陈赡杀节度使刘建锋，诸将杀赡，奉马殷为留后。杨行密援董昌攻钱镠，镠请援于朱全忠，全忠遣将赴之。五月，镠围越州，董昌去帝号，复称节度使，旋为镠给出，杀之。荆南节度使成汭取黔州。六月，朱全忠遣兵救罗弘信，李克用失利，退。七月，李茂贞攻长安，帝出奔，为韩建强迫至华州；茂贞入长安，大焚掠。九月，升福建为威武军，以王潮为节度使。十月，李茂贞上表请罪，献助修宫室钱。更威胜军为镇东军，以钱镠兼节度使。自是钱镠遂有两浙。李克用攻魏州，朱全忠来救，克用退。十一月，赐湖州军号忠国，置节度使。十二月，封州刺史刘隐袭广州，迎清海节度使薛王知柔。

外国

〔新罗〕 西南部人民大起义，着赤袴以自识。弓裔使王建筑勃御堑城。

〔日耳曼〕 阿尔那夫借口培隆热请援，自率大军入意大利，击败拉姆伯特，使培隆热复位。教皇遂亦为阿尔那夫加冕为皇帝。

〔法兰西〕 厄德承认查理（三世）之称号，并割法兰西东部某些地区与之。

〔匈牙利人〕 居住于南俄平原之匈牙利人（蒙古与突厥混合种族，以马札尔族势力最盛，故又称马札尔人）在其酋长阿巴德统率下西迁，进入东南欧多瑙河与蒂萨河中游流域一带。自此以后约半个世纪，即以此处为根据地向东西两面发展。

897年

中国

丁巳 唐乾宁四年

正月，韩建围行宫，胁帝罢诸王兵柄，继幽诸王。朱全忠陷郓州，节度使朱瑄被执死；二月，又陷兖州，节度使朱瑾奔杨行密。于是全忠又并二镇。三月，王珙、王珂互攻，珙请援于朱全忠，珂请援于李克用。更感义军曰昭武，治利州。四月，杨行密攻武昌节度使杜洪，洪请援于朱全忠。六月，置宁远军于容州。八月，李克用以刘仁恭叛己，自将击之，败还。韩建杀十一王，诬以谋反。九月，以李茂贞反复，削夺官爵，复姓名宋文通，讨之。朱全忠大举攻杨行密，大败。十月，顾彦晖自杀，王建入梓州。于是建并有东西川。十二月，威武节度使王潮死，弟审知自称留后，寻为节度使。

外国

〔新罗〕 真圣女主禅位于宪康王庶子峣，是为孝恭王。女主寻死。弓裔定都于松岳郡。梁吉袭弓裔，大败。

〔日本〕 宇多天皇让位于醍醐天皇（六十代）。宇多天皇不久落发，故又称为法皇。

〔英格兰〕 阿尔弗烈德用快速帆船建立舰队，大败诺曼人于海上，诺曼人之劫掠行动自此终止。

898 年

中国

戊午 唐乾宁五年 光化元年

正月，下诏罪己，复李茂贞官爵、姓名。二月，钱镠徙镇海军于杭州。三月，朱全忠为宣武、宣文、天平三镇节度使。刘仁恭袭取沧州，义昌军节度使卢彦威奔朱全忠。五月，朱全忠取李克用邢、洺、磁三州。马殷取衡、永二州。八月，升华州为兴德府。改元光化。九月，魏博节度使罗弘信死，子绍威知留后，寻命为节度使。十月，李克用谋复邢、洺、磁三州，遣将攻邢州，败还。王珙攻王珂，李克用兵击却之。十二月，昭义节度使薛志勤死，李罕之入据之；李克用攻罕之，罕之附于朱全忠。韶州刺史曾衮攻广州，刘隐败之。

外国

〔新罗〕 弓裔以王建为精骑太监。

〔日本〕 改元昌泰。

〔法兰西〕 厄德卒，查理三世为唯一国王。

〔意大利〕 马札尔人入侵伦巴德。萨拉森人约在此时建要塞于夫赖勒特以控制阿尔卑斯山道，另一部分则定居于意大利半岛南部。

〔罗马〕 对圣徒及圣徒遗物之崇拜，约自此时大盛。

899 年

中国

己未 唐光化二年

正月，刘仁恭大发兵侵魏博，屠贝州，攻魏州；罗绍威请救于朱全忠；三月，朱全忠遣将赴之，刘仁恭大败，遁还幽州。全忠乘胜侵河东，为李克用所败。五月，置武信军于遂州，领遂、合等五州。李克用遣将攻李罕之，围潞州，朱全忠遣将御之。六月，保义军乱，杀节度使王珙，推都将李璠为留后。七月，海州附于杨行密。马殷取道州。八月，李克用下潞州，以孟迁为昭义留后。十一月，保义将朱友谦杀李璠，自称留后，附于朱全忠。马殷取郴州、连州，自是殷几尽有湖南之地。

外国

〔新罗〕 梁吉攻弓裔，败溃。

〔日耳曼〕 阿尔那夫卒，其六岁子路德维格四世（绰号小孩）嗣位，迈恩兹大主教哈托擅权。路德维格在位十一年，诺曼人、斯拉夫人与马札尔人之侵入，在此时期愈益频繁，蹂躏亦愈烈。

900 年

中国

庚申 唐光化三年

四月，朱全忠大发兵攻刘仁恭，五月拔德州，围沧州。邕州军乱，逐节度使李锣，锣旋借兵定之。六月，刘仁恭救沧州，大败；会久雨，朱全忠军退。八月，李克用取洺州；九月，朱全忠又攻夺之。升桂管为静江军，以刘士政为节度使。朱全忠攻镇州，王镕请和；全忠遂引军攻刘仁恭，拔瀛州，十月又拔景州、莫州。马殷攻桂州，刘士政降，于是殷并桂、宜等五州。朱全忠遣将攻义武，拔祁州，攻定州；节度使王郜奔李克用，军中推郜叔处直为留后，与全忠和。由是河北多服于全忠。十一月，宦官刘季述囚帝，矫诏令太子嗣位，以帝为太上皇。

外国

〔新罗〕 弓裔命王建攻下广、忠等州，以建为“阿餐”。甄萱定都完山，称后百济王，遣使于钱镠。

〔中亚细亚〕 苏法尔王朝为锡尔河、阿姆河流域总督伊士迈所灭，阿拉伯哈里发遂册封伊士迈为哥拉森总督，于是萨曼族（伊士迈系萨曼族代表人，原任锡尔河、阿姆河流域总督）遂领有中亚细亚西部全境。虽在名义上为哈里发所任命的总督，实为独立王国。当是时，中亚细亚数十年之中，不见干戈，经济呈现繁荣。在商业上，握东西交通孔道，中国蚕丝经此西运，当地商人，获利甚厚。其手工业在技术方面受中国影响甚大。撒马尔罕之纸、丝织品、铜器、马具、毛织品，俱极有名。

〔阿拉伯〕 卡马西安派新领袖西克拉威继起，势益盛，本年在巴士拉附近歼灭来攻之哈里发大军。

〔日耳曼〕 洛林小封建领主举兵反，斯文梯波尔德被杀（见 895 年条），路德维格乘机将洛林收归日耳曼统治。

〔摩拉维亚〕 马札尔人来攻，颠覆摩拉维亚国，但另一波希米亚国又代之而起。约在 9 世纪末，波希米亚人改宗罗马派之基督教，以此建立与西方之关系。

〔意大利〕 马札尔人入意大利，大败培隆热，封建诸侯以培隆热御敌无方，对之不满。

〔西班牙〕 摩尔王国之科尔多瓦大学约在此时创立，藏书数十万册，为当时西欧文化中心，基督教诸国学生亦纷纷来此就学。如教皇西尔未斯忒二世（999—1003 年）即曾负笈于此。

901 年

中国

辛酉 唐光化四年 天复元年

正月，帝复辟，杀刘季述等，废太子为陈王。封朱全忠东平王。二月，朱全忠攻河中，护国军节度使王珂降，于是朱全忠又并一镇。三月，朱全忠大举攻李克用，连下数州，逼晋阳。四月，改元天复。宰相崔胤谋诛宦官，雪甘露之变王涯等十七家冤。五月，朱全忠以久雨、卒病，解晋阳围而还。朱全忠领宣武、宣文、天平、护国四镇节度使。六月，道士杜从法聚昌、普、合三州民起事，寻败。七月，崔胤密召朱全忠入长安。八月，杨行密遣将攻杭州，四月不克，退。十月，朱全忠大发兵西向，表请幸东都。十一月，长安大乱，宦官韩全诲等劫帝奔凤翔李茂贞。全忠至华州，取之，继入长安，寻徇下邠、宁。十二月，清海军节度使徐彦若死，表荐刘隐权留后。镇南节度使钟传攻抚州，刺史危全讽请和。武贞节度使雷满死，子雷彦威自称留后。

外国

〔新罗〕 弓裔称王。

〔日本〕 改元延喜。禁僧尼私修坛法。三代实录及延喜格修成。

〔意大利〕 普罗旺斯之路易入侵意大利，培隆热逃赴日耳曼。教皇本内地克四世为路易加冕为皇帝。

〔英格兰〕 阿尔弗烈德（英史称之为大王）卒，其子爱德华嗣位，继续与丹人战争，将其所辖之版图推进至恒伯河流域。

〔日耳曼〕 东法兰克之王权在路易四世时代愈益衰落。各地部族由于向来保存其固有传统，故先后在其公爵（自9世纪初以来，即形成半独立状态）统治下成为独立之公国。如弗兰科尼亚、洛林、斯瓦比亚、巴伐利亚、萨克森等，皆为此类部族公国。

902 年

中国

壬戌 唐天复二年

正月，李克用遣兵攻慈、隰以牵制朱全忠；二月，全忠遣将败之，三月，围晋阳，以疫退师。封杨行密为吴王。四月，崔胤说朱全忠攻凤翔，迎帝。回鹘遣使入贡，请发兵赴难，止之。五月，封钱镠为越王。六月，朱全忠围凤翔。八月，杭州军乱，引宣州兵来攻，钱镠请援于杨行密。王建遣将攻李茂贞山南西道，拔兴元等城。九月，李茂贞袭朱全忠，大溃。十一月，朱全忠取鄜、坊。十二月，钱镠赂宣州兵，杭州围解。十二月，凤翔被围半年，食尽，市中卖人肉、犬肉，李茂贞致书朱全忠请和，许之。是岁，虔州刺史卢光稠取韶州，攻潮州，败刘隐。

外国

〔日本〕 停垦田，禁院宫占闲地荒田。

〔阿拉伯〕 穆塔迪德卒，其子穆克塔非嗣位为哈里发。同年卡马西安派拦劫麦加巡礼者甚众，为穆克塔非击败，一时势稍衰。

〔意大利〕 培隆热返自日耳曼，夺回其国。

903 年

中国

癸亥 唐天复三年

正月，平卢节度使王师范取兖州，朱全忠分兵击之。李茂贞杀韩全诲等二十余人以和于朱全忠。全忠拥帝还长安，大杀宦官，其宦官所领两军、八镇悉属六军，以宰相崔胤判六军十二卫事。二月，加朱全忠号“回天再造竭忠守正功臣”。全忠以兵万人及党羽留长安，还镇。三月，朱全忠攻王师范，围青州。四月，杨行密将攻杜洪，洪请救于朱全忠，全忠遣将赴之，并约荆南节度使成汭等出兵。五月，汭以舟师东下，雷彦威等袭荆南，汭为杨行密兵所败，赴水死。八月，封王建为蜀王。杨行密将田頵据宣州，安仁义据润州，同举兵叛，杨行密遣将讨之。九月，王师范降于朱全忠。王建攻下夔、忠、万、施四州。十月，山南东道节度使赵匡凝袭取荆南，以其弟为留后。十二月，田頵败死。

外国

〔新罗〕 弓裔遣王建攻拔锦城等郡，寻以建为“阏粲”。

〔日本〕 禁私买唐物。

904 年

中国

甲子 唐天复四年 唐哀帝李柷天祐元年

正月，朱全忠表请诛宰相崔胤，寻命人杀之，胁帝赴东都。三月，朱全忠判左右神策军及六军诸卫事，以长安为佑国军。帝密诏王建、杨行密、李克用等图谋匡复。闰四月，改元天祐。升陕州为兴唐府。越王钱镠更封吴王。更命魏博曰天雄军。六月，李茂贞、王建等檄讨朱全忠。八月，朱全忠使人杀昭宗，立辉王李祚为皇太子，更名李柷，寻即位，是为哀帝，尊何皇后为皇太后。十一月，朱全忠攻杨行密，大掠淮南，得牛给诸州民使岁输租，曰租牛课，此后历数十年牛死而租不除。十二月，以刘隐为清海军节度使。

外国

〔新罗〕 弓裔立国号曰摩震，建元武泰，设百官，依国制，有省、部、府等名。寻又以铁圆为都。州郡长吏多降之。

〔突厥〕 侵入锡尔河、阿姆河流域，不久被逐出。

〔拜占廷〕 阿拉伯海盗的黎波里之李奥进攻帖撒罗尼迦，陷之，大施劫掠后，掳去居民约二万人。在10世纪初期，拜占廷首都君士坦丁堡仍为欧洲第一大城市，商业与制造业俱为第一流。

905年

中国

乙丑 唐天祐二年

正月，杨行密拔润州，杀安仁义。二月，朱全忠杀昭宗九子。杨行密将刘存拔鄂州，执节度使杜洪杀之。五月，朱全忠大贬逐朝士，六月，皆杀之于白马驿，投尸于河。七月，天雄军乱，寻定。八月，朱全忠攻赵匡凝，连下唐、邓等七州；九月，下襄阳，匡凝走依杨行密；寻又陷荆南，于是全忠又并二镇。十月，朱全忠为诸道兵马元帅。改昭信军为戎昭军，成德军为武顺军。十一月，吴王杨行密死，子渥为淮南节度使。以朱全忠为相国，进封魏王，加九锡，以宣武等二十道为魏国，全忠不受。十二月，朱全忠使人杀何太后。

外国

〔新罗〕 弓裔改元圣册。

〔日本〕 撰延喜式。古今集撰成。

〔阿拉伯〕 废土伦家族，将埃及置于哈里发直接统治下。

906年

中国

丙寅 唐天祐三年

正月，朱全忠助罗绍威屠天雄牙兵八千家，各支郡纷起反抗，逾半年始定。三月，杨渥拔岳州。四月，镇南军节度使钟传死，子匡时为留后。五月，戎昭军并于忠义军，寻改忠义军复为山南东道。杨渥遣兵攻钟匡时；九月，拔洪州，俘匡时，渥遂有江西。朱全忠自攻沧州。静难军节度使杨崇本攻夏州。刘仁恭发境内男子年十五至七十者救沧州，并求救于李克用。十月，克用攻潞州以牵制朱全忠，寻下之。王建立行台于成都，承制封拜。朱全忠遣将救夏州，败杨崇本，乘胜取鄜、延等五州。闰十二月，废镇国军、兴德府，复为华州。朱全忠闻潞州失，解沧州围而还。

外国

〔新罗〕 国人金文蔚前入唐、登第，官至工部员外郎，至是唐帝命充册命使而还。弓裔遣王建攻甄萱，破之。

〔阿拉伯〕 卡马西安信徒攻陷麦加，抢去神圣的“天石”。

〔俄罗斯〕 大公奥列格大举进攻拜占廷，相传共集小舟二千余，每舟载四十人，拜占廷大败。次年皇帝利奥四世与奥列格媾和，缔结商约。

907年

中国

丁卯 唐天祐四年 梁太祖朱晃开平元年

正月，淮南将徐温等杀杨渥亲信十余人，军政悉归其手，渥不能制。四月，唐哀帝禅位于朱全忠，全忠即位，国号梁，建元开平，更名晃，是为梁太祖；改汴州曰开封府，为东都，以故东都洛阳为西都；废故西京，改京兆府曰大安府，军号佑国；封唐帝为济阴王，幽于曹州，寻害之。时惟河东、凤翔、淮南称天祐，西川称天复年号，余均称臣于梁。封马殷为楚王。卢龙节度使刘仁恭为其子守光所囚。契丹主耶律阿保机侵云州，李克用与之和，约共击梁，阿保机归而背盟；五月，遣使聘于梁，梁遣使报聘。封吴王钱镠为吴越王，封刘隐大彭王。杨渥遣将攻马殷，六月，大败，岳州复入于殷。梁、晋大战于泽、潞。雷彦恭攻荆南，节度使高季昌败之。七月，刘守光请命于梁，授为卢龙节度使。九月，王建称皇帝，国号蜀。十月，高季昌攻雷彦恭，杨渥遣将救之，为马殷兵所败。十一月，义昌节度使刘守文以其弟守光囚父讨之，请降于梁。

外国

〔新罗〕 甄萱攻取十余郡。

〔日本〕 铸延喜通宝。

〔越南〕 交州人曲颢据州称节度使。

〔西班牙〕 阿斯都里亚王阿尔封索三世（大王）将其国分界三子。阿尔多洛获得西部之加里西亚；弗鲁拉获得中部之俄维埃多；加西阿获得其余部分，仍称阿斯都里亚王国（910年）。同年纳瓦尔王桑绰一世大败来攻之摩尔人，并向南扩展其国界。

908年

中国

戊辰 梁开平二年 蜀太祖王建武成元年

正月，蜀帝王建建元武成。二月，李克用死，子存勖嗣为河东节度使、晋王；克用弟克宁谋为乱，被杀。三月，梁急攻潞州，四月，李存勖救之；五月，大破梁军，州围解。以许州忠武军为匡国军，同州匡国军为忠武军，陕州保义军为镇国军。淮南将徐温等杀节度使杨渥，奉其弟隆演为主。契丹主遣使于梁求册命。马殷遣将拔朗州，雷彦恭奔淮南，澧州亦降。蜀帝遣兵会李茂贞结李存勖攻梁，茂贞大败，兵皆退。七月，马殷听民自采茶运售于河南北，岁贡二十五万斤。八月，杨隆演遣将攻钱镠，九月围苏州。晋将周德威等攻晋州，梁帝自将救之，德威等退。马殷遣兵攻岭南，取昭、贺等六州。十月，华原温韬据雍州，发唐诸陵。梁以刘隐为清海、静海节度使，刘隐于是领交、广二镇。十一月，梁兵攻淮南，败还。定难节度使李思谏死，子李彝昌为留后。刘守文攻刘守光，败还。

外国

〔日本〕 渤海使来。

〔阿拉伯〕 哈里发穆克塔非死，弟穆克台迪尔即位（908—932 年）。穆克台迪尔在位时，法蒂玛系征服突尼斯，东各部地纷纷独立，帝国濒于瓦解。禁卫军长穆尼斯·阿尔·玛萨发专权，穆克台迪尔封之为阿米尔·阿尔·乌玛拉（总司令），哈里发成为傀儡。

〔日耳曼〕 马札尔人入侵，其声势逐渐壮大。

909 年

中国

己巳 梁开平三年 蜀武成二年

正月，梁迁都洛阳，于东都置留守。梁初给百官全俸。三月，梁取鄜、坊、丹、延。四月，梁封刘隐南平王，王审知闽王。钱镠大破杨隆演兵，苏州围解。淮南杨隆演初置选举。五月，刘守文结契丹、吐谷浑攻刘守光，被俘于蓟州；守光攻沧州，众推守文子延祚为主，拒守。六月，梁忠武节度使刘知俊附于李茂贞，兵败，奔凤翔。抚州刺史危全讽自称镇南节度使，攻洪州；淮南将周本救之。七月，梁封刘守光燕王。改佑国军曰永平军。襄州军乱，附于蜀，房州亦附于蜀，寻皆败。周本俘危全讽，淮南兵徇江西未服诸州皆下之，于是江西之地尽归杨氏。十月，蜀行永昌历。湖州附于淮南，钱镠遣兵击之。十一月，罗绍威病废，以其子周翰为天雄副使，知军事。李茂贞使刘知俊攻灵州，梁兵攻宁、庆等州以牵制之，知俊解灵州围，还败梁军。是岁，罗隐死。隐为名文学家。

外国

〔新罗〕 弓裔遣王建镇罗州，建攻夺甄萱遣使吴越之船。

〔日本〕 定常平仓谷价。下总国乱。

〔阿拉伯〕 有阿布杜拉者自称为阿里及先知之女法蒂玛之后裔，为马第（伊斯兰教徒相信世界末期将有一大智慧之统治者出现，称为马第），以柏柏人之助，在非洲北部开汪（见 670 年条）东南之阿尔马第雅（马第之城）建哈里发，是为法蒂玛朝之始祖（旗帜尚绿，即绿衣大食）。

910 年

中国

庚午 梁开平四年 蜀武成三年

正月，刘守光拔沧州，俘刘延祚。二月，岐王李茂贞封杨隆演嗣吴王。三月，夏州军乱，杀定难军节度使李彝昌，众推彝昌族父仁福为帅；四月，命仁福为节度使。以晋、绛、沁三州为定昌军，置节度使。五月，天雄节度使罗绍威死，以其子周翰为留后。六月，加楚王马殷天策上将军，殷置左右相。七月，岐王李茂贞结晋王李存勖攻夏州，李仁福告急于梁，遣兵救之，岐、晋兵皆退。八月，吴越王钱镠筑捍海塘，由是钱唐富庶。十月，梁发兵围晋上党。十一月，梁发兵围王镕，据深、冀。镕请援于晋王李存勖，存勖援之，镕因与梁绝，复称唐天祐年号，改武顺为成德军。十二月，梁再发兵攻王镕。梁颁行新修律令格式。辰州“蛮”首领宋邺、溆州“蛮”首领潘金盛掠湘乡、武冈，金盛旋败死。宁远节度使庞巨昭、高州防御使刘昌鲁附于马殷。

外国

〔新罗〕 王建大破甄萱兵于罗州浦口。

〔日耳曼〕 路德维格在雷赫河畔（巴伐利亚之南）大败于马札尔人。

〔西班牙〕 加西阿嗣位为阿斯都里亚王，以莱昂城为首都，故亦称莱昂王国。

911 年

中国

辛未 梁开平五年 乾化元年 蜀永平元年

正月，晋王李存勖大破梁军于高邑，梁将据深、冀者闻败耗，悉驱二州壮丁为奴婢，坑老弱以去。晋兵进攻邢州、魏州，连下数城，至黎阳，二月始退。梁蔡州军乱，旋定。三月，南平王刘隐死，弟岩袭。岐王李茂贞侵蜀，蜀主王建遣兵御之；茂贞又攻长安，梁发兵御之。六月，晋王李存勖等阳推刘守光为尚父；梁授守光为河北道采访使。八月，守光称皇帝，国号燕，建元应天；即位之日，契丹陷平州，旋去。十一月，岐王李茂贞侵蜀之兵大败。燕主刘守光侵易、定，王处直告急于晋，遣兵救之。镇南军将黎球杀节度使卢延昌，球寻死，牙将李彦图代之。以静海留后曲承美为节度使。刘岩取楚容管及高州。甘州回鹘遣使入贡。

外国

〔新罗〕 弓裔改国号泰封，改元永德万岁，自称弥勒佛，号二子为青光、神光菩萨；以王建为大阿飡将军。

〔阿拉伯〕 外科医生、哲学家（曾迻译若干希腊哲学书籍为阿拉伯文）伊沙克·伊本和邻卒（生年不详）。

〔俄罗斯〕 再与君士坦丁堡订立商约，取得有利之商业特权。

〔日耳曼〕 路德维格卒。封建诸侯选举弗兰科尼亚公爵康拉德（一世）继位为东法兰克王，日耳曼之卡洛林王朝至此终结。

〔法兰西〕 查理三世被迫以北部滨海之大片地区（即后称诺曼底者）畀腊罗及其统率之诺曼人。此外又以女妻之。命腊罗更名为罗伯特，并使之皈依基督教。同年洛林公爵以其土地献查理，日耳曼王康拉德派兵入法亦未能阻止。

912 年

中国 壬申 梁乾化二年 蜀永平二年

正月，晋将周德威救易、定，下燕数城，至幽州；燕主刘守光请援于梁。二月，辰州“蛮”宋邺、昌师益降楚，楚王马殷分别命为辰、溆刺史。三月，梁帝自将攻王镕，屠枣强；晋救兵至，梁兵疾遁。义昌军将张万进杀节度使刘继威，自为留后；寻改义昌为顺化军，命万进为节度使。四月，维州羌胡董琢起事，旋败。六月，梁帝为其子友珪所杀，友珪称皇帝。许州军乱，大将张厚杀节度使韩建。七月，宣义节度使杨师厚袭据魏州，命为天雄军节度。梁加吴越王钱镠尚父。护国军节度使朱友谦附于晋，梁遣兵击之。九月，吴将徐温等奉嗣吴王杨隆演为太师、吴王。蜀改剑南东川曰武德军。十月，晋王李存勖自将救朱友谦，大破梁兵。十一月，吴楚构兵。是岁，隰州附于晋。虔州防御使李彦图死，众奉谭全播为主；梁命全播为百胜防御使，虔、韶二州节度、开通使。

外国 〔新罗〕 孝恭王死，无嗣，国人立朴景晖为王，是为神德王。

〔拜占廷〕 利奥去年卒，其子君士坦丁七世嗣位，虽组六人摄政团，但实际权力操于其母索伊之手。

〔日耳曼〕 丹麦人、斯拉夫人与马札尔人继续进攻日耳曼，国内则封建诸侯之权力日益壮大。康拉德于本年与萨克森公亨利发生战争，至915年始以康拉德之失败而结束。

〔西班牙〕 科尔多瓦王国之阿卜杜·拉曼三世履位。阿卜杜·拉曼三世在位几五十年，权力高度集中于政府之手，国内平静无事，工商业俱甚发达。科尔多瓦有居民五十万人，其所制之纸行销西欧各地。科尔多瓦王国之税收每年达金币一千二百余万，银币六百万，较之西欧诸基督教国家每年收入之总和犹多。

913 年

中国 癸酉 梁郢王朱友珪凤历元年 梁末帝朱友贞乾化三年 蜀永平三年

正月，梁改元凤历。二月，梁均王朱友贞结禁军杀梁帝友珪；友贞即位于开封，复称乾化三年，是为梁末帝，后更名锽，又改曰瑱。三月，吴攻吴越，败。四月，晋军下燕、顺、蓟、檀、武、营、平州，围幽州。五月，梁兵大掠赵、冀、贝、沧等州，攻王镕于镇州，旋退。七月，蜀太子王元膺举兵杀大臣，败死。八月，梁封荆南节度使高季昌渤海王。吴楚构兵。九月，吴越攻吴常州，大败。十一月，晋王李存勖下幽州，俘刘仁恭，守光遁。十二月，梁兵侵吴，大败。十二月，燕乐民擒刘守光献之李存勖，存勖系刘仁恭、守光至太原杀之，自是晋全有卢龙之地。

外国 〔新罗〕 弓裔以王建为“波珍粲”兼侍中。

〔日本〕 棋式撰成。

〔非洲〕 法蒂玛系哈里发阿布杜拉征服地中海西南岸某些地区。次年第一次进攻埃及，为巴格达哈里发穆克台迪尔击败。

〔拜占廷〕 君士坦丁七世继位为帝。保加利亚沙皇西密翁来侵，小有胜利，次年退去。

〔俄罗斯〕 基辅大公奥列格卒，伊戈尔成为真正统治者（见880年条）。

914 年

中国 甲戌 梁乾化四年 蜀永平四年

正月，高季昌攻蜀夔州，大败；四月，蜀徙镇江军于夔州。楚兵入吴黄州，大掠而去。七月，晋攻梁邢州，旋退。九月，梁武宁节度使王殷附于吴，遣兵攻之，殷败死。十一月，南诏侵黎州，蜀兵连败之于大渡河等地。十二月，蜀攻岐阶州。

外国 〔新罗〕 王建以弓裔猜忌，求居阃外，弓裔乃以建为百船将军，仍镇罗州。

〔日本〕 禁红花美服。

〔西班牙〕 阿尔多洛继位莱昂王，再统一加里西亚。

915 年

中国 乙亥 梁乾化五年 贞明元年 蜀永平五年

正月，蜀主王建以黎、雅“蛮”王刘昌嗣、郝玄鉴、杨师泰等潜通南诏，杀之。三月，梁分天雄军为二镇，军乱，劫节度使贺德伦附于晋；梁攻之，五月，晋王李存勖自将来援，入魏州，随袭取德州，自是晋梁濒河争战者八年。八月，蜀攻岐秦、凤等州。吴以镇海节度使徐温为管内水陆马步诸军都指挥使、两浙都招讨使，以升、润等六州为巡属，参决军国庶务。十一月，梁改元贞明。岐王李茂贞领地多没于蜀，耀、鼎二州降于梁。蜀置武兴军于凤州，以文、兴二州隶之。是岁，南平王刘岩求封南越王不遂，乃与梁绝。

外国 〔新罗〕 弓裔残暴日甚，士民怨愤；王建则务收人心，因之上下归附。

〔日本〕 大疫。

〔意大利〕 教皇约翰十世以培隆热抵御萨拉森人有功，为之加冕为皇帝。

916 年

中国 丙子 梁贞明二年 蜀通正元年 契丹太祖耶律阿保机神册元年

二月，梁晋大战于魏州，梁兵大败。梁兵袭晋太原，大败。三月，晋取梁卫、磁二州，四月，又取洺州。梁禁军乱，掠开封，攻宫城，旋定。六月，梁以吴越王钱镠迁道入贡，加镠诸道兵马元帅。吴润州军乱，旋定。八月，蜀攻岐，取数城。晋取梁相、邢二州。契丹主阿保机陷晋蔚州，侵云州，旋退。九月，晋取梁沧州、贝州，于是晋几全有河北。梁天平军乱，杀节度使王檀，旋定。十一月，晋约吴攻梁，吴攻梁颍州，旋退。蜀改明年元曰天汉，国号大汉。十二月，楚王马殷通好于晋。是岁，梁庆州附于岐，梁攻之，取岐宁、衍二州。闽王王审知铸铅钱。契丹主耶律阿保机称皇帝，建元神册，是为太祖。

外国 〔意大利〕 教皇约翰十世、皇帝培隆热及意大利南部诸侯以拜占廷皇帝所派遣之舰队协助，共同压迫拿波里及其四邻诸城，使之放弃与萨拉森人之同盟，并以彼等之协助，于加利利阿诺河上，大败萨拉森人。

917 年

中国 丁丑 梁贞明三年 蜀（汉）天汉元年 越刘岩乾亨元年 契丹神册二年

二月，晋威塞军乱，杀防御使李存矩，拥大将卢文进据新州，寻败，文进奔契丹；三月，文进引契丹兵复据新州，晋兵攻之，大败；契丹围幽州，节度使周德威告急，四月，晋王李存勖遣李嗣源等救之。吴徐温徙镇升州。七月，刘岩称皇帝，国号大越，建元乾亨，以广州为兴王府。八月，晋将李嗣源等大破契丹于幽州。契丹据平州，以卢文进为节度使，文进岁引契丹、奚骑入边杀掠。十月，梁加吴越王钱镠天下兵马元帅。十二月，晋王李存勖渡河取梁杨刘城。

外国 〔新罗〕 神德王死，太子升英嗣，是为景明王。

〔越南〕 曲颢死，子承美嗣为节度使。

〔阿拉伯〕 与拜占廷媾和，以金币十二万枚赎还俘虏。

〔拜占廷〕 保加利亚人再来入侵，战事绵延数年，胜负不决。

〔意大利〕 阿拉伯人完全征服西西里岛，并利用之为骚扰意大利之根据地。意大利城市生活自此逐渐冷落，濒于绝境，封建诸侯四起保卫乡土。

〔西班牙〕 莱昂王阿尔多洛率军进袭摩尔人在瓜提阿那河畔之阿尔汗基要塞，下之，尽屠其驻军，俘虏其妇孺。附近之另一要塞纳巨金求免。次年阿卜杜·拉曼三世来寻报复，又遭大败。

〔塞尔维亚〕 保加利亚人击败塞尔维亚人，杀其大叔潘彼得，别立萨卡赖阿继之。塞尔维亚人自是完全处于保加利亚权力下。

918 年

中国 戊寅 梁贞明四年 蜀光大元年 越（南汉）乾亨二年 契丹神册三年

正月，汉主王建仍改国号为蜀。六月，蜀主王建死，子衍嗣。吴将朱瑾杀徐温子知训，温养子知诰自润州至广陵平乱，遂留辅吴王；知诰蠲丁口钱，纳税以谷帛。梁兵攻杨刘，晋王李存勖大败之。八月，梁泰宁军节度使张万进附于晋，梁围之一年，败死。梅山“蛮”攻邵州，败。十一月，越主刘岩改国号曰汉。吴攻虔州数月，至是下，俘谭全播。十二月，梁晋大战于胡柳陂，梁败，晋丧大将周德威。

外国 〔高丽〕 六月，泰封诸将拥王建为王，国号高丽，是为太祖神圣王。泰封王弓裔出亡，为乡民所杀。定官制多依新罗之制。泰封之时，租税苛重，至是减定之。命以内库钱赎百姓鬻为奴婢者，免民三年租，大赦。后百济王甄萱遣使来贺即位。熊运等十余州县附于后百济。徙民实平壤。设八关会，是后岁以为常。甄萱遣使如吴越进马，吴越遣使报聘。

〔日本〕 撰掌中要方。

〔日耳曼〕 康拉德卒，日耳曼诸侯遵其遗嘱推选萨克森公继位为王，是为亨利一世（豢鸟者），即萨克森朝之始祖。国内重要诸侯皆先后宣誓效忠。

〔英格兰〕 韦塞克斯王爱德华兼并麦西亚。

919 年

中国 己卯 梁贞明五年 蜀后主王衍乾德元年 南汉乾亨三年 契丹神册四年 吴杨隆演武义元年

四月，吴王杨隆演称吴国王，建元武义，以徐温为大丞相、都督中外诸军事、诸道都统，封东海郡王。吴越大破吴兵于狼山。五月，楚攻荆南，吴援之。六月，吴败吴越兵于沙山；七月，吴越攻常州，吴又破之。高丽大封国王遣使贡于吴。八月，吴及吴越和。十一月吴攻梁安州。十二月，晋拔梁濮阳。

外国 〔高丽〕 移都松岳郡，升为开州，改旧都铁圆为东州。创法王等十寺于都内，并令修葺两京塔庙。城平壤。

〔日本〕 唐商献孔雀。

〔非洲〕 法蒂玛朝哈里发阿布杜拉第二次进攻埃及，占领亚历山大里亚，至921年失败退去。

〔拜占廷〕 君士坦丁为其岳父罗马勒斯加冕为皇帝，与之共主国政（按此时并索伊，帝国已有三君）。

920 年

中国 庚辰 梁贞明六年 蜀乾德二年 南汉乾亨四年 契丹神册五年 吴武义二年

三月，汉主刘岩立学校，开贡举，设铨选。四月，护国军节度使朱友谦袭取同州，梁攻之。五月，吴国王杨隆演死，徐温迎王弟溥立之。八月，朱友谦求援于晋，晋兵赴之，大败梁兵。十二月，南汉通好于蜀。

外国 〔新罗〕 遣使聘于高丽。后百济王甄萱陷大良等城，遣使求援于高丽。

〔高丽〕 甄萱使献孔雀扇、竹箭。新罗为后百济所攻，遣兵援之，于是始与甄萱有隙。

〔日本〕 渤海使来。

〔拜占廷〕 拜占廷将领约翰•克尔库阿斯在与伊斯兰帝国之战争中，转战东方达二十年之久，屡获胜利，至934年后，拜占廷势力竟推至底格里斯与幼发拉底两河流域。

〔法兰西〕 封建诸侯大会于斯瓦松，取消彼等对查理三世（简单的）之效忠誓言（按当时习惯举行投草式）。同年法兰西某些地区主教开始自铸钱币。

〔日耳曼〕 阿雷曼尼公爵领地并入日耳曼，今瑞士东部亦成为日耳曼之一部分（见888年条）。西部则仍属外儒拉勃艮第王。

921 年

中国 辛巳 梁贞明七年 龙德元年 蜀乾德三年 南汉乾亨五年 契丹神册六年 吴国王杨溥顺义元年

二月，成德军乱，杀节度使王镕，拥张文礼为留后；文礼北结契丹，南通于梁。四月，梁惠王友能据陈州反，逾二月降。五月，梁改元龙德。八月，晋王李存勖使成德将符习等讨张文礼，围镇州；张文礼病死，子张处瑾悉力拒守。十月，梁袭晋于德胜，大败。义武节度使王处直为养子王都所囚，都自为留后。十二月，张文礼、王处直皆尝乞师于契丹，阿保机因来攻幽州，陷涿州，侵定州；王都告急于晋，晋遣兵赴之。辰、溆州“蛮”扰楚，旋败。

外国 〔新罗〕 遣使聘于高丽。

〔高丽〕 创大兴寺，迎僧利言，太祖师事之。

〔意大利〕 意大利诸侯反对培隆热，以王冠献与外儒拉勃艮第之卢多尔夫，培隆热勾结马札尔人入意大利以自保。

〔西班牙〕 莱昂王阿尔多洛及其同盟纳瓦尔王为阿卜杜•拉曼三世所败。阿尔多洛率军绕道入安达路西亚（西班牙南部），四处屠杀焚毁，直至近科尔多瓦约百里处始撤退。

〔苏格兰〕 被迫承认西萨克森王爱德华（阿尔弗烈德大王之子）为宗主。

922 年

中国 壬午 梁龙德二年 蜀乾德四年 南汉乾亨六年 吴顺义二年 契丹天赞元年

正月，晋王李存勖救定州，大破契丹，阿保机走塞外。二月，梁攻魏州，败。八月，梁取卫州，晋失军储三之一。九月，晋兵拔镇州，杀张处瑾等。

外国 〔新罗〕 州郡纷附于高丽。

〔高丽〕 契丹献橐驼。

〔日本〕 新罗使来，却之。

〔法兰西〕 厄德之弟，法兰西公爵（法兰西北部，巴黎西南为其领地）罗伯特被推为王。查理三世与之进行战争。

〔英格兰〕 在丹麦人控制下之土地有市镇五处向爱德华请降。此外，北威尔士人亦承认其为宗主。盎格鲁萨克森系之国王自此形成其重要地位。

923 年

中国 癸未 梁龙德三年 唐庄宗李存勖同光元年 蜀乾德五年 南汉乾亨七年 吴顺义三年 契丹天赞二年

二月，晋王李存勖置百官。梁册吴越王钱镠为吴越国王，镠乃置百官。晋安义留后李继韬附于梁。契丹扰幽州，至易、定而退。四月，晋王李存勖称皇帝，国号唐，改元天祐二十年为同光元年，是为庄宗；以魏州为兴唐府东京，太原府为西京，镇州为真定府北都。时唐有十三节度、五十州。随命李嗣源袭梁郓州取之。五月，梁将王彦章大败唐兵于德胜，进取杨刘。彦章寻以中谗去。八月，梁于滑州决河注曹、濮、郓州以限唐兵。十月、唐主李存勖自将袭梁，俘王彦章，趋开封。梁主令其下杀之，翌晨唐兵始至，梁亡。十一月，废北都复为成德军，以梁东京开封府为宣武军汴州，宋州宣武军更名归德军，以永平军大安府为西京京兆府。十二月，唐帝迁都洛阳，称洛都。废梁所颁律令格式，仍依唐旧。

外国 〔高丽〕 遣使招谕吐蕃。吴越文士朴岩来附。遣使如后唐。

〔日本〕 改元延长。

〔越南〕 南汉俘曲承美。

〔阿拉伯〕 卡马西安派占领巴士拉，加以劫掠。

〔拜占廷〕 保加利亚沙皇西密翁与伊斯兰帝国缔结同盟，以此与拜占廷战事转趋激烈。

〔法兰西〕 简单的查理与罗伯特大战于斯瓦松，罗伯特阵亡，但查理仍战败。诸侯推选罗伯特之婿勃良第之卢多尔夫继之，查理继续与卢多尔夫战。洛林公爵仍以其国附于东法兰克。自此以后洛林隶属日耳曼达八世纪之久。

〔西班牙〕 弗鲁拉二世（阿尔多洛之弟）被选为莱昂王。未几内乱起，国内封建贵族分隶争位之两方，混战不已。三十年中凡五易君，至956年桑绰一世始以乞援于科尔多瓦王而得位。

924 年

中国 甲申 唐同光二年 蜀乾德六年 南汉乾亨八年 吴顺义四年 契丹天赞三年

正月，契丹扰幽州。岐王李茂贞遣子入贡于唐，奉表称臣。唐复用宦官监军。唐以盐铁、户部、度支三司并隶租庸使。二月，榷安邑解县盐。令蔡州浚索水，通漕运。三月，进封荆南节度使高季兴南平王。契丹扰幽州。四月，甘州回鹘权知可汗仁美遣使入贡，册为英义可汗。李茂贞死，子继曮权知凤翔军府事。安义军乱，逾月定。南汉侵闽，败。五月，契丹扰幽州。权知归义留后曹义金遣使间道入贡，命为节度使。七月，命汴滑兵塞梁所决河，无功。契丹侵据营、平等州。八月，以孔谦为租庸使。谦重敛急征，赐号“丰财赡国功臣”。契丹攻渤海，无功。九月，契丹扰幽州，十月扰易、定，十一月扰蔚州，十二月扰岚州。甘州回鹘可汗仁美死，弟狄银嗣，遣使入贡。

外国 〔新罗〕 遣使如后唐。景明王死，弟魏膺嗣，是为景哀王。遣使告哀于高丽。

〔高丽〕 后百济王甄萱遣兵来攻，失利而归。遣使吊新罗王丧。

〔阿拉伯〕 卡马西安派俘获大批麦加朝圣者，命备款取赎。

〔拜占廷〕 歼灭海盗李奥之舰队于爱琴海兰姆拉斯岛海面，但其他阿拉伯海盗仍继续为害。

〔日耳曼〕 亨利一世与马札尔人订立九年休战条约，按年向马札尔人缴纳贡金。

〔意大利〕 未罗那人民不满培隆热勾结马札尔人，刺杀之。马札尔人于大掠巴费亚后退去。外（儒拉）勃良第之卢多尔夫继位为意大利王。

〔英格兰〕 诺森伯里亚、苏格兰、斯特拉斯克来德（苏格兰西南）及威尔士等地人民俱承认爱德华为宗主。

〔塞尔维亚〕 托密斯拉夫以教皇赐冕而为哥罗提人之王。

925 年

中国 乙酉 唐同光三年 蜀咸康元年 南汉乾亨九年 白龙元年 吴顺义五年 契丹天赞四年

正月，治酸枣遥堤以御决河。契丹扰幽州，二月扰涿州，败。三月，命宦官、伶人采择民女三千人充后宫。以洛都为东都，兴唐府为邺都。

九月，自七月初，雨七十五日方霁，百川皆溢。以皇子魏王继岌为都统，枢密使郭崇韬副之，大发兵攻蜀；十一月，蜀主王衍降。自出师至克蜀凡七十日，得节度十、州六十四、县二百四十九。十二月，闽王王审知死，子延翰嗣。汀州民陈本围汀州，旋败死。以董璋为东川节度使，孟知祥为西川节度使。南汉主刘岩改元白龙，改名龚。长和（南诏）请婚于南汉，南汉以增城公主妻之。蜀人群起反抗，郭崇韬命人分道攻之。

外国 〔高丽〕 遣兵攻后百济，小有杀获。太祖寻与之和，互派子侄为质，太祖号甄萱为尚父。

〔新罗〕 甄萱陷二十余城。萱遣使称藩于后唐，受册封为百济王。

〔日本〕 诸国风土记撰成。

〔保加利亚〕 西密翁称尊号为“罗马人与保加利亚人之皇帝”，拜占廷提出抗议，但罗马教皇则予以承认。次年西密翁又在普勒斯拉夫设总主教。

〔哥罗西亚〕 大叔潘（公爵）托米斯拉夫称尊号为国王。

926 年

中国 丙戌 唐同光四年 唐明宗李亶天成元年 南汉白龙二年 吴顺义六年 契丹天赞五年 太宗耶律德光天显元年 吴越宝正元年

正月，杀郭崇韬于成都，杀朱友谦于东都。契丹遣使聘于唐。二月，魏博兵皇甫晖等杀指挥使杨仁晸等于贝州，拥赵在礼为留后，入据邺都，大掠；遣将讨之，不克。李绍琛自称西川节度使，由剑州图入成都；遣兵讨之。邢州兵赵太等据城，自称留后，旋败死。从马直兵王温等杀军使，谋作乱，被杀。沧州军乱，小校王景戡平之，自为留后。命蕃汉马步总管李嗣源讨邺都乱军。三月，李绍琛败死。李嗣源至邺都，部下乱，还趋汴州。命河南尹预借夏秋税以赡军。杀故蜀主王衍一家。四月，从马直指挥使郭从谦作乱，庄宗中流矢死。李嗣源至东都，称监国，放宫女，除夏秋税省耗，罢租庸使；罢诸道监军宦官，命皆杀之；寻称皇帝，改元天成，是为明宗，寻改名亶。五月，以赵在礼为义成军节度使，在礼不受命。六月，汴州禁军乱，大焚掠，寻定，杀为乱者三千家。滑州军乱，逐魏博戍兵，旋定。七月，契丹灭渤海，以其地为东丹国，阿保机命长子突欲镇之，号人皇王。阿保机寻死，次子德光立，是为太宗。置彰国军于应州。八月，契丹扰幽州。九月，契丹遣使告哀于唐。十月，王延翰称大闽国王，置百官。契丹卢龙节度使卢文进帅众十余万、车帐八千奔唐。十二月，闽国王王延翰为王延禀所杀，以王延钧为留后。是岁，吴越国王钱镠建元宝正。

外国 〔高丽〕 渤海世子大光显及大臣等以契丹灭其国，率余众数万户来奔；赐光显姓王，附之宗籍。后百济质子病死，甄萱疑非善终，举兵来攻。遣使如后唐。

〔阿拉伯〕 卡马西安起义者命凡通过彼等所控制之区域赴麦加朝圣者，应纳定量之过境捐。

〔拜占廷〕 罗马勒斯与西密翁晤谈，战事暂休。

〔意大利〕 外勃艮第之卢多尔夫因在意大利无有力支援，返国。内勃艮第之雨果（或嚣俄）为一部分意大利诸侯拥护，继承王位。931 年又以其子为共主，称罗泰尔二世。但父子二人皆不过有力诸侯之傀儡。

〔英格兰〕 爱德华卒，阿忒尔斯坦嗣位。阿忒尔斯坦在其统治之十五年中，完全收复丹人所占领之诸森伯里亚。其权力亦同时及于英格兰西部。

927 年

中国 丁亥 唐天成二年 南汉白龙三年 吴顺义七年 乾贞元年 契丹天显二年 吴越宝正二年

正月，命长吏每旬亲虑系囚。西川节度使孟知祥杀监军李严。二月，南平王高季兴袭涪州，据夔州，劫贡品；遣将讨之，无功而还。三月，初置监牧以养马。三月，以赵在礼为横海节度使，命皇子从荣镇邺都，发邺都兵戍卢台军。军乱，杀副招讨使乌震，乱兵旋被歼，家属在邺都者皆被杀，死者凡三千五百家、万余人。五月，以王延钧为威武节度使、琅邪王。六月，封楚王马殷为楚国王，殷于是置左右丞相等官。败南平兵，复夔州，七月，以为宁江军，置节度使。九月，契丹请修好，遣使报之。十月，宣武节度使朱守殷据汴州反，败死。免三司逋负二百万缗。吴大丞相徐温死，养子知诰代辅政。十一月，吴国王杨溥称皇帝，改元乾贞。是岁，蔚、代等州斗粟不过十钱。令每年二月俵散蚕盐，夏税限纳钱。

外国 〔新罗〕 遣兵助高丽攻后百济。甄萱陷王都，杀景哀王，立王族弟金传为王，是为敬顺王。遣使如后唐。

〔高丽〕 太祖亲攻后百济，互有胜负，甄萱贻书请和。吴越使至劝与后百济和解。

〔日本〕 僧宽建乘中国商船入唐。

〔阿拉伯〕　卡马西安首领阿布·塔希尔大败哈里发军。

〔拜占廷〕　歉收，全境大饥，延至932年始好转。

928年

中国　戊子　唐天成三年　南汉白龙四年　大有元年　吴乾贞二年　契丹天显三年　吴越宝正三年

正月，契丹陷平州。二月，吴使至唐，拒之，自是吴唐交绝。三月，楚攻荆南，逼江陵，高季兴请和。楚攻南汉封州，大败。南汉改元大有。甘州回鹘权知可汗仁裕遣使入贡，册为顺化可汗。四月，吴攻楚岳州，大败。四月，义武节度使王都谋反，遣将讨之；五月，都引奚、契丹兵来，唐将王晏球大破之，契丹兵北遁者为幽州兵所歼。吴与楚和。六月，高季兴称臣于吴，吴封为秦王；楚兵击之，季兴请和。七月，听民造麹，秋税亩收五钱。契丹复援王都，王晏球再大破之。八月，契丹兵北遁，幽州兵民要击之，俘其惕隐等六百五十人，杀伤无数，得脱者才数十人。契丹遣使入贡。契丹卢龙节度使张希崇杀契丹监者，奔于唐。九月，遣兵攻荆南。十月，庆州防御使窦廷琬拒不受代，旋败死。十二月，高季兴死，子高从诲为荆南节度使。闽王王延钧度民二万为僧。

外国　〔高丽〕　太祖答甄萱书，嗣仍构兵。渤海人隐继宗等来投。

〔阿拉伯〕　阿布塔希尔占领麦加，于劫掠后又将卡巴庙中之黑石（伊斯兰教物神崇拜之主要对象）携去，置于拿萨，至950年始归还。

〔拜占廷〕　君士坦丁之岳父罗马勒斯又立其二子为帝，拜占廷至是时有五帝并存（包括君士坦丁母索伊）。

〔日耳曼〕　亨利一世率兵东渡易北河，夺取黑维林人（西斯拉夫一支族）之主要镇市布鲁拉波，建为要塞。自此日耳曼人即以布鲁拉波为根据地，继续向东发展，侵占斯拉夫人土地（按布鲁拉波发展成为后来之布兰敦堡）。

929年

中国　己丑　唐天成四年　南汉大有二年　吴乾贞三年　大和元年　契丹天显四年　吴越宝正四年

二月，拔定州，王都自焚死，俘奚首领秃馁及契丹二千人。三月，横山“蛮”攻邵州。四月，楚用锡钱，百值铜钱一，多流入内地，禁之。令缘边置场，市党项马，不令党项以贡马为名入京。契丹扰云州；五月，再扰云州。六月，复以邺都为魏州。七月，荆南高从诲内附，命为荆南节度使，罢攻荆南兵。十月，以阆、果二州置保宁军。十一月，吴改元大和。

外国　〔高丽〕　后百济王甄萱频来攻掠。

〔日本〕　新罗使来。

〔日耳曼〕　楞生（在布兰敦堡）一役战胜文德人（西斯拉夫人）与丹人。

〔法兰西〕　查理三世卒，卢多尔夫为唯一国王。同年击退马札尔人之进攻。

〔西班牙〕　科尔多瓦王国之阿卜杜·拉曼始称哈里发，自此与东方阿拔斯朝之哈里发，及开罗之法蒂玛系哈里发鼎足而三。

〔波希米亚〕　普累密斯利德朝之“好王”文塞斯劳斯卒，其弟波利斯拉夫继位。

930年

中国　庚寅　唐天成五年　长兴元年　南汉大有三年　吴大和二年　契丹天显五年　吴越宝正五年

正月，西川节度使孟知祥、东川节度使董璋相结以抗命。二月，改元长兴。三月复改安义军为昭义军。荆南高从诲告绝于吴。孟知祥强割云安等十三盐监隶西川。六月，命防御、团练使、刺史、行军司马、节度副使皆由朝廷任命，节度使不得奏荐。董璋掠遂、阆镇戍。以张延朗充三司使，三司使之名自此始。吴海州将王传拯杀团练使陈宣，大焚掠，奔于唐。九月，孟知祥、董璋连兵反，石敬瑭等讨之。汉主刘龑取交州，执静海节度使曲承美；寻又入占城，大掠而归。十一月，楚王马殷死，子希声嗣，去建国之制。契丹东丹王突欲越海奔唐，赐姓名东丹慕华，后又改赐姓名为李赞华。

外国　〔新罗〕　高丽遣使来。时东部州郡部落大半附于高丽。

〔高丽〕　太祖亲败后百济王甄萱于古昌瓶山。置学于西京。

〔日本〕　东丹使来，却之。醍醐天皇让位朱雀天皇（六十一代），藤原忠平摄政（直至天历三年）。

〔挪威〕　哈罗德卒，发生王位争执，战祸频仍。

〔冰岛〕　截至此时止，全岛大部可居地均已为挪威人占领或居住。

931 年

中国 辛卯 唐长兴二年 南汉大有四年 吴大和三年 契丹天显六年 吴越宝正六年

二月，石敬瑭攻西川久无功，烧营退，孟知祥因遣兵徇下忠、万、夔等州。四月闽将王延禀袭福州，败死。五月，罢税亩麹钱，城中官麹减旧半价，乡村听民自造。闰五月，以兴兵攻川为故枢密使安重海罪，杀之，并使人慰谕西川。六月，令均田税。十二月，初听民自铸农器并杂铁器。田二亩，夏秋输农具税三钱。爱州将杨廷艺陷交州，南汉遣将攻之，败死。

外国 〔新罗 高丽〕 新罗敬顺王会高丽太祖于新罗国都；高丽馈新罗百官、军民万物。

〔日本〕 改元承平。

〔越南〕 曲颢部将爱州人杨廷艺逐南汉交州刺史，自称节度使。

〔勃艮第〕 内儒拉勃艮第王雨果以其国土全部交外儒拉勃艮第王卢多尔夫，其条件为后者放弃主张意大利王位之权利（见 926 年条）。内外儒拉勃艮第自此重归于统一。

〔瑞士〕 自内外儒拉勃艮第问题解决后，瑞士西部亦成为勃艮第王国之一重要组成部分。

〔意大利〕 以北非为根据地之阿拉伯海盗于本年攻入热那亚，大施劫略后退去。

932 年

中国 壬辰 唐长兴三年 南汉大有五年 吴大和四年 契丹天显七年 吴越宝正七年

正月，以党项叠掠贡使，遣将击之，破十九族，俘七千二百。二月，令国子监校订九经，雕印卖之。三月，吴越国王钱镠死，子传瓘嗣，改名元瓘，去国仪，除民田荒绝者租税。契丹遣使聘于唐。四月，董璋攻孟知祥，大败；璋归梓州，为部下所杀，于是孟知祥并有两川。六月，闽王延钧谋称帝，与唐绝。七月，党项扰朔方，败。楚马希声死，弟希范嗣。废武兴军。九月，卢龙节度使赵德钧为防契丹钞掠，先筑良乡、潞县等城，至是筑三河城毕，契丹因南下被阻，遂常西掠云州。十月，从孟知祥请两川节度使、刺史以下官听其署置。十一月，以石敬瑭为北京留守、河东节度使兼大同等军蕃汉马步总管。蔚州刺史张彦超附于契丹。

外国 〔高丽〕 与后百济构兵。遣使如后唐献万物。

〔阿拉伯〕 穆克台迪尔死于乱，自此至 946 年凡五易主，国内混乱不堪，各地总督形同独立国王。波斯名医勒塞斯卒。勒塞斯曾著医学《百科全书》，论述各种疾病之治疗方法；解释痘症之真状者以勒塞斯为第一人。

933 年

中国 癸巳 唐长兴四年 南汉大有六年 吴大和五年 契丹天显八年 闽王璘龙启元年

正月，王延钧称皇帝，国号闽，建元龙启，更名璘。二月，凉州将吏耆老请以权知留后孙超为节度使。超为天平军将，戍河西，为吐蕃所隔绝。封孟知祥蜀王。夏州定难军节度使李仁福死，子彝超为留后；三月，徙彝超为彰武留后；彝超拒命，唐军攻夏州，不克，七月退师。彝超旋谢罪，以为节度使。闽建州土豪帅众万人奔吴。八月，以秦王从荣为天下兵马大元帅。十一月，置保顺军于洮州，领洮、鄯等州。唐明宗病亟，秦王从荣拟帅兵入宫侍病被杀；不久，明宗死，十二月，子宋王从厚立，是为闵帝。闽改福州为长乐府。

外国 〔高丽〕 后唐使来册太祖为玄菟州都督、大义军使、高丽国王，并赐历日、银器、彩帛。于是始颁历，行后唐年号。

〔日本〕 自藤原氏专政以来，日趋奢侈，贵族兼并土地，不纳租税，国家开支不敷，人民负担增重，因之社会秩序渐乱。至是，南海“海盗”起，而京都民亦多起而攻府库，焚官舍，甚至阑入宫中，挥刀殿上，遣兵巡缉不能止。

〔阿拉伯〕 突厥酋长布伊德（或布威伊德）占领波斯南部法尔斯（或称法尔西斯坦）一带，是为波斯布伊德朝之始祖。

〔日耳曼〕 与马札尔人休战条约满期，亨利拒绝续纳贡金，马札尔人来攻，大败之于图林几亚（此为第一次大败马札尔人）。

934 年

中国 甲午 唐闵帝李从厚应顺元年 唐末帝李从珂清泰元年 南汉大有七年 吴大和六年 契丹天显九年 闽龙启二年 后蜀孟知祥明德元年

正月，以高从海为南平王，马希范为楚王，钱元瓘为吴越王。吴将擅攻闽，围建州，旋退被杀。吴使求好于闽。闰正月，蜀王孟知祥称皇帝，是为后蜀高祖；四月，建元明德。二月，徙凤翔节度使潞王从珂为河东节度使，从珂拒命，遣将讨之，多叛。三月，从珂遂举兵而东，闵帝奔卫州，死。四月，从珂至洛阳，即皇帝位，改元清泰。后蜀取散关以南诸州。七月，以回鹘入贡者多为河西蕃胡所虏，遣兵击之。蜀以雅州为永平军，置节度使。后蜀主孟知祥死，子昶嗣。八月，免长兴以前逋租三百三十八万缗。九月，契丹扰云州。十月，蜀源州将文景琛据城反，寻败。是岁，秋冬旱，民多流亡。

外国 〔高丽〕 戒饬百官苛扰人民。攻后百济，熊津北三十余城降。

〔日本〕 遣官捕"海盗"。

〔阿拉伯〕 哈里发阿尔·卡希尔被禁卫军长官废黜，另立阿尔·拉迪为哈里发（934—940年）。阿尔·卡希尔被挖去双目，行乞街头。

〔拜占廷〕 此时除在意大利半岛南部与伦巴德人（旧伦巴德诸侯）小有接触外，与其余各地俱和平相处，但为时仅六年。同年皇帝罗缪拉斯令禁对小农压迫与榨取，但大地主不奉命。

〔保加利亚〕 马札尔人自本年起迭来入侵（943，958，962年）。佩彻涅格人亦于944年大举来犯。

935年

中国 乙未 唐清泰二年 南汉大有八年 吴大和七年 天祚元年 契丹天显十年 闽王昶永和元年 后蜀孟昶明德二年

二月，夏州定难军节度使李彝超死，兄李彝殷权知军府事，寻命为节度使。五月，契丹扰新州、振武；六月，扰应州。石敬瑭以备契丹为名，请借河东有蓄积者菽粟，令镇州输绢，魏博市籴，以储军储，山东民不堪命。令窃盗不计赃多少，并纵火强盗并处死刑。九月，吴改元天祚。十月，闽福王继鹏杀其主延钧，自为皇帝，更名昶，建元永和，称臣于唐。吴封徐知诰齐王，以升、润等十州为齐国。十二月，闽主昶赐道士陈守元号天师。

外国 〔新罗〕 十月，敬顺王以势孤身危，请降于高丽，新罗亡。

〔高丽〕 后百济王子神剑幽其父甄萱，自立为王，萱得脱来奔。新罗王金传请降，封为乐浪王，以新罗国为庆州。

〔日本〕 吴越人蒋承勋来，献羊，赐以布。

〔挪威〕 哈罗德一世之子"好人"豪空（当时在英国就学）被召回国嗣位。豪空企图使诺曼人皈依基督教，但未获成功。

〔意大利〕 阿拉伯人再入热那亚，大事劫掠后退去。

936年

中国 丙申 唐清泰三年 晋高祖石敬瑭天福元年 南汉大有九年 吴天祚二年 契丹天显十一年 闽永和二年 通文元年 后蜀明德三年

三月，闽改元通文。四月，南汉扰楚蒙、桂二州。五月，徙河东节度使石敬瑭为天平节度使，敬瑭拒命，遣张敬达等讨之。敬瑭请援于契丹，称臣，赂以燕、云诸州，改清泰三年仍称长兴七年。天雄军乱，大将张令昭逐节度使刘延皓，嗣附于石敬瑭，寻败死。八月，契丹攻应州。九月，契丹主耶律德光自将援石敬瑭；大败唐兵于晋阳。十月，大括吏民马，令七户出一兵，民间大扰。十一月，以卢龙节度使赵德钧为诸道行营都统，以御契丹，攻石敬瑭；赵德钧寻通于契丹，谋为皇帝。吴以金陵为西都。坊州刺史刘景岩杀鄜武节度使杨汉章，即命为留后。契丹册石敬瑭为大晋皇帝，晋割幽、蓟、瀛、莫、涿、檀、顺、新、妫、儒、武、云、应、寰、朔、蔚十六州与契丹，仍岁输帛三十万匹；建元天福。丹州军逐刺史康承询。杨光远杀张敬达，降于契丹；契丹主与石敬瑭遂引军而南，系赵德钧父子，送之契丹。唐末帝自焚死。十二月，曹州将石重立以刺史郑阮贪暴，杀之。同州小校门铎杀节度使杨汉宾，大焚掠。改兴唐府曰广晋府。安远节度卢文进奔吴。

外国 〔高丽〕 太祖亲征后百济，甄神剑等降，于是遂统一三韩。

〔日耳曼〕 亨利在起程赴罗马前卒，其子马提尔达嗣位，称鄂图一世（大帝）。

〔法兰西〕 卢多尔夫卒。路易四世为法兰西国王。

〔北非〕 法蒂玛系哈里发第一人阿贝达拉（或作阿贝德·阿拉）卒，阿布尔卡辛姆嗣位。

937年

中国 丁酉 晋天福二年 南汉大有十年 吴天祚三年 契丹天显十二年 闽通文二年 后蜀明德四年 南唐前主李昪升元元年

吴齐王徐知诰改金陵曰江宁府，建太庙、社稷，置左右丞相等官。二月，大同节度判官吴峦拒契丹命，越半年南归；应州将郭崇威耻臣契丹，南归。三月，交州将皎公羡杀节度使杨廷艺而代之。四月，吴越王钱元瓘复建国，置丞相等官。

五月，吴、契丹互遣使通聘。六月，天雄节度使范延光为部下所逼反，遣张从宾等讨之；从宾与延光合，入洛阳。闽主使人卖官，又命民隐军者杖，隐口者死，逃亡者族，果菜鸡豚皆有税。七月，滑州乱，旋定。张从宾败死。安远将王晖杀节度使周瓌，大掠，旋败死。十月，吴齐王徐知诰（李昪）称皇帝于金陵，国号唐，建元升元，是为南唐前主，尊吴主杨溥为高尚思玄弘古让皇；遣使按行民田，以肥瘠定税，凡调兵兴役及他赋敛皆以税钱为率。闽主称臣于晋。十一月，晋加吴越王钱元瓘为天下兵马副元帅，进封吴越国王。十二月，加楚王马希范江南诸道都统。

外国

〔高丽〕 遣使如后晋。

〔日本〕 高丽遣使请通聘问。

〔越南〕 杨廷艺为牙将皎公羡所杀。

〔日耳曼〕 马札尔人企图进攻被击败，遂转而向法兰西入侵。

〔苏格兰〕 发生反对韦塞克斯统治之起义，遭遇失败。但随韦塞克斯王阿忒尔斯坦之逝世，苏格兰人仍逐渐恢复其独立。

938 年

中国

戊戌　晋天福三年　南汉大有十一年　契丹天显十三年会同元年　闽通文三年　后蜀广政元年　南唐升元二年

三月，以民多销钱为铜器，禁之。定诸道及各州奏荐将吏之限。六月，令民垦田及五顷以上三年外乃听县司徭役。七月，晋上尊号于契丹主及太后，契丹主止晋主称臣，命称儿皇帝。九月，范延光降，赦之，以为天平节度使。十月，契丹册晋主为英武明义皇帝。晋建东京于汴州，升开封府；以东都为西京，以西都为晋昌军。杨廷艺故将吴权攻杀皎公羡，据交州，南汉主龑遣将援公羡，大败。河决郓州。十一月，晋遣使册闽主昶，为闽国王；昶因已称帝，辞册命。契丹改元会同。分天雄军，建邺都于广晋府，以相、澶、卫为彰德军，以贝、博、冀为永清军。听公私铸天福元宝铜钱，勿杂铅铁；仍禁私作铜器。甘州回鹘可汗仁裕遣使入贡。

外国

〔高丽〕 西天竺僧来。行后晋年号。耽罗国太子来朝。

〔日本〕 改元天庆。

〔越南〕 杨廷艺部将吴权起兵攻杀皎公羡，败南汉援皎氏之兵。自曲颢据交州至皎公羡败死，凡三十二年，越史称为南北分争时代。

〔日耳曼〕 鄂图敉平巴伐利亚与弗兰科尼亚等地公爵叛乱。

939 年

中国

己亥　晋天福四年　南汉大有十二年　契丹会同二年　闽通文四年　王曦永隆元年　后蜀广政二年南唐升元三年

正月，朔方党项攻掠不已，节度使冯晖抵任，厚遇其首领拓跋彦超，境内渐安。南唐主复姓李，改名昪。三月，晋册甘州回鹘可汗仁裕为奉化可汗。四月，废枢密院。五月，加楚王马希范天策上将军。七月，行新定编敕。禁私铸钱。闰七月，闽军乱，杀其主王昶；昶叔父延羲立为闽国王，改名曦，改元永隆，称臣于晋。河决博州。八月，以吴越国王钱元瓘为天下兵马元帅。九月溪州刺史彭士愁引蒋、锦诸州“蛮”攻掠辰、澧，楚王马希范遣兵击之。十一月，契丹使至晋，又如吴越。十二月，禁创造佛寺。楚南汉互通聘。

外国

〔高丽〕 后晋遣使来册拜。

〔日本〕 高丽请互市。自社会秩序渐乱以来，皇室与藤原氏颇优武人，于是武人之势渐盛。至是有平将门者，以有求不遂，据关东作乱，自称新皇，署置百官。

〔越南〕 吴权称王，置百官。

〔日耳曼〕 鄂图之弟亨利以洛林公爵之助，掀起叛乱，鄂图击溃之，亨利等转向法国乞援。同年鄂图以易北河迤东，自黑维林人手中所夺获之土地建为“北疆侯国”，以贵族格洛领之。格洛自此使用各种极残酷之方法向西斯拉夫人进行侵略，夺取斯拉夫人之土地。

940 年

中国

庚子　晋天福五年　南汉大有十三年　契丹会同三年　闽永隆二年　后蜀广政三年　南唐升元四年

正月，彭士愁等败，降于楚，楚王马希范于溪州立铜柱标功。二月，闽主王曦与其弟延政相攻，王延政请救于吴越钱元瓘，遣兵赴之。四月，延政叠破曦兵，吴越兵至，遣之不去。延政乞师于曦，大败吴越兵。安远节度使李金全叛附于南唐，遣兵讨之；六月，南唐兵援金全，大败。七月，闽主曦度民为僧凡万一千人。九月，罢翰林学士。十月，加吴越国王钱元瓘天下兵马都元帅。十一月，册王曦为闽王。十二月，雁门以北吐谷浑部苦契丹贪虐，千余帐奔于晋；契丹来责，命逐忻、代、并、镇吐谷浑还故地。

外国

〔高丽〕 改州郡号。初定役，百官军士依功行赐田。后晋遣质子归。

〔日本〕 平将门败死。但因此役许武人为地方官，于是向无地盘之武人至是始有凭借。左大臣藤原忠平致书于吴越王钱元瓘。

〔阿拉伯〕 哈里发阿尔·拉迪被杀，禁卫军长官另立阿尔·穆塔基为哈里发（940—944年），立后四年被废。阿拉伯史家称阿尔·拉迪为最后的真正哈里发，意谓其犹主持星期五之礼拜，并参加行政工作，以后政权悉归总司令（阿米尔·阿尔·乌玛拉）。

〔希腊〕 约自10世纪中叶起，移居巴尔干半岛之斯拉夫人逐渐与当地之希腊人同化。

〔英格兰〕 阿忒尔斯坦卒，继位诸王仍继续其统一工作。

〔瑞士〕 勃艮第摄政柏塔卒。幼王康拉德被置于日耳曼王鄂图一世之监护下，以此西瑞士亦开始受到日耳曼影响。

941年

中国 辛丑 晋天福六年 南汉大有十四年 契丹会同四年 闽永隆三年 后蜀广政四年 南唐升元五年

正月，闽王延政以建州为镇武军。二月，作浮桥于得胜口河上，是为澶州河桥。凉州军乱，留后李文谦自焚死。辽朔州节度副使赵崇逐节度使刘山，请归晋。六月，成德节度使安重荣耻臣契丹，或杀其使，又掠幽州，表请攻契丹。闽主曦卖官，欲仕州县者，输百缗至千缗有差。七月，闽主王曦称大闽皇。八月，吴越国王钱元瓘死，子弘佐嗣，免境内税三年。河决滑州。十月，吐谷浑首领白承福降，河东节度使刘知远处之太原、岚、石之间。闽主曦称皇帝，其弟延政自称兵马元帅。十一月，山南东道节度使安从进与成德军节度使安重荣通谋先后反，十二月，遣将分讨之。册钱弘佐为吴越国王。

外国 〔高丽〕 遣使如后晋。

〔日本〕 派藤原忠文为征西大将军。藤原忠平称关白。

〔拜占廷〕 罗斯大舰队（由数千小船艇组成）在亲王伊哥尔统率下，进攻君士坦丁堡，失败而退。

〔日耳曼〕 鄂图平定其弟之叛乱。944年命“红人”康拉德为洛林公。946年命其弟亨利为巴伐利亚公。948年命其子卢多尔夫为斯瓦比亚公。

〔法兰西〕 爆发以法兰西公爵（领地在法国北中部）“伟大的休”为首之封建诸侯叛乱。945年路易四世兵败被俘后，遭受幽禁。

〔丹麦〕 戈尔姆卒，其子哈罗德二世（蓝齿）嗣位，皇帝鄂图迫使其接受基督教。

〔俄罗斯〕 基辅大公伊戈尔率舰队进攻君士坦丁堡，被希腊火所攻，失败，退返基辅。

942年

中国 壬寅 晋天福七年 南汉大有十五年 刘玢光天元年 契丹会同五年 闽永隆四年 后蜀广政五年 南唐升元六年

正月，安重荣败死。改镇州为恒州，成德军为顺国军。彰武军校贺行政结诸胡攻延州，旋败。二月，泾州遣将陈延晖至凉州，将吏留为节度使。四月，南汉主刘龑死，子弘度嗣，改名玢，改元光天。六月晋高祖死，兄子重贵嗣，告哀契丹，称孙不称臣，契丹怒。七月，王延政围汀州，闽主曦遣兵救之；延政攻汀州不克，还败曦兵。南汉循州乱，首领张遇贤称中天八国王，建元永乐，寻入循州，杀刺史，连陷数州县。八月，晋兵拔襄州，安从进自焚死。闽铸永隆通宝大铁钱，一当铅钱百。南唐颁升元条。十一月，晋初收食盐钱，户一贯至二百为五等，任人贩盐。至是以盐价贱，乃重征盐商，过者斤七钱，留卖者斤十钱；由是商绝，官复自卖。

外国 〔高丽〕 契丹使来，馈橐驼五十。太祖以契丹灭渤海，不堪与交，绝之，流其使于海岛。

〔日本〕 禁服深红色。

943年

中国 癸卯 晋出帝石重贵天福八年 南汉光天二年 刘晟应乾元年 乾和元年 契丹会同六年 闽永隆五年 殷王延政天德元年 后蜀广政六年 南唐升元七年 中主李璟保大元年

二月，南唐主昪死，子璟嗣，是为中主，逾月，改元保大。闽王延政称帝于建州，国号殷，改元天德，以将乐县为镛州，延平镇为镡州，倍征田亩山泽以及鱼盐蔬果之税。南唐置定远军于濠州。三月，南汉晋王刘弘熙杀其主刘玢，称皇帝，改元应乾，改名晟。四月，殷攻闽福州，败。七月，以年饥国用乏，使括诸道民谷。张遇贤为南汉兵所败，北攻唐虔州。九月，晋杀契丹贸易者，囚契丹回图使，既而释之；契丹益怒，拘晋使者。十月，南唐遣将击张遇贤，擒斩之。十一月，南汉改元乾和。十二月，宁州首领莫彦珠附于楚。是岁，春夏旱，秋冬水，蝗遍全国，民饿死者数十万口，流亡不可胜数。楚卖官鬻爵，征敛横暴，令常税外，县贡米自二千至七百斛有差。

外国

〔高丽〕 太祖死，太子武嗣，是为惠宗义恭王。

〔中亚细亚〕 萨曼尼王朝渐衰。当时什叶派运动盛行于民间，实是一种民间的反抗运动。后国王那萨尔（914—943年）亦信奉什叶派，企图利用什叶派力量以摆脱贵族之威胁。于是激怒之贵族，企图推翻那萨尔，那萨尔不得已禅位与其子努哈（943—954年），从此萨曼尼王朝的统治权落于突厥禁卫军官之手。

944年

中国

甲辰 晋天福九年 开运元年 南汉乾和二年 契丹会同七年 闽永隆六年 殷天德二年 后蜀广政七年 南唐保大二年

正月，契丹分道攻晋，东陷贝州、博州，前锋至黎阳；西入雁门，攻太原。晋帝致书契丹修好，契丹主不许。殷铸天德通宝大铁钱，一当百。二月，平卢节度使杨光远叛通契丹，契丹渡河以应之，大败于马家口。蜀攻阶州，败。三月，契丹分道北归，所过焚掠。闽将朱文进杀其主王曦，自称闽王，殷主王延政攻之不克；文进称藩于晋。令籍乡兵，七户出兵械资一卒，凡得七万余人，号武定军。四月，遣使分道括民财以济国用，官吏因缘为奸，民不堪命。五月，遣将讨杨光远，契丹救之，败。六月，复置枢密院。河决滑州，浸汴、曹、单、濮、郓五州，环梁山合于汶，大发丁夫塞之。府州刺史折从远拒契丹命，以为府州团练使。七月，改元开运。八月，以河东节度使刘知远为都统，备契丹。以澶、濮二州为镇宁军，置节度使。南唐置定远军于濠州。九月，契丹扰遂城、乐寿。十月，闽泉州将留从效等杀刺史，漳、汀二州继之，皆附于殷。十二月，以朱文进为闽国王。杨光远之子承勋劫光远开城纳官军，光远旋被杀。朱文进攻泉州，大败。殷主王延政又攻福州，文进请援于吴越。南唐将查文徽攻殷，大败。闰十二月，朱文进为其下所杀，福州入于殷。契丹复大举攻晋。

外国

〔高丽〕 遣使如晋告嗣位。

〔日本〕 大风，京都房多毁。

〔越南〕 吴权死，越史称为前吴王，其子嗣位。

〔阿拉伯〕 哈里发阿尔·穆塔基被废，总司令别立阿尔·穆斯塔克菲为哈里发（944—946年）。

〔拜占廷〕 君士坦丁七世设法先后废黜罗马勒斯及其二子，自任唯一之帝。

〔俄罗斯〕 伊戈尔第二次远征拜占廷，君士坦丁七世与之续订商约并予以贡金。

945年

中国

乙巳 晋开运二年 南汉乾和三年 契丹会同八年 后蜀广政八年 南唐保大三年 殷（闽）天德三年

正月，契丹掠邢、洺、磁三州，入邺都境，晋将力战却之。改武定军曰天威军。殷主王延政改国号曰闽，仍居建州。二月，晋大举攻契丹。唐将查文徽再攻闽。三月，闽将李仁达等据福州，奉僧卓岩明为帝，称天福十年，称藩于晋；闽主王延政遣兵讨之。晋军连下泰州、满城；契丹兵至，晋军退至阳城，反攻，大败契丹。四月，复以邺都为天雄军。五月，李仁达杀卓岩明，自称威武留后，用保大年号，称藩于南唐，改名弘义，亦贡于晋，且通好吴越。六月，晋遣使称臣，请和于契丹，未协。七月，南唐攻建州急，闽主王延政称藩于吴越，请救。八月，南唐兵入建州，王延政降，汀泉漳等州皆附于南唐，南唐置永安军于建州。九月，命括籴民粟以赡军。置威信军于曹州。十月，置镇安军于陈州。十一月，遣使册王武为高丽国王，使攻契丹。十二月，加吴越王钱弘佐东南面兵马都元帅。

外国

〔高丽〕 晋遣使来册封。惠宗死，弟尧嗣，是为定宗文明王。

〔日本〕 吴越商百人来。

〔越南〕 吴权妻兄杨三哥夺权子位，自称平王。

〔阿拉伯〕 哈里发阿尔·穆斯塔克菲任命阿穆德·伊本·布未为总司令，突厥禁卫军望风而逃，于是大权又入于布未族之手，史称布未希德朝（945—1055年）。布未族波斯人，自称系出波斯萨珊王朝，彼等对待哈里发态度，与以前之突厥禁卫军官并无区别。彼等信奉什叶派伊斯兰教，宗教仪式亦采用什叶派仪式。

〔波斯〕 哥拉森总督阿布·阿里叛萨曼尼王朝，拥兵独立。

〔俄罗斯〕 基辅公伊戈尔为德累夫利安人（东斯拉夫支族）所杀，子斯维雅托斯拉夫嗣位为大公，其母奥列加摄政。

946年

中国

丙午 晋开运三年 南汉乾和四年 契丹会同九年 后蜀广政九年 南唐保大四年

四月，南唐威武节度使李弘义攻泉州，州将留从效废刺史，破弘义兵，南唐命为泉州刺史。六月，定州人孙方简等，据狼山钞掠，首鼠于晋与契丹之间，至是引契丹侵晋。七月，河决杨刘，自朝城北流。八月，晋败契丹于燕长城北。分处河东吐谷浑于河阳等地，其首领白承福为刘知远所害。南唐拟召李弘义入朝，弘义拒命，遣兵讨之，为弘义所败。九月，弘义改名弘达，请命于晋，命知闽国事；寻又更名达，请援于吴越。契丹扰河东、定州，皆败。加楚王马希范为诸道兵马都元帅。河决澶州临黄。十月，大发兵，遣天雄军节度使杜威等攻契丹。南唐漳州军乱，留从效等平之。吴越遣兵入福州助李达。十一月，契丹大举攻晋。十二月，杜威等降于契丹，契丹主遣降将张彦泽先取开封，晋帝降。

外国

〔高丽〕 定宗好佛，以谷七万硕赐诸大寺院。

〔日本〕 朱雀天皇为僧，让位于村上天皇(六十二代)。

〔阿拉伯〕 哈里发阿尔·穆斯塔克菲被权臣废黜，另立阿尔·穆提（946—974年）继位。权臣布未族握实权，号称阿米尔。

〔日耳曼〕 鄂图干涉法兰西内战达四年之久。

〔意大利〕 伊夫累阿侯爵培隆热举兵反，雨果被废黜，其子罗泰尔二世仍保有国王名义，实权则操于培隆热之手。

〔法兰西〕 鄂图军进至卢昂。路易四世获得释放。

947年

中国

丁未　晋开运四年　汉高祖刘暠天福十二年　南汉乾和五年　契丹会同十年　辽大同元年　世宗天禄元年　后蜀广政十年　南唐保大五年

正月，契丹主耶律德光入开封，废晋帝为负义侯，安置黄龙府；废东京，降开封府为汴州。晋百官藩镇皆降，独彰义节度使史匡威拒命；雄武节度使何重进斩契丹使，以秦、阶、成三州附蜀；河东节度使刘知远则委蛇观变。荆南高从诲贡于契丹，复潜通刘知远劝进。南唐遣使贺契丹灭晋。契丹纵骑四出剽掠，又遣使诸州括钱帛，民不聊生，争起抗拒，其在淮北者多请命于南唐。二月，契丹主耶律德光服汉衣冠，受百官贺，改国号为辽，改元大同。刘知远称皇帝于太原，称天福十二年，后改名暠，令所在诛契丹人。保义军将赵晖等杀契丹将吏，滏阳民帅梁晖袭相州杀契丹人，晋州人杀契丹括钱帛使者，皆请命于刘知远。澶州人王琼围契丹将，败死。延州乱，逐节度使，奉录事参军高允为留后。契丹将高彦珣杀契丹刺史，自领州事。各地人民群起攻契丹，克宋、亳、密诸州；汉帝使人安集农民避契丹者。三月，契丹主北归，尽载府库之宝以行，复汴州为宣武军，命萧翰为节度使以镇之。吴越援福州，南唐兵大败退。泉州刺史留从效逐南唐戍将。四月，契丹主屠相州，掠妇女，存者仅七百余人。置永安军于府州，以折从阮为节度使。军将武行德截契丹铠仗，杀契丹监军，据河阳，请命于刘知远。嵩山民帅张遇拥朱乙为皇帝，袭郑州，败。伊阙民帅称皇帝，攻洛阳，败。凤州防御使石奉颓举州降蜀。契丹主耶律德光死于杀胡林。冀州民杀契丹刺史。赵延寿自称权知南朝军国事，图帝中原，为契丹永康王耶律兀欲所囚，兀欲称皇帝，北归。楚王马希范死，弟希广嗣。刘知远遣兵收复泽州等处，契丹在河南者相继北遁。萧翰强以唐明宗子李从益知南朝军国事，自率众北走。从益称梁王，知军国事，奉表迎刘知远；从益旋为知远所害。六月，刘知远至汴州，仍以州为东京、开封府，定国号曰汉，是为后汉高祖。契丹主兀欲囚其祖母述律太后，改元天禄，自称天授皇帝，是为辽世宗。七月，封马希广为楚王。闰七月，杜重威据邺都，结契丹，抗移镇之命，遣将讨之。洺州防御使薛怀让杀契丹使者，以州归于汉。以王章为三司使，王章加田税，每斛更输二斗，谓之省耗；令钱入者以八十为陌，出者七十七为陌，谓之省陌；凡犯盐、矾、酒曲禁者，锱铢皆处死。八月，军将何福进等起义攻恒州，契丹守将麻答北遁，因复恒州顺国军为镇州成德军。以四方大乱，敕抢掠者不问赃多少皆处死。以契丹尽掠军马，诏买民马于河南诸道。封钱弘倧为吴越王。荆南高从诲侵襄州、郢州，皆败，乃绝汉，附于南唐。九月，汉帝亲征杜重威。十月，晋昌节度使赵匡赞以长安降蜀。十一月，杜重威降。十二月，蜀分道攻凤翔，扰长安，凤翔节度使侯益降之。吴越将胡进思废其主钱弘倧，立其弟弘俶。甘州回鹘遣使入贡，为党项所掠。

外国

〔高丽〕 崔光胤以宾贡进士入晋，为契丹所虏，授以官位；知契丹将举兵来侵，潜以书告，因选军三十万号光军以防契丹，置光军司以统之。

〔日本〕 改元天历。减五位以上封禄。颁俭约法，减定物价。吴越人蒋衮为吴越王钱弘佐使者致书并土物；回赠砂金二百两。

948 年

中国 戊申 汉乾祐元年 南汉乾和六年 辽天禄二年 后蜀广政十一年 南唐保大六年

二月，赵匡赞、侯益皆去蜀附汉，蜀兵败。汉高祖死；二月，侄承佑嗣，是为隐帝，改元乾祐；三月，改广晋府为大名府，晋昌军为永兴军。契丹弃定州遁，孙方简入据之，因命为节度使。于是晋末陷契丹地皆复属汉。赵思绾据永兴、李守贞据河中、王景崇据凤翔，先后反，守贞为主，称秦王，结契丹；遣将讨之。五月，河决滑州鱼池。八月，王景崇亦附于蜀。蜀改凤翔为岐阳军，遣兵扰之，败还。封钱弘俶为吴越国王。十月，荆南高从诲死，子保融嗣。十一月，李守贞求救于南唐，南唐遣兵赴之，败还。十二月，南汉取楚昭州、贺州。

外国 〔高丽〕 东女真献马及方物。行后汉年号。

〔法兰西〕 封建军队为其领主作战每年不超过四十日之习惯，始见于记录。另一方面，为弥补此种缺陷起见，较大之封建领主在此时期前后已开始采用佣兵制。

949 年

中国 己酉 汉隐帝刘承佑乾祐二年 南汉乾和七年 辽天禄三年 后蜀广政十二年 南唐保大七年

二月，淮北人多请命于南唐，南唐遣将徇海、泗，败还。三月，楚败“蛮”于风阳山。五月，赵思绾降，旋被杀；李守贞自焚死。八月，楚王马希广、希萼兄弟交哄，希萼兵败。十月，吴越募民垦荒田，不收税。契丹扰河北，遣枢密使郭威御之。南唐攻正阳，败。十二月，王景崇自焚死。是岁，南唐置清源军于泉州，以留从效为节度使。自是从效据漳、泉二州。

外国 〔高丽〕 定宗病危，禅位于弟昭，是为光宗大成王，定宗寻死。

〔日本〕 关白藤原忠平死。撰坤元录。

〔阿拉伯〕 阿米尔阿杜德·阿尔·道拉（949—983年）执政，布未希德朝达到极盛时期。阿杜德·阿尔·道拉统一波斯、伊拉克诸小国。又提倡科学、文艺，兴修建筑，创立医院，巴格达较以前更加繁盛。

950 年

中国 庚戌 汉乾祐三年 南汉乾和八年 辽天禄四年 后蜀广政十三年 南唐保大八年

正月，使诣河中、凤翔收葬战死及饿殍，时有僧已聚骸骨二十万。二月，南唐将查文徽袭福州，为吴越兵所俘。四月，以枢密使郭威为邺都留守，以备契丹。五月，令防御、团练使非军期不得专奏事，皆先申观察使以闻。六月，河决郑州。楚马希萼结辰溆及梅山“蛮”攻扰马希广，希广兵屡败。希萼称藩于南唐，乞师攻希广，南唐遣兵赴之。十一月，希萼悉兵攻长沙，自称顺天王。隐帝杀大臣杨邠、史弘肇、王章等，又遣人赴邺都杀郭威；威引兵趋东京，隐帝亲御之，为乱兵所杀，威入东京，立高祖侄武宁节度使刘赟为皇帝，遣使迎之，嗣杀之。十二月，马希萼陷潭州，杀楚王马希广，自称楚王。契丹杀掠内丘、饶阳，遣郭威御之。郭威至澶州，军变，拥威为皇帝，返东京。

外国 〔越南〕 吴权子昌文起兵废杨三哥。

〔日耳曼〕 征服文德人（西斯拉夫人一支族）。同年波希米亚公请降。

〔意大利〕 罗泰尔卒，培隆热及其子阿得尔伯特当选为意大利王。

〔波希米亚〕 波利斯拉夫一世不断与日耳曼进行战争，至此始被迫为皇帝鄂图一世之封建附庸。但在东方波希米亚人仍为胜利者，逐渐将摩拉维亚与斯诺伐克亚收回，并将西里西亚之一部分与克累科（在波兰南部，或译克拉科）收入版图。

〔塞尔维亚〕 拉希喀叔潘澈斯拉夫将保加利亚人逐出塞尔维亚境外，自此以后统一塞尔维亚人，成为大叔潘。塞尔维亚在名义上虽仍承认拜占廷皇帝为宗主，但事实上每视皇帝之强弱而增减其效忠之程度。

〔瑞士〕 勃艮第王康拉德击溃入侵之匈牙利人（马札尔人）。

〔丹麦〕 哈罗德（蓝齿）履位为丹麦王后，国土颇有扩张，基督教之传布在此时期亦有相当进展。

951 年

中国 辛亥 周太祖郭威广顺元年 南汉乾和九年 辽天禄五年 穆宗耶律明应历元年 后蜀广政十四年 南唐保大九年 北汉世祖刘崇乾祐四年

正月，郭威即帝位，国号周，建元广顺，是为后周太祖。令仓库官吏不得收斗余称耗，罢进羡余，犯窃盗者并依晋天福以前刑格科罪。契丹遣使请和。汉高祖弟崇称帝于太原，仍称汉乾祐四年，是为北汉世祖，遣使结契丹攻晋州，败还。二月，契丹使来贺即位，造使报聘。马希萼称臣于南唐，南唐册为楚王。契丹遣使报聘北汉。三月，开与南唐商旅往来之禁。北汉主刘崇遣使契丹，自称侄皇帝，请行册礼。五月，后周使至契丹，被留。定州定难军节度使李彝殷附于北汉。六月，楚朗将周行逢等逐武平节度使马光惠，拥辰州刺史刘言为留后，称藩于周。契丹册北汉刘崇为大汉神武皇帝；崇更名旻；七月，旻遣使请兵于契丹以攻周。九月，契丹主兀欲议发兵，燕王述轧杀之于火神淀，自立为皇帝，部众旋杀述轧，奉耶律德光之子述律为主，改元应历，更名明，是为穆宗。楚马希崇囚楚王马希萼于衡山，自称留后，衡山将士奉马希萼为衡山王，皆请援于南唐；南唐遣边镐将兵赴之，十月入潭州，马希崇降，岳州寻亦为南唐所取。南唐以边镐为武安军节度使，镇湖南。十一月，南唐令马希崇、希萼等举族入朝，楚遂亡，其岭南诸州皆入于南汉。契丹、北汉连兵攻晋州月余，十二月，周救兵至，大败之。南汉取郴州，败南唐兵。

外国　〔高丽〕　行后周年号。

〔日本〕　置和歌所。

〔越南〕　吴昌文称王，号南晋，其兄昌岌称天策王，共理国事。华闾洞人丁部领遣子琏入质。

〔日耳曼〕　鄂图一世远征意大利，娶罗泰尔之孀妇阿黛拉德为妃（阿黛拉德以美丽著，罗泰尔卒后曾因觊觎之人甚多——包括鄂图之子——而引起轩然大波）。培隆热二世降，鄂图仍留之为意大利王（根据统计，自 951 年起至 1250 年止，三个世纪中日耳曼皇帝经阿尔卑斯山诸山道进出意大利者凡一百四十四次，日耳曼军队经山道出入意大利者凡四十三次）。

952 年

中国　壬子　周广顺二年　南汉乾和十年　辽应历二年　后蜀广政十五年　南唐保大十年　北汉乾祐五年

正月，潭州军将孙朗等起事，败奔朗州，说逐南唐兵。泰宁节度使慕容彦超结南唐及北汉反，遣将讨之，南唐赴援，败。北汉攻府州，败还。南唐开进士科，及第者三人；旋又罢贡举。三月，改威胜军曰武胜军。四月，南唐攻南汉桂州，大败。五月，周帝亲征慕容彦超，拔兖州，彦超赴井死，官军大掠，死近万人。六月，周帝亲祠孔子，访孔子后为曲阜令。后蜀大水。朔方节度使冯晖死，子继业杀兄继勋，自为留后。七月，后蜀梓州将王承丕作乱，旋败死。令犯私盐麹者以斤两定刑，不得皆处死。九月，禁北边吏民入契丹掠略。契丹扰冀州、掠丁壮。十月，朗州节度使刘言遣将攻潭州，边镐遁；又下岳州，于是尽复马氏故地。契丹瀛、莫、幽州大水，民多流入周河北境，命赈恤之。庆州党项野鸡族以不堪苛征，群起反抗，逾二月，抚定之。十一月，令民间所输牛皮减旧额三之二，四十顷税一皮，余听买卖，惟禁售于敌国。十二月，河决郑州、滑州。湖南将王逵攻郴州，为南汉兵所败。麟州刺史杨重训背北汉以州降于周。

外国　〔高丽〕　遣使如后周。

953 年

中国　癸丑　周广顺三年　南汉乾和十一年　辽应历三年　后蜀广政十六年　南唐保大十一年　北汉乾祐六年

正月，令罢营田务，以其民隶州县，田庐、农器、耕牛并予见佃者为永业，并除租牛课。契丹掠定、镇二州。三月，党项杀牛族忿官军掠略，群起反抗。后蜀相毋昭裔出私财兴学，刻版印九经。唐长兴三年所刻九经至是亦成。六月，契丹知卢台军事张藏英降周。湖南将王逵图代刘言，于二月诱杀言将，至是自将袭取朗州，囚言，寻杀之。七月，南唐大旱，饥民多渡淮而北。九月，契丹扰乐寿。自青、徐以迄关中大水。十二月，北汉扰府州。南唐复行贡举。道州盘容洞“蛮”首领盘崇自称都统，攻掠郴、道等州。

外国　〔高丽〕　后周遣使来册封。

〔日本〕　吴越人蒋承勋为吴越王钱弘俶使者致书并锦绣、珍宝，右大臣藤原师辅答以回书。

〔日耳曼〕　鄂图之子卢多尔夫与洛林公康拉德同举兵反。

〔英格兰〕　英王爱德瑞极力鼓励商业，命令凡商人能以自己之船只装载自己之货物航行大海三次者，准以国王之侍从（thane，后来成为武士，为贵族中之最低级）待遇，享受此一阶级所应享之特权。

954 年

中国　甲寅　周世宗柴荣显德元年　南汉乾和十二年　辽应历四年　后蜀广政十七年　南唐保大十二年　北汉乾祐七年

正月，罢鄴都。数年来河决灵河、鱼池、酸枣、阳武、常乐驿、河阴、六明镇、原武，凡八口，至是遣使塞之。周太祖死，养子柴荣嗣，是为世宗，旋改元显德。静海节度使吴昌岌死，弟昌文立，始请命于南汉，南汉命为节度使兼安南都护。二月，契丹、北汉连兵攻潞州，败周兵；三月，周帝自将御之，大败之于高平，乘胜进围太原；五月，并遣兵击契丹兵于忻、代，以久雨班师。十月，左羽林大将军坐纳藁税多取耗余赐死。汰侍卫亲军，募壮士充补，其尤精锐者别以为殿前军。十一月，以河自杨刘至博州连年东溃，汇为大泽，又溃灌齐、棣诸州，害民颇剧，遣官堵塞，役六万人，三十日毕工。北汉主刘旻死，子承钧嗣，契丹册之为帝，改名钧，上书契丹称男，契丹称之为儿皇帝。溆州蛮首领符彦通称王数年，至是去王号，附于湖南王逵。是岁，湖南大饥，民食草木实。

外国

〔日本〕 禁私带兵仗。

〔越南〕 吴昌文请命于南汉，受静海军节度使职。

〔中亚细亚〕 萨曼尼王朝国王努哈病死，子马利克继位。

〔日耳曼〕 马札尔人大举来侵，卢多尔夫与康拉德皆协助之。明年失败，后二者乞降，许之，但夺去其领地。

〔法兰西〕 路易四世卒，幼子罗泰尔嗣位。约在本世纪中叶弗兰得斯之纺织已颇为发展，逐渐成为西欧纺织业之中心。

〔北非〕 法蒂玛系哈里发牟伊斯阿丁尔率大军入埃及，各地总督迎降。

955 年

中国

乙卯　周显德二年　南汉乾和十三年　辽应历五年　后蜀广政十八年　南唐保大十三年　北汉刘钧乾祐八年

正月，令漕运斛给纲吏耗一斗。浚深、冀间胡卢河，于河旁李晏口筑城，赐名静安军，以御契丹。四月，展筑东京城，于农隙兴工。五月，废非敕额寺院，禁私度僧尼。是岁寺院存者二千六百九十四，废者三万三百三十六；存僧四万二千四百四十四、尼一万八千七百五十六。九月，令立监采铜铸钱，民间私有铜器、佛像悉输官给直，隐匿者科罪有差。周取秦、阶、成等州，后蜀兵败遁。后蜀以用度不足，始铸铁钱，榷铁器。十一月，周兵取凤州，俘后蜀将士五千。周攻南唐，十二月围寿州，令吴越出兵击唐。

外国

〔高丽〕 遣使如后周。

〔俄罗斯〕 基辅女摄政奥列加皈依基督教，但人民仍奉“异教”。

〔日耳曼〕 鄂图在雷赤斐尔德（奥格斯堡附近）大败马札尔人。马札尔人死伤甚巨，自此定居今匈牙利一带，不复为日耳曼之威胁（传奥格斯堡主教在此次战争中甚为勇武，获得广大声誉）。同年，重建巴伐利亚之奥斯特马克（后之奥地利公国）。

〔罗马〕 教皇约翰十二世开始与各国国王发生封建权之争端（按9世纪中叶前后起，一切教会土地俱先后卷入封建体系。主教或寺院住持之兼为领主者，例须为其封土向国王或高一级之其他封建诸侯行附庸效忠礼。象征教职权力之“牧杖”与戒指亦由世俗领主付与。久之遂启世俗领主觊觎之心，纷纷以自己之亲信充任教职，且企图依封建惯例世袭相传。事关财产得失，故教皇力争之）。

956 年

中国

丙辰　周显德三年　南汉乾和十四年　辽应历六年　后蜀广政十九年　南唐保大十四年　北汉乾祐九年

正月，周帝亲攻南唐，叠败南唐兵，二月，取滁州。南唐主遣使请和，兄事周帝，岁输货币；不答，进攻扬州。南唐主又遣使于周，称臣奉贡。周旋取扬州。朗州王逵受周命攻南唐鄂州下之。逵部将潘叔嗣袭据朗州，逵攻之，败死。叔嗣迎周行逢于潭州。自是行逢领有潭、朗两节度巡属。三月，南唐江北诸州多为周据，南唐主又遣使请去帝号，割淮北六州；周令其全割江北，南唐不从。吴越助周取南唐常州，旋为南唐兵所败。五月，周帝留兵围寿州，归东京。淮南民苦周兵掠略，群起抗拒，屡败周兵，周所得唐州县多复归于南唐。八月，周颁显德钦天历。十月，令夏税以六月、秋税以十月起征纳，不得早征。以殿前都虞侯赵匡胤屡建大功，擢为定国军节度使兼殿前都指挥使。十二月，南唐罢淮南营田害民者，遣使浮海乞兵于契丹。

外国

〔高丽〕 后周遣使来加册拜。留周使从官双冀为僚属，寻以为翰林学士，议开科目。命衣冠从华制。

〔日本〕 免诸田庸调。减百官封禄。

〔日耳曼〕 萨克森王室创办一名甘德尔斯罕姆修女院，捐赠该院之土地共有庄园一万一千个（按教会财产此时异常广大，即如特吉尔西修道院〔在巴伐利亚〕于本世纪初被巴伐利亚公爵阿尔那夫没收之前，即有庄园一万一千八百六十六处。此外富尔达修道院竟有庄园一万五千处）。

〔法兰西〕 “伟大的休”卒，其子卡佩休继位为法兰西公。罗退尔以阿奎丹畀之。

〔西班牙〕 纳瓦尔王加尔西阿二世入侵卡斯提尔俘其伯爵。

957年

中国 丁巳 周显德四年 南汉乾和十五年 辽应历七年 后蜀广政二十年 南唐保大十五年 北汉天会元年

正月，北汉主刘钧改元天会。二月，命人讨论古制，更造祭器、祭玉。周帝亲攻寿州，大破南唐援军。南唐清淮军节度使刘仁赡病不知人，其监军等开城降；改清淮军为忠正军，以旌刘仁赡之节。四月，分南唐降卒为六军，号怀德军。令疏汴水入五丈河，由是齐鲁可舟达开封。令人详定训释律令为刑统，颁之。十月，设贤良方正直言极谏、经学优深可为师法、详闲吏理达于教化等科。十一月，周帝亲攻南唐，下濠、泗等州。

外国 〔日本〕 改元天德。吴越使来。

〔占城〕 国王释利因德漫遣使献通天犀带、菩萨石、蔷薇水、猛火油于后周。

〔英格兰〕 王朝战争与宫廷阴谋相继发生，至975年由"卤莽的"阿忒尔累德继位为王。

958年

中国 戊午 周显德五年 南汉乾和十六年 刘𬬮大宝元年 辽应历八年 后蜀广政二十一年 南唐中兴元年 交泰元年 北汉天会二年

正月，南唐改元中兴。周攻楚州，逾月始陷，南唐都监郑昭业及所部千人奋战皆死，无一降者。三月，南唐改元交泰。周帝临江督战，南唐主请和，许之。南唐主上表称唐国主，献江北地，岁贡十万。于是周得江淮十四州、六十县，以江为界。浚汴口，导河达于淮，于是江淮舟楫始直达东京。四月，契舟扰边，遣将御之，五月拔其束城。南唐主更名景，去帝号，称国主；去年号，用周正朔。南唐国主以江南无盐田，请海陵盐监地；不许地，年以盐三十万斛给之。六月，周兵扰北汉。七月，初行大周刑统。闰七月，留从效称藩于周。八月，南汉主刘晟死，子𬬮嗣，改元大宝。十月，周帝谋攻后蜀，荆南高保融书劝后蜀主臣周，后蜀拒之。遣人均定诸州田租，令诸县并乡村，以百户为团，团置耆长三人。十一月，命人编大周通礼、大周正乐。十二月，后蜀大发兵备周。令诸色课户及俸户并归州县，其幕职等官并支俸钱、米麦。

外国 〔高丽〕 初用双遇议，行科举，命知贡举，试诗、赋、颂及时务策，赐进士甲科二人，明经三人，卜业二人及第。后周遣使以帛数千匹来市铜。

〔日本〕 铸乾元大宝钱。

〔阿拉伯〕 非洲法蒂玛系哈里发在此时获得阿拉伯半岛各地之承认。

〔尼德兰〕 10世纪中叶前后尼德兰之羊毛与麻纺织业开始再度兴盛。

959年

中国 己未 周显德六年 南汉大宝二年 辽应历九年 后蜀广政二十二年 北汉天会三年

二月，命人按视河堤，立斗门于汴口，发丁夫数万浚汴水，导入蔡水，以通陈、颍之漕；又浚五丈渠，东经曹、济、梁山泊以通青、郓之漕。开封府旧田税十万二千余顷，近按得羡田四万二千余顷。命减三万八千顷；诸州羡田准此以减。淮南饥。四月，自沧州治水道，补坏防，开游口，以通瀛、莫，备攻契丹。周帝亲督兵北上，连下益津关、瓦桥关、莫州、瀛州、易州；以瓦桥关为雄州，益津关为霸州。帝旋以疾班师。北汉扰周，败。六月，河决原武，发二万人塞之。以赵匡胤为殿前都点检。周世宗死，子宗训嗣，是为恭帝。七月，南唐铸当十永通泉货钱及当二唐国通宝钱；十月，废永通泉货钱。十一月，唐改洪州曰南昌府，建南都。十二月，契丹遣使聘于南唐，周将遣人刺杀契丹使，自是南唐与契丹绝。

外国 〔高丽〕 遣使如后周。

〔日本〕 吴越使来。

〔拜占廷〕 君士坦丁为其子毒杀，其子就位后，称罗马勒斯二世。

960年

中国 庚申 宋太祖赵匡胤建隆元年 南汉大宝三年 辽应历十年 后蜀广政二十三年 北汉天会四年

正月，周殿前都点检赵匡胤称皇帝，国号宋，建元建隆，是为宋太祖；废周帝为郑王。初令浚河丁夫糗粮皆从官给。三月，南唐、吴越各遣使贺于宋。北汉侵宋河西，旋退。四月，辽侵宋棣州，败还。宋昭义节度使李筠结北汉反；五月，宋帝自击之；六月，李筠败死。七月，辽政事令耶律寿远等谋反，死。宋初以知州易藩镇。宋整饬军政，立更戍法，使将不得专兵。八月，宋作新权衡。荆南节度使南平王高保融死，弟保勖嗣。

九月，宋焚扰北汉边县。宋淮南节度使李重进反，宋帝自击之。吴越初榷酒酤。十月，河决棣州厌次、滑州灵河。辽赵王耶律喜隐谋反，被幽。宋扰北汉汾州，败。十一月，李重进败死。十二月，南唐清源节度使留从效称藩于宋。宋铸宋通元宝钱。是岁，后蜀陵井摧圮，气上如烟，中人多死，自是煤盐遂废。

外国 〔高丽〕 定百官公服，以紫、丹、绯、绿为别。以开京为皇都，西京为西都。

〔中亚细亚〕 七河省突厥人始信奉伊斯兰教。

〔波兰〕 约在此时第一个具有历史真实性之国王（属于庇阿斯特家族）梅什科一世即位。征服瓦尔塔河（亦作瓦翠河）与敖德河之间地区。

〔塞尔维亚〕 大叔潘澈斯拉夫卒。至本世纪末止，塞尔维亚及波斯尼亚东部，大致接受东正教，而波斯尼亚西部与哥罗西亚则接受罗马天主教。宗教之分歧益助长政治争端。

〔日耳曼〕 日耳曼北部哈尔兹山脉中（拉美尔斯堡）之银矿约在此时期大规模开发，有助日耳曼之经济发展甚巨。

961 年

中国 辛酉 宋建隆二年 辽应历十一年 南汉大宝四年 后蜀广政二十四年 北汉天会五年

正月，宋遣官度诸州民田。宋浚蔡渠，后改名惠民河。宋修唐会要成。二月，南唐主李璟迁都南昌。宋浚五丈渠。三月，北汉侵宋麟州，败还。宋罢殿前都点检官。宋令长吏课民种植。四月，宋始严惩赃吏。宋减私麴及私盐罪。五月，宋三礼图修成。宋汰内外老弱军卒，置剩员以处退兵。辽行新历。宋停调民应邮传役，代以军卒。六月，南唐主李璟（景）死，子煜嗣，是为后主。七月，宋罢宿将典禁兵。宋塞棣、滑二州决河成。八月，生女真自海道贡马于宋。宋修周世宗实录成。宋初对南唐称诏。辽解里降宋。十月，宋禁边民侵盗辽人马。十一月，宋败北汉于汾西；十二月，又败北汉军。宋放免镇州弓箭手。

外国 〔高丽〕 大水。置修营宫阙都监。

〔日本〕 改元应和。

〔占城〕 遣使献犀角、象牙、龙脑香、药、大食瓶于宋。

〔拜占廷〕 经过一个半世纪之占领，克里特岛之阿拉伯人为拜占廷将军奈塞弗拉斯所逐出。

〔日耳曼〕 教皇因培隆热二世干涉教会事务，向鄂图乞援。鄂图第二次远征意大利，废黜培隆热父子。但教皇因惧鄂图之势过盛，又秘密与培隆热之子阿得尔伯特联合。鄂图为其子加冕为日耳曼王，称鄂图二世。

〔希腊〕 阿拉伯人被迫自克里特岛退出。六十年来阿拉伯人以此为根据地，骚扰希腊海岸，至是终止。

〔西班牙〕 哈里发阿卜杜·拉曼三世卒。科尔多瓦在其生时达到繁荣之顶点，全城有房屋二十万所，清真寺六百处，公共浴池九百处。瓜达奎弗尔河两岸有大城八个，市镇三百个，村落一万二千个。

962 年

中国 壬戌 宋建隆三年 辽应历十二年 南汉大宝五年 后蜀广政二十五年 北汉天会六年

正月，宋广皇城，宋禁州县役侨居民。二月，宋减窃盗刑。北汉扰宋潞、晋二州。三月，宋令诸州决刑死罪者，奏委刑部详复。女真贡于宋。清源军节度使留从效死，衙将陈洪进等推张汉思为留后。四月，北汉扰宋麟州。五月，宋发路州民修太行道。九月，宋禁举人呼知举官为恩师、师门及自称门生。宋复置书判拔萃科。湖南武平节度使周行逢死，子保权领军务，大将张文表不服，据潭州自称留后，皆遣使告于宋。十一月，宋诏县令考课以户口增减为黜陟。荆南节度使高保勖死，兄子继冲嗣。十二月，宋减强盗刑。宋禁镇将干涉民事。宋颁捕盗令。宋以河北、陕西、京东旱蝗，蠲其租。后蜀追督境内逋赋。

外国 〔高丽〕 遣使如宋。

〔占城〕 遣使献象牙、乳香于宋。

〔中亚细亚〕 萨曼尼王朝大将阿尔波提金略取伽色尼（在阿富汗），拥兵自立，是为伽色尼王朝建国之始。阿尔波提金为突厥人，初为萨曼尼王朝家奴，以军功浸擢至大将，以至建立小国。传世至 1186 年国亡。

〔拜占廷〕 日耳曼皇帝鄂图一世企图伸张其统治权及于意大利南部之伦巴德人，以此与拜占廷发生长时期磨擦。至 972 年其子鄂图二世与拜占廷公主狄奥梵诺结婚后始得暂时和平（狄奥梵诺为罗马勒斯二世女）。

〔日耳曼〕 鄂图强迫教皇约翰十二世为之加冕为皇帝。“神圣罗马帝国”由此形成，意大利被合并于日耳曼。

〔法兰西〕 佛兰德尔伯爵鲍尔温（铁臂）在奈伊河畔建立一小堡垒，不久即发展而成一重要商业城市——布鲁日。

963 年

中国 癸亥 宋建隆四年 乾德元年 辽应历十三年 南汉大宝六年 后蜀广政二十六年 北汉天会七年

正月，宋发丁夫修河堤。宋遣兵假道荆南赴湖南。宋筑益津关城，辽人扰之，不果筑。湖南周保权部将擒张文表，继遣兵拒宋。宋初命文臣知州事。二月，宋兵据江陵，高继冲籍其三州、十七县、十四万二千三百户归于宋，荆南高氏亡。宋兵入湖南，俘周保权，得十四州、六十六县、九万七千二百八十八户。宋命官详定刑制。宋令州县复置义仓。四月，宋于诸州置通判，又命节镇支郡皆直隶京师。宋颁建隆应天历。清源军将陈洪进废留后张汉思，请命于南唐及宋。宋重凿砥柱、三门。六月，宋初命京官知县事。七月，宋修五代会要成。宋扰北汉。湖南故周氏将汪端攻朗州，逾月败死。宋颁刑统。八月，宋以潘美守潭州，潘美数败南汉侵扰之师。宋侵北汉，取乐平县。女真贡马于宋。宋齐州河决。九月，高丽王王昭遣使泛海贡于宋。女真再贡马于宋。宋禁公荐贡举人。北汉结辽兵扰宋。十一月，宋改元乾德。十二月，宋禁道州调民取朱砂，除衡、岳二州税外赋米，并禁发民开铜矿。宋扰北汉石州。闰十二月，北汉扰宋府州。北汉取五台山布施供国用，又置银冶于团柏谷。

外国 〔高丽〕 行宋年号。宋遣使来册封，遭风，溺死者九十人。

〔拜占廷〕 罗马勒斯又为其妻狄奥梵诺毒杀，其五岁子即位，称巴西尔二世。狄奥梵诺与奈塞弗拉斯结婚，故奈塞弗拉斯亦同时称帝。

〔神圣罗马帝国〕 鄂图废黜教皇约翰十二世。利奥八世被选为教皇。

〔波兰〕 米斯西科大败于奥斯特马克之侯爵，被迫承认神圣罗马皇帝为宗主。

〔法兰西〕 在玛恩河畔之沙隆举行庙会（按此为法兰西庙会之最早见于记录者，可证当时已有商品生产）。

964 年

中国 甲子 宋乾德二年 辽应历十四年 南汉大宝七年 后蜀广政二十七年 北汉天会八年

正月，宋复制举贤良方正等科。宋改清源军为平海军，以陈洪进为节度使。二月，辽援北汉败宋兵。宋发丁夫凿渠，自长社引溴水合闵河。三月，南唐铸铁钱，物价日高。四月，宋置参知政事以副宰相。宋以瑶人首领秦再雄为辰州刺史，以招徕诸谿洞。九月，宋潘美取郴州。后蜀结北汉图宋，事泄。十一月，宋遣将攻后蜀，十二月，宋兵屡胜，至剑门，入利州。乌古及黄室韦部反辽。

外国 〔高丽〕 赐进士、明经、卜业各一人及第。

〔日本〕 改元康保。

〔神圣罗马帝国〕 罗马贵族重立约翰十二世为教皇。鄂图再入意大利，直捣罗马，使利奥复位。

〔俄罗斯〕 基辅大公斯维雅托斯拉夫亲政。彼为具有斯拉夫化名字之第一人。

965 年

中国 乙丑 宋乾德三年 辽应历十五年 南汉大宝八年 后蜀广政二十八年 北汉天会九年

正月，辽击乌古部。宋兵入成都，后蜀主孟昶降，得州四十五、县一百九十八、户五十三万四千三十九，后蜀亡。三月，后蜀兵拥旧将全师雄反宋，号兴国军，师雄自称兴蜀大王，叠败宋兵。宋收节度使权，置转运使察州郡。大室韦反辽。五月，小黄室韦反辽。宋将杀后蜀降卒二万七千余人。六月，大室韦败入敌烈部，寻皆降于辽。七月，“蛮”酋珍州刺史田景迁附于宋。乌古部掠辽上京北，至十月乃败还。

外国 〔高丽〕 遣使如宋。光宗礼重投化华人，每取臣僚大宅与之，嗣以大臣讽谏而止。

〔越南〕 吴昌文出征，中伏弩死。越史称为后吴王。

〔波兰〕 米斯西科一世娶匈牙利王波利斯拉夫之女为妃。

〔意大利〕 教皇利奥八世卒，皇帝鄂图立约翰十三世为教皇。

〔神圣罗马帝国〕 北疆侯国（见939年条）之格洛侯爵卒。二十余年之不断侵略，使易北河至敖德河间之西斯拉夫人地区，尽行并入日耳曼版图。

966 年

中国 丙寅 宋乾德四年 辽应历十六年 南汉大宝九年 北汉天会

十年

正月，辽扰宋易州。二月，宋扰北汉。三月，宋罢义仓。四月，宋罢场院羡余赏格，并严禁耗外加征。六月，宋禁臣庶家私养宦者。七月，宋禁将帅取精卒为牙兵。西南夷首领董暠等附于宋。八月，宋河决滑州，发士卒丁夫数万治之。闰八月，宋求遗书。宋河溢入南华县。宋立县令佐劝垦植赏格。十二月，全师雄病死，部众散降，蜀地始定。靺鞨别种达勒达贡于宋。

外国

〔越南〕 自吴昌文死，群雄并起：吴昌炽、矫公罕、阮宽、吴日庆、杜景硕、李圭、阮守捷、吕唐、阮超、矫顺、范白虎、陈览等十二人，各据一方，越史称为十二使君。

〔占城〕 国王遣使献象、犀、象牙、白氎于宋。

〔拜占廷帝国〕 保加利亚人与匈牙利人来侵。奈塞弗拉斯乞援于俄罗斯之基辅亲王斯维雅托斯拉夫，但由于后者在多瑙河上之大胜利，且有并吞保加利亚企图，故奈塞弗拉斯迅速与保加利亚人媾和，转而与俄罗斯人战。

〔波兰〕 为解除神圣罗马帝国继续侵凌之口实——征服异教徒，米斯西科接受波希米亚传教士之劝化，皈依拉丁（罗马）基督教。

〔意大利〕 培隆热之子阿得尔伯特在伦巴德举兵反，罗马贵族亦乘机驱逐教皇约翰十三世。

967 年

中国

丁卯 宋乾德五年 辽应历十七年 南汉大宝十年 北汉天会十一年

正月，宋以河屡决，定制岁以春季缮治，并诏孟州以下沿河州府长吏并兼河堤使。二月，辽扰宋益津关。四月，宋复开陵井，盐产大旺。七月，宋停送诸州铜像输京，并令勿毁，仍复崇奉。八月，宋河溢入卫州城。九月，宋定难节度使李彝兴死，子光睿权知夏州事，寻命为节度使。十二月，宋禁轻小恶钱及铁镴钱。

外国

〔日本〕 村上天皇死，冷泉天皇即位（六十三代），藤原实赖为关白，摄政。

〔越南〕 丁部领与子琏依陈览为领兵，连败群雄，灭吴氏。

〔占城〕 遣使献于宋。

〔神圣罗马帝国〕 鄂图三入罗马，重立约翰十三世，将城中显贵十三人处死。约翰感恩图报，又为鄂图二世加冕为皇帝。神圣罗马帝国自此形成两大习惯：（一）教皇之选举必须有皇帝之认可，方为合法。（二）日耳曼王同时即为意大利与罗马之王，但必须由教皇加冕后始可称尊号为神圣罗马皇帝。

〔波希米亚〕 波利斯拉夫一世卒，子嗣位，称波利斯拉夫二世。

968 年

中国

戊辰 宋乾德六年 开宝元年 辽应历十八年 南汉大宝十一年 北汉天会十二年

三月，宋定制复试品官子弟应举者。五月，宋令送上供钱帛、舟车并从官给，勿以扰民。宋以南唐饥，赐谷十万斛。七月，北汉睿宗刘钧死，养子继恩嗣。八月，宋遣将攻北汉。九月，北汉帝刘继恩为其下所杀，弟继元嗣，以宋兵入境，请救于辽；宋兵旋围太原。十一月，宋改元开宝。辽援北汉兵至，宋兵退。十二月，辽太平王罨撒葛谋反，败，贬。

外国

〔高丽〕 光宗信谗多杀，广设斋会，以僧为国师、王师，图消罪恶，因之无赖多诈为出家。

〔日本〕 改元安和。东大寺及兴福寺因争田互战。先是，自佛教大盛，僧寺拥田地甚多，遂蓄兵练武以便自卫，因之僧人多变而为兵，至是乃有两寺互战之事。天皇遣人和解之，不听。

〔越南 大瞿越〕 丁部领称帝，国号大瞿越，号大胜明皇帝，都华闾。

〔阿拉伯〕 拜占廷皇帝奈塞弗拉斯占领安提阿喀。

〔非洲〕 法蒂玛系哈里发牟伊斯阿丁完全征服埃及。

〔俄罗斯〕 基辅大公斯维雅托斯拉夫再率大军六万人进攻多瑙河流域之保加利亚人。

〔保加利亚〕 沙王彼得唆使佩彻涅格人进攻基辅，迫使斯维雅托斯拉夫退去。斯维雅托斯拉夫于击溃佩彻涅格人后，次年又西返。

〔神圣罗马帝国〕 鄂图因拜占廷皇帝爽约，不欲以公主狄奥梵诺嫔其子，乃向意大利之拜占廷行省进攻以胁迫之。

〔西班牙〕 诺曼人来侵，大掠加里西亚，两年内蹂躏莱昂之大部分，最后始为加里西亚伯爵击退。

969 年

中国

己巳 宋开宝二年 辽应历十九年 景宗耶律贤保宁元年 南汉

大宝十二年　北汉天会十三年

二月，宋帝亲攻北汉。辽穆宗以酷虐为其下所杀，世宗第二子耶律贤立，改元保宁，是为辽景宗。三月，宋兵围太原，辽遣将救北汉，宋将马仁瑀入辽上谷、渔阳，大掠而还。四月，宋将何继筠大败辽兵于阳曲北。五月，辽侵宋定州，宋将韩重赟大败之。闰五月，北汉宰相郭无为谋降宋，被杀。宋徙太原民万余家于山东、河南，因久攻无功，遂班师。八月，宋灵武节度使冯继业请内徙，从之，以段思恭代之。九月，宋初令民典买田土者输钱印契。十月，宋罢凤翔节度使王彦超等为诸卫上将军。自是诸藩镇州府渐多代以文吏。辽舍利于鲁等族降于宋。十一月，回鹘、于阗贡于宋。

外国　〔日本〕　冷泉天皇让位于圆融天皇（六十四代）。

〔拜占廷〕　奈塞弗拉斯遇刺死，佐安尼斯·漆米西斯嗣位，仍与狄奥梵诺之二子巴西尔及君士坦丁共主国政。

〔埃及〕　本年建开罗城（今埃京）。

970 年

中国　庚午　宋开宝三年　辽保宁二年　南汉大宝十三年　北汉天会十四年

正月，辽还所留北汉使者。三月，宋初赐应进士诸科举人十五举以上者出身。四月，宋禁抑配两税科物。六月，宋汴水决宁陵县。七月，宋减州县官吏，增俸给。八月，南唐后主使劝南汉刘𬬮附宋，刘𬬮囚之。九月，宋遣兵攻南汉。十一月，宋减桂阳监银额三之一。辽扰宋定州。十二月，宋兵连下贺、连、昭、桂、韶等州。敌烈部反辽。是岁，宋周弼等掠兖州，旋败。

外国　〔日本〕　改元天禄。摄政藤原实赖死，藤原伊尹代。

〔越南　大瞿越〕　建元太平。遣使如宋。

〔占城〕　遣使献于宋。

〔拜占廷〕　基辅大公斯维雅托斯拉夫征服保加利亚后，又进攻色雷斯。

〔俄罗斯〕　基辅大公斯维雅托斯拉夫以其国分畀三子。

〔神圣罗马帝国〕　约在此时有不伦瑞克之干德斯海姆镇某修道院女尼罗斯维他（约935—1000年）用拉丁文咏语写鄂图一世之编年史。此外尚著有喜剧六出。

〔西班牙〕　纳瓦尔王桑绰二世（大王）即位，为当时西班牙诸基督教王国中最有权力之王。

971 年

中国　辛未　宋开宝四年　辽保宁三年　南汉大宝十四年　北汉天会十五年

正月，宋禁诸道州县差摄官。二月，辽扰宋易州。宋兵至广州，南汉主刘𬬮降，得州六十、县二百十四、户十七万二百六十三；南汉亡。三月，宋放免岭南男女被卖为奴婢者。六月，宋初置市舶司于广州。回鹘贡于辽。宋扰北汉。宋河决郑州原武县，汴水决宋州谷熟县。七月，宋革南汉重敛苛政，民纳租皆用官斗。宋再扰北汉。宋汴水决宋州宋城县。十月，南汉故臣邓存忠等以土人二万攻邕州，旋败。吐谷浑贡于辽。十一月，南唐改号江南。宋河决澶州，遣官督塞之。

外国　〔高丽〕　地震，逾年又震。

〔越南　大瞿越〕　定文武僧道阶品。

〔占城〕　副王李耨等遣使献于宋。

〔拜占廷〕　基辅大公斯维雅托斯拉夫兵败，负伤，被迫接受放弃并吞保加利亚之条件，订定和约。封建诸侯在巴尔达斯·福喀斯领导下掀起叛乱，经激战后始就平息。

〔保加利亚〕　斯维雅托斯拉夫（基辅大公）虽被迫撤退，但多瑙河流域之国土尽为拜占廷占领。

972 年

中国　壬申　宋开宝五年　辽保宁四年　北汉天会十六年

正月，宋禁以铁铸塔像。北汉扰宋。二月，宋于沿河十七州各置河堤判官一员。江南后主减损制度。闰二月，宋初行殿试。三月，宋禁岭南县吏豪民以代输逋赋为名质人妻子。四月，宋并省岭南州县。五月，宋废南汉所置采珠之媚川都。宋河大决澶州濮阳县，遣官塞之，且放宫人三百八十余人。嗣河又决大名府朝城县，河南北诸州皆大水。六月，河又决阳武县，汴水决郑州、宋州。因发诸州兵及丁夫凡五万人塞决河，并诏求治河者。女真尝掠宋人马，至是遣使贡马于宋，并谢罪，放还所掠。九月，宋禁私藏天文、图谶、太乙、雷公、六壬、遁甲之书；十一月，又禁僧道私习天文地理。是岁，宋大饥。北汉始令民输赡军钱，减百官俸。

外国　〔高丽〕　遣使如宋。

〔日本〕　高丽使至对马。藤原伊尹死，藤原兼通为关白。

〔越南 大瞿越〕 遣子丁琏聘于宋。

〔占城〕 国王波美税褐印茶遣使献于宋。

〔非洲〕 法蒂玛系哈里发牟伊斯阿丁尔东迁埃及，以开罗为都城。

〔拜占廷〕 与伊斯兰帝国继续战争。

〔俄罗斯〕 基辅大公斯维雅托斯拉夫在退回基辅途中为佩彻涅格人袭击丧命。自此至978年发生王朝争端，虚位六年。

〔保加利亚〕 东部为拜占廷占领。波利斯二世被迫逊位，大教长亦同时被废。

〔匈牙利〕 基乍（972—997年）为匈牙利公。压抑氏族领袖权力，建立集权政府。此外又自日耳曼延聘传教士来匈，使匈牙利人逐渐皈依基督教。

〔神圣罗马帝国〕 与拜占廷媾和，漆米西斯遣人送狄奥梵诺来与鄂图二世完婚。此一结合，使神圣罗马帝国质朴之日耳曼式宫廷生活，日趋奢靡。

〔意大利〕 编年史家利乌特普朗德卒，生年不详。

〔法兰西〕 萨拉森人于本年被逐出普罗旺斯，但法兰西南部海岸各地仍时遭彼等剽劫。

973年

中国 癸酉 宋开宝六年 辽保宁五年 北汉天会十七年

正月，辽侵掠党项。宋渠州民李仙以迷信聚万余人，掠广安军，败死。三月，宋帝亲试举人于讲武殿，由是殿试为常式。宋禁铜钱出境。四月，宋整饬诸州举人考试，严禁私荐。宋修开宝通礼成。宋重定神农本草成。五月，交州丁琏贡于宋，封交趾郡王。女真掠辽边。六月，女真朝于辽。七月，宋罢诸州以牙校断狱，更命士人为司寇参军以理刑罚。八月，宋罢成都府后蜀所立嫁妆税。十二月，北汉将改元，请命于辽。女真贡马于宋。

外国 〔日本〕 改元天延。

〔越南 大瞿越〕 宋封丁琏为交趾郡王。

〔占城〕 遣使献于宋。

〔花剌子模〕 伟大学者阿尔·培罗尼生（973—1048年）。阿尔·培罗尼生于花剌子模，后被执至伽色尼，又尝居印度之旁遮普，因得习梵文，并观察印度风土人情。尝著《印度记》一书，为关于印度史之重要文献。阿尔·培罗尼精通天文、数学、年代学、地理、博物学，浩博无涯，为中亚细亚著名学者。

〔神圣罗马帝国〕 鄂图一世卒，鄂图二世为唯一皇帝与国王。

〔法兰西〕 阿拉伯数字与符号约在此时传入西欧（按阿拉伯数字渊源于印度）。

〔西班牙〕 哈里发哈开姆与摩洛哥法蒂玛系哈里发之总督战，大败后者，在摩洛哥建立倭玛亚朝政权。

〔波希米亚〕 布拉格设主教区。波希米亚不断派遣传教士赴匈牙利与波兰等地布道。但在政治方面则不断发生王朝战争。争位者或向波兰求助，或向日耳曼求助。

〔波兰〕 米斯西科一世，败于神圣罗马皇帝鄂图二世，被迫承认后者为宗主。

974年

中国 甲戌 宋开宝七年 辽保宁六年 北汉广运元年

正月，北汉改元广运。四月，辽宋王耶律喜隐又谋乱，被废。九月，宋谕江南国主李煜入朝，煜称疾辞，宋遂遣将侵江南。十月，宋修五代史成。十一月，辽宋初议修和通聘。十二月，宋兵屡胜，渡江；江南去开宝年号，募兵抗宋。吴越围江南常州。北汉扰宋。

外国 〔日本〕 疫。

〔越南 大瞿越〕 定十道军制。

〔占城〕 遣使献孔雀伞、西天烽铁于宋。

〔阿拉伯〕 哈里发阿尔·穆提死，子阿尔·塔伊耳嗣位（974—991年）。

〔拜占廷〕 佐安尼斯亲自指挥与阿拉伯帝国之战争。占领伊德萨与尼西俾斯。

975年

中国 乙亥 宋开宝八年 辽保宁七年 北汉广运二年

正月，宋兵围金陵。二月，北汉贡于辽。江南试进士，录三十人。自保大十年开贡举，至是凡十七榜。三月，辽将献党项俘。辽遣使聘于宋。五月，宋河决濮州郭龙邨；六月，又决顿丘。七月，辽黄龙府将燕颇反，遣兵讨之。十月，江南遣使于宋求缓师，不许；继再遣使贡银、绢求缓师，仍不许。十一月，又遣使求援师，依然不许。宋兵随下金陵，李煜降，得州军二十二、县一百八十、户六十五万五千六十；江南亡。十二月，辽遣使贺宋正旦，宋遣使报之。

外国 〔高丽〕 光宗死，太子伷嗣，是为景宗献和王。

〔越南　大瞿越〕　定文武冠服。遣使献金、帛、犀、象于宋。宋遣使来，封丁琏为交趾郡王。是后遣使如宋皆用琏名。

976 年

中国　丙子　宋开宝九年　宋太宗赵炅太平兴国元年　辽保宁八年　北汉广运三年

正月，宋试诸州所举孝弟力田及有文武材干者，皆不合格，悉罢之，并治滥举之罪。二月，吴越国王钱俶朝于宋；三月，遣还国。辽使人赈鳏寡孤独及贫乏者。四月，宋将下江州，屠其城。宋遣使贺辽帝生辰。八月，宋遣兵攻北汉，围太原。女真侵辽边。九月，辽遣兵救北汉。女真掠辽边。十月，宋太祖死，弟光义嗣，是为宋太宗，更名炅。十一月，宋诏转运使察举知州、通判及监场务官。辽遣使吊于宋。十二月，宋改元太平兴国。宋始置三司副使。辽遣使聘于宋。辽复南京礼部贡院。宋罢攻北汉之兵。高丽人金行成入宋国子监，后仕宋为安州通判，卒于官。

外国　〔高丽〕　宋遣使来册封。遣使如宋。定职散官各品田柴。遣金行成入宋国子监，后登第。

〔日本〕　大地震。改元贞元。

〔越南　大瞿越〕　海外商船来。遣使如宋。

〔占城〕　遣使献于宋。

〔中亚细亚〕　伽色尼王苏布克提金即位(976—997 年)。苏布克提金出身奴隶，以勇武善战为伽色尼王阿尔波提金所信任，以女妻之，擢为大将。伽色尼至苏布克提金而始强大，拓地西至哥拉森，东至印度之旁遮普，传十六君，至 1186 年国亡。伽色尼王朝之勃兴为突厥人在伊斯兰统治范围内勃兴之始。

〔拜占廷〕　占领大马士革与贝鲁特，进至耶路撒冷近郊，但为埃及来援之阿拉伯人击退。佐安尼斯·漆米西斯卒。巴西尔二世为唯一皇帝。

〔保加利亚〕　萨缪尔（西部一总督之子）起于保加利亚西部未受战祸地区，自立为王，逐渐扩张其疆土至索非亚。

〔西班牙〕　哈里发希沙姆继位。当其在位之三十三年中（至 1009 年），国内变乱四起，各地总督形同独立者约二十余人，为北方各基督教国家之发展创造有利条件。

〔意大利〕　威尼斯爆发反抗公爵坎地亚诺四世之大起义，公爵邸第及圣马可教堂俱被焚。

977 年

中国　丁丑　宋太平兴国二年　辽保宁九年　北汉广运四年

正月，女真贡于辽。宋大增考试取录名额；是科进士始分等，并明经诸科及特奏名共取五百人，皆优与注官。二月，宋废江南铁钱，改铸铜钱，禁民私采铜矿。辽遣使贺宋。宋分西川为东西两路，各置转运使。三月，宋置榷场售舶来香药、宝货以济国用。宋籍藩镇子弟补殿前承旨，令不得再补牙校。宋置威胜军，许辽人互市。北汉乞粮于辽，辽予以二十万斛。四月，辽遣使于宋助葬。五月，宋遣使报谢于辽。七月，回鹘贡于辽。宋河决温县、荥泽，又决顿丘、白马。八月，宋梅山峒首领苞汉阳等攻扰，潭州兵击破之。宋悉罢节度使所领支郡。九月，宋禁江南小钱，并定以七十七钱为一百。十月，辽遣使贺宋帝生辰。女真贡于辽。宋初榷酒酤。十一月，宋遣使贺辽正旦。十二月，宋定晋州矾法，禁私煮私贩。高丽王遣子贡于宋。辽遣使贺宋正旦。通远军界蕃族攻扰，诏抚定之。

外国　〔高丽〕　赐进士六人及第。遣使如宋，献良马、甲兵。

〔日本〕　关白藤原兼通死，藤原赖忠代。

〔越南　大瞿越〕　遣使如宋。

〔占城〕　遣使献于宋。

〔神圣罗马帝国〕　法王罗退尔侵入洛林，两国战事起。

978 年

中国　戊寅　宋太平兴国三年　辽保宁十年　北汉广运五年

正月，北汉以宋边州大治兵器，惧而请救于辽。宋浚汾河，又浚广济、惠民及蔡河、汴口，又治黄河堤。二月，宋建崇文院以储图书。宋罢昌州虚额盐。回鹘贡于辽。三月，吴越王钱俶朝宋。四月，女真贡于辽。平海节度使陈洪进献漳、泉二州于宋。共县十四、户十五万一千九百七十八。五月，钱俶献地于宋，共州军十四、县八十六、户五十五万六百八十；吴越亡。宋定难节度使李克睿死，子继筠嗣。十月，辽遣使贺宋帝生辰。宋封孔子后文宣公，免其家租税。十二月，辽遣使贺宋正旦。泉州民十余万攻州城，寻败散。

外国　〔高丽〕　宋遣使来。

〔日本〕　改元天元。宋人来。

〔占城〕　遣使献于宋。

〔俄罗斯〕　弗拉基米尔为基辅大公。

〔法兰西〕 鄂图夺回洛林后，进至巴黎附近，但旋退去。

〔英格兰〕 埃塞尔累德二世以经商权利畀科隆商人与卢昂商人，并许其在英格兰城市中择地定居。

979 年

中国 己卯 宋太平兴国四年 辽保宁十一年 乾亨元年 北汉广运六年

正月，宋遣使于高丽。宋遣将分路攻北汉。宋制新浑仪成。二月，辽遣兵援北汉。宋帝亲督师，三月败契丹援北汉之兵。四月，宋兵围太原。五月，北汉主刘继元降，得州十、县四十、户三万五千二百二十；北汉亡。宋毁太原旧城，以榆次县为并州，徙其富民于西京。六月，宋帝以灭北汉之兵攻辽，围辽南京，附近诸州多降于宋。七月，辽援军至南京，大败宋兵于高梁河，宋帝弃师遁归。宋定难军留后李继筠死，弟继捧嗣。九月，辽攻宋，大败于满城。十一月，辽改元乾亨。

外国 〔高丽〕 宋遣使来加册封。

〔越南 大瞿越〕 丁部领及子琏为祗候内人所杀。大将黎桓等立部领子丁璿为帝，方六岁，桓摄政，自称副王。大臣阮匐等起兵讨桓，败死。吴权之后吴日庆引占城水兵来攻，遭风溺死。

〔占城〕 遣使献于宋。

〔拜占廷〕 封建诸侯在斯克利鲁斯领导下，掀起叛乱，进攻君士坦丁堡。巴西尔乞援于巴尔达斯•福喀斯（见 971 年条）始战胜之。

980 年

中国 庚辰 宋太平兴国五年 辽乾亨二年

正月，宋开尉氏新河九十里。二月，宋定役法，上四等户量轻重轮差，下四等户免除。三月，辽将献党项俘。宋将杨业败辽于雁门。瓜沙归义军节度使曹元忠死，子延禄嗣，宋寻命为节度使。四月，宋遣官使交州，时丁部领已死，子璿幼，大将黎桓专政。六月，辽宋王耶律喜隐又谋乱，被囚。七月，宋遣将攻交州黎桓。辽将再献党项俘。九月，宋修太祖实录成。十月，辽帝至南京督师侵宋，大败宋于瓦桥关；宋师继败辽于关南，辽帝退。十二月，宋修沿辽界城池，开南河自雄州达莫州以通运。是岁，辽铸乾宁钱。

外国 〔越南 大瞿越〕 黎桓称皇帝，建元天福，降丁璿为王。自丁部领称帝至丁璿被废，凡十三年，越史称为丁朝。

〔神圣罗马帝国〕 与法兰西媾和。鄂图仍保有洛林，但作为法王罗退尔所赐之采邑。

981 年

中国 辛巳 宋太平兴国六年 辽乾亨三年

正月，宋易州破辽兵。宋于清苑界开徐河、鸡距河五十里入白河，关南漕运遂通。三月，宋兵破交州兵于白藤江口，寻以炎瘴班师。四月，放罢湖州织罗女工。五月，辽上京汉军乱，事连废宋王喜隐，逾年乃赐之死。九月，宋置差遣院考校京朝官劳绩。宋易州破辽兵。是岁，薛居正死。居正曾领衔撰旧五代史。

外国 〔高丽〕 景宗病危，禅位于堂弟治，是为成宗文懿王。罢八关会。

〔越南 黎氏〕 大败宋兵。群臣上尊号为明乾应运神武升平至仁广孝皇帝。

〔占城〕 越南黎桓献所俘占城九十三人于宋，宋资遣之回。

〔拜占廷帝国〕 巴西尔在索非亚大败于保加利亚人之手。

〔罗马〕 教皇本内地克七世公布反对用行贿方法取得教会职位之命令。

〔北美洲〕 一部分诺曼人，在“红人”（外号）伊利克率领下，发现北美洲东北之格陵兰岛。自 985—986 年彼等曾在岛之西南方居住。此为历史上美洲第一次被发现。

982 年

中国 壬午 宋太平兴国七年 辽乾亨四年

二月，宋又徙并州治于三交寨。四月，宋秦王赵廷美获罪夺官，嗣又降为公，安置房州，牵连多人遭贬逐。辽三道侵宋，东路败于满城，五月又败于唐兴，中路败于雁门，西路败于新泽寨。宋定难留后李继捧入朝，献其世据四州地；六月，继捧族弟继迁奔地斤泽抗宋。宋置译经院，令西僧译佛经。八月，宋罢剑南榷酤，又罢川陕官织锦绮。九月，辽景宗死，子隆绪嗣，是为圣宗，年幼，母萧氏称制。高丽贡于宋。宋定贡举人连保同坐法。十月，宋河决武德县。宋行乾元历。十二月，辽攻阻卜。宋遣使于高丽。闰十二月，宋丰州破辽兵。宋于诸州置农师。

外国 〔高丽〕 改百官号。命五品以上官论时政。大臣崔承老上书，历述前王得失，谓光宗重华风而未取华之令典，礼华士而未收华之贤才。又上时务策，中有请禁非时与宋买卖，只许因聘使兼行贸易。令民间借贷出息至子母相侔即勿取息。遣使如宋。以王生日为千春节，节日之名始此。

〔日本〕 宋商来。

〔越南 黎氏〕 黎桓亲攻占城，陷之，大掠而归。大饥。

〔占城〕 遣使献于宋。

〔神圣罗马帝国〕 鄂图企图夺取意大利南部之拜占廷行省，在卡拉布利亚为希腊人及其同盟萨拉森人所败。

〔意大利〕 北方城市威尼斯与热那亚此时俱与东方伊斯兰教地区有繁荣之贸易。

983年

中国 癸未 宋太平兴国八年 辽乾亨五年 契丹圣宗耶律隆绪统和元年

正月，辽将献阻卜俘，党项扰辽边。二月，辽禁官吏军民无故聚众私语及冒禁夜行。三月，宋分三司为盐铁、户部、度支三部，部各置使。宋以虔、信、饶等州产铜、铁、铅、锡，命饶州永平监岁市以铸钱五十万贯。宋除福建诸州盐禁。五月，宋河大决滑州韩郇，泛澶、濮、曹、济诸州，流至彭城界入淮。黎桓自称交州三使留后，遣使贡于宋。六月，辽更国号曰契丹，改元统和，辽帝号天辅皇帝，太后号承天皇太后。七月，契丹革汉人、契丹人互殴处刑不平之律。宋谷、洛、瀍、涧诸水溢，溺死者万计，巩县几尽。契丹将献上党项俘；八月，更发兵攻党项之不服者。宋改江淮漕运雇船法。豁、锦、叙、富四州“蛮”附宋。九月，宋初置水陆发运使，命江淮部送上供钱帛，差牙吏押送，勿再点差民户。十二月，宋滑州决河塞，未几复决，发卒五万治之。是岁，宋令选童子五十人就译经院习梵学、梵字。

外国 〔高丽〕 置十二牧。宋遣使来册封。博士任成老至自宋献太庙、社稷、文宣王庙、祭器等图记。定三省、六曹、七寺制。复试进士三人、明经一人赐及第，是为复试之始。女真为契丹所攻，以木契告急，来奔者二千余人。寻潜袭边郡，杀掠而去。

〔日本〕 改元永观。捕京畿内私带武器者。僧奝然乘宋商船入宋。

〔越南 黎氏〕 遣使通好于宋。海道新港成。

〔占城〕 遣使献于宋。

〔阿拉伯〕 阿米尔阿杜德·阿尔·道拉死，子沙拉夫·阿尔·道拉继位。

〔神圣罗马帝国〕 鄂图二世卒，其子嗣位称鄂图三世。拜占廷在意大利南部之权力重行建立。丹麦人侵入北方诸地，势如破竹。同年易北河下游东岸各地之斯拉夫人亦起而暴动，摧毁日耳曼人之居留地，将后者逐回易北河之西。但不久日耳曼人又卷土重来（按易北河下游之西斯拉夫人自称为波拉巴人，因彼等称易北河为拉巴河）。

984年

中国 甲申 宋太平兴国九年 雍熙元年 契丹统和二年

正月，宋求遗书。二月，宋淮南开故沙河四十里，又于建安到淮澨中置二斗门以利漕运。三月，日本僧奝然至宋。宋滑州决河复塞。四月，契丹将献女真俘。五月，宋罢诸州农师。宋开江南盐禁。八月，女真八族附于契丹。九月，宋夏州兵攻李继迁，获其母妻。十一月，宋改元雍熙。十二月，宋废岭南采珠场。

外国 〔高丽〕 遣官城鸭绿江岸，为女真所虏。遣使如宋。

〔日本〕 定无职者带剑之罚法。圆融天皇让位于花山天皇（六十五代）。撰医心方三十卷。

〔越南 黎氏〕 铸天福钱。

〔英格兰〕 丹麦人再度开始向英国入侵。

985年

中国 乙酉 宋雍熙二年 契丹统和三年

二月，权交州留后黎桓贡于宋。李继迁袭据银州。三月，宋以江南饥，许民渡江自占。六月，宋复禁盐、榷酤。银、麟、夏三州蕃万六千户附于宋。八月，契丹攻女真。闰九月，禁邕管杀人祭鬼及僧置妻妾。是岁，宋约高丽合攻契丹。

外国 〔高丽〕 宋遣使来加册拜。宋以将攻契丹，遣使约夹攻。禁舍家为寺。定五服给假式。

〔日本〕 改元宽和。圆融上皇薙发。

〔越南 黎氏〕 宋使来。遣使如宋求领节镇。

〔占城〕 遣使献于宋，且诉为越南黎氏所侵。

〔斯堪的纳维亚〕 斯汪一世嗣位为丹麦王，在位几三十年，先后征服挪威人、瑞典人与一部分西斯拉夫人。

986 年

中国 丙戌 宋雍熙三年 契丹统和四年

正月，契丹将献俘女真生口十余万、马二十余万匹。宋遣曹彬、潘美等分东西道攻契丹。二月，李继迁降于契丹，受命为定难军节度使。三月，宋兵东路越涿州，西路下寰、朔、应等州。四月，东路下蔚州，西路下云州，各地汉民纷起反契丹，契丹援军分道来御。五月，曹彬等以炎暑退至岐沟，大为契丹兵所败，死者数万。七月，宋安置山后降民七万八千余口于许、汝等州。契丹西路援军败潘美等军，复取蔚、寰、朔、云、应等州，宋将杨业败死于朔州狼牙邨。十月，契丹以云、应等州土人群起，遣官巡检。宋授黎桓为静海军节度使。十一月，宋徐铉等上新定说文。契丹大举攻宋。十二月，宋修文苑英华成。契丹兵大胜于君子馆，宋兵死者数万；又攻代州，败还；又陷邢州、深州，大掠。契丹以宗女为公主，妻李继迁。

外国 〔高丽〕 契丹遣使来。改诏为教。命各州府置义仓。普赐学生布米。遣崔罕、王琳入宋国子监，后登宾贡科受秘书郎而还。

〔日本〕 定沽买法。花山天皇让位于一条天皇（六十六代），外祖藤原兼家摄政。宋商来，僧奝然乘其船回。

〔越南 黎氏〕 点民为兵。宋遣使册黎桓为静海军节度使、安南都护、京兆郡侯。遣使如宋报谢。

〔占城〕 遣使献于宋。国人蒲罗遏被越南所迫，举族百口迁于宋之儋州。

〔法兰西〕 罗退尔卒，子路易五世嗣位。

987 年

中国 丁亥 宋雍熙四年 契丹统和五年

正月，契丹兵扰束城、文安。宋暂罢广南煮盐。三月，李继迁败宋兵于王亭。五月，宋市马于诸路。七月，宋置三班院以统供奉官、殿直及殿前承旨。十一月，宋始给百官实俸。

外国 〔高丽〕 定科场只试诗、赋及时务策。置十二牧、经学、医学博士。以庆州为东京。

〔日本〕 申私带兵器之禁。改元永延。宋商来。

〔越南 黎氏〕 大有年。

〔占城〕 国人斯当李娘举族百五十余口迁于宋南海清远县。

〔拜占廷〕 福喀斯与斯克利鲁斯共同反对巴西尔及其政府，率封建诸侯掀起叛乱。

〔神圣罗马帝国〕 丹人与斯拉夫人进攻帝国北部甚亟。鄂图三世继位后（年仅三岁）狄奥梵诺在日耳曼为摄政，阿黛拉德（见951年条）则在意大利为摄政。

〔法兰西〕 路易五世卒，卡洛林王朝终。自752年矮子丕平与教王勾结正式当选为国王后，至是凡二百三十五年。法兰西公爵卡佩·休以一部分诸侯拥护，当选为法兰西国王。卡佩氏之直系、旁系自此统治法国直至18世纪末叶。同年末卡佩·休之子罗伯特亦加冕与其父共为法王。

988 年

中国 戊子 宋端拱元年 契丹统和六年

正月，改元端拱。五月，宋以李继迁不肯降，乃复命李继捧为定难军节度使，赐姓名赵保忠。七月，宋除西川盐禁。九月，契丹攻宋，十月至定州；十一月，掠祁州，寻败于唐河。是岁，契丹初置贡举，及第者一人。

外国 〔高丽〕 宋遣使来加册拜。始定五庙。

〔日本〕 禁僧徒奇装异服，携带武器。僧奝然使弟子嘉因与宋僧祈乾赴宋，献物于宋帝。

〔越南 黎氏〕 宋使来。

〔占城〕 国人忽宣等族三百余人迁于宋。

〔俄罗斯〕 弗拉基米尔皈依基督教之东正教（承认君士坦丁堡总主教为教会最高权力），并娶拜占廷公主安娜为妃。弗拉基米尔皈依后，立即令基辅居民全体领受洗礼。

〔法兰西〕 洛林公查理于卡佩登位时，亦获得一部分诸侯拥戴，至是率兵入侵法兰西。

〔埃及〕 哈里发阿尔阿西斯命设大学（自由讲授学术）于开罗。

989 年

中国 己丑 宋端拱二年 契丹统和七年

正月，契丹陷宋易州，遂据之。二月，宋作方田。三月，契丹开奇峰路，通易州市。七月，契丹扰宋，败于唐州、徐河。

外国 〔高丽〕 置东、西、北面兵马使。遣使如宋。

〔日本〕 藤原赖忠死。改元永祚。

〔越南 黎氏〕 改元兴统。

〔拜占廷〕 封建诸侯之军队威胁君士坦丁堡，但福喀斯在阿拜多斯战败后卒，斯克利鲁斯遂亦请降。

〔法兰西〕 10世纪末法国币制异常紊乱，根据估计此时流行各地之货币不下一百五十种。诸侯任意减少铸币中之贵金属成分以牟利，商业发展大受阻碍。

990年

中国 庚寅 宋淳化元年 契丹统和八年

正月，宋改元淳化。二月，宋除江南、两浙、岭南渔禁。宋赐诸路印本九经。三月，宋夏州兵败李继迁。五月，宋铸淳化元宝钱。自后每改元必更铸。契丹括民田。八月，宋禁川峡、岭南、湖南杀人祀鬼。九月，北部女真附于契丹。十二月，契丹以李继迁为夏国王。

外国 〔高丽〕 宋遣使来加册拜。置修书院于西京。

〔日本〕 藤原兼家死，藤原道隆摄政。改元正历。宋商来。

〔越南 黎氏〕 宋使来，黎桓诡称伤足，不能拜诏书。

〔占城〕 新王杨陁排自称新坐佛逝国，遣使献于宋，并诉为越南黎氏所侵，人民、财宝皆为所掠。宋谕黎桓守境安民。

991年

中国 辛卯 宋淳化二年 契丹统和九年

正月，宋遣兵击李继迁。契丹大臣进实录二十卷。契丹罢括田。三月，宋新定淳化编敕成。四月，宋罢端州贡砚。五月，宋置诸路提点刑狱。六月，宋汴水决浚仪县。七月，契丹括户口。李继迁降于宋，授银州观察使，赐姓名赵保吉。十月，赵保忠降于契丹，封西平王，复姓名李继捧。十二月，契丹以李继迁受宋姓名官职，遣使招谕之。女真以契丹遏其朝宋之路，请宋发兵共击之。未从其请，自是女真遂附于契丹。

外国 〔高丽〕 立社稷。逐鸭绿江外女真于白头山外。

〔日本〕 皇太后剃发。

〔越南 黎氏〕 遣使如宋。

〔阿拉伯〕 阿米尔巴哈·阿尔·道拉废哈里发阿尔·塔伊耳，另立阿尔·卡迪尔为哈里发（991—1031年）。是时阿米尔道拉兄弟争权，展开内战，国势衰危。

〔拜占廷〕 爱比利亚（相当于今格鲁吉亚）王大卫以其南半部土地割让帝国。

〔法兰西〕 洛林之查里兵败被俘，卡佩幽禁之，但阿奎丹公爵又举兵反。

〔英格兰〕 东萨克森人为丹人战败。阿忒尔累德被迫征收“丹人税”纳作贡金，丹人始退去。

〔丹麦〕 哈罗德二世卒，斯汪继位为王。

992年

中国 壬辰 宋淳化三年 契丹统和十年

二月，契丹掠灵州。三月，宋贡举考校始用糊名之制。六月，宋初置常平仓。十月，宋立磨勘院以考课中外官。十二月，契丹侵高丽。

外国 〔高丽〕 令有文武才略者自举，并令五品以上京官各举一人。宋遣使来加册拜。立国子监，给田庄。

〔越南 黎氏〕 发三万人开道，自南界至地哩。

〔占城〕 僧人净戒献龙脑、金铃、铜炉、如意等物于宋。遣使献于宋，宋赐以马、旗、银装剑、银缠枪、弓、弩。

〔拜占廷〕 威尼斯向在帝国各处享有极为广泛之商业特权，至此已逐渐形成不受帝国约束之独立势力。

〔波兰〕 波利斯拉夫一世（“勇敢的”）即位，为波兰国家真正组织者。彼征服之土地甚多，相传其志在统一西斯拉夫人成为单一国家。

〔瑞士〕 阿尔高与图尔高（今仍为瑞士北部之两州）两地之农奴，因不堪贵族地主之压迫，起而暴动，但旋失败。

993年

中国 癸巳 宋淳化四年 契丹统和十一年

正月，契丹与高丽和，取女真鸭绿江东地予高丽，俾通贡道。二月，宋废沿江榷货八务，听商人买贩。宋加高丽王官衔，又封黎桓为交趾郡王。宋以江、淮、浙、陕连年旱灾，民多流亡，遣八使巡抚之。宋分磨勘院为审官院及考课院，分别考校京朝官及州县官。宋西川青城县民王小波以均贫富相号召，聚众起义，杀贪吏，攻城池。三月，宋置河北缘边屯田使，大兴雄、霸等州水利。宋令大理详决案牍送审刑院，不必送刑部详复。五月，宋京西自长葛县开河，导溦水分流合惠民河之役成。七月，契丹桑乾、羊河泛溢，南京大水。宋置诸路茶盐制置使。宋河决澶州，泛入御河。宋并提点刑狱司于转运司。宋划全国为十道，以左右计使分领之，以督赋税。闰十月，又置三司总计使。李继迁以宋禁盐池相困，攻掠环州等地。十一月，宋以沿江、沿海不靖，影响漕运，命官为管句江淮、两浙都大发运、擘划茶盐事，以经理之。十二月，王小波战死，李顺继之，攻下蜀、邛、彭、汉等州。

外国

〔高丽〕 置常平仓于两京十二牧。契丹来侵，遣使与之和，因遣官为礼币使如契丹。

〔日本〕 始置俊士。

〔越南 黎氏〕 宋遣使进封黎桓为交趾郡王。

〔印度〕 德里城约建于此年。

〔阿拉伯〕 阿米尔萨布尔在巴格达建立图书馆，藏书万册。

〔瑞典〕 俄勒夫•斯库特各隆嗣位，是为瑞典第一个宗基督教之国王。俄勒夫在位二十七年，召请盎格鲁萨克森工匠来居瑞典，又曾与挪威进行战争。1024年俄勒夫逝世后，哥特人与瑞典人曾进行长期战争。

〔瑞士〕 10世纪末，瑞士日益成为僧侣（教会）与贵族大地主占优势之地区。

994 年

中国

甲午 宋淳化五年 契丹统和十二年

正月，契丹漷阴大水，没三十余邨，契丹帝命疏旧渠。李顺破成都，称蜀王，建元应运，宋遣兵攻之。宋遣兵攻李继迁。二月，宋令转运司输转租税不得役民。三月，高丽始奉契丹正朔。宋兵入夏州，俘李继捧，获牛羊、铠甲数十万；李继迁远遁。四月，宋毁夏州城，迁其民于绥、银等州。宋改京西榷酤法。五月，宋兵拔成都，俘李顺；顺部等又连下嘉、戎等八州，攻夔州，大败，死者二万余；六月，又叠败于广安军、合州、陵州。高丽遣使乞师于宋，请攻契丹，未许。自是高丽遂附于契丹。契丹颁大明历。七月，李顺余部扰眉州。李继迁献马谢罪于宋。八月，契丹太后命太妃领西北路兵马，抚定西边。宋删定淳化编敕成。九月，宋京兆焦四等起事于陕，未几降。宋罢诸州榷酤。宋请和于契丹，不许；又募人赂女真等部反契丹，亦不从。十一月，宋遣使诏谕李继迁。契丹命州县贡明经、茂材异等。十二月，宋罢总计使。

外国

〔高丽〕 契丹于鸭绿江西创筑五城以通聘路。行契丹年号。并遣使如契丹告行正朔，乞还俘口。遣使如宋，乞师以报契丹，宋不应，自是遂与宋绝。契丹遣使来抚谕。遣兵逐女真，置二镇二州。

〔越南 黎氏〕 改元应天。遣使如宋。占城王孙来朝。

〔波兰〕 波利斯拉夫一世征服波美拉尼亚，获得到达波罗的海之通道。

〔法兰西〕 卡佩休为朗斯（利姆斯）大主教该尔柏特问题（卡佩所赞助者）与教皇约翰十五世发生争执。

〔英格兰〕 丹人攻伦敦，不克。

995 年

中国

乙未 宋至道元年 契丹统和十三年

正月，宋改元至道；遣官分赴陈、许、邓、颍、蔡、宿、寿、亳等州经度水利屯田。契丹侵宋府州，大败。二月，李顺余部皆败散。宋令各州金谷、刑狱由通判、判官治理，节度使至刺史勿与其事。三月，李继迁遣使贡于宋。四月，契丹侵宋雄州，败。六月，宋重造州县二税版籍。宋遣使求遗书于江南。宋许民请佃旷土为永业。七月，契丹以兀惹等部侵铁骊，遣将击之。八月，宋禁边民与蕃戎婚娶。牂柯等“蛮”贡于宋。李继迁扰宋清远军。九月，契丹以南京太学生员渐多，赐庄田一区。十月，契丹令诸道置义仓。兀惹等部纳款于契丹。十二月，铁骊贡鹰马于契丹。是岁，汴河运米五百八十万石，几倍旧数。

外国

〔高丽〕 令由科目出身年未五十者，京官月进诗赋四篇，外官岁进诗赋三十一篇。遣使如契丹。改定官制。分全国为十道。遣童子如契丹习契丹语。请婚于契丹。

〔日本〕 改元长德。藤原道隆死，藤原道兼继为关白，不久亦死，藤原道长代摄政。宋商来。

〔越南 黎氏〕 宋使来。遣使如宋。

〔占城〕 遣使献犀角、象牙、玳瑁、龙脑、黄熟香、檀香、胡椒、簟席，又山得鸡二万四千三百双于宋，表谢赐物并请放流民居南海者回国。

〔阿拉伯〕 阿勒颇为拜占廷所夺。但的黎波里之进攻则被击退。

〔神圣罗马帝国〕 鄂图三世亲政。

〔挪威〕 俄勒夫（一世）继位为王，在位虽仅五年，但以英格兰传教士之助，使挪威、冰岛与格陵兰诸地之诺曼人皆皈依基督教。同年挪威贵族掀起叛乱，并乞援于丹麦与瑞典之王。公元1000年俄勒夫兵败被杀。

996年

中国 丙申 宋至道二年 契丹统和十四年

四月，宋以李继迁劫饷，击之。契丹凿大安山取刘仁恭所藏钱，又铸太平钱。五月，李继迁围宋灵州。宋以川中仍不靖，遣官为西川都提举捉贼使以经理之；时李顺余部王鸬鹚称邛南王，未几败散。六月，高丽遣使问契丹帝起居，是后岁以为常。七月，凉州隔绝蕃部，久绝于中原，至是请官于宋，因命丁惟清知西凉府。汴河决谷熟县。闰八月，宋诏江、浙、福建民负人钱没入男女者还其家，敢匿者罪。九月，宋兵攻李继迁，五路并进，略有小胜。宋河东、陕西地大震。十月，宋以池州钱监为永丰钱监，岁铸钱数十万缗。十一月，契丹禁非时畋猎，免妨农功。十二月，宋有司请开凤州铜矿、定州银矿，不许。契丹减南京税。契丹将诱杀阻卜部首领等六十人。是岁，李昉死。昉领衔撰《太平御览》。

外国 〔高丽〕 契丹遣使来册封。

〔日本〕 米价大贵。

〔越南 黎氏〕 宋遣使来。

〔拜占廷〕 巴西尔二世颁布土地法，大领地被没收者甚多，皆分配农民耕种。此外另有若干规定，企图制止封建制度之发展。与保加利亚之长期战争开始，至1014年始终止。

〔神圣罗马帝国〕 鄂图三世入意大利，立一二十四岁之日耳曼青年布卢诺（卡林西阿公爵之子）为教皇，称格列高利五世。格列高利五世即为鄂图三世加冕。

〔法兰西〕 卡佩休卒，其子罗伯特二世继位为唯一国王。法兰西封建制度至卡佩时已充分发展，国王实质上仅为若干封建诸侯之盟主，诸侯既不向之宣誓效忠，亦不提供任何封建义务。同年纳恩伊（在巴黎之东，滨玛恩河）举行第一次庙会。

997年

中国 丁酉 宋至道三年 契丹统和十五年

正月，契丹遣将攻河西党项。二月，契丹募民耕品部旷地，又徙梁门、遂城、泰州、北平民于北方；三月，又募民耕滦州荒地。契丹封李继迁为西平王。河西党项附于契丹，由是契丹西路拓地益远。宋太宗死，太子恒嗣，是为真宗。四月，宋进封黎桓为南平王。五月，宋罢江淮发运使。敌烈部杀契丹官远走，契丹将追俘其人之半，便攻阻卜之未服者，后筑三城于境，以控制西北部族。七月，契丹禁吐谷浑别部鬻马于宋。八月，西川戍卒刘旴攻扰蜀、汉等州，十日，败死。九月，契丹罢东边戍卒。宋以孔延世为曲阜令，封文宣公。十月，契丹弛东京渔泺禁。李继迁扰宋灵州。十一月，宋田锡上疏历言两月之间十余州所奏劫掠之案。高丽王治死，从子诵立，使告于宋，不得达；亦告于契丹。十二月，宋以李继迁谢罪，因命为定难军节度使。仍赐姓名赵保吉，以夏、绥、银、宥、静五州地予之。是岁，宋分全国为十五路。

外国 〔高丽〕 成宗死，景宗子诵嗣，是为穆宗宣让王，遣使如契丹告嗣位。契丹遣使来贺千春节，时成宗已死，告于柩前。

〔日本〕 高丽使来。

〔越南 黎氏〕 宋进封黎桓为南平王。遣使如宋。大水。

〔中亚细亚〕 伽色尼王苏布克提金死，遗命以次子伊士迈嗣位，长子马哈德不服，杀伊士迈而自立。马哈德残酷好战，即位不久，攻萨曼尼王朝末王曼石尔，并其国。

〔法兰西〕 封建制度盛行后，农奴状况苦不堪言。诺曼底数伯爵领地之农民奋起暴动。各地之参加者各推代表二人组成执行团体，企图推翻一切统治权力，恢复原来之自由生活。诺曼底公“好人”理查二世闻讯后，派大军前往“进剿”。农民迅速遭遇失败，领袖多人被捕后遭受截去手足之刑。中古初期较大规模之农民暴动，此为始见于记录者（按此次农民起义，有置于11世纪之最初数年者，如编年史家雨默叶之威廉）。

998年

中国 戊戌 宋真宗赵恒咸平元年 契丹统和十六年

正月，改元咸平。三月，女真贡于契丹。四月，宋免诸州自五代以来百姓逋欠千余万，释囚系者三千余人。契丹罢民输官俸。五月，铁骊贡于契丹。七月，宋命广西诸州奖劝种麻织布。八月，宋修太宗实录成。十一月，西凉府河西军将折逋游龙钵朝于宋，献马二千余匹。宋置估马司以估蕃部马，于河东、陕西、川峡皆置务，岁得五千余匹，以布帛茶等物相易。十二月，宋新定编敕成。

外 国

〔高丽〕 改西京为镐京。改定文武两班及军人田柴科。穆宗在位时，宋温州人周伫随商舶来，命以官，久掌制诰，后终于礼部尚书。

〔日本〕 麻疹始流行。

〔法兰西〕 教皇迫使法王罗伯特二世与其妻柏尔塔离婚（按柏尔塔为罗伯特中表姊妹。当时教皇每利用禁止血属相婚为名，向犯者榨取巨额“贡献”，传罗伯特〔外号敬虔者〕不解此意，故被迫离异）。

〔匈牙利〕 圣斯提芬（一世）即位。在位四十一年中，使匈牙利成为一真正王国。彼自罗马敦请本内地克派之教士来匈牙利，予以大量土地。又没收氏族领袖之土地，厉行封建制度，鼓励农业与商业，并在边境各地利用自然形势建设防御工事。

999 年

中 国

己亥 宋咸平二年 契丹统和十七年

四月，宋权罢大通监铁冶。宋遣官经度襄阳县淳河、宜城县蛮河及汝州汝河屯田水利。六月，宋重修太祖实录成。七月，宋初给外官职田。九月，契丹帝及太后大举侵宋，宋保州将田绍斌等败契丹前军；十月，契丹攻遂城，守将杨延朗拒却之；十二月，宋帝至大名府御契丹；契丹游骑至邢、洺。宋府州兵入辽境焚扰。

外 国

〔高丽〕 契丹遣使来加册拜。遣使如宋，陈为契丹所阻之状。

〔日本〕 改元长保。太宰府击高丽“盗”。颁新制十一条。

〔占城〕 国王杨普俱毗茶逸施离遣使献于宋。

〔波希米亚〕 波兰王波利斯拉夫一世利用波希米亚内部之紊乱，夺取西里西亚、摩拉维亚与克拉科。

1000 年

中 国

庚子 宋咸平三年 契丹统和十八年

正月，宋益州戍卒乱，奉王均为主；均建号大蜀，建元化顺，攻陷汉州。契丹败宋兵于瀛州，遂渡河掠淄、青而还。王均攻剑门不利，还成都，二月，均败攻成都之兵。四月，宋免湖南地税、屋税及枯骨税，又减茶斤之数。宋遣官经度饶、池、江、建等州铸钱事。七月，宋改江南茶法。九月，宋置群牧司以理马政。成都破，王均突围走富顺，旋死。宋延州兵破蕃部十族，获人畜二十万。十一月，契丹以李继迁子德明为朔方节度使。十二月，宋罢京畿均田税。是岁，宋诏籍河北丁壮，以军法部勒。

外 国

〔日本〕 定唐物价值。

〔越南 黎氏〕 蜂州乱，遣兵击定之。

〔阿拉伯〕 伽色尼总督马哈德（997 年继位）征服哥拉森。伽色尼宫廷盛极一时，诗人，学者，人才辈起，商业与制造俱受到鼓励。

〔波兰〕 获得皇帝鄂图三世许可，在格内孙建大主教区。

〔匈牙利〕 斯提芬一世排除东正教，接受罗马基督教，并对异教加以迫害。

〔意大利〕 威尼斯人为纪念对亚德里亚海东岸达尔马提亚之征服，由公爵阿尔西阿洛二世（兼达尔马提亚公爵）举行该城与亚德里亚海之结婚仪式（将精制之戒指一枚投入海中），自称为亚德里亚海之后。此项仪式自此著为定例，为历任公爵必须执行之职务。

〔北美洲〕 诺曼人来夫•埃利克自挪威返格陵兰，又自格陵兰遵海南航，到达北美洲本部彼所称焚兰（即葡萄地）之地。焚兰究为何处，争论不一，主张为今加拿大东南之诺伐斯科细亚者较多。彼等在此处渡过三个冬季。欧洲各地普遍迷信公元 1000 年将为世界之“末日”。人心惶惶，不可终日。甚至帝国公牍亦用“兹以世界末日行将来临”等语开端。生产情绪低落，赴罗马朝圣者络绎于途。直至 1001 年开始后始渐趋镇定。

1001 年

中 国

辛丑 宋咸平四年 契丹统和十九年

二月，宋诏举贤良方正能直言极谏者。三月，宋分川、峡为益、利、梓、夔四路。宋颁行仪天历。四月，回鹘贡于宋，并请助攻李继迁。六月，宋汰冗吏，计省十九万五千八百二人。宋赐诸州县学校九经。九月，宋修续通典及校定周礼等正义成。宋籍陕西丁壮为保毅军。李继迁陷宋清远军，继围灵州。十月，契丹侵宋。宋购逸书。十一月，宋兵大败契丹兵于威胜军，契丹退。十二月，宋遣兵援灵州。西凉府使至宋。

外 国

〔日本〕 定衣服车马之制。

〔中亚细亚〕 伽色尼王马哈德大举攻印度，虏旁遮普王斋帕尔，而并其地。

〔匈牙利〕 由于斯提芬在其国境内剿灭异教之功绩，教皇西尔未斯特二世遣人持王冠来为之加冕。自此斯提芬称国王，而匈牙利亦称王国。斯提芬死后，1083 年教会又命封赠之为“圣徒”。

1002 年

中国　　壬寅　宋咸平五年　契丹统和二十年

正月，女真贡于契丹。宋环庆路兵袭焚蕃落二百余帐。宋以施、黔、高、汉州“蛮”屡出攻掠，遣官经理之，赎还被掠万余人，与其首领定约立誓。二月，宋扩京城。女真朝于契丹。三月，李继迁陷据灵州，以为西平府。契丹侵宋，四月，扰梁门、泰州，旋退。五月，宋减河北冗官。宋选河南丁壮为兵戍西北。六月，李继迁围麟州，败遁。八月，沙州将曹宗寿杀其节度使曹延禄，遣使贡于宋，命为归义军节度使。九月，宋于府州河上造桥以便饷馈。十一月，宋增陕西诸州酒课。十二月，宋迁麟州内属人于楼烦。契丹奚王府献七金山土河川地。是岁，宋京东西、淮南水。

外国　　〔越南　黎氏〕　定律令。改十道为路、州、府。

〔神圣罗马帝国〕　鄂图三世卒，无嗣，亨利二世被选为日耳曼王。但意大利诸侯与主教则别选阿尔多伊诺为意大利王。

〔英格兰〕　阿忒尔累德企图利用诺曼人以驱逐丹人，娶诺曼底公理查一世之女埃马为妃。圣不奈斯日（11 月 13 日）大肆屠杀丹人（当时丹人系与英人混合居住），无分老幼性别尽遭杀害。

〔波兰〕　波利斯拉夫乘鄂图三世卒，占领琉塞喜阿与迈孙（帝国之东疆，前者为一小马克，后者为图林基亚马克之一城）。但在 1005 年被迫退出。

〔爱尔兰〕　孟斯特之布利安自此时起逐渐取得较其他各族之王更重要之地位。彼在其统治地区内广修道路并建筑要塞。

1003 年

中国　　癸卯　宋咸平六年　契丹统和二十一年

二月，六谷羌酋潘罗支贡于宋，请助击李继迁。四月，女真贡于契丹。宋禁士庶家私黥僮仆。李继迁扰宋洪德寨。契丹南侵，败宋兵于望都，俘大将王继忠。五月，李继迁侵西凉府，大败，因伤死，子德明嗣。六月，宋丰州蕃部攻李德明，败之。陇山西蕃部贡马于宋，并请助攻李德明。契丹遣使吊祭李继迁。党项贡于契丹，阻卜诸部亦附契丹。八月，西蕃二十五族附宋。高丽王遣使请宋出兵牵制契丹。宋命静戎等军并置方田，凿河以遏契丹。十一月，契丹括南院部民。

外国　　〔日本〕　僧寂照入宋。宋商来。

〔越南　黎氏〕　日效民四百余投宋。

〔英格兰〕　丹麦王斯汪（或作斯文德）为报复对丹人之屠杀，入侵英格兰。于征服英格兰后，兼为英王。

〔波希米亚〕　波兰王“勇敢的”波利斯拉夫一世自任为波希米亚公爵，但次年即为日耳曼军队所逐。

〔意大利〕　比萨与卢卡发生战争，中世纪意大利城市相互间之战争以此为嚆矢。

1004 年

中国　　甲辰　宋景德元年　契丹统和二十二年

正月，宋改元景德。二月，女真贡于契丹。宋京师及冀、益、黎、雅等州地震；四月，邢州又震；六月，瀛州又震。七月，契丹封李德明为西平王。契丹时纵游骑扰宋深、祁等州。八月，阻卜朝于契丹。九月，契丹帝及太后大举侵宋，掠威虏、顺安等军，前锋小挫，别将侵宋岢岚军，大败于草城川，死者万余。十月，宋将又破契丹兵于朔州界。契丹太后亲攻瀛州不克，丧三万余。十一月，契丹败宋兵于洺州。宋帝用寇准言，亲御契丹于澶州。契丹攻大名不克，旋陷德清军，围澶州，丧大将萧挞览。时宋与契丹已互遣使谈和，十二月议成，宋岁以银绢三十万予契丹，是为澶渊之盟。契丹太后赐幸臣大丞相韩德昌姓耶律。

外国　　〔日本〕　改元宽弘。

〔越南　黎氏〕　遣使如宋。

〔占城〕　遣使献于宋。

〔神圣罗马帝国〕　波兰公爵波利斯拉夫占领波希米亚，亨利迫使其退出，但战事延续十五年之久。

约自本世纪初起西欧各地之人开始使用姓氏。最初多用其庄园之地名作为姓氏，稍后则别取姓氏。此风开始于贵族之间，至 13 世纪时始渐普遍，一扫旧日用绰号之陋俗。

〔意大利〕　萨拉森人攻入比萨，大事劫略（按萨拉森人虽于 972 年退出法国南部，但科西嘉、萨地尼亚与巴利阿利群岛仍在彼等手中，可用之为根据地）。

1005 年

中国 乙巳 宋景德二年 契丹统和二十三年

正月，宋放河北丁壮归农，省河北戍兵什五，缘边戍兵三之一。二月，契丹置榷场于振武军，以羊易南中绢。宋遣使贺契丹太后生辰，自是两国互遣生辰使。四月，女真、回鹘贡于契丹。党项侵契丹。五月，宋国子监有书版十余万，经史皆具。宋于镇戎军募弓箭手，后缘边各路多仿行之。高丽、阻卜遣使贺契丹，与宋和议。六月，达旦九部遣使于契丹。七月，党项贡于契丹。宋复诏举贤良方正等六科。女真贡于契丹。九月，赵德明即李德明，遣使贡于宋，时宋已赐之国姓。十月，宋及契丹互遣使贺来岁正旦，自是以为常。十二月，宋始命予致仕官半俸。

外国 〔高丽〕 东女真扰登州。汰外官。赐进士等及第者七人。

〔日本〕 宋商人来。

〔越南 黎氏〕 六月，黎桓死，诸子争立，相持八月，子龙钺始即位，越三日为弟龙铤所杀，谥中宗。龙铤即位，时乱事仍未已。

〔波兰〕 公爵波利斯拉夫一世为皇帝亨利二世所败，被迫退出波希米亚与琉塞喜阿。

1006 年

中国 丙午 宋景德三年 契丹统和二十四年

正月，宋于诸州置常平仓。二月，宋命转运使副及知州皆加劝农使衔。宋复置江淮发运使。五月，赵德明贡于宋。宋改解盐法。八月，沙州敦煌王曹寿贡马、玉于契丹。十月，赵德明进誓表于宋，命为定难军节度使，封西平王，赐银绢钱茶六万。是岁，宋定江淮运米岁以六百万石为额。宋是岁较咸平六年户增五十五万，余赋增三百四十六万余。

外国 〔高丽〕 令文官六品以上各举才堪从政者一人。以地震减税、蠲逋赋。

〔越南 黎氏〕 改文武及僧道官制及朝服，一准于宋。遣使贡于宋。

〔拜占廷〕 拜占廷舰队以比萨城之助，与阿拉伯海军大战于累佐海面（在意大利半岛足趾前），获得胜利。拜占廷自是以在帝国各地之通商特权，畀予比萨，以为酬庸。

1007 年

中国 丁未 宋景德四年 契丹统和二十五年

正月，契丹于奚王所献七金山、土河地建中京。二月，宋罢西京榷酤。四月，宋令酒税取中数为额，后不得更议增课。五月，宋言祥瑞者大盛。宋初置杂卖场。闰五月，宋减罢夔、贺、剑、陇等六十六州岁贡物。七月，契丹使吊李德明母丧（赵德明对契丹仍以李为姓）。宋宜州军乱，拥判官卢成均为帅，号南平王，逾三月事定。黎龙铤遣使贡于宋，授以静海军节度使、交趾郡王，赐名至忠。宋命画工分诣诸路图上山川形势以备发兵屯戍及移徙租赋检阅。宋复置诸路提点刑狱。九月，宋命百官俸给实钱，愿折支他物者听。契丹将破阻卜。是岁，宋大稔。

外国 〔高丽〕 契丹遣使来加册拜。融大诈称新罗后裔，结大臣为援，事觉，分别治罪。有山涌出于耽罗海中，高百余丈，周四十里，始出时云雾晦暝，地动如雷，凡七日始霁。

〔越南 黎氏〕 遣使献白犀于宋，乞大藏经。宋册封黎龙铤为交趾郡王，赐名至忠。

〔拜占廷〕 巴西尔征服马其顿。

〔神圣罗马帝国〕 一部分萨克森人自易北河下游东渡，侵入斯拉夫人所居住之区域。

1008 年

中国 戊申 宋大中祥符元年 契丹统和二十六年

正月，宋诈谓天书降，因改元大中祥符，且议封禅。赵德明侵扰回鹘，又截其贡物。十月，宋帝封泰山、禅社首；占城、大食诸国使皆献方物助大礼。十一月，宋帝至曲阜，祠孔子，加谥为玄圣文宣王，后四年改为至圣文宣王；又追封齐太公望为昭烈武成王。是岁，宋京东西、河北、河东、江、淮、两浙、荆湖、福建、广南诸路大稔，米斗七钱。契丹攻甘州回鹘，降之。

外国 〔日本〕 日本人至宋者觐宋帝。

〔越南 黎氏〕 改元景瑞。

〔中亚细亚〕 伽色尼王马哈德大败印度德里、伽诺间诸国联军，斩八千人，大掠康格拉寺，所获金银财宝，不计其数。

1009 年

中国 己酉 宋大中祥符二年 契丹统和二十七年

五月，宋封孔子弟子颜回等七十二人为公侯。七月，契丹潢河诸水溢。宋减鄜延路驻泊兵。宋封配享孔子庙左丘明等伯爵。九月，宋筑渠引金水河入京城役成。十月，宋治许州水患。十一月，宋陕西民流入邓州者二千三百家。十二月，契丹承天太后死，以丧告于宋，遣使吊慰。自是凡帝及太后丧两国互遣使吊慰以为常。赵德明扰回鹘。是岁，宋京西、河东、江、淮、荆湖等路大稔，京师粟斗钱三十。

外国 〔高丽〕 内乱起，大将康兆举兵，拥立太祖孙询，是为显宗元文王，废穆宗为让国公，寻杀之，谥为愍宗宣灵王，后以契丹兴师，改谥穆宗宣让王。遣使如契丹告哀。

〔越南 黎氏〕 遣使献驯犀于宋，求甲胄，又求于邕州互市，宋许开廉州为市场。黎龙铤死，国人以其有疾，卧而视朝，因称为卧朝王。大将李公蕴自立为帝。自黎桓称帝至是凡二十九年，越史称为黎朝。

〔中亚细亚〕 伽色尼王马哈德复大举侵略印度，掠夺战象五百八十只，财富不计其数。

1010年

中国 庚戌 宋大中祥符三年 契丹统和二十八年

二月，交趾郡王黎至忠为大将李公蕴所杀，公蕴自为留后，遣使贡于宋，并请封。三月，宋以公蕴为静海军节度使，封交趾郡王。高丽康肇杀其王。八月，契丹帝自将击高丽。九月，契丹册李德明为夏国王。十月，女真进马万匹于契丹助攻高丽。高丽王询遣使契丹请罢兵，不许。十一月，契丹兵渡鸭绿江，擒斩康肇；继破开京，高丽王避兵走。十二月宋修诸道图经成，共千五百六十六卷。

外国 〔高丽〕 复燃灯会。赐进士等八人及第。契丹遣使来诘问穆宗死状，因遣使于契丹，随发兵以备边。契丹遣使来告兴师，即遣使如契丹请和。遣使如契丹贺冬至。复八关会。契丹主自将步骑号“义军天兵”来攻，执杀康肇等。显宗以兵数败于契丹，南走避之。

〔越南 李氏〕 建元顺天。遣使于宋。迁都于京府大罗城，改名升龙。宋遣使册李公蕴为静海军节度使、交趾郡王。修寺观，度民为僧。

〔占城〕 国王施离霞离鼻麻底遣使献于宋。

〔法兰西〕 对犹太人大加迫害。

1011年

中国 辛亥 宋大中祥符四年 契丹统和二十九年

正月，契丹帝自高丽班师。二月，宋帝祀汾阴后土；是役共用土木工三百九十万。五月，宋命诸州置孔子庙。六月，契丹置阻卜诸部节度使。七月，宋除两浙、福建、荆湖、广南诸道五代以来所科之身丁钱。八月，宋河决通利军。

外国 〔高丽〕 契丹陷京城，大焚掠，旋退，沿途数被截击，丧失甚大。显宗至全州，闻契丹兵退乃还。遣使如契丹，谢罪。

〔日本〕 一条天皇让位于三条天皇（六十七代）。

〔越南 李氏〕 爱州莒隆人起事，历丁黎二朝，数度用兵皆不能定，至是灭之。遣使如宋。

〔占城〕 遣使献狮子于宋。

〔意大利〕 阿拉伯人再入比萨，大肆劫掠后退去（报复比萨城于1006年在累佐海战中协助拜占廷）。

1012年

中国 壬子 宋大中祥符五年 契丹统和三十年 开泰元年

正月，宋河决棣州。女真贡于契丹。四月，高丽王询遣使于契丹请称臣如旧，契丹命其王来朝。李德明贡马于契丹。五月，宋就福建取占城稻种给江淮、两浙三路种植之。七月，阻卜诸部起反契丹。八月，契丹以高丽王询称病不朝，取其六城。十一月，契丹改元开泰。

外国 〔高丽〕 罢东京仍为庆州。女真献马。减锦绮织工、甲坊匠人以就农业。契丹遣使命显宗亲朝。东女真扰边。宋人叶居腆等来投。契丹以显宗称病不朝，命献六城。宋人陆世宁等献土物。女真三十姓乞盟。遣使如契丹。

〔日本〕 宋人馈绫、锦、银。改元长和。

〔越南 李氏〕 遣使如宋。真腊来献。“蛮人”过铜柱贸易，使人掠之，获马万余。

1013年

中国 癸丑 宋大中祥符六年 契丹开泰二年

正月，乌古敌烈部反契丹。宋禁宦官干预公事。二月，阻卜诸部复附契丹。六月，契丹遣使高丽索地。七月，乌古敌烈部复附契丹。契丹以将攻党项，告李德明使为犄角。宋免诸路农器税。

契丹破阻卜。八月，宋修君臣事迹成，赐名册府元龟。

〔高丽〕 遣使如契丹。宋人戴翼来投，授以官。契丹数遣使来索六城。命官修国史。

〔日本〕 宋牒状来。

〔越南 李氏〕 定税例。

〔英格兰〕 丹王斯汪蹂躏全英格兰，阿忒尔累德逃赴诺曼底（其妻之国）。次年斯汪猝然死，阿忒尔累德又返回英国。

1014年

中国 甲寅 宋大中祥符七年 契丹开泰三年

正月，契丹封阻卜部长为王。女真及铁骊贡于契丹。宋帝朝亳州太清宫，升应天府为南京。二月，赵德明贡于宋。契丹使赴高丽索地，被留。四月，乌古部反契丹。沙州曹宗寿死，子贤顺为留后，遣使请命于宋，命为归义军节度使；贤顺亦贡于契丹。八月，宋河决澶州。九月，敌烈部反契丹。契丹攻高丽。十一月，宋滨州河溢。十二月，高丽遣使贡于宋，且奏契丹事。

外国 〔高丽〕 铁骊国使女真代献马及貂鼠青鼠皮。遣使如宋献金线织成龙凤鞍幞、绣凤鞍幞及良马，请复旧日关系，宋于登州置馆以待。契丹又遣使索六城。契丹兵来侵，败之。以百官俸不足，议夺京军田，大将金训等乘军士不满，号召起事，入禁中，贬倡夺军田者官，始定；后数月，金训等皆被杀。

〔越南 李氏〕 "蛮人"来扰，大败之，以所俘马献于宋。真腊来献。

〔拜占廷〕 巴西尔在巴拉西斯塔大败保加利亚王萨缪尔，俘虏一万五千人，命尽行挖去其双目，仅每百人中准许一人留一目，俾能导之归去。传萨缪尔气忿死。巴西尔自此得名为"保加利亚人之屠杀者"。

〔阿尔巴尼亚〕 拜占廷皇帝重行征服今阿尔巴尼亚之南部与伊派拉斯。

〔神圣罗马帝国〕 亨利最后击败阿尔多伊诺，加冕为皇帝，意大利与日耳曼重复归于一统。

〔斯堪的纳维亚〕 卡纽特（大王）嗣丹麦王位，是为丹麦之最盛时期。至1035年其逝世时止，丹麦之版图包括挪威、英格兰与瑞典之一部，史称第一个"北方帝国"。彼自英格兰携去神甫、建筑师、手艺工匠多人以发展丹麦之文化与经济。

〔爱尔兰〕 孟斯忒之布里安击败诺曼人，都柏林之优势自此终止（其他各地仍有诺曼势力）。同年，布里安卒，全境重陷于混乱。

1015年

中国 乙卯 宋大中祥符八年 契丹开泰四年

正月，契丹攻敌烈部。契丹攻高丽，不利。二月，于阗国贡于契丹。西蕃唃厮啰贡马，估值约七百六十万，宋赐物值中金七千两。四月，契丹攻高丽之师无功而还。契丹括曷苏馆部女真。契丹破敌烈部，又破阻卜。女真贡于契丹。契丹破乌古部。于厥部反契丹，未几败，契丹迁其民并敌烈部众于胪朐河。五月，契丹复攻高丽。宋严禁以金饰服玩。闰五月，宋修后妃事迹成，赐名彤管懿范。九月，注辇国贡于宋。契丹取高丽二镇。十一月，高丽与东女真贡于宋。十二月，宋以崇文院秘阁藏书遭大火，命官提举钞书。

外国 〔高丽〕 契丹作桥于鸭绿江，两端筑城。契丹兵来侵。拘契丹使来索六城者。宋人欧阳征来投，授以官。契丹又遣使来索六城。寻遣兵来侵，不利。遣使如宋告契丹连岁侵扰，宋劝以结好息民。

〔越南 李氏〕 都金等地乱已数年，至是定。

〔占城〕 遣使献于宋。

〔俄罗斯〕 基辅大公弗拉基米尔卒，八子一侄分治其国，互相混战。

〔塞尔维亚〕 大叔潘弗拉基米尔为保加利亚王遣人刺杀。塞尔维亚人向拜占廷乞援，希腊势力自此又卷土重来。

〔意大利〕 诺曼人（来自法国北部诺曼底者）始至蒙泰加加诺朝谒圣迈克尔遗迹，自此流连意大利南部一带，在各城市受雇为佣兵（蒙泰加加诺在意大利半岛东岸）。

〔挪威〕 俄勒夫二世嗣位，反对者乞援于丹麦之卡纽特大王，战事起。

1016年

中国 丙辰 宋大中祥符九年 契丹开泰五年

正月，契丹大破高丽于郭州西。二月，阻卜部长朝契丹。宋修两朝国史成。五月，夏州蕃部扰宋庆州。九月，西蕃唃厮啰等扰宋秦州，大败。是岁，宋京东西、河北诸路旱蝗，延及江、淮，霜降始尽。

外国 〔高丽〕 契丹来侵，败还。契丹民四十三户来投。复行宋年号。

〔日本〕 三条天皇出家，让位于后一条天皇（六十八代）。

〔越南 李氏〕 大有年。

〔法兰西〕 罗伯特于进行长达十四年之战争后，获得勃艮第伯国（在勃艮第王国之西北）。

〔勃艮第王国〕 卢多尔夫三世以其国献神圣罗马皇帝亨利二世，其条件为必须待本人逝世之后移交（见 1032 年条）。

〔意大利〕 比萨人与热那亚人以教皇之助重行占领萨丁岛。此为西方基督教徒对地中海内阿拉伯势力之一大打击。比萨之年代记始于本年。

1017 年

中国 丁巳 宋天禧元年 契丹开泰六年

正月，改元天禧。二月，宋进封李公蕴为南平王。四月，契丹禁命妇再醮。五月，契丹又发兵攻高丽，败还。宋京畿、京东、陕西、江、淮、两浙、荆湖等路百三十州军蝗灾。六月，契丹南京诸县蝗。十二月，宋蠲逋欠九百四十三万，释万五千五百人。是岁，宋诸路饥。

外国 〔高丽〕 禁舍家为寺，妇女为尼。遣使如宋。东女真人来投。契丹来侵，不利。

〔日本〕 藤原赖通摄政。改元宽仁。

〔越南 李氏〕 宋遣使来册拜。

〔法兰西〕 罗伯特二世为其子亨利加冕为法兰西王，与之共主国政。

〔英格兰〕 丹麦王卡纽特（斯汪之子）为英格兰全境之王。彼娶埃马（阿忒尔累德之孀妇）为妻，命大部分战士返丹麦。卡纽特时代英格兰分为韦塞克斯、东盎格鲁、麦西亚与诺森伯里亚等四大伯爵领地，及其他小伯爵领地七处。其中以韦塞克斯伯爵哥德文势力最大。

1018 年

中国 戊午 宋天禧二年 契丹开泰七年

正月，宋荆湖大寒，永州大雪六日。三月，契丹破灭敌烈部之不服者。四月，吐蕃贡于契丹。九月，契丹括马给东征军。十月，契丹复攻高丽；十一月，契丹战不利，大掠而还。十二月，高丽大败契丹兵。

外国 〔高丽〕 定安国人来投。东女真献马甲、鍪、旗、貂鼠、青鼠皮。西女真人二百户来投。宋人王肃子等献土物。遣使请和于契丹。契丹大发兵来侵，京城戒严。

〔越南 李氏〕 遣使如宋求三藏经。

〔占城〕 国王尸嘿排摩惵遣使献象牙、犀角、玳瑁、乳香、丁香花、荳蔻、沉香、笺香、别笺、茴香、槟榔于宋。

〔中亚细亚〕 伽色尼王马哈德大举进攻北印度的伽诺间城（即曲女城），一日下七塞，城遂下，大肆虏掠，伽诺间城为印度古都，寺庙逾万，并遭洗劫，并虏掠多人，以为奴隶。

〔拜占廷〕 保加利亚人乞降，若干贵族移居君士坦丁堡，渐与希腊贵族同化。保加利亚第一帝国自此亡。

〔意大利〕 拜占廷军战胜伦巴德人与诺曼人之联军于康尼，使南意大利继续留于拜占廷之统治下。

〔神圣罗马帝国〕 与波兰媾和。

〔英格兰〕 卡纽特将丹人税（以前仅间常征收者）改为经常征收之赋税。不久以后征收之权由市镇转至地主之手。

〔波兰〕 与皇帝亨利二世订包曾和约，以皇帝藩属之地位获得琉塞喜阿。

〔苏格兰〕 马尔科姆入侵诺森伯兰，占领其北部之罗提安（即今爱丁堡所在之一带）。卡纽特入主英格兰后，苏格兰亦在其统治下，至 1035 年卡纽特卒，始再获独立。

1019 年

中国 己未 宋天禧三年 契丹开泰八年

正月，契丹封沙州曹贤顺为敦煌郡王。五月，契丹迁宁州渤海民于辽、土二河间。六月，宋河决滑州，泛澶、濮、郓、徐、齐五州。十二月，高丽王询请和于契丹，许之。是岁，契丹南京饥疫，民多流殍。

外国 〔高丽〕 大败契丹于龟州。铁骊献马，遣使报谢。令试进士以论代策。宋人陈文轨等献土物。遣使如宋贺正旦。契丹东京遣人来；遣使报聘。徙江南民以实象山等县。

〔越南 李氏〕 度民为僧。

〔俄罗斯〕 诺夫哥罗德亲王雅罗斯拉夫（外号智者，弗拉基米尔幼子）获得最后胜利，迁都基辅，成为大公。基辅罗斯在雅罗斯拉夫朝为盛世。封建制度逐渐确立；城市已开始为本地市场制造商品；商人与国外进行贸易。雅罗斯拉夫之法典名《俄罗斯正义汇编》，氏族血斗制改为杀人偿金，文学创作亦同时兴起，俄罗斯文化已有显著提高。

1020 年

中国 庚申 宋天禧四年 契丹开泰九年

正月，宋开扬州古河以利漕运。宋改诸路提点刑狱为劝农使副兼提点刑狱公事，凡农田事悉领之；嗣又改为提点刑狱兼劝农使副。三月，宋分江南为东西两路。五月，高丽称藩纳贡于契丹。是岁，赵德明城怀远镇居之，号兴州。

外国 〔高丽〕 遣使如契丹称蕃纳贡如故，归所留契丹使。契丹遣使来。遣使如契丹东京。弗奈国遣使献土物。

〔日本〕 南蛮掠萨摩。

〔越南 李氏〕 真腊来献。攻占城于布政寨。

〔阿拉伯〕 波斯诗人非尔都细（约 940—1020 年）卒。其所作史诗《沙拉玛》，歌咏波斯民族（伊朗民族）自古以来至萨萨尼王朝灭亡止之民族英雄与民族传说，长达六千联句。非尔都细在伽色尼王朝宫廷中居住甚久（欧洲人称之为“波斯的荷马”）。

〔拜占廷〕 由于塞尔柱土耳其人之威胁，亚美尼亚王献其国于巴西尔。

〔保加利亚〕 保加利亚被分成若干区，每区由拜占廷任命统治者一人（或称公，dux），但原来之沙王仍准许在名义上存在。

〔埃及〕 阿尔·萨喜尔嗣位为法蒂玛系哈里发，在位十五年，叙利亚大部分俱为塞尔柱土耳其人所夺。

1021 年

中国 辛酉 宋天禧五年 契丹开泰十年 太平元年

二月，大食请婚于契丹，以宗女为公主妻之。四月，女真三十部长请遣子入侍于契丹。七月，阻卜贡于契丹。九月，唃厮啰请降于宋。十月，敌烈部贡马于契丹。十一月，契丹改元太平。十二月，契丹铸太平元宝钱，与旧铸统和元宝钱互用。

外国 〔高丽〕 契丹遣使来。铁骊请归附。契丹东京遣人来。

〔日本〕 改元治安。

〔越南 李氏〕 遣使如宋迎八角经藏。

〔神圣罗马帝国〕 亨利以诺曼人（新近进入于意大利者）之助，进攻意大利南部之拜占廷行省，占领加普亚与萨勒诺，但疫疠大作，被迫撤退。

〔俄罗斯〕 约在本世纪前半期除基辅以外，俄罗斯尚有下列之政治中心数处。（一）西南部之加利支与伏林斯克，政权握于贵族之手。（二）北方之大诺夫哥罗德，其疆土东达乌拉山，由自由市民之会议（谓彻）操纵政权。（三）苏莰达尔·弗拉基米尔，居俄罗斯平原中部，为后来莫斯科公国之前身，大公执政。

1022 年

中国 壬戌 宋乾兴元年 契丹太平二年

正月，宋改元乾兴。二月，宋真宗死，太子祯嗣，是为仁宗，太后刘氏同听政。三月，契丹地震，云、应二州屋摧地陷，山崩泉涌。十一月，吐蕃首领李立遵附于宋。

外国 〔高丽〕 赠新罗儒者薛聪侯爵，从祀孔庙。抽民田隶于宫庄，以公田偿之。遣使如契丹。契丹遣使来封册，因复行契丹年号。于是两国正式恢复和平关系。赴宋使者回，宋赐乾兴历、释典等书。契丹东京遣人来。

〔越南 李氏〕 攻大元历夷，追入宋境。

〔法兰西〕 处马尼教派（Manichaean）之“异端”十三人以活焚之刑，是为使用酷刑处治所谓异端之始（按马尼教为波斯人马尼于公元 3 世纪时所倡。其中有某些原则为一部分基督教徒所接受，故被称为马尼教派。正统派诋之为异端）。

〔瑞士〕 圣加尔修道僧纳德克尔卒。纳德克尔为当时有名学者，迻译拉丁文与希腊文作品甚多。

1023 年

中国 癸亥 宋仁宗赵祯天圣元年 契丹太平三年

正月，宋改元天圣。宋以经费支绌，议减冗费。宋改茶法。三月，宋行崇天历。五月，宋行陕西、河北入中刍粮见钱法。十一月，宋置益州交子务。

外国 〔高丽〕 契丹遣使来册封王太子。契丹遣使来贺生辰，自是以为常。

〔叙利亚〕 约在此时有一部分意大利之阿马尔非商人在耶路撒冷购置地基，修筑一病院，专为巡礼圣地之基督教徒治病。至十字军兴前后，与病院有关之人员，逐渐成立半军事性质之团体，以武装保护巡礼者，称为“圣约翰病院武士团”。

1024 年

中国 甲子 宋天圣二年 契丹太平四年

三月，宋疏凿陈、许等十州古沟洫。宋修真宗实录成。十月，宋始令诏书摹印颁行。十二月，宋以僧徒间或为盗，禁不得剃度曾犯真刑及文身者。

外国 〔高丽〕 徙西京等地民于嘉州南佃作。大食国人百余来献土物。契丹遣使来。

〔日本〕 改元万寿。

〔中亚细亚〕 伽色尼王马哈德大举攻印度，杀人逾五万，饱掠而还。

〔神圣罗马帝国〕 亨利二世卒，无嗣，卡林西亚之康拉德二世当选为日耳曼王。弗兰科尼亚王朝始。意大利贵族不服，企图另选国王，但无人肯任。

〔英格兰〕 卡纽特大王与其他各国先后订立商约。旅居英格兰之丹麦移民不乏往来波罗的海各地与英格兰之间专事经营商业者。

〔法兰西〕 布累同（布列吞）农民因不堪当地封建主之压迫起而暴动，但旋失败。

1025 年

中国 乙丑 宋天圣三年 契丹太平五年

二月，契丹禁服用金饰。六月，宋环、原二州羌扰边。八月，宋免万州民纳谷税钱。

外国 〔高丽〕 女真酋长来朝。大食国人百余来献土物。

〔日本〕 课诸国造佛器及修京都大路。

〔越南 李氏〕 真腊来献。改兵制。

〔拜占廷〕 巴西尔卒，其幼弟嗣位，称君士坦丁八世，独自统治。

〔保加利亚〕 保加利亚人乘巴西尔之死，起而作独立运动，失败后，沙后马丽亚被禁闭于修道院。自此十年内佩彻涅格人曾三次侵入多瑙河流域。

1026 年

中国 丙寅 宋天圣四年 契丹太平六年

二月，契丹略女真界，俘获不可胜计。三月，阻卜扰契丹边。五月，契丹攻甘州回鹘。闰五月，宋修复陕西永丰渠。六月，宋建、剑、邵武大水。宋罢永兴、秦、坊州新醋务。八月，宋修泰州捍海堰。契丹攻甘州回鹘无功，师还，为阻卜邀击，大败。九月，宋废唐、襄营田务，以田与民。十一月，曷苏馆女真朝契丹。

外国 〔高丽〕 契丹遣使来。东西女真酋长来献弓、马。契丹请假道赴东北女真，拒之。

〔日本〕 大风，坏官舍。宋人周良史以母为日本人，献名籍于关白藤原赖通，望赐官位；复书赠金以遣之。太宰府使人献于宋，以无表文，被拒。

〔越南 李氏〕 修玉牒。遣使如宋。真腊来献。

〔神圣罗马帝国〕 康拉德二世赴意大利，在米兰加冕为意大利王。以武力降服巴费亚与拉温那等地。同年其子亨利三世亦加冕为日耳曼王。

〔西班牙〕 纳瓦尔王桑绰二世征服卡斯提尔。西班牙民族英雄洗德（原名鲁伊，或罗德利哥·狄亚士·德俾弗尔。洗德为主人之意，为后来摩尔人对彼之尊称）于本年生。

1027 年

中国 丁卯 宋天圣五年 契丹太平七年

四月，宋校定医书，摹印颁行。六月，契丹置冶采阴山金、银，复求辽河北产金之所。契丹攻阻卜。七月，宋发丁夫士卒六万塞滑州决河。九月，宋医官院上所铸铜人。十月，塞滑州决河成，时河决已九年。

外国 〔高丽〕 宋人李文通等献书五百九十七卷。

〔日本〕 宋商来。

〔拜占廷〕 佩彻涅格人侵入巴尔干半岛，但旋被逐出。

〔匈牙利〕 圣斯提芬夺获当时属于波兰之斯诺伐克。

〔神圣罗马帝国〕 康拉德二世在罗马加冕为皇帝，其仪式之铺张扬厉为中世纪罗马不数见之场面。同年，帝国退出石勒苏益格（今丹麦南），由丹麦人占领之。

〔法兰西〕 “上帝的休战”始见于文字记载（按上帝的休战为自星期五早至星期日晚之间，以及其他一切宗教节日禁止作战。公布之初曾收得一定效果）。

〔英格兰〕 卡纽特大王赴罗马巡礼。

1028 年

中国 戊辰 宋天圣六年 契丹太平八年

正月，党项扰宋边。四月，宋改诸路上供物科率法。五月，交趾李公蕴部下扰宋边。宋罢温、鼎、广等州贡柑。六月，宋罢戎、泸诸州谷税钱。七月，宋江宁府、扬、真、润州江水溢。八月，宋河决澶州王楚埽。九月，阻卜诸部多降于契丹。十月，宋除福州民逋官庄钱。

外国　〔高丽〕　女真酋长来朝，又有五百户来附。遣使如契丹东京。契丹遣使来。

〔日本〕　平忠常下反。改元长元。宋商来。

〔越南　李氏〕　李公蕴死，庙谥太祖神武皇帝。公蕴三子谋作乱，皆败，太子佛玛（又名德政）始即位，改元天成。置殿前禁军十卫。

〔拜占廷〕　君士坦丁卒，其女索伊及索伊之夫罗马勒斯共主国政。索伊荒淫无道，秽德彰闻。罗马勒斯为结欢教会起见，对一性派大加迫害。受害者多逃赴伊斯兰帝国，其后塞尔柱土耳其人之西进与此辈有直接关系。

〔法兰西〕　罗伯特（外号魔鬼）继其父“好人”理查为诺曼底公。法王亨利在敉平封建诸侯之叛乱中得力于理查者甚巨。

〔意大利〕　诺曼人南来者络绎不绝，本年始在阿弗萨（在拿波里之北约二十英里）定居。

〔挪威〕　为丹麦之卡纽特大王征服（见1015年条）。

1029年

中国　己巳　宋天圣七年　契丹太平九年

二月，宋复置制举十科。三月，契丹饥民流入宋界，以唐、邓闲田处之。四月，交趾李公蕴死，子德政（佛玛）嗣，使告于宋，封交趾郡王。八月，宋罢外官职田。契丹东京舍利军详稳渤海大延琳杀留守，建号兴辽，建元天庆，南北女真多应之；契丹遣将围之。

外国　〔高丽〕　改姓荀者为孙以避王嫌名（询）。东女真“贼船”扰溟州。契丹遣使来聘。耽罗世子来朝。契丹东京将军大延琳，建国曰兴辽，遣使来告。兴辽国太师大延定引东北女真与契丹相攻，遣使求援；不许，且发兵备边。

〔越南　李氏〕　开但乃港。宋使来吊祭并册封。

1030年

中国　庚午　宋天圣八年　契丹太平十年

六月，宋新修国史成。八月，契丹兵破东京，擒大延琳。十月，宋改盐法。十二月，赵德明献马于宋，请佛经一藏。是岁，高丽贡于宋。

外国　〔高丽〕　兴辽国再遣使乞师。铁骊献貂鼠皮，且请历日。东女真献马、楛矢、器仗及戈船。契丹渤海人来投者甚众，处之江南。兴辽国遣使乞援，寻败灭。遣使贺契丹收复东京，西女真民来附，处之东边。

〔日本〕　禁六位以下住所筑墙垣。

〔越南　李氏〕　遣使如宋。定文武冠服。大有年。

〔占城〕　国王阳补孤施离皮兰德加拔麻叠遣使献木香、玳瑁、乳香、犀角、象牙于宋。

〔中亚细亚〕　伽色尼王马哈德死，年六十二。马哈德在位时，前后攻掠印度凡二十五次，每次皆大肆残杀焚掠，经过之地，白骨如山，几成废墟，使印度旁遮普、克什米尔、恒河流域遭受严重破坏。且将俘掳之工匠，掠夺之财富，聚集于其都城，大事修建，复延揽学人，提倡美术，伽色尼在此时期，遂成为中亚细亚最繁盛之城市。

〔拜占廷〕　阿拉伯人进攻叙利亚，大败罗马勒斯。

〔神圣罗马帝国〕　波兰人大举来攻，携去俘虏约一万人。

〔匈牙利王国〕　神圣罗马皇帝康拉德二世企图使斯提芬承认其为封建宗主，率兵来侵，为后者击退。

〔挪威〕　丹王卡纽特命其子斯汪为挪威王。挪威人不堪其暴政，于1035年逐之。

1031年

中国　辛未　宋天圣九年　契丹太平十一年　兴宗宗真景福元年

正月，龟兹国、沙州贡于宋。二月，宋复外官职田。五月，契丹诸河以大雨泛溢。六月，契丹圣宗死，太子宗真嗣，是为兴宗，改元景福；太子母元妃自称太后，摄国政。十一月，宋弛两川矾禁。是岁，契丹以兴平公主妻李德明子元昊，封为夏国公。

外国　〔高丽〕　显宗死，太子钦嗣，是为德宗敬康王。契丹遣使来告圣宗之丧。因遣使会葬，且请鸭绿江桥及两端之城，以契丹不许，停贺正之使且不用契丹新主年号。设国子监，取六十人，试以诗赋。

〔日本〕　平忠常降。

〔越南　李氏〕　骥州人起事，不久定。造寺观九百五十所。

〔阿拉伯〕 哈里发阿尔·卡迪尔死，子阿尔·卡义木立（1031—1075年）。

〔俄罗斯〕 基辅大公雅罗斯拉夫占领当时属于波兰之鲁斯尼亚（波兰东部，小俄罗斯人居住之地）。

〔波兰〕 丹麦王卡纽特夺去波美拉尼亚。

〔神圣罗马帝国〕 战胜波兰人，收复老息兹马克（一作琉塞喜阿，在今柏林东南），波兰王向皇帝行封建附庸礼。

〔法兰西〕 罗伯特卒，亨利为唯一国王。

〔西班牙〕 哈里发希沙木三世卒，倭玛亚朝终结。

〔波希米亚〕 重行获得摩拉维亚。摩拉维亚自此始终与波希米亚相联合。

1032 年

中国 壬申 宋天圣十年 明道元年 契丹景福二年 重熙元年

二月，宋修三朝宝训成。三月，宋除婺、秀州身丁钱。七月，宋置谏院。十一月，宋改元明道；契丹改元重熙。赵德明死，子元昊嗣，宋使袭德明官爵。时元昊已取甘州，拔西凉府，图反宋。契丹册元昊为夏国王。

外国 〔高丽〕 契丹使来，不纳。铁骊使来。

〔拜占廷〕 拜占廷与拉古萨（在达尔马提亚）联合舰队彻底击溃亚德里亚海之萨拉森海盗。

〔神圣罗马帝国〕 勃艮第王（见1016年条）卢多尔夫卒，其国土成为神圣罗马帝国之一部分。自887年以来创立之勃艮第（儒拉）王国至是终。

〔法兰西〕 亨利以勃艮第伯国界其弟罗伯特。勃艮第之卡佩朝自此始，至1361年始以无嗣绝（按勃艮第伯国相当于法国大革命前之夫隆什空泰，在勃艮第王国之西北）。

〔意大利〕 威尼斯始设会议与元老院。

1033 年

中国 癸酉 宋明道二年 契丹重熙二年

正月，女直贡于契丹（女直即女真，避契丹帝讳改）。三月，宋皇太后刘氏死，宋帝始亲政。十月，宋改赋税杂变之法。十二月，契丹禁夏国使沿途私市金铁。宋改淮南盐法。

外国 〔高丽〕 铁骊献马及貂鼠皮。自鸭绿江入海处，向东筑十四城以御契丹。

〔越南 李氏〕 真腊来献。定源州、澆源州先后起事，不久皆定。

〔瑞士〕 自本年起，瑞士成为神圣罗马帝国领土之一部分，但瑞士贵族反对，曾掀起战争数次。

〔意大利〕 本内地克九世为罗马教皇，年仅十岁。

〔法兰西〕 诺曼底公“魔鬼”罗伯特侵英格兰，无功而返。自1031年起法国即有大饥馑，至本年始有起色。勃艮第僧腊尔夫·格勒布尔记各地有人相食之事。

1034 年

中国 甲戌 宋景祐元年 契丹重熙三年 赵元昊广运元年

正月至五月，赵元昊扰宋府州。五月，契丹帝以太后阴谋废立，迁之庆州，始亲政。七月，赵元昊扰宋庆州。十月，宋罢淮南、江、浙、荆湖发运使。十二月，赵元昊贡马于宋，求佛经一藏。是年，赵元昊自号嵬名吾祖，建元开运，旋改广运，然尚未公然绝于宋。

外国 〔高丽〕 德宗死，弟亨嗣，是为靖宗容惠王。设八关会，命宋商客及东西蕃献土物者观礼。

〔日本〕 大风，毁民屋。课试医生。入宋僧寂昭死于宋杭州。

〔越南 李氏〕 改元通瑞。遣使献一角兽，又献驯象于宋，宋赐以大藏经。

〔拜占廷〕 罗马勒斯卒，索伊立即与其面首结婚，共主国政，称迈克尔四世。同年以诺曼雇佣水兵组成之舰队在安那托利亚海面大败萨拉森人，并进扰非洲海岸。

〔波希米亚〕 布累梯斯拉夫一世（复兴者）即位。

〔波兰〕 米斯西科卒，王朝战争爆发，全国陷于混乱。久受地主压迫之农民四处乘机起义。

〔意大利〕 热那亚与比萨组联军远征北非，占领波拉城，但不久仍失去。

〔西班牙〕 纳瓦尔王桑绰二世（见1026年条）征服莱昂王国之东部。

1035 年

中国 乙亥 宋景祐二年 契丹重熙四年 赵元昊广运二年

五月，“蛮”扰宋广南东西路边州，未几败散。九月，宋修中书总例成。十二月，赵元昊攻唃厮啰，大败；宋加唃厮啰保顺军留后。

外国 〔高丽〕 契丹边将牒责停贡筑城，复书不屈。于西北边筑长城，又置昌州，徙民实之以备契丹。

〔越南 李氏〕 爱州起事，不久定。

〔法兰西〕 “魔鬼”罗伯特卒，其私生子威廉继位为诺曼底公。诺曼底在威廉时代发展成为一极有权力之封建国家。对国王而言，近于完全独立。对内部言则有绝对威权，即各级教职亦可随意提名或任命。同年法国主教再公布“上帝之和平”，谴责一切战争，尤注意对教会及非武装僧侣之侵犯，但不久即成具文。法王亨利始终不予承认（按此一运动在10世纪末，如989、990、994等年，在法南各地宗教会议中即已酝酿，至此公布）。

〔英格兰〕 卡纽特卒，二子争立，哈罗德占据北部，但另一子哈塔卡纽特（当时在丹麦）则由哥德文之拥戴统治南部。

〔西班牙〕 纳瓦尔之桑绰大王卒，其国分裂，拉密洛一世获得东南部（比利牛斯山南之土地）称阿拉贡。其后逐渐发展，向南方之摩尔人进攻扩大其土地，此为阿拉贡王国之起源。另一子则获得卡斯蒂，称卡斯蒂王腓迪南一世。纳瓦尔由加尔西亚二世继承。

〔斯堪的纳维亚〕 哈塔卡纽特嗣位为丹麦王，与挪威王迈格拉斯订立互相继承之协定。

1036年

中国 丙子 宋景祐三年 契丹重熙五年 赵元昊广运三年 大庆元年

三月，宋又改茶法。宋给卿监及阁门使以上致仕官全俸。四月，契丹颁新定条制。六月，宋虔、吉州大水。七月，宋修景祐广乐记成。十二月，契丹译方脉书成。是岁，赵元昊制蕃书成，颁行之；又译孝经、尔雅等书。时元昊已攻取回纥瓜、沙、兰三州。改元大庆。

外国 〔高丽〕 分公田与军人。

〔日本〕 后一条天皇死，后朱雀天皇即位（六十九代）。

〔越南 李氏〕 都金、常新、平原等州人起事，扰及宋思陵等州。

1037年

中国 丁丑 宋景祐四年 契丹重熙六年 赵元昊大庆二年

正月，宋以天禧三年以来三司经费不足，数假内藏库钱，自明道二年至景祐三年，四岁之中，共假九百十七万二千余；至是诏戒三司不得复假贷。六月，宋颁行礼部韵略。十一月，阻卜贡于契丹。宋罢登莱买金场。十二月，河东地震，忻州人死者几二万，自是连年不止。是岁，赵元昊署置百官，分兵备契丹及作反宋准备。

外国 〔高丽〕 契丹侵鸭绿江，其边将并牒令速修职贡，因遣使如契丹。

〔日本〕 改元长历。

〔越南 李氏〕 都金等州事定。大水。

〔塞尔柱土耳其人〕 居住于土耳其斯坦之塞尔柱土耳其人（以其酋长名为氏族名），在其酋长托格立尔率领下，击败伽色尼王马索德，占领呼罗珊，以尼沙泊尔为首都建立王国。

〔阿拉伯〕 名学者阿维森纳（980－1037年）卒。阿维森纳为中央亚细亚之布哈拉人（波斯人），于天文，地质，化学（炼丹术），哲学俱有浓湛之研究，尤精于医学。（1952年被选为世界四大文化名人之一。）

〔神圣罗马帝国〕 康拉德公布关于封建领地之命令于米兰。规定除违犯某些特定条例外，任何人之土地不得被褫夺（被判决之人仍可向皇帝上诉）。封建领地世袭制由此更趋确定（按康拉德颁布此令意在削弱意大利大封建贵族之势力）。

〔西班牙〕 卡斯蒂王腓迪南利用莱昂王伯多牟多三世之死，占领其西部（见1034年条）。自此使卡斯蒂与莱昂合并成为一个王国（卡斯蒂与莱昂王国）。

约自此时起至1086年止，西班牙之伊斯兰王国亦分成若干小王国，其中有七个较大者，互相混战不已。

1038年

中国 戊寅 宋宝元元年 契丹重熙七年 夏赵元昊大庆三年 天授礼法延祚元年

正月，宋改元宝元。赵元昊请遣人礼佛五台山，宋许之。二月，高丽贡于契丹。宋安化“蛮”扰宜、融等州，遣兵攻之。三月，李元昊贡于契丹。七月，阻卜部长朝契丹。八月，宋复淮南、江、浙、荆湖发运使。九月，赵元昊从父山遇以谏反宋不听，惧而南奔，宋送还之，为元昊所杀。十月，宋戒百官朋党。赵元昊称皇帝，国号夏，改元天授礼法延祚，遣使告于宋，仍自称臣。安化“蛮”降。十二月，宋禁绝与赵元昊互市，遣兵备之。宋进唃厮啰为保顺军节度使；岁给绫、绢、茶，欲使夹攻赵元昊。

外国　〔高丽〕　契丹遣使来。东女真酋长来朝。遣使如契丹报谢，自是始行契丹新年号，于是两国关系复归正常。

〔越南　李氏〕　宋封李佛玛为南平王。广源州首领侬存福起事，国号长生，称昭圣皇帝。

〔意大利〕　拜占廷将领曼尼阿基思以诺曼人与意大利佣兵与舰队之助，猛攻西西里，大败萨拉森人，占领墨西拿。

〔阿拉伯〕　阿拉伯人使用巧妙之战略重行占领伊德萨（《天方夜谭》中阿里巴巴及四十大盗两故事即本此情节）。

〔匈牙利〕　斯提芬卒，自此至1047年举国陷于王朝混战中。

〔波兰〕　波希米亚之布累梯斯拉夫占领西里西亚。喀西密尔一世（复兴者）继位为波兰王。在位二十年，以皇帝亨利三世之助逐渐恢复其国土，但另一方面则被迫取消国王称号（称大公），作为神圣罗马帝国皇帝之封建附庸。

〔法兰西〕　布尔日宗教会议始创“停止圣礼法”，对任何被驱逐出教之统治者如仍不就范时，则停止该地区之一切宗教圣礼，不予举行，必使被处分者屈服而后已（按此法制定之初为保证“上帝之休战”之实施，但不久即为教会滥用）。

1039 年

中国　己卯　宋宝元二年　契丹重熙八年　夏天授礼法延祚二年

正月，契丹禁朔州售羊于宋。四月，宋封唃厮啰妻为夫人，二子俱授团练使。六月，宋裁减浮费。宋削赵元昊官爵，夺国姓，并移文告知契丹。八月，宋益、梓、利、夔四路大旱，民饥。十一月，宋整饬贡举法。夏侵宋保安军，小校狄青击却之。

外国　〔高丽〕　遣使如契丹请撤鸭绿江东加筑城堡，不许；契丹随遣使来册封。

〔越南　李氏〕　李佛玛自将攻侬存福，俘之。占城王子地婆剌等五人来附。改元乾符有道。遣使如宋。真腊来献。

〔神圣罗马帝国〕　康拉德二世卒，子亨利三世嗣位。皇帝权力在此时期中（1039－1056年）达到最高峰。波兰、波希米亚、匈牙利俱先后成为帝国附庸，仅萨克森仍保留某些独立之痕迹。此外，由于商业发展，繁荣之城市亦日益增加。

1040 年

中国　庚辰　宋宝元三年　康定元年　契丹重熙九年　夏天授礼法延祚三年

正月，夏主元昊自将陷金明寨，侵延州，大破宋兵而还，宋大将刘平死之。二月，宋命唃厮啰攻夏。宋括市京畿、京东西、淮南诸路战马。宋改元康定。三月，宋籍河东乡丁备边；四月，又籍陕西强壮军。宋拣诸路牢城配军壮者隶禁军。五月，夏兵陷宋塞门寨，又陷安远寨。六月，宋籍陕西、河北、河东、京东西等路民为弓手、强壮。八月，宋禁以金饰佛像。九月，夏兵扰宋三川寨，纵掠三日；宋兵攻夏白豹城，小胜。十一月，女直扰契丹边。宋浙东军士鄂邻等以巡检使苛虐杀之，扰湖南、福建、广南，后逃入占城。十二月，宋括开封府、京东西、河东路驴五万，以供西师。

外国　〔高丽〕　大食客商来献土物，厚赐遣之。遣使如契丹。

〔日本〕　改元长久。

〔越南　李氏〕　以宫女习织锦绮成，尽发宋所赐锦绮赐群臣，以示不复服御宋物。占城国人百余来附。以雕佛像千余、画佛像千余及宝幡万余顶成，设罗汉会，大赦，免半租。

〔拜占廷〕　保加利亚人又进行独立战争，进兵马其顿与色雷斯。在西西里岛大败萨拉森人之非洲援军，但诺曼人又渐在该岛得势。

〔塞尔维亚〕　大叔潘斯提芬·伏伊斯拉夫发动反希腊人战争，至1043年击败希腊人。

〔保加利亚〕　保加利亚自1018年以后仍不断有争取独立之运动。至是有彼得·迪尔詹起而领导，但次年即遭失败，彼得被俘，以身殉。

〔英格兰〕　哈罗德卒，哈塔卡纽特自丹麦来为英王，但国家大权操于哥德文之手。

1041 年

中国　辛巳　宋康定二年　庆历元年　契丹重熙十年　夏天授礼法延祚四年

正月，李元昊伪遣使请和。二月，契丹许诸部节度得以部曲代为侍卫及祗候郎君。宋兵攻夏，大败于好水川，大将任福等死之。宋于京东西等九路增募乡兵。四月，契丹罢鸭绿江浮桥及汉兵屯戍。七月，李元昊攻宋府、麟二州，自后时来扰，互有胜负。八月，宋于河北置场，括市战马。宋罢贡举人纳公卷。李元昊陷宋丰州。十月，契丹以女直太师台押为曷苏馆都大王。十一月，宋于江、饶、池三州铸小铁钱三百万贯，以给西师。回鹘贡于契丹。宋改元庆历。十二月，宋新修崇文总目成。契丹谕诸军会于南京，将以侵宋。

外国 〔高丽〕 免北路三十州税。遣使如契丹献方物。

〔越南 李氏〕 置宫女阶品。依存福子智高据傥犹州起事，国号大历，兵败被俘，不久放之还。

〔拜占廷〕 迈克尔卒，索伊立其侄（亦索伊宠幸之一）为嗣，称迈克尔五世。

〔匈牙利〕 贵族逐其王彼得。未几，彼得以皇帝亨利三世之助复辟，但1046年再被逐。

〔波希米亚〕 皇帝亨利三世来攻，进至布拉格附近。布累梯斯拉夫被迫退还所征服之波兰土地，并向皇帝纳贡。

〔神圣罗马帝国〕 战胜波希米亚，使之成为帝国附庸。

〔法兰西〕 “上帝的休战”本年由法国主教正式公布（见1027年条）。此后迭有补充，最后仅有星期一至星期三可以作战，遇圣贤节日仍须停止。由于并非绝对谴责战争，故其效力较“上帝的和平”为佳。

〔意大利〕 米兰人民在兰索领导下，驱逐该城贵族。

1042 年

中国 壬午 宋庆历二年 契丹重熙十一年 夏天授礼法延祚五年

正月，宋改解盐法。宋以京西闲田处降蕃。契丹以兵胁宋，遣使索地。二月，宋选河北强壮为义勇军，又选将备契丹。四月，宋遣使契丹议事。五月，宋建大名府为北京。宋严禁以金为服饰。六月，契丹禁售毡、银于宋。九月，宋增岁币银绢各十万与契丹以和。闰九月，宋攻夏，大败，大将葛怀敏等死之，夏兵大屠掠而去。十月，宋括陕西弓手为禁军。十二月，宋置武学教授。契丹禁丧葬杀牛马及藏珍宝。是岁，宋夏潜商和议。

外国 〔高丽〕 契丹以胁宋加岁币事来告。东女真献马。

〔越南 李氏〕 遣使如宋。令赋税输官，许十分外别取一分，谓之“横头”，敢多取者罪之。文州起事。改元明道。颁刑书。大饥。

〔拜占廷〕 君士坦丁堡贵族发动政变，废黜迈克尔五世。索伊之第三夫登位，称君士坦丁九世（索伊当时年已六十）。

〔意大利〕 诺曼人自西西里犯南意大利，拜占廷将曼尼阿基思在拿波里附近之摩诺波里击败之。

〔神圣罗马帝国〕 与匈牙利进行战争，至1044年终结，匈牙利王彼得向皇帝行封建臣属礼。

〔英格兰〕 阿忒尔累德之子“忏悔者”爱德华，以哥德文之力当选为英王。三年后娶哥德文之女为妃。但爱德华自小生长于诺曼底宫廷，返英国后携来诺曼人甚多，且皆占据要津，引起萨克森人不满。

1043 年

中国 癸未 宋庆历三年 契丹重熙十二年 夏天授礼法延祚六年

正月，契丹使谕夏与宋和。夏主李元昊遣使请和，自称男，称宋帝为父；宋要以称臣。二月，契丹禁南京汉民挟弓矢。夏贡马于契丹。宋立四门学。五月，宋河东地震者再，忻州尤甚。宋沂州军卒王伦起事，趋淮南，逾月败死。六月，阻卜朝于契丹。七月，宋罢陕西营田。李元昊请契丹攻宋，被拒。八月，宋罢武学。阻卜贡于契丹。九月，宋用参知政事范仲淹议，革庶政。宋张海、郭邈山等活动于京西，入金州，劫库兵，散钱帛与贫民，寻败散。桂阳洞“蛮”扰湖南边。十月，光化军校邵兴劫库兵，掠居民，与其众趋蜀，寻败死。宋遣官均亳、寿、汝、颍等州田，寻罢。契丹以夏侵党项，遣使责之。宋重定磨勘法。德兴军蕃部献水洛城于宋。十一月，宋更定荫子法。宋限职田。十二月，宋桂阳瑶民扰边。

外国 〔高丽〕 禁锦绣、销金、龙凤纹绫罗衣服。东女真酋长来朝。契丹遣使来加册拜。

〔日本〕 大旱。

〔越南 李氏〕 爱州起事。文州事定。占城“风浪贼”掠沿海。禁卖百姓童子为奴。遣官拜侬智高为太保。铸明道钱。

〔占城〕 宋军卒鄂邻等百余人前逃来，至是宋索之回。

〔缅甸〕 传说白古王帝沙于是年在位，初信婆罗门教，后以其妻贤善女之感化乃信佛教。

〔拜占廷〕 军人不满意于当时之政局。曼尼阿基斯率师东返，意在进攻君士坦丁堡，但卒于中途。

1044 年

中国 甲申 宋庆历四年 契丹重熙十三年 夏天授礼法延祚七年

正月，西蕃磨毡角贡于宋。宋宜州“蛮”乡贡进士区希范等起事，拥蒙赶为皇帝，破环州。二月，宋令州县皆立学；改贡举法。高丽贡于契丹。宋修国朝会要成。四月，契丹所属党项及山西部族附于夏，遣兵攻之，为夏所败；五月，契丹大发兵攻夏；六月，夏遣使乞援于阻卜被执，送于契丹。契丹以将攻夏告于宋。契丹命官编集上世以来事迹。高丽贡于契丹。七月，夷人扰宋三江寨，淯井监。八月，宋保州军乱，未几定，诱坑士卒四百二十九人。夏遣使于契丹，被笞。九月，契丹帝亲攻夏，大败。十月，宋与夏和议成，夏主称臣，称夏国主；宋岁赐银绢茶等二十余万。桂阳“蛮”降，宋官其首领三人。十一月，契丹改云州为西京。十二月，高丽贡于契丹。宋置榷场于保安、镇戎军以与夏互市。宋毕升发明活字印刷术约在此数年间。

外国 〔高丽〕 遣使如契丹报谢。东女真献马。

〔日本〕 改元宽德。供养万僧。

〔越南 李氏〕 李佛玛亲攻占城，大败之，入其都佛誓城，占城王乍斗为其下所杀。

〔占城〕 国王刑卜施离值星霞弗遣使献于宋。

〔缅甸〕 蒲甘国王阿奴律陀始在位。自此后，史实乃略可稽。

1045 年

中国 乙酉 宋庆历五年 契丹重熙十四年 夏天授礼法延祚八年

正月，夏请和于契丹，随遣使贡鹘。二月，宋汰诸路羸兵。宋复磨勘、荫子旧法。夏遣使贺宋正旦，自是以为常。三月，区希范等败死。宋增贡举解额，并行旧贡举法。四月，夏遣使贺宋帝生辰，自是以为常。高丽贡于契丹。六月，宋减益、梓州上供绢及红锦、鹿胎。阻卜朝于契丹。夏贡于契丹。宋荆南、岳州、广州地震。十月，契丹使送所获夏羊马于宋。宋始颁历于夏。十一月，回鹘贡于契丹。

外国 〔高丽〕 秘书省进新刊礼记、毛诗正义。

〔日本〕 后朱雀天皇让位于后冷泉天皇（七十代）。

〔瑞士〕 由于神圣罗马皇帝亨利三世获得意大利王冠，故今瑞士南部各州（意大利瑞士）亦由其统治。亨利经常驻跸巴尔，而帝国戴耶特（议会）亦多在苏黎世（一作祖利克）举行。（按今瑞士西部用法语，东部用德语，南部用意语。）对各寺院之捐赠、提挈尤为频繁，瑞士在帝国中之地位亦日形重要。

〔斯堪的纳维亚〕 挪威王迈格拉斯（外号善人）继承丹麦王位，但竞争者甚多，内战爆发。

1046 年

中国 丙戌 宋庆历六年 契丹重熙十五年 夏天授礼法延祚九年

正月，契丹禁以奴婢卖与汉人。二月，宋青州地震；三月，登州地震山崩，自是连岁震。高丽贡于契丹。五月，宋减邛州盐额。宋京东人刘沓、刘沔等谋起事，死。十月，宋发兵击湖南瑶。十一月，宋改河北盐法。湖南瑶扰英、韶州。

外国 〔高丽〕 靖宗死，弟徽嗣，是为文宗仁孝王。沿东海至南海筑城堡以防“海盗”。契丹遣使来。

〔日本〕 改元永承。

〔拜占廷〕 兼并亚美尼亚（原为藩国）。

〔神圣罗马帝帝国〕 宗教会议举行于苏特利。亨利废黜竞争之教皇三人，另立克力门特二世继位。此外并指定以后三任教皇之继承人。

〔法兰西〕 洛林与弗兰德斯两公爵向日耳曼皇帝行封建效忠礼。

〔挪威〕 哈罗德三世为挪威王，1066 年入侵英格兰，失败后卒。自此挪威又陷于王朝混乱中，达一世纪余之久。但在此时期中，商业发达，经济趋于繁荣。

1047 年

中国 丁亥 宋庆历七年 契丹重熙十六年 夏天授礼法延祚十年

四月，宋禁官吏收赋米加耗。六月，阻卜朝于契丹。十月，铁骊仙门朝于契丹。十一月，宋贝州军卒王则据城起事，自称东平郡王，国号安阳，建元得圣。十二月，高丽贡于契丹。

外国 〔高丽〕 契丹遣使来吊。东女真献土物。契丹遣使来封册。晋州招回逃亡户一万三千余。

〔日本〕 宋商在客舍放火，下之狱。清原守武以私入宋，被流。

〔拜占廷〕 托尼基阿斯所领导之另一军人暴动失败。

〔神圣罗马帝国〕 克力门特为亨利三世加皇

帝冕。同年亨利三世赴南意大利，按封建礼节以诺曼人业已获得之土地封赠之。旋又后悔，助教皇利奥九世（1049－1054年）与之敌对。

〔匈牙利王国〕 安德卢一世为国王。

1048年

中国 戊子 宋庆历八年 契丹重熙十七年 夏天授礼法延祚十一年

正月，夏主曩霄为其子宁令格所刺，伤死，遗腹子谅祚嗣。宋官军破贝州，王则败死。宋崇政殿亲从官颜秀等入禁中作乱，即夜败死。四月，宋册立夏国主谅祚。高丽贡于契丹。六月，宋河决澶州商胡埽。阻卜献马驼二万于契丹。宋改河东等地钱法。七月，宋募河北饥民为军。九月，宋置永兴监于韶州，铸铜钱。十月，宋改河东、陕西盐法。十一月，契丹以将攻夏，括马。十二月，宋改河北沿边入中粮草法。是岁，宋河北、京东西大水。

外国 〔高丽〕 设百座道场饭内外僧三万余。契丹遣使来贺生辰，自是岁以为常。

〔日本〕 太宰府献新罗历及宋历。

〔越南 李氏〕 遣将攻哀牢。侬智高又起事，不久败降。

〔拜占廷〕 佩彻涅格人以大军来侵。托格立尔所统率之塞尔柱土耳其人第一次入侵亚美尼亚，被击败于斯特拉格那。

〔意大利〕 教皇利奥九世企图严厉执行教士独身制，但在米兰遭受激烈之反对。

1049年

中国 己丑 宋皇祐元年 契丹重熙十八年 夏毅宗谅祚延嗣宁国元年

正月，契丹以将攻夏告宋。宋河北疫，京东西以年饥不靖，遣禁军往镇之。二月，夷扰宋淯井监。三月，高昌国贡于契丹。乌古附于契丹。宋以广平牧监所占邢、洺、赵三州民田万五千顷与民。五月，五国首领附于契丹。六月，契丹帝亲督师攻夏。阻卜贡马、驼、珍宝于契丹。夏使贡于契丹，被留。九月，广源州“蛮”侬智高据安德州，称南天国，建元景瑞，扰宋邕州。契丹攻夏之师大败。十月，别部攻夏凉州，亦无功。十一月，宋放陕西乡兵归农者三万余人，岁省钱二百四十五万。是岁，夏改元延嗣宁国。

外国 〔高丽〕 契丹遣使来加册拜。定功荫田柴法。日本对马岛送漂风人回。

〔日本〕 僧庆盛入宋。

〔越南 李氏〕 改元崇兴大宝。

〔匈牙利王国〕 自此至1052年，皇帝亨利三世曾对匈牙利发动三次战争，但匈牙利人民英勇抵抗，卒能击退侵略者。1058年皇帝被迫承认匈牙利之独立地位（按安德卢曾于1047年以宣誓效忠，换得皇帝援助）。

1050年

中国 庚寅 宋皇祐二年 契丹重熙十九年 夏天祐垂圣元年

正月，宋改河北、河东、陕西中盐法。二月，夏兵攻契丹金肃城，大败。三月，契丹败夏兵于三角川，随又遣兵入夏大掠。四月，沙州贡玉于宋。高丽贡于契丹。交趾攻侬智高。五月，契丹禁医卜、屠贩、奴隶、背父母及犯事逃亡者，不得应进士举。九月，夏扰契丹边，败还。十月，夏请和于契丹；十二月，又请依旧称臣。阻卜贡于契丹。是岁，夏改元天祐垂圣。

外国 〔高丽〕 东女真献马、豹、鼠皮。“海盗”掠东北沿海地。

〔日本〕 宋人来归，赐以安置官符。

〔越南 李氏〕 大水。勿阳洞人起事，不久定。

〔占城〕 遣使献于宋。

〔拜占廷〕 索伊卒。托格立尔退入波斯。

〔塞尔维亚〕 米海伊尔·伏伊斯拉夫继其父斯提芬为大叔潘，与教皇发生密切联系。

1051年

中国 辛卯 宋皇祐三年 契丹重熙二十年 夏天祐垂圣二年

正月，宋分淮南为两路。二月，契丹索党项逃户于夏。宋改河北粮草入中法。吐蕃贡于契丹。侬智高献象及金银于宋，被却。五月，宋置河渠司，隶于三司。契丹安置所俘夏人于蓟州。七月，宋太学生旧制二百人，今以百人为限。宋修皇祐方域图志成。宋减湖南郴、永、桂阳丁身米。八月，宋汴河绝流。九月，契丹更定条制。十一月，宋减漳、泉、兴化丁米。是岁，宋京东、淮南、两浙、荆湖、江南饥。

外国 〔高丽〕 令农忙时停诸寺修建大役。

〔日本〕 陆奥酋长安倍赖时起事，遣源赖义等讨之，历九年始定，是为“前九年之役”。源氏为清和天皇之后族，居于关东。至是赖义因有功，权势渐盛，藤原氏之势乃衰。

〔拜占廷〕 佩彻涅格人失败后，自保加利亚退去。

〔英格兰〕 诺曼底公威廉（爱德华之中表亲）来游英格兰，相传爱德华许其为英王位继承人。哥德文（代表英本地萨克森人势力）与爱德华发生争执，被放逐，逃亡弗兰德斯。

〔意大利〕 由于诺曼人之威胁，本内文托公爵向教皇乞援。

1052 年

中国 壬辰 宋皇祐四年 契丹重熙二十一年 夏天祐垂圣三年

三月，宋诏杂买务，凡宫禁所市物皆给实值。五月，侬智高以宋却其贡物，聚众起事，破邕州，建大南国，号仁惠皇帝，改元启历；随入横、贵、龚、藤、梧、封、康、端等州，进围广州。六月，宋禁诸州里正、押司、录事已代而令输钱免役。七月，侬智高解广州围，归途数败宋兵；九月破昭州。宋以狄青为宣抚使，击侬智高。十月，侬智高入宾州，复入邕州。十一月，回鹘贡马、豹于契丹。十二月，交趾请助攻侬智高，拒之。是年，范仲淹死。

外国 〔高丽〕 建社稷坛。命太史撰十精、七曜、见行、遁甲、太一等历。东女真从海道侵边城。设百座会，饭僧三万。

〔拜占廷〕 塞尔柱土耳其人再来犯。

〔英格兰〕 哥德文武装返英（但未发生战争）。

1053 年

中国 癸巳 宋皇祐五年 契丹重熙二十二年 夏福圣承道元年

正月，宋兵大破侬智高于归仁铺，遂克邕州，智高走大理。四月，宋禁诸路转运使抑勒民户，多取羡余。七月，阻卜献马、驼于契丹。闰七月，宋定内侍额。乌古贡于契丹。蕃部数扰宋边，秦、凤路兵破之。宋改贡举法。九月，夏进降表于契丹。十二月，宋禁转运使进羡余。宋以东京五州、四十二县为京畿，置转运使。是岁，夏改元福圣承道。

外国 〔日本〕 改元天喜。

〔越南 李氏〕 侬智高为宋将狄青所败，求救；遣将援之，又为狄青所破，智高奔大理死。大水。

〔占城〕 遣使献于宋。

〔英格兰〕 韦塞克斯伯哥德文卒，其子哈罗德袭其爵，继续控制国政，用国王爱德华名义发号施令。

〔意大利〕 迁于意大利半岛之诺曼人，在其酋长罗伯特·吉斯卡尔之统治下已成为一强大势力，逐渐向东部本内文托公爵领地侵入。

1054 年

中国 甲午 宋皇祐六年 至和元年 契丹重熙二十三年 夏福圣承道二年

正月，夏贡于契丹。四月，宋改元至和。高丽贡于契丹。五月，契丹命夏岁贡驼、马。六月，吐蕃贡于契丹。十月，宋禁佣雇人与主人同居为婚。十一月，阻卜贡于契丹。十二月，融州大丘洞蛮附于宋。

外国 〔高丽〕 定土田之等。遣使如契丹告立王太子。东女真来献马。选三品至七品官子孙为侍卫，定为制。

〔越南 李氏〕 李佛玛死，庙号太宗；子日尊嗣，是为圣宗，建国号曰大越，改元龙瑞太平。

〔拜占廷〕 自诺曼人占领意大利半岛南部后，该地区之教会即落入罗马教皇之统治下，以此与君士坦丁堡之正教大教长发生激烈争执，各不相下，东西教会自此分道扬镳直至今日。

〔俄罗斯〕 基辅大公雅罗斯拉夫卒，五子分治其国，但伊兹雅斯拉夫被承认为基辅大公。自雅罗斯拉夫时代所开始之分封方法至此异常发达。俄罗斯实际上成为若干互相混战之小王国，使东方游牧民族如波罗维茨人与鞑靼人有可乘之机。

1055 年

中国 乙未 宋至和二年 契丹重熙二十四年 道宗洪基清宁元年 夏福圣承道三年

正月，苏茂州蛮扰宋邕州。二月，宋募弓箭手屯田忻、代等州边地，凡九千六百顷。三月，宋改封孔子后为衍圣公。四月，宋罢诸路里正衙前。八月，契丹兴宗死，子洪基嗣，改元清宁。十月，宋罢京畿转运使等官。宋礼部上贡举条制。下溪州蛮扰宋边。十一月，宋于沿边行见钱和籴法。交趾郡王李德政死，遣使来告；以其子日尊为静海节度使、交趾郡王。十二月，宋修六塔河。契丹立学养士，颁五经传疏。是岁，晏殊死，殊为名词人。

外国 〔高丽〕 契丹遣使来加册拜。以契丹立亭障逾界，送国书于契丹东京留守。遣使如契丹会葬。

〔大越〕 占城来献。宋封李日尊为交趾郡王。

〔占城〕 遣使献于宋。

〔土耳其〕 酋长塞尔柱·托格立尔·卜格率师进入巴格达，逐布伊德族，自立为执政，称苏丹，从此阿拉伯帝国大权又落于塞尔柱土耳其之手（1055—1194年）。

〔阿拉伯〕 哈里发阿尔奎伊姆因不胜布伊德家族之总督压迫，乞援于塞尔柱土耳其人。托格立尔遂率兵入巴格达，推翻布伊德势力而代之。阿尔奎伊姆任之为苏丹，并赐徽号为“东西之王”。

〔葡萄牙〕 卡斯蒂与莱昂之腓迪南大王自摩尔人之手夺得今葡萄牙之大部分地区，建之为伯国，以科伊姆布拉（今葡萄牙之西，里斯本以北，近海）为首府。此为葡萄牙历史之开始。

1056年

中国 丙申 宋至和三年 嘉祐元年 契丹清宁二年 夏福圣承道四年

四月，宋六塔河决。六月，阻卜、高丽贡于契丹。宋诸路水，河北尤甚。契丹南京蝗。九月，宋改元嘉祐。

外国 〔高丽〕 以东女真扰边不已，遣将击之。命印九经、汉、晋、唐史、论语、孝经、子书、文集、医、卜、地理、律、算等书赐诸学院。遣官赴各州郡整饬吏治。民以避役，多假名出家，令沙汰僧徒。

〔大越〕 真腊来献。

〔缅甸〕 僧人信阿罗汉至蒲甘，遂奠定佛教南宗在上缅甸发展之基。

〔拜占廷〕 迈克尔六世继位为皇帝，但同年即被安那托利亚各地之封建诸侯所推翻。

〔神圣罗马帝国〕 亨利三世卒，六龄子亨利四世嗣位，其母阿格内为摄政。图林基亚公鄂图举兵反，旋被敉平。

1057年

中国 丁酉 宋嘉祐二年 契丹清宁三年 夏䩄都元年

正月，五国贡于契丹。二月，夷人扰宋清井监。宋澧州罗城洞蛮扰掠。宋雄、霸州地震。四月，火洞蛮侬宗旦扰宋邕州，寻降。五月，夏人扰宋边，败宋兵于断道坞。七月，契丹南京地大震，死者万余人。八月，宋建广惠仓。十一月，高丽贡于契丹。十二月，宋改贡举法。契丹禁职官于部内假贷贸易。是岁，夏改元䩄都。

外国 〔高丽〕 契丹遣使来加册拜。宋人张琬来，明奇门遁甲术，命为太史监候。遣使如契丹报榭。

〔日本〕 安倍赖时败死。

〔大越〕 遣使献异兽于宋。

〔拜占廷〕 叛乱之封建诸侯推选爱萨克·科姆尼拉斯为皇帝。爱萨克为一有力军人，立即罢免无实际职务之官吏，并着手改革财政，但终因不胜繁剧于1059年逊位。

1058年

中国 戊戌 宋嘉祐三年 契丹清宁四年 夏䩄都二年

六月，宋邵州蛮掠扰。七月，宋广济河溢，原武河决。八月，宋下溪蛮降。九月，宋凿桂州兴安县灵渠。宋除河北坊郭客户干食盐钱。十一月，宋裁省冗费。宋罢三司领河渠司。闰十二月，宋定制科等第授官法。

外国 〔高丽〕 契丹使来。欲造舟通于宋，大臣力谏止之。

〔日本〕 改元康平。

〔波兰〕 波利斯拉夫二世（大胆的）嗣位为大公，在位二十一年，适值皇帝与教皇为策封权发生争端，波利斯拉夫竭力协助后者与皇帝斗争。

〔俄罗斯〕 日耳曼城市布累门商人始设商栈于里加（今拉脱维亚首府），其后逐渐发展，成为日耳曼人在波罗的海东岸各地推进商业之根据地。

〔意大利〕 热那亚与比萨开始向西西里岛之萨拉森人进攻。战事自此断续进行，达数十年之久。

1059年

中国 己亥 宋嘉祐四年 契丹清宁五年 夏䩄都三年

二月，宋改茶法。交趾扰钦州。四月，宋诏诸路提点刑狱皆兼提举河渠公事。八月，宋遣官分往诸路均田，仅行数州而止。十一月，契丹禁民私猎。

外国 〔高丽〕 以契丹人越界垦植，遣使告奏。两京及东南州郡一家有三子者，许度一子为僧。

〔大越〕 改元彰圣嘉庆。扰宋钦州。

〔拜占廷〕 匈牙利人与佩彻涅格人进攻帝国北疆，但继位之君士坦丁十一世反以财政支绌为理由裁减军队。

〔法兰西〕 亨利一世以其子腓力为共主。

〔罗马〕 教皇尼古拉二世召集拉特兰（宫）

宗教会议，决议成立具有选举教皇权力之红衣主教选举团。同年在喜尔德布兰之主持下，罗马教皇策封诺曼酋长吉斯卡尔为亚普利亚与卡拉布里亚公爵。教皇权力自是及于意大利半岛南部。

1060 年

中国 庚子 宋嘉祐五年 契丹清宁六年 夏䄄都四年

正月，宋凿二股河，又浚五股河。二月，宋增江、浙、福建、川、广诸州解额。三月，宋诏流内铨注选归明人；增广南东、西路炎瘴地官俸。五月，宋置宽恤民力司。六月，契丹于中京置国子监。七月，宋分京西为南北二路。交趾与甲峒蛮合兵扰宋邕州。宋修新唐书成。宋唐、邓二州大兴水利，荒地数万顷变为肥田。宋求遗书。八月，宋改盐马法。十二月，苏茂州蛮扰邕州。是岁，梅尧臣死，尧臣为名诗人。

外国 〔高丽〕 授宋进士虞寅校书郎。

〔日本〕 安置宋商人于越前。

〔大越〕 谅州边将捕逃兵入宋界钞掠。宋兵来攻，无功。

〔拜占廷〕 托格立尔及其侄阿尔卜·阿尔斯兰率塞尔柱土耳其人，自美索不达米亚来攻。1064年占领安尼（在亚美尼亚），并蹂躏亚美尼亚。诺曼人占领利基阿姆（意大利半岛之趾尖）并完成卡拉布里亚之征服（半岛前足）。

〔法兰西〕 亨利一世卒，其子独自统治，称腓力一世。

1061 年

中国 辛丑 宋嘉祐六年 契丹清宁七年 夏䄄都五年

二月，宋诏良民子弟被诱入军籍者，百日内许出籍。七月，淮南、江、浙水。十一月，宋枢密院上所编机要文字一千一百六十一册。十二月，宋复丰州。宋三馆秘阁上所编校书九千四百五十卷。是岁，宋祁死。祁与欧阳修等曾合修《新唐书》。

外国 〔高丽〕 以宋进士陈渭为校书郎，萧鼎等为阁门等承旨。

〔占城〕 遣使献于宋。

〔波希米亚〕 夫拉梯斯拉夫继位为公爵，在位三十一年，始终保持对神圣罗马皇帝之效忠。在亨利四世与教皇之斗争中，转战于意大利各地。

〔波兰〕 与波希米亚发生战事，1063年重行占领上斯洛伐克。

〔匈牙利〕 安德卢之弟（与日耳曼人各次战役中之英雄）培罗一世继位为匈牙利王。

1062 年

中国 壬寅 宋嘉祐七年 契丹清宁八年 夏䄄都六年

二月，宋更江西盐法。宋汰拣陕西厢禁军。四月，宋修嘉祐编敕成。四月，夏进马于宋，求九经等书。六月，宋以夏举措不循旧规，遣使诘责。八月，宋帝立从侄宗实为皇子，赐名曙。夏国主谅祚攻西蕃董毡，败。是岁包拯死。

外国 〔高丽〕 以试诸生流弊滋多，始行封弥法。

〔占城〕 遣使献于宋。

〔神圣罗马帝国〕 科隆大主教汉诺（一作安诺）自奥格斯堡大主教之监护下，骗得幼主亨利四世（当时仅十二岁）后，遂与汉堡及布累门大主教阿达尔伯特共同执政，并瓜分全境修道院之财产（按中世纪修道院财产远较教会多，且开支亦少，故常为有力主教所觊觎）。但后来阿达尔伯特之权力渐胜汉诺。

〔意大利〕 比萨人远征西西里，陷巴勒摩，将萨拉森人在该地所设立之军械工场付之一炬。萨拉森人所据以侵扰西地中海达两世纪之基地，自此不复存在。

1063 年

中国 癸卯 宋嘉祐八年 契丹清宁九年 夏拱化元年

正月，契丹禁民鬻铜。三月，宋仁宗死，皇子曙嗣，是为英宗；旋以病，皇太后曹氏权垂帘听政。七月，契丹太叔耶律重元作乱败死，徒党牵连死者甚多。是岁，夏改元拱化。

外国 〔高丽〕 命国子监儒生在监九年，律生六年，无成者黜。

〔塞尔柱土耳其人〕 阿尔卜·阿尔斯兰继托格立尔为塞尔柱人之统治者，在位十年，征服格鲁吉亚与亚美尼亚。

〔英格兰〕 哈罗德以武力迫使威尔士乞降。

〔匈牙利〕 安德卢之子所罗门（拥护日耳曼派之领袖）继位为匈牙利王，在位九年，为其从兄弟所逐。

〔意大利〕 诺曼人渡海入西西里，逐阿拉伯人，除巴勒摩外，全岛几皆为其占领。

〔威尼斯〕 扩建圣马可教堂（按此教堂为976年后重建），是为拜占廷式建筑在西欧之重要代表作。同年成立四百八十人之参议会（后来发展成为大会议)。

1064 年

中国 甲辰 宋英宗赵曙治平元年 契丹清宁十年 夏拱化二年

二月，契丹禁南京民决水种稻。五月，宋皇太后曹氏撤帘，宋帝始独亲政。六月，宋增西蕃首领唃厮啰年赐；七月，又擢其子董毡官。是秋，夏频扰宋秦凤、泾原，杀掠以万计；遣使诘责之。十月，契丹禁民间私印文字，有以书传入宋者严惩。十一月，契丹定吏民衣服之制。宋籍陕西百姓为义勇。契丹求书。契丹禁南京私自货铁及私造御用彩缎。宋拣邕州左右江四十五峒土丁为军。十二月，宋遣官团结蕃部丁壮。是岁，宋畿内、宋、亳、陈、许、汝、蔡、唐、颍、曹、濮、济、单、濠、泗、庐、寿、楚、杭、宣、洪、鄂、施、渝、光化、高邮等州军大水。契丹南京、西京大有年。

外国 〔高丽〕 设仁王道场，饭僧一万。

〔大越〕 遣使如宋。

〔保加利亚〕 库曼人来侵，饱肆劫掠后退去。

〔西班牙〕 卡斯蒂与莱昂王腓迪南一世击败伊斯兰教之托利多王，托利多王自是向腓迪南称臣。同年腓迪南入侵发楞喜阿与安达路西亚。

1065 年

中国 乙巳 宋治平二年 契丹咸雍元年 夏拱化三年

正月，宋以夏侵掠，戒责之。宋于开封、京东西及淮南募兵。三月，宋行明天历。五月，夏贡于契丹。宋枢密院进新编机要文字九百八十一册。六月，宋颁行新编在京诸司库务条式。九月，宋修太常因革礼成。

外国 〔高丽〕 契丹遣使来加册拜。王子煦为僧。赐进士、明经及第出身者七人。遣使如契丹报谢。

〔日本〕 改元治历。源氏始为内大臣。

〔拜占廷〕 库曼人(突厥族)于渡过多瑙河后，侵入巴尔干半岛，远至帖萨罗尼加，最后始为当地人民逐退。

〔埃及〕 自本年起至1072年止，前后共七年，尼罗河停止其按年之泛滥(以上游气候不正常之故)，连岁歉收，人民死者甚众。

〔日耳曼〕 自11世纪初开始，赴东方“朝圣”者多结伴同行，有时多至数千人。本年在班堡主教耿塞尔之组织下，有一万一千人同行赴耶路撒冷。此为中世纪赴东方朝谒圣墓人数最多之一次(按当时赴东方朝圣一次需银一百马克——约八百盎斯——故参加者仍以小封建主及商人为多)。

〔西班牙〕 卡斯蒂与莱昂王腓迪南卒，其国又四分五裂。

1066 年

中国 丙午 宋治平三年 辽咸雍二年 夏拱化四年

正月，契丹改号曰辽。四月，司马光奉诏编历代君臣事迹，后赐名《资治通鉴》。六月，回鹘、阻卜贡于辽。九月，夏主谅祚扰宋大顺城，受伤而退；十月，宋遣使诘责之，且停岁赐，谅祚诿之边吏。是岁，名文学家苏洵死，洵著权书等。

外国 〔高丽〕 契丹以改国号为辽来告；遣使往贺。

〔日本〕 宋商献药。

〔大越〕 改元龙章天嗣。爪哇商献夜光珠，予钱万镪。

〔神圣罗马帝国〕 参加特利部尔议会之诸侯及主教对阿达尔伯特(见1062年条)大加反对，亨利因此获得自由，并开始亲政。阿达尔伯特同年被放逐。亨利四世仍以教会财产为其主要收入，教职任命贿赂公行。

〔英格兰〕 爱德华卒，韦塞克斯伯爵哈罗德被选为国王，但诺曼底公威廉亦要求继承权(见1051年条)。是年9月威廉率兵来犯，10月14日战于英格兰东南滨海之赫斯丁斯，英军大败，哈罗德阵亡。威廉自是为英格兰国王，称威廉一世(英史称之为“征服者”)。此诺曼王朝之直系统治英国六十余年。

〔罗马〕 诺曼底公威廉于入侵英格兰时曾获得教皇亚历山大二世之直接许可。1073年教皇格列高利七世继位后索取报酬，威廉乃在全国范围内开征“彼得辨士”以予之。此税延至16世纪中叶前始获废除。

〔斯堪的纳维亚〕 挪威王哈罗德三世入侵英格兰，为英王哈罗德所败。

〔日耳曼〕 易北河迤东地区之斯拉夫人因不堪日耳曼人之压迫，大举起义，将日耳曼人逐回易北河西岸，并夺回布兰敦堡一带(见1124年条)。

1067 年

中国 丁未 宋治平四年 辽咸雍三年 夏拱化五年

正月，宋英宗死，太子顼嗣，是为神宗。闰三月，夏使献方物于宋，且谢罪。六月，宋诏内外官吏言差役利害。八月，宋复与夏互市。九月，宋以王安石为翰林学士。宋潮州地震；十月，漳、泉、建州、邵武军地震。十月，宋诈诱夏将嵬名山降，遂复绥州；夏杀保安军宋将。宋置马监于交城县。夏贡回鹘僧及佛经于辽。十二月，夏毅宗谅祚死，子秉常嗣，太后梁氏摄政。是岁，辽南京旱蝗。

外国 〔高丽〕 自前十二年创建兴王寺，夺民田舍，耗物资以亿万计，至是落成，凡二千八百间，征高行僧一千来常住，大事庆祝。

〔大越〕 牛孔、哀牢等国献金、银、沉香、犀角、象牙等物。宋进封李日尊为南平王。

〔拜占廷〕 罗马勒斯·代俄哲尼斯继位为皇帝，虽在位仅四年，但尽力抵御东西两面之敌人。

〔神圣罗马帝国〕 约自此时起，皇帝亨利四世在自己所属之庄园中实行以货币地租代替力役与实物地租。

〔斯堪的纳维亚〕 俄勒夫（外号安静的）嗣位。在位二十六年，国势颇为兴盛。又娶丹麦王斯汪之女为妻，以解决与丹麦间之长期争端。

1068 年

中国 戊申 宋神宗赵顼熙宁元年 辽咸雍四年 夏惠宗秉常乾道元年

正月，宋太学置外舍生百员。二月，辽募兵。三月，辽许南京民于军行地外种稻。四月，宋帝召王安石越次入对。回鹘贡于辽。五月，宋国子监生以九百人为额。宋募饥民补厢军。六月，占城贡于宋。宋诏州县兴水利。宋河决恩、冀、深、瀛四州。七月，宋京师河北地大震，人多压死者，至冬未止。辽南京地震，大水。八月，宋复行崇天历。十月，辽册李秉常为夏国王。十二月，宋复夏国岁赐。夏贡于辽。是岁，史学家刘敞死。

外国 〔高丽〕 宋遣人来通问。"海东孔子"太师崔冲死。

〔日本〕 藤原教通为关白。后冷泉天皇死，后三条天皇即位（七十一代）。自文德天皇以来，历任天皇皆藤原氏后妃所生，至是因藤原氏势衰，不出自藤原氏之后三条天皇乃得嗣位。

〔大越〕 改元天贶宝象。占城献白象，继来扰边。

〔占城〕 国王杨卜尸利律陀般摩提婆遣使献方物，并乞市马，宋令于广州买骡以归。

〔拜占廷〕 诺曼人占领俄特朗托（意大利半岛足跟）。罗马勒斯战胜塞尔柱土耳其人，暂时遏止后者之前进。

〔英格兰〕 威廉一世征服英格兰西部诸地。

〔俄罗斯〕 基辅人民为伊兹雅斯拉夫抵御波罗维茨人不力，而又拒绝装备人民前往抵抗，愤而起义，别拥波洛茨克公夫塞斯拉夫为基辅公。

1069 年

中国 己酉 宋熙宁二年 辽咸雍五年 夏乾道二年

二月，宋以王安石为参知政事，设制置三司条例司，筹变法。宋册李秉常为夏国主。三月，宋诏内外官言财用利害。阻卜反辽。四月，宋改解盐法。宋遣使者八人察诸路农田、水利、赋役。六月，吐蕃贡于辽。七月，宋行均输法，命江淮六路发运使领均输平准事。宋修仁宗、英宗实录成。九月，交趾贡于宋。宋行青苗法，立常平给敛条规。十一月，宋颁农田水利敕。五国诸部反辽，旋降。闰十一月，宋调镇、赵、洺、磁、相州兵夫六万浚御河。宋差官提举诸路常平、广惠仓，兼农田水利差役事。宋置交子务于潞州。

外国 〔日本〕 改元延久。置记录所。禁新置庄园。

〔大越〕 改元神武。李日尊亲攻占城，掳其王制矩，俘五万人；占城献三州地以赎制矩，放还之。

〔法兰西〕 "私生子"威廉（即征服者威廉）夺获美恩（法国西北）。

〔英格兰〕 英格兰北部又发生反抗运动，且有丹麦王斯汪之助，威廉大败之，至1071年英格兰全境大定。

〔神圣罗马帝国〕 阿达尔伯特被赦后又恢复其权力，乃唆使萨克森人反对亨利。

〔俄罗斯〕 伊兹雅斯拉夫向波兰乞援。波兰王"大胆的"波利斯拉夫以武力送之归。夫塞斯拉夫遁。伊兹雅斯拉夫大肆报复。波兰军队则遍驻各地，横行不法。

1070 年

中国 庚戌 宋熙宁三年 辽咸雍六年 夏天赐礼盛国庆元年

正月，宋戒饬散放青苗钱抑勒扰民。三月，宋立刑法科，以选详刑官。五月，宋诏并边州军勿散青苗钱；又罢制置三司条例司归中书。辽设贤良科。宋扰掠夏界堡市。七月，宋罢潞州交子务。八月，夏大举扰宋大顺城等地。十月，宋拒夏使。五国朝辽。十一月，夏又扰宋大顺城。辽禁鬻铁于回鹘、阻卜。十二月，辽禁汉人捕猎。宋行保甲法。宋以王安石为相。夏人扰宋镇戎军。宋颁免役法。交趾贡于宋。广源下溪州“蛮”附于宋。是岁，夏改元天赐礼盛国庆。

外国

〔高丽〕 王子竀为僧。

〔日本〕 定绢布制。宋商献佛像。

〔大越〕 修文庙，塑孔子、周公等像。

〔塞尔柱土耳其人〕 在阿尔斯兰率领下，进攻拜占廷帝国之曼西克尔特。

〔拜占廷〕 阿尔斯兰所抚率之塞尔柱土耳其人进攻曼西克尔特。

〔法兰西〕 西北部，安茹伯爵领地内之蒙城市民，奋起反对压迫彼等之封建领主（主教），自行组织执行市政之机构，称为“公社”。此“公社”一名始见于法国史乘。

〔英格兰〕 兰弗兰克（意大利人）为坎特伯雷大主教。威廉征服英格兰后，逐渐将法国式之封建制度推行于英国。

1071 年

中国

辛亥 宋熙宁四年 辽咸雍七年 夏天赐礼盛国庆二年

正月，宋扰夏边。渝州夷人梁承秀等反宋，旋败死。宋罢沿边屯田，募民租佃，改田卒为厢军。宋立京东、河北盗贼重法。二月，宋改贡举法，罢进士试诗赋及明经诸科，以经义、策论试进士。女直贡马于辽。三月，夏陷宋抚宁诸城。宋庆州军乱，寻定。宋置学官于诸路。四月，宋罢陕西交子法。辽禁布帛不中尺度者。五月，高丽贡于宋。六月，吐蕃贡于辽。七月，宋北京新堤决，淹数县；两浙水。八月，宋复春秋三传明经。宋置洮河安抚司，经营河湟。宋河决澶州；九月，决郓州。夏贡于宋。十月，宋罢差役，行募役；又立出官试律令法；又立太学生三舍法：外舍七百人，内舍二百人，上舍一百人。十一月，宋蠲欠贷米一百六十六万八千余石、钱十一万七千余缗。十二月，宋省诸路厢军。回鹘贡于辽。是岁，辽武安等州饥。

外国

〔高丽〕 遣使由登州如宋。

〔日本〕 僧成寻等入宋。

〔大越〕 占城贡献。定以钱赎罪法。

〔塞尔柱土耳其人〕 俘拜占廷帝国之罗马勒斯，旋释之回，约以交付赎金。

〔拜占廷〕 诺曼人占领巴利（在俄特朗托之北）——拜占廷在意大利半岛之最后据点，希腊人自此失去对意大利之控制权。罗马勒斯在梵湖（在亚美尼亚）北之曼西克尔特与塞尔柱人大战，由于内部之叛离而失败，被俘，但仍由塞尔柱人送还。同年罗马勒斯为篡位之迈克尔七世挖去双目后，卒。

〔法兰西〕 夫利斯兰伯爵罗伯特，举兵反，败腓力于卡塞尔。

〔英格兰〕 赫累瓦尔德（小地主）在剑桥州北部举兵抗威廉，但迅即失败。是为盎格鲁萨克森民族对诺曼征服之最后反抗。赫累瓦尔德为后来若干传奇中之英雄。

〔罗马〕 曼西克尔特大败后，拜占廷皇帝向罗马教廷乞援。

1072 年

中国

壬子 宋熙宁五年 辽咸雍八年 夏天赐礼盛国庆三年

正月，辽北边部族乱，旋定。宋置京城逻卒，察谤议时政者。三月，交趾李日尊死，子乾德嗣；逾年，宋封为交趾郡王。辽春、泰、宁江三州民三千余人度为僧尼。宋行市易法。四月，宋立禁军校试法。宋括闲田。宋令河北民立弓箭社。宋浚二股河成。五月，宋行保马法。六月，高丽贡于辽。宋北京夏津河溢。七月，宋立武学，员百人。八月，宋败羌人。宋定方田均税法。宋分淮南为东西路。宋延州括地万五千九百余顷。十月，回鹘贡于辽。宋以所收羌人地置熙河路。十一月，宋分陕西为永兴、秦凤两路。宋招降梅山蛮民万四千余户、田二十六万余亩，立安化县。十二月，宋太原置弓箭手。是岁，宋河北大蝗。欧阳修死，修为著名古文家，著有易童子问、诗本义、新五代史，又与宋祁等合修《新唐书》。

外国

〔高丽〕 宋遣医官来。

〔日本〕 定物价。定斗升法。后三条天皇出家，让位于白河天皇（七十二代）。

〔大越〕 李日尊死，子乾德嗣，是为仁宗，改元大宁。以年幼，嫡母、生母同垂帘听政。

〔占城〕 遣使献琉璃、珊瑚酒器，龙脑、乳香、丁香，荜登茄紫矿于宋。

〔拜占廷〕 迈克尔七世任命著名学者迈克尔·赛拉斯（作家与哲学家）为主要辅政者，日日从事学问，颇有偃武修文之风。

〔神圣罗马帝国〕 阿达尔伯特卒，萨克森人举兵反。

〔保加利亚人〕 在乔治·伏瓦特赤领导下作反抗拜占廷统治之起义，以力量微弱，次年即失败。

〔西班牙〕 阿尔封索六世为卡斯蒂王。

〔苏格兰〕 马尔科姆率兵犯英格兰，兵败，被迫为威廉附庸。

1073 年

中国 癸丑 宋熙宁六年 辽咸雍九年 夏天赐礼盛国庆四年

二月，夏扰宋秦州。三月，宋置经义局，修诗、书、周礼三经义；令进士诸科并试明经注官。四月，宋置律学；又置疏浚黄河司。五月，湖北蛮以地附宋。宋禁私人水硙碾妨碍灌溉民田。泸州夷人反宋。六月，宋颁劝课栽桑法。宋置军器监。七月，宋令京西、淮南、两浙、江西、荆湖等路置监，立额铸钱。辽乌古敌烈部乱。宋分河北为东西路。八月，宋复比闾族党之法。九月，宋置两浙和籴仓。宋收羌人所据河岷等州地。宋收免行钱。十月，宋取南江蛮地。宋行折二钱。宋于北京开直河。十二月，高丽、夏贡于辽。是岁，周敦颐死。敦颐著太极通书，为宋代理学之倡导者。

外国 〔高丽〕 以令典有工商家不得入仕之条，令有工匠子孙入仕者，不得为清要、理民之官。东女真酋长数人内附为郡县。长城外垦田一万一千四百九十四顷。西女真酋长请内附为郡县。东女真海盗掠边地。

〔日本〕 入宋僧成寻命人乘宋商船送呈宋帝所赐之金泥法华经。

〔大越〕 宋封李乾德为交趾郡王。

〔塞尔柱土耳其人〕 阿尔斯兰卒，其子马利克沙继位。以尼沙姆·阿尔牟克为维齐（首相）。尼沙姆奖励学术，在巴格达及其他主要城市设立学院（如巴格达之尼沙米雅学院）。奥玛尔·克海雅姆（哥拉森名诗人与天文学家）之改革日历亦在此时。塞尔柱人因不能获得罗马勒斯之赎金，再度进攻拜占廷。

〔神圣罗马帝国〕 亨利兵败，许萨克森人以有利之和约。

〔罗马〕 喜尔德布蓝当选为教皇，称格列高利七世。大倡改革，对内主张严厉执行独身戒律，对外主张不许俗世王公对教会之封建领主行策封权；日耳曼僧侣极力反对，但皇帝亨利四世企图获得教皇支持，予以承认。

〔俄罗斯〕 伊兹雅斯拉夫再被逐，其弟斯维雅托斯拉夫继位。

〔保加利亚〕 保加利亚贵族敦请塞尔维亚大叔潘之子来作国王，称彼得，但旋为希腊人所逐。

〔西班牙〕 北部诸基督教王国自 1065 年四分五裂后，至是又在阿尔封索六世之势力下重趋一统，仍称卡斯蒂与莱昂王国。

1074 年

中国 甲寅 宋熙宁七年 辽咸雍十年 夏天赐礼盛国庆五年

正月，宋拓泸州夷地二百四十里；乌蛮等降。二月，阻卜贡于辽。宋许售九经、子、史与高丽。羌人鬼章围河州，败宋兵；三月，木征围岷州。宋征免役头子钱，禁州县以公家之费再圆融于民。辽遣使诘宋沿边修建并河东侵界事。四月，宋暂罢方田。宋攻木征，降之。王安石罢相。六月，宋以沈括提举司天监，制浑仪、浮漏成。七月，宋行手实法。九月，宋合浙东西为一路。宋于诸路行置将法。十一月，高丽贡于辽；十二月，又贡于宋。宋淯井、长宁及武都夷附于宋。五国部反辽，为生女真部乌古迺所败。辽改明年元为大康。

外国 〔日本〕 改元成保。

〔大越〕 占城扰边。

〔塞尔柱土耳其人〕 酋长苏里曼征服小亚细亚，建卢姆王国（或称爱科尼阿姆王国）。小亚细亚为欧洲各地之商人与巡礼者往来巴勒斯坦所必经之地（指陆路），塞尔柱人之占领使彼等感受威胁。

〔拜占廷〕 迈克尔之叔乌尔塞尔举兵反。迈克尔乞援于塞尔柱土耳其人，将其击败，但塞尔柱人自此遍布于安那托利亚。

〔神圣罗马帝国〕 亨利以授予特权之许可状颁发佛姆斯市民，以换取彼等之支持。此为不以教会为中介，而由皇帝直接向城市颁发特许状之开始。科隆城贸易繁荣，按本年统计，约有商人六百名。彼等曾掀起一反抗该城大主教之运动。

1075 年

中国 乙卯 宋熙宁八年 辽大康元年 夏大安元年

正月，宋分京东为东西二路。二月，宋于陕西钱监铸折二钱。王安石复相。宋行户马法于河北。三月，宋立蕃学于河州。四月，广源州“蛮”扰宋邕州，归化州“蛮”败之。宋行奉元历。宋诏西南五姓“蛮”五年一贡。六月，宋颁王安石三经新义，令应试者必宗其说。吐蕃贡于辽。七月，宋与辽河东分界事定，宋失地七百里。八月，宋减官户役钱之半。九月，宋立武举绝伦法。十月，宋罢手实法。十一月，交趾扰宋，陷钦、廉二州。宋立陕西蕃丁法。是岁，夏改元大安。韩琦死。

外国 〔高丽〕 遣使如辽献方物。遣官会辽官审定地界。

〔日本〕 关白藤原教通死，藤原师实代。

〔大越〕 宋谋来侵，遣兵先攻破之，大屠邕。遣兵攻占城，无功。

〔阿拉伯〕 哈里发阿尔·卡义木卒，其孙牟克塔迪嗣位。

〔神圣罗马帝国〕 亨利平定萨克森诸侯之叛乱后要求教皇惩罚与萨克森叛乱有关之教会领主。格列高利七世则复书亨利责令对日耳曼某些诸侯之控诉提出答复，并放弃对教会领主之策封权。

〔法兰西〕 征服者威廉围攻布列塔尼之多尔，腓力以优势兵力压迫其撤退。次年两国媾和。

〔英格兰〕 诺曼籍诸侯举兵反，威廉敉平之。

1076 年

中国 丙辰 宋熙宁九年 辽大康二年 夏大安二年

正月，交趾屠邕州，死者五万八千余人。下溪州"蛮"附于宋。二月，宋遣兵并诏占城、真腊合击交趾。鬼章扰宋边，大败；三月，又来扰，仍败。四月，宋复广济河漕。茂州夷扰宋边。静州"蛮"附于宋。七月，朱崖军黎人反宋。八月，宋禁北边谷粟出界。九月，宋浚汴河。十月王安石复罢相。十二月，鬼章扰岷州。辽南京地大震。十二月，宋兵拔广源州，继败交趾兵于富良江，李乾德请降。是役，宋兵战及疫亡者二万六千余人。董毡反宋，旋败降。

外国 〔高丽〕 遣使如宋报谢，并献方物。命年多无人应试之州县，若有人登第者给田业、奴婢有差。改官制，定班次秩禄。

〔大越〕 宋来攻，取广源州。改元英武昭圣。选官入国子监。

〔占城〕 宋遣使约夹攻大越。

〔俄罗斯〕 基辅公斯维雅托斯拉夫卒，其弟夫塞伏洛德继大公位。

〔塞尔柱土耳其人〕 自法蒂玛系哈里发之统治下夺获叙利亚及耶路撒冷。

〔神圣罗马帝国〕 亨利以日耳曼僧侣之敦促，召开宗教会议于佛姆斯，议决废黜教皇格列高利七世。教皇则于罗马召开宗教会议废黜皇帝亨利四世，并解除日耳曼全国臣民对彼之效忠誓言。长达四十余年之策封权斗争由此开始。

〔波兰〕 波勒斯拉乌二世以教皇许可，重行称王。

〔法兰西〕 法国北部空布累之市民反抗封建领主（主教）。明年迫使后者准许彼等组织公社。

〔西班牙〕 纳瓦尔王桑绰三世遇刺，卒。阿拉贡王与莱昂王争夺其国，阿拉贡王获胜，称纳瓦尔王桑绰四世，但莱昂王亦取得一部分土地。

1077 年

中国 丁巳 宋熙宁十年 辽大康三年 夏大安三年

二月，宋改解盐法。四月，于阗国贡于宋。五月，宋改成都路茶法。六月，注辇国贡于宋。宋诏南京、郓、兖等州及邢州巨鹿、洺州鸡泽、平恩、肥乡等县盗贼并用重法。辽帝以耶律乙辛之谮废其太子。宋籍邕州、钦州峒丁为乡兵。宋于河北西路铸折二铜钱，永兴军路铸折二铁钱。七月，宋河溢于卫、怀，大决于澶州曹邨，东汇梁山泊；分二道，南入淮，北入海，淹四十五县，田三十余万顷；濮、齐、郓、徐四州尤甚；八月，河又决郑州。九月，宋立义仓。宋诏诸路州县修缮城隍。十月，鬼章、董毡贡于宋。十二月，占城献方物于宋。是岁，辽南京大有年。宋理学家邵雍、张载死。

外国 〔高丽〕 于洪州贞海县置亭以待宋使。

〔日本〕 改元承历。太宰府以绳二百匹、水银五千两答谢宋帝，遣僧仲回入宋。

〔大越〕 试吏以书、算、刑律。遣兵扰宋；宋来攻，无功。

〔缅甸〕 蒲甘王阿奴律陀死，子修罗嗣。蒲甘本一小国，至阿奴律陀时，因着手于灌溉工程之修建，生产力提高，加之以佛教南宗代替摧残人民之佛教北派，又改革兵役，于是国势日盛，其兵力曾至大理。又采得楞字母制为缅文，文化亦远超以前诸王。

〔神圣罗马帝国〕 亨利四世为日耳曼封建诸侯所迫（限令彼于1077年2月22日以前获得教皇宽赦，否则解除对彼之效忠誓约），于1月21日到达意大利北部教皇临时驻锡之卡诺萨堡，科头跣足，露立庭前三日，始获得教皇赦罪。但同时一部分日耳曼诸侯已别选斯瓦比亚公卢多尔夫为日耳曼王（教皇之专使曾予以承认）。

〔俄罗斯〕 伊兹雅斯拉夫又以波兰人之助恢复大公位。

〔匈牙利〕 拉提斯劳斯一世嗣位，在教皇与皇帝之斗争中，竭力支援前者，但对内亦能导致经济繁荣，压服封建诸侯（1192 年被教会追封为圣徒，称圣拉提斯劳斯）。

〔意大利〕 诺曼人征服南部意大利后，威尼斯、热那亚与比萨皆在地中海商业上形成其重要地位。比萨执牛耳达一个半世纪之久。

〔英格兰〕 威廉一世之长子罗伯特举兵反。法王腓力助之。

1078 年

中国 戊午 宋元丰元年 辽大康四年 夏大安四年

正月，交趾贡于宋，并请还广源等州。二月，日本僧献方物于宋。三月，辰、沅瑶民扰宋边州。五月，宋塞澶州曹郓决河成。新堤长一百十四里，凡用工百九十余万，材千二百八十九万。六月，阻卜贡马于辽。七月，辽诸路饭僧尼三十六万人。九月，交趾贡于宋，仍请还广源等州，不许。九月，五国贡于辽。十月，宋兵破泸州夷。于阗贡于宋。十一月，回鹘贡于辽。是岁，刘恕死。恕撰通鉴外纪等书。

外国 〔高丽〕 宋遣使来，赐衣带、采段、乐器、金银器，接待勤谨，百官表贺。宋使回，礼馈甚厚，并附表谢。辽遣使来赐。

〔日本〕 宋人致牒太宰府。

〔大越〕 遣使如宋献象，求还广源州及所俘人民。

〔拜占廷〕 奈塞福拉斯三世以塞尔柱土耳其人之协助推翻迈克尔七世，自任皇帝。

〔神圣罗马帝国〕 亨利四世自意大利北返后，即进行与卢多尔夫之战争。厌恶封建诸侯压迫之日耳曼城市群起协助亨利，使亨利逐渐取得胜利。

1079 年

中国 己未 宋元丰二年 辽大康五年 夏大安五年

二月，宋泸州夷扰边。三月，董毡贡于宋。五月，顺州“蛮”反宋，旋败。六月，阻卜贡于辽。宋导洛通汴成。七月，三佛齐、詹卑国贡于宋。夏扰宋绥德城；八月又来扰。宋修邵伯堰至真州运河。宋增太学生，外舍二千人，内舍三百人，上舍百人；并立考试升舍法。九月，西南诸蕃贡于宋。十月，夏贡于辽。交趾归所掠宋民，以广源州还之。辽改定王爵之制。十一月，宋减广南西路役钱。

外国 〔高丽〕 东女真人来投，处之岭南。宋遣医来赐药。

〔大越〕 宋以广源州来归。

〔塞尔维亚〕 迈克尔占领杜拉索（巴尔干半岛西北滨海）。

〔波兰〕 波利斯拉夫二世为贵族所废黜，其弟夫拉地斯拉夫嗣位，一反其兄之所为，取消国王称号，并转而协助皇帝。

〔英格兰〕 诺曼人征服后，诺曼法语（诺曼语与法语之混合物）逐渐推行于英格兰，并用之为官厅语文。

1080 年

中国 庚申 宋元丰三年 辽大康六年 夏大安六年

正月，高丽、于阗贡于宋。三月，南丹州“蛮”贡于宋。四月，宋泸州夷扰戎州。六月，女直贡于辽。七月，宋河决澶州孙郓陈埽及大小吴埽。九月，宋改散阶官制。宋定熙河路蕃弓箭手制度。十月，宋修《元丰郡县志》成。

外国 〔高丽〕 遣使如宋报谢。东女真大侵扰，遣兵破败之。

〔日本〕 宋商至敦贺。高丽求医，却之。

〔塞尔柱土耳其人〕 塞尔柱土耳其人占领亚美尼亚后，人民以不堪压迫而逃亡者甚多。有一部分在巴格拉提德·卢彭统率下在安那托利亚南部之西里西亚定居，建立小亚美尼亚王国（存在约三百年）。

〔罗马〕 格列高利七世第二次驱逐亨利四世出教。亨利之党羽亦开宗教会议废黜格列高利，别选拉温那主教为“对立教皇”，（anti-pope——按此名有译为伪教王或僭篡教皇者。然每一教皇皆各有其拥护者，吾人无法辨之，故于正统以外者皆称为对立教皇。第一个对立教皇在 3 世纪中叶），称克力门特三世。

〔神圣罗马帝国〕 卢多尔夫兵败，阵亡。亨利四世领兵直趋意大利。

〔塞尔维亚〕 君士坦丁·波丹（即曾在 1073 年任保加利亚国王被逐者）继位为大叔潘。

1081 年

中国 辛酉 宋元丰四年 辽大康七年 夏大安七年

正月，宋遣将经制泸州夷人。宋进士加试律。于阗贡于宋。宋弃所侵交趾地。五国、女直贡于辽。二月，宋置铸钱监于秦州。三月，董毡贡于宋。四月，河决澶州小吴埽，注御河。五月，辽南京三县蝗，六月，宋河北蝗。阻卜贡于辽。宋以夏集兵于边，命将备之。七月，遂大举攻夏。八月，夏扰宋临州堡，宋谕董毡合攻之。交趾、佛泥贡于宋。九月，宋复兰州古城，蕃部皆降，且助攻夏。宋修国朝会要成。十月，拂菻贡于宋。宋大败夏兵于磨脐隘，遂进至灵州；十一月，以乏粮退，夏兵追之，大溃。

外国 〔高丽〕 西女真献铁甲、兵仗。遣使如宋报谢。西女真人来投者，处于岭南。

〔日本〕 改元永保。入宋僧成寻死于宋开宝寺。

〔大越〕 归所俘宋兵民于宋。

〔拜占廷〕 统兵将领阿雷克修·科姆尼拉斯举兵反，占领君士坦丁堡，大肆劫掠后，即位为皇帝，称阿雷克修一世，科姆宁王朝（至1185年）自此始。同年，意大利南部之诸曼人在其酋长罗伯特·吉斯卡尔统率下，在巴尔干半岛西部之伊派拉斯登陆，围攻杜拉索。

〔意大利〕 萨勒诺（半岛西南）之医学校，此时已享有相当声誉。

〔西班牙〕 洗德（见1026年条）为卡斯蒂与莱昂王阿尔封索六世所逐，遂投效萨拉哥萨之伊斯兰统治者。

1082年

中国 壬戌 宋元丰五年 辽大康八年 夏大安八年

正月，铁骊贡于辽。二月，宋颁三省枢密六曹条制。二月，宋经制泸州夷事兵侵乌“蛮”，无功。宋以董毡助攻夏，晋封王。三月，辽行新量制。四月，宋大改官制。五月，宋丰州军乱，寻定。六月，宋修两朝正史成。夏，阻卜贡于辽。宋北京内黄埽河溢。七月，宋决大吴埽堤以泄河水。辽南京水。八月，宋郑州原武埽河溢，注梁山泊。九月，夏陷永乐城，宋兵大溃。安化“蛮”扰宋宜州。宋沧州南皮、永静军河溢。十月，宋自变法后，税入增多，至是诏京东等十二路输常平钱八百万于元丰库以备非常。十二月，宋原武决河塞。

外国 〔拜占廷〕 为对抗诸曼人在巴尔干半岛之进攻，阿雷克修以巨大之商业特权界予威尼斯，以换取后者之协助，但结果仍失败，杜拉索为诸曼人占领。

〔意大利〕 威尼斯在拜占廷取得商业特权，可以在帝国各地完全自由进行贸易。此项许可之有效期为一百年。

〔法兰西〕 约自本世纪后期起，始有用石料建筑邸宅与堡垒者，西欧其他各地亦大抵如此（按在此以前之建筑纯为木料）。

1083年

中国 癸亥 宋元丰六年 辽大康九年 夏大安九年

二月，夏扰宋兰州，败。三月，夏频扰宋河东，皆失利。四月，辽大雪，马死者什六七。五月，夏抚宋兰州、麟州。闰六月，夏贡于宋，并请和，许之。宋汴水溢。阻卜贡于辽。七月，辽禁官吏于部内贷钱取息。九月，五国贡于辽。是岁，曾巩死。巩为名古文家。

外国 〔高丽〕 赐进士明经等十四人及第，并于知贡举外初置同知贡举。文宗死，太子勋嗣，是为顺宗宣惠王，逾三月又死，弟运嗣，是为宣宗思孝王。设道场，饭僧三万。遣使如辽告哀。

〔拜占廷〕 诺曼酋长吉斯卡尔之子波希蒙德再败阿雷克修，占领马其顿，进至发达尔河畔。但在拉利萨为当地土著及阿雷克修雇佣之塞尔柱骑兵所败，前进始受遏止。

〔罗马〕 亨利四世陷罗马，格列高利退守圣安极乐堡，飞檄召其诺曼同盟罗伯特·吉斯卡尔来援。“对立教皇”克力门特为亨利四世加冕为神圣罗马帝国皇帝。

1084年

中国 甲子 宋元丰七年 辽大康十年 夏大安十年

正月，夏扰兰州。四月，女直贡马于辽。夏扰宋延州。五月，阻卜贡于辽。六月，夏扰宋德顺军。辽禁毁铜钱为器。七月，宋伊水、洛水溢；河决元城。九月，夏扰宋定西城；十月，又扰熙河。宋与交趾分画疆界，以保乐六县及三峒予交趾。十月，夏扰宋清边寨。夏贡于宋。十二月，宋司马光修《资治通鉴》成。是岁，宋河东饥，河北水。辽改明年元为大安。

外国 〔高丽〕 辽遣使来吊。宋遣使来吊。

〔日本〕 改元应德。

〔大越〕 遣官与宋议疆界。令造瓦盖屋。

〔缅甸〕 蒲甘白古镇将耶曼乾率得楞军队起事，国王修罗败死，异母弟开辛他嗣位。耶曼乾不久败死。

〔塞尔柱土耳其人〕 占领当时东西交通之重

要商业城市安提阿喀。

〔罗马〕 罗伯特·吉斯卡尔率兵北上，将亨利逐出罗马城后大肆劫掠。格列高利惧人民责难，偕罗伯特赴萨勒诺（拿波里之南，滨海）作“客”，次年卒。格列高利虽死，但自卡诺萨事件以后，教皇在西方之权力，如日方中。继位诸人仍继续与皇帝作争夺策封权之斗争。

1085 年

中国 乙丑 宋元丰八年 辽大安元年 夏大安十一年

正月，五国贡于辽。三月，宋神宗死，子煦嗣，是为哲宗，太皇太后高氏权同听政，不久逐渐改熙宁新法。四月，宋诏宽保甲、养马。宋扰夏边。五月，宋以司马光为门下侍郎。十月，宋罢义仓、方田。宋河决大名小张口；河北大水。十一月，辽修太祖以下七朝实录成。辽册封高丽王运。宋罢增置铸钱监十四。是岁，理学家程颢死。

外国 〔高丽〕 王出行时始令以仁王般若经前导，谓从宋制，王弟煦为僧，私随商舶入宋求法。宋密州以国丧来告，遣使如宋吊。设百座道场，饭僧三万。辽遣使来册封。

〔日本〕 毁淫祠。

〔拜占廷〕 拜占廷与威尼斯之联合舰队大败诺曼人于巴尔干半岛以西之科孚岛海面。同年罗伯特·吉斯卡尔卒，诺曼人遂放弃征服巴尔干半岛之企图。

〔神圣罗马帝国〕 亨利击败一部分诸侯所选举、继卢多尔夫为日耳曼王之卢森堡公赫尔曼。

〔英格兰〕 威廉一世命人赴全国各处实地调查，次年编制地亩清册（称“末日裁判书”，以其详尽异常，故名），以为征税（包括封建捐税与义务）之根据。当时英格兰人口约为一百八十万，其中有百分之九为奴隶。

〔西班牙〕 经两年围攻后，以洗德之协助，卡斯蒂王阿尔封索自摩尔人手中夺获托利多（按托利多当时之工商业俱相当繁盛，拥有人口二十万）。

1086 年

中国 丙寅 宋哲宗赵煦元祐元年 辽大安二年 夏天安礼定元年

正月，五国贡于辽。二月，宋禁边民与夏互市。宋议改役法。夏贡于宋。闰二月，宋以司马光为相。三月，女直贡马于辽。四月，王安石死。五月，辽以责女直等国岁贡马，并禁售马与宋、夏，至是马增至百余万匹。六月，阻卜贡于辽。七月，宋立十科取士法。夏国主李秉常死，子乾顺嗣。宋复常平旧法，罢青苗钱。九月，司马光死。十月，宋改封孔子后为奉圣公。五国贡于辽。十一月，宋立经义、词赋两科，试进士。是岁，宋河北及楚、海诸州水。夏改元天安礼定元年。

外国 〔高丽〕 遣使如辽谢，并请勿于鸭绿江置榷场。王弟煦自宋以佛经还，奏置教藏都监，购书于宋、辽及日本。

〔日本〕 白河天皇让位于堀河天皇（七十三代）。

〔大越〕 试有文学者充翰林官。

〔塞尔柱土耳其人〕 自埃及法蒂玛系哈里发之统治下夺得叙利亚之一部分。

〔拜占廷〕 色雷斯与保加利亚之波哥密尔派（基督教内部之教派，被视为“异端”）暴动，以佩彻涅格人与库曼人之助，大举来攻。暴动具有明显之社会性质。

〔波希米亚〕 皇帝亨利四世准许夫拉梯斯拉夫称国王，但仅及其身，嗣位者不得承袭。

〔神圣罗马帝国〕 卢森堡公赫尔曼逊位。反抗亨利之诸侯又选迈孙（帝国东部之马克）之埃克伯尔特继位为日耳曼王。

〔英格兰〕 威廉大会封建诸侯于骚尔斯巴利，全国地主皆向之宣誓效忠。

1087 年

中国 丁卯 宋元祐二年 辽大安三年 夏天仪治平元年

正月，宋封李乾顺为夏国主。二月，宋代州地震。三月，高丽贡于辽；女直贡马于辽。四月，西蕃鬼章陷宋洮、河。宋复置贤良方正等科。五月，夏扰宋边；七月，又扰镇戎军；八月，又扰边。宋复洮州，俘鬼章。九月，夏又扰宋镇戎军。十月，宋增置市舶司于泉州。是岁，夏改元天仪治平。

外国 〔高丽〕 遣使如辽告奏榷场事。

〔日本〕 改元宽治。白河上皇复与大政，是为院政之始。后八年上皇薙发为法皇，仍理国政，直至大治四年（1129 年）死。

〔大越〕 宋封李乾德为南平王。

〔拜占廷〕 波哥密尔军大败阿雷克修。库曼人蹂躏巴尔干半岛东部，阿雷克修赂以巨金，并接受彼等参加拜占廷军队始罢。与佩彻涅格人之战争仍继续中，后四年（1091 年）始以库曼人协助获胜。

〔意大利〕 热那亚与比萨二城联军入北非，自阿拉伯人手中夺获阿尔马第雅（或简称马第雅，见909年）并迫使阿拉伯人订立商约。

〔英格兰〕 威廉一世（征服者）卒，次子嗣位，称威廉二世（外号鲁弗斯，意为红人）。威廉一世所领之诺曼底公国则由其长子罗伯特继承。

1088年

中国 戊辰 宋元祐三年 辽大安四年 夏天仪治平二年

正月，宋复置广惠仓。宋令广南西路慰抚黎人。五国贡于辽。辽以上京、南京饥，许民自鬻。三月，高丽贡于辽。夏扰宋边。四月，宋令各路州县条陈役法利害。辽立入粟补官法。六月，夏扰宋边。七月，辽册李乾顺为夏国王。八月，渠阳“蛮”起事，宋因罢渠阳军。是岁，宋史学家刘攽死。

外国 〔高丽〕 以辽必欲置榷场于鸭绿江，遣官密备边事。

〔大越〕 以寺观有田奴库物，以文官提举之。

〔英格兰〕 诺曼籍诸侯，在法国巴贡伯鄂多领导下倡乱，拥戴诺曼底公罗伯特为英王，威廉二世以英人（盎格鲁萨克森人）之助平定之，并擒获鄂多。

1089年

中国 己巳 宋元祐四年 辽大安五年 夏天仪治平三年

正月，宋戒边将勿扰夏边。高丽贡于辽。三月，辽命南京、中京精选举人。五月，回鹘贡马于辽。六月，夏贡于宋。

外国 〔高丽〕 发仓粟施京城佛寺。讲仁王经，饭僧三万。

〔大越〕 宋兵侵石犀州。

〔俄罗斯〕 格鲁吉亚始建国，其“太祖”名大卫。

〔神圣罗马帝国〕 埃克伯尔特卒，亨利与反抗彼之党派获致协议。

〔英格兰〕 坎特伯雷大主教兰夫兰克卒，威廉二世为截取大主教区之收入起见，拒绝提出候选人。同年厘定封建贡纳之标准。

1090年

中国 庚午 宋元祐五年 辽大安六年 夏天仪治平四年

二月，夏归宋俘，宋还所侵夏地。三月，女直贡于辽。十月，宋命导河水入汴。十一月，高丽贡于辽。

外国 〔高丽〕 遣使如宋，宋赐《文苑英华》。

〔日本〕 藤原师实罢摄政。

〔阿拉伯〕 尼沙浦尔（在哥拉森）之哈森塞巴（大维齐尼沙姆之同学）将一部分卡米提亚派信徒组成“阿煞新派”（即暗杀派），专事暗杀。其后逐渐发展，领袖通称“山中老人”，根据地遍布于波斯北部、伊拉克及叙利亚诸名山，历时二百余年始为蒙古人剿灭。

〔意大利〕 诺曼人完成西西里岛全部之占领。约在此时之前不久，玻璃制造术由东方传至威尼斯。但关于玻璃之最早记录见于本年。

〔法兰西〕 中世纪经院哲学大师罗塞来那斯（11世纪中叶至1121年卒）约在此时创立其“唯名论”之哲学派别。

〔英格兰〕 威廉二世（鲁弗斯）率兵侵入诺曼底。

1091年

中国 辛未 宋元祐六年 辽大安七年 夏天祐民安元年

四月，夏扰宋熙、河等三路。六月，回鹘贡于辽。八月，夏扰宋麟、府二州。九月，日本贡于辽。十一月，宋颁行元祐观天历。是岁，夏改元天祐民安。

外国 〔高丽〕 使者还自宋，以宋所求书目录来。宋人田盛等留仕。

〔日本〕 遣使于辽。

〔阿拉伯〕 大维齐尼沙姆为暗杀派所杀。

〔匈牙利〕 拉提斯劳斯一世征服哥罗西亚与波斯尼亚，准其保留自治政府，但设一总督统辖之。

〔意大利〕 热那亚与比萨占领科西嘉岛。

1092年

中国 壬申 宋元祐七年 辽大安八年 夏天祐民安二年

二月，宋令陕西、河东整饬边防。四月宋立考察县令课绩法。十月，夏扰宋环州。阻卜反辽。

外国 〔高丽〕 辽东京遣人来。

〔大越〕 改元会丰。大有年，令每亩税三升给军粮。

〔占城〕 遣使如宋，并表言如宋攻越，愿助兵夹攻。

〔阿拉伯〕 苏丹马利克沙卒，其子巴克雅鲁克嗣位，王朝争端始。乱事四起，各地之塞尔柱酋长几皆形同独立。此种情况为拜占廷后来恢复部分地区创造条件。

〔神圣罗马帝国〕 亨利四世之子康拉德叛其父。教皇为康拉德加冕为意大利王，并允以如放弃策封权则为之加冕作皇帝（按康拉德已于1087年加冕为日耳曼王）。

1093年

中国 癸酉 宋元祐八年 辽大安九年 夏天祐民安三年

二月，高丽遣使于宋，请购书。三月，辽攻阻卜失利。四月，夏谢罪于宋。七月，宋京东西、河北、淮南诸路水。九月，宋太皇太后高氏死，宋帝始亲政。十月，阻卜大掠辽西部牧群。

外国 〔高丽〕 西海道捕海船一，有宋人及日本人，多违禁物，用治海盗法，配于岭南。遣使如宋。

〔印度〕 西印度卡鲁雅王朝统治者耆耶西姆哈·西德哈拉查死，继位者库马拉巴拉（1093—1143年），宠信耆那教僧海马旃佗罗，受其劝化，皈依耆那教，禁酒，戒杀生，严禁赌博，又颁布法律，保护寡妇无子者之财产。

〔俄罗斯〕 斯维雅托波尔克继位为基辅大公。同年波罗维茨人在特利波尔击败俄罗斯人。

〔英格兰〕 威廉二世病危，自忖将死（其实未死），提名意大利人安瑟伦为坎特伯雷大主教以为忏悔（见1089年。按安瑟伦亦为中古有地位之经院哲学家，属“唯实论”派，与罗塞来那斯齐名）。

1094年

中国 甲戌 宋元祐九年 绍圣元年 辽大安十年 夏天祐民安四年

正月，夏贡于宋。四月，宋改元绍圣；于是渐复熙宁新法，召用新党被贬诸人，责降元祐诸旧党。宋诏役法一依元祐未改以前条例。闰十月，宋罢十科取士法。宋复置义仓。五月，宋罢进士习诗赋。敌烈部扰辽边，寻定。六月，辽禁边民与蕃部通婚。七月，阻卜扰辽。八月，宋罢贤良方正等科。宋罢广惠仓。九月，辽大败阻卜。十二月，宋严禁铜钱出界。宋漳河决，灌洺、磁等州。是岁，宋河北水；洛水为灾。辽改明年元为寿昌。

外国 〔高丽〕 宣宗死，子昱嗣，是为献宗恭殇王。宋都纲解佑等来贺献土物。辽遣使来吊并册封。

〔日本〕 改元嘉保。藤原师通为关白。藤原伊房以在辽私相贸易被罚。

〔大越〕 遣使如占城催岁贡。

〔阿拉伯〕 哈里发阿尔·穆斯塔兹希尔即位（1094—1118年）。阿尔·穆斯塔兹希尔在位时，正值十字军东征。但是时哈里发之政令，已不行于叙利亚、巴勒斯坦，因之对十字军事亦漠不关心。

〔拜占廷〕 僭位者君士坦丁·代俄哲尼斯率库曼人之大军渡多瑙河，围攻亚德里亚堡，但为阿雷克修所败。

〔保加利亚〕 库曼人又越多瑙河来扰。

〔日耳曼〕 欧洲北部大疫，西起弗兰德斯，东迄波希米亚，蔓延甚广，仅日耳曼南部累根斯堡地区死者即达万人。

〔法兰西〕 法王腓力为离婚事与教皇乌尔班（或译厄尔班）发生争执，被后者驱逐出教。

〔西班牙〕 经激烈之围攻后，洗德自摩尔人手中夺获发楞喜阿，但1100年（洗德逝世之次年）又为摩尔人夺去。

1095年

中国 乙亥 宋绍圣二年 辽寿昌元年 夏天祐民安五年

正月，宋立宏词科。二月，高丽贡于辽。四月，女直贡于辽。九月，辽以阻卜扰边，命教汉军炮弩。十二月，宋类定责降元祐臣僚。

外国 〔高丽〕 辽东京遣人来，献绫罗彩缎。献宗让位于叔父熙。熙后改名颙，是为肃宗明孝王。后二年，献宗死。遣使如辽告即位。辽遣使来。

〔匈牙利〕 科罗曼一世嗣位为王。

〔罗马〕 拜占廷皇帝阿雷克修因塞尔柱土耳其人之威胁日甚，遣使向教皇乌尔班二世及西方各基督教国家之统治者乞援。教皇夙有向东方伸张其权力之志愿，各国诸侯亦久羡东方之富庶，是年十一月乌尔班在法国南部克勒芒召集宗教会议，决定组织“拯救”圣地之十字军。

〔神圣罗马帝国〕 洛林一带歉收，岁大饥，死者甚众。

〔英格兰〕 北方诸侯在诺森伯兰伯爵领导下举兵反，旋被敉平。

〔葡萄牙〕 勃艮第公之子亨利自卡斯蒂与莱昂王阿尔封索六世之手获得葡萄牙伯爵领地（见1055年条），为后来葡萄牙王朝之始祖（按亨利为阿尔封索之婿）。

1096 年

中国 丙子 宋绍圣三年 辽寿昌二年 夏天祐民安六年

二月，夏扰宋边；三月，再扰；八月，又扰。九月，辽徙乌古敌烈部于乌纳水，以扼北边。十月，夏扰宋鄜延路，大杀掠。高丽贡于辽。十二月，夏献宋俘于辽。是岁，生女真节度使盈哥与兄子阿骨打助辽杀逃人，辽进其官。

外国 〔高丽〕 遣使如辽。

〔日本〕 改元永长。

〔叙利亚〕 埃及法蒂玛系哈里发牟斯塔迪·阿布卡辛姆占领耶路撒冷。

〔第一次十字军〕 于本年形成，约分为五部分：（一）“隐士”彼得所率领之七千人。（二）“穷汉”瓦特尔所率领之五千人。以上二者皆穷苦无告之西欧农民。（三）部永之高弗梨及其弟鲍尔温所率领之洛林武士。（四）土鲁斯伯爵累蒙德所率领之普罗旺斯武士。（五）意大利南部诺曼酋长波希蒙德所率领之诺曼军三万人。以上三者以第三部分最具实力。

〔神圣罗马帝国〕 十字军过日耳曼，沿途骚扰。

〔拜占廷〕 第一次十字军之第一二部分抵达君士坦丁堡后，皇帝即命之渡海峡至小亚细亚，为土耳其人全数歼灭。同年其他部分十字军亦到达君士坦丁堡，但波希蒙德所率领之诺曼人，引起皇帝疑惧（诺曼人曾进攻拜占廷所属之巴尔干半岛）。次年与皇帝获致协议，十字军诸统率者允以将来夺获之土地作为皇帝所策封之采邑。

1097 年

中国 丁丑 宋绍圣四年 辽寿昌三年 夏天祐民安七年

正月，宋颁内外学制。宋败夏人于边。宋禁锢元祐被贬诸人子弟。二月，阻卜请降于辽。夏扰宋绥德城。宋再贬元祐旧党。三月，夏侵宋麟州，又扰葭芦城；宋大败夏兵于长波川。四月，宋兵入夏边，破洪州，入盐州；八月，宋复宥州。九月，五国贡于辽。是岁，宋两浙旱，饥。播州土酋杨光荣等附于宋。

外国 〔高丽〕 赐进士、明经等三十三人及第。东女真海盗扰边。辽遣使来册封。始设铸钱官。

〔日本〕 改元承德。宋人送牒来；太宰府致复牒于宋明州。

〔俄罗斯〕 封建诸侯大会于留伯支。

〔法兰西〕 诺曼底公罗伯特参加十字军，以其公爵领地向其弟英王威廉二世抵押，得银一万马克（每马克重八盎斯）。

〔第一次十字军〕 高弗梨之弟鲍尔温应埃德萨（在美索不达米亚北部）统治者之请，前往援助，但结果竟将该地据为己有，建埃德萨伯国——十字军所建四封建国之一。

〔意大利〕 热那亚船队为十字军运送给养与军队抵安提阿喀。

〔匈牙利〕 科罗曼企图自威尼斯共和国统治下夺取达尔马提亚，自本年开始战争，至 1102 年始取得。

〔英格兰〕 安瑟伦（坎特伯雷大主教）与威廉二世发生争执，被迫亡命罗马，威廉即着手兼并教会产业。

1098 年

中国 戊寅 宋绍圣五年 元符元年 辽寿昌四年 夏天祐民安八年

正月，辽徙阻卜贫民于山前。二月，宋扰夏边。六月，宋改元元符。十月，夏扰宋平夏城，大败。是岁，史学家范祖禹死。

外国 〔高丽〕 遣使如宋，告嗣位。遣使如辽谢。

〔拜占廷〕 自去年起，阿雷克修即以十字军之助，先后收复尼西亚、安条克与小亚细亚全境。

〔塞尔维亚〕 塞尔维亚为保加利亚人战败，承认后者之王为宗主，但门的内哥罗人拒予承认。

〔第一次十字军〕 经八阅月之围攻后，十字军占领安条克（欧洲人在此次围攻战中第一次食用前所未知之甘蔗与蔗糖）。

〔英格兰〕 法国人波亚迭之威廉约在此时写成其《征服者威廉之年代记》。

1099 年

中国 己卯 宋元符二年 辽寿昌五年 夏永安元年

二月，宋许高丽遣士人太学。夏遣使谢罪于宋，被拒，宋攻败夏于神堆。三月，辽为夏人遣使请和于宋。六月，五国朝于辽。阻卜贡于辽。宋河决内黄；河北水。七月，西蕃内哄，邈川首领瞎征附于宋，九月，宋遂于其地置湟、鄯二州。夏谢罪于宋，许之。十一月，宋听民耕河北黄河退滩地，免三年租。是岁，夏改元永安。

外国 〔高丽〕 遣使如辽献方物。

〔日本〕 关白藤原师通死。改元康和。

〔第一次十字军〕 占领耶路撒冷，组耶路撒冷王国，部永之高弗梨当选为国王。同年组安条克亲王国，由诺曼酋长波希蒙德领之。但波希蒙德拒绝承认拜占廷皇帝为封建领主。

〔耶路撒冷王国〕 以服务巡礼者为目的之圣约翰病院武士团本年成立（按病院已设立甚久，为阿马尔非商人聚资创办者），但随十字军之进展，武士团亦变成一世俗团体，在各处占据土地，俨然小主权国家。

〔神圣罗马帝国〕 日耳曼诸侯声称废黜康拉德（见 1092 年条），别选其弟亨利为日耳曼王，但亨利四世（前二者之父）始终获得城市之支援。

〔意大利〕 比萨舰队奉教皇命赴东方参加“援救”耶路撒冷之十字军战争。自此与热那亚同在十字军所占领之城市中获得商业特权。威尼斯自始即未参加。

1100 年

中国 庚辰 宋元符三年 辽寿昌六年 夏永安二年

正月，宋哲宗死，弟佶嗣，是为徽宗，皇太后向氏权同听政。于是渐收召责降元祐旧党。三月，宋新置湟、鄯州乱，乃以蕃部首领分知两州。十月，五国朝于辽。宋罢平准务。

外国 〔高丽〕 以宋帝死，遣使吊。辽遣使来赐，又使册王太子。

〔第一次十字军〕 不断与各地之伊斯兰教徒（包括阿拉伯人与塞尔柱人）有规模不等之大小接触与战争。

〔意大利〕 比萨舰队自东方返，威尼斯海军伺于罗德岛，袭击之，毁其大部分。意大利诸商业城市自此进行断续之战争，长达数世纪。

〔法兰西〕 法王腓力与其子路易共主国事。同年英王威廉二世卒，罗伯特返自东方，收回诺曼底。

〔英格兰〕 威廉二世之统治甚为严峻，税收繁重，各阶层皆不胜其压迫，本年在新森林遇刺殒命。威康之弟嗣位为王，称亨利一世，立即召回安瑟伦。

〔西欧〕 西欧人在本世纪末始知用砖，在此以前皆用木石建筑。

1101 年

中国 辛巳 宋徽宗赵佶建中靖国元年 辽寿昌七年 天祚帝耶律延禧乾统元年 夏贞观元年

正月，宋皇太后向氏死。辽道宗死，孙延禧嗣，是为天祚帝，二月，改元乾统。七月，阻卜、铁骊贡于辽。九月，宋诏各路州军条陈遗利及裁损冗员浮费。是岁，宋河东地震为灾，京畿蝗，两浙、湖南、福建旱。宋以修宫观，令苏、湖二州采太湖石，是为后日花石纲之先声。范纯仁、苏轼、秦观、陈师道皆死于是年。纯仁著有忠宣集。轼为名文学家，散文外，诗、词皆独为一家，又工书、善画，且通经学，著作甚多。观散文、诗、词亦有名，著淮海集。师道工文，著后山集。

外国 〔高丽〕 以九经、子、史各一部，分置台、省、枢密院。宋人邵经等来投，召试授官。以银一斤铸成瓶形，用作钱币；有杂铜盗铸者，禁之。宋赐太平御览及神医普救方。遣使如辽。置南京开创都监。

〔日本〕 源义亲横行，讨之。

〔耶路撒冷王国〕 国王鲍尔温一世（高弗梨去年卒）与热那亚人订立条约，由后者以舰队与商船协助前者，前者则允在新征服区为后者划分居留地，并给予战利品三分之一作为报酬。热那亚人将此项条约镌于碑上，植于耶路撒冷圣墓教堂之祭坛后，以示不忘。

〔叙利亚〕 十字军以热那亚人之助攻克塞乍利亚与阿尔苏夫（在耶路撒冷西北，滨地中海）。

〔神圣罗马帝国〕 亨利长子康拉德卒。

〔英格兰〕 诺曼底公罗伯特企图夺取王位，率兵进攻英格兰，但旋与亨利一世订约而退。

1102 年

中国 壬午 宋崇宁元年 辽乾统二年 夏贞观二年

正月，宋河东太原等处地震。五月，宋复贬夺元祐旧党。六月，辽策试贤良方正。七月，宋焚元祐法令。宋置市舶司于杭、明二州。阻卜扰辽边。八月，宋令州县置安济坊收养贫民。宋大兴学校，减贡举名额三分之一以予太学上舍出身者。九月，宋立元祐奸党碑。十一月，辽民赵钟格攻上京，寻败。十二月，宋铸当五钱。宋禁元祐学术。辰、沅州瑶攻扰。是岁，宋京畿等四路蝗，江、浙、熙、河、漳、泉、潭、衡等地旱。辽将萧海里叛入女直，辽兵攻之不克。阿骨打攻杀海里以予辽，由是女直轻辽。

外国 〔高丽〕 东女真完颜部长盈歌遣使来，自是聘问不绝。求箕子茔，立祠以祭。始铸钱成，分赐百官、军士。置京城酒务，又于坊市置官店铺。

〔日本〕 流源义亲。

〔越南—大越〕 占城来贡。

〔波兰〕 波利斯拉夫三世（绰号歪嘴）经激烈斗争后取得王位。

〔意大利〕 威尼斯始在叙利亚滨海城市西顿（属耶路撒冷王国）获得商业权。

〔英格兰〕 诸曼籍诸侯举兵反，亨利一世敉平之。

1103 年

中国 癸未 宋崇宁二年 辽乾统三年 夏贞观三年

正月，宋败辰、沅瑶，复诚徽二州。二月，宋安化“蛮”扰广西。宋采木于湖南瑶地以供在京营缮。宋令陕西铸折十铜钱及夹锡钱。宋于荆湖等七路置茶场榷茶。四月，宋销毁元祐旧党人文字。六月，宋攻西蕃地，复湟州。九月，宋置医学。十月，吐蕃贡于辽。是岁，宋诸路蝗。理学家谢良佐死。

外国 〔高丽〕 东女真酋长等一百五十人来朝。宋使以医官来。遣使如辽。于宋帝生辰，命太子设斋。东女真完颜部长盈歌使人献方物。

〔越南—大越〕 演州人李觉起事，败奔占城，诱之来扰。

〔占城〕 国王阇耶因陀罗跋摩二世，信越逃人李觉言，发兵攻越，取三州地。

〔塞尔柱土耳其人〕 自12世纪初期起，塞尔柱土耳其帝国即开始陷于瓦解状况，各地阿塔贝格（总督）事实上已独立，形成若干小王朝。最著者如大马士革之布利德王朝（1103—1154年）；美索不达米亚与叙利亚之赞吉德王朝（1127—1250年）；此外在亚美尼亚与阿塞拜疆均有土耳其王朝，直至蒙古势力之侵入。

〔拜占廷〕 阿雷克修与安条克伯波希蒙德发生战争，至1108年始媾和。波希蒙德仍承认阿雷克修为宗主。

1104 年

中国 甲申 宋崇宁三年 辽乾统四年 夏贞观四年

正月，宋铸当十大钱。二月，宋诏坑冶金银皆输内藏。三月，宋置文绣院。四月，宋大举经营河湟，尽复鄯廓二州地，斥堠距青海约二百里。五月，改鄯州为西宁州。六月，宋置书、画、算三学，其取士法略如太学。宋重定元祐、元符党籍，通三百九人，立碑朝堂。吐蕃贡于辽。十一月，宋罢贡举，取士悉由学校。十二月，宋复改封孔子后为衍圣公。宋经营广西峒地。是岁，宋诸路蝗。

外国 〔高丽〕 遣将攻东女真，大败，请和而还。辽遣使来封册。遣使如宋。命州县开酒食店，以通钱货。图再攻女真，练神骑、神步、跳荡、精弩、梗弓、发火等军，又选僧为降魔军。

〔日本〕 诸寺僧人横暴益甚，诉者纷纷。

〔大越〕 以占城扰边，遣兵击破之。

〔占城〕 为越兵所败，弃三州地，复遣使贡于越，并贡于宋。

〔法兰西〕 英王亨利一世率兵侵入诸曼底。

1105 年

中国 乙酉 宋崇宁四年 辽乾统五年 夏贞观五年

正月，宋立武学法。二月，宋颁方田法。宋令州县仿尚书六部分六案。辽以宗女为公主嫁夏国王李乾顺。宋令陕西、河东、河北、京西钱监铸当二夹锡铁钱。三月，宋置青海马监。宋复银州，夏亦扰宋边。四月，辽使至宋，为夏请罢兵。夏扰宋边。六月，宋罢陕西、河东民力役。十一月，辽禁商贾之家应举。宋置诸路提举学事官。宋令荆湖南北、江南东西、两浙路并铸当五钱。是岁，宋置应奉局于苏州，总花石纲事。宋文学家黄庭坚死。

外国 〔高丽〕 肃宗死，太子俣嗣，是为睿宗文孝王。禁买卖米谷搀土，银杂铜铁。

〔日本〕 藤原忠实为关白。

〔神圣罗马帝国〕 亨利四世之子亨利又受教皇唆使，背叛其父。亨利四世逃赴列日（在尼德兰），明年卒。

〔意大利〕 由于日耳曼南部之贸易兴盛，与之有关之意大利北部诸城市竞争甚烈，至是逐渐发展成为两大城市同盟，分别以米兰与巴费亚为盟主。属于米兰者有巴马、摩得那、克累马、托托那与布累沙。属于巴费亚者有罗提、克利摩那、彼阿成萨、累佐、诸伐拉与阿斯蒂。

〔法兰西〕 诸曼底公罗伯特兵败被俘，英王亨利再度领有诸曼底（按罗伯特为亨利兄，自此被后者囚禁达二十八年，死于狱）。

1106 年

中国 丙戌 宋崇宁五年 辽乾统六年 夏贞观六年

正月，宋罢铸当十钱，改铸小平钱。宋以“星变”，大赦元祐党人，又权罢方田，又罢书、画、算、医四学。二月，辽遣大臣请宋归所侵夏地；宋许归崇宁所侵者。三月，宋罢诸州武学。五月，宋颁行纪元历。七月宋与夏和。阻卜贡于辽。十一月，宋立武士贡法。是岁，广西黎峒酋领韦晏闹附于宋。

外国　〔高丽〕　辽遣使来吊。东女真酋长十人来朝。北女真酋长来朝，请纳所受辽官诰。命官修地理书，名海东秘录。遣使如辽谢。

〔日本〕　四月，改元嘉承。

〔缅甸—蒲甘〕　遣使贡于宋，宋待之如大国礼。

〔神圣罗马帝国〕　亨利四世卒，子亨利五世嗣位，仍继续其父之政策，厉行策封权，反抗教皇对帝国之干涉。此外则结欢各重要商业城市，加强官吏职能，企图建立一集中之政权。佛姆斯鱼贩于本年组织基尔特。此为日耳曼基尔特组织之最初见于记录者。

〔意大利〕　佛罗伦萨当局向四乡发出通告，促使各地农民离弃其领主，来城内工作与居住。

1107 年

中国　丁亥　宋大观元年　辽乾统七年　夏贞观七年

二月，宋复行方田。三月，宋立八行取士法。五月，安化“蛮”扰宋。六月，宋以黎人地置庭、孚二州。七月，宋括漏丁。十一月，宋侵夺南丹溪峒地置观州，于是以旁近诸州特置黔南路。是岁，宋秦凤路旱，京东西水。宋以涪州夷地置恭、承二州。理学家程颐、书画家米芾死。

外国　〔高丽〕　遣将攻东女真，颇有斩获。

〔日本〕　七月，堀河天皇死。十二月，鸟羽天皇即位（七十四代），关白藤原忠实摄政。平正盛讨源义亲，明年，杀之。

〔意大利〕　罗马教皇与英王亨利一世成立解决策封权争端之协议。国王在策封教会附庸时仅授世俗权力之表征物（见848年），但教职之选举必须在国王或其代表前举行。米兰共和国建立。

〔英格兰〕　亨利一世与坎特伯雷大主教安瑟伦为策封权发生争执。亨利没收教会财产，并驱逐后者，旋以其姊斡旋而获得妥协，但亨利仍继续指定重要教区之候选人，直至与教皇成立协定后始已。

1108 年

中国　戊子　宋大观二年　辽乾统八年　夏贞观八年

正月，宋河东、河北地方乱。四月，辽封高丽王俣为三韩国公。宋复洮州及积石军。是岁，宋涪、渝等州招诱附近安化等溪峒纳土，置轸、溱等州。

外国　〔高丽〕　东女真酋长四百余人请降。遣使如宋。东女真兵攻雄州，大败。筑三城于北边，徙民实之。东女真又攻雄州，复败。

〔日本〕　八月改元天仁。源、平二氏共御入京之延历寺僧。

〔法兰西〕　腓力一世与教皇成立关于策封权之协议，其条件与英国大致相同。同年腓力卒，其子路易六世（外号胖子）独自为王。

1109 年

中国　己丑　宋大观三年　辽乾统九年　夏贞观九年

二月，宋以播州夷所纳地置遵义军。三月，宋立海商越界法。宋并黔南路入广西路。四月，五国贡于辽。六月，宋以泸州夷所纳地置纯、滋二州。十二月，高丽贡于辽。宋罢东南诸路铸夹锡钱。是岁，宋江、淮、荆、浙、福建大旱，秦、凤、阶、成等处饥。

外国　〔高丽〕　东女真请和。以所得东女真九城还之。东女真酋长等来朝。

〔大越〕　苏厚等起事，败死。

〔第一次十字军〕　耶路撒冷王鲍尔温一世（高弗梨之弟）以威尼斯舰队之助，占领的黎波里，建之为伯国（作为耶路撒冷之附庸），以土鲁斯之累蒙德领之。至此，十字军在东方共建立四个封建国家。

〔波兰〕　波利斯拉夫三世在勒克洛一役大败波美拉尼亚人。同年在布累斯劳附近之亨兹非尔德战胜皇帝亨利五世，使日耳曼人之东进受到遏止。

〔法兰西〕　与英王亨利一世发生战争，至1112年终结。1116年战事再度爆发，至1120年终结。

〔西班牙〕　卡斯蒂与莱昂王阿尔封索六世卒，其女乌尔拉卡嗣位。乌尔拉卡为阿拉贡王阿尔封索一世妻，因此卡斯提尔、莱昂与阿拉贡成合并之局，阿尔封索改称七世。

1110 年

中国 庚寅　宋大观四年　辽乾统十年　夏贞观十年

正月，宋令河东、河北、陕西诸钱监罢铸当十钱。夏贡于宋。二月，宋修大观礼书成。宋罢京西钱监。三月，宋募饥民补禁军。四月，五国贡于辽。五月，宋罢宏词科，改立词学兼茂科。宋以广西收纳溪峒诸地，土人纷纷反抗，治言拓地诸人罪。六月，夏及阻卜贡于辽。七月，宋权罢方田。是岁，辽大饥。文学家晁补之死。

外国 〔日本〕　七月，改元天永。

〔大越〕　会祥大庆元年。

〔拜占廷〕　塞尔柱土耳其人再来进攻，前锋抵君士坦丁堡城下。

〔保加利亚〕　拜占廷统治者在保加利亚对波哥密尔“异端”大肆迫害。

〔神圣罗马帝国〕　皇帝亨利五世率大军入意大利。北部诸伦巴德城市（除米兰于 1107 年已组共和国外）皆望风请降。明年 2 月，教皇巴斯卡尔二世与皇帝订苏特里条约，允放弃罗马城以外之一切土地，以换取亨利对策封权之让步。但罗马僧侣反对此约甚力。

1111 年

中国 辛卯　宋政和元年　辽天庆元年　夏贞观十一年

正月，宋毁东京祠庙一千三十八。三月，五国贡于辽。四月，宋令当十钱并作当三行使。十一月，乌古敌烈部反辽，寻定。十二月，辽东北路边将以女直所为叵测，请先发制之；不听。是岁，宋以宦官童贯为副使入辽，挟燕人马植易名李良嗣者来。良嗣进结女真图辽之策，宋帝纳之，赐良嗣姓赵。

外国 〔高丽〕　遣使如宋。宋上舍生胡宗旦来，授以官，寻命权直翰林院。

〔日本〕　兴福寺与东大寺僧互斗。

〔大越〕　秋，大熟。

〔拜占廷〕　阿雷克修以商业特权授予比萨商人。其用意在使后者撤消对诺曼人之支援，另一方面则为减少帝国对威尼斯商人之倚赖。同年，阿雷克修与坦克累德（诺曼十字军领袖之一）发生战争。

〔俄罗斯〕　波罗维茨人被击败于苏拉。

〔神圣罗马帝国〕　巴斯卡尔二世以苏特里条约之故，拒绝为亨利加冕。亨利怒，将教皇及红衣主教多人捕获，并置之狱中，教皇始屈服。

〔意大利〕　米兰人征服罗提（米兰东南）将该城夷为平地，人民则徙至米兰四周之乡村中为农民。以巴费亚为首之同盟（见 1105 年条）被迫屈服，承认米兰之商业优先权。

〔法兰西〕　安茹伯获得美恩。

1112 年

中国 壬辰　宋政和二年　辽天庆二年　夏贞观十二年

正月，五国朝于辽。四月宋复行方田。七月，宋访遗书。九月，宋更定官制。女直首领阿骨打起兵并吞邻族事闻于辽，只作常事，下边州诘责。十一月，宋以方田扰民，罢之。是岁，高丽贡于宋。文学家张耒、苏辙死。辙亦通史学。

外国 〔日本〕　藤原忠实为太政大臣。

〔缅甸—蒲甘〕　国王开辛他死，子阿隆悉都嗣位。

〔意大利〕　皇帝亨利离去罗马后，教皇立即召集拉特兰会议，否认苏特里条约之效力，并将亨利五世驱逐出教。

〔日耳曼〕　科隆城之织匠基尔特于本年成立，至 1149 年时已成为一极有势力之组织。纺织基尔特在日耳曼以此为最早见于记载者。

〔法兰西〕　琅城（或作隆城，在巴黎东北，为安省首府）市民反对该城主教（封建领主）之压迫，掀起暴动，组织公社，并将主教加居里处死，但不久即以路易六世（胖子）之亲征而失败。

1113 年

中国 癸巳　宋政和三年　辽天庆三年　夏贞观十三年

正月，宋修政和五礼新仪成。闰四月，辽民李洪以迷信聚众谋起事，被杀。六月，夏贡于辽。十二月，宋求道教仙经。高丽贡于辽。女直阿骨打立为都勃极烈。

外国 〔高丽〕　辽遣使来吊王母之丧。东女真献马、金以谢还九城。遣使如宋。命官纂时政策要成。

〔日本〕　延历寺与兴福寺僧构兵，敕和解之。七月，改元永久。

〔占城〕　国王阇耶因陀罗跋摩二世之侄诃梨跋摩四世（即宋史之杨卜麻叠）约在此时登位。

〔俄罗斯〕　基辅大公斯维雅托波尔克卒，人民因不堪暴政与富人之高利贷压榨，掀起暴动。基辅富民迅速吁请弗拉基米尔·摩诺马赫制止暴动，并继位为基辅大公。弗拉基米尔在位十二年，竭力遏止基辅国之解体；并以联姻方法厚结拜占廷、日耳曼与英格兰。波罗维茨人之进攻亦暂时停止。

1114 年

中 国 甲午 宋政和四年 辽天庆四年 夏雍宁元年

正月，宋置道阶以叙道士。三月，令各路选道士十人送京讲习。四月，宋令茶场月进五万贯。九月，阿骨打起兵反辽，破宁江州，辽遣兵击之。十一月，阿骨打大破辽兵于出河店，辽宾、咸、详等州及铁骊部皆降于女直。十二月，宋诏广南市舶司岁贡真珠、犀角、象牙。夏扰宋边。

外 国 〔高丽〕 宋赐新乐器及谱诀。设百座道场，饭僧二万。辽以东女真完颜阿骨打起兵来告，且命加紧防备。

〔日本〕 禁延历寺僧人携兵仗。

〔缅甸—蒲甘〕 盗百余人袭王宫，败遁。事后搜寻，株连蔓引，死者甚多。

〔神圣罗马帝国〕 以萨克森公罗泰尔及迈恩兹与科隆两大主教为首之叛乱起。但日耳曼南部诸侯仍效忠亨利五世。

〔意大利〕 比萨城遣舰队远征地中海西部巴利阿里群岛之萨拉森人，虏获甚巨。

〔法兰西〕 约自本世纪初期起，法兰西岛之语言，逐渐成为法兰西全国通行之“地方语言”(按法兰西岛或音译为伊尔·德·弗兰斯，即以巴黎为中心之森河中上游地区，以四周有河道环绕，故名)。本年在特尔瓦与巴绪罗布两地举行庙会(按此为第一次见于记录。其后香槟市场兴起时，此两地俱甚重要)。

〔英格兰〕 亨利一世女马提尔达嫔皇帝亨利五世。

1115 年

中 国 乙未 宋政和五年 辽天庆五年 金太祖完颜旻收国元年 夏雍宁二年

正月，阿骨打称皇帝，改名旻，国号金，建元收国。泸州夷以宋官苛扰，联盟起事，屡败宋兵，蜀中大震。宋令各州置医学，立贡额。辽帝亲征金，大败于达鲁古。宋大败夏于古骨龙。二月，辽饶州渤海人古欲起事，自称大王；四月，古欲败辽兵。六月，宋修大伾等三山黄河浮桥成。九月，金陷辽黄龙府。宋攻夏臧底河城，大败。十月，宋攻泸州夷，大破之，拓地周二千余里。夏贡于宋。十一月，高丽遣人入宋太学。十二月，金大破辽帝于获步答冈。辽将耶律章嘉努反，中京民侯概聚众起事，嗣与章嘉努合。宋理学家游酢死。

外 国 〔高丽〕 遣使如宋，并遣进士五人入宋太学。辽遣使谕出兵攻阿骨打，嗣又使人来督发兵。

〔大越〕 以无嗣，立皇后三，宫人三十六。

〔缅甸—蒲甘〕 国师信阿罗汉死。

〔门的内哥罗〕 塞尔维亚大叔潘哲拉斯在与保加利亚人之战争中，以承认拜占廷皇帝为宗主之方法，换取后者援助。但门的内哥罗人坚决反抗拜占廷统治，甚至不惜与希腊人作战。

〔意大利〕 塔斯卡尼女公爵马提尔达卒，遗嘱以其土地赠与教皇，但立即引起争执。皇帝以封建采邑应归还于彼，教皇坚持遗赠，而塔斯卡尼诸城市则坐收渔人之利，获得实际独立。

1116 年

中 国 丙申 宋政和六年 辽天庆六年 金收国二年 夏雍宁三年

正月，辽将渤海高永昌据东京，国号元，建元隆基；贵德州将耶律余都附之。二月，宋广京城。辽遣将讨耶律章嘉努，大败；四月，辽帝亲击定之。五月，宋废夹锡钱。金取辽沈州，破东京，杀高永昌，于是辽之东京州县皆入于金。六月，辽大籍诸路兵。七月，辽春州渤海人起反辽，旋败。八月，金陷辽保州。十月，乌古部反辽，旋降。十一月，夏屠宋靖夏城。是岁，茂州夷附于宋。

外 国 〔高丽〕 遣使如辽东京诇事，值渤海人高永昌据城建号称帝。以辽有危亡之势，去其年号，但用甲子。改中外官制。遣使如宋谢赐大晟乐。契丹、汉、奚、渤海及熟女真人以辽危纷纷来投。

〔日本〕 商人赴高丽贸易。宋牒书到。颁新制七条。

〔占城〕 遣使贡于宋。

〔拜占廷〕 阿雷克修大败塞尔柱土耳其人于非罗密琉姆(在安那托利亚半岛中部偏西)。

〔法兰西〕 约自此时起“哥特式”建筑开始出现于法兰西。哥特式之特点为尖顶、飞柱、高大而明朗，适宜于北方阴晦之气候。最初之代表作为沙脱尔大教堂。

1117 年

中国 丁酉 宋政和七年 辽天庆七年 金天辅元年 夏雍宁四年

正月，金陷辽春、泰等州。二月，大理贡于宋，封其王段和誉为云南节度使、大理国王。宋帝亲策高丽进士，赐四人上舍及第。辽涞水民董庞儿聚众万余起事，旋败。四月，宋帝称教主道君皇帝。五月，宋令诸路监司兼措置起运花石。金禁同姓为婚。七月，宋熙河、环庆、泾原等路地震。宋令登州以市马为名泛海至辽东，以觇辽、金虚实。宋置提举人船所，专一措置花石纲及诸路进奉事。九月，辽置怨军八营，以郭药师等为帅。十二月，金败辽于蒺藜山，取显州，于是乾、懿等七州皆降于金。是岁，宋大旱。

外国 〔高丽〕 辽将为金兵所败，以前逾界所侵二城来归而遁，于是复以鸭绿江为界。金主遣使以书来约和亲，自称为兄；不报。宋帝谕使者引女真人来，使者以女真贪狠不可对。宋赐前入太学者四人上舍及第，遣之还。置阁藏宋所赐诏及御笔书画。设百座道场，饭僧三万。

〔日本〕 兴福等寺僧人互斗。

〔越南—大越〕 申明盗杀牛令。太后死，火葬，以三侍女殉。

〔占城〕 贡金花于越，明年始达。

〔拜占廷〕 皇帝与塞尔柱土耳其人媾和，后者放弃安那托利亚半岛全部海岸线地区。

〔英格兰〕 罗伯特之子威廉•克来托以法王路易六世及弗兰德斯与安茹二伯爵之助，在诺曼底举兵反。

1118 年

中国 戊戌 宋重和元年 辽天庆八年 金天辅二年 夏雍宁五年

正月，金帝遣使如辽求册封，辽遣使如金议和。辽东路诸州大乱，掠人充食。二月，宋增诸路酒价。宋再以买马为名遣人使女直。五月，宋帝手敕两浙所增酒钱尽输御前。辽诸路大乱，安生儿等聚众二十万于龙化州，寻败死；余众与海北州霍石等合，旋降于金。八月，宋立道学升贡法。九月，宋于太学、辟雍置道经博士。金访博学者掌诏令。十二月，宋复置西京钱监。金遣使报聘于宋。是岁，宋江、淮、荆、浙大水。辽兴中等路大饥，人相食。

外国 〔高丽〕 宋人刘载前随商舶来，留仕至尚书右仆射，至是死。宋遣医官来教大方脉、疮肿科；遣使如宋谢。

〔日本〕 宋诏书由海商带来。四月，改元元永。

〔大越〕 诏选民兵黄男。真腊使来。占城来贡。遣使献白黑犀及驯象于宋。禁奴仆刺墨胸脚如禁军。

〔缅甸—蒲甘〕 遣兵助北阿腊干王子梨耶明难复位。

〔拜占廷〕 阿雷克修卒，其子佐安尼斯•科姆尼那斯嗣位。佐安尼斯在位二十五年，大部分时间用于恢复幼发拉底河之疆界及使诸拉丁王国（十字军所建者）就范。

〔耶路撒冷王国〕 庙堂武士团（或作圣殿武士团，或音译为丹普拉尔武士团）成立。最初以保护赴圣地巡礼者为目的，但旋即成为商业与封建团体，在各国拥有大量土地与财富。

〔意大利〕 热那亚与比萨为争取萨丁岛之统治权发生战事。至 1132 年始媾和，由教皇调解，各得该岛之一部分。

1119 年

中国 己亥 宋宣和元年 辽天庆九年 金天辅三年 夏元德元年

正月，宋改佛及僧尼之号。占城贡于宋，封其王杨卜麻叠为占城国王。三月，辽册金帝为东怀国皇帝，金帝不受。宋攻夏，大败；四月，宋又攻夏，小胜；五月，宋又败夏于灵武。阻卜反辽。六月宋遣伴金使回国者被留，半载乃放还。八月，金颁行新制女直字。是岁，宋东南诸路大水，淮东大旱，京西饥。

外国 〔高丽〕 女真来朝。金遣使来。遣使聘金，以书语不合被拒。辽遣使来。增高长城，金边吏来阻，不听。

〔日本〕 京都不靖，命平正盛索捕盗贼。

〔大越〕 以麻沙洞不纳岁贡，亲攻之，俘洞长魏滂等数百人，获金帛牛羊甚多。

〔波兰〕 自此至 1123 年逐渐完成波美拉尼亚之占领。波兰再度获得出波罗的海通道。

〔法兰西〕 英王亨利一世入法，击败罗伯特之子克来托及其法国同盟（包括法王路易六世）。

1120 年

中国 庚子 宋宣和二年 辽天庆十年 金天辅四年 夏元德二年

正月，宋罢道学。宋遣使如金约夹攻辽。四月，宋江西、广东两界乱。辽、金和议不成，金帝自将攻辽，五月，陷辽上京。八月，金遣使如宋报夹攻辽事。九月，宋遣使如金报聘。十一月，睦州青溪方腊以花石纲扰民，聚众起义，号圣公，建元永乐，十二月下睦州、歙州、杭州，东南大震；宋命童贯攻之。真腊贡于宋，封其王为真腊国王。

外国 〔高丽〕 赐进士等三十八人及第。宋赐佛牙、头骨，置山呼亭。辽遣使来。宋假商人官职命为使来。

〔日本〕 四月，改元保安。延历等寺僧人互斗。关白藤原忠实罢。

〔大越〕 天符睿武元年。真腊、占城来贡。秋，大熟。

〔意大利〕 约在此时亚里士多德《逻辑学》开始为一部分人所爱好（由阿拉伯译为拉丁文）。

〔法兰西〕 与英国之战争失败后，诺曼底仍为英国统治。

〔英格兰〕 亨利一世之独子威廉堕海死（见1126年条）。

1121年

中国 辛丑 宋宣和三年 辽保大元年 金天辅五年 夏元德三年

正月，童贯代宋帝为诏罪己，罢苏杭造作局及花石纲。方腊下衢州。辽耶律余睹奔金，金益知辽虚实。二月，宋罢州县学三舍法及诸路提举学事官。方腊下处州。宋江活动于河北、淮南，屡败官军，至是败于海州，乃降。金使至宋。三月，方腊败于杭州、睦州；四月方腊败，被俘，嗣解至东京，被杀。宋帝仍诏复花石纲。六月，宋河决恩州。七月，宋罢夔峡、广西所置溪峒诸州。十二月，金大举攻辽。是岁，宋诸路蝗。

外国 〔高丽〕 宋遣人来。

〔日本〕 藤原忠通为关白。致宋牒。

〔大越〕 夏，大水；秋，大蝗。

〔法兰西〕 盛波之威廉卒。威廉为中世纪经院哲学家，唯实论之代表人物。

1122年

中国 壬寅 宋宣和四年 辽保大二年 金天辅六年 夏元德四年

正月，金陷辽中京，辽帝奔西京。二月，金陷辽北安州。三月，金兵西进，辽帝西走。辽留守燕京大臣耶律大石等立耶律淳为天锡皇帝，改元建福，请和于金，被拒，以免岁币结好于宋，亦未成。宋括全国丁口钱二千六百万缗，以童贯为河北河东宣抚使，备攻辽。辽天锡帝改怨军为常胜军，又籍奚及诸部人为瘦军。四月，金陷辽西京，西路州县部族多降金。宋访遗书。五月，辽耶律大石等败宋于白沟。宋帝闻兵败，诏班师。六月，辽天锡帝死，妻萧氏为皇太后称制，改元德兴。金败夏援辽之师。七月，敌烈部反辽。夏使如辽。宋帝以辽天锡帝死，复诏治兵攻辽。宋初创经制钱。八月，金帝自将追辽帝，大破之于石辇驿。九月，宋褒恤王安石后。金使至宋。辽易州、涿州降宋，奉圣、蔚州降金。十月，宋预以燕云地分为燕山府及云中府路。辽太后萧氏遣使奉表称臣请和于宋，童贯拒之。宋攻辽入燕京，旋大溃，退保雄州。宋使至金。十一月，金使如宋，仅允以燕京六州地予宋。十二月，金帝自将陷燕京，辽太后萧氏北走。黄龙府辽人反金，未几败。宋修艮狱成，赐名万岁山。是岁，宋有户二千八十八万二千三百五十八，口四千六百七十三万四千七百八十四。文学家陈瓘死。

外国 〔高丽〕 睿宗死，太子构嗣，是为仁宗恭孝王。始依宋故事，置实录编修官，修睿宗实录。

〔大越〕 遣吏按民间词讼。遣使献驯象于宋。

〔拜占廷〕 佐安尼斯在马其顿大败佩彻涅格人。佩彻涅格人自此以后不复为帝国之患。佐安尼斯拒绝以广泛之商业特权继续授予威尼斯，以此与后者发生战争。威尼斯人遣舰队蹂躏爱琴海诸岛并占领科孚与塞法罗尼阿二岛（均巴尔干半岛西）。1126年迫使佐安尼斯接受条件继续授予特权。

〔耶路撒冷王国〕 国王鲍尔温二世为萨拉森人所俘。

〔神圣罗马帝国〕 与教皇成立解决策封权纠纷之佛姆斯友好协定。其条件与教皇及英法两国所订立者相似。延续约半个世纪之策封权争端，至是解决，但教皇与皇帝间之其他争端仍继续。

1123年

中国 癸卯 宋宣和五年 辽保大三年 金天辅七年 金太宗完颜晟天会元年 夏元德五年

正月，辽奚王回离保（萧干）自立为奚国皇帝，建元天复。金使如宋。二月，宋、金议定交燕山条款，宋与金岁币四十万外，年输燕山代税钱一百万缗。四月，金以燕山六州归于宋。辽帝为金兵所逼奔云内，五月，入夏境，封夏国主为皇帝；部下劫梁王走西北，立为帝，改元神历，不久死。张觳据平州反金，六月请降于宋。八月，回离保败死，奚人降金。金太祖死，弟吴乞买嗣，是为金太宗，改名晟，九月，改元天会。十一月，宋贬降各路转运使送上供钱物不足者。金破平州，张瑴奔燕山；金索之急，宋杀瑴，函首送金。十二月，宋、金互遣使贺正旦。金以武、朔二州归宋。是岁，宋秦凤路旱，河北、京东、淮南饥。

外国　〔高丽〕　宋遣使来，继又遣使来吊。遣使如辽，不得达。

〔日本〕　鸟羽天皇让位，子崇德天皇（七十五代）即位，关白藤原忠通摄政。延历寺僧人乱于京都。

〔大越〕　禁杀牛。真腊来贡。大有年。

1124 年

中国　甲辰　宋宣和六年　辽保大四年　金天会二年　夏元德六年

正月，宋置书艺所。金减东京田租、市租之半。夏称藩于金，金予以阴山南吐禄泊以西地。金自上京至南京五十里置一驿。辽帝为金逼，奔夹山。三月，宋京师、河东、陕西地震，兰州尤甚。平州人起抗金，旋败。四月，宋令西京、淮、浙、江、湖、四川、闽、广措置调夫各数十万，欲免调者每夫钱三十贯，抗者军法从事。七月，辽耶律大石西走。辽帝出夹山反攻，大败。夏侵宋武、朔二州，金侵宋蔚州。八月，宋诱辽帝南来，辽帝允而变计。十月，宋严禁收藏苏轼、黄庭坚之文。是岁，宋京东、河北民以岁荒敛苛，纷起反抗，多者三十万，少者二三万，地方大乱。

外国　〔高丽〕　遣使如宋谢。

〔日本〕　四月，改元天治。敕撰金叶集。

〔大越〕　广源州小首领莫贤等亡奔宋邕州界贡洞。

〔第一次十字军〕　以威尼斯人之协助占领泰尔（旧译推罗）。威尼斯人在城中获得三分之一之地区为报酬，自此，威尼斯始热衷于十字军事业。

〔神圣罗马帝国〕　自本世纪初起日耳曼人又逐渐东渡易北河，侵占斯拉夫人（西）之土地，至是接近完成。日耳曼人自此大量东迁，彻底摧残当地之斯拉夫人，永久占领该地。

〔法兰西〕　为争夺诸曼底主权，英法战争再起。

1125 年

中国　乙巳　宋宣和七年　辽保大五年　金天会三年　夏元德七年　西辽德宗耶律大石延庆元年

正月，辽天祚帝奔党项，二月，为金所俘，封为海滨王。辽亡。宋复置铸钱监。三月，金始定制度。宋复州县免行钱。七月，金禁百官宗室私役百姓，又禁买贫民为奴。宋熙河、河东地震，兰州尤甚，仓库皆没。九月，宋燕山府申报金大兵掠清化县，宰相等匿不以闻。十二月，金大举两路侵宋，东路入宋燕山府，随即南下；西路围太原府，破信德府。宋徽宗称教主道君太上皇帝，禅位太子桓，是为钦宗。是岁，耶律大石至起尔曼，称天祐皇帝，改元延庆，是为西辽德宗。

外国　〔高丽〕　遣使如金，以不用表，不称臣，被拒。

〔日本〕　京都大火。

〔大越〕　宋邕州执送莫贤。遣将击广源州侬琼莫七人等。诏凡殴人死者，杖一百，刺面五十字，徒犒甲。

〔俄罗斯〕　基辅大公摩洛马赫卒。

〔神圣罗马帝国〕　亨利五世卒，无嗣。迈恩兹与科隆等地大主教以教皇之助，阻止亨利近亲嗣位，别选萨克森公罗退尔（二世）继承。自此在日耳曼与意大利两地开始教皇党与皇帝党之争（按教皇党在日耳曼称未尔夫，在意大利称贵尔夫。皇帝党在日耳曼称外布林根，在意大利称季卑林。二者皆地名）。

〔瑞典〕　英该卒，内战爆发，国内紊乱，各省皆推选国王，据地自立。

1126 年

中国　丙午　宋钦宗赵桓靖康元年　金天会四年　夏元德八年　西辽延庆二年

正月，金东路兵渡河攻东京，宋太上皇帝东走；宋帝亦欲出走，李纲谏止之。宋遣使议和。金索犒师金银，割太原、中山、河间三镇，以亲王、宰相为质；宋皆从之，命康王构、张邦昌往金营。宋罢诸州免行钱及他苛敛。宋太学生陈东请诛梁师成，从之。自是渐贬诛蔡京、王黼、朱勔、童贯等。二月，宋金战东京城外，互有胜负。宋主和者以李纲主战罢之；陈东等请复纲职，杀内侍数十人，从之。宋除元祐党禁，渐废崇宁以来措施。金以已得割三镇诏书，因遣康王构等回，另以肃王枢为质，遂退兵。金西路兵破宋隆德府。三月，宋贬主张和议诸人，诏三镇固守。四月，宋太上皇帝回东京。夏破宋镇威城，旋为金所逐。六月，高丽称藩于金。八月，宋救太原之军皆败，汾、晋之民相率南奔。金以宋图结辽降臣及西辽，又不履割三镇之约，复备兵分两路攻宋。宋福州军乱，杀知州。九月，金围宋太原年余，至是始破。宋主和议者又得势，贬逐李纲。夏陷宋西安州。十月，金兵南下，东路陷真定府，西路陷汾州、平阳府、泽州。十一月，夏陷宋怀德军。宋集百官议和战。宋康王构如金营议和，至磁州不得行，遂至相州。金两路兵皆渡河，西路入郑州与东路会东京，自是频攻诸门。闰十一月，宋命康王构为兵马大元帅，俾统援兵。金兵破东京，即退，许议和。宋帝至青城金营，十二月回宫，大括金帛予金。是岁金始依汉制立官府。

外国　〔高丽〕　内侍金粲等谋诛权臣李资谦，不克，被杀贬者多人。遣使如金，称臣上表。流李资谦及其党。宋帝遣使以内禅即位来告，且约夹攻金。金遣使来谕，一切仪文皆如辽旧。遣使如金谢。遣使如宋，至明州，以道梗而还。

〔日本〕　正月，改元大治。僧良忍唱融通会。

〔大越〕　禁春时伐木。占城来贡。冬，遣使献驯象及金银犀兕于宋，以宋有金人之难，使者至桂府而还。

〔英格兰〕　英格兰诸侯同意、接受亨利一世之女马提尔达皇后（皇帝亨利五世去年卒）为王位继承人。

〔西班牙〕　卡斯蒂与莱昂女王乌尔拉卡卒，其前夫之子嗣位，仍称阿尔封索七世，自是与阿拉贡又完全分离（见1109年条）。

1127年

中国　丁未　宋靖康二年　宋高宗赵构建炎元年　金天会五年　夏正德元年　西辽延庆三年

正月，高丽遣使贺金正旦，自是岁以为常。宋割河北、河东与金，两河百姓不奉诏，纷起抗金。宋帝复至青城金营，遂被留。宋副元帅宗泽叠败金于大名、开德。二月，金废宋帝及太上皇帝为庶人，于是太上皇帝及后妃诸王公主等皆被送诣金营。三月，金立张邦昌为皇帝，国号楚，都金陵。四月，金兵退，俘宋帝、太上皇帝及六宫皇族北去。张邦昌迎宋元祐皇后孟氏入宫，请垂帘听政，并奉迎康王。五月，宋康王构即帝位于南京，改元建炎，是为宋高宗；寻遣使于金通问。宋遣使于高丽。宋以李纲为相，贬主和诸大臣，张邦昌旋亦被贬。六月，义军邵兴破金兵于解州。宋诏河北、河东诸州固守，令各县置射士，寻又置帅府于各路。宋罢各路职田。金斡离不死。七月，宋贬依附张邦昌者。八月，宋杭州军乱。宋令河北立忠义巡社。李纲罢相。陈东、欧阳澈以直言被杀。金开贡举，分南北榜，分取宋辽之士。九月，宋建州军乱。宋始行当三钱于淮、浙、荆湖诸路。十月，宋帝赴东南，十一月，至扬州。宋再遣使赴金通问。十二月，金分三道侵宋，东道攻山东，中道攻河南，西道攻陕西。是岁宋各地大乱，纷纷戕官据城，河北、河东更群起抗金。

外国　〔高丽〕　金遣使来贺生辰，亦遣使贺金主生辰，自是岁以为常。金遣使以俘宋主父子来告。

〔日本〕　源俊赖撰上金叶集。

〔大越〕　天符庆寿元年。宋钦州执送广源州莫七人等。十二月，仁宗死，以弟子阳焕为皇太子嗣位，是为神宗。

〔占城〕　遣使贡于宋。

〔神圣罗马帝国〕　士瓦比亚之腓德烈与弗兰科尼亚之康拉德（二人俱亨利五世侄）为争意大利王位发生战争。旋腓德烈退让，康拉德遂率兵入伦巴第。

〔瑞士〕　皇帝罗退尔二世委任最林根（日耳曼西南部）伯爵康拉德代为统治勃艮第，今瑞士全境皆在此范围内。瑞士之最林根王朝始。

〔法兰西〕　安茹伯哲夫利·普兰塔哲内特（或意译金雀花，以哲夫利喜以此花饰其帽，得名）娶英王亨利女马提尔达（即皇帝亨利五世之孀妇）为妻。同年弗兰德斯伯遇刺卒，法王命威廉·克来托继位。

1128年

中国　戊申　宋建炎二年　金天会六年　夏正德二年　西辽延庆四年

正月，金侵宋京东西及陕西，自是叠陷州府，宋亦间有收复。宋安抚溃兵流民。二月，金图攻宋东京，屡为宗泽所败。马扩保庆源五马山，奉信王榛以抗金，归者云集。事闻，宋以榛为河外兵马都元帅。宋募河南北、淮南民为振华军。三月，宋中山府被围已三年，至是为金所破。四月，韩世忠等袭金兵于河南府，败还。五月，宋以诗赋、经义二科试进士。宋普增役钱。六月，金初命官修国史。宋于沿江练水军。七月，宋东京留守宗泽屡请宋帝回京，不听，忧愤死。金闻之，逐谋大举南侵。燕山刘立芸聚众抗金。八月，宋整顿茶盐法。金封宋徽宗为昏德公，钦宗为重昏侯。九月，宋试进士于扬州。十月，马扩为金所破，信王榛不知所终。十一月，金破宋延安府，自是陕北诸州多沦于金。金屠濮州、开德府。宋东京留守杜充决黄河入清河以阻金兵。十二月，金破宋东平、北京，知济南府刘豫降，金兵遂趋徐、泗以攻扬州。是年，西辽帝破喀什噶尔降之。

外国

〔高丽〕 宋遣使以假道迎徽、钦二帝来请，婉辞拒之。遣使如宋。金遣使以封宋二帝为公侯来告，并责誓表。

〔大越〕 神宗李阳焕天顺元年。诏凡民田土没官及籍身为田儿者悉还之，僧道百姓之为路翁者亦免。赐兵士更番归衣。以大丧，禁人民乘马及蓝舆、巾车。遣使告哀及告即位于宋；以仁宗遗诏即位诏书告于占城。真腊两次扰乂安州，皆败之。禁家奴皂隶娶良民女。国人盟于龙墀，百官盟于大兴门外。

〔意大利〕 教皇荷诺利阿斯二世为康拉德加冕为意大利王。

〔日耳曼〕 约自此时起，基尔特普遍发展。其特征为手工艺匠自商人基尔特中分裂而出，别组单独之基尔特。例如玛德堡鞋匠即于本年组织其基尔特。此种趋势同时亦出现于西欧其他地区。

〔法兰西〕 琅城市民又酝酿暴动（见1112年条），国王路易六世给予特许状，准予自治，但避免“公社”之名，称之为“和平组织”，称公社疆界为“和平疆界”。十六年前琅城市民奋力争取者，至此获得。同年威廉·克来托卒，法王路易在佛兰德尔之势力顿趋衰落。

1129 年

中国

己酉 宋建炎三年 金天会七年 夏正德三年 西辽延庆五年

正月，占城、真腊、阇婆等国献于宋。宋将邵兴败金于潼关、虢州。金破徐、泗、楚州。二月，宋帝南奔杭州，金入扬州，焚之而去。三月，苗傅等逼宋帝禅位皇子旉，改元明受。宋两浙和买细绢改折纳见钱，是为东南折帛钱之始。山东大饥，人相食。四月，宋帝复辟，苗傅等寻败死。宋并官署，减吏员。五月，宋帝至江宁，改为建康府。遣洪皓等使金通问。六月，磁州守御经年，至是始降于金。七月，宋升杭州为临安府。宋以张浚宣抚川陕。八月，宋遣使于金军前；闰八月，复遣使如金通问。九月，金复试辽及两河进士于蔚州。十月，金大举南侵，一支趋江西，一支趋两浙。宋帝至临安府，又赴越州。宋改四川酒法，又置钱引务于秦州。十一月，金兵渡江。速破抚州、建康；十二月，破临安府、越州；宋帝如明州，旋入海。是岁，宋金石家赵明诚死。

外国

〔高丽〕 设百座道场，饭僧三万。遣使如金进誓表。

〔日本〕 平忠盛捕山阳、南海海盗。白河法皇死。

〔大越〕 禁王侯、百官奴婢殴辱官军、百姓，犯者罪其家主，奴没入官。

〔占城〕 遣使贡于宋。

〔意大利〕 约在此时有厄尼利阿斯者，开始在意大利之波伦亚大学讲授罗马法（查士丁尼之法典）。当时正值西欧各地商品经济复兴，城市再起，商业往来频繁，人事复杂，非有繁复之法律不能适应此要求，故立即风行一时。

〔法兰西〕 法王路易与英王亨利媾和。

1130 年

中国

庚戌 宋建炎四年 金天会八年 夏正德四年 西辽延庆六年 伪齐刘豫阜昌元年

正月，金破定海、明州，以舟师追宋帝，不及；宋帝至温州。二月，金屠潭州。金焚明州、杭州，大掠而北，又焚平江。金陷东京。鼎州人钟相，二十年来以神道聚众，至是起事，据十九县，称楚王，建元天载。三月，金兵至镇江，韩世忠遏之于江。信州贵溪王念经以神道聚众起事，旋败。四月，宋帝至越州。韩世忠败于江上，金兵北走。五月，金禁私度僧尼。八月，金破承州，攻楚州，宋守将赵立死之。九月，金立刘豫为皇帝于北京，国号齐，寻建元阜昌。张浚攻金，大败于富平。金破楚州，秦桧自金营逃归。十一月，金破泰、通等州。十二月，金大索境内南人卖于夏、蒙古、室韦、高丽。红巾军攻均州。

外国

〔高丽〕 宋遣使来。御史台请减国学廪给，国学诸生上表争之，乃已。

〔日本〕 严禁狩猎。

〔大越〕 诏百官女，俟掖庭选后，不入选者，方得适人。十月，占城来贡。遣使如宋。

〔耶路撒冷王国〕 准许在王国内各重要城市开辟商业特区，专供威尼斯商人使用。

〔意大利〕 诺曼酋长罗吉尔二世称“西西里、阿彪利亚与加普亚之王”，教皇安那喀利塔斯予以承认，并与之缔结反抗皇帝罗退尔二世之同盟。罗退尔则支持另一教皇英诺森二世与安那斯喀利塔斯对立。

〔斯堪的纳维亚〕 斯威克尔为瑞典国王，获得普遍拥戴。

〔第一次十字军〕 十字军兴后，东西交往频繁，商业大盛，旅居东方之基督教徒，多与阿拉伯人结婚，其所生子女被称为普兰尼（pullani——杂种）。各地俱通行一种所谓“法兰克语”（林古法兰克），为法兰西、意大利、希腊与阿拉伯语言之混合物。林古法兰克实为当时之国际语言。

〔英格兰〕 英格兰城市牛津、林肯与伦敦三地之手艺基尔特之名字，始见于财政大臣之卷筒账册（象形）中。

1131年

中国 辛亥 宋绍兴元年 金天会九年 夏正德五年 西辽延庆七年 伪齐阜昌二年

二月，宋以秦桧参知政事。金连下熙河诸州，于是尽得关中南山以北地。金遣耶律余睹攻西辽，无功。四月，张浚枉杀曲端。五月，吴玠败金兵于和尚原。八月，秦桧为相。十月，吴玠再大破金兵于和尚原。十一月，金以陕西地赐刘豫。

外国 〔高丽〕 禁诸生治老庄之学。宋人来告改元。禁庶人罗衣、绢裤骑马于都中。禁万佛香徒聚会。

〔日本〕 正月，改元天承。

〔大越〕 禁王侯公主百官家奴娶官职都百姓女。禁民女效官髻妆样。

〔法兰西〕 路易六世立其子（亦名路易）为王，使与自己共同主政。

1132年

中国 壬子 宋绍兴二年 金天会十年 夏正德六年 西辽延庆八年 伪齐阜昌三年

正月，宋复置贤良方正科。韩世忠破建州，福建民兵首领范汝为败死。宋帝回临安。金均辽地士庶之赋。三月，宋封交趾李阳焕为交趾郡王。宋将杨政败金兵于方山原。四月，刘豫移都东京。高丽贡于宋。曹成扰荆湖经年，至是岳飞大破之于岳州，后成降韩世忠。五月，宋令诸路上供丝帛并半折钱。宋将孔彦舟叛，降于刘豫。六月，金试进士，令勿取中原人。八月，秦桧罢相。九月，宋遣使如金通问。耶律余睹谋反金，败死。金因大杀契丹人。十月，宋置马监于饶州。宋罢坑冶监官，以县令领其事，饶、信二州铜场不废。宋遣兵招捕杨太（么）。时钟相已死，太领其众，据洞庭，称大圣天王。十二月，川陕宣抚使张浚罢。

外国 〔高丽〕 遣使如宋。赐进士等二十五人及第。

〔日本〕 八月，改元长承。定北面新制十四条。

〔大越〕 真腊、占城犯乂安州，败之。宋封神宗为交趾郡王。遣使如宋。

〔波兰〕 波利斯拉夫转战于匈牙利达三年之久，无甚成就。为避免王位争端计，波利斯拉夫分全国为五部分，畀其五子（即西里西亚、大波兰、马索维亚、桑多密尔与克拉科），封建诸侯与教会则利用此分裂日趋发展、壮大。

〔神圣罗马帝国〕 罗退尔率兵入意大利，康拉德遁，次年教皇为前者加冕为皇帝。

1133年

中国 癸丑 宋绍兴三年 金天会十一年 夏正德七年 西辽延庆九年 伪齐阜昌四年

正月，金破金州，二月破饶风关，入兴元府。宋置买马司于宾州。宋行营田法于各路。三月，宋游兵攻东京，为金所败。四月，金兵自兴元府北还。五月，宋以与金议和，禁沿边将士攻犯刘豫。六月，宋遣使赴金通问。七月，宋罢词学兼茂科；改置博学宏词科。八月，金令州县官皆从朝廷选授。九月，刘豫及金遣人结交趾及溪洞首领以图宋。金徙女真人散居汉地。十月，大理请入贡且卖马，宋却其贡，买其马。刘豫兵陷宋邓州，入随、郢、唐州、襄阳。十一月，宋复行元祐十科举士之制。十二月，金使至宋。金拔和尚原。

外国 〔高丽〕 遣使如宋，以海上遇风，不得达。

〔日本〕 宋商舶来。平忠盛收其货物。

〔罗马〕 教皇英诺森二世以马提尔达之塔斯卡尼土地（见1115年条与1130年条）作为采邑予皇帝罗退尔二世。

〔法兰西〕 安茹伯之妻马提尔达产一子（即后来之英王亨利二世）。英格兰诸侯重申拥戴马提尔达之誓言。

〔西班牙〕 阿拉贡王国之科尔特斯（议会）始有某些城市所推选之市民代表参加。

1134年

中国 甲寅 宋绍兴四年 金天会十二年 夏正德八年 西辽延庆十年 伪齐阜昌五年

正月，宋遣使赴金通问。宋浚漕河。宋将关师古叛降刘豫。金攻宋仙人关，三月，吴玠败之，随复秦、凤等州。五月，岳飞复郢、唐、随州、襄阳，七月复归州。宋建昌军乱，杀知军等，寻定。九月，宋遣使赴金通问。刘豫结金兵侵宋。

十月，韩世忠军连破之于大仪、承州。宋令浙江上供丝帛全折见钱。十一月，宋帝至平江府，下诏暴刘豫罪。金破滁州，韩世忠等军皆退江南。十二月，岳飞军败金兵于庐州。金兵以食尽且金帝病，退。

外国

〔日本〕 修京都路。

〔拜占廷〕 征服安提阿喀拉丁王国之同盟小亚美尼亚（见1080年条），并迫使安提阿喀之累蒙德承认为帝国之附庸（1137年条）。

〔意大利〕 比萨城与北非摩洛哥之苏丹订立商约。垄断该地区之明矾（为染布定色之重要原料）贸易，获利甚巨，引起其他意大利城市之嫉忌。

〔西班牙〕 纳瓦尔王阿尔封索（即阿拉贡王阿尔封索一世）卒，无嗣。国人拒绝遵奉其以国贻圣约翰武士团与庙堂武士团之遗命。纳瓦尔推选加尔西亚四世继位，而阿拉贡人（见1076年条）则别选拉米诺二世继位。

〔斯堪的纳维亚〕 丹麦文献中本年始有骑士之记载。自此以后骑士制度传布至挪威与瑞典，在各地俱迅速形成为一具有免税及其他特权之阶级。

〔美洲〕 美洲土著印加民族，约在此时已统治今南美洲秘鲁地区。

1135年

中国

乙卯 宋绍兴五年 金天会十三年 夏大德元年 西辽康国元年 伪齐阜昌六年

正月，金太宗死，谙班勃极烈亶嗣，是为熙宗。二月，宋帝回临安。吴玠军克秦州。闰二月，宋令州县就已刊书板刷印书籍。宋立总制司，增税以给军需。四月，宋诏福建、广东沿海居民结社以备海盗。宋改役法。宋徽宗死于金。五月，宋遣使如金通问。六月，宋行统元历。岳飞破洞庭水寨，杨太（么）败死。八月，宋荆南行交子。九月，太原义民张横败金人于宪州，河北义民梁青破金人于平阳。十一月，金颁大明历。宋权减行在百官俸。是岁，西辽耶律大石改元康国。宋理学家杨时死。

外国

〔高丽〕 僧妙清以左道得宠，至高位，至是据西京，建国号“大为”，建元“天开”，名其军为“天遣忠义军”；遣将讨之。金使来告丧，遣使吊祭。遣使如宋。

〔日本〕 二月，改元保延。平忠盛俘海盗还京。

〔大越〕 真腊、占城来贡。禁卖田地不得倍价还赎。

〔英格兰〕 亨利一世卒，其侄布尔瓦伯爵斯提芬（亨利之妹阿德利之子）嗣位为英格兰王（见1126年条）。

〔西班牙〕 纳瓦尔、巴塞罗那与土鲁斯之统治者，俱尊卡斯蒂与莱昂王阿尔封索七世为宗主，向之行封建附庸礼。阿尔封索七世同年改徽号为“全西班牙皇帝”。

1136年

中国

丙辰 宋绍兴六年 金熙宗完颜亶天会十四年 夏大德二年 西辽康国二年 伪齐阜昌七年

正月，高丽、夏国、刘豫并遣使贺金帝生辰。二月，宋改江淮营田为屯田。韩世忠攻淮阳军不克，民万数从之南来。四月，刘豫将陷唐州。七月，刘光世军克寿春府。八月，宋预借江浙来年夏税之半。九月，刘豫分三路寇宋，十月，杨沂中败之于藕塘，遂退。

外国

〔高丽〕 西京乱事平。遣使如宋明州。

〔阿拉伯〕 哈里发喇施德为阿煞新（暗杀派）所杀，其叔牟克塔非继位，又为伽色尼之土耳其人俘获，以铁笼囚之，但终逃归。

〔俄罗斯〕 大诺夫哥罗德贵族公开叛乱，幽禁大公夫塞伏洛德达两月之久。

〔法兰西〕 路易六世之子小路易与阿奎丹公之女埃拉诺（承继人）结婚，以此使阿奎丹归属于法王。

1137年

中国

丁巳 宋绍兴七年 金天会十五年 夏大德三年 西辽康国三年 伪齐阜昌八年

三月，宋帝至建康。四月，宋遣使如金。五月，刘豫陷随州。八月，宋将郦琼叛刘豫。九月，交趾郡王李阳焕死，子天祚嗣。十一月，宋置赡军酒库。金废刘豫。豫积年聚敛，有钱九千八百余万缗，金一百二十余万两，银一千六百余万两，绢二百余万匹，皆为金有。十二月，宋遣使如金，请迎徽宗之丧。

外国

〔日本〕 兴福寺僧七千余人入京控诉。

〔大越〕 真腊犯乂安州，败之。诏京城三家为保，察诸朝班官职都，不得以子与他人养育，倚托权势。

〔神圣罗马帝国〕 罗退尔与教皇英诺森二世联合进攻萨勒诺（拿波里之南，滨海），将罗吉尔逐出意大利。罗退尔于返国途中卒。弗兰科尼亚王朝终。

〔法兰西〕 路易六世卒，其子路易七世为唯一国王。英王斯提芬来侵，但旋退去。

〔英格兰〕 苏格兰王大卫（马提尔达之舅）入侵英格兰，明年为英人所败，退去。

1138 年

中国 戊午 宋绍兴八年 金天眷元年 夏大德四年 西辽康国四年

正月，金颁行女真小字。二月，宋帝回临安府。三月，宋复相秦桧，自是专主和议。宋封李天祚为交趾郡王。五月，金定以经义、词赋两科试进士。六月，金使至宋。金元帅府令公私债负不能偿者没其身及妻女为奴婢；百姓大愤，往往杀债主，聚众反抗。七月，宋遣使如金。八月，金颁行官制；十月，定封国制。十一月，宋文武官吏纷纷反对和议，多遭贬逐。十二月，金诏谕使至宋许和，宋遣使如金报谢。乌蛮虚恨种攻宋嘉州。

外国 〔大越〕 九月，神宗死；十月，子天祚嗣，是为英宗，方三岁，改元绍明元年。会国人盟于龙墀。遣使告哀于宋。

〔波兰〕 波利斯拉夫卒，波兰农民之农奴化在彼之时期，有急遽发展。大地主、贵族与农民成为显然不同之两阶级。夫拉地斯拉夫二世嗣位。

〔神圣罗马帝国〕 霍亨斯陶芬家族之康拉德（三世）当选为日耳曼王。康拉德立即对罗退尔之婿，巴伐利亚公“傲慢的”亨利（本有继承之望者）施以剥夺一切权利之处分。自此与未尔夫党（教皇党）进入长期斗争。

〔英格兰〕 格罗斯忒伯爵罗伯特（亨利一世私生子）以拥戴马提尔达为名，举兵反。内战自此爆发，英格兰陷于混乱。

1139 年

中国 己未 宋绍兴九年 金天眷二年 夏大德五年 西辽康国五年

正月，宋以金许和大赦，又以金许归河南地奏告天地宗庙。金以许宋和告谕河南军民。三月，宋金交割地界。夏陷金府州。六月，夏国主李乾顺死，子仁孝嗣。七月，金内哄，杀宋国王宗磐等；八月，又以鲁王挞懒与宋交通主和，杀之。是秋，河北以饥馑，又苦金苛政，义军纷起，以太行山为根据地。是冬，海上义士张青攻辽东，中原人被掠居其地者纷起应之。是岁，金除辽铁禁，刘豫又不用宋之铁钱，因之鞑靼、蒙古遂得铁以作军器攻扰金边，金遣将攻之，大败。宋名将吴玠死。

外国 〔越南一大越〕 宋封英宗为交趾郡王。

〔占城〕 国王诃梨跋摩四世死，旁系阇耶因陀罗跋摩三世嗣位。

〔罗马〕 教皇英诺森亲自率兵与西西里王罗吉尔战，兵败被俘。旋以承认罗吉尔之王国与国王称号获释。

1140 年

中国 庚申 宋绍兴十年 金天眷三年 夏李仁孝大庆元年 西辽康国六年

正月，宋遣使如金迎徽宗之丧。五月，金败盟，复出兵取河南、陕西地，各城不战而下。六月，金兵攻顺昌，为刘锜所败；攻石壁寨，为吴璘军所败；攻京西，为岳飞军所败；攻淮东，为韩世忠军所败。闰六月，岳飞军破金兵于颍昌府，克淮宁府，张俊军克亳州，韩世忠军克海州。七月，岳飞军克西京，又屡败金兵于郾城、小商桥、朱仙镇。宋帝听秦桧议，诏岳飞班师，于是收复诸城皆失，惟数月中陕西仍时有小战。十二月，金徙女真、奚、契丹人屯田于河南，与汉人杂处。宋李纲死。

外国 〔大越〕 二月，改元大定元年。大有年。

〔波希米亚〕 索毕斯拉夫一世卒，弗拉地斯拉夫二世嗣位，仍遵循历代统治者之政策，尽力在神圣罗马帝国皇帝与意大利各城市之斗争中协助前者。

〔法兰西〕 路易七世与教皇英诺森二世为部尔日大主教区发生争执。同年以圣德尼掌院僧（方丈）苏格尔为顾问。

〔葡萄牙〕 （见 1095 年条）葡萄牙统治者阿尔封索·亨利克（1128 年继位）本年改称国王阿尔封索一世。

1141 年

中国 辛酉 宋绍兴十一年 金皇统元年 夏大庆二年 西辽康国七年

正月，金、宋交兵于淮南西部。金、夏开榷场互市。二月，宋大破金兵于柘皋。三月，金破濠州，焚掠而去。金帝亲祠孔子。四月，宋罢韩世忠、张俊、岳飞兵柄，以为枢密使、副。七月，万俟卨劾岳飞；八月，罢飞枢密副使，飞部将张宪寻被诬下狱。九月，宋遣使如金议和。宋将吴璘大败金兵于剡家湾，旋受诏班师。十月，岳飞被诬下狱。乌蛮虚恨种附于宋。韩世忠罢枢密使。十一月，宋、金和议成，以淮为界，岁币银绢各二十五万，宋帝称臣。十二月，岳飞被害于大理寺狱。金修国史成，凡三卷。

外国 〔高丽〕 遣使如金贺尊号。

〔日本〕 鸟羽上皇落发为法皇，听政如故。七月，改元永治。十二月，崇德天皇为鸟羽法皇所迫，让位于弟近卫天皇（七十六代），方三岁，关白藤原忠通辅政。

〔大越〕 诏诸典熟田，二十年内听赎；相争田土，五或十年内得奏讼；荒田为人所耕，一年内听争认；过此者禁之。其断卖土田，已有契券者，不得赎。

〔神圣罗马帝国〕 傲慢的亨利之子雄狮亨利承认康拉德为皇帝，明年，皇帝以萨克森赐之。

〔英格兰〕 马提尔达入英，击败斯提芬，将其俘获，全国皆承认彼为女王。但马提尔达刚愎自用，昔之支持者皆逐渐叛离。

1142 年

中国 壬戌 宋绍兴十二年 金皇统二年 夏大庆三年 西辽康国八年

正月，金侵高丽。二月，宋进誓表于金。三月，金册宋帝为皇帝。夏国地震，逾月不止。五月，宋定与金互市榷场之法。七月，回鹘贡于金。十一月，张俊罢枢密使。十二月，宋太学生以三百人为额。

外国 〔高丽〕 金遣使来册封。遣使如金谢。

〔日本〕 四月，改元康治。

〔大越〕 卜者申利，自谓仁宗子，据上原州称平王；遣将击之，败还。利进犯京城，溃于广驿，遁于谅州，被执死。

〔法兰西〕 路易七世率兵进攻香槟伯爵领地，焚毁维特利教堂。同年，中世纪法国著名哲学家阿伯拉德卒。阿伯拉德属于经院哲学中之唯名派，曾著《是与否》以阐明其主张。阿伯拉德与其情人爱络绮思（巴黎圣母院住持僧之侄女）往来之书信亦为西欧中世纪文学中之著名作品。

〔英格兰〕 伦敦人在牛津围攻其女王马提尔达，并以所俘获之格罗斯忒伯爵罗伯特向后者交换斯提芬。马提尔达被迫逃返法国。名史家马姆斯伯利之威廉卒。威廉为马姆斯伯利之修道僧，著有《英格兰国王史》及《近代史》（止于1142年），尚有其他教会史数种，俱为后代著英史者所倚赖之重要史料。

1143 年

中国 癸亥 宋绍兴十三年 金皇统三年 夏大庆四年 西辽康国九年

四月，蒙古反金，金不能制。六月，金放宋前遣使洪皓等回。七月，宋求遗书。十二月，金、宋互遣使贺正旦，自是以为常。是岁，金颁皇统新律。西辽耶律大石死，感天皇后萧氏听政。

外国 〔日本〕 大水入禁中。

〔大越〕 诏今后三家为保，不得私宰水牛。诏诸权势家，自有潭池之外，不得妄禁。遣官淘金于如箇等处。

〔拜占廷〕 佐安尼斯卒，其子曼纽尔·科姆尼拉斯嗣位。曼纽尔在位三十七年，征战不休，奢侈无度，但君士坦丁堡仍不失为当时西方世界之繁盛中心。至于商业则大都操于威尼斯人之手。

〔神圣罗马帝国〕 吕贝克始建立，不久即成北部之商业重镇。

〔西班牙〕 卡斯蒂与莱昂王阿尔封索七世与葡萄牙伯爵阿尔封索·亨利克订立正式条约，承认后者为葡萄牙王，此为葡萄牙王国被公认之始（见1140年条）。

1144 年

中国 甲子 宋绍兴十四年 金皇统四年 夏人庆元年 西辽感天皇后咸清元年

正月，宋前使者王伦以不受金官职，被杀，二月，宋复置教坊，回鹘贡于金，五月，金、宋互遣使贺生辰，自是以为常。六月，宋浙江、福建路大水。十月，金河北地大震，陕西、蒲、解、汝、蔡诸地饥。是岁，西辽感天皇后改元咸清。

外国 〔高丽〕 免孝弟力田者役。赐进士等二十六人及第。遣使如金献方物。

〔日本〕 二月，改元天养。藤原显辅撰上词花集。

〔阿拉伯〕 摩苏尔总督赞吉夺获十字军所建立之爱德沙伯国。

〔罗马〕 琉喜阿斯二世当选为教皇。罗马贵族建共和国，仅接受教皇在宗教事务上之权力。琉喜阿斯向皇帝康拉德乞援。

〔法兰西〕 路易与教皇复和，愿以组织十字军赎罪。

〔英格兰〕 英格兰—诺曼底王国分裂。斯提芬仍为英王兼部罗涅（法国极北部）伯爵。哲夫利则为诺曼底公兼安茹、美恩与土朗（或作图朗）等地之伯爵。

1145 年

中国　乙丑　宋绍兴十五年　金皇统五年　夏人庆二年　西辽咸清二年

正月，宋遣官措置两浙经界，查田均税，又命僧道纳免丁钱。二月，宋增太学生额七百人。五月，金颁行女真小字。八月，宋复置提举茶盐常平公事于各路。九月，宋以管天下等掠广东、江西、福建诸路之交，于邻州募丁壮为军以攻之。

外国　〔高丽〕　八州蝗。侍中致仕金富轼上所撰新罗、高句丽、百济三国史。

〔日本〕　七月，改元久安。

〔大越〕　诏诸相争田池财物，不得托权势家，违者杖徒。宋人谭友谅诈称使者诱沿边溪峒，犯广源州。宋广西经略司牒请追捕；因遣兵执友谅党于宋，友谅走脱为宋诱获。禁百姓匠作造官样器物售之民间。

〔占城〕　真腊来侵，国玉阇耶因陀罗跋摩三世不知所终。旁系律陀罗跋摩四世嗣位，旋败，奔宾童龙死，子湿婆难陀那立为王，号阇耶诃梨跋摩一世（越史作制皮啰笔，宋史作邹时兰巴）。

〔罗马〕　琉喜阿斯二世卒，攸基尼阿斯三世继位为教皇。罗马共和国降于皇帝康拉德。

〔意大利〕　约在此时热那亚五个重要家族（俱属于维斯康梯氏）成立一垄断利凡特（地中海东岸地区总称）商业之组织。

〔欧洲〕　自本年起至 1147 年止，欧洲全境大饥。

1146 年

中国　丙寅　宋绍兴十六年　金皇统六年　夏人庆三年　西辽咸清三年

正月，宋太学外舍生以一千人为额。金以边地与夏。七月，宋立献遗书晋、唐真迹赏格。八月，金请和于蒙古，蒙古不许。是岁，夏尊孔子为文宣帝。

外国　〔高丽〕　仁宗死，太子睍嗣，是为毅宗庄孝王。金遣使来吊。

〔大越〕　牛疫。

〔波兰〕　波利斯拉夫四世嗣位。日耳曼人在阿尔伯特（熊）与亨利（狮）之统率下，以丹麦王窝尔得马之协助来攻，将波兰人自波罗的海沿岸及维斯杜拉河迤西逐退（1147 年）。

〔瑞士〕　克雷尔弗之高僧柏那在苏黎世宣传十字军，穷苦人民因无法生活，趋之若鹜。

〔法兰西〕　普兰塔哲内特·哲夫利卒，其子安茹伯亨利继承其全部土地（见 1144 年英格兰条）。

1147 年

中国　丁卯　宋绍兴十七年　金皇统七年　夏人庆四年　西辽咸清四年

三月，金岁遗牛羊米绢之属与蒙古以和，蒙古酋长自称祖元皇叔，建元天兴。十二月，金帝选河南北女子四千余人以充后宫。

外国　〔高丽〕　初禁与堂姑、从姐妹、堂侄女、兄孙女相婚。

〔第二次十字军〕　自 1144 年伊斯兰教徒陷埃德萨后，欧洲即酝酿第二次十字军。至是由皇帝康拉德三世与法兰西王路易七世率兵东侵，转战经年，丧师甚众，明年西返。

〔俄罗斯〕　编年史中始见“莫斯科”一名。

〔拜占廷〕　与诺曼王罗吉尔发生战争。诺曼舰队进攻巴尔干半岛滨海诸地，占领底比斯与科林斯（哥林多），俘虏大批丝织工人送回西西里，以发展巴勒摩之丝业。

〔希腊〕　沿海诸城市备受罗吉尔统率下之诺曼人剽劫。

〔法兰西〕　路易七世率兵东侵，以苏格尔为监国。

〔西班牙〕　卡斯蒂王阿尔封索七世以在其国境内自由经营商业之特权授予热那亚与比萨，以酬庸此二城在其与科尔多瓦王国作战中之协助（按当时北方诸基督教王国之南疆已推进至赛拉摩内拉）。

〔葡萄牙〕　国王阿尔封索一世以英国及其他十字军之协助，取得里斯本（今葡京）及摩尔人统治下之其他数城。

1148 年

中国　戊辰　宋绍兴十八年　金皇统八年　夏人庆五年　西辽咸清五年

四月，金修辽史成。是岁，夏建内学，又修新律成。宋文学家叶梦得死。金兀□死。

外国　〔高丽〕　金遣使来册封。宋人留住者由商舶致书宋相秦桧，请图高丽，为宋商都纲所发，死数人。

〔占城〕　真腊来侵，两次皆败。

〔拜占廷〕　皇帝曼纽尔·科姆尼拉斯以重要商业特权畀予威尼斯人，以交换后者之舰队协助彼与诺曼人之战争。

〔意大利〕 佛罗伦萨城始有丝织业。

〔神圣罗马帝国〕 12世纪中叶前后，日耳曼人向易北河迤东一带之移徙几成狂热。西部若干旧区之领主为防止农民逃亡起见，甚至有自动减轻农民负担，以安定其情绪者。

1149年

中国 己巳 宋绍兴十九年 金皇统九年 金海陵炀王完颜亮天德元年 夏天盛元年 西辽咸清六年

八月，宋略改役法。十二月，金平章政事完颜亮杀金熙宗，自立为皇帝，是为海陵炀王，改元天德。

外国 〔大越〕 爪哇、路貉、暹罗商船入海东，乞居住贸易；许之，于海岛立庄，名云屯。

〔占城〕 真腊立诃梨提婆为占城王，被杀于佛逝。时般舍罗阇（越史作雍明些叠）亦立为王，为阇耶诃梨一世所破，般舍罗阇奔越乞兵。

〔拜占廷〕 西西里王罗吉尔邀请匈牙利人与塞尔维亚人，自帝国北疆进攻曼纽尔。

〔神圣罗马帝国〕 康拉德返国后，与未尔夫党之斗争又开始。

〔法兰西〕 路易七世自东方返国后，其后埃拉诺向教皇诉请与之离婚。

1150年

中国 庚午 宋绍兴二十年 金天德二年 夏天盛二年 西辽咸清七年

正月，宋军校施全谋刺秦桧未成，死之。四月，金帝大杀宗室及大臣。宋置力田科以垦两淮闲田。宋沿海年来不靖，至是稍定。贵溪魔人起事，旋败。九月，宋建州民张大一等因旱饥起事。

外国 〔大越〕 真腊犯乂安州，以瘴自溃。权臣太尉杜英武杀贬忤己者多人。禁朝官往来王侯家；在禁中，不得三五人聚谈非议。

〔阿富汗〕 境内之高尔国王阿拉胡兴破伽色尼城（一说1151年，又说1152年），大肆屠杀，火延烧七日不绝，宫殿庙宇，皆付之一炬，城夷为废墟，男丁皆被杀害，妇孺财宝，皆被俘掠而去。伽色尼末王遁入印度旁遮普之拉贺里。

〔佛兰德尔〕 城市人口逐渐增多，食粮与原料之需要亦随之增多，增加垦地面积有利可图，佛兰德尔人始筑堤堰，与海争地。

〔瑞典〕 埃利克九世嗣位为国王，在位十年，国势颇为强盛。

〔法兰西〕 约在此时巴黎大学逐渐形成（按大学在初期为若干不同之教学集团集合而成，故称“综合体”——大学）。

1151年

中国 辛未 宋绍兴二十一年 金天德三年 夏天盛三年 西辽仁宗耶律夷列绍兴元年

正月，金置国子监。二月，宋令诸州置惠民局以合药散。宋遣使如金请归宗族。三月，金广燕京城。四月。金帝迁都燕京；闰四月，调诸路工匠修燕京宫室。五月，宋令国子监刻经史。是岁，西辽仁宗夷列改元绍兴。宋名将韩世忠死。

外国 〔日本〕 正月，改元仁平。

〔拜占廷〕 由于威尼斯舰队之协助，自诺曼人手中夺回科孚岛，又占领安科纳（意大利东海岸）。

〔意大利〕 格累喜埃那斯于本年起集历代宗教会议之决议及教皇之饬令编成《教会法》，在波伦亚大学讲授，深受教会赞许。自此主教、神甫等中上级教职不乏入大学就学者（按大学初起时，教会以怀疑态度对之，至是渐转变其态度）。

1152年

中国 壬申 宋绍兴二十二年 金天德四年 夏天盛四年 西辽绍兴二年

四月，宋襄阳大水。六月，宋虔州军乱，逾五月始定。十一月，金令乌古敌烈及蒲与两路民采珠。

外国 〔日本〕 京都不靖，杀伤案多。

〔大越〕 遣使将兵入占城立雍明些叠为王，使者及雍明些叠皆为占城王制皮罗所杀。

〔俄罗斯〕 雅罗斯拉夫·奥斯莫米斯尔为加利支大公。12世纪中叶，加利支与伏林斯克为俄罗斯平原西南部两大强国。

〔神圣罗马帝国〕 康拉德卒，诸侯遵其生前请求，选举其侄士瓦比亚公腓德烈一世巴伯罗梭（红胡子）为日耳曼王。

〔斯堪的纳维亚〕 丹麦王承认为皇帝腓德烈一世之附庸。

〔法兰西〕 教皇允许埃拉诺与法王路易七世离婚。埃拉诺立即改醮安茹伯亨利（兼诺曼底公，其母马提尔达为英王亨利一世女，故应为英王位继承人）。路易七世以此失去普瓦都、阿奎丹与加斯科尼等公、伯爵领地。

〔英格兰〕 安茹伯进攻英格兰，迫使斯提芬与之订约，承认彼为英国王位合法继承人。

1153 年

中国 癸酉 宋绍兴二十三年 金天德五年 贞元元年 夏天盛五年 西辽绍兴三年

三月，金改元贞元，定五京之号，又改考试、车服制度。六月，宋潼川路大水，涪江、沅江大涨。宋禁岭南各路杀人祭鬼。

外国 〔拜占廷〕 与匈牙利人媾和。同年诺曼人进攻帝国本部，以舰队运兵在君士坦丁附近登陆。

1154 年

中国 甲戌 宋绍兴二十四年 金贞元二年 夏天盛六年 西辽绍兴四年

正月，宋初令诸州皆以中秋日试举人，不得选日。三月，武冈瑶首领杨再兴为宋所俘。吉州胡邦宁攻掠郴、桂二州。五月，金始置交钞库；七月，又设盐钞香茶文引印造库。丹州首领莫公晟等附于宋，因置羁縻州县一百六十二。十一月，金初置惠民局。

外国 〔高丽〕 更定科举法，又改国学生积分应试法。金遣使来赐羊。

〔日本〕 十月，改元久寿。源为朝横暴日甚，明年，令大宰府捕之。

〔大越〕 撞龙山獠起事，寻败。大黄江山獠首领农可来起兵，英宗亲击败之。占城王制皮罗进其女。

〔神圣罗马帝国〕 腓德烈一世起程赴意大利，企图在彼处恢复皇帝权力。腓德烈在位三十八年，远征意大利六次，此为第一次。

〔西西里〕 威廉一世击败教皇阿德利安四世之拜占廷同盟军，迫使阿德利安承认彼为西西里、阿彪利亚、拿波里、阿马尔非与萨勒诺等地之王。

〔英格兰〕 斯拉芬卒，诺曼底公（安茹伯）亨利继位为英王，称亨利二世。由于与埃拉诺之结婚，使彼保有法国领土之大半。自此开始英国史上之所谓“普兰塔哲内特朝”（或译作金雀花王朝）。亨利任托马斯•培开特为大臣。

1155 年

中国 乙亥 宋绍兴二十五年 金贞元三年 夏天盛七年 西辽绍兴五年

四月，交趾贡于宋。八月，金增教坊人数。十月，宋相秦桧死。十一月，占城国王杨卜麻叠死，子邹时兰巴嗣，遣使贡沈笺、乌里等香及犀角、象牙、翠羽、玳瑁于宋。宋以秦桧死，令前所勒停编管诸人任便居住。

外国 〔日本〕 七月，近卫天皇死；十月，弟后白河天皇（七十七代）即位。

〔大越〕 大水。占城来贡。

〔占城〕 遣使于宋贡方物且求封。

〔拜占廷〕 与诺曼酋长西西里之威廉（罗吉尔之继承人）媾和。以商业特权授予热那亚商人，借以打击威尼斯之垄断。

〔神圣罗马帝国〕 腓德烈占领意大利北部某些小城市。在巴费亚加冕为意大利王后，又由教皇阿德利安四世在罗马为之加冕为皇帝。

〔瑞典〕 约在此时，基督教在瑞典获得稳固之地位。

〔法兰西〕 西北部布列塔尼滨海之圣马洛城始用“狗巡”制（黄昏后居民俱闭户，纵使大批爱尔兰种猛犬咆哮街头，以防海盗）。此法至1770年后始废除。

1156 年

中国 丙子 宋绍兴二十六年 金贞元四年 正隆元年 夏天盛八年 西辽绍兴六年

二月，金改元正隆。三月，自秦桧死，言者纷纷，至是宋帝下诏禁之。四月，宋定武学生以八十人为额，又置六科取士法。五月，金颁行正隆官制。六月，宋钦宗死于金。七月，三佛齐贡于宋。八月，交趾献金器、明珠、沉香、翠羽、绫绢、马、象于宋。九月，宋严销金之禁。

外国 〔高丽〕 赐进士等二十六人及第。

〔日本〕 四月，改元保元。七月，鸟羽法皇死。崇德上皇赴殓，被拒，大怒，又因积忿，召源为义、平忠正，欲行政变。后白河天皇召为义子义朝、忠正侄清盛拒之。崇德上皇兵败，落发，被迁于赞岐；为义、忠正皆死。是为“保元之乱”。

〔大越〕 大饥，米一升七十钱。

〔波希米亚〕 皇帝腓德烈一世下令准许波希米亚成为世袭君主国（波希米亚公自此称国王）。

〔神圣罗马帝国〕 在拉的斯本召集戴耶特（封建王公或其代表所组成之议会），作出若干有关于“选侯”之决定。自此以后选侯逐渐成为日耳曼政治生活中一有力团体（按选侯为有权利参加国王选举之诸侯，12 世纪初为七人）。同年建奥地利为一独立之公国，以皇帝之叔亨利领之。同年皇帝腓德烈下令准许正当商人远出时，得“在其马鞍下或车傍携带一剑，以为防御盗匪之用”。

1157 年

中国 丁丑 宋绍兴二十七年 金正隆二年 夏天盛九年 西辽绍兴七年

正月，宋令国子监生及进士习诗赋者皆兼习经义。七月，宋户部出缗钱下饶、赣、韶三州铸钱。

外国 〔高丽〕 宋商献鹦鹉、孔雀。饭僧三万。

〔日本〕 置漏刻。

〔大越〕 定律令。

〔俄罗斯〕 安德卢·波哥留布斯基为苏茨达尔公。

〔神圣罗马帝国〕 皇帝腓德烈一世在培桑松召集戴耶特（议会）。除日耳曼诸侯外，罗马、英格兰、法兰西以及西班牙诸王皆派代表参加。阿彪利亚、塔斯卡尼、威尼斯与各伦巴德城市，亦派遣特使参加，并向腓德烈一世行封建庸属礼。

〔波兰〕 被迫承认皇帝腓德烈一世为宗主。

〔意大利〕 教皇以皇帝腓德烈承认西西里王威廉二世，深表不满。同年，威尼斯银行成立。

〔英格兰〕 日耳曼商人始在伦敦设立商栈，亨利二世为鼓励起见，予以某些特权。

〔西班牙〕 卡斯蒂与莱昂王阿尔封索七世卒，合并之局又告终结，桑绰三世与腓迪南二世分别继任卡斯蒂与莱昂王位。

〔法兰西〕 香槟伯亨利以许可状授予纳恩伊，准许该城每年举行庙会一次。约自此时以后，法国东北部著名之香槟国际市场逐渐形成（按香槟市场实际包含六个市场，每年轮流开市；即纳恩伊与巴绪罗布每年举行一次之市场，以及普罗凡与特尔瓦每年各举行二次之市场。市与市之间各有间隙，以便商人结束账目及转运货物至下一市场）。

〔斯堪的纳维亚〕 伐德美尔（大王）继丹麦王位，在位二十五年，丹麦版图向东发展，并建哥本哈根为首都。同年瑞典人之“十字军”东侵芬兰人居住地区。

1158 年

中国 戊寅 宋绍兴二十八年 金正隆三年 夏天盛十年 西辽绍兴八年

正月，宋禁强制平民为军。金帝谋南侵，责宋纳叛亡，盛边备以借口。七月，宋括民间铜器铸钱。十二月，宋以金有败盟意，令利州路团练义士。金大营汴京。是岁，夏始立通济铸钱监。

外国 〔日本〕 八月，后白河天皇让位；十二月，二条天皇（七十八代）即位。

〔大越〕 选民丁充太庙及山陵奉祠人。

〔俄罗斯〕 日耳曼之布累门商人始在里加（今拉脱维亚国都）设立商栈，以此处为发展东方商业之中心。

〔拜占廷〕 远征安提阿喀。明年累蒙德再被迫承认为拜占廷皇帝之附庸。

〔日耳曼〕 易北河迤东地区逐渐被开发，交换频繁，吕贝克（见 1143 年条）之重要性此时有显著增加。

〔意大利〕 皇帝腓德烈一世入意大利，是年冬至波隆雅，当地外籍（主要为日耳曼籍）大学生自彼获得不受该城法律管制之特权及其他特权。自此以后此种方法逐渐为其他后起大学及各地当局所效尤。以至中世纪之大学生成为一特殊阶层，不受任何国王或皇帝之法律制裁。

〔法兰西〕 英王亨利二世于其弟哲弗利卒后，又获得南特。

1159 年

中国 己卯 宋绍兴二十九年 金正隆四年 夏天盛十一年 西辽绍兴九年

正月，金严越境之禁，宋禁海商往金。金令与宋互市榷场只留泗州一处。二月，金籍壮丁，造战船；三月，又遣使诣诸路造兵器；八月，又调民马以备南侵。金境人民以不堪苛暴，纷起反抗，山东沂州、河北大名皆有数万，契丹人亦出没太行山，攻破数县。宋文学家张九成死。

外国 〔日本〕 四月，改元平治。源义朝等反，幽后白河上皇，迁二条天皇。平清盛起兵；明年正月，义朝败死。是为“平治之乱”。自是大权归于平氏。

〔大越〕 牛吼国献华象，旋与哀牢犯边；遣兵击之，获人、马、牛、象、金银珍宝无数。

〔罗马〕 教皇阿德利安卒，亚历山大三世与维克多四世同时当选为教皇。

〔法兰西〕 为土鲁斯之隶属问题与英国发生争执，引起战争。1161年始媾和。

〔英格兰〕 约自此时起，英人在其所辖之法国西南地区——波尔多一带，不断以当地所产之酒运返英国。此项贸易逐渐构成中世纪英法间贸易之重要项目。

1160年

中国 庚辰 宋绍兴三十年 金正隆五年 夏天盛十二年 西辽绍兴十年

三月，金东海县民张旺等起事，逾三月败。十月，金遣官分赴河北、河东、山东、中都，镇压起义人民。宋行会子。

外国 〔日本〕 正月，改元永历。

〔大越〕 选民丁壮者充军伍。

〔阿拉伯〕 穆克塔菲卒，其子牟斯塔吉德嗣位。波斯全境混乱，各地总督皆形同独立国王。

〔意大利〕 皇帝腓德烈抵巴费亚参加宗教会议，以维克多四世之态度较恭顺，遂承认之。

〔西班牙〕 图得拉（在纳瓦尔）之本哲明旅行于波斯、中央亚细亚及中国边境，历十三年始返国。在马可波罗之前，本哲明为西欧第一个大旅行家。彼用希伯来文著述其游记（1575年始译成拉丁文），逝世于1173年。

1161年

中国 辛巳 宋绍兴三十一年 金正隆六年 世宗完颜雍大定元年 夏天盛十三年 西辽绍兴十一年

二月，宋改试进士法。金帝赴汴京，四月，遣使征诸路兵；五月遣使至宋，大相质责；宋于是始饬备边。六月，宋诏淮南清野。契丹撒八等起事反金。七月，金迁都汴京，大括民间骡马。又杀辽宋宗室子男百三十余人。八月，忠义人魏胜克海州。九月，金大举侵宋，金帝督东路诸军，连下数城；其西路数失利。宋复洮州，陇州、秦州、兰州汉军杀女真将反正。十月，宋暴金帝罪恶于军民，并传檄于契丹、夏、高丽、渤海、鞑靼人。金人立东京留守褒为皇帝，改元大定，是为世宗；褒后改名雍。金帝渡淮，破滁、庐、和、扬等州，宋淮东西军退江南。宋将李宝从海道败金兵于胶西陈家岛。十一月，宋虞允文等败金兵于采石矶。宋兵复商、虢、华等州。金帝亮为其下所杀，金遣人与宋议和。十二月，宋复蔡州、楚州、河南府、泗州。契丹耶律窝罕称皇帝，建元天正，屡败金兵。是时金有户三百余万。

外国 〔日本〕 九月，改元应保。

〔大越〕 遣使献驯象于宋；宋帝令广西帅司传谕，今后不必以此入贡。

〔拜占廷〕 与匈牙利王斯提芬三世发生战争。同年卢姆苏丹阿尔斯兰四世乞和，承认拜占廷皇帝为宗主。

〔英格兰〕 亨利二世嗣位后，展开扩大王权工作，首先遣散一部分雇佣军队，令各地封建诸侯凡未获国王许可所修筑之堡垒皆须拆除（相传达一千处）。此外又自苏格兰人手中夺回诺森伯兰与孔姆伯兰，并收回斯提芬时代为封建诸侯所获得或所侵占之土地。

1162年

中国 壬午 宋绍兴三十二年 金大定二年 夏天盛十四年 西辽绍兴十二年

正月，耿京起义抗金，据东平府，遣辛弃疾等请命于宋；宋命京为天平节度使，知东平府。金遣使如宋。金行纳粟补官法。宋复河州、积石军，旋复失。二月，金攻耶律窝罕，大败。三月，宋复德顺军。宋遣使如金用敌国体。夏扰宋边。四月，金大败耶律窝罕于长泺等地。五月，宋败金于海州。宋复熙州。六月，宋高宗自为太上皇，太子昚即位，是为孝宗。金以耶律窝罕声势益大，令居庸、古北口严讥察，屯兵于蓟州等地以备之。未几耶律窝罕大为金兵所败，走奚部。七月，宋昭雪岳飞。八月，耶律窝罕攻古北口。金罢诸关征税。九月，耶律窝罕败死。十一月，金遣将攻宋。宋名将刘锜、史学家郑樵死。

外国 〔高丽〕 宋明州命商船都纲牒告败金兵擒金主完颜亮。

〔大越〕 禁自宫，违者黥臂杖责。定九年一考之制，文武官考满无遇犯者增秩。

〔占城〕 遣使贡于宋。

〔神圣罗马帝国〕 米兰不听命，腓德烈一世发兵围之，乞降后仍令付之一炬。

〔罗马〕 教皇亚历山大三世逃赴法国。

〔英格兰〕 托马斯·培开特为坎特伯雷大主教。

〔挪威〕 马格拉斯被选为国王，彼为挪威国王举行加冕礼之第一人。

1163年

中国 癸未 宋孝宗赵昚隆兴元年 金大定三年 夏天盛十五年 西辽

绍兴十三年

正月，吴璘奉诏班师，宋所复秦凤等路诸州皆复归于金。二月，宋逐附秦桧者。金东京僧法通以迷信聚众起事，寻败。三月，金索海、泗、唐、邓、商之地，宋不与。金中都以南八路蝗。四月，宋用张浚议，出兵攻金，五月，败金兵，复灵壁，寻又大败金兵，复宿州，嗣以诸将不和，大溃于符离。八月，宋、金复议和。是岁宋两浙旱蝗，江东大水。西辽仁宗死，承天皇后萧氏听政。宋理学家李侗死。

外国 〔高丽〕 宋商船都纲献孔雀、珍玩，又以宋帝密旨赐金银合。

〔日本〕 三月，改元长宽。

〔大越〕 政隆宝应元年。以逃卒骚扰居民，遣兵击败之。

〔占城〕 国王阇耶诃梨跋摩一世之死，与子阇耶诃梨跋摩二世之立，约在此后三、四年中。

〔神圣罗马帝国〕 腓德烈一世第三度赴意大利，次年归。

〔西班牙〕 阿拉贡之科尔特斯（议会）始有城市工商业者之代表参加。

1164年

中国 甲申 宋隆兴二年 金大定四年 夏天盛十六年 西辽承天皇后崇福元年

正月，宋广西路乱，调兵攻之。宋严禁私铸。福建诸州地震。五月，金攻灭耶律窝罕残部。七月，宋两浙、江东大水。十月，金以宋相汤思退主和，不修边备，乘虚渡淮，十一月，连下楚、濠、滁等州；宋遣使如金请和。十二月，宋金和议成，金、宋为叔侄之国，岁贡改称岁币，银绢各减五万，疆界如绍兴之旧。是岁，金大有年。金译经史为女真文。西辽承天皇后崇（一作天）福元年。宋张浚死。

外国 〔日本〕 八月，崇德上皇死于赞岐。

〔大越〕 占城来贡。大水。宋封英宗为安南国王，改交趾为安南国。

〔罗马〕 教皇维克托卒，巴斯卡尔三世以一部分人选举继位，但不敢入罗马。

〔意大利〕 北部诸城市，如威尼斯、维罗纳、维成萨、巴丢阿、特雷维佐等，共同组织一抵抗日耳曼皇帝之联盟。稍后又有米兰、克利摩那、曼丢阿、摩得那及波伦亚等城市先后加入，是为“伦巴第联盟”。

〔英格兰〕 亨利二世召集大会议，颁布克拉楞顿宪法，规定对于犯罪之僧侣，国王法庭有检察权与判决权，教会法庭仅有审讯权。此外又规定国王可控制主教之选举，但培开特以教皇支持，力予反抗，同年逃赴法国。

1165年

中国 乙酉 宋乾道元年 金大定五年 夏天盛十七年 西辽崇福二年

正月，金于临潢等地设边堡。二月，金罢纳粟补官令。三月，宋湖南乱，延及广东，寻定。七月，宋铸当二钱。十月，宋严私盐之禁。金境红巾军逾淮钞掠。

外国 〔日本〕 六月改元永万。二条天皇让位，旋死。七月，六条天皇（七十九代）即位，年二岁，近卫基实摄政。

〔大越〕 大旱，人、牛大疫。试学生。

〔拜占廷〕 与匈牙利战事再起，帝国军队占领达尔马提亚。

〔神圣罗马帝国〕 约在此时，在图林基亚与波希米亚间之埃尔兹山脉中发现丰富银矿。原在哈兹山脉中挖掘银矿者皆迁来此地。

1166年

中国 丙戌 宋乾道二年 金大定六年 夏天盛十八年 西辽崇福三年

三月，宋罢和籴。四月，宋两浙开平江、湖、秀围田。六月，宋罢两浙路市舶司。是岁，宋和州凿千秋涧，泄麻、澧二湖水溉历阳含山二县田。

外国 〔高丽〕 饭僧三万。

〔日本〕 近卫基实死，藤原基房代为摄政。八月，改元仁安。

〔大越〕 占城使者掠濒海民。

〔占城〕 阇耶诃梨跋摩二世王位，为阇耶因陀罗跋摩四世所夺，或在是年末及明年初。

〔神圣罗马帝国〕 皇帝腓德烈一世第四度赴意大利。

〔意大利〕 威廉二世嗣位为西西里王，与神圣罗马皇帝及英国国王互结姻亲，地位渐形重要。

〔英格兰〕 亨利二世与大会议（御前会议）着手改革英格兰司法制度，始设陪审法。同年开始征收财产税。

1167年

中国 丁亥 宋乾道三年 金大定七年 夏天盛十九年 西辽崇福四年

正月，宋整顿会子。闰七月，金遣将经略北边。宋改盐法。十二月，宋置丰储仓，增印会子。

宋名将吴璘死。

外国 〔日本〕 平清盛执政。僧重源赴宋学佛法。

〔大越〕 遣将击占城。占城进珍珠方物请和。

〔占城〕 国王阇耶因陀罗跋摩四世（宋史作邹亚娜）遣使贡于宋，大食人乌师点等谓占城贡物即所劫本国物；宋帝以其争讼，却之。

〔缅甸—蒲甘〕 国王阿隆悉都为子那罗都所害。那罗都复害其兄弥辛修而登王位，复残杀异己者。国师般他术恶之，遂赴锡兰。

〔意大利〕 皇帝腓德烈一世遣兵围攻半岛东部滨海之商业城市安科那。

〔法兰西〕 路易七世又发动对英战争。

〔英格兰〕 牛津大学约在此时开始（传牛津大学为一部分负笈巴黎大学之英国学生，因不满该校之歧视返国成立者）。

1168 年

中国 戊子 宋乾道四年 金大定八年 夏天盛二十年 西辽崇福五年

正月，宋籍荆南义勇。二月，宋改福建路盐法。宋置和州铸钱监。四月，金禁杀牛马。宋禁贩牛过淮。五月，宋初行社仓法。八月，宋行乾道历。十二月，金招谕阻卜。

外国 〔高丽〕 耽罗民良守等以官吏贪暴率众起事，旋败死。

〔日本〕 二月，京都大火。平清盛迫六条天皇让位；三月，高仓天皇（八十代）即位。僧荣西赴宋。

〔拜占廷〕 匈牙利人败，战事终结。曼纽尔获得哥罗提亚之一部分。次年匈牙利发生王朝争端，曼纽尔正面干涉。匈王培罗三世（1173—1196 年）就位后，事实上为拜占廷附庸。

〔神圣罗马帝国〕 疫疠传布，腓德烈之远征军死亡殆尽，急自意大利撤返。

1169 年

中国 己丑 宋乾道五年 金大定九年 夏天盛二十一年 西辽崇福六年

正月，金禁诸州和籴抑配百姓。宋措置两淮屯田。二月，宋遣官措置沿海治安。六月，冀州人张和等谋反金，被杀。七月，金罢东北路采珠。九月，宋招归正人垦淮西官田。十二月，金赈临潢、河北、山东女真民。宋收换两淮铜钱，令以铁钱及会子行使。

外国 〔高丽〕 金遣使赐羊。

〔日本〕 四月，改元嘉应。后白河上皇落发，称法皇。僧重源赍天台新章疏自宋回。

〔俄罗斯〕 苏茨达尔公波哥留布斯基占领基辅，大加劫掠。

〔塞尔维亚〕 大叔潘斯提芬兼并波斯尼亚，但塞尔维亚仍为希腊帝（拜占廷帝）之附庸。

〔意大利〕 米兰城再建。伦巴第联盟又在热那亚之北建一新城名阿雷桑德利阿（或作亚历山得里亚）以为防卫日耳曼人进攻之前哨。

〔法兰西〕 英法再媾和。

〔英格兰〕 亨利二世派克雷尔伯爵理查西侵爱尔兰，明年，英王权力建立于该岛。

1170 年

中国 庚寅 宋乾道六年 金大定十年 夏乾祐元年 西辽崇福七年

正月，宋雅州沙平“蛮”扰边。二月，宋均役、限田。五月，宋修四朝会要成。夏国相任得敬胁夏国主李仁孝上表于金，请割地封得敬为国王；金不许。宋遣使如金请陵寝地；金不许。宋罢沿江税场多处，严禁苛征。六月，宋于蕲州黄州置监铸铁钱。八月，夏杀其国相任得敬。十一月，宋严禁载钱过界。十二月，宋于江州、临江军、抚州置监铸铁钱。是岁，宋两浙、江东西、福建水旱。

外国 〔高丽〕 毅宗荒淫无度，武臣郑仲夫等废之，立王弟皓，是为明宗光孝王。遣使如金托言受命，权守军国事，金诘以废立真相。

〔占城〕 遣使贡于越。

〔缅甸—蒲甘〕 国王那罗都被刺死，子那罗帝因迦嗣位。

〔拜占廷〕 由于安科那与达尔马提亚之争夺，与威尼斯发生战争。曼纽尔命将君士坦丁堡之威尼斯商人悉数逮捕，并没收其一切货物。

〔罗马〕 教皇亚山大三世下令，任何遗嘱如无教士为其证明人俱不发生法律上之效力。任何以书记为职业之人如代人草拟无教士证明之遗嘱则处以驱逐出教之处分。1234 年在法国南部阿尔之宗教会议上又重申此令。

〔英格兰〕 托马斯•培开特与亨利二世复和，返自法国，但仍将与亨利友善之主教数人驱逐出教。亨利大怒，其武士四人驰赴坎特伯雷刺杀培开特。同年亨利以大批社会地位较低之人（经过一定训练）派赴各地担任地方官，以代替封建男爵。

1171 年

中国　辛卯　宋乾道七年　金大定十一年　夏乾祐二年　西辽崇福八年

二月，宋令寺观勿免租税。四月，归德民臧安儿谋反金，被杀。七月，宋吴拱修复山河堰，浚大小渠六十五里成，宋免两淮丁钱及两浙丁盐绢。九月。宋招百姓承佃湖北、京西营田、屯田。是岁，金河决王村，淹南京、孟、卫等州。宋文学家王十朋死。

外国　〔高丽〕　金遣使来问。遣使如金告奏。

〔日本〕　四月，改元承安。僧觉阿赴宋。

〔占城〕　与真腊构兵，皆乘象，胜负不决。宋人飘至者，教以用马。国王阇耶因陀罗跋摩四世乃遣人送宋人回，买马数十匹回，遂胜真腊；嗣又使人至琼州，以受辱，大掠而归。

〔阿拉伯〕　萨拉丁为埃及法蒂玛系哈里发之大维齐（首相）。

〔拜占廷〕　威尼斯占领拉古萨（在达尔马提亚）与小亚细亚西岸外之开俄斯岛。但 1173 年攻安科那不克。

〔门的内哥罗〕　经过数十年断续之战争后，拜占廷皇帝始在名义上统治门的内哥罗。

〔威尼斯〕　任命总督之权转移至四百八十人之大会议，此为商业资产阶级在政治上之另一大胜利。

〔法兰西〕　极西北之布列塔尼伯国，又以婚姻之故为英王亨利二世之子哲夫利获得。

〔英格兰〕　亨利赴爱尔兰，其权力为当地领袖所承认。

1172 年

中国　壬辰　宋乾道八年　金大定十二年　夏乾祐三年　西辽崇福九年

三月，金北京民曹贵等谋反金，被杀。四月，宋整顿诸路义仓。金西北路纳哈七斤谋反金，被杀。五月，宋诏福建路行盐钞法。七月，宋罢庐州屯田，招人佃种。金罢保安、兰安与夏互市榷场。八月，宋禁州县令保正充役。宋四川水。十月，金鄜州李方等谋反金，被杀。十一月，宋卖江、浙、福建、两广、湖南官田与民。十二月，金许民免税开采金银坑冶。金于河阴等地增筑河堤。

外国　〔高丽〕　金遣使来册封。遣使如金谢。

〔日本〕　宋明州守臣馈方物由商舶带至。

〔印度〕　西印度卡鲁雅王朝统治者库马拉巴拉死，阿查亚巴拉即位（1172 — 1176 年）信奉湿婆教，下令杀害耆那教徒，焚掠耆那寺庙；后被暗杀，耆那教又兴。

〔埃及〕　萨拉丁自的黎波里逐出诺曼人。

〔拜占廷〕　皇帝曼纽尔令禁威尼斯人在帝国各地贸易，但旋取消其禁令。

〔法兰西〕　路易七世协助英王亨利二世之子背叛其父，但并未因此获得任何土地。

〔英格兰〕　亨利向教皇屈服，英国教会权力仍继长增高。同年亨利为其子亨利亲王加冕。

1173 年

中国　癸巳　宋乾道九年　金大定十三年　夏乾祐四年　西辽崇福十年

正月，宋罢福建盐钞法。闰正月，金洛阳县民起事杀县令，逃入宋界。二月，青羌奴儿结扰宋边，寻败。三月，宋禁以银绢售于金。宋遣官提点坑冶铸钱。五月，金禁女真人毋得译为汉姓。九月，宋修中兴会要成。十二月，宋改广西盐法。是岁宋浙东、江西、淮西水旱。

外国　〔高丽〕　东北面兵马使金甫起兵，拥毅宗复位，寻败死，毅宗亦被害。

〔日本〕　以后白河法皇书及染革、沙金馈于宋。宋人使来。

〔缅甸—蒲甘〕　国王那罗帝因迦取其弟那罗波帝悉都之妻为妃，那罗波帝悉都怒，起兵攻之，连胜，遣使杀那罗帝因迦，自立为王。国师般他术复自锡兰回，不久死，乌多罗耆婆传其衣钵。

〔埃及〕　萨拉丁为埃及苏丹，其所领土地有埃及全部、努比亚之一部与阿拉伯半岛之南部。

〔波兰〕　米斯西科三世就位，但以开罪贵族之故，甫四年（1177 年）即遭驱逐。

〔波希米亚〕　弗拉地斯拉夫二世逊位，国内又进入一混乱时期，据地称尊者不下十人。

〔神圣罗马帝国〕　腓德烈以在阿亨等地通商权及莱因河上游之航行权界予弗来铭商人（按阿亨即爱斯拉莎白，查理曼之驻跸地）。

〔罗马〕　教皇命尊英国坎特伯雷故主教托马斯·培开特为圣徒。

〔英格兰〕　亨利诸子（包括亨利亲王）共结同盟，反抗其父。法兰西王、苏格兰王与佛兰德尔伯爵等均予以协助。同年亨利在诺曼底大败上述联军。

1174 年

中国 甲午 宋淳熙元年 金大定十四年 夏乾祐五年 西辽崇福十一年

正月，宋以交趾李天祚为安南国王。七月，宋江东修治陂塘成，凡二万四千四百五十一所，灌田四万四千二百四十二顷。十二月，宋罢铁钱，改铸铜钱。宋修吏部七司法。是岁，洪遵死。遵撰泉志等书。

外国 〔高丽〕 僧人百余起事，败死。西京留守赵位宠起兵讨权臣李义方。诛李义方。

〔日本〕 禁春日社僧滥行。

〔大越〕 二月，改元天感至宝元年。

〔叙利亚〕 萨拉丁进攻叙利亚，占领大马士革，次年又占领阿勒颇。

〔神圣罗马帝国〕 腓德烈第五次远征意大利，围攻阿雷桑得利阿，不能下。

〔法兰西〕 巴黎大学之校长约在此时始由教授当选后担任。此为中世纪大学校长不由学生担任之开始。

〔英格兰〕 苏格兰王雄狮威廉率师入侵英国，兵败被俘，承认亨利为苏格兰宗主。盎格鲁—诺曼诗人攸斯泰斯·瓦斯（一般通称之为罗伯特·瓦斯）卒。瓦斯曾有长歌记 10 世纪末诺曼底农民暴动事，态度颇公正。

1175 年

中国 乙未 宋淳熙二年 金大定十五年 夏乾祐六年 西辽崇福十二年

正月，宋废蕲春等铸钱监。四月，宋茶户赖文政等起事于湖北，入湖南、江西，屡败官军，六月，至广东，至九月败死。八月，宋改广西盐法。九月，宋淮南水旱。十二月，宋更定强盗赃法，比旧法重一倍。

外国 〔高丽〕 赵位宠请兵于金，被拒。

〔日本〕 七月，改元安元。

〔大越〕 七月，英宗死。太子龙翰嗣，是为高宗；方三岁，太尉苏宪诚受遗命辅政。盟国入于龙墀。

〔阿富汗〕 高尔王朝将军穆罕默德攻入印度斯坦，陷穆尔登与乌赤二地。经其兄高尔王吉雅苏丁·穆罕默德命为总督，设首府于伽色尼，遥治二地。

〔俄罗斯〕 苏茨达尔公安德卢·波哥留布斯基遇刺死。

〔拜占廷〕 威尼斯人与诺曼人缔结同盟，共同向帝国作战。

〔法兰西〕 琅城新主教企图恢复过去权利，市民亟以大批金钱赂法王路易七世，获得新特许状（1177 年）。

1176 年

中国 丙申 宋淳熙三年 金大定十六年 夏乾祐七年 西辽崇福十三年

四月，宋禁州县征秋苗加耗不得逾三分。宋靖州瑶扰掠，至八月方定。金京府设学。五月。金以女真文译史记等书成。七月，宋禁浙西围田。九月，宋浙东等州水。十二月，黎州“蛮”扰宋边。是岁，金河北、山东等七路旱蝗。

外国 〔高丽〕 公州民亡伊等起事。赵位宠败死。

〔日本〕 七月，六条上皇死。

〔大越〕 高宗宝符元年。

〔占城〕 归前所掠生口于宋，求通商；不许。

〔拜占廷〕 曼纽尔被迫与威尼斯媾和，除恢复后者之一切商业特权外，并偿以巨额赔款。同年与塞尔柱人发生战争，曼纽尔大败。次年战事有转机，始媾和。

〔神圣罗马帝国〕 伦巴第联盟诸城市大败皇帝腓德烈一世于雷那诺，迫使后者与教皇及城市媾和（雷那诺战役为封建骑兵大败于步兵之第一次。城市中产阶级之获得重要政治地位亦以此战为嚆矢）。

〔英格兰〕 亨利二世令设巡回法官，按时周游各地以听断诉讼，国王权力为之一振。

1177 年

中国 丁酉 宋淳熙四年 金大定十七年 夏乾祐八年 西辽崇福十四年

正月，金徙耶律窝罕遗党于辽东。宋行淳熙历。宋减两税输纳浮收；二月，又禁预征夏税并禁官吏苛征。十一月，宋以两淮归正人为强勇军。十二月，金禁渤海婚娶攘窃旧俗。宋改四川茶盐酒法。

外国 〔高丽〕 亡伊等降，寻又起，越半年，败。西海道大乱。赵位宠余部起事。

〔日本〕　京都大火。八月，改元治承。

〔大越〕　占城犯乂安州。

〔占城〕　犯越；又攻真腊，薄其都。

〔波兰〕　喀西密尔二世（公正的）在允许贵族各项特权后，当选为波兰大公。为避免承继权之争端，定以克拉科为第一公国，由长子继承之例。

〔意大利〕　皇帝腓德烈与教皇亚历山大在威尼斯媾和。次年另一对立教皇辞职，起自1159年之教会分裂至是终。

〔瑞士〕　最林根之柏托尔德四世建夫赖堡城（今瑞京伯尔尼东南十七英里）。

〔英格兰〕　亨利二世任其子约翰（后之无地王约翰）为爱尔兰统治者。约翰于1185年始履位，旋以统治无方被召回。

1178 年

中 国　戊戌　宋淳熙五年　金大定十八年　夏乾祐九年　西辽末主直鲁古天禧元年

二月，宋禁州县预借租税，又改丁税征收之弊。三月，宋定会子，以一千万缗为一界。六月，金西南、西北两路饥。是岁，西辽承天皇后为部下所杀，仁宗子直鲁古嗣位，改元天禧。宋名将李显忠死。

外 国　〔高丽〕　遣官问民疾苦。

〔日耳曼〕　科隆大主教腓力准许根特商人在该城贸易，并授予彼等在莱因河科隆以下各地航行之权利。

〔挪威〕　前王之私生子斯弗里召集大批党羽，与马格拉斯争夺王位，进行长达七年之战争。

〔英格兰〕　英格兰在12世纪后期对外之主要贸易仅为羊毛输出，虽有纺织业，但较精细布匹皆自尼德兰输入。

1179 年

中 国　己亥　宋淳熙六年　金大定十九年　夏乾祐十年　西辽天禧二年

正月，宋郴州民陈峒等攻掠道州、桂阳军，逾二月败死。二月，宋吕祖谦编宋文鉴成。六月，金更定条制。宋广西民李接以迷信聚众起事，破郁林，围化州，至十月败死。宋于四川求遗书。七月，金密州民许通等谋反金，被杀。八月，金以宋大观钱当五使用。金济南民刘溪忠谋反金，被杀。十月，宋四川行当二钱。

外 国　〔高丽〕　诛权臣郑仲夫。

〔日本〕　自平清盛得政以来，恣睢暴戾，后白河法皇忿甚，数谋除之，至清盛幽法皇，贬其亲信。

〔大越〕　选丁男壮者充军伍。考绩百官，分有才不通文者、通文有才者及年高行纯者三类。苏宪诚死，太师杜安颐辅政。

〔法兰西〕　路易七世任其子腓力·奥古斯都为法王，与之共主国政。

1180 年

中 国　庚子　宋淳熙七年　金大定二十年　夏乾祐十一年　西辽天禧三年

正月，宋收京西民间铜钱，行使铁钱及会子。四月，黎州五部“蛮”入境大掠，至十月始去。五月，宋禁书坊擅刻书籍。十一月，黎州军乱，旋定。十二月，宋修四朝国史成。金河决卫州及延津京东埽。是岁，宋江、浙、淮西、湖北旱。

外 国　〔高丽〕　京师不靖。

〔日本〕　二月，高仓天皇让位于子安德天皇（八十一代）。安德天皇乃平清盛之外孙，于是清盛益横，恶之者更多。五月，源赖政遂奉以仁王举兵讨之，虽皆败死，但清盛以京都不安，迁都于其别业所在之福原。时民怨沸腾，诸源乘之，纷起反平，源义朝之子赖朝等前后向福原进攻，清盛亦遣兵分御之。

〔越南—大越〕　定王侯入朝例。

〔缅甸—蒲甘〕　僧乌多罗耆婆等入锡兰求法，后陆续回缅，于是缅之佛教遂有二派，旧者称前宗，新自锡兰传入者为后宗。因僧人之往返，缅与锡兰之商业亦稍盛。是年与锡兰失欢，锡兰遣兵来攻，焚掠而还。旋遣僧通和，复归于好。

〔阿拉伯〕　纳西尔为哈里发，承认萨拉丁之僭篡。

〔拜占廷〕　曼纽尔卒，其子阿雷克修二世嗣位，以其母安提阿喀之马丽亚为摄政。自此拉丁人（法国人、意大利人）势力大盛。

〔门的内哥罗〕　塞尔维亚大叔潘斯提芬·尼曼雅重行统一各邦，包括门的内哥罗。但门的内哥罗与黑塞哥维那有一特设之政府，由大叔潘另委亲王统治。

〔波兰〕　以与贵族之同样特权给予僧侣。

〔法兰西〕　路易七世卒，其子腓力（二世）奥古斯都嗣位。腓力立即与英王亨利缔结一“六年同盟”。巴黎卢浮宫本年开始建筑。

1181 年

中国 辛丑 宋淳熙八年 金大定二十一年 夏乾祐十二年 西辽天禧四年

正月，金复置绥德军榷场，与夏互市。金禁山东、大名猛安、谋克之民无故招人佃种。二月，宋黎州土丁张百祥等以不堪苛役起事，旋败。宋禁浙西民置围田。三月，宋潮州沈师攻扰汀、漳，至十二月败死。四月，金增筑临潢等路边堡。宋于郴州宜章、桂阳军临武县立学，以教峒民子弟。七月，宋绍兴、严、徽等处大水。

外国 〔高丽〕 设仁王道场，饭僧三万。

〔日本〕 正月，高仓上皇死。平氏兵溃，清盛忧忿死。七月，改元养和。时后白河法皇已再听政。

〔越南一大越〕 大饥，民多死。

〔拜占廷〕 根据大致统计，意大利各城市在帝国之人口甚多，仅君士坦丁堡一地此一时期即有六万名。

〔英格兰〕 亨利二世下令遣散雇佣军队，重行恢复民兵制，凡自由人之有财产者，均按其多少规定其在民团中应负义务。

1182 年

中国 壬寅 宋淳熙九年 金大定二十二年 夏乾祐十三年 西辽天禧五年

三月，金申饬西北招讨司猛安谋克户习武备。八月宋淮东、浙西蝗。九月，宋淮南修复真州陂塘。宋禁蕃舶贩易金银。

外国 〔高丽〕 全州旗头竹同等起事，不久败。

〔日本〕 五月，改元寿永。撰千载集。

〔大越〕 禁臣民着黄色服。暹罗来贡。

〔真腊〕 国王阇耶跋摩七世嗣位，誓雪占城来侵之耻。

〔拜占廷〕 君士坦丁堡发生反拉丁人暴动。拉丁籍之官吏与商人悉遭屠杀，为数甚众。暴动者迎阿雷克修二世之叔安德罗奈卡与阿雷克修共主国政。

〔法兰西〕 腓力二世驱逐法国境内之犹太人出境。

〔斯堪的纳维亚〕 坎纽特六世继丹麦王位，在位二十年，神圣罗马皇帝腓德烈一世纵使伐德美尔主教（伐德美尔大王之私生子）与挪威王率兵来攻，但二人皆失败。

1183 年

中国 癸卯 宋淳熙十年 金大定二十三年 夏乾祐十四年 西辽天禧六年

正月，宋改盐法。三月，姜太獠从海上掠泉州，败死。四月，宋再禁浙西豪民围田。六月，宋禁道学。九月，金译经所译易、书等书成。宋禁内郡行铁钱。十月，宋改广东盐法。是岁，宋和州重修千秋涧。李焘所纂续资治通鉴长编全书成，未几死。

外国 〔日本〕 七月，源氏兵逼京都，平氏奉安德天皇西奔。八月，后白河法皇立后鸟羽天皇（八十二代）。

〔大越〕 遣将击哀牢。

〔拜占廷〕 安德罗奈卡诱使阿雷克修下令处死其母后，又缢死阿雷克修，而自任唯一之皇帝。安德罗奈卡下令罢免闲曹，禁止卖官鬻爵，改良司法制度，减轻赋税。此外又使用杀戮、没收财产等方法，抑制贵族地主与官僚之势力，以此深为彼等反对。

〔神圣罗马帝国〕 与伦巴第联盟订康斯坦茨（或作君士坦斯，今瑞士北部）和约。各城市仅在名义上承认皇帝为宗主，每年付定量之贡纳后，实际上一切皆可自主。自此以后诸伦巴第城市之富有商人阶级愈益壮大，各地市政类皆由彼等所推选之参议官管理。

1184 年

中国 甲辰 宋淳熙十一年 金大定二十四年 夏乾祐十五年 西辽天禧七年

正月，宋安化“蛮”首领蒙光渐扰宜州，被俘。三月，宋江东西水。六月，宋婺州修治陂塘八百三十七所，溉田二千余顷。七月，宋改定刺配法。八月，宋重申占围田之禁。十二月，熊克纂九朝通略成。是岁，洪适死。适撰隶释等书。

外国 〔日本〕 四月，后鸟羽天皇改元元历。

〔越南一大越〕 占城来贡。暹罗、三佛齐商人至云屯，进宝物，乞行贸易。思蒙等族互哄，且攻犯县邑。

〔西欧〕 萨拉丁之胜利引起西欧各地之十字军热情，法王腓力二世与英王亨利二世皆决心参加。自 1188 年起两国皆征收“萨拉丁税”（什一税），为兴军之准备。

〔罗马〕 教皇琉喜阿斯三世下令凡不能直接参加十字军者可用捐献方法代替。并允许凡捐献一定数目者可获得部分免罪（按赦罪或赎罪之“理论”根据为人死之后其灵魂必须在炼狱中经过一定时期之折磨与忏悔，而教皇之赦罪权力则可缩短或免除此一阶段——部分赦罪或大赦——俾能早登天国。15世纪中叶竟有规定作某项功德即可赎免两万年之炼狱期者，其荒谬可见一斑）。

〔神圣罗马帝国〕 在迈恩兹举行戴耶特。腓德烈之二子同时行晋封武士礼，相传参加之封建王侯约七千人，参加之武士达七万人。此数虽不可靠，但实为中世纪有数之热闹场面。骑士制度之盛，如日方中。

〔挪威〕 马格拉斯阵亡，斯弗里继位为王。斯弗里在位十六年，扶助小地主，使之助己与大贵族及僧侣斗争，以扩张国王势力。

1185 年

中国 乙巳 宋淳熙十二年 金大定二十五年 夏乾祐十六年 西辽天禧八年

正月，宋禁广西私贩交趾盐。宋明州浚东钱湖，禁佃葑地。宋俘青羌奴儿结。三月，宋整顿广西身丁钱。四月，宋边牒妄传西辽假道夏以攻金。五月，宋浙西福建地震。七月，宋以豪民买扑税场扰民，酌罢荆门、常德、复州等税场。宋减两浙版帐钱。是岁，王偁纂东都事略成。

外国 〔日本〕 二月，源义经破平氏于屋岛。三月，平清盛之妻挟安德天皇投海死，平氏遂亡。八月，改元文治。源赖朝握重兵居镰仓，使其妻父北条时政镇京都。又置守护、地头，凡地一段出米五升以充军饷。又置议奏十人，凡朝政皆经议奏协商然后奏行。

〔大越〕 试士人，取三十人。遣兵破炎册等族。

〔阿拉伯〕 萨拉丁占领摩苏尔，平定美索不达米亚。

〔拜占廷〕 不满安德罗奈卡之拜占廷贵族与地主勾结诺曼人东犯，占领杜拉索（巴尔干半岛之西），进攻帖萨罗尼加，陷之，大加屠杀。君士坦丁堡之反对派乘机暴动，杀安德罗奈卡，以其领袖爱萨克·安吉拉为皇帝。

〔塞尔维亚〕 大叔潘斯提芬宣布独立，希腊人被迫与之议款。

〔保加利亚〕 贵族阿森氏兄弟二人约翰与彼得在特尔诺伐附近举事，反抗拜占廷统治。

〔法兰西〕 腓力与佛兰德尔伯爵战，获得发拉（或作瓦罗亚）、弗蒙达与亚眠等地。勃艮第公爵亦被迫为附庸。

〔葡萄牙〕 国王阿尔封索一世卒，子桑绰一世嗣位。桑绰在位二十五年，建立城市甚多，以此葡人称之为“城市建筑者”。

1186 年

中国 丙午 宋淳熙十三年 金大定二十六年 夏乾祐十七年 西辽天禧九年

五月，金卢沟决于上阳。七月，宋诏州县并以见钱及会子中半收放。八月，金河决卫州。九月，宋求遗书。胡里改反金。十二月，宋改汀州盐法。

外国 〔大越〕 宋封高宗为安南国王。七月，以获白象改元天资嘉瑞元年。遣使如宋。

〔阿富汗〕 高尔王朝夺取伽色尼最后根据地拉贺里，伽色尼王朝亡。

〔拜占廷〕 大败诺曼人。爱萨克尽废安德罗奈卡之改革，使帝国回复至以前之腐败状况。各省之封建家族乘机而起，如希腊之斯古洛斯家族与特拉布宗（黑海东南岸之商业要地）之加布拉斯家族，皆形同独立之统治者。

〔神圣罗马帝国〕 伦巴第与塔斯卡尼诸城市日益强盛，腓德烈作第六次远征，但收效甚微。腓德烈之子亨利与西西里王罗吉尔二世之女空斯坦兹缔婚（后者为当时之王威廉二世之法定继承人）。

〔保加利亚〕 阿森兄弟为皇帝所败。遁赴库曼人处乞援，还攻色雷斯，迫使皇帝订休战条约，并承认巴尔干北部为彼等所有。

1187 年

中国 丁未 宋淳熙十四年 金大定二十七年 夏乾祐十八年 西辽天禧十年

二月，金于曲阳县置监铸钱。金令沿河府州县官兼提举或管句河防事。十月，宋高宗死。十二月，金再申女真人用汉姓之禁，并禁不得学南人衣装。是岁，金户口六百七十八万九千。

外国 〔日本〕 复记录所。僧荣西再赴宋。千载集撰成。

〔大越〕 西域增来。

〔耶路撒冷王国〕 萨拉丁攻耶路撒冷，大败盖德律星云于来比利恩斯，俘获后者。

〔拜占廷〕 萨拉丁陷耶路撒冷。皇帝爱萨克惧西方之十字军再兴，亟与萨拉丁订立同盟。

1188 年

中国 戊申 宋淳熙十五年 金大定二十八年 夏乾祐十九年 西辽天禧十一年

二月，宋禁淮东亭户开垦盐场地。四月，金增外任小官俸。金置女真太学。

外国 〔高丽〕 关东大水。

〔日本〕 源义经以功高不为兄赖朝所容，投藤原氏，赖朝令追捕之。

〔大越〕 太师杜安颐死，太傅吴履信辅政。

〔耶路撒冷王国〕 盖德律星云获释，但向萨拉丁保证放弃耶路撒冷国王称号。

〔保加利亚人〕 在巴尔干半岛之北建国，是为保加利亚第二帝国，以约翰·阿森为王。

〔西西里〕 威廉二世卒，亨利（皇帝之子）主张承继权，但为坦克累德所获。

〔法兰西〕 腓力诱使理查（狮心王）叛其父英王亨利二世。

〔英格兰〕 亨利二世准备参加第三次十字军以与萨拉丁对抗，在英国征收“萨拉丁什一税”。

1189 年

中国 己酉 宋淳熙十六年 金大定二十九年 夏乾祐二十年 西辽天禧十二年

正月，金世宗死，皇太孙璟嗣，是为章宗。宋改广西盐法。二月，宋孝宗自称太上皇，太子惇即位，是为光宗。五月，宋常德、辰、沅、靖等处大水。金河决曹州。闰五月，宋阶州大水；六月，镇江大水。金初置提刑司。七月，金减民地税什一，河东南北路什二，下田什三。又命大州设学。十一月，金命官再修辽史。

外国 〔高丽〕 金遣使来告国丧。遣使如金吊。

〔日本〕 源义经被杀。源赖朝平奥羽。

〔第三次十字军〕 参加者有皇帝腓德烈·巴伯罗梭，英王理查（狮心王）与法王腓力二世。

〔保加利亚〕 进攻色雷斯与马其顿，大败皇帝爱萨克军于伯乐。

〔法兰西〕 南部之埃罗城始以中国方法设工场造纸。西欧基督教国家自造纸张自此始（按造纸术系经中央亚细亚、巴格达、大马士革、北非西北之非斯等地传入法国）。

〔英格兰〕 亨利二世卒，子理查嗣位。安茹王朝（普兰塔哲内特朝）自此逐渐衰落。屠杀犹太人甚多，榨取大量金钱。

〔苏格兰〕 国王“雄狮”威廉向英王理查纳大批款项，赎免一切封建义务（如觐见礼等等）。

1190 年

中国 庚戌 宋光宗赵惇绍熙元年 金章宗完颜璟明昌元年 夏乾祐二十一年 西辽天禧十三年

正月，金禁自为僧道者。三月，金设应制及宏词科。八月，金设常平仓。是岁金户口六百九十三万九千。

外国 〔日本〕 四月，改元建久。边民遭风漂至宋地。

〔占城〕 真腊来侵，国王阇耶因陀罗跋摩四世被俘。于是国分为二，北为佛逝，南为宾童龙。

〔条顿武士团〕 吕贝克与布累门商人在阿克（大马士革南）组织医院一所，不久移交耶路撒冷之日耳曼教会管辖。1198 年以此为基础组条顿武士团。总部设阿克与威尼斯达一百年之久。1309 年后始迁至普鲁士之马利恩堡。

〔拜占廷〕 继续保加利亚战争，于 1190 与 1194 年两遭大败。

〔第三次十字军〕 皇帝腓德烈堕水死。理查与腓力二人在西西里渡冬，争吵甚烈。

〔神圣罗马帝国〕 亨利（六世）继皇帝位，次年加冕。自本年起与日耳曼之教皇党（由傲慢的亨利之子狮子亨利所领导）进行断续战争，至 1195 年始罢。

〔瑞士〕 平定封建贵族之叛乱。柏托尔德在重要地点建筑城垣。

〔法兰西〕 法王腓力因琅城主教之利诱，又欲废除公社，琅城市民乃以更大之贿赂予之。腓力下令重申 1128 年之“和平组织”，令中声称：“……但该城须于每年诸圣节给予等，或予等之子孙以约定之二百枚巴黎里弗尔（单位银一镑）”。琅城公社自此存在至公元 14 世纪。北部滨英吉利海峡之加来，始修港口，自此以后迅即由一普通渔村成为重要海港。

〔英格兰〕 狮心王理查远征后，国事交由威廉·隆盛（伊利之主教）负责。

1191 年

中国 辛亥 宋绍熙二年 金明昌二年 夏乾祐二十二年 西辽天禧十四年

二月，宋行会元历。四月，金以百姓与屯田户不睦，许互为婚姻。金令女真字直译为汉字，罢写契丹字者。五月，宋潼川等十一州府大水。七月，宋以会子百万缗收两淮私铁钱。宋兴州大水。八月，宋宽两浙铁禁。十一月，金禁女真人以姓氏译为汉字。夏官杀金边将，金索之急，夏乃杀其官。

外国 〔日本〕 僧荣西还自宋。

〔越南—大越〕 真腊国来贡。

〔占城〕 罗苏婆底逐佛逝王自立，号阇耶因陀罗跋摩五世。

〔阿富汗〕 高尔国王穆罕默德大举侵印度，与北印度诸国联军战于德里以北之达拉恩，穆罕默德大败，负伤而遁。

〔第三次十字军〕 英王理查于赴圣地途中夺获塞浦路斯岛（地中海铜矿之"后"），以十万比赞特（拜占廷币）售与耶路撒冷王盖德律星云。

〔叙利亚〕 阿克乞降。十字军败萨拉丁于阿左塔斯。佐巴（约帕）与阿斯卡隆皆为十字军占领。耶路撒冷虽未能恢复，但耶路撒冷王国仍存在。

〔耶路撒冷王国〕 蒙斐拉之康拉德被选为耶路撒冷王，但同年遇刺卒。英王理查与萨拉丁缔约，获得准许基督教徒自由赴耶路撒冷朝圣之条款后起程返英。

〔法兰西〕 腓力返法，同年废除宫内大臣制。

〔英格兰〕 坎特伯雷大主教哲夫利与理查之弟约翰联合驱逐威廉•隆盛，取得政权。

1192 年

中国 壬子 宋绍熙三年 金明昌三年 夏乾祐二十三年 西辽天禧十五年

正月，宋以僧牒收淮东铁钱。二月，宋申钱银过淮之禁。宋定以杂艺得官者不许荫子。五月，宋常德府、安丰军大水。七月，宋刺沿边人为诸州禁军。宋泸州军乱，寻定。十一月，金禁官吏、百姓姓名皆同于古帝王者，又令避周公、孔子讳。是岁，金河北诸路水。宋理学家陆九渊死（十二月十四日，已是公元1193年初）。

外国 〔高丽〕 令州县雕印《资治通鉴》。宋商人献太平御览。

〔日本〕 三月，后白河法皇死。七月，源赖朝为征夷大将军，开府于镰仓，是为镰仓幕府之始。自是幕府操国政大权，天皇益徒拥虚名。此制延续六百七十余年，至明治维新，始行结束。

〔大越〕 清化古弘甲人黎挽等起事，旋败。浚苏历江。

〔占城〕 真腊放阇耶因陀罗跋摩归，宾童龙王苏利耶跋摩不使复位，自将攻杀佛逝王阇耶因陀罗跋摩五世，自立为王。阇耶因陀罗跋摩聚兵欲取佛逝，败死。自是占城又为一国。

〔阿富汗〕 高尔王穆罕默德复侵印度，战于达拉恩，大败印度联军。

〔耶路撒冷王国〕 香槟之亨利被选为王。娶康拉德之孀妇。盖德律星云亦声称放弃耶路撒冷国王称号，专任塞浦路斯王。

〔第三次十字军〕 英王理查于返国途中在维也纳为奥地利公利奥波德俘获，以之献皇帝亨利六世。明年以巨款赎归（订定纹银十五万马克，但未完全交付）。

〔法兰西〕 法王腓力二世背弃与英王理查之诺言，勾结后者之弟约翰进攻诺曼底，但为卢昂戍军击退。法国此时与东方之贸易大盛，根据统计，意大利人在巴黎设立商栈者，本年即有十六家。

〔拜占廷〕 皇帝爱萨克一年之内四颁特许状，授予威尼斯商人在帝国境内之种种特权。威尼斯则允于帝国有紧急时，以楼船百艘，水手一万四千人（每船一百四十人）为支援。

1193 年

中国 癸丑 宋绍熙四年 金明昌四年 夏乾祐二十四年 西辽天禧十六年

五月，宋江、浙、两淮、荆湖水。七月，宋叙州"蛮"攻扰。九月，夏国主李仁孝死，子纯佑嗣。是岁，金大有年。

外国 〔高丽〕 南方民群起，屡败官军。

〔日本〕 追捕平氏余党。

〔大越〕 试士人，入侍御学。

〔占城〕 真腊来侵，败还。

〔印度〕 高尔王朝将军库布丁占领印度之德里。

〔叙利亚〕 萨拉丁卒，其子以阿克赠圣约翰武士团，因此有"阿克之圣约翰武士团"之名称。

〔拜占廷〕 约在此时，法国南部两大商埠——马赛与蒙特彼利厄——始在君士坦丁堡设立彷德科（商栈）。

〔法兰西〕 腓力二世出其妻丹麦公主英吉博尔格，别娶美朗之阿格内。英吉博尔格向教皇上诉。

〔英格兰〕 英格兰最早之商人基尔特规章出现于本年（按指见于文字记载）。

1194 年

中国 甲寅 宋绍熙五年 金明昌五年 夏李纯佑天庆元年 西辽天禧十七年

正月，金求遗书。三月，金初定铁禁；又置宏文院译写经书。五月，宋辰州瑶扰边。六月，宋孝宗死。七月，宋光宗为太上皇，子扩即位，是为宁宗。八月，金河决阳武故堤，由封丘注梁山泊，分夺南北清河入海。十月，雅州"蛮"攻扰。

外国 〔高丽〕 赐进士等三十一人及第。

〔日本〕 置乐所。定海道驿站。

〔占城〕 真腊来侵，败还。遣使贡于越。

〔塞浦路斯岛〕 盖德律星云卒，其弟阿尔美利克继位为王。

〔波兰〕 雷歇克一世为波兰大公，在位三十三年，不断与米斯西科三世（见 1173 年条）战争。1202 年米斯西科逝世后，又与其子发生战争。三十余年中全国陷于混乱，封建贵族与僧侣成为各地之实际统治者。

〔法兰西〕 英王理查被释后，率兵攻法，安茹王室在法国北部之势力又获恢复。

〔英格兰〕 坎特伯雷大主教休伯特·窝尔忒当国，与伦敦市民合力击败理查之子约翰。窝尔忒自此多依赖城市之市民阶级以推行其政策。伦敦于本年获得特许状，可以自行选举市长。理查返自日耳曼，使用各种方法筹集款项，以偿付其赎身费。

1195 年

中国 乙卯 宋宁宗赵扩庆元元年 金明昌六年 夏天庆二年 西辽天禧十八年

正月，宋黎州"蛮"攻扰。二月，宋令两淮民垦荒田。宋右丞相赵汝愚罢，自是韩侂胄弄权，数贬逐朝官；太学生杨宏中等六人疏论罢赵汝愚事，皆送五百里外编管。五月，金命官行省于临潢，后又命官行省于抚州，皆以经略北边。由是北阻卜叛金，大肆攻掠。七月，宋攻击道学者渐起。

外国 〔大越〕 试三教，赐出身。

〔拜占廷〕 爱萨克为拜占廷贵族废黜，以其弟嗣位，称阿雷克修三世，处其兄以挖目刑后，复囚之地牢中。阿雷克修在位八年，荒淫奢侈，无所不臻其极，以此赋税苛重，民不聊生，全境陷于混乱。

〔塞尔维亚〕 斯提芬·攸乐施受禅为大叔潘，拜占廷皇帝承认彼为塞尔维亚、达尔马提亚与波斯尼亚之王。同年，塞尔维亚始铸钱币。

〔意大利〕 教皇塞雷斯泰因三世倡第四次十字军，欲诱使皇帝亨利六世参加，以减少彼在意大利事务中之干涉。亨利附和之，遣一部分军队赴叙利亚。此后两年中与土耳其人颇有接触，1198 年又退回欧洲。

〔神圣罗马帝国〕 征服西西里王国。威廉三世以王冠献亨利，西西里之诺曼王朝告终。

〔英格兰〕 坎特伯雷大主教接获教皇塞雷斯泰因谕旨，凡用捐献方法代替亲自参加十字军者，可获得赦罪为报酬。至如何根据捐献之多少而决定赦罪之程度，"可由各该地区主教，斟酌情形办理"。

〔西班牙〕 纳瓦尔、阿拉贡、莱昂、卡斯蒂与葡萄牙等五基督教国家于本年缔结同盟，共同向南部伊斯兰国家进行"再征服"战争。

1196 年

中国 丙辰 宋庆元二年 金承安元年 夏天庆三年 西辽天禧十九年

正月，北边弘吉剌部败金兵。二月，金初造金虎符发兵。四月，金初行区种法。五月，宋减诸路和市折帛钱三年。六月，金定僧、道、女冠剃度之制。七月，金大破阻卜。八月，宋禁道学，称之为伪学。十月，金命官行省于北京以经营阻卜事。契丹德寿据信州，建元身圣，寻败死。宋宜州"蛮"攻扰，旋定。

外国 〔高丽〕 大将崔忠献杀大臣李义旼，夷其族，又大杀朝臣。

〔日本〕 平知忠起事，寻败。

〔拜占廷〕 神圣罗马皇帝亨利六世因继承西方诺曼土地，向阿雷克修要求杜拉索与帖萨罗尼加。后者贿以大量金钱始暂作罢。

〔神圣罗马帝国〕 亨利六世之长子腓德烈当选为罗马王。

〔法兰西〕 腓力二世与英王理查订和约，退出诺曼底。

〔英格兰〕 理查一世下令严禁"破船律"，违者处以活焚，但收效甚微（按中世纪海上航行船只失事时，船中所有之旅客与货物皆为附近之封建领主所有。此为当时通行习惯。因此滨海之封建主于夜间故布疑阵诱使船只触礁沉没者时有所闻。甚至有勾结领港，故意撞坏船只者）。伦敦市民因不堪理查之重税压迫，在威廉•费兹—奥斯伯尔特领导下暴动，但迅即受到国王武士进攻。威廉藏于教堂中被搜出绞死，同时就义者尚有其他领袖十人。

〔耶路撒冷王国〕　亨利卒，其妻改醮塞浦路斯王阿尔美利克（德•律星云）。自此耶路撒冷王国与塞浦路斯王国合并。

〔保加利亚〕　约翰•阿森遇刺殒命，其弟彼得•阿森继位。明年彼得再遇刺卒。

1197 年

中国　丁巳　宋庆元三年　金承安二年　夏天庆四年　西辽天禧二十年

三月，宋禁浙西围田。六月，宋申严私铸铜器之禁。宋广东大溪岛民以不堪盐法苛扰，入海起事，八月，官军尽屠岛民。九月，金募上京、东京、北京、西京、咸平、临潢汉人为兵。十二月，金铸承安宝货。宋置伪学籍，共五十九人。

外国　〔高丽〕　崔忠献废明宗，立王弟旼，后改名晫，是为神宗靖孝王。遣使如金伪以受命权守军国事告。

〔印度〕　高尔将军开勒吉攻陷印度之俾荷尔，尽烧佛寺，僧侣多被杀，古代文物，摧毁殆尽。北印度佛教经此破毁遂一蹶不振。

〔神圣罗马帝国〕　西西里乱事起，平定之，杀戮甚众。同年亨利卒，日耳曼卷入王朝战争。未尔夫党拥亨利之弟士瓦比亚公腓力为王（得法王腓力二世支援）。外布林根党拥不伦瑞克公鄂图为王（雄狮亨利子，受英王理查一世支持）。其他诸侯则视利害之大小，依违二者之间，混战达十四年。

〔保加利亚〕　约翰与彼得之弟科罗扬成为保加利亚人之统治者，其国土较现在略大。开始与罗马建立关系。

〔波希米亚〕　经过二十余年之混乱时期后，至是始由俄托卡一世正位为波希米亚王。

〔西西里〕　西西里乱事为皇帝亨利六世所平定。

〔西班牙〕　莱昂王阿尔封索九世娶卡斯蒂王阿尔封索八世之女为妻，以此为两国之再统一创造条件。

1198 年

中国　戊午　宋庆元四年　金承安三年　夏天庆五年　西辽天禧二十一年

正月，宋以两浙、江、淮、荆湖、四川多苛征，申禁之。二月，金遣将攻阻卜。三月，金榷醋。金申敕诸路处理盗贼法。金于北边穿壕堑，修长城以御蒙古等部，西北、西南寻亦仿治之。五月，宋严申伪学之禁。十月，金定官民存留见钱之数，设回易务，拟行钞法。

外国　〔高丽〕　僮奴万积等招公私奴隶谋起事，不成，被杀者百余人。金遣使来诘明宗让位事。遣使如金请封。

〔日本〕　正月，后鸟羽天皇让位；三月，土御门天皇（八十三代）即位。

〔大越〕　沙汰僧徒。大水。滨州吴公李与大黄州人称先王苗裔之丁公、裴都同时起事。

〔占城〕　国王苏利耶跋摩（越史作布池）遣使如越请封。

〔叙利亚〕　条顿武士团在本年正式组织。

〔拜占廷〕　与爱科尼阿姆（或卢姆）苏丹战事起。

〔西西里〕　亨利六世卒后，局势再趋混乱，教皇英诺森三世自任腓德烈（亨利之子）之保护人。

〔意大利〕　佛罗伦萨共和国于本年成立。

〔法兰西〕　法兰西、尼德兰及北欧其他地区之一部分领主约在此时期（12 世纪末起）准许其领地内之农奴纳定量“免役税”（quitrent）以代替徭役与贡纳。农民生产情绪因之提高，其后货币购买力渐低，农民亦有因此而获得自由者。

〔西班牙〕　阿维罗伊斯卒。阿维罗伊斯为阿拉伯籍之西班牙外科医生、哲学家及亚里士多德之介绍者与批评者。其著述包括哲学、医学、自然历史、天文、伦理、数学与法律。迻译为拉丁文者甚多。

〔罗马〕　教皇英诺森三世继位，在位十八年。教皇权力在此时期中达于顶点。

〔佛兰德尔〕　始有开采煤矿者。

1199 年

中国　己未　宋庆元五年　金承安四年　夏天庆六年　西辽天禧二十二年

二月，金西南路筑边堡九百里成。金招民耕蒲河至长河一带地。三月，宋四川行对销钱引法。五月，宋颁统天历。七月，宋禁高丽、日本商人博易铜钱。十月，金令州县设普济院，每年十月至明年四月设粥以食贫民。十二月，宋稍弛伪学之禁。

外国

〔高丽〕 东京溟州民起事，遣使招抚。金遣使来册封。遣使如金谢。

〔日本〕 正月，源赖朝死，子赖家嗣，越二年为征夷大将军。四月，改元正治。僧俊芿赴宋。

〔大越〕 大水，大饥。遣使册封布池为占城王。

〔印度〕 高尔王朝将军开勒吉攻陷印度孟加拉之那提阿，不久征服孟加拉全境。

〔保加利亚〕 教皇英诺森三世遣特使来，科罗扬以加入罗马基督教为条件，要求教皇给予王冠。

〔法兰西〕 教皇英诺森三世为离婚事处腓力以驱逐出教之罚。

〔英格兰〕 狮心王理查在利谟桑阵亡，其弟约翰（后外号无地王）继位为英王兼诺曼底公。其他法国土地，如布列塔尼、安茹、美恩、波亚图与图朗等，则由布列塔尼公阿塔尔统治（阿塔尔为约翰兄哲夫利子）。

1200 年

中国

庚申 宋庆元六年 金承安五年 夏天庆七年 西辽天禧二十三年

正月，金定诸科进士取中额。九月，金括田于山东等路以益屯田。金西北路修长城成，凡用工七十五万。十二月，宋遣官经画增四川营田租，以营田户反抗，即罢之。是岁，宋理学家朱熹死。

外国

〔高丽〕 晋州公私奴隶起事，焚州吏五十余家。州吏郑方义等以被诬起事，大杀州人。金州杂族人群起谋杀豪族人，皆败死。

〔拜占廷〕 皇帝阿雷克修三世重申准许威尼斯人有在帝国各地经营商业权利令。

〔阿拉伯〕 约在此时前后，有阿拉伯旅行家雅库特，著《地理书》一部，描述各地情形。

〔意大利〕 波伦亚大学在13世纪末，约有学生万人。学生权力甚大，非学生不得当选为校长（按此一时期学生多为有职业之成年人，教师之当选为校长始于巴黎大学）。

〔法兰西〕 腓力二世被迫与其妻英吉博尔格重圆旧好。

〔英格兰〕 约翰与其妻离婚，别娶翁古雷姆之伊莎贝拉。波亚图诸侯在伊莎贝拉之未婚夫休·德·律星云号召下起而叛变，并向法王腓力二世控诉约翰（按以诸曼底之封建关系，英王约翰为腓力之附庸）。

1201 年

中国

辛酉 宋嘉泰元年 金泰和元年 夏天庆八年 西辽天禧二十四年

正月，宋申严福建科盐之禁。二月，宋访明天文历法之士。三月，宋临安大火，焚五万三千余家。四月，宋龙州民李蒙大结蕃部攻扰。金许契丹人有军功者赏例同女真人，仍许养马为吏。六月，金申禁猛安谋克户毁树木、鬻田地、惰于耕耨者。八月，金定户绝田以二分之一付其女及女孙。九月，金更定赡学养士法。宋勒开浙西旧围田界石外之围田。十月，宋求遗书。十一月，宋除潭州民旧输黄河铁缆钱。十二月，金新修泰和律成。是岁，宋浙西、江东、两淮、利州等路旱。

外国

〔高丽〕 郑方义败死。

〔日本〕 二月，改元建仁。后鸟羽上皇置和歌所，撰新古今集。

〔拜占廷〕 与保加利亚媾和，许其占有巴尔干半岛东部地区。

〔意大利〕 教皇英诺森三世又宣传十字军，时英、法正交恶，日耳曼内部亦扰攘不宁，眩于东方财富之大小封建贵族，在蒙斐拉（意大利西北部）公爵邦内非斯与佛兰德尔伯爵鲍尔温之领导下，组成第四次十字军，集中威尼斯，拟自海道进攻埃及。

〔威尼斯〕 威尼斯与第四次十字军订立条约，代运士兵二万四千名，马九千匹赴东方，索运费银八万五千马克，及征服土地之一半。

〔神圣罗马帝国〕 教皇英诺森三世承认鄂图为皇帝。

〔日耳曼〕 立窝尼亚主教阿尔伯特始在波罗的海东南岸经营里加城（今立陶宛首府）作为向东方传教与经商之基地。

1202 年

中国

壬戌 宋嘉泰二年 金泰和二年 夏天庆九年 西辽天禧二十五年

二月，宋弛伪学之禁。宋以商贾私贩九朝通略等书于金，因禁坊间私史，其有干国体者皆令销毁。六月，宋浚浙西运河。八月，宋修庆元条法事类成。闰十二月，金改交钞法。是岁，洪迈死。迈撰《容斋随笔》等书。

外国

〔高丽〕 耽罗人起兵反抗，遣将抚之。庆州军人结僧徒攻永州。

庆州人谋起事兴复新罗，发兵击之。

〔日本〕 九条良经为摄政。

〔大越〕 八月，改元天嘉宝祐元年。命乐工制曲，号占城音。

〔拜占廷〕 爱萨克之子阿雷克修逃赴威尼斯乞援，许后者以极优厚之条件。威尼斯觊觎拜占廷之财富已久，深喜得此借口。

〔第四次十字军〕 因无力筹措威尼斯所索取之运费银八万五千马克（约合二万零二百三十公斤），遂应该城之请，允先用武力代为夺取达尔马提亚北部，属于另一基督教王国（匈牙利）之萨拉城，然后再进攻东方基督教帝国之首都君士坦丁堡。

〔俄罗斯〕 拉脱维亚主教阿尔伯特始创宝剑骑士团，两年后（1204年）此组织获得教皇正式批准。

〔法兰西〕 腓力二世令英王约翰亲来法国与休·德·律星云对质，约翰拒之。腓力乃率约翰之侄阿塔尔（布列塔尼公）进攻其在法国之土地，并宣布没收其在法国之一切土地。

〔斯堪的纳维亚〕 伐德美尔二世继位为丹麦王。

1203年

中国 癸亥 宋嘉泰三年 金泰和三年 夏天庆十年 西辽天禧二十六年

正月，宋龙州蕃部攻扰边境。四月，宋以两淮交子一百万缗收民间铁钱。七月，宋权罢同安等三监铸钱。宋造战舰。九月，宋禁坑冶司毁私钱为铜。撒里部犯金边。十月，宋龙州蕃部降。

外国 〔高丽〕 庆州仍乱。

〔日本〕 北条时政谋分幕府职权，源赖家潜图时政，事泄，时政函赖家，以其弟源实朝为将军，于是幕府大权不在将军而移于北条氏。

〔大越〕 大兴土木，营造宫殿。占城国王布池言为其叔父所逐，载妻来依，并求救，旋大掠乂安而归。大黄江人费郎等起事，败官军。

〔占城〕 真腊遣占城王叔陀那婆底来攻，苏利耶跋摩（布池）败奔于越，被拒，不知所终。于是占城遂沦为真腊一省。

〔印度〕 高尔王朝征服印度恒河流域，孟加拉王拉克什曼生东走俄里沙。

〔拜占廷〕 十字军占领杜拉索。6月抵君士坦丁堡，阿雷克修三世遁赴意大利。城陷后爱萨克复辟（改称三世），其子与之共主国政，称阿雷克修四世。但由于拉丁人之专横与赔款之巨大（阿雷克修在乞援时所许），引起拜占廷人民之恨恶。

〔法兰西〕 腓力进攻诺曼底。约翰渡河作战，俘获其侄阿塔尔，秘密处死，以此失去附庸之心。

〔西班牙〕 阿拉贡王伯多禄二世接受教皇加冕，以其国作为教皇附庸，并允向教皇纳贡。明年科尔特斯在萨拉哥萨举行会议，否认此项约定之效力。

1204年

中国 甲子 宋嘉泰四年 金泰和四年 夏天庆十一年 西辽天禧二十七年

三月，宋临安大火。四月，金定县令以下考课法，增定关防奸细法。宋严科举请托之禁。五月，金以旱行区种法。宋以将用兵于金，追封岳飞等以风厉诸将。八月，金以旱弛围场禁，纵民耕樵。十二月，宋禁州县私籍没民产。是岁，金地旱，河北、山东尤甚。宋两浙旱，两淮荆襄诸州荒歉。蒙古铁木真攻乃蛮，杀其酋长太阳汗，又破蔑里乞部。

外国 〔高丽〕 神宗病笃，传位太子悳，后改名祦，是为熙宗成孝王；神宗不久死。废东京留守为知庆州事。

〔日本〕 二月，改元元久。北条时政杀源赖家。

〔大越〕 遣将击费郎等，无功。

〔拜占廷〕 1月25日，君士坦丁堡暴动起，阿雷克修被杀，其父亦死。拉丁人（十字军）再攻城，陷之，加以劫掠、焚烧、奸淫、屠杀。相传贵重赃物堆满大教堂三处，平均分配。现金与现银亦由法国人与威尼斯人平分。法国人除清偿后者之债务五万马克外，尚净得银四十万马克（约合三千二百万两）。鲍尔温一世被选为拜占廷皇帝。拜占廷自此成为拉丁人之帝国达五十余年。但威尼斯仍可自帝国之一切收入中取得八分之三。

〔特累比松帝国〕 君士坦丁堡陷落后，有贵族科姆尼那斯氏之兄弟二人阿雷克修与大卫，据黑海东南岸，建立以特累比松城为首府之特累比松帝国。

〔伊派拉斯霸王国（despotate）〕 君士坦丁陷落后，贵族迈克尔·安基拉斯·科摩尼拉斯逃赴希腊半岛西部据地自立，组伊派拉斯霸王国。阿尔巴尼亚之南部亦为迈克尔征服。

〔保加利亚〕 教皇遣使为科罗扬加冕为

国王。

〔希腊〕　拉丁人占领君士坦丁堡后，将希腊半岛分成三部分：(一) 帖萨罗尼加王国，存在时期极短。(二) 摩利亚即阿开雅亲王国（1205—1387年）。(三) 雅典公国（1205－1456年）。大部分海岛则为威尼斯人所得。

〔法兰西〕　法军陷沙托加雅（即加雅要塞），约翰遁返英国，诺曼底、布列塔尼先后入腓力之手。其他美恩、安茹、波亚图、图朗等地亦归并法国版图。英国自此仅在法国西南保有极小地区。

1205年

中国　乙丑　宋开禧元年　金泰和五年　夏天庆十二年　西辽天禧二十八年

正月，宋置澉浦水军。金调军夫治漕渠。四月，宋边兵数入金境骚扰，金移书于宋请约束。六月，宋诏诸军密为行军之计，准备北伐。七月，宋以韩侂胄为平章军国事，位丞相上。十一月，金诏山东、陕西备宋。十二月，宋诏永除两浙身丁钱。是岁，蒙古铁木真侵夏，大掠。宋史学家袁枢死，枢作《通鉴纪事本末》，独创一体。《三朝北盟会编》作者徐梦莘死。

外国　〔日本〕　新古今集成。北条时政谋废源实朝，事泄，被放，其子北条义时代执大权。

〔越南—大越〕　三月，改元治平应龙。宋人犯边。时高宗嬉游无度，征敛苛急，百官多嗜利营私，卖官鬻狱，民不聊生，社会秩序不安。

〔印度〕　旁遮普之哥喀尔部落起义，反抗高尔王朝，高尔王朝穆罕默德亲征之。

〔拉丁帝国（新拜占廷帝国）〕　鲍尔温所辖之土地仅为君士坦丁堡及色雷斯。帝国其他各地则分别由弗来铭、法兰西及威尼斯诸领袖分割。一切重要商业地区及海岛几尽为威尼斯诸大家族所得（作为对威尼斯之封建附庸）。保加利亚人来攻，在亚德里亚堡大败十字军，俘获鲍尔温（旋卒），其弟亨利一世继位为皇帝。

〔尼西亚帝国〕　拉丁人占领君士坦丁堡后，拜占廷政府越过博斯普鲁斯海峡，退至尼西亚。大主教为狄奥多尔·拉斯卡利斯加冕为皇帝，是为尼西亚帝国。

〔保加利亚〕　保加利亚人纠合库曼人南下，在亚德里亚堡大败皇帝鲍尔温与威尼斯公爵但多乐，俘获前者。

1206年

中国　丙寅　宋开禧二年　金泰和六年　夏李安全应天元年　西辽天禧二十九年　蒙古成吉思汗元年

正月，宋严禁坑户毁钱为铜。宋严科举回避法。雅州“蛮”扰宋边。夏李安全废其主纯佑自立。四月，宋下纳粟补官令。金发兵守要害，置行省于汴以备宋。宋兵分路攻金，取泗、虹等州县。五月，宋下诏伐金，诸路多败，惟毕再遇数有功。七月，金命官专修《辽史》，明年十二月成。十月，金大举伐宋，十一月，入滁州，破西和；十二月，下安陆等县，入成州，破真州。宋将吴曦通款于金。是岁，蒙古铁木真称成吉思汗，是为元太祖，夏攻乃蛮，破之。

外国　〔高丽〕　金遣使来册封。

〔日本〕　四月，改元建永。近卫家实为关白。

〔印度〕　高尔王朝王穆罕默德帅师镇压哥喀尔人起义，遇刺死。高尔王朝大将古他布丁者，出身奴隶，后奉命镇守印度。穆罕默德死，兄子穆罕默德嗣位，高尔王朝国势骤衰，镇守印度诸将皆据地独立，古他布丁亦自立于德里，尽取苏里曼山以东、宾都耶山以北之地，奄有印度大半；世以其尝为高尔王朝奴隶，因称其所创立之王朝为奴隶王朝。

〔阿富汗〕　花剌子模人侵入高尔，高尔末王穆罕默德投降。

〔耶路撒冷王国〕　阿尔美利克卒，其子雨果继位塞浦路斯王，而亨利（见1191年条）之女马利则继位为耶路撒冷王。

〔尼西亚帝国（旧拜占廷帝国）〕　狄奥多尔一世与塞尔柱土耳其人缔结同盟，乘拉丁诸国之内部矛盾，左右其间，但次年仍与拉丁王朝缔结和平条约。

〔英格兰〕　约翰提名之坎特伯雷大主教为教皇英诺森三世所否认。英诺森三世所任命之斯提芬·兰格吞亦为约翰拒绝。

1207年

中国　丁卯　宋开禧三年　金泰和七年　夏应天二年　西辽天禧三十年　蒙古成吉思汗二年

正月，吴曦称蜀王，建元，置百官，以阶、成等州予金；逾月，杨巨源等杀曦，宋复取阶、成等州。四月，宋、金议和。六月，金以山东多盗，立杀捕赏官法。七月，宋大旱蝗，浙西尤甚。

蒙古侵夏。十一月，宋杀韩侂胄。是岁，名文学家辛弃疾死。

外国　〔日本〕　禁专修念佛宗。十月，改元承元。

〔越南—大越〕　选丁男壮者充军以击各地起事者。国威州伞圆山蛮攻扰清威等地。

〔保加利亚〕　保加利亚人在其统治者科罗扬率领下入侵帖萨罗尼加，并围攻亚德里亚堡，无功而退。同年科罗扬遇刺卒。

〔尼西亚帝国〕　狄奥多尔·拉斯卡利斯与卢姆之塞尔柱土耳其苏丹缔结同盟。

〔法兰西〕　奥尔良主教因所属地区之农民拒绝交付租税，派遣武装部队四出强迫征收

〔英格兰〕　约自本世纪初期起，英格兰大封建主已逐渐有霸占村社公地用作自己之牧场者。随时代之进展，此风愈演愈烈。

1208 年

中国　戊辰　宋嘉定元年　金泰和八年　夏应天三年　西辽天禧三十一年　蒙古成吉思汗三年

三月，宋、金和议成，改叔侄为伯侄之国，增岁币，函韩侂胄首以赎淮南地。宋临安大火四日，毁民舍五万余家。五月，宋两浙旱蝗；金旱蝗。九月，金遣官推排民户物力。十一月，金章宗死，叔卫王永济嗣位。十二月，宋四川行当五大钱。蒙古灭蔑里乞部。乃蛮屈出律汗奔西辽。

外国　〔大越〕　大饥。知乂安军事范猷反。

〔神圣罗马帝国〕　日耳曼王腓力（未尔夫党拥戴者）遇刺卒。鄂图获得普遍承认。

〔法兰西〕　以兰圭多克为中心之法国南部一带，盛行阿尔比派教义（阿尔比倡导者），反对教会与教职之腐化，劳动人民从者如流。教皇英诺森三世组十字军（主要为法国封建诸侯）前往镇压，杀戮极为残酷。法王亦乘机进攻土鲁斯，借以扩张自己之势力。

〔英格兰〕　教皇英诺森三世令禁英国教职僧侣行使圣礼，以报复约翰之拒绝兰格吞。但约翰则以没收教会财产相恫吓，故僧侣未敢尽奉教廷命。

〔挪威〕　萨克索·格兰马梯卡斯卒。其所著之《丹麦史》脍炙人口，为哈姆雷特故事之所本（16 世纪时莎士比亚以当时流传之哈姆雷特故事编为剧本，为其四大悲剧之一）。

1209 年

中国　己巳　宋嘉定二年　金卫绍王永济大安元年　夏应天四年　西辽天禧三十二年　蒙古成吉思汗四年

二月，黎州蛮扰宋边寨。蒙古攻据夏河西地，围夏都，夏主纳女请和。畏吾儿附于蒙古。五月，宋旱蝗。金试宏词科。八月，宋行铁钱于沿江六州。十一月，金平阳地震，浮山县尤甚。宋郴州黑风峒首领李元砺起事，攻掠江西、湖南、广东，叠败官军。是岁，蒙古与金绝。

外国　〔高丽〕　金遣使来告国丧；遣使如金吊。

〔大越〕　遣范秉彝击范猷破之，焚其家。高宗赦猷。猷回京谮秉彝。高宗杀秉彝及其子。秉彝部将郭卜等以兵立皇子忱为帝，高宗奔归化江，太子旵从行，喜海邑渔户陈李女姿色，娶之。陈氏兄弟因集乡兵击郭卜等，迎高宗还京。陈李寻为人所杀，子嗣庆代领其众（陈氏本华人，有名京者来越，生翕，翕生李。自李女配李氏惠宗，子侄渐握兵柄，至孙煚遂登大位）。

〔拉丁帝国〕　亨利一世召集议会于拉温尼卡，商讨帝国各地统治者与皇帝间之封建关系。

〔神圣罗马帝国〕　教皇为鄂图加冕。鄂图则放弃意大利北部某些土地（皇帝以教皇附庸之地位而握有者）以为报（见 1133 年条）。

〔瑞士〕　圣弗兰西斯派僧侣始入瑞士。六年后（1215 年）多明尼加派僧侣亦接踵而至。

〔法兰西〕　反阿尔比派十字军占领培齐埃后，屠杀其居民六万人。同年腓力二世令对参加香槟市场之各国商人切实保护。

〔英格兰〕　教皇英诺森三世令将约翰王驱逐出教。约翰则扣留某些重要封建领主之子女为质，故后者亦未敢起而谋叛。剑桥大学约在此时成立（传 1209 年牛津大学有学生三人因谋杀嫌疑为约翰王处死，一部分学生愤而离去，别组剑桥大学。按 13 世纪中叶前后，牛津有学生三万人，但多数不务正业，甚至有挂名学籍，而以偷窃为生者）。

1210 年

中国　庚午　宋嘉定三年　金大安二年　夏皇建元年　西辽天禧三十三年　蒙古成吉思汗五年

正月，宋以连年旱蝗，饥民群起掠食，官吏名之为盗，下诏招谕之，并戒官吏妥为安抚。二月，黎州“蛮”扰宋边。金地大震。五月，宋诏沿海捕海寇。六月，金地震，时经数月；又大旱。

八月，夏侵金边。蒙古袭杀金边将。十二月，李元砺攻掠经年，至是被执死。黎州“蛮”降。是岁，宋浙东西水。金大饥。宋文学家陆游死。

外国

〔日本〕 强盗放火罪囚皆送镰仓审理。十一月，土御门天皇让位；十二月，顺德天皇（八十四代）即位。

〔大越〕 十月，高宗死，太子旵嗣，是为惠宗。遣使告哀于宋。

〔缅甸—蒲甘〕 国王那罗波帝悉都死，子齐耶帝因迦嗣位，号醯路弥路，一号难昙摩耶，置枢密院以理政事。

〔神圣罗马帝国〕 自亨利六世逝世以来，因两王争立之故，皆竞向教皇让步，教皇权力以是获得空前高涨。鄂图加冕后，渐不履行其诺言，故教皇怒而逐其出教，自西西里召回腓德烈，使赴日耳曼。

〔罗马〕 圣弗兰西斯修道派本年获得教皇正式许可成立。

〔条顿武士团〕 第一位具有权力之大宗师赫尔曼·汪·萨尔萨履位。

〔丹麦〕 丹王伐德美尔二世征服普鲁士之大部分，并强迫当地居民接受基督教。

〔耶路撒冷王国〕 马利嫔香德布利思，后者遂为耶路撒冷王。

1211年

中国

辛未 宋嘉定四年 金大安三年 夏李遵顼光定元年 西辽天禧三十四年 蒙古成吉思汗六年

正月，马湖“蛮”扰宋边。葛罗禄降于蒙古。二月，蒙古侵金边。三月，宋临安大火，焚民居二千余家。金括民间马。四月，宋禁两浙、福建科折盐酒。金以蒙古事，命将备边。六月，宋遣使赴金贺生辰，金以有蒙古之难，不暇接待，宋使至涿州而还；金亦不暇遣使贺宋帝生辰。八月，夏李安全死，子遵顼立，改元光定。蒙古成吉思汗自将攻金。九月，马湖“蛮”复扰宋边。蒙古兵攻中都，寻退。蒙古用金降将郭宝玉言，颁条教五章。十一月，蒙古徇下金云内等州县，游骑掠及清、沧、忻、代。金益都杨安儿聚众攻掠山东。夏扰金邠、岐。是岁，乃蛮屈出律汗废西辽主直鲁古自立；耶律氏自大石称帝，至是七十八年而亡。金文学家党怀英死。

外国

〔高丽〕 遣使如金，至通州，遇蒙古兵，中流矢死。崔忠献废熙宗，立明宗太子祦，是为康宗元孝王。

〔日本〕 三月，改元建历。僧俊芿还自宋。

〔大越〕 惠宗建嘉元年。立陈李女为元妃，嗣册为后。

〔印度〕 奴隶王朝创立者古他布丁死，子亚兰立，庸懦无能，诸将废之，立古他布丁婿亚尔泰石为苏丹。亚尔泰石亦出身奴隶，雄杰有远略，击败诸叛将，奄有恒河、印度河流域，是为奴隶王朝之极盛时期。

〔尼西亚帝国〕 狄奥多尔·拉斯卡利斯击溃特累比松皇帝阿雷克修与塞尔柱人之联军，获得黑海南岸某些地区。

〔匈牙利〕 库曼人（突厥民族之一种）自南俄侵入德兰斯斐尼亚，匈王安德累雅召条顿武士团御之。库曼人退去后，即以一部分地区畀彼等居住。

〔神圣罗马帝国〕 腓德烈（二世）就位为日耳曼王。次年与法王腓力二世缔结同盟。腓德烈一切听命于其监护人——教皇英诺森三世。

〔葡萄牙〕 阿尔封索二世嗣位，第一次召开名实相符之议会。

1212年

中国

壬申 宋嘉定五年 金崇庆元年 夏光定二年 蒙古成吉思汗七年

正月，宋于诸路行两浙倍役法。蒙古下金山后诸州。三月，马湖“蛮”降于宋。金大旱。五月，金签陕西三万人为军，更括陕西马。金河东、陕西大饥。金泰安刘二祖起兵，攻掠淄、沂。六月，宋禁铜钱过江。九月，宋罢沿海诸州海船钱。十二月，蒙古袭破金东京。契丹人耶律留哥聚众掠金韩州。

外国

〔高丽〕 遣使如金伪以受命权守军国事告。金遣使来册封。

〔日本〕 颁新制二十一条。关东民词讼令归幕府奉行人听断。

〔大越〕 命段尚募民捕“盗”。尚以横暴被劾按问，奔洪州反，据地称王。

〔儿童十字军〕 法国儿童约三万人，日耳曼儿童约二万人，分别在斯提芬与尼古拉斯二人（亦两较长之儿童）领导下，组儿童十字军，一部分到达马赛者被拐卖为奴，其余先后返家，死者甚众（传儿童十字军之实际鼓动者为当时之人口贩，教皇于初起时曾有赞赏之言论）。

〔拉丁帝国〕 拉丁皇帝亨利一世入侵小亚细亚，狄奥多尔败，割地请和。

〔波希米亚〕 皇帝腓德烈二世颁西西里黄金诏书，承认波希米亚贵族有选举国王之权力。

〔法兰西〕 土鲁斯伯爵向阿拉贡王彼得二世乞援。

〔英格兰〕 教皇英诺森三世宣布废黜约翰王，并以英王冠许与法王腓力·奥古斯都。约翰大惧，明年向教皇请罪乞和。

〔西班牙〕 诸基督教王国之同盟（见1195年条）大败穆罕默德·安那细尔之摩尔大军于拉斯·那瓦斯·德·托洛萨，屠杀十六万人。

〔神圣罗马帝国〕 腓德烈二世加冕为罗马人之王（按此为日耳曼王所兼有之徽号）。

1213年

中国 癸酉 宋嘉定六年 金崇庆二年 至宁元年 宣宗完颜珣贞祐元年 夏光定三年 蒙古成吉思汗八年

春，耶律留哥自立为辽王，改元元统。五月，金改元至宁。金陕西大旱。六月，宋遣使贺金帝生辰，未至而还。夏破金保安、庆阳。七月，蒙古成吉思汗自将攻金，拔涿、易等州。八月，金帝完颜永济为其下所杀，立升王完颜珣，是为宣宗，改元贞祐。十月宋遣使贺金帝即位及正旦，皆不得至而还。蒙古围金中都。十一月，夏侵金会州。虚恨“蛮”扰宋边。十二月，蒙古兵分道破金河东、河北、山东九十余州，大肆杀掠。

外国 〔高丽〕 康宗死，太子晪嗣，是为高宗安孝王。遣使如金。

〔日本〕 和田义盛攻北条义时，败死。十二月，改元建保。

〔阿富汗〕 花剌子模人杀高尔王朝末王穆罕默德而并其阿富汗境内旧有领土，高尔王朝亡。

〔罗马〕 罗马教会权力在此一时期已达到顶点。英诺森三世迫使皇帝腓德烈于本年颁布埃格尔黄金诏书，承认：（一）不干预教职选举；（二）准许日耳曼主教向罗马上诉；（三）支持教皇反对任何“异端”。1122年佛姆斯和约所订定之条款，至此尽行作废。

〔法兰西〕 土鲁斯伯爵及其阿拉贡援军大败于牟累特。法王腓力二世任西门为土鲁斯伯爵。教皇对法国南部一带所进行之阿尔比十字军自此告终，但获得实利者为法国国王。

〔英格兰〕 约翰允赔偿僧侣损失，向教皇按年缴纳贡金，并承认以英格兰及爱尔兰两地作为教皇封赠之采邑。同年教皇下令赦约翰罪（按自此以后，英格兰每年须向教皇交纳贡银一千马克，至14世纪中叶后始停止）。

1214年

中国 甲戌 宋嘉定七年 金贞祐二年 夏光定四年 蒙古成吉思汗九年

正月，宋将攻金秦州败还。二月，青羌卜笼十二骨附于宋。三月，金遣使于宋，索二年岁币。金以公主归于成吉思汗及以金帛、马匹与蒙古和，中都围解。金许人纳粟买官。五月，金迁都南京（开封）。金山东红袄军大起，杨安儿称皇帝，建元天顺，与潍州李全等攻山东诸州县，金遣将击之。七月，蒙古以金迁都，复围中都。八月，金复遣使于宋索岁币。十一月，兰州译人程陈僧反金，结夏为援。十一月，宋遣使贺金正旦，太学生反对，不听。十二月，杨安儿败死。金遣将攻耶律留哥，大败。留哥遂几尽有辽东，都咸平，号中京。

外国 〔日本〕 和田氏余党起事，旋败。

〔大越〕 陈嗣庆破丁可、裴都等于大黄州。

〔神圣罗马帝国〕 鄂图及其未尔夫党以英王约翰之助，与皇帝腓德烈（见1212年条）及其法国同盟大战于部汶，鄂图大败，未几病卒。

〔英格兰〕 约翰组织一包括皇帝鄂图四世（见1209年条）与佛兰德尔伯爵之同盟，共同与法国作战（英国封建诸侯大都拒绝参加），大败于部汶，自此约翰对恢复在法国之土地绝望。同年与法王腓力媾和。

〔法兰西〕 部汶战争后，法国王室之威望日益增加。

〔波希米亚〕 俄托卡一世与波希米亚教会发生长期争端（至1221年），结果教会胜利，取得近乎完全独立之地位。

1215年

中国 乙亥 宋嘉定八年 金贞祐三年 夏光定五年 蒙古成吉思汗十年

正月，夏侵金环州。金北京军乱；二月，蒙古下北京。金令诸色人补官并依照女真人例。五月，蒙古下金中都，焚宫室，掠妃嫔。七月，金改交钞为贞祐宝券。蒙古奇兵袭金南京，败还。金请和，以不肯割地称臣，未成。九月，宋申两浙围田之禁。红袄军破金深、祁等州县。是秋，蒙古取金城邑凡八百六十二。十月，夏攻金保安、延安。金宣抚使蒲鲜万奴据辽东，称天王，国号大真，建元天泰。十一月，夏攻金绥德。耶律留哥人金东京，纳款于蒙古。十二月，金徙朔州民于岚、石等州。张致叛蒙古，据锦州，称瀛王，建元兴隆。是岁，宋两浙、江东西路旱、蝗。

外国

〔高丽〕 崔忠献迁熙宗于乔桐。

〔神圣罗马帝国〕 腓德烈二世在阿亨（爱斯拉莎伯）行加冕礼，除许诺组织十字军外，并向教皇英诺森三世保证不在任何主教辖区内颁发城市特权状，或在任何主教辖区之城市中征税或设立铸币所。日耳曼之教会封建主自此皆形同独立国王。

〔门的内哥罗〕 门的内哥罗与黑塞哥维那之亲王伐克，背叛其兄塞尔维亚王斯提芬·尼曼雅，使两地形同独立。至是伐克卒，两地仍归并于塞尔维亚。

〔罗马〕 拉特兰宫于本年举行宗教会议，规定凡以捐献方式代替亲自参加十字军者，如其数目达到财产总额之一定百分数时，可获“大赦”（见1184年条）。此次会议为第四次拉特兰宫会议，参加者主教四百人，住持及其他高级教职八百人，各基督教国家之统治者俱有代表出席，为中世纪宗教会议中之最盛大者。

〔英格兰〕 英格兰封建诸侯在坎特伯雷大主教兰格吞支持下举兵示威，要挟约翰王签署一“自由大宪章”（6月15日）以保护彼等之封建权利。大宪章共六十三条，同时亦有利于发展中之市民阶级，如统一度量衡，保障私有财产，改良法庭，保障人身自由（以上所指为自由人）及重申伦敦等城市之特权等。但英国劳动人民并未因此获得任何利益。

1216年

中国

丙子 宋嘉定九年 金贞祐四年 夏光定六年 蒙古成吉思汗十一年

二月，宋东西川地大震，持续至十月，马湖山及黎山崩，江水不通。四月，金遣人行尚书省事于平阳以御蒙古。金泰州赵用等假迷信聚众起事，寻败。五月，夏扰金边。七月，金遣人行尚书省事于东平，以攻红袄军。八月，夏扰金边。十月，蒲鲜万奴降于蒙古，寻又叛，改号东夏。十一月，蒙古取潼关，入嵩、汝，次渑池，至平阳，为金兵所败，潼关复为金有。蒙古攻张致杀之。是岁，金旱、蝗。蒙古四出扰金，金亦收复数十城。

外国

〔高丽〕 设藏经会于宣庆殿。分遣诸道察访使问民疾苦，察吏清污。金东京总管府牒请截堵契丹逃众。旋契丹人入境，遣兵御之，无功，扰攘半年，契丹人愈深入。

〔日本〕 宋人陈和卿来镰仓，源实朝命督造大船。

〔大越〕 以陈嗣庆为太尉辅政。占城、真腊犯乂安州，败之。

〔拉丁帝国〕 亨利一世卒，彼尔·德·刻特内（或刻特内之彼得，当时尚在法国）被选继任，但当其路过伊派拉斯时为狄奥多尔（伊派拉斯霸王）所扣留，至1219年卒，皇位空虚。

〔特累比松帝国〕 阿雷克修（皇帝）被迫向卢姆之塞尔柱苏丹称臣。至1224年始再获自主。

〔罗马〕 教皇英诺森三世卒，皇帝腓德烈稍获自主。

〔意大利〕 佛罗伦萨西南之西埃利城，约在此时前后发展成为一颇为重要之商业城市。本年其名字始见于香槟市场记录。

〔法兰西〕 腓力二世之子路易以英国封建诸侯之邀请，入侵英格兰，明年失败退回。

〔英格兰〕 约翰以其佣兵与诸侯作战，诸侯乃敦请法王腓力二世之长子为英王，路易率兵自萨内特登陆，入伦敦。同年约翰卒，其九岁子亨利三世嗣位，英人立即拥护后者，反抗路易。

1217年

中国

丁丑 宋嘉定十年 金贞祐五年 兴定元年 夏光定七年 蒙古成吉思汗十二年

二月，金用贞祐通宝一当贞祐宝券十。四月，金侵宋。金山东红袄军又大盛。六月，宋下诏伐金。自是宋、金连年构兵。宋招山东红袄军以困金，号为忠义。八月，蒙古成吉思汗引军攻夏，以金事付之木华黎。九月，金改元兴定。十二月，宋以军兴，募人纳粟补官。金破宋天水军。是岁，蒙古取金山东十余州县。

外国

〔高丽〕 僧人从军御契丹者谋诛崔忠献，不克，死者甚众。金来远城牒请截击蒲鲜万奴。振威县人李将等起事，囚县令，发仓廪，自称靖国兵马使；旋败死。兵士崔光秀起事，据西京。旋败死。是岁，契丹攻扰各城镇，出御之兵多败，将士且有与契丹合者。

〔大越〕 惠宗得狂疾，政事委于陈嗣庆。于是大权渐移。

〔匈牙利〕 安德卢二世率兵赴耶路撒冷，沿途受萨拉森人截击，死伤甚巨，无功而返。

〔塞尔维亚〕 教皇遣使为斯提芬二世加冕

为王。

〔法兰西〕 土鲁斯人拒绝西门，召回前伯爵累蒙德。

〔英格兰〕 路易被击败于林肯，法舰队败于多弗海面，路易被迫乞降返国。

〔西班牙〕 卡斯蒂王亨利一世卒，莱昂王阿尔封索九世之子以外甥资格继承王位。

1218 年

中 国 戊寅 宋嘉定十一年 金兴定二年 夏光定八年 蒙古成吉思汗十三年

正月，忠义军首领李全附宋，以为京东路总管。蒙古围夏兴州，夏主李遵顼命子居守，奔西凉。二月，金破宋皂郊堡。金攻宋枣阳军，败溃。七月，夏扰金边。李全破金密州及寿光等县。是岁，蒙古攻金河东诸州。高丽称臣奉贡于蒙古。

外 国 〔高丽〕 契丹攻扰各地，一年未已。蒙古将哈真与蒲鲜万奴兵，借口击契丹，遣使索粮，以米千硕与之。

〔日本〕 幕府置侍所司。

〔大越〕 陈嗣庆击广威“蛮”，无功。占城、真腊犯乂安，败之。

〔耶路撒冷王国〕 香德布利思率兵入埃及，次年占领杜姆亚特，但 1221 年兵败，仍为土耳其人所夺。是为第五次十字军。

〔瑞士〕 柏托尔德五世卒，无嗣，最林根王室绝，瑞士归还帝国统治。伯尔尼、苏黎世等城市由皇帝直辖，立即获得自由。其他诸侯亦有因转为皇帝之直接附庸，而顿使其地位增高者。哈布斯堡即为其中之重要者。

1219 年

中 国 己卯 宋嘉定十二年 金兴定三年 夏光定九年 蒙古成吉思汗十四年

二月，金破宋兴元、大安、洋州，旋败。金兵围宋枣阳。闰三月，宋兴元军士张福等起事，以红巾为号，是为红巾军，连破数城，四川大震。金入宋淮南，至六合，建康大震，旋为李全等所败，遁还。五月，宋臣有为和金之议者，太学生群起攻之。金深、冀三十余州县皆附于蒙古。六月，蒙古成吉思汗亲攻西域，拔讹打剌城。七月，红巾军张福等败死。金攻枣阳之军大溃。李全入济南。金益都张林附李全，以青、莒等十二州府归于宋，授京东安抚使。是岁，雅州“蛮”扰宋边。

外 国 〔高丽〕 大军与蒙古及蒲鲜万奴之兵，破契丹，降者男女五万余人，分送各道，给田耕作。蒙古将哈真遣使结好，赠以金、银、细布、水獭皮。蒙古旋遣兵屯边城，督纳岁贡。崔忠献死。义州将韩恂等据州，自称元帅，攻下邻近数城。

〔日本〕 北条义时潜嗾人杀源实朝，源氏亡。四月，改元承久。北条义时迎藤原赖经为镰仓主，时方二岁，幕府事一由义时。

〔越南—大越〕 遣兵击广威蛮。

〔法兰西〕 13 世纪初期起，游方诗人与歌者在法、德两国甚为流行。彼等周游于各地领主之堡垒中，专事歌唱骑士之勇武与贵妇之爱情，各国地方语文之形成，得力于彼等甚多。

〔斯堪的纳维亚〕 丹麦王伐德美尔二世远征爱沙尼亚与立窝尼亚，完全征服该地区，使丹麦权力建立于波罗的海南岸各地，形成丹麦史上之“第二北方帝国”。

〔英格兰〕 休伯特·德布尔格当国，自此掌握英格兰政权达十三年之久。封建诸侯数度反叛，悉被制压。约翰时代引佣之外籍宠幸亦皆被驱逐。

1220 年

中 国 庚辰 宋嘉定十三年 金兴定四年 夏光定十年 蒙古成吉思汗十五年

正月，宋攻金邓、唐等州，金攻宋樊城。二月，金于河东、河北、山东置九公，划地分守。三月，红袄军入宋海州。四月，宋招谕山东两河豪杰反金。七月，金请和于蒙古，被拒。八月，金长清令严实取恩、德等数州地附于宋。宋、夏定议攻金，夏取金会州，李全攻金东平；九月，宋、夏合兵攻金巩州，不克。十一月，严实降于蒙古。是岁，蒙古取西域寻思干等城。辽王耶律留哥死，妻姚里氏领其众。

外 国 〔高丽〕 韩恂等附于蒲鲜万奴，被诱杀。遣官安辑义州。

〔大越〕 阮嫩据扶董乡，称怀道王。

〔占城〕 真腊兵退，以前王阇耶诃黎跋摩二世之子庵舍罗阇为王，号阇耶婆罗密首罗跋摩二世。

〔罗马〕 教皇荷诺利阿斯三世于腓德烈重申对教会之各项诺言后，为之加皇帝冕（按教皇为腓德烈之师）。

〔日耳曼〕 莱因河中游流域诸城市以各该地小封建诸侯压迫过甚，且行同盗匪，于本年会商防御方法。1226 年正式组成莱因同盟，参加者有迈恩兹、佛姆斯、平根、斯派尔、俄彭海姆、法兰克福、夫利德堡等城市。

〔英格兰〕 命移托马斯·培开特遗骨（见1170年条与1173年条）于圣三一教堂安葬，自此巡礼者络绎不绝（按16世纪前期亨利八世改教后，命掘出其骨，加以焚毁抛弃）。

1221年

中国 辛巳 宋嘉定十四年 金兴定五年 夏光定十一年 蒙古成吉思汗十六年

二月，金大发兵攻宋，破黄州，攻汉阳。李全扰金泗州。三月，金破宋蕲州，寻退。五月，金弃东平，蒙古据之，自是金不复能经营山东。六月，宋与蒙古互遣使通好。七月，金义勇军反，据砀山，攻永城。十一月，蒙古攻金陕北。金募民兴南阳水田。张林叛降蒙古。十二月，金陈、亳等州民群起反抗。金造兴定泉宝，一当兴定通宝四百。是岁，蒙古下西域玉龙杰赤等十余城。宋经学家黄干死。

外国 〔高丽〕 蒙古索獭皮一万领，细紬三千匹，细纻二千匹，绵一万斤，龙团墨一千锭，笔百管，纸十万张，颜料各十斤至五十斤不等，使者倨傲，刁难不已。发南方兵屯北边以备蒙古。

〔日本〕 四月，顺德天皇让位于仅数月之子仲恭天皇（八十五代）。后鸟羽上皇以北条义时专横，诏关东将士讨之。将士不奉诏，反为义时用，进据京都，迁后鸟羽、土御门、顺德三上皇于海岛，七月令仲恭天皇让位；十二月，立后堀河天皇（八十六代），以子弟镇京师，于是北条氏之势益盛。

〔俄罗斯〕 苏茨达尔公犹里建下诺夫哥罗德城（即尼日尼-诺夫哥罗德，在奥卡河与伏尔加河交流处），其后逐渐发展成为一重要之定期市场（1932年更名为高尔基城）。

〔匈牙利〕 安德累雅邀请条顿武士团入居德兰斯斐尼亚一带，借以抵御库曼人自南俄平原之侵入。

〔拉丁帝国〕 彼尔卒后二年，其子罗伯特·德·刻特内始继帝位。其疆土日蹙，在位十年日以向西欧吁请援助为务。

〔意大利〕 米兰人将该城贵族尽行驱逐。

1222年

中国 壬午 宋嘉定十五年 金兴定六年 元光元年 夏光定十二年 蒙古成吉思汗十七年

正月，宋抚谕山东、河北。金遣官垦京东西南三路水田。二月，金恒州军变。金以宋绝岁币，复遣兵南侵。四月，金置大司农司。金兵破宋庐州，旋大败。五月，宋兵败张林；李全据青州。七月，宋于江、淮、荆襄、四川条画营田。八月，金改元元光。夏攻金德顺。九月，宋忠义将领彭义斌复京东州县。是岁蒙古攻金河东、陕西。蒙古成吉思汗攻西域，薄回回国。

外国 〔高丽〕 韩恂余党结蒲鲜万奴兵入静州。

〔日本〕 四月改元贞应。

〔大越〕 分全境为二十四路，分为公主汤沐邑。

〔巴尔干半岛〕 伊派拉斯霸王狄奥多尔夺取萨罗尼加城，并占领帖萨罗尼加王国（原为拉丁帝国封建附庸），改称号为皇帝。明年仍东向继续发展，至1224年时其疆土西起亚德里亚海，东迄黑海。

〔尼西亚帝国〕 约翰·杜克斯·发泰塞斯嗣位为皇帝，在位三十二年，注意农业与工商业之发展，国内颇为繁荣。

〔塞尔维亚〕 尼西亚所派之大主教圣萨伐（属于东正教）再度为斯提芬二世加冕。

〔意大利〕 巴丢阿大学本年成立。

1223年

中国 癸未 宋嘉定十六年 金元光二年 夏光定十三年 李德旺乾定元年 蒙古成吉思汗十八年

正月，蒙古攻金凤翔，不克。三月，张林复降宋。蒙古大将木华黎死。五月，金造元光重宝，继又造元光珍宝，同银行用。七月，夏攻金积石。八月，金邳州军乱。十二月，金宣宗死，太子守绪嗣，是为哀宗。蒙古攻夏，李遵顼传国于子德旺，改元乾定。是岁，成吉思汗于征服中央亚细亚之花剌子模及其他诸国后，遣大将速不台绕里海（宽甸吉斯海）征服亚美尼亚、格鲁吉亚与阿塞拜疆，越过高加索山（太和岭）进入南俄草原，与在基辅大公统率下之俄罗斯诸侯及波罗维茨人战于卡尔卡河畔，俄罗斯诸侯大败，但蒙古人旋退去。宋叶适死。适讲学求实用，与朱熹等不同。

外国 〔高丽〕 金兵犯义、静等州。

〔日本〕 僧道元赴宋，加藤景正偕行学制陶器。

〔大越〕 旱蝗。陈嗣庆死，追封建国大王。以嗣庆兄承为辅国太尉。

〔拉丁帝国〕 罗伯特侵入尼西亚，损失甚重而退。

〔法兰西〕 腓力二世卒，其子路易八世嗣位，仍继续与英国之斗争。法国国王土地在腓力四十余年之任期内增加达一倍。

〔丹麦〕 伐德美尔二世为什未林（在美克楞堡）之统治者亨利捕获，囚禁三年，迫使承认一系列条件后始释之。在此期间无论丹麦内部或所征服各地俱紊乱不堪。

1224 年

中 国 甲申 宋嘉定十七年 金哀宗完颜守绪正大元年 夏乾定二年 蒙古成吉思汗十九年

六月，金使人至宋滁州请通好，又榜谕更不南侵。彭义斌经略河北，为蒙古所败。闰八月，宋宁宗死，养子昀嗣，是为理宗。十月，金及夏和为兄弟之国。是岁，成吉思汗至印度境，大掠而还。

外 国 〔高丽〕 蒙古使来。蒲鲜万奴使人以与蒙古绝来告，并请开场贸易。

〔日本〕 北条义时死，子泰时继之掌权。十一月，改元元仁。

〔越南—大越〕 十月，惠宗立女昭圣公主为皇太子，传以位。昭圣公主即位，改元天彰有道元年，是为昭皇，时方七岁。

〔西西里〕 拿波里大学以皇帝腓德烈二世之特许成立。

〔法兰西〕 路易八世继续进攻法国西南部英王所握有之领土，至 1227 年战事终结时，英国所剩者仅波尔多与加斯科尼。

〔英格兰〕 法王路易八世禁止英商进入拉罗舍尔（法国西部海港）贸易，英国采取报复手段，驱逐法国商人，抢劫或没收其货物与船只，战事起。

1225 年

中 国 乙酉 宋理宗赵昀宝庆元年 金正大二年 夏乾定三年 蒙古成吉思汗二十年

二月，蒙古将武仙反于真定，寻败奔太行。宋楚州军乱。五月，李全反攻彭义斌，大败。六月，彭义斌攻东平，蒙古将严实与之和。七月，宋行大宋元宝钱。彭义斌攻蒙古军，败死，于是京东河北五十四城皆归严实，仍附于蒙古。八月，金将田瑞反于巩州，寻败死。十一月，蒙古使如高丽，中道被杀，自是两国不通问。宋理学家杨简死。

外 国 〔高丽〕 蒙古使来，途中被杀，蒙古疑之，自是绝交。蒲鲜万奴国人通女真小字者来投，遣人从之习小字之学。蒲鲜万奴兵犯朔州。以文物礼乐一遵华制，诏自宋来投者，于台省清要之职随材任用。

〔日本〕 四月，改元嘉禄。颁新制三十六条。

〔大越〕 陈朝太宗陈煚建中元年。煚，承子，方八岁，选为祗候正，侍李氏昭皇。昭皇挑之，煚以告从叔殿前指挥使守度。于是守度胁百官，谓昭皇已选尚煚，旋于十二月十二日迫昭皇让位。煚即位，改元建中元年，是为陈朝太宗。因煚年幼。以其父承为上皇，摄政。李朝自公蕴开国至是传九世，二百一十六年而亡。

〔神圣罗马帝国〕 腓德烈二世以其妻约兰德为耶路撒冷女王马利（当时已逝世）之女，应有继承耶路撒冷王国权利，遂决定掀起十字军一次。

〔匈牙利〕 居住德兰斯斐尼亚东部之条顿武士团（见 1211 年条）恃势横行，四处侵占土地，国王安德累雅逐之。

〔法兰西〕 路易八世在其所征服之区域中（罗亚尔河至加隆河之间，自英人手中夺回者）划出大量土地封赐王族血亲。其后王权集中受到极大阻碍。

1226 年

中 国 丙戌 宋宝庆二年 金正大三年 夏乾定四年 李睍宝义元年 蒙古成吉思汗二十一年

正月，蒙古成吉思汗攻夏，六月，取甘、肃等州，七月，取西凉府。夏李德旺惊悸死，弟睍嗣，改元宝义。九月，蒙古攻李全，围青州。十一月，宋楚州军乱。蒙古攻夏灵州。

外 国 〔高丽〕 边兵入金将防区攻扰。

〔日本〕 藤原赖经为征夷大将军。停准布，行铜钱。

〔大越〕 册昭皇为昭圣皇后，废李氏惠宗，号惠光大师，旋害之。降惠宗后为天极公主，嫁陈守度。定律令条例。遣陈守度击阮嫩、段尚及伞圆山、广威山诸蛮，度以嫩势强，乃封嫩为怀道王，以北江东岸地与之；约尚以王封，尚不受。诏民间使用钱以六十九文为百，上供以七十文为百。命太傅冯佐周权知乂安府，得便宜除吏。

〔特累比松帝国〕 皇帝安德罗奈卡自承为花

剌子模汗附庸，以求东方贸易之畅通。

〔神圣罗马帝国〕 皇帝腓德烈二世认可条顿武士团之各项组织，命其大宗师享有与其他封建王侯同等之地位。此外又常任用该团个别武士充任重要职务。以特许状授予吕贝克，使该城享有自治权利。

〔意大利〕 北部伦巴德城市与皇帝腓德烈二世发生争端。

〔法兰西〕 路易八世卒，子嗣位，称路易九世，其母卡斯蒂之布隆什为摄政。诸侯有乘机叛乱者，但旋被敉平。

1227 年

中国 丁亥 宋宝庆三年 金正大四年 夏宝义二年 蒙古成吉思汗二十二年

正月，蒙古成吉思汗攻金积石。三月，金征夏税二倍。四月，蒙古破金洮河、西宁。五月，李全降于蒙古。闰五月，金复与蒙古议和。六月，宋楚州军乱。夏主李晛降于蒙古，夏亡。七月，蒙古成吉思汗死，第四子拖雷监国。八月，宋楚州军大乱，诸将多叛降于金。十月，李全入宋楚州，旋攻金盱眙。十二月，蒙古兵入京兆，宋将弃沔州遁，金敛兵保潼关；蒙古兵破宋西和州。丘处机死。

外国 〔高丽〕 迁熙宗于乔桐。蒲鲜万奴兵犯定、长二州。以倭频来攻掠，遣使如日本。

〔日本〕 高丽使来，牒请惩海盗。十二月，改元安贞。是岁，僧道元还自宋，曹洞宗传入。

〔大越〕 试三教子弟。凡文书状契用押手半纸法。循先朝故事，行宣盟誓仪。

〔第六次十字军〕 皇帝腓德烈二世经过周密准备后，率军出发，但以病折回。教皇以其有意规避，予以驱逐出教处分。

〔罗马尼亚〕 （古达西亚）相传库曼人在此时皈依基督教。

〔波兰〕 波利斯拉夫五世继位，在位五十二年，内有封建割据之混战，外有强邻侵入。

〔英格兰〕 亨利三世年二十，宣布自己成年，开始亲政。

1228 年

中国 戊子 宋绍定元年 金正大五年 蒙古拖雷监国

正月，金遣使如蒙古吊慰。宋禁江淮私税米船垄断芦荡、沙产及山漆、鱼池。七月，李全大治舟师于海州，宋射阳湖浮居数万家，结水寨以自保。八月，宋禁诸州僚属私役禁军。是岁，宋江西、湖南、福建民多聚众起事。

外国 〔高丽〕 使者还自日本。日本捕诛扰犯之倭寇，自是两国复和好。

〔大越〕 以簿头格试吏员。阅定清化府账籍，依故事，社官开报人口，具宗室、官员、军人、杂流、黄男、癃老之类，有官爵者，子孙承荫，方得入仕；富壮而无爵者充军，世为兵。占城来贡。阮嫩杀段尚，自称大胜王，势益大，因加封为怀道孝武王。

〔拉丁帝国〕 罗伯特卒，其幼弟继位，称鲍尔温二世。尼西亚皇帝发泰塞斯与保加利亚沙王约翰·阿森二世同时来攻。

〔第六次十字军〕 腓德烈二世病愈后，再度出发。

〔罗马〕 教皇格列高利九世乘皇帝东征，别组“十字军”侵入其西西里领土，烧杀抢劫，无所不为，阿彪利亚一带庐舍为墟（按此十字军完全为教皇之雇佣军，号称“钥匙军”〔教皇自称掌有天国之钥匙〕，为教皇个人保有军队之始）。

〔意大利〕 威尼斯在此时始设专供外国商人居住之“仿德科”（商栈），使之集中，便于管理。

〔西班牙〕 阿拉贡王哲姆斯一世率兵进攻摩尔人在地中海西部之根据地巴利阿利群岛，经四年战争后，占领之。

1229 年

中国 己丑 宋绍定二年 金正大六年 蒙古窝阔台汗元年

八月，宋禁州县增收苗米多量斛面，又禁广东、广西、福建官吏额外配盐于民。蒙古推成吉思汗第三子窝阔台汗为大汗，是为太宗。九月，蒙古却金赙，议南伐。十月，蒙古入金庆阳界，金请缓师被拒。是岁，蒙古始置仓廪，立驿传，赋调汉民以户，西域以丁。金罢近京猎地百里，听民耕种。

外国 〔高丽〕 蒲鲜万奴部下来请和亲，遣官与议，但不久又犯边。

〔日本〕 三月，改元宽喜。

〔大越〕 阮嫩死。遣使于宋，宋封太宗为安南国王。

〔第六次十字军〕 腓德烈抵叙利亚后益了然于东方之商业利益，遂与萨拉丁（已故）之侄，埃及苏丹马利克·阿尔卡密尔成立协议。后者以拿撒勒、伯利恒、耶路撒冷及由耶路撒冷通赴海滨之走廊地带予之。耶路撒冷总主教反对腓德烈甚力。腓德烈遂在陵墓教堂自行加冕为耶路撒冷王。

〔条顿武士团〕 以波兰马索维亚（见1132年条）公爵康拉德之邀请，担任征服普鲁士之工作。康拉德许彼等占有任何夺自普鲁士人之土地。

〔罗马〕 土鲁斯宗教会议议决禁止俗人阅读圣经。腓德烈返自东方，第三次被逐出教，但教皇进攻西西里之军队仍为其逐出。

〔英格兰〕 亨利三世侵法，企图恢复阿奎丹，失败而返。

1230年

中国 庚寅 宋绍定三年 金正大七年 蒙古窝阔台汗二年

正月，金将完颜彝统回纥、乃蛮、羌、浑所组成之忠孝军，大破蒙古于大昌原。蒙古定诸路税额。六月，宋戒饬诸州革赋税、刑狱、差役、版籍四弊。蒙古破金京兆。七月，蒙古窝阔台汗自将攻金。十月，蒙古遣使于金令纳岁币讲和，金帝拒之。十一月，李全围宋扬州。蒙古立燕京等十路课税所。蒙古攻潼关，不克。宋经学家蔡沈死。

外国 〔高丽〕 大仓八廪地库火。

〔日本〕 定米价每石钱一贯。禁新置庄园。

〔大越〕 定"国朝通制"凡二十卷。定徒罪等级；中罪，耕公田，人三亩，亩交粟三百升；其为牢城兵者，杂除升龙等厢军。定京城右右伴坊，置评泊司。改府路司，置安抚使副。定"国朝常礼"十卷。许狱监勾讼依日程远近取脚力钱。

〔特累比松帝国〕 蒙古人征服花剌子模后，安德罗奈卡再向卢姆苏丹称臣。

〔保加利亚〕 约翰·阿森二世击败伊派拉斯霸王狄奥多尔，获得后者所占领之巴尔干半岛东部地区。

〔波希米亚〕 文塞斯劳斯一世继位。此后二十余年中，日耳曼人大量迁入，垦殖森林地带，建立市镇，且获得自治权利。

〔立陶宛〕 由于日耳曼武士入侵，各部落间约在此时开始有某种形式之团结。

〔神圣罗马帝国〕 腓德烈与教皇复和，教皇允赦其罪。

〔西班牙〕 莱昂王卒，其子卡斯蒂王腓迪南（见1217年条）继位，称腓迪南三世。卡斯蒂与莱昂自此实现永久性之联合，直至15世纪末。

1231年

中国 辛卯 宋绍定四年 金正大八年 蒙古窝阔台汗三年

正月，李全败死。三月，宋福建扰攘经年，至是始渐定；衢州民汪徐等攻常山等县，亦败散。四月，蒙古破金凤翔，金将完颜彝败其别队于倒回谷。五月，宋平李全残部于淮安。六月，蒙古遣使假道于宋以攻金，中道被杀。七月，宋江西渐定。八月，蒙古以使臣被杀攻宋兴元、沔州，破城寨百四十。蒙古始立中书省，并立地方官，分理军民财赋之制。蒙古以高丽前杀使者，遣兵攻之；高丽王瞮降，蒙古置官监之而退。九月，宋临安大火。蒙古破金河中。十二月，宋禁州县科籴及多取斛面。蒙古破宋饶风关，趋金汴京。

外国 〔高丽〕 宋商献水牛四，还赐人参五十斤，广布三百匹。蒙古将撒礼塔来侵，攻战四阅月，至十二月，遂薄京城，遣使与之和。而蒙古兵攻掠不已，又责问杀使者，索马二万匹，童男女数千人，紫罗一万匹，水獭皮一万领及军衣；令百官出衣有差。随遣使如蒙古。

〔日本〕 禁京师饥民强借钱谷于富室。禁京师贫民拆屋为薪。十月，土御门上皇死。

〔大越〕 遣官督浚清化至演州濠港。上皇命凡驿亭皆塑佛像。

〔神圣罗马帝国〕 腓德烈为换取日耳曼封建诸侯支援彼在意大利之军事行动，颁布佛姆斯令，准许彼等管理自己境内之司法事务，铸币事务，及道路、河流等。至此日耳曼之世俗诸侯亦取得1220年后教会诸侯所取得之地位。

〔西西里〕 皇帝腓德烈二世在西西里颁布《美尔非宪法》，企图消灭封建制度，成立君权集中之政府。此外又厉行重商政策，取消封建贡纳，代之以正式赋税。并招募萨拉森人为戍军，以防止反抗。

〔法兰西〕 布隆什与一部分叛乱诸侯订立条约。

〔罗马〕 1204年第四次十字军占领君士坦丁堡后，希腊文之亚里士多德作品大量翻译为拉丁文。至是教皇格列高利九世组织委员会专事纂改亚里士多德作品，但成就甚少。文艺复兴初期大都以此一时期之翻译作为标准本。

1232年

中国 壬辰 宋绍定五年 金正大九年 开兴元年 天兴元年 蒙古窝

阔台汗四年

正月，宋以忠顺军帅孟珙屯枣阳，珙开渠，溉田万顷。蒙古大破金兵于钧州黄榆店，金大将死亡殆尽。金改元开兴。二月，金潼关降于蒙古。三月，蒙古攻金南京，不克，许和而退。金改元天兴。四月，高丽杀蒙古所置官吏。六月，金徐州军乱。七月，蒙古使至金被杀，自是和议遂绝。闰九月，金括汴京粟，百姓死亡相继，至人相食。十月，金泗州军乱。十二月，蒙古遣使于宋约夹攻金；宋遣使报聘。金帝东走，蒙古复围南京。是岁，金文学家赵秉文死。

外国 〔高丽〕 蒙古使来。发船三十、水手三千赴蒙古军听差遣。遣使如蒙古，称臣奉贡。权臣崔瑀胁高宗迁都江华以避蒙古。御史台皂隶李通招集奴隶、僧人据开京，旋败死。时忠州奴籍人亦起事，不久亦败。蒙古将撒礼塔攻处仁城，中矢死。

〔日本〕 四月，改元贞永。北条泰时撰贞永式目。十月，后堀河天皇让位，十二月，四条天皇（八十七代）即位。

〔大越〕 定朝仪。试太学生，分三甲。颁庙讳，因元祖名李，改李朝为阮朝。七月，改元天应政平。陈守度大杀李氏宗室。

〔保加利亚〕 约翰二世与罗马决裂，保加利亚教会独立。

〔神圣罗马帝国〕 腓德烈在拿温那再颁布一令，准许封建诸侯将自己之权力（佛姆斯令所给予者）推及于境内之城市。

〔英格兰〕 休伯特·德部尔格被免职，以彼得·得罗什代之当国。得罗什引用外人甚多，尤以波亚图人权势最大，英人深为不满。

1233 年

中国 癸巳 宋绍定六年 金天兴二年 蒙古窝阔台汗五年

正月，金帝奔归德，其大臣崔立拥梁王完颜从恪监国，以南京降于蒙古。二月，蒙古攻蒲鲜万奴于辽东。四月，蒙古俘金后妃宗室，送之和林。金攻宋光化，孟珙败之。五月，金袭败蒙古于亳州。六月，蒙古破金洛阳。金帝如蔡州。七月，宋孟珙大破金于马蹬山。八月，蒙古遣使如宋，约攻蔡州。九月，蒙古擒蒲鲜万奴。金遣使乞粮，并乞和于宋，被拒。十月，蒙古及宋会师围蔡州。是岁，蒙古修孔子庙。

外国 〔高丽〕 遣使如金，以道梗，未至而还。龙门仓人居卜往心等起事，败死。蒙古以诏书来问罪。东京民崔山等起事，败死，西京人毕贤甫等起事，败死，贤甫党洪福源奔蒙古，后官总管，领高丽军民，屡导蒙古兵来犯。

〔日本〕 四月，改元天福。兴福延历二寺僧人互斗。

〔大越〕 大水。

〔日耳曼〕 教皇在日耳曼设“异端裁判所”，日耳曼人大加反对，将派来之第一人处死。

〔法兰西〕 教皇格列高利九世在法国设“异端裁判所”，并以侦查“异端”权授多明我派僧侣，路易九世予以有力支持。

〔条顿武士团〕 在其所辖之地区内，鼓励市镇之建立，给予特许状，除关税外不征收任何捐税，以广招徕。

1234 年

中国 甲午 宋端平元年 金天兴三年 蒙古窝阔台汗六年

正月，金帝传位东面元帅完颜承麟，旋自缢死。城随破，承麟战死，金亡。五月，宋建阳民起事，逾四月败散。六月，宋禁毁铜钱作器用并下海贸易。宋谋收复河南、三京地，出师赴汴，汴人杀崔立降。七月，宋兵入洛阳。八月，蒙古兵至洛阳，宋兵退，入洛之兵亦退。十二月，蒙古遣使责宋图洛阳。

外国 〔高丽〕 征诸道民营江华宫室及官署。遣使如蒙古军。

〔日本〕 五月，仲恭上皇死。八月，后堀河上皇死。十一月，改元文历。

〔大越〕 上皇陈承死。以兄柳辅政，号显皇，后因罪降为怀王。

〔缅甸—蒲甘〕 国王齐耶帝因迦死，迦娑婆嗣位。新王信佛益笃，以僧悉诃摩诃波黎为国师。

〔拉丁帝国〕 尼西亚皇帝发泰塞斯与保加利亚王阿森缔结同盟，合力进攻君士坦丁堡。

〔尼西亚帝国〕 发泰塞斯夺取帖萨罗尼加，迫使伊派拉斯霸王约翰放弃皇帝称号。

〔神圣罗马帝国〕 腓德烈二世之子亨利不满其父之政策，掀起叛乱，乞助于日耳曼与意大利诸城市。

〔条顿武士团〕 以所有土地献交教皇，再以封建附庸方式自教皇取得此项土地。自此此一团体除远处意大利之教皇外，别无任何权力足以凌驾之。

〔法兰西〕 香槟伯提波继承纳瓦尔王位，以桑塞利及其他肥沃领土多处售予法王路易九世。

〔英格兰〕 亨利三世被迫罢免彼得·得罗什。

1235 年

中国 乙未 宋端平二年 蒙古窝阔台汗七年

正月，宋遣使通好蒙古。二月，蒙古城和林。三月，宋以会子贬值，物价日高，以度牒、敕告等准价收买。六月，蒙古出兵侵宋，征西域，攻高丽。七月，蒙古侵宋唐州。八月，宋惠阳、建阳、京口等处军乱，旋定。十月，蒙古破宋枣阳，掠郢州。十一月，安南贡于宋。十二月，蒙古破沔州，前锋败于大安。是岁，宋学者真德秀死。蒙古籍燕京等三十六路民户八十七万三千七百八十一，口四百七十五万四千九百七十五。

外国 〔高丽〕 蒙古来侵，半年中，破数城。

〔日本〕 九月，改元嘉祯。僧圆尔赴宋。

〔尼西亚帝国〕 约翰·发泰塞斯遣兵攻克利特岛之威尼斯人，不克而退。

〔神圣罗马帝国〕 腓德烈二世返日耳曼，击败其子亨利，加以俘获，下之狱中（1244 年自经死）。

1236 年

中国 丙申 宋端平三年 蒙古窝阔台汗八年

正月，蒙古初行交钞。三月，蒙古侵宋均、房等州；襄阳军乱，降于蒙古。四月，宋帝以开衅蒙古，下诏罪己。蒙古破宋随、郢、荆门。蒙古括户口属之州县，并定民户公私赋税丝米之额。六月，蒙古立编修所、经籍所，编集经史。八月，蒙古破宋德安。九月，蒙古破宋兴元、大安。十月，蒙古破会州，金将郭虾蟆死之。蒙古破宋文州。宋封陈日煚变为安南国王。蒙古破成都，旋退。十一月，蒙古入宋淮西，前锋至合肥，攻真州不克。蒙古攻江陵，孟珙败之。

外国 〔高丽〕 蒙古兵渡鸭绿江，前锋扰及全州、公州。

〔大越〕 定百官俸，以税钱逐次颁给。大水。选儒生中科者入侍。

〔印度〕 奴隶王朝苏丹亚尔泰石死，女拉吉亚立，勤于政事，群臣畏服。

〔拉丁帝国〕 以威尼斯人之助，君士坦丁堡得免于失陷。

〔保加利亚〕 匈牙利人以教皇唆使，大举来侵。

〔尼西亚帝国〕 保加利亚王约翰·阿森二世与尼西亚皇帝发泰塞斯联盟进攻君士坦丁堡，该城以威尼斯人及阿开雅亲王遣兵来助，得免于沦陷。

〔条顿武士团〕 大开普鲁士门户，鼓励日耳曼人移殖。对日耳曼贵族则授予特权。

〔法兰西〕 路易九世成年，其母交还国政。

〔英格兰〕 亨利与普罗旺斯之埃拉诺结婚。法人（尤以普罗旺斯人）又得势于英国。

1237 年

中国 丁酉 宋嘉熙元年 蒙古窝阔台汗九年

二月，蒙古统一符印及驿马制度。三月，蒙古破钦察，浮其王八赤蛮，进攻斡罗斯。五月，临安大火，烧民居甚多。八月，蒙古初考试儒生。十月，蒙古破宋光州，又攻寿春，扰黄州，围安丰，皆不克。蒙古破夔州。宋学者魏了翁死。

外国 〔高丽〕 李延年等扰海阳等州经年，至是败死。八月，熙宗死。

〔大越〕 定田土、借贷文契押手式。太宗降昭圣皇后为公主，纳兄柳妻顺天公主李氏为后。柳怒，聚众起兵，旋降，以安生等地封之，号安生王。端午，行吊屈原及古贤如介子推之仪，自此遂为故事。

〔拉丁帝国〕 鲍尔温返西欧乞援，法王路易九世仅予以少数金钱为援助。同年保加利亚王阿森弃发泰塞斯，转而与拉丁帝国结盟。

〔波希米亚〕 中世纪欧洲最大之银矿发现于波希米亚之库顿堡，本年开始采掘。至 14 世纪初，每年约可产五万磅。

〔俄罗斯〕 拔都所统率之蒙古军进攻里亚赞，尽屠其男丁。自此至次年，依次征服弗拉基米尔、苏茨达尔、雅罗斯拉夫、特维尔与莫斯科。但进至诺夫哥罗德约一百俄里处忽转旆南下。

〔条顿武士团〕 与立窝尼亚之兄弟骑士团（即宝剑骑士团）联合，但在与俄罗斯人之战争中数度失败。约自此时前后，条顿武士团致力于波罗的海南岸各地之经营，二十余年中，建立市镇八十余。

〔丹麦〕 哥特兰岛维斯比城商人，本年在英格兰获得通商权利，未几在尼德兰亦取得同样权利。

1238 年

中国 戊戌 宋嘉熙二年 蒙古窝阔台汗十年

二月，蒙古遣使于宋议岁币，宋持和战之议不决。四月，宋整顿盐法，又拘催酒息租谷及没官田米。九月，蒙古围宋庐州，不克。十月，蒙古建书院于燕京。是岁，中央亚细亚之撒马尔罕与布哈拉人民因不堪蒙古统治之暴政与本地封建主之压迫，在制筛匠马赫姆德领导下奋起反抗，旋以马赫姆德之阵亡而失败。

外国 〔高丽〕 蒙古兵薄东京。遣使如蒙古，请和。

〔日本〕 十一月，改元历仁。

〔大越〕 大水。定王侯、公主、百官、宗室舟车之制。

〔暹罗〕 约在是年泰族酋长坤邦克览刀败真腊，据成可太城，号宝利沙罗铁，是为成可太王朝始祖。自是泰人遂多南迁者。

〔意大利〕 威尼斯、热那亚与教皇，共同缔结盟约以反抗皇帝腓德烈在伦巴德之进展。

〔特累比松帝国〕 蒙古人征服塞尔柱土耳其人后，皇帝曼纽尔一世又改向蒙古人称臣。

〔英格兰〕 由于大封建主在会议中之通过，本年颁布墨尔顿法案，准许“一切大人（指拥有大领地及附庸者）在给予其附庸足够使用之牧地后，剩余之牧地、废地、森林地，可由自己加以充分利用。”此令公布后，使起自本世纪初（见1205年条）大封建主侵占公地之风益为盛行。

〔西班牙〕 阿拉贡王哲姆斯一世占领发楞喜阿。

1239 年

中国 己亥 宋嘉熙三年 蒙古窝阔台汗十一年

正月，宋孟珙屡败蒙古，复襄阳、光化等地。六月，蒙古攻宋重庆。七月，宋诸路旱蝗；蒙古山东诸路灾。十二月，宋复夔州。蒙古许回回奥都剌合蛮以银二百二十万两扑买诸路税课。是岁，蒙古征服南俄平原。

外国 〔高丽〕 蒙古两次遣使来谕高宗亲往朝觐，亦两使人如蒙古。

〔日本〕 二月，改元延应。后鸟羽上皇死。停人身售买。

〔大越〕 试太学生。

〔俄罗斯〕 蒙古军陷车尔尼戈夫，征服南俄平原。蒙古人到达黑海北岸诸地，在克里米亚半岛遇威尼斯人，以所掠得之财物与俘虏售与之，自是建立贸易关系。威尼斯人亦同时以欧洲各国情况告知蒙古人。

〔神圣罗马帝国〕 腓德烈二世再度被逐出教。腓德烈开始一大规模反教皇之宣传运动，致书各国王侯，斥教皇为异端，为荡子，为反基督者，吁请组织同盟，共同反抗之。

〔西西里〕 由于皇帝腓德烈与萨拉森人之密切关系，得后者之协助，在西西里设置制糖工场，此为欧洲人制糖之始。

1240 年

中国 庚子 宋嘉熙四年 蒙古窝阔台汗十二年

正月，宋两浙饥，临安尤甚，饥民掠人为食。二月，蒙古扰宋万州。四月，蒙古遣使至宋。六月，宋江、浙、福建旱蝗。十二月，蒙古以官物代民偿畏吾儿人羊羔息，又放诸王大臣所俘男女为民。是岁，蒙古军在拔都与蒙哥统率下进攻基辅，大公迈克尔奔匈牙利。蒙古人遣人召降，基辅人杀之，遂围城。城陷后，屠戮其中居民殆尽。蒙古人继续西进，是年冬履冰渡维斯杜拉河，入波兰，大掠桑多密尔，进抵克拉科后，止于喀尔巴阡山迤北之加里西亚平原。

外国 〔高丽〕 蒙古使来复谕高宗入朝，随遣使如蒙古。

〔日本〕 高丽书来，辞不逊，寻扰边。七月，改元仁治。

〔大越〕 以北人虏掠谅江民间财物，遣官申理。

〔俄罗斯〕 诺夫哥罗德大公亚历山大·雅罗斯拉维支在涅瓦河（旧译尼发河）战胜瑞典军，遏止后者之前进。

〔立陶宛〕 立陶宛部落酋长之一明多弗格，为解除日耳曼武士进攻之口实，皈依基督教，且自教皇英诺森四世处获得王冠。

〔神圣罗马帝国〕 在科隆附近举行拟战（封建主娱乐性比试武艺），死武士六十人。

〔英格兰〕 约在此时，英国之大会议改称巴力门（议会）。

1241 年

中国 辛丑 宋淳祐元年 蒙古窝阔台汗十三年

三月，蒙古置行省于燕京。八月，宋求遗书。九月，高丽屡败于蒙古，请降，入贡，遣质子。十月，蒙古扰宋安丰。十一月，蒙古窝阔台汗死，其后乃马真氏称制。蒙古屠宋汉州，入成都。蒙古遣月里麻思至宋议和，宋人囚之长沙。是岁，蒙古大军在欧洲分四路进攻，以拔都、海都、哈丹（后二者俱窝阔台子，蒙哥已东返）与速不台分统之。三月初发起攻击，大败波兰与日耳曼联军于利格尼兹，大败匈牙利王培罗于萨约河畔之摩海平原。是年秋进军维也纳，远至那斯塔德。另一路沿提罗尔边境进至亚德里亚海北端，与威尼斯相近处。此外波希米亚、塞尔维亚与达尔马提亚等地之一部分俱遭蹂躏。

外国 〔高丽〕 高宗以族子綧为子，入蒙古为质。蒙古将两次遣使来。平章事致仕李奎报死。奎报工诗文，有集五十三卷行于世。

〔日本〕 武藏野开水田。僧圆尔还自宋。

〔大越〕 大水。许断狱取评泊钱。北部蛮犯边。定诸王长子封王，次封上位侯之制。太宗亲攻宋，至钦廉等州。

〔波兰〕 蒙古人来侵，西里西亚公爵"敬虔的"亨利及日耳曼武士与战于利格尼兹东南约六英里之瓦尔施塔德，大败，阵亡。但蒙古人旋退去（蒙古人在此次战役中曾使用烟幕）。

〔保加利亚〕 卡罗曼一世继位，适蒙古人自东南欧退返南俄平原，大受蹂躏。

〔匈牙利〕 蒙古人来侵，大败于摩海平原，培罗出亡，贻书教皇乞援，教皇仅复书表示同情。

〔神圣罗马帝国〕 教皇格列高利九世在罗马召集宗教会议，废黜腓德烈二世。腓德烈发大兵攻教皇国，几陷罗马。其舰队又在热那亚海面捕获一批载运主教之船只（赴罗马开会者），扣押其中数百人为质。

〔罗马〕 教皇格列高利九世卒（约一百岁），两年内无教皇。

〔意大利〕 蒙古人之胜利震撼全欧，虔敬教徒皆以此为上帝之刑罚。意大利南部出现"鞭挞派"，袒背游行，人各执一鞭，互相鞭扑，直至流血，巡游各地，沿途呼喊、祈祷、歌唱、忏悔，谓可以获得上帝宽恕。此风迅速蔓延及于意大利北部、日耳曼、波希米亚及莱因河流域。

〔法兰西〕 在皇帝腓德烈二世与教皇之争端中，路易九世同情前者。其后又拒绝遵奉教皇命彼干涉日耳曼事务之命令。

〔丹麦〕 伐德美尔二世卒，子伊利克·普劳彭宁嗣位，兄弟二人立即发生内战。

〔汉萨同盟〕 吕贝克与汉堡缔结同盟，互相承担在波罗的海保护对方贸易之义务。此为后来发展成为"汉萨同盟"之核心。但汉萨同盟一名之正式使用则迟至1344年。

1242年

中国 壬寅 宋淳祐二年 蒙古乃马真皇后称制元年

五月，蒙古破宋遂宁、泸州。七月，宋江、浙、两淮大水。蒙古攻宋扬、滁、和等州。十月，蒙古屠宋通州。十二月，蒙古攻宋叙州。宋以孟珙为四川安抚大使，余玠为四川安抚制置使，分别经营东西川，以御蒙古。是岁，蒙古人在东欧一带之胜利与杀戮，使全欧为之震惊。但教皇格列高利九世与皇帝腓德烈之争端仍继续进行。对东欧各地之乞援则互相推诿。是年二月，窝阔台逝世讯传至军中，蒙古人始撤退，沿途扫荡保加利亚、瓦拉几亚、摩尔达维亚，经黑海北岸退至伏尔加河下游，拔都建萨来为都城，号钦察汗，后分数部，嫡长部落为金帐汗。自此统治俄罗斯诸国达两个半世纪之久。

外国 〔高丽〕 遣使如蒙古。蒙古使来。

〔日本〕 正月，四条天皇死；三月，后嵯峨天皇（八十八代）即位。六月，北条泰时死，北条经时继执大权。九月，顺德上皇死。

〔大越〕 定境内为十二路，置安抚等官，设大小司社，造户账，分男丁为大黄男、小黄男、老及癃老诸等。田依亩数出税，田租亩一百升。遣将略定凭祥。占城来贡。

〔俄罗斯〕 诺夫哥罗德大公亚历山大在楚茨科叶湖上战胜条顿骑士团（冰上战争）。

〔法兰西〕 路易九世命其弟阿尔封索为波亚图与阿汾尔涅（阿奎丹之东）之大领主，当地诸侯反抗，勾结英王亨利三世来援，路易大败之。

〔条顿武士团〕 普鲁士人掀起反日耳曼人统治之起义，条顿武士团以波希米亚、布兰敦堡及哈布斯堡等地统治者之援助始于次年征服之。

〔英格兰〕 议会拒绝通过亨利三世进行波亚图战事所需之军费。

1243年

中国 癸卯 宋淳祐三年 蒙古乃马真皇后称制二年

三月，蒙古破宋资州。八月，宋禁州县社仓科配于民。是岁，余玠在蜀与蒙古大小三十六战。宋史学家李心传死。

外国 〔高丽〕 遣使如蒙古献方物。遣三十七人分道劝农，实为筹防。

〔日本〕 二月，改元宽元。幕府定越境奴婢解放例。

〔大越〕 令诸路修写民簿。大水。

〔拉丁帝国〕 鲍尔温与塞尔柱人结同盟。

〔罗马〕 腓德烈释放一部分主教，使之参加选举。英诺森四世当选为教皇，仍继续反对皇帝之政策。

〔法兰西〕 土鲁斯公累蒙德举兵反，次年平定之。

〔英格兰〕 亨利三世失败后，声称放弃对波亚图之主张权。

〔西班牙〕 萨拉曼卡大学于本年创立。

1244 年

中 国 甲辰 宋淳祐四年 蒙古乃马真皇后称制三年

五月，宋淮东军泛海扰蒙古胶、密。蒙古扰宋寿春。蒙古耶律楚材死。

外 国 〔高丽〕 遣使如蒙古。蒙古使来。

〔日本〕 四月，藤原赖经辞征夷大将军，子赖嗣继其位。

〔大越〕 命文臣出知州府。定刑律诸格。

〔耶路撒冷王国〕 为成吉思汗自中央亚细亚所驱逐之花剌子模人获得埃及苏丹许可入叙利亚，本年占领耶路撒冷，并大肆屠杀。西欧组织十字军之运动又起。

〔小亚细亚〕 蒙古人侵入小亚细亚，击溃塞尔柱土耳其人。尼西亚皇帝与前者通款曲，获得一部分塞尔柱人之土地。

〔罗马〕 英诺森四世拒绝皇帝腓德烈二世之和议请求，遁赴法国之里昂。

〔法兰西〕 路易九世及其弟三人皆参加十字军。同年严禁封建诸侯同时为法王与英王二者之附庸。此令甚有裨于民族情绪之发展。

〔英格兰〕 议会向英王要求，任命大臣时必须先获得彼等同意。

〔佛兰德尔〕 杜埃城手艺工人暴动，但旋失败。城市工人暴动自13世纪中叶后日趋频繁。

〔圣约翰武士团〕 13世纪中叶，圣约翰武士团（病院武士团）在欧洲各地拥庄园与堡垒达一万九千处。

1245 年

中 国 乙巳 宋淳祐五年 蒙古乃马真皇后称制四年

二月，蒙古扰宋，败于五河。五月，宋大造轻捷战船以固江防。七月，蒙古掠宋淮西，至扬州而去。

外 国 〔高丽〕 两遣使如蒙古。

〔日本〕 幕府定诉讼法。

〔大越〕 大水。

〔神圣罗马帝国〕 教皇英诺森四世在里昂（法国）召开第十三次宗教大会，决定驱逐皇帝腓德烈二世出教，解除帝国全体人民对彼之效忠誓言，并废黜之。此外又发动僧侣进行反皇帝宣传。

〔罗马〕 教皇英诺森四世派遣弗兰西斯派高僧普兰诺·卡辟尼经南俄平原及中央亚细亚等地，到达喀剌和林，谒见蒙古大汗贵由（定宗），企图游说蒙古人遣兵进攻伊斯兰教徒（塞尔柱人），未获成效。贵由复书极傲慢。卡辟尼于1247年返抵罗马。

1246 年

中 国 丙午 宋淳祐六年 蒙古乃马真皇后称制五年 贵由汗元年

春，蒙古扰宋两淮。七月，蒙古贵由汗立为大汗。是为定宗。十二月，亡金将士据太行山反抗蒙古者十余年，至是始降。蒙古扰宋京湖、江、淮至黄州。宋名将孟珙死。是岁，小亚美尼亚王海敦之弟森巴德赴和林朝觐贵由汗。同年格鲁吉亚王亦遣其弟二人入朝。

外 国 〔日本〕 正月，后嵯峨天皇让位；三月，后深草天皇（八十九代）即位。北条经时死，北条时赖执权。宋僧道隆来投。

〔大越〕 定军制。定百官十年加爵、十五年加职之制。宰相则择宗室有文而才者充。定进士七年大比之制。

〔印度〕 奴隶王朝之宰相巴尔班自立为苏丹。巴尔班亦出身奴隶，积功为大将，后任宰相，总揽大权，遂夺苏丹位。是时蒙古人屡侵入印度。

〔俄罗斯〕 切尔尼戈夫大公迈克尔赴和林朝觐，因拒绝跪拜被杀。

〔保加利亚〕 迈克尔·阿森继位，年幼，其母摄政，尼西亚皇帝举兵来攻，夺去色雷斯与马其顿之南部。

〔日耳曼〕 图林基亚公亨利·拉斯庇当选为对立国王。

〔罗马〕 教皇英诺森四世要求英、法、意大利各国予以大宗款项俾能与皇帝进行战争，以此招致各国之深切不满。

1247 年

中 国 丁未 宋淳祐七年 蒙古贵由汗二年

春，蒙古扰宋泗州。九月，蒙古以高丽不奉岁贡，攻之，自后凡八年，取十四城。十一月，蒙古严括人户。

外 国 〔高丽〕 蒙古兵来屯盐州，遣使犒之。

〔日本〕 近卫兼经摄政。二月，改元宝治。

〔大越〕 试进士，首三名赐称状元、榜眼、探花。试通三教诸科。

〔日耳曼〕 亨利·拉斯庇卒，日耳曼一部分教会贵族又选举荷兰伯爵威廉为国王。威廉同时亦为最近组织之莱因城市同盟所拥护。

〔瑞士〕 亦卷入皇帝与教皇之争端，各地皆有圭尔夫与季卑林之活动。

〔意大利〕 波隆雅发出通告拒绝各地农民盲目流入该城（按当时农民大批流入城市，而又无工可作）。

〔波希米亚〕 贵族阶级因不满国王授予日耳曼人特权，起而叛变，至1250年始平定。

1248 年

中国 戊申 宋淳祐八年 蒙古贵由汗三年

三月，蒙古贵由汗死，皇后海迷失称制，立皇子失烈门，诸王多不服。

外国 〔高丽〕 两遣使如蒙古。

〔日本〕 定庶民地头诉讼法。

〔大越〕 命诸路筑堤防水，名曰“鼎耳”，置河堤使副以督之。遣明风水者遍观境内山川有王气者，用方术厌胜之，于是凿山，塞溪，不可胜计。

〔俄罗斯〕 雅罗斯拉夫之弟亚历山大与安德鲁奉命赴和林朝觐。

〔第七次十字军〕 法王路易九世组十字军，出发后在塞浦路斯岛渡冬。

〔法兰西〕 路易之母，卡斯提尔之布隆什代摄政事。

〔意大利〕 腓德烈在巴马失败，退回拿波里，但彼在意大利北部仍具有相当势力。

〔西班牙〕 东南部伊斯兰城市格拉纳达之阿尔罕布拉宫，约在此时建造。此宫在格拉纳达城内山上，其建筑之精美无与伦比，为伊斯兰建筑在西欧之典型。

〔佛兰德尔〕 布鲁日、伊普尔、根特与杜埃等地工人因工资低微，工时过长，起而暴动，要求改善工作条件，但被武力镇压失败。

1249 年

中国 己酉 宋淳祐九年 蒙古海迷失皇后称制元年

春，蒙古扰宋淮西。十月，宋严禁毁钱铸器。

外国 〔高丽〕 遣使如蒙古。权臣崔瑀后改名怡，至是死，子沆代秉政。

〔日本〕 三月，改元建长。

〔第七次十字军〕 路易九世抵埃及，占领杜姆亚特（未经战争）后，继续向开罗进军。

〔意大利〕 伦巴德诸城市在法塞尔塔大败皇帝腓德烈军，俘其子印齐阿。

〔英格兰〕 据史家马太·巴黎（1200—1259年）统计，庙堂（圣殿）武士团在13世纪中叶约拥有庄园与堡垒不下九千处。

1250 年

中国 庚戌 宋淳祐十年 蒙古海迷失皇后称制二年

二月，宋诏沿海严查私运铜钱，并严禁伪造会子。

外国 〔高丽〕 遣使如蒙古。蒙古使来。

〔日本〕 幕府禁庶民越诉。幕府禁庶民控诉。

〔大越〕 命词讼案成，与审刑院官共拟定罪。

〔缅甸—蒲甘〕 国王迦娑婆死，子乌娑那嗣位。

〔第七次十字军〕 路易大败，被俘，以交还杜姆亚特及停止敌对行动等条件始获释放，退至阿克。

〔埃及〕 玛美琉克团不满与路易九世所订之条约，掀起政变，拥戴其领袖牟伊斯阿丁为埃及苏丹（按玛美琉克团为埃及苏丹自高加索之瑟卡喜阿一带所购入之奴隶组成之近卫军。至13世纪时其专横跋扈与昔时巴格达之土耳其禁卫军同）。

〔神圣罗马帝国〕 腓德烈卒，其子康拉德四世继住，但教皇拒予承认。康拉德驻节意大利，与其弟曼夫累德共同规复拿波里与加普亚（当时由教皇军占领）。神圣罗马帝国“大空位时期”始，至1273年始终止。

〔丹麦〕 阿培尔以荷尔斯泰因伯爵及日耳曼城市吕贝克与瑞典人之助夺获王位。

〔瑞典〕 伐德美尔嗣王位。在位二十五年，改善司法制度（废除神审等迷信方法），促进商业，鼓励日耳曼籍熟练工匠之移人，限制封建主权利，皆略著成效。

1251 年

中国 辛亥 宋淳祐十一年 蒙古海迷失皇后称制三年 蒙哥汗元年

六月，宋求遗书。蒙古诸王、大将共立拖雷

子蒙哥为大汗，是为宪宗；窝阔台汗子孙皆不平。蒙哥汗以皇弟忽必烈总漠南军事。是岁，宋两广、福建、江西、湖南大疫。

外国 〔高丽〕 遣使如蒙古。蒙古使来，谕高宗入朝并还旧京。

〔日本〕 幕府定出举利钱争讼之法。

〔大越〕 二月，改元元丰。以天城公主许嫁忠诚王，而为王侄国峻所夺，乃以田二千顷抵还忠诚王聘物。

〔第七次十字军〕 路易九世赴耶路撒冷巡礼，至1254年始返法国。此为路易之第一次十字军。

〔波希米亚〕 文塞斯劳斯一世之子俄托卡当选为奥地利公。

1252 年

中国 壬子 宋淳祐十二年 蒙古蒙哥汗二年

正月，蒙古置经略司于汴。二月，蒙古扰宋随、郢等州。四月，蒙古徙窝阔台汗子孙及诸王于各边，赐海迷失皇后死，幽失烈门。五月，宋玉山饥民起事，寻败散。七月，宋两浙、江东西、福建等路水。八月，宋行会天历。蒙古忽必烈至临洮，为攻蜀计。十月，蒙古扰宋嘉定。十一月，宋临安大火。是岁，蒙古籍汉民户。

外国 〔高丽〕 遣使如蒙古。蒙古使来，仍斥高宗岛居，不肯还都。

〔日本〕 北条时赖以藤原赖经预闻袭己之谋，禁之京都。征夷大将军藤原赖嗣愤父为时赖所逐，阴图之。事泄，时赖废赖嗣，奏以宗尊亲王为征夷大将军，是为皇族膺将军任之始。

〔大越〕 太宗亲击占城，俘占城王妻及其民而还。

〔占城〕 越来侵，破国都，大掠。国王阇耶婆罗密首罗跋摩旋死，弟阇耶因陀罗跋摩六世嗣位。

〔罗马〕 教皇先后以西西里王冠给予英、法伯爵二人，但皆遭拒绝。

〔意大利〕 佛罗伦萨始铸金币弗罗永，以适应西欧各地日益发展中之贸易需要。

〔丹麦〕 克利斯托斐夺获王位，开始向教会征税，遭受反对，于是纠纷起，绵延几达一世纪。

1253 年

中国 癸丑 宋宝祐元年 蒙古蒙哥汗三年

正月，蒙古扰宋万州。蒙古大封同姓，各予分地。三月，蒙古扰宋海州。六月，蒙古命旭烈兀西征。八月，宋行皇宋元宝钱。九月，蒙古忽必烈分三道攻云南。十月，降摩些。十一月，降白蛮。十二月，入大理。蒙古攻高丽，拔东州、春州等地。

外国 〔高丽〕 蒙古以高宗不亲朝，且仍岛居，遣兵来犯，连下十余州。高宗数遣使至军前，皆不得要领，乃遣安庆公淐如蒙古请班师，进奉及赠馈金银布帛不可胜计，府库不足，敛百官银布以充其用。

〔日本〕 定新制十八条。定奴婢杂法。

〔大越〕 立国子院，塑周公、孔子、孟子像，画七十二贤像于壁。立讲武堂。

〔波兰〕 蒙古人不断来侵扰。约在此时期广招日耳曼人来实边。日耳曼人在西里西亚与波森一带开拓山林，垦殖荒地，另一部分则定居于城市经营商业，波兰以此日趋繁荣。

〔俄罗斯〕 加利支公达尼尔·罗曼诺维支企图组织反抗蒙古人之十字军，以接受罗马教会为最高权力之条件，求援于教皇，但未获实际功效。

〔波希米亚〕 俄托卡（奥地利公）二世嗣位为波希米亚王，在位二十五年，国势大盛。尤以波希米亚北部埃尔兹山脉在此时期之银矿开发，使波希米亚成为欧洲中世纪后期最富有国家之一。

〔意大利〕 威尼斯与热那亚为黑海及利凡特（地中海东部总称）之贸易发生矛盾，至是第一次兵戎相见，1258年热那亚失败。

〔法兰西〕 布隆什卒，召法王路易九世返国。同年路易派遣高僧卢布鲁克东来蒙古之和林，谒见大汗蒙哥（宪宗）。1255年返法，著《旅行记》（按卢布鲁克名威廉，佛兰德尔之卢布鲁克镇人）。

〔小亚美尼亚王国〕 小亚细亚半岛东南部之小亚美尼亚王海敦一世奉命赴和林朝觐大汗蒙哥（宪宗）。

1254 年

中国 甲寅 宋宝祐二年 蒙古蒙哥汗四年

正月，蒙古城利、阆二州，且耕且战，以经营四川。二月，蒙古扰宋合州。六月，宋浙西荻浦盐民起事，逾三月败散。七月，蒙古攻乌蛮，俘大理王段智兴。十一月，蒙古城光化以经营荆襄。十二月，宋整饬赋籍，行自实法，先试于两浙、江南、湖南；逾三月，罢之。蒙古屯亳州以经营两淮。

外国　〔高丽〕　李岘前使蒙古被留，因教蒙古军来犯，至是诛之。蒙古大军北还。安庆公淐还，蒙古使偕来。蒙古兵以崔沆等仍岛居，依旧四出攻扰。是岁，男女为蒙古所掳者二十万六千余人，死者无数，所经城邑，多为煨烬。

〔日本〕　定入宋贸易船数。僧觉心还自宋。橘成季撰古今著闻集。

〔大越〕　定宗室、百官车服、驺从之制，驺从多者千人，少者百人。鬻官田，一亩钱五镪。

〔缅甸—蒲甘〕　国王乌娑那为象践死，子那罗梯诃波帝嗣位。

〔尼西亚帝国〕　狄奥多尔二世嗣位为皇帝。同年伊派拉斯霸王迈克尔二世承认尼西亚为宗主国。

〔西西里〕　康拉德卒，其弟曼夫累德为其侄康拉丁代摄政事。日耳曼与意大利皆趋于混乱，各地未尔夫党与季卑林党互相掀起激烈斗争。

〔英格兰〕　第一次自各州召集武士代表参加议会。

〔意大利〕　教皇英诺森四世以贷款予人者有负担赔折之可能，准取合法之“偿金”（按贷款取息，中世纪悬为厉禁。11世纪起由于商业兴起，交换日趋频繁，商人为赚取更多利润而贷款，各地犹太人遂专以贷款取息为业。至是教皇颁布此令不啻准许变相利息，但限制甚多，仍不能适应生产力发展之要求）。

〔尼德兰〕　弗里斯兰滨海一带之农民，因贵族地主企图夷彼等为农奴，愤而起义，前后经三十余年之斗争，至1288年终以荷兰伯爵弗罗利斯五世之镇压失败。

1255年

中国　乙卯　宋宝祐三年　蒙古蒙哥汗五年

二月，蒙古兴学校于京兆。七月，蒙古自吐蕃击降西南夷。

外国　〔高丽〕　蒙古兵经年攻扰，虽数遣使请和，仍不许。民之避兵者饿死甚多，廪藏告竭，高宗为减昼膳。

〔大越〕　遣官筑清化各处河堤。大水。

〔尼西亚帝国〕　狄奥多尔击败保加利亚王迈克尔·阿森于马其顿北部。

〔波希米亚〕　俄托卡二世协助条顿武士团征服普鲁士人，并建立哥尼斯堡。此为波希米亚第一次获得波罗的海出口。

〔西西里〕　曼夫累德规复意大利半岛整个南部。连年用兵，至1260年势力几遍于全意大利。

〔意大利〕　威尼斯商人尼科罗·波罗与马非阿·波罗兄弟二人于本年赴中央亚细亚，在布哈拉居住三年后，东赴中国，至1269年始返抵欧洲。

〔日耳曼〕　士瓦比亚、威斯斐里亚以及某些瑞士城市皆先后加入莱因同盟（见1220年条）。截至本年止，参加此同盟者共有七十余城。

1256年

中国　丙辰　宋宝祐四年　蒙古蒙哥汗六年

三月，蒙古续签诸路汉军。五月，宋结罗鬼以御蒙古。六月，宋修浙江堤成。七月，蒙古扰宋叙州。十月，蒙古于漠南筑城为都，三年而成，赐名开平府。是岁，蒙古开通云南与西川之路，会师侵宋。

外国　〔高丽〕　遣使如蒙古，请班师，得允。九月，蒙古大军北还。

〔日本〕　十月，改元康元。北条时赖落发，北条长时继执大权。

〔大越〕　大比进士，状元始有京、寨之分（寨为清化、乂安之人）。铸钟三百三十口。浚苏历江。

〔阿拉伯〕　蒙古旭烈兀征服波斯全境，阿煞新派（暗杀派）被扑灭。

〔俄罗斯〕　金帐汗兀剌赤卒，别里哥嗣位。别里哥崇信伊斯兰教，其后逐渐与奉基督教之伊儿汗发生龃龉（按伊儿汗旭烈兀之妻托古思可敦及其母唆鲁忽帖尼均为基督教徒——来斯托里恩派）。

〔汉萨同盟〕　吕贝克逐渐变成汉萨同盟之领导城市，其法典先后为其他城市所采用。

〔法兰西〕　巴黎商会会长（商人领袖，具有警察与司法权力者）埃提恩·布瓦洛令编纂《巴黎各行业要览》，记载当时巴黎一百零一个基尔特之组织法及会章，为研究中世纪基尔特制度之重要史料。

〔尼德兰〕　荷兰伯爵威廉二世在与佛里斯兰农民作战时阵亡。弗罗利斯五世继位。

1257年

中国　丁巳　宋宝祐五年　蒙古蒙哥汗七年

正月，宋禁民作白衣会。蒙古扰宋襄阳。闰四月，蒙古扰宋剑门。六月，蒙古置郡县于云南。十月，蒙古以安南囚其使，自云南攻之，安南王陈日煚败走海上，请降。是岁，元文学家元好问死。

外国 〔高丽〕 原州民安悦等起事，寻败死。权臣崔沆死，子竩代秉政。遣使如蒙古。蒙古兵又来犯，遣使如军前请罢兵，蒙古将要高宗亲来，又令王子入朝。再遣安庆公淐如蒙古。

〔日本〕 三月，改元正嘉。是岁镰仓地屡大震。

〔大越〕 蒙古使来。蒙古将兀良合台犯境，太宗亲御，败之。时称蒙古军为“佛贼”。

〔暹罗〕 宝利膺沙罗死年不明，其子曼孟王于是年亦死，弟蓝摩堪享（元史作敢木丁）于此后四十年中，征服部落甚多。

〔日耳曼〕 选侯公开出售日耳曼王位。卡斯蒂之阿尔封索与英国之康瓦尔公爵（亨利三世弟）理查辇来巨金，同时当选。后者在阿亨加冕，为莱因流域各地所承认。前者则自始至终未来日耳曼。

〔意大利〕 由于商业兴盛与城市之发展，意大利北部各商业城市附近之农奴，自本世纪初起即开始获得不同程度之解放。波隆雅（半岛东北，威尼斯西南）之公社于本年发布命令，解放一切被奴役者（包括农奴与少数奴隶）。但全部过程至1304年始完成。

〔英格兰〕 英国封建诸侯以亨利三世之需索无餍，起而反抗，以西门·得·蒙福尔为领袖。

〔西班牙〕 卡斯蒂与莱昂王阿尔封索十世企图竞选神圣罗马帝位，耗费巨款，为弥补损失计，遂加重税收，贬抑币值（减少贵金属成份），并迫害犹太人，榨取金钱。

1258 年

中国 戊午 宋宝祐六年 蒙古蒙哥汗八年

二月，蒙古大举侵宋，蒙哥汗自攻蜀，忽必烈攻鄂，云南之师自交广北上。前锋至蜀，宋西川州县皆降。蒙古旭烈兀西征，平十余国，至是献捷。旭烈兀遂留西方，是为伊儿汗国。安南王陈日煚传位于子光昺，遣使贡于蒙古。四月，蒙古扰宋海州、涟水。八月，宋申铜钱出海之禁，严查倭船。十一月，蒙古破宋海州、涟水。十二月，蒙哥汗历下宋隆、雅等州。

外国 〔高丽〕 杀权臣崔竩，高宗受贺如新即位礼。发崔竩仓分赐太子、百官、与城中居民、军士、僧徒、役人。蒙古将遣使来觇高宗离岛居陆之状，以为不诚心降服，复发兵来，刈收禾粟。

〔日本〕 园城、延历两寺僧互斗。

〔大越〕 以御蒙古之役，御史大夫黎辅陈有大功，以废后昭圣公主妻之。遣使于宋。遣使如蒙古，定三年一贡之制。二月，太宗传位于太子晃，自为太上皇带。晃即位，改元绍隆，是为圣宗。圣宗纳伯父安生王柳女为夫人，寻立为后。

〔阿拉伯〕 旭烈兀占领巴格达，阿拉伯帝国至是亡。

〔奥托曼土耳其人〕 约在本世纪初自中央亚细亚迁入亚美尼亚。其酋长埃尔托格鲁尔因协助塞尔柱人抗拒蒙古人有功，获得拜占廷边境某些地区，遂以此为根据地逐渐发展。

〔保加利亚〕 卡利曼二世逐迈克尔·阿森后，继位为王，但旋被刺死。保加利亚贵族别选君士坦丁·阿森为王，在位十九年，与拜占廷及匈牙利不断战争。

〔法兰西〕 与阿拉贡王哲姆斯订约，解决划界纠纷，承认巴塞罗那伯国之独立。

〔尼西亚帝国〕 约翰四世嗣位为帝，迈克尔·派利阿那格斯举兵反，遂任之为摄政。

〔英格兰〕 6月，议会通过牛津条例，强迫英王亨利三世接受。自此政府实权操于封建贵族所组织之委员会手中（按牛津条例规定设立一二十四人委员会控制国家大权，另设一十五人会议专备国王顾问。此十五人会议每年须举行集会三次，并负责向全国男爵之代表作详细报告，此届议会因此有“疯狂议会”之称）。与法国媾和。

1259 年

中国 己未 宋开庆元年 蒙古蒙哥汗九年

正月，蒙古扰宋忠州，四川中部诸州多降。二月，蒙哥汗围合州。六月，蒙古败宋援蜀军于江。七月，蒙哥汗死于军。八月，蒙古忽必烈督师至鄂州，九月，渡江围之，别军入临江、瑞州。十一月，蒙古云南军入宋广西，长驱至潭州。宋帅贾似道请划江为界，奉币请和于蒙古，忽必烈许之，急遽北归争位。十二月，蒙古攻潭州兵北还。

外国 〔高丽〕 蒙古以兵胁和。四月，遣太子倎如蒙古以纾祸。六月，高宗死，以太子倎未还，暂以太孙谌监国，遣使如蒙古告哀。蒙古兵据西京不退，且频出攻扰邻近诸邑。是岁使臣入蒙古者数与蒙古使来，皆商离岛居陆事。

〔日本〕 三月，改元正元。十一月，后深草天皇让位；十二月，龟山天皇（九十代）即位。

〔尼西亚帝国〕 迈克尔八世嗣位为帝。再与保加利亚人结同盟。

〔法兰西〕 路易九世与英王订阿伯维尔和约，以利谟桑、培利哥尔以及桑同日之一部分让予英国，而英王则放弃对诺曼底、安茹等地所有权之主张，但两国贵族皆不满意（按此举特别削弱法国，因后来百年战争时英国保有在南方之根据地）。英国所获得之一部分土地专称歧恩，其余则仍称阿奎丹。

〔丹麦〕 克利斯托斐为教会人士毒毙，子伊利克五世继位，由后者之母玛加累特摄政。

1260 年

中国 庚申 宋景定元年 蒙古忽必烈汗中统元年

正月，宋遮杀蒙古渡江尾军七百余人。二月，蒙古侵江西军北还。三月，贾似道匿请和纳币事，以大败蒙古解鄂州围上闻。蒙古忽必烈称大汗于开平，是为世祖。四月，蒙古厘定内外官制。蒙古皇弟阿里不哥称大汗于和林。五月，蒙古初建元中统。蒙古立十路宣抚司。六月，蒙古扰淮安。七月，蒙古遣郝经使宋，被拘于真州。蒙古忽必烈汗自将讨阿里不哥，内战以起。九月，蒙古秦蜀行省军败阿里不哥党于甘州。十月，蒙古初行中统宝钞。十二月，蒙古以吐蕃僧八思巴为国师，统释教。是岁，旭烈兀部将怯的不花陷叙利亚之阿勒颇与大马士革。是年秋与埃及苏丹忽秃思及其大将突厥人拜伯尔斯战于耶路撒冷北之迦利利平原，蒙古军大败。怯的不花被俘后，忽秃思下令杀之。同年，蒙古大汗蒙哥逝世讯传至军中，旭烈兀北上奔丧，无暇报复，此为蒙古出师以来第一次大败北。

外国 〔高丽〕 先是，权臣夺占民田，败后籍没入宫，至是遣官推检宫田。以济州为宋商及日本人经由要地，置防护使以监之。太子倎还自蒙古，即位，是为元宗，旋改名植。遣使如蒙古献方物，又遣使贺世祖即位。蒙古诏允：衣冠不改；还都可缓；屯戍可撤；杂使停遣。

〔日本〕 四月，改元文应。宋僧晋宁来。

〔埃及〕 拜伯尔斯以功高赏薄，杀忽秃思，自任苏丹。

〔立陶宛〕 明多弗格与条顿武士团决裂，放弃基督教信仰。1263 年明多弗格为另一酋长所杀，全境重趋分裂。

〔俄罗斯〕 诺夫哥罗德降于蒙古人，允按时纳贡。同年埃及苏丹拜伯尔斯遣使来萨来聘问并赠送良马、美女等为礼品，以离间金帐汗与伊儿汗。

〔波希米亚〕 俄托卡于击败匈牙利后，夺获其斯提利亚省。

〔英格兰〕 武士与下级贵族因不满大封建诸侯之操纵政治，逐渐形成一较进步之集团（包括下级僧侣、武士、市民、特别是伦敦与牛津市民）。较保守之封建诸侯则转而拥护国王亨利。

〔罗马〕 根据统计，截至此时止，弗兰西斯派（方济各派）共拥有修道院一千八百零八所。

1261 年

中国 辛酉 宋景定二年 蒙古中统二年

二月，宋申伪造会子之禁。四月，蒙古听军中所俘儒士赎为民。六月，宋贾似道行打算法于诸路以核军费，大将获罪者不少，泸州将刘整遂以州叛降于蒙古。蒙古罢坑冶所役民夫及舞阳姜户、藤花户还之州县，出工局绣女任婚嫁。蒙古修沁河渠成。七月，蒙古设翰林国史院，并修辽、金史。八月，蒙古遣官为诸路劝农使，又颁量衡新制。九月，蒙古立诸路提举学校官。十一月，蒙古忽必烈汗自将大破阿里不哥。

外国 〔高丽〕 四月遣太子谌如蒙古，敛百官银布以助行；九月回。

〔日本〕 二月，改元弘长。幕府沙汰寺社，禁关东吏人房舍逾制。

〔大越〕 选丁壮为兵，次充各院局役及地方选锋队。试吏员以书算。蒙古使来，封圣宗为安南国王，遣使如蒙古。

〔叙利亚〕 拜伯尔斯率兵攻安条克，蹂躏其附近地区，并开始屠杀基督教徒，西欧之十字军呼声又甚嚣尘上。

〔尼西亚帝国〕 迈克尔与热那亚人缔结同盟，许以恢复君士坦丁堡后，以 1204 年以前威尼斯人所享受之一切特权畀之。是年 7 月，迈克尔遂以热那亚人之助攻克君士坦丁堡。存在达五十七年之拉丁帝国自此亡。

〔日耳曼〕 普鲁士人再度起义（第一次在 1241 年），企图驱逐条顿武士团，经十余年战争后，终遭失败。同年立窝尼亚人亦起义反抗宝剑骑士团，获得辉煌之胜利。

〔法兰西〕 路易九世下令禁止用私战与械斗方法以决定法律案件之是非曲直。

〔英格兰〕 亨利三世改组十五人会议（按照 1258 年牛津条例设立者），任命自己之宠幸代替之。

〔葡萄牙〕 科尔特斯（议会）逐渐得势，至是迫使国王承认不经议会同意不征收任何新税之原则。

〔挪威〕 正式以北美洲东北之格陵兰归入版图。

1262年

中国 壬戌 宋景定三年 蒙古中统三年

正月，宋复泸州。二月，蒙古始定中外官俸。蒙古将李璮杀蒙古戍兵，以海州、涟水等地降于宋，封齐郡王；璮攻据青、淄、济南。五月，宋复蕲县。蒙古真定等地蝗。七月，李璮败死。八月，蒙古以郭守敬提举诸路河渠，自是大兴水利。九月，蒙古破宋宿、蕲二州。十月，宋归化州土酋岑氏纳土输赋。十二月，蒙古立十路宣慰司。是岁，旭烈兀拟进攻埃及为怯的不花复仇，金帐汗别里哥遣兵袭其后，旭烈兀大败，蒙古在西方之两大汗国自是内哄不休。

外国 〔高丽〕 蒙古使来，索鹞子、又好铜一万斤。献鹞子二十，其好铜，以非本土所产，自华人手购到六百十二斤以进。蒙古帝怒，来诏诘责，并令籍民数、置驿传，辅饷馈军。

〔大越〕 占城来贡。蒙古使来。

〔拜占廷〕 伊派拉斯霸王迈克尔二世被迫承认拜占廷皇帝迈克尔八世为宗主。

〔法兰西〕 教皇乌尔班四世以西西里王冠予路易，路易拒之。后二年其弟安茹伯查理受之，使法国卷入意大利之政治纠纷。

〔威尼斯〕 与埃及苏丹订立商约，保证威尼斯人之商业利益。威尼斯人在君士坦丁堡所失去之商业，因此能补偿一部分。

〔条顿武士团〕 为立陶宛人所败。普鲁士人再度起义，以波兰王之协助平定之。自此开始用武力使普鲁士日耳曼化。

〔挪威〕 征服冰岛，使之承认为挪威之附属国。

1263年

中国 癸亥 宋景定四年 蒙古中统四年

二月，宋置官田所，括买公田。蒙古遣使责宋羁留郝经。蒙古置局于诸路，造军器，严禁民间私藏私造，嗣弛边城之禁。蒙古攻宋重庆。五月，蒙古初立枢密院，升开平府为上都，立平准库于燕京。九月，蒙古立漕运河渠司。是岁，蒙古河北、山东等地旱蝗。

外国 〔高丽〕 遣使献方物于蒙古，并表请免籍民数、置邮传，转饷馈军。蒙古帝允缓行，并赐羊五百；因又遣使如蒙古谢赐并贺来年正旦。以日本船不遵定约，间来抚掠，遣使牒日本请制止。日本诿为对马海盗所为。

〔日本〕 高丽使来请制止倭寇。幕府停止切钱通行。

〔大越〕 遣使如蒙古。宋思明土官黄炳来附。

〔叙利亚〕 拜伯尔斯攻阿克，叙利亚基督教徒分别向小亚美尼亚王海敦及蒙古人乞援。

〔俄罗斯〕 诺夫哥罗德大公亚历山大卒。

〔条顿武士团〕 教皇乌尔班四世下令特许条顿武士团有经营商业之权利。该团自此成为一有力之政治与经济组织。

〔英格兰〕 内战爆发，拥护与反抗国王之封建诸侯，互相对峙。同年亨利三世子爱德华率人抢劫庙堂武士团在伦敦之保险库，仅夺获之现银即达一万磅。

1264年

中国 甲子 宋景定五年 蒙古中统五年 至元元年

正月，蒙古立诸路平准库。六月，宋衢州民詹沔起事，攻常山等地。宋攻蒙古于虎啸山，败。七月，蒙古阿里不哥等降。八月，蒙古立诸路行中书省，行新立条格，改燕京为中都，改元至元。九月，宋行经界推排法于诸路，更造银关一抵会子三。十月，高丽王朝于蒙古。宋理宗死，太子禥嗣，是为度宗。十二月，蒙古废诸将世镇之制。是岁，蒙古河北、山东等地大水。郭守敬于旧夏地修复渠堰，灌田九万余顷；又于西凉、瓜、沙等地开水田。旭烈兀卒，子阿八哈嗣位。

外国 〔高丽〕 蒙古使来，谕元宗入朝。八月，元宗如蒙古，十二月回。

〔日本〕 二月，改元文永。北条长时死，北条政村执权。

〔大越〕 陈守度死。

〔拜占廷帝国〕 保加利亚人来攻色雷斯。

〔罗马〕 教皇乌尔班四世以西西里王位给予法国之安茹伯爵查理（作为自教皇手中所接受之采邑），查理接受之。

〔威尼斯〕 击败热那亚舰队于特累班尼。不久威尼斯又在君士坦丁堡重行获得以前之权利。

〔英格兰〕 内战双方敦请法王路易九世为仲裁人，但路易所作出之亚眠裁定为封建诸侯与伦敦市民所反对。同年蒙福尔败亨利于琉伊斯，亨利及其子爱德华均被俘。亨利被迫同意琉伊斯协定（恢复1258年牛津条例各项规定）。牛津大学学院制约在此时开始。

1265年

中国 乙丑 宋度宗赵禥咸淳元年 蒙古至元二年

正月，蒙古严禁贩马越界，又以河南北荒田分给蒙古军耕种。二月，蒙古败宋兵于钓鱼山。蒙古定制各路以蒙古人充达鲁花赤，汉人充总管，回回充同知。五月，蒙古省并州县二百余。八月，蒙古扰宋庐州、安庆。九月，宋兵攻蒙古于潼川，败。

外国 〔日本〕 续古今集撰成。宋僧普宁回国。

〔大越〕 占城来贡。大水，人畜溺死甚多。

〔占城〕 国王阇耶因陀罗跋摩六世为甥释利诃梨提婆所杀。

〔叙利亚〕 拜伯尔斯占领阿尔苏夫与塞乍利亚（叙利亚雅法北之一海港）。

〔罗马〕 安茹伯查理抵意大利，教皇任命之为罗马元老，并为之加冕为西西里王。

〔法兰西〕 路易九世下令取缔一切未经国王许可所设立之市场（按在此以前迭有命令，以准许设立市场与庙会为国王特权，任何人不得僭窃）。

〔英格兰〕 西门·得·蒙福尔自每州召集武士代表二人，每一城市（获有国王特许状——具有自治权者）召集市民代表二人，参加本年召开之议会。英国市民代表参加议会，此为其始。同年爱德华逃亡，纠合格罗斯忒伯爵与西门战。西门败，未几，卒。

1266年

中国 丙寅 宋咸淳二年 蒙古至元三年

正月，蒙古立制国用使司，以阿哈马为使，专事掊克。十月，蒙古破宋开州。十一月，蒙古禁天文、图谶等书。十二月，蒙古修中都漕渠，导卢沟水以运西山木石，又于平阳导汾水溉田千余顷。

外国 〔高丽〕 蒙古遣使如日本，诏派人为向导，乃遣官偕蒙古使往。

〔日本〕 废征夷大将军宗尊亲王，立年方三岁之惟康亲王，自是幕府执权人每立幼年将军以便己。大风为灾，西部尤甚。

〔大越〕 占城来贡。蒙古使来，遣使报之。命王侯、公主、驸马招流散人为奴婢垦荒闲田，立为田庄，王侯至是时始有庄。

〔特累比松帝国〕 蒙古人与塞尔柱人在小亚细亚之势力日益衰落，特累比松又获得独立。

〔意大利〕 安茹伯查理入侵南意大利，在本内文托大败西西里军，曼夫累德阵亡。罗马教皇长时期以来进行控制意大利南部之斗争，至是达到其目的。

〔条顿武士团〕 在布兰敦堡建立要塞，以镇压普鲁士起义。

1267年

中国 丁卯 宋咸淳三年 蒙古至元四年

正月，蒙古禁僧官侵理民讼。蒙古城中都。八月，蒙古扰宋襄阳，掠生口五万。九月，安南贡于蒙古。十月，宋复开州。

外国 〔高丽〕 所遣官导蒙古使往日本者，至巨济岛，借口风险折回；蒙古帝不悦，坚命派人再往，于是另遣官赴日本。遣王弟淐如蒙古贺正旦并告遣官往日本事。

〔日本〕 僧绍明自宋回。

〔大越〕 占城来贡。定宗室及公主子孙封爵之制。选儒士为馆阁省院官。文学士自此始得柄用。定军伍，军三十都，都八十人。

〔叙利亚〕 泰尔（推罗）向埃及纳贡金金币一万五千枚。

〔西西里〕 安茹伯查理与拜占廷末帝（拉丁王朝）鲍尔温二世缔结同盟，并结为姻亲，使其子继承巴尔干半岛南部之阿开雅亲王国，并自称为拜占廷帝国之合法继承人。

〔法兰西〕 路易九世决再组十字军。

〔英格兰〕 亨利复位，但实权操于爱德华之手。同年召开马尔伯罗议会，议决改革案多起。

1268年

中国 戊辰 宋咸淳四年 蒙古至元五年

三月，蒙古罢诸路女直、契丹、汉人为达鲁花赤者，其回回、畏吾儿、乃蛮、唐兀人仍旧。五月，蒙古扰宋白马等城寨。六月，宋罢浙西公田庄，募民耕种，减租额什三。七月，蒙古置御史台。八月，蒙古围襄阳。十一月，宋襄阳军攻蒙古诸寨，败。宋行义役法。是岁，蒙古中都、南北京州郡大水。

外国 〔高丽〕 王弟淐至蒙古，蒙古帝严责元宗不诚，淐数受磨难，始得还国。嗣蒙古使又来诘问，因遣官随往解释。时蒙古将征日本，半年中数遣人来令备船、助军。大臣金俊恃功骄恣，又力主抗蒙，至是杀之，夷其族党，株连兴狱，半年方已。

〔日本〕 蒙古使来，拒之。北条时宗执权。僧慧云自宋回。

〔大越〕 初旱，后水，大饥。

〔叙利亚〕 拜伯尔斯下雅法，向安条克进攻，激战二日，陷之。

〔神圣罗马帝国〕 康拉德四世子康拉丁应意大利季卑林党召，率兵万人入意，战败后为安茹伯查理所俘，得教皇克里门特四世之同意将其斩首。自1138年以来即统治日耳曼之霍亨斯陶芬王室至是绝。莱因同盟诸城市迫使戴耶特（议会）下令废止一切苛杂税收（原有正税仍保留），并拆除自斯特拉斯堡至科隆间之一切税卡。

〔意大利〕 威尼斯商人为法王路易九世承造一船，长一百零八尺，使用水手一百一十人。此在当时已为第一流船只。

〔西班牙〕 霍亨斯陶芬王室之男嗣斩绝后（康拉丁被杀），阿拉贡王之媳（前西西里王曼夫累德女，伯多禄三世妻）君士坦萨宣称应为西西里王位之合法继承人。

1269年

中国 己巳 宋咸淳五年 蒙古至元六年

正月，宋扬州开河四十里以通运。蒙古修朝仪。蒙古扰宋复州、德安，掠万人。二月，蒙古颁行八思巴所创新字。三月，蒙古围宋樊城，宋军拒战，大败。六月，高丽王遣子朝蒙古。七月，宋袭蒙古，图襄阳，败。九月，高丽王植被废，弟淐立；蒙古遣使诘问，十月，发兵问罪；十一月，高丽王植复位，蒙古兵乃退。安南贡于蒙古。是岁，蒙古益都等地大水，河南北蝗。宋文学家刘克庄死。

外国 〔高丽〕 蒙古使等至对马，掳二倭人还。遣世子谌如蒙古。六月，大将林衍立王弟淐，幽元宗；遣使如蒙古，诈谓元宗以病逊位；旋伪尊元宗为太上王。世子谌自蒙古还，中途闻变折回，诉于蒙古帝，于是蒙古使来责问。北方将在崔坦等起兵讨林衍。十一月，林衍以蒙古威胁，迎元宗复辟。元宗旋如蒙古。

〔日本〕 高丽牒来，报之。

〔大越〕 水旱为灾。蒙古使来责问，遣使报之。

〔波希米亚〕 俄托卡乘日耳曼之“大空位时期”，侵入其东南部之卡林西亚、卡尼阿拉与伊斯特里亚，加以占领。

〔法兰西〕 13世纪中叶前后，法国国王遇有重要事件，除召集僧侣与贵族商讨外，亦间常召集有关城市之市民代表参加。此类会议被称为“三级会议”。初期之三级会议多为地方性，至14世纪初始有全国性之三级会议。

1270年

中国 庚午 宋咸淳六年 蒙古至元七年

正月，蒙古立尚书省，罢制国用使司。宋颁成天历。二月，蒙古立司农司，寻改大司农，设四道巡行劝农司。宋襄阳军出攻蒙古，败。蒙古遣兵入高丽，立行省，设达鲁花赤监其国。三月，蒙古改行中书省为行尚书省。五月，宋四川军与蒙古军战于嘉定、重庆，皆败。六月，蒙古禁民私掠宋境。十二月，蒙古遣使于日本。金齿、骠国附于蒙古。是岁，宋浙西水。蒙古山东饥，河南北旱。

外国 〔高丽〕 蒙古遣兵屯西京，崔坦附之。林衍死，其子惟茂反，旋败死。元宗归自蒙古，始还旧京。蒙古派人为达鲁花赤。大将裴仲孙等据江华，立承化侯温为王，嗣败据珍岛与蒙古抗。遣世子谌如蒙古，奏蒙古兵苛暴状，蒙古帝来诏责难。派人招谕珍岛，不听。

〔日本〕 蒙古僧子昙来。

〔大越〕 占城来贡。大水。

〔第八次十字军〕 参加者有法王路易九世（第二次），英国亲王爱德华与拿波里王查理。路易进攻非洲北部之突尼斯，染疫卒。查理于获得突尼斯王有利之条款后返意大利，沿途抢劫法国与热那亚之船只。爱德华为三人中唯一真赴东方者。

〔法兰西〕 至路易逝世时止，法国王权已大为伸张。各地城市已日趋繁荣。市民之组织公社者遍于各地，不断与封建统治者发生斗争。路易之子腓力三世（外号勇者）嗣位。

〔英格兰〕 传罗吉尔·培根在此时已知火药之用途。自蒙古人入侵欧洲以来，至此已三十年，中国已发明之火药，可能传入西欧，由对科学有兴趣者，如培根等人加以研究。

1271 年

中国 辛未 宋咸淳七年 蒙古—元至元八年

二月，蒙古发中都等地民筑宫城。四月，蒙古遣兵攻高丽之不服者。五月，蒙古分围襄阳之兵以攻四川宋地。蒙古分大理国三十七部为三路。六月，宋兵救襄阳，为蒙古所败。七月，宋襄阳军攻蒙古营，败。九月，宋由海道攻蒙古胶州，败。十一月，蒙古改国号为元。

外国 〔高丽〕 遣使如蒙古请婚，且辨与宋及日本交通事。蒙古遣使如日本，谕译导供馈。密城民起事，旋败。官奴崇谦功德等谋杀蒙古官投珍岛，事泄，死。珍岛之众为蒙古所破，承化侯温死，残部走耽罗。遣世子谌为质于蒙古。蒙古使来索木材、藤席等物。蒙古以改国为元来告。

〔日本〕 蒙古使来。令西陲备蒙古。

〔大越〕 蒙古遣使来谕圣宗入觐；托病不行。

〔缅甸〕 元使来，那罗梯诃波王拒不见，旋遣使如蒙古。

〔巴尔干半岛〕 西西里王查理于获得阿开雅亲王国后，又继续征服伊派拉斯之一部分。明年自称阿尔巴尼亚王。

〔意大利〕 中世纪著名经院哲学家托马斯•阿奎那卒。阿奎那被谥为中世纪“道德哲学之父”（按阿奎那为中世纪唯心哲学——唯实论——之最高代表）。

〔威尼斯〕 波罗兄弟再赴中国，携带马可•波罗（尼科罗之子）偕行。马可波罗居中国约二十年（曾任元廷枢密副使及淮东道宣慰使等职），至1295年始返国。

〔法兰西〕 腓力三世（卤莽的）获得土鲁斯，自此以后法国在西班牙北部进行断续之战争，长达十余年。教皇又从而挑拨之，益不可收拾。

1272 年

中国 壬申 宋咸淳八年 元至元九年

正月，元罢尚书省，行尚书省仍改为行中书省。元赴日本使者遣人与日本二十六人至中都。元改中都为大都。四月，元扰宋涟水。五月，宋将张贵、张顺援襄阳，入重围，得达，后皆战死。十一月，高丽抗元者败奔耽罗，元遣兵攻之。十二月，宋攻元于成都，毁其大城。

外国 〔高丽〕 以国用绌，百官减俸，给京畿田有差。元两遣使来索大木。世子谌归自元，改服蒙古装，留辮发；嗣又如元。是岁珍岛残部走耽罗者屡攻沿海城镇。

〔日本〕 二月，后嵯峨法皇死。复高丽书。

〔大越〕 黎文休编大越史记成，凡三十卷。元使来谕。求贤良明经者为国子司业。

〔缅甸〕 遣兵攻元属金齿。

〔第八次十字军〕 爱德华与拜伯尔斯订立十年休战条约后，返欧洲。

〔日耳曼〕 康瓦尔之理查卒，神圣罗马帝国并名义上之皇帝而亦无之。教皇格列高利十世苦于无法控制，乃威胁日耳曼各选侯，谓将指定一人继承日耳曼王位。

〔英格兰〕 亨利三世卒，爱德华被宣布继位为英国国王（当时爱德华尚在东方参加十字军）。

1273 年

中国 癸酉 宋咸淳九年 元至元十年

正月，元破樊城，宋将范天顺、牛富战死；二月，宋将吕文焕以襄阳叛降于元。六月，元兵入耽罗，派兵镇之。十月，元击降建都“蛮”。是岁，元境或水或蝗。

外国 〔高丽〕 元复遣使假道如日本。元索床材、樟木。元兵破耽罗，置达鲁花赤以监之。遣官与元使审检各道兵粮。

〔日本〕 元使至太宰府。

〔大越〕 宝符元年。

〔缅甸〕 元使来，杀之。

〔日耳曼〕 选侯大会于法兰克福，选出今瑞士北部一小封建诸侯——哈布斯堡之卢多尔夫（路德福）为日耳曼王。此哈布斯堡王室除数次短期间断外，在日耳曼与奥地利存在至20世纪初。

〔波希米亚〕 俄托卡对日耳曼王卢多尔夫拒予承认。

〔意大利〕 教皇格列高利十世将北部各城市中一部分重要市民驱逐出教，因彼等反对西西里王安茹伯查理。

〔法兰西〕 以未内桑及阿维尼翁之一部割让于教皇。

1274 年

中国 甲戌 宋咸淳十年 元至元十一年

正月，元签军十万，二月，造战船八百；六月，命伯颜帅以伐宋。七月，宋度宗死，子显嗣，是为恭帝，太皇太后谢氏垂帘听政。九月，元兵自襄阳分道东下，过郢州，宋将张世杰力战；元兵舍郢而前，十月，屠沙洋，破新城，宋将边居谊战死；十一月，下复州；十二月，陷阳逻堡，宋将王达等战死；复回军下汉阳、鄂州。宋税贵戚、僧道田以供军需。是岁元地九路虫灾。元刘秉忠死。

外国 〔高丽〕 元遣官督造战舰，扰民甚苦；旋又命发兵助攻日本。元使来索妇女以配蛮子。元以公主妻世子谌。六月，元宗死，元册世子谌为王，是为忠烈王；后改名昛。遣兵偕元师攻日本，至壹岐岛，败日守军而还，丧失万余人。

〔日本〕 正月，龟山天皇让位；三月，后宇多天皇（九十一代）即位。元侵对马、壹岐。

〔大越〕 大水。宋民避元兵，以海船三十艘载妻子财物来，安置于街媾坊，号“回鸡”（越称宋为鸡国）。

〔罗马〕 教皇格列高利十世在法国之里昂宣传另一次十字军，未获成功。

〔日耳曼〕 卢多尔夫之政策为在日耳曼发展，向教皇让步，不过问意大利事务。以此哈布斯堡帝系仅拥神圣罗马皇帝虚名，实际则为日耳曼之一诸侯。

〔波希米亚〕 神圣罗马皇帝卢多尔夫召集累根斯堡议会，宣布波希米亚王所夺获之土地俱为非法。自此掀起长达四年之战争。

〔法兰西〕 教皇格列高利十世举行宗教会议于里昂，拜占廷皇帝迈克尔八世亲来参加，允接受罗马教皇为最高权力，以换取后者制止西西里王查理之东进。拜占廷贵族与教会大加反对。

〔英格兰〕 爱德华三世返国，加冕为王。

〔西班牙〕 那伐尔女王若安即位，甫四岁，国内党派互争，外国王侯又争来缔婚，国势紊乱不堪。

1275 年

中国 乙亥 宋恭帝赵显德祐元年 元至元十二年

正月，宋黄、蕲以下沿江诸州军多望风纳款于元。元遣使赴宋。二月，元遣使于日本。宋贾似道督师于池州，使人请和于元被拒，寻大溃，奔扬州，遂罢职。元兵徇江西。宋文天祥率师北上抗元。宋放元使郝经归。三月，元兵入宋建康，平江、滁州、广德皆降于元。元使赴宋，至独松关，一被杀，一伤死。元兵徇荆湖。宋罢公田给原主，令率租户为兵。四月，元兵攻扬州，李庭芝固守。七月，宋舟师与元战于焦山，大败。宋贬贾似道，安置循州，为押者杀于漳州。九月，元增税课，榷铁器，禁私造铜器。十月，元兵攻宋潭州，李芾固守。元大兵分道由建康趋临安。宋元兵大战于常州。十一月，常州破，元屠其民。元令高丽改官制与元相类者。十二月，宋遣使于元军前请和被拒；继复使人以称侄、称侄孙纳币请和，复被拒。

外国 〔高丽〕 太府卿朴褕以国内女多于男，每适异国人，请许品官庶民依等娶妾，以蕃人口；事不果行。以帑藏匮乏，敛银以充元使客之费。元官禁人挟弓矢。元使来督造军器。遣带方公澄等为质于元。许人纳银拜官。

〔日本〕 四月，改元建治。元使来，杀之。

〔大越〕 大比取士，前两科状元分京、寨，至是又合为一。遣使如元。

〔英格兰〕 爱德华三世下令重申禁止“破船律”（见 1196 年条）之决定，规定如此船中尚有一人、一猫或一狗生存者即不得以“破船”论。但仍不能完全杜绝此弊。议会通过议案，准许国王向出口之羊毛与皮革增收捐税若干，以适应日益增长之政府开支。

1276 年

中国 丙子 宋德祐二年 宋端宗赵昰景炎元年 元至元十三年

正月，元兵破潭州，李芾等死之，宋湖南州府多降。宋以益王昰判福州，广王昺判泉州，以图兴复。元前锋至临安，宋帝奉表请降，遣右丞相文天祥等诣元军，天祥被留，寻脱归。元凿济州漕渠。二月，宋益、广二王南走，元遣兵追之。三月，元以宋帝、太后等北行。闰三月，宋陆秀夫等于温州奉益王为天下兵马都元帅；五月，益王即帝位于福州，改元景炎，是为端宗；以广王昺为卫王。七月，文天祥奉命经略江西。宋李庭芝等南奔至泰州，被俘不屈死。元改杨村漕渠，八月，又穿武清漕渠。九月，元兵分道经略闽、广，十一月，元兵入福建，宋帝由海道南走泉州，又走潮州。十二月，元兵破兴化，宋知军陈文龙被执，不食死。宋将张珏复泸、涪二州，屡败元兵，为宋拒守。元兵破静江，宋守臣马塈等死之；寻徇下浔、容等州。宋帝至惠州，奉表请降。

外国 〔高丽〕 吐蕃僧自元来。元使来为归附军人聘妻，搜寡妇、处女与之；置通文馆习汉语。元公主修宫室，发民劳作，死者甚多。

〔日本〕 幕府谋击高丽。

〔大越〕 遣人如龙州，托词买药，以刺元情。元遣使谕以调民助兵等六事，不从。

〔日耳曼〕 卢多尔夫与波希米亚王俄托卡发生战争，于占领奥地利与维也纳后，又逐渐用武力夺取斯提利阿、卡林西亚、卡尼阿那（见1269年条）。

〔法兰西〕 腓力三世占领西班牙之纳瓦尔，以此与卡斯蒂发生战争，失利后始与后者媾和。

〔英格兰〕 西南部之威尔士，在亨利三世时即已逐渐形成与英格兰其他各地分离之状态。至是其亲王卢埃林拒绝向爱德华行附庸礼（按威尔士人属于克勒特族，彼等自称为基姆利人）。

〔西班牙〕 阿拉贡王伯多禄（彼得）三世本年履位后，即积极作进攻西西里之准备（见1268年条）。

1277 年

中国 丁丑 宋景炎二年 元至元十四年

正月，元以天师张宗演领江西诸路道教。二月，元以番僧杨琏真加为江南总摄掌释教。四月，文天祥至江西，连复数州县。淮人张德兴等起兵抗元，用宋景炎年号，攻下黄州、寿昌，逾四月败死。五月，元河南、山东水旱。七月，元诸王昔里吉叛附海都汗，逾月败死。八月，文天祥败走循州。九月，元遣兵海陆追宋帝。播州土酋降元。十一月，宋帝走香山，居于民宅；十二月，又走井澳谢女峡。是岁，元以缅甸不朝，且扰永昌，遣兵攻之。

外国 〔高丽〕 令公侯百官至庶民出米豆馈元兵马。遣官发民万余采金于稷山，二月余得金七两九分。元遣人采参，扰民甚苦。

〔日本〕 商船避难于宋者回。商船贸易于元。

〔大越〕 圣宗亲攻稔婆罗洞蛮僚。太上皇帝陈煚死。大水。

〔占城〕 释利诃梨提婆执政十一年，至是始称王，号因陀罗跋摩六世。

〔缅甸〕 犯元属境。元兵来攻，御之，大败；元兵至江新而还。

〔埃及〕 拜伯尔斯卒。玛美琉克团委任之大马士革总督叛新苏丹，向蒙古人乞援。

〔保加利亚〕 君士坦丁·阿森病，其妻玛丽亚擅权，王朝争端起，蒙古人又自东威胁。有出身于牧人之爱未洛揭竿而起，杀君士坦丁，夺得政权，全国皆来归。

〔罗马〕 教皇尼古拉三世向佛罗伦萨银行家借款二十万金弗罗永界卢多尔夫，支援其与波希米亚之战争。根据统计，西欧各地共有多明我派修道院四百一十七所。

〔瑞士〕 皇帝卢多尔夫（哈布斯堡）保有今瑞士北部之五州及城市多处。

〔英格兰〕 爱德华率兵入威尔士，击败卢埃林。

1278 年

中国 戊寅 宋景炎三年 宋帝昺祥兴元年 元至元十五年

正月，元兵破重庆，俘宋将赵珏，于是绍庆等州府皆降。三月，宋帝至硇洲，四月死。卫王昺立，五月，改元祥兴，六月，移驻新会海中厓山。元将张弘范请攻厓山，许之。七月，湖南张烈良等起兵抗元，应者纷纷，寻皆败死。闰十一月，罗鬼等降于元。十二月，文天祥兵败被俘。

外国 〔高丽〕 令百官出刍豆馈元军。忠烈王及元公主、世子源如元，遂以蒙古将校官吏横暴谗构事告之元帝，寻归国。元使来诘问调取屯田军等事，忠烈王又如元。

〔日本〕 二月，改元弘安。续拾遗集撰成。

〔大越〕 民多以疹痘死。十月，圣宗让位于太子昑，称太上皇帝；昑即位，是为仁宗。元遣使来责，谕使入朝，不从；遣郑廷赞等如元，被留。

〔占城〕 元封因陀罗跋摩六世（《元史》作失里咱牙信合八剌哈迭瓦）为占城郡王。

〔保加利亚〕 伊凡（约翰）·阿森以其岳父拜占廷皇帝迈克尔之援助，夺获保加利亚王位。

〔日耳曼〕 卢多尔夫大败波希米亚王俄托卡于马赫腓尔特，俄托卡阵亡。同年策封苏黎世商人一百名为武士。

〔波希米亚〕 文塞斯劳斯二世嗣位，娶卢多尔夫之女为妃，承认皇帝卢多尔夫为波希米亚与摩拉维亚之宗主。

1279 年

中国 己卯 宋祥兴二年 元至元十六年

正月，宋合州降于元。元将张弘范攻厓山，二月宋兵大溃，陆秀夫负宋帝蹈海死，大将张世杰溺死，宋亡。三月，从郭守敬言，遣监候官四出测晷度。四月，大都等十六路蝗。五月，南安人李梓发据城抗元经年，至是城破，举家自焚，县人从死者甚众。西南八番降元。

外国 〔高丽〕 忠烈王归自元。元使来督修战舰。

〔日本〕 元将夏贵遣使来，杀之。遣兵备元。

〔大越〕 仁宗陈昑（又名日烜）绍宝元年。占城使来。是岁宋亡，官民有来投者。

〔占城〕 遣使贡于越及元。

〔保加利亚〕 爱未洛率兵与拜占廷战，大败。

〔英格兰〕 议会通过“死手”财产法以制止财产转入教会之手（按死手产业为不能转移之产业。教会通常被视为法人，具有不死性质，因之其财产亦被视为不能转移者。教会财产愈多，则国王或其他大封建主自田产中所收取之转移税〔旧附庸死亡，新人继承时应交纳之税〕，或因旧附庸死亡所引起之其他收益〔如对承继人之监护权，或对女承继人之婚姻干涉等〕亦愈少，故颁布此法限制之）。

〔瑞典〕 国王伐德美尔为其弟玛格拉斯·赖都拉斯废黜。后者僭位为王。

1280年

中国 庚辰 元至元十七年

正月，括江淮铜及铜钱铜器。命泉州行省攻山寨未服者。放荆南、江西、广西被俘为奴者三万一千余人为民。二月，命云南军击缅甸。三月，剑南等路民纷起反抗，江西亦不靖，遣官抚定之。六月，颁钞法于江南，废宋铜钱。八月，占城、马八儿入贡。遣兵与高丽征日本，以飓风船坏无功。漳州陈吊眼、头陀军首领黄华聚众反抗，遣兵攻之，华降。十月，遣人求黄河源。十一月，颁郭守敬等所制授时历。是岁，理学家姚枢、窦默死。

外国 〔高丽〕 令儒士于科举文外，别习经史。元平章阿合马求美女。以诗赋试文臣。倭寇扰沿海；遣使告于元。忠烈王如元，请助攻日本，寻归，元随遣使拜忠烈王为中书左丞相、行征东中书省事。

〔日本〕 元僧祖元来。

〔大越〕 颁木尺、绢尺同一长度。定账籍及诸色役。大有年。沱江蛮首领郑角密起事，旋降。

〔占城〕 元数遣使征国王或其子弟、大臣入朝，遣使贡犀、象等方物。

〔保加利亚〕 爱未洛赴南俄平原，向金帐汗之诸啮汗乞援，客死。

〔挪威〕 埃利克（外号“恨恶神甫者”）嗣位。开始与汉萨同盟之长期战争，失败后被迫以各种特权授予后者，埃利克本人甚至加入同盟为盟员。

1281年

中国 辛巳 元至元十八年

正月，遣兵与高丽共攻日本。邵武民高日新起兵反抗，寻败。二月，发肃州军民凿渠溉田。五月，严禁买卖人口。七月，遣兵往占城。八月，攻日本军遭风，十余万人只三人生还。闰八月，括江南户口税课。十月，募民屯田淮西。以安南王陈日烜（昑）反抗，立其叔遗爱为王，卫之入国。立行省于占城，备船发兵以经略海外。陈吊眼败死。十二月，开河于胶、莱以通海运。理学家许衡死。

外国 〔高丽〕 元公主以将奔元皇后丧，科敛银苎，选良家女。遣将偕元师攻日本，败绩。元置镇边万户府于金州。

〔日本〕 元兵侵壹岐及太宰府，击歼之。

〔大越〕 遣从叔陈遗爱等如元。禁天属卿人不得入学。

〔占城〕 元以占城为行省，遣官为左右丞，以王子诃梨纪特（元史作补的）反抗，撤回所遣官吏。

〔意大利〕 根据统计，佛罗伦萨在本年仅有人口四万五千。但至1331年即已增至九万。

〔西班牙〕 卡斯蒂与莱昂王阿尔封索十世卒，桑绰大王（外号勇者）继位。阿尔封索十世在位凡三十年，奖掖学术，编译书籍甚多。如1258年颁布之法典，1253年发表之天文学作品《阿尔封索表》，卡斯蒂文之《圣经》译本与《西班牙编年史》等。

1282年

中国 壬午 元至元十九年

二月，遣兵攻缅甸。申严汉人藏军器之禁。三月，千户王著杀阿合马；五月，阿合马奸赃事大白，戮其尸，诛其徒党，罢其滥设官府一百七十一所。以占城执使者，发兵攻之。八月，江南水。九月，俱蓝入贡。定云南赋税用金贝，并括云南所产金。十月，由大都至瓜州置漕运司二。十二月，杀宋丞相文天祥。浚济州河。是岁，太平、宣城、徽州民纷起反抗，寻败散。河北、山东旱。

外国 〔高丽〕 元罢征东行中书省。时嬖人等多置庄田，诱民为佃，收租苛虐，而不纳国课；有以为言者，几获罪。元使来督修战舰，将再攻日本。

〔大越〕 占城贡白象。时元人有来犯讯，仁宗如平滩，会百官议攻守之策。

〔占城〕 元兵来侵，迎战而败，国王避于山中。

〔暹罗〕 元使来。

〔拜占廷〕 西西里晚钟起义后，查理无力东进，拜占廷所受威胁以此解除。

〔意大利〕 佛罗伦萨之大基尔特（共七个）开始完全掌握市政，官吏之进退皆须通过彼等。同年公布法令，贵族非列名基尔特者不得担任官职。

〔西西里〕 法国统治者在西西里之暴行引起人民愤恨。3月末，自发性暴动起，全岛约二万八千法人大部分被杀（按暴动开始于当时之晚祷钟声时，故称“西西里晚钟事变”）。

〔西班牙〕 9月，阿拉贡王彼得（伯多禄）乘西西里晚钟事变率兵来援，解麦细那之围，西西里人遂推选之为国王。但王权之稳定建立仍有待于长时期之斗争。

〔英格兰〕 威尔士人在卢埃林及其弟大卫之领导下，再起革命，企图摆脱盎格鲁—萨克森人之羁绊。英王爱德华率大军进攻，威尔士人大败，卢埃林阵亡。汉萨同盟在伦敦设立商栈——斯体尔雅尔德，自此逐渐控制大部分英国国外贸易几达三世纪之久。

〔丹麦〕 埃利克被迫颁布《大宪章》，承认封建贵族若干特权。

1283年

中国

癸未 元至元二十年

正月，命备军储、习水战以攻日本，嗣不果行。三月，新会林桂方等起事，国号罗平，建元延康，寻败死。四月，申严酒及私盐之禁。六月，以攻日本，征调烦苛，民大骚动。命四川军攻思播以南溪峒。八月，济州新开河成。九月，象山海贼尤宗祖等九千余人降，海道遂安。十月，黄华降而又反，称宋祥兴五年，攻崇安等县，寻败死。十二月，定质子令，凡大官子弟皆遣赴京师。是岁，立海运万户府二。湖南北民多起反抗，乔大使为之首，大使被擒，遂渐散。

外国

〔高丽〕 元命签军、备粮，以攻日本，执事者征敛苛扰，人民大苦。元复置征东行中书省，仍以忠烈王为左丞相。

〔大越〕 遣使如元。

〔占城〕 元复增兵攻犯多处。

〔缅甸〕 元兵来侵，大破抵御之军，据江新。

〔英格兰〕 威尔士亲王卢埃林之弟大卫被俘，爱德华下令杀之。威尔士人自此永为萨克森人征服，丧失其独立。同年爱德华颁布威尔士法，专用以统治威尔士人（按威尔士人在罗马时代始终未被征服。日曼人入侵后亦保持半独立状态，至是始被征服。相传爱德华惧其再起，曾屠杀可能煽动民族情绪之行吟歌者五百人）。

〔西班牙〕 阿拉贡之科尔特斯（议会）抗议伯多禄三世在西西里岛进行之战争，迫使后者颁布给予彼等广泛特权之诏令（阿拉贡大宪章）。

1284年

中国

甲申 元至元二十一年

正月，攻缅军击降建都王乌蒙等十二部。遣使宣谕日本，使者为从人所杀。二月，宾州民黄大成等起事，梧、韶、衡、漳诸州民相继而起。四月，攻缅军败，发思播峒丁援之。五月，任丘县民李移住谋起事，未成，死。括私藏天文、图谶、太乙、雷公式、七曜历、推背图、苗大监历，禁私习及收匿。六月，遣人分道测晷影、日月交食。增官吏俸。七月，再遣兵假道安南攻占城。十月，立常平仓。十二月，令江南豪民僧道首实所侵官田。开神山河。集诸路医士增修本草。攻占城军入安南，败其拒战之兵。

外国

〔高丽〕 忠烈王及元公主、世子源如元，从者千余人；旋皆还。

〔日本〕 北条时宗死，北条贞时执权。北条时光谋反，流之。

〔大越〕 浚苏历江。遣使如元请缓师；时元兵已发，未几元皇子脱欢遂督师来犯，仁宗以战不利，退屯万劫津。

〔占城〕 元兵攻扰经年，损折甚多，乃退。遣使献象于元。

〔缅甸〕 元兵陷太公城，那罗梯诃波王惧而出奔。

〔意大利〕 威尼斯始铸金币杜克特（约合黄金3．5格兰姆）。自此流通西欧各地，与佛罗伦萨之弗罗永同为国际商业中用作支付之标准货币。

〔西西里〕 教皇怒阿拉贡王伯多禄驱逐彼在西西里所立之国王（安茹伯查理），遂将伯多禄驱逐出教，并以其国（阿拉贡）赐法国瓦罗亚伯爵查理，纵令后者向阿拉贡进攻。

〔英格兰〕 爱德华之次子（即后来国王爱德华二世）生于卡那封（属于威尔士之卡那封州），被称为“威尔士亲王”。自此此一名字成为英国太子之封号。

〔西班牙〕　纳瓦尔女王若安嫔法王腓力四世。自此该国与法国王冠相联系。

1285 年

中国

乙酉　元至元二十二年

正月，发军浚武清漕渠。立市舶都转运司及诸路常平盐铁坑冶都转运司。增军屯田芍陂。括京师荒田，令卫士屯种。西川赵和尚诈称宋王子，真定民刘驴儿自以有异相，皆谋起事，不成，死。二月，增济州漕船役。发军穿河西务河。潮、惠二州民郭逢贵等百五十余寨抵抗经年，至是败散。罢胶莱运河。立规措所以拢财利。五月，入安南军还，被截多死。六月，命女真、水达达造船备攻日本。七月，增兵攻安南。八月，改酒酤钞法。真腊贡药材、鳄皮。十月，敛军储，理船舶，又籍囚徒，招私盐贩习海道者为水工，备攻日本；嗣不果行。十一月，命四川军攻思播南蛮僚。

外国

〔高丽〕　元使来督造战船并牒调发军粮。

〔大越〕　元军来犯万劫津，仁宗以战又不利，遣人送王姑安姿公于元皇子脱欢以缓师，无效；仁宗乃走避清化，王叔陈益稷等降于元。旋诸路援兵大集，又有宋人来归者相助，士气复振，大破元军，其大将唆都自占城退师回，至是战死，脱欢仅以身免。战事约半年，终获胜利，仁宗乃还京。九月，改元重兴元年。

〔占城〕　遣使贡药材等物于元。

〔暹罗〕　蓝摩堪亨王命创新字母，约颁行于是年。

〔保加利亚〕　蒙古人侵入保加利亚与匈牙利。保加利亚王忒特利基一世被迫以其女妻蒙古汗诺嗜之子。喜施曼自立于保加利亚西部。

〔普鲁士〕　完全为条顿武士团征服。

〔法兰西〕　腓力三世卒，其子腓力四世（外号“漂亮的”）嗣位。

〔西班牙〕　瓦罗亚伯爵查理进攻阿拉贡之“十字军”无功而退。

〔英格兰〕　爱德华下令废除抵偿法（按当时西欧各国俱盛行此法，即某一城市之某人，贷款于另一城市之某人。如得不到偿还时，可以任意逮捕负债者城市之任何人，或扣留其财物为抵偿。唯教士与大学生为例外。封建割据时代此为公认之良法）。

1286 年

中国

丙戌　元至元二十三年

正月，禁携金、银、铜、铁出海。二月，禁汉民持铁尺、手挝及杖之藏刃者。令湖广等行省造船发兵备攻安南。封陈益稷为安南国王。三月，遣人求江南人材。六月，颁大司农司所定农桑辑要于诸路。括诸路马，色目人三取二，汉民悉入官。七月，增淮南屯田兵，岁收谷数十万斛。八月，永康民陈选四等谋起事，未成，死。九月，马八儿等十国入贡。十月，河决开封等地十五处，调民夫二十余万筑堤。

外国

〔高丽〕　宁越令李恂贪暴，县民康允明起事，杀之，自称新皇帝，寻被捕死。命官撰国史。

〔大越〕　放所俘元军还。元使来。元立陈益稷为安南国王，拟发兵护之还国。

〔印度〕　印度奴隶王朝苏丹巴尔班死，群臣拥立其孙基课拜特嗣位，年少荒淫，不勤国政。

〔法兰西〕　英王爱德华一世为其法国领地基恩（见 1259 年条）向法王腓力四世行封建附庸礼。

〔英格兰〕　爱德华一世赴法，在法国居住三年后始归。

1287 年

中国

丁亥　元至元二十四年

正月，浚河西务漕渠。大发水陆军攻安南。二月，复立尚书省，仍改行中书省为行尚书省。三月，更造至元钞，一抵中统钞五。开汶泗水以通京师运道。开封河溢。四月，宗王乃颜反，六月，败死；七月，其余党掠咸平，旋败散。九月，安南贡方物。十一月，以十年来江南“盗贼”纷扰，立限责州县招捕之。婺州柳分司、处州詹老鹞、温州林雄、徽州汪千十及广东邓太僚、刘大僚等攻扰经年，至是相继败死。十二月，攻安南之军至交趾城，其王陈日烜走入海。《资治通鉴》音注作者胡三省死。

外国

〔高丽〕　元宗王乃颜反，忠烈王亲统军助元讨之，随朝于元。元公主以将入朝，强选良家女，闾阎不安；嗣以道梗，中途折回。旋忠烈王亦还。

〔日本〕　十月，后宇多天皇让位，伏见天皇（九十二代）于明年三月即位。

〔大越〕　元大发兵来犯，诸王阿台攻富良关，拒却之；阿台旋又犯万劫津，至云屯，又败之。

〔占城〕 国王因陀罗跋摩六世似已不在位，其子诃梨纪特为王，号阇耶僧伽跋摩三世（元史作补的或补底，越史作制旻）。

〔缅甸〕 那罗梯阿波王至卑谬，为王子梯诃都（元史作不速速古里）所害，元兵至蒲甘，许和而还。自1044年建国之蒲甘王朝，至此遂失却缅甸共主地位。

〔法兰西〕 英王爱德华一世调解瓦罗亚与阿拉贡之争执。瓦罗亚之查理原愿放弃对阿拉贡王位之要求，但1289年经教皇挑拨后，查理再度提出要求，至1291年始媾和。

〔西班牙〕 阿拉贡王阿尔封索三世去年嗣位。本年颁布“准许联合之特权”诏，承认诸侯之权利受到侵害时，可以联合一致，武装反抗国王。

〔日耳曼〕 汉萨同盟诸城市约定相互之间不实行“破船律”（见1196、1275年条），任何触礁船只所剩下之货物皆须归还原主。

1288年

中国 戊子 元至元二十五年

正月，贺州民七百余人攻封州，循州民万余攻梅州，寻败散。宗王海都扰北边。募民耕江南旷土。三月，泉州民二千人攻长泰，汀、赣畲民千余攻龙溪，寻败散。攻安南军还，多被截杀。四月，浑河决，江、淮饥，浙西水。安南贡方物。宗王火鲁火孙反。广东民董贤举、循州民钟明亮皆称大老，湖南民詹一仔聚众四望山经年，至是败死。五月，宗王阔阔带反，旋被执。六月，处州民柳世英攻青田等县，旋败散。七月，以南安等路连岁不靖，免其逋赋。十月，大同民李伯祥等谋起事，未成，死。海都扰北边。免儒户杂徭。十一月，禁有分地者私役民为柴米户及赋外杂徭。柳州民黄德清、潮州民蔡猛以反抗死。遣使谕安南王陈日烜入朝。马八儿等国入贡。十二月，海都扰北边。湖头民张治团等攻泉州。是岁，汴梁路河决二十二处。

外国 〔高丽〕 元命发兵、备粮赴建州。以各道劝农使聚敛扰民，罢之。

〔日本〕 三月，后深草上皇院中听政。四月，改元正应。

〔大越〕 元兵犯龙兴府，至白藤江，又大败，其大将乌马儿等被俘，元皇子脱欢败走。遣使如元。

〔缅甸〕 王子梯诃都于杀父后，又前后杀兄弟四人，欲入白古，未成而死。王子侨苴嗣，返蒲甘，为王。时国已四分五裂，掸族首领阿散哥也等亦渐由元取得官号。

〔奥托曼土耳其人〕 埃尔托格鲁尔卒，其子奥托曼（亦作奥斯曼）继承阿塔贝格（总督）之位置。奥托曼土耳其人之名，自此时开始。

〔神圣罗马帝国〕 卢多尔夫一世（哈布斯堡氏）令其所辖境内之封建领主，负责保证不使往来旅客遭受劫掠。

1289年

中国 己丑 元至元二十六年

正月，合丹扰边。钟明亮掠赣州，宁远畲民丘大老掠长泰，寻败散。二月，浚沧州御河。台州杨镇龙据玉山，称大兴国，建元安定，众十余万，攻东阳等县，浙东大震。三月，浑天仪成。四月，禁江南民挟弓矢。安南入贡。遣工开高丽银矿。置木棉都提举司，又于浙东、江东、江西、湖广、福建置提举司，岁课棉布十万匹。徙乃颜人户于江南，充水军。前宋江西招谕使谢枋得数拒征，至是被迫至大都，不食死。五月，浚河西务至通州漕渠。钟明亮降。青山苗降。六月，开安山渠成，赐名会通河，凡二百五十里，役工二百五十余万。西南夷中下烂土等处洞长降。七月，海都扰北边。九月，置高丽儒学提举司。十月，丘应祥、董贤举等被俘。钟明亮复攻梅州，江罗等攻潭州，韶、雄等二十余处皆应之。婺州民叶万五攻武义。杨镇龙败死。赣州胡海等攻掠经年，至是降。缅甸贡方物。十一月，潭州民陈机察等攻龙岩，寻与丘大老、张顺等降。建宁黄福、陆广等谋起事，未成，死。十二月，括马。广东阎太僚、萧太僚、曾太僚、陈太僚、严太僚曾纷起攻掠，至是皆败。

外国 〔高丽〕 元辽东饥，遣使来索粮饷军。元北边不靖，遣使来征兵。忠烈王及元公主与世子謜如元。

〔日本〕 九月，废征夷大将军惟康亲王；十月，久明亲王为将军。

〔大越〕 送元将乌马儿等回而使人潜溺毙之。赏破敌功，治降敌罪，其宗室降元者，或改其姓，或加恶名，称王叔益稷为“婀陈”。

〔占城〕 元罢占城行省。

〔暹罗—罗斛〕 遣使贡于元。

〔叙利亚〕 埃及之玛美琉克团陷的黎波里，十字军在东方所组之四封建国家，至此荡然无存。

〔罗马〕 教皇尼古拉四世派遣高僧蒙泰科维诺之约翰（或译约翰·孟德高维奴）前往伊儿汗（波斯）与中国。

〔佛罗伦萨〕　本年8月6日，佛罗伦萨当局正式下令废除该城所属地区中之农奴制度。

〔英格兰〕　爱德华一世返国，惩办渎职之法官多人。

1290 年

中　国

庚寅　元至元二十七年

正月，安南入贡。命高丽发耽罗戍兵讨合丹。二月，钟明亮再降。江西民华大老、黄大老等攻乐昌等县，寻败散。三月，建昌民丘元等攻南丰等县，寻败死。杨镇龙余部攻浙东。太平县民叶大五等起事，寻败死。河北十七府州蝗。合丹扰海阳，五月，又扰开元。钟明亮又攻赣州。立银场官于云南。徽州民胡发等起事，寻败死。婺州处州民吕重二、杨元六等、泉州民陈七师等起事，寻败死。六月，太康河溢。杭州民唐珍等起事，寻败死。七月，贵州苗攻顺元杀官吏。建平民王静照、芜湖民徐汝安等起事，寻败死。八月，地震，武平地陷，死七千余人。九月，禁汉人田猎。十月，江阴等路大水，民流者四十余万户。十一月，河决祥符，淹陈、许二州；易水溢，淹雄、霸等州。十二月，括民间兵器。仙游民朱三十五等攻青山，寻败死。青田民刘甲乙等攻温州。湖广兵破钟太僚及江西龙泉诸攻掠者。

外　国

〔高丽〕　元叛王乃颜余党哈丹扰东边，派兵防堵，命官民依等出米馈军。先是崔坦等据东宁府地，附于元，至是，元以其地来归。元开元路来索军粮。以哈丹来犯，避之江华。遣世子謜如元。

〔日本〕　三月，伏见天皇亲政。

〔大越〕　仁宗亲攻哀牢。太上皇（圣宗）死，遣使告哀于元。大饥，民多卖田土及卖男女为奴婢，因免人丁税。

〔印度〕　奴隶王朝最末代苏丹基课拜特被杀，部将基尔吉自立为苏丹，奴隶王朝亡。基尔吉所建立之王朝号称基尔吉王朝，国势衰弱。是时印度王公纷纷独立，蒙古人又时时侵入，基尔吉俱不能抗。

〔瓦拉几亚〕　在腊杜尔·奈格鲁率领下之一部分南方斯拉夫人，因不堪匈牙利人之压迫，自特兰斯斐尼亚东南迁徙，定居于多瑙河下游迤北之河曲地带——瓦拉几亚，建立王朝。此为瓦拉几亚有王朝之始。约在此时期前后，另一南方斯拉夫人之国家摩尔达维亚亦开始建立王朝。此二小国即近代罗马尼亚之前身（按摩尔达维亚建国时期有以为在1288年者，亦有推迟至1342年者）。

〔波希米亚〕　文塞斯劳斯二世杀其继父（摄政）萨维斯。

〔苏格兰〕　英王爱德华一世设法使苏格兰王位之女承继人“挪威姑娘”玛加累特同意与威尔士亲王结婚。但玛加累特于赴英途中病故。英、苏统一之计划以此未能实现。

〔英格兰〕　驱逐一切犹太人。爱德华一世颁布命令，禁止封建领主分封其土地。

〔葡萄牙〕　科莱布拉大学成立（按1290年成立之大学，实为里斯本大学。至1308年迁赴科莱布拉后始更名。此为葡萄牙唯一之大学）。

1291 年

中　国

辛卯　元至元二十八年

正月，罢江淮漕运并于海运。免江淮十三年逋负租三百余万石及丝钞等。右丞相桑哥罢，寻籍没诛之，并罢其苛政。二月，禁江淮豪民挂名府县吏籍图免差赋。五月，杨琏真伽下狱籍没。罢江南六提举司岁输棉布。罢尚书省入中书省，诸行尚书省仍为行中书省。颁至元新格。六月，益江淮兵，击郴州等四路“盗贼”。八月，安南贡方物。遣使诏谕琉球，未得达而还。保定等三路大水。十月，以米二十万斛赈高丽饥。遣使安南，征其主入朝。严益都等六路畋猎之禁。十一月，立都漕运万户府二，以督海运。十二月，八番洞二百五十寨贡方物。是岁，共有寺宇四万二千三百一十八区，僧尼二十一万三千一百四十八人。

外　国

〔高丽〕　哈丹攻掠原州等地，元遣兵来讨，五月，大破之于燕岐。元遣人以米十万石来赈。

〔大越〕　大饥，饿死者甚多。元使来谕仁宗入觐。

〔叙利亚〕　埃及苏丹卡利尔占领阿克、泰尔。其他城市闻讯乞降。西方基督教国家在东方之最后据点，至此全被拔除。起自1096年之十字军，历时一百九十五载，至是终结。

〔罗马〕　教皇格列高利十世之特使约翰·蒙泰科维诺经印度赴中国谒蒙古大汗忽必烈（元世祖）于汗八里（今北京）。1306年蒙泰科维诺被任为北京区大主教，1328年卒于中国。

〔日耳曼〕　卢多尔夫卒，诸选侯以哈布斯堡氏竟能在十余年之短时期中上升为第一流领主，甚为嫉忌，谋有以对付之。

〔瑞士〕　卢多尔夫卒后，其所属之乌利、什维兹与翁特发尔三森林区皆起而独立，组织同盟。

此即为后来瑞士国之基础（此同盟名字之意译，应为“永存同盟”）。

〔苏格兰〕 重要贵族与僧侣，晤英王爱德华一世于诺尔罕姆，承认后者有决定苏格兰王位继承者之权利（按当时争王位者共有三人）。

1292 年

中国 壬辰 元至元二十九年

正月，禁携金银入海。二月，桑州苗、罗甸国、古州等峒民十二万九千余户来附。遣兵攻爪哇。六月，听僧食盐不输税。湖州等七路大水，免田租一百二十五万七千八百余石。上思州首领黄胜许结安南攻扰，寻败奔安南。八月，浚通州至大都漕河。遣兵攻八百媳妇国。九月，再遣使谕安南王入朝。徙瓜、沙民于甘州。宁夏土田向半植红花，诏尽种谷、麦。诸王明理铁木耳附海都反，遣兵讨平之。十二月，汀、漳民欧狗攻掠经年，至是为部下缚献，被杀。辰州“蛮”攻扰。海南黎人攻扰。

外国 〔高丽〕 世子谌还自元。元遣官运米十万硕来赈，遭风漂没，仅得四千余石。遣世子谌如元。元命遣使送日本俘还，并招谕日本；使者至日本，被留。

〔日本〕 高丽使来镰仓。

〔大越〕 令诸买良民为奴婢者，许赎，田宅不用此律。遣使如元，辞以丧服，不能入觐。

〔保加利亚〕 蒙古人立保加利亚贵族斯迈累克为保加利亚王，按年向之纳贡。

〔罗马〕 教皇尼古拉四世卒，由于内部争端，空位两年。

〔日耳曼〕 那骚（西部，滨莱因河）伯爵阿多夫当选为日耳曼王。阿多夫为特利尔（即特利夫斯）选侯之附庸，甚穷，诸选侯不虞其真正执行国王权力，皆同意选举之。

〔苏格兰〕 英王爱德华一世决定约翰•培利俄尔为苏格兰王，后者向爱德华行封建附庸礼。

〔英格兰〕 教廷在伦敦之代理银行获得教皇尼古拉四世之许可后，以巨款（属于教皇者）贷予英王爱德华。

1293 年

中国 癸巳 元至元三十年

正月，扬州屯田四万余顷，官种外，听民耕垦。二月，置高丽沿海水驿。申严江南兵器之禁。三月，括马匹牧海都五部，屯兵守之。四月，上海、澉浦、庆元、广东等市舶司，准泉州抽分法，三十取一。攻爪哇军败葛郎国，以爪哇王金字表及方物还。五月，浙西大水。征僧寺之邸店税。七月，通州至大都漕河成，赐名通惠河，凡役工二百八十五万。十月，禁江南州、县略买良家子女。

外国 〔高丽〕 元遣官来督造船及军粮，仍拟攻日本。忠烈王及元公主如元。

〔日本〕 置长门探题。八月，改元永仁。

〔大越〕 三月，仁宗让位于太子烇，自称太上皇帝；烇即位，是为英宗，改元兴隆。占城来贡。元遣使谕英宗入觐；遣陶子奇如元，辞以疾不能至。元留陶子奇不遣，又立安南行省，使刘二拔都统兵屯静江府，备明年来犯。

〔意大利〕 佛罗伦萨下令将一切不真正从事业务之会员自各业基尔特中清除。此令配合 1282 年之命令执行，遂使一切贵族皆被摈斥于政权之外。

〔日耳曼〕 阿多夫当选后开始争取正在发展中之城市与较小贵族，使之助己。又与英王爱德华一世结同盟，共同对付法王腓力四世，志在争回前所属于帝国之附庸地，如夫隆什空泰、萨伏伊、多非内与普罗旺斯等，但成效甚微。

〔立陶宛〕 酋长维坍重建立陶宛国家。

〔法兰西〕 腓力四世向英王爱德华一世在法国之领地基恩进攻。

〔瑞典〕波罗的海中之哥得兰岛为汉萨同盟所占领。

1294 年

中国 甲午 元至元三十一年

正月，元世祖死；四月，太孙铁木耳即位于上都，是为成宗。八月，浚太湖、淀山湖成，拨军士守巡。十月，缅国贡象。黔中苗时出攻扰，遣兵击之。是岁，灭宋之伯颜死。

外国 〔高丽〕 元世祖死，罢造船。元以耽罗来归。忠烈王及元公主还自元。

〔大越〕 上相陈光启死。光启嗜学，著有乐道集。太上皇亲攻哀牢。

〔暹罗〕 蓝摩堪亨朝于元。

〔印度〕 德里基尔吉王朝苏丹基尔吉为其侄阿老丁所杀，阿老丁自立为苏丹。阿老丁残酷嗜杀，激起起义运动多次。当其在位时，蒙古人常侵入印度。

〔罗马〕 红衣主教团选举塞雷斯泰因五世为教皇，旋又后悔，迫之去职，别选邦内非斯八世代之。

〔威尼斯〕 威尼斯舰队为热那亚人在克里特岛袭击，损失甚重，自此两城之间发生长期战争，至14世纪末（1381年）热那亚大败后始终结。

〔法兰西〕 日耳曼皇帝阿多夫一世与佛兰德尔伯爵均协助英王爱德华一世向法王腓力进攻。

〔英格兰〕 法王腓力四世占领爱德华一世在法国之封建领地加斯科尼，拒予归还，战事起。英国哲学家罗吉尔·培根卒（按罗吉尔·培根同时亦为中世纪有名之炼丹家。中世纪欧洲人皆相信某种贱金属加以熬炼后可成纯金，又相信某些植物或矿物可炼成长生丹，故经院哲学家大都兼为炼师。若干化学原素即经由此种迷信途径而发现）。

〔葡萄牙〕 国王提尼斯与英王爱德华一世订立通商条约。

1295年

中国

乙未 元成宗铁木耳元贞元年

二月，缅国入贡。三月，安南献方物。四月，设各路阴阳教授。五月，升江南诸大县为州。七月，令江南地税输钞。九月，爪哇献方物。十一月，括江浙隐漏官田。是岁，宋遗民谢翱死。

外国

〔高丽〕 元遣蒙古字教授来。元使来取马于耽罗。以送钱币于世子，征七品以上官之白金，又科敛于民。元公主遣宦官科敛人参、松子，运江南牟利。世子谚还自元，旋又如元。

〔日本〕 大乘、一乘二院僧互斗。

〔大越〕 元使来。遣使如元，得大藏经回。试文官之子弟。

〔保加利亚〕 斯未地斯拉夫（忒特利基一世子）逐出蒙古人，自立为王，且自希腊人手中（拜占廷）收回部分失地。保加利亚自此享受短期和平。

〔波兰〕 普热斯密斯拉夫二世以教皇许可加冕称国王。

〔苏格兰〕 苏格兰王约翰·培利俄尔与法国缔结同盟，协助法王腓力四世向英格兰进攻（按此同盟前后延续约三百余年）。同年，英王爱德华一世侵入苏格兰。

〔英格兰〕 “模范议会”在本年召开（按以其包括教会贵族、世俗贵族与市民之代表故名）。其召集书中有：“让一切有关公众之事，获得公众许可。”

〔法兰西〕 腓力向法国僧侣征收捐税以充战费，不足，又令将铸币贬值。同年禁止英国船只进入任何法国港口。

〔西班牙〕 卡斯蒂与莱昂各地市民组赫曼达德（兄弟会，类似民团之组织），与行同盗匪之小封建领主对抗，以保护工商业。

1296年

中国

丙申 元元贞二年

正月，上思州黄胜许攻掠城寨，败走安南。二月，自六盘山至黄河置军屯田。五月，征民间马牛羊，百取一。土番攻阶州。七月，广西民陈飞等攻昭、梧等州，寻败散。八月，禁携金银入海，诸使外国者不得营商贾事。九月，元江土民扰边，寻败。云南击降奇蓝。十月，赣州民刘六十起事，建立名号，寻败死。是岁，大都等路水，太原等路旱。宋学者王应麟死。

外国

〔高丽〕 忠烈王及元公主如元；元以晋王女宝塔实怜公主妻世子谚。

〔大越〕 大有年。

〔暹罗〕 蓝摩堪亨朝于元，携华匠归，遂奠定著名之宋加禄陶器业。

〔罗马〕 教皇卜尼法通令英、法两国，将凡向教会征税之王侯一律驱逐出教。英王爱德华一世之答复为凡听命于教皇之英国僧侣悉褫夺其法律保护权。法王腓力之答复则为下令禁止任何数量之贵金属运赴意大利。两国国王之措施皆受到本国议会之支持（按卜尼法八世为中世纪教皇中最奇特者，对基督教采怀疑态度，相信鬼、神、符箓、魔术等，常御帝王袍服，自称教皇兼凯撒）。

〔威尼斯〕 夺取热那亚在克里米亚半岛保有之地区。

〔法兰西〕 英王命兰开斯特伯爵率兵侵入法国西南部之基恩。

〔英格兰〕 爱德华一世率兵与苏格兰人战于顿巴，后者大败。国王约翰·培利俄尔乞降后被废黜。

1297年

中国

丁酉 元元贞三年 元大德元年

二月，封缅首领为国王。改元大德。五月，河决汴梁。黄胜许请降。六月，历阳江水溢，没万余家。七月，河决杞县。八月，八百媳妇国反抗，遣兵攻之。十月，爪哇遣使奉表请降。破海都兵，入八邻地。十一月，禁豪民、僧道、诸王、驸马擅据矿炭山场。是岁，各路多水旱灾。

外国

〔高丽〕 元应忠烈王之请，还旧日所掳民三百五十户。忠烈王及元公主还。元公主旋死，世子谌回国奔丧，杀元公主宠幸之宦官、宫女多人，旋又如元。

〔大越〕 阅定民兵，使世服兵役，不得入仕。遣将攻阿禄册及岑子册。哀牢犯擅龙江。

〔缅甸〕 怙苴王遣子贡于元，受元封为缅国王（元史作的立普哇拏阿迪提牙），实则此缅国王之权力，只及上缅甸。

〔罗马〕 教皇卜尼法八世迫于罗马内乱及西西里问题，不能不与法王腓力四世媾和。教皇卜尼法命将罗马望族科罗拉家族之一切成员驱逐出教（按卜尼法出身于罗马附近阿南宜之世族，与科罗拉家族素不相容）。

〔威尼斯〕 自本年起“关闭大会议”，即自此以后，必须在过去四年中曾参加过大会议者，始能当选为大会议议员。威尼斯自此成为少数大商业家族所统治之“共和国”。

〔意大利〕 马可波罗之游记约成于本年（按马可波罗因参加威尼斯与热那亚人之战争，为后者所俘获，送回热那亚。彼在俘虏营中曾将其在东方之见闻口授一同囚之鲁思梯谦〔辣斯梯岂阿诺〕，用法文写成，号称“世界奇异书”）。

〔法兰西〕 腓力四世击败佛兰德尔伯爵。同年与英国媾和。

〔英格兰〕 爱德华之捐税政策引起不满，封建诸侯在坎特伯雷大主教文彻尔西领导下结成同盟，迫使爱德华一世于本年签署《重行保障特权令》，允许除封建协助金外，未经议会同意，不征收任何捐税。爱德华与佛兰德尔伯爵结为同盟向法国北部进攻。

〔苏格兰〕 爱国志士威廉·窝雷斯率苏格兰人起义，击败英军，并侵入英格兰北部。

1298 年

中国

戊戌 元大德二年

正月，禁诸王、公主、驸马受人献公私田地。四月，江浙、两淮、山东、河北蝗。七月，汴梁等处水。九月，安南、爪哇、金齿贡方物。十二月，括诸路马。定诸税三十取一。是岁，宗王笃哇等扰北边。

外国

〔高丽〕 世子谌与元宝塔实怜公主回。元使谕忠烈王传位于世子谌，是为忠宣王，改名璋，蒙古名益智礼普化。马八儿王子遣使献方物。忠宣王与元宝塔实怜公主失和，元征之入，命忠烈王复位。

〔日本〕 七月，伏见天皇让位；十月，后伏见天皇（九十三代）即位。

〔大越〕 禁诸人不得称臣于大臣、宗室。攻哀牢，元降将张显战死，赠官赐祭。

〔缅甸〕 掸族阿散也哥等杀怙苴王，立王子邹聂，其遗控之于元。

〔拜占廷〕 自1296年起塞尔维亚人即继续南下，占领马其顿西部与阿尔巴尼亚北部，皇帝迈克尔九世至是被迫承认彼等之胜利。

〔日耳曼〕 阿多夫在迈孙与图林基亚之进展，引起诸选侯之猜忌，至是废黜之，仍选卢多尔夫一世之子阿尔伯特为王。

〔罗马〕 卜尼法八世号召一讨伐科罗拉家族之“十字军”（按此为罗马一最有势力之家族，曾出教皇多人）。

〔瑞士〕 日耳曼王阿尔伯特加紧在瑞士之控制。

〔英格兰〕 爱德华一世率兵入苏格兰，败窝雷斯于法尔刻克，窝雷斯避地法国，但旋即返国进行游击战争达数年之久。

1299 年

中国

己亥 元大德三年

正月，置各路惠民局，择良医主之。三月，遣僧使日本。五月，罢江南释教总统。六月，禁海商以人马、兵仗贸易于外国。七月，江南诸寺佃户五十余万，诏清厘之。十一月，浚太湖、淀山湖。十二月，荆湖等地无公田处，昔皆责民出公田租，至是免之。

外国

〔高丽〕 元以忠烈王不餍众心，遣官为征东行省平章及左丞以监辅之。

〔日本〕 四月改元正安。元僧一宁来。伏见上皇院中听政。

〔大越〕 禁犯外亲尊属之讳。陈氏先世诸王皆遵俗刺龙文于髀间，至英宗始不刺。其兵士，初亦刺龙文于腹背，谓之“采龙”。颁行佛教法事道场新文及公文格式。诏自庚寅年至此，凡卖田土及卖家人为奴婢者，听赎，以本年为限。

〔日耳曼〕 阿尔伯特与法国之卡佩王族互结婚姻，获得后者之助，对日耳曼诸教职选侯施用压力，使之就范。

〔法兰西〕 教皇卜尼法八世调停英法争端。腓力之女与爱德华之子订婚。

〔英格兰〕 英、法两国结沙特尔条约，法国退还基恩，爱德华则娶腓力之妹玛加累特为妻。

〔挪威〕 豪空五世嗣位，王权至是衰落已极。

1300 年

中国 庚子 元大德四年

正月，复淮东漕渠。二月，于乌蒙等地置州县。六月，以缅内乱，杀其王，责问之。十二月，遣兵攻八百媳妇国。

外国 〔高丽〕 忠烈王如元，献童女二、阉竖三于元帝，赠童女一于元丞相完泽，旋归。旧俗，良贱之别甚严，至是元行省官欲革奴婢之法，忠烈王上书争之。

〔日本〕 赐僧睿尊号兴正菩萨。

〔大越〕 兴国大王陈国峻死，国峻于御元诸役有大功。制文武官巾、衣式。

〔缅甸〕 元兴兵来问杀忤苴王之罪，阿散也哥等赂元将以和。

〔奥托曼土耳其人〕 蒙古人征服小亚细亚之塞尔柱土耳其人，奥斯曼代之而起，称苏丹。

〔希腊〕 塞尔维亚王斯提芬·杜尚征服伊派拉斯、马其顿与帖萨利。以帖萨利予一将领统治；以伊派拉斯予其兄弟统治。

〔罗马〕 教皇公布大赦令，并在罗马举行百年庆祝（罗马教会例于每百年举行庆祝一次），敛钱无数。

〔意大利〕 自中国输入之罗盘（通过阿拉伯人）约在此时已为各滨海城市所采用。

〔波兰〕 波希米亚王文塞斯劳斯二世当选为波兰王，称文塞斯劳斯一世，但彼阿斯特王族争位甚力，故不久即辞位返国。

〔法兰西〕 瓦罗亚伯查理征服佛兰德尔，使之隶属法王。

1301 年

中国 辛丑 元大德五年

正月，罢征东行省，撤监高丽国之官。五月，云南土官宋隆济起事，六月，围征八百媳妇军；八月，金齿邀击攻八百媳妇军；遣兵攻之。海都扰北边败还，旋死。十一月，罗鬼起事，乌蒙诸部应之。瑶人三十六峒降。是岁，大兴、平滦、淮西等地水。

外国 〔高丽〕 元撤还征东行省平章等官，旋诏改弊政，汰革冗官。遣使如元，请裁抑元官庇奸民欺占民田。

〔日本〕 正月，后伏见天皇让位；三月，后二条天皇（九十四代）即位。八月，北条贞时落发，北条师时执权。元兵扰萨摩。

〔大越〕 占城来贡。哀牢犯沱江。大饥。太上皇如占城，受隆重接待，因许以女玄珍妻占城王。

〔占城〕 越上皇来游，归时，许结婚姻。

〔奥托曼土耳其人〕 始铸泉币，并开始扩充国土。

〔罗马〕 教皇企图干涉有关苏格兰事务，受到英国议会之制止。又因巴密埃主教之被幽禁与法王腓力四世发生纠葛。

〔塞尔维亚〕 与拜占廷皇帝安德罗奈卡结同盟，共同抗拒土耳其人。

〔匈牙利〕 安德鲁三世卒，阿巴德王朝绝。波希米亚王之子文塞斯劳斯当选为国王。

〔神圣罗马帝国〕 阿尔伯特一世与某些主教及贵族订立条约，在各人之辖境内保证行旅安宁。

1302 年

中国 壬寅 元大德六年

正月，筑浑河堤。命官清厘江南影占税民田土。征八百媳妇军为宋隆济遮杀殆尽。二月，大发兵攻八番。四月，修卢沟堤。十一月，罗鬼大败。十二月，衡州民袁舜一等攻郴州，旋败。是岁，上都、保定、福州、湖州、建康等路饥。

外国 〔高丽〕 忠烈王如元。时有佞人离间忠烈、忠宣二王父子者，元数遣使来究诘。

〔日本〕 十月，改元乾元。

〔大越〕 道士许宗道随商舶来，自是始有符水、斋醮科仪。

〔拜占廷〕 招募卡塔罗尼亚（在西班牙）雇佣兵六千人，组“卡塔兰大队”。队兵每月饷银黄金二两，军官尤多。

〔罗马〕 卜尼法八世公布教令，宣称整个基督教教会仅能有一个元首，其权力应在任何世俗国家或国王之上。

〔法兰西〕 腓力四世为求举国一致对抗教皇，于本年召集“三级会议”，筹商应付之法。此次之三级会议为法国史上第一次具有可靠记录者，同时亦为市民阶级参加政治之开始。

〔佛兰德尔〕 法人在佛兰德尔之统治异常严峻，劳动人民受压迫尤甚，遂在铁匠彼得·德康宁之号召下举行起义，争取民族解放。7月11日起义者与法国武士战于库尔特累，后者大败，死六千余人。相传佛兰德尔市民在战场上收集之（镀）金马刺达数斗之多，故亦称“马刺战役”。

1303 年

中国 癸卯 元大德七年

三月，遣使宣抚诸道，嗣劾罢赃污官吏一万八千四百七十三人，平冤狱五千一百七十一件。三月，大元一统志成。四月，罗鬼降，宋隆济败逃。五月，浚滦河。闰五月，命僧与民均当差役。六月，屯田甘州。七月，北边诸叛王相继降。八月，地震，断续者数月，太原、平阳压死者不可胜计。

外国 〔高丽〕 忠烈王还自元。元又遣官究理离间二王父子之人。忠烈王闻元有放忠宣王回国意，如元以阻之，中途，元命折回。

〔日本〕 八月，改元嘉元。新后撰集成。

〔大越〕 太上皇建无量法会，布施钱帛，赈给贫民。

〔塞尔维亚〕 斯提芬六世击败土耳其人。

〔俄罗斯〕 莫斯科王朝之创立人，达尼尔·亚历山德诺维奇卒。

〔罗马〕 法王腓力四世派遣诺加累入意大利，会同斯岂阿那·科罗拉（见1297年条），在阿南宜（罗马东南四十英里）将教皇逮捕并予以监禁。旋以城中人民之鼓噪，释放之，未几卜尼法以受惊过度，卒。教会史称此次事件为“阿南宜可怕之一日”。本内地克十一世嗣位，明年又卒，传被毒毙。

〔意大利〕 著名诗人但丁于本年被逐出佛罗伦萨（但丁属于皇帝党）。其著名作品如《青春》与《神曲》等，俱流放后作品。

〔法兰西〕 腓力四世于向教皇请求妥协遭受拒绝后，乃召开大会议，决定将教皇逮捕，送至法国，加以审讯。

〔英格兰〕 爱德华颁布《商业法》，准许外籍商人在英国自由与安全经营任何商业。英国商人大加反对。

〔苏格兰〕 苏格兰人在其摄政卡明领导下击败英人。英王爱德华一世再度入苏，击败之。

〔丹麦〕 埃利克六世与教会妥协，允许保障教会特权。但国王保留在教会领地中征募兵役之权利。

1304 年

中国 甲辰 元大德八年

三月，征民间羊及百至三十者取其一。四月，命僧道为商者输税。五月，浚松江、吴江。开封等处河溢。十月，安南入贡。十二月，定蒙古、色目、汉人国子生员额。

外国 〔高丽〕 遣使如元谢治离间诸人，并请放忠宣王回。置国学赡学钱。江南禅僧绍琼来。

〔日本〕 七月，后深草法皇死。

〔大越〕 试士人，先以医国篇、穆天子传，暗写汰冗；次经疑、经义；及诗赋。诗为古体五言，用王度宽猛诗律。赋题“才难射雉”，以“帝德好生，洽于民心”为韵；次制诏表；次对策。试手分（即五刑吏）。诏避本朝庙讳御名及李朝庙讳。诏试士用七科。

〔意大利〕 自本世纪初期起，佛罗伦萨羊毛基尔特之商人开始用自己输入之羊毛雇人梳洗后，交由四乡农民代为纺织，然后染色出售，获得利润甚大，以此发展极为迅速。此举一方面破坏非基尔特成员不得从事某种专业，或从事某一专业者不许从事另一专业之基尔特规则；另一方面则不特使“家内工作制”成为普遍，且不久较大规模之手工工场亦随之而兴起。

〔法兰西〕 腓力四世为报复“马刺战役”之失败，令全国凡有收益达一百里弗尔之业主出骑兵一名，农奴每百家出步兵六名。此外又出售贵族爵位，及准许农奴纳定量金钱后为自由人以筹集款项。以此短期内得骑兵一万名，步兵六万名。但最后仍与佛兰德尔媾和。腓力下令宣称法国境内一切犹太人，包括彼等之生命、财产皆为国王所有，命全国各地同时进行没收。

1305 年

中国 乙巳 元大德九年

二月，免道士赋税。四月，地震，大同路压死二千余人。八月，归德、陈州河溢。十月，括两淮豪民所占地，令输税。

外国 〔高丽〕 忠烈王召僧绍琼入宫传菩萨戒。忠烈王如元。

〔日本〕 京都禁酒。九月，龟山法皇死。

〔大越〕 占城遣使进金银、香药、异物，求定聘礼。罗回国使进辇罗布等。

〔占城〕 遣使如越行聘，许割乌、里二州为聘礼。

〔拜占廷〕 卡塔兰佣兵大队在小亚细亚击退塞尔柱土耳其人后，渡海向君士坦丁进攻，以城坚不易下，退去。

〔罗马〕 红衣主教团因受法王影响，选出波尔多大主教、法国人克力门特五世为教皇。克力门特赞助法王之一切行动，并居住于法国南部之阿维尼翁城。

〔波兰〕　夫拉地斯拉夫四世为波兰王，但被迫与波希米亚继续进行长期战争，至1320年始行加冕礼。夫拉地斯拉夫以其子女联姻于匈牙利与立陶宛，借树外援。

〔波希米亚〕　文塞斯劳斯三世嗣位，放弃匈牙利王位。次年赴波兰，途中被刺死，普累密斯利德朝绝。

〔法兰西〕　波未大主教与市民发生争执，指使自己之军队焚毁该城，并屠杀一部分市民。

〔英格兰〕　苏格兰志士威廉·窝雷斯为奸细出卖，被英人俘获后，送回伦敦处死。

1306年

中国

丙午　元大德十年

正月，浚吴松、扬州、真州漕河。罢江南白云宗都僧录司。发河南民十万筑河堤。四月，罗雄等处“蛮”攻扰，旋败散。五月，复置征东行省以监高丽。八月，地震开成路，压死五千余人。十月，安南贡方物。十二月，琼州临高黎人起事，寻败散。

外国

〔高丽〕　忠烈王在元，仍与忠宣王不睦，宝塔实怜公主纠缠其间，纷呶经年。

〔日本〕　十月，改元德治。是年，麻疹流行。

〔大越〕　以玄珍公主嫁占城国王制旻。学士阮士固始用国语为诗赋。遣使如元。

〔占城〕　越遣公主来嫁国王。

〔波希米亚〕　文塞斯劳斯卒。皇帝阿尔伯特乘机兼并波希米亚，命其子卢多尔夫为王。

〔罗马〕　克力门特五世将卜尼法所颁布之一切反对法王之饬令全部明令取消。数世纪来，教皇对高级教职任命时所索取之贿赂，至此已成惯例。14世纪初期各地主教与大主教缺已隐然有定价。例如迈恩兹大主教缺，售价五千金弗罗永，特利尔七千，科隆则为一万。但随时期之不同，售价亦时有调整（见1326年条与1420年条）。

〔苏格兰〕　罗伯特·布卢斯杀摄政卡明，自任苏格兰王。英人来攻，击败布卢斯。

1307年

中国

丁未　元大德十一年

正月，元成宗死；二月，兄子爱育黎拔力八达至大都监国，迎其兄海山；五月，海山即位，是为武宗。六月，遣使求经籍。七月，江、浙、湖广、江西、河南、两淮、山东饥。八月，命印孝经赐诸王。

外国

〔高丽〕　忠宣王恃有迎立元武宗之勋，迁忠烈王于大都庆寿寺，捕击离间诸臣，杀之；惟元并不直其所为，仍命忠烈王还国。遣官以先代实录一百八十五册送之元。

〔大越〕　以占城纳聘礼所献乌、里二州为顺州、化州。大水。占城遣使进白象。以占城王死，迎玄珍公主回。

〔占城〕　国王阇耶僧伽跋摩三世死，子阇耶僧伽跋摩四世（越史作制至或制鸷）立。越迎公主回。

〔拜占廷〕　卡塔兰佣兵以其大队长被刺杀，立即哗变，在色雷斯与马其顿等地大肆蹂躏，庐舍为墟。

〔波希米亚〕　卢多尔夫卒，波希米亚贵族别选卡林西亚公亨利为王。皇帝阿尔伯特率兵来攻。

〔法兰西〕　由于庙堂武士之巨大财富，腓力四世垂涎已久，至是密令全国秘密准备，于10月13日同时发动，逮捕武士甚多，没收财产极巨（按当时庙堂武士团在欧洲各地有庄园万处，堡垒数百，仅巴黎一地即有藏金十五万弗罗永，银无算）。

〔英格兰〕　爱德华一世卒，子嗣位，称爱德华二世，宠任法人庇尔·加未斯吞，任之为康瓦尔伯爵。

〔苏格兰〕　布卢斯于本年击败英人。

1308年

中国

戊申　元武宗海山至大元年

正月，绍兴、建康等六路饥，户四十六万余，户月以米六斗赈之。二月，立鹰坊为仁虞院，秩正一品，右左丞相并为仁虞院使。发军士修五台山佛寺。绍兴等府大疫。五月，禁白莲社，毁其祠宇，以其人还隶民籍。六月，陇西、云南地大震。六月，江淮饥，益都大水，人相食，济宁、泰安水。十一月，以国用不足，沙汰宣徽等院人数。

外国

〔高丽〕　元封忠宣王为沈阳王，参议中书省事。七月，忠烈王死。王擅诗文，与诸臣唱和，有龙楼集行于世。忠宣王自元来奔丧，复嗣位，旋又如元。禁外从兄弟通婚。

〔日本〕　八月，发征夷大将军久明亲王，以守邦亲王为将军。后二条天皇死。十月，改元延庆。十一月，花园天皇（九十五代）即位。

〔大越〕　太上皇（仁宗）死。太上皇自让位后即出家，号以林大士。元使来告武宗即位；遣使如元。

〔日耳曼〕 阿尔伯特为其侄所杀，卢森堡公亨利（七世）当选日耳曼王。

〔匈牙利〕 法国安茹伯查理·罗伯特当选为匈牙利王，称查理一世，自此开始安茹王朝之系统。当时匈牙利之封建势力已根深蒂固，查理经十五年之努力始使其较重要者就范。

〔英格兰〕 封建诸侯要求罢免庇尔·加未斯吞伯爵，但爱德华二世反任之为爱尔兰钦差。

1309 年

中国

己酉 元至大二年

四月，拨汉军屯垦直沽田十万顷。益都等路蝗。七月，河决归德、封丘。八月，复置尚书省，改行中书省为行尚书省。九月，行至大银钞，一两准金一钱、银一两、至元钞五贯。初铸钱，于大都立资国院，山东等地立泉货监六，产铜地立提举司十九。交曰至大通宝者，一文准银钞一厘；文曰大元通宝者，一准至大通宝十。十月，以江南富豪佃户有至万家，收粮岁至五万石者，令石输二升于官。弛酒禁，置酒课提举司。十一月，八百媳妇国及大小彻里扰边，遣兵攻之，败还。十二月，禁汉人执弓矢、兵仗。

外国

〔高丽〕 立榷盐法，收私家盐盆入官。元遣官督造船运白头山木材以营佛寺，人民大受扰累。元遣官为高丽都副元帅。

〔日本〕 太宰府告元兵将来犯。

〔阿维尼翁〕 教皇克力门特五世正式将教皇宫廷迁至法国南部之阿维尼翁城。自 1305 年至 1378 年止，在教会史上称为“巴比伦流亡期”。法国僧侣在此一时期中对教会影响最大。整个意大利则趋于混乱，未尔夫与季阜林斗争之烈，前所未有。

〔意大利〕 北部诸城市约在此时开始佣兵团制度，即招募成队之外籍士兵，在其原来组织者之指挥下服务于该城市。其后，此种佣兵领袖有逐渐成为各该地之贵族者。

〔波兰〕 文塞斯劳斯统一诸公国，建新都于克拉科夫，但波美拉尼亚仍自布兰敦堡转属条顿武士团统治。

〔英格兰〕 大封建贵族怒爱德华二世宠信加未斯吞，在爱德华二世之侄兰开斯特公托马斯领导下结成反抗国王同盟。

1310 年

中国

庚戌 元至大三年

正月，省中书官吏。重定课税法。二月，浚会通河。六月，立上都、中都银课提举司。海都子察八儿来朝，以海都叛后积其分地五户丝折为币帛总赐之。荆门大水山崩，坏官舍民居二万余间，死者二千余人。河南及循州皆大水，漂没庐舍。十月，厘订海远都漕万户府制度。

外国

〔高丽〕 元宁王谋反事泄，与其家属皆遣来安置。

〔大越〕 大水，饥。

〔日耳曼〕 亨利率兵入意大利，在米兰加铁冠为意大利王。

〔波希米亚〕 卡林西亚之亨利被逐，日耳曼王亨利之子约翰（前波兰王文塞斯劳斯婿）继位为波希米亚王。

〔意大利〕 近代西洋绘画之鼻祖契马布埃在此时前后甚为活跃（按即使用木架、帆布与油料颜色）。

〔特累比松帝国〕 热那亚人来攻，被迫与之订立有利商约。

〔威尼斯〕 始设十人会议。

〔法兰西〕 被逮捕之庙堂武士俱被审讯判罪，活焚者甚多。

〔英格兰〕 大封建贵族迫使爱德华二世成立一改革委员会，包括大封建主二十一人。

〔西班牙〕 法国取缔庙堂武士之运动同样波及于卡斯蒂。

〔圣约翰武士团（病院武士团）〕 今年自塞浦路斯岛迁至罗德岛（按罗德岛系武士团于 1307 年后勾结热那亚著名海盗维诺诺·德·维诺里自拜占廷统治下夺得者）。

1311 年

中国

辛亥 元至大四年

正月，元武宗死，弟爱育黎拔力八达嗣，是为仁宗。罢尚书省，诸行尚书省仍为行中书省。二月，追还所授白云宗总摄所诏书银印，其僧本皆有发，勒还民籍。罢福建绣匠、河南鱼课两提举司。罢僧官，僧人诉讼悉归有司。罢仁虞院。三月，禁民间制箔销金、织金。四月，罢至大银钞、铜钱。五月，遣兵攻八百媳妇国。七月，增国子生额。禁医人非选试合格者勿行医。九月，江陵路大水。十二月，遣官谕安南。

外国

〔高丽〕 本年每月饭僧三千于京师。

〔日本〕 四月，改元应长。十月，北条师时死，北条宣宗执权。

〔大越〕 以占城主制至数来扰，英宗亲攻之。

〔占城〕 越主督师来攻。

〔拜占廷〕 叛变之卡塔兰佣兵大队入希腊，陷雅典公国，自建卡塔兰王朝。

〔英格兰〕 二十一人委员会拟定之改革方案经议会通过，规定国王在任命大臣及向外国宣战或媾和时，必须经大封建诸侯同意。此外又规定未经彼等同意时，国王不得擅自离开国土。同年议会放逐加未斯吞，但彼旋又返回英国。

1312 年

中国 壬子 元仁宗爱育黎拔力八达皇庆元年

二月，八百媳妇国献方物。九月，罢攻八百媳妇国及大小彻里。琼州黎人起事，遣官抚之。十一月，占城献方物，缅国使来朝。

外国 〔日本〕 三月，改元正和。《玉叶集》撰成。六月，北条宣宗死，北条熙时执权。

〔大越〕 俘占城主制至，以其弟守国。元遣使来告仁宗即位；遣使如元。

〔占城〕 越兵胜，国王阇耶僧伽跋摩四世被俘，越立王弟制陀阿婆粘（越史作制能）为亚侯摄行国事。

〔缅甸〕 掸族首领阿散也哥之弟僧哥速迁都邦牙，为事实上之王，其蒲甘系之主，则徒拥虚位。自是掸、缅两族矛盾日深，时有争战。

〔神圣罗马帝国〕 维也纳之宗教会议决定取消庙堂武士团，除该团在法国与西班牙两地之财产业经国王没收外，其余各地之财产俱移交病院武士团（见 1023 年条）。

〔意大利〕 皇帝亨利七世在罗马加冕后，率兵进攻佛罗伦萨。

〔法兰西〕 腓力四世购得里昂。

〔英格兰〕 大封建诸侯捕获加未斯吞，立即将之处死，国王被迫宣布封建诸侯无罪。

1313 年

中国 癸丑 元皇庆二年

二月，以各寺修佛事日用羊九千余头，命易以蔬食。二月，外任官无公田者，以钞给之。四月，安南贡方物。六月，河决陈、亳、睢州及陈留县。十月，命汉人、南人、高丽人宿卫者勿给弓矢。诏行科举。十二月，放免广东采珠乌蜑户。

外国 〔高丽〕 忠宣王留元不欲归，岁令本国输布十万匹，米粮杂物不可胜计，转运劳民。从官有思归者，谋逐王佞幸，皆获罪。三月，忠宣王传位于长子焘，是为忠肃王，蒙古名阿剌讷忒具里。旋皆被遣与宝塔实怜公主回国。忠宣王作万僧会。

〔大越〕 以暹人侵占城，遣官为经略使往救之。

〔俄罗斯〕 莫斯科大公犹里·达尼诺维支与乌兹别克汗之妹（或姐）结婚。

〔神圣罗马帝国〕 亨利七世去年卒，巴伐利亚公路易四世（此家族名维泰尔斯巴赫）与哈布斯堡之“漂亮的”腓德烈同被选为日耳曼王（前者五票，后者四票）。内战始。

〔苏格兰〕 连年大胜英人，使英人在苏格兰仅保有一名斯忒林之要塞。

1314 年

中国 甲寅 元延祐元年

正月，命各行省访求遗逸。三月，真定等路饥。暹罗、马八儿入贡。四月，立回回国子监。七月，浑河决。十一月，检核浙西、江东、江西田税。十二月，禁诸王、驸马、权豪增价买盐。浚扬州淮安运河。清厘诸卫屯田。

外国 〔高丽〕 改定田赋。元使来颁科举诏。忠宣王如元，于大都构万卷堂，与元名儒阎复等游，遣官购书万余卷于江南；元闻之，赐宋秘阁旧藏书四千三百七十一册。

〔大越〕 三月，英宗让位于太子奣，自为太上皇帝。奣即位，是为明宗，改元为大庆。元使来，遣使报聘。

〔瑞士〕 什维兹人民因争夺牧地之故，占领爱因西顿寺，日耳曼王腓德烈遽以森林区三州全部置于禁令下（即剥夺一切政治权利）。发尔斯泰德（森林区）遂联合其他四州，协助巴伐利亚公路易与腓德烈争夺王位。

〔法兰西〕 腓力卒，其子纳瓦尔王嗣位，称路易十世。西班牙之纳瓦尔王国自是与法兰西合并。

〔阿维尼翁〕 教皇克力门特五世卒。克力门特在位九年，始征“初熟税”，即令各地主教与大主教到任时，应将各该辖区第一年之全部收入献教皇（按古代犹太人每年新谷登场时有祀神之典，称初熟祭，克力门特仿此设“初熟税”）。

〔英格兰〕 爱德华二世率兵入苏格兰，大

败。苏格兰自是获得实际独立。同年爱德华任命兰开斯特公托马斯为大臣。

1315 年

中国

乙卯 元延祐二年

正月，禁民炼铁。浚漷州漕河。二月，辰沅峒“蛮”攻扰。三月，初行科举，蒙古、色目人为右榜，汉人、南人为左榜。四月，命诸王分地达鲁花赤以流官充，置副达鲁花赤，由其王派充。江西遭括田之扰最甚，赣州民蔡五九等起事，攻城戕官。成纪县山移，陷没民居。六月，河决郑州。七月，大都水，漷州等地尤甚。八月，蔡五九破宁化，称王。印《农桑辑要》万部，颁之有司。九月，蔡五九败死。十月，授白云宗主沈明仁司空。

外国

〔日本〕 七月，北条熙时死；八月，北条基时执权。

〔大越〕 禁父子、夫妇及家奴互相告讦。蝗。

〔占城〕 制陀阿婆粘于越兵退后不久即称王，至是遣兵犯越顺、化二州。

〔瑞士〕 日耳曼王腓德烈遣其弟奥地利公利奥波德率兵入发尔斯泰德（森林区），为瑞士人大败，利奥波德阵亡。

〔法兰西〕 路易十世下令准许犹太人返回法国（见 1304 年条），并规定彼等贷款予人时，银每一镑每星期可索取利息二辨士。中世纪国王正式规定利率，此为第一次。此外又准许彼等收取旧债，但必须以收回数额三分之二献国王。

〔苏格兰〕 苏格兰王罗伯特·布卢斯遣其弟爱德华率兵入爱尔兰，其本人则率兵入侵英格兰。

〔欧洲〕 自 1315 年至 1316 年，欧洲全境大饥。

1316 年

中国

丙辰 元延祐三年

四月，以河南流民渡江攻扰；赈之。横州瑶攻扰。五月，置辽阳金银铁冶提举司。六月，融、宾、柳州瑶攻掠。河决汴梁。十月，置铁冶提举司于五台。封武宗子和实拉为周王，遣镇云南，行至中途，被拥至金山，西北诸王多来相附。名天文、历算、水利工程家郭守敬死。

外国

〔高丽〕 忠肃王如元，旋偕尚元营王女亦怜真八剌公主回国。忠宣王传沈王位于世子暠，暠旋娶元梁王女。

〔日本〕 北条高时执权。金泽文库约建于是年。

〔大越〕 定演州军民籍。

〔印度〕 德里苏丹阿老丁死，宠臣立阿老丁幼子而独揽大权，不久被杀。大臣又立阿老丁子模巴拉克为苏丹，荒淫不务国政，奢侈无度，政治紊乱。

〔立陶宛〕 解地明统治立陶宛，为立陶宛国家真正奠基人。解地明在位二十五年，由于在波罗的海方面受日耳曼人阻挠，乃利用俄罗斯内部之分裂，向东南两方发展，先后获得波洛茨克、明斯克与德聂伯河中游流域，以维尔诺为首都。

〔瑞士〕 森林区三州之独立地位，获得日耳曼王路易正式承认，并给予特许状。是为近代瑞士之始。

〔法兰西〕 路易卒，遗腹子生七日而死（称约翰一世），以塞利克律之限制，王冠转入路易之弟腓力五世手。

〔爱尔兰〕 苏格兰王之弟爱德华·布卢斯加冕为爱尔兰王。

1317 年

中国

丁巳 元延祐四年

二月，命各县置义仓。五月，黄州、高邮、真州、建宁流民所至攻扰，命抚遣之。七月，成纪山崩，坏庐舍，压死居民。十一月，浚扬州运河。十二月，立广州采金银珠子都提举司。饶州等路大饥。

外国

〔高丽〕 元流魏王阿木哥于耽罗，又移之大青岛。闵渍撰进本朝“编年纲目”，起国初，迄高宗，凡四十二卷。

〔日本〕 大地震。二月，改元文保。九月，伏见法皇死。

〔暹罗〕 蓝摩堪亨王约死于是年，子吕泰王嗣位。

〔奥托曼土耳其人〕 围攻布卢萨城，历时九年，至 1326 年始陷之。

〔意大利〕 威尼斯于本年派遣舰队（商船队）自地中海西部，过直布罗陀海峡，循葡萄牙与法兰西西海岸到达布鲁日与伦敦，此为意大利城市与大西洋城市直接交通之第一次。此自以后，西欧南北通商多遵循此海道，法国东北之香槟国际市场遂逐渐受此影响而衰落。

1318 年

中国

戊午 元延祐五年

正月，安南入贡。塞杞县决河。二月，以金三千两写金字佛经；三月，又给金九百两。时内廷佛事岁费面四十万余斤，油七万九千斤，酥蜜五万余斤。六月，西番攻扰。七月，宁远县山崩；八月，伏羌、成纪县山崩。十月，雩都县民刘景周以征括田新租，聚众反抗；命免征新租，招谕之。十月，罢胶、莱、莒、密盐使司，复立涛洛场。十一月，增江西茶课。

外国

〔高丽〕 济州（即耽罗）民金成等起事，逐星主王子，旋败死。以州郡事审官扰民，罢之。置除弊事务所，旋改为察理辨违都监，属索势豪所占民田还原主；忠宣王在元闻之，令罢之。

〔日本〕 二月，花园天皇让位；三月，后醍醐天皇（九十六代）即位。

〔大越〕 遣兵攻占城、大败之，其王奔爪哇。以土酋制阿难为亚王。

〔占城〕 越兵来攻，国王制陀阿婆粘败奔爪哇。越立土酋制阿难为亚王。

〔瑞士〕 森林区三州与哈布斯堡王室媾和，后者允放弃一切政治权利，前者亦承认其仍作为地土而存在。但瑞士西部各地又纷起反对哈布斯堡族。

〔威尼斯〕 与布鲁日城订立通商条约。

〔法兰西〕 设国务会议。

〔英格兰〕 苏格兰王罗伯特·布卢斯占领柏利克，蹂躏约克郡一带。

〔爱尔兰〕 爱德华·布卢斯兵败阵亡。

1319 年

中国

己未 元延祐六年

正月，暹罗贡方物。南恩、新州瑶攻扰。二月，永昌蒲“蛮”等攻扰。五月，扬州大火，毁公私卢舍二万三千余区。七月，缅国使来朝。来安路土酋岑世兴反，遣使招谕。八月，伏羌山崩。闰八月，浚会通河。九月，浚镇江练湖。十月，以白云宗主沈明仁强夺民田二万顷，愚惑十万人，夺官严鞫。十一月，木邦路土酋带邦攻扰。

外国

〔高丽〕 忠宣王在元，南游江浙，命从官撰行录一卷。以安珦前议置国子赡学钱，命从祀孔庙。元亦怜真八剌公主死。

〔日本〕 四月，改元元应。

〔大越〕 大水。

〔塞尔维亚〕 波斯尼亚为匈牙利人所夺。

〔斯堪的纳维亚〕 瑞典王柏吉尔为贵族所逐，其侄嗣位，称马格拉斯八世。同年挪威王豪空五世卒，马格拉斯又以外孙资格继承。挪威与瑞典两国自此合并。

1320 年

中国

庚申 元延祐七年

正月，元仁宗死，太子硕德八剌嗣，是为英宗。二月，籍江南冒为白云僧者为民。括民间系官山场、河泊、窑冶、庐舍。三月，爪哇入贡。四月，罢回回国子学。绍庆路“蛮”攻扰。六月，罢广东采珠提举司。周至僧圆明称皇帝，谋起事，败死。七月，荥泽、开封河决。九月，澧州“蛮”攻扰。遣使于占城、真腊，索驯象。酉阳“蛮”攻扰。十二月，播州蛋人内附。上思州瑶结安南攻扰。是岁，滹沱河决，浑河溢，成纪山崩，河南饥。

外国

〔高丽〕 国人崔瀣登元进士第。忠宣王为元宦者伯颜秃思所谮，流于吐蕃。忠肃王既遣人献盘缠，又作佛事为忠宣王祈福，百官亦上表诉忠宣王之冤。

〔日本〕 续《千载集》成。僧圆旨、元光赴元。

〔大越〕 太上皇（英宗）死。大水，饥。诏凡非己土田而强争者，计价备还之；若假立文契，刖左手一节。

〔占城〕 元使来索驯象。

〔印度〕 德里苏丹模巴拉克为其幸臣古士鲁所杀，国大乱，群臣又杀古士鲁而立吉耶苏丁为苏丹，基尔吉王朝亡。吉耶苏丁所创立之王朝号称图格拉克王朝。吉耶苏丁，突厥人，出身奴隶，以御蒙古人有功，累擢至大将，至是被拥戴为苏丹。建新都于德里之东。

〔波兰〕 弗拉地斯拉夫四世，自 1305 年继位后，至是始正式加冕。

〔俄罗斯〕 特维尔公爵迈克尔以金帐汗之命令被处死。同年莫斯科大公犹里·达尼诺维支奉金帐汗命代迈克尔为特维尔大公。

〔意大利〕 佛罗伦萨城与卢卡城发生战争，前者大败。

〔英格兰〕 爱德华二世之新宠幸休·得斯彭瑟父子二人逐渐得势。

1321 年

中国

辛酉 元英宗硕德八剌至治元年

二月，调军修上都华严寺。释源宗主僧法洪授司徒。二月，疏小直沽白河。遣咒师往牙济、班十，二国取佛经。五月，迁武宗子图帖睦儿于海南。六月，浑河溢。七月，潞县榆埭水决，滹沱河及巨马河溢。郃阳道士刘志先谋起事，遣官捕之。八月，成纪县山崩。九月，安陆汉水溢。岭北灾，蒙古人多鬻子女于回回、汉人为奴婢，命官与赎还。十一月，疏玉泉河。帝师往西番受戒，赐金银五千四百两，帛万匹，钞五十万贯。冶铜五十万斤铸寿安山寺佛像。

外国

〔高丽〕 复置察理辨违都监。忠肃王奉元命往朝，元帝听沈王暠谗，留之，并收王高丽国王印章。

〔日本〕 二月，改元元亨。后宇多法皇还政。设记录所，天皇亲听诉讼。废诸新关，只留大津岛叶关。

〔大越〕 春，饥，米一小升值钱一镪。夏，大有年。遣使如元。

〔拜占廷〕 皇帝安德罗奈卡二世之孙与之争位，经七年战争后被迫逊位。国内各地悉被战祸。

〔波兰〕 教皇命以波美拉尼亚划归波兰，但条顿武士团拒不奉命。

〔意大利〕 佛罗伦萨诗人但丁卒。但丁除用拉丁文写作外，同时亦用塔斯卡尼文（意大利地方语文）写作，为后来文艺复兴运动之先驱。但丁被称为“意大利诗歌之父”。

〔英格兰〕 议会决议放逐得斯彭瑟父子二人。同年，兰开斯特公纠合封建诸侯数人倡乱。

〔瑞典〕 美克楞公爵阿尔伯特（瑞典王马格拉斯八世之姐丈）煽动瑞典贵族掀起叛乱。

1322 年

中国

壬戌　元至治二年

正月，禁汉人执兵器出猎及习武艺。仪封河溢。三月，河南、陕西旱。禁以金银、丝绵、子女入海。五月，奉符、临邑二县民谋起事，未成，其首领王驴儿被杀。闰五月，禁白莲佛事。沅陵县“蛮”攻扰。六月，辰州江水溢。八月，宁远民符翼轸起事，寻败死。十一月，括江南僧有妻者为民。十二月，南康、建昌大水、山崩。来安土酋岑世兴、葛“蛮”酋龙仁贵、柔远土酋把者等攻扰。

外国

〔高丽〕 元数遣官审理忠肃王被谗诸事。沈王暠潜图夺位。

〔日本〕 以米贵，谕富户出粮。

〔大越〕 遣使如元申理疆界。

〔占城〕 遣使贡于元。

〔日耳曼〕 腓德烈（漂亮的）与路易四世大战于牟尔多夫，兵败被俘。路易自此为日耳曼之唯一国王。

〔法兰西〕 查理四世嗣位。

〔英格兰〕 兰开斯特败，被俘后处死，同年任命休·得斯彭瑟为文澈斯忒伯爵，但反对者甚多，其中包括王后伊莎贝拉。

1323 年

中国

癸亥　元至治三年

正月，思明州民起事，寻败散。罢上都等十州府金银冶，听民采炼，输官什三。静江、邕州、柳州僚人攻扰。泉州民留应总起事。二月，颁大元通制。西番攻掠。四月，浚金水河。行助役法。七月，招谕广西左右两江土酋黄胜许、岑世兴。八月，御史大夫铁失等害英宗，奉晋王也孙铁木耳嗣位，是为泰定帝。十月，杀铁失等。八番、顺元等路瑶民攻扰。十一月，新会县民氾长弟起事，旋败死。十二月，浚镇江漕河及练湖。云南花脚“蛮”攻扰。

外国

〔高丽〕 元移忠宣王于朵思麻；旋以政变，英宗被害，泰定帝即位，召还大都。

〔大越〕 军士始不再文刺。铸铅钱。

〔占城〕 遣王弟贡于元。

〔保加利亚〕 国王忒特利基二世卒，混乱继之而起，贵族选举迈克尔继位。与希腊人战，颇有胜利。迈克尔休其妻塞尔维亚公主安娜，别娶希腊公主。塞尔维亚王攸洛施怒而来攻。

〔日耳曼〕 教皇拒绝承认路易，但路易拥有日耳曼城市之支援。双方展开激烈之宣传战。

〔瑞士〕 伯尔尼及其他勃艮第城市加入森林区同盟以反对奥地利及其他封建贵族。

〔苏格兰〕 英王爱德华二世承认罗伯特·布卢斯为苏格兰王，并与之订立十三年休战条约。

〔尼德兰〕 佛兰德尔西部滨海一带之农民因不堪地主压迫，掀起暴动。布鲁日市民亦协助之。佛兰德尔伯爵以法王之助，于 1328 年在卡塞尔大败农民，起义遂失败。

1324 年

中国

甲子　元泰定帝也孙铁木耳泰定元年

三月，横州瑶攻永淳县。五月，循州瑶攻长乐县。宾州民方二攻扰，寻败死。六月，遣使取女子于高丽。黄胜许、岑世兴请降。云南大理路你囊攻扰。大同浑源河、真定滹沱河、陕西渭水、黑水、渠州江水皆溢。七月，思州、酉阳等州土酋攻扰。放广州、福建采珠蛋户为民。朝邑、濮阳、楚丘等地河、固安清河、任县沙河、洺河、定州唐河皆溢，庐州等十一郡水。庆远瑶酋降。

八月，成纪山崩。九月，奉元、延安等路水。十月，彻里“蛮”攻扰，寻降。安南遣使入贡。浚真州、吴江诸河。肇庆瑶酋降。十二月，云南瑶攻扰。夔路九洞“蛮”攻扰。是岁，名文学家贯云石死。

外国

〔高丽〕 元释忠肃王，复赐印章，旋妻以魏王女金童公主。

〔日本〕 后宇多法皇死。后醍醐天皇不满北条氏专政，与藤原资朝等谋废灭之，事泄，资朝被幽，同谋有被杀者。十二月，改元正中。

〔大越〕 改元开泰。元使来告泰定帝即位。停铅钱并禁之。旱蝗，牛畜多死。

〔日耳曼〕 阿维尼翁之教皇约翰二十二世宣布废黜路易四世，并将其党羽驱逐出教，但日耳曼选侯拒绝遵奉此令。

〔意大利〕 波得诺内（意大利东北之夫利阿利）之弗兰西斯派高僧鄂多力克约在此时前赴中国，其所留游记为中世纪最脍炙人口之作品之一。

〔佛罗伦萨〕 下令，除非获得许可，工人不得有任何形式之组织。

〔美洲〕 美洲土著阿兹特克人，约在此时前后，在今中美洲北部建立墨西哥城。

1325 年

中国

乙丑 元泰定二年

正月，以江南民贫僧富，命寺观田非宋旧制及特赐者与民均役。广西山僚攻扰。闰正月，罢永兴银场，听民开采，以什二输官。阶州土番攻扰。雄州等地大雨，河溢。二月，颁道经。平伐苗降。爪哇贡方物。广西瑶陷柳城县。三月，修曹州河及清河、滹河堤。安南贡方物。五月，浙西江湖溢，大都水，汴梁路河溢，江陵路江溢。六月，静江、柳州、浔州瑶攻扰。息州民郭菩萨等言弥勒佛当有天下，下狱死。浚吴、松二江。潼川绵江、中江、冀宁汾水溢。七月，播州“蛮”等攻扰。广西诸瑶攻扰。申严汉人藏兵器之禁。八月，白夷攻云龙州。卫辉河溢。九月，分十八道，遣使宣抚。以民饥，募民入粟拜官。禁饥民结扁担社。浚河间陈玉带河。开元路三河皆溢。十月，来安州土酋攻上林州；十一月，又结八番攻扰。常德路水。十二月，禁私藏图谶。行区田法于内地，颁救荒活民书于州县。

外国

〔高丽〕 五月，忠肃王偕元金童公主回国，公主旋死。六月，忠宣王死于元。

〔日本〕 续后拾遗集成。藤原资朝被流于佐渡。

〔印度〕 德里苏丹吉耶苏丁死，子穆罕默德嗣位。

〔俄罗斯〕 莫斯科大公犹里·达尼诺维支为迈克尔（见1320年条）之子底米特里刺杀。迈克尔次子继特维尔大公位，莫斯科大公则由犹里之弟伊凡·达尼诺维支（外号钱袋）继承。伊凡（约翰）在位十六年，利用一切方法交欢金帐汗之妻妾与宠幸，获得代蒙古人征收俄罗斯全境贡赋之权。自此权力日增，财富愈多，领土亦有所扩充。

〔意大利〕 威尼斯组织一十五只船舶之航行队，专事行驶于威尼斯与英格兰、佛兰德尔之间。每次航行俱有“少年贵族”四人随船指挥，“借以赴世界各地游览，以广见闻，俾他日能为国效命”。同年，佛罗伦萨始铸铁炮铁弹。

〔英格兰〕 爱德华二世妻伊莎贝拉（法王腓力四世女）返法，策划颠覆得斯彭瑟父子及破坏爱德华三世婚事。英国议会中武士与市民代表之势力，自本年后渐有增加。

〔佛兰德尔〕 佛兰德尔各地市民对伯爵内维尔之路易不满，将其逮捕后加以幽禁，次年获释。路易自此卜居根特，不敢侵犯市民特权。

1326 年

中国

丙寅 元泰定三年

正月，播州“蛮”黎平爱等降。元江路土酋普双攻扰。以山东、湖广官田给民耕垦，人三顷。缅国以内乱，遣使乞援。安南阮叩扰思明路。二月，全茗州瑶酋许文杰攻茗盈州，杀官。爪哇贡方物。归德河决。三月，八番岩霞峒“蛮”降。泉州民阮凤子攻陷城邑。畿内、河北、山东饥。四月，米峒“蛮”等攻长阳县。修夏津等处河堤。五月，八百媳妇国遣使来朝。岑世兴等攻扰。永明县五峒瑶降。六月，黎平爱等复结谢乌穷攻扰，黎平爱寻降，谢乌穷仍抵拒。道州瑶攻扰。大昌屯河决。七月，绍庆“蛮”冉世昌等攻扰。河决阳武县。大同浑源河溢，檀、顺等州河决。八月，宁远州“蛮”刁用攻扰。九月，汾州汾水溢。汴梁河溢。十一月，广西透江瑶、扶灵等峒“蛮”攻扰。播州“蛮”酋宋王保等降。是岁，大宁路大水。

外国

〔日本〕 三月，北条高时落发，金泽（北条旁枝）贞显执权，继由赤桥（北条旁枝）守时执权。四月，改元嘉历。北条氏欲废天皇，天皇作誓书自明，乃已。

〔大越〕 遣兵攻占城，无功而还。

〔占城〕 越兵来犯，败之，自是遂不朝越。

〔印度〕 德里苏丹穆罕默德暴虐嗜杀，士民不附，穆罕默德徙都于德干之底奥吉利。

〔奥托曼土耳其人〕 奥斯曼卒，子奥罕嗣位。奥罕为第一个具有历史真实性之国王，亦为奥托曼（也叫奥斯曼）土耳其帝国之创始人。

〔波兰〕 由于日耳曼人长时期之侵入，引起第一次对条顿武士团之战争。武士团以波希米亚、匈牙利、奥地利与布兰敦堡诸地统治者之援助，获得胜利。战事至1333年始结束。

〔阿维尼翁〕 教皇约翰二十二世命将布累斯劳主教缺之售价，自四千弗罗永减为一千七百八十五枚弗罗永（见1306年条）。

〔英格兰〕 爱德华之妻伊莎贝拉偕摩尔提麦（马赤伯爵）及法国军队返英，以英国封建诸侯及伦敦市民之助，擒获得斯彭瑟父子，加以处死。

〔丹麦〕 贵族废黜国王克利斯托斐二世，别选石勒苏益格公爵伐德美尔为王。伐德美尔以全国土地分畀其日耳曼籍党羽统治。在此一时期中，日耳曼北部之汉萨同盟亦在丹麦各地扩充其势力，且获得特权甚多。

1327 年

中国 丁卯 元泰定四年

正月，浚会通河，筑潮州护仓堤。二月，八百媳妇国贡方物。三月，浑河决。四月，道州瑶攻扰。高州瑶攻电白，湖广瑶攻义宁。五月，占城入贡。睢州河溢。六月，汴梁河决。广西花脚“蛮”攻扰。七月，云州黑水溢。八月，滹沱河溢。湖广苗、田州瑶攻扰。扶沟等处河溢。通渭及天全道山崩，凤翔至江陵五路地震。九月，禁僧道买民田。广西左右江瑶攻扰。十月，开南州土官攻扰。十一月，平乐等地瑶攻扰。云南蒲“蛮”降。十二月，以郡县不靖，定捕盗令。

外国 〔日本〕 天皇命僧人咒诅北条高时。安藤季长等起讨北条氏，失败。元僧正澄来。

〔占城〕 遣使贡于元。

〔印度〕 德里苏丹穆罕默德之残暴统治激起人民之起义运动。蒙古兵来侵，攻至德里城外，贿以重金，始解围而去。

〔日耳曼〕 路易四世远征意大利，加伦巴铁冠与皇帝冕，并支持一对立教皇。1330年返日耳曼。

〔英格兰〕 议会召开于威斯敏斯特，迫使爱德华二世逊位，并宣布其子爱德华三世嗣位，但政府实权操于其母伊莎贝拉及伊莎贝拉之情人摩尔提麦之手。同年，爱德华二世在狱中被谋杀。

〔苏格兰〕 布卢斯继续骚扰英格兰北部。

1328 年

中国 戊辰 元泰定五年 元致和元年 元天顺帝天顺元年 元文宗天历元年

正月，占城贡方物，且言为安南所侵，诏谕解之。禁僧道匿商税。静江瑶攻灵川等县。罢河南铁冶提举司。二月，牙即贡方物。改元致和。四月，钦州瑶攻扰。五月，护流民还乡，其聚至千人者杖。八百媳妇国献方物。普宁县僧陈庆安建号改元。大理怒江甸土官攻乐辰等寨。安南及八峒“蛮”献方物。燕南、山东、河南等路饥。七月，泰定帝死于上都，内乱起。八月，签枢书枢密院事燕铁木儿谋立武宗子周王和世□，以路远先迎周王弟怀王图帖睦尔。九月，上都诸王大臣立泰定帝子阿速吉八为皇帝，改元天顺，发兵攻大都，辽王脱脱以辽东兵、靖安王阔不花等以陕西兵助之。怀王至大都即位，改元天历，是为文宗。上都、大都兵战于大都附近逾月，十月，上都兵败，大都兵追至上都，天顺帝不知所终，而阔不花兵已入河南。十一月，四川行省平章囊加台又举兵反抗，称镇西王，扰攘半年始定。是次内乱，兵灾波及者四行省，其征调所及者尚不在内。陕西自泰定二年至是岁又久旱，因之大饥，民相食。

外国 〔高丽〕 遣世子桢为质于元。元遣使来诘沈王暠事。先是铸银瓶为币，至是因杂有铜铅，价日贱，命定上品银瓶折宾布十四，次折八九匹；惟人皆不从。忠肃王以将朝于元，置盘缠都监，令官民出布有差，中外大扰。

〔日本〕 僧友梅归自元。

〔占城〕 遣使贡于元。

〔拜占廷〕 安德罗奈卡被迫逊位，其孙嗣立，称安德罗奈卡三世。安德罗奈卡三世庸懦无能，奥托曼土耳其人与塞尔维亚人之势力日益坐大。

〔法兰西〕 查理四世卒，无子，卡佩王室之直系统治绝（查理有女，但格于塞力克律不能继承）。其堂兄弟瓦罗亚伯爵腓力六世继位。瓦罗亚王朝自此始。

〔英格兰〕 英王爱德华三世以其母伊莎贝拉为法王腓力四世女（查理四世妹），遂主张对法国王位之承继权。

〔佛兰德尔〕 法王腓力六世就位后，立即应佛兰德尔伯爵请，派遣大军入佛兰德尔，与当地市民大战于卡塞尔，市民大败，死者万余人。

〔西班牙〕 卡斯蒂与莱昂王阿尔封索十一世正式承认科尔特斯有过问重要政事之权利，且允许无论其本人或其子孙，不经科尔特斯同意不征任何新税。若安女王（二世）及其夫埃夫累（巴黎西北）伯爵腓力嗣位为纳瓦尔王。自此纳瓦尔国王不再由法国国王兼任，而成一独立王国。

1329 年

中国 己巳 元明宗和世□ 元文宗天历二年

正月，周王即位于和宁之北，以文宗为皇太子。以鹰鹘等费岁耗万三千余锭，佛事岁费金银七千余两、钞五万六千余锭、帛三万四千余匹，诏简汰之。二月，八百媳妇等国贡方物。三月，云南诸王答失不花等反。四月，浚滹州漕河。陕西饥民百二十三万四千余口，流民数十万；河南府路饥，人相食；江浙饥民六十余万户，大都等路饥民六十七万六千余户；命赈之。占城贡罗香木、象、豹、白猿。六月，河南诸路流民十余万，益都等地饥民三万余户，命赈之。八月，明宗暴死，文宗复即位。浚通惠河。九月，修经世大典。十月，改订内外官迁调制。十一月，广源瑶攻扰。是岁，赋入金三百二十七铤，银千一百六十九铤，钞九百二十九万七千八百锭，帛四十万七千五百匹，丝八十八万四千四百五十斤，绵七万六百四十五斤，粮千九十六万五十三石。赈饥民岁用钞百三十四万九千六百余锭，粮二十五万一千七百余石。

外国 〔高丽〕 忠肃王请传位于世子桢。

〔日本〕 八月，改元元德。元僧梵仙来。

〔大越〕 二月，明宗让位于太子旺，自为太上皇帝；旺即位，是为宪宗，改元开祐。太上皇亲攻牛吼蛮。

〔奥托曼土耳其人〕 击溃拜占廷皇帝安德罗奈卡三世于马尔特普。

〔俄罗斯〕 去年，莫斯科大公伊凡·达尼诺维支协助蒙古人平定特维尔乱事，获得特维尔大公国；今年又获得弗拉基米尔大公国，以及代替金帐汗征取全俄罗斯贡赋之权。

〔法兰西〕 英王为其法国领地基恩来行封建附庸礼。佛兰德尔伯爵返国后，加紧报复，使佛兰德尔市民痛恨异常。

〔条顿武士团〕 大宗师弗纳·方·俄塞尔姆约在此时伪造一教皇亚历山大四世之诏令，谓“由于该团人员甚为贫乏”准许彼等经营商业。实则此时条顿武士团因垄断波罗的海东南一带之琥珀买卖，及维斯杜拉河下游流域之谷物，已成为非常富有之集团（按此伪造之文书，今仍存于哥尼斯堡档案中）。

1330 年

中国 庚午 元天历三年 至顺元年

正月，云南诸王秃坚等反。衡阳瑶攻湘乡州，高州瑶攻石康县。二月，命富民输粟补官。秃坚自称云南王，攻掠仁德、马龙、晋宁等地。泰安等地饥民九万余户，命赈之。三月，乘西觧“蛮”扰边，诸王也孙台部钞掠天山县。赈安庆等九路、沂莒等三十州县饥民，其中兴等州饥户至三十余万；四月，又赈汴梁等处饥民六十七万六千户，一百零一万二千余口；又赈晋宁等五路饥民。括益都、般阳、宁海闲田十六万余顷，赐大承天护圣寺。乌蒙、罗罗俱附于秃坚等。五月，改元至顺。罗罗、乌蛮攻建昌县。七月，广西瑶攻修仁等县。江南大水，江、浙、湖广尤甚。八月，命兴举蒙古字学。九月，罢入粟补官例。十月，广西瑶攻横州，十一月，罗罗斯攻建昌。

外国 〔高丽〕 二月，元册世子桢为征东行省左丞相、高丽国王，是为忠惠王，蒙古名普塔失里。时忠惠王在大都，元使来取国王印章。元旋以关西王女德宁公主妻忠惠王，遣之归国。元流明宗子妥欢帖睦尔于大青岛。忠肃王如元。命士子诵律诗四韵一百首、通小学五声字韵乃得应试。

〔占城〕 遣使贡于元。

〔暹罗〕 吕泰王以昔年白古攻占土瓦等地，拟收复之，无功。

〔奥托曼土耳其〕 奥罕陷君士坦丁堡对岸之尼西亚。

〔保加利亚〕 迈克尔与塞尔维亚王攸洛施战，大败，阵亡。攸洛施重立安娜，使其子喜施曼二世为国王。

〔日耳曼〕 “漂亮的”腓德烈卒，其兄弟数人与路易媾和。

〔瓦拉几亚〕 自此时起，开始与匈牙利人进行战争，至 1372 年几完全脱离匈牙利之束缚。

〔波希米亚〕 约翰王使其子娶卡林西亚公之女，以此获得卡林西亚。

〔英格兰〕 爱德华以摩尔提麦专擅过甚，与兰开斯特公爵亨利密谋，加以逮捕后，处死。同年英国人始设工场造纸。

1331 年

中国　辛未　元至顺二年

正月，讨云南之兵大胜，诸土人皆降。五月，经世大典成。六月，云南又乱。七月，海南黎人以建寺被扰，起而反抗。广西瑶事定。八月，江浙水，坏田四十八万八千余顷。九月，海南民王周结黎人攻扰。是岁，桂阳民张思进等以受巡检司迫害起事，寻抚定之。

外国　〔高丽〕　元遣宦官来索童女，内外骚然。元诏还妥欢帖睦尔。

〔日本〕　北条高时知天皇将不利于己，遣兵入京，天皇奔笠置，嗣为高时所获。八月，改元元弘。九月，北条高时拥立太子为光严天皇，于是楠木正成等起兵讨高时。

〔大越〕　元使来告文宗即位，遣使如元贺。

〔保加利亚〕　安娜及其子为贵族所逐。贵族选迈克尔之侄伊凡·亚历山大为王。亚历山大以其妹妻塞尔维亚王杜尚，其妻则为罗马尼亚（瓦拉几亚）亲王之女，故三国联合共抗拜占廷。

〔塞尔维亚〕　斯特凡·杜尚废黜其父，自立为塞尔维亚王，在位二十四年，国势甚盛。

〔阿尔巴尼亚〕　为塞尔维亚所征服。

〔日耳曼〕　日耳曼南部城市结自卫性质之士瓦比亚同盟。

1332 年

中国　壬申　元至顺三年

正月，广西罗韦里人马武冲等攻陷那马违等地。万安黎人攻临水县。夔州土酋攻施州。二月，罗罗等攻会川。五月，汴梁等地河溢，滹沱河决。七月，发兵攻海南黎人。八月，文宗死；十月，明宗第二子鄜王懿璘质班立，是为宁宗。十二月，宁宗死。迎明宗长子妥懽帖睦尔。

外国　〔高丽〕　元帝信谗，谓忠惠王欲奉妥懽帖睦尔以反，命忠肃王复位，召忠惠王往。忠肃王在元，用度不敷，科敛官民财货。

〔日本〕　三月，北条高时迁天皇于隐岐。四月，改元正庆。北条氏杀藤原资朝等。护良亲王起兵于吉野，檄数北条氏之罪。

〔瑞士〕　塞琉恩于 1328 年即起而反抗奥地利之统治。至是正式加入森林区同盟。

〔苏格兰〕　爱德华·培利俄尔以英人之助夺获苏格兰王位。布卢斯出亡法国。但同年培利俄尔又为苏格兰人所逐，逋至英格兰，于是布卢斯再自法国返苏复位。

1333 年

中国　癸酉　元至顺四年　元顺帝妥懽帖睦尔元统元年

二月，妥懽帖睦尔至大都，以权臣燕铁木儿忌之，未得立；比燕铁木儿死，六月乃即位。京畿、关中、河南大水，两淮旱，民大饥。九月，免儒人役。十月，改元元统。十一月，江西、湖广、江浙、河南复立司榷茶。十二月，广西瑶陷道州。

外国　〔高丽〕　元命忠肃王偕庆华公主回国。国人李谷登进士第于元。

〔日本〕　闰二月，天皇潜奔伯耆，诏讨北条氏，远近纷起响应，北条氏大将足利尊氏降。五月，克复京都，赤桥守时自杀；镰仓随下，诛北条高时。北条氏执幕府权凡一百四十一年而亡。废光严天皇。六月，以护良亲王为征夷大将军。

〔大越〕　大水，大饥。

〔波兰〕　卡西米尔三世（大王）嗣位。在位三十七年，改善政府机构，颁布新法典以压抑城市中日耳曼人之影响。此外又巩固国防，发展工商业。

〔苏格兰〕　布卢斯率兵入侵英格兰，大败，于是培利俄尔第二次返苏格兰，但同年仍被驱逐。

1334 年

中国　甲戌　元元统二年

二月，广西瑶杀官。三月，广西庆远府瑶攻全州。益都、真定民起事，遣兵攻之。四月，立盐局于京师，官自卖盐。五月，江浙饥民五十九万余户，赈之。六月，大宁等路大饥。九月，瑶陷贺州。十月，立湖广黎兵屯田万户府。

外国　〔日本〕　正月，改元建武。始用纸币，又铸乾坤通宝钱。复置记录所。又置杂诉决断所以决土地诉讼。置武者所掌宿卫兵。天皇听足利尊氏之谗，废护良亲王，安置于镰仓，后为足利氏所杀。

〔大越〕　侵哀牢。

〔阿维尼翁〕　本内地克十二世嗣位，开始在阿维尼翁大兴土木，建筑教皇宫殿（按根据估计，当时阿维尼翁教廷财富约为六千万弗罗永）。

〔波兰〕　以商业特权畀犹太人。

〔意大利〕　名雕刻家，建筑家与画家贾托（乔托，1276〔?〕—1337 年）约在此时前后最活跃。

〔佛罗伦萨〕 重申禁止工人有任何形式之组织令。公元1338年再进一步，禁止工人有任何集会，“虽为宗教目的之集会，亦在禁止之列”。

1335年

中国 乙亥 元元统三年 至元元年

二月，革冗官。三月，禁往高丽取女子为媵妾。五月，占城献方物，且言安南阻其贡道；遣使谕安南。八月，广西瑶攻扰。十一月，罢科举。改元至元。立常平仓。十二月，西番起事。山东民陈马骡、新李等起事，寻败。是岁，江西大水。

外国 〔高丽〕 国人李谷登元进士第后，留仕于元，以蒙古索高丽女子，流弊甚多，言于元御史台，请停之。御史台奏闻，不报。

〔日本〕 北条高时之子时行陷镰仓，足利尊氏自京都引兵击走之。以成良亲王为征夷大将军。足利尊氏据镰仓反；诏削尊氏官爵，发兵讨之，大败。

〔大越〕 元使来告顺帝即位。太上皇亲攻哀牢，败绩。

〔威尼斯〕 十人会议成为威尼斯之最高权力机构。凡被彼等认为危害“共和国”之任何人（包括公爵在内）皆可处以死刑及其他各种刑罚。

〔意大利〕 希腊古典作品开始在意大利复兴，同年在佛罗伦萨有讲授《荷马史诗》者。

1336年

中国 丙子 元至元二年

五月，黄河复于故道。是岁江浙旱，大饥。

外国 〔高丽〕 忠肃王如元。元遣忠惠王回国。

〔日本〕 正月，足利尊氏入京，天皇奔延历寺；尊氏旋败奔九州。二月，改元延元。四月，足利尊氏自九州反攻，五月又入京，天皇再奔延历寺。八月，足利尊氏拥皇子为光明天皇，执后醍醐天皇，仍用建武年号，颁建武式目十七条。十二月，后醍醐天皇奔吉野，置百官，发号令。自是遂分南北朝。吉野为南朝，京都为北朝，日事争战。

〔塞尔维亚〕 斯特凡·杜尚弑父。塞尔维亚国土在斯特凡在位之二十四年中，大有扩张。

〔瑞士〕 手工艺基尔特掌握苏黎世实际政权。

〔法兰西〕 佛兰德尔伯爵以腓力六世之教唆，逮捕安特卫普之英国商人。英王爱德华则禁止英国羊毛输出以为报复。由于羊毛为当地纺织业之主要原料，佛兰德尔商人大哗，对腓力六世深为不满。

〔英格兰〕 法王腓力六世与苏格兰人联盟。同年，侵入英王在法国西南之领地加斯科尼。

〔西班牙〕 卡斯蒂以运赴佛兰德尔之羊毛为英国所拦截（后者为保护自己在佛兰德尔之市场，所采取之方法），愤而与法国联合，以其舰队协助法国对英作战。

1337年

中国 丁丑 元至元三年

正月，增城县民朱光卿等起事，称大金国，建元赤符。二月，陈州民棒胡（胡闰儿）以拜李老君、弥勒佛聚众起事于信阳，破鹿邑。江浙饥民四十万户，赈之。立船户提举司十处，提领二十处，掌船户科差。广西瑶攻扰。复立采珠提举司。四月，禁汉人、南人、高丽人持兵器、养马。大足县民韩法师等起事，称南朝赵王。归善县民聂秀卿奉戴甲为定光佛，起事。命省院至路府幕官之长并用蒙古、色目人，禁汉人、南人学蒙古、色目文字。五月，西番起事，杀王子党兀班。六月，京畿、河南北大水。七月，朱光卿等败死。八月，京畿民群起攻扰。弛高丽人持兵器养马之禁，寻又开邻生番处汉人持兵器之禁。九月，立皮货所于宁夏。是岁，右丞相伯颜请杀张、王、李、赵、刘五姓汉人，不从。

外国 〔高丽〕 元禁高丽人藏军器，除品官外，不得养马；征东行省奏其不便，遂停其令。忠肃王还自元。

〔日本〕 北朝兵陷金崎城，执恒良亲王，尊良亲王战死。南朝兵陷镰仓。

〔大越〕 遣兵攻牛吼蛮，大破之。

〔印度〕 德里苏丹穆罕默德集骑兵十万人，拟通过尼泊尔，大举进攻中国，兵溃于喜马拉雅山中，大败而还（为山中土著夹击，军中又疫疠大作），归德里者，不及十一。

〔奥托曼土耳其人〕 占领尼科米底亚（伊斯密德）。

〔神圣罗马帝国〕 皇帝路易与英王爱德华缔结反法同盟。

〔英格兰〕 爱德华三世称法兰西王，战事遂不可避免。

〔佛兰德尔〕 各城市在根特酿酒者哲姆斯·阿特未尔德之号召下拥护英国。阿特未尔德当时成为佛兰德尔各城市之实际统治者。

1338 年

中 国

戊寅 元至元四年

四月，棒胡败死。六月，袁州民周子旺起事，称周王，寻败死。南胜县民李志甫等起事，攻漳州，犯龙溪，败四省兵。十一月，四川散毛峒“蛮”攻扰。十二月，立邦牙等处宣慰司。

外 国

〔高丽〕 元使来，求宦官及童女。

〔日本〕 南北朝自春至秋，争战不已，南兵数败。足利尊氏遂杀恒良、成良二亲王，旋于八月，自为征夷大将军，开幕府于平安室町，改元历应，是为室町幕府之始。以宗良亲王为征东将军，怀良亲王为征西将军，分任经营关东西之责。

〔大越〕 大风、大水，房屋多毁。

〔印度〕 孟加拉人不堪德里苏丹穆罕默德之虐政，起义独立。

〔神圣罗马帝国〕 诸选侯缔结同盟并发布宣言，宣称自此以后，凡获过半数之选票者，虽无教皇认可，亦得为皇帝。同年又召集戴耶特于法兰克福，宣称选侯有选举皇帝之权力，无需教皇干涉。至此神圣罗马帝国遂完全脱去教皇之控制。

〔佛罗伦萨〕 截至本年止，英王爱德华共向该城借入金弗罗永一百三十六万五千枚。百年战争起后，爱德华拒不偿还，佛罗伦萨之商业与金融俱大受影响。佛罗伦萨之羊毛基尔特所经营之事业异常发达。根据统计，全城此时共有毛纺织商二百家，每年产布七至八万匹，价值在一百二十万弗罗永左右。

〔法兰西〕 爱德华宣布称法王后，腓力六世乃宣称前者在法国之领地概行没收，并遣兵进攻基恩。英法两国间之“百年战争”，由此开始。

〔英格兰〕 爱德华三世与阿特未尔德控制下之佛兰德尔缔结同盟。爱德华之法兰西国王称号亦为日耳曼皇帝所承认。

〔佛兰德尔〕 英王爱德华三世率兵在安特卫普登陆。

1339 年

中 国

己卯 元至元五年

四月，申汉人、南人、高丽人持兵器之禁。十一月，河南省掾范孟端杀平章等官起事，寻败死。是岁，濮州、交城、兴和、长汀、宜兴、沈阳、辽阳、衡州、胶、密、莒、潍等处先后饥。

外 国

〔高丽〕 三月，忠肃王死。忠惠王为元丞相伯颜所恶，不得复位。忠惠王素行不谨，至是益荒纵，淫忠肃王诸妃，即元庆华公主亦不免，公主羞恚，召近臣曹頔谋之，頔遂举兵围王宫，败死。元廷闻之，遣官执忠惠王以归。

〔日本〕 八月，后醍醐天皇死；十月，太子义良亲王即位，是为后村上天皇（九十七代）。神皇正统记撰成。

〔大越〕 改授时历为协纪历。太史局令郑辂造玲珑仪以验天象。

〔波兰〕 卡西米尔三世与匈牙利王查理一世定约，允于逝世后以波兰王冠传与后者之子路易。

〔英格兰〕 英王爱德华三世进攻法国北部，但未作任何决定性战争。

1340 年

中 国

庚辰 元至元六年

二月，罢各处船户提举、广东采珠提举司。罢通州河西务等处抽分。三月，漳州民军首领李志甫为州人所害，其众寻皆败散。五月，禁民间藏兵器。是岁，邳州、福宁、京畿五州、益都、般阳、济南、东平等处先后饥。

外 国

〔高丽〕 忠惠王至元，被囚于刑部，逾月，会元丞相伯颜败，事得解。御史大夫脱脱奏释王，且命复位，旋遣还国，于是荒淫苛虐益甚。

〔日本〕 职原钞撰成。四月，改元兴国。高师泰陷井伊谷城。斯波高经陷越前府中。

〔印度〕 马巴总督哈山率领人民反抗德里苏丹之残暴统治，杀苏丹官吏，宣告独立，苏丹穆罕默德率师前往镇压，大败而还。是时人民起义运动，各地蜂起，苏丹统治濒于崩溃。

〔塞尔维亚〕 与拜占廷定约，使之承认塞尔维亚之国土南起科林斯地峡，北抵多瑙河，西起亚德里亚海湾，东止于亚德里亚堡。就版图言，此为塞尔维亚之盛世。

〔神圣罗马帝国〕 解除与英国之盟约，转而与法国缔盟。

〔佛罗伦萨〕 巴尔的公司职员裴哥罗梯著《通商指南》，详述与东方及中国等地贸易情形。至今仍为研究中世纪东西商业与交通之权威。

〔法兰西〕 法国舰队大败于斯卢斯，失去舰艇一百七十余艘，自此英国控制海峡，可以随时进攻法国西部与北部。

〔英格兰〕 斯卢斯之胜利，保证英人控制海峡至 1372 年。英国议会通过法案，凡国王征收封建税以外之任何捐税，或更改税率，俱须获得议会同意。

〔丹麦〕　瓦尔德玛四世继位，内外敌人环伺，频年战争。

1341 年

中国

辛巳　元至正元年

四月，道州民蒋丙等起事，破江华，犯明远。十一月，瑶人攻湖广边，寻败。十二月，道州民何仁甫等起事，与蒋丙合，瑶人乘之亦起。是岁，滨州、河间、莫、沧、晋、涿等处饥，两浙水。山东、燕南饥民群起，大小三百余处。

外国

〔日本〕　小田治久通款于高师冬。足利氏遣天龙寺船赴元求杂器。

〔大越〕　六月，宪宗死；八月，皇弟皞年六岁，嗣位，是为裕宗；改元绍丰。命官编皇朝大典，考撰刑书颁行之。

〔拜占廷〕　约翰五世冲龄嗣位，其母萨伏伊之安娜为摄政，贵族别拥康塔库齐那斯为皇帝，内战旋起。双方各自召请外援，历七年始罢，国内各地遍遭蹂躏。

〔俄罗斯〕　西密翁一世继位为莫斯科大公，继续伊凡之政策，金帐汗界以较其他王公更高之地位。

〔立陶宛〕　阿哲尔德（解地明之子）继位。立陶宛疆土在阿哲尔德时期有更大之扩张。

〔神圣罗马帝国〕　皇帝路易四世兼并下巴伐利亚。

〔意大利〕　佛罗伦萨诗人彼特拉克（1304—1374 年）本年在罗马加冕为“桂冠诗人”。彼特拉克倡导古典文艺之研究，古籍之搜求，且用地方语文（意大利文）与世俗题材写作，开文艺复兴运动之先河。

〔法兰西〕　腓力六世为筹措战费，始征盐税。此外又有各种战时征发，使人民逐渐对之不满。布列塔尼公爵约翰三世卒。其弟与其女侄争立。英王助前者，法王助后者。以此布列塔尼形成百年战争中之第二战场，至 1364 年始解决。

1342 年

中国

壬午　元至正二年

正月，开金口，引浑河水至通州，役民十万，既成而不能用。七月，庆远土民莫八等起事，陷南丹等处，寻败。佛郎国贡马。是岁，顺宁、广平、彰德、卫辉、大同、冀宁等处饥，大同至人相食。

外国

〔高丽〕　遣官赍布二万匹及诸杂物市于元以牟利。国人李仁复登元进士第。

〔日本〕　怀良亲王破岛津贞久于萨摩。

〔大越〕　定文武杂流等官。

〔占城〕　国王制阿难死，女婿茶和布底废王子自立，于是内乱者十年。

〔拜占廷〕　塞尔维亚王斯特凡·杜尚与康塔库齐那斯结为同盟，南下进攻。

〔匈牙利〕　查理一世卒，子路易嗣位。

〔意大利〕　佛罗伦萨人敦请雅典公爵布利恩之瓦忒尔为该城之统治者，任期终身（按当时此雅典公爵正取道佛罗伦萨前往法国）。

1343 年

中国

癸未　元至正三年

二月，辽阳吾者野人反抗。三月，命修辽、金、宋三史。五月，河决白茅口。八月，四川上蓬琐吃人攻扰。山东民攻兖州。九月，道州、贺州瑶人首领唐大二等被俘；蒋丙称顺天王，破连、桂二州。是岁，立常平仓，罢配民间食盐。宝庆、兴国、河南等处饥。

外国

〔高丽〕　初征职税，凡诸道有职者，人纳布百五十匹至十五匹不等；人不胜苛扰。元使来，索宋、辽、金三国事迹。元以忠惠王过为贪淫，遣使执以归，旋流之于揭阳。

〔日本〕　结城亲朝送款于足利尊氏。

〔大越〕　旱，减今年丁税之半。岁荒，民多为“盗”，王侯家奴尤甚。

〔拜占廷〕　康塔库齐那斯与土耳其人缔结同盟。战事仍进行中，且日趋激烈。威尼斯人乘机占领小亚细亚西部海岸之重要城市士麦那。

〔波兰〕　与条顿武士团缔结卡利什和约。波兰虽有教皇支持，但结果仍被隔绝于波罗的海。条顿武士团则允在波兰敌对立陶宛时予以协助。

〔丹麦〕　丹麦所属波罗的海之爱沙尼亚人（属乌拉阿尔泰系，与芬兰人相近）于本年掀起大规模起义，其性质为民族仇恨与阶级仇恨（农民对外国地主）之交织。前后两年始渐失败。1346 年丹麦王以银一万九千马克将此地售予条顿武士团。

〔法兰西〕　布列塔尼战争停止，双方订三年休战条约。

1344 年

中国

甲申 元至正四年

正月，河决曹州，又决汴梁；五月，又决白茅金堤。七月，益都盐民郭火你赤起事，八月，入陵川、壶关，攻广平而还。十一月，令民入粟补官。十二月，瑶人攻靖州、浔州。是岁，巩昌、山东、河南、保定、庆元、抚州等处饥。名文学家揭傒斯死。

外国

〔高丽〕 正月，忠惠王赴流所，道死于岳阳，国人闻之，皆大欢喜。二月，元命世子昕嗣位，是为忠穆王，蒙古名八思麻朵儿只，年方八岁。改定科举法，初场试六经义、四书疑，中场古赋，终场策问。遣尹安之、安辅等应试于元，辅登进士第。

〔大越〕 茶乡吴陛起事于安阜山。置诸路锋围二十都，逐捕"盗贼"。以岁荒，民多为僧及世家奴。

〔拜占廷〕 康塔库齐那斯与塞尔维亚及保加利亚缔结条约。

〔意大利〕 由于英王爱德华三世欠付佛罗伦萨商人大宗款项且拒绝偿还，致使两大著名之银行贝鲁西与巴尔的于去年与今年先后倒闭。

〔法兰西〕 腓力四世诱杀布累同领袖多人，与英国战事再起。

〔英格兰〕 议会决议凡为英王通过之款项，必须按照指定用途使用。

1345 年

中国

乙酉 元至正五年

七月，河决济阴。十月，遣官宣抚巡行各路。辽、金、宋三史成。十一月，至正条格成。是岁，京畿、巩昌、兴国、汴梁、济南、邠州、瑞州等处饥，徐州、东平等路尤甚，人相食。名文学家康里巎巎死。

外国

〔日本〕 十月，北朝改元贞和。

〔大越〕 试士人以暗写古文、经义、诗赋。遣兵击吴陛，大破之。

〔奥托曼土耳其人〕 应拜占廷皇帝康塔库齐那斯之召，第一次渡海入欧洲。奥罕娶康塔库齐那斯之女狄奥多拉为妃。相传土耳其人开始用白人组织新军（真尼萨利）即在此时前后。

〔佛兰德尔〕 阿泰未尔德在根特城混乱中被杀。

〔意大利〕 佛罗伦萨梳毛工人岂乌托•布兰地尼及其他同业工人九名，因企图组织工人团体，被处死刑。

1346 年

中国

丙戌 元至正六年

三月，京畿、山东民纷纷起事。四月，辽阳吾者野人及水达达以不堪烦扰，起而反抗。五月，象州民起事。六月，汀州连城县民罗天麟、陈积万等起事。云南死可伐、散毛峒覃全在等起事，招降之。十月，思靖瑶攻武冈，寻败。闰十月，靖州瑶陷黔阳。罗天麟等为部下所害，其众败散。十二月，以河南、山东大乱，遣兵攻之。

外国

〔高丽〕 命修国史。

〔日本〕 七月，改元正平。风雅集撰成。

〔大越〕 遣使于占城责以屡年缺贡，占城旋以薄物来贡。哀牢犯边。

〔拜占廷〕 康塔库齐那斯入君士坦丁堡。

〔保加利亚〕 土耳其人第一次来侵。

〔塞尔维亚〕 国王杜尚称尊号为"塞尔维亚人与希腊人之皇帝"。

〔日耳曼〕 路易四世继承荷兰、西兰与夫利斯兰（其妻玛加累特为上述诸地继承人）。同年路易为日耳曼贵族废黜。

〔法兰西〕 三级会议举行于兰圭多克，公然拒绝通过腓力所提出之战费案，并要求某些政治方面之改革。

〔英格兰〕 爱德华三世率其子（黑王子）攻诺曼底，8月，在克勒西大胜法军。英军当时使用射程长达三百五十公尺之长箭，并有使用火药之武器。法国武士死者千五百人，协助法国之波希米亚王亦殁于阵（按火药使用于西欧战争中，此为第一次）。

〔苏格兰〕 国王大卫二世（法王之同盟）入侵英格兰，失利而退。

〔阿维尼翁〕 教皇克力门特六世宣称废黜日耳曼王路易。卢森堡公查理四世（波希米亚王约翰之子）当选继位，但日耳曼城市反对甚力。

1347 年

中国

丁亥 元至正七年

二月，河南、山东乱事蔓延至徐州等处。瑶人吴天保攻沅州，陷武冈。四月，通州民纷起。河东大旱，民多饥死。六月，彰德大饥，民相食。七月，吴天保陷溆甫、辰溪，九月又陷武冈，攻宝庆。八怜内哈剌那海秃鲁和伯民起，断岭北道。集庆路乱，寻定。十月，亦怜只答儿反。西番民起，凡二百余所，陷哈剌火州。十一月，沿江乱。拨山东十六万二千余顷地属大承天护圣寺。吴天保攻沅州败，夏陷武冈、靖州。湖广苗、瑶纷起，遣兵攻之。

外国

〔高丽〕 置整治都监以清丈诸道田。时元皇后奇氏，本高丽人，其宗族恃势，强夺民田，整治都监治之有死者。奇后恚，都监官多获罪。

〔日本〕 北朝细川显氏及山名时氏皆为楠木正行所破。

〔暹罗〕 吕泰王死，子昙摩罗阇律泰经一度战争始即王位；国势已微。泰族另一首领披耶乌通定都于阿瑜陀耶城，号拉玛铁菩提，是为阿瑜陀耶王朝之始祖。更进而侵略邻邦，南达马六甲。

〔拜占廷〕 康塔库齐那斯与安娜订立条约，由前者作皇帝十年（意即待约翰五世成年）。康塔库齐那斯称约翰六世。同年黑死疫起，死者甚众。

〔波希米亚〕 约翰在法国阵亡后，其子查理（即神圣罗马皇帝查理四世）继位为王，称查理一世。

〔神圣罗马帝国〕 波希米亚王之子，卢森堡公查理四世当选为皇帝，但由于城市之反对避居法国。

〔罗马〕 黎恩济在罗马推翻贵族统治，建立共和国，并获得教皇克力门特六世（在阿维尼翁）之承认。1354 年黎恩济死于纷乱中，共和国亡。

〔英格兰〕 爱德华夺获法国北部之海港加来。同年与法王订立暂时休战协定。英国自此占领此港口至 1558 年。

〔西班牙〕 阿拉贡之科尔特斯（议会）迫使国王伯多禄四世允许每年召开议会，并在任命大臣时事先获得彼等同意。

1348 年

中国

戊子 元至正八年

正月，河决济宁。三月，辽东锁火奴自称金后，起事，寻败死。辽阳兀颜拨鲁欢亦称金后，起事，寻亦败死。土番起事。福建乱。吴天保攻沅州。四月，以河间等路连年荒歉，户口消耗，减盐额。辽阳董哈剌起事，寻败死。宁海、沭阳等处民起事。十月，广西瑶攻道州。十一月，吴天保攻全州。台州黄岩民方国珍聚众起事，攻掠海上。是岁，广西、山东、宝庆大水，四川旱。名学者虞集死。

外国

〔高丽〕 置赈济都监。京城大饥、疫。十二月，忠穆王死。

〔日本〕 北朝兵烧吉野，后村上天皇奔贺名生。十月，足利尊氏立崇光天皇。十一月，花园法皇死。

〔大越〕 夏旱，秋大水。阇蒲国商舶至云屯，潜买蠙珠。

〔欧洲〕 黑死疫横扫欧洲各地，死者自人口三分之一至三分之二不等。计是年 1 月传至马赛，4 月至意大利北部，8 月至英国，10 月至巴黎。1349 年复经由英国传至挪威之卑尔根及北欧其他各地。后二年始渐戢。在英法两国俱构成导致农民革命之外在因素。

〔拜占廷〕 康塔库齐那斯任其子曼纽尔为希腊半岛南部摩利亚之霸王。

〔波希米亚〕 14 世纪中叶布拉格已成为欧洲重要城市之一。本年设立布拉格大学。

〔意大利〕 佛罗伦萨诗人兼小说家薄卡绰（1313—1375 年）在此时期甚为活跃，亦为文艺复兴先驱，其地位仅次于彼特拉克。

〔法兰西〕 普罗旺斯女伯爵安娜以阿维尼翁售予教皇。

1349 年

中国

己丑 元至正九年

正月，广西瑶陷道州。二月，发军民二万浚坝河。三月，黄河北溃。吴天保复攻沅州。五月，拨民修金堤。白茅河东注，渐成巨浸。十二月，吴天保陷辰州。冀宁平遥民曹七七起事，旋败散。是岁，以沅、靖、柳、桂等路瑶人等纷纷起事，于其地置三分省以经理之。胶州、阳城大饥，胶州至人相食。蜀江、江汉大溢。

外国

〔高丽〕 五月，元立忠惠王庶子眡嗣位，是为忠定王，蒙古名迷思监朵儿只，年十二。罢整治都监。

〔大越〕 元商舶来，献鹞变钵。大哇国来献方物及赤鹦鹉。设云屯镇官、路官及察海使以监督外国商舶。

〔奥托曼土耳其人〕 拜占廷皇帝康塔库齐那斯与塞尔维亚人战争，再度召土耳其人入欧洲协助。

〔摩尔达维亚〕 约在此时脱离匈牙利束缚，成为独立国家。

〔塞尔维亚〕 杜尚王颁布法典。

〔匈牙利〕 由于黑死疫流行，鞭挞派（见 1241 年条）又起于匈牙利，不久传布于日耳曼南部各地。

〔法兰西〕 多非内之继承人亨伯尔特（一作哈姆柏特）以其领地售予腓力，但约定法王之长子必须以多芬为名。“多芬”自此成为法太子之代名词。自获多非内后，法国之东南疆抵阿尔卑斯山。

〔英格兰〕 议会中之武士与市民代表本年合并开会，此为英国下院（或众议院）之开始。威廉·奥坎卒。奥坎为著名经院哲学家，唯名论之代表人物。英格兰议会通过第一次劳工法案，强迫劳动者接受大疫前之工资标准而工作。

1350 年

中国

庚寅 元至正十年

十月，改钞法，以中统交钞一贯省权铜钱一千文，准至元宝钞二贯；仍铸至正通宝钱，与历代钱并用。于南阳、大名、东平、济南、徐州等地置兵马司，以制“上马贼”。十二月，方国珍攻温州。

外国

〔高丽〕 日本人扰沿海，于是倭寇之祸起。

〔日本〕 正月，北朝改元观应。足利尊氏为大将高师直所持，其子直冬遂举兵于九州。高师直又谋杀尊氏弟直义，直义奔南朝。边民侵高丽。

〔大越〕 元人擅缘竿戏者挈家来，自是国人始效为缘竿技。

〔塞尔维亚〕 波斯尼亚与黑塞哥维那均成为塞尔维亚王国之一部分。贝尔格莱德亦为塞尔维亚所有。

〔法兰西〕 腓力六世卒，其子约翰二世（外号好人）嗣位。

〔纳瓦尔〕 纳瓦尔王“坏人”查理索取香槟与翁古雷姆二地之承继权，法王约翰不与，且夺取查理在诺曼底之领地。查理自是倒向英王爱德华。伯多禄（外号残酷的）继位为卡斯蒂与莱昂王，在位十九年，与其弟（其父之私生子）特斯塔马拉之亨利发生争夺王位之长期战争。时值英法百年战争，法王助亨利，而英国则支援伯多禄，故西班牙一时之间成为百年战争中之另一战场。

〔斯堪的纳维亚〕 丹麦对挪威与瑞典之联合深感不满（当时丹麦为三国中最强者），马格拉斯八世被迫以挪威王位畀其子豪空六世。

1351 年

中国

辛卯 元至正十一年

四月，用贾鲁言，开黄河故道，设总治河防使，发十三路兵民十七万，至七月成，凡二百八十里。五月，颍州民刘福通等拥白莲会首领韩山童起义，山童旋被俘死。福通等拔颍州，其众以红巾为号，烧香聚众，因有红军或香军之号。六月，福通等破罗山等地。浚通州至直沽运河。七月，招降方国珍。广西大水。八月，萧县民李二（芝麻李）烧香聚众起义，拔徐州。罗田民徐寿辉等起义，亦烧香聚众，以红巾为号。九月，刘福通拔汝宁、光、息等府州，众至十余万。徐寿辉拔蕲水及黄州。十月，寿辉以蕲水为都，称皇帝，国号天完，建元治平。十一月，黄河堤成，遣散修堤军民。江西邓南二烧香聚众起义，攻瑞州，败死。是岁，江、浙、江西、福州等地民众群起，攻城夺地。

外国

〔高丽〕 忠惠王弟祺，后改名颛，蒙古名伯颜帖木儿，留元久，娶卫王女鲁国公主。至是，元废忠定王，十月，立祺为王，是为恭愍王，遣归国。是岁倭寇数犯沿海。

〔日本〕 足利尊氏与直义和，杀高师直等；直义旋走镰仓，起兵反尊氏，尊氏降南朝，引兵攻直义。后村上遣兵入京师，执北朝崇光天皇，收回传国神器。边民侵高丽。

〔大越〕 太原、谅山民以饥掠食，遣兵击散之。大水。

〔印度〕 德里苏丹穆罕默德死，诸将拥立菲尔卢司·煞为苏丹。

〔拜占廷〕 约翰五世举兵反抗约翰六世（康塔库齐那斯）。同年塞尔维亚皇帝斯特凡·杜尚进攻帖萨罗尼加。

〔法兰西〕 颁布劳动法案，强迫劳动者按大疫以前之工资标准接受工作。

〔英格兰〕 颁布劳工法案补充条例，强迫一切身强力壮之男子工作，其工资不得超过大疫前水准，违者除枷号示众外，仍处以监禁。雇主违犯者则仅处以轻微罚金。同年下令禁止外籍僧侣流入英国。根据本年统计，英国经营国外贸易之“殷实商人”共一百七十家。

1352 年

中国

壬辰 元至正十二年

正月，竹山民孟海马等起义，拔襄阳等地。徐寿辉遣将下汉阳、武昌、兴国、安陆、沔阳、中兴；二月，下江州、袁州。定远民郭子兴等起义，据濠州，自称节制元帅。邹平县民马子昭起义，寻败死。房州民攻拔归州。邓州民王权等攻拔澧州。括河南、陕西、辽阳三省及腹里汉人马，大发蒙古、色目军，经理各地乱事。三月，徐寿辉部拔饶、徽、信州。行纳粟补官令。立铜冶场于饶州等处。方国珍复入海攻掠。陇西地大震百余日。闰三月，钟离人朱元璋从郭子兴于濠州。四月，临川民邓忠等下建昌。宜黄民涂佑与邵武民应必达等下邵武，寻皆败死，其别部王善等下福宁。永怀民下桂阳。李太素等下归峡，寻败死。诏州县修城、筑堤。以河南诸处义军多用宋故号，禁锢宋恭帝子和尚赵完普及亲属于沙州。六月，红巾周伯颜下道州。七月，徐寿辉部将下杭州，寻失之，继大为元将董搏霄所败，失所下徽州等城。八月，方国珍攻台州，无功。元右丞相脱脱督师募盐丁等，青衣黄帽，号黄军，攻屠徐州，李二败死。徐寿辉部将下湖、常等州。九月，元将桑节攻夺徐寿辉部所据江州等地，节寻败死。十月，寿辉部又下江阴，十一月攻安庆。十二月，沈丘人察罕帖木儿与罗山人李思齐皆聚众起与义军为敌。是岁，蕲、黄大旱，人相食。

外国

〔高丽〕 恭愍王仍服蒙古装、留辫发，大臣以为言，乃改服。忠定王被鸩于江华。恭愍王信佛甚，常召僧人谈法，并受菩萨戒。大臣赵日新作乱，被杀。倭寇数来侵掠。

〔日本〕 足利尊氏杀足利直义反，后村上天皇又南奔；幽光严、光明、崇光三天皇于贺名生。八月，足利尊氏立后光严天皇，改元文和。足利直冬降。

〔大越〕 占城王子来奔。大水。

〔占城〕 前王制阿难之子以与茶和布底争失败，奔越请援。

〔暹罗〕 阿瑜陀耶朝拉玛铁菩提王遣兵击真腊。

〔拜占廷〕 康塔库齐那斯募奥托曼土耳其人为佣兵，与保加利亚人及塞尔维亚人战。

〔热那亚〕 热那亚人败威尼斯舰队于博斯普鲁斯海峡，拜占廷皇帝约翰六世遂以黑海贸易垄断权畀热那亚。

〔法兰西〕 布累同战事再起。

〔英格兰〕 14世纪中叶前后，各地封建领主盛行责令农民按年缴纳定量货币而免去其力役之方法，称为“免役租”。另一部分则并其自己在庄园中所保留之自耕地，亦按上述方法交由农奴耕种。由于免役税之数额规定不得增减，故随货币经济之发展，货币购买力之相对减低，农奴生活亦获得改善，农奴制度自此日趋衰落（按免役税自13世纪后期起，即散见于各地，但大疫后始逐渐盛行）。

1353年

中国

癸巳 元至正十三年

正月，以江南漕运不至，遣官经理京畿数百里间官地及屯田垦植，招南方能种水田者为农师。方国珍又降。四月，永昌愚鲁罢等攻掠。五月，徐寿辉失饶、信等地。泰州民张士诚等起义，据州城，下高邮，自称诚王，明年，建元天祐。六月，吾者野人降。七月，徐寿辉失武昌、蕲州等地。七月，朱元璋下滁州。是秋，大旱。十月，方国珍复据海道。十二月，元兵拔蕲水，徐寿辉遁入黄梅山中。是冬，李二残部彭早住自称鲁淮王，赵君用称永义王。是岁，江西民帅王善下福州，寻被俘死。大同路大疫，死亡过半。泉州大饥，死亡枕藉。

外国

〔高丽〕 国人李穑充使节书状官入元，应试登进士第，授应奉翰林文字、同知制诰。以民贷官钱，逋欠者多，置刷卷都监以征理之；旋以扰民，罢之。

〔日本〕 南朝兵破北朝兵，入京都。北朝兵寻反攻，足利尊氏拥后光严天皇入京。

〔大越〕 遣兵攻占城，拟送占城王子归国，以粮运不继，乃还。

〔暹罗〕 阿瑜陀耶朝兵破真腊，以王子为其国君。

〔印度〕 德里苏丹菲尔卢司·煞攻孟加拉，无功而还。

〔拜占廷〕 康塔库齐那斯之土耳其佣兵胜塞尔维亚人。康塔库齐那斯任其子马修阿斯为帝与其共主国政。约翰五世进攻益急。

〔英格兰〕 议会通过法案，禁止英人向英国以外之任何法庭上诉（按当时教皇在法南阿维尼翁，英人反对甚力）。此外又停止向教皇交纳起自无地王约翰时代（1213年）每年之贡银一千马克。

1354年

中国

甲午 元至正十四年

二月，遣官和籴于浙西。三月，和买马于北边。是春，大雨八十余日。四月，江西、湖广大饥、疫疠。发陕西军民赴河南，令自备鞍马，沿边匠杂等户亦在遣中。五月，南阳等处土人自相联结，号毛葫芦，因募之从军，号毛葫芦义兵，立万户府以统之。募回回、术忽赴京师从军。朱元璋下全椒。六月，张士诚攻扬州。彭早住等下盱眙、泗州。十一月，右丞相脱脱大败张士诚于高邮；嗣以师久无功，被劾夺职。十二月，瑶自耒阳攻衡州。是岁，令减民间私租十分之三。京师大饥疫，民有父子相食者。元帝于内苑造龙舟，恣为淫乐。是岁，名画家吴镇死。

外国

〔高丽〕 元右丞相脱脱请助兵，应之；遣将统军士以往，并国人居元者，总二万三千人，攻张士诚于高邮。倭寇掠全罗。

〔日本〕 后村上天皇奔天野。足利直冬等共讨足利尊氏，足利尊氏出走。边民掠高丽船。

〔大越〕 边将奏：元陈友谅起兵，遣使乞和亲（越人谓友谅为陈益稷之子）。以岁饥，社会不安，兴道大王外孙齐聚王侯家逃奴，攻掠凉江南策等处。蝗，免田租之半。

〔奥托曼土耳其人〕 定居于达达尼尔海峡北岸之加里波利，是为土耳其人在欧洲第一次获得之立足点。

〔拜占廷〕 约翰五世入君士坦丁堡，迫使康塔库齐那斯逊位后，复辟为皇帝，但后者之子马修阿斯仍继续内战。

〔神圣罗马帝国〕 查理四世在米兰加铁冠（迷信相传为耶稣钉十字架时所用之铁钉制成）。

〔英格兰〕 纺织业开始有起色，今年输出之羊毛虽为三万袋，但同时亦输粗毛布四千七百七十四匹（每匹价约四十先令）。

1355 年

中国

乙未 元至正十五年

正月，徐寿辉部复下沔阳。朱元璋下和州。二月，刘福通等迎韩山童之子林儿为皇帝，号小明王，国号宋，建元龙凤，都亳州。于淮东立义兵万户府，富民自集丁壮，五千者为万户，五百者为千户，一百者为百户。五月，徐寿辉部复破中兴路。朱元璋附于韩林儿。六月，朱元璋渡江取太平。七月，徐寿辉部又下武昌等地。八月，云南死可伐降。朱元璋部取溧水、溧阳。九月，攻集庆不利。十二月，元军攻亳州，韩林儿走安丰。是岁，红巾军四出游击，南入许、邓，北攻怀州，数为察罕帖木儿所败。淮西张明鉴等聚众，以青巾为号，名青军，攻六合、天长，至扬州，降于元。

外国

〔高丽〕 国人徐某入元，名野思不花，得元帝宠，遣来降香，所至纵暴，辱全罗道按廉使郑之祥。之祥忿，囚之，杀其弟徐应召。恭闵王惧，下之祥狱，全罗官吏多得罪。倭寇掠全罗道。

〔日本〕 足利直冬等至京。足利尊氏反攻，复入京。宗良亲王起兵于信浓。边民掠高丽船。

〔大越〕 春夏旱，秋大雨水。

〔拜占廷〕 塞尔维亚皇帝斯特凡·杜尚陷亚德里亚堡，复南下进攻君士坦丁堡。同年卒，大军撤退。

〔神圣罗马帝国〕 查理四世赴罗马加冕，比萨人乘机进攻其军队。同年北返。

〔威尼斯〕 十人会议以叛逆罪处其公爵玛利诺·伐利埃里以死刑。同年与热那亚人媾和。

〔法兰西〕 英军攻势再起，约翰王向全国呼吁。三级会议本年在兰圭多克召开。在巴黎富商埃提恩·马塞尔领导下，迫使国王允许不经议会同意不征收新税之原则，并由议会监督国王之收支。

〔英格兰〕 黑王子大掠法国南部各地。

1356 年

中国

丙申 元至正十六年

正月，张士诚渡江下常熟。徐寿辉移都汉阳。二月，张士诚下平江，据之，改为隆平府，称周王，设省院等官府，更取松江、湖、常。禁销毁贩卖铜钱。三月，朱元璋取集庆，改为应天府，寻进下镇江。徐寿辉部取常德。方国珍又降。五月，徐寿辉部取澧州。六月，朱元璋部取广德。七月，朱元璋称吴国公。八月，徐寿辉部取衡州。河决，山东大水。张士诚、朱元璋互攻镇江、常州。九月，汝、颍民军李武等陷潼关、陕、虢，寻为察罕帖木儿所败。十月，赵君用下淮安。十一月，刘福通遣兵分略河南、山东、河北，嗣元兵大败福通于太康。十二月，徐寿辉部取岳州。

外国

〔高丽〕 大臣奇辙、权谦等以女在元宫，恣睢暴戾，至是，见元势已衰，自身难保，因相与谋反，事觉，皆被杀，株连颇众。时双城正抗命，有言奇、权与之有连者，于是复遣兵攻双城，破之。停用元至正年号；元遣使来诘责，逊辞答之；旋元使又来问，遣官赴元以解之。

〔日本〕 三月，北朝改元延文。菟玖波集成。

〔塞尔维亚〕 斯特凡·杜尚卒后，其子攸乐施五世嗣位为王。国内叛乱四起。

〔门的内哥罗〕 乘塞尔维亚王杜尚之死，获得实际独立，其亲王名巴尔沙一世。

〔波希米亚〕 神圣罗马帝国皇帝查理四世（同时为波希米亚王查理一世）颁黄金诏书规定波希米亚王在帝国之俗世选侯中占第一位。

〔神圣罗马帝国〕 查理四世颁黄金诏书，规定以迈恩兹、特利尔与科隆之大主教，及波希米亚王、萨克森公、布兰敦堡侯与享王权之莱因伯爵（皇帝逝世后新帝未选出前由彼暂摄政事）为神圣罗马帝国之七大选侯。并规定各选侯享受国王权利。皇帝职位自此变成七大选侯之商品，公开买卖。

〔法兰西〕 法军在波亚迭大败于英国黑王子之手，约翰王被俘，子查理摄政，与英国订两年休战条约。

1357年

中国 丁酉 元至正十七年

二月，刘福通兵取胶州。徐寿辉部取峡州。李武等破商州，趋长安为察罕帖木儿、李思齐所败。三月，朱元璋部取常州。刘福通兵取莱、滨、益都等地，四月又取莒州。朱元璋部取宁国，五月取泰兴，六月取江阴。刘福通攻汴梁，分道趋上都、大都、关中。七月，朱元璋部取徽州。八月，刘福通部攻大名、卫辉。张士诚屡败于朱元璋，请降于元。十月，朱元璋部取扬州。时城中经青军屠食，居民仅存十八家。察罕帖木儿大败关中诸民军。十二月，徐寿辉部将明玉珍取重庆。是岁，河南大饥。文学家欧阳玄死。

外国 〔高丽〕 分遣官监诸道盐、铁。倭寇掠升天府、乔桐。

〔日本〕 听光严、崇光两天皇归京。

〔大越〕 太上皇（明宗）死。浚义安、清化旧港。自前年至是，二年中米一升值钱一陌。

〔拜占廷〕 康塔库齐那斯之子马修阿斯为塞尔维亚人俘获，献交约翰五世。约翰五世责令其宣誓放弃帝位后，释之。

〔法兰西〕 三级会议组委员会监督国库收支。同年摄政查理遁赴冈比恩，另行召集一拥护自己之会议以与埃提恩·马塞尔对抗。

〔英格兰〕 爱德华三世为缓和苏格兰之敌意，承认大卫三世。

1358年

中国 戊戌 元至正十八年

正月，徐寿辉部将陈友谅等取安庆。朱元璋部取婺源。二月，刘福通兵取青、沧 济南，三月，取般阳，旋北攻蓟州、漷州，败而南。朱元璋部取建德。察罕帖木儿大败河东各地民军。四月，徐寿辉部取龙兴、瑞州，别部取池州，因与朱元璋交恶。五月，刘福通下汴梁，迎韩林儿居之，以为都，其部将取晋宁。徐寿辉部取吉安、抚州。七月，河南平章周全以怀庆路附于刘福通，尽驱其民入汴。八月，徐寿辉部取建昌，九月，取赣州。刘福通部攻保定、大同、兴和塞外诸地。朱元璋部取兰溪，夺张士诚宜兴。十一月，徐寿辉部陷汀州。红巾军别部取顺德。十二月，刘福通兵焚上都，东略辽阳。朱元璋取婺州。是岁，河南北、山东流民多避之大都，大饥，值大疫，死亡枕藉。倭人扰沿海诸地，自是频来钞掠。名画家黄公望死。

外国 〔高丽〕 方国珍遣人献方物。张士诚遣人献沉香山、水晶山等物。倭寇数来侵掠。

〔日本〕 四月，足利尊氏死；十二月，子义诠为征夷大将军。

〔大越〕 大治元年。春至秋旱，诏富室出粟赈贫民。吴陛复振，竖旗于安阜山上，揭榜曰“赈济贫民”。

〔匈牙利〕 于击败威尼斯后，占领达尔马提亚之大部分。拉古萨亦变成匈牙利之保护地。

〔阿尔巴尼亚〕 约在此时大批阿尔巴尼亚人自山岳地带向南部平原迁徙，占领旧伊派拉斯霸王国土地。

〔法兰西〕 法国农民不堪重税压迫与俘虏赎金之筹集（波亚迭战役中英国对所俘法人索巨额赎金），起而暴动，法国贵族以敌人英军之助进行镇压，农民失败，死者巨万。此次起义在法国史上被称为“扎克雷”（意为粗鲁汉，贵族对农民之轻蔑称呼）起义。

1359年

中国 己亥 元至正十九年

正月，朱元璋部取诸暨，方国珍附之。刘福通部取辽阳。三月，定科举流寓人名额。四月，朱元璋部复池州。五月，山东、河东、河南、关中蝗，大饥。六月，徐寿辉部取信州。八月，朱元璋部取无为。察罕帖木儿破汴梁，刘福通拥韩林儿走安丰。九月，朱元璋部取衢州。十月，京师门筑瓮城，造吊桥。十一月，朱元璋部取处州。十二月，徐寿辉部将陈友谅自称汉王，居寿辉于江州。

外国 〔高丽〕 红军传檄来。张士诚两次遣人献方物。方国珍遣人献方物。元辽沈流民二千三百户避兵来投。红军帅毛居敬督兵渡鸭绿江，陷义、静、麟等州，入西京。高丽发吏胥从军，令百官及僧人出马，以御红军。是岁，大饥。全罗道追捕倭寇。

〔日本〕 新千载集成。足利义诠逼吉野，后村上天皇奔观心寺。边民与高丽追捕兵战。

〔大越〕 朱元璋遣使来通好，遣使往觇之。大雨水，漂民居无数。

〔暹罗〕 昙摩罗阇远征卑利喃，胜之。以待俘虏宽大，获美名。

〔奥托曼土耳其人〕 奥罕卒，子穆拉德一世嗣位，继续在欧洲扩大其疆土。

〔法兰西〕 英王爱德华再侵法国，围攻朗斯（利姆斯）。

〔俄罗斯〕 底米特里·伊凡诺维支嗣位为莫斯科大公。

〔瑞典〕 第一次召开包括市民阶级之议会。

1360 年

中 国

庚子 元至正二十年

正月，张士诚部破濠、泗、徐、邳等州。二月，陈友谅攻邵武等地，福建大乱。三月，红巾军陷保定。朱元璋征刘基等至。五月，陈友谅部破辰州。闰五月，陈友谅破太平，嗣杀徐寿辉，自为皇帝，国号汉，建元大义；督攻金陵，大溃。朱元璋部随复太平，取安庆。友谅走江州，朱元璋别部亦取信州。朱元璋置儒学提举。九月，红巾军下孟州、赵州，攻真定，十二月，取广平。是岁，刘福通部入高丽被赚，死者甚多，余众奔还，降于元。宗王阿鲁辉帖木儿据木儿台彻兀，败元兵，明年秋，败死。

外 国

〔高丽〕 红军攻扰义州西京间月余，大败，仅余三百人渡鸭绿江北走。另支红军从海道攻黄安等州，旋败走。张士诚遣使来聘，遣官报之。元江浙行省使人来聘，遣官报之。高昌国人契逊来投，封为高昌伯。倭寇屡来攻扰。

〔日本〕 兴良亲王焚贺名生。北朝兵陷赤坂。北朝将仁木义长降。

〔大越〕 铸大治通宝钱。朱元璋与陈友谅部相攻于龙州凭祥，民三百余来奔。吴陛败死。大水。路鹤、茶哇、暹罗等国商舶至云屯贸易。诏王侯公主之家奴黥额，无者以“盗”论。

〔印度〕 德里承认孟加拉独立。

〔法兰西〕 英王爱德华兵临巴黎，旋与法王订布累廷宜和约，允于加来及其他数地外，放弃罗亚尔河迤北之地，而法国则允以基恩及其附近之地予英王。同年法王约翰赎回，但仅付赎金之一部分，别由法国派人为质。

〔日耳曼〕 北部之商业城市同盟——汉萨同盟，截至本年止，共包括城市五十二个。

1361 年

中 国

辛丑 元至正二十一年

二月，朱元璋立盐法、茶法，又置宝源局，铸大中通宝钱，以四百为一贯，四贯为一两，四文为一钱。五月，明玉珍破嘉定等路。李武等降于李思齐。七月，陈友谅复取安庆。八月，朱元璋大举攻陈友谅，复取安庆，大破之于江州，陈友谅走武昌，朱元璋于是遣将徇江西诸地。察罕帖木儿攻下山东诸州县，红巾军势大蹙。是岁，京师大饥。

外 国

〔高丽〕 张士诚遣使来聘，并献沉香等物；淮南行省亦遣使献沉香等物。禁僧人污滥，隶吏以避役而为僧者捕还本役。倭寇掠东莱等地。遣使如元，复置征东行省。红巾军十余万渡江陷京城，恭愍王避奔福州。

〔日本〕 三月，北朝改元康安。南朝兵入京都，北朝旋又夺回。北朝将细川清氏降。

〔大越〕 陈友谅来乞师，拒之。占城掠沿海。

〔占城〕 时茶和布底似已不在，国王阿答阿者（越史作制蓬峨）在位，遣兵攻越，大掠而去。

〔暹罗〕 昙摩罗阇律泰王皈依佛教，并于此时前后修路、浚河，又改历法，提倡天文学。

〔印度〕 德里苏丹菲尔卢司·煞率骑兵九万，战象四百八十，大举攻信地，大败而还。

〔拜占廷〕 奥托曼土耳其人在其苏丹穆拉德一世统率下，占领哈德良波利斯（即亚德里亚堡），自此获得一有利之战略地位，可以控制君士坦丁堡。

〔葡萄牙〕 卡斯蒂王“残酷的”伯多禄以刺杀葡王伯多禄一世情人因内斯·得·卡斯特罗（1355 年被杀）之凶手向伯多禄一世交换卡斯蒂逃至葡萄牙之反对派。

〔丹麦〕 伐德美尔四世占领瑞典南部哥特兰德地区，以此与汉萨同盟发生直接冲突。同年第一次汉萨战争发生。汉萨同盟以瑞典人之助，获得胜利，陷首都哥本哈根，大施劫掠。

〔英格兰〕 颁布劳工法案（见 1351 年条）补充条例，意在加重对违抗命令者之处罚。

1362 年

中 国

壬寅 元至正二十二年

二月，金华州苗军杀朱元璋所署将吏，寻皆败。三月，明玉珍称皇帝，国号夏，建元天统。嗣遣兵攻云南，败。四月，大兴工修大都宫阙。五月，明玉珍部攻龙州、兴元、巩昌。六月，察罕帖木儿攻益都，为降人刺死，养子王保保（扩廓帖木儿）代统其众。九月，王保保大破刘福通于火星埠，旋遣使于朱元璋。是岁，元帝信谗，废高丽旧王，另立新王，遣兵送之，大为高丽兵所败。

外国

〔高丽〕 大破红巾军，京城收复。红巾军残部北走者复为元辽阳行省所破。倭焚掠岳阳。元将纳哈出据沈阳，督兵来犯，大将李成桂击走之。张士诚使献方物。元辽阳行省来索处女。元奇后恶恭愍王杀其家人，嗾元帝立王昆弟蒙古名塔思帖木儿者为高丽国王。

〔日本〕 九月，北朝改元贞治。后光严天皇回京都。是年南北争战，南朝小胜。

〔大越〕 先是，抗元之役，俘其优人，元曲因之传入，势家少年婢子多习之。至是，裕宗命王侯公主献诸杂剧，定其优劣。占城犯化州。先旱后水，岁饥。命富室入粟赈济，授官有差。

〔印度〕 德里苏丹菲尔卢司·煞又攻信地，信地降。

〔法兰西〕 在英国作质者逃遁，法王约翰自愿再返英国，两年后卒于伦敦（按此种行动为中世所谓“骑士精神”之典型）。

〔英格兰〕 议会通过法案确立英格兰语文为法庭使用之语文。同年英格兰乡村神甫有名兰格兰德者，著《耕者皮尔斯》，咏农民之困苦以及教会与政府中居高位者之荒淫奢侈，受到广大群众之欢迎。

〔丹麦〕 伐德美尔四世败汉萨舰队于墨尔星堡海面。

1363年

中国

癸卯 元至正二十三年

正月，朱元璋遣使于王保保。二月，张士诚遣将攻安丰，三月破之，杀刘福通。朱元璋至安丰，破张士诚兵，以韩林儿归，居之滁州。闰三月，朱元璋改税法，二十取一。四月，陈友谅拟复失地，大举攻江西诸州县，围南昌。七月，朱元璋自将救南昌，大破陈友谅于康郎山。八月，陈友谅中流矢死。其子理奔还武昌嗣位，改元德寿。九月，朱元璋自将攻陈理于武昌，围之。张士诚降元，求王爵不得，乃自称吴王；前曾数以粮馈大都，至是不与。

外国

〔高丽〕 日本送还被倭寇所掳者三十余人。大臣金镛反，攻王宫，旋败死。张士诚使献孔雀。数遣使如元请止塔思帖木儿为王事，元不听，十二月，以兵卫塔思帖木儿来，屯辽东，前锋渡鸭绿江，围义州。

〔日本〕 北朝河野通直等降。还边民所掠高丽人。

〔大越〕 试士人以文艺，试吏人以书写。

〔拜占廷〕 奥托曼土耳其人占领腓力波波利斯。

〔法兰西〕 约翰王以勃艮第畀其四子腓力。

〔英格兰〕 黑王子被任为阿奎丹总督，但由于重税政策之故，引起法人不满。

〔丹麦〕 伐德美尔于去年获得海战胜利后，今年迫使汉萨同盟接受和约，使后者在丹麦所享受之商业特权大为减少。

〔瑞典〕 玛格拉斯八世被废黜，贵族选举美克楞堡之阿尔伯特为国王。

〔挪威〕 豪空六世娶丹麦王伐德美尔之女玛加累特为妻。

〔汉萨同盟〕 汉萨同盟第一次大会于本年召集，自此至1460年，共召开大会五十三次。此为汉萨之极盛时期。至15世纪汉萨盟员达九十左右（亦有谓在一百以上者）。

1364年

中国

甲辰 元至正二十四年

正月，朱元璋称吴王，置百官，仍用韩林儿龙凤年号。二月，朱元璋下武昌，陈理降。四月，朱元璋令商税三十取一；于江西置宝泉局，铸大中通钱五等。七月，朱元璋部取庐州。孛罗帖木儿与察罕帖木儿数构兵，察罕帖木儿死，其养子王保保仍挟前隙，至是交兵于大都。皇太子爱猷识理达腊奔王保保，孛罗帖木儿入大都为右丞相。是冬，张士诚发兵民十万浚白茆港。朱元璋部取中兴、归、峡、潭、衡等路。

外国

〔高丽〕 塔思帖木儿之前锋益进，遣崔莹督李成桂等大破之。女真陷咸、和等州，李成桂击走之。张士诚遣使来聘。元淮南行省遣使来聘。遣使聘于江浙。元使来，命恭愍王复位，于是遣使如元谢。是岁，倭寇数来侵掠。

〔日本〕 论语刻成。光严天皇死。大将大内弘世降于北朝，菊池武光破之于丰后。

〔缅甸〕 掸族与缅族战，多获胜，缅人多奔本族之东牛国，于是东牛势力渐大。

〔奥托曼土耳其人〕 穆拉德一世在马里乍河畔（巴尔干半岛东部，流入爱琴海），大败匈牙利、波兰及波斯尼亚、塞尔维亚与保加利亚诸王之联军。

〔波兰〕 卡西米尔三世在克拉科设雅该罗大学。

〔神圣罗马帝国〕 皇帝查理四世（卢森堡王室）与奥地利公卢多尔夫（哈布斯堡王室）在布律恩结盟，相约一方绝嗣时，其国土由另一方继承。

〔法兰西〕 摄政王查理正式继位，称查理五世。

1365 年

中国

乙巳 元至正二十五年

二月，福建平章陈友定攻处州，败还。朱元璋部追之入浦城，遂次第攻取福建。六月，思南土官田仁智等附于朱元璋。朱元璋令民依田亩多少栽桑、麻、木棉。孛罗帖木儿遣兵攻上都之附皇太子者。七月，思州土官田仁厚附于朱元璋。孛罗帖木儿被杀，皇太子还大都。九月，朱元璋置国子监。明玉珍与朱元璋通好。十月，朱元璋命将攻张士诚所据诸地。封王保保为河南王，畀以经营川、蜀、江、淮之任。是岁，朱元璋部取宝庆、襄阳等路，旁近州县多降；又取张士诚泰州等地。画家柯九思死。

外国

〔高丽〕 元鲁国公主死。张士诚遣使来聘。以僧遍照为师傅，与闻政事，照后改名辛吨，性邪淫，数陷正人。方国珍遣使来聘。倭寇入昌陵。

〔大越〕 占城人掠化州春游民。

〔奥托曼土耳其人〕 以亚德里亚堡为首府。

〔拜占廷〕 皇帝约翰五世赴保加利亚乞援，为保加利亚王希施曼扣留，明年释归。

〔达尔马提亚〕 拉古萨城与土耳其订商约，并纳贡。

〔保加利亚〕 亚历山大卒，希施曼三世继位为王。向土耳其苏丹称臣，并献其妹与穆拉德以示不贰。

〔门的内哥罗〕 与威尼斯结同盟，占领阿尔巴尼亚某些地区。

〔瑞典〕 阿尔伯特就位后引用日耳曼人甚多，贵族渐对之不满，于是向丹麦与挪威之统治者玛加累特乞援。

〔奥地利〕 维也纳大学创立。

1366 年

中国

丙午 元至正二十六年

正月，增河南、山东、陕西、河东等地举额。二月，美容土官田光宝附于朱元璋。明玉珍死，子明升嗣，改元开熙。三月，王保保与李思齐交恶。八月，朱元璋以张士诚所据淮东诸州已下，遂大举攻张士诚，取湖州等地；十一月，进围苏州。十二月，朱元璋命人迎韩林儿于滁州，至瓜步，韩林儿被沉于江。

外国

〔高丽〕 遣使聘于元将扩廓帖木儿，扩廓帖木儿亦遣使报聘。置甲氏推整都监以裁抑豪民，于是告讦纷起。是岁，倭寇数来侵掠。

〔日本〕 边民屠高丽乔桐。高丽使来请禁制海盗。诸将攻越前杣山等处。

〔大越〕 占城犯临平府。

〔阿尔巴尼亚〕 塞尔维亚王斯特凡·杜尚卒后，阿尔巴尼亚出现一土著王朝，在阿尔巴尼亚北部建立其统治，名巴尔沙。

〔波兰〕 与立陶宛发生战争。

〔匈牙利〕 与土耳其人大战于铁门（在匈、南、罗三国交界处，一著名之山道，长一又二分之一英里）。

1367 年

中国

丁未 元至正二十七年

正月，朱元璋始称吴元年。王保保与李思齐等构兵，诏和解之，不听。三月，朱元璋设文武科取士。八月，立大抚军院，命皇太子爱猷识理达腊总天下兵马，命王保保、李思齐分任经理江、淮、川、蜀之责。朱元璋以方国珍持两端，遣兵攻之，下台、温等州。九月，朱元璋部破苏州，俘张士诚，士诚自缢死。罢王保保军职。朱元璋遣徐达等北取中原，传檄远近。十一月，朱元璋部取庆元，方国珍入海岛。徐达下沂、滕、益都。朱元璋颁戊申大统历。十二月，朱元璋命修律令成。徐达徇下山东州县。方国珍降于朱元璋。朱元璋以陈友定杀招谕使者，遣将海陆分道攻之，旋破福州。

外国

〔高丽〕 元帝及太子前后遣使来颁赐物。遣使聘于扩廓帖木儿。命整顿国子学。纳哈出遣使献马。倭寇数来侵掠。

〔日本〕 高丽使来，请禁制海盗。十二月，足利义诠死。

〔塞尔维亚〕 攸乐施被废黜，孚加兴自称沙王，但未获普遍承认，未几死于与土耳其人之战争中。

〔门的内哥罗〕 巴尔沙一世正式宣告独立，塞尔维亚王孚加兴不特予以承认，且与之缔结婚姻。

〔波兰〕 波兰之戴耶特（议会）自本年始。以前虽有贵族及元老会议，但与此不相同。

〔汉萨同盟〕 召开大会于科隆，到会者有七十七个城之代表，准备与丹麦战争。

1368 年

中国

戊申 元至正二十八年 明太祖高皇帝朱元璋洪武元年

正月，朱元璋称皇帝，国号明，建都应天府（今江苏南京），建元洪武，是为明太祖高皇帝。明遣官核浙西田，定税额。明兵破延平，陈友定自杀。明定卫所制。二月，王保保拒罢军权，元命李思齐等讨之。明兵浮海攻广东。明编定役法。四月，明略定广东、河南。六月，明略定广西。闰七月，元罢大抚军院，复王保保职，命与李思齐分御明兵。明将徐达等徇下河北诸地，败元兵于河西务，至通州。元帝北走开平。八月，明兵入大都，寻改为北平府。自是元之中心势力退至漠南。十一月，明诏征贤才。十二月，明兵败王保保，入太原，遂略定山西。是岁，方国珍入朝于明。

外国

〔高丽〕 日本使来，以待不如礼，怒而去。遣使如元，时元帝已为明兵驱走塞北，使者未至而还。未几元使来请助兵。

〔日本〕 三月，后村上天皇死，长庆天皇（九十八代）践祚。北朝改元应安。十二月，足利义诠子义满为征夷大将军。僧中津入明求法。

〔大越〕 占城遣使来乞复化州疆界，不许。遣兵攻占城，大败。明使来，遣使报聘。

〔占城〕 遣使于越请复化州旧界，被拒，越兵寻来犯，大破之。遣使贡象、虎于明。

〔缅甸〕 据邦牙之掸族明吉王于此年即位，频与诸邦争战。

〔丹麦〕 丹麦贵族一方面不满于伐德美尔四世之重税政策，另一方面则受汉萨同盟之唆使，发动叛变，迫使伐德美尔短期出亡。第二次汉萨同盟战争爆发。瑞典、挪威、荷尔斯泰因、美克楞堡及某些丹麦贵族俱协助汉萨，以此大败伐德美尔。

〔威尼斯〕 派遣代表前赴土耳其苏丹穆拉德一世处，要求通商权利，但土耳其人受热那亚人怂恿，拒予所请。

1369 年

中国

己酉 明洪武二年

正月，明兵取大同。倭与张士诚等余党结，频来扰乱；明帝遣使谕日本国王良怀，无效，至是钞掠山东沿海州县。二月，明诏修元史。元兵攻通州，败走。三月，明兵略陕西，败元将李思齐，入西安，寻下凤翔等地；四月，至临洮，李思齐降；五月，攻广阳等地。六月，安南国王陈日熞遣使贡于明，受封爵。明兵下开平，元帝北走。七月，明攻开平之兵调赴陕西，统将常遇春死。八月，元兵攻大同，败走。明定内侍官制，并著令内侍不得知书识字。高丽国王王颛遣使贡于明，受封爵。元兵攻凤翔，败走。明修礼书。九月，明以临淮为中都。十月，明使人喻明升降，明升不听。明诏府州县皆立学。十一月，广西左右江土酋黄氏、岑氏皆附于明。十二月，占城国王阿答阿者遣使贡于明，受封爵；时占城与安南构兵，谕之和解。元将王保保攻兰州，明兵拒却之。

外国

〔高丽〕 纳哈出遣使来聘。元使来颁赐物。明遣使来告即位并颁赐物。停元至正年号。遣使如明奉表谢，继又遣使贺生辰。元中书省及吴王先后遣使来；遣使报聘并送女子于吴王。倭寇掠宁州。

〔日本〕 大将楠木正仪降于北朝。明请禁制海盗。河野通直收复伊豫。

〔大越〕 五月，裕宗死，无子，六月，泰肃大王昱子日礼嗣位，改元大定元年（日礼实优人杨姜之子。昱纳姜有娠之妻，生日礼，遂以为子）。

〔占城〕 明使封阿答阿者为占城国王。

〔暹罗〕 阿瑜陀耶朝拉玛铁菩提王死，子拉梅萱嗣。拉玛铁菩提王不但以武功著，其所颁法典亦甚有名。

〔帖木儿帝国〕 帖木儿逐撒马尔罕君主忽辛，自立为汗，据察合台汗旧地，建立帖木儿帝国（明史卷三三二称撒马尔罕国）。帖木儿为突厥人，1336 年生于中亚细亚之碣石城，少尝事撒马尔罕君主忽辛。至是定都于撒马尔罕。并自称为成吉思汗之后裔与继承者（1369—1405 年）。

〔奥托曼土耳其〕 自本年起进行征服保加利亚之战争，至 1372 年达巴尔干山，保王希施曼纳贡称臣。

〔拜占廷〕 皇帝约翰五世赴法南之阿维尼翁，向教皇乌尔班五世乞援，不得要领。归途过威尼斯时又以债务为威尼斯人扣留。次年由其次子曼纽尔备款赎回。

〔法兰西〕 英法战事再起，英军在加来登陆，而黑王子则率兵自南部北攻。同年，巴黎之巴士底要塞建成。

〔英格兰〕 爱德华三世再称法兰西王，战事起。但黑王子在法国南部之进展受到阻遏。

1370 年

中国

庚戌 明洪武三年

正月，大发兵分道攻元将王保保及元帝。二月，诏诸县富民来京，召见遣还。下云、朔等州。三月，倭扰登莱。四月，大破王保保，俘王公将校一千八百余人，士卒八万，马一万五千余匹，王保保走和林。元顺帝死于应昌，子爱猷识理达腊嗣，是为昭宗，改元宣光。安南国王陈日熞死，兄子日煃嗣，遣使请封。五月，略定兴元等地。置司农司，以兴农桑。诏定科举法，应试文仿宋经义，其后格律渐严，谓之“八股”，通称“制义”；并颁科举诏于高丽、安南、占城。兵入应昌，元昭宗北走，俘元皇孙买的里八剌及后妃诸王、官吏数百，追至北庆州而还。河州以西朵甘、乌斯藏皆来附。六月，以平元诏谕高丽、安南、占城。倭扰浙江、福建。定中盐法。元宗室匿岢岚山中者，出扰武州，败。七月，明升遣将扰兴元，败还。八月，初开乡试科。九月，修礼书成，赐名《大明集礼》。是秋，青州民孙古朴起事，破莒州，杀官吏；寻败死。十月，湖广慈利“蛮”起事，遣将击之。明帝致元帝书。十一月，大封功臣。十二月，赐勋臣田。是年，占城、爪哇及西洋琐里等国皆遣使入贡。文学家杨维桢死。

外国

〔高丽〕 倭寇掠内浦、宣州。元诸王遣使来。明使来封册，始行洪武年号。遣金涛等如明应举，涛登第。元奇后之族赛音不花作乱于东宁，李成桂破走之。

〔日本〕 和田氏攻楠木正仪。足利义满颁山门徒众制令。是年改元建德。边民扰高丽及明之江浙。

〔大越〕 明宗第三子暊起兵，即位于建兴，改元绍庆，是为艺宗。废日礼为昏德公，旋捕杀之，日礼母奔占城。

〔占城〕 遣使贡于明，明使来祀山川。

〔暹罗〕 昙摩罗阇律泰王似死于此年前后，子昙摩罗阇二世嗣。阿瑜陀耶朝拉梅萱王被迫让位于舅父波隆摩罗阇一世。

〔波兰〕 卡西米尔三世卒，安茹之路易（见1339年条）继位。路易（已于1342年继匈牙利王位）居匈牙利，以摄政代为统治。路易欲使其女雅德维加继承王位，曾以广泛特权授予波兰贵族。

〔波希米亚〕 兼并下琉塞喜阿。

〔意大利〕 卢卡向皇帝查理四世纳巨款购得自由。

〔法兰西〕 自本年起至1372年止收复波亚迭与布列塔尼。

〔丹麦〕 伐德美尔四世被迫与汉萨同盟订立斯特拉尔松和约，恢复汉萨一切特权，并约定国王继承时非得汉萨同意不能登位。汉萨同盟之势力在此一时期发展至于顶点。

1371年

中国

辛亥 明洪武四年

正月，遣汤和、傅友德等分道攻明升。二月，初开会试科。三月，初行殿试，先曾诏高丽、安南、占城人皆得预乡会试，至是赐高丽人金涛进士。移山后民万七千户，六月，又移三万五千八百户于北平卫府。倭扰温州。汤和下重庆，明升降；七月，傅友德下成都；八月，川地略定。高州“海寇”入州城，杀官吏，逾年始败。九月，州县设粮长，督其乡赋税，以田多者为之。十一月，边兵袭浮元惠王等于开平等地，追至漠北。是岁，安南、高丽、浡泥、暹罗、三佛齐等国皆遣使来贡，日本王良怀亦遣使献方物。惟倭之扰乱如故，遣将练兵海上以备之。

外国

〔高丽〕 女真千户李豆兰帖木儿来投。倭寇入海州，又犯礼成江地。辛旽乱政六年，至是因疑惧谋反，事觉，被流；旋杀之，株连甚众。

〔日本〕 三月，北朝后圆融天皇立。明请禁边寇。北朝兵援楠木正仪。

〔大越〕 旧制，贵戚沿河田庄，凡新涨之地皆归原主，后令新滩皆入官谓之“截脚”。又权豪亡故财产向由子孙承继，后立检点之法，取珍物入官。至是命除沙洲“截脚”之法，革财产检点之令。占城犯京师，焚掠而去。

〔占城〕 听杨日礼之言，遣兵攻越，入其都城，大掠而还。

〔暹罗〕 阿瑜陀耶波隆摩罗阇王遣使贡于明。

〔奥托曼土耳其〕 大败塞尔维亚人于塞诺门（在马里乍河畔）。征服马其顿尼亚，复进兵蹂躏阿尔巴尼亚与希腊。

〔塞尔维亚〕 拉萨拉斯被选为塞尔维亚王。

〔阿尔巴尼亚〕 在巴尔沙家族统治下，乘塞尔维亚之衰落，取得独立地位。

〔英格兰〕 黑王子返英。英人在法国南部之势力逐渐退至滨海地带。同年议会通过法案禁止主教兼任国家官吏。

1372年

中国

壬子 明洪武五年

正月，元梁王把匝剌瓦密尔据云南，不服；遣使说谕之。徙陈理、明升于高丽。遣将分道攻王保保于漠北；又遣将分攻湖南、广西“峒蛮”。二月，安南陈叔明杀其王日熞，自立，遣使入贡。置茶马司，以川陕茶易西番马。三月，高丽王请遣子弟入国子学。四月，澧州散毛等三十六峒“蛮”皆降。五月，东路大军攻王保保于漠北，败绩。诏遭乱为奴者复为民，禁闽、粤豪家阉人为火者。西路大军败元兵于永昌等地；六月，又进至亦集乃等地，于是甘肃略定。定宫官女职之制，申定宦官禁令。靖州、古州等地二百二十三峒“蛮”皆降。倭扰温州，败。东路偏师与元兵战于阿鲁浑河，初大败，后胜。戒饬功臣骄纵；又禁公侯私役军人。山东、陕西饥，赈之。七月，东路偏师与元兵战于断头山，败绩。八月，五谿“蛮”起兵反抗，寻败。元兵入云内州。九月，倭扰福宁。婪凤、安田等“峒蛮”皆降。十二月，明帝复致书元帝。于北平、山东、山西、河南，造战车，训车战。乌斯藏王入贡，授以元故官。令占城、琉球、高丽等国三年一贡。

外国

〔高丽〕 遣使如明贺平蜀，并请遣子弟入国子监。纳哈出使来献土物。明使来颁赐物并送陈理、明升来安置。改官制。恭愍王以无子，始令幸臣与诸妃乱，冀生男为己嗣。遣使聘于辽东。是岁，倭寇猖獗，命李成桂督师御之。

〔日本〕 课诸国段钱。边民侵高丽各地。改元文中。菊池武政破北朝将今川贞世。

〔大越〕 十一月，艺宗让位于弟曔，自为太上皇帝。曔即位，是为睿宗。

〔占城〕 遣使奉金叶表入贡于明，请兵器及乐工，以慑越人；明不许，谕和解。

〔神圣罗马帝国〕 瓦敦堡伯爵之军队击败斯瓦比亚同盟。

〔法兰西〕 收复波亚图。

〔英格兰〕 名诗人乔叟（1340—1400 年）在此时甚为活跃。乔叟有“英国诗人之父”称号，其代表作有《坎特伯雷故事》。

〔意大利〕 威尼斯与热那亚发生战争。

1373 年

中国

癸丑 明洪武六年

二月，暂罢科举，别令察举贤才。设六科给事中。以元将王保保等扰边，遣将攻之。四月，诏举聪明正直、贤良方正、孝弟力田及儒士、孝廉、秀才、人才、耆民。五月，修祖训录成。六月，前军败元兵于雁门，戒勿出塞穷追；八月，再败元兵于答剌海口。九月，定季报、岁报之式，令府州县遵行之。定散官资阶。十月，置内正司，专纠宦官。十一月，元将王保保扰大同，败走。闰十一月，修大明律成，颁行之。十二月，遣赴云南使者为元梁王所杀。限州、县寺观及僧道，禁女子年四十以下者为尼。是年京师城成，周九十六里，外城周一百八十里。

外国

〔高丽〕 元遣使来请助兴复。明帝定三年一聘之制，并命所献方物只用土布三五匹以表意。是岁，倭寇仍炽，尝犯汉阳。

〔日本〕 南、北朝战于肥后水岛。明使祖阐克勒来。边民侵高丽江华、汉阳等地。

〔大越〕 睿宗隆庆元年。命军民出粟入官。是岁，人民群起，社会秩序大乱。

〔占城〕 遣使至明，以所获“海寇”苏木进献。

〔暹罗〕 阿瑜陀耶朝王后遣使于明。

〔门的内哥罗〕 国王斯特拉梯米尔卒，其子及诸弟争立，内战旋起，国土分裂。

〔波希米亚〕 兼并布兰敦堡。

〔神圣罗马帝国〕 皇帝查理四世获得布兰敦堡，此外波美拉尼亚与美克楞堡亦均承认其为宗主。

〔英格兰〕 黑王子之弟兰开斯特公干特之约翰率军自加来南下，至波尔多，大败。

1374 年

中国

甲寅 明洪武七年

正月，汰河南、山东、北平府州县官。整饬河南、山东、北平屯田。置水军四卫，并罢市舶司，严海禁以防倭。代州边兵出塞败元兵，稍有俘获。三月，兰州八里麻民郭买的诱番兵钞掠，寻为其兄弟所杀，事定。四月，边兵攻兴和，败元兵。永、道等州“蛮”起事，寻败。五月，减苏州、松江、嘉兴、湖州极重田租之半。修皇明宝训。六月，倭扰胶东。北平、山东、山西、河南蝗，蠲田租。七月，边兵攻大宁，败元兵。水军败倭于珍珠洋。日本遣使贡方物，以无表文，却之，仍命中书省移文诘责。八月，遣元降王招谕云南梁王。边兵败元兵于丰州。九月，遣元皇孙买的里八剌北还，仍致书元主。十月，琉球、三佛齐入贡。十一月，元兵扰辽阳。高丽国王王颛为其下所杀，立嗣子禑。西番撒里畏兀儿及阿难功德国入贡；于畏兀儿地置二卫，封其王为安定王。是岁，置宝钞提举司。方国珍死。名画家倪瓒死。

外国

〔高丽〕 明使来索耽罗马二千匹；时耽罗尚为元守，典牧者只许取马三百，因遣兵击平之。旋贡马于明，且进马三百匹与辽东。九月，宦者崔万生等害恭愍王。

大臣李仁任等杀崔万生等，立号为王子名辛禑者为王。遣使如明及元告丧。是岁，倭寇仍侵掠各地。

〔日本〕 正月，后光严天皇死。舟师入高丽。

〔大越〕 浚清化、乂安海港。禁军民服北人衣装及效占城、哀牢等语。

〔意大利〕 文艺复兴先驱彼特拉克卒。

〔西班牙〕 英国干特之约翰（兰开斯特公）主张卡斯蒂与莱昂之王位继承权（其妻君士坦萨为“残酷的”伯多禄之女）。葡萄牙王腓迪南允予协助。但腓迪南旋与另一争位人特拉斯塔马拉之亨利妥协，以是英人深感不快。

1375年

中国 乙卯 明洪武八年

正月，令乡里立社学。河决开封大黄堤，发民夫三万塞之。修洪武圣政记成。二月，申明马政，禁将士私用战马。三月，行钞法，三百文、四百文、五百文、一贯。钞一贯准铜钱千文、银一两，四贯准黄金一两；禁以金银交易；罢宝源、宝钱局；越二年复设宝泉局铸钱。杀功臣廖永忠。选国子生三百六十六人分为北方州县学官。修洪武正韵成。四月，刘基死。五月，遣宦者赍绫绢及茶市马于河州，是为中官出使之始。六月，贵州蛮僚连结起事，寻败。八月，元将王保保死。九月，再遣使谕元云南梁王。十月，举富民行端达时务者。开封等府水，免其租。定都指挥使司制。十二月，元兵扰辽东，大败。苏州等地水，赈之。

外国 〔高丽〕 元封沈王暠孙脱脱不花为高丽国王，遣之归国即位。事闻，李仁任等致书元中书省告立辛禑，以拒之。遣使如日本，而倭寇四出攻掠如故。遣使献马于明。

〔日本〕 二月，北朝改元永和。高丽使来请禁海盗。藤原经光率众降高丽。南北朝战于水岛。改元天授。

〔大越〕 以黎季犛为枢密大使，参谋军事。发民治九真至河华道路。诏富民入粟，赐爵有差。

〔奥托曼土耳其人〕 征服小亚美尼亚王国。

〔日耳曼〕 皇帝亨利四世亲访吕贝克，向商人致词时称彼等为男爵，为帝国参议。汉萨同盟之势力此时如日方中。

〔法兰西〕 英王爱德华与法王查理五世媾和。

〔英格兰〕 与法国订休战条约，英人在法国所保有之土地仅余加来、波尔多与巴云。同年议会通过法案，在一切学校中教授英格兰语文（在此以前学校所教授者为拉丁文）。

〔丹麦〕 伐德美尔四世卒，其外甥俄拉夫（挪威王豪空之子）嗣位。

1376年

中国 丙辰 明洪武九年

正月，以元兵侵扰，命将备边于延安。三月，免山西、陕西、河南、福建、江西、浙江、湖广租赋。六月，改行中书省为承宣布政使司，罢行省官，置布政使、参政等官。七月，免苏州等四府因水灾田租二十九万九千余石。元将伯颜帖木儿犯边，败，其下缚之以降。八月，西番朵儿只班扰罕东，败走。十一月，徙山西、真定民无产者田凤阳。平遥训导叶伯巨上书言用刑太繁，分封太侈；下狱瘐死。十二月，畿内、浙江、湖北水，赈之。元时，官府于文书有先署印，而后书者，谓之“空印”，洪武建元以来，相沿未改，至是，空印狱起，官吏下狱者数百人。

外国 〔高丽〕 遣使于纳哈出，且侦元事。倭寇频来攻掠，崔莹等大破之于鸿山。令吏、民、奴婢出谷赡军。日本使来报聘。时脱脱不花已死，元使以扩廓帖木儿书来转圜，且请绝于明，因遣使如元。

〔日本〕 僧中津归自明。足利义满遣僧如明，怀良亲王亦通好于明。边民侵高丽全罗道。

〔大越〕 占城犯化州。大阅水、步军，睿宗亲击占城。

〔拜占廷〕 约翰五世之长子安德罗奈卡以热那亚人之助，废其父自立，称安德罗奈卡四世。

〔塞尔维亚〕 波斯尼亚统治者特弗特科一世自称“塞尔维亚与波斯尼亚之王”，占领塞尔维亚西部与亚德里亚海沿岸地区（除塞拉与拉古萨）。波斯尼亚在此一时期为最盛。

〔神圣罗马帝国〕 日耳曼南部诸城市，为保障自身利益不受诸侯侵犯与小贵族之破坏，扩大士瓦比亚同盟之组织。同年，查理四世使其子文塞斯劳斯当选为皇帝，但士瓦比亚同盟诸城市拒予承认。

〔英格兰〕 约在此时有宣教师约翰·威克里夫著书立说，呼吁教会内部之自我改革。其信徒被称为“洛纳尔派”（饶舌者），遍于各地，相传每四人中即有一人。威克里夫之主张同时亦传布于大陆，15世纪初波希米亚之改革家胡司即接受其影响之一人。黑王子卒，干特之约翰掌有英国之实际权力。

1377 年

中国

丁巳　明洪武十年

正月，定奏对式。二月，免现任官繇役。四月，以吐蕃梗乌斯藏贡道，遣兵攻之，追至昆仑山，留兵置戍而还。太平等府水，赈之。五月，黄州等五府州水，赈之。六月，诏臣民言事者实封达御前。七月，置通政使司以受内外章奏，于早朝汇达御前。遣监察御史巡按州县。九月，绍兴等府水，赈之。十月，赐百官公田。十一月，免河南、陕西、广东、湖广被灾田租。四川威茂土司董贴里起事，寻降。是岁，高丽使五至，以其前王颛不以病死，拒其贡，仍遣使觇之。自洪武八年营宫殿，至是成。

外国

〔高丽〕　纳哈出使来献马。元使来册辛禑为高丽国王；因又行元宣光年号。从元焰硝匠人得制火熕之术，置火熕都监。是岁，倭寇益炽，复遣使如日本请禁制之。

〔日本〕　怀良亲王与北朝战，大败。高丽使郑梦周来修好，且请禁制海盗。

〔大越〕　正月，击占城之师大败，睿宗阵亡。五月，子晛嗣位，改元昌符；后被废，死，史称废帝。占城来侵，陷京城，旋退。遣使以睿宗出巡溺死，讣于明。

〔占城〕　越主引兵来侵，击杀之。旋遣兵攻越，入京城，大掠而还。遣使贡于明。

〔神圣罗马帝国〕　皇帝查理四世企图用武力迫使士瓦比亚同盟解散，不得逞，又转而与同盟言和。同盟则允许承认新帝（文塞斯劳斯）。

〔士瓦比亚同盟〕　在路特林根战役中击败瓦敦堡军队。

〔法兰西〕　英王爱德华三世卒，法王查理违约掀起战争。

〔英格兰〕　英格兰议会始采用“发言人”制度。英王爱德华三世卒。黑王子之子嗣位，称理查二世。遵奉教皇令，将约翰·威克里夫监禁。

1378 年

中国

戊午　明洪武十一年

二月。汶川土司阻道，四川兵破之。茂州土司降，置卫留兵守之。三月，命奏事毋关白中书省。四月，元昭宗死，子脱古思帖木儿汗嗣。元兵扰边。五月，苏州等府水，赈之。六月，五开“蛮”吴面儿起事，遣兵攻之，命太监观军，是为宦官预兵事之始。七月，苏州等四府海溢。十月，河决兰阳。西番扰边，遣兵攻之。十一月，吴面儿败。十二月，遣僧求佛经于西域，凡三年而还。彭亨、百花等国来贡。

外国

〔高丽〕　遣使如明请封。赴日本使者回，盗寇首领亦放还俘虏百余人，惟其攻掠如故。因又遣使如日本，再请禁制。

〔日本〕　遣使及僧人报聘于高丽。怀良亲王破北朝兵。

〔大越〕　占城来侵，陷京城，大掠而去。大水。征丁男户钱三镪。

〔占城〕　遣兵攻越入其京城，大掠而归。遣使贡于明。

〔暹罗〕　阿瑜陀耶朝七年来数攻戍可太地，至是其王昙摩罗阇二世降，沦为附庸，越二世而亡。

〔亚美尼亚〕　土库曼人之黑羊族开始统治亚美尼亚与阿塞拜疆。

〔保加利亚〕　希施曼夺回索菲亚（按希施曼就位后，同时称王者有数人，其弟斯拉西尼斯据索菲亚）。

〔波希米亚〕　查理一世卒，子文塞斯劳斯四世嗣位，但与神圣罗马帝国之关系渐趋疏远。

〔神圣罗马帝国〕　查理四世卒，子文塞斯劳斯嗣位（兼波希米亚王）。

〔意大利〕　佛罗伦萨梳毛工人大暴动。城内及四郊之贫苦人民俱踊跃参加。

〔法兰西〕　阿维尼翁教皇格列高利十一世访罗马，卒于该城。红衣主教团选乌尔班六世继位，教廷自此返还罗马，“巴比伦流亡期”告终。但另一部分红衣主教集于罗马附近之阿南宜，别选克力门特七世继位，仍居阿维尼翁，故继流亡期后又出现一所谓“教会大分裂时期”。

1379 年

中国

己未　明洪武十二年

正月，洮州十八族番酋起事，遣兵攻之。松州蛮起事，旋败；于其地置卫。二月，洮州番败，于其地置卫。六月，遣将攻大宁，克之。四川眉县民彭普贵以烧香聚众，攻扰十四州县，遣兵攻之，七月，彭普贵败溃。攻洮州番之兵大破西蕃，俘三万口，获杂畜二十余万。贬右丞相汪广洋，寻赐死。高丽贡黄金百斤，银万两，却之。

外国

〔高丽〕　明辽东都司使人来，借口索逃军，实觇与元交通情况。明帝来诏诘责。元使以改元天元事来告。明辽东都司牒责交通纳哈出及元事。遣使如明岁贡且请封，被拒。是岁，倭寇仍猖獗。

〔日本〕 三月，北朝改元康历。

〔大越〕 以黎季犛为小司空。旱，大饥。北江人阮补起事称王，旋败死。

〔拜占廷〕 约翰五世以土耳其人之助复辟。

〔门的内哥罗〕 巴尔沙二世及其侄乔治二世分治国土，和平相处。

〔神圣罗马帝国〕 城市权力益大，小贵族感觉无法倚恃前此之压榨与劫掠为生，纷起组织武士同盟以与城市对抗，如宝剑同盟、皇冠同盟、雄狮同盟等，尤以后者势力最大。各地大诸侯对城市之强大亦深为嫉忌，故不乏为自己之利益利用武士同盟者。同年战事起。

〔意大利〕 佛罗伦萨暴动领袖迈克尔·兰多取得短期政权（自6月20日至8月31日），成立三“小基尔特”。但兰多旋背叛起义者，投降统治阶级。热那亚舰队进攻威尼斯。

〔英格兰〕 开征人头税，凡十六岁以上者皆须缴纳，自四辨士至四英镑不等。约在此时，威克里夫完成《新约圣经》的翻译（自拉丁文）。

〔汉萨同盟〕 条顿武士团本年加入汉萨同盟为会员。

1380年

中国 庚申 明洪武十三年

正月，左丞相胡惟庸以谋反死，株连者万五千余人。罢中书省；改大都督府为中、左、右、前、后五军都督府；废丞相，并诏以后“嗣君毋得议置丞相；臣下苟以此请者，寘之重典”。定南北更调用人之法；其以罪降谪者，不分南北，悉于广东、广西等地用之。二月，诏举聪明正直、孝弟力田、贤良方正、文学、术数之士。三月，减苏州、松江、嘉兴、湖州赋额，旧亩科七斗五升至四斗四升者减什二，四斗三升至三斗六升者止征三斗五升。元将数扰边，遣将越漠击擒之。五月，西安边将袭俘元豳王亦怜真等。罢御史大夫官，置左右丞。六月，置谏院。修臣戒录成，颁之。八月，州县学师生日给廪膳。十一月，元兵扰永平。十二月，阳山归善蛮起事，遣将攻之。遣宦官及国子生与部委官核税额，并罢各地抽分竹木场。日本使来，但持其将军书，却之。

外国 〔高丽〕 元使来册辛禑为太尉。遣使如明辽东申诉，使者被执送应天，大被诘责，乃遣还。倭寇仍炽，李成桂大破之于云峰，自是成桂威名日盛。

〔日本〕 小山义政起兵反足利氏。六月，光明天皇死。明请禁制海盗。

〔大越〕 占城掠乂安、演州，犯清化，黎季犛拒败之。自是季犛遂握兵权。

〔占城〕 以所募新平、顺化兵攻越，迫其京城，败还。遣使贡于明，明帝谕令与大越和。

〔俄罗斯〕 莫斯科大公底米特里与蒙古人大战于顿河畔之库利科沃，获得胜利。此为俄罗斯民族作正面解放斗争之开始。底米特里自此被称为“顿斯科伊”（顿河上的）。

〔门的内哥罗〕 巴尔沙二世死于与土耳其人之战争中。乔治二世为唯一国王，国土自是重趋统一。

〔意大利〕 热那亚舰队大败于威尼斯，前者海权自此一落千丈。

〔法兰西〕 查理五世卒，子查理六世嗣位。当时英人在法国所保有之地区仅为巴云、波尔多、布累斯特、射尔堡与加来，查理六世嗣位时甫十二岁，以其叔安茹、勃艮第与柏利三公爵摄政。

〔斯堪的纳维亚〕 挪威王豪空卒，其子丹麦王俄拉夫嗣位，两国自此合而为一，以其母玛加累特为摄政。

1381年

中国 辛酉 明洪武十四年

正月，以元残兵屡扰边，遣将击之。命新授官各举所知；时罢科举，专用辟荐，凡中外官下至仓库杂流，亦令推举文学才干之士。定赋役籍，进黄册，编里甲，查田亩；并令十年一改定。三月，颁五经、四书于北方学校。四月，改国子学为国子监。大兵出边至胪朐河，颇俘元官吏士卒而还。五月，五谿“蛮”起事，旋散；四川峒“蛮”又起，遣将破之。七月，以所举贤良方正、聪明正直、孝弟力田之士四人为布政司参政、参议。八月，阳春蛮起事，旋败散。河决祥符、原武、中牟。九月，以元梁王据云南，再杀使者。遣将分道攻之。置四辅官。十月，浙东民叶丁香等据山起事，旋败散。免应天等七府县田租。工部尚书薛祥坐罪杖死。十一月，广东“海寇”攻掠，遣兵破之，俘其首领铲平王等。十二月，罢翰林学士承旨等官，改置学士，命考核诸司章奏。大军东路攻云南者自贵州长驱直入，元梁王自杀，并会西路之师合破拒战蛮兵。以安南侵广西境，却其贡。是岁，名学者宋濂死。

外国 〔高丽〕 遣使献马于明，被拒。是岁，倭寇仍四出攻掠。

〔日本〕 二月，北朝改元永德。足利氏兵败小山义政。宗良亲王撰上新叶集。改元弘和。

〔大越〕 命大滩国师督僧人壮者为兵，击占城。

〔拜占廷〕 约翰五世与奥托曼土耳其苏丹穆拉德订立条约，自承为后者之臣属。

〔英格兰〕 约翰·威克里夫否认“圣餐变质说”，给予后来之宗教改革家以甚深之影响。不堪压迫之英国农民在瓦特·泰勒（泰勒为瓦匠之音译）、甲克·斯卓与约翰·保尔等之领导下爆发起义，以伦敦劳动人民之协助占领该城。理查二世诱杀瓦特·泰勒后，用残酷之手段镇压之。按当时农民提出四项要求：(一）废除农奴制，解放农奴本人及其子女；（二）降低地租至每亩四辨士；(三）有充分自由在一切市集中买卖；（四）大赦此次参加暴动之人。

1382 年

中国

壬戌　明洪武十五年

正月，大军下云南诸州郡。二月，以河南河决，赈之。闰二月，大军取大理，俘土酋段明等。段氏据大理数百年，至是绝。三月，河决朝邑。更定云南区划，共府五十二，州六十三，县五十四。四月，徙元梁王等家属于耽罗。诏州县通祀孔子。洪武六年限僧道令渐弛，至是度僧尼逾万，多为不法，大理寺卿李仕鲁言之，捽死殿下。置锦衣卫，掌侍卫、缉捕，专司诏狱。五月，广平府吏王允道以请置铁冶于磁州，被流海外，于是各处铁冶多停；嗣虽渐复，然产额减少。六月，乌撒诸蛮起事，遣将攻之。七月，诸蛮大败，于是置卫所，开驿道于贵州、云南。七月，河决荥泽、阳武。罢四辅官。八月，复科举，三年一行。定试秀才之制；以秀才曾泰为吏部尚书。译回回历书。九月，诸蛮攻云南城，大败，死六万余。十月，罢御史台，置都察院，分监察御史为浙江等道。籍广东疍户万人为水军。十一月，置殿阁大学士。修治国子监旧藏书板。是岁，定府州县钱粮册勘合之制。

外国

〔高丽〕 置盘缠色，令百官出布、马。遣使贡于明，被拒。固城民伊金自称弥勒佛，惑众，被杀。明定云南，安置元梁王家属于济州，因遣使表贺。旋又遣使陈情并请封，被拒。是岁，倭寇仍四出攻掠。

〔日本〕 楠木正仪降，北朝兵攻之，楠木族死者甚多。四月，北朝后小松天皇立。小山义政败于足利氏，死之。

〔大越〕 占城犯清化，黎季犛拒败之。发军民浚海港。

〔占城〕 遣兵攻越，败还。

〔俄罗斯〕 金帐汗脱脱迷失进攻莫斯科，诱降后入城肆行屠杀、劫掠，并纵火焚烧。

〔保加利亚〕 土耳其人占领索菲亚城。

〔波兰〕 路易卒，贵族各欲拥立自己之候选人，内战起，虚位二年。

〔匈牙利〕 路易卒，其女安茹之玛丽嗣位为女王，以其夫西吉斯蒙德（皇帝文塞斯劳斯之弟）监国，但杜拉索与拿波里王查理反对甚力。

〔意大利〕 佛罗伦萨大基尔特之资产阶级夺回政权。起义领袖一百六十一人被处死刑，新成立之三小基尔特被撤销，起义至此完全失败（按兰多于同年被放逐）。

〔法兰西〕 巴黎贫苦市民因不堪重税压迫，大起暴动，杀税吏多人。查理六世伪允取消交易税并大赦暴动者，但事变平息后，立即屠杀多人，且更增加新税。

〔佛兰德尔〕 在腓力·阿特末尔德（哲姆斯·阿特末尔德之子，见 1337 年条）领导下起义，旋失败，阿特末尔德死难。

1383 年

中国

癸亥　明洪武十六年

二月，初令府州县学岁贡生员，试一等者入国子监，二等送中都，不中者遣还，并罚教官。三月，命西平侯沐英镇云南。姚安土司自久起事，六月，败遁；后复攻品甸，沐英破之。九月，江西永新龙泉山民起事，其首领称顺天王，寻败散。是年夏，倭扰浙东等地。赐琉球等四十九国勘合。

外国

〔高丽〕 明辽东都司牒责交通纳哈出。郑地大败倭寇于南海，而他处与倭寇战者多败。

〔日本〕 新后拾遗集成。是年，后龟山天皇践祚。

〔大越〕 黎季犛击占城，船为风毁，中道引还。占城来犯，越半年始退。

〔占城〕 国王亲攻越，迫其京。

〔缅甸〕 掸族明吉王遣使至明，明授为宣慰使。

〔法兰西〕 查理六世下令取消一切凡参加去年暴动之基尔特。其他一切集会（包括宗教性者），结社，俱在严禁之列。各区民团亦同时被取消。

〔葡萄牙〕 英人怒腓迪南之反复无常，于本年进攻葡萄牙，在沿海一带大肆蹂躏。腓迪南卒，以国贻其寡妻莱昂诺娜，国人反对，内乱起。

1384 年

中国 甲子 明洪武十七年

正月，更定都察院官制。三月，重定科举取士制，乡试以八月，会试以二月，各三场。五月，凉州兵攻西番之反抗者，俘元官吏及人口万八千。七月，禁宦官预外事，并禁诸司与内官监文移往来。八月，河决开封，横流数千里；又决杞县入巴河。平缅土司思伦发献方物，命为平缅军民宣慰使。九月，以河南、北平大水，赈之。闰十月，选儒士为监察御史。是年，命云南以金、银、贝、布、漆、丹砂、水银代秋租。是岁，高丽贡马二千匹，以代输金。

外国 〔高丽〕 遣使如明，大括金银以充贡。元使来，遣官至中途说之还。是岁，倭寇攻掠略少。

〔日本〕 二月，北朝改元至德。重刻元亨释书成。僧加瑶谋通明之胡惟庸，事泄，得罪。改元元中。

〔大越〕 明攻云南，遣使来求粮以饷军，许之。

〔占城〕 春，撤攻越之兵。

〔暹罗〕 阿瑜陀耶朝王子遣使于明。

〔拜占廷〕 约翰五世以其次子为凯撒与之共主国政。

〔波兰〕 路易王之女雅德维加当选为女王。

〔尼德兰〕 伯爵路易·德美尔卒，其女婿勃艮第公爵继位，同年英、法订停战协定。尼德兰自是逐渐统一于勃艮第公爵统治下。

〔英格兰〕 约翰·威克里夫卒，但洛纳尔派仍遍布各地。

〔葡萄牙〕 卡斯蒂王晃（约翰）一世派兵协助莱昂诺娜，但在里斯本败北。明年若阿一世被选继任葡萄牙王。至1411年始与卡斯蒂缔结最后和约。

1385 年

中国 乙丑 明洪武十八年

三月，以重开会试，命厘定翰林院官制及新进士授职制。户部侍郎郭桓以赃死，事连各省官吏数万人，多冤枉者。四月，思州“蛮”起事。遣兵攻之。六月，定府州县官三年一朝之制。七月，以高丽王王禑屡请罪，乃赐封册。五开“蛮”起事，扰古州；遣将攻之，九月，获其酋吴面儿，俘斩四万人。十月，颁大诰。筑观星台于鸡鸣山。十二月，平缅思伦发掠景东。是岁，思州蛮溃散，留兵戍其地。名将徐达、名画家王蒙死。

外国 〔高丽〕 明辽东遣人来买牛。先是赴明使者多被留，至是使郑梦周往贺生辰，因应对得体，明帝意解，皆遣还。因再遣使如明请封，明随遣使来封册。李成桂大破倭寇于兔儿洞。

〔日本〕 新田义则起兵于关东，反足利氏。

〔大越〕 明遣使征僧人。

〔暹罗〕 阿瑜陀耶朝王子贡于明。

〔匈牙利〕 查理二世继位为匈王，明年遇刺殒命。

〔瑞士〕 北部五城加入日耳曼南部之士瓦比亚同盟。

〔神圣罗马帝国〕 士瓦比亚同盟所属之三十六城，于本年同时逮捕各该地区居住之犹太人，“于获得满意之条件后”，始分别释之（按同盟于实施此事之前，曾以金弗罗永四万枚献皇帝文塞斯劳斯以贿赂之，获得其许可）。

〔英格兰〕 理查二世入侵苏格兰，焚毁爱丁堡。

〔西班牙〕 纳瓦尔国王查理二世（绰号“坏人”）尽失其在法国之土地。

1386 年

中国 丙寅 明洪武十九年

二月，赈河南水灾。云南臻峒、西浦等“蛮”及平越卫民麻哈等起事，遣将攻之。四月，赎河南饥民所卖子女。五月，福建僧彭玉琳作白莲会，自号弥勒佛祖师，新淦民杨文等拥玉琳称晋王，建元天定，谋起事未成，皆死。六月，命有司存问高年贫民，月给米、肉、酒，又赐高年富民爵为里士、社士、乡士。十月，胡惟庸党林贤通倭事，至是发觉，族诛。十一月，日本入贡，却之。

外国 〔高丽〕 遣使如明请服色及减岁贡，得允减为三年一贡，马五十匹。明信谰言，遣使来索沈阳逃来军民四万余户，遂遣使如明质辩。明使又以贱值买马三千匹。是岁，倭寇攻掠渐稀。

〔日本〕 小山若犬丸等起兵反足利氏，旋败死。足利义满禁寺社人污烂之行。

〔大越〕 明遣使来求槟榔、荔枝、波罗密、龙眼等种子，又遣使来假道往占城索象。

〔占城〕 遣王子贡象五十四只于明。

〔奥托曼土耳其〕 陷塞尔维亚之尼施城，塞王拉萨尔称臣。

〔波兰〕 波兰贵族为欲联合立陶宛共同抗拒

条顿武士团之侵略，迎其大公雅该罗来克拉科，强迫女王雅德维加与之结婚（按雅德维加事先已与奥地利之威廉订婚）。立陶宛与波兰自是合并为一。雅该罗改称弗拉第斯拉夫五世。

〔瑞士〕　奥地利公利奥波德与瑞士联邦战于塞姆巴赫，兵败，阵亡。

〔法兰西〕　经充分准备后，查理六世再与英国开衅。

〔葡萄牙〕　与英格兰订立永久同盟条约。

〔日耳曼〕　海德堡大学成立。

1387 年

中国　丁卯　明洪武二十年

正月，大发兵攻元残军之屯金山者。以锦衣卫非法凌虐犯人，焚其刑具，命系囚仍付刑部审理。二月，前锋军破元兵于庆州。于浙江沿海增设卫所五十九；四月，于福建沿海筑十六城，以备倭。五月，大军越金山，至女直苦屯，元兵四万余皆降。九月，城大宁，置都司，寻改为北平行都司。以元帝脱古思帖木儿屡扰边，遣将攻之。十二月，赈济南等府饥民凡六万三千八百余户；又赈登、莱二府饥。是岁，命国子生分行州县，查粮定区，编为鱼鳞图册。广租赋折色之法。

外国　〔高丽〕　以仓储匮乏，减百官俸。括马以售于明，分三等估价。定百官服，仿明制。郑地以倭寇乃日本少数据壹岐、对马之民，请大举讨灭之；事未得行。是岁，倭寇小有攻掠。

〔日本〕　小田五郎起兵据男体城以反足利氏。八月，北朝改元嘉庆。

〔大越〕　以黎季犛同平章事。

〔占城〕　遣使贡伽南香、犀角及象五十一只于明。

〔帖木儿帝国〕　帖木儿征服波斯，在伊斯巴汉杀七万人。

〔奥托曼土耳其〕　意大利城市热那亚与穆拉德订立商约。败于塞尔维亚、门的内哥罗与阿尔巴尼亚之联军。

〔神圣罗马帝国〕　士瓦比亚同盟向巴伐利亚公宣战（由于后者劫掠纽伦堡货物九大车）。战争自 1 月 19 日开始，莱因同盟某些城市加入士瓦比亚同盟，而一切反城市之封建诸侯则协助巴伐利亚。战事延续至 1389 年 5 月始结束。城市失败，同盟解散，但和议中仍规定设立八人代表团专事解决一切关于城市与诸侯间之纠纷。士瓦比亚之农村毁于战争中者约二百处。

〔匈牙利〕　西吉斯蒙德（玛丽之夫）正式继位为匈牙利王。在位五十年，因在国外之时多，且任意出售其土地（在匈牙利者），故王权颇为衰落。

〔意大利〕　加宽阿尔卑斯山脉中之塞普提美尔山道，以利行旅往还（按阿尔卑斯山脉中共有山道六，塞普提美尔为通日耳曼南部者，当时商业繁荣，往来频繁，故拓宽之）。

〔英格兰〕　一部分主张改革之大贵族举兵反。

〔西班牙〕　阿拉贡王晃（约翰）一世以女巫罪审讯其继母西比尔娜，并将后者之亲近数人处死。

〔斯堪的纳维亚〕　丹麦王俄拉夫卒，其母玛加累特单独统治丹麦与挪威。同年玛加累特应瑞典人请求，遣兵击败瑞典王美克楞堡之阿尔伯特。阿尔伯特逃，玛加累特兼瑞典女王。

1388 年

中国　戊辰　明洪武二十一年

正月，思伦发侵马龙等地，云南镇兵败之；三月，又大败之。策试进士，始命立题名碑于国子监；复定一甲进士授官制，并遣新进士行监察御史事巡州县。四月，大军至捕鱼儿海，俘元皇子地保奴及妃嫔、公主百二十余、官属三千，男女七万，杂畜十五万，元脱古思帖木儿汗与数十骑北遁。六月，东川蛮起事，遣将攻之。地保奴出怨言，安置琉球。八月，徙泽潞民无业者垦河南、北田。九月，越州土司阿资起事，遣将攻之。核卫所屯田，岁得粮五百余万石。十月，东川蛮败散。高丽王王禑遣使来告请逊位于其子昌，实则为大将李成桂所囚。十二月，安南黎季犛杀其国王陈炜。是岁，元脱古思帖木儿汗为部下所杀，恩克卓哩克图汗立。

外国　〔高丽〕　明帝诏责欺诈，并言铁岭东北诸地皆归辽东都司。辛禑视铁岭一带为己土，因发兵抗明，停洪武年号，复辫发，蒙古服。李成桂乘机发动政变，废杀崔莹，放辛禑于江华，暂立禑子昌为王，仍用洪武年号，服明衣冠，自为都总中外诸军事，遣使告于明。是岁，倭寇间来攻掠。

〔日本〕　小田五郎败死。北朝摄政二条良基死。边民侵高丽镇浦、光州。

〔大越〕　黎季犛杀废帝，立上皇少子颙，是为顺宗，改元光泰。明使来封册，时废帝已死。

〔占城〕　明帝遣使责以掠真腊贡象；因遣使谢罪，又入贡。

〔暹罗〕 先是波隆摩罗阇一世攻景迈，不利。景迈兵来，波隆摩罗阇一世御之，中途死；子通兰立，甫七日，为复辟之逊王拉梅萱所杀。

〔印度〕 德里苏丹菲尔卢司·煞死，年将八十。菲尔卢司·煞之孙穆罕默德嗣位，但仅统治旧德里，号令不出国门。此外又有纽司拉·煞者，亦称苏丹，建都于德里数里之外。各省总督纷纷独立，国遂瓦解。

〔保加利亚〕 土耳其人来攻，保王乞降，但旋叛变。

〔瑞士〕 奥地利公再败于瑞士联邦。

〔法兰西〕 查理六世亲政，重用其弟奥尔良公爵。

〔英格兰〕 理查二世之宠信与重要支持者五人为议会逮捕审讯后，判处死刑（英史称 1388 年议会为“无情的议会”）。

1389 年

中国 己巳 明洪武二十二年

正月，越州土司阿资败降，以其地置二卫。二月，湖广安福所千户夏德忠结九溪峒蛮攻掠，寻败死。四月，徙江南民田淮南。徙元降王于耽罗。赈九江等十七府州贫民钞二百六十余万锭。五月，于兀良哈置泰宁、朵颜、福余三卫，以元将吏降者为指挥使同知等官。十一月，思伦发降。

外国 〔高丽〕 朴葳等攻倭寇根据地对马岛，破之。明礼部咨来，谓废立自便，不必通聘。以权豪兼并，田制大坏，议革之。琉球中山王遣使来聘，并归倭寇所掠人口；遣使报聘。十一月，李成桂废昌，立神宗七世孙王瑶，是为恭让王；流异己大臣，旋杀辛禑及昌，旋遣使于明。

〔日本〕 二月，北朝改元康应。高丽将朴葳攻对马。

〔大越〕 黎季犛女立为后。清化阮清诈称废帝，梁江民多应之。农贡阮忌起事，自称鲁王田忌。占城攻清化、古无，黎季犛拒之，败还。废帝之弟元耀降于占城。天然僧范师温起事，攻京师；旋败死。

〔占城〕 国王攻越，败抵拒之师，逼其都城。

〔奥托曼土耳其〕 6 月 20 日（旧作 15 日）苏丹穆拉德一世大败塞尔维亚、保加利亚、波斯尼亚、瓦拉几亚与阿尔巴尼亚之联军于科索沃（在塞尔维亚之摩拉发河发源地）。塞尔维亚王拉萨拉斯被俘。苏丹穆拉德遇刺卒；子巴耶塞特一世嗣位。惧其弟争立，杀之。

〔塞尔维亚〕 拉萨拉斯被俘后为土耳其人所杀，塞尔维亚自此沦为土耳其之附庸。拉萨拉斯之子斯提芬·拉萨尔维奇嗣位之初效忠土耳其，苏丹拜齐德亦承认其为塞尔维亚霸王。

〔门的内哥罗〕 乔治二世仅派遣少数队伍参加科索沃战役，故损失较轻。塞尔维亚贵族失败后多避地门的内哥罗。

〔波希米亚〕 布拉格城之犹太人遭受屠杀。

〔俄罗斯〕 瓦西利（巴细累）一世嗣位为莫斯科大公，继续与蒙古人及立陶宛人斗争。

〔斯堪的纳维亚〕 玛加累特以其外孙波美拉尼亚公爵埃利克当选为斯堪的纳维亚三国之王，但实际大权仍在彼自己掌握中。

〔意大利〕 罗马系统教皇乌尔班六世卒，别选卜尼法九世继位。阿维尼翁教皇克力门特仍健在，基督教世界各依利害之不同而异其拥护对象。英国与法国为世仇，故拥护罗马教皇；苏格兰党于法，拥护法国教皇；拿波里与西西里之统治者拥护法国教皇，而人民则拥护罗马教皇。

1390 年

中国 庚午 明洪武二十三年

正月，以元残兵扰边。命晋王㭎、燕王棣帅师攻之。贵州“蛮”起事，遣将攻之。赣州民结湖广“蛮”起事，寻败散。二月，施州“蛮”起事，遣将攻之。河决归德，发十卫士卒与民共塞之。三月，燕王棣受元将乃儿不花等降，自是元降军先后至北平者皆归燕王棣调用，燕兵因之益强。定朝臣衣服及士子巾服之制。四月，吉安侯陆仲亨坐胡惟庸党下狱，逾月，皆被杀。闰四月，施州“蛮”败散。五月，韩国公李善长以交通胡惟庸，赐死，家口坐死者七十余。六月，都匀散毛“蛮”又起事，寻败。七月，河决开封、西华诸县，漂没万五千七百余户。崇明海溢，决堤二万三千余丈，发民二十五万筑之。八月，禁吏卒科举。赈河南、北平、山东水灾。十月，赈湖广饥。十二月，命死罪输粟北边自赎。罢织文绮缎匹。

外国 〔高丽〕 是岁，李成桂大贬逐异己。

〔日本〕 三月，北朝改元明德。南、北朝兵战于河内。

〔大越〕 都将陈渴真大破占城兵，占城主制蓬莪战死。

〔占城〕 正月，国王攻越，战死，大将罗皑（明史作阁胜）领残军回，自立为王，死王二子奔越。

〔暹罗〕 景迈兵来犯，大破之。

〔拜占廷〕 奥托曼土耳其人征服斐拉德斐亚（小亚细亚西部）。此为拜占廷在小亚细亚之城市最后被征服者。

1391 年

中国 辛未 明洪武二十四年

二月，赈山东被水民万五千余户。四月，赈河南水灾州县。元辽王降而又变，燕王棣出塞攻之。河决原武，入淮，又漫衍于曹州郓城，运河淤塞。赈北平水灾州县。六月，更定舆服器用制度。七月，徙九布政司富民万四千三百余户实京师。八月，以哈密邀杀西域贡使。遣兵破之，俘元王、公及部属三千余。九月，遣使谕西域。倭扰雷州。十一月。五开“蛮”起事，遣将攻之。赈河南水灾。十二月，越州土司阿资又起事，遣将攻之。铸浑天仪。是岁，州县黄册成，计户一千零六十八万四千四百三十五，丁五千六百七十七万四千五百六十一。以占城大臣阇胜自立，遣使来贡，却之。

外国 〔高丽〕 李成桂为三军都总制府都总制使。明使来索马一万匹，宦者二百人。使谕东女真，归附者三百余人。遣世子奭如明贺正旦。

〔日本〕 山名氏清反，旋败死。

〔大越〕 黎季犛遣将扰占城，败还。

〔占城〕 遣使贡于明，被拒。

〔帖木儿帝国〕 帖木儿击败钦察汗国（金帐汗）。

〔金帐汗〕 帖本儿征服金帐汗脱脱迷失。

〔奥托曼土耳其〕 巴耶塞特一世继续在安那托利亚发展，征服数塞尔柱小封建国（按苏丹所任命之各地总督称阿塔贝格，或贝格，其意为副王）。

〔拜占廷〕 约翰五世卒。曼努埃尔为唯一皇帝，称曼努埃尔二世。拜占廷至此仅剩君士坦丁堡及巴尔干半岛之帖萨罗尼迦与摩利亚（古伯罗奔尼撒）。

〔塞尔维亚〕 波斯尼亚亲王特弗特科卒，其国亦逐渐衰落。

1392 年

中国 壬申 明洪武二十五年

正月，河决阳武，泛陈州等十一州县。越州土司阿资又降。都匀九名、九姓蛮及毕节卫蛮起事，寻败散。更定府州县岁贡生员之额。二月，五开蛮败散。遣宦官往河北以茶市番马。四月，罕东番降。建昌卫指挥使元降将月鲁帖木儿结西番攻掠，遣将讨之。五月，北平、陕西饥，赈之。七月，月鲁帖木儿大败，走柏兴州。八月，江夏侯周德兴以子犯法，坐死。籍太原、平阳民为军。靖宁侯叶升坐胡惟庸党，死。十一月，月鲁帖木儿被擒，死。是岁，高丽李成桂废其王王瑶自立。成桂遣使请封，并改国号为朝鲜。元恩克卓哩克图汗为部下所杀，额勒伯克汗立。

外国 〔高丽 朝鲜〕 李成桂总军政大权既久，异己皆除，地位日固，乃于七月废恭让王自立，都松京，明年正月改国号为朝鲜，是为朝鲜李朝太祖。高丽王氏自开国至是凡三十二传，四百七十五年而亡。遣使告于明。定官品及入官补吏法，又定守令殿最法。琉球国遣使来。日本筑州官遣僧来修好，亦遣僧报之。

〔日本〕 自南北分立以来，争战频仍，至是南朝势益衰，经数度磋商，后龟山天皇乃退位，十月以传国神器授之北朝后小松天皇，于是分裂五十七年之局，乃复归于一。高丽请禁海盗，遣僧报之。

〔大越〕 置各处江关及巡守监捕贼盗。定军民逃役法，为首者斩，田土没官；余罚十镪、黥项。

〔阿尔巴尼亚〕 威尼斯人占领阿尔巴尼亚北部，并逐渐向南发展。

〔意大利〕 希腊文艺之研究此时大盛于意大利各地。

〔威尼斯〕 占领杜拉索，在达尔马提亚沿岸开始建立商栈，并在某些地区建立要塞。

〔法兰西〕 查理六世患癫痫，勃艮第与伯利二公取得政权，自是与奥尔良公爵之间争执迭起。

1393 年

中国 癸酉 明洪武二十六年

二月，命晋王棡统河南、山西军出塞。凉国公蓝玉坐谋反死，列侯以下连坐者万五千余人。三月，命燕王棣、晋王棡总制北平、山西军事，大者方奏闻。九月，以胡惟庸、蓝玉二大狱杀戮过当，诏赦余党。开胭脂河以通浙运。十月，授国子生刘政等六十四人为布政、按察使及参政、参议。是岁，朝鲜王李成桂进马九千八百余匹；酬以纻丝、棉布一万九千七百余匹。安南黎季犛杀王夺位事觉，却其贡。核全国土田凡八百五十万七千六百二十三顷。共有都司十七、留守司一、内外卫三百二十九、守御千户所六十五。

外国 〔朝鲜〕 设经、兵、律、算、射、医六学堂。设文科取士。日本壹岐僧归被掳人。倭寇犯文化等地。定田赋户役，行户籍法。

〔日本〕 四月，前北朝之后圆融天皇死。改元明德。

〔大越〕 大水，继以蝗。

〔暹罗〕 发兵破真腊，其王不知所终。真腊人被掳为奴者不下九万。

〔帖木儿帝国〕 帖木儿占领巴格达，征服美索不达米亚。

〔保加利亚〕 土耳其人陷保加利亚京特尔诺伐，希施曼不知所终。保加利亚自此处于土耳其人统治下达五个世纪之久（1393—1878年），但企图推翻外族统治之暴动与起义不绝。

〔匈牙利〕 自波斯尼亚统治下重行夺回哥罗提亚与达尔马提亚，并继续与波斯尼亚进行战争，直至土耳其人来侵。

〔波希米亚〕 贵族组"贵族同盟"以反抗皇帝兼国王文塞斯劳斯。匈牙利王西吉斯蒙德协助前者。

1394年

中国 甲戌 明洪武二十七年

二月，倭扰浙东。八月，遣国子监生分行四方，督修水利。阶、文二州军乱，越五月始定。九月，修寰宇通志书成。十月，倭扰金州。十一月，颍国公傅友德坐事赐死。越州土司阿资又起事，遣兵攻之。十二月，定远侯王弼坐事赐死。修书传会选成。朝鲜遣王子入贡。安南黎季犛再遣使入贡，仍却之。

外国 〔朝鲜〕 全罗水军破倭寇。杀高丽恭让王等。经国大典撰成，分吏、户、礼、兵、刑、工六典。又撰经济文鉴。使日本者携被虏五百余人回。遣使如明。迁都汉阳。日本九州官归被虏七百余人，遣使谢之。行钱币。进兵器，令百官出铁。流球使来献。是岁，倭寇数来攻扰。

〔日本〕 七月，改元应永。长庆上皇死。足利义满为太政大臣，以子义持继征夷大将军任。

〔大越〕 阇婆国商舶来。太上皇（艺宗）命画周公辅成王等四辅图，赐黎季犛。太上皇死。

〔门的内哥罗〕 亲王乔治二世以斯库特里予威尼斯，换取后者之协助，以对抗土耳其人。

〔波希米亚〕 贵族囚禁文塞斯劳斯，其弟革利兹公爵约翰以兵来援，击溃波希米亚贵族。

〔法兰西〕 阿维尼翁系教皇克力门特卒，本内地克十三世当选继任。

1395年

中国 乙亥 明洪武二十八年

正月，洮州番起事，遣兵攻之。越州土司阿资败死，与之连结起事者广南土司侬佑贞、宁远土司刀拜烂亦皆败降。二月，宋国公冯胜坐事赐死。六月，命土司立儒学。奉议蛮起事，八月，遣兵攻之。九月，颁皇明祖训。十一月，奉议蛮败散。十二月，命勿税河南、山东桑枣及新垦之田。遣使谕安南输米助广西军。是岁，开塘堰四万九百八十七处，河四千一百六十二处，陂渠、堤岸五千四十八处，水利大兴。

外国 〔朝鲜〕 郑道传等撰高丽史成。撰定冠婚丧祭之礼。日本九州官归被掳男女五百余人。庆尚水军破倭寇。汉京宫殿、宗庙、诸司修造成。吾郎哈等族来朝。

〔日本〕 足利义满辞太政大臣，落发，法号道义。

〔大越〕 以黎季犛为入内辅政太师、平章军国重事，封宣忠卫国大王。明以攻龙州蛮，遣使来乞师及象与粮；拒与兵及象，送粮亦不多。明遣使求按摩女、火者，少与之。

〔暹罗〕 拉梅萱王死，子罗摩罗阇嗣位。

〔俄罗斯〕 帖木儿之军队大略顿河口之塔那（亚速海东北），威尼斯在黑海之贸易自此一蹶不振。

〔法兰西〕 查理六世接受热那亚为保护地。查理以巴黎大学之影响，召开法国宗教会议，决议吁请阿维尼翁与罗马两教皇皆辞职，但两教皇皆拒绝。

1396年

中国 丙子 明洪武二十九年

二月，郴州等处"蛮"起事，寻败。浚常州犇牛等坝，以通浙运。三月，燕王棣巡边，败鞑靼兵于彻彻儿、乌良哈等地。十二月，定六部诸司皆加"清吏"二字。定沿海捕倭赏格。

外国 〔朝鲜〕 试生员及明医、明律科。遣权近使于明。发民十九万八千筑汉京城。是岁，倭寇数来扰，且大掠庆尚道，沿海水师偶有小胜；因大发兵，遣将为五道都统使以击壹岐、对马，倭酋林温请降，处之蔚州浦。

〔日本〕　议定武臣礼节。

〔大越〕　汰僧道，年未五十者勒还俗。初行通宝会钞，钱一镪抵钞一缗二百。改试士法，分经义、诗赋、制诏、策论四场。遣兵攻占城。黎季犛用国语作诗义，不从朱熹集传。

〔奥托曼土耳其〕　苏丹巴耶塞特一世与匈牙利王西吉斯孟及日耳曼、法兰西、英吉利诸国武士大战于尼科波利斯（伊派拉斯西南），两方各约二万人，巴耶塞特获得决定性胜利。

〔拜占廷〕　皇帝曼纽尔二世遣使赴法兰西乞援，法王查理派马绍尔·德·布西可率舰队东来，于1398年到达君士坦丁堡。

〔匈牙利〕　尼科波利斯战役后，达尔马提亚为威尼斯人占领。

〔法兰西〕　查理以其女伊莎贝拉予英王理查二世为妻。勃艮第公之子无畏的约翰大败于尼科波利斯，法国武士之精华损失殆尽。自本年起，每年准许解剖死刑犯尸体一次，以利医学研究（按在此以前，亦有秘密解剖者，但为非法）。

〔英格兰〕　与法国订立二十八年休战条约。

1397年

中国

丁丑　明洪武三十年

正月，置行太仆寺于山西、北平、陕西、甘肃、辽东以司马政。以长兴侯耿秉文为征西将军，武定侯郭英副之，备西北边。时元功宿将存者仅耿、郭二人。沔县民高福兴等起事，至九月败死。二月，水西“蛮”起事，至四月败散。三月，古林“蛮”林宽起事，屡败官兵。始命举人署教谕、训导等官。四月，燕王棣督筑大同城。五月，颁大明律诰。六月，以会试所取皆南人，考官贬杀有差；复亲策诸贡士，取者皆北人。八月，河决开封。平缅土司思伦发为部长刀干孟所逐，走云南；十一月，遣兵击刀干孟。是岁，以民间重钱轻钞，物价翔涌，申用银之禁。又许逋租以米、绢、棉布、苎布、棉花、金、银折纳。

外国

〔朝鲜〕　明杀、窜前所遣使者，以权近应对得体，放被窜者还。禁僧人娶妻、营产。遣使如日本对马岛，请禁岛民扰掠。琉球、暹罗皆遣使来，琉球且还为倭寇所掳人。始作虎符以发兵。日本六州牧遣僧来，论禁制倭寇事。是岁，倭寇仍数扰犯。

〔日本〕　遣使于明。

〔大越〕　定外任官制。于各府置学官，赐官田以养之。限名田，其大王、长公主无限。黎季犛逼顺宗迁都清化。明送元族大胡、小胡二人来。

〔占城〕　遣使贡于明。

〔奥托曼土耳其〕　侵希腊，进至科林斯，但未占领雅典。

〔日耳曼〕　奥格斯堡之纺织工人、面包师、桶匠等，以市政当局加于各该行业之捐税过重，起而暴动，结果得废除之。

〔斯堪的纳维亚〕　三国之王埃利克于本年加冕。玛加累特在卡尔马公布文告，使丹麦、挪威、瑞典联合为一（“卡尔马联合”）。

〔英格兰〕　不直接从事生产之布商逐渐得势，今年设立布奈克威尔公所（布商公所）。明年政府下令责令四乡携入城中求售之布匹，概须投公所交易，有违背规定者，全部货物没收。

1398年

中国

戊寅　明洪武三十一年

二月，古州“蛮”败散。倭扰山东、浙江。五月，刀干孟大败，请降，不许。闰五月，明太祖死，太孙朱允炆嗣位，是为惠帝。六月，命省并州县，革冗官。命兵部尚书齐泰、太常卿兼翰林院学士黄子澄同参军国事，定议“削藩”。户部侍郎卓敬请徙封燕王棣于南昌，不报。七月，周王橚为其次子所告谋不轨，废为庶人，安置蒙化；事连燕、齐、湘三王。八月，命兴州、营州、开平诸卫军全家在伍者免一人；其他卫所，单丁者放为民。西平侯沐春镇云南七年，大修屯政，辟田三十余万亩，凿铁池河灌宜良田数万亩，民复业者五千余户。十一月，以工部侍郎张昺为北平布政使，与都指挥使谢贵等伺察燕王。十二月，刀干孟败死，思伦发始还平缅。

外国

〔朝鲜〕　琉球山南王为其国中山王所逐，来奔。左司议大夫文益渐死。益渐尝随使入元，怀棉子归，培植之，又请胡僧教缫织之术，于是植棉、织布之业乃兴。八月，大臣郑道传等谋为世子芳硕除其诸兄，王子芳远起兵杀芳硕、诛道传等；遂以王子芳果为世子。九月，太祖自为太上王，传位于芳果，是为定宗。

〔日本〕　正月，前北朝崇光天皇死。是年置三管领四职七头，镰仓亦置管领八家。

〔大越〕　三月，黎季犛逼顺宗让位于三岁之太子𡨹，改元建新，季犛自为国祖摄政。令民自报田亩，标姓名于田上，派官检度。

〔帖木儿帝国〕　帖本儿将兵九万人攻入印度，陷德里，屠居民，大掠五日，满载掠获品与俘虏而还。

〔波希米亚〕　约翰·胡斯于本年起在布拉格

大学任教授。

〔法兰西〕 法国教士以阿维尼翁教皇拒绝辞职，扣留属于教会之捐税。此举获得法王查理六世之事先许可。

〔英格兰〕 议会在国王影响下，成立一与彼友好之十八人委员会，以代行职权，理查自此独裁政治，任意增加捐税。

〔斯堪的纳维亚〕 玛加累特自此逐渐迫使汉萨同盟放弃彼等在挪威所享之特权，并退还在挪威各地所占领之要塞。汉萨企图反对，但玛加累特纵使海盗大施劫掠，汉萨商人始惧而屈服。

1399 年

中国

己卯 明惠帝朱允炆建文元年

二月，命诸王不得节制文武吏士。更定官制。三月，命都督宋忠帅兵三万屯开平，都督耿瓛、徐凯练兵于山海关、临清，以备燕。遣二十四使充采访使分行四方。四月，湘王柏自焚死；齐王榑、代王桂废为庶人。六月，岷王楩废为庶人，安置漳州。逮燕府官校杀之；燕王称病佯狂。七月，燕王诱杀张昺、谢贵，以诛齐泰、黄子澄为名，起兵反，号“靖难”。事闻，命耿炳文等帅师讨之，军于真定。八月，炳文大败于滹沱河。以曹国公李景隆代炳文为大将军督师，九月，军于河间。十月，燕王至大宁，诱拘宁王权并其兵。李景隆围北平，十一月，大溃，退屯德州。燕王上书自讼，不报。是岁，安南黎季犛杀其王陈日焜。元额勒伯克汗为部下所杀，坤帖木儿汗立。

外国

〔朝鲜〕 迁都开城。以倭寇渐稀，减船军十之一二。日本幕府遣使献物，并还被掳男女百余。置条例详定都监。是岁，倭寇有来扰者，有来降者。

〔日本〕 大将大内义弘据堺反足利氏，旋败死。

〔大越〕 四月，黎季犛逼顺宗出家为道士，旋杀之，并大杀陈氏宗戚，株连捕逮，数年不已。六月，黎季犛自称国祖章皇。阮汝盖起事于铁山，越四月，败死。使流罪人为浚渠兵。

〔法兰西〕 由于英王理查二世之被废黜，英法关系又趋紧张。

〔英格兰〕 国会开幕式之演词始用英文（以前用拉丁文）。兰开斯特公亨利倡乱，俘获理查二世，加以监禁，迫使逊位后，议会正式废黜之，并推选亨利为国王，称亨利四世。是为兰开斯特王室之第一王。

1400 年

中国

庚辰 明建文二年

正月，均江浙田赋，令亩不得过一斗。二月，鞑靼可汗遣使于燕王，请助兵。燕王攻大同，李景隆来援，无功而退。四月，李景隆与燕师战于河间，初胜，后大败，又退屯德州。五月，燕师入德州，景隆奔济南；燕师攻济南，景隆南走；山东参政铁铉与都督盛庸乘城拒守。六月，遣使赦燕王罪谕罢兵；燕王不听。八月，燕王攻济南久不下，撤兵北还，盛庸等乘之复德州。九月，以盛庸为平燕将军，代李景隆。十月，燕师破沧州；十一月，南略地至东平；十二月，盛庸等大败之于东昌。

外国

〔朝鲜〕 正月，王弟芳干反，芳远击定之。二月，立芳远为世子。罢将帅私兵。置辨正都监以区辨良民、奴婢。琉球王及世子皆使人献方物。十一月，定宗自为上王，传位于弟世子芳远，是为太宗。禁术数图籍。

〔大越 大虞〕 二月，黎季犛废陈氏少帝自立；国号大虞，建元圣元，改姓胡。陈氏自开国，凡十二传，一百七十五年。十二月，黎季犛让位太子汉苍，自称太上皇，同听政。并遣使如明，谓陈氏已绝，汉苍以陈明宗外孙暂权国事。榷商旅船，定三等税。侵占城。

〔占城〕 时国王罗皑似已不在，子阇耶僧伽跋摩五世为王（明史作巴的赖，越史作巴的吏）。

〔特累比松帝国〕 帖木儿入小亚细亚，特累比松被迫派遣士兵参加其征服战争。

〔奥托曼土耳其〕 巴耶塞特一世自巴尔干旋军小亚细亚，以抵抗帖木儿之进攻。

〔波兰〕 1364 年卡西米尔三世在克拉科所设立之学校，至是发展成为大学。

〔神圣罗马帝国〕 皇帝文塞斯劳斯为帝国选侯废黜。

〔匈牙利〕 查理在与大封建诸侯斗争中多倚赖小贵族与城市，以此赋予小贵族甚多之权利，使之与诸侯对抗。同年查理为大贵族幽禁，四月后获释。

〔英格兰〕 理查二世失踪（被谋杀〔?〕）。自 1400 至 1406 年内战、外祸纷至沓来。如理查余党举事，威尔士人暴动，法人在威尔士登陆，及奥尔良公爵进攻歧恩等。英国诗人哲夫利·乔叟卒。脍炙人口之《武士镜》一书出现于此时，分武士为三大类，一为剪径武士，二为偷牛武士，三为强盗武士。

1401 年

中国

辛巳 明建文三年

正月，燕王还北平；二月，复出兵南下；三月，盛庸与战于夹河，大败，退屯德州。闰三月，燕师败都督平安兵于藁城，乘胜掠顺德、广平至大名。四月，再遣使赴燕，令罢兵归藩；燕王不听。七月，燕师掠彰德。平安乘虚攻北平，燕师回救，九月，平安败屯真定。十二月，燕王复南下。太祖实录成。以燕师南下，命驸马都尉梅殷镇淮安以遏之。是岁，倭扰浙江。

外国

〔朝鲜〕 量诸道田。设增广试。行纸币。罢宫中诵咒僧。

〔日本〕 足利义满通好于明。伏见殿火，历代御记文书皆焚。送还遭风漂来之明民。

〔大虞〕 改协纪历，行顺天历。造户籍。立限名家奴法。置常平仓。置乡亭官。令诸路造砖以供城工。初筑城率用石，至是始用上砖下石。定大虞官制、刑律。

〔占城〕 越兵来侵，以粮不继引还。

〔缅甸〕 掸族明吉王死，子明恭王立，在位二十余年中，每与邻境相攻。

〔神圣罗马帝国〕 巴拉提内特伯爵卢伯特当选为皇帝。卢伯特与波希米亚贵族结同盟。同年率兵入意大利，无功而返。

〔意大利〕 威尼斯在15世纪初为最盛世，有居民十九万余人，有战舰四十五艘，海军三万六千人，商船三千只，政府每年税收约二百五十万杜克特。

〔法兰西〕 勃艮第与奥尔良二公爵争端日烈（前者为国王查理之叔，后者为其弟）。

〔英格兰〕 议会通过处“异端”（基督教内部正统以外之派别）以焚死之刑。

〔西班牙〕 卡斯蒂与莱昂王亨利三世派遣克拉维合为代表，赴撒马尔罕晋谒帖木儿。克拉维合归后著《帖木儿时代自卡斯蒂至撒马尔罕旅行记》。

1402 年

中国

壬午 明建文四年（洪武三十五年）

正月，燕师前锋至徐州；三月，趋宿州，败平安于淝河；四月，初败于齐眉山，继胜于灵璧，俘平安等；五月，下泗州、盱眙，趋扬州六合。以燕师抵江边，征兵入卫，又遣庆成郡主诣燕王请割地以和，燕王不许。六月，燕师渡江。前后遣李景隆、谷王橞诣燕王请和，燕王不许。十三日，李景隆开门纳燕师，宫中火起，惠帝不知所终。十七日，燕王即皇帝位，是为明成祖文皇帝。复周王、齐王爵。杀齐泰、黄子澄、方孝孺，皆夷其族，其坐孝孺死者八百余人。嗣又杀卓敬、练子宁。七月，诏自六月以后，革建文之号，仍称洪武三十五年。改建文时所改官制。杀不附者暴昭等，自是铁铉、景清皆以次被杀，死者甚多。九月，大封功臣。徙山西民无田者实北平。十月，重修太祖实录。命将士放还所掠民间女子。是岁，元鬼力赤杀坤帖木儿汗，改号鞑靼。

外国

〔朝鲜〕 始设武科，乡、会、殿试依文科例。倭寇犯富平浦。设申闻鼓以伸冤抑。东宁千户林八剌失里以万八千余户来降。命修三国史。定军丁成籍法及流罪收赎法。

〔日本〕 伊达政宗反，旋降。禁边民侵掳明地。明使来，足利义满接见之。遣僧使于明。

〔大虞〕 修道路自西都至化州。遣将攻占城，其主献地、进物以和。造雅乐，命文武官子习文武舞。筑坛于顿，行郊祀礼。重订税例，皆重于陈朝。

〔占城〕 越兵来攻，御之，败，割地、献物以和。

〔奥托曼土耳其〕 帖木儿率军西征，与苏丹巴耶塞特一世大战于安哥拉，后者全军覆没，本人亦被俘。帖木儿令塞尔柱诸旧贝格复国，并进军布卢萨与尼西亚。

〔塞尔维亚〕 斯特凡·拉萨尔维奇乘土耳其人败于帖木儿，起而恢复独立。

〔波希米亚〕 约翰·胡司任布拉格大学校长。

〔英格兰〕 苏格兰人来侵，被击败而退。

1403 年

中国

癸未 明成祖文皇帝朱棣永乐元年

正月，以北平为北京；二月，设留守司、行府、行部、国子监于北京。遣监察御史巡按地方，自是为永制。致书鞑靼可汗鬼力赤，以通好。遣宦官侯显使西域，征番僧；自是宦官出使者先后接踵。三月，移大宁都司于保定，弃泰宁、福余、朵颜三卫地；并移营州等卫于内地。赈直隶、北京、山东、河南饥。鞑靼扰辽东。四月，安南黎苍遣官奉贡，自署“权理安南国事”，并请封；使人廉访之。遣人巡浙西治水患，乃浚吴淞诸埔。永新民起事，寻败。申金银交易之禁。五月，免未垦荒田额税。山东、河南蝗。六月，重修太祖实录成。七月，复致书鬼力赤。八月，发流罪以下垦北京田。徙苏州等十府、浙江等九省富民实北京。九月，命宝源局铸农器给山东被兵贫民。遣宦官马彬、李兴等使爪哇、苏门答腊、暹罗等国。十月，日本源道义遣使表贡方物；赐以冠服、金印及锦绮等物。遣宦官尹庆使满剌加、柯枝等国。庆远、柳州等地蛮起事，十一月，败散。闰十一月，册封黎苍为安南国王。十二月，始由卫河运粮输北京。是岁，命宦官出镇方面。朝鲜王李芳远遣使入贡，请冕服、书籍；许之。哈密遣使朝贡。

外国

〔朝鲜〕 铸铜字印书。倭寇扰固城浦、豆毛浦、甘北浦。日本使人来归被掳百三十人并献土物。

〔日本〕 涩川满赖与菊池武朝战于千栗。僧携诗书新注自明回。朝鲜使人至，足利义满接见之。明成祖以即位来告。

〔大虞〕 开大元年。置市监，颁度量衡；定钞价使相贸易。明使来告成祖即位。大发兵攻占城，以粮尽还，舟师为明所迫，亦归。明使频来诘问。

〔占城〕 遣使贡于明，请止越人侵犯，而越兵又来，以粮尽，退。

〔暹罗〕 明使来。

〔帖木儿帝国〕 帖木儿引兵东返。

〔奥托曼土耳其〕 巴耶塞特一世卒，其四子争夺王位，互相混战。穆罕默德于击败其弟穆萨后，自立为小亚细亚残余部分之苏丹，另一子苏里曼则自立为欧洲部分之苏丹。

〔拜占廷〕 苏里曼与拜占廷定约，退出马其顿与帖萨利。

〔波希米亚〕 约翰·胡司开始其反对罗马教会之宣教。其主张颇得波希米亚王后之赞同，社会各阶层亦寄以广大同情。民族自觉逐渐为宗教热情所激荡。

〔法兰西〕 巴黎市长处死巴黎大学学生二人，以违反大学特权被迫向该校郑重道歉。

1404 年

中国

甲申 明永乐二年

正月，定屯田赏罚例。三月，始选新进士为翰林院庶吉士。四月，封琉球山南尚应祖为山南王。五月，命将统水军于沿海捕倭。赈松江等四府水灾。哈密复来贡且请封；封其王安克帖木儿为忠顺王。选会试下第贡士六十人肄业国子监。七月，赈江西、湖广灾。八月，安南故王子陈天平自老挝来奔，始知黎氏父子夺位真相，遣使诘之。九月，徙山西民万户实北京。十月，河决，坏开封城。长兴侯耿炳文诸子皆以忠于惠帝死，至是嗾人奏炳文不道，籍其家，炳文自杀。十二月，曹国公李景隆坐罪籍没，削勋爵锢之。是岁，日本遣使来；以对马、壹岐海寇掠中国沿海，谕令治之。

外国

〔朝鲜〕 定官、民坟墓制。倭寇扰济州、忠清等地。明还公崄镇以南诸地，地多女真户。

〔日本〕 明使来。幕府遣僧使于明。是年与明商定贸易人船之数。

〔大虞〕 遣使献黑白象于明。复定试举人法。明使来。令诸路编无产者为穷人队。

〔暹罗〕 遣使贡于明，请颁度量衡。

〔帖木儿帝国〕 帖木儿准备大举攻中国，集四五十万人东进。

〔保加利亚〕 旧王室成员数人发动城市起义，旋被敉平。

〔法兰西〕 无畏的约翰继其父腓力为勃艮第公。

〔英格兰〕 法人与起义中之威尔士人结同盟。

〔西班牙〕 诺曼冒险家若恩·德·培同库尔以卡斯蒂与莱昂王亨利三世之援助征服大西洋中之加内利群岛。亨利以国王称号予若恩·德·培同库尔。

1405 年

中国

乙酉 明永乐三年

正月，鞑靼索和尔等部人来附。二月，哈密安克帖木儿为鬼力赤毒死，其兄子脱脱继之，仍封忠顺王。四月，除直隶及浙江等六省户绝田三万五千余顷租。或言惠帝亡在海外者，六月，遣宦官郑和使西洋诸国以访之，且借以示威异域。遣宦官山寿帅兵出云州巡边，是为宦官典兵之始。七月，安南黎苍遣使谢罪，且请迎陈天平回。九月，徙山西民万户实北京。十月，驸马都尉梅殷忠于惠帝，使人挤之堕水死，又杀挤殷之人。十一月，庶吉士章朴以私藏方孝孺诗文，被杀。八百大甸阻孟定等部道，十二月，击降之。是岁，日本复遣使来，并送所俘对马、台岐海寇；赐其王九章冕服及钱钞锦绮。命宦官领福建、浙江、广东市舶司。

外国

〔朝鲜〕 旱，江原道蝗。以废寺土田人户归官。复都汉阳。日本对马岛主使人献马及被掳人。

〔日本〕 朝鲜使人来。明使来。

〔大虞〕 明使来责割谅山一带地，以五十九村与之。大饥，命富家出粟和粜。明遣越籍内官阮宗道来。闻明立伪称陈氏王子之陈天平为安南国王，将以兵送之回国，遣使如明请和。禁精酒。罢乡亭官。

〔帖木儿帝国〕 帖木儿率师攻中国，途中病死（2月19日卒于撒马尔罕）。季子哈里勒·煞嗣位，遂放弃侵略中国之企图，对中国仍表示恭敬态度。但国势亦骤衰。

〔特累比松帝国〕 以帖木儿死，中止向蒙古人纳贡。

〔奥托曼土耳其〕 苏里曼渡海入小亚细亚，逐穆罕默德，并将大部分帖木儿所恢复之贝格重行征服。

〔神圣罗马帝国〕 迈恩兹大主教、巴敦侯、瓦敦堡伯及士瓦比亚同盟中之十七个城市缔结马尔巴赫同盟，反对卢伯特。

〔意大利〕 佛罗伦萨征服比萨，获得地勒尼安海（地中海）之出口。

〔法兰西〕 勃艮第公无畏的约翰入巴黎。

〔英格兰〕 法人在威尔士登陆。同年，苏格兰亲王詹姆斯在赴法国途中为英人捕获；加以监禁。

1406年

中国 丙戌 明永乐四年

正月，遣安南故王子陈天平归，并封黎苍为顺化郡公，以所属州为食邑。遣使日本，封其山为寿安镇国山。二月，南阳民起事，寻败。三月，于开原、广宁设三马市，以与海西女真及朵颜等三卫互市，嗣只存开原南关一市。以安南黎苍袭杀陈天平，议发兵击之。六月，大古剌、小古剌等部朝贡，于云南设宣抚使司及长官司以统之。七月，大发兵击安南黎苍。严禁诽谤。闰七月，诏以明年五月建北京宫殿，遣人采木于四川、湖广、江西、浙江、山西等处。九月，赈苏州等六府流民复业者十二万余户。设苑马寺于北京、辽东、平凉、甘肃。十月，倭扰沙门，海运军遇之，追至朝鲜境，大有所获。大军入安南；十一月，下其东西都。是岁，琉球中山王遣人入国学。

外国 〔朝鲜〕 置义州等地儒学教授官。倭寇扰长兴浦，又掠漕米。定禅教各宗寺社田奴数。清丈六道田凡九十六万余结。明遣太监迎佛像于济州。遣兵采金银于两南。定十学，曰儒、武、吏、译、阴阳风水、医、字、律、算、乐。

〔日本〕 明使赍册书来，封阿苏山。足利义满接见明使。边民侵明沙门岛。

〔大虞〕 四月，明发兵送陈天平，御敌诸军初败，后胜，获陈天平，杀之。再遣使如明求和。九月，明大发兵来犯，十二月，陷东都。

〔占城〕 遣使贡白象于明，会明将攻越，令发兵堵越南奔。

〔奥托曼土耳其〕 苏里曼北返，穆罕默德再起，并派其弟穆萨入欧洲进击苏里曼。

〔门的内哥罗〕 与威尼斯发生战争，威尼斯败，承认斯库特里之主权，每年予门的内哥罗以“津贴”。

〔法兰西〕 奥尔良公爵进攻英国在法兰西西南之领土基恩。

1407年

中国 丁亥 明永乐五年

正月，大军败安南兵于木丸江。三月，封西番僧哈玄麻为大宝法王。大军败安南兵于富良江。五月，安南黎季犛父子兵败被俘，送京师。六月，以安南地为交趾布政使司，置都指挥使、布政使、按察使等官及卫所；命访交趾人才礼送京师。柳州等地土司起事，逾四月败。七月，河溢河南。九月，郑和自西洋还。十月，授交趾明经甘润祖等为谅江等处同知。郑和还，不得惠帝踪迹。十一月，遣给事中胡濙以访仙人张邋遢为名，遍行郡邑以寻惠帝。修永乐大典成，凡二万二千九百三十七卷。十二月，朝鲜贡马三千匹。是岁，满剌加遣使入贡，封其酋长为国王。名画家王冕死。

外国 〔朝鲜〕 立户给屯田法。倭寇扰南阳等地。遣世子禔朝于明。

〔日本〕 大地震。幕府征京都地口钱。

〔大虞—大越〕 二月，明兵益进，黎季犛、汉苍走清化，官吏多降。四月，明诏求陈氏子孙，将立为王，官吏、耆民降者皆称为黎氏杀尽，请比内地为郡县，明因置交趾都指挥使、承宣布政使、提刑按察使三司及卫所、府州县以统治之。旋于五月俘黎季犛、汉苍等，计明获府州四十八、县一百六十八，户三百一十二万九千五百。陈氏艺宗次子頠先避于民间，十月，即位于长安州，是为简定帝，改元兴庆元年。是岁，饥疫。

〔占城〕 乘越有大难，收复所失诸地。

〔意大利〕 热那亚之圣乔治银行成立，拥有股东五百人，发行纸币，并经营近代银行之各种业务。圣乔治银行为欧洲中世纪最大银行之一，至法国大革命后始倒闭。

〔法兰西〕 奥尔良公爵被勃艮第公（无畏的

约翰）使人刺死，自此法国内哄日烈，贵族分为两派。西南一带党于奥尔良，其领导人为新奥尔良公查理（遇刺者之子）及其岳父阿曼涅克伯爵，东北则党于勃艮第公。前者主张与英战，后者则主和。

1408 年

中国

戊子　明永乐六年

正月，朝鲜世子李禔来朝。鞑靼知院阿鲁台杀鬼力赤，立元裔本雅失里为可汗。事闻，三月，遗本雅失里书。四月，云南初行乡试。八月，安南陈氏王子颓是为简定帝，起兵反抗，建国号大越，建元兴庆，交趾各地纷起响应；遣兵攻之。浡泥国王麻那惹加那率妻子来朝，逾两月死；封其子遐旺为国王。九月，郑和再奉使西洋。十二月，大军与安南简定兵战于生厥江，败绩。遣水军沿海捕倭。

外国

〔朝鲜〕　置济州监牧。倭寇扰灵光等地。世子禔还自明。五月，太祖死，遣使告于明，明使来吊。明遣太监来求女子，选士大夫女五人应之。

〔日本〕　足利义满死。南蛮船来。

〔大越〕　正月，明兵犯演州，简定帝走化州，大将范世矜迎降。世矜自称睿武大王，简定帝遣兵讨杀之。十二月，明兵复来犯，大将邓悉击破之。

〔占城〕　明使郑和至，旋南行。遣使贡象于明。

〔暹罗〕　隆摩罗阇一世之侄废罗摩罗阇王，自立，号膺陀罗阇一世。明使郑和来。遣使贡于明，并谢前夺明赐苏门答腊官诰罪。

〔帖木儿帝国〕　哈里勒·煞被废，弟煞·鲁克即位，徙都于希拉特。图库曼人卡拉·由苏夫发起革命运动，波斯西北部独立。

〔法兰西〕　于企图调解教会大分裂局面失败后，宣称对两教皇皆否认。

〔英格兰〕　诺森伯兰伯爵举兵反，兵败阵亡。

1409 年

中国

己丑　明永乐七年

正月，申严茶禁，增设洮州、甘肃茶马司。二月，成祖北行，太子留京师监国。发浙江等七省军四万七千人入交趾助攻简定。三月，成祖至北京。水军大破倭于海中，追至金州白山岛。四月，海寇扰钦州，败去。五月，封瓦剌部酋马哈木为顺宁王，太平为贤义王；把秃孛罗为安乐王。六月，遣使谕鞑靼本雅失里，被杀。七月，大发兵击本雅失里；八月，全军覆没于胪朐河，五将军皆死。安南人推简定为上皇，别立陈季扩为帝，建元重光；大军与战于咸子关及太平海口，皆大败之。九月，元王公之居亦集乃路者来附。十一月，大军俘简定。

外国

〔朝鲜〕　东北面饥。命撰太祖实录。明遣太监求美女，选送之。明授前所选女权氏之兄官。琉球遣使来献。明辽东漫散军来附。

〔日本〕　朝鲜使来。幕府以足利义满之丧告于朝鲜，并求大藏经。明使来吊足利义满之丧并赐谥恭献。遣使于朝鲜。

〔大越〕　简定帝信谗，杀大将邓悉，悉子容领兵迎立艺宗孙陈季扩，改元重光。简定帝旋被俘，重光帝迎之，尊为太上皇。简定帝闻明兵来犯，奔天关镇，为明兵截获，被害于金陵。重光帝走乂安。是岁，饥疫。

〔占城〕　遣使贡于明。

〔暹罗〕　遣使贡于明，并解送明逃民。

〔波希米亚〕　布拉格大学之外籍学生（巴伐利亚人、萨克森人与波兰人等）因不满波希米亚人之歧视，愤而离去，于 1411 年，别组来比锡大学。同年胡司再度当选为布拉格大学校长。布拉格大主教命将威克里夫作品（见 1381 年条，当时即流行于波希米亚）当众焚毁。

〔意大利〕　罗马与阿维尼翁两系统之红衣主教及高级教士与各国统治者之代表五百人会集于比萨，企图解决基督教之“大分裂”问题。会议决议废黜罗马教皇格列高利十二世与阿维尼翁教皇本内地克十三世，别选亚历山大五世继位，但前二者皆拒绝辞职，基督教世界因此有三教皇同时并存。

〔法兰西〕　勃艮第与奥尔良两公爵订沙特尔和约。

1410 年

中国

庚寅　明永乐八年

正月，大军破安南陈季扩别部于安老县。二月，成祖亲督师北行，五月，败本雅失里于斡难河上，本雅失里西走，阿鲁台东奔。回回哈剌马牙杀都指挥使，据肃州，旋败死。陈季扩以屡败，请降。六月，成祖追阿鲁台过阔滦海子，叠败之于静虏镇、回曲津，遂班师。七月，至北京。八月，河溢，坏开封城。长沙民李法良起事，寻败。十月，倭扰福建。成祖自北京南还，十一月至京师。十二月，阿鲁台遣使贡马。以陈季扩为交趾右布政使，季扩不受，寻又起事。阿鲁台之子失捏干扰宁夏黄河东岸。是岁，复命官出监军，自是以为常。

外国

〔朝鲜〕 日本使告其王丧，并还被掳人；遣使报聘。兀良哈等部掠庆源。京畿、江原等地饥。遣使如日本索被掳人。琉球遣使来还被掳人，并以货来贸易。

〔日本〕 大内氏求书于朝鲜。边民扰明广州。

〔大越〕 明人于近城之处置屯田。重光帝进驻平滩，败明兵。时各地人民纷起抗明，其首领有同墨、阮银河、黎蘗、黎康、杜桧、阮嚣等，后皆溃败。

〔占城〕 遣使贡于明。

〔奥托曼土耳其〕 穆萨占领亚德里亚堡，但旋为苏里曼所击败。

〔门的内哥罗〕 土耳其人于战胜塞尔维亚人后，入门的内哥罗，但为门的内哥罗人逐退。

〔波兰〕 弗拉第斯拉夫五世以约翰·齐斯卡所统率之波希米亚佣兵，在俄罗斯人之协助下，大败条顿武士团于坦能堡。大宗师阵亡，武士死者七百，士卒四万人。

〔波希米亚〕 教皇亚历山大五世下令斥胡司为异端，逐之出教。

〔神圣罗马帝国〕 卢伯特卒，匈牙利王西吉斯蒙德获选继位。

〔法兰西〕 勃艮第公与阿曼涅克伯爵订立和约。同年名编年史家夫拉萨特卒。夫拉萨特曾著法兰西，英格兰，苏格兰与西班牙诸国，起自1325年，止于1400年之编年史。

1411年

中国

辛卯 明永乐九年

正月，命张辅等攻交趾。遣兵捕海盗。二月，倭陷广东昌化。发山东、徐州、应天、镇江民三十万浚会通河，以通南漕，二百日成，于是渐罢海运。五月，倭掠浙江盘石卫。时以倭屡扰沿海，遣官告谕日本，其将军源义持寻捕海寇以献，惟海警仍不绝。六月，郑和自西洋回，俘锡兰王亚烈苦奈儿以献，后放之还。七月，张辅等败交趾兵于月常江。自三月发民十万浚黄河故道，至是成。九月，命凡屯军因公妨农务者，免征子粒，并著为令。十月，封哈密兔力帖木儿为忠义王。诏重修太祖实录。十一月，张辅败交趾兵于生厥江。自海门至盐城，因海溢堤圮，发卒四十万筑之。十二月，以兀良哈三卫阴附鞑靼，切责之，令以马赎罪。阿鲁台请和，不许。是岁，浙江、湖广、河南、顺天、扬州水。河南、陕西疫。

外国

〔朝鲜〕 日本附去使致书言海盗事。西北丰海道饥。清丈东北、西北二面田。

〔大越〕 重光帝两遣使献方物及代身金银二躯，求封于明，首次使者被杀，次则伪允授重光帝为交趾布政使，放使者回。

〔暹罗〕 攻景迈，失利，掠他城而还。

〔奥托曼土耳其〕 苏里曼再入小亚细亚，为穆罕默德战败，被俘后缢死。其欧洲部分之土地由穆萨继领。

〔神圣罗马帝国〕 以腓德烈·霍亨索伦为布兰敦堡行政长官。霍亨索伦家族始露头角。

〔波兰〕 与条顿武士团缔结第一次托伦和约。

〔匈牙利〕 与威尼斯发生战争。

〔法兰西〕 阿曼涅克违约向北部各地进攻。勃艮第公无畏约翰乞援于英王亨利四世。同年，约翰入巴黎。

1412年

中国

壬辰 明永乐十年

正月，平阳等处民饥，采蒺藜蒲根为食，赈之，并逮治山西布政司及州县官不奏闻者。四月，遣官督治卫河。六月，诏凡府州县官及朝使目见民艰不言者，皆逮治。七月，禁宦官干预有司政事。八月，张辅等败交趾于神投海口，进军乂安。命自宣化之长安岭西至洗马林皆筑石为墙，以固边防。工部都水主事蔺芳以创堤埽新法防黄河水患，超升本部侍郎。十一月，复命郑和使西洋。十二月，以营北京宫殿，命官入蜀采木。

外国

〔朝鲜〕 重定经济六典成。选娼妓备嫔宫侍女，教琴瑟歌舞。璇源、宗亲、类附三录成。

〔日本〕 南蛮船来。八月，后小松天皇让位。称光天皇（一百零一代）践祚。

〔大越〕 太原阮芮起兵抗明，败死。明兵犯乂安，陷清化、演州。

〔占城〕 遣使贡于明，乞赐冠带。

〔暹罗〕 明使来颁赐。

〔波希米亚〕 胡司党在布拉格活动。

〔法兰西〕 勃艮第公与阿曼涅克伯爵再订布尔日和约。同年法国女杰贞德生于奥尔良之东列米。

〔斯堪的纳维亚〕 玛加累特卒，波美拉尼亚公埃利克继位。

〔条顿武士团〕 托伦和约规定赔偿波兰王军费十万葛罗斯兴（日耳曼古银币），武士团乃派人赴英法等国收取旧债，但勃艮第公约翰，与英王亨利四世均利用此机会赖去债务。

1413 年

中国

癸巳 明永乐十一年

正月，诏凡朝觐官匿境内灾不报者，罪之。前大理寺丞王高、刘端以曾纵方孝孺之子，事觉被杀。倭掠昌国卫。诏宥建文诸臣姻党。二月，始设贵州布政使，旧日土司田氏两宣慰使至是并废。命北京民户养官马，以丁为差；后推行至山东、河南，渐为民累。四月，成祖至北京，皇太子于南京监国。五月，定死罪纳赎例；流徒以下亦许纳赎，无力者发天寿山种树。七月，封鞑靼知院阿鲁台为和宁王。八月，思州、靖州苗起事，旋败。十一月，以瓦剌扰边，调各路兵集北京，将亲督以御之。十二月，张辅等败交趾兵于爱子江。是岁，鞑靼本雅失里为瓦剌所杀；立答里巴为可汗。

外国

〔朝鲜〕 始定八道区域。以妻妾相讼者多，依明律断之。日本人私来，被获，笞之；并禁私行下海图利者。清丈济州田。行户牌法。

〔日本〕 奥州伊达悬田等起兵。征诸国段钱、栋别钱。

〔大越〕 明兵再犯乂安，重光帝走化州，仍遣使请封，为明将所杀。十二月，重光帝奔老挝，明索之急，老挝执重光帝送至明军。

〔占城〕 遣使贡于明。

〔奥托曼土耳其〕 穆罕默德入欧洲击败穆萨，杀之，自此奥托曼土耳其又重趋于统一。

〔拜占廷〕 穆罕默德嗣位为苏丹后，拜占廷曾获致一短暂之和平时期。

〔法兰西〕 巴黎人民在皮毛商人卡波什领导下掀起要求改革之暴动，结果获得所谓“卡波什改革令”，成立三个会议以执行政务，又进行其他改革多起。同年，阿曼涅克入巴黎，取得政权后，又推翻上述改革。

〔英格兰〕 亨利四世卒，子继位，称亨利五世，对英国之洛纳尔派（见 1376 年条）加以正面迫害。

1414 年

中国

甲午 明永乐十二年

正月，发山东、山西、河南及凤阳、淮安、徐、邳民十五万运粮赴宣府。三月，成祖亲督马步五十余万攻瓦剌。张辅俘交趾陈季扩于老挝。六月，成祖大败瓦剌于忽兰忽失温，追至图拉河，班师，八月，至北京。九月，榜葛剌国献麒麟。十二月，免苏、松、杭、嘉、湖五府水灾田租四十七万九千余石。命胡广等修五经、四书、性理大全。

外国

〔朝鲜〕 日本对马岛主遣人献方物；时以禁物与之贸易者颇多。复置奴婢辨正都监，送大藏经于日本。以旧所撰高丽史，辛禑以后事多直书，令重修之。明遣太监求美女。

〔日本〕 北畠满雅起兵于伊势。闰二月，称光天皇即位，征诸国段钱。

〔越南〕 明解重光帝送燕京，中途赴水死。明于各府州县立文庙及社稷等坛，开设学校一依明制。明禁男女剪发。明定垦田租赋之法。

〔印度〕 自遭受帖木儿侵袭之浩劫后，德里政府统治力已瓦解。德里之统治者以帖木儿总督名义治德里城与附近之地，不再称苏丹。自是年起，吉尔可汗在德里执政，传位四世，称赛伊王朝（1414—1450 年）。

〔日耳曼〕 企图结束大分裂局面之君士坦斯宗教会议本年举行，约翰•胡司被控为异端。

〔意大利〕 罗马教皇约翰二十三世（亚历山大五世 1410 年卒）被皇帝西吉斯蒙德强迫，下令召开宗教大会于君士坦斯。

〔法兰西〕 勃艮第与阿曼涅克订阿拉斯和约。

〔英格兰〕 亨利五世再称法兰西王，与勃艮第公爵缔结同盟，准备再度进行战争。

1415 年

中国

乙未 明永乐十三年

正月，瓦剌遣使来谢罪。二月，遣官巡视山西、山东、大同、陕西、甘肃、辽东军屯。初试进士于北京。张辅等自交趾班师还。释工作囚徒四千九百余人。三月，广西蛮起事，旋败。五月，凿清江浦渠及吕梁洪等处，又开泰州白塔河，筑高邮湖堤，畅利漕运；又定支运法，命沿运河各地运军递交递运，岁可运至五百万石。六月，北京、河南、山东水。七月，郑和自西洋还，俘苏门答腊王弟以献。蜀山都掌蛮起事，旋败。十月。陈诚使西域还。陈诚历十七国，偕其使臣来，并纂西域记献之。十一月，麻林国献麒麟。十二月，免顺天、苏州、凤阳、浙江、湖广、河南、山东水旱田租。

外国 〔朝鲜〕 铸朝鲜通宝，铜一两铸十钱；百钱抵纸币一。命百官庶孽子孙不得为东西班正职。

〔日本〕 幕府与北畠满雅和。会津黑川兵攻新宫城。

〔越南〕 明勘金银矿，起夫淘采。又立盐法，置税课司、河泊所。明开置水陆驿站。

〔占城〕 明以国王勾结越陈季扩，遣使来责，因遣使谢罪。自是以利与明市易，几于年年入贡。

〔奥托曼土耳其〕 苏丹穆罕默德一世以在小亚细亚之弗西亚开采明矾之垄断权授予一热那亚公司（按明矾为染布定色所必需。17世纪前欧洲所用者皆仰给于东方。利润高至百分之三百）。

〔日耳曼〕 君士坦斯宗教会议决议废除教皇约翰二十三世，并将其幽禁。罗马教皇格列高利自动辞职，但阿威尼翁教皇本内地克仍拒绝。

〔波希米亚〕 约翰·胡司经皇帝西吉斯蒙德保障其安全后，赴君士坦斯出席宗教会议，企图为自己之主张辩护，但卒被判处焚死（7月6日）。胡司死后全国人民皆极愤怒。

〔法兰西〕 英王亨利五世率一万人与法军三万人大战于阿金库尔，获得决定性胜利，奥尔良公爵被英人俘获。

〔葡萄牙〕 占领非洲西北部滨海城市休达（与直布罗陀对峙于海峡南岸）。此为葡萄牙人在海外所获得之第一块土地。

1416年

中国 丙申 明永乐十四年

正月，赈北京、河南、山东饥，凡发粟百三十七万石。山西广灵民刘子进自云有异术，聚众起事，旋败死。三月，阿鲁台败瓦剌，遣使献俘。四月，宥齐泰、黄子澄等远亲未发觉者。六月，遣将备倭于山东。七月，遣官捕北京、河南、山东蝗。河决开封由涡河入淮。九月，初命御史巡盐。十月，成祖至凤阳。十一月，廷议迁都北京。徙山东、山西、湖广流民于保安州。十二月，郑和复使西洋。翰林儒士纂历代名臣奏议成。

外国 〔朝鲜〕 以国人为倭寇所掳者多卖于琉球，遣使求放还。以岁饥，分道赈济。罢户牌法。

〔日本〕 禅秀之乱起，犬悬氏宪等攻镰仓，管领足利持氏奔箱根。边民扰明地。

〔越南〕 明起送文武士官赴燕京，换给吏部凭照，正式授以官职。明取民户三分之一为军户，分隶诸卫。新安县民起兵抗明，旋败。

〔暹罗〕 明使来赐，遣使如明谢。

〔奥托曼土耳其〕 由于土耳其人在爱琴海之活跃，引起与意大利商业城市威尼斯之战争。威尼斯公爵乐利丹乐在加里波利海面歼灭一土耳其舰队，苏丹穆罕默德请和。

〔神圣罗马帝国〕 胡司信徒耶罗米又被焚死于君士坦斯。

1417年

中国 丁酉 明永乐十五年

正月，倭掠浙江金乡、平阳等卫。三月，交趾始贡士至京师。宥杂犯死罪以下囚，命输作北京。四月，颁五经、四书、性理大全于两京六部、国子监及各府州县学。五月，成祖至北京。闰五月，交趾民以宦官采办骚扰，群起反抗。六月，宦官张谦使西洋还。败倭于金乡卫，俘数十人，赦令还国。七月，瓦剌顺宁王马哈木死。九月，修曲阜孔庙成。

外国 〔朝鲜〕 明遣太监求美女，选二人，遣使送之。

〔日本〕 犬悬氏宪败死，足利持氏归镰仓。

〔越南〕 明遣监察御史巡按交趾。明定岁贡儒学生员之制。明官令豪富士官阮勋等赴燕京报效营造宫殿，明成祖遣之还。

〔日耳曼〕 君士坦斯宗教大会选举马丁五世为教皇。阿维尼翁教皇本内地克仍采取反抗办法，拒绝去职，但被驱逐出，基督教世界之“大分裂时期”以此告终。

〔法兰西〕 英军占领诺曼底。英王亨利五世与安茹、勃艮第、布列塔尼诸公爵订立条约。

〔英格兰〕 英国洛纳尔派领袖约翰·俄尔德卡斯尔为亨利五世逮捕处死。

1418年

中国 戊戌 明永乐十六年

正月，交趾俄乐县土官巡检黎利起事，称平定王，交趾镇将发兵败之。倭陷松门卫。二月，交趾乂安知府潘僚、安老涂山寺僧范玉等十余处纷纷起事，范玉自称罗平王，建元永宁，交趾镇兵疲于攻防。三月，以官军多征调外出，漕粮支运法不能行，改行民运。四月，日本遣使来。五月，重修太祖实录成，又修太祖宝训亦成。十二月，申严官吏犯赃禁。陕西旱，赈饥民九万八千余户。是岁，命瓦剌马哈木之子脱欢袭封顺宁王。

外国

〔朝鲜〕 仿明制，官吏着纱帽。世子禔以荒淫废，立王子敬为世子。八月，太宗自为上王，世子敬即位，是为世宗；遣使如明，告传位事（敬后改名祹）。

〔越南〕 正月，黎利起兵于蓝山，明兵来攻，坚决抵抗。明于各县种胡椒，遣太监督采。明开珠场，采香料，搜奇禽异兽。

〔意大利〕 教皇马丁五世自日耳曼南下，入意大利，明年居佛罗伦萨。

〔法兰西〕 阿曼涅克党人在巴黎遭受大屠杀。

〔英格兰〕 亨利五世继续其在诺曼底之胜利，明年直捣巴黎城下。

〔葡萄牙〕 葡萄牙亲王亨利所派遣之舰队占领马德拉岛。1420年移民居之。

1419年

中国

己亥 明永乐十七年

五月，交趾黎利败走老挝。六月，辽东兵大破倭于金州卫之望海埚，斩千余级，俘数百。七月，郑和使西洋还，凡历十九国，皆先后遣使来献。十二月，遣官核实交趾户口、田赋，察军民利病。是岁，姚广孝（僧道衍）死。

外国

〔朝鲜〕 赈诸道饥民。倭寇掠海州等地，遣兵击之，大败。日本九州官使人献土物，并言海盗劫掠事。遣兵攻对马岛大胜，并得明人被掳者百四十余。九月，定宗死。革寺社奴婢。日本幕府遣使献土物，并求佛经；遣使报之。

〔日本〕 朝鲜攻对马，却之。明使来，幕府令绝聘问。

〔越南〕 明颁五经、四书、性理大全等书于儒学。明编定里长、甲首。黎利数败明兵。乂安土知府起兵抗明。郑公证、黎行、范善、防传、阮多构、陈芮等纷纷起兵抗明。

〔暹罗〕 明使来，谕睦邻。

〔拜占廷〕 曼努埃二世以其子约翰共主国政，称约翰七世。

〔波希米亚〕 大事迫害胡司份子。布拉格市民起义，文塞斯劳斯被迫出亡，寻卒。神圣罗马皇帝西吉斯蒙德企图继位，但波希米亚人拒之。

〔法兰西〕 英王亨利五世占领卢昂。勃艮第公无畏的约翰遇刺殒命，其子"好人"腓力嗣位。仍继续与英人合作。王后伊莎贝拉与巴黎城亦俱倾向英国。

〔英格兰〕 诺曼底最后之要塞——卢昂——为英人所陷。

1420年

中国

庚子 明永乐十八年

正月，黎利败于磊江。擢布衣马麟等十三人为布政使、参政、参议。二月，山东蒲台县民林三妻唐赛儿自称佛母，据益都卸石棚寨起事，攻安丘、莒县、即墨、诸城等处，旋败，唐赛儿走。五月，遣将助交趾镇将以攻黎利等。七月，以唐赛儿败走，不知所之，虑其潜踪尼庵道院，诏尽逮山东、北京尼及各地出家妇女，先后凡几万人。八月，置东厂于北京东安门北，以内监掌之，司缉访事。九月，定自明年正月起，改京师为南京；北京为京师，去行在之称。遣宦官侯显使西域。显凡五出使，与郑和相亚。十月，黎利败走老挝。十一月，宣布定都北京。十二月，北京郊、庙、宫殿成。

外国

〔朝鲜〕 置集贤殿，选文士充之。明使来吊定宗之丧。禁吏胥告长官、吏民告守令。日本九州官使人献土物，命答书责其不禁海盗。改铸铜字，名曰"庚子字"，又改铸铜版以印书。

〔日本〕 遣使如朝鲜。是岁大饥。

〔越南〕 路文律起兵，为明将李彬所败，奔哀牢。李彬又败陈太冲、范玉等义兵。黎饿改姓名杨龚，自称天上皇帝，建元永天，置官铸钱，寻为李彬所破。黎利出山攻明兵，屡胜。

〔波希米亚〕 胡司党起义。全国一致团结于约翰·齐斯卡之领导下，共同抵抗教皇马丁五世所召集之"十字军"。自此至1422年止，获得一连串之胜利。起义之胡司党自始即包含两种成份。（一）贵族及富有市民所组成之"圣杯派"；（二）破产骑士、手工业者与农业劳动者所组成之"塔波利派"（或以塔波利山得名）。后者要求彻底之民主改革。

〔罗马〕 教皇马丁五世还都罗马。同年，命将特利尔与科隆（俱在日耳曼）两大主教缺之售价增至一万弗罗永（见1306年条）。

〔法兰西〕 英王亨利五世与法王查理订特鲁瓦和约。查理承认亨利为其继承人，以其女凯塞琳予亨利为妻，并立即以之为摄政。罗亚尔河迤北之法国领土全为英人所有，查理之子（多芬）退处布尔日。

〔英格兰〕 亨利五世以特鲁瓦条约之规定，为法国摄政王。

1421 年

中国

辛丑 明永乐十九年

正月，以定都北京，宫庙告成，大赦。命郑和复使西洋。二月，遣将巡海捕倭。阿鲁台贡使至边邀劫行旅，因拟击之。三月，遣官二十六人分巡全国，问军民疾苦，奏黜不肖官吏。五月，命交趾仿内地卫所例分军屯田，以供粮饷。六月，番僧大宝法王来朝。九月，以老挝匿黎利，拘其头目，诘责之。十月，阿鲁台扰边。十一月，遣官分往山东、山西、河南、顺天及应天五府，滁、和、徐三州督造粮车，发丁挽运，集于宣府，以备击阿鲁台。是岁，瓦剌贤义王太平、安乐王把秃孛罗来朝。

外国

〔朝鲜〕 日本诸岛纷遣人来献土物，因分使者经行之路为二。选倭学生徒充司译院官。发丁夫三十余万筑都城。明以北征，求马万匹，悉数与之。

〔日本〕 边民扰明地。

〔越南〕 明攻黎利，哀牢助明，利败之。

〔奥托曼土耳其〕 穆罕默德一世卒，子穆拉德二世嗣位。

〔门的内哥罗〕 亲王巴尔沙三世卒，威尼斯与塞尔维亚皆欲拥立自己所选定之继承人，争执甚烈，但后者获胜，由乔治•布兰可维奇嗣位。

〔波希米亚〕 胡司党大胜，占领城市多处。

1422 年

中国

壬寅 明永乐二十年

二月，发备击阿鲁台军需给养，凡用驴三十四万，车十七万七千余辆，民夫二十三万五千余，粮三十七万石。三月，阿鲁台侵兴和，成祖督师击之。四月，倭掠浙江象山。七月，成祖至沙珲原，阿鲁台弃辎重马畜于库楞海北走，遂班师。以兀良哈等三卫暗通阿鲁台，便道击溃之。以南京、北京、山东、河南霪雨伤稼，免粮刍六十一万余。八月，郑和自西洋还。十月，分遣宦官、朝士八十人核各地仓储。

外国

〔朝鲜〕 黄海道饥。五月，太宗死。兀良哈掠闾延。日本幕府遣僧献土物，求大藏经；遣使报聘。

〔日本〕 足利义持使人求大藏经于朝鲜。追加十一条于建武式目。遣使于朝鲜。还明俘。

〔越南〕 明与哀牢合兵攻黎利，明虽未胜而利兵亦疲，乃伪遣使请降。

〔缅甸〕 掸族明恭王死，子梯诃都立。

〔拜占廷〕 土耳其苏丹穆拉德二世以皇帝曼努埃协助其弟穆斯塔发与己争位，率兵来攻，但旋退去。

〔法兰西〕 英王亨利五世与法王查理六世于本年先后卒。亨利五世子亨利六世（不足一岁）嗣英国王位后亦同时称法兰西王，以培德福公为法国摄政。法太子则就职于梅翁，称查理七世。

〔英格兰〕 格罗斯忒公爵哈姆夫利为英国摄政。英国此时之羊毛布向外输出已略有增加，根据记录，仅汉萨商人本年即自英国输出布四千四百六十四匹，至本世纪末（1500 年）即达二万一千二百八十九匹。

1423 年

中国

癸卯 明永乐二十一年

正月，交趾黎利败于车来县。二月，柳州蛮起事，旋败。四月，瓦剌脱欢败阿鲁台。七月，成祖复亲击阿鲁台。朝鲜王李祹献马万匹。九月，成祖至西阳河，以阿鲁台远遁，遂班师。十月，蒙古王子也先土千来降，封忠勇王，赐姓名金忠。

外国

〔朝鲜〕 日本九州官及明均使人来吊太宗之丧。赈京畿道饥。秬黍之种始播于国中。明又以银帛求马，复收万匹与之。明使专用太监，求索甚多，皆曲从之。以纸币日贱，乃以唐开元钱为准，铸朝鲜通宝钱。命官撰定宗、太宗实录。日本幕府又使人来献物并求藏经板；遣使报之。申明漏籍法。

〔日本〕 足利义持氏辞征夷大将军，以子义量继任。足利义持氏使人求大藏经板于朝鲜。

〔越南〕 黎利遣使黎臻等以金银馈明将，臻被留。

〔拜占廷〕 以帖萨罗尼加城售予威尼斯。皇帝曼努埃二世入修道院为僧，以国贻其子，由于土耳其人榨取贡赋甚亟，国库空虚，民穷财尽。

〔丹麦〕 始在桑德海峡（丹麦与瑞典之间最窄狭处）征取通航税。汉萨同盟企图反对，但以不愿承当战争之危险，终于屈服。

1424 年

中国

甲辰 明永乐二十二年

正月，以阿鲁台又侵大同、开平，征山西、山东、河南、陕西、辽东等地兵集北京及宣府。复命郑和使西洋。四月，成祖亲击阿鲁台。五月，免湖广、河南等地水灾田租。浙、闽之丽水、政和二县民周叔光、王均亮等据山掠略，遣使招抚，旋散。六月，成祖至祥云屯，以阿鲁台远走，班师。七月，成祖死于榆木川。八月，皇太子高炽即位，是为仁宗昭皇帝。罢西洋宝船、迤西市马及云南、交趾采办。复置三公及三孤官。广西平乐浔州蛮起事，旋败。九月，黎利败都指挥方政于茶笼州，又攻清化，都指挥陈忠败死；时遣官招抚，黎利阳听命而反抗如故。始设南京守备。命畿内民所养官马分与诸卫，以宽民力。十月，革南、北京行用库；罢金银交易之禁，收民间钞入官。增京官及军士月廪。十一月，诏建文诸臣家在教坊司、锦衣卫、浣衣局及功臣家为奴者悉宥为民，还其田土。阿鲁台贡马。遣官谕兀良哈。遣御史十四人分巡各地。禁官吏擅役屯田军士。十二月，诏建文诸臣外亲全家戍边者留一人在戍所，余悉放还。以西域贡使多商人假托，嗜利骚扰，禁约之。进大学士杨荣为工部尚书，自后阁职渐崇。是岁，丁鹤年死。

外国

〔朝鲜〕 旧禁民买卖田土，至是解禁，于是私田弊生。明使求美女，选二十八人送之。兀良哈掠庆源。禁官吏以官物行贿。

〔日本〕 镰仓管领足利义持氏不满于幕府者有年，至是始归于和好。四月，后龟山上皇死。足利义持遣使于朝鲜。是年，饥疫，死亡甚多。

〔越南〕 明成祖死，仁宗即位，诏停交趾采金银、香料，召还内外监督官员。黎利大败明兵于乂安。

〔暹罗〕 膺陀罗阇王死，长次二子因争位互斗死，三子波隆摩罗阇二世立。

〔门的内哥罗〕 威尼斯人所拥立之斯特凡·沙尔诺维奇自意大利返国，乔治·布兰可维奇被迫让予一部分土地。

〔波希米亚〕 胡司党起义领袖齐斯卡卒，但起义运动并未终止。大普罗科庇阿斯（其弟亦为重要将领）继起领导塔波利派及整个战争。

〔法兰西〕 培德福公爵击败法人与苏格兰之联军于弗纳伊。

〔英格兰〕 与苏格兰人媾和，释回詹姆斯（见1405年条）。

〔苏格兰〕 詹姆斯返苏格兰后，履位为国王，称詹姆斯一世。

1425年

中国

乙巳 仁宗昭皇帝朱高炽洪熙元年

二月，颁将军印于诸边将。郑和于去年还自西洋，至是命守备南京。南京地连月屡震，凡十六次。三月，遣将助镇交趾。诏北京复称行在。赈河南四州二十三县饥。五月，仁宗死；六月，皇太子瞻基即位，是为宣宗章皇帝。召还宦官在外采办者。八月，安定曲先番酋杀遣赴乌斯藏使者，遣兵击破之。十一月，黎利攻下茶笼州。是岁，更定科举法，定各地取士额。

外国

〔朝鲜〕 定白矾为甲山郡常贡。日本使求大藏经板，拒之。停用纸币，纳者每张抵铜钱一文。

〔日本〕 征夷大将军足利义量死，足利义持再为将军。

〔越南〕 黎利数败明兵，取顺化、新平等地，诸将称之为“代天行化”。

〔奥托曼土耳其〕 穆拉德二世遣舰队大掠威尼斯在爱琴海各地之商业据点。

1426年

中国

丙午 明宣宗章皇帝朱瞻基宣德元年

正月，赦死罪以下、令运粮宣府以自赎。遣官清理军伍，自后以为常。二月，除开荒田逋税。三月，交趾镇兵攻黎利，败绩。四月，遣将助交趾镇将。制外戚事鉴及历代臣鉴书成。五月，以交趾民起事者益多，官兵屡败，诏不究黎利既往之事。时已计划撤销交趾布政使司，利仍反抗。七月，以山东旱，免夏税。罢湖广采木。变通蓟州军户畜马之制，令马多无暇牧养者分给马少之卫。江水连月大涨，黄、汝二水溢；被灾者数十州县。始立内书堂教习。自是宦官始通文墨，渐至有秉笔太监代批本章。八月，汉王朱高煦据乐安反，宣宗亲击之；高煦降，废为庶人，旋杀之。十一月，黎利大败交趾镇兵于应平，遣将分道赴援。

外国

〔朝鲜〕 定王子、驸马、宗亲科田法。汉京大火，焚二千余户。定都城街道之制。祥定外革寺社田以给平民。是岁，汉京城户一万六千九百余，口十万三千三百余；郊户一千六百余，口六千余。

〔日本〕 足利义持使人求大藏经于朝鲜。菊池兼朝等起兵，旋败。

〔越南〕 明诏大赦交趾，禁苛扰。黎利屡败明兵，进围东都。

〔缅甸〕 掸族梯诃都王督修运河，为人射死；其子嗣位仅三月，为人所毒死，于是乱起。大臣孟养他切平乱，自立为王。

〔波希米亚〕 普罗科庇阿斯在奥细格获得大胜利。

〔意大利〕 威尼斯人彭非洛·喀斯塔的始在威尼斯设印刷店，用活字印书。据喀斯塔的自称，系受马可波罗自中国携回之书籍所启发。

1427 年

中国

丁未 明宣德二年

正月，申明屯田法，命御史以时巡察。二月，交趾镇兵败黎利。四月，黎利攻下昌化、谅江；七月，利又陷隘留关。四川松潘蛮起事，逾半年败。鞑靼扰边，败之。定军民人米赎罪法。八月，免两京、山西、河南水旱被灾者税粮。九月，遣援交趾攻黎利之军大败于倒马坡。十月，与黎利和，撤交趾布政司官吏回，令立陈氏后。交趾自设官以来二十余年，前后用兵数千万，馈饷至百余万，官吏军民还者八万六千余人，其陷没及死者不可胜计。十二月，陕西旱饥，赈之。是年，南京地震，凡十一次。

外国

〔朝鲜〕 回回国人来附。明使求马及女子，选马五十匹及处女七人与之。

〔日本〕 赤松满佑反，寻降。

〔越南〕 黎利围东都，屡败明援兵，杀其统帅柳升，俘布政使黄福等。利虽屡胜，然亦望早罢兵，于八月求得陈氏宗室陈暠，遣使求封。十一月，利与明守东都诸将约和，明亦遣使封陈暠为安南国王，罢交趾诸司，依洪武旧制，通使来往。

〔占城〕 遣使贡于越。

〔塞尔维亚〕 斯特凡·拉萨尔维奇卒，其侄乔治·布兰可维奇嗣位。在多瑙河畔之斯美德洛夫建新京，以匈牙利人之支持，共同抵抗土耳其势力之再侵入。

〔门的内哥罗〕 布兰可维奇赴塞尔维亚继位后，斯特凡·沙尔诺维奇乘机取得政权。

〔波希米亚〕 在普罗科庇阿斯（普罗科普）统率下之胡司党军队次第攻入摩拉维亚、奥地利、匈牙利、西里西亚、萨克森、布兰敦堡乃至波罗的海沿岸之普鲁士，由日耳曼骑士所组成之十字军望风披靡（1427—1431 年）。

1428 年

中国

戊申 明宣德三年

三月，阿鲁台遣使献马。时瓦剌渐强，阿鲁台东走兀良哈驻牧。闰四月，山西平阳属八州三十三县旱灾，免税粮。五月，黎利遣使言，陈氏绝嗣，利为国人所推，权理军国事；遣官谕仍访陈氏后。北京顺德等三府以旱灾，免夏税。黎利送还所俘官吏百五十七人。六月，陕西西安三府以旱免税粮。八月，宣宗巡边；九月，至喜峰口外遇兀良哈犯边，大败之，旋回京。十月，命宦官镇守大同。十二月，广西兵破忻城蛮。是岁，命哈密故忠义王弟脱欢帖木耳袭封。

外国

〔朝鲜〕 咸吉道大水，漂没六百余家。移庆源府于会叱家，徙南方民以实之。

〔日本〕 足利义持死，管领畠山满家等迎立义持弟僧义国改名义教为家督。足利持氏不平，潜谋举兵争位。四月，改元正长。七月，称光天皇死，后花园天皇（一百零二代）践祚。北畠满雅举兵败死。

〔越南—大越〕 太祖顺天元年。正月，黎利潜害陈暠。三月，明册封使至而陈暠已死，随遣使如明告哀。四月，黎利即位于东京，国号大越，建元顺天，是为太祖。定诸为明官者罪。铸顺天通宝钱，以五十文为陌。明两度遣使来，令寻访陈氏宗枝，并令送还所留官吏、军人。遣使如明，进代身金人，并言陈氏子孙无有遗者。修田簿、户籍，调查金银矿。

〔波希米亚〕 胡司党军入西里西亚与匈牙利。

〔意大利〕 佛罗伦萨人进攻卢卡，占领该城。

〔法兰西〕 培德福公爵率大军包围奥尔良。

1429 年

中国

己酉 明宣德四年

三月，黎利再表言陈氏无嗣；仍命访求。四月，广西兵破浔、柳二州蛮。命工部尚书黄福经略漕运，时济宁以北，运河淤浅，用十二万人半月浚通之。六月，诏文官犯赃者不许赎。鞑靼侵开平，掠赤城。初设钞关，始收船税，命御史及户部主事监收。九月，免南、北国子监生年五十以上无成及老疾者二百五十三人为民，并令学校生员兼习书、算。十二月，罢宦官于松花江造船。是岁，南京地震七次。免两畿税粮十七万余石。

外国

〔朝鲜〕 清丈忠清、庆尚二道田。遣使如明请免金银岁币，得允以土产充贡。

〔日本〕 足利义教为征夷大将军。九月，改元永享。十二月，后花园天皇即位。

〔越南—大越〕 禁围棋、赌博，犯者刖手。令议钱法。明使来，仍责求陈氏子孙。遣使如明求册封，并言陈氏子孙实无存者。试僧道。

〔罗马〕 教皇马丁五世命红衣主教波福特率“十字军”前往波希米亚，镇压胡司起义。

〔法兰西〕 农家女贞德在喜农谒见查理七世后，奉命率小队人马出征，旋解奥尔良围。同年查理七世在朗斯（利姆斯）加冕。法国人心自此振奋。

〔英格兰〕 亨利六世在伦敦加冕为英王。

1430 年

中国

庚戌 明宣德五年

正月，太宗、仁宗实录、宝训成。三月，黎利复表言陈氏无嗣；仍令访之。免山西平阳十九州县去年旱灾田租。四月，发军民三万六千人筑赤城等五堡。修预备仓，出官钱收籴以备凶荒。以郎官况钟等九人知繁剧之府。六月，遣官捕永平、河间等府蝗。迁开平卫于独石口，于是弃地三百里，失险要，边防益紧。以曲先卫邀劫往来贡使，遣将击之，越半年事定。复命郑和使西洋。和前后七使西洋，凡历三十余国，所取无名宝物不可胜计，而耗费亦不赀。八月，命户部尚书黄福总理淮北、河南、山东屯田。九月，命侍郎于谦等巡抚两京、山东、山西、河南、江西、浙江、湖广等处，是为各地专设巡抚之始。十月，阿鲁台犯辽东。十一月，广西兵破庆远蛮。是岁，南京地震四次。筑浙江海堤。

外国

〔朝鲜〕 禁鞭背之刑。

〔日本〕 定借物返偿法。

〔越南—大越〕 定税例。颁律例。太祖以太原闭克绍、农得泰互哄，往击之。

〔奥托曼土耳其〕 苏丹穆拉德二世取萨罗尼迦，尽逐威尼斯商人。时威尼斯正在意大利半岛上与米兰有战事，无力抵御，乞和。

〔法兰西〕 贞德继续胜利，但在冈比恩为勃艮第人所俘。英人因在贞德前节节败退，故呼之为“奥尔良之女巫”，诬其有妖术，至是以巨款自勃艮第人手中购取之。

1431 年

中国

辛亥 明宣德六年

正月，前以修宫殿，命湖广采大木，至是以旱灾，罢之。二月，以宁夏、甘肃等卫官旗霸占肥地，屯军饥困，遣官清厘之。浚封丘金龙口引河水达徐州，以便漕运；又浚祥符抵仪封淤河四百五十里。三月，初命吏部考察布政及按察二司。四月，以大同等卫官军侵夺民地，遣官清厘之。溧阳民钱成托神道聚众谋起事，被捕杀。六月，遣使命黎利权署安南国事。浑河决，顺天、保定、真定、河间等府大水；河决开封，淹八县。七月，遣使谕兀良哈三卫。十月，松潘蛮前起事，至是败。十一月，复支运法；又命官军兑运民粮，定加耗之制，以路远近为差，每石湖广加八斗，浙江、江西七斗，江以南六斗，江北五斗，其民运至淮安交割者加四斗。十二月，宦官袁琦等以贪纵，磔斩有差。

外国

〔朝鲜〕 定王子、官、民房舍之制。以铜板印医书。使日本者以舂砧、灌溉两车制来，命制造颁于诸道。琉球使来。

〔日本〕 朝鲜来献。

〔越南—大越〕 正月，遣使如明求封。太祖俘闭克绍、农得泰。十一月，明以太祖权署安南国事。遣使如明，贡金五万两，乞依洪武年贡例。

〔暹罗〕 攻真腊，入其都，大掠而归。

〔土耳其〕 穆拉德二世取希腊半岛西部之伊派拉斯及阿尔巴尼亚之大部分。

〔拜占廷〕 大疫，死者无算。

〔波希米亚〕 塔波利派之民主改革引起圣杯派疑惧。本年巴尔宗教会议召开，圣杯派即开始背叛人民，与会议接触，至1433年终于与皇帝及教会妥协。

〔法兰西〕 英王亨利六世在巴黎加冕为法兰西王。同年英人假当时处置女巫例，将法国女杰贞德焚死。

1432 年

中国

壬子 明宣德七年

正月，赐司礼太监金瑛、范洪免死诏；时袁琦等虽诛，但宦官之宠任如故。三月，黎利遣使奉献。四月，山西旱，免逋赋二百四十万石余。募商输粮于边而酬以盐引，是为中盐法。六月，罢遣宦官入番市马。九月，浚苏州四府太湖等六湖。十月，八百大甸宣慰司遣使入贡。是岁，减苏州官田租七十二万余石。

外国

〔朝鲜〕 新撰八道地理志成。明使以绢易牛万匹。先是，婆潴江野人李满住所据辽东开原军民五百余人逃来，皆送还于明，至是李满住掠闾延，击走之。

〔日本〕 菊池兼朝与少贰满贞战于筑后。遣使于明。朝鲜使来。

〔越南—大越〕 遣兵攻俘忙礼州酋长刁吉罕等。太祖亲攻复礼州及哀牢。

〔法兰西〕 法人夺回沙特尔。

〔葡萄牙〕 占领亚速尔群岛。

〔斯堪的纳维亚〕 瑞典农民不堪挪威官吏与瑞典地主之双重压迫，在恩格布列克特松·恩格布列赤孙之领导下，爆发大规模起义运动。

1433 年

中国

癸丑 明宣德八年

春，以两京、河南、山东、山西旱灾，赈之。四月，命有司各举贤良方正一人。五月，贵州兵破乌罗蛮。广西兵破宜山蛮，四川乱，旋定。两京、山东、河南、山西仍旱，再赈之。日本遣使来献。江西濒江八府大水。八月，黎利遣使奉献。闰八月，西域献麒麟。九月，阿鲁台部将侵凉州。日本复来献；实则冒充。其人常以船载兵器，伺便则上岸劫掠，不得便则称贡使，后更为沿海之患。始命选近三科进士进文渊阁，遣官教习。是岁，天方默德那国始遣使来。

外国

〔朝鲜〕 命取大明大统历及回回历法，分撰为内外篇，另作新图。遣兵攻野人，大破之。日本幕府使来，遣使报之，归为海盗所掳。李满住请还所掳，明亦使人来和解。定土三青为淮阳府常贡。兀良哈攻杀女真童孟哥父子，凡察等来诉，愿移庆源；不许。明使求海青鹘及女子。遣衣冠子弟留学于明。

〔日本〕 大内持世破少贰满贞。十月，后小松法皇死。

〔越南—大越〕 选人充国子监生。遣使贡于明。闰八月，太祖死，太子元龙嗣位，改明年为绍平元年，是为太宗，时十一岁。遣使如明告哀。明遣使来索贡例以外岁金。

〔波兰〕 弗拉第斯拉夫•雅该罗被迫颁布《克拉科宪章》，扩大贵族特权。

〔葡萄牙〕 葡萄牙船只沿非洲海岸航行，过菩查多尔地角。同年杜尔特（爱德华）嗣位为王，召集科尔特斯（议会），通过议案，规定自此以后封建主凡无嗣者，身故后其土地应交还国王。

1434 年

中国

甲寅 明宣德九年

三月，交趾谅山府土官阮世宁等帅部来归，徙居广西龙州等处。广西兵破思恩蛮。四月，安南黎麟遣使来告其父利之丧；麟一名龙，对国人用之。七月，两京、山西、山东、河南蝗蝻生，遣官督捕。八月，瓦剌脱欢以攻杀阿鲁台来告。九月，宣宗巡边，逾月，至洗马林回。阿鲁台之子阿卜只俺请降。四川兵破松潘蛮。罢陕西市马。以两京、浙江、湖广、江西饥，赈之。初命御史巡仓。

外国

〔朝鲜〕 毛怜酋李撒万答失里献方物。赈济州饥。申严女子上寺之禁。移庆源府于苏多老。京畿等道海溢，淹田三千余结。择通女真文字者为司译院训导。编三纲行实。

〔日本〕 涩川满直战死。明使来请禁海盗。遣僧使于明。

〔越南—大越〕 太宗绍平元年。遣使如明求封。试士人，中者免徭役。占城掠化州，嗣又求和亲。定试士三年一行，分经义、制诏、诗赋、策论四场。颁绍平新钱于百官。明使来吊。

〔波兰〕 弗拉第斯拉夫•雅该罗卒，其子嗣位，称弗拉第斯拉夫六世。

〔波希米亚〕 背叛人民之圣杯派与日耳曼人勾结在布拉格东约二十英里之卑米什布洛特镇击败塔波利派。普罗科庇阿斯阵亡，但一部分塔波利派仍坚持斗争于捷克南部。

〔法兰西〕 诺曼底人起而背叛英国统治者。

〔斯堪的纳维亚〕 瑞典起义领导人恩格布列克特松率其农民军，携带犀利之武器，迅速占领瑞典之东部与南部，四处攻陷要塞，驱逐官吏（按恩格布列克特松为达列卡连地区之矿工，故起义者中有一部分矿工与锻工，彼等之钢弓与刀枪俱为较优越之武器）。

1435 年

中国

乙卯 明宣德十年

正月，宣宗死，太子朱祁镇即位，是为英宗睿皇帝，时方九岁。罢十三布政司镇守宦官，惟南京守备、诸边镇守及徐州临清收粮、淮浙巡盐者为故。三月，放教坊司乐工三千八百余人。江西乐安曾子良等据大盘山起事，旋败死。四月，畿南、山东、河南蝗，遣官督捕。八月，减光禄寺膳夫四千七百余人。九月，以宦官王振为司礼监。王振招权纳贿，为明代宦官乱政之始。十月，谕鞑靼阿台、朵儿只伯等。令卫所立学。十二月，阿台等侵凉州镇番，败走。是岁，广西兵破大藤峡蛮。

外国

〔朝鲜〕 明遣还女子五十三人。兀良哈攻闾延，击退之，旋李满住又来扰，野人亦犯边。思政殿通鉴训义成。赈平安等道饥。

〔日本〕 河野通久战死。玉叶集、古今著闻集撰成。

〔越南—大越〕 明使来命太宗权署安南国事。罗罗斯甸国人来贡。哀牢来贡，旋又犯边。蝗。试国子监及各路教官。减税额。占城使来。明使来告英宗即位；使者多带北货，高价强估之，使者回，发夫为运行李几至千人。刊四书大全成。

〔缅甸〕 约在此年，威尼斯商人孔底来。

〔法兰西〕 勃艮第公腓力与法王查理七世媾和。查理允惩办刺杀勃艮第公约翰之凶手，并允以亲王待遇予腓力。但英人拒绝媾和。

〔斯堪的纳维亚〕 瑞典戴耶特（议会）被迫接受起义军所提出之条件，并选举恩格布列克特松为摄政。但贵族暗中与埃里克勾结，伺机而动。同年挪威亦有类似之农民暴动发生，以该国贵族控制较严，不能得到发展。

1436 年

中国 丙辰 明英宗睿皇帝朱祁镇正统元年

正月，罢铜仁金场。发禁军三万屯种于北京附近。三月定经筵之制，每月三次；五月至七月、十月至十二月以寒暑停。减苏松等处粮。四月，河北旱蝗，遣官捕之。五月，阿台、朵尔只班掠凉州。始设提督学校官。六月，徙甘、凉寄居回回五百户于江南，又徙在京降人于河间、德州。闰六月，罢陕西织造驼毼。顺天等六府大水。七月，访周敦颐等后嗣，免其徭役。南京、陕西、湖广、广东大水。八月，遣将击阿台等。始定岁赋折银入内承运库，九月，遣大臣偕宦官督理两淮、长芦、浙江盐课。遣使封黎麟为安南国王。十二月，宦官王振怂恿英宗下兵部尚书王骥于狱，自是振遂渐弄权。广西蒙顾等十六洞前起事，至是败。是岁，罢多处坑冶，停诸处采买及造下西洋船。遣宣德八年来京之古里等十一国贡使回。

外国 〔朝鲜〕 遣使如明求书，明赐以通鉴音注。兀良哈掠闾延。申明私塾教师叙用之法。更定田赋。忽剌温犯会宁，兀狄哈犯庆源。

〔日本〕 定僧侣衣食之制。幕府颁贷借辨偿令。九州平定。足利义教赠琉球书。僧惠凤如明。

〔越南—大越〕 遣使如明求封，又遣使岁贡。

〔波希米亚〕 巴尔宗教会议于本年结束，对波希米亚胡司运动中之圣杯派曾作某些让步，圣杯派则正式承认皇帝西吉斯蒙德为波希米亚王。

〔法兰西〕 英人自巴黎退出，明年查理七世入巴黎。

〔斯堪的纳维亚〕 恩格布列克特松遇刺死，农民军因领导无人，渐趋解体。瑞典在名义上虽仍隶属于丹麦，但实际由贵族操纵一切。

1437 年

中国 丁巳 明正统二年

三月，遣官抚辑大名及河南、陕西流民。四月，命兵部尚书王骥、刑部尚书魏源分别经理甘肃、大同边务。陕西平凉六府旱灾。六月，河南、江北诸府州自四月至五月，以河淮泛溢成灾，遣官赈之。

外国 〔朝鲜〕 赈诸道饥。野人犯边寨。建州酋凡察来朝。始行贡地法。遣兵攻野人，大破之。作浑天、日星定时诸仪。

〔日本〕 足利义教遣兵攻多武峰。楠氏族起兵于河内。幕府颁借贷二十年以上者处理法。

〔越南—大越〕 明使封太宗为安南国王，使者廉谨，辞厚贶。考试书算人，三场，首默写古文，次真、草书，次算法。暹罗国商舶来贡。颁新定庆典仪注。暹罗国使来。令所俘明人着南服断发。发五道民浚港。

〔波希米亚〕 西吉斯蒙德卒，其婿奥地利公阿尔伯特当选为王。另一部分反对派则推举波兰王弗拉第斯拉夫六世为王。内战起。

〔俄罗斯〕 自金帐汗中分裂而出之喀山汗始建国。

〔神圣罗马帝国〕 西吉斯孟卒，卢森堡王室中绝。

〔匈牙利〕 奥地利公阿尔伯特嗣位为王。被迫签署条款，以广泛权利授予贵族（如不出境作战等）。同年边疆领主洪约提第一次战胜土耳其人。

〔葡萄牙〕 亨利亲王率师进攻非洲西北之坦基尔，大败。亨利亲王自献为质，始免于全师覆没。

1438 年

中国 戊午 明正统三年

三月，北京地连震。四月，王骥督兵大破阿台等于刁力沟等处。设大同马市。宣宗实录成。六月，麓川宣慰使思任发起事，遣将击之。八月，陕西饥。令杂犯死罪以下输银送边易米以赎罪。九月，免南北京及湖广逋赋六十四万石。十一月，以修宫殿、官署，大征工匠，逃者六千余，逮捕四千余，皆令桎梏赴工。定入国子监事例。瓦剌酋长脱欢立元后脱脱不花为主，自为丞相，专国事。

外国 〔朝鲜〕 野人犯边寨。日本对马岛主请还其被掳人口。

〔日本〕 敕撰新续古今集。足利持氏谋攻京都，恶其执事上杉宪实力谏，欲杀之，宪实奔上野，持氏攻之，幕府因发兵击持氏，破之，持氏自杀。

〔越南—大越〕 遣使如明岁贡。

〔暹罗〕 是年，合并成可太朝之残存地区，于是全国始归于一。

〔波希米亚〕 胡司派敦请弗拉第斯拉夫之弟（立陶宛大公）卡西米尔为波希米亚王。

〔神圣罗马帝国〕 奥地利公阿尔伯特当选为日耳曼王，称阿尔伯特二世。哈布斯堡氏直系自此统治帝国至1740年，旁系统治帝国至1806年。统治奥地利则至1918年。约在同年有迈恩兹人古顿堡在斯特拉斯堡设立印刷店，以活字模印刷书籍。此为西欧用活字印刷之第一次纪录。

〔法兰西〕 查理七世在布尔日颁布《政务诏典》，宣称教皇权力应在宗教会议之下，并声称教皇无权在法国征税。法国教会自此迅速脱离罗马管辖，形成独立状态，号称“高卢主义”。

1439 年

中国

己未 明正统四年

正月，云南兵击思任发，败绩。二月，贵州计沙苗前起事，至是败。三月，增南京及外官俸。四月，倭大掠台州等处。五月，以思任发扰景东等处，再遣兵击之。河南北大水，京师大雨，坏官民舍三千三百余区。七月，免南、北京、山东、河南、江西被灾处税粮。滹沱等河水决堤。八月，增设沿海防倭官。白沟、浑河溢，苏州等三府大水。九月，宣大镇兵破兀良哈于三岔河。十月，增选海运船。十二月，松潘祈命番起事，逾四月败。是岁，瓦剌酋长脱欢死，子也先嗣，称太师、淮王。

外国

〔朝鲜〕 遣使如日本修好。

〔日本〕 琉球来献。边民扰明浙东。朝鲜使来。

〔越南—大越〕 太宗以琴蛮结哀牢犯边，亲击之。定钱陌及绢、布、纸张等制，钱以六十文为陌。明年改元为大宝。

〔拜占廷〕 皇帝约翰七世赴意大利，出席佛罗伦萨之宗教会议。由于欲取得教会之援助，许以君士坦丁堡之东正教教会隶属于罗马教皇。教皇尤金四世除畀以少数金钱外，并未予以实力支援。

〔塞尔维亚〕 土耳其苏丹穆拉德二世率兵来攻，除匈牙利人为之坚守贝尔格莱德外，其余各地皆被征服。

〔门的内哥罗〕 与威尼斯订立攻守同盟。

〔波希米亚〕 国王阿尔伯特卒。

〔神圣罗马帝国〕 颁布迈恩兹《政务诏典》，剥夺教会一部分权力，使皇帝及各大诸侯可以在一定程度内控制教会。同年阿尔伯特卒。

〔法兰西〕 三级会议召开于奥尔良，以大商人夏克尔之力，通过给予法王查理七世军费一百二十万锂（每锂银一镑），俾能成立雇佣之新常备军九千人，每月领取定额饷项，士兵以此获得“索尔达”（Solaat，渊源于古币 Solidus）之名称，其后各国皆以此字之变体称士兵。

〔斯堪的纳维亚〕 丹麦王埃里克被废黜，巴伐利亚之克利斯托斐当选代之。明年克利斯托斐在瑞典当选。1442年又在挪威当选。三国仍归于一统。国王权力在此一时期中仍倚托于汉萨同盟，丹麦人民屡次抗议，但无法改善。

1440 年

中国

庚申 明正统五年

三月，大修北京宫殿，役工匠官军七万余人。思任发请降。六月，南、北京、山东、河南、浙江、江西大水，陕西凉平等府、山西蔚州等处皆大雨。宦官王振度僧道前后凡二万二千三百余人。十月，兰州等处地屡震，坏城堡庐舍。十一月，僧人杨行祥以冒充建文帝，下狱死。师宗蛮前起事，至是败。十二月，免南京等处被灾区税粮。

外国

〔朝鲜〕 禁早婚。

〔日本〕 结城氏朝拥足利持氏二子安王、春王以反幕府，关东诸将多响应，足利义教遣兵攻之。幕府改定负偿赔偿之法。公卿以下各献所藏书目。

〔越南—大越〕 大宝元年。宣光收物县何宗来起兵，太宗击杀之。嘉兴镇土官抗命，太宗视击降之。清化大水。

〔缅甸〕 掸族孟养他忉王死，子弥利侨苴立。

〔拜占廷〕 约翰七世返国，教会与贵族深致不满，其弟底米特利阿斯谋乘机篡位，但未获成功。

〔匈牙利〕 波兰王弗拉第斯拉夫六世继位为王，称匈王弗拉第斯拉夫一世。

〔波兰〕 弗拉第斯拉夫六世当选为匈牙利王后，常住该国，以波兰统治实权交与重要贵族。

〔波希米亚〕 阿尔伯特遗腹子生，被推为国王，称拉提斯劳斯（外号背父生）。斯提利亚公腓德烈（同年当选为皇帝，称腓德烈三世）为其监护人。

〔神圣罗马帝国〕 腓德烈三世继位为皇帝。

〔法兰西〕 一部分封建诸侯在太子路易支持下，反叛查理。查理敉平之，将太子遣赴多非内，以该地统治权界之。

〔尼德兰〕 杨·凡·爱克卒。爱克为名画家，任勃艮第公“好人”腓力之宫廷画师。相传近代油画为彼所发明。

1441 年

中国 辛酉 明正统六年

正月，以兵部尚书王骥总督军务，宦官曹吉祥监军，发兵十五万击麓川思任发。七月，浙江、湖广饥，赈之。十一月，以宫殿成，大赦，并去北京行在之称。免河南、山东等处被灾税粮四十四万余石。闰十一月，瓦剌也先入贡。十二月，王骥等攻下麓川，思任发走孟养。

外国 〔朝鲜〕 李迹进所造木牛。

〔日本〕 二月，改元嘉吉。幕府划琉球属于岛津氏。幕府军破结城，杀安王、春王，于是镰仓管领之统绝，上杉氏遂总东方军政。赤松满佑怒足利义教祖其侄赤松贞村，七月，伪飨义教，醉而杀之，据播磨反；幕府管领等立义教之子足利义胜，遣兵击满佑，斩之。是为“嘉吉之变”。幕府定德政条目。

〔越南—大越〕 选秀女于各县。遣使如明岁贡且求冠服。

〔占城〕 国王阇耶僧伽跋摩五世死，妻兄弟摩诃贲该嗣位，遣使于明，因封之为王。

〔缅甸〕 明麓川土司思任发起兵，明命出兵截堵。

〔法兰西〕 查理七世击平香槟匪盗（溃散士兵）并自英人占领下夺回蓬塔斯。

〔葡萄牙〕 葡人安塔姆·冈萨尔夫斯自非洲携回黑人十人。自此以后捕捉与贩运非洲黑人之事业渐盛。西欧各国之近代黑人奴隶制实自此时始。

1442 年

中国 壬戌 明正统七年

四月，南、北京、山东、河南、山西、陕西旱蝗，遣官捕之，又免被灾区税粮。五月，倭掠浙东。七月，赈陕西饥，赎民所卖子女。八月，复命王骥击思任发之子思机发。九月，置太仓银库。十月，兀良哈掠广宁前屯。是冬，以佥都御史王翱提督辽东军务，以防兀良哈等部侵扰。

外国 〔朝鲜〕 定银为平山常贡。达达以蒙古主敕书来，边将却之。制测雨器。以太祖以下三朝实录多阙逸，修改之。

〔日本〕 幕府遣使于明。幕府征酒税。足利义胜为征夷大将军。

〔越南—大越〕 会试士人，分三甲，赐进士及第、出身、同出身有差。始制进士题名碑。八月，太宗出巡，暴死于路，太子邦基嗣位，方二岁，是为仁宗，太后阮氏垂帘听政，明年改元为大和。遣三使如明，谢赐冠服、告哀及求封。

〔暹罗〕 攻景迈，大败。

〔缅甸〕 思任发败，来奔。

〔特累比松帝国〕 奥托曼土耳其人第一次来攻，无功而退。

〔奥托曼土耳其〕 进攻匈牙利，为边境诸侯匈雅提所败。匈雅提自此数败土耳其人，成为欧洲各国抗土英雄之巨擘。

〔匈牙利〕 匈牙利人在匈雅提统率下，在孙特意姆里及铁门等地击败土耳其人。

〔法兰西〕 夺回加斯科尼，但波尔多与巴云仍为英人所据。

1443 年

中国 癸亥 明正统八年

八月，倭掠浙东。是冬，王骥以大军胁缅甸送思任发，缅甸不予。

外国 〔朝鲜〕 遣使吊于日本。兀狄哈犯边。与日本对马岛定约，开釜山等地互市。日本僧人来献礼物并送被掳人来。置田制详定所。制字母二十八，名曰谚，命官讨定为训民正音，即后日通行之朝鲜字。

〔日本〕 朝鲜使来。足利义胜死，足利义政为家督。对马岛主与朝鲜定约，年遣贸易船五十只。

〔越南—大越〕 仁宗大和元年。明使来祭，又使来封仁宗为安南国王。遣二使如明谢祭及册封。

〔缅甸〕 掸族弥利怿直王死，弟那罗波帝立。明索思任发，不与。

〔奥托曼土耳其〕 在教皇尤金四世之号召下，东欧各国组织一抗土十字军，包括匈牙利、波兰、波斯尼亚、瓦拉几亚与塞尔维亚，由匈雅提统率，于夺回尼施后，进至索菲亚。穆拉德二世被迫与匈牙利王弗拉第斯拉夫订立塞该丁条约，休战十年。塞尔维亚重获独立，而瓦拉几亚则归并于匈牙利。

1444 年

中国 甲子 明正统九年

正月，发兵四道击兀良哈，皆有小胜，逾二月，班师。二月，王骥俘思机发妻子，以其地立陇川宣慰司。新建太学成。四月，赈沙州及赤斤蒙古饥。六月，赈湖广、贵州蛮饥。七月，处州叶宗留及陈鉴胡等聚众数千开福安矿，杀福建缉捕官。免河南等处去年灾区粮三十万余石。闰七月，复开福建、浙江银场，以定额过多，官吏侵扰，矿民纷起反抗。北京、南京等处十余府大水，河南大水，淹四府。八月，免陕西灾区税粮四十八万余石，赎民间所卖子女。十月，兀良哈贡马谢罪。

外国

〔朝鲜〕 复置进士科，旋罢之。罢诸道杂税杂役。禁擅杀奴婢，违者科罪。

〔日本〕 改元文安。美浓近江乱，藤原有光等据吉野，赤松满政出奔。宗盛家遣使于朝鲜，约岁以四船贸易。

〔越南—大越〕 试士人充各司掾属。占城犯化州。遣使如明岁贡，又遣使奏钦州地方事。

〔缅甸〕 明兵驻境上，胁献思任发，发兵御之，溃；明兵亦还。

〔奥托曼土耳其〕 穆拉德二世禅位于其子穆罕默德。同年10月，以匈牙利人违约掀起战事，遂复辟。11月10日，在瓦尔纳大败匈牙利人。

〔匈牙利〕 弗拉第斯拉夫一世（雅该罗氏）以教皇怂恿，违约向土耳其人进攻，取道保加利亚，到达黑海西岸之瓦尔纳，静候预先约定之威尼斯船只载运彼等赴君士坦丁堡。但威尼斯人不敢开罪土耳其人，故穆拉德得以从容运兵北上，击溃匈牙利人。匈王弗拉第斯拉夫阵亡。同年，波希米亚王拉提斯劳斯（年仅四岁）被选继位，匈雅提为实际统治者。

〔塞尔维亚〕 布兰可维奇背弃匈雅提，转而与土耳其苏丹建立密切之友好关系。

〔门的内哥罗〕 与阿尔巴尼亚民族英雄斯坎德培联合，共同抵抗土耳其人。

〔阿尔巴尼亚〕 民族英雄斯坎德培（原名乔治·卡斯特里奥蒂）奋起抵抗土耳其人之侵略。

〔波兰〕 弗拉第斯拉夫在瓦尔纳阵亡后，王位争端激烈，空位二年。

〔法兰西〕 与英国订两年休战条约。

1445年

中国

乙丑 明正统十年

二月，兀良哈再贡马，谢侵扰之罪。三月，麓川思机发遣使入谢。四月，以连年水旱，命所在赈流民。遣御史提督浙江、福建银场。七月，山西、陕西饥民二十余万就食河南，开仓减粜以赈之。八月，湖广旱，苏、松等十四州府水，免灾区税粮。十二月，缅甸献思任发。是岁，瓦剌也先侵哈密，又破兀良哈三卫，远胁朝鲜，谋大举入犯。

外国

〔朝鲜〕 赈诸道饥。命编治平要览。

〔日本〕 松浦赖吾、宗盛弘各与朝鲜约定年遣贸易船只之数。

〔越南—大越〕 占城犯化州。大水，淹禾稼三之一。

〔神圣罗马帝国〕 匈雅提率兵围维也纳，企图迫使腓德烈交出拉提斯劳斯（背父生），未获结果而退。

〔意大利〕 教皇尤金四世免去科隆与特利尔两大主教职。

〔法兰西〕 再扩充常备军为二万四千人（分二十营，每营有武士二百人，每一武士附弓箭手三名，补充兵、侍从各一名，马六匹，合共一千二百人）。此项常备军在驱逐英人之战争及后来法国王权发展之过程中俱有决定性作用。同年查理派巨商夏克尔之侄赴开罗为特使，与埃及苏丹签订商约。

1446年

中国

丙寅 明正统十一年

三月，银场开后，人民不堪苛累，纷起抗官，时诬称之为“矿盗”，遣御史缉捕。四月，倭掠海宁、乍浦。七月，复设税课司，增市廛税钞。九月，广西化州瑶起事。是冬，也先攻兀良哈，乞粮于大同，不许。

外国

〔朝鲜〕 集千余僧人，设转经会。

〔日本〕 边民侵明浙西，屠海宁。秋，浓州、饭高山、贺州三地均有争战。

〔越南—大越〕 遣使如明责龙州地方事。遣兵击占城，俘其主贲该。遣使如明告占城事。

〔占城〕 明诏责侵越。未几，越兵来攻，前王侄摩诃贵来为内应，国王贲该为越所俘，贵来因立为王，请封于明及越。

〔拜占廷〕 统治摩利亚（伯罗奔尼撒）之君士坦丁（皇帝约翰七世之弟）逐渐向希腊中部发展。苏丹穆拉德二世派兵制止之，夺获科林斯，君士坦丁被迫纳贡请和。

〔神圣罗马帝国〕 皇帝腓德烈与教皇缔结条约，废黜科隆与特利尔二选侯，诸选侯遂组织同盟共同反对教皇。纠纷至1447年始和解。

〔法兰西〕 查理七世以全法国铸币业务付予夏克尔监督，并允许“不自铸币贬值中牟利”，工商业获益极巨。

1447 年

中国

丁卯　明正统十二年

三月。免杭州等三府被灾秋粮五十一万余石。始命府州县学考取附学生员。迁沙州卫蒙古民二百余户于山东、清平、博平分三屯。四月，免苏州等四府被灾粮九十八万余石。七月，命诸边练军防瓦剌。十月，矿民叶宗留起事，称大王，攻政和等处。

外国

〔朝鲜〕　申禁考试舞弊。颁东国正韵。

〔日本〕　东大、兴福两寺僧人互斗。周布和兼与朝鲜约岁遣船一只贸易。

〔越南—大越〕　遣二使如明岁贡及奏钦州、龙州事。

〔占城〕　遣使贡于越。

〔缅甸〕　思任发死，献其尸于明，并贡方物。明以那波罗王为宣慰使。时缅境诸酋，明授宣慰使者有五。

〔波兰〕　卡西米尔四世当选继波兰王位，在位四十五年，善于利用大小贵族间之矛盾以加强自己之地位。

〔意大利〕　佣兵队长斯福尔查获得米兰统治权力，又征服彼阿成萨，其他数城市亦望风归顺。明年，米兰人乘斯福尔查出征威尼斯闭城拒之，不令返还。

1448 年

中国

戊辰　明正统十三年

二月，王振重修庆寿寺，役军民万余人，费钱数十万。三月，命王骥击麓川思机发。四月，南、北京、山东、河南、湖广旱蝗，陕西、江西、浙江水；免浙江、江西、湖广秋粮一百五十五万余石。江西民邓茂七抗佃粮起义于福建宁化，号铲平王，人民之苦富民鱼肉者纷起从之，尤溪炉主蒋福成亦聚万余人响应，至是围延平；遣将攻之。五月，以钞法不通，禁用铜钱。七月，河决大名之开州、长垣，淹三百余里；又决新乡，入柳树口，漫曹濮，绝运河；又决蒙泽，没原武、夺涡淮，淹二千余里。叶宗留大败官军于处州，十一月，又大败官军于玉山，遂入江西。十二月，广东瑶赵音旺起事，旋败。邓茂七攻泉州、建宁等地，叠败官军。

外国

〔朝鲜〕　作佛堂于宫内，穷极壮丽，设庆赞会五日，斋僧日七八百人。

〔日本〕　幕府禁浪人游荡。大水，淹没人畜甚多。琉球人来。

〔越南—大越〕　禁官民占公田为园池。试近侍祗候局官，分默写、制诏、诗赋三场。宣光等地大饥。

〔暹罗〕　波隆摩罗阇二世死，子波隆摩戴莱洛迦纳嗣，渐行中央集权制，区分军民二政，设内政等部，又定田制，制法律。

〔拜占廷〕　约翰五世卒，其弟嗣位，称君士坦丁十三世，是为拜占廷之末帝。

〔波希米亚〕　由于国王拉提斯劳斯为其监护人长期留居奥地利，国内党争仍继续不断。至是有贵族乔治•波提埃布拉德者入主布拉格，成为实际上之统治者。

〔匈牙利〕　匈雅提为土耳其人大败于科索沃。

〔斯堪的纳维亚〕　克利斯托斐卒。鄂尔敦堡公爵克利斯钦以丹麦议会之选举出任丹王，但事先以重要特权允许彼等，故即位后即无法过问政事。同年，克利斯钦又以同样条件，获得挪威议会选举。

1449 年

中国

己巳　明正统十四年

二月，邓茂七败死，部下拥其兄子伯孙继续反抗。王骥破思机发于金沙江。大发兵击叶宗留等。三月，邓茂七部将林子得败死。四月，湖广、贵州苗民大起事。叶宗留为陈鉴胡所杀，陈鉴胡建国号太平，建元泰定，自称大王，旋降。五月，邓茂七部下之在沙县等地者败散，邓伯孙被俘，死。是夏，兀良哈扰边，败于箭谿山。七月，瓦剌也先入犯，英宗亲御之，以弟郕王祁钰留守。八月，英宗至大同，还至怀来县土木堡，也先兵至，被俘，文武官扈从者多死。败耗至京，郕王监国，九月，遂即帝位，尊英宗为太上皇。广东南海民黄萧养起事攻广州，称东阳王。贵州镇民苗金台称顺天王，攻平越等地。减浙江、福建银课，旋封闭银场。十月，也先大举入犯，攻北京，旋退。十二月，命王骥经理贵州，攻苗。

外国

〔朝鲜〕　遣使如明诇也先之变。

〔日本〕　幕府允足利持氏遗子成氏为镰仓管领，上杉宪实不安，弃官为僧，幕府使其子宪忠袭执事职。足利义政为征夷大将军。七月，改元宝德。琉球来献。宗盛家与朝鲜约岁增船三只贸易。

〔越南—大越〕 令识字民人就本道考试，合格送礼部会试。广荫泽，免六品以上孙、七、八品男选丁壮。开平虏江二千五百丈。占城贡物，却之，遣使如占城责之。增田产律十四条。

〔占城〕 国王摩诃贵来为弟贵由所废；遣使贡于越，被拒，且使人责以废立；自是与越绝。

〔奥托曼土耳其〕 穆拉德二世传位与其子穆罕默德二世。

〔特累比松帝国〕 穆罕默德二世来攻，被迫向奥托曼土耳其纳贡称臣。

〔法兰西〕 英法百年战争之末期自本年始。法国在诺曼底与布列塔尼夺回土地甚多。

〔英格兰〕 始仿照威尼斯与热那亚之式样建造大海船。至1461年英人始有自己之第一艘船只载运货物赴地中海东岸各地出售。

〔斯堪的纳维亚〕 瑞典贵族选举克努特·克努特孙为国王，号查理八世。查理八世企图夺回挪威王位，但未获成功。

1450 年

中国 庚午 明代宗景帝朱祁钰景泰元年

正月，以边事需饷，始定纳粟入国子监及给冠带之制，官吏以罪废者，纳粟得复职。闰二月，也先扰宁夏、大同；三月，又扰朔州、宁夏、庆阳，又分道掠阳和、大同、偏头关；四月，又扰大同、雁门；五月，至太原，旋退。黄萧养败死。贵州苗大败，也先扰宣府。处州民陶得二等又起事，败官军。六月，也先扰大同、宣府。七月，贵州苗首领王阿同等败死。遣使于也先，迎太上皇，八月，至北京，居南宫。先是，永乐时蒙古降者多居近畿，每暗通也先，至是兵部尚书于谦借贵州等地用兵之机，选其精骑以从，继更遣其妻子以往，于是也先无内应。是冬，湖广苗攻长沙、宝庆等地，皆败。

外国 〔朝鲜〕 二月，世宗死，世子珦嗣位，是为文宗。以明北方有警，筹边备，命撰东国兵鉴。始置五卫。

〔日本〕 足利成氏与上杉宪忠争斗起。幕府征大内修理钱。

〔越南—大越〕 遣使如明岁贡。

〔印度〕 阿富汗人巴鲁尔，原任旁遮普总督，入德里夺取政权，称苏丹，建立路提王朝(1450—1526年)。

〔意大利〕 米兰最后被迫开城，迎斯福尔查为该城公爵。

〔法兰西〕 法人夺回卢昂，完成诺曼底之占领。

〔英格兰〕 肯特与萨塞克斯农民三万人在凯德领导之下起而暴动，进入伦敦，要求改革，但旋被镇压，失败。由于羊毛需要增加，利润远在经营农业之上，约自本世纪中叶前后开始，大地主逐渐自佃农手中收回耕地，加以圈围后转为牧场。自此直至16世纪末叶，始因农民之不断反抗与暴动，逐渐停止，所圈围土地约为全国庄园之半。此为英国史上第一次对农民之土地收夺。

〔尼德兰〕 约在15世纪中叶，尼德兰之工商业俱甚为兴盛，欧洲各国几皆有商栈设于布鲁日与根特等城市。

1451 年

中国 辛未 明景泰二年

二月，宦官兴安以皇后命度僧道五万余人。四月，贵州苗首领韦同烈等兵败，被俘。瓦剌扰宣府。七月，贵州永宁等处苗起事。是秋，浙闽叶宗留等残部皆散，于其活动中心析置四县，置戍兵。也先杀鞑靼可汗脱脱不花。

外国 〔朝鲜〕 制火车为御敌之具。申严少年避军役为僧之禁。京畿等道大疫，死者甚多。

〔日本〕 琉球商船来，货物为细川胜元所扣。遣僧使于明。

〔越南—大越〕 明使来告景泰帝即位；遣使如明贺。

〔暹罗〕 景迈来侵，自是两国构兵，连年不已。

〔奥托曼土耳其〕 穆拉德二世卒，其子穆罕默德二世正式嗣位。穆罕默德二世即为灭亡拜占廷之苏丹。

〔波希米亚〕 皇帝腓德烈（三世）承认乔治·波提埃布拉德在波希米亚之既得权利与地位。同年，波提埃布拉德攻占塔波尔城。胡司起义中之塔波利派至是完全失败。

〔意大利〕 哥伦布生于热那亚一织匠家庭。

〔法兰西〕 法军进入基恩，占领波尔多与巴云。

1452 年

中国 壬申 明景泰三年

三月，湖广巴马苗败。五月，沙湾河堤成。六月，罢巡抚官。河复决沙湾。八月，赈南京、河南、山东等处流民。闰九月，复开处州银场。福建民又纷纷起事。贵州白石崖苗败。十一月，安辑北京及山东、山西流民。十二月，始于京师立团营，以于谦总其事。是岁，淮北大水，民多饥死。

外国

〔朝鲜〕 命撰世宗实录。五月，文宗死，世子弘暐嗣，是为端宗。赈诸道饥。遣使如明。

〔日本〕 七月，改元享德。琉球建天照大神于那霸。

〔越南—大越〕 明使来告立太子；遣使如明贺。

〔奥托曼土耳其〕 穆罕默德二世致力于君士坦丁堡之大举进攻，在博斯普鲁斯海峡东岸建“欧罗巴要塞”。

〔拜占廷〕 遣使赴西方乞援，教皇尼古拉五世派红衣主教伊西多拉斯率佣兵数百人来援。

〔神圣罗马帝国〕 腓德烈三世赴罗马，教皇尼古拉五世为之加冕为皇帝（按此为神圣罗马皇帝亲自赴罗马接受教皇加冕之最末一人）。

〔法兰西〕 法国大封建主中属于王室血亲者，此时共有七个家族，即勃艮第、奥尔良、阿隆松、波旁、安茹、布列塔尼与瓦罗亚。除瓦罗亚为统治王室以外，其他六王族占有法国土地一半以上。

1453 年

中国

癸酉 明景泰四年

正月，河复决于沙湾之南。二月，湖广五开等苗皆败散。三月，开建宁银场。山东、河南饥民二百余万，赈之。宦官兴安建大隆福寺，费数十万。四月，复塞沙湾决河。命生员纳米赈淮、徐饥，许入国子监；时军民亦许纳粟入监，谓之俊秀，或曰例监。五月，徐州等地大水。河又决沙湾北岸，掣运河水入盐河。八月，瓦剌也先自立为可汗；十月，遣使来，自称大元田盛大可汗。十二月，瓦剌扰辽东。是岁，倭人假入贡为名，掠临清，又争赐物多少。

外国

〔朝鲜〕 琉球遣使献土宜。王叔瑈蓄夺位心，因大杀大臣、宗室。

〔日本〕 遣商船如明。若狭国人纷起，旋败散。镰仓将长尾景仲等攻足利成氏，幕府和解之。

〔越南—大越〕 遣使如明岁贡。十一月，仁宗始亲政，明年改元为延宁。

〔占城〕 遣使贡于明，受封为王。

〔拜占廷〕 穆罕默德二世以大军自水陆两方围攻君士坦丁堡。自4月6日至5月29日，历时五十三日，城陷，君士坦丁十三世死于乱军中。拜占廷帝国亡。自君士坦丁大帝于公元330年定都后，至是凡历八十世，一千一百二十三年。

〔波希米亚〕 乔治·波提埃布拉德设法使拉提斯劳斯于本年返国。拉提斯劳斯于1457年即夭折，年仅十六岁（拉提斯劳斯兼为匈牙利王）。

〔法兰西〕 卡斯提隆战役后，法军规复基恩，查理七世亲入波尔多，百年战争自此终结。英人在法国所剩者惟北方一小港口——加来。

〔英格兰〕 什卢斯巴利伯爵塔尔菩特率兵远征法国南部之加斯科尼，在卡斯提隆大败。此为百年战争中最末一次战役。

1454 年

中国

甲戌 明景泰五年

正月，罢建宁银场。以淮南北、山东、河南军民饥，遣使抚辑。二月，定会试南北取士额。三月，广东泷水瑶起事，旋败。缅甸执送思机发，杀之。放遣国子监生千余人。四月，四川草塘苗起事，旋败。七月，南京水。八月，减南、北京课钞。九月，免苏州等七府漕粮二百余万石。福建官台山民起事。十一月，罢苏、松、常、镇四府织造采办。是岁，也先为其下所杀，瓦剌渐衰，鞑靼复振。

外国

〔朝鲜〕 皇极治平图撰成。赈京畿等道饥。依明式定百官团领胸背之制。

〔日本〕 足利成氏杀上杉宪忠，关东大乱。大内教弘与朝鲜约，岁遣船三只贸易。

〔越南—大越〕 延宁元年。铸延宁钱。

〔土耳其帝国（即奥托曼土耳其）〕 穆罕默德二世遣兵围攻贝尔格莱德，匈雅提率兵来援。

〔匈牙利〕 8月，匈雅提卒。

〔波兰〕 颁布尼斯萨瓦条例，规定一切宣战、媾和与法律之制定等，皆必须取得地方会议之同意。由于地方会议多操纵于小贵族之手，大贵族之权力因此受到限制。此外卡西米尔四世又规定国王有任命主教之权，教会权力自是亦受到限制。

〔普鲁士〕 普鲁士人再度起义，企图推翻条顿武士团之压迫统治。贵族与城市俱参加，波兰亦予以支持。波王卡西米尔四世向条顿武士团宣战。

〔英格兰〕 亨利六世癫痫病作，神智不清，约克公理查摄政。

〔西班牙〕 亨利四世嗣位，在位二十年。封建割据所造成之无政府状态，此时已达顶点，国王权力赖城市支持始得幸存。

1455 年

中国

乙亥 明景泰六年

四月，鞑靼小王子麻儿可儿献马驼。五月，北京旱蝗，淮南北大旱。六月，河决开封。七月，塞沙湾决口成。八月，浚北京城河。九月，赈苏州等府饥民，凡百余万石。以官犯蒙能逃入苗中，自称蒙王，号召苗民起攻铜鼓等地，遣兵击之。是岁，南京、山东、山西、河南、陕西、江西、湖广三十三府、十五州卫旱。

外国

〔朝鲜〕 闰六月，端宗被迫让位于王叔瑈，瑈即位，是为世祖；尊端宗为上王，遣使如明告传位。八月，琉球遣倭僧献方物，求大藏经。以日本商船来往无节，使人至对马岛商限制之。是岁，日本人来者六千一百余。

〔日本〕 足利成氏与上杉房显战，幕府遣兵击成氏。七月，改元康正。

〔越南—大越〕 命潘孚先撰大越史记，起陈太宗至明人退出。

〔暹罗〕 攻马六甲，无功。

〔土耳其〕 自此至1458年征服塞尔维亚。

〔神圣罗马帝国〕 西欧第一本排字版书籍《马萨朗圣经》，约在本年印行（按此书因发现于法国首相红衣主教马萨朗〔1602—1611年〕之私人图书室中，故名）。

〔英格兰〕 亨利六世神智复清，免摄政理查职，理查遂纠合骚尔斯巴利，与窝尔维克等伯爵叛变。长达三十年之英国内战——玫瑰战争或蔷薇战争——自此始（按亨利六世属兰开斯特系，为约克公理查侄。亨利为爱德华三世之四世孙，理查则为爱德华三世之三世孙。在内战中，约克系佩白玫瑰为标记，兰开斯特系稍后则佩红玫瑰，以此得玫瑰战争名）。

1456 年

中国

丙子 明景泰七年

四月，麓川思卜发贡象马。修寰宇通志成。六月，河决开封。七月，南北京、山东、河南，以连月雨，大水。十二月，蒙能阵亡，苗大败。赈北京、山东、河南水灾区。是岁，湖广、浙江及南京、江西十七府旱。以水旱，免各地税粮二百四十余万石。

外国

〔朝鲜〕 野人李满住请来朝。大臣成三问等谋上王复位，事觉，株连死者甚多。

〔日本〕 后崇光上皇死。幕府遣使于朝鲜，诸大家族亦与朝鲜约定岁遣船只贸易。

〔越南—大越〕 遣官赴太原镇与明商分界事，明官不至。木忙等土官献方物。遣使如明岁贡且谢赐衮冕。

〔阿尔尼巴亚〕 土耳其人来攻，民族英雄乔治•喀斯特利阿塔（北方诸侯之一，土耳其人称之为斯坎特尔贝格）奋力抵御，土人不得逞。

〔塞尔维亚〕 布兰可维奇卒，子嗣位为王，称拉萨拉斯三世。

〔法兰西〕 战事终了后，法人念贞德功绩不置，遂于本年举行隆重仪式，将“女巫案”重付审讯，判决无罪。此外在其殉难地树一十字架，并在其原籍之罗亚尔河桥上立一铜像以为纪念。

1457 年

中国

丁丑 明景泰八年 英宗天顺元年

正月，徐有贞、石亨等拥英宗复辟，改元天顺，杀于谦等；二月，废景帝为郕王，寻死。广西浔州蛮前起事于大藤峡，至是败散。湖广苗大败。四月，蒙能残部败散。鞑靼孛来扰宁夏。十一月，广西田州苗起事。十二月，孛来又扰甘、凉。

外国

〔朝鲜〕 日本幕府以修寺遣僧来求布施；与之钱帛大藏经。重修四书五经口诀。废上皇为鲁山君，又废为庶人，旋杀之。顺兴府使李甫钦谋起兵，事泄，死者多人。琉球遣僧来聘。忠清等道饥。

〔日本〕 九月，改元长禄。幕府以足利政知为关东管领，命涩川义镜助之经理关东事。时各地将领，纷聚城邑，日寻干戈。

〔越南—大越〕 明使来告英宗复辟，遣使往贺。

〔占城〕 遣使贡于明。

〔匈牙利〕 拉提斯劳斯五世卒，匈雅提之十五岁子马泰亚斯•科淮那斯当选为匈牙利王。匈牙利人志在兼并波希米亚。

〔波希米亚〕 乔治•波提埃布拉德当选为波希米亚王，自此居国王位至1471年，不断与匈牙利王马泰亚斯斗争。

〔斯堪的纳维亚〕 瑞典贵族逐查理七世，选举丹麦王克利斯钦为瑞典王。克利斯钦则以统治瑞典实权畀一贵族斯图累家族。

1458 年

中国

戊寅 明天顺二年

二月，开云南、福建、浙江银

场，又于云南等处遣宦官收买金、宝。孛来扰凉州。四月，复设巡抚官。八月，孛来扰镇番。修一统志。九月，遣官捕江淮"盐盗"。十一月，免山东济南等四府灾区粮五十一万余石。孛来扰延绥。

外国

〔朝鲜〕 就太祖以下四朝史撰国朝宝鉴成。野人李满住之子凡察及童仓来朝。琉球遣使献方物。复行户牌法。

〔日本〕 幕府令约束尼寺。足利义政接见琉球使人，并答书于其国。遣使如朝鲜求大藏经。

〔占城〕 国王摩诃贵由似于本年初为前王摩诃贲该之婿摩诃槃罗悦所杀，槃罗悦自立为王，遣使贡于明。

〔土耳其〕 自本年起至1476年止，完成波斯尼亚与黑塞哥维那之征服。

〔塞尔维亚〕 拉萨拉斯三世卒，遗嘱以其国授波斯尼亚继承人斯提芬·托马施维奇。

1459年

中国

己卯 明天顺三年

正月，孛来扰安边营，大败。两广民及瑶起事。二月，遣御史偕宦官采珠于雷州、廉州。四月，广东泷水瑶败。贵州东苗前起事，至是败。广西民纷纷起事，遣将攻之。

外国

〔朝鲜〕 琉球使来，赐布帛遣归，为对马日本人所夺。禁奴告主。命撰蚕书注解，颁养蚕条法。募民徙平安等道。明遣使诘问授建州女真酋董山官诰事，遣使如明辩之。

〔日本〕 于入京之七路设关抽税以充神宫营造费。课五山僧人以充幕府迁移费。

〔越南—大越〕 十月，谅山王黎宜民杀仁宗及太后阮氏自立，改元天兴，遣使如明岁贡，又遣使求封。

〔塞尔维亚〕 为土耳其人征服，自此被并入土帝国，由苏丹派伯克数人统治之。

〔波希米亚〕 乔治·波提埃布拉德极力迫害"波希米亚兄弟会"——性质与塔波利派相近之组织。

〔英格兰〕 约克系在布罗尔荒地获得胜利。

1460年

中国

庚辰 明天顺四年

二月，广西壮起事，破梧州。陕西庆阳大陨石，人死伤以万计。四月，遣宦官督浙江、云南、福建、四川银课，总十八万余两。五月，罢宦官督苏、杭织造。六月，淮水以连月雨，涨决。遣官督捕逃亡工匠凡三万八千余人。命苏、杭等府织染局增造彩缎七千匹。八月，孛来等分道入犯，掠忻、代诸州；九月，又犯大同右卫。是岁，朝鲜与毛怜卫仇杀，遣官和解之。

外国

〔朝鲜〕 兀良哈犯会宁。野人扰北边。会宁东女真酋亦升哥、建州女真酋佟火你赤谋来犯，边兵破之，遣使告于明。遣兵攻野人，大破之。

〔日本〕 遣僧使于明。畠山义就等通好于朝鲜。十二月，改元宽正。

〔越南—大越〕 圣宗光顺元年。黎宜民得国不正，又纷更制度，六月，大臣阮炽等起兵废杀之，立太宗子嘉王灏（一名思诚），改元光顺，是为圣宗。令军民人粟，授官有差。遣使如明求封。赐功臣世业田，多者三百亩。

〔占城〕 遣使贡于明。国王摩诃槃罗悦死，弟槃罗茶全嗣，明封之为王。

〔土耳其〕 穆罕默德二世征服摩利亚（伯罗奔尼撒）并占领雅典。

〔英格兰〕 约克系在诺桑普吞大败兰开斯特系，国王亨利六世被俘。亨利六世妻玛加累特率兰开斯特系继续战争，在道吞胜约克系，约克公理查阵亡，骚尔斯巴利伯爵被俘后亦为兰开斯特系处死。

〔葡萄牙〕 亨利亲王（外号水手）卒。同年葡萄牙舰队向南作探险航行者已发现佛德角岛。

〔丹麦〕 南部两日耳曼公国——石勒苏益格与荷尔斯泰因，合并于丹麦，但各具自治权。欧洲最早之木刻约始于此时。

1461年

中国

辛巳 明天顺五年

二月，免山东灾区税粮二十四万余石。孛来犯庄浪。大发兵攻大藤峡瑶。三月，免苏州等四府灾区税粮五十三万余石。三月，城步瑶、壮败。四月，孛来犯平虏城，以其屡扰掠，遣将击之。五月，孛来犯宣府。免河南灾区税粮二十六万余石。六月，孛来犯河西。七月，太监曹吉祥反，族诛之。免南京等府灾区税粮五十九万余石。八月，孛来犯凉州。十月，以用兵于西边，令河南、山西、陕西民纳马者予官衔。与孛来和。是岁，松潘番起事。

外国

〔朝鲜〕 募南方民徙平安等道。令诸邑养马，遣官为牧场提调。

〔日本〕 自去年冬至今年夏，人因饥疫，死者无数。岳山及大和弘川两次合战。山徒纷起。幕府致书于上杉房定，决讨足利成氏。幕府许天龙寺僧营造庙宇募化于朝鲜（按此与1457年“朝鲜”条下所录日本求布施，似为一事，双方记载年岁不同）。

〔越南—大越〕 下诏劝农，惰者论罪。禁擅造寺观。颁大诰以训臣民。

〔暹罗〕 景迈来侵，陷戍可太城，明年始退。

〔特累比松帝国〕 土耳其苏丹穆罕默德二世遣兵来攻，陷特累比松城，国亡（此为土耳其人所征服之最后一个希腊国家）。

〔阿尔巴尼亚〕 土耳其苏丹穆罕默德二世被迫承认乔治•喀斯特利阿塔为阿尔巴尼亚与伊派拉斯亲王。

〔法兰西〕 查理七世卒，子路易十一世嗣位，与教皇媾和，取消布尔日宗教会议决议，但事实上教会仍在国王控制下。此外又限制城市及地方政府权力，使王权更为集中。

〔英格兰〕 理查之子爱德华继其父与兰开斯特系战，在摩尔提麦获得胜利，同年入伦敦称国王爱德华四世。玛加累特出亡苏格兰。自此至1485年为英史之约克朝时期。

〔汉萨同盟〕 本年召开大会，但同盟势力日益衰落，自此至1550年（约九十年）仅召开大会七次。

1462年

中国

壬午 明天顺六年

正月，孛来遣使入贡。二月，遣使封黎灏为安南国王。四月，免河南开封等五府灾区粮二十八万余石。两广兵大破大藤峡瑶。六月，湖广兵破江华等地瑶。七月，淮安海溢，盐丁溺死千余人。九月，扩展锦衣卫狱。十月，孛来犯宁夏，败走。

外国

〔朝鲜〕 琉球使来，赐以宋元节要及佛经。使医生习养牛法。

〔日本〕 幕府致书于朝鲜。伊达城宗献布三万匹于幕府，得被任要职。斯波义廉通好于朝鲜。

〔越南—大越〕 定进表拜牌仪注。明遣使来祭。严禁拒用铜钱。定考试保结法，又改考试法，四场：首，四书、五经义；次，制、诏、表；次，诗、赋、骚、选；末，经史时务策。明使来封圣宗为安南国王，又遣太监来买香料；遣使如明谢；又遣使岁贡并求冠服。

〔暹罗〕 迁于彭世洛，以为北都。

〔俄罗斯〕 伊凡（约翰）三世嗣位为莫斯科大公，先后征服东北一带之封建国家，扩大版图，俄罗斯国家之基础，实在此时奠定。

〔意大利〕 弗兰西斯派托钵僧在俄维埃托创设银行。

〔罗马〕 教皇领地内之塔尔发发现明矾矿藏，立即加以开采。明年采掘工人即增至八千人，每年为教皇获利十万杜克特。此为西欧大规模觅致此物之第一次。意大利诸城市之纺织业自此有可靠之供应（按1458年意大利北部亦曾发现一处，但藏量甚微）。

〔波希米亚〕 教皇庇护（或作庇护）二世宣称公元1436年巴尔宗教会议与胡司派（圣杯派）所订立之条约无效。

〔法兰西〕 路易十一世以巨款贷予西班牙之卡斯提尔王亨利四世，取塞达尼与卢西云两地为抵押品。

1463年

中国

癸未 明天顺七年

正月，湖广洪江苗起事，逾半年败。三月，停各处银场。福建上杭民李宗政起事，旋败。四月，复遣宦官督苏、杭织造。七月，免陕西灾区粮九十一万石。九月，遣将攻广西瑶。十月，陕西饥，出粟一百八十余万石赈之。十一月，瑶入梧州城，掠库、放囚。是冬，赤豁诸洞苗败散。以项忠巡抚陕西。项忠开龙首渠，疏郑、白二渠，溉泾阳等五县田七万余顷。

外国

〔朝鲜〕 命据东国史略、三国史、高丽史修东国通鉴。

〔日本〕 畠山氏世为幕府管领，自1454年畠山义就与政长争家督，治兵相攻，至是十年乃止。宗盛吉与朝鲜约定贸易船额。

〔越南—大越〕 定三年大比制，会试后有殿试，程序大致仿明。禁内宫人女交通外人，道、释、卜筮之人不得交通内宫。

〔暹罗〕 景迈来侵，败之。

〔土耳其〕 与威尼斯第一次大战始。教皇庇护二世企图号召十字军，未获成功。同年土耳其征服波斯尼亚。

〔俄罗斯〕 雅罗斯拉夫系诸统治者以其土地归属莫斯科。

〔法兰西〕 路易十一世向勃艮第公赎回索姆河流域城市多处。凡此皆显示路易十一世之膨胀政策。

1464年

中国

甲申 明天顺八年

正月，英宗死，遗诏罢宫人殉葬。太子见深即位，是为宪宗纯皇帝。二月，旧制，授官必由内阁、吏部，至是始由宦官传旨直接授官，谓之“内批”。三月，毁锦衣卫新狱。四月，发内帑七十六万余两犒边军。十月，立武举法。以没收曹吉祥田为宫中庄田，是为皇庄之始。是岁，四川赵铎起事，称王，攻安岳等处，逾半年败死。理学家薛瑄死。

外国 〔朝鲜〕 遣使如明，贺宪宗即位。铸箭币，两面各有“八方通货”四字。

〔日本〕 七月，后花园天皇让位，后土御门天皇（一百零三代）践祚。僧真蕊以所求明之书目进呈。求铜钱于明。村上国重通于朝鲜。

〔越南—大越〕 禁私采珠及铸铜钱。明使来告宪宗即位，并赐冠服；遣使如明进香并谢。

〔占城〕 遣使如明。

〔俄罗斯〕 伊凡三世以其姐妹嫔里亚赞公瓦西利，为兼并此公国准备条件。

〔英格兰〕 亨利六世妻玛加累特出现于英格兰北部，战事再起，但不久即为爱德华四世战败。同年，爱德华与武德维尔之伊利莎白（其父仅为一武士）结婚，自此外戚专权。

1465 年

中国 乙酉 明宪宗纯皇帝朱见深成化元年

正月，以广东瑶势力至江西、湖广，遣将攻之。哈密等国贡马。为筹两广饷，开纳粟例。二月，孛来与兀良哈侵辽东。广西瑶入广东，攻新会。三月，四川山都掌蛮起事。刘通起事于郧阳，称汉王，建元德胜，攻襄阳等处。七月，南、北京、湖广、浙江、河南饥，赈之。鞑靼毛里孩犯榆林；八月，犯延绥；十月，又犯延绥。十二月，瑶大败于大藤峡。

外国 〔日本〕 天龙寺僧人骚动。后土御门天皇即位。

〔越南—大越〕 造户籍，以六年为率。造舆人女丁册。遣使如明岁贡。

〔暹罗〕 波隆摩戴莱洛迦纳王为僧，八月，复还俗。

〔门的内哥罗〕 本年（或明年）斯特凡·沙尔诺维奇卒，其子“黑亲王”伊凡继位。门的内哥罗之“英雄时代”开始。门的内哥罗为东南欧唯一未被土耳其人彻底征服之区域。

〔波希米亚〕 国王乔治·波提埃布拉德为教皇保罗二世宣布废黜，并驱逐出教。拥护罗马（教皇）之贵族别选匈牙利王马泰亚斯为国王，但乔治数败后者之军队。

〔法兰西〕 封建诸侯阿隆松、勃艮第、伯利、波旁与罗伦诸公爵共组“公益同盟”，以与路易对抗。路易被围于巴黎，不得已订空夫隆与圣毛尔条约，予彼等以若干特权。

〔西班牙〕 卡斯蒂与莱昂之封建贵族废黜国王亨利四世，另立其弟阿尔封索为国王。内战爆发。

〔英格兰〕 前王亨利六世战败被俘，被囚禁于伦敦塔。

1466 年

中国 丙戌 明成化二年

正月，更定团营制。二月，鞑靼犯保德。三月，刘通大败于南漳。靖州等地苗纷纷起事。闰三月，江淮大旱，人相食。刘通败，被俘死。四月，倭掠浙东。六月，毛里孩犯延绥。刘通残部石和尚攻巫山等县。七月，毛里孩犯固原；八月，犯宁夏。筑陕西延绥至甘肃一带墩堡、濠墙，以防鞑靼。十月，石和尚败，被俘死。十二月，毛里孩犯延绥。广西廖婆保等起事，攻浔、宾等州。

外国 〔朝鲜〕 改百官科田为职田。刊东国图经。

〔日本〕 二月，改元文正。定琉球入贡之制。前年，足利义政立其弟义视为家督相续人（幕府继承者），以细川胜元辅之。去年义政妻生子义尚，嘱山名持丰使立为主，于是内乱渐生。

〔越南—大越〕 征逋赋。初置五府、六部，一准明制。定文武官服色。立十三道承宣，改路为府，镇为州。定奏本、题本格式。

〔波兰〕 卡西米尔四世之普鲁士战争，经十二年后，至是始缔结第二次托伦和约。条顿武士团变成波兰附庸，而波兰除获得西普鲁士等地外，并得到波罗的海之出口。

〔普鲁士〕 第二次托伦和约将普鲁士分为东西两部分，西普鲁士属波兰，东普鲁士则仍属条顿武士团，以科尼斯堡为首府。条顿武士团之势力自此江河日下。

〔法兰西〕 去年伯利公爵按照空夫隆条约获得诺曼底，今年路易十六又遣兵夺回。

1467 年

中国 丁亥 明成化三年

正月，鞑靼内哄，孛来为毛里孩所杀；遣将击之，以毛里孩请和而止。二月，靖州苗败散。三月，毛里孩犯大同。复开浙江、福建、四川、云南银场。四月，四川自去年六月至此时，地震凡三百七十五次。六月，遣兵击山都掌蛮。八月，英宗实录成。是岁，扬州“盐寇”起事。广西民黄公汉等起事，攻思恩、浔州等地。

外国

〔朝鲜〕 琉球使来。作窥衡及地动仪。前节度使李施爱起事于吉州，逾三月败死。攻建州酋李满住，破斩之，告于明。

〔日本〕 三月，改元应仁。细川、山名二氏大战于京师，宫殿、府军、官署、民居及书籍珍宝，多遭焚掠，山名持丰迫足利义政至其军，细川胜元劫上皇、天皇至其营，两军混战，前后十一年乃已，是为“应仁之乱”。宗贞遣七船贸易于朝鲜。僧雪舟如明。

〔越南—大越〕 明船漂来，留之。占城使来。置五经博士。苏门答腊国商船来，载有明人，索送之明。明镇安土司岑祖德扰北边。命道士禳蝗灾。试宏词科。

〔暹罗〕 遣缅僧为间谍于景迈，嗣又遣婆罗门教徒往，阳为通好；事泄，前后使者被杀多人。

〔波斯〕 图库曼人乌尊·哈珊推翻卡拉·由苏夫在波斯西北部所创立之国家。

〔波兰〕 波兰戴耶特（议会）之组织原则于本年奠定，在此以前，仅为主教及高级官僚之机构，自此以后贵族方得参加。

〔法兰西〕 大胆的查理继位为勃艮第公，与英王爱德华四世及卡斯蒂王、阿拉贡王、布列塔尼公组织一新同盟，对抗法王路易十一世。

〔尼德兰〕 勃艮第公大胆的查理继承尼德兰公国。

〔英格兰〕 爱德华四世妹玛加累特与勃艮第公大胆的查理结婚。

1468 年

中国

戊子 明成化四年

三月，以湖广去年旱，免荆州等十四府及武昌等二十三卫粮一百七万余石。三月，因番僧、公主、亲王请田多至四千余顷，夺民生计，诏中外豪强不得擅请田；惟不久即成具文。加番僧封号为大国师、国师；时道徒加号真人、高士者亦多。山都掌蛮败散。六月，以江西旱，免秋粮二百八十八万余石。开城土官满俊起事，越五月败死。十一月，毛里孩犯辽东；十二月，犯延绥。是岁，日本以宁波民流落日本者充使来贡。遣使册封朝鲜国王李晄。安南侵广西凭祥。罢九江、苏州、杭州钞关。

外国

〔朝鲜〕 明遣太监来赐银帛、西洋布以酬破建州之功。九月，世祖为太上王，传位于世子晄，是为睿宗。世祖旋死。以富商代纳乡民贡赋而收值于民苛虐，严禁之。以僧徒扰民，痛惩之，勒无度牒者还俗充军。

〔日本〕 细川、山名两氏相攻，互有胜负；织工移白云，诸士族多避乱流寓四方。

〔越南—大越〕 遣使如明岁贡。

〔波斯〕 乌尊·哈珊击败帖木儿曾孙阿布·西德，杀之，以子、侄等统治布哈拉，费尔干那等地。

〔阿尔巴尼亚〕 乔治·卡斯特里奥蒂卒。自1444年起至是凡二十三年中卡斯特里奥蒂曾与土耳其人大战十三次。阿尔巴尼亚人称之为“阿尔巴尼亚之龙”，而土耳其人则称之为“斯砍德培”（即亚历山大大王，意谓其英勇与之相埒）。自此以后阿尔巴尼亚迅即为土耳其人征服。

〔法兰西〕 勃艮第公大胆的查理与英王缔结同盟。同年路易十一世与查理相晤于培隆（亚眠东三十英里），查理乘机将路易逮捕，加以囚禁，迫使签订类似阿隆松之条约后释之。此即所谓“培隆事件”。

〔西班牙〕 卡斯蒂与莱昂王亨利四世复辟，但被迫承认其妹伊莎贝拉为王位继承人。

1469 年

中国

己丑 明成化五年

六月，河决开封杏花营。给事中李森以皇亲请地六百顷，乳母请地三百顷，上疏谏，下狱。十一月，毛里孩纠兀良哈三部犯延绥。是岁，吐鲁番来贡。理学家吴与弼死。

外国

〔朝鲜〕 经国大典成。十一月，睿宗死，以世祖孙娎嗣位，是为成宗，大妃尹氏摄政。购天文、地理、阴阳之书于各道，匿者罪之。

〔日本〕 足利义政改以子义尚为家督相续人，惟山名、细川二氏仍相持。约在此时，香道家志野宗信创志野烧。

〔越南—大越〕 禁民间私藏兵器。命捕“海贼”。占城来犯化州。明年改元为洪德。

〔占城〕 遣使贡于明。遣兵犯越。

〔缅甸〕 掸族那波罗帝死，子梯诃都罗立，仍间与邻邦争战。

〔帖木儿帝国〕 末君阿布·西德为波斯人击败，旋被杀。帖木儿后裔各据一方，互相攻击，国遂瓦解。

〔俄罗斯〕 喀山汗向伊凡三世纳贡称臣。

〔法兰西〕 路易十一世以基恩畀其弟伯利公爵。

〔英格兰〕 爱德华四世之重要党羽窝尔维克伯爵愤外戚专权，遂勾结国王之弟克拉楞斯公爵（今年以其女妻后者）共起倡乱，逮捕王后之父、兄，杀之，并囚禁爱德华四世一短时期。

〔西班牙〕 卡斯蒂与莱昂王亨利四世之妹及继承人伊莎贝拉与阿拉贡王子斐迪南结婚。

1470年

中国 庚寅 明成化六年

正月，大同兵叠败毛里孩。三月，免湖广、山东、苏州等地粮九十余万石。五月，北京、山东、河南三省大旱，陕西、四川、山西、两广亦饥，先后赈之。延绥兵破据河套之鞑靼。六月，顺天等府大水。七月，延绥、大同兵前后破河套鞑靼。十月，以旱灾免河南、山东军民税粮八十四万余石。十一月，刘通部下李胡子号召荆襄流民起事，称太平王。鞑靼犯安边营。

外国 〔朝鲜〕 令选人习天文。颁官制条格。

〔日本〕 自南北朝统一后，足利氏所立天皇皆北朝系统者，南朝诸臣深为不满，至是乘机纷纷起事。十二月，后花园法皇死。

〔越南—大越〕 洪德元年。校定行兵法令。占城犯化州，守将告急，圣宗亲督兵往击之。

〔占城〕 遣兵侵越化州。

〔缅甸〕 俄商人曾由陆路来至白古。

〔土耳其〕 以强大舰队自威尼斯人手中夺获希腊东部之大岛优卑亚。土耳其人自此完全控制利凡特（地中海东部）。

〔英格兰〕 爱德华四世获释后，于本年在斯丹姆福德大败窝尔维克及克拉楞斯，后二者逃赴法国，与兰开斯特系之玛格累特复和。同年窝尔维克等返英，爱德华逃赴佛兰德尔，亨利六世复辟。

〔法兰西〕 路易十一世与瑞士缔结同盟。

1471年

中国 辛卯 明成化七年

二月，复设九江、苏州、杭州钞关。三月，于芜湖、沙市、杭州抽分竹木，为宫中营缮之用。败鞑靼入犯之师于怀远等堡。发仓粟八十万石，平粜以济京师饥馑。七月，招荆襄流民复业者九十三万余人。八月，赈山东七府、浙江四府水灾。九月，定漕粮长运法。十一月，李胡子等败，被俘死。是岁，安南黎灏灭占城，虏其王。

外国 〔朝鲜〕 全罗等道大饥，赈之。野人兀狄哈、尼麻车等来朝。琉球遣日本人名信重者来，授以二品职。禁火葬。

〔日本〕 六角高赖起兵。山内显定破足利成氏，成氏弃古河，奔千叶。

〔越南—大越〕 三月，圣宗破占城，俘其王，分其地为三州，置广南承宣。于是越、占数百年来互争局面结束，越遂据占城大部地区。遣使贡于明且奏占城事。定人丁税例。定补服制度。

〔占城〕 越兵破都城，国王槃罗茶全被俘。王弟茶悦（越史作茶遂）奔山中，告难于明，嗣亦为越所获。大将齐亚麻而庵（或即越史之逋持）据宾重龙为王，为越附庸，于是占城亡。

〔波希米亚〕 波兰王卡西米尔四世之子弗拉第斯拉夫（雅该罗）当选为波希米亚王，称拉提斯劳斯二世。拉提斯劳斯复与匈牙利王马泰亚斯进行一次长达七年之战争。

〔法兰西〕 基恩与布列塔尼两公爵缔结反路易同盟，路易与前二者签订亚眠和约。

〔英格兰〕 爱德华自佛兰德尔返英，击败窝尔维克与玛加累特，入伦敦复辟。亨利六世再度被俘获后，死于狱中。

〔葡萄牙〕 占领北非之丹基尔。

〔斯堪的纳维亚〕 瑞典贵族斯图累领导反抗丹麦统治之运动，城市（尤其以斯德哥尔摩）皆予以支持，尽逐丹麦人。

1472年

中国 壬辰 明成化八年

正月，鞑靼侵延绥、固原、平凉。四川荣县民起事，攻城开狱，又攻犍为，不久败散。二月，以大发兵攻鞑靼于河套，河南、山西预征明年赋。三月，以久旱，运河水涸。六月，鞑靼侵平凉、巩昌、临洮，大杀掠，七月，又侵庆阳。七月，苏州等三府、杭州等五府大水，溺死者二万八千四百六十余人。修隆善寺成，工匠三十八人授官。八月，鞑靼侵宁夏、庆阳、固原。九月，遣使于安南，令复占城国，安南不纳使者。十月，败鞑靼于韦州。十二月，以旱灾免顺德等府秋粮九万七千余石。是岁，京畿改设二巡抚。定运粮京师以四百万石为额。是冬，吐鲁番酋长阿力袭据哈密。

外国 〔朝鲜〕 定秋试、春试年份。日本上松浦官使人来献。

〔日本〕 京都人纷起攻夺。足利成氏收复古河。遣使于朝鲜。

〔越南—大越〕 令吏员乡试，中式除正官。

定进士除官法。定二、八月上丁日祀文庙制。定高尺制，每亩十高，高十六尺五寸。颁征蛮令。

〔俄罗斯〕 伊凡三世与拜占廷末帝君士坦丁十三世之侄女索菲亚结婚。伊凡自此改称“沙皇”(皇帝)，自任东帝继承人与正教之护法。索菲亚自意大利召请巧匠来莫斯科，重修克里姆林宫。

〔威尼斯〕 根据记载，此时期前后，威尼斯与日耳曼南部诸城市如累根斯堡、乌尔姆、纽伦堡与奥格斯堡等地之贸易额，每年约在一百万杜克特以上。

〔法兰西〕 基恩公爵卒，同盟解体。勃艮第公查理进攻路易十一世，但同年订休战条约。

1473 年

中国

癸巳 明成化九年

正月，败鞑靼于漫天岭。免湖广武昌等府被灾秋粮三十二万余石。三月，减云南银课之半；赈京畿、山东饥。四月，兀良哈等三卫攻扰辽东，败还。以山东饥，全免今年税粮。遣使谕吐鲁番退出哈密。六月，赈山西饥，免陕西灾区夏税。七月，败鞑靼于榆林涧。八月，乘鞑靼精锐犯秦州、安定等处，袭其老弱于红盐池，大胜。十一月，朵颜等三卫结鞑靼，屡扰辽东，是月，遣兵败之于麦州。十二月，以京畿、山东、河南水旱为灾，免征民间马课。是冬，以吐鲁番不听退出哈密之命，令赤斤等部合讨之。

外国

〔朝鲜〕 兀良哈扰稳城。禁士族妇女为尼。

〔日本〕 细川胜元死。足利义政退职，子义尚为征夷大将军。

〔越南—大越〕 定官禄制。定御史台职掌。试医人。校定征蛮别令。遣兵击山蛮。

〔神圣罗马帝国〕 皇帝腓德烈三世与勃艮第公爵大胆的查理相晤于特维尔，商其子马克西米连娶后者之女玛丽事。

〔威尼斯〕 威尼斯人唆使波斯在安那托利亚进攻土耳其人，但大败而退。

〔法兰西〕 勃艮第公占领阿尔萨斯与洛林之一部分。

1474 年

中国

甲午 明成化十年

正月，初设延绥、宁夏、甘肃三边总制，以御鞑靼。二月，免南畿、湖广被灾秋粮。五月，申藏“妖书”之禁。免山西、陕西被灾府县税粮一百二十七万石。筑边城起清水营至花马池，是月成，共一千七百七十里。七月，免江西被灾府县秋粮八十六万余石。八月，鞑靼侵宣府，未几退。九月，免苏州等府秋粮四十三万余石。诏侯伯及驸马年少者入国子监。十月，攻吐鲁番之师无功而还。十一月，免河南灾区税粮三十四万余石。鞑靼又侵宣府，御败之。十二月，以湖广采金岁役民夫五十五万，所得仅三十余两，命罢之。

外国

〔朝鲜〕 撰经国大典续录。五礼仪撰成。以日本人居釜山等地者生齿日繁，姿横不顺，遣人赴对马，令其召还。

〔日本〕 山名、细川两氏和。幕府遣使于朝鲜求入明之勘合符。大地震。

〔越南—大越〕 定造户籍买纸令。再攻山蛮。遣使如明岁贡并奏占城事。哀牢来贡。

〔暹罗〕 攻景迈，嗣讲和。

〔俄罗斯〕 罗斯托夫统治者以其土地售与伊凡三世。

〔门的内哥罗〕 土耳其人围攻斯库特里，“黑亲王”伊凡率兵解围。威尼斯人将其名字镌入该城之黄金册内，以志感谢。

〔波希米亚〕 1474 与 1478 年波希米亚议会通过一系列法案，禁止农民离开土地，使之实际成为农奴。

〔法兰西〕 路易十一世组君士坦斯同盟，包括勃艮第公一切敌人，由法王分别予以津贴，准备与勃艮第公查理一决雌雄。

〔英格兰〕 爱德华四世与勃艮第公查理缔结同盟。

〔西班牙〕 卡斯蒂与莱昂王亨利四世卒，其妹伊莎贝拉继位。第一部印刷机输入发楞喜阿，明年又传至卡斯蒂。

1475 年

中国

乙未 明成化十一年

正月，以哈密失国，命其酋长罕慎权统流移之民，给以衣粮、谷种。二月，禁听讼用夹棍等酷刑。停闭宜阳银冶。鞑靼扰边，败还。宋元通鉴纲目成。五月，免湖广及江南、福建灾区税粮。七月，朵颜等三卫请开马市，不许。八月，浚通惠河。鞑靼遣使贡马；时诸酋长互相攻杀，势少衰。福建大疫，延及江西，死者无算。十二月，浙江景宁等处矿工起事，旋败。

外国

〔朝鲜〕 刊唐陆贽陆宣公奏议。是岁，有年。

〔日本〕 大内政宏与大和筒井战于南都。足利义政求明之铜钱、勘合符及书物。

〔越南—大越〕 明遣官来追捕逃亡。苏历江决。试百官子孙，一表、一算。置劝农、河堤官。

〔土耳其〕 征服黑海北岸之克里米亚半岛。

〔英格兰〕 勃艮第公查理之同盟英王爱德华四世率兵入法，路易十一予以大批金钱赂之返英。

1476 年

中国 丙申 明成化十二年

正月，鞑靼扰宣府。三月，靖州苗起事，旋败。五月，荆襄流民又起事，旋予以适当之安插，遂定。六月，通惠河浚成。八月，复许吐鲁番通贡。九月，令太监汪直刺事。播州苗内哄已年余，至是定。十二月，开设郧阳府治，置行都司，命官为巡抚，以镇压流民。

外国 〔朝鲜〕 正月，尹大妃还政。令诸道修沟洫。

〔日本〕 岛津国久等相战。

〔越南一大越〕 明使来告立太子。遣使如明贺，并奏占城事。

〔土耳其〕 征服黑塞哥维那。门的内哥罗自此陷于土耳其势力之包围中。

〔神圣罗马帝国〕 农民领袖汉斯·波伊罕姆（外号“敲鼓者”）及另一外号“吹笛者”之汉斯二人，号召农民三万余，起义于弗兰科尼亚之尼科拉斯豪孙，事泄被捕，以身殉，农民亦有死亡。

〔法兰西〕 勃艮第公与瑞士数“区”战，失利。

1477 年

中国 丁酉 明成化十三年

正月，以浙江水灾，免税粮四十一万余石。置西厂，以宦官汪直领之，势出东厂上，自是屡兴大狱，中外骚然。闰二月，免山东灾区税粮四十一万余石。三月，免河南灾区税粮三十九万余石。以西厂滥刑，谕法司慎勘狱；惟西厂刺捕之妄如故。四月，甘肃、宁夏、山东等处地震。五月，以西厂横暴，刑狱冤滥过甚，用大臣商辂等言，罢之；六月，复置，商辂因请致仕。八月，以应天、山东等地水灾，遣使赈之。免江西灾区秋粮。十月，以哈密为吐鲁番所据，命于苦峪谷筑城，以安插其民。十一月，四川松潘土民起事，遣兵攻之。十二月，免南京灾区夏税粮五十余万石。

外国 〔朝鲜〕 禁民卖田与日本人。琉球遣使来。是岁，全国正军十三万四千九百七十三，奉足三十三万二千七百四十六。

〔日本〕 长尾景春攻其主上杉显定，太田道灌迎显定，破景春，足利成氏援景春，混战半年。诸将大内政弘等罢兵归国。

〔越南一大越〕 以生齿日繁，许增新市，以便贸易。遣使如明岁贡。再定内外禄制。定吏员出身法。定封赠法。定官员给田法。

〔土耳其〕 苏丹穆罕默德二世遣兵远征达尔马提亚北部滨海各地。次年进至威尼斯附近。

〔神圣罗马帝国〕 勃艮第公大胆的查理卒。皇帝腓德烈之子马克西米连立即驰赴尼德兰，在根特与查理之女玛丽结婚（按玛丽为勃艮第与尼德兰两地之继承人）。法王路易于夺得勃艮第后，仍进攻尼德兰，企图一并据为己有。

〔法兰西〕 勃艮第公大胆的查理与瑞士长枪兵战于南锡，阵亡。勃艮第入于法王路易十一世之手，但查理所辖之尼德兰，则为查理之女及其婿所有。

〔尼德兰〕 查理阵亡后，其独女玛丽嗣位，2月11日以“大特权”诏书给予尼德兰诸工商业城市。

〔英格兰〕 卡喀斯顿在伦敦之威斯敏斯特设立印刷店，是为英国印刷业之开始。

〔瑞典〕 乌普萨拉大学成立，未几印刷术亦传入。

1478 年

中国 戊戌 明成化十四年

三月，免浙江灾区秋粮。罢四川乌撒卫银场。应朵颜三卫请，复开辽东马市。以浙江饥，罢采花木之役。福建上杭民曾宗、邓嵩等起事，旋败。四月，免南京、山东灾区秋粮。五月，汪直请武举依文举乡会试例，旋议行之。六月，命汪直巡辽东边。四川松潘等地起事土民败。七月，北京、山东大水，遣官赈之。八月，江西大水。免湖广灾区秋粮十六万石余。十二月，免北京灾区秋粮二十余万石。是岁，吐鲁番酋长阿力死，子阿黑麻嗣，遣使来贡。

外国 〔朝鲜〕 设弘文馆。定明经科试法。南海久边国主李获遣使献方物。命撰东文选，集新罗以来诗文。

〔日本〕 足利成氏与上杉显定和。明许幕府所请铜钱等事。足利义政与义视和。自应仁元年，因争足利氏家督相续权动兵，至是始告一段落。自此以后，幕府威权大损，诸地守将多扩张土地，扣留租税，以从事于争战。

〔越南一大越〕 大水。定藩酋朝贺例。定拣汰令。定婚姻嫁娶仪。定都试赏罚例。

〔波斯〕 乌尊·哈珊死，其子亚库伯继位，统治波斯。

〔门的内哥罗〕　土耳其人再度围攻斯库特里，伊凡企图接济被围攻之威尼斯人，但未获成功。

〔俄罗斯〕　诺夫哥罗德合并于俄罗斯国家，其上层阶级中向与立陶宛人有联系者，被徙至俄罗斯中部各地居住。同年在诺夫哥罗德之汉萨同盟商栈——彼得大院，亦被迫关闭。金帐汗阿合马遣使来索贡，伊凡三世杀其使臣，仅留一人俾能携返消息。

1479 年

中国　己亥　明成化十五年

正月，赈山东饥，并免灾区秋粮。二月，免湖广灾区秋粮。免广东广州等五府逋赋。四月，免南京灾区税粮四十余万石。六月，免湖广、河南灾区税粮七十六万余石。七月，命汪直巡大同边。九月，四川播州苗民起事。闰十月，汪直等以兵出辽东塞，焚杀，遂激诸部报复。十二月，免四川灾区税粮。是冬，安南兵入云南蒙自界，旋退。

外国　〔朝鲜〕　遣使于日本。琉球遣使来献土物，求大藏经；不许。受明之命，遣兵攻建州女真，破之，获辽东被掳人口，遣使送之明。

〔越南—大越〕　命吴士连撰大越史记。圣宗亲攻盆蛮、哀牢，皆获胜。

〔威尼斯〕　被迫向土耳其人乞和，订君士坦丁堡条约。威尼斯人允放弃土耳其人业经占领之绝大部分土地，但求换取在黑海区域贸易之许可。此外每年仍须向土耳其人缴纳贡金一万杜克特。威尼斯人自此转向意大利半岛东北发展，取得一部分土地，形成所谓威尼斯共和国（直到拿破仑时代）。

〔尼德兰〕　马克西米连（皇帝腓德烈之子）与法王路易十一世大战于金加特，击败后者，确保尼德兰为哈布斯堡氏所有。

〔西班牙〕　阿拉贡王晃（约翰）二世卒，其子斐迪南嗣位。卡斯蒂与莱昂王国及阿拉贡王国，自此为事实上合并，以斐迪南及其妻伊莎贝拉统治（见 1469 年条与 1474 年条）。

〔丹麦〕　克利斯钦一世创立哥本哈根大学。

1480 年

中国　庚子　明成化十六年

正月，鞑靼侵延绥。免南京灾区税粮。辽东塞外各部入云阳等堡大杀掠，以报去冬汪直等之侵劫。二月，免湖广灾区税粮七十五万余石。袭败鞑靼于威宁海子。五月，免河南灾区秋粮三十五万余石。六月，禁豪强侵占民田。七月，倭扰福建。十二月，鞑靼侵大同，以报威宁海子之怨。浔州等四府民起事，田州土官黄明亦起。

外国　〔朝鲜〕　免济州进真珠、鹦鹉杯。赐诸道学田。琉球遣僧献土宜。依大明一统志例，撰舆地胜览。

〔日本〕　南都盲人纷起。设七关于京师。大内政弘遣船贸易于明。长尾景春降于上杉显定。

〔越南—大越〕　明遣使来问攻哀牢事。遣使如明岁贡并奏占城事。

〔土耳其〕　土耳其人占领意大利南部（足跟）之俄特朗托。同年又进攻圣约翰武士团所统治之罗德岛，无功而退。

〔俄罗斯〕　金帐汗阿合马纠合立陶宛大公再度进攻莫斯科，与伊凡三世对峙于乌格拉河。阿合马之同盟立陶宛公未至，而伊凡之同盟克里米亚汗明格里•格来则北上威胁阿合马背面。阿合马被迫撤退。金帐汗自此江河日下。俄罗斯实际获得解放为此年。

〔法兰西〕　路易十一世与皇帝之子马克西米连订休战条约。自本年起城市用代金缴纳国王，以代替兵役。外籍佣兵自此始。

〔西班牙〕　禁止贵族私建堡垒及采用王者仪仗，同时严令禁止私战。

1481 年

中国　辛丑　明成化十七年

二月，南京、河南地震。遣官分查各布政司库藏。免山西、浙江灾区税粮九十五万余石。鞑靼扰边，追败之于黑石崖。撒马尔罕贡狮，遣内官迎之于嘉峪关。定五年大审之制，以丙及辛年行之。四月，鞑靼侵宣府。六月，雨雪。七月，免南京灾区秋粮。十月，赈河南饥，免湖广灾区田租十之六。十一月，取太仓银三分之一入内库，以供内府之用。安南据占城，侵老挝，遣使谕之。

外国　〔朝鲜〕　以国文作三纲行实、列女图，颁之中外，以教妇女。弛苑囿之禁。

〔越南—大越〕　立屯田所。

〔缅甸〕　掸族梯诃都罗死，子明恭立。昔日缅地通用巴利文，约在是时，缅文始通行。僧梯罗嗢他曾著文法一册，又用缅文写诗多首。又有耶毗信毗者，曾以女官之五十五种发式，吟成宦祠。

〔土耳其〕 穆罕默德二世卒，其子巴耶塞特二世嗣位。巴耶塞特二世之弟吉姆自立于布卢萨，遣兵击败之，吉姆遁至罗德岛，为圣约翰武士团所获。自此以后十余年之久，西欧各国居为奇货，利用之为挟制巴耶塞特二世之工具。

〔意大利〕 半岛一切城市与国家（除威尼斯外）共同组织对抗土耳其人之同盟。

〔法兰西〕 安茹伯查理卒。安茹、美恩与普罗旺斯皆由法王路易十一世承继。

〔西班牙〕 异端裁判所在安达路西亚焚死判决为异端者。同年犹太人大举迁徙，离开西班牙。

1482 年

中国

壬寅 明成化十八年

三月，以淮扬巡抚张瓒等请，以粮八万石赈淮扬及苏州等郡饥，又免秋粮六十余万石，全活二百余万口。罢西厂。四月，哈密酋长罕慎攻复故地，逐吐鲁番戍兵。免山西灾区夏税粮五十四万余石。五月，免山东灾区税粮。六月，鞑靼犯延绥，大败。八月，免河南灾区税粮。卫、漳、滹沱河溢，漕河决口八十余处，河南霪雨三月，漂损庐舍三十一万四千余间，淹死军民万一千八百余人。十月，取太仓银四十万两入内库。十一月，免北京、陕西、辽西被灾区秋粮。

外国

〔朝鲜〕 南海久边国遣使献方物，求大藏经，不与。

〔日本〕 细川政元败畠山义就兵，旋和。畠山政长与义就战于河内。足利义政致书与足利成氏讲和。朝鲜赠大藏经与足利氏。

〔越南—大越〕 考军民书算。

〔门的内哥罗〕 威尼斯人与土耳其媾和后，伊凡仍单独作战。

〔尼德兰〕 玛丽卒，马克西米连代其子腓力统治尼德兰。尼德兰起而反抗，囚禁之，迫使订阿拉斯条约，放弃摄政地位，退回本国。

〔法兰西〕 阿拉斯条约规定马克西米连以其女给予法太子为妃，以阿尔他与夫隆什空泰为嫁奁。同年路易十一世派遣使节赴非洲，与突尼斯及波那王磋商订立商约，无结果而返。

1483 年

中国

癸卯 明成化十九年

三月，免湖广灾区之秋粮。四月，免河南灾区之秋粮。六月，广西平乐等处瑶民起事攻城，旋败散。七月，小王子犯大同，官兵败；八月遂犯宣府，败还。汪直贬黜。

外国

〔日本〕 足利义政遣僧求铜钱于明。明船回，遣官警卫之。大内政弘定兵船渡航开设事。

〔越南—大越〕 定乡试入场日期并贡士例。遣使如明岁贡。

〔土耳其〕 征服黑塞哥维那。

〔法兰西〕 路易十一世卒，在位二十二年，用尽各种方法摧毁封建诸侯势力，使割据局面结束。其幼子查理八世嗣位，以其姐安利为摄政。

〔英格兰〕 爱德华四世卒，其子爱德华五世（年十二岁）嗣位，以其叔格罗斯忒公爵理查为监国。同年，理查篡位，称理查三世，将爱德华五世及其弟幽禁伦敦塔中，旋遣人杀之。

〔西班牙〕 斐迪南与伊莎贝拉开始对南部摩尔王国格拉纳达之战争，节节胜利，获得土地甚多。

〔葡萄牙〕 哥伦布约在本年向葡萄牙王约翰二世请求资助彼航海西行，但遭受拒绝。

1484 年

中国

甲辰 明成化二十年

正月，北京东至辽东，北至宣府、大同地震。宦官尚铭以擅权求贿，贬逐籍没。小王子扰大同。六月，设云南孟密安抚司。免陕西灾区税粮六十余万石。九月，陕西、山西旱饥，人相食，遣使赈之。十月，罢云南元江等处银冶。十一月，封罕慎为哈密国王。十二月，免山西、河南灾区税粮三十八万余石。名学者胡居仁死。

外国

〔朝鲜〕 徙三南民于平安、黄海等道。东国通鉴成。

〔日本〕 畠山政长与畠山义就战于长宇治。幕府禁买卖寺家堂社。“土寇”据东大寺，旋败。

〔越南—大越〕 申抑买禁，权豪不得强买攘夺。申明堕胎禁。定三舍生除用令。定筑田界蓄水令。定金、银、锡、铅税例。

〔门的内哥罗〕 伊凡纵火焚毁其自己之京都萨布尔雅，迁都徂丁耶，以避免该城陷于敌手。门的内哥罗自此限于丘陵与山岳地带。输入第一部印刷机。

〔英格兰〕 当时最近之王位继承人应为爱德华四世之女伊利莎白，亦即理查三世之女侄，理查拟娶之以杜后患，以反对者多，未能实现。

〔西班牙〕 哥伦布抵西班牙。

1485 年

中国

乙巳　明成化二十一年

正月，遣官赈陕西、山西、河南饥民，山西全活者三十余万人，流民还者十四万户。以灾变求直言；言者多请罢修佛寺，远方士妖僧，及免遣扰民之传奉官。二月，免陕西灾区夏税。三月，开纳粟例以赈河南饥。四月，转漕米四十万石赈陕西饥。免南京、山东灾区税粮五十七万余石。六月，令武臣纳粟袭军职。十月，免山东、山西、陕西、河南、四川灾区税粮二百五十五万余石。

外国

〔朝鲜〕　以庆尚道饥，供应日本商使困难，致书对马岛主，请减使船人数。岁大饥，遣官分道赈恤。

〔日本〕　请定贡于明之法。明帝诏谕来，并赐方物。防长二州贡段钱。赴明商船回。

〔越南—大越〕　定广南纳税令。重定朝仪。定诸藩使臣朝贡京国令。

〔波斯〕　亚库伯被杀，国中大乱。

〔俄罗斯〕　特维尔合并于莫斯科。此后数年中，另有数小邦亦先后为莫斯科合并。

〔神圣罗马帝国〕　匈牙利王马泰亚斯·科淮那斯，率兵占领维也纳，并以之作为匈牙利首都。皇帝腓德烈被迫出走。

〔法兰西〕　奥尔良公爵举兵反，被击败。“第三阶级”一名，始见于文献（按第三阶级即教职与世俗贵族以外之其他人民总称）。

〔英格兰〕　利赤蒙德伯爵亨利·都铎（其祖母为兰开斯特系亨利五世孀妇）在威尔士西南登陆，在巴斯威斯大败理查三世。理查阵亡后，王冠在附近森林中发现，亨利遂入伦敦加冕，称亨利七世。玫瑰战争至此终结。亨利为都铎朝“高祖”。

1486 年

中国

丙午　明成化二十二年

正月，鞑靼扰临洮。免河南灾区秋粮。二月，免南京六府及湖广灾区秋粮。三月，小王子扰开原。清畿内勋戚庄田。六月，免南京、陕西灾区税粮。七月，小王子扰甘州。十一月，占城王古来为安南所逼来奔。十二月，免江西、陕西灾区税粮。

外国

〔日本〕　山名政丰与赤松政则战于英贺。“土寇”起，焚东大寺。兵乱，焚伊势外宫。

〔越南—大越〕　立公私田界碣。定百官子孙不识字者分等充军伍法。申明越诉令。遣使如明岁贡。试官员子孙书、算、文。

〔暹罗〕　与景迈重启兵端。

〔神圣罗马帝国〕　腓德烈之子马克西米连当选为罗马王（按此为第一次使用罗马王一名词，作为皇帝未加冕以前称号），与其父共同统治。

〔法兰西〕　马克西米连违背阿拉斯条约，向法国进攻。

〔英格兰〕　亨利七世娶约克系之女继承人伊利莎白为妻，同年平定约克余党。都铎王朝自此统治英格兰至 1603 年。

〔西班牙〕　卡塔罗尼亚农奴被强迫缴纳赎金（按年）以自赎。哥伦布以弗兰西斯派僧侣某之介绍，将其向西航行寻觅新道路（通向中国）之计划，呈递斐迪南与伊莎贝拉，但未获结果。

1487 年

中国

丁未　明成化二十三年

正月，免陕西、湖广灾区税粮。遣官发兵送占城王古来归国。三月，免山东灾区税粮。四月，免浙江灾区秋粮。五月，朵颜等三卫为鞑靼所逼，款塞请避，令在近边地驻牧。六月，免陕西、南京灾区秋粮。八月，宪宗死，太子祐樘即位，是为孝宗敬皇帝。九月，贬逐宪宗诸佞幸。十月，汰传奉官等二千余人，又遣逐僧道及西番法王国师等一千四百余人。十一月，丘浚进大学衍义补。十二月，免江西、湖广灾区税粮。是岁，郁林陆川民黄公定等起事，旋败。

外国

〔朝鲜〕　设宗亲科。刊舆地胜览。

〔日本〕　赤松政则与山名政丰战于坂本。七月，改元长享。足利义尚亲击六角高赖。山内显定与扇谷定正相攻。加贺一向宗徒起事。

〔越南—大越〕　申明称呼：亲王曰殿下，嗣王曰府下，公、侯、伯、驸马及一品曰阁下，二、三品曰门下，四、五、六品曰大人，七、八、九品曰官长。

〔波斯〕　帖木儿五世孙胡宣·米尔查在希拉称君，进行统治。

〔日耳曼〕　奥格斯堡以纺织斜纹布起家之银行家孚克氏，资金共为一万五千弗罗永。但迅即发展成为中世纪末期最著名银行之一（按此为中世纪末期资产阶级发展典型之一，见 1527 年条与 1546 年条）。孚克氏以金弗罗永二万三千六百枚贷于第罗尔大公，后者以该地一切“最好”之矿作为抵押。

〔英格兰〕　三十年内战中重要封建诸侯虽死

亡殆尽，但各地小贵族仍恃势横行，武断乡曲，秩序紊乱不堪。亨利七世设星院法庭予以严厉惩治，国内始大定（按亨利七世之法庭设于一屋顶绘有星月之大厅中，故名星庭。星庭法庭起源于亨利以前，但自此成为国王法庭代名词，直至17世纪）。

〔西班牙〕 摩尔人统治下之未雷斯与马拉加等城乞降。斐迪南尽夷马拉加城之居民为奴隶。

〔葡萄牙〕 航海家巴多罗缪·狄亚士航行到达非洲极南端之地角——好望角。

1488年

中国 戊申 明孝宗敬皇帝朱祐樘弘治元年

二月，以哈密王罕慎告瓦剌犯边之讯，得以为备，封之为忠顺王。三月，小王子扰兰州，败还。四月，以天暑录囚，后岁以为常。五月，嘉兴百户陈辅以罪革斥，因聚众作乱，旋败死。六月，小王子遣使通贡，自称大元汗。清理淮浙盐法。七月，减浙江温、处等地银课万余两。八月，小王子扰山丹、永昌，自是屡以入贡为名，沿边攻掠，且渐往来于河套。减云南银课二万两。十月，湖广、四川饥，赈之。十一月，僧继晓在宪宗时，淫恣横暴，宪宗死，被逐，至是杀之。免河南灾区秋粮。吐鲁番酋长阿里麻袭杀哈密忠顺王罕慎，复据哈密，遣使来贡。

外国 〔朝鲜〕 造水车以溉田。以中国药难得，命择乡药切于用者，印布之。

〔日本〕 幕府下令讨畠山义就。上杉定正与山内显定两度交战。

〔越南—大越〕 大旱。明遣使来告孝宗即位。遣使如明并奏占城事及进香。颁考课法。

〔暹罗〕 取土瓦城，由是启与缅甸数百年之争端。波隆摩戴莱洛迦纳王死，子波隆摩罗阇三世立，还都阿瑜陀耶。

〔神圣罗马帝国〕 奥地利大公西吉斯蒙德及士瓦比亚二十二城市合组大士瓦比亚同盟，以维持日耳曼南部秩序。

〔意大利〕 佛罗伦萨羊毛基尔特之商人醵集巨资向土耳其苏丹“献礼”。自此以后，著为定例，历时数十年。

〔尼德兰〕 马克西米连入尼德兰，为布鲁日市民扣留达三月之久，至其父腓特烈三世率大军来援时始获释。

〔法兰西〕 布列塔尼公弗兰西斯二世卒。皇帝及英格兰与西班牙王共结同盟以防止此地区落于法国王室之手。

〔西班牙〕 与皇帝马克西米连缔结共同对法之同盟。

1489年

中国 己酉 明弘治二年

正月，收已死宦官赐田给百姓。二月，四川大饥。有野王刚者聚众已五年，至是更进入湖广、陕西交界诸郡，旋败。三月，免陕西灾区秋粮三分之二。鞑靼扰宣府。闭会川卫银矿。四月，复减浙江银课。五月，河决开封府境六处，南流淹归德、徐州入淮，北流经曹州入运河，发夫五万治之。京畿水，赈之。八月，四川流民复业者，免杂役三年。孟密侵木邦土司，谕令和好。十月，罢浦城银冶。是岁，撒马儿罕复贡狮子，吐鲁番亦假道满剌加浮海贡狮子。

外国 〔朝鲜〕 颁四书、五经及诸史于诸道。日本幕府遣僧来献土宜，求大藏经，与之。日本人献橘，不受。

〔日本〕 山名时丰攻并山名新九郎地。足利义尚死。两上杉氏交战。朝鲜赠佛经。八月，改元延德。

〔越南—大越〕 遣使如明岁贡。

〔俄罗斯〕 神圣罗马帝国所派遣之首任大使抵莫斯科。

〔神圣罗马帝国〕 马克西米连与布列塔尼女公爵安利缔婚，并派遣代表举行婚礼（按其妻玛丽于1482年卒）。

〔意大利〕 罗马教皇英诺森八世获得吉姆（见1481年条），以此要挟土耳其苏丹巴耶塞特二世，令后者献纳金钱，并派兵协助彼与法王查理八世作战。

〔威尼斯〕 占塞浦路斯岛。

〔法兰西〕 摄政安利用巧妙方法离间布列塔尼女公爵安利与马克西米连，使前者再与其弟查理八世订婚（按查理八世原与马克西米连之女订婚）。

〔英格兰〕 亨利七世以圈地运动影响国库收入，且破坏兵源，扰乱秩序，于本年下令，凡二十英亩以下之土地不得收夺。

1490年

中国 庚戌 明弘治三年

正月，发米三十万石赈京南饥。二月，免河南灾区秋粮。三月，命各州县备仓储，以里数多少为差。四月，鞑靼扰宣府。六月，鞑靼别部伯颜蒙可贡马。闰九月，禁宗室勋戚奏请田土及受人投献。是岁，广西恩城州土司侵田州土司互哄，遣兵击定之。

外国　〔朝鲜〕　求民间诸书。军籍凡十五万八千一百二十七。

〔日本〕　足利义政死，以义视子义稙嗣为征夷大将军。“土寇”据北野社。定酒家条目。遣僧使于朝鲜。

〔越南—大越〕　定土官朝贺例。定版籍，时有承宣十三，府五十二，州五十，县一百七十八，社六千八百五十一及乡、坊、村、庄等。是岁米贵，一陌买二升。

〔门的内哥罗〕　伊凡卒，子乔治四世嗣位。

〔匈牙利〕　马泰亚斯·科淮那斯卒，波希米亚王拉提斯劳斯当选继位。

〔神圣罗马帝国〕　腓德烈三世退隐林斯，以觇星术与炼丹术娱其暮年，国事付马克西米连。同年马克西米连向匈牙利王拉提斯劳斯进攻，击败后者，夺回奥地利。

〔意大利〕　名画家雷俄那多·达·芬奇（1425—1519年）在此时甚为活跃。达·芬奇同时亦为有名之雕刻家、建筑家与科学家（按达·芬奇为1952年所选世界四大文化名人之一）。

1491年

中国　辛亥　明弘治四年

八月，以水灾，停浙江织造一年。宪宗实录成。六月，河决开封。十二月，吐鲁番还所据哈密诸地。

外国　〔朝鲜〕　兀狄哈掠造山堡，野人掠昌州。遣使北征，渡豆满江，攻兀狄哈，小有斩获。

〔日本〕　山内显定与上杉定正战。足利义稙令讨六角高赖。朝鲜赠佛经。北条长氏杀足利茶茶丸，略伊豆。

〔越南—大越〕　大雨，水。

〔暹罗〕　波隆摩罗阇三世死，弟拉玛铁菩提二世立。始用佛教俗，火葬先王。

〔俄罗斯〕　派绰拉发现银矿，俄国自此始以国产贵金属鼓铸货币。

〔神圣罗马帝国〕　马克西米连与匈牙利王拉提斯劳斯缔结普累斯堡协定，后者允于无嗣而终时以匈牙利贻马克西米连。

〔法兰西〕　查理八世与布列塔尼之安利结婚。布列塔尼自此与法国合并。查理之姐安利退休，令查理亲政。

〔西班牙〕　禁止贵金属输出。同年陷格拉纳达城，但事先保证格拉纳达人之信仰自由与人身自由。

1492年

中国　壬子　明弘治五年

二月，封陕巴为忠顺王，主哈密国事。减陕西织造绒毼之半。三月，古田壮人韦朝威起事，烹食典史。五月，求遗书，分储于内阁及两京国子监。六月，免南京去年灾区税粮。七月，以山东旱，南京、浙江水，赈之。河决数道入运河，夺汶入海，征夫十五万治之。八月，停南京、苏州、浙江额外织造。十月，贵州都匀苗乜富架等起事。更中盐法。十一月，闭浙江温、处等州银冶。停纳粟例。

外国　〔朝鲜〕　琉球遣使献方物，求大藏经，与之。民苦军役，多私落发为僧，致军额不足，而僧徒又多不法，于是议禁之，以大妃言而止；太学生李穆疏谏，窜之公州。

〔日本〕　定遣赴明商船进物注文。江州梁濑合战。备中国合战。七月，改元明应。遣僧分使于朝鲜及明。

〔越南—大越〕　遣使如明岁贡并奏边民越界交通贩卖事。明使来告立太子。大饥。

〔暹罗〕　景迈来犯，旋和。

〔土耳其〕　自西班牙被逐之二十万犹太人中，大部分迁至土耳其帝国所属各地。

〔波兰〕　约翰·阿尔伯特嗣位为王。贵族权势大盛。

〔立陶宛〕　波兰王约翰之弟亚历山大当选为大公。

〔神圣罗马帝国〕　皇帝马克西米连愤法王查理八世夺其妻（因而亦夺取布列塔尼），纠合英王亨利七世与西班牙王斐迪南共组反对法国之同盟。

〔意大利〕　佛罗伦萨与拿波里王订立秘密同盟，企图瓜分米兰。

〔西班牙〕　斐迪南攻陷马拉加城，命该城居民万余人纳金赎命，但得金后仍卖之为奴隶，并以其中一部分赠送教皇亚历山大六世。同年斐迪南征服格拉纳达全境。拥有西班牙半岛七百余年并使其文化获得高度发展之伊斯兰势力自此终结。热那亚水手哥伦布以伊莎贝拉女王之资助，于本年8月3日携带后者致中国大汗之书信，自帕洛斯出发。同年10月12日，再发现美洲（见公元1000年条）。哥伦布最初登陆处，大约为今日巴哈马群岛中之华特林岛。

1493 年

中国

癸丑 明弘治六年

四月，吐鲁番以哈密掠其牛马，袭执忠顺王陕巴，复据其地。五月，小王子扰宁夏。闰五月，免南京灾区秋粮一百八十余万石，并以苏州等四府漕粮三十万石赈之。六月，北京大旱、蝗。古田壮败散。八月，免两京及山西、河南、辽东等地灾区税粮；山东大饥，发银五十余万两、米二百余万石赈之，凡活饥民二百六十余万。九月，免陕西灾区夏税。十月，以灾停甘肃织造绒毼。十二月，以灾复开纳银纳米事例。

外国

〔朝鲜〕 清丈全罗、庆尚两道田。罢度僧法。颁大典续录。岁饥。

〔日本〕 足利义稙击畠山义丰，细川政元拥足利义澄。义稙被幽，旋奔越中，后走越前朝仓民。

〔越南—大越〕 遣使如明贺。

〔神圣罗马帝国〕 腓德烈三世卒，马克西米连正式嗣位为皇帝。阿尔萨斯农民因不堪压迫，秘密组织“鞋盟”（其旗帜上绘有草鞋一只），准备进攻什特斯塔特。事泄，被捕丧命者甚众。但此一运动仍继续在各地蔓延，历二十年不绝。

〔意大利〕 米兰公爵罗多维科•伊尔摩罗因佛罗伦萨与拿波里密谋瓜分其国，乞援于法王查理八世。意大利自此长期卷入外敌之侵凌中。

〔法兰西〕 查理八世以退还一部分土地之方法，分别与西班牙王斐迪南及皇帝马克西米连媾和。

〔西班牙〕 哥伦布返自美洲。教皇亚历山大六世在亚速尔群岛迤西一百海里（每海里为五点五六公里）处划一分界线，以其西所发现之土地属西班牙，以东则属葡萄牙。同年哥伦布第二次赴美洲。

1494 年

中国

甲寅 明弘治七年

二月，河决张秋。贵州都匀苗乜富架等败散，因设都匀府及独山、麻哈二县。六月，筑高邮湖堤成，赐名康济。七月，命官经理三吴水利。十月，立佥民壮法，富民不愿者纳银于官，官自募之。十二月，塞张秋决河成。小王子扰甘凉诸地。是岁，免北京、河南、湖广、陕西、山西灾区夏税。

外国

〔朝鲜〕 十二月，成宗死，子㦕嗣，是为燕山君。

〔日本〕 足利义澄为征夷大将军，时大权在细川政元之手。

〔门的内哥罗〕 乔治四世之弟斯提芬在其父生时即已投降土耳其，并受苏丹之任命为斯库特里总督，至是与乔治发生战事，为乔治击败。

〔尼德兰〕 皇帝马克西米连任其子腓力（漂亮的）为尼德兰总督。

〔意大利〕 法王查理八世应米兰公爵请，率兵入意大利，占领佛罗伦萨。

〔英格兰〕 爱尔兰议会在英格兰总督波因林斯压力下，通过所谓“波因林斯法案”，规定凡英国最近颁布之法律，在爱尔兰同样有效，又规定无英王及其议会之许可，爱尔兰不得召开议会，即使召开议会，其所通过之法律，不经英王及其议会批准亦不能生效。此法案至 1782 年始获废除。

〔西班牙〕 与葡萄牙重定分界线，以佛得角岛迤西三百七十海里为界（按此约订于托尔得西拉斯，以此被称为托尔得西拉斯线）。在部尔哥斯设商务官，管理对外贸易。

1495 年

中国

乙卯 明弘治八年

正月，鞑靼北部酋长亦卜剌因人居河套与小王子及火筛等联和，势又强，于是西扰甘肃，东犯宣府，是年且三入辽东。二月，塞黄陵冈等处决河成，河自金明昌中分二道入海，北流虽微而未绝，至是始合一由南河。三月，免湖广灾区税粮。四月，三吴水利修成，凡修浚及筑斗门堤岸一百三十五所，役夫二十余万。五月，免苏州等府灾区秋粮，又发米五十六万余石赈饥民，全活者一百二十余万人。定国子监生拨历事期。七月，广西平乐瑶民起事。八月，以福建上杭民起事，势力及于邻境，遣官总制江西、湖广、福建军务以镇压之。以马湖土司残虐，改为流官。十一月，免京畿灾区税粮。以吐鲁番酋长马黑麻侵据哈密，称可汗，且扰沙州，发兵击之，十二月，克哈密，乃还。鞑靼西北别部诸酋长请入贡并互市，许互市，却其贡。

外国

〔朝鲜〕 广印佛经。

〔日本〕 北条长氏取小田原。筑波集撰成。

〔越南—大越〕 遣使如明岁贡，并奏驿路事。

〔俄罗斯〕 下令没收汉萨同盟在诺夫哥罗德之财产（彼得大院），汉萨同盟在俄国之商业自此一蹶不振。

〔神圣罗马帝国〕 马克西米连参加威尼斯同盟，企图共同自意大利境内逐出法国势力。同年为维持帝国内部之秩序起见，组帝国会议(Reichs Kammergericht)以处理王侯相互间之纠纷。

〔意大利〕 法王查理八世陷拿波里，意大利各邦大震，于是威尼斯、米兰、教皇亚历山大六世、皇帝马克西米连与阿拉贡王斐迪南共组同盟以抗法。同年，法王查理八世被迫退回法国。

〔葡萄牙〕 国王伊曼纽尔娶西班牙王斐迪南之女为妻，但事先接受斐迪南所提出驱逐葡萄牙境内一切犹太人之条件。此举之后果使葡萄牙失去一部分重要生产力。

1496 年

中国

丙辰 明弘治九年

正月，哈密民以吐鲁番又来攻扰，复东走肃州，令安置于瓜、沙等州耕牧。二月，免河南灾区税粮。六月，免江西灾区税粮五十万余石。七月，小王子犯大同、宣府。八月，免湖广灾区秋粮。九月，以外戚因争私利互斗，命禁势豪侵夺民利。十二月，刑部吏徐珪以东厂枉法横行，上书请革之；不从，且革珪为民。

外国

〔朝鲜〕 以湖西旱，颁行水车。命检查无牒僧人。时儒士与僧徒每起争端，至是，儒生借机殴僧、掠寺，命禁之。庆尚道前年税四万二千余石，今年八万二千余石。

〔日本〕 美浓乱。斋藤利国攻六角高赖，败死。

〔缅甸〕 意大利商人至白古。

〔门的内哥罗〕 乔治为其弟斯提芬击败，避地威尼斯，其从兄弟斯提芬二世继立，但仍继续与斯库特里之斯提芬作战。

〔波兰〕 庇阿特尔科夫条例公布，城市市民不许购买土地，而农村中之农民亦实际变成不能自由离开土地之农奴。

〔神圣罗马帝国〕 马克西米连率兵入意，旋以与威尼斯发生龃龉，挥兵北返。

〔意大利〕 第一本关于会计及近代银行业务之书籍在佛罗伦萨印行（按抄写本之会计术，于1202年即已在比萨出现）。

〔英格兰〕 一冒充约克公爵之瓦尔贝克获得苏格兰王詹姆斯四世支持，侵入英格兰。同年，与尼德兰订立商约，使英国商人获得与弗来铭人同等之待遇，此外又厘定税则。

〔西班牙〕 斐迪南与伊莎贝拉之长女若安娜嫔马克西米连之子腓力（尼德兰总督）。

1497 年

中国

丁巳 明弘治十年

三月，命官修大明会典。五月，小王子犯潮河川、大同。九月，山东济南等五府大水，赈之。十一月，吐鲁番乞归忠顺王陕巴于哈密，且请通贡。四川水，赈之。免南京、山西、陕西灾区税粮。是岁，始设南赣巡抚，嗣兼提督军务。

外国

〔日本〕 畠山尚长与义丰战于河内。

〔越南—大越〕 正月，圣宗死，太子鏳（又名晖）嗣位，是为宪宗，明年改元为景统。禁抑买并拣钱。增铜税户以足军用。定舆人女纳金并蚕子税例。定碱盐税例。定追征女丁夏绵布税例。遣使如明告哀并请封。

〔俄罗斯〕 伊凡三世之《法典》成于本年（此为《正义汇编》后第一部法典）。

〔波兰〕 摩尔德维亚人来攻，明年失败而退。

〔波希米亚〕 议会通过法案，禁止非贵族出身之人担任国家高级官吏。议会中之市民代表仅许由布拉格一城推选，数额亦大为减少。波希米亚自此成为一完全由封建贵族统治之国家。

〔英格兰〕 瓦尔贝克败，被擒。同年与苏格兰媾和。亨利七世遣卡波特航海西行，赴美洲探险。

〔葡萄牙〕 发斯科·达·伽马发现非洲东南海岸之那塔尔。

1498 年

中国

戊午 明弘治十一年

二月，小王子遣使求贡。五月，小王子犯肃州。六月，河决归德。七月，袭小王子于贺兰山后，败之。鞑靼别部侵辽东。十二月，禁中外奢靡。免南京、山西、陕西、广东、广西灾区税粮。

外国

〔朝鲜〕 大臣李克嗽有憾于前史官金驲孙，柳子光素怨驲孙之师金宗直，至是，克嗽与子光合谋，诬陷驲孙，兴大狱，罗织成罪，宗直已死，剖棺戮尸，磔驲孙，名士株连甚多。是为“戊午之变”。

〔日本〕 一色义秀与“土寇”战，败死。大地震。

〔越南—大越〕 宪宗景统元年。定税例及生丝税例。义安、顺化民纷纷起事。遣使贡于明。

〔意大利〕 设有印刷店之城市，此时共有五十四个。

〔法兰西〕 查理八世卒，无嗣。奥尔良公爵继承王位，称路易十二世。路易同年自称为米兰公爵。

〔西班牙〕 哥伦布第三次西航，在南美洲登陆。西班牙之民团——赫曼达德——变成警察性质之武装组织。

〔葡萄牙〕 发斯科·达·伽马绕非洲航行，经印度洋到达印度西南海岸之卡利库特（加利库特）。此为西欧人发现直接通至东方新路线之开始。哥伦布所追求之目标，至是由达·伽马实现。

〔英格兰〕 约翰·卡波特挈其子塞巴斯提安第二次赴美洲，到达今加拿大东南与今美国东北一带。

1499 年

中国

己未 明弘治十二年

正月，辽东镇将诱杀朵颜三卫人三百余人，以捷闻；事露，遣官往核。二月，免山东灾区夏税。四月，免湖广、江西税粮。五月，免南京灾区税粮。八月，复免南京、河南灾区夏税。九月，普安土司内哄，因起事，女酋长米鲁自号无敌天王，发兵击之。小王子入居河套。十月，命采珠于廉州。田州与思恩州土司互哄。

外国

〔日本〕 足利义澄求佛经于朝鲜。足利义稙起兵入近江，谋复职，败走周防。畠山尚顺破细川政元。

〔越南—大越〕 定纳大集差余钱日期令。汰吏员。禁娶占城妇女为妻。禁广南不得掠卖蛮民为奴婢。明遣使来祭并封宪宗为安南国王。

〔暹罗〕 造大佛像，高四丈余，用金叶七百余斤。

〔土耳其〕 与威尼斯海战，获得全胜。

〔神圣罗马帝国〕 马克西米连与瑞士联邦战，失败。与拿波里王腓德烈缔结反法同盟。

〔意大利〕 法王路易十二世与威尼斯缔结秘密同盟后，率兵入意大利，9 月 14 日陷米兰。罗多维科出亡日耳曼。

〔法兰西〕 路易十二世为保持布列塔尼于法国王室（瓦罗亚王室之旁系）起见，与其妻安娜离婚（路易十一世女），另娶查理八世之孀妇布列塔尼之安利为后。

〔西班牙〕 宗教迫害愈益激烈，摩尔人大量离去，留者则被迫改宗基督教。受雇于西班牙之佛罗伦萨人亚美利哥·未斯普奇赴南美洲，经历地区甚多。

〔葡萄牙〕 发斯科·达·伽马自印度返抵葡萄牙。

1500 年

中国

庚申 明弘治十三年

正月，禁民间收买军器。二月，免山西被灾区税粮。更定刑部条例。严旌举连坐法。四月，火筛犯大同，得胜回；五月，又来，纵掠而去。六月，免江西灾区秋粮。十一月，小王子诸部扰大同。十二月，火筛犯大同，深入百余里。是岁，名学者陈献章死。

外国

〔朝鲜〕 琉球遣使来聘，求大藏经。

〔日本〕 九月，后土御门天皇死；十月，后柏原天皇（一百零四代）践祚。时资用不足，天皇死者无力营大葬礼，生者无力行即位礼。畠山尚顺与义丰战。

〔越南—大越〕 遣使如明谢。定追赃罚钱日期令。

〔印度〕 葡萄牙人卡布拉尔率舰队抵达印度之卡利库特，在该地设货场，是为葡人侵略印度之始。

〔帖木儿帝国〕 乌兹别克汗昔班尼侵入阿姆河、锡尔河流域，攻陷撒马尔罕。

〔土耳其〕 自威尼斯之统治下占领勒班多、摩敦、科朗与杜拉索。

〔意大利〕 罗多维科率日耳曼佣兵返意，夺回米兰，但旋又为法军夺去，并将罗多维科俘获。法军自此南下进攻拿波里。

〔西班牙〕 美洲殖民地发生争端。哥伦布被逮捕后械送返国。未几复其自由。颁布航海法令，凡输出货物，如有西班牙船只可资装运时，不得雇用外国船只，又严禁以船只售与外国。

〔葡萄牙〕 卡布拉尔发现南美洲东部之巴西，该地适在托尔德西拉斯分界线迤东，故由葡萄牙人占领。葡人在印度西南马拉巴海岸之卡拉努尔与科钦设立商栈。截至 15 世纪末为止，欧洲印刷店出版书籍，总计不超过八百万册。

〔美洲〕 西班牙人占领美洲后，在所至各地，使用各种残酷之方法劫夺金银（殖民地初期尚无开采金银矿者）。自 1493 至 1500 年之八年中，运回欧洲之贵金属平均每年约值二十五万金元。

1501 年

中国

辛酉 明弘治十四年

正月，陕西延安等处地震连日，

压死人畜甚众。二月，罢陕西织造中官。四月，小王子等部连兵大举犯边，延绥、宁夏皆遭蹂躏。五月，免陕西灾区税粮。孟养、孟密土司构兵累年，至是始谕定之。六月，贵州官兵攻米鲁，大败。七月，泰宁卫入犯辽东。袭鞑靼于河套，无所遇，以捷闻。闰七月，小王子扰宁夏大杀掠。八月，火筛犯固原、宁夏。免河南被灾区税粮。十一月，赈两京、山东、河南灾区饥民。十二月，辽东大饥，赈之。免北京、山东、山西、湖广、江西灾区税粮。

外国　〔朝鲜〕　以用度不足，设贡案详定厅。

〔日本〕　二月，改元文龟。令幕府进即位礼经费，筹划经年，一无结果。幕府讨大内义兴。

〔越南—大越〕　定人丁差赋令。遣使如明岁贡。重定乡试条例。

〔波斯〕　乌尊·哈珊曾孙伊斯美尔一世建立苏菲王朝（1501—1721年），即位称沙（君主之意）。

〔波兰〕　阿尔伯特之弟亚力山大一世嗣位。同年，莫斯科大公伊凡三世来攻。

〔俄罗斯〕　进攻立陶宛，1503年媾和，伊凡之西疆颇有扩展。俄罗斯自此在欧洲诸国中享有相当威望，与各国之外交关系亦逐渐恢复。

〔神圣罗马帝国〕　组织奥利克会议，其成员由皇帝直接任命，管理司法，帝国会议（见1495年条）大部分权力逐渐为前者所取代。同年，马克西米连与法王路易十二世缔结条约，许以米兰封赠后者。

〔意大利〕　法王路易十二与阿拉贡王斐迪南缔结协定共同瓜分拿波里，但随战事之胜利，分赃不匀，又引起法、西两国间战争。

〔英格兰〕　亨利七世长子亚塔尔娶阿拉贡公主凯塞琳为妻。

〔西班牙〕　亚美利哥·未斯普奇第二次赴南美，明年东返，印行其经历，称之为"新大陆"。1507年日耳曼地理学者马丁·瓦德西茂勒提议称此新大陆为亚美利加。亚美利加最初仅为南美洲之名，但至16世纪末，北部大陆亦被称为北亚美利加。

〔葡萄牙〕　葡人盖斯伯尔·德·科特利尔发现今加拿大东南之圣劳伦斯河。

1502年

中国　壬戌　明弘治十五年

正月，江西新昌民王武等起事，寻以王武背叛，皆败。二月，免河南灾区税粮。三月，罢饶州督造瓷器中官。五月，免湖广灾区秋粮。七月，普安女酋长米鲁败死。九月，放减内府所畜鸟兽。十一月，琼州黎人符南蛇等以不堪官府贼虐，起事。罢广东采珠中官。十二月，大明会典修成。免南京税粮三十余万石。设总制府于固原，以防火筛。

外国　〔朝鲜〕　以西北人口少，强徙南方富实多丁者，官吏乘机敲诈，民怨沸腾。日本人献猿，却之，并令日本岛主勿再献马，胡椒减半献进。

〔日本〕　幕府管领细川政元以与将军足利义澄有隙，赴丹波，年余始回。

〔越南—大越〕　遣使如明谢。

〔缅甸〕　掸族明恭王死，子瑞难乔信立，时势已日衰，邻邦争起来扰。

〔波斯〕　伊斯美尔一世征服阿塞拜疆与亚美尼亚。

〔俄罗斯〕　金帐汗之残余势力为克里米亚汗所灭。

〔意大利〕　威尼斯被迫向土耳其乞和，割地甚多，所剩者仅有爱琴海中少数岛屿。

〔神圣罗马帝国〕　选侯同盟成立于该伦豪孙，相约对帝国政令之执行，必先在选侯间获致同意，以此为对抗皇帝，保护自己特权之方法。

〔英格兰〕　亨利七世长子亚塔尔卒，当时西班牙为西欧最强盛之国，亨利乃以亚塔尔之妻阿拉贡公主凯塞琳与其次子亨利（即后来之亨利八世）订婚，以保持此姻亲关系。

〔葡萄牙〕　由于印度土王受阿拉伯商人之怂恿，排斥葡萄牙人，葡王遂于本年派达·伽马率军舰十艘赴印度，在西南海岸各地大事屠杀劫掠，获得有利商约后，饱载而归。葡京里斯本自此成为东方货物聚散之地。滨大西洋之法、英、尼德兰等地城市亦逐渐趋于繁荣。中世纪中叶意大利诸有地位之商业城市，自此一蹶不振。

1503年

中国　癸亥　明弘治十六年

正月，孟养土司入贡，并归侵木邦土司地。三月，免山西灾区税粮。六月，复遣中官督苏杭织造，以言者力争，只减原额三分之一。七月，琼州黎人符南蛇败死。南海等县民古三仔等起事，寻败。九月，赈两京、浙江、山东、河南、湖广灾区饥民，又减杭州等郡税粮，活饥民一百六十万人。清理盐法。十一月，免南京灾区秋粮。十二月，免淮扬、浙江所办物料。

外国

〔朝鲜〕 僧虚雄自称生佛，诳惑官民，被杀。明遣太监来进香于金刚山。

〔日本〕 征即位礼段钱于摄津、丹波。僧周青求勘合符于朝鲜。

〔越南—大越〕 筑苏历江堤，开安福渠。是岁，先大旱，后大水。

〔俄罗斯〕 车尔尼戈夫·塞维尔斯克合并于莫斯科。

〔波兰〕 与莫斯科大公伊凡三世媾和，退出德聂伯河西岸地区。

〔意大利〕 西班牙海军在彻林约那击败法国舰队，占领拿波里。明年正月迫使法军北撤。自此拿波里、西西里属西班牙，而法国则拥有北部之米兰。

〔英格兰〕 亨利七世以其女玛加累特畀苏格兰王詹姆斯四世为妻。

〔西班牙〕 设商务委员会于塞维尔，专事管理海外殖民地贸易。

1504 年

中国

甲子 明弘治十七年

二月，申谶纬妖书之禁。免浙江灾区税粮。吐鲁番酋长阿黑麻死，诸子争位互哄。四月，免山东灾区税粮。五月，罢南京、苏州、杭州织造中官。六月，以朵颜等卫结鞑靼侵扰不已，召阁臣议边事；七月，遣官经理边塞。八月，免南京灾区夏税。十一月，罢云南银场。十二月，申闭籴之禁。免湖广灾区秋粮。是岁，全国户一千五十万八千九百三十五，口六千一十万五千八百三十五。以思恩土官岑浚屡侵田州土官岑猛，且掠近县，遣兵击之。

外国

〔朝鲜〕 燕山君母尹妃以废死，至是治预废黜之议者，杀戮甚惨，是为“甲子之祸”。立夷三族法。

〔日本〕 二月，改元永正。山内显定围扇谷良朝河内，旋和。颁德政条目。

〔越南—大越〕 肃宗泰贞元年。五月，宪宗以女谒盛，得重疾死，太子㵮（又名漴）嗣位，是为肃宗，改元泰贞元年。段世依等起事于高平，旋败死。遣三使如明岁贡，告哀且求封。十二月，肃宗死，弟浚（又名谊）嗣位，是为威穆帝，明年改元为端庆；时如明求封使尚未出界，追改表文始行。

〔埃及〕 由于葡萄牙人垄断印度市场之结果，东方香料至是绝迹于埃及。

〔法兰西〕 路易十二世在布尔瓦与皇帝马克西米连之代表签订同盟条约。允以其女克劳德予马克西米连长孙奥地利公查理为妻，并以布列塔尼、勃艮第、布尔瓦以及法国在意大利某些地区之主张权为妆奁。

〔西班牙〕 与法人订里昂和约，西班牙获得拿波里。同年女王伊莎贝拉卒，其女若安娜及婿腓力（马克西米连子，此时任佛兰德尔公）被宣布为卡斯蒂王位继承人。斐迪南暂摄政事。哥伦布末次探险返西班牙。

〔北美洲〕 法国籍渔人始至纽芬兰海岸线一带捕鱼。

1505 年

中国

乙丑 明弘治十八年

正月，小王子围灵州，掠韦州、环县，陷清水营。四月，核实荆襄流民二十三万五千余户，七十三万余口。五月，孝宗死，太子厚照嗣，是为武宗毅皇帝。小王子犯宣府，八月，转掠大同。宦官刘瑾等始用事。十月，小王子犯固原。十二月，鞑靼数万毁边墙入固原等处。是岁，思恩州土司岑浚败死。哈密忠顺王陕巴死，子拜牙袭。

外国

〔朝鲜〕 废弘文馆。燕山君既虐且淫，选娼妓三千，又命各道采美女，使者络绎，人民大苦。

〔日本〕 细川政元攻畠山尚顺。

〔越南—大越〕 威穆帝端庆元年。威穆帝害太皇太后阮氏。

〔缅甸〕 意大利商人又至白古。

〔俄罗斯〕 瓦西里三世（伊凡诺维支）嗣位，在位二十八年。

〔意大利〕 名画家拉斐尔（1483—1520 年）活跃于此时。

〔波兰〕 公布拉多姆宪法，使贵族通过各地议会所选出之全国戴耶特成为最高立法机构。

〔法兰西〕 路易十二世之侄女泽曼·德·弗瓦与阿拉贡王斐迪南结婚。路易以法国对西西里王国之主张权给予泽曼为妆奁，因此违反去年与皇帝马克西米连订立之布尔瓦条约。

〔葡萄牙〕 任命德阿尔美达为驻印度之第一任总督。同年，日耳曼著名银行家未瑟尔家族以巨款贷予葡王曼努埃尔，俾能装备舰队远征南洋群岛（东印度群岛）。

〔中美洲〕 西班牙人占领波多黎各岛，并建立圣约翰城（桑晃）。

1506 年

中国

丙寅 明武宗毅皇帝朱厚照正德元年

正月，以杨一清总制陕西、延绥、宁夏、甘肃等处边务；杨一清请修筑边墙，从之。二月，群臣以宦官主管畿辅皇庄扰民，请召还之，不从。五月，减苏州、杭州上供锦绮三分之一。六月，以刘瑾提督十二团营。免陕西灾区税粮。八月，命宦官往南京督织彩缎，科道官谏止，不从。十月，大学士刘健等以刘瑾恣横枉法，请诛之，不从，反擢刘瑾掌司礼监，于是刘健等致仕去，刘瑾乃肆与朝官为难，杖贬日多。

外国

〔朝鲜〕 燕山君肆为淫虐，官民皆怨，前吏曹参判成希颜等举兵废之，立成宗次子怿，是为中宗；杀助虐者，革一切苛役。复置弘文馆。封赏多人，号“靖国功臣”。

〔日本〕 大内义兴遣使于朝鲜。

〔越南—大越〕 试军民书算。

〔波兰〕 阿尔伯特与亚历山大二人之弟嗣王位，称西吉斯蒙德一世。

〔罗马〕 圣彼得教堂本年起开始重行建筑（按罗马原有之圣彼得教堂建筑简陋，1450 年后，即不能使用。至是重建，至 1626 年始大致完竣。此堂之建筑，曾间接构成促使宗教改革运动爆发之原因，至今仍为欧洲最重要建筑之一）。

〔法兰西〕 路易十二世在都尔召开三级会议，宣称布列塔尼与勃艮第为不可转让之法国王室领土，以杜绝外国觊觎。

〔西班牙〕 哥伦布卒。彼始终以其所发现之土地为印度或中国之一部分。西班牙王腓力卒。斐迪南自拿波里返国，明年再摄政事。

〔尼德兰〕 腓力卒，马克西米连任其女玛加累特为女总督。

1507 年

中国

丁卯 明正德二年

三月，杨一清以忤刘瑾去官，其主持修边墙事亦停。刘瑾以忤己者刘健等五十三人为奸党，榜之朝堂。七月，修历代通鉴纂要成。免河南、山西灾区夏税。八月，作豹房，成后，武宗遂常处其中，恣为淫乐。十月，免山东灾区夏税。十一月，田州土官岑猛前以事被徙，至是以纳贿于刘瑾得还。十二月，开浙江、福建、四川银矿；时浙江矿脉已绝，令每年输银二万两。

外国

〔朝鲜〕 昭雪“戊午之变”被难诸人，嗣又治首祸诸人罪。免田粗。

〔日本〕 细川政元为其下所杀。大内义兴奉足利义稙起兵争将军位。

〔越南—大越〕 明使来告武宗即位。明使来祭并封威穆帝为安南国王。遣使如明，贺、谢、岁贡及进香。

〔暹罗〕 景迈来犯，败还。

〔意大利〕 名艺术家米开朗琪罗（1475—1564 年）活跃于此时。米开朗琪罗为画家、雕刻家、建筑师与诗人。

〔法兰西〕 路易十二世入意大利，占领热那亚，但旋退回法国。同年与阿拉贡王斐迪南相晤于萨佛那。

〔葡萄牙〕 自本年起以海军封锁波斯湾与红海，不使任何东方货物通过此二处运至欧洲。

1508 年

中国

戊辰 明正德三年

四月，以饷不足，令军、民纳银授武职。七月，广西柳州壮人起事抗官已久，至是败散。八月，刘瑾立内厂，其残暴更甚于东、西二厂。山东曹州民赵实等起事。十月，赈湖广、河南饥。十一月，赈凤阳等处饥。

外国

〔朝鲜〕 禁服纱罗绫缎。

〔日本〕 幕府诸将拒足利义稙，旋细川氏内哄，细川高国出奔，后与大内义兴和，于是义兴遂奉义稙入京，逐将军义澄。义稙复位。幕府布告于京师，禁撰钱。

〔越南—大越〕 以莫登庸为天武卫都指挥使。黑罗罗国人侵人朱村田关，遣兵击之。

〔暹罗〕 攻景迈，无功。葡萄牙人至马六甲，与土酋冲突，被俘杀数人。

〔俄罗斯〕 喀山汗反对莫斯科统治，起而暴动，大败俄罗斯人。同年，喀山汗纠合克里米亚汗进攻莫斯科。瓦西里被迫乞和，赔偿巨款。传鞑靼人携去之俘虏达三万人，皆在卡发（克里米亚半岛上之一城）售与土耳其人。

〔神圣罗马帝国〕 马克西米连与法王路易十二世、教皇朱理阿斯二世及阿拉贡王斐迪南结空布累同盟，企图共同瓜分威尼斯之土地。同年马克西米连率兵进入意大利，但为威尼斯所败，割的里雅斯特与后者媾和。马丁·路德任维滕堡大学教授。

〔中美洲〕 西班牙人以非洲黑人运至西印度群岛，作为奴隶。美洲之有“黑奴”自此始。

1509年

中国

己巳　明正德四年

正月，遣官盘查各省钱粮。三月，赈浙江饥。孝宗实录成。六月，免苏州等府灾区税粮。江西乐平民汪澄二、汪浩八等起事，俘知县，东乡等地纷起响应。七月，四川民刘烈等起事，攻汉中等地。八月，遣官清理屯田，所至骚扰苛刻。九月，以自春季以来，两广、江西、湖南、四川、陕西等省民变纷起，诸处领袖多有称王者，科道官联衔奏明，请设法遏止。闰九月，小王子扰延绥。十月，督漕官以自弘治七年以来，黄河数次北徙，影响运道，请加修治。十一月，鞑靼扰花马池。是岁，名画家沈周死。

外国

〔朝鲜〕　对马岛主送日本人来朝，恣横不法。时日本人多假称“朝贡船”而来，庆尚道年供此种使节米至二万二千余石，而贡物仅抵一万五千余石。又有诈为幕府文书者，而寓釜山等浦之日本人亦每借端生事。定军籍，正军十七万七千三百余人，杂军十二万三千九百余人。

〔日本〕　幕府定诉讼法。大内义兴破三好氏。山内显定破长尾为景。宋素卿往朝鲜。

〔越南—大越〕　襄翼帝洪顺元年。威穆帝遣官经理广南，大杀占城人，又斥逐宗室功臣。十一月，阮文郎率占城奴起兵西都，拥圣宗孙潆（又名晭）入东京。威穆帝死。十二月，潆即位，是为襄翼帝，改元洪顺。

〔暹罗〕　葡萄牙人攻占马六甲。

〔土耳其〕　大地震，君士坦丁堡死者甚众。

〔意大利〕　法王路易十二世出兵意大利，占领一部分属于威尼斯人之土地。未几法国势力控制意大利北部。

〔英格兰〕　亨利七世卒，次子嗣位，称亨利八世。同年亨利八世与其寡嫂阿拉贡公主凯塞琳结婚。

〔西班牙〕　阿尔封索·德·阿吉达在今巴拿马地峡东岸建殖民地。

1510年

中国

庚午　明正德五年

二月，以宦官张永总神机营。三月，免湖广、河南、山东、贵州、浙江、江西、陕西、山西、四川、广西及两京灾区逋赋。四月，安化王朱寘鐇以讨刘瑾为名，据宁夏举兵反，起杨一清统兵讨之，杨一清未至而朱寘鐇败。四川流民入陕西、湖广大扰，六月，势益大，分四十八总管，首领为蓝廷瑞、鄢本恕、廖惠等。武宗自称大庆法王西天觉道圆明自在大定慧佛。七月，湖广民杨清等称天王、将军，来往洞庭，至是败。八月，免福建银课一年。张永密奏刘瑾大逆诸事，遂系刘瑾于狱，旋凌迟处死，籍刘瑾家得金银累数百万两；自刘瑾败，其党诛贬殆尽。九月，免山东灾区税粮。太平等府大水，溺死二万三千余人。河冲黄陵冈入贾鲁河，泛溢及于丰、沛。十月，霸州文安县民刘六、刘七等起事。免浙江灾区夏税。十二月，蓝廷瑞等破江津。发太仓银三十万两入内库。

外国

〔朝鲜〕　釜山等浦初仅许日本人六十户留居，后生齿日繁，渐肆横暴；遣官与对马岛主商请刷还，而迁延不从。至是对马日本人遂来犯，虽遣兵击之，而骚扰不已。除窃盗断筋之刑。

〔日本〕　足利义稙攻义澄，不利。宗盛弘侵朝鲜釜山等地，战死。大地震，禁买卖判地。

〔越南—大越〕　遣使如明奏事并求封。内侍阮克谐作乱，旋败。哀牢遣使请降，边吏以闻，却之。遣使如明岁贡。

〔印度〕　葡萄牙人占领果阿，以为进行侵略之据点。

〔波斯〕　伊斯美尔一世击败乌兹别克之赛巴尼可汗。赛巴尼可汗系成吉思汗后裔。

〔俄罗斯〕　自1510至1514年之四年中，普斯科夫与斯摩棱斯克先后为莫斯科合并。

〔意大利〕　教皇朱理阿斯二世退出反威尼斯之同盟，并唆使西班牙人与法国敌对。

〔葡萄牙〕　占领印度西海岸之卧亚（果阿）。明年，又占领马来半岛西南之马六甲。马六甲为当时中、印两国商业与交通枢纽，葡人之商业地位自此急遽增高。

1511年

中国

辛未　明正德六年

正月，蓝廷瑞别部大败于泸州，其本部入营山。二月，播州土司杨友与弟互哄，因起兵。停江西征派物料及烧造瓷器。汪澄二等破安仁。三月，刘六等入山东、河南，攻下十余县。小王子掠沿边诸地。四月，凤阳巡抚以部内民众纷纷起事，乞处置兵食。五月，蓝廷瑞等破梓潼。河南民之起事者入湖广、江西。四川松潘复乱。六月，山西民李华等起事，与刘六等相呼应。蓝廷瑞别部入贵州。霸州民杨虎等攻河南、山西，回文安，适刘六等自湖广、江西还，遂与之合。江西华林山民陈福一等破瑞州。七月，刘六等攻文安，京师戒严。江西民之起事者破临江府。八月，蓝廷瑞、鄢本恕等败死。九月，刘六等攻沧州，不克，南走。蓝廷瑞残部破陕西略阳等地。广东民之起事者入江西，破永丰等地。四川民方四等攻江津。十月，刘六等攻济宁、曹州。小王子扰山丹、甘州。方四等破綦江。十一月，赈南北京、河南、山东灾。十二月，小王子扰宣府。蓝廷瑞残部麻六儿等由陕西回攻四川。是岁，刘六等破山东、河南百余城。

外国

〔朝鲜〕 日本遣僧来为对马岛乞和，不许。岁饥，命收养弃儿，廪给士族寡妇处女。

〔日本〕 细川澄元与高国战于摄津。前将军足利义澄死。幕府定伺事条例。大内义兴遣桂悟赴明求释典仪注。

〔越南—大越〕 申维岳等起兵于京北已年余，至是败死。武琼进大越通鉴、通考。封莫登庸为武川伯。颁治平宝范。不拔县陈珣起事于山西，遣兵击死之；以大将郑惟㦃功多，封源郡公。复定金银税例。

〔暹罗〕 葡萄牙遣人来，礼待送还。

〔缅甸〕 葡萄牙人至白古、马都八等地通商。

〔波兰〕 戴耶特（议会）通过法案，使农奴制度合法化。

〔神圣罗马帝国〕 马丁·路德以事赴罗马，目睹教会腐败情形。

〔意大利〕 教皇纠合威尼斯与阿拉贡王斐迪南组织“神圣同盟”，共同对抗法兰西。英格兰与瑞士均加入。

〔法兰西〕 法军在波隆雅大败教皇朱理阿斯二世之军队。路易旋在比萨召集宗教会议，废黜朱理阿斯，而朱理阿斯亦召开宗教会议，处比萨城以停施圣礼为报复。

〔英格兰〕 亨利八世加入教皇朱理阿斯所组织之“神圣同盟”。

〔西班牙〕 自此至1515年征服古巴岛，并建立圣地亚哥与哈瓦那（哈巴那城）。

1512年

中国

壬申 明正德七年

正月，霸州、大城等处乱，京师戒严。兵部奏立擒灭刘六等赏格。二月，河南民刘惠、赵鐩等连破州县。山东民之起事者攻莱州。方四等攻川南。三月，刘惠等大胜于河南府。四月，赈北京、山东饥。五月，刘六等被迫去山东北走，旋又南入邳州。江西南部民之起事者，至是多败散。刘六败死。闰五月，杨虎死，其妻总统所部破潍县。方四败死。刘惠、赵鐩等败死。六月，方四余部入陕西。刘七等自武昌东进，攻九江等地以达镇江。七月，蓝廷瑞残部入川东。八月，王浩八等败降。刘七败死，部众几尽。九月，江西民起事者，败散大半。十月，免河南、江西、浙江灾区税粮。十二月，廖麻子等破绵竹等县。免南京、山东、山西、陕西税粮。

外国

〔朝鲜〕 日本再遣僧来为对马岛乞和，许之。废釜山等三浦日本人居留地，定商船岁二十五只。野人犯边。罢禅教两宗，拆圆觉寺，毁庆州铜佛。

〔日本〕 对马宗盛长与朝鲜更定旧约。幕府规定诸社祭礼及法会之诉讼。取早云相模之冈崎等地。

〔越南—大越〕 阮严等起事于山西、兴化，遣兵击破之。试官员子孙书算。黎僖等起事于义安，郑惟㦃破杀之。旱，饥。

〔暹罗〕 葡萄牙人又来。

〔土耳其〕 巴耶塞特二世之第三子谢里姆挟真尼撒利（新军，用欧洲人组成者）之力迫其父逊位，自立为苏丹，称谢里姆一世。

〔波兰〕 自本年起与俄罗斯进行一次长达十年之战争。

〔神圣罗马帝国〕 在科隆举行戴耶特。为保持国内秩序之安定，将帝国划为十区，由各大封建诸侯负责。（一）奥地利，（二）巴伐利亚，（三）士瓦比亚，（四）弗兰科尼亚，（五）上莱因，（六）下莱因，（七）勃艮第（1556年划归西班牙之哈布斯堡支系），（八）威斯斐里亚，（九）下萨克森，（十）上萨克森。十区共有二百四十个封建国家。此外，尚有若干直辖于皇帝之武士封地。

〔条顿武士团〕 布兰敦堡侯阿尔伯特当选为大宗师。

〔意大利〕 法军在加斯顿·德·弗瓦（纳木尔公爵）指挥下，获得初期胜利，但德·弗瓦旋阵亡。

〔法兰西〕 阿拉贡王斐迪南占领纳瓦尔。英王亨利八世则入侵加斯科尼，但英军于同年退去。

〔葡萄牙〕 萨洛到达摩鹿加群岛（香料群岛）。

1513年

中国

癸酉 明正德八年

正月，王浩八、胡浩三等复起事。小王子扰大同。以旱，免陕西、南京等处灾区税粮。二月，四川廖麻子等复起事。四月，镇箪苗起事数年，至是败散。王浩八等扰婺源等县。廖麻子败死。五月，小王子又扰大同。六月，河决黄陵冈。王浩八败死。七月，廖麻子余部喻老人等攻通、巴、利等州。八月，小王子扰万全卫。王浩八余部刘昌三败死。艾茹七等起事于东乡、万年。吐鲁番复据哈密。九月，胡浩三败死。十月，艾茹七等败死。新淦民张元二等起事。十一月，免浙江灾区秋粮十八万石

外国

〔朝鲜〕 清丈忠清、京畿田。

〔日本〕 足利义稙与义澄之子义晴和。畠山尚顺等战于河内。

〔越南—大越〕 明使来封襄翼帝为安南国王，并赐冠服；遣使如明谢。

〔暹罗〕 景迈来犯，大掠而退。

〔土耳其〕 谢里姆一世败其兄阿美德于安那托利亚，杀之。

〔神圣罗马帝国〕 皇帝马克西米连加入反法之“神圣同盟”。瑞士农民领袖约翰·富利志企图起义于夫赖堡，事泄被捕，以身殉。

〔法兰西〕 路易十二世仍继续在意大利之战事，但为瑞士人所败。瑞士人进攻法国，热那亚亦乘机独立。同年，路易与瑞士人及教皇签订第戎和约。

〔英格兰〕 亨利八世与皇帝马克西米连之军队大败法人于加来附近。

〔苏格兰〕 入侵英格兰，大败，国王詹姆斯四世及贵族多人阵亡。

〔西班牙〕 达塞德·莱昂发现今美国东南之佛罗里达半岛。同年，巴尔波发现太平洋。

〔斯堪的纳维亚〕 克利斯钦二世嗣丹麦王位，企图恢复丹麦在瑞典之统治。

〔中美洲〕 西班牙王任命伯多禄·德·阿维拉为日斯巴诺拉（小西班牙，即海地岛）总督。阿维拉携来殖民者一千五百人。

1514 年

中国

甲戌　明正德九年

正月，南京十三道御史联名请裁抑宁王宸濠；不报。二月，武宗为微行。以小王子屡侵扰，诸番部多避寓甘肃城郊，因增设总制陕西、延绥、甘肃、宁夏等处军务大员以防护之。喻老人等败死。临川陈九等败死。五月，赈北京顺天等府饥。六月，开云南大理等处银矿，以太监督之。七月，小王子扰大同、宣府，八月，越边至白羊口、宁武关等处，九月，掠蔚州等处。镇守陕西太监廖堂进上用铺花毡幄一百六十二间。十一月，小王子扰花马池，掠牧马。十二月，以乾清等宫灾，重建需费多，加天下田赋。

外国

〔日本〕 北条长氏等大破镰仓。

〔越南—大越〕 大杀宗室。

〔波斯〕 伊斯美尔一世败于奥托曼土耳其。

〔土耳其〕 谢里姆一世遣兵进攻波斯沙（王）伊斯美尔，大败后者（按谢里姆为一狂热之逊尼派，而伊斯美尔则为什叶派，且曾协助谢里姆之兄，故谢里姆掀起此次战争。传谢里姆在进兵之先，曾屠杀土耳其帝国内部之什叶派四万人）。

〔俄罗斯〕 自立陶宛统治下夺回斯摩棱斯克（此城在立陶宛人统治下达一百一十年）。但同年立陶宛人在德聂伯河西岸之阿尔沙又大败俄罗斯人，俄军死伤甚巨。

〔匈牙利〕 乔治·多沙所领导之农民起义爆发。贵族最波利俄率大军败多沙于泰美什发。多沙被俘后被炮烙之刑处死，其肉炙熟后，令其余领袖六人食之。农民死者不计其数。颁布法令（宪法）使一切贵族平等，并使农奴制度合法化。

〔神圣罗马帝国〕 南部乌尔利赫之农民秘密组织“穷汉康拉德”，集合五千人起义，遭乌尔利赫公爵及其他贵族之共同进攻，失败。

〔意大利〕 法国在意大利之最后据点失陷。

〔法兰西〕 与皇帝马克西米连及阿拉贡王斐迪南订奥尔良和约。同年，又与英王亨利八世订伦敦和约。

〔美洲〕 西班牙人所统治之圣多明哥岛在殖民者初侵入时共约人口四十万，1508 年余六万，至本年仅剩一万四千人（至本世纪末完全被消灭）。

1515 年

中国

乙亥　明正德十年

正月，免南京被灾府、县去年秋粮。二月，鞑靼扰延绥。礼部尚书刘春，以各地镇守太监病民，请罢之，不报。四月，兀良哈朵颜卫酋长花当等扰蓟州，入马兰峪，六月，退。七月，江西民徐九龄等起事数年，至是败死。鞑靼扰瓦亭等处。八月，小王子扰固原；九月，侵陇州。广东府江民王公珣等起事。十月，以水灾免苏州，十一月，免杭、湖、台等府税粮。遣太监刘允往乌斯藏招活佛。十二月，以旱，免庐州等四府秋粮。鞑靼北部自洮、岷入松潘，番酋与之合，西川大震，旋退。

外国 〔朝鲜〕 野人莽哈来朝不逊，窜之于珍岛。

〔日本〕 虾夷起事，击破之。宗庆乐烧等品始于此时。

〔越南—大越〕 冯章据三岛山间，遣郑惟㥶等击败之。韶溪伯吴恕起事，败死。邓欣等起事于清华，旋败。

〔暹罗〕 景迈陷戍可太等城，旋败走。

〔土耳其〕 苏丹谢里姆一世征服东安那托利亚及库提斯坦（底格里斯河上游迤东地区）。

〔波希米亚〕 第一次出现用捷克文发行之新闻纸。

〔匈牙利〕 弗拉第斯拉夫卒，子嗣位，称路易二世。

〔意大利〕 法王法兰西斯一世入意大利，连下热那亚与米兰，瑞士人大败，退出意大利。明年，教皇利奥十世亦与法兰西斯媾和，除放弃某些土地外，并允取消法国教会之特权。

〔法兰西〕 路易十二世卒，其婿（亦即其侄）法兰西斯一世嗣位。立即发动意大利战争。同年，与西班牙、英格兰两国合组同盟，“共同抵御外侮”。

〔尼德兰〕 皇帝马克西米连以其孙查理为尼德兰公爵。

〔英格兰〕 托马斯·莫尔之《乌托邦》成。享利八世任命武尔西为约克大主教兼英国大法官。教皇亦下令任武尔西为红衣主教兼教廷驻英特使。武尔西自此操纵英国政治十余年。

〔西班牙〕 科尔特斯（议会）正式决议，以纳瓦尔合并于卡斯蒂王国。

1516 年

中国 丙子 明正德十一年

二月，言官以佞幸毁西安门外民房造皇店、酒肆、建义子府，请禁之；不报。复旧制，遣官分往各省录囚。四月，赈河南，五月，赈陕西饥。吐鲁番退出哈密，至九月又据之。录自宫男子三千四百六十人充海户，时未录者尚数千人。六月，遣太监往苏、杭督织纱罗一万六千七百匹；工部以连年荒乱，请减其数，不从。七月，用太监言，征泰山香钱。河南巡抚李充以镇守太监假进贡古铜器、窑变盆等为名，肆意科敛，又有拜见银、须知银等勒索名目，请止之；诏虽从之，而骚扰如故。小王子扰蓟州，八月，犯宣府。免北京、山西，九月，免陕西、山东，十月，免河南、福建，十一月，免湖广、山西，十二月，免南京等地灾区税粮有差。小王子别部扰偏关。

外国 〔朝鲜〕 命八道修堤堰以防旱。

〔日本〕 大内义兴遣使于朝鲜。今川氏亲并远江地。

〔越南—大越〕 昭宗光绍元年。陈公宁起事于安朗县，襄翼帝亲击破之。殿监陈暠诈称陈太宗玄孙，起事于海阳，建号天应，襄翼帝亲击之。四月，郑惟㥶杀襄翼帝，降之为灵隐王，迎立圣宗曾孙椅，是为昭宗，改元光绍元年。陈暠破东京，昭宗先奔西都，集兵攻走陈暠，郑惟㥶追暠，兵败被俘死，暠保谅源累世，传子升，建号宣和。

〔暹罗〕 葡萄牙使来，定约许旅居、经商于京城等地，并许传教。

〔土耳其〕 谢里姆一世征服美索不达米亚、叙利亚与巴勒斯坦。

〔门的内哥罗〕 亲王乔治五世逊位，以其国交拜比拉斯主教，自此开始一主教亲王时期。

〔波希米亚〕 拉提斯劳斯二世卒，子路易嗣位。

〔神圣罗马帝国〕 马克西米连远征意大利。同年与法兰西媾和。

〔匈牙利〕 拉提斯劳斯之子路易二世嗣位，年甫十岁，在位十年卒。此十年中适值新教盛于日耳曼，并传至匈牙利。大体日耳曼人居住在城市者接受新教，而大地主与贵族则极力反抗。

〔意大利〕 法兰西王法兰西斯一世仍占有米兰，但皇帝马克西米连则许威尼斯赎回布累沙与发罗那。

〔法兰西〕 法兰西斯一世与瑞士结《永久和约》。又与西班牙王查理一世媾和。法兰西斯一世与教皇利奥十世订立《波隆雅条约》，前者获得在法国任命主教权力，由此教会收入之大部分亦可归国王享用，“高卢主义”（见 1438 年条）益趋巩固。

〔西班牙〕 斐迪南卒，查理一世（腓力之子，马克西米连孙）宣布继位。西班牙之哈布斯堡王朝始。

1517 年

中国 丁丑 明正德十二年

正月，吐鲁番侵肃州。二月，增设陕西织造。四月，吐鲁番败于瓜州，退走。五月，詹师富据大帽山已十余年，至是为南赣巡抚王守仁所破。八月，大庾陈日能据山岗十余年，至是为王守仁所破。湖广武昌等十府水灾，赈之。武宗微行出居庸关。九月，至宣府，自称“总督军务、威武大将军、总兵官”，命户部发银一百万两输宣府备赏劳，旋许减半。十月，至顺圣川，遣将败小王子入犯之众，因至大同。谢志山等据横水已十余年，至是为王守仁所破。十一月，王公珣等据府江已三年，至是为两广总督陈金所破。武宗回至宣府，即于其地度岁，大肆淫乐。

外国

〔朝鲜〕 日本遣使人来求佛经。

〔日本〕 武田信虎与今川氏亲和。

〔越南—大越〕 大臣阮弘裕与郑绥有隙，阮弘裕攻郑绥于京城，败之。大臣陈真又攻逐阮弘裕。是岁，大饥。

〔土耳其〕 谢里姆一世征服埃及，占领开罗，迫使玛美琉克团之苏丹乞降后，自任哈里发。

〔神圣罗马帝国〕 维滕堡大学教授马丁·路德开始反对教会出售赎罪券，10月31日以所草拟之九十五条抗议钉于维滕堡教堂门上，号召持异议者与之争辩。

〔意大利〕 法王法兰西斯一世与威尼斯续订同盟。次年，马克西米连亦与威尼斯媾和。

〔西班牙〕 查理一世抵西班牙。

〔葡萄牙〕 安德拉德到达中国澳门西南之上川岛。偕来者有卧亚总督派遣之特使，企图请求与中国通商，无结果而返。近代中国与西欧之交通以此为开始。

1518年

中国

戊寅 明正德十三年

正月，佛郎机来贡。北京顺天等八府去年水灾，遣官赈之。武宗还自宣府，旋复往。以淮扬等府大水，留运粮、脚价银、盐价银以赈之，又赈山东水灾。池仲容据浰头已十余年，至是为王守仁所破。二月，武宗以太皇太后丧，自宣府还。四月，武宗如昌平祭陵，因如密云，五月，至喜峰口，欲招朵颜三卫不果，始还。七月，武宗自称朱寿，诏将巡边，旋出居庸，驻宣府。江西不安者十余年，至是王守仁以“平定”入告。九月，武宗至大同，巡偏关，所至掠女子恣淫乐，旋自封镇国公。江西铅山民李镇等起事，旋败。十月，武宗至榆林，十一月，至绥德，十二月，又往榆林，旋如石州，至太原，遂于其地度岁。江西南昌等七府以水灾，山东济南等六府、应天等五府以灾免税粮。是岁，钦天监请修历法。

外国

〔朝鲜〕 设贤良科。以大明会典记高丽末年事多诬，遣使如明辨正之。

〔日本〕 早云氏取新井城。大内义兴就国，幕府大权归于细川高国，将军义稙与之不协，于是内哄渐起。

〔越南—大越〕 封左都督莫登庸为武川侯。杀陈真，真部下举兵犯京师，昭宗避走嘉林，召莫登庸，登庸拥之走宝洲。郑绥等立宗室黎榜，改元大德；半年又废之，立黎櫍，改元天宪。命莫登庸提统水步诸营事。

〔暹罗〕 改定兵役制度，十八岁以上之男子皆须从军。开二运河以通海。

〔神圣罗马帝国〕 马丁·路德应奥格斯堡大主教召，但拒绝放弃其主张。教廷宫内大臣汪·米尔梯兹企图调解，路德亦不为其所动，教皇乃下令召路德赴罗马。

〔意大利〕 威尼斯名画家提善（1477〔?〕—1576年）在此时甚为活跃。

〔瑞士〕 斯文格利倡宗教改革于祖利克（苏黎世）。

〔法兰西〕 英王亨利八世以图尔内（加来东南）售予法兰西斯一世。勒阿夫尔（森河口海港）奠基。

〔葡萄牙〕 葡萄牙人开始在锡兰岛定居。

1519年

中国

己卯 明正德十四年

正月，武宗自太原至宣府，二月，还京；旋自加太师，称将南巡，谏者百余人，不听，并多杖贬。五月，诏山东等五省流民归业者，官给庐舍、粮食、牛、种，并免税五年。六月，宁王宸濠反，攻下南康、九江等地，南赣巡抚王守仁起兵讨之，七月，宸濠兵败被俘。武帝亲征宸濠南下，至涿州而王守仁捷奏至，武宗途中恣为淫乐，十二月，始至南京。吐鲁番请通贡，许之。是岁，淮扬大饥，人相食。

外国

〔朝鲜〕 行乡约法。大司宪赵光祖以刚直见恶于礼判南衮等，至是，光祖坚请削夺滥录之靖国功臣，衮等遂诬以朋比徇私，中宗不察，贬逐光祖，株连多人，寻又赐赵光祖死。是为“己卯之祸”。又罢贤良科，以此科进者皆黜。

〔日本〕 细川澄元与高国对垒。大内义兴与少贰大友交战。

〔越南—大越〕 郑绥来犯，败之。太原等地“咤贼”起事，旋溃散。莫登庸攻俘黎櫍，昭宗还京。

〔波斯〕 伊斯美尔一世征服乔治亚。

〔神圣罗马帝国〕 马克西米连一世卒。法王法兰西斯一世、英王亨利八世及西班牙王查理一世，皆竞争帝位之选举，结果西班牙王查理获胜，称皇帝查理五世（按选侯数度哄抬票价，奥格斯堡银行家孚克氏以金弗罗永五十六万三千贷与查理，故查理获得最后胜利）。同年马丁·路德焚毁教皇饬谕及教会法。教皇乃下令驱逐路德出教。

〔西班牙〕 斐迪南·科尔特斯征服墨西哥。同年另一斐迪南·麦哲伦起程西航，企图周游地球。1521年麦哲伦在菲律宾为土人所杀，但其舰队中有一船于1522年返抵西班牙。此为历史上第一次环航地球之记录。

〔尼德兰〕 查理五世以在美洲经营奴隶买卖之专利权赐予弗来铭贵族某（限期八年），此人立即将特权转售与一热那亚商业公司。

1520年

中国

庚辰 明正德十五年

正月，以去年淮扬大饥，免诸灾区税粮，又免湖广武昌等十五府灾区税粮。三月，先是以猪音同国姓，禁宰杀。至是，礼官奏定制，祭陵必以猪，请弛禁，从之。四月，赈淮扬饥。五月，以水旱灾免南京宁国等四府税粮。江西大水。七月，小王子犯大同、宣府。八月，免江西税粮。闰八月，武宗命于广场释宸濠等，伐鼓鸣金而擒之，示为己所俘，追行献俘礼毕，始北返。九月，以水灾，免北京顺天等四府夏税；又以旱灾，免陕西巩昌等府卫夏税。十月，武宗至通州，治宸濠反狱，逮系多人，十二月，杀宸濠等，始回京。免四川保宁等府、陕西西安府、山西行都司、大同诸卫被灾税粮。是岁，四川芒部陇氏内哄，所部僰人阿又磉等乘机起事，旋败。

外国

〔日本〕 细川高国与澄元战，败走近江；嗣高国大举反攻，澄元走死阿波。促幕府进即位费。

〔越南—大越〕 命莫登庸节制各处水步诸营。武严起兵于长伸大同。命官撰大越历代史记。顺化土酋逐总兵使。

〔土耳其〕 谢里姆一世卒，子嗣位，称苏里曼一世。苏里曼在位四十六年，土耳其帝国在此时期发展至于顶点，故苏里曼常被欧洲人称为“大王”。

〔俄罗斯〕 热那亚人保罗·山都利盎来莫斯科，企图打开自印度绕行里海至俄国之东方贸易，无结果而去。

〔神圣罗马帝国〕 查理五世第一次入日耳曼。

〔法兰西〕 法兰西斯一世与英王亨利八世相晤于加来附近，极尽铺张之能事，史称“金衣之场”。法兰西斯企图与亨利八世订立同盟，未成。

〔西班牙〕 发楞喜阿市民爆发起义，反封建贵族之压迫。查理一世授权前者组织武装，以此取得对贵族之胜利。

〔葡萄牙〕 麦哲伦发现南美洲极南端之海峡——麦哲伦海峡。

〔斯堪的纳维亚〕 丹麦王克里斯蒂安率兵入瑞典，在斯德哥尔摩杀独立运动领袖多人（“斯德哥尔摩屠杀”），以此激起瑞典人反对。同年瑞典人在青年贵族古斯塔夫·埃利克孙·瓦萨领导下起义。

1521年

中国

辛巳 明正德十六年

正月，以旱灾，免淮扬、陕西西宁等地税粮。二月，云南弥勒州苗人阿勿等数扰居民，至是败死。鞑靼犯威远等堡。三月，武宗死于豹房，无子，乃迎兴世子厚熜于安陆。罢武宗荒淫诸政，减漕粮一百五十三万二千余石。捕佞幸江彬，旋杀之，籍其家，得金七十柜，银二千二百柜，珍宝不可胜计。四月，厚熜至京即位，改明年为嘉靖元年，是为世宗肃皇帝。诏议皇帝本生父兴献王祐杬尊崇典礼，于是大礼议起。五月，罢云南大理银矿。逮捕武宗时之诸佞幸，杀钱宁。六月，革锦衣卫冒滥军校三万余人。停陕西织造绒服。七月，小王子犯庄浪。革锦衣卫及监、局、寺、厂、司、库旗校军士匠役投充新设者凡十四万八千余人。宁津民起事，攻德平。九月，免山东、山西灾区税粮。追尊兴献王为兴献帝。十一月，赈江西灾。罢广西贡香。是岁，文学家何景明死。

外国

〔朝鲜〕 广造克敌弓、鞭条箭、霹雳炮。命济州开屯田，蠲贡物。

〔日本〕 二月，幕府进即位费万匹；三月，后柏原天皇于践祚二十二年始行即位礼。八月，改元大永。将军足利义稙以与细川高国有隙，惧奔淡路，高国奉足利义晴为征夷大将军。

〔越南—大越〕 封莫登庸为仁国公，节制十三道水步诸营，寻加为太傅。遣将搜捕陈暠之子升，升走七原州。

〔土耳其〕 苏里曼一世陷塞尔维亚首都贝尔格莱德。明年占领罗德岛，但允许居住该岛之圣约翰武士团完整退出（按罗德岛位于君士坦丁堡至埃及之海道中途，故必欲得之）。

〔俄罗斯〕 里亚赞及诸夫哥罗德—塞弗尔斯克本年合并于莫斯科。克里米亚汗遣兵来犯，骚扰甚烈。

〔匈牙利〕 土耳其人陷贝尔格莱德后，侵入匈牙利。

〔神圣罗马帝国〕 查理五世在沃尔姆斯召集戴耶特。马丁•路德出席为自己之主张辩护，几遭不测，但彼所倡导之改革有利于世俗诸侯（可以没收境内之教会财产与土地），故诸侯拥护之。萨克森选侯“聪明的”腓德烈藏之于发特堡。路德即在该处着手迻译圣经为日耳曼文。同年查理五世以奥地利、斯提利亚、卡林西亚与卡利阿那划归其弟腓迪南统治。

〔法兰西〕 皇帝查理五世向法兰西斯一世索取勃艮第，战事再起。法人占领纳瓦尔，并向卡斯蒂进攻，失败。同年，纳瓦尔为西班牙人夺回。

〔英格兰〕 亨利八世著论《为七项圣礼辩护》以反对马丁•路德，教皇利奥十世激赏之，命给英国国王加“信仰捍卫者”之头衔（按英王全衔中今仍保有此称呼）。

〔葡萄牙〕 葡人安德勒德今年至北京。

1522 年

中国 壬午 明世宗肃皇帝朱厚熜嘉靖元年

正月，甘州军乱，杀巡抚许铭。三月，广西荔浦民起事，攻桂林等处，至十月败。六月，禁内官弟侄勿得官锦衣卫世袭。七月，免江西去年被灾区税粮。南京、江西、浙江、湖广、四川旱；南京、凤阳、扬州、庐州、淮安大风雨，淹没屋舍人畜无算。十月，赈南京、湖广、江西、广西灾。免山西灾区税粮。十一月，山东青州矿丁王堂等起事，攻莱芜、泰安等地，西至金乡、鱼台，入河南。十二月，赈陕西、山东被兵诸地灾。是冬，以畿辅庄田病民，遣官会勘。

外国 〔朝鲜〕 日本人献龙镜石，却之。日本使来修好。清丈江原田共三万四千八百十六。

〔日本〕 尼子、大内两氏战于安艺，毛利元就陷镜山。六角定赖攻日野。

〔越南—大越〕 明使来告世宗即位，以乱未得达。大臣黎克纲等起事，莫登庸攻之，不利。七月，昭宗以莫登庸威福自专，潜走山西明义县，欲倚郑绥。登庸追之不及，乃立昭宗弟椿，八月，改元统元元年，是为恭皇。双方日相攻战，四方皆乱。

〔神圣罗马帝国〕 以弗朗斯•封•西金根及乌尔利赫•封•胡顿为首之武士同盟，发动进攻教会诸侯之“武士战争”，但围攻特利尔失利。

〔意大利〕 皇帝查理五世及教皇，威尼斯与其他城市组同盟，共同对抗法王法兰西斯一世。同年，查理入意大利，占领米兰，法人退守热那亚。

〔法兰西〕 法兰西斯一世率兵入意大利，以其母为摄政。同年，英海军在萨利伯爵指挥下，骚扰布列塔尼与诺曼底滨海一带。

〔英格兰〕 法王法兰西斯一世企图离间爱尔兰、苏格兰两国与英国之关系，但无甚成就。

1523 年

中国 癸未 明嘉靖二年

正月，山东民起事者大破官军于归德，逾月乃败。小王子犯沙河堡。二月，赈辽东旱灾。三月，鞑靼别部酋长俺答扰大同。四月，两京、山东、河南、湖广、江西大旱，殍殣满道。广西思州土官岑猛攻泗城州土舍岑接，二人互讦。世宗始建醮于宫中，道士势渐盛，大臣谏，不听。五月，小王子扰密云。六月，以灾伤，免去年天下税粮之半。日本贡使二批前后至宁波，因争真伪，互斗。八月，小王子扰辽东。九月，复遣官清查畿辅庄田。十月，免北京、大名、山东各府卫，十一月，免南京灾区税粮。赈河南饥。十二月，遣内织染局官提督织造于苏杭等五府。是岁，名文学艺术家唐寅死。

外国 〔朝鲜〕 日本使来，言倭寇事。倭寇掠明宁波者遭风漂来，捕送于明。野人入间延等地垦田设栅，发兵逐之。军籍成，正军十八万六千六百余人，杂军十二万五千余人。

〔日本〕 浅井亮政等叛京极高清。足利义稙死，养子义冬称平岛公方。细川高国遣僧瑞佐、大内义兴遣僧宗设赴明贸易，各争使船真伪，宗设杀瑞佐。

〔越南—大越〕 莫登庸败郑绥于清华，绥以英宗奔源头。登庸旋废英宗为陀阳王。

〔波斯〕 伊斯美尔一世死，子达马斯普继位。

〔俄罗斯〕 以十五万人之大军远征喀山汗，失利而退。

〔神圣罗马帝国〕 西金根根据地被占领，自杀。同年，胡顿亦走死祖利克。

〔匈牙利〕 下令对改宗新教者处死刑，财产没收，但新教之传播愈广，不因迫害而中止。

〔法兰西〕 法王法兰西斯一世与土耳其苏丹苏里曼缔结秘密同盟条约。

〔英格兰〕 教皇阿德利安六世卒，克力门特七世继位，皇帝查理五世允协助武尔西竞选教皇，不成，武尔西大失所望。

〔西班牙〕 派遣腓迪南·科尔特斯征服整个"新西班牙"（今南美洲西北部）。

〔瑞典〕 丹麦人失败，瑞典人以古斯塔夫·瓦萨为国王。瑞典与丹麦之联合由此告终。瓦萨王室统治瑞典达一百三十年。

〔丹麦〕 丹麦贵族以克里斯蒂安二世侵犯彼等特权，掀起叛变，别选荷尔斯泰因公爵腓德烈一世为国王，内战爆发。

1524 年

中国

甲申 明嘉靖三年

正月，南京、北京、陕西、河南、山东等处地震。南京大饥。朵颜酋长花当犯边。三月，广东新宁等处民蔡猛三等攻扰数年，至是败死。以淮扬大饥，人相食，赈之。六月，北京顺天等府、南京、徐州等府蝗。八月，大同军乱，杀巡抚张文锦等。九月，吐鲁番扰肃州，败还。十月，应天巡抚吴廷举以内官监监收漕运，于正粮一石，加费二石，请申禁之；诏准故事，每石加耗一斗。以言者请宽追征正德元年以来逋赋期限，从之。十一月，言者以前所裁革锦衣官校、勇士、匠役十余万，岁省漕米一百五十万石，今夤缘求复者日众，请止之；不从。十二月，辽东民陆雄等起事。大同乱军平。

外国

〔朝鲜〕 量全罗道田。是岁，田二十万七千六百八十八结二十负二束，水田二十二万二千八百三十结五十九负二束。

〔日本〕 北条氏纲与上杉朝兴战，取江户。大内义兴攻安艺。细川稙国等破畠山义英。大内义兴与毛利元就和。

〔越南一大越〕 恭皇以莫登庸为平章军国重事。

〔土耳其〕 收埃及为帝国直辖区域。

〔门的内哥罗〕 协助匈牙利人抗拒土耳其之进攻。

〔神圣罗马帝国〕 德国农民处于封建压迫之下，久已困苦不堪，自前世纪后期起，各地屡有小型暴动发生，但皆失败。至是因宗教改革之激荡，遂爆发起义运动于士瓦比亚与弗兰科尼亚。农民提出要求十二条，呼吁改善其被奴役状况。马丁·路德斥农民为疯狗，鼓励贵族进剿，并谓："有人矜惜此等为上帝所欲惩罚之人，即系置身于叛徒行列。"在托玛斯·闵采尔领导下之再浸礼派亦活跃于萨克森与图林根一带，主张推翻政府、公有生活资料等。俗世权力及路德俱反对之。

〔法兰西〕 法兰西斯转战于意大利，教皇与法兰西斯缔结秘密和约。

〔英格兰〕 武尔西与法国进行友好协商。

〔西班牙〕 成立"印度会议"，为统治西班牙殖民地之机构。

1525 年

中国

乙酉 明嘉靖四年

正月，鞑靼别部扰甘肃。六月，武宗实录成。七月，言者以织染局、内官监军匠已及万余人，耗费过大，请禁滥收新匠；从之。八月，天方国贡使至。免顺天等府灾区税粮。广西田州土官岑猛反抗巡抚征调，又数侵扰邻近土司，派兵攻之。九月，免凤阳等府灾区税粮。吐鲁番复扰肃州。十一月，免杭州等府灾区税粮。浙江市舶提举司太监赖恩请兼提督海道，以便遇警得调军队；从之。十二月，赈辽东饥。

外国

〔朝鲜〕 平安道大疫，死二万二千三百余人。倭寇扰全罗道。制日轮以观天，置之观象监。

〔日本〕 古河义明下总小弓城自立，奉里见义弘为主。

〔越南一大越〕 莫登庸自为都将攻郑绥，截还昭宗。

〔神圣罗马帝国〕 起义之农民在刻尼格斯荷芬为贵族击败，被屠杀者不计其数。同年托玛斯·闵采尔据图林根之米尔豪森城起义，但5月中旬亦为贵族击败。闵采尔被俘后，以身殉。

〔普鲁士〕 条顿武士团大宗师阿尔伯特放弃加特力教信仰，改宗路德派之新教。同年使武士团世俗化，改大宗师名义为公爵，以东普鲁士作为自波兰国王处所领受之采邑而统治之。

〔意大利〕 皇帝查理五世与法王法兰西斯一世大战于巴费亚。法兰西斯兵败，被俘。明年法兰西斯签订马德里和约，允放弃佛兰德尔与阿尔他之主权，及对意大利某些地区之主张权而获释返国。但同时仍派遣其子为质，以保证上述条款之履行。

〔法兰西〕 开始迫害法国新教教徒（胡格诺派）。

〔英格兰〕 今年秋，与法国签订和平条约。

1526 年

中国

丙戌 明嘉靖五年

二月，以龙虎山道士邵元节为真人，赐银印。改两淮盐法。京师及保定等府大饥，死者众，遣官赈之。三月，遣太监督办陕西织造。以守令调动太频，政多苟且，定久任法，九年考满乃迁。鞑靼北部亦卜剌犯洮州。四月，四川芒部内乱定。五月，广东瑶民攻肇庆等地。六月，恭穆献皇帝实录成。七月，李福达之狱起。八月，赈湖广饥。减值征收宗室禄米，南京、浙江灾，赈之。免庐州等府灾区税粮。是冬，遣御史督治黄河。是岁，名画家祝允明死。

外国

〔朝鲜〕 京畿等五道大疫，死者数万人。

〔日本〕 后柏原天皇死，后奈良天皇（一百零五代）践祚。三好元长拥细川澄贤据堺浦。里贝实贲攻镰仓。

〔越南—大越〕 莫登庸杀昭宗。

〔暹罗〕 大饥。

〔印度〕 帖木儿五世孙巴拜尔，先统治喀布尔（1504 年），乘印度内部纷乱，率师一万二千人侵入印度，破德里苏丹伊布拉希姆兵，伊布拉希姆战死，遂灭路提王朝，复征服恒河下游，建立蒙兀尔帝国（亦译莫卧儿帝国）。

〔土耳其〕 与匈牙利人大战于摩哈赤（8 月 29 日至 30 日），击败其武士两万人，匈王路易阵亡。

〔匈牙利〕 路易阵亡后，王位争端继起。最波利俄（见 1514 年条）与神圣罗马皇帝查理五世之弟腓迪南（奥地利大公）同时当选，内战爆发。

〔波希米亚〕 路易（兼匈牙利王）阵亡后，神圣罗马皇帝查理五世之弟腓迪南（前王路易之妻兄）当选为波希米亚王。腓迪南着手压抑戴耶特与市镇之特权，以扩大国王权力。

〔神圣罗马帝国〕 改宗新教之诸侯结托尔高同盟。

〔法兰西〕 法兰西斯一世返国后，声称马德里和约为强迫订立者，应属无效。同年纠合教皇克力门特七世及威尼斯与意大利其他城市在科涅克缔结同盟，共同反抗皇帝及西班牙。

〔西班牙〕 准许摩尔人以金钱“赎罪”，虽异端裁判所之最重判决亦不例外。

1527 年

中国

丁亥 明嘉靖六年

正月，岑猛败死，改田州为流官。二月，小王子犯宣府。辽东大饥，赈之。三月，小王子又犯宣府。岑猛余部复起，入田州。鞑靼扰神木等地。四月，遣太监督南京织造。免广西灾区税粮。五月，以王守仁总制两广、江西、湖广军务，督师攻田州。六月，四川芒部沙保等起事。黄河溢，入运河。八月，小王子犯宁夏。湖广大水，赈之。九月，以江西水，河南、山西旱，山东、两京亦告灾，分别免税粮。李福达狱具，株连甚众；命以此案原委辑钦明大狱录。浚通州运河及通惠河。十二月，命议整顿盐法、钱法。云南土舍安铨以怨改流，起事。

〔日本〕 柳本贤治等攻京都，破山崎；将军足利义晴与细川高国走近江，越半年始还京。朝仓教景破元长。

〔越南—大越〕 莫氏太祖明德元年。四月，莫登庸进封安兴王，加九锡。六月，莫登庸逼恭皇让位，改元明德，是为太祖。黎氏自黎利至黎椿，凡十传，一百一十年而中断。

〔缅甸〕 掸族瑞难乔信为孟养酋长思伦兵所杀，思伦遂以己子思洪发为王。

〔波斯〕 击败乌兹别克。

〔意大利〕 查理五世兵侵入教皇领地。是年 5 月 6 日入罗马，大事劫掠、屠杀，并将教皇克力门特七世俘获。克力门特于同年冬脱逃。

〔法兰西〕 与皇帝查理五世战事再起，法军入意大利，占领热那亚及米兰公爵领地之大部分，但围攻拿波里不克。

〔英格兰〕 亨利八世喜爱一宫女安利·部林，欲与其妻凯塞琳离异，遂以娶寡嫂是否合法，诉请教皇批答。

〔神圣罗马帝国〕 奥格斯堡银行家孚克氏本年资金共达金弗罗永二百万（参见 1546 年条）。

〔葡萄牙〕 日耳曼银行家未瑟尔氏以大宗款项贷予葡王若阿三世，用以征服今南美洲之委内瑞拉等地。

〔南美洲〕 西班牙王查理一世（皇帝查理三世）以南美洲西北之一地区赐奥格斯堡银行家未瑟尔氏。

1528 年

中国

戊子 明嘉靖七年

正月，初考核巡抚官。二月，兴筑定边营至横城堡边墙。王守仁招降岑猛余部，田州事定。芒部沙保败。山西潞城民陈卿等起事，据青羊山。三月，增修大明会典。云南武定府土舍凤朝文、寻甸土舍安铨先后起事，合攻云南府。小王子犯山西。芒部沙保子普奴纠乌撒诸部复起，攻毕节。六月，明伦大典成。置田宁府流官以辖田州诸土司。浚通惠河成，自此漕运直达京师。免河间等六府灾区税粮。凤朝文、安铨先后败死。鞑靼犯大同。断藤峡八寨土司，攻扰邻境州县者数十年，至是为王守仁所破。九月，赈浙江灾区。

十月，小王子犯宣府，别部扰庄浪。陈卿等败降。十一月，免大名等府、宁夏、河南开封府灾区秋粮。王守仁卒。守仁创良知之说，为当代唯心论理学大师，世称为阳明学。十二月，小王子犯大同。许吐鲁番通贡，遂置哈密存亡不问。

外国

〔朝鲜〕 日本使来献藤席等物，以木棉答之。

〔日本〕 畠山义忠遣僧昌虎如明。三好氏兵逼京都，将军足利义晴走依六角定赖于近江。八月，改元享禄。

〔越南—莫氏〕 铸铅铁钱。遣使如明，伪称黎氏统绝权管国事，又割归、顺二州并以金银代身、奇珍异宝赂明。议定兵制、田制、禄制。

〔土耳其〕 苏里曼应最波利俄之请，遣兵入匈牙利，陷布达佩斯。匈牙利事定后，苏里曼即计划进攻腓迪南之本土奥地利。

〔匈牙利〕 最波利俄败，乞援于土耳其人，苏丹苏里曼一世遣兵陷布达佩斯，腓迪南被迫同意与最波利俄分疆而治。后者向苏丹称臣。

〔英格兰〕 教皇克力门特七世派遣特使来英，解决亨利八世离婚案，但未得结论，遂移至罗马办理（按凯塞琳为皇帝查理五世之姨母，克力门特去年曾为查理所俘，惧其势，未敢袒护亨利）。

1529年

中国

己丑 明嘉靖八年

正月，山西旱，赈之。二月，湖广灾，赈之。三月，河南大饥，赈之。五月，免顺天等府灾区税粮。八月，诏广东采珠。九月，免北京、南京、河南灾区税粮；江西、湖广饥，赈之。鞑靼犯宁夏、灵州，败还，至是，因明兵巡边，更避往北方。十月，除外戚封爵世袭之制。以旱蝗，免山东秋粮及顺天等府夏税。十一月，免浙江灾区税粮。十二月，免山西、南京灾区秋粮。

外国

〔日本〕 柳本、三好两氏战于山崎。大内义隆击少贰氏余党。柳本贤治等陷伊丹。约在此时，天竺人周防来，传入眼镜、望远镜。

〔越南—莫氏〕 黎氏旧臣阮淦等奔哀牢，蓄兵养锐，阴求黎氏子孙，以图恢复。莫登庸自称太上皇，让位与子莫登瀛。

〔暹罗〕 拉玛铁菩提二世死，子波隆摩罗阇四世立。遣使与景迈通好。

〔土耳其〕 苏里曼遣兵围维也纳，以气候不利（10月中旬），大炮不能运赴前线，撤退。奥大公遣使乞和，拒之。

〔神圣罗马帝国〕 卡姆布里亚和约成。（亦称“夫人和约”，由查理之姉母及法兰西斯之母斡旋而成。）法兰西斯赔款两百万元，并放弃佛兰德尔、阿尔他及意大利等地之主权或主张权。同年召开戴耶特于斯派尔，由于其决议不利于宗教改革者，故路德派向戴耶特提出抗议，新教自此以后亦称“抗议派”。

〔瑞士〕 圣高尔城皈依新教（按该城负本地寺院六千弗罗永，非特旧欠不还，且立即进行没收其一切财产）。

〔英格兰〕 亨利八世怒武尔西未能协助其离婚事件，免去其职务，下之狱中。同年，召集“七年议会”——前后开会七年故名。

〔西班牙〕 派遣弗兰西斯·彼萨罗征服秘鲁，并任之为秘鲁总督。

〔南美洲〕 奥格斯堡银行家未瑟尔氏着手自日耳曼遣送移民至南美洲，并在其所获得之地区内设立统治机构。未瑟尔氏一方面进行对今委内瑞拉之征服，另一方面则用各种残酷方法使当地土著变为奴隶。

1530年

中国

庚寅 明嘉靖九年

正月，赈山西饥。二月，赈京师饥。三月，延绥大饥，赈之。四月，改芒部流官为土官。六月，数年来修治黄河堤，成数处，至是又决于曹县。八月，免应天等府灾区税粮。九月，免南京灾区秋粮。十二月，免湖广灾区秋粮。

外国

〔朝鲜〕 对马岛主使人来朝。以西洋棉布无存，购之于明。时赴明使节，多事贸易，明人相与非笑。旧日仓谷，军资监十五万石，分监二十八万石，江监三十万石，今皆空。

〔日本〕 大内义隆击少贰资元。北条氏康与上杉朝兴战。是年，明禁日本人往来。

〔越南—莫氏〕 莫氏太宗大正元年。正月，莫登瀛即位，是为太宗，改元大正。清华人黎意，黎朝外孙，数年前起兵于椰州，用光绍年号，屡败莫登庸父子，至是年十二月，为莫氏所袭执以死。

〔印度〕 蒙兀尔帝国皇帝巴拜尔死，子弗马暗嗣位。

〔俄罗斯〕 第三次进攻喀山汗，陷喀山城，屠杀甚众，但仍与之缔结和约。

〔神圣罗马帝国〕 在奥格斯堡召开戴耶待。

查理五世亲任主席。美兰克吞（与马丁•路德同倡宗教改革者）呈递新教信条（即所谓“奥格斯堡申诉状”），企图请求认可，但戴耶特仍下令否认一切改革。纺车发明于日耳曼（按以前用纺杆）。

〔意大利〕 查理五世赴波隆雅，由教皇克力门特七世为之加冕为皇帝（按此为日耳曼皇帝行加冕礼之最后一人）。同年查理陷佛罗伦萨。令美第奇氏复辟为世袭统治者，佛罗伦萨共和国终。

〔英格兰〕 亨利八世以与寡嫂结婚是否合法一事提交欧洲各大学讨论，但迄无定论。另一方面则亨利正计划攫取教会在英国之权力与财富（按亨利八世之奢侈当时首屈一指，每年所耗于绸缎衣料即达五千金镑，约合一千个中等家庭一年之生活费用，故用度恒感不足）。同年武尔西卒于狱，以托马斯•莫尔（《乌托邦》作者）代之。

〔葡萄牙〕 里斯本大地震，毁屋一千五百余所，死者三万。

1531年

中国 辛卯 明嘉靖十年

三月，鞑靼犯甘肃、大同。罢四川镇守太监。闰六月，免山东灾区税粮。罢镇守浙江、两广、湖广、福建及独石、万全、永宁等处太监。陕西西安等府大旱，赈之，并免被灾州、县夏税。七月，扬州等处旱蝗，免税粮。八月，山西太原等府旱，免税粮。十月，鞑靼犯大同，扰应、朔等州。十一月，免陕西灾区秋粮。是冬，滹沱河决。

外国 〔日本〕 京都兵乱。三好海云拥细川晴元为主，攻杀细川高国。幕府一向派僧徒破朝仓教景。

〔越南—大越〕 黎氏旧臣黎公渊、阮我、阮寿长、阮仁连等起兵于清华，地方大乱，米一升直钱一陌。

〔缅甸〕 东牛缅族莽瑞体于是年嗣为酋长，是为传世二百二十余年东牛王朝之祖。

〔土耳其〕 再进兵匈牙利，但同年以波斯在亚洲之威胁撤退。

〔神圣罗马帝国〕 大部分改宗新教之诸侯及城市缔结施马尔卡尔登同盟（二月六日），准备与皇帝对抗。查理五世使其弟腓迪南当选为罗马王，并在亚亨为之加冕。

〔英格兰〕 亨利八世开始拦截教会之“初熟税”。（按即主教等初履任时，将该教区第一年之全部收入献与教皇之税。）颁布劳工法之补充条例，令乞食者不许离开本地，违者第一次系于车轮后鞭扑（鞭后仍送回原地）。第二次割去双耳。第三次处死刑。

〔南美洲〕 西班牙殖民者披札罗组织一百八十人之队伍，附大炮两门，准备向秘鲁之土著国王阿塔好尔巴进攻。

1532年

中国 壬辰 明嘉靖十一年

正月，免四川灾区税粮。河间等府饥，赈之。二月，湖广武昌等府旱，免税粮。三月，小王子犯延绥。六月，免顺天等府灾区秋粮，并赈之。七月，免应天等府灾区夏税。八月，河决鲁台。九月，陕西饥，赈之。是月，免庐州等府灾区税粮。十月，免山东、河南、山西灾区一百八十四州、县税粮。十二月，免真定等府灾区税粮。

外国 〔朝鲜〕 明人私耕威化、园直岛，至是，明刷还两岛。岁饥，赈之。

〔日本〕 细川晴元杀三好海云，图专大政，遂大与三好氏龃龉。七月，改元天文。一向与法华两派僧人交战，细川晴元大杀一向僧人。

〔越南—莫氏〕 开会试科。十二月，阮淦迎昭宗子黎宁（又名昫）至哀牢。

〔土耳其〕 苏里曼大军再进攻维也纳，引起与神圣罗马帝国皇帝查理五世之战争，但同年撤退。

〔神圣罗马帝国〕 由于土耳其人进攻之威胁，查理五世被迫取消奥格斯堡敕令，与新教诸侯订立纽伦堡（努连堡）和约，允在一年以内召开大会，大会前准许后者有选择宗教之自由。颁布《卡罗来那法典》，集各地法律之大成。旧时一切残酷刑罚悉予保留。此法典自此实行至18世纪。

〔法兰西〕 法兰西斯一世又与英王亨利八世及日耳曼新教诸侯之施马尔卡尔登同盟缔结盟约。

〔英格兰〕 议会及一部分附和亨利八世之教会人士继续攻击教会，托马斯•莫尔愤而辞职。

〔丹麦〕 克里斯蒂安二世及其中产阶级同盟败，贵族废黜之。

〔南美洲〕 西班牙殖民者彼萨罗囚禁秘鲁土著国王阿塔好尔巴，在秘鲁首都库斯科，建立自己之权力。

1533年

中国 癸巳 明嘉靖十二年

正月，免浙江、河南灾区税粮。二月，云南饥，赈之。鞑靼济农犯延绥，扰宜府。

九月，广东巢民起事已数年，至是败灭。十月，大同兵变，杀总兵官。十一月，辽东饥，赈之。十二月，济农犯宁夏。

外国

〔朝鲜〕 明人复来耕黔同、威化岛，禁之不听。

〔日本〕 本愿寺僧袭光教堺，细川晴元奔淡路。木泽长政及法华派僧人破一向派僧人。细川晴元与木泽长政等和。大内氏攻略镇西诸城。

〔越南—大越附莫氏〕 黎氏庄宗元和元年。正月，黎宁即位于哀牢，建元元和，是为庄宗，以阮淦为尚父太师兴国公。遣使如明告莫氏之乱。

〔土耳其〕 与腓迪南媾和，允之与最波利俄分王匈牙利，二人均向苏丹纳贡。但皇帝查理五世之舰队仍与苏里曼之舰队司令开拉丁（阿尔及尔著名海盗）在地中海各地继续作战。

〔俄罗斯〕 瓦西里三世卒，其子伊凡四世（三岁）嗣位，伊凡之母伊利娜·格林斯卡娅摄政。

〔意大利〕 诗人亚利阿斯托卒。

〔法兰西〕 法兰西斯与教皇相晤于马赛，同年与英王亨利八世绝交。

〔英格兰〕 克朗麦尔继任为坎特伯雷大主教，声称亨利八世与凯塞琳之婚姻无效，亨利乃娶安利·部林。教皇仍惧开罪查理五世，否认此判决。

〔西班牙〕 伯多禄·德·门多萨建今阿根廷首都布宜诺斯艾利斯。

〔丹麦〕 腓德烈一世卒，内战爆发（“伯爵火并”）。

〔南美洲〕 彼萨罗收受秘鲁土著国王阿塔好尔巴巨量金银之赎金后，仍残杀后者（按阿塔好尔巴囚禁之室长二十二尺，宽十六尺，彼允将此屋堆满金银至伸手所及之高度。但如约履行后，仍被杀。彼萨罗所允之“恩惠”仅为易焚死为缢死）。

1534 年

中国

甲午 明嘉靖十三年

正月，小王子犯大同，叛军应之，多方攻城，不能下；二月，叛军败，小王子乃退。三月，济农犯响水波罗堡；八月，又犯固原。十一月，免南京灾区税粮。

外国

〔日本〕 木泽及三好氏击一向派僧徒。大内义隆与少贰资元和。

〔暹罗〕 波隆摩罗阇四世死，子拉沙达嗣，越五月，故王之弟帕猜罗阇杀之自立，号特叨颂德。始浚改湄南河入海水道。

〔土耳其〕 开拉丁于骚扰意大利半岛西南部滨海城市后，渡海入北非取得突尼斯，将当地之摩尔王（贝格）逐出。以波斯沙（王）塔马斯普与查理五世有勾结，出兵攻之，占领巴格达与美索不达米亚。

〔波兰〕 再度与俄罗斯发生战争，无大胜负。

〔神圣罗马帝国〕 以约翰·波刻尔德（“来顿的约翰”）为首之再浸礼派建共和国于闵斯特，次年失败。

〔罗马〕 西班牙人伊纳爵·德·罗约拉创立以反对宗教改革为目的之耶稣会。其组织异常严密，一切官阶皆按军事部勒，1540 年教皇保罗三世予以正式承认。数百年来为世界最阴险、最秘密之一组织。

〔英格兰〕 议会通过英王亨利八世及其后嗣永为“英格兰教会及僧侣唯一之最高元首与保护人”。英国教会自此自教皇管辖下移至国王之管辖下，直至今日。英史以此为英国之“宗教改革”。

〔丹麦〕 克里斯蒂安三世即位，秩序渐复。

1535 年

中国

乙未 明嘉靖十四年

正月，罢督理仓场太监。三月，辽东军以巡抚吕经严刻，哗变，囚吕经，寻抚定之；四月，吕经还京，广宁军又囚之，而抚顺军以备御指挥刘雄掊克，亦起而囚之。六月，济农犯大同。七月，广宁变军败。九月，免大同等府灾区税粮。十二月，广西田州土目卢苏与归顺州土官岑瓛联合起事。

外国

〔日本〕 美浓大水，死者五万余人。僧光明归自明。朝仓孝景、大内义隆各献万匹于大内。

〔缅甸〕 东牛莽瑞体攻白古，败其水师与葡萄牙商船之抵抗者。

〔印度〕 蒙兀尔帝国皇帝弗马暗攻古者拉特，获得胜利而不能征服其地。

〔神圣罗马帝国〕 查理五世应突尼斯流亡贝格之请，遣多里亚率舰队赴北非，击败开拉丁，入突尼斯，大事劫掠。三日后，始令旧贝格复位。

〔意大利〕 皇帝查理五世据米兰为己有，任其子腓力为总督。法王法兰西斯一世反对，派兵入意。

〔英格兰〕 亨利八世杀托马斯·莫尔。

〔法兰西〕 法国讽刺小说作家拉倍蕾（1495—1553 年）活跃于此时。

1536 年

中国

丙申 明嘉靖十五年

二月，湖广灾，赈之。四月，济农犯凉州。五月，免顺天等府灾区税粮。拆宫中元时所建佛殿，焚佛牙、佛骨，毁金银佛像一百六十九座，函物凡万三千余斤。六月，整饬茶马法。秋，济农犯延绥，冬，又犯大同。十一月，设宣大总督。以道士邵元节为礼部尚书。

外国

〔朝鲜〕 续纂国朝宝鉴。

〔日本〕 二月，后奈良天皇行即位礼。延历寺僧烧日莲寺。木泽长政等破一向派僧人。少贰资元与大内氏相攻。明请禁边民扰掠。

〔越南—大越附莫氏〕 遣使如明，诉莫氏之罪。

〔暹罗〕 立《神盟裁判法》，有履灼炭、潜水等式。

〔土耳其〕 3月，苏丹苏里曼与法王法兰西斯一世正式缔结共同对抗神圣罗马帝国皇帝哈布斯堡氏之同盟（按自1525年以来，即已开始磋商，两国并曾有一定程度之合作，至是公开正式缔盟）。

〔瑞士〕 荷兰人文主义作家伊拉斯莫斯（1466—1536年）卒于巴尔。伊拉斯莫斯为当时反对教皇权力之重要人物。其《愚拙颂》在其死后之二十年中曾再版四十三次。

〔法兰西〕 法兰西斯一世兵入派德蒙德，查理五世兵则入法国南部之普罗旺斯。旋查理以损失惨重退回意大利。

〔英格兰〕 亨利八世取得教会最高权力后，乃着手有计划地攘夺教会财产。下令凡每年收入不满二百英镑之教会财产，概行没收。5月，以通奸罪杀安利·部林，次日即与安利之宫女詹·西摩结婚。

〔葡萄牙〕 始设“异端裁判所”。

〔丹麦〕 宗教改革本年正式传入。丹麦迅即成为新教国家。

1537 年

中国

丁酉 明嘉靖十六年

二月，安南遣使告莫登庸夺国之难。三月，鞑靼犯甘州。四月，遣官赴云、贵、两广调度军食，以备助安南击莫氏。罢各处私创书院。六月，济农扰宣府。七月，免太平等府灾区税粮。八月，湖广大水，遣官赈之；又赈顺天等府水灾。济农犯大同。九月，免江西灾区税粮，十月，免山东灾区税粮。田州土目卢苏降。

外国

〔日本〕 北条氏纲与扇谷朝定战于河越。毛利元就送质于大内氏。僧周良觐见明帝。

〔越南—大越附莫氏〕 莫氏将黎丕承起兵掠三司，依庄宗于哀牢。

〔土耳其〕 因企图封锁阿特朗托海峡（意大利半岛东南），引起与威尼斯之战争。同年为声援法王法兰西斯一世，极力进攻匈牙利。

〔法兰西〕 战事仍在阿尔他（加来东南之伯爵领地）进行。同年法兰西斯一世与尼德兰订立休战条约。

〔英格兰〕 林肯郡与约克郡之农民，因反抗土地收夺及其他压迫，起而暴动，失败后被屠杀甚众。同年，亨利八世令组“北方会议”以“维持秩序”。

1538 年

中国

戊戌 明嘉靖十七年

三月，命仇鸾、毛伯温等统兵助安南击莫登庸；旋罢兵。朵颜等三卫犯大清堡。四月，复命太监分往镇守云南、两广、四川、福建、湖广、江西、浙江、大同，兼理矿课。鞑靼犯大同，八月，又犯宣府。七月，开云南大理等府、河南宜阳等县银矿。八月，济农犯河西。九月，免顺天等府灾区秋粮。十一月赈湖广武昌灾，免江西灾区税粮。

外国

〔朝鲜〕 对马岛主遣使来，请复旧例，增船米，拒之。

〔日本〕 大内义隆求大藏经，又求朱注经书及刻漏器于朝鲜。大内义隆攻杀山名氏政。北条氏纲与小弓义明战于鸿台。

〔越南—大越附莫氏〕 莫登瀛遣使如明请降。

〔暹罗〕 雇葡萄牙人一百二十名为王卫，教暹人用枪之法。

〔土耳其〕 土耳其海军自红海远征至于印度西北海岸。收红海东岸（包括也门与亚丁）入版图。

〔俄罗斯〕 摄政伊利娜·格林斯卡娅卒。贵族叔伊斯基当权。

〔匈牙利〕 腓迪南与最波利俄签订协定，以后者实际占领之区域归其统治，但不得世袭。

〔神圣罗马帝国〕 皇帝查理五世与教皇及威尼斯组织共同对抗土耳其人之“神圣同盟”。查理五世企图贿买开拉丁，但未获成功。与法王法兰西斯一世订尼斯和约，休战十年。

〔法兰西〕 与皇帝查理五世订十年休战条约。法兰西斯一世在意大利半岛西北据有萨伏伊与派德蒙德。

〔英格兰〕 下令封闭一切大寺院，没收其全部财产，有反对者即杀之。估计亨利八世之收入，仅土地一项即约合一百五十万镑（约为今日之五千万镑左右），其他金银珠宝不计其数。

〔西班牙〕 科尔特斯（议会）自本年起改组，仅十八个城市具有选派代表之资格。

1539 年

中国

己亥 明嘉靖十八年

正月，开黄河支流以减水患。二月，辽东饥，赈之。安南莫登瀛乞降，并献土地户口。四月，免湖广灾区税粮。五月，鞑靼犯辽东。闰七月，辽东军乱，旋定。免浙江灾区，八月，免河南、陕西灾区税粮，并赈河南饥。鞑靼犯宣府、榆林。十一月，免江西、山西税粮，十二月，免浙江灾区税粮。

外国

〔朝鲜〕 对马岛主使人献方物；时日本人来者多不遵约束，令禁制之。遣使如明辨大明会典所载宗系之诬。

〔日本〕 细川晴元与三好范长战起，内乱重生。毛利元就与兵尼子氏战于元艺。僧策彦入明。幕府遣使求勘合符于明。

〔越南—大越附莫氏〕 庄宗封拜将校各领部兵图进取。

〔缅甸〕 莽瑞体攻占白古，因自称下缅王，时军中有葡萄牙兵七百，枪铳小炮皆备。

〔印度〕 阿富汗人希尔取得沙哈斯拉姆统治权，称西尔可汗，是年袭击蒙兀尔皇帝弗马暗，大败之，弗马暗逃入喀布尔。希尔即帝位于德里，建新城。

〔法兰西〕 法兰西斯一世与查理五世相晤于阿格摩特。

〔英格兰〕 令议会通过《六项条款法案》，规定教义中之六项原则（如圣餐变体，僧侣独身等），有否认其中之一者，即视同异端。法案颁布后，杀戮随之。大批教会土地没收后，亨利八世或以贱价出售，或赏赐宠幸，以此有专组公司作此项土地之投机者。购买之人复加以圈围，作为牧地，农民大量被逐出土地。

〔尼德兰〕 根特市民因不堪重税压迫，起而暴动，企图脱离帝国统治，投归法国，但法兰西斯一世拒绝之。明年，法兰西斯一世邀请查理五世派往镇压之兵，通过法国国境，使起义迅趋失败，为首者皆被屠杀。

〔葡萄牙〕 在印度西海岸之卧亚（果阿）设立主教区，广布基督教，辅助其侵略。

1540 年

中国

庚子 明嘉靖十九年

正月，济农犯大同。二月，河南、湖广饥，赈之。罢武科乡试。三月，济农犯延绥。六月，以十年来江、海不靖，船多遭劫，置镇守江淮总兵官，督兵镇压。瓦剌请附。工部尚书蒋瑶以年来大兴土木，已耗银六百三十四万余两，请暂停各衙门工程，不许。七月，济农犯万全，大败。江西水灾，赈之。八月，鞑靼犯平凉、岢岚、石州。世宗好神仙术，欲令太子监国，专事修道，太仆卿杨最力谏，杖死，自是监国议虽罢，但祷祠日亟，无敢谏者。江西景德镇陶工万余人以大水饥馑，群起掠食。九月，济农犯固原，大败；其子小十王阵亡。以道士陶仲文为少保、礼部尚书。是岁，王艮死。

外国

〔日本〕 半井英明请入明习医，允之。织田信秀略安祥。朝仓孝景破土岐氏。尼子晴人攻毛利氏之吉田，大内义隆援之。春夏间，大疫。

〔越南—大越附莫氏〕 正月，莫登瀛死，子福海嗣，改明年为广和元年。莫登庸与其大臣诣明广西上表，籍土地、军民以听处分。阮淦攻乂安，附者日众。

〔暹罗〕 以缅甸犯边，击败之。此役双方皆有葡萄牙人。自是以后，两国成仇，常有争战。

〔缅甸〕 思洪发于破坏塔寺之后，大杀僧徒，死者三百六十人。

〔土耳其〕 大败威尼斯海军于普累维萨，威尼斯乞和，并赔偿巨款。

〔匈牙利〕 最波利俄卒，苏里曼许其幼子嗣位，但腓迪南乘机来攻，企图统一全国。

〔英格兰〕 亨利八世以克伦威尔（管理教会事务之大臣）之介绍娶日耳曼克利夫斯公爵之女安利为其第四妻（詹·西摩 1537 年卒），以貌丑离婚，且迁怒克伦威尔，杀之以泄忿。同日别娶凯塞琳·豪阿德为其第五妻。

〔西班牙〕 自 16 世纪初至 1540 年期间，西班牙自南美洲殖民地运回欧洲之贵金属（当时已开始采矿），平均每年约值三百万金元。

1541 年

中国

辛丑 明嘉靖二十年

正月，免南京灾区税粮。鞑靼海西部长卜尔孩献金牌、马匹。是春，济农犯兰州及镇朔堡。四月，安南莫登庸请降，改安南国为安南都统使司，以登庸为都统使，改其十三道为宣抚司。五月，以黄河决野鸡冈，由涡入淮，运河淤塞，遣官治之。朵颜等三卫犯开原。辽东饥，赈之。六月，朵颜等三卫，又犯太康堡。山西饥，赈之。七月，俺答及阿不孩遣使求入贡；不许。免山东、河南、陕西灾区税粮，又赈山东饥。八月，俺答、阿不孩、济农等分道犯山西诸处，逾月乃退。十一月，免四川灾区税粮。

外国

〔朝鲜〕 荠浦留居日本人恣横不法，以书令对马岛主惩之。

〔日本〕 毛利、尼子两氏战于备后。大内义隆拔银山。葡萄牙船泊丰后神宫寺。医人吉田宗桂归自明。

〔越南一大越附莫氏〕 莫福海广和元年。八月，莫登庸死。明不知莫登庸之死，命之为安南都统使，世袭。

〔缅甸〕 莽瑞体破马都八镇，屠之。其地有葡萄牙、希腊、犹太、亚美尼亚等十余国商人，均遭焚掠。

〔土耳其〕 派兵入匈牙利（此为第九次），将该国置于土耳其直接统治下（借口最波利俄之子年事过小）。

〔神圣罗马帝国〕 查理五世远征非洲北部之阿尔及尔，遇飓风，损失甚重，归。

〔瑞士〕 法国籍宗教改革家加尔文得势于日内瓦，自此统治该地至1564年逝世时为止。加尔文教义颇为严格（常干涉至生活细节），但准许贷款取息，且鼓励工商业之发展，故迅即风行各地，尤以在荷兰及日耳曼某些地区占优势，稍后又传入英国。

〔西班牙〕 伯多禄·德·发尔提维阿于本年开始南美洲西南海岸（今智利）之征服。明年建圣地亚哥城（今智利首都）。

1542年

中国

壬寅 明嘉靖二十一年

正月，吏部尚书许赞以军需匮乏，请发内帑，借百官俸，并解山东、河南各赃罚以济军储；除不允发内帑外，余皆报可。改盐法。四月，顺天等府饥，赈之。思恩九姓土民卢回等以不堪九司头目之暴，起事已三年，至是回败死。五月，广东琼州黎人起事已数年，至是败。六月，俺答以复求入贡使者被杀，遂进扰山西，攻太原，南入潞安，七月乃退；八月，又犯朔州。严嵩入阁预机务。九月，开黄河支流三口工成。十月，宫人杨金英等谋害世宗，未成；自是世宗移居西苑，不复还宫。是岁，免陕西、福建灾区税粮。

外国

〔朝鲜〕 日本使来，对癸未解送倭寇于明事，深致不满。使者又携银八万两来贸易。对马岛主来书不逊，致书责之。

〔日本〕 禁博弈、钱汤、夜行、游船、撰钱。斋藤秀龙逐其主土岐赖艺，据占美浓。

〔越南一大越附莫氏〕 庄宗命阮淦督军攻清华、乂安。莫福海遣使如明岁贡，明使命之袭安南都统使。

〔缅甸〕 缅族明吉耶囊刺杀思洪发，掸人死者甚多。缅人拥明吉耶索为王，明年，让位于锡袍酋康孟。东牛莽瑞体破卑谬，屠之，入蒲甘，于是又加称上缅之王。

〔神圣罗马帝国〕 科隆大主教赫尔曼为避免其财产为人所夺，皈依路德派之新教。

〔法兰西〕 法兰西斯一世之密使二人，在米兰为皇帝查理五世下令处死，战衅重起（第四次）。土法联合舰队炮轰尼斯。查理与英王亨利八世缔盟，进攻法国北部，深入至斯瓦松。苏里曼亦侵入奥地利为法王声援。

〔英格兰〕 改爱尔兰为王国，亨利八世自任国王。又以通奸罪杀其第五妻凯塞琳·豪阿德。与苏格兰发生战事。苏王詹姆斯五世大败于索尔韦马斯，未几卒，遗一女甫生数月——即后来之玛丽女王。

〔葡萄牙〕 葡人始至日本（按葡人乘一中国船在九洲南之一小岛上登陆）。

1543年

中国

癸卯 明嘉靖二十二年

正月，贵州铜仁平头苗人酋长龙子贤，镇筸苗人酋长龙桑科等起事，攻麻阳等处。是春，俺答犯延绥。时济农已死，子狼台吉等分领其众，势稍衰。安南都统使莫福海遣使来贡。六月，鞑靼犯汤站堡。七月，免陕西灾区税粮。八月，鞑靼犯延绥。九月，免湖州、应天等府灾区税粮。十月，免真定、开封等府灾区税粮。朵颜等三卫犯昌平。十二月，龙子贤等败。是岁，魏校死。

外国

〔朝鲜〕 本年户八十三万六千六百六十九，口四百一十六万二千零二十一。

〔日本〕 大内义隆与尼子晴久战。葡萄牙人传入鸟枪。西班牙人至平户。上杉宪政围河越。

〔越南一大越附莫氏〕 庄宗进兵至西都。郑公能据广平源头反，旋败死。

〔法兰西〕 西班牙军入普罗旺斯与多非内，并占领里昂。

〔英格兰〕 亨利八世娶其第六妻。与苏格兰订婚约，以詹姆斯幼女玛丽嫔亨利子爱德华。亨利欲以此合并苏格兰土地，但苏格兰人深恶之，遂愈与法国亲善。

〔西班牙〕 查理一世与英王亨利八世缔结同盟。同年，与法王法兰西斯一世战于尼德兰。

〔尼德兰〕 名医学家未塞利阿斯（1514—1564年）活跃于此时。未塞利阿斯为皇帝查理五世及其子腓力二世之御医，著有《人体解剖学》。马德里异端裁判所以未塞利阿斯为“异端”，判处其死刑。其后改为朝谒圣地赎罪，卒于归途。

1544年

中国 甲辰 明嘉靖二十三年

正月，俺答犯黄崖口，二月，又犯大水谷，三月，又犯龙门所。五月，以建州女真犯雅鹘关，褒赠死事者。六月，免凤阳府税粮。七月，免福州等府灾区税粮。俺答犯大同。九月，免浙江、北京灾区税粮。湖广旱，赈之。十月，免河南灾区税粮。小王子犯万全，毁边墙；又掠蔚州，至完县；京师戒严，十一月乃解严。十二月，江西饥，赈之。是岁，日本来贡，以无表文，却之。其人利互市，留海滨不去与奸民结，于是渐有倭患。

外国 〔朝鲜〕 十一月，中宗死，世子峼嗣，是为仁宗。

〔日本〕 尼子晴久略伯耆、因幡。上杉宪政攻河越，败。僧寿光等入明。织田信长攻斋藤秀龙。葡萄牙船至萨摩，请贸易。

〔缅甸〕 康孟结孟养等部攻卑谬，为莽瑞体所败。

〔神圣罗马帝国〕 查理五世与法王法兰西斯一世缔结克勒庇和约，前者允放弃勃艮第，后者则允放弃佛兰德尔、拿波里与阿尔他等地。

〔法兰西〕 皇帝查理五世与英王亨利八世分别进攻法国。同年查理与法兰西斯一世媾和，但亨利八世则拒绝和约，径返英国。

〔英格兰〕 遣兵入苏格兰，大事蹂躏。同年亨利八世亲率大军入法，占领部罗涅。

1545年

中国 乙巳 明嘉靖二十四年

二月，顺天等府饥，赈之。诏有司招流民复业，给牛具、种子；垦荒田者，免赋十年。三月，保定、应天等府饥，赈之。五月，免济南等府灾区夏税。是夏，免北京、山西、陕西灾区税粮。八月，建州女真犯辽东松子岭。鞑靼犯大同。九月，以南京、江西、湖广、河南旱，令税粮改征折色。十一月，鞑靼犯榆林。是岁，河决入凤阳。

外国 〔朝鲜〕 明使来吊祭，遣使如明谢。日本使来欲祭故大臣金安国，止之。昭雪“己卯之祸”受难者赵光祖，并复收用贤良科。七月，仁宗死，弟峘嗣，是为明宗，母尹氏垂帘听政。尹元衡以帝舅恣横，大杀异己者。

〔日本〕 三好范长拔丹波关城。松平广忠破织田信秀。古河晴氏攻山内宪政。筑前博多织萨摩棉布始于此时。

〔越南—大越附莫氏〕 庄宗攻山南地。阮淦为莫氏间谍毒死，庄宗以郑检代阮淦之位。

〔暹罗〕 景迈乱，帕猜罗阇王亲至其地代定之；方回，景迈又乱，复督兵往，大败而归。阿瑜陀耶大火，仅民居即被焚万余。

〔神圣罗马帝国〕 举行特兰托会议，讨论加特力教会内部改革之工作，以耶稣会为改革骨干。

〔意大利〕 教皇保罗三世以巴尔马与彼阿成萨两地组织一公国，任其子为公爵。

〔法兰西〕 法国舰队向英进攻，但被击退。同年对瓦尔多派（新教之一派）加以残酷迫害。

〔西班牙〕 教皇保罗三世许查理一世取用教会在西班牙收入之一半。

1546年

中国 丙午 明嘉靖二十五年

二月，修大同东路阳和口至宣府西路西阳河边墙。三月，四川白草番起事，攻下平番堡。应天等府旱，赈之。五月，俺答复遣使请贡，使者又被杀。七月，免河南灾区夏税。俺答犯宣府、庆阳等处。九月，免凤阳等府灾区税粮。鞑靼犯宁夏，十月，攻清平堡。是岁，吐鲁番内哄，其酋马黑麻请入贡；许之。

外国 〔朝鲜〕 备边司请择守令。时宰相诛求于边邑守令，守令侵渔军民，边民不堪其苦，避入女真者甚多。

〔日本〕 三好氏兵来逼，将军足利义晴与细川晴元走丹波。上杉宪政与武田晴信战，败。足利义辉为征夷大将军。

〔越南—大越附莫氏〕 五月，莫福海死，子福源（明史作宏瀷）嗣，以明年为永定元年。庄宗复爱州地。

〔暹罗〕　帕猜罗阇王死，子缴华嗣，母后刀室利戌达旃听政。后私于攀室利朴贴，乃杀戮大臣，以攀室利朴贴为摄政。

〔缅甸〕　康孟死，子无毗那罗波帝立。东牛莽瑞体攻阿腊干，结和而还。

〔神圣罗马帝国〕　查理五世于克勒庇会议后，因复杂之对外关系澄清，遂着手镇压国内各独立之新教诸侯。施马尔卡尔登同盟（见1531年条）战事起。施马尔卡尔登同盟领导人为萨克森选侯约翰·腓德烈与赫斯伯爵腓力。查理一方面秘密勾结萨克森公毛利斯进攻萨克森选侯之土地，另一方面则在帝国南部逐一征服同盟分子。奥格斯堡银行家孚克氏本年资金总额达四百五十万金弗罗永（按地理大发现后，欧洲经济之日趋繁荣，可以此证之。见1487年条）。

〔意大利〕　罗马之圣彼得教堂（文艺复兴式建筑典型）约在此时落成。

〔英格兰〕　亨利八世与法王法兰西斯一世媾和，规定八年后可由法人备款赎回部罗涅。

〔西班牙〕　西班牙人（贵族）对国王以南美洲之土地赐予外国人，深表反对。至是逐渐限制未瑟尔氏（见1529年条）之发展，十年后，收回1527年所赐之土地。

〔土耳其〕　与腓迪南媾和。土耳其实际领有匈牙利之大部分，其余小半由腓迪南统治，但每年须向苏丹纳贡三万杜克特。

〔俄罗斯〕　莫斯科人民反对贵族专权。起而暴动，但旋遭失败。同年伊凡四世亲政，加冕称“沙皇”（即皇帝，俄语读凯撒如“沙”）。

〔波希米亚〕　国王腓迪南（即奥地利公）宣称自此以后，波希米亚王冠必须由哈布斯堡氏世袭继承。

〔神圣罗马帝国〕　查理五世败选侯约翰·腓德烈，将其俘获，以萨克森选侯土地畀毛利斯。赫斯伯腓力乞降，囚禁之。即以执行善后各事之权付毛利斯，但毛利斯为腓力婿，因此又阴谋勾结法王亨利二世反对查理。

〔法兰西〕　法兰西斯一世卒，子嗣位，称亨利二世。

〔英格兰〕　亨利八世卒，子爱德华六世继位，其叔萨麦塞特公监国。时新教精神传入英国，乃大事改革。萨麦塞特侵入苏格兰，要求履行1543年婚约，苏格兰人拒之，急以女王玛丽嫔法太子（后之法兰西斯二世），并与法人结同盟，英人遂又与法宣战。命令，有“拒绝”劳动者，经告发后，即予被告发者为奴。

1547年

中国

丁未　明嘉靖二十六年

正月，于偏关开营田一千九百余顷。二月，修大同西路、宣府东路边墙。三月，四川白草番败。四月，俺答复求入贡，时以方将收复河套，不许。五月，三边总督曾铣袭鞑靼于河套，小胜。六月，免凤阳等府灾区税粮。小王子欲犯辽东，俺答密以来告借求通贡；不报。七月，河决曹县，漂没屋舍，人死甚众。沿海倭寇渐炽，以浙江巡抚兼巡福建。八月，免陕西灾区税粮。九月，免南京、徐、沛等州县及江西抚州等府灾区税粮。十一月，日本使至，以非贡期，且人船逾额，勒之回。十二月，倭寇犯宁波、台州，大肆杀掠。是岁，学者罗钦顺死。

外国

〔朝鲜〕　与对马岛主定约五条，规定每岁船数、屯泊地点及管束之法。大水，八道人畜漂没无数。是岁，饥，疫。

〔日本〕　大内义隆遣船如明贸易。定日莲众法制。足利义晴回京。足利义辉奔近江。龙造寺氏与少贰冬尚战。织田信秀攻斋藤氏。甲越交战。

〔越南—大越附莫氏〕　莫福源永定元年。莫氏将范子仪作乱，败奔于明，扰广东、广西。

1548年

中国

戊申　明嘉靖二十七年

正月，陕西饥，赈之。把都儿犯广宁。三月，严嵩谗杀三边总督曾铣，下前大学士夏言于狱。五月，鞑靼犯宣府。六月，以苗联合起事，置湖广、贵州、四川三省总督以镇压之。日本贡使以船百余艘、人六百余至浙江，诏许五十人晋京。七月，改巡抚浙闽为巡视。八月，俺答犯大同，九月，犯宣府，官军大败。免淮扬等府及陕西灾区税粮。十月，严嵩谗杀夏言。俺答犯隆庆。十一月，免山东灾区税粮。十二月，密云县进沙金五十两，诏令各官司多方采献。

外国

〔日本〕　畠山义忠再遣僧昌虎入明。武田晴信破小笠原长时。葡萄牙船至丰前贸易。

〔越南—大越附莫氏〕　莫福源景历元年。正月，庄宗死，太子暄嗣位，是为中宗，改明年元为顺平。莫氏遣使如明岁贡。

〔暹罗〕　摄政攀室利朴贴害缴华王，自立，王族坤披铃潜谋讨之。

〔土耳其〕　苏里曼与波斯王之叛弟勾结，向波斯发动战争。

〔波兰〕　西吉斯孟三世嗣位。

〔法兰西〕 基恩、波尔多等地人民掀起反抗盐税之暴动，经亨利二世之武装镇压后，失败。

〔葡萄牙〕 神甫萨维厄（耶稣会士）自印度到达日本。在葡萄牙企图侵略日本之计划中，所起作用甚大。1552年萨维厄在来中国途中病故。教会晋封之为“圣贤”。

1549年

中国 己酉 明嘉靖二十八年

正月，鞑靼犯永昌。二月，陕西饥，赈之；免巩昌等州、府税粮。俺答犯宣府，至永宁，寻大为官兵所败。巡视浙闽朱纨，年来整顿海防，已具规模；既平复鼎山通番之贼，又大破为倭作伥之盗，三月，又杀勾结佛郎机行劫诏安之奸民。时诸贼盗、奸民多与土豪有连，于是势家多切齿于纨，造为蜚语；四月，诏朱纨罢职听勘。俺答犯永昌。六月，日本图复求贡，许之。七月，免河南、陕西灾区夏税。浙江海盗汪直等与倭寇相结，大掠沿海，自是终嘉靖之世无宁岁。时边费既繁，土木、祷祠之费亦有加无已，帑藏匮竭，至变卖寺产，收赎军罪，更大括逋赋，致百姓怨嗟，海内已呈不安之象。八月，因诏户部核天下出纳之数；户部以岁入二百余万两，岁出三百四十余万两，不敷过巨，请立法撙节。俺答犯大同，官军败绩；九月，又以别部犯榆林，俺答则自攻大同。朵颜等三卫结鞑靼犯辽东。十月，免顺天等府灾区税粮。十一月，免湖广灾区秋粮。

外国 〔朝鲜〕 弘文馆上浑天仪制度。

〔日本〕 僧周良等入明。西班牙天主教士始传教于九州。今川义元围安祥。

〔越南—大越附莫氏〕 中宗顺平元年。莫福源大封诸将，以图保土。

〔暹罗〕 坤披铃杀攀室利朴贴，立帕猜罗阇王弟天罗阇，号摩诃节迦罗博。缅甸来犯，围京城四月，以粮尽退。真腊来扰，取一城。

〔缅甸〕 莽瑞体攻暹罗，围其都，四月不下，退师，路为暹人所佣之葡萄牙兵所攻，颇有损失。

〔法兰西〕 攻英国舰队于革恩齐（英伦海峡中之一岛）海面。同年亨利二世入部罗涅。

〔英格兰〕 大规模农民起义，在罗伯特•凯特领导下爆发于英格兰东南部之诺福克，起义者提出要求二十九条，但为萨麦塞特之武力（包括法国与意大利雇佣兵）击溃，屠杀三千余人。凯特及其他被俘之三百余人同时就义。

〔葡萄牙〕 任命托麦•德•索萨为巴西第一任总督。携来耶稣会教士多人，协助其统治。同年建圣萨尔瓦多（巴伊阿）为首府。

〔南美洲〕 西班牙国王在南美洲西北部成立一殖民地区，名新格拉纳达（相当于今日之委内瑞拉与哥伦比亚），设钦差统治之。

1550年

中国 庚戌 明嘉靖二十九年

三月，贵州苗酋长龙许保袭印江县。琼州五指诸山黎人数攻崖州诸处，至是败；因置参将于儋崖以镇压之。四月，河决入淮。五月，重修大明会典成。六月免北京、山东灾区夏税。俺答犯大同。闰五月，免山西、河南灾区夏税。六月，免南京、北京灾区夏税。七月，逮巡视浙闽朱纨，朱纨自杀，遂罢巡视之官；于是海疆益不治。免陕西灾区夏税。八月，俺答犯宣府，扰蓟镇，入掠密云、怀柔，至通州；京师戒严，檄诸镇兵入援。俺答旋围北京八日始饱掠而退。九月，罢正德时京师团营，复三大营旧制。免山西灾区税粮。十月，免北京、南京、河南灾区秋粮。十一月，免浙江、四川灾区税粮。是岁，元江土舍那鉴起事，杀云南左布政使徐樾。

外国 〔朝鲜〕 复立禅教两宗，设禅科试僧人。

〔日本〕 前将军足利义晴死。大内氏失明之勘合符。

〔越南—大越附莫氏〕 莫氏大将黎伯骊等投中宗于清华。

〔暹罗〕 于阿瑜陀耶京增建堡垒，改土城为砖城；又令谨边防，增兵壮，扩水军，并大事捕象以充军用。

〔缅甸〕 东牛莽瑞体为部下所杀，境内乱。副王妹婿莽应龙嗣为王，渐次平定各方反抗者。

〔俄罗斯〕 沙皇伊凡四世改订其祖父伊凡三世之法典。

〔法兰西〕 法兰西、英格兰与苏格兰三国于本年订立和平条约。法国重行获得部罗涅。

1551年

中国 辛亥 明嘉靖三十年

正月，锦衣卫经历沈炼以劾严嵩十大罪，被杖，贬佃于保安州。三月，俺答遣子脱脱至宣府、大同贡马，求开马市；许之。四月，贵州铜仁苗酋龙许保等破思州。保定等府饥，赈之。六月，白莲教徒萧芹等勾结俺答事觉，捕之，不得。龙许保等为部下所缚以降。九月，免南京、江西、湖广灾区税粮。十月，朵颜酋长哈舟儿被俘死。免北京、山东、山西灾区税粮。十一月，俺答请以牛羊易谷豆，不许，因纵部下入边掠掳；十二月，又犯张家堡等地。是岁，以京师及边防共费五百九十五万，因议于南京、浙江增赋一百二十万。

外国

〔朝鲜〕 大饥。

〔日本〕 三好长庆征京都市税，旋又逐细川晴元。大内义隆攻氏康。

〔越南一大越附莫氏〕 莫氏击范子仪，俘杀之。中宗遣郑检等攻东京，莫福源奔金城，留将拒守。

〔暹罗〕 真腊来犯，败还。

〔土耳其〕 自本年起，继续与奥地利大公腓迪南之战争，至1562年媾和。最波利俄（约翰·最波利俄之子）获得德兰斯斐尼亚，土耳其人保有匈牙利本部，腓迪南仍按年纳贡。

〔俄罗斯〕 规定教会事务之《百章书》，本年公布。开始建圣巴西尔教堂（1559年落成，今犹矗立于红场之南）。

〔日耳曼〕 经十阅月之围攻后，萨克森公毛利斯陷施马尔卡尔登同盟反抗皇帝之中心城市玛德堡。

〔意大利〕 教皇朱理阿斯三世（去年当选）主持特兰托宗教会议。

〔法兰西〕 亨利二世与日耳曼新教诸侯缔结同盟。

〔英格兰〕 新教自1549年传入英格兰后，至此续有进展。坎特伯雷大主教克朗麦公布“四十二条款”，其中规定之大部分原则，构成后来英国国教会（盎格利甘教会在中国称圣公会）之基本守则。

1552年

中国

壬子 明嘉靖三十一年

正月，俺答犯大同。户、工二部奏：自前年十月至是，一年余，所入正税、加赋五百余万，外项搜括四百余万，计九百九十余万；所出用于边事者共八百余万。二月，宣、大二镇大饥，人相食，赈之。俺答犯宏赐堡等处，并请开市；诏斩其使，罢大同马市。三月，命仇鸾巡边，四月，鸾出塞，大败。鞑靼犯辽东。倭寇浙江，大掠舟山、象山，流劫温、台、宁、绍间。五月，鞑靼犯陕西红城等堡。倭寇陷黄岩，纵掠七日。六月，免南京灾区夏税。七月，免陕西灾区夏税。以倭寇肆扰，复置浙闽巡视官。鞑靼犯蓟州。八月，仇鸾死，严嵩发其通敌纳贿事，诏戮鸾尸，传首九边。俺答犯大同，九月，大掠朔、应等州，分兵犯三关、宁夏。免北京灾区夏税，河南灾区秋粮。河决徐州房村集，运河淤塞五十余里，遣官治之。罢各边马市。免山西、南京灾区秋粮，仍赈凤阳等府。宣大兵出塞追鞑靼，大败。十月，南京御史王宗茂劾严嵩八大罪，被贬为县丞。小王子犯辽东。免北京、江西灾区税粮。

外国

〔朝鲜〕 女真犯边。

〔日本〕 将军足利义晖与三好长庆和，细川晴元出走。陶晴贤迎立大友义长。

〔越南一大越附莫氏〕 郑检略定西南诸地。

〔缅甸〕 无毗那罗波帝为掸人所攻，奔莽应龙，悉都乔丁继之为王。

〔土耳其〕 波斯军来攻，占领埃斯卢姆。

〔俄罗斯〕 征服喀山汗。

〔日耳曼〕 萨克森公毛利斯与法王亨利二世秘密勾结，出查理五世不意，击溃其军队，迫使其释放赫斯伯爵腓力（即毛利斯之岳父），并签署巴骚条约，准许按照奥格斯堡信条自由崇拜。但另一方面，查理五世与法王亨利二世之战争仍在继续中。

〔法兰西〕 亨利二世进攻洛林，占领土尔（Toul，在日耳曼西部）、麦次与凡尔登三主教区。皇帝查理五世派兵围攻法人于麦次。

1553年

中国

癸丑 明嘉靖三十二年

正月，兵部员外郎杨继盛以劾严嵩十大罪、五奸，下狱。二月，倭寇温州。鞑靼犯宣府。河复决于徐州。三月，山东、陕西饥，赈之。鞑靼犯延绥。云贵巡按御史赵锦以劾严嵩，褫职。俺答犯宣府。闰三月，筑京师外城，至十月成。海贼汪直勾倭寇掠江、浙沿海，倭破浙江昌国卫；四月，掠太仓、乍浦、平湖、海盐、海宁，破上海，扰江阴；五月，攻海盐，又入上海、乍浦。俺答扰辽东，别部攻甘肃、大同，七月，遂分道大举入犯。河南柘城民师尚诏起事，入归德，破鹿邑等县。固原兵将败俺答之众于广昌三家村。八月，俺答分兵犯蔚州、代州；小王子犯宣府，入扰赤城。免山东灾区税粮。广西平乐瑶、壮起抗流官已数年，至是败。九月。俺答犯大同，扰神池。师尚诏败于五河，又败于蒙城等处，逾月被俘死，众遂溃散。免南京、河南灾区税粮。十月，河南、山东饥，赈之。官军击南沙屯倭，大败。免北京、浙江灾区秋粮；仍赈保定等府饥。十一月，铸洪武至正德九号钱，每号百万锭，嘉靖钱千万锭，锭五千文，与旧钱兼用，并令上钱七文、劣钱二十一文，各当银一分。倭屯崇明者，掠常熟、上海、嘉定。十二月，以苏州等府遭倭寇祸，停征嘉靖二十七年至三十一年逋赋。是岁，云南元江土舍那鉴自杀，其众降。

外国　〔朝鲜〕　七月，明宗始亲政。

〔日本〕　足利义晖命上杉谦信镇定关东。三好义贤害其主细川持隆。足利义晖为三好长庆所逼，出奔。

〔暹罗〕　遣使贡白象及方物于明。

〔土耳其〕　苏里曼进攻波斯，蹂躏其西部，至1555年媾和，前者仍保有其在美索不达米亚所征服之地区。

〔俄罗斯〕　英国冒险商人昌塞罗尔航经白海，自阿康哲尔登陆来莫斯科。俄罗斯自此与英国直接通商。英人在俄获得广泛之商业特权。

〔日耳曼〕　皇帝查理五世围攻麦次，不克，退。

〔法兰西〕　与土耳其人联合进攻科西嘉岛，占领其一部分。名学者（诗人、作家、科学家）弗兰科·拉培蕾卒。

〔英格兰〕　爱德华六世卒，其异母姐玛丽（亨利八世与西班牙之凯塞琳所生）即位，立即恢复旧教之崇奉。

1554 年

中国　甲寅　明嘉靖三十三年

正月，倭屯南沙，被围五月，至是逸出，掠苏州，二月，攻松江。三月，以应天巡抚兼提督军务，负剿倭寇之责。更定钱法，嘉靖钱七文，洪武等号钱十文，前代钱三十文皆当银一分，其恶小钱停止使用。倭寇败于松江，一支北掠通、泰等州，至山东界；一支扰普陀，犯嘉兴，陷嘉善，掠海宁，又犯崇明。俺答犯宣府。五月，倭寇自崇明掠苏州、昆山。为统筹剿倭，置总督大臣，督理南京、浙江、山东、两广、福建等处军务，便宜从事，命张经为之。六月，俺答犯大同。倭寇掠嘉兴，七月，扰嘉善，八月，攻嘉定。俺答犯宣府，九月，扰平虏，至山西，又犯潮河川，掠古北口。免山东、湖广灾区税粮。倭犯海门。十月，俺答犯蓟镇。十一月，倭寇二万余据柘林、川沙洼，分出攻掠嘉兴、湖州，十二月，劫秀水、归安、嘉善。

外国　〔朝鲜〕　草串野人两度来犯边。

〔日本〕　北条氏康与信玄战，后拔古河，移晴氏于波多野。

〔越南—大越附莫氏〕　设制科取士。

〔土耳其〕　土耳其海军在德拉古特指挥下，占领北非突尼斯海岸线上之要塞美喜地亚。两年内完全征服北非海岸。

〔神圣罗马帝国〕　查理五世以意大利之拿波里予其子腓力。腓力同年与英女王玛丽结婚。

〔法兰西〕　热那亚人夺回科西嘉。法军进攻佛兰德尔。

〔英格兰〕　女王玛丽嫔皇帝查理五世之子腓力。玛丽命将其父亨利八世在位时一切反对教皇之法令与措施尽行废弃，并向教皇乞赦。另一方面，则着手根绝国内一切“异端”。

1555 年

中国　乙卯　明嘉靖三十四年

正月，倭寇犯乍浦、海宁，陷崇德，攻德清。二月，以张经办理倭事无效，又命赵文华区处防倭。以淮徐灾重，诏折征漕粮什三，每石银六钱。俺答犯宣府、蓟镇。三月，倭败于南沙。四月，广西“狼”兵至，战倭于漕泾，不利，倭益猖獗，四出纵掠，北犯淮扬诸府，败于沙河，乃东扰通州、海门，又分攻常熟、江阴。俺答犯宣府。五月，张经督师大破倭于王江泾。倭又流劫昆山、苏州，出入太湖，旋为俞大猷等所败。张经为赵文华所劾，下狱。倭犯常熟。六月，倭另支犯浙东。倭扰江阴，俞大猷败之。山西矿工宋爱等起事，攻北直隶定州等处。七月，倭六七十人自杭州而西，掠歙县、绩溪、旌德、泾县，陷南陵，又西犯南京；八月，劫溧阳、宜兴，至浒墅关，被歼。九月，赵文华攻倭于陶宅，败绩。免淮、扬等府州灾区及山东蝗灾等处秋粮。倭败于台州。俺答犯大同、宣府，入怀来、保安，又分兵扰山西。十月，减免山西灾区税粮。杀张经、杨继盛。倭劫宁波、绍兴、台州，至十二月，被歼。十一月，倭劫福建莆田、兴化，犯温州平阳县；又一支犯舟山。闰十一月，官军败倭于周浦，倭奔上海浦东。官军攻平阳及嘉定之倭皆败。免顺天等府灾区税粮。十二月，陕西饥，赈之。开四川、山东银矿。山西、陕西、河南地大震，官吏军民死者八十三万余人。倭屯松江新场，官军攻之，败绩。俺答犯神木。

外国　〔朝鲜〕　对马岛主请增遣船，不许。倭寇掠全罗、济州，破之。对马岛主献所斩倭寇馘。

〔日本〕　三好长庆下播磨、三木。毛利元就灭陶晴贤。十月，改元弘治。葡萄牙人传入炮术。

〔越南—大越附莫氏〕　莫福源遣兵攻清华，

郑检大破之。

〔缅甸〕 莽应龙始北上攻略，入阿瓦。

〔印度〕 蒙兀尔帝国皇帝弗马暗自喀布尔攻入德里，恢复对德里之统治。

〔日耳曼〕 9月25日，诸侯举行戴耶特于奥格斯堡，签订《奥格斯堡宗教和约》，承认1530年奥格斯堡信条之基本原则。自此以后，日耳曼诸侯享有皈依任何宗教之自由，但各邦之人民则必须信仰其统治者所奉之宗教。新教诸侯与旧教诸侯享有同等政治权利。此外尚有未决者二事：(一) 加尔文派仍未取得同等权利；(二) 皈依新教之主教与住持是否必须退职问题（皇帝坚持须退职，新教诸侯反对）。10月25日，查理五世下诏逊西班牙王位，命其子腓力继承。

〔英格兰〕 开始宗教迫害。自此至1556年两年中新教徒被焚死者不下三百人，皆当时知名之士。商人冒险者协会（莫斯科公司）成立。

〔北非〕 葡萄牙僧侣（属耶稣会）入埃塞俄比亚（阿比西尼亚）"传教"。国王二人先后皈依，但至1633年罗马教势力仍被逐出。

1556年

中国 丙辰 明嘉靖三十五年

正月，扰福建之倭一支入浙江，被歼。官军击新场倭，败绩。二月，以地震，赈山西平阳、陕西延安等府，并免秋粮。二月，命胡宗宪总督南直隶、浙、闽军务，责以剿倭。三月，福建之倭劫古田。四月，以地震，赈陕西；灾重者免夏税。倭自浙海上陆陷慈溪；又一支犯镇江，西至无为州；又一支趋杭州，败于崇德；又一支攻温州。五月，以地震，免山西去年秋粮。遣官采银矿于蓟州玉旺峪，六月，又遣官赴河南采银；自是矿使四出，大为民患。俞大猷败倭于黄浦。浙江之倭陷仙居，趋台州，大败。俺答犯宣府。倭一支犯丹阳。七月，胡宗宪诱勾倭之奸民徐海使内哄，官军乘之败倭于乍浦。八月，徐海等败死，自是两浙倭势渐弱。九月，免山东灾区逋赋及江北诸被倭害者税粮，又免南京、湖广、江西及顺天等灾区税粮。俺答犯辽东，十月，又犯大同。免浙江被寇、福建灾区税粮。倭犯福宁州。十一月，鞑靼犯辽东。广东陈以明入瑶峒，号承天霸王，数年来攻高要等处，至是败死。十二月，鞑靼犯陕西环庆等处。

外国 〔朝鲜〕 日本使僧来聘。

〔日本〕 里见义弘侵相模。北条氏康与谦信相持。明致书请禁对马边民侵掠。

〔越南—大越附莫氏〕 中宗死，无嗣，郑检等求得黎氏宗室维邦立之，是为英宗，明年改元为天祐。

〔暹罗〕 真腊来犯。

〔缅甸〕 莽应龙在此后四年间，征服掸族孟养等部。

〔印度〕 蒙兀尔帝国皇帝弗马暗死，子亚格伯立，年十四，大将突厥人拜拉姆可汗辅政。是年，败阿富汗人于巴尼巴特。

〔俄罗斯〕 合并阿斯特拉罕，俄罗斯权力自此得以控制整个伏尔加河流域。蒙古人势益衰。

〔日耳曼〕 1月15日，查理五世逊皇帝位，以其弟奥地利公腓迪南一世继承。同年腓迪南当选为波希米亚与匈牙利之王（按腓迪南妻安娜为二国故王路易二世姐妹行）。

〔法兰西〕 亨利二世与皇帝查理五世缔结休战条约。同年与西班牙发生战争。

〔西班牙〕 查理一世（即皇帝查理五世）逊位后，西班牙王位由其子腓力二世继承。西班牙一切海外殖民地，及拿波里、米兰、夫隆什空泰与尼德兰皆归属之（腓力当时居尼德兰）。

1557年

中国 丁巳 明嘉靖三十六年

二月，俺答犯大同；三月，别部老把都儿犯永平；济农亦犯大同。四月，倭犯如皋，劫海门，攻通州、泰兴，五月，转掠扬、徐，北入山东，西扰天长、盱眙、泗州，还入高邮、宝应，攻淮安。六月，徐州界之倭败于安东。俺答犯宣府。罢陕西采矿。七月，诏顺天府采办珍珠四十万余颗，广东九十万余颗。八月，从胡宗宪请，令日本献寇华倭渠及中国奸民，方许通贡。鞑靼犯义州。九月，严嵩党徒构杀沈炼。免山西灾区税粮。俺答子辛爱犯大同右卫及应、朔二州。十月，免北京灾区秋粮。十一月，免山东灾区税粮。胡宗宪诱海贼汪直降，汪直旋被杀，其党遂流入闽广界。十二月，免浙江灾区税粮。马祖师以幻术聚众，谋起兵于湖州，事泄，死。是岁，葡萄牙窃据澳门。

外国 〔朝鲜〕 明以送回倭寇所掳之人，赐以银帛。

〔日本〕 九月，后奈良天皇死；十月，正亲町天皇（一百零六代）践祚。三好长庆拔龙藏寺城。

〔越南—大越附莫氏〕 黎氏英宗天祐元年。莫福源遣兵攻清华，郑检大破之。郑检略山南诸地。清华、乂安大水，岁饥。明年改元为正治。

〔波兰〕 立窝尼亚承继问题起，波兰、俄罗斯、瑞典与丹麦皆欲染指，战事发生。同年俄军侵入该国。

〔意大利〕 塔斯加尼改为大公领地，由美第奇家族之科斯摩统治，称大公（至1569年此称号始得教皇承认）。

〔英格兰〕 英国加入西班牙一方，共同向法国作战。英、西联军败法军于圣空坦。

〔西班牙〕 腓力二世赴英格兰劝玛丽向法国宣战。

〔葡萄牙〕 葡萄牙人始有定居于中国之澳门者。

1558年

中国

戊午 明嘉靖三十七年

正月，罢河南采矿。辛爱围大同右卫数月，至是复分兵犯宣府、蓟州。三月，辽东饥，赈之。辛爱犯永宁川。给事中吴时来等以劾严嵩，遣戍烟瘴。倭犯台州、温州；四月，掠福州、兴化、泉州。大同右卫被围凡六月，至是解。五月，倭攻惠安，寻下海走，官军追击败之。六月，浙江之倭犯乐清、永嘉，福建之倭犯兴化、漳州、泉州，陷福清、诏安。八月，济农犯永昌、凉州、甘州。鞑靼犯宣府。十月，辛爱犯辽东。鞑靼土蛮部犯界岭口。十一月，陕西边外番民攻庄西等处。俞大猷逐倭出浙江界。免湖广灾区税粮。

外国

〔朝鲜〕 以岁饥且有明使供亿，免京畿等三道租税。

〔日本〕 二月，改元永禄。三好长庆与其臣永久秀用作乱，足利义晖走近江，嗣义晖与三好长庆和，师京都。三好长庆征京都地子钱。

〔越南—大越附莫氏〕 黎氏英宗正治元年。立场乡试。郑检略地山南。遣阮潢镇守顺化与广南相为犄角。

〔印度〕 蒙兀尔帝国皇帝亚格伯平定印度北部与中部。

〔俄罗斯〕 俄军入立窝尼亚后占领城市数处。同年，条顿武士团与波兰缔结同盟。

〔日耳曼〕 腓迪南就位后，教皇保罗四世拒予承认。腓迪南在法兰克福自行加冕为神圣罗马皇帝。逊帝查理五世卒。

〔法兰西〕 求伊斯公爵自英人控制下夺获北部港口加来。英人自此不复在法国领有任何土地。

〔英格兰〕 法军围加来，陷之。英国在法国所保有之最后土地自此失去。玛丽卒，其妹伊利莎白（亨利八世与安利波莲所生）继位。伊利莎白拒绝西班牙王腓力求婚之提议。

1559年

中国

己未 明嘉靖三十八年

正月，鞑靼犯山丹。二月，辛爱与老把都儿入潘家口，三月，掠蓟州。倭犯象山，败于马冈；又犯崇明，四月，掠江北，犯通州，败于三沙，又大败于如皋，退据庙湾以抗官军。山西太原所募壮勇以参将严厉，杀之，大掠而北，遁入鞑靼。福建之倭分扰同安等县，攻福宁、破福安；五月，围福州，几一月乃去，陷永福。扰江北之倭败遁。六月，辛爱犯大同，掠宣府。七月，福建之倭入温州界，掠平阳、泰顺等县。倭自崇明又犯江北，掠海门等处，八月，被歼于白驹场。以辽东连年饥馑，至有父食死子者，发银籴粟赈之。俺答犯土木；九月，又犯宣府。免河南灾区税粮。十月，免南京、浙江灾区税粮。苏州所招防倭义兵以巡抚翁大立严厉，哗噪逐之，败入太湖。行海运转粟入辽东。是岁，名画家文征明死。杨慎死。

外国

〔朝鲜〕 黄海道民起事。杀官、放囚。

〔日本〕 毛利隆元取备中。边民掠明福建、浙东。

〔越南—大越附莫氏〕 勘度清华、乂安公私田土以定税额。清华、乂安大水，民饥。郑检北略地。

〔土耳其〕 苏里曼第三子巴耶塞特举兵反，被击败后，逃往波斯，苏里曼以重金贿人杀之（按苏里曼已于1553年处死其长子）。

〔日耳曼〕 汉萨同盟之势力自本年起日益下降。

〔意大利〕 吉阿凡尼·美第奇（与佛罗伦萨之美第奇家族无关系）为教皇，称庇护六世。就位后与皇帝媾和，结束特兰托会议。

〔法兰西〕 与神圣罗马皇帝缔结卡托—堪布累齐和约，除加来外，退出一切在战争中所占领之地区（包括三主教区）。亨利二世卒，子法兰西斯二世嗣位（法兰西斯二世妻为苏格兰女王玛丽）。

〔英格兰〕 议会通过“最高”与“一致”两法案，仍以英国国王为英国教会“最高”元首，以修订本之祈祷书为英国教徒“一致”使用之定本。同年，主张废除繁文缛节之清静教派（“清教派”）出现。

〔尼德兰〕 腓力二世赴西班牙，巴尔马之玛加累特被任命为尼德兰摄政（按玛加累特为查理五世之私生女）。

〔西班牙〕 西、法、英三国缔结卡托—堪布累齐和约。西王腓力娶法王亨利二世女伊利莎白为妻。西王腓力召集军队，准备自马耳他武士（即圣约翰武士团，当时统治马尔他岛）控制下夺回北非之的黎波里。

〔斯堪的纳维亚〕 腓德烈二世为丹麦与挪威二国之主。

1560 年

中国

庚申 明嘉靖三十九年

正月，俺答犯宣府。江南散遣所募御倭水兵无所归，相聚攻掠，至是入泰兴，劫官库。二月，南京所募御倭之振武营军以争粮饷哗变，杀督储侍郎黄懋官，旋抚定之。倭寇掠潮州。三月，遣官总理淮、浙、长芦、河东盐政，增盐课一百余万，所至骚扰。官军出口败鞑靼于灰河。鞑靼旋东犯辽东，陷广宁。五月，四川东川土目阿堂结乌撒土官囚其土司，于是邻近诸土官群起攻阿堂，聚兵互攻。山西三关军民饥，赈之。六月，老把都儿犯蓟西。大同官军袭鞑靼于丰州，获胜。八月，福建所募御倭广兵以犒赏薄，哗变，破泰宁，入江西。九月，俺答犯山西朔州，掠五台、崞县，济农亦犯陕西米脂。免湖广灾区税粮，十月，免陕西及北京灾区税粮。十二月，土蛮犯辽东。是岁，福建大埔窖民、南湾水民、尤溪山民、龙岩矿工及南靖、永定等处流民，纷起攻扰。学者唐顺之死。

外国

〔日本〕 正月，正亲町天皇行即位礼，毛利元就等进即位资。今川义元等来侵，织田信长击斩之。

〔越南—大越附莫氏〕 莫福源自居清潭县，使人督兵坚守东京。郑检略定北部诸地。大有年。

〔日耳曼〕 教皇保罗四世重行召开特兰托会议。日耳曼诸侯举行戴耶特于瑙姆堡，宣称唯皇帝始有召开宗教大会权力。

〔法兰西〕 法兰西斯二世卒，其十岁弟查理九世继位，国家实权操于其母美第奇（佛罗伦萨统治家族）之凯塞琳手。

〔英格兰〕 7月，英格兰、苏格兰、法兰西三国订立爱丁堡条约，法国派赴苏格兰之军队撤退。苏格兰议会决议废除旧教。

〔西班牙〕 侵非船队为土耳其人所败，损失船只六十五艘。自本年始，马德里固定为西班牙首都。

〔斯堪的纳维亚〕 伊利克十四世为瑞典王。

1561 年

中国

辛酉 明嘉靖四十年

正月，济农犯山西。顺天等府饥，赈之；二月，又赈山东济南等府；三月，又赈京师饥。广东惠、潮等府山民黄启荐等攻海丰等县。四月，山西饥，赈之。五月，东川土目阿堂为部下所杀，各土司互哄事定。闰五月，江西流民攻泰和，大败官军。四川容山土舍张问、韩甸等结合川贵苗民起事，入湖广界。六月，山西、陕西等处地震，压死军民无算。七月，赈辽东饥。江西流民破玉山、永丰。俺答犯宣府，九月，攻居庸关。广东三饶山民张琏等袭入福建南靖县。广东山民自江西入福建，破崇安，至浙江攻龙泉县。苏州等七府大水，赈之，并免本年秋粮。免北京灾区税粮。十月，闽、广流民攻邵武，入江西犯铅山、贵溪，破宜黄。“海盗”破福建宁德县。十一月，济农犯宁夏。十二月，老把都儿犯辽东。免湖广灾区税粮。

外国

〔日本〕 织田信长攻斋藤龙兴。川中岛再合战。天主教师始在京都传教。

〔越南—大越附莫氏〕 莫福源乘郑检北略，遣兵攻清华，初胜后败。十二月，莫福源死，子茂洽嗣，明年改元为淳福。

〔印度〕 蒙兀尔帝国皇帝亚格伯免拜拉姆可汗职，开始亲政；拜拉姆忿而作乱，失败遇害。

〔波兰〕 瑞典人占领爱沙尼亚。丹麦人占领库尔兰。立窝尼亚其余各地则为波兰占领。

〔英格兰〕 法王法兰西斯二世逝世后，其妻玛丽被迫返苏格兰，明年，要求英女王伊利莎白以之为英王位继承人，为后者所拒绝。

〔西班牙〕 腓力二世建立一新舰队，但毁于飓风。同年，土耳其人在西班牙海岸骚扰。

1562 年

中国

壬戌 明嘉靖四十一年

二月，屯福建同安之倭破永宁卫，指挥、千户多降。三月，容山土舍韩甸等败死。增设甘肃茶马司。四月，土蛮犯辽东，五月，又两次来犯。广东三饶首领张琏等败死。严嵩及其子严世蕃之奸暴露，严嵩罢官，严世蕃下狱。八月，重录《永乐大典》。九月，以河南北、山东西丰收，发银籴谷以实仓储。十月，广东程乡民梁宁、林朝义、徐东洲等攻扰江西有年，至是为俞大猷所破，徐东洲等被俘。免江西灾区税粮。十一月，诏求方书，以祈长生。鞑靼犯宁夏。罢所增两淮盐课。倭陷兴化府。以倭势猖獗，福建遭蹂躏几遍，乃命俞大猷、戚继光为正副总兵官以剿办之。免陕西灾区税粮。延绥官兵出边袭鞑靼于半坡山，获胜。

外国 〔朝鲜〕 杨州屠林巨正起事，据九月山，败死。

〔日本〕 德川家康与织田信长盟。三好实休与畠山政高战，足利义晖奔八幡。六角义贤与三好长庆和，足利义晖还。毛利元就献物于宫中。天皇密遣人晤织田信长，谕以平定全国之乱。

〔越南—大越附莫氏〕 莫茂洽淳福元年。英宗遣将略定十州，郑检略定山南路。大将邓训附于莫氏。

〔缅甸〕 莽应龙侵入明云南境之九掸土司。

〔捷克〕 腓迪南使其子马克西米连当选为波希米亚王。

〔法兰西〕 胡格诺派（法国新教信徒称号）于获得信仰自由后，复遭迫害。法国宗教战争起，自此至1598年始告终止。西南各地新兴资产阶级与一部分贵族（约有法全国贵族五分之二至二分之一信仰新教）属胡格诺派，而巴黎及法国东北各地则为旧教，双方皆以争取控制法国政权为目的。

〔英格兰〕 伊利莎白予法国新教徒胡格诺派以援助。同年，对英国旧教徒颁布严峻之法令。自今年起至1567年止，英国航海者约翰·哈金斯凡三次航行非洲与西印度群岛之间，大量捕捉非洲黑人售与西印度群岛之西班牙殖民者，获利甚巨。英女王伊利莎白及一部分英国贵族皆为此项事业之股东，分取巨额利润。禁止手艺工人出国。

1563 年

中国 癸亥 明嘉靖四十二年

正月，倭掠潮、惠二府之黄岗、大澳。俺答犯宣府，掠隆庆、永宁；二月，又犯辽东，至辽阳。福建兴化之倭陷平海卫。免湖广灾区税粮，仍赈之。三月，云南武定土司内哄。四月，倭掠福清，俞大猷等歼之；俞大猷寻与戚继光合破平海之倭，收复兴化，斩二千余级，为剿倭以来之空前大捷。八月，俺答屯辽东塞外，总兵官杨照出击之，中伏死。九月，复令崇文门宣课司征商税收钱。和平民李文彪起事。十月，乌斯藏阐化等王入贡请封。辛爱及老把都儿犯蓟州，掠三河、顺义而去。十二月，增修北京外城。是岁。理学家聂豹死。

外国 〔朝鲜〕 大明会典误录宗系，前曾数遣使于明辨诬，至是明帝始命改正，以改本会典付使者携回。

〔日本〕 武田义统献物于宫中。德川家康与今川氏真断绝。

〔暹罗〕 缅甸来犯。

〔缅甸〕 莽应龙攻暹罗。

〔波兰〕 俄罗斯人自波兰控制下，夺获立窝尼亚之一部分。

〔法兰西〕 第一次（起自去年）宗教战争以盎布瓦斯和约终结，准许胡格诺派在其所控制之地区内有崇拜自由。

〔西班牙〕 卡斯蒂之科尔特斯（议会）抗议异端裁判所之设置，但无成效。禁摩利斯哥人（Moriscos，改宗基督教之伊斯兰教徒）携带武器。

〔英格兰〕 公布“三十九条款”，以代替1551年之“四十二条款”，但后者之重要规定皆包括在内。英国国教会之基础由此奠定。

1564 年

中国 甲子 明嘉靖四十三年

正月，土蛮犯辽东。二月，韩王府宗室百余人至陕西会城索积欠岁禄。福建兴化倭残部攻仙游，大为戚继光所破，余寇遁出海。闰二月，免江西灾区税粮。鞑靼犯辽东。福建汀漳流民破漳平。三月，广东潮州倭为俞大猷所破。四月，免北京灾区税粮。五月，广东进珠二千两，尚以为少。六月，俞大猷大破倭于惠州海丰，擒斩千余，并破降与倭勾结之大盗吴平等；其蓝松三等昔之攻掠程乡等地者，于七月亦被擒。七月，顺天府尹刘畿以所属正赋不过十万余，而额外加编乃至十一万余，力言提编之弊。九月，命两广将嘉靖四十年至四十二年原派苏州军饷十八万两，留本省备用。十月，鞑靼犯陕西。十一月，以钱法日坏，私铸盛行，诏严加访治。十二月，广东勾倭盗首程乡丘万里被擒。南韶山民马五等起事。鞑靼犯山西。是岁，学者罗洪先死。

外国 〔朝鲜〕 命工曹掌采阴城熊岩山等处铜、锡矿事。

〔日本〕北条氏康与里见义弘战于鸿台。织田信长与浅井长政和。安艺银矿以所产金、银献于宫中。长尾辉虎献越后布于宫中。织田信长取稻叶山城。

〔越南—大越附莫氏〕 哀牢王乍斗献方物，英宗命以郑检养女妻之。郑检略定长安府，征民夫治道路。

〔暹罗〕 缅甸军攻京城，许称臣及年贡象、银以和。北大年酋长起兵破京城，节迦罗博王避而出走，事旋平定。

〔缅甸〕 围暹罗京城，取和而还。

〔俄罗斯〕 沙皇伊凡四世与一部分有力贵族发生矛盾，突然离去莫斯科，宣布退位。大贵族与僧侣由于民众压迫，派遣代表恳请伊凡复位，伊凡允之。第一个印刷店设立于莫斯科。

〔捷克〕 腓迪南卒，子马克西米连嗣位。

〔日耳曼〕 皇帝腓迪南一世卒，子嗣位，称马克西米连二世。同年出兵侵入最波利俄统治下之德兰斯斐尼亚，引起对土耳其人战争。

〔英格兰〕 与法国订立特尔瓦和约。英国放弃加来之主张权，法国以二十二万克朗（英币名，每枚值五先令）予英王为代价。

1565 年

中国 乙丑 明嘉靖四十四年

正月，大学士徐阶请将景王所占陂田数万顷还之民。二月，命湖广衡州、江西吉安行广盐。颁宗藩条例于诸王。三月，严世蕃伏诛，籍其家，得金三万余两，银三百余万两，他珍宝所值亦数百万。土蛮犯辽东。四月，俺答犯肃州。吴平降俞大猷后，复造船行劫，入福建，为戚继光所破。倭犯福宁，为戚继光所败。五月，鞑靼犯延绥。七月，河决沛县，运河淤二百余里。八月，籍严嵩家，不及二百万两，以一半济边用，一半入内库。吴平又犯福建。俺答子黄台吉犯宣府。九月，鞑靼犯延绥。改盐法。十一月，命潘季驯总理河道。潘季驯治河有能名，其术多为后世所宗。十二月，四川大足白莲教首领蔡伯贯起事，国号大唐，攻破七州县。

外国 〔朝鲜〕 尹元衡以帝舅之故，恣横狠戾，明宗初年，尹大妃垂帘，尹元衡导之杀贬多人；至是尹大妃死，削职，自杀。

〔日本〕 三好义继与松永久秀等害将军足利义晖，自是二年余无将军，义晖弟义就奔近江，武田晴信入越中。松永久秀等逐天主教士。织田信长以养女妻武田胜赖。

〔越南—大越附莫氏〕 莫茂洽遣兵攻清华，获胜。

〔暹罗〕 节迦罗博王退位，子摩欣摄政。亲缅之大将摩诃昙摩罗阇凡事把持，于是反缅之大将披耶蓝摩思倾覆之。

〔土耳其〕 苏里曼遣兵进攻马耳他岛，但为西班牙人击退，损失二万五千人。

〔俄罗斯〕 伊凡四世复位后，将全国土地分为两大部分，其中一部分为普通地区，由大贵族所控制之杜马（议会）治理；另一部分称为“沙皇特辖区”，由伊凡直接统治。此外又利用小贵族组成沙皇特辖军团以为摧毁大贵族封建割据之武力。

〔波兰〕 旧教反动组织耶稣会于本年在波兰设立，协助国王西吉斯孟二世压抑新教运动。

〔苏格兰〕 女王玛丽与新教徒（加尔文派）发生矛盾，新教徒起而倡乱。

〔西班牙〕 占领菲律宾群岛。在圣迈格克建第一个殖民地。

1566 年

中国 丙寅 明嘉靖四十五年

正月，蔡伯贯兵败被俘，死。二月，修承天大志成。浙江开化、江西德兴矿工起事，入婺源，焚县治。广东山民李亚元等攻河源等县，旋为俞大猷所破，死。三月，俺答犯宣府；四月，犯辽东。吴平大败于万桥山，不知所终。五月，俺答部掠河东盐场。六月，河决沛县。七月，辛爱犯万全，大败；又犯延安。八月，南赣巡抚吴百朋以江西、广东毗连各府民首领李珍、谢允樟、赖清规等十余年来活动旁近州县，请定会攻之术。十月，俺答犯固原，又犯偏关；闰十月，又犯大同。云南武定土司复内哄。浙江、江西矿工攻玉山等县，为官军所灭。十二月，世宗死，子载垕嗣，是为穆宗庄皇帝，改明年为隆庆元年。下方士王金等于狱，释前建言得罪诸臣。

外国 〔朝鲜〕 禁私占堤堰、牧场、渔梁、柴场。时俗奢淫，士庶多染疮毒，妄信人胆可治，因以重赂杀人取胆，至是严禁之。罢禅教两宗及禅科。

〔日本〕 松永久秀与筒井顺庆交战。三好义继破畠山高政。谦信略越中。足利义昭奔若狄，寻依朝仓义景。毛利元就灭尼子氏。

〔越南—大越附莫氏〕 莫茂洽崇康元年。郑检略山南中路。

〔暹罗〕 反缅派结万象酋长来犯，图夺政权，为缅兵所败。

〔土耳其〕 由于皇帝马克西米连不断遣兵进袭，匈牙利战事再起。苏里曼卒，所遗之帝国为欧洲一切国家中之最强大者。其子谢里姆二世嗣位。谢里姆二世任命宠信之犹太人约瑟夫•那西为那克索斯及其他数爱琴海海岛之公爵。

〔希腊〕 开俄斯与那克索斯等岛屿为土耳其占领。

〔日耳曼〕 马克西米连与土耳其苏丹谢里姆二世成立休战条约，两方各保其现有疆界。

〔尼德兰〕 西班牙王腓力二世令在尼德兰设立异端裁判所，当地贵族组同盟（被称为“乞丐同盟”）反抗之。8月，暴动四起，安特卫普等地教堂被捣毁。反抗西班牙专制统治之尼德兰革命自此始。

〔英格兰〕 加尔文派教义在英国逐渐传布，清教徒（见1559年条）开始提出其主张。

1567年

中国 丁卯 明穆宗庄皇帝朱载垕隆庆元年

正月，赠恤前朝建言已死诸臣。增设江浙巡漕御史。二月，鞑靼犯广宁。三月，土蛮犯辽东。四月，重录永乐大典成。五月，黄河决口工成，开新河去旧河三十里。俺答犯大同，六月，又犯朔州。山东、河南大水，新河复决。户部尚书葛守礼论一条鞭法及一串铃法之弊。七月，免应天加征织造银。遣官安辑山、河东南灾区流民，免租五年，革一切科差。九月，俺答犯大同、朔州，南至汾州，破石州，掠孝义等县。朵颜等三卫结土蛮犯蓟镇，掠昌黎等县。十月，宁夏官兵出塞袭河套鞑靼，获胜。是岁，吴平残部曾一本等攻扰广东海上。

外国 〔朝鲜〕 六月，明宗死，无子，以中宗孙昖嗣位，是为宣祖，大妃沈氏垂帘听政。

〔日本〕 织田信长以女妻德川家康。朝鲜遣使奉书献方物。松永久秀破三好三党。织田信长约为子信忠娶信玄女。

〔俄罗斯〕 沙皇勒令特辖区内之大地主贵族迁徙至辽远地区，以彼等之土地另行分配效忠自己之小贵族。大贵族阴谋叛乱，被发觉后，伊凡以极残酷之手段处理之。遣使赴北京，以“未携贡物”，不得觐见。

〔苏格兰〕 女王玛丽被贵族废黜后加以幽禁，戴其子为国王，称詹姆斯六世。

〔法兰西〕 第二次宗教战争起，胡格诺派在圣得尼为天主教徒所败。美洲西班牙人将法国殖民者自佛罗里达逐出（借口后者为“异端”）。

〔尼德兰〕 腓力二世派遣阿尔伐公爵为尼德兰总督。阿尔伐立即实施其血腥统治。尼德兰贵族开始逃亡。同年，尼德兰贵族埃格蒙特与荷恩被逮捕。腓力命设“戡乱委员会”（荷人称之血腥委员会）。

〔西班牙〕 阿尔伐洛·德·门德那发现太平洋中之所罗门、马绍尔与埃利斯等三群岛。

1568年

中国 戊辰 明隆庆二年

正月，鞑靼犯靖虏城；二月，犯柴沟堡。三月，陕西、山西、湖广、河南、北京、辽东、山东前后地震、山崩。五月，命戚继光总理蓟州、保定、昌平三镇练兵事。六月，曾一本攻广州，七月，犯廉州。八月，大学士张居正条上核名实、饬武备等六事。九月，遣官总理九边屯盐，改订盐法。十月。南京州县水旱为灾，北京、河南亦告灾，皆免秋粮。十一月，宣府官兵袭俺答于塞外，获胜。免江西灾区税粮。曾一本犯福建。十二月，限勋戚庄田，自百顷至七十顷。先是，嘉靖中行计亩征银之法，号一条鞭，至是江西始请正式施行，令户部详议。诏购宝珠，群臣谏，不听。

外国 〔朝鲜〕 女真人前擅入平安道海西坪居住，逐之，去而复还，至是发兵驱之。

〔日本〕 松永久秀等立足利义荣为征夷大将军。织田信长以妹妻浅井长政。织田信长迎足利义昭，率兵入京，松永久秀等降，足利义荣走死阿波，遂奉义昭为征夷大将军。信玄破今川氏真。

〔越南—大越附莫氏〕 郑检略安谟等县，收其稻而归。

〔暹罗〕 摄政摩欣迎节迦罗博王复位，袭摩诃昙摩罗阇，缅军乃复来犯，围京城。

〔日耳曼〕 普鲁士公国成为霍亨索伦家族之世袭领地。

〔法兰西〕 宗教战争以隆朱摩和约结束，胡格诺派再度获得盎布瓦斯和约所给予之权利。

〔英格兰〕 苏格兰女王玛丽脱逃后来英，伊利莎白仍幽禁之。9月，西班牙舰队截击英国哈金斯之海盗式船只于未拉克卢斯（墨西哥东部海港）。哈金斯大败逃归。12月，伊利莎白命拦劫西班牙载运饷银赴尼德兰之热那亚船只，以为报复。

〔西班牙〕 阿拉贡之科尔特斯（议会）迫使腓力颁布法令，限制教会对一般事件之干涉。南部摩利斯哥人（见1563年条）以不堪西班牙人压迫，爆发起义，至1571年始失败，被屠杀者数达巨万。

〔尼德兰〕 腓力命将埃格蒙特与荷恩二人处死刑。同年2月26日，下令判处全体尼德兰人为“异端”，并全部处死刑（此令意义为使阿尔伐可以任意屠杀，不必逐案请示。仅有极少数人为例外，另附名单）。

1569 年

中国

己巳　明隆庆三年

正月，俺答犯大同。改总理练兵事戚继光为总兵官，镇守蓟州、永平、山海关等处。二月，免陕西灾区秋粮。罢太监阅视京营。三月，曾一本破碣石卫。四月，济农西掠，官军乘虚袭河套，获胜。辽阳官军袭俺答别部于夹河山城，逐走之。五月，曾一本大败于平山。闰六月，北京、南京、山东、浙江、大水。七月，河决沛县，遣使赈灾区。八月，曾一本败于莱芜澳，被俘死。赈南京、浙江、山东灾。九月，俺答犯大同，掠浑源等县。淮水溢。十二月，命东厂、锦衣卫侦伺部院事。免北京、南京、山东、浙江、河南、湖广灾区税粮。设广西巡抚。是岁，陕西民起事。

外国

〔日本〕　德川与武田两氏交恶。德川家康攻远江，今川氏真出走。信玄攻小田原。织田信长与北畠具教和。大友义镇袭毛利氏。

〔越南—大越附莫氏〕　英宗以郑检为上相，号尚父。

〔暹罗〕　节迦罗博王死于围城中。缅兵破京城，俘摩欣，立摩诃昙摩罗阇为王。又于要地置缅官，行缅法，于是缅历亦代暹历。

〔波兰〕　公布卢布林联合令，将立陶宛并入波兰王国版图，共戴波王为元首，有共同之戴耶特（议会）与币制。

〔法兰西〕　隆朱摩和约后，凯塞琳复颁布命令，禁止胡格诺派自由崇拜，于是第三次宗教战争起。胡格诺派以纳瓦尔王子亨利为统帅（亨利于 1572 年始即纳瓦尔王位）。

〔西班牙〕　运金船只多艘为英人拦劫。

1570 年

中国

庚午　明隆庆四年

正月，倭掠广海卫。以王崇古总督宣大；崇古前总督三边，已立威名，至是，又招徕番汉陷北军民及西番、瓦剌，一岁中逾二千人。二月，更京营制，以文臣为总理，以侯、伯充各营总兵官。是春，应天巡抚海瑞疏吴松江，开白茆河五千余丈，役夫百六十四万。瑞为政以摧豪强、抑兼并为主，农民喜之而为势家所恶，未能久于其位。四月，俺答犯大同、宣府、山西。郧阳民起事与陕南民合，至是攻四川境。七月，免四川灾区税粮。八月，俺答及子辛爱分道入犯，九月攻大同、锦州。陕西水灾，免税粮，并赈之。河决邳州。免北京、湖广灾区税粮。十月，俺答孙把汉那吉以俺答夺其妻三娘子，怒而来降，授以官；俺答闻之，十一月，遣使请封贡，许之，惟要以献作伥之奸民赵全等；十二月，俺答执送赵全至，诛之，遣把汉那吉还。

外国

〔朝鲜〕　大臣等争请雪乙巳年为尹元衡诬杀诸人之冤，治附尹诸人罪；不尽从。纂国朝儒先录。

〔日本〕　四月，改元元龟。姊川会战。本愿寺光佐据大阪。织田与朝仓氏和。明船至长崎，葡萄牙船亦来。

〔越南—大越附莫氏〕　郑检死，子郑桧代领兵。检次子郑松等以桧骄佚，拥英宗入万赖关内，与桧相拒。莫茂洽乘郑氏兄弟阋墙，遣兵攻清华，郑桧奔莫氏，英宗督诸将力战，历九月，莫氏兵乃退。

〔暹罗〕　真腊来犯，御败之，因之得增强武备，购炮于葡萄牙等国，以图兴复。

〔土耳其〕　谢里姆以那西斯之怂恿，向威尼斯要求塞普拉斯（塞浦路斯）岛，不遂，遂向威尼斯宣战。

〔门的内哥罗〕　斯库台里总督阿利召请土耳其人来侵，为门的内哥罗人击败。

〔俄罗斯〕　沙皇率大军入诺夫哥罗德，将城中凡有被疑为交通波兰人之分子尽行屠杀。

〔法兰西〕　第三次宗教战争以圣涉曼和约终结。胡格诺派仍获得信仰自由（法国宗教战争自 1562 年起至此为第一时期）。

〔英格兰〕　教皇庇护五世命将伊利莎白驱逐出教，并准许英国人民解除彼等对女王之效忠誓约。

〔斯堪的纳维亚〕　丹麦与瑞典订立斯泰丁和约。

1571 年

中国

辛未　明隆庆五年

三月，封俺答为顺义王，名其所居曰归化城。四月，授俺答子弟及各部酋长以都督同知至指挥使等官有差。河又决邳州。五月，广西古田八寨壮人抵拒经年，至是为俞大猷所破。土蛮犯辽东，大为总兵官李成梁所败。六月，河套济农亦请封贡，许之，授为都督同知。俺答贡马并执赵全余党十三人来献。是夏，诏江西烧造瓷器十二万余件，陕西织造羊绒三万二千二百余匹，凡费一百数十万两，言官谏，不听。七月，许仓、驿杂职官于本土。八月，许河套互市；九月，开三镇贡市。是秋，建蓟镇敌台成。十月，河南、山东大水。十二月，诏云南采办珠宝。是岁，名文学家归有光死。

外国 〔日本〕 开长崎与葡萄牙互市。织田信长攻长岛，焚睿山。今川氏真逐北条氏政。

〔越南—大越附莫氏〕 莫茂洽兵攻乂安。顺化守将阮潢，于此后数年中，经略广南，破占城土酋，又败莫氏来犯之师。

〔土耳其〕 完全征服塞浦路斯岛。

〔俄罗斯〕 克里米亚汗来侵，陷莫斯科，焚毁该城之大部分，并掳去居民数万人卖作奴隶。明年再来攻，但被击退。

〔罗马〕 教王庇护五世组织一包括西班牙、奥地利与威尼斯之"神圣同盟"，由奥地利之约翰统率其舰队，于10月7日与土耳其海军大战于勒班陀海面（巴尔干半岛西南），获得巨大胜利。

〔日耳曼〕 最波利俄卒，马克西米连继承其统治之匈牙利之领土。

〔法兰西〕 胡格诺派在拉罗舍尔举行宗教大会。同年，一部分主张较温和之旧教贵族形成一名为"政治派"之集团。

〔葡萄牙〕 名诗人卡蒙伊施之史诗《鲁息德》（叙葡人在海外之征服，杂写神怪）成。

〔西班牙〕 5月19日，在菲律宾群岛中之吕宋岛上建立之马尼拉城奠基。

1572年

中国 壬申 明隆庆六年

二月，倭犯广东，掠化州、吴川等州县。惠、潮间山贼蓝一清、赖元爵、黄民太、卓子望、曾仕龙，与倭呼应，四出钞掠；遣兵讨之。三月，土蛮犯清河等堡，败遁。复行海运。五月，穆宗死；六月，子翊钧嗣，是为神宗显皇帝，改明年为万历元年。七月，通漕运于密云。十一月，徐邳河工成。十二月，首辅张居正进帝鉴图说。

外国 〔朝鲜〕 遣朴淳如明吊穆宗之丧，淳与明争礼。

〔日本〕 谦信与信玄相持于利根川。织田信长攻小谷。织田信长以十七条谏将军足利义昭。信玄举兵向京都。三方原大战。此时天主教已盛行于九州。

〔越南—大越附莫氏〕 英宗以郑松权势过大，出走乂安，松迎英宗第五子维禫立之。

〔缅甸〕 莽应龙又攻孟养诸地。

〔土耳其〕 奥地利之约翰为西班牙夺得北非之突尼斯。但两年后仍为土耳其人占领。

〔俄罗斯〕 伊凡四世下令遣散沙皇特辖军团。

〔摩尔达维亚〕 "恐怖的"约翰继位为佛耶佛德（见1593年瓦拉几亚条）。与土耳其人作战，略有胜利。

〔波兰〕 西吉斯孟二世卒。无嗣，雅该罗王统绝。王位争端甚烈，同时候选者有五人。波贵族乘机建立王位选举原则。

〔法兰西〕 旧教贵族乘胡格诺派领袖纳瓦尔王亨利与查理九世幼妹玛加累特在巴黎举行结婚典礼，于8月23（圣巴托罗缪节日前夕）至24日对齐集巴黎之胡格诺派大加屠杀，死者三千余（纳瓦尔王亨利伪为皈依旧教保全性命）。外省亦同时屠杀，死者十倍之。史称"圣巴托罗缪节屠杀"。同年第四次宗教战争起。查理九世弟亨利率大军围攻胡格诺派之强固堡垒——拉罗舍尔。

〔英格兰〕 德雷克航行至巴拿马，第一次目睹太平洋。同年，埃塞克斯伯爵着手在爱尔兰北部之乌尔斯忒殖民（一次自英格兰移民一千二百人），以爱尔兰人反抗甚力，明年失败归。

〔西班牙〕 尼德兰起义军占领布利尔与蒙斯（即柏尔根）。北方诸邦推举奥兰治亲王威廉为荷兰、西兰、夫利斯兰诸邦之统领。

1573年

中国 癸酉 明神宗显皇帝朱翊钧万历元年

正月，王大臣之狱起，司礼太监冯保欲因以陷故辅高拱，未果，大臣被杀。二月，广西府江瑶人数年来，攻击荔浦、永安等县，杀官吏，至是破败。是春，朵颜部长董狐狸犯喜峰口，为戚继光所败，乃请入贡。四月，潮惠勾倭之山贼卓子望等皆平。柳州怀远瑶人数攻附近县邑，至是破败。七月，河决徐州。八月，罢海运。湖广荆州等府水，山东济南旱，赈之。四川都掌土酋阿大等据九丝山，称王，攻击邻近县邑，至是破败。十一月，立章奏考成法。十二月，辽东旱，发银赈军士。朵颜董狐狸之弟长秃犯边，戚继光破擒之，董狐狸叩关请罪；令放还所掳汉民，释长秃，许通贡如故。是冬，建州女真酋长王杲犯边。

外国 〔朝鲜〕 日本幕府使僧来聘。明将李成梁设堡于鸭绿江方山镇，过界侵耕，咨明辽东谕禁之。

〔日本〕 将军足利义昭阴谋图织田信长，事泄，信长废之。足利氏自创室町幕府，至是凡十五传、二百三十五年而亡。于是信长于数月之内灭朝仓、浅井、三好诸氏。七月，改元天正。

〔越南—大越附莫氏〕 黎氏世宗嘉泰元年。正月，黎维禫即位，是为世宗，改元嘉泰。郑松潜杀英宗。郑松为都将，节制各处水步诸营，兼总内外，平章军国重事，先决后奏。

〔印度〕 蒙兀尔帝国皇帝亚格伯征服古吉拉特，并入帝国版图，是为亚格伯最重要之胜利。

〔土耳其〕 "神圣同盟"发出内哄，威尼斯弃西班牙，直接与土耳其人媾和。威尼斯除放弃塞浦路斯岛外，并赔偿军费三十万杜克特（按勒班陀战役后，西人欲进攻非洲，而威尼斯则主张乘胜夺回塞浦路斯岛，以是内哄）。

〔波兰〕 法国瓦罗亚王室之安茹伯爵亨利（即法王查理九世弟）与波兰贵族签署"议会盟约"后（予波兰贵族以选举国王权力，并将王权限制于极其狭隘之范围内），当选为波兰国王。

〔法兰西〕 查理九世弟亨利于当选波兰王后，亟欲赴位，遂与胡格诺派订拉罗舍尔和约。七月初，颁布"部罗涅敕令"，予胡格诺派以较前此更大之信仰自由。

〔西班牙〕 尼德兰总督阿尔代被调回，别以列开孙代之。同年，西班牙人夺获北非之突尼斯。

1574 年

中国 甲戌 明万历二年

二月，振四川为都掌土酋所扰诸州县。三月，潮州林道乾之党诸良宝既降复犯阳江，至是大为官军所破。四月，诏内外官行久任法。八月，山西灾，赈之。是秋，河海并溢，淮徐大水，赈之。十月，建州王杲大举犯辽东，为李成梁所破，杲为土酋王台所执以献，斩之。是岁，倭犯浙江宁、绍、台、温四府，又陷广东铜鼓卫，为总兵官张元勋所破。是岁，柯维骐死。

外国 〔朝鲜〕 遣使如明质询典制。

〔日本〕 武田、北条诸氏讨织田信长，无成。织田信长迫石山城，嗣陷长岛。龙造寺隆陷信须古城。

〔越南—大越附莫氏〕 莫茂洽遣兵攻义安，陷河北地。

〔缅甸〕 莽应龙残孟养、孟拱诸部。自是之后，军事渐稀，境内粗定，应龙自称为"王中之王"。于是命制定法律，统一度量衡，又印发佛经，广建塔寺。更通婚于锡兰，遣使于孟加拉，而与西方各国互市亦盛。

〔摩尔达维亚〕 "恐怖的"约翰为土耳其人战败，阵亡。自此摩尔达维亚佛耶佛德之废立，完全操于土耳其宫廷之手。

〔波兰〕 瓦罗亚之亨利（安茹伯）因受贵族之挟持太甚，适其兄法王查理九世卒，遂遁回法国。

〔尼德兰〕 西班牙军围来顿，奥兰治亲王命决堤以水淹之，西军被迫撤退（按来顿在莱因河下游近海）。荷人后组来顿大学以为此次战役纪念。

〔法兰西〕 5月末，查理九世卒，其弟亨利自波兰遁归继位，称亨利三世。同年第五次宗教战争起。亨利三世弟阿隆松公爵法兰西斯与"政治派"（见 1571 年条）皆加入胡格诺阵营。纳瓦尔王亨利在此次战争中放弃旧教信仰，重行领导胡格诺派。

〔西班牙〕 土耳其人夺回突尼斯，歼灭该地西班牙戍军。

1575 年

中国 乙亥 明万历三年

正月，辽东筑六边堡成，斥地七八百里。二月，始设起居注官。是春，土蛮犯边，李成梁败之。五月，淮扬大水。六月，浙江杭州等四府因海潮沸溢，淹没人畜，毁损战船无数；苏州等府亦大水。八月，河决高邮、砀山。赈淮扬水灾。是冬，泰宁部长炒花结土蛮黑石炭、黄台吉、卜言台周、煖兔、拱兔等犯边，李成梁大破之。

外国 〔朝鲜〕 东西党论起。遣使如明，请将宗系辨诬事增入会典新书。

〔日本〕 织田信长修东海东山道路。足利义昭致书毛利、吉川两氏谋恢复。织田信长、德川家康合破武田胜赖。本愿寺光佐求和于织田氏。明船至丰后贸易。

〔越南—大越附莫氏〕 莫茂洽遣兵分犯义安、清华。

〔暹罗〕 真腊来犯。

〔波斯〕 达马斯普死，子伊斯美尔二世嗣位。

〔土耳其〕 谢里姆二世卒，穆拉德三世嗣位。

〔捷克〕 议会向国王马克西米连提出准许信仰新教自由之要求，其内容与"奥格斯堡信条"同。马克西米连口头允许，但拒绝列入法令中。

〔波兰〕 选举西吉斯孟二世妹安娜之夫，德兰斯斐尼亚公斯提芬·巴托利为国王。

〔日耳曼〕 举行于拉梯斯本之戴耶特，选举马克西米连之子卢多尔夫为罗马王（为他日继承皇帝位张本）。

〔法兰西〕　亨利三世与求伊斯公爵亨利领导下之党派联合。

〔英格兰〕　尼德兰愿以主权献伊利莎白以换取英国援助，伊利莎白不敢接受。伊利莎白令禁乞丐，三次违犯者处死刑。

1576年

中国　丙子　明万历四年

正月，辽东巡按御史以忤张居正杖贬。二月，允督漕吴桂芳请，开草湾河以利漕运。三月，戚继光修三屯营成。泰宁部长炒花犯古北口。土蛮黑石炭谋犯边，李成梁破走之；五月，又谋犯边，复为李成梁所败。六月，遣太监督苏杭织造。诏修会典。七月，蠲天下历年逋赋有差，明年漕粮折收什三。遣官修江浙水利。草湾河工成，长一万一千一百余丈，塞决口二十二，役夫四万四千。八月，河决沛县。

外国　〔日本〕　织田信长击大阪一向宗徒。武田等氏讨织田信长。毛利氏入大阪。岛津义久并隅日二州。

〔越南—大越附莫氏〕　莫茂洽遣兵犯清华、义安。

〔印度〕　蒙兀尔帝国皇帝亚格伯征服孟加拉，遂并恒河流域。于是恒河、印度河流域皆归入版图，惟印度河下游之信地，数年后始并入帝国。

〔日耳曼〕　马克西米连二世卒，自此至1612年为卢多尔夫二世朝。卢多尔夫二世开始在其奥地利土地内限制新教。

〔尼德兰〕　西班牙军在安特卫普大肆劫掠（“西班牙暴行”）。同年尼德兰十七邦派代表会集于根特，订立《根特盟约》，誓将西班牙人逐出，争取独立自由。

〔法兰西〕　第五次宗教战争以沙特诺耶和约（以其有国王之弟阿隆松公爵参加，亦称“大人和约”，或音译“默羞和约”）而终结。由于所给予胡格诺派之条件甚优，引起旧教贵族不满，于是以求伊斯公爵亨利为首之“神圣同盟”出现，目的在拥护求伊斯公爵为法国国王。亨利三世惧，遂自称为“神圣同盟”领袖，严禁新教崇拜，以此第六次宗教战争又起。

〔西班牙〕　在尼德兰之西军以妇女多人置于阵前，攻陷马斯特利赫特（列日北约三十英里）。

1577年

中国　丁丑　明万历五年

正月，淮安、凤阳二府民以水灾，过半逃亡，命力行营田。二月，广西饥，赈之。五月，广东罗旁瑶人常攻邻邑，至是破败。八月，河复决沛县。九月，张居正父丧，谋留位，纠劾之者多杖贬。十二月，罢苏杭织造，寻复之。是年，入四百三十五万余两，出三百四十九万四千余两。

外国　〔朝鲜〕　春，八道大疫，平安、黄海两道尤甚。秋，八道又大水，疫仍未已，牛马多死。

〔日本〕　织田信长击纪伊杂贺。征宫墙修筑费于京都商人。北条氏政与里见义弘和。织田信长部将丰臣秀吉略播磨，陷上月城。

〔越南—大越附莫氏〕　莫茂洽遣兵攻河都等地。清华大水，民饥。明年改元为光兴。

〔波斯〕　伊斯美尔二世死，弟盲者穆罕默德继位，柔懦无治才，政治日乱。

〔法兰西〕　亨利三世惧“神圣同盟”之挟持，故战事虽胜利，仍于9月中旬与胡格诺派缔结培日拉克（或波亚迭）和约，许后者以信仰自由。

〔尼德兰〕　内部发生矛盾，南部诸邦退出根特同盟。

〔英格兰〕　德雷克开始其环绕地球航行，沿途抢劫西班牙船只及其殖民地，至1579年返抵英国。英人至今尊之为海上英雄（按环航地球已由麦哲伦早于德雷克六十年前完成）。伊利莎白与尼德兰革命者缔结同盟。

1578年

中国　戊寅　明万历六年

正月，泰宁部长速把亥结土蛮犯边，李成梁破之于劈山；二月，又破之于长定堡。免山东兖州等府逋赋。四月，免湖广逋赋。是夏，复命潘季驯总理河漕，季驯条上六议，从之。七月，诏江北民无田者，官给田五十亩、牛一头，开垦三年后升科。诏选内监三千五百七十名应用，言者谏，不听。九月，诏苏州等府垦荒，六年后升科。十二月，炒花等复结土蛮煖兔、拱兔、大小委正等犯辽东，李成梁大破之。诏清丈天下田亩，限三年竣事。是岁，户一千六十二万一千四百六十六，口六千六十九万二千八百五十六。岁入三百五十五万余两，出三百八十八万八千余两。

外国　〔朝鲜〕　京中人请以活字印卖朝报，不许，且治其罪。

〔日本〕　毛利辉元围上月城。武田、德川两氏治兵相持。

〔越南—大越附莫氏〕 黎氏世宗光兴元年。莫茂洽延成元年。莫茂洽遣兵扰清华，又扰宣光。

〔暹罗〕 真腊来犯。

〔尼德兰〕 西班牙军在哲姆布劳克斯击败起义军。巴尔马公亚历山德罗继位为尼德兰总督。

〔葡萄牙〕 国王塞巴斯提安卒，西班牙王腓力二世以其妻为塞巴斯提安姑母，声称有权利继承该国王位，但卒由塞巴斯提安之叔亨利继承。

〔非洲〕 葡王塞巴斯提安派兵入侵摩洛哥，干涉该国内政，大败而退。

1579 年

中国 己卯 明万历七年

正月，张居正恶书院，请废之，凡毁六十四处。二月，遣官阅边防及各省违法科敛。三月，免淮、扬等府历年逋赋。诏征光禄寺银十万两。五月，苏、松大水，言者请停苏杭织造，后允减半。六月，核北京、南京、山东、陕西勋戚田赋，有逾额及隐占者按治。七月，赈苏松饥；旋罢苏杭织造。八月，以河患，免泗州等地田租。诏减征派，共减银一百三十万余两。十月，土蛮犯辽东，李成梁出塞大破之。是冬，修河工成，凡筑堤三百余里，又五万六千余丈，费银五十六万余两。

外国 〔朝鲜〕 咸镜道大旱，平安道大雨，三南大水。倭寇陷达梁镇。日本遣对马岛主之子来。

〔日本〕 北条氏政与德川家康和。北条、武田两氏治兵相持。宇多喜直家降于织田氏。织田信长平荒木氏。

〔越南—大越附莫氏〕 莫茂洽遣兵扰清华。

〔波兰〕 斯提芬·巴托利组织新军，自本年起与俄罗斯进行战争，历三年方结束，波兰重行占领波洛茨克。

〔尼德兰〕 北方七省（荷兰、西兰、攸特累克特〔乌特勒支〕、该尔德兰、格罗宁根、夫利斯兰与俄佛奈塞尔）缔结攸特累克特同盟。

〔英格兰〕 爱尔兰人因反对英人移入，爆发起义，其领袖贵族菲兹毛利斯被击败。德雷克返抵英国，伊利莎白以分获赃物甚巨，亲赴得特福德港，检阅德雷克之船只，并授予后者以武士爵位。

〔葡萄牙〕 名诗人卡摩恩施卒。

1580 年

中国 庚辰 明万历八年

三月，迤东土酋王兀堂犯边，李成梁大败之。四月以两淮灾，赈恤盐场灶户及州县饥民。闰四月，广西十寨壮人年来攻城杀官，至是破败。六月，南京各府大水。剿倭名将俞大猷死。是秋，王兀堂犯宽甸。十月，汰内外冗官。苏州等府灾，赈之。十一月，勘实天下田数七百一万三千九百七十六顷。

外国 〔朝鲜〕 夏，下三道大疫。日本遣使来聘，谓欲通好于明，请为先容；却之。

〔日本〕 本愿寺光佐降；一向宗徒据大阪以来已十一年。北条、武田两氏治兵相持。龙造寺隆信侵筑后。

〔越南—大越附莫氏〕 莫茂洽遣兵扰清华。莫茂洽遣使如明岁贡。

〔暹罗〕 再修阿瑜陀耶京之防御工事。真腊来犯，大掠而还。

〔日耳曼〕 路德宗派之新教诸侯与城市公布“信仰一致录”，详列路德宗派与加尔文宗派各不相同之点。新教二大宗派自此发生裂痕。

〔法兰西〕 由于培日拉克条款未被遵守，第七次内战爆发，但同年11月下旬再媾和。亨利三世重行保证以前各项条约之执行。

〔葡萄牙〕 亨利卒，西班牙王腓力二世当选继位，称葡王腓力一世，与反抗者进行战争，历二年始定。

1581 年

中国 辛巳 明万历九年

正月，土蛮犯锦州，掠松山、杏山；继又与黑石炭等部谋入广宁，李成梁出塞大破之。二月，张居正进列朝宝训、实录。四月，赈山西灾区。四月，以淮安等府饥，赈之。黑石炭犯辽阳，官军追之，大败。五月，以互市以来，马匹日增，诏尽卖民间种马。是夏，户部尚书张学颜上会计录。八月，辽东雹灾，扬州狂风暴雨，淹没人畜屋舍无数。十月，土蛮犯广宁，攻义州。十月，赈真定等府灾。是岁，张居正请尽核天下徭赋及诸司冒滥冗费，豪猾以是怨之。

外国 〔朝鲜〕 南北党争起。以大明会典纂修将毕，遣官赴明质正所载世系等事。

〔日本〕 西班牙船来。织田信长大杀高野山僧徒。丰臣秀吉陷鸟取城。朝鲜赠京极晴广勘合符。

〔越南—大越附莫氏〕 莫茂洽遣兵扰清华，郑松大破之。

〔缅甸〕 莽应龙死，子应里立。时境内虽云统一，实则强藩各霸一方，应里又颇残暴，于是乱事纷起。

〔俄罗斯〕 受雇于斯托罗加诺夫家族之哥萨克头人雅尔马克率骑兵八百人越乌拉山，战败西伯利亚汗，占领伊尔的什河迤西土地，此为俄罗斯向东发展之开始。俄人每至一相当地点，即建筑一军事据点，至1643年即达太平洋岸，占有整个西伯利亚。令农民在本年圣乔治节日不得出走，史称“第一个禁年”（按俄国农民在每年秋收后之圣乔治节——俄历十一月二十六日——前后各一星期有辞退旧主人，另投新主人之自由。至1550年伊凡四世令将此项权利限制在圣乔治节之当日）。

〔匈牙利〕 西吉斯孟·巴托利为德兰斯斐尼亚亲王。

〔尼德兰〕 北方诸省发布独立宣言。荷兰与西兰二省推举奥兰治亲王威廉为统治者，其他五省则推举法国贵族安茹公爵为统治者。

〔英格兰〕 给予利凡特（地中海东岸一带总称）公司以特许状。

1582年

中国

壬午 明万历十年

正月，淮、扬海溢，浸盐场三十，淹死二千六百余人。二月，俺答死，优赙之，其妻子进马谢。免天下积年逋赋，凡一百余万两。三月，杭州兵以争饷哗变。泰宁部长速把亥等犯义州，败死。倭掠温州。四月，宁夏灵州土军马景等杀其参将，景等旋亦被杀。杭州民以行保甲苛扰，起而反抗，旋败；其争饷之变兵亦败。顺天等八府三年来皆歉收，赈之。六月，赈太原等府饥。张居正死。十月，苏州等府大水，坏房舍千万，淹没田十余万顷，死者二万人；赈之，并免税粮。十二月，谪太监冯保，籍没金银百余万两。冯保与张居正相结，至是追劾居正者遂起。戚继光以张居正等倚任之，在蓟镇十六年，边防修举，至是改命镇广东。是岁，王杲子阿台犯沈阳，李成梁追之，进围古埒城，阿台被杀，建州女真酋长努尔哈赤之父祖往援阿台，亦被害。是役，苏克素护河酋长尼堪外兰实通于李成梁，故成梁得成大功。

外国

〔日本〕 遣使于罗马教廷。武田胜赖灭。丰臣秀吉围高松。织田信长南征，宿本能寺，部将明智光秀作乱，信长自杀；丰臣秀吉闻变，攻光秀，破之于山崎。德川家康略甲斐。

〔暹罗〕 真腊来犯。

〔印度〕 蒙兀尔帝国皇帝亚格伯脱离伊斯兰教。

〔日耳曼〕 科隆大主教兼选侯该布哈德皈依加尔文宗派之新教，皇帝卢多尔夫二世与教皇格列高利十三世下令废黜之，该布哈德拒绝奉命（崇奉路德教派之新教诸侯拒予该布哈德以援助）。同年战争起，至1584年该布哈德失败，科隆为皇帝所支持之列日主教尔累斯特取得。

〔意大利〕 教皇格列高利十三世（1572—1585年）公布其所制之“新历”，以代替当时欧洲通用之“朱理安历”（公元前46年凯撒所颁布）。西、葡、法及意大利与日耳曼之一部分统治者加以接受，其他宗新教各国则拒予采用，直至18世纪（按此“格列高利历”推算仍未尽善，故每隔三千三百二十三年仍须相差一日，但至今已成世界各国通用之“公历”）。

〔尼德兰〕 安茹公爵人安特卫普就位。

1583年

中国

癸未 明万历十一年

正月，缅甸酋长莽应里为汉奸岳凤所诱，犯云南，陷顺宁。闰二月，封俺答子乞庆哈（即黄台吉）为顺义王。三月，追夺张居正官。赈延安等府灾。四月，承天等府大雨，江溢，漂没民居人畜无数。广东罗定兵以长官苛虐哗变，旋败。六月，赈承天等府灾。八月，免山西灾区税粮。十月，赈河南、湖广灾。十一月，免苏州等府灾区税粮。是岁五月，努尔哈赤以父祖之死由于尼堪外兰，举兵攻之；尼堪外兰败奔甲板城，八月，又移鄂勒珲城。

外国

〔朝鲜〕 女真扰庆源府，破之，追入其部落而还，又遣兵掩击，大胜。嗣女真又攻潼关镇，拒退之。收忠清等三道佛寺钟铸枪铳。东西党、南北党交讧于朝，太学生亦多参与党争。

〔日本〕 织田信长子信孝不满丰臣秀吉，与泷川一益、柴田胜家等攻之。秀吉击败诸军，信孝、胜家皆死，一益降。秀吉于是筑大阪城为根据地。京都西阵织创于此时。

〔越南—大越附莫氏〕 会试士人。莫茂洽遣兵扰清华。哀牢献方物。郑松略安康等地，收稻而回。

〔英格兰〕 惠特歧夫特任坎特伯雷大主教，对清教徒（清教派）实施迫害。同年，令天主教之耶稣会教士于四十日内离英，有抗命者或加以隐藏者皆以叛国罪论处。托洛哥莫尔顿以英法天主教徒之支持谋刺女王伊利莎白。

〔尼德兰〕 安茹公爵企图推翻奥兰治亲王，独揽政权，失败返法，后者自是为北方七省共同拥戴。荷兰共和国归于一统。

〔西班牙〕 在马尼拉设“阿迪安西亚”（一具有立法、行政、司法三权之官署），统治整个菲律宾群岛。

1584 年

中国 甲申 明万历十二年

二月，免淮扬等府灾区税粮。释建文诸臣外亲谪戍者后裔，于是得还乡者三千余人。三月，江西景德镇烧造内用瓷器至隆庆时年已达十余万件，至是命减之。四月，籍张居正家，尽攫其诸子兄弟所藏，得金一万两，银十余万两。缅甸既陷顺宁，陇川诸地土司多附之，至是大为刘綎、邓子龙所破，岳凤亦降，因进攻缅甸，于破降沿路土司后，九月薄阿瓦，莽瑞体弟猛勺降。十月，免湖广、山东灾区税粮。十一月，以推日食，回回历优于大统历，因并二历，以备考验。十二月，罢开银矿。是岁，努尔哈赤攻并栋鄂部之翁鄂洛城。

外国 〔朝鲜〕 赴明质正世系使者回，言大明会典成书，所请者均得改正。

〔日本〕 织田信长子信雄与德川家康结盟，共图丰臣秀吉，败之于长久平。秀吉整军于比睿山，势复振，旋与信雄、家康等和。朝鲜请修好。

〔越南—大越附莫氏〕 郑松略安康等地。莫茂洽遣使如明岁贡。

〔暹罗〕 王子纳黎萱于孟肯军次声明不再称臣于缅；缅兵两次来攻，皆大败之。真腊遣使约和。

〔缅甸〕 莽应里以境内乱，征暹罗兵来助，暹罗王子黎萱睹缅势已衰，中道而还，并声言自主；遣兵击之，两度皆败。

〔俄罗斯〕 伊凡卒，子费奥多尔嗣位，其戚属波利斯·戈都诺夫掌握实际政权。

〔法兰西〕 安茹公爵（即阿隆松公爵法兰西斯与亨利三世之幼弟）卒，瓦罗亚王室男嗣绝。纳瓦尔王亨利成为法国王位最近继承人（亨利为亨利三世幼妹之夫），神圣同盟力予反对。求伊斯公爵亨利勾结西班牙王腓力二世（亨利三世长妹之夫）宣称崇信异端者不能继承法国王位。

〔尼德兰〕 奥兰治亲王遇刺殒命。其子毛利斯继位。

〔英格兰〕 与西班牙绝交。西班牙在塔荷（泰加斯）建造大船队（无敌船队），准备攻英。

1585 年

中国 乙酉 明万历十三年

正月，四川建武所兵变，伤总兵官，逾五月，败。三月，神宗常集宦官三千人，授甲操于宫中，号曰“内操”，至是以大臣力谏，罢之。泰宁部长把都儿与炒花等入边掠沈阳，李成梁追击大破之。减杭州织造及尚衣监料银。尚宝少卿徐贞明尝著潞水客谈，论兴京畿水利事，至是被命督治京畿水田。六月，四川松潘等地番人攻邻近城堡，遣兵击之。十月，泰宁部犯蒲河，西部以皃邓亦谋犯辽沈，李成梁遣将击败之。十二月，汰惜薪司内官，减四川采木三之一。是岁，顺义王乞庆哈死。缅甸酋长莽应里又犯云南，败归，复来犯，又败。是岁，努尔哈赤攻并浑河部之界藩、栋嘉、萨尔浒城。

外国 〔朝鲜〕 女真时有少数骑卒过境扰，边民亦偶入女真部落攻掠。

〔日本〕 丰臣秀吉攻根来，平四国，威信益高，遂为关白，置五奉行。是年毁南蛮寺。

〔越南—大越附莫氏〕 郑松略定西道，又略山南。莫茂洽改明年元为端泰。

〔暹罗〕 缅甸结景迈来犯，前后大败。

〔缅甸〕 遣兵攻暹罗，败还。

〔意大利〕 教皇锡克斯塔斯五世当选，开始建立梵蒂冈宫之图书馆。

〔法兰西〕 第八次内战起，以其为国王亨利三世、纳瓦尔王亨利与求伊斯公爵亨利之战，故称“三亨利战争”。

〔英格兰〕 伊利莎白派遣勒斯特伯爵率兵入尼德兰，援助荷兰共和国反西班牙统治之革命。

〔尼德兰〕 西班牙军占领安特卫普，英国在战争中予后者以援助。

〔西班牙〕 以求伊斯公爵为首之法国天主教党，与西王腓力二世共同缔结在法国及尼德兰“剿灭异端”之盟约。

1586 年

中国 丙戌 明万历十四年

二月，严外官馈遗之禁。三月，徐贞明自督治水田，不及一年，已垦辟三万九千余亩，又将大行疏浚诸河，以勋戚、宦官之占田者争言不便，遂罢之。四月，土蛮结泰宁部突至辽阳，李成梁大破之于可母林。五月，户部尚书毕锵以锦衣旗校至万七千余人，内府诸监局匠役数亦逾万，冗食太多，请加裁汰，又言宫内浪费诸事，为近幸所挠，因致仕归。六月，四川松潘番人为官兵所破。山西民起事。北京、河南、陕西、广西、广东等地饥，赈之。七月，赈江西灾。河南淇县民王安等攻犯邻邑，旋败。九月，又赈河南、山东、北京、陕西、辽东、淮凤灾。是岁，努尔哈赤攻并苏克素护河之瓜尔佳城、浑河部之贝珲城、哲陈部之托摩和城，继乃进攻尼堪外兰，明人执送之，遂杀尼堪外兰，与明和，通贡受封。

外国

〔朝鲜〕 设乡校督学官。

〔日本〕 德川家康娶丰臣秀吉之妹。十一月，正亲町天皇让位，后阳成天皇践祚（一百零七代）；以丰臣秀吉为太政大臣，赐姓丰臣。

〔越南—大越附莫氏〕 莫茂洽端泰元年。莫茂洽大修东京，复还居之。清华大水，民饥。

〔暹罗〕 又大败缅甸、景迈之军，俘数千人。缅又发大军来。

〔缅甸〕 遣兵攻暹罗，败还。旋又发大兵攻暹罗，薄其都。

〔印度〕 蒙兀尔帝国皇帝亚格伯并吞克什米尔。

〔波斯〕 盲者穆罕默德死，子阿拔斯大帝立，波斯复兴。

〔俄罗斯〕 卡赫齐亚为莫斯科附庸。建新迪乌门城作为在西伯利亚进行征服之根据地。明年，又建托波尔斯克要塞。

〔日耳曼〕 路德宗派与加尔文宗派在萨克森之斗争甚烈。

〔英格兰〕 德雷克返自西印度群岛，在西班牙各殖民地劫掠甚巨，满载而归（按英国海上权力即以起自1562年后哈金斯、德雷克等此种海盗行为开端）。美洲所产烟叶输入英国，此为欧洲人知吸烟之始。

1587年

中国

丁亥 明万历十五年

正月，发内帑赈山西、陕西、河南、山东诸宗室。三月，封俺答孙撦力克为顺义王；其妻三娘子即俺答所夺之外孙女而为妇者，历配三王，主兵柄，因封为忠顺夫人。五月，京师大雨，房屋倒塌，官民压溺死者无数。七月，河决开封。江南水，江北蝗，山西、陕西、河南、山东旱，蠲赈有差。九月，海瑞死于南京右都御史任，人民因其抑豪强，为之罢市致哀。十一月，郧阳兵因巡抚李材优待生徒，苦役士卒，因哗变。是岁，努尔哈赤攻哲陈部。

外国

〔朝鲜〕 倭寇犯全罗。黄海道饥疫。女真陷鹿屯岛等地。日本遣对马岛橘康广等来，求通信书，不许。汉京士子群聚效鬼魅巫觋之状，唱登登曲。

〔日本〕 丰臣秀吉攻岛义久，迫降之，九州遂平。禁天主教。铸天正通宝钱。是时始效明织工织缩缅金襕缎子繻子。

〔越南—大越附莫氏〕 郑松攻下天关等府，数败莫氏，年终退师。

〔暹罗〕 缅军围京城，五月，以伤亡多，粮不继，退走。真腊背盟来犯，大破之，追至其都始还。

〔缅甸〕 大兵围暹罗京都五月，不克，引还。

〔俄罗斯〕 波兰商人在莫斯科获得贸易权。同年，巴黎商人亦取得同样权利。

〔波兰〕 斯提芬·巴托利卒，西吉斯孟二世另一妹凯塞琳与瑞典王约翰二世之子嗣位，称西吉斯孟三世。

〔法兰西〕 纳瓦尔王亨利与求伊斯之亨利互有胜负。

〔英格兰〕 伊利莎白杀苏格兰女王玛丽（见1568年条）。西班牙王腓力准备进攻英国。教皇锡克斯塔斯五世号召“惩罚”伊利莎白之十字军。

〔西班牙〕 英舰队在德雷克统率下，袭卡提斯（加的斯），焚毁正在建造中之舰艇多艘，此外又拦劫葡萄牙之东印度公司商船一只，掳获甚巨。

1588年

中国

戊子 明万历十六年

三月，诏改正景帝实录。山西、陕西、河南、南京、浙江大饥、疫，人死无数。四月，大名、开封等府水旱相仍，赈之。五月，四川建昌番酋长安守等结邛部黑骨夷起事已数年，至是破败。六月，停苏杭织造。苏州等府大旱，太湖涸。七月，免山东灾区夏税。八月，取太仓银二十万两充阅陵赏费。九月，青海部长犯西宁。十一月，甘肃兵变。是岁，梅堂起事于蕲州，旋败死，其党刘汝国避至太湖县。苏完、董鄂二部皆附于努尔哈赤。

外国

〔朝鲜〕 边兵入女真部落杀掠。日本使平义智来，诈言对马岛主宗氏之子实平秀吉使之来觇，留居半年。

〔日本〕 后阳成天皇至丰臣秀吉第与诸侯盟。

〔越南—大越附莫氏〕 莫茂洽兴治元年。郑松攻略天关各地，收牛畜财物而回。

〔法兰西〕 求伊斯公爵进兵巴黎，亨利三世遁。同年12月，亨利使人刺死求伊斯公爵亨利及其弟路易。

〔英格兰〕　西班牙以一百三十二艘巨舰（附炮三千一百六十五门）组成之“无敌舰队”进攻英国，自7月21日至29日与英舰大战于海峡，以飓风为英人所乘，损失过半，退回本国。西、英两国之海权消长，此战具有决定意义。

〔西班牙〕　“无敌舰队”败于英。

〔丹麦　挪威〕　克里斯蒂安四世履位，在位至1648年，与瑞典在波罗的海竞争甚烈。

1589 年

中国

己丑　明万历十七年

正月，刘汝国起事于太湖，称顺天安民王，攻宿松等地，二月，败死。三月，免升授官面谢。自是神宗视朝遂稀。永昌卫兵变。土蛮犯义州。四月，始兴僧李圆朗起事，攻南雄，旋败死。南京、浙江、江西、湖广大旱。顺义王撦力克西徙青海，河套之卜失兔遂出没塞下。六月，浙江大风海溢，沿海诸府坏公私舍宇，碎官民船甚多，人畜死者亦众。六月，河决夏镇。九月，土蛮犯辽东，败李成梁兵。十月，黄河决口工成。是岁努尔哈赤攻下兆佳城。

外国

〔朝鲜〕　日本送还被掳之民一百一十六人，又解送勾倭奸民，请遣使至其国通好，并献孔雀、鸟枪。朝鲜有鸟枪自此始。郑汝立谋起事，未发被杀，株连甚多，嗣分遣御史安抚各道。

〔日本〕　遣使于琉球。伊达政宗破相马盛胤。丰臣秀吉下令讨北条氏。遣使于朝鲜，促其来聘。禁耶稣教，焚其在京都之教会。京窑常滑烧、织部烧创于此时。

〔越南—大越附莫氏〕　郑松略安康等地，破莫氏之兵。

〔俄罗斯〕　设大教长区，由约布任大教长。俄罗斯教会自此形成一独立之教会，不受君士坦丁堡东正教大教长之管辖。

〔法兰西〕　求伊斯之亨利卒后，其弟马颜（迈恩兹）公爵查理继起领导神圣同盟，亨利三世乃引兵与纳瓦尔王联合，连下城镇多处，进抵巴黎。7月31日，亨利三世为一修道僧刺杀，纳瓦尔王亨利遂即位为法兰西王，称亨利四世。纳瓦尔与法兰西自是合并。亨利系出圣路易（九世）次子罗伯特，以其领有波旁（包本）堡垒，故称波旁王室，自此统治法国至1792年。

〔英格兰〕　与法王亨利四世缔结共同反对西班牙之同盟。德雷克等仍在西班牙沿海各地继续其海盗行为（按德雷克等远征军费系由女王与伦敦商人合组公司筹划）。英国之工业与商业在此一时期中俱有长足之进展。

〔葡萄牙〕　英舰队袭葡海岸，饱肆劫掠而退。

1590 年

中国

庚寅　明万历十八年

正月，以大理评事雒于仁谏疏指陈阙失，不欲外人得知，留中不发，自是章奏留中遂成为例。二月，停日讲，自后讲筵遂永罢。土蛮卜言台周、黄台吉等深入辽沈，李成梁败，反以胜告。三月，直隶、山东、河南毗连诸府，狂风昼晦，拔木伤稼，坏官私庐舍，压死人畜甚多。四月，赈湖广饥。六月，免顺天等府灾区夏税。更定宗藩事例，听无爵者自便。青海部长火落赤犯旧洮州；七月，再犯河州。八月，以顺义王撦力克在青海，诸部挟以为重，数犯边，诏暂停贡市以促其东归。十二月，河套卜失兔犯永昌，欲入青海。为总督郑洛所败。是岁，名学者王世贞死。

外国

〔朝鲜〕　郑汝立之案，各党藉之倾轧异己，纷呶不已。

〔日本〕　奉使罗马教廷者回。丰臣秀吉围小田原，北条氏降。秀吉以关东地封德川家康，家康遂入居江户；于是奠定后日江户幕府之基。朝鲜使来。秀吉以山科田充供御。

〔暹罗〕　摩诃昙摩罗阇王死，子纳黎萱嗣。缅甸来犯，大破之。

〔土耳其〕　与波斯缔结和平条约，以结束起自1577年之战争。土耳其获得乔治亚（格鲁吉亚）、阿塞拜疆与喜尔凡（今巴库之一部分）。

〔俄罗斯〕　与瑞典发生战争。

〔法兰西〕　神圣同盟内部发生分裂，亨利四世在伊夫利获得胜利后进攻巴黎，但为马颜公爵及西班牙王腓力二世所派遣之援军阻遏。

〔西班牙〕　腓力二世下令增加食粮税。

1591 年

中国

辛卯　明万历十九年

正月，缅甸酋长莽应里犯永昌、腾越，败还。二月，顺义王撦力克及忠顺夫人三娘子令部下还所掠洮河人口，谢罪请归，于是火落赤等皆远徙。五月，四川四哨番起事，旋败。七月，宁波等府海溢，大水，蠲赈有差。八月，河南饥，赈之。是秋，湖淮并溢，泗州大水，山阳河决。十月，京营武弁哗辱工部尚书曾同亨，置不问。十一月，辽东总兵官李成梁以欺罔罢任。

十二月，定外戚庄田之制。十二月，延绥官兵诈败河套之众，杀其部长土昧明安，于是边衅又起。是岁，努尔哈赤略长白山、鸭绿江一带地，叶赫使人索地，努尔哈赤不许。王宗沐死。

外国

〔朝鲜〕 前遣使日本者回，日本回礼使偕来，以平秀吉书至，谓欲假道攻明，辞甚狂悖；遣使告于明。日本寻又使人至釜山，仍以通明之意相恫吓，以不得允，怏怏去，留居日本人亦多引归。

〔日本〕 西洋教士以印度总督书来。户政实降，奥羽平。丰臣秀吉以子秀次为关白，下“征韩令”，置五大老，调兵以侵朝鲜，拟借以由陆路扰明。

〔越南—大越附莫氏〕 莫茂洽洪宁元年。郑松略安山等地，收粮米，屡败莫氏兵。

〔印度〕 蒙兀尔皇帝亚格伯吞并信地南部。

〔俄罗斯〕 沙皇费奥多尔之异母弟，九岁之底米特里死（按底米特里为伊凡四世第七妻所出，应为其兄费奥多尔之继承人）。克里米亚汗再侵莫斯科，失败而退。

〔日耳曼〕 土耳其人入侵匈牙利。

〔法兰西〕 亨利四世获得城市新兴资产阶级与一部分贵族（“政治派”——见1571年条）之助，颇获胜利。今年占领沙脱尔，进攻卢昂。

〔英格兰〕 今年及明年两次派遣军队赴法，援助亨利四世。

〔西班牙〕 阿拉贡发生反异端裁判所暴动，腓力予以严厉镇压。

1592年

中国

壬辰 明万历二十年

二月，宁夏致仕副总兵官哱拜反，与鞑靼相结。四月，顺义王撦力克执浩落赤以献，因还所停二年市赏。五月，日本丰臣秀吉犯朝鲜，逼王京；朝鲜王李昖奔平壤，又走义州，求援。七月，日本兵入朝鲜王京大掠，北逼平壤，败明兵。鞑靼河套部长卜失兔等犯定边以声援哱拜，为官军击退。九月，官军破宁夏，杀哱拜，事平。十月，真定等府灾，蠲赈有差。大发兵援朝鲜，以李如松为防海御倭总兵官。赈浙江、河南诸府灾。

外国

〔朝鲜〕 四月，日本大举来犯，陷釜山，分道北进，抵御之军多败。宣祖奔平嚷，又走义州，请救于明。五月，日本兵入汉京、陷开城，抵平壤，八道几皆没。七月，明偏师来援攻平壤，不克。明旋遣使赴日军计议，自是后半年中，各地与日兵交战，有胜有败。至十二月明大军始至义州。以国用绌，卖官爵。

〔日本〕 正月，部署诸将，旋出师攻朝鲜，四月，入其京城，嗣又获其二王子；时前锋已抵平壤。八月，明遣使于军前议和。十二月，改元文禄。西班牙、葡萄牙船请贸易。

〔越南—大越附莫氏〕 正月，郑松破东京，莫茂洽退守江北。茂洽旋立其子为王，改元武安，自将拒战。十二月，茂洽被俘死，莫全不久亦被获。莫氏宗族敬止据青林称王，改元宝定。

〔暹罗〕 缅甸大军来犯，击败之，杀其王储。

〔俄罗斯〕 戈都诺夫以沙皇名义下令禁止农民离开土地。农民以不堪地主压迫，大量逃亡至哥萨克人地区。

〔日耳曼〕 斯特拉斯堡主教出缺，新教与旧教人民各选继位者一人，于是发生“主教战争”。1604年始以争执中之一造将主教缺售与另一造了事。

〔西班牙〕 在法国之军队大败于亨利四世。

1593年

中国

癸巳 明万历二十一年

正月，李如松援朝鲜之师复平壤、开城，进攻王京，败绩。二月，李如松焚日本军粮储；四月，日本兵以乏食，弃王京而退，五月，据釜山，于是封贡之议行。河决单县。六月，令各省每岁夏月录囚，减轻系。七月，以进行日本封贡事，撤李如松大军还。八月，江北大水，赈之。九月，朝鲜王李昖表谢援救复国。十月，赈湖广水灾，并免税粮。十一月，河南、浙江水旱灾，蠲赈有差。十二月，赈山东饥。是岁，河南叶县矿工二千余人攻文马二峒。叶赫等扈伦四部扰努尔哈赤境，败还，嗣又结蒙古科尔沁等部，号为九国攻努尔哈赤，大败。李时珍、徐渭死。

外国

〔朝鲜〕 正月，明兵破日军，复平壤，又克开城，遂逼汉京，败于碧蹄驿，遂退。二月，权栗破日军于幸州。四月，明经略遣使如日军议和，日军遂退屯釜山以北一带，东西九百里，列屯而守。五月，明遣使如日本。八月，明大军班师，留二万人屯驻。十月，宣祖回汉京。

〔日本〕 正月，正亲町上皇死。破明兵于碧蹄驿。四月，与明和。五月，诸将还釜山，放朝鲜二王子回。明使来。遣人使于台湾。小笠原群岛发现。

〔越南—大越〕 正月，莫敬止改元康佑，旋败死。二月，莫氏宗室敬恭称王，改元乾统。时北方群雄竞起，大乱。

〔暹罗〕 缅甸前攘据土瓦、廷那撒林二城，至是收复。遣使贡于明。攻真腊，围其国都禄兀。

〔土耳其〕 与奥地利发生战争。与英国订立第一次商约。

〔瓦拉几亚〕 勇敢的迈克尔当选为佛耶佛德(Voivode，按佛耶佛德意义为总司令，实即掌握一切大权之人。瓦拉几亚与摩尔达维亚均使用此称号，前者至1716年，后者至1658年)。

〔法兰西〕 亨利四世为使其宗教信仰服务于政治目的起见，本年又正式放弃新教，改宗旧教。胡格诺派对此亦未加反对。

〔英格兰〕 颁布反旧教之最后立法，凡拒绝改宗国教之富有旧教徒，每出外旅行，不得超过五英里，贫穷者则一律放逐。

1594年

中国 甲午 明万历二十二年

二月，赈河南、山东、江北。三月，诏修国史。七月，河套部长卜失兔犯延绥，八月，入固原，为总兵官麻贵所破。以孙丕扬为吏部尚书。丕扬患太监请托，创为掣签法，是为铨法一大变革。十月，以播州宣慰使杨应龙抗拒，发兵攻之。日本议和使小西飞至北京。泰宁部长炒花犯辽东，大败。是岁，蒙古科尔沁部、喀尔喀五部，通好于努尔哈赤。

外国 〔朝鲜〕 设训练都监，用明戚继光纪效新书以练兵。行保布令，令民户出布以养兵。日本屯兵，降者甚多，赐其官长姓名，别编为军。时女真犯边，令将督师，以日本降卒为先锋，入其部落，大破之。是岁，大饥。

〔日本〕 商人归自吕宋。丰臣秀吉命检诸国田，定岁入额。遣使如明。得棉种于明。刑禁耶稣教徒。

〔越南—大越〕 莫敬恭败奔明龙州。先明县武登起事，建元罗平，旋败死。

〔暹罗〕 破真腊都，其王走死，置兵守之。遣兵攻缅甸。

〔土耳其〕 穆拉德三世卒，子穆罕默德三世嗣位。

〔瓦拉几亚 摩尔达维亚〕 同时屠杀境内之土耳其人。“勇敢的”迈克尔率兵侵入土境，明年大胜土军。

〔法兰西〕 亨利在沙脱尔大教堂行加冕礼后进入巴黎，并接受“神圣同盟”诸领袖之效忠誓言。

〔西班牙〕 西人在荷兰所保有之最后据点——格罗宁根——为革命军所攻陷。

〔葡萄牙〕 禁止荷兰商船入里斯本。荷兰人间接获得东方货物之路断绝，明年遂开始其海外冒险。

1595年

中国 乙未 明万历二十三年

正月，遣使封丰臣秀吉为日本王。许宗室子弟就试入仕，惟不得为京朝官。五月，杨应龙听命，革职，以其子朝栋理宣慰司事。九月，青海部长永邵卜犯甘肃，大为参将达云所败；嗣又结火落赤犯西宁。诏以建文朝事附国史太祖本纪，复其年号。淮水溢，于是导淮分黄议起。十一月，赈湖广灾。是岁，努尔哈赤略地辉发。是岁，著名治河者潘季驯死。董嗣成死。

外国 〔朝鲜〕 定通融作米法。明数遣使至日本营议事，日本所欲甚奢，旋又遣使赍封日本册宝来。始以海土炼硝，用作火药。大有年，棉布一匹直米三四十斗，饥民始苏；惟财政支绌，无款购军粮。

〔日本〕 关白丰臣秀次出家，旋自杀。颁法令六条。是岁，检田毕，租法亦定。

〔越南—大越附莫氏〕 郑松分兵击诸莫及抗命者。是岁，大饥，社会秩序甚不安定。

〔暹罗〕 攻缅甸，围白古，旋退。

〔缅甸〕 莽应里在白古，暹罗来攻，围之，旋走。

〔印度〕 北印度大饥。

〔保加利亚〕 在德兰斯斐尼亚亲王西吉斯孟·巴托利领导下，掀起反抗土耳其运动，但旋失败。保人无分男女皆参加游击战争，专事袭击伊斯兰教徒。

〔波兰〕 乌克兰农民因不满波兰统治之压迫，在塞默林·拿利维科领导下，奋起反抗，波兰人用极残酷之方法镇压之。

〔日耳曼〕 卢多尔夫二世与德兰斯斐尼亚统治者西吉斯孟·巴托利结同盟，共同反抗土耳其人。奥地利有农民起义。

〔法兰西〕 亨利四世向西班牙王腓力二世宣战。西班牙军在法国颇有胜利。

〔荷兰〕 开始海外探险与殖民政策。今年在非洲西部之几内亚获得根据地，并开始航行南洋群岛。

1596 年

中国

丙申 明万历二十四年

二月，河套卜失兔又谋犯边，延绥总兵官麻贵等，出塞大破之。火落赤犯洮河，总兵官刘綎大破之。五月，河套部犯甘肃，总兵官杨浚大破之。六月，赈福建福州等府饥。七月，以东西用兵，营建宫室，经费支绌，于是遣官开矿于畿辅、河南、山东、山西、陕西、浙江，领以太监，恣横骚扰，大为民病。杨应龙复起攻邻近卫所、土司。九月，封使至日本，丰臣秀吉怒朝鲜王子不偕来以谢，于是再拟侵朝鲜。河套部犯宁夏，总兵官李如柏败之。是秋，河决单县。杭州等府大水，赈之。十月，始命太监征税于通州并征天津店租，于是税使继矿使四出，民益不堪。是岁，明遣官及朝鲜官使于努尔哈赤。

外国

〔朝鲜〕 命撰东医宝鉴。日本兵只留釜山四屯，余皆退。琉球以其国人遭风漂至朝鲜，优恤遣回，因献土物。李梦鹤等起事，旋败死。明使赴日本，朝鲜遣人随往，丰臣秀吉怒朝鲜倔强，且要索七事于明，遂准备再来侵略。

〔日本〕 在朝鲜诸将皆还，仅留兵釜山。明使来，以所议不合，遣之回，因又议攻朝鲜。十月，改元庆长。

〔越南—大越附莫氏〕 莫敬章攻青林，败死。范沆起事，称天安招讨都元帅，败死。遣官迎候明使于谅山，而明使不至。

〔土耳其〕 大败奥地利及其同盟德兰斯斐尼亚。

〔日耳曼〕 皇帝及其同盟德兰斯斐尼亚为土耳其人败于刻利兹特斯。

〔法兰西〕 马颜公爵查理向亨利四世乞降，亨利以勃艮第统治权界之。国内自是无反对亨利者。

〔西班牙〕 英人袭劫卡提斯（加的斯）。

〔荷兰〕 与英国舰队共同袭击卡提斯。

1597 年

中国

丁酉 明万历二十五年

正月，朝鲜以日本留兵釜山，复求援助；二月，复议征日援朝，以麻贵为备倭总兵官；三月，命杨镐经略朝鲜军务。四月，河决黄堌口。五月，麻贵进兵援朝。六月，日本兵船数千泊釜山，逼梁山、熊川。七月，杨应龙攻江津、南川。八月，日本破闲山、南原，进逼王京。辽东、京畿、山西、山东皆地震。九月，日本兵至汉江，杨镐责其动兵，日本兵乃退屯井邑待议。十月，以莫氏衰，授黎维禫为安南都统使。十一月，泰宁部长炒花结土蛮犯辽东，大掠沈阳。十二月，援朝军与日本兵大战于蔚山。是岁，叶赫等扈伦四部，使来修好。

外国

〔朝鲜〕 正月，日本兵复大举来侵。遣使告急于明。明以麻贵统兵来援，并令杨镐为经略，七月，抵汉京，前锋屯全州。八月，日本兵陷南原等地，九月，明兵大破之于素沙坪，朝鲜兵又败之于碧波亭。十二月，明兵攻日兵于蔚山等处，围之。以饷不足，卖官鬻爵，征税之使相接于道。

〔日本〕 再遣兵攻朝鲜，诸将次第出发。吕宋来献。大泥国来献。大军抵朝鲜南原与明兵战，不利，退守蔚山一带，为明兵所围。丰臣秀吉招诱明及朝鲜之贼盗。

〔越南—大越附莫氏〕 安丰县阮当明起事，年号福德，旋败死。世宗亲至镇南关会明使，随遣使如明岁贡并求封。慈廉县阮明智起兵，年号大德，旋败死。

〔波斯〕 克复乌兹别克所占领之希拉、哥拉森等地。

〔瓦拉几亚〕 与土耳其苏丹媾和。

〔俄罗斯〕 令地主追寻逃亡农奴，应以五年为期，逾期后听任农奴在新地居住。

〔英格兰〕 爱尔兰之提隆伯爵休•俄尼尔举兵反抗英国统治，至1601年始失败。

〔荷兰〕 航行南洋群岛之舰队于8月20日返国，虽损失甚巨，但获利仍非常优厚。自此赴东方船只络绎不绝，至1602年止，约达七十艘。

1598 年

中国

戊戌 明万历二十六年

正月，援朝攻蔚山之兵，以杨镐先奔，全军大溃，丧失辎重无数，而镐反以获胜入告。二月，益募水兵赴朝鲜与日本相持。三月，土蛮犯辽东，总兵官李如松败死。六月，命太监采珠于广东。七月，遣太监鬻两淮没官余盐。以闻丰臣秀吉死，促援朝诸将进兵。九月，免浙江灾区田租。援朝之兵与日本兵战于蔚山诸处，互有胜负；十月，又战，败于新寨；十一月，日本兵退，援朝兵追之，大将邓子龙等战死；十二月，歼日本匿乙山崖之残兵。是冬，总督三边李汶袭河套鞑靼，大破之于松山。努尔哈赤遣子褚英等略安褚拉库路。

外国

〔朝鲜〕 正月，明兵围日本兵于蔚山，久不下，乃退屯尚州。

七月，李舜臣败日本兵于古今岛。九月，明将刘绖以日将求和，伪许而以兵击之，无大利。时平秀吉已死，日本兵急欲归，复请和，李舜臣攻之中弹死。日本兵退。

〔日本〕　攻朝鲜之军成相持状态，和战并进。八月，丰臣秀吉死，德川家康等遂召诸将还。安置朝鲜归附陶工于长门、肥前。

〔越南—大越〕　郑松分兵击诸莫。明以世宗为安南都统使。莫敬恭贿明官请划有太原、高平二地。

〔暹罗〕　西班牙使来，缔亲睦通商之约。

〔俄罗斯〕　费奥多尔卒，罗里克王统绝。波利斯•戈都诺夫获选为沙皇。同年，征服西伯利亚之古楚汗国。

〔法兰西〕　4月15日，亨利四世颁布《南特敕令》，授予胡格诺派诸大贵族（在其领地内有刑事司法权者）以信仰与崇拜之自由。若干城市亦获得此项自由。但凡主教或大主教驻锡城，国王宫廷所在地及巴黎皆不许胡格诺派存在。至于在政治上，则胡格诺派与旧教徒具有同等权利，此外仍可保留一定数量之设防城市。换言之，此后胡格诺派系作为一武装政党而存在。历时三十六年之内战，至此终结。同年法国与西班牙媾和。

〔西班牙〕　与法王亨利四世缔结和约。腓力卒，西属尼德兰（今比利时）由其女伊利莎白娜继承，西班牙及其他土地则由其子继承，称腓力三世。再禁止荷兰商人在里斯本经营商业，荷人向东方发展，占领葡萄牙殖民地自此开始。

〔荷兰〕　始在爪哇设立根据地。

1599 年

中国　己亥　明万历二十七年

正月，遣太监分榷京口、仪征税。二月，遣太监榷浙江税，又遣太监采珠广州，各兼复设之浙江、广东市舶司事。又命太监分别开采云南矿，征荆州、山东店税，及苏、杭、河南、山西、四川、陕西等处税课。又命太监督理江西瓷厂。辅臣以税使纷出，岁须八百万金，得不偿失，徒殃民敛怨，请尽撤之，不报，后乃并诸税于矿使。贵州兵攻杨应龙，败绩。三月，遣太监征税于密云、临清、东昌。四月，御午门受倭俘，磔平秀政、平正成于市。太监马堂征税临清，科及米豆，民怨沸腾，聚三四千人逐堂，杀恶役三十七人；诏逮首事者，株连甚众。闰四月，蠲援朝东征加派田赋。诏取太仓银二千四百万两为册立分封诸费，库存无几，乃遣太监严核天下积储。六月，遣太监开矿广东，兼领税务。杨应龙陷綦江，大杀掠。八月，遣太监兼征河东盐税。九月，土蛮犯锦、义二州。十月，以播州用兵，加四川、湖广田赋。贵州宣慰使安疆臣请助击杨应龙，许之，且允归杨应龙所侵安氏水西之地。命太监征收广东土物。十一月，赈河南、畿辅灾。十二月，太监陈奉征税苛虐，为求金宝，发墓剖棺，至是，武昌、汉阳民群起反抗，奉被殴伤，奉遣人焚民居，杀死甚多。是岁，东海渥集部之虎尔哈酋长朝努尔哈赤。努尔哈赤命取蒙古字制国语，并令开金银矿。努尔哈赤以哈达反复，灭之。努尔哈赤以来归者众，命每三百人为一牛录。

外国　〔朝鲜〕　正月，明班师。遣使如明请发粮饷相救。自日本侵扰，国人多避居明地，至是请明查还。日本致书釜山守将，送所俘数人还。以书籍遭乱焚毁，命购求遗书。

〔日本〕　德川家康与五奉行盟誓。日本纪撰成。官板大学中庸刊成。前田利长送质于德川家康。

〔越南—大越〕　加郑松都元帅、尚父，总国政，封平安王。定律令。武德恭称隆平王，攻太原等地，旋败。七月，世宗死，郑松舍太子，立王子维新，是为敬宗，改明年元为慎德。

〔暹罗〕　纳黎萱王攻缅甸，无功；又攻东牛。

〔缅甸〕　莽应里居白古，其弟东干王结阿腊干王攻之，应里势蹙，降于阿腊干。

〔瓦拉几亚〕　迈克尔占领德兰斯斐尼亚。同年，又驱逐摩尔达维亚之佛耶佛德。自此统治此三国。但为时甚暂。

〔英格兰〕　英国之著名剧作家莎士比亚（1564—1616年）盛于此时。

〔西班牙〕　第二次遣大舰队攻英，为飓风所袭，退归。

〔斯堪的纳维亚〕　瑞典王西吉斯蒙为贵族所废。

1600 年

中国　庚子　明万历二十八年

正月，杨应龙破龙泉土司。二月，遣太监征凤阳、定庆、徽、庐、常、镇税；又税沿江田；又开彰德、卫辉、怀庆等处矿。攻杨应龙之师数道分进，总兵官刘绖连下三峒；三月，总兵官童元镇败于乌江；四月，刘绖再夺数关，相持月余。六月，杨应龙自缢死，俘其家属部下百余人。除京师牙税。八月，罢戍朝鲜陆兵，留水兵八千。是秋，炒花犯辽东。十月，贵州皮林苗人吴国佐起事，自称天皇上将，年来攻扰七十余屯堡；至是遣兵击之。开采云南阿瓦孟密宝井。是岁，各省多告灾，又苦矿税，兵民多不聊生。浙江人赵一平至徐州，自称宋后，谋起事，发觉死。凤阳巡抚李三才等力陈矿税之害，皆不报，而一时地方官以忤税使得罪者前后相继。

外国　〔朝鲜〕　明允留兵二万四千屯南境。琉球以书及土物附入明使携回。始制木鞋。日本还俘虏五十七人。边将袭女真部落。纂定八路贡案。

〔日本〕　英吉利人至江户。德川家康攻上杉景胜。时诸侯反家康者群起，陷伏见城，至关原大战，家康获胜，势始渐固。德川家康命以活字板印贞观政要等书。

〔越南—大越〕　黎氏敬宗慎德元年，十一月，改弘定元年。阮潢谋乱，事泄，归守顺化。郑松乃潢之甥，致书解谕，潢乃息念。莫茂洽之母，号召诸莫，迎莫敬恭。

〔暹罗〕　攻东牛，以疾疫饥馑退师，损折不少。

〔印度〕　英国东印度公司成立，享有对印度贸易之专利。

〔俄罗斯〕　沙皇宣布希瓦与布哈拉两汗国（在中央亚细亚）隶属于俄罗斯。

〔意大利〕　天文学家（诗人、哲学家）布鲁诺，由异端裁判所判决被焚死。同年，卡拉布里亚（在半岛前足）有反抗西班牙统治之起义。参加者有康帕内拉（1568—1639年），失败后被捕。康帕内拉在狱中达二十余年，著有《太阳国》，描写其理想中之“共产主义”国家。

〔英格兰〕　英国东印度公司获得特许状（去年12月31日），今年正式成立。

1601年

中国　辛丑　明万历二十九年

正月，以播州杨应龙败亡，免四川、贵州、湖广、云南加派田租逋赋。吴国佐败死。二月，大西洋利玛窦至北京。三月，武昌民再起。陈奉逃避，杀恶役十六人；四月，陈奉惧，请还京，许之。分播州置遵义、平越二府。杨氏自唐以来，据有播州，传二十九世，八百余年，至应龙而亡。六月，苏州民变，杀织造太监参随六人。吏部尚书李戴以京畿、山东、河南、山西大旱，民不聊生，亟言矿税之害；不报。赈顺天等府饥。八月，复命李成梁镇辽东。九月，河决开封、归德。十二月，朵颜部长长昂，以入犯屡败，乃与董狐狸纳降，请复马市；许之。

外国　〔朝鲜〕　正月，自日本侵略乱后，只给百官用料，至是始颁禄。明使来谕以整顿国防，改贵贱过严之限制；惟朝臣仍事朋党之争，无肯虑此。设厅校正周易并校口诀。日本对马岛官使人修好，还俘虏二百余人。日本人丰臣重明上书请报效以攻日本。苏德裕等谋起事，发觉，皆死。日本请修好，答以应请命于明。

〔日本〕　定东南道五十三驿。德川家康定上供费及公卿采邑，建学校于所居之伏见城。遣使于朝鲜。安南始遣使通好。

〔越南—大越〕　郑松破莫敬恭，略山西诸地。

〔印度〕　蒙兀尔帝国攻下德干之阿西卡，从此帝国势力伸入南印。

〔土耳其〕　瓦拉几亚之佛耶佛德“勇敢的”迈克尔被暗杀。土耳其又恢复在该地区之统治。

〔俄罗斯〕　岁大饥，死人无算，地主、寺院与商人则乘机囤积居奇。饥馑继续至1603年。

〔英格兰〕　颁布《救贫律》，责成各地教区负责筹募捐款，“救济”贫民（按此法用意仍为强迫有劳动力之贫民接受低微工资而工作）。同年伊利莎白下令取消某些商品之专卖权（按伊利莎白常以某些物品之专卖权赏赐其宠幸，议会久已不满）。

〔西班牙〕　再下令增加食粮税率。

1602年

中国　壬寅　明万历三十年

正月，免湖广灾区改折缓征钱粮。二月，神宗暴病，谕辅臣沈一贯撤矿税诸太监、停江织造、江西烧造，及病愈而悔，命追回前诏，太监王义方力谏不听，沈一贯不敢坚持，于是税使肆虐如故。赈福建灾区。闰二月，停河套诸部贡市已十余年，至是济农等谢罪纳款，遂复贡市。三月，云南腾越民以税使肆虐激变。时广东、广西皆以矿税，民变继起，言者因请罢矿使，不报。四月，赈顺天等府饥。七月，以边饷缺乏，命严催逋赋。缅甸以税使贪暴为词，犯腾越。十月，赈南京灾区。十二月，时十三处巡按御史缺其九，辅臣请填补之；不报。是岁，两京缺尚书三、侍郎十、科道九十四，各省缺巡抚三、布按监司六十六、知府二十五；言者请简补，不报。

外国　〔朝鲜〕　明使顾天埈、崔廷健来告立太子，二使贪狠，沿途掠参、银、马匹等物，使路所经，若遭兵火。

〔日本〕 德川家康建文库于江户，移金泽文库书实之。致书于大泥、吕宋。命刊行东鉴。

〔土耳其〕 与波斯沙（王）阿拔斯（大王）战事又起。阿拔斯派英人安托尼·射利爵士为代表赴欧洲各国请求协助（按射利氏兄弟二人安托尼与罗伯特为1598年来波斯之英国冒险家，此外同来者尚有二十六人）。

〔荷兰〕 经营南洋群岛贸易之公司，自1597年后纷纷成立，至是三级会议令设一总公司，称“荷兰东印度公司”（醵集资金六百五十万弗罗永，每股三千弗罗永），作为在东方侵略之总部。

〔西班牙〕 与波斯结盟，共同向土耳其作战。

1603年

中国 癸卯 明万历三十一年

正月，以九边军额八十六万余，将弁多以空名支饷，因诏户、兵二部核军实。三月，辅臣以年来章疏多留中，致政务稽迟，请尽速批发；不报。播州杨应龙余部起事，旋败。六月，泰安大水，溺死八百余人。河决苏家庄。七月，京畿雨雹成灾。九月，江北民以水灾政虐，多起而反抗，河南睢州杨思敬亦起事，旋皆败。十一月，“妖书”事起，下“妖人”皦生光于狱，明年四月磔之。是岁，努尔哈赤自呼兰哈达移居赫图阿拉。

外国 〔朝鲜〕 日本对马岛官使人求和，还俘虏数百人。七月，大风雨，屋舍、船舶、米粮，损失甚大，人死亦多。女真人边大掠。

〔日本〕 吕宋来聘。德川家康致书于真腊。以德川家康为征夷大将军，是为江户幕府之始。自室町幕府亡，无将军者几三十年。真腊来聘。德川家康以孙女妻丰臣秀赖。

〔土耳其〕 波斯人收复塔布利斯、埃利凡、喜尔凡及卡斯等地。战事延续至1612年始媾和。巴格达、摩苏尔与提阿培基尔等地俱先后为波斯人夺回。

〔俄罗斯〕 大队饥饿之农民与农奴，在赫洛普科率领下，抵达莫斯科近郊。戈都诺夫派兵击之，屠杀甚众，赫洛普科以身殉。

〔法兰西〕 亨利四世于1595年曾因耶稣会士之谋刺，而将该会会士驱逐出境，至是重行召回。

〔英格兰〕 伊利莎白卒，苏格兰王詹姆斯六世继承英国王位，称詹姆斯一世（按詹姆斯六世之外曾祖母玛加累特为英王亨利七世女）。英苏两王冠自是联合为一，英国之斯图亚特王朝始。英人始在爪哇岛之班塔姆设商业根据地。

1604年

中国 甲辰 明万历三十二年

是春，开泇河以通运道。七月，北京大雨两月，永平亦大水，溺死人畜无数。八月，大小群臣公疏请修举时政，辅臣亟言矿税之害，不省。开泇河分水工成，不久，黄河又决苏家庄。九月，武昌楚府宗人以辅臣沈一贯受贿庇护楚王华奎，巡抚赵可怀措置失当，群起殴杀之。赈顺天等府饥。是岁，努尔哈赤略地叶赫。

外国 〔朝鲜〕 日本使来请通好。遣僧总摄惟政往日本，晤德川家康，礼待遣归，始悉对马岛官之诈。八道清量田共一百五十一万五千余结，税米豆三十余万石（结收六斗，石为十五斗）。

〔日本〕 定虾夷地交易之制。安南来聘。置译官于长崎。

〔俄罗斯〕 波兰贵族利用一伪底米特里（见1591年条）进攻俄国。哥萨克人、逃亡之农民及农奴归附者甚众。

〔门的内哥罗〕 斯库台里总督阿利以卢密利亚总督协助来攻，再被门的内哥罗人击败。

〔日耳曼〕 上匈牙利新教徒掀起反宗教迫害之起义，一部分德兰斯斐尼亚之流亡者亦前来参加。匈牙利起义领袖斯提芬·波斯开利用土耳其人之协助，获得德兰斯斐尼亚与上匈牙利之统治权。

〔法兰西〕 亨利四世派遣香勃连赴加拿大，建阿那波利城。同年，与土耳其订立有利之商约。

〔英格兰〕 与西班牙缔结和约。同年，詹姆斯宣称为“大不列颠、法兰西与爱尔兰之王”。

〔斯堪的纳维亚〕 查理九世为瑞典王，继续与丹麦及俄罗斯之战争。

〔北美洲〕 法人始在今加拿大东南之阿克地亚殖民。

1605年

中国 乙巳 明万历三十三年

正月，松山部银定歹成犯镇番，大败。七月，复五路台吉贡市。十月，浚朱旺口。十一月，免淮、扬等府灾区田租。十二月，罢矿税。自万历二十五年以来，诸太监进矿银几三百万两，金、珠、宝玩、貂皮、名马不计其数；至是命税务归有司，岁以所入之半输内府。然太监并未撤回，其虐如故。免河南灾区田租。罢广东珠池、云南矿井。是岁，蒙古喀尔喀巴约特部献马于努尔哈赤。

外国

〔朝鲜〕 女真入边，杀掠而去。日本还被掳男妇三千余口，水师将校乘机妄取以为奴婢。七月，大雨，人畜死者甚多。

〔日本〕 复开与朝鲜之交通。以德川家康子秀忠为征夷大将军，家康居骏府理政事。创置书院番组。禁传入之烟草。后藤光次铸一分金。通大堰川漕运。

〔暹罗〕 纳黎萱王统兵救为缅所攻之孟奈，死于孟杭军次，弟厄迦陀沙律嗣位。此时暹罗境土大辟，北边几邻明之云南。

〔缅甸〕 自白古破，莽应里降，国内纷乱。应里之孙阿那毕隆于是年嗣守让延地，时已拥上缅及掸族诸邦，于是渐次南攻割据诸地。

〔印度〕 蒙兀尔帝国皇帝亚格伯死，子萨里木嗣位，号耶罕奇，意为天下胜主。

〔俄罗斯〕 伪底米特里在塞夫斯克附近战败。同年四月，戈都诺夫病卒，子费奥多尔嗣位。反戈都诺夫家族之贵族与莫斯科人民掀起叛变，杀费奥多尔及其母。六月，伪底米特里入莫斯科。随来之波兰贵族以胜利者姿态，恣意搜刮。

〔荷兰〕 约在此时（一说在 1608 年）荷兰始有人制望远镜。

〔英格兰〕 遭受迫害之旧教徒罗伯特·开兹俾等谋炸毁议会之企图被破获，为首者皆被处死刑。3 月 10 日，詹姆斯朝第一届议会开幕，其“神权君主”之演说立即招致不满。

〔西班牙〕 塞万提斯之《唐·吉诃德》第一部分出版。

1606 年

中国

丙午 明万历三十四年

三月，云南税使太监杨荣肆为残虐，前后杖毙数千人，番汉居民屡起焚税厂，杀委官，至是，指挥使贺世勋率冤民万余人杀荣及其徒党二百余人，贺世勋等下狱死。赈真定等府灾。新添苗自去冬数攻邻土，至是春败溃。四月，朱旺口河工成，约百七十里，凡役夫五十万。河套鞑靼犯延绥，败走。六月，缅甸陷木邦。顺天等处大蝗。十一月，朵颜结鞑靼诸部台吉迫山海关，守兵拒却之。十二月，凤阳人刘天绪以在南京传法术谋起事，发觉被杀。弃宽甸等六堡。是岁，蒙古五部喀尔喀上汗号于努尔哈赤。

外国

〔朝鲜〕 以女真频来侵扰，遣使请明禁制。又以努尔哈赤，忽剌温情形叵测，咨请明辽东大吏谕止动兵。琉球以书币托赴明使者携回。十月，日本使来，许与之和。

〔日本〕 还朝鲜俘虏。令开伊豆金矿。停用明永乐钱。

〔越南—大越〕 遣使如明谢并岁贡。

〔暹罗〕 葡萄牙天主教士来。遣使于卧亚之葡萄牙总督。日本使来，献铁甲、长剑，求香木、大炮。

〔土耳其〕 与奥地利签订和约。奥地利第一次取得与土耳其平等之地位。自此以后停止向土耳其交纳贡金。

〔俄罗斯〕 以大贵族瓦西里·叔伊斯基为首之反波兰人起义发生于五月中旬。伪底米特里被杀，波兰人死者约二千，余皆乞降。瓦西里·叔伊斯基未经选举即宣布为沙皇。同年秋以波洛特尼科夫为首之农民起义爆发于西南部。十月中旬进至莫斯科外围，但为叔伊斯基之军队击败。波洛特尼科夫退守卡鲁加（俄罗斯平原南部）。

〔日耳曼〕 皇帝卢多尔夫之弟马泰阿斯分别与波斯开及土耳其人订立和约，承认前者为德兰斯斐尼亚与东匈牙利之亲王，并允许匈牙利人有信仰宗教之自由。

〔法兰西〕 部永公爵武装叛变被击败。法国贵族自是无敢反抗亨利者。

1607 年

中国

丁未 明万历三十五年

二月，安南民武德成犯云南，守兵拒却之。三月，银定歹成犯凉州，大败。顺义王撦力克死，忠顺夫人三娘子统所部。六月，湖广黄州等府、南畿宁国等府、浙江严州等处大水，漂没人畜无数。闰六月，复朵颜及河套诸部贡市。七月，京师大水。发银十万赈之。十月，山东旱饥，赈济、蠲免有差。十二月，金沙江土目郑举以不堪武定知府陈典贪虐，结邻近诸土司起事，破武定、元谋、罗次、禄丰、嵩明诸县，官吏多死。安南民犯钦州。是岁，东海瓦尔喀部附于努尔哈赤，举部内徙，乌喇来争，努尔哈赤大破之。又命将略地渥集部。努尔哈赤以辉发背约，灭之。

外国

〔朝鲜〕 遣使如日本，日本未以礼待，只还俘虏一千三百余人。努尔哈赤入边抢掠，过庆源而去；遣人咨报明辽东大吏。铁山郡兵于海中败日本，获其船，有明人衣物，命使臣便告于明。

〔日本〕 开富士川船道。朝鲜使来。置老中之官。

〔缅甸〕　阿那毕隆攻下卑谬。

〔俄罗斯〕　波洛特尼科夫领导之起义迭获胜利。叔伊斯基诱使投降后杀之，起义败。

〔英格兰〕　去年炸毁议会案发生后，反旧教立法益趋严峻。

〔西班牙〕　西班牙舰队在直布罗陀港外为荷兰海军歼灭。腓力三世与荷兰订立八个月休战条约。同年西王及尼德兰大公（伊利莎白及其夫）正式声明放弃北方诸省主权。

〔北美洲〕　英人在今美国弗吉尼亚州东部近海处建詹姆斯敦。此为英人在北美洲所保有之第一个永久性居留地。

1608 年

中国

戊申　明万历三十六年

正月，户部请赈南畿、山东、河南灾，不报。六月，南畿大水，南京科道请赈，不报。锦州松山兵以税使太监高淮苛虐，哗变，淮遁而免。七月，郴州矿工起事。赈南畿等地灾。郑举等兵败被俘死。是秋，东部宰桑犯开原。十二月，再赈南畿，并免税粮。朵颜犯蓟州，兵部请借内库矿税银饷军，不许，命支太仆寺马价。是岁，努尔哈赤遣子褚英等略地乌喇，乌喇惧，来修好。渥集部呼尔哈路犯宁古塔，败归。努尔哈赤与明辽东副将及抚顺所备御盟，立碑于沿边。

外国

〔朝鲜〕　二月，宣祖死，世子珲嗣。珲在位十五年被废为光海君。立宣惠厅行大同法，令民田一结纳粟八斗，不许吏胥额外征取。

〔日本〕　求鸟枪于暹罗。以修宫墙令诸侯纳钱。禁明永乐钱，行使铔钱。

〔越南—大越〕　大饥。

〔暹罗〕　以荷兰商舶来互市，遣使聘于荷兰。

〔俄罗斯〕　波兰国王西吉斯孟三世再度利用另一伪底米特里，率大军万余人进攻俄国，到达莫斯科附近。沙皇叔伊斯基向瑞典人乞援，许以优厚利益。伪底米特里则在土希诺称沙皇。

〔日耳曼〕　新教诸侯组织新教同盟，以巴拉提内特选侯腓德烈四世为领袖。皇帝卢多尔夫之弟马泰阿斯以奥地利与匈牙利之军队入侵波希米亚，并迫使其兄以匈牙利、奥地利与摩拉维亚割让与彼。

〔法兰西〕　法人在加拿大建魁北克城。

1609 年

中国

己酉　明万历三十七年

二月，吏、礼二部侍郎、署尚书相继死，于是二部长贰遂无一人。三月，河套部拱兎以无端被袭，遂犯大胜堡。四月，倭寇温州。五月，福建大水，建宁等府死者殆十万人。六月，甘肃地震，军民死者八百余人，边墙毁塌八百余里。八月，山西、宣府饥，江西大水，山东济南等府蝗，湖广、四川、河南、陕西、贵州大风为灾。十二月，诏以诸省税三之一赈灾。徐州人起事，杀如皋知县。是岁，努尔哈赤请于明，令朝鲜归其境内女真人，又遣将取渥集部之瑚叶路。

外国

〔朝鲜〕　日本使来请互市，并请入京贸易及假道朝明；许在釜山开场，余均拒之。岁饥，免徭役。命修宣祖实录。光海君杀其兄珒。

〔日本〕　岛津久家俘琉球王。许荷兰通商。禁造大船。有马晴信击沉妈港船。

〔捷克〕　7 月 9 日，国王卢多尔夫签署“庄严书简”（特许诏书），给予新教徒合法之地位与权利，并允许彼等在必要时有组织“护教团”之权利。

〔俄罗斯〕　波兰王西吉斯孟三世亲率大军入俄，是年秋围攻斯摩棱斯克，大贵族谢英与该城人民奋力抵抗，支持两年，至 1611 年城始陷。

〔日耳曼〕　新教同盟势益盛，今年续有布兰敦堡与黑斯之统治者及斯特拉斯堡、乌尔姆、纽伦堡等直属皇帝之城市参加。旧教诸侯亦组“天主教联盟”，以巴伐利亚公马克西米连为领袖。同年，皇帝卢多尔夫授予波希米亚之贵族、武士与皇帝直辖之城市以宗教自由。

〔意大利〕　约在此时雷格洪（阿诺河口之南）发展成为对利凡特（地中海东岸诸地）贸易之中心。

〔荷兰〕　与西班牙缔结休战十二年之安特卫普条约。同年，西班牙正式承认荷兰之独立。

〔法兰西〕　亨利四世与英国、荷兰、意大利及日耳曼新教诸侯共组同盟与西班牙对抗。

〔西班牙〕　下令驱逐境内一切摩利斯哥人（皈依基督教之摩尔人），并没收彼等所有财产，西班牙自是失去大量勤劳、技巧之劳动者。

1610 年

中国

庚戌　明万历三十八年

四月，赈京畿、山东、山西、

河南、陕西、四川饥。五月，河南人陈自管等起事，旋败。十一月壬寅朔，日食，钦天监所推分秒圆亏不确，礼官因请召通历法者与监官考正历法，于是李之藻等参用利玛窦、庞迪峨、熊三拔所传西洋历法据以修历；西法入中国自此始。以军饷匮乏，谕廷臣陈足用长策；时内府所入矿税甚多，神宗视为私物，不肯移作国用。自嘉靖、隆庆以来，廷臣交攻，渐成朋党。时顾宪成讲学东林书院，偶评时政，忌者遂名为东林党。其在朝者又有宣党、昆党，台谏中分齐、楚、浙三党，多排东林。是岁，努尔哈赤遣将略渥集部之那木都禄等部。

外国

〔朝鲜〕 命士大夫家有处女者上名以备后宫之选，匿者罪之。时朋党益纷，初只有东西二党，后东党又分南北，嗣北又分大小，大北复有骨肉之号，小北亦有清浊之称，互相倾轧，大狱频起。

〔日本〕 定奴仆制。琉球来诉真腊侵掠。求勘合符于明福建总督。

〔暹罗〕 日本使来献刀、枪、剑、甲，求大炮、火药。约在是年末，厄迦陀沙律王死，子颂昙王嗣（按暹罗史又云骚哇博王嗣，为颂昙王所废）。厄迦陀沙律王始征商税，外人不满，称之为"贪婪者"。又其时日本人来者甚多，且有为兵充护卫者。

〔缅甸〕 阿那毕隆攻东牛，拔之。

〔俄罗斯〕 六月，波兰人大败沙皇之弟底米特里·叔伊斯基于克鲁希诺。七月，莫斯科贵族迫使沙皇瓦西里·叔伊斯基逊位，由大贵族七人组"七大贵族政府"，并派人与波王西吉斯孟三世订立和约，迎波兰人入莫斯科。

〔日耳曼〕 新教同盟于法王亨利四世死后，派兵进攻阿尔萨斯。同年天主教联盟领袖马克西米连与新教同盟议和。

〔法兰西〕 亨利四世遇刺殒命，九岁子嗣位，称路易十三世。路易母美第奇之玛利亚总摄政事。

1611 年

中国

辛亥 明万历三十九年

二月，河套鞑靼犯甘州。五月，御史徐兆魁劾东林讲学诸人，首诋顾宪成。广东、广西大水。六月，河决徐州，南北畿及湖广大水。抚按官请罢榷税，不省。辅臣叶向高以部院台省官缺人太多，南京九卿仅存其二，方面大吏亦多定额，而神宗置之不理，力言之，不报。八月，河南大水，巡按请蠲逋赋赈饥民，不报。是岁，努尔哈赤遣将取渥集部之乌尔古、辰木伦二路，又破虎尔哈路。

外国

〔朝鲜〕 设别试。

〔日本〕 三月，后阳成天皇让位；四月，后水尾天皇即位（一百零八代）。田中胜助归自墨西哥。禁切支丹宗。

〔暹罗〕 颂昙王杀其臣帕吻歪，帕党中日本人作乱，迫颂昙王应许其各种要求，用王血签立条约，随即大掠都城，北走碧差巫里。时朗勃剌邦乘机起兵，谓将助驱日本人。

〔土耳其〕 君士坦丁堡大疫，死者二十万人。

〔俄罗斯〕 北部与东部各地组织民军，在底米特里·波尧尔斯基统率下进攻莫斯科。

〔捷克〕 新教徒占优势之议会，在马泰阿斯指使下，废黜国王卢多尔夫，迎马泰阿斯继位为波希米亚王。马泰阿斯虽在王位争夺过程中与新教徒有甚深之联系，但宗教倾向则为旧教。

〔日耳曼〕 波希米亚人选举皇帝卢多尔夫之弟马泰阿斯为王。

〔丹麦 挪威〕 与瑞典进行卡马尔战争，历两年始媾和。

〔英格兰〕 大批英格兰人与苏格兰人赴爱尔兰北部之乌尔斯忒，定居该处（按该地之大部分属于俄尼尔，因 1597 年之反抗英王而被没收）。"詹姆斯版本"之圣经译成。此种版本为英语地区所通行，直至今日。

1612 年

中国

壬子 明万历四十年

正月，兵部请考选军政，不报。四月，时台省空虚，神宗二十余年来，未一接见大臣，致诸务废堕，南京各道御史联衔以为言，不报。五月，顾宪成死，攻者犹不已。河套鞑靼犯保宁，延绥兵败之。七月，各省乡试考官至是月杪始发表，因之应天、浙江、江西、湖广、陕西皆延期十日至二十日。是岁，日本释中山王尚宁归琉球，宁遣使来告。建昌啰啰起事，遣刘綎等攻之。努尔哈赤以乌喇反复，亲攻之，约和而还。

外国

〔朝鲜〕 咸镜道大饥，人多死。各道置均田使，清丈地亩。

〔日本〕 毁京都天主教堂，严禁传教。捕诸国无赖。郑芝龙来居于平户。

〔暹罗〕 颂昙王破碧差巫里之日本人及朗勃剌邦之兵；时仍有日本护卫，依旧由日本人山田长政指挥。荷兰东印度公司已设商馆；是年，英吉利商船初来，致其国王书，于是英国东印度公司亦设商馆。

〔缅甸〕 阿腊干雇佣兵葡萄牙人勃利多尼科底叛据沙廉，败阿腊干来攻之师，已称雄有年，至是结马都八袭东牛，复扰缅。

〔俄罗斯〕 民军领袖波尧尔斯基与库茨马·米宁及各地人民继续攻击波兰人。十月二十六日，波人乞降，莫斯科解放。

〔门的内哥罗〕 土耳其人来攻，大败之。

〔日耳曼〕 卢多尔夫二世卒，经短期扰攘后，由其弟马泰阿斯继位为皇帝。

〔西班牙〕 腓力三世以其女安丽予法王路易十三为妻，其子腓力则娶一法国公主。终腓力之世，两国和好无间。

〔北美洲〕 弗吉尼亚始种植烟草。

1613 年

中国 癸丑 明万历四十一年

正月，朝鲜以日本数遣使要挟恫吓，兵端渐露，请选将派兵相助；恐派兵饷馈难给，命朝鲜自行练兵。三月，以倭寇出没闽浙，沿海应驻兵防备，因加淮扬等府田赋。四月，炒花等犯辽东。五月，戒廷臣朋党。六月，卜失菟婚于忠顺夫人三娘子，因封为顺义王；三娘子不久死，卜失菟势遂衰。炒花犯大宁，求赏，许之而去。通惠河决。复开广东珠池，言者谏，不报。八月，山东、湖广、广西大水。九月，辽东大水。十二月，鞑靼犯宁远。是岁，努尔哈赤以乌喇又背盟，灭之。叶赫惧，诉且请助于明，明使来谕。努尔哈赤遂以书叙始末送之明将。

外国 〔朝鲜〕 徐羊甲等谋立王弟𤩪，事泄被杀，株连甚众，𤩪坐废徙，逾年杀之，并幽大妃金氏。请购硝磺于明，得允。

〔日本〕 许英吉利通商。支仓常长赴罗马教廷。检查天主教徒。对马岛主请于朝鲜，贸易船仍照旧额为五十只。

〔越南—大越〕 遣使贡于明。阮潢死，子福源继据顺广。

〔暹罗〕 缅甸于去岁即来侵扰，今又陷土瓦，乃遣兵及葡萄牙雇佣军攻之。

〔缅甸〕 阿那毕隆王忿勃利多尼科底来犯，自统兵攻沙廉，破之，勃利多尼科底受酷刑死。葡驻印度兵来救沙廉，大败之，旋即攻据土瓦等地。是年以后，阿那毕隆王定都白古。

〔俄罗斯〕 二月，国民会议在莫斯科举行，罗曼诺夫家族之米哈伊尔当选为沙皇。七月加冕，俄罗斯自此在罗曼诺夫王朝统治下，直至1917年。

〔匈牙利〕 加波尔为德兰斯斐尼亚亲王，英勇有为，且倡导学术，以是德兰斯斐尼亚成为匈牙利文化与民族团结之中心。

〔英格兰〕 詹姆斯一世强迫征收“乐捐”。1615年俄利弗·圣约翰谏阻，被处罚金五千镑。大法官科克亦以同样原因系狱（按“乐捐”始自1473年爱德华四世时，本为自动捐献者，但后竟变成无定期之税收）。

1614 年

中国 甲寅 明万历四十二年

正月，建昌啰啰败。三月，皇子福王常洵之国洛阳，赐庄田二万顷，河南田不足，以山东、湖广田益之，又予以所没张居正田产及江都至太平沿江荻洲杂税并四川盐井榷茶银，又淮盐千三百引设店洛阳以销售。五月，福建税使太监高寀苛暴激起民变，寀麾兵杀人放火，言者劾奏，不省。是岁，浙江、江西、两广、福建大水，河决灵璧。是岁，蒙古扎鲁特、科尔沁，前后以女妻努尔哈赤诸子。努尔哈赤遣将取渥集部之雅揽、西临二路。

外国 〔朝鲜〕 治金大妃诅咒事，深文周内，死者甚多。

〔日本〕 放耶稣教徒高山友祥等于妈港。萨摩烧及天鹅绒、仿荷兰之兜罗绵均于此时成。德川家康忌丰臣秀赖，至是攻之，旋和。

〔暹罗〕 败缅甸兵，收复土瓦。

〔法兰西〕 以空得亲王为首之大贵族，掀起反玛利亚摄政之叛乱，但旋获致妥协。同年路易十三世宣布成年，并召集三级会议。此次三级会议充分表现第三等级（新兴资产阶级）之日趋壮大。法国统治者自此不敢再召集三级会议直至1789年（法国革命时）。

〔荷兰〕 荷人始在美洲建殖民地（约为今纽约地区）。

〔英格兰〕 议会（第二届）开幕，对国王之征税权争执甚烈，宣称非获得满意解决，不通过任何经费提案。6月7日，詹姆斯下令解散议会，并逮捕议员数人（由于此届议会未通过任何议案，故被称为“无用的议会”）。

1615 年

中国 乙卯 明万历四十三年

正月，徐州决河工成。五月，男子张差持梃入皇太子所居慈宁宫，伤内监一人，被执下法司讯问，事连郑贵妃，嗣杀张差，含混了事，是为“梃击案”。六月，免浒墅、芜湖关税三分之一。七月，京畿旱饥，赈之。闰八月，山东旱，湖广水、旱，赈之。河套部长吉能结诸部犯延绥。十一月，以旱饥，京畿田粮皆折征银。十二月，山东旱蝗，再赈之，并免税粮。是岁，努尔哈赤始建佛寺及玉皇庙。明将使人争地，努尔哈赤拒之。努尔哈赤命各牛录于旷土屯田。初编民为牛录，嗣以归附者多，乃扩编为四固山（旗），至是又编为八固山，并设听讼大臣五、扎尔固齐十。

外国 〔朝鲜〕 八道大饥，命半减公债。

〔日本〕 三月，德川家康再攻丰臣秀赖于大阪，五月，城破，秀赖自杀，丰臣氏亡。以活字铜版印群书治要等。德川家康颁武家法例十三条，又颁廷式十七条。八月，改元元和。

〔缅甸〕 遣使约和于驻印度之葡萄牙总督，迨葡使来报聘，反不礼之。

〔俄罗斯〕 败瑞典军于普斯科夫，但瑞人仍占据诺夫哥罗德。

〔法兰西〕 贵族第二次叛变起。空得亲王成为不满现状之胡格诺派领袖。

〔英格兰〕 詹姆斯一世继续强迫征收“乐捐”，拒绝缴纳者，公然判处刑罚。

〔西班牙〕 塞万提斯之《唐·吉诃德》全部出版。

1616 年

中国 丙辰 明万历四十四年 后金太祖高皇帝爱新觉罗氏努尔哈赤天命元年

正月，以山东大饥，致母食死儿，夫食死妻，再赈之。二月，赈河南、淮徐饥。三月，以贵州苗人纷起反抗，巡抚张鹤鸣请增兵加饷。四月，河南饥民纷纷起事，旋皆败。山东蝗。五月，河决徐州。六月，河套鞑靼犯延绥。河决开封。七月，河套鞑靼犯高家堡，总兵官杜文焕大破之。应天、江西、广东水，河南旱蝗，陕西旱。九月，山东饥民纷纷起事，其首领周尧德称平师王。九月，括内府银三十万，户、兵、工三部银八十万，益九边饷。是岁正月朔，努尔哈赤称尊号，国号金，建元天命，金后改为清，是为清太祖高皇帝。六月，金遣将捕明人越界者，杀五十余人。七月，金遣将攻东海萨哈连部，招降其各路首领。

外国 〔朝鲜〕 建州女真酋努尔哈赤称皇帝，国号金，以书来，谓倘助明，将以兵相加。

〔日本〕 以德川家康为太政大臣，旋死。英吉利船至平户互市。禁种及买卖烟草。

〔土耳其〕 与波斯战事再起。

〔俄罗斯〕 尼什涅（下）诺夫哥罗德之农民与农奴起义，喀山区之蒙古人颇有与暴动者汇合之势，沙皇亟以大军镇压，遂失败。

〔日耳曼〕 皇帝马泰阿斯以其中表兄弟斯提利亚公腓迪南为波希米亚与匈牙利之王。腓迪南自幼即受严格之耶稣会教育，故为各该地之新教徒激烈反对。

〔荷兰〕 航海者德尔克·哈尔塔格抵达澳大利亚西海岸。此为欧洲人第一次至澳洲。

〔法兰西〕 空得亲王被捕。政府派遣军队入毕伽的、香槟与柏利等地削平贵族叛乱。

〔英格兰〕 名剧作家莎士比亚卒。

〔西班牙〕 塞万提斯亦于本年卒（1547 年生）。

〔非洲〕 葡人始在东南非部分地区进行“探险”工作。

1617 年

中国 丁巳 明万历四十五年 后金天命二年

正月，鞑靼东部宰桑犯开原。山东饥民首领周尧德等败死。三月，江西水。七月，贵州苗人起事者溃败。九月，河套鞑靼犯葭州、神木。是岁，南北京、山东、河南、陕西、湖广、福建、广东前后告灾请赈，皆不报。金收降东海沿边散处诸部。是岁，《牡丹亭》作者汤显祖死。

外国 〔朝鲜〕 募民纳粟授官。日本使来修好，并言壬辰之事，发难诸人皆次第剪灭。遣使报聘，携被掳者三百二十余人回。以术者言，营建宫阙，官吏借端侵渔，人民大苦。

〔日本〕 八月，后阳成上皇死。朝鲜使来。

〔越南—大越〕 飓风，大水，山西大蝗。

〔俄罗斯〕 以英、荷两国之调停，与瑞典订立斯托尔波沃和约，俄国以整个芬兰湾沿岸及奥列什克、伊凡哥罗德，雅姆等地予瑞典，瑞典则退出诺夫哥罗德。俄国自是仍与波罗的海隔绝。

〔捷克〕 布拉格大主教与布累夫诺夫住持下令禁止彼等辖境内新教徒在其自己所建筑之教堂中举行礼拜仪式。

〔法兰西〕 路易十三世之宠幸律因得势，把持政柄。路易之母被流放于布尔瓦。

〔西班牙〕 奥大公斐迪南以阿尔萨斯予西王

腓力三世。

1618 年

中国 戊午 明万历四十六年 后金天命三年

二月，赈广东饥。三月，赈陕西饥。四月，金帝以“七大恨”告天，起兵反明，取抚顺。插汉部虎墩兔乘机索赏，西部满旦掠蓟州。闰四月，命杨镐经略辽东。五月，金陷抚安等十一堡。贵州苗人起事，为巡抚张鹤鸣所破。六月，炒花犯辽东。以辽饷不足，开俊秀监生捐例，裁衙役工食钱之半。七月，金陷清河等堡，辽东屏障皆失。八月，开海运通辽东饷。乃蛮等七部降。九月，以辽饷绌，有司请发各省税银；不报；旋诏加全国田赋，每亩三厘五毫。辽东总兵官李如柏遣兵杀掠金农人，金来报复，且致书挑战，并令输金帛以和。十月，东海虎尔哈部降于金。十二月，以加赋，禁征耗羡。河套部长猛克什力降。杨镐遣使如金。

外国 〔朝鲜〕 明以将击努尔哈赤，使来请助兵，因派姜弘立为五道都元帅，发兵应之。许筠等谋起事，发觉，皆死，株连甚众。设增广试诸生。

〔日本〕 定大奥法度。定平户及长崎贸易规程。釜山日本馆成。

〔越南—大越〕 郑松遣将击莫氏余党。

〔暹罗〕 与缅甸和。真腊新王猜策陀即位，宣布独立。英荷冲突于北大年港，英人失利，后二年乃和。

〔俄罗斯〕 波兰王子弗拉第斯拉夫率兵攻莫斯科，但被击退。同年冬，与波兰媾和，俄国以斯摩棱斯克及其邻近地区与塞维尔斯克（车尔尼戈夫）等地割让波兰。

〔日耳曼〕 5月23日，布拉格“掷出窗外”事件发生后，三十年战争随之而起。波希米亚起义者推选委员三十人主持一切。日耳曼新教同盟派遣曼斯斐尔德伯爵率兵前往协助，与起义者之军事领袖图恩伯爵共同击败皇帝之军队。

〔捷克〕 议会请愿代表在拉德彻尼宫将皇帝马泰阿斯（按波希米亚王马泰阿斯于1612年当选为神圣罗马皇帝）之参议官马提尼兹与斯拉伐塔二人自窗户中抛出，“三十年战争”自此起。

〔匈牙利〕 德兰斯斐尼亚亲王加波尔于三十年战争起后，立即参加反奥地利阵营。

1619 年

中国 己未 明万历四十七年 后金天命四年

正月，金帝攻叶赫，取屯寨二十余。时援辽之师大集，趣杨镐进兵，会叶赫告急，二月，镐遂分四道攻金。设户部侍郎一人驻天津督辽饷。三月，杨镐所督西路兵与金兵战于萨尔浒，大败，总兵官杜松等死之；北路兵大败于尚间崖、裴芬山，监军潘宗颜等死之；东路兵大败于阿布达里纲，总兵官刘綎等死之；其征来相助之朝鲜兵大溃，都元帅姜弘立等降。福建漳州民李新起事，建元洪武，与袁八老等攻邻邑，旋败死。六月，金陷开原，总兵官马林死之。改命熊廷弼经略辽东。七月，金陷铁岭。百官伏文华门请阅视增兵发饷章奏，立赐批行；不报。八月，山东蝗。杨镐下狱论死。金灭叶赫。至是扈伦四部皆亡。九月，百官再伏文华门请临朝听政，太监谕退之。征四川、湖广土司兵援辽。十月，插罕林丹汗致书金帝，辞极傲谩。十二月，再加赋，亩三厘五毫，以补辽饷。

外国 〔朝鲜〕 明攻努尔哈赤之师败绩，姜弘立等皆降。努尔哈赤旋遣降人郑应井等以书来，说以背明相助；遣使往聘。嗣努尔哈赤又使降人安汝讷等以书来，要以绝明结好。时姜弘立亦密奏努尔哈赤情，因遣使告于明。以边事亟，于八道取武举万余人。

〔日本〕 禁人身买卖。

〔越南—大越〕 黎氏神宗永祚元年。三月，敬宗以郑松威福自专，使人刺之，未中，事觉；五月，郑松害敬宗，六月，立王子维祺，是为神宗，改元永祚元年。

〔缅甸〕 英东印度公司遣人见阿那毕隆王于白古。

〔土耳其〕 再与波斯媾和。真尼萨利（以欧洲幼童训练而成之禁卫军——“新军”）叛变。真尼萨利自此逐渐成为土耳其政治中之决定势力，废立之事屡见。

〔俄罗斯〕 在西伯利亚建叶尼塞斯克堡。

〔捷克〕 马泰阿斯卒，腓迪南二世嗣位。波希米亚军统帅图恩伯爵率兵进攻维也纳，但被迫撤退。同年，波希米亚人声称废黜腓迪南二世，别选巴拉提内特伯爵（选侯）腓德烈五世为国王（按腓德烈为日耳曼加尔文教派领袖，英王詹姆斯婿）。

〔法兰西〕 一部分大贵族愤律因专擅，协助路易之母玛利亚自布尔瓦逃出。

〔荷兰〕 在爪哇岛建巴达维亚城。其后此城即成为荷人侵略与统治南洋群岛（东印度群岛）之首府。

〔日耳曼〕 马泰阿斯卒，斐迪南二世嗣位为皇帝。

〔北美洲〕 始有黑人奴隶自西印度群岛运入弗吉尼亚。

1620年

中国 庚申 明万历四十八年 明光宗贞皇帝朱常洛泰昌元年 后金天命五年

正月，金兵侵朝鲜，朝鲜请援。金帝使人遗书林丹汗，被杀。三月，再加赋，亩二厘以补辽饷。通前二次加派共九厘，增收五百二十万两。四月，征石砫女土司秦良玉援辽。禁白莲、无为诸教。五月，金略花岭，七月，又略王大人屯。神宗死，皇太子常洛以遗诏罢矿税、榷税及税监，发内库银二百万两充边饷。八月，常洛即位，是为光宗贞皇帝，诏改明年元为泰昌（光宗在位仅一月即死，后遂以万历四十八年八月以后为泰昌元年）。辽东旱，令官民输粮银，以多少定升叙。金略薄河、懿路，败沈阳兵。光宗病，服李可灼所进红丸药，九月朔，死，于是廷臣大哗，是为“红丸案”。光宗选侍李氏居乾清宫，廷臣逼之移哕鸾宫，是为“移宫案”。皇长子朱由校即位，是为熹宗哲皇帝，诏明年改元为天启。十月，改命袁应泰经略辽东。发内库银一百八十万两充边赏。十一月，免畿辅加派一年。是岁，焦竑死。

外国 〔朝鲜〕 明听流言，谓朝鲜与金交通；遣使至明辩之。

〔日本〕 以修大阪城，令西北诸侯纳钱。支仓常长还自罗马。是时，暹罗、吕宋皆有日本町为侨民聚居之地。

〔越南—大越〕 遣使如明岁贡。

〔波斯〕 英、法、荷等国商人设货场于哥布鲁恩。

〔希腊〕 马耳他岛之圣约翰武士团在摩利亚一带剽劫。

〔捷克〕 11月8日皇帝斐迪南军大败腓德烈五世与波希米亚军于布拉格附近之白山。皇帝军占领布拉格，腓德烈遁（腓德烈以此被称为“冬王”）。波希米亚人被迫乞降。

〔法兰西〕 玛利亚企图恢复政权，路易十三世亲率兵赴翁热，击败其母之党羽。同年订翁热条约，母子媾和。

〔西班牙〕 西班牙军协助皇帝军队击溃巴拉提内特选侯。

〔北美洲〕 约有清教徒一百人因在英国遭受迫害，避地荷兰数年，今年乘“五月花”号渡海来美，在今美国东北之新英格兰区建普利茅斯殖民地（按此辈即美史所谓“巡礼者祖先”）。

1621年

中国 辛酉 明熹宗朱由校天启元年 后金天命六年

正月，再发内库银五十万两充边赏。赐乳母客氏田二十顷为坟茔香火费。二月，言者请究“梃击”、“红丸”、“移宫”三案。除齐泰、黄子澄亲属戍籍。三月，杭州大火，焚六千余家。金陷沈阳、辽阳，总兵官贺世贤、石砫土司秦邦屏等死之，经略袁应泰自杀，巡按张铨被俘不屈，亦自杀，文武兵民死者甚多，辽民纷走山东，或赴皮岛依毛文龙。四月，募兵于通州、天津、宣府、大同、陕西、河南、山西、浙江。五月，贵州红苗起事已久，至是败。固原、宁夏兵援辽者先后溃于临洺、三河。六月，复命熊廷弼经略辽东，廷弼建三方布置策，屯马步于广宁，置水师于天津、登莱。七月，免织造三之一。八月，毛文龙取金所据之镇江城。杭州又大火，焚万余家。九月，永宁土司奢崇明起事，据重庆，破泸州、遵义，十月，建号大梁，设丞相以下官；秦良玉统兵击之。河决灵壁。发内库银二百万两充饷。金兵攻毛文龙于镇江城。十一月，喀尔喀部台吉古尔布什莽古勒附于金。十二月，援辽浙江兵溃于玉田。

外国 〔朝鲜〕 明以金努尔哈赤犯辽阳，使来请助，辽阳旋陷，明人来奔者甚多，明将之降金者数越界搜索。以陆路梗塞，咨于明开海道以便来往。以国用竭，开赎放之科，许纳银免罪。金杀前投降将士六百余人。

〔日本〕 再禁烟草。暹罗使来，托之携书函与土井利胜。妈港商人请通商。平户设荷兰馆。

〔捷克〕 腓迪南二世下令处一切领导民族运动之重要领袖以死刑，并没收参加运动者之土地。波希米亚旧贵族流亡殆尽。

〔三十年战争〕 波希米亚平定后，皇帝斐迪南下令解散日耳曼之新教同盟。战场自是西移至巴拉提内特。

〔日耳曼〕 新教同盟允守中立。战事西移至巴拉提内特，皇帝军在西班牙军协助下，征服上巴拉提内特。不伦瑞克公克里斯蒂安召集军队加入腓德烈五世阵营。

〔法兰西〕 胡格诺派举事于拉罗舍尔，并发布独立宣言，律因率兵镇压，不得手，旋卒。路易母玛利亚及玛利亚之亲信黎塞留逐渐掌握政权。

〔英格兰〕 第三届议会开幕后，与詹姆斯发生争执。12月18日，议会以《大抗议》递詹姆斯，詹姆斯大怒，当场撕毁之。明年2月8日，再下令解散此届议会。

〔西班牙〕 腓力三世卒，子嗣位，称腓力四世。腓力三世在位二十三年，笃信宗教（当时西全境有寺院九千所，直接与间接为教会服务者，占全国人口三分之一），不问政事。大规模殖羊业在此时期获得充分发展，益以税收压迫沉重，劳动人民或被逐出（摩利斯哥人）或被迫迁往海外殖民地，农业生产锐减，工商业亦同样衰落，西班牙变为一羊毛输出国家。

〔瑞典〕 与波兰发生战争。历八年始媾和。

〔荷兰〕 今年创立荷兰西印度公司。

1622年

中国 壬戌 明天启二年 后金天命七年

正月，金陷西平堡，败援军，进攻广宁，巡抚王化贞、经略熊廷弼退守山海关。金兵入广宁又陷义州，前锋至中左所，旋退走，蒙古喀喇沁诸部据之。河套诸部犯延绥。奢崇明围成都百余日，至是以内变起，解围走泸州。二月，水西土目安邦彦起应奢崇明，号罗甸大王，陷毕节，围贵阳。免天下带征钱粮二年及京畿加派。下王化贞、熊廷弼于狱。蒙古兀鲁特部附于金。三月，命湖广、云南、广西军援贵州。金帝命皇子八人俱为和硕贝勒，共议国政。五月，追复张居正官，恤方孝孺后。山东白莲教首领徐鸿儒起事于巨野，号中兴福烈帝，称大成兴胜元年，用红巾为帜，破郓城。官军败奢崇明，复重庆、泸州。六月，徐鸿儒破滕县。七月，奢崇明又陷遵义。徐鸿儒攻曲阜。武邑于弘志起应徐鸿儒，败死。八月，命孙承宗督师经略蓟、辽，复进守宁远。九月，设州县兵，按亩供饷。陕西平凉等处地震，毁房一万二千余区，压死一万二千余人。初行武举殿试。十月，徐鸿儒败死。十二月，安邦彦解贵阳围。

外国 〔朝鲜〕 王妃柳氏以日本侵略之役，明兵来援，请遣兵助明。金努尔哈赤来书，辞极狂悖。明使以银来，请出兵助恢复。明将毛文龙入龙川椵岛，辽东民投之者甚多。

〔日本〕 定驿马驮赁规程。置川船奉行。

〔暹罗〕 颂昙王亲攻真腊，大败。

〔日耳曼〕 4月，新教将领曼斯斐尔德胜巴伐利亚公马克西米连之将领提易（梯里）所统率之军队。但5月及6月之两次战役中，提易又先后战胜新教诸侯军。

〔法兰西〕 路易十三世仍继续与胡格诺派战争，但同年媾和，恢复南特敕令之效力。黎塞留今年被任为红衣主教。

〔英格兰〕 今年始有新闻报刊出现。与波斯沙（王）阿拔斯订立盟约将葡萄牙人势力自奥马斯（忽鲁谟斯—波斯南，波斯湾与俄曼湾之间）逐出。

1623年

中国 癸未 明天启三年 后金天命八年

正月，安邦彦败援贵州官兵。荷兰据澎湖、台湾，嗣被逐出澎湖，而据台湾如故。喀尔喀部台吉拉巴什希布附于金。二月，遣太监为较事，刺边情。御史周宗建疏诋司礼秉笔太监魏忠贤，于是党祸萌。四月，贵州官军败安邦彦。金击斩札鲁特部贝勒昂安。五月，河决睢阳。四川官军及秦良玉大破奢崇明，崇明走依安邦彦。七月，安南犯广西。光宗实录成。闰十月，贵州巡抚王三善大破安邦彦。十一月，喀喇沁部邀赏，杀戍将。十二月，始命朝鲜王李倧暂统国事。命魏忠贤提督东厂。

外国 〔朝鲜〕 二月，宣祖孙绫阳君倧举兵废国王珲，迎金大妃，自立，是为仁祖；旋昭雪枉死诸人，大杀助前王为虐之后宫及大臣。蠲诸道上供银物。禁僧尼入城及市井骑马。遣使告于明。咸镜道六镇女真尽退。

〔日本〕 再定大奥法度。德川秀忠让征夷大将军职于子家光。幕府进奉米一万石。暹罗使来。

〔越南一大越〕 六月，郑松次子郑椿作乱，松诱杀椿，松不久亦死，世子郑梉代其位。莫氏宗室莫敬宽据高平，建元隆泰，已历岁时，至是进攻嘉林，郑梉御破之；梉旋为元帅统国政，封清都王。

〔暹罗〕 遣使于日本，告以将攻真腊，请禁日本人侨居真腊境者勿助之。

〔土耳其〕 穆拉德四世嗣位，在位十七年，用残酷杀戮之方法以镇压真尼萨利，始获保全王位。

〔日耳曼〕 腓迪南以巴拉提内特选侯职位畀巴伐利亚公马克西米连。不伦瑞克之克里斯蒂安率兵入侵威斯斐里亚为提易所败。

〔西班牙〕 首相俄利发累斯企图向城市勒索

巨额款项，遭受拒绝，乃加重税收。

〔英格兰〕 命令此后任何在工艺与制造方面有特殊发明者准予发给执照，在一定时期内“专利”。

1624年

中国 甲子 明天启四年 后金天命九年

正月，长兴县民于元旦入署杀官放囚，当日败死。贵州巡抚王三善攻安邦彦，遇伏死，副总兵官秦民屏以下四十余人皆战殁。二月，金与科尔沁盟。三月，杭州兵变。四月，封李倧为朝鲜国王。五月，福宁兵变。毛文龙遣将袭金辉发城，败还。六月，左副都御史杨涟劾魏忠贤二十四罪，熹宗慰忠贤而斥涟，于是台谏黄尊素、李应升、魏大中相继论列，且及客氏，而南北台省官攻忠贤之疏纷至，国子祭酒蔡毅中又率监生千余人请究忠贤罪状；忠贤虽怒，尚未敢遽兴大狱，仅传旨切责。工部郎中万燝劾魏忠贤，廷杖死。七月，河决徐州。山东饥，赈之。八月，金袭毛文龙于镇江城，焚岛中积聚。十月，吏部尚书赵南星、左都御史高攀龙以忤魏忠贤，罢归。十一月，吏部侍郎陈于廷、左副都御史杨涟、左佥都御史左光斗皆以忤魏忠贤，削职为民。十二月，两当县民杀官。

外国 〔朝鲜〕 正月，时政变之后，告密成风，大将李适被逼举兵于龟城，向阙，二月，仁祖奔公州。适入汉京，立兴安君瑅为王，旋败死。命撰光海时政记。遣使聘于日本。

〔日本〕 二月，改元宽永。西班牙船至萨摩。朝鲜使来。

〔暹罗〕 葡萄牙人掠荷兰船于暹罗领海，颂昙勒葡人交还。

〔日耳曼〕 曼斯斐尔德退入荷兰。皇帝斐迪南令在波希米亚重立天主教。波希米亚农民抗拒甚力，遂加以血腥镇压，农民大量向外移徙。三十年战争自1618年起至此为第一阶段。

〔法兰西〕 自此至1642年，为黎塞留专政时期，反对黎塞留者，以国王之弟奥尔良公爵加斯顿为中心，不断进行颠覆阴谋，但迄无成功。同年，在培利哥尔与卢尔克一带，有被称为“克洛堪”(Croquants，意为咬人之鼠类，贵族对农民之称呼）之农民暴动起，因血腥镇压而失败。

〔英格兰〕 詹姆斯一世履位后又恢复以某些商品之专卖权赐予宠幸之习惯，议会大为不满，至是被迫废除。

〔西班牙〕 法国与荷兰缔结同盟，意在反西。西班牙乃与塔斯加尼、巴尔马、摩德那与热那亚结盟与之对抗。

〔荷兰〕 在北美洲东海岸建立一殖民地，称新阿姆斯特丹（即今日之纽约）。

1625年

中国 乙丑 明天启五年 后金天命十年

正月，金破旅顺城，旋退。二月，翰林院检讨丁乾学等八人以讥魏忠贤，削职为民。三月，金初都辽阳，称东京，至是迁都沈阳，后名盛京。四月，重修光宗实录。金攻掠瓦尔喀部。五月，行宗室限禄法。六月，下杨涟、左光斗、魏大中、袁化中、周朝瑞、顾大章于狱，诬以受杨镐、熊廷弼贿，涟等寻皆死。八月，毁天下书院。杀熊廷弼，传首九边。宁远兵袭金耀州，败还。金攻掠虎尔哈及卦勒察部。海州张屯寨汉人联合毛文龙反金，败。九月，赐魏忠贤“顾命元臣”印。十月，孙承宗以忤魏忠贤，罢职；高第代为经略；撤承宗所设要塞。中书舍人吴怀贤以忤魏忠贤，下狱，死。十一月，扬州知府刘铎以讥魏忠贤，下狱，死。科尔沁部以林丹汗来侵，请援于金，金帝亲往救之，林丹汗解围走。十二月，榜示东林党人姓名。是岁，金以辽阳等处汉人潜谋反抗，杀其为首者，分其余为各官奴。

外国 〔朝鲜〕 以明使太监来，意在银、参，命民田四结纳布一匹以备接待之费。命百官庶出子孙，其妾为良家女者至孙，妾为贱族女者至曾孙，皆许随才授职。

〔日本〕 定关所驿传规程。明福建军将致书幕府。

〔越南—大越〕 考核士望，任官有差。

〔印度〕 英人在孟加拉湾建立货场，以为侵略印度之据点。

〔土耳其〕 穆拉德四世企图重行夺取巴格达，不果而退。

〔日耳曼〕 新教同盟自今年起以丹麦王（兼荷尔斯泰因公爵）克里斯蒂安四世为领袖。同年皇帝命波希米亚籍之贵族冒险家瓦楞斯泰因招募军队（开支由瓦楞斯泰因自己负担）进行战争。

〔意大利〕 法国与西班牙战事在意大利爆发，热那亚几为法人占领，西军驰援始免。

〔法兰西〕 胡格诺派以罗翁公爵为首今年起事。

〔英格兰〕 詹姆斯一世卒，子查理一世嗣位。伦敦大疫，死者三万五千余人。

1626年

中国 丙寅 明天启六年 后金天命十一年

正月，命撰三朝要典。金帝亲攻宁远，袁崇焕力御退之。经略高第以拥兵不救，免职，王之臣代之。二月，以袁崇焕为佥都御史，专理军务，旋授辽东巡抚。前应天巡抚周起元及高攀龙、周顺昌、缪昌期、李应升、周宗建、黄遵素等以忤魏忠贤逮系，高攀龙闻讯投池死。苏州以缇骑捕周顺昌，民变；后诸人皆死于狱。三月，各边镇设监军太监。安邦彦犯贵州，总理军务鲁钦败死。四月，命南京搜括各府库银解充殿工及兵饷。海盗结红毛番（荷兰）作乱，讨平之。金帝以喀尔喀背盟，亲攻之，前锋至西拉木伦河而还。五月，北京王恭厂火药局灾，军民死者无数。毛文龙攻金鞍山等地。六月，北京、宣大、山东、河南地震。河决广武。闰六月，始建魏忠贤生祠。北京大水；江北、山东旱蝗。八月，陕西民以不堪虐政，纷起反抗，攻入四川。金帝努尔哈赤死，第八子皇太极嗣，是为太宗文皇帝，九月即位，改明年元为天聪。是秋，河决淮安，江北大水。河南蝗。十月，进魏忠贤爵上公，赐庄田一千顷。金以札鲁特部背盟，遣兵破之。袁崇焕遣李喇嘛等吊贺于金，金答以书。十二月，浔州民胡扶纪等起事，杀兵官。金禁售武器与蒙古。

外国 〔朝鲜〕 行新铸钱。时仅铸六百贯。罢诸宫家各衙门鱼盐折受税。以明将毛文龙飞语诬陷，遣使如明辨之。禁以子证父，以弟证兄，以奴证主。

〔日本〕 商船至印度贸易。

〔越南—大越〕 遣使如明岁贡。

〔日耳曼〕 瓦楞斯泰因击溃曼斯斐尔德伯爵之新教同盟军。八月，提易亦击败丹麦王克里斯蒂安四世于不伦瑞克。同年，在上奥地利有农民暴动，但旋失败。

〔法兰西〕 与西班牙缔结蒙松和约。

〔英格兰〕 查理一世朝之第二届议会2月开幕。议会弹劾白金汉公爵，查理于6月解散议会以救援之。由于计划进行对法战事，需款甚亟，乃不经议会同意，径自征收吨税与磅税（货物出入口之从量税），并强迫向富人借款。

〔非洲〕 法人始在西非塞内加尔河口设根据地——圣路易。同年，法人又在非洲东南大岛马达加斯加获得第一个根据地。

1627年

中国 丁卯 明天启七年 后金（清）太宗文皇帝皇太极天聪元年

正月，金遣使致书袁崇焕言修好事，所欲甚奢，崇焕回书责之。金以朝鲜助明，遣将攻之，连下诸城。二月，朝鲜王李倧奔江华岛，遣使约和，许之。三月，订盟班师，留兵守义州。召王之臣还，罢经略，命袁崇焕便宜行事。崇焕乃议兴屯田，尽复高第所弃要塞。陕西澄城民以岁饥而征粮不已，怒杀知县。四月，金帝致书袁崇焕，辞多恫吓。前刑部侍郎以忤魏忠贤，下狱瘐死。五月，金帝自将攻宁远、围锦州，袁崇焕力御之。六月，金师退，损失甚重。七月，魏忠贤使人劾罢袁崇焕，仍以王之臣经理辽事。海盗扰广东。浙江大水。朝鲜使请于金撤留守之兵，并免送逃人，金乃以义州还朝鲜。八月，熹宗死，弟信王由检嗣，是为思宗庄烈皇帝，明年改元为崇祯。金禁滥宰牛马骡驴。十一月，安置魏忠贤于凤阳，寻命逮治，忠贤闻之，自缢死。罢各边镇守太监。免天启被难诸人赃，释其家属。朝鲜遣使于金，谢还义州。金谕市米谷，复书婉拒；金帝怒。十二月，使人责朝鲜背盟。诛客氏及魏忠贤侄良卿，其家属无少长皆斩，又下助魏忠贤为虐诸人于狱，命毁各地魏忠贤生祠。

外国 〔朝鲜〕 正月，姜弘立误信家属被杀讹言，引金兵来犯，连下义州、安州等地，仁祖奔江都。金旋使人来议和，三月定盟，金兵退。对马岛主献鸟枪、长剑、焰硝，并许赴援，不许。

〔日本〕 定奴婢之制。定僧人出家之制。真腊人求互市。荷兰王书来。台湾（高砂）人来。森田长助赴暹罗，传日本语。津田又左卫门自暹罗携佛像回。

〔越南—大越〕 遣官谕阮福源来觐，福源不从，郑柮拥神宗攻之，无功而还。

〔缅甸〕 约在是年后，英、荷东印度公司均来设分公司。

〔俄罗斯〕 顿河流域之哥萨克人占领亚速夫堡，以之献沙皇。米哈伊尔与贵族商酌后不予接受，并命哥萨克人退出该地区。

〔捷克〕 腓迪南二世下令，取消波希米亚之旧宪法，并宣布哈布斯堡王室对波希米亚王位之世袭承继权。此外，日耳曼语文与波希米亚语文在政府一切文告与法庭中可同样使用。波希米亚自是长期处于哈布斯堡王室统治下，直至19世纪。

〔日耳曼〕 瓦楞斯泰因与提易合兵占领荷尔斯泰因。同年，瓦楞斯泰因又独力侵入石勒苏益格与裘特兰半岛。美克楞堡公爵被迫逃亡。波美拉尼亚公爵则被迫乞降。

〔法兰西〕 黎塞留亲自指挥大军围攻胡格诺派实力中心拉罗舍尔。英国先后三遣舰队予后者以支援。

〔英格兰〕 为支援法国新教胡格诺派，遣海军赴法，失败而归。

1628 年

中国 戊辰 明思宗庄烈皇帝朱由检崇祯元年 后金天聪二年

正月，发内库银三十万两给宣大、东江。磔魏忠贤尸。金帝致书总兵官祖大寿，言通好事。朝鲜献米二千石于金。二月，金帝以察哈尔多罗特部杀使者，亲击破之，俘一万二千余人。三月，赠恤天启被难诸人。四月，以袁崇焕为兵部尚书，督师蓟辽。五月，毁三朝要典。裁各部添注官。禁有司私派。察哈尔诸部犯宣大。金遣将略明边，并致书与明将言修好事。六月，命朱燮元总川广云贵兵击安邦彦。七月，杭州等三府大风雨，漂没数万人。郑芝龙纵横海上，屡败官军，至是降。宁远兵以欠饷哗变。八月，朝鲜献秋季方物于金。九月，金帝亲攻察哈尔，大掠而还。广宁塞外炒花、煖兔、贵英及蓟州塞外喀喇沁等三十六部，岁有抚赏，是秋尽革之；时诸部饥，请粟复不得，遂固其附金之心。十一月，陕西以连岁荒歉，官吏苛虐，饥民纷纷起义，白水王二倡导于先，府谷王嘉胤、宜川王左挂、安寨高迎祥、汉南王大梁先后响应；迎祥称闯王，大梁称大梁王。十二月，固原兵变，取州库银，多与起义军合。

外国 〔朝鲜〕 金遣使来借粮。柳孝立等谋复立光海君，事泄，死。金请互市于会宁，不许。金遣使来索逃人。日本使来请出兵击金，却之。

〔日本〕 再禁天主教。江户城修石垒，令诸侯纳钱。

〔暹罗〕 十二月，颂昙王死，子策陀王嗣，年幼，大权握于权臣披耶迦罗凤之手。

〔缅甸〕 阿那毕隆王为子弥利提波所杀，王弟他隆立为王，杀弥利提波。

〔波斯〕 阿拔斯大王死，波斯又衰。

〔日耳曼〕 瓦楞斯泰因围攻斯特拉尔松德，当地市民英勇抵抗十星期，瓦楞斯泰因被迫撤退。

〔法兰西〕 经十四阅月之英勇抵抗后，拉罗舍尔终不能不在10月28日向黎塞留乞降。胡格诺派自此仅能作为一被宽容之宗教派别而存在，非复前此拥有武力之政党。

〔英格兰〕 查理一世朝第三届议会召开。议会向国王呈递“权利请愿书”，国王被迫接受，但另一方面仍继续进行吨税、船税之征收，有拒绝缴纳者则没收其货物。

〔西班牙〕 运金船队为荷兰人俘获。

1629 年

中国 己巳 明崇祯二年 后金天聪三年

正月，王大梁入略阳，败官兵。诏定魏忠贤逆案。金主初立，三大贝勒分月轮理政事，至是罢之。二月，驿卒裁，无所得食，多入义军。金攻毛文龙于铁山。三月，蓟州兵变，寻定。以杨鹤为三边总督，攻义军。四月，王左挂等攻耀州，为督粮道洪承畴所败。金立文馆，命官分掌翻译汉字者书籍及记注。闰四月，王二先已败死，至是王大梁亦战死。五月，议改历法，徐光启、李之藻等主持之，征西人龙华民等参预其事，采取西法。六月，袁崇焕杀毛文龙。七月，金遣兵攻瓦尔喀部。八月，朱燮元攻水西，安邦彦、奢崇明皆败死，余众降。九月，杀杨镐。金初考试儒生，凡明生员之为奴者皆拔出之，参与考试，取二百人。十月，金帝亲统兵分三道攻明，破遵化等城；十一月，围北京，袁崇焕率师入援。十二月，思宗中金反间计，下崇焕于狱。金帝声言议和而分兵南陷良乡、固安。山西援兵溃于良乡。

外国 〔朝鲜〕 金兵入蛇浦焚掠。日本遣僧来，仍请出兵击金，再却之。以明听谰言谓朝鲜“媾倭款虏”，遣使辨之。琉球以方物交入明使者携回。

〔日本〕 改定武家法例。山田长政托暹罗使献方物，请通商。十一月，后水尾天皇让位。

〔越南—大越〕 神宗德隆元年。四月改元。加郑梉为大元帅、统国政、师父，进封清王。大饥。

〔暹罗〕 颂昙王弟室利信，为披耶迦罗凤所害几死，得脱，遂举兵讨迦罗凤，旋败死。迦罗凤忌护卫军将日本人山田长政，出为边将。

〔波兰〕 与瑞典签订阿尔特马克休战条约，两国之长期战争自此终止。立窝尼亚一部分土地为瑞典所有。

〔日耳曼〕 由于瓦楞斯泰因之胜利，腓迪南二世于3月29日下“归还教产令”，凡巴骚条约（1552年）后所没收之教会土地概须归还原主，以此须更动所有权者计有大主教区二处，主教区十二处，寺院等约一百二十处。其次，惟有与奥格斯堡信条（1530年）相合之宗派始有传布与信仰之自由。瓦楞斯泰因率其军队四处严厉执行此令。5月22日，皇帝与丹麦国王订立卢卑克条约，退还后者一切土地，但后者亦允许不再干涉日耳曼事务。瓦楞斯泰因则获得美克楞堡。三十年战争自1626年至此为第二阶段。

〔法兰西〕　在意大利与西班牙人进行战争。黎塞留亲自指挥军队，明年占领萨伏伊。

〔英格兰〕　议会根据约翰•以里阿特之提案，通过决议，宣称无论何人，倘不经议会同意而擅自在宗教方面作任何改革，或擅自征收赋税，或自愿缴纳此项赋税者，皆将被视为自由与英格兰王国之敌人。3月10日，查理下令解散国会，并逮捕以里阿特等八人。自此实施专制统治（不召开议会）达十一年之久。

〔西班牙〕　法国与西班牙为曼丢阿公爵领地继承问题又在意大利发生争执，西王派兵入伦巴德。

1630年

中国　庚午　明崇祯三年　后金天聪四年

正月，金兵陷迁安、遵化、滦州、永平等地。金帝令喀喇沁部上奏思宗谓仍欲修好。王左挂攻宜川、韩城，为参政洪承畴所败。王嘉胤攻延安、庆阳，总督杨鹤主"抚"，义军有伪应者，而嘉胤坚拒之。时延绥、甘肃入卫之兵，或溃、或变，投义军者甚多。二月，金帝留兵守滦州、永平、遵化、迁安四城，自统大兵班师。三月，陕北义军入山西，四月攻赵城等县。五月，金留滦州等四城兵撤走。六月，王嘉胤破府谷，米脂张献忠应之，号八大王，命洪承畴巡抚延绥，专司攻击义军事。八月，误信金反间计杀袁崇焕。十月，洪承畴败王嘉胤、张献忠，杀王左挂；嘉胤旋再振，十一月，败山西官兵，入河曲。十二月，增田赋，亩三厘，增收百六十五万，合旧所增九厘，共增收六百八十余万两。

外国　〔朝鲜〕　刘兴治杀明将据椵岛，勾结金人；遣兵击之。金遣使来诘责，并索参、银，入义州、安州，夺青布一万五千余桶而去。

〔日本〕　九月，明正天皇即位（女帝，一百零九代）。禁洋书输入。

〔越南—大越〕　明使来索贡礼，遣使补进之。大水，饥。

〔暹罗〕　披耶迦罗凤杀策陀王，立王弟阿铁翁，月余又废之自立，是为巴赛通王；北大年女酋以其得国不正，举兵相抗。巴赛通王恶葡萄牙人，皆捕而投之于狱。景迈宣布独立。荷兰船来。

〔波兰〕　波兰所属南俄平原中之查坡洛什哥萨克人（边疆哥萨克人）因不堪波兰封建主压迫爆发起义，但旋失败。

〔日耳曼〕　天主教联盟内部发生矛盾，诸侯忌瓦楞斯泰因权势过盛，借口其军队纪律废弛，迫使皇帝免去其职。7月，瑞典王古斯塔夫（考斯道夫）二世以法国之金钱津贴，率兵在波美拉尼亚海岸登陆。三十年战争第三阶段始。

〔匈牙利〕　乔治•拉科西一世继位为德兰斯斐尼亚亲王，在三十年战争中继续反奥。同时亦利用土耳其之衰弱，使德兰斯斐尼亚成为事实上之独立国。

〔法兰西〕　以玛利亚为中心之反黎塞留阴谋被破获。玛利亚逃赴布鲁塞尔，奥尔良公爵逃赴洛林，求伊斯公爵逃赴意大利。同年，与瑞典王古斯塔夫•阿多夫斯订立盟约，参加三十年战争。

〔英格兰〕　继续使用各种专横方法敛聚金钱。亨利七世时代所创设之星室法庭，被利用为勒索之工具，人民不满之声与日俱增。与法国及西班牙媾和。

〔西班牙〕　加勒比海之海盗集团布肯利尔斯(Bucaneers)占领托图加岛为根据地（按布肯利尔斯为熏肉之意，为17、18世纪西印度群岛中有名之海盗集团，专事劫掠西班牙船只与殖民地。组成分子主要为英、法、荷诸国走私贩。最初彼等喜捕西印度群岛中野牛加以熏炙，故得此名，至18世纪初始逐渐消灭。但其活动故事，至今仍流行各国）。

〔荷兰〕　在西印度群岛获得对西班牙人之胜利。

〔北美洲〕　伦敦马萨诸塞海湾公司大量向北美洲移民，自此至1642年该公司共移来欧人一万六千名。

1631年

中国　辛未　明崇祯四年　后金天聪五年

正月，陕北民军首领神一元陷保安，结河套蒙古兵败官军，旋败死，弟一魁领其众。赈延绥饥。金初造红衣大炮。金谓朝鲜背盟，却其献物，并遣使责朝鲜王。二月，神一魁陷合水，围庆阳，旋败降于杨鹤。三月，皮岛参将刘兴治杀副将叛，旋为参将沈世魁所杀；兴治兄弟反复于明金之间，至是金杀其家属。四月，王嘉胤败弃河曲。不沾泥败于葭州，旋降于洪承畴。五月，满天星破中部，旋为洪承畴所败。金翅鹏败于宜川，降。金遣兵徇南海岛。金遣使责朝鲜，其王李倧拒不见。六月，王嘉胤败死于阳城，部下推王自用为帅，号紫金梁，结高迎祥、张献忠等三十六家会于山西，米脂李自成亦参与策划。金定功臣袭职法。七月，金定官制，设六部。八月，金帝亲攻大凌城，围之。九月，下杨鹤狱，以洪承畴总督三边军务。复遣太监监边镇，又命太监总理户、工二部钱粮。十月，大凌城守将祖大寿杀副总兵官何可纲降于金，金旋纵之归锦州；太仆少卿张春被俘，不屈死。十一月，罗汝才、张献忠初伪降于洪承畴，至是复起，入山西。闰十一月，登州游击孔有德率兵援辽，至吴桥叛变，还兵沿途大掠；十二月，败济南官兵，趋登、莱。金禁私造庙宇，禁为喇嘛。官兵攻山西、陕北义军，杀扫地王、神一魁等。

外国

〔朝鲜〕 权大进等谋起事，发觉，死者甚多。刘兴治欲以椵岛附于金，部下杀之，金将忿怒，统兵至义州，大掠，旋往攻椵岛，败溃。遣使如金，并略整边防。

〔日本〕 定织物之制。尾张直义进地球仪于幕府。

〔暹罗〕 缅甸侵北境。

〔日耳曼〕 提易占领玛德堡，纵掠后，加以焚毁。瑞典王古斯塔夫进入美克楞堡，重立其公爵（瑞王戚属）。黑斯伯与萨克森选侯约翰·乔治皆加入瑞典一方。9月17日，瑞典与萨克森联军大败提易军于来比锡。

〔法兰西〕 与西班牙签订射尔拉斯科条约，结束意大利战争，允放弃在意大利所占领之一切土地。但另一方面则与萨伏伊公订立密约，以彼格勒罗尔归属法国（磋商此项条件者为黎塞留亲信、神甫约瑟夫及教皇密使马萨林）。

1632年

中国

壬申 明崇祯五年 后金天聪六年

正月，孔有德至登州，耿仲明开城纳之。金责朝鲜贡不及额。二月，义军破鄜州；三月，破华亭。金定仪仗制度。金命达海增改十二字头加以圈点。四月，金帝亲攻察哈尔。孔有德围莱州，败来援官军。六月，河决孟津口。金帝至归化城，以林丹汗已遁，循明宣大边东归，致书明守将言修好事。七月，命太监提督京营戎政。八月，孔有德败于沙河，解莱州围，奔登州，官军围之。洪承畴等连败义军于平凉、甘泉、铜川桥、延水关等地，混天猴、可天飞、独行狼等皆死。九月，海盗刘香乘荷兰人扰福建，攻闽、广、浙沿海地。是秋，紫金梁、高迎祥、罗汝才、张献忠合兵，连破山西州县，入河南，破修武、围怀庆，败还山西。十月，金帝遣喇嘛致书宁远，仍云修好。十二月，金以朝贡不及额，却物，逐使。

外国

〔朝鲜〕 遣使至对马吊日本关白之丧。金使来吊大妃丧，旋又使人来索岁币金银各万两、五色布十万、白苎布一万、兵三万、马三千；以虎皮代金银，他物折半送之，金使不受。

〔日本〕 前将军德川秀忠死。德川家光试诸藩。始置大目付。

〔暹罗〕 那空是贪吗叻守将拒命，巴塞通王击破之。大杀日本人，一时日本侨民多逃奔真腊。巴塞通王攻北大年无功，时荷兰船许助而不至。

〔印度〕 蒙兀尔帝国围攻葡萄牙人在孟加拉所占据之呼格里。葡萄牙自1579年左右即窃据此地，初犹贿赂当地官吏以设货场为名，以后擅筑碉堡，设关卡，专横自恣，且捉捕小儿，贩卖奴隶，帝国围攻其堡垒三月，拔之，尽逐其人。是为印度反抗欧洲侵入者最初之军事冲突。

〔俄罗斯〕 荷兰商人获得在图拉附近开采铁矿权利。俄国第一个铁工场即开始于此处。

〔波兰〕 与俄罗斯发生战争，1634年订立波利阿诺夫和约。弗拉第斯拉夫七世放弃对俄国王位之主张权，但重行获得斯摩棱斯克区域。

〔日耳曼〕 瑞典军继续胜利。萨克森军入布拉格，重行恢复新教。提易被击败于列赫河，阵亡。皇帝被迫重行起用瓦楞斯泰因。11月16日，律曾战役，瑞典军大败瓦楞斯泰因，但古斯塔夫阵亡。

〔瑞典〕 古斯塔夫阵亡后，其女克利斯提那继位为女王。大权操于首相俄克逊涉尔那手。

〔荷兰〕 将一切西班牙人自荷兰境内逐出。

〔法兰西〕 大疫，仅里昂一地死者即达六万人。

〔北美洲〕 英人建马里兰殖民地。

1633年

中国

癸酉 明崇祯六年 后金天聪七年

正月，总兵官曹文诏屡败义军，受命节制山陕；文诏入山西，败义军于盂县等地，混世王等皆死。朝鲜致书于金，解释方物减额事，金复书仍责之。二月，两国复通书辩诘。义军自山西入畿南，攻顺德、真定，为大名副使卢象升所败，走河南。官军克登州，孔有德、耿仲明挈家口渡海欲奔旅顺，被阻，屯双岛，请降于金。三月，义军来往于山西、河南交界诸地，数为曹文诏、左良玉所败，然其势未衰。四月，金命朝鲜资助孔有德等，派兵迎之。时朝鲜助明截堵孔有德，见金兵至，乃退。五月，遣太监监曹文诏等军。河套诸部犯宁夏。六月，时全国逋赋一千七百余万两，命官督征。金致书朝鲜，责其助明，又遣兵攻旅顺口，逾月拔之，总兵官黄龙自杀。七月，曹文诏败义军于怀庆等地，滚地龙等死；御史刘令誉与文诏有隙，诬劾罢之。八月，金兵略山海关。九月，义军败于平山，一盏灯被俘。十月，金使人宣布法令于外藩诸国。广鹿岛副将尚可喜约降于金。十一月，高迎祥、李自成、张献忠、罗汝才等破渑池。十二月，下宜阳，攻卢氏，入内乡，遂入湖广。是岁，徐光启死。

外 国　〔朝鲜〕　金主来书，仍责与明交通；遣使如金，婉谢。明叛将孔有德等遁至鸭绿江口，边将会明兵击之。金兵来迎孔有德，遂大战。金兵掠义州等地。自是金屯海岸，明据海岛，皆来需索，国用大困。许庶出人登科及西北人随才叙用。

〔日本〕　定巡检使分巡诸藩之制。定军役制。颁外国船条例。

〔越南—大越〕　郑柮攻阮福源，无功。

〔暹罗〕　杀前王室子孙。颁上诉法。

〔俄罗斯〕　与立陶宛战争。

〔日耳曼〕　腓德烈五世（去年卒）之子查理•路德维格（路易）在巴拉提内特复辟为选侯。瑞典军在萨克斯—魏玛公爵柏那统率下转战日耳曼，仍获得胜利。但另一方面瓦楞斯泰因在西里西亚与布兰敦堡一带亦有进展。

〔意大利〕　主张太阳为“宇宙中心”之天文学家伽利略为异端裁判所审讯，伽利略被迫宣言“放弃”其学说。

〔英格兰〕　查理一世赴苏格兰，在爱丁堡加冕为苏格兰王。

1634 年

中 国　甲戌　明崇祯七年　后金天聪八年

正月，以陈奇瑜总督河南、山西、陕西、四川、湖广五省军务，司击义军事。金汉军官民诉差徭繁重，金主谕之，婉而厉。高迎祥等破房县、保康，遂入四川，二月，攻夔州，破大宁，为秦良玉等所扼，分走湖广、陕南。金定丧葬法。三月，山西、陕西旱，大饥，人相食，赈之。金使人往朝鲜互市。金命孔有德、耿仲明、尚可喜旗用白镶皂，以别于八旗。四月，义军出入湖广、陕西、河南交界诸地。金改汉世职官名为国语。金试满、蒙、汉军举人，取十六名。五月，金小改兵制。金主自将攻明。六月，河决沛县。高迎祥等为陈奇瑜、卢象升、洪承畴等所败，损失惨重，避入兴安之车箱峡。金帝颁军律于蒙古，其前锋入得胜堡，掠大同。七月，金帝入上方堡，趋朔州、陷保安等处。李自成定计伪降，陈奇瑜许之，义军遂出车箱峡，八月，破永寿等县。金兵略代州，前锋及五台。金帝至大同，代王太妃请和，因致书言愿修好意，闰八月，遂班师。义军破隆德、澄城等地；李自成围陇州，两月始退。山西义军几全部为曹文诏所破。九月，以义军皆在陕西，命各省兵会攻；十月，湖广兵歼于洛南。朝鲜致书于金，金复书责其傲慢。十一月，下陈奇瑜于狱。十二月，高迎祥等入河南，集宛洛间，别部趋江北，破英山。金遣兵攻黑龙江未服之地及瓦尔喀。时烟草已传入金，尝禁之，而诸贝勒大臣吸食自若，金帝切责之。

外 国　〔朝鲜〕　金陷椵岛，明兵将来奔。平安道大水。日本使人求马上才人，遣使携往。

〔日本〕　于长崎榜禁耶稣教及奉使通书船以外之船只来往。增进上供米二万石。置诸藩妻子于江户。

〔暹罗〕　巴赛通王大举攻北大年，约荷兰船及未逃之日本侨民相助，仍无功。

〔日耳曼〕　瓦楞斯泰因以有“谋篡嫌疑”被黜革，2月下旬为其部下刺死。同年皇帝军队在纳得林根大败柏那所统率之瑞典军。皇帝军侵入巴拉提内特。

〔英格兰〕　命令在全国各地开征“船税”（按船税为金雀花王朝时代向南部滨海之“五港”征集船舶组织舰队所演变而成之税，非有紧要之对外战争不得开征。且开征前，必须获得议会同意）。

〔西班牙〕　法国与荷兰缔结同盟，再向西班牙宣战。同年，法荷联军入西属尼德兰（今比利时），但被击退。

〔荷兰〕　占领南美洲北之科拉萨俄岛为殖民地。

1635 年

中 国　乙亥　明崇祯八年　后金天聪九年

正月，高迎祥等破上蔡、固始、荥阳。闻洪

承畴督师东下，十三家会荥阳商应敌术，用李自成策，分路发展以疲官军。于是自成与张献忠东破霍丘、颍州、凤阳，焚皇陵；以徐州兵至，自成西走；献忠南攻庐州、舒城、巢县、无为，二月，破潜山、太湖、宿松，分兵破罗田、徐州、虞城、商丘等地。金重编蒙古诸旗。金遣兵招收林丹汗子。三月，张献忠等以洪承畴来，西入陕西，与李自成等合。四月，郑芝龙破刘香，香势蹙自焚死，海氛稍靖。四川兵变于樊城。金兵攻黑龙江虎尔哈及东海瓦尔喀。五月，金兵略宁远等地。义军攻商州、薄西安，入鄜县，连为洪承畴等所败，走围平凉等处，六月，官军追之，大败于乱马川；曹文诏旋亦败死于真宁；七月，官军再败于古函谷。于是义军大支又入河南，惟高迎祥、李自成留陕西。八月，自成破咸阳、永寿。命卢象升总理直隶、河南、山东、湖广、四川军务，与洪承畴分掌攻义军事。金兵自平鲁卫入略代州、忻州，至崞县而回。九月，高迎祥、李自成为洪承畴所败，走河南与张献忠合；他支义军入颍州，败归信阳，攻密县，十月，又入蕲黄、英山一带，而高迎祥等会攻陕州。金帝致书喜峰等口守将恫吓。十一月，高迎祥等破陕州，旋败于嵩县、汝州，走光山。十二月，破之，东徇江北。喀尔喀等五部蒙古贡驼、马、貂皮于金。

外国

〔朝鲜〕 京畿、忠清等道民纷起，设讨捕使击之。

〔日本〕 定参勤交代制。检举耶稣教徒。置寺社奉行。

〔越南—大越〕 神宗阳和元年。十月改元。

〔暹罗〕 颁承继法。

〔缅甸〕 他隆王复还都阿瓦。重修运河，整理赋税。

〔土耳其〕 自波斯占领下，夺回埃利凡与塔布利斯。

〔日耳曼〕 皇帝斐迪南二世与萨克森选侯等媾和。凡在巴骚条约（1552年）以前所没收之教会土地，倘非直属于皇帝者（就封建关系言），皆为诸侯永久所有。其他诸没收之教产，则准没收者保有主权四十年（自1627年起），届期如无新决定，亦可为执有者世袭领有。新教诸侯以此允与皇帝共同反抗瑞典。三十年战争之第三阶段自1630年起，至是终了。

〔法兰西〕 法兰西学院于今年创立。西南部之昂古莱姆、波亚图与基恩等地今年再发生“穷人党”（见1624年条）起义，明年失败。

〔英格兰〕 颁布教会法规与祈祷书，令苏格兰教会接受之。6月，白金汉郡之乡绅约翰·汉普顿以拒缴船税被控。

1636年

中国

丙子　明崇祯九年　后金天聪十年　清崇德元年

正月，义军攻六合、滁州，不利，北破萧县，西趋登封，二月，南走裕州，败于七顶山，遂入光化。宁夏兵变，杀巡抚。山西大饥，人相食。金帝以将称尊号，告于朝鲜；不理。金定帽顶制。三月，金改文馆为内国史、内秘书、内弘文三院。金禁喇嘛转轮结幡以惑人。义军张献忠等自光化入襄郧，高迎祥、李自成入陕南；四月，自成趋延绥，谋山西，被阻。金帝祭告天地，受尊号，改国号为大清，改元崇德，追上祖宗庙谥，率遵汉制。五月，李自成败追兵于安定。清设都察院，旋遣兵攻明。六月，义军自襄郧入河南，败于淅川。清兵入喜峰口，七月，连陷昌平、安州等十六城，逾月退走。高迎祥为陕西巡抚孙传庭所败，被俘磔死，部下奉李自成为闯王。八月，唐王朱聿键闻清兵入犯，起兵勤王；诏勒归，废为庶人。十月，张献忠破襄阳。诏开银、铁、铜、铅诸矿。清遣官编定察哈尔、科尔沁户口，并颁法令、谳庶狱。朝鲜献米于清，却之。十一月，蠲山东五年以前逋赋。清太祖武皇帝实录成。清以将攻朝鲜，征兵外藩，颁行军律，并传檄朝鲜。十二月，李自成攻阶州等城，为洪承畴所败，走庆阳一带。张献忠等东趋蕲黄，分攻江北，时混天星活动于商洛，过天星出入于汧陇，独行狼来往陕南，蝎子块发展至河西，与番民相结。清帝亲攻朝鲜，拔安州等城，前锋入汉京，朝鲜王李倧避走南汉山城。是岁，董其昌死。

外国

〔朝鲜〕 金使人来吊王妃丧，以礼遇薄，忿而去。时金主方将改国号，改汗称帝，其十王子致书来喻意，亦不答，于是金益恚。命诸道筑山城，发僧军赴役。以大水，限年停罢诸道物膳。明监军来。清以书来责败盟，遣使如清。日本使来聘，遣使报之。十二月，清帝大举来侵，至汉京，仁祖奔南汉山城，清兵又围之，遣使告急于明。

〔日本〕 修江户城，令诸侯出资助役。禁商船外航。放南蛮人胤子（混血儿）于妈港。铸宽永通宝钱。制定箱根关令。朝鲜使来。

〔暹罗〕 与北大年和。

〔印度〕 德干苏丹向蒙兀尔帝国投降，帝国任命奥兰赛为德干总督，辖四省。

〔日耳曼〕 法兰西与瑞典缔结维斯马条约，

继续进行与帝国之战争。条约规定法国在莱因河西岸进攻，而瑞典则在西里西亚与波希米亚进攻。斐迪南二世卒，明年子嗣位为皇帝，称斐迪南三世。

〔法兰西〕 去年西班牙军入加斯科尼，皇帝军队则占领毕伽的，威胁巴黎。

〔北美洲〕 罗德岛始有移民。哈佛学院成立。

1637 年

中国 丁丑 明崇祯十年 清崇德二年

正月，张献忠等攻安庆、桐城，别部攻滁州。清兵入江华，俘朝鲜王后宫，朝鲜王请降，称臣上表，年贡一次，有金、银、皮革、纸张、茶、木、席、布、绌、苎等物，共二十一种；二月，清帝班师。张献忠入潜山，为史可法等所败，走天堂寨，而别部于三月大破官兵于酆家店。杨嗣昌为兵部尚书，建策以四正、六隅之法以困义军，并议增兵加饷，皆得允。四月，清兵取皮岛，总兵官沈世魁等死之。闰四月，张献忠入湖广，别部或留江北，或走河南。清令富民运米赈东京贫民。五月，李自成等为孙传庭所败，走秦州。朝鲜王遣使如清，请赎被俘亲属。是夏，两畿、山西、江西大旱，浙江大饥，至父子兄弟夫妻相食。七月，山东、河南蝗。清遣兵攻瓦尔喀。分汉军为二旗。八月，以仪真等县为义军所破，发禁旅赴援。九月，洪承畴数败义军，李自成南走，破宁羌，十月，分道入川，破昭化、剑州等三十余城，攻成都，不克而去。清颁满、蒙、汉字历。清使封李倧为朝鲜国王，赐玉纽金印；倧寻遣使请归其世子，不许。十二月，洪承畴入援四川。是冬，周遇吉、黄得功等连败义军于郑州、密县。闯塌天与张献忠不和，遂萌叛志。

外国 〔朝鲜〕 正月，清兵陷江华，俘后宫多人，又急攻南汉山城，遂请和定盟，以世子浧、王子淏等为质，称臣奉贡于清。二月，清帝班师，索美女而去。明兵由海道来援，朝鲜兵与清兵共败之。三南牛疫，死者无数，马亦多毙。

〔日本〕 岛原为通商地，多耶稣教徒。幕府征税烦苛，复压迫教徒，十月，遂群起反抗，遣兵攻之。

〔越南—大越〕 遣使贡于明。

〔暹罗〕 颁负债奴隶法。

〔俄罗斯〕 在东西伯利亚建雅库次克堡。明年又建鄂霍次克。

〔波兰〕 南俄平原之查坡洛什哥萨克人爆发起义，明年失败。波兰戴耶特通过议案，剥夺哥萨克人旧日享有之一切权利，废除彼等选举头人制度，代之以指派之波兰贵族。

〔法兰西〕 外国军队皆自法国本地被逐退。法王迫使卢昂议会通过缴纳大宗税款案。

〔英格兰〕 约翰·汉普顿被判有罪，全国大哗。苏格兰新教徒组织对英国国教侵入之抵抗。

〔荷兰〕 荷兰人在南美洲之巴西击败葡萄牙人。

〔非洲〕 荷兰人在西非洲战胜葡萄牙人后，在黄金海岸建筑要塞多处。

1638 年

中国 戊寅 明崇祯十一年 清崇德三年

正月，闯塌天降总理军务熊文灿于随州。洪承畴败李自成于梓潼，自成走洮州。开福建海禁，通市佐饷。二月，清帝亲攻喀尔喀。东江总兵官沈志祥叛降于清。三月，曹变蛟败李自成于洮州，自成走岷州。左良玉败张献忠于南阳，他支义军又连败于舞阳、光山、固始，献忠走谷城，四月，伪降于熊文灿。清帝班师。五月，清修盛京至辽河大路。六月，北京民厂灾，死伤万余人。两畿、山东、河南大旱蝗。清改蒙古衙门为理藩院。七月，南京复社人黄宗羲等作留都防乱揭，攻击阮大铖。清更定六部、理藩、都察二院官制。八月，孙传庭大破罗汝才等于阌乡、灵宝，汝才等走襄阳。清遣将攻明，九月，分道入塞，前锋抵牛栏山。山西、陕西旱，饥。自夏至秋，李自成等叠为孙传庭、曹变蛟、左光先等败于陕西，过天星等皆降，惟自成东走。十月，又为洪承畴拒于潼关，大败，入商洛山中。清兵会于通州，十一月趋涿州，分扰易州、雄县，破高阳，前大学士孙承宗死之。子孙战死者十七人。时清帝亦亲略山海关，以牵制明师。罗汝才伪降于熊文灿。十二月，清兵犯巨鹿，宣大总督卢象升力战死之，征洪承畴入卫京师。时清兵已破四十余城，入山东。是岁，江北义军于英山、六合连败于史可法。而陕西、河南、湖广诸义军，或败或降，势大衰。

外国 〔朝鲜〕 日本使船至釜山，请直入京；不许，遂回。时私商多售烟草与清人，清帝严禁之，且移书来责；后商人以烟草种籽遗之。大旱，井泉皆涸，布一匹仅易水四五盆。遣僧如明诉清兵之祸。关北大疫。

〔日本〕 二月，岛原民反抗惨败，男女老幼死者三万七千余人。许造五百石以上商船。严禁耶稣教徒。始置大老官。

〔越南—大越〕 郑梉亲击莫氏残部于高平，无功。

〔暹罗〕 巴塞通王以迷信改变纪年十二属肖次序。

〔波斯〕 土耳其取巴格达。

〔土耳其〕 夺回巴格达。同年与波斯媾和，土耳其退出埃利凡，但保有巴格达。穆拉德四世命令自此以后取消向基督教国家征取幼童（充真尼萨利用）之惯例。在军事封建之基础上改组军队，颇著成效（按苏丹将其统治之东南欧划分为若干区，每区又分为若干山甲克〔行省〕，置贝格一人。贝格统治下分为若干斯巴希奈克〔骑兵领地〕。领有者按土地之面积出数目不等之骑兵）。

〔日耳曼〕 柏那所统率之瑞典军占领阿尔萨斯。明年柏那卒，法国遂保有阿尔萨斯。

〔法兰西〕 法国军队在陆上战胜皇帝，在海上战胜西班牙。神甫约瑟夫卒，马萨林代之而起（见1631年条）。

〔英格兰〕 苏格兰新教徒组织"庄严同盟"，制定誓约，保卫信仰之"纯正与自由"。

〔西班牙〕 法军在空得统率下入侵西班牙，全师覆没。

1639年

中国 己卯 明崇祯十二年 清崇德四年

正月，清兵连下临邑等县，破济南，俘德王朱由枢等，官民死者无数。以洪承畴为蓟辽总督。二月，清帝亲攻明，犯松山、杏山，不能克。三月，遂退，入明侵扰之师亦还。凡破城六十余，俘四十万余人，掠得金四千余两，银九十七万余两。四月，左良玉等破义军于南阳等地。五月，张献忠、罗汝才复起，破房县、保康。六月，抽练各镇精兵，加征练饷，自万历以来数次增饷，至是已至一千六百七十万两。北畿、山东、河南、山西旱，蝗。清分汉军为四旗。七月，张献忠大败左良玉于罗猴山。清帝使人致书于明，仍言修好事。八月，周遇吉等败义军于淅川。清遣兵攻库尔喀部。九月，下熊文灿于狱，命杨嗣昌督师，以攻义军。清遣将略锦州、宁远。十月，颁保民四事全书。清遣喇嘛致书于图伯特汗（西藏）。十二月，清遣官查视朝鲜王李倧所勒"纪恩碑"。是岁，陈继儒死。

外国 〔朝鲜〕 清攻锦州，请助；发水军往。

〔日本〕 德川家光戒谕诸侯奢侈。荷兰人献大炮。七月，实行闭关政策，除中国、朝鲜及荷兰（荷人助攻岛原）外，禁外国贸易。江户大火，死者甚多。

〔越南—大越〕 申明人命讼事，没收犯人财产不得连及宗族乡里。

〔暹罗〕 与荷兰冲突，旋和解。

〔印度〕 英人占据马德拉斯，设货场，建碉堡，是为英人侵略印度之最早据点。

〔波兰〕 议会实行"自由否决制"，任何议案倘有一人否决即不能通过，自此一事无成，议会形同虚设（亦有以自由否决权始于1652年者）。

〔法兰西〕 诺曼底农民以不堪捐税负担，爆发"赤足党"起义。自卢昂至阿夫隆什之间四处攻杀税吏与垄断商，焚毁税局与富人住宅。此一"受压迫者大军"——起义者自称——运动逐渐蔓延及于法国东部各地，以政府之血腥镇压而失败。

〔英格兰〕 苏格兰新教徒占领爱丁堡城堡，并招募军队。查理进兵贝里克，但未经战争即与苏格兰人媾和。

〔西班牙〕 萨克斯·魏玛公爵柏那卒，阿尔萨斯为法国所得，西班牙人自意大利至尼德兰之陆上交通，自是断绝。

〔北美洲〕 始有第一个印刷店。

1640年

中国 庚辰 明崇祯十三年 清崇德五年

二月，左良玉等大破张献忠于玛瑙山，献忠走兴归山中，部下多降。清遣兵攻兀札剌部。三月，罢各镇监军太监。清兵略广宁。清攻虎尔哈、索伦等部者先后告捷。清命朝鲜发兵及米赴大小凌河。四月，清帝视师义州。五月，罗汝才攻夔州，为秦良玉等所却。清兵攻杏山，败祖大寿、吴三桂之师；又攻锦州，旋引还。六月，秦良玉等败罗汝才于马家寨等处，汝才走大宁。时杨嗣昌欲逐义军皆入川，遂调川兵精锐隶己麾下。七月，孙应元破罗汝才于兴山，汝才走巫山与张献忠合。清遣兵攻索伦部。是月，清兵在锦州一带数与明兵战。八月，江北义军破麻城、黄梅。张献忠败孙应元于夔州，九月，又败官军于观音岩，进破大昌，入开县，攻绵州。李自成前自商洛山中走依张献忠，觉献忠意恶，避之巴西鱼腹山中。杨嗣昌招之降，不肯，至是走河南。十月，清遣使责朝鲜国王李倧欺罔。十一月，清减朝鲜贡米十之九。十二月，严禁抄传军机密报。张献忠攻什邡，破荣昌，拔泸州。李自成至河南，饥民纷纷归附，势复振，遂攻宜阳，破永宁、宝丰、密县，李信、牛金星从之为之策画。增天下关税。是岁，两畿、山东、河南、山西、陕西大饥，人相食。河南登封民李际遇起事，破渑池。徐宏祖死。

外国 〔朝鲜〕 清将屯庆兴府北岸者，勒索人马粮料。遣助清攻锦州之水师，统将林庆业等，潜沉多船，又密报于明登州守将，遇明兵亦不实战。清使人来拘主持抗清之人。

〔日本〕 重申俭约令。杀妈港人六十一。九谷烧、京烧、膳所烧创于此时。

〔土耳其〕 穆拉德四世卒，伊布拉希姆一世嗣位。伊布拉希姆在位八年，占领亚速夫海，并掀起与威尼斯之战争。

〔日耳曼〕 瑞典人为皇帝军自波希米亚逐出。布兰敦堡选侯乔治·威兼卒，子腓德烈·威廉嗣位（后称“大选侯”）。

〔法兰西〕 在意大利占领都灵。

〔英格兰〕 查理一世以财政短绌，于4月中旬又召开第四届议会。但议会坚持非革除各项秕政，不通过任何征税案，查理遂于5月5日下令解散议会（此次议会被称为“短命议会”）。同年8月，苏格兰战事又爆发，查理党失败。10月下旬订和约，查理允每日给予苏格兰军队八百五十镑，直至纠纷满意解决为止。为筹集此项费用，查理被迫于11月初召集第五届议会——长期议会。

〔西班牙〕 半岛东北之卡塔罗尼亚发生大规模人民起义。同年，起义者占领巴塞罗那。

〔葡萄牙〕 发生反西班牙统治之革命，布拉甘萨之约阿（约翰）称王，与法兰西、荷兰及卡塔罗尼亚暴动者进行联系。

1641 年

中国 辛巳 明崇祯十四年 清崇德六年

正月，张献忠破巴州，败官军于开县，入湖广，攻荆门。李自成破洛阳，杀福王朱常洵，发王府金赈饥民；王子朱由崧奔怀庆。二月，张献忠破襄阳，杀襄王朱翊铭，得杨嗣昌所储军饷兵器无数；张献忠旋又破当阳、郏县、光州。李自成攻开封，不克。清申烟禁。三月，杨嗣昌惧罪自杀。张献忠攻应城，破随州。洪承畴会八镇兵十三万于宁远以御清兵。时清兵已分番攻锦州数月，且征朝鲜兵相助，屡获小胜。五月，李自成攻南阳，张献忠破泌阳。六月，两畿、山东、河南、浙江、湖广旱、蝗，饥民纷纷起事。七月，罗汝才与张献忠不和，依李自成于内乡，合攻邓州，不利；张献忠攻郧阳，不克。清增兵攻锦州，八月，陷锦州外城；清帝亲来，驻松山、杏山之间，败洪承畴之师。张献忠攻信阳，左良玉大破之，献忠走依李自成，自成欲杀之，罗汝才阴纵献忠，乃与左金王等合，势稍振。九月，李自成大破官兵于孟家庄，俘陕西总督傅宗龙，杀之，寻破项城、叶县。十一月，破南阳，杀唐王朱聿键，总兵官猛如虎战死。又破邓州，十二月，东破许州等十余城，围开封，不克。清帝于九月回，惟清兵仍屯锦州一带，时有小战。是岁，文学家张溥死。

外国 〔朝鲜〕 以关东盐船、税布充诸道振资。重修宣祖实录。明船来，密资遣之。义州府尹黄一皓等谋攻清，事泄，清迫令皆处死。

〔日本〕 江户大火。迁平户荷兰人于长崎出岛，德川家光谕以严守禁令。

〔暹罗〕 荷兰王子及东印度总督来书并献珍物。

〔日耳曼〕 瑞典军威胁拉梯斯本（累根斯堡）。

〔法兰西〕 与葡萄牙缔结共同反对西班牙之同盟。法军在西班牙迭获胜利，明年路易十三世被承认为巴塞罗那与卢西云（西班牙东北部）伯爵。

〔荷兰〕 占领马六甲。

〔英格兰〕 5月，议会通过“三年法案”，规定每三年召开国会一次，虽无国王召集令亦必如此。7月，决议废除星院法庭及高级委员会（即高级法院，伊利莎白初期设置）。12月1日向查理呈递“大谏章”，将查理履位后之一切弊政尽量揭发，并命印行在全国各地散发。爱尔兰发生暴动。英国征服与压迫所造成之积怨爆发无遗。乌尔斯特等地之英国地主被杀者不下三万人（按此数目之最高夸大有至三十万者）。

1642 年

中国 壬午 明崇祯十五年 清崇德七年

正月，李自成破襄城等处，围左良玉于郾城。免十二年以前逋赋。山东李青山据梁山泊，拦截漕运已年余，至是败死。二月，李自成大破官兵于襄城，杀三边总督汪乔年，旋又破陈州、睢州、归德。松山副将夏成德开城纳清兵，蓟辽总督洪承畴被俘投降，巡抚丘民仰、总兵官曹变蛟等死之。三月，锦州守将祖大寿亦降。是春，张献忠已破亳州等地，遂攻含山、和州。四月，李自成复围开封。兵部尚书陈新甲请与清和，思宗许遣人使于清，令密之，辅臣谢升泄其事，获罪削职。清兵破塔山、杏山。五月，张献忠破庐州。清禁善友教，杀教首李国梁等。清迎明兵部所遣议和人马绍愉等至沈阳，六月遣还，致书明帝，约以平等相交，及岁币疆界事。清分汉军为八旗。李自成仍围开封，山西、宁武兵赴援者皆溃；左良玉等四镇兵会于朱仙镇，七月，亦溃。八月，安庆兵变。九月，李自成决黄河灌开封，城圮，溺死无数，自成无所获，遂西走。黄得功败张献忠于潜山，献忠走太湖，破之。十月，李自成大破三边总督孙传庭于郏县（柿园之败），复破南阳、扶沟。图伯特部达赖喇嘛遣使至清，清帝优礼备至。清以朝鲜拒擒送明人之至皮岛者，厉责之，令献主谋宰相崔鸣吉等，至是定其罪，又监禁与明人贸易者。十一月，援汴总兵官刘超据永城反，官兵围之。清兵分道入塞，破蓟州，趋真定、河间。闰十一月，入山东，破临清诸州县。李自成破汝宁，俘崇王朱由樻；十二月，破襄阳，入荆州。清兵破兖州，略海州、赣榆、沭阳、丰、沛。是岁，改孔庙配享之先儒左丘明、周敦颐、邵雍、张载、程颢、程颐、朱熹等为先贤。

外国　〔朝鲜〕　日本新建社堂，使人来求书额及诗文。明洪承畴降清，清得知朝鲜与明交通状，使人索主持者。

〔日本〕　朝鲜赠图书，又许增贸易船数。再检举耶稣教徒。改定内藩诸侯交代之制。定诸番士袭封制。春夏间大饥。

〔日耳曼〕　第二次来比锡战争。瑞典军统帅托斯顿松大败彼科罗密尼所统率之皇帝军。瑞典军之胜利引起丹麦王克里斯蒂安四世之嫉忌。

〔法兰西〕　黎塞留卒。黎塞留专政十八年，推行官僚政治，发展法国王权，扶植工商业，使法国生产力获得提高。其后路易十四世能在法国建立绝对君主专制，即以此为基础。同年马萨林继位为首相。马萨林仍继续黎塞留之对外政策。

〔英格兰〕　1月3日查理一世企图逮捕众院议员皮姆及汉普顿等五人。皮姆等避入伦敦城，由伦敦市民予以保护。1月10日查理离伦敦，议会提出统率民兵之要求，为查理拒绝。7月，两方面皆着手招募或召集军队。10月23日战事起。议会军以埃塞克斯伯爵（对查理久怀不满者）为统帅。

〔大洋洲〕　荷兰人塔斯曼发现新西兰岛。

1643年

中国　癸未　明崇祯十六年　清崇德八年

正月，李自成破承天，称奉天倡义大将军，于是改襄阳曰襄京，承天曰扬武州，谋以荆襄为根本，设官定爵。张献忠破蕲州。三月，李自成杀罗汝才，并其军。张献忠破黄州。湖南数年来，民军前仆后起，至是北方义军又至，破澧州、武冈。左良玉兵变，自武昌东走九江，去芜湖四十里而泊，寻抚定之。清使责朝鲜助明。是春，清兵自山东攻掠后入直隶，破顺德，至怀柔，败明八镇兵遂出塞。计此次入犯，蹂躏八十八城，俘三十六万九千余人，获金万二千二百余两，银二百二十万五千余两，牛马等五十五万余头，珍宝、缎匹等八万余。四月，刘超败死。五月，张献忠破汉阳、武昌，沉楚王朱华奎于江，散楚府金赈饥民，遂称西王，改武昌为天授府，设官，开科取士。六月，免被兵州县三饷及常赋二年。七月，自二月至是，京师大疫，死者无数。张献忠惧李自成相逼，弃武昌趋湖南，八月，破岳州、长沙、衡州。清太宗死，子福临嗣，是为世祖章皇帝，睿亲王多尔衮、郑亲王济尔哈朗辅政，改明年元为顺治。九月，张献忠破宝庆、永州。李自成用顾君恩策，回军趋陕西，大败督师孙传庭于襄城。清兵略宁远。清减朝鲜岁贡品物及赠馈使臣银布，并释所囚朝鲜人。十月，李自成破潼关，孙传庭战死，自成旋破西安，改曰长安，号西京。张献忠破常德，入江西，破吉安，十一月，还破岳州，为左良玉所败。李自成破延安，改为天保府，又连下渭北诸地，北至榆林，西至陇右，十二月，遣前锋东入山西，西破甘州。张献忠破建昌、抚州。是岁，浙江东阳诸生许都被迫于丧中起事，号“白头兵”，破东阳等地，旋被诱杀，惟白头兵则日益多。

外国　〔朝鲜〕　日本放还壬辰所掳男女十四人。是时，天主教自明传入。

〔日本〕　严禁私铸钱。捕前来筑前之葡萄牙人及其宗徒。定诸藩引见次第。吉田安斋及栗崎道喜分往妈港及吕宋学医。十月，明正天皇让位，后光明天皇（一百一十代）即位。

〔越南—大越〕　黎氏真宗福泰元年。郑梉拥神宗攻顺化阮福澜，小胜而还。十月，神宗自为太上皇，传位太子维祐，是为真宗，改元福泰。

〔俄罗斯〕　瓦西里·波雅哥夫奉雅库次克命沿黑龙江探险。

〔日耳曼〕　丹麦与瑞典发生战争。托斯顿松之瑞典军入侵丹麦，大肆蹂躏。同年皇帝与巴伐利亚军在塔特林根击败法国军。

〔法兰西〕　路易十三世卒。子路易十四世嗣位，年甫五岁，其母奥地利之安利（西班牙王腓力三世女）摄政，马萨林仍为法国首相。

〔英格兰〕　战事爆发后，英格兰有显著划分。自区域言，北部与中、西部多倾向国王，东、南部，包括伦敦，则倾向议会。以阶级言，乡绅、教会人士倾向国王，城市资产阶级、市民与部分大贵族倾向议会。农民则依其具体情况而分隶于两个阵营。6月中旬，国王军在查尔格罗夫等地获胜。9月，第一次纽柏利战役。9月25日，国会议员二百八十八人及贵族二十五人签订《庄严同盟与誓约》，且进行与苏格兰议会合作。《庄严同盟与誓约》宣称将“依照上帝意旨，采用最佳形式”为英格兰、苏格兰与爱尔兰组织一统一的教会——长老会。

〔西班牙〕　西班牙军自西属尼德兰进攻法国北部之香槟，大败而退。

〔丹麦　挪威〕　与瑞典再进行战争，至1645年媾和。

〔北美洲〕　5月，新英格兰之康涅狄格、纽黑文、普利茅斯、马萨诸塞海湾等地合组联防性之联盟。以马萨诸塞为领导。

1644年

中国　甲申　明崇祯十七年　清世祖章皇帝福临顺治元年

正月朔，李自成称王于西安，国号大顺，建元永昌，置大学士、尚书等官，复五等爵，定军制军律，檄告远近。张献忠入四川，破夔州。清遣兵攻库尔喀。清遣使迎达赖喇嘛，并致书青海顾实汗。二月，李自成自将入山西，连破蒲、汾，下太原，俘晋王朱求桂，进破代州，总兵官周遇吉力战死；时别部已分下怀庆、彰德、真定。三月，自成至大同，守将姜瓖降；至宣府，守将王承胤降；至居庸关，守将唐通降，遂入北京。十九日，思宗自缢死。清删译辽金元三史成。四月，清睿亲王多尔衮欲乘明乱入关督师，适吴三桂请兵书来，遂至山海关，败李自成于一片石，乘胜西进。自成败还北京，即皇帝位，翌日即撤兵回陕。五月朔，多尔衮入北京。同日，明福王朱由崧由马士英等拥至南京谒陵，越二日称监国，又十一日乃即皇帝位，改明年元为弘光，是为安宗简皇帝。命大学士史可法督师于扬州。清遣兵追李自成，胜于望都、真定；六月，遣兵略山东、山西。多尔衮等定议建都北京。明赐建文诸臣及武、熹两朝忠谏诸臣谥。张献忠破涪州、重庆。镇江兵变。七月，清命汤若望等修订历法。多尔衮致书史可法劝降，可法回书不屈。明遣左懋第通好于清。李自成至西安，遣兵略保宁，张献忠拒却之。八月，献忠破成都，分兵下崇庆等州邑。李自成兵攻府谷，迫大同，为清兵所败。弘光帝选淑女，民间骚然。明许童生纳银免府州县试，直赴院试。清以自关东随来之人每借售人参为名扰害地方，严禁之。九月，明将高杰、黄得功哄于仪真，史可法和解之。可法请饷为进取计，马士英不发。清世祖自沈阳如北京，十月朔，祭告天地，即皇帝位，随颁时宪历，免明加派三饷及他项差徭，加多尔衮为叔父摄政王，济尔哈朗为信义辅政叔王；定宗室王公俸。命豫亲王多铎略江南、英亲王阿济格攻李自成。张献忠破邛州等地。弘光帝遣太监督催浙江钱粮。十一月，清廷试贡生。山西、河北、山东民前后起事抗清。清遣朝鲜世子湟回国，再减贡品。清兵下邳州、宿迁，史可法告急，马士英不信。张献忠称大西国王，建元大顺，改成都为西京，设丞相等官，遣兵徇川中。明征酒税。十二月，清稽查近京无主庄田分与诸王将士，于是圈地之事起，汉民丧失田庐者甚多。清兵下河南府。是岁，清行盐七十一万九千五百五十引，收盐课银十五万八千九百七十三两，铸顺治通宝钱七千一百六十六万三千九百。

外国　〔朝鲜〕　大疫。沈器远等谋立怀恩君德仁，通中国，事泄皆死。皇极经世东史补编撰成，印行之。

〔日本〕　琉球使来。定评定所会议式。不明国籍之船攻长崎，击走之。十二月，改元正保。

〔越南—大越〕　考核士望，授府县职。遣将略高平。

〔日耳曼〕　德兰斯斐尼亚亲王乔治·拉科西率兵侵入哈布斯堡王室领土。同年，托斯顿松统率之瑞典军入波希米亚。

〔法兰西〕　法军在元帅丢楞、空得亲王与奥尔良公爵等统率下，在日耳曼各地获得胜利。今年占领非利普斯堡、窝尔姆斯、迈恩兹，将神圣罗马皇帝之势力自莱因河中游逐退。

〔英格兰〕　7月初，议会将领克伦威尔（议员、中等地主）大败国王军于马斯吞荒原地区，使议会得以控制北部。以克伦威尔为首之独立派（主张各地教会自治，无需统一之国教者）亦自此逐渐得势。

1645 年

中国 乙酉 清顺治二年 明安宗简皇帝朱由崧弘光元年 明绍宗襄皇帝朱聿键隆武元年

正月，清命各省地方官开具无主荒地实数，寻免山东荒地税粮。清禁旗人私收投充汉人冒占田宅；寻以庄头横行，严禁之。明总兵官许定国杀高杰，叛降于清。清兵破潼关入西安，李自成走襄阳，二月，又走承天。清于大同、密云铸钱充军饷。三月，清令各府州县选生员送国子监。清兵下归德。明“伪”太子狱起。明将左良玉以讨马士英为名，自武昌引兵东下，至九江病死，其子孟庚后降于清。明四川反抗张献忠者纷起。四月，清定乡试法，寻举行武乡试。清兵下泗州，明将刘泽清以淮安降，遂破扬州，大杀十日，史可法死之。五月，清兵入南京，明将黄得功兵败自杀，弘光帝走芜湖，被俘，明年死。六月，清兵入杭州，明潞王朱常淓降。又分兵徇江西，降将金声桓入南昌。清下令汉人薙发，违者严处。闰六月，明黄道周、郑芝龙等奉唐王朱聿键监国于福州，旋即帝位，建元隆武，是为绍宗襄皇帝；改福州为天兴府。大行封拜，赐芝龙子森国姓，名成功。同时，张国维、张煌言等亦奉鲁王朱以海监国于绍兴。左懋第去年奉使于清被留，至是不屈，死。清兵连下苏、常、嘉兴，惟江阴典史阎应元坚拒不降。李自成乘左良玉东下，入武昌，改江夏为瑞符，至是为清军所迫，南走通山县九宫山，死；其侄过改名锦，奉自成妻高氏降于明总督何腾蛟。清命洪承畴总督军务，经营江南各省。清除割脚筋法，颁科场事宜，并禁明宗室考举贡生员，有官者解任。回回国、天方国贡于清。七月，清兵破嘉定、昆山。清兵下袁州、吉安，破建昌。河决兖州西。清定岁给明宗室银地。八月，清兵破松江、金山，攻围两月之江阴亦陷，阎应元等死之。明隆武令预征田赋一年。明鲁王之兵谋自富阳渡钱塘，为清兵所却。明靖江王朱亨嘉于前月据桂林，称监国，至是被执送福州，死。清免河南荒地额赋。九月，明新昌王据云台山抗清，败死。清以河间、滦州、遵化无主地及明勋戚庄田大部给旗人耕种。十月，朝鲜解白米五万余石于清。明鲁王兵攻杭州，不克。十一月，清遣兵攻李自成余部及张献忠；时明大学士王应熊与献忠战于蜀中，奉书降于清。十二月，明隆武帝兵攻江西及徽州皆失利，大学士黄道周被俘不屈，死。明云南土司沙定洲起事，入昆明，破大理，黔国公沐天波遁。是岁，清行盐一百七十一万六千余引，收盐课银五十六万三千余两，铸钱四万四千三百七十五万一千余。

外国 〔朝鲜〕 清放还世子湼等，并减岁币。世子湼寻死，立王子淏为世子。遣船运米十万石于清。

〔日本〕 定刀剑寸法。中华僧逸然至长崎，传画法。

〔越南—大越〕 郑松子弟等作乱，败死。禁作匿死书。申明勘讼条例。禁权贵占取社民户分，县官不得滥收民钱，钱米一按社之大小分等交纳。

〔土耳其〕 伊布拉希姆企图进攻克里特岛之首府坎地亚，以此引起与威尼斯之长期战争。威尼斯人遣海军进攻达达尼尔海峡。

〔俄罗斯〕 亚历修·米海伊诺维支嗣位为沙皇。

〔日耳曼〕 托斯顿松向维也纳胜利前进。拉科西入匈牙利。法国军亦在阿勒尔海姆获得胜利。同年，皇帝斐迪南被迫先与拉科西媾和。

〔荷兰〕 国际法学者格罗喜阿斯卒（生于1583年）。

〔法兰西〕 丢楞占领特利尔（特利夫斯）。

〔英格兰〕 4月初，议会决定以费尔法克斯代埃塞克斯为统帅，以克伦威尔为副将，并着手改组军队为“新模范军”。6月中，克伦威尔大败国王军于纳斯比，获得决定性胜利。

1646 年

中国 丙戌 清顺治三年 明隆武二年（唐王朱聿𨮁绍武元年）

正月，明将贺珍等攻西安，大败。明瑞昌王朱谊泐攻江宁，败死。清命肃亲王豪格攻四川。明督师何腾蛟谋攻清，诸将皆观望，独李自成侄赤心（锦）应之，与清兵战于岳州而败。清于湖广铸钱。清定俸制。安南、日本献于明。二月，清于延绥铸钱。清遣贝勒博洛攻浙闽。明隆武帝出驻延平，三月，封郑芝龙子成功忠孝伯，挂招讨大将军印。清译洪武宝训成。清始举行会试、殿试，改明新进士授官法。是春，明将杨展等夺取川南诸州县，声讨张献忠，献忠击之于彭山，败还。四月，清兵破吉安、广信，围赣州。清罢织造太监。清削夺明故乡官、生监名义，令纳税应差。清令清查钱粮数目，编造赋役全书。清定钱七百文折银一两。五月，清博洛兵破严州。清以苏尼特部腾吉思率部奔喀尔喀，遣兵追击，逾月，大破之。清豪格兵破汉中。清收旧钱，只许崇祯钱通行。吐鲁番国贡于清。琉球贡于明。明廷试贡生。明荆王等十一王已降于清，至是诬以谋叛，皆杀之。六月，清博洛兵破绍兴，鲁王走舟山。清严禁白莲、大成、混元、无为诸教。清令地方官查送明宗藩散居者。明开科取士，中者称为萃士。七月，清博洛兵破衢、温、台州。清定地方官入觐考察之期。清革銮仪卫缉访人役。张献忠弃成都走西充，杨展追至汉州，不及而还。八月，清博洛兵破建宁，明隆武帝走汀州，清兵追俘之，后死于福州。清命孔有德、耿仲明、尚可喜等从满兵攻湖广、两广。达赖喇嘛、顾实汗贡于清。九月，清博洛兵入泉州，郑芝龙叛明降，其子成功谏不听，去之。十月，清兵围赣州半年，至是破，督师杨廷麟等死之。明丁魁楚、瞿式耜等奉桂王朱由榔监国于肇庆。十一月，明苏观生等立唐王朱聿𨮁于广州，改元绍武；未几，桂王亦称帝，改明年元为永历，于是两方治兵相攻。明鲁王自舟山至厦门，旋走长垣。清豪格兵入南部县，十二月，进至西充，张献忠拒战败死，其部将李定国、孙可望、白文选等走川南，清兵追之，破重庆。郑成功起兵南澳，仍用隆武年号。清博洛兵连下潮、惠，破广州，绍武帝自杀，苏观生等死之，明永历帝奔梧州。是岁，清行盐三百三十二万八千余引，收盐课银一百五十一万八千余两，铸钱六万二千四百八十二万三千九百余。

外国　〔朝鲜〕　尼城柳濯等谋起事，发觉皆死。全南道大风，船舶破损甚多。

〔日本〕　创日光例币使，复行伊势例币使。郑芝龙来求援。朝日烧创于此时。

〔越南—大越〕　遣使泛海往福建，求封于明隆武帝。

〔法兰西〕　空得亲王率军赴佛兰德尔，占领敦克尔刻等地。

〔英格兰〕　3月下旬，阿什利所统率之国王军最后失败于武尔德之斯托（在白金汉州）后，查理遂于5月初遁赴苏格兰。7月，国会中之长老会派（包括新地主与大资产阶级）向国王呈递“纽卡斯尔条陈”，企图与国王妥协，以制止日益发展中之人民势力，但为查理拒绝。

1647年

中国　丁亥　清顺治四年　明桂王朱由榔永历元年

正月，清禁盐丁投充王府。赤斤蒙古及哈密畏兀国奉贡请封于清。清兵破肇庆、梧州，明永历帝走桂林，又走全州。孙可望等入贵州，破遵义，旋破贵阳。明鲁王誓师于长垣，二月，攻漳州，不利，走入海。三月，清令在内三品、在外二品以上官送子弟一人入朝侍卫。大清律成。以汉人投充满洲者多横行乡里，令永禁投充。以圈地扰民，致京畿不靖，永禁圈拨。达赖、班禅献方物于清。清兵攻桂林，不克，明永历帝又走武冈。清兵破长沙。明兵攻广州，不克。孙可望等人云南，破沙定洲，与沐天波合。清兵破兴化、入福州。四月，明李赤心攻荆州，为清兵所败，走入川。清松江提督吴北胜降于明鲁王，旋败，株连明义士甚多。五月，清兵破衡州。清于广东、河南铸钱。六月，明鲁王攻漳州，不克。安南、琉球贡于明之使留闽，为清兵所执，至是遣还，并诏谕其国王。清免山东去年荒地额赋。七月，清进多铎为辅政叔德豫亲王。禁使用制钱不许以一当二。清收明勋戚田地之得自赏赐及私占者入官。明收复梧州等地。明鲁王亲攻福州，不利。八月，清禁澳门佛郎西人至省城贸易。清铸钱于湖广。清兵破武冈，明永历帝走靖州。郑成功攻泉州，不克。九月，清兵破高明、清远。明鲁王收复连江、罗源。十月，清改银一两折钱一千。清于江西铸钱。明永历帝走柳州，以部下互哄，又走象州。清兵破辰州、黔阳。明鲁王兵收复福宁。十一月，清裁山东明季添设牙、杂税。清兵破沅州。十二月，清定官民服饰制。明永历帝返桂林。清起浙东山寨之狱。是岁，清行盐三百七十七万四千余引，收盐课银六百七十六万五千余两，铸钱十三万三千三百三十八万四千余。夏完淳死。

外国　〔朝鲜〕　京畿、江原等道大水，赈之。

〔日本〕　法兰西人来长崎。陶工学华人釉彩色法。

〔越南—大越〕　明永历帝遣使封太上皇——神宗——为安南国王。

〔缅甸〕　王子信多禄谋逆，败死。

〔日耳曼〕　巴伐利亚公与法瑞二国单独订立停战条约。皇帝斐迪南以特权授予匈牙利新教徒，借此为其子取得匈牙利王冠创造条件。

〔意大利〕　6月7日，拿波里人民在马萨尼埃诺领导下掀起反西班牙革命，虽旋被刺死，但拿波里共和国仍宣布成立。明年春始因西班牙大军来攻而失败。

〔荷兰〕　威廉二世为荷兰统领。

〔英格兰〕　英格兰议会以四十万镑自苏格兰购回查理一世，仍继续寻求与其妥协，并企图解散军队，从此议会中之长老会派与军队发生矛盾。6月4日，军队劫走查理。11月，查理脱逃至威特岛，但为要塞总督扣留。12 月 26 日，查理与苏格兰议会订立秘密条约，后者允予武装协助。

1648 年

中国 戊子 清顺治五年 明永历二年

正月，清减朝鲜接待使臣仪物及馈遗。明鲁王兵收复兴化。金声桓初降于清，至是反正，受命于永历帝。明宗室朱容藩称监国于夔州，于是奉永历帝者多起而声讨之。二月，明永历帝以部下互哄，奔南宁。清兵破全州。三月，清定官吏及生监优免丁粮则例。清兵入顺庆。清兵再破兴化，时鲁王收复诸邑又多失去。清兵攻桂林，不克。安南贡于明。明开选于南宁以集资。回人米喇印奉明延长王朱识锛起兵于兰州，旋败。四月，清命吴三桂移镇汉中。李成栋先降于清，至是据广东反正，受命于永历帝。清兵破九江、饶州。闰四月，清命一切债负，月息不得过三分，及息上增息。清禁王府及旗官家人赴外省贸易。五月，清兵围金声桓于南昌；时清兵退出全州及湘南，于是各地纷纷反正。清遣使存问班禅、达赖。郑成功收复同安。六月，明永历帝至浔州，七月，至梧州，遂赴肇庆。清设汉尚书及汉左都御史。八月，清以各处不靖，禁民间养马及收藏兵器，其习武举者，只许有一马、一弓、九箭。清令京城汉族官民，除投充人外，尽徙南城，给房价银间四两，其吏役值宿衙门者不迁。清听满汉通婚。明讨杀朱容藩。清兵破同安。郑成功通表于永历帝。九月，清修明史，缺天启、崇祯记述，令内外将各该年有干文移送内院。清遣郑亲王济尔哈朗攻湖广李赤心等。十月，清宣府赤城兵变。明李成栋攻赣州，大败。明李赤心等弃夔州走湖南。明洪雅兵互哄。十一月，江西明兵援南昌者皆败。李赤心攻长沙，不克。十二月，大同总兵官姜瓖前降于清，至是反正。是岁，清行盐三百七十八万九千余引，收盐课银一百八十五万余两，铸钱十四万四千九百四十九万余。

外国 〔朝鲜〕 清颁时宪历来，遣天文学正宋仁龙学其法。仿华制造甲胄。

〔日本〕 二月，改元庆安。定町人家督相续制。设灯塔于浦贺、三崎。

〔越南—大越〕 禁民间冒称职爵以避兵役。

〔暹罗〕 宋卡地方起事，遣兵攻之。荷船声言遣船助战而未至。颁债务法。

〔缅甸〕 他隆王死，子平达格力嗣。

〔土耳其〕 真尼萨利（禁卫军）掀起政变，废伊布拉希姆，立其十岁子穆罕默德四世，国内趋于混乱。

〔俄罗斯〕 莫斯科人民因不堪暴政与重税之压迫，爆发起义。库尔斯克、索尔维彻哥德斯克与乌斯迪乌格等城市纷起响应。明年沙皇颁布新“法典”后，始渐就平息。哥萨克探险家谢米阳·德次尼夫发现亚洲与北美洲间之海峡——德次尼夫海峡（按西欧地理学者称之为白令海峡，见1728 年条）。

〔波兰〕 南俄平原之查坡洛什哥萨克人，在波格丹·喀米尼茨基领导下爆发起义。5 月 26 日，大败波兰军。哥萨克农民在各地向压迫彼等之封建领主与教会地主尽情报复。同年 9 月 23 日，再败波兰贵族军四万人于庇尔达沣。

〔日耳曼〕 10 月 24 日，威斯特发里亚和约成。日耳曼各邦取得近似独立之地位，相互间及与外国之间，均可自由订立同盟或其他条约，但以不反对皇帝或帝国为限。凡 1624 年以前取得之教会财产永不退还。加尔文宗派与路德宗派取得平等地位。奥地利与波希米亚被镇压之新教徒，未自本条约中获得任何利益。

〔瑞士〕 威斯特发里亚和约予瑞士之独立地位以公认。

〔罗马〕 教皇英诺森十世以威斯特发里亚和约中有关宗教事务诸条款未获得彼之同意，公开宣布此项条文为无效。

〔法兰西〕 结束三十年战争之威斯特发里亚条约成。法国获得梅斯、土尔、凡尔登、阿尔萨斯与布赖乍赫，但与西班牙之战争仍继续中(1659 年始媾和)。不满马萨林统治之专横与重税压迫之巴黎人民爆发“投石党”（法国宫廷比之为街头儿童之投石游戏）起义。巴黎议会（即巴黎法院）亦提出征税必先得彼等同意之要求，但迅速与国王妥协。第一次投石党起义（即老投石党起义）失败。

〔英格兰〕 3 月，军队将校举行会议于温德索，决将国王付予审判。但议会中长老会派仍企图与国王妥协。8 月中旬，苏格兰军队来攻，克伦威尔大败之。12 月 1 日军队再逮捕查理。同月 6 至 7 日，军队将议会中长老会派分子九十六人驱逐（即所谓“清洗运动”，此后之议会被称为“尾闾议会”）。

〔荷兰〕 荷兰之独立地位由签字于威斯特发里亚和约中之各国予以公认。

〔瑞典〕 威斯特发里亚和约予瑞典以波美拉尼亚及不来梅等地。

1649 年

中国　己丑　清顺治六年　明永历三年

正月，清以山西义军纷起，遣郡王尼堪攻之。清以五年来，时有“洗民”讹言，致各地不靖，下诏开谕，并令除弊安民。清于福建铸钱。清兵围南昌经年，至是破，金声桓死之。清兵破湘潭，何腾蛟死之。清兵破阶州。二月，清免直隶六年以前荒田税粮，及四川盐课。清兵取抚州、建昌，李成栋兵溃，溺死。清兵取长沙。清摄政王多尔衮督兵攻大同。三月，清改订民间私藏兵器之禁。清兵破衡州、宝庆，李赤心走广西。是春，皖西一带义军多为清兵所破。四月，清于浙江、山东铸钱。孙可望自入云南，即称国主，铸兴朝通宝钱，遣李定国灭沙定洲，至是遣使于永历帝，请封为王；不许，封为景国公，赐名朝宗。五月，清禁满兵骚扰汉民。清封孔有德、耿仲明、尚可喜为定南、靖南、平南王，时吴三桂已封平西王；命孔有德驻广西，耿仲明、尚可喜驻广东。六月，清禁诸王及满大臣干预各衙门政事。清免江西前二年逋赋。七月，明永历帝封郑成功为延平公。八月，达赖贡于清。清以直、鲁、豫之交，义军出没，设总督以镇之。四川明将帅互相火并，大将杨展被害。清兵入大同，姜瓖为部下所杀。九月，清举行武会试，并定赐武进士赐银物例。十月，明鲁王至舟山，远近明臣奔赴者甚多，十一月，乃遣冯京第等乞师于日本。十二月，明永历帝开科取士。是岁，山东、山西、陕西、甘肃各省义军多为清兵所败。

外国　〔朝鲜〕　五月，仁祖死，世子淏嗣，是为孝宗。孝宗前曾为质于清，备受凌辱，因潜为反清之计。清使来吊仁祖丧。遣使如清。日本遣使进香。除庆尚道虚税三万余结。

〔日本〕　定检地制。令诸侯俭约。琉球使来。相马烧始于此时。

〔越南—大越〕　神宗庆德元年。八月，真宗死，无嗣。十月，郑松仍请太上皇——神宗——复位，改元庆德。

〔俄罗斯〕　商人叶罗费·哈巴罗夫出资征募“志愿军”，企图侵占黑龙江流域，历时三年，最后为中国军所歼灭。

〔波兰〕　喀米尼茨基率哥萨克起义者进攻波兰。波王约翰·喀西密尔被迫签订次博罗夫（斯波罗）和约，承认喀米尼茨基为哥萨克统治者（头人），并予以种种特权以为缓兵之计。

〔法兰西〕　不满马萨林之法国贵族一方面协助巴黎议会（老投石党），另一方面则勾结西班牙为外援，掀起“新投石党”运动。同年西班牙军入法国北部，法国宫廷迁离巴黎。

〔英格兰〕　1月下旬，审讯查理一世。1月30日，处以死刑。2月上旬，宣布废除国王与上议院。同月下旬，组四十一人之“国务会议”以处理国事。5月19日，宣布英格兰为一共和国。同年，苏格兰与爱尔兰俱有拥戴查理二世（查理一世长子）运动。8月，克伦威尔率兵入爱尔兰，历时一年乱始平，杀戮之众，惨绝人寰（传两年中爱尔兰人死者为全人口三分之一，包括瘟疫饥馑等）。

〔北美洲〕　今年在英国成立“新英格兰地区传播福音会”专为对美洲土著人进行文化侵略，以为发展殖民地方法之一。1663年发行第一本印第安文圣经。

1650 年

中国　庚寅　清顺治七年　明永历四年

正月，朝鲜使至清，以日本蓄意侵陵，请许于东莱设防。清兵破南雄入韶州，永历帝走梧州。二月，清兵围广州，分兵破惠州。清各路兵分破武冈、宁都及凤阳义军。四月，明甘肃回民义军米喇印败死。清兵破郴州。明考选朝官。五月，永历帝遣将救广州，诸将不和，中途互哄而回；时清兵方议退，闻之，仍围攻不已。六月，乌斯藏阐化王贡于清。郑成功围潮州，逾月退。七月，清多尔衮拟建避暑地于塞北，加派各省钱粮二百余万两。八月，清令无运粮各卫所屯田，比照民田，一体科征。郑成功取金门、厦门。九月，清兵破灌阳、全州。孙可望以求封王不遂，怒。至是入贵州，遣将攻四川，连下遵义、黎、雅诸州。十一月，清免陕西、甘肃去年灾区额赋。清兵破广州。清兵破桂林，明督师瞿式耜、总督张同敞被俘，不屈死。永历帝走南宁。十二月，清摄政王多尔衮死。郑成功遣兵援广东。是岁，清行盐三百三十八万余引，收盐课银一百七十七万四千余两，铸钱十六万八千二百四十二万余。

外国　〔朝鲜〕　清使来传二书：一为摄政王求婚，以宗室女义顺公主嫁之；一为查询主持修缮城池甲兵之人，命革领议政李景奭、前大提学赵䌹职，永不叙用，遂安置二人于白马山城。罢丙子乱后所行之粜籴三分耗会录之法。由辽沈传入水车，命仿造分送各道。命纂仁祖实录。旱、饥。

〔日本〕 禁农民藏铁炮。

〔法兰西〕 宫廷与巴黎议会媾和。此外又利用贵族内部矛盾，逮捕空得等多人。丢楞遁往西班牙人处。同年，空得获释。

〔英格兰〕 2月下旬，查理二世入苏格兰称王。9月，克伦威尔在顿巴尔战役中大败苏格兰人，查理遁往法国。

1651年

中国 辛巳 清顺治八年 明永历五年

正月，清停陕西织造及买办皮张，并停临清烧造宫殿用砖。二月，清兵徇下肇庆。孙可望遣将至南宁，杀大学士严起恒等，胁封为秦王，永历帝被迫许之。清兵攻厦门。清停塞外筑城避暑之役，其加派钱粮归作下届正额。苏克萨哈等告发摄政王多尔衮不法事，旋追夺所得封典。清免山西荒地税粮。清禁庄头人等把持官府，凌辱长吏，又令将圈占民地之作畋猎用者交还原主。闰二月，清诏饬吏治，惩贪污。清停圈涿州等十三州县地。清兵下梧州、柳州；三月，下高州。清遣官招达赖喇嘛。清令旗人参与考试。四月，郑成功部将施琅叛降于清。五月，郑成功攻南溪，不克。七月，严禁旗下投充汉人生事害民。清兵攻舟山，明鲁王兵攻吴淞。八月，清定乡会试满、蒙、汉军取中额。清停四川贡扇柄，湖广贡鱼鲊。九月，清兵破舟山，明大学士张肯堂等死之，鲁王走闽。清命吴三桂攻四川。清兵入浔州，十月，明永历帝自南宁出走。郑成功收复漳浦，使人通好于日本。孙可望兵破嘉定。清兵下眉州。十一月，郑成功败清兵于小盈岭。十二月，清兵下宾州、南宁，明永历帝走安隆。是岁，清人丁户口一千零六十三万三千三百余，地二百九十万八千五百八十四顷余，征银二千一百一十万余两，米麦豆五百七十三万九千四百余万石，草四百七十四万三千余束。

外国 〔朝鲜〕 西路大饥，疫，以饷米九万二千余石赈之。命武士习骑射。命僧人纳米三石，官民出布一匹，为养兵费。再行大同法。大将金自点等谋立宗室，事泄皆死。

〔日本〕 征夷大将军德川家光死，子纲吉嗣职。

〔越南一大越〕 明永历帝遣使谕出兵粮以助抗清；又遣使封郑松为安南副国王。

〔暹罗〕 颁反抗政府诸条例，不许信异教，不许与外籍人通婚。

〔波兰〕 波兰大军再度侵入乌克兰西部，喀米尼茨基为其鞑靼同盟出卖，大败，被迫缔结新和约。1649年次博罗夫和约中所得到之利益尽行丧失。

〔法兰西〕 新老二投石党联合迫使路易十四之母黜退马萨林，但贵族自身亦严重分裂，使宫廷方面有机可乘。不满空得之贵族，投降路易十四之母。

〔英格兰〕 国会第一次通过“航海条例”，规定任何运入英国之货物，必须使用英国船只，或出产该项货物之本国船只装运，违者予以没收。

〔荷兰〕 英国议会通过“航海条例”后，即将违犯该法案之荷兰船只予以扣押。

〔北美洲〕 英国航海条例亦禁止外国船只与其北美各殖民地贸易。

1652年

中国 壬辰 清顺治九年 明永历六年

正月，清改订宗室王公封爵制。郑成功收复海澄。明鲁王走厦门依郑成功。二月，清兵入嘉定府。清兵取钦州。三月，清严禁“人贩子”。清会试初分满蒙榜及汉军汉人榜。孙可望遣李定国取桂林，刘文秀取成都，定国旋下沅州等地。清兵取重庆。郑成功败清兵于江东桥。四月，清以钱粮不敷，裁减内外官及吏役。清兵取叙州。五月，李定国收复靖州。郑成功围漳州。六月，时李定国军势甚盛，清兵退守湘潭告急，谕令固守。七月，遣敬谨亲王尼堪率兵援之。钦天监正汤若望进浑天、地平仪器。天全等土司降于清。李定国收复宝庆、全州、桂林，清定南王孔有德自杀；定国旋又收复柳州等地。刘文秀收复叙州、重庆。八月，直隶、山东、河南、山西、江南北、湖广、浙江旱。九月，清以宁古塔章京遣兵与罗刹（俄罗斯）战败于黑龙江，杀之。十月，刘文秀入川，清兵自成都退守保宁，文秀攻之，大败。郑成功解漳州围，退屯海澄，清使人招之，成功不听。十一月，李定国收复衡州、白文选收复辰州，清兵旋复取衡州，尼堪追李定国，阵亡。十二月，达赖喇嘛至北京朝见。是岁，清人丁户口一千四百四十八万余，地四百零三万三千九百二十五顷余，征银二千一百二十六万余两，米麦豆五百六十二万八千余石，草五百二十一万六千余束，行盐三百七十四万余引，收盐课银二百一十二万二千余两，铸钱二十万九千七百六十三万余。

外国 〔朝鲜〕 华商二十三人漂至，请送之日本，勿送于北京；恐清诘责，未从其请。以饥，赈海西，免全南、庆尚等地田租之半，减关西需米。除椎杀刑。

〔日本〕 捕歌舞伎者。悬赏搜捕耶稣教徒。颁海船法。九月，改元承应。

〔越南—大越〕 以郑松子柞为元帅，掌国政，封西平王。

〔俄罗斯〕 乌克兰人民及哥萨克人再度起义，反抗波兰政权。喀米尼茨基遣使与莫斯科进行交涉，要求将乌克兰合并于俄罗斯。

〔法兰西〕 空得与丢楞发生战争。空得失败。

〔英格兰〕 由于航海条例公布，引起与荷兰之战争。自今年7月8日至1654年4月5日，发生大海战数次，双方各有胜负，但英国胜利较多（按英荷战争此外尚有原因甚多，如商业及航海竞争及1623年荷人在南洋群岛之安波耶那屠杀英国商人等）。

〔西班牙〕 巴塞罗那为西王军队所陷，卡塔罗尼亚起义失败（见1640年条）。

〔荷兰〕 荷人杨·万·利彼克在非洲南端建立好望角殖民地（开普殖民地）。

1653 年

中国 癸巳 清顺治十年 明永历七年

二月，清兵取永州，李定国走龙虎关。达赖喇嘛辞归。三月，孙可望以李定国不驯，率兵击之。至宝庆，为清兵所败，走还贵州，李定国走广西。明鲁王去监国之号。四月，清免湖南六年至九年逋赋。清革冒滥生员，严科岁考。清潮州守将郝尚文反正，逾五月败死。五月，清免山东六十九州县前二年水灾额赋。清命洪承畴经略湖广、广东、广西、云南、贵州军务。六月，清于江南、宣府、临清、蓟州、密云设炉三百零四座铸钱。闰六月，琉球世子尚质贡于清。李定国攻肇庆，不克；七月，攻化州、桂林等地，退驻柳州。清严立钱法，每钱重一钱二分五厘，千文折银一两，禁私铸及官炉夹带私铸。十月，朱由极自称明光宗第三子，阴图起事，发觉，被杀。十一月，清再招郑成功。十二月，明鲁王部下张名振、张煌言入长江，败清兵于崇明。

外国 〔朝鲜〕 应日本请，予以祭器、乐器、深衣。诸道饥，疫。始行西洋历法。日本对马岛主使人致书礼曹，请祭德川家康庙，拒之。仁祖实录成。选良家女子实后宫，举国大扰。量京畿道田，更定租制。

〔日本〕 分颁东西藩侯秤制。明僧澄一来。

〔越南—大越〕 神宗盛德元年。二月，改元。定衣服制度。

〔俄罗斯〕 本年秋召集于莫斯科之国民大会允许保护乌克兰，并决定向波兰宣战。

〔法兰西〕 资产阶级不满于贵族之慢性斗争，议会迎宫廷返巴黎。空得与西班牙军联合。马萨林于本年返巴黎后，权势更日益强大。投石党运动自此告终。

〔英格兰〕 4月20日克伦威尔解散国会及国务会议。7月初另行召集一仅有百四十人之“小国会”。12月16日克伦威尔称英格兰、苏格兰与爱尔兰共和国之“护国主”。

〔荷兰〕 向英国提议媾和。与丹麦缔结同盟。

1654 年

中国 甲午 顺治十一年 明永历八年

正月，明张名振、张煌言等率师至瓜洲、仪真，抵江宁近郊，乃退，寻派兵船经山东登莱至朝鲜而还。郑成功攻崇明，不利。明鲁王迁于南澳。二月，明开科取中四十人。李定国收复高州。清封郑成功为海澄公，其父芝龙以书谕之，成功不受。三月，孙可望胁永历帝杀大学士吴贞毓等十八人。时满、汉大臣矛盾甚深，大学士陈名夏被劾，绞死。四月，李定国收复雷、廉数县。六月，河决大王庙。清令宗室子弟停习汉字书。李定国攻梧州，不克。七月，清再招郑成功；仍不听。八月，明乐安王朱议泐前降清，至是谓其谋反，被杀。九月，清申严隐匿逃人之禁。十月，李定国收复高明，攻新会，尚可喜等飞章告急。十一月，清令于明年举行编审人丁。十二月，清免河南三十六县水灾额赋。清遣将击罗刹于黑龙江。郑成功收复漳州。是岁，清人丁户口一千四百零五万七千余，地三百八十九万六千九百余顷，征银二千一百六十八万五千余两，米麦豆五百七十七万五千余石，草五百一十六万四千余束，行盐三百九十八万六千八百余引，收盐课银二百一十八万六千余两，铸钱二十四万八千八百五十四万余。侯方域死。

外国 〔朝鲜〕 续修宣祖实录成。全南道大疫，民多废耕。清将攻俄罗斯，请助兵，遣将率兵赴之，后全军皆没。

〔日本〕 营缮大内，令诸侯出资助役。玉川上水竣工。明僧隐元来。九月，后光明天皇死；十一月，后西天皇（一百一十一代）践祚。定关所制。

〔俄罗斯〕 喀米尔尼茨基与俄罗斯订立佩列雅斯拉夫条约，正式以乌克兰合并于后者。俄罗斯自此与波兰进行一长达十三年之战争。

〔日耳曼〕 瑞典国王与皇帝因不来梅问题引起争执，以荷兰之调解暂时相安无事。

〔法兰西〕 空得与西班牙人仍续有军事活动，丢楞率兵与战，颇有胜利。

〔英格兰〕 4月初，与荷订立和约，英国海权自此蒸蒸日上。9月初，新国会召开，与克伦威尔发生矛盾，克伦威尔旋令将议员数十人逐出国会。

〔荷兰〕 与英国缔结威斯敏斯特和约。荷兰人被葡萄牙人自巴西逐出。

1655 年

中国 乙未 清顺治十二年 明永历九年

正月，免直隶、山东等处水灾额赋。郑成功置官属，有二馆、二司、二局，及吏、户、礼、兵、刑、工六官；又收复仙游。二月，李定国解新会围，败走南宁，旧所收复诸地皆失。清以岁饥，赈八旗穷丁。三月，清吏科副理事官彭长庚等上书颂多尔衮之功，请复爵号，被流宁古塔。四月，清禁举子隐匿年岁。五月，清使人谕喀尔喀诸部。孙可望遣刘文秀攻常德，大败。郑成功收复舟山。六月，明宗室朱以槩前降清，至是被告谋反，死。清立内十三衙门铁牌，严禁宦官干政。郑成功收复揭阳、普宁。十一月，喀尔喀各部定贡例，岁进白驼一、白马八，谓之“九白”；清回赐银币数亦定。俄罗斯察罕汗使者于是岁献方物。是岁，清人丁户口一千四百零三万三千余，地三百八十七万七千七百余顷，征银二千二百万五千余两，米麦豆五百七十六万八千余石，草四百六十二万九千余束，行盐四百零九万八千余引，收盐课银二百二十三万一千余两，铸钱二十四万一千三百八十七万八千余。

外国 〔朝鲜〕 北道饥，赈之。设能么儿厅，选将试阵法。始行钱，定值，银一两折钱六百，米一升价四文。

〔日本〕 四月，改元明历。定新钱买卖之制。朝鲜使来。

〔越南—大越〕 顺化阮福濒攻破布政州，发兵御之。

〔暹罗〕 再攻宋卡，败还。

〔法兰西〕 马萨林与英国之克伦威尔订立和平与通商条约。马萨林创立雕刻与绘画学院。

〔英格兰〕 国会通过法案，规定护国主之职位应由选举产生，不得世袭，以此激怒克伦威尔。克伦威尔遂于1月22日下令解散之。3月，萨斯伯里有王党暴动，平定后划全国为十二个军区。

〔瑞典〕 查理十世发动与波兰之战争（第一次北方战争）。明年，与布兰敦堡选侯订立同盟，向波兰进攻，在华沙战役中获得大胜。但俄罗斯、丹麦、神圣罗马立即向瑞典宣战。

〔西印度群岛〕 英人以布肯利尔斯（见1630年条）之助，进攻牙买加岛，以此引起与西班牙人之战争。

1656 年

中国 丙申 清顺治十三年 明永历十年

正月，清命编通鉴全书。清免江西八年逋赋。孙可望遣兵攻李定国，定国败之，因自南宁趋安隆与白文选共奉永历帝赴云南。清兵败郑成功部于揭阳。二月，清停福建铸钱。三月，明永历帝至云南，改为滇都。四月，清兵攻金门、厦门，不克。闰五月，广西土司多附于清。六月，郑成功部将黄梧叛降于清。荷兰献于清。七月。清兵再破舟山。郑成功收复闽安，攻福州，不克。九月，清兵取辰州。十月，明夔州巡抚郑希明等叛降于清。十一月，清禁白莲、闻香等教。十二月，郑成功攻罗源等地，清再招之。俄罗斯察罕汗使者是岁再献方物，以不如礼，却之。是岁，清人丁户口一千五百四十一万二千余，地四百七十八万一千余顷，征银二千二百零八万九千余两，米麦豆五百八十一万二千余石，草四百六十七万余束，行盐四百四十六万余引，收盐课银二百三十九万五千九百余两，铸钱二十六万四百八十七万余。

外国 〔朝鲜〕 初仿造鸟枪。

〔日本〕 正月，后西天皇行即位礼。禁奴仆用绢布。置铸钱局于浅草。捕关东诸国“盗贼”。

〔越南—大越〕 顺化阮福濒进攻丹涯海门，诸将御之，有胜有败，成相持之势。

〔暹罗〕 八月，巴塞通王死，弟室利素昙摩王嗣位，不及三月，巴塞通王子那莱以葡、日兵之助，废杀之，自立为王。

〔土耳其〕 威尼斯舰队在达达尼尔海峡大败土耳其人。引用穆罕默德•科普利里为大维齐（首相），锐意改革。

〔瓦拉几亚〕 土耳其人将瓦拉几亚之首府自特尔戈什泰移至布加勒斯特。

〔俄罗斯〕 沙皇亚历修•米海伊诺维支遣使

赴北京，以“不谙朝礼”未得觐见。

〔波兰〕 瑞典王查理十世与布兰敦堡选侯合兵来侵，在华沙获得大胜，引起各国疑惧，俄罗斯、丹麦与日耳曼皇帝遂缔结反瑞军事同盟。布兰敦堡选侯腓德烈·威廉亦立即背弃查理十世，加入反瑞同盟。

〔日耳曼〕 布兰敦堡大选侯腓德烈·威廉协助瑞典王查理十世进攻波兰，败波军于华沙。明年媾和，腓德烈·威廉获得在东普鲁士之绝对主权，不再向波王行封建附庸礼。

〔英格兰〕 5月，占领西印度群岛中之牙买加岛。该岛自是亦成为海盗活动之中心。9月初，在加的斯（西班牙南海岸）劫掠西班牙自美洲运金之船只。9月中旬，召集第三届国会。

1657 年

中国 丁酉 清顺治十四年 明永历十一年

正月，清禁投拜门生。清以满人流于文弱，限制其生童考试，并禁代充兵役。郑成功攻温州。三月，清诏求遗书。四月，清流郑芝龙于宁古塔。七月，郑成功攻兴化，下台州，清兵取闽安，成功退厦门。八月，孙可望反，九月，举兵犯滇都，李定国等败之于曲靖。明削孙可望官爵，十月，可望降清，封为义王。十二月，清命吴三桂等攻云南。是岁，人丁户口一千八百六十一万余，地四百九十六万余顷，征银二千四百三十六万六千余两，米麦豆五百八十三万五千余石，草二百二十三万二千余束，行盐四百七十五万余引。

外国 〔朝鲜〕 岁饥，减京畿春收米及湖西大同米。罢行钱。是岁，汉城府户六十五万八千七百七十一，口二百二十九万八十三。

〔日本〕 江户大火，死男女十万八千余人。德川光圀着手编大日本史。定商工业之制。定婢仆之制。

〔波兰〕 瑞典军败，退出波兰。

〔德兰斯斐尼亚〕 皇帝军自波兰击退瑞典之同盟德兰斯斐尼亚亲王乔治（二世）·拉科西。同年，拉科西为土耳其苏丹废黜。

〔法兰西〕 马萨林与克伦威尔缔结同盟。英国向西班牙宣战。丢楞以英人协助继续战胜西班牙人。

〔英格兰〕 在巴西东海岸圣克鲁斯海面战胜西班牙海军。

1658 年

中国 戊戌 清顺治十五年 明永历十二年

正月，明封郑成功为延平郡王，赐尚方剑，便宜行事。清兵取横州。三月，清兵取合州、重庆。四月，清定去年南、北闱科场舞弊诸人罪。清兵取贵阳、开州。六月，取遵义。七月，清改定满、汉官品，改内三院为内阁。明张煌言、郑成功会师拟入长江，下浙东数城，遭风，退屯舟山。明永历帝以李定国为招讨大将军，赐黄钺。八月，明兵攻重庆，不克。九月，郑成功收复象山。十月，清命信郡王铎尼由贵州会吴三桂攻云南。十二月，清兵取安隆、曲靖，永历帝出走永昌。是岁，清人丁户口一千八百六十三万余，地四百九十八万余顷，征银二千四百五十八万余两，米麦豆六百零一万余石，草二百二十四万余束，行盐四百七十七万余引，收课银二百五十一万余两，铸钱一万四千一十七万余。

外国 〔朝鲜〕 清再攻俄罗斯，请助兵，遣将统兵赴之，大胜。

〔日本〕 江户大火。二月，改铸金货。撰朝鲜物语。七月，改元万治。郑成功来乞援。捕耶稣教徒六百余人。

〔越南—大越〕 神宗永寿元年。二月改元。申拣择钱之禁，不得杂铅锡破缺钱。令民入粟除官有差。考核士望，除官有差。郑柞遣兵攻阮福濒，小胜。

〔俄罗斯〕 建尼布楚要塞。

〔法兰西〕 丢楞在丢恩斯战役中取得对西班牙人之决定性胜利。敦刻尔克乞降后交与英人。

〔英格兰〕 克伦威尔卒，子理查·克伦威尔嗣护国主位。同年，英、法联军围攻敦刻尔克（西属比利时西南滨海），敦刻尔克降。

〔日耳曼〕 自今年起至1705年利奥波德一世为皇帝。莱因诸城市如迈恩兹、科伦、特维尔、蒙斯特等组织同盟，瑞典与法王路易十四均参加，称“莱因同盟”。

〔斯堪的纳维亚〕 瑞典王查理十世两次入侵丹麦，围攻哥本哈根，不克。

1659 年

中国 己亥 清顺治十六年 明永历十三年

正月，清兵入明滇都——云南省会，随西进。二月，入永昌，永历帝走腾越。明、清兵大战于潞江西磨盘山，明兵败。清兵以损折多，遂回师，时永历帝已走缅甸。三月，清命吴三桂镇云南。李定国屯猛缅，白文选屯木邦，文选迎永历帝于缅京，不得；帝亦拟使人召文选，未行。闰三月，清申严诬告之禁。明黔国公沐天波谋奉永历帝出缅甸，不果，明臣入缅甸求永历帝者，被杀多人，有逃入暹罗者。五月，明永历帝为缅人移于者梗。郑成功、张煌言大举入长江，取崇明，六月，叠破清兵，克瓜洲、镇江，至南京近郊，六合、滁州、天长皆反正，遂下江南、北二十九城。七月，清杀明宗室朱义盛等。郑成功攻南京，大败，退入海，所收诸城复失。张煌言被截于芜湖，清招之，不从，间关走天台，与成功会。八月，清兵略定四川。九月，郑成功还攻崇明，不克。十月，郑成功至厦门，使人赴缅甸告败于永历帝。李定国移驻孟艮。清兵攻沅江，逾月始破，明土知府那嵩死之。十二月，白文选移驻猛壈。是岁，人丁户口一千九百万八千九百余，地五百一十四万余顷，征银二千五百五十八万余两，米麦豆六百二十万余石，草二百二十六万余束，行盐四百六十五万九千余引，收课银二百六十六万余两，铸钱一万九千一百八十五万余。

外国 〔朝鲜〕 诸道饥，分别减租、赈济。五月，孝宗死，世子棩嗣，是为显宗。

〔日本〕 京都火。颁耶稣教禁令。许长崎町人铸新钱，以为对外贸易之用。颁酿酒法令。明人朱之瑜、陈元赟来，未归。

〔越南—大越〕 加郑柞大元帅、掌国政、尚师，进封西王。

〔缅甸〕 明永历帝来奔，置之者梗。

〔印度〕 奥兰赛即帝位，彼为蒙兀尔帝国最后强有力之统治者。

〔法兰西〕 与西班牙缔比利牛斯和约。法国国境在各方面俱略有扩大。和约亦规定以西班牙王腓力四世女马利亚•泰利萨予路易十四为妻，妆奁费五十万克郎，但泰利萨及其后嗣须永远放弃西班牙王位之承继权。

〔英格兰〕 理查庸懦无能，5月，被迫辞职。尾闾国会（见1648年条）于5月复会后，10月，为军队解散，12月下旬再复会。

〔葡萄牙〕 法、西和约缔结后，法人终止其对葡萄牙革命之支持。

〔尼德兰〕 法、西两国订立比利牛斯条约，法王路易十四获得西属尼德兰（今比利时）之一部分。

1660年

中国 庚子 清顺治十七年 明永历十四年

正月，清禁官吏私交、私宴、庆贺、馈送。清禁士人结社订盟。四月，吴三桂请进兵攻永历帝。五月，清兵攻厦门，郑成功御却之。俄罗斯察罕汗使者来献方物于清，以表文不如式，谕而遣之。以明沐天波庄田赐吴三桂部兵。七月，宁古塔总管巴海奏破罗刹予费牙喀西部。白文选迎永历帝于阿瓦，不得。八月，清雅州守将郝承裔反正，逾八月败死。九月，安南国王黎维祺奉表贡方物。十月，清罢朝鲜贡鹰。十一月，免江西四十六州县去年旱灾额赋。是岁，清人丁户口一千九百零八万余，地五百一十九万余顷，征银二千五百六十六万余两，米麦豆六百零一万余石，草二百二十六万余束，行盐四百一十万余引，收课银二百七十一万余两，铸钱二万八千零三十九万余。

外国 〔朝鲜〕 北道饥，民多流散，遣官安辑。禁民为僧尼，违者科罪。

〔日本〕 定港津之制。立浅草文库。刑辱丰后耶稣教徒。

〔越南—大越〕 修户籍。阮福濒攻美裕，郑柞遣兵御败之。修治道路。郑柞子根督师破阮福濒，收复南河诸县。

〔暹罗〕 景迈闻清军逼缅甸，使人请相助，那莱王遂亲督师赴之。

〔缅甸〕 明将白文选等来攻，抵于阿瓦近郊，御退之。

〔俄罗斯〕 沙皇亚历修遣使二人赴北京，并携去国书，但中国皇帝以其“表文矜夸不逊，不令陛见”。

〔波兰〕 与瑞典王查理十一世（查理十世本年卒）订立阿利伐和约，将滨波罗的海之最后地区割让瑞典。

〔德兰斯斐尼亚〕 拉科西击败土耳其人。皇帝利奥波德遣军队来协助前者。

〔日耳曼〕 波瑞二国之阿利伐和约订立后，布兰敦堡选侯在东普鲁士之主权获得进一步保障。

〔法兰西〕 始有船只赴中国之广州，但贸易额甚微。

〔英格兰〕 军队中一将领蒙克率兵自苏格兰南下入伦敦。4月，查理二世发表布列达（在荷兰）宣言，允许大赦，并承认革命期间一切财产关系之转移为有效，以此为英国资产阶级所欢迎。同年5月末，查理二世返英复辟。皇家学会今年成立。

〔斯堪的纳维亚〕 瑞典与丹麦订立哥本哈根条约，丹麦以斯堪的纳维亚半岛南端土地让予瑞典，但仍保留海岛两处。

〔北美洲〕 英国议会通过法案，规定美洲殖民地出产之某些物资，仅许向英国输出。

1661 年

中国 辛丑 清顺治十八年 明永历十五年

正月，清世祖死，子玄烨嗣，是为圣祖仁皇帝，索尼、鳌拜、苏克萨哈等辅政，明年改元为康熙。二月，清以宦官贪恣，裁十三衙门。清免河南、直隶灾区额赋。李定国、白文选迎明永历帝不得，与缅甸战，进驻大金沙江；嗣图渡江，为缅甸所截，移驻亦渺赖山。三月，郑成功入台湾，逐荷兰人，驻赤嵌城。清虑沿海民与成功交通，迁同安等县八十八万人于内地。五月，清封安南都统使莫敬耀为归化将军，以其子元清为都统使，元清随遣使贡献。六月，清罢进士观政例。七月，缅甸杀明永历帝从官四十余人。八月，清依明季加派例，亩加征一分，限各省于三个月内征解。清铸康熙通宝钱。李定国等再攻缅甸迎永历帝，不克。十月，清杀郑芝龙。清免山东临街房屋征银。山东民于七起事。吴三桂等攻缅甸，胁送永历帝，白文选败降。十二月，清兵入缅甸，永历帝及其眷属被拘送于吴三桂。明自太祖开国至思宗共二百七十七年，至永历帝共二百九十四年而亡。是岁，清人丁户口一千九百一十三万余，地五百二十六万余顷，征银二千五百七十二万余两，米麦豆六百一十余万石，草二百二十六万余束，行盐四百一十二万余引，收盐课银二百七十二万余两，铸钱二万九千一百五十八万余。

外国 〔朝鲜〕 禁良家子选侍女。岁饥，发各项米五万石赈济。卖爵募粟以充赈。

〔日本〕 四月，改元宽文。定荷兰通商新令。

〔越南—大越〕 申定百官器服之制。郑柞拥神宗击阮福濒无功。

〔暹罗〕 那莱王以景迈王相欺，于岁末发大军攻之。英商馆于英荷冲突后停闭，至是复开。

〔缅甸〕 平达格力王为其弟莽白所废杀，莽白自立。明将白文选来攻，至阿瓦。清兵来，索明永历帝，执与之。

〔印度〕 葡萄牙割让印度之孟买于英，是为英人经略孟买之始。

〔土耳其〕 大维齐穆罕默德·科普利里卒，其子阿美德继位，大权在握，为事实上之苏丹。

〔日耳曼〕 皇帝与土耳其战争，直至1664年始终结。

〔法兰西〕 马萨林卒，路易十四亲政。柯尔培尔（科尔白特）为财政大臣。

〔英格兰〕 召集新议会，并恢复英格兰国教教会之地位。

〔瑞典〕 与俄罗斯缔结卡尔地斯条约，双方恢复战前疆界。

1662 年

中国 壬寅 清圣祖仁皇帝玄烨康熙元年

二月，郑成功部将陈霸叛降于清。吴三桂奏俘明永历帝及官员、兵丁四千三百余名，命礼部择吉告庙。四月，吴三桂害明永历帝及其太子，后妃公主皆送北京。明石泉王朱聿锫起兵攻叙州等地，败死。五月，于七败死。郑成功死，子郑经嗣主台湾。六月，李定国曾乞兵于暹罗、车里，事未成而永历帝被害，至是悲愤而死。十一月，明鲁王死于台湾。是岁，人丁户口一千九百二十万余，地五百三十一万余顷，征银二千五百七十六万余两，米豆麦六百一十二万余石，草二百二十六万余束，行盐四百二十万余引，收课银二百七十三万余，铸钱二万九千七百八十九万余。

外国 〔朝鲜〕 以连岁饥，命收养弃儿。大水。量京畿田。

〔日本〕 颁金银相场令。

〔越南—大越〕 神宗万庆元年。郑柞遣兵击莫氏残部于高平。修国子监。九月，改元。神宗死，十一月，太子维禑嗣位，是为玄宗，改明年元为景治。遣官赴镇南关迎清使，领受银币谕文。

〔暹罗〕 克景迈，俘其王，败缅甸援景迈之兵。白古反缅，来求援救，缅军来攻，败之。法兰西伯利些主教来。

〔俄罗斯〕 莫斯科人民因币制紊乱，生活困窘，益以其他压迫，于七月二十五日爆发起义，沙皇调集警卫军向徒手群众进攻，被屠杀者甚多，始失败，但沙皇亦被迫废止劣质钱币。同年，伏尔加河流域之巴什启尔人及西伯利亚西部之其他人民亦爆发反抗俄罗斯统治之起义，延长数载始渐失败。

〔法兰西〕 因教会特权与教皇亚历山大七世发生争执。与荷兰缔结反英条约。派遣军队六千人赴匈牙利，协助其对土耳其人之战争。联接地中海与大西洋之兰圭多克运河兴工。

〔英格兰〕 以敦刻尔克（见1658年条）售予法兰西，价四十万镑。葡萄牙以非洲西北之丹吉尔城割让英国。

〔荷兰〕 与巴西缔结条约。为见好英王起见，将1649年审讯查理一世之法官避居荷兰者，逮捕送回英国。

〔非洲〕 英人始在非洲西部冈比亚河口之詹姆斯岛建立要塞。

1663年

中国 癸卯 清康熙二年

二月，淮南钮思塘等抗清二十年，至是败死。三月，明臣袁宗第等据昌宁抗清，至是败溃。荷兰船至福建求助攻台湾，并求贸易，许之。四月，免浙江、江西、河南、陕西去年灾区额赋及山东、福建灾区逋赋。五月，迁山东各岛民于内地。准吴三桂请，铸钱于云南。六月，以李定国之子嗣兴率官弁兵丁千余人投降，授以都统品级。八月，改乡会试八股文为策论表判。郑经部下郑缵绪叛降于清。九月，广东奏击灭活动岛上之赵劈石等。十月，郑经部下何义等叛降于清。福建奏击灭活动于延平等处之王铁佛等。郑经兵攻海澄，不克。赈八旗被水屯户。清兵及荷兰船攻占厦门、金门，郑经走台湾。十一月，令外国贡使所携货物，崇文门关止记册报部，不必收税。十二月，尚可喜奏击溃疍民将军周玉等。是月，明末义军郝摇旗等十三家，据鄂西、川东与明东安王朱盛蒗抗清二十年，至是败溃皆死。

外国 〔朝鲜〕 于湖南行大同法以纾民困。以岁饥，减百官俸，减大同米及身役布，卖爵以备赈恤。旧制，自国王至王妃各有私田，谓之宫庄，大为民害，言者每以此奏，皆不省。

〔日本〕 正月，后西天皇让位，灵元天皇践祚（一百一十二代），四月即位。禁殉死。发诸士法度。

〔越南—大越〕 黎氏玄宗景治元年。禁官民赌博。遣使如清岁贡及告哀。令地方官察外国人寓居者。初花郎国人前来传道，信者甚众，至是禁之。以水灾，减四镇税。

〔土耳其〕 与奥地利战事再起。因三十年战争之结束，奥地利可倾全力抵抗土耳其。

〔日耳曼〕 召集戴耶特于拉梯斯本（累根斯堡）。戴耶特自此变成帝国一永久性之机构。

〔法兰西〕 柯尔培尔颁布一系列有关财政、工业与商业之改革法令。法国之“重商政策”见于具体实施。路易十四派兵占领阿维尼翁、马萨尔等教皇在法国之土地。

〔英格兰〕 第五帝国派（革命时劳动人民组织之一，主张废除现行一切法律与制度，彼等以亚述、波斯、希腊、罗马为过去四大帝国，而第五帝国出现时将以耶稣为王，人民可享康乐、升平之福）起事于北部，旋被镇压失败。明年查理二世颁布“集会法案”，除依国教会许可之形式外，禁止劳动人民有任何五人以上之集会。有名柴尔德之金饰匠始在伦敦设立银行。

〔北美洲〕 英国议会通过法案，规定任何输往美洲殖民地之欧洲货物，必须先运至英国。

1664年

中国 甲辰 清康熙三年

正月，免江西南昌等府浮粮。裁会试副榜。二月，广东奏肃清南澳等处。禁督抚私设赏功将材，传宣、听用等材官。免江南、湖广等灾区额赋。四月，遣使祭安南国王黎维祺。五月，申禁州、县私派。耿继茂奏肃清福建各岛。六月，禁民间私市马匹。免顺治元年至十五年各省逋赋，银二千七百万余两，米七百万余石。赐荷兰王缎匹、银两。吴三桂奏败水西等地苗民。七月，福建安辑投诚事务官奏自康熙元年至三年共收降官三千九百余员、兵四万九百余名，归农官民六万四千余名、眷属人役六万三千余口。禁外国馈遗边地督抚。明兵部尚书张煌言被俘不屈，死。定科场内外帘处分例。以施琅为靖海将军，攻台湾。九月，广西奏俘恭城瑶民首领黄天贵等。十月，荷兰船至闽安，候助攻台湾。十一月，免江南、湖广、浙江、陕西水灾区额赋。是岁，暹罗来贸易。钱谦益死。

外国 〔朝鲜〕 咸镜道初种棉。畿内饥，减免豆税。

〔日本〕 定老臣连署制。禁私娼。

〔越南—大越〕 改订会试条例。加郑柞不名不拜殊礼。以前考中生徒多弊，复试之。立粟米五量法，凡龠、合、升、斗、斛皆以黄钟律为准。立追收赏罚条例。

〔暹罗〕 为荷兰所胁，许之专兽皮贸易，并船舶上不雇用中国及日本人，又许以治外法权。法兰西厄利奥玻利斯主教等来，明年回；其中意大利神父谭玛斯为那莱王建炮台。于是天主教渐传播。

〔印度〕 法国成立东印度公司，开始侵略印度。

〔土耳其〕 为奥地利军大败于圣哥特哈尔德，签订二十年休战条约。

〔日耳曼〕 皇帝利奥波德一世与土耳其订立二十年休战协定。土耳其苏丹除承认德兰斯斐尼亚亲王之独立地位外，未丧失任何其他土地。

〔法兰西〕 教皇屈服，路易十四退还阿维尼翁等地区。同年，法人在西印度群岛中占领岛屿多处。

〔英格兰〕 占领荷兰在北美洲之殖民地新阿姆斯特丹。伦敦大疫，死者六万八千余人。

〔荷兰〕 与英国在西印度群岛发生武装冲突，英王查理二世下令捕捉荷兰船只一百三十艘。

〔非洲〕 英人占领非洲西部冈比亚河下游西岸约七十方哩之土地，建冈比亚殖民地。此为其在非洲有殖民地之始。

〔北美洲〕 荷兰在北美洲之殖民地新阿姆斯特丹为英人占领。英人更其名为“新约克”（纽约）。

1665 年

中国

乙巳 清康熙四年

正月，令税课照定额征收，停溢额加级纪录之例。二月，广东奏肃清碣石卫，首领苏利等降。吴三桂奏肃清水西，俘首领安坤等。暹罗遣使入贡。三月，免顺治十八年以前逋赋。令夏税、秋粮每隔年预征。从礼部右侍郎黄机奏，乡、会试仍考经义。四月，以择日谬误，杀钦天监官数人，汤若望等免责。五月，吴三桂请于水西地方设三府，从之。六月，吴三桂奏迤东土酋王耀祖于四月据新兴建号大庆，攻破易门等地，现已肃清。七月，禁私采人参。八月，尚可喜奏疍民谭琳高等据东涌岛，现已击破。令送明天启崇祯间事迹，备修明史。九月，禁钞关额外苛索。十月，郑经部将朱英叛降于清。十二月，禁督抚收受州、县馈遗。令明宗室改易姓名隐匿者，皆复旧回籍。是岁，前后免直隶河南、陕西、江南、江西、浙江、湖南、广西等地灾区额赋。

外国

〔朝鲜〕 量咸镜道田。颁大明律、四书、性理大全、资治通鉴等书于咸镜道。

〔日本〕 禁分铜私造。废诸藩证人制。定布帛长二丈六尺。德川光圀毁淫祠三千余。

〔越南—大越〕 令御史台考课官吏。申禁斗鸡、围棋、赌博及巫觋、僧尼。申器服之制。

〔法兰西〕 西班牙王腓力四世卒后，路易以其妻马利亚·泰利萨之名义提出对西属尼德兰承继权之主张。同年，与荷兰缔结同盟条约（按路易所持理由为其岳父所允许之妆奁从未付给）。

〔英格兰〕 自今年2月起，至1667年7月止，与荷兰再度发生战争。

〔西班牙〕 葡萄牙人入侵安达路西亚。发楞喜阿等行省爆发起义。腓力三世卒，子嗣位称查理二世。查理年仅四岁，由其母摄政，但大权操于耶稣会士奈塔尔德之手。

〔荷兰〕 英国向荷兰宣战，法王路易十四协助后者。明年，法国亦对英宣战。

1666 年

中国

丙午 清康熙五年

二月，从礼部奏，令安南缴送所受明永历帝敕印，否则绝其贡使。四月，圈换正白、镶黄两旗份地。五月，令安南解送“海冦”黄明标等。以安南缴送所受明永历帝印，遣使册封黎维禧为安南国王。六月，免江宁未完黄快丁银。七月，严禁广东官兵杀良民以冒功、滥派民夫折征银两。郑经部将李顺叛降于清。八月，吴三桂奏于滇东土司地设一府一州，从之。十一月，免浙江、湖广、江西灾区额赋。十二月，大学士苏纳海、总督朱昌祚、巡抚王登联等以镶黄、正白两旗圈换土地事忤鳌拜，皆被杀。

外国

〔朝鲜〕 申明户口帐籍法，漏籍者全家徙边。以饥，减半收租。国王令经筵避颜子、孟子、二程子及朱子之名。

〔日本〕 定渡船制。定药商制。甲斐绢织始于此时。

〔越南—大越〕 莫氏宗室莫敬宇攻俘太原镇将，遣兵击破之。

〔法兰西〕 对英国宣战。建立舰队一支，并任命卢发为军政大臣。创立法兰西科学院于巴黎。

〔英格兰〕 9月2日，伦敦大火，延烧至十日始熄灭，被灾面积达四百五十英亩（约合中国二千七百余市亩），但起自本年4月之瘟疫（死者甚众）亦因之终止。

〔荷兰〕 与英国战争互有胜负，但荷兰商船百六十艘为英人在须德海出口处焚毁。

1667 年

中国

丁未 清康熙六年

二月，吴三桂奏俘乌撒女土司陇氏。沈天甫等撰诗二卷，诡称陈济生所编，用之讹诈，事发，皆死。从刑部奏，凡以“通海”、“逆书”、“于七党”、“逃人”诬陷人者，皆反坐。五月，荷兰噶喽吧王遣使奉献。令云贵两省文官，皆由吏部题授。六月，定夏税于五月、六月，秋粮于九月、十月交纳。七月，禁王公百官家人恃势贸易，违者责罚。是月，圣祖始亲政。河决桃源。辅政大臣苏克萨哈以忤鳌拜，被杀。九月，修世祖实录。免浙江、福建灾区额赋。十一月，免直隶、江西灾区额赋。十二月，免湖广、陕西、山东灾区额赋。荷兰入贡。

外国

〔朝鲜〕 明人林寅观等九十五人商贩日本，遭风漂至，持永历二十一年历书，送之于清。赈饥民，流民入京师，置活人署以救济之。免京畿田租。颁戚继光所著《纪效新书》及《练兵实纪》，令将弁习之。

〔日本〕 定质铺制。禁于田园栽植烟草。捕耶稣教徒。

〔越南一大越〕 清使来封玄宗为安南国王；遣使如清岁贡并谢封册。永赖等地民起事，有建号应天者，旋败死。郑柞亲击莫敬宇于高平，大破之，莫敬宇遁。

〔俄罗斯〕 不堪压迫之顿河哥萨克人，在斯迪潘·拉辛领导下，于本年起开始起义。

〔波兰〕 与俄罗斯订立安德鲁索沃和约，割让东乌克兰与斯摩棱斯克与俄国。

〔法兰西〕 与英国媾和，退还所占领之西印度群岛中诸岛屿。路易率兵入佛兰德尔，“王后权利战争”开始。路易迅速占领佛兰德尔全境。此为路易十四世在位时期之第一次战争。

〔英格兰〕 7月21日，英、荷、法、丹等国缔结布列达和约。荷兰以新阿姆斯特丹让予英国，英国则允许部分荷船载运货物入英。

〔西属尼德兰〕 法王路易十四侵入西属尼德兰，后者向荷兰乞援。

1668 年

中国

戊申　清康熙七年

二月，访求通天文占候者。三月，禁大臣使人往外省索财物、通关节、干预地方事。废叩阍之例，有冤抑者向登闻鼓院告理。定外国非贡期不许贸易。免江南、陕西、甘肃灾区额赋，其遭疾疫之地，并免丁银。定巡视盐政不专差御史。裁各省书吏三千八百四十九名，共留二万六千五百八十六名。以安南都统使莫元清被逼奔云南，遣使谕安南国王黎维禧罢兵，并将高平还与莫氏。五月，准安南请，定六年两贡。六月，严禁赌博。七月，还奉天唐官屯等处圈地于民。命乡、会试复用八股文。九月，命苏州开炉一百座铸钱。定一甲武进士授官例。十一月，暹罗遣使入贡。免直隶、江南、河南、湖广、浙江水灾区额赋。十二月，治理历法南怀仁劾钦天监副吴明烜造历谬误，命官同审测之。

外国

〔朝鲜〕 减忠清等道租，又赈饥民。大疫。命重铸铜铁活字以印书。户曹总计岁入米十万三千九百六十三石，田米一万五千三十二石，大豆五万一千三百九十一石，银三万二百六十二两，绵布八万六千六百五十四匹，麻布五千匹。

〔日本〕 重申俭约令。足利学校造成。再严禁殉死。禁新建寺院。

〔越南一大越〕 加郑柞大元帅、掌国政、尚师、太父、德功仁威明圣西王。令减税重村社。

〔俄罗斯〕 拉辛率起义之哥萨克人入里海，占据高加索及波斯沿海岸各地，并击败波斯海军。

〔波兰〕 约翰·喀西密尔逊位，王位竞争甚烈。

〔日耳曼〕 利奥波德一世加入“王后权利战争”，反对法王路易十四。

〔法兰西〕 路易十四占领夫隆什空泰。荷兰震于法军进展之神速，遂与英国、瑞典缔结三国同盟。5月初，迫使法国接受调解，签订爱斯拉沙白和约，退出夫隆什空泰，但保留佛兰德尔边境设防城市十二处。战争暂时中止，但“承继”问题尚待解决。

〔英格兰〕 英国、荷兰、瑞典缔结三国同盟，共同对抗法王路易十四。

〔葡萄牙〕 与西班牙订立条约后，西班牙承认葡萄牙之独立与布拉甘萨王朝（见1640年条）之统治权。

1669 年

中国

己酉　清康熙八年

三月，以南怀仁推历准确，授为钦天监副。五月，鳌拜革职拘禁，旋昭雪苏克萨哈等。六月，禁王公大臣家下商人赴各省贸易。安南国王黎维禧奏遵将高平交还莫元清。八月，禁止各省建立天主教堂传教。十一月，免直隶、江南、山西、河南、湖广灾区额赋。是岁，刁包死。

外国

〔朝鲜〕 京外户口计户一百三十四万二千七十四，口五百一十六万四千五百二十四。

〔日本〕 令诸侯输赀以浚淀川。听养十七岁以下者为子。颁文钱。虾夷起事，松前泰广击定之。仿造明船。酒井忠直进浑天仪。池田光政设藩校。

〔越南一大越〕 清使来，强以高平四州予莫氏。定六年两贡并进于清。禁征税及买上供诸物，不得例外勒索及强抑价格。

〔暹罗〕　法兰西传教士以教皇命来，以暹京为附近诸邦教会之中心。

〔印度〕　蒙兀尔帝国皇帝奥兰赛下令禁婆罗门教，毁寺院甚多，古代艺术遭受破坏。印度人民纷纷起义反抗。

〔土耳其〕　经长期之围攻后，陷坎地亚。明年，与威尼斯媾和，威尼斯仅在克里特岛上保有据点三处。

〔波兰〕　迈克尔·维斯尼阿未斯基当选为国王。

1670 年

中国

庚戌　清康熙九年

正月，初，所收明代宗藩自置田地由民佃种者既纳正赋，复征租银至是免纳租银。闰二月，免山东沂州等处起存银二十二万余两。三月，增满洲兵饷。四月，河决归仁堤。六月，西洋国王阿丰肃遣使来奉献。淮扬大水，赈之。免直隶水灾区额赋。八月，免江南、湖广，河南水旱灾区额赋。九月，严禁内、外官馈遗。十月，郑经部将林伯馨等叛降于清。免山东灾区额赋。十一月，免淮扬等额赋及逋欠漕粮。

外国

〔朝鲜〕　夏旱、秋水，岁饥，赈恤之。时宫庄屯田免税几半国中，故地税所入仅十万余石，而税外以“大同”为名者则收米至五六十万石。

〔日本〕　禁清商人潜行买卖。造荷兰式船。

〔越南—大越〕　命凡受赐官田，止免十亩税，多耕者依例纳税。以宣光麻惠挺等据地攻扰，遣兵破之。禁通同外国盗卖枪铳。立赏告捕强盗令。

〔俄罗斯〕　起义之哥萨克人占领伏尔加河河口之阿斯脱拉罕作为根据地，活跃于伏尔加河与顿河下游一带，攻城略地，四出解放被压迫之农奴。

〔法兰西〕　路易以金钱购买之方法，收买英王查理二世，拆散三国同盟。同年，路易又与皇帝签订密约，并与科隆、蒙斯等城市订立同盟(后者在1672年战争中供给路易士兵二万人)。

〔英格兰〕　5月，查理二世与法王路易十四在多弗签订秘密条约。查理及其弟詹姆斯允于适宜时机再皈依天主教；允于法国与西班牙、荷兰两国发生战争时，支持法国。路易十四则允许于战争期间按年予查理以二十万英镑为津贴；其次，如英国内部发生叛乱时允派遣六千人之军队援助查理。同年，查理颁布第二次“集会法案”，较1663年所规定者更为严峻。

1671 年

中国

辛亥　清康熙十年

正月，以蒙古苏尼特等部牛羊倒毙殆尽，赈之。以满洲官员兵丁已通汉语，罢内外各衙门通事。颁品级考。二月，命撰孝经衍义。免直隶、江西、浙江荒地赋及浙江加增屯饷。四月，命截漕粮等十万石赈淮扬饥。命修太祖、太宗圣训。六月，以马、牛、羊赐蒙古苏尼特等部灾民。四川奏地广人稀，请开招民之例，凡举贡生监招民及数者赏给职衔。七月，国子监请令学道举送文行兼优者入太学，更请乡试依旧录取副榜充贡。九月，圣祖如盛京，逾月回。十月，郑经部将柯乔栋叛降于清。河决桃源。免湖广、山东、陕西水旱灾区额赋。十二月，免直隶、江南、河南灾区额赋。是月，罢民间养马之禁。吴伟业死。

外国

〔朝鲜〕　大饥，人死之多，甚于壬辰日本侵略之役。

〔日本〕　明人陈元赟死。禁造五味酒、白酒、炼酒。

〔越南—大越〕　清平西王吴三桂委官解送逃人。十月，玄宗死，无子，弟维禬嗣位，是为嘉宗，明年改元为阳德。

〔俄罗斯〕　哥萨克起义者在沙皇之大军围攻下，渐趋失败。四月，拉辛被俘，送往莫斯科，六月，被用分尸刑处死。其他战死与受酷刑而死者，三年中达数万人。

〔日耳曼〕　去年有匈牙利贵族十三人加入弗兰西斯·拉科西（乔治二世子）反抗皇帝运动。今年利奥波德予以镇压后，派遣军队长期驻防匈牙利。

〔西印度群岛〕　布肯利尔斯海盗（参见1630年条）在盗首摩尔甘率领下，横越巴拿马地峡，将巴拿马城付之一炬。自此至1685年，几完全控制加勒比海。

1672 年

中国

壬子　清康熙十一年

正月，厄鲁特噶尔丹请遣使进贡，从之。三月，暹罗遣使进贡，并贸易。五月，云贵奏凯里等土司起事，已发兵击俘其首领阿福等。六月，除贵州山场小税。闰七月，先是，自顺治十六年因用兵，税粮以四斛作一石征收，至是命从明年起依旧改为两斛。命陕西富平、蒲城二县粮米永行改折。九月，免江西荒疫之区逋赋，并招民耕垦。十月，停长芦等处巡盐御史，盐法归巡抚兼管。十一月，免直隶、江南、湖广、河南、山西灾区赋。是岁，人丁户口一千九百四十三万余，地五百四十九万余顷，征银二千六百零五万余两，米麦豆六百二十九万余石，草二百二十九万余束，行盐四百三十二万余引，征课银二百七十五万余两，铸钱二万九千八百六十五万余。陆世仪、周亮工死。

外国　〔朝鲜〕　减诸道田税，命开仓赈济。大疫。是岁，京外户一百十七万六千九百十七，口男二百五十四万一千五百五十二，女二百十五万四千五十九；济州户八千四百九十，口男一万二千五百五十七，女一万七千二十一。

〔日本〕　定奴婢出替期。命京坂堺市人掌与中国及荷兰交易事。德川光圀开彰考馆。

〔越南一大越〕　黎氏嘉宗阳德元年。郑柞拥嘉宗亲攻顺化阮福濒，小胜而回。

〔缅甸〕　莽白王死，子那罗伐罗嗣。

〔印度〕　法侵占印度之蓬提舍利与卡那提克海岸一带之地，以为侵略印度之据点。

〔土耳其〕　与波兰发生战争，土军进至卡美内兹与伦堡。波兰王迈克尔被迫乞和，割波多利亚与波属乌克兰予苏丹，并岁贡杜克特二十二万。

〔波兰〕　与土耳其发生战争。迈克尔允以波多利亚割让与苏丹，并以西乌克兰为土耳其保护下之“独立国”。波议会对此约拒予承认。

〔法兰西〕　路易设法使瑞典亦脱离三国同盟。同年路易与丢楞等亲率大军入荷兰，连下重要城镇多处。荷兰统领威廉三世下令开启阿姆斯特丹水闸，始遏止法军前进。

〔英格兰〕　自本年3月起至1674年止，依照与路易十四之密约，与法国共同向荷兰作战。

〔荷兰〕　由于法军之节节胜利，引起人民对执政之贵族党不满。8月27日，政变起，贵族党领袖得维特兄弟二人被杀，奥兰治家族之威廉三世当选为统领。

〔非洲〕　英国始组“王家阿非利加公司”。

1673 年

中国　癸丑　清康熙十二年

二月，暹罗遣使入贡，并请给银印。三月，平南王尚可喜请归老辽东，许之，并令其子尚之信与之俱离广东，于是撤藩事起。四月，以江南苏州等六府连年荒歉，免明年地丁钱粮。安南都统使莫元清请谕安南国王退回保乐等地；不允。封森烈拍腊照古龙柏腊马嘑陆坤司由提呀菩埃为暹罗国王，赐诰命银印，令贡使赍回。五月，吐鲁番国贡方物。六月，禁八旗包衣佐领下奴仆随主殉葬。七月，平西王吴三桂、靖南王耿精忠先后请撤藩，皆许之。八月，并遣官料理吴三桂迁移事务。淮扬大水。十一月，令荒地开垦后，十年起科。免直隶、江南、浙江水旱灾区额赋。吴三桂举兵于云南，称天下都招讨兵马大元帅，以明年为周王元年，杀巡抚等官，贵州提督李本深应之。十二月，令各省官吏不得私税市货。命停撤平南、靖南二藩。杨起隆诈称朱三太子谋于京中起事，发觉，被捕者数百人，起隆逃。吴三桂兵入湖南，破沅州。禁民间养马。是岁，人丁户口一千九百三十九万余，地五百四十万余顷，征银二千五百零六万余两，米麦豆六百二十四万余石，草二百二十九万余束，行盐四百四十四万余引，征课银二百七十九万余两，铸钱二万九千三百四十七万余。归庄死。

外国　〔朝鲜〕　日本对马岛差人之居釜山者移居草梁浦。

〔日本〕　九月，改元延宝。英吉利请通商，许之。京都大火。

〔越南一大越〕　遣使如清岁贡并告哀。

〔暹罗〕　厄利奥玻利斯主教复自法兰西来，呈教皇及路易十四世之书。

〔缅甸〕　那罗伐罗王死，堂兄弥丽娇提嗣位。

〔土耳其〕　波兰拒绝去年条约，战事再起，土军两次为波贵族约翰·索毕斯基所败。战事历四年始罢。

〔日耳曼〕　皇帝在匈牙利设立一会议，并任命主席一人以统治该地区，对新教徒予以残酷镇压。

〔英格兰〕　通过“测验法案”，规定任何服务于英国政府之人员皆必须对国王宣誓效忠，承认国王为教会最高元首，并遵照英国国教会之法定信仰领受圣礼。

〔荷兰〕　奥兰治之威廉（三世）组第一次反法同盟，包括荷兰、西班牙、皇帝、洛林公爵，以及日耳曼诸侯数人。战事无决定性。

〔北美洲〕　荷人复占领纽约，明年以威斯敏斯特和约退还英国。英国议会通过法案，征收烟、糖等物品在殖民地各处相互贸易中之捐税。

1674 年

中国　甲寅　清康熙十三年

正月，命顺承郡王勒尔锦等督师分道击吴三桂，并调各地驻防旗营分途防堵。安南国王嗣黎维禑奏其兄维禧病故，权管国事，并进贡，且请令莫元清交还高平。四川巡抚罗森等降于吴三桂。二月，以造仪象成，加钦天监副南怀仁以太常寺卿衔。吴三桂兵取常德、澧州、长沙、岳州。广西将军孙延龄附于吴三桂。三月，吴三桂兵攻彝陵，不克。襄阳总兵官杨来嘉据谷城附吴三桂。耿精忠起兵福建，应吴三桂，随以漳泉与郑经，请援。吴三桂兵入阳平关，旋败退。四月，尚可喜上表示忠，并请以子之孝袭平南王，从之。杀吴三桂子额驸吴应熊于京师。吴三桂兵自宜都再攻彝陵，不克。以河北镇总兵蔡禄通于杨来嘉，杀之。潮州总兵官刘进忠附于郑经。安西将军赫业破吴三桂兵于七盘关、朝天关。五月，耿精忠兵攻开化，不克，惟东路则下平阳围瑞安。六月，广信、温州等地皆附于耿精忠，耿精忠攻建昌、常山等地，不克。命康亲王杰书统浙江诸军，击耿精忠。山阳高家堰石工板工成。七月，尚可喜奏收复程乡等县。耿精忠兵攻金华，不克。江西南瑞总兵官杨富潜通耿精忠，发觉被杀。耿精忠兵攻宁都，不克。嘉兴、湖州民朱二胡子等起事，旋败死。孙延龄兵破梧州，旋失。吴三桂兵攻广元，不克。八月，耿精忠兵败于金华、衢州、绍兴、抚州等处。两河堤工成。象山等县民纷起。免直隶、山东旱灾区额赋。九月，耿精忠兵破徽州、祁门，旋失。吴三桂兵入江西，攻袁州。杨来嘉攻南漳，大败。大冶民黄金龙等起事，旋败。吴三桂兵再攻广元，复不克。耿精忠兵破黄岩。耿精忠兵攻江宁，败退。广西提督马雄等附于吴三桂。十月，耿精忠兵攻遂安、赣州、衢州，皆无功，惟攻湖口，破之。十一月，耿精忠兵败于南康、台州等处。吴三桂兵败于袁州，旋破安福，不久又失。免江西、山东、河南水旱灾区额赋。十二月，朝鲜使告国王李棩丧。耿精忠兵败于金华、衢州等处。平凉提督王辅臣于宁羌响应吴三桂，杀经略莫洛。孙延龄兵攻怀集、钦州。是岁，人丁户口一千七百二十四万余，地五百三十万余顷，征银二千四百二十一万余两，米豆麦五百五十三万余石，草二百二十九万余束，行盐四百零六万余引，收课银二百四十八万余两，铸钱二万九千三百四十七万余。张履祥死。

外国

〔朝鲜〕 儒生罗硕佐等以清有内忧，请乘机复仇雪耻；不报。以岁饥，减身役布及租米。八月，显宗死，世子焞嗣位，是为肃宗。

〔日本〕 严禁天主教。禁私人田宅贷与僧侣。

〔越南—大越〕 以郑柞子根为元帅，典国政，封定南王。

〔印度〕 麻剌他国之建立者西瓦基宣告独立，脱离蒙兀尔帝国之统治，是为麻剌他立国之始。

〔波兰〕 迈克尔卒。对土战争中获得胜利之贵族约翰（三世）•索毕斯基当选为国王。

〔日耳曼〕 拉梯斯本之戴耶特决议正式向法国宣战。布兰敦堡选侯亦加入此阵营。

〔意大利〕 墨西拿（西西里东北）爆发反西班牙统治起义，1676 年西班牙海军予以封锁，始失败。

〔法兰西〕 法国在各方面均获胜利。丢楞转战于莱因河上游，蹂躏整个巴拉提内特，明年阵亡，法军始撤回。

〔英格兰〕 与荷兰订立威斯敏斯特和约，结束战争。

1675 年

中国

乙卯　清康熙十四年

正月，耿精忠兵攻遂安、饶州等处，无功。进封尚可喜为平南亲王。遣使册封李焞为朝鲜国王。兴安兵以总兵官王怀忠严刻，杀之，旋定。二月，王辅臣下兰州、平凉等处，占领陕、甘多城。耿精忠兵败于仙居。三月，王辅臣兵败于邠州、泾州。耿精忠兵败于抚州、衢州，别军破祁门。察哈尔布尔尼起事，遣信郡王鄂扎等击之；四月，布尔尼大败于达禄，旋战死。安亲王岳乐奏招抚江西等处兵五万余人。耿精忠兵攻处州等处，无功，别部兵又败于东乡等处。王辅臣兵败于临洮等处。吴三桂兵出川援王辅臣于秦州，旋败退。五月，耿精忠兵败于建昌等地。王辅臣兵败于洮州、河州等处。郑经取汀州。闰五月，耿精忠兵破饶州，旋失；攻处州，不克，别部又败于武宁等处，广信亦失。王辅臣失花马池、秦州等地，兰州亦被围。吴三桂兵攻广东北部，土民纷起。六月，王辅臣失绥德、兰州、巩昌、延安、定边等处。七月，兴安兵变，附于吴三桂。岳乐奏招降江西兵民六万余人。高州总兵官附于孙延龄。八月，耿精忠失黄岩。陕西奏招降王辅臣部下二万余人，王辅臣被围于平凉。九月，耿精忠失乐清等处。王辅臣兵胜于固原。十月，吴三桂兵败于兴山。耿精忠失温州。郑经失永定。十一月，孙延龄兵攻梧州，雷、廉多应之。郑经兵破漳州，杀海澄公黄芳度。十二月，浙江奏招降温、台兵民十一万余人。岳乐奏招降江西弁兵四千余人。宁夏兵变，杀提督陈福。耿精忠兵败于上高、东乡等处。是岁，人丁户口一千六百零七万余，地五百零七万余顷，征银二千零六十三万余两，米麦豆五百二十八万余石，草二百二十五万余束，行盐三百七十五万余引，收盐课银二百二十九万余两，铸钱二万九千三百四十七万余。孙奇逢死。

外国

〔朝鲜〕 命孔氏之系孔子后者，免七般赋役。司业尹镌欲乘清室内乱，复仇雪耻，于是华人黄功、龙仁人柳润及他诸人纷纷上书请通好于台湾郑经。定公私贱娶他婢所生已赎者除良法。日本对马岛主平义清书询清室内乱情形。行五家作统法。汉城府户一百二十三万四千五百十二，口四百七十万三千五百五。是岁，朋党倾轧甚烈，大臣多被贬逐。

〔日本〕 禁私藏鸟枪。禁市井乘轿。京都大火。

〔越南—大越〕 四月，嘉宗死，弟维袷立，是为熙宗，明年改元为永治。定六部职掌事例。

〔波兰〕 在雷姆堡战胜土耳其人。

〔法兰西〕 路易十四因墨西拿有反抗西班牙统治之起义，亟派遣舰队赴西西里加以援助。

〔瑞典〕 与布兰敦堡发生战争，为“大选侯”腓德烈·威廉所败。威廉乘胜进兵瑞属波美拉尼亚等地。

〔北美洲〕 英国移民与美洲土著进行“腓力王战争”（按腓力为英人予当地印第安酋长之名），白人死伤与被俘者共五百人，遭受战争破坏村镇共四十处，至明年8月，始以腓力王逝世而终止。

1676 年

中国

丙辰 清康熙十五年

正月，遂安县等处耿精忠部下五千余人降于清。二月，尚可喜奏西路退至肇庆，东路退至惠州。命图海节制陕西军马击王辅臣。鄂尔多斯蒙古人入边攻掠。吴三桂兵破吉安。岳乐下萍乡，进攻长沙。尚之信附于吴三桂，幽其父可喜。三月，浙江奏复开化，招降兵民一万余人。勒尔锦攻吴三桂军于太平街，败退。湖广奏败吴三桂兵于九里冈等处。四月，王辅臣兵破通渭，寻失。五月，简亲王喇布奏招降江西官弁、兵民二万余人。耿精忠失万载县。康亲王杰书奏败耿精忠兵于温溪等处。鄂罗斯察罕汗遣使献方物。六月，南安附于吴三桂。王辅臣降于清。耿精忠因郑经攻扰，撤建昌屯兵。吴三桂兵败于秦州乐门。七月，浙江奏复象山。喇布奏复金溪。图海奏复礼县，招降官弁、兵丁四万九千余人。八月，浙江奏复江山、常山，入福建境，下浦城。吴三桂失阶州。九月，江西奏复泸溪等处。杰书奏复建阳、建宁。耿精忠杀福建总督范承谟。十月，耿精忠降于清。勒尔锦奏复郧西县。暂停旗下人考试生员、举人、进士。浙江奏浙南诸地皆降。十一月，朝鲜以明人记其国事有误，闻正修明史，遣使来奏，谕“应以无庸议”，并遣人往查违禁购书之人。江西奏招降官弁、兵丁五千余人。郑经兵攻福州，大败。尚之信兵攻南康，败退。郑经兵攻广昌。十二月，杰书奏广信守将降。郑经兵取邵武，攻延平，大败；邵武随失。江西奏招降官弁、兵丁六千余人。是岁，人丁户口一千六百零三万余，地四百八十六万余顷，征银二千零二十一万余两，米麦豆五百零三万余石，草二百二十五万余束，行盐三百五十六万余引，收盐课银二百二十五万余两，铸钱二万三千一百三十六万余。孙承泽死。

外国

〔朝鲜〕 武科中式者一万八千二百五十一人，继又分道设科文武合取一万九千余人，科名之滥前所未有。

〔日本〕 刑耶稣教徒。

〔越南—大越〕 黎氏熙宗永治元年。

〔暹罗〕 阿瑜陀耶设天主教学校及十字架信徒会。

〔印度〕 西瓦基（1627—1680 年）称王于雷伽，是为麻剌他强大之始。

〔土耳其〕 与波兰再订和约，土耳其仍保有波多利亚之大部分与乌克兰，自此与俄罗斯人发生直接接触。

〔希腊〕 苏丹在希腊征取基督教幼童（编练军队）之举，本年为记录上之末次。

〔法兰西〕 法国舰队在地中海战胜荷兰与西班牙联合舰队。同年之陆上战争亦在各方面取得胜利。

〔北美洲〕 那撒尼尔·培根所领导之人民（普通殖民者）起义爆发于弗吉尼亚州，总督伯克利予以血腥镇压，屠杀甚众（传英王查理二世谓伯克利所杀之人较彼报父仇所杀者尤多）。

1677 年

中国

丁巳 清康熙十六年

正月，加重略诱、买卖妇女之罚，不论所诱为良为贱，已卖未卖，为首者绞。穆占出兵会攻长沙，吴三桂撤诸路外援之兵回。杰书奏连败郑经之兵，复汀州、兴化等十二城。江西奏复新城、会昌。二月，杰书奏复泉州，郑经弃漳州走厦门。至是福建皆归于清。吴三桂部将关世荣、郑经部将赖鼎球降于清。三月，尚之信、刘进等请降于清。江西奏复吉安，招降南丰。

命翰林官进呈诗文书法。四月，图海奏招降韩城。吴三桂退驻衡州。喇布奏复南安。五月，江西奏复崇仁等县。莽依图节制攻广东各军，是月入韶州。六月，祖泽清降于清。江西招降官弁、兵丁三万八千余人。七月，河道总督靳辅条列修理黄河事宜。郑经部将刘国轩弃惠州。明宗室朱统锠破贵溪等处。吴三桂兵攻韶州等处。八月，广西奏复梧州等地。郑经部下陈俞侯等降清。九月，福建奏败郑经兵。江西招降官弁、兵丁一万余人。福建招降官弁、兵丁一万九千余人。十月，朱统锠败死。厄鲁特人为噶尔丹所破，奔甘肃塞内。以攻取广西事告安南国王。江西招降官弁、兵丁一万五千余人。广西奏复浔州。吴三桂兵破桂林，杀孙延龄等。十一月，始设南书房。郑经兵略泉州。穆占奏复茶陵、攸县。十二月，江西招降官弁、兵丁五万余人。岳乐奏复平江。是岁，人丁户口一千六百二十一万余人，地四百九十八万余顷，征银二千一百一十二万余两，米麦豆六百一十八万余石，草二百四十二万余束，行盐三百五十九万余引，收盐课银二百二十六万余两，铸钱二万三千一百三十六万余。张尔岐死。

外国　〔朝鲜〕　三南饥，减大同米及番布、保米之半。

〔越南—大越〕　遣兵击莫敬宇，敬宇败走中国龙州。

〔土耳其〕　第一次与俄罗斯发生战争，至1681年土人始被迫媾和，退出乌克兰土地之大部分，并允许哥萨克人有在黑海通商之权利。

〔英格兰〕　查理二世弟詹姆斯之女玛丽嫔荷兰之奥兰治亲王威廉（即后来之英王威廉三世）。

1678 年

中国　戊午　清康熙十七年

正月，浙江招降弁、兵二万余人，江西招降一万余人。诏征博学鸿儒。二月，图海进取四川。杰书奏收降韩大任等弁、兵万余人。三月，湖广奏复房县。祖泽清复据高州反清。闰三月，吴三桂将林兴珠降于清。广西复北流等县。杰书奏败郑经兵于漳州。图海奏破吴三桂兵于秦岭等处。四月，穆占奏复郴州等处，收降弁、兵八千余人。广西复郁林等州县。尚之信奏复高州，祖泽清遁。五月，郑经将刘国轩破海澄，旋破长泰、漳平，其水军亦分攻广东沿海。六月，湖广奏败吴三桂兵于洞庭湖。江西招降弁、兵万余人。郑经兵略南安等县，攻泉州。七月，吴三桂兵围永兴。八月，吴三桂死，大将胡国柱、马宝等自永兴撤回，迎三桂孙世璠于云南嗣位。西洋国王阿丰素遣使进狮子。福建奏复漳平。九月，福建奏复长泰。十月，贝勒察尼奏败吴三桂兵于洞庭湖口。杰书奏败郑经兵于江东桥等处。十一月，尚之信奏复徐闻等地。十二月，吴世璠兵破藤县。免直隶、河南、江西、江南、湖广灾区额赋。是岁，人丁户口一千六百八十四万余，地五百零六万顷余，征银二千一百九十五万余两，米麦豆六百二十万余石，草二百二十四万余束，行盐三百九十三万余引，收盐课银二百三十九万余两，铸钱二万三千一百三十六万余。

外国　〔朝鲜〕　令户曹等处加铸钱。行大同法于庆尚道。

〔日本〕　定茶店制。申禁天主教。

〔暹罗〕　英吉利东印度公司至北大年图立代理处，值地方乱，未成。

〔土耳其〕　卡拉·穆斯塔法为大维齐。

〔匈牙利〕　以忒刻利为首之匈牙利反抗皇帝统治之起义军，今年自德兰斯斐尼亚侵入匈牙利与奥地利。

〔法兰西〕　结束第二次战争之尼曼韦根条约于今明两年分别成立。8月与荷兰，9月与西班牙分别签订和约。明年2月，法瑞两国与皇帝签订和约。9月，瑞典与丹麦，法国与丹麦分别签订和约。10月，瑞典与荷兰亦签订和约。

〔英格兰〕　7月3日，下议院宣布任何有关经费议案之通过，皆为下院对国王之赠与，因此必须由下院动议。对此类议案“上院不应作任何变动或修改”。自此以后下院地位益臻重要，为英国资产阶级又一显著胜利。约自此时起，国会议员中拥护国王及主张资产阶级民主政治者分别获得外号，前者被称为托利（Tory），后者被称为辉格（Whig）。

1679 年

中国　己未　清康熙十八年

正月，赈河南、山东饥。察尼奏复岳州，杰书奏复长沙。二月，勒尔锦奏复澧州、常德，喇布奏复衡州、耒阳等地。禁奴仆投充营伍挟制家长。魏象枢奏考试生童十弊。三月，试博学鸿儒一百四十三人于体仁阁，嗣取一等二十人，二等三十二人，命纂修明史。郑经部下弁兵一万余人降清。穆占奏复永州，喇布奏复宝庆。四月，广西奏收复诸城，境内渐定。郑经部将郑奇烈等降清。免江南十二年以前逋赋。五月，郑经兵攻江东桥等地。六月，岳乐奏败吴世璠兵于宝庆。七月，京师等处地大震，压死人畜甚多。赈山东沂州等处饥。八月，福建招降兵民一万五千余人。喇布奏复新宁等县。噶尔丹赠马、致书与甘肃提督张勇，请假道往青海。祖泽清被俘。九月，命莽依图等进攻云南。十月，行户部等衙门所拟钱法十二条，每钱重一钱四分。免湖北十三年至十七年赋。进攻四川之军收复两当、徽县、略阳、武关、凤县、汉中等地。十一月，安南国王黎维清贡献，并言追击莫元清。攻四川之军入阳平关，收复兴安等十余县。十二月，岳乐奏俘"伪太子"朱慈灿。免直隶、山东、河南、江南、湖北旱灾区额赋。攻四川之军入四川境，下龙安府、广元。是岁，人丁户口一千六百九十一万余，地五百一十三万余顷，征银二千二百一十三万余两，米豆麦六百二十三万余石，草二百二十四万余束，行盐三百九十五万余引，收盐课银二百三十九万九千余两，铸钱二万三千一百三十六万余。

外国

〔朝鲜〕 饥，出内帑赈济。

〔德兰斯斐尼亚〕 推选埃墨利克·武刻利为亲王，并迅即占领上匈牙利及矿区所在各市镇。土耳其大维齐穆斯塔法亦允予协助。

〔日耳曼〕 利奥波德与法国及瑞典媾和。布兰敦堡选侯在与法国之和约中，被迫放弃大部分其所占领之土地。

〔法兰西〕 法国疆土在去年与今年之和约中增加甚广（东北、东南与正东各地），尤以东部之夫隆什空泰为最大。荷兰无所得失；法国权力如日方中。尼曼韦根条约使用法文以代替拉丁文，亦为创例。法文自此逐渐变成外交上使用之文字，直至近代。

〔英格兰〕 5月，议会通过"人身保护法案"。规定法院应徇被拘捕人之请求签发"人身保护状"，向拘留机关索取该被拘捕人依法审讯。拘留机关无故拒绝或不遵奉办理者可分别处以罚金。

〔瑞典〕 与皇帝签订和约，由于其同盟法国之故，失地尽复。

〔北美洲〕 新罕普什尔今年建立。

1680 年

中国

庚申 清康熙十九年

正月，吴氏所据四川成都、保宁、顺庆、潼川等府及旁近之诸县俱失。二月，郑经失海坛及平海屿等处，刘国轩败走厦门，海澄亦失，厦门旋失，国轩与郑经走台湾，至是郑氏数年来在福建沿海之地皆入于清。吴氏失重庆、达州等地，杨来嘉等皆降。马承荫附于吴世璠，诱执广西巡抚傅宏烈。三月，吴氏失湘西诸州县。免山东、江南灾区额赋。四月，郑经别部兵败于潮州大濠堡等处，五月，又败于大澳海面。免江西去年旱灾区额赋。六月，郑经部将江机率弁兵四万四千余人降于清。吴氏失广西柳州、象州等处，马承荫降，寻押解赴京。七月，四川石砫土司等降附。八月，赐尚之信死。吴氏兵破泸州等处，旋退。九月，夔州民起事，逾月败。伪杨起隆欲在汉中起事，发觉被捕，死。十月，禁旗人私往外省挟诈嘱托。吴氏失镇远、贵阳等地。十一月，吴氏失永宁等处。十二月，吴氏失庆远府。是岁，人丁户口一千七百零九万余，地五百二十二万余顷，征银二千二百十五万两，米麦豆六百二十五万余石，草二百四十五万余束，行盐三百九十八万余引，收盐课银二百三十九万余两，铸钱二万三千一百三十六万余。王时敏、顾祖禹死。

外国

〔朝鲜〕 颁养士节目。

〔日本〕 征夷大将军德川家纲死，德川纲吉嗣职。后水尾法皇死。

〔越南—大越〕 十月，正和元年。

〔暹罗〕 法兰西东印度公司于阿瑜陀耶京设商馆。英吉利籍希腊人华尔康受雇，旋为对外贸易监督。

〔印度〕 麻剌他王西瓦基死。西瓦基将麻剌他人锻炼为一强有力之战斗集团，终于战败蒙兀尔帝国。

〔俄罗斯〕 帝俄开拓疆土之工作于本世纪中叶已抵达中国东北之黑龙江，且建筑要塞，移民实边。至是遂引起与中国之战争。

〔日耳曼〕 阿尔萨斯之大部分为法国所夺。

〔法兰西〕 路易十四命设"复合会议"于墨次、培桑松、布赖乍赫与图尔内等地，专事调查凡曾经隶属于上述四条约（1678—1679 年之法荷、法西、法瑞、法丹）所割予法国地区之任何土地。"复合会议"作出决定后，路易即用武力予以占领。萨尔布鲁根、卢森堡、兹淮布鲁根与斯特拉斯堡等，皆在此时（1680 年—1683 年）并于法。

〔英格兰〕 查理二世朝之第四届议会于 10 月中旬召开。以查理弟约克公爵詹姆斯皈依旧教，遂通过《排斥法案》，规定詹姆斯不得继承英国王位，但此案送至上院时被否决。

〔西班牙〕 异端裁判所今年用火刑处死者共八十五人。

〔瑞典〕 查理十一世迫使议会通过封建采邑（伯爵、男爵及其他大采邑）退还国王条例。瑞典贵族以此大受打击。

1681 年

中国

辛酉　清康熙二十年

正月，严禁通事诈欺外藩，羁占贸易。浚通州运河。郑经死，子郑克塽嗣为延平王。二月，禁州、县官虚报田粮以图升叙。赈山西饥。进攻云南之军，连下黔西等地，入云南，攻围省城。庆阳耿飞称王置官，命图海分兵击之。三月，吴氏将宋国辅等献永宁降于清。广东水师攻下琼州，“海贼”杨二败走。四月，大理等处吴氏官将纷降于清。五月，发京仓米赈宣大及蒙古诸部饥。六月，除陕西及偏远等处房号税。七月，吴氏将马宝等降清，命执送京师，杀之。十月，云南省城破，吴世璠自杀。自吴三桂起兵，至是八年始灭。十一月，琉球国中山王世子尚贞遣使贡献请封。是岁，人丁户口一千七百二十三万余，地五百三十一万余顷，征银二千二百一十八万余两，米麦豆六百二十七万余石，草二百四十五万余束，行盐三百九十八万余引，收盐课银二百三十九万余两，铸钱二万三千一百三十九万余。

外国

〔朝鲜〕　旱。

〔日本〕　九月，改元天和。

〔暹罗〕　遣使聘于法兰西，船沉于马达加斯加岛，未达。

〔德兰斯斐尼亚〕　忒刻利以土耳其人之协助，迫使皇帝利奥波德签订停战条约。

〔日耳曼〕　布兰敦堡大选侯与法国缔结同盟。皇帝利奥波德则纠合不伦瑞克、律内堡、巴伐利亚、瑞典、西班牙与荷兰等国共组同盟。

〔法兰西〕　路易十四世以武力占领斯特拉斯堡，封锁卢森堡。

〔英格兰〕　3 月 21 日，第五届议会召开。查理以又有动议讨论《排斥法案》者，遂于同月 28 日下令解散之。

〔北美洲〕　宾夕法尼亚本年建立。

1682 年

中国

壬戌　清康熙二十一年

正月，耿精忠等分别凌迟及枭、斩。命严禁浙江漕粮私截之弊。二月，朱方旦案起。圣祖如盛京，五月回。四月，以莫元清交通吴三桂，革安南都统使；其子敬光交还安南。遣使册封尚贞为琉球国中山王。八月，遣郎谈、彭春等侦察罗刹侵扰黑龙江一带情形。九月，免浙江、江南、江西、湖广、山东灾区额赋。十月，重修太祖高皇帝实录，纂修三朝圣训及平定三藩方略。十一月，赈四子部落苏尼特饥。减安南贡物。免康熙十一年四川巡抚罗森捏报垦荒升科田四百余亩钱粮。十二月，郎谈等侦察罗刹情形还，因定攻击之计。是岁，人丁户口一千九百四十三万余，地五百五十二余万顷，征银一千六百三十三万余两，米麦豆六百三十四万余石，草二百二十九万余束，行盐四百三十五万余引，收课银二百七十六万余两，铸钱二万九千四百八十五万余。名学者顾炎武、陈维崧死。

外国

〔朝鲜〕　济州、两西饥。遣使于日本。咸镜道大水，大饥。

〔日本〕　琉球王子来。朝鲜使来。明人朱之瑜死。京都琥珀织始于此时。

〔越南—大越〕　遣使贡于清，并请封。郑柞死，子根继掌政柄。

〔土耳其〕　再度与奥地利发生战争。奥地利则与波兰缔结同盟共同抵抗土耳其。

〔俄罗斯〕　沙皇费奥多尔卒，其弟伊凡与彼得为共主，但实际政权则操于二人之姐苏斐亚公主手。

〔匈牙利〕　土耳其人立忒刻利（见 1678 年条）为上匈牙利亲王。明年，彼随土人进攻奥地利失败。

〔法兰西〕　法将丢康率海军赴北非，围攻阿尔及尔，明年陷之。

1683 年

中国

癸亥　清康熙二十二年

正月，遣使册封黎维正为安南国王。三月，免福建二十六州县逋赋。四月，添造京仓廒八十一座。五月，郑克塽令刘国轩请照琉球等国例，称臣进贡，服色依旧；不许。六月，施琅取澎湖，刘国轩败走台湾。七月，郑克塽遣使赍降表至施琅军前。八月，琅至台湾，克塽等薙发受诏。自郑成功入台湾，至是凡三十八年而亡。九月，命招谕扰掠黑龙江之罗刹人。诏谕噶尔丹，令约束使者不得沿途抢掠。十一月，令云贵录取土司生员。十二月，免陕西等处明年钱粮三分之一，又免山西震灾重处地丁、钱粮有差。是岁，人丁户口一千九百五十二万余，地五百六十一万余顷，征银二千六百三十九万余两，米麦豆六百三十五万余石，草二百二十九万余束，行盐四百三十五万余引，收盐课银二百七十五万余两，铸钱二万九千四百八十五万余。施闰章、吕留良、万斯大死。

外国

〔朝鲜〕　以饥，设裁省、赈恤二厅。重修显宗实录成。

〔越南—大越〕　清送还莫氏族属百二十四

人。清使来册封。

〔暹罗〕 英吉利派人来查东印度公司业务，与华尔康冲突。

〔土耳其〕 大维齐穆斯塔法率大军五十万人向维也纳进攻，自7月17日起包围该城，赖波兰王约翰·索毕斯基之及时来援，始于9月12日解围，并大败土军。

〔瓦拉几亚 摩尔达维亚〕 被迫参加围攻维也纳战争，但暗中给予被围者以协助。

〔英格兰〕 查理二世为欲报复伦敦城之反抗，下令取消该城特许状，后以纳款而赎回。查理又以同样方法实行于其他各地，皆取得成效（伦敦议员多辉格派，主张通过《排斥法案》。查理乃令法院发出“追究特权根据之审讯状”，由法院判决取消该城特许状）。英商为荷兰人自班塔姆（见1603年条）驱逐。

〔非洲〕 普鲁士始在西非洲几内亚之海岸线上建立要塞，但1720年予以放弃。

1684年

中国

甲子 清康熙二十三年

正月，黑龙江将军萨布素奏筹办击罗刹及招降赫哲。禁刑官非法拷讯。三月，郑氏将黄锡鹏等自鸟洋舟山投降。赈河南饥。四月，从福建督抚等奏，于台湾设一府、三县，另设巡道一、总兵官一、兵八千。允浙、闽、粤海援山东例，听百姓往海上贸易、捕鱼。五月，命纂大清会典。严禁于分拨地亩时，圈占民田或以低劣地亩抵换良田。以将攻罗刹，移文于车臣汗。六月，许琉球请，送官生来国子监读书。暹罗国遣使入贡，并贸易。九月，许民开铜矿。噶尔丹使人入贡。圣祖首次南巡，至江宁，十一月回。十月，弛海禁，但不得以火器出洋。是岁，人丁户口二千零三十四万余，地五百八十九万余顷，征银二千七百二十一万余两，米麦豆六百九十一万余石，草二百二十九万余束，行盐四百三十五万余引，收盐课银二百七十六万余两，铸钱二万九千四百八十五万余。傅山、于成龙死。

外国

〔朝鲜〕 日本对马岛主致书礼曹有“中国贼海东侵”之语，于是中外骚动，纷纷徙避，多人乘机扰乱。

〔日本〕 二月，改元贞享。颁服忌令。颁书籍出版禁令。安井算哲进新历。

〔越南一大越〕 郑根为大元帅、总国政、上圣父师、盛功仁明威德定王。

〔暹罗〕 再遣使赴欧洲。

〔土耳其〕 教皇英诺森十一世组织神圣同盟，包括威尼斯、奥地利与波兰，共同抗拒土耳其。俄罗斯亦向土耳其宣战。但英诺森旋以法王路易十四之影响退出其自己号召之同盟。

〔意大利〕 法王路易十四以热那亚拒与合作，遣兵舰炮轰之。明年，热那亚公爵偕元老四人亲赴巴黎请罪，始寝事。

〔法兰西〕 拉梯斯本（即累根斯堡）之帝国议会（戴耶特）与路易十四世订立二十年休战条约，并承认后者根据“复合会议”所作决定而占领之土地。

〔非洲〕 英人退出坦基尔，以之交还摩洛哥苏丹。

1685年

中国

乙丑 清康熙二十四年

正月，谕萨布素进攻罗刹。三月，诏修赋役全书。四月，命新垦田地永免圈占。马喇奏遣人侦察雅克萨城罗刹情形，并掳七人以归。免直隶康熙二十三年未完地丁、钱粮。五月，福建设炉二十座铸钱。赈阿霸垓部。彭春等攻下雅克萨，令罗刹人迁于他处。六月，复各廪生饩粮三分之一。七月，始于吉林城至黑龙江设驿。十月，命广东开炉铸钱。减蒙古王公年贡为羊一只，酒一瓶。十一月，免河南、湖北明年地丁、钱粮之半；直隶、江南、山东灾区丁粮皆免。十二月，重定颁赏外国例。

外国

〔朝鲜〕 以优免丁役者多，人民益困，乃令王子、公主、大臣之家各出一丁。命吏曹兵曹升擢西北部人，得与清选。修宣庙宝鉴成。

〔日本〕 二月，后西上皇死。福州厦门商船始至长崎。

〔暹罗〕 与法兰西订约，让与普吉岛锡之专卖权并割宋卡。遣使聘于法兰西，请法兵屯于暹罗炮垒以抗荷兰。英吉利派人来图解决商务纠纷，不得要领。

〔土耳其〕 奥地利军迅速进至布达佩斯，明年陷之。同年，威尼斯人亦自土耳其统治下占领摩利亚半岛（伯罗奔尼撒）上之大部分要塞。

〔法兰西〕 10月18日，下令撤销南特敕令（见1598年条），新教徒（胡格诺派）冒禁止迁徙命令潜离法国者约五万家，其中大多数为熟练技工，以此在英国、荷兰、布兰敦堡、北美及南非各地俱受到欢迎。

〔英格兰〕 查理二世卒，其弟詹姆斯二世嗣位。蒙马斯与阿该尔分别在英格兰与苏格兰倡争位乱事。阿该尔被俘后，于6月末被处死。7月6

日之塞琪摩尔战役中蒙马斯亦被俘处死。附和之平民被屠杀者不可数计（按塞琪摩尔战役截至现在止，为在英国本土上进行之最后一次正式战事）。

1686 年

中国

丙寅　清康熙二十五年

二月，以朝鲜王李焞纵民越界采参并打伤官役，罚银二万两。减广东海关征收洋船税十分之二。以雅克萨罗刹人复还盘踞，遣林兴珠等攻之。修太祖高皇帝实录及宝训成。停四川采运楠木。三月，命修一统志。四月，征访遗书。停直隶办解狐皮。遣使莅喀尔喀七旗之盟。六月，哲布尊丹巴呼图克图奏喀尔喀七旗盟事。七月，达赖喇嘛奏厄鲁特居青海事。许荷兰五年一贡，并由福建登陆。以罗刹人据雅克萨事托荷兰转致俄罗斯察罕汗。八月，谕萨布素围攻雅克萨事。九月，免直隶四府、四川、贵州、湖广、福建地丁、钱粮有差。俄罗斯察罕汗来书述即使人来议疆界。

外国

〔日本〕　濑尾昌琢学荷兰医术。改正忌服令。定朝鲜及琉球互市额。武德大成记成。

〔日耳曼〕　自土耳其人统治下夺回布达城（按即今匈京布达佩斯，布达在多瑙河西岸，佩斯在东岸。布达在土耳其人统治下已一百四十五年，至是夺回）。

〔法兰西〕　皇帝、帝国、西班牙、荷兰、瑞典等缔结奥格斯堡同盟，共同反抗法国（按此为第二次反法同盟）。布兰敦堡选侯亦加入此同盟。

〔英格兰〕　詹姆斯二世左祖天主教徒之倾向益趋显著。今年，下令再设宗教委员会（专事处理宗教事务之法庭），并在政府机关内试行任用天主教徒。

〔非洲〕　法王路易十四宣称兼并马达加斯加岛。

1687 年

中国

丁卯　清康熙二十六年

二月，禁淫词小说。浒墅关监督桑额征收溢额二万余两，命严加议处。三月，停岁贡生廷试，举人就教职者，亦免廷试。四月，严禁解差虐待犯人。五月，免湖南去年额赋并今、明年额赋之半。七月，以俄罗斯分界使臣抵蒙古境，命萨布素撤兵回黑龙江。九月，喀尔喀土谢图汗奏噶尔丹起兵来攻；使人谕噶尔丹，并诏达赖喇嘛谕止噶尔丹。十月，禁各省提督、总兵官敛取兵丁，馈送兵部。汤斌死。

外国

〔朝鲜〕　湖南民饥。诸道大水。

〔日本〕　德川纲吉信佛，禁杀生，颁怜生令。三月，灵元天皇让位，东山天皇践祚（一百一十三代），四月即位。禁杀犬，犯者处流刑。

〔暹罗〕　英吉利东印度公司作无理之要求，且以兵船来威胁，于是那莱王遂与之宣战。法兰西使节以兵六百、工兵三百来屯于境内，二国另缔新约。

〔土耳其〕　8 月 12 日与同盟军战于摩哈赤，土耳其人大败，君士坦丁堡为之震动，穆罕默德四世被废黜，其弟苏里曼二世代之而起。威尼斯人以门的内哥罗人之助，占领摩利亚半岛与雅典城。俄罗斯人亦向亚速夫海土耳其地区进攻。

〔希腊〕　威尼斯人占领雅典，毁柏德嫩神庙（祀女神雅典娜者）。

〔日耳曼〕　在普累斯堡举行戴耶特，决议以匈牙利王位之世袭承继权授予奥地利之哈布斯堡氏男性后嗣。

〔法兰西〕　路易十四与教皇英诺森十一世发生争执，遂派兵占领阿维尼翁。教皇秘密加入反法同盟。同年，萨伏伊亦加入同盟。

〔英格兰〕　詹姆斯二世颁布第一次“信仰自由宣言”，企图使天主教与英国国教立于同等地位。牛津大学一部分学生因拒绝接受国王任命之天主教籍院长，被开除学籍。

1688 年

中国

戊辰　清康熙二十七年

二月，琉球国遣三人入国子监读书。停四川解送白蜡。改定宗室王公将军袭爵法。四月，再谕噶尔丹与喀尔喀和好。五月，方遣索额图往与俄罗斯使分界立约。以噶尔丹举兵侵喀尔喀，召之还。湖北督标裁兵，夏包子等不服，起事，布政使叶映榴自杀，包子寻攻扰邻邑，六月，败于应城，奔德安；七月，至黄冈，被俘磔死。哲布尊丹巴呼图克图及土谢图汗为噶尔丹所攻，南奔告急；因使人诘噶尔丹。九月，噶尔丹遣使进贡并请贸易。十一月，遣使并请达赖喇嘛派人会同调停噶尔丹等争端。是岁，朱用纯死。

外国

〔朝鲜〕　大疫。八道田旧为百四十五万九千二百四十五结，至是改量为百三十九万一千七百三十三结。

〔日本〕　九月，改元元禄。德川纲吉谒孔庙。定洁祭制。

〔越南—大越〕　清开化府土司侵宣光之保乐

等地。

〔暹罗〕　遣使报聘于法。那莱王过度亲法，宠信华尔康，纵容天主教，大为人所不满，于是排外党起，其首领为大将帕碧陀罗阇。是时那莱王已患重病，委帕碧陀罗阇摄政，先杀华尔康。那莱王旋死，帕碧陀罗阇遂即王位，是为碧陀罗阇王，于是大杀天主教徒，驱逐法人。

〔缅甸〕　法兰西东印度公司设分公司于沙廉。沙廉守将函请英吉利来贸易。

〔土耳其〕　奥地利人陷贝尔格莱德，明年，又占领维丁（保加利亚极西北之区域）。土耳其人在多瑙河迤北之土地丧失殆尽。

〔门的内哥罗〕　土耳其人来攻，陷首都彻丁耶，但旋退去。

〔法兰西〕　反法之奥格斯堡同盟战争（路易朝第三次战争）起。其原因为：(一）巴拉提内特选侯查理卒，男嗣绝，路易借口其弟妇为查理姐妹，派兵占领其大部分。(二）为科隆主教（兼选侯）人选问题与教皇发生争执。

〔英格兰〕　4月下旬，颁布第二次《信仰自由宣言》，并命在各教堂宣读。坎特伯雷大主教及其他主教六人因拒绝宣读，被捕下狱。6月1日，詹姆斯之妻产一子（按当时詹姆斯年五十五，无子，继承人本应为其宗新教之女玛丽。此子生后英人大失所望，故谣传非其亲生）。英国七大名人（包括伯爵三人及伦敦主教）联名函请玛丽及其夫荷兰统领奥兰治亲王威廉来英。9月30日，威廉发布宣言，接受邀请。11月5日，威廉及玛丽在英登陆。詹姆斯二世之大将邱吉尔（前英首相邱吉尔七世祖）叛变。12月11日詹姆斯逃，将国王大印投泰晤士河中。12月19日，威廉与玛丽入伦敦。1688年政变完成。

〔北美洲〕　英王令取消殖民地一切特许公司所设立之政府。

1689年

中国　己巳　清康熙二十八年

正月，圣祖二次南巡，至会稽，闰三月回。以哲布尊丹巴呼图克图等不欲与噶尔丹会盟，遣使告达赖喇嘛为之调解。三月，令满洲人考试生员、举人、进士皆试骑射。闰三月，命江、浙、闽、广海关勿税渔民。四月，谕噶尔丹与喀尔喀和好。再遣索额图赴尼布楚与俄罗斯使臣分界立约。使人救济土谢图汗等部众之南奔者，九月，免直隶未征钱粮并明年钱粮之半。十月，以土谢图汗等部南奔者，饥寒交迫，互相劫掠，使人分别安置之。十一月，免湖北旱灾区钱粮有差。十二月，免云南逋赋。索额图奏与俄罗斯于尼布楚定约成，是为尼布楚条约。免江西旱灾区额赋有差。

外国　〔朝鲜〕　申定续田随起随税法。

〔日本〕　长崎造中国商馆。尾形深省乾山烧始于此时。

〔暹罗〕　在一度再杀天主教徒及法兰西人之后，渐复常态，仍许传教并释放法囚。

〔俄罗斯〕　彼得一世幽其姐，自握政权。此后大力改革，为俄罗斯奠定后日强大基础。史称之彼得大帝。同年中俄尼布楚条约成，两国自此维持友好关系达一个半世纪之久。

〔日耳曼〕　皇帝与荷兰、英国、巴伐利亚、萨伏伊等国组反法大同盟。同年法军入巴拉提内特，大肆蹂躏后退去。

〔法兰西〕　荷兰统领威廉三世就任英国国王后，复以英国之力投入反法战争。5月初，向法宣战。路易十四则支持詹姆斯二世之复辟斗争为报复。

〔英格兰〕　2月13日，临时议会以英国王冠献威廉与玛丽二人。同日发表“权利宣言”，申述英国人民某些“真正的，古已有之的，无可置疑的人权”，共十三条，并规定玛丽子嗣为优先继承人，如玛丽无嗣，则以其妹安利（丹麦亲王妃）继承，安利倘再无嗣则以威廉继娶之子嗣为继承人。同年，又与法国发生战争。詹姆斯二世在爱尔兰登陆。今年议会通过法案禁止“乐捐”。

〔西班牙〕　卡塔罗亚暴动再起，同年，因被镇压失败。

〔北美洲〕　英、法两国在北美洲之“威廉王战争”始。同年詹姆斯二世逃亡消息传至美洲，波士顿、罗德岛等地人民掀起暴动，驱逐或逮捕总督，恢复原来政府。

1690年

中国　庚午　清康熙二十九年

正月，赈土谢图汗等部饥。二月，赈八旗兵民。四月，赈察哈尔及八旗游牧蒙古。大清会典成。七月，噶尔丹犯边，入乌朱穆秦，命分两路迎击。噶尔丹寻遣使来，言不敢妄行，因谕责之。八月，噶尔丹败于乌兰布通，立誓不侵喀尔喀。赈喀尔喀诸部饥。九月，方云龙等据安南国海岛，劫掠洋船，为广东水师所擒，命解京发黑龙江充水手。停不许民间养马之禁。免直隶、甘肃灾区逋赋。十一月，达赖喇嘛及噶尔丹奏请上尊号；不允。十二月，噶尔丹请赐银以济部民；赐之千两。是岁，恽寿平死。

外国

〔朝鲜〕 大饥。

〔越南—大越〕 遣兵会清师击安广海盗。遣使贡于清，并奏莫氏余党扰高平，开化土司扰保乐等地。

〔暹罗〕 以碧陀罗阇王得位不正，内乱起，不久定。

〔印度〕 英人在加尔各答建威廉堡寨，以为侵略印度之据点。

〔土耳其〕 大维齐穆斯塔法•科普利里亲率大军与奥军战，获得胜利，夺回保加利亚、塞尔维亚，重行占领贝尔格莱德。忒刻利亦率大军入德兰斯斐尼亚，被拥戴为亲王。

〔日耳曼〕 皇帝军自德兰斯斐尼亚击退忒刻利。

〔法兰西〕 获得对英、荷海军之胜利。又在夫勒律斯（布鲁塞尔东南）击败同盟军。

〔英格兰〕 5月中旬，议会通过《恩惠法案》，凡曾支持詹姆斯二世者，如现时与彼无往还，则政变时所遭受之损失概予赔偿。同年，威廉渡海赴爱尔兰，击溃詹姆斯军，詹姆斯二世逃返法国。

1691年

中国

辛未 清康熙三十年

正月，噶尔丹复犯喀尔喀；遣兵备之。二月，策妄阿喇布坦奏与噶尔丹交恶情形。三月，翻译通鉴纲目成。四月，圣祖巡视喀尔喀南奔诸部。六月，以安置喀尔喀诸部事告达赖喇嘛。七月，以朝鲜使臣违禁私买一统志，罚其通事。九月，免河南明年钱粮。十一月，免陕西、河南、湖广、云南、直隶灾区额赋，又免陕西通省明年钱粮。十二月，以京仓储米足支三年，令轮免湖广、江西、浙江、江苏、安徽、山东漕米。十二月，免直隶灾区赋。

外国

〔朝鲜〕 日本人来买儒书。

〔日本〕 解日莲宗悲田派之禁。

〔越南—大越〕 阮福凋继统顺化。

〔暹罗〕 内乱复起，年余始定。

〔土耳其〕 与奥地利人战于塞勒姆开门，为巴登大公路易所败，大维齐穆斯塔法阵亡。但当时奥地利正卷入与法国之战争（奥格斯堡同盟战争），故不能悉力与土战。

〔塞尔维亚〕 约有六万三千个家庭于本年迁徙赴匈牙利。此后在1738年与1788年尚有两次大迁徙。

〔英格兰〕 与爱尔兰人订立利美利克和解条约。准许爱尔兰籍军官与士兵自由赴法。爱尔兰天主教徒有崇拜之自由。凡参加詹姆斯战争者皆获得大赦等（按爱尔兰籍军人后来在法国成为有名之爱尔兰军团）。

1692年

中国

壬申 清康熙三十一年

二月，赈陕西饥。三月，于外蒙五路设立驿站。六月，科尔沁部献席北、卦尔察、打虎儿人丁。九月，噶尔丹遣使进贡。十月，免陕西明年地丁钱粮。是岁，王夫之、陆陇其、靳辅死。

外国

〔朝鲜〕 大水。

〔日本〕 京都大火。

〔越南—大越〕 高平镇将击杀莫敬诸等。

〔门的内哥罗〕 萨发一世在首都彻丁耶履位为弗拉第卡（主教兼亲王）。此为门的内哥罗最后经由选举所产生之统治者。

〔日耳曼〕 同盟军在斯坦刻尔开为法军战败。

〔法兰西〕 路易十四准备进攻英国本土之舰队，在拉哈格（法国北部）海面为英人击溃。

〔英格兰〕 与法国作战，英国胜于海，而败于陆。发行公债一百万镑，此为国家发行公债之第一次。

1693年

中国

癸酉 清康熙三十二年

二月，遣官督耕于归化城境。策妄阿喇布坦遣使贡献。以噶尔丹就食哈密，遣兵备之。五月，噶尔丹奏陈杀害遣赴策妄阿喇布坦使者情形。六月，增加乡试满、蒙、汉军取中名额。八月，普免广西、四川、云南、贵州明年地丁、钱粮。十月，俄罗斯察罕汗遣使来献。免直隶、江南、山西灾区额赋。十二月，免湖广、浙江灾区额赋。是岁，万斯年死。

外国

〔朝鲜〕 是岁，京外户一百五十四万六千四百七十四，口七百一十八万八千五百七十四。

〔日本〕 德川纲吉召诸侯，自讲中庸。

〔日耳曼〕 同盟军在内尔文顿与马萨格利亚为法国所败。

〔法兰西〕 继续在各地取得胜利，同年，又与教皇媾和。

〔英格兰〕 法人败英军于内尔文顿（今比京布鲁塞尔东南约四十英里）。

〔荷兰〕 荷兰海军在圣文孙地角附近海面为法人所败。

〔英格兰〕 取消出版物（主要为报纸）检查条例。

1694 年

中国 甲戌 清康熙三十三年

正月，赈盛京军民饥。修甘肃边墙。三月，免山西平阳等处逋赋。四月，编审蒙古四十九旗人丁共二十二万六千七百余人，令三丁内择一丁披甲。五月，噶尔丹遣使带二千余人进贡，令停于归化城。六月，使人诘责噶尔丹。是岁，人丁户口二千零三十七万余，地五百九十七万余顷，征银二千七百三十九万余两，米麦豆六百九十六万五千余石，草二百零八万余束，行盐四百三十一万余引，收盐课银二百六十九万余两，铸钱二万三千六百五十三万余。徐乾学死。

外国 〔日本〕 禁猥琐著作出版。定印章雕刻制。

〔土耳其〕 开俄斯岛为威尼斯人所夺。

〔法兰西〕 英国与荷兰海军炮轰法国海岸线城市。

〔英格兰〕 始设英格兰银行（英伦银行）。同年，议会通过《地位法案》，规定政府官吏不得同时为下院议员。12月末，女王玛丽卒，威廉三世为唯一国王。

1695 年

中国 乙亥 清康熙三十四年

二月，噶尔丹遣使入贡；谕责其欺枉。四月，达赖喇嘛遣使为噶尔丹求恕。山西地震，平阳伤死甚多，遣使赈济。五月，于京城各旗所居方位造房，以给兵丁居住。六月，免土默特岁贡石青。七月，噶尔丹遣使辩诉，仍责其欺枉。八月，令科尔沁土谢图部诱噶尔丹，并使责噶尔丹侵掠。九月，免直隶顺天等府水灾区明年地丁、钱粮，灾重者赈之。十月，发兵备噶尔丹。是岁，名学者黄宗羲死。

外国 〔朝鲜〕 以岳飞配享诸葛亮庙。八道大饥，虽减税、赈饥，而死者逾万。

〔日本〕 江户大火。改铸金币。

〔缅甸〕 英吉利圣乔治堡总督致书弥丽侨提王，请派员驻沙廉掌理贸易，许之。

〔土耳其〕 穆斯塔法二世（穆罕默德四世子）嗣位为苏丹，亲自将兵与奥地利人战，颇有胜利。

〔俄罗斯〕 沙皇彼得一世进攻亚速海南岸之土耳其要塞，明年七月取得之。

1696 年

中国 丙子 清康熙三十五年

二月，圣祖亲统军击噶尔丹，五月至克鲁伦河，噶尔丹闻报西走，至昭莫多地方，为费扬古等军所破，六月班师。达赖喇嘛使人至京。以噶尔丹侵扰喀尔喀，多由于图伯特王第巴煽惑，传谕责之。七月，命修平定朔漠方略。广乡试解额。八月，叶尔羌回回国王阿卜都里什克为噶尔丹所拘十四年，至是逃来，自请根寻噶尔丹下落。九月，编厄鲁特降人于满洲正黄等三旗。圣祖出塞经理军务。十一月，噶尔丹遣使纳款。

外国 〔朝鲜〕 饥民纷起掠食，社会秩序不宁，乃令告捕者予赏。于是酬赏之费不赀，国用大绌。

〔日本〕 禁伪造金、银币。改制海内舆地图。十一月，明正上皇死。

〔越南—大越〕 严禁耶稣教，焚毁教堂、书籍。禁边地人效清风俗语言。

〔俄罗斯〕 彼得占领顿河口属于土耳其之亚速夫堡，改建之为一海军基地。

〔门的内哥罗〕 但尼尔一世为弗拉地卡，自此以后，弗拉地卡可以指定自己之承继人。

〔法兰西〕 与萨伏依单独媾和，法国退还所占领之一切土地，萨伏依则允保持中立。

〔英格兰〕 设立“商业与殖民委员会”专事控制美洲殖民地之商业。此外，又加紧实施航海条例（见1660年条与1663年条）。

〔北美洲〕 威廉王战争以来，由于输入货物减少，新英格兰区居民逐渐发展其工业，其中最主要者为羊毛纺织。

1697 年

中国 丁丑 清康熙三十六年

正月，发兵备击噶尔丹并使人谕之降。二月，圣祖至宁夏督师，五月还。三月，以图伯特王第巴隐瞒达赖喇嘛死亡，遣使察视。闰三月，噶尔丹以部众散亡殆尽，饮药自杀。四月，命各省及满、蒙、汉军选拔文行兼优生员，为拔贡生，送国子监。十月，令宗室子弟与满洲诸生一体应试。以哈密额贝杜拉达尔汉伯克获噶尔丹之子，授为一等部长，颁管辖哈密国印，编其人为旗队。十一月，安南国王黎维正请给还牛羊、蝴蝶、普园等渭川三峒。许朝鲜于中江地方贸易。

外国

〔朝鲜〕 遣使买米于清；以三万石来，赠一万石，折价二万石。时以连年凶荒，饿莩满路，人相杀以噉肉，或破棺而噉尸。

〔越南—大越〕 遣使贡于清，且奏宣光等处边事。国史实录成。

〔暹罗〕 真腊进白象。

〔缅甸〕 英吉利圣乔治堡总督再致书要求购米及柚木等。

〔土耳其〕 与奥军战于孙托（在匈牙利），土全军覆没。

〔俄罗斯〕 彼得大帝隐姓名游西欧，历英、法、荷诸国。明年，以其姐利用莫斯科禁卫军之不满倡乱，始专归。

〔波兰〕 约翰•索毕斯基卒，国内与国外之竞选者共十八人。萨克森选侯腓德烈•奥古斯都获得最后胜利，称奥古斯都二世（按腓德烈雄于资，以银七万五千泰勒尔收买波兰红衣主教而获选）。

〔法兰西〕 9月30日，与英、西、荷诸国订立利斯维克和约。法国允许退出各占领地区，包括尼姆韦根和约后所“复合”之土地，仅保留极小部分。10月末，又与皇帝缔结和约，法国获得阿尔萨斯与斯特拉斯堡。其他“复合”地区亦一概退出。但莱因河成为一自由航行之河流。

〔英格兰〕 英、法、西、荷诸国订立利斯维克和约。法国承认威廉三世为英王，并允许不再援助威廉之敌人。

〔北美洲〕 利斯维克和约订立后，英国退还在美洲所占领之法国殖民地。

1698 年

中国

戊寅 清康熙三十七年

正月，策妄阿喇布坦诉第巴违法欺诈。以朝鲜饥，自海道运米赈济并平粜。二月，以灾免山西平定州等处明年钱粮，赈山东济南等府饥。免浙江、江南灾区额赋。三月，以湖广等九省米贵，禁造烧酒。四月，减广东海关税额银三万零二百八十五两。策妄阿喇布坦奏击哈萨克。五月，裁上林苑。七月，茶陵州因私派，民情愤愤，吴三桂部曲黄明、陈丹书、吴旦先等乘之起事，先后败死。十二月，禁拘唤被牵连妇女至公堂审讯。遣官至蒙古督教耕种并赈济贫民。

外国

〔日本〕 江户大火。

〔越南—大越〕 关渭川三峒事，使者至清力辩，卒得划还。

〔暹罗〕 法兰西神父塔沙来图结新约，未成。

〔缅甸〕 弥丽悰提王死，子娑尼王嗣。

〔法兰西〕 10月11日，与皇帝及巴伐利亚选侯签订第一次瓜分西班牙国土条约。同年路易十四又与英、荷二国签订条约，后二者同意西班牙国土应由法国、奥地利与巴伐利亚三国瓜分。

〔英格兰〕 议会通过法案，将军队减少至七千人。伦敦证券交易所成立。此为英国第一个真正证券交易所。同年，俄沙皇彼得来游。

〔西班牙〕 西班牙王查理二世体弱多病，又无子嗣，故自利斯维克和约签订后，欧洲各国君主咸集中其注意力于西班牙承继问题。当时有资格继承者为法王路易十四（腓力三世外孙）、皇帝利奥波德一世（哈布斯堡家族日耳曼支代表）与巴伐利亚选侯（腓力四世外曾孙，明年卒）。

〔北美洲〕 英国议会通过《羊毛纺织物法案》，禁止殖民地各区相互间运送羊毛或毛纺织品。新英格兰区之毛纺织业受害甚巨。

1699 年

中国

己卯 清康熙三十八年

二月，圣祖三次南巡，五月回。禁止第巴人贸易。四月，停浙江铸钱。五月，免山东泰安等地前年逋赋。八月，赈巴林饥。十月，修浚永定河。十一月，免淮扬水灾区明年税粮。免湖南明年地丁钱粮。

外国

〔朝鲜〕 大疫，各道死亡二十五万七百余人。是岁，京外户一百二十九万三千八十三，口五百七十七万二千三百。比癸酉年减口一百四十一万六千余，户绝者亦多，减谷三十二万余斛。

〔暹罗〕 内乱又起，不久定。

〔土耳其〕 因英国与荷兰之调停，与奥地利、俄罗斯、波兰、威尼斯媾和。奥地利获得匈牙利之全部与德兰斯斐尼亚、哥罗提亚、斯拉佛尼亚；威尼斯获得摩利亚半岛与达尔马提亚之大部份；波兰获得波多利亚。和约有效期为二十五年。俄罗斯继续战争，至1702年媾和时，土耳其承认俄罗斯占有亚速海。

〔俄罗斯〕 彼得大帝与不满瑞典之波兰王及丹麦王订立同盟（按当时俄国在波罗的海之出口为瑞典所占领）。

〔日耳曼〕 奥地利、俄罗斯、波兰、威尼斯等国与土耳其订立卡罗维兹和约。奥地利获得多瑙河与泰斯河间之德兰斯斐尼亚与匈牙利土地。

〔英格兰〕 议会对威廉以英国土地赏赐荷兰籍宠幸提出抗议。英人达姆比尔在澳大利亚海岸线各地作探险航行。

1700 年

中国　庚辰　清康熙三十九年

三月，截漕米二十万石赈淮扬饥。五月，从湖广总督郭琇请，将湖广陋弊八条立碑示禁。六月，以第巴侵占打箭炉及以东地，严谕令其退还。十一月，赈巴林饥。改订科场取人条法。十二月，免直隶、江南、浙江、陕西灾区额赋。四川兵攻下打箭炉。

外国　〔朝鲜〕　诸道饥，减谷、布之征。

〔日本〕　德川光圀死。

〔越南—大越〕　哀牢别部乐凡族请入贡，许之。

〔俄罗斯〕　俄、波、丹三国向瑞典发动“北方大战”。此战断续进行，至1721年始以斯德哥尔摩和约结束。废弃以九月一日为岁首之古历（教会迷信以此日为上帝始创世界之日），改用以一月一日为岁首之朱理安历（按当时西欧其他国家多已采用“格列高利历”）。

〔波兰〕　自本年开始，历时二十一年之“北方大战”，大部分在波兰国境内进行。

〔日耳曼〕　西班牙王查理二世卒后，皇帝利奥波德企图为其子查理大公取得此王位，布兰敦堡选侯允予协助。

〔普鲁士〕　科学院成立于柏林。

〔法兰西〕　西王查理二世卒，遗嘱以其国土予法王路易十四之孙腓力（安茹公爵）。路易接受之，各国大哗，战事迫在眉睫。

〔西班牙〕　查理二世卒，法王路易十四孙安茹公爵继位，称腓力五世。

〔瑞典〕　查理十二世率兵自西兰岛登陆，直逼哥本哈根，迫使丹麦乞和，退出战争。

1701 年

中国　辛巳　清康熙四十年

三月，遣官往喀尔喀督教耕种。四月，遣官往土默特督教耕种。五月，修永定等河堤完工。六月，分别给马与蒙古贫困台吉。十月，免甘肃明年额赋。免江苏明年钱粮。

外国　〔朝鲜〕　是岁，入米十二万一千八百二十一石，田米二万四千九百十二石，大豆六万二百十五石，银三万九千五百十九两，钱八万四千二百六十两，绵布八万三千九百五十四，布一万九千八百五十四。

〔日本〕　禁贮藏银钱。

〔越南—大越〕　中国思陵土司侵谅山等处民田。

〔波兰〕　瑞典王查理十二世侵入波兰，在里加获得胜利。明年陷华沙与克拉科。

〔普鲁士〕　布兰敦堡选侯腓德烈三世以皇帝利奥波德一世之允诺，称普鲁士国王。今年1月18日在哥尼斯堡（刻尼斯格堡）加冕，称国王腓德烈一世，但对皇帝仍维持附庸关系（称选侯）。

〔意大利〕　西班牙继承之战开始于意大利。塔斯加尼与曼丢亚加入法国一方。萨伏伊亲王尤金击败法军。

〔法兰西〕　9月7日，第三次反法大同盟成立，参加者有英国、荷兰、奥地利与帝国。路易十四之同盟为巴伐利亚亲王及摩德那与萨伏伊两公爵。同年，皇帝利奥波德一世遣兵入意大利，长达十四年之“西班牙继承战争”开始。

〔英格兰〕　议会通过法案规定英国国王必须为新教信徒，不经议会同意不得擅离国土；不得使英国卷入任何保护王室在外国土地之战争；外国人不得在英国政府或军队中担任官职；内阁必须为国王之行动负责；及除失职外，法官任期应为终身等。9月废王詹姆斯二世卒，法王路易十四承认其子詹姆斯•爱德华为合法之英国国王（英史称之为“老僭位者”）。

〔西班牙〕　腓力五世（法王路易十四孙）抵西班牙继位，神圣罗马皇帝利奥波德一世提出抗议。

1702 年

中国　壬午　清康熙四十一年

二月，以连州瑶人数次攻扰村民，遣兵攻之，寻皆降。六月，贵州葛彝寨苗人起事，寻败。十月，许乡会试取中作五经文字者三名。十一月，免安徽明年地丁钱粮，又免山东、河南灾区明年地丁钱粮。是岁，万斯同死。

外国　〔朝鲜〕　八道大水，岁饥。

〔日本〕　赈济贫民。禁种烟草。诸国图成。青磁三田烧始于此时。

〔印度〕　英新旧两东印度公司合并。

〔法兰西〕　法军与皇帝军队在意大利战争，颇有胜利，但同年派兵入荷兰，则为英军所败。

〔英格兰〕　3月，威廉三世卒。詹姆斯二世之另一女安利继位为女王。5月，英国参加西班牙继承战争，向法国宣战。10月，英海军在西班牙之卡提斯港掠获数艘运载金银船只。

〔西班牙〕　联军攻卡提斯，不克，但在西班牙半岛西北维哥海面歼灭一支西班牙装甲舰队。

〔荷兰〕 参加西班牙继承战争，向法国宣战。英、荷联军在英将马尔伯乐公爵（约翰·邱吉尔）统率下获得数次胜利。

〔北美洲〕 “安利女王战争”始（按即英国借西班牙继承战争在北美洲夺取法国殖民地之战争）。

1703 年

中 国 癸未 清康熙四十二年

正月，圣祖四次南巡，三月回。二月，命官民以银米赈济山东者，分别铨叙。三月，赐军民年七十以下者免一子徭役，八十九十以上者，分赐绢、帛、米肉，并免明年四川、云南、贵州、广西额赋。四月，四川威州番民归附。八月，免河南、山东、江南、湖广灾区额赋。十月，以修治黄河前后十余年至是粗成，奖河道官员。圣祖西巡至西安，十二月回。十一月，免陕西、甘肃逋赋。十二月，湖广红苗常出攻扰，至是遣兵攻降之。

外 国 〔日本〕 禁时事歌谣。修大和川。江户大火。

〔暹罗〕 碧陀罗阇王死，表弟帕丕猜素荦嗣位，是为帕昭素王。大旱，饥。

〔俄罗斯〕 俄国都自莫斯科迁至彼得堡。

〔门的内哥罗〕 屠杀境内一切土耳其人（门的内哥罗“晚钟”）。

〔日耳曼〕 匈牙利在弗兰西斯·拉科西二世领导下，掀起反皇帝战争，威胁维也纳。

〔法兰西〕 葡萄牙参加反法同盟。萨伏伊公爵亦背弃法国参加同盟。同年，法国南部西温尼斯山区之农民爆发起义，号称喀密萨（短褂党，参加者着特定颜色之短褂以资识别）。路易遣元帅发拉尔前往镇压，至 1705 年喀密萨始完全失败。上西温尼斯区大部分居民被屠杀，村庄被焚毁者达四百四十六处。

〔英格兰〕 与葡萄牙订立重要商约。

〔葡萄牙〕 与英国订立商约，准许英纺织品免税输入，英国经济优势迅速遍于全国。

1704 年

中 国 甲申 清康熙四十三年

四月，命侍卫拉锡探视河源。五月，免山东水灾税粮并缓征本年额赋。六月，铸铁斛分发各省以齐量制。九月，拉锡探河源回，绘图呈进。十月，免山东、浙江明年地丁钱粮。十二月，令湖广苗民通文者与汉人一体应试。是岁，人丁户口二千零四十一万余，地五百九十八万余顷，征银二千七百四十一万余两，米豆麦六百九十万余石，草二百零八万余束，行盐四百三十一万余引，收盐课银二百六十九万余两，铸钱二万三千八百零六万余。《长生殿》作者洪升死；高士奇、阎若璩死。

外 国 〔朝鲜〕 三月，设大报坛，遥祭明思宗；时已立明邢玠、杨镐庙，又欲立明神宗庙，惧为清人所知，乃已。

〔日本〕 三月，改元宝永。浚利根川、荒川。

〔波兰〕 贵族废黜奥古斯都二世，遵瑞典王查理十二世之命，选举斯坦尼斯劳斯·雷申斯基为国王。但 1709 年查理败于俄国后，奥古斯都又复辟。

〔日耳曼〕 同盟军在英军统帅马尔伯乐公爵与皇帝军统帅萨伏伊亲王尤金二人指挥下在布楞宁与巴伐利亚战胜法军。

〔意大利〕 萨伏依公爵维克多·阿马德阿二世加入奥地利阵营。法军在萨伏伊与曼丢亚等地连续胜利。

〔英格兰〕 英军入日耳曼，在布楞宁大胜法国与巴伐利亚联军。8 月 4 日，英海军占领地中海西部门户，西班牙南海岸之要塞直布罗陀（直至今日仍为英领）。

〔西班牙〕 奥大公查理在葡京里斯本登陆与葡萄牙共同向西班牙宣战。

〔荷兰〕 英荷联合海军占领西班牙半岛极南端之直布罗陀。

〔北美洲〕 法国殖民者联合印第安人向美洲英人进攻。

1705 年

中 国 乙酉 清康熙四十四年

正月，圣祖五次南巡，至杭州，闰四月回。五月，申严私盐、私铸之禁。六月，停广东开矿。十一月，俄罗斯来贸易。

外 国 〔朝鲜〕 三月，肃宗诣大报坛亲祭明神宗、思宗，行三献礼。京城及八道户一百三十七万一千八百九十，口六百一十三万八千六百四十。

〔越南—大越〕 四月，熙宗传位太子维禟，是为裕宗，改元永盛。

〔俄罗斯〕 阿斯脱拉罕人民起义，沙皇派遣大军进攻，明年，起义失败。

〔日耳曼〕 利奥波德一世卒，子嗣位为帝，称约瑟夫一世。巴伐利亚有农民起义，因受残酷镇压而失败。

〔匈牙利〕 拉科西组匈牙利联邦，被推为公爵。同年，派兵入德兰斯斐尼亚，但仍为皇帝军击退。

〔法兰西〕 法军在日耳曼境内失利，一部分军队退回莱因河西岸。

〔英格兰〕 托马斯·牛可门（1729—1800年）与考列及塞弗利共同发明蒸气机，本年取得专利证。

〔瑞典〕 查理十二世与波兰媾和。

〔非洲〕 哈森·依宾·阿利在突尼斯建哈森朝，脱离土耳其控制，成为独立王国。

1706年

中国 丙戌 清康熙四十五年

三月，于天津试开水田。于各省设育婴堂。四月，严禁贩卖大制钱。五月，免直隶、山东逋欠钱粮。十月，以山东周村一带多开炉私铸小钱，遣官查究。十二月，拉藏汗捕送假达赖喇嘛。

外国 〔朝鲜〕 三月，行大报坛享礼，命官摄行祭事。

〔日本〕 铸宝字银币。禁日莲宗僧三鸟说。

〔越南—大越〕 哀牢来贡。

〔日耳曼〕 马尔伯乐公爵所指挥之同盟军控制整个西属尼德兰（今比利时）地区。尤金亲王在意大利获得胜利后，由皇帝任命为米兰总督。

〔意大利〕 都灵战役，法军大败，萨伏伊公亦收复其失地。

〔法兰西〕 法军在意大利节节失败。9月，都灵战役后几完全丧失意大利。意大利自此自西班牙势力下逐渐转为奥地利所掌握。

〔西班牙〕 联军在西班牙获胜。奥大公查理入马德里。

1707年

中国 丁亥 清康熙四十六年

正月，圣祖六次南巡，至杭州，五月回。八月，普安州三江苗人黄柱汉等攻扰，遣兵败之。十月，免江苏逋欠漕银、米麦。云南奏自康熙四十四年冬至四十五年秋收金、银、铜、锡矿税银八万零一百五十二两，金八十四两。十一月，免江南、浙江明年人丁银及两省灾区地丁、钱粮。免直隶等县灾区额赋。

外国 〔朝鲜〕 岁饥。斑疹流行，儿童死亡无数。

〔日本〕 禁杂说落书舍文。富士山喷火，宝永山出。

〔印度〕 蒙兀尔帝国皇帝奥兰赛死，蒙兀尔帝国骤衰。

〔俄罗斯〕 占领亚洲东北部之堪察加半岛。顿河下游哥萨克人在布拉文领导下大举起义，顿河上游、伏尔加河流域与乌克兰一带之农民与哥萨克人四起响应。沙皇派遣多尔哥鲁基亲王率大军前往镇压，几屠杀起义区全部成年男子。明年底，起义失败。

〔门的内哥罗〕 土耳其人来攻，击败之。

〔瑞典〕 9月，查理十二世开始率兵进攻俄国。

〔意大利〕 西班牙在意大利半岛所保有之土地尽为联军所得。

〔法兰西〕 联军进攻土伦，为法人击退。

〔英格兰〕 5月1日，苏格兰与英格兰实行合并，称“大不列颠王国”（联合王国）。两国共戴一君，设立一个议会，苏格兰选举贵族十六人入伦敦上议院，平民四十五人入下议院。英格兰之国教会与苏格兰之长老会则一仍旧贯，不加变更。

1708年

中国 戊子 清康熙四十七年

正月，先是，捕获张念一，谓多人奉朱三太子居浙东大岚山，潜谋起事，至是浙江奏攻大岚山，杀四人，俘十五人，遣官审讯。二月，许暹罗使臣所携货物任便贸易并免征税。闰三月，遣官至湖广案捕私铸。四月，山东捕获朱三太子，解浙审讯。六月，审结朱三太子案，凌迟者七人，立斩者六十九人，朱三太子及五子皆解京，十月杀之。清文鉴成。七月，浚苏州及杭州等处河道。九月，废皇太子允礽，杀、流其党。十月，免江南、浙江明年地丁、钱粮并停征旧欠。免湖广、山东灾区额赋。十二月，赈苏松等府饥，并免苏州等三府白粮。

外国 〔朝鲜〕 始用清之时宪历；时自清购得时宪七政表及汤若望赤道南北总星图。撰续东文选。

〔日本〕 铸大钱。京都大火。罗马传教士来。

〔俄罗斯〕 瑞典军侵入俄国，抵莫斯科附近后，突南下围攻波尔塔瓦之要塞。

〔日耳曼〕 约瑟夫兼并曼壬亚。同年，皇帝军在特楞特斯钦击败拉科西。

〔法兰西〕 联军在根特与布鲁日大败法军后进入法境，围攻利尔，陷之。同年，英人占领萨地尼亚（撒丁）与明诺加二岛。

〔英国（联合王国）〕 詹姆斯·爱德华（见1701年条）入苏格兰，法国遣舰队助之，但为英人所败，爱德华遁返法国。同年，安利朝第三届议会召开，辉格党占优势（按此届议会为联合王国第一届议会）。

〔西班牙〕 腓力五世向西班牙僧侣举债，教皇令禁许诺。

〔荷兰〕 路易十四企图与荷兰言和，荷兰拒之。

〔瑞典〕 查理与乌克兰头人马塞巴联合后，入侵俄罗斯。

1709年

中国

己丑 清康熙四十八年

正月，朱永祚以附一念和尚，散札称大明天德年号，被凌迟处死。派人赴西藏协同拉藏汗办事。三月，复立允礽为皇太子。十月，免淮、扬、徐三府及归德、兖州等属明年地丁、钱粮有差。十一月，赈浙江、湖广灾区饥。是岁，朱彝尊死。

外国

〔日本〕 征夷大将军德川纲吉死，德川家宣嗣。解杀生禁。停大钱通行。新井白石著西洋纪闻。鞫问耶稣教徒。六月，东山天皇让位，中御门天皇践祚（一百一十四代）。十二月，东山上皇死。

〔越南—大越〕 郑根死，追号昭祖，曾孙棡继掌政柄，称元帅、总国政、安都王。

〔暹罗〕 帕昭素王死，子泰萨罗王嗣。

〔缅甸〕 英吉利在沙廉置仓库。时东印度公司在缅所经营者，进口主要为军火、布匹，出口为象牙、胡椒、荳蔻、皮毛、丝、棉以及宝石、银、锡等。

〔俄罗斯〕 七月八日，彼得一世大败瑞典军于波尔塔瓦，瑞典王查理率数十骑逃赴土耳其。同年，将瑞典俘虏一万四千人遣赴西伯利亚开垦。

〔瓦拉几亚〕 佛耶佛德君士坦丁与俄沙皇缔结密约。

〔法兰西〕 路易十四企图与同盟国磋商和平，但条件不能为同盟国接受。9月，马尔普拉开（法东北）战役发生，双方死伤甚巨（联军死者两万人），为此次战争中最激烈之役，但无决定性。

〔波兰〕 瑞王查理十二世败后，奥古斯都返国，驱逐斯坦尼斯劳斯。波兰遂又陷于王位之争，内战爆发。

1710年

中国

庚寅 清康熙四十九年

正月，命修满蒙合璧清文鉴。命八旗兵丁饷米计口支放，余照时价折银给发。三月，盛京工部侍郎席尔图请将锦州采铅改于辽阳州，不许。八月，赈泉州府饥。十月，免直隶、奉天、浙江、福建、广东、广西、四川、云南、贵州明年地亩银七百二十二万六千七百两，人丁银一百一十五万一千两，又历年旧欠一百一十八万五千四百两。十一月，定凡遇蠲免钱粮之年，业主免七分，佃户免三分，永著为例。

外国

〔朝鲜〕 量江原道田。

〔日本〕 颁武家法度。改铸金、银币。十一月，中御门天皇即位。

〔土耳其〕 由于法王路易十四之怂恿及瑞典王查理十二世之请求，土耳其发动与俄罗斯之战争。

〔门的内哥罗〕 但尼尔一世与俄沙皇彼得大帝订立同盟。

〔法兰西〕 法军在西班牙颇有胜利。马德里为腓力夺回。

〔联合王国〕 11月，安利朝第四届议会开幕。旧内阁全体去职，由在议会中占优势之托利党组阁。英国议会政治之原则（由在议会中占多数之党派秉政），自此日趋奠定。

〔北美洲〕 英人占领今加拿大东南部之诺伐斯可细亚。

1711年

中国

辛卯 清康熙五十年

四月，四川瓦尾、白宿番民为大兵所迫，请降。五月，免福建、浙江、山东“海贼”郑尽心等死，发黑龙江等处充水手。泉州等处民因饥，而官吏不恤，富户闭粜，遂起而抢夺食物，官兵攻入，避入山中，六月，遣官招抚。免山西、河南、陕西、甘肃、湖北、湖南明年地亩银八百四十万四千两，人丁银一百二十万八千一百两，并旧欠五十四万一千三百两。戴名世《南山集》狱起。展会试及乡试发榜期。永免朝鲜贡银及红豹皮。江南科场案起。十一月，禁创建寺庙。是岁，王士祯死。

外国

〔朝鲜〕 与清定地界，立碑于长白山上。

〔日本〕 四月，改元正德。定朝鲜使接待仪。

〔越南—大越〕 定均给公田例。禁官员擅立庄寨。

〔土耳其〕 在摩尔达维亚境内普卢特河畔之胡什村大败彼得大帝之俄罗斯军。同年（7月21日），订立普卢特和约，俄国允退出亚速海。

〔摩尔达维亚〕 与俄沙皇彼得大帝订密约，为俄之附庸。

〔俄罗斯〕 著名之科学家罗蒙诺索夫生（1765年卒）。与摩尔达维亚及瓦拉几亚缔结同盟，进军普鲁特河。但为优势之土耳其军包围，被迫签订和约，以亚速海归还土耳其，并允许查理十二世假道俄国返回瑞典。

〔日耳曼〕 约瑟夫卒，查理六世继位为帝。

〔匈牙利〕 5月1日，皇帝与匈牙利人缔结萨特马尔和约，允许彼等有宗教信仰自由以及其他权利。拉科西拒绝妥协，逃赴土耳其。

〔法兰西〕 英国托利党执政后，召回英军统帅马尔伯乐公爵，并开始与法国磋商和平条件。

〔联合王国〕 托利议会通过“土地资格法案”，规定除贵族子孙与大学代表外，各州选民必须有土地每年总收益在六百镑以上，各自治市选民必须有土地每年收益在三百镑以上者，方能当选为下议院议员。此为地主阶级自议会中排除商人、金融业者与工业家之一种措施。至1858年始废止。

〔北美洲〕 南、北卡罗来那分立。

1712年

中国

壬辰 清康熙五十一年

正月，刑部奏《南山集》案，戴名世凌迟处死，方孝标戮尸，两家受牵累定死罪者甚多；令复议。二月，令各省编审人丁，将加增之数尽行开报，另立清册，永免加赋。五月，以山东人往口外耕垦者已逾十万人，命有司查明造册。六月，红苗首领吴老化等降附。九月，再废皇太子允礽。十月，免江苏、安徽、山东、江西明年地亩银八百八十二万九千六百四十四两，人丁银一百零三万五千三百三十五两，并旧欠二百四十八万三千八百二十八两。以浙江等处“海贼”劫掠直至盛京，命闽、浙两省逐户搜捕。十二月，以鄂尔多斯饥馑连年，将人口卖与他旗者甚多，遣官查还。

外国

〔日本〕 定驿路飞脚制。删定诸郡名。停改铸新银币。新井白石著采览异言。十月，征夷大将军德川家宣死。

〔越南—大越〕 禁耶稣教。

〔门的内哥罗〕 土耳其人大举来攻，败之，传土兵被歼者达二万人。

〔法兰西〕 与同盟国举行和平会议于攸特累克特（乌特勒支），但皇帝查理六世拒不参加。

〔联合王国〕 退出大同盟，召回其在西班牙之军队。始创立印花税。

1713年

中国

癸巳 清康熙五十二年

正月，江南科场案结，考官及行贿人等斩、绞、流、责有差。封班禅呼图克图为班禅额尔德尼。二月，《南山集》案结，戴名世处死，戴、方二族皆发遣或入旗。五月，禁采未开之矿，已开者查明姓名注册。十一月，四川苗人首领阿木咱等投附。

外国

〔朝鲜〕 京畿、两湖饥。

〔日本〕 三月，德川家继为征夷大将军。改铸新金币、银币。

〔日耳曼〕 皇帝查理六世拒绝参加乌特勒支和约，仍继续与法国之战争。

〔普鲁士〕 腓德烈·威廉一世继位为王（至1740年）。

〔意大利〕 萨伏伊公爵维克多·阿马德阿由于在西班牙继承战争中表现英勇，故自乌特勒支条约中获得西西里，并允许称国王。同年，在巴勒摩加冕，称阿马德阿二世。

〔法兰西〕 乌特勒支条约成立，以利斯维克和约（见1697年条）之原则为基础。路易允许西班牙永远不与法国合并。法国在大陆方面虽略有所得，但海外土地之大部分则被英国所夺。

〔联合王国〕 乌特勒支和约于4月订立。英国自法国获得北美洲之哈德逊海湾、阿卡第亚、纽芬兰与圣克利斯托斐岛（西印度群岛中一小岛）。自西班牙获得地中海西部之梅诺卡岛与直布罗陀。此外则获得在西属美洲殖民地贩卖黑人奴隶之权利，有效期三十年（按由王家阿非利加公司经营。每年可输入奴隶四千八百名。此外，每年可用船一只，装运货物五百吨，赴西属美洲出售。但英人自此以后即利用此项规定大量走私）。

〔西班牙〕 腓力五世获得签字于乌特勒支和约之诸国承认。

1714年

中国

甲午 清康熙五十三年

三月，赈甘肃灾，并给牛种。王鸿绪进明史列传。四月，查禁淫辞小说，毁书销版，违者徒流有差。七月，免河南旱灾区额赋。十一月，免甘肃靖边等地明年额赋。十二月，四川洮岷边外番民十九族投附。免江南、湖广、浙江灾区额赋。是岁，人丁户口二千四百六十二万余，又永不加赋滋生人丁十一万余，地六百九十五万余顷，征银二千九百八十九万余两，米麦豆六百八十三万余石，草四百零四万余束，行盐五百零九万余引，征课银三百七十四万余两，铸钱三万八千六百五十五万余。胡渭死。

外国

〔日本〕严禁秘密贸易。设浅草铸钱所。

〔越南—大越〕 击破海盗，降三百，杀七十。

〔缅甸〕 娑尼王死，子多尼犍毗王嗣。

〔土耳其〕 与威尼斯战事再起。

〔俄罗斯〕 大败瑞典军于汉基欧德（芬兰湾入口处）。

〔瓦拉几亚〕 佛耶佛德（见 1593 年条）君士坦丁被废黜后，为土耳其苏丹命令处死。

〔门的内哥罗〕 土耳其人来攻，陷首都彻丁耶，但旋被迫退出。

〔瑞典〕 查理十二世返瑞典后，重行发动战争。俄、波、丹、普鲁士、萨克森与汉诺威诸国群起与瑞典为敌。

〔日耳曼〕 与法兰西签订拉斯达特与巴登两和约。查理六世获得拿波里、米兰、曼丢亚、萨地尼亚与西属尼德兰（今比利时）。查理准许巴伐利亚选侯复位。

〔意大利〕 自此时起，意大利自西班牙之统治下转为奥地利所统治，直至 19 世纪。

〔法兰西〕 与皇帝查理六世缔结拉斯达特和约与巴登和约，西班牙继承战争终。

〔联合王国〕 女王安利卒，乔治一世嗣位，汉诺威王朝自此始（按乔治父尔累斯特•奥古斯都为日耳曼汉诺威选侯，其母苏菲亚为英王詹姆斯一世孙女）。

〔非洲〕 阿美德贝自立为的黎波里统治者，建卡拉曼利朝，存在至 1835 年。

1715 年

中国

乙未　清康熙五十四年

二月，命直隶村庄筹立义学。三月，赈吴喇忒及察哈尔等旗饥。三月，策妄阿喇布坦攻哈密，甘肃兵先往救之。四月，另派大军赴援，策妄阿喇布坦旋败走。五月，以米粮、牛、羊赈哈密，并派兵驻防。使人谕策妄阿喇布坦来会盟，不然即发兵往攻之。遣使告俄罗斯及库车、拜城以将击策妄阿喇布坦，令加意防备。六月，免甘肃旱灾区逋赋。九月，乌梁海归附。十月，以水灾，免顺天等五府明年地丁、银米。十二月，免甘肃、安徽灾区额赋有差。是岁，《聊斋志异》作者蒲松龄死；王原祁死。

外国

〔朝鲜〕 颁铜斗斛于八道。

〔日本〕 定长崎贸易新例。限造酒。

〔越南—大越〕 遣使贡于清。

〔印度〕 英东印度公司派遣代表，携价值三万镑之礼，觐见蒙兀尔皇帝，要求商业特权。

〔土耳其〕 大维齐阿利亲率土军夺回摩利亚半岛，并将威尼斯人自克里特岛之坎地亚逐出。奥地利亦同时加入战争，自匈牙利方面进攻以为威尼斯人声援。

〔门的内哥罗〕 但尼尔一世赴彼得堡访问沙皇彼得一世。自此以后，门的内哥罗之弗拉地卡访问俄罗斯成为习惯。

〔波兰〕 贵族倡乱，反对奥古斯都，历两年始息。

〔法兰西〕 路易十四卒，其五岁曾孙嗣位，称路易十五，以奥尔良公爵为摄政。

〔联合王国〕 雅各宾党（即拥护詹姆斯系为国王之党）倡乱于苏格兰，明年 9 月始平定。

〔北美洲〕 向南卡罗来那之印第安人进行侵略战争。

1716 年

中国

丙申　清康熙五十五年

二月，遣官屯田于图呼鲁克。免安南贡犀角、象牙。令民间买卖地亩，丁随地输课。九月，免江南、山东、湖广水灾区额赋。十月，以行军所过，免山西大同至甘肃洮州等地明年额赋。遣官督垦甘肃金塔寺等处。十一月，越嶲阿羊族加巴贯子等攻扰邻邑，年羹尧击破之。十二月，免顺天等府水灾区明年额赋。是岁，毛奇龄死。

外国

〔朝鲜〕 立祠于南原以祀明将战死于壬辰日本侵略之役者。

〔日本〕 江户大火。四月，征夷大将军德川家继死，年八岁，五月，德川吉宗嗣职。六月，改元享保。禁赠馈。罢浅草铸钱所。

〔越南—大越〕 四月，熙宗死。初定均赋役法。以诸处金、银、铜、铁矿山开采皆用华人，恐其为变，限三百人。

〔土耳其〕 8 月初，在培忒发代恩大败于奥军统帅萨伏伊亲王尤金之手。明年，尤金陷贝尔格莱德。法那家族开始统治瓦拉几亚（按法纳里奥特为君士坦丁堡之一区名，富有之希腊家族皆集居此处。苏丹选用各省总督时例须索取大量贿赂，故多由法纳里奥特区诸希腊家族购得。此辈履任后，莫不以最严峻之方法尽量搜括，致使民不聊生，而搜括之最后负担者——劳动人民，尤为困苦。在南欧之瓦拉几亚、摩尔达维亚等地之历史中，皆有所谓“法纳里奥时期”，长约一世纪，至 1821 年）。其第一人名尼古拉·毛洛科达多。

〔法兰西〕 与英国及荷兰订立条约，保证乌特勒支和约之执行。

〔联合王国〕 议会通过议案，将本身任期延长为七年。

〔荷兰〕 自今年起至 1719 年止，荷兰陷于经济危机中。

〔北美洲〕 约自此时起，由于法、荷两国所属西印度群岛之糖类增产，价格较廉，故与北美洲英属殖民地有极旺盛之贸易，而英属西印度群岛之糖产则无地销售，种植园主乃群起向英国议会请愿（按当时新英格兰殖民者自西印度群岛运回糖蜜，酿成甜酒，用船运赴西非洲之黄金海岸，交换奴隶、象牙、黄金等物品，又将奴隶运至西印度群岛换回糖蜜。如此循回不已，称“三角贸易”）。

1717 年

中国

丁酉 清康熙五十六年

正月，定商船出洋贸易法，除日本外，吕宋等处皆不许往，并禁多携米粮、卖船外国，违者严处。四月，再严禁天主教。六月，富宁安等分路袭策妄阿喇布坦，七月，至乌鲁木齐等地而回。十月，罗卜藏丹津奏策妄阿喇布坦属下策零敦多卜等攻西藏不利，退至青海。十一月，策妄阿喇布坦兵入拉萨，杀拉藏汗。豁免旗丁所欠公库银一百九十六万八千两。免直隶、安徽、江苏、浙江、江西、湖广、陕西、甘肃带征地丁银二百三十九万八千三百八十两，又免江苏、安徽带征漕银四十九万五千一百九十两，米豆麦一百十四万六千六百一十石。

外国

〔朝鲜〕 八道大水。命王世子昀听政。量金罗、庆尚、忠清三道田。京外户口五十四万七千七百九，口六百八十二万九千七百十一。

〔日本〕 许士庶农商听讲于学问所。停禁元禄金币。

〔暹罗〕 真腊王位纠纷起，败者来求援，遂发兵攻抵其京，受降而返。

〔意大利〕 西班牙王腓力五世突然派遣军队占领萨地尼亚。

〔法兰西〕 去年，苏格兰人约翰·拿设立通用银行于巴黎。今年，又创立密西西比公司（或名西方公司），计划开发美洲法属殖民地路易斯安那。法、英、荷缔结三国同盟，共同反抗西班牙之膨胀计划（按当时西王腓力五世在其宠幸阿尔培罗尼影响下，谋夺法国王位甚亟）。

1718 年

中国

戊戌 清康熙五十七年

二月，从兵部议，令广东文武官弁于外国船到时加意防范；其西洋人立堂传习天主教，仍再查禁。四月，河南兰阳白莲教案结，教首袁进即朱复业凌迟处死，为从之三十六人分别斩决、监候，并令各地严查白莲教徒。五月，以策妄阿喇布坦窥伺康地，四川遣兵进驻里塘（今理塘）。六月，遣使册封尚敬为中山王。七月，平凉等处地震，赈之。闰八月，免甘肃明年地丁钱粮及逋赋。九月，遣兵进驻噶斯柴达木以防策妄阿喇布坦。十月，命皇十四子允禵为抚远大将军，驻西宁，节制各路军马，十二月，起行。是岁，吴历、李光地死。

外国

〔朝鲜〕 大疫，死亡无数。

〔日本〕 禁银栉笄及灰吹银、溃银。定新金银币兑换法。制测午仪。

〔越南—大越〕 遣使贡于清，兼请封，并定此后六年两贡。

〔土耳其〕 与奥地利订立波沙利瓦茨和约，割让塞尔维亚北部及小瓦拉几亚等地，但仍保有摩利亚半岛。

〔俄罗斯〕 彼得一世令设外交、财政、商务与司法等部以代替旧时政府。

〔意大利〕 威尼斯亦与土耳其签订波沙利瓦茨和约，自此以后，放弃与土耳其人之斗争。威尼斯之衰落至此表现无遗。

〔瑞典〕 查理十二世阵亡，国内发生争位纠纷，瑞典威望迅速下降。

〔日耳曼〕 查理六世颁布特诏《政务诏典》，宣称哈布斯堡王室所统治之地区，为不可分割者。如本人（查理）缺乏男嗣，则应由长女马利亚·泰利萨及其后嗣继承。倘再绝嗣，则应由其兄约瑟夫一世（1705—1711 年）之后嗣继承。

〔法兰西〕 皇帝查理六世以西班牙有在意大利恢复其势力之企图，亦加入三国同盟（自此变为四国同盟）。约翰·拿又创办印度公司与王家银行。

〔北美洲〕 法人始移殖于密西西比河出口处之新奥尔良。

1719 年

中国

己亥　清康熙五十八年

二月，遣使册封黎维祹为安南国王。颁《皇舆全览图》。六月，四川兵进驻巴塘。十二月，免沿边六十六州县衙所明年地丁钱粮。

外国

〔日本〕　定奴婢制。定宅舍制。稻叶若水著庶物类纂。制日本舆地图。许贵贱听儒士讲书。

〔越南—大越〕　清查民田。清遣使来册封。

〔俄罗斯〕　今年与明年，瑞典军队两次入俄，皆败北。

〔意大利〕　西班牙人侵入西西里，与四国同盟战事起。同年，西班牙人被逐退。

〔联合王国〕　11月，与瑞典订立斯德哥尔摩条约，瑞王以布累门（不来梅）与弗尔顿两地让予英王乔治一世（以汉诺威选侯地位获得）。

〔瑞典〕　女王乌尔利卡·伊利俄诺拉当选继位。议会制定新宪法，削弱国王权力，国事由贵族、僧侣及富有市民把持。

1720 年

中国

庚子　清康熙五十九年

二月，封达赖喇嘛呼必勒罕为宏法觉众第六世达赖喇嘛，遣满、汉青海兵卫送入藏。六月，禁商以火炮军器出洋。七月，屯驻哈密之兵分道攻袭策妄阿喇布坦之地，至吐鲁番及乌鲁木齐而还。八月，卫送达赖六世之前锋兵入拉萨，杀策妄阿喇布坦所委之总督喇嘛五人。九月，达赖六世至拉萨。十月，免陕西、甘肃明年地丁钱粮，并分三路振济饥民。是岁，王翚死。

外国

〔朝鲜〕　六月，肃宗死，世子昀嗣，是为景宗。景宗有宿疾，惧清人不满，命告哀使携银六万两以往。

〔日本〕　定元禄银币、宝永银币通用期限。水户宗尧献大日本史。许宗教以外之西洋书入口。

〔越南—大越〕　改元保泰。郑棡自为大元帅总国政、上师、尚父、威仁明功圣德安王。

〔土耳其〕　与俄罗斯订立“永久”和平条约。

〔日耳曼〕　海格和约订立后，皇帝承认波旁王室在西班牙之统治地位。西班牙退出萨地尼亚与西西里，并声明永远放弃对此两地区之主张权。

〔意大利〕　西班牙王腓力承诺四国同盟之条件，战事终止。西西里王阿马德阿二世以在战争中有袒护西班牙情形，被迫交出西西里岛，并接受萨地尼亚岛为交换。阿马德阿自此改称萨地尼亚王。近代之萨地尼亚王国（撒丁王国）自此始。

〔法兰西〕　西相阿尔培罗尼屈服于四国同盟，二月中旬签订海格和约。约翰·拿之投机事业失败，引起市场恐慌，被害者多穷苦小市民。

〔联合王国〕　南海公司倒闭，牵涉者无虑巨万，引起轩然大波（按南海股份公司成立于1711年，至是以投机失败）。

〔瑞典〕　乌尔利卡以王位让予其夫腓德烈一世。与丹麦及俄罗斯媾和。

1721 年

中国

辛丑　清康熙六十年

二月，山东盐徒王美公称将军，起事，被俘死。四月，命噶尔弼等帅兵驻西藏。朱一贵起事于台湾，六月，败被俘。八月，遣兵驻吐鲁番。河决长垣。十一月，免浙江旱灾区额赋。十二月，遣官屯田于吐鲁番。是岁，历算家梅文鼎死。

外国

〔朝鲜〕　景宗无子，立弟昑为世弟，遣使如清告。时党争益烈，有“老论”、“少论”之目，少论颇得势，老论多遭贬逐。

〔日本〕　定官吏推举制。定衡、量之制。设小石川药园。定书籍出版制。

〔缅甸〕　基督教士始来阿瓦。

〔俄罗斯〕　与瑞典订立尼斯塔特和约，俄国获得立窝尼亚、爱沙尼亚及其他数地，自此可保证波罗的海之出口。彼得大帝之“窗户战争”胜利结束。颁布敕谕，宣称沙皇有权利指定自己之继承人（此谕后为沙皇保罗废止）。废止大教长职位，代之以宗教会议，掌理宗教方面最高权力，以教会收入并于国家收入。

〔瑞典〕　与北方战争中其余各国订立斯德哥尔摩和约，各国俱恢复战前之疆界。

〔联合王国〕　罗伯特·华尔波为“首相”。首相一名自此始。

1722 年

中国

壬寅　清康熙六十一年

正月，河决长垣新堤。四月，暹罗遣使贡献。十月，查勘通州仓廒共储米五百一十三万九千余石。十一月，圣祖死，皇四子雍亲王胤禛嗣，是为世宗宪皇帝，明年改元为雍正。召抚远大将军允禵还。十二月，发遣编图书集成之陈梦雷于边外，并令将此书继续编成。命修圣祖仁皇帝实录。是岁，人丁户口二千五百三十万余，又永不加赋滋生人丁四十五万余，地八百五十一万余顷，征银二千九百四十七万余两，米豆麦四百六十六万余石，草四百九十二万余束，行盐五百零五万余引，征课银四百零四万余两，铸钱四十六万余。何焯死。

外国

〔朝鲜〕 杀宰辅金昌集等，以谋逆告于清。岭南民起事，有大将军等称号，州县无奈之何。是岁，少论派势益炽，自大臣至儒士，遭杀害、贬逐者甚多，是为"壬寅之狱"。嗣设录勋都监以衡诸人之功，于是少论派又因争议分为缓急二派。

〔日本〕 求遗书。课诸侯税米。于小石川药园设施药院。

〔越南—大越〕 许兵籍者应乡试。定文武官保举法及赠恤例。初给四镇兵口分田。

〔波斯〕 阿富汗王穆罕默德攻波斯，围攻伊斯巴罕，历七阅月，城降，杀波斯人数千。穆罕默德称波斯王。

〔俄罗斯〕 彼得大帝亲率大军进攻里海西岸隶属于波斯之阿塞拜疆、格鲁吉亚与亚美尼亚。明年，与波斯签订和约，取得之，但彼得死后，仍为波斯夺回。下令凡运往西方货物概须经由圣彼得堡出口（禁止自白海滨之阿尔干日尔出口）。

〔日耳曼〕 皇帝查理六世以特许状给予奥斯吞德公司（即东方公司，1717年成立）。准许该公司经营西印度群岛、非洲沿岸及东方贸易三十年。荷兰援引威斯特发里亚和约力予抗议（按该约有禁止尼德兰南部人民在西属殖民地进行贸易之条款）。

1723 年

中国

癸卯 清世宗宪皇帝胤禛雍正元年

正月，颁谕十一道训饬督抚、提镇以下文武官。以各省奏销钱粮积弊甚多，立会考府，派王大臣掌理准驳。朝鲜国王李昀以杀谋反之大臣事遣使来奏。二月，令各部院书办五年考满即回籍听选，违者治罪。禁督抚使家丁管理堂上之事务及往各属探听事件。罗布泊回人古班尔等归附。三月，令督抚呈报幕客姓名。免济南等地前二年水旱灾区额赋。四月，免德州及海州等地前二年旱灾区额赋。五月，免寿州等地去年旱灾区额赋。罗卜藏丹津侵掠旁部，命人劝阻之。七月，命工部造贡院应用桌椅等器，不许借用于民间。减朝鲜贡物。命征访绩学之士与修明史。九月，命纂修律例。十月，律历渊源刻成。以年羹尧为抚远大将军，经营罗卜藏丹津乱事。十二月，令各省将西洋天主教士或送澳门，或送北京。免直隶、江南、河南前年水旱灾区额赋。

外国

〔朝鲜〕 以选侍女骚扰，命勿选良家女为宫人。始自清购得问辰钟（时计）及水铳，命观象监仿造。岁饥，减畿内、湖西常赋及关西田租三年。京外户一百五十七万四千六十六，口六百八十六万五千二百八十六。

〔日本〕 调查诸国户口。定土地质入法。菅野彦兵卫兴义学。幕府奖励国学。

〔越南—大越〕 初给学田。初行租庸调法。遣使贡于清。

〔日耳曼〕 匈牙利戴耶特接受查理六世之特诏，承认马利亚·泰利萨为帝国继承人。奥斯吞德公司股票至今年8月即已上涨百分之十二至十五，英、荷两国以其与各该国东印度公司之利益冲突，益为嫉忌。

〔法兰西〕 路易十五宣布成年，但政权实际掌握于波旁公爵之手，直至1726年。

1724 年

中国

甲辰 清雍正二年

正月，西宁郭隆寺喇嘛起应罗卜藏丹津，岳钟琪等击灭之. 二月，禁里长、甲首招揽代纳钱粮，命儒户、官户、生监依例纳粮。岳钟琪攻至柴达木，罗卜藏丹津溃败，与二百人西遁。三月，遣使谕策妄阿喇布坦。闰四月，命续修《大清会典》。五月，禁官弁剥削运丁。定青海善后事宜十三条。六月，免江南、浙江、福建、陕西康熙五十年以前逋赋。禁江西"邪教"。七月，修宁夏渠。世宗颁自制《朋党论》。崇明等地风灾，海水冲决堤塘。九月，许广东酌开小矿，不许招商开厂，设官征税。令山西丁银摊入田赋征收。许浙江仁和等县开东湖西湖溉田。十月，暹罗贡稻种、果树，并运米来广贸易。其船只梢目皆系汉人，求免回籍，允之。十一月，定翻译科考试规程。免陕西康熙五十七年至六十年逋欠地丁钱粮。以户部库币亏空二百五十余万两，令历任堂司官赔补。十二月，遣使册封李昑为朝鲜国王。免江南水灾区额赋。

外国

〔朝鲜〕 八月，景宗死，世弟衿嗣，是为英祖。英祖之立为世弟，少论派多谏阻，至是遂杀其尤横戾者，复金昌集等官，前为少论派所诬陷死者皆予昭雪。于是老论派又稍得势。

〔日本〕 定农民赈济制。

〔越南—大越〕 开浚清化、义安港道，以利航运。减清化、乂安及东京租赋。

〔缅甸〕 曼尼陀部来袭，遣兵击之，中伏大败。

〔印度〕 蒙兀尔帝国宰相亚撒夫·煞，见帝国濒于瓦解，遂退归德干，宣告独立。是时，各省总督纷纷独立，德里皇帝号令不出国门。

〔日耳曼〕 哲学家康德生（1804年卒）。

〔瑞典〕 约自此时起，瑞典统治阶级内部逐渐发生分裂。一部分主张对外采取稳重政策者被称为“便帽党”（最初被称为睡帽党）；另一部分主张在波罗的海发展以恢复昔时优势者被称为“礼帽党”，互相争衡，各不相下。

〔西班牙〕 腓力五世逊位，其子继立，称路易一世。路易同年卒，腓力遂又复辟。

1725 年

中国 乙巳 清雍正三年

正月，于固安县择官地二百顷为井田，命八旗无产者受耕。二月，停止窃盗犯及逃人割脚筋例。三月，策妄阿喇布坦遣使进贡。修杭州玉华亭海塘。减苏松粮银四十五万两。四月，迁吐鲁番，罗布泊人之愿徙者于瓜州、沙州等地。免年羹尧抚远大将军等职调为杭州将军。遣使谕策妄阿喇布坦以疆界贸易事。云南与安南定界。五月，命严查私铸。八月，西洋教化王伯纳地哆遣使献方物。九月，定土司承袭例。新修律例成。十二月，赐年羹尧自尽。是岁，张伯行死。

外国 〔朝鲜〕 戒朋党。除压膝刑。定守令私用田结限年禁锢法。命公私债勿族征。

〔日本〕 对马岛主贺朝鲜王即位。荷兰人进波斯及爪哇马。桂川甫筑创制洋药。

〔越南—大越〕 阮福澍嗣守广南。定文武官服品级。

〔缅甸〕 景迈以不堪苛税，起兵反抗。

〔土耳其〕 与俄罗斯成立协定，获得外高加索之西部，自此引起与波斯那得沙之战争。1730年那得沙将土耳其人自此地区逐出。

〔俄罗斯〕 彼得一世卒，禁卫军拥立其继室即位，称凯塞琳一世。政权操于孟什可夫亲王之手。

〔日耳曼〕 西班牙与奥地利订立维也纳条约。前者承认查理六世之臣民有在西班牙殖民地贸易之权利。

〔法兰西〕 路易十五娶波兰废王斯坦尼斯劳斯·雷申斯基之女为妻（按八年后使法国卷入波兰继承之战即因此婚姻）。

〔联合王国〕 与荷兰、法国、普鲁士三国缔结同盟，对抗西班牙与奥地利，并反对皇帝查理六世立其长女为继承人之特诏（《政务诏典》）。

1726 年

中国 丙午 清雍正四年

正月，赈直隶、山东、河南饥。以毁钱作器之风盛，定除乐器、军器等类外，造打器物禁用黄铜。二月，永免云南鹤庆等地土军丁赋。治理畿辅河道，派怡亲王允祥董其事。四月，命云南丁银摊入地亩。许四川贡监生员优免一丁，余皆依例纳课，不得私立儒户、宦户，包揽诡寄。七月，立保甲法。八月，命自明年元旦起，直隶省强盗案，不分首从皆斩。九月，严禁赌博及售卖赌具。查嗣庭狱起。十月，置浙江观风整俗使。苏禄遣使贡献。十一月，遣御史分巡直隶，凡告退官员、内府庄头、在乡绅衿、内监戚属之不法者，得行文地方官提拿。停浙江人乡会试。十二月，命陕、甘于明年将丁银摊入地亩。是岁，与世宗为敌之廉亲王允禩等皆获罪。

外国 〔朝鲜〕 明十六朝记述朝鲜事失实，时清修明史，遣使如北京请改正。京城户三万二千七百四十七，口十八万八千五百九十七。入道户一百五十八万一千八百五十一，口六百八十万六千八百零三。

〔日本〕 中国骑射法传入。定邸让与制。中国医士赵湘阳来。中井甃庵建怀德书院。

〔俄罗斯〕 设立科学院。

〔日耳曼〕 俄罗斯与皇帝查理六世缔结同盟，保证特诏（1718年）之实现。同年，普鲁士亦与皇帝签订保证特诏实现之浮斯特哈孙条约。

〔法兰西〕 路易十五之教师主教弗罗列代波旁公为首相。自此掌握法国政权达十七年之久。

〔联合王国〕 乔治一世卒，乔治二世嗣位。

1727 年

中国 丁未 清雍正五年

三月，准福建开洋禁。命江西丁银摊入地亩。四月，申禁黄铜器皿。五月，查嗣庭案结，时已死，戮尸；兄、侄等流。六月，苏禄国遣使贡献。定出洋逾限不归者，不准回籍。西藏阿尔布巴等作乱。准云贵总督鄂尔泰请，于东川设县。时正行“改土归流”。十月，自黄河安流以后，泗州等五州县共增田二万二千六百二十二顷余，应征银四万八千余两。永免湖州、嘉兴粮银十分之一。十一月，以西藏有事，遣兵入藏。

于库伦及多伦诺尔建寺以居哲卜尊丹巴呼图克图及章嘉呼图克图。严禁拳棒，再有教师及投师学习者皆予惩办。十二月，策妄阿喇布坦已死，其子噶尔丹策零遣使来朝并请入西藏熬茶供佛，不许；并令拘送罗卜藏丹津。安徽、江苏自明年起将丁银摊入地亩。

外国　〔朝鲜〕　颁避瘟新方于八道，命惠民局送药于岭南以治疫。严税米和水之禁。初，公用银器必以购自中国之玉田沙磨之，至是以价过昂，命永罢之。令北关军习鸟枪。湖南饥。

〔日本〕　定菜种买卖制。幕府检查料租税。试种甘蔗。

〔俄罗斯〕　凯塞琳卒，彼得大帝之孙嗣位，称彼得二世（年仅十二岁）。孟什可夫与多哥鲁基两大贵族家族互争政权，后者获得胜利。

〔日耳曼〕　5月末，查理六世与英、法、荷诸国在巴黎签订和约。查理允停止奥斯吞德公司之特许状效力七年（即，在此期间不得与西属殖民地进行贸易）。

〔西班牙〕　围攻直布罗陀，不克。

〔联合王国〕　乔治二世嗣位为英王，华尔波继续为首相。

1728 年

中国　戊申　清雍正六年

正月，安南国王以云南画界事，陈诉，驳之；寻又表谢，乃多与四十里之地。二月，从岳钟琪所奏川省苗疆善后事宜。减朝鲜贡米。暹罗至厦门售米，免征税。三月，定灾区减免分数。五月，颇罗鼐入拉萨，执阿尔布巴等。八月，复准浙江人参与乡会试。入藏之兵至拉萨，杀阿尔布巴等，十月，许浙江漕粮红白、籼粳并收。十一月，免福建康熙五十五年至雍正四年逋赋。命各省修志。

外国　〔朝鲜〕　少论派李麟佐、郑希亮等起兵，欲奉宗室密丰君李坦为主，未几败。

〔日本〕　定消防四十五组。

〔越南—大越〕　哀牢遣使来聘。更定田租法。均给练兵田土。清以聚龙铜矿来归。

〔俄罗斯〕　德尼茨夫所发现之亚、美二洲间之海峡渐被遗忘，至是遣在俄国海军中服务之丹麦人白令前往探险，再被发现，故被称为白令海峡。白令自1728—1741年在各地探险，足迹遍于阿留申群岛及阿拉斯加某些地区。

1729 年

中国　己酉　清雍正七年

正月，加蒙古王公以下俸一倍。以粮船过淮，官员需索陋规苛重，遣御史二员专司稽查。二月，置福建观风整俗使。定议击噶尔丹策零。曾静、张熙案起，置湖南观风整俗使。定钱一千文折银一两。朝鲜国王奏大臣谋乱已平。免浙江额赋十分之二。三月，鄂尔泰奏九股苗及古州等处苗人归附。命江西开炉铸钱。命傅尔丹、岳钟琪分路出师以击噶尔丹策零。四月，禁湖南习符咒惑民者。五月，吕留良案起。命许广东疍户陆居与平民同编里甲，不得歧视。六月，免甘肃、四川、云南、贵州、广西明年额赋，陕西免额赋十分之三。谢济世案起。七月，命山东省开炉铸钱。陆生楠案起。七月，暹罗国王遣使贡献，令此后免贡安息香、束香、袈裟、布匹等物。八月，免山东、广东明年额赋各四十五万两，直隶、陕西免今、明二年额赋各四十万两，免山西、安徽明年额赋四十万两。命浙江开炉铸钱。九月，颁《大义觉迷录》。《治河方略》成。南掌国王岛孙奉表归附。十月，曾静、张熙案结，皆予释放。十二月，陆生楠案结，被杀。谢济世案结，免死，效力台站。

外国　〔朝鲜〕　户曹请开安边金谷银矿，不许。咸镜道大水，淹死甚多。禁酒。尹弼良创千步铳。

〔日本〕　越南献象。许米商占买。田中休愚著民间省要。

〔越南—大越〕　郑棡逼裕宗让位于太子维祊，改元永庆。郑棡死，子杠继掌大政。遣使贡于清并谢还铜厂。

〔联合王国〕　英、法、西、荷四国缔结塞维尔条约。

〔西班牙〕　参加塞维尔条约之英、法、荷等国承认西王腓力子查理为意大利巴尔马与塔斯卡尼两公国继承人。

1730 年

中国　庚戌　清雍正八年

正月，令各省严禁挂名兵丁。二月，南掌国遣使朝贺并请贡期，命以五年一贡。四月，四川忠州等处民杨成勋等因清丈田亩官吏苛索，谋起事，未成死。五月，噶尔丹策零使人奉表请送罗卜藏丹津，遣官谕之，因展兵期。除常熟昭文丐户籍，列为平民。八月，京师地震，毁房甚多，发银赈八旗兵。乌蒙土司以官兵苛索、凌辱起事，旋败。九月，免江西、湖北、湖南明年额赋各四十万两。免直隶、山东额赋；又免明年额赋各四十万两。禁察哈尔招民开垦。十月，徐骏以诗文讥讪，被杀。十一月，裁浙江观风整俗使。噶尔丹策零兵犯边，击走之。

外国 〔朝鲜〕 肃庙宝鉴成。

〔日本〕 刊普救类方。试作荷兰马戏。停诸侯上纳米，复参勤交替制。

〔越南一大越〕 郑杠自为元帅、统国政、威南王。

〔俄罗斯〕 彼得二世卒，罗曼诺夫朝直接男嗣绝。为大贵族地主所操纵之枢密院迎立彼得一世之女侄安娜，企图掌握实际政权，但安娜获得其余贵族与禁卫军之支持，发动政变，仍得为专制女皇。安娜在位十年，宠信日耳曼籍贵族，如比伦、奥斯忒曼与蒙尼赫等。俄国大权实际在此数人手中。

〔意大利〕 萨地尼亚王维克多。阿马德阿二世禅位其子查理•伊曼纽尔三世。科西嘉岛有反抗热那亚人统治暴政之起义。

1731 年

中国 辛亥 清雍正九年

正月，免甘肃额赋及陕西额赋十分之三。赈江南邳、宿等处饥。二月，再免陕西额赋四十万两。免直隶水灾区去年额赋。四月，噶尔丹策零兵围吐鲁番等城。五月，傅尔丹至科布多，六月，进击噶尔丹策零，大败于和通淖尔。七月，退至科布多。命马尔赛统兵为傅尔丹声援。八月，噶尔丹策零攻科布多，败还。撤科布多之兵至察罕廋尔。九月，命贵州开炉铸钱。十二月，禁商船带铁器出洋。禁奉天所属官吏科派陋规。修《圣祖仁皇帝宝训》成。是岁，以用兵西北，于内廷设军机房，后遂发展为军机处。

外国 〔朝鲜〕 命平市署平准物价，又令烙给官定斗升。命公私贱娶良妻，所生男女并从母役。五道大饥。

〔日本〕 定禄俸制。江户大火。检查浪人。中国沈荃画法传入。麻疹流行。

〔越南一大越〕 正月，裕宗死。

〔俄罗斯〕 卡查赫之小帐汗宣誓归化俄国。

〔日耳曼〕 与英国缔维也纳条约。皇帝允撤消奥斯吞德公司特许状，英国则保证特诏之实现。同年，荷兰与西班牙亦向皇帝作同样保证。

〔联合王国〕 与西班牙及神圣罗马帝国缔维也钠条约。

〔西班牙〕 皇帝查理六世派兵占领巴尔马，但维也纳条约签定后即退出。西王子查理仍照塞维尔条约继承。

〔荷兰〕 荷兰亦签字于皇帝查理六世之特诏中，而查理则以收束奥斯吞德公司为条件（按此公司原系为与荷兰东印度公司竞争东方贸易而创设者）。

1732 年

中国 壬子 清雍正十年

正月，噶尔丹策零兵攻哈密，败走。七月，命四川开炉铸钱。傅尔丹等败于乌孙珠尔。八月，噶尔丹策零兵犯喀尔喀，额驸策凌等大破之于厄尔得尼招地方。十二月，吕留良案结，留良与子葆中皆戮尸，子毅中斩，孙辈发宁古塔为奴，同案牵连之严鸿逵等亦戮尸、斩流有差。安插吐鲁番回民于瓜州。马尔赛以贻误军机，军前正法。免山东旱灾区额赋有差。

外国 〔朝鲜〕 新自清求得鳌头通书等，命据改历书所注之吉凶宜忌。三南大疫。再遣使如清辨明人所记朝鲜事之误，清许改正，并与以稿本，因告祭宗庙。赈诸道饥，减租。

〔日本〕 八月，灵元法皇死。铸大炮。

〔越南一大越〕 求遗书。免土产诸税。遣使于清且求封。八月，郑杠废维祊为昏德公，立裕宗长子维祥，改元龙德，杠自为大元帅、上师、威王。

〔俄罗斯〕 自本年起至 1743 年止，帝俄政府派人勘测整个西伯利亚海岸线。

〔日耳曼〕 帝国诸侯，除巴伐利亚、萨克森与巴拉提内特三选侯外，皆向皇帝保证 1718 年特诏之实现。

1733 年

中国 癸丑 清雍正十一年

正月，修江南范公堤。令各省建书院。三月，减驻西藏各地方兵额。四月，于乌里雅苏台筑城屯兵，以控制西北边地。五月，普思土司刀兴国等起事，败死。续修《大清会典》成。特们奇图等岛六族归附，年贡貂皮。免甘肃额赋二十七万余两。六月，苏禄国王请修在山东德州之祖墓。九股苗起事，寻败。十月，令各地不得擅立牙行。十一月，安南遣使告丧请封。免山东灾区本年额赋有差。是岁，李塨死。

外国 〔朝鲜〕 以米贵，申酒禁。

〔日本〕 贫民纷抢米商。西部饥，赈之。中根玄珪等译历算全书。印获生徂徕度量考。

〔暹罗〕　泰萨罗王死，子弟内哄起，王位终为其弟波隆摩葛王所得。中国人三百攻王宫，败散，杀四十人。

〔缅甸〕　多尼犍毗王死，子摩诃陀摩耶婆底波王嗣。

〔波兰〕　奥古斯都二世卒，法王支持其岳父斯坦尼斯拉斯·列琴斯基再度当选。俄、奥两国则协助故王奥古斯都之子萨克森选侯。俄沙皇派遣大军入波，斯坦尼斯拉斯遁赴但泽，“波兰继承战争”自此开始。

〔日耳曼〕　查理六世支持萨克森选侯继承波兰王位，以此与法国发生战争。同年，法国、西班牙、萨地尼亚联军侵入意大利之米兰。

〔意大利〕　波兰继承战争起，法国、西班牙与萨地尼亚企图乘机将奥地利势力自意大利逐出，组成同盟。萨地尼亚王伊曼纽尔占领米兰。

〔法兰西〕　斯坦尼斯拉斯遁至但泽后，为俄军围攻（自10月起），路易十五遣远征军赴援。路易纠合西班牙与萨地尼亚共同参加波兰继承战争，并向帝国宣战。同年，启蒙哲学家伏尔泰之《哲学通信》出版。

〔西班牙〕　与法兰西订立第一次“家族盟约”。

〔联合王国〕　兰开夏人约翰·凯伊发明“飞梭”，使织布效率大为提高，自此刺激其他纺织工序中出现一系列发明，英国“产业革命”开始。

〔北美洲〕　英国议会通过《糖类法案》（见1716年条），对北美殖民地自英属西印度群岛以外之任何其他岛屿所输入之糖类征以重税。同年，乔治亚殖民地成立，是为美国革命前北美十三州中最后成立之一州。

1734 年

中国

甲寅　清雍正十二年

八月，遣使谕噶尔丹策零。九月，命云南、广西开炉铸钱。是岁，人丁户口二千六百四十一万余，永不加赋滋生人丁九十三万余，地八百九十万余顷，征银二千九百九十万余两，米麦豆四百七十九万余石，草五百五十七万余束，行盐四百九十三万余引，征课银三百九十九万余两，铸钱六万八千五百三十九万余。

外国

〔朝鲜〕　命刊《农家集成》以教耕。命守令勿增虚户，严惩漏户。

〔日本〕　辑庶物类纂。水户宗翰进礼仪类典。

〔越南一大越〕　颁《五经大全》于各地学官。颁阮效等诸史诗林字汇。禁购清书。修《国朝会典》。清使来册封。郑杠自为大元帅、总国政、尚师、太父、聪德英毅圣功威王。

〔缅甸〕　摩诃陀摩耶婆底波王复建都阿瓦。

〔波兰〕　但泽降。奥古斯都二世子嗣位，称奥古斯都三世。

〔意大利〕　法王路易十五世以西班牙之助进攻意大利，以报复奥地利在波兰继承战争中支持奥古斯都三世。奥地利除米兰外，几失去其在意大利所有之一切土地。西班牙军队先后攻占拿波里与西西里。法国对皇帝军在巴马之战争虽无决定性，但在莱因地区则有进展。

〔法兰西〕　但泽于今年6月乞降于俄军，斯坦尼斯拉斯遁赴普鲁士，但法国与西班牙军在意大利进攻皇帝领地颇有胜利。

〔西班牙〕　巴马公爵查理占领拿波里，称两西西里之王。同年，又敉平西西里岛之反抗。

1735 年

中国

乙卯　清雍正十三年

四月，禁广东开矿。谕各省大吏留心秋审，不得草率，更不得张筵演戏。台拱苗人反抗，遣兵击之。六月，吕宋以谷、银等至厦门购麦。八月，世宗死，皇四子宝亲王弘历嗣，是为高宗纯皇帝，明年改元为乾隆。九月，禁擅造寺观神祠。命凡告家主之案，奴仆不得援赦免刑。十月，命江苏开炉铸钱。收回前颁之《大义觉迷录》。十一月，严禁销毁制钱。十二月，修《八旗氏族通谱》。免各省雍正十二年以前逋赋。杀曾静、张熙。禁各钞关例外苛取。修《明史》成。

外国

〔朝鲜〕　续编《三纲行实》。

〔日本〕　三月，中御门天皇让位，樱町天皇践祚（一百一十五代），十一月即位。植甘薯。长崎工人始传习中国制堆朱色莳绘青贝漆器。

〔越南一大越〕　四月，纯宗死，弟维振立，是为懿宗，改元永佑。郑杠杀废王维祊。

〔缅甸〕　曼尼坡来侵。

〔俄罗斯〕　以彼得大帝时所占领之里海西岸土地交还波斯，但为俄罗斯商人在波斯境内获得广泛商业特权。同年，巴什基尔人为反抗沙皇政府之压迫，再度起义，延至1738年始失败。

〔日耳曼〕　法国及萨地尼亚与皇帝媾和，签订维也纳和平草约。

〔法兰西〕　俄、奥、法、西诸国在维也纳召开和平会议，10月5日，签订维也纳和约，波兰继承战争告终（按各国正式批准此约在1738年）。

1736年

中国 丙辰 清高宗纯皇帝弘历乾隆元年

正月，噶尔丹策零遣使贡献。命禁私盐不得株连，并不许禁捕挑负四十斤以下之老少、男妇。停止捐纳。二月，命举贡生员免派杂差。以分界事谕噶尔丹策零。三月，释汪景祺、查嗣庭兄弟族属回籍。颁十三经、二十一史于各省及府、州、县学。免广东埠租及海丰等增加之渔课。四月，命举贤良方正。裁山东青州钦租，其田按上等民地纳银。暹罗国遣使贡献。谕朝鲜王将馈送使臣之物减半，不得赠诸色陋规。六月，禁私造鸟枪，禁百工当官贴费。禁松潘各镇私敛番民。七月，命州、县查灾杂费动用公帑，不得摊派于民。八月，减台湾丁银。九月，试博学鸿词，取十五人。命广东海关裁洋船之"缴送"税。十月，免甘肃明年额赋，陕西减半。十一月，减四川土司贡马折价。十二月，开浚毛城引河。

外国 〔朝鲜〕 谚译《女四书》，并刊行之。

〔日本〕 四月，改元文元。校定类聚国史。改铸金银币。访古文书。减中国贸易船数。禁落书杂说。

〔越南—大越〕 定文武官岁禄。

〔波斯〕 那迪尔恢复波斯独立，自称煞，禁什叶派。

〔土耳其〕 俄土失和，战事再起。俄军重占亚速海，进兵克里米亚半岛。奥地利亦与俄罗斯同盟向土宣战。

〔俄罗斯〕 与奥地利缔结同盟，共同向土耳其宣战。

1737年

中国 丁巳 清乾隆二年

正月，命减山西太谷等地屯粮。减台湾土人交纳之"番饷"。二月，遣使册封黎维祎为安南国王。三月，减江浙白粮。五月，除湖南杂税。六月，免广西、湖北杂税。命江西开炉铸钱。命陕西西安等处凿井开渠，新辟水田仍照旱田升科。七月，减广西土司贡马折价。试续到博学鸿词，取四人。严禁官吏于免赋令到以前，催比钱粮；其已纳者，移作次年正赋。八月，筑浙江海塘。修浚运河。闰九月，命四川革除纳税之"余平"。浚拒马河。禁踹麹。免江西袁州等处杂税及南昌等处茶课。免云南军丁银。

外国 〔朝鲜〕 三南、六镇饥，赈之。

〔日本〕 中御门上皇死。定井堰堤防修筑制。禁密卖溃银。禁贮藏钱币。

〔越南—大越〕 郑杠铸大佛像，命百官输铜。山西、太原民起事，旋败。

〔缅甸〕 遣兵攻曼尼坡，大败。白古守将宣告独立，后为部民刺死。

〔印度〕 麻剌他人进攻德里，师及近郊。

〔土耳其〕 俄军在亚速与克里米亚前线败而复胜。奥军则为土耳其人击败后，退返多瑙河西岸。

〔意大利〕 塔斯加尼大公基恩·加斯顿卒，美第奇家族嗣绝。

〔联合王国〕 伯明翰人刘易士·保罗以约翰·怀阿特之助发明新式纺车，明年，依例取得专利证。

1738年

中国 戊午 清乾隆三年

正月，噶尔丹策零使人奉表来，言分界事；遣使报之。二月，拉达克汗上表贡献。四月，停各省督抚进贡方物。五月，贵州定番县苗人起事，旋败。六月，定八旗家奴开户例。许江苏买洋铜。颁铁斛。八月，修南北栈道。十月，免直隶、江苏、安徽逋赋。十一月，立算学。十二月，除河南省雍正十三年虚报地亩额赋。发帑银一百万两修江南水利。噶尔丹策零使人表奏画界事。

外国 〔朝鲜〕 禁刑杖违制及士大夫家私刑。

〔日本〕 庶物类纂续集成。禁烟火。定婚姻法。

〔越南—大越〕 阮福阔嗣守广南。黎维祝等愤郑杠专恣，谋图之，不果，分走清化、锦水。

〔缅甸〕 曼尼坡来侵，至阿瓦郊。

〔神圣罗马帝国〕 皇帝与法国订立维也纳正式和约。（一）斯坦尼斯拉斯·列琴斯基（法王路易十五之岳父）放弃波兰王位之主张权，偿以洛林与巴尔等地公爵职（死后此地区归法国）。（二）洛林公爵获得意大利之塔斯加尼为补偿（当地之统治家族美第奇氏正绝嗣）。（三）西班牙王子查理（卡罗斯）退出巴马与彼阿成萨，以之交奥地利。（四）查理仍统治拿波里、西西里与厄尔巴，称两西西里王。（五）法国允诺保证"特诏"之执行。

〔瑞典〕 吉伦堡伯爵所领导之“礼帽党”（见1724年条）取得政权（按礼帽党自此执政至1766年）。同年，与法国签订同盟条约。

1739年

中国

己未 清乾隆四年

二月，赐噶尔丹策零谕，论分界事。三月，免直隶、安徽、江苏三省额赋共二百五十万两。六月，申滥设牙行之禁。七月，免甘肃雹灾区本年额赋。安南人自称交江王者至云南请求安插。十二月，噶尔丹策零使人表奏分界事。

外国

〔朝鲜〕 使臣自清携回印本《明史》全部，所载朝鲜与前获稿本无异，于是告庙颁赦。

〔日本〕 俄罗斯船至安房冲。再减中国商船数。

〔越南—大越〕 九月，郑杠假号安南上王。海阳兵起。

〔印度〕 波斯王那迪尔侵入印度，与蒙兀尔帝国战于德里附近之卡纳尔，大败印度军，杀两万人，大掠而还，并割去印度河以西之地，自是喀布尔不复为印度帝室所有。那迪尔去后，德里益衰弱，皇帝成为傀儡。

〔土耳其〕 俄军在蒙尼赫统率下节节胜利，占领摩尔达维亚中部地区。奥地利人嫉之，遂以法国为中介，向土耳其乞和。同年9月，土、奥缔结贝尔格莱德和约。奥地利放弃塞尔维亚北部与贝尔格莱德城及瓦拉几亚、波斯尼亚等地。

〔俄罗斯〕 九月十八日，缔结贝尔格莱德条约与土耳其媾和，俄国保留亚速海，但解除沿岸武装，并允诺不在黑海内建立舰队。同年，巴什基尔人再度起义，沙皇以大军镇压，明年夏失败。

〔联合王国〕 自1713年以后，由于英国商人大量在西属美洲走私之故，酿成无数纠纷。去年3月，有一名贞金斯之船主为西班牙海岸部队割去耳朵一只，举国大哗，遂于今年向西班牙宣战（“贞金斯耳朵之战”），至1748年始和解。

1740年

中国

庚申 清乾隆五年

正月，湖南绥宁等处苗民起事，年终皆败。二月，命直隶、山东、山西、湖南、广东招商采煤。赐噶尔丹策零谕许四年贸易一次。命直隶、山东挑漳水子河。三月，挑南运河。五月，命蒙古王公等将源流档册家谱五年进呈一次。闰六月，命浙江采买滇铜开炉铸钱。七月，禁售旗地。八月，广西宜山土司起事，旋败。九月，挑永定河成。十一月，重修《大清律例》成。修《大清一统志》成。十二月，命修松江、泰州等处海塘。

外国

〔朝鲜〕 命续成《典录通考》。先是，刑法循用明律有刺字之法，至是除之，命刑曹焚黥刺之具。据《武经节要》创海鹘船，推行于水营。诸臣请开淮阳银矿、宁越、遂安铜矿，皆不许。

〔日本〕 禁人马轻业。伊势万古烧始于此时。

〔越南—大越〕 正月，郑楹自称元帅、总国政、明都王，尊郑杠为太上王，遣兵经略山南、山西。四月，郑楹逼懿宗让位纯宗子维祧，是为显宗，改元景兴。东南兵起，银茄之武廷镕等势最大，郑楹督大军破之。阮选活动于山西。

〔缅甸〕 曼尼坡来袭。白古以苦于苛税，起兵反抗，进占沙廉。马都八及土瓦人亦起而反抗，杀缅人，缅人纷逃暹罗。

〔俄罗斯〕 伊凡六世立，其母库尔兰公爵夫人摄政，明年政变，伊凡被废黜。

〔波兰〕 约自本年起有要求“改革”之两派出现，分别以波多斯基与托利斯基两家族为领导。前者寄期望于法国，企图实施大贵族专政；后者则依附俄国，企图建立中央集权之王国。

〔神圣罗马帝国〕 查理六世卒，女马利亚·泰利萨嗣位，“奥地利继承之战”始。普鲁士王腓德烈二世率兵侵入西里西亚。巴伐利亚选侯查理·阿尔伯特（腓迪南一世长女安娜之后裔）亦起而主张继承权。

〔普鲁士〕 腓德烈（大王）二世继位为普王，发动对奥战争。

〔法兰西〕 奥地利继承之战起，法兰西、西班牙两国之波旁王室与两西西里王国，俱反对马利亚·泰利萨。

〔联合王国〕 奥地利继承之战起，英国以法王加入反对马利亚·泰利萨阵营，遂党于奥地利，以便乘机夺取法国在海外之殖民地。

〔荷兰〕 荷兰殖民者在南洋群岛之爪哇岛巴达维亚大肆屠杀该地土著。

〔北美洲〕 英属殖民地军队进攻佛罗里达，不克而退。明年，进攻古巴岛之圣地亚哥亦无成功。

1741年

中国

辛酉 清乾隆六年

正月，求遗书。四月，裁贵州

杂税。五月，免台湾逋赋。以山西钱粮加耗过重，银两折钱过多，申诫该省官吏。六月，修直隶边墙。申禁各省大吏草率秋审，张筵演戏。七月，贵州永从苗人起事，旋败。九月，命云南东川府及陕西开炉铸钱。十一月，命湖北开炉铸钱。十二月，《世宗宪皇帝实录》及《宝训》成。是岁，安南莫氏居泗城府者扰乱地方，移于安徽安插。同年，惠士奇死。

外国

〔朝鲜〕 命毁甲午后所建书院。关东大水。焚壬寅狱案。北道大饥。自清得《日月交食表》等书。

〔日本〕 二月，改元宽保。青木昆阳采访古记旧书。禁追放人隐匿。定蜡专卖制。定寺院诉讼法。

〔越南—大越〕 郑楹兵分击阮选、武卓莹、阮蘧等。东珧等地起事，旋败。郑楹兵破黎维䄔。

〔俄罗斯〕 伊利莎白为俄国女沙皇。瑞典以法国怂恿向俄国宣战，俄军节节胜利。明年，瑞军一万七千人在赫尔辛佛尔（今芬兰首都赫尔辛基）向俄军投降。

〔日耳曼〕 普鲁士军在摩尔维兹大败奥地利军。普、法、西与萨克森诸国联合反对马利亚·泰利萨。英、荷、俄三国则协助马利亚·泰利萨。巴伐利亚选侯查理·阿尔伯特以法军之助攻入波希米亚，在布拉格加冕为波希米亚王。马利亚·泰利萨向匈牙利呼吁，匈牙利响应号召，集合于其旗帜下。

〔意大利〕 萨地尼亚王伊曼纽尔加入奥地利阵营。

〔法兰西〕 路易十五参加奥地利王位继承之战，协助普鲁士共同反对奥地利。同年派兵入波希米亚，占领布拉格。法国之另一敌国——英国，则在北美洲发动战争，夺取其殖民地。

〔瑞典〕 在“礼帽党”统治下之瑞典，以法国怂恿，亟图向俄国报复，今年与俄国进行战争。

1742 年

中国

壬戌 清乾隆七年

二月，命拔贡生十二年举行一次。诫乡试滥收遗材。三月，噶尔丹策零进贡。四月，命广西开炉铸钱。免各关征米豆税。六月，修宁夏渠。七月，禁江南贩米出洋。八月，于崖州设黎人学十三所。命大臣侍卫等凡行走齐集处皆用满语。除福建盐课陋规。十月，邵伯各坝工竣。十二月，免福建雍正十二年逋赋。

外国

〔朝鲜〕 蠲八道疠疫死亡人身布。岭南大水。诸道大疫。

〔日本〕 禁六道钱。减铜输出额。

〔越南—大越〕 郑楹自为大元帅、总国政、尚师、明王。增田租。

〔缅甸〕 白古立斯弥陶佛陀吉帝为王。

〔日耳曼〕 7月，马利亚·泰利萨与普王腓德烈二世缔结柏林和约，以西里西亚之大部分割让与后者，后者则允退出同盟。法军退出布拉格后，被迫退回莱因河西岸。查理·阿尔伯特被选为皇帝，称查理七世，但马利亚·泰利萨军攻入巴伐利亚。

〔法兰西〕 腓德烈二世与马利亚·泰利萨缔结和约。法军孤立于波希米亚，被迫撤离布拉格。

〔联合王国〕 华尔波任首相已二十一年，至此始失败辞职。

〔西班牙〕 腓力五世为其子唐·腓力主张神圣罗马帝位继承权，派兵入意大利之奥属伦巴第。萨地尼亚王突转入皇帝一方，将西班牙人自伦巴第逐出。

1743 年

中国

癸亥 清乾隆八年

四月，修《医宗金鉴》成。命沿海各省严缉“洋匪”。五月，禁于野外土田阡陌相连之处种烟。改南掌国贡期十年一次。六月，准流民出口就食。高宗如盛京。九月，浙江海塘工竣。十一月，命山东将养椿蚕、柞蚕之法移咨各省，依法喂养以收蚕利。

外国

〔朝鲜〕 仿中国之法烧砖筑城。

〔日本〕 解修验巫祝往来之禁。再减中国商船数。

〔越南—大越〕 海阳阮有求扰青河。

〔缅甸〕 收复沙廉，旋失。英吉利东印度公司仓库被焚。

〔土耳其〕 与波斯战争，无胜负。自本年起，二十余年中，土耳其与各国和平相处。但苏丹政府柔懦无能，安那托利亚半岛各地之封建势力逐渐抬头，较大之割据者形同独立。

〔俄罗斯〕 俄、瑞和约成。俄国获得今芬兰南部区域。

〔日耳曼〕 马利亚·泰利萨在布拉格加冕为波希米亚王。同年，与英国及萨地尼亚缔结同盟条约，以意大利某些地区予萨地尼亚王。

〔法兰西〕 6 月 27 日法军为同盟军在廷根（法兰克福东南约三十英里）击溃。

〔西班牙〕 奥地利、英国、萨地尼亚结同盟。西班牙亦与法国重缔盟约。

〔荷兰〕 与英国及马利亚·泰利萨缔同盟，共同向普、法作战。

〔瑞典〕 8月7日，与俄国签订阿波和约。

〔北美洲〕 乔治王战争（英王乔治二世在位故名）发生，英国再度利用奥地利继承战争之时机，夺取法国在美洲之殖民地。

1744 年

中国

甲子 清乾隆九年

七月，命广东开炉铸钱。免江苏、安徽雍正十三年逋赋。八月，定各省录科名额。是岁，赵执信死。

外国

〔朝鲜〕 济州饥。续五礼仪书成。续大典成。除全家移边之律。

〔日本〕 二月，改元延享。传布种甘蔗制糖法。

〔越南—大越〕 阮有求走京北。

〔暹罗〕 缅甸使来；百年来互相仇视之邦，至是初通聘问。

〔奥地利〕 与腓德烈二世战争再起。腓德烈占领波希米亚，其同盟军又使查理七世（阿尔伯特）重行恢复巴伐利亚。匈牙利人起而援助马利亚·泰利萨。腓德烈二世自波希米亚败退。

〔法兰西〕 路易十五派遣远征军护送詹姆斯二世子（“少僭位者”）入苏格兰，但无功而退。普鲁士与奥地利战事再起（亦称为“第二次西里西亚战争”）。

〔联合王国〕 法海军击溃英国舰队于土伦海面。

1745 年

中国

乙丑 清乾隆十年

正月，噶尔丹策零使人奉表请命西藏派大喇嘛至其部落。三月，定殿试传胪之期。四月，浚江南河道。贵州开修赤水河以利运。禁地方官征粮积弊。以瞻对土司屡次攻扰，遣兵击之。九月，禁用非法刑具。命山西丁银摊入地亩。十月，设湖南苗疆义学。命严禁四川“啯匪”。是岁，人口一万六千九百九十二万余，各省仓米谷三千五百五十八万余石。鄂尔泰死。

外国

〔日本〕 征夷大将军德川吉宗退隐，德川家重继任。

〔越南〕 莫氏起兵破太原，围高平。阮有求败于昌江。

〔日耳曼〕 查理七世卒，巴伐利亚继任选侯声称放弃帝位继承主张权。马利亚·泰利萨之夫弗兰西斯·斯提芬（洛林公爵利奥波德之子）当选为皇帝，称弗兰西斯一世。奥地利军数度败于普王腓德烈二世，尤以9月30日苏尔战役为最甚。12月25日，普、奥德累斯顿和约成，普鲁士在西里西亚之胜利再度获得保证，而腓德烈则承认弗兰西斯为皇帝。

〔法兰西〕 普、奥订立德累斯顿和约后，法兰西再度孤立。

〔联合王国〕 雅各宾党再度倡乱。七月，查理·爱德华（少僭位者，詹姆斯二世长孙）入苏格兰，12月初南下入英格兰，并数获小胜。但明年4月大败于卡罗顿，查理逃赴法国。斯图亚特王室争取复辟之努力，此为最后一次。凯伊发明自动织机，但为群众捣毁，凯伊逃赴法国，1764年贫病交加卒。

〔北美洲〕 英人自法国殖民者手中夺获路易斯堡与布雷顿地角（今加拿大东南）。

1746 年

中国

丙寅 清乾隆十一年

三月，策妄多尔济那木札勒使人奉表，请许派使入西藏为其亡父噶尔丹策零作佛事。开挖塌河淀等处河道。禁民人出山海关。闰三月，《律吕正义后编》成。浚庆云等处河道。重修《明通鉴纲目》成。四月，浚海州等处河道。命江西停止编审妇女。攻瞻对事毕。六月，从云南请，受卡瓦所献茂隆银场。七月，勒令在福安传天主教之洋人回国，究治习教魁首。八月，免江苏赋外杂办银两。十二月，策妄多尔济那木札勒使人贡献。

外国

〔朝鲜〕 济州饥。定诸生、进士衣冠皆复明制。

〔日本〕 告诫荷兰人。

〔暹罗〕 遣使报聘缅甸。

〔缅甸〕 白古王斯弥陶佛陀吉帝为其妻父披耶塔腊所逐，奔景迈，又奔暹罗。白古初立尼拘为王，旋又废之，改立披耶塔腊。

〔俄罗斯〕 六月，与奥地利订约，参加奥地利王位继承之战。

〔日耳曼〕 奥属尼德兰为法军占领，但奥军（皇帝军）在意大利与法、西联军之战争则颇有胜利。

〔法兰西〕 法将萨克斯元帅在奥属尼德兰（今比利时）颇有胜利。杜普勒克斯在印度亦自英人手中夺获马德拉斯。英军入侵普罗旺斯，但为法人击退。

〔西班牙〕 腓力五世卒，子腓迪南六世嗣位。

〔北美洲〕 自今年起，英国殖民者进攻加拿大，但为法人所败。法人则联合一部分印第安人进攻英国殖民地北部，抵达纽约附近，在另一部分与英人友善之印第安人协助下，始转危为安。

1747 年

中国

丁卯 清乾隆十二年

正月，免山西明年全部额赋及太原等地额征本色十分之一。开福建诸岛许民耕垦，旋以劣绅包揽把持，又命禁开。二月，准商人赴暹罗采购米粮、木料。三月，重刊《十三经注疏》及《二十一史》成。免安徽明年全部额赋及马田稻租十分之三。严禁商人典质米谷。大金川土司莎罗奔犯边，遣张广泗经略之，于是金川事起。四月，免河南明年全部额赋，并免滩地、官庄、官地、义田租十分之三。五月，定各省乡试副榜名额，放宽录遗之限。重定各省督抚养廉银数。以年来福建有抗租拒捕之案，山东有聚众殴差之案，江南有罢市之案，广东有拒捕伤人之案，山西有抗官索犯之案，下诏申儆。六月，命校刊《通典》、《通志》及《文献通考》，并命编《续文献通考》。小金川土司泽旺投诚。七月，准汉军旗人在外省任便居住。禁贩苗民子女。改订《金史译音》。八月，禁绅士专利把持乡里。九月，清文颖修成。

外国

〔朝鲜〕 定侍从官以上公罪收赎例。

〔日本〕 五月，樱町天皇让位；九月，桃园天皇即位。改元享历。

〔越南—大越〕 哀牢别部乐凡族来贡。阮有求攻山南、菩提。

〔波斯〕 那迪尔为贵族所杀，波斯又乱。阿富汗独立。

〔日耳曼〕 奥地利及其所属地区内，禁止教会继续获得土地。同年，又下令废止宗教节日甚多。

〔法兰西〕 元帅萨克斯击败英人于拉腓尔德。同年，英海军提督豪克大败法舰队于培来尔（法西北大西洋一岛）海面。

〔荷兰〕 法军在奥属尼德兰取得胜利后入侵荷兰。威廉四世继位统领。自此以后统领职位为奥兰治家族世袭保有。

1748 年

中国

戊辰 清乾隆十三年

正月，准山东捐纳贡监备赈。二月，高宗巡山东至曲阜，三月回。云南奏腾越等地傈僳人起事，已败。四月。策妄多尔济那木札勒遣使奉贡。以金川事经年无大进展，命讷亲经略之。五月，定“刁民”同谋聚众殴官首从皆斩律。命安置新降厄鲁特于京口。禁福建民从吕宋国天主教。七月，山东以连年饥馑，抢夺之案已五十余起，阿里衮奏请轻办；谕以妥慎办理，不得一概从宽。九月，以讷亲经略金川无功，命傅恒代之。十二月，以金川事贻误，命杀张广泗、讷亲。傅恒至军，杀漏泄军机之小金川土舍良吉尔及汉奸王秋。

外国

〔朝鲜〕 权嵇等谋奉宗室李增爵起事，发觉杖死，安置增爵于绝岛。

〔日本〕 七月，改元宽延。定朝献制。朝鲜、琉球使来。

〔波斯〕 阿塞拜疆、格鲁吉亚俱脱离波斯独立。

〔日耳曼〕 10月，皇帝马利亚·泰利萨与法、英、荷、西、萨地尼亚诸国共同签订爱斯拉沙白（亚琛）和约，结束“奥地利王位继承战争”。普鲁士仍保有西里西亚，而法国则将奥属尼德兰（今比利时）退还马利亚·泰利萨。

〔意大利〕 爱斯拉沙白和约对意大利形势作如下变更：(1) 巴马、彼阿成萨与瓜斯塔拉（巴马东北）合组一公爵领地，交两西西里王查理三世弟当·腓力；(2) 米兰与塔斯加尼属奥地利；(3) 威尼斯、卢加、圣玛利诺、热那亚等地仍维持独立；(4) 摩德那公国置于法国保护下。意大利即在此情形下维持至法国革命时。

〔法兰西〕 英人在印度进攻法国殖民地蓬提舍利（本地舍利），无功而退。爱斯拉沙白和约签订后，英、法两国互相退还所占领之对方土地。孟德斯鸠之《法意》出版。法国在本世纪中叶前后，进入一商业繁荣时期。

〔联合王国〕 爱斯拉沙白和约缔结后，英国除在北美洲略有所得外，在此次战争中，实际为失败者。辉格党内部日趋分裂。

〔北美洲〕 爱斯拉沙白条约订立后，英人以路易斯堡要塞退还法国，但在诺伐斯可细亚、俄亥俄河流域一带，仍不断与法人有冲突。

1749 年

中国

己巳 清乾隆十四年

正月，以金川事劳费过大，命傅恒相机结束；寻以金川请降，命傅恒撤兵。南掌进象牙。二月，大金川土司莎罗奔降。云南巡抚图尔炳阿呈撰《金沙江志》。三月，停川运捐例。四月，禁各海口铜器出洋。五月，免四川各县额赋有差。十二月，禁各省督抚馈送钦差。《五朝本纪》成。是岁，名文学家方苞死。

外国 〔朝鲜〕 诸道牛疫。加筑大报坛，合享明太祖、神宗、思宗。

〔日本〕 定庄园制。定从者制。

〔越南—大越〕 黎维�出兵山南。

〔缅甸〕 曼尼坡来袭，震于缅兵之盛，纳女讲和。

〔捷克〕 马利亚·泰利萨下令废止波希米亚法庭，并削减当地政府权力，命将一切重要事务向维也纳请示。

〔普鲁士〕 普鲁士王腓德烈二世引用法学家科克最尼，改革司法制度，派法官巡回各地，专事清理积案。又规定自此以后，任何案件之审理与判决时间不得超过一年。

〔西班牙〕 因某些“改革”之实施，西班牙经济在此时期中略呈繁荣气象。与英国订立通商条约。

1750 年

中国 庚午　清乾隆十五年

正月，策妄多尔济那木札勒使人奉贡。准宁古塔流民入籍。二月，禁四川兵役侵扰番地。六月，重定《满文十二字头音训》。六月，命驱逐多伦诺尔携眷流民，禁蒙古与汉人为婚。七月，缅甸初称臣奉贡。九月，准噶尔宰桑萨喇尔率属来降，安插于察哈尔。免河南歉收地方额赋之半。高宗巡河南至嵩山，十一月回。十月，西藏珠尔默特那木札勒为驻藏大臣所杀，其部下卓呢罗卜藏札什攻杀驻藏大臣而走，旋被获。命发兵入藏。

外国 〔朝鲜〕 八道大疫，死三十余万人。遣均税使于八道厘正渔盐漏结。设局改修役法。

〔日本〕 四月，樱町上皇死。禁农民强诉。废出差旅费制。

〔越南—大越〕 郑楹督师进击山西阮永芳。

〔缅甸〕 摩诃陀摩耶娑底波王以白古攻扰，遣使献象及金塔求援于清，清之云南大吏派员至阿瓦视查，但未出兵。

〔门的内哥罗〕 土耳其人企图用优越条件诱使门的内哥罗承认苏丹为宗主，但为门的内哥罗人拒绝。

〔北美洲〕 英国议会通过制铁条例，意在阻止美洲殖民地冶铁业之发展。

1751 年

中国 辛未　清乾隆十六年

正月，以南巡，免江苏、安徽乾隆元年至十三年逋赋及浙江本年额赋三十万两。免河南乾隆十四年以前逋赋。免甘肃乾隆元年至十年逋赋。高宗南巡，至绍兴，五月回。二月，免两淮灶户乾隆二年至十四年逋赋。准噶尔使人贡方物。五月，设西藏台站。闰五月，令绘苗、瑶、黎、壮等族衣冠图。缅甸遣使来贡。八月，授保举经学人选者诸人官。阳武河溢。十月，云南搜集本省各族文字十四种，分汇成书进呈。十一月，安南咨请两广总督查访莫氏后裔，令驳之。十二月，挑永定河下口引河。禁苗人充苗疆额兵。是岁，准噶尔内哄，阿睦尔撒纳及达瓦齐来投未果。

外国 〔朝鲜〕 北道饥，赈之。户曹上结钱，总三十七万二千两。

〔日本〕 六月，德川吉宗死。十一月，改元宝历。

〔越南—大越〕 阮有求败，被俘。阮名芳败，被俘。山西定。

〔法兰西〕 狄德罗之《百科全书》开始出版。

〔联合王国〕 英人克莱武（英国东印度公司职员）大败法将杜普勒克斯及其印度同盟军于阿尔科特。法、英两国在印度势力之消长，此战具有决定性。

1752 年

中国 壬申　清乾隆十七年

四月，温州、台州等地贫民抢米，命将为首者永远枷号示众，许民开垦浙江南田诸岛。湖北罗田民马朝柱以符箓聚众，谋起事于英山县天马寨，事泄，罗田知县冯孙龙以开脱马朝柱，处死，牵连及四川、安徽、河南多人，命严缉。七月，禁使用日本宽永钱，并禁商船携带进口。八月，四川杂谷土司旺苍与邻部构衅，劝解不听，岳钟琪遣兵击降之。九月，葡萄牙来贡。是岁，厉鹗死。

外国 〔日本〕 琉球使来。

〔缅甸〕 三月，白古兵破破瓦牙，大焚掠，俘摩诃陀摩耶娑底波王，囚之鸿刹瓦底，于是东牛王朝亡。木疏部小酋瓮籍牙起兵反抗白古。

〔法兰西〕 法、英二国在北美洲为俄亥俄地区问题发生争执。

〔联合王国〕 今年起改用教皇格列高利于1582年所颁布之新历法。自9月2日至14日间相差之十一日作废（按在此以前英人以“夫人日”〔即3月25日，相传天使在是日向耶稣之母马利亚宣布耶稣将诞生之消息〕为岁首，6月21日起为第二季，9月29日起为第三季，12月25日起为第四季。至是改以1月1日为岁首）。

〔西班牙〕 与奥地利、塔斯加尼及巴马等地统治者缔结阿朗赫斯条约，共同保障意大利之中立。

〔北美洲〕 富兰克林始发现自然界之电。

1753年

中国 癸酉 清乾隆十八年

二月，免山东历城等县历年带征额赋。三月，命八旗军器三年一查。四月，葡萄牙遣使贡献，五月，增钦天监西洋监副一人。六月，申禁朝官与诸王交通。七月，划一道员品极，罢兼布、按二司衔。禁翻译满字小说。八月，南河舞弊案起，河官革降、籍没、追赃者甚多。九月。河决铜山县。十月，免江苏水灾区额赋及逋粮。是岁，准噶尔内哄不已，春季，台吉喇嘛达尔札攻哈萨克，被俘；达瓦齐为台吉，别部不服，互相攻战，杜尔伯特台吉车凌来降。

外国 〔朝鲜〕 派遣官员厘正贡市节目。

〔日本〕 申令诸侯贮米。

〔暹罗〕 锡兰使来聘高僧，遣十五僧往。首领僧乌巴里，遂开锡兰乌巴里旺宗之基。

〔缅甸〕 瓮籍牙克阿瓦称王。

〔俄罗斯〕 废止内地税及其他一部分杂税。

〔罗马〕 教皇本内地克十四世与西班牙订立梵蒂冈友好协定，承认西王有委任教会各级职位之权力。自此以后，西班牙教会取得实际独立之地位。

〔法兰西〕 启蒙哲学家卢梭《论不平等之起源》出版。

〔联合王国〕 不列颠博物院成立。

〔瑞典〕 始改行格列高利历。

〔北美洲〕 法将丢康侯爵遣远征队一千五百人占领俄亥俄地区，并在伊利湖东南建立两要塞。弗吉尼亚总督遣乔治•华盛顿（即后来美国总统）前往交涉，不得要领。

1754年

中国 甲戌 清乾隆十九年

正月，遣官招乌梁海。三月，免黑龙江雍正十三年至乾隆十八年逋粮。四月，修高堰堤成。五月，准噶尔台吉达瓦齐遣使来索杜尔伯特台吉车凌；严驳斥之，发兵备击达瓦齐。七月，辉特台吉阿睦尔撒纳为达瓦齐所逼，来降。十一月，苏禄国遣使贡献，并请附入版图，允之。乌梁海编设旗分。是岁，《儒林外史》作者吴敬梓死。

外国 〔朝鲜〕 禁考试挟带书册。

〔日本〕 令诸藩存贮租入十分之一。颁宝历历。

〔越南一大越〕 禁耶稣教（和兰左道）。

〔法兰西〕 自印度召回杜普勒克斯，法人在印度之势力，自此江河日下。与英人在美洲殖民地发生战争。英军与印第安人自弗吉尼亚入俄亥俄，但为法人所败。

〔联合王国〕 英现实主义作家亨利•菲尔丁卒。

〔北美洲〕 法将丢康侯爵又在俄亥俄河上游建丢康要塞（即今匹兹堡所在地）。弗吉尼亚总督遣乔治•华盛顿率兵前往，建“需要堡”（要塞名）与之对垒。需要堡为法军围攻，华盛顿乞降。

1755年

中国 乙亥 清乾隆二十年

正月，分道出兵击达瓦齐。三月，以准噶尔各部前后来降，命人往测绘地图。胡中藻诗狱起，四月结，被杀。琉球世子尚穆遣使入贡并请封。五月，禁满人与汉人唱和及较论同年行辈往来。以大兵至伊犁，优赏阿睦尔撒纳等，并命招附哈萨克。罗卜藏丹津前自青海败依准噶尔，至是迎降。湖北设机局织绌纱。六月，以准噶尔地方已定，令班第留驻伊犁，召阿睦尔撒纳等还，时阿睦尔撒纳已决意并统卫拉特四部，迁延不行。达瓦齐逃至霍集斯被回民所获，解送大营。七月，命《纂平定准噶尔方略》。八月，阿睦尔撒纳反清，班第等力穷自杀。十二月，定旗奴告主拟徒不准折枷例。是岁，人口一万八千五百六十一万余，各省仓米谷三千二百九十六万余石。张廷玉、全祖望死。

外国 〔朝鲜〕 尹志等以谋反死。

〔日本〕 禁诸藩用金牌。

〔越南一大越〕 郑楹自为尚师、尚父、英断文治武功明王。

〔俄罗斯〕 莫斯科大学于本年一月间创立。

〔日耳曼〕 哲学家康德著《自然通史与天体论》。1781年著《纯理性批判》。1788年著《实践理性批判》。

〔意大利〕 科西嘉岛民在巴斯奎尔·巴俄利领导下，为推翻热那亚统治而斗争。巴俄利计划建科西嘉为一共和国。

〔联合王国〕 开始与法国进行战争，在北美洲与法国进行陆战，在其他各地海洋上则与法国进行海战，大致均为英国胜利。明年，“七年战争”起，英法战争即变为其中之一部分。

〔葡萄牙〕 11月1日，葡京里斯本大地震，死者巨万。

〔北美洲〕 “法国人与印第安人战争”（由于法人联合其印第安人同盟与英人作战，故名）始。当时正值欧洲七年战争将起，英人再度乘机扩大其在北美之殖民地。

1756年

中国

丙子 清乾隆二十一年

正月，阿睦尔撒纳奏请准其管理卫拉特四部，时已发兵击之。二月，许驻防兵在防地置产。高宗如山东，至曲阜，三月回。兵至伊犁，阿睦尔撒纳走哈萨克。五月，准商贩往西北两路军营贸易。九月，免甘肃乾隆十一年至十五年逋欠钱粮。闰九月，河溢山东孙家集。疏筑东河。十月，以哈萨克阿布赉汗不肯缚献阿睦尔撒纳，遣兆惠袭之。十一月，孙家集决河塞竣。改定乡会试法。

外国

〔朝鲜〕 宋时泽等以作“凶言”死。时少论派势大衰。

〔日本〕 以浚大坂川口，课船舶税。搜索古银。

〔越南—大越〕 哀牢来贡。

〔俄罗斯〕 始设剧场于彼得堡。

〔门的内哥罗〕 击溃来犯之土耳其人与波斯尼亚人。

〔日耳曼〕 8月，普鲁士王腓德烈二世以六万七千人之兵力突然进攻萨克森，“七年战争”起。10月中旬，萨克森乞降。

〔法兰西〕 “七年战争”起。法王路易十五在其情妇彭巴杜夫人影响下，加入奥地利，共同对抗普鲁士。英国则以志在夺取法国之海外殖民地，故参加普鲁士方面。

〔荷兰〕 “七年战争”起，荷兰声称严守中立。

〔联合王国〕 与普鲁士订立津贴同盟（以金钱接济普鲁士作为同盟条件），实际则以军队在海外夺取法国殖民地。6月29日，在印度加尔各答发生所谓“黑窟事件”，久受压迫之印度人反抗英人。英人百余名被闷死于一小室中——黑窟。

1757年

中国

丁丑 清乾隆二十二年

正月，以西北一带军事未已，遣将发兵经略之。免甘肃乾隆十六年至二十年逋赋。高宗南巡，至杭州，四月回。以天津府马厂地招民垦植。二月，免两淮灶户乾隆十七年至十九年逋欠。三月，免杭州等府乾隆十八年至二十年逋欠。四月，暹罗遣使入贡。六月，段昌绪以藏吴三桂檄文加圈详赞被杀。彭家屏因藏明末野史焚毁灭迹，并其子皆处斩监候，家产籍没。彭家屏寻以撰大彭统纪赐死。七月，免河南灾区漕粮并令疏浚沟渠以工代赈。哈萨克汗阿布赉降。八月，俄罗斯请由黑龙江运粮；以违约，不许。十月，遣官督修山东运河。十二月，准直隶收曲税。准吕宋船于厦门贸易。是岁，各路兵穷搜，阿睦尔撒纳走俄罗斯，致书索之。又以回部大小和卓木博罗尼都、霍集占等不服，决派兵攻之。

外国

〔朝鲜〕 八道饥，京畿大疫，免租赋有差。命宗臣以罪死者子孙勿没为奴婢。

〔日本〕 颁开垦令。废佐久间町测量所。杉田玄白提倡西洋外科术约在此时。

〔缅甸〕 瓮籍牙王陷鸿刹瓦底，俘白古王披耶塔腊。

〔印度〕 英军在克莱武指挥下击败印度起义军于加尔各答北之普波西。英军向印度勒索巨款，又进行残酷报复。

〔日耳曼〕 1月10日，马利亚·泰利萨以帝国名义向普鲁士宣战（汉诺威、黑斯、不伦瑞克与哥达仍与普鲁士同盟）。腓德烈二世入波希米亚，围攻布拉格，但被击退。瑞典军攻入普鲁士之波美拉尼亚。俄军占领默麦尔，入普鲁士。奥军则进攻布兰敦堡。11月5日，腓德烈在罗斯巴赫大胜法军。

〔法兰西〕 法军侵入汉诺威，获胜于哈斯顿培克，失败于罗斯巴赫。

〔联合王国〕 克莱武在印度取得对法军之胜利夺获孟加拉。

〔非洲〕 西地·穆罕默德任摩洛哥国王（至1789年）。1777年禁止贩卖基督教徒为奴隶，俾侵略者无所借口。

1758年

中国

戊寅 清乾隆二十三年

正月，免甘肃乾隆十六年至二十二年逋欠。命兆惠经略回疆，以雅尔哈善统率增援军队助之。阿睦尔撒纳死于痘，俄罗斯送其尸至恰克图；遣官往验。招谕布鲁特。四月，免直隶霸州等地乾隆十年至二十年逋欠。改生员岁科试法。五月，免甘肃明年额赋。河南开浚河道竣工。七月，免甘肃积年民欠耗羡银米。布鲁特来附。十月，命伊犁拨兵屯田。是岁，兆惠等击大小和卓木至叶尔羌被围于黑水营，至明年正月始解。同年，胡天游、惠栋死。

外国

〔朝鲜〕 海西关东人多信天主教，命严禁之。

〔暹罗〕 波隆摩葛王死，子乌通奔王嗣，三月后让位与其兄厄迦陀王。

〔印度〕 麻剌他吞并旁遮普，达于极盛时期。

〔日耳曼〕 6月，在克累非尔德之法军为腓德烈之同盟军所败。8月，腓德烈率军在左恩多夫胜俄军。10月，腓德烈在荷赫刻赫为奥军所败，但奥军仍不能将彼自萨克森与西里西亚逐出。

〔法兰西〕 英国舰队四出骚扰法国海岸，同年，法国在北美洲丧失要塞数处。

〔葡萄牙〕 9月，大贵族叛变，失败后，被杀者甚多。

〔北美洲〕 1755年战争起后，英人迭次失败，今年，始自法人手中先后夺获丢康要塞与路易斯堡要塞。

1759年

中国

己卯 清乾隆二十四年

正月，免甘肃明年额赋及历年积欠。以贻误军机，杀雅尔哈善。二月，禁宗室王公以女许嫁在京旗人。五月，遣官绘回部舆图。免陕西潼关等处本年额赋有差。修浚京城内、外河渠，以工代赈。闰六月，永定河溢。修浙江海塘。禁浙丝出洋。七月，兆惠等次第攻下回疆诸城，奏定设官、驻兵及征税、铸钱办法。九月，大小和卓木被追，奔巴达克山部，小和卓木被杀，大和卓木被俘，巴达克山汗素勒坦沙不欲交献，令兆惠等迫索之。寻素勒坦沙又杀大和卓木，以二人首级献于军前，并请降附。至此，天山南北路遂皆入版图，命将军驻伊犁总统两疆。十一月，命屯田于库车，建辟展等处仓堡。十二月，御史史茂请禁花档小唱，被斥。严禁绸缎锦绢出洋。是岁，顾栋高死。

外国

〔日本〕 定别墅制。禁金札银札。清水烧约始于此时。

〔越南—大越〕 懿宗死。

〔暹罗〕 缅甸来索白古逃人，不与，缅甸遂来犯。国人大震。以厄迦陀王昏懦，废之，复立乌通奔王。

〔缅甸〕 以暹罗收纳白古逃人，遣使索之，不得，瓮籍牙王乃督师攻暹罗，围其京。

〔俄罗斯〕 八月十二日，俄、奥联军大败普军于库勒尔斯朵夫。明年，俄军入柏林。

〔联合王国〕 英人在魁北克获得胜利，自此，控制法属加拿大，但主将吴尔夫阵亡。11月下旬，英海军在基布隆湾（法国西北）亦战胜法人。

〔法兰西〕 法军退出汉诺威与黑斯。在北美与印度亦分别遭遇失败。《百科全书》暂时被禁。

〔西班牙〕 腓迪南卒，其异母兄两西西里王查理继位，称查理三世。所遗西西里王位则由查理幼子腓迪南继承。

〔葡萄牙〕 驱逐耶稣会教士，递解赴教皇国者甚众（因彼等参加去年之贵族叛乱）。

〔北美洲〕 英人侵入加拿大，夺获魁北克，但主将吴尔夫阵亡。

1760年

中国

庚辰 清乾隆二十五年

正月，命屯田于乌鲁木齐。浩罕、巴达克山、布鲁特各遣使入觐。四川大吏以各省人来居者日多，奏请设法限制；不许。定布鲁特等部入回疆贸易税率。命将在京安插降附回人另编佐领。三月，于伊犁屯田。六月，免甘肃本年及明年耗羡银两。巴勒提部请归附，并请仍在叶尔羌贸易。七月，命叶尔羌、和阗除年贡玉外，不得勒令采办。十一月，准阿克苏照叶尔羌例，开炉铸普尔钱。准垦肃州边外荒地。南掌来贡。

外国

〔朝鲜〕 饥。

〔日本〕 江户大火。德川家重退职，德川家治为征夷大将军。

〔暹罗〕 缅甸军围阿瑜陀耶京，因其王瓮籍牙受伤乃退。

〔缅甸〕 瓮籍牙王攻暹京受伤，退师，死于中途，子孟洛嗣。

〔印度〕 麻剌他攻下德里。

〔俄罗斯〕 探险家洛施金第一次绕诺伐雅•最姆雅岛四周航行（按此岛北端约在北纬七十八度）。

〔日耳曼〕 8月，普王腓德烈在利格尼兹战胜奥军。11月初，又在托尔高战胜奥军。此为七年战争中末二次阵地战。10月9日至12日，俄军突袭柏林，陷之，焚毁其大部后，退去。

〔联合王国〕 乔治三世朝始。詹姆斯·瓦特始实验蒸汽引擎。

〔法兰西〕 加拿大完全为英人占领。在印度之法属殖民地亦大部分为英人所夺。

〔非洲〕 南非之荷兰殖民者开始渡过奥兰治河，向迤北之大纳玛瓜兰一带深入侵略。

1761 年

中国

辛巳 清乾隆二十六年

二月，安南来告哀并请封；遣使封黎维褍为安南国王。云南奏安南“沙匪”入界滋扰，遣兵会同安南兵击之。三月，南掌国来贺太后寿。四月，命玛纳斯等处屯田，并设乌鲁木齐至伊犁台站。六月，弛贵州汉苗结婚之禁。七月，河溢祥符。八月，命停运河南漕粮。九月，云南奏安南“沙匪”已败散。十月，俄罗斯交还逃犯。贵州奏种棉、苎及养蚕事已著成效。十一月，免河南漕粮漕项有差。

外国

〔朝鲜〕 济州饥，命停明年贡马。

〔日本〕 以老中掌国用。德川家重死。禁米粮批空买卖；收购米粮以防米价暴落。

〔越南—大越〕 清使来册封。郑杠死，追尊裕祖。

〔印度〕 麻剌他王与波斯王阿玛德·煞·杜拉尼大战于巴尼巴特，麻剌他军大败，死者逾二十万人。于是麻剌他之势亦骤衰，无力抵抗欧人之侵入。

〔土耳其〕 第一次与普鲁士订立条约。

〔日耳曼〕 英国在海外获得对法国殖民地之优势后，于本年突然撤销对普鲁士之金钱援助。10月1日，奥军占领什淮德尼兹，12月16日，俄军又占领科尔堡，腓德烈处境危殆。

〔联合王国〕 乔治三世以托利派之支持，利用官职与贿赂等方法，在议会中造成一号称“国王之友”之党派。

〔法兰西〕 各地波旁王族共同签立一攻守同盟（《家族盟约》），参加者有法兰西、西班牙、两西西里、巴马与彼阿成萨诸国之统治者。法国在印度之最后要塞蓬提舍利向英人投降。

〔西班牙〕 与法国订立第二次《家族盟约》，旨在对抗英国。

〔北美洲〕 英国政府以1733年糖类法案公布后，走私之风大炽，遂于本年颁布搜查法令，使凡持搜查令之税吏，可以进入任何被视为嫌疑之地区进行搜查。波士顿商人大加反对。

1762 年

中国

壬午 清乾隆二十七年

正月，高宗南巡，免江苏、浙江、安徽历年缓征及未完地丁各项，至海宁，五月回。三月，命直隶浚河筑堤以工代赈。四月，谕安南国王以后接诏仍遵旧礼；至馈送使臣免去程仪银两。五月，允英吉利商人之请，许其每船买土丝、二蚕湖丝八千斤；仍禁头蚕湖丝及绸缎出口。闰五月，缅甸桂家宫里雁前败奔云南孟连，愤土司勒索，杀之并家口等八十余人，逃猛养被捕，旋命杀之。十月，爱乌罕汗遣使奉贡。命直隶开通沟洫。是岁，共口二万零四十七万余，存仓米谷三千四百零九万三千余石。

外国

〔朝鲜〕 英祖亲祀大报坛，欲以明臣配享，以议不一而止。京畿、三南饥，赈之。时湖南饥民四十八万三千七百余口。

〔日本〕 七月，桃园天皇死，皇姐智子践祚，是为后樱町女天皇（一百一十七代）。

〔越南—大越〕 开太原、山西、兴化等处铜、银等矿。

〔暹罗〕 遣使贡于清。

〔俄罗斯〕 伊利莎白卒，彼得三世嗣位，立即命俄军退出东普鲁士，并协助普王腓德烈进攻奥军。七月，政变起，彼得被幽禁，旋丧命。其妻嗣位，称凯塞琳二世（大帝）。

〔保加利亚〕 阿托斯修道僧派西著《保加利亚人民史》，叙述保加利亚帝国过去之光荣，唤起保人之民族情感，通常以此为保加利亚民族复兴之标帜。

〔日耳曼〕 彼得三世嗣位后，立即与普王媾和，并转而协助普军。7月9日，俄国政变后，虽将俄军召回，但普军已转入有利地位，以此在7月下旬与10月下旬又两次战胜奥军。

〔联合王国〕 向西班牙宣战（由于去年西法同盟之故）。英人迅即占领哈瓦那（古巴首府）、特里尼达岛（南美洲北部）、马尼拉。

〔法兰西〕 卢梭之《爱弥儿》与《民约论》出版。

1763 年

中国

癸未 清乾隆二十八年

正月，浚直隶河道。以爱乌汗、巴达克山、霍罕、哈萨克各遣使入觐，赐之敕书。二月，河南奏挑浚河道竣事。五月，应朝鲜王李昑请，遣使册封其孙李算为世孙。六月，禁洞庭湖滨私筑民堤。七月，命北方各省广栽卧柳。八月，湖南奏修岳麓书院。九月，命科布多屯田。十二月，允琉球请，许购土丝、二蚕湖丝八千斤，余仍照例禁运。

外国 〔朝鲜〕 沈来复等以欲奉宗室李㮒起事，被杀。

〔日本〕 调查诸侯境内铜矿。十一月，后樱町女天皇即位。

〔暹罗〕 景迈为缅甸所侵，遣使求援；遣兵赴之，景迈已为缅甸所破。

〔缅甸〕 破景迈，逐其王，置戍将。十一月，孟洛王死，弟孟驳嗣。

〔日耳曼〕 普鲁士与奥地利签订胡柏图斯堡和约。普鲁士仍保有西里西亚，但腓德烈允诺以布兰敦堡选侯资格投票选举马利亚·泰利萨之长子约瑟夫大公为皇帝。"七年战争"由此终结。

〔联合王国〕 与法国及西班牙订立巴黎和约，英国获得加拿大、布雷顿角岛，其余在印度及非洲所占领之土地则退还法国。西班牙亦以佛罗里达（今美国东南半岛）让予英国，英国则退还所占领之古巴土地，包括哈瓦那。再严禁手艺工匠出国。

〔法兰西〕 与英国及西班牙签订巴黎和约，法国退出七年战争。加拿大即以此约割让与英国，但在印度则收回蓬提舍利。

〔西班牙〕 巴黎和约缔结后，西班牙收回哈瓦那与马尼拉，但放弃在纽芬兰之捕渔权，并以佛罗里达割让英国。法国以北美南中部之路易斯安那（密西西比河迤东）转让西班牙为补偿。

〔北美洲〕 2月10日，巴黎和约成。英人在北美洲获得加拿大、阿克地亚、布雷顿地角，以及密西西比河迤东之路易斯安那区。

1764年

中国 甲申 清乾隆二十九年

三月，弛蚕丝出洋之禁。九月，命朝鲜王约束所属，勿令越界生事。十月，停山东岁进牡丹。十一月，令重修《大清一统志》。是岁，以俄罗斯于互市时违约课税，又有他种欺蔽，诏停恰克图贸易。《红楼梦》作者曹雪芹死。

外国 〔日本〕 六月，改元明和。中国船运到图书集成。朝鲜使来。琉球使来。

〔越南一大越〕 禁中国商人与本国人杂居。

〔缅甸〕 命骁将摩诃那罗陀攻土瓦，克之，土瓦守将奔暹罗。

〔印度〕 英东印度公司任命克莱武为孟加拉总督，克莱武利用本地王公之互相矛盾，用印度人攻击印度人，进行侵略蚕食，扶植傀儡，镇压人民，并大规模掠夺印度人民财富，据为己有。据其在议会自供一次即向一印度土王勒索"赠礼"二十三万四千镑，并接受"年俸"二万八千镑，至其为东印度公司之榨取，则数目更大。

〔土耳其〕 塞浦路斯岛之希腊人举义，但旋失败。同年，俄罗斯开始派人在希腊各地活跃，企图掀起反土耳其运动。

〔俄罗斯〕 凯塞琳令没收寺院田庄，将其农民划归特设机构——经济院——管理。此类农民被称为"经济农民"。

〔波兰〕 斯坦尼斯拉斯·波尼雅托夫斯基当选为国王（奥古斯都三世去年卒）。俄罗斯与普鲁士成立协定，对波兰事务采取合作行动（按新王为俄国女沙皇凯塞琳二世之面首）。

〔日耳曼〕 马利亚·泰利萨长子约瑟夫大公当选为罗马王（按此为未加冕为皇帝前之称号）。

〔联合王国〕 "北布列吞"杂志因刊登对国王"不敬"之文字，乔治三世命将作者、编者、印刷者与发行者一律逮捕，旋经大法官判决此逮捕令为非法，皆获释。但次年仍借别项罪名将作者威尔克斯开除出下议院（议员），并褫夺其法律保护权。威尔克斯遁往法国。哈格里夫发明新式纺车，同时可纺纱八根（其后改良至一百根），由此引起一系列之发明，使纺织业之生产力大为提高，产业革命即导源于此（按亦有以哈格里夫之发明在1765年或1767年者）。

〔法兰西〕 耶稣会教士被逐出境。伏尔泰之《哲学辞典》出版。

〔北美洲〕 英政府又颁布糖税法案与殖民地货币法案。前者为增加税收，后者为禁止殖民地鼓铸货币。

1765年

中国 乙酉 清乾隆三十年

正月，高宗南巡，至海宁，四月回。以南巡，免江苏、浙江、安徽多项逋欠。闰二月，乌什回民以不堪苛虐，起事反抗，杀官，焚库，越六月败。五月，哈萨克使人入觐。八月，黑龙江将军奏调查格尔毕齐河源情形。河南奏整理境内运河情形。十一月，陕甘总督奏巴里坤一带垦辟情形。十二月，以蒙古土谢图郡王与办事大臣丑达私与俄罗斯贸易，削土谢图王爵，杀丑达。四川金川土司攻扰党坝等处。缅甸北部"莽子"侵扰猛捧等土司地，云南兵攻之，不利。

外国 〔日本〕 许奥医多纪安元立医学馆。禁高利贷。

〔越南一大越〕 阮福淳嗣统广南。

〔暹罗〕 缅甸来侵，连下诸城，进攻陀那巫里（即曼谷)。英国船主初代坚宁，嗣以救援不至，弃之而去。遣使贡于清。

〔缅甸〕 以土瓦叛将奔暹罗，索之，不与，遂攻暹罗，攻下陀那巫里等城。

〔俄罗斯〕 名化学家（兼诗人）罗蒙诺索夫卒。

〔日耳曼〕 弗兰西斯一世卒，子嗣位为帝，称约瑟夫二世。约瑟夫二世与其母马利亚·泰利萨在奥地利共同秉政，直至后者于1780年逝世。马利亚·泰利萨在匈牙利颁布改革令，调整农奴与地主间之关系，以缓和前者之反抗情绪。

〔意大利〕 弗兰西斯卒后，塔斯加尼在其子利奥波德统治下又变成一近于半独之公爵领地（按弗兰西斯生时，塔斯加尼实际等于奥地利一行省)。

〔联合王国〕 议会通过在美洲实施之印花税条例。

〔北美洲〕 英政府又对殖民地颁布印花税施行条例及军队驻屯法。10月7日，殖民地九处之代表二十八人会集于纽约，向英王与议会提出对印花税之抗议。

1766年

中国 丙戌 清乾隆三十一年

正月，诏自今年至乾隆三十五年轮免各省漕粮。以云贵总督刘藻对于“莽子”事措置乖方，遣杨应琚代之；三月，藻自杀，应琚至，“莽子”败溃，招乱之孟艮土司召散等逃缅甸，派人索之。四月，以“莽子”事平，免云南普藤等十三土司额征银米。七月，听云南民耕垦山麓河滨，概免升科纳粮。八月，河溢铜山县。九月，杨应琚以缅甸收纳召散，又常扰边境，请攻之。四川奏查办金川首领郎卡与各土司互哄事。台湾攸武乃社土人起事，旋败。十一月，杨应琚遣兵攻缅甸。十二月，《大清会典》成。

外国 〔朝鲜〕 遣使贺日本关白生子。

〔日本〕 定工商受领制。中国商人带金来。

〔暹罗〕 二月，缅甸兵围阿瑜陀耶。遣使贡于清。

〔缅甸〕 围暹罗京城阿瑜陀耶，并分兵击溃他处抵抗之师。清云南土司结缅甸北部土人扰乱，为清兵所败，其首领召散等来奔，清索之，不与，清兵来攻，败之。

〔门的内哥罗〕 弗拉地卡巴细尔二世卒于俄京圣彼得堡（按巴细尔二世当时正在俄京磋商借款)。

〔波兰〕 国王在俄国大使尼古拉·雷卜宁之影响下发布命令，准许“非国教徒”（东正教与新教徒）享有与罗马天主教徒同等之地位。由于非国教徒多为农民、手工业者与小店主，故贵族大哗，酝酿叛变。

〔日耳曼〕 在奥地利境内设立出版物检查委员会。奥地利设立商务部。

〔联合王国〕 因美洲人民之激烈反对，取消印花税条例。

〔法兰西〕 斯坦尼斯拉斯·列琴斯基卒，洛林重行并入法国版图。

〔西班牙〕 马德里发生“斯圭拉彻暴动”(反对财相斯圭拉彻），政府军加以镇压，死伤甚众。

〔北美洲〕 英政府被迫取消印花税，但同时议会又通过“宣言法案”，声称英王以议会之同意，有制定任何法律强使殖民地遵守之权力。纽约州爆发抗缴捐税运动。

1767年

中国 丁亥 清乾隆三十二年

正月，杨应琚奏入缅胜利及缅王弟请降情形，中多矛盾。二月，开馆修《续通志》、《通典》及改订所修《续文献通考》。三月，以云贵总督杨应琚经营缅事欺饰，令明瑞代之，嗣令杨应琚自尽。四月，挑浚凤河。攻缅之军退至龙陵。五月，免云南土司本年钱粮。六月，挑浚徒骇河成。严定蒙古盗卖牧场马匹罪。闰七月，派人乘商船至暹罗谕严防缅甸。八月，哈萨克与霍罕交战，遣使入贡并请赐大炮以攻霍罕，谕解之。九月，明瑞督师攻缅甸，十二月，深入，过天生桥，他路额勒登额反退至旱塔。

外国 〔日本〕 定棉实买卖制。

〔越南一大越〕 正月，郑楹死，追称毅祖，子森自为元帅靖都王。先是，黎维禟称受懿宗密旨，起兵于清花，声讨郑氏，至是出香山攻扰。黄文质攻兴化等地。

〔暹罗〕 四月，缅甸破阿瑜陀耶，大焚掠，厄迦陀王走死，阿瑜陀耶王朝自拉玛铁菩提建立至是凡四百十七年而亡。时有中国澄海人郑镛之子，即中国史上之郑昭，暹罗称为郑王，仕暹为大将，名披耶达信，于缅甸攻城时，突围，以五百人奔罗勇，旋入尖竹汶、叻府，起兵逐缅甸兵，据陀那巫里，自立为王。

〔缅甸〕 围暹罗京城阿瑜陀耶十四月，破之，掠其珍宝、人民。以清兵又来，大军北归，留兵置守。

〔印度〕 迈索尔国权臣赫德尔·阿里发动反抗英人侵略战争，是为第一次迈索尔战争。

〔俄罗斯〕 禁止农奴控诉主人。准许农奴主任意将农奴流放至西伯利亚。

〔西班牙〕 下令自西班牙本部及一切殖民地中将耶稣会教士悉数驱逐，其中被送至教皇国者约为一万人。

〔北美洲〕 英政府以纽约居民拒绝驻屯法案（军队可驻扎于一切公共场所）之充分实行，令停止该地议会举行会议权利。同年英王令征收玻璃、茶叶、纸张等商品之关税（以唐森德动议通过，故亦称“唐森德条例”）。

1768 年

中 国

戊子 清乾隆三十三年

正月，明瑞阵亡，入缅之军败退，额勒登额以逗留贻误，五月，凌迟处死。七月，禁哈萨克等转贩俄罗斯货物于内地贸易。八月，以俄罗斯遵照新拟通商条规，准仍在恰克图通商。以甘恩敕（即郑昭）乘暹罗为缅甸所残，自立为王，欲求封册，驳斥之。十月，台湾民黄教起事。十二月，清查浙江沿袭明代之勋田，令依照民田一体纳粮。自十月以后，攻缅军事，由阿里衮、阿桂指挥，略有进展。是岁，齐召南死。

外 国

〔朝鲜〕 减江界参贡。八道虫灾。中外户一百六十七万九千八百六十五，口七百万六千二百四十八。

〔日本〕 铸真输钱（四文钱）。许朝鲜运铜。

〔越南—大越〕 遣宦官阮廷训督兵击黄文质。

〔暹罗〕 郑王反攻，缅甸兵屡败，前所据之地多失，阿瑜陀耶亦为郑王克复。

〔缅甸〕 前所占领之暹罗诸城多失，阿瑜陀耶亦不守。清兵进攻，小败之；惧再增兵来攻，遣使请和，清不理。

〔土耳其〕 向俄罗斯宣战。

〔门的内哥罗〕 威尼斯与土耳其人合力来攻，被击退，旋与二者订二十年和平条约。

〔波兰〕 反对国王及俄国势力之贵族，组“巴尔同盟”（巴尔在乌克兰），以法国援助发动内战。同年俄国派兵入波。土耳其则以法国怂恿立即向俄国宣战。

〔日耳曼〕 马利亚·泰利萨颁布在奥地利辖境内通行之统一法典。

〔联合王国〕 阿尔克莱特发明织布机，使纱之使用量与生产量趋于平衡，生产力大为提高。同年威尔克斯（见1764年条）第二次当选为下院议员，但为“国王之友”所逐。伦敦群众大哗，请愿要求恢复威尔克斯之自由（按当时威尔克斯已被捕），国王军队开枪击毙多人。库克发现新几内亚与澳大利亚间之库克海峡。

〔法兰西〕 热那亚以科西嘉岛割让法国。明年，拿破仑生于此岛，故拿破仑应为法国人。

〔北美洲〕 英军队进驻波士顿，市民拒予驻地。

1769 年

中 国

己丑 清乾隆三十四年

正月，遣傅恒经略攻缅军事。二月，弛洋船带硫磺入口禁。三月，台湾民黄教败死。五月，安南莫氏后裔黄公缵为黎维褍所逼，来投。七月，傅恒督师入缅。赵三于普洱起事，景线、孟艮二土司与之合。禁广东私铸唐、宋、元、明古钱。十一月，以入缅弁兵病死太多，傅恒染瘴，缅甸王孟驳遣使诣军请降，命撤兵许和，定十年一贡。是岁，共人二万一千二百零二万余口，仓谷三千七百五十七万余石。

外 国

〔朝鲜〕 蠲关西监兵营子母钱十余万两。赈饥民。

〔日本〕 禁农民徒党。佐佐木秀长献历书。

〔越南—大越〕 黄文质死，子公缵代统其众，败奔云南。郑森自加尚师号，遣兵三道击黎维褍。郑森废太子黎维祎，逾年杀之。

〔暹罗〕 郑王克那空是贪吗叻城。中国漳州人吴扬请独占佛头廊等岛采燕窝之特权，年纳税金五十斤，郑王许之，自是吴氏遂世仕于暹。

〔缅甸〕 清兵大举来攻，连占新街等地，遣使请降；清许之，遂和，许十年一贡；嗣以清兵撤走，遂延宕履行约和条件。

〔俄罗斯〕 女帝凯塞琳遣大军进占摩尔达维亚与瓦拉几亚，又协助希腊半岛反抗土耳其人之起义。

〔联合王国〕 威尔克斯第三度当选为下院议员，但仍被逐。同年詹姆斯·瓦特改良蒸汽机初步成功，获得专利证。

〔西班牙〕 北美洲路易斯安那法国居民反对将该地转让西班牙，六年来扰攘不宁，至是始因西政府之严厉镇压趋于平定。

〔北美洲〕 英政府令将任何在殖民地被控为叛逆罪之嫌疑犯解送英国本部审判。

1770 年

中国

庚寅 清乾隆三十五年

正月，命自今年轮免各省钱粮一次。《平定准噶尔方略》成。三月，允木邦、蛮莫土司请，迁于大理、蒙化，以避缅甸苛敛。免直隶乾隆三十一年至三十三年各项逋欠。四川小金川及沃日土司互哄。五月，古州党堆寨苗民起事，旋败。六月，禁奉差兵丁私买人口。七月，暹罗王裔诏萃以丕雅新（即甘恩敕，亦即郑昭）据其国，请令缅甸助其恢复，斥驳之。十月，改定捐例。禁宗室王公容留僧道星相人。

外国

〔朝鲜〕 八道大疫，死亡甚多。撰东国文献备考。除捕厅乱杖例。岁饥，免八道逋欠。

〔日本〕 禁农民强诉。定诸侯班位。十一月，后樱町女天皇让位，后桃园天皇（一百一十八代）践祚。浮丝织透绫等品创于此时。

〔越南一大越〕 黎维禐败死。郑森自为大元帅总国政尚师尚父睿断文功武德靖王。

〔暹罗〕 郑王肃清北部诸地，以真腊来犯，亲督师攻破之，为置新君使为属国而还。

〔印度〕 英人在孟加拉之残酷掠夺，造成饥荒，从1766年至是，连年大饥，死者达人口三分之一。

〔俄罗斯〕 俄海军自波罗的海绕道南下。七月，在小亚细亚之彻斯美港（士麦拿之西）大败土耳其舰队，将其焚毁殆尽。居住于察里津与阿斯脱拉罕间之卡尔马克人（即准噶尔人）约三十万，因不堪沙皇暴政压迫，举族东迁，入居中国西北阿尔泰山南之科布多城附近，称“新土尔扈特部”。

〔日耳曼〕 马利亚·泰利萨令设国立初级学校。

〔联合王国〕 除茶税外，被迫取消一切在美洲殖民地所征之税。诺斯勋爵出任首相，组完全托利党内阁。

〔法兰西〕 路易十五之新情妇杜巴利夫人开始掌握大权。路易之孙（路易十五之子1765年卒，其孙为王位继承人）与奥地利女主马利亚·泰利萨之幼女马利·安他内特结婚。

〔北美洲〕 3月5日，波士顿屠杀事件发生，军队开枪射击，死伤数人。卡罗来那州有农民抗租运动发生。

〔海洋洲〕 英人库克到达澳大利亚东海岸，今新南威尔士一带。

1771 年

中国

辛卯 清乾隆三十六年

二月，高宗东巡，至曲阜，四月回。六月，卫拉特四部之土尔扈特部自俄罗斯来投。小金川土司内哄，遣兵攻之，于是金川军事复起。八月，暹罗丕雅新（即郑昭）解送所俘“花肚番”（缅甸）头目；命赐缎匹。朝鲜国王李昑以朱璘《明季辑略》及陈建《皇明通纪》记事多诬，遣使请予刊削，谕以二书一已禁毁，一未见传本，令于其国中自行查禁。九月，命温福经理金川军事。十二月，命修辽金元三史语解及改三史中译音。

外国

〔朝鲜〕 使臣赴清者购得朱璘所撰纲鉴会纂，对朝鲜有诬妄处，至是发觉，命罚购书之使臣，并命藏此书者交出，敢隐藏者死；又遣使赴清辩诬。复设申闻鼓院，由兵曹掌管。

〔日本〕 后桃园天皇即位。再禁农民徒党。俄罗斯船漂至阿波。杉田玄白等译《人身内景图》。

〔暹罗〕 缅甸来侵，御退之。

〔缅甸〕 遣兵援万象，遂侵暹罗边城。

〔俄罗斯〕 征服克里米亚半岛。普王腓德烈（大王）震于俄军进展之速，出而调停（提出共同瓜分波兰计划），但俄、土战争仍进行中，直至1773年普加乔夫起义时，凯塞琳始被迫罢兵。

〔联合王国〕 议会通过新闻报道自由之法案。

〔法兰西〕 下令封闭巴黎议会，别组一新议会以代替之。此外又改组全国各地议会，以此招致全国资产阶级之不满（按法国议会为司法机构）。

1772 年

中国

壬辰 清乾隆三十七年

正月，命各省督抚、学政购访遗书，嗣是遂修四库全书。免山西额征兵饷米豆等有差。四月，免甘肃历年民欠。六月，停五年编审之制。是岁，攻小金川虽破碉卡不少，但伤亡亦重。

外国

〔朝鲜〕 以日本侵略战争一百二十年，祭死事诸人及明将李如松、李如柏祠。以朋党相攻不已，设荡平科以消弥之。

〔日本〕 江户大火。禁茅屋板葺。令通行南镣二铢银。十一月，改元安永。

〔越南—大越〕 哀牢来贡。

〔暹罗〕 缅甸来扰，败之。

〔缅甸〕 遣兵攻暹罗边城。

〔印度〕 英国东印度公司任命海斯汀斯为孟加拉总督。海斯汀斯幼赴印度，任公司书写员，得克莱武赏识，擢为加尔各答参议。既任总督，推行克莱武蚕食印度、搜括人民之政策，扩大殖民地范围。

〔波兰〕 俄、普、奥三国第一次瓜分波兰：俄国获得白俄罗斯及杜味拉河迤北与德聂伯河迤东之一切土地，共有人口一百八十万；普鲁士获得波属普鲁士（但泽与托伦除外），约人口四十一万余；奥地利获得红俄罗斯、加里西亚、西波多利亚等地，约人口二百七十万。

〔联合王国〕 华伦·海斯汀斯为印度总督。库克航行至新西兰岛并发现太平洋中其他岛屿。

〔瑞典〕 国王加斯塔发斯三世发动政变，解散由贵族所操纵之国务会议，削去议会之立法权力，8月20日，颁布新宪法，使国王权力重趋强大。

〔北美洲〕 6月10日，英政府缉私船喀斯比号被群众焚毁。冬，萨谬尔·亚当斯等在马萨诸塞州组“通讯委员会”，联络反英市镇八十处。

1773 年

中国 癸巳 清乾隆三十八年

二月，命自永乐大典等书中辑佚书。三月，免直隶乾隆三十三年至三十五年逋赋。六月，命撰《日下旧闻考》。温福攻金川，阵亡于木果木，命阿桂代之。时前所夺取小金川诸要地多失，越半年始又次第攻克。是岁，共人口二万一千八百七十四万余，仓存米谷四千一百二十四万余石。杭世骏死。

外国 〔朝鲜〕 洛论、湖论党争起。

〔日本〕 戒非法卖米。戒势族从者恣肆。定角力兴行之制。

〔越南—大越〕 再禁荷兰左道（按即耶稣教）。

〔暹罗〕 缅甸来扰，大败之。

〔缅甸〕 攻暹罗边城，失利。

〔印度〕 英议会通过统治印度殖民地立法，规定统一英国在印度之统治机构，改孟加拉总督为总督办，所有其他英领印度殖民地，俱归其管辖，复设最高法院于加尔各答，于是事权始归于一，自此展开对全印之侵略，已有灭印度之规划。海斯汀斯强迫印度农民种植鸦片，由东印度公司廉价收购，贩卖于中国。鸦片战争即种因于是。

〔俄罗斯〕 俄罗斯平原东南部之农民与哥萨克人，在普加乔夫领导下掀起农民战争，历时三年始失败。普加乔夫被俘后，送莫斯科，1775年一月被处死刑。

〔波兰〕 戴耶特（议会）被迫承认俄、普、奥三国之瓜分；为亡羊补牢计，波兰开始实施某些改革。

〔日耳曼〕 马利亚·泰利萨在其统治地区中取缔耶稣会。

〔罗马〕 教皇克力门特十四世以西王敦促，下令禁止耶稣会活动。

〔西班牙〕 查理三世下令准许贵族经营工商业者仍可保持其禄位与特权。

〔北美洲〕 波士顿市民化装成印第安人攀登英国运茶船，将茶叶若干箱掷入海内，借此抗议茶税。加拿大探险家腓力航行至北纬八十度四十八分处。

1774 年

中国 甲午 清乾隆三十九年

三月，禁民间私制藤牌。七月，太监高云从以结识嘱托官员被杀，牵连者贬革有差。八月，河溢老坝口。白莲教首领王伦等起事于寿张、临清等处，逾月败死。十月，命各省行保甲法。十一月，免四川各府厅州县历年额赋有差。令各地献明末、清初书之有“违碍”者。十二月，命纂《剿捕临清逆贼纪略》。遣官浚淮安河渠。是岁，共人口二万二千一百零二万余。金川事，因叠破要地，已近尾声。

外国 〔朝鲜〕 设贤良科及登俊科。革婢贡。

〔日本〕 令伪造货币者处磔刑。

〔越南—大越〕 定聚隆铜矿年纳红铜一万斤。郑森亲攻顺化陷之，阮福淳走广南。

〔暹罗〕 郑王亲攻景迈。

〔缅甸〕 白古起事，旋定。

〔印度〕 英总督海斯汀斯以受贿案受弹劾。

〔土耳其〕 与俄罗斯缔结库楚克·凯纳吉（多瑙河西利斯特利亚之一村）和约。俄罗斯获得克里米亚半岛上之某些地区及商船在土耳其河海中自由航行之权。

〔俄罗斯〕 库楚克·凯纳吉和约签订，俄国允将摩尔达维亚与瓦拉几亚退还土耳其，但要求后者在各该地区实施宽大之统治。另一方面则俄国对二国与土耳其间之关系仍有干涉权。

〔希腊〕 摩利亚等地之反土运动以俄援中止而失败。

〔联合王国〕 议会通过封锁波士顿海港法案。任命海斯汀斯为印度第一任总督。

〔法兰西〕 路易十五卒，其孙嗣位，称路易十六。以杜尔哥为财政大臣，着手改革，企图废止贵族一部分特权。

〔西班牙〕 令民刑诉讼归国家法庭受理，异端裁判所不得越权（按异端裁判所在此以前可以处理任何案件）。

〔北美洲〕 英政府令自6月1日起封闭波士顿海港。9月5日，北美英属各殖民地除乔治亚外皆派遣代表赴费拉德菲亚，举行第一次“大陆会议”，并草拟“权利与委屈宣言”。又决定自12月1日起实行抵制英货。

1775 年

中国

乙未 清乾隆四十年

六月，封禁广西由村隘口；七月，禁广西商民出口贸易。停止内地查禁鸟枪。八月，攻下大金川根据地勒乌围。九月，暹罗国王郑昭由商船行文广东，请给硫磺铁炮以攻缅甸，令许购硫磺铁锅，不准予炮，并言攻缅甸事任其自便。十月，保定等府水灾，赈之。十一月，定奉天、山东沿海文武官失察流民私行渡海例。从安南请，停沿边互市，并令协禁越界私行贸易者。是岁，人口二万六千四百五十六万余。

外国

〔朝鲜〕 英祖命世孙李算代听政。

〔日本〕 戒饬荷兰商。禁私卖银及银箔。

〔越南—大越〕 乂安兴元县人阮文岳，居怀仁之绥远，尝为云屯巡吏，后入西山，聚众数千，与弟文惠、文侣等起事，至是攻广南，阮福淳奔嘉定，溺死。郑森遣兵至广南，阮文岳战败遂降，郑森任为前锋将军。

〔暹罗〕 郑王破缅甸军，入景迈。自阿瑜陀耶王朝亡后，至是，郑王已恢复旧日全部领域，且更增加景迈等地。郑王遣使请购军火于清，以攻缅甸。

〔缅甸〕 景迈失于暹罗，戍兵多死。

〔日耳曼〕 土耳其以布可维那（匈牙利东北）割让奥地利。

〔法兰西〕 自今年起至1777年，连续三载为荒年。在此期间奸商囤积居奇，牵涉路易本人在内，全国对路易之不满，日益加甚。

〔非洲〕 葡属非洲佛德角大饥，死者一万六千人。

〔北美洲〕 自今年起至1783年止，北美英属殖民地进行革命战争。4月19日，列克星敦战役爆发。5月10日，第二次大陆会议于费拉德菲亚举行。6月15日，乔治·华盛顿被任为革命军总司令。6月17日，崩克尔山战役，革命军失利。自今年7月至明年3月17日，波士顿被英军围攻，卒以不克而退。

1776 年

中国

丙申 清乾隆四十一年

二月，大金川首领索诺木莎罗奔等降。金川军事，首尾将六年，至是始结。因于两金川地置兵设官。免通州等地未完钱粮。高宗东巡至曲阜，四月回。三月，免山东邹平等州、县各项民欠。八月，遣使册封朝鲜国王李算。十月，禁各省督抚除土贡外，不得进献他物。禁水烟。十一月，以倪宏文赊欠英吉利商人货银不还，有司所判刑名不合事，申诫各将军督抚，对待外国及境内苗、彝等人宜秉公待遇，不可压抑。十二月，命于国史立贰臣、逆臣传。暹罗国王郑昭由商船行文广东请购硫磺，并欲夹攻缅甸，命售与硫磺，至攻缅甸事听其自行。缅甸遣使投文云南，请送还前拘诸人，准予开关互市，如约进贡。禁流民入吉林。

外国

〔朝鲜〕 三月，英祖死，世孙李算嗣，是为正祖。赈北道饥。

〔日本〕 许诸侯使用虎皮鞍覆。定油脂买卖制。

〔越南—大越〕 阮福淳孙阮旸据嘉定，号新政王。

〔暹罗〕 缅甸兵来侵，攻陷数城，逾半年始退。

〔缅甸〕 大发兵攻暹罗，破其北境数城。会孟驳王死，子赘角牙嗣，乃班师。

〔联合王国〕 伦敦城提出建议，主张停止对美洲殖民地战争。苏格兰经济学家亚当·斯密著《原富论》成。

〔法兰西〕 杜尔哥去职，内克（芮克）代之为财政大臣（按内克为瑞士日内瓦籍银行家）。

〔北美洲〕 托马斯·潘恩之《常识》发刊，轰动一时。5月15日，大陆会议决议停止英王在殖民地之权力，宣称殖民地主权应属于殖民地人民。7月4日，发布《独立宣言》（今美国仍以此日为国庆节）。12月，派遣特使赴法乞援。

1777 年

中国

丁酉 清乾隆四十二年

正月，免甘肃乾隆二十三年至三十五年之民欠。哈萨克汗阿布赉请献塔什罕，驳饬之。二月，黄河引河开成。四月，令广东严禁洋船运棉进口。七月，暹罗遣使进贡，并押送缅甸俘虏。命甘肃人往乌鲁木齐垦地者，照例咨送。八月，浚淮扬运河。十月，王锡侯字贯狱起。十一月，高晋请武举考试，改舞刀为鸟枪。谕以如此则民间多习火器，于事有碍，不准。甘肃河州民王伏林等念经传教，拒捕伤差，旋皆或死或俘。朝鲜以兴洪相范之狱，请协查逃人。是岁，戴震死。

外国

〔朝鲜〕 洪相范等谋反，死。禁女巫出入城闼。

〔日本〕 申禁赌博、弈棋。禁农民废业投充奴仆。禁私铸钱。改定诸侯行列。定新垦地制。

〔越南一大越〕 定顺化兵民租赋，时共分二府、八县、一州，人十二万六千八百五十七口，公私田二十六万五千五百零七亩。郑森命阮文岳为广南镇守、宣慰大使。文岳遣弟文惠攻占柴棍（西贡），又攻杀新政王阮旸。广南阮氏自阮潢镇守以来，至是凡九传，二百二十年而中绝。时阮福淳之侄福映，败走龙川，旋夺回柴棍。郑森谋代黎氏自立，遣吏部左侍郎武陈绍赴清密奏，陈绍至洞庭湖，仰药自杀。

〔暹罗〕 呵叻城守将叛，旋败死。

〔日耳曼〕 巴伐利亚选侯卒，无嗣，马利亚·泰利萨与约瑟夫二世主张其承继权（按依照系统应为巴拉提内特选侯查理·狄奥多理继承）。

〔法兰西〕 英属北美殖民地迭来乞援，至是与之订立同盟条约。同年，拉法夷脱渡海赴美。

〔葡萄牙〕 女王马利亚一世继位，与其叔彼得结婚，后者称彼得三世，贵族势力自此逐渐恢复。

〔北美洲〕 法国贵族拉法夷脱抵美，协助殖民地反英革命。9月27日，英军陷费拉德菲亚。10月17日，英将柏高英因败后乞降。11月15日，制定“邦联条例”并公布之。

1778年

中国

戊戌 清乾隆四十三年

五月，命浚卫河上源及汶水。闰六月，河溢祥符；七月，又漫于仪封、考城。高宗如盛京，九月回。九月，徐述夔诗狱起。驻叶尔羌办事大臣高朴以苦累回民，就地正法。十一月，免奉天今、明年额征米豆。徐述夔案结，本身戮尸，子孙斩监候。

外国

〔朝鲜〕 禁僧人入城。命增删沈约韵字书。

〔日本〕 伊豆大岛喷火。俄罗斯人至后岛。戒斗秤违法。

〔越南一大越〕 以连年用兵，又遭饥馑，海上既不安，内陆亦乱，郑森遣兵分击之。阮福映据柴棍，称大元帅，出兵攻下平顺等地，又遣使修好于暹罗。阮文岳称王于顺化，建元泰德。

〔日耳曼〕 普鲁士为巴伐利亚继承问题，与奥地利发生战争。腓德烈二世派兵入波希米亚。俄罗斯女沙皇凯塞琳宣称协助马利亚·泰利萨。

〔联合王国〕 与法国发生战争。同年，在印度占领蓬提舍利。

〔法兰西〕 进一步与英属北美殖民地订立攻守同盟，承认美洲之独立地位，并派遣海军助战。英国向法宣战。法启蒙哲学家伏尔泰与卢梭卒。

〔西班牙〕 与葡萄牙订立永久同盟。下令准许西班牙主要港口七处可与一切美洲殖民地（墨西哥除外）自由通商。

〔北美洲〕 2月6日，与法国缔结同盟，法国旋遣舰队西来。法国人民对美洲革命亦力予赞助，如剧作家波马舍之倾家相助。

〔夏威夷〕 1月18日，英海军军官库克发现夏威夷群岛，名之为桑威奇群岛。

1779年

中国

己亥 清乾隆四十四年

四月，智天豹以编造年号，被杀。五月，于齐齐哈尔添设官屯。六月，免甘肃乾隆二十七年至三十七年逋赋。漳河溢漫。

外国

〔日本〕 十一月，后桃园天皇死，光格天皇践祚（一百一十九代）。

〔越南一大越〕 郑森自开乡、会试，又行殿试。阮福映遣兵攻真腊。

〔日耳曼〕 马利亚·泰利萨与普王腓德烈缔结泰盛和约。巴伐利亚仍由巴拉提内特选侯继承。战事终。

〔联合王国〕 与西班牙发生战争。西法联军进攻直布罗陀，但为守将伊里阿特击退。

〔法兰西〕 西班牙加入法国一方共同敌对英国。法军在西印度群岛中占领数岛，但被击退于萨凡那与乔治亚（今美国东南部）。

〔西班牙〕 法国以协助西班牙收复直布罗陀等地为条件，诱使后者于今年六月向英宣战。

〔澳大利亚〕 英人班克斯建议以澳洲之植物湾为流放罪犯之地。

〔夏威夷〕 2月14日，英探险家库克为土著所杀。

1780年

中国 庚子 清乾隆四十五年

正月，高宗南巡，至海宁，五月回。免山东历城等处逋欠。二月，免两江乾隆四十三年以前逋赋。修黄河引河成。四月，免山西牧厂地亩额银有差。七月，班禅额尔德尼入觐。永定河溢。东河蔡家庄河溢。汶水决。

外国 〔日本〕 十二月，光格天皇即位。

〔越南—大越〕 阮福映称"大越国阮主"，仍用黎氏景兴年号（时景兴四十一年），遣兵下茶荣府。时暹罗商船至河仙，戍将杀其船手，夺取货物。暹罗王怒杀阮福映所遣之使。

〔暹罗〕 驱逐天主教徒。

〔印度〕 赫德尔·阿里进攻英殖民地马德拉斯，当地印度人民群起响应，大败英军于卡那提克平原之康吉维拉木。是为第二次迈索尔战争。

〔俄罗斯〕 凯塞琳联合丹麦与瑞典组成"武装中立"同盟，宣言反对英国妨害海上航行自由。

〔日耳曼〕 皇帝约瑟夫二世与俄女沙皇凯塞琳会晤。马利亚·泰利萨卒，约瑟夫二世之单独统治始。约瑟夫二世颁布命令，废除农奴制，仅责成农民向地主纳定量货币地租，而国家捐税则应由地主缴纳。

〔法兰西〕 去年法西联合舰队进攻直布罗陀，今年为英人所败。罗香波所统率之法国远征军今年开赴美洲。《百科全书》完成。

〔联合王国〕 向荷兰宣战。

〔荷兰〕 被迫与英国作战，自此至1784年因迭次失败而丧失西印度群岛与南洋群岛中若干殖民地。

〔南美洲〕 秘鲁土著在图帕克·阿玛鲁领导下，掀起反抗西班牙奴役之起义。西人予以血腥镇压，起义明年失败。

1781年

中国 辛丑 清乾隆四十六年

二月，《四库全书总目提要》进呈。三月，尹嘉铨文字狱起，旋被处绞。甘肃回教徒马明心创新派，与旧派水火，嗣马氏被捕，其徒党循化苏四十三等起事，据河州，攻兰州；遣阿桂攻之。五月，申诫督抚严禁门包及押席银。闰五月，《热河志》成。甘肃大舞弊贪污事发，贬杀多人。六月，哈萨克汗阿布赉死，使人吊祭并封其子斡里苏勒坦。河溢邳睢。免陕西各府民欠。苏四十三败死。七月，暹罗国王郑昭请入贡，并请赴厦门、宁波等处贸易，购买铜器，许其进贡，他不准。南掌多贡驯象，请赐炮位工匠及马骡驴羊；命还其余象，赐马骡等，不予炮位。四川奏捕获"啯匪"情形。九月，江西信丰民萧维富等以创立教门传布，戮尸，斩、流有差。江苏沛县河溢。

外国 〔朝鲜〕 建阅古观于昌庆宫以庤华本书，建西序以藏东本书，总三万余卷，分经史子集四部，命撰书目。

〔日本〕 四月，改元天明。定纺织品买卖制。大槻玄泽于此时提倡荷兰学术，"兰学阶梯"成。

〔越南—大越〕 阮福映大阅水陆诸军，时有兵三万，船八十，西洋船二。

〔暹罗〕 遣使贡于清。

〔缅甸〕 赘角牙为叔孟鲁所杀，国人又杀孟鲁，立其弟孟陨为王。

〔俄罗斯〕 凯塞琳与皇帝约瑟夫二世订立"俄奥条约"。凯塞琳在此约中提出其瓜分巴尔干半岛之"希腊计划"，企图将土耳其人逐出欧洲，恢复希腊帝国，以其孙君士坦丁为皇帝，奥地利则获得巴尔干之西部。

〔日耳曼〕 约瑟夫二世颁布宗教宽容令，准许新教和东正教与罗马天主教并存，并宣称任何宗派之基督教徒皆可担任国家公职。此外又授予犹太人以特权，取缔加特力教寺院，计八年之内封闭大寺院七百所，勒令还俗之僧尼三万六千人。此外所余之较小寺院一千三百二十四所（僧尼二万七千人）亦勒令改组，即教会内部之事务亦受到国家干涉。

〔法兰西〕 内克去职，去职前公布财政情形概略，举国大哗。同年，罗香波所统率之法军在约克镇击败英军之战役中起有决定性作用。

〔西班牙〕 美洲殖民地秘鲁与墨西哥爆发起义。

〔北美洲〕 约克镇之英军七千人，在其将军康瓦里斯统率下，向美洲革命军与法军投降。

1782年

中国 壬寅 清乾隆四十七年

正月，命江苏查禁鸟枪。停止伊犁向内地贩卖货物。第一部《四库全书》成。三月，免甘肃积年逋赋。四月，山东巡抚国泰大贪污案起，嗣令自尽。改译辽、金、元三史成。六月，罢河州乡勇并收缴私藏枪械。七月，查黄河源事竣。八月，暹罗国王郑华遣使来贡且告嗣位事。十一月，第二部《四库全书》成。

外国　〔朝鲜〕　金钟秀撰进《历代名臣奏议》。《国朝宝鉴》成。

〔日本〕　重修地图成。定神社制。

〔越南—大越〕　九月，郑森死，子檊为英都王。十月，兵变，废郑檊，立其兄楷。阮文岳攻阮福映，福映败走富国岛，遣人求援于暹罗。在战争时，法国人幔槐助阮福映指挥水师，战死。福映军中多华人，阮文岳兵至嘉定时，遂大杀华侨，死者万余人。

〔暹罗〕　三月，阿瑜陀耶民以不堪苛暴，起事攻王都，郑王降，披剃为僧。四月，大将披耶却克里统大军至都，杀郑王自立，号拉玛菩提王，通称拉玛一世，中国史称之为郑华，是为却克里王朝始祖。

〔日耳曼〕　教皇庇护六世来访，企图向约瑟夫二世之教会改革提出抗议，但未获结果而去。

〔联合王国〕　4月，英首相派遣苏格兰籍奴隶商人理查•奥斯瓦尔德赴巴黎与美洲殖民地代表富兰克林秘密谈判和平。11月30日，签订巴黎秘密条约（草约）。

〔法兰西〕　与印度迈索尔（半岛南部）苏丹海得阿利合谋将英人势力自印度逐出。

〔北美洲〕　美洲驻法代表富兰克林与约翰•杰于11月末与英政府代表秘密签订和平草约，造成既成事实，迫使法外相弗尔染不得不加以承认。

1783 年

中国　癸卯　清乾隆四十八年

正月，霍罕遣使朝献。开镇江新河。三月，黄河新开河成。五月，免甘肃乾隆三十六年至四十六年滞征钱粮。七月，高宗如盛京，九月回。十月，命黄河沿堤种柳，申禁近堤取土。

外国　〔朝鲜〕　诸道饥，赈之。颁字恤典则以倡广济育婴之政。

〔日本〕　浅间山喷火，死约二万人。诸国饥馑。

〔越南—大越〕　阮文岳复攻阮福映，屡胜。福映连走三埠，橙江、富国岛、昆仑岛，后仍回富国岛。先是法国教士伯多禄与福映识，时伯多禄在暹罗，福映约之来，请其求救于法国；伯多禄许之。福映遂以五岁子景睿为质，命伯多禄携之赴法。

〔土耳其〕　俄罗斯人占领整个克里米亚半岛。英国与奥地利劝使苏丹接受既成事实，即以半岛割让俄国。

〔联合王国〕　9月3日，与美洲殖民地代表在巴黎签订正式和约，承认后者为独立国家。同日，又与法国及西班牙签订凡尔赛和约。

〔法兰西〕　美人与英国签订秘密和约后，法国势转孤立，遂亦于今年与英国签订和约，除多巴哥（西印度群岛中之一岛）外，双方皆退还所占领之对方土地。法国参战后，用去之军费达二亿锂，所得结果仅如此。任命卡伦为财相。

〔瑞典〕　与美利坚合众国订立条约，

〔北美洲〕　9月3日，殖民地代表与英王代表在凡尔赛宫签订和约，美利坚合众国自此成立。

1784 年

中国　甲辰　清乾隆四十九年

正月，高宗南巡至杭州。免直隶、山东三十余府州县逋赋。二月，免江苏、安徽逋赋。免两淮灶户乾隆四十五年至四十六年逋欠。三月，免湖北江夏等州县乾隆三十年至四十四年逋赋。四月，命乌鲁木齐行保甲法。免陕西、甘肃乾隆三十八年至四十六年逋赋。甘肃新教回民田五等起事，田五旋败死，别部据石峰堡抵抗，遣阿桂等攻之。布鲁特首领阿其睦，以交通大和卓木之子萨木萨克被捕，并令穷搜。五月，江西巡抚郝硕以勒派属员银两，赐死。七月，石峰堡破，新教回民起事至是败溃。八月，睢州河溢。暹罗遣使进贡，请封。是岁，蒋士铨死。

外国　〔朝鲜〕　望拜大报坛。

〔越南—大越〕　二月，阮福映至暹罗；六月，以暹罗援兵归，攻阮文岳，初胜，后败。暹罗残兵走真腊，福映走镇江。

〔印度〕　英国通过皮特印度法案，加强政府对东印度公司之管辖。

〔日耳曼〕　约瑟夫二世为日耳曼商人自土耳其苏丹处获得在多瑙河、黑海与达达尼尔海峡等水上通航之权利。在哈布斯堡王室辖境内行使保护关税，以减少或杜绝外货输入。

〔联合王国〕　首相小庇特之印度条例正式颁布，组织印度“管理部”，置东印度公司之政治与军事于英国政府之控制下。今年始有用汽球升空之“飞船”出现。

〔法兰西〕　卡伦就任财相后，法国财政情形仍无法改善，宫廷挥霍如故，财部日以举债为务。卡伦在职三年共举债六亿五千三百万锂。

〔西班牙〕　令异端裁判所凡关于重要人物及官吏之审判必须先获得国王批准。

〔合众国〕　由于英国禁止美人进入西印度群岛贸易，益以八年战争之消耗与破坏，经济情形至为恶劣，全国陷于萧条。颁布土地法，规定西部地区之居民满若干人时可辟为新州。8 月 24 日，“中国皇后”号到达广州，此为第一艘航行至中国之美商船只。

1785 年

中国 乙巳 清乾隆五十年

正月，举行千叟宴。二月，免江南江宁等府乾隆四十七年以前逋欠。山东八闸河工成。三月，免直隶霸州等州县乾隆四十七年以前逋欠。重修卢沟桥。四月，申诫督抚不得纵容西藏来京喇嘛恣肆诈冒，旋订护送照料喇嘛章程。五月，浚河南贾鲁、惠济二河。七月，定漕船携带货物规程。令福建送番薯苗至河南种植；八月，又令钞传陆耀所著甘薯录，令山东、河南、直隶栽种。十二月，续修《大清一统志》并辽、金、元三史国语解成。命广东洋商以后不准呈进贡物。

外国 〔朝鲜〕 设壮勇营。命纂大典通编。颁兵学通志于各营。

〔越南—大越〕 阮福映又赴暹罗，部下多来归，遣人至嘉定，图恢复。

〔暹罗〕 拉玛菩提王遣使如清，自称为郑王之子郑华，请加封册。缅甸来侵，几蹂躏暹罗半境，后卒败走。旧京对面之曼谷城筑完。

〔缅甸〕 大发兵攻暹罗，破其多城，嗣以遭强烈抵抗，乃退。

〔日耳曼〕 约瑟夫二世企图用奥属尼德兰（今比利时）与查理•狄奥多尔交换巴伐利亚全境。对此计划，俄罗斯予以积极赞助，法国不置可否，其他各国则为之震惊。普王腓德烈二世组“诸侯同盟”（Fürstenbund）以反抗之。

〔法兰西〕 王后马利•安他内特因纳贿（钻石项圈）之嫌疑，使其业经狼籍之声名愈趋恶劣。

〔荷兰〕 统领威廉五世与荷兰各邦发生矛盾，至以兵戎相见，至 1787 年威廉始因普鲁士军队之助而恢复其权力。

〔联合王国〕 苏格兰人詹姆斯•赫顿著《地球之理论》，为近代地质学之先驱。

1786 年

中国 丙午 清乾隆五十一年

二月，《石峰堡纪略》成。五月，以河南连年荒歉，卖地者多，山西富豪纷至河南，放债收利，贱折地亩，命河南巡抚毕沅定立规程，将此项贱买之田，归还原主。七月，清口河溢。闰七月，暹罗国王郑华入贡请封，并请在广东置备铜甲以御缅甸，其请置铜甲事不准。十一月，免新疆屯练民户乾隆五十一、五十二年未完牛粮。台湾天地会首领林爽文等起事，遣兵攻之。

外国 〔朝鲜〕 禁赴清使者采购“邪书”（违背儒经或有关天主教者）。疹疫流行。以选嫔御，令十七岁至二十岁处女暂停婚配。

〔日本〕 俄罗斯船至虾夷地。停垦印幡沼。德川家治死。

〔越南—大越〕 五月，阮文岳遣弟文惠攻郑氏，六月，破东京，郑楷走死。纯宗以文惠为元帅，封国公，妻以妹。纯宗旋死，孙维祈嗣，是为愍帝，明年改元为昭统。阮文惠旋退兵，文岳至东京，不久亦回。郑氏宗室樬起兵围东京，旋败走，不知所终。阮福映在暹罗，助败缅甸、爪哇犯暹罗之兵。

〔暹罗〕 缅甸兵来侵，败走。

〔缅甸〕 攻暹罗边城，不利。

〔希腊〕 俄罗斯人鼓励苏里奥特人（居住苏里之希腊与阿尔巴尼亚混合民族）反抗土耳其。

〔日耳曼〕 约瑟夫二世在奥属尼德兰（今比利时）与匈牙利等地之改革引起各该地上层阶级不满，骚乱迭起。约瑟夫二世被迫作相当让步。

〔法兰西〕 与英国订立商约，减低关税，英货自此大量流入。下令召开“名人会议”。

〔普鲁士〕 腓德烈二世（大王）卒，无嗣，其弟之子继位，称腓德烈•威廉二世。

〔合众国〕 由于战后重税之压榨，农民不能忍受，以退伍军官谢斯领导之起义爆发于马萨诸塞州。总督波多因召集军队四千余人，前往镇压。明年 1 月末起义失败。

〔澳大利亚〕 英人决在澳洲东南部之植物湾建立殖民地。

1787 年

中国 丁未 清乾隆五十二年

正月，林爽文攻台湾府城，不克。二月，遣常青赴台湾指挥。三月，林爽文攻鹿仔港，不克。五月，安南国王黎维祈以印信遗失，咨请两广总督奏予补给，不许。六月，命福康安赴台湾督办军事。东河睢州下汛河溢。八月，江南周家沟等处河溢。九月，黎维祈再请颁给印信，以手续不合，驳之。十月，勘查昌平硫磺矿，准继续开采。十二月，改定乡会试条例。

外国 〔朝鲜〕 赈京畿、两南饥。望拜大报坛，召见明朝人子孙。

〔日本〕 德川家齐为征夷大将军。以米价

贵，江户、大阪民暴动。颁政治革新令及俭约令。

〔越南—大越〕 黎氏愍帝维祈昭统元年。复科举制。命铜矿解铜，又命寺观献铜像、铜器，铸昭统通宝钱。阮文岳称帝，居归仁，封文惠为北平王，镇顺化。时二人已有隙，旋治兵相攻，愍帝乘之，取阮文惠所据之乂安。文惠怒，遣将武文仕来犯，入东京，愍帝出走。阮福映去暹罗，中国天地会首领何喜文率众来附，旧部亦多来归，兵势稍振。

〔暹罗〕 攻土瓦，无功。

〔缅甸〕 暹罗侵土瓦，御退之。

〔俄罗斯〕 以土耳其人阴谋勾结克里米亚半岛鞑靼人反抗俄国统治，凯塞琳遂向土耳其宣战(此为凯塞琳之第二次对土战争)。奥地利因1781年条约规定，亦向土宣战。

〔联合王国〕 遣送第一批流放罪犯至澳大利亚之植物湾。澳洲作为英国罪犯流放地，以此为始。

〔法兰西〕 2月22日，名人会议开幕，历三月被解散，毫无成就。4月初，卡伦撤职，以土鲁斯大主教布里盎代之为财相。8月6日，路易十六以巴黎议会议员倡言唯有召集三级会议始可解决增征新税问题，放逐诸人于特尔瓦，但9月末又复召回。

〔合众国〕 制定西北区土地法，规定划西北诸地为三至五区，经过殖民阶段后再作为“州”加入合众国。5月，召集制宪会议，制定宪法。9月17日，由到会代表签名，规定批准者达九州时即生效。

1788年

中国 戊申 清乾隆五十三年

正月，林爽文兵败被俘，解京磔死。二月，定台湾获“盗”，首从皆斩例，五年后再改从旧例。三月；申禁考试舞弊。四月，缅甸国王孟陨遣使奉表贡宝石、驯象。六月，广西奏安南国王黎维祁为阮文惠所逼出走，其母来投并请救。旋命两广总督孙士毅赴广西筹办安南事。七月，荆州江决。安南阮文惠遣使请入贡，不许。廓尔喀巴勒布以西藏加增税课，起兵入犯；驻藏办事大臣发兵击之。九月，禁州县私立班馆，私置刑具。十月，命孙士毅督师进击阮文惠，并铸印备封黎维祁。十一月，大军出动，十二月入东京，黎维祁始来军门，即封为安南国王。

外国 〔朝鲜〕 以本年为明开国第七周甲(四百二十年)，于明太祖即位之日，召明朝人子孙，授职有差。北关大饥，赈之并免米布。

〔日本〕 京都大火。令开言路。铸丁银。

〔越南—大越〕 阮文惠至东京，旋回。愍帝被迫流离转徙，请救于清，十月，清遣孙士毅等来，连破阮氏兵至东京。时阮文惠已称帝于顺化，改泰德十一年为光中元年，闻清兵至，以师来袭，先遣使伪为乞降。阮福映克嘉定。

〔暹罗〕 据阿瑜陀耶朝法律及郑王皇规，修为条例编。

〔波兰〕 “四年戴耶特”(会期连续四年得名)控制波兰时期始。企图加强王权，并成立一支六万五千人之军队。

〔普鲁士〕 颁布宗教法令，对传教者之自由加以相当限制。令设立出版物检查制度。

〔法兰西〕 巴黎议会宣称“密封函”(Lettres de cachet，逮捕人之空白命令，得之者可自己填写欲陷害之人)为非法。8月8日，定期召开三级会议。25日，起用内克。11月6日至12月12日，第二次名人会议。12月17日，下令加倍选举参加三级会议之第三等级代表人数。布里顿议会组织俱乐部(后来演变成为雅各宾俱乐部)。

〔西班牙〕 自此起至1808年为查理四世朝。

〔瑞典〕 与俄国进行战争，入侵俄属芬兰。

〔合众国〕 6月，新罕普什尔州批准宪法(第九州批准者)，宪法自此生效。美国宪法共七章，分国会为上、下两院，职司立法。四年一任之总统为最高行政首长。此外有负责解释法律与执行法律之最高法院。妇女及无一定财产资格者无选举权，奴隶与印第安人无公民权，为近代资产阶级共和国典型。

〔非洲〕 英人班克斯组“非洲协会”，以在非洲“深入探险与发展贸易”为目的。

〔澳洲〕 英人在植物湾建悉尼镇。同年1月26日，英国所遣送之第一批流犯抵澳，共七百一十七人，其中男子为五百二十人，即以解送之船主亚塔尔•腓力为“总督”。犯人刑期满后畀以三十至五十英亩土地，士兵退伍者则为八十至一百英亩。

1789年

中国 己酉 清乾隆五十四年

正月，安南阮文惠袭入东京，孙士毅撤入关内，黎维祁奔广西。以福康安代孙士毅经理安南事。阮文惠旋遣使请和。以西藏聂拉木第巴桑干私增税课，致招廓尔喀巴勒布举兵内犯，夺职，发配。二月，以格绷额索取和阗等处伯克银两、皮张，命就地正法。三月，廓尔喀巴勒布败还，旋请降。阮文惠改名光平，一再请和、请封入贡，五月，许之。命黎维祈薙发易服，阃编旗为佐领。六月，于订后藏设站定界规程。十月，册封阮光平为安南国王。

外国

〔朝鲜〕 明援军统将李如松生日，正祖撰文，使人祭于李祠。

〔日本〕 正月，改元宽政。司马江汉始倡油画及铜版术。

〔越南—大越〕 正月，阮文惠袭取东京，清军败走，愍帝奔广西。清命福康安代孙士毅，阮文惠赂福康安，请降请封。福康安许之，奏于朝，于是清封文惠为安南王，召愍帝至北京，编入于旗。黎氏自庄宗复兴，凡十六传，二百五十七年而亡（1793年愍帝死，1804年黎氏遗臣运其柩回国，1884年，阮氏追谥为愍帝）。阮福映合黎氏宗室诸兵声讨阮文惠。是岁，福映子景睿与伯多禄自法国回。初伯多禄至巴黎，上书路易十六，建议援越以为经略东方基地，于1787年签订法越同盟条约。法许以兵相援，因大革命起，未果。

〔印度〕 英总督办海斯汀斯以在任时期（1774—1785年）贪污残暴，声名狼籍受弹劾，英政府要人亦多嫉其多财而愤其专横，大肆攻击，但海斯汀斯亦有党羽，力加支持，案久不决，延至1795年竟宣判“无罪”。

〔土耳其〕 奥地利军占领贝尔格莱德。俄军在苏沃罗夫统率下直捣摩尔达维亚，进至多瑙河。谢里姆三世嗣位为苏丹。

〔门的内哥罗〕 协助奥地利与土耳其人作战。

〔日耳曼〕 奥地利所属之尼德兰发生反抗皇帝之革命。匈牙利人（贵族地主）亦抗议皇帝之改革。

〔法兰西〕 截至今年止，法国公债共达四十五亿锂。5月5日，三级会议开幕。6月17日，改称“国民议会”。7月6日，第一次宪法委员会产生。7月14日，巴黎人民陷巴士底狱（今法国国庆日）。20日，外省农民骚动开始，反革命派亦开始逃亡。8月4日，国民会议通过放弃某些次要封建特权案。8月27日，公布《人权宣言》。10月5日至6日，巴黎妇女赴凡尔赛大游行，并挈国王及其妻、子返巴黎，国民议会亦随之迁来。11月2日，通过没收教产案，12月19日，决定发行“指券”。

〔瑞典〕 2月，加斯塔发斯再度实施政变，成为独裁国王。

〔美国〕 4月30日，华盛顿就任第一任总统。

〔澳大利亚〕 建立新南威尔士殖民地。

1790年

中国

庚戌 清乾隆五十五年

正月，以高宗八十岁，普免全国钱粮。重刻石鼓置于北京国子监及热河文庙。安南遣使入贡并请购人参。二月，缅甸国王孟陨遣使入贡，祝寿并请封。高宗东巡至曲阜，四月回。三月，台湾狮子等社土人首领请入京祝寿。四月，清丈盛京边荒，分赐旗人无田者。耿马土司贡象祝寿。五月，免西藏所属三十九部钱粮。六月，册封孟陨为缅甸国王。七月，安南国王阮光平觐见。八月，暹罗国王郑华遣使入贡祝寿。九月，改订西藏管理规程。是岁，人丁三万零一百四十八万余口，仓存谷米四千五百四十八万余石。

外国

〔日本〕 定荷兰人五年一聘。禁异学。命储米备荒。废棉实买卖经纪。

〔越南—大越〕 阮福映调查侨居之华人。

〔缅甸〕 遣使入贡，请封于清。

〔印度〕 赫德尔·阿里之子提普继其父驱逐英人之志，进攻英军，英方则利用印度各国间之矛盾，联合麻剌他、尼撒木，与提普对抗，是为第三次迈索尔战争。

〔日耳曼〕 约瑟夫二世卒，其弟嗣位为皇帝，称利奥波德二世。利奥波德恢复旧时税收制度，并废除约瑟夫二世时代一切进步改革。向法国提出抗议，要求恢复阿尔萨斯、洛林与夫隆什·空泰等地日耳曼诸侯之权利，但遭法国拒绝。

〔法兰西〕 3月17日，国民议会通过出售教会产业案。6月19日，决议废除贵族头衔。7月14日，国王正式接受宪法。法国之行省制被废除，全国分为八十三区，三百七十四县。凡每年向国家纳直接税相当于三日工资（一般水准）总额者为“积极公民”，不纳直接税，或纳直接税少于上述标准者，为“消极公民”。仅积极公民始有选举与被选举权，及任国家官吏权。路易十六开始向欧洲各国帝王秘密乞援。

〔尼德兰〕 奥属尼德兰（今比利时）诸邦宣布独立。利奥波德二世派兵前往镇压，未经战争即屈服。

〔联合王国〕 名经济学家亚当·斯密卒（生于1723年）。斯密被誉为古典经济学派之创始人，其主要著作为《原富》（按此书全名为《各国财富的性质及其原因的研究》，1776年出版)。

〔瑞典〕 由于丹麦自后进攻，故不能不与俄国媾和。今年与俄国订立未尔洛和约，所占领之芬兰土地仍退还俄国。

1791年

中国

辛亥 清乾隆五十六年

三月，命浚永定河支河及徒骇、马颊河与支河。哈萨克汗斡里苏勒坦遣子入觐，并奏报俄罗斯、土尔扈特情形。四月，黎维祈随员黄益晓等以怂恿回国，被发往伊犁、热河等处。六月，安南遣使谢并进贡。八月，廓尔喀犯后藏，占札什伦布等地大掠。九月，以西藏行使廓尔喀钱，令开炉铸钱，断禁外币。安南遣兵协平海盗。十月，俄罗斯请开市；许之。十一月，命福康安赴西藏督师击廓尔喀。刻蒋衡所书十三经，置于国子监。十二月，定西藏事由办事大臣与达赖喇嘛会商办理，噶布伦不得专擅。

外国

〔朝鲜〕 除市廛贸易法。以天主教盛行，命藏西洋书者交官焚毁，并令明年赴清之使臣不得购稗官杂记。命革科场五弊。

〔日本〕 停长崎通船税。禁男女混浴。命沿海诸侯讲求航海。官设医学馆。改町法，立町会所。

〔越南一大越〕 葡萄牙船来，并致其国王书于阮福映，请通商，许之，购鸟枪一万，小炮二千。旋命减外国船税半额。又使人通好于暹罗。

〔缅甸〕 土瓦守将自立，结暹罗为援。

〔土耳其〕 奥地利人以普鲁士压力，单独与土耳其订立西斯托洼和约，以贝尔格莱德归还土耳其，仅保留波斯尼亚北部一狭长地带。

〔波兰〕 公布新宪法，其内容大致为：(1)波兰为世袭君主国；(2)国王与国务会议有行政权；(3)设立具有立法权之两院议会；(4)废除自由否决权制度。

〔日耳曼〕 皇帝利奥波德二世与普王腓德烈·威廉二世举行庇尔尼茨会议，并发布宣言（庇尔尼茨宣言），意在拯救法王路易十六。

〔联合王国〕 准许加拿大殖民者有组织代议机构之权利。

〔法兰西〕 3月2日，决议废止各业行会。6月20日，王室逃出巴黎，但至发楞后被截回。9月3日，通过宪法。9月30日，国民议会解散。10月1日，根据宪法产生之立法会议开幕。截至10月底止，教产出售者已达十五亿二千六百万锂。同年6月，颁布列·霞白利法律（Loi Chapelier，根据列·霞白利之报告而订定者)，严厉禁止罢工及成立工人组织。

〔合众国〕 始有使用蒸汽机为动力之棉纺织厂。

1792年

中国

壬子 清乾隆五十七年

二月，改河东盐课归入地丁。三月，免河南逋赋。五月，定安南二年一贡、四年一遣使朝觐。福康安攻入廓尔喀界；七月，廓尔喀请降，送还前掠札什伦布之物。九月，定廓尔喀五年一贡。颁金奔巴瓶于西藏。十月，高宗作“十全武功记”。十一月，弛贫民出关禁。廓尔喀遣使贡象、马。

外国

〔朝鲜〕 以岭南独不染西洋学，遣官祭其地书院奉祀诸儒，望拜大报坛，以明将邓子龙等配享诸祠。仿中国衍圣公例，命孔子之后裔两枝各予世禄，奉祀孔子。平安观察使因将移咨于清礼部，请易制钱以资流转，上疏论其害。三南饥，赈之。

〔日本〕 禁锢林子平，毁“海国兵谈”版。俄罗斯遣使送还漂民。命沿海诸侯戒备海防。

〔越南一大越〕 阮福映造战船五只，又用西洋人为军官。会阮文岳谋来犯，福映督师先发，破施耐港。是岁，阮文惠死，子光缵嗣，明年改元为景盛。

〔印度〕 提普战败，英军向其勒索巨款，并割取其领土之半，第三次迈索尔战争结束。

〔土耳其〕 由于普鲁士在波兰之活跃与奥地利之停战，俄国亦于本年与土耳其媾和。双方订立雅西条约，俄国退还摩尔达维亚与比萨拉比亚。土耳其则允以德聂斯特河为两国边界。

〔保加利亚〕 一部分有组织反抗土耳其统治之人，在维丁之巴斯凡·阿格鲁庇护下，活跃于保加利亚，至1804年为土耳其人在卢米利亚击溃后，失败。

〔波兰〕 不满新宪法之少数贵族乞援于俄国。凯塞琳二世于5月14日向波兰宣战，旋派兵入波，普鲁士亦采取同样行动。

〔日耳曼〕 利奥波德二世卒，弗兰西斯二世继位为帝。法国向新帝宣战。

〔意大利〕 法军占领萨伏伊与尼斯，以之并于法兰西共和国。

〔法兰西〕 2月7日，奥、普二国缔结反对法国之同盟。此同盟迅即发展成为第一次反法大同盟，直至1799年始瓦解。4月20日，向奥地利宣战。同月29日，法国战事失利。7月11日，宣布“祖国在危难中”。同月25日，不伦瑞克公爵向法国人民发布威胁性公告。8月10日，巴黎人民进攻推勒里宫，王权中止。9月2日至5日，处死大批贵族与反革命分子。9月20日，瓦尔密战役胜利，21日国民大会开幕，22日宣布法兰西为共和国，即以是日为元年元旦。10月2日，成立公安委员会。21日，屈斯丁占领马因兹（迈恩斯）。11月6日，度穆累（杜木里厄）在冉马普获得胜利，14日，占领布鲁塞尔。12月11日，第一次审讯路易十六。

〔联合王国〕　遣马戛尼为赴中国特使，携去礼物六百箱，明年，抵中国，未获任何结果。

〔西班牙〕　为路易十六事，向法国提出抗议。

〔荷兰〕　撤回驻法大使，法国向荷兰宣战。

〔瑞典〕　国王加斯塔发斯三世遇刺卒，加斯塔发斯四世嗣位。

〔丹麦〕　丹麦今年决议禁止奴隶贩卖，此为西方诸“文明”国家中第一个禁止奴隶贸易者。

〔非洲〕　埃及大疫，死数十万人。

〔合众国〕　惠特尼发明轧棉机，南部植棉业大盛。同年美国政党开始出现，其一为以杰弗逊为领袖之共和党（后改为民主党），主张地方分权，从事农业之大、小地主多拥护之。另一为以汉密尔顿与约翰·亚当斯为领袖之联邦党，主张中央集权，北方之工商业者与金融业者多拥护之。

1793年

中国　癸丑　清乾隆五十八年

正月，定西藏善后章程。封安南国世子阮光缵为安南国王。二月，定西藏与廓尔喀互市规程。三月，改订达赖、班禅及大呼图克图呼毕勒罕选择用金奔巴瓶抽签法；并于北京雍和宫别颁金奔巴瓶备蒙古各地大呼图克图推择之用。八月，英吉利遣使马戛尼入觐，请派人居中国管理贸易，又请至宁波、天津等处互市，不许。十月，安南遣使谢并进贡。

外国　〔朝鲜〕　募民垦大小青岛。

〔日本〕　命官巡视海岸。建和学讲谈所。

〔越南—大越〕　是岁，阮福映与阮文岳大交兵，连胜。会文岳死，子文宝嗣，势衰，而阮光缵兵南来。福映归嘉定，命西洋将购兵器于马六甲，派伯多禄训练将士。

〔暹罗〕　救土瓦，无功。

〔缅甸〕　遣兵破土瓦，却暹罗兵。

〔波兰〕　俄罗斯与普鲁士二国第二次瓜分波兰。俄国取得西乌克兰与立陶宛之大部分。普鲁士取得但泽、托伦与大波兰。

〔日耳曼〕　英国、荷兰、萨地尼亚先后在今年加入奥地利与普鲁士方面，组成第一次反法大同盟。

〔法兰西〕　1月21日，处死路易十六。2月1日，下令向英、荷两国宣战。3月7日，向西班牙宣战，10日封得（万第）反革命叛乱开始，14日设革命法庭，21日各地革命委员会产生。5月4日颁布谷物最高限价令。5月31日至6月2日，巴黎人民包围国民大会，逮捕吉伦特党代表三十一人，其余分别逃出巴黎。雅各宾党专政确立。6月10日，颁布分配公社土地令。24日通过《1793年宪法》。7月13日，马拉遇刺殒命。17日颁布废止封建权赎偿法。9月17日，颁布《嫌疑律》。9月29日，颁布全面限价法。10月16日，处死王后马利·安他内特。

〔联合王国〕　法兰西共和国向英国宣战。8月末，英军占领土伦。

〔西班牙〕　加入第一次反法大同盟。入侵法国，失利。

〔尼德兰〕　法军占领布列达等城市。

〔合众国〕　华盛顿第二次当选总统。同年华盛顿发表对欧洲局势之中立宣言。

1794年

中国　甲寅　清乾隆五十九年

正月，免直隶、山东、河南历年缓征银十分之三。六月，查禁小钱，命云南、贵州停止铸钱。以外省州县衙役有至千余名者，命督抚严为裁革。七月，直隶水灾，赈之。八月，禁盐政令商人供应饭食银及杂费银。以金川旷地给降番耕种，免赋税。四川大宁谢天绣、湖北竹豁王占魁、陈金玉以传习“邪教”被捕，起解途中，教徒杀差役，夺走陈金玉，嗣捕获教首刘松，供出安徽太和刘之协，于是令各省穷搜。十月，荷兰遣使来觐。安南请查究逃人农福缙等。十一月，以刘之协被捕至扶沟逃脱，革河南巡抚穆和蔺职。

外国　〔朝鲜〕　修正《光海日记》。诸道饥，赈之。

〔越南—大越〕　阮福映命造战船、兵器，禁诸军售马于外人。又修孔庙于镇远营。阮光缵兵来犯，福映御退之。

〔波斯〕　阿加·穆罕默德可汗灭苏菲王朝，建立卡迦王朝，都德黑兰。

〔波兰〕　波兰人民在科斯丘什科领导下大举

起义，但迅即为俄罗斯与普鲁士军击溃。9月，俄将苏沃洛夫陷华沙，科斯丘什科被俘，起义失败。10月中旬，最后抵抗终止。

〔法兰西〕 雅各宾党内部派系斗争甚烈。3月24日，处死艾贝尔（阿贝尔）、萧美特等。4月6日，处死但东。4月15日，迁葬卢梭遗体于国葬所。7月27日，反革命政变（特米多尔月九日），颠覆雅各宾党专政，28日，罗伯斯庇尔被处死刑。11月11日，封闭雅各宾俱乐部。12月，吉伦特党重返国民大会，23日，取消限价案。今年颁布解放法国殖民地奴隶令。

〔联合王国〕 由于法国革命思想在英国之传布，议会通过禁止与法国交往之《叛逆通讯法案》。同时公布《人身保护状》之停止使用，使政府有任意逮捕嫌疑者之权。

〔西班牙〕 侵法军死亡九千人，法军入西境，占领菲格拉斯。

〔荷兰〕 法军将奥地利势力完全自奥属尼德兰逐出。法军进攻荷兰，占领马斯特利赫特及斯拉伊斯等城市。

〔合众国〕 议会通过中立法案（不参加欧洲反法战争）。宾夕法尼亚州西部爆发反对征收酒税之农民暴动（威斯忌酒暴动），总统华盛顿亲自率兵前往镇压，始趋平定（按西部农民由于所生产之谷物转运困难故多酿酒出售。1791年后实施酒税，不特税额重，且须在出售前缴付，农民不堪压榨而暴动）。

1795 年

中国 乙卯 清乾隆六十年

正月，免江西乾隆五十七、五十八、五十九年缓征银谷。与荷兰国王书。贵州松桃苗民石柳邓、湖南永绥苗民石三保等起事，二月，遣福康安督师击之。三月，台湾陈周全等起事，旋败。四月，《平定廓尔喀纪略》成。五月，除西藏三十九部民贡马银。禁达尔达木图等地开金厂。六月，命福建、浙江会缉洋盗。福建亏空案发，嗣总督伍拉纳、巡抚浦霖处斩，道、府、州、县获罪者甚多。八月，赐南掌、缅甸敕谕。九月，立皇十五子嘉亲王颙琰为皇太子，于明年元旦为皇帝，改元嘉庆，并轮免各省钱粮。十二月，英吉利王随商船奉表献物。是岁，福康安攻下苗寨甚多。卢文弨、钱澧死。

外国 〔朝鲜〕 撰协吉通义。禁宁边、定平采金。池潢等以治西洋学被杀、贬。

〔越南—大越〕 阮福映督师攻阮光缵南方地，数破之，入延庆城。

〔缅甸〕 英东印度公司遣使来，请减税及建立外交关系；不理。

〔波兰〕 俄、普、奥三国第三次瓜分波兰：普鲁士取得马索维亚与华沙；奥地利取得克拉科区域；库尔兰德及其余地区概为俄国所有。波兰亡。

〔普鲁士〕 与法兰西缔结单独和约。承认法国在莱因河西岸之征服。

〔法兰西〕 4月1日（萌芽月十二日），巴黎人民暴发“面包骚动”。5月20日（草原月一日），续有暴动。8月22日，公布共和国第三年宪法。10月初，有王党暴动。10月26日，国民大会解散。11月4日，成立督政府。今年法军在各地前线迭有胜利。比利时全境被占领，又进窥荷兰，奥兰治—那骚亲王遁往英国。建荷兰为巴达维亚共和国。

〔联合王国〕 与荷兰发生战争，英国立即占领南非之好望角。

〔西班牙〕 以加勒比海之圣多明哥让予法国。法军退出西班牙。

〔荷兰〕 法人建荷兰为巴达维亚共和国，成立新政府。

〔澳大利亚〕 始在悉尼出现印刷店。

1796 年

中国 丙辰 清仁宗睿皇帝颙琰嘉庆元年

正月，高宗为太上皇帝，仁宗即位。铸嘉庆通宝钱。白莲教徒聂杰人等起事于湖北枝江、宜都；遣兵击之。二月，聂杰人被俘死，惟其徒党仍继续抵抗。五月，福康安死。洋盗首领张表率四百余人投降，缴船只炮械。六月，苗民首领石三保被俘。查禁新疆产金之地，勿令聚众生事。免湖北、河南用兵地带额赋。江南丰汛六堡河溢。十一月，苗民首领石柳邓被俘死，其根据地皆破。是岁，白莲教徒自聂杰人被俘后发展及于湖北、河南、陕西、四川四省毗连地区，虽数有小败，但势力仍大。邵晋涵死。

外国 〔朝鲜〕 自太宗时铸十万活字，世宗改铸二十余万字，行之几三百年，英祖时铸二十八万余字。前四年壬子，木刻大小三十二万余字，以之范铸，至是告成，合大小三十万字，分七柜贮之。改监印所为铸字所。《奎章全韵》成。编校《武经七书》。修春秋四传合编。校正《小学注解义例》。济州饥。

〔日本〕 琉球使来。命巡视南海诸岛。初命售牛酪。

〔越南—大越〕 阮福映遣使于暹罗，又铸嘉兴通宝钱，限清商船所载丝帛之数，并禁外国商船买卖布帛。

〔暹罗〕 缅甸攻景迈，败走。遣使贺于清。

〔波斯〕 阿加·穆罕默德称沙。

〔俄罗斯〕 保罗一世嗣沙皇位。

〔门的内哥罗〕 击败斯库台里总督卡拉(黑)穆斯塔法。

〔联合王国〕 爱尔兰爆发起义。10月，西班牙向英宣战。

〔日耳曼〕 皇帝军队在意大利节节败退。5月15日，拿破仑入米兰。

〔意大利〕 拿破仑在意大利东北建波河南岸共和国（Cispadane），以波隆雅为首府。

〔法兰西〕 5月，封得叛乱最后平定。巴贝夫“平等密谋”败露后被捕，明年被处死。拿破仑被任为征意军司令，率兵入意，迭有胜利。

〔西班牙〕 与法国缔结同盟。明年，加入法国对英战争。

〔合众国〕 华盛顿拒绝第三次连任总统，自此著为定例，直至1940年始由富兰克林·罗斯福打破。

1797年

中国

丁巳 清嘉庆二年

正月，俘获洋盗罗亚三，供称在海洋劫掠者有安南总兵十二人，船百余只。白莲教军破东乡。暹罗遣使入贡。四月，命疏浚灵璧县睢股河、凤台县裔沟河、丰沛二县顺堤河、食城河。五月，谕安南国王协缉洋匪。贵州南笼府仲苗起事，遣兵击之，逾七月败。七月，永定河溢。洋盗首领林发枝投降。八月，砀山杨家坝、山东曹汛坝河溢。是岁，白莲教军活动地域扩大。王鸣盛、袁枚、毕沅死。

外国

〔朝鲜〕 始税红参。

〔日本〕 英吉利船至虾夷境。废宝历历，颁宽政历。

〔越南—大越〕 爪哇使聘于阮福映。福映督师攻扰阮光缵南境地，许暹罗商船买卖土产丝布。

〔暹罗〕 遣使贡于清。

〔缅甸〕 攻景迈，无功。英东印度公司遣使来，请派人往加尔各答商谈，不许。

〔希腊〕 康波·福米奥条约后，爱奥尼亚诸岛被置于法国管辖下（按爱奥尼亚诸岛为属于威尼斯者）。

〔俄罗斯〕 沙皇令农奴服徭役每周不得超过三日。

〔联合王国〕 朴次茅斯港斯彼特黑德之舰队水兵因不堪压迫且待遇菲薄（饷项为查理二世之时标准）举行起义，政府被迫让步。同年6月，同样暴动起于泰晤士河口诺尔之舰队中，则被镇压，起义首领皆被处绞刑。

〔普鲁士〕 腓德烈·威廉三世嗣位为普王。

〔意大利〕 拿破仑向威尼斯宣战，加以占领。热那亚有反共和党骚乱，拿破仑占领之，建立古利亚共和国。将伦巴第、巴马、摩德那、斐拉拉以及威尼西亚之一部分建内亚平宁共和国，以米兰为首府。威尼斯共和国自此终。

〔法兰西〕 2月19日，教皇向拿破仑割地请和，缔结和约。5月，拿破仑向威尼斯宣战。7月9日，在意大利西北建内亚平宁共和国(Cisalpine)、古利亚共和国。10月17日，与奥地利缔结康坡·福米奥和约，奥地利以比利时、伦巴第等地割让法国，法国则许其占有威尼斯共和国（威尼斯及其领土）。

〔尼德兰〕 康坡·福米奥条约订立后，比利时（奥属尼德兰）归属于法国。

〔合众国〕 约翰·亚当斯当选为第二任总统。

〔澳大利亚〕 始输入美利诺羊种（西班牙纯白种羊）。发现煤矿。

1798年

中国

戊午 清嘉庆三年

三月，白莲教军首领齐王氏、姚之富等败死。五月，免福建远年逋粮。六月，回部嫡裔萨木萨克投降。七月，贵州黑苗民攻破营卡。八月，白莲教首领王三槐被俘，解京磔死。江西宁都习教者起事，其首领刘联登旋战死，遂败。九月，睢州上汛河溢。十二月，白莲教首领罗其清被俘，死。是岁，白莲教军重要首领虽多死，但势未大衰。

外国

〔朝鲜〕 修五经百篇成。

〔日本〕 巡察虾夷。

〔越南—大越〕 阮福映亲祭孔庙。

〔印度〕 威斯利伯爵任英领印度殖民地总督办，驻加尔各答。就任不久，即对提普进行攻击，是为第四次迈索尔战争。

〔锡兰〕 英人以锡兰为王家殖民地，直属英政府。

〔土耳其〕 由于拿破仑之进攻埃及，土耳其亦于今年加入反法大同盟。

〔联合王国〕 重申停止“人身保护状”使用令。爱尔兰起义失败。马尔萨斯之《人口论》成。

〔法兰西〕 2月，法军入罗马，俘获教皇庇护六世，建立罗马（台伯尔）共和国。4月，法军入瑞士，建黑尔维喜阿共和国（按瑞士西部古代有一黑尔维喜阿族，故名）。5月19日，拿破仑率大军自土伦扬帆渡海，7月1日，在埃及登陆。8月1日，其舰队在亚历山大里亚港迤东之阿布基尔为英将纳尔逊歼灭殆尽，拿破仑自是与本国断绝联系。

〔合众国〕 与法国发生海战。同年，颁布归化法案等四项条例，旨在压制民主。《肯塔基与弗吉尼亚决议》公布，声称议会所颁布之法案，各州如认为违反宪法时，得在该州境内停止其执行。

1799年

中国 己未 清嘉庆四年

正月，高宗死。下大学士和珅于狱，旋赐死，其党羽贬降有差。命勒保总统攻白莲教军事。二月，弛叶尔羌、和阗玉私售之禁。以查钞和珅家人呼什图米粮一万一千余石分赈文安、大城二县水灾。三月，白莲教军首领冷天禄战死。六月，遣使册封琉球国王尚温。七月，白莲教军首领包正洪战死。江南砀汛那家坝河溢。八月，白莲教军首领龚文玉、卜三聘被俘。革勒保职，命额勒登保代之。洪泽湖决。九月，白莲教军首领阮正隆战死。十月，白莲教军首领张汉朝战死。命各省实力编查保甲。十一月，免叶尔羌挑河回民额征普尔钱十分之五。十二月，白莲教军首领王登廷被俘。

外国 〔朝鲜〕 怪疾起自西路，蔓延八道，死亡无算。禁内司放债，放者焚其券。修《大学类义》。修《济众新编》。编正祖所著为《弘斋全书》。洪良浩撰进《兴王肇乘》。

〔日本〕 虾夷归幕府直辖。

〔越南—大越〕 阮福映借兵于暹罗，旋颁军政三十二条，大举攻阮光缵，取归仁，改名平定城。

〔印度〕 英军击败提普，提普经过英勇斗争后，战死，英军纵兵大掠迈索尔城。英人并其领地与附近土地。又废苏拉特、擅吉尔等小国土王而并其地，南印大部分落于英人之手。

〔土耳其〕 拿破仑入侵叙利亚，被阻于阿克后退回埃及。7月25日，在阿部基尔（亚历山大里亚东北）大败土耳其与英国之联军。8月，拿破仑起程返法，留大将克雷培尔驻守埃及。

〔门的内哥罗〕 土耳其苏丹正式承认门的内哥罗为独立国。

〔俄罗斯〕 俄名将苏沃洛夫转战意大利，大败摩罗所统率之法军。10月22日，俄国退出同盟。诗人普希金生。

〔意大利〕 4月初，曼雅诺战役，法军为奥地利人击败。8月中旬，诺维战役，法军为俄军统帅苏沃洛夫击败，法国势力被逐出意大利。

〔法兰西〕 欧洲各国组第二次反法大同盟。2月，拿破仑自埃及进攻叙利亚，围阿克，不能下，军中疫作，退回埃及。8月24日，拿破仑起程返法。当时法军正在意大利前线四处失败，拿破仑之归来使举国欢欣。11月9日（雾月十八日），在拿破仑影响下巴黎发生政变，督政府被推翻，另立执政府代之，拿破仑为第一执政。12月24日，公布共和国八年宪法。

〔荷兰〕 荷兰东印度公司于今年解散。

〔合众国〕 宾夕法尼亚州东部之农民起义。

1800年

中国 庚申 清嘉庆五年

二月，白莲教军首领王金桂战死。三月，白莲教军首领冉天元被俘。四月，白莲教军首领雷世旺被俘。浚直隶牤牛河、黄家河、北村河及新安等八州县河道。云南倮黑起事经年，至是败降。禁贵州学政收红案陋规。五月，白莲教军首领刘允恭战死。命浙江截堵艇匪蔡牵等。六月，四川总督魁伦以贻误军机赐死。刘之协在河南宝丰图谋起事，被捕磔死。八月，白莲教军首领伍金柱战死。九月，陕西咸宁等处旱灾，赈之。是月，白莲教军首领唐大信、赵麻花等战死，张子聪被俘。十二月，白莲教军首领杨开泰、齐国谟等战死。

外国 〔朝鲜〕 六月，正祖死，世子玜嗣，是为纯祖，年十一，大王大妃金氏听政。时外戚分南北派，互相排挤。

〔日本〕 遣官实测虾夷地。初许妇女登富士山。

〔越南—大越〕 阮福映征兵于真腊，并雇英国人为船长，万象国亦来助，大败阮光缵军于提夷海口。

〔波斯〕 英领印度与波斯订立商约。

〔土耳其〕 克雷培尔大败土军于希利俄波利斯，但孤军远处海外，次年终为土耳其军所败，埃及遂复归土耳其人统治。

〔俄罗斯〕 惧法国势力之扩张，与土耳其人联合，攻取爱奥尼亚群岛（原属威尼斯），建之为一共和国，共同负责保护之。

〔意大利〕 拿破仑恢复法国在意大利之

势力。

〔法兰西〕 5月，拿破仑率大军四万人越阿尔卑斯山南下入意大利。6月14日，在马伦哥战役中大胜奥军。12月，法将摩罗在瑞士亦大胜奥军。

〔联合王国〕 爱尔兰起义失败，同年，公布《爱尔兰与英国联合法案》。由于产业日趋发达，工人为争取待遇之改善，不乏秘密组织。至是颁布法案，禁止工人有任何形式之联合或组织，违者处三月以下徒刑，或两月以下之劳役。

〔西班牙〕 以路易斯安那让予法国（见1763年条）。

〔合众国〕 迁都华盛顿城。

1801年

中国

辛酉 清嘉庆六年

正月，白莲教军首领张世龙、高二生、徐万富等前后战死。二月，白莲教军首领王廷诏被俘。四月，免四川遂宁等州县明年额赋。白莲教军首领高三、马五被俘，张允寿战死。贵州铜仁苗民起事，旋败。六月，永定河溢。白莲教军首领徐天德溺死，张天伦被俘。免直隶水灾区额赋有差。七月，白莲教军首领王镇贤战死，徐天寿、王登高被俘。赈甘肃旱灾。八月，白莲教军首领王士虎、冉天四、冉学胜被俘。九月，命续修《大清会典》。十月，白莲教军首领辛斗被俘，龙绍周战死。十一月，洋盗陈天保投降，缴呈安南所给总兵印敕。以攻白莲教军事已近尾声，令筹划安插乡勇。白莲教军首领高见奇被俘。十二月，朝鲜贡使附奏“邪党”传洋教事。是岁，《文史通义》等书作者章学诚死。丁口二万九千七百五十万余人，仓存米谷三千零四十八万余石。

外国

〔朝鲜〕 毁私设祠院（学派党争之处）。杀天主教徒清苏州人周文谟及国人黄嗣永，按大逆律检举信教者，仍令诸道常加纠察，逐月报告。清使来求东文选等书。

〔日本〕 二月，改元享和。遣官赴虾夷地。立木标于得抚岛。

〔越南—大越〕 阮福映与阮光缵数度大战，攻入富春，阮光缵北走，乞援于清，清许之而未出兵。时光缵诸弟多被俘，诸将或降或死。于是阮福映戮阮文惠尸，分所获金宝赂暹罗。

〔印度〕 英人迫乌德土王割让一部分土地，归殖民地政府统治。

〔俄罗斯〕 保罗一世遇刺卒，子亚历山大一世嗣位。合并格鲁吉亚。

〔意大利〕 拿破仑建塔斯加尼为伊突利亚共和国。

〔法兰西〕 2月9日，与奥地利缔结吕内维尔和约，奥地利以莱因河西岸土地尽行割让法国。包括康坡·福米奥之割地计算，奥地利共损失土地二万五千一百八十平方英里，人口三百五十万。此外法国又自西班牙获得其北美洲中部殖民地路易斯安那。拿破仑与教皇成立友好协定。5月，在埃及之法军降于英军。

〔联合王国〕 包括爱尔兰代表之帝国议会于本年第一次召集。其中有宗教贵族四人（轮流出席），世俗贵族二十八人（终身任职）及下院议员一百人（按英格兰规定届期改选）。

〔西班牙〕 入侵葡萄牙，获得胜利，迫使葡萄牙人拒绝英军在葡活动。

〔葡萄牙〕 拿破仑自葡萄牙榨取巨额款项。

1802年

中国

壬戌 清嘉庆七年

正月，白莲教军首领辛聪被俘。二月，云南维西彝人及傈僳人联合起事，越三月败。白莲教军首领李彬被俘。三月，白莲教军首领张天伦、魏学盛、龚其尧战死，老教师李世汉等被俘。申禁州县征收漕粮私行折色。英吉利船泊零丁洋欲登陆，勒止之。四月，白莲教军首领魏洪升、张喜被俘。六月，白莲教军首领樊人杰溺死。七月，白莲教军首领刘朝选被俘，苟文明战死。八月，安南农耐、阮福映人东京，遣使进表入贡，并解送阮光缵所委总兵封王之广东盗匪三人。定巡查与俄罗斯交界卡伦之制。白莲教军首领蒲天宝战死。广东博罗天地会起事。九月，白莲教军首领唐明万战死。十月，禁番役子孙出仕应试。廓尔喀遣使入贡。十一月，白莲教军首领陈侍学、叶二、景英被俘。十二月，安徽宿州民起事，旋败。以白莲教军基本溃灭，大行封赏。是岁，文学家张惠言死。

外国

〔朝鲜〕 罢壮勇营。

〔日本〕 派人为虾夷奉行，嗣改称箱馆奉行。收永く松前氏之东虾夷地，给以年金。

〔越南〕 阮氏世祖嘉隆元年。是春，阮福映继续扫荡阮光缵残部，俘阮文岳三子，皆杀之；五月，遂即帝位，建元嘉隆，是为世祖。旋遣使于清，奉贡请封，嗣又请改国号曰越南。阮光缵不久被俘，西山阮氏亡。

〔缅甸〕 英东印度公司遣使来。

〔印度〕 麻剌他发生内乱，王党被击败，投靠英人。英人乘机与土王订约，准许英人在其境内驻兵六队，并许以后和战必先征求英方意见，于是英人复其王位，以之为进行侵略之工具。

〔波斯〕 与法国建立外交关系，法派军官训练波斯军队。英亦派传教士来。

〔俄罗斯〕 物理学家瓦·佛·彼得罗夫发明电解法。

〔罗马尼亚〕 俄罗斯迫使土耳其苏丹允许在派遣或迁调摩尔达维亚与瓦拉几亚总督之先，必须取得其同意。

〔日耳曼〕 格罗泰芬特发明解读楔形文字方法，为研究西南亚（两河流域）历史开辟一新道路。

〔意大利〕 内亚平宁共和国改称意大利共和国，由拿破仑代理总统。4月，拿破仑与教皇订友好条约，允恢复天主教在法国之地位。9月，法国兼并彼德蒙特。

〔法兰西〕 3月27日，与英国订立亚眠和约后，原计划进攻英国之准备，暂时中止。5月，拿破仑下令恢复殖民地之奴隶制度。8月，拿破仑宣布为终身任期之执政。

〔联合王国〕 与法兰西缔结亚眠和约。议会通过《学徒之健康与道德法案》，禁止棉纺织厂雇用九岁以下童工，并规定工时不得超过十二小时。但以违者罚款轻微，故等于具文。

1803年

中国

癸亥 清嘉庆八年

正月，命伊犁广开屯田，无耕牛者，官给之。闰二月，白莲教军首领宋应伏被俘，曾芝秀、刘渣胡子战死。广东天地会自去岁八月起事，至是溃败。四月，免陕西、甘肃用兵区域逋赋。安南阮福映请封并请改国号为南越。命改为越南。白莲教军首领张世虎被俘。五月，禁直隶等处人携眷出关。免河南用兵区域逋赋十分之五。白莲教军首领赵聪观、熊老八被俘。六月，封阮福映为越南国王。七月，禁民人携眷私渡山东海口。八月，定流民耕垦蒙古土地法。九月，东河彭家楼河溢。十月，定青海蒙古人和番人地界及交易规程。十一月，再禁番役子弟出仕应试。十二月，洋盗郑一乌、石二等败广东水师于雷州海面。

外国

〔朝鲜〕 申严贪吏废锢法。大王大妃金氏还政。

〔日本〕 濑户烧始于此时。

〔越南〕 定外国商船禁令。定租庸税法。修广富春城。暹罗遣使来聘。

〔缅甸〕 英东印度公司遣使来。

〔印度〕 第二次麻剌他战争爆发，麻剌他各部愤英人之侵略、压制，起而与英人战。总督威斯理任其弟阿塔尔·威斯理为德干区总指挥，获得胜利。在北印度方面，英军复胜印度军于德里。英人又实行其利用本地王公为工具之故智，复旧皇帝位，但不许问政事，仅充傀儡而已。

〔土耳其〕 雅尼那之阿利帕夏拥有伊派拉斯、阿尔巴尼亚与帖萨利等地，名义上虽为苏丹所任命之总督，但事实上为巴尔干半岛之实际统治者，与独立国王无异。

〔俄罗斯〕 颁布“自由耕种者”敕谕，允许地主自由解放农奴。以此获得自由者约为全部农奴人口百分之零点五弱。

〔联合王国〕 5月，与法国之战事再起。以埃美特为首之反英暴动起于爱尔兰，但旋失败。英政府下令在爱尔兰停止《人身保护状》之使用。

〔法兰西〕 法属海地岛（在加勒比海）之黑人奴隶起义，尽逐法人。

〔西班牙〕 拿破仑强迫西班牙缴纳巨额金钱以进行对英国之战争。

〔合众国〕 4月30日，与法国成立协议，以一千五百万元购得当时美国西部之路易斯安那区。

〔澳洲〕 殖民者四出探险，发现可居之地甚多，今年又完成澳洲本岛之环航。始有报纸发行——悉尼新闻。

1804年

中国

甲子 清嘉庆九年

二月，许黎维祈归葬，并许随其来归之安南人回国。六月，减各省诸关盈余税课。洋盗蔡牵攻扰台湾鹿耳门，在温州洋面大败官兵；七月，以浙江提督李长庚为总统督水师以击之。九月，白莲教军自起事至是八年，全部溃灭。是岁，史学兼考据学家钱大昕、书法家刘墉死。

外国

〔日本〕 二月，改元文化。俄罗斯使人送还仙台漂民，至长崎求通商。赖山阳日本外史稿成。

〔越南〕 清使来册世祖为越南国王；遣使如清谢。

〔塞尔维亚〕 在乔治·彼得洛维支领导下举行第一次反抗土耳其统治之起义。1806年冬，将驻扎贝尔格莱德之真尼萨利击败。1808年苏丹被迫任命乔治为总督。塞尔维亚人之起义，获助于俄罗斯者甚巨。

〔日耳曼〕 哲学家康德卒。

〔联合王国〕　拿破仑进攻英国本土之威胁甚巨，议会通过增加军备案。英国出现第一辆蒸汽机车。

〔法兰西〕　5月18日，拿破仑宣布为皇帝，称拿破仑一世。旋由教皇为其夫妻二人加冕（按教皇庇护七世仅参加典礼，拿破仑自行加冕后又为其妻加冕）。《拿破仑法典》公布。

〔奥地利〕　弗兰西斯二世闻拿破仑称帝，遂亦自称奥地利皇帝，并命令帝位应在哈布斯堡家族中世袭相传。

〔合众国〕　国会通过新土地法。

〔澳大利亚〕　1798年爱尔兰人民革命失败后，大批被俘者遣送来澳，至是起而暴动，英戍军予以镇压，屠杀殆尽。

1805年

中国

乙丑　清嘉庆十年

二月，英吉利随商船进表献物。三月，令管理西洋堂务大臣稽察西洋人私刻书籍及与内地人往来交结。四月，以西洋人德天赐私刊书籍传教，送热河圈禁，寄信之陈若望，信天主教之刘朝栋等发往伊犁与厄鲁特人为奴，所刻书籍版本，查出销毁，失察官吏议处。五月，立定《稽察西洋书章程》。六月，永定河溢。七月，仁宗如盛京，九月回。十月，赐英吉利王书。十一月，以澳门西洋教士派人赴各省传教，令广东督抚饬地方官严为稽查。修《皇朝词林典故》成。十二月，以擅准俄罗斯船在广东贸易，将粤海关监督等分别议处。蔡牵自称镇海王，攻入台湾凤山，嘉义民洪四老兴起应之。是岁，《四库全书总目》作者纪昀死。

外国

〔日本〕　戒谕沿海诸侯。遣人赴西虾夷地。万叶集略解成。

〔越南〕　修广京城，改升龙城为升隆城。

〔暹罗〕　遣使贡于清。

〔印度〕　印人大败英人于巴拉特普，英人死者逾三千。巴拉特普王未能乘胜将战争进行到底，遽与英人和，第二次麻剌他战争结束。

〔俄罗斯〕　加入第三次反法大同盟，与奥、英、普共敌拿破仑。与波斯发生战争，至1813年始罢。

〔法兰西〕　第三次欧洲反法大同盟成立。改意大利为王国，由拿破仑兼任国王，拿以其义子尤金·波哈拉（拿妻约瑟芬与其前夫波哈拉子爵之子）为副王。意大利西北之立古利亚共和国合并于法国。12月2日，拿破仑在奥斯特里茨大胜奥俄联军（三帝之战）。12月26日，与奥地利缔结普莱斯堡和约，奥国退出联盟。同月，拿破仑下令废黜拿波里之波旁王朝。

〔联合王国〕　英海军将领纳尔逊在特拉发加海角（西班牙南部）海面击溃法国与西班牙之联合舰队。

〔西班牙〕　加入法国对英战争。明年，英人占领布宜诺斯艾利斯（今南美洲阿根廷首府），但为里约·德·拉普拉他（西属南美中南部行省）殖民者所组之民兵所逐。

〔埃及〕　土耳其苏丹任命卡伐拉（巴尔干半岛城）烟草商人穆罕默德·阿里为埃及总督（按阿里为埃及“阿尔巴尼亚部队”之队长，以军功逐渐取得重要地位）。

1806年

中国

丙寅　清嘉庆十一年

正月，以赛冲阿为钦差大臣，赴台湾督办军务。以越南兴化镇将擅请划还六猛地方，令传知越南王阮福映严惩之。三月，命挑江苏、淮扬下游归江河道。七月，陕西宁陕兵变，攻扰旁近诸县，命德楞泰督兵击之。是岁，春末，李长庚大破蔡牵于台湾，自是蔡牵遂与李长庚追逐于福建、浙江洋面，蔡虽数败而势未衰。

外国

〔日本〕　令处置俄罗斯来泊船只。《藩翰谱续编》成。

〔越南〕　定百官品级服制。暹罗赠战船三只。以“御赐通行之印”赐真腊，持此得免税。一统舆地志成。颁万全历。

〔土耳其〕　与俄罗斯战事再起，延续至1812年。俄罗斯又占领瓦拉几亚与摩尔达维亚。

〔法兰西〕　欧洲各国组织第四次反法大同盟。7月12日，拿破仑令组莱因联邦，其后日耳曼诸侯除奥、普、不伦瑞克与黑森选侯外，几全体加入，拿破仑任联邦保护人。8月6日，在拿破仑压力下，弗兰西斯二世正式宣称废除神圣罗马帝国，自此专任奥地利皇帝。10月14日，法军在耶拿与奥埃尔施太特大败普鲁士，27日占领柏林。11月11日，拿破仑发布“柏林敕令”，封锁英国，禁止大陆任何国家与英国通商。以此成立“大陆体系”。

〔联合王国〕　1月，首相小庇特卒（相传由于拿破仑在奥斯特里茨之胜利〔去年12月2日〕刺激所致）。

〔荷兰〕　拿破仑改荷兰为王国，命其弟路易为王。

〔合众国〕　法国革命以来，合众国由于中立之故，与欧洲大陆进行繁荣贸易，故经济迅速恢复。"大陆体系"成立，及明年英国之"御前会议令"公布后，美国商业又趋萧条。

〔南美洲〕 英军一万名在怀特洛克指挥下，企图重行夺回布宜诺斯艾利斯，但民兵统帅林尼埃斯迫其退却。同年，林尼埃斯被选为拉普拉他总督。

1807 年

中国 丁卯 清嘉庆十二年

正月，四川绥定兵变，旋定。陕西西乡营兵变，旋定。二月，蔡牵败走广东洋面，命广东拦堵。申禁百官与诸王交通。三月，《高宗实录》、《圣训》成。四月，甘肃大通县番民攻扰，遣兵击之，九月定。申禁地方官擅造非刑。七月，遣使册封琉球中山王尚灏。九月，以暹罗商船雇华人营运，谕其国王郑华禁止之。挑张家湾一带北运河。十月，禁汉人私入番地及蒙古人改服番装。浚南运河各减河。十二月，李长庚追击蔡牵，战死。是岁，《金石萃编》等书作者王旭死。

外国 〔朝鲜〕 京畿、湖西海溢为灾。是岁，户一百七十六万四千零四，口七百五十六万一千四百零三。

〔日本〕 收西虾夷地。俄罗斯人数扰虾夷。命官巡视虾夷地。

〔越南〕 国朝世系书成，改名天南世系。真腊王遣使请封，封为高绵国王，命三年一贡。募中国人为番语通译。英商船来沱瀼，请增枪炮价，许之。北境户籍成，共十九万三千三百八十九户，较黎氏时减七万余户。

〔土耳其〕 谢里姆三世以企图改革军队之组织，惹起真尼萨利猜疑。真尼萨利遂起而废黜之，立其侄穆斯塔法四世继位。

〔保加利亚〕 拿破仑与俄沙皇亚历山大缔结提尔西特条约后，以保加利亚划归俄罗斯。

〔希腊〕 提尔西特和约后，爱奥尼亚诸岛复归法兰西。

〔门的内哥罗〕 法帝拿破仑遣人来招降，拒之。

〔普鲁士〕 自今年起至1812年止，斯坦因与哈登堡二人在普鲁士实施各项改革。令废除农奴制度，停止徭役。

〔联合王国〕 颁布《御前会议令》，予拿破仑欧洲以封锁，作为对柏林敕令之答复，但因此引起与美国之矛盾。议会通过废止奴隶贸易条例。

〔法兰西〕 7月初，拿破仑与俄国沙皇亚历山大订立提尔西特条约，俄国加入拿破仑之"大陆体系"。拿破仑以普鲁士所属之波兰土地组华沙大公国，由萨克森王代为统治，亦为亚历山大所承认。12月17日，再颁"米兰敕令"，重申封锁英国意旨。

〔西班牙〕 与法国重订条约，企图瓜分葡萄牙。拿破仑遣大将朱诺南下，11月末陷葡京里斯本。

〔葡萄牙〕 法军入里斯本，葡王室举族迁赴南美洲之巴西，国事付一摄政会议。

〔合众国〕 总统杰弗逊自行封闭美国港口，不令任何美国货物运往欧洲，冀促英、法悔悟，使对美货弛禁。第一只使用蒸汽之轮船出现。

1808 年

中国 戊辰 清嘉庆十三年

三月，免直隶嘉庆十一年以前逋赋十分之二，又免民欠旗租银。四川峨眉县界外土人攻扰，遣兵击降之。六月，江苏运河溢于莲花塘，嗣又溢于七里沟。七月，英吉利兵船泊香山县洋面，派兵分据澳门炮台，命严责令退出。九月，禁民私出奉天府法库门开垦。十一月，英吉利船退出澳门，以两广总督吴熊光应付过软，革职。

外国 〔朝鲜〕 命使臣赴清只许采购经史及醇儒文集。端川北青民变。

〔日本〕 发仙台等地兵赴虾夷。设炮台于浦贺等地。间宫林藏赴库页岛（桦太）探险。英吉利船掠长崎。命南部、津轻二族分掌虾夷地。

〔越南〕 修文庙，依明制改孔子文宣王之称为至圣先师孔子。清平山音土人首领郭必叔起事，各处民纷起，逾三月，皆败。许中国、爪哇至南荣贸易。定外国通商限制。遣使聘于暹罗。

〔土耳其〕 真尼萨利（禁卫军，亦称新军）再废穆斯塔发，立其弟马木德二世。马木德被迫接受真尼萨利之一切要求。马木德着手使各省总督就范之工作，但仅在安那托利亚半岛略有成就。

〔俄罗斯〕 与瑞典发生战争，瑞典败，明年媾和，俄国获得芬兰。

〔日耳曼〕 德国著名早期工人运动的活动家魏特林生。

〔联合王国〕 派遣韦尔斯利率远征军入葡萄牙。与拿破仑之"半岛战争"自此开始。

〔法兰西〕 3月，法军十万人入西班牙。5月，西班牙人民反法国侵略战争开始。9月，拿破仑与俄皇亚历山大会议于耶尔福，参加者尚有国王四人，其他王公三十四人。法政客塔勒隆（泰列蓝）则在幕后与亚历山大勾结。耶尔福会议后，拿破仑驰赴西班牙，12月13日，陷马德里。英军自葡境入西班牙，但被击退。

〔西班牙〕 3月中旬，马德里发生暴动，查理四世被迫逊位与其子腓迪南七世。4月末，查理与腓迪南二人同谒拿破仑于巴云，拿破仑令二人皆逊位，以约瑟夫·波拿巴（拿破仑之兄）继之。西人四起反抗，击溃法军，约瑟夫遁。12月，拿破仑亲率大军入马德里，约瑟夫始复位。拿破仑下命废除封建制度与异端裁判所。

〔葡萄牙〕 各地有反法暴动，阿塞尔·韦尔斯利（后之威灵顿公爵）率英军入葡。

〔合众国〕 禁止奴隶输入。

〔南美洲〕 由于拿破仑统治西班牙之故，西属美洲各殖民地如智利、委内瑞拉、大哥伦比亚、墨西哥皆乘机而起，纷纷设立自己之议会。

〔澳大利亚〕 总督布来厉行酒禁，益以其专横暴戾，以庄士敦少校为首之军人起而暴动，将布来监禁，明年新总督来始予释放。英政府不敢加以追究。

1809年

中国

己巳 清嘉庆十四年

正月，缅甸致文云南谓九龙江土司亦为其所属，驳斥之。内务府大臣广兴以贪婪处绞，牵连多人贬革有差。二月，海盗朱渍战死。五月，订广东外洋商人贸易章程。六月，仓场舞弊案发，贬革多人。海盗朱渥攻扰广东南澳等地。九月，蔡牵败死于浙江洋面。九月，俄罗斯请于明年冬季在恰克图地方商办一切事宜。十月，安南遣使贺寿并进方物。十一月，朱渥投降，缴船四十余只，铜铁炮八百余尊。十二月，分别开豁安徽池州、徽州、宁国三府世仆。洋盗郭婆带拘其同伙船械投降。是岁，经学兼文学家洪亮吉、经学家凌廷堪死。

外国

〔朝鲜〕 两湖饥，赈之。

〔日本〕 间宫林藏自黑龙江探险回。

〔越南〕 太原不靖，遣兵镇压之，杀其首领中国人赵文清。遣使贡于清。定商船税额条例。

〔暹罗〕 拉玛一世王死，子拉玛二世王立。

〔缅甸〕 英东印度公司遣使来。

〔波斯〕 英代表哈佛德·琼斯爵士来订约。

〔土耳其〕 与俄罗斯战事再起。

〔俄罗斯〕 建芬兰为大公领地，沙皇自兼大公。

〔保加利亚〕 俄罗斯人占领多布鲁甲。明年，势力及于全境。

〔塞尔维亚〕 自此至1813年获得四年之独立期。

〔普鲁士〕 沙恩荷斯特在普鲁士实施军事改革。柏林大学成立。

〔意大利〕 拿破仑再占领教皇国与罗马。教皇则予拿破仑以革教处分。

〔法兰西〕 欧洲各国组第五次反法大同盟。4月，与奥地利战事再起，5月13日，拿破仑陷维也纳。7月5日至6日，大胜奥军于发格拉姆（瓦格拉木）。10月14日，与奥地利订立射恩布隆（兴勃蓬）和约。奥地利丧失土地三万二千平方英里，人口三百五十万。各被割让地区中不乏对法国统治之英勇抵抗，但皆先后失败（如提罗尔与日耳曼各地）。

〔西班牙〕 英将威灵顿自葡入西，与法将苏尔特战，威灵顿败退葡萄牙。西中央立法会议（junta）迁莱昂岛。约瑟夫入塞维尔。

〔葡萄牙〕 英国驻葡大使加入摄政会议，且为其重要成员。

〔瑞典〕 3月，发生政变，国王加斯塔发斯为军人捕获，迫使逊位，由其叔继位，称查理十三世。

〔合众国〕 麦迪逊当选总统后，立即取消封港法令，改颁《绝交法案》，准许美国商人与英、法两国以外之任何其他国家进行贸易。

〔南美洲〕 西班牙中央立法会议派遣总督一人来拉普拉他，殖民地人民拒绝其统治。明年以腓迪南七世名义设立里约·德·拉普拉他临时议会。

1810年

中国

庚午 清嘉庆十五年

二月，命江、浙试办海运，寻以用费过大，未行。命直隶、山西每年查明出口人数造册报部。三月，命查禁鸦片。洋盗张保仔、香山二等缴船、械投降。四月，以热河一带由关内移来民户渐多，置都统以理之。洋盗沈带缴船、械投降。五月，命筹办直隶水利。六月，甘肃旱，赈之。洋盗乌石二等被俘，东海霸投降。七月，永定河溢。蔡牵残部缴船、械投降。修黄河云梯关海口。八月，直隶水，赈之。十月，江南高堰山盱两厅堤坝决。严禁发遣为奴犯人赎身。十一月，申禁流民出关，令蒙古盟长报告已垦地亩及租地民户，并禁再招人佃种。十二月，《剿平三省邪匪方略》成。

外国

〔朝鲜〕 再赈两湖饥。

〔日本〕 英吉利船来。水户纪治献大日本史纪传于京都及幕府。

〔越南〕 赴清贡使携大清历象考还，命据以讨论历法。暹罗使来。颁测量田亩之经尺。开海阳安朗白铅矿。真腊乞师以攻暹罗，不许，遣将备边。

〔暹罗〕 缅甸来侵，败之。遣使请封于清，拉玛二世王自称郑佛。与真腊失和。

〔波斯〕 英代表马恭来，携军官与大炮，代波斯训练军队。

〔俄罗斯〕 在多瑙河上之巴特颜大胜土耳其人。

〔普鲁士〕 没收寺院与其他教会财产为国有。实施新教育制度。

〔意大利〕 拿破仑以教皇国并入法国版图。

〔法兰西〕 荷兰王路易（拿破仑弟）拒绝参加“大陆体系”，逊位后遁去。7月1日，拿破仑命将荷兰合并于法国，法帝国自此拥有行省一百三十个。拿破仑与其妻约瑟芬离异，别娶奥地利长公主马利·路易丝为后。

〔联合王国〕 英王乔治三世患精神病。明年以威尔斯亲王为摄政。

〔西班牙〕 议会于莱昂岛举行会议，决继续效忠腓迪南六世。

〔瑞典〕 8月，瑞典议会选举法军将领柏那多特元帅为王位继承人。柏那多特接受之，并更名为查理·约翰，11月初入瑞典，拿破仑亦予以同意。

〔南美洲〕 里约·德·拉普拉他临时议会拒绝听命于西班牙之中央立法会议，并派兵入上秘鲁（玻利维亚），但为该地西班牙总督所击败。明年，又遣兵入巴拉圭，亦被击败。但巴拉圭人乘机推翻西班牙总督，设立革命议会。委内瑞拉、乌拉圭、智利与墨西哥等地俱有起义。

〔澳大利亚〕 截至本年止，共有自由移民三千人，彼等俱拥有大量土地，构成后来澳洲之重要阶级。

1811年

中国

辛未 清嘉庆十六年

闰三月，仁宗如五台山，免山西额赋十分之三。四月，修直隶任丘各州县千里长堤并雄县叠道。七月，令各省查禁西洋人并禁民人习天主教。八月，新疆回民沙朵斯等以暗通大和卓木后裔玉素普，被捕。是岁，丁口三万五千八百六十一万余人，仓存米谷三千三百三十九万余石。

外国

〔朝鲜〕 时外戚专政，民不聊生，洪景来以清君侧为名，起兵。杀嘉山郡守，四方纷起响应，遣李尧宪击之。

〔日本〕 俄罗斯船至虾夷，其船长为戍兵所拘。令对马岛主受朝鲜聘礼。停文身业。下俭约令。

〔越南〕 暹罗使来，责以与真腊失和事。旋遣使赴暹罗调解真腊事。以兴化香山峒砂金、板永硇矿、宣光渭上硇矿、安富硫矿，产量不丰，免其税。

〔暹罗〕 颁禁鸦片条例。

〔波斯〕 对俄罗斯宣战，俄波战起。

〔俄罗斯〕 在卢斯楚克再度大败土耳其人。土军两万在朱哲佛向俄军乞降。

〔奥地利〕 财政情况异常窘迫，纸币仅及票面价格五分之一。

〔普鲁士〕 命令在国境内可自由贸易。

〔联合王国〕 乔治三世精神病复发，治愈无望，太子威尔斯亲王摄政。俄瑞（典）二国脱离“大陆体系”，英国开始恢复在各该国之贸易。机器发明后，手工匠失业者遍于各地。自今年冬至明年春有“鲁德党”（以派鲁所著《西德茅斯勋爵之生平》一故事而得名）在约克夏（郡）、兰开夏、德尔比夏、勒斯特夏等地四出捣毁机器以泄忿。政府颁布处死刑之命令后始渐平息。英政府步丹麦后尘禁止贩卖非洲人作奴隶。

〔法兰西〕 拿破仑命将鄂尔敦堡（日耳曼北部，荷尔斯泰因东）合并于法国。

〔西班牙〕 科尔特斯（议会）起草《十二年（1812年）宪法》，废除封建制度、贵族特权与教会之什一税，并宣称“主权属于人民”，但同时拒绝殖民地人民有派遣代表之同等权利。科尔特斯与英国缔结条约，准许后者在西属美洲殖民地自由贸易，并以威灵顿为西部诸省西班牙军总司令。

〔埃及〕 3月1日，埃及总督阿里大肆屠杀玛美琉克团，巩固自己之势力。

〔合众国〕 由于英舰在海上侵犯美国船只，同时美国西北部之印第安人进攻亦被视为英国唆使，国会中对英主战派得势。

〔南美洲〕 7月7日，委内瑞拉宣布独立。8月14日，巴拉圭正式宣布独立。秘鲁有起义。

1812年

中国

壬申 清嘉庆十七年

正月，允廓尔喀国王请，派噶箕头目奉贡至京。三月，李家楼大工完，河归故道。哲孟雄请赐藏地庄子一所，驳斥不许。五月，滦州董怀信等以传金丹八卦教被捕，命严搜徒党。六月，改订吉兰泰盐务章程。七月，命各省严查私造非刑。八月，挑阜宁县救生河。

外国　〔朝鲜〕　洪景来入定州，分兵四出，清兵至中江为官军声援；四月，洪景来败死。两西饥，赈之；嗣又赈湖西、岭南、海西、关西饥。

〔日本〕　俄罗斯船捕走高田屋嘉兵卫。宽永重修诸家谱成。

〔越南〕　真腊王闻世祖母丧，请来祭奠；辞之。修律例成。暹罗使来。铸一两银锭。改万全历为协纪历。

〔暹罗〕　攻真腊，败之。

〔土耳其〕　与俄罗斯订立布加勒斯特和约。土耳其以比萨拉比亚割让与俄，两国自是以普鲁特河为界。

〔保加利亚〕　由于拿破仑入侵俄国，俄军自保撤退。

〔瓦拉几亚与摩尔达维亚〕　俄人退出后，土耳其又恢复其统治，但摩尔达维亚所属之比萨拉比亚被割让俄国。

〔俄罗斯〕　拿破仑亲率大军五十万侵入俄国。9月7日，与库图索夫所统率之俄军战于波罗金诺，双方损失惨重。9月14日，法军入莫斯科。10月19日，拿破仑被迫撤退，俄军沿途要击，益以天寒地冻，生还尼门河西岸者仅十万人。

〔普鲁士〕　普鲁士军统帅约尔克宣称协助俄国，腓德烈·威廉三世企图否认，但以人民压力不果。明年2月与俄国缔盟。

〔联合王国〕　6月，与美国发生战争，至1814年底始以根特条约媾和。

〔法兰西〕　拿破仑率大军五十余万人侵俄。6月，渡尼门河占领维尔诺。8月17日至18日，蹂躏斯摩棱斯克。9月7日，与俄军大战于波罗金诺，14日，占领莫斯科。10月19日，拿破仑被迫自莫斯科撤退，俄军沿途要击。11月初，俄国冬季来临，天寒地冻，死亡枕藉。11月26日至28日，复被俄军截击于柏累齐那河，自此更溃不成军。12月13日，重渡尼门河时仅残余约十万人（拿破仑12月初弃其军西返，12月18日返抵巴黎）。

〔西班牙〕　威灵顿入马德里。公布宪法（1812年宪法）。

〔瑞典〕　柏那多特与查理十三世共治瑞典，但前者为事实上之统治者。

〔合众国〕　6月18日，向英宣战。战争初期美国在海上颇有胜利。但进攻加拿大之军事不得手（美史以此为“第二次独立战争”）。

1813年

中国　癸酉　清嘉庆十八年

正月，廓尔喀遣使入贡。以云南缅宁界外土目张辅国抗命，击破之。五月，河南、山东旱，赈之。六月，申禁宗室、觉罗与汉人为婚。直隶顺德等府旱，赈之。命修《明鉴》。伊犁将军晋昌以干预俄罗斯与哈萨克之争，降调。七月，申禁鸦片，定官民吸食者罪。九月，天理教徒起事于直隶长垣、河南滑县、山东定陶、曹县，破城杀官、总教首林清指挥徒众攻袭禁城，失败被捕，磔死。十月，以汉军旗人有参加天理教者，命直隶屯居汉军旗人听州县管辖，编入保甲。定陶、曹县为山东兵夺下。十一月，浚山东运河。天理教首领李文成等败死。十二月，陕西岐山县饥民以万五为首据三才峡起事，逾月败。滑县破，天理教首领死者三、俘者三。是岁，史学家钱大昭死。

外国　〔朝鲜〕　京畿、湖西、岭南、关东、关北饥，赈之。

〔日本〕　置米仓所。俄罗斯船放还高田屋嘉兵卫；释前所拘之俄罗斯船长。闰十一月，后樱町女上皇死。

〔越南〕　定银锭条例。铸嘉隆通宝，白铅占十分之七。自广东澳门得西洋历，命译之。暹罗兵入真腊都，真腊王来奔请救，派兵卫之返国，暹罗兵退，遂置保护官于真腊。

〔波斯〕　与俄缔结古利斯坦条约，波斯丧失亚美尼亚以北之高加索地区。并承认俄罗斯在里海有航行之权。

〔塞尔维亚〕　布加勒斯特和约后，俄罗斯停止对塞尔维亚之协助，苏丹乃加以镇压，起义失败，乔治遁赴奥地利。

〔俄罗斯〕　10月16日至19日俄、普、奥、英联军大败拿破仑于来比锡。与波斯媾和，俄国获得巴库与里海西岸土地。

〔联合王国〕　半岛战争中英国统帅威灵顿迭获胜利，进至比利牛斯山。美国军进攻加拿大。废止东印度公司在东方之商业垄断权。

〔法兰西〕　拿破仑败讯传遍西欧，各国皆奋起争取解放。俄、普、瑞典、英、奥先后加入第六次反法大同盟。9月9日，各国订约于泰卜利兹，相约每国至少出兵六万人，决不单独与法国媾和。10月16至19日，拿破仑与联军大战于来比锡，遭遇决定性失败。11月，拿破仑退返莱因西岸。12月，联军入法境。法国在半岛战争中亦遭遇失败。11月10日，英将威灵顿自西班牙北上侵入法境。12月，进抵巴云。

〔西班牙〕　威灵顿续有胜利，拿破仑召回约瑟夫，以苏尔特任西班牙总督。

〔荷兰〕　反法起义获得成功，奥兰治亲王威廉一世为元首。

〔瑞典〕　查理·约翰（柏那多特）向丹麦进行战争。

〔南美洲〕　巴拉圭脱离里约·德·拉普拉他，成立共和国。

1814年

中国

甲戌　清嘉庆十九年

正月，以西洋商人贿通洋行商人，每年偷运银两一百余万出洋，命订章严禁。二月，停云南贡铜炉、浙江贡嘉炉、湖镜，两淮贡铜火盆。霍罕请于新疆派人管理贸易，严驳斥之。闰二月，辑《全唐文》成。三月，裁减江苏、江西、浙江、福建、湖北、湖南、山西、四川、广东、广西、云南、贵州及漕标、河标兵额。四月，凉山彝人以歉收，攻扰东乡县等处。十月，安徽庐州等府水，赈之。江西民胡秉辉等拥朱毛俚为主，称后明晏朝年号，事泄，死十七人，流遣三十余人。十一月，命河南、安徽查拿红胡捻子手。命开垦吉林所属拉林夹信沟荒地。以英吉利船曾于八、九月间闯入虎门，又英人司当东留居澳门，命广东查究。定《整饬洋行及限制外洋商船规程》。以浙江杭州等府旱，命浚西湖以工代赈。是岁，经学家程瑶田、史学家赵翼死。

外国

〔朝鲜〕　诸道饥，赈之。

〔日本〕　荷兰来聘。禁富士讲。撤北地戍兵。沿海实测全图成。

〔越南〕　宣光、清华民起事，皆败。铸新嘉隆通宝，铜占十分之六。以派往保护真腊之官专恣，易人代之。暹罗使来。

〔暹罗〕　于京畿邻地筑炮台以防真腊。

〔印度〕　英总督海斯汀斯侯爵（此与1774年起任孟加拉总督之瓦伦·海斯汀斯为二人）率师侵尼泊尔，分五路进攻，尼泊尔对侵略者展开英勇抵抗，大败英师，英将吉勒斯拍战死，兵士死亡甚多。

〔希腊〕　爱国志士组“朋友会”（Hetairia Philiké）于敖德萨，其领袖亚历山大·尹普西兰提为一希腊籍之俄国军官。朋友会之目的在恢复希腊之独立。

〔俄罗斯〕　3月，以俄军为主力之联军入巴黎。

〔联合王国〕　威灵顿自南部进攻法国。3月10日，陷波尔多，4月，又大胜于土鲁斯。另一支英军则入荷兰与普鲁士军会师。自今年起至1816年止，英军亦在南洋群岛（东印度群岛）一带占领荷属殖民地。

〔法兰西〕　2月5日起联军企图与拿破仑媾和，愿以1792年疆界畀予法国，但为拿破仑拒绝。3月末，联军入巴黎。4月11日，拿破仑逊位，联军予以厄尔巴岛，每年由法国政府支付二百万法郎为用费，仍许保有皇帝称号与王者仪仗。5月4日，拿破仑抵厄尔巴。波旁王室之路易十八世复辟为法兰西国王。9月起各同盟国派遣代表赴维也纳举行会议。路易十八命将未售出之国有财产归还革命时之逃亡所有主。

〔西班牙〕　腓迪南七世返国复辟，令取消1812年宪法并解散议会，重立异端裁判所，捕杀自由主义分子与游击队领袖，实施恐怖统治。

〔葡萄牙〕　半岛战争结束，葡王室仍居巴西。英人视葡萄牙如一行省，引起葡人之仇恨。

〔荷兰〕　奥兰治亲王与联盟代表获致协议，为预防法国再起，后者允以比利时归并荷兰，组“尼德兰王国”。明年6月9日，维也纳会议亦正式予以认可。但由于宗教信仰、风俗、习惯之各不相同，以及荷兰人之专擅压迫，比利时在革命酝酿中。

〔瑞典〕　与丹麦缔结基尔和约，丹麦以挪威割让瑞典，瑞典则以所属之波美拉尼亚予丹麦。

〔罗马〕　教皇庇护七世令准耶稣会重行恢复。

〔合众国〕　英军入美国首都华盛顿，加以焚毁，但9月中旬被阻于巴尔的摩。12月24日，与英国缔结根特和约，战事终。

〔新西兰〕　新南威尔士（澳洲）集中营牧师萨缪尔·马尔斯顿在新西兰北部之海湾岛设立一英国教会。此为英人侵略此岛之第一步。

1815年

中国

乙亥　清嘉庆二十年

二月，廓尔喀与披楞（英国）构兵，请助金银，驳斥之。三月，定搜查洋船鸦片章程。五月，命开垦吉林拉林及双城子荒地。七月，中瞻对土目洛布七力攻扰，击破之。八月，令河南查禁红胡捻子手不必用兵。九月，安徽和州严士龙以用九龙戳印散布匿名揭帖，又造时宪书经卷，被捕，牵连多人。塔什密里克回民孜牙墩结布鲁特人谋据新疆南部，遣兵击俘之，处死。十月，西洋人兰月旺以违禁潜入内地传教，于耒阳县被捕处绞。十一月，令广东清厘洋商所欠西洋人账目，并令暗行禁购洋货，以杜漏卮。命直隶清丈官荒等项地亩，召垦升科。十二月，礼亲王昭梿以凌辱大臣，勒索拷打庄头，革爵圈禁，旋命各王公等田租，永不准咨刑部催追。滦州石佛口王姓自明季王森创立闻香教，子孙世传其教，至是将为首者凌迟，为从者发新疆与回民为奴，王姓一族，被迁于云南、贵州、两广。是岁，经学兼小学家段玉裁死。

外国

〔朝鲜〕 逐巫觋僧尼于城外。大疫。

〔日本〕 荷兰公使等撰对译辞书。杉田玄白撰兰学事始。八王子黑䌷创于此时。

〔越南〕 铸中平银片。

〔塞尔维亚〕 在密罗什·俄布楞诺维支领导下，塞尔维亚人掀起反抗土耳其统治之第二次起义。1817年苏丹被迫承认塞尔维亚之自治权及密罗什之领袖地位。

〔希腊〕 维也纳和约以爰奥尼亚诸岛予英国为保护地。

〔俄罗斯〕 俄国自维也纳和约中获得波兰之大部分，及各国对于俄国占有芬兰之认可。9月26日，亚历山大发起之“神圣同盟”条约，由俄、普、奥三国元首分别签署。其后，除英国外，其他欧洲诸国皆先后加入。教皇与土耳其苏丹亦拒绝签字。

〔奥地利〕 6月8日同盟国在维也纳和会中取得协议。其结果大致如下：(1) 奥地利收获最大，其次为普鲁士；(2) 组荷兰王国，以比利时属之；(3) 组日耳曼邦联以代替旧时之神圣罗马帝国，以奥地利为盟主；(4) 改组华沙大公国为波兰王国，以沙皇亚历山大一世兼国王；(5) 英国保留战争期间所夺获之岛屿与殖民地；(6) 瑞典仍领有挪威；(7) 瑞士为独立国，另有数州加入；(8) 在各地恢复拿破仑战争前之“合法”王朝。9月28日，神圣同盟成立。11月20日，俄、奥、普、英重订四国同盟。法国革命与拿破仑时代在各地完成之改革，尽遭废弃，欧洲自此进入一反动时代。

〔日耳曼〕 自今年起至1819年止，各地大学先后成为自由主义运动之中心，尤以耶拿大学为最。

〔意大利〕 维也纳和约使奥地利恢复其在意大利北部之统治权。威尼斯与米兰被夷为奥地利一行省，称“伦巴多威尼斯”。教皇庇护七世恢复其国土。其他各地多恢复原状。圣玛利诺（在半岛东北部亚平宁山脉东，面积三十六平方英里）为半岛上唯一共和国。奥地利与两西西里王腓迪南签订密约，后者允在其境内极力镇压任何要求改革之运动。

〔联合王国〕 自维也纳和约获得好望角及地中海内之马耳他岛等海外土地多处。议会在大地主影响下通过《谷物法》，使英产谷物之价格不达每夸特（合二十八磅）八十先令时，外国谷物无法输入。

〔法兰西〕 3月1日，拿破仑在法国南部之港口康登陆，3月20日入巴黎，路易十八逃赴英国。拿破仑迅即召集大军一支，6月18日，入比利时，在滑铁卢为普将布律赫与英将威灵顿大败。6月22日，拿破仑第二次逊位。被迫逃往英国，英人囚之于圣赫勒拿岛（1821年5月5日卒于该岛）。路易十八第二次复辟。

〔西班牙〕 以波利尔将军为首之起义爆发于科伦雅，旋被镇压失败。腓迪南六世又派兵赴南美之委内瑞拉，镇压当地革命。

〔非洲〕 法国亦于今年下令禁止贩卖黑人奴隶。

1816年

中国

丙子 清嘉庆二十一年

闰六月，续纂《秘殿珠林》、《石渠宝笈》成。以沂水、蒙阴两县“枭匪”势盛，二年半之间已有七十二案，降山东巡抚陈预；仍令勒限查捕。七月，英吉利遣使来觐，以不遵仪注，命其国王以后不必遣使。是岁，崔述死。

外国

〔日本〕 英吉利船自琉球来请通商。国友能当仿造荷兰气炮。

〔越南〕 谕真腊与暹罗通好。以外国船来者日多，或假冒牌照，或称遭难，以图减税，命地方官从严取缔。暹罗使来。铸嘉隆通宝新钱，禁用西山阮氏光中、景盛钱。

〔印度〕 英东印度公司与尼泊尔议和，签订萨伽里条约，尼泊尔割地数区予英。

〔俄罗斯〕 自本年起至1818年止，先后下令废除爱沙尼亚、立窝尼亚与库尔兰等地之农奴制，但被“解放”之农奴未获得任何土地。

〔日耳曼〕 日耳曼邦联（包括三十八国）于法兰克福召开第一次戴耶特。

〔联合王国〕 要求改革议会之风潮遍于各地，尤以伦敦为最。今年始有横越大西洋之定期航行。

〔葡萄牙〕 女王马利亚一世卒，约翰六世继位，但仍在巴西。葡本土由英元帅柏累斯福统治。

〔合众国〕 始行保护关税以保障东北部（新

英格兰区）之幼弱工业（1816年关税条例）。自今年至1824年仅有一个政党——共和党——活动，美史以此时期为“和谐时期”。

〔南美洲〕 里约·德·拉普拉他（今阿根廷）宣布独立，称“里约·德·拉普拉他联省”。

1817年

中国

丁丑 清嘉庆二十二年

正月，以湖北白莲等教教徒，经地方官劝导，退教者甚多，令直隶、山东、河南民缴经反教，不究既往。二月，于天津设水师。以云南临安边外土人高罗衣自称窝泥王，并将附从汉人授以官职，攻掠江外土司，遣兵击俘之，嗣禁内地民人不得私往其地贸易。七月，禁武试冒名顶替。广州捕天地会人两千余。是岁，古文家恽敬死。

外国

〔朝鲜〕 三南水，淹死甚多。

〔日本〕 三月，光格天皇让位，仁孝天皇践阼（一百二十代），九月，即位。英吉利船至浦贺。

〔越南〕 真腊华侨叶会在朱笃招华侨及真腊人从事畜牧及商业，声势颇大，至是禁华侨领购有水利各地。遣使贡于清。先是黎维禛来投，封延嗣公，至是谓之谋叛，杀之。澳门船至沱瀼，献沙黄图。修沿海录。遣使如暹罗。先是，1787年伯多禄所订之约，法许出兵相助，越割昆仑岛与法及共管沱瀼。至是法使来，试求履约，世祖以法未能出兵，未允。

〔印度〕 英东印度公司复对麻剌他人与滨德利人宣战，此次战争规模极大，英军方面出动十二万人，战争延续二年。

〔塞尔维亚〕 乔治自奥地利返国，为密罗什所杀。密罗什获得苏丹之正式承认，其政府拥有相当广泛之自治权。

〔日耳曼〕 10月18日，瓦特堡庆祝会（纪念宗教改革三百周年与来比锡战役四周年）。耶拿大学学生举行焰火会，并焚毁“反爱国”书籍多种。

〔联合王国〕 颁布《威逼法》，禁止煽动性集会结社，并规定处诱惑海陆军者以严刑。李嘉图之《地租论》出版。

〔葡萄牙〕 反英起义被镇压，失败，领袖被英人屠杀。

〔合众国〕 詹姆斯·门罗当选为第五任总统。4月28日，与英国协议，限制两国海军在北方五大湖活动（卢希—巴戈特协定）。

〔南美洲〕 西班牙在智利之统治权被推翻。

1818年

中国

戊寅 清嘉庆二十三年

正月，定大凌河垦种牧地额赋。廓尔喀遣使入贡。二月，命蒙古地方，倘蒙古人、汉人一同犯罪者依大清律问拟；若只有蒙古人，仍用蒙古例办理。三月，云南临安边外土人高老五等起事，遣兵击之，逾三月定。以顺天府属去年歉收，免今年上忙钱粮及旗租逋赋，并发粮平粜。六月，武陟沁河溢。免云南建水等州县额赋。七月，仁宗如盛京，十月回。十一月，增建睢南厅属减水石坝。十二月，免云南铜厂逋课。是岁，金石兼书法家翁方纲、经学家孙星衍死。

外国

〔日本〕 四月，改元文政。英吉利船至浦贺。

〔越南〕 爪哇海盗数扰河仙，掳嘉定守将。定澳门商船税则。定各国商船至顺安、沱瀼贸易，依船大小收税。于朱笃驻兵，划华侨、真腊人、爪哇人居留界。

〔暹罗〕 葡萄牙使自澳门来，商缔通商条约。是年规定国旗式，红地白象。

〔普鲁士〕 5月5日，卡尔·马克思诞生于特利尔（特利夫斯）。

〔日耳曼〕 巴伐利亚、巴登与那骚皆公布宪法。

〔法兰西〕 1815年联军第二次入巴黎时曾规定法国须赔偿军费七亿法郎，至是偿付清楚，外国军队自法国国境中退出。法国亦参加神圣同盟。

〔联合王国〕 格拉斯哥有第一艘用铁壳造成之船出现。为鼓励发现自欧洲东北通向东方航道，特悬赏两万镑。有能到达北纬八十九度者亦悬奖五千镑。

〔葡萄牙〕 英人令禁聚会结社，但反英情绪愈益高涨。

〔瑞典〕 查理十三世卒，伯那多特正式继位，称查理十四世。

〔合众国〕 英、美协议以北纬四十九度为美、加界线，俄勒冈则由两国共管，定期十年（1827年续约）。

〔南美洲〕 2月12日，智利宣布独立。4月5日，在圣马丁领导下击败自秘鲁来攻之西班牙军队。哥伦比亚共和国成立，以波利维尔任总统。

1819年

中国

己卯 清嘉庆二十四年

正月，仁宗六十生辰，普免各

省逋赋。二月，以四川、贵州二省无逋欠，免明年额赋十分之二。免江苏、浙江盐场逋课。三月，免山东铜厂逋课。闰四月，修山东运河西岸堤。五月，禁旗人抱养汉人及户下人为嗣。八月，河南兰阳、仪封北岸河溢。十二月，免西宁口外番民逋银。是岁，人丁三万零一百二十六万余人，仓存米谷三千六百七十七万余石。

外国

〔朝鲜〕 湖西大水，赈之。

〔日本〕 铸草字一分铜币。令减物价。犬山烧等器创于此时。

〔越南〕 十二月，世祖死，太子福晈嗣，是为圣祖。

〔暹罗〕 缅甸来侵，旋退。嗣知缅甸之来为吉陀苏丹所招，攻之。

〔缅甸〕 攻暹罗，以西方告警，退兵。孟陨王死，孟既嗣。

〔印度〕 萨特拉土王率国人反抗英人，失败被废。英东印度公司占领荷属新加坡。与麻剌他、滨德利之战争结束，麻剌他彻底失败，从此英人统治全印度之势成，印度境内无独立国家。

〔门的内哥罗〕 土耳其人自波斯尼亚来侵，逐退之。

〔俄罗斯〕 在西、北、南诸边疆地区设军事殖民地。拉札勒夫赴南极探险，发现新岛多处。

〔日耳曼〕 奥地利、普鲁士与日耳曼某些小邦代表会集于卡尔斯巴德，通过决议，在迈恩兹设立非常委员会，专事调查各种秘密会社，监督大学，检查出版物。邦联戴耶特予以追认。

〔普鲁士〕 去年颁布命令废除内地税（货物通过税）并在边境各地实施统一关税。今年10月与什发兹堡—松得斯豪生订立关税条约。日耳曼“关税同盟”自此始，至1848年推行及于大部分日耳曼国家。

〔联合王国〕 8月16日，“彼得卢惨案”发生。曼彻斯特要求议会改革与废除谷物法者遭军警开枪射击，死伤数百人。12月，颁布“六条法案”，旨在制止要求改革之运动。

〔西班牙〕 以佛罗里达售予美国。国内各地反对政府之结社四起。

〔合众国〕 自西班牙之手获得东南部之佛罗里达半岛。发生第一次大规模经济危机。第一艘轮船横渡大西洋（蒸汽力与风帆并用）。

〔南美洲〕 12月17日，新格拉纳达（南美洲西北部）代表会集于安哥斯图拉，决议组织大哥伦比亚共和国，并推举玻利维尔为总统。大哥伦比亚包括新格拉纳达、委内瑞拉与吉多。

1820年

中国

庚辰 清嘉庆二十五年

七月，仁宗死；八月，皇二子智亲王旻宁嗣，是为宣宗成皇帝，明年改元为道光。越南遣使告其王阮福映之丧。九月，大和卓木之孙张格尔攻边卡，旋败走。十月，裁各省陈设器玩等贡。申禁河务积弊。铸道光通宝钱。十一月，免两淮历年未解玉贡折价银一百六十余万两。挑仪封引河。免两浙历年未解玉贡折价银四十五万两。十二月，准番役子孙应武试、仕武职。免长芦退商积欠银二百九十余万两。

外国

〔日本〕 铸新银币。高桥作左卫门献所译满文书。

〔越南〕 阮氏圣祖福晈明命元年。赐真腊王敕书彩币。遣使告哀于暹罗。建国史馆。禁鸦片烟。遣使如清。改定外国商船港税。是岁，秋、冬大疫，死二十万六千八百三十五人。统计共丁六十二万二百四十余人，田三百零七万六千三百亩，又二万六千七百五十余顷，兵额二十万四千二百二十余人。

〔暹罗〕 缔暹、葡通商条约。吉打王败奔槟榔屿，其地遂为暹罗所据。

〔土耳其〕 马木德二世调集大军进攻阿尔巴尼亚总督阿利帕夏。久受土耳其压迫之希腊半岛人民亦乘机而起，作争取独立之斗争。

〔门的内哥罗〕 与奥地利划定国界。

〔普鲁士〕 11月28日，恩格斯诞生于巴门。

〔奥地利〕 神圣同盟在特劳波举行会议。

〔联合王国〕 暗杀内阁全体人员之伽图街炸弹被破获，与谋者被处死刑。乔治三世卒，其子正式嗣位，称乔治四世。

〔法兰西〕 颁布新选举法，意在压抑资产阶级。此外又颁布限制言论、出版等自由之法令。

〔西班牙〕 待命赴南美之军队在里埃哥与圭乐加二人领导下掀起革命。腓迪南被迫恢复1812年宪法并撤销异端裁判所。但反对派之贵族与教士四出挑拨，全国陷于骚乱。

〔葡萄牙〕 8月末，由于西班牙革命之刺激，葡人亦奋起革命，将英人逐出。新摄政会议成立，1822年颁布宪法。

〔埃及〕 穆罕默德·阿里遣其子哈孙征服埃及南之苏丹地区（包括努比亚、塞那尔与科尔多方），至1822年完全占领之。

〔合众国〕 密苏里协议于3月3日成立。规定密苏里州加入联邦以后，凡在北纬三十六度三十分迤北之州加入联邦时必须废止奴隶制度。密苏里州于1821年8月加入联邦。

〔南美洲〕 圣马丁在智利部署其军队后，由海道运彼等赴秘鲁。巴西军队击败乌拉圭革命军。明年将该地并入巴西版图。

〔夏威夷〕 美国传教士今年入夏威夷“传教”。

1821年

中国 辛巳 清宣宗成皇帝旻宁道光元年

正月，越南国王阮福晈请遣使进香表贺；命止之。严禁滥用非刑。进呈徐松所纂《新疆识略》。云南永北厅土人起事，越两月败。二月，命各省修复社仓义仓。三月，廓尔喀请遣使朝贡。五月，遣使册封越南国王阮福晈。六月，命整饬漕政。八月，京师大疫。九月，暹罗请进香贡；止之。美国水手殴死广州民妇，命依律处绞。十一月，英国请于新疆贸易买马，不许。哲孟雄请入藏熬茶并请赐予地方人口；许其八年熬茶一次，不许予以地方人口。十二月，朝鲜遣使请更正《皇朝文献通考》所载朝鲜事失实之处，许之。

外国 〔朝鲜〕 以清通考载本朝事失实，遣官辩正，明年以改正本回，告祭太庙。怪疾起自关西，传染甚速，京畿甸中之间，死亡万计。关西饥，赈之。

〔日本〕 赈贫民。禁滥制银器。罢南部、津轻两民北戍兵。

〔越南〕 法船来。清遣使来册封，遣使如清谢。

〔暹罗〕 遣使如清，至广州而回。美国船来，献枪五百枝，赐船长爵，许免货物税。

〔缅甸〕 攻下阿萨密等地，越英界。

〔土耳其〕 屠杀境内希腊人为报复，包括君士坦丁堡之希腊籍大教长及主教数人。

〔瓦拉几亚〕 2月，发生反抗土耳其统治之起义。

〔摩尔达维亚〕 伊普西兰提（见1814年条）率军入摩尔达维亚，但为土耳其人击溃。伊普西兰提逃赴奥国，为梅特涅监禁。

〔希腊〕 反抗土耳其之革命起于摩利亚。爱琴海诸岛响应。

〔俄罗斯〕 沙皇亚历山大一世向苏丹发出哀的美敦书，旋以梅特涅“勿支援革命”之警告，而未采取任何实际行动。

〔奥地利〕 协助拿波里王腓迪南恢复其专制权力。又派兵镇压意大利北部伦巴第与彼德蒙特之革命。

〔意大利〕 都灵等地发生要求宪法之革命，奥地利派兵镇压。

〔法兰西〕 商坡灵发明辨认埃及象形文字之方法，于后来“埃及学”之发展贡献甚巨。

〔葡萄牙〕 约翰六世自巴西返国。葡、巴开始争取科尔特斯席次。

〔合众国〕 自本年起至1841年止，每年平均有商船四十艘开赴中国，每年平均交易额约为一千万美元。

〔南美洲〕 7月22日，秘鲁宣布独立。

〔中美洲〕 2月24日，墨西哥宣布独立，但表示仍愿承认腓迪南七世为立宪君主。9月27日，革命军占领墨西哥城，并推选伊图尔俾得为摄政。

〔澳大利亚〕 托马斯·布利斯班任总督（至1825年），在彼任期内，大地产公司纷纷成立，如澳洲农业公司获土地一百万英亩，万戴曼土地公司四十万英亩。其他个人购买土地者则规定不得超过四千英亩。

〔非洲〕 旅居美国之自由尼格罗人，在“美洲殖民协会”之赞助下，于今年返非，在非洲西海岸建立一居留地，称利比利亚共和国。

1822年

中国 壬午 清道光二年

正月，令将旗人抱养汉人之子为嗣者另记册档，日后皆编入民籍。申禁各州县贷民籽种加倍取偿。以山西丁银尚有未摊入地粮者，命确查归一。命广东、福建、浙江严捕洋盗。申禁民间私藏鸟枪、火器。命广东稽查出口洋船不准偷漏银两，并严查鸦片。二月，英吉利护货兵船水手违禁上岸与本地人殴斗，互有伤亡，广东督抚令其交出凶手，初事延宕，后乃潜逃。命告知英吉利王查凶押送，并严谕兵官遵守禁令。闰三月，令福建、广东、广西、浙江、江西、湖南督抚查禁械斗。四月，前以甘肃、青海番民越界，禁之不听，遣兵击之，至是皆走界外。五月，河南漳河决。六月，山东卫河溢。八月，河南新蔡教民朱麻子起事，旋败。河南沁河溢。九月，直隶水，赈之。命江苏、安徽、河南会同搜捕捻子手。甘肃、青海番民复越界，遣那彦成击之，旋降。十月，禁收漕州县书役侵吞，并禁漕总名目。赈甘肃、安徽、直隶、江苏、湖北水灾。十二月，加筑江南祥符五瑞等处闸坝。命海口各关严拿夹带鸦片。免江苏、安徽嘉庆二十三年以前民欠摊征银。

外国 〔朝鲜〕 赈关西饥。大疫。

〔日本〕 英吉利船至浦贺。八、九月间，畿内及山阴、山阳霍乱病流行。

〔越南〕 遣使如暹罗。万象国使来。遣官赴广东购货。以爪哇海盗屡扰河仙，遣兵击破之。英国印度总督使人献小枪、玻璃灯，请通商，使者请见国王，拒之。暹罗使来。遣兵民三万九千余人助真腊修河。

〔暹罗〕 英国东印度公司遣使来聘。

〔波斯〕 与土耳其战争爆发。

〔希腊〕 1月13日，宣布独立，并通过宪法。6月中旬大败土耳其舰队。7月，土耳其大军入摩利亚，希腊政府迁至爱琴海岛。

〔瓦拉几亚 摩尔达维亚〕 法那家族（见1716年条）之统治终。土耳其苏丹自是委任本地贵族为总督。两国之民族情绪日益高涨。俄沙皇派兵占领两地。

〔意大利〕 俄、奥、普、法、两西西里与撒丁诸国代表在意大利北部之维罗那举行会议，授权法国派兵干涉西班牙革命。

〔联合王国〕 乔治·甘宁为外相，拒绝与神圣同盟各国采取共同行动干涉西班牙内政。

〔西班牙〕 内战在卡塔罗尼亚与俄勒冈爆发，自由党获得胜利，奈哥为科尔特斯主席。

〔巴西〕 宣布独立，以约翰子伯多禄（彼得）为皇帝。

〔墨西哥〕 5月19日，伊图尔俾得称帝，改墨西哥为帝国。同年危地马拉合并于墨西哥。中美洲其他各地除圣萨尔瓦多外，亦皆承认墨西哥之主权。

1823年

中国 癸未 清道光三年

正月，命编查青海黄河以南番民，立千户、百户以管辖之，不许私渡河北。赈奉天、直隶、江苏等处水灾。二月，浚直隶吴桥老黄河。三月，定商民与青海蒙古人及番人贸易章程。六月，永定河、北运河溢。七月，河南漳河溢。八月，定失察鸦片条例。命各关口不得留难出口谋生之贫民。九月，免直隶水灾区额赋，并赈直隶、山东、河南、湖北水灾。十一月，哈萨克汗爱毕勒达遣弟贡马并请袭爵，许之。十二月，浚直隶通惠河。是岁，书法家成亲王永瑆死。

外国 〔朝鲜〕 六道儒生万余人上书请疏通庶孽，因略修正庶孽子弟入仕法。

〔日本〕 德意志人来长崎。

〔越南〕 南掌、缅甸皆遣使来。

〔波斯〕 与土耳其缔结埃塞鲁穆条约，两国间领土无变动。

〔希腊〕 败土军于米梭伦基，但内哄发生，不能充分利用胜利。英国名诗人拜伦于今年来希腊，参加革命战争，明年病卒于米梭伦基。

〔联合王国〕 承认南美洲各独立共和国，使英国商业获得该地区之市场。

〔法兰西〕 法军执行味罗那会议决议，派兵入西班牙，击溃革命军，使西王腓迪南复位。

〔西班牙〕 法国干涉军侵入，在马德里扶植一临时政府，科尔特斯退往卡提斯，旋向法军乞降，自由党逃亡者甚众，一部分为腓迪南捕杀，包括奈哥。

〔合众国〕 总统门罗借口欧洲神圣同盟诸国有干涉中、南美洲各国革命、重行建立西班牙在各该地区统治之企图，于12月2日移文国会加以谴责。并称欧洲国家任何重行使西半球殖民地化之意向皆将“被视为对美国不友好之表示”。此《门罗宣言》（门罗主义）为后来美国对外扩张时所充分利用，直至今日。

〔中美洲〕 7月1日，除契阿巴斯外，前西属各省，如危地马拉、圣萨尔瓦多、尼加拉瓜、洪都拉斯与哥斯达黎加合组“中美联邦”国。墨西哥被迫于8月20日予以承认。

〔澳大利亚〕 始设立法会议，有议员五至七人。

1824年

中国 甲申 清道光四年

二月，定吉林参务章程。禁江苏浒墅、扬州两关滥征商课，并申定榷税章程。三月，筑直隶新开卫河堤埝。四月，修南、北运河堤坝并清苑等处桥道堤埝。《仁宗实录》、《圣训》成。七月，免安徽上年水旱灾区额赋。改建浙江防海石塘。八月，《续纂通礼》成。九月，修直隶千里长堤。伊犁将军奏哈萨克汗爱毕勒达为俄罗斯劫走。张格尔结布鲁特攻扰边卡，击走之。是岁，兴修江苏水利，命按察使林则徐董其事。书法家铁保死。

外国 〔朝鲜〕 以今年为明思宗殉国三周甲，亲祭大报坛，录用李如松后裔。

〔日本〕 铸南镣二朱银币及一朱金币。英吉利船至常陆。禁隐妓卖女。英吉利船扰宝岛。足立左内献“露西亚学筌”。名古屋七宝烧创于此时。

〔越南〕 重定鸦片禁令。铸新银锭，分一两、五钱、四钱、三钱、二钱、一钱六种。定华侨税则。暹罗使来告国王丧，圣祖为之辍朝三日。遣使贡于清。法遣使来，求通商，许之。

〔暹罗〕 七月，拉玛二世王死，子拉玛三世王嗣，旋遣使于清请封，自称郑福。英发动侵缅战争，来约相助，允之。尖竹汶华侨，潮州帮与福建帮大械斗。

〔缅甸〕 三月，英国第一次侵略战争起，陷仰光。

〔印度〕 十月，印度土兵为反抗英人侵略缅甸，起义抗英，被残酷镇压。战争初期，英方遭受失败，以后转败为胜。

〔俄罗斯〕 俄国队商始至布哈拉（不花喇）。

〔普鲁士〕 将所属之莱因地区组成莱因行省。

〔联合王国〕 减低一部分进口货物之关税，取消羊毛出口禁令，准许工人自由迁徙，以上各项，皆为适应新兴工业资产阶级之要求。

〔法兰西〕 路易十八卒，查理十世嗣位为法王。培克松斯发明榴弹炮。

〔葡萄牙〕 公布新宪法，科尔特斯仍为三级会议。

〔合众国〕 英国空想社会主义者欧文在印第安那州（密西根湖南）购地一块，实验其所主张之公社，命名为“新和谐”，慕名来集者四十余日即达六百人，约两年失败返英。

〔墨西哥〕 10月4日，宣布为共和国。

〔澳大利亚〕 另行设立流刑犯垦地于摩尔顿湾、诺佛克岛等地。由于对流刑犯之残酷压榨引起大规模暴动数次，故至1855年两地皆废弃。

1825年

中国

乙酉 清道光五年

正月，命浙江修治河道水利，陕西修河渠水利。喀什噶尔参赞大臣奏张格尔仍在卡外活动；命严备之。二月，命江浙试办海运。蒋诗呈进《畿辅水利志》。免河南积年民欠及河工加价摊征银。四月，允创修《安徽通志》。五月，以新疆回民每为和卓木后裔敛钱寄信之事，定回疆敛钱条例。六月，以粮船水手设潘安、老安、新安三教，敛钱滋事，命严禁之。禁洞庭湖滨圈筑私垸。定河工人员疏防处分。七月，哲孟雄部长请入藏瞻礼并年赴藏境避暑，允其瞻礼之请，以后仍为八年一次入藏熬茶，避暑事，不明令允准，令藏地酌办。改订宗室惩罚则例。十月，挑运河完工。十一月，封郑福为暹罗国王。是岁，小学家郝懿行、校勘学家黄丕烈死。

外国

〔朝鲜〕 湖西饥。

〔日本〕 英吉利船至陆奥冲。

〔越南〕 筑炮台六。浚港口。改定河仙商船条例。

〔缅甸〕 英军陷卑谬等地，孟既王请和于英，以条件过苛未成。

〔土耳其〕 埃及总督阿里应苏丹召，遣其子伊布拉希姆率大军入希腊，迅速征服摩利亚半岛，围攻米梭伦基。

〔俄罗斯〕 在彼得堡举行英、法、德、瑞士等国之大使会议，决议建希腊为三自治国，仍向苏丹纳贡。但英国与奥地利拒绝随俄国之后采取实际行动。同年，不满沙皇统治之贵族，在进步军人伯斯特尔领导下，于十二月二十六日起事于彼得堡。事败，死者甚众，号称“十二月党人起义”。尼古拉一世朝始。名诗人普希金盛于此时前后。

〔意大利〕 萨地尼亚王查理·非利克斯下令禁止国内贫穷人民接受任何教育（如写字识字）。

〔联合王国〕 经济危机爆发，股份公司与银行倒闭甚多。公布有利于资产阶级之立法，命令准许工人、雇主有同样以调整工资与工时为目的之组织。但任何企图以强力、威胁、干涉、阻挠等行动破坏“契约自由”者，得处三月以下之拘役。各业职工组织自此如雨后春笋，四处出现。第一条铁道落成。

〔法兰西〕 4月，查理十世颁布赔偿法，命以十亿法郎赔偿法国贵族在革命时期中之损失，以此使法国资产阶级大为不满。空想社会主义者圣西门卒（1760年生）。

〔西班牙〕 设立“清洗委员会”，专事捕杀专制政治反对者。

〔合众国〕 联接哈德逊河与伊利湖之伊利运河成。

〔南美洲〕 8月6日，玻利维亚宣布独立并成立共和国。里约·德·拉普拉他改称阿根廷。英国发布宣言，承认西属美洲诸国之独立。

〔澳大利亚〕 塔斯马尼亚岛之流刑犯与土著共同起事，袭杀彼等之虐待者（起义者被称为“山贼”）。政府用极残酷之方法加以镇压，但土人始终不屈服。

1826年

中国

丙戌 清道光六年

正月，命喀什噶尔参赞大臣庆祥筹划追捕张格尔。三月，江苏试行海运米船到达天津。命江苏、河南、安徽、山东查禁带刀持械者。定直隶盗贼窝主治罪条例。庆祥派兵数败张格尔于卡外。五月，浚山东泇河厅属河渠。六月，台湾嘉义、彰化民因械斗，地方大乱，遣兵击散之。命编苗区客民保甲。以喀什噶尔等地回民起事响应张格尔，命杨遇春为钦差大臣，督兵击之，旋命长龄总统军事。十二月，惩办历任喀什噶尔参赞大臣之贪横不法者。是岁自六月后，喀什噶尔、叶尔羌、英吉沙尔、和阗等地驻扎旗营官兵或死或俘，张格尔入喀什噶尔，发号施令，多惟安集延人之言是听，因之四城回民多怀不满。

外国

〔朝鲜〕 赈京畿、湖西饥。关西设道科。

〔日本〕 禁将邸宅贷与市人。高桥作左卫门献“露西亚书和解”。青地林宗译地学正宗等书。

〔越南〕 遣使至广东、苏、杭采购。暹罗使来。英、法商船来。

〔暹罗〕 英东印度公司使来，缔友好通商条约。

〔缅甸〕 英军至养达埔，距阿瓦仅四十五英里，二月，遂承认英所提条件订养达埔条约以和，割阿剌干等地，撤出阿萨密，赔军费一千万卢比，并于十一月订通商条约，丧失权利甚多。

〔波斯〕 对俄未经宣战，即进行攻击，初期获得胜利，但后又遭失败。

〔俄罗斯〕 四月五日，以哀的美敦书致土耳其，要求恢复希腊各地原状，苏丹被迫允诺。与波斯战争始。

〔土耳其〕 解散真尼萨利，相传屠杀六千至一万人。陷米梭伦基。欧洲各地同情希腊之人，组各类支援希腊人之团体。英国、法国、日耳曼、美洲均有人来参加希腊革命军队。

〔联合王国〕 英人并吞缅甸阿萨姆（按自1824年起英人即在缅甸进行侵略战争）。

〔葡萄牙〕 约翰卒，巴西皇帝彼得继位，彼得仍逗留巴西，以葡萄牙交其女马利亚二世，由马利亚之叔密格尔摄政。

〔荷兰〕 第一次完全利用蒸汽力之轮船横渡大西洋。

〔新西兰〕 第一个“新西兰公司”在英国成立，当即派遣大批移民赴新西兰，但由于土人拒绝，不能不转赴澳大利亚。

〔夏威夷〕 与美国缔结“友好及通商”条约。

1827 年

中国

丁亥 清道光七年

正月，和阗回民缚献张格尔所派之和阗王子约霍占于长龄军营。赈江苏水灾区。四月，长龄攻下喀什噶尔，张格尔遁走；旋又入英吉沙尔、叶尔羌、和阗，于是张格尔所据四城皆失。十一月，命番役子孙不得应武试，仕武职。十二月，张格尔被俘于喀尔铁盖山，解京磔死。

外国

〔朝鲜〕 命世子昊代理机务。关西大水。

〔日本〕 伊藤圭介始倡物理学。

〔越南〕 南定、山西、海阳皆不靖，数月始定。铸明命通宝大铜钱。以西洋人富怀仁等为行人司通译，但不得作传教事。设珐琅局。万象与暹罗构兵，万象王兵败来奔。

〔土耳其〕 英、俄、法海军大败土耳其与埃及舰队于那发利诺。

〔希腊〕 内哄止，各党派联合选举卡波提斯特利亚为总统，任期七年，但国家实权操于一院制之元老院手。

〔联合王国〕 英、俄、法缔结干涉土耳其事件之伦敦条约。同时，致书苏丹，要求停战，苏丹拒绝。探险家巴利今年航达北纬八十二度四十五分。此纪录保持约五十年。

〔法兰西〕 4月30日，下令解散国民保卫军，资产阶级大加反对，秘密会社如自由选举会等四起。查理十世亟令改选议会，但自由分子仍获得优势，保有多数。

〔葡萄牙〕 英国以援助宪政党为名，派兵入葡，明年撤退。

〔合众国〕 始有铁道。

〔南美洲〕 阿根廷与乌拉圭之联军击败巴西军。

1828 年

中国

戊子 清道光八年

三月，挑吴淞江完工。四月，以安集延人助张格尔，命稽查其在喀什噶尔等地有安家置产者，分年驱逐，并命南疆贸易由官经理，不准私运大黄、茶叶。五月，以淮盐滞销，命江苏、安徽、湖广严禁私贩。六月，改订新疆驻防武职隶属统系。七月，改订新疆选放伯克章程。八月，裁各回城陋规。十月，赈江苏、浙江等省水灾区。十一月，查禁广东使用光中等通宝钱（越南钱）。十二月，以霍罕不送张格尔家属，绝其通市。

外国

〔朝鲜〕 三南虫灾。湖西、岭南饥。

〔日本〕 开陆奥半田银矿。

〔越南〕 送万象王回国，又遣使于暹罗。旋二国战争又起，万象王复来奔。南掌使来。

〔波斯〕 接受英国之调停，与俄罗斯议和，波斯割亚美尼亚等地，并偿付赔款三百万镑。

〔土耳其〕 埃及总督穆罕默德·阿里之兵被迫退出希腊。

〔俄罗斯〕 向土耳其宣战，六月，渡多瑙河，十月，占领发尔那。与波斯媾和。名作家托尔斯泰生（1828—1910 年）。

〔保加利亚〕 保加利亚义勇军参加希腊之革命战争。

〔日耳曼〕 由于普鲁士关税同盟之刺激，今年又出现南德关税同盟与中德商业同盟。

〔奥地利〕 奥地利与英吉利干涉俄土战争，以防止俄人取得君士坦丁堡。

〔葡萄牙〕 密格尔发动政变，自称国王，马利亚遁赴英国。自此至 1834 年葡萄牙陷于内战（密格尔战争）。

〔合众国〕 议会在东北新英格兰区制造商影响下通过高额关税以保护彼等之工业。南部各地之地主阶级大加反对，称之为“可恶的关税”，并提出“否认原则”。

〔南美洲〕 经英国之斡旋，西班牙承认乌拉圭为独立国。

1829 年

中国

己丑　清道光九年

正月，以宗室、觉罗恃势刁讼，借端讹诈，令酌定条例禁制之。以西洋商人套取银两，私运鸦片，命广东查禁之。赈安徽、江苏灾区。二月，命新疆依旧制，凡入卡贸易者，三十税一，不准减免。三月，拉达克部长呈进哈达花细。五月，越南请由海道贸易，不许。八月，暹罗国王遣使贡方物并贺平张格尔。宣宗如盛京，十月回。命各部书吏，役满者不准逗留京师。十二月，缅甸王孟既遣使贺平张格尔。以英吉利船泊于澳门外洋，要挟多端，延不进口卸货，命广东督抚镇静防备；并令倘仍刁难，即行驱逐。又以洋钱充斥黄河以南各省，鸦片走私日盛，致白银外流，银价日涨，多属英吉利前来贸易所致，命妥筹截来路、禁外销办法。

外国

〔朝鲜〕 赈三南饥。北关大水，饥，赈之。

〔日本〕 江户大火。铸南镣一朱银币。改铸二分判金。

〔越南〕 遣使于暹罗。火舍国使来款附。铸新大铜钱及白铅钱。开高平、谅山金矿及清葩铜矿。是岁，全国丁七十一万九千五百十人。

〔阿富汗〕 穆罕默德王死（穆罕默德系阿哈穆德煞之孙），各部独立，阿布达里王朝亡。

〔波斯〕 德黑兰居民暴动，杀俄使及其随员多人。

〔土耳其〕 与俄罗斯缔结亚德里亚堡和约，赔偿俄国军费一千五百万杜克特，分十年付清。在此时间内，俄国得占领瓦拉几亚与摩尔达维亚等地为保证。对于希腊问题亦允依照伦敦会议之决定办理。

〔保加利亚〕 保人在俄土战争中协助前者。马马尔可夫在提诺佛倡独立，但为俄人逮捕。俄土和约成，独立运动亦终止。

〔罗马尼亚〕 俄国占领瓦拉几亚与摩尔达维亚两地，直至 1834 年。俄总督吉谢列夫伯爵之统治，对当地上层阶级颇为开明，在此期间两地甚繁荣。

〔塞尔维亚〕 亚德里亚堡和约保证塞尔维亚之自治与宗教自由。

〔日耳曼〕 普鲁士、黑斯与南德关税同盟订立商约。

〔联合王国〕 大使会议于伦敦举行，决议建希腊为一自治国（仍向土耳其纳贡），由一英、俄、法三国国籍以外之亲王统治之。

〔法兰西〕 查理十世任命波林雅克亲王组阁。此为自 1816 年以来的第一个无议会支持之内阁。空想社会主义者傅立叶著书倡导设立“法郎吉”（共产公社）于世界各地。

〔合众国〕 杰克逊将军当选为第七任总统，任用私人之“分赃制度”始。劳工党成立于纽约，其组织迅即遍布于北方滨海诸州。截至今年止，大多数州俱实行所谓“白人选举制”，但财产限制甚为严格。

〔澳大利亚〕 英国宣称整个澳洲为隶属英帝国之土地。

1830 年

中国

庚寅　清道光十年

正月，命两江、湖广、江西、河南督抚严禁“盐枭”。二月，永停新疆梨贡。三月，减外国船进口规银。四月，禁运铜铅及各船夹带私盐。闰月，以两淮私盐首领黄玉林声势浩大，命两江总督密捕之。赈西藏喀喇乌苏等处被灾番民。五月，命各州县裁减役额，禁革白役。

黄玉林自首，命随同官弁缉私，旋以反复被杀。《平定回疆方略》成。六月，禁回空漕船夹带私盐。定查禁内地行销鸦片章程。七月，修浙江海塘。命赴朝鲜正副使不得收受例外仪物。八月，安集延犯边，攻喀什噶尔等地，命杨遇春为钦差大臣驻肃州、长龄为钦差大臣赴新疆督办军务以击之。十月，越南国王图收云南六猛地方为已有，移咨两广总督，驳斥之。英吉利大班违禁携妇至广州，又偷运枪械以自卫，经诘责后，始行撤走。十一月，喀什噶尔等城围解，安集延人败遁。十二月，定《两淮盐务章程》。是岁，丁口三万九千四百七十八万余，仓存米谷三千四百零五万余石。

外国

〔朝鲜〕 世子旲死。

〔日本〕 十二月，改元天保。足立长隽首倡西洋产科。

〔越南〕 铸明命通宝美号大铜钱一万枚。暹罗使来。爪哇海盗侵河仙，击退之。开高平高和铁矿。遣使如清，命购书画。法国军舰至沱瀼，请测绘北方地图，拒之。

〔塞尔维亚〕 土耳其苏丹承认密罗什为塞尔维亚世袭亲王。密罗什强迫土耳其籍大地主出售其土地，并限制土耳其戍军驻扎于少数指定之城市中，

〔希腊〕 苏丹正式承认希腊之独立。

〔波兰〕 爆发反沙皇统治之民族革命，明年失败。俄国自此加强其专制统治，厉行“俄化”政策。

〔联合王国〕 威廉四世继王位。利物浦至曼彻斯特铁路通车。“全国劳工保护联合会”成立，加入之职工组织约为一百五十个。农民起事散见于各地，至1832年始先后失败。

〔法兰西〕 查理十世于7月26日颁布敕令五条，企图加强专制统治。7月27日至29日，巴黎爆发革命，查理逊位。奥尔良公爵腓力普继任国王。7月5日，法国占领北非之阿尔及尔。

〔尼德兰王国〕 由于巴黎七月革命之影响，比利时人亦起而革命。9月下旬，布鲁塞尔工人与荷兰戍军巷战，后者不敌，退去。10月4日比利时宣布独立。12月，英、俄、普、奥等国会于伦敦，宣布解散尼德兰王国。

〔荷兰〕 始在爪哇实施单一经济作物之强迫种植制。

〔合众国〕 约瑟夫·斯密斯组织准许多妻制之摩门教会，其经典“摩门经”亦于今年出版。

〔南美洲〕 5月13日，厄瓜多尔共和国成立（按即属于大哥伦比亚之吉多部分）。9月22日，委内瑞拉亦脱离大哥伦比亚而独立。

1831年

中国

辛卯 清道光十一年

正月，两江总督陶澍接办两淮盐政，大加整顿。三月，海南岛黎人攻扰，旋败。三月，广东奏以英吉利人为首在广州行动违例八条。重修《康熙字典》成。五月，令广东查核鸦片走私情形。六月，禁云南种罂粟，其土民境内由土司查办。七月，高邮湖河溢。八月，命缉捕“会匪”。赈江西、湖北水灾区。十月，赈江苏、安徽、浙江水灾。十二月，湖南江华县锦田瑶民赵金龙起事。是岁，古文家管同死。

外国

〔朝鲜〕 铸钱。

〔日本〕 浚大阪川口。

〔越南〕 采广南旃檀山分蛮地砂金，后因出产少，停之。改定外国商船税则。禁中国商船夹带鸦片，违者斩首犯。命各地种麻。购云南马。

〔暹罗〕 遣使贡于清，中途遭风，不至而回。

〔土耳其〕 埃及总督阿利与其宗主国土耳其发生战争，至1833年媾和。埃及总督获得叙利亚及小亚细亚之一部分。

〔希腊〕 总统卡波提斯特利亚遇刺卒，内战起。

〔俄罗斯〕 始修铁道。

〔日耳曼〕 名哲学家唯心论者乔治·威廉·腓德烈·黑格尔卒（1770年生）。

〔联合王国〕 3月及9月，两次“改革案”俱未获通过，风潮又遍于全国各地（按当时英国有权选举议员之自治市邑率皆腐败不堪，或为少数大地主操纵，或贿赂公行，或为家族专利，各新兴工商业城市，反无权选派代表）。爱尔兰发生反英革命（1833年英政府颁布命令，授予爱尔兰总督以镇压革命之无限制权力）。英人法拉德（法拉第）发现电磁感应。

〔法兰西〕 11月，里昂纺织工人第一次起义。自此至1839年，革命之秘密会社四起，最著者为人民之友、人权社、家族社、四季社等。前二者参加人多资产阶级，倡资产阶级的民主主义，后二者多无产阶级，主张社会主义。

〔意大利〕 奥地利派遣军队镇压罗马之起义，使教皇格列高利十六世复位。此外在摩德那、巴马等地俱有革命，亦因奥地利武装镇压而失败。摩德那革命领袖西诺·美那梯及其同志皆被处死。马志尼组“少年意大利”党。

〔葡萄牙〕 巴西皇帝彼得（伯多禄）以国交

其子，返欧洲（至伦敦），企图助其女马利亚恢复葡萄牙王位。

〔比利时〕 国民会议选举萨克斯科白公爵利奥波德为王，比利时王国自此成立。8月2日，荷兰王威廉一世率大军入比。

〔丹麦〕 始实行议会政治。

〔合众国〕 美国东北部之反对黑奴制度运动开始。“解放者”（刊物，今年出版），“新英格兰反奴隶制协会”（1832年），“美利坚反奴隶制协会”（1833年）等先后出现。

〔阿根廷〕 为伐克兰群岛（阿根廷东南，大西洋中）问题与英、美两国发生争执。1833年英人占领此群岛。

〔澳大利亚〕 英政府规定澳洲土地价格，每英亩最低不得少于五先令，无偿给予土地至此终止。售地所得款项以半数发展移民事业，其余半数用作建筑当地公共工程。第一艘轮船航行来澳。

1832年

中国

壬辰 清道光十二年

正月，定白阳、白莲、八卦、红阳等教首从遣犯遇赦不赦例。二月，遣兵击赵金龙。广东订查禁鸦片章程。修安徽铜陵江坝。于喀什噶尔等地屯田。三月，准霍罕请，许其通商。四月，定崖州黎区善后办法，禁汉人盘剥黎人及充任粮总，并不得售鸟枪兵器。赵金龙败死。五月，尹老须等以传习八卦教，分处凌迟、斩决、监候有差。六月，英吉利商船至福建、江苏、浙江被逐；又赴山东洋面。刊刻通商事略说，谓广东待遇不公，希另易口岸，亦为山东所逐。七月，停白铅出洋。广西贺县瑶起事，旋败。永定河溢。八月，桃南厅黄河堤被陈端等挖开。广东连山瑶前响应赵金龙，至是败降。闰九月，定办理连山瑶区善后章程。命江西严拿“会匪”。朝鲜王奏拒英吉利要求通商之请。十月，台湾天地会陈办等起事，遣兵击之。赈直隶、江苏、湖北、安徽等处灾。十一月，浚山东运河。十二月，浚京城内外河道，以工代赈。陈办败，被俘。广东香山天地会张斗起事。是岁，经学兼小学家王念孙、经学家胡承珙死。

外国

〔朝鲜〕 秋大水。英吉利船来，泊洪州，请交易；不许。京畿、海西、湖西饥，赈之。

〔日本〕 琉球使来。

〔越南〕 禁仿造中国式商船。赴清使者私运货物，发觉，罚之。暹罗来报王丧，遣使往吊。亦遣使赴清。河内官吏请命中国商人购北京官报。开北宁布山铁矿。美国使人来富安泳淋海口，请通商；许于沱灢贸易，不得于陆地造屋。改定造船厂条例。定在京诸官署经费。开太原古道金矿。严禁吸鸦片。

〔土耳其〕 埃及总督穆罕默德·阿里向苏丹索取叙利亚为出兵希腊之报酬，苏丹拒之。阿里遂派其子伊布拉希姆率大军北上，两月内完全征服叙利亚，又进兵安那托利亚，直薄布卢萨。

〔希腊〕 欧洲“列强”同意选择一巴伐利亚亲王鄂图为希腊国王，命希腊人接受之。鄂图年十七，以三巴伐利亚人为摄政。

〔罗马尼亚〕 瓦拉几亚与摩尔达维亚之一部分贵族地主（波耶尔）在俄国赞助下制定“国家组织法”（宪法），规定由此一阶级之内部选举亲王，其任期为终身，不得俄国同意不许更换。两国自此形成大贵族地主之寡头政治，直至1856年。

〔俄罗斯〕 将波兰合并于俄国版图内，并取消亚历山大所给予之宪法。

〔意大利〕 罗马第二次起义，仍因奥军镇压失败。

〔联合王国〕 改革方案今年又第三度在议会提出，3月下旬在下院通过。几经周折后始于6月上旬在上院通过。此“1832年改革法案”使“腐朽州郡”被褫夺选举权者达五十六处，减去议员一人者三十二处，而新兴工业城市获得选举权者四十三处。选民财产资格略有降低，选民人数以此增加二十二万。

〔法兰西〕 派兵入比利时，占领安特卫普（按此系根据去年在伦敦所举行关于解决荷、比关系之决议）。法国第一条铁道于今年通车。

〔比利时〕 英、法联合舰队将荷兰人自比利时逐出。明年5月，威廉被迫接受停战条约，承认比利时之独立地位。

〔瑞典〕 联接北海与波罗的海之哥塔运河今年通航。

〔合众国〕 修改“可恶的关税”率，但仍具有相当高之保护性质，故南方诸省继续反对。南卡罗来那州发布《无效宣言》，谓1828年与1832年两次关税案皆为违宪，以此在该州境内无效。12月10日，杰克逊发表《反无效宣言》，驳斥“州权”原则。

1833年

中国

癸巳 清道光十三年

二月，以台湾营务废弛，令力行整顿。四川越巂等处土民起事，发兵攻之。三月，命直隶兴修水利，以工代赈。越南陈加海与广东杨就富据海中狗头山，扰犯南海一带有年，至是皆被俘，死。五月，定禁纹银出洋条例。六月，禁广东外洋贸易以银及洋钱易货。十月，赈江苏、湖南、直隶、黑龙江、湖北、安徽灾区。十二月，以漕船抢夺讹诈商民，命严禁之。

外国

〔朝鲜〕 修各道河渠、堤堰。京畿、湖西、岭南饥。

〔日本〕 诸国饥。宇田川容庵著《植学启原》。

〔越南〕 改定真腊朝贡条例。耶稣教士西怀英等以违令传教安置哀牢。会典撮要成。春初，广南海盗与中国海盗合扰沿海，方破击其首领中国人吴亚三，而全国乱起。黎氏子孙初起事于宁平，土司多与之合，或招中国矿工为助，于是北圻山西、兴化、宣光、谅山，南圻嘉定等地民纷起响应，而爪哇海盗亦乘机肆扰；暹罗以万象事早怀不满，至是亦大举来犯。

〔暹罗〕 与英国缔结通商条约。

〔印度〕 英东印度公司宪章满期，改订宪章，规定该公司对中国贸易不得专利，孟加拉总督改称印度总督，统领全印。英东印度公司至是遂全失其商业性质，而成为殖民地统治机构，其商业舰队亦解散。

〔土耳其〕 去年年底伊布拉希姆在科尼亚大败苏丹军，歼灭后者殆尽。俄国派遣舰队赴君士坦丁堡，援助苏丹。英法忌俄之势力骤增，亦派遣舰队抵士麦那，且强迫苏丹割叙利亚与埃及总督阿里。

〔俄罗斯〕 七月，与土耳其订恩加尔条约，秘密决定俄国倘与第三国发生战争时，土耳其当封锁达达尼尔海峡。九月，又与奥地利订约，共维土国现状，必不得已须瓜分该国时，两国当采取协作行动。

〔意大利〕 马志尼击袭萨伏伊，失败后，遁往英国。

〔联合王国〕 议会通过《工厂法案》，规定纺织工厂不得雇用九岁以下幼童。自九岁至十三岁幼童每日工作不得超过九小时。十三至十八岁者不得超过十二小时。

〔法兰西〕 授予教会以办理初级教育之权。

〔西班牙〕 腓迪南卒，其女伊莎贝拉二世继位，腓迪南妻克利斯梯安那为摄政，北方诸省别拥腓迪南弟唐·卡洛斯为王，称卡洛斯五世。

〔葡萄牙〕 密格尔失败，彼得军入里斯本，马利亚二世复辟。

〔合众国〕 3月1日，议会授予总统强制实行关税之权力。但7月1日仍通过逐步减低关税案（至1842年下降至百分之二十）。同年联合各业职工之“职工总同盟”成立于纽约。

〔新西兰〕 英政府派遣官员驻新西兰，筹划侵略该岛方法。

1834年

中国

甲午 清道光十四年

正月，儋州黎人攻扰，旋定。二月，以越南王请捕逃人农文云，命云南、广西堵缉。申禁售赁淫书小说。五月，英吉利船终年在零丁洋等处停泊走私，命广东查禁之。七月，霍罕遣使入贡。东河朱家湾漫口。八月，命广东查办械斗顶凶各案并定民人私习鸟枪罪例。四川峨边彝人以岁歉攻犯汉人村庄，遣兵击破之。英吉利派律劳卑至广州查理商务，违例横戾，不听劝导，广东督抚命封舱停市，派兵防范。律劳卑旋带兵船闯入珠江与岸上守兵互相炮击，旋退出。十月，命广东确查商人拖欠外国债务及私行增税情形，并申禁贩运鸦片。十二月，禁云南流民租种苗田。是岁，经学兼小学家王引之死。

外国

〔朝鲜〕 都下大疫，关西大水。十一月，纯祖死，世孙奂嗣，是为宪宗，年八岁，大王大妃金氏听政。

〔日本〕 江户大火。

〔越南〕 春夏之交，击退暹罗兵，各地起事者至冬季势始衰。首领或有逃奔广西者，即移咨清镇安分府请予引渡。

〔波斯〕 费斯·阿里王死，孙穆罕默德即位。是时，英、俄俱在波斯扶植党羽，互相竞争。

〔俄罗斯〕 名物理学家瓦·佛·彼得罗夫卒（1762年生）。

〔希腊〕 首都自瑙普利亚迁至雅典。

〔奥地利〕 在匈牙利实施改革，农民负担略有减轻。准许在议会中用玛札儿（匈牙利）语。

〔日耳曼〕 德国各地流亡手工业者在巴黎创立“流亡者同盟”（或“亡命者同盟”）。

〔联合王国〕 “全国职工大联合”于1月成立，数周内加入人数即达五十万。各地出现一系列罢工事件，资产阶级政府大为惊惧。3月，多尔彻斯特工人六名被判处七年徒刑。10月“大联合”被迫解散。

〔法兰西〕 4月9日至13日，里昂纺织工人第二次起义。巴黎在同时亦有暴动发生。失败后皆遭受无情屠杀。

〔西班牙〕 争夺王位之内战爆发，在比斯

开、纳瓦尔最激烈。废止异端裁判所。

〔澳大利亚〕 设立南澳大利亚殖民地。

1835 年

中国 乙未 清道光十五年

正月，霍罕使来，多所干求，驳斥之。三月，山西赵城曹顺以传教，被名捕，因起事，杀知县全家，旋败，磔死。广东定防范洋人贸易章程八条。四月，峨边彝人起事经年，至是败。八月，命豁免各省历年逋赋等项。英吉利船至山东刘公岛，严禁入口，旋去。是岁，丁口共四万零一百七十六万余人，仓存米谷三千零五十三万余石。校勘学家顾广圻死。

外国 〔朝鲜〕 禁宫家及搢绅滥税病民。岭东大水。

〔日本〕 铸天保钱。

〔越南〕 于河仙置兵屯田。选官民子弟习外国文。申令除中国商船外，洋船只许在沱瀼贸易。铸九鼎。是岁夏，各地起事者次第败溃。

〔土耳其〕 英国企图维持土耳其现状，使之抵御俄罗斯与埃及，故协助苏丹建立一新式舰队。法国之东方政策则正相反，鼓励阿利巴夏之进取，企图使之建成一庞大之埃及—阿拉伯帝国。

〔保加利亚〕 第一个公立学校于本年成立，至 1845 年即增至五十三所。

〔塞尔维亚〕 贵族反对密罗什（因彼兼并森林，垄断肉类贸易等），迫使颁布宪法，组织一具有立法、司法、行政权力之元老院及一具有控制预算权力之人民会议（Skupshtina〔包括城市资产阶级与小贵族代表人物〕）。

〔日耳曼〕 今年始有第一条铁路。

〔奥地利〕 腓迪南一世嗣位为奥地利皇帝。

〔法兰西〕 颁布九月法令，旨在使镇压革命之行动更迅速，手续更简化。

〔联合王国〕 工人争取改革选举法之群众运动开始。

〔西班牙〕 卡洛斯派控制北方诸省，战争愈益激烈而残酷。下令封闭寺院并没收其财产。

〔澳大利亚〕 塔斯马尼亚土著经十年围攻后仍有留存者，至是由乔治·鲁滨逊诱使就范。当时仅剩二百余人，被移居弗林德斯岛。

1836 年

中国 丙申 清道光十六年

二月，湖南武冈州瑶族生员蓝正樽倡龙华会，闻拿起事，称卫王，旋败。三月，命各省查禁“会匪”。四月，霍罕头人带领安集延、布鲁特人扰掠色呼库勒，失利而遁。七月，以山西有三教庙，祀孔子、老子、佛陀，命改禁之。九月，命江南查禁棚民。十一月，霍罕攻破色呼库勒，命谕责之。英吉利派人至广东总管其国商人、水手，命申诫其遵章办事。

外国 〔朝鲜〕 禁以谶纬惑众，违者杀。禁私开金银矿。关东、关北饥。

〔日本〕 许买卖官制人参。

〔越南〕 测绘广义等地海岸。筑炮台屯兵于昆仑，其地产燕窝，令兵士采集。美国兵船至沱瀼，以国书来请通商。定四译馆学习外国文课程，令平顺、宣光、河内子弟习占尼及中国语文。以中国蚕种分发北宁诸地饲育。遣官赴新加坡等地。是年冬，宁平民复推黎氏后裔为主起事，清化民亦起事。

〔暹罗〕 美国传教士在统巫里立印刷局，是为暹罗有印刷业之始。

〔法兰西〕 日耳曼流亡之自由斗士在巴黎所组织之“流亡者同盟”中一部分左翼人士在叔斯特领导下别组“正义者同盟”。

〔联合王国〕 议会通过法案，准许不经宗教仪式之结婚同样合法。经济危机发生，工人失业者甚多，伦敦出现“工人协会”之组织，其工作方法之一为向国会呈递请愿书，争取政治权利，以此被称为“宪章派”（或“宪章运动”）。第一个大型汽球自伦敦飞抵德境，历程五百英里。

〔西班牙〕 卡洛斯攻马德里，不克。政府士兵在拉格兰甲迫使克利斯梯那重行颁布 1812 年宪法。

〔葡萄牙〕 9 月，在里斯本爆发卡尔戴拉所领导之革命（“九月革命”）。

〔合众国〕 移居美国南部得克萨斯之美国殖民者（多美南部人民）击败当地之墨西哥统治者，在南部各州支持下（非公开）建立一得克萨斯共和国。

〔墨西哥〕 四月二十一日，总统散塔安那为得克萨斯美国移民在圣哲辛托击溃后遭俘虏。

〔南非洲〕 不堪英人压迫之荷兰籍农民（布尔）今年迁离开普（地角）殖民地北上（“大迁徙”），别建那塔尔共和国，但 1842 年仍为英人吞并。

1837 年

中国 丁酉 清道光十七年

六月，以白银外流，银价日涨，用御史朱成烈言，命直隶、山东、江苏、浙江、福建、广东各省督抚认真查禁白银出口。四川马边彝民攻扰，遣兵击之。八月，廓尔喀遣使入贡。九月，改订广东洋商办法。九月，霍罕谢掠色呼库勒之罪，并缚送肇事首要。广东奏逐遣英吉利趸船及查禁鸦片窑口情形。十二月，马边彝民败降。

外国

〔朝鲜〕 禁私屠牛。是岁，户一百五十九万一千九百六十三，口六百七十万八千五百二十九。

〔日本〕 大盐平八郎起事于大阪，旋自杀。四月，征夷大将军德川家齐让职于德川家庆。铸五两判、一分判币。美国船至萨摩。

〔越南〕 撰《明命政要》。是岁夏，宁平、清化起事者皆败。

〔暹罗〕 美国医士介绍种牛痘法。

〔缅甸〕 孟既王为弟孟坑所杀，坑自立为王，迁都阿马拉普剌。以缅英通商条约太不平等，宣布不予承认，并令留居之英人皆须纳税。

〔印度〕 北印度大饥，死者达一百万人。马德土王太后，率国人反抗英人，失败。

〔波斯〕 围攻阿富汗之赫拉特城。

〔俄罗斯〕 名诗人亚历山大·普希金卒(1799年生)。

〔联合王国〕 自此至1901年为女王维多利亚朝。

〔法兰西〕 10月，空想社会主义者傅立叶卒（1772年生）。

〔西班牙〕 科尔特斯修订宪法，使之更适合于少数富有者之利益。卡洛斯入卡斯提尔，但旋被逐出。

〔北美洲〕 英属加拿大之下加拿大（今魁北克省）一带法籍人民因不堪英国统治阶级之压迫，于今年11月下旬，在帕庇诺领导下起事，且与上加拿大（今翁泰利俄省）之下层英人联系。英总督派兵镇压，事败，帕庇诺越界逃赴美国。

〔澳大利亚〕 英政府组委员会研究遣送流刑犯赴澳大利亚问题，结果引起废止遣送流刑犯赴澳运动。

〔新西兰〕 “新西兰协会”成立。自此以后，来自英国及澳洲之商人、传教士、冒险家络绎不绝，主要为“购买”土地，至1840年止，宣称已被占领之土地竟达五千六百万英亩。

1838年

中国

戊戌 清道光十八年

闰四月，命刑部堂官亲讯天主教案，命违禁信教而声称改悔者跨越十字架以昭核实。以鸿胪寺卿黄爵滋奏请严禁鸦片，命各省将军、督抚妥议。八月，湖广总督林则徐等奏湖南、湖北查禁鸦片、收缴烟土、烟枪情形。哈萨克侵掠土尔扈特，遣兵逐之。九月，太常寺少卿许乃济以曾请弛禁鸦片，降官休致。以直隶总督琦善在天津大沽缉获广东人邓然私运鸦片十三万余两，命广东督抚严拿勾结洋船偷运之人。十月，以河南汲县无生老母庙为白莲教祖庭，命毁庙、平坟、仆碑。两江总督陶澍奏起获窝顿鸦片情形。闽浙总督钟祥奏拿获出洋贩卖鸦片等犯。十一月，严禁云南种植罂粟。申严鸦片禁令。命林则徐为钦差大臣赴广东查办海口事件，节制全省水师。以奉天各海口暗售鸦片，命严行查禁。十二月，贵州仁怀县谢法真假托降神，撰造天书，聚众起事；旋败。两广总督邓廷桢奏部署兵将截堵鸦片之走私情形。

外国

〔朝鲜〕 修诸道堤堰。京畿、湖西饥，赈之。

〔日本〕 天保改革开始，禁浪费金、银以作玩物。改铸大判币。遣官巡视沿海。

〔越南〕 海东盗都依攻芹多堡，旋败。暹罗兵窥边，击走之。禁镇西开设赌局、烟馆，昔之许中国商人卖鸦片及土人开赌局者皆不许。

〔阿富汗〕 英印度总督率英、印军来侵。

〔波斯〕 因英兵入阿富汗，遂解赫拉特城围。

〔土耳其〕 派遣代表团赴英，企图与英国成立攻守同盟，但英人仅允许签订防御同盟。

〔塞尔维亚〕 苏丹以俄国支持废止1835年宪法，指派少数大贵族为元老院议员，操纵全部政权。

〔日耳曼〕 什来顿始提出生理学中之细胞学说。

〔联合王国〕 宪章派举行代表会议于伦敦。宪章运动之目的大致可分为：(1) 成年男子选举权；(2) 秘密投票；(3) 取消限制当选议员之财产资格；(4) 议员应支一定数额薪俸；(5) 各选举区一律平等；(6) 议会每届任期一年。以废止谷物进口税为目的之“曼彻斯特反谷物法协会”成立。同样组织迅速起于各地。明年，全国性之“反谷物法联盟”出现。自今年起至1842年止，英国在亚洲进行第一次阿富汗战争。

〔法兰西〕 布朗基领导下之“四季社”成立。魏特林受“正义者同盟”委托，著《现实中的人类和理想中的人类》。

〔葡萄牙〕 卡尔戴拉迫使女王颁布“1838

年宪法”以代替1826年宪法。自此以后，时有宪法之争，延长二十余年。

〔北美洲〕 加拿大人民再度起事，失败后被判处死刑者九十人。

〔澳大利亚〕 土地最低价格涨至每英亩十二先令。1840年更上涨至每英亩一英镑。

1839年

中国

己亥 清道光十九年

正月，以属员与上司多认作师生，攀援干进，申儆之。林则徐至广东，令英商缴出鸦片，又着手整饬海防。二月，英船偷泊南澳，广东水师逐走之。三月，以河南查毁无生老母庙三十余座，命直隶、山东、山西督抚于境内严查拆除。镇国将军奕蘧以吸食鸦片革爵，责打圈禁。林则徐奏收缴鸦片二万零二百八十三箱，并进所拟令各国商船呈缴鸦片示谕稿；寻命林则徐不必解送所缴鸦片，即在本地销毁。四月，以京城拿获吸食鸦片犯数百起，命刑部根究兴贩来历，及烟馆等项。五月，订查禁鸦片章程三十九条及洋人携带鸦片入口售卖治罪专条。英人于尖沙咀殴死华人，林则徐向英领事义律索凶。林则徐奏英商不遵禁约，偷渡越窜，请令水师实力驱除；诏相机办理，勿至遽开边衅。六月，定四川防备彝番章程。七月，林则徐以英领事义律抗不交出凶犯，其船复迁延不去，仍欲偷卖新来鸦片，命禁绝柴米食物，撤去买办工人。九月，英兵船开炮挑衅，林则徐命反攻，毁其数船，义律窘急，请他国转圜。十月，林则徐搜查洋船，令出具切结，义律抗不具结。福建梅林洋面出现英船，与防海水师互相炮击，旋退去。十二月，以林则徐为两广总督，调邓廷桢为闽浙总督，命严查福建沿海英船私运鸦片。以英领事义律刁狡，命停其贸易。

外国

〔朝鲜〕 申明五家作统法。杀法兰西天主教士范世亨、罗伯多禄、郑厓角伯伊及信徒百五十人，并严禁西洋学。两西饥，赈之。

〔日本〕 禁僧尼徒弟集合。设小石川养生所以收江户贫病者。宇田川榕庵首倡化学。

〔越南〕 训练六尺以上大象。试验轮船。遣官督开太原送星银矿，又增招矿工以开宣光仙桥矿及高平占山金矿。造大轮船一只。求本国遗书。清礼部咨改贡例，四年一次。开东潮安朗煤矿。赐安江、河仙土民姓氏。

〔印度〕 英破坏1832年与阿富汗所订立之和约，在外相巴麦尊指挥下，发动对阿侵略战争。英、印军取道鲍兰口进攻阿富汗，死骆驼二万，兵士死者亦众。七月，攻下伽色尼。八月，陷喀布尔，国王道斯特·穆罕默德弃城走。

〔土耳其〕 土军攻入叙利亚，为伊布拉希姆彻底击溃，派赴亚历山大里亚之海军亦全部向阿里巴夏投诚。7月，穆罕默德二世卒，阿布杜·美基德嗣位，发布一系列改革命令与诺言。

〔俄罗斯〕 派遣布隆诺男爵使英，协议与英国采取共同行动，以迫使阿里巴夏退出叙利亚。派兵远征中央亚细亚之基发，不利而退。

〔塞而维亚〕 密罗什逊位，其子嗣立，数月卒，由其弟迈克尔继位。至1842年被迫逃亡。

〔联合王国〕 2月，全国宪章派大会召开于伦敦。5月13日，向议会呈递具有百余万人签名之请愿书，遭受拒绝。7月，骚扰遍于各地（以伯明翰等大工业城市为最激烈）。11月，纽波特军警向示威群众实弹射击，死二十人、伤数百人。11月3日，侵略中国之鸦片战争爆发。强占阿拉伯半岛西南角之亚丁。

〔法兰西〕 5月12日，四季社企图在巴黎起义，事泄，布朗基被逮捕，判处死刑，但后改终身监禁。

〔西班牙〕 卡洛斯遁赴法国，但战事仍在某些地区进行约二年。

〔荷兰〕 承认比利时独立之正式条约于今年签订。此项条约共二十四款，其第七款规定比利时为“永久中立之独立国家”。

〔埃及〕 英国因要求在埃及通商不遂，怂恿土耳其苏丹进攻埃及，以报复1833年之失败，第二次埃土战争起。

〔中美洲〕 中美联邦（国）解散。圣萨尔瓦多、洪都拉斯、尼加拉瓜与哥斯达黎加均建立独立小国。

1840年

中国

庚子 清道光二十年

正月，林则徐奏筹定整饬洋务章程。二月，重订禁天主教章程。三月，粤海关奏法国商人自愿多制羽纱等物前来贸易，英货无可居奇。林则徐奏击毁逗留英船，又奏澳门葡人请宽以时限，驱逐英人。四月，邓廷桢奏英船来泊梅林，已命水师逐走。五月，英将伯麦封锁广东河口，林则徐激励兵壮，焚其鸦片船，烧溺死者多人。英船至福建，图偷卖鸦片，经防海军攻击俘二人，截获走私烟船。六月，英将伯麦陷定海，犯乍浦。七月，英船犯厦门，击退之。英兵船至大沽口，又游奕于山东、奉天海口。直隶总督琦善接其“诉屈”公文，经“开导”后，弛往广东。八月，命琦善为钦差大臣赴广东查办，并命沿海各省，凡英船经过或停泊，不必开放枪炮。九月，革林则徐、邓廷桢职。钦差大臣伊里布奏击毁英船，俘获英人，命与英人接洽交还定海，再释英俘。十月，伊里布与英将订定海休战约。十一月，置两广总督怡良奏英兵轰击撤防师船，抢夺米艇；命琦善诘问之。琉球请仍二年一贡，并遣子弟四人入国子监；许之。琦善抵广州，撤除林则徐布置之海防工事，解散壮丁，旋即与英人开谈。英要求给还鸦片烟价，开厦门等口通商，并割让香港；十二月，琦善据以奏闻。命即“整饬兵威，相机剿办”，英人所求概不允许。英以所求不遂，进犯虎门，陷大角、沙角炮台，守口弁兵伤亡七百余人，琦善大惧，擅于川鼻与英定约，允其一切条件。是岁，俞正燮、包世臣死。

外国

〔朝鲜〕 铸钱。申禁私家虐民。

〔日本〕 禁卖药广告用荷兰字。清商来，告以英吉利侵犯广东。十一月，光格上皇死。铃木春山著西洋兵制。

〔越南〕 开太原普安煤矿。征宣光金矿税。暹罗人巴勒因掠海东。开兴化本鲁蝎螉、嘉源、谅山、高平等地金矿。以暹罗人勾结匪徒扰乱海东，遣兵搜捕。十二月，圣祖死，子福暶嗣，是为宪祖。是岁，人丁九十七万零五百一十六，田四十万六千三百九十二亩，收谷二百八十万零四千七百四十余，钱二百八十五万二千四百六十二贯，金一千四百七十两，银十二万一千一百十四两。

〔缅甸〕 英撤回驻阿瓦代表。

〔阿富汗〕 人民发起大规模抗英运动，向侵略者进行反击，英军到处失败，死伤枕藉。

〔土耳其〕 英、俄、普、奥订伦敦条约（故意摒除法国），协助土耳其。9月，英、奥舰队将伊布拉希姆逐出叙利亚。11月，阿里巴夏被迫接受放弃叙利亚之条件，但埃及则为其世袭领有（仍奉苏丹为宗主）。

〔保加利亚〕 尼阿非托斯译基督教圣经为保加利亚文。

〔普鲁士〕 腓德烈·威廉四世为普鲁士王。

〔法兰西〕 主张在土耳其问题上采激进政策之梯也尔内阁被迫辞职。德国流亡者所组织之“正义者同盟”总部移往伦敦。拿破仑遗体自圣赫勒拿岛（见1815年条）迁回巴黎，安置于国葬院中，仪式至为隆重。拿破仑之侄路易·拿破仑（拿破仑一世弟，荷兰王路易次子）企图举事于部罗涅，不克，被捕。法国无政府主义者蒲鲁东著《什么是财产》，1846年再著《贫困的哲学》。

〔联合王国〕 爱尔兰反抗英国统治之人士，以威廉·俄布赖恩为首，组织“少年爱尔兰党”，主张采用激进手段争取独立。

〔西班牙〕 克利斯梯那被迫逊位，各处有骚动。

〔合众国〕 国会通过十小时工作制法案。主张解放奴隶之人士组自由党。

〔澳大利亚〕 11月18日，遣送来新南威尔士之最后一批流刑犯到达。自1788年起，来新南威尔士之流刑犯共约七万余人，其中刑期未满者仍有二万五千人。

〔新西兰〕 1月30日，派遣威廉·哈布孙为该岛总督。哈布孙以传教士多人之助，于2月6日起与当地土酋五百人先后“签订条约”以主权交与英国。5月21日，哈布孙正式宣称新西兰为英国领土。

1841 年

中国

辛丑 清道光二十一年

正月，以英人侵扰，命琦善反攻，又命伊里布收复定海，时琦善已擅许英人要求，遂以“拒守实难”，奏恳赐以香港，即开广州通商。命将琦善交部严加议处，并以奕山为靖逆将军，杨芳、隆文为参赞，发兵赴广东攻剿。伊里布不敢进攻定海，撤其钦差大臣职，命裕谦代之。琦善奏英兵退出大角、沙角，并允即缴还定海，仍恳给与香港。二月，命将琦善革职拿办，查钞家产。越南遣使告国王阮福皎之丧。英以川鼻之约归于无效，再犯虎门，水师提督关天培及弁兵死伤四百余人，旋退。三月，允美国通商；美商及他国商人请允英人贸易，杨芳等擅许之，得革职留任处分。四月，英再进犯，攻广州城，奕山命广州知府余保纯与英求和，允与赎城等费，奕山等率兵退驻六十里外。英军抢掠广州郊外，三元里平英团起。五月，浙江巡抚刘韵珂奏英船游弋洋面，闽浙总督颜伯焘奏英船扰铜山。林则徐、邓廷桢被发往伊犁。奕山奏英人在香港对面之裙带路建房修路，命设法收复。六月，伊里布被发往军台效力。奕山奏英船退出虎门，英人以准通商，“免冠感伏，声言永不敢在广东滋事”。琦善被处以斩监候，后释之。河南祥符汛河溢。英以璞鼎查代义律，七月，犯福建，陷厦门。南掌国遣使入贡。八月，英陷定海，葛云飞等三总兵皆战死；又陷定海，裕谦自杀；又陷宁波，提督余步云逃。九月，以奕经为扬威将军，赴浙江督师。拉达克扰西藏边，命击之。十月，英扰台湾。免湖南、江西、湖北、山西、江苏、安徽水灾区额赋。十一月，英陷余姚、慈溪，又入奉化，旋退。十二月，湖北崇阳钟人杰起事，破城杀官，遣兵攻之。台湾嘉义江见、凤山吴慈等起事，旋败。英船至乍浦、宁海口外，旋退。是岁，经学家龚自珍死。

外国

〔日本〕 德川家齐死。

〔越南〕 阮氏宪祖福暶绍治元年。河阴、南泰、河仙、坚江、永隆、乐化等地皆不靖，前后击定之。水舍、火舍二国入贡。是岁，丁九十二万五千一百八十四人。

〔阿富汗〕 喀布尔王道斯特·穆罕默德子阿夫苏率领国人，大败英、印军，杀戮甚多。

〔土耳其〕 俄、英、法、奥、普成立海峡协定，规定达达尼尔与博斯普鲁斯二海峡虽在和平时期，亦不允许任何国家之军舰通过。

〔保加利亚〕 由于不堪重税压迫，尼什等地发生暴动。

〔普鲁士〕 命令各省议会（自1823年起成立者）选举委员数人齐集柏林，讨论有关全普鲁士立法事宜。同年，马克思毕业于耶拿大学。

〔法兰西〕 空想社会主义者路易·布朗基著《十年史》，声誉鹊起。

〔埃及〕 由于欧洲诸国左袒土耳其，埃及转胜为败。今年7月与土耳其正式媾和，退还叙利亚北部与克里特岛等地区，此外仍交出1839年投降之土耳其舰队，按年向苏丹纳贡，并裁减军队至一万八千人，但获得埃及总督之世袭地位。

1842年

中国

壬寅 清道光二十二年

正月，奕经督诸军反攻英军于宁波等地，败还。二月，奕经派兵攻镇海英军获胜。英扰台湾。钟人杰等败。三月，奕经遣兵袭定海英军，获胜。三月，收复宁波。拉达克败降。四月，英军陷乍浦。奕经派兵再袭定海，获胜。五月，英军陷吴淞，提督陈化成死之；旋入宝山、上海。六月，荆州万城堤决。英军陷镇江，至江宁。命耆英、伊里布与英讲和。七月，中英江宁条约签字。江南桃北厅河溢。布噶尔以占霍罕，使人禀告喀什噶尔参赞大臣。八月，英军退出长江。九月，廓尔喀遣使进贡，并请赐银两等事，驳之。十月，江苏、河南捻众扰及安徽，命周天爵按名搜捕。命台湾释英俘。以台湾奸匪林山等导英军来犯杀之，并命搜捕汉奸。命广东行商购造轮船。十一月，番民扰青海，命击之。耆英奏英人控诉台湾总兵达洪阿，请予审办，不许。美国船至宁波请通商，命赴广东。诛临阵脱逃之提督余步云。重修《大清一统志》成。

外国

〔日本〕 令减物价。禁丧葬奢侈。再建学问授教所。严海防。颁天保历。京都建习学所。

〔越南〕 暹罗兵来袭，御退之。清遣使来册封。颁七政历。是年，后江、河阴、前江等地不靖，其中有勾结暹罗者，次第击破之。

〔印度〕 卡那尔大公率国人抗英，失败被逐，英人吞并其领地。

〔阿富汗〕 英人将喀布尔夷为废墟，纵兵四出焚掠，受兵灾各地残破不堪。英军离去后，道斯特·穆罕默德又恢复其统治。

〔塞尔维亚〕 亚历山大·卡拉乔治维奇当选为亲王，在位十六年，政权仍掌握于元老院之手。

〔俄罗斯〕 名作家果戈里著《死魂灵》。

〔普鲁士〕 今年召集各省议会之联合委员会在柏林举行首次会议，会前即受到警告，不得自视为议会性质之机构，以此与会者大为不满，未几被解散。同年10月，马克思在科伦之莱因报任编辑（后任主笔）。

〔联合王国〕 宪章派召集第二次全国大会于伦敦。5月3日，向议会呈递一具有三百余万人签名之请愿书，但再度遭到拒绝。同年4月，议会通过减低进出口货物七百余种之关税（包括谷物），羊毛则完全免税。此为英国工业资本家之一大胜利。

〔合众国〕 罗德岛州为拟制州宪法事发生争执。力主修订州宪法以符合大多数人民利益之“参政党”另行选举以多尔为首之政府，与“法律及秩序”党发生武装斗争。经联邦军队镇压失败。多尔被捕后，被判处终身监禁。今年“承认”夏威夷之独立地位。

〔中美洲〕 洪都拉斯、尼加拉瓜与圣萨尔瓦多合组联盟，至1852年瓦解。以后迭有联合计划，但皆失败。

〔澳大利亚〕 改组立法会议，议员额增至三十六人，其中三分之二为有相当土地之居民选出，出身不问。

1843年

中国

癸卯 清道光二十三年

正月，云南南甸土目刀承绪攻扰，二月，败逃。三月，以耆英为钦差大臣，赴广东办理通商事。查出户部银库亏失银九百余万两，命有关各官分赔。五月，青海番民攻扰，后败散。曾如炷等以阻米出境起事杀武冈州知州，六月败。耆英与英璞鼎查订五口通商章程。河决中牟下汛。七月，两广总督祁𡎴奏于广州办理团练，以升平社学、东平社学为总汇之所；闰七月，又奏制造水雷成。命浙江、福建会拿“洋匪”。八月，中英又于虎门订善后条约。九月，耆英奏与美法等国商议通商章程，美使请入京觐见；谕以与旧制不合，令耆英晓喻之。十月，准耆英之请，置九龙司巡检稽查出入牌照。上海开港。十一月，宁波开港。十二月，准广西永宁开采崇庆铁矿。命清查徽州等府棚民，驱新来之户。是岁，洪秀全初创拜上帝会。《全上古三代秦汉三国六朝文》辑者严可均死。

外国

〔日本〕 开凿印幡沼。

〔越南〕 命修大南会典。

〔暹罗〕 遣使贡于清，是后定四年一贡。

〔印度〕 当英军侵略阿富汗时，信地王公严守中立；英军溃败时，犹事英人惟谨。英人自阿富汗撤回，即推翻以前条约，制造借口，吞并信地。英军大掠信地，主帅那波尔自取七万镑为战利品。英政府任那波尔为第一任信地总督。

〔希腊〕 要求宪法之革命爆发，鄂图被迫撤换巴伐利亚籍大臣，并允许成立两院制之议会。

〔普鲁士〕 4月1日，莱因报被封闭，马克思移居巴黎。

〔法兰西〕 魏特林著《贫穷罪人的福音》。

〔联合王国〕 宪章派会议闭幕，通过费尔古斯·奥康诺之“土地方案”（按奥康诺主张组织土地合作社，集资购买土地，使参加者可以获得土地）。同年爱尔兰民族领袖但尼尔·奥康诺被捕，明年，与其同志五十八人皆被判处徒刑，但旋获释。

〔西班牙〕 伊莎贝拉宣布成年亲政，其母克利斯梯那复返。政府在法国影响下，实行多项反人民措施。

〔新西兰〕 自今年起至1848年止，英人与新西兰土著毛利人发生第一次战争。英人一方面进行屠杀，另一方面则使用分化政策，结果毛利人失败。

〔夏威夷〕 国王被迫“聘请”美国人多名在政府中工作。

1844年

中国

甲辰　清道光二十四年

正月，禁南河、东河之总督、道、府等官馈遗过往官员及举贡生监幕友。二月，命新疆招人垦荒。廓尔喀请将聂拉木等地与西藏轮流管理，驳斥之。三月，台湾嘉义民洪协等起事，旋败。四月，命云南、贵州、四川、广西任民人开采银矿。马边彝人出扰，击走之。五月，命开采广西北流铁矿。福州、厦门开港。六月，永定河溢。湖南耒阳段、阳二姓抗粮，聚众攻扑县城，旋败。中美订通商条约于望厦。七月，荆州万城堤溢。八月，命四川捕“啯匪”。九月，中法订通商条约于黄埔。十二月，甘肃清查垦田等项升科者二万一百余顷。是岁，洪秀全偕冯云山开始传教，至广西；冯云山留桂平，洪秀全东还。

外国

〔日本〕 十二月，改元弘化。荷兰公使报告欧洲形势。

〔越南〕 实录前编成。于安江多禄堡设交易场，每月二次与中国及荷兰人互市。购西洋轮船一，命名电飞火机大船。大风，毁屋伤人无数。开谅山文关福旺金矿。

〔印度〕 孟加拉与马德拉斯英驻防军哗变，旋被镇压。

〔俄罗斯〕 沙皇尼古拉访英，与英首相阿伯丁成立关于处理土耳其问题时当互相谘询之“绅士协定”。同年，吉尔吉斯之大帐汗降于俄。

〔塞尔维亚〕 贝尔格莱德大学于本年成立。

〔普鲁士〕 6月4日，西里西亚织工起义，经大批军队与炮兵之围攻后，失败。同年柏林工匠同盟成立。

〔法兰西〕 法国侵略摩洛哥战争（5月至9月）颇为得手。同年，马克思与恩格斯开始友谊合作。刊载有马克思论文之《德法年鉴》今年在巴黎出版。

〔合众国〕 与中国订《望厦条约》。

〔澳大利亚〕 塔斯马尼亚土著至本年仅剩四十四人。1869年最后一男子死，1876年最后一女子死，此人种自此绝于世（按英人将毒药置食品中，使食而杀之）。

1845年

中国

乙巳　清道光二十五年

正月，命赴朝鲜使臣减所带通事官人数，以免骚扰需索。二月，比利时国请通商；命耆英酌办。三月，命仪征抽收江广漕船米税。命四川严缉“教匪”。四月，命直隶、山东、河南严缉“教匪、盗匪”。胡完（布孜尔罕）自称和卓，号召布鲁特攻扰英吉沙尔，五月被俘，于是所谓“七和卓之乱”起。命库车开垦不得勒索苦累回民。五月，命依五口通商章程，准比利时一体贸易。以捻众与曹州镇兵交战，命直隶、山东会同缉捕。六月，江苏桃源汛河溢。以天地会徒活动于香山等县，命广东严查究办。青海番民攻杀巡边官兵，命击之。七月，《仪象考成续编》成。丹麦请通商，许依五口通商条约办理。开广西恭城县铅矿。九月，浙江奉化张名渊阻粮、阻考、抗官殴吏，旋败。永昌回汉互斗，纠纷扩大，回民遂起事，十月败。十一月，耆英奏英人要求进广州城，命晓谕止之。十二月，耆英复以英人要求进广州城入告，仍命详细开导。是岁，订上海英租界土地章程。英国东方银公司设分公司于香港。伦敦、香港间定时航行开始。英国伦敦教会在上海设仁济医院。法国由厦门招华工赴非洲留尼汪岛。是岁，丁口四万二千一百三十四万余人，仓存米谷三千二百三十万余石。

外国

〔朝鲜〕 量三道田。英吉利船于湖南兴阳及济州偷测水道，以其事咨报清礼部。

〔日本〕 浦贺建新炮台。英吉利船至长崎。

〔越南〕 遣兵击腊蛮。先是，有据南荣结暹罗以攻扰者，至是平之。

〔缅甸〕 孟坑王为部下所杀，子巴干麦嗣位。

〔印度〕 英人与锡克军战，是为第一次锡克战争。

〔波希米亚〕 三级会议渐对奥地利采取反抗态度。今年，要求有重行投票决定税额之权利。

〔联合王国〕 议会通过法案废除一切出口货物之关税，某些进口货物，如棉花、玻璃等之关税亦完全废除。同年英国“全国职工协会”创立。马克思与恩格斯今年来游伦敦。

〔法兰西〕 在非洲划定阿尔及尔与摩洛哥之疆界。今年歉收，四处有因饥馑而起之骚动。马克思被逐出巴黎，赴比利时京城布鲁塞尔。

〔西班牙〕 颁布新宪法，国王权力大增。

〔合众国〕 正式合并得克萨斯，但美国意犹未足。11月，总统保克派遣以斯里德尔为首之代表团赴墨西哥洽购新墨西哥区事。

1846 年

中国

丙午 清道光二十六年

正月，永昌回民复起事。二月，以招商海运米粮创始，禁各关口勒索。台湾漳、泉民械斗，兵勇镇压定之。四月，命贵州编查附居苗寨客民户口。霍罕请抽巴达克山等部贸易税及布鲁特等部租，命驳斥之。五月，耆英奏英兵自定海全撤。闰五月，青海番民杀官弁士兵，遣兵击破之。六月，命顺天府严缉“邪匪”。朝鲜请禁民越界及在江边耕垦居住。七月，命盛京、直隶、山东、江苏、浙江、福建、广东七省讲求海防练兵。布鲁特入卡扰掠，击败之。八月，永昌回民首领张富缴械投首。九月，西班牙教士陆怀仁私入湖北，被捕遣回。命整顿两淮盐务。十月，江苏完粮向有大户、小户、包户，旗丁又多索津贴，命禁之。十一月，以漕运屡不及额，命两江督抚通盘筹划。十二月，云南大小猛地方游民攻扰缅宁。驻藏办事大臣琦善奏英人占拉达克等地。

外国

〔朝鲜〕 申禁乱收市税。法兰西船来洪州诘问已亥杀三传教士事，旋去。金大建以接待洋人、附书于中国船被杀。

〔日本〕 正月，仁孝天皇死；二月，孝明天皇（一百二十一代）践祚。法兰西船自琉球来请通商；不许。美国船至浦贺请通商；不许。丹麦船来浦贺。敕严海防。幕府奏陈外国事。

〔越南〕 水舍、火舍入贡。高蛮酋长诧蟠嫩遣使奉表入贡。

〔印度〕 锡克战败，英迫使割让克什米尔等地，赔款五十万镑，订拉霍尔条约。自是锡克统治权事实上入于英人之手。

〔波斯〕 与俄订立条约，俄得在里海之二商埠停泊战舰。

〔奥地利〕 波兰之克拉科夫有暴动。奥地利乘机兼并克拉科夫。

〔比利时〕 2月，马克思与恩格斯在比京布鲁塞尔创立“共产主义通信委员会”。

〔联合王国〕 去年至今年岁歉收，谷物价格高昂。6月，议会通过法案，废止1815年及其后历年关于谷物进口税之法令。自此将谷物输入之税率按年降低，使之至1849年每夸特谷物仅为一先令。资产阶级之自由贸易政策至此获得全胜。今年约翰•罗素被任为首相，辉格党（自由党）自此至1866年，除短促之间隙外，完全掌握英国之政权。奥康诺领导下之“土地合作社”创立。

〔法兰西〕 经济危机爆发，失业者遍于各地。资产阶级要求革新亦甚切，人心骚动（按法国产业在此一时期中甚为发展。例如1830年全国仅有蒸汽机六百部，今年则有四千八百五十二部。煤之消耗量亦五倍于1830年，故无产阶级声势壮大）。

〔合众国〕 与英国订立条约，解决西北疆界纠纷，获得俄勒冈区域。今年3月，斯里德尔代表团不得要领归。保克遂派遣军队正式侵略墨西哥。墨军不敌，望风而溃。

1847 年

中国

丁未　清道光二十七年

正月，禁在吉林珠尔山一带开垦。二月，履勘流民在朝鲜边外江岸违禁耕垦居住事毕，毁房驱民。江苏挑筑六塘河各工。以闽海关税屡不足额，命于洋税项下拨补常关税。英香港兵借口其国人在佛山为华人所辱，突入虎门，占炮台，要求惩办，并进广州城；耆英为捕在佛山哄闹之关亚言等，并于二年后再行进城，且许租地建房，英兵旋退。许瑞典依五口通商条约贸易。七月，云南回民丁灿廷等至京控诉“香匪”串谋，灭杀无辜，杜文秀等亦至京控诉“匪棍”诬陷，扰累无辜，皆命云贵总督林则徐彻查办理。和卓后裔数人自安集延进犯，围英吉沙尔、喀什噶尔，命奕山督兵击之。廓尔喀遣使入贡。河南旱，赈之。九月，命直隶、山东、河南会拿捻民。十月，命各省分别拿捕会、捻，又命京师及各省编查保甲；以山东州县讳“盗”纵“贼”，遣官彻查。湖南瑶民雷再浩、汉人李辉等结会起事于新宁黄坡岗。四川乍了大小喇嘛互哄，争讼，阻塞道路，至是平息。英吉沙尔、喀什噶尔先后围解，安集延及诸和卓后裔败走。十一月，整理湖南盐务。西洋人李若瑟、罗沅勒、纳巴罗等乔装分别入湖北、山西、陕西等地传教，被拘送广东。雷再浩、李辉被俘，惟其余部则仍活动于湖南、广西两省之交。耆英奏广东黄竹岐民人与洋人互殴，死民人二，洋人六，英香港总督德庇时要求惩凶。湖南乾州苗民抗租起事，逾月定。是岁，大批华工被运赴古巴。洪秀全再赴广西。

外国

〔朝鲜〕　成近默疏论天主教之害及洋祸。

〔日本〕　命将总司沿海守备。荷兰劝讲外交。九月，孝明天皇即位。川本幸民著气海观澜广义。

〔越南〕　封高蛮酋长诧螉蟟为高蛮国王，定三年一贡。时以法国天主教士横暴，下排教令，教士或捕或流。法兵船来沱瀼，要求释放教士并缔通商条约，拒之。法船开炮，毁船五，死四十余人，伤者甚多，旋去。于是杀留居之法人。九月，宪祖死，子福时嗣，是为翼宗。英兵船至沱瀼，请入京递国书，拒之。是岁，丁一百零二万九千五百零一人，田四百二十七万八千零十三亩，收谷二百九十六万零一百三十四斛，钱三百一十万六千一百六十二贯，金一千六百零八两，银十二万八千七百七十三两。

〔阿富汗〕　阿布达里部落之阿哈穆德·煞乘波斯王那迪尔煞死，领导阿富汗独立，建立阿布达里王朝。

〔波斯〕　与土耳其订立爱尔捷鲁玛条约，解决边疆问题，以五年为期。

〔俄罗斯〕　发明家雅布洛支科夫生（1847—1894 年）。雅布洛支科夫发明电弧光灯。

〔普鲁士〕　自 1842 年省议会联合委员会失败后，全国要求成立议会甚切，腓德烈·威廉四世被迫在今年下令召开省议会联合会，但仍设种种限制，不令参与立法或讨论预算。全国人民大为不满，同年闭会。

〔联合王国〕　爱尔兰大饥荒，人口大量外流。11 月至 12 月，“共产主义者同盟”在伦敦召开第二次代表大会，马克思与恩格斯皆出席参加，并受委托草拟同盟纲领。

〔法兰西〕　“革新宴会”运动起，尤盛行于巴黎、斯特拉斯堡、沙特尔等地。今年起，遍于全欧洲之经济危机益使运动有爆发成为革命之可能。

〔比利时〕　马克思著《哲学的贫困》以驳斥蒲鲁东之《贫困的哲学》。同年夏，德国流亡者所组织之“正义者同盟”改组为“共产主义者同盟”。马克思与恩格斯均于今年加入，并成为其中心人物（按此次会议即为“共产主义者同盟”之第一次代表大会）。

〔合众国〕　美墨战争仍进行中。墨国势弱，节节败退，至 9 月 14 日首都墨西哥城亦为美国侵略军占领，遂不得不乞降。

〔澳大利亚〕　腓力港今年发现金矿。

〔非洲〕　利比里亚（见 1821 年条）宣布为独立共和国。

1848 年

中国

戊申　清道光二十八年

正月，越南遣使告其国王阮福暶之丧。云南烧香结会之汉民首领被捕，于解送途中为保山七哨民所夺，又烧县署，杀回民，林则徐发兵击定之。三月，霍罕使人声述安集延、和卓后裔攻扰英吉沙尔等处事，毫不知情；命许照旧通商。四月，命两广、湖南、江西缉捕天地等会徒。林则徐奏保山回汉纠纷之役办竣，酌撤官兵。福建办理联甲以防人民加入会党。八月，命广西严缉“劫盗”。俄罗斯请在上海通商，不许。十月，徐广缙奏英香港总督文翰照会进城，已经驳复。以八年来各省积欠逋赋已近二千四百万两，命严催征。命沿海各省缉捕“洋盗”。赈直隶、安徽水灾区。十一月，命内阁、军机处、宗人府会同户部议筹备库款办法。十二月，长芦盐课积欠二千三百余万两，命自明年起分年摊征。是年，英在上海扩充租界。洪秀全回广东。史学家徐松死。

外国

〔朝鲜〕 修浚河渠。禁鸦片烟，吸者流放为奴。三朝宝鉴成。六道儒生八千人上疏请疏通庶流。

〔日本〕 二月，改元嘉永。美国船漂至虾夷。藤井三郎首倡英吉利学，村上英俊首倡法兰西学。佐久间象山造洋式野炮。肥前五岛等地建炮台。

〔越南〕 阮氏翼宗福时嗣德元年。高蛮、水舍、火舍各遣使贺并贡方物。

〔印度〕 锡克人不堪英人凌虐，起而杀英驻防军官，英遂乘机又发动第二次锡克战争，以实现其吞并此地区之目的。

〔波斯〕 穆罕默德•阿里王死，子那塞尔•阿丁即位，任命米撒•塔基为相，进行改革。哥拉森人民起义，旋败。

〔罗马尼亚〕 以罗塞缔等为首之要求宪法革命于今年6月爆发于瓦拉几亚。9月，俄罗斯得土耳其人同意，派兵镇压之。

〔奥地利〕 3月13日革命爆发于维也纳，梅特涅出亡。3月15至17日革命爆发于匈牙利首府布达佩斯。5月17日，奥皇逃离维也纳。7月5日，匈牙利召集国民会议，准备战争。9月，匈牙利人击败哥罗西亚总督耶拿契赤男爵。10月中旬，匈牙利人进抵维也纳附近，30日被击退。12月腓迪南逊位，弗兰西斯•约瑟一世嗣位为皇帝。

〔波兰〕 4月，克拉科夫爆发革命，旋失败。

〔普鲁士〕 5月18至19日柏林爆发革命，强迫国王任命自由主义者组织内阁，并召开制宪会议。12月，国王下令解散制宪会议，但仍公布一宪法。

〔日耳曼〕 黑斯、那骚、萨克森、汉诺威与巴伐利亚，均爆发革命。5月18日，国民会议（议会）举行于法兰克福，6月，马克思返德后，在科隆创办新莱因报。

〔波希米亚〕 6月，第一次泛斯拉夫会议举行于布拉格，酝酿革命运动。6月17日，文提什格罗兹亲王（奥驻军司令）炮轰布拉格，并在进入布拉格后，实施军事独裁。

〔意大利〕 伦巴第、威尼斯有反奥地利统治之革命。两西西里、撒丁与塔斯加尼之统治者皆颁布宪法。撒丁王查理•阿尔伯特予伦巴第以协助，但卒为奥地利人所败。同年，教皇庇护九世因罗马革命逃赴加埃塔。

〔联合王国〕 1月，马克思与恩格斯在布鲁塞尔所草拟之《共产党宣言》送至伦敦。2月，宣言在伦敦出版。少年爱尔兰党举事于提培累利，失败后，奥布莱恩及其他领袖数人被捕，但旋获释。约翰•密尔著《政治经济学》。

〔法兰西〕 2月23至24日，巴黎爆发革命，人民占领市政府，宣布法兰西为共和国。路易•腓力普逊位后出亡。2月26日，下令设立国家工场，28日成立卢森堡委员会。另一方面，则巴黎资产阶级部署军队，进行选举国民会议。5月4日国民会议开幕后企图解散国家工场。6月23至24日，巴黎无产阶级再度起义，被卡芬雅克所统率之政府军进行镇压，屠杀万一千人，被逮捕者二万五千人，被流放于非洲之阿尔及尔者三千三百余人。11月4日，公布新宪法。12月10日，选举路易•拿破仑为大总统。

〔丹麦〕 3月，石勒苏益格与荷尔斯泰因爆发反丹麦统治之革命。

〔荷兰〕 由于法国革命影响，荷兰人亦起而要求宪法。4月17日，颁布宪法。

〔比利时〕 2月，马克思与恩格斯被迫离开比京布鲁塞尔。同年修改宪法，降低选民财产限制，自此选民增加一倍。

〔合众国〕 2月2日，墨西哥被迫为城下之盟：(1) 正式放弃得克萨斯主权；(2) 承认以格兰德河为墨西哥东北疆界；(3) 以新墨西哥区与加利福尼亚割让美国；(4) 美国给予墨西哥一千五百万美元作为代价（象征）。同年在加利福尼亚发现金矿，赴西部之“挖金潮”开始。

〔南非洲〕 布尔人（荷兰籍之农民）占领托兰斯瓦尔与奥兰治河（橘河）、瓦尔河之间地区。

1849年

中国

己酉 清道光二十九年

正月，修武昌江堤及荆州万城大堤。二月，命各省限期清查钱粮。四川中瞻对番民攻扰邻地土司，遣兵击之。三月，拟南漕改折，寻作罢。修襄阳老龙石堤。英香港总督文翰以兵船入虎门，欲以武力强求进城，升平社学等组织号召民众以实力抵抗，文翰惧而退，不再提进城事。两广总督徐广缙、广东巡抚叶名琛借以分膺子、男之封。法国于上海设租界。葡萄牙废澳门税关为自由港。以霍罕强征租税，布鲁特人杀其派来官吏。命山东严缉“洋盗”。四月，以升平社学等组织遏止英人进城之请，诏奖广东百姓。

闰四月，定浙江盐务章程。五月，以浙江亏空银二百八十余万两，仓谷百余万石，命严查参奏。云南边外夷人入卡骚扰，至是败降。中瞻对土司投降。新宁县人李象经以私通外国潜递书信，被斩。六月，广东英德等县民聚众杀官起事，至是败。安徽、湖北、江苏、浙江水，赈之。九月，徐广缙奏英人又以阻止进城之事来问，命晓喻之。十月，遣使封朝鲜国王李昪。黑龙江奏俄人私入卡内阻拦查边道路，命理藩院移文诘之。湖南新宁李元发起事，入城杀官，遣兵击之。十一月，湖南道州黄三等据癞子山等处起事，遣兵击之。十二月，李元发失新宁，走广西。广州沈志亮以英人开马路毁其祖墓，愤而杀英军官，被捕死。俄国要求在伊犁、塔尔巴哈台、喀什噶尔三处通商，命筹议之。"洋盗"陈双喜缴船械至厦门投降。是岁，俄罗斯探险至库页岛，并勘察混同江一带。洪秀全至广西。经学家阮元、胡培翚、史学家张穆死。

外国

〔朝鲜〕 申禁科试之弊。六月，宪宗死，无子，以英祖曾孙昪嗣，是为哲宗。

〔日本〕 英吉利船至浦贺。老中及三奉行上海防议。荷兰人始传入种牛痘术。

〔越南〕 清使来册封。先是，册礼皆在东京举行，至是始在顺化。

〔暹罗〕 美国使人来求修约，拒之。

〔印度〕 第二次锡克战争结束，英吞并旁遮普，废锡克王。

〔土耳其〕 俄、奥两国要求引渡逃赴土耳其之匈牙利政治犯，苏丹拒之。

〔罗马尼亚〕 俄土两国协议废除瓦拉几亚与摩尔达维亚贵族地主之会议。自此以后亲王仍由两国同意后指派，任期七年。俄国驻军至1851年始撤退。

〔日耳曼〕 3月28日，法兰克福议会（国民会议）选举普王腓德烈·威廉为皇帝。4月21日，威廉拒不接受。5月19日，新莱因报停刊，马克思离科隆赴巴黎。

〔匈牙利〕 4月14日，宣布独立。8月中旬，奥皇以俄皇兵力援助击败之。

〔意大利〕 2月8日，马志尼宣布罗马为共和国。9日，塔斯加尼大公逃，临时政府成立。3月下旬，撒丁王查理·阿尔伯特两次为奥地利军击败，逊位与其子维克多·伊曼纽尔一世。4月末，法国派兵援助教皇，7月初罗马降，加里波第逃。8月末，奥地利权力恢复。

〔联合王国〕 在印度兼并旁遮普。8月下旬，马克思经巴黎来伦敦。12月，恩格斯亦移居英国。

〔法兰西〕 4月，拿破仑三世遣兵赴罗马，经两月围攻后，陷之。加里波第部五千人几尽被歼，本人仅以身免。罗马共和国终。

〔丹麦〕 颁布新宪法，设两院制之议会。

〔合众国〕 欧人赴美者大增，按今年统计，平均每日约在千人左右。

〔非洲〕 英国之传教士兼"探险家"利文斯敦，自今年起至1871年止，在非洲腹地"探险"二十二年。英帝国主义在非洲之发展，此人贡献最大。

1850年

中国

庚戌 清道光三十年

正月，宣宗死，皇四子奕詝立，是为文宗显皇帝，旋命明年改元为咸丰。三月，贵州镇远府苗民屡出攻扰，胡林翼等击破之。四月，李元发被俘。允俄罗斯请，于伊犁、塔尔巴哈台通商。五月，英船至天津、山海关老龙头，旋去。以两广三合会势炽，命严缉之。六月，上帝会起义于广西桂平金田村，时洪秀全在平南花洲。云南思茅边外土人扰车里等地。七月，广西天地会历破太平府、宁明州、修仁、荔浦等县。八月，以河南、山东捻势仍盛，命严为缉捕。九月，命各省禁私藏私铸火器。广西浔州府副将、桂平知县等谋捕金田上帝会人，韦昌辉等拒败之。以林则徐为钦差大臣赴广西，则徐行至中途死。十月，申禁南漕之大户、小户、包户。平南官军围攻洪秀全等，杨秀清等往救，败之。郁林州上帝会徒至金田。十一月，命李星沅为钦差大臣赴广西。命各省于例拨诸款外，酌筹二、三、四、五十万解京。广西贵县客家人为土人所欺，举族走桂平入上帝会。洪秀全率众大破清军于桂平蔡村。十二月，改订河东盐务章程。广东兵破活动于和平县一带之会党。是岁，画家费丹旭死。钱仪吉死。

外国

〔日本〕 葡萄牙人劝告开关通商。再敕严海防。神岛等地建炮台。

〔越南〕 美国使至沱瀼，请递国书，后军领督尊室弼代受之。开嘉兴金矿。

〔暹罗〕 英求修约，不许。

〔波斯〕 巴比斯特创立新教，信徒日增，政府大震，杀巴比斯特。

〔希腊〕 英籍犹太人巴西费哥向希腊政府索

债甚烈，引起希人之排犹运动（焚毁巴西费哥住宅）。英政府派海军封锁希腊一切港口，迫使希腊人屈服。

〔日耳曼〕 日耳曼邦联与法兰克福戴耶特（议会）恢复。12月29日，奥地利与普鲁士达成俄尔牟兹（阿里木次）协议。普鲁士被迫承认奥地利在日耳曼事务中之领导地位（普史家称之为“俄尔牟兹之屈辱”）。

〔意大利〕 4月，教皇返罗马，取消宪法。

〔联合王国〕 澳洲发现丰富金矿。明年起开采。

〔法兰西〕 拿破仑三世颁布新选举法，用各种条款限制工人参加选举。6月，又颁布法令禁止集会、结社、游行及宣传民主自由之言论。英法间架设海底电缆。明年11月正式启用。

〔合众国〕 自侵略墨西哥战争中所获得之大量土地，立即引起各该地加入合众国为“州”时是否准许保有奴隶制度之争。最后获得协议：(1)加利福尼亚加入联邦应为自由州；(2)新墨西哥区自北纬三十七度划分为犹他与新墨西哥二区，是否保留奴隶，待各该地区将来要求加入联邦时自行决定。同年，议会通过《逃亡奴隶法》，准许奴隶主在北部捕捉逃亡奴隶。此项决定称为《1850年妥协案》。今年反外籍移民之“一无所知党”出现。

〔澳大利亚〕 以西澳大利亚为罪犯流放地。

1851年

中国 辛亥 清文宗显皇帝奕詝咸丰元年 洪秀全太平天国元年

正月，免道光三十年以前各项民欠。琉球以英人来居不去，英船时来恐吓，请设法制止；命徐广缙与英香港总督交涉。以福建漳泉一带天地会活动甚烈，命地方官严办，并禁私售硝磺。洪秀全败向荣等于大黄江，二月，入武宣，又败向荣等于东岭。秀全旋称太平王。以哲布尊丹巴呼图克图之呼毕勒罕已在拉萨掣签选定，命蒙古筹备迎接。命河南、四川、广东查禁“邪教”，并名捕教首之赤天、赤地、赤人三大王。是月，广东上帝会首领凌十八等攻广西郁林，谋接应太平军，旋败回。三月，派大学士赛尚阿督师湖南，嗣赴广西。四月，俄罗斯仍请于喀什噶尔通商，婉拒之。以贵州地方不安，命地方官上紧缉捕。太平军自武宣趋象州，五月，败乌兰泰兵于马鞍山等地。以奉天劫案屡出，地方官隐匿不报，严斥之，并令认真缉捕。以广东高州等地会党活动甚烈，命地方官击之。六月，以河南、安徽捻军活动甚烈，命地方官严办。与俄定伊犁通商条约。广东会党首领刘八在合浦被俘，部众走合太平军。太平军自象州回师，经武宣，至桂平。七月，以青海番人屡出攻扰，严责甘肃提镇整顿军务。以四川之啯、河南之捻、湖北之痞，及安徽、山东民结群攻扰，命各省地方官整饬吏治，严行戢止。又以湖南之江簿、结草、斩草、捆草及青教（即斋教）均奉四川峨嵋万云龙为主，命访捕之（万氏为天地会首领）。太平军准备突围，八月，至平南，败向荣等。福建海盗至山东，败官军，夺九船。命安徽、江苏、河南会攻捻军。闰八月，以黄河溢于丰北三堡，淹没多人，命恤之。暹罗国王郑明遣使贡贺。广东海盗扰浙江，为水师所败。太平军入永安州城，建号太平天国，洪秀全为天王，封杨秀清、冯云山、萧朝贵、韦昌辉、石达开为东、南、西、北、翼王。九月，以湖南捕到斋教首领左家发，供出广东老万山首领朱九涛等，命严缉。封禁贵州清水站黑铅厂。广西永淳民起事抗租。十月，上帝会凌十八等败于罗定州。十一月，福建海盗败山东水师于浙江洋面，旋投降。十二月，以福建汀州民设立红会、江湖会，命地方官查禁。蒙古科尔沁部佃民抗租事起，旋败。是岁，天主教江苏布道会立孤儿院、育婴堂及圣母院于上海。

外国 〔朝鲜〕 三道儒生一千余人上章请清通庶流。两西大水。严禁私设书院。赈诸道饥。蔡喜载等谋起事，发觉皆死。大王大妃撤帘。

〔日本〕 土佐民万次郎自美国回。

〔越南〕 定北圻关津税则。

〔暹罗〕 四月，拉玛三世王死，拉玛四世王嗣，遣使请封于清，至广州而返。

〔土耳其〕 获致与奥地利关于政治犯引渡事之协议。同年，俄、法两国借口争取耶路撒冷圣地之保获权，皆向土耳其施用压力。明年土耳其作出有利于法国之决定。

〔俄罗斯〕 连接圣彼得堡与莫斯科之铁道建成。

〔保加利亚〕 维丁人民起义，但旋失败。

〔门的内哥罗〕 但尼尔（但尼乐）二世嗣位，将弗拉地卡改为纯政治性之元首职务（不兼主教）。土耳其提出抗议。

〔日耳曼〕 普鲁士派遣著名容克（贵族地主）分子俾斯麦为驻日耳曼邦联（法兰克福戴耶特）代表。今年重行调整关税同盟之组织，普鲁士仍居领导地位。

〔意大利〕 7月14日，拿破里东南约一百英里处地震，死者万余人。

〔联合王国〕 在伦敦举行“万国博览会”。国际性之展览会以此为创举。自去年开始敷设之英法间海底电缆正式启用。今年英国机械工人联合会成立。

〔法兰西〕 12月1日深夜，路易·拿破仑发动政变。次日以武力解散国民会议，并宣布恢复普选法。共和党在巴黎发动起义，在街头建立防御性障碍物。4日，拿破仑以大军镇压，屠杀甚众（“马路屠杀”）。全国各省颇有响应者，亦皆先后失败。综计被逮捕者达二万五千人（其中有农民七千人），被判处流刑者一万人（发配阿尔及利亚）。12月21日，举行公民投票，授予总统制定新宪法之权力，总统任期延长为十年。

〔丹麦〕 企图合并南部之石勒苏益格与荷尔斯泰因二公国，以此与日耳曼发生争执，引起军事行动。

〔合众国〕 5月末，海军提督柏理与日本订商约。

〔澳大利亚〕 8月9日，在维多利亚之巴拉勒特发现藏量丰富之金矿。此外尚有数地亦陆续发现金矿。自此各地移民趋之若鹜。至1860年止，仅维多利亚一地所产，即值八千万镑。

〔新西兰〕 颁布《牧地租赁法》，畜牧业迅即获得发展。

〔夏威夷〕 法人向夏威夷国王有所要求，美人遽提警告，措词与《门罗宣言》类似。

1852年

中国

壬子 清咸丰二年 太平天国二年

正月，台湾嘉义民洪纪等起事，旋败。命禁安徽凤阳一带之带刀手及寿州之回汉互斗。二月，太平军自永安突围，大败向荣、乌兰泰军，杀其四总兵及副将以下多人，遂围桂林。中途，天德王洪大全（焦大、焦亮）被俘，解北京磔死。三月，湖南郴州斋教徒等袭署杀官，旋败散。乌兰泰败于太平军，因伤死。太平军以攻桂林不下，四月，解围趋兴安，破全州，走永州，为江忠源所截，南王冯云山战死蓑衣渡，遂折走道州，天地会徒多起应之。浙江奉化等县民抗粮拒捕。命山海关、盛京严查无票流民私至吉林。五月，命湖南、湖北试行坚壁清野。武昌城内发见太平军揭帖。六月，甘肃中卫一带地震，倒房二万余间，死伤七百余人。太平军破江华、永明，旋弃道州，破宁远、嘉禾、桂阳。罗定上帝会首领凌十八败死。新疆和卓后裔铁完库里等数扰乌什、喀什噶尔等处边卡。七月，太平军破郴州，焚学宫，毁孔子木主，又破安仁等县，攻围长沙，沿途各地会党多与之合。八月，西王萧朝贵受重伤，旋死。广西天地会胡有禄等起事于南宁。青海番民扰甘肃永昌等地。暹罗国王郑明遣使进贡并请封。英设租界于厦门。九月，以赛尚阿贻误军机，革职拿问；命徐广缙为钦差大臣。山东捻军攻江苏海州、邳州。十月，禁山东等地渔民至朝鲜沿海捕鱼。安徽亳州捻军首领张乐行起事。太平军以攻长沙不下，北破益阳，十一月，入岳州，弃之，旋破汉口、汉阳，十二月，破武昌。命丁忧在籍侍郎曾国藩帮办湖南团练。广东人黄杰高等起事于湖南攸县，旋败。徐广缙革职拿问，命向荣为钦差大臣。定旗民交产章程。命琦善为钦差大臣，防堵太平军。

外国

〔朝鲜〕 郑禹龙以谶言惑众，谋起事，发觉死。是岁，户一百五十八万八千八百七十五，口六百八十一万二百零六。

〔日本〕 水户笃庆献大日本史记传。筑大森炮台。荷兰甲必丹劝告开关通商。禁买卖奢华女服。

〔越南〕 宣光省平夷社与中国接壤，至是定界。全国税关前有六十处，今减为二十一处，岁入银四百五十余两，三十八万四千九百六十八缗余。

〔暹罗〕 攻景东，无功。遣使贡于清，使者归途被掠，回国后遂言中国力衰，此后遂停止入贡。

〔缅甸〕 英借口仰光英商被地方官虐待，又侮弄英使，发动第二次侵略战争，占仰光等地。会巴干麦王为国人所杀，义第明顿继为王，与英和，失庇古及马达班二省。自是下缅全失。

〔波斯〕 合并赫拉特城，英人反对，向波斯湾结集军队。巴比斯特教徒谋杀波斯王未遂，政府对巴比斯特教徒大肆屠杀。

〔土耳其〕 与门的内哥罗发生战争。

〔俄罗斯〕 尼科来·果戈里卒（1809年生）。

〔奥地利〕 废除1849年宪法。政府采取一系列措施，企图使境内各民族日耳曼化。

〔日耳曼〕 科隆当局审讯共产党人。同年“共产主义者同盟”解散。

〔联合王国〕 给予新西兰以宪法。同年4月14日，英军占领缅甸之仰光。12月，合并庇古。

〔法兰西〕 12月2日，改法兰西为帝国，拿破仑自任皇帝，称拿破仑三世（按形式上仍通过公民投票）。同年哥必诺著《人类种族之不平等》，为近代反动之种族优越说之嚆矢。

〔葡萄牙〕 科尔特斯修订宪法，女王及其夫宣誓效忠宪法。

〔澳大利亚〕 创立悉尼大学，明年又设立墨尔本大学。

〔合众国〕 斯托夫人之《汤姆叔叔的小屋》出版，推动解放黑奴之功至巨。同年马克思所著《拿破仑第三政变记》在波士顿出版。

〔南非洲〕 英人被迫承认布尔人占领之德兰士瓦为独立国。

1853年

中国 癸丑 清咸丰三年 太平天国三年

正月，太平军弃武昌东下，破安庆等地，二月，入江宁，旋改称天京，分兵破镇江、扬州。向荣至江宁，驻兵孝陵卫，是为江南大营。湖北通城民刘立简抗粮起事，旋败。上海道吴健彰雇英美商船，改作兵船，用英美人为管带；在上海之英美人招丁壮，图与太平军为敌。三月，命四川访查捞掘张献忠窖于锦江之金银。命各省勘探矿苗，设法开采。英使文翰至天京，探询太平天国对外人态度。天王命李开芳、林凤祥、吉文元北伐，四月，开始进军，破滁州，下凤阳。杨秀清命胡以晃等西征，入和州。福建小刀会黄德美等破海澄、漳州、同安、厦门、漳浦。命热河开采承德、平泉银矿。五月，始行银钞，铸当十大钱。太平北伐军入河南，攻开封，未下，渡河，破温县。太平西征军破安庆，攻南昌。台湾天地会攻府城，旋败。湖南会党李明先破桂东，建元洪顺。六月，命陕西、山西、广东劝捐于富户。太平北伐军攻怀庆，其未渡河部队南破密县，与捻攻许昌，嗣入湖北。江西天地会邹恩隆起事，破泰和。雷以諴创征厘金于扬州仙女镇。七月，曾国藩所遣湘勇败于南昌。太平北伐军之南归部队入安徽，与西征军合；其攻怀庆者，撤围北入山西，八月，又经河南入直隶。太平西征军解南昌围，会石达开师于安庆。小刀会刘丽川占上海县城。九月，林昌彝进《三礼通释》。云南奏寻甸等处起事回民皆降，俘其首领马二花。太平北伐军占静海、独流，攻天津。太平西征军入湖北，再下汉口、汉阳，逼武昌。十月，命借征山西、陕西、四川三省明年钱粮。太平西征军解武昌围，东退；其别部破舒城，安徽团练大臣吕贤基等死。十一月，贵州奏瓮安“榔匪”刘瞎么等起事。命铸当千、当五百、当百、当十、当五大钱，务使精工。缅甸遣使入贡，命不必来京。法公使布尔布隆至天京诘问，妄谓压迫天主教徒。扬州太平军被围半年，至是冲出，琦善军入扬州。十二月，曾国藩派员监造战船，备练水师。太平天国开科取士。太平西征军破卢州，安徽巡抚江忠源等均死。是岁，向荣叠战太平军于天京城外。太平天国颁土地法。上海各国领事代收关税。

外国 〔朝鲜〕 许庶流通宣荐。岭南大饥，赈之。金守祯等谋起事，发觉皆死。

〔日本〕 美国使者由琉球至浦贺，以兵威胁通商；幕府以其事奏闻，并征询诸侯之意见。俄罗斯使至长崎，递国书于奉行。品川湾筑炮台。解造大船之禁。六月，征夷大将军德川家庆死，德川家定继职。

〔越南〕 南圻行屯田。开太原上恩金矿，太原、北宁、谅山等处铅矿。

〔暹罗〕 又攻景东，仍无功。

〔印度〕 英东印度公司宪章期满，经国会通过，重新续订，但无一定期限，此为最后一次之续订。

〔土耳其〕 10月23日，向俄罗斯宣战。11月末，土海军大败于西诺彼（黑海南岸）海面。俄军再进占摩尔达维亚与瓦拉几亚。

〔俄罗斯〕 四月，派兵渡多瑙河，七月，占领瓦拉几亚与摩尔达维亚。同年，名作家契诃夫生（1853—1921年）。

〔奥地利〕 与普鲁士订立商约。

〔普鲁士〕 自鄂尔敦堡获得一可供修建港口之地区。

〔意大利〕 2月6日，米兰发生反奥地利暴动，失败后，凡逃亡者之财产皆被没收，必须证明未参加暴动始可发还。至2月下旬止，提赤诺河流域人民被逐出奥属意大利境者达万余人。

〔联合王国〕 斯托克波特发生大罢工，参加者两万人，获得增加工资百分之十之胜利后复工。

〔法兰西〕 工人与学生密谋刺杀拿破仑案被破获。

〔澳大利亚〕 塔斯马尼亚终止为流放地。

1854年

中国 甲寅 清咸丰四年 太平天国四年

正月，太平天国北伐军弃独流，走河间。杨秀清遣黄生才等援北伐军。湖广总督吴文镕败死堵城，太平军又占汉口、汉阳，分兵入湖南。曾国藩出师，传檄攻击太平天国。二月，太平北伐军走阜城，吉文元战死。捻军首领张乐行攻永城。三月，来援太平北伐军之师，破临清，旋大败，多数南走，黄生才独不去。江苏幅军攻郯城等地。安徽捻军首领李士林围固始。命上海道吴健彰酌购洋枪。命推行厘金。铸铁钱，命招垦张家口外官荒地。四月，曾国藩与太平军战于靖港，大败。旋部将塔齐布等大胜于湘潭，太平军分走岳州、萍乡。太平北伐军自阜城奔连镇，五月，林凤祥留连镇，李开芳南据高唐与黄生才军合。美国公使麦莲至天京，又至芜湖。广东天地会何六等据东莞，旋失。命勘查阿拉善银矿。俄以防英为名，擅入黑龙江航行。六月，铸铅钱。吴健彰与英、法、美商定设税务司，由三国人分任之。太平军再破武昌。太平军败于胡林翼，自湖南常德等处东退，彭玉麟等又败之于洞庭湖。广东天地会陈开等起事于佛山，围广州。英公使包令至天京。七月，停铸当千、当五百、四百、三百、二百大钱，严禁当百以下大钱折算行使，并命严查私铸。曾国藩部下岳州，太平军退走。广东天地会攻下顺德等十余城。闰七月，以琦善死，派托明阿为钦差大臣督办江北军务。太平天国在武昌开科取士。曾国藩部攻入湖北境。八月，命减铸大钱。以曾国藩部为主力，攻下武昌等地，太平军走鄂东。广东天地会入江西界。广西天地会占贵县，胡有禄据灌阳，建升平天国，自称定南王。贵州桐梓杨龙喜起事，攻遵义。九月，天京举行天试。曾国藩部攻太平军于鄂东，败陈玉成于蕲州。捻首李士林降于湖广总督杨霈。十月，曾国藩部叠败太平军于富池口、田家镇等处，进攻小池口。升平天国兵攻湖南，湘勇王鑫败之于龙虎关、宁远。叶名琛以天地会围攻广州，乞援于香港英军，被拒。法军以据上海县之小刀会于己不利，遂助清军。十一月，命山西采铁铸钱。曾国藩部攻九江。湖南永顺彭盖南起事，自称珍明王，寻败。广东兵下佛山，天地会陈开败走。英香港总督兼公使布告英人严守中立，不得参与中国内战之任何方面。十二月，命仿制西洋水雷。曾国藩与石达开大战于九江、湖口，国藩被袭，损失甚重。太平军下黄梅，败湖广总督杨霈军于广济。是岁，江南大营累与太平军战于天京附近，江北大营与太平军战于瓜洲一带，江苏巡抚吉尔杭阿会合法军攻小刀会于上海县城，僧格林沁围林凤祥于连镇，胜保围李开芳于高唐。

外国

〔日本〕 正月，美国使者再至浦贺；二月，允开下田、箱根两港通商；三月，与美缔和亲条约。五月，西洋形船凤凰丸下水。闰七月，英吉利船至长崎；八月，与之缔和亲条约。十一月，改元安政。十二月，与俄罗斯缔和亲条约。二百年闭关政策至是遂破。

〔越南〕 高伯适等据山西安山一带，至是败被俘。

〔土耳其〕 英、法致俄国哀的美敦书，促使退出瓦拉几亚与摩尔达维亚，俄皇置不作答。3月28日两国向俄宣战。8月初俄军退出上述诸地，奥地利遂加以占领。

〔俄罗斯〕 九月十四日，英法联军于克里米亚半岛之攸巴托利亚登陆，企图进占塞瓦斯托波尔。

〔希腊〕 利用克里米亚战争，侵入帖萨利与伊派拉斯。3月末与土耳其断绝国交，但由于英法左袒土耳其，无法进展。

〔日耳曼〕 法兰克福戴耶特决议禁止工人组织任何同盟或政治性之结社。

〔瑞士〕 苏黎世湖水旱落，发现古代湖上居民建屋之木桩万余根及遗物甚多。此为近代史学界一重要发现。

〔联合王国〕 3月12日，英、法、土三国缔结同盟。28日，向俄罗斯宣战。克里米亚半岛战争由此始。今年，英国与日本首次订立条约。承认南非之布尔人所建立之奥兰治共和国。

〔法兰西〕 英、法联盟共同敌对俄国。3月，克里米亚战争始。英、法联军五万人开赴克里米亚半岛。

〔葡萄牙〕 下令解放属于王室之奴隶。

〔埃及〕 11月，埃及总督穆罕默德·萨伊德以修筑苏伊士运河权利畀予法人腓迪南·德·雷塞普斯。萨伊德在位九年，向英国所举之债达三百万镑（按此为埃及借外债之始）。

〔合众国〕 美国共和党成立。同年，堪萨斯·内布拉斯加法案制定。

1855年

中国 乙卯 清咸丰五年 太平天国五年

正月，以罗布泊等地寻获铜铅矿，命在乌鲁木齐开炉铸钱。命甘肃铸钱减为每文重八分。吉尔杭阿等破上海县城，刘丽川等死之。僧格林沁破连镇，林凤祥被俘死。李开芳突高唐围，走据冯官屯。太平军占汉口、汉阳，胡林翼攻之，不利。河南密县会党王红砖起事，焚署、放囚，二月。允于福州开租界。命开采喀尔喀三音诺颜部金矿。太平军三入武昌，并下湖北、江西数城。

广东天地会势衰，所下各城多失。三月，命整顿钱法。贵州杨凤攻扰数郡，至是败死。胡林翼署湖北巡抚，督师反攻武昌。罗泽南数败太平军于弋阳等地，太平军分入浙西、皖南。江西南康天地会廖际湘等起事。四月，廓尔喀犯西藏，入聂拉木。僧格林沁破冯官屯，李开芳等被俘死，太平北伐军至是全部覆灭。太平军与曾国藩部之水师战于鄱阳湖，互有胜负。胡林翼、彭玉麟等攻武昌，不利。升平天国兵弃灌阳，入湖南东安。五月，以西凌阿为钦差大臣督办湖北军务。以云南开化回民抗粮，命妥善办理。以贵州台拱苗民起事，命及早处理。广东天地会陈金刚等入湖南，陈开入广西。六月，推广捐输章程。河溢兰阳三堡。安徽亳州捻众推张乐行为盟主。贵州都匀斋教罗光明起事。向荣遣兵攻下太平府芜湖。七月，云南回民杜文秀起事。升平天国兵自东安败走新宁。曾国藩部攻九江、湖口。八月，铁完库里犯喀什噶尔边卡。太平军大破胡林翼于奓山。升平天国胡有禄被俘，朱洪英走广西。天地会陈开破浔州，建国号为大成。九月，命勘查喀喇沁等处金矿。石达开督师西援，大破罗泽南于崇阳。天地会葛耀明等占江西安福谋合于太平军。十月，安徽巡抚福济等围攻太平军于庐州几二年，至是始破。命江苏、河南、安徽会击张乐行。贵州铜仁举人徐廷杰等抗粮起事，以红巾蒙首，是为红号军。石达开入江西。十一月，命广东购洋炮送胡林翼军营。以廓尔喀攻扰西藏，调解不服，驻藏大臣派兵驱之。石达开会合天地会攻占江西瑞州等地，曾国藩以南昌吃紧，撤攻九江兵往援。胡林翼进攻武昌。张乐行等数败官军于皖北。贵州红号军占思南等地，斋教军占八寨。王鑫等攻天地会军于湘南，十二月，大破之，杀首领多人。是岁，江南大营仍时与太平军战于天京郊外，并攻围镇江，江北大营仍与太平军战于瓜洲一带。

外国　〔朝鲜〕　禁词讼衙门擅拘平民。

〔日本〕　立讲武所。毁佛寺钟铸大炮。英船至长崎。画虾夷地警卫区。荷兰赠轮船、小炮。江户地震，死人甚多。

〔越南〕　开太原铅矿、海阳煤矿。英国船泊茶山澳，观察五行山。大南会典成。

〔暹罗〕　修订暹英条约。在此条约中，英国取得领事裁判权，暹罗丧失权利甚多。

〔阿富汗〕　与英印政府缔结攻守同盟条约。

〔波斯〕　再度征服赫拉特。

〔俄罗斯〕　经过一年之围攻后，俄人凿沉自己之船只，并将要塞炸毁，退出塞瓦斯托波尔。同年，尼古拉卒，亚历山大二世嗣位。

〔奥地利〕　与罗马缔结友好协定，除教育权外，僧侣又获得一部分司法权。

〔意大利〕　撒丁王国与英、法缔盟。同年，派遣军队赴克里米亚协助进攻俄国。

〔联合王国〕　因供应无方，克里米亚战事不得手，首相阿伯丁被迫辞职，巴麦尊继起组阁。同年，始用来复线原理制造大炮。

〔法兰西〕　9月8日，联军陷塞瓦斯托波尔。自5月至11月在巴黎举行“万国博览会”。同年，英、法元首互相访问。

〔澳大利亚〕　维多利亚殖民地开始限制华侨入口（按自1851年发现金矿后至是华侨入口者共约三万三千人）。规定自此以后每一中国人入口须缴人头税十镑。

〔墨西哥〕　8月，发生革命。

1856年

中国　丙辰　清咸丰六年　太平天国六年

正月，石达开军屡下江西诸城，曾国藩大困，骆秉章遣刘长佑等往援之。贵州红号军首领徐廷杰等败死。张乐行遣兵攻永城，二月，分攻苏北、豫东。石达开大破曾国藩部于樟树。陈玉成、李秀成等大破托明阿，占扬州。三月，革托明阿职，以德兴阿为钦差大臣。罗泽南攻武昌，受伤死。石达开自江西三道入皖，占祁门等地。四月，命开采乌鲁木齐铅银矿。陈玉成、李秀成等救镇江，清军统将吉尔杭阿败死。五月，命各省行团练，由官督率。江南大营围天京久，至是石达开等大破之，向荣等败走丹阳。广东天地会翟火姑等入江西，后合于太平军。袁甲三等败张乐行等于亳州，攻占捻之根据地雉河集。六月，命护送海运之轮船入江，由向荣调度，并筹添购小轮船事。石达开西援武昌，至湖口。韦昌辉破饶州，逼南昌，七月，进援瑞州，曾国华等大败之。向荣死，张国梁暂统其众，败陈玉成、李秀成等于丹阳。江西吉安等处边钱会起事，与太平军相呼应。贵州斋教军占古州。张乐行等复雉河集。甘肃循化撒拉回民起事。八月，云南奏回民起事，攻扑省城；命严查关津，防与川陕回民相结。时大理回汉互杀，亦大乱。贵州斋教军占都匀。叶名琛杀广东人数万，谓与太平军及天地会相通。韦昌辉回天京，与赖汉英等合谋杀杨秀清及其党羽。以和春为钦差大臣，督办江南军务。贵州苗破台拱，九月，下黄平。以云南回军势炽，命云贵总督恒春督兵攻击。"亚罗船"事件起，英人巴夏礼借机起衅，轰击广州。石达开返天京，嗣知韦昌辉欲相图，越城走安庆，家属为昌辉所杀。十月，达开起兵讨昌辉，天王寻杀昌辉。李秀成战于桐城数不利，使李兆受招降张乐行等，是为捻众与太平军正式合作之始。曾国荃援曾国藩于江西。贵州赵子隆起事于铜仁，寻败。十一月，命垦黄河海口淤滩。胡林翼等破武昌，太平军死亡万余人，守将韦俊走江西；寻官文等又破汉阳，胡林翼乘之攻下大冶等县。天地会陈金刚复入广东。张乐行败走临涣，其根据地雉河集复失。廓尔喀为驻藏兵所败，遣使谢罪，并奉贡。十二月，班禅额尔德尼呼毕勒罕掣定。山东军俘金乡一带捻首王三托盘嘴等。曾国藩部再攻九江。是岁，自江南大营溃后，清军移驻丹阳与太平军相持，江北则相持于瓜洲一带。魏源死。

外国

〔朝鲜〕 宫监创收无名杂税于铁岛，横敛船只，滥杖商贾，事觉，罪之。岭南大水，赈之。严禁杂技。

〔日本〕 立蕃书取调所，以翻译洋书事隶之。铸二分金币。美国公使来，请递国书并谒见将军。英国水师提督来请改约。

〔越南〕 诏地方官招抚劝课。法国兵船至沱瀼、顺安汛，要求保护教士，开港通商，派官驻顺化，且履行1787年条约，拒之，法船炮击诸堡垒而去。于是排外益烈，杀法国传教士，西班牙教士二人亦遭波及。开谅山省罗山、福旺、那邑、同仆四金矿。

〔暹罗〕 与法国、美国缔结通商条约。

〔印度〕 英人将奥德全部并入殖民地，废其王，其王拒不签立条约。

〔波斯〕 英因波斯征服赫拉特，出兵攻波斯湾，波斯派兵御之，战争遂起。波斯不久战败。

〔土耳其〕 参加克里米亚战争之英、俄、土、法、奥、普、撒丁诸国缔结巴黎和约。相约保证土耳其帝国之"领土完整与独立"，并规定两海峡与黑海之中立化及多瑙河之安全航行。属于土地方面则俄国退出多瑙河口与比萨拉比亚之一部分。同年，苏丹阿布杜·美基德颁布改革令，充分保障信教自由，使信奉基督教之人可与伊斯兰教徒在一切方面均享受平等待遇。

〔罗马尼亚〕 巴黎和约后，俄罗斯退出瓦拉几亚与摩尔达维亚两地。土耳其苏丹保证予彼等以自治权。

〔塞尔维亚〕 巴黎条约以塞尔维亚置于各帝国主义国家之共同"保护"下，俾能"维持现状"。

〔门的内哥罗〕 巴黎会议拒绝承认门的内哥罗之独立地位。

〔日耳曼〕 名诗人海涅卒（按海涅，犹太籍，1797年生）。

〔意大利〕 撒丁首相加富尔参加巴黎和会，获得法帝拿破仑三世协助意大利解放事业之诺言。

〔联合王国〕 2月，在印度兼并奥德王国。3月30日，又在中国进行侵略战争。10月23日，炮轰广州。11月1日，向波斯宣战。

〔法兰西〕 克里米亚战争终结。3月30日，缔结巴黎和约。黑海与多瑙河以此约中立化。法国自此又成为欧洲大陆之主要强国。

〔葡萄牙〕 始有铁路。

〔合众国〕 南卡罗来纳州长亚当重行准许自非洲贩运奴隶。

1857年

中国

丁巳 清咸丰七年 太平天国七年

正月，以市间拒用铁钱，查禁之。河南军攻捻军于亳州境，互有伤亡。太平军合鄂北土民占宜昌，旋退。陈玉成、李秀成等再占庐江，二月，破清军于桐城，进占舒城、六安，寻又与捻军龚树等占霍邱。升平天国军占柳州。三月，以威宁回汉互哄，回民攻扑州城，命持平办理。叶名琛奏英另派员来议，命慎密筹之，勿开衅端。太平军杨辅清入福建，占邵武等地。四月，小刀会结合太平军占汀州，寻失。陈玉成入湖北，连下黄梅等地，败于广济。五月，浙江余杭民胡万成起事，旋败。胜保等败张乐行、龚树等，破其根据地三河尖。石达开因疑惧私离天京，走安庆。定流通大钱章程。张格尔之子倭里罕侵据英吉沙尔等回城，命伊犁等地防营攻之。闰五月，捻首韩狼子大败胜保于正阳关。杨辅清自福建退入江西。胡林翼进驻黄州以御陈玉成。六月，热河丰宁刘福太等焚署劫库，旋败死。命筹画黑龙江通肯一带放垦。回军攻云南省城，总督恒春自杀。亳州捻内哄，袁甲三等乘机攻下多圩。七月，胜保破霍邱，张乐行等败走正阳关。多隆阿、鲍超大破太平军于黄梅，陈玉成退入安徽。八月，天地会陈金刚入广西，占怀集，称南兴王。胜保招抚凤台练长苗沛霖。河南捻首王三辫子等攻南阳一带。石达开入江西。九月，以英人在上海收买制钱，命两江总督、江苏巡抚设法阻之。倭里罕等扰犯英吉沙尔等城数月，至是败遁。龚树破安徽布政使李孟群于六安。李续宾等破太平军，占湖口。

十月，以云南回汉互哄，几遍三迤，命云贵总督吴振棫持平办理，革倡议雠回之前侍郎黄琮等职。十一月，英前遣额尔金来广东交涉，要求苛刻，不得结果，遂与法军联合侵据广州，俘叶名琛。王三辫子走伊阳，被俘。山东郯城幅军翟三秃子等扰海州。和春等破镇江，寻进攻天京，江南大营复振。德兴阿等下瓜洲，江北大营亦略振。十二月，开云南铅禁。准闽海关外国商人以银元纳税。湘军蒋益澧等入广西攻天地会，占平乐府。贵州灯花教刘义顺起事，占思南等处，以白布裹首，是为“白号”。陈玉成与捻韩狼子攻固始。是岁，石达开与湘军争战于江西，互有得失。英国麦加利银行于上海设支行。英教士创刊汉文六合丛谈于上海。

外国

〔朝鲜〕　三南大水。

〔日本〕　设军舰教授所。三月，美国公使以请谒见将军，久未得复信，力催速示可否。时诸藩多主战，将军不敢即应，逾半年，屈于美国威胁，始予接见。寻议定通商条约及税则，美国既获得领事裁判权，于税则上复大沾实惠。美国公使以世界大势及鸦片之害相告，幕府因将此项谈话笔记传示诸侯。

〔越南〕　修筑各要塞堡垒、炮台。法国船至广平罗屿。

〔印度〕　自1846年起，英国将前属于封建王公之印度中部、北部之大部分土地并入自己辖区，农民负担增加，工人被戕害者数以万计，印度土兵亦遭受英军官残酷待遇，不满情绪，遍于各社会阶层。是年五月十日，在德里附近爆发土兵起义，参加者百二十万人，受到农民、手工业者支持，不久席卷北印度全部及中印度大部。起义运动延续二年，终被镇压失败。

〔波斯〕　由于法国之调解，英、波议和。

〔罗马尼亚〕　瓦拉几亚与摩尔达维亚之代表会议于九月举行，决定两国合并。统一之罗马尼亚国家自是出现。

〔门的内哥罗〕　弗拉地卡但尼尔二世承认土耳其为宗主国，举国沸腾。

〔联合王国〕　5月，印度人民大起义，明年7月完全失败，英人屠杀之惨，为历史上罕见(起义者被缚于大炮口，实弹轰之)。英国本部发生极严重之经济危机。与波斯媾和。今年，培塞麦用氧化锻冶法制钢成功（即培塞麦法）。

〔法兰西〕　通过铁道法，鼓励私人资本修筑铁道。1851年法国有铁道三千六百二十七公里，至1858年即达一万六千二百零七公里。法国与英国共同在中国进行侵略战争（第二次鸦片战争），12月28至29日陷广州。

〔西班牙〕　安达路西亚（西班牙南部）农民起义。

〔葡萄牙〕　截获法国贩运奴隶船“查理与乔治”号。明年，法国严厉抗议，除放还原船外，仍赔款若干始寝事。

〔丹麦〕　废止桑德海峡通过税，由有关各国集资三千万丹币（约合英金四百万镑）予丹麦为代价（按桑德为丹、瑞两国间之海峡，最窄处仅三英里。15世纪起丹麦即在此地征船舶过往税，当时惟汉萨同盟诸城市始获免）。

〔合众国〕　发生经济危机。同年，德籍共产主义者左尔格组织纽约共产主义会社。3月7日，最高法院宣布德累德·司各特案，认为黑人为其主人之财产，不能以移居自由邦而获得自由；并宣称惟最高法院方有宣布禁绝奴隶制权力，以此密苏里协议为无效。

1858年

中国　戊午　清咸丰八年　太平天国八年

正月，命广东激励乡团，助抗英、法侵略军。云南奏回汉忿争，抚局难恃。二月，李秀成出天京调军，决由安徽进攻，以解天京围。陈玉成等攻固始数月，至是为胜保所败，退入湖北。贵州思南府灯花教胡胜海起事，以黄布裹首，是为黄号军。三月，达赖喇嘛呼毕勒罕掣定。石达开入浙江。英法以要求在上海开议被拒，北赴天津，美、俄亦乘机求改商约，四月，陷大沽，清廷命桂良、花沙纳往与媾和。李续宾等攻九江，太平军坚守四年，至是陷落，林启容以下死者万余人。胜保等破六安，张乐行等败走正阳，寻占怀远。捻刘二老渊则自苏北攻山东、河南之交。湘军萧启江、张运兰等分别攻下抚州、建昌。李秀成败于江浦，退全椒。云南奏回军破顺宁府。福州民以铁钱不便，群至督署，许以搭用铜钱，平抑粮价，乃散。奕山与俄签订爱珲条约，割黑龙江左岸地与俄。五月，桂良、花沙纳与英、法分别签订天津条约，又与美、俄订约。陈玉成失利于湖北，退入安徽。杨辅清又入福建。湘军攻下柳州，升平天国朱洪英走贵州。六月，石达开南下，七月，入福建，杨辅清以与之不和，回入江西。陈玉成等再占庐州府。八月，捻孙葵心等破丰县，入山东。杨辅清入皖南。陈玉成、李秀成大败德兴阿，江北大营再破，天京围解。九月，李秀成占扬州，旋弃之。石达开入江西。十月，严禁钱市买空卖空。允云南停铸大钱。前派桂良等至上海与英、法、美、俄商改税则，至是关税率协定成。英公使额尔金沿江视察至汉口，中途数与太平军冲突。陈玉成大破李续宾于三河尖，续宾以下死者甚多；十一月，与鲍超、多隆阿战于二郎河，大败。攻河南东部之安徽各支捻军败退。以云南回军事情况不明，遣人前往侦察。太平军李世贤破杀督办军务邓绍良于宁国府。捻苏天福再占江苏丰县，复入山东。以李续宾部歼于三河尖，命曾国藩援安徽。十二月，胡林翼以鄂东吃紧，出驻黄州。是岁，英、美传教士创亚洲文会，为英国皇家亚细亚协会之分会，专事中国文化之研究。美国教士创汉字中外新报于宁波。

外国

〔朝鲜〕 禁私采金、银、铜等矿。旧制，宫庄田皆免赋，因之多将田挂名于宫庄者，至是令宫庄户皆纳赋。

〔日本〕 六月，日美通商条约签字。征夷大将军德川家定多病，幕吏松平庆永等拟立德川齐昭之子庆喜为继承人。齐昭为攘夷论者，幕吏井伊直弼素主和议，恐庆喜立不利于己，因立德川家茂为征夷大将军。家定寻死。自是内争起，井伊直弼幽德川齐昭等，复搜捕异己者，是为“安政之狱”。七月，日俄、日荷、日英通商条约，九月，日法条约签订。

〔越南〕 七月，法国兵船及少数西班牙兵船入沱瀼，破诸炮台，又陷安海、奠二城。十月，法船入瀚江、耐轩江，十二月，陷化闰、耐轩二屯。

〔暹罗〕 与丹麦、瑞士缔结通商条约。始铸新币，废旧蟾蜍银。

〔印度〕 英人逮捕蒙兀尔最后皇帝巴哈杜尔煞，举行审判，此年逾八十之老皇帝，早已成为傀儡，不预政事，英人流放之于仰光，1862年死，年八十七。是年英军逐渐击败起义各军，再占所失各地。英国会通过法案，废除东印度公司，建立印度政府，直接归英政府管辖。是年十一月一日，英女王维多利亚批准是项立法。英驻印度总督改称总督兼钦差大臣。

〔土耳其〕 废除封建土地领有制。

〔罗马尼亚〕 统一方案为巴黎会议所否认，坚持两国（瓦拉几亚与摩尔达维亚）必须各有其亲王与议会，但可设立一共同会议。

〔保加利亚〕 民族解放运动日益扩展，其根据地为布累卡斯特与俄国之敖德萨。

〔塞尔维亚〕 亚历山大被迫去职，密罗什复辟（时已七十九岁），日以报复旧政敌为务，在位两年卒。

〔门的内哥罗〕 大败土耳其人于格勒合佛。

〔俄罗斯〕 签订爱珲条约。俄罗斯获得黑龙江北岸全部土地。

〔普鲁士〕 威廉一世为摄政（1861年其父卒后始为国王）。

〔意大利〕 加富尔晤法帝拿破仑三世，计划向奥地利发动战争。

〔联合王国〕 废止当选议员者之财产资格限制。议会通过《印度法案》，取消东印度公司，将印度事务置于英政府直接控制下。

〔法兰西〕 1月14日，阿尔西尼谋刺拿破仑夫妇，死二人，伤百余人，但拿破仑夫妇幸免。同年，拿破仑三世与撒丁首相加富尔晤面，共商对付奥地利问题。

〔埃及〕 苏伊士运河公司成立，发行股票二亿法郎，英政府对法人取得此项权利百般反对。

〔合众国〕 8月，林肯与斯提芬·道格拉斯就奴隶制问题举行辩论七次，从此崭露头角。同年，因南部诸州反对，废止1845年起实行之对船舶津贴办法。

〔墨西哥〕 内哄起，同时有两总统并存，一在未拉克卢斯，一在墨西哥城，前者为美国所扶植。至1860年前者获胜。

1859年

中国

己未 清咸丰九年 太平天国九年

正月，曾国藩奏定三路沿江东攻太平军。石达开部入湖南。二月，以余姚民求减租与地主冲突，命浙江巡抚持平办理。以去年京师乡试舞弊，杀大学士柏葰。杨辅清败于婺源，退江西。李秀成攻江浦、浦口，不利。陈玉成击俘安徽布政使李孟群于庐州官亭。捻孙葵心等击杀总兵邱联恩于舞阳北舞渡。三月，定洋药（鸦片）之抽厘章程。陈玉成援李秀成，与张国梁等战于浦口一带，互有胜负。四月，命奕山阻止俄船行驶于乌苏里江。蓝大顺、蓝二顺、李短鞑等起事于云南大关。捻刘天福等攻峄县，旋退。云南回民马凌汉前于二月占昆阳，至是败死。石达开部与刘长佑等战于湘南，互有胜负。五月，奕山以前轻允借黑龙江左岸地与俄，致启俄人侵略乌苏里江一带，革职留任。英、法使者北来换约，强入白河，开炮挑衅，僧格林沁等御退之，于是交涉又起。六月，以俄人强赴兴凯湖查勘，命奕山阻止。幅军翟三秃子攻黄县。捻首龚树会太平军攻定远，安徽巡抚翁同书败依苗沛霖。杨辅清为曾国荃等所败，自浮梁走祁门。七月，命于清江浦东黄河淤地开垦。许云南征土药厘税（鸦片）。以铸钱缺铜，禁用一斤以上铜器。石达开攻宝庆，与数支湘军力战，失利，走东安，旋入广西，其前队攻桂林。捻首苏天福等败死。八月，幅首洪佃一等攻占峄县韩庄。捻龚得合太平军攻占盱眙、明光。九月，广东奏，阳山县果子寨李干等六千余人起事数年，现已投降。命严禁私销大钱以铸制钱。河南南召捻众薙发投降。蓝大顺等占四川筠连等地。石达开解桂林围，占庆远府。陈玉成、龚树败冯子材等于六合。曾国藩以太平军与捻众联合攻击安徽诸地，定四路进兵之策。天京开天试。太平军右军主将韦志俊等以池州降于湘军杨载福。十月，云南奏攻下嵩明州，杀回民首领孙汉鼎等。贵州灯花教逼贵阳，嗣退；白号军破湄潭等地。石达开部与天地会陈金刚部战于怀集。陈玉成、李秀成连大破清军于六合、江浦。太平天国改历法。湘军刘松山等破天地会何观保等于连山。十一月，杨辅清等破池州，韦志俊退走。十二月，陈玉成会张乐行等败多隆阿等于潜山地灵港，围鲍超于小池驿。石达开部谭星等本天地会人，至是脱离达开入广东达州合于天地会陈显良等。

外国

〔朝鲜〕 禁私设书院。诸道水。户曹进会计簿，有金九十八两余，银二十五万三千四百五十四两余，钱四十五万六千三百五十四两余，白米十一万一千五百七十二石余，杂谷及绸布称是。

〔日本〕 许长崎、箱馆、神奈川三港自由通商。定外国人游览规则。幕府命开垦虾夷地。遣外国奉行新见正兴等赴美换约。井伊直弼起大狱，杀流多人，又逐尊融亲王，迫关白鹰司政通削发。

〔越南〕 正月，法军破良善等堡、土芹蔯，陷嘉定，四月，又炮击福宁等处，陷瑜川屯。六月，法人提议讲和，遣阮知方与之折冲，以条件太苛，未能商妥。十月，法军又破定海炮台，据真夹屯。

〔暹罗〕 与葡萄牙重定通商条约。

〔波斯〕 英著名东方语言学家劳林孙出任驻波大使，在职一年，为阿利孙所代。

〔罗马尼亚〕 瓦拉几亚与摩尔达维亚先后举行会议。摩尔达维亚于1月17日选举亚历山大•库乍上校为亲王，2月5日，瓦拉几亚亦同样选举库乍为亲王。英、法诸国虽不满意，但不能不先后予以认可。

〔奥地利〕 入侵撒丁，6月8日，败于马进塔，24日再败于索非里诺。11月，与撒丁订苏黎世和约，奥地利放弃伦巴第。

〔意大利〕 4月下旬，奥地利向撒丁提出解除武装要求。英国以此为对撒丁之威胁，向奥地利提出抗议。4月，奥地利向撒丁宣战，其军队立即渡过提赤诺河。5月，拿破仑率兵入意大利。自5月下旬至6月下旬，奥地利四次战败，但由于拿破仑惧撒丁势力过于强大，又恐普鲁士出而干涉，遂于7月11日与奥皇签订《维纳法郎加协定》。

〔法兰西〕 法国与撒丁共同向奥作战（在意大利）。7月11日，奥法两帝在维拉弗兰卡签订和约。

〔联合王国〕 达尔文《物种起源》一书问世。马克思《政治经济学批判》出版。

〔瑞典〕 始颁布准许完全宗教自由令。

〔埃及〕 4月29日，苏伊士运河工程开始，此后十年中，英国处处予以阻挠，但均无成效。

〔合众国〕 宾夕法尼亚发现煤油井，明年，加以开凿，此为近代石油业之开始。同年，全国翻砂业工人工会成立，为美国第一个全国性工人之组织。10月19日，约翰•布朗（反奴隶制者）袭击弗吉尼亚州之哈普斯渡口，失败被俘后被处死。

〔澳大利亚〕 维多利亚殖民地进一步排斥华侨，令每人每年纳居留税四英镑（南澳大利亚与新南威尔士于1857与1861年亦先后采取同样办法）。今年昆士兰获得英议会许可，成立一单独之殖民地。

1860年

中国

庚申 清咸丰十年 太平天国十年

正月，何秋涛进所撰《朔方备乘》。张国梁等攻下江浦等地，复围天京。袁甲三攻下捻军所占凤阳府等地。鲍超等大败陈玉成于小池驿，旋攻下太湖、潜山。贵州灯花教与苗军攻进贵阳。二月，蓝大顺等占四川名山等地。天京考选各省提考官。李秀成入浙江，破杭州，三月，退出，回援天京。天地会陈开部攻柳州，刘长佑击走之。英、法侵略军以取求不遂，侵据舟山。闰三月，以广东听任洋人招买人口，命严禁。李秀成、陈玉成、杨辅清等会援天京，大破清江南大营，旋又破丹阳，张国梁溺死，和春等奔常州。四月，李秀成等连占常州、苏州、嘉兴等地。两江总督何桂清革职拿问，命曾国藩代之，左宗棠襄办军务。英、法公使宣布保卫上海租界，美国人华尔由吴煦、杨坊之协助，组织洋枪队，备抗太平军。

五月，英、法侵略军游弋于渤海。石达开部入贵州。李秀成以将攻上海，致书上海英使，请其至苏面商；上海美领事旋遣人赴苏，即回。秀成部寻占松江，洋枪队又夺回。贵州灯花教与苗军败湘军于余庆，旋逼贵阳。湘军蒋益沣等攻下贺县，天地会陈金刚走广东。六月，以黄河改道，裁汰江南河道总督以下官。陈玉成攻占浙江余杭，逼杭州，旋退。李秀成破洋枪队于青浦。七月，至上海。先致书外国公使，声明不扰外人，希守中立。旋即进攻，英、法守上海城，与太平军对抗。英、法侵略军入天津，桂良等往议和约。八月，和议破裂，英、法侵略军复进扰，文宗奔热河，命恭亲王奕䜣留京与英、法商谈；英、法军旋至北京，焚掠圆明园及三山。杨辅清等占宁国等府。石达开逼贵阳。九月，订中英、中法北京条约，英、法侵略军旋撤走；俄使借口调停效劳，提出要求，于是订中俄北京条约，割予乌苏里江以东地。李世贤等占严州等地。陈玉成复至安徽，攻寿州，未下，旋即与李秀成、杨辅清分入湖北、江西以分清军之势。命僧格林沁督师攻捻。十月，容闳至天京，建议七事。石达开旧部朱衣点等自广西入湖南，图与陈玉成相呼应。李世贤逼杭州。李秀成与鲍超等战于休宁，大败。陈玉成与捻龚树、孙葵心等攻挂车河，失利。十一月，山东平原等十余县抗粮事起。苗沛霖通款于陈玉成。捻首刘二老渊大败僧格林沁于巨野境。李世贤逼祁门，曾国藩大营陷围中，世贤寻以湘军来攻，退走。山东邹县白莲池习文教首宋继鹏起事，建元天纵。十二月，云南奏命掌教马德新等安辑回民。命置总理各国通商事务衙门。命吉林招垦荒田。僧格林沁攻白莲池，失利。朱衣点等入福建，占汀州等地。

外国

〔朝鲜〕　禁各宫各司横夺勒税。亲祭大报坛。疫，死亡甚多。日本对马岛主奉命以其国与俄、法、英、美通商来告。关北大水。遣使赴清探问英、法侵略事。

〔日本〕　三月，改元万延。水户藩士于去冬起反井伊直弼，至是，井伊直弼遣兵击之；直弼旋被藩士刺死。时朝臣既多不满于幕府，藩士又各处纷扰，将军德川家茂欲结皇室以自固，请婚于天皇之妹和宫，孝明天皇初不许，继为所迫乃许之；家茂虽如愿以偿，惟藩士益恶之。十二月，与普鲁士缔约。

〔越南〕　讲和条件仍磋商，法军或去或来，仍不时骚扰。《人事金鉴》修成。高蛮犯安江、河仙，安江兵破之于七山。广义蛮人屡来侵扰。

〔暹罗〕　与荷兰缔结通商条约。铸“郑明通宝”银元。

〔印度〕　著名剧本《蓝靛研究的镜子》出版，揭露英国在印度蓝靛种植园主对农民之残酷剥夺，轰动一时，不久即译成英文，译者被英人判处监禁。

〔土耳其〕　叙利亚发生伊斯兰教徒与基督教徒之冲突，各国授权法国派遣远征军前往干涉，并“恢复秩序”。

〔塞尔维亚〕　迈克尔再继位，在位八年，致力于联合巴尔干各国共同反抗土耳其，并在国内实施强迫军役制度。

〔波希米亚〕　奥皇准许波希米亚成立议会，但同时限制其权力。

〔俄罗斯〕　建海参崴。

〔日耳曼〕　全国“自由主义者同盟”成立于法兰克福。

〔意大利〕　托斯卡纳、摩德纳、帕尔马三公国与罗曼雅皆举行国民会议，自愿与撒丁合并。拿破仑三世于获得萨伏伊与尼斯为报酬后，亦予同意。4月初，西西里起义。6月6日加里波第率红衫军团二千人入巴勒摩，6月末基本上占领西西里岛。8月回军大陆。9月初入拿波里。9月中旬撒丁军又击溃教皇武装。至本年年底，除罗马与威尼斯外，意大利其余各地皆入于撒丁王控制下，统一工作，接近完成。

〔联合王国〕　英、法联军入北京。法军在圆明园饱肆劫掠后英军始至，愤而焚之（由英军司令下令焚毁）。同年与中国订《北京条约》。英国使用蒸汽机之轮船“大东”号，6月，横渡大西洋到达美国。全国职工同盟成立委员会于伦敦。马克思与此委员会有经常之联系。同年爱尔兰有农民骚动。连续施放之来复枪今年出现。越二年，遂有机关枪之发明。

〔法兰西〕　法国获得尼斯与萨伏伊。同年英法联军再侵中国。10月12日入北京，24日订天津和约，11月初退出北京。

〔瑞典〕　岁大饥，迁赴美洲者数达巨万。

〔合众国〕　共和党候选人亚伯拉罕·林肯当选总统。12月20日，南卡罗来那州宣称脱离联邦以示抗议。

〔新西兰〕　长达十年之第二次毛利战争开始。由于英人无法取得彻底胜利，故不得不允毛利酋长四人于1867年加入立法会议。英人由此使用各种剥削和压迫方法，使毛利人无法生存，至本世纪末毛利人口迅速下降。

1861年

中国

辛酉 清咸丰十一年 太平天国十一年

正月，蓝大顺部攻资中等地。捻军赵浩然败僧格林沁于菏泽。鲍超、左宗棠合败太平军于饶州等地。英提督何伯命其部下照会太平天国，约以八条。二月，云南奏攻下晋宁等地。普鲁士请通商，命崇厚与之订约。陈玉成入湖北黄州，以英领事巴夏礼要求勿攻汉口，乃派兵绕攻德安等地。捻军姜台凌自河南入湖北，又回安徽。山东天龙八卦教起事，破邱县等地。捻军赵浩然攻青州，南入江苏。李秀成占樟树镇，李世贤占景德镇。太平天国允英人请，令军队勿入上海百里内。三月，捻军陈大喜等攻汝宁等地。山东天龙八卦教攻大名等地。李秀成占吉安等地。英水师威吓太平军勿攻宁波。四月，命左宗棠帮办曾国藩军务。幅军周克生据抱犊岗，称九山王。李秀成占瑞州等地。朱衣点等入福建，走江西。苗沛霖受天王封爵，围寿州。五月，以云南巡抚邓尔恒被刺死，命澈查。英人赫德条陈用洋药税购外国船炮以攻太平军，命曾国藩等筹计。李秀成入湖北，破兴国州等地。宁绍台道张景渠雇英法兵代防宁波。鲍超等破集贤关，俘太平军将刘玱琳，杀之。六月，以银价日贵，命整顿钱店，查禁奸商。李秀成回江西，逼南昌。天龙八卦教黑旗首领宋景诗降于胜保。七月，湘军蒋益沣等俘天地会首领陈开于浔州。清文宗死于热河，子载淳嗣，是为穆宗毅皇帝，初拟明年改元为祺祥，嗣以肃顺等所谋失败，杀贬数人，慈安、慈禧两太后垂帘听政，明年改元为同治，命恭亲王奕䜣为议政王。八月，曾国荃等攻下安庆，太平军死者万余人。白莲教部永清起事于归德金楼寨。捻军张敏行等入山东东部，刘大老渊等入河南西部。胡林翼死。九月，张敏行等走山东南部，别部在烟台曾与英、法军冲突。广东南海县民抗税，烧收税所。石达开入湖南。苗沛霖破寿州。李秀成入浙江，占绍兴，围杭州。十月，命曾国藩统辖苏、皖、赣、浙四省军务，左宗棠入浙督办军务。浙江平阳金钱会联合太平军占福鼎。天王申考试新令。十一月，李世贤占台州、宁波。李秀成入杭州，命满洲官兵退出满城，不听，十二月攻破之。英提督何伯前命部下提出无理要求，太平军皆拒绝之。李鸿章奉命援上海。李秀成攻吴淞，与华尔洋枪队相战，互有胜负。是岁，各国开使馆于北京。徐家汇天主堂创设博物馆。英伦敦教会设医院于北京，是为北京协和医院之前身。

外国

〔日本〕 二月，改元文久。俄军在对马上岸。幕府遣人赴英、法等国，又雇用荷兰人。以两都、两市开港延期通告各国。禁效法西洋衣冠。许各国立使馆。遣使赴西洋。

〔越南〕 法军攻嘉定，占边和，与之议和，未协。圣祖实录正编成。广安"水匪"攻永隆。

〔印度〕 大文学家拉宾德拉那特·泰戈尔生，泰戈尔于1881年开始文学活动，在诗歌、散文与戏剧方面，皆有创作。1912年，获得诺贝尔文学奖金，被全世界公认为20世纪之伟大作家之一。后创办大学。泰戈尔与甘地同为20世纪前半期对印度人民发生极大影响之突出人物。西北部大饥，德里与阿哥拉两地，饿死者约占全人口千分之八十五。

〔保加利亚〕 大批鞑靼人（蒙古人与突厥人之通称）自南俄之克里米亚半岛移居保加利亚，总数约为一万左右。

〔俄罗斯〕 3月3日（俄历二月十九日）颁布废除农奴制命令。农奴虽获得人身自由，但仍被迫陆续向地主阶级缴纳二十亿卢布作为取得土地之代价（按农民所获得之土地其总值约六亿五千万卢布。当时规定应付数目为九亿卢布，分四十九年偿还。截至1905年止，农民所付总额共达二十亿卢布）。同年乌克兰名诗人塔·格·谢甫琴柯卒（1814年生）。

〔意大利〕 第一届意大利议会于2月26日在都灵城召开，撒丁王维克多·伊曼纽尔改称意大利王。意大利自是成为统一之王国。同年，加富尔卒。

〔联合王国〕 5月，宣布对美国内战采取中立立场。同年，与埃及签订通商条约。

〔法兰西〕 借口墨西哥停付外债，与英、西两国共同进行侵略墨西哥战争。12月17日，联军在未拉克卢斯登陆。

〔合众国〕 1月至2月1日，密西西比、佛罗里达、阿拉巴马、乔治亚、路易斯安那与得克萨斯诸州先后加入南卡罗来那，宣布脱离联邦。2月4日，组成临时政府"美洲邦联"。同月8日，选举戴维斯为总统，斯提芬斯为副总统。5月13日，英国承认南方为交战国。7月21日，南北战事爆发。8月22日，林肯复格里列函，声称其目的在保全美利坚联邦而非毁灭奴隶制，"如有方法使我不解放任何一个奴隶而能达成保全联邦之目的者，我将毅然为之"。

〔墨西哥〕 法、英、西三国以索债为名，10

月31日，订立伦敦条钧，共同威逼墨西哥。12月17日，联军占领未拉克卢斯，但次年4月，英、西两国军队撤退。

〔新西兰〕 发现金矿，人口陡增，十年内增加百分之一百五十。

1862年

中国 壬戌 清穆宗毅皇帝载淳同治元年 太平天国十二年

正月，以白凌阿攻义州等地，命盛京及内蒙古各旗会击之。命贵州巡抚田兴恕规复苗军所占之麻哈等处。命云南督抚张亮基等持平办理回汉纠纷。石达开入湖北，转四川。陈玉成命赖文光西征。英、法决定与太平军为敌，与李秀成攻上海之军屡战。曾国藩所购轮船至安庆。命各海关筹款购船炮。二月，幅军刘双印攻淄川。苗沛霖降于胜保。捻军张宗禹攻河南等地。左宗棠部占遂安。三月，石达开攻涪州。赖文光入陕西，与蓝二顺合。雇英弁在天津练京营兵。李鸿章至上海，旋署江苏巡抚。英对宁波太平军提无理要求。命地方官持平办理天主教民案件。以江西生童拆毁教堂，命地方官妥办。命查云南回军攻省城实况。四月，英、法军及洋枪队改名之常胜军占嘉定等处，大掠。英、法军助清军攻占宁波。石达开入贵州。陈玉成败于庐州，走依苗沛霖，苗缚玉成献于胜保，后被磔死。赖文光合张宗禹逼西安，旋东走河南。曾国荃连下太平等地，五月，逼天京。以台湾民占彰化，命福建发兵攻之。陕西同州等处回汉互斗，遂引起陕、甘多处回民起事。命将咸丰朝交涉案牍编纂成书。李秀成占湖州。蓝大顺入陕西。僧格林沁攻下金楼寨。六月，订中比通商条约。陕西回军攻西安。鲍超败杨辅清，占宁国府。蓝二顺、陈大喜等与赖文光合，七月，攻南阳，走湖北。倭里罕等侵喀什噶尔卡伦。贵州巡抚田兴恕以杀法教士，革职。命僧格林沁节制直、鲁、晋、豫旗绿各营。八月，胜保援西安，回军败之于华阴。李短鞑被俘死。英许清廷雇用军舰兵民。李秀成回援天京。闰八月，石达开攻綦江，西走。山东淄川练长刘德培据县城，称汉王。九月宁波常捷等军占余姚。命选武弁在上海、宁波学习外国兵法及制造火器。十月，贵州奏攻下天柱等城。十一月，胜保革职拿问，多隆阿代为钦差大臣，先攻同州一带回军。命甘肃通告回民勿信洗杀之谣。天龙八卦教张锡珠入直隶。习文教及棍幅各军合攻邹县等处。赖文光等入陕南。李鸿章等与英订立会管常胜军条约。十二月，桂文灿进所撰经学丛书。宋景诗率部自陕西回山东。石达开入云南。是岁，设同文馆于北京。何秋涛死。

外国 〔朝鲜〕 庆尚道及益山郡、岭湖诸邑、咸兴民前后起事，白巾军活动于湖南等地。罢市场、浦岸无名税。禁土豪武断。设三政整厘厅。撤庚戌后所建书院之不赐额者。

〔日本〕 时“攘夷”风盛，多不满幕府与西洋诸国妥协，至是，长门藩侯毛利敬亲等建议改革幕政，嗣又奏请“攘夷”。遣人留学于荷兰。

〔越南〕 法军陷永隆等三省，五月，和议成，签订《柴棍（西贡）条约》越南允割地、赔款、开港及传教自由。北宁民起事，奉黎氏后人为盟主，与广安“水匪”相联络，攻谅江等地，数败官军。旋又与中国广西逃来之人合。

〔暹罗〕 订立《暹德条约》。

〔缅甸〕 英将庇古等三地合并为缅甸省，设首府于仰光，隶于印度总督。

〔印度〕 额尔金任总督兼钦差大臣，翌年死于任。

〔保加利亚〕 要求驱逐法那家族（参见1716年条）之运动起于国内各地。民族情绪高涨，革命委员会成立于布加勒斯特与敖德萨，与塞尔维亚亲王迈克尔亦有联系。

〔罗马尼亚〕 成立单一议会与单一内阁。始通用罗马尼亚名称。

〔塞尔维亚〕 人民与土耳其戍军发生冲突，后者炮轰贝尔格莱德。经各国干涉后，土戍军始集中驻扎数处。

〔希腊〕 武装革命起，鄂图被废黜后离去。

〔普鲁士〕 威廉一世任命俾斯麦为普鲁士首相。

〔意大利〕 加里波第在西西里组织临时政府，为国王军队击溃，本人于受伤后被俘。10月初获释。

〔联合王国〕 由于美国内战，无原棉供应，棉纺织业萧条异常，失业者日有增加，12月，情况恶劣达于顶点。

〔法兰西〕 4月初，英、西两国军队相继自墨西哥撤退，法国成为单独干涉者。同年法军在越南占领六省之地区。

〔合众国〕 战事进行甚激烈，南军迭获胜利。林肯于9月22日下令自明年1月1日起，任何州如仍继续反抗中央，则该州内所有黑人奴隶准其一律解放，永为自由之人，企图以此瓦解南部邦联军阵容。

1863 年

中国 癸亥 清同治二年 太平天国十三年

正月，天龙八卦教攻直隶南宫等地。葛成龙等攻热河朝阳，败走吉林，逾月被俘死。中法混合之常捷军及中、英混合之常安军自宁波攻占绍兴。湘军占兰溪等地。捻军赵浩然降于僧格林沁，被杀，杜文秀部人云南省城，旋为马如龙所迫退出。二月，允垦奉天闲地。命伊犁将军与俄勘定塔尔巴哈台疆界。捻军张乐行为叛徒缚献于清军，磔死；姜台凌等降于僧格林沁，亦被杀。英弁戈登接统常胜军，同李鸿章部淮军攻占常熟福山。李秀成活动于江北，李世贤活动于皖南，数败清军。三月，禁商船接济太平军粮米。戈登同淮军攻占太仓，大杀掠。苗沛霖攻占怀远等地。以左宗棠为闽浙总督，曾国荃为浙江巡抚。捻军张宗禹与李秀成相呼应，攻宿松等地。四月，命新疆北路各地勘查招垦。以贵州苗、教各军活动依然甚烈，命巡抚张亮基加紧镇压。陕西回军据点仓头镇，为多隆阿所破，东路回军势力渐衰，惟西部及甘肃多处回军甚为活动。捻军陈大喜自湖北回河南，大破豫军于正阳。戈登同淮军攻占昆山。曾国荃部攻下雨花台等处，天京围急，天王召李秀成回。石达开自云南入川西，拟抢过大渡河未成，陷于绝境，为清军所俘，五月被杀。允曾国藩等请，议减苏州、松江、太仓粮。台湾天地会破福建兵于嘉义。六月，戈登同淮军占吴江，逼苏州。前统常胜军之白齐文投太平军。僧格林沁下淄川，俘刘德培。七月，各国公使允禁商人接济太平军。僧格林沁攻下白莲池，刁文教败灭。八月，李鸿章部占江阴。左宗棠部占富阳，逼杭州。宋景诗攻直隶武邑等地，走山东。九月，李鸿章奏在上海雇英、法人造火器。贵州教军破开州。宋景诗败奔苗沛霖。太平军将古隆贤降湘军于皖南。十月，命四川筹办盐厘。派赫德为总税务司。蓝大顺占周至。李秀成以军心散乱，去苏州，回天京。谭绍光坚守，旋为部永宽等八人所杀，降于淮将程学启，嗣八人皆为学启所杀。僧格林沁部破斩苗沛霖。十一月，淮军占无锡。贵州教军围省城，旋退。十二月，以内蒙王公庇护攻扰土默特一带之白凌阿，申儆之。捻军陈大喜入湖北。曾国藩于安庆江面试行新造小轮船。是岁，美国于上海设租界，旋与英租界合并为公共租界。曾国藩派容闳购洋铁、机械。李鸿章奏于上海机器局附设广方言馆。

外国 〔朝鲜〕 十二月，哲宗死，无子，立宗室兴宣君昰应之子熙为嗣，时年十二，大王大妃赵氏听政，进封昰应为大院君，协赞国务。

〔日本〕 久坂义助等请定“攘夷”期限。时“尊王”之风甚盛，多不满幕府遥执大权，偃蹇不朝，征夷大将军德川家茂不得已，乃破多年惯例，入京觐见。长门藩炮击外国船。萨摩藩从人殴辱英人，英舰犯鹿儿岛，得偿金始了。遣人赴英、法等国。与瑞士缔约。

〔越南〕 法国及西班牙使臣来，旋遣使赴法。是岁，北圻及海上仍不安。

〔阿富汗〕 喀布尔王道斯特·穆罕默德死，子喜·阿里即位，诸子争立，国内大乱。

〔土耳其〕 组奥托曼帝国银行，此为土耳其第一个国立银行。

〔希腊〕 最后获得“列强”允许，选举一丹麦亲王为国王，称乔治一世。同年颁布一较进步之宪法，保证有相当财产之公民有选举权，并设立一院制之国会。

〔俄罗斯〕 第二次波兰民族解放起义。俄国以普鲁士政府协助，用极残酷之手段予以镇压。明年起义失败。

〔日耳曼〕 8月，奥皇在法兰克福召集日耳曼各邦元首，商讨调整邦联组织，普鲁士王拒不到会。5月23日，以腓迪南·拉萨尔为领导之“全德工人联合会”成立，当时有会员四千人。

〔法兰西〕 6月7日，法军陷墨西哥城。同年法人以柬埔寨为保护国。

〔荷兰〕 在西印度群岛废止奴隶制度。

〔丹麦〕 11月，制定新宪法，强石勒苏益格接受，当地人民大加反对。

〔埃及〕 大量种植棉花销售英国。

〔合众国〕 去年9月令下后，南部仍继续反抗中央，林肯遂于今年1月1日正式颁布解放黑奴令。7月，通过征兵法案，纽约有骚动。

〔墨西哥〕 6月7日，法军攻占墨西哥城。

1864 年

中国 甲子 同治三年 太平天国十四年

正月，以回军马化龙等攻宁夏等地，遣兵赴援，并谕阿拉善蒙民勿与回军交通。台湾天地会首领戴万生等败死。曾国荃部占天保城，天京合围。贵州教军占桐梓等地。二月，溧阳太平军将吴人杰降于淮军。多隆阿攻蓝大顺于周至，受伤死，其部下旋占周至，蓝大顺走死。淮军占嘉兴。

左宗棠部占杭州。捻军张宗禹活动于豫西已久，与回援天京之赖文光等相呼应，三月，为僧格林沁所败，走湖北。劳崇光奏以回攻回之策，利用马如龙以敌杜文秀等。四月，淮军占常州。冯子材等占丹阳。张宗禹等大胜于德安。李世贤等攻江西等地。常胜军解散。李鸿章请讲求外洋机器。总理衙门请派京营弁兵赴江苏学制火器。天王洪秀全自杀，五月，子天贵福嗣位。蓝二顺等攻西安。张宗禹等逼汉口，旋东下，败于黄州。淮军攻下长兴。以红胡子攻扰内蒙地方，命热河都统会同各旗王公缉捕。回军据平凉年余，至是雷正绾等攻破之。广西天地会军据贵县已久，至是张凯嵩等攻破之。六月，张宗禹、任化邦与赖文光等占罗田。贵州青号教军占仁怀。左宗棠部占孝丰。曾国荃自月初即督队环攻天京，至十六日，城破，大屠杀。李秀成拥幼天王洪天贵福出走，中途相失，秀成旋被俘；天贵福入湖州依黄文金，七月，又走广德，秀成亦被杀。甘肃固原回军攻中卫等地。新疆汉回亦在乌鲁木齐等地起事。淮湘军会破湖州，黄文金等走广德，拥天贵福南入江西。张宗禹等为僧格林沁所迫，西走。八月，太平军将梁成富等败于褒城，走甘肃阶州。张宗禹等败僧格林沁于罗山。浙江太平军皆败入江西、福建。李世贤自江西入广东，又入福建。常捷军遣散。广西天地会吴亚忠占小镇安城。洪天贵福被俘于江西石城，旋磔死。张宗禹等与僧格林沁追逐于河南、湖北，互有胜负。十月，以新疆回军占据多城，革伊犁将军常清职。命杨岳斌带湘军赴甘肃镇压回军。太平军将马融和等降于僧格林沁，陈得才自杀。左宗棠赴福建督师攻太平军。十一月，张宗禹等败僧格林沁于邓州。太平军汪海洋等败左宗棠部于长汀。十二月，定查办黑地章程。李世贤自漳州占长泰。总理衙门照会各国公使，饬驻福州领事约束商民勾结太平军。曾国藩奏请以淮军攻捻军。是岁，上海立会审衙门。乌里雅苏台将军明谊与俄国订塔尔巴哈台条约。广州同文馆成立。妥得璘据乌鲁木齐，杀满官，称清真王，后甘肃回军首领多受其封号。

外国

〔朝鲜〕 大院君以重修景福宫，令每田一结，纳结头钱百文充经费。于咸镜道北边置四郡，移民垦种。令富民养马。以士类横暴，毁诸道书院。命勋臣子孙纳身布。

〔日本〕 二月，改元元治。长门藩毛利敬亲奏请幕府征求确定国是意见。设海军操练所。幕府以长门藩抗不受命，“攘夷”生事，颁讨伐令，英、法、荷、美船相助，炮轰下关，长门请和，乃撤兵。

〔越南〕 法又遣使来。北圻、海上仍不安，募中国帮船以助镇压。命人督轮船驾驶及制造。

〔罗马尼亚〕 3月28日，库乍实施政变，解散议会，并举行公民投票。8月，颁布土地改革令，废除农奴制度与封建义务，以小块土地给予农民，但地主仍可自国库中获得一定数额之代价，农民则按年归还国家垫款。以此获得小块土地者有数十万人。

〔俄罗斯〕 为适应俄国资产阶级要求，沙皇令地方议会与司法机构作相应改革。

〔日耳曼〕 奥地利与普鲁士联合，共同以哀的美敦书致丹麦。2月1日，普奥联军侵入荷尔斯泰因，丹人无力抵抗，虽经英国斡旋，但战事仍继续。6月下旬，石勒苏益格、荷尔斯泰因与劳恩堡均落入普、奥两军手中。10月30日，维也纳和议，丹麦正式割让三公国。

〔意大利〕 法国同意自罗马逐渐撤退驻军，而维克多·伊曼纽尔则允诺不进攻教皇土地。5月，改以佛罗伦萨为首都。

〔联合王国〕 9月26日，马克思及其他各国无产阶级先进分子组织“国际工人协会”（第一国际）于伦敦。

〔法兰西〕 以奥大公马克西米连为墨西哥皇帝。墨西哥人民反对外国武装干涉之起义爆发。美国本《门罗宣言》独占美洲之精神向法国提出撤兵要求。5月，拿破仑下令取消1791年禁止工人罢工之列·霞白利法律。

〔葡萄牙〕 商船为美洲邦联拦劫，以此与邦联发生龃龉。

〔瑞典〕 始实行两院议会制，并颁布新宪法，但选举之财产资格甚严，农民有选举权者仅一部分。约自此时起，挪威民族自觉甚为发展，民族运动之团体先后出现。

〔合众国〕 本年官方统计，参加联邦军队之黑人士兵共达十八万六千余人，其中阵亡者约为六万八千人。同年统计，美国共有工会二百零七个，分属于五十三种行业，资本主义发展可见一斑。

〔墨西哥〕 4月10日，法帝拿破仑三世任奥地利大公马克西米连为墨西哥皇帝，但美国拒不承认。

1865年

中国

乙丑 清同治四年

正月，新疆南路迎张格尔之子

布苏格入喀什噶尔，浩罕人阿古柏为将，于是诸城多入其手。张宗禹等败僧格林沁于鲁山。贵州白号教军占正安，二月，黄白号教军又占石阡。英船接济太平军军火于漳浦，左宗棠请禁厦门洋官与太平军交通。张宗禹等败于确山，北走。苗沛霖余党江智仁传地主教，命严查禁。抽调淮军援左宗棠。云南奏攻下寻甸等处，俘杀马荣、马联升等。三月，张宗禹等入山东，僧格林沁追之入江苏境。广西军败天地会，占永淳。命雷正绾等攻灵州等地回军。四月，鲍超部因索饷哗变于湖北金口。淮军始参与攻堵捻军。湘淮军会破漳州，李世贤西走。僧格林沁追捻军，战死于曹州吴家店；命曾国藩为钦差大臣，节制攻捻各军。以台湾天地会败灭，谕镇道办理善后。五月，贵州兵占正安，白号教军败走。太平军将梁成富等占阶州久，至是败死。赖文光等败于嘉祥，南走。太平军汪海洋活动于闵、粤之交越半年，至是撤出闵境。闰五月，鲍超部变兵至广东兴宁合于汪海洋。白号教军据黔西州久，至是败走。曾国藩命皖北查圩。六月，张宗禹等败于雉河集，分路西走河南。推广旗人赴外省营生例。俄使允假道运饷赴伊犁。雷正绾等攻马化龙于金积堡，大败。李世贤走依汪海洋于镇平，七月，为汪海洋所杀，时太平军残部多聚于广东东部，与左宗棠、鲍超等部争战。八月，李鸿章奏买上海洋人机器厂一座，与旧有洋炮局合并，是为江南制造局。命左宗棠赴广东督师。贵州白号教军破广顺等地。赖文光等入山东，张宗禹入湖北，嗣文光入江苏，宗禹入河南。九月，以雷正绾等部溃兵与回军合，攻泾州，命派兵截堵。贵州教军再破开州。十月，赖文光等入河南与张宗禹合。汪海洋占嘉应。十一月，严禁各州县私立班馆，滥用非刑。以平回等数支攻扰奉天、热河等地，命地方官及蒙旗会堵。贵州教军破安平。十二月，张宗禹等入湖北，数次获胜，又走河南。宁夏回军马万选等投降。汪海洋伤死，谭体元代统其众，不久为左宗棠、鲍超所击溃。至是除与合捻军之赖文光等外，太平军皆消灭。是岁，借英款一百四十三万磅，分二年六次偿还，是为外债之始。汇丰银行在香港开业，后二年设支店于上海。英商于北京宣武门外敷铁路一里许，试驶小火车，旋命毁之。省港澳轮船公司成立，驶行于广州、香港、澳门。英于上海黄浦江口间架设电线。美国圣公会设同仁医院于上海。

外国

〔朝鲜〕 俄军舰至元山求通商，拒之。大院君大杀天主教徒。以修景福宫，经费不足，令百姓出愿纳钱。修《大典会通》成。

〔日本〕 四月，改元庆应。幕府以长门不履行请和诺言，再攻之，征兵诸藩，萨摩等不从。英、法、美、荷船入兵库（神户），迫开其地为商埠，幕府欲许之，天皇不许。俄人筑城于库页岛。

〔越南〕 解鸦片禁，初征其税。宣光等六省饥。“水匪”攻沿海诸地，为所雇之中国帮船所败。中国人流入北圻者攻陷高平省城。西班牙请置领事于沱瀼，拒之。

〔印度〕 东北部饥，死者逾百万人。

〔俄罗斯〕 设置土耳其斯坦行省。同年，派兵进攻塔什干，并占领浩罕。

〔第一国际〕 预定在比京布鲁塞尔召开第一次大会，因比政府禁止，故改开临时大会于伦敦。

〔日耳曼〕 普、奥两国为处置荷尔斯泰因等三公国问题举行加斯泰因会议。奥地利获得荷尔斯泰因，普鲁士获得石勒苏益格与劳恩堡。但荷尔斯泰因处于普鲁士土地包围中，故纠纷仍不可免。

〔联合王国〕 牙买加（英属西印度群岛之一岛）人民起义，旋失败，英人大肆屠杀。英国企业家成立以应付工人运动为目的之组织。爱尔兰芬尼党起事。是岁，发明“开炉炼钢法”。

〔法兰西〕 拿破仑三世与普相俾斯麦会晤于俾阿利兹。

〔葡萄牙〕 给予美洲殖民地以制定宪法权利。

〔合众国〕 4 月 9 日，南军统帅李将军投降，内战终。内战历时四年，双方动员兵力三百四十万，死者约二十四万。1860 年美国债仅为六千四百余万，至 1866 年高达二十七亿七千余万。4 月 14 日，总统林肯遇刺殒命（按林肯去年当选连任），副总统约翰逊继位。

〔南美洲〕 阿根廷与乌拉圭及巴西缔结同盟，明年，同盟与巴拉圭发生战争，至 1870 年始媾和。厄瓜多尔与秘鲁联合，共同反抗西班牙。秘鲁亦与智利、玻利维亚、厄瓜多尔等国共同缔结反抗西班牙之同盟。

〔新西兰〕 首府自奥克兰迁至惠灵顿。

1866 年

中国

丙寅　清同治五年

正月，伊犁大城破，俄官声称派兵“收复”。贵州白号教军再破黔西州，又破大定府。张宗禹等败走河南。二月，命筹浚山东运道。哈萨克破塔尔巴哈台。福建斋军破崇安等地，不久败。张宗禹入山东；赖文光等入河南，三月，至山东与张宗禹合，入直隶，又还山东，败走河南。四月，以甘肃省城兵变，命查明缘由，持平办理。攻扰奉天、吉林、热河之王起等势穷投降，被杀。以陕西回军活动于甘肃者复回陕境，命杨岳斌等尽力防堵。张宗禹等入山东，走苏北，五月，分入皖北、豫东。天地会占浔州久，至是败走。与比利时互换前所签订之通商条约。以灵州回军马朝清投降，命筹办善后。命各省招垦被兵荒地。六月，张宗禹等败走豫西，七月，败宋庆于邓州。南通州灶民起事，旋败。八月，命左宗棠为陕甘总督。张宗禹等入山东，九月，走河南，分二支，任化邦、赖文光复入山东，张宗禹西入陕，自是未再合，于是捻军分东、西二部。命崇厚等办理意大利通商条约。十月，张积中居肥城黄崖山传教，山东巡抚阎敬铭以其有结捻嫌疑，遣兵攻之，积中自焚死。命广东严惩拐卖人口出洋之奸徒。左宗棠奏设福州船政局，派沈葆桢总理局务。张宗禹入陕西。刘铭传败任化邦、赖文光于曹县，西入河南。李鸿章代曾国藩为钦差大臣，节制湘、淮各军。十一月，张宗禹一度逼西安。任化邦等走湖北。十二月，以回军破哈密，严催成禄援救。张宗禹大破刘厚基等于灞桥，围西安。任化邦、赖文光破斩张树珊于德安杨家河。是岁，同文馆附设天算馆，授科学技术。是岁，英商擅筑上海至宝山铁路。孙中山生。

外国

〔朝鲜〕 以杀天主教徒，法教士李代尔逃至天津，法驻华公使令海军提督罗才率兵来犯，大败之于江华城。美舰至大同江，居民击走之。

〔日本〕 长门、萨摩二藩结盟。幕府攻长门，互有胜负。七月，德川家茂死，天皇诏罢攻长门之师；旋以德川庆喜为征夷大将军。大阪民毁米店。与意大利、丹麦定约。幕府派人驻英、法。派福泽谕吉赴美，德川昭武赴法。十二月，孝明天皇死。

〔越南〕 与暹罗通好。法国两度要求管理河仙等三省，均未成。天主教徒阮弘译法文书，并教习法语。段征等谋立丁导，图闯入宫，被捕死。罢捐官例。北圻秩序稍安。法国人安邺等勘查湄公河通中国云南航路。

〔土耳其〕 克里特岛独立运动发生，并宣称与希腊合并。1868年因苏丹之武力镇压失败。

〔罗马尼亚〕 库乍为反动之贵族地主绑架后被迫辞职。四月，选出一霍亨索伦—西格马林根（该地原属瓦敦堡，但1850年改隶普鲁士）之普鲁士贵族查理为亲王。各国陆续予以承认。公布新宪法，库乍之改革立予终止，大权操于贵族地主之手。依照新宪法规定，农民几无选举权可言。

〔塞尔维亚〕 各国向土耳其施外交压力，苏丹允自塞尔维亚撤退土耳其戍军。明年四月，最后一批撤退。今年塞尔维亚与门的内哥罗秘密缔结攻守同盟。

〔希腊〕 协助克里特人之反土耳其革命，并与土耳其绝交数月。

〔第一国际〕 在瑞士之日内瓦举行第一次代表大会。

〔普鲁士〕 4月8日，与意大利订攻守同盟。6月15日，普鲁士向奥地利宣战。普军旋进萨克森、汉诺威与黑斯—卡塞尔（均奥之同盟）。7月3日，又在克尼格累兹大败奥军，但另一方面之意大利军，则在库斯托乍为奥军击败。7月26日，尼科尔斯堡和约草案签订，普鲁士获得汉诺威、黑森、那骚与法兰克福。意大利虽败，仍获得威尼西亚。此次战争被称为“七星期战争”。奥地利自此永被摈于日耳曼邦联之外。美因河北岸之二十二邦组成“北德联邦”，由普鲁士为盟主（各国仍自有其元首，但军队统一指挥，以普王为总司令。俾斯麦则以总理身分任联邦会议主席）。

〔意大利〕 6月18日，意大利与普鲁士共同向奥地利宣战。10月3日，与奥地利媾和。10月5日，宣称威尼斯为意大利王国之一部分。

〔联合王国〕 7月，保守党之得尔比勋爵奉命组阁。自此以后，自由、保守两党交替执政（见1846年条）。

〔法兰西〕 奥地利以意大利东北之威尼西亚割让法国。法军自罗马撤退。

〔合众国〕 4月，国会通过公民权法案，规定出生于美国之任何人，皆得为美国公民。6月，宪法第十四条修正案通过，旨在保证此法案之实施。但另方面阻止黑人参加选举之三K党、白色兄弟会、白色同盟、“苍白脸”等秘密组织亦自今年起陆续出现。

1867年

中国

丁卯 清同治六年

正月，以道路不靖，告廓尔喀贡使不必来京。湘军刘松山入陕，张宗禹解西安围。任化邦、赖文光等大破刘铭传于京山尹隆河，当日又大为鲍超所败，北走河南。命左宗棠为钦差大臣督办陕甘军务。二月，张宗禹为刘松山败，渡渭水而北。任化邦、赖文光又入湖北，破杀彭毓橘于蕲水六神港。以大疫，命太医院发方药于京城。以回军杨文智投降，命妥为安插，并命其说服围庆阳之回军。甘肃回军入陕境鄜州，命刘松山截堵。三月，命严禁越界私入朝鲜。甘肃贵德回民起事，杀官。张宗禹走同州。任化邦、赖文光入河南，四月，再入湖北。张宗禹攻西安，刘松山等拒却之，西走周至。五月，任化邦、赖文光经河南入山东，至烟台，地方兵合英法军御却之。以伊犁等地驻防索伦人走入俄界，命招回安插。六月，以湖南浏阳斋会徒众起事，命速镇压之。以直隶境内盐徒数千攻扰各地，责成刘长佑速镇压之。曾国藩张贴告示，图解散哥老会。任化邦、赖文光入山东东部。苗军首领陶新春据猪拱箐有年，至是为岑毓英所破，被俘死。七月，张宗禹败于富平，走三原。任化邦、赖文光闯过胶莱包围线，走潍县，入江苏赣榆，八月，为刘铭传所逼，图闯宿迁运河防线未成。张宗禹过泾水东走。派员查勘与朝鲜交界地带开垦事宜。九月，命严禁哥老会。命冯子材专办广西左江一带军务，以镇压天地会吴亚终等。苗军潘先森据平远牛场屯有年，至是败死。张宗禹入陕北，十月，破延川，又与回军合破绥德。任化邦、赖文光入山东，叠为刘铭传所败，走赣榆，任化邦为部下所杀。以弥勒僧格攻扰奉天、热河，命蒙旗及满兵合击之。派美国卸任公使蒲安臣往有约各国办理交涉。十一月，以北京制钱缺乏，命各省筹解。赖文光入山东，叠败于诸城、胶州，至寿光弥河之战，丧亡大半，遂南走江苏。张宗禹图援东支捻军，由陕西宜川龙王辿渡河入山西，十二月，入河南。赖文光走扬州瓦窑铺，被俘死，东捻遂灭。湘军将席宝田奉命赴贵州攻苗教各军。直隶盐徒败溃。是岁，以海关税作抵，借外商款一百二十万两。金陵机器局成立。天津机器局成立。英商成立中国航业公司。美商成立上海轮船公司。上海天主教设普育堂。福建船政学堂设立。

外国

〔朝鲜〕 修景福宫成；国王迁居之。

〔日本〕 庆应三年。正月，皇子睦仁践祚，是为明治天皇（一百二十二代）。幕府请开兵库为商埠，经月余之争论，始许之。长门等藩不满，土佐藩因上书幕府请归政，长门、萨摩二藩与之合，谋使“王政复古”。天皇寻降讨幕密敕，征夷大将军德川庆喜遂奏请归政。十二月，由天皇下诏，废摄政、关白、征夷大将军等职。幕府于是告终。许开拓库页岛。

〔越南〕 许开香茶县铁矿。法军强占河仙等三省，此后遂并前所割之嘉定等三省，共六省为一区。北宁、太原不安，遣兵镇压之。于平定等地置司榷盐税。

〔暹罗〕 法国强以柬埔寨为保护国。

〔土耳其〕 阿布杜·阿西斯赴法、英、奥等国游览。此为苏丹出外旅行之第一人。

〔塞尔维亚〕 5月，与罗马尼亚缔结秘密同盟，目的在争取独立。8月，又与希腊订立同样盟约，规定塞尔维尔应获得黑塞哥维那与波斯尼亚，希腊则获得帖萨利与伊派拉斯。“塞尔维青年联合会”（Omladina）成立。

〔俄罗斯〕 以北美洲西北之阿拉斯加半岛售予美国。售价七百二十万美元。

〔第一国际〕 在瑞士洛桑城召开第二次代表大会，出席代表七十一人。马克思《资本论》第一卷出版。

〔普鲁士〕 俾斯麦组“关税议会”（Zollparlament），诱致南日耳曼四邦派遣代表参加。

〔奥匈帝国〕 弗兰西斯·约瑟夫准许匈牙利人自己有议会、宪法与内阁，但戴彼为皇帝，奥地利自此称为“奥匈帝国”。

〔意大利〕 9月，加里波第准备进攻罗马，事败，被捕。

〔联合王国〕 议会通过第二次改革法案，降低选民之资格限制，选民人数约增加一倍，但穷苦工人与农民依然无权选举。英属北美洲（北部）各地联合组成加拿大自治领（纽芬兰除外）。爱尔兰“芬尼”党员起义。

〔法兰西〕 巴黎举行万国博览会（国际展览会）。法军再入罗马。3月，法军自墨西哥撤退，傀儡皇帝马克西米连为墨西哥人捕获，6月，予以枪决。

〔荷兰〕 为卢森堡问题与德国发生争执（按荷兰王威廉三世已与法帝拿破仑成立以卢森堡售与后者之协议，但因俾斯麦破坏未成）。

〔合众国〕 设立管制南部各地之军政府。3月30日，以七百二十万元向俄国购得北美洲西北部之阿拉斯加半岛。第一国际美国支部在纽约成立（按以1857年之纽约共产主义会社为基础）。美国关税率至本年高达百分之四十七。

〔墨西哥〕 美国内战结束后，即援引《门罗宣言》向法国抗议。3月12日，法帝拿破仑撤回墨西哥远征军。马克西米连遂为墨西哥人逮捕枪决。

〔澳大利亚〕 运来西澳大利亚之末批流犯到达。自此以后，英国不再向澳洲任何部分遣送流犯。

1868 年

中国

戊辰 清同治七年

正月，命酌拨淮、浙、闽盐茶税充内务府经费。贵州黄号教军根据地思南荆竹园，经李元度围攻经年，至是席宝田军到，始攻破之。张宗禹入直隶，破饶阳等地，京师戒严；二月杪，入河南。陕西回军沿渭水东走，逼西安，另支攻榆林等地。云南回军占易门等地。三月，张宗禹大败淮军于滑县，走山东；四月，入直隶，逼天津，旋走山东，又入直隶，复走山东。命安徽办理垦荒。回军据狄道有年，至是破。闰四月，派员会俄立新疆界碑。白号教军根据地思南偏刀水为席宝田等所破。张宗禹入直隶，图过运河防线，不果，走山东，欲渡运河西进，未成，东走，五月，再谋渡运河，仍被截回，再入直隶，大败于吴桥，复走山东。回军攻入河套，命山西兵截击。以岑毓英等攻下元谋等地，命进攻富民等地。六月，禁山西种罂粟。吴鲲据归顺一带有年，至是为冯子材所破，走越南。贵州黄白教首领刘仪顺被俘死，部下溃散。张宗禹陷于包圈，刘铭传等歼之于茌平，官书谓宗禹投徒骇河死，西支捻军至是消灭。七月，以贵州奏分攻黎平、思州苗军情形，命筹划进兵。命四川兵协助云南镇压回军，早解省城之围。命陕西分投攻堵回军。应张之洞请，限各府州县滥送文童应试。八月，命吉林清查垦地，追索欠租。命金顺负责陕北军务，与左宗棠互为声援，并行西进。以河南黄河荥工漫水，命赶筹堵御，办理赈灾。九月，曾国藩奏新造轮船工竣。以西宁回、汉构怨哄斗，命穆图善妥为筹办。以河南南阳、江苏扬州及台湾教案频生，命地方官迅速持平办结。十月，罢借洋款议，令各省速拨西路军饷。吴亚终在越南仍回攻龙州，命冯子材会合越兵击之。苗军根据地镇宁被破。岑毓英奏攻下晋宁、澂江。十一月，曾璧光奏攻下麻哈、都匀。甘肃回军入扎萨克旗，命派兵严防。以台湾英弁逼死副将，杀伤兵勇，焚库索款，命总理衙门向英使交涉。十二月，陈大六等久踞天柱县，与苗军相呼应，至是败死。命于绥远等地安插伊犁等处流亡满兵。是岁，追改中美天津条约，增加七条协定。美国长老会机关报之*Chinese Recorder*，创刊于福州。

外国

〔朝鲜〕 德、法、美军由教民引导，掘忠清道德山之大院君父墓，以求金宝，由是大院君益恨天主教，恶西洋人。日本改革后，遣使来修好，以国书不如式，却之。

〔日本〕 庆应四年，九月后，改为明治元年。德川庆喜入京，旋奔大阪图反抗。英、法等国承认维新政府。天皇寻谕国人与外国敦睦以祛“攘夷”之论，嗣又接见外国使节，颁五条誓文。天皇亲征德川庆喜，庆喜自大阪奔江户，谢罪请服。戒诽谤新政。迁都江户，改称东京，以京都为西京。幕府将榎本武扬反，旋败奔虾夷，后乃降。设海军局。

〔越南〕 调查各省煤矿，旋开采广安煤、太原铁。香港英人送还被掳卖之九十二人，遣官赴香港致谢。遣使如英、法、西班牙。海阳饥。大南会典事例成。中国天地会首领吴鲲、刘永福等入北圻，与土民合，分攻谅山等处，官军屡败，遣使请援于清。

〔暹罗〕 订立暹罗瑞典、暹罗比利时、暹罗意大利等条约。十月，拉玛四世王死，子拉玛五世立，年幼，由大臣暂摄国政。旋遣使于清请废贡献之礼，被拒，嗣是遂断绝关系。

〔波斯〕 与英国缔结电报协定，准许英人设立电线，通过境内，以连接欧洲与印度间之电报网。

〔土耳其〕 修筑自君士坦丁堡北上与匈牙利铁道衔接之路线。

〔俄罗斯〕 自布哈拉之手夺得撒马尔罕。与布哈拉及浩罕订立条约。

〔第一国际〕 在比京布鲁塞尔召开第三次代表大会。到会代表九十九人。西欧各地罢工运动此起彼伏。

〔联合王国〕 派罗伯特·内彼厄率英印混合部队侵入埃塞俄比亚。4月中旬，获得胜利后退出（按因埃塞俄比亚王狄奥多尔愤英人干涉其内政，于1864年将英国领事及商人、特使等多人掷之狱中，内彼厄将彼等救出后即退出）。12月，自由党党魁格拉斯顿奉命组阁。

〔法兰西〕 西班牙女王伊莎贝拉遁至法国。拿破仑三世两度迫害第一国际在巴黎之组织。

〔西班牙〕 9月，革命起，女王伊莎贝拉二世被逐，临时政府设法觅取一外籍亲王为继位人。10月，取缔耶稣会并颁布普选法与言论出版自由令。

〔合众国〕 清政府派遣美国驻华公使蒲安臣(Anson Burlingame)为中国赴欧美各国特使，6月行抵美国（按此人于1870年卒于俄京彼得堡）。

1869 年

中国

己巳 清同治八年

正月，席宝田破苗军根据地，

攻下镇远府。命四川查办酉阳教案。穆图善奏攻下肃州，榆林等地回军败溃。二月，董志原回军十八营禹得彦、白彦虎等大举攻长武等地，败走金积堡。绥德湘勇哗变，杀统将高连升，命左宗棠查办。三月，命妥筹安插流亡之厄鲁特人。四川奏援黔军攻下苗军根据地苦竹等寨。回军攻花马池，无功。高台勇营哗变，命穆图善查办。四月，以回军多趋北路，命金顺预筹攻防。命整顿长芦盐务。五月，允李鸿章请，采购洋铜铸钱。左宗棠奏陕西回军皆入甘肃。贵州奏攻下施秉等地苗军堡寨。六月，云南奏寻甸回军降，省城以东肃清。冯子材奉命进军越南，吴鲲败，自杀。陕西办理渭北招垦。七月，英、普两国人在台湾伐木垦荒，私运军火，命总理衙门照会两国公使制止。禁流民私垦奉天边外与朝鲜接界之地。回军活动于鄂尔多斯蒙旗境，命宋庆等进兵击之。命各省裁减浮粮浮费。八月，以俄人违约闯入呼兰河口要求通商，命总理衙门照会俄使制止。太监安德海私行出京，命山东巡抚丁宝桢截获，就地正法。唐努乌梁海等地与俄划界立碑之事竣。穆图善奏安插南八营回民之事竣。入鄂尔多斯之回军败溃。刘松山进至灵州，回军马化龙遣部抵抗。九月，云南奏攻下易门等地。命暹罗贡使仍由陆路来京。福州船厂新造第一号轮船成，驶天津请验。刘松山攻下灵州。十月，贵州奏攻下胜秉城。禁游民越朝鲜界滋事。十一月，以朝鲜人越界入俄，命礼部行文朝鲜国王领回。十二月，四川奏援滇军攻下鲁甸等地。刘松山自上月攻金积堡马化龙，月余未下。是岁，福建机器局成立。改订中俄陆路通商条约。订中奥通商航海条约。

外国

〔朝鲜〕 大院君以日本改从“夷法”，布告八道与之绝交，凡国人敢与日本人交往者处死刑。

〔日本〕 萨摩、长门、土佐、肥前四藩奏还版籍，诸藩多效之，经讨论后始许，诏委各藩侯为知事，又废公卿诸侯，改为华族，以藩士为士族。许刊行新闻纸。下国是会议之诏。改官制，设六省。设北海道。东京横滨电线成。英王子来。

〔越南〕 开香茶江道。水舍、火舍二国遣使来贺嗣德帝生辰。浚乂安铁港。清遣冯子材带兵来，吴鲲兵败自杀，诸城被土民及吴鲲等部所占者，皆次第夺回。

〔暹罗〕 与英国订新约，废止旧日诸约。

〔印度〕 十月二日，印度民族独立运动伟大领袖甘地生于印度之波斑打。甘地出身于富裕婆罗门家庭。父加巴·甘地曾任那托科与万嘉纳两土邦首相。甘地青年时期，尝留学英国，攻法律学。回国不久，即赴南非执律师业（1894—1914年）。在南非时，即领导印度侨民对英国压迫有色人种政策，展开斗争。

〔阿富汗〕 道斯特·穆罕默德之子喜·阿里击败其兄弟，中央政权较为巩固。

〔土耳其〕 埃及总督伊斯马伊尔（萨伊德于1863年卒）兴修苏伊士运河，于本年11月落成。约自此时起埃及总督袭尊称“凯地夫”（亲王），以区别于其他各地之“埃密尔”（异密）或“贝格”。

〔罗马尼亚〕 亲王查理与维德（日耳曼西部）亲王赫尔曼之女伊丽莎白结婚。伊丽莎白酷嗜文学，编译写作甚多，其笔名“卡尔·西尔伐”为人所熟知，颇有助于19世纪罗马尼亚文学之发展。

〔日耳曼〕 一部分脱离拉萨尔思想影响之工人团体，在埃森那赫城举行代表大会，建立“社会民主工党”（亦称埃森那赫派），其领袖为威廉·李卜克内西与奥古斯特·倍倍尔。二人俱为马克思主义信徒。

〔普鲁士〕 霍亨索伦—西格马林根家族之利奥波德拒绝接受西班牙之邀请出任国王。

〔第一国际〕 召开第四次代表大会于瑞士之巴塞尔城，到会代表七十八人。

〔法兰西〕 4月，第一国际巴黎支部与小组联盟成立。6月，巴黎有暴动，拿破仑三世再度迫害国际巴黎组织之领导人。

〔西班牙〕 君主党获得科尔特斯优势，新宪法公布，塞尔兰诺为摄政，普里姆为首相。二人极力向国外各王族觅取继位人。先后接到敦请者有六人（如意大利之阿俄斯特公爵、普鲁士霍亨索伦家族之利奥波德等）。

〔合众国〕 全国黑人工会协会成立。11月，争取选举权之“美国妇女选举权协会”成立。乌利亚·斯提芬斯组劳动骑士团。联接太平洋与大西洋，横贯北美第一条铁道落成。

〔埃及〕 11月17日，苏伊士运河举行落成典礼，法国皇后厄热尼与奥匈帝国皇帝弗兰西斯·约瑟夫均来参加。运河全长百英里（自波赛港至苏伊士），宽二十二米，深八米（1885年改建，深九米，宽六十至八十米不等，因地区而异）。最初四年使用强迫劳动，由凯地夫供给之，后虽略有改善，然因地势卑湿，气候炎热，估计前后死亡人数不下十万。伊斯马伊尔任命英人萨缪尔·培克尔为埃及军统帅，远征尼罗河上游各地，颇为得手。

1870 年

中国 庚午 清同治九年

正月，云南奏省城附近回军败散，并下禄丰等地。回军在甘肃为左宗棠部所迫，纷入陕境，远抵西安以东，命抽调淮军应接。刘松山攻金积堡，受伤死。二月，以法使罗亚淑自行赴教案发生之地，强迫地方速予解决，谕各省官吏对交涉案件迅结，以免外人借事生风。以游民滋扰朝鲜，命盛京将军查办。刘锦棠等攻金积堡，数获小胜。三月，崖州黎人前杀官起事，至是败。云南奏攻下丽江等地。四月，以回军为宋庆所迫走外蒙古土谢图汗等地，并有攻库伦企图，命速截堵。宜阳"刀匪"张野猫等起事，旋败。金顺奏于中卫败回军。左宗棠奏攻狄道回军获胜。冯子材自越南班师，越南遣使来谢。五月，湖南湘乡哥老会起事已二月，至是败。英使请设海底电线，允之，命沿海督抚稽查。天津教案起，法领事丰大业以横暴被殴死，命曾国藩查办，派崇厚为钦差大臣赴法。云南奏攻下威远，南路回军败散。左宗棠奏败南路回军。贵州奏下苗军堡塞多处。七月，左宗棠奏安插甘肃境内之陕西回民情形。八月，两江总督马新贻被刺死，调曾国藩为两江总督，李鸿章为直隶总督。派员会同俄人查勘塔尔巴哈台一带疆界并立界碑。曾国藩奏结天津教案。湖北宣恩哥老会起事，旋败。九月，云南奏攻下新兴。命贵州进攻台拱苗军根据地。左宗棠奏金积堡合围成，及败河州回军。十月，命刘铭传督办陕西军务。湖南湘潭哥老会起事，旋败。裁三口通商大臣，交涉事宜归直隶总督兼管。白彦虎等攻平番等地。闰十月，以乌里雅苏台为肃州回军攻破，派绥远等地兵赴援。云南奏攻下永北等地。十一月，命两江总督兼五口通商大臣。命江、浙拨银织办大婚彩绌。金积堡马化龙降，旋被杀。贵州兵攻下都匀。十二月，云南奏攻下邓川等地。以肃州回军退出乌里雅苏台南归，命截击之。金顺等攻下王家疃回军根据地。是岁，妥得璘与阿古柏战败乞降，阿古柏仍命为清真王，派官监之，后被杀。

外国 〔朝鲜〕 美舰自日本来，胁求通商，入汉江，拒退之。

〔日本〕 宣布大教，设宣教使。山口藩卒哗变。设库页开拓使。与西洋诸国交换条约书。集议院开院。普行种痘。颁贩卖鸦片烟律。大阪神户电线成。改革藩制，许庶人称氏。改正常备兵式。定制服。瑞典、挪威条约交换。颁征兵制。松代藩民乱。刊布新律纲领。禁庶人佩刀。

〔越南〕 法使来请订新约，婉却之。西班牙使来。购大轮船。定社仓、义仓例。冯子材于宣光大破黄崇英等后，班师。遣使如清谢援，并报告法国侵略事。谅山、太原不安，再请冯子材援助。

〔暹罗〕 订立暹罗西班牙条约。

〔印度〕 以十年中（1870—1880 年）连续饥馑，各地农民纷纷起义，其中最主要者为孟买管区之农民起义运动。

〔土耳其〕 俄罗斯否认巴黎条约（1856 年）关于黑海军事中立之条款，英、奥提出抗议，但在明年之伦敦会议上各国予以同意。

〔俄罗斯〕 四月二十二日，弗拉基米尔·伊里奇·列宁诞生（按列宁原名为弗拉基米尔·伊里奇·乌里扬诺夫）。五月，圣彼得堡之涅瓦纱厂发生第一次大罢工。革命者与进步作家亚历山大·赫尔岑卒（1812 年生）。

〔普鲁士〕 6月，霍亨索伦家族之利奥波德因俾斯麦之怂恿，出任西班牙国王，以此引起法国抗议。俾斯麦久思与法国一决雌雄，遂利用此事件上下其手，激怒法国。7月19日，法国向普鲁士宣战。普军于8月初即入法境，势如破竹。9月1日，色当一役彻底击溃法军，俘获法帝拿破仑三世。南日耳曼各部在战争开始时即与普鲁士一致对法。

〔意大利〕 普法战争爆发后，法国戍军撤离罗马，9月20日，意大利军占领之，12月31日，维克多·伊曼纽尔入罗马。

〔联合王国〕 8月1日，议会通过《爱尔兰土地法案》，名为改善爱尔兰农民状况，但实际则使地主增加地租与自由辞退佃农更得到法律保障。法案正在酝酿时，美俄州（爱尔兰西部）即发生农民起义。起义失败后，政府再颁布《和平保障法案》，采用更严厉之方法加紧镇压。公布国民教育改革法。名写实主义作家狄更斯卒。

〔比利时〕 英、法、德三国订立条约，保证比利时之中立地位。

〔法兰西〕 7月19日，法国向普鲁士宣战。8月2日起，战事爆发，法军节节失利。9月1日，色当大战，法军被迫乞降，拿破仑三世被俘。9月4日，巴黎革命起，宣布成立共和国，组临时政府。9月19日，普军开始围攻巴黎。10月11日，巴黎人民企图组织公社，失败。

〔西班牙〕 意大利之阿俄斯塔（半岛西北）公爵阿马德俄当选为西班牙王。

〔比利时〕 与英、普、法诸国签订条约，使比利时在普法战争中保持中立地位。

〔瑞典〕 自本年起至第一次世界大战前夕，迁往美洲人口约为一百五十万名。

〔合众国〕 洛克菲勒创美孚石油公司，至1879年发展成为美国第一个垄断组织（托拉斯）。

〔澳大利亚〕 英戍军撤回，自此澳洲武力为地方民团。

〔第一国际〕 国际理事会对普法战争发布宣言。恩格斯移寓伦敦。

1871 年

中国

辛未 清同治十年

正月，派兵协防科布多。贵州奏结教案九起。命抚慰新疆北路各地民团徐学功等。二月，左宗棠奏安插金积堡等地回民情形。命左宗棠规复西宁。三月，云南奏下澂江。曾国藩奏安徽广德等地招垦事宜。左宗棠部破固原等地回军。四月，李鸿章奏改修大沽口炮台并添置洋炮。湖南哥老会破益阳等地，旋败。五月，左宗棠请禁回民新教。贵州奏攻下苗军主要根据地凯里、丹江。派李鸿章与日本使臣议定通商条约。以蒙地被扰，令严防库伦。六月，以斋教于上月袭入严州等地，命浙、闽、赣查禁。左宗棠奏攻河州回军。七月，冯子材二度入越助讨黄崇英。以俄使通知俄军已于五月中攻占伊犁，命金顺等筹商速进取乌鲁木齐，免为俄据。八月，禁四川种罂粟。回军败于安定等地。九月，回军图攻库伦，被蒙兵拒却。以黄河决于兰工，命急筹堵塞。十一月，左宗棠奏败回军于狄道等处。张曜奏北路击胜回军。十二月，以土尔扈特人自乌鲁木齐逃至科布多境，命设法安置抚恤。命各省酌汰勇营，裁减厘卡。太子寺回军败溃。是岁，香港上海间海底电线敷设完工。印度承认窃据新疆之阿古柏伯克之独立。

外国

〔日本〕 设东京、大阪间邮政。许平民乘马。铸新币。废藩置县。合库页北海道两开拓使为一。许散发废刀。废止秽多非人之称。遣特命全权公使驻欧、美各国。制定县治条例，并定府县班次。许陆运会社开业。命岩仓具视为大使，赴欧、美谋改条约。

〔越南〕 法人堵布益自云南至安沛，勘查红河航路，得云南大吏允许，将来由红河输送军火。冯子材再出关助越，黄崇英虽败而未被获。冯旋班师。时刘永福据老街一带已受越官职。黎兴起义，与刘永福时相联合。

〔暹罗〕 拉玛五世王至新加坡、印度等地，回国后，遂令设学校二，分授英文、暹罗文。先是暹罗教育多操之僧侣，学校设于寺院，至是遂渐独立发展。

〔俄罗斯〕 颁布杜马改革令，使工商业者及付纳一定数量直接税之市民（即有产者）有参加之可能。

〔第一国际〕 召开第五次代表大会之企图由于巴黎公社失败，未能实现，遂改开临时代表大会于伦敦，到会代表仅二十三人。马克思著《法兰西内战》。

〔普鲁士〕 1月18日，普鲁士王威廉一世在巴黎郊外凡尔赛宫之明镜堂就任德意志帝国皇帝，德意志帝国自此成立（按1701年1月18日选侯腓德烈三世加冕为普鲁士王）。任俾斯麦为帝国总理（兼普鲁士首相）。俾斯麦开始其“文化斗争”。

〔意大利〕 7月1日，宣布以罗马为意大利王国首都。

〔联合王国〕 议会通过法案，取消1825年对工会活动之限制。但同时禁止罢工者组织纠察队，或对工贼进行任何斗争。达尔文著《人类起源》。

〔爱尔兰〕 爱尔兰自治党成立。企图以和平方法争得独立议会。

〔法兰西〕 1月28日，巴黎当权之资产阶级向普军乞降。2月17日，梯也尔被推为行政首长。26日，与俾斯麦签订和平草约（5月10日签订正式和约）。法国以阿尔萨斯与洛林之一部分及赔款五十亿法郎予德国。3月18日巴黎无产阶级掀起革命。26日举行公社委员会选举。28日，巴黎公社宣布成立。4月2日，凡尔赛政府军开始进攻巴黎，人民英勇抵抗，至5月21日政府军始攻入城内。自此巷战一星期，至5月28日，公社最后据点失陷。公社社员被屠杀者约三万人，被俘虏后判处苦役及流放者约四万人。8月31日，梯也尔以镇压革命有功，被国民会议推选为总统。

〔南非洲〕 1867年德兰士瓦与奥兰治河之间地区发现钻石矿，英人用挑拨离间与威胁利诱等方法，至本年获得该地区之主权。

〔巴西〕 9月28日，通过逐渐解放奴隶之法案。

1872 年

中国

壬申 清同治十一年

正月，贵州奏攻下清平等地。左宗棠奏宣慰洮州等地番民以攻回军。二月，曾国藩死。命盛京严缉“马贼”。山东侯家林黄河决口合龙。河州回军降。陕西回军领袖白彦虎等走大通。三月，以边民越界入朝鲜滋扰，命盛京严禁查拿。以回军又分二路攻扰蒙古，命派兵截堵。四月，贵州苗军据点乌牙坡被破。五月，左宗棠奏攻败零星回军情形。云南奏攻下永平等地。以俄官不肯交还伊犁，命总理衙门与俄使交涉。六月，贵州奏境内苗军皆败，筹办善后情形。七月，云南奏攻下回军所据之兴义。左宗棠奏安插陕西回军投降者于甘肃平凉等地，并攻围肃州情形。冯子材奏留兵驻越协助镇压。八月，《剿平粤匪方略》及《剿平捻匪方略》修成。九月，云南奏攻下赵州、蒙化及大理之上下两关。琼州何亚万联合黎人起事，旋败。十月，肃州回军攻科布多，旋退走。十一月，申禁各省种罂粟。令浚运河。岑毓英攻大理，杜文秀服毒未死，其部下解献军前被杀；十二月，岑毓英入大理城，大杀戮。以俄不交还伊犁，并图派兵阻遏进军道路，命荣全督队稳慎前进。西宁回军降。是岁，俄与阿古柏伯克订约在喀什噶尔通商。唐景星购美船一只，悬中国旗行驶沿海。第一次派三十学童赴美留学。上海徐家汇天主堂设天文台。日本宣布吞并琉球。

外 国

〔日本〕　更定官制。解土地买卖之禁。东京横滨铁路成。颁陆海军刑律。设户长。京都大阪间电线成。普设邮政，废传递及助役法。颁学制。创设国家银行。册封琉球王。解放仆婢、娼妓。改用阳历。制定礼服。

〔越南〕　遣送中国钦州流民之不守法者回籍。赈北圻饥。禁沿海地方诱卖汉人妇女。购轮船于德国。命大铸枪炮。以北圻仍不安，复请援于冯子材。法军舰至海防，强入红河，阻之不听。法人堵布益运军火，由红河送至云南，阻之不听。

〔印度〕　孟加拉文学家班顷·张特拉·查特志所写小说《毒树》出版。作者又为出色散文作家、诗人。其《欢迎你呵，祖国》为鼓舞民族独立运动之伟大诗篇。英总督义俄为一印度人刺死。

〔俄罗斯〕　马克思《资本论》第一卷俄文译本今年出版。

〔第一国际〕　召开第五次代表大会（亦有以此为第六次代表大会者）于荷兰首都海牙，到会代表六十五人。此为第一国际最末一次大会。同年国际总部迁至纽约。

〔德意志帝国〕　6月25日，下令解散耶稣会各项机构，并自帝国全境中驱逐耶稣会士。俄、奥、德三帝会于柏林，缔结“三帝同盟”。9月，哲学家路德维希·安德利亚·费尔巴哈死（1804年生）。

〔联合王国〕　开始用秘密投票法进行选举。三月，窝尔维克农业工人大罢工。六月，各地产业工人亦有罢工者。政府援引去年法案，用破坏契约自由罪名，逮捕与工贼斗争之罢工者多人，并处以短期徒刑。英国第一次设立“内务部”。

〔法兰西〕　9月，法国政府自凡尔赛迁返巴黎。

〔西班牙〕　8月，科尔特斯改选，激进派占优势。

〔澳大利亚〕　海底电线开始与印度及欧洲联系。

〔南美洲〕　第一国际南美支部在阿根廷成立。

1873 年

中 国

癸酉　清同治十二年

正月，慈安、慈禧两太后撤帘，穆宗始亲政。拿问纵兵殃民逗留不进之乌鲁木齐提督成禄。大通回军降，白彦虎走毛目。二月，金顺奏抵肃州攻回军获胜。三月，荣全奏俄兵在伊犁任意勒索，索伦、锡伯、蒙、汉兵民望救甚殷。四月，岑毓英部攻下云州等处。左宗棠败回军于毛目等地。禁江西额外加征钱粮。五月，白彦虎率陕西回军西走嘉峪关外，图赴乌鲁木齐。岑毓英攻下回军最后据点腾越。云南自杜文秀起义至是十八年。六月，左宗棠奏亲往肃州。初次允外国使臣觐见于紫光阁。闰六月，命清查各违制征收亩捐、厘捐，次第豁除。七月，以陕西回军西走，敦煌等处吃紧，命设法防堵。八月，肃州回军降，左宗棠大肆屠杀。九月，庄洛三等攻扰朝阳等地，败走。十月，四川黔江殴死法教士案起。十一月，越南使来，请仍派兵出关协助镇压北圻。十二月，左宗棠奏请于准备充足后再行出关。是岁，何绍基死。

外 国

〔朝鲜〕　大院君罢政；其当国十年中，杀教民二十余万。

〔日本〕　颁征兵令。大分县等扰动。华族士族继承法制定。严禁复仇。制定儿童就学。定旧藩债偿还法。许与外人通婚。颁公债证书条例。颁预算表。定外人诉讼规则。诏改正地租。与中国交换条约书。定新闻纸条目。先是以朝鲜拒使，西乡隆盛等盛唱“征韩”，至是失败，西乡隆盛辞职。

〔越南〕　遣使如清岁贡且商北边事。刊国音告示文，颁于各道军次。法军司令要求订立新约，决先遣使赴法，然后再议。堵布益违法运盐，法驻柴棍政府派安邺查办。安邺与堵布益合谋，攻陷河内及海阳等三省，且勾结黄崇英。刘永福奉越南政府命，率黑旗军应援，阵斩安邺。

〔暹罗〕 拉玛五世王始亲政。此后渐着手于税务改革，又取消赌场，颁布预算条例，定薪俸等级。

〔缅甸〕 法使来，商法员“协助”缅甸事，并签订法缅通商条约。

〔印度〕 俾荷尔与孟加拉各地饥。

〔波斯〕 国王访问英国。

〔俄罗斯〕 基发汗降俄。阿姆河流域下游设置阿姆达利亚行省。七月，俄人罗蒂金发明电灯。

〔第一国际〕 在日内瓦召集常会，除德、奥各有一代表参加外，其余皆当地代表。

〔德意志〕 颁布“五月法令”（以其为法尔克所草拟故亦称法尔克法），专事剥夺教会权利，僧侣反对者皆受到严厉处罚。

〔联合王国〕 1月，煤矿工人大罢工。

〔法兰西〕 梯也尔辞职，麦克马洪继任总统。9月5日，法国缴付最后一期赔款，16日，最后一批德军撤离法国边境。

〔西班牙〕 2月12日，西班牙宣布为共和国（西班牙第一共和国），以埃密利阿·卡斯提勒尔为元首。

〔合众国〕 9月，发生经济危机。

1874年

中国

甲戌 清同治十三年

正月，以白彦虎与乌鲁木齐一带民团首领徐学功等相持，命派兵援徐。以法国侵扰越南及刘永福抗法与法越讲和，命严边防，并命照会法人毋得进犯高平、谅山。二月，禁各省私设厘卡。岑毓英奏法越交兵预筹边备。禁京师私铸。三月，以日本擅攻台湾“生番”，并遣兵船至厦门，声称借地操兵，命筹应付之方。四月，拨银十万两赈恤乌里雅苏台被扰部落。以俄人不交还伊犁，且觊觎附近地方，命左宗棠等迅速派兵出关。派沈葆桢为钦差大臣办理台湾海防，节制福建镇道。五月，沈葆桢奏筹办台湾海防办法。以两广奏越南被迫与法和，并共同“剿匪”，驱逐流民，命严为防备。沈葆桢奏日本侵略军已占牡丹社，意图深入，刻已邀各国领事公评曲直。英廉奏俄人已越塔尔巴哈台设卡阻碍进路。命四川查缉哥老会。六月，白彦虎攻济木萨，败走。以日本违约称兵，其兵船游弋闽江口外，命严备海防。七月，命广西驻越北军剿办勾结法人之黄崇英。以日本使来京谈判台湾事件，命沈葆桢布置军事，以壮声威。八月，严谕奉天缉捕“马贼”。命各省整理捕务。九月，命吉林捕攻“金匪”。日本侵略台湾事件，经英使威妥玛调停，了结，付日本银五十万两。十月，左宗棠奏筹西攻饷糈。以朝鲜贡使于凤凰城外被劫，命盛京严缉。以台湾事件结束，命沈葆桢筹划海防，并命李鸿章购铁甲船及军械。十一月，命景廉等分路进兵规复新疆失陷各城。十二月，穆宗死，慈禧太后立醇亲王子载湉，是为德宗景皇帝，仍由慈安、慈禧两太后垂帘听政，改明年元为光绪。是岁，上海法租界因修路平毁宁波公墓，宁波人聚众反抗，法军枪杀多人。以台湾出兵，借汇丰银行款。日本人力车输入上海。李鸿章主持设立招商局轮船公司。基督教士创刊《中西见闻录》于北京。冯桂芬死。

外国

〔日本〕 设警视厅，置巡查。全国户籍成。西乡隆盛谋“征韩”未成，其党江藤新平起兵于佐贺，逾三月始定。会台湾土人杀琉球漂民，遂命西乡隆盛犯台湾，于是中日交涉起；嗣结约，得偿金始退兵。订日美邮件交换条约。

〔越南〕 法迫订《越法和平同盟条约》二十二条，表面上法认越南为独立国，实则无形沦为保护国。嗣又言订《越法通商条约》二十九条。乂安陈瑨等聚众谋起事，未成，死。陈光浣等扰香溪，广平土酋张光首攻静城，后败死，以中国人侨寓者多，命分组登记。购轮船于法以击“水匪”。

〔暹罗〕 六月，设国务会议，以大臣十二人组成之。又设枢密院，由王族及高官组成之。

〔俄罗斯〕 行强迫兵役制，入伍期六年。但有产者之子弟可酌减。

〔意大利〕 下令自意大利境内驱逐耶稣会士。

〔联合王国〕 矿工二人当选为下院议员，此为英工人入议会之始。此二人入议会后即加入自由党。5月，俄沙皇来英访问。

〔法兰西〕 颁布新选举法，以此失去选举权者不下三百万人。各地有君主党骚动。

〔西班牙〕 卡斯提勒尔辞职，政变起，塞尔兰诺元帅组临时政府。12月31日，伊沙白娜子阿尔封索在军人拥护下复辟，称阿尔封索十二世。

〔埃及〕 英任命戈登上校（即1863年在中国屠杀太平军之刽子手）继培克尔（见1869年条）统率埃及军队。戈登率大军远征尼罗河上游之苏丹，1879年完全征服该地。

〔合众国〕 德国社会民主党之拉萨尔派在美国组北美社会民主党。8月，密西西比与田纳西某些地区有“黑人暴动”（贫苦白人参加者甚众）。

1875年

中国 乙亥 清德宗景皇帝载湉光绪元年

正月，弛内地人入台湾之禁，命于后山招垦。英翻译员马嘉理被杀于云南界内，交涉起。二月，河州回民闵殿臣降后，以寻仇起事，至是败死。三月，李鸿章奏清理积案十三万五千余起。以英、俄阴谋乘机侵略，命岑毓英等速查马嘉理被杀真相，并妥慎布防。以左宗棠为钦差大臣督办新疆军务。缅甸遣使进驯象、象牙、佛像、玉石及呢布等物。四月，薛福成应诏陈治平六策、海防密议十条。分命李鸿章、沈葆桢督办北洋、南洋海防。法使以法越订约事通知总理衙门。五月，总理衙门保举出使人材。杨昌浚奏处理台州民聚众抗粮案。派李瀚章赴云南查办马嘉理被杀案。王三好等攻扰奉天各地有年，至是败死。六月，越南遣使进香礼。以秘鲁华工备受欺虐，命李鸿章于订约时，附带提出禁止。七月，左宗棠奏陈新疆军务预筹情形。幅民阎广泰攻扰山东、江苏有年，至是败死。黄崇英勾结法国扰乱越北，广西道员赵沃入越讨擒之。命李鸿章与英使威妥玛交涉马嘉理案。八月，派郭嵩焘为出使英国钦差大臣，是为正式派遣驻使之始。以奉天宗室觉罗，往往窝庇盗匪，命查实严惩。十月，开浙江南田岛禁，招民开垦。十一月，严禁私贩洋枪、洋炮。十二月，禁词讼事件拘传、羁留与案件无关紧要之人。左宗棠奏请借洋债以资新疆军费。命各省招垦荒地并禁书差需索。是岁，出口值银六千八百九十一万二千九百二十九两，入口值银六千七百八十万三千二百四十七两，征货税一千一百九十六万八千一百九两。华商仁和保险公司、济和保险公司成立。海关初附设邮政。禁止澳门“苦力贸易”。美国人林乐知于上海创刊《万国公报》。

外国 〔朝鲜〕 日本军舰违法至江华，戍兵击之，日舰遂焚永宗岛，且遣使来作无理要求。

〔日本〕 设地租改正事务局。设元老院、大审院。设上等裁判所。地方官会议开幕。制定新闻纸条例及谗谤律。设法制局。勒令琉球停向中国朝贡请封。与俄订库页、千岛交换条约。

〔越南〕 命清华等省将与暹罗等国接界地方山水、道路绘入地图。颁秤码、大尺于商政官署。刘永福奉命讨黄崇英。定法国公使驻京事项十四条。平顺举人阮有勋等与六省文绅联合中国人反法，法军屠杀惨重。中国兵助擒黄崇英。开高平石林银矿。河内法军沿红河上驶勘测，命阻之。

〔印度〕 在19世纪最后二十五年间，资本主义有相当发展。印度资产阶级拥有五十个纺织工厂，此外尚有许多工商企业。除英资银行外，又有印度资本家所自办之银行。资产阶级因拥有经济力量，遂亦成为政治力量。工业之发展结果，产业工人数目日渐增加，至19世纪末年，约有五十万人。工资低微，生活条件恶劣，工人运动遂起。印度民族主义领导人达扬南泽·沙拉斯瓦提创立阿利安人协会，号召恢复古代吠陀信仰，以鼓舞爱国思想，主张废除种姓制度以增进印度人民间之团结。孟买管区农民要求高利贷者退还抵押土地，如不允即加屠杀。

〔土耳其〕 7月，黑塞哥维那与波斯尼亚反土耳其革命相继起。10月，宣布减付债息百分之五十（包括内外债）。

〔保加利亚〕 保加利亚人民谋起义，不成。

〔俄罗斯〕 “南俄工人协会”成立于敖德萨。此为俄国工人第一个革命组织。

〔德意志〕 德国两工人团体——属于拉萨尔派之“日耳曼工人同盟”与属于埃森那赫派之“社会民主工党”——5月在哥达举行联合代表大会，通过“哥达纲领”，并组织“社会主义工党”。由于埃森那赫派不能坚持原则，“纲领”中充满拉萨尔思想。马克思著《哥达纲领批判》以纠正之。

〔瑞士〕 准许一般结婚（对教士主持之婚礼言）为具有法定效力之婚姻（按德国亦于今年实行此原则）。

〔联合王国〕 利用埃及凯地夫之财政窘迫，收购其所握有之苏伊士运河股票十七万六千股。英国政府自此成为该运河之最大股东之一（埃及所费于苏伊士运河者为四亿法郎，但售予英国价格仅一亿法郎）。

〔法兰西〕 3月，公布宪法，标志法国政治之发展为资产阶级共和制。巴黎公社失败后所逮捕之人民最后一批被判决。

〔埃及〕 凯地夫聘请英人二名整理埃及财政。

〔夏威夷〕 以珍珠港供美人使用。

1876年

中国 丙子 清光绪二年

正月，命议筹借洋款，并命各省摊解饷银以利左宗棠军行。二月，左宗棠自兰州进驻肃州督师。四月，李鸿章奏聘德弁教练各营施放后膛枪炮并派弁赴德学习军械技术。五月，英使威妥玛出京以要挟解决马嘉理案。闰五月，直隶、山西旱象成，福建水。六月，命李鸿章赴烟台与威妥玛商决马嘉理案。命澈查四川东乡惨案。刘锦棠等败白彦虎与阿古柏兵，收复乌鲁木齐等地。七月，腾越练军于五月间哗变，与部分降回联合攻顺宁等地，至是败溃。李鸿章与英使威妥玛签订烟台条约。八月，命各省认真禁种罂粟，并行地方官推行禁令考成办法。浙江永嘉施鸿鳌持斋传教，私立官号，阴谋起事，发觉被杀。金顺攻下玛纳斯南城，白彦虎走吐鲁番。九月，以四川南充等县教案频出，命速为完结。十月，赈苏北、皖北旱灾。十一月，命广东严查天地会。安南遣使入贡。十二月，李鸿章等奏派福建船政学堂学生分赴英、法等国学习制造、驾驶之术。是岁，出口值八千零八十五万五百二十两，进口值七千零二十九万九千五百七十四两，征货税一千二百十五万二千九百二十两。英商怡和洋行建淞沪铁路成，旋由中国收购拆毁。英商麦边洋行成立，经营长江航运。直隶、河南、山西旱。

外国

〔朝鲜〕　日本迫订修好条约十二则，于釜山外，开元山、仁川通商，旋遣使赴日通问。

〔日本〕　遣使与中国交涉朝鲜事，寻迫朝鲜签订修好条约。定男子二十岁为成丁。定官吏惩戒法。定华族惩戒法。和歌山等县秩序不安。朝鲜使来。停刊新闻杂志之妨害治安者。命元老院起草宪法。更定府县裁判所。始立幼稚园。

〔越南〕　遣使如清岁贡。海阳法领事赴东湖调查煤矿。河内法领事调查洮江航路，请通知中国广西巡抚。法国送来轮船五只。遣官调查广南金、银、铜、铁矿。浚广南等地江道。

〔印度〕　英女王始兼称印度女皇。

〔土耳其〕　密德哈特帕夏为首相。5月末，废阿布杜·阿西斯，立穆拉德五世。8月，再废穆拉德，立阿布杜哈密德二世。12月30日，颁布宪法。

〔保加利亚〕　5月，保加利亚反土耳其革命起，土兵一万八千人前往镇压，杀人盈万（按此数估计各殊，有一万二千至三万诸说），称“保加利亚暴行”。

〔塞尔维亚〕　6月30日，正式向土耳其宣战。9月，大败于土军。

〔门的内哥罗〕　7月1日，向土耳其宣战。

〔俄罗斯〕　正式合并浩罕汗国，易名斐迦那（费尔干纳）。俄国科学家雅布洛支科夫在巴黎发明第一盏电弧光灯——“雅布洛支科夫之烛”。

〔第一国际〕　6月15日，国际工人协会正式宣布解散。无政府主义者巴枯宁死（1814年生）。

〔德意志〕　德意志保守党成立。帝国银行开幕。普、法战争后自法国所获得之赔款五十亿，用长期信贷方式供德国资产阶级利用。以此20世纪晚期，德国资本主义取得飞跃发展。

〔联合王国〕　英女王维多利亚宣布加徽号为印度皇后。探险家马克罕姆到达北纬八十三度二十分。

〔法兰西〕　法国工人组织自此时起又开始活跃。在巴黎召开工人组织第一次代表大会。但此会由资产阶级政论家巴贝尔操纵。流亡返国之社会主义者朱里·盖德开始活动。

〔比利时〕　比王利奥波德二世组“中非洲探险与开化之国际协会”，专事活动于刚果河流域。1878年又改称“刚果国际协会”。

〔埃及〕　应英、法要求任命英人、法人各一名监督埃及财政（按至本年止，所负外债总额达二十五亿法郎）。

〔合众国〕　第一国际美国支部解散，组劳工党。贝尔发明电话机。

〔墨西哥〕　军人狄亚斯发动政变，推翻总统勒尔多德·泰哈达，明年5月自任总统。自此时起至1911年为墨西哥独裁者。

1877年

中国

丁丑　清光绪三年

二月，挑浚运河。减湖北煤税。令与朝鲜互查越界之人。崇厚奏清丈奉天东边地亩。三月，张曜收复辟展、吐鲁番。刘锦棠收复达坂城，释所俘维族回民，资遣南归；旋又收复托克逊，阿古柏之子海古拉遁库尔勒。四月，阿古柏服毒死，海古拉舁尸走，其兄伯克胡里袭杀之，奔喀什。七月，左宗棠奏新疆南八城憎恨阿古柏情形，并斥英人前为阿古柏说项之阴谋。刘锦棠自托克逊西进，九月，收复哈喇沙尔、库尔勒，又连下库车、拜城、乌什，白彦虎走喀什。丁宝桢奏改四川盐法。十月，议订古巴华工条款。十一月，刘锦棠收复喀什噶尔、叶尔羌、和阗、英吉沙尔。伯克胡里及白彦虎走俄界，至是新疆南路肃清。是岁，直隶、山西、河南大旱。借汇丰银行款五百万两充新疆军费。四川机器局成立。基督教设益智会，妥韦廉臣、傅兰雅编西学书籍。全年出口值六千七百四十四万五千二十二两，进口值七千三百二十三万三千八百九十六两，征货税一千二百零六万七千零七十八两。

外国

〔日本〕 诏减地租。西乡隆盛等起事。政府军攻之，逾半年始平，西乡隆盛等自杀，是为“西南之役”。是役，李鸿章曾赠日本政府子弹十万粒。加入万国邮政联合条约。第一次国内劝业博览会开会。定利息限制法。中国首次驻使何如璋来。

〔越南〕 许诸国通商，船货照章征税。遣使赴法。命各省求历代帝王遗书。

〔印度〕 那格浦尔城之皇后纺织厂工人举行罢工。

〔土耳其〕 4月，俄罗斯向土耳其宣战，旋派兵入罗马尼亚，长驱南下，势如破竹。

〔保加利亚〕 协助俄罗斯人与土耳其作战。明年订圣斯特法诺和约，保加利亚获得东卢米利亚，旋为柏林条约所阻，未能实现（按东卢米利亚与保加利亚为同一民族——斯拉夫人与保加尔人之混合种族）。保加利亚之独立获得公认，但名义上仍须承认土耳其为宗主国。

〔罗马尼亚〕 俄罗斯军入境，并迫使参加对土战争。

〔塞尔维亚〕 再度参加战争，加入俄罗斯，共同向土耳其人进攻。

〔联合王国〕 在南非兼并布尔人之德兰士瓦共和国。恩格斯著《反杜林论》。英国社会主义工党成立。

〔法兰西〕 社会主义者盖德创办《平等报》。

〔合众国〕 国际工会成立。拉萨尔派劳工党改为社会主义工党。宾夕法尼亚铁道工人罢工，此为美国史上首次大规模罢工。

1878 年

中国

戊寅 清光绪四年

二月，申禁栽种罂粟。左宗棠奏分别遣留叶尔羌之英印商侨。三月，曾国荃遣兵击溃大青山游勇。五月，命严查私铸，禁京师奸商操纵钱价。七月，命各省裁陋规。左宗棠奏参查禁栽种罂粟不力人员。八月，浙江定海大衢山金启兰聚众抗查荒地，至是败死。九月，命查禁天地、哥老等会。革职副将李扬才入越北骚扰，越南王请兵援助，冯子材三度奉命入越。十月，安集延人扰边，刘锦棠破走之。十一月，左宗棠奏新疆北路招垦情形，并请建为行省。广西怀远斋教徒于秋初起事，至是败。是岁，借德款二百五十万马克为海军建设费。唐景星成立开滦矿务局。左宗棠设机器织呢局于兰州。法商设宝昌丝织厂于上海。北京等处海关附设送信局，发行邮票。

外国

〔日本〕 驹场农业学校开学。禁妨害治安之演说会。定郡区町村编制法。定郡役所、区役所。设陆军参谋本部。改纸币局为印刷局。定宫内省官制。

〔越南〕 中国叛将李扬才扰北圻；遣使请援于清，冯子材三度出关。遣使修好于暹罗。初征山西立石县铁矿税。

〔缅甸〕 国王明顿死，子锡袍嗣。

〔阿富汗〕 英发动第二次侵略阿富汗战争。阿富汗国王雅库布汗与英签订甘丹马条约。

〔土耳其〕 1月20日，俄军占领亚德里亚堡，土人被迫请和。3月3日，订圣斯特法诺条约。土耳其允塞尔维亚、门的内哥罗与罗马尼亚为独立国，保加利亚为自治国，并给于黑塞哥维那与波斯尼亚以必要改革等。此外俄国获得阿达罕、卡斯、巴统与拜雅齐德等地（黑海东岸）及巨额赔款。

〔俄罗斯〕 “北俄工人协会”成立，但1880年因宪兵破获而瓦解。

〔罗马尼亚〕 充分之独立地位获得柏林会议承认。但被迫割让比萨拉比亚与俄国，而接受土地贫瘠之多布鲁甲为补偿。

〔塞尔维亚〕 获得充分独立地位，但黑塞哥维那与波斯尼亚则为奥地利占领。

〔门的内哥罗〕 柏林会议正式承认门的内哥罗之独立地位。

〔德意志〕 6月13日至7月13日，英、法、奥、意、土及俄国会集于柏林，举行“柏林会议”。各国威胁俄国废弃圣•斯特法诺条约。东南欧各国所获得之民族独立皆受到程度不等之破坏。俄国仅获得卡斯、巴统、比萨拉比亚及亚美尼亚之各一部分。奥地利则获得黑塞哥维那与波斯尼亚等地之“委任统治权”。10月19日，颁布反社会主义之《非常法令》。

〔联合王国〕 与土耳其签订共同防御条约，获得地中海东部之塞浦路斯岛为报酬。

〔法兰西〕 法国工人组织在里昂召开第二次代表大会，巴贝尔派与盖德派斗争甚烈。

〔埃及〕 凯地夫被迫接受英人一名为财政部长，法人一名为公共工程部长。埃及至此已完全陷于英、法共管之局。

〔哥伦比亚〕 以在巴拿马土腰开挖运河权授予一法国公司。

〔阿根廷〕 南美洲第一个职工联合会在阿根廷成立。

1879 年

中国

己卯 清光绪五年

正月，安集延纠布鲁特扰边，刘锦棠破之。二月，以丁宝桢修都江堰办理乖方，降级留任。四月，崇厚奏俄允查禁安集延人犯边，并请赦免逃入境内回民；命左宗棠酌度办理。贵州巡抚林肇元奏开采罗斛州等地砂矿。五月，命崇厚为出使俄国钦差大臣，嗣命便宜行事。六月，罗应旒请整学校，练兵民，精机器及参西洋之法例。七月，以西洋各国欲与朝鲜通商，命李鸿章致书开导朝鲜重臣。命湖北严惩拐卖妇女之囤户。八月，以崇厚与俄所订交还伊犁条约交左宗棠等审议。前扰新疆之爱克木汗条阿布都勒哈玛被俄驱逐，纠安集延、布鲁特人犯边，刘锦棠击斩之。九月，王先谦条陈洋务事宜。李扬才败死，冯子材班师。十月，丁日昌奏整顿轮船水师应延致西人教练。十一月，《穆宗毅皇帝实录》、《宝训》成。哥老会徒已革总兵杨海春谋于贵州省城起事，发觉，死。以崇厚擅自回京，命议开缺听候部议，并将其所订条约发交廷议。十二月，张之洞等交章弹劾崇厚丧权辱命，并请备战，旋将崇厚革职拿问。是岁，出口值七千二百二十八万一千二百六十二两，进口值八千二百二十二万七千四百二十四两，征货税银千三百五十三万一千六十七两。借汇丰银行款千六百十五万两。架设天津大沽间电线。英人创印英文之《文汇报》于上海。上海徐家汇天主堂创刊《益闻录》。

外国

〔日本〕 废枭示之刑。设东京学士会院。颁考试医生规年则。灭琉球国，为冲绳县，迫其王来。东京大学设医学部。禁官吏于职务外作政论演说。德国亨利亲王来。定学位称号。美国前大总统格兰特来。定陆军检阅条例。设东京地学协会。

〔越南〕 遣人学制造术于秋龙泛机械工厂。命调查熟悉法语者。宪祖实录正编成。西班牙使来，旋订《越西通商条约》，冯子材擒李扬才，班师。

〔印度〕 孟买管区农民爆发第二次起义运动，焚烧官署及地主庄园，夺取邮局，杀死官吏。大学生雅素迪瓦成为起义领袖，宣布马哈拉斯特拉地区独立。运动失败后，雅素迪瓦被处死刑。

〔阿富汗〕 喜•阿里子雅库布可汗即位，与英人和。不久战争又起，英人执雅库布可汗废之，立其子阿布杜拉曼为王，阿富汗遂成为英国之附庸。

〔波斯〕 国王访问欧洲。

〔保加利亚〕 2月，通过宪法。4月，选举巴顿堡之亚历山大（黑森亲王次子，俄皇亲属）为亲王，但亚历山大旋与索布兰伊（国民会议）中反对亲俄政策之自由分子发生矛盾。

〔俄罗斯〕 十二月二十一日，约瑟夫•维萨里昂诺维奇•斯大林生于外高加索格鲁吉亚之哥里镇。

〔德意志〕 帝国议会通过保护关税税率。德国产业自帝国成立后获得飞跃发展，自此至1913年，钢铁产量达一千九百三十万吨，超过英、法，仅次于美国。铁道线增加百分之三百四十。商船自九十八万吨（1870年）增加至五百四十五万吨（1914年），居世界第三位。第一辆使用电力之机关车（火车头）出现。

〔法兰西〕 自今年至1887年，格列维为法国大总统。10月，法国工人组织召开第三次大会于马赛。盖德派之主张获得胜利。

〔埃及〕 2月18日，以免职军官二千五百人为中心之反外国干涉运动发生。首相鲁巴尔（亚美尼亚人）被迫辞职。英、法两国斥为伊斯马伊尔（凯地夫）主使。6月，同土耳其苏丹提出强硬要求，迫使后者废黜伊斯马伊尔。9月，被迫重行委派英法籍之财政监督官，并明确此项人员非经英、法同意不得更换。

〔澳大利亚〕 1848年后，英国宪章派分子不乏迁来澳洲者，以此职工组织陆续出现。今年举行第一次职工同盟大会，号召争取八小时工作制。

1880 年

中国

庚辰 清光绪六年

正月，命曾纪泽使俄交涉伊犁事。广西苗民王么等于去冬起事，攻西林，至是败死。以廓尔喀贡使来京，崇文门关吏诈索，命查办。命王府庄田遇灾分别减租。命李鸿章澈查招商局弊窦。以备伊犁交涉决裂，召鲍超来京备防京东。二月，与德改订条约。三月，命左宗棠出驻哈密，指挥伊犁军事。四月，郭嵩焘奏陈伊犁交涉补救之方。左宗棠奏甘南番民古旦巴等起事，已派兵击破。左宗棠奏新疆修渠、开垦、整税、兴学诸善后事宜，又奏开建行省。五月，曾纪泽请宽崇厚之罚以利交涉。命黎兆棠整顿福建船政局。六月，以防俄，召曾国荃来京。七月，召左宗棠来京备顾问，并命李鸿章筹办直隶防务，曾国荃督办山海关防务。八月，李鸿章请安装电线。朝鲜请派人学习器械于天津，令李鸿章妥办。九月，命查浙江荒地。直隶东明黄河漫口，旋合龙。十月，命李鸿章与日本谈判琉球案。与美国修约成。十一月，刘铭传请筑铁路，命李鸿章妥筹。丁宝桢奏攻峨边等地彝人获胜。十二月，崇绮奏热河围场垦辟情形。是岁，罗马尼亚国王沙勒尔第一遣使来告即位。印度加尔各答王骚林德罗门他果耳献乐谱乐器。李鸿章创海军，于大沽设造船所。李鸿章于山东峄山设中兴煤矿公司。

外国

〔朝鲜〕 美国遣使来求通商，拒之。

〔日本〕 共济生命保险株式会社设立。横滨正金银行开始。定外货购求规则。设会计检查院。颁集会条例。定区町村会法。国会期成同盟会成立，旋请召开国会。古社寺保存内规制定。朝鲜使来。颁传染病预防心得。申禁妨害国安败坏风俗之新闻杂志。定人民上书元老院之制。

〔越南〕 法使请架设河内至海阳等地电线。法军船于海阳洋面捕杀中国人十余名。遣使如清岁贡。法人勘查红河流域矿产，为刘永福所阻。

〔印度〕 英里本侯爵任总督兼钦差大臣，因人民起义运动时常爆发，乃采取措施，以缓和印度人民抗英情绪。“极端派”民族主义者提拉克在浦那创办“自由的学校”，对青年进行民族主义爱国教育。

〔德意志〕 与教皇恢复外交关系。8月14日，科隆大教堂落成（按此教堂最初兴工在1248年）。

〔联合王国〕 南非德兰士瓦之布尔人爆发反英国统治之革命。明年，英国被迫承认其独立，但仍须以英为宗主国。

〔法兰西〕 10月30日，强迫封闭耶稣会之一切机构。12月，通过议案向一切教会财产同样征收捐税。法国工人党成立。马克思认为此系真正法国工人政党之第一个组织。

〔丹麦〕 社会民主党参加国内要求改革宪法运动。

〔比利时〕 劳工党向各国工人政党发布宣言，号召恢复国际组织，响应者无几。

〔西班牙〕 下令在古巴废除奴隶制。

〔哥伦比亚〕 1月1日，法国运河公司（1879年成立）开始巴拿马运河之挖掘工程。

1881年

中国

辛巳 清光绪七年

正月，左宗棠奏甘肃织呢、修渠、蚕桑、种棉、淘金等建设情形。命朝鲜关系洋务事件，由北洋大臣及驻日使臣与之函商。李鸿章奏福建船政学生出洋学习情形。曾纪泽与俄改订《伊犁条约》签字。二月，命总理衙门再与日本交涉琉球案。允于檀香山设领事以护侨。三月，慈安太后死。四月，刘坤一奏疏导淮河。五月，恭镗奏于乌鲁木齐分别拨与满营弁、兵地亩屯种，以免坐食。左宗棠请用寓禁于征之办法，增加鸦片烟税。命左宗棠等妥筹兴修近畿水利。筑旅顺口西式炮台。六月，吉林设机器局制造军火。七月，吉林请将围场放垦并兴办矿务。闰七月，湖南奏改对瑶民政策，并请县学增加瑶族生员。八月，与巴西订约成。命湖南严禁私牢及吏役勒索陋规。九月，命湖南严禁耒阳奸痞虐待煤工。吉林奏开煤矿情形。刘长佑疏陈法人志在必得越南以窥滇越，并请以兵力扶持琉球。十月，李鸿章奏续派福建船政学堂学生出洋学习。命李鸿章等妥商抵制法侵越南办法，因派黄桂兰入越北，扼要屯驻。吉林奏朝鲜民私越图们江至珲春一带垦种情形。十一月，李鸿章奏获红阳教徒孙文光。十二月，以朝鲜大臣密致书于李鸿章请协助与西洋各国订约，命李鸿章妥办。刘长佑陈助越抗法之策。是岁，向汇丰银行借款一百二十五万五千二百五十镑为赎伊犁之费。唐山至胥各庄铁道筑成，并试制成小型车头。上海天津间电线架成。上海租界区电话装成。天津水师学堂成立。左宝贵出私财于沈阳立同善堂，内有天花预防、育婴及养老等所。

外国

〔朝鲜〕 大院君之子李载先谋乱失败被废，事连大院君，置不问。遣使至中国，以欲与西洋各国订约事相商，得李鸿章令马建忠所拟通商草底以归。

〔日本〕 私立明治法律学校创设。定宪兵条例。颁小学、中学、师范教育纲领。许日本铁道会社创立。于府县置警察部长。大日本农会成立。召开国会预备立宪。

〔越南〕 命有司经营全国矿山。中国招商局派唐廷庚来。遣官挈学生赴香港修理军舰且学英语于中国人。派官调查会安煤矿。法人调查广南及北圻矿山。中国已预备与法国交涉，派黄桂兰率兵屯驻北宁一带。黎挺自香港回，陈西洋状况及日本维新诸事。

〔印度〕 “极端派”民族主义者提拉克创办“狮报”号召印度人民推翻英国统治。在80年代末期，提拉克参加国民大会，领导左翼。颁布工厂法，禁用七岁以下童工，但无实效。

〔波斯〕 与俄罗斯订立条约，解决波斯与土库曼间之疆界问题，是时土库曼已并于俄。

〔土耳其〕 法国夺取非洲北部之突尼斯，作为其保护国。

〔保加利亚〕 亚历山大修改宪法，加强自己之权力，国中重要权力皆授予俄人。

〔罗马尼亚〕 亲王查理加冕为国王。

〔塞尔维亚〕 与奥地利缔结秘密条约，使塞尔维亚事实上处于依附奥国之地位。

〔希腊〕 土耳其允许以帖萨利及伊派拉斯之一部分划归希腊（按此为1878年柏林会议所规定者）。

〔俄罗斯〕 沙皇亚历山大二世遭民意党人（民粹派之秘密团体）暗杀，死，亚历山大三世嗣位。设置外高加索行省。名作家陀斯妥也夫斯基卒（1821年生）。

〔奥地利〕 达尔马提亚人民起义，延及黑塞哥维那。

〔德意志〕 1873年之"三帝同盟"恢复。

〔联合王国〕 爱尔兰自治党领袖巴内尔等数人被捕入狱。明年5月获释。

〔法兰西〕 3月至5月，法军进攻并占领北非之突尼斯。法国运河公司开始进行巴拿马运河修建工程。巴斯特发明注射疫苗法。

〔西班牙〕 卡塔罗尼亚有暴动，反对拟议中之法国商约。明年约成。

〔埃及〕 反抗英法帝国主义控制埃及之国民党运动，在阿美德·阿拉比（1871年后在开罗任伊斯兰教师）领导下大为发展。9月9日，阿拉比率军队四千人掀起政变，迫使旧内阁辞职，由国民党取得政权。10月中旬，英、法使节离埃及返国。7月起，苏丹（尼罗河上游）发生反抗英国征服之起义。

〔新西兰〕 颁排斥东方人之移民法案。

1882年

中国

壬午　清光绪八年

正月，命湖南修洞庭湖石堤，以利行旅。丁宝桢奏三岩番人劫杀洋人已获凶法办。三月，以法、越兵端已起，命总理衙门筹商对策，并令云南备边。四月，派马建忠协助朝鲜与美、英等国订通商条约。订中国朝鲜商民水陆贸易章程。五月，派赵沃带兵驻越北与黄桂兰相犄角，以防法。刘长佑奏派沈寿榕带兵出关为越声援。六月，朝鲜京城发生变故，事连大院君李昰应；派兵入朝鲜，七月，迁李昰应于保定。八月，命唐炯率兵出驻越北并联络刘永福以抗法。九月，《中俄伊犁界约》成。法使宝海与李鸿章商谈中法越南问题。十月，左宗棠奏清丈江苏淤生沙洲情形。十一月，盛宣怀于上海设电报商局并设电信学堂。十二月，以与法会商越南交涉事件，命云南、两广筹画对策。左宗棠请减利国驿煤矿税。是岁，塞尔维亚王密朗以晋号托法使代递国书。新疆开始作建省准备。上海领事团裁判所成立。上海电气公司成立。李鸿章筹划于上海设机器织布局。上海南京间电报开通。李善兰、陈澧死。

外国

〔朝鲜〕 由中国协助，四月，分与美国、英国，七月，与德国订约通商。六月，大院君鼓动兵变，波及日本使馆。中国拘大院君，置之保定，留兵驻守。是为"壬午之变"。七月，与日本定约，除惩凶、赔款外，并许日本留兵卫使馆。中国应国王之请，派马建常等来协办通商事务，德人穆麟德等办理海关事务。马建常不久辞归。设统理军国衙门及统理各国通商事务衙门。

〔日本〕 遣伊藤博文赴欧、美考察宪法。立宪改进党成立。大阪纺织会社成立。定日本银行条例。朝鲜汉京发生事变，扰及使馆，旋迫朝鲜定约，获得若干利益。东京瓦斯会社成立。定海军学校及海军大学条例。

〔越南〕 大南一统志稿成。暹罗使来。法国以驱逐刘永福为名，派兵攻陷河内。中国增派赵沃自广西、唐炯自云南各率兵出关，北圻官吏亦多主抗法。

〔土耳其〕 7月11日，英海军炮轰和平城市亚历山大里亚。9月13日，在泰尔·埃尔·开俾尔大败凯地夫（见1869年条）军，15日占领开罗。但自此又引起英法间新矛盾。

〔塞尔维亚〕 亲王米兰改称号为国王。奥地利立予承认。

〔波兰〕 路易·瓦伦斯基创立秘密政党——"无产阶级"党。1884年失败瓦解。

〔德意志〕 5月20日，德意志、奥匈帝国与意大利在维也纳缔结同盟条约（三国同盟）。封·西门子始制电车。

〔联合王国〕 爱尔兰事务大臣腓德烈·克凡地施与副大臣托马斯·伯尔克在爱尔兰首府都柏林遇刺殒命。7月，英政府颁布极严峻之法律，授予警察无限制之检查与逮捕权力，取消陪审制，全岛陷于恐怖。

〔法兰西〕 3月，通过强迫教育法，六至十三岁儿童必须入学。

〔埃及〕 英帝国主义借口亚历山大里亚之爱国抗英暴动，于7月11日炮轰该城。9月15日，南下占领首都开罗。英、法共管之局，自此变成英国独占之局。

〔合众国〕 北部农民组全美农民同盟。5月6日，国会通过排斥华人法案，当时仅规定十年为期，但至1902年成为永久性法案。

1883年

中国

癸未 清光绪九年

正月，崇绮奏奉天煤厘情形。崖州黎人符亚对起事有年，至是败死。二月，法使宝海被撤，另派脱利古为特使，命李鸿章与之交涉，无结果。禁各省滥用非刑、幕友招引徒党。岑毓英等奏陈与法交涉越南事件意见。三月，命李鸿章督办越南事宜，节制云南、两广军务。四月，命徐延旭出驻越北，监护黄桂兰、赵沃两军。五月，岑毓英奏云南用机器采铜情形并将集股设立公司。召李鸿章回天津筹防。六月，命查禁在理教。七月，以太监阎连成等在紫禁城内开设烟馆，命严惩。命云南筹计招商集股开采境内各矿。命岑毓英入越之军不得显露助战之迹，致启兵端。广州人民以外国船员杀死中国人，忿烧沙面洋商房屋。八月，安插自俄界来投之哈萨克人于伊犁、博罗塔拉一带。命彭玉麟赴广东办理防法军务。允越南请由海道入贡。九月，以唐炯擅自退师，严责之，嗣予以革职留任处分。越南国王以被法威胁签订和约情形咨请广西巡抚代奏。十月，刘锦棠奏坎巨提部贡金砂。法军炮击锦江一带华军阵地，华军拒退之，是为法军与华军正式接战之始。岑毓英出驻越北督师。十一月，以越南人杀其国王，命张树声赴越，张树声未行。十二月，法军炮击新河，华兵会越南兵击退之。是岁，中俄科布多、伊犁辖境界约订立完毕。上海祝大椿等组织源昌机器五金厂。广州九龙间电报开通。

外国

〔朝鲜〕 聘中国驻军营务处袁世凯代练新军。

〔日本〕 大日本私立卫生会成立。改订新闻纸条例。发行官报。定医士开业考试规则。源纲纪速记术开始。改订征兵令。

〔越南〕 嗣德三十六年。法军陷南定。请援于中国，于是徐延旭奉命出关。刘永福攻河内，擒斩法将李维叶于纸桥。六月，翼宗死，弟之子应祯嗣，是为育德帝。立三日，为阮文祥等所废，翼宗弟洪佚立，是为协和帝。法军陷顺化，胁订顺化条约，越为法之保护国。再请援于中国。抗法义军纷起。唐炯擅回云南，岑毓英奉命出关督师于西路。十月，阮文祥等废杀协和帝，立坚国公洪傒子福昊，是为简宗。命北圻诸将撤兵，南定提督谢现等不听，别图抗法。刘永福自纸桥胜后，与法军对峙迎月，退守怀德、丹凤、山西，至年终又退兴化，法军来犯，击退之。是冬，中国驻兵始与法军正面冲突。

〔印度〕 英总督兼钦差大臣宣布印度地方自治法，使印度有资格之资产阶级在市政厅中占选举之大多数，但最后决定权仍操于由英国人充当之市警务长之手。又成立地方与村区参议会，商讨路政、救灾、教育等事宜，但决定权仍操于英国官吏之手。

〔土耳其〕 以烟草专卖权让予法商。

〔保加利亚〕 亚历山大被迫恢复1879年宪法。

〔罗马尼亚〕 10月30日，与奥地利缔结秘密同盟（按此同盟之缔结，旨在共同反俄，但罗、匈二国对德兰斯斐尼亚问题之矛盾始终未能解决）。

〔塞尔维亚〕 以尼古拉·巴施赤为首之国民党（主张联俄）掀起革命，但旋失败。

〔俄罗斯〕 普列哈诺夫在日内瓦组织俄国“劳动解放社”。此为俄国第一个马克思主义团体。建筑梯弗利斯至巴统铁道。1888年延长至撒马尔罕。九月三日，名作家屠格涅夫卒（1818年生）。

〔奥匈帝国〕 匈牙利有反犹太骚动。

〔德意志〕 俾斯麦为瓦解社会主义政党起见，5月，发布工人疾病保险条例。1884年颁布意外保险法。1889年颁布老年与残废保险法。

〔联合王国〕 议会通过“禁止贿选方案”（腐败与非法方案），限制政党每次竞选费用不得超过八十万英镑（1880年有费至二百五十万镑者）。个人竞选费用亦有规定，超过者即以贿选论罪。费边社成立，先后以锡德尼、韦伯及萧伯纳等为领导人物。3月14日，马克思逝世于伦敦，享年六十五岁。

〔法兰西〕 各国工人政党代表会集于巴黎（德国社会民主党无代表出席），筹商组织国际事，无结果。

〔西班牙〕 今年有在社会党领导下之暴动。

〔埃及〕 在英帝国主义者干预下，国民党内阁被迫去职，重行建立在英国监督下之凯地夫政权。英国所派遣之财政监督爱维林·伯令成为驻埃及总领事。此人自此成为埃及之实际统治者，直至1907年（按伯令以侵略有功，1892年被任为男爵，1899年为子爵，1901年为克罗墨尔伯爵）。

〔非洲〕 3月，意大利人与阿萨布（东北非，沿红海）苏丹订立条约，获得一部分土地。

〔合众国〕 7月至8月，电话工人大罢工。

10月，最高法院宣布公权法案，判决黑人与白人在旅馆、戏院等公共场所，有同等权利之规定为不合宪法。

1884年

中国

甲申　清光绪十年

正月，法军攻慈山等地，均被击退；二月，又大举来犯，陷北宁等地，黄桂兰军溃退，诏拿问徐延旭，以潘鼎新代。改订《中国朝鲜通商办法》。三月，左宗棠奏兴修江南水利情形。罢免恭亲王奕䜣全班军机大臣。李鸿章密函总理衙门以与法讲和事。四月，用李鸿章言，命曾纪泽免兼驻法使事。李鸿章与法弁福禄诺订约罢兵。闰五月，法军至观音桥迫华军撤退，嗣开炮轰击，华兵大创之，法因诬中国违约，提出苛刻要求。派刘铭传督办台湾防务。派曾国荃等与法使巴德诺会议中法条约，无结果。六月，法犯台湾，一度据基隆炮台。张佩伦奏法舰窥福州。命沿江沿海，攻击登岸法兵。七月，法舰启衅于马江，毁我舰艇甚多，旋逃出闽江。向法宣战。八月，潮州、温州民恨法国侵略，毁教堂。法兵攻基隆，刘铭传弃之；又攻淡水，大败。法军与华军战于越北船头等地，互有胜负。九月，李鸿章又暗作与法媾和交涉，以廷议反对未成。十月，朝鲜金玉均等勾结日使胁迫国王发动政变，中国驻军击败之。中国驻军败法军于纸作社。新疆正式设省，以刘锦棠为巡抚。十一月，岑毓英督师围宣光法军，十二月，开始猛攻，以法军坚守未下。法军大举进犯，陷谅山，潘鼎新遁至镇南关。总税务司赫德商得总理衙门同意，派金登干至巴黎接洽中法讲和。是岁，吉林机器局铸银币自一钱至一两五种。陈介祺死。

外国

〔朝鲜〕　十月，开化党人金玉均等与日本使臣勾结，发动政变，杀大官数人，胁迫国王。中国驻军救国王出。日本遣兵派使来，与之订约，谢罪、赔款。金玉均逃往日本。与俄订通商条约。密结俄为援，事泄，未成。

〔日本〕　定地租条例。大阪商船会社成立。定兑换银行券条例。定商标条例。废华族之名，分为公侯伯子男五级。横滨正金银行设分行于伦敦。驻朝鲜使臣与金玉均等勾结，发动政变，失败，反诬朝鲜政府迫害，胁朝鲜定约。

〔越南〕　简宗阮福昊建福元年。以清化护督宗室阮肠等烧杀教民，征罚之。法军攻占北宁、太原，旋退出太原；嗣又占兴化、宣光。法胁迫定新约，毁中国赐越南王封册及印信，法派全权监督驻顺化。中、法军冲突于观音桥。六月，简宗死，弟福明立，是为咸宜帝。法军连破谅山等地，中国兵退入广西界内。

〔印度〕　孟买工人举行第一届临时代表大会，通过向起草“工厂法”之政府委员会呈递请愿书，签字者数千人，要求付给工资之休息日，保护童工劳动，偿付劳动事故恤金等。

〔俄罗斯〕　“劳动解放社”拟定《俄国社会民主党纲领草案》。1887年又重拟一次。此两草案对于在俄国准备建立马克思主义社会民主党为一重要步骤。

〔德意志〕　在西南非洲、托哥兰、喀麦隆、新几内亚东北部、东非洲等地建立保护权。“德意志殖民协会”成立。三帝同盟延长三年。

〔联合王国〕　议会通过第三次选举改革方案，降低财产资格，使选民人数自二百五十万增加至四百五十万。但此数仍仅为全国人口（包括儿童）六分之一。社会民主同盟出现于英国，并发刊《正义报》。此同盟至1886年因分裂而解散。

〔法兰西〕　3月21日，颁布职工联合法。自此职工组合亦不受1791年列•霞白利法之限制，但工会活动仍被置于警察监视之下。6月19日，正式兼并柬埔寨。

〔非洲〕　6月28日，英、法二国关于埃及问题在伦敦举行会议，历时一月，未能获致协议。11月19日，德人在赞稷巴获得根据地，未来之“德属东非洲”即以此为基础。欧洲有关各国集会于柏林讨论“非洲问题”。

〔合众国〕　10月13日，举行国际会议于美京华盛顿，决议以英国之格林威治（在伦敦东南约五英里）为子午线起点。1月1日，改以子时至午时为计日标准。美国发生经济恐慌。

〔澳大利亚〕　昆士兰政府占领新几内亚岛东南部。

1885年

中国

乙酉　清光绪十一年

正月，法军进攻，潘鼎新走龙州，又至海村，法军遂占镇南关，前锋至关内。岑毓英攻宣光之师以法援至，解围略退。法舰攻浙江镇海口，欧阳利见等拒却之。二月，冯子材等大胜于关前隘，法军狼狈溃走，不及半月，遂克谅山等地，前锋逼郎甲。岑毓英部收复临洮等地。法舰占澎湖。法急欲和，遂由金登干与之签订停战撤兵简约。朝鲜遣使谢代平乱。三月，日本派伊藤博文来交涉朝鲜事，命李鸿章等与之商订条款，是为中日天津条约。李鸿章等与法使巴德诺商订细约。四月，中法越南条约签字。五月，左宗棠奏请开铁矿、造大炮以固海防。李鸿章奏请立武备学堂以培植将材。六月，增续中英烟台条约专条十款。改洋药税厘。七月，派员与法人会勘中越边界。派李鸿章等与法使议滇越边界通商条约。左宗棠死。八月，贵州奏整理插花地事。九月，派醇亲王奕譞总理海军事务，命庆郡王奕劻、李鸿章会同办理，善庆、曾纪泽帮同办理。十一月，以英并缅甸，命曾纪泽与之交涉。十二月，申各部院书吏役满回籍之令。是岁，始征土药（鸦片）税。由招商局借款二十万两与朝鲜。总税务司赫德将朝鲜海关隶于中国海关系统之下。开平铁路公司设立。福州英华学校始立中华基督教青年会。

外国

〔朝鲜〕 中国履行中日《天津条约》，撤退驻军。中国释大院君，由袁世凯护送至汉京，袁旋总理交涉通商事宜。英占巨文岛，中国与之交涉。中国以穆麟德勾结俄国，撤其海关职，由美国人墨贤理继其任。

〔日本〕 派遣伊藤博文赴中国与李鸿章交涉朝鲜事，结《天津条约》以归。定屯田兵条例。私立英吉利法律学校创立。日本邮船株式会社成立。日本红十字会病院创立。废太政大臣、左右大臣、参议、各省卿，改为内阁，以伊藤博文为总理大臣，下置外务等九省，井上馨等分为大臣。

〔越南〕 阮福明咸宜元年；十月后，景宗阮福升同庆元年。法军继续北犯，侵入中国广西界内，旋为冯子材等所败，舍谅山等地南遁。中、法旋讲和，于是中国不再问法与越南事，军队之在越北者先后撤回，刘永福亦受中国官职回国，其部下多留与越人继续抗法。五月，爱国官民起义抗法失败，咸宜帝被迫出走河静一带，号召勤王，一时各地官吏人民纷纷起义与法斗争。八月，法与亲法派大臣立坚国公洪侅长子福升，是为景宗，以十月后为同庆元年。

〔缅甸〕 一月，法缅协定成立，法得筑铁路、设银行、管理邮政、开采玉石等权利。十一月，英发动第三次侵略战争，俘缅王拘于孟买，旋宣布印度总督统辖全缅。

〔印度〕 十二月二十八日，国民大会党开首次大会于孟买，主要纲领为用宪政及和平方法，逐渐改革现行管理制度，巩固民族统一，鼓励社会责任的精神，发展全国精神、道德与工业资源以实现民族平等、印度自治之要求。参加大会代表凡三千人，代表孟买、孟加拉、旁遮普，以及英印其他省份。大会议决以后在印度各城市轮流召开常年大会。

〔东南欧〕 东卢米利亚（今保加利亚南部地区）爆发起义，与保加利亚重行合并（按东卢米利亚系1878年柏林会议议决分开者）。11月，塞尔维亚以保加利亚破坏半岛“均势”为借口，向保加利亚宣战。同月下旬，塞尔维亚军大败，保加利亚人侵入塞境。但奥地利立即出面干涉。

〔俄罗斯〕 斯摩棱斯克州之莫罗佐夫工厂发生大罢工。沙皇政府予以镇压，逮捕工人六百余名，但卒颁布限制工人罚款条例。此为俄国工人第一次大胜利。

〔德意志〕 欧洲十四国在柏林举行会议，对于瓜分东非洲取得协议。德国与西班牙关于加罗林群岛发生争执，卒以教皇调解而获致妥协。赫尔兹发现无线电波与光电。今日之电视机即以此为基础。

〔意大利〕 意大利帝国主义开始向外侵略。派兵占领红海西南岸之阿萨布与马骚阿（今厄立特利亚东海岸）。

〔联合王国〕 11月，在缅甸发动侵略战争，陷曼大雷（曼德腊）。11月28日，缅王提巴乞降。明年1月，正式兼并缅甸。马克思《资本论》第二卷今年出版。

〔法兰西〕 著名作家维克多·雨果卒（1802年生），丧礼甚盛。6月9日，与中国签订中法条约。8月下旬起，霍乱病起自土伦，蔓延四处，死者万人。12月，以马达加斯加岛为保护国。

〔西班牙〕 为加罗林群岛问题与德意志发生争执，明年以教皇调解寝事。阿尔封索卒，其妻奥地利公主玛利亚·克利斯梯那摄政。明年遗腹子生，称阿尔封索十三世。

〔比利时〕 取得非洲中部之刚果，建为刚果“自由邦”，由利奥波德兼任国王，并作为彼个人私产，各帝国主义国家亦皆予以承认。比利时劳动党成立。

〔瑞典〕 诺尔顿斐尔德特等三人建造第一艘潜水艇。

〔合众国〕 与哥伦比亚国订立条约，以巴拿马土腰为共同保护地。怀俄明州之泉岩有迫害华侨乱事，华侨死者五十余人。

〔埃及〕 苏丹区起义获得胜利，英将戈登（见1874年条）阵亡。全境几皆为伊斯兰教徒收复。

〔非洲〕 柏林会议获致下列决议：（1）承认刚果区隶属比王利奥波德二世及其所组织之“国际协会”。（2）任何“强国”占领非洲土地之先，必须通知其他有关国家，并保证遵守“法律、秩序与条约权利”。(3) 在刚果河流域实行自由贸易之原则。(4) 在刚果区废止奴隶买卖。(5) 保证刚果河与奈泽河之航行自由。自此以后“列强”瓜分非洲之活动愈益加剧，至19世纪末瓜分大致完成。第一次帝国主义大战前，非洲土地分配大致如下：

英属非洲	2，101，411平方英里
埃及所属	1，600，000平方英里
法属非洲	3，866，950平方英里
德属非洲	910，150平方英里
意属非洲	200，000平方英里
葡属非洲	787，500平方英里
西属非洲	79，800平方英里
比属非洲	900，000平方英里
土耳其所属	400，000平方英里
其他独立国	613，000平方英里
合计	11，458，811平方英里

注：埃及所属事实上亦等于英属。

1886年

中国 丙戌 清光绪十二年

正月，李鸿章奏招商局情形。二月，裴荫森奏福州船政学堂情形。张之洞奏定防治广东“莠民”办法。以山东频遭河患，赈之。三月，与法订《越南边界通商章程》十九款。四月，命山东修治黄河。派醇亲王奕譞巡阅北洋海口。五月，以罗马教皇允移北京之天主教北堂，命总理衙门妥为办理。丁宝桢死。六月，吴大澄奏与俄国勘东界事竣。重庆教案起。浙江修海塘。中、英、缅甸条约成。七月，贵州奏办理矿务情形。八月，命增修《大清会典》。张之洞奏广东沙田升科事。希元奏吉林私垦情形。九月，曾国荃奏金陵机器局扩充事。张曜奏疏浚黄河，运河情形。刚毅奏筹河套开垦。张之洞奏筹琼崖治安及镇压客民、黎人。开台湾采矿禁，并允官营樟脑硫磺制销。十月，许新疆州县学收取回民童生。改福建巡抚为台湾巡抚，于是台湾正式成为一省。云南东川土民起事，旋败。十一月，寿张黄河漫口合龙。云南盏达户弄寨土司等起事，旋败。十二月，甘肃中卫赵神仙等据滴水崖起事，旋败。刘铭传奏攻台湾番民情形。命举办黑龙江漠河金厂。是岁，户部向英商怡和洋行借款。张之洞设缫丝局于广州。上海华商设正裕面粉厂。武备学堂成立。德机关报 *Der Ostasiatischer Lloyd* 创刊于上海。

外国 〔朝鲜〕 中国荐美国人德尼为客卿。与法国订通商条约。国王密请俄保护，袁世凯闻知，力破之。

〔日本〕 公布各省官制及公文式。公布帝国大学令。公布税关及递信官制。公布高等师范学校官制。公布华族世袭财产法。公布裁判所及警视厅官制。加入红十字会条约。私立明治学院成立。公布地方官及普通师范学校官制。公布中央卫生会官制。山阳铁道会社成立。私立关西法律学校成立。

〔越南〕 咸宜帝仍在河静一带，反法运动益烈。法迫订矿山协约。遣官镇压反法运动。中国商人输入人力车。铸同庆通宝钱。法退还前所讹索之偿金，以半铸银币，半充练兵等费。《越史纲目》刻成。反法首领黄文福兵败，死。本国疆界汇编成。平定等处反法首领多降。

〔缅甸〕 英废除原来缅甸地方组织，制定乡村法。

〔希腊〕 照会土耳其，要求柏林条约（见1878年条）所允许之土地，英、法诸国立即向希腊提出不得进攻土耳其之警告，希腊拒之。5月10日起，各国遽行封锁其港口，希腊被迫就范。

〔保加利亚〕 3月3日，与塞尔维亚缔结布加勒斯特和约。9月，亲王亚历山大以俄国压力逊位，国事由斯坦布诺夫摄理，俄奥关系顿趋紧张。

〔俄罗斯〕 颁布农业劳动法，严禁农业雇工任意离开土地。

〔德意志〕 在所罗门群岛建立保护权。为赞稷巴问题与英国取得协议。德人戴姆勒尔发明内燃引擎，以汽油为燃料。

〔联合王国〕 苦力工人工会与司炉工人工会成立，恩格斯与爱维林夫妇（马克思幼女及婿）予以指导。南非德兰士瓦发现蕴藏丰富之金矿，英人蜂涌而至，力图攫为己有。

〔比利时〕 矿工大罢工，各地有骚动。

〔法兰西〕 各国工人政党派代表会集于巴黎（法国社会主义者未参加，但法国职工会有代表参加）。会议决定于1889年在巴黎召集国际劳动大会。无烟火药出现。

〔合众国〕 2月，西雅图华侨遭受迫害。4月末，十万工人大罢工。5月1日，纽约、芝加哥等地三十五万工人举行示威运动，二十万人举行大罢工（1889年第二国际巴黎大会议决以此日为国际劳动节）。12月，美国劳工联合会成立。

〔澳大利亚〕 英国议会所决定澳洲各省每两

年举行一次之“联省会议”，本年第一次举行。

1887 年

中国

丁亥 清光绪十三年

正月，以对机器铸钱事，支吾搪塞，将户部堂官严处。开广东铁器出洋之禁。命李鸿章速购机器鼓铸制钱。二月，穆图善奏东三省练兵章程。命各省认真办理保甲。总理衙门请兴修铁路。三月，刘锦棠奏新疆招垦情形。张之洞请铸银元以抗外币。四月，岑毓英奏架设电线，黔西居民阻工及殴伤员工，砍毁电杆。命开导居民、惩治要犯。李鸿章等奏整顿钱法。命各级考试酌收算学生童举人。闰四月，四川奏机器局情形。五月，《中法续议界约》成。允湖北设局铸钱。六月，禁私藏洋枪，并订用洋枪劫抢加等治罪条例。广州水师学堂成立。七月，浙江奏开办机器局情形。八月，福州船厂造铁胁轮船成。命朝鲜遣使西洋，须先请示。命查禁贩运制钱售与洋人。福建、台湾海底电线成。郑州十堡黄河决口。直隶大水。九月，以郑州河工需款，开郑工捐例。十月，《中葡条约》成。张之洞奏华侨被虐，请酌设领事以资保护。十一月，以西藏于哲孟雄境内设卡，命速撤回。十二月，黑龙江奏筹议金厂章程。是岁，借德款五百万马克充海军建设费。开热河四道沟铜矿。设海关于九龙、澳门。英教会于武昌设博文书院。《天津时报》创刊。苏格兰长老会于上海设 Society for the Diffusion of Christian and General Knowledge among the Chinese，后改名广学会（Christian Literature Society）。

外国

〔朝鲜〕 英退出巨文岛。美国人福久结国王左右以自主之说进，袁世凯知而破其计，福久被遣。国王用德尼谋，遣朴定阳使美国。

〔日本〕 东京电灯会社始发电。大日本妇人教育会成立。诏整备海防。公布所得税法、私设铁道条例、学位令、卫生试验所、横滨正金银行及海军机关学校官制。东京火灾海上保险株式会社创立。公布陆军大学校条例、保安条例、版权条例。

〔越南〕 反法首领阮范遵等战死。设“大法字话学场”。法大捕杀越官。中国流民反法者攻清化等地。是岁，咸宜帝仍在河静一带，反法运动虽盛，但若干绅豪多相继背叛爱国义举。

〔保加利亚〕 7月，选举萨克斯一科柏尔格之腓迪南为亲王，俄罗斯提出抗议，各国亦不予承认，但斯坦布洛夫及索布兰伊（国民会议）中之爱国分子支持之。腓迪南自此统治保加利亚直至第一次帝国主义大战结束。

〔德意志〕 3月，帝国议会通过扩军案。6月18日与俄罗斯缔结“再担保条约”（按此约主要精神为缔约之任何一方倘与第三国发生战争时，另一方必须严守中立。但德国向法国进行侵略战争时，或俄国向奥地利进行侵略战争时，不适用此原则。此外附一极秘密条款，即俄国在保加利亚之活动，德国应给予协助。在黑海之活动德国亦允给予“道义上与外交上”之声援）。明年2月6日俾斯麦在帝国议会中发表演说，称“吾德意志人仅畏上帝……”踌躇满志，溢于言表。戴姆勒尔制成第一部汽车。

〔意大利〕 与德意志、奥地利缔结之三国同盟，今年起续约五年。与非洲东北部之独立王国埃塞俄比亚进行战争，1月25日大败于多格利（见1885年条）。

〔联合王国〕 英、土会议。英人允三年内撤退埃及驻军，但保留在埃及有乱事时重行派兵占领之权利。苏丹在法、俄支持下拒绝批准此约。

〔法兰西〕 自今年起至1894年止，萨提·卡诺任总统（按格罗维以其婿纳贿案被发觉，因而辞职）。同年以安南、东京、柬埔寨与交趾组成“印度支那联邦”。

〔葡萄牙〕 自中国获得澳门之正式租借权。

〔荷兰〕 改革选举法，选民约增加一倍。社会党员始有被选入议会者。

〔合众国〕 2月4日，通过州际商务条例，并成立州际商务委员会。爱迪生发明活动电影。

1888 年

中国

戊子 清光绪十四年

正月，再命藏兵撤出哲孟雄境。二月，岑毓英奏云南振兴茶利征收茶税茶厘。三月，热河奏土槽子等地银矿情形。四月，岑毓英奏于击败顺宁等地黑彝后筹办善后。五月，唐炯奏贵州铅务。曾国荃以华茶为日本茶所挤，在外市场历年积销，请核减茶税。六月，再令藏人勿与英构衅。七月，热河奏开榆树沟等地煤矿。合肥刘文弼起事，旋败。刘铭传奏台湾清丈土地。永定河多处漫溢。奉天大水。八月，吉林奏立荒务总局办理勘丈。九月，升泰奏藏兵入哲孟雄与英兵开衅情形。十月，订《中法滇越电线章程》。十一月，贵州奏采购机器于青谿县开矿炼铁。升泰奏藏人坚欲索回哲孟雄全境。十二月，四川奏反攻马边等处彝人获胜并歃血盟誓。郑州黄河决口合龙。是岁，康有为奏请改革国政。唐山至天津铁路修成。

外国

〔朝鲜〕 与俄订陆路通商条约，开庆兴为商埠。旋与美、德、意、法诸国相继立约。

〔日本〕 公布博物馆官制。日暹修好通商条约批准。公布市制及町村制。公布陆军及海军参谋本部条例。公布海军大学官制。缔日墨修好通商条约。公布陆军军医学校条例。

〔越南〕 大南实录第四纪正编成。法官设大南日报局。遣医官习种痘法于法使馆。改谷物地租为货币地租。十月，法军俘咸宜帝，安置于非洲阿尔及利亚。十二月，景宗死，侄福昭嗣，是为成泰帝。

〔暹罗〕 法军强占十二主泰地。

〔波斯〕 准许国际船舶在卡仑河上航行。德黑兰与煞·阿布·阿兹木两地间铁路铺设成功。

〔土耳其〕 君士坦丁堡至匈牙利铁路落成。以修筑君士坦丁堡至安哥拉（1930年改名安卡拉）铁路权让予德国公司（按此即柏林至巴格达铁道计划之一部分）。

〔罗马尼亚〕 土地改革后之一部分农民（见1864年条）因政治与经济之压迫，日益陷于悲惨境地，全国各地先后有起义，但以缺乏有力之领导与组织迅趋失败。

〔塞尔维亚〕 主张联俄之国民党在选举中获得胜利。

〔德意志〕 3月，威廉一世卒，腓德烈三世嗣帝位，6月中旬，腓德烈三世又卒，威廉二世嗣立（1918年逃亡，1941年卒）。

〔联合王国〕 英国矿业工人联盟成立。船坞工人罢工。

〔法兰西〕 政治冒险家布朗热（1866—1867年任陆军部长）声望日增，其党徒今年掀起修改宪法运动。12月，巴拿马运河公司破产。

〔瑞典〕 实行保护关税制。

〔埃及〕 英、俄、法、德、意、奥、西、荷与土耳其等国举行运河会议，并缔结君士坦丁堡条约，准许各国商船与军舰在平时与战时均可自由通过苏伊士运河。但此约始终未经全体国家批准。

〔非洲〕 11月10日，欧洲各国决议废止贩卖非洲黑奴案。

〔合众国〕 3月26日，第一次国际妇女大会在华盛顿举行。5月，国会授权总统召集美洲各共和国在华盛顿举行会议，“商讨有关美洲之各项问题”。

〔澳大利亚〕 英国枢密会议支持维多利亚省之排华法案，自此各省皆先后效尤。“白澳”政策逐渐形成。

1889年

中国

己丑 清光绪十五年

正月，镇江民忿洋捕殴死华人，毁洋行及领署。洪良品等请停办铁路，被驳。二月，慈禧太后归政。廓尔喀入贡。藏兵撤出哲孟雄。四月，张之洞请暂停两广铸铁炉税，又奏筑芦汉铁路之利。六月，岑毓英死。陕西奏回民入官地招佃收租情形。七月，贵州奏开威宁西良山铜矿。命查龚寿图招股在上海设机器织布局事。广西奏设官蚕局以兴丝利。八月，派李鸿章等计划修建芦汉铁路。十月，命明定州、县缉捕章程，严禁捕役豢贼。十一月，张之洞奏击败连山瑶民。十二月，禁黑龙江招人垦荒。是岁，英于伦敦设中国协会，立支会于上海等处。上海德华银行成立。

外国

〔朝鲜〕 东学党起事，未扩大。咸镜道发布防谷令，禁运米粮出口；日本无理干预，狡谓日商遭受损失，要求赔偿，于是交涉起。

〔日本〕 中正党成立。颁布宪法及皇室典范。公布众议院议员选举法及贵族院令。公布府县会议员选举规则。定参谋本部条例。公布国税征收法及会计检查院法。五钱白铜币发行。东海道铁道全线通车。公布土地收用法。禁学校教员加入政党。是岁，井上馨等谋废治外法权，舆论纷歧，党争甚烈。

〔越南〕 阮福昭成泰元年。

〔波斯〕 英在波斯设立波斯帝国银行，俄亦要求同样权利。波斯王访问欧洲。

〔土耳其〕 克里特岛反抗土耳其革命再起，旋被镇压。土耳其增加总督权力，加紧控制。

〔俄罗斯〕 革命民主主义者车尔尼雪夫斯基卒（1828年生）。

〔塞尔维亚〕 米兰逊位，其子亚历山大一世继立，以利斯提赤为首之保守分子组摄政政府。

〔第二国际〕 国际劳动大会（即各国社会主义者大会）举行于法京巴黎，到二十余国之代表三百八十人，决议组织第二国际（或社会党国际）。大会通过以每年5月1日为“国际工人节日”（劳动节）。

〔德意志〕 鲁尔煤矿工人九万人举行大罢工，与警察发生流血冲突。萨尔煤矿区与萨克森、西里西亚等地俱有罢工。

〔意大利〕 5月2日，与谋夺埃塞俄比亚王位之硕阿王美内利克订立相互勾结之条约，由意大利供给枪五千枝，而后者则承认为意大利之保护国。11月，美内利克获得埃塞俄比亚王位，意大利通告各国，谓嗣后凡有关埃塞俄比亚之外交事宜，概在罗马处理。

〔联合王国〕 在恩格斯指导与参加下，煤气工人工会成立。8月15日，伦敦码头工人大罢工，坚持至9月16日始胜利复工。苏格兰人邓禄普发明内装空气之橡胶轮胎。英人路透获得允许，在波斯设立帝国银行。

〔法兰西〕 布郎热在选举中获得胜利，政府大惧，谋控以叛国罪，布郎热遁赴比京布鲁塞尔，1891年自杀。7月，通过普遍兵役制法案。巴黎举行攻陷巴士底狱之百年纪念。

〔西班牙〕 始实施陪审制度。卡塔罗尼亚有大罢工。

〔葡萄牙〕 为争夺东非洲殖民地与英国发生争执。卡洛斯一世嗣位为国王。

〔瑞典〕 制定第一个工厂法。瑞典社会民主党成立。

〔合众国〕 美国召集第一次泛美会议于美京华盛顿。各国对美国国务卿布兰之"积极"建议皆不赞同，仅允设泛美联盟作为联络机构。

〔南美洲〕 11月15日，巴西共和国成立。

1890年

中国

庚寅 清光绪十六年

正月，湖南奏修浚洞庭湖，并禁私垦淤沙。二月，中、英、印、藏条约签字。曾纪泽死。四月，广东试铸银元及辅币。彭玉麟死。六月，京师大雨成灾，直隶大水。七月，台湾奏清赋竣事。薛福成请以时接见各国使臣。浙江挑浚苕溪南湖。八月，四川奏防攻雷波彝人获胜。杨岳斌死。九月，吉林奏三姓试采金砂情形。哥老会周子意等谋在石埭起事，被捕死。十月，曾国荃死。十一月，定于每年正月接见各国使臣，自明年为始。李鸿章奏旅顺船坞修毕。浚吴淞江。醇亲王奕譞死。四川修长江三峡线路成。是岁，张之洞创立汉阳制铁局，后称汉阳铁厂，又设汉阳枪炮厂，后称汉阳兵工厂。官商合办之上海纺织厂成立，后改恒丰纱厂。上海机器织布局开工。海关邮政部普设于各通商口岸。基督教布道大会决定设中国教育会，出版新书。日本设日清贸易研究所于上海。

外国

〔朝鲜〕 俄、美、英、法要求立租界于绝影岛，拒之。美国流氓李仙得来，与德尼蛊惑国王以贷款等事。

〔日本〕 公布日鲜通渔规则。再兴自由党成立，爱国公党发表志趣书，其后两党解散，组织立宪自由党。女子高等师范学校成立。公布府县制及郡制。公布法制局及地质调查所官制。公布小学校令。各区裁判所成立。议会开院。东京横滨间始通电话。

〔暹罗〕 许欧人之请，筑曼谷至北榄铁路；又自筑曼谷至柯叨铁路。

〔印度〕 孟买纺织工人第一届职工会成立。不久该会领导人创刊"穷人之友"杂志。

〔土耳其〕 亚美尼亚革命爆发，延长七年之久，但终遭失败。土耳其在该地区之统治愈益趋于高压。土耳其政府任命保加利亚籍主教三人赴马其顿教区。

〔德意志〕 3月，威廉二世命令俾斯麦辞职。7月1日，与联合王国缔结东非洲疆界协定，德国承认联合王国在赞褀巴之保护权，联合王国则以北海东南之赫尔戈兰（黑利哥兰）岛割让德国。反社会主义之"非常法令"因在帝国议会中未取得延长期限之决议而失效。7月末，设产业法庭，调解劳资纠纷。

〔法兰西〕 巴黎工人第一次举行五一示威游行。

〔联合王国〕 伦敦工人于5月4日（避免五一与警察冲突）在海德公园举行大示威。9月，爱尔兰独立领袖约翰·狄龙与威廉·奥布莱恩二人被捕下狱。

〔西班牙〕 修改宪法，始行普选制。由于劳动状况无法改善，各地工人相率罢工或骚动。无政府主义者亦大肆活动，政府予以残酷镇压，杀戮甚众。

〔葡萄牙〕 经英国以战争威胁后，葡萄牙始屈服。

〔荷兰〕 女王威廉明娜嗣位。

〔合众国〕 1879年后美国垄断工商业组织如雨后春笋，至此共达一百八十五个，资金总额不下三十亿元（占全国制造业投资总额三分之一），7月初，通过射尔曼法，企图加以遏止。

〔澳大利亚〕 海员举行大罢工。矿业工人与剪毛工人起而响应，规模巨大。此次罢工虽失败，但劳工运动自此愈益发展。

〔新西兰〕 自由劳动党击败保守党。此后约二十年，新西兰政策决定于此进步势力。

1891 年

中国

辛卯　清光绪十七年

正月，德宗接见各国使臣于紫光阁，各国使臣向皇帝呈递国书，鞠躬施礼。于是外国使臣觐见之例遂定。四月，哥老会徒起义，焚毁安徽芜湖、江苏丹阳、湖北武穴镇各地耶稣教堂，此外长江各省，亦多有哥老会秘密组织。六月，命严缉哥老会徒。直隶总督李鸿章、山东巡抚张曜检阅海军于旅顺，并查勘炮台船坞，北洋海军提督丁汝昌率定远、镇远等十一舰，广东水师统领副将余雄飞率广甲等三舰，南洋水师统领郭宝昌率寰泰等六舰，齐到旅顺会操。是时北洋兵舰合计二十余艘，海军规模略具。十一月，热河朝阳教徒起义，有元帅、军师等号，焚毁耶稣教堂，抵抗官兵，后遭受残酷镇压，死者盈万。十二月，出使英、法、意、比大臣薛福成奏滇、缅分界通商事宜。是年上海道唐松岩在上海设机器纺织局，官商合办。康有为《大同书》刊成，宣布其“大同思想”。康有为又撰《新学伪经考》、《孔子托古改制考》为其变法思想建立理论根据。张之洞设湖北机器织布局于武昌。大冶铁矿起始开采。台北基隆间铁道通车。是岁，郭嵩焘死。

外国

〔日本〕　公布度量衡法。俄太子尼古拉来游，至大津遇刺受伤，谢罪于俄。浓尾大地震，死四千余人。颁小学教则大纲。议会自开幕以来，遇事与政府作对，天皇遂下诏解散之，另行改选。

〔印度〕　工人阶级争取给资休息日，禁止九岁以下儿童在工厂作工，并规定十四岁以下儿童工作时间以七小时为限等要求，取得胜利。

〔波斯〕　大疫，死者三万人。

〔土耳其〕　约自本年起，土耳其资产阶级中之较进步分子组织“少年土耳其”党，因避免苏丹之压制与迫害，设总部于瑞士之日内瓦。

〔俄罗斯〕　岁大饥，受影响者达三千五百万人。开始兴修横贯西伯利亚大铁道，分七区同时动工。法国舰队来访。

〔保加利亚〕　保加利亚社会民主党成立（8月2日）。

〔第二国际〕　举行第二次大会于比京布鲁塞尔。出席代表三百八十人。

〔德意志〕　10月，社会民主党在爱尔福特城举行代表大会，并通过新纲领（爱尔福特纲领）。泛德意志同盟创立。

〔法兰西〕　开始与俄国磋商订立同盟。五一节法国北部佛米城工人举行示威运动，遭受警察武装袭击，死伤多人（其中有妇孺），拉法格（马克思之婿）亦被捕。

〔葡萄牙〕　在俄波托有军人暴动。全国发生经济恐慌。

〔丹麦〕　颁布老年恩给金与健康保险条例等社会立法，以缓和无产阶级之不满情绪。政府亦鼓励农民获得其所耕种之土地。截至1905年止，农民约有百分之九十四获得土地。

〔澳大利亚〕　举行第一次联邦代表大会。

1892 年

中国

壬辰　清光绪十八年

正月，云南镇边少数民族起事，旋败。三月，出使英、法、意、比大臣薛福成请严禁私购军火，以防人民起义。四月，湖广总督张之洞查办湖南长沙地方民间刊布之“灭鬼歌”及攻击耶稣教之揭帖、图画。六月，派薛福成商办滇、缅界务。七月，北洋大臣李鸿章奏同俄使妥商《中俄边界连结陆路电线章程》，订立条约。刑部、吏部奏议窃毁电报线人犯与地方官分别治罪专条。十二月，重修颐和园成。大沽至滦州间之铁道建立。大冶铁道通车。是岁，颁国籍法。

外国

〔朝鲜〕　日本始派正使来驻，以图进一步之侵略。

〔日本〕　公布豫戒令，以干涉选举，选民死伤多人。至新议会成立，追究责任，内务大臣品川弥二郎免职。公布铁道敷设法及铁道会议规则、土木会规则。国民协会大会成立。

〔菲律宾〕　土著掀起对西班牙统治之反抗运动。

〔暹罗〕　俄皇亚历山大三世来，予以隆重接待。

〔保加利亚〕　斯坦布洛夫访君士坦丁堡，企图用和平方法自土耳其之手取得马其顿，但无成就。

〔俄罗斯〕　俄国无政府主义者克鲁泡特金著《面包掠取》。1915年再著《互助论》。

〔德意志〕　2月，萨尔区煤矿工人罢工。

〔意大利〕　意大利社会党成立，

〔联合王国〕　全国工会会员人数约一百五十万人，在本年选举中产生工人议员十五名。3月中旬，英格兰北部矿工大罢工，参加者二十万人。

〔法兰西〕　巴拿马运河公司倒闭后，亏蚀达十五亿法郎，引起轩然大波。经议会调查，发现上、下院议员及部长多人皆曾收受该公司贿赂。结果仅处罚三人了事。

〔西班牙〕　入侵摩洛哥，战胜后诈索巨额赔款。

〔荷兰〕 各地罢工运动此起彼伏。阿姆斯特丹通莱因河之运河于8月4日落成。罗楞兹公布其发明之电子理论。

〔合众国〕 2月，平民党成立，是为美国之第三个政党。参加者多农民小所有主，并于7月大会中推选魏菲尔为总统候选人。

1893年

中国

癸巳 清光绪十九年

六月，出使英、法、意、比大臣薛福成请申明新章，豁除海禁旧例，准许良善商民，无论在外洋久暂，一概准由出使大臣或领事官给与护照，任其回国治生置业，并听其随时经商出洋。十月，直隶总督李鸿章以上海设立之机器织布局，建厂以后，每日夜已能产布六百匹，是年九月，毁于火灾，因奏请仍在上海另设机器纺织总局，官督商办，委津海关道盛宣怀赴沪筹办。张之洞设自强学堂于湖北。十一月，出使英、法、意、比大臣薛福成奏与英国议定滇缅界务、商务，订立条约共二十条。订西藏条约附属章程于大吉岭。十二月，广西巡抚张联桂奏报粤西边界与法使绘图立石。是年，湖广总督设立自强学堂于武昌，分外语、数学、自然科学、商业四科。是岁，日本横滨正金银行设分行于上海。上海租界工部局收买上海电力公司，设立电气处。毛泽东生。洪钧死。

外国

〔朝鲜〕 东学党起事，旋散。咸镜道防谷令之交涉结束，日本强索十一万元偿金以去。

〔日本〕 诏以文官俸金十分之一补造舰经费。公布取引所法及同税法。设行政整理委员会，罢免官吏三千余人，节省经费一百七十余万元。公布战时大本营条例。三井矿山合名会社成立。公布货币调查会规则。三菱合资会社成立。议会复与内阁作对，又遭解散。

〔暹罗〕 北榄路线开始通车，是为暹罗第一条铁路。法以武力要求割湄公河东岸老挝地方，并索军费三百万法郎。

〔波斯〕 割哥拉森以北之地于俄罗斯，俄则割阿塞拜疆边地于波斯，互相交换。

〔土耳其〕 一部分保加利亚人士组“马其顿内部革命会”，企图使马其顿成为土帝国统治下之自治区。

〔塞尔维亚〕 亚历山大发动政变，逮捕摄政诸人。明年，敦请其父米兰返国。

〔希腊〕 8月6日，举行哥林斯地峡运河通航典礼。

〔门的内哥罗〕 举行设立印刷业之四百周年纪念。

〔俄罗斯〕 列宁至圣彼得堡，立即成为该地马克思主义者之领导人。俄国舰队访问法国，下碇土伦。著名音乐家柴可夫斯基卒（1840年生）。

〔第二国际〕 在瑞士祖利克城（苏黎世）举行第三次大会。出席代表四百十一名。

〔意大利〕 西西里岛爆发规模巨大之农民起义，克里斯皮内阁派遣军队前往镇压，屠杀甚众，起义失败。

〔联合王国〕 兰开夏纺织工人大罢工。7月，各地煤矿工人亦发生罢工，参加者达四十万人。

〔法兰西〕 无政府主义者在众议院埋放炸弹，伤四十七人。

〔西班牙〕 11月上旬，无政府主义者在桑坦德尔与巴塞罗那两地施放炸弹，死者数百。

〔比利时〕 4月，有全国总罢工。同月27日，政府公布普选条例，但实行复票制，使富有者、受相当教育者或有社会地位者皆可获得一票以上之投票权，因此群众不满。

〔挪威〕 北极探险家挪威人南孙本年起开始其航行。1895年夏初到达北纬八十五度五十五分。又使用犬拉冰床前进，至4月7日到达北纬八十六度十四分。

〔合众国〕 经济危机爆发。俄亥俄州退伍军人柯克西率失业军人赴华盛顿请愿，被驱逐，柯克西本人被逮捕。

〔夏威夷〕 美国驻夏威夷公使制造政变，迫使女王莉芝阿卡拉妮逊位，声称夏威夷为美国保护国，但美总统克利夫兰以时机未成熟，仅允先组织夏威夷共和国。

1894年

中国

甲午 清光绪二十年

二月，东河总督许振祎勘察永定河，于卢沟桥立河防局，以护堤抢险。朝鲜亲日派首领金玉均被刺于上海，尸体运回朝鲜被戮，日本大哗。四月，朝鲜政府以东学党起义，声势甚盛，无术镇压，来请救助。李鸿章奏派叶志超等自海道赴援，并根据中日天津条约，通知日本政府，于是日本乘机派大军赴朝鲜。五月，东学党败，日本不但拒绝中国政府同时撤兵之要求，且一再增兵，并令其驻朝鲜公使大鸟圭介威胁朝鲜宣布独立。六月，大鸟圭介要求朝鲜改革内政，已如愿以偿，但以朝鲜不肯承允与中国绝，遂率兵拘朝鲜王，命大院君主国事，政令皆操之日本人。日本海军违背国际公法，袭沉我装载援兵赴朝鲜之高升号轮船。李鸿章奏派卫汝贵等自陆路援朝鲜，后抵平壤。日军犯中国驻牙山成欢之军，叶志超等败，迂道北走，趋平壤。七月，中国对日本宣战。八月，日军攻平壤，左宝贵力战死之，叶志超等败走。海军提督丁汝昌率舰与日海军遇于大东沟迤南洋面，开炮互击，是为黄海之战，我军损失甚重，日军损失亦不轻。九月，日军侵入盛京境，陷九连城等地，十月，陷凤凰城。日本另支陆军自海道陷金州、大连、旅顺。李鸿章奏派天津海关税务司德国人德璀琳东渡谈和，为日本所拒。十一月，日军陷海城。十二月，日军陷盖平。命两江总督刘坤一为钦差大臣，驻山海关，节制关内外兵马，办理防剿事宜。派张荫桓、邵友濂赴日本讲和。日军陷荣成、文登等地，图抄威海卫后路。是岁，孙中山创兴中会于檀香山。李鸿章、盛宣怀等创办华盛纱厂于上海（后改又新、集成、三新等名，又改为申新第九纺织厂）。湖北纺纱局设立。重庆聚昌火柴厂设立。英人所办之京津《泰晤士报》(*The Peking and Tientsin Times*) 创刊。李慈铭、陆心源、薛福成死。

外国

〔朝鲜〕 遣洪钟宇刺杀金玉均于上海，运尸归，戮之。东学党起事，国王李熙请援于中国。中国兵来，日本亦遣兵直入汉京，胁改革内政，宣布与中国脱离“藩属”关系，拥大院君主持一切，继又迫订《日韩攻守同盟》。

〔日本〕 禁神官、神职参与政论。选举议员，各派争斗，死伤多人。迨议会第三次开幕，又与内阁作难，复遭解散。免除出口绵丝关税。公布高等学校令。乘朝鲜有事，派兵往汉京，谋摒除中国势力于朝鲜。寻袭击中国运兵船，于是中日战争起，华兵屡败。召集临时议会。公布军事公债条例。与英、美、印通商航海条约分别签字，规定定期废治外法权及取消协定税率。

〔土耳其〕 在撒松大肆屠杀亚美尼亚人。英、俄、法要求组国际委员会进行调查（按此为对亚美尼亚人第一次屠杀）。“统一进步党”成立。

〔保加利亚〕 腓迪南欲见好于俄国，乃利用对马其顿问题主张激进之分子不满于斯坦布洛夫谨慎政策之情绪，免去后者职务。

〔俄罗斯〕 尼古拉二世履位。此为俄国最后之沙皇。

〔波兰〕 波兰与立陶宛社会民主党成立。

〔意大利〕 7月及10月，两次颁布禁止无政府主义者与社会主义者活动或组织之法令。

〔联合王国〕 宣布以东非之乌干达（在埃塞俄比亚西南）为保护国。马克思《资本论》第三卷出版。

〔法兰西〕 总统卡诺在里昂为一意大利籍之无政府主义者刺杀。12月，以出售军事秘密罪，判处德雷福斯上尉终身监禁。

〔西班牙〕 科尔特斯通过取缔无政府主义者立法。

〔荷兰〕 荷属南洋群岛有人民起义，荷兰人力予镇压，起义者坚决抵抗，至1898年始渐失败。

〔合众国〕 总统克利夫兰为见好民主党农场主，颁布威尔逊—葛尔曼法案，关税平均减低至百分之三十七。伊利诺州之普尔曼卧车公司工人大罢工，未几即发展成为美国铁道工人大罢工，参加者达十五万人。

〔哥伦比亚〕 法人第二次组织开掘巴拿马运河之公司，但至1899年再度倒闭。

〔新西兰〕 设立工业之调解与仲裁局。职工组织大盛。

〔夏威夷〕 夏威夷共和国成立，美国“立予承认”。

1895年

中国

乙未 清光绪二十一年

正月，张荫桓、邵友濂抵达日本，日本政府予以极大侮辱，拒不与之谈和。日军陷威海卫，丁汝昌自杀，其部下以残余军舰降。复派李鸿章为全权大臣赴日本讲和。二月，日军陷牛庄。李鸿章至日本马关，先谈停战，日本多方刁难；嗣以李鸿章为日本人刺伤，国际议论沸腾，日本乃允订约停战。三月，日军陷澎湖。李鸿章与日本伊藤博文等签订马关条约，其主要条款为承认朝鲜独立，割让辽东半岛、台湾及澎湖诸岛与日本，赔款二万万两，并许日本人在通商口岸制造货物。丧权辱国之马关条约遭到舆论激烈反对，康有为时会试在京，号召各省举人一千三百余人上书请求拒和、迁都、变法图强。四月，俄、法、德三国接洽干涉日本强割辽东半岛。台湾人民反对割属日本，丘逢甲等谋自立为民主国，开议会，五月，遂推署巡抚唐景崧为总统；未几日军来攻犯，唐景崧遁归内地。刘永福驻台南，仍图抵抗，台湾各地人民亦纷起义兵与日军战。《中法云南界约》签字。七月，康有为创强学会。九月，刘永福以无援助，饷匮兵单，弃台南，还广东，但台湾义民则仍此起彼仆，屡创日军。日本接受俄、法、德三国“劝告”，退还辽东半岛，另索三千万两赎款。孙中山回国，设兴中会总部于香港，又开设乾亨行以资掩护，复于广州设农学会，暗作革命活动之机关。以运军械失慎，被海关搜获，事泄，被捕者七十余人。十月，湖北炼铁厂成立。十一月，张之洞奏立江南自强新军。是岁，康有为、梁启超发刊《强学报》于上海，鼓吹变法。为筹对日战费，向汇丰等银行四次借款五百万镑又银一千万两；又为付日本赔款，向俄、法等国借款一万三千万两。英商怡和等纱厂设立于上海。华俄道胜银行成立。华商上海大纯纱厂、裕源纱厂、宁波通久源纱厂、无锡业勤纱厂、绛州三十三林镇纱织布局及上海瑞纶丝厂、信昌丝厂、纶华丝厂前后成立。中央矿务局设于北京。湖北武备学堂成立。天足会成立于上海。

外 国

〔朝鲜〕 四月，中、日订约于马关，承认朝鲜“独立自主”。七月，闵妃结俄发动政变，排挤亲日派，日本以强力制止之。九月，闵妃复密谋结俄，事泄，日本拥大院君率兵入宫，杀闵妃。是为“乙未之变”。定于明年改用西历，改元建阳。

〔日本〕 公布防务等条例。对华侵略战争又有进展，占威海卫、田庄台等地。中国派李鸿章来议和，四月，订约于马关。逼索土地、赔款，嗣以俄、法、德三国干涉，将辽东半岛归还中国。割得台湾，派兵往，遭台湾人民强烈抵抗，数年未已。与俄、秘、丹分订通商航海条约。以朝鲜闵妃附俄，拥大院君以杀闵妃。

〔波斯〕 准法国在波斯进行考古发掘。

〔土耳其〕 保加利亚革命党人袭击马其顿。保加利亚、希腊与塞尔维亚等地革命委员会分子(Komitadjis)自此在该地区经常进行有组织之活动。

〔保加利亚〕 主张对马其顿问题采取激进政策之分子，组“马其顿外部革命会”。7月斯坦布洛夫遇刺殒命。

〔俄罗斯〕 列宁组织圣彼得堡“工人阶级解放斗争协会”。俄、德、法三国反对中日马关条约，迫使日本归还辽东半岛与中国。俄国自中国获得横越北满建筑“东清铁路”权益。5月，波波夫在俄国科学大会上试验其长时期研究之无线电，获得成功。

〔德意志〕 6月，连接北海与波罗的海之基尔运河落成。11月，慕尼黑大学教授兰特根发明X光。狄塞尔发明柴油引擎（狄塞尔引擎）。

〔意大利〕 美内利克就任埃塞俄比亚王位后，欲摆脱意大利人之控制，与意大利人发生矛盾。12月7日，侵入埃塞俄比亚北部之意军，大败于安姆巴—阿拉吉。意大利人马可尼发明无线电。

〔联合王国〕 3月，勒斯忒与诺桑普吞鞋业工人大罢工，卷入者达二十万人。南非英属殖民地冒险家哲姆逊率队伍八百人向德兰士瓦共和国进攻，但为布尔人（荷兰农民）歼灭，哲姆逊投降。8月5日，恩格斯逝世于伦敦，享年七十五岁。

〔法兰西〕 5月，与俄、德联合迫使日本将辽东半岛归还中国。11月，完成对马达加斯加岛反法运动之武装镇压。明年，宣布该岛为法国属地。

〔西班牙〕美国利用西班牙人在古巴岛实施专制统治所引起之不满，嗾使该岛人民掀起革命。

〔比利时〕 令将天主教重要教义列为一切公立学校必修课。

〔非洲〕 12月末，英国冒险家哲姆逊率“志愿军”八百人侵入荷兰移民所创立之德兰士瓦共和国，为后者歼灭。英国政府设立东非洲保护地。

〔合众国〕 社会主义职工同盟成立。

〔中美洲〕 古巴爆发反西班牙统治之起义，名诗人与民族英雄何塞·马蒂阵亡。尼加拉瓜、圣萨尔瓦多与洪都拉斯等地代表缔结联合条约，组成“大中美洲共和国”，但明年11月，以圣萨尔瓦多之退出而瓦解。

1896年

中 国

丙申 清光绪二十二年

二月，总理衙门奏办邮政，由总税务司赫德主其事，于是成立大清邮政总局，并加入万国邮政公会，是为中国自办官邮局之始。为付日本偿金，又向英、德借款一万万两。李鸿章赴俄祝贺俄皇尼古拉二世加冕典礼，遂与俄国订立密约，内容为中、俄协力对付日本之侵略朝鲜及允俄国通过黑龙江、吉林两省敷设铁道。《中日通商条约》签字。七月，孙家鼐议复开办京师大学堂事宜。梁启超等发刊《时务报》于上海，鼓吹维新变法。八月，总理衙门奏立铁路总公司于北京，官商合办。盛宣怀筹设中国通商银行于上海，官商合办，商股五百万两。盛宣怀又奏请采金本位货币，于北京设中央造币厂，又请设国家银行。十二月，总理衙门奏请申明条约，戒外国传教士勿得遇事生风，挟持地方官，袒护无赖教民，并不可招收痞棍，以为爪牙，包揽词讼，欺侮良民。是岁，严复译英人赫胥黎《天演论》成。英商上海增裕面粉公司成立。官办之大冶铁矿及汉阳铁厂由盛宣怀等出资六百万两收为私营。豫东、湖北官钱局前后成立，发行钱票。日本轮船公司、大东新立洋行成立，开始航行于长江之下游。张之洞奏派二人赴日本留学，是为中国派留学生赴日本之始。

外 国

〔朝鲜〕 建阳元年。二月，春川人民起义抗日，排日派以俄兵入汉京，拥国王等入俄国使馆，继罢亲日内阁，杀贬数人。

〔日本〕 公布航海造船奖励法、登录税法、营业税法、酿酒税法、烟草专卖法、劝业银行及农工银行法。设拓殖务省。大东汽船株式会社、东洋汽船株式会社成立。与瑞典、挪威、荷兰、法国订航海通商条约。与俄缔结关于朝鲜之协定。

〔菲律宾〕 在阿奎那多领导下之土著举义，西班牙戍军予以镇压。起义军著名领袖利责尔医师被捕殉难。

〔暹罗〕 英、法共同承认暹罗独立。

〔印度〕 自是年起，十年中连续大灾，死于饥饿与黑死病者逾一千万人。

〔波斯〕 那塞尔·阿丁王遇刺死，子玛扎法·阿丁继位。

〔土耳其〕 克里特岛革命再起，其目的在欲与希腊合并，但由于“列强”之干涉，仅获得任命一基督教徒为总督之让步及若干其他改革。8月，土耳其第二次屠杀境内之亚美尼亚人，暴行达三日不止。

〔俄罗斯〕 沙皇尼古拉二世访问德、奥、英、法各国。明年，法总统非利克斯·福尔来报聘，两国交谊益密。五月二十二日，中国代表李鸿章在莫斯科签订《中俄密约》。

〔保加利亚〕 俄国及其他各国今年先后承认腓迪南。

〔希腊〕 于本年起，恢复奥林匹亚竞技大会。

〔匈牙利〕 5月2日，纪念建国一千周年之展览会开幕于布达佩斯。

〔第二国际〕 在伦敦举行第四次代表大会，出席代表五百三十五人，号召各国工人争取政治权利，以便在立法机构中提出并实现自己之要求。

〔德意志〕 1月3日，威廉二世致电德兰士瓦总统克卢革，庆祝其击退英国侵略者。德、英外交关系以此顿趋紧张。

〔意大利〕 在埃塞俄比亚之侵略军二万五千于3月1日为埃塞俄比亚军在阿杜瓦彻底击溃，死者五千，被俘者约二万，其中包括意大利上将二员。3月5日，克利斯庇内阁被迫辞职。意帝国主义向埃塞俄比亚乞和。10月26日，订亚的斯亚贝巴和约，承认埃塞俄比亚为独立国，并赔偿军费二百万意币。新首相鲁迪尼发表宣言，中有“意大利国势贫弱，不宜于经营殖民地……”等语。

〔西班牙〕 美国企图独占古巴，要求西班牙人准许古巴“独立”。

〔荷兰〕 修改选举法，选民人数自三十万增至六十万人，但无产阶级仍无政治权利。

〔法兰西〕 拜咯利尔发现铀之放射性。6月20日，宣布以马达加斯加为法国属地。

〔联合王国〕 与法国签订关于湄南河流域之协定，以解决在中印半岛（印度支那半岛）之争执。

〔埃及〕 由于比利时与法国在非洲中部之活动，以及苏丹区对尼罗河水源之控制，英将吉青纳奉命率军队九千人远侵尼罗河上游，企图重行征服该地（见1885年条）。

1897年

中 国

丁酉　清光绪二十三年

正月，中、英《续订缅甸条约》签字。二月，总理衙门被法国所迫，作海南岛不割让与他国之声明。三月，上海公共租界工部局颁小车牌照税办法，小车工人联合罢业，英、美军舰开入黄浦江镇压，嗣以工部局让步，风波始已。东清铁路公司成立。五月，总理衙门被法国所迫，允许法国自南宁至百色、河口至蒙自敷设铁路，并云南、广东、广西之矿山开采权。六月，与比利时订《芦汉铁路借款合同》（此款实为俄、法两国投资）。八月，御史陈其璋奏请鼓铸铜圆，以补制钱之不足。直隶总督王文韶奏开磁州煤矿。英商福公司成立，图攫得河南、山西开矿权。十月，曹州民众以积忿杀德国传教士二人，德政府借口派兵占据胶州湾，并提出惩“凶”、抚恤、罢免山东巡抚李秉衡、租借胶州湾，并敷设胶州湾至济南铁路及沿路矿山开采权利等苛刻要求。严复创办《国闻报》，介绍西洋学术思想，鼓吹维新。十一月，工部主事康有为上书，请及时革旧图新，变法救亡。十二月，工部侍郎徐树铭请饬各省兴办蚕桑。是岁，天津北洋学堂成立。张謇等筹设纱厂于南通州，官商合办，后改名大生纱厂。上海商务印书馆成立。初派代表参加在华盛顿召开之万国邮政公会。美国禁止中国绿茶、乌龙茶入口。黎庶昌死。

外国

〔朝鲜〕 改国号为韩，改元光武。俄迫聘其军官来教练军队，又以俄人代英人为税务司。英怒，派舰队逼仁川。

〔日本〕 公布货币法，改金本位。公布关税定率法、国税征收法、台湾银行法、远洋渔业奖励法及森林法。公布东京及京都帝国大学官制。公布台湾总督府官制。与葡、奥等国订通商航海条约。议会又以反对内阁被解散。

〔菲律宾〕 总督里维拉与阿奎那多缔约媾和，允于三年内实施改革。阿奎那多则于获得约定给彼之金钱后离开菲律宾。

〔暹罗〕 颁卫生条例，设卫生局。拉玛五世王游欧，至俄受隆重接待。

〔缅甸〕 英设立法会议于缅。

〔印度〕 英人合上、下缅甸为一省，设副总督治之，属印度政府。

〔波斯〕 法考古学家在苏萨进行田野发掘，后在其地发现汉穆拉比法典石碑。

〔俄罗斯〕 列宁被流放于西伯利亚东部，为期三年（按列宁于1895年十二月即已被捕，但当时仍能领导斗争协会）。

〔德意志〕 11月，强占我胶州湾。

〔法兰西〕 德雷福斯之弟及友人要求将案件重付审讯，同情德雷福斯者骚动于巴黎，但议会拒绝过问。始制造七五口径之“大炮”。

〔西班牙〕 议会通过古巴改革法案。美国承认古巴为交战国。

〔荷兰〕 波基西阿斯内阁（属自由党）组成。为缓和无产阶级之反抗情绪，颁布社会立法多种，如实施工人意外保险、改善居住条件等，但工人之基本情况仍极困苦，以是收效甚微。

〔合众国〕 社会民主党成立，创立人为德布斯（1894年曾领导铁道工人大罢工）。

〔澳大利亚〕 举行第二次联邦代表大会，讨论澳洲各省组织共同政府案。

〔新西兰〕 实行八小时工作制。

〔夏威夷〕 6月16日，美国与夏威夷政府订立兼并后者条约，9月9日，又经夏威夷上院“批准”。一切部署就绪后，美国遂于明年借故发动与西班牙之战争，袭占菲律宾群岛等地，使其侵略势力达到东亚。

1898年

中国

戊戌 清光绪二十四年

正月，贵州学政严修请开经济特科，试以内政、外交、理财、经武、格物、考工等项。为筹对日赔款，初次试办国内公债，名曰昭信股票，定额一万万两，每股一百两，年息五厘，二十年还本，嗣未成功。康有为请开制度局，筹划变法救亡，并分设法律、度支、学校、农、工、商、铁路、邮政、矿务、游会、陆军、海军等十二局分理其事。总理衙门为英所迫宣布扬子江流域各地永不割让与他国。二月，德国强租胶州湾，期限九十九年。俄国强租旅顺口、大连湾，期限二十五年。宣布以后总税务司皆委英人、总邮政司皆委法人。康有为等创保国会于北京，宣传立宪等革新政见。三月，法国强租广州湾，期限九十九年，并迫总理衙门宣布云南及两广等省不割让与他国。英、德对在山东势力问题达成妥协。日本迫总理衙门宣布福建不割让与他国。四月，下诏定国是，决定变法维新。德宗召见工部主事康有为、刑部主事张元济。为筹筑沪宁、粤汉、正太等铁路，分向英、俄借款；英商成立中英公司，主要为承揽铁路借款事。英商福公司与山西商务局签订合办山西矿务章程。五月，康有为奏请统筹全局，以图变法，御门亲临以定国是，开局亲临以立制度。改八股文试士为策论。开办京师大学堂。召见梁启超，命办译书事务。改各省省会之书院为高等学堂，府城之书院为中学堂，州县之书院为小学堂，皆兼习中西学术。英强租九龙半岛及附近港湾，期限九十九年；又强租威海卫，期限二十五年。英商福公司与河南豫丰公司签订合同，开采怀庆等地矿产。六月，改科举章程，乡会试头场试历史、政治，二场试时务，三场试四书五经。改《时务报》为官办，命康有为督办。命各省督抚劝导绅民发展农政、工艺，优奖创制新法者。以美国人丁韪良为京师大学堂西学总教习。康有为请禁妇女缠足。公布《内港行轮章程》。七月，裁詹事府、通政司、太常、光禄、太仆、鸿胪等寺；又裁广东、云南巡抚。礼部尚书怀塔布等以阻挠主事王照条陈，交部议处；因谕嗣后各部堂官代递属员条陈，原封呈进，毋庸拆看。赏谭嗣同、杨锐、刘光第、林旭四人四品卿衔，参预新政。命官民得应诏言事。召见严复询办理海军事宜。订《长江通商章程》。淞沪铁路通车。八月，命康有为迅赴上海督办官报。慈禧皇太后再出训政，于初六日起，御殿理事，幽德宗于瀛台。革康有为等职，命各地严缉，康有为等遂出亡海外；杀谭嗣同、杨锐、刘光第、林旭、杨深秀、康广仁等六人，罢一切新政。筹筑山海关外铁路，向中英公司借款。又为筹筑沪杭甬铁路，向英商怡和等洋行借款。十月，革户部尚书协办大学士翁同和职，交地方官管束。公布矿务、铁路公共章程，分官办、商办及官商合办。是岁，孙多松等创立上海阜丰机器面粉公司。吴鼎懋创立天津北洋硝皮厂。英、法合资成立隆兴公司，攫得云南矿山开采权。吉林官帖（钱帖）局成立。日本大阪商船初行于长江。西人设保健局于上海。张之洞印行《劝学篇》。美国长老会教士设聋哑学校于烟台。

外 国

〔朝鲜〕 大院君李昰应死。日本与俄国再缔结关于朝鲜之协定，俄国不妨害日本在朝鲜经营工商业。

〔日本〕 公布元帅府条例。议会召集未久，以否决增税案被解散。万国邮政条约签字。发劝业公债。修正水旱田地价。

〔菲律宾〕 阿奎那多返国。六月二十二日，组临时政府，自任总统，美国人得其协助占领马尼拉。

〔暹罗〕 订立暹罗、日本条约。初派学生赴西洋留学。改革教育制度。

〔希腊〕 土耳其军被迫自克里特岛撤退。英、俄、法、意诸国派军队联合占领。11月，希腊国王乔治被任为此岛高级专员。

〔俄罗斯〕 三月，彼得堡、莫斯科、基辅等地之斗争协会在明斯克召集俄国社会民主工党第一次代表大会，并发布宣言。但由于未能拟出党纲、党章及未成立中央机构，故各地马克思主义小组与团体仍缺乏相互间之联系。以租借为名攫取中国之辽东半岛。

〔德意志〕 3月，帝国议会通过第一次海军法案。德国之大海军政策从此开始。11月末，德意志银行自土耳其政府获得巴格达铁道修筑权（明年年底正式订约）。以上两事皆与英帝国主义利益直接冲突，因此两国矛盾愈深。齐柏林开始制长达四百二十英尺之大飞艇。

〔意大利〕 5月初，各地发生“面包暴动”，尤以米兰为甚，军警实弹射击，死伤多人。颁布戒严令，议会并通过《公安法案》，严厉禁止社会党人活动。

〔法兰西〕 名作家左拉为德雷福斯案主张公道，被判徒刑一年，左拉遁赴英国。时陷害德雷福斯之伪造文件已被发觉。不同之政治主张者遂以此案而分两派。拥护共和制者为德雷福斯派，主张恢复君主制者为反德雷福斯派。彼埃·居里夫妇研究放射现象，并游离镭。

〔西班牙〕 被迫与美帝国主义进行战争，失败后退出古巴、波多黎各、安提尔群岛与菲律宾群岛。国内共和党与社会党逐渐得势，无政府主义者仍四处骚动。

〔瑞典〕 始在挪威实行普选制。挪威商业在19世纪后期甚为发达，民族情绪亦因而高涨，要求有自己之国旗，并在各国派遣自己之领事，但皆为瑞王拒绝。

〔埃及〕 9月19日，吉青纳所统率之英军进入法硕达（尼罗河上游，苏丹南部），但马尚少校所统率之法军已占领该地。英、法两军几肇冲突，卒以法军撤退了事。英人自此完全征服该地。

〔合众国〕 4月25日，美国借口“缅因”号被炸毁事件（2月15日）向西班牙宣战。5月1日，美远东舰队袭击马尼拉西班牙舰队。7月3日至28日，在海战与陆战中大胜西印度群岛之西班牙兵力。8月12日和约草案成。12月10日，正式和约在巴黎签订。美国获得古巴、波多黎各、关岛与菲律宾群岛。8月，合并夏威夷群岛。

〔澳大利亚〕 联邦代表大会制定宪法。

1899 年

中 国

己亥 清光绪二十五年

正月，李鸿章奏筹山东河工救急治标办法。意大利以海军威胁，要求租借三门湾，并修至江西铁路，驳拒之。二月，盛宣怀与英商怡和洋行订修广州、九龙间铁路草约。四月，英、俄协议划分在华修筑铁路范围，长江流域由英、长城以北由俄分别敷轨，于是英乃计划修天津至镇江、信阳至浦口、苏州至杭州等路。五月，德于山东设立矿山及铁路公司。七月，总理衙门议定《出洋留学章程》。八月，与朝鲜订立《中韩通商章程》。美国国务卿海约翰提出对华门户开放政策。十一月，再令严缉康有为等。与墨西哥订《中墨通商条约》于华盛顿。广州、天津、北京筹设电话。十二月，慈禧太后立端郡王子溥俊为大阿哥，谋废德宗。山东义和团起，在肥城县境杀英传教士。命袁世凯为山东巡抚，率兵镇压，义和团员遂多走直隶。是岁，河南安阳殷墟发现甲骨文。山东峄县中兴煤矿公司成立。英商与华益公司订立合同，法商与华合办福安公司，攫得开采四川矿权。命湖北、广东铸银圆，户部、工部铸当十大钱。洋商在上海成立海上保险协会。英教会在汉口立博学书院，在孝感立麻疯疗养院。日本横滨正金银行初设分行于牛庄。

外 国

〔朝鲜〕 与中国缔结修好条约。

〔日本〕 公布铁道国有调查会规则，著作权法、国籍法、国有林野法、农会法、私立学校令及教育基金令。东亚同文会成立。长途电话开通。日希修好通商航海条约签字。

〔菲律宾〕 一月二十日，菲人公布宪法，并选举阿奎那多为总统。二月四日开始起义，反抗企图重行奴役菲律宾之美国人。

〔暹罗〕 与英、法订国籍协定。

〔土耳其〕 德国公司获得修筑巴格达铁路之让与权。

〔联合王国〕 英国发动侵略南非洲德兰士瓦共和国之"布尔战争"。布尔人英勇抵抗，然以势力悬殊，延至1902年5月被迫签订和约，沦为英国殖民地。

〔意大利〕 北极探险家洪伯脱·卡尼到达北纬八十六度三十四分（离北极约二百英里），此为海上北极探险之最高纪录。其他有声称到达北极者，但多不可靠。

〔法兰西〕 埃密尔·卢贝当选为总统（到1906年）。7月中旬，德雷福斯宣判无罪，政府授以奖章并提升为少校。

〔西班牙〕 以加罗林群岛售予德国，获得代价八十万镑。

〔比利时〕 社会党与自由党联合提出"一人一票"制要求。

〔荷兰〕 5月18日，国际和平大会于海牙开幕，参加者有二十六国之代表，决议设立永久性之仲裁法庭。

〔埃及〕 1月19日，在英国官员导演下，英埃签订《共同管理苏丹区条约》，自此该地区被称为"英埃苏丹"。

〔合众国〕 菲律宾土著民族反对美国统治之大起义，虽受美国侵略军六万名之镇压，但仍坚持三年，始渐失败。美国又占领太平洋中之威克岛、中途岛及庄士敦群岛。9月6日，国务卿海约翰分向英、法、俄、德诸国致送通牒，要求各该国在中国之"势力范围"须向美国商人公开（"门户开放"政策），俾能"利益均沾"。

〔澳大利亚〕 澳洲移民组织军团开赴南非洲，协助当地英人与布尔人进行战争。

1900年

中国

庚子 清光绪二十六年

正月，又悬赏十万两，严缉康有为等。中法邮政互寄协定成立。二月，刘坤一奏南通纱厂由官商合办。袁世凯与德山东铁路公司订立章程。义和团发展至山西、直隶，四月，与官军冲突于涞水、定兴间，杀副将杨福同，刚毅等招之至北京。五月，屯驻北京之甘军杀日本使馆书记生杉山彬。以载勋、刚毅为义和团总统，会同官军攻东交民巷各使馆。虎神营兵杀德国使臣克林德。英、法等八国联军攻陷大沽口。下诏宣战。六月，联军犯天津，直隶提督聂士成战死于八里台；旋陷天津城，直隶总督裕禄走北仓，旋自杀。两江总督刘坤一、湖广总督张之洞、四川总督奎俊等与各国领事订互保条约，不听北京宣战之诏。唐才常等谋起事于湖南、北、安徽，失败，死者多人，大冶铁矿初输往日本。七月，前后杀大臣许景澄、袁昶、联元、立山、徐用仪等。联军由天津北犯，逼北京。慈禧太后挟德宗出走，经居庸关、宣化、大同、太原，至西安。联军入北京，四出焚杀淫掠。八月，命庆亲王奕劻与各国议和。俄兵陷齐齐哈尔、黑龙江，黑龙江将军寿山自杀，嗣占东北三省。闰八月，兴中会郑士良等起义于惠州，失败。九月，李鸿章奉命至北京与各国议和。是时，美国务卿海约翰之对华门户开放政策已得各国支持，英、德遂再缔协定，规定在华利益事。十一月，李鸿章等与各国议商讲和大纲十二款，大致为惩办"祸首"，向德、日道歉、停止输入军火二年，停止义和团杀害洋人区域考试五年，许各国留兵卫使馆及分驻山海关等处，赔偿兵费四万五千万两及赔外国商民损失。派醇亲王载沣、侍郎那桐分赴德、日道歉。前后杀各国指名之毓贤等大臣。十二月，开平矿务公司成立。是岁，英、法在云南、四川之竞争互相让步，达成协议。江西试办统税。德在胶州湾青岛设造船厂。开平矿务公司附设洋灰公司。英人在上海设瑞瑢机器轮船工厂。南通复新、无锡茂新面粉公司成立。福建设造币厂。

外国

〔朝鲜〕 与俄定约不以巨济岛租借任何国。

〔日本〕 耕地整理法施行。公布农会令、产业组合法、私设铁道法、铁道营业法、保险法、兴业银行法及北海道拓殖银行法。中国义和团反帝运动起，使馆书记生杉山彬被杀，因与英、法、德、美等七国联合进军侵占天津、北京。

〔暹罗〕 曼谷至权叨铁路成。又开始筑通景迈铁路。令自1897年12月16日以后所生奴隶子女一律许予自由。

〔印度〕 中部大饥。

〔波斯〕 俄贷款给波斯。波斯王访问欧洲。

〔土耳其〕 兴筑黑查斯（阿拉伯半岛西部）铁道，使圣地麦加与其他各地联络。

〔罗马尼亚〕 因马其顿问题与保加利亚关系趋于紧张。

〔俄罗斯〕 列宁自流放地返俄国本部，旋以沙皇政府继续迫害，遂逃亡国外。十二月，《火星报》创刊号出版。19世纪末欧洲爆发之工业危机波及俄国，自此至1903年，大、小企业倒闭者三千余家，失业者达十余万人。

〔第二国际〕 在巴黎召开第五次代表大会，出席代表七百九十一名。对于夺取政权之方法问题发生争执，结果通过考茨基草拟之议案。“机会主义”自此开端。

〔德意志〕 6月12日，帝国议会通过第二次海军法案，规定一长达十七年之造舰程序。8月19日，派遣瓦德西元帅赴中国任各帝国主义侵略军总司令（9月25日抵天津）。

〔意大利〕 国王洪伯尔特遇刺殒命（行刺者为一无政府党人），维克多·伊曼纽尔二世继立。12月4日，与法国成立协议，法国可在摩洛哥自由行动，而意大利亦可在的黎波里自由行动，双方互不干涉。

〔联合王国〕 英国工人成立“工人代表委员会”，以拉姆塞·麦克唐纳为书记，目的在选举时便于提出候选人。

〔合众国〕 6月，派兵参加镇压中国之义和团运动。海约翰乘机重申“门户开放”政策，并于7月3日再向各国致送通牒。

〔澳大利亚〕 7月9日，英议会批准澳洲联邦宪法。

〔新西兰〕 兼并库克岛、野人岛与苏伐罗夫岛。

1901年

中国

辛丑 清光绪二十七年

正月，王承尧等集资及前华俄银行一部分资本，组织华兴利煤矿公司，开采抚顺千金寨煤矿。三月，设督办政务处，以庆亲王奕劻等为督办政务大臣，刘坤一、张之洞遥为参预政务大臣，筹划变通政制。驻俄使臣杨儒奏与俄外部会商俄兵撤出东三省事宜。命各省通筹分摊庚子赔款。四月，复开经济特科，命翰林院编修、检讨以上学习政治。裁汰各衙门吏役。李鸿章奏订赔偿各地教堂及抚恤教民办法。五月，命驻外使臣咨送留洋学生回国，听候任用。六月，依各国要求，改总理各国事务衙门为外务部，列于六部之上。七月，命各省筹设武备学堂，又命严格裁汰营兵，留精壮者分为常备巡警等军。命以后考试，废八股文，改用策论，并停止武试。李鸿章等与各国使臣签订和约于北京，是为《辛丑和约》。日本设东亚同文书院于上海。八月，慈禧太后与德宗自西安回京，沿途供张甚盛。命各省于省城及所属府州县筹设高等、中等、初等学堂；又命选派学生出洋留学。九月，李鸿章死。十月，诏通行使用银圆，并筹辅币。废大阿哥溥儁，定学堂鼓励章程。十一月，慈禧太后与德宗至北京。美商合兴公司开始修筑广州至三水铁路。为敷设烟台大沽间海底电线副线，向英国大东公司、丹麦大北公司借款。十二月，依张之洞等请，许宗室子弟出洋留学，又命满汉通婚，劝谕女子勿再缠足。是岁，梁启超创《新民丛报》于日本，宣传君主立宪，与孙中山领导之兴中会互相抨击。定距海关五十里内之常关统归海关管理。法修越南河内至广西龙州铁路成。美国教会立东吴大学于苏州。英商老沙逊洋行设于上海，垄断土地买卖兼营出入口事业。

外国

〔日本〕 私立日本女子大学设立。公布渎职法、巡查看守退职金及遗族扶助金法、永久借地权条规。帝国石油株式会社成立。公布日本红十字会条例。

〔菲律宾〕 三月二十三日，美将丰斯吞诱捕阿奎那多，迫其投降，并发布宣言劝菲人乞降，但游击战争遍于各地，次年夏始失败。第一个职工联合会（印刷工人）成立于马尼拉。

〔阿富汗〕 喀布尔王阿布杜拉曼死，子哈拜布·巫拉即位。

〔俄罗斯〕 《火星报》出版后，分散于各地之马克思主义小组与团体始有联系。俄国社会民主工党至此方真正成立。高尔基名作《海燕之歌》成。

〔德意志〕 柏尔逊与苏灵二人在柏林乘汽球升空达三万五千英尺。此纪录保持甚久，无人打破。

〔意大利〕 北部各工业城市先后发生大规模罢工。

〔联合王国〕 女王维多利亚卒（在位六十四年，为英王在位最久者），子爱德华七世嗣位。获得在波斯开采石油之特许权。

〔法兰西〕 为某法籍公司债务问题与土耳其断绝外交关系。11月，以海军威胁苏丹，使之屈服。

〔西班牙〕 马德里及其他城市发生反僧侣暴动。

〔比利时〕 自今年至1905年国内各地时有罢工运动发生。无政府主义者亦大肆活跃。

〔合众国〕 8月10日，美国钢铁公司工人大罢工。12月，最高法院判例中明白宣称波多黎各人民非美国公民。10月至明年1月末，举行第二次泛美会议，决定成立国际局，并以美国国务卿为永久主席。

〔澳大利亚〕 1月1日，澳大利亚共和国正式成立。5月9日，议会开幕。

1902年

中国 壬寅 清光绪二十八年

正月，管学大臣奏办京师大学堂情形，定预科三年，与各省高等学堂功课相同，卒业授举人；正科三年，卒业授进士。又荐吴汝纶为总教习。三月，奕劻、王文韶与俄使雷萨尔议定交收东三省条约。盛宣怀奏请设勘矿公司以保主权。四月，外务部奏英国交还铁路办理情形。外多部、户部会订开办印花税章程。以沈家本、伍廷芳为修律大臣，修订法律。五月，上海英法等国总领事议定会审衙门临时章程。上海商业会议公所成立，后改为上海总商会。六月，以张之洞兼督办通商大臣。七月，颁行学堂章程，分大学堂、高等学堂、中学堂、小学堂、蒙养学堂，大致采行日本制度。八月，练兵处奏定新式陆军营制饷章。九月，张之洞等与各国修订商约。各国利用辛丑和约，对中国进一步施行侵略，以扩大利权。刘坤一死。美国政府应清廷之请，派精琦等三人来华，讨议银价及金本位问题。十一月，收回私营电报局，改归官办。北洋造币厂成立，鼓铸银圆。命自明年为始，凡进士之授修撰、编修及选用庶吉士、主事、中书者，皆入京师大学堂分门肄业。十二月，派员参加美国圣路易城博览会。是岁，蔡元培、章炳麟、徐锡麟、秋瑾创立光复会，鼓吹革命。《大公报》创刊于天津。上海英美烟公司成立。日本三井会社设纱厂于上海。华兴面粉公司成立。美国花旗银行、荷兰银行前后于上海设分行。上海工部局与电气公司订开办电车合同。汽车初见于上海。日本商人成立湖南汽船会社，行驶于汉口长沙间。英国教会设新学书院于天津。广西人民抗捐起义，声势浩大。

外国 〔日本〕 缔结《日英同盟条约》。公布政务调查委员会官制、国语调查委员会官制、商务会议所法、外国领海水产组合法、骨牌税法。定十年一次举行国势调查。议会否决增加地税以扩张海军案，被解散。

〔菲律宾〕 菲律宾工人第一个“联合会”成立。

〔波斯〕 国王访问欧洲。

〔土耳其〕 马其顿又发生革命。列强干涉，由俄、奥共拟改革方案，经各国通过后，交土耳其在该地实行。少年土耳其党在巴黎召开土耳其自由主义者代表大会。

〔保加利亚〕 马其顿革命会分子组织武装侵袭马其顿，但“改革方案”公布后，局势即趋缓和。

〔俄罗斯〕 斯大林在巴统一带领导工人运动。

〔德意志〕 重订关税税率，提高农产品入口税以符合容克阶层之利益。

〔意大利〕 1月，沿地中海铁道线工人举行罢工，向雇主提出要求多项，其中包括承认工人组织为合法。2月，都灵煤气工人大罢工。政府一方面召集铁道后备工人，一方面进行调解，至6月始复工。

〔法兰西〕 6月，埃密尔·空布为内阁总理，强迫封闭未经许可而设立之教会学校三千所。

〔西班牙〕 与南美洲各国（智利除外）成立仲裁条约。

〔葡萄牙〕 各地不断有骚动、暴动与罢工发生。

〔埃及〕 5月，英国与埃塞俄比亚划定该国与苏丹之边界。12月，阿斯旺水库落成，埃及棉花对英国纺织业之供应自此获得保证。

〔合众国〕 5月1日，宾夕法尼亚十五万煤矿工人举行大罢工，至10月21日始复工。

〔澳大利亚〕 赋予妇女以选举权。

1903年

中国 癸卯 清光绪二十九年

正月，许山西矿务尽先由晋丰公司办理。二月，命保护出洋回国华商。以总税务司赫德建议，派员赴日本调查金本位制。命袁世凯、伍廷芳修订商律。三月，以外国纷纷自设邮局，声明不予承认，但外人置若罔闻。柯逢时奏办景德镇瓷器公司。五月，增改中葡条约成。日本邮船开始行于长江。闰五月，命张之洞等厘订学堂章程。东清铁路通车。七月，设商部，以载振为尚书，伍廷芳、陈璧分别为左右侍郎。广州至三水间铁路通车。裁矿务铁路总局，以其事并入商部通艺司管理。八月，外务部奏正太铁路改用窄轨、户部请严定铜元成色，禁铸滥恶铜元。与法订《滇越铁路修筑协定》。与日本、美国订立商约，予日本以最惠国待遇。九月，命各地方大小文武官振兴商业。公布商会、铁路简明章程。十月，设练兵处，以奕劻为练兵大臣，袁世凯为会办，铁良为襄办，开始编练新式陆军。为兴修沪宁铁路，向英商怡和洋行、汇丰银行借款。为兴修汴洛铁路，向比利时借款。日俄战起，清廷宣布中立。十一月，派京师大学堂学生余棨昌等三十一人、俞同奎等十六人分赴日本及西洋各国留学。十二月，商律修成，命名《钦定大清商法》，颁行之。大冶铁矿向日本借款。制定试办银行章程。是岁，光复会章炳麟被系于上海租界之捕房；《革命军》作者邹容亦被捕，死于狱。黄兴、宋教仁等组织华兴会，谋革命。朱志尧等成立求新机器轮船厂于上海。广西起义军声势益大，清廷派大军镇压。

外国

〔朝鲜〕 俄国要求租借龙崖浦，不遂，强据之。日本与俄国对朝鲜事再开谈判。

〔日本〕 公布专门学校令。定陆军将校现役定限军龄。各省总务长官改称次官。与俄国交涉朝鲜及中国东北问题，日趋恶化，主战之声甚盛，有“对俄同志会”之组织。议会以行动不依常例，又弹劾内阁，被解散。

〔暹罗〕 颁铸币条例。

〔印度〕 本年内发生鼠疫，死者逾二百万人。

〔塞尔维亚〕 6月10日，爆发军人起义。国王亚历山大一世、其妻德拉加、德拉加之兄弟二人、首相及陆军部长等二十人皆被杀。彼得•卡拉乔治维奇被立为王。社会民主党成立。

〔保加利亚〕 社会民主党分裂成为两个派别。

〔俄罗斯〕 七月至八月，俄国社会民主工党举行第二次代表大会于比京布鲁塞尔（旋以比政府干涉，迁伦敦开会）。列宁之主张获得多数赞同通过，凡同意列宁主张者，自此被称为“布尔什维克”（多数），其他反列宁主张者称“孟什维克”（少数）。

〔联合王国〕 殖民地大臣张伯伦在南非德兰士瓦首府约翰内斯堡宣布德兰士瓦应负责赔偿布尔战争费用三千万英镑。7月，法总统及议员代表先后来访，英法邦交益亲睦。

〔意大利〕 罢工风潮仍彼起此落，蔓延各地。

〔法兰西〕 5月，英王爱德华七世来访。

〔葡萄牙〕 驻俄波托之军队起义，声称组织葡萄牙为共和国，但旋失败。

〔比利时〕 国王利奥波德统治下之刚果自由邦土著，备受压迫、榨取与残酷待遇，引起各国舆论反对。1905年利奥波德派遣调查团前往调查。

〔荷兰〕 4月，铁道工人大罢工，响应者甚多，政府以武装镇压，始渐复工。

〔合众国〕 7月4日由美国西海岸直达中国之海底电缆敷设完成。11月，在哥伦比亚制造政变，使巴拿马独立，并派遣军舰协助（阻止哥伦比亚军队开入）。巴拿马组“共和国”，美国立予承认。始有飞机，驻空记录为五十九秒。

〔哥伦比亚〕 1月22日，美国与哥伦比亚订立开掘运河条约，但哥伦比亚上院拒绝批准，故美人于11月制造政变，唆使巴拿马成为一“独立”国家。

1904年

中国

甲辰　清光绪三十年

正月，日本照复尊重中国之中立。沈瑜庆奏请设局制定度量衡，颁售各省。中德《内水轮船航行协定》成立。三月，以日俄战起，御史夏敦复请设红十字会，收容难民；因于上海与英、法、德、美等国合组万国红十字会，并令驻英使臣张德彝照会瑞士，加入万国红十字总会。公布《公司注册章程》。四月，公布《商标注册试办章程》。五月，裁粤海、淮安两关及江南织造。北京公使馆区域划定。胶济铁路成。六月，公布西江通商章程。七月，英军侵西藏，入拉萨，十三世达赖喇嘛北走；旋由驻藏大臣与英订《拉萨条约》，开亚东等地为商埠，赔兵费五十万镑。张之洞以美国派来讨议银价委员精琦所议币制条例，几于欲将中国财政尽归美员把持，极力奏阻之。十月，商部奏请削除浙江之“丐籍堕民”，一律视为良民，准其子弟入学。华兴会黄兴等谋起义于长沙，事泄，黄兴及宋教仁走日本，马福益被杀。柳州起义军亦失败。十二月，裁漕运总督，改设江淮巡抚，辖江、淮、扬、徐四府、南通及海州二直隶州。日本侵占旅顺口。是岁，山东博山玻璃公司成立。天津电车电灯公司成立。黑龙江成立广信公司，发行银钱票。英人成立中华中央铁路公司，专理浦信等铁路事。允英国之请，招华工赴南非开矿。上海工部局设华童学堂。上海天主教女修士成立安老园。天津新学书院附设华北博物馆。英教会设博物馆于济南，名广智院。广西起义军败。翁同龢死。

外国

〔朝鲜〕 二月，日俄战起，日军击破仁川停泊之俄舰，入汉京。日本公使林权助胁立“日朝议定书”，旋又立新约，规定朝鲜财政、外交皆由日本监督。

〔日本〕 二月，与俄交涉决裂，战事起。公布储蓄债券法。募集公债于英、美。日本印度通商条约签字。爱国妇人会成立。自与俄开战后，陆军即侵入朝鲜汉京，随北占定州，侵入中国，占九连城等处，海军攻旅顺，又与俄舰战于黄海，另路陆军又侵入中国，占海城等地。

〔暹罗〕 割銮佛邦、北纱二地予法。

〔俄罗斯〕 二月八日，俄日战争爆发，俄军节节失利。八月，败于辽阳；十月，败于沙河。明年一月，旅顺不守，尤以五月末对马岛海战为最甚，俄国波罗的海舰队损失殆尽。沙皇政府之腐败无能，至此暴露无遗。七月，名作家契诃夫卒（1860年生）。

〔第二国际〕 在荷兰之阿姆斯特丹城举行第六次代表大会，出席代表四百七十六人，决议反对帝国主义之殖民地争夺，但对当时已有之殖民地未作出任何积极性之决定。

〔德意志〕 德属西南非土著赫列罗人起义，反抗德帝国主义之统治。德皇以军队二万人镇压，至1908年起义始失败。

〔意大利〕 9月，全国总罢工，米兰等地有暴动。10月，意大利天主教徒响应教皇庇护十世号召，参加投票，因此，社会党及其他较进步党派在选举中所得票数相对减少。

〔联合王国〕 3月末，英上校荣赫鹏（杨赫斯本）率远征军自印度入侵中国西藏。8月、英、法订立协定，调整两国在纽芬兰、西非、埃及、摩洛哥、暹罗与马达加斯加等地之相互关系。

〔法兰西〕 由于法国厉行管理教会事务之政策，使教皇深为不满。3月，法总统赴罗马访问意王（教皇之敌），益使教皇认为有损其尊严。5月21日，驻梵蒂冈之法国大使下旗归国。11月，总理空布向议会提出教会与国家分离案。4月8日，英、法两国签立友好协定。10月3日，法国与西班牙订立秘密瓜分摩洛哥条约。

〔西班牙〕 为摩洛哥问题与法国成立协议。西班牙之外交关系自此倾向英、法。

〔埃及〕 英、法友好协定签字后，英国在埃及之独占地位益趋巩固，但英仍向法保证执行1888年条约。

〔南非洲〕 德兰士瓦立法会议通过招募非欧洲籍劳工案。自此以后，大批印度人陆续流入，成为南非最受压迫之民族。同年，中国工人亦有流入德兰士瓦者。

〔合众国〕 4月22日，以一千万元向巴拿马共和国“购得”运河修筑权（1914年8月完成）。次日又以四千万元收购法国运河公司之财产。

1905年

中国

乙巳　清光绪三十一年

正月，美国政府再提对华门户开放政策，英、法等国复表示支持。袁世凯等请自开济南为商埠，从之。二月，日军败俄军于奉天，俄军北走。以练新军，直隶募集公债，摊派于各州、县，并暂借款于日本。三月，收回设江淮巡抚之命，改为江北提督。伍廷芳等请废凌迟、枭首、戮尸之刑。四月，京汉铁路南、北两线皆成，进行黄河铁桥之修筑。以美国订立排斥华工之案，且苛待在美华侨，广州、上海及沿海各大商埠纷起反美运动，抵制美货。五月，为付庚子赔款，借款于英、德等国。六月，派载泽等五大臣出洋考查宪政，于北京东车站登车之际，吴樾投掷炸弹，数人受轻伤，遂中止出发，吴樾当时炸死。为赎回道清铁路，向法、比借款。为赎回粤汉铁路，向香港借款。初次考试出洋归国学生，授翰林院职衔及进士有差。七月，禁各地抵制美货，镇压反美运动。诏自丙午年为始，停止乡会试，生童岁科考亦停，一切士子皆由学堂出身，一千余年之科举制度，至此遂废。八月，天津造币总厂正式成立。户部奏定整理圜法章程。户部银行成立，旋改称度支银行，又改称大清银行。九月，设巡警部。美国图与日本共营满洲铁路，已有成议，以日本外务大臣小村寿太郎之反对而罢。孙中山至日本，将兴中会与黄兴派之华兴会、章炳麟派之光复会合并为中国革命同盟会，以三民主义为主旨，进行革命工作，并举孙中山为领袖，黄兴副之；旋创办《民报》，宣传革命。十月，株萍铁路成。定银币以两为单位。后二年仍改以圆为单位。停铸当十钱，改订制钱成色。十一月，改派载泽等五大臣出洋考查宪政。设学部。日俄和约，俄国将在南满所攫得之利权转让与日本，日本因派员来，迫予承认日本在南满之权益。十二月，日商大仓组与奉天官方订立合同，成立本溪湖煤铁公司。日本建安奉轻便铁路成。道清铁路成。是岁，袁世凯于天津设实习工厂以培养技术工人。奉天官银号成立。重庆浚川源银行成立，初由官民会办，逾二年乃撤退民股。上海英华人寿保险公司成立，主要为英商资本。上海保险业公会成立。美教会之上海圣约翰大学正式成立。张之洞设存古学堂于武昌。

外国

〔朝鲜〕 九月，日俄讲和，俄承认不再干预朝鲜事。十一月，日本伊藤博文来，命林权助胁朝鲜结“日韩新协约”，承认日本置统监于汉京，以伊藤博文任之。

〔日本〕 公布盐专卖法、矿业法、居留民国法。许台湾“番民”就学于公学。迫俄守旅顺将士降，又大败俄海军于日本海，陆军占开原、昌图等地及库页岛一部。由美国调停，日俄讲和。九月，订约于美国朴茨茅斯。与中国立关于东北权益之条约，继俄租借旅顺口、大连湾及长春以南铁道等权。扩大与英同盟条约。

〔暹罗〕 始废绝奴隶制。

〔印度〕 1905—1908年，印度受俄国革命之影响，革命运动亦颇炽烈。依照是年预算，军队、英国殖民贡品（借款利息等）以及印度政府机关经费，耗去印度一切支出四分之三以上（全部支出为四千四百万镑）。十月，英方总督兼钦差大臣批准分割孟加拉为两部之法令，激起印度人民愤怒，印度国民大会通过全国举哀，以示抗议，孟加拉群众举行示威游行，并罢市、罢工；旁遮普、孟买等地亦采取同样行动。

〔阿富汗〕 在俄国革命影响下，一部分知识分子主张君主立宪，在阿布都·甘尼领导下发起少年阿富汗运动。

〔土耳其〕 各国以干涉马其顿之方案未能为土耳其完全接受，遂以海军占领雷姆诺斯示威，迫使土耳其就范。

〔罗马尼亚〕 自本年起，与希腊断绝两国外交关系六年。大量希腊人被罗马尼亚政府驱逐。

〔塞尔维亚〕 尼古拉·巴施赤（见1883年条）为首相。塞尔维亚公开采取反奥地利政策。因关税问题与奥龃龉。

〔希腊〕 克里特岛人民由于要求与希腊合并不遂，举行起义。希腊议会在凡尼则拉斯领导下通过合并克里特案，各国不置可否（按20世纪初该岛约三十万居民，其中绝大多数为希腊人）。

〔门的内哥罗〕 弗拉地卡尼古拉一世颁布宪法，成立一由普选产生之会议。

〔俄罗斯〕 一月二十二日，彼得堡工人游行请愿，在冬宫前，沙皇军警开枪射击、死伤千余人，称“流血星期日”。自五月起，各地不断发生示威运动，乃至与沙皇军队巷战。六月，黑海舰队之波将金号起义。十月，全国总罢工。十二月，莫斯科工人武装起义。尼古拉企图缓和革命，曾于十月十七日发表宣言，允许言论、出版、集会、结社等自由，并扩大选民范围，借以笼络人心。九月五日，日俄订立朴次茅斯（在美国）和约。俄国社会民主工党于四月在英京伦敦举行第三次代表大会。十一月，名生理学家塞陈诺夫卒（1829年生）。

〔德意志〕 1月，鲁尔煤矿区工人罢工。9月，社会民主党举行耶拿代表大会；通过举行总政治罢工之决议。德籍犹太科学家爱因斯坦今年提出“相对论”。

〔联合王国〕 8月25日，伦敦宣布英日同盟条约业经签订。

〔法兰西〕 法国议会通过教会与国家分离案。3月，德皇威廉二世游坦吉尔，声称将维持摩洛哥领土完整与主权独立。6月6日，法国外交部长得尔卡塞被迫离职。9月28日，法、德两国关于摩洛哥问题取得协议。

〔挪威〕 6月7日，挪威议会通过独立议案，宣称与瑞典分离，8月13日，全国人民举行投票表示同意，9月24日，瑞典议会接受既成事实，10月26日，两国签订分离条约，瑞典国王逊所兼王位，挪威人选举丹麦亲王查理为国王，称豪空七世，挪威王国自是成立。

〔合众国〕 世界产业工人同盟（简写I. W. W.）成立。

〔澳大利亚〕 英属新几内亚改隶澳洲，易名巴布亚。

1906年

中国

丙午　清光绪三十二年

二月，学部定拟限制留学生资格办法，通告各省督抚施行。户部奏订铜圆流通限制办法。周馥奏请禁止买卖人口，原有奴婢一律以雇工论，律例中所有关于奴隶诸款，皆予删除。三月，学部奏请宣布以忠君、尊孔、尚忠、尚武、尚实为教育宗旨。四月，《中英西藏条约》签字于北京。五月，设税务处，掌海关行政事宜。颁全国铁路购地章程。六月，定川汉、粤汉二铁路为官督民办，即时招股。七月，宣布预备立宪，着手厘定官制。户部奏请整理各省之造币厂。营口正隆银行成立，名为中、日合办，实则权归日本人。九月，改巡警部为民政部，户部为度支部，兵部为陆军部，暂辖海军，刑部为法部，理藩院为理藩部，大理寺为大理院，商部改称农工商部，增邮传部，并詹事府入翰林院。十月，袁世凯等请改各省之学政为提学使，司学校事；严修请于各府、州、县立劝学所。黄兴谋于湖南浏阳、江西萍乡、万载分三道起义，事泄，浏阳、萍乡先发，失败，刘道一遇害，黄兴再走日本。日本南满洲铁道株式会社成立。十一月，颁《禁烟章程》，严禁鸦片。十二月，华侨集资修筑之潮汕铁路成。是岁，绅民立宪运动，风起云涌，上海立宪公会、湖北宪政准备会、湖南宪政分会、广东自治会先后成立。江南制造局附设之船厂脱离隶属关系，单独营业。甘肃官钱局成立，后改官银号。上海龙华造纸厂、广东官纸印刷局、济南滦源造纸厂前后成立。新加坡华侨成立四海通银行，专营侨汇。英商二公司合组耶松船厂于上海，专营轮船及机械之制造。英商于汉口立电气公司。日商于铁岭设满洲制粉会社，又于沈阳设立东亚烟草会社分社。比国华比银行设分行于北京等地。法东方轮船公司始航行于长江。美商大来洋行设分行于上海等地，经营航运。美教会立沪江大学于上海。俞樾死。是年，萍乡矿工六千余人，参加同盟会，在萍乡、浏阳、醴陵边境举行武装起义。

外国

〔朝鲜〕 日本统监伊藤博文禁止朝鲜人集会结社及发刊悲愤新闻。

〔日本〕 大日本麦酒株式会社成立。公布铁道国有法。收购京釜铁道。公布医师法。日、俄共同派员勘定库页岛界。与加拿大订通商条约。南满洲铁道株式会社成立。官盐贩卖株式会社成立。第一次台湾彩票发行。

〔暹罗〕 设国家银行发行纸币。

〔印度〕 全印回教联盟成立。国民大会在加尔各答举行年会，通过将印度改组为自治领之要求。

〔土耳其〕 为埃及与巴勒斯坦之疆界问题与英国发生争执。五月，英国以哀的美敦书致苏丹，土耳其被迫屈服。

〔俄罗斯〕 俄国社会民主工党四月在瑞典斯德哥尔摩召集“统一大会”第四次代表大会。六月，沙皇任命斯托雷平为首相。“斯托雷平反动年代”开始。

〔联合王国〕 工人代表委员会（见1900年条）改称为工党，在今年选举中获得议席五十个。4月下旬，妇女争取选举权运动展开。7月4日，英、法、意三国签订瓜分埃塞俄比亚势力范围协定。9月3日，一百五十万职工联盟之代表四百九十人在利物浦举行会议，通过争取八小时工作日案。全部装备十吋以上口径大炮之无畏舰下水。

〔法兰西〕 1月至4月，为摩洛哥事件在阿尔赫西拉斯举行会议。奥地利偏向德国，其他国家几皆助法。摩洛哥在名义上虽仍为独立国，但实际则为西班牙与法国所控制。3月10日，库尔利埃煤矿因设备窳陋爆炸，死矿工一千一百人，次日全区矿工三万人举行罢工；21日，北法矿工大会决定大罢工；总理克雷蒙梭派军队二万人入矿区严加制压，5月初，开始逐渐复工。名科学家（镭之发现人）皮埃尔·居里卒（1859年生）。

〔德意志〕 12月，解散议会，重新举行选举。

〔挪威〕 著名剧作家易卜生卒（1828年生）。

〔意大利〕 全国性之意大利总工会成立。

〔西班牙〕 议会在军队压力之下通过凡报纸言论“触犯祖国与军队”时由军事法庭审讯案。

〔葡萄牙〕 卡洛斯一世任命约翰·弗朗哥为首相，并赋予独裁权力，停止议会活动，对任何反对者皆加以无情镇压。

〔埃及〕 6月13日，丹沙维事件发生。英军官被杀者一人，而英人则屠杀整个村镇为报复。潜伏数十年之反英情绪，自此又日趋高涨。

〔合众国〕 9月2日，大西洋城大肆屠杀黑人。

1907年

中国

丁未 清光绪三十三年

正月，浙江兴业银行成立，兼营本省铁路事业。二月，广九铁路广州至深圳段修建费无着，借款于英商。度支部计划行金本位，试铸大清金币，旋作罢。三月，民营六河沟煤矿公司成立。四月，改东三省为行省，设东三省总督，奉天、吉林、黑龙江各设巡抚。御史赵启霖以弹劾庆亲王奕劻子载振，革职。日本迫订关于修建新奉及吉长铁路协定。五月，度支部奏定新银币之成色章程，决定废两改圆。六月，安徽巡警学堂堂长光复会员徐锡麟刺杀巡抚恩铭，图起义，失败，徐锡麟被捕就义。女士秋瑾在绍兴被捕，死。七月，下诏满、汉平等，用人行政不分畛域，藉以缓和革命情绪。八月，筹立资政院以为议院基础。谕筹旗民生计，命购置田产，以为裁免口粮之准备。九月，新修刑律草案成。命各省筹设谘议局。命农工商部制定度量权衡暂行章程。十月，北洋滦州煤矿公司成立。十一月，邮传部奏设交通银行，官商合办。设铁路总局。改考察政治馆为宪政编查馆。英商拟筑新民至法库门铁路，已有成议，以日本之反对而作罢。十二月，山西商民集资收回矿权。命铸一文铜币。学部奏定女子学堂办法。是岁，京奉、正太、沪宁铁路筑成。奉天等省初行产销税。陕西延长石油厂成立。华侨简照南兄弟成立南洋兄弟烟草公司。孙中山至安南，指挥革命活动。四月间，同盟会员曾联络潮州与福建诏安三合会起义于饶平县之黄冈，寻败；又在惠州七女湖起事，亦无功；七月，又起义于钦州、廉州，复为清兵所破；十一月，再攻占镇南关，与清兵战七昼夜，以弹尽退入安南。日法、日俄、英俄前后订立协定，主要为对华政策互相妥协。日本设火柴公司于长春。法、比合资之义品放款银行设分行于上海、天津，经营土地、建筑物之投资。日本数轮船公司合组日清汽船会社，由政府津贴，以与英、美等国竞争在华航运事业。

外国

〔朝鲜〕 六月，遣使控诉日本于海牙和平会，被拒。七月，伊藤博文迫另订“日韩新协约”，统监权大为扩张。八月，李熙被迫让位于子李坧，改元隆熙。日本皇太子来访。遣太子留学日本。

〔日本〕 公布癞病预防令。东京劝业博览会开幕。公布华族令。公布美术审查委员会官制。订日法协约。日俄协约、日韩航海通商条约、日俄渔业协约次第成立。公布森林组合。关东大水。

〔菲律宾〕 三月，倡导独立运动之联合国民党成立。

〔越南〕 阮福昭成泰十九年，九月后，阮福晃维新元年。九月，成泰帝让位于子阮福晃，是为维新帝。

〔暹罗〕 向英、法要求撤销领事裁判权，法略让步，订立新约。

〔印度〕 四月，东孟加拉农民为反对地主与高利贷者，开始起义。拉依阿尔浦与劳阿尔平提两地农民停止缴纳水捐与土地税。五月，起义者占领劳阿尔平提城，捣毁政府机关与英人银行。旁遮普铁路工人拒绝运送镇压者，以响应农民，工人与农民联合，参加斗争。运动延至七月始被镇压。十二月，国民大会举行年会于苏拉城，提拉克退出大会，另组织民族主义者党。

〔罗马尼亚〕 摩尔达维亚爆发农民大起义，贵族地主使用武装镇压并在全国颁布戒严令，起义者被杀一万余人，终趋失败（按自1888年后至1914年共有六次农民暴动，以此次规模为最大）。

〔俄罗斯〕 第二届杜马于五月五日开会，因左翼党派占优势，六月三日被解散，并颁布新选举法。“六三政变”后，反革命势力益猖獗。第三届杜马开会。八月三十日，英、俄缔结友好条约。俄国社会民主工党于五月在伦敦举行第五次代表大会。名科学家门得列也夫卒（1834年生）。

〔第二国际〕 在德国斯图加特城举行第七次大会，出席代表八百八十六人，决议反对军国主义。各国社会主义政党应用可能方法阻止战争爆发。

〔联合王国〕 6月28日，钢铁业大联合之垄断组织成立。8月30日，英、俄成立瓜分波斯、阿富汗与中国西藏势力范围之协定。

〔法兰西〕 6月1日，尼姆酒业农民与工人二十万人举行示威运动。6月8日，在蒙贝里又有五十万人之大示威运动，但以政府之武装镇压与领导人之投降，而未获结果。法国“酒业工人联合总会”成立。

〔挪威〕 予妇女以选举权，同时废止国王否决（延期）权力。

〔新西兰〕 英政府赋予新西兰以自治领地位。

1908年

中国

戊申　清光绪三十四年

正月，度支部奏定银行则例，分中央、普通、殖业、储蓄等四类银行。改度支银行为大清银行。合并大冶铁矿、萍乡煤矿、汉阳铁厂为汉冶萍煤铁公司，并向日本借款，于是日本之势力侵入。为修筑津浦铁路，借款于英商。二月，为修筑沪杭甬铁路借款于英商。以铜圆充斥，激动物价，命各省暂停鼓铸。日轮二辰丸私运军火，为广东缉私海轮截获，日本领事反要求惩办缉私官员，道歉谢罪，广东大吏应其所求，乃已。三月，黄兴起义于云南河口，旋败。签订《印藏通商章程》。四月，直隶大吏与德商订合办井陉煤矿合同。六月，颁各省谘议局章程及议员选举章程。八月，宪政编查馆奏进宪法大纲暨议院选举法草案。宁波四明商业银行成立。黑龙江官银号成立。九月，为收回京汉铁路，借款于英、法银行。天津众商公估局成立。十月二十一日，德宗死，以醇亲王载沣之子溥仪入继大统；二十二日，慈禧太皇太后死；尊德宗后叶赫那拉氏为隆裕皇太后，命载沣为摄政王监国；改明年为宣统元年。安徽新军熊成基等起义，旋败。十一月，命外务部尚书袁世凯开缺回籍养病。十二月，定清理地方财政章程。沪宁铁路及南京城铁路筑成。公布调查户口章程。另编禁卫军，摄政王载沣自统之，以贝勒载涛等司训练。是岁，云南官民合办个旧锡务公司。民营电线改归国营。日商在大连成立日清制油（大豆油）株式会社。

外国

〔朝鲜〕 日本主持募集外债以开发朝鲜，并由多数日本人、少数朝鲜人组织东洋拓殖株式会社。

〔日本〕 帝国运输自动车株式公社成立。公布水利组合法、国际无线电信条约。日、俄库页岛境界画定，交换文书。公布东洋拓殖株式会社法，会社旋成立以掠夺朝鲜。公布日美协约觉书，铁道院官制。以战后人心轻浮，下诏申儆国人，是为“戊申诏敕”。社会党人与警察冲突，是为“赤旗事件”。与中国订立鸭绿江森林条约，并强索在东北若干权利。

〔菲律宾〕 美国统治者被迫在委员会中（议会之上院）予菲人四席（共九席）。

〔暹罗〕 颁布金本位条例，参加英镑集团。

〔印度〕 英方逮捕提拉克，判处徒刑六年。七月二十三日，孟买四万余纺织工人举行罢工。其他企业工人亦起而响应，小资产阶级亦参加示威运动。七月二十五日，示威运动者与警察发生冲突，二十七日，英方更调来正式军队进行镇压。二十九日，运动结束，此次运动标志印度无产阶级已走上政治斗争舞台。

〔土耳其〕 少年土耳其党（一称“统一与进步委员会”）以阿尔巴尼亚人之助，举事于马其顿。苏丹阿布杜·哈密德被迫恢复1876年宪法。12月17日，召开第一次议会，但各项措施皆以土著为主，附属民族深为不满。

〔保加利亚〕10月5日，发布独立宣言，腓迪南改称沙皇（按当时正发生奥地利占领波斯尼亚问题，土无暇顾及）。

〔塞尔维亚〕 由于奥地利宣布合并黑塞哥维那与波斯尼亚，塞奥关系顿趋紧张。国内宣传性质之会社四起（如黑手会等）。

〔希腊〕 克里特岛人民自行宣布与希腊合并。明年7月，各国军队撤退。

〔俄罗斯〕 俄国社会民主工党在巴黎召开第五次（全俄）代表会议。

〔联合王国〕 自本年起至1912年止，罢工次数与参加人数均年有增加。例如，本年参加者约三十万人。1911年为九十六万人，1912年则为一百四十万人。

〔法兰西〕 9月初，在阿尔及尔边境败摩尔军一万五千人。

〔意大利〕 12月28日，卡拉布里亚南部与西西里东部发生剧烈地震，麦西那一带复有海啸，不少村落完全覆没，死者约十五万人。

〔葡萄牙〕 2月，卡洛斯一世与王储在里斯本遇刺殒命。曼纽尔二世（卡洛斯次子）嗣位，立即恢复立宪政府。

〔比利时〕 非洲中部之刚果自由邦划归比利时国家所有，自此被称为“比属刚果”。

1909年

中国

己酉　清末帝溥仪宣统元年

正月，国际鸦片会议开于上海，美、英等国均参加。二月，宣布预备立宪，以九年为期。三月，度支部奏设币制调查局。四月，命各省财政概由布政使或度支使统核，其余一切局、所之涉及财政者，限一年后次第裁撤。五月，宣布皇帝为海陆军大元帅，未亲政前由摄政王代理。设军谘府，命贝勒载涛、毓朗管理；又以贝勒载洵及萨镇冰为筹办海军大臣。汴洛铁路成。陕甘总督升允以奏阻立宪撤职。六月，诏统一军政。制定通行银钱票暂行章程。七月，颁资政院章程。派载洵出洋考察海军。与日本订立奉天、吉林五案条款。日本强筑安奉路，激起北京、天津及东北各地反日运动，初次抵制日货。沪杭甬铁路上海至杭州通车。八月，张之洞死。中日间岛条约签字。九月，各省谘议局开会。十月，朝鲜银行设支行于上海等地。十一月，国会请愿同志会成立，各省要求速开国会运动起。公布法院编制法，定四级三审制。十二月，颁府州厅县自治章程。公布电话暂行章程。京张路通车，是为中国工程师设计之第一条铁路，主其事者为詹天佑。英、美与东三省大吏订立修建锦州至瑷珲铁路草约，以日、俄反对作罢，美国又提议东三省铁路中立，亦遭日本反对。是岁，浙江官钱局改为浙江银行，官商合资。订简易识字学塾章程。上海英商私设无线电，经交涉后收归上海电报局接管。日本成立东亚兴业会社，专为兜揽对华借款投资事。俄人设糖厂于阿什河。日本人设小李油房于大连。美教会立文华大学于武昌。熊成基死。

外国

〔朝鲜〕 六月，统监伊藤博文辞职，曾弥荒助继任。七月，又迫订“改良韩国司法与监狱事务”之协定。十月，伊藤博文为“日韩合邦”事将与俄密商，至哈尔滨，安重根刺杀之。十二月，日本主使朝鲜卖国之一进会提出“日韩合邦”请求书于朝鲜帝及统监。以国人安重根刺杀伊藤博文，遣使谢于日本。

〔日本〕 公布府县制特例、帝国铁道会计法、砂矿法、新闻纸法。伊藤博文为朝鲜人安重根所刺，死于哈尔滨；安重根被捕，判处死刑。关西大地震，浅间山大喷火。改正关税定率，议会通过减轻地租案。

〔暹罗〕 与英订约，割南方吉兰丹等地；英对领事裁判权略予让步。

〔印度〕 英议会通过“关于印度参政会议法

案”。按照此法案，马德拉斯、孟买两省行政委员会成员人数增加，并在其他各省设立此种行政委员会。各省立法会议成员人数增加，赋予审查预算等权。并酌加被选举之议员数目，但候选人皆经英总督兼钦差大臣指定，选举仅系形式，选民人数仅数千，不及全部人口十万分之一。此种会议亦仅备咨询，决定权仍操诸英人之手。

〔土耳其〕 4月中旬，以第一军团为主力之反动政变发生，统一进步委员会自马其顿召来军队平定之。4月末，阿布杜·哈密德被废，流之于萨罗尼加，其弟穆罕默德五世代之为苏丹。4月，又在阿达拉及小亚美尼亚其他地方屠杀亚美尼亚人。

〔保加利亚〕 土耳其承认保加利亚独立。11月，保、俄结同盟。

〔联合王国〕 首相劳合·乔治在议会提出新预算案，着重于所得税、遗产税、自然增值税与专卖税之增加。11月，在下院通过，但旋为上院否决。

〔法兰西〕 4月至5月，邮政工人大罢工，政府公务人员亦要求组织团体并加入法国工人联合总会。克雷蒙梭政府加以拒绝并开除公务员二百余人。7月下旬，白里安代克雷蒙梭组阁（由于白里安本人及米勒兰、维维尼安俱出身社会党，故白里安内阁被称为“三叛徒内阁”）。布勒罗野乘单翼飞机自加来抵英，历时三十七分。

〔西班牙〕 各地爆发反对强迫贫民服兵役之暴动，先后失败。

〔埃及〕 颁布出版检查法，加强警察统治，以打击国民党运动。

〔合众国〕 3月8日，芝加哥女工举行游行示威并罢工。7月5日，与英、奥两国联合抗议中俄东清铁道协定。8月5日，参议院通过培恩—阿德利赤关税法案。社会主义党派左翼分子组工资工人党。

〔澳大利亚〕 决定建堪培拉为首都。实行强迫兵役制。

1910年

中国

庚戌 清宣统二年

正月，命满、汉文武诸臣一律自称为臣，满员不得再自称奴才。同盟会员汪兆铭等谋刺摄政王载沣，事泄被捕。黄兴策动广州新军倪映典等起义，以无援而失败。二月，度支部拟定试办预算册式。三月，长沙饥民起事，焚巡抚衙门及教堂、学校。裁奉天巡抚。北洋保商银行成立。滇越铁路修成。四月，颁《大清新刑律》。度支部奏定《币制则例》。公布造币厂章程。五月，颁兑换纸币则例。直隶谘议局议员孙洪伊等又请速开国会，谕以九年后再行定期。中、俄合资之俄亚银行成立。山东莱阳民起义反抗苛捐，被镇压失败，死伤甚多。置各省交涉使。制定印刷纸币之印刷局章程。六月，日、俄为划分满洲势力范围再缔新协定。八月，再借英款以收回京汉铁路。为修津浦铁路再借款于英。九月，资政院开院。十月，英、美、德、法四国银行成立借款团，包办对华借款事。十一月，各省督抚及资政院请颁宪法，组织内阁，速开国会；因宣布于宣统五年召开国会。设海军部，以贝勒载洵为海军大臣。漳州至厦门铁路成。是岁，民政部初作人口调查。东三省鼠疫炽烈，死者甚多，上海亦有传染。江苏、安徽北部大饥。美教会主办之金陵大学及成都华西协和大学先后成立。

外国

〔朝鲜〕 七月，统监曾弥荒助辞职，寺内正毅继任。八月二十二日，统监寺内正毅与内阁总理大臣李完用签订“韩国合并条约”；二十九日，日本宣布吞并朝鲜。

〔日本〕 朝鲜遣使来。开全国水产业者大会。公布家畜市场法、轻便铁道法。日英博览会开幕。吞并朝鲜，公布朝鲜贵族令，置朝鲜总督。公布渔业组合令。与俄订新协约。初次试行飞机。社会党人幸德秋水等二十四人以“大逆罪”被处死刑。各地水灾，受害者四十余万户。

〔暹罗〕 十月，拉玛王五世死，子拉玛六世嗣。拉玛五世对暹罗发展有相当贡献，国人称之为吗哈叻，意即大王。华侨以暹罗政府对侨商科以重税，联合罢市，嗣以武力压迫，始行复业。

〔印度〕 英驻印度总督兼钦差大臣哈丁在德里遇刺受伤，一随员被炸死。

〔土耳其〕 自4月至6月，阿尔巴尼亚发生要求自治之起义运动，土耳其以武力镇压，杀戮甚众。

〔希腊〕 凡尼则拉斯任首相，着手军事与财政方面之改革。

〔门的内哥罗〕 尼古拉一世改称国王。“弗拉地卡”一名自此取消。

〔第二国际〕 召开第八次代表大会于丹京哥本哈根，出席代表八百八十余人，决议各国社会党人应在本国国会中投票反对军事预算，以制止帝国主义战争。

〔俄罗斯〕 名作家列夫·托尔斯泰卒（1828年生）。

〔联合王国〕 自今年至1936年为乔治五世

朝。5月10日，议会通过“三项决议”：（1）取消上院否决经费案件之权力；（2）其他任何议案凡经下院连续三次通过者，虽经上院否决，亦得成为法案；（3）每届议会任期改为五年。11月，国王下令解散议会。

〔法兰西〕 10月10日，铁路工人大罢工，白里安派大军镇压，至18日，即先后开始复工。

〔德意志〕 3月6日，柏林工人游行示威，军队开枪射击，颇有死伤。11月初，俄沙皇来游柏林，与威廉二世成立《波茨坦协定》。德国允对俄国在波斯北部之活动不加干涉，俄国对德国在巴格达之铁道计划亦予默认。

〔西班牙〕 议会通过法案：凡宗教组织之设立，必须事先取得政府同意；教会经营之生产事业亦须照章纳税；此外任何宗教皆有公开信仰之自由。

〔葡萄牙〕 里斯本爆发起义，曼纽尔逃赴英国。10月5日，葡萄牙宣布为共和国，并成立以布拉加为首之临时政府。临时政府立即命令封闭寺院组织，没收教会财产，褫夺其把持初级教育之权利。

〔合众国〕 5月，参加英、德、法、俄四国银行团，向满清政府进行贷款。7月，第四次泛美会议在阿根廷首都布宜诺斯艾利斯举行。美资本家钢铁制造商卡内基捐资在华盛顿建筑泛美会议永久会址。8月末，前总统狄奥多·罗斯福（老罗斯福）演讲，鼓吹“新民族主义”。

1911年

中国

辛亥 清宣统三年

三月，废军机处、旧内阁，颁新内阁官制，旋以奕劻为总理大臣，那桐、徐世昌为协理大臣，设外务、民政、度支、学、陆军、海军、法、农工商、邮传、理藩等十部，十三大臣中，满九人，汉四人；而满人中，王公四、宗室二、觉罗一，时人称之为“亲贵内阁”，舆论哗然。二十九日（公历4月27日），黄兴等起义于广州，事败，死者七十二人，丛葬于黄花岗，黄兴走香港。四月，为改币制，向英、美、德、法四国银行团借款一千万英镑。五月，与英签订禁烟条约，英允逐年减输鸦片来华，至1917年全部停止。邮政脱离海关，由邮传部直接管理，于北京设邮政总局，各省会设邮政管理局，各府州县镇乡分设一、二、三等邮局，支局，邮寄代办所或信柜。为筑粤汉铁路向四国银行团借款六百万英镑。宣布铁路国有政策，两湖、四川纷起反对。七月，四川成立保路同志会，议决罢市表示抗议。成都绅民赴总督衙门请愿。署督赵尔丰拘代表，并令军队开枪，死伤多人，反以川民意在变乱人奏。旋派端方入川查办。云南商民集资收回英、法在省境所开各矿。八月十九日（公历10月10日），武昌新军起义，总督瑞澄逃上海，武汉三镇迅即光复，混成协统黎元洪被推为都督，组织军政府，檄文纪年称“黄帝纪元四千六百零九年”。二十三日，命袁世凯为湖广总督，督办军务，袁迁延不受命。是月，广九铁路通车。九月初一日，湖南、陕西独立。初二日，九江独立。初四日，广州将军凤山被刺死。初八日，山西独立。第二十镇统制张绍曾等电请立宪。初九日，云南独立。资政院请改组内阁，颁宪法，开党禁。初十日，江西独立。十一日，奕劻内阁辞职。十三日，上海独立。清廷颁宪法信条十九条。十四日，贵州、浙江独立。十五日，江苏独立。十六日，释汪兆铭等。十七日，广西独立。第九镇统制徐绍桢反正，攻南京。十八日，安徽独立。十九日，广东、福建独立。资政院“选”袁世凯为总理大臣。二十一日，袁世凯派员至武昌试探议和。二十三日，西藏兵变。山东假意独立。二十五日，独立各省代表开会于上海。二十六日，袁世凯就总理大臣职。十月初二日，重庆独立。初五日，泸州独立。初六日，奉天新军起义。初七日，四川独立。清军冯国璋部陷汉阳，大焚掠。初八日，端方被杀于资州。初十日，各省代表会于武昌，拟定中华民国临时政府组织大纲，并定南京为首都。十一日，外蒙古独立。十二日，徐绍桢等克南京。十六日，摄政王载沣退位。二十四日，各省代表开会于南京，推黎元洪为大元帅，黄兴为副元帅，以各方意见不合，皆未就职。二十八日，南北和议代表会于上海。十一月初六日，孙中山返国抵上海。初十日，各省代表开会于南京，选孙中山为中华民国临时大总统，并决定采用公历，以十一月十三日为中华民国元年元旦。十二日，南北和议代表在上海开始谈判。是岁，奉天大水。为应付革命军，发行爱国公债三千万圆，但所销不多。日商在上海增设纱厂，又设宝山玻璃厂。美国教会立之江大学于杭州。美国人设盲童学堂于上海。吴禄贞、温生才被害。

外国

〔朝鲜〕 尹致昊等谋刺日本朝鲜总督寺内正毅，事泄，被捕。

〔日本〕 改订英日同盟条约，又改订各国通商条约。公布高等中学校令。

〔印度〕 殖民地政府将首都由加尔各答迁于德里。将东、西孟加拉重新合并，并合并俾荷尔与俄利萨为一省。全印举行人口调查，凡三亿一千五百万人。

〔土耳其〕 意大利向土耳其宣战。10月5日，占领的黎波里。11月5日，以国王命令，将该地区正式合并于意大利。

〔保加利亚〕 与塞尔维亚磋商订立反土同盟(按由于当时土耳其正表现无力应付的黎波里问题)，明年3月13日，正式签订。

〔俄罗斯〕 斯托雷平在基辅遇刺殒命。

〔联合王国〕 英日同盟条约延长十年。5月，新议会开幕，再通过去年之“议会法案”。上院仍企图抗拒（7月20日上院修正通过），首相爱斯葵斯乃以任命相当数目之贵族入上院为威胁，上院终于8月10日无条件通过此案。8月，决议议员支年俸四百镑。鲁特尔福特利用放射性物质所放射之分子冲击原子。

〔法兰西〕 5月，法国借口摩洛哥人民起义危及外侨生命财产，派兵占领后者之首都非斯(21日)。7月1日，德军舰“豹”号到达摩洛哥，一时局势紧张。8月4日，法德两国成立协议，由法国以非洲中部之法属刚果予德国，作为后者放弃过问摩洛哥事件之代价。“第二次摩洛哥危机”以此渡过。8月、9月，法北部工业区发生反对物价高涨之大示威运动。

〔意大利〕 10月5日，意大利军队在北非的黎波里登陆，迅速占领沿海各地。当地土耳其总督与阿拉伯人抵抗甚力。但11月5日，意大利政府即宣称兼并该地。

〔葡萄牙〕 8月20日，颁布一资产阶级民主宪法，24日，选举阿利阿加为第一任总统。

〔埃及〕 吉青纳（见1896年条）被任为英国驻埃及总领事，英国自此加强其对埃及之控制。

〔墨西哥〕 以自由党领袖马德罗为领导之农民起义遍于全国各地，迪亚斯被迫出亡。11月6日，马德罗当选为总统。

1912年

中国

壬子　中华民国元年

1月1日，孙中山在南京就任为中华民国临时大总统。7日，伊犁宣布归附民国。26日，清宗社党首领良弼被炸死。北洋将领段祺瑞等四十六人通电拥护共和并奏请清帝逊位。28日，中华民国参议院成立。2月5日，改大清银行为中国银行。12日，清宣统帝宣布退位。13日，孙中山辞临时大总统职。15日，参议院选举袁世凯为临时大总统，但在未就任前，孙中山暂不解职。20日，参议院选举黎元洪为副总统。29日，袁世凯在北京制造兵变，借口防务重要，请将首都移至北京。是月，华商华安人寿保险公司成立。江苏官银号改组为江苏银行。3月10日，袁世凯在北京就任临时大总统职。11日，南京公布中华民国临时约法，凡七章，五十六条。13日，袁世凯任命唐绍仪为第一任国务总理。19日，始有妇女要求参政权运动。23日，甘肃、新疆二省归附民国。是月，公布中华民国暂行新刑律。4月1日，孙总统正式解任。黄兴辞参谋总长职，改任南京留守。2日，参议院决议临时政府迁往北京。29日，参议院在北京举行开幕式。是月，奉天农业银行成立，明年改称兴业银行。5月7日，参议院决议国会应采“两院制”，定名为众议院与参议院。10日，英国借口护侨，派兵入藏，19日，陷江孜、亚东，22日，又进兵片马。6月1日，俄军入伊犁。开平、滦州二煤矿合并为开滦矿务总局，归英人经理。8日，公布五色国旗。18日，六国银行团成立，专事分配贷款与中国之数额，图借资本输出以侵略中国。27日，唐绍仪愤袁世凯专断，辞国务总理职。7月，津浦铁路全线通车（1908年6月开工兴筑），明年3月正式营业。8月10日，公布《中华民国国会组织法》。17日，英使照会外交部，企图使西藏变为英国控制下之“自治”区。25日，同盟会、统一共和党、国民共进会等五派系合组为国民党，推孙中山为理事长。是月，法商万国储蓄会成立。颁小学、中学校令及师范教育令，嗣又颁布专门学校、大学令，定各级各类学校修业年限及课程内容，是为“壬子学制”。10月，吉长铁路通车。设币制委员会。各级议会选举开始。11月，俄国与外蒙古订修好条约。公布兴华汇业银行则例。是岁，湖南、江西、福建、广东大水。山西大学成立。京师大学堂改称北京大学。孙中山草拟十万英里铁道计划。改外务部为外交部、民政部为内务部、学部为教育部、法部为司法部、邮传部为交通部、农工商部分为农林、工商二部、度支部为财政部、理藩院为蒙藏事务委员会、军谘府为参谋本部。西藏受英人诱惑，宣布独立。河南“白狼”于夏间起事，破禹县。

外国

〔日本〕 明治四十五年，7月30日以后，改为大正元年。7月，明治天皇死，太子嘉仁亲王践祚，是为大正天皇(一百二十三代)。日本航空协会成立。

〔暹罗〕 设商业学校，培植商业人材，主要为抵抗华侨。

〔土耳其〕 两度解散议会，并颁布戒严令。

〔东南欧〕 10月8日，门的内哥罗向土耳其宣战。同月18日，保加利亚、塞尔维亚与希腊亦相继向土耳其宣战。各国皆获得胜利。11月初，保加利亚军抵达君士坦丁堡北部土军之最后防线。12月3日，双方同意订立休战至明年一月之协定。

〔塞尔维亚〕 3月，与保加利亚缔结同盟。9月，尼古拉·巴施赤再度组阁。

〔希腊〕 3月，与保加利亚签订同盟条约。克里特选举代表参加希腊议会。

〔阿尔巴尼亚〕 11月28日，国民会议宣布独立，组织以伊斯美伊尔·凯末尔为首之临时政府。

〔俄罗斯〕 社会民主工党（布尔什维克）在布拉格举行第六次代表会议。四月，西伯利亚连纳金矿工人举行罢工，军队开枪射击，死伤五百余人，各大城市相率罢工，并举行示威，以为声援。4月22日，《真理报》发行创刊号。7月8日，与日本签订瓜分内蒙古势力范围之密约。11月，第四届杜马揭幕。

〔第二国际〕 召开第九次代表大会于瑞士之巴塞尔（当时正值巴尔干战争爆发），重申1910年哥本哈根大会决议。

〔联合王国〕 煤矿工人大罢工，参加者达一百五十万人，3月末，议会通过《最低工资法案》，但无补于事，各地仍继续骚动。12月，各国大使举行伦敦会议，商讨有关巴尔干半岛局势问题。

〔法兰西〕 1月，由于意大利鱼雷艇在红海追捕法国邮船，法、意关系顿趋紧张，旋双方同意仲裁寝事。3月，法国矿工举行罢工，响应英国煤矿工人。4月中、下旬，摩洛哥士兵起义，法人加以血腥镇压后失败。

〔德意志〕 1月，帝国议会选举。德国社会民主党获选票四百二十五万，选出代表一百一十人，成为议会中最强大之势力。但由于倭尔马与伯恩斯坦等错误理论之影响弥漫党内，故堕落成为一机会主义政党。

〔意大利〕 巴尔干战争爆发后，土耳其始被迫于10月28日与意大利签订洛桑条约，放弃的黎波里主权，但意大利每年须付给前者意币二百万里拉，并承认前者有设立哈里发之权。

〔葡萄牙〕 1月，里斯本发生大罢工，政府虽严厉镇压仍继续坚持。

〔合众国〕 共和党分裂，狄奥多·罗斯福别组进步党。11月5日，选举结果，民主党候选人威尔逊当选为总统（明年3月就职）。福斯特领导组成北美无政府工团同盟。

1913年

中国

癸丑 中华民国二年

1月，废驿站制。公布商业银行纸币发行条例。唐山煤矿爆炸，死者多人。外蒙古与西藏缔约，互相承认独立。2月，国会选举结果公布，国民党得二百六十九席。发行元年六厘公债。3月20日，国民党理事、前农林总长宋教仁遇刺于上海车站，越二日卒，于是“宋案”发生。山东银行成立。4月，公布省议会暂行办法。8月，中华民国第一届国会开幕，旧参议院同日解散。袁世凯擅向五国银行团举行“善后借款”二千五百万镑，遭国民党议员反对。为造军舰，向奥国瑞记洋行借款三百二十万镑。5月，国务总理兼内务总长赵秉钧，因宋案牵连辞职，旋出任直隶都督。袁世凯组织进步党，冀在国会中与国民党相抗衡。中日合办之龙口银行成立。6月，袁世凯下令免国民党系之安徽都督柏文蔚、江西都督李烈钧、广东都督胡汉民职。7月，中法合办之中法实业银行成立。李烈钧宣布独立文告于湖口，起兵讨袁世凯，“二次革命”爆发。黄兴就任江苏讨袁军总司令于南京，四川、安徽、湖南、广东、福建亦相继独立。袁世凯派李纯等进攻江西革命军，旋陷湖口。修同成路，向法、比借款一千万镑。8月，广东因内哄取消独立，安徽、福建、湖南亦相继取消独立。袁军陷南昌，李烈钧败走。公布实业学校令。9月，袁军陷南京，黄兴走，“二次革命”告终。南苑航空学校成立。“白狼”起事于河南，攻湖北随县。10月，袁世凯与日本订立“满蒙五路合同”，日本获得四平街至洮南、开原至海龙、长春至洮南、海龙至吉林、洮南至热河五路之敷设权。6日，袁世凯以军警数千人冒充“公民团”包围议会，强迫选举其本人为正式总统，黎元洪为副总统。10日，袁世凯举行就总统职典礼于太和殿。袁世凯以天坛宪法草案不利于己之野心，各省大吏承袁意旨，电制宪会议反对宪法草案。11月，袁世凯下令解散国民党，取消国民党籍议员之资格，于是国会陷于停顿状态。中、俄公布共同宣言，承认外蒙古自治。天坛宪法草案起草委员会自请解散。令议定尊孔祀典。修浦信路，向英借款三百万镑。12月，与日本成立汉冶萍公司，借款九百万日圆。袁世凯组织咨询性质之政治会议。以振兴实业为名，向法借款一万万五千万法郎。公布中国银行兑换券暂行章程及各省官银钱行号监理官章程。是岁，直隶水，河南、江西、安徽旱。设盐务总署。美国教会所办之江大学正式成立。英人于上海设人力车福音会。裁府、州、厅，于省下县上有道为监察区。白狼声势渐大，游奕于鄂、皖、豫境。

外国

〔日本〕　若干地区大学皆改称帝国大学。日华国民会成立。山本权兵卫内阁大力整理财政。中国南京、兖州、汉口相继发生华兵殴骂日本人事件，迫中国政府惩办肇事兵弁，一时舆论对中国甚为狂嚣。台湾人黄昌敬等密谋起义，事泄，被捕者三百余人，六人处死，一百二十七人处徒刑。

〔菲律宾〕　美国统治者规定以英文为菲岛语文，西班牙文仅许使用至1920年。由职工联合会中产生“工人代表大会”。

〔暹罗〕　再改教育制度。

〔东南欧〕　1月30日，停战期终，巴尔干战事再起，但5月30日，终于签订伦敦和约。土耳其以自埃诺斯与米地亚迤西之一切土地及克里特岛皆割让与巴尔干同盟各国（土仅保有东色雷斯）。至于阿尔巴尼亚及爱琴海中诸岛之问题则委之欧洲各帝国主义国家决定。第一次巴尔干战争结束。

〔第二次巴尔干战争〕　巴尔干各国以争夺马其顿问题无法解决，是年6月，塞尔维亚与希腊缔结同盟。同月末，保加利亚向塞尔维亚进攻，而罗马尼亚与土耳其亦加入塞、希联盟，于是第二次巴尔干战事起。保加利亚以疲敝之孤军作战，节节失败，遂于8月10日与罗、塞、希三国媾和，9月29日，又与土耳其媾和。罗、塞、希三国皆有所得，土耳其亦将其北疆推至马里乍河。第二次巴尔干战争结束。

〔塞尔维亚〕　6月1日，与希腊订立攻守同盟条约，为期十年。

〔希腊〕　国王乔治遇刺殒命，君士坦丁一世继位。

〔门的内哥罗〕　尼古拉夺获斯库台里。5月，以奥地利之威胁，被迫退出。

〔阿尔巴尼亚〕　伦敦会议承认阿尔巴尼亚独立，并设立委员会以划定其国界。

〔俄罗斯〕　列宁在《真理报》上撰文论述俄国农业情形。指出三万名大地主占有土地七千万俄亩（每一俄亩合二点七英亩），平均每人有二千三百俄亩。而一千万农民平均每户仅有七俄亩。其中半数每户平均仅一至二俄亩。

〔联合王国〕　1月及7月，两次通过爱尔兰《自治法案》，但两次均为上院否决。同时，乌尔斯特新教徒亦大加反对，组织十万人之义勇军准备发动内战。

〔法兰西〕　累蒙德·普恩卡赉当选为大总统，任期至1920年。7月至8月，内阁总理巴尔都向议会提出延长两年兵役期为三年案，由下、上两院先后通过，但全国社会主义者反对甚烈。

〔德意志〕　6月末，政府提出之扩军案与国防税案在议会通过。社会民主党议员虽反对前者，但却投票赞助后者。

〔意大利〕　10月大选，社会党共获得议席七十八个（前届议会为四十一席）。

〔比利时〕　4月14日至24日，各地有政治性罢工，政府保证改革选举制度后始复工，旋以大战起，改革未获实现。

〔墨西哥〕　反革命派领袖乌埃尔塔发动政变，推翻马德罗政府，捕杀马德罗（2月22日），自任墨西哥总统。美国以乌埃尔塔亲英，拒予承认。

〔新西兰〕　劳工统一联盟与社会民主党皆于今年成立。

1914年

中国

甲寅　中华民国三年

1月，公布所得税、烟酒牌照税、田房契税及公司保息各条例。修钦渝铁路，向法借款六千万法郎。“白狼”攻及安徽六安；袁世凯令湖北、河南、安徽三省会同镇压。筹划导淮，向美借款二千万元。14日，下令解散国会。嗣又公布约法会议组织条例，规定财产及一万元者始得当选为议员。2月，令停办各省地方自治。公布国币条例及施行细则。设法律编纂馆。与美商美孚公司订立开采延长石油临时协定，后以油质不佳，作罢。18日，约法会议开幕。28日，下令解散各省议会。3月，公布矿业税、金库各条例，运盐执照规程，制盐特许条例，商人通例。山西盂县发生抗捐暴动，军警出动镇压，屠杀多人。全国商业联合会成立于上海。筹筑宁湖铁路，向英借款八百万镑。4月，“白狼”入陕西。公布出版法、报纸条例、民业铁路法及种棉、制糖、畜牧奖励法。日本成立中日实业公司于东京，设分公司于北京等地，专事对华投资。5月，公布“中华民国约法”，改国务院为政事堂，总理为国务卿，直隶于总统；又设政治讨论会、参政院。公布烟酒公卖暂行条例、劝业银行条例。修南浔铁路，向日本借款二百五十万日圆。6月，“白狼”入甘肃，败还陕西。修正常关税率。令参政院代行立法院职权。江苏、河南、山东毗连诸地，出现“万佛共和会”，性质与义和团相似，农民信者甚众。7月，令赔偿革命时期外商之损失。筹筑沙兴铁路（鄂黔路），向英商借款一千万镑。孙中山在日本东京改组国民党为中华革命党，被推为总裁。合农林、工商二部为农商部。8月，以欧战起，发表中立宣言。公布内国公债条例，并募集内国公债一千六百万元。“白狼”败入河南，旋阵亡。日本以日、德交战事照会外交部，旋即进攻德租借地胶州湾。9月，正式加入万国邮政联盟。日本军于山东黄县等地登陆，进据潍县，10月，又占青州，济南，遂控制大部分胶济铁路。公布储蓄票章程及征收厘金考成条例。新华信托储蓄银行成立。11月，成立殖边银行。设平市官钱局于各地，发行铜元票。黄河决于濮阳。日本军占领胶州湾，德军投降。12月，公布修正大总统选举法，根据此法，大总统实际成为终身职。重庆聚兴诚银行成立。开始铸造袁世凯半身像新银圆。是岁，河南豫泰等四公司合并为中原公司，以与英商福公司争衡。英、日在上海各增设纱厂。日本在吉林成立火柴公司，又于汉口成立“大正电气公司”。长沙美教会之雅礼大学正式成立。广东、西北、湖南、北及四川旱。苏、皖北部虫。杨守敬死。

外国

〔日本〕　地震，樱岛火山爆发，死亡多人。海军将校数人受贿盗卖秘密文件事发，山本权兵卫内阁倒，后由大隈重信组阁。其受贿诸人分别判处徒刑，追缴赃款。大正博览会开幕。第一次世界大战起，宣布与德、奥断交，随即强行中国领土上登陆，攻占胶州并德所租借之青岛。

〔暹罗〕　在曼谷发现《远东之犹太人》一书，主旨为排斥华侨。

〔土耳其〕　8月2日，与德意志缔结秘密同盟。11月2日，俄罗斯向土耳其宣战。

〔保加利亚〕　7月29日（奥地利向塞尔维亚宣战之次日），保加利亚宣布中立。

〔罗马尼亚〕　8月4日，宣布中立。查理卒，其侄腓迪南一世嗣位，在位十四年（直至1927年）。

〔塞尔维亚〕　奥大公弗兰西斯·腓迪南于6月24日在萨拉热窝遇刺殒命。7月28日，奥地利向塞尔维亚宣战。

〔希腊〕　君士坦丁拒绝德国之参战邀请。9月，凡尼则拉斯去职。

〔门的内哥罗〕　8月5日，向奥地利宣战。

〔阿尔巴尼亚〕　9月13日，意大利军在发罗那登陆。

〔俄罗斯〕　7月27日，沙皇下总动员令。8月1日，德向俄宣战。8月26日至30日，俄德坦能堡会战，俄军大败，被俘者十万人。

〔第二国际〕　8月4日，德国社会民主党议员在国会中投票赞助军事预算，支持帝国主义战争。其他法、英、比各国大多数社会党人亦皆如此。第二国际至此已实际趋于瓦解，变质为“社会沙文主义”。

〔联合王国〕　爱尔兰《自治法案》经修改后不包括乌尔斯特。9月18日，以国王批准成为法案，但至第一次世界大战后始生效。8月5日，英国向德国宣战。13日，英国宣称与奥匈帝国间存在战争状态。

〔奥地利〕　6月28日，奥大公弗兰西斯·腓迪南（皇储）及其妻在波斯尼亚之萨拉热窝为塞尔维亚学生普林西比行刺殒命。奥地利于7月28日正式向塞尔维亚宣战。8月6日，向俄罗斯宣战。8月28日，向比利时宣战。

〔法兰西〕　7月20日至23日，法总统普恩卡赉与总理维维尼安访问圣彼得堡。7月31日，德国向法国询问倘德国与俄国发生战争时，法将采取何种态度，法国复称将视自己之利益决定。8月3日，德遂向法宣战。9月3日，短期迁都波尔多。

〔德意志〕　8月1日、3日，分别向俄国与法国宣战。8月4日，德大军越境侵入比利时，20日，陷比京布鲁塞尔，23日，蒙斯战役后进入法境，势如破竹。另一支德军则自法国东疆进攻，与前者相呼应。9月5日至12日，与英、法联军在马恩河畔大战。9月9日，德军开始后退，13日，德军沿安河迤北建立坚固防线。10月10日，德军陷安特卫普。10月20日，比境伊普尔与法境阿拉斯之战役开始。德军在东线则于坦能堡战役后，两次攻波兰（10月与11月），但俄军凭维斯杜拉河固守，德军无法进展。12月2日，李卜克内西在议会中投票反对军费预算案。

〔意大利〕　3月9日，罗马工人宣布总罢工，抗议税率增加。6月7日（国庆日），安科那有暴动，附近地区有罢工，领导人之一为社会党报纸《先锋》（Avanti）编辑莫索里尼。8月3日，意大利宣布中立。

〔西班牙〕　8月7日，宣布中立，但事先向法国保证撤退比利牛斯山驻军。

〔葡萄牙〕　11月23日，国民会议通过参加英、法作战案。

〔比利时〕 8月2日，德国以哀的美敦书要求假道，比向英、法乞援。8月4日，德遂向比宣战，德军亦跟踪侵入，20日，占领布鲁塞尔。

〔瑞典〕 今年普选，社会党获得下院近三分之一席次。

〔丹麦〕 8月，以丹属西印度群岛售予美国。

〔埃及〕 12月18日，英国正式宣布以埃及为被保护国。次日，废黜凯地夫（总督）阿拔斯二世（罪名为有“反英阴谋”）。

〔合众国〕 威尔逊借口墨西哥人侮辱美国国旗，于4月14日派遣海军至墨西哥海湾各地，21日，占领未拉克卢斯，旋接受阿根廷、巴西、智利三国调停，于6月24日签订和约草案（按美国目的在威胁当时墨西哥之亲英政权）。

〔墨西哥〕 以卡兰萨为领袖之自由党推翻乌埃尔塔政府，由卡兰萨继任总统。

〔新西兰〕 远征军以澳洲海军之助，袭取德属萨摩亚群岛。

1915年

中国

乙卯 中华民国四年

1月，吴淞、广州两处始有我国第一座无线电报台收发电报。公布权度法，以旧度量衡为甲制，万国权度通制为乙制。江西南浔铁路竣工。18日，日本政府向中国提出要求二十一条，共分五部分：第一部分要求继承德国在山东之一切权益；第二部分要求确定在南满与东蒙之权益；第三部分为企图攫取我汉、冶、萍三地资源；第四部分要求我沿海各地不得让与任何其他国家；第五部分要求我经济、政治与军事各部门中皆须聘请日人担任顾问。3月，日本增派军队三万人来华。日使称堕马受伤，我外交总长陆征祥遂亲赴东交民巷日本使馆举行中日交涉会议。盐业银行成立。令禁抵制日货。4月，发行内国公债二千四百万元。公布电信条例。5月7日午后3时，日本政府向中国提出最后通牒，限四十八小时内答复对二十一条究竟是否承认。9日，外交总长陆征祥照会日使馆，对最后通牒要求各节概予承认。汉口中日商民冲突。25日，袁世凯之卖国条约由外交总长陆征祥及日本全权代表驻京日使日置益彼此签署。是月末，抵制日货运动遍于全国各地。公布货币交换所暂行条例。6月，河南中原公司及英商福公司合并为福中公司。上海商业储蓄银行成立。中、俄两国关于外蒙古事件之交涉，自去年9月起在恰克图开始举行会议，至此由中、俄、外蒙古各派全权代表在恰克图签字。陇海铁路开封至徐州段竣工通车。令各省禁止抵制外货。7月，令参政院推举中华民国宪法起草委员。8月，袁世凯授意其政治顾问美人安诺德在京发表“共和与君主论”一篇，力言君主政体优于民主政体。制定银行公会章程。杨度、孙毓筠等六人在京组织筹安会，宣言研究国势，但实际为准备向袁世凯劝进。9月，“全国请愿联合会”在京成立，并向参政院请愿，要求变更国体。北京东交民巷各国使馆共同商订公使馆区域条例，并组行政委员会，成为“国家中之国家”。陈独秀在上海创办并主编“青年”杂志，明年改为“新青年”杂志。日商铃木油房成立于大连。10月，日、法、英、俄四国劝告袁世凯展缓变更国体。公布农工银行条例及取缔纸币条例。11月，四使再度照会外交部质问变更国体事是否可延期。中华革命党党员陈其美运动肇和军舰起义，并攻上海制造局等处，旋败。美商广益公司于上海设分公司，经营在华之铁路借款等事。12月11日，所谓国民会议代表一千九百九十三人全体投票赞成拥戴袁世凯为皇帝，今、明两日参政院代行立法院据此两次向袁氏劝进。袁即下令接受推戴，并命各部院会同筹备一切事务。15日，册封黎元洪为武义亲王。申令清室优待条件永不变更。19日，命设大典筹备处，令明年改元为洪宪元年。20日，令永除太监，改用女官，“以维人道”。同日，教育部试办注音字母传习所开幕。25日，蔡锷等起义于云南，声讨袁世凯。公布商会法。是年，王正廷等发起劝用国货会于上海。金陵女子大学成立。美籍天主教士创办《益世报》于天津。

外国

〔日本〕 公布畜产组合法、米价调节法。命驻华公使日置益向袁世凯提出侵略中国之苛刻要求二十一条，经三月余之交涉，终强迫袁世凯承认。加入伦敦宣言，与英、法、俄共同行动以对德、奥。大正天皇行即位礼。举行朝鲜铁道一千英里修成祝贺典礼。以探险为名入西藏、印度进行间谍活动之僧人河口慧海回。

〔印度〕 甘地自南非返回印度，不久即参加国民大会组织，在其领导下，国民大会成为一生气蓬勃之革命组织。1915—1916年间，印度恐怖主义者几度图谋起义，但俱遭失败。

〔保加利亚〕 参加“中欧同盟”，10月14日，对塞尔维亚宣战，次日，即开始向塞境进攻。

〔俄罗斯〕 1月，德军第三次进攻波兰。2

月，德军第四次进攻波兰，几被俄军包围于普勒斯尼兹，力战始突围。3月，俄军在加里西亚获得进展，占领普热密什尔。4月，俄军穿越喀尔巴阡山，但自5月起，即受到德国反攻，俄军迭次失利，至9月，先后失去波兰、立陶宛、库尔兰等地。俄国社会民主工党（布尔什维克）国外党部，2月至3月，在瑞士伯尔尼城召开代表会议。

〔联合王国〕 去年11月5日，英国向土耳其宣战。今年2月，土耳其人进攻苏伊士运河被击退，英军旋进攻达达尼尔海峡，3月失利。5月7日，英邮船“鲁西塔尼亚”号为德潜艇击沉，死旅客一千一百九十八人。6月，英军夺取德属西南非。8月，英军在美索不达米亚略有胜利。10月，与法军共同占领希腊东北之萨罗尼卡。

〔德意志〕 4月，德军在西线第二次伊普尔战役中使用毒气。5月，德军在东线转入攻势，麦金生在加里西亚遏止俄军前进，6月，夺得普热密什尔，7月，在波兰前进，8月，陷华沙，俄军东撤。德军继续陷科夫诺与布列斯特·立托夫斯克。11月，德军与保加利亚军共同占领塞尔维亚。2月4日，德政府宣称将自同月18日起以潜水艇封锁英国。3月28日，德国潜艇击沉第一艘协约国船只。

〔法兰西〕 5月9日至6月12日，法军第二次进攻阿尔他，以死伤四十万人之代价，获得三英里纵深之进展。9月至11月之香槟战役与9月至10月之第三次阿尔他战役均无甚成就。德军西线大体与一年前相似。

〔意大利〕 4月26日，在伦敦与英、俄、法三国签订密约。5月23日，向奥地利宣战。8月21日，向土耳其宣战。10月19日，向保加利亚宣战。6月末起，意大利即自其东北部出兵，企图渡越伊松佐河进攻奥国。自此至12月10日止，共发动四次攻势，但迄无进展。

〔葡萄牙〕 1月末，拥护德国之军人叛变，由卡斯特罗将军树立独裁政府，但5月中旬被推翻。

〔丹麦〕 修订宪法，男子及大多数妇女均获得选举权，议会政治亦自此建立。

〔瑞士〕 9月，各国社会主义党派中之国际主义者在瑞士之齐美尔瓦尔德举行代表会议。列宁组左翼同盟，力主反战，并著文《第二国际的破产》。

〔合众国〕 福斯特领导组织国际工会教育同盟。社会主义党左翼分子组社会主义宣传联盟。9月，美国夺取海地岛统治权。

1916年

中国 丙辰 中华民国五年

1月1日，云南军政府成立，唐继尧仍为都督，组护国军，由蔡锷任总司令，随出兵入四川。27日，贵州宣布独立，随出兵入湖南。3月，中、日合资设立振兴铁矿公司，开采鞍山铁矿。发行本年度六厘公债二千万元。15日，广西宣布独立，梁启超等拥岑春煊为首，声讨袁世凯。22日，袁世凯被迫撤销帝制，继又废止洪宪年号，仍以本年为中华民国五年。30日，潮、汕、钦、廉各地宣布独立，嗣广东亦宣布独立。俄国要求借予中国五千万卢布以修宾县至黑龙江城铁路。4月，以开发生产为名，向美商借款五百万美元。为改修运河，山东借美商款三百万元，后以日本反对，未得完全实现。12日，浙江宣布独立。5月9日陕西，22日四川，29日湖南宣布独立。中国、交通二银行钞票停止兑现。上海殖边银行以挤兑停业。筹修衡州至南宁、丰镇至宁夏、宁夏至兰州、琼州至乐会、杭州至温州五铁路，向美商借款一千万美元，嗣以英、法、俄反对未能实现。6月5日，袁世凯死，7日，黎元洪代理大总统职；独立各省先后宣布取消独立，承认黎元洪政府。令恢复民国元年临时约法，重行召集议会，裁参政院，改政事堂为国务院，以段祺瑞为国务总理。7月，日俄再订关于分掠满蒙权益之协约。8月，国会复会。奉天郑家屯中、日军冲突，互有伤亡，日本旋开到大批军队，于是交涉起。周学煇等集合官僚、绅商资本，开设新华纺织公司于天津，嗣又开分厂于卫辉、青岛、唐山。9月，北京航空学校举行飞机演习会。驻华日本公使为郑家屯事提出惩凶、道歉、赔偿、抚恤及合办警察等五项要求。财政、农商二部向日商订立实业借款五百万元，国会提出质问。安徽督军张勋召集督军十三人会议于徐州。10月，公布会计法。驻津法国总领事要求将老西开区划入租界，限四十八小时内答复，并拘捕当地中国警察九人。30日，国会选举冯国璋为副总统。中孚银行成立。11月，日、英、俄三使调解老西开事，天津法租界工人罢工，法国总领事送还所拘华警。国会通过中美实业借款五百万美元案，英、法、俄、日四国银行团向中国提出抗议。12月，日本在厦门擅立警察局。公布银行稽查法。是岁，湖南以水口山锑矿为抵押向日本借款五百万日圆。上海华商中国邮船公司成立，购船航行于中、日、美、爪哇一带。天津造币厂奉命大造辅币。江苏大水。美教会之福建协和大学成立于福州，岭南大学成立于广州。救世军开始传道于北京。上海天主教堂创立圣若瑟慈善会。盛宣怀、王闿运、蔡锷、黄兴死。

外国

〔日本〕 罗马教皇遣使来。公布经济调查会官制。印度诗人泰戈尔来。公布简易生命保险法。日俄新协约缔结。施行工场法。郑家屯中、日兵冲突事件起，数日后强迫中国惩治肇事者，并道歉、抚恤了结。

〔越南〕 阮福晃维新十年；5月后，阮福昶启定元年。5月，法所招募之越人军队起义，失败，事连维新帝，遂与其父成泰帝皆为法人囚禁于非洲东留尼汪岛，法人立景宗子福昶，是为启定帝。

〔暹罗〕 创朱拉隆功大学于曼谷。

〔印度〕 在欧战期间，印度工业发展甚速，民族资产阶级力量增强。提拉克放弃暴力方法，与温和派合作，参加是年国民大会全国大会。依据提拉克动议，大会通过成立印度地方自治联盟。

〔土耳其〕 4月26日，英、俄、法三国成立瓜分土耳其亚洲领土协议，英国以美索不达米亚为势力范围，法国以叙利亚等地为势力范围，俄国预定获得君士坦丁堡与海峡地区，而巴勒斯坦则为国际共管。6月，阿拉伯反土耳其革命起。10月，麦加之大谢里夫（行政长官）哈桑自立为王，英国立即予以承认。

〔保加利亚〕 8月，协约军开始进攻保加利亚。9月，希腊亦向保加利亚宣战。

〔阿尔巴尼亚〕 2月，奥军入阿尔巴尼亚，政府逃亡至意大利。

〔罗马尼亚〕 8月27日，罗马尼亚向奥匈帝国宣战，次日，罗军越过喀尔巴阡山向特兰西瓦尼亚进攻。9月末，德奥同盟军开始反攻，罗军不敌，节节败退。11月下旬，德军渡越多瑙河，12月6日，陷罗京布加勒斯特。明年1月，全境被占领，重要油田俱落入同盟军手，但罗马尼亚人民仍四处抵抗。

〔俄罗斯〕 6月，俄军在喀尔巴阡山前线进攻颇得手，但9月德军自西线调来大量援军后，顿受遏止。

〔波兰〕 11月5日，德政府宣布已组成一“独立”之波兰国。

〔联合王国〕 4月20日，爱尔兰爆发起义，在都伯林成立临时政府，旋为英军镇压失败，其领袖数人（包括喀门特）被逮捕后处死。7月，劳合•乔治代吉青纳为军政大臣。12月初，首相爱斯葵斯辞职，劳合•乔治继起组阁。自10月起，德国潜艇不断袭击英国沿海。

〔德意志〕 1月1日，李卜克内西与卢森堡等所组织之斯巴达克团举行第一次全国代表会议。6月，基尔、慕尼黑、玛德堡等地工人罢工，并举行示威运动。6月26日，李卜克内西被逮捕。西线战事：德军于2月至6月，凡五次大举进攻凡尔登，双方死伤约六十万人，但无甚进展。自7月1日起至11月18日止，英、法联军沿索姆河向德军进攻，战事至为激烈，历时三月半，纵深进展平均七英里，而双方死伤则在一百万左右（英军曾在一日中伤亡六万人）。东线战事：7月，俄军在加里西亚颇有进展，但8月德军自西线调来援军十五个师以后，即渐受遏止。在海战方面，德国与英国舰队自5月31日至6月1日，大战于日德兰半岛海面，双方各损失舰艇六艘，但英舰损失吨数倍于德舰。

〔意大利〕 2月15日起，意军在伊松佐河前线发动第五次攻势，仍无进展。自此至11月4日，又再发动四次进攻（连去年共九次），皆无成效。

〔瑞士〕 4月24日至30日，国际主义者在瑞士昆塔尔举行第二次代表会议，虽仍未能接受布尔什维克反对帝国主义战争之基本原则，但与各国社会沙文主义分子已有显著裂痕。7月2日，列宁完成其《帝国主义论》。

〔葡萄牙〕 3月9日，德国向葡萄牙宣战。

〔合众国〕 3月24日，“萨塞克斯”号被德国潜艇击沉，四月，威尔逊提出抗议，几经往返，至5月10日，德国始复文允许限制潜艇使用。10月28日，威尔逊函交战各国询问战争目的。美国干涉尼加拉瓜内政。又派兵占领多明尼加首府圣多明各。

〔墨西哥〕 3月15日，由波兴将军统率之美国干涉军入侵墨西哥，但以墨西哥人民之坚决抵抗，于明年2月撤退。

〔澳大利亚〕 派遣大批军队协助英国在西南亚一带作战。

〔新西兰〕 通过征兵法并派遣大量军队协助英国作战。

1917年

中国

丁巳　中华民国六年

1月，安徽督军张勋又召集各省督军代表在徐州举行会议。抚顺煤矿爆炸，工人死者九百余。中法委员会勘滇越边界。郑家屯案解决，中国“惩凶”道歉。2月9日，外交部以德国采用新潜艇战略，向该国提出抗议。中、法合资创立华法振业银行于北京。3月10日，国会投票表决与德国绝交。14日，正式将绝交事通知德国。4月，段祺瑞在北京召集各省督军会议。5月，段祺瑞咨送对德宣战案至众议院。嗣段指使"公民请愿团"滋扰议会，请求通过参战案，议员大愤，决缓议宣战案，于是各省督军电请解散国会并改订宪法。23日，黎元洪下令免段祺瑞职，并令外交总长伍廷芳暂代国务总理。29日，安徽省长倪嗣冲通电与北京政府脱离关系，黎元洪复电劝告，并派员前往安慰，皆无效。继安徽宣布独立者，有冀、鲁、豫、陕、奉、浙、闽七省。金城银行成立。6月，独立各省在天津设立各省军务参谋处。4日，江苏督军李勋入京调停。各国驻津领事警告天津参谋处注意庚子、辛丑条约。12日，黎元洪被迫下令解散参、众两议院。14日，安徽督军张勋入京调解。19日，各省因国会已被解散，遂宣布取消独立。同日，旅沪之两院议员通电宣称解散国会令无效。20日，广东、广西两省通电暂行自主。28日，康有为自津入京。7月1日，张勋、康有为等拥宣统帝溥仪在京复辟（称宣统九年）。黎元洪电各省出师讨贼。2日，黎元洪避居东交民巷日本使馆，并电请副总统冯国璋代行大总统职权。同日，再任段祺瑞为国务总理；段祺瑞宣告就职，并设国务院于天津。3日，段祺瑞在马厂誓师，通电讨贼。6日，冯国璋就代理总统职。7日，"讨逆军"向北京进攻，南苑航空学校派飞机飞临宫殿上空投弹数枚，毙侍卫数人。12日，"讨逆军"占领北京，张勋逃入东交民巷荷兰使馆。14日，黎元洪自日使馆返私寓，通电解职。20日，孙中山乘海琛舰抵粤。22日，前海军总长程璧光率海军第一舰队入粤。8月1日，代理总统冯国璋抵京。14日，正式向德意志帝国与奥匈帝国宣战。滞留京、津一带之国民党议员约一百五十人陆续抵粤，至是，在广州举行国会非常会议。向日本借"续善后借款"一千万日圆。30日，非常会议通过在广州设立军政府案，并通过军政府组织大纲十三条。9月1日，广州非常国会推举孙中山为大元帅。北京政府与协约国获致协议，收回德、奥两国在天津、汉口之租界，取消该两国之治外法权与庚子赔款，其他各国之庚子赔款亦推延五年交付。10日，孙中山在广州就大元帅职。11月，日、美两国发布有关中国局势之蓝辛（美）石井（日）协定，以维持中国之主权独立与领土完整为名，在侵略中国问题上彼此妥协；美国承认日本在中国之特殊权益。向日本借款五百万圆以赈京畿水灾。11月，津浦铁路全线通车营业。湘、粤、桂联军占领长沙。十二月，中、日合办之上海交易所开幕，资金三千万元。公布适用于无条约国之关税条例。北方各省督军在天津举行会议，决与西南各省开战，推曹锟与张怀芝分任第一、二两军司令，南北战争起。是岁，美国教会以在山东之文会馆、青州神学校、济南共和医道学校合并为齐鲁大学。华北大水，直隶被灾者百零三县。华商大成汽车公司成立，驶行于张家口、库伦间。上海钱业公会正式成立。《银行周报》发刊。美商美丰银行成立于上海，经营土地建筑投资等业。日本乘欧战之机，对华又大行经济侵略，既增设纱厂于上海，又于青岛成立制粉会社、东亚油房及共同火柴公司，于天津、奉天成立东亚火柴公司，于大连成立制冰株式会社，于吉林成立中、日合资之富宁造纸会社。英人于山海关成立中、英合办之电灯公司。王先谦死。

外国

〔日本〕　设置临时外交委员会，直隶于天皇。公布取缔暴利令。发行小额纸币。公布请愿令。日美协会成立。公布制铁业奖励法。国立感化院成立。特派大使石井菊次郎与美国国务卿蓝辛缔结协定，发表损害中国主权之共同宣言。大风雨，受害者二十一万余户。三菱长崎造船所职工同盟罢工。

〔菲律宾〕　组国民保卫军为美国服务。

〔暹罗〕　7月，加入协约国向德国宣战。行征兵制。

〔印度〕　俄国二月革命激起印度人民解脱帝国主义压迫之新希望。英政府迫于印度人民之压力，且在战争中需要印度人民支持，不得不作政治让步。是年八月二十日，英政府宣言将在印度实行自治领宪法。

〔阿富汗〕　在俄国十月革命影响下，阿富汗亦出现"士兵苏维埃"，逮捕反动军官，要求独立。

〔希腊〕　6月中旬，君士坦丁逊位，子亚历山大嗣立，26日，任命凡尼则拉斯为首相。27日，希腊政府宣称与中欧同盟国——德、奥——断绝关系，并加入协约国阵营。

〔南斯拉夫〕　塞尔维亚、克罗地亚（哥罗西亚）、斯罗文尼亚与门的内哥罗诸民族代表会集于科尔孚，决议共同组织统一国家，并同意以塞尔维亚王室为统治王朝。

〔俄罗斯〕　二月二十五日（公历3月12日），彼得堡工人武装起义，二十七日，沙皇政府被推翻，以李沃夫为首（克伦斯基为司法部长）之临时政府成立。四月十六日，列宁返国，发布《四月提纲》。七月二十日，李沃夫去职，克伦斯基掌握政权。七月二十六日，布尔什维克举行第六次代表大会，决定武装起义。十月二十五日（公历11月7日），在列宁亲自指挥下，推翻临时政府，二十六日，成立以列宁为首之人民委员会，社会主义革命胜利完成。十二月五日，俄国苏维埃政府与中欧同盟国——德、奥——签订临时休战条约。十二月三十日，日本干涉军在海参崴登陆。

〔波兰〕　3月30日，俄国临时政府承认波兰之独立地位。

〔德意志〕　1月，协约国拒绝德国之和平提议。2月1日，德国宣布“无限制潜艇战”。4月9日，德国社会民主党成立。4月16日至23日，二十万金属工人大罢工。西线战事：4月9日，阿拉斯战役起，加拿大军占领维美山脊，法军在涉曼德达姆，沿安河北岸之公路获得据点。5月中旬后，战事暂沉寂。7月末，英军发动第三次伊普尔战役，8月中旬，法军发动第二次凡尔登战役，虽皆略有进展，但11月末起德军举行反攻后，协约军几皆退回原阵地。德国之潜艇战收效甚巨，截至今年10月止，协约国损失船只共达八百万吨。

〔意大利〕　5月至6月，第十次伊松佐战役。8月至9月，第十一次伊松佐战役。奥军以德将鲁登道夫之助，自10月24日起发动反攻，在卡波利多（伊松佐河上游）战役中击败意军。意军退保比亚佛，英、法军急来赴援，始得固守。

〔瑞典〕　瑞典共产党成立。

〔芬兰〕　12月6日，芬兰宣布独立。

〔西班牙〕　卡塔罗尼亚籍议员要求召集制宪会议，考虑该地区自治问题。

〔葡萄牙〕　2月3日，葡萄牙远征军抵达法国前线。12月5日，国内拥德军人在巴埃斯将军指使下，掀起叛变，驱逐总统，由巴埃斯自任狄克推多。

〔荷兰〕　始行普选制、比例代表制。妇女亦同样有选举权。

〔合众国〕　4月6日，美国向德国宣战。6月，议会通过惩治间谍法案，使政府可在妨害动员罪名下，处罚任何人。12月7日，美国又向奥匈帝国宣战。

〔澳大利亚〕　由于物价高涨，实际工资下落，工人生活愈益困苦，9月，发生全国性大罢工。

1918年

中国

戊午　中华民国七年

1月，北京政府财政部与日本正金银行签立借款一千万日圆合同。为防疫，向四国银行团借款七十二万美元。20日，西南自主各省组织联合会。北京政府令曹锟、张怀芝、张敬尧等率军入湘。2月14日，北军十六混成旅旅长冯玉祥在湖北武穴通电吁请南北两方罢兵。中、日合办之中华汇业银行成立。3月，北京政府下令免缉洪宪及复辟两案诸人。北军陷岳州。日使林权助秘密谒见冯国璋，提出共同对西伯利亚出兵要求。4月，曹锟等陷长沙。自是月末起至本年12月止，北洋政府所举外债共约两亿元，其中约有一亿四千万元系借自日本者，因日方负责交涉之人为寺内内阁之代表西原龟三，故统称“西原借款”。5月，发行短期公债两期共四千八百万元，又长期公债四千五百万元。孙中山向非常国会辞去海陆军大元帅职，旋赴日本；军政府改为总裁制，有总裁七人。北京政府与日本签订“中日陆军共同防敌协定”，由日人训练中国军队入西伯利亚向俄国红军作战。嗣再与日本签订同样性质之“中日海军共同防敌协定”。6月，北京政府任张怀芝为援粤总司令，继又任李厚基为闽、浙援粤总司令。7月5日，广东总裁政府正式成立。四郑路通车。公布长途汽车条例。上海银行公会、北京银行公会成立。北京政府令新选参、众两院议员于本年8月1日前齐集北京。始任命驻罗马教廷（梵蒂冈）之特命全权公使。8月，日使向北京政府通知日本已向海参崴出兵。12日，北京新国会开会，是为安福国会。中国派赴海参崴军队出发。公布金券条例。中法储蓄会成立。广东政府推定岑春煊为政务总裁主席。北军第三师师长吴佩孚自湖南驻地通电主和。南方军政府通电反对北京国会选举总统。9月4日，北京国会选举徐世昌为总统。粤汉铁路武、长段通车。湘省南、北军将领联名通电主张和平。北京政府与日本交换山东问题之公文。10月10日，徐世昌就任北京政府总统。钱能训代段祺瑞为国务总理。全国教育联合会在沪开会。熊希龄、蔡元培等发起和平期成会。11月，英、美、法、意、日各国公使分别照会南北两政府，劝告和议。徐世昌在北京召集督军会议，旋公布停战令。嗣广东军政府亦通令停战。北京教育部公布注音字母表。李大钊在《新青年》上发表《庶民的胜利》与《布尔什维克主义的胜利》二文。12月，北洋政府任命朱启钤等十人为北方议和代表。修改现行进口税则之委员会闭会。是岁，山东、湖南、湖北、河南、福建、浙江、江西、广东水。美国运通银行设分行于上海。日本人于奉天成立满蒙毛织株式会社及窑业株式会社，于大连成立满洲麦酒株式会社及大连机械制作所，于旅顺成立铁工所，又收买上海美商之鸿源纱厂。戊通航业公司成立，其船只驶行于松花江一带。汤化龙被刺死。

外国

〔朝鲜〕 李东辉组织“韩人社会党”于俄领伊尔库次克。

〔日本〕 发表台湾新闻纸令。电气博览会开幕。与段祺瑞缔结军事协定，并以巨款由西原龟三经手，分次借与之，又由外务大臣后藤新平与中国驻日公使章宗祥交换山东问题之觉书。米商囤积居奇，米价高涨，农商大臣戒告无效，于是京都、大阪及其他各地民大骚动，旋颁谷物收用令，并施行赈恤，始平复。遣兵侵入西伯利亚。第一次世界大战停止，派西园寺公望等为议和代表。

〔印度〕 欧战结束时，印度产业工人总数增至二百二十万人，无产阶级革命力量大增。旁遮普人民发动起义，反抗英国镇压革命运动之立法。

〔土耳其〕 9月18日，英军在巴勒斯坦开始大举进攻。10月初，英军占领大马士革、贝鲁特与阿勒颇等地。10月30日，土耳其与协约国缔结停战协定。11月12日，协约国舰队入达达尼尔海峡，次日，下碇君士坦丁堡。

〔保加利亚〕 9月30日，与协约国签订停战条约。10月4日，保加利亚沙皇腓迪南逊位，由其子波利斯继承。

〔罗马尼亚〕 11月10日，协约军进入罗马尼亚，罗马尼亚军重行参加战争，占领德兰斯瓦尼亚。比萨拉比亚、布哥维纳与德兰斯斐尼亚等地国民会议先后决议与罗马尼亚合并。12月2日，以德兰斯斐尼亚农民领袖朱利阿斯·曼尼乌为首之临时政府成立，但旋为资产阶级政权代表所篡夺。

〔阿尔巴尼亚〕 12月25日，选举土耳汗为总统。南斯拉夫人自北境入侵（至1920年始被击退）。

〔希腊〕 10月18日，希腊共产党成立。

〔南斯拉夫〕 12月4日，“塞尔维亚、克罗地亚与斯罗文尼亚王国”正式成立，以塞尔维亚亲王亚历山大为国王。

〔俄罗斯〕 1月17日，举行第三次全俄苏维埃代表大会。2月至11月，德军占领乌克兰。2月23日，红军在那尔瓦与普斯科夫大败德国侵略军（后即以此日为红军“建军节”）。3月3日，与中欧同盟签订布列斯特·立托夫斯克和约。3月9日，迁都莫斯科。同月，举行俄共（布）第七次代表大会。5月至6月，捷克军团叛变。英、美、法、日等帝国主义国家对苏俄进行武装干涉。国内反革命叛变开始。5月30日，俄国早期马克思主义者普列汉诺夫卒（1856年生）。7月，俄罗斯苏维埃社会主义共和国宪法通过。8月，列宁遇刺受伤。8月至11月，斯大林与伏罗希洛夫指挥察里津保卫战。

〔捷克斯洛伐克〕 10月14日，捷克国民会议在巴黎集会，推举马萨里克为总统，贝奈斯为外交部长。10月13日，正式宣布独立。10月30日，斯洛伐克国民会议正式宣称与捷克合并。11月14日，在布拉格举行联合国民会议，追认上述各项决议。

〔法兰西〕 4月，法将福煦被任命为协约军最高统帅。同月，美军抵达欧洲。5月27日，第三次安河战役。7月15日至8月7日，第二次马恩河战役，德军强渡马恩河。7月18日，福煦命令反攻，8月2日，夺回斯瓦松，德军开始后退。9日，协约军突破兴登堡防线。10月4日，德人开始向美总统威尔逊乞和。11月初，德军迅速溃败。

〔德意志〕 11月3日，基尔舰队水兵起义。11月7日，革命爆发于慕尼黑。11月9日，社会党领袖谢德曼宣布德意志为共和国。次日，威廉二世逊位，遁赴荷兰。11月11日，和议成。同月18日，德军完全退出法境，26日，又退出比境。战争历时四年，死伤三千万人、耗直接战费一千八百亿金圆之第一次帝国主义大战至此结束。12月，德意志共产党成立。

〔奥匈帝国〕 4月10日，捷克、南斯拉夫、波兰、罗马尼亚等民族代表举行大会于罗马，宣布各该民族之自决要求，并谴责奥地利政府。6月，比亚佛战役，奥军于丧失十万人后，开始撤退。10月4日，与德政府联名吁请和平。10月16日，奥皇查理宣称将使帝国内各少数民族组织一联邦，并赋予完全自治权。10月29日，奥地利向意大利无条件投降。10月30日，奥地利共产党成立。11月3日，意军占领的里雅斯特。同日，奥匈帝国与协约国签立停战协定。11月12日，奥皇查理逊位，13日，奥地利宣布为共和国。

〔芬兰〕 8月29日，芬兰共产党成立。

〔波兰〕 11月3日，波兰共和国在华沙宣布成立，毕尔苏斯基出任总统。

〔荷兰〕 荷兰共产党成立。

〔丹麦〕 4月，举行选举，激进党获得三十三个议席，社会党获得三十九个议席，两党组联合政府。11月，议会通过法案，承认冰岛为主权国家，但该岛仍拥丹王为元首。

〔葡萄牙〕 12月14日，巴埃斯遇刺殒命，临时政府成立。

〔合众国〕 1月8日，威尔逊在国会中公布其《十四点计划》。5月，颁布《镇压叛乱法》，使任何批评政府之言论与行动皆为非法。12月中旬，威尔逊抵巴黎。

〔阿根廷〕 1月，阿根廷共产党成立。